HEINRICH A. MERTE

HANDBUCH
DER BIBELKUNDE

Literarische, historische, archäologische,
religionsgeschichtliche, kulturkundliche, geographische Aspekte
des Alten und Neuen Testamentes

PATMOS VERLAG DÜSSELDORF

Die Deutsche Bibliothek – CIP-Einheitsaufnahme

Mertens, Heinrich A.:
Handbuch der Bibelkunde: literarische, historische,
archäologische, religionsgeschichtliche, kulturkundliche,
geographische Aspekte des Alten und Neuen Testamentes /
Heinrich A. Mertens. – [Sonderausg.]. – Düsseldorf :
Patmos-Verl., 1997
ISBN 3-491-77021-1

© 1984, 1997 Patmos Verlag Düsseldorf
Alle Rechte vorbehalten
Nachdruck der 2., neu bearbeiteten Auflage 1984
Umschlaggestaltung unter Verwendung
einer Malerei am Grabhaus des ägyptischen
Beamten Chnum-Hotep, Beni-Hassan,
um 1890 v. Chr.: Nomaden bedanken
sich bei Chnum-Hotep für die Erlaubnis
zur Einwanderung
Umschlaggestaltung: Volker Butenschön, Lüneburg
Druck und Verarbeitung: Bercker, Kevelaer
ISBN 3-491-77021-1

Inhaltsverzeichnis

IV. Zu Büchern und Perikopen des Neuen Testaments 283

Abkürzungen der biblischen Bücher

Altes Testament

Gen	Genesis (= das 1. Buch Mose)
Ex	Exodus (= das 2. Buch Mose)
Lev	Levitikus (= das 3. Buch Mose)
Num	Numeri (= das 4. Buch Mose)
Dtn	Deuteronomium (= das 5. Buch Mose)
Jos	Das Buch Josua
Ri	Das Buch der Richter
Rut	Das Buch Rut
1 Sam	Das 1. Buch Samuel
2 Sam	Das 2. Buch Samuel
1 Kön	Das 1. Buch der Könige
2 Kön	Das 2. Buch der Könige
1 Chr	Das 1. Buch der Chronik
2 Chr	Das 2. Buch der Chronik
Esr	Das Buch Esra
Neh	Das Buch Nehemia
Tob	Das Buch Tobias
Jdt	Das Buch Judit
Est	Das Buch Ester
1 Makk	Das 1. Buch der Makkabäer
2 Makk	Das 2. Buch der Makkabäer
Ijob	Das Buch Ijob (= Job = Hiob)
Ps	Die Psalmen
Spr	Das Buch der Sprichwörter (= Die Sprüche Salomos)
Koh	Kohelet (= Der Prediger Salomo)
Hld	Das Hohelied (= Das Hohelied Salomos)
Weish	Das Buch der Weisheit (= Die Weisheit Salomos)
Sir	Das Buch Jesus Sirach
Jes	Das Buch Jesaja
Jer	Das Buch Jeremia
Klgl	Die Klagelieder des Jeremia
Bar	Das Buch Baruch
Ez	Das Buch Ezechiel
Dan	Das Buch Daniel
Hos	Das Buch Hosea
Joel	Das Buch Joel

Am	Das Buch Amos
Obd	Das Buch Obadja
Jon	Das Buch Jona
Mich	Das Buch Micha
Nah	Das Buch Nahum
Hab	Das Buch Habakuk
Zef	Das Buch Zefanja
Hag	Das Buch Haggai
Sach	Das Buch Sacharja
Mal	Das Buch Maleachi

Neues Testament

Mt	Das Evangelium nach Matthäus
Mk	Das Evangelium nach Markus
Lk	Das Evangelium nach Lukas
Joh	Das Evangelium nach Johannes
Apg	Die Apostelgeschichte
Röm	Der Brief an die Römer
1 Kor	Der 1. Brief an die Korinther
2 Kor	Der 2. Brief an die Korinther
Gal	Der Brief an die Galater
Eph	Der Brief an die Epheser
Phil	Der Brief an die Philipper
Kol	Der Brief an die Kolosser
1 Thess	Der 1. Brief an die Thessalonicher
2 Thess	Der 2. Brief an die Thessalonicher
1 Tim	Der 1. Brief an Timotheus
2 Tim	Der 2. Brief an Timotheus
Tit	Der Brief an Titus
Phlm	Der Brief an Philemon
Hebr	Der Brief an die Hebräer
Jak	Der Brief des Jakobus
1 Petr	Der 1. Brief des Petrus
2 Petr	Der 2. Brief des Petrus
1 Joh	Der 1. Brief des Johannes
2 Joh	Der 2. Brief des Johannes
3 Joh	Der 3. Brief des Johannes
Jud	Der Brief des Judas
Offb	Die Offenbarung des Johannes

Bildnachweis

Biblioteca Ambrosiana, Milano: S. 26 / Bildarchiv Foto Marburg, Marburg: S. 431 / British Museum, London: S. 47, 553, 554, 558, 560, 620, 716 / Direction Générale des Antiquités et des Musées, Damas (R.A.S.): S. 662 / Direction Générale des Antiquités de la Republique Libanaise: S. 750, 758 / Foto Gebauer, Hassfurt: S. 166, 173, 190, 621, 624, 653, 768, 769, 823, 826 / Professor Dr. Herbert Haag, Tübingen: S. 780, 812 / The Hebrew University of Jerusalem, Department of Archaeology: S. 38, 556 / John Rylands Library, Manchester: S. 44 / KNA Pressebild, Frankfurt: S. 304 / KNA-Siebers, Frankfurt: S. 668 / Professor Dr. Ludwig Leitheiser, Landau-Pfalz: S. 307 / The Matson Photo Service, Los Angeles, California: S. 819 / Oriental Institute, Chicago: S. 477, 536 / Photographie Paul Popper Ltd., London: S. 805 / Dozent Dr. Gerhard Schneider, Koblenz: S. 409, 801 / Staatliche Museen zu Berlin: S. 144, 451 / Staatsbibliothek, München: S. 51 / Dr. Franz Stoedtner, Düsseldorf: S. 122, 167, 482, 491, 523, 524, 526, 527, 593, 725, 730 / Thames und Hudson, London: S. 485, 658 / Oberstudienrat Werner Trutwin, Bonn: S. 715, 786, 787 / Universitätsbibliothek, Leipzig: S. 39 / Verlag Herder, Freiburg: S. 142 / Verlagsarchiv: 40, 43, 665, 675 / Rolf Vogel, Bonn: S. 37.

Kartenskizzen und Zeichnungen von Wilhelm Körfer, Aachen.

Für die Genehmigung der Übernahme von Abbildungen aus den angeführten Werken danken wir folgenden Verlagen:

S. 550, 556, 716 aus: William Foxwell Albright, Archäologie in Palästina. Benziger Verlag, Köln 1962 /

S. 719, 720, 729, 765 aus: Galling, Biblisches Reallexikon. Verlag J.C.B. Mohr (Paul Siebeck), Tübingen 1937 /

S. 545, 671 aus: Greßmann, Altorientalische Bilder zum Alten Testament. Verlag Walter de Gruyter & Co., Berlin /

S. 771 aus: E. W. Heaton, Biblischer Alltag. Zeit des Alten Testaments. Claudius-Verlag, München o.J. /

S. 7, 8 aus: W. Koehler, Geschichte des literarischen Lebens. W. Koehler'sche Verlagsbuchhandlung, Gera-Untermhaus 1906 /

S. 674 aus: Clemens Kopp, Die heiligen Stätten der Evangelien. Pustet Verlag, Regensburg /

S. 711 aus: L. Richen, Das Heilige Land in Bild und Wort. Verlag Fredebeul & Koenen, Essen 1900 /

S. 563, 641, 669, 703, 712, 717, 720, 768, 807, 816 aus: Fritz Rienecker, Lexikon zur Bibel. Brockhaus Verlag, Wuppertal /

S. 112 aus: Cl. Schedl, Geschichte des Alten Testaments. Verlagsanstalt Tyrolia, Innsbruck /

S. 120, 478, 493, 529, 622, 623, 661, 822 aus: M.-J. Steve, Auf den Wegen der Bibel. Matthias Grünewald Verlag, Mainz /

S. 437, 725, 776 aus: Bo Reicke und Leonhard Rost, Biblisch-Historisches Handwörterbuch. Verlag Vandenhoeck & Ruprecht, Göttingen 1962 /

S. 711 aus: Harald Schultz, Hombu. Belser Verlag, Stuttgart.

S. 439 aus: E. Kirsten – W. Kraiker, Griechenlandkunde. Universitätsverlag Winter, Heidelberg 1955 /

S. 568, 657 wurden entnommen aus: Herbert Haag, Bibellexikon. Benziger Verlag, Einsiedeln-Köln 1956 /

S. 127, 529 wurden entnommen aus: Luc. H. Grollenberg, Atlas de la Bible. Verlag Elsevier, Paris–Bruxelles 1955.

Zur Einführung

Dieses Handbuch zur Bibel will eine Hilfe sein für das Verständnis der Bibel. Zwei Gesichtspunkte leiteten den Verfasser bei der Auswahl des Stoffes: erstens das Bemühen, klare Vorstellungen der biblischen Umwelt zu geben, um die biblischen Erzählungen anschaulicher werden zu lassen, und zweitens Hinweise zu bieten für das innere Verständnis, sozusagen irdisch-reale – also nicht exegetische – Wegweiser in den Bedeutungsraum der biblischen Aussage. Vielleicht führt der zweite Gesichtspunkt oft über das hinaus, was man auf den Seiten dieses Buches erwarten könnte: im weitesten Sinne gehört es aber sicherlich hinzu. –

Im einzelnen bietet deshalb dieses Buch:
Geschichtliche Darlegungen
Obwohl das geschichtliche Denken im allgemeinen sehr außer Kurs gekommen ist, wurde das Studium der Geschichte der Zeiten des AT und der Zeit Jesu zu einer Art Volkssport, wie die Verkaufserfolge mancher Bücher zu diesem Thema beweisen könnten. Deshalb wurden auch in diesem Werk die historischen Konturen kräftig ausgezeichnet. Nach Darstellung der Profangeschichte erscheinen die biblischen Ereignisse oft in einem überraschend realistischen Licht.
Kulturgeschichtliche Darlegungen
Die Welt der Bibel ist eine zum größten Teil vergangene, auf jeden Fall aber schwer vorstellbare Kulturwelt. Die Denkweise und die Lebensweise waren andere als heute. Diese Kulturwelt soll in Umrissen nachgezeichnet werden, um den Zugang in die Bibel zu erleichtern. Dazu gehört vor allem auch der kräftig ausgearbeitete Hinweis auf die Literaturformen der Bibel.
Geographische Darlegungen
Die biblischen Ereignisse spielen in einer Welt, die uns Bewohnern des Westens fern ist. Lage und Charakter der Landschaften waren darzustellen.
Sprachliche Hinweise
Eine besondere Schwierigkeit bietet die Tatsache, daß alle biblischen Bücher in fremden, zum Teil unserer Sprache ganz unverwandt erscheinenden Sprachen geschrieben sind. Durch einige Sprachhinweise wollte der Verfasser auch in dieser Beziehung Hilfen reichen.

Darlegungen aus der Frömmigkeitswelt
Weil die Zeugen der Geschehnisse des AT und des NT meistens untergegangen sind und nur noch die Ausgrabungen von ihnen kümmerliche Reste darbieten, hat die Frömmigkeit sich ihre Denkmäler geschaffen, bei denen sich der Pilger ins Heilige Land und in die anderen Länder der Bibel die Ereignisse vergegenwärtigen kann. All diese Denkmäler, einschließlich der Lokalisierung der Ereignisse, haben ihre Problematik. Mit dem Hinweis auf die wichtigsten Orte wurde auch auf diese Problematik eingegangen.
Einführung in die Bibel
Schließlich sollen auch Formgeschichte, Formprobleme und Traditionsprobleme der Bibel dargelegt werden, also mit den Realien *in der* Bibel auch die Realien *der* Bibel selbst dargeboten werden.

Das ganze Buch will demnach „in nuce", aber in anderer Ordnung all das enthalten, was die wissenschaftlichen Einleitungen ins Alte und Neue Testament, die alt- und neutestamentlichen Zeitgeschichten und die Realienkapitel der exegetischen Handbücher bieten. Dieses „in nuce" bringt Nachteile mit sich. Der Autor ist sich bewußt, daß die Wissenschaft manchmal mehr Fragezeichen verlangt hätte; denn längst ist nicht alles so eindeutig geklärt, wie wir es wünschen möchten. Aber Sinn und Anlage des Buches, das einigermaßen Gesichertes zu bieten und sich dabei der Kürze zu befleißigen, ließ dem Autor diesen Weg der verkürzten Aussage richtig erscheinen. Die allzu reichliche Erörterung der Probleme hätte das Buch seinem hauptsächlichen Zweck entfremdet.

Erfahrungen aus Diskussionen nach Vorträgen veranlassen noch eine Klarstellung. Immer wieder wird in solchen Diskussionen das auch heute noch oft gelesene Buch von Werner Keller „. . . und die Bibel hat doch recht" zitiert, und die Fragen treiben unvermeidlich in die Richtung des Titels jenes Buches: Wo und wann hat die Bibel recht?

Die Fragestellung ist falsch. Im Wesentlichen der Bibel handelt es sich nur selten um Aussagen, die eine Frage „Hat die Bibel recht?" sinnvoll sein lassen. Denn die Bibel spricht vom Verhältnis der Menschen zu Gott. Wie aber will man dies vor das Gericht einer solchen Frage stellen? Lediglich das Unwesentliche der Bibel können wir so befragen. Dann aber darf die Frage nicht lauten: Hat die Bibel recht? – sondern: Ist das, was die Bibel über ihre wesentliche Lehre vom Verhältnis zwischen Gott und Mensch hinaus bringt, immer richtig? Sind ihre naturwissenschaftlichen Darstellungen, ihre Geschichtsbilder, ihre Geschichtsdarstellungen, ihr Weltbild, ihre kulturgeschichtlichen Darstellungen richtig? Oder sehen wir das alles heute anders? Wieweit sind die Darstellungen der Bibelautoren zeitbedingt? Die Einsicht in den Sinn der zeitgeschichtlichen, kulturellen und religionsgeschichtlichen Aussagen – auch dann, wenn sie für uns heute nicht mehr gelten – *erhellen* den Sinn der biblischen Aussagen; sie *bestätigen* aber deren Glaubhaftigkeit *nicht,* falls sie

für uns heute noch gelten, und machen sie nicht fraglich, wenn sie sich als falsch herausstellen. Es kann demnach nicht der Sinn dieses Buches sein zu zeigen, wo die biblischen Aussagen durch unsere geschichtlichen, archäologischen, paläographischen, religionshistorischen und andere derartige Erkenntnisse bestätigt werden – weil alle diese Erkenntisse die Offenbarung der Bibel eben niemals bestätigen können! –, sondern der Sinn eines solchen Buches kann nur sein, die irdisch-realen Gegebenheiten der Bibel zu durchleuchten, um den Sinn des biblischen Wortes, das eingeschlossen ist in das zeitbedingte Wort, tiefer zu erkennen. Wenn trotzdem manchmal bei Widersprüchen der in der Exegese seit alters übliche Harmonisierungsversuch gewagt wird, ist das eine Konzession, die dem rechthaberichen Geist des Menschen unserer Tage gemacht wird.

HINWEISE FÜR DEN GEBRAUCH DES BUCHES

1. Wer das Buch mit Nutzen gebrauchen will, sollte zu Beginn der Arbeit mit ihm seine Anlage studieren.

2. Bei Verweisungen auf Einzelheiten in längeren Kapiteln oder Artikeln ist nicht die Seitenzahl genannt, auf der das Kapitel oder der Artikel beginnt, sondern die Seite, wo das Thema zu finden ist.

3. Die Kapitel in allgemeinen Teilen des Buches sind so eingerichtet, daß man sie einerseits fortlaufend lesen kann, aber andererseits auch das Thema, auf das in anderen Kapiteln verwiesen wird, leicht findet.

4. In den allgemeinen Kapiteln sind jene Themen ausführlicher behandelt, die zu den Perikopenkapiteln in Beziehung stehen. Themen, die nur des Zusammenhangs wegen eingefügt wurden, sind auf knappsten Umfang beschränkt worden.

5. In das Stichwortregister (Anhang) sind manchmal mehrere Namenslautungen aufgenommen, z. B. Oséas, Hoséa, Osee: die Seitenzahlen sind jedoch nur hinter der Lautung eingetragen, die im Text gebraucht wird. Das gilt für alle Eigennamen.

Die Sachwörter sind nach dem maßgeblichen Hauptwort eingeordnet, z. B. *Das Heilige Zelt* unter „Zelt" usw.

6. In das Stellenverzeichnis (Anhang) sind alle Schriftstellen der Perikopenkapitel aufgenommen worden. Hinweise auf die allgemeinen Kapitel wurden nur in besonderen Fällen berücksichtigt.

I.
WAS MAN VON DER BIBEL
SAGT UND GLAUBT

DAS WORT „BIBEL"

Das Wort „Bibel" hat eine lange und seltsame Geschichte. An der phönizischen Küste, 40 km nördlich von Beirut in der heutigen Republik Libanon, liegt seit den Jahren um 3500 v. Chr. eine Siedlung, die in alten Zeiten eine blühende Stadt war, heute jedoch nur noch ein armseliges arabisches Dorf ist. Um 1300 v. Chr. wird diese Stadt in einer Urkunde als *gublá* bezeichnet. Im AT (Ez 27,9) heißt sie *gebál*; die Griechen nannten sie „Býblos". Das heutige Dorf heißt *dschebél*.

Die Stadtkönige von Gublá/Gebál/Býblos waren Vasallen des ägyptischen Königs; die Stadt selbst war u. a. der bedeutendste Umschlaghafen und Stapelplatz für Papyrusbast und Papyrus, das in Ägypten aus dem bastartigen Mark der Papyrusstaude hergestellt wurde. Da *gublá* das ägyptische Wort für Papyrusbast war, werden die Ägypter der Stadt den Namen gegeben haben. Die Griechen, die zu den wichtigsten Bast- und Papierkäufern gehörten, nannten deshalb den Bast der Papyrusstaude, das Papier *und* die Bücher aus Papier kurzerhand nach dem phönizischen Umschlaghafen. Im Griechischen bedeutet *býblos* (später *bíblos*): der Bast, das Papier, das beschriebene Blatt und das Buch, und zwar auch solche Bücher (Buchrollen), die nicht aus Papyrus bestanden (Tontafeln, Lederbücher, Pergamentbücher, vielleicht auch Holzbücher und das darauf Geschriebene). Eine Verkleinerungsform ist *biblíon*: Buch, Schrift (in der Bedeutung von „kleines Buch"), Brief.

Die vorchristlichen Griechen nannten ihre prophetischen und gottesdienstlichen Bücher *bíbloi hiërái*: heilige Schriften. Diese Redeweise war schon um 200 v. Chr. auch bei den griechisch sprechenden Juden üblich geworden; später werden bei Philon (20 v. Chr. bis 50 n. Chr.)[1] und Flavius Josephus (37–100), die beide griechisch schrieben, die Bücher des AT immer wieder *bíbloi hiërái* genannt. Der Kirchenvater Hieronymus (347–420), der im Auftrag des Papstes Damasus die lateinische Fassung der Bibel revidierte,[2] übernahm also nur einen alten Brauch, als er die Sammlung der Heiligen Bücher „die Schriften" nannte, eine Bezeichnung, die damit als Mehrzahlwort *biblia* auch ins Lateinische überging.

Im späten Mittelalter wurde diese Mehrzahlform immer mehr als weibliche Einzahl-form gebraucht, was ein sprachgeschichtlich verständlicher Vorgang ist, da die a-Endung sowohl die des Neutrums Pluralis wie auch die des Femininum Singularis ist. *Biblia* als Einzahlform bedeutet nunmehr *das* Buch, das wichtigste Buch, das Buch schlechthin – eben „die Bibel". Im Deutschen brauchen wir daneben, in Anlehnung an den ursprünglichen Wortsinn von *biblia,* das Wort „die Schrift".

Die Papierstaude (Cyperus papyrus: *Papyrusstaude) ist ein mittelmeerländisches Riedgrasgewächs, das bis zu 4,5 m hoch wird; eine Wasserstaude, die im Niltal Altägyptens sehr verbreitet war. Heute ist sie dort fast ausgestorben; an den Quellflüssen des Nil sowie an einigen Uferstellen des Jordan findet man aber auch jetzt noch Papierstauden.*
Die Halme werden zu Flechtarbeiten verwendet; die fleischigen Wurzeln sind als Gemüse zu verwerten.
Kulturgeschichtlich am wichtigsten wurde jedoch das in Streifen geschnittene Mark des Papyrusschaftes, das kreuzweise aufeinandergepreßt wurde und zu den wichtigsten beständigen Schreibflächen des Altertums zählt. Die so entstandenen Blätter wurden geglättet und zu langen Schreibstreifen aneinandergeklebt. Diese Streifen wurden gerollt, so daß „Papyrusrollen" entstanden; später wurden aber auch Blätter zu Kodizes zusammengebunden.
Beschrieben wurde der Papyrus mit Tinte, die man mit einem geritzten Rohr (kálamos) *auftrug.*

[1] Über Philon (s. d.)
[2] Über Hieronymus: s. im Artikel „Die Vulgata"

Struktur eines Chartablattes, zusammengesetzt aus Markstreifen des Papyrusschaftes.

Auch hier ist aus *den* Schriften die eine Schrift geworden: die Schrift schlechthin, eben „die Heilige Schrift".

Zwischen 1400 und 1500 entstand in Norddeutschland ein Wort, das sich aus dem Wort „Bibel" herleitet. Da die Grundlesebücher der Kinder in der ersten Zeit des Buchdrucks Geschichten der Bibel enthielten, nannte man diese Bücher „Fibeln". Der Wechsel von *b* nach *f* liegt im niederdeutschen Raum nahe.

BESTAND DER BIBEL

Die Bibel besteht aus zwei Schriftensammlungen, von denen die Christen die erste und umfangreichere das Alte Testament (AT), die zweite und kleinere das Neue Testament (NT) nennen. Das Wort „Testament" meint nicht ein Testament in dem bei uns gebräuchlichen Sinne, sondern meint den Bund zwischen Gott und den Menschen, den Alten Bund zwischen Jahwe-Gott und Israel sowie den Neuen Bund, den Jesus Christus zwischen Gott und den Menschen schloß und besiegelte. Die hebräischen Schriften gebrauchen das Wort *bĕrít*, d. h. „Bund". Die jüdischen Übersetzer in Alexandrien, die die hebräische Bibel in vorchristlicher Zeit ins Griechische übertrugen (vgl. den Artikel „Septuaginta"), setzten für dieses hebräische *bĕrít* das griechische Wort *diathǻkǎ*, welches „Bündnis" bedeutet, aber auch „Anordnung" und „letzter Wille". In der griechischen Sprache der Zeit Jesu und der Apostel war das mehrdeutige Wort *diathǻkǎ* sehr gebräuchlich; Paulus z. B. bezeichnet in 2 Kor 3,14 das Gesetz des Mose als die alte *diathǻkǎ* (Anordnung). Als die Bibelschriften ihre lateinische Form bekamen, wurde das lateinische Wort *testamentum*, das dem griechischen *diathǻkǎ* im Sinn von „letzter Wille" entspricht, als allgemeine Übersetzung für *diathǻkǎ* benutzt und erhielt so auch den Sinn von „Bund" – eine etwas komplizierte, aber interessante Wort- und Sinngeschichte.

Die Reihenfolge der einzelnen Bücher in der hebräischen, griechischen und lateinischen Bibel des AT ist sehr verschieden. Das hat verschiedene Gründe; nur einige Beispiele: Wenn z. B. das Buch Rut einmal im Anschluß an das Buch der Richter zu finden ist, so wird es als geschichtliches Buch gesehen und steht dann an einer Stelle, wo es seinem Inhalt nach geschichtlich vertretbar ist; wenn aber andere Ausgaben es unter die „Lehrbücher" aufnehmen, wird sein Inhalt weniger von der geschichtlichen Seite her gesehen. Oder: Wenn in der hebräischen Bibel die Chronikbücher, die in den meisten Bibeln im Anschluß an die (geschichtlichen) Bücher Samuel und der Könige zu finden sind, das AT abschließen, so hat das seinen Grund darin, daß man sie als Paralipomenon (s. u.) empfand. Oder: Während die Septuaginta (s. d.) die Bücher der Makkabäer am Ende der geschichtlichen Bücher einordnet (zu denen sie auch die Bücher Judit und Tobit rechnet), findet man sie in der Vulgata (s. d.) ganz am Ende des AT, noch nach den Kleinen Propheten. In den Bibelausgaben Martin Luthers findet man die Apokryphen, d. h. alle Bücher des AT, die nur mit griechischem Text überliefert sind, am Schluß der alttestamentlichen Bücher. Wie gesagt: das sind nur einige Beispiele.

Die Reihenfolge der Bücher des NT ist einheitlicher. Martin Luther und seine Nachfolger ordnen die letzten acht Briefe in leicht anderer Reihenfolge.

DAS ALTE TESTAMENT (AT)

I. Die fünf Bücher des Mose (der Pentateuch, d. h. das Fünfbuch)
1. Das Buch Génesis (Gen/1 Mos)
2. Das Buch Éxodus (Ex/2 Mos)
3. Das Buch Levítikus (Lev/3 Mos)
4. Das Buch Númeri (Num/4 Mos)
5. Das Buch Deuteronómium (Dtn/5 Mos)

II. Die geschichtlichen Bücher
6. Das Buch Josua/Josue (Jos)
7. Das Buch der Richter (Ri)
8. Das Buch Rut (Rut)
9./10. Die zwei Samuelbücher (1 Sam und 2 Sam)
   (Nach der griechisch-lateinischen Zählung: 1. und 2. Buch der Könige)

11./12. Die zwei Bücher der Könige (1 Kön
und 2 Kön)
(Nach der griechisch-lateinischen Zählung:
3. und 4. Buch der Könige)

13./14. Die zwei Bücher der Chronik (1 Chr
und 2 Chr)
(Griechisch-lateinische, heute aber kaum
noch benutzte Bezeichnung: „Paralipomenon" d. h. Nachtrag:
1 Par und 2 Par)

15. Das Buch Esra (Esra)
(Nach der griechisch-lateinischen Zählung:
1 Esdras: Esdr)

16. Das Buch Nehemía (Neh)
(Nach der griechisch-lateinischen Zählung:
2 Esdras)

17. Das Buch Tobit (Tob)
(Vulgatabezeichnung: Tobias)
Von Martin Luther apokryph genannt.[1]

18. Das Buch Judit (Jdt)
Von Martin Luther apokryph genannt.[1]

19. Das Buch Ester (Est)
Einige Abschnitte darin von Martin Luther apokryph genannt.[1]

20./21. Die zwei Bücher der Makkabäer
(1 Makk und 2 Makk)
Von Martin Luther apokryph genannt.[1]

*III. Die Bücher der Lehrweisheit und die
Psalmen*

22. Das Buch Ijob (Ijob)
(Griechisch-lateinische Bezeichnung
„Job")
Von Martin Luther mit „Hiob" be-
zeichnet.

23. Die Psalmen (Ps)
Von Martin Luther mit „Psalter" bezeichnet.

24. Das Buch der Sprichwörter oder: . . . der
Sprüche (Spr)
(Griechisch-lateinische Bezeichnung
„Proverbia": Prov)
Von Martin Luther mit „Sprüche Salomo-
nis" bezeichnet.

25. Das Buch Kohélet (Koh)
(Griechisch-lateinische Bezeichnung „Ec-
clesiastes")
Von Martin Luther mit „Der Prediger
Salomo" bezeichnet; auch vor ihm oft
schon „Prediger" (Pred) genannt.

26. Das Hohelied (Hld), auch „Das Hohe
Lied" bezeichnet
(Lateinische Bezeichnung „Canticum"
oder „Canticum canticorum")
Von Martin Luther mit das „Hohelied
Salomonis" bezeichnet.

27. Das Buch der Weisheit (Weish)
(Griechische Bezeichnung „Sophia Salo-
monos", lateinische Bezeichnung „Liber
sapientiae" oder „Sapientia": Sap)
Martin Luther nennt das „Buch der Weisheit" apokryph.[1]

28. Das Buch Jesus Sirach (Sir)
(Griechische Bezeichnung „Sophia Sirach", lateinische Bezeichnung der griechischen Texte „Siracides", lateinische
Bezeichnung in der Vulgata „Ecclesiasticus": Eccli)
Martin Luther nennt das Buch „Jesus Sy-
rach" apokryph.[1]

IV. Die Bücher der Propheten

29. Das Buch Jesaja (Jes)
(Lateinische Bezeichnung in der griechi-
schen Bibel und in der Vulgata: „Isaias":
Is)
Martin Luther schreibt „Jesáia".

30. Das Buch Jeremía (Jer)
(Griechisch-lateinische Bezeichnung „Jeremias")

31. Die Klagelieder (Klgl)
(Griechisch-lateinische Bezeichnung „La-
mentationes")
Martin Luther nennt das Buch „Die
Klaglieder Jeremia".

32. Das Buch Baruch (Bar)
Martin Luther nennt das Buch apokryph.[1]

33. Das Buch Ezechiel (Ez)
(Griechische Schreibung „Jezekiel")
Martin Luther nennt diesen Propheten
„Hesékiël", d. i. der hebräischen Namens-
form „Jechsekiël" näher.

34. Das Buch Daniël (Dan)

35–46 Das Zwölfprophetenbuch
(Im griechischen und lateinischen Text
meistens nicht als Sammelüberschrift benutzt)

---

[1] Einige Bücher der Heiligen Schrift haben die evangelischen Christen als apokryph, d. h. als nicht kanonische
Bücher, ausgeschieden. Es handelt sich dabei im AT um
die nur in der griechischen Übersetzung der Septuaginta
(s. d.) enthaltenen Schriften. Die Katholiken nennen dieselben Bücher „deuterokanonisch" (s. d.).

Martin Luther setzt nur im Inhaltsregister den Namen der Kleinen Propheten „Zwölf Kleine Propheten / mit Namen . . .“ voran:

35. Das Buch Hosea (Hos)
(Griechisch-lateinische Bezeichnung „Osee“: Os)
36. Das Buch Joël (Joël)
37. Das Buch Amos (Am)
38. Das Buch Obadja (Obd)
(Griechisch-lateinische Bezeichnung „Abdias“: Abd)
39. Das Buch Jona (Jona)
(Griechisch-lateinische Bezeichnung „Jonas“: Jon)
40. Das Buch Micha (Mi)
(Griechische Bezeichnung „Michajas“, lateinische Bezeichnung „Michaeas“)
41. Das Buch Nahum (Nah)
42. Das Buch Habakuk (Hab)
(Griechische Bezeichnung „Ambakum“, lateinische Schreibung „Habacuc“)
43. Das Buch Zefanja (Zef)
(Griechisch-lateinische Bezeichnung „Sophonias“: Soph)
Martin Luther schreibt „Zephanja“.
44. Das Buch Haggai (Hag)
(Griechisch-lateinische Bezeichnung „Aggaios/Aggaeus“: Agg).
45. Das Buch Sachárja (Sach)
(Griechisch-lateinische Bezeichnung „Zacharias“: Zach)
46. Das Buch Maleachi (Mal)
(Griechisch-lateinische Bezeichnung „Malachias“)

DAS NEUE TESTAMENT (NT)

I. Evangelien und Apostelgeschichte
 1. Das Evangelium nach Matthäus (Mt)
 2. Das Evangelium nach Markus (Mk)
 3. Das Evangelium nach Lukas (Lk)
 4. Das Evangelium nach Johannes (Joh)
 5. Die Apostelgeschichte (Apg)
(Die Evangelien und die Apostelgeschichte nannte man früher die „geschichtlichen Bücher“).

II. Briefe der Apostel
Martin Luther nennt sie „Epistel“
(Im Anschluß an das AT hat man die Apostelbriefe auch „die Lehrbücher“ des NT genannt)

A. Briefe unter dem Namen des Apostels Paulus
 6. Der Brief an die Römer (Röm)
 7. Der Erste Brief an die Korinther (1 Kor)
 8. Der Zweite Brief an die Korinther (2 Kor)
 9. Der Brief an die Galater (Gal)
10. Der Brief an die Epheser (Eph)
11. Der Brief an die Philipper (Phil)
12. Der Brief an die Kolosser (Kol)
13. Der Erste Brief an die Thessalonicher (1 Thess)
14. Der Zweite Brief an die Thessalonicher (2 Thess)

B. Die Pastoralbriefe
15. Der Erste Brief an Timotheus (1 Tim)
16. Der Zweite Brief an Timotheus (2 Tim)
17. Der Brief an Titus (Tit)

C. Besondere Briefe
18. Der Brief an Philemon (Phlm)
19. Der Brief an die Hebräer (Hebr)

D. Die Katholischen[2] Briefe
20. Der Brief des Jakobus (Jak)
21. Der Erste Brief des Petrus (1 Petr)
22. Der Zweite Brief der Petrus (2 Petr)
23. Der Erste Brief des Johannes (1 Joh)
24. Der Zweite Brief des Johannes (2 Joh)
25. Der Dritte Brief des Johannes (3 Joh)
26. Der Brief des Judas (Jud)

III. Das apokalyptische Buch des NT
27. Die Offenbarung des Johannes (Offb)
vom Verfasser selbst „Apokalypsis“ (Apokalypse: Apk = Enthüllung) genannt.

Das AT ist zum größten Teil in hebräischer Sprache (s. d.) geschrieben. In aramäischer Sprache (s. d.) sind geschrieben einige Sätze und Abschnitte des Buches Genesis, bei Jeremia, im Buche Esra (4,7–6,18; 7,11–28) und bei Daniel (2,4–7,28). Nur in griechischer Sprache besitzen wir die Bücher Tobit, Judit, Jesus Sirach, das Buch der Weisheit, das Buch Baruch sowie die zwei Makkabäerbücher. Diese *ursprachlich* griechischen Bücher (oder nur in griechischer Sprache *erhaltenen* Bücher)

---

[2] „Katholisch“, weil an die Kirche allgemein gerichtet und nicht, wie die Briefe des Apostels Paulus, an Einzelgemeinden oder Einzelpersonen.

sind in der griechischen Übersetzung der Septuaginta (s. d.) enthalten, nicht aber in der hebräischen Sammlung der Bücher des AT. Deshalb ließen die nichtgriechischen Juden diese Bücher nicht als kanonisch (s. d.) gelten; dieser Übung schlossen sich die evangelischen Christen an.

Das NT ist uns ganz in griechischer Sprache überliefert. Jedoch nahm man bisher an, daß der Apostel Matthäus sein Evangelium in Aramäisch schrieb,[3] da es ja an die Juden seiner Zeit gerichtet war. Alle anderen Schriften des NT sind im Original in griechischer Sprache geschrieben (s. d.). Lediglich einige Worte Jesu sind in Aramäisch in den griechischen Text aufgenommen: *Abba,* d. h. Vater (Mk 14,36); *talitá kumi,* d. h. Mädchen, steh auf (Mk 5,41); *epheta,* d. h. Tu dich auf (Mk 7,34); *eloí, eloí, lamma sabachtaní,* d. h. Mein Gott, mein Gott, warum hast du mich verlassen? (Mk 15,34); *raká,* d. h. Schuft, genauer: Hohlkopf (Mt 5,22).

WAS IST DIE BIBEL FÜR JUDEN UND CHRISTEN?

Sowohl das Alte wie das Neue Testament setzen eine Gemeinschaft, eine Gemeinde oder eine Volksgruppe voraus, in denen ein bestimmter Glaube, geschichtliche Vorstellungen und Bräuche Tradition waren. Diese Einsicht ist für das rechte Verständnis der ganzen Bibel wichtig.

Die alte Bibel (von den Christen AT genannt) hat die israelitischen Glaubensauffassungen nicht erst geschaffen und dem Volk Israel seinen Glauben nicht erst gegeben, sondern es ist ein Niederschlag des Glaubens der „Kinder Abrahams" und der „Söhne Israels". Uns bekannte Bräuche und Auffassungen, die in der alten Bibel nicht erwähnt werden, schaffen dieser Tatsache Raum. So heißt es im Hebräerbrief: „Nachdem Mose jedes Gebot dem Gesetz gemäß dem ganzen Volk vorgelesen hatte, nahm er das Blut der jungen Stiere und der Böcke, dazu Wasser, rote Wolle und Ysop, besprengte das Buch selbst und das ganze Volk und sagte: Das ist das Blut des Bundes, den Gott für euch eingesetzt hat" (Hebr 9,19–20). – Von dieser Mischung des Blutes mit Wasser und von der Besprengung

des Gesetzbuches sagt das AT selbst nichts, nur die Tradition sagt es.

Der Synagogenbesuch am Sabbat und an den Festen ist nur durch die Tradition gefordert, nicht aber durch das geschriebene Gesetz der Juden.

Nach der jüdischen Lehre wurde das Gesetz den Israeliten „durch die Anordnung von Engeln" gegeben. So wirft Stephanus den Juden vor: „Welchen der Propheten haben eure Väter nicht verfolgt? Sie haben die getötet, die die Ankunft des Gerechten geweissagt haben, dessen Verräter und Mörder ihr jetzt geworden seid, ihr, die ihr durch die Anordnung von Engeln das Gesetz empfangen, es aber nicht gehalten habt" (Apg 7,52.53). – Dieser Glaube bzw. diese Ausdrucksweise findet sich nicht in einem der Bücher der hebräischen Bibel niedergelegt, sondern war so sehr geheiligte Tradition, daß die griechische Übersetzung der hebräischen Bibel sie nachträglich in den Text des Deuteronomiums aufgenommen hat.

Dies sind nur Beispiele, die aber doch andeuten, was es mit den heiligen Schriften im Judentum auf sich hat: Die religiösen Vorstellungen sind nur teilweise aufgeschrieben. Warum man vieles nicht aufnahm, ist pauschal nicht zu sagen; aber eines darf als sicher festgestellt werden: Der Glaube im ganzen wird vorausgesetzt.

Die biblischen Bücher lehren nicht in erster Linie den Glauben, sondern weisen seine Wirkung auf (geschichtliche Bücher) oder stützen seine tätige Seite durch Bestimmungen und Gesetze (Tora, d. h. die Bücher des Mose).

Man darf annehmen, daß die Israeliten schon von ihren Erzvätern her eine mündliche Glaubensüberlieferung hatten, die gewiß nicht reich und ausgebaut war, aber doch die Grundmauer des späteren Glaubensgebäudes war. Aber auch diese zeichnet keinen „Glaubensschatz" auf, sondern setzt ihn voraus. Auch die Schriften, die dann später den Niederschlag dieser Lehren aufnahmen, legen diese Lehren nicht dar, sondern zeigen sie lediglich in ihrer Wirkung auf die Geschichte Israels.

So steht also am Anfang der Heiligen Schrift der Juden eine glaubende Gemeinde, das Volk Israel – und aus ihr ward das Wort der Heiligen Schrift geboren. Was wir heute heilige Schrif-

---

[3] Vgl. die Ausführungen über das aramäische Matthäusevangelium (s. S. 296).

ten der Frühzeit nennen, war lange Zeit gesprochene Geschichtserzählung, Glaubensdichtung, Sängerwort, mündlich überlieferte Prophetie und mündlich überliefertes Lehrstück. Unter Josua wurden vielleicht die unter dem Namen des Mose laufenden Worte zuerst schriftlich fixiert. Zweiundzwanzig Jahre nach den Prophetien des Jeremia wurden seine prophetischen Worte aufgeschrieben. Und Esra hat (nach 400 v. Chr.) mehreres, bis dahin vor allem mündlich Überliefertes diktiert, damit es den aus der Babylonischen Gefangenschaft zurückgekehrten Juden für die Zukunft ein sicherer Führer werde.

Heute wissen wir, daß die biblischen Bücher nicht bei der ersten Niederschrift den Text enthalten haben, der uns in der „Bibel" vorliegt, sondern daß sie aus vielen Quellen zur heutigen Form zusammenredigiert wurden. Vor allem wissen wir heute auch, daß die Gesetzestexte des Pentateuch (s. d.) die Ergebnisse einer jahrhundertelangen Anpassungs- und Ergänzungsarbeit sind. Alle diese Erkenntnisse erhärten die Behauptung, daß zunächst die Gemeinde mit ihren sich entwikkelnden Bedürfnissen, ihren Bräuchen und Überlieferungen war, und dann erst kam es nach langen mündlichen Überlieferungen auch zu schriftlichen Texten, die nach und nach zu Büchern gesammelt wurden.

Das NT setzt die Gespräche der Apostel mit Jesus voraus. Es setzt voraus, daß die Apostel das, was sie erlebt und empfangen haben, weitergaben, noch bevor irgend etwas aufgeschrieben wurde. Als dann nach Jahrzehnten *einiges* aufgeschrieben wurde, wurde es zu einem bestimmten Zweck aufgeschrieben. Dies aber hatte zur Folge, daß nicht alles aufgeschrieben wurde.

Das Evangelium nach Matthäus will den Juden darlegen, daß Jesus von Nazaret der erwartete Messias war; auf diese Sicht schneidet der Evangelist sein Evangelium zu. Markus schreibt die wichtigsten Sätze der Petruspredigt auf. Lukas legt einiges nieder, was er (vielleicht) aus der Predigt des Apostels Paulus weiß und was er aus anderen Quellen, die er befragt hat, schöpfen konnte. Paulus greift mit seinen Briefen in bestimmte Entartungen der Gemeinden ein oder beantwortet Fragen; seine Briefe sind Gelegenheitsbriefe, d. h., zu bestimmten Gelegenheiten verkündet er *aus*

Glauben und Sitte das, was gerade verkündet werden muß.

Dadurch ist der Inhalt des NT – ähnlich wie der der alten Bibel – nicht das ganze Glaubensgut, sondern lediglich ein wichtiger Teil. Das ganze Glaubensgut des NT besitzt die christliche Gemeinde, aus deren Schoß diese Bücher und Schriften hervorgegangen sind. Sie allein kann deshalb nur sagen, was – im Zweifelsfalle – mit den Worten der biblischen Schriften gemeint ist. Hier liegt die Begründung der Notwendigkeit des kirchlichen Lehramtes: Die Fülle der Überlieferung hat die Kirche. Den Niederschlag eines Teiles, wenn auch des wichtigsten und größten Teils der Überlieferung, umfassen die biblischen Bücher des NT.

Die ganze Bibel für das Judentum ist also das (sog.) AT. Aus ihm ersehen die Juden, wie ihre Religion mit ihrem Volk allmählich gewachsen ist. Obwohl die Juden Jesus als Messias nicht anerkennen, finden sie dennoch im NT, vor allem in den Evangelien der Synoptiker (s. d.), sehr vieles, was ihnen als echt jüdische Heilsbotschaft erscheint. Es gibt heute im Judentum eine Bewegung, die man „die Heimholung Jesu ins Judentum" nennt. In Israel konnte der Verfasser dieses Buches des öfteren mit Martin Buber und Schalom Ben-Chorin über die Ernsthaftigkeit dieser Heimholung sprechen. Die Frauen und Männer dieser Bewegung sind gute Kenner auch der Schriften, die die Christen das Neue Testament nennen. Für sie gehört dieses „Neue Testament" natürlich nicht zur Bibel.

Die ganze Bibel der Christenheit ist das Alte Testament *und* das Neue Testament. Weil die christliche Gemeinde der Apostelzeit und der Apostelschülerzeit die Schriften der alten jüdischen Bibel als Fundament für die Ereignisse und Lehren des NT angesehen hat, gehört auch dieses „AT" zur Bibel der Christen. Und da die Christen natürlich auch gern wissen möchten, wie aus dem AT ihre ganze Bibel geworden ist, brauchen sie beide Sammlungen nebeneinander. Durch das NT lernen sie, wie das Christentum geworden ist; und lernen sie auch, wie viel vom Christentum noch nicht Wirklichkeit geworden ist. Und wenn sie immer mehr lernen (mit beiden Bibelsammlungen in der Hand!), wie mit Jesus die Vollkommenheit des Alten Testaments begonnen hat, werden sie verstehen, daß das Alte Testament auch die biblische Botschaft ist, die 1200 Jahre lang den Boden bereitet hat, auf dem Jesus Christus Wirklichkeit werden konnte.

Die Haltung der Christen heute zum Alten Testament ist sehr mangelhaft. Gefühlsmäßig sehen sie meistens nur das NT als *die* Bibel des Christen an, obwohl sie durchaus wissen, daß *die* Bibel des Christen beide Sammlungen umfaßt. Das war früher anders. Die ersten 1100 Jahre des Christentums hat das NT durchaus nicht so als Bibel im Vordergrund gestanden. Noch die Kirchenväter dachten bei dem Wort „Bibel" zunächst an das AT. Erst danach ist die Sammlung des NT mehr und mehr in den Vordergrund getreten. Die Bemühung Martin Luthers gerade auch um das AT ist wahrscheinlich auch die Folge des schlechten Gewissens eines christlichen Bibelkenners darüber, daß der große Reichtum des AT, das noch Jahrhunderte nach Christus *die* Bibel auch der Christen war, unter den Christen nicht mehr lebendig war.

Das Alte und das Neue Testament sind für den Christen Eine Bibel. Dazu einige Gedanken, die ihre Kraft duch intensives Nachdenken bekommen mögen:

Den einzigartigen Weg vom Polytheismus über den Henotheismus (s. d.) zum Monotheismus kann man sich nur durch das AT vor Augen führen. Der strahlende Monotheismus der jüdischen Jahrhunderte nach den Makkabäerkriegen und der christlichen Sammlung des NT kann uns erst als ein Geschenk des Gottes Israels bewußt werden, wenn wir aus dem AT erfahren, wie es so weit kommen konnte.

Die ersten Christen haben noch kein NT gehabt. Sie hatten Lehrer und Prediger, die ihnen von Jesus sprachen. Und sie sprachen über Jesus von der alten jüdischen Bibel her, von der aus sie Jesus deuteten. Wenn wir heute das NT oft ohne das AT betrachten, reißen wir Jesus aus der Jahrtausende langen Geschichte des Gottesreiches heraus.

Der Verkündigungskern der alten jüdischen Bibel ist das Kommen des Gottesreiches. Jesus war eine Person – nach Überzeugung der Christen *die* große Person – im Kommen des Gottesreiches. Als solche ist Jesus unter den ersten Christen verkündet worden. Und als im Laufe der ersten 60–70 Jahre nach Jesu Tod Briefe und kleine Bücher über seine Verkündi-

gung geschrieben wurden, ging es in diesen Schriften darum, Jesus und mit ihm das Reich Gottes zu verkündigen. Daraus wurde die Sammlung „Neues Testament". In seinem ganzen Leben hat Jesus niemals sich selbst betont, sondern immer nur das Reich Gottes, dessen Verkündigung und Vorbereitung er als seine Aufgabe wußte.

Aus manchen Formeln der Synoptiker (s. d.), aber vor allem aus dem Evangelium nach Johannes (s. d.) könnte man etwas anderes entnehmen. Deshalb ist es wichtig, all jene Formeln, die so aussehen, als ob Jesus sich manchmal oder – bei Johannes – oft selbst akzentuiert habe, als Worte anzuerkennen, die man ihm in den Mund gelegt hat. Es gibt christliche Theologen, die deshalb zu einem intensiveren Studium des AT raten, um der gerade im Christentum der letzten 600–700 Jahre geschehenen Konzentration auf Jesus bei der Verkündigung des Gottesreiches ein Gleichgewicht schaffendes Gegengewicht gegenüberzustellen.

Es gibt wenig wichtige Aussagen und Bilder im NT, die ihren tiefsten Inhalt nicht aus dem AT bekommen. Edward Schillebeeckx hat das mal sehr überraschend mit der Formel ausgedrückt: „Ohne das Alte Testament wird das Neue Testament zur Apokryphe" (s. d.) (im fünften Gespräch des Buches „God is ieder ogenblik nieuw": Amboboeken, Baarn 1982).

Die ganze Bibel ist voll von Kritik. Das ist kein Unfall, sondern Absicht.

In den geschichtlichen Büchern der alten Bibel wird sehr vieles von dem, „was dem Herrn mißfiel", gerade deshalb erzählt, um es unter kritisches Licht zu stellen. Kritik an den Führern und dem Machtgehabe Israels sahen die Propheten als eine ihrer notwendigsten Aufgaben an.

Wenn sich auch in den Schriften des NT viel Kritik findet, so darf man sagen, daß dabei die Kritik der alten Bibel als Modell für die Kritik des NT diente: die kritischen Worte Jesu und seiner Jünger gegen die Pharisäer, gegen die jüdischen Hohepriesterfamilien und andere Sadduzäer müssen als innerjüdische Kritik gesehen werden: also als Kritik jüdischer Christusanhänger an jüdischen Nichtchristen. Das Evangelium nach Johannes mit seiner Judenkritik kann da nicht anders beurteilt werden. Und wenn die Evangelien Jesus sagen lassen, er sei „zu den verlorenen Schafen des Hauses Israel gesandt" (Mt 15,24; 10,6; 9,36), um „das Verlorene zu suchen und zu retten" (Lk 19,10) u. a., so ist das zunächst interne Kritik im Judentum (nämlich Jesu an den bestellten Hirten des Volkes).

Und Kritik ist auch das Ziel des Bibelgebrauchs. Nicht nur der einfache Leser und Hörer soll sich gefragt empfinden, ob er den Ansprüchen der Bibel genügt, sondern auch die kirchlichen Lehrer stehen „unter dem Wort Gottes" der Bibel, d. h. der biblische Text ist Frage an alle, ob sie sich von der Kritik der Bibel genügend ansprechen lassen oder ob sie das biblische Wort nur gegen andere zur Kritik gebrauchen.

Kritik mit der Bibel ist kein Ziel an sich, sondern es geht um die Kritik an der Kirche, und zwar der Erneuerung wegen: an allen Bischöfen um der Erneuerung der Kirche wegen; an allen Gläubigen und ihren Priestern, Diakonen, Lehrern um der Erneuerung wegen – die Kritik in ihr und mit ihr ist also kein Selbst- und Endzweck!

VOM SINN DER BIBEL UND VON DER INSPIRATION

Nach christlichem Glauben ist die Bibel „Wort Gottes" für die Menschen; sie ist von Gott inspiriertes Menschenwort und „Gottes Wort" auf diese Weise; als Gottes Wort enthält sie auch Offenbarungen an die Menschen.

In dieser dreigliedrigen Formel mögen hier einige Aussagen über Inspiration und Offenbarung zusammengefaßt und kurz erläutert werden.

1. Die Bibel ist „Wort Gottes" für die Menschen. Als Wort Gottes (im allgemeinsten Sinne) für den Menschen (im allgemeinsten und weitesten Sinne) kann sich die Bibel nicht an eine einzige Kraft des Menschen wenden, sondern sie richtet sich an den Menschen schlechthin. In Darlegungen über das biblische „Wort Gottes" wird „Wort" oft allzu eng verstanden, nämlich als reines Mitteilungsmittel: als Mitteilungswort für Offenbarungen. Wort ist zwar auch wesentlich Mitteilungsmittel; aber es ist nicht *nur* Mitteilungsmittel. Der Inhalt dieses Mitteilungswortes kann durchaus auch eine Offenbarung (i. e. S.) sein. Aber

genauso wenig, wie das Wort des Menschen immer Mitteilung (i. e. S.) ist, genauso wenig muß das Wort Gottes immer eine solche Mitteilung sein.

In Mitteilungen spricht das Wort den Verstand und die Wissenskraft des Menschen an. Ebenso kann das Wort aber auch mehr Kontaktmittel sein, d. h., es kann das Gemüt des Menschen ansprechen. Oder es kann die Willenskraft des Menschen ansprechen; als solches steht es dem verwandelnden Wort nahe. – Es wäre also eine Verengung des „Wortes Gottes", wollte man in ihm vorwiegend Wissensmitteilungen suchen. Es bereitet den Menschen auch vor, es treibt ihn auch an, sich Gott zuzuwenden. Diese Funktion des biblischen Wortes ist ganz sicher nicht weniger wesentlich.

Im Hebräischen heißt die Vokabel für „Wort": *dabár*. Der Inhalt dieses Wortes *dabár* ist viel weiter als der unserer Vokabel „Wort"; auch weiter als der Inhalt des lateinischen *verbum*. In den Bedeutungsbereich von *dabár* gehört z. B. auch „Ding", „Ereignis". Da nun unser „Wort Gottes" sich aus dem *dabár Jahwéh*, dem „*dabár* des Herrn", dem „*dabár* Gottes" ableitet, dürfen wir schon aus philologischen Gründen den Bedeutungsinhalt von „Wort" nicht verengen, sondern im Gegenteil müßten wir ihn ganz weit machen – im Sinne des hebräischen *dabár*. Jedenfalls ist es angemessener, unter „Wort Gottes" jede Bewegung des Gottesgeistes zum Menschen hin zu verstehen, als darin vor allem Wissensmitteilungen Gottes an den Menschen zu sehen.

2. Die Bibel ist von Gott inspiriertes Menschenwort und „Gottes Wort" auf diese Weise. Wenn die Bibel „Wort Gottes für die Menschen" ist, wie im ersten Abschnitt angedeutet wurde, so muß sie sich natürlich auch des Menschenwortes bedienen. Die Bibel ist also Menschenwort, obwohl sie „Gottes Wort" ist. Ihr Vokabular, ihr Satzgefüge sind Vokabular und Satzgefüge einer menschlichen Sprache. Und mit diesem menschlichen Vokabular und Satzgefüge spricht Gott, durch Menschen.

Damit nimmt aber „Gottes Wort" auch an allen Unzulänglichkeiten der Menschensprache teil, die sich unbedingt immer dann einstellen, wenn der Mensch von Gott sprechen will. Deshalb sagt Augustinus in seinem Kommentar zum Johannesevangelium: „Auch Johannes hat nicht gesagt, wie es ist, sondern nur, wie er es vermochte, weil ein Mensch von Gott gesprochen hat." Augustinus spricht hier und so von einem biblischen Text (Joh 1,1), der etwas von Gott aussagen will. Obwohl auch Augustinus diesen Text für inspiriert hält – d. h., er glaubt ihn aus heiligem Gottesgeist geformt –, glaubt er dennoch nicht, daß dieser Text bis in die letzte Falte Richtiges aussagen kann: eben weil er Menschenwort ist.

Demnach garantiert die Inspiration auch nicht, daß ein Text mit seiner Aussage „ohne weiteres" richtig verstanden werden kann. Das unvollkommen Ausgesagte läßt sogar verschiedene Deutungen zu, die oft verschiedene Lehren und in deren Folge verschiedene Konfessionsgemeinschaften hervorgebracht haben, obwohl die verschiedenen Deutungen oft ganz gut nebeneinander in der einen Gemeinschaft hätten bestehen können.

Die katholischen Christen glauben z. B., daß das kirchliche Lehramt gültig sagen kann, wie ein Text richtig verstanden wird; dies bedeutet jedoch nicht, daß *jede* andere Deutung eines Textes eine irrige Auslegung sein muß. Lehramtliche Entscheidungen haben nicht Ausschließlichkeitscharakter.

Das von Gott inspirierte Menschenwort muß übrigens nicht unbedingt eine Aussage von Gott machen. Auch die Inspiration kann sich auf anderes als auf Aussagen von Gott beziehen. Sie kann – wie gesagt – vor allem einen Ansporn zur Hinwendung zu Gott und zum Menschen geben. Hier liegt ein wesentlicher Charakter der Inspiration, den die traditionelle Lehre leider oft zu wenig betont hat.

Von vielen evangelischen Theologen wird heute der Akzent auf eine sogenannte „aktive Inspiration" gelegt. Unter diesem (sich leider nicht selbst erklärenden Ausdruck) versteht man, daß Gottes Geist – sei es den einzelnen, sei es die Gemeinde – beim Hören und Lesen des Gotteswortes „inspiriert", was aber hier nicht in erster Linie auf das Verständnis geht, sondern eben auf etwas Ähnliches wie den oben zitierten Ansporn: die „aktive Inspiration" interessiert den Menschen für das Heil Gottes und drängt ihn zu ihm hin.

Bei einem solchen Inspirationsbegriff hat allerdings die Offenbarung als Lehrsystem nicht mehr den alten Platz. Offenbarung ist dann fast nur noch persönliche Begegnung mit Gott, Begegnung der Gemeinde mit Gott. Damit verliert die Frage, ob und wieweit die Inspiration Irrtumslosigkeit garantieren könne, an Bedeutung. Wenn Offenbarung Begegnung ist, spielt nicht die Irrtumslosigkeit des antreibenden Wortes, sondern seine Mächtigkeit eine Rolle; denn in der Begegnung gibt es kein Wahr oder Falsch, sondern nur ein Wirksam oder Unwirksam. – Es wäre gut, wenn ein wenig mehr als bisher von diesen Anschauungen Allgemeingut würde. Denn da es ja unmöglich ist, mit menschlichem Wort restlos Gültiges über Gott auszusagen, ist die betonte Behauptung der Irrtumslosigkeit der Heiligen Schrift problematisch, da sie ja mit menschlichem Wort spricht. Das soll ganz sicher nicht heißen, daß Inspiration keine Irrtumslosigkeit bewirke, wohl jedoch, daß die Irrtumslosigkeit sehr relativ zu nehmen ist. Jedenfalls ist sie weniger dem biblischen Wort an sich eigen als seiner Interpretation aus dem allgemein christlichen Geist. Diese Überzeugung, die immer schon jede Verbalinspiration ausgeschlossen hat, steht seltsamerweise in einem gewissen Gegensatz zu der in mancher Theologie üblichen Betonung der Irrtumslosigkeit.

Ganz allgemein ist über das biblische „Wort Gottes" im Menschenwort zu sagen:

Es ist rassisch und völkisch bedingt. Es ist also nicht zu trennen vom Sprachgeist, vom Sprachstil, vom Denken derer, die es als Menschenwort ausgesprochen haben, mögen sie nun Hebräer und Juden oder Griechen gewesen sein (vgl. den Abschnitt über den „Semitischen Sprachgeist"). Es ist also auch als „Wort Gottes" nur zu verstehen, wenn wir begreifen, was jene Sprache der Menschen damals mit den gebrauchten Worten sagen wollte. Allein damit stößt man zum gemeinten Sinn vor, den der biblische Schriftsteller intendierte. Wenn wir wirklich an die Inspiration glauben, ist der gemeinte Sinn der erste Sinn, obwohl nicht geleugnet werden soll, daß es auch andere legitime Auslegungen gibt, die über den vom menschlichen Sprecher gemeinten Sinn hinausgehen (vgl. z. B. die Darlegungen im Artikel „Der Prophet").

Das biblische Wort Gottes ist also sprachgebunden. Sprache ist aber ihrerseits kulturgebunden. Deshalb ist das Gotteswort der Bibel ohne Sicht auf den kulturellen Zusammenhang nicht voll deutbar. Wenn man z. B. nicht weiß, was Sandalenbänderlösen, Schuheausziehen, Füßewaschen usw. im Kulturbereich des biblischen Schriftstellers bedeutete, lassen sich die darauf aufgebauten Handlungen und Bilder nicht recht auffassen. Im Zusammenhang mit der Inspiration heißt dies: inspiriert ist nicht das abstrakte Bild, sondern das Bild jener Kultur, zu der die Erzählungen gehören, die die Bibel ausmachen. Gerade aus dieser Tatsache der Kulturgebundenheit des Wortes der Bibel ergibt sich die Notwendigkeit, auch die Realien der Bibel aufs beste zu kennen, worum wir uns in diesem Buch besonders bemühen.

Und was von der Kultur zu sagen ist, ist auch von der Politik zu sagen. Die Politik gehört nicht nur als Hintergrund zu den biblischen Aussagen. Die politischen Vorgänge *sind* oft geradezu der Ausdruck des „Handelns Gottes", weil der biblische Gott als der Herr der Weltgeschichte gesehen wird. Deshalb ist einerseits das biblische Wort in seinem unmittelbaren Sinn nur verständlich, wenn man die politischen Vorgänge, von denen sie handeln, begreift; und anderseits darf man nicht vergessen, daß auch in den Darstellungen dieser politischen Vorgänge das Wort Gottes lebendig ist: weniger im geschichtlichen Inhalt als in der prophetischen Deutung und Sinngebung der die Menschen existentiell bedrohenden oder befreienden Vorgänge.

Schließlich sei aber auch dies zu dem Stichwort „Menschenwort" nicht vergessen: Die Bibel ist in vielen ihrer Bücher literarisch, d. h. in dem, was Bücher gemeinhin auszeichnen sollte, unvollkommen. Das Gewand ist oft geradezu schäbig. Augustinus sagt von der Heiligen Schrift: „Unadelig erschien sie mir neben Ciceros Adel" (Bekenntnisse 3,5). Trotzdem halten die Christen an der Überzeugung fest, daß die Schrift „Wort Gottes" ist; daß sie Wort ist, das immer noch und immer neu von ihm ausgeht und das Zeugnis von Gott gibt. Sie halten fest an dem Glauben, daß es von Gott gegebenes Wort ist. Angesichts dieses so wenig strahlenden, ja manchmal schäbigen Gewandes wird die sich ohnehin anbietende Frage noch dringender: was man nämlich unter „Inspiration" zu verstehen habe. Zwei neutestamentliche Stellen sprechen davon: wenn 2 Tim 3,16 von der *pása graphá theópneustos* redet, der „scriptura divinitus inspirata" (der von Gott eingegebenen Schrift), und

wenn es in 2 Petr 1,21 heißt: „Nie ist eine Prophetie aus menschlichem Willen hervorgegangen. Vielmehr vom Heiligen Geiste (oder: von heiligem Geiste) getragen, getrieben ... sprachen sie." Solche Texte weisen mehr auf einen sehr allgemeinen Begriff von Inspiration hin. Was diese Inspiration im einzelnen ist, läßt sich schwer darlegen. Aber eines ist sicher: Über den Glauben an die Inspiration gibt es eine bruchlose Tradition! Einige Stationen dieser Tradition mögen hier stellvertretend für die Gesamttradition stehen:

Beim Propheten Jeremia (1,9) steht: „Ich lege mein Wort in deinen Mund."

Jesus sagt bei Mt 4,4: „Es steht geschrieben: Der Mensch lebt nicht nur von Brot ..." So antwortet Jesus mit einem biblischen Zitat (Dtn 8,3) dem Versucher. Er antwortet damit durch ein Wort, das keinen Widerspruch zuläßt, eben weil es „Gottes Wort" ist. In ähnlicher Weise hören wir aus dem Munde Jesu des öfteren Hinweise auf die jüdische Bibel, in denen stets die absolute Verläßlichkeit vorausgesetzt wird.

Im Johannesevangelium: „Wir wissen, daß zu Mose Gott gesprochen hat", sagen die Juden zu Jesus (9,29).

In der Apostelgeschichte: „Du hast durch den Mund unseres Vaters David, deines Knechtes, durch den Heiligen Geist gesagt ...", beteten Petrus und Johannes, nachdem sie vom Hohen Rat verhört worden waren (Apg 4,25).

„Treffend hat der Heilige Geist durch den Propheten Jesaja zu euren Vätern gesagt ...", spricht Paulus zu den Juden in Rom, als sie nicht an seine Botschaft von Jesus dem Christus glauben wollen (Apg 28,25).

Der Apostel Paulus sagt: „Wir sind doch der Tempel des lebendigen Gottes; denn Gott hat gesprochen: Ich will unter ihnen wohnen und mit ihnen gehen ..." (2 Kor 6,16), indem er Lev 26,12 zitiert. – „Du kennst ja von Kindheit an die heiligen Schriften ... Jede von Gott eingegebene Schrift ist auch nützlich zur Belehrung ..." (2 Tim 3,15.16).

Tertullian (160–220) spricht von der Bibel wegen der Inspiration als einer „göttlichen Büchersammlung".

Der Kirchenlehrer Hieronymus (347–420) nennt die Bibel „Biblia Sacra" – heilige Schriften, wegen der Inspiration.

Augustinus (354–430) schrieb in seinem

Werk über „Die Übereinstimmung der Evangelien": „Da jene [die biblischen Schriftsteller] schrieben, was er [der Heilige Geist] ihnen wies und sagte, kann man deshalb keineswegs sagen, Er habe selbst nicht geschrieben: da ja seine Glieder ausführten, was sie unter dem Diktat [der Anregung, Eingebung] des Hauptes erkannten."

In den Statuta Ecclesiae Antiqua (5. und 6. Jahrhundert) wird als Examen vor der Weihe eines Bischofs bestimmt: „Er soll gefragt werden, ob er glaube, daß derselbe Autor und derselbe Gott der des Alten und Neuen Testamentes sei . . ."

Papst Gregor d. Gr. (590–604) schreibt in seinem Brief an den kaiserlichen Leibarzt Theodorus, im Juni 595: „Was aber ist die Heilige Schrift anderes als gewissermaßen ein Brief des allmächtigen Gottes an seine Schöpfung? . . . Der Kaiser des Himmels, der Herr der Menschen und Engel übersendet dir für dein Leben seine Sendschreiben . . . Ich bitte dich, studiere und überdenke täglich die Worte deines Schöpfers; lerne das Herz Gottes in den Worten Gottes kennen . . ."

Papst Leo IX. (1048–1054) schreibt im Jahre 1053 an Bischof Petrus von Antiochien:

„Ich glaube auch, daß der eine Autor des Neuen und Alten Testamentes, des Gesetzes und der Propheten und der Apostel[-schriften] der eine Gott ist, der allmächtige Herr."

Papst Innozenz III. (1198–1216) stellt in einem Schreiben an den Erzbischof von Tarragona Glaubensbekenntnisse auf (18. Dezember 1208), die Durandus de Osca (Huesca) und seinen Gefährten vorgelegt werden sollen. Darin formuliert der Papst das Bekenntnis: „Wir glauben, daß das Neue und das Alte Testament den einen und selben Urheber hat: Gott, der in Dreifaltigkeit (wie wir sagen) ohne Unterlaß aus dem Nichts alles geschaffen hat." – Durando von Huesca war ein aragonischer Anhänger der waldensischen Lehre, von der er sich aber im Jahre 1207 beim Religionsgespräch zu Pamiers abwandte. Er gründete den Orden der Armen: zur Bekehrung der „Armen von Lyon".

Papst Eugen IV. (1431–1447) in der Bulle „Cantate Domino" vom 4. Februar 1441: „Der eine und selbe Gott muß als Urheber des Alten und Neuen Testamentes, d. h. des Gesetzes und der Propheten und des Evangeliums, bekannt werden; denn durch Inspiration desselben Heiligen Geistes haben beide heilige Testamente gesprochen . . ."

Papst Pius XII. beginnt seine Bibelenzyklika (1943) mit den Worten „Unter dem Anhauch des Göttlichen Geistes haben die heiligen Schriftsteller die Bücher verfaßt, die Gott den Menschen geben wollte" („Divino afflante Spiritu").

3. Als Gottes Wort enthält die Bibel Offenbarungen an die Menschen. Diese These enthält zwei negative Aspekte: Erstens heißt „Offenbarung" keineswegs Wissensvermittlung von solchem, was wir als Menschen ohne besondere göttliche Hilfe nicht erkennen können. Und zweitens ist auch nicht jedes Wort der Bibel eine Offenbarung; wenn man „Offenbarung" als etwas einzelnes nimmt, kann man höchstens sagen, daß die Bibel solche Offenbarungen enthält. Wohl kann man jedoch sagen, daß die Bibel *als Ganzes* Offenbarung Gottes ist; dann kann man jedoch unter „Offenbarung" überhaupt nicht mehr eine Mitteilung von sonst Ungewußtem oder sogar sonst Unwißbarem meinen, sondern man muß darunter verstehen, daß die Bibel das Buch ist, in dem sich Gottes Größe, Gottes Liebe, Gottes Gerechtigkeit – Gott schlechthin geoffenbart hat.

Das Wort von den „Offenbarungen" der Bibel muß also differenziert aufgefaßt werden. Nach dem Glauben der Israeliten und Juden, den Urhebern der meisten biblischen Schriften, ist die Offenbarung Gottes nicht in erster Linie das literarische Wort, sondern das geschichtliche Geschehen. Insofern sich der Wille Gottes im geschichtlichen Geschehen offenbart und der verkündende Prophet dieses Geschehen als Offenbarung Gottes deutet, wird sodann auch das literarische Wort Offenbarung.

Dem Sinn dieser Nuance von Offenbarung steht nahe der oben zitierte Glaube, daß die gesamte „Heilige Schrift" Offenbarung Gottes ist. Nicht einzelne Aussagen sind da gemeint, sondern das Ganze, das auf Gott hinweist. Gegenüber den meisten Religionen der Heiden ist hier das Wesentliche, daß Gott nicht wie eine bedrohliche Macht besänftigt werden muß, sondern daß er als fordernde Macht vom Menschen nicht Opfer, sondern Heiligkeit (d. h. Erfüllung seines Wesens) verlangt.

Obwohl all dies beachtet werden soll, darf aber

sicherlich dennoch nicht der engste Sinn von „Offenbarung" ausgeschaltet werden: die Vermittlung von „Wissen". Jedoch muß man sich auch hier von übertriebenen Vorstellungen distanzieren, die sozusagen die biblischen Erzählungen dafür ansahen, als ob sie den *einzigen* Zweck hätten, theologische Begriffe in Form von Einkleidungen zu vermitteln – also ausschließlich den vom Intellekt aufzufassenden Glaubenswahrheiten zu dienen.

Der Bezugspunkt des biblischen Wortes ist nicht ausschließlich die Wahrheit, wie wir uns das unter der intellektualistisch-dogmatischen Betrachtung der Bibel eingeredet haben, die im westlichen Christentum seit siebenhundert Jahren – besonders im Katholizismus – weithin und von Jahrhundert zu Jahrhundert immer mehr üblich geworden ist. Zwar kann die Wahrheit niemals überbewertet werden; aber trotzdem ist nicht alles auf die Wahrheit bezogen. Im Verständnis der Bibel haben wir das Wort Jesu aus dem Johannesevangelium „Ich bin der Weg, die Wahrheit und das Leben" oft verfälscht und der Wahrheit einen alles überherrschenden Akzent gegeben, obwohl doch Weg und Leben auch noch da sind.

Der Offenbarungsbegriff ist durch diese Akzentverschiebung in Richtung Wahrheit stark rationalistisch geworden. Die Bibel selbst spricht kaum einmal in dem Sinne von Wahrheit, wie wir das tun. Wohl braucht schon das AT dieses Wort; aber dann bedeutet Wahrheit nicht Gegenteil von Irrtum, sondern Gegenteil von Lüge. Gott ist der „wahre" Gott, weil er seine Verheißungen wahr macht, nicht aber weil er wißbare Wahrheiten verkündet (2 Sam 7,28; 1 Kön 17,24; Ps 25,10; Ps 26,3). Die Wortkonkordanz verzeichnet dreiundsiebzig Stellen mit dem Wort „Wahrheit"; keine von diesen Stellen findet sich übrigens bei den Synoptikern.

In den Erzählungen und Bildern der Bibel sind „Weg, Wahrheit und Leben" fast niemals voneinander getrennt. Indem man sie *ganz* hinnimmt, ergibt sich viel leichter ihre existentielle Funktion, als wenn man sie seziert und vorwiegend Begriffe für Definitionen von Glaubenswahrheiten aus ihnen herauszuschälen versucht. Gleichzeitig ergibt sich damit aber auch von dieser Seite her ein weiterer Offenbarungs- und Inspirationsbegriff, denn Offenbarung bezieht sich damit nicht mehr nur auf Wahrheit, und Inspiration dient nicht mehr

nur dem Schutz der Wahrheit, wie es oft dargestellt wird, sondern vor allem auch der Frömmigkeit, d. h. dem „Weg" (zu Gott), dem „Leben" (aus Gott).

Mit einem Inspirations- und Offenbarungsbegriff, der sich auf das Ganze bezieht – wie es sich in den biblischen Gleichnissen und Bildern darbietet –, werden wir ganz sicher der Bibel gerechter, als wenn wir die Offenbarung in Begriffen suchen und die Inspiration auf die Begriffe beziehen. Denn wo finden wir in der Bibel begriffliche Systeme? Weder die alte Bibel, noch Paulus, noch die Synoptiker, noch Johannes formten ihre Aussagen aus einem begrifflichen System heraus. Sie alle dachten wesentlich in Bildern, nicht in Begriffen. Deshalb ist auch bei der Bemühung um das Verständnis der Bibel die Erkenntnis der einzelnen Bildelemente wichtiger als die Erkenntnis einzelner Begriffe.

Über die Inspiration selbst etwas sagen zu wollen, wäre vermessen, weil das hieße, über den Geist überhaupt und über den Geist Gottes etwas sagen zu wollen. Vielleicht darf man aber etwas ganz Allgemeines zur Tatsache der Inspiration überlegen. Insofern nämlich jede Deutung auf Göttliches hin, jede Führung zu irgendeinem Gottesglauben hin aus inspirierenden Kräften Gottes stammen muß, darf man sagen, daß jedes religiöse Weisungswort inspiriert ist. Wenn wir nicht einmal an Gott denken, viel weniger an ihn glauben und auf ihn vertrauen können, ohne daß der Geist Gottes uns dazu befähigt, um wieviel weniger können dann wegweisende Worte, die zu Gott (oder zu einem Gott) führen sollen, ohne göttliche Inspiration entstehen! Wir würden unseren Glauben an die jüdischen und christlichen Bücher als inspirierte Bücher unglaubhaft machen, wenn wir die Inspiration für sie nicht in Zusammenhang mit der Inspiration überhaupt sähen. Es ist wie mit dem Polytheismus und dem Monotheismus. Es gibt keinen Gottesglauben, der nicht am wahren Gottesglauben teilnimmt. Die Möglichkeit, sich zum Polytheismus zu bekennen, ist schon inspirierte Kraft, ist schon Offenbarung. (Übrigens stoßen wir von diesem sehr weiten Inspirationsbegriff ebenfalls wieder auf die Frage, ob die Inspiration tatsächlich einen so fundamentalen Zusammenhang mit der Wahrheit hat, wie wir oft behaupten. Wenn sogar zum Polytheismus Inspiration gehört, läßt dies vermuten, daß es sogar Inspiration geben kann, die zwar häufig zum Gottesglauben antreibt – vielleicht auf dem Weg über sehr urtümliche und „irrtümliche" Stufen –, aber mit der Wahrheit nur insofern Kontakt hat, als Glauben an Gott wahrer ist als das Nichtglauben. Aber zur Welt der Wahrheit gehört der Polytheismus doch wohl nicht! Und trotzdem könnte es ihn ohne Inspiration nicht geben!)

Daneben lassen sich vielleicht durch einige negative Aussagen gewisse Charakteristika der Inspiration einfangen:

Von keinem Buch der Schrift ließ sich im Augenblick der Niederschrift sagen: Dieses hier entstehende Buch wird unter göttlichem Einfluß geschrieben. Vielmehr wurde die Inspiration nachträglich, zum Teil Jahrhunderte später, von den betreffenden Büchern behauptet. Ob ein Buch inspiriert wurde, ist eine Feststellung der gläubigen Gemeinde; wie das inspirierte Buch der Juden und Christen aus der prophetischen und apostolischen Glaubensgemeinde hervorgestiegen ist (vgl. den Artikel „Entstehung der Bibel"), so stellt die gleiche Glaubensgemeinde später fest, daß ein Buch zu ihr gehört, daß es mit ihrem Glauben übereinstimmt, und nimmt es in den Kanon (s. d.) ihrer maßgeblichen Schriften auf; wobei zu bemerken ist, daß es „kanonisch" (im literarischen Sinne) wird, weil sein Inhalt kanonisch ist, d. h. normativ für Glaube und Sitte. Gleichzeitig damit wird das Buch als inspiriertes Buch geglaubt.

Ein romantisches Inspirationsbild ist der ins Ohr flüsternde Heilige Geist oder der ins Ohr flüsternde Engel (vgl. den „Matthäus" von Rembrandt mit dem Bildnis des Rembrandtsohnes Titus als inspirierender Engel); dieses Bild wird oft so aufgefaßt, als ob sich der inspirierte Schriftsteller der Inspiration im Augenblick der Niederschrift bewußt war. Diese romantische Vorstellung von der Inspiration fällt mit obiger Behauptung natürlich dahin, da man nun nicht mehr sagen kann, daß der inspirierte Schriftsteller von der Inspiration wußte und also auch nicht auf das Wort des Heiligen Geistes „lauschen" konnte. Die Inspiration hat gewissermaßen ihren Ursprung in der Vernunft, in der Einsicht, in der Weisheit und Gläubigkeit des Autors. Die geheimnisvolle Konformität des Autors mit dem göttlichen Aussagewillen ist Inspiration. Deshalb möchte man sogar sagen: Das Nichtwissen des Inspirierten von der Inspiration ist fast eine Notwendigkeit für die Naivität und Sauberkeit der Aussagen.

Letztlich ist das göttlich inspirierte Menschenwort ein Geheimnis, das man zwar nicht klären, aber doch vergleichen kann mit dem anderen Geheimnis der Menschwerdung, von dem das Geheimnis der Inspiration eigentlich nur ein Teil ist. Wir bekennen unseren Glauben an den einen Herrn Jesus Christus, „der für uns Menschen und um unseres Heiles willen vom Himmel herabgestiegen ist. Er hat Fleisch angenommen durch den Heiligen Geist aus Maria der Jungfrau und ist Mensch geworden". – Ähnlich müßten wir unsern Glauben an das göttlich inspirierte offenbarende Wort bekennen, das für uns Menschen und um unseres Heiles willen vom Himmel herabgestiegen ist. Es hat menschensprachliche Gestalt angenommen durch den Heiligen Geist (z. B. aus Jesaja oder Matthäus) und ist menschliches Wort geworden. In diesem menschlichen Wort lebt der Geist Gottes als Wort Gottes – nicht als Wort *über* Gott, genauso wie im Menschen Jesus der Geist Gottes als der eine Herr da ist, nicht aber als ein Schriftgelehrter, der *über* Gott gut zu reden weiß.

Weitere Hinweise auf den Charakter der Inspiration siehe im Artikel „Wort Jahwes", Nr. 3 und 4.

In einigen Zusammenfassungen und Zitaten soll das Thema „Inspiration" noch etwas erweitert und flüssiger gemacht werden, so daß der Leser von anderen Seiten her zu neuen Denkanregungen und Einsichten kommen kann:

Der Glaube an die Inspiration wichtiger, besonders religiös wichtiger Bücher ist kein rein jüdischer und kein rein christlicher Glaube, sondern eine Vorstellung, die in mancherlei Weise in vielen Religionen lebendig ist, die mit (aufgeschriebenen oder mündlich überlieferten) Glaubenstexten zu tun haben. Anderseits gehört der Glaube an die Inspiration zu den am meisten widersprochenen Glaubenslehren. Die Angriffe auf die Lehren von der Inspiration, von welcher Seite sie auch vorgetragen werden, sollen aber hier nicht – dazu gehörte ein langer Artikel! – aufgeführt werden, sondern es soll versucht werden, von der Inspiration einiges zu sagen, das einem modern denkenden Menschen in seinen Vorstellungen weiterhilft.

Das Wort Inspiration (als lateinisches Wort, das vom griechischen Wort „theópneustos", d. h. von Gott eingegeben – s. 2 Tim 3,16) hat zunächst einen sehr allgemeinen Sinn. Worte, Akte, Aussagen, Entscheidungen in schwieriger Situation, die sich aber überraschend oder nach langer Bewährung für den Menschen heilsam auswirken, werden „von Gott eingegeben", „inspiriert" o. ä. genannt, weil man sich das nur aus göttlichem Geist erklären kann. Freilich heißt das nicht, daß an die Stelle menschlichen Handelns oder menschlicher Mittel der göttliche Geist tritt; sondern menschliche Mittel können als Weghelfer zur Inspiration durch Gott (bzw. die Götter) wirken. Solche Bedeutung wurde im Judentum und im frühen Christentum aber gerade deshalb als eine Gefahr angesehen und so benutzte man, statt „von Gott eingegeben" („inspiriert"), lieber das Wort prophetisch. „Prophetisch" ist aber nicht – wie das im volkstümlichen Sprachgebrauch oft benutzt wird – eine Bezeichnung für Menschen oder Reden, die etwas voraussagen; denn der Prophet (von griechisch „próphämi") ist kein Mensch der Weissagung, sondern ein Mensch der Verkündigung, („próphämi" heißt z. B. den Willen Gottes verkündigen o. ä.). –

Schon in der Scholastik wurden bei den Überlegungen zur Inspiration Elemente betont, die für das volkstümliche Verständnis der Inspiration gerade nicht zur Inspiration gehören. Dieses Volksverständnis hält viel von geheimnisvollen Eingebungen, während die Scholastik (zumal Thomas von Aquin in seinem Traktat „De prophetia" in der Summa theologiae: 2 II quaest. 171–174) stark intellektuelle Elemente betont: Die Gabe, das Rechte richtig zu sehen und zu sagen (oder zu schreiben) *ist* die Inspiration. Bei den mit „Propheten" bezeichneten Verkündern des Gotteswillens sieht Thomas lediglich als Besonderheit, daß sie neben der redlichen und intellektuellen Erarbeitung ihrer Aussagen stark von Bildern getragen werden, die die Aussage dramatisieren und erzählerisch lebendiger machen. –

Luthers Inspirationslehre konnte nach seiner Lösung von der katholischen Kirche nicht dieselbe bleiben, wie er sie vorher geglaubt hat. Seine neue Formel ist dann freilich keine eigentliche Inspirationsformel. Zum Wesen der biblischen Bücher gehört, lehrt er, daß sie „Christum treiben", d. h. sie lehren Christus, zeigen auf ihn, bezeugen ihn. Vom Heiligen Geist im Menschen wird dann die Aussage der Bibelbotschaft aufgenommen. –

Nach der Enzyklika „Providentissimus Deus" Leos XIII. darf man sagen: Inspiration ist kein Diktat von Gedanken, Deutungen, Worten, die der Schreiber nicht versteht. Inspiriertes Schreiben geht, wie jedes literarische Schreiben, von der Mühe im Erkennen aus. Der Schreiber kommt zu dem Entschluß, das Erkannte aufzuschreiben und tut es dann auch, mit aller Mühe. Das ist ein hypothetisches Nacheinander, das sich in der Wirklichkeit vielfach durchdringt, aber so, daß alle Stationen erhalten bleiben. Deshalb spricht Leo XIII. vom „rechten geistigen Erfassen" und von entsprechend „rechtem Ausdruck". –

Franz Rosenzweig (1886–1929), der jüdische Denker, sagte einmal zur Bibel: „Alle Bücher kann man kennen lernen, indem man sie liest. Was in der Bibel steht, kann man auf zwei Weisen kennen lernen: indem man hört, was sie sagt, und indem man auf die Schläge des menschlichen Herzens horcht. Deshalb (und nur darum) ist die Bibel *Offenbarung*." –

Aus einem Gesprächsabend über die Bibel: Die „Irrtumslosigkeit" der Bibel besteht darin, daß sie sich immer selbst korrigiert und durch ihr Studiertwerden vorantreibt . . .

Jedes Buch der Bibel, jede „Hinzufügung" ist eine Kritik an der Aussage des Ganzen . . .

Alle Menschen, die in der rechten Absicht und mit ganzer Mühe an einem inspirierten Buch mitgearbeitet haben, waren durch diese Absicht und Mühe „inspiriert" und ihre Irrtumslosigkeit war relativ, d. h. so, wie sie ihnen durch Absicht und Mühe möglich war. Objektiv wäre sie nicht feststellbar, sondern nur zu erhoffen . . .

„Ich frage mich", sagte E. Schillebeeckx, „wie das Wort der Bibel zustande gekommen ist. Menschen haben es niedergeschrieben. Gott hat nicht „gesprochen". Es sind Menschen, die Gott sprechen lassen, aber immer aus Anlaß konkreter Ereignisse. Das Wort Gottes ist selbst wie eine Metapher. – Aber das Volk Israel interpretierte seine eigene Geschichte als eine Geschichte der Befreiung durch Gott. Diese Interpretation ist in die Bibel aufgenommen . . ."

Einer las aus dem Holländischen Katechismus vor (Deutsche Ausgabe): „Die Tatsache der Inspiration darf man nicht von der Wirkung des Geistes im Ganzen des Phänomens Israel trennen." – „Soll damit gesagt sein, daß die Schrift zum Teil von den Menschen und zum Teil vom Geiste Gottes ist? Nein, sie ist als Ganzes von den Menschen und als Ganzes vom Geiste Gottes ... Wenn der Geist Gottes wirkt, wird der Mensch nicht ausgeschaltet, sondern kommt zu sich selbst."

DER BIBLISCHE KANON UND DIE BÜCHER DER BIBEL

Das Wort Kanon
hat vielerlei Bedeutungen. Es ist ein semitisches Wort. Der ursprüngliche Sinn war „Richtschnur" oder „Maßstab". Aus dem Semitischen wanderte das Wort ins Griechische und wurde dort von großer Wichtigkeit.

Vom zweiten christlichen Jahrhundert an wurde im griechischen Sprachraum das Wort „Kanones" (Mehrzahl) für Ordnung, Kirchenordnung gebraucht. Seit dem vierten christlichen Jahrhundert bedeutet es oft außerdem: Richtschnur für christlichen Glauben und christliche Sitte. Von diesem Wortgebrauch her ergab sich im Kirchenbereich der Herrschaft Karls d. Gr. die Bezeichnung „Kanoniker" für jene Kleriker, die nach einer festgesetzten Ordnung in einer Gemeinschaft die *vita canonica* lebten. – Im Mittelalter wurde jede kirchliche Rechtsbestimmung mit „Kanon" bezeichnet. Von daher werden die einzelnen Bestimmungen der kirchlichen Rechtsbücher (zumal des *Codex Juris Canonici*) „Kanones" genannt. – In der Mitte des alten römischen Meßritus wurde der unveränderliche Zentralteil (vom *Sanctus* bis zur großen Lobpreisung) „Kanon" genannt.

Die idealen Verhältnisse der Teile des menschlichen Körpers untereinander nennt die Kunst „Kanon". Viele Maler, und Kunsttheoretiker (z. B. Dürer, Leonardo da Vinci, P. Desiderius Lenz) stellten einen solchen Kanon auf. – In der Musik werden polyphone Sätze, die mit *einer* Richtmelodie gesungen werden, deren verschiedene Stimmen aber nacheinander einsetzen, „Kanon" genannt.

Richtungweisende Bestimmungen u. a. werden oft als „Verzeichnis" formuliert; ein solches Verzeichnis ist ebenfalls ein „Kanon". Von daher nennt die katholische Kirche ihr Heiligenverzeichnis „Kanon"; deshalb spricht man bei der kirchlichen Gutheißung der Verehrung von Menschen als Heilige von „Kanonisierung" (volkstümlich übertragen mit „Heiligsprechung", was aber ein ganz und gar irreführender Ausdruck ist).

In der Bibelwissenschaft bedeutet „Kanon" das Verzeichnis jener Bücher und Schriften, die als maßgeblich gelten und deshalb rechtmäßig zu den beiden Sammlungen der Bibel gehören. Die beiden Sammlungen des AT und NT haben jede für sich eine schwer überschaubare Kanongeschichte, die in diesem Buch nur kurz skizziert werden kann.

Der Kanon des AT
umfaßt nach heutiger (katholischer) Zählung 45 „Bücher" (vgl. das Kapitel über den Bestand der Bibel). Die Juden zählten allerdings nur 22, in Angleichung an die Zahl der 22 Buchstaben des hebräischen Alphabetes; jedoch enthielten diese 22 Bücher trotzdem die meisten (nämlich 39) dieser 45 Schriften, weil sie die zwei Bücher Samuel, die zwei Bücher der Könige, die zwei Chronikbücher, das Buch Esra mit dem Buch Nehemia und die zwölf Bücher der kleinen Propheten nur als je ein Buch rechneten; das Buch Rut verbanden sie mit dem Richterbuch sowie die Klagelieder mit dem Buch des Propheten Jeremia.

Die drei großen Teile der jüdischen Bibel sind „Das Gesetz" *(torá)*, das sind die fünf Bücher Moses; „die Propheten", dazu werden von den Juden auch die geschichtlichen Bücher von Josua bis 2 Könige gezählt, weil sie nach jüdischer Tradition prophetische Verfasser hatten, sowie die eigentlichen prophetischen Bücher; „die Schriften", zu denen z. B. die Psalmen, das Buch Ijob usw. gehören.

Obwohl schon die Israeliten seit ältesten Zeiten, erst recht dann die Juden seit etwa 600, noch mehr aber seit etwa 400 v. Chr. bestimmte Bücher als über die anderen hervorragend nennen, kann im Judentum frühestens um 180 v. Chr. von einem eigentlichen Kanon der Bibel die Rede sein, der jedoch noch nicht abgeschlossen war. Als der Enkel des Jesus Sirach im Jahr 132 v. Chr. das Buch seines Großvaters ins Griechische übersetzte, sprach er in seiner Vorrede ausdrücklich von feststehenden Sammlungen: „Durch das Gesetz, die

Propheten und die folgenden Schriftsteller ist uns viel Kostbares geschenkt worden . . ."

Diese Einleitung aus dem Jahre 132 v. Chr. bezeugt demnach so etwas wie einen Kanon für das Entstehungsjahr des Sirachbuches um 180 v. Chr., wie ihn übrigens die Kapitel 44–49 des Sirachbuches ebenfalls voraussetzen. Offenbar war das Verzeichnis der „Gesetze" und der „Propheten" fixiert, während die dritte Gruppe noch unbenannt war und deshalb wohl auch noch nicht als abgeschlossene Gruppe angesehen wurde.

Für die Zeit Jesu und später steht die Zahl von 22 (alttestamentlichen) Büchern als kanonisch fest; diese entsprechen den 39 Büchern, die auch Martin Luther für kanonisch erklärte (s. oben das Kapitel „Bestand der Bibel"). Die von Luther als apokryph (s. d.) ausgeschiedenen Bücher des AT sind die Bücher Tobit, Judit, Baruch, Buch der Weisheit, Buch Sirach sowie 1. und 2. Makkabäer (außerdem einige griechische Ergänzungen im Buch Daniel und im Esterbuch).

Die katholische Kirche erkennt auch diese seit dem Tridentinischen Konzil als „deuterokanonische" Bücher an, was aber nicht heißen soll, daß sie als Bücher zweiten Ranges betrachtet werden dürfen. Der Ausdruck will heute nur noch die christliche Kanonisierungsgeschichte dieser Bücher festhalten und darauf hinweisen, daß sie nicht immer als inspiriert gegolten haben, obwohl sie schon in den frühesten christlichen Kodizes der Septuaginta (s. d.) verzeichnet sind.

Der Zweifel an der Inspiration der genannten Bücher wurde dadurch bekräftigt, daß sie bei der christlichen Kontroverse mit dem Judentum nicht als Beweisschriften für die Messiasqualität Jesu benutzt werden konnten, da das Judentum sie nicht zur Bibel zählte. Die frühere Minderbewertung wurde vor allem durch die Autorität des Hieronymus (s. d.) gestützt, der sie für nicht inspiriert erklärte.

Zweifellos haben aber auch diese Bücher bei vielen Juden seit dem letzten vorchristlichen Jahrhundert in hohem Ansehen gestanden. Ob sie in der griechischen Bibel der jüdischen Septuaginta (s. d.) gestanden haben, wissen wir nicht, da uns von der Septuaginta nur Kodizes der christlichen Gemeinschaft erhalten sind; manche behaupten allerdings, die Septuaginta sei einem umfangreicheren Kanon gefolgt als die hebräische Bibel.

Die erste vollständige Aufzählung des Kanon der hebräischen Bibel findet sich bei Flavius Josephus (etwa 100 n. Chr.). Aber aus der Einleitung von Jesus Sirach (s. oben) darf man schließen, daß um 132 v. Chr. die Bewegung zum jüdischen Bibelkanon in ihr Endstadium getreten war. Man wird dafür „das tiefste treibende Moment einfach darin suchen müssen, daß in der Periode, da man in Palästina einsehen lernte, daß die Makkabäer einen vom göttlichen Willen weiter und weiter ab- und in die Verweltlichung hineinführenden Kurs betreten hatten, und daß man das Volk zurückführen wollte auf den Weg der Väter, man im Beginn des letzten vorchristlichen Jahrhunderts (unter Alexandra?, 75–67) im Bewußtsein der eigenen Geistesarmut sich ausschließlich stützen lernte auf Gottes den Vätern offenbarten Willen"[1] (vgl. dazu im Geschichtskapitel S. 571 Nr. 47).

Die jüdische Buchstabengläubigkeit ist ebenfalls am ehesten aus diesem abschließenden Abschnitt der Kanongeschichte zu erklären. Zwar ist es alter orientalischer (vor allem persischer) Erlaßstil, bei Gesetzen den zu verfluchen, der auch nur ein Tüttelchen daran ändert. In diesem Sinne stand schon in Dtn 4,2: „Dem Worte, das ich euch gebiete, sollt ihr nichts hinzufügen, und ihr sollt nichts davon weglassen. . ." Aber trotzdem hat man auch später hinzugefügt und weggelassen, ja ohne dieses wäre das Anwachsen der Sammlungen des AT nicht geschehen. Nun aber, in der höchsten geistlichen Not der späten Makkabäerzeit, nahm man diese Befehle so wörtlich, daß man jeden Buchstaben für inspiriert hielt. Die Folge war nicht nur das buchstäbliche Verständnis der Schriftworte, sondern auch der immer wieder unternommene Versuch, die Gesamtheit der Buchstaben (die ja auch Zahlenwerte sind) von Wörtern, Zeilen, Abschnitten, Kapiteln oder Büchern mit bestimmten Summen auszudrücken und diesen Summen einen Symbolwert zu geben (vgl. das Kapitel „Die Zahlen . . ."). Die Entdeckung der Zahlenbedeutung in einigen Pentateuchtexten, wo Zahlen die Toledot, d. h. gewisse Texterweiterungen sichern, wirft ein Licht auf den praktischen Sinn solchen Zahlengebrauchs. Im Abschnitt über „Die Toledot" ist diese Beziehung zwischen Zahlenangaben im

---

[1] Sellus-Rost: Einleitung ins Alte Testament (1959), S. 182.

Text und Zahl der Wörter des Textes kurz dargestellt (s. „Toledot").

Trotz dieses bis auf den Buchstaben gehenden Inspirationsbegriffs gab es in vorchristlicher Zeit keinen *autoritativ* festgelegten Kanon. Das Judentum jener Zeit erlebte sich als werdende Gottesreichgemeinde, die keine abgeschlossene Geschichte hat und die deshalb auch keinen abgeschlossenen Kanon ihrer Bücher haben kann. Dieses Unabgeschlossene und Offene ermöglichte in frühchristlicher Zeit die Ausweitung des Heiligen Schrifttums durch maßgebliche Schriften des NT und schließlich zu einem Gesamtkanon des AT und NT. Aus dieser Sicht gibt es für das Christentum eigentlich keine zwei Kanones oder zwei Kanongeschichten – eine des AT und eine des NT –, sondern nur die Kanongeschichte der Gesamtbibel, die eben mit den Büchern Israels und des Judentums nicht abgeschlossen war, sondern weiterwuchs durch die Bücher des NT.

In christlicher Zeit hat allerdings auch das Judentum seinen Kanon autoritativ festgelegt. Dies geschah auf der Synode von Jamnia (um 95) unter der Wortführung des Rabbi Akiba. Die Synode hatte antichristliche Tendenz, oder sagen wir – gerechter –, sie hatte den Sinn, das orthodoxe Judentum zu schützen vor den Einflüssen der Jesusanhänger, die als Sekte empfunden wurden, welche das echte Judentum verfälschte. Deshalb wurde der griechische Text (des AT), den die Christen gebrauchten, für verdächtig erklärt; deshalb wurde die alte Rollenform für die heiligen Schriften vorgeschrieben – gegenüber der immer mehr sich einbürgernden Kodexform; deshalb auch wurde ein Kanon der Heiligen Schriften festgelegt. Für die Anerkennung als heiliges Buch sollten bestimmte Voraussetzungen gelten: daß das Buch ein hohes Alter habe (als alt galten z. B. Bücher, die bis in die Zeit des Esra – um 400 – zurückgingen); daß es in hebräischer Sprache abgefaßt sei; daß es in Palästina geschrieben sei. Trotzdem verhinderten diese Maßnahmen nicht, daß in späteren Zeiten auch in diesen Kanon nicht aufgenommene Bücher wie „Heilige Schriften" gebraucht wurden (z. B. das Buch Baruch).

Die Apokryphen des AT stehen als nichtkanonische Erbauungsschriften neben den kanonischen Schriften.

Was sind Apokryphen? – Der Sprachgebrauch ist nicht einheitlich. Das griechische Wort *apókryphos* bedeutet „geheim". Mit apokryphen Schriften waren ursprünglich solche Bücher gemeint, die in der Gnosis (s. d.) und den Mysterienreligionen als Geheimschriften die Geheimlehren enthielten. „Apokryph" war eine Charakteristik, die wohl von den gnostischen Kreisen und den Mysterienreligionen selbst für diese Bücher gegeben wurde. Da diese Bücher aber sehr oft auch – vom Christentum aus gesehen – häretisch waren, verband sich mit dem Wort „apokryph" schon bald (Ende des 2. christlichen Jahrhunderts) die Bedeutung: „was man verbirgt", „was zu verbergen ist", weil es ketzerischen Inhalt hat oder auch, weil es obskuren Ursprungs ist; so gebrauchen Irenäus (seit 177 Bischof von Lyon) und Tertullian (160–220) dieses Wort. Solche Bücher, die also wegen ihrer Apokryphität abgelehnt wurden, kamen natürlich für den christlichen Gottesdienst und infolgedessen auch für die Aufnahme in eine Liste allgemein kirchlich angenommener Schriften nicht in Frage. Und so bekam der Ausdruck seinen heutigen Sinn: Apokryphen sind Bücher, die nicht in den Kanon (s. d.) aufgenommen sind, für die aber wohl einmal der Anspruch erhoben wurde, daß sie den später „kanonisch" genannten Büchern gleichzusetzen wären.

Etwas kompliziert wird dieses zunächst einfach scheinende Bedeutungsergebnis dadurch, daß sich in evangelischen Kreisen ein anderer Sprachgebrauch durchgesetzt hat. Auch hier nennt man zwar die nicht zum Kanon gehörigen Schriften des AT „Apokryphen", meint damit jedoch die Schriften, die nicht zum *hebräischen* AT zählen. Wenn diese allerdings für das Judentum auch keine „Apokryphen" im Sinne von häretischen Schriften waren, so waren sie doch nicht kanonisch – wenigstens nicht im palästinensischen, vielleicht wohl im ägyptischen, alexandrinischen Judentum. In den griechischen Fassungen des AT des Christentums waren sie jedoch von Anfang an vorhanden. Luther hielt sich jedoch an den Kanon der *hebräischen* Bibel. Die katholische Kirche nahm diese ausgeschlossenen Schriften aber – wie im Konzil von Trient ausdrücklich bestätigt wurde – in den Kanon auf und nannte sie „deuterokanonische Bücher" (s. d.); was aber die katholische Kirche „Apokryphen" des AT nennt, nennt man in evangelischen

Kreisen „Pseudepigraphen" (Bücher mit Pseudotiteln oder Pseudoautoren; Bücher, die nicht das sind, was ihr Titel sagt). Für die neutestamentlichen Apokryphen ist dagegen der Sprachgebrauch einigermaßen gleich.

Die Apokryphen des AT sind Schriften, die entweder in pharisäischen Kreisen oder in Kreisen der Esséner (s. d.) oder in anderen Konventikeln entstanden sind (2. Jahrhundert v. Chr. bis 1. Jahrhundert n. Chr.) und die die Frömmigkeit sowohl wie die Politik stark beeinflußt haben. Wenn sie auch als Apokryphen nicht zu den Büchern der offiziellen Synagoge gehörten, so waren doch manche dieser Erzählungen, Lehrbücher und Endzeitenthüllungen so populär, daß man viele Lehr- und Lebensäußerungen des Judentums der Zeit Jesu ohne die Berücksichtigung dieser jüdischen Apokryphen gar nicht verstehen kann. Auch die Lehre Jesu und der Apostel knüpft des öfteren an Bilder und Formeln dieser jüdischen Apokryphen an, wodurch sie bis heute im Christentum wirksam sind.

Am wesentlichsten für die Erkenntnis der Zeitatmosphäre sind unter den Apokryphen die zahlreichen Apokalypsen, in denen die Endzeit, die Ereignisse der Endzeit und der Wiederherstellung der zerstörten Welt zur neuen Welt in der Art von Visionen dargestellt werden. In den Expansionszeiten der makkabäischen Herrschaft (S. 571ff., Nr. 46–47) waren solche Apokalypsen vor allem nationalistisch, womit sie der nationalen Erneuerung der Zeit Rechnung trugen; trotzdem war der Gehalt dieser Apokalypsen eher eine Kritik als eine Verneigung gegenüber dem expansiven nationalistischen Hasmonäerreich, denn die Zukunftsbilder dieser Apokalypsen zeigen ein theokratisches jüdisches Weltreich, in dem Gott durch seinen Messias herrscht. Nachdem die Sünder gerichtet sind und das Heidentum besiegt ist, empfangen die Gerechten das Leben einer seligen Erde.

Neben solchen irdisch-politisch ausgerichteten Apokalypsen stehen diejenigen, die in der messianischen Heilszeit nur eine Vorbereitung des jenseitigen Heils sehen. Jedoch sind diese beiden apokalyptischen Konzeptionen nicht immer streng getrennt, sondern treten oft im selben Buch, wenn auch ungemischt, nebeneinander auf.

Besonderes Ansehen unter den Apokalypsen der irdisch-nationalen Ideologie genossen *die Henochbücher.* In ihnen tritt dieser Urvater der Menschheit (Gen 4,17; 5,21–24) als der große Weltenwanderer auf, der unter allen Geheimnissen des Himmels und der Erde ganz besonders die Ereignisse der Endzeit kennt. In den Himmel entrückt, hat er die himmlischen Tafeln mit den Geschehnissen der Zukunft selbst gelesen. Im äthiopisch-griechischen Henochbuch[2] ist vor allem das Buch vom Messias (die sogenannten Bilderreden in den Kapiteln 37–71) für das Messiasbild der Zeit, aber auch für manche Bildformeln Jesu wichtig geworden; diese Bilderreden schildern die „Wohnungen der Gerechten" und das Kommen des Menschensohnes zum Weltgericht (s. d.) sowie die Auferstehung der Gerechten.

Die „Himmelfahrt des Mose"[3] ist eine antipharisäische Schrift (zwischen 6 und 30 n. Chr.). In den Endzeittexten dieses Buches findet man immer wieder Formeln, die mit Formeln Jesu eine bestimmte Verwandtschaft haben („Ende der Tage", „die Sonne wird sich in Finsternis verwandeln", die „gottlosen Menschen, die lehren, sie seien gerecht, aber ... Unreines treiben und doch sagen: Rühre mich nicht an, damit du mich nicht unrein machst"). Es ist nicht unwahrscheinlich, daß Jesus mit ähnlichen Formeln die Saite des Bekannten anschlagen wollte (s. zur Eschatologie).

Titel anderer jüdischer Apokryphen: „Das Buch der Jubiläen" (2. Jahrhundert v. Chr.) ein „Drittes Makkakbäerbuch" und ein „Viertes Makkabäerbuch", „Leben Adams und Evas", „Das Testament Adams", „Die Himmelfahrt des Jesaja", „Das Testament Ijobs", „Das Testament Salomos", „Der Aristeasbrief" (s. d.), „Das Testament der zwölf Patriarchen" (Test XII), der Psalm 151, die „Apokalypse Abrahams", das „Testament Abrahams", die „Apokalypse des Elija", die „Apokalypse des Ezechiel", „Die Sibyllinen" u. a.

---

[2] Das heißt: in dem uns äthiopisch erhaltenen Henochbuch, das aus der hebräischen oder aramäischen Urschrift ins Griechische und aus dem Griechischen ins Äthiopische übersetzt wurde.

[3] „Ascensio Mosis" (Asc Mos) oder „Assumptio Mosis" (Ass Mos); ähnlich „Ascensio Isaiae" oder „Assumptio Isaiae".

Der Kanon[4] des NT
hat eine Geschichte, die nicht restlos aufzuhellen ist. Man konnte durch Auswertung von Schriften und Schriftstücken aber trotzdem schon für die ersten christlichen Jahrhunderte punktuell einen gewissen Kanonstand feststellen und so durch die Stationen der Kanonentwicklung diese selbst einigermaßen verfolgen.

Der Kanon Jesu war der Kanon des AT.[5] Jesus erkannte die Heiligen Schriften des Judentums als Wort Gottes an, behandelte ihre Weisungen aber mit der Freiheit eines neuen Gesetzgebers: „Ihr habt gehört, daß zu den Alten gesagt worden ist... Ich aber sage euch...“

Der Kanon der Apostel war ebenfalls der des AT; aber neben diese Schriftautorität trat für sie das Wort Jesu, mit dessen kritischen Augen sie die Gesetze der heiligen Schriften maßen; auf Jesu Leben wandten sie die Schrift an, insofern sie messianisch-prophetisch war. Daß sie die Schriften für die Messianität Jesu anführten, zeigt aber, daß die Apostel die hebräisch-jüdische Schrift weiterhin als Autorität ansahen.

Der Kanon der ersten Christen war ebenso der des AT. Daneben trat die Autorität des Wortes Christi und des apostolischen Wortes, durch das die Autorität Christi verkündet wurde. Die Apostel haben eigene Autorität, haben sie aber letztlich durch Christus und um Christi willen. Schriften, die eine Autorität hatten wie die Schriften des Alten Bundes, gab es noch nicht.

Die ersten Schriften des NT waren die Briefe des Apostels Paulus. Sie standen zwar nicht allein, sondern kamen aus dem sich allmählich einbürgernden (und der Synagoge entlehnten) Brauch der Verkünder des Evangeliums Jesu, den von ihnen gegründeten und betreuten Gemeinden brieflich Ratschläge und Weisungen zu erteilen. Unter diesen Sendschreiben erlangten die des Apostels Paulus besondere Bedeutung, wohl hauptsächlich durch ihre Substanz. Aber als kanonisch (d. h. zu den heiligen Schriften zählend) sah man diese Briefe anfangs nicht an; nur dadurch ist zu erklären, daß einige Briefe, auch Paulusbriefe, verlorengingen.

Zu diesen „Briefen“ gehörten wahrscheinlich auch die ersten Aufzeichnungen der Taten und Worte Jesu, die in apostolischen Kreisen für die Gemeinden zur Vorlesung bei Zusammenkünften zusammengestellt wurden. Aus diesen Quellen (s. d.) wurden oder schöpften die vier „Evangelien“.

Bis etwa zum Jahre 150 gewannen dann die Evangelien, die in der zweiten Hälfte des 1. Jahrhunderts zu ihrer jetzigen Form redigiert wurden, immer mehr Autorität. Aber als „Heilige Schriften“ wurden sie erst gegen Ende dieses Zeitraumes angesehen, was sich vor allem darin ausdrückte, daß man zwar Zitate aus dem AT mit den Worten „Wie geschrieben steht“ einführte, nicht aber Zitate aus den Evangelien. Bei Zitaten aus den Evangelien heißt es immer noch: „Wie der Herr sagt“, o. ä. Die Briefe der Apostel, zumal die des Paulus, haben zwar hohe Autorität, aber als kanonische Schriften werden sie im großen und ganzen nicht angesehen.

Bis etwa zum Jahre 200 erhalten auch die meisten Paulusbriefe und einige andere apostolische Briefe mehr kanonische Geltung. Man muß sich bezüglich ihrer Kanonizität in dieser Zeit noch vorsichtig ausdrücken; denn auch für diese Zeit hat man den Eindruck, daß eine volle kanonische Gleichstellung der neutestamentlichen Schriften mit denen des AT noch nicht erreicht war.

Einen wichtigen Schritt auf dem Wege zur Kanonizität bedeuten *die antimarcionitischen Prologe*. Marcion, ein gnostisch[6] beeinflußter, antijüdischer christlicher Eiferer, verwarf das AT und ließ von den Botschaften des NT nur das Lukasevangelium und zehn Paulusbriefe gelten, nämlich die neun Gemeindebriefe und den Philemonbrief, nicht aber den Hebräerbrief; alles andere lehnte er als judenchristliche Verfälschungen des christlichen Evangeliums ab. Gegen diese Beschränkungen ließ die römische Kirche in Kontakt mit den wichtigsten östlichen Kirchen zu allen neutestamentlichen Büchern „Prologe“ abfassen, in denen die Authentizität der neutestamentlichen Schriften festgestellt wird. Diese Prologe wurden vor 180 geschrieben und stellen – gegen Marcion – fest, daß die Schriften der christlichen Kirche sind: die Evangelien nach Matthäus, Markus, Lukas und Johannes; die Apostelgeschichte als Schrift des Evangelisten Lukas; die zehn Paulusbriefe, die auch Mar-

---

[4] Über den Begriff des Kanon (s. d.)
[5] Zum Kanon des AT: s. oben.
[6] Zur Gnosis (s. d.)

Sicenim non solum cisurem sed auditorem.
Sed et scriptore omnium mirabilium dni perordi
nem profetetur Acta aute omniu apostolorum
sub uno libro scribta sunt Lucaso btime theofi
le conprindit quia sub praesentia eius singula
gerebantur sicute et semote passione petri
euidenter declarat Sed profectione pauli ab ur
be ad spania proficescentis Epistulae autem
pauli quae a quo loco uel qua ex causa directe
sint uolun tatibus intellegere Ipse declarant
Primu omnium corintheis scysme heresis in
terdicens deinceps b callatis circumcisione
Romanis aute ordine scripturarum sed et
principium earum esse xpm intimans
prolexus scripsit de quibus sincolis Neces
se est ad nobis despurari Cum ipse Beatus
apostolus paulus sequens prodecessoris sui
Johannis ordine nonnisi nomenati semptae
ecclesiis scribat ordine tali a corenthios
prima ad efesios seconda ad philippenses ter
tia ad colosenses quarta ad calatas quin
ta ad tensaolenecinsis sexta. ad romanos
septima Uerum corentheis et tesaolecen
sibus Licet pro torreptione iteretur Una
tamen per omnem orbem terrae ecclesia
deffusa esse denoscitur Et Johannis eni in a
pocalepsy Licet septae ecclesis scribat
tamen omnibus dicit Uerum ad filemonem una
et ad titum una et ad timotheu duas pro affec
tu et dilectione In honore tamen eclesiae ca
tholice In ordinatione eclesiastice.

cion anerkannte;[7] die drei Pastoralbriefe (1. und 2. Timotheusbrief, Titusbrief); die Apokalypse, die als Schrift des Apostels Johannes hervorgehoben wird.

Gerade in den letzten Jahren (seit 1964) sind wieder des öfteren die Themen marcionitische Prologe und antimarcionitische Prologe zu den Evangelien und den Paulusbriefen Gegenstand kritischer Arbeiten gewesen, weil man meinte, dadurch etwas mehr über Marcion und den kirchlichen Kampf gegen ihn erfahren zu können. Die sogenannten antimarcionitischen Evangelienprologe hat Jürgen Regul (Freiburg 1969) sprachlich und theologisch sorgfältig untersucht und hat nachgewiesen, daß sie alle zwischen 350 und etwa 650 entstanden sind und „weder für antimarcionitische Literatur des 2. und 3. Jahrhunderts noch für sonstige kanons-, literatur- oder allgemeine kirchengeschichtliche Fragen des 2. Jahrhunderts in

Betracht kommen" (a. a. O. S. 267). Nähere Einsichten in die Marcion-Theologie ist durch derartige Arbeiten der letzten Zeit, soviel ich sehe, nicht entstanden.

Aus dem Werk des *Irenäus von Lyon* „Gegen die Irrlehrer" (vor 190 geschrieben) erfahren wir, welche Schriften man zu Ende des 2. Jahrhunderts in Südgallien als neutestamentliche Autorität anerkannte. Der von ihm bezeugte Kanon deckt sich im großen und ganzen mit dem antimarcionitischen; nur der Philemonbrief fehlt bei den Paulusbriefen. Darüber hinaus bezeugt er einen Petrusbrief und zwei Johannesbriefe.

Ein wichtiges Zeugnis ist das *Muratorische Fragment,* eine unvollständig überlieferte kirchliche Verlautbarung aus dem Ende des 2.

[7] Hier übernahm die römische Kirche die marcionitischen Prologe.

Aus dem Muratorischen Fragment, Zeile 32 bis 62 (Faksimile) bzw. 32 bis 54 (unten); das ganze Fragment zählt 85 Zeilen.

Sic enim non solum uisurem sed [et] auditorem
Sed et scriptorē omnium mirabiliū dni per ordi
nem profetetur Acta autē omniū apostolorum
35 Sub uno libro scribta sunt Lucas obtime theofi
le conprindit quia sub praesentia eius singula
gerebantur Sicuti et semote passionē petri
euidenter declarat Sed[et] profectionē pauli ad ur
bes ad spaniā proficescentis Epistulae autem
40 pauli quae a quo loco vel qua ex causa directe
sint volentatibus intellegere ipse declarant,
Primū omnium corintheis scysme heresis in
terdicens deinceps B callaetis circumcisione
Romanis autē or(ni)dine scripturarum sed et
45 principium earum . . . esse χǫm intimans
prolexius scripsit de quibus sincolis neces
se est ad nobis desputari Cum ipse beatus
apostolus paulus sequens prodecessuris soi
Iohannis ordinē nonnisi [n]omentanī semptāē
50 ecclesi(e)[i]s scribat ordine tali A corinthios
prima ad efesius seconda ad philippinses ter
tia ad colosensis quarta ad calatas quin
ta ad tensaolenecinsis sexta ad romanus
septima Uerum corintheis et t[h]esaolecen. . .)

Denn damit bekennt er [sich] nicht nur als Augen- und Ohrenzeuge, sondern auch als Schriftsteller aller Wunder des Herren der Reihe nach. Die Taten aller Apostel aber sind in einem Buche geschrieben. Lukas faßt für den „besten Theophilus" zusammen, was in seiner Gegenwart im einzelnen geschehen ist, wie er das auch durch Fortlassen des Leiden des Petrus einsichtig klar macht, ebenso durch [Weglassen] der Reise des Paulus, der sich von der Stadt [Rom] nach Spanien begab. Die Briefe aber des Paulus, welche es [d. h. von Paulus] sind, von welchem Orte und aus welchem Anlaß sie geschrieben sind, erklären das denen, die es wissen wollen, selbst. Zuerst von allen hat er an die Korinther, [denen] er die Häresie der Spaltung, sodann an die Galater, [denen] er die Beschneidung untersagt, sodann aber an die Römer, [denen] er darlegt, daß Christus die Regel der Schriften und ferner ihr Prinzip sei, ausführlicher geschrieben. Über sie müssen wir einzeln handeln, da der selige Apostel Paulus selbst, der Regel seines Vorgängers Johannes folgend, mit Namensnennung nur an sieben Gemeinden schreibt in folgender Ordnung: an die Korinther der erste [Brief], an die Epheser der zweite, an die Philipper der dritte, an die Kolosser der vierte, an die Galater der fünfte, an die Thessalonicher der sechste, an die Römer der siebente. Aber wenn auch an die Korinther und an die Thessa. . .

Lateinischer Text nach „Rivista di Archeologia cristiana" della Pontificia Commissione di Archeologia Sacra, Roma 1925, anno III, numeri 1–4; deutscher Text nach E. Hennecke, Ntl. Apokryphen und kleine Texte, Tübingen 1924.

Jahrhunderts.[8] Dieses Schriftstück nennt und beschreibt als authentische Schriften der Kirche: Matthäus, Markus, Lukas, Johannes; Apostelgeschichte; zwei Korintherbriefe, Epheserbrief, Philipperbrief, Kolosserbrief, Galaterbrief, zwei Thessalonicherbriefe, Römerbrief, Philemonbrief, Titusbrief, zwei Timotheusbriefe; Judasbrief, zwei Johannesbriefe. Von der Apokalypse wird gesagt, daß sie umstritten sei. Der Hebräerbrief fehlt; ebenfalls wird kein Petrusbrief erwähnt, dagegen wohl eine Petrus-Apokalypse.

In den Ostkirchen bewegte sich die Entwicklung auf einen ähnlichen Bestand hin. Am festesten umrissen war zuerst das Corpus der vier Evangelien; von den Briefen blieben noch längere Zeit in der Diskussion der 2. Petrusbrief, der Hebräerbrief und die Apokalypse. Einige heute nicht zum Kanon gehörige Bücher wurden benutzt.

Im 4. Jahrhundert ist die Kanonbildung in der römischen Kirche abgeschlossen. Die späteren „Schlußstriche" sind eigentlich nur noch Bestätigungen. Der Brief Papst Innozenz' I. an den Bischof von Toulouse (405) umfaßt bereits die Bücher des heutigen Bestands. Zwar braucht man noch andere Reihenfolgen, manchmal war man auch über die Verfasserschaft anderer Meinung als heute – aber der Bestand hat sich seit damals nicht mehr geändert, wenigstens was die kanonische Anerkennung durch die offizielle Kirche angeht. Von einzelnen wurden zwar die früher umstrittenen Briefe als Schriften geringerer Autorität angesprochen, aber sowohl das Konzil von Florenz (1442) wie das Konzil von Trient (1546) bestätigten den Bestand von 405 als kanonisch.

Zu den *Apokryphen aus christlicher Zeit* gehören sowohl Evangelienschriften, Akten (ähnlich der Apostelgeschichte), Briefe und Apokalypsen. Diese Apokryphen (s. d.) genießen keine kanonische Anerkennung.

Die lückenhafte Darstellung des Lebens Jesu in den kanonischen Evangelien hat zu diesen Schriften geführt, insofern sie Evangelienschriften sind. Aber auch das Bestreben, bestimmte theologische Auffassungen zu popularisieren, haben die Autoren geleitet. Um ihren Büchern apostolisches Ansehen zu geben, bedienten sie sich in der Überschrift oft eines Apostelnamens:. „Evangelium des Petrus",

„Evangelium des Thomas", „Protoevangelium des Jakobus", „Evangelium des Matthias", „Evangelium des Philippus", „Evangelium des Bartholomäus". Andere Evangelien werden bezeichnet nach den Völkern, an die sie sich (angeblich) richten: „Hebräerevangelium", „Ägypterevangelium", oder nach dem Inhalt: „Arabisches Evangelium der Jugend Jesu", „Geschichte von Josef dem Zimmermann", „Evangelium der Wahrheit".

Im Gefolge der „Apostelakten" (Apostelgeschichte) entstanden „Petrusakten", „Paulusakten", „Andreasakten", „Johannesakten", „Petrus- und Paulusakten", „Thomasakten", „Philippusakten", „Barnabasakten" u. a. Nicht immer geht ihre Tendenz gegen die apostolische Lehre, oft wollen sie nur erbauen; aber die Vermischung von Phantastischem und Katechetischem macht sie gefährlich.

Ins Feld des Phantastischen führen auch viele apokryphe Briefe: der Briefwechsel zwischen Jesus und König Abgar von Edessa, ein Briefwechsel zwischen Paulus und Seneca – manche Christen wollten Seneca unbedingt für das Christentum beschlagnahmen. Andere Briefe wollten verlorene Paulusbriefe ersetzen (z. B. der Brief an die Laodizäer und der 3. Korintherbrief).

Nicht alle derartigen Schriften sollten Fälschungen sein; oft dachte sich der Autor nichts anderes dabei, als ein frommes Buch zu schreiben. Aber nach einigen Jahren erhoben die Titel mit den mehr symbolisch gemeinten apostolischen Autorennamen sozusagen automatisch den Anspruch, daß der genannte Autor auch der wirkliche Autor sei. Damit wurde der Kampf um den Kanon oft verschärft.

Auf die christliche Kunst haben vor allem die apokryphen Evangelien großen Einfluß gehabt; ja sie haben sogar Einfluß gewonnen auf den kirchlichen Festkalender. Die Motive von „Mariä Opferung" und „Maria im Tem-

---

[8] L. A. Muratori fand es in der Bibliotheca Ambrosiana zu Mailand und veröffentlichte es im Jahre 1740. Das Fragment war enthalten in einer Handschrift des 7. Jahrhunderts und ist vielleicht die lateinische Übersetzung eines ursprünglich griechischen Textes. Die Datierung des Ursprungstextes ins Ende des 2. Jahrhunderts ergab sich aus den Worten über den „Hirten" des Hermas (den das Schriftstück ausdrücklich vom Kanon ausschließt): dieses Buch wurde „vor kurzem und zu unserer Zeit in Rom von Hermas verfaßt, als auf dem Stuhl der römischen Kirche Bischof Pius, dessen Bruder, saß" (Pius I. war Papst von 140–150).

pel"; die Wahl Josefs zum Bräutigam Mariens durch den Hohenpriester; die Untersuchung Mariens durch die Hebamme, ob Maria ohne Verletzung der Jungfräulichkeit geboren habe – sie stammen aus dem „Protoevangelium des Jakobus". Phantastische Wundererzählungen vom Kinde Jesus enthält das „Kindheitsevangelium des Thomas", die keineswegs immer ein sympathisches Bild von dem Knaben Jesus entwerfen. Die Vorstellung von „Ochs und Esel an der Krippe", vom Stern von Bethlehem (s. d.) als einem natürlich nicht erklärbaren Himmelsrad stammen aus apokryphen Evangelien.

DIE VEREHRUNG DER BIBEL

Die tiefe Verehrung für die Bibel zeigt sich nicht nur an der unablässigen Bemühung um den Bibeltext, die sich bei den Juden am gründlichsten in der Arbeit der Massoreten (s. d.) auswirkte und bei den Christen neben der Forschungsarbeit im AT in der nie aufhörenden Arbeit an der Sicherung der Texte des NT und in der Mühe um stets bessere Bibelübersetzungen (s. d.) erweist. Auch die dichterischen Bearbeitungen biblischer Texte sprechen von dieser Verehrung.

Solange die Bibeln von Juden und Christen handschriftlich vervielfältigt wurden, zeigte sich die große Verehrung für diese besondere Büchersammlung in den meisten Fällen an der formschönen und sorgfältigen Schrift. Als dann der Buchdruck begann, war es nicht nur selbstverständlich, daß im christlichen Abendland die Bibeln die ersten Bücher waren, die gedruckt wurden, sondern daß die Mühe um Schönheit und Sorgfalt der Schrift auch auf die Druckschrift übertragen wurde. (Die Juden haben übrigens auch in den Zeiten nach Erfindung des Buchdrucks, ihre gottesdienstlichen Bibelrollen noch mit der Hand geschrieben – nicht zuletzt aus Verehrung für die Bücher der Bibel.)

Schon in den Bibelhandschriften wurden die Texte an den Abschnittsanfängen sehr oft mit Initialen geschmückt, d. h. mit liebevoll gestalteten Anfangsbuchstaben, die manchmal auch mit kleinen Bildern versehen und farbig ausgemalt wurden. Diese Initialenbilder wurden im Laufe der Zeit zu den ersten inhaltsbezogenen Bildern. Diese Art von verehrendem Schmuck

wurde auch in die ersten Jahrhunderte des Bibeldrucks übernommen.

Aber bei diesen Kleinbildern blieb es nicht. Die Entwicklung der Holzschnitt- und Kupferstichtechnik seit dem 15. Jahrhundert kam dem Wunsch entgegen, die Bibeln auch mit größeren Bildern zu bereichern. Diese bildtechnische Entwicklung wurde für die Ausschmückung der Bibeln der Reformationszeit das große Geschenk.

Schon früh hatte man durch Leder-, Metall- und Elfenbeinhandwerker die Einbände von Bibeln kunstvoll gestalten lassen. Aus dem gleichen Gedanken der Verehrung schmückten auch die Juden ihre Bibelrollen mit kostbarem Äußerem und mit aufsteckbaren Metallkronen. In den letzten Jahrhunderten ließen sie ihre Beschneidungswindeln mit ihren Namen bedrucken (oder besticken) und banden sie als Schmuckbänder um die Hausbibelrollen.

Beim Gebrauch der Bibel in der Liturgie ist das Bibelbuch seit ältesten Zeiten verehrt worden. Im Judentum war das Herausheben der Vorleserollen aus dem Rollenschrein und das Vortragen zum Lesepult seit Jahrhunderten ein feierlicher Akt. In der christlichen Liturgie beginnt im Rahmen der Lesungen der Akt des Evangelienvortrags oft mit dem Segen über den Vorleser. Dieser Segen möchte sagen: Geh und verkünde das biblische Wort aus gläubigem Herzen. Bei diesem Segen wird also nicht das materielle Bibelbuch verehrt (auch wenn der Lektor es bei sich hätte), sondern die Botschaft des göttlichen Wortes, die aus ihm verkündet werden soll.

Auch die manchmal gesungene Evangelienlesung dient in erster Linie der Verehrung der Botschaft Jesu. Daß einer so gut, so einfach liest, wie er eben kann, dient der Botschaft Gottes. Wenn das Evangelium gesungen wird, liegt darin nicht die Absicht, ein Stück des Gottesdienstes „schön zu singen", sondern die biblische Botschaft auf besondere Weise laut werden zu lassen; sie singend vorzutragen und sie damit gleichzeitig zu verehren.

Verehrung der biblischen Botschaft ist auch die Prozession mit dem Evangelienbuch, wenn der Verkünder des Evangeliums in feierlichem Gang zum Lesepult schreitet und das Buch allen sichtbar vor sich trägt, oft begleitet von zwei liturgischen Dienern mit Lichtern. Das Lesepult wurde seit Jahrhunderten kunstvoll und sprechend gestaltet: z. B. mit einer Diakonenfigur, einem stehenden Engel oder einem Adler, die das Pult tragen, von dem aus das „Brot des Wortes" verkündet wird.

Bei Evangelienlesungen an kirchlichen Festtagen wird in der Prozession zum Lesepult oft auch ein Weihrauchfaß mitgeführt. Nachdem die Ankündigung gesungen worden ist („Aus dem Evangelium nach Johannes" oder ähnlich) beweihräuchert der Vortragende das Evangelienbuch. Auch das muß als Verehrung der biblischen Frohbotschaft verstanden werden.

Nach Beendigung der Lesung bzw. des Gesanges spricht oder singt die Gemeinschaft der zuhörenden Gläubigen ein Lob- und Dankwort für die Verkündigung des biblischen Wortes („Dank sei Gott" nach der Epistellesung und ein nicht überall gleichartig festgelegtes Dankwort nach dem Evangelium).

Die Liturgie der Evangeliumsverkündigung schließt dann mit dem Kuß des Liturgen auf das Evangelienbuch: ebenfalls ein Verehrungszeichen für die Frohbotschaft Jesu.

ABERGLAUBE UM DIE BIBEL

Die Verehrung der Bibel als ein Buch, das für menschliches Handeln heilige Normen enthält – das Gottes Wort und Wahrheit enthält – oder wie man die Bibelverehrung auch immer begründet haben mag: sie hat auch zu all dem Aberglauben geführt, der im Lauf der Jahrhunderte mit dem Bibelbuch oder mit seinen Einzelbüchern verbunden wurde. Dazu eine Handvoll Beispiele:

Beim Hausbau mauerte man eine Bibel, am besten eine alte oder sogar besonders kostbare Bibel mit ein, wie die vorchristliche Zeit oft ein menschliches oder tierisches Bauopfer eingemauert hat.

Beim Abbau alter Bauernhäuser (vor der Übertragung in ein Freilichtmuseum) wurden in den Fachwerkritzen Bibelblätter als Stopfmaterial gefunden; daß es sich dabei um „Schutzmittel" handeln sollte, kann nicht zweifelhaft sein.

Legte man einer Frau im Kindbett eine Bibel unter, so sollte das angeblich die Geburt erleichtern. In manchen Landschaften wurde von der Erbbibel der Familie gesagt, sie sei die beste Beigabe für die werdende Mutter.

Legte man nach der Geburt eine Bibel in das Bett der Wöchnerin, so glaubte man, Mutter und Kind könnten so mit Sicherheit gesund bleiben.

Solange das Kind noch nicht getauft ist, suchen ihm die bösen Geister zu schaden. Durch eine Bibel in seiner Nähe, sagte man, kann das Kind geschützt werden. Für das Beste hielt man natürlich eine Bibel im Kinderkorb!

In Württemberg war es an manchen Orten üblich, in das Tragekissen der Kinder, die man zur Taufe trug, ein Neues Testament einzulegen. Das Buch sollte den Täufling auf dem Taufweg vor gefährlichen Hexen schützen.

Wenn bei der Taufe der Pate alle Bibelverse nachspricht, die der Taufgeistliche sagt, so wird das Kind gut lernen, meinte man.

Wenn das Kind von der Taufe nach Hause kam, sollte man es dort auf eine Bibel legen; oder man sollte es nach der Heimkehr zum ersten Male auf einer Bibel wickeln: dann werde es fromm – oder: es werde gelehrt.

Sollte das Kind seinen ersten Brei bekommen, wurde er mit einem kleingerissenen Bibelblatt gekocht. So könne das Kind fromm werden, wenn es das Bibelblatt auf diese Art mit esse.

Wurde man von bösen Geistern gequält, sollte man eine Bibel oder ein Neues Testament in die Jackentasche stecken; das mußte helfen!

So wollte man Körper, Geist und Leben des Menschen in allen möglichen Situationen durch die Nähe eines Bibelbuches segnen, retten, heilen; mit ausgesuchten Blättern einer Bibel, die man mit Speisen oder Getränken gekocht oder zerkleinert verabreichte, konnte man angeblich Kranken oder vom bösen Geist gequälten Menschen helfen.

Ähnlich wurden auch Salben mit verbrannten und zu Staub zerriebenen Bibelblättern versetzt, wie wir aus einem Verbot der trullanischen Synode (692) wissen.

Bauern ließen den Anfang des Johannesevangeliums (Joh 1,1–14) auf ein Papier, auf einen Streifen Tierhaut oder auf Holz schreiben; dann zerkleinerten sie das Papier, die Tierhaut, das Holz und mischten es unter das Korn; dann wurde es mit dem Korn ausgesät.

Durch einige Bibelblätter an der Stalltür oder an Stallfenstern wollte man das Stallvieh vor bösen Geistern schützen.

Spukgeister im Hause konnte man verjagen, indem man einen Prediger oder Priester ins Haus lud, damit er die ganze Nacht in der Bibel (hörbar) lese.

Lag ein Mensch auf dem Sterbebett und kämpfte mit dem Tode, wollte man den Todeskampf erleichtern, indem man dem Sterbenden eine Bibel unters Bettkissen legte.

Das Bibelorakel war eine andersartige abergläubische Form des Bibelgebrauchs: man schlug die Bibel blindlings auf oder stach mit einer Nadel zwischen zwei ihrer Seiten ("Bibelstechen"), legte den Daumen auf irgendeine Zeile und las das, worauf der Daumen zeigte. Dieses Tippen auf irgendein Bibelwort nannte man "Däumeln".

Natürlich kann man sich durch Däumeln (als Spiel) eine Losung suchen. Aberglaube wird das Däumeln durch unangemessene Wertung der aufs Geratewohl ertippten Losung.

Die wohl berühmteste durch "Däumeln" gefundene Weisung sind die Sätze, die Franz von Assisi zu seinem Ordensgesetz machte. Wie weit damit Aberglaube verbunden war, läßt sich kaum sagen. Aber dieser Hinweis zeigt, wie eine durch Zufall gefundene Losung – die dem Aberglauben verwandt ist – doch zu einem lebendigen Glauben führen kann, wenn die Deutung und nicht die blinde Auferlegung das Wichtigste ist.

Schon Augustinus († 430) hat das "Nadelstechen ins Neue Testament" sehr getadelt. Aber selbst Kleriker haben in seinem Jahrhundert mit solchen Stechorakeln aus der Bibel "Weissagungen" ausgegeben. Ein Konzil in Agde hat im Jahr 506 Geistlichen, die sich mit solchen Orakeln befaßten, die Exkommunikation angedroht. Auch Winfried Bonifatius († 754) nannte solche Orakel aus der Heiligen Schrift eine Vermischung von Heidentum und Christentum. König Karl von Franken hat diesen Gedanken aufgegriffen und in seinen "Kapitularien" (789) den Gebrauch der Bibel zu Wahrsagereien untersagt.

Amulettaberglaube mit Bibelversen gab es in allerlei Formen. Das Amulett wurde in einem dünnen Schlauch oder in einer Brosche am Hals getragen oder irgendwie anders am Körper in einer Hülle befestigt. Einige Beispiele:

Bestimmte Psalmverse waren Schutz gegen Dämonen und gegen die Versuchungen durch böse Geister.

Wer den Anfang des Evangeliums nach Johannes (1,1) "Im Anfang war das Wort, und das Wort war bei Gott, und das Wort war Gott" in einem Anhänger bei sich trug, der war vor Blitzschlag geschützt, glaubte man.

War Joh 1,14 "Und das Wort ist Fleisch geworden und hat unter uns gewohnt, und wir haben seine Herrlichkeit gesehen, die Herrlichkeit des einzigen Sohnes vom Vater, voll Gnade und Wahrheit" (Schluß des sogen. "Letzten Evangeliums" der ehemaligen Meßordnung) bei sich trug, der war, so glaubte man, vor Hagelschlag geschützt. Es gibt übrigens Liturgiker, die die alte abergläubische Verehrung für den Anfang des Johannesevangeliums als Grund dafür ansehen, daß dieser Text als "Letztes Evangelium" (Joh 1, 1–14) vor Jahrhunderten zum Abschlußtext der Meßfeier wurde.

"Aber ihr werdet die Kraft des Heiligen Geistes empfangen, der auf euch herabkommen wird; und ihr werdet meine Zeugen sein in Jerusalem und in ganz Judäa und Samarien bis an die Grenzen der Erde" (Apg 1,8) ist ein Bibelwort, das – auf der Brust getragen – "engen Atem" heilen sollte.

II.
ZUR LITERATURGESCHICHTE DER BIBEL

DIE SPRACHEN DER BIBEL

Die Idee vom Hebräischen als „heiliger Sprache" setzte sich im Judentum allmählich durch, nachdem die assyrische Reichssprache, die Sprache der Aramäer (s. d.), in Palästina zur Volkssprache geworden war. Die Idee der „heiligen Sprachen" wurde dann in christlicher Zeit durch Bischof Hilarius von Poitiers (gest. 367) und durch Augustinus (gest. 430) propagiert und beherrschte die ganze mittelalterliche Mission, nicht gerade zum Vorteil der Entwicklung des Christentums; wir leiden heute noch darunter.

Zu den heiligen Sprachen zählten die Christen das Hebräische, das Griechische und das Lateinische, jene drei, in denen sozusagen die erste Verkündigung des Opfertodes des Messias Jesus vom Kreuz herab geschehen war: „Pilatus ließ auch ein Schild anfertigen und oben am Kreuz befestigen; die Inschrift lautete: Jesus von Nazaret, der König der Juden... Die Inschrift war hebräisch, lateinisch und griechisch abgefaßt" (Joh 19,19). Unter dem Hebräischen dieser Inschrift ist allerdings das Aramäische zu verstehen, die damals eben die Volkssprache war; aber diese sprachliche Unterscheidung machte das 4. Jahrhundert wohl noch nicht.

Von diesen drei heiligen Sprachen war das Hebräische die Sprache des AT; es hob sich als „heilige Sprache" vom Aramäischen ab, welches auch die Umgangssprache Jesu war. Das Griechische war seit dem 4. Jahrhundert v. Chr. die Kultursprache der griechisch beherrschten Welt, die im 1. Jahrhundert v. Chr. unter die Herrschaft der Römer kam; das Griechische wurde so die eigentliche Sprache des NT. Das Latein endlich war die Verwaltungssprache des römischen Weltreiches; es hat am biblischen Urwort keinen Anteil, wohl aber an der Verbreitung des biblischen Wortes in der römisch beherrschten Welt. – Zu Hebräisch, Aramäisch und Griechisch je ein kurzes Wort:

DIE SPRACHE DER HEBRÄISCHEN BIBEL

Die Bibel des Alten Testaments, so sagen wir, ist in hebräischer Sprache geschrieben. In Wirklichkeit ist aber die Sprache der Bibel weder hebräisch, noch war sie die Sprache aller Hebräer (s. d.).

Die Sprache der Bibel ist Zweig einer vorderasiatischen Sprachengruppe, deren Idiome in Mesopotamien, Syrophönizien (Palästina) und Arabien gesprochen wurden; durch Kolonisation wurde aber der ursprüngliche Sprachraum bedeutend erweitert und vor allem nach Nordafrika vorgetragen.

Einen einheitlichen Namen für die Gesamtheit dieser Sprachengruppe kannte das Altertum nicht. Wir nennen sie heute „semitische Sprachen" nach Gen 10,21 ff.; alle in der dort aufgezeichneten Völkertafel als Nachkommen Sems bezeichneten Völker sprechen eine der Sprachen dieser Sprachengruppe. Nur die Kanaaniter (einschließlich der Phönizier), die ebenfalls eines dieser Idiome sprachen, werden als Nachkommen Hams ausgegeben; das jedoch hat religiös-politische Gründe (vgl. den Artikel „Ham und Kanaan"; ferner s. „Die Kanaaniter").

Schematisch könnte man die semitischen Sprachen etwa folgenderweise einander zuordnen:

I. Ostsemitische Sprache: Akkadisch (s. „Akkader").
1. Altakkadisch (etwa 2500–2000 v. Chr.), wahrscheinlich in ganz Mesopotamien, bis Armenien verbreitet.
2. Babylonischer Dialekt im Süden, durch Einfluß des Sumerischen vom Akkadischen differenziert:
   a) Altbabylonisch (etwa 2000–1500 v. Chr.). Der Codex Hammurabi ist altbabylonisch;
   b) Mittelbabylonisch (etwa 1500–1000 v. Chr.). Internationale Handels- und Diplomatensprache im ganzen Vorderen Orient;
   c) Neubabylonisch (etwa 1000–600 v. Chr.). Die Sprachreinheit geht allmählich unter dem Einfluß des Aramäischen verloren. Die „jungbabylonische" Literatursprache (etwa 1000–600 v. Chr.) und die „spätbabylonische" Gelehrtensprache (etwa ab 600 v. Chr.) sind praktisch tote Sprachen, die aus nationalen Gründen weiter gepflegt werden, als längst das Aramäische das Feld der lebendigen Sprachen in Baby-

lonien beherrscht. Das Spätbabylonische findet sich bei den Chaldäern (s.
d.), Persern (s. d.), Seleukiden (s. S.
567, Nr. 43) und Parthern.
3. Assyrischer Dialekt, nördlicher Sprachbereich, am Tigris:
   a) Altassyrisch (etwa 2000–1500 v. Chr.),
   b) Mittelassyrisch
      (etwa 1500–100 v. Chr.),
   c) Neuassyrisch (etwa 1000–600 v. Chr.
      Die Sprachreinheit geht immer mehr
      unter dem Einfluß des Aramäischen
      verloren).
Alle diese Dialekte wurden mit (sumerischer) Keilschrift geschrieben.

Da man bei Wiederentdeckung dieser akkadischen Sprache anfangs nur Texte des assyrischen Dialekts kannte, nannte man die Sprache „Assyrisch", die Wissenschaft von diesem
Kulturbereich „Assyriologie".

II. Nordsemitischer/Mittelsemitischer Sprach-
   zweig: Kanaanäisch, Kanaanitisch
Wahrscheinlich schon vor 2000 v. Chr. im syrisch-palästinensischen Kulturland behei-
matet:
1. Ugaritisch: älteste uns bekannte Sprachform dieses Sprachzweiges (um 1400
   v. Chr.). Die in Ras-schamra/Ugarit an der
   nordphönizischen Küste seit 1929 gefundenen Texte enthalten neben solchen in Sumerisch, Akkadisch, Ägyptisch, Hurritisch
   auch solche, die als Ortssprache zu erkennen sind (Ugaritisch oder Saphonisch);
2. Phönizisch (s. Phönizier), Punisch (Karthago);
3. Hebräisch, Moabitisch (s. Moabiter), Edomitisch (s. Edomiter), Ammonitisch (s.
   Ammoniter).
Bis auf wenige Zeugnisse in Keilschrift sind die
kanaanitischen Sprachdenkmäler in Buchsta-
benschrift überliefert.

III. Nordsemitischer/Aramäischer
    Sprachzweig
Sprache jener Stämme, die zwischen 1800 und
1200 aus der östlichen Steppe nach Syrien-
Palästina einwanderten. Von ihnen nahmen
viele „die Sprache Kanaans" an (Hebräer,
Moabiter, Edomiter, Ammoniter), im Norden
Syriens aber erhielten sich die Einwanderer
ihre eigene aramäische Sprache.

1. Altaramäisch (mit Texten aus dem 9. Jahrhundert überliefert);
2. Gemeinaramäisch (d. i. Aramäisch als
   langsam sich durchsetzende internationale
   Sprache);
3. Reichsaramäisch (der Perser),
   Bibelaramäisch (Esra, Dan),
   jüdisch-babylonisches Aramäisch
   (babylonischer Talmud),
   das Syrisch der aramäischen Christen
   (Zentrum Edessa),
   das Mandäische (gnostische Mandäer);
4. Westaramäisch (Dialektabweichung vom
   Reichsaramäischen):
   a) Palästinensisch (palästinensischer
      Talmud),
   b) Samaritanisch (s. Samaritaner),
   c) Nabatäisch (s. Nabatäer),
   d) das christlich-palästinensische
      Aramäisch.
   Die Abramiden und Jakobiten, die aus dem
Zweistromland nach Palästina vordrangen,
waren dem Volke nach Aramäer (s. d.) und
sprachen aramäisch, falls man für die damalige
Zeit schon von Aramäisch sprechen kann;
vielleicht war ihre Sprache auch die von Akkad
(s. Akkader). Diese ausgewanderten Aramäer
glichen ihre Sprache im Lande der Kanaaniter,
und erst recht nach der Landnahme, der verwandten Sprache Kanaans an; diese angegli-
chene Sprache nennen wir heute „Hebräisch".
Deshalb heißt das „Hebräische" im AT selbst
auch meistens „die Sprache Kanaans". Sie
blieb die lebendige Sprache Israels bis zur
Babylonischen Gefangenschaft (586 v. Chr.).
Nach Rückkehr der Juden aus Babylon setzte
sich auch unter den Juden um Jerusalem immer mehr das inzwischen zur Kanzleisprache
des Perserreiches erhobene Reichsaramäisch
als Volkssprache durch, indem es durch das
noch in Resten lebendige Kanaanäische zu
einem palästinensischen Dialekt des Aramäischen umgeformt wurde.

Mit dem Sieg des Reichsaramäischen wurde
die Kenntnis der Sprache Kanaans (des „Hebräischen") immer mehr zurückgedrängt. Die
frühere Umgangssprache blieb noch einige
Zeit Schriftsprache, wurde dann aber immer
mehr Gelehrtensprache. Außerdem blieb sie
Kultsprache. Die überlieferten Gesetzestexte
und Prophetenberichte, die in der Zeit nach
der Rückkehr aus Babylon zum erstenmal
ganz aufgeschrieben wurden, sind noch in

„Hebräisch" aufgeschrieben worden, weil sie in dieser Sprache mündlich (und zum Teil schriftlich) überliefert waren. Daß sie gerade damals ganz aufgeschrieben wurden, hängt vielleicht auch etwas mit dem allmählichen Schwund der Kenntnis der alten Sprache zusammen.

Das „Hebräische" ist in einer Reihe von außerbiblischen schriftlichen Zeugnissen seit dem 10. Jahrhundert v. Chr. als Umgangssprache belegt, z. B. in der Schiloach-Inschrift (s. „Der Schiloach"). Diese Inschrift wurde um das Jahr 700 v. Chr. am Ausgang eines Kanaltunnels angebracht und erzählt von dem Zusammentreffen der Arbeiter, die zur Hälfte von der Gihonquelle, zur Hälfte von der Stelle des späteren Schiloachteiches her einen Wasserleitungskanal durch den Zionsberg aufeinander zutrieben und die einander tatsächlich in der Mitte des einen halben Kilometer langen Bohrganges trafen.

Der Massoratext. Das hauptsächliche Dokument der „Sprache Kanaans" ist aber die Bibel, obwohl sie uns bis vor kurzem nur in Niederschriften vorlag, die zwischen 700 und 1000 n. Chr. angefertigt wurden. Die Juden in Babylon und eine jüdische Gelehrtenkolonie in Tiberias (s. d.) besorgten diese Niederschriften, sicherten ihre Aussprache durch allerlei Hilfszeichen und ließen dann überall, wohin ihr Einfluß reichte, die älteren Handschriften vernichten, damit diese endgültige Fixierung ohne Konkurrenz gelte. So kommt es, daß wir von Texten, die in ihren Anfängen bis in das 2. Jahrtausend v. Chr. zurückgehen, nur Handschriften haben, die mindestens zweitausend Jahre jünger sind. Diesen Text der babylonischen und tiberianischen Gelehrten nennt man „Massoratext" (Überlieferungstext); die Gelehrten, die diesen Text verantwortlich redigierten, nennen wir „Massoreten".

Weil dies die Situation der biblischen Texte des AT war, wurden die Bibelgelehrten der ganzen Welt so sehr alarmiert, als im Jahre 1947 in Höhlen am Toten Meer Handschriften gefunden wurden, die nach der paläographi-

Rollen vom Toten Meer, im Vordergrund die außerordentlich gut erhaltene erste Jesajarolle, die im Jahre 1947 in einer Höhle am Toten Meer gefunden wurde. Die beim Fund vollständig verkrusteten und ineinandergeschrumpften Rollenblätter sind jetzt sauber auf festen Unterlagen aufgeklebt und in feuchtigkeitsbeständigen Rollenkästen eingeschlossen, so daß die kostbaren Blätter erhalten werden. Dieses Jesajaexemplar ist etwa achthundert bis neunhundert Jahre älter als der Codex orientalis, der bis zum Jahre 1947 das älteste Traditionsexemplar war; dieser Codex orientalis wurde um 850 n. Chr. geschrieben.

Bruchstück aus der zweiten Jesajarolle, die in den Höhlen bei Qumrán gefunden wurde. Die Lücken lassen ahnen, wie mühsam das Zusammensetzen der zerflatterten Papyrustrümmer ist.

schen Untersuchung als Handschriften aus der Zeit zwischen 200 v. Chr. und 100 n. Chr. ausgewiesen wurden. Die Handschriften enthielten nicht nur Bibeltexte, aber auch Bibeltexte: vor allem eine ganze Jesaja-Rolle, Fragmente aller alttestamentlichen Bücher bis Ester, verschiedene Kommentare, darunter einen Habakuk-Kommentar.

Die Textuntersuchungen und Vergleiche mit der uns bis dahin einzig bekannten Textform der Massoreten ergab, daß der Massoratext mit jenen alten Texten im großen und ganzen übereinstimmt; die Abweichungen sind sehr oft nur orthographischer Art oder doch inhaltlich wenig bedeutsam. So hat der Massoratext durch diese Handschriftenfunde eine späte, aber überzeugende Bestätigung gefunden; denn es darf nicht verschwiegen werden, daß viele Gelehrte dem Text der Massoreten mißtrauisch gegenüberstanden.

Hebräische Schrift- und Spracheigenheiten. Wie die hebräische Sprache nur in Anführungszeichen Hebräisch genannt werden kann, so ist auch die hebräische Schrift keine originäre Schrift, die dieser Sprache zugeordnet war. Die älteste Form, in der Kanaan und auch die eingewanderten Aramäer ihre Sprache schrieben, waren die phönizischen Schriftzeichen, auf die letztlich auch die Schriftzeichen des Abendlandes zurückgehen. In der Zeit des Reichsaramäischen hatte sich für das

Aramäische eine Quadratschrift entwickelt, in der dann auch das Hebräische niedergeschrieben wurde. Lediglich in einigen Teilen Palästinas erhielt sich die alte, unmittelbar aus dem Phönizischen stammende Schrift länger. Auch unter den Handschriftenfunden vom Toten Meer gibt es solche in alten Schriftcharakteren.

Sowohl die alte Schrift als auch die Quadratschrift hatten jedoch die Eigenart, daß sie im großen und ganzen nur die Konsonanten eines Wortes festhielten. Das hängt mit der Art der semitischen Sprachen zusammen, die Konsonantenstamm-Sprachen sind. Die geschriebenen Konsonanten ergeben für den, der die Sprache kennt, den Sinn genügend klar. Wie man vokalisieren muß, ergibt der Sinn des Gesamttextes. Man schreibt z. B.

קטל   *qtl*   und liest *qatál*
קטלי   *qtlj*   und liest *qitlí*
תקטל   *tqtl*   und liest *tiqtól*

Aber als die Sprache nicht mehr lebendig war, bestand doch die Gefahr, daß die richtige Aussprache verlorenging. Und so war denn die Arbeit der Massoreten, die mit Strichen und Punkten unter, in und über den Quadratbuchstaben eine sichere Aussprache festlegten, so wie sie überliefert war, ein großes Verdienst. Die hebräischen Worte, die oben als Beispiele angegeben sind, werden deshalb nach den Massoreten also geschrieben:

קטל wird קָטַל gleich *qatál* (er hat getötet)
קטלי wird קָטְלִי gleich *qitlí* (töte, fem.)
תקטל wird תִּקְטֹל gleich *tiqtól* (du tötetest)

Die heutigen hebräischen Bibeln werden meist mit dieser massoretischen Punktation gedruckt. Im Staate Israel allerdings, wo das Hebräische nach mehr als zweitausenddreihundert Jahren als „Iwríth" (d. h. nun auch wirklich „Hebräisch") wundersam wieder neu zum Leben gekommen ist, schreibt man in Briefen, Büchern, Zeitungen usw. wieder ohne Punktation.

Eine erste Renaissance des Hebräischen, nicht unähnlich der heutigen Sprachrenaissance im Staate Israel, ist für die Zeit Barkochbas (132–135 n. Chr.) bezeugt. Während Barkochba in seinen ersten zwei Regierungsjahren sich noch der aramäischen Sprache bediente, sind von seinem dritten Regierungsjahr an

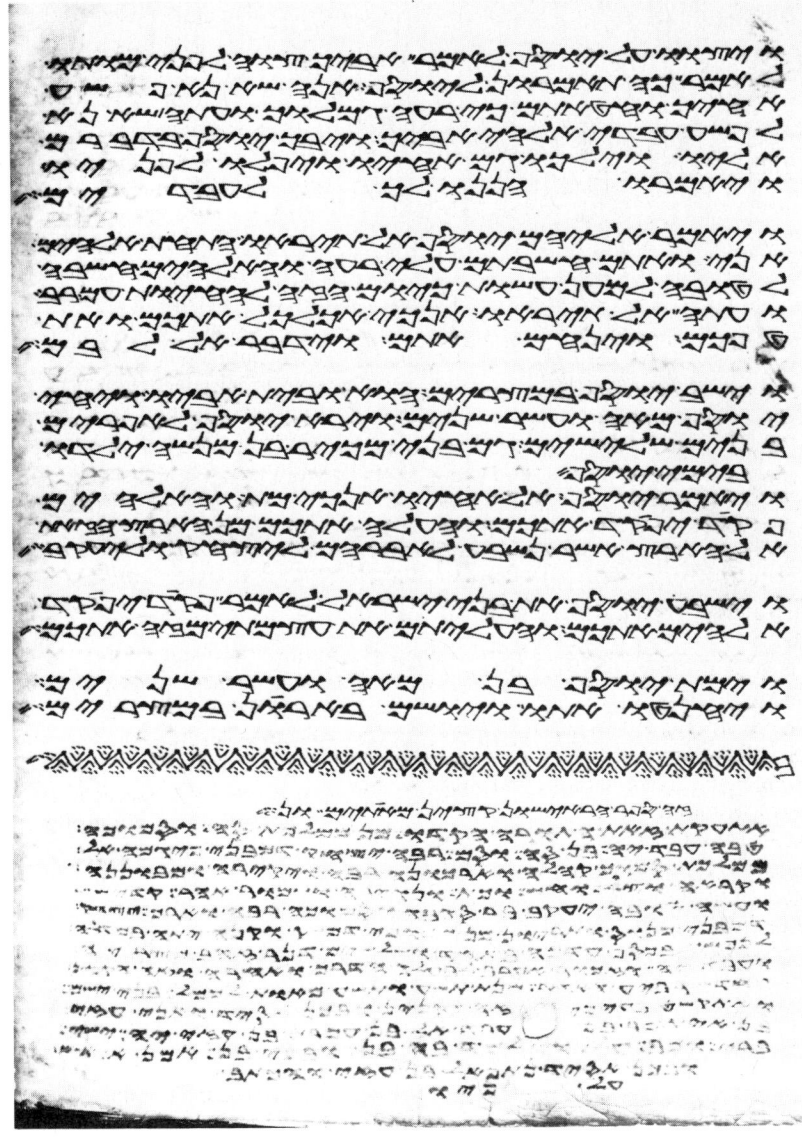

Der samaritanische Pentateuch geht auf die Zeit zurück, als die Führer der nachbabylonischen Kultgemeinde von Jerusalem die Samaritaner (s. d.) wegen Unreinheit ausschlossen. Der Bruch zwischen Samaria und Jerusalem wurde religiös eigentlich damals erst ganz vollzogen. Da dies vor dem Abschluß der Schriftredaktion geschah, hatten die Samaritaner zwar den Pentateuch, aber sie behielten ihn für die Zukunft als einziges religiöses Schriftwerk, und sie behielten ihn in einer Form, die oft einen älteren Text bietet als der durch die Juden überlieferte Text.

Es gibt einige Handschriften des (übrigens ebenfalls hebräischen) Textes des „samaritanischen Pentateuch", der aber in Schriftformen überliefert ist, die der althebräischen bzw. der altphönizischen Schrift näher verwandt ist als die Quadratschrift, mit der man nach dem Babylonischen Exil in Juda das Hebräische schrieb. Die Samaritanergemeinde in Nablus glaubt, in ihrer Abischa-Rolle ein Pentateuchexemplar zu besitzen, das bis ins erste nachchristliche Jahrhundert zurückgeht; dieses Alter läßt sich aber bestreiten. Die meisten Handschriften des samaritanischen Pentateuch stammen aus der Zeit zwischen dem 10. und 14. Jahrhundert. Die abgebildete Seite (Gen 50,19–26) findet sich in einer Handschrift, die um 1345 geschrieben wurde. Der Kodex gehört der Universitätsbibliothek Leipzig (Hs A), der wir für die Besorgung des Photos danken.

בראשית

GENESIS.

CAPUT I. א

בְּרֵאשִׁית בָּרָא אֱלֹהִים אֵת הַשָּׁמַיִם וְאֵת הָאָרֶץ׃ וְהָאָרֶץ 2
הָיְתָה תֹהוּ וָבֹהוּ וְחֹשֶׁךְ עַל־פְּנֵי תְהוֹם וְרוּחַ אֱלֹהִים
מְרַחֶפֶת עַל־פְּנֵי הַמָּיִם׃ וַיֹּאמֶר אֱלֹהִים יְהִי אוֹר וַיְהִי־ 3
אוֹר׃ וַיַּרְא אֱלֹהִים אֶת־הָאוֹר כִּי־טוֹב וַיַּבְדֵּל אֱלֹהִים בֵּין 4
הָאוֹר וּבֵין הַחֹשֶׁךְ׃ וַיִּקְרָא אֱלֹהִים ׀ לָאוֹר יוֹם וְלַחֹשֶׁךְ 5
קָרָא לָיְלָה וַיְהִי־עֶרֶב וַיְהִי־בֹקֶר יוֹם אֶחָד׃ פ
וַיֹּאמֶר אֱלֹהִים יְהִי רָקִיעַ בְּתוֹךְ הַמָּיִם וִיהִי מַבְדִּיל בֵּין 6
מַיִם לָמָיִם׃ וַיַּעַשׂ אֱלֹהִים אֶת־הָרָקִיעַ וַיַּבְדֵּל בֵּין הַמַּיִם 7
אֲשֶׁר מִתַּחַת לָרָקִיעַ וּבֵין הַמַּיִם אֲשֶׁר מֵעַל לָרָקִיעַ וַיְהִי־
כֵן׃ וַיִּקְרָא אֱלֹהִים לָרָקִיעַ שָׁמָיִם וַיְהִי־עֶרֶב וַיְהִי־בֹקֶר 8
יוֹם שֵׁנִי׃ פ
וַיֹּאמֶר אֱלֹהִים יִקָּווּ הַמַּיִם מִתַּחַת הַשָּׁמַיִם אֶל־מָקוֹם אֶחָד 9
וְתֵרָאֶה הַיַּבָּשָׁה וַיְהִי־כֵן׃ וַיִּקְרָא אֱלֹהִים ׀ לַיַּבָּשָׁה אֶרֶץ 10
וּלְמִקְוֵה הַמַּיִם קָרָא יַמִּים וַיַּרְא אֱלֹהִים כִּי־טוֹב׃ וַיֹּאמֶר 11
אֱלֹהִים תַּדְשֵׁא הָאָרֶץ דֶּשֶׁא עֵשֶׂב מַזְרִיעַ זֶרַע עֵץ פְּרִי
עֹשֶׂה פְּרִי לְמִינוֹ אֲשֶׁר זַרְעוֹ־בוֹ עַל־הָאָרֶץ וַיְהִי־כֵן׃
וַתּוֹצֵא הָאָרֶץ דֶּשֶׁא עֵשֶׂב מַזְרִיעַ זֶרַע לְמִינֵהוּ וְעֵץ עֹשֶׂה־ 12
פְּרִי אֲשֶׁר זַרְעוֹ־בוֹ לְמִינֵהוּ וַיַּרְא אֱלֹהִים כִּי־טוֹב׃ וַיְהִי־ 13
עֶרֶב וַיְהִי־בֹקֶר יוֹם שְׁלִישִׁי׃ פ
וַיֹּאמֶר אֱלֹהִים יְהִי מְאֹרֹת בִּרְקִיעַ הַשָּׁמַיִם לְהַבְדִּיל בֵּין 14
הַיּוֹם וּבֵין הַלָּיְלָה וְהָיוּ לְאֹתֹת וּלְמוֹעֲדִים וּלְיָמִים וְשָׁנִים׃
והיו

v. 1. ‏א ב רבתי‏   v. 11. ‏הד׳ בזיק ובספרי ספרד רביע‏

die öffentlichen Dokumente in der wiedereingeführten hebräischen Amtssprache abgefaßt.

Weitere Ausführungen zur Sprache siehe unter dem Titel „Die Hebräer".

DAS ARAMÄISCHE

ist ein semitisches Idiom,[1] das auch die nach Kanaan einwandernden Stämme der Israeliten, Ammoniter (s. d.), Moabiter (s. d.) und Edomiter (s. d.) sprachen; diese aber übernahmen nach und nach das kanaanitische Idiom, welches wir heute Hebräisch nennen. Andere Einwandererstämme behielten ihre Sprache. Nach der Unterwerfung des syrisch-aramäischen Volkes des nördlichen Syrien durch die Assyrer (s. d.) bedienten sich die Assyrer des Aramäischen (das offenbar weiter entwickelt war als das Assyrische) als Verbindungssprache, weil es nicht nur von vielen Assyrern verstanden wurde, sondern auch die Sprache vieler ihrer unterworfenen Völker war. Diese Regelung bewährte sich, so daß die Perser (s. d.) das Aramäische zur offiziellen Kanzleisprache erhoben, nachdem sie Herrschaftsnachfolger Assurs und Neubabyloniens geworden waren. Diesen Dialekt des Aramäischen nennen wir: das Reichsaramäische.

Während das Reichsaramäische sich immer mehr auch als Umgangssprache durchsetzte, wurde es vom Volksidiom der einzelnen aufnehmenden Völker umgeformt; daraus ergaben sich Dialektformen, zumal das Westaramäische (z. B. Palästina-Aramäisch und Samaritanisch).

Auch die Umgangssprache Jesu gehört zu diesem vom Volksidiom umgeformten Reichsaramäisch. Die Rückwanderer aus Babylon (5./4. Jahrhundert) brachten Aramäisch als Umgangssprache mit, und da sie trotz ihrer Minderheit die Entwicklung in Jerusalem bestimmten, wurde Aramäisch von Jahrzehnt zu Jahrzehnt bestimmender; das Kanaanitische („Hebräische") trat zunächst in Jerusalem, nach und nach auch unter den Juden auf dem Lande und schließlich überhaupt in Palästina immer mehr zurück, bis um etwa 200 v. Chr. das Hebräische nur noch von den Gebildeten oder gar den Gelehrten verstanden wurde. Einige der späteren Bücher der Bibel sind bereits in einem solchen Gelehrten-Hebräisch oder in Aramäisch geschrieben. Die biblischen hebräischen Leseabschnitte in den Synagogen wurden übersetzt (s. den Artikel „Targume").

In Galiläa (s. d.) sprachen die Menschen das Aramäische in einem stark vom Aramäischen

---

[1] Über den Stand des Aramäischen in der semitischen Sprachenfamilie, s. oben auf der zweiten Seite dieses Kapitels (S. 36).

Die erste Seite einer hebräischen Bibel (Berliner Bibel 1903), Satzspiegelgröße des Originals: 172 × 100 mm.

Die hebräische Überschrift lautet bereschít *(Im Anfang); die hebräischen Bücher werden nach dem ersten Wort des Textes bezeichnet (vergleiche die Überschrift mit dem ersten Wort des Textes auf der rechten Seite der ersten Zeile). Darunter die latinierte Bezeichnung dieses Ersten Buchs Moses nach dem Griechisch der Septuaginta:* Genesis. *Darunter* Caput I *(Hauptstück I), denn lat.* caput *heißt: das Haupt. Hinter der I findet sich der erste Buchstabe des hebräischen Alphabets: das* aleph, *das zugleich auch das hebräische Zahlzeichen für 1 ist.*

Die hebräische Schrift wird von rechts nach links geschrieben und gelesen, wie übrigens alle semitischen Schriften. Deshalb ist auch die erste Seite eines Buches mit semitischer Schrift da, wo in unseren Büchern, deren Schrift von links nach rechts läuft, die letzte Seite ist. In der ursprünglichen Schrift dieser Art schrieb man die vielen Punkte und Striche nicht mit. Sie war eine Schrift, in der man in der Hauptsache nur die Konsonanten schrieb; dadurch konnte die Textüberlieferung unsicher werden. Deshalb versahen die jüdischen Gelehrten, als das Hebräische schon lange nicht mehr allgemein gesprochen wurde, die Buchstaben mit Punkten und Strichen, die nichtgeschriebenen Vokale ersetzen sollten. Dadurch wurde die Tradition gesichert. Außerdem fügten sie Betonungszeichen ein.

In der zweiten Textzeile finden wir als letzten Buchstaben (ganz links!) ein gedehnt geschriebenes m (mēm). Am Schluß des zweiten Wortes davor finden wir denselben Buchstaben in seiner normalen Schlußform. Es gibt auch andere Schlußbuchstaben, die auf diese Weise im Schriftbild gedehnt werden können. Diese Art des Dehnens stammt aus der Werkstatt der Schreiber, die dadurch die Zeile füllten; denn in späterer Zeit trennte man die zu einem Wort gehörigen Buchstaben nicht mehr.

Am Rande sind die heute üblichen Verseinteilungen angegeben, und zwar sind die Verszahlen 1, 5, 10, 15 usw. durch die entsprechenden hebräischen Buchstaben (= Zahlen) bezeichnet, die dazwischenliegenden Verse durch die bei uns üblichen arabischen Zahlzeichen.

in Judäa abweichenden Dialekt; dies mag auf den starken griechischen Einfluß in Galiläa zurückzuführen sein. Die Galiläer zogen die Worte sehr stark zusammen, waren in der Aussprache von anlautenden Konsonanten sehr nachlässig, liebten das a mehr als das i; außerdem sollen sie sehr schlecht d und t haben sprechen können, was sie oft durch G- oder K-Laute ersetzten. So wurde aus *immár* (Lamm): ammár – *(g) ammár* heißt aber Wolle; ähnlich klang in ihrem Munde *chamár* (Wein) und *ghamár* (Esel).

Das „Ich weiß nicht" des Petrus (Mk 14,68), aramäisch: *leth aná jadá* wurde durch Zusammenziehung, Aspirierung des Anlauts und Gutturalisierung des D-Lautes zu: *lená chakhä*. Man kann also gut verstehen, daß die Leute zu Petrus sagten:. „Du gehörst wirklich zu ihnen; du bist doch auch ein Galiläer" (Mk 14,70). Einige sehr alte Handschriften erweitern diese Aussage um die Feststellung: „Deine Sprache verrät dich." Es ist allerdings kaum anzunehmen, daß auch Jesus dieses verballhornte Aramäisch der Galiläer gesprochen hat – es sei denn in Galiläa vor und mit Galiläern.

GRIECHISCH ALS SPRACHE DER BIBEL

Seit dem Weltreich Alexanders d. Gr. (336 bis 323), dem die großen griechisch geprägten Reiche der Ptolemäer in Ägypten und der Seleukiden im mesopotamisch-syrisch-kleinasiatischen Raum folgten, hatte sich mit der griechischen Kultur auch die griechische Sprache immer mehr durchgesetzt: nicht als Volkssprache, aber doch als Kultursprache der Gebildeten, als Zweitsprache, als internationale Verkehrssprache und Diplomatensprache. Griechisch löste damit im Orient das Aramäische (s. d.) ab, das seit dem Beginn der Assyrerherrschaft (8. Jahrhundert) bis zum Ende der Perserherrschaft (4. Jahrhundert) diese Rolle gespielt hatte. Das Griechische beherrschte jedoch in dieser Rolle einen weit breiteren Raum als das Aramäische, indem es nicht nur im Vorderen Orient und in Ägypten verbreitet war, sondern auch zur Kultursprache im römischen Reichsgebiet wurde.

So kam es, daß man zur Zeit Jesu Griechisch nicht nur in den griechischen Siedlerstädten

*Eine Seite mit griechischem Text aus einer modernen Ausgabe des NT (Originalgröße). Auf Grund der verschiedenen handschriftlichen griechischen Kodizes des NT haben Sprachwissenschaftler und Theologen in sorgfältiger kritischer Arbeit einen Text erarbeitet, den sie als einen gesicherten griechischen Bibeltext glauben anbieten zu können. Sie haben die verschiedenen Texttraditionen gegeneinander abgewogen und aus ihnen nach bestem Ermessen den ihrer Ansicht nach glaubwürdigsten Bibeltext eruiert. Da es aber Textvarianten gibt, die der Herausgeber einer solchen heutigen Ausgabe nicht einfach glaubt unberücksichtigt lassen zu dürfen, weist er im „wissenschaftlichen Apparat" auf die wichtigsten Varianten hin. So bedeutet z. B. die Anmerkung „22^T Ησαιου **D**pc itsy^{sc}" aufgelöst folgendes:*

22:	*in Vers Mt 1,22*
^{T}:	*ist an der Stelle dieses Zeichens hinzugefügt*
Ησαιου	*das Prophetenwort „Jesaja" (damit erfüllt werde, was durch [Jesaja] den Propheten gesagt ist)*
D:	*in der griechischen Kolumne des doppelsprachigen Codex Bezae, der in Majuskeln geschrieben ist und in Cambridge aufbewahrt wird;*
pc:	*sonst aber haben wenige griechische Handschriften von Bedeutung diese Lesart (pc ist die Abkürzung für* pauci: *wenige);*
it:	*ferner hat eine größere Anzahl der altlateinischen Kodexzeugen die entsprechende lateinische Lesart,*
sy^{sc}:	*und auch die syrische Palimpsesthandschrift, die einen syrischen Text aus dem 4. oder 5. Jahrhundert bietet und im Jahre 1892 auf dem Sinai entdeckt wurde (das sy^s bedeutet Syrus Sinaiticus) wie auch die von Cureton im Jahre 1858 herausgegebene syrische Handschrift des 5. Jahrhunderts (sy^c bedeutet Syrus Curetonianus).*

Das alles kann jemand, der die Zeichen eines wissenschaftlichen Apparates zu deuten versteht, aus diesen wenigen Buchstaben herauslesen.

Ein wichtiges Zeichen sind die drei Buchstaben txt *(vgl. zweite Zeile des wissenschaftlichen Apparates). Die hinter diesem Zeichen durch Buchstaben angegebenen Kodizes werden damit als Zeugen des mit diesem Druck herausgegebenen Textes angegeben. Der Herausgeber kann auf diese Weise dartun, ob die von ihm gewählte Lesart gut bezeugt ist.*

Am äußeren Seitenrand (hier links) sind die Zitatstellen bzw. Parallelstellen genannt. Der Herausgeber hat solche Stellen des Textes, die ein Zitat aus dem AT sind, in Fettdruck herausgehoben; am Rand hat er die

1,23—2,8.   Κατα Μαθθαιον

ἵνα πληρωθῇ τὸ ῥηθὲν ὑπὸ κυρίου διὰ ᵀτοῦ προ-
φήτου λέγοντος·

Is 7,14. 23 ἰδοὺ ἡ παρθένος ἐν γαστρὶ ἕξει καὶ τέξεται υἱόν,
καὶ ⌐καλέσουσιν τὸ ὄνομα αὐτοῦ Ἐμμανουήλ,
Is 8,8.10 Lxx. ὅ ἐστιν μεθερμηνευόμενον μεθ' ἡμῶν ὁ θεός.
R 8,31.

24 ⌐ᵀἐγερθεὶς δὲ [ὁ] Ἰωσὴφ ἀπὸ τοῦ ὕπνου ἐποίησεν 6
ὡς προσέταξεν αὐτῷ ὁ ἄγγελος κυρίου, καὶ παρ-
25 έλαβεν τὴν γυναῖκα αὐτοῦ· καὶ □οὐκ ἐγίνωσκεν
αὐτὴν ἕως [οὗ]ᐟ ἔτεκεν ⌐υἱόν· καὶ ἐκάλεσεν τὸ
ὄνομα αὐτοῦ Ἰησοῦν.

L 2,1—7. **2** Τοῦ δὲ Ἰησοῦ γεννηθέντος ἐν Βηθλέεμ τῆς Ἰου- 1 7
Nu 23,7. δαίας ἐν ἡμέραις Ἡρῴδου τοῦ βασιλέως, ἰδοὺ μάγοι
Gn 49,10. 2 ἀπὸ ἀνατολῶν παρεγένοντο εἰς Ἱεροσόλυμα ᐟ λέ-
Nu 24,17.
2 P 1,19. γοντες· ποῦ ἐστιν ὁ τεχθεὶς βασιλεὺς τῶν Ἰουδαί-
Ap 22,16. ων; εἴδομεν γὰρ αὐτοῦ τὸν ἀστέρα ⌐ἐν τῇ ἀνατολῇ,ᐟ
3 καὶ ἤλθομεν προσκυνῆσαι αὐτῷ. ἀκούσας δὲ ὁ βα-
21,10. σιλεὺς Ἡρῴδης ἐταράχθη, καὶ πᾶσα Ἱεροσόλυμα
Act 19,29; 21,30. 4 μετ' αὐτοῦ, ᐟ καὶ συναγαγὼν πάντας τοὺς ἀρχιερεῖς
καὶ γραμματεῖς τοῦ λαοῦ ἐπυνθάνετο □παρ' αὐ-
5 τῶνᐟ· ποῦ ὁ χριστὸς γεννᾶται·². οἱ δὲ εἶπαν 5,7
J 7,42. αὐτῷ· ἐν Βηθλέεμ τῆς Ἰουδαίας· οὕτως γὰρ γέ-
γραπται διὰ τοῦ προφήτου·
Mch 5,1.3. 6 καὶ σὺ Βηθλέεμ ⸂², γῆ Ἰούδα,ᐟ
⌐οὐδαμῶς ἐλαχίστη εἶ ἐν τοῖς ἡγεμόσιν Ἰούδα.
ἐκ σοῦ γὰρ ἐξελεύσεται ἡγούμενος,
2 Sm 5,2. ὅστις ποιμανεῖ τὸν λαόν μου τὸν Ἰσραήλ.
7 Τότε Ἡρῴδης λάθρα καλέσας τοὺς μάγους 8
ἠκρίβωσεν παρ' αὐτῶν τὸν χρόνον τοῦ φαινομένου 6,10
8 ἀστέρος, καὶ πέμψας αὐτοὺς εἰς Βηθλέεμ εἶπεν·
πορευθέντες ἐξετάσατε ἀκριβῶς περὶ τοῦ παιδίου·

---

22 ᵀHσαιου *Dpc* itsyˢᶜ   23 ⌐(Is 7,14 *B*) –σεις *Dpc*   24 ⌐διεγ-
SDpl; S: txt *BℵC*pc* | [+ *BCℵDal*; W: – ℵ*pm*; T   25 □*k*
syˢ | [+ *rell*; T: – *B*·; W | ⌐αυτω υι. syˢ·: τον υι.syᶜ: (L2,7)
τον υι. αυτης (–αυτ. *D²L*; hʳ²) τον πρωτοτοκον *CℵDpl* lat;
hʳ¹ : txt *Spc* it   2,2 ⌐απο αναταλων syˢ   1 □*Dpc* | ⸱· *et* ⸱²;
comm   6 ⸱², *et* ⸱²—, H | ⌐της Ιουδαιας *D* it : (γης Ιουδα Dru-
sius *cj*) | ⌐μη *D ff*¹ :   3   non it(sy*ℓ*) Tert

---

*betreffende Stelle des AT angegeben (z. B. Is 7,14, Mch 5,1.3). Die Stellenangaben weichen von der heute
üblichen Form des öfteren etwas ab. – Andererseits lesen wir neben dem ersten Vers des Kapitels 2 die Angabe
„L 2,1–7"; das bedeutet, daß der Inhalt von Mt 2,1 in Lukas 2,1–7 anklingt oder ähnlich oder gleich berichtet
wird.*

Die Angaben am inneren Seitenrand (hier rechts) geben alte Texteinteilungen verschiedener Herkunft wieder.

*Die wiedergegebene Seite stammt aus dem „Novum Testamentum Graece" von Nestle: 17. Auflage. Die erste
Auflage dieses „Nestle" erschien 1898 in der Württembergischen Bibelanstalt (Stuttgart), herausgegeben von
Dr. Eberhard Nestle; die jüngeren Ausgaben und Auflagen wurden von D. Erwin Nestle besorgt.*

Palästinas sprach (z. B. in Skythopolis, d. i. Bet-Schean (s. d.), in Samaria (s. d.), wo Alexander d. Gr. eine mazedonische Volksgruppe ansiedelte, in Kaisaria (d. i. Cäsarea: s. d.) als römischer Verwaltungsstadt, wo Pilatus residierte, sondern auch das Volk in Galiläa (s. d.) konnte sich in griechischer Sprache verständlich machen, so daß man sowohl für Jesus als auch für die meisten Apostel die Zweisprachigkeit annehmen darf.

Wichtiger aber als das gesprochene Griechisch war das geschriebene Griechisch. Nicht von ungefähr sind uns die neutestamentlichen Bücher vornehmlich in griechischer Sprache erhalten. Diese Sprache verband den aramä-

isch sprechenden Apostel mit den Gemeinden aller anderen Sprachen – wenn diese Gemeinden alltäglich auch ihre Muttersprache sprechen mochten (Syrisch, Arabisch, verschiedene griechische Dialekte, Lateinisch): Briefe, Berichte, Katechesen („Evangelien") in griechischer Sprache waren für jede Gemeinde zu erschließen und jederzeit durch einen Dolmetscher bekanntzugeben.

Das Griechische war die Weltsprache der Apostelzeit. Wer Griechisch nicht flüssig sprach, bediente sich eines „hellenistischen" Freundes, um seine Gedanken in gutes Griechisch fassen zu lassen. Diese „Schreiber" waren gute Stilisten, kluge Männer, die in

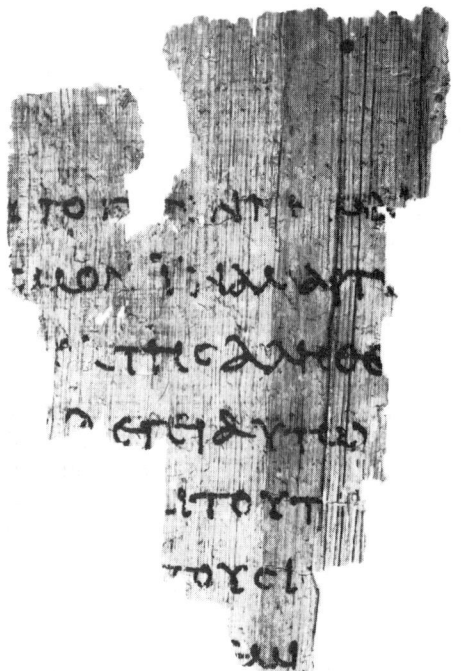 

Evangelientext auf Papyrus. Ein englischer Papyrusforscher kaufte in den zwanziger Jahren dieses Jahrhunderts einen Ballen Papyrusreste, die in Ägypten gefunden worden waren. Die Papyri kamen in die John Rylands Library (Manchester), wo sie vor allem von Professor C. H. Roberts untersucht wurden. Roberts löste aus dem Ballen ein Blatt heraus, das er als Rest eines Bibelkodex erkannte; gut hundert griechische Buchstaben waren zu entziffern und wurden als Bruchstücke des Textes Joh 18,31–33 (Vorderseite) und Joh 18,37–38 (Rückseite) erkannt. Das kostbare Blättchen (6 × 9 cm, Hochformat) trägt in der internationalen Papyrusnumerierung die Bezeichnung $\mathfrak{P}$ [52]; seine Besitzbezeichnung lautet: Papyrus Rylands Greek 457.

Roberts machte das Blättchen zum Gegenstand intensiver Forschung, die er im Jahre 1925 veröffentlichte. Er wies nach, daß es sich um den Rest eines ägyptischen Kodex handelte. Die paläographische Untersuchung wies auf die Jahre um 130 als Zeit der Abschrift. Diese Feststellung war für die Theologie außerordentlich wichtig: Wenn bereits um 130 in Ägypten Abschriften vom Johannestext gemacht wurden, muß er zwischen 90 und 100 urschriftlich entstanden sein; bis dahin wollte man die Entstehung des Johannesevangeliums oft in das späte 2. Jahrhundert verweisen.

dieser Beziehung sicherlich auch einen großen Anteil an Briefen haben wie den Petrusbriefen, dem Jakobusbrief, dem Judasbrief und nicht zuletzt auch an den griechischen Fassungen des Matthäus- und Markusevangeliums. Durch die griechische Sprache stand den Verkündern der Frohbotschaft das ganze römische Reich als Verkündigungsraum offen.

Das hellenistische Griechisch war die Gemeinsprache des hellenistischen Kulturraums während achthundert Jahren (etwa 300 v. Chr. bis 500 n. Chr.). In diese Gemeinsprache *(koinå diálektos,* daher wird für sie auch kurz der Name „Koinä" gebraucht) wurde schon die Septuaginta (s. d.) übersetzt, so daß das AT, wie es die Christen gebrauchten, und das NT aus demselben Sprachgut gestaltet wurden. Außerdem schrieben viele Kirchenväter in dieser griechischen Gemeinsprache; denn dieses gleiche Griechisch war in der christlichen Frühkirche für weite Gebiete Kirchensprache.

Das Bibelgriechisch unterscheidet sich allerdings in manchen Eigenheiten von der sonst belegten Koinä. Da es sich bei ihm zum großen Teil um Übersetzungen aus dem Hebräischen handelt, enthält es ungriechische Übersetzungssemitismen. Solche Elemente aus anderen Sprachen enthält auch die nichtbiblische Koinä, z. B. Latinismen, die aus dem lateinischen Vokabular des Militärwesens, der Rechtssprache, der Verwaltungsterminologie u. a. eingedrungen sind.

VON DEN BIBELÜBERSETZUNGEN

Die Originalsprachen der Bibel sind: das Hebräische für das AT (mit Ausnahme einiger Bücher) und das Griechische für das NT. Damit die verschiedenen Völker die biblischen Texte verstanden, mußten sie in die Sprachen der Völker übersetzt werden. Der wichtigste Anlaß zur Bibelübersetzung war in christlicher Zeit neben dem Interesse an der Glaubensverkündigung meistens das liturgische Bedürfnis. So erklärt es sich, daß die Bibel so oft „in Auswahl" übersetzt wurde, indem man die liturgisch wichtigen Texte vorwegnahm oder wirklich auswählte: die Psalmen, die Cantica (Magnificat usw.), Evangelienperikopen.

Die Bibel liegt heute in etwa 1050 Übersetzungen (ganz oder teilweise) vor. Nicht alle diese Übersetzungen gehen auf die Originalsprachen zurück. Viele Übersetzungen sind solche aus anderen Übersetzungen, so vor allem jene, die Missionare in Sprachen ihrer Missionsgebiete angefertigt haben.

Die Septuaginta
Zwischen 150 v. Chr. und 50 n. Chr. wurde eine Brieffälschung begangen, die Aristeas, einen Hofbeamten des Ägypterkönigs Ptolemaios Philadelphos (285 bis 246 v. Chr.), an seinen Bruder u. a. folgendes berichten läßt:

König Ptolemaios erhielt von seinem Hofbibliothekar Demetrios von Phaleron die Anregung, das jüdische Gesetz ins Griechische übersetzen zu lassen. Der König sandte darauf ihn, Aristeas, nach Jerusalem, wo er mit dem Hohenpriester Eleasar vereinbarte, daß sechs Männer aus jedem der zwölf Stämme Israels auf die Insel Pharos vor Alexandrien kommen sollten, um dort die fünf Bücher Mose so zu übersetzen. Die zweiundsiebzig Männer kamen, berieten sich und brachten die Arbeit so zu Ende, daß sie nach Vergleich ihrer Einzelarbeiten einen Text erzielten, der von der alexandrinischen Judengemeinde gutgeheißen wurde. – Eine spätere Fassung der Legende bringt ein Wundermotiv hinein: danach haben alle zweiundsiebzig Übersetzer, jeder für sich in seiner Zelle, die Übersetzung angefertigt; und als sie ihre Texte verglichen, stimmten sie Buchstabe für Buchstabe überein.

Diese Legende des „Aristeasbriefes" und der alexandrinischen Juden gab der ältesten Übersetzung des hebräischen AT ins Griechische ihren Namen. Indem man die 72 auf 70 abrundete,[1] wurde daraus die „Interpretatio septuaginta virorum" (die Übersetzung der siebzig Männer), und die Übersetzung erhielt den Namen „Septuaginta" (Abkürzung: LXX). Zwar spricht die Legende nur von den fünf Mosebüchern; dennoch erhielt das ganze alexandrinische griechische AT den Namen „Septuaginta".

Die Legende hat wohl insofern sogar historischen Wert, als man aus ihr die Entstehungszeit der Übersetzung (Mitte des 3. Jahrhunderts v. Chr.) entnehmen darf, obwohl daraus nicht geschlossen werden kann, daß es nur *eine* griechische Übersetzung der hebräischen Bibel gab. Die jüdischen Gemeinden in den

[1] Vgl. im Artikel über die „Zahlen".

hellenistischen Zentren, zumal in der nord-
ägyptischen Alexanderstadt Alexandrien mit
seinen zweihunderttausend Juden, brauchte
einfach eine griechische Übersetzung ihrer Bibel, weil sie Griechisch sprachen. Der ge-
fälschte Aristeasbrief aber könnte den Sinn
haben, der hellenistischen Judenheit die alexandrinische Übersetzung als die offizielle zu
empfehlen oder gar bei ihr durchzusetzen.
Und die Legende von der wunderbaren Übereinstimmung der Übersetzung (s. oben) könnte diese Übersetzung den jüdischen Gemeinden sogar als inspirierten Text empfohlen
haben.

Hundert Jahre später (etwa 150 v. Chr.)
wird die (oder eine) ganze griechische Übersetzung vorgelegen haben. Obwohl die Übersetzungen der einzelnen Bücher von sehr ver-
schiedenem Wert waren, genoß die LXX unter
den griechisch sprechenden Juden, nicht nur
Ägyptens, hohes Ansehen.

In der ersten christlichen Zeit wurde die
Septuaginta von den Christen aus den griechisch sprechenden Völkern praktisch wie ein
Original des AT behandelt. Ihre Beliebtheit
bei den Christen und die Tatsache, daß sie vor
der letzten uniformierenden Redaktion des *hebräischen* Textes entstand – die wahrscheinlich
auf der Synode von Jamnia (um 95 n. Chr.)
vorgenommen wurde (s. im Artikel „Kanon")
–, machte diese griechische Übersetzung allerdings bei den Juden, zumal bei den streng
buchstabengläubigen, allmählich unbeliebt;
deshalb wurden von den Juden im zweiten
christlichen Jahrhundert neue griechische
Übersetzungen des AT geschaffen, die in jüdischen Kreisen den Gebrauch der Septuaginta
langsam zurückdrängten.

Anderseits wurde die Septuaginta später
aber auch von den christlichen Schriftstellern
revidiert: von Origenes (der zwischen 232 und
254 in Cäsarea an seiner textkritischen Ausgabe der Septuaginta arbeitete), vom ägyptischen Bischof Hesychius (gest. um 310), vom
Presbyter Lukian in Antiochien (gest. 311).
Das beschwor ein heilloses Durcheinander
herauf. Hieronymus (gest. 419 oder 420)
schrieb dazu: „Alexandrien und Ägypten
schließen sich bezüglich der Septuaginta an
Hesychius an; Konstantinopel bis Antiochien
bevorzugt die Ausgabe Lukians des Martyrers;
die dazwischen liegenden Gebiete Palästinas
lesen die Kodizes, die Origenes ausgearbeitet

hat und Eusebius und Pamphilus verbreitet
haben. So liegt der ganze Erdkreis, durch diese
drei verschiedenen Ausgaben gespalten, in
Krieg."

Im Anschluß an den Text der Septuaginta
wurden auch in vier ägyptischen Dialekten die
Übersetzungen der Kopten gefertigt (vielleicht schon gegen das Jahr 300).

Kurz nach 400 entstand die äthiopische
Übertragung des AT nach dem Text der Sep-
tuaginta. Die Äthiopier wurden unter Kaiser
Konstantin für das Christentum gewonnen.

Auch die erste germanische Version des
AT, die des arianischen Gotenbischofs Ulfilas
(4. Jahrhundert) fußt auf der Septuaginta.

Um 440 entstand nach der Vorlage des
Origenes die armenische Übersetzung.

Die Targume

In den letzten vorchristlichen Jahrhunderten,
als das Hebräische in Palästina nicht mehr
Landessprache war, wurden die Schrifttexte in
der Synagoge nach der hebräischen Lesung ins
Aramäische übersetzt.[2] Diese mündliche
Übersetzung *(targúm,* Mehrzahl: *targumím)*
wurde später auch schriftlich fixiert.

Wie für die Juden in Palästina, so gab es
auch Targume für die zahlreichen Juden in
Babylon.

In der Zeit Jesu wurden die fünf Bücher
Moses ins Samaritanische übersetzt („samari-
tanischer Pentateuch").

Die Targume sind für die Herstellung des
originalen Bibeltextes außerordentlich wichtig, da sie durch ihre abweichenden Texte, die
meist älter sind als der Massoratext (s. d.),
gute Hinweise auf den Originaltext enthalten
können.

Die Bibel in Syrien

In Syrien, einem der ältesten christlichen Länder, gab es seit dem 2. christlichen Jahrhundert
eine Übersetzung des AT aus dem Hebräischen; sie war das Werk mehrerer Übersetzer.
Die Evangelien wurden dagegen nicht in der
Form des Matthäus, Markus, Lukas, Johannes
verbreitet, sondern in einer fortlaufenden Erzählung dieser vier Bücher aus Texten, die der
ostsyrische Philosoph Tatian um 170 zusammengestellt hatte. Man nannte diese Evangelienharmonie „Diatéssaron" (etwa: ein Evan-

---

[2] Vgl. im Artikel „Synagogengottesdienst".

Die syrische Schrift ist in mehreren Kursivformen überliefert. Sie hat sich aus der altaramäischen Schrift entwickelt. Die ältere Form der syrischen Schrift ist das „Estrangelo" (wahrscheinliche Bedeutung: Schrift des Evangeliums); sie beherrschte die syrische Literatur bis etwa 500.

Die wiedergegebene Schriftseite ist eine Seite aus dem Codex Syrus Curetonianus (sy^c). William Cureton entdeckte diese Pergamenthandschrift im Jahre 1842; sie stammt aus einem Marienkloster in der Wüste westlich von Kairo. Man schätzt, daß die Übersetzung etwa 150–175 angefertigt wurde (Paul Kahle); andere Forscher halten sie für wesentlich jünger. Auch der Codex Syrus Sinaiticus bringt im wesentlichen die gleiche Übersetzung. Die erhaltenen zwei Exemplare der „getrennten Evangelien" stammen etwa aus der Zeit gegen 500, nachdem das Diatessaron Tatians außer Gebrauch gekommen war (vgl. den vorhergehenden Abschnitt „Die Bibel in Syrien"). – Der Text der wiedergegebenen Seite (30 × 24 cm) enthält Lukas 23,53–56; 24,1 ff.. Die syrische Schrift wird – wie alle semitischen Schriften – von rechts nach links gelesen. Die erste Spalte ist demnach auch die rechte.

gelium aus vier). Die Urschrift wurde wahrscheinlich griechisch abgefaßt, soll dann aber
von Tatian selbst ins Syrische übersetzt worden sein.

Übersetzungen oder Bearbeitungen des
Diatéssaron Tatians gab es in Armenisch, in
Arabisch (11. Jahrhundert), in Persisch (13.
Jahrhundert). Auch mehrere abendländische
Evangelienharmonien gehen auf Tatians Text
oder auf die Idee Tatians zurück.

Gleichzeitig mit dem Diatéssaron wurde in
Syrien allerdings auch ein „Evangelium der
getrennten (Bücher)" verbreitet, das sich aber
gegenüber der beliebten Harmonie zunächst
nicht durchsetzen konnte. Erst nach 400, als
unter Verwendung dieses „Evangeliums der
Getrennten" und älterer Übertragungen der
anderen neutestamentlichen Texte eine syrische Übersetzung des NT aus dem griechischen Urtext erschien, wurde das Diatéssaron
abgelöst. Diese letztere Übersetzung des NT
wurde zusammen mit der zweihundert Jahre
älteren des AT – nach einheitlicher Redaktion
– „Peschitta" (d. h. die „Gebräuchliche") genannt.[3] Es ist möglich, daß dieser Name zugleich ein Kampfname gegen das Diatéssaron
war.

Die Vetus Latina

Im römischen Reich war bis etwa 250 n. Chr.
die Verkehrs- und Amtssprache das Griechische. In den Provinzen herrschte mehr das
Latein, z. B. in Afrika. Es bestand also keineswegs überall die Notwendigkeit, das griechische NT ins Lateinische zu übersetzen. So
entstanden vorwiegend nur in den Provinzen
Übersetzungen für den Gebrauch der Verkündigung und der Liturgie.

Solche lateinischen Übersetzungen gab es
seit dem 2. christlichen Jahrhundert. Man faßt
sie zusammen unter dem Namen der „Vetus
Latina". Die älteren sind die afrikanischen, die
jüngeren die italischen, die in Südgallien auch
mit dem Namen „Itala" (d. i. *versio Itala*)
bezeichnet wurden. Trotz des zusammenfassenden Namens „Vetus Latina" *(vetus latina
versio)* handelt es sich um mehrere Übersetzungen, die zum Teil weit voneinander abwei-
chen. Die afrikanischen Versionen sind freier,
die der Itala lehnen sich enger an die Septuaginta und den griechischen Text des NT an.
Außerdem handelt es sich auch nicht um geschlossene Bibelübertragungen, sondern um

Übertragungen einzelner Bücher oder Bü-
chergruppen (Evangelien, Paulusbriefe, Apostelgeschichte usw.).

Die ältesten Texte der römischen Meßlitur-
gie in Latein (Introitus, Graduale, Offerto-
riumsvers, Communiovers) folgen bis heute
einem Text der Vetus Latina.

Im deutschen Benediktinerkloster Beuron
arbeitet seit 1951 ein Stab von Gelehrten an
der Wiederherstellung des Vetus-Latina-
Textes.

Die Vulgata

Papst Damasus (366–384) entschloß sich, der
Vielfalt der lateinischen Bibelübersetzungen
einen Text gegenüberzustellen, der sorgfältig
redigiert und amtlich gutgeheißen sein sollte.
So beauftragte er einen der größten Gelehrten
seiner Zeit, Sophronius Eusebius *Hieronymus*
(347–419), den Text der Bibel neu ins Lateinische zu übersetzen oder wenigstens den lateinischen Text zu revidieren. Hieronymus revidierte zuerst die Evangelien. Dann die in
Umlauf befindlichen lateinischen Psalmen
nach der Septuaginta und nach der Septuagin-
tarevision des Origenes (384). Diese erste
Psalmenrevision wurde amtlich als „Psalterium Romanum" eingeführt.

Im Jahre 386 siedelte Hieronymus nach
Betlehem über. Auf dem Wege dahin studierte er in Cäsarea die mehr als fünfzig Bände
der Septuagintavergleiche des Origenes. Mit
diesem Rüstzeug nahm er eine gründliche
Überarbeitung der lateinischen Texte des AT
vor, einschließlich einer nochmaligen Überarbeitung der Psalmen. Diese Arbeit beendete
er 392. Das neue Psalterium setzte sich aber in
Rom zunächst nicht durch, dagegen wohl in
der Kirche Galliens und Spaniens; deshalb
heißt es „Psalterium Gallicanum". Dieser
Psalter ist der der offiziellen Vulgata – bis
heute.

---

[3] Die altsyrische Übersetzung des AT (alttestamentlicher
Teil der Peschitta) geht nach Übersetzung mancher Bibel-
wissenschafler sogar bis in die vorchristliche Zeit zurück.
„Es ist durchaus wahrscheinlich, daß sich die jüdische
Diaspora in Mesopotamien, deren Mittelpunkt Edessa
war, schon in vorchristlicher Zeit, ähnlich wie die alexandrinischen Juden, eine Übersetzung ins Syrische geschaffen haben" (J. Göettsberger, Einleitung in das AT. Freiburg 1928, S. 461).

Aber noch vor Beendigung dieser Revisionsarbeit begann Hieronymus im Jahre 390 mit der völligen Neuübersetzung des AT aus dem Hebräischen; auch hierbei übersetzte er noch einmal die Psalmen; das Ergebnis ist das „Psalterium iuxta Hebraeos". Diese Übersetzung des AT wurde dann (mit Ausnahme der Psalmen) als der offizielle lateinische Text erklärt. Diese letzten Arbeiten beschloß Hieronymus im Jahre 406.

Aber die älteren lateinischen Versionen ließen sich nicht so einfach zurückdrängen. Die Abschreiber „verbesserten" den Hieronymustext immer mehr durch die ihnen geläufigen Formeln der „Vetus Latina". Schon zweihundert Jahre später war der Text des Hieronymus kaum mehr wiederzuerkennen. Im Auftrag des Konzils von Trient begann man dann, den alten hieronymitischen Text wiederherzustellen. Im Jahre 1592 kam eine amtliche Ausgabe heraus, die (so gut es ging) den Hieronymustext rekonstruiert enthielt. Dieser Text der Ausgabe von 1592 gilt als authentisch, d. h., er ist beweiskräftig in Glaubens- und Sittenlehren.

Papst Pius X. gab dann im Jahre 1907 den Benediktinern den Auftrag, die vollständige Wiederherstellung des Hieronymustextes zu besorgen. Pius XI. gab ihnen 1933 als ruhigen Arbeitsort das Kloster San Girolamo (St. Hieronymus) beim Vatikan. Die Arbeit ist mühselig. Das Buch Genesis wurde 1926 veröffentlicht; das Buch Judith 1950. Die Arbeit wird noch Jahrzehnte brauchen.

Die Übersetzung des Hieronymus wurde vom kirchlichen Lehramt, trotz der vielen fremden Konjekturen, immer mehr zu *der* Übersetzung der Kirche erklärt. Sie wurde die *(versio) Vulgata,* d. h. „die verbreitete (Übersetzung)". Auf dem Konzil von Trient wurde sie am 8. April 1546, wie schon gesagt, zur authentischen katholischen Bibel erklärt, noch bevor die „endgültige" Ausgabe des Jahres 1552 erschienen war.

Auf dem Übersetzungstext des Kirchenvaters Hieronymus beruhen die Bibelübersetzungen und -bearbeitungen, in denen die Völker des Abendlandes (Romanen und Germanen) das AT und NT kennenlernten.

Die Verderbtheit des Hieronymustextes rief auch andere Übersetzer auf den Plan. Schon im Mittelalter gab es auch andere lateinische Bibelausgaben.

Vorreformatorische
deutsche Bibelübersetzungen
Die Übersetzungen der Bibel in eine der deutschen Sprachen begann zur Zeit des Bonifatius. Da nur Reste von jenen ersten Übersetzungen erhalten sind, läßt sich nicht sagen, in welchem Umfang die Bibel damals übersetzt vorlag.

Aus einer Übersetzung, die im bayerischen Kloster Mondsee 738 besorgt wurde, liegen Texte des Matthäusevangeliums vor.

Um 830 wurde im Kloster Fulda eine Evangelienharmonie in der Art Tatians (s. d.) für die deutsche Sprache bearbeitet; sie ist erhalten in einer St. Gallener Abschrift (etwa 870).

Der Psalter erschien zwischen 800 und 1100 in verschiedenen deutschen Dialekten. Von Notker Labeo (Mönch in St. Gallen, gest. 1022) besitzen wir Übersetzungen der Psalmen und der Cantica *(Magnificat, Nunc dimittis . . .* usw.); er übersetzte auch das Buch Ijob, das aber verlorenging.

Insgesamt waren in dem so dünn besiedelten deutschen Raum während des Mittelalters drei- bis viertausend Bibelhandschriften in Gebrauch.

Der erste Bibeldruck in deutscher Sprache wurde von einem ehemaligen Gehilfen Gutenbergs besorgt: Johannes Mentel(in) verließ Mainz und macht sich in Straßburg selbständig. Er, wie alle, die nach ihm deutsche Bibeldrucke herausgaben, nahmen als Druckvorlage entweder frühe deutsche Bibelhandschriften (meistens übersetzt aus der Vulgata), oder sie ließen sich den Text aus einer Vulgatahandschrift übersetzen. Die Übersetzungen sind Versuche, zumal die damaligen Vulgatatexte durch jahrhundertelange Verschlimmbesserungen so schlecht geworden waren, daß keine mit der Urvulgata des Hieronymus übereinstimmte. Die Neuherausgabe der „endgültigen" Ausgabe der Vulgata (s. d.) erschien erst 1552.

In den folgenden Zeilen eine Zusammenstellung der achtzehn deutschen Bibeldrucke vor Luther:

1466 erschien in Straßburg die Mentelin-Bibel als erste deutsche gedruckte Bibel. Sie hatte 406 Blätter im Format 29 × 39,5 cm. Zweispaltiger Satz mit je 61 Zeilen, ohne Illustrationen, mit eingetragenen z. T. kolorierten Initialen. Das Buch bekam nicht die

Verbreitung, die es verdient hätte; der Druck war eine Höchstleistung.

Vor 1470 erschien in Straßburg die Eggestein-Bibel. Heinrich Eggestein war ein Partner Johannes Mentelins, der sich aber (schon zur Zeit des ersten Bibeldrucks bei Mentelin) selbständig machte. Seine Bibel ist ein Nachdruck, der zwar formal gleich war, aber im Text etwas verbessert wurde.

Etwa 1475 erschien in Augsburg die Zainer-Bibel. Sie ist höchstwahrscheinlich der erste illustrierte deutsche Bibeldruck: die Illustrationen in Form von Bildinitialen.

Ebenfalls etwa 1475 erschien in Augsburg die Pflanzmann-Bibel, also gleichzeitig mit der ersten Zainer-Bibel. Sie ist das erste Bibelbuch mit Holzschnitt-Illustrationen, die losgelöst von den Initialen eingedruckt wurden.

Zwischen 1476 und 1478 erschien in Nürnberg die Sensenschmidt-Bibel.

1477 erschien in Augsburg eine zweite Zainer-Bibel.

1477 erschien in Augsburg auch die Sorg-Bibel.

1478 erschienen in Köln die Kölner Bibeln. Sie wurden in zwei Textfassungen herausgegeben: niedersächsisch und niederrheinisch, mit mehr als hundert größeren Holzschnittillustrationen, die meist Kopien aus Bibelhandschriften waren.

1480 erschien in Augsburg die zweite Sorg-Bibel: Drucker Anton Sorg. Mit 73 Bildinitialen (Holzschnitte).

1483 erschien in Nürnberg die Koberger-Bibel: Drucker Anton Koberger. Mit 109 Holzschnittbildern aus den Kölner Bibeln. Besonders weit verbreitete Bibel: die Verbreitung war möglich durch die schöne Kolorierung der Bilder und die sehr leserliche neue Type, aber auch durch den geschickten Vertrieb.

1485 erschien in Straßburg die Grüningen-Bibel in zwei Teilen mit 922 Blättern: 109 Holzschnitte, koloriert, eingezeichnete Initialen. Die Nürnberger und Kölner Bibeln waren ihre Vorbilder. Mit dieser Bibel kommt zum ersten Male ein handliches Format in den Handel (20 × 28 cm): Anregung zur Einführung von Hausbibeln.

1487 erschien in Augsburg die Schönsperger-Bibel: Hausbibeltyp (19,5 × 28 cm). Mit 109 Holzschnitten, z. T. koloriert.

1490 erschien in Augsburg eine zweite Schönsperger-Bibel: Hausbibeltyp (sogar nur 18 × 25 cm). Illustration wie 1487.

1494 erschien die Lübecker Bibel; ihr Drucker war Steffen Arndes in Lübeck. Sie gehört zu den großblättrigen Drucken, mit 152 Holzschnitten, angelehnt an die Kölner Bibel, auch im niederdeutschen Text.

1507 und 1508 erschienen in Augsburg die Otmar-Bibeln (Drucker Johann Otmar bzw. Silvan Otmar), jede mit 802 Blättern in zwei Teilen (Blattformate 20,5 × 29,5 cm); jede mit 109 Holzschnitten, übernommen aus den Augsburger Schönsperger-Drucken (1487/1490), durch Schmuckleisten verbreitert. Die Kolorierung der handkolorierten Holzschnitte ist nicht immer sorgfältig durchgeführt. – Nur wenige Exemplare sind noch erhalten.

1522 erschien bei dem Drucker Lorenz Stuchs in Halberstadt ein niederdeutscher Bibeltext auf 560 Blättern im Format 26 × 36 cm, mit 119 Holzschnitten (davon 112 aus der Kölner Bibel).

Die Halberstädter Bibel erschien gleichzeitig mit Martin Luthers sogen. Septembertestament, einer Neuübersetzung des Neuen Testaments, die Luther anonym herausgab. –

Diese kurze Liste wurde zusammengestellt nach Walter Eichenbergers und Henning Wendlands sehr sorgfältiger und informativer Arbeit „Deutsche Bibeln vor Luther. Die Buchkunst der achtzehn deutschen Bibeln zwischen 1466 und 1522." (Evangelische Hauptbibelgesellschaft zu Berlin und Altenburg).

Martin Luthers Bibelübersetzungen
Während seiner Schutzhaft auf der Wartburg übersetzte Luther das NT, das 1522 erschien. Darauf erschienen die fünf Bücher des Mose (1523), die historischen Bücher und die Lehrbücher, d. h. die Psalmen, Sprüche, Hiob, Hohes Lied, Rut, Klagelieder, Prediger, Esther, Daniel, Esra, Nehemia, zwei Bücher der Chronik (1524), die Propheten nach und nach, später als Ganzes (1532).

Luthers vollständige Übersetzung erschien zuerst 1534 bei Hans Lufft in Wittenberg. Luther selbst überarbeitete seine Übersetzungen immer wieder. Die Auflage des Jahres 1545 gilt als der amtliche Luthertext.

Luther übersetzte nach den Originalen, unter Hinzuziehung der Septuaginta und der Vulgata. Seine Übersetzung ist eine der größten Taten, die den Geist der Bibel mit dem

Euangelion Sanct Matthes.

Das erste Capitel.

Luce.3.

Is ist das buch von der geputrt Jhesu Christi der do ist eyn son Dauids des sons Abraham.

Abraham hat geporn den Jsaac. Jsaac hat geporn den Jacob. Jacob hat geporn den Juda vnd seyne bruder.

Juda hat geporn den Pharez vnnd den Zaram von der Thamar.

Pharetz hat geporn den Hezron. Hezron hat geporn den Ram. Ram hat geporn den Amminadab. Amminadab hatt geporn den Nahasson.

Nahasson hat geporn den Salma.

Salma hat geporn den Boas von der Rahab.

Boas hat geporn den Obed von der Rhuth.

Obed hat geporn den Jesse.

Jesse hat geporn den konig Dauid.

Der konig Dauid hatt geporn den Salomon von dem weybe des Vrie.

Salmon hat geporn den Roboam.

Roboam hat geporn den Abia.

Abia hat geporn den Assa.

Assa hat geporn den Josaphat.

Josaphat hat geporn den Joram.

Joram hat geporn den Osia.

Osia hat geporn den Jotham.

Jotham hat geporn den Achas.

Achas hat geporn den Ezechia.

Ezechia hat geporn den Manasse.

Manasse hat geporn den Amon.

Amon hat geporn den Josia.

Josia hat geporn den Jechonia vnd seyne bruder/vmb die zeyt der Babylonischen gefencknis.

4.Reg.25.
I.Esdre.2.

Nach der Babilonischen gefencknis/hatt Jechonia geporn den Sealthiel.

Sealthiel hat geporn den Zorobabel.

Zorobabel hat geporn den Abiud.

Abiud hat geporn den Eliachim.

Eliachim hat geporn den Asor.

Asor hat geporn den Zadoch.

Zadoch hat geporn den Achin.

Achin hat geporn den Eliud.

a   Eliud hat geborn

Abraham vnd Dauid werdē furnemlich antzogen/darumb das den selbē Christus sonderlich verheyssen ist.

Sanct Mattheus lesset ettlich gelid aussen/vnnd furet Christus geschlecht von Salomon nach dem gesetz/aber Sanct. Lucas furet es nach der natur von Nathan Salomonis bruder. Denn das gesetz nennet auch die kinder/ so von brudern aus nachgelassenem weyb geporn sind. Deuter.25.

Seite aus der Lutherbibel, wie sie zu Wittenberg durch Melchior Lotther im Jahr 1522 gedruckt wurde. Abmessung des Schriftspiegels 225 × 128 mm.

deutschen Sprachgeist einzigartig vermählte. Die deutsche Hochsprache verdankt Luthers Bibelübersetzung ihre Ausbreitung und Sprechmöglichkeit.

Daß Luther durch die Wortwahl, zumal in den Paulusbriefen, seine eigene Dogmatik in die Übersetzung hineingetragen hat, macht seine Arbeit allerdings nicht nur für die unbesehene Benutzung von katholischen Christen, sondern auch für evangelische Christen problematisch. Deshalb wurde auch von der evangelischen Christenheit die Lutherbibel nach dem Originalwort der Schrift mehrfach revidiert. Diese Revisionen brachten auch für den evangelischen Kirchenraum mehrere Fassungen der Schrift hervor. – Es wäre zudem ein Irrtum zu glauben, es gebe im evangelischen Kirchengebrauch nur die Lutherbibel. Seit 1525 erschienen viele andere Bibelübersetzungen für die evangelische Christenheit, die mit Luther nichts zu tun haben.

Im 19. und 20. Jahrhundert
erschienen, angeregt durch die verschiedensten religiösen Gruppen und Landesgemeinden und verlegt von Verlagen dieser Bekenntnisse mehrere Übersetzungen der Bibel ins Deutsche, sowohl aus den Urtexten Hebräisch und Griechisch, allerdings auch aus der Vulgata (s. d.). Im einzelnen sollen hier von diesen Übersetzungen keine aufgeführt werden; Buchhandlungen, die biblische Literatur führen, werden gern bereit sein, einen Überblick zu vermitteln: entweder durch Vorlage solcher Bücher selbst oder durch informierende Verlagsprospekte. Auch Bibliotheken mit theologischen Beständen können da helfen. – Vorgestellt werden sollen hier nur zwei deutsche Übersetzungen, die beide einen besonderen Charakter haben.

Martin Bubers Bibelübersetzung
ist die erste der beiden besonderen deutschen Bibeltexte, die zum Schluß dieses Kapitels genannt werden sollen. Buber hat die jüdische Bibel, also das Buch, das die Christen das Alte Testament nennen, in die deutsche Sprache gebracht. Martin Buber war Jude.

Seit seiner Kindheit ging sein sprachlicher und wissenschaftlicher Weg gewissermaßen zielgerade auf eine solche Bibelübertragung zu. Martin Buber wurde 1878 in Wien geboren. Aus persönlichen Gründen brachten seine Eltern ihn schon als ganz kleines Kind in das Heimatland des Vaters, das polnisch-ukrainische Galizien. Im Hause seines Großvaters Salomo Buber, der ein bedeutender Judaist war, lernte schon das Kind Martin ein sehr gutes Hebräisch. Zum weitgesteckten Studium ging der junge Mann dann nach Berlin, München, Leipzig, Zürich und schließlich wieder in seine Geburtsstadt Wien. Im Jahr 1904 wurde er promoviert. Von diesem Studium brachte er als wichtigste Sprachen die Beherrschung eines klassischen Hebräisch und eines literarisch wertvollen Deutsch mit. Diese Sprachen wurden stets lebendiger durch seine Studienfächer Philosophie und Theologie mit den Charakterelementen Judaistik und Soziologie. So brachte er für eine deutsche Bibelübersetzung aus dem Hebräischen das Werkzeug mit. Die ersten Überlegungen darüber begann Buber mit Freunden schon Anfang 1914. Aber erst 1925 wurde aus den Überlegungen und Plänen praktische Arbeit, als Buber von dem jungen Verleger Lambert Schneider angeregt wurde, die hebräische Bibel neu zu verdeutschen. Die ersten Schritte in dieses weite Feld gelangen ihm zusammen mit seinem jüdischen Wissenschaftlerfreund Franz Rosenzweig. Als dieser im Dezember 1929 starb, war die Bibel des AT bis einschließlich Bücher der Könige in neun Einzelbänden erschienen.

Die Grundsätze der „Verdeutschung der Schrift" (so nennt Buber selbst die Gesamtarbeit) können hier nur in einigen Worten angedeutet werden; eine kurze Geschichte dieser Verdeutschung und trotz der Kürze gründliche Eigendarstellung dieser Arbeit hat Buber selbst im Anhang zu dem Werk „Die fünf Bücher der Weisung" veröffentlicht (neu verlegt bei Jakob Hegner, Köln/Olten 1968). Im 2. Band der Werke-Ausgabe („Schriften zur Bibel") in den Verlagen Kösel/Lambert Schneider (1964) sind einige sehr wichtige gesammelte Arbeiten zum Thema „Die Schrift und ihre Verdeutschung" erschienen (S. 1093–1186).

Daraus weitergegeben sei hier nur die Absicht Bubers, die hebräischen Bücher „ohne Umschreibungen" im deutschen lebendig zu machen. Er will das Hebräische für die deutsche Sprache „aufgraben". Er will die Vielzahl hebräischer Wörter, die im Deutschen oft nur durch ein einziges Wort übersetzt wurden, mit derselben Vielzahl inhaltlich und gefühlsmäßig entsprechender Wörter übertragen. Er will in der Verdeutschung die sozial gefärbten Formen des Hebräischen lebendig werden lassen.

Wer aus einem deutschen (expressionistischen) Bibeltext die urtümliche Atmosphäre des AT in sich aufnehmen will, sollte die Verdeutschung des AT durch Buber (und z. T. auch Rosenzweig) nicht übersehen.

(Martin Buber starb am 13. Juni 1965 in Jerusalem.)

Die Bibel mit der Einheitsübersetzung
Aufgrund einer Denkschrift des Katholischen Bibelwerks Stuttgart faßten die deutschen katholischen Bischöfe schon vor dem Zweiten Vatikanischen Konzil den Beschluß, eine neue Übersetzung der Bibel aus den Urtexten für den kirchlichen Gebrauch schaffen zu lassen. Ein Arbeitsausschuß von Fachleuten der Exegese, Katechese, Liturgik und der deutschen Sprache begann 1962 mit der Arbeit. Berücksichtigt werden sollten bei dieser Übersetzung alle bisherigen Erkenntnisse der Bibelwissenschaft und die Erfordernisse der deutschen Sprache.

Nachdem durch das Konzil die Landessprachen in die Liturgie eingeführt worden waren, schlossen sich die katholischen Bischöfe aller deutschsprachigen Gebiete Europas dem Unternehmen „Einheitsübersetzung" an. Von Anfang an bemühten sich die Bischöfe um Mitarbeit der evangelischen Kirchen im deutschsprachigen Gebiet. Die evangelische Michaelsbruderschaft arbeitete von Anfang an durch Beauftragte mit. Seit 1967 beteiligte sich die Evangelische Kirche in Deutschland an der Übersetzung der beiden Kirchen gemeinsamen biblischen Lesungen der Sonn- und Festtage und der Psalmen. Der „Verband der Diözesen Deutschlands" und der „Rat der Evangelischen Kirche in Deutschland" sowie das „Evangelische Bibelwerk in der Bundesrepublik Deutschland" schlossen 1970 den ersten Vertrag über die Zusammenarbeit.

Ein wichtiges Ergebnis dieser Gemeinsamkeit war die Einigung der Beauftragten beider Kirchen auf eine einheitliche Wiedergabe der biblischen Eigennamen sowie der Bezeichnungen für Orte, Landschaften, Maße und Gewichte: das „Ökumenische Verzeichnis der biblischen Eigennamen" (1972).

Im Jahr 1970 begann die erste Veröffentlichung biblischer Bücher in einer vorläufigen Fassung. Sie sollten fünf Jahre lang erprobt und kritisch untersucht werden. Im Jahr 1975 begann dann die Revision der vorläufigen Fassung. Im Rahmen dieser Revisionsarbeit weitete die evangelische Seite ihre Mitarbeit auf das ganze NT aus. Im Jahr 1978 approbierten die katholischen Bischöfe – und die evangelischen Auftraggeber für den von ihnen mitgetragenen Teil – die neue Einheitsübersetzung.

Dieses Handbuch hat – mit ganz geringen Ausnahmen – die Einheitsübersetzung in den Schriftzitaten berücksichtigt.

DIE BIBELHARMONIE

Der Ausdruck „Bibelharmonie" ist in der Sprache der Bibelwissenschaft nicht geläufig. Er wird hier im Anschluß an das Wort „Evangelienharmonie" gebraucht.

Unter den Evangelienharmonien muß man zwei Arten unterscheiden: die Harmonie im engeren und die im weiteren Sinne. Unter Evangelienharmonie im engeren Sinne verstehen wir den Versuch, die vier kanonischen Evangelien nach Matthäus, Markus, Lukas und Johannes in ihren Berichten und die von ihnen wiedergegebenen Worte Jesu (Logia) zeitlich aufeinander abzustimmen und aus ihnen in klarem Ablauf eine Geschichte des Lebens Jesu mit den Worten der Evangelien selbst niederzuschreiben. Da die Evangelisten aber nicht Geschichte schrieben, sondern Jesus als den Messias und Heilbringer *verkünden* wollten und da sie deshalb den Text oft in assoziativen Themagruppen, ohne Rücksicht auf den historischen Ablauf ordneten, ist das ein aussichtsloses Unterfangen. Eine ganz stimmende Evangelienharmonie ist nicht möglich (s. den Artikel „Die Synoptiker").

Evangelienharmonie im weiteren Sinne ist eine Bearbeitung der Inhalte der vier Evangelien zu einem erzählten Ganzen, so daß alles enthalten ist, was von allen Evangelisten oder von drei, zwei oder nur einem niedergeschrieben wurde. Was mehrmals in den Evangelien vorkommt, wird also nur einmal in eine solche Evangelienharmonie aufgenommen. Übereinstimmungen gibt es zumal in den Evangelien der Synoptiker (s. d.). Die Wiedergabe kann mit den Worten der Evangelisten selbst geschehen oder mit Worten des Bearbeiters (vgl. die syrische Evangelienausgabe Tatians).

In ähnlicher Weise ist es möglich, eine *„Bibelharmonie"* zu schreiben, also die gesamte Bibel des AT und NT als fortlaufende Erzählung zu bearbeiten, indem man z. B. die Prophetenaussagen an ihrem geschichtlichen Punkt in die geschichtlichen Bücher einordnet (u. ä. m.). Auch dies kann mit den Worten der Bibel selbst geschehen oder mit eigenen Worten des Bearbeiters.

Bibelbearbeitungen für die Schule („Schulbibel") waren oft solche Bibelharmonien. Sie haben früher mehr das Wort des Bearbeiters als die Worte der Bibel selbst benutzt. Die „Katholische Schulbibel" (Patmos-Verlag, Düsseldorf 1957) benutzte fast ausschließlich das Wort der Bibel selbst, in einer deutschen Übertragung, und verdiente sich dadurch eigentlich erst den Titel einer „Bibel".

Die Psalmen, die sich natürlich durchaus an einigen Stellen der fortlaufenden Erzählung sinnvoll und historisch richtig einblenden ließen, waren in die erwähnte Bibelharmonie im Sinne der Kirche, d. h. als Gebete einbezogen worden. Was die Bibel darstellte, erzählte und lehrte, erhielt seine Gebetsantwort im Psalmwort. Was bisher derartige Bearbeitungen nie erreicht hatten, war damit, über den Bibelunterricht hinaus, für die religiöse Bildung erreicht – falls diejenigen, die mit dieser Schulbibel umgingen, den Hinweis dieser Anordnung verstanden.

Im deutschen Sprachraum sind die Bibelharmonien als Schulbibeln heute zum größten Teil verschwunden. An ihre Stellen sind Bibeln mit getrennten Bibelbüchern getreten, wie das wissenschaftlich zu verantworten ist – wenn die Bücher oft auch gekürzt erscheinen. Damit ist ein literarischer Abschnitt zu Ende gegangen, der seit dem 18. Jahrhundert große Bedeutung hatte; Bernhard Overberg, einer der wichtigsten Schulpädagogen des 19. Jahrhunderts, hatte eine besonders bemerkenswerte Bibelharmonie geschrieben: „Geschichte des alten und neuen Testaments zur Belehrung und Erbauung besonders für Lehrer, größere Schüler und Hausväter. Aus der heutigen Schrift gezogen und mit einigen Anmerkungen begleitet" (Münster/W. 1841). Für seine Zeit und seine Absicht sollte man diese Bucherscheinung als eine erwähnenswerte Arbeit nicht übersehen.

LITERARISCHE FORMEN IN DER BIBEL

Den rechten Zugang zum Sinn der Bibel wird nur finden, wer die Literaturformen der Bibel richtig versteht und deutet. Dabei ist Literaturform nicht nur als literarische Ganzform, sondern häufiger noch als Sageweise zu verstehen. Im folgenden sollen vor allem jene literarischen Formen besprochen werden, die für das rechte Verständnis der biblischen Aussagen Schwierigkeiten machen. Es soll also kein umfassendes Kompendium der literarischen Formen der Bibel geboten werden.

SEMITISCHER SPRACHGEIST

Der Sprachgeist der Semiten hat viele Sprachbilder und Erzählformen des AT und weithin auch des NT geprägt. Man kann daher viele Aussagen der Bibel mißverstehen, wenn man die Meinung und den Sprachgeist nicht begreift, die Erzählformen und Bilder tragen. Wer zum wörtlichen Verstehen vordringen will, darf nicht am Buchstäblichen kleben bleiben, sondern muß zum Gemeinten vorstoßen.

1. Das dynamische Denken, wie es den semitischen Völkern eigen ist, setzt sehr oft an die Stelle abstrakter Begriffe ein Wort für sinnlich wahrnehmbare Dinge: So wird z. B. nicht von „Kraft", sondern von „Horn" gesprochen; denn das Horn des Stiers ist das Symbol seiner Kraft; ähnlich wird „Arm" für „Kraft" gebraucht (der Arm des Herrn). Der verläßliche „Fels" wird zum Wortsigel für „Gott".

Aber im dynamischen Wort wird oft auch das eine Konkretum durch das andere ersetzt: die breit lagernde oder auf dem Berg thronende „Stadt" wird in der Sprache ersetzt durch das „Tor" (Deine Tore, Jerusalem! Die Tore der Hölle werden sie nicht überwältigen...); im Tor wird die Stadt sozusagen für den aus- und eingehenden Bürger am meisten aktiv erlebt; die geschlossenen Tore sind ihr Schutz, die geöffneten Tore machen die Stadt offen (vgl. den Artikel „Befestigung"). Vom selben Gedankengang aus kann das Tor selbst durch „Riegel" bezeichnet werden. Das persönlich erlebte Instrument gibt die größere Erlebnisdynamik: so wird der Krieg durch „Schwert", der Ackerbau durch „Pflug" und der Wein durch „Kelch" gegenwärtig.

Dieses dynamische Denken führt im Wort immer in die sinnliche Welt. Im ganzen gehört dazu die starke Bevorzugung der Aussage durch Verben. Das Verb ist die Aussage des Handelns und hat in sich größere Dynamik als das statische Nomen. Aber im Verb selbst überwiegt wiederum jenes Verb, das sinnlich wahrnehmbare Vorgänge aussagt; so heißt es z. B. nicht „er dachte", sondern „er sprach in seinem Herzen".

Viele Verben werden hyperbolisch gebraucht, zumal in Vergleichen; ein Verb, das leicht mißverstanden werden kann, wenn diese Eigenart nicht beachtet wird, ist das Wort „hassen". Typisch für diesen Wortsinn sind einige neutestamentliche Stellen: der Knecht, der zwei Herren dient, „wird den einen hassen und den anderen lieben" (Mt 6,24); oder in den Worten von der Nachfolge: „Wenn jemand zu mir kommt und haßt[1] nicht seinen Vater..." (Lk 14,26). In beiden Fällen kann „hassen" nur als „weniger lieben" gedeutet werden; die Schwierigkeit besteht jedoch darin, daß „hassen" an anderen Stellen auch durchaus als hassen zu verstehen ist.

Das Verb ist das Wort der Handlung. Es wird bevorzugt, weil im dynamischen semitischen Denken nicht das Seiende, sondern das Werdende und Handelnde den Vorrang hat. Das gilt natürlich erst recht bei der Darstellung. Man beschreibt nicht, sondern läßt in der Erzählung etwas entstehen: „Himmel und Erde" im Schöpfungskapitel, die Arche, das Heilige Zelt, den Tempel. Damit hängt auch wesentlich zusammen, daß es an keiner Stelle des AT und NT eine Theologie vom Sein Gottes gibt, sondern immer nur vom Handeln Gottes die Rede ist; aus dem Handeln wird sein Wesen sichtbar (vgl. im Artikel über Jahwe). Daher auch so manche Legende (s. d.), die allzuleicht als Historikum genommen wurde, in Wirklichkeit aber nur das Wesen durch Handeln sichtbar machen will.

2. Das kollektiv-personale Denken führt zu einer besonderen Eigenart des biblischen Erzählstils. Man kann weder sagen: der orientalische Erzähler der Bibel denkt kollektiv, noch: er denkt personal. Beides fällt bei ihm zu einer eigengearteten Synthese zusammen. Er denkt kollektiv, insofern er mit dem Wort *adám* die Menschheit meint; insofern er immer auf das Ganze hinstrebt; auf den Stamm, auf den

Stämmebund, auf „die Völker". Aber das Kollektiv läßt er auftreten in Personen bzw. im einzelnen: der *räkäb* (Kriegswagen) ist auch die Wagenmacht, der Wagenzug; die Menschheit *adám* wird zum Einzelmenschen Adam; der Stämmebund Israel wird auf den Stammvater Jakob übertragen, und Jakob wird Israel; die Einzelstämme werden zu personalen Einzelsöhnen Jakobs (s. „Die Zwölf Stämme", Nr. 2). Ebenso werden die Edomiter zu Edom oder Esau, die Kanaaniter zu Noachs Enkel Kanaan (vgl. den Artikel zum Fluch über Kanaan), die Semiten zu Noachs Sohn Sem.

In dieser kollektiv-personalen Denkweise, die eine gewisse Sageweise hervorbringt, liegen sicherlich manche Verständnisschwierigkeiten; aber gleichzeitig liegt darin auch die Weite des Bibelwortes beschlossen, das im einzelnen immer das Ganze meinen kann.

ZAHLEN UND ZAHLENSYMBOLIK

Zahlen und Zahlensymbolik sind wichtige Elemente der biblischen Literatur. Während wir in unserer abendländischen Literatur zunächst danach fragen, ob angegebene Zahlen *stimmen,* muß die erste Frage in Erzählstücken der orientalischen, zumal der altorientalischen Literatur lauten: Was wollen die angegebenen Zahlen *bedeuten.* Fast nie sollen sie als absolute Zahlen gewertet werden, sondern fast immer als Symbole für irgendeine Aussage. Man verbirgt die Aussage hinter Zahlen, gibt mit ihnen ein geistreiches Rätsel auf und gibt damit Anlaß, über die Zahl und ihre Aussage spielend zu philosophieren. Dieses Buch soll keinen ausführlichen Artikel über diese Literaturelemente geben; jedoch für den wachen und vergleichsfreudigen Leser wird sicherlich auch die folgende, fast listenmäßige, wenn auch notwendig unvollständige Darstellung eine gute und weite Information geben, auf Grund deren sich auch solche „Zahlen" deuten lassen, die hier nicht ausdrücklich berücksichtigt sind.

1. Vollkommenheitszahlen, aus verschiedenen Zählsystemen abgeleitet, sind:

---

[1] Die Einheitsübersetzung der Bibel (1980) nimmt das dynamische Wort des Urtextes fort und übersetzt es (sinngemäß richtig) mit „geringer achten" – wodurch die Aussage allerdings ihre Macht verliert.

a) die 10 (aus dem Zehnersystem):
In den „Geschichtsepochen" gibt es 10 Generationen von Adam bis Noach (Gen 5,1–32) und 10 Generationen von Sem bis Abram (Gen 11,10–26);
auf 10 Plagen bringt der elohistische Erzähler die Plagen Ägyptens (Ex 7–12);
das Grundgesetz Israels hat 10 Gebote, obwohl die 10 nur durch Zusammenziehung von Gebotsformeln herausdividiert werden kann;
das Nordreich hatte 10 Stämme, obwohl zu diesem Zweck der Stamm Benjamin ganz zum Nordreich gezählt werden muß – er gehörte aber sicherlich zum Teil auch zum Reiche Juda.
In den Evangelien kommen 10 Aussätzige zu Jesus (Lk 17,12); im Gleichnis besitzt die Frau 10 Drachmen (Lk 15,8); im Gleichnis von den Pfunden läßt der Mann von edler Abkunft seine 10 Knechte kommen und übergibt ihnen 10 Pfunde u. ä. Obwohl die Zahl 10 hier nicht mehr den prägnanten Symbolwert des AT hat, ist die Wahl solcher Zahlen sicherlich doch von dem alten Bedeutungswert der 10 beeinflußt.

b) Die 4 als Zahl der Himmelsrichtungen, als Weltzahl, gilt ebenfalls als Vollkommenheitszahl.[2] Sie ist ein Ausdruck für die Gesamtheit des Geschaffenen; vielleicht gibt es deshalb 4 große Propheten und 4 Evangelien. Vor allem aber ist (deshalb!) die 4 ein beliebter Multiplikator; mit 10 multipliziert ist sie die fast zu allem zu gebrauchende Zeitzahl:
40 Tage und Nächte läßt Gott es bei der Sintflut regnen;
40 Tage war Mose auf dem Berg Sinai;
40 Jahre wanderten die Israeliten durch die Wüste;
40 Tage dauerte der Kundschafterzug;
40 Jahre hatte das Land Ruhe nach den einzelnen Richtern (oder ein Doppeltes davon);
40 Jahre herrschte David;
40 Jahre herrschte Salomo;
40 Tage und Nächte wanderte Elija durch die Wüste zum Berge Horeb (1 Kön 14,8);
40 Tage und Nächte fastete Jesus in der Wüste und 40 Tage hindurch erschien Jesus nach der Auferstehung seinen Jüngern.

c) Die 7 ergibt sich als gottgewollte Zahl aus dem Mondzirkel von 28 Tagen. Teilt man 28 durch die Zahl der Himmelsrichtungen (das Ortselement kreuzte man gern mit dem Zeitelement), so ergeben sich 7 Tage:
Der 7. Tag ist der Sabbat (s. d.);

das 7. Jahr ist das Sabbatjahr (s. d.) und nach Erfüllung von 7×7 Jahren wird das Jubeljahr (s. d.) gefeiert;
7 Paare der reinen Tiere soll Noach mit in die Arche nehmen;
7 Kühe und 7 Ähren sieht der Pharao im Traum, die Josef als 7 Jahre deutet.
Und 7 (Tage) × 10 = 70: Die vollständige Dezimalzahl, mit der 7 multipliziert, ergibt eine andere Vollkommenheitszahl, die 70, die vornehmlich auf Personengruppen angewandt wird:
deshalb 70 Personen, die mit nach Ägypten zogen (Gen 46,7–27);
deshalb 70 Älteste;
deshalb schließlich auch die 70 Übersetzer der griechischen Bibel (s. „Septuaginta").

Bei der Zahl 70 werden noch andere Beziehungen deutlich, die sich aus der formalen Verflechtung der Bibel mit der orientalischen, speziell der babylonischen astrologisch-mythischen Weltanschauung ergeben. Die Zahl 70 ist „im orientalischen Zahlensystem Ausdruck für den gesamten Kreislauf des Jahres und den Weltlauf (70, bzw. 72 Fünferwochen und Jahrwochen), auch für den gesamten Weltkreis, der 70 Völker umfaßt".[3]

Allerdings lassen sich daraus wohl kaum jene phantastischen Folgerungen ziehen, die der Babelrausch des Jahrhundertbeginns um 1900 gezeigt hat: als ob sich durch solche Zahlen mythische Gehalte der Bibel nachweisen ließen. Dennoch können solche Zahlen letztlich auch mit babylonischen Mythen zu tun haben, indem durch die Mythen die Zahlen 70 und 72 besonders populär geworden waren und dann bei der Festsetzung der Zahl des Rates der Ältesten (s. d.) sich diese Zahl als heilige Zahl anbot.

Die 7 als Symbolzahl für Erfüllung, Vollkommenheit, Ganzheit usw. finden wir auch häufig im NT. Von Maria Magdalena wird gesagt, daß Jesus aus ihr 7 Teufel ausgetrieben habe (Mk 16,9); ähnlich heißt es im Gleichnis, daß der ausgetriebene böse Geist 7 andere Geister holt, die noch schlimmer sind als er (Mt 12,45). Bei der Brotvermehrung spricht Matthäus von 7 Körben aufgelesener Stücke

---

[2] Im Assyrischen bedeuten „die vier Weltgegenden" das Universum.
[3] Jeremias: „Babylonisches im Neuen Testament", 1905 (S. 93).

(15,37), und als Diakone werden 7 Männer gewählt (Apg 6,3).

Vollends in der Offenbarung des Johannes wird mit der Zahl 7 als Symbolzahl operiert: die Ganzheit der Gemeinden wird durch 7 Gemeinden dargestellt (1,4), das festverschlossene Buch hat 7 Siegel (5,1), 7 Engel treten auf mit den 7 letzten Plagen (15,1) u. a.

Die Benutzung einer solchen symbolischen Zahl verbietet natürlich meistens die Zählung. Man kann nicht die 7 bösen Geister Magdalenas aufzählen, weil die 7 hier nicht als exaktes Zahlwort zu verstehen ist. Ebensowenig müssen es 7 Körbe gewesen sein; auch hier meint die Zahl die Fülle. Allerdings bei den 7 Diakonen ist die Zahl bestimmt historisch zu nehmen; man wählte eben 7 Diakone wegen des Symbolwertes der 7. Es ist also immer wieder zu prüfen, was mit „7" – oder mit entsprechenden anderen Zahlen gemeint ist.

d) Die 12 (aus dem Mondjahr), denn 12 volle Mondumlaufzeiten ergaben das israelitische Sonnenjahr:
12 Stämme muß deshalb Israel haben;
12 Stämme nennt Gen 25,13f. für Ismael;
12 Stämme nennt Gen 36,10f. für die Edomiter;
12 Propheten hat das Buch der „Kleinen Propheten";
12 Apostel zählt die Gefolgschaft Jesu (vgl. den Artikel „Die Zwölf").
Sowohl das AT wie das NT bringen außerdem viele Beispiele für Multiplikationen von 12:24 Priesterklassen, 24 Älteste (Offb 4,4.10), 48 Priester- und Levitenstädte; von 12 × 12000 = 144000 Gezeichneten spricht Offb 7,4–8.

2. Als Intensivzahl, die oft in diesen Vollkommenheitszahlen steckt, wird auch die 3 benutzt:
Dreimal spricht der Schöpfungstext vom Menschen als Bild und Gleichnis Gottes (Gen 1,26.27), und dreimal betont der Schöpfungstext die Geschöpflichkeit des Menschen und seine Abhängigkeit vom göttlichen Schöpfer durch das für Gott vorbehaltene Verb *bará* (er erschuf);
3 Zeugnisse weisen einen Gott oder einen Menschen aus;
Gott ist dreimal heilig (Jes 6,3);
dreifach gestaffelt ist der heilige Bezirk:
Vorhof, Heiliges, Allerheiligstes;
dreimal wird Jesus versucht;

3 Leidensvoraussagen bringen die Evangelisten;
und auch die Ausdrucksweise vom „dritten" Tag der Auferstehung Jesu – statt „nach zwei Tagen" – ist ganz sicher von der 3 als Intensivzahl inspiriert.
3 × 40 (s. oben) soll die Zahl der Menschenjahre sein (Gen 6,3).

3. Das Spiel mit der übertreffenden Zahl:
Die vollkommene Alterszahl 100 (10 × 10) wird durch + 10 zur unübertrefflichen Alterszahl 110 (ägyptisches Idealalter);
die vollkommene Alterszahl 120 (10 × 12) wird durch + 10 ebenfalls zur unübertrefflichen Alterszahl 130, wobei man hier auch rechnen könnte 3 × 40 + 10;
diese ist die Zahl Jakobs (Gen 47,6), jene die seines Sohnes Josef (Gen 50,22); beiden gebührt für den Augenblick der Erzählung eine unübertreffliche Zahl, aber dem Sohne geziemt es nicht, eine höhere „unübertreffliche" Zahl zu haben als der Vater.

Das Laubhüttenfest (s. d.) dauert 7 Tage + 1 Tag; es ist *das* Fest und wird durch diesen übertreffenden Tag ausgezeichnet.

Der Hohe Rat (70 Älteste + Mose = 71) wird in Lk 10,1 um 1 übertroffen (72 Jünger Jesu), um das Übertreffende der Jüngerschaft Jesu gegenüber dem Hohen Rat darzutun.

Umgekehrt ist Abraham 99 Jahre (100–1), als der Herr mit ihm den Bund schließt; die 99 ist hier das Symbol der Unvollkommenheit; erst durch den Bund wird Abraham ganz und gar volljährig: 100 Jahre (Gen 17,1).

Auch die genaue Prämienangabe von 30 Silberlingen, die Judas für den Verrat Jesu erhielt, kann ein solches Spiel mit der übertreffenden Zahl sein, das sich auf den Verkauf Josefs um 20 Silberlinge bezieht (Gen 37,28); in einem solch unscheinbaren Zug des Evangeliums könnte dann beschlossen sein, daß man den Verkauf Josefs als Vorbild für den Verrat an Jesus ansah und überhaupt in den Josefsgeschichten hinweisende Geschichten auf Jesus hin sah. Anderseits würde dies bedeuten, daß der Evangelist die Summe der Verratsprämie nicht kannte oder ihre Mitteilung für nebensächlich hielt; daß ihm also wichtiger war, durch den Preis von 30 Silberlingen das Übertreffende auszudrücken, das der Erfüller (Jesus) gegenüber dem Vorbild (Josef) voraushat.

4. Additionsspiele

Diese Zahlenspiele ergaben sich vor allem dadurch, daß die Zahlen durch Buchstaben geschrieben wurden:

א	(a)	= 1	ט (th)	= 9	פ	(p)	= 80
ב	(b)	= 2	י (j)	= 10	צ	(sz)	= 90
ג	(g)	= 3	כ (k)	= 20	ק	(kh)	= 100
ד	(d)	= 4	ל (l)	= 30	ר	(r)	= 200
ה	(h)	= 5	מ (m)	= 40	ש	(sch)	= 300
ו	(v/w)	= 6	נ (n)	= 50	ת	(t)	= 400
ז	(z)	= 7	ס (s)	= 60			
ח	(ch)	= 8	ע (')	= 70			

So konnte man durch Addieren der Zahlenwerte der Buchstaben eines Wortes zu geheimnisvollen Bedeutungen oder Vergleichen kommen. Beispiele:

Die Buchstaben des Wortes *maschiách* (Messias) und *nachásch* (Schlange) ergeben beide die Zahl 358:

מ   ש   י   ח
$$8 + 10 + 300 + 40 = 358$$
נ   ח   ש
$$300 + 8 + 50 = 358$$

Abraham hat 318 Knechte; dieselbe Zahl ergibt die Addition der Zahlenwerte der Buchstaben seines Knechtes Eliëser (s. zu Gen 15.2).

Auch die Zahlen der Wehrfähigen in den Numerikapiteln haben möglicherweise solche Additionsspiele zur Grundlage; zwar läßt sich das nicht mit Bestimmtheit behaupten, da die Zahlen bis heute nicht gedeutet wurden. Daß sie symbolischen Wert haben, darf man jedoch mit voller Sicherheit annehmen.

In Ex 38,26 und Num 1,46 ist die Zahl der Wehrfähigen Gesamtisraels mit 603550 angegeben; die Addition der Zahlenwerte der hebräischen Buchstaben von „die Summe aller Söhne Israels" ergibt 603551 (übertreffende Zahl!).

Ein solches Additionsspiel bestimmt auch die Ordnung des Stammbaums Jesu bei Matthäus, der von Abraham bis Jesus 3×14 Glieder zählt. Die Zahl 14 ergibt sich aus den Zahlenwerten der Buchstaben des Namens David ($d v d = 4 + 6 + 4 = 14$). „David", mit der Intensivzahl 3 multipliziert, ergibt den Messias aus Davids Stamm. Zwar muß das nicht unbedingt bedeuten, daß der Stammbaum fraglich ist; aber in der Ordnung des Stammbaums in 3×14 Glieder herrschen rein

symbolische Elemente, die nicht historisch belehren, sondern den Messias aus David verkündigen wollen.

5. Multiplikationsspiele. Daneben gab es die geheimnisvollen Multiplikationen. Diese wurden für den Einzelfall wohl willkürlich angesetzt; ihr eigentlicher Bedeutungswert lag aber nicht im Einzelfall, sondern in vergleichbaren Multiplikationsspielen.

Eines der interessantesten dieser Spiele sind die Altersangaben der Erzväter, deren Alter sich aus einer komplizierten Multiplikation ergibt.

Abraham: 175 Jahre = $7 \times (5 \times 5)$;
$7 + 5 + 5 = 17$.
Isaak: 180 Jahre = $5 \times (6 \times 6)$;
$5 + 6 + 6 = 17$.
Jakob: 147 Jahre = $3 \times (7 \times 7)$;
$3 + 7 + 7 = 17$.

Das heißt: Der Multiplikator beginnt mit der Vollkommenheitszahl 7 (Abraham), die eine Primzahl ist; geht über die Primzahl 5 (Isaak) zur Intensivzahl 3 (Jakob), die ebenfalls eine Primzahl ist. Während diese Zahlen 7, 5, 3 absteigen, steigen die miteinander multiplizierten gleichen Zahlen in der Klammer auf: 5, 6, 7. Die Quersumme aus den drei Zahlen aber, die zum jeweiligen Alter des Erzvaters führen, ist die Primzahl 17. Dieses komplizierte Spiel hat vielleicht noch einen Sinn, den wir nicht mehr erkennen; sicherlich soll es aber ausdrücken, daß auch im Alter der Erzväter nichts Zufälliges war, daß ihr Alter von Gott bestimmt war – auch wenn sie nicht wirklich dieses Alter erreicht haben. Auch in solchen Zahlen wird demnach der Glaube ausgedrückt, daß Gott die Welt regiert.

Auf solche Multiplikationsspiele gehen auch die anderen Altersangaben des AT zurück, wenn wir sie auch nicht in jedem Fall durchschauen (s.„Die Patriarchen", Nr. 3).

Vergleiche auch den Abschnitt über die jüdische „Buchstabengläubigkeit".

MYTHOS UND BIBEL

Man hat sich früher – übrigens aus einem gesunden Instinkt heraus – heftig dagegen gewehrt, in den biblischen Texten (vor allem des AT) mythische Reste anzuerkennen. Bei kurzschlüssiger Betrachtung besteht tatsächlich die Gefahr, daß man aus solchen Resten folgert, die Bibel sei mit den Göttermythen auf eine Stufe zu stellen.

Es läßt sich aber dennoch nicht leugnen, daß es auch in der Bibel „mythische Reste" gibt. Der Garten in Eden (s. d.) ist sicherlich ein Bild, das aus dem Göttergarten Babylons hervorgegangen ist. Die Bäume in der Mitte des Gartens (ebd.) sind ebenfalls aus mythischen Geschichten entlehnt. Vielleicht ist auch die Erschaffung der Frau aus der Rippe des Mannes mythischer Stoff. Die Noachgeschichten haben nicht nur mythische Anklänge, sondern sind auch in babylonischen Mythosparallelen (Gilgamesch-Epos) belegt (vgl. den Artikel „Fluterzählungen"). Das Geschrei, das manche Feinde der Bibel nach solchen Entdeckungen angestimmt haben, ist aber ganz und gar sinnlos und zeigt uns, daß sie das biblische Wort mißverstehen.

Es ist eigentlich ganz selbstverständlich, daß die biblischen Erzähler aus den Erzählungen ihrer Umwelt schöpften, zumal wenn die Erzählungen Motive enthielten, die für das, was der israelitische Erzähler seinem Volke dartun wollte, praktische Motive waren. Wenn man sogar eine erfundene Geschichte dazu benutzen kann, um eine Wahrheit in einem Handlungsablauf sichtbar zu machen – warum sollte man dann nicht auch mythische Motive heidnischer Erzähler dazu benutzen können? Etwas anderes wäre es, wenn der Mythos selbst übernommen worden wäre; das aber läßt sich in der Bibel an keiner Stelle dartun. Im Gegenteil dürfen wir bewundernd feststellen, wie das mythische Motiv nur als Gewand bleibt, der Sinn aber ganz auf die Lehre vom einen Gott, der Himmel und Erde erschaffen hat, der den Menschen nach seinem Bild gemacht hat, der das Böse bestraft ... usw., erzählerisch umgestaltet wird.

Mythos und Bibel sind allerdings unversöhnliche Gegensätze; das haben die, die ihre Schlüsse aus dem Aufweis mythischer Motive in der Bibel gezogen haben, sehr wohl erkannt. Aber das Motiv ist nur ein Vehikel. Wichtig ist allein die Antwort auf die Fragen: Übernimmt die Bibel mythische Anschauungen? Hat das mythische Motiv in der Bibel noch mythischen Aussagewert? Und all solche Fragen muß man verneinen, wenn man auf den Aussagewert der biblischen Erzählungen schaut. In jedem Fall ist der Erzählungszusammenhang wichtig. Zwar könnte man sagen: Daß Gott im Garten von Eden spazierengeht, könne nicht nur ein mythisches Motiv, sondern auch ein mythischer Inhalt sein. Aber da es nicht der Sinn der Erzählung ist, vom Spazierengehen Gottes zu erzählen, sondern die Verurteilung des Ungehorsams darzustellen, kann man selbst bei diesem stehengebliebenen und nicht ganz „entmythologisierten" Motiv nicht von Mythos reden (s. die Besprechung zu Gen 3,7–24). Das Spazierengehen Gottes dient der Szene und nicht dem Sinn der Erzählung.

Zwar könnte man sagen, daß Noachs Arche ein Mythos aus dem Gilgamesch-Epos ist. Aber da die ganze Reihe der Noachgeschichten nur den Sinn hat, die Furchtbarkeit der sittlichen Verkommenheit und die Barmherzigkeit Gottes aufzuweisen, der trotz anhaltender Sünde einen Bund mit den Menschen schließt, daß er sie erhält – ist das alles eben nur Motiv; denn der Gehalt des Gilgamesch-Epos ist der Streit und die Willkür der Götter; davon aber ist in den Noachgeschichten mit keinem Wort die Rede. Im Gilgamesch-Epos fehlt jede ethische Motivierung der Flut; und dem phantastischen Polytheismus des Gilgamesch-Epos steht der Monotheismus der Noachgeschichten gegenüber. Indem der Erzähler mythische Motive und Formeln in geistig ganz und gar anders geartete Erzählungen hineinnimmt, könnte er sogar eine antimythische Tendenz verfolgen.

Die Übernahme von mythischen *Motiven* in biblische Lehraussagen ist keine Übernahme von mythischen *Aussagen;* und darauf allein käme es an, wenn man aus gewissen biblischen Erzählungen Mythen machen wollte. Denn das Wesentliche des Mythos ist, daß die Gottheit als immanent in dieser Welt gedacht ist. Der Kampf um die Transzendenz Gottes in der Bibel läßt es einfach nicht zu, daß die Bibel mythisch verstanden werden könnte.

Eine andere wirkliche Bindung der biblischen Sprache an den Mythos sollte aber nicht übersehen werden. Seit eh und je ist nämlich infolge mythischer Weltbilder der Himmel als Wohnung Gottes oben; das Reich der Toten und (später) der Verworfenen ist unten. Diese und ähnliche mythische Weltbilder haben auch die biblische Sprache und die biblischen Bilder geprägt, einschließlich der Sprache und der Bilder des NT. Diese dem Mythischen verbundene Sprache zu entmythologisieren und ihren unmythischen Gehalt zu deuten, ist eine der wichtigsten Aufgaben moderner Theologie.

ANTHROPOMORPHISMUS

Von Gott kann der Mensch eigentlich nur in anthropomorphen Ausdrücken reden, d. h. in Sätzen, die von Gott wie von einem Menschen sprechen (griech. *ánthroopos:* Mensch). Bis heute ist das nicht anders möglich. Auch wir sagen: Gott *schaut* herab; wir beten, Gott möge uns nicht *vergessen;* wir bitten Gott, von seinem *Zorn* abzulassen; wir sagen: Gott *ruft* uns; wir sprechen vom *Auge* Gottes, von Gottes *Hand,* vom strafenden *Arm* Gottes, vom *Herzen* Gottes; wir sprechen von Gott dem *Vater* und vom *Sohn* Gottes... Alle diese Ausdrücke sind aus der Menschenwelt genommen, und obwohl sie für uns Wichtiges über Gott aussagen, bleiben sie alle hinter der Wirklichkeit Gottes weit zurück. Aber wir sind wie eingesperrt in die Enge unserer Vorstellungen und unserer Sprache.

Damit soll gesagt sein, daß der sogenannte Anthropomorphismus der alten Bibel sich von dem unseren nur graduell unterscheidet, aber nicht wesentlich, so daß wir keinen Grund haben, uns über die Ausdrucksweise des AT erhaben zu fühlen. – Worin besteht nun speziell die anthropomorphe Sprache der Bibel? Wir können drei Stufen unterscheiden:

1. Der Anthropomorphismus urzeitlicher und antiker Religionen, der vielleicht auch durch alte Mythen mitbestimmt ist (vgl. den vorigen Artikel „Mythos und Bibel"). Eine solche Sprechweise, die Gott wie einen Töpfer arbeiten läßt (Erschaffung des Menschen), die Gott im Garten spazierengehen läßt (Sündenfallerzählung), die Gott den Opferduft riechen läßt (Noachs Opfer), die Gott vom Himmel herabsteigen läßt, um den Turm von Babel zu betrachten – eine solche Sprechweise stammt zweifellos noch aus jener Zeit, als der Mensch die Götter nach *seinem* Bild schuf; und Erzählungen der Bibel, die im Umkreis solcher Religionen gewachsen sind, können ganz gut noch Reste dieser Nachbarschaft bewahrt haben. Da diese anthropomorphen Ausdrücke jedoch nicht den Kern des Gottesbildes der Bibel ausmachen, sollte man sie auch nicht allzusehr betonen.

2. Daneben tritt der Anthropomorphismus in den Erzählungen, die Gott sehr nah mit den Menschen verkehren lassen: in den Abrahamgeschichten z. B., in den Mosegeschichten und zum Teil auch noch in den Gottesanweisungen für die Propheten. Diese „menschliche Redeweise von Gott" hat aber offensichtlich – wie der unvoreingenommene Blick auf das Ganze lehrt – einen anderen Grund. Sie will nicht so sehr *Gott* menschlich darstellen, sondern will das enge *Verhältnis Gott-Mensch* greifbar machen. Es gibt dafür tatsächlich keinen anderen Weg für einen Erzähler als den, Gott menschlich mit den Menschen reden zu lassen. Jeder andere Versuch würde in unanschaulicher Abstraktion enden (vgl. den Artikel „Wort Jahwes"). Auch die Überzeugung, daß Gott lebendig ist und mit dem Menschen in personalen Dialog treten kann, mag dadurch ausgedrückt sein.

3. Die dritte Form der alttestamentlichen anthropomorphen Ausdrücke unterscheidet sich dagegen keineswegs von der unseren, wenn sie vielleicht auch manchmal für unsere Ohren etwas ungewohnt oder sogar anstößig sind. In ihnen wird von Gott gesprochen, als ob er Gemütsbewegungen habe: Gott läßt sich umstimmen, er hegt Liebe, er ist erzürnt usw. Ungewohnt ist uns dabei z. B. der „eifersüchtige" Gott. Wie aber solche Ausdrücke immer nur Übertragungen von gegebenen Verhältnissen in die Gemütswelt sind, kann „eifersüchtiger Gott" (Ex 20,5) nur heißen, daß Jahwe keine anderen – nämlich falsche – Götter neben sich duldet.

Ungewohnt ist uns auch, daß Gott über seine Feinde „lacht". Es ist wirklich ein anthropomorphistischer Ausdruck. Gott lacht nicht über seine Feinde; aber sie erreichen ihn nicht mit ihrer Feindschaft; und ein Mensch, wenn ihn das Gift seiner Feinde nicht erreicht, lacht über sie – das wird im *Ausdruck* auf Gott übertragen.

Diese Formeln finden sich besonders häufig in der dichterischen Sprache, zusammen mit Formeln der Sprache alter Naturreligionen (Gott brüllt im Sturm, Gott flüstert im Laub u. a.). Diese Formeln enthalten *Bilder* im wahrsten Sinne (vgl. Hos 11,8 f.).

4. Die gewollte Abwendung vom Anthropomorphismus ist aber ebenso in entscheidenden

Kapiteln des AT enthalten: einmal in den Versen von der Erschaffung des Menschen nach dem Bilde Gottes und in dem Gesetz über die Bildlosigkeit der Religion Jahwes. Die alten Religionen, die ihre Götter im Bild verehrten, schufen sich oft ihr Götterbild nach ihrem Menschenbild. Der Genesistext (1,26 ff.) kehrt das Verhältnis um: der Mensch wird nach Gottes Bild geschaffen. Neben manchem anderen steckt darin eine Kritik am Anthropomorphismus. Daß diese Kritik gerade im Babylonischen Exil erwacht, wo dieser Genesistext seine heutige Form fand, ist nicht zuletzt auf die Beobachtung der von Menschen gefertigten Götterbilder zurückzuführen. Kein Mensch kann Götter schaffen, aber Gott kann den Menschen schaffen.

Das Gebot, auch von Jahwe kein Bild zu machen (Ex 20,4), ist daneben das Bekenntnis, daß Jahwe über jedes Bild hinausgeht – auch über das Menschenbild. Gewiß wurde dieses Verbot zunächst erlassen, um die Verwechslung zwischen Gott und Götterbild zu unterbinden; aber gerade darin liegt ja auch die Überwindung des krassen Anthropomorphismus. Die Phantasie erhält durch Gottesbilder keine Nahrung mehr, sich Gott allzu menschlich, allzu greifbar vorzustellen. So ist das Gebot gegen Götterbilder eine wichtige Vorarbeit für die Predigt des hohen Gottesbegriffs durch die israelitischen und jüdischen Propheten.

Aus all dem erhellt aber, daß die anthropomorphistischen Ausdrücke der Bibel des AT literarisch und nicht essentiell zu werten sind. Demnach kommen wir ihrem Sinn nur nahe, wenn wir nicht am Bilde hängen bleiben, sondern das tertium comparationis suchen, d. h. das, was der Dichter oder Schriftsteller damit sagen wollte.

WORT JAHWES

Immer wieder benutzt die Bibel die Formel „Und Jahwe sprach", „Und Gott sprach", „Wort Jahwes", „Spruch Jahwes", „Und der Herr befahl" u. ä. Die klare Sicht auf den Sinn dieser Worte ist unerläßlich, wenn man nicht in biblische Romantik verfallen will. Denn tatsächlich stellen sich ja manche gläubige Menschen dieses Reden Gottes so vor, als ob Gott z. B. plötzlich in irgendeiner geisterhaf-

ten Gestalt z. B. vor Abraham erschienen sei, ihn bei der Hand genommen, vor das Zelt geführt und mit der Hand zum Himmel gezeigt habe, während er sprach: „Sieh doch zum Himmel hinauf, und zähl die Sterne, wenn du sie zählen kannst ... So zahlreich werden deine Nachkommen sein" (Gen 15,5). – Was also heißt dieses „Jahwe sprach"?

1. In den historischen Erzählungen kann man z. B. lesen: „Da sagte der Herr zu Josua: Sieh her, ich gebe Jericho und seinen König samt seinen Kriegern in deine Gewalt. Ihr sollt mit allen Kriegern um die Stadt herumziehen ..." (Jos 6,2.3) – Oder: „Samuel rief das Volk zum Herrn nach Mizpa zusammen. Er sagte zu den Israeliten: So spricht der Herr, der Gott Israels: Ich habe Israel aus Ägypten heraufgeführt ..." (1 Sam 10,17.18). – Oder: „Der Herr sagte zu Samuel: ... Ich schicke dich zu dem Betlehemiter Isai; denn ich habe mir einen von seinen Söhnen als König ausersehen" (1 Sam 16,1). – Oder: „Während sie bei Tisch saßen, erging das Wort des Herrn an den Propheten ..." (1 Kön 13,20). – Es wird aus solchen Beispielen wohl deutlich, daß es sich hier um eine Sageweise handelt, die nicht wortwörtlich verstanden werden kann. Wie aber muß sie nun verstanden werden?

Eine außerordentliche Rolle spielt bei dem „Reden Jahwes" die tatsächliche Lage. Da im Glauben Israels die tatsächliche Lage eine von Gott geschaffene Lage ist, „spricht" in ihr Jahwe. Deshalb konnten die Begleiter Davids in der Höhle der Berge bei En-Gedi zu David sagen: „Das ist der Tag, von dem der Herr zu dir gesagt hat: Sieh her, ich gebe deinen Feind in deine Gewalt" (1 Sam 24,5). Deshalb kann der Schreiber der Samuelbücher sagen: „Hiram, der König von Tyrus, schickte eine Gesandtschaft zu David und ließ ihm Zedernholz überbringen; auch Zimmerleute und Steinmetzen schickte er, und sie bauten für David einen Palast. So erkannte David, daß der Herr ihn als König von Israel bestätigt hatte" (2 Sam 5,11.12). Und deshalb kann der biblische Erzähler in den Elijaerzählungen, als er von der notwendigen Flucht des Elija vor König Ahab berichtet, sagen: „Danach erging das Wort des Herrn an Elija: Geh weg von hier ..." (1 Kön 17,2.3). Jede Situation ist gottgewirkt, und der sprachliche Ausdruck dafür, ja die immer wiederkehrende Erinnerung an diesen Glauben ist diese Sageweise, daß Gott die Folgerungen anordnet. Gott spricht durch die tatsächliche Situation.

Dieser Glaube ist absolut, und er wird auch da anerkannt, wo er unserem Gefühl widerstrebt. Als David die Volkszählung veranstaltete, was nach israelitischem Sittengefühl eine widergöttliche Veranstaltung war – denn nur Vieh zählt man, nicht aber Menschen –, wird trotzdem diese Volkszählung auf einen Befehl Jahwes zurückgeführt. „Der Zorn des Herrn entbrannte noch einmal gegen Israel, er reizte David gegen das Volk auf und sagte: Geh, zähl Israel und Juda" (2 Sam 24,1). Die unerlaubte Zählung wird also David von Jahwe befohlen, damit Jahwe David für die Zählung und das Volk für seine Sünden (durch die Strafe der Zählung) züchtigen kann. Wenn man die Redeweise des Erzählers im engeren Sinne wörtlich nehmen wollte, ergäbe das das Bild von einem sehr hinterhältigen Gott. Aber gemäß der gesamtbiblischen Redeweise ist hier nichts anderes gemeint, als daß alle Situationen von Gott gewirkt sind (wir würden bezüglich dieser Stelle vielleicht etwas vorsichtiger sagen: zugelassen sind), und diesen Glauben drückt der Erzähler aus, indem er den Herrn sagen läßt: „Geh, zähl Israel und Juda."

Jede Situation aber fordert politisches, herrscherliches Wirken oder gar kriegerische Tat; auch diese werden von Jahwe durch sein „Wort" geboten. Der Glaubenshintergrund, der hier wirksam wird, ist die Überzeugung, daß die Führer des Volkes von Jahwe berufen sind; deshalb „spricht Jahwe" in ihren politischen und kriegerischen Entschlüssen. Da der Erzähler den Erfolg oder Mißerfolg der politischen oder kriegerischen Unternehmung kennt, kann er in das Jahwewort die Deutung hineinlegen, die nach seiner Glaubensüberzeugung das Unternehmen hatte. Da Jericho tatsächlich erobert wurde, kann er Jahwe zu Josua sprechen lassen: „Ich gebe Jericho und seinen König samt seinen Kriegern in deine Gewalt" (Jos 6,2). Es handelt sich hier nicht darum, Jahwe weissagend oder verheißend auftreten zu lassen, sondern darum, die Einnahme Jerichos als ein Werk Jahwes darzutun. Deshalb: „Da sagte der Herr zu Josua . . ." „Wäre die Einnahme Jerichos mißglückt, würde das Jahwewort fehlen oder es würde - ähnlich wie in der oben zitierten Volkszählungsdeutung – heißen können: Ich hätte dir Jericho

und seinen König in die Hand gegeben; aber das Volk mißachtet meine Gebote – wie kann es da auf meine Hilfe hoffen. Kurz: das „Jahwewort" ist die Deutung des Erfolges oder der Folgen. Hier, bei der Einnahme Jerichos, heißt das: Jahwe hat Jericho in die Hand Israels *gegeben,* und nicht Israel hat Jericho *erobert* (vgl. auch Jos 21,44.45). – Ganz deutlich tritt dieselbe Haltung bei dem Überfall Gideons auf die Midianiter zutage, wo Jahwe befiehlt, die Zahl der Kämpfer auf dreihundert zu beschränken, damit Israel nicht sagen könne, es selbst habe Midian besiegt (Ri 7,2).

Ähnlich werden auch Organisations- und Verwaltungsanordnungen des Führers, Richters oder Königs auf ein Wort Jahwes zurückgeführt: „Damals sagte der Herr zu Josua: Sag den Israeliten: Bestimmt die Asylstädte bei euch, von denen ich zu euch durch Mose gesprochen habe" (Jos 20,1.2). Hier mag der Sinn dieser Redeweise vielleicht auch der sein, die Gottgewolltheit der Asylstädte oder anderer Einrichtungen zu betonen. Aber der letzte Sinn ist doch die Anerkennung, daß Jahwe durch seine Volksführer wirkt. In den Augen der Ungläubigen hat dies und jenes Josua, Gideon, David geschaffen – es ist ihr Verdienst; in den Augen der Gläubigen aber hat Jahwe es geschaffen – es ist sein wohltätiges Werk. Deshalb: „Jahwe sprach", „der Herr sagte" u. ä.

2. *Der Brauch* Israels oder „der Völker" kann ebenfalls ein „Wort Jahwes" sein. Am deutlichsten wird dies wohl am sogenannten Kriegsbann (s. d.), an dem sich schon so mancher Mensch gestoßen hat: „So spricht der Herr der Heere: Ich habe beobachtet, was Amalek Israel angetan hat: . . . Darum zieh jetzt in den Kampf, und schlag Amalek! Weihe alles, was ihm gehört, dem Untergang! Schone es nicht, sondern töte Männer und Frauen, Kinder und Säuglinge, Rinder und Schafe, Kamele und Esel!" (1 Sam 15,2.3). Dieses Wort Jahwes spricht Samuel zu Saul. Wie kann die Bibel so sprechen? Kann Gott einen Ausrottungsbefehl gegen seine Menschenkinder geben? Auch Amalekiter sind Menschen!

Solche Fragen gehen am Sinn dieser Formel „So spricht Jahwe" vorbei. Es ist kein direkt ausgesprochener Befehl Jahwes, das Volk der Amalekiter auszurotten; vielmehr sieht der biblische Erzähler im geltenden Kriegsbrauch den Willen Jahwes manifestiert. Es kann – nach israelitischer Geschichtsauffassung – keinen Kriegsbrauch geben, der nicht durch Jahwe zustande gekommen ist; deshalb geht die Anwendung der Kriegsbräuche – auch des ausrottenden Kriegsbanns – in der Auffassung Israels mittelbar auf ein Wort Jahwes zurück. Und deshalb kann Samuel sagen: „So spricht der Herr der Heere: ... Töte Männer und Frauen, Kinder und Säuglinge ...“

Der allgemeine Brauch also macht den grausamen Kriegsbann zum Befehl Gottes, genauso wie andere Bräuche Befehle Gottes sind, die auszuüben deshalb der Prophet oder der Volksführer in einem „Wort Jahwes“ anordnen kann. Die meisten dieser Bräuche sind in der Bibel zu Gesetzen geworden, über die in diesem Zusammenhang ein eigenes Wort zu sagen ist.

3. Die Gesetze Israels sind fast immer als „Worte Jahwes“ formuliert, nicht nur die Zehn Gebote (s. d.), sondern auch die Reinheitsgesetze, die kultischen Gesetze (bis hin zu den Anordnungen für den Bau der Stiftshütte und für ihre Einrichtung) sind bis ins kleinste durch „Worte Gottes“ geordnet. Wollte man diese Redeweise der Bibel buchstäblich nehmen und sagen: Gott hat wirklich persönlich all diese einzelnen Anweisungen gegeben, so würde man wahrhaftig zu einem sehr kleinlichen Gottesbild kommen, das dem sonst so gewaltigen Wesen Gottes, wie es die Bibel verkündet, nicht entspricht. Und doch bleibt es dabei, daß die Gesetze Worte Gottes sind. Aber wie?

Dahinter steht im Grunde dieselbe Überzeugung, wie sie im Abschnitt 1 über die Gottgewolltheit der politischen und kriegerischen Führer des Volkes dargelegt wurde. In ihnen wirkt Jahwes Wille zur Ordnung. Sie sind durch Jahwes Willen zur Macht gekommen – denn nichts geschieht ohne seinen Willen – und ihre Ordnungstaten und Ordnungsworte (lies: Gesetze) sind damit „Worte des Herrn“. So ist es zwar eine literarische Sageweise, wenn diese Gesetze in den biblischen Erzählungen als direkt von Gott gegeben dargestellt und vorgelegt werden, aber aus der Deutung dieser literarischen Sageweise kann man nicht folgern, daß die Gesetze nicht von Gott gegeben sind. Sie sind eben von Gott durch Mose, durch Josua, durch David, durch

die Priester gegeben, und wenn man sie in eine Erzählung einfügt, die zeigt, wie Mose die Gesetze direkt von Gott erhält, so will dies eben die Verbindlichkeit dieser Gesetze deutlich machen.

Vielleicht schrecken manche – altgewohnten Vorstellungen folgend – davor zurück zu sagen: Gott hat die Zehn Gebote nicht selbst formuliert, sondern Mose hat sie formuliert (S. 529, Nr. 10), und Mose hat sie auf die Gesetzestafeln geschrieben. Aber vielleicht begreifen wir diese Tatsache besser, wenn wir feststellen, daß ja die Gebote der sogenannten zweiten Tafel (IV. bis X. Gebot) nichts anderes sind als Formulierungen der Naturrechte des Menschen. Insofern sind sie also doch wirklich von Gott gegeben: in der Natur des Menschen. Wenn also die Bibel sagt: Mose empfing die Zehn Gebote direkt von Gott, so drückt sie mit dieser Formel für die zweite Tafel im Grunde nur das aus, was wir heute unter den „Naturrechten“ verstehen. Übrigens wäre ein zweifacher Dekalog mit abweichenden Formulierungen auch kaum möglich, wenn die Formeln „direkt auf Gott“ zurückgingen.

Daß sich aber, nachdem diese Sageweise einmal die Formel für Gesetzeserlasse geworden war, auch später diese Formel findet – etwa in den Gesetzen, die aus der sogenannten Priesterschrift (s. d.) in ältere Gesetze eingearbeitet wurden –, ist nur die selbstverständliche Auswirkung eines echten Traditionsgeistes und der Überzeugung, daß *alle* Gesetze, wenn sie der Ordnung des Volkes und der Ehre Jahwes dienen, letztlich aus dem Willen Jahwes, wenn auch unmittelbar aus dem Willen des Gesetzgebers kommen.

Übrigens war der Orientale ganz allgemein davon überzeugt, daß die Götter die Gesetze gaben. Wenn die Bibel also erzählt, daß Jahwe dem Mose das Gesetz übergab, so ist das nur die literarische Version des Bildes, das uns die Hammurabi-Stele bietet, auf der dargestellt ist, wie Hammurabi, der etwa 1780–1685 König von Babylon war, aus der Hand seines Gottes Marduk das Gesetz erhält.

4. Im prophetischen Wort tritt sodann das Wort „der Herr sagt“ oder „Spruch Jahwes“ besonders häufig und pointiert auf. Hier heißt es offensichtlich, daß der Prophet den *Willen* oder das *Urteil* Jahwes verkündigt. Der Prophet verkündet aus der Weisheit seiner Einsichten in das Wirken Gottes im Weltgeschehen – aus seinem Wissen, daß Gott gerecht und ein unbestechlicher Rächer ist – aus seinem Wissen um das „Gesetz des Herrn", das er meditierend durchdacht hat und dessen Verletzung er von Unheil gefolgt sieht – aus seiner Berufung heraus, die ihn zum Wächter über die Befolgung der Weisungen Jahwes bestellt hat – aus dem Bewußtsein, einen wichtigen Standpunkt in der Heilsgeschichte zu haben – aus all diesen Antrieben heraus verkündigt er „das Wort des Herrn".

Nun, das alles würde vielleicht kaum einem Schwierigkeiten machen, es richtig zu verstehen, wenn die Erzählungen nicht des öfteren vorher eine wortwörtliche Mitteilung dieser Worte Jahwes an den Propheten einschalteten; vgl. 2 Sam 7,5–16. Aber solche Mitteilungen Gottes an einen Propheten, die mit „Jahwe sprach" o. ä. eingeleitet sind, wollen ebensowenig sagen, daß Jahwe hörbar zu diesem Propheten gesprochen hat, wie es die Formel „Und Jahwe sprach zu Josua" besagen will. Sie sind überhaupt weniger als Vorgang gemeint wie als Äußerung des Glaubens, daß Gottes Anordnung im Wort des Propheten wirklich und gültig ist. Die epische Form bringt dann die Doppelung des Textes hervor, wie z. B. besonders deutlich in den Anordnungen Jahwes, die er dem Mose auf dem Sinai gibt und die später zum großen Teil Wort für Wort wiederholt werden (vgl. Ex 26,1–6 mit Ex 36,8–13; Ex 26,7–14 mit Ex 36,14–19; Ex 26,15–30 mit Ex 36,20–34 usw.). Oder – um ein Beispiel aus den Schriftpropheten zu nehmen – das 7. Kapitel aus dem Buch Amos: „Dies zeigte mir Gott, der Herr, in einer Vision: Er ließ Heuschrecken entstehen, als gerade die Frühjahrssaat zu wachsen begann ... Sie machten sich daran, alles Grün im Land zu vertilgen. Da rief ich: Gott, mein Herr, vergib doch! Was soll denn aus Jakob werden? Er ist ja so klein. Da reute es den Herrn, und er sagte: Es soll nicht geschehen" (Am 7,1–3). – Der Prophet bringt hier die Verkündigung von der Barmherzigkeit des Herrn in der *Form* eines Zwiegesprächs, das er mit Gott führt; keineswegs kann das aber besagen, daß Gott direkt, hörbar, mit menschlichen Worten zum Propheten gesprochen hat.

All das soll keineswegs heißen, daß Gott *nicht* durch die Propheten gesprochen hat. Es

handelt sich hier nur darum, die Formel „Und Jahwe sprach" richtig zu verstehen: daß sie nicht als massive Direktheit verstanden werden darf, sondern daß sie bedeutet: Gott sprach *durch* die Propheten; er ließ sie seinen Willen, seine Strafen, seine Tröstungen verkünden. Und eben darum ist ja auch die Bibel *Wort Gottes,* weil in ihr die Mitteilungen Gottes, die er durch Menschen verlauten ließ, enthalten sind. Mit anderen Worten: Was wir heute Inspiration nennen, drückt der biblische Erzähler oft dadurch aus, daß er des öfteren im Erzählungsgang Gott selbst sein Wort dem Propheten mitteilen läßt.

5. In den Erzvätergeschichten ist eine weitere Variante des „Gott sprach" zu beobachten. Hier tritt die Erzählung unter den besonderen Aspekt, die Führung des späteren Volkes Israel schon in seinen Stammvätern aufzuzeigen. Die Überzeugung also, daß Jahwe nicht nur der Gott der Gegenwart ist, sondern daß er immer schon der Gott des Volkes Israel war, auch als von diesem *Volk* noch nicht die Rede sein konnte – diese Überzeugung trägt die Erzvätergeschichten. Jahwe wirkte schon zu dieser Zeit um des Volkes Israel willen.

Diese Überzeugung drückt der Erzähler nun aber nicht in solch nüchternen und abstrakten Worten aus, wie wir dies soeben versucht haben; sondern er schreibt sozusagen die Geschichte der Erzväter dramatisch: als Zwiegespräch zwischen dem die Geschichte wirkenden Gott und den Erzvätern selbst. Das heißt also: Wir mißverstehen die Geschichten, wenn wir die Erzählungen buchstäblich nehmen, ja, wir kommen dadurch in Gefahr, die wesentliche Aussage zu überhören: daß Jahwe aus den kleinen Familien der Erzväter das *Volk* Israel hat wachsen lassen. Nicht die idyllischen Einzelgeschichten mit den beiden jeweiligen Gesprächspartnern Gott-Patriarch sind wichtig, sondern die Gesamtheit der Geschichten, die Gottes Führung erst so hell aufleuchten lassen. – Vgl. dazu auch das Kapitel „Berufung und Geschichte" und den Abschnitt über die Patriarchenkapitel des Buches Genesis.

6. In den Menschheitskapiteln (Gen 1–11) schließlich erhält das „Gott sprach" noch einmal eine andere Nuance, indem nämlich hier von dem die *Welt* durch sein Wort schaffenden und ordnenden, dem die *Menschen* durch sein

Wort weisenden und richtenden Gott gesprochen wird und dadurch der enge Bereich der Geschichte Israels und seiner Umwelt durchbrochen ist. Am deutlichsten wird das in den Versen Gen 1,1–2,4a, dem ersten Schöpfungstext, der aus der Priesterschrift (s. d.) stammt; aber auch die älteren Texte zeigen diese Nuance. Damit ist das „Wort Gottes" ins Absolute und Allgemeine gesetzt; schon in den Texten des Jahwisten (s. d.) sind die Gleise gestellt zum wirklichen und geistigen Monotheismus. Wer sich klarmacht, daß „Spruch Jahwes", „Gott sprach" oder verwandte Formeln in der Literatur Israels immer mehr zum Ausdruck des alles in der Geschichte Israels wirkenden Gottes geworden sind, wird nicht ohne Bewegung erkennen, daß in Gen 1–11, den Urgeschichten oder Menschheitskapiteln, dieses „Gott sprach" zum *alles*wirkenden Wort geworden ist.

BIBLISCHE GESCHICHTSSCHREIBUNG

Die Geschichtsschreibung in der Bibel ist oft dadurch mißdeutet worden, daß man sie mit anderen Vokabeln gelesen hat, als sie selber gesprochen hat. Wenn ich jemandem in einem Brief mitteile, daß ich nach Frankfurt – nämlich am Main – fahren werde, dieser jemand versucht mich dann jedoch in Frankfurt – nämlich an der Oder – zu treffen, so wird er mich nicht treffen. In solcher Lage etwa waren oder sind die Leser der Bibel, die die Geschichtsschreibung der Bibel mit dem beurteilen wollen, was sie selbst unter Geschichtsschreibung verstehen. Wenn das grundsätzlich von allem gilt, was in der Bibel steht, so gilt es doch erst recht von der Geschichtsschreibung, deren Art von der unseren durch manche Charakteristika abweicht. Man muß sie deshalb in ihrer Eigenart zu erkennen suchen, wenn man ihre Texte recht verstehen will.

1. Die biblische Geschichtsschreibung ist Sinngeschichtsschreibung. Nicht das äußere Geschehen ist das Ausschlaggebende, sondern die Tendenz des Geschehens. Diese Tendenz des Geschehens läßt sich natürlich nur aus einem großen Abstand vom äußeren Geschehen feststellen. Dadurch aber werden die Einzelheiten des äußeren Geschehens einerseits unsicher, andererseits unwichtig.

Die Tendenz des Geschehens, die die biblischen Geschichtsschreiber, rückschauend auf die Geschichte des Volkes, feststellten, war die immer wieder sich ergebende Rettung Israels aus großen Gefahren: daß das Volk Israel nicht unterging, sondern weiterlebte; daß das Volk sich aus unbedeutenden Anfängen zu einem großen Volk (Zeit Davids und Salomos) oder zu einem Volk in zwei selbstbewußten Staaten (Zeit der Könige nach Salomo) entwickelte. Dieses konnte nur Jahwe bewerkstelligen.

Eine andere Tendenz des Geschehens tat sich den unbekannten prophetischen Geschichtsschreibern Israels auf, wenn sie auf die Untreue des Volkes zu seinem Gott schauten. Die schweren Schläge, die das Volk erlitt, erschienen ihnen dann als Strafen; daß der strafende Gott aber immer wieder das Letzte, die Vernichtung, zurückhielt, war ihnen ein Zeichen von Gottes Huld, der sich das Volk zu *seinem* Volk erwählt hatte: zu dem Volk, das ihn, den wahren Gott, verehren sollte.

In einer solchen Geschichtsschreibung treten – wie gesagt – die Einzelereignisse in ihrer Wichtigkeit zurück, und es schien ihren Darstellern durchaus möglich, sogar an erfundenen Situationen diese Tendenz des Geschehens darzustellen, nämlich für Zeiten, deren Einzelheiten man nicht mehr genau wissen konnte. Und es schien ihnen wichtig, diese Tendenz des Geschehens, die von Gott kam, nicht nur in dürren Lehrworten zu verkünden, sondern in Situationen zwischen Gott und Mensch wie wirkliche Szenen darzustellen (vgl. die Artikel „Wort Jahwes", Nr. 4/5).

2. Die biblische Geschichtsschreibung ist Volksgeschichtsschreibung. Es kam den unbekannten Propheten, die als erste die Stammeserzählungen zu einem Geschichtenbuch mit geschichtlichen Darstellungen formten, nicht darauf an, für griechische Intellektuelle zu schreiben (die es damals übrigens noch nicht gab), sondern für Semiten, für einfache Semiten, für Bauern und Hirten, die zugleich immer Soldaten waren. Wenn sie diesen „Geschichte" erzählen wollten, konnten sie ihnen diese nur in „Geschichten" nahebringen, d. h., indem sie das Geschehen der Jahrhunderte in greifbaren, hörbaren, sinnlich erlebbaren, bildhaften Einzelgeschichten vortrugen. Dabei wurde es dann gleichgültig, ob die Einzel-

geschichte ein wirkliches Einzelereignis wie-
dergab. Wichtiger war, daß die Einzelge-
schichte den Gesamtzug der Ereignisse enthielt – wir nannten ihn oben „Tendenz des
Geschehens" –, den sie im Glauben erkannt
und nun zum Glauben lehren wollten.

Zu den Mitteln solcher Geschichtsschreibung gehörte deshalb auch die „Legende"
(s. d.); sie konnte unter Umständen sogar eine
erfundene Geschichte sein; aber nicht das Einzelereignis, sondern der *Sinn der erzählten
Geschichte* war wichtig. Daß der junge David,
der jüngste Sohn Isais, wirklich von Samuel
gesalbt wurde, war nicht so wichtig wie die
Tatsache, daß damit David als der von Gott
zum König Erwählte dargestellt wurde und
daß Gott in David den Geringsten erhoben
hatte: den jüngsten Sohn, den nicht einmal der
Vater Isai für den hielt, den Samuel suchte.
Das nur ein Beispiel!

*3. Die biblische Geschichtsschreibung ist ge-
genwartsbezogene Geschichtsschreibung,* die
nichts wegen der „Geschichte an sich" darstellt, sondern alles wegen seines Bezuges zum
Hier und Heute.

Wenn die großen Völker- und Stämmetafeln
vorgelegt werden, mit ihren Abstammungsre-
gistern von Adam, von Noach, von Sem, Ham
und Jafet, von Abraham, von Jakob und von
den zwölf Urvätern der Stämme, lautet für
uns, die wir in den Kategorien der Ahnenfor-
schung denken, natürlich die erste Frage:
Stimmt die Folge? Für den Geschichtsschreiber und Hörer der frühen orientalischen Zeit
jedoch hatten diese Register den Sinn, die
Beziehungen, die erlaubten und unerlaubten,
die weiten und nahen Verwandtschaften u. ä.,
auszusagen und zu lernen: z. B. daß Edom und
Moab mit Israel verwandt waren, daß sie aber
dennoch zu meiden waren; daß die Kanaaniter
zu meiden waren, weil sie durch den Fluch
Noachs von den gesegneten Nachkommen
Sems getrennt waren, und „dieses sind die
Söhne Hams und Kanaans . . ."; daß die Kalebiter, die Jerachmiter usw. als Söhne Israels
anzusehen seien, weil sie Nachkommen Judas
waren (d. h. zum Haus Juda gehörten, S. 507
Nr. 8/4), obwohl sie früher israelfremde Stämme oder Sippen waren (vgl. 1 Chr 2,1 ff.). Die
„Genealogien" lehrte also nicht die wirkliche
Abstammung, sondern Forderungen an den
gegenwärtig lebenden Menschen – weshalb

„Genealogie" sich also auch ändern konnte.

Oder: Wenn die Männer der biblischen Prie-
sterschriftredaktion die Kult- und Ritusgeset-
ze in die Zeit des Mose und der Gesetzgebung
am Sinai einblendeten, wollten sie nicht etwas
Späteres wie etwas Altes erzählen, sondern sie
stellten die *Verbindlichkeit* der späteren Gesetze dar, indem sie sie in die älteren Erzählungen vom Bundesschluß am Sinai mit einbau-
ten. Es wurden also eigentlich nicht Gesetze
des späteren 6. Jahrhunderts mit Aufschreibungen des früheren 10./9. Jahrhunderts ver-
mengt, sondern es wurde das *ganze* Gesetz
erzählerisch da angesiedelt, wo es in den Ver-
kündigungserzählungen des Volkes immer angesiedelt war. Die entwickelte Weisung war in
der alten Weisung (vom Sinai) enthalten; also
gehört es auch nun dorthin (vgl. im Artikel
„Wort Jahwes", Nr. 3).

*4. Die biblische Geschichtsschreibung ist sym-
bolische Geschichtsschreibung;* das hängt mit
der „Sinngeschichtsschreibung", der „Volksgeschichtsschreibung" und der „gegenwarts-
bezogenen Geschichtsschreibung" gleicher-
weise zusammen. Ihre Symbolik tritt aber
nicht so sehr in Dingen auf, sondern in zwei
sich scheinbar ausschließenden Symbolgene-
ra: in Personen und Zahlen.

Die Personen der biblischen Geschichtsschreibung kann man nicht alle gleich bewerten. So haben sicherlich Abraham, Jakob,
Mose, Josua einen anderen historischen Wert
als die drei Söhne Noachs, die zwölf Jakobssöhne und die Söhne Josefs, Manasse und
Efraim. Überall, wo die Bibel mit Systemen
auftritt, darf man sich fragen, ob hier nicht im
System und in den Personen, die dieses System
füllen, eine Symbolik vorliegt. Ein System
liegt aber vor bei den Söhnen Noachs: Sem,
Ham und Jafet; das System der Völkereintei-
lung. Deshalb sind diese drei Söhne Noachs
nicht wirkliche Söhne, sondern Symbolpersonen für die Dreiteilung der Völker.

Ein System liegt vor bei den Stämmen, die
alle auf einen Eponymus zurückgeführt wer-
den, von denen wie von wirklichen Söhnen
Jakobs erzählt wird: Ruben, Simeon, Levi
usw. Diese Söhne symbolisieren aber nur die
Stämme – wie auch die Söhne Josefs – und die
Reihenfolge ihrer Geburt ihre verschiedenen
Mütter. Ihre verschiedenen Charaktere und
Taten sagen etwas über die Stämme aus, für

die sie Symbolpersonen sind; zwar hat der historische Vater Jakob sicherlich Söhne gehabt – das aber liegt nicht im Vordergrund der Aussage des biblischen Schriftstellers.

Die Erzählung wird wirklich erst zur Volksgeschichtsschreibung, wenn sie von Personen erzählt, seien es auch Symbolpersonen. Die Sinngeschichtsschreibung wird dichter, wenn sie die gottgefügten Geschehnisse der Vorzeit und der näheren Vergangenheit an Personen und nicht an mehr oder weniger anonymen Gesellschaftsgrößen dartut. Und die gegenwartsbezogene Geschichtsschreibung wird verpflichtender, wenn sich das einzelne Stammesglied in der Erzählung seinem Stammvater gegenüber sieht und nicht einem unerfaßbaren Urstamm (vgl. das Kapitel „Die Zwölf Stämme", in dem versucht wurde, die Symbole in Geschichte umzuwandeln).

Auch die Übertragung der Wanderungsgeschichte und -geschichten eines Stammes oder weniger Stämme auf die Gesamtheit der Stämme kommt aus derselben Haltung symbolischer Geschichtsschreibung. Jahwe ist ein strafender und zugleich rettender Gott. Es galt, dies für die Gegenwart verpflichtend darzutun. Er hat Vorväter des lebenden Israels aus Ägypten gerettet. Hat er damit nicht ganz Israel gerettet? Daß Israel damals nur aus dem aus Ägypten kommenden Wandervolk bestand, ist gleichgültig. Dieses Wandervolk kam als ein Teil Israels nach Kanaan. War damit nicht ganz Israel auf der Wanderung? Jedenfalls stellten die unbekannten prophetischen Verfasser der Bücher die Sache so dar, um ganz Israel dem rettenden Gott gegenüber zu verpflichten. Diese Geschichten tragen bis heute – und nicht nur für das alte Israel!

Über die Geschichtsschreibung mit Zahlensymbolik s. den Artikel „Zahlen..." und den Artikel über die Genealogie Abrahams.

5. *Listen und Urkunden* waren erste Formen, die in die biblische Geschichtsschreibung aus der Gebrauchsliteratur übernommen wurden: etwa Stammeslisten, Königslisten, Gesetzeskorpora. Sie wurden aber in der typisch biblischen Geschichtsschreibung lediglich als Rohstoff benutzt. An keiner Stelle der Bibel werden diese Urkunden um ihrer selbst willen gegeben: damit man weiß, wer König war; damit man weiß, was dann und dann Gesetz war oder wurde. Die kausale, Zusammenhän-

ge schaffende Schau des biblischen Geschichtsschreibers, der Gottes Wirken zeigen will, verarbeitete diese statischen Urkunden immer im Sinne seiner dynamischen Darstellung.

Vor allem Listen gehören zu den urtümlichsten Gattungen der antiken, zumal altorientalischen (also auch der biblischen) Geschichtsschreibung, wenn die Aussagen der Listen auch nicht überall als geschichtliche Aussagen in unserem Sinn verstanden werden können. Natürlich sind die ältesten Listen nicht als Listen für geschichtliche Aussagen angefertigt worden; sie waren Notizen für die Praxis, die später von den Schriftstellern der altbiblischen Bücher teilweise als geschichtliche Aussagen benutzt wurden.

So findet man in 2 Sam 8,16–18 und 20,23–26 zwei fast gleichlautende Listen der Beamten Davids mit Nennung ihrer Ämter: gewissermaßen Gehaltszahlungslisten, die wegen ihrer Aussagen zu Geschichtsdokumenten wurden. Diese Listen stammen mit Sicherheit aus zwei verschiedenen Quellen; dem Redaktor war aber die Zweizahl der Dokumente so wichtig, daß er sie beide an verschiedenen Stellen brachte.

In 2 Sam findet man auch eine Liste der „Helden Davids" (23,8–39), die Liste also einer soldatischen Männergruppe, die unbedingt treu zum König stand.

Ähnlich wie 2 Sam die Beamten Davids in Listen aufzählt, so zählt 1 Kön 4,1–19 die Männer der Verwaltung des Reiches Salomos auf.

Überreich arbeitet 1 Chr (s. d.) mit Listen, auch gerade mit historischen Listen dieser Art: Davids Helden (11,10–47); eine Liste von Anhängern Davids (12,1–23); eine Liste der Gefolgschaft Davids bei der Thronerhebung in Hebron (12,24–41) u. a. Die letzte hier genannte Liste zeigt allerdings auch, daß Listen dieser Art *nicht immer* geschichtlich zuverlässig sind; denn gerade in 1 Chr 12,24–41 hat die Phantasie bei der Aufstellung mitgespielt.

Ganz anders sind manche *genealogische Listen* zu werten. Sie sind entweder Namenauszüge aus Volkszählungen über die sagenhaften Erstlinge gewisser Lebensformen; die sagenhaften Erfinder von Berufen und Werkzeugen; über sagenhafte Erbauer von Städten u. ä., die dann in bestimmten Reihenfolgen zusammengebracht wurden. Mit solchen Listen wollte man – vor allem in Listen über urzeitliche Menschen – die Menschheit und die Völker der Bibel in dieser Menschheit bis in die Anfänge zurückführen (gewissermaßen wie Menschen der eigenen Zeit, von denen man einen langen Stammbaum berichten kann).

Zu solchen sagenhaften Genealogien gehören z. B. die Listen der Nachkommen Kains (Gen 4,17–22) und der Nachkommen Sets, eines anderen Adamssohnes (Gen 4,25–5,32).

Eine besondere Bedeutung für das AT haben *die Völkertafeln,* von denen sich eine an Noachs Fluch und Segen über seine Söhne anschließt: Gen 10,1–32. Hier kann man nicht von Geschichte sprechen; aber die Namen der „Söhne" und „Nachkommen" Jafets, Hams und Sems sind drei Gruppen, deren Glieder vielleicht nicht unbedingt zusammengehören, die jedoch vom Schreiber dieses Kapitels so zusammengeordnet wurden, wie Israel sie später als neutrale, als feindliche oder mit ihm nah oder fern verwandte Völker sah.

Eine gewisse geschichtliche Sicherheit vermitteln auch die *Listen der Stämme.* Man schaue sich z. B. mal die Kapitel zum Stamm Juda in 1 Chr 2,3–4,23 an und vergleiche sie mit den anderen Stämmen Simeon (1 Chr 4,24–43), Ruben (1 Chr 5,1–10) usw. bis zur Liste der Familie Sauls (1 Chr 9,35–44).

Die Fülle von Namen haben schon viele für Ergebnisse der Phantasie gehalten. Und doch sollte man den Satz 1 Chr 9,1 nicht als eine wichtigtuerische Formel überlesen: „So ließ sich ganz Israel in die Stammeslisten eintragen. Sie wurden in das Buch der Könige von Israel und Juda aufgenommen." Es hat ganz sicher Aufschreibungen der kriegstüchtigen und arbeitstüchtigen Männer gegeben. Wenn sich auch nicht genau feststellen läßt, in welchen Jahren diese Aufschreibungen angefertigt wurden, so daß nicht festgehalten werden kann, was in späteren Zeiten hinzugefügt wurde – eine gewisse geschichtliche Sicherheit liegt vor, wenn auch nicht für die Anfangsstufen der Stämme.

Bevor wir diese Andeutungen abschließen, sollte auch das noch gesagt werden: die einzelnen Familien der Stämme hielten ihre Abstammungsreihe fest, manchmal mit Angaben einiger Taten (z. B. 1 Chr 8,29–33: In Gibeon wohnte Jëiël, der Vater Gibeons. Seine Frau war Maacha, und sein erstgeborener Sohn war

Abdon. Ihm folgten Zur, Kisch, Baal, Ner, Nadab, Gedor, Achjo, Secher und Miklos. Miklos zeugte Schima. Auch sie wohnten in Jerusalem bei ihren Brüdern, ihnen gegenüber. Ner zeugte Abner, und Kisch zeugte Saul . . ."). Die Familienstammbäume wußte man auswendig; und so war es durchaus möglich, sie für die oben genannten Bücher aufzuschreiben.

Die *Verteilung und Einteilung des Landes,* das den Israeliten (wie sie hofften und glaubten) als eigenes Land zugesagt war, erscheint an mehreren Stellen des AT in Listenaufstellungen: in Jos 12 („die Könige des Landes, die von den Israeliten geschlagen wurden, und die Länder, die sie in Besitz nahmen"); in Jos 13,1–14 (das Land, das noch in Besitz zu nehmen ist); in Jos 13,15–33 (die Verteilung des Ostjordanlandes); in Jos 14 (die Verteilung des Westjordanlandes); in Jos 15–21 (die Zuteilung an die einzelnen Stämme Israels).

Diese und ähnliche Listen sind durchaus als historische Angaben zu werten. Viele solcher Landeslisten erscheinen als Sollsituationen. Jedoch wurden sie meistens in Zeiten aufgezeichnet, als sie schon Istsituationen waren; dann aber trug man sie in geschichtliche Kapitel ein, die von einer Zeit erzählen, die die Eroberung noch vor sich hatte. Da aber die Zeit und die politische Entwicklung weiterging, wurde das Aufgeschriebene später auch wieder geändert.

Die wenigen Listen im NT können nach diesen Hinweisen auf den Listenreichtum des AT nicht überraschen. Eines mag allerdings für den Leser des NT doch überraschend sein: daß nämlich so alte Formen wie diese Listen im NT noch auftauchen. Der manchmal vorgetragene Schluß, daß die Schriftsteller des NT bewußt mit alten biblischen Literaturgattungen gearbeitet haben, weil sie ja die alte Bibel erweitern wollten, ist allerdings nicht berechtigt: sie wollten ja die „Bibel" nicht erweitern; daran dachte von ihnen niemand! Eher sollte man sagen: Die Frühautoren von manchen Einzelheiten des späteren NT waren so gute Bibelkenner (also des AT), daß sie ganz selbstverständlich literarische Gattungen ihrer Bibel benutzten. So kamen dann auch die beiden Stammbäume Jesu in das spätere NT (Mt 1,1–17 und Lk 3,23–38). Die Formeln der Stammbaumstufen haben dieselbe Gestalt wie die in den Stammbäumen des AT, ja die Stammbaumtexte für Jesus sind sogar zum großen Teil aus Stammbaumtexten des AT entnommen (vgl. 1 Chr 2,3–15).

Diese Stammbaumlisten Jesu weisen auch auf einen anderen Listentyp hin, der im AT vor allem in der Priesterschrift vorkommt: Wenn dargestellt werden soll, daß eine bestimmte Person auf eine bekannte, verehrte, bewunderte Gestalt zurückzuführen ist, wird eine besondere Genealogie aufgebaut (s. Gen 5,1ff.; 6,9ff.; 10,1ff.; 11,10ff.; 11,27ff.; 25,12ff.; 25,19ff.; 36,1ff.). In ähnlicher Weise wurden die zwei Stammbaumlisten für Jesus Christus aufgebaut: den Sohn Davids, den Sohn Abrahams (Mt 1,1–17), damit sollte ausgesagt werden, daß Jesus Christus zum Ziel der Verheißungen gehört, die an Abraham und David ergangen sind. Mit etwas anderer Absicht nahm Lukas in sein Evangelienbuch den Stammbaum Jesu auf, wenn er unter seinen Vorfahren David, Abraham, Sem, Noach, Adam aufzählte – und „Adam stammte von Gott" (Lk 3,38).

Auch die Listen der Zwölf (also der Apostel) sind gestaltet nach der Art, wie die Schreiber des AT solche Aufzählungen gliederten: Mt 10,2–4; Mk 3,16–19; Lk 6,13–16; Apg 1,13.25–26.

6. *Die biblische Geschichtsschreibung ist Menschheitsgeschichtsschreibung.* Nachdem man den kerygmatischen Grundsinn der ersten Genesiskapitel (von der Weltschöpfung bis zum Turmbau) erkannt hat, möchte man sich vielleicht erst recht dagegen wehren, diese Kapitel als „historisch" anzusprechen. Zweifellos sind sie dies auch keineswegs im Sinne einer Darstellung von Einzelfakten. Aber da dieser ganze unüberbietbar sinnvolle Prolog der Gesamtbibel sich geschichtlicher Erzählformen bedient, die auch Geschichtliches darstellen wollen, würde man ihn verkennen, wollte man ihn nicht auch als Teil der biblischen Geschichtsschreibung annehmen. Aber in welchem Sinne ist dieser Prolog Geschichtsschreibung?

Für die Sinngeschichtsschreibung, die die Tendenz des Geschehens (s. Nr. 1 dieses Geschichtsartikels) darstellt, ist er der große Motivsetzer, der diese Tendenz des Geschehens schon in den Anfängen feststellt: Strafe und Tröstung; Mord und strafender Gott; Sünde,

Sündflut und Errettung der Gerechten; Hochmut und Strafe. Eingeleitet aber wird diese Reihe von elementaren Menschheitsvorgängen mit dem kosmischen Aufweis der Herrschaft Gottes, der Himmel und Erde gemacht hat.

Mögen also die Einzelfakten, *wie* sie die Erzählungen schildern, auch erdacht sein, im Anschluß an Mythen (s. d.) erzählt sein oder was auch immer: in ihrem Sinn geben diese Geschichten für die Geschichte Israels ein großes geschichtliches Hintergrundgemälde auf Menschheitsbasis. Damit aber wird zugleich auch angedeutet, daß die Geschichte Israels nicht als Nationalgeschichte allein zu begreifen ist. –

An drei Einzelheiten soll die charakteristische Geschichtsschreibung der Bibel exemplarisch erläutert werden:

7. *Berufungen* sind ein Thema, das zahlreich zu den verschiedensten biblischen Geschichtserzählungen gehört. Im Geschichtsbild der Bibel ist Gott sehr betont der Beginnende, der Wirkende, der alles Schaffende. Nicht der Mensch wirkt, sondern Gott wirkt am Menschen. „Er stürzt die Mächtigen vom Thron / und erhöht die Niedrigen" (Lk 1,52). Das wird in der Bibel immer wieder herausgearbeitet. Deshalb sollte z. B. Gideon alle Kämpfer entlassen und nur mit 300 Mann die Midianiter angreifen, damit man nicht sagen konnte: Israel hat gesiegt. Den Sieg gibt Gott! (Ri 7).

Erzählungen mit sehr alten Berufungshinweisen enthalten die Geschichten des Jahwisten (s. d.) und die Bücher der deuteronomischen Geschichtssicht (s. d.), die von Müttern berichten, welche ihre Kinder erst sehr spät und durch eine besondere Erbarmung Gottes empfangen haben, nachdem sie lange kinderlos gewesen waren. Die *Wegnahme der Kinderlosigkeit* ist oft zwar auch eine allgemeine Erzählung von Gottes Erbarmen; wenn man sich aber klarmacht, welche Kinder als Geschenke nach so langer Kinderlosigkeit kamen, wird einem deutlich, daß der zu Berufende sehr oft schon dadurch gekennzeichnet wurde, daß er Sohn einer lange kinderlosen Frau wurde:

So wurde Rebekka erst nach langer Zeit Mutter ihrer Kinder Esau und Jakob: Jakob, der in der Bibel als Vater der Zwölf Stämme Israels auftritt. – So wurde Rahel, die besonders geliebte Frau Jakobs, die Mutter Josefs, von dem dann die wunderbare Geschichte erzählt wird, daß er in Ägypten seine Brüder – die Söhne Jakobs – durch die Hungerzeit hindurch gerettet hat. – So wurde Simson, der zwanzig Jahre als Richter gegen die Philister kämpfte, Sohn einer bis zu seiner Empfängnis unfruchtbaren Frau. Und der Engel des Herrn (s. d.) sagte ihr die Schwangerschaft an (s. Ri 13,1–25). – So wurde Hanna die Mutter Samuels, nachdem sie in Schilo um einen Sohn gebetet und ihr vom Priester Eli ein Sohn verheißen worden war. Nach seiner Geburt wurde er dem Herrn geweiht (1 Sam 1,1–28) . . . Und so wurde Johannes, der „Vorläufer Jesu" von seiner Mutter Elisabet erst nach langer Kinderlosigkeit geboren (s. Lk 1,5–25 und die Erklärung dazu).

Es handelt sich bei diesen Spätlingen immer um Väter und Führer und Große des Volkes. Bereits an ihrer Geburtsgeschichte soll gezeigt werden, daß sie ihre Größe und Macht nicht aus sich haben. Gott hat sie – um des Volkes und um seines Namens willen – groß gemacht, wie er sie ja auch schon zum Leben erweckt hat. Das gilt zwar von jedem Kind, aber durch die alten Väter, die alten Mütter, die Geburt aus bisher unfruchtbarem Schoße soll dies betont werden. Deshalb würde dem Sinn auch dann nichts genommen, wenn es sich um Legenden oder gar erfundene Geschichten handeln würde. Der naive Hörer solcher Erzählungen erfährt durch diese Geschichten von den lange vergeblich erwarteten Kindern, die dann – wie ja die Erzählungen immer eigens betonen – durch Gottes Eingreifen doch noch geboren wurden, gerade das, was er lernen soll: Gott ist der Herr der Geschichte, und der da Geborene war von Anfang an von Gott zu seiner Aufgabe ausersehen, und was er getan hat und was aus ihm erstand, ist deshalb ebenfalls Gottes Fügung.

In einer anderen, aber verwandten Geschichte tritt die *Berufung des Mose* auf: der Neugeborene wurde von der Mutter in ein Binsenkästchen gelegt, da er sonst durch die Kinderhäscher des „neuen Königs" in Ägypten umgebracht worden wäre (s. die Erklärung zu Ex 2,1–10). Und so rettete und berief der Herr Mose, den ersten Führer seines Volkes Israel. Eine weitere, ausdrücklichere Berufung des erwachsenen Mose erzählt Ex 3,1–4,17.

In mehreren Geschichten wird *die Berufung Davids* zum König Israels erzählt. Als Samuel nach König Sauls Verwerfung von Gott zu Isai nach Betlehem geschickt wurde, um aus seinen Söhnen einen zum König zu salben, waren es nicht die sieben Söhne, die Isai dem Samuel zu Hause vorstellen konnte, sondern der achte, der gerade die Schafe hütete. Ihn salbte Samuel dann zum König: den jüngsten Sohn Isais, an den niemand gedacht hatte. Aber Gott hatte ihn gemeint (1 Sam 16,1–13). – Die Geschichte von David und Goliat (1 Sam 17,12–58) ist dann – im selben Sinne – eine zweite Berufungsgeschichte. David besiegte Goliat, der als der unbesiegliche Vorkämpfer der Philister galt. Das heißt: Sieger sein konnte nur, dem Gott half. So wurde der junge David Sieger – ein Zeichen seiner Berufung. – Als Zeichen seiner Berufung müssen in den Daviderzählungen überhaupt alle Geschichten gewertet werden, die von der Rettung Davids vor den Verfolgungen Sauls berichten. Denn immer erhält Gott den Mann, den er zum König berufen hat (1 Sam 18,8 ff.).

Prophetenberufungen sind des öfteren in inhaltlich ähnlichen Bildern aufgebaut: Jesaja 6,1–13 beginnt mit dem großen Bild vom Herrn „auf einem hohen und erhabenen Thron" (6,1–4). Vor einer solchen Erhabenheit spürte der Prophet seine unreinen Lippen, die aber von einem der Serafim mit glühender Kohle gereinigt wurden (6,5–7). Danach rief die Stimme des Herrn: „Wen soll ich senden?" Und der Prophet antwortete: „Hier bin ich, sende mich" (6,8). Dann folgte im Wechselgespräch bis ins Einzelne der Auftrag des Herrn zur Prophetie, d. h. mit welchen Rufen Jesaja das Volk wecken und weisen soll (6,9–13).

Die *Berufung des Propheten Jeremia* erzählt der Prophet selbst in Schilderung und in Worten des Herrn. Der Aufbau ist wie bei der Berufung des Jesaja: an die Stelle des großen Bildes tritt das Wort des Herrn, der ihm die Berufung seit ältester Zeit kundtut: „Noch ehe ich dich im Mutterleib formte, habe ich dich ausersehen . . . zum Propheten für die Völker habe ich dich bestimmt!" (1,5). Darauf wehrte Jeremia ab: „Ich kann doch nicht reden, ich bin ja noch so jung" (1,6). „Dann streckte der Herr seine Hand aus, berührte meinen Mund und sagte zu mir: Hiermit lege ich meine Worte in deinen Mund" (1,8–10).

Der *Berufungstext bei Ezechiel* kombiniert die beiden (ähnlichen) Formen des Jesaja und des Jeremia: Angabe von Ort und Zeit und Thema in der Überschrift: „Ich sah eine Erscheinung Gottes" (1,1–3). Und es folgt die Erscheinung Gottes in gewaltigen dichterischen Bildern (1,4–28). Dann sprach die Erscheinung zu ihm: „Fürchte dich nicht ... Höre, was ich dir sage ... Iß diese Buchrolle ... Geh zum Haus Israel" (2,1–11). Und gehorsam nahm Ezechiel die Berufung an: „Da hob mich der Geist empor ... Der Geist, der mich emporgehoben, trug mich fort ... zu den Verschleppten" (2,12–15).

Die Berufung der (ersten) Jünger Jesu ist nicht wortreich: zuerst wird vom Evangelisten gesagt, wen Jesus sah: die Brüder Simon Petrus und Andreas. Beruf und Arbeitsort werden dazu vermerkt: Fischer am See Genesaret; als Jesus sie sah, waren sie bei der Arbeit (Mt 4,18). In diese Welt hinein fiel das Berufungswort Jesu: „Kommt her, folgt mir nach! (Ich werde euch zu Menschenfischern machen). Und sofort ließen sie ihre Netze liegen und folgten ihm" (4,19.20). Dieser Berufung folgt die Berufung der Brüder Jakobus und Johannes. Der Berufungstext ist genau so aufgebaut wie der der vorhergehenden zwei Verse. Die zu Berufenden bei ihrer Arbeit – Jesus rief sie – und sofort verließen sie das Boot und ihren Vater und folgten Jesus (4,21.22). Eine gewisse Steigerung liegt darin, daß die jungen Leute auch ihren Vater verließen. – Diese Berufungstexte sind bei Mk 1,16–20 gleich aufgebaut.

Auch bei Lukas (5,1–11) ist der Aufbau gleich, jedoch geht der Berufung vorher: die Predigt Jesu von einem der Boote aus (5,1–3) und der reiche Fischfang auf das Wort Jesu hin (5,4–9): d. h. der Evangelist gibt der Berufung voran: die Vorstellung Jesu und die etwas mehr ausgearbeitete Arbeitswelt der zu berufenden Fischer.

Der Satz „Ich werde euch zu Menschenfischern machen" findet sich im Berufungstext bei allen drei Synoptikern. Viele Bibelwissenschaftler halten es für wahrscheinlich, daß dieser Satz erst zu Anfang der Missionszeit in die Berufungsgeschichte eingeschaltet wurde.

Auch die Berufung des Levi/Matthäus gehört zu den Berufungstexten im NT (Mt 9,9–13; Mk 2,13–17; Lk 5,27–32). Es geht bei ihnen weniger um die Berufung an sich, sondern um die Art, wie der Berufene der Berufung folgte. Matthäus (s. d.) saß beim Zoll (s. d.). Als Jesus ihn sah, sagte er zu ihm: „Folge mir nach! Da stand Matthäus auf und folgte ihm" (Mt 9,9). Das ist, so will der Evangelist sagen, die rechte Annahme einer Berufung: ohne Zögern der Berufung folgen! Dieses unmittelbare Folgen betont auch Markus (Mk 2,14). Und Lukas verstärkt dieses Folgen ohne Zögern, indem er sagt: „Da stand Levi auf, *verließ alles* und folgte ihm" (Lk 5,28).

Vielleicht sollte man aber auch die Fortsetzung dieser kleinen Berufungserzählungen noch etwas anders betonen, als man es in einer geistlichen Exegese normalerweise tut. Jesus folgen heißt nämlich nicht, daß man seinen eigenen Berufskreis verläßt, sondern daß man Jesus in seinen Berufskreis mitnimmt, wie es Levi/Matthäus tat, als er Jesus in sein Haus einlud (Mt 9,10.11; Mk 2,15; Lk 5,29). – Und: Jesus beruft nicht, weil der Berufene vollkommen ist, sondern gerade weil er ein Kranker ist; das läßt der Evangelist Jesus aussprechen (Mt 9,12–13; Mk 2,16–17; Lk 5,30–32).

Die Berufung des Paulus hat die Apg in 9,1–19 erzählt. Der Text dieser Berufung schließt sich an die Erscheinungserzählungen in den Auferstehungskapiteln der Evangelien an. Auch inhaltlich schließt er dort an; denn gerade in den Erscheinungserzählungen geht es ja mehrmals um den Missionsauftrag an die Jünger – und um einen Missionsauftrag geht es ja letztlich auch bei der Erscheinungsgeschichte, die von Paulus vor Damaskus erzählt (s. d. z. Thema Paulus, Nr. 3).

Das sind nur einige Berufungsgeschichten, die in der Bibel erzählt werden. Aber mit ihnen als Beispielen wird man wohl auch andere Berufungsgeschichten deuten und in ihrer Eigenart verstehen können.

8. *Das Gelobte Land* ist ein anderes Thema, an dem sich die Eigenart der biblischen Geschichtsschreibung charakterisieren läßt. Die gläubigen Erzähler und Schriftsteller der Zeit nach der Landnahme (etwa seit 1100 v. Chr.) waren davon überzeugt, daß nur Gott einem Volk ein so großes Geschenk machen kann, wie Jahwe es dem Volk Israel mit dem Lande Kanaan gemacht hatte. Da aber Gott nicht planlos wirkt, konnten sie von diesem Land,

wenn sie von den Zeiten vor der Landnahme sprachen, nicht anders erzählen als von dem „Gelobten Land", dem versprochenen Land, dem „verheißenen Land". Denn in einer zielhaften Geschichte, die unter der Führung Gottes geschieht, ist selbstverständlich das Land, auf das diese Geschichte als einen (vorläufigen) Zielpunkt hingesteuert wird, implicite „verheißen". Darin, daß Abraham auf dieses Land zuging (warum er gerade Kanaan als Ziel wählte, dazu lies S. 517, Nr. 3), daß er es als das Land seiner Nachkommen wählte und wünschte, war – nach dem gläubigen Wissen des biblischen Erzählers – die Führung Gottes lebendig, auch wenn Abraham es nicht so deutlich vernahm, wie es Gen 12,7 sagt: „Deinen Nachkommen gebe ich dieses Land." Die Verheißung des Landes im Gespräch Gottes mit Abraham ist nur die *Art,* wie der Erzähler die Geschichte des ersten Keims der Landnahme berichtet; wie er die erste Begegnung von Ahnen Israels mit diesem Land Kanaan berichtet. Nachdem der Herr Israel dieses Land wirklich gegeben hatte, wußte der geschichtsschreibende Erzähler, daß der Weg zu diesem Lande mit dem Einzug Abrahams nach Kanaan begonnen hatte. Nicht Abraham wußte also, daß sein Wunsch und sein Bemühen die Verheißung des Herrn war, aber der Erzähler oder Redaktor wußte es, und deshalb konnte er es so ausdrücken, wie er es schließlich erzählte. – Vergleiche dazu auch den Artikel „Berufung und Geschichte", zu dem dieses Thema „Das gelobte Land" nur ein Spezialthema ist, und im Artikel „Wort Jahwes" den Abschnitt über die Erzvätergeschichten, der die literarische Art der Erzählung behandelt.

Immer wenn in den Erzvätergeschichten das Thema vom „Gelobten Land" auftaucht, sind diese Verhältnisse zu berücksichtigen: der Erzähler berichtet zwar so, als ob die Erzväter von Gott selbst die Verheißung mit Worten empfangen und von dieser Verheißung gewußt hätten; aber er tut es nicht, um zu „fälschen" (wie man in der antisemitischen Hebräerkritik oft lesen konnte), sondern um damit auszudrücken, daß schon die Erzväter von Gott auf Kanaan hin geführt wurden.

In ein neues Stadium tritt das „Gelobte Land" dann mit den Mosegeschichten. Es ist möglich, daß dieser Ausdruck „das Gelobte Land" von Mose in die Geschichte des Volkes Israel eingebracht worden ist. Ob nämlich die

Hebräer Ägyptens selbst je an eine Rückkehr gedacht haben, ist mehr als zweifelhaft. Als dann in der Bedrängnis der Fronarbeit unter den Pharaonen, „die nichts mehr von Josef wußten", Mose den Beschluß zur Wegführung des Volkes faßte, brauchte er eine zündende Parole. Indem er an den Aufenthalt der Vorväter in Kanaan anknüpfte, die aus Mesopotamien gekommen waren und die geglaubt hatten, in Kanaan das Land gefunden zu haben, das ihr Gott ihnen und ihren Nachkommen für alle Zukunft gegeben hatte – indem also Mose an jene geschichtliche Situation anknüpfte, konnte er sagen, daß nicht Ägypten, sondern Kanaan das Land der ägyptischen Hebräer sei: das von Gott ihnen schon zu Erzväterzeiten gelobte Land. Darauf baute er seinen Auswanderungsplan, und mit der Parole „Zurück ins (von Gott) gelobte Land!" warb er dafür unter den Hebräern Ägyptens. Die Reprojektion dieses Begriffes „Gelobtes Land" in die Erzvätergeschichten war damit für die Erzähler der ganzen Geschichte des Volkes als Aufgabe gestellt und wurde ja auch nach den biblischen Büchern erfüllt, wie oben dargestellt wurde.

9. *Die Namensgebung* und die Namensänderung ist ebenfalls ein Motiv, das aus dem Gesamtcharakter der biblischen Geschichtsschreibung hervorgeht. Der Name als Ausdruck des Wesens ist dem Orientalen geläufig. Ferner ist ihm geläufig, daß der Besitzer den Namen zu geben hat. Wenn er deshalb in den Abrahamgeschichten von der Änderung des Namens Abram in Abraham und des Namens Sarai in Sara hört, ist ihm die doppelte Tendenz, die damit ausgedrückt werden soll, klar: Abraham und Sara werden ausgezeichnet, aber gleichzeitig wird ausgedrückt, daß sie Eigentum Gottes sind (s. „Abram und Abraham").

Die stillschweigende Änderung des Namens des Saulsohnes Ischbaal in Ischboschet („Mann der Schande"), die wohl als ein Lob für David gedacht war – Ischbaal hatte gegen David seinen Thron im Reichsteil Israel verteidigt –, beeinflußte für immer die Haltung des hebräischen Bibellesers gegenüber Ischbaal (S. 538, Nr. 24).

Die vom Volk allgemein verstandene Namensgebung und Namensänderung wird in der Erzählung – obwohl manchmal unhistorisch, wie z. B. bei Abraham und Sara und wohl auch bei Jakob, der Israel wurde (s. „Die Zwölf Stämme", Nr. 2) – wie ein Historicum angewandt, um die Geschehenstendenz herauszuarbeiten.

MÄRCHEN

Märchen in der Bibel sind früher, wenn einmal ein biblischer Text so charakterisiert wurde, von vielen Bibellesern als wirkliche Märchen geleugnet worden. Man sah in solchen Behauptungen, dies und jenes in der Bibel sei ein Märchen, einen Angriff auf die Wahrheit der Bibel. Diese Haltung fußte auf der Meinung, alle Texte in der Bibel erzählten wahre Vorkommnisse. Inzwischen haben wir aber den Märchencharakter biblischer Texte in seiner Bedeutung für die Bibel erkannt. Denn es geht bei solchen Märchentexten oder Märchenmotiven der Bibel nicht um Vorkommnisse der „biblischen Geschichte", sondern um Erzählungen, die für das Anliegen der Bibel etwas Bedeutendes aussagen sollen – wenn es sich nicht nur um poetische Motive handelt.

Der „Zauberschlaf", wie er auch im deutschen Märchen vorkommt – man denke an Dornröschen und Schneewittchen – ist ein Märchenmotiv in der Erzählung von der Erschaffung der Eva aus der Rippe Adams. Der Schlaf Adams ist ein rein poetisches Motiv in der Erschaffungsgeschichte (Gen 2,18–24), der mit der tieferen Bedeutung dieser Erzählung nichts zu tun hat (s. den Artikel „Die Frau im Alten Orient").

Die sprechende Schlange in der Paradieserzählung (Gen 3,1–15) ist ein Märchenmotiv, das der Erzähler als lebendige Geschichtenperson benutzte, um in der Erzählung von den ersten Menschen ihre Verführung zum Ungehorsam gegen Gott in einem Bild zu gestalten (s. den Artikel „Die Schlange").

Das „lodernde Flammenschwert", das in der Vertreibungserzählung Gott östlich des Gartens Eden aufstellte, um die Menschen vom „Baum des Lebens" fernzuhalten (Gen 3,24), ist ein sehr bildhaftes Märchenmotiv. In den Werkzeugmythen kommen solche flammenden Schwerter auch in europäischen Landen vor. Das „Schwert Jahwes" kommt in den Prophetenbüchern der Bibel des öfteren vor (Jes 34,5; Jer 46,10; Ez 21,15–22).

Das Märchen von Lots Frau, die in eine Salzsäule verwandelt wurde (Gen 19,26), als sie mit ihrem Mann nach Zoar fliehen durfte, um dort vor der Zerstörung Sodoms gerettet zu werden: es ist vielleicht erst viel später in diese Abramgeschichten eingefügt worden, nachdem man die Form dieser gestalthaften Steinsäule entdeckt und einer sie mit dem Untergang von Sodom in Zusammenhang gebracht hatte. Aus dem Text dieser Fluchtgeschichte geht hervor (Gen 19,17), warum sie verwandelt wurde: vielleicht weil sie neugierig umgeschaut hatte? vielleicht weil sie vor Schrecken starr wurde? Oder man denke an die Geschichte, wie Lots Töchter von ihrem Vater Kinder bekamen (Gen 19,30–38); man denke an Jakobs Ringkampf mit dem nächtlichen Gegner (Gen 32,23–33); an die Geschichten mit den Traummotiven in den Josefserzählungen (Gen 37,5–11; 40,3–23; 41,1–36) und mit dem in Märchen beliebten Verführungsmotiv (Gen 39,7–21); und man denke an Richter Simsons Haare (Ri 16,4)...

Das sollen nur einige Beispiele sein, wie Märchen in der Bibel als schmückende oder deutende Bilder verwandt worden sind.

PSALMEN UND GEBETE

Siebenundfünfzig Psalmen (Ps) haben im Hebräischen die Überschrift *mismor;* da *samár* „zupfen" bedeutet – von ihm ist *mismór* abgeleitet –, ist also *mismór* ein Lied, das von einem Saiteninstrument begleitet wird; es muß nicht unbedingt ein religiöses Lied sein. Im Griechischen heißt das Saiteninstrument *psaltárion,* und ein Stück, auf einem Saiteninstrument gespielt, heißt *psalma;* also ist „Psalm" die sachliche Übersetzung von *mismór;* diese Bezeichnung wurde dann später in der christlichen Kirchensprache auf alle Gesänge dieser Sammlung ausgedehnt. Die Synagoge nennt sie *tehillím* (Loblieder), was aber ebenfalls nur einen Teil dieser Gesänge wirklich charakterisiert.

Die Zählung der Psalmen ist nicht immer gleich gewesen; bis heute müssen wir uns mit zwei Zählungen abfinden. Im folgenden soll die hebräische der griechisch/lateinischen Zählung der Septuaginta und Vulgata gegenübergestellt werden:

Die hebr. Psalmen Nr.	entsprechen	in Septuag. und Vulgata Nr.
1–8		1–8
9/10		9
11–113		10–112
114–115		113
116, 1–9		114
116, 10–19		115
117–146		116–145
147, 1–11		146
147, 12–20		147
148–150		148–150

Aber die Psalmenzahl 150, obwohl beide Zählungen am Schluß wieder so harmonisch zusammenlaufen, ist im Grunde konstruiert; denn eigentlich sind die Psalmen 19, 27, 40 und 144 als je zwei Lieder anzusehen – andere sollte man andererseits besser zusammenziehen. Die ältesten hebräischen Überlieferungstexte teilten diese Lieder nicht alle so säuberlich durch Überschriften ab, wie wir das heute tun; dadurch aber war dem griechischen und lateinischen Übersetzer bzw. dem Bearbeiter des hebräischen Textes Spielraum für die Einteilung gelassen.

Die Psalmen sind weder streng nach Inhalt noch nach liturgischem Gebrauch geordnet; jedoch lassen sich gewisse Gruppen finden, die auf eine bestimmte gemeinsame Herkunft o. ä. hinweisen; die auch darauf hinweisen, daß der Psalter aus mehreren Liedersammlungen zusammengestellt worden ist:

Psalm 1 ist als ein späteres Gesamtvorwort zum Psalter zu betrachten.

Bei 73 Psalmen gibt der hebräische Text in der Überschrift David als Verfasser an; von diesen 73 Psalmen sind die meisten in der fortlaufenden Zählung bis Psalm 72 (71) zu finden. Aber nicht alle diese 73 Psalmen können wirklich von David sein; das hat die Untersuchung der sprachlichen Form sichergestellt.

Asaf, Heman und Jedutun (auch Etan genannt) sind die Namen von drei Sängern, die die 24 Sängerklassen des Jahwedienstes leiteten. Der Musiker und Sänger *Asaf* wurde von David an den ersten Platz gestellt, als die Bundeslade nach Jerusalem gebracht wurde.

Bei der Rückkehr aus dem Exil (538 v. Chr.) wurden 128 (nach einer anderen Tradition 148) Sänger unter den Heimkehrern „Söhne Asafs" genannt. Die Bedeutung Asafs läßt sich aus den zwölf Psalmen (50, 73–83) erahnen, die vielleicht vor Zusammenstellung der fünf Psalmenbücher in einem geschlossenen Psalter zusammengefaßt waren. – Die Psalmen Asafs werden durch einen besonderen Stil charakterisiert. Das Bild für Gott als Hirt und Rückblicke auf die Geschichte kennzeichnen ihn.

Elf Psalmen sind als *Lieder der Korachiter* bezeichnet. Die Korachiter werden in Num 26,58 als levitische Sippe aufgeführt. Die Psalmen der „Söhne Korachs" sind die Nummern 42 (41), 44 (43)–49 (48), 84 (83), 85 (84), 87 (86), 88 (87). Diese Psalmen zeichnen sich durch lyrische Empfindsamkeit aus und sind Zeugen großer Liebe zum Tempel und zu Jerusalem.

Wie die Schriften des Mose in fünf Bücher eingeteilt wurden, so wurden bei der Endredaktion die gesammelten Psalmen ebenfalls in fünf Bücher eingeteilt, und in dieser Form gehört die Psalmensammlung seit dem sechsten Jahrhundert v. Chr. (s. Esra und Nehemia) zu den bedeutendsten Büchern der Menschheitsliteratur. Die fünf Bücher enthalten folgende Psalmen:

Buch I	umfaßt Ps 1–41	(hebräischer Zählung)
Buch II	Ps 42–72	
Buch III	Ps 73–89	
Buch IV	Ps 90–106	
Buch V	Ps 107–150	

Die Reihenfolge der Psalmen ist (nicht immer ganz durchsichtig) vom Gebrauch im Synagogendienst bestimmt.

Die in den Büchern zusammengebrachten Psalmen werden von Merkmalen gezeichnet, die darauf hinweisen, daß die Teilredaktionen und die Endredaktion von literarisch kenntnisreichen Gelehrten vorgenommen wurden:

Im Buch I der Psalmen (Nr. 1–41 [40]) wird vorwiegend der Gottesname „Jahwe" gebraucht (273mal); das Wort *elohím* (Gott) findet sich nur 15mal. – In Buch IV (Nr. 90–106 bzw. 89–105) findet sich der Name „Jahwe" 103mal, das Wort *elohím* überhaupt nicht. – In Buch V (Nr. 107–150 bzw. 106–150) kommt „Jahwe" 236mal, *elohím* nur 7mal vor. Dagegen findet sich in Buch II vorwiegend das Wort *elohím* (164:30). Das weist entweder auf verschiedene Herkunftszeiten der einzelnen Bücher oder auf verschiedene Bearbeitungen hin (Ersatz von „Jahwe" durch *elohím* in Buch II) – auf jeden Fall aber lehrt auch diese Verschiedenheit, daß es Gruppenordnungen gab, bevor das Psalterium in der heutigen Form zusammengestellt wurde, und daß man beim Zusammenstellen die Gruppen einigermaßen beieinander gelassen hat. – Für die meisten Psalmen ist als Entstehungszeit die Epoche Davids bis kurz nach der Babylonischen Gefangenschaft anzusehen; einzelne mögen älter, andere jünger sein.

Die Psalmen sind freie Rhythmen, die in der Aussage gewisse Gedankenparallelen bevorzugen; in diesen Parallelen gibt es aber vielerlei Abwechslung. Einige Beispiele:

Ein reiner Parallelismus bezüglich der örtlichen Aussage findet sich in Ps 1,1:

Wohl dem Mann,
der nicht *dem Rate der Frevler* folgt,
nicht auf dem *Weg der Sünder* geht,
nicht *im Kreis der Spötter* sitzt . . .

Diesen örtlichen Parallelen verleiht ein aufsteigender Parallelismus eine eigene Dynamik:

Wohl dem Mann,
der nicht dem Rate der Frevler *folgt,*
nicht auf dem Weg der Sünder *geht,*
nicht im Kreis der Spötter *sitzt* . . .

Eine andere steigende Parallele zeigt Vers 2:

sondern *Freude hat* an der Weisung des Herrn, der über seine Weisung *nachsinnt bei Tag und bei Nacht* . . .;

das zweimalige Wort „Weisung" betont die Parallele, die gesteigert ist von der Freude zum unablässigen Nachsinnen.

Die Parallele findet sich aber nicht nur in sich folgenden Versgliedern oder Versen, sondern wird über viele Zeilen hinweg aufgenommen:

Er ist wie ein Baum, der an Wasserbächen gepflanzt ist,
der . . .
und dessen . . .
alles . . .
Nicht so die Frevler: sie sind *wie Spreu,* die der Wind verweht.

Manchmal wird dem Parallelismus ein besonderes Licht aufgesetzt durch den „Chiasmus" (vom griechischen X = Chi), d. h. die Glieder erscheinen nicht absolut parallel, son-dern übers Kreuz vertauscht, wie z. B. am Schluß des Ps 1; „Denn der Herr kennt den Weg der Gerechten, der Weg der Frevler aber führt in den Untergang." In ganz wörtlicher Übersetzung:

Denn Jahwe anerkennt den WANDEL der *Gerechten,*
doch der *Frevler* WANDEL mündet in Untergang:

wohl folgt also der ersten Zeile eine antithetische Parallele, aber diese ist pointiert durch eine Überkreuzstellung ihrer Glieder mit dem Wort „Wandel" als Achse (A), schematisch:

a A b.

b A a

Das sind nur einige Beispiele für *ein* dichterisches Formprinzip, allerdings ein sehr wichtiges.

Schon seit Bestehen der Psalmen hat man ihre verschiedenen Charaktere gesehen, hat mit Bewunderung ihre Vielfalt erkannt und aus welcher Lebenssituation sie erwachsen sind. Frühere Gestalten dieser Lieder hat man zu bestimmten Zeiten geändert, um sie für andere Situationen brauchbar zu machen. Mit diesen Wandlungen befaßt sich die heutige Psalmenforschung. So kam man dazu, die Psalmen verschiedenen Gattungen zuzuordnen: Preislieder (Hymnen); Klagegesänge, die in Bittgesänge übergehen; als Klagen des Volkes und als Klagen einzelner, Danklieder als Dank des Volkes und Dank einzelner. Wallfahrtsgesänge, Lieder um den König, Lieder der Weisheit, Messiaspsalmen.

Die Psalmen sind nicht nur Kundgebungen Gottes durch den gottverbundenen Sänger, sind auch nicht nur Preisgesänge vor Gott, sondern sind auch Dialoge zwischen den klagenden, bittenden, wallfahrenden Menschen und dem mahnenden, tröstenden, entgegenkommenden Gott. Anmerkungen zu einigen Psalmen sollen ein paar solcher Charaktere deutlich machen:

Psalm 1: Die beiden Wege

„Wohl dem Mann" (Original: „Glückseligkeiten des Mannes"), der aus seinem Gottesglauben Folgerungen zieht! Denn nicht jene sind die Frevler, die nicht an Gott glauben – so etwas kannte das biblische Altertum nicht –, sondern jene die an Gott glauben, aber so tun, als gäbe es keinen Gott. Selbst der Ausruf „Es gibt keinen Gott!" (Ps 14/13,1) leugnet nicht die Existenz Gottes, sondern verneint nur die Möglichkeit einer strafenden Gerechtigkeit. Wer aber Tag und Nacht über das Gesetz des Herrn nachsinnt, dem wird es vergolten: auf dieser Erde.

Die Vergeltung ist alter israelitischer Rechtsgrundsatz; er gilt auch im Religiösen (s. den Artikel „Der gerechte Gott"). Gott vergilt die Untreue des Volkes gegen ihn mit Entzug seiner Hilfe (s. den Artikel „Das Buch der Richter"). Deshalb ist der Fromme „wie ein Baum an Wasserbächen" (Vers 3) – nicht wie ein Baum irgendwo in der Landschaft, sondern wie ein Baum, der das ganze Jahr hindurch Wasser hat, was für das sommerdürre Palästina ein eindrucksvolles Bild ist. Die Frevler aber (die Gottlosen) werden hinweggefegt wie Getreidespreu (Vers 4), die der Wind beim Getreideworfeln mit sich nimmt (s. den Abschnitt „Die Ernte").

Das Leben selbst ist das Gericht. Nur der Gerechte, der das Gesetz Jahwes erfüllt (s. den Artikel „Gerechtigkeit"), wird glücklich leben.

Dieser Psalm 1 gilt als Einleitungslied zur Psalmensammlung; deswegen wurde er früher oft nicht mitgezählt, sondern Psalm 2 erscheint als Psalm 1 – so z. B. in der Aussage der Apostelgeschichte (Apg 13,33), wo Psalm 2,7 zitiert wird, aber in älteren Übersetzungen oft mit dem Hinweis „wie es schon im *ersten* Psalm geschrieben steht".

Verfasser und Alter dieses Psalms sind unbekannt.

Psalm 2: Der Herr und sein Gesalbter

Der Psalm gilt seit ältester Zeit als Psalm Davids; in Apg 4,25 wird er als ein Lied „unseres Vaters David, deines Knechtes" bezeichnet.

Wenn man den Inhalt des Psalms in der Geschichte Davids wiederfinden möchte, so käme als Abfassungszeit vielleicht die Zeit der Kämpfe Davids mit den Ammonitern und Aramäern in Frage (s. im Kapitel „Geschichte...", S. 539, Nr. 26); denn hier tun sich wirklich die Großen zusammen (2 Sam 10,6) gegen den Herrn und seinen Gesalbten, d. h. den König David.

Die „Fesseln und Stricke" (Vers 3) sind aus der Bauernsprache genommen; es sind die Fesseln und Stricke, mit denen das Zugtier ins Joch gebunden ist.

In Vers 7, in dem der König sein Verhältnis zu Jahwe besingt, läßt er Jahwe sprechen: „Mein Sohn bist du." Die Formel entspricht genau der Adoptionsformel des Hammurabikodex, wo der Adoptierende zu sprechen hat: „Du bist mein Sohn." Der zweite Teil des Satzes: „Heute habe ich dich gezeugt" bezieht sich am wahrscheinlichsten auf den Tag der Salbung, durch die dem Erwählten die neue Existenz des besonderen Sohnes Gottes verliehen wurde. Von dieser Salbung spricht ja schon die erste Strophe, wenn sie sagt, daß die Völker sich „gegen den Herrn und seinen Gesalbten" (Vers 2) zusammentun.

Auch der König David aus dem Hirtenstand ist im Psalm erwähnt: „Du wirst sie zerschlagen mit eiserner Keule" (Vers 9), nämlich mit der Keule des Hirten. Ob hier im Parallelsatz an die magische Zeremonie der Ägypter gedacht ist, die die Namen ihrer Feinde auf Tongefäße schrieben und diese zerschlugen, um sie sozusagen schon vor der eigentlichen Schlacht zu zerschmettern – ist ungewiß, wäre aber möglich.

Daß der Psalm außerdem später als messianische Weissagung verstanden wurde, daran soll am Rande noch erinnert werden; diese messianische Weissagung kommt jedoch ganz ungezwungen, da einem Idealkönig kein beschränktes Königtum, sondern die Weltherrschaft in Aussicht gestellt werden muß (s. die Darlegungen über die Weissagungen im Artikel „Der Prophet", und den Artikel „Der Messias").

Psalm 8: Würde des Menschen

Die hebräische Überschrift nennt das Lied einen „Psalm Davids". – Zu zwei Aussagen eine kurze Erläuterung:

„Wie gewaltig ist dein Name auf der ganzen Erde" (Vers 2). Der Name ist das, worin man das Wesen oder wenigstens die Bedeutung erfaßt. Wie andere Völker im *Bild* z. B. ein Tier magisch bannen, noch vor der Jagd magisch erlegen oder überhaupt dieses Tieres „habhaft" werden, so bedeutet der Name eines Menschen oder Gottes die Person des Menschen oder Gott selbst: „Was auch immer jemand war, er hat vorher schon seinen Namen bekommen (Koh 6,10). – „... Gesindel, Volk ohne Namen..." (Ijob 30,8). „Du bist doch in unsrer Mitte, Herr, und dein Name ist über uns ausgerufen" (Jer 14,9). – „Dann machte der Pharao Necho Eljakim, den Sohn Joschijas, anstelle seines Vaters Joschija zum König und änderte seinen Namen in Jojakim" (2 Kön 23,34). Die Änderung von Amt und Geltung eines Mannes zieht die Änderung des Namens nach sich. (Die Verleihung eines Ordensnamens, die Wahl eines Papstnamens, vielleicht sogar eine Namensänderung bei der Heirat gehen mit auf solche Vorstellungen zurück; s. auch den Artikel „Abram und Abraham" und den Artikel „Namensgebung").

„Du hast den Menschen nur um ein Geringes unter die Engel gestellt" (Vers 6). So formulieren manche Übertragungen, z. B. schon die Septuagintaversion und später auch die Vulgata. Im Hebräischen steht, daß Gott den Menschen „wenig geringer gemacht als Gott". Diese Übersetzung ziehen viele vor, weil sie wegen Gen 1,26 durchaus sinnvoll ist und weil auch gerade dort gesagt ist, daß der Mensch „herrschen soll über des Meeres Fische..." usw. Man darf annehmen, daß der Psalmist auf diesen Glauben anspielt. Allerdings gibt Gen 1,26 auch die Möglichkeit der Übersetzung durch „Engel", wenn man nämlich in der Beratung „Lasset uns Menschen machen" ein in die Erzählung eingeführtes Gespräch Gottes mit den Engeln sieht. Vgl. auch „Das Gottesbild..." und die Erklärung zu Gen 1,26.

Psalm 22: Heilsgewißheit trotz Not
Ps 21 der Vulgatazählung ist in der hebräischen Zählung: Ps 22. Laut Überschrift im hebräischen Text ist dieses Lied ein „Psalm Davids", was aber trotzdem auch andere Möglichkeiten offenläßt, da man viele Psalmen David zugeschrieben hat, obwohl sie von anderen verfaßt sind.

Bei der Frage nach dem Dichter und nach dem Anlaß des Psalms hat man unter den großen Verfolgten der biblischen Zeiten gesucht, aber keine befriedigende Lösung gefunden. Die Antwort kann deshalb nur allgemein lauten: Ein frommer Mann, von Krankheit geschlagen, klagt Gott seine Not. Die Überzeugung, daß Gott Krankheiten und Nöte als Strafen schickt, treibt ihm die Frage auf die Lippen: „Warum hast du mich verlassen?" Aber er hofft trotzdem auf Gott. Dies aber ruft die Lästerer Jahwes gegen ihn auf: sie bedrängen ihn wie Straßenhunde, sie fallen über ihn her und schlagen ihn, rauben ihn aus.

In der Ideengeschichte Israels ist dieser Psalm wichtig, weil er eine Loslösung von der mechanistischen Vergeltungslehre dartut (s. den Artikel „Der gerechte Gott"). Gott vergilt mit Strafen, und Leiden sind Vergeltungen Gottes; das ist die alte Lehre. Den alten Glauben, daß Gott mit Strafen und Leiden vergilt, greift auch der Psalmsänger nicht an: Daß man daraus aber den Schluß ziehen könne, daß alle Leiden Vergeltungen Gottes sind, dagegen tritt der Psalm auf. Insofern steht er in einem Ideenzusammenhang mit dem „Knecht Jahwes" (s. d.) bei Jesaja, der ebenfalls als Gerechter leidet; und insofern ist er auch mit Recht messianisch deutbar, wie der Jesajatext.

Der Psalm ist besonders bedeutsam, weil Jesus ihn am Kreuz gebetet hat: „Mein Gott, mein Gott, warum hast du mich verlassen?" – eines der „Worte Jesu am Kreuz" – ist nichts anderes als der Beginn dieses Psalms. Daraus hat die Exegese seit ältesten Zeiten das Recht abgeleitet, wichtige Einzelheiten des Psalms auf das Todesleiden Jesu zu beziehen, was zum Teil die Übersetzungen beeinflußt hat – ähnlich wie Jes 53.

Psalm 23: Der Herr ist mein Hirt
Ps 22 nach der Vulgatazählung ist nach der hebräischen Zählung: Ps 23. Der Psalm gilt als Psalm Davids. Wenn man ihn in die Zeit datieren würde, als David vor Saul floh, hätte er einen sehr glaubhaften Hintergrund.

Das Hirtenbild lag den Völkern des Orients nahe. Die Könige sehen sich selbst gern als Hirten ihrer Völker. Auch die Israeliten waren, selbst nach der Landnahme, ein Hirtenvolk; deshalb ist der Hirt für sie ein sehr gefülltes Bild für die Sorge um andere. (David war ein Hirt; aber *sein* Hirt ist der Herr: „Der Herr ist mein Hirt...") Die Bilder des Psalms bleiben im Hirtendasein: frische Weiden, Rastplätze am Wasser, Führung auf rechten Wegen zu Weide-, Rast- und Tränkplatz – dafür sorgt der Hirt um seiner Herde willen: treu seinem Namen; er ist es sich als Hirt schuldig!

Der Hirt Jahwe ist ein starker Hirt; seine Keule beschützt mich (sein „Stock und Stab") vor den Tieren der Wildnis (David: vor den Verfolgern Sauls und dem mißtrauischen König selbst).

Der zweite Teil verläßt das Hirtenbild und geht über zum *Gastgeberbild*. David lebt, hat zu essen, und König Saul weiß es – er muß zusehen, wie David weiterlebt. Vielleicht zitiert David dann verborgen seine Königssalbung: „Du salbest mein Haupt mit Öl" (Vers 5). Vielleicht will der Vers aber auch nur das Bild des Gastmahls vervollständigen; denn der Gastgeber gab ja dem Gast auch Gelegenheit, sich für das Gastmahl zu waschen, zu salben und zu schmücken. Seinen Becher läßt er nicht leer werden (Vers 5), sondern nach orientalischer Sitte (wie sie heute übrigens auch in Spanien und Frankreich geübt wird) gießt der Gastgeber den Becher immer neu voll, wenn der Gast ein wenig getrunken hat.

Der Sänger fühlt sich gerecht (s. den Artikel „Gerechtigkeit"), deshalb vergilt der Herr ihm mit glücklichem Leben (s. den Artikel „Der gerechte Gott").

Psalm 51: Bitte um Vergebung
Im griechischen Psalter und in der Vulgata: Ps 50. Der hebräische Text trägt die Überschrift: „Psalm Davids, als der Prophet Natan zu ihm kam, nachdem er sich mit Batseba vergangen hatte". Obwohl viele diese Bemerkung für einen späteren Zusatz halten, muß man zugeben, daß der Inhalt des Psalms auf diese Schuld Davids (2 Sam 12) hinweisen könnte. Aber natürlich könnte das Lied auch von einem anderen Dichter aus anderen Gründen geschrieben worden sein.

Bei der Bitte um Reinigung wird der Ysop genannt (s. dazu den Abschnitt über den Ysop).

Die letzten Zeilen (Vers 20 und 21) stammen offensichtlich aus der Zeit nach dem Exil, als man an den Aufbau des Tempels ging. Wichtig ist aber – was aus diesem Zusatz erhellt – daß man damals den Psalm, der ein persönliches Schuldbekenntnis ist, bereits als ein *Schuldbekenntnis des Volkes* gebetet hat, um ihn gleichzeitig für alle Zukunft mit der Hinzufügung der Verse 20 und 21 für die Gemeinde zu reservieren.

Psalm 72: Der Friedenskönig
In der Zählung der griechischen Bibel und der Vulgata: Ps 71. Der Psalm weist auf die großen Ungerechtigkeiten hin, die in der Zeit der getrennten Reiche auch für das Reich Juda bezeugt sind (s. das Kapitel „Geschichte . . .", S. 548, Nr. 34bf.) In dieser Zeit betet der unbekannte Psalmist um einen idealen König,

unter dessen Herrschaft selbst „die Gebeugten im Volk" (Vers 4) wieder ihr Recht finden.

Der Psalm darf als Gebet für den lebenden König aufgefaßt werden und ist im Gebet für ihn ein Gebet um den ganz gerechten König der Zukunft. Dadurch wird er zum messianischen Psalm (s. den Artikel „Der Messias").

Die letzten Zeilen: „Gepriesen sei der Herr . . ." (Vers 18 bis 20) gehören strenggenommen nicht mehr dazu; sie müssen als Lobpreis angesehen werden, der das 2. Buch der Psalmen beschließt, dessen letztes Stück Ps 72 (71) ist.

Psalm 84: Die Freude am Heiligtum
Nach der Zählung der griechischen Bibel und der Vulgata: Ps 83. Im hebräischen Text trägt dieser Psalm die Überschrift „Von den Korachitern". Die Korachiter waren eine Tempelsängergruppe, die aber auch den Torhüterdienst im Tempel versahen (1 Chr 26,1). Unter diesem Gesichtspunkt muß der Psalm betrachtet werden, wenn man seine erste Schicht erkennen will: ein Korachit singt von seiner Sehnsucht nach dem Tempel, wo er im Augenblick gezwungenermaßen seinen Dienst „in den Höfen" nicht verrichten kann.

Warum er seinen Dienst nicht versehen kann – darüber kann man nur Vermutungen anstellen. Vielleicht weil der Tempel unter einem der götzendienerischen Könige von Juda wieder einmal geschlossen war oder Götzenkulten diente? Der Schluß des Psalms würde dazu gut passen, der indirekt einen Verweis für den König enthalten könnte, der eben nicht auf Jahwe vertraut (Vers 13).

Psalm 99: Der heilige Gott auf dem Zion
In der Zählung des griechischen Psalters und der Vulgata: Ps 98. Dieser Psalm, dessen Dichter unbekannt ist, scheint ein Jubel- und Dankruf zu sein nach überstandener Gefahr, aus der Jahwe Israel erlöst hat: „Der Herr ist König: Es zittern die Völker!" (Vers 1). Zeichen seines Königtums ist das Thronen über den Kerubim (Vers 1), was zwar ein allgemeiner Ausdruck für das königliche Thronen sein kann (s. den Artikel „Der Kerub"), was aber auch ein Hinweis auf die Bundeslade (s. d.) und den Tempel Salomos sein kann; deshalb datiert man die Entstehung des Psalms für gewöhnlich vor der Zerstörung des Tempels und das Verschwinden der Bundeslade, also

vor das Babylonische Exil. (Jeremia soll die Bundeslade im Berg Nebo versteckt haben.) Über die Gerechtigkeit Jahwes (Vers 4) s. den Artikel „Gerechtigkeit".

Der Schemel (Vers 5) gehört zum Thron; somit bleibt der Dichter ganz im Bild des als König thronenden Gottes.

Über die Wolkensäule (Vers 7) s. den Artikel über die „Theophanie".

Formal ist der Psalm dadurch bemerkenswert, daß seine erste und zweite Strophe mit dem Ruf „Denn er ist heilig" und seine dritte Strophe mit dem ausführlicheren Ruf „Heilig ist der Herr, unser Gott!" schließen. Diese Schlußrufe sind die Antworten des Volkes auf das im Chor vorgetragene Lied der Vorsänger. Da dieses dreimalige „Heilig" an Jes 6,3 erinnert, könnte der Psalm auch eine biblische Interpretation von Jes 6,3 sein.

Psalm 104: Loblied auf den Schöpfer
Nach der Zählung der griechischen Bibel und der Vulgata: Ps 103. Einige Verse haben Anklänge an das Buch Ijob (s. d.); deshalb pflegt man ihn sehr spät anzusetzen. Aber selbst wenn man annehmen wollte, daß nicht der Psalm das Buch Ijob, sondern das Buch Ijob den Psalm zitiert, weisen bestimmte Aussagen des ganzen Psalms auf spätere Abfassungszeit hin. Der Psalm ist also nicht von David, wie die griechische Bibel und die Vulgata vermerken.

Ein Lied ganz aus der Weltvorstellung, die auch dem Schöpfungstext der Genesis zugrunde liegt.

Psalm 110: Der Messias als König und Priester
In der griechischen Zählung und in der Vulgata trägt dieser Psalm die Ordnungsnummer 109. Ein Psalm zum Krönungsfest des Königs. Der Psalmist huldigt dem neuen König, indem er Jahwes Hilfe für ihn preist. Daraus erklärt sich der Sinn des Anfangs: „So spricht der Herr (Jahwe) zu meinem Herrn (dem König): Setze dich mir zur Rechten." Der König als Herr sitzt neben dem höchsten Herrn: Jahwe.

Die Feinde „als Schemel" (Vers 1) war im alten Orient ein allgemein verständliches Bild. Das Fußaufsetzen auf Nacken oder Brust war ein Zeichen der völligen Besiegung. Dies wünscht der Psalmist dem König zu Beginn seiner Regierung.

Aber er spricht den König nicht nur als König, sondern auch als Priester an: „Du bist Priester auf ewig nach der Ordnung Melchisedeks" (Vers 4). Das weist zunächst auf Jerusalem, die Stadt, wo Melchisedek (s. d.) König und Priester war. Aber dennoch ist dieser Vers problematisch; denn die Könige übten zwar priesterliche Funktionen aus, die Priester sahen das jedoch nicht gern. Es ist also kaum glaublich, daß einem König dies als Segensspruch vorgetragen wurde, es sei denn, daß man in der „Ordnung Melchisedeks" ein unvollkommenes Priestertum gegenüber dem Priestertum der Ordnung Aarons sah; das aber kann aus dem späteren Verständnis der Verse nicht geschlossen werden. So möchte man annehmen, daß dieser Vers erst später in den Psalm eingefügt wurde, als das Lied ausgesprochen messianisch verstanden wurde; oder es müßte ein Psalm sein, der an einen König gerichtet ist, der zugleich Priester war, wie etwa der Makkabäerkönig Simon; oder der irdische König müßte bei der Dichtung nur Modell gestanden haben für den erwarteten Idealkönig.

Der Schluß (Verse 5 bis 7) weist auf die Kriegshilfe Jahwes hin, wenn der König sich abmüht und alle Entbehrungen auf sich nimmt, die ihm sein Amt als Heerführer auferlegt.

Jesus bezeichnete den Psalm als einen Psalm Davids (Mt 22,43). Aber daraus darf man keine Folgerungen ziehen; er folgte darin der Ansicht seiner Zeit. Wir wissen nicht, von wem der Psalm geschrieben ist und an welchen König sein Sänger sich direkt wandte.

Psalm 137: Heimweh nach dem Zion
Nach griechischer Zählung und in der Vulgata: Ps 136. Als Situation des Sängers müssen wir annehmen, daß er das Exil Babylons verlassen, aber noch nicht nach Jerusalem zurückkehren konnte. In den ersten Versen seines elegischen Liedes ruft er die Schwere des Lebens zurück, in der sich das Volk in Babylon befand. Da gab es nichts als Trauer: „. . . da saßen wir und weinten" (über das Sitzen „in Sack und Asche" s. den Artikel „Trauerbräuche"). Aber das Sitzen gehörte auch überhaupt zur Trauerhaltung. Es war die Haltung des Untätigseins aus Trauer; eine Participatio an der Scheól (s. d.), wo die Toten untätig saßen. – Im Bilde der Harfen, die sie an die Bäume hängten (Vers 2), gelingt dem Dich-

ter ein außerordentlicher Ausdruck dieser Trauer. Sie wollten keine Lieder singen, wie man von ihnen verlangte (Vers 3). Der Vers weist darauf hin, daß die Sangeskunst Israels berühmt war.

Vergleiche auch die sprachliche Art der Gebete und Lieder an folgenden Stellen des AT und des NT: Gen 24,26f., Rut 4,14; 1 Sam 2,1–10 (Danklied der Hanna); 1 Sam 25,32; 1 Kön 1,48; 1 Chr 16,4–36; 1 Chr 17,16–27; 1 Chr 29,10–20; 2 Chr 6,12–42; Jes 38,10–20; Dan 3,25–45; Dan 3,51–90; Jon 2,3–10; Hab 3; Lk 1,46–55 und 1,68–79.

LEGENDE

Die Legende ist ebenfalls eine typisch alttestamentliche Aussageform. Allerdings gehen im einzelnen die Meinungen darüber, was in der Bibel Legende und was historische Aussage ist, auseinander; und das macht die Bewertung von manchen Legenden oder legendenartigen Erzählungen schwierig. Zunächst muß festgehalten werden: die Legende ist kein Schmuckelement; sie ist auch kein anderes nebensächliches Element, sondern sie umfaßt eine Wahrheit. Diese Wahrheit ist aber meistens nicht in den eigentlichen Handlungsabläufen der Legende enthalten: die Legendenerzählung meint also nicht das Geschehen, sondern immer den *Sinn des Geschehens*.

Zwar können Legenden einen historischen Kern haben. So ist es z. B. sehr wahrscheinlich, daß die berühmte David-Goliat-Legende auf einen Zweikampf zwischen David oder einem anderen Kämpfer einerseits und Goliat oder einem anderen Hünen anderseits zurückgeht; vielleicht wurde sie nur auf David, den ersten großen König der Stämme Israels, übertragen. Der Sinn der Legende hat aber mit diesem möglichen historischen Geschehen kaum etwas zu tun. Worauf es ankommt, ist die Wahrheit, daß der Geringe und Schwache in der Kraft des Herrn auch den Starken überwindet; diese Wahrheit hat dann allerdings auch wirklich etwas mit der Geschichte Israels zu tun und macht die Legende auf diesem Wege wieder zu einer historisch wichtigen Aussage.

Unser auf „Tatsachen" gerichtetes und demnach eingeengtes historisches Verständnis braucht diese etwas schwierige Unterscheidung, um das biblische Wort recht zu verstehen. Es wäre allerdings falsch, wollte man diese Unterscheidung auch dem biblischen Erzähler zuschreiben. Da er Geschichte nicht allein in „Tatsachen", sondern in dem von Jahwe ständig beeinflußten, ja gewirkten *Gesamtgeschehen* sah, konnte er diese Unterscheidung nicht machen. Die Wirkung war ihm wichtiger als die Ursache, da ja die natürliche oder vom Menschen gewirkte Ursache ohnehin letztlich durch das Wirken Jahwes gesetzt ist. Deshalb waren nicht der Charakter eines Menschen, nicht seine einzelnen „historischen" Taten wichtig für die Erzählung eines Gesamtgeschehens, sondern das Ganze seines Lebens, sein Vertrauen zu Gott, seine Auserwählung zum Werkzeug Gottes. Diese aber konnte der Erzähler getrost in Legenden aufzeigen, auch wenn diese nicht „historische Tatsachen" enthielten; wichtig war allein, daß sie das *Gesamtwirken* Jahwes durch diesen Menschen dartaten. Das soll wiederum nicht heißen, daß die Legenden von den biblischen Erzählern erfunden wurden. Sie hatten sich im Laufe der Zeit um eine große Gestalt gerankt – wie Simson, David, wie Elija, Elischa oder Jona –, und aus diesen Volkslegenden nahm der biblische Erzähler auf, was für seinen Zweck brauchbar war. Das Prinzip der Auswahl, welches das ganze biblische Werk durchwaltet, gilt auch für die Legende. – Auf eine kurze Formel gebracht, könnte man sagen: Die Legende ist ein kerygmatisches und kein historisches Instrument.

Nicht im strengen Sinn zur Legende, aber doch in die Nähe der Legende gehören manche Erzählungen, die alte Gesetzesüberlieferungen Israels enthalten. Viele Gesetze sind zwar – was charakteristisch für Israels Gesetzesüberlieferung ist – in Erzählungen eingebettet, aber manche Erzählungen bieten außerdem das Gesetz in einem Exempel dar. Wahrscheinlich ist, daß es sich bei solchen Exempelerzählungen um älteste Gesetzesüberlieferungen handelt (etwa Ex 16,22–30; Num 12,1–15; 15,32–36).

ANSPRACHEN UND REDEN, WECHSELGESPRÄCHE

Könige, Heerführer, Priester, Propheten des AT sowie Johannes der Täufer, Jesus und seine Apostel im NT werden (wie führende und wichtige Männer in anderen antiken Büchern) auch als Redner vorgestellt. Die Osteuropäer und Orientalen sind Freunde des mitreißenden, betonenden und festlichen Wortes. In Zeiten, wo der Brief als Aufforderungs- und Mitteilungsmittel an das Volk fast ganz wegfiel, weil es nur wenig Menschen gab, die lesen konnten, spielte die Rede (oder höchstens der vorgelesene Brief) eine besondere Rolle.

In den Geschichten und Berichten, die in Büchern verbreitet und aus Büchern vorgelesen wurden, war deshalb auch die Rede oder Ansprache eine häufig herangezogene Gattung für die Erzählung. Die Lateinlehrer, Griechischlehrer und Hebräischprofessoren pflegten diese Gattung so vorzustellen: Der Schriftsteller schreibt hier nicht, was der Feldherr (der König, der Apostel) wirklich gesagt hat; denn das war lange verklungen, als er seinen Bericht, seine Erzählung schrieb. Aber er schrieb auf, was der Feldherr (der König, der Apostel) so hätte sagen können.

Aus AT und NT sollen einige markante *Beispiele* von Ansprachen und Reden vorgestellt werden, die von biblischen Schriftstellern verfaßt wurden und als historisch mögliche Arten und sinnvolle Ansprachen und Reden den biblischen Büchern eingefügt wurden. Damit wurden zwar keine historisch echten Texte in die Bücher eingefügt, wohl aber Texte, die für das, was mit ihnen gesagt werden sollte, brauchbar und wertvoll waren.

Das Deuteronomium ist das große Redenbeispiel in den Büchern des Pentateuch (s. d.). Im Einführungskapitel ins Dtn ist darüber einiges gesagt (s. d.).

In den Büchern der Chronik, die hierzu treffende Beispiele enthalten, wird nach dem Tode Sauls erzählt: „Ganz Israel versammelte sich bei David in Hebron und sagte . . ." (1 Chr 11,1–3). Ein Text also, in dem ein Redner für ganz Israel spricht, wie es auch sonst in den geschichtlichen Büchern vorkommt; aber der Schriftsteller sagt: „Ganz Israel sagte . . . ".

In den Vorbereitungen zum Tempelbau läßt der Chronist König David an seinen Sohn eine Rede halten, daß er den Tempel bauen solle (1 Chr 22,7–16), und den führenden Männern gibt er den Auftrag, Salomo zu helfen (1 Chr 22,18–19). Wenige Kapitel darauf gibt David in einer Rede den offiziellen Auftrag zum Tempelbau (1 Chr 28,2–10) und ermutigt seinen Sohn Salomo zu diesem Werk (2 Chr 28,20–21). Als dann die Bundeslade in den Tempel gebracht worden war, betete Salomo seinen Dank in Gestalt einer Ansprache (2 Chr 6,4–11).

Mit solchen Ansprachen und Reden holten die Schriftsteller Volk und König so zusammen, daß die Hörer und Leser dieser Texte das geistige und gesellschaftliche Leben Israels in den vergangenen Zeiten lebendig miterlebten.

Das Buch Judit ist durch Reden besonders charakterisiert. Das ist für die Reden in der Bibel besonders einsichtweckend; denn die Redner dieses Buches sind keine historischen Personen. Was sie im Buch Judit sagen, wurde also vom Schriftsteller (oder von den vorbereitenden Erzählern) entworfen – wie er es auch mit den Redetexten der historischen Personen machte.

In 2,5–13 gibt der Großkönig dem Holofernes, dem Oberbefehlshaber seiner Truppen, in einer Ansprache den Auftrag, die ganze Erde zu bestrafen.

In 5,5–21 hält der Ammoniter Achior vor Holofernes seine Rede, in der er darlegt, warum allein die Israeliten es von allen Bewohnern des Westens abgelehnt haben, dem Oberbefehlshaber zu huldigen.

In 6,1–9 antwortet Holofernes dem Achior auf dessen Rede über die Israeliten und verbannt ihn.

In 7,8–15 steht eine Rede aller Heerführer der Edomiter, aller Hauptleute der Moabiter . . . „Sie sagten" zu Holofernes, als er Betulia belagerte. Also eine „Rede", die ein Gespräch zusammenfaßt.

In 7,23–29 rufen die Bewohner der Stadt Betulia den Ältesten zu: ebenfalls eine „Rede", die die Verzweiflung der Bewohner zusammenfaßt.

In 8,11–35 hält Judit eine lange Rede vor den Ältesten von Betulia, der einige Abschnitte wie ein Gespräch in längeren Passagen folgen.

In 9,1–14 folgt „Judits Gebet" eine Rede, die ihren Plan darlegt.

In 11,1–23 folgt das Gespräch des Holofernes mit Judit, die ins feindliche Lager gegangen ist; aber das „Gespräch" ist eigentlich eine lange Rede Judits an den Feldherrn, der sie kurz zum Reden auffordert . . .

Die Juditgeschichte ist also eine Novelle, in

der die Reden das erzählerische und gedankliche Moment sind.

Das Evangelium nach Matthäus fällt mit seinen Reden und Ansprachen, wenn man es einmal daraufhin durchsieht, besonders auf. Immer wieder weiß der Evangelist zusammenhängende kürzere oder längere Texte in den Ablauf einzuordnen, um den geistig-geistlichen Gehalt in direkter Rede zu verdeutlichen und gleichzeitig das jeweilige Bild zu verlebendigen. Von diesen Reden ist kaum einmal ein Wort als historisches Wortfactum anzusehen.

Eine Liste der Mt-Stellen, in denen das besonders einsichtig wird, möge die Erkenntnis dieses literarischen Zuges erleichtern: Die Johannesrede in Mt 3,7–12; die Anweisungen Jesu für die Missionswanderung in 10,5–40 (eine Rede aus dem Geiste Jesu, aber z. T. aus Erfahrungen und mit Praxishinweisen der spätapostolischen oder sogar nachapostolischen Zeit); die Verteidigungsrede Jesu gegen den Vorwurf, er treibe die Dämonen mit Beelzebul aus in 12,25–37 (eine Ansprache, die wahrscheinlich auf einigen wenigen vorwurfabweisenden Worten Jesu aufbaut, die in Mk 3,23–29 enthalten sein könnten); bei der Rede über die Verweigerung eines Zeichens in 12,39–42 wird die Abfassung der Jesus in den Mund gelegten Worte durch einen Prediger der frühesten christlichen Zeit aus Formeln klar, die Jesus niemals ausgesprochen hätte oder hätte aussprechen können (mit dem Spitzenwort: „Hier aber ist einer, der mehr ist als Jona": 12,41). – Auch die große Gleichnisrede vom Sämann in 13,1–23 ist keine Rede Jesu, sondern ein Text aus dem Geiste Jesu, wie er von den Jüngern vorgestellt wurde. Der Prediger oder Schriftsteller, der die Worte in der vorliegenden Form aufschrieb, hat vieles über Jesus eingeflochten, das Jesus so von sich nicht gesagt hätte. In dieser Weise ist das ganze Evangelium nach Matthäus literarisch geformt, indem viele Äußerungen Jesu in Reden zusammengefaßt sind: besonders auffällig noch in Mt 23 die Rede gegen die Schriftgelehrten und Pharisäer und in 24,4–25,46 die Rede von der Endzeit.

Im Evangelium nach Markus sind Ansprachen und Reden nur sehr sparsam als Formen verwandt worden (s. 4,1–20 und 8,34–9,1). Die direkte Rede ist meistens in kürzeren Abschnitten (Fragen, Antworten, Wechselgesprächen) gebraucht worden, wodurch dem ganzen Evangelium eine große, textlich knappe Lebendigkeit vermittelt wird. Aber eine grundsätzliche Andersartigkeit ist das nicht! Denn auch diese kürzeren Formulierungen sind in den meisten Fällen Formulierungen des Schriftstellers aus dem Geiste und mit Inhalten der Worte Jesu. Die Hinweise auf Jesus selbst durch Worte Jesu sind im Evangelium nach Markus noch sehr sparsam, so daß man aus diesem Grund annehmen kann, daß hier vielleicht *mehr* originale Worte Jesu mit überliefert sind.

Im Evangelium nach Lukas ist die Form des Wechselgesprächs an einigen Stellen sehr bemerkenswert: Lebendigkeit der Darstellung, Klarheit des Gesprächsinhalts und Integrierung von alttestamentlichen Formeln in einer *Erzählung* werden damit betont (1,13–21: Gespräch des Engels mit Zacharias; 1,28–38: Gespräch des Engels mit Maria).

Aber auch die ausgearbeitete Redeform findet sich bei Lukas, um durch sie wichtige Zusammenhänge vorzulegen. Es geht hier – so würde man es vielleicht am besten formulieren – um Themen Jesu, über die er gesprochen hat, aber um Texte des Lukas, mit denen er Jesus glaubhafte Worte für seine Zuhörer und notwendige Worte für die späteren Leser des „Evangeliums nach Lukas" in den Mund legte (10,2–16: Die Aussendungsrede an die 72 Jünger; 11,39–52: Kritik Jesu an Pharisäer und Schriftgelehrte; 12,1–12: Jesu Warnung vor den Pharisäern und Mutzuspruch, sein Glaubensbekenntnis zu wagen; 12,22–32: Rede über die falsche und rechte Sorge; 24,17–29: Gespräch von Jüngern auf dem Weg nach Emmaus mit dem auferstandenen Jesus – eine der geschicktesten Gesprächsdarstellungen, die Lukas geschrieben hat.

Das Evangelium nach Johannes enthält sehr viele Wechselgespräche und mehrere Reden, die aus Texten bestehen, die der Evangelist selbst formuliert hat. Gemeint sind hier nicht theologische Texte wie der Prolog (1,1–18) und Texte aus den Abschiedsgesprächen (Kap. 14–17), die ebenfalls zum großen Teil ursprünglich selbständige theologische Formulierungen sind, die der Evangelist später ins Evangelium eingefügt hat. Gemeint sind vielmehr johanneische Formulierungen, die irgendwie an überlieferte Jesusworte oder überlieferte Worte anderer Sprecher anknüpfen.

Wer diese Texte mit empfindsamer Aufmerksamkeit auf Inhalt und Form prüft, wird erkennen, wie hier ein Mann am Werke war, der dem ursprünglichen Gehalt der Gespräche und Reden mit seinen Worten und seiner sprachlichen Form gerechter werden wollte, als das in vielen Texten der Synoptiker der Fall war. Dazu lese man 1,29–34 (das Zeugnis des Täufers für Jesus); 1,35–51 (das Wechselgespräch Jesu mit seinen ersten Jüngern); 2,3–10 (die Gespräche bei der Hochzeit in Kana); 3,2–13 (das Gespräch mit Nikodemus); 3,25–36 (Wechselgespräch und Rede über die Reinigung); 4,7–26 (Wechselgespräch am Jakobsbrunnen); 5,19–47 (Jesu Rede über seine Vollmacht); 6,22–59 (die theologische Rede über das Himmelsbrot: vielleicht eine Eucharistierede aus der Zeit, als sich die Christen mit den Juden über ihr Abendmahl auseinandersetzen mußten, aber hier in die Ereignisse des Lebens Jesu eingefügt); 8,12–59 (aus den Streitgesprächen Jesu mit den Juden) u. a.

Die Apostelgeschichte ist im NT das Buch, in dem der Autor am häufigsten Reden formuliert hat und sie seinen Personen, von denen er berichtet oder erzählt, in den Mund gelegt hat. Es wäre nicht sachlich, diese Vorträge und Ansprachen als überlieferte Texte anzusehen. Vielmehr muß man diese Texte als Vortrags- und als Ansprachenformen hinnehmen, mit denen der Autor den Inhalt am besten vorlegen konnte und mit denen er das, was er sagen wollte, am lebendigsten sagen konnte.

Zu dieser Literaturgattung zählen in der Apg: 1,11: Die Worte der Engel in der Erzählung von der Himmelfahrt Jesu; 1,16–22: Die Ansprache des Petrus vor der Wahl des Matthias zum Apostel. Die Zitate aus alttestamentlichen Texten in solchen Ansprachen sind besonders bezeichnend für solche vom Autor entworfenen Texte; 2,14–40: Die große Rede des Petrus am Pfingsttag läßt sehr deutlich erkennen, wie der Autor (Lukas oder sein Helfer) den Text thematisch aus vielen Quellen des AT und seiner Zeit zusammenkomponiert hat und wie er durch Antworten auf Fragen dem ganzen Abschnitt eine kräftige Farbe und einen stets weiterführenden Inhalt gegeben hat.

Mit diesen Hinweisen klärt sich auch der literarische Charakter der Ansprachen, Reden und Wechselgespräche in 3,12–26 (Rede des Petrus auf dem Tempelplatz nach der Heilung des Gelähmten im Tempel); in 4,8–12 (Worte des Petrus vor dem Hohen Rat); in 5,29–32 („Petrus und die Apostel" antworten vor dem Hohen Rat).

Apg 5,35–39 enthält die Ansprache des Gamaliel vor dem Hohen Rat und 7,1–53 die Rede des Stephanus: jene mit der klarumrissenen Situationsschilderung früherer Messiasaufstände und diese mit der Fülle alttestamentlicher Zitate in einer Rede, die fast schon eine Vorlesung ist über die Rettungen Israels im Laufe der Geschichte, obwohl es sich doch immer dem Heiligen Geist widersetzt hat.

Weitere Reden und Ansprachen: Apg 10,28–29; 10,30–33; 10,34–43; 11,4–17. Hervortretend die Paulusrede in Antiochia (13,16–41), seine Ansprache an die Athener über den Unbekannten Gott (Apg 17,22–32) und seine Abschiedsrede in Milet (20,18–35).

Durch diese unvollständige Aufzählung sollte klar werden, daß die Gattung der Rede, die manchmal, um die Lebendigkeit zu steigern, zur Gattung einer Wechselrede wird, für die Apostelgeschichte ein Hauptmodell der Gestaltung ist.

Wenn durch einige Beispiele auf diese Gattung „Ansprachen und Reden", die in der ganzen Bibel (im AT und NT) vorkommen, aufmerksam gemacht werden konnte, bekommt der Bibelleser vielleicht Lust, die Bücher der Bibel einmal auf *diese* literarischen Formen durchzusehen: Nachdem man sie dann an ihren Stellen und in ihren Zusammenhängen und mit ihren Dichte vermittelnden Inhalten und sprachlichen Formen gelesen hat, wird man immer klarer erkennen, wie sehr die literarischen Gattungen der Bibel das weniger Wichtige des Historischen beiseite schieben und den Sinn der Bibel in den Vordergrund rücken. Die Ansprachen, Reden und Wechselgespräche sind also in einer ganz anderen Hinsicht als viele andere, manchmal inhaltliche Fragen stellende Literaturformen (z. B. die Wundererzählungen) für die biblischen Aussagen bedeutungsvoll.

GLEICHNISSE

Die Gleichnisse Jesu entsprechen im allgemeinen einer üblichen rabbinischen Lehrmethode, die gerade im palästinensischen Judentum verbreitet war. Obwohl aus vorchristlicher Zeit kaum ein Gleichnis der rabbinischen Schulen, dagegen aus nachchristlicher Zeit viele Beispiele dafür erhalten sind, kann das kaum heißen, daß die Gleichnisrede eine einzigartig dastehende Lehrmethode Jesu in seiner Zeit war. Wohl muß man dagegen sagen, daß gerade Jesus das Gleichnis bevorzugte, weil er zum Volke sprach und nicht in erster Linie zu Gelehrtenschülern.

Aus späterer Zeit haben wir rabbinische Sinndeutungen des Gleichnisses, die es als Einführungen in das Gesetz preisen: als einen Faden, der durch den Palast der Tora leitet, so daß man sich nicht verirrt; als eine Sichel, mit der ein kluger Mann in das Dickicht der Tora einen Weg schlägt; als einen Henkel an einem Gefäß mit kochendem Wasser; als einen Docht (im Wert eines Pfennigs), mit dem man die verlorenen Schätze der Tora wiederfindet.

Das kurze und längere allegorische Gleichnis war dem bibelkundigen Juden natürlich schon aus dem AT bekannt: Gottes Bund mit Israel als Ehebund, der Götzendienst als Ehebruch, der Krug als Zeichen der Vergänglichkeit, die Traube als Zeichen der Fruchtbarkeit u. a. Darüber hinaus waren auch viele Erzählungen des AT Gleichnisse: da sie aber nicht als solche eingeführt wurden, hat man sie wohl sehr oft historisch genommen, wie z. B. die ganze Geschichte des Buches Jona (s. d.).

In der Gleichniswelt Jesu lassen sich vor allem zwei Arten der Gleichnisrede unterscheiden:

1. Die kurze oder die längere Metapher oder Allegorie: Die Pharisäer werden übertünchte Gräber genannt . . . Hinter der Aufforderung Jesu, jeder Dürstende solle zu ihm kommen, steht die Allegorie vom Wasser als der reinen Lehre . . . Er nennt die Jünger das Salz und in der Parabel vom Sämann breitet er in Metaphern das Schicksal des ausgestreuten Samens aus. Hier entspricht immer einem metaphorisch-allegorischen Zug der greifbaren Welt ein Zug des geistig-geistlichen Lebens. Diese Metapher ist kein Symbol, sondern ein Anschauungsmittel.

2. Die klassische Parabel: Ein Vorgang aus dem Leben der Natur, des Alltags, der Geschichte oder eine erdichtete Geschichte wird als Symbol für einen geistig-geistlichen Vorgang gesetzt. Die Einleitung ist typisch: „Das Himmelreich ist gleich . . .", „Mit dem Him-

melreich ist es wie . . ." mit einem Senfkörnlein; mit einem Schatz im Acker; mit einem Fischnetz; mit einem Mann, der guten Samen säte . . . Oder auch ohne diese Einleitung: wie die Gleichnisse von dem verlorenen Schaf, der verlorenen Drachme, dem verlorenen Sohn . . .

In solchen Gleichnissen muß nicht jeder einzelne Zug eine Bedeutung für die Aussage haben; die wesentliche Aussage liegt im hervorgehobenen Vergleichszug. Die Beachtung dieser Regel kann vor Mißdeutungen und scheinbar unlösbaren Schwierigkeiten bewahren (vgl. das Gleichnis vom ungetreuen Verwalter; Lk 16,1–9 und Erklärung). – In solchen Gleichnissen, deren Vergleichspunkt allerdings genau stimmen muß, werden Forderungen, Lebensregeln, Vorgänge des geistlichen Lebens sichtbar gemacht, die ohne das Gleichnis nur in dürren Worten und leblos darzustellen wären, ja die ohne das Gleichnis nicht begriffen werden könnten. In solchen Parabeln sind Personen und Orte und Vorgänge außerdem oft Allegorien, wie sie aus der rabbinischen Lehre oder aus den Propheten verständlich waren: mit dem König ist Gott gemeint, mit dem Hochzeitsmahl das messianische Reich u. a. Durch diese Allegorien wird jedoch das eigentliche Verständnis erleichtert.

Aber klärt das Gleichnis immer? Gerade im Evangelium steht das Wort Jesu: „Deshalb rede ich zu ihnen in Gleichnissen, weil sie sehen und doch nicht sehen, weil sie hören und doch nicht hören und nichts verstehen" (Mt 13,13). Vielleicht darf man so sagen: Das direkte Wort hätten sie gar nicht verstanden. Das Gleichniswort verstanden sie nicht in seiner eigentlichen Bedeutung. Aber das anschauliche Bild des Gleichnisses blieb in ihnen zurück. Sie verstanden mit ihrer krassen Weltzugewandtheit nicht den eigentlichen Sinn, aber sie verstanden wenigstens das Bild – und auch dieses Bild in sich zu tragen war schon etwas! Das Gleichnis war demnach in sich ein Zeichen der Barmherzigkeit Gottes.

Das Gleichnis bot dem Orientalen in einer Sprache – der Bildsprache –, die er selbst immer wieder benutzte (Strafe Gottes = Pfeile Gottes; Lehre = Brot oder lebendiges Wasser; weisheitsloser Lehrer = blinder Blindenführer; Dinge, die einander nicht aushalten: neuer Wein in alten Schläuchen: Dinge, die nicht zueinander passen: neues Tuch als Flicken auf altem Kleid) – das Gleichnis bot also dem Orientalen in seiner Bildsprache die ganze Wahrheit, die er zwar nicht ganz verstand, solange es ihm nicht um das rechte Reich Gottes ging – aber er hatte doch von der Wahrheit schon das Bild. Insofern ist das Gleichnis ein Beispiel für die auf Universalität angelegte Rede Jesu.

Einige Gleichnisbeispiele:

Das Gleichnis vom Fischnetz (Mt 13,47–50) wird von Gleichnisforschern auf Jesus selbst zurückgeführt. In der Urstufe Jesu könnte es etwa so gelautet haben: „Gleich verhält es sich mit dem Gottesreich wie (mit der Geschichte von) einem Fischnetz, das ausgeworfen wurde in den See und Fische aller Art zusammenbrachte; und als es voll war, zogen sie es auf den Strand, setzten sich hin und lasen die guten in Gefäße, die unbrauchbaren aber warfen sie hinaus" (nach Hans Weder, Die Gleichnisse Jesu als Metaphern, Göttingen 1978; S. 144).

Jesus will sagen: Fische aller Art werden gesammelt, doch nur die guten behält der Fischer, um sie zu verkaufen, die andern werden ausgeschieden. Ähnlich geht es mit dem Gottesreich: alle Menschen werden gesammelt – auch Pharisäer, Zöllner, Sünder. Ausgeschieden werden aber am Ende der Tage diejenigen, die sich dem Gottesreich nicht zugewendet haben.

Nachdem das Gleichnis vom Sammeln aller durch die Deutung der Prediger gegangen war, nahm Matthäus die Ergänzung der Prediger, die sich vor allem auf das Ausscheiden konzentrierte, in die „Rede über das Himmelreich" (13,1–53) mit auf: „Die Engel werden kommen und die Bösen von den Gerechten trennen und in den Ofen werfen . . ."

Das Gleichnis vom verlorenen Schaf (Mt 18,12–14) hat Hans Weder (Die Gleichnisse Jesu als Metaphern, Göttingen 1978) in einer möglichen ursprünglichen Form vorgelegt, wie sie auf Jesus selbst zurückgehen könnte: „Welcher Mensch unter euch, der hundert Schafe hat und verliert davon eines, läßt nicht die neunundneunzig zurück in der Wüste und geht dem verlorenen nach, bis daß er es findet? Und wenn er es findet, wahrlich ich sage euch, daß er sich über es mehr freut als über die neunundneunzig nicht verlorenen" (S. 173).

Das Gleichnis wurde auf erstes Hören hin verstanden; denn „Schaf" oder „Schafherde" wurde in der Erzählsprache ohne weiteres für Mensch oder Volk verstanden. Wenn Jesus von Schafen erzählte, verstand das Volk sofort, daß er vom Volk Gottes sprach und einem Menschen, der aus diesem Volk verloren gegangen war. Und nicht weit davon lag der Umstand, daß der Erzähler (Jesus) dieses Gleichnis als Hirt vortrug. Jesus sprach also hier von denen, die er suchte, obwohl sie „Zöllner und Sünder" waren. Und wenn er von denen einen einzelnen wiederfindet, freut er sich. Bemerkenswert ist in diesem Gleichnis, daß Jesus nicht von einer „Umkehr" spricht, sondern daß das Verlorene *gefunden* wurde. – Ein Gleichnis größter Menschlichkeit, wie sie Jesus vertrat.

Das Gleichnis vom Sauerteig (Lk 13,20–21) ist eines der kürzesten Gleichnisse Jesu; wahrscheinlich auch eines von denen, die von Predigern und Evangelisten am wenigsten geändert worden sind. Einander gegenüber stehen in diesem Gleichnis zwei unterschiedliche Größen: eine kleine Menge Sauerteig und ein großer Trog Mehl. Mit Sauerteig ist von Jesus oft das Böse gemeint. Das Böse ist vielleicht anfangs nur eine kleine Menge, so wissen die Zuhörer, aber es durchsäuert die ganze Gesellschaft. Anfangs ist es verdeckt, bis es sich mit seinen wirkenden Kräften durchgesetzt hat.

So ist es aber auch mit dem Reich Gottes. Es ist am Anfang nur als „kleine Menge" da. Aber wie sich der Klumpen Sauerteig in dem großen Trog Mehl durchsetzt, bis das Ganze durchsäuert ist; und wie sich das verdeckte Böse in der Gesellschaft der Menschen durchsetzt, bis das Ganze böse geworden ist – so setzt sich auch das verdeckte Reich Gottes langsam durch, bis das Ganze zum Reich Gottes geworden ist. Es kam Jesus nicht darauf an, den Vorgang als einen sich entwickelnden Zustand vorzustellen, sondern den Anfang und das Ende nebeneinander sichtbar zu machen: bis das Ganze durchsäuert ist.

Die Nähe des Aufrufs zur Umkehr (Lk 13,1–9) und die unmittelbar vorausgehende Geschichte von der Heilung einer Frau am Sabbat, die der Satan schon achtzehn Jahre gefesselt hielt (Lk 13,10–17), weist allerdings darauf hin, daß Lukas zu seiner Zeit dieses Gleichnis im Rahmen der Mission gesehen haben möchte. – Dasselbe Gleichnis setzt Mt 13,33 zwischen das Gleichnis vom Unkraut unter dem Weizen (Mt 13,24–30) und seiner

Deutung (Mt 13,36–43). Ein Bild für den Kampf des Reiches Gottes mit dem Reich des Bösen. –

Die Gleichnisse sind gerade zu Beginn der achtziger Jahre unseres 20. Jahrhunderts stark in die Aufmerksamkeit der Bibelliteratur gelangt. Auf zwei der dazu erschienenen Bücher soll der Leser hingewiesen werden:

Das ausgezeichnete und ausführliche Buch des jüdischen Literaturkenners David Flusser: „Die rabbinischen Gleichnisse und der Gleichniserzähler Jesus" (Verlag Peter Lang, Bern und Frankfurt am Main 1981, 336 Seiten); der Arbeitshintergrund dieses Buches ist die Hebräische Universität Jerusalem.

Und das erfreuliche Büchlein von Gertrud Wimmer: „Die große Überraschung. Für einen lebendigen Umgang mit den Gleichnissen Jesu" (Herder, Freiburg – Basel – Wien 1982, 144 Seiten); den Arbeitshintergrund für dieses kleine Buch fand Gertrud Wimmer, Professor für Neues Testament am Fachbereich Religionspädagogik und kirchliche Bildungsarbeit der Katholischen Universität Eichstätt, in einem langjährigen Schul- und Gemeindedienst.

BEISPIELE

Unter den literarischen Gattungen der Evangelien finden sich im Evangelium nach Lukas vier Erzählungen, die man seit mehreren Jahren „Beispiele" nennt. Früher wurden sie oft unter die Gleichnisse gezählt. Man könnte sich vorstellen, daß solche Beispielerzählungen des öfteren unter den Geschichten Jesu vorgekommen sind; warum nur diese und zwar von Lukas überliefert sind, ist eines der Rätsel der Bibeltexte. Ihren „Sitz im Leben" möchte man dort suchen, wo die christliche Predigt sich an Menschen wendet, die durch ungewöhnlich Menschliches gewonnen werden sollen:

Lk 10,25–37 (s. d.), das Beispiel vom barmherzigen Samariter, sieht vor sich die Terroristen der Landstraße. Der Text wendet sich an die Juden, die sich für besser halten als die Leute in Samárien (Samaría). Er spricht von Religionsangestellten, die das kultische Reinheitsgesetz für wichtiger halten als die von Gott gebotene Nächstenliebe. Und er stellt einen „unreinen" Samariter als eigentlichen Täter der Nächstenliebe dar. – *Lk 12,13–21*

zeigt das negative Beispiel des reichen Mannes, der mit seinem Reichtum ganz und gar für sich sorgen will. Der Sprecher sieht vor sich die vielen Menschen, die glauben, mit ihrer wirtschaftlichen Sorge etwas Entscheidendes für sich getan zu haben – *Lk 16,19–31 (s. d.) enthält das Beispiel von dem reichen Mann und dem armen Lazarus.* Der Erzähler sieht vor sich die reichen Menschen, die sich um die Armen nicht kümmern, und die armen Menschen, die versuchen, mit ihrer Armut fertig zu werden. – *Lk 18,9–14 (s. d.) erzählt das Beispiel vom Pharisäer und Zöllner.* Der Erzähler sieht vor sich die herausgehobenen „besseren Leute", die sich für die besseren Menschen halten; und jene Menschen, die wissen, daß sie nicht alles richtig machen und sich deshalb nicht für gute Menschen halten.

Die Beispielerzählungen sind auch „Gleichnisse". Aber sie sind keine Bilder vom natürlichen oder alltäglichen Leben für geistige oder geistliche Forderungen. Die Beispielerzählung bietet eine exemplarische Handlung; sie ist ein „Musterfall" (E. Linnemann).

WUNDERERZÄHLUNGEN

Heute gibt es sehr viele Menschen, die an Wunder nicht mehr glauben. Aber es gibt heute auch noch Menschen, die sehr leicht an Wunder glauben. Die einen sagen: Wunder sind Durchbrechungen von Naturgesetzen, und das gibt es nicht! Die anderen sagen: Gott hat die Naturgesetze geschaffen, und er kann sie auch durchbrechen. Dieses Problem, ob es solche Wunder gibt oder nicht, ist kein Problem der Bibel.

In der Bibel – sowohl im AT wie im NT – gibt es viele Geschichten, in denen von Sachen erzählt wird, die vom Volk bewundert wurden. Im AT werden diese erzählten Geschehen mit den hebräischen Worten *ot* und *mofét* bezeichnet, das heißt: Zeichen und außerordentliche Erscheinungen. In der Septuaginta (d. i. das AT in griechischer Sprache) und im NT werden dafür die Wörter *dynámeis* (Machttaten), *semeîa* (Mehrzahl: Zeichen), *tera'a (terata)* (außerordentliche Erscheinungen) und *thaumásia* (Mehrzahl: Erstaunliches) gebraucht. Da in den Zeiten, als man unter all diesen Wörtern Geschehnisse verstand, die man im Deutschen generell mit „Wunder" bezeichnete, die ersten Übersetzungen der Bibel ins Deutsche entstanden, wird bei diesen Erzählungen bis heute sehr oft das Wort „Wunder" gebraucht. Aber all diese hebräischen und griechischen Wörter meinen nicht das, was *wir* meistens unter „Wundern" als Durchbrechungen von Naturgesetzen verstehen. Vielmehr meinen sie damit Bewundernswertes, Erstaunliches, Zeugnisse der Liebe Gottes, Großtaten Gottes: begonnen mit der Tatsache der Weltschöpfung über die Großartigkeit der Tagwerdung nach gefährlicher Nacht, über das Geschenk von Sonnenwärme, Regen, Wachstum und Ernte, über Heilung von Krankheiten bis zu all dem, was uns für unser Leben geschenkt wird, auch wenn wir gerade daran nicht gedacht haben.

Israels Geschichte sei ein Werk von Gottes Wundern, sagten die alten Bibelerklärer. Es ist durchaus möglich, daß sie das selbst richtig gemeint haben – aber wenn das Wort „Wunder" auftauchte, verstand der Hörer meistens nicht das Richtige. In alten Erklärungsbüchern zum AT wird einem das sehr hart eröffnet. Wenn z. B. eine Bibelerklärung kurz vor 1930 das Sintflutkapitel (Gen 7: s. dazu den Erklärungstext), die Sprachverwirrung beim Turmbau zu Babel (Gen 11: s. dazu den Erklärungstext), die Geschichte von der kupfernen Schlange (Num 21: s. dazu den Erklärungstext), die Rettung der drei Jünglinge aus dem Feuerofen (Dan 3: s. dazu den Erklärungstext), den Erzählungsverlauf des Buches Jona (s. dazu den Erklärungstext) u. a. als echte Wunder vorstellt, so läßt sich das heute kaum noch verstehen. Aber alles, was in Israels Geschichte vor sich gegangen ist, das darf man nicht nur sagen, sondern das muß man sagen, waren für den Israeliten Machttaten Gottes: Zeichen seiner strafenden Gerechtigkeit, Zeichen seiner verzeihenden Güte. Und weil es so schön war, von diesem wunderbaren Gott zu erzählen, sprachen sie immer mehr von diesem Allmächtigen. Und an diese Art von Großtaten Gottes zu sprechen schlossen sich auch die Erzähler und Schriftsteller des NT an.

1. Erzählungen von Wunderheilungen
gibt es nicht nur in der Bibel, sondern auch in nichtbiblischen Texten. Um die biblischen Erzählungen von Wunderheilungen richtig verstehen zu können, müssen wir einen kurzen Blick auf entsprechende nichtbiblische Erzählungen werfen.

Unter dem Titel „Die Wunderheilungen von Epidauros" veröffentlichte R. Herzog einen Beitrag zur Geschichte der Medizin und der Religion (Leipzig 1931); und B. Kötting gab eine Arbeit „Peregrinatio religiosa" heraus (Münster 1950), in der er auch über Wallfahrten in der Antike berichtet – um nur zwei Titel zu nennen, die von antiken heidnischen Wunderheilungen sprechen. Die Heilungsgeschichten aus Epidauros (Peloponnes) und einer Filiale Lebenos erzählen von Heilungen in den Heiligtümern des Heilgottes Asklepios. Ein anderes Asklepios-Heiligtum gab es in Piräus, dem schon alten Hafenort der Stadt Athen, aus dem es auch Erzählungen von Wunderheilungen gibt. Wundererzählungen ähnlicher Art gibt es zudem aus der lateinischen, ägyptischen und jüdisch-rabbinischen Welt.

In Epidauros wurden diese Heilungsberichte in hellenistischer Zeit (nach 330 v. Chr.) von den Ärzten der Geheilten an die Verwaltung des Heiligtums in sehr formelhafter Weise mitgeteilt: Nach Nennung des Leidens (z. B. „Euhippos hatte eine Lanzenspitze sechs Jahre im Kiefer") wurde das heilende Wunder genannt (z. B. „Als er im Heilraum schlief, nahm der Gott ihm die Lanzenspitze heraus und legte sie ihm in die Hände"); die Folge der Heilung schloß den Bericht ab (z. B. „Als es Tag geworden, ging er gesund fort, mit der Lanzenspitze in den Händen"). – Dieses Grundschema wurde von den Beamten des Heil-Heiligtums oft ausgeschmückt, wenn eine Dankinschrift bestellt wurde.

Solche Heilungsberichte waren in der Zeit Jesu und seiner berichtenden Jünger allgemein bekannt. Deshalb wurden in Erzählungen von Heilungen Jesu auch solche Formelschemata benutzt. Wie das obige Beispiel ist auch die wohl älteste Heilungsgeschichte, die von Jesus berichtet, formuliert: „(Sie verließen die Synagoge und gingen zusammen mit Jakobus und Johannes gleich in das Haus des Simon und Andreas.) Die Schwiegermutter des Simon lag mit Fieber im Bett. Sie sprachen mit Jesus über sie, und er ging zu ihr, faßte sie an der Hand und richtete sie auf. Da wich das Fieber von ihr, und sie sorgte für sie" (Mk 1,29–31). Die drei Stationen der Geschichte sind ohne weiteres zu verfolgen: Nennung des Leidens, der Heilungsakt, die Folge der Heilung. – Matthäus und Lukas erzählen, angelehnt an den älteren Markus, dieselbe Geschichte, jedoch mit kleinen Änderungen. Bei Matthäus (8,14–15) ist die Änderung nur ganz gering; Lukas (4,38–39) aber sagt, die Schwiegermutter des Petrus „hatte *hohes* Fieber", und Jesus „trat zu ihr hin, *beugte sich über sie* und *befahl dem Fieber* zu weichen. Da wich es von ihr, und sie stand sofort auf und sorgte für sie." Lukas akzentuierte also den Text ähnlich, wie es die Beamten in Epidauros mit den von den Ärzten formulierten Texten taten.

Und doch darf man in den einfachen Heilungsgeschichten, die die Evangelien von Jesus erzählen, etwas Wichtiges nicht übersehen. Denn der Abschluß der Heilungserzählung lautet bei Mk: „und sie sorgte für sie", bei Mt: „und sie sorgte für ihn", und bei Lk: „sie stand sofort auf und sorgte für sie". Die Rückgabe an die Gesundheit ist auch die Rückgabe an den Dienst für die anderen; das gehört zur Verkündigung des Evangeliums.

In ähnlicher Weise laufen viele Heilungserzählungen auf eine „Pointe" hinaus, die um einer besonderen Lehre willen angefügt wird:

Der geheilte Aussätzige soll sich dem Priester zeigen und sein Dankopfer darbringen (Mt 8,1–4); bei Mk läßt sich aus Jesu Auftrag an den Geheilten erkennen, daß die Sendung zu den Priestern ein Zeichen für Jesu Gesetzestreue sein soll (Mk 1,40–45); bei Mt, Mk und Lk (5,12–16) wird betont, wie sehr die Kranken ihn seitdem suchen.

Bei der Heilung eines Mannes am Sabbat heißt es, noch vor der Heilung: „Es ist am Sabbat erlaubt, Gutes zu tun" (Mt 12,9–14). Lebendiger, aber mit derselben Lehrabsicht, ist Jesu Wort bei Mk 3,1–6 und bei Lk 6,6–11.

Diese Beispiele mögen genügen. Man möge auch andere Heilungsgeschichten der Synoptiker miteinander vergleichen. Dabei werden dann aber auch manche die Frage stellen: Hat Jesus alle berichteten Heilungswunder gewirkt?

Die Geschichten von den Heilungswundern Jesu haben schon vor mehreren hundert Jahren die Frage hervorgerufen: Waren das alles wirkliche Heilungen? Waren das *Wunder*heilungen? Und als man auf den Gedanken kam, diese Wundergeschichten über Jesus mit den Wundergeschichten von Epidauros zu vergleichen, tauchten natürlich auch die Fragen auf: Sind die Wunderheilungen Jesu vielleicht nur „Wunderheilungen" wie in Epidauros? – Hier zunächst eine Antwort auf die Frage, ob die Heilungen Jesu Wunderheilungen waren. Die Heilungen Jesu waren ganz sicher Wunderheilungen, wie die Menschen damals das Wort Wunder verstanden. Bei uns versteht man heute – wie schon gesagt – Wunder als einen Vorgang, der in einer Durchbrechung der Naturgesetze vor sich geht. Da die meisten Menschen in unserem Zeitalter Wunder durch Aufhebung der Naturgesetze nicht mehr für möglich halten, lehnen viele auch den Glauben an Wunder Jesu ab. Die Menschen der Zeit Jesu verstanden unter „Wunder" aber einen Vorgang, der bewundernswert war, der sie erstaunte. Die Frage, ob er natürlich möglich oder unmöglich war, *stellten sie nicht!*

Die meisten Bibelwissenschaftler sehen die Heilungen Jesu heute so: Es ist nicht zweifelhaft, daß Jesus Kranke geheilt hat. Seine Heilungen müssen nicht Wunder im oben angedeuteten Sinn gewesen sein. Aber es waren Heilungen, die man nicht von jedem Menschen erwarten kann. Die ungeheure persönliche Strahlungskraft Jesu heilte kranke Menschen, wenn sie sich für diese Heilung öffneten (dann machte sie ihr Glaube gesund).

Das muß nun nicht heißen, daß alle Heilungserzählungen des NT auch historisch wirklich Heilungen in diesem Sinne berichten. Die Bewunderung für den heilenden Jesus konnte auch Geschichten hervorbringen, die nicht auf einer faktischen Heilungstat Jesu beruhten. Aber ohne faktische Heilungen, die das Volk gesehen hat, könnten keine Heilungserzählungen entstanden sein.

Als Beispiel, wie andere Wundergeschichten zustande kamen, kann auch Mt 8,5–13 gelten: manche heutige Bibelerklärer halten diese erzählte Gesundung für geschichtlich sicher, obwohl sie sie nicht als Wunder sehen. Da kommt ein (römischer) Hauptmann und bittet Jesus um die Heilung seines gelähmten Dieners. Jesus will kommen; aber der Offizier antwortet: Befiehl der Krankheit, daß sie fortgeht, und sie wird gehen. Die nächsten Zeilen sind Worte über den großen Glauben des heidnischen Soldaten; dieser Glaube soll seinen Diener heilen (8,10–12). Als der Hauptmann nach Hause kommt, ist sein Diener gesund (10,13). – Ist es nicht auch heute noch bei einem gläubigen Menschen so? Er bittet Gott um Heilung eines lieben Menschen –

vielleicht betet er in der Kirche. Er kehrt heim und findet seine Hoffnung erfüllt. Sagt er dann nicht: Gott hat ihn geheilt? So sagt auch hier der Evangelist mit dem Offizier: Jesus hat geheilt.

Eine besondere Art von Wundergeschichte ist die, bei denen die Geschichte auf ein Jesuswort hinzielt oder die Geschichte der erzählerische Rahmen für ein bestimmtes überliefertes Jesuswort geworden ist. Einige Beispiele: Mk 3,1–6 (3,4: „Was ist am Sabbat erlaubt . . .“); s. auch Lk 14,1–6 und Joh 5,1–18! – Mk 7,31–37 (7,34: „Effeta, das heißt: Öffne dich.“) – Mk 10,46–52 (10,52: „Geh! Dein Glaube hat dir geholfen.“) – Lk 13,10–17 (13,15: „Ihr Heuchler! Bindet nicht jeder von euch am Sabbat seinen Ochsen . . . von der Krippe los und führt ihn zur Tränke . . .“); s. auch Lk 14,1–6! Diese Wundergeschichten sieht man mit Dibelius als Paradigmen (Beispiele für die Predigtverkündigung) an.

2. Erzählungen von Dämonenaustreibungen sind für den modernen Bibelleser auch nicht leicht zu verkraften. Die Darstellungen zu diesem Thema, wie sie in den letzten zweihundert Jahren in Bibelbüchern erschienen sind, zeigen das Ringen mit den Fragen: Gibt es überhaupt solche Besessenheit? Ist „Besessenheit“ nicht eine leiblich-psychische Krankheit? Kann man an die Austreibung solcher „Dämonen“ glauben? Sind solche Erzählungen von Jesus als Exorzist glaubhaft? Sind das Erzählungen, die Jesus würdig sind? – und ähnliche Fragen mehr. Die Fragen sind noch nicht überstanden. Vor gut zwanzig Jahren konnte man in einem katholischen Buch zur Bibel einen Artikel zu diesem Thema lesen, der mutig ausgriff, der aber doch noch längst nicht alles sagte, was hätte gesagt werden können. Er soll hier folgen, weil er mit seinem Mut und seiner damals notwendigen Halbheit ein gutes Beispiel für das Ringen mit solchen biblischen Problemen umgreift:

„Es *gibt* Besessenheit, d. h. jenen Zustand, daß eine teuflisch-dämonische Macht vom Körper eines Menschen Besitz ergreift; ihn ganz in seiner Macht hält, ihn Worte reden läßt, die der Mensch selbst nicht kontrollieren kann, ihn durch die seelische Zwangslage auch in allerlei Krankheiten stößt. In diesem Sinne gab es auch Besessene zur Zeit Jesu.

Daß nicht alle Dämonenaustreibungen, die von Jesus und den Aposteln berichtet werden, als wirkliche Dämonenaustreibungen, sondern eher als Krankheitsheilungen anzusprechen sind, darf man heute annehmen. Der Glaube, daß viele Krankheiten eine dämonische Ursache haben, war den Menschen der Zeit Jesu besonders geläufig. Daß deshalb auch die Evangelisten nicht immer scharf zwischen Besessenheit und Krankheit unterschieden, liegt nahe – obwohl wir heute, nachdem wir durch die Tiefenpsychologie Einsicht gewonnen haben in die Zusammenhänge von dämonisch gewirktem Trauma und Krankheit, nicht mehr unbedingt alle neutestamentlichen Dämonenaustreibungen, die mit Krankheitsheilungen verbunden waren, als Heilungen durch Suggestion ansprechen möchten, wie das die Aufklärungstheologie tat.

Der Exorzismus Jesu hatte übrigens durchaus ein Vorbild in den Dämonenaustreibungen der jüdischen Berufsexorzisten, die Jesus wohl meinte, wenn er fragte: Ihr sagt ja, ich treibe durch Beelzebul die Teufel aus. Und wenn ich durch Beelzebul die Teufel austreibe, durch wen treiben dann eure Söhne sie aus? (Lk 11,19). Die Exorzisten der Juden scheinen aber nicht viel Erfolg gehabt zu haben; damit hängt wohl zusammen, daß man Jesus, als er so offensichtlichen und anscheinend mühelosen Erfolg als Exorzist hatte, den Vorwurf machte, er treibe die Teufel durch Beelzebul aus.

Die Austreibung des unreinen Geistes bei Mk 1,25.26 war zweifellos eine echte Dämonenaustreibung. Das Hin- und Hergezerrtwerden des Besessenen, bevor der Geist ausfuhr, entspricht genau den Phänomenen, von denen die Exorzisten auch heute noch berichten.“

Die wichtigste Frage angesichts dieser Geschichten von Dämonenaustreibungen ist diese: Warum haben die Apostel, die Prediger und später die Evangelisten solche Erzählungen formuliert und in ihre Evangelien aufgenommen? Die Frage enthält vor allem zwei Themen: Was wollten sie mit solchen Erzählungen sagen? Und wieso kamen sie mit solchen Erzählungen bei ihren Hörern an?

Es kam den Aposteln, Predigern und später den Evangelisten darauf an, Jesus als den zu lehren, der das Böse in der Welt entmachtet hat; der sich vor den Dämonen nicht gefürchtet hat; der die Dämonen angriff, um die von ihnen „besessenen“ Menschen frei und gesund zu machen.

Vielleicht sollten wir die Frage, ob Jesus selbst geglaubt hat, daß er böse Geister ausgetrieben habe; oder ob der Christ glauben soll, daß Jesus böse Geister ausgetrieben habe – vielleicht sollten wir diese Frage nicht für so wichtig halten. Und sie ist ja wirklich nicht so wichtig, wenn wir festhalten, daß die sog. „Besessenheit von bösen Geistern" im Grunde eine Krankheit ist. Aber da die Menschen der Zeit Jesu und der Entstehungszeit des NT durchweg unter einer solchen „Besessenheit" die Inbesitznahme durch eine personale böse Macht sahen, können in der Bibel auch die Heilungen von solchen Krankheiten nur als Austreibungen dieser personalen bösen Mächte erscheinen.

Für die Verkündigung von Jesus ist aber eine andere Bedeutung dieser speziellen Heilungserzählungen wichtig. Durch sie soll immer wieder gelehrt werden, daß Jesus gegen das Böse aufgetreten ist oder sogar: daß Jesus das Böse entmachtet hat.

Wichtig ist vielleicht auch noch folgende Mitteilung: daß nämlich eine Reihe heutiger Bibelwissenschaftler sagen, gerade eine solche „Teufelsaustreibung" Jesu müsse für einen historischen Vorgang gehalten werden (von dem bei Lk 11,14 erzählt wird). Sie halten das deshalb für so sicher, weil sie in allen Quellen und Überlieferungen enthalten ist. Edward Schillebeeckx weist darauf hin, daß „in dieser Erzählung eigentlich nicht die Teufelsaustreibung selbst das Thema ist, sondern das unerhört machtvolle Auftreten Jesu." Es ist also dieselbe paranormale Kraft Jesu, die wir oben als die Macht des krankenheilenden Jesus angenommen haben.

Eine andere Erzählung von der Austreibung unreiner Geister durch Jesus wird von den meisten Bibelwissenschaftlern heute für eine Geschichte gehalten, die von übertreibenden und symbolischen Zügen überwuchert ist: die Heilung des Besessenen von Gerasa (oder ähnlich) in Mt 8,28–34; Mk 5,1–20 und Lk 8,26–39. Diese Perikope zeige, wie sich der Erzähler durch naheliegende absonderliche Elemente bestimmen lasse.

3. Naturwunder

waren für die Menschen aller biblischen Zeit Erscheinungen, die durch ihre Wirkung so beängstigend oder wundersam waren, daß sie gar nicht den Versuch machten, sie zu verstehen. Damit hing dann zusammen, daß man davon erzählte, wenn man die Großartigkeit oder das Drohen Gottes (eines Gottes) oder die Schrecklichkeit und Gefährlichkeit eines Dämons den Hörern nahebringen wollte. Keiner der Hörer fragte damals: Wie kommt das zustande? Sie hatten es einfach erlebt und davon war man beeindruckt. Deshalb gehörten in allen Zeiten zu den belehrenden Geschichten der Bibel solche Erzählungen, die Herz und Gemüt mit Sorge oder Angst oder Staunen füllten.

Die Vorgeschichte des Auszugs aus Ägypten wurde, je länger man daran erzählte, mit immer mehr Wundern in der Natur bereichert; es läßt sich nachweisen, daß die zehn Plagen aus den Elementen mehrerer Überlieferungen zusammengearbeitet worden sind. Die Absicht dieser Wundergeschichten war, Ägypten und andere Völker und deren Götter auf Jahwes helfende Hand aufmerksam zu machen (vgl. die Erklärungen zu Ex 7,1–12,36).

Auch zur Erzählung vom Durchzug durch das Rote Meer gehören viele Wunder: da wurde die israelitische Seite erhellt und die ägyptische Seite verdunkelt (Ex 14,20); das Meer wurde ausgetrocknet (Ex 14,21); das Wasser des Meeres spaltete sich, so daß Israel wie zwischen zwei Mauern hindurchziehen konnte (Ex 14,22). Die Besiegung der Ägypter begann mit ihrer Verwirrung in der Morgenfrühe (Ex 14,24); ihre Kriegswagen hemmte der Herr an ihren Rädern (Ex 14,25); dann flutete das Meer an seinen alten Platz zurück und vernichtete die Ägypter (Ex 14,27). – Gehäufte Wunderelemente, die sich z. T. widersprechen, weil sie sich ursprünglich in mehreren verschiedenen Erzähleinheiten befunden haben und später zusammengearbeitet wurden.

Aber hier war ja die Zeit, in der Jahwe das Volk der Hebräer befreite! Deshalb beginnt der Zehn-Gebote-Text mit den Worten Gottes: „Ich bin Jahwe, dein Gott, der dich aus Ägypten geführt; aus dem Sklavenhaus." Die große Wohltat der Befreiung ist nicht des Mose, sondern Gottes Wohltat. Deshalb wird die ganze Geschichte vom Auszug mit „Auszugswundern" erzählt, damit sich das Volk immer wieder klar wird, wie sehr dieser Auszug Jahwes Großtat war.

Nur noch einige weitere Beispiele für die Wundererzählungen des AT: In 1 Kön 18,1–46 wird „Das Gottesurteil auf dem Karmel" als

Naturwunder erzählt. Siehe die Besprechung im Abschnitt 1 Kön 17,1–19,21. – Eine Geschichte erzählt auch 2 Kön 1,2–17 von Elija (s. d.), der Feuer vom Himmel als Naturwunder über einen Hauptmann mit fünfzig Mann herabrief: eine erzählerische Dokumentation, daß Jahwe seiner nicht spotten läßt, wenn man ihm Beelzebul, den Gott von Ekron, vorzieht (2 Kön 1,2) u. a.

Auch im NT gibt es Erzählungen von Naturwundern – nicht nur solche, die auf den ersten Blick als Legenden erkannt werden wie die von der Tempelsteuer: Da befiehlt Jesus dem Petrus einen Fisch zu fangen; in dessen Maul werde er dann eine Viererdrachme finden: die vorgeschriebene Tempelsteuer „für mich und für dich" (Mt 17,24–27). Dahinter steckt – im Evangelium nach Matthäus, der für die Juden schrieb – die Aussage von der Rechtmäßigkeit der jüdischen Obrigkeit auch für die jüdischen Jesusanhänger. – Und nicht nur solche wie die Geschichte von der Verfluchung des Feigenbaums (Mt 21,18–22; Mk 11,12–14 und 11,20–25), an deren Deutung sich die Erklärer die Zähne ausbeißen, weil man ihren Sinn mit der Person und der Aufgabe Jesu nicht recht verbinden kann; und diese kleine Geschichte als Beispiel für den Glauben mögen heute viele auch nicht akzeptieren. – Aber daneben gibt es doch eine Reihe großer Wundererzählungen:

Die Stillung des Seesturms wird am lebendigsten und anschaulichsten in Mk 4,35–41 erzählt: die angstvollen Jünger, der sorglos schlafende Jesus, die erstaunliche Feststellung nach Jesu Drohung und Befehl an den Sturm: „Und es trat völlige Stille ein."

Der Sturm über dem See ist ein Bild für die dämonischen Mächte der Endzeit. Deshalb die Frage Jesu: „Warum habt ihr solche Angst? Habt ihr noch keinen Glauben?" Und deshalb nach der erzählten Sturmstillung die Frage: „Was ist das für ein Mensch, daß ihm sogar der Wind und der See gehorchen?"

Erzählungen von Sturmstillungen sind Rettungserzählungen. Von Gott, von Heilanden werden sie auch dann erzählt, wenn es sich um Rettungen aus geistig-geistlichen Nöten handelt. Die Thematik kommt auch in Gebeten vor: s. Ps 65,8. Auch die Stillung des Sturms, die von Jesus erzählt wird, ist kein Wunder-„bericht", sondern eine Verkündigungserzählung. (Parallelen mit kleinen Unterschieden in Mt 8,23–27 und Lk 8,22–25).

Die Geschichte vom Wandeln Jesu auf dem See (Mt 14,22–33; Mk 6,45–52; Joh 6,15–21) wird von manchen Exegeten als eine andere Form der Sturmstillungserzählung angesehen. Der literarische Aufbau ist tatsächlich sehr ähnlich: Die Jünger in der Sturmnot, aber ohne Jesus; als Jesus dann wach wurde bzw. als er sich ihnen plötzlich auf dem Wasser wandelnd zeigte, riefen sie ihn um Hilfe an; der Sturm legte sich; und die Jünger waren darüber außer sich.

Die Erzählung im Evangelium nach Matthäus enthüllt das Gleichnishafte der Geschichte durch ihren Schluß (Mt 14,28–31). Als sich Jesus zu erkennen gab, wollte Petrus ihm auf dem Wasser entgegen gehen. Jesus sagte: „Komm!" Und Petrus stieg aus. „Als er aber sah, wie heftig der Wind war, bekam er Angst und begann unterzugehen. Er schrie: Herr, rette mich! Jesus . . . ergriff ihn und sagte zu ihm: Du Kleingläubiger, warum hast du gezweifelt?" Ein Passus, der diese sog. Wundergeschichte mitten in die Gefahren der Endzeit hineinstellt.

Noch ein Wort zum Schluß der Erzählung bei Johannes, die manche Erklärer schon als eine apostolische Aufhebung der Wunderbehauptung deuten: Jesus ging nicht über das Wasser, sondern war schon am Ufer, als die Jünger ihn sahen: „Sie wollten ihn zu sich in das Boot nehmen, aber schon war das Boot am Ufer, das sie erreichen wollten" (Joh 6,21).

Das Gemeinsame dieser Erzählung bei den drei Evangelisten ist die Verkündigung Jesu als Helfer und Retter. Als die Jünger Jesus im Sturm sahen, hielten sie ihn für ein Gespenst (Mt 14,26 und Mk 6,49) und fürchteten sich sehr. Sicherlich läßt sich daraus für die Auslegung etwas machen; ob es aber nicht richtiger wäre, dieses Gespenst als einen ausmalenden Zug des orientalischen Geschichtenerzählers hinzunehmen?

Der reiche Fischzug des Petrus (Lk 5,1–11) ist vom Erzähler auf ein Wunder angelegt. Das Wunderbare dieses Fischfangs liegt darin, daß die Männer „die ganze Nacht" gefischt und nichts gefangen hatten, obwohl doch die Nacht die günstigste Zeit des Fischfangs ist. Am Tage fliehen die Fische vor den ihnen entgegenströmenden Netzen. Nun aber bekam Petrus von Jesus den Auftrag, am Tage zum Fischfang auszufahren. Und es wurde ein reicher Fang. Das Ziel dieser Erzählung ist, das Wunder-

bare vorzustellen, welches darin liegt, daß
Petrus zum Apostel berufen wurde und er als
Missionar einen einzigartigen Erfolg hatte.
Der Evangelist weist selbst auf diesen Sinn hin,
wenn er Jesus zu Petrus in der Fischfangge-
schichte sagen läßt: „Fürchte dich nicht! Von
jetzt an wirst du Menschen fangen" (5,10).

Schüler des Evangelisten Johannes übernahmen diese Erzählung (dem Lk-Text ähnlich) als österliche Erscheinungsgeschichte
(Joh 21,1–13) in einer Zufügung zum Evangelium, die heute in einem 21. Kapitel an das Johannesevangelium angehängt erscheint.

*4. Die Erzählungen von den Speisungswun-
dern*
sind ein besonderer Typ unter den Naturwun-
dererzählungen. Sie finden sich sowohl im AT
wie auch in den Evangelien. Bei den Speisungswundererzählungen des AT haben die
Leser schon seit langer Zeit nach natürlichen
Lösungen gesucht; anders bei den sechs Erzählungen von der sog. Wunderbaren Brotvermehrung im NT und dem Weinwunder zu
Kana (Joh 2,1–12): hier versuchen Hörer und
Leser, sich die Erzählung glaubmöglicher zu
machen – meistens ohne Erfolg oder mit unbrauchbaren Mitteln. Dabei machen moderne
Menschen aus Jesus oft einen Hypnotiseur,
der Tausende von Leuten erleben läßt, daß sie
gegessen hätten. Und bei der Hochzeit zu
Kana, so meint man, hatten die Leute schon so
viel getrunken, daß ihnen ganz gleich war, was
sie noch tranken. – Aber zuerst einige Worte
zu den Speisungswundergeschichten des Alten
Testaments:

Ex 15,22–25 erzählt die Heilung des Wassers
von Mara. Der Sinn dieser Wundererzählung
geht aus dem Schluß der Erzählung selbst
hervor (s. die Erklärung zu Ex 15,22–17,16).

Ex 16,1–36 ist die berühmteste alttestamentliche Geschichte von der Speisung des Volkes
mit Wachteln und Manna (s. die Erklärungen
zu Ex 15,22–17,16). Ergänzend dazu sollte
man Num 11,1–35 lesen.

1 Kön 17,8–16 erzählt das berühmtgeworde-
ne Speisungswunder, das Elija für die Witwe in
Sarepta und ihren Sohn gewirkt hat (s. die
Erklärungen zu 1 Kön 17,1–19,21: das Kapitel
„Der Prophet Elija").

In den Elischageschichten wird auch eine
Reihe von „Speisungswundern" erzählt. Der
„Sitz im Leben" dieser Erzählungen sind wahr-

scheinlich die Prophetenschulen, deren leitender Prophet Elischa (nach Elija) geworden war
(2 Kön 2,1–18). Mit diesen Geschichten stellten die Schüler ihren leitenden Propheten Elischa als den stets bereiten Helfer für alle vor,
die in ihrer Not zu ihm kamen. Zugleich waren
solche Geschichten aber wohl auch die Anreger für die Prophetenschüler, als Propheten
(s. d.) selbst Fürbitter und Helfer sein zu
wollen:

In 2 Kön 2,19–22 wird von dem ungesunden
Wasser erzählt, das Elischa mit einer neuen
Schüssel und Salz heilte.

2 Kön 4,1–7 bringt die Geschichte von der
Frau eines Prophetenjüngers, der gestorben
war. Wovon soll sie ihre Schulden bezahlen?
Sie hat nur noch einen einzigen Krug mit Öl.
Elischa sagte ihr: Gieße von diesem Öl in alle
Gefäße, die du bekommen kannst; dann ver-
kaufe das Öl und bezahl davon deine
Schulden.

2 Kön 4,38–41 ist eine Erzählung, die von
den Prophetenjüngern berichtet, wie sie in der
Hungersnot Früchte zum Essen gesammelt
haben, die sich beim Essen als giftig heraus-
stellten. Elischa wußte die Früchte unschädlich zu machen.

2 Kön 4,42–44 ist eine regelrechte „Brotver-
mehrungsgeschichte". Ein Mann brachte Elischa Brot von Erstlingsfrüchten. Aber das
Brot reiche nicht für die hundert Prophetenjünger, sagte sein Diener. Elischa aber sagte:
„Man wird essen und noch übrig lassen." (Und
so war es; denn nicht jeder nahm, soviel er
selbst wollte, sondern sie teilten miteinander,
daß alle etwas bekamen.)

Die Speisungswundererzählungen des NT sind
den Bibellesern immer besonders aufgefallen,
weil die Geschichte von der „Wunderbaren
Brotvermehrung"[1] in den vier Evangelien
sechsmal erzählt wird, wenn auch mit kleinen
Abweichungen; aber im wesentlichen ist es
dasselbe Thema. – Früher wurden diese Geschichten von den meisten Christen als wirkliche Brot- und Fischvermehrungen zur Speisung der 5000 oder 4000 hingenommen (die
mitessenden Frauen und Kinder nicht gerechnet). Das Kuriose bei der Hinnahme der Erzählungen in dieser Art war eigentlich, daß

---

[1] Die sechs Stellen sind Mt 14,13–21 und Mt 15,32–39; Mk
6,32–44 und Mk 8,1–10; Lk 9,12–17 und Joh 6,1–15.

den Geschichten dadurch der eigentliche Sinn, also *warum* sie erzählt wurden, verloren ging. Der Sinn aber ist: zu zeigen, daß das Reich Gottes – um das es Jesus ging – zu allen Bedürftigen kommt, wenn alle von ihrem kleinen eigenen Vorrat denen mitgeben, die nichts bei sich haben. Dieses Teilen ist: mit Jesus austeilen. Die erzählerische Aufforderung, an dieser weltweiten Liebe zu den Armen und Bedürftigen teilzunehmen, ging von den Predigern der Lehre Jesu in solchen Speisungswundergeschichten aus.

Das muß nicht heißen, daß es nie eine solche Versammlung von Tausenden gegeben hat. Es könnte zwar auch eine reine Beispiel- und Aufforderungserzählung sein. Aber da Jesus so lebte, wie er lehrte, hat er selbst das, was er hatte oder was man ihm gab, an alle ausgeteilt. Und so taten es dann auch die wenigen und die vielen, die ihm folgten.

Wer also nur das, was er selbst verkürzt aus diesen Erzählungen heraushört oder herausliest, für Tatsache nehmen will (Jesus hat ein unnachahmliches Wunder gewirkt), der hat nicht das gehört, was Jesus und die Missionare der frühchristlichen Zeit lehrten. Hören sollen alle aus diesen Geschichten, daß das Wunder im Teilen des Eigentums besteht.

(Vergleiche die „Brotvermehrung" aus 2 Kön 4,42–44: s. oben in diesem Abschnitt.)

Die Weinwundergeschichte, die sich mit dem Ort Kana verbindet (Joh 2,1–12), ist allerdings eine ausschließliche Verkündigungserzählung über Jesus als Messias. Wenn die Propheten von der notlosen Zukunft sprachen, die sie mit dem Messias verbanden, sprachen sie vom Wein, der zu dieser Zeit gehören würde: „Der Herr der Heere wird auf Zion für alle Völker ein Festmahl geben . . . ein Gelage mit erlesenen Weinen" (Jes 25,6); „Auf, ihr Durstigen, . . . kauft Wein und Milch ohne Bezahlung" (Jes 55,1); „Sie kommen und jubeln auf Zions Höhe, sie strahlen . . . über Korn, Wein und Öl" (Jer 31,12). – Diese Fülle des Weins wird in der Geschichte vom Weinwunder in Kana beschworen und damit auf Jesus als Messias hingewiesen.

5. *Totenerweckungsgeschichten*
Die Erweckungsgeschichten des NT werden heute von den Lesern und Hörern oft sehr ungnädig beurteilt. Wir haben bei Besprechung der literarischen Gattungen des öfteren gesagt, daß die Erzählungen, die uns in der Bibel begegnen, nur sehr selten äußere Ereignisse wiedergeben, die wirklich geschehen sind, sondern daß solche Erzählungen in den meisten Fällen eine geistig-geistliche Wahrheit ausdrücken wollen. Alle Totenerweckungsgeschichten des NT wollen von Jesus sagen, daß er derjenige ist, der die, welche an ihn glauben, zum Leben ruft. Die Berührung mit Jesus macht diejenigen, die an ihn glauben, lebendig; der Ruf Jesu macht diejenigen, die auf ihn hören, lebendig. Daß es sich dabei nicht um eine leibliche Belebung handelte, müßte man eigentlich sofort begreifen, wenn man einigermaßen weiß, welchen Sinn es hatte, daß Jesus kam. In den einzelnen Erweckungsgeschichten wird jedem, der mit rechten Augen zu lesen versteht, klar, was diese Geschichten besagen wollen:

In Mt 9,18–26 wird Jesus in das Haus eines Synagogenvorstehers gerufen, dessen Tochter soeben stirbt oder gestorben ist. Jesus tritt in das Sterbehaus ein und faßt das Mädchen an der Hand; da steht es auf. – In den Parallelen bei Mk 5,21–43 und Lk 8,49–55 heißen die maßgeblichen Worte ähnlich: „Er faßte das Kind an der Hand und sagte zu ihm: Mädchen, steh auf. Sofort stand das Mädchen auf und ging umher." – Was die Geschichte sagen will, ist etwas sehr Einfaches: Wenn ein Mensch von Jesus berührt wird – dabei ist die erzählte leibliche Berührung ein Symbol für die geistig-geistliche Berührung –, wenn er von Jesus angerufen wird und aufsteht, so ist er dem Leben wiedergeschenkt; denn er hat Berührung bekommen mit dem Auferstandenen und Lebensspender. Auch der Auferstandene ist ja nicht zum irdischen Leben wiedererstanden, sondern zum Leben als Lebensspender der Menschen, die ihr wirkliches Leben als Menschen verloren hatten. Von solcher Lebensspendung will die Geschichte von der Erweckung der Tochter des Jairus erzählen.

In Lk 7,11–17 wird eine andere Erweckungsgeschichte mit ähnlichen Schwerpunkten erzählt. Es ist die Auferweckung eines jungen Mannes in Nain. Jesus geht zur Bahre und faßt sie an. Und er sagt: „Ich befehle dir, junger Mann, stehe auf. Da richtete sich der Tote auf und begann zu sprechen." Auch hier die Berührung des Toten, der auf der Bahre lag, und die Anrede an den Toten: ein Bild dafür, daß die Berührung mit Jesus und das Wort Jesu einen Menschen, der mit seinem wirklichen Leben gestorben ist, wieder lebendig macht.

In Joh 11,17–44 lesen wir eine weitere Erweckungsgeschichte. Lazarus war gestorben, war begraben worden und trotzdem geht Jesus (in der Erzählung) zu seinem Grab – obwohl man ihn darauf aufmerksam machte, daß das Grab schon vier Tage verschlossen sei. Die Erzählung von der Auferweckung des Lazarus hat auch die Darstellungsweise, wie wir sie bei den Synoptikern (s. d.) gesehen haben; Jesus rief den Toten mit lauter Stimme an: „Lazarus, komm heraus!" Aber neben diesem Vorgangsbild hat Johannes seine Erzählung mit Worten angereichert, die den Sinn dieser Erzählung hervorheben: Jesus sagte zu Marta, als er auf den Hof Marias und Martas kam: „Dein Bruder wird auferstehen" (11,23). Marta sagte, sie wisse es, „daß er auferstehen wird bei der Auferstehung am Letzten Tag" (11,24). Aber Jesus lenkte von dieser Antwort ab. Johannes will auf das hinweisen, was auferstehen heißt; deshalb läßt er Jesus sagen: „Ich bin die Auferstehung und das Leben. Wer an mich glaubt, wird leben, auch wenn er stirbt, und jeder, der lebt und an mich glaubt, wird auf ewig nicht sterben." So arbeitet Johannes den Sinn seiner Erweckungsgeschichte heraus. Die erzählte leibliche Erweckung des Lazarus ist ein Bild für die geistliche Erweckung der Menschen, die sich von Jesus zum Glauben rufen lassen.

6. Jesu Verweigerung von Zeichen
wird im Zusammenhang mit Forderungen von Wunderzeichen als Beglaubigungselemente in den Evangelien einige Male erwähnt (s. Mt 12,38–42; Mt 16,1–4 und Parallelen: Mk 8,11–13; Lk 11,16.28; Joh 6,30). Die Deutung dieser Verse ist unter den Bibelwissenschaftlern nicht einheitlich. Was hat Jesus bei einer solchen Zeichen-Verweigerung gedacht bzw. was haben sich die Evangelisten dabei gedacht, wenn sie davon erzählten?

Hinter Jesu Ablehnung, geforderte Zeichen (Wunder) zu wirken, wird vor allem sein Bewußtsein gestanden haben, daß solche Schaustellungen mit seiner Sendung letztlich nichts zu tun haben. Anderseits wußte Jesus, daß von ihm ausgehende Zeichen (z. B. Heilungen) nicht durch ihn allein zustandekamen, sondern auch durch den Glauben der Bittenden. Fehlte dieser Glaube, war die Situation für eine Heilung nicht gegeben.

JESUSWORTE

Vor allem in den Evangelien sind Jesusworte überliefert. Als man nach den Untersuchungen der Formgattungen der Bibel zur Erkenntnis gekommen war, daß auch in vielen Texten der Evangelien mehr urkirchliche Theologie als Geschichte der Tage Jesu enthalten war, stellte sich natürlich bald auch die Frage nach der historischen Treue der Jesusworte. Waren sie so von ihm gesprochen worden, oder waren auch sie theologische Aussagen! Die Antwort wurde auf Seite der Reformatoren oft sehr radikal gegeben, und die Folge war bei manchen Predigern eine tiefe Resignation. Die katholischen Bibelwissenschaftler waren mit Antworten zunächst sehr vorsichtig; aber heute ist längst die Zeit gekommen, dieses Problem nicht mehr mit Stillschweigen zu übergehen. An seiner redlichen Erörterung hängt auch die Glaubwürdigkeit der Bibelkatechese.

1. Das authentische Jesuswort ist natürlich durchaus in den Evangelien und apostolischen Verkündigungen enthalten. Am besten ist es vielleicht in den Gleichnissen aufbewahrt, wenn wir auch nicht sagen wollen, daß genau *die* Fügung der Gleichnisse, die uns erhalten ist, das Wort Jesu war.

Auch die meisten Sentenzen und die Verkündigungen der neuen Weisungen, wie es z. B. die Spruchsammlung der „Bergpredigt" überliefert, dürfen wir als authentische Jesusworte annehmen. Grundsätzlich möchte man sagen: Alle Lehrworte Jesu in den Evangelien nach Matthäus, Markus und Lukas, die nicht Jesus selbst betreffen, tragen eine gewisse Wahrscheinlichkeit in sich, authentische Jesusworte zu sein.

Zum „authentischen Jesuswort" aber doch noch die Frage, was hier „authentisch" heißt. „Authentisch" *muß* nicht in jedem Fall heißen: wortwörtlich wiedergegebenes Jesuswort *(ipsissima vox)*. Die weitergebende Verkündigung formte notwendig am Wortlaut mit; der Wortlaut bekam seine bequemste Form. Er bekam je nach dem Anliegen eines Predigers und Evangelisten auch Pointierungen. Die Jesusworte erschienen bei der Verkündigung der Frohbotschaft außerdem in verschiedenen Zusammenhängen. Denn das Jesuswort wurde und wird ja nicht um der leidenschaftslosen geschichtlichen Dokumentation willen weitergegeben – es sollte vielmehr formen, ausrichten und richten. Da griff dann der verkündigende Prediger in die Fülle der Tradition und ordnete sie seinem Thema zu. Aus diesen Zuordnungen wurden die Worte Jesu dann oft auch wieder gelöst, als man daranging, die Aussprüche Jesu schriftlich zu sammeln. Da dies immerhin Jahrzehnte nach der Verkündigung Jesu selbst geschah, hatte sich bis dahin der Wortlaut der Rede Jesu durch mündliches Weitergeben verändert, selbst wenn noch soviel Sorgfalt die Tradition behütet haben sollte – was allerdings bei der orientalischen allgemeinen Sorglosigkeit gegenüber dem Einzelwort bezweifelt werden darf. Diese Sorglosigkeit gegenüber dem Einzelwort wurde zwar von den Rabbinen der Zeit Jesu gegenüber dem Wort der Bibel keineswegs angewendet. Man hielt sogar so sehr an der Einzelformel fest, daß man eher den Gehalt als die Formel zu ändern bereit war. Aber das war nicht allgemein-orientalische Art sondern eine Schriftgelehrtenspezialität der Pharisäer (s. d.). Jesus und mit ihm seine orientalisch handelnden Jünger, die keine pharisäischen Schriftgelehrten waren, standen jedenfalls auf dem Standpunkt, daß der Buchstabe tötet und nur der Geist lebendig macht.

2. *Das von der Gemeinde[2] verwandelte Jesuswort* liegt also sicherlich dem Geiste nach nah bei dem authentischen Jesuswort; aber deswegen können wir doch nicht sagen, bei Matthäus, Markus und Lukas finden wir das authentische Wort Jesu, bei Johannes das verwandelte. Weil die Evangelien katechetische und liturgische Schriften sind, enthalten alle Evangelien auch das verwandelte Wort. Die Verwandlung beruhte ja gerade auf dem Gebrauch des Wortes Jesu in Katechese und gottesdienstlicher Feier – zwei Funktionen, die sich natürlich nicht streng trennen lassen; denn auch Liturgie ist ja in gewisser Hinsicht Katechese. Katechese und Liturgie sind sogar nur verschiedene Seiten der Verkündigung.

Das Vaterunser z. B. ist zweifellos eine Kristallisierung der Gebetsform Jesu zu einem Gebet für die Gemeinde. Die beiden Formen des Vaterunsers (Mt 6,9–13 und Lk 11,2–4) weisen schon darauf hin, daß es in den Gemeinden (mindestens) zwei solcher Kristallisierungen gab, die sich zwar zum größten Teil entsprachen – aber die Unterschiede zeigen doch auch, daß hier nicht die fixe Form eines Gebetes Jesu vorliegt (s. die Erklärungen zu

Mt 6,9–13). Das Gebet des Herrn oder die Gebetsformeln des Herrn, wie er sie seine Jünger lehrte, hat in den Gemeinden allmählich diese feste liturgische Form oder festen liturgischen Formen bekommen, die die Evangelisten dann in ihre Schriften aufnahmen.

Es ist sogar wahrscheinlich, daß die Worte „Dies ist mein Leib ... dies ist mein Blut" in *dieser* Form nicht von Jesus gesprochen wurden, sondern Zusammenfassungen sind, die den Gehalt des Tischgesprächs beim ersten eucharistischen Mahle in zwei liturgischen Formeln kristallisieren. Das ist zwar zunächst ein ungewohnter, vielleicht manche sogar schockierender Gedanke; aber als Tatsache nimmt er nichts fort, sondern beweist nur, daß die Urkirche den Geist zur schöpferischen Konzentration empfangen hatte.

Noch einige Beispiele für die Verwandlung von Jesusworten durch die Verkündigung. Bei der Taufe Jesu weist Jesus die Weigerung des Johannes, ihn zu taufen, mit den Worten zurück: „Laß es nur zu! Denn nur so können wir die Gerechtigkeit (die Gott fordert) ganz erfüllen" (Mt 3,15). Man möchte das Wort „katechetisch bzw. theologisch aufgefüllt" nennen. Zweifellos hat Jesus, falls Johannes sich geweigert haben sollte, ihn zu taufen, Johannes dringend um die Taufe gebeten. Aber die Formel von der Notwendigkeit, die Gerechtigkeit zu erfüllen, stammt aus den Messiasbeweisen des Evangelisten, dem es darauf ankam, Jesus als den Erfüller der Gerechtigkeit (s. d.) aufzuzeigen, als den die Juden den Messias erwarteten.

In der Versuchungsperikope werden Worte Jesu angeführt, mit denen Jesus die drei Versuchungen zurückwies (s. die Erklärung zu Mt 4,1–11). Die ganze Versuchungsperikope ist aber eine systematische Darstellung des Messiasbildes Jesu gegenüber dem geltenden Messiasbild seiner Zeit. Es ist zwar nicht zweifelhaft, daß Jesus von seinen Jüngern des öfteren dieses übliche Messiasbild angegriffen und ad absurdum geführt hat; deshalb gab es ebenso zweifellos auch Worte Jesu, mit denen er dieses Messiasbild ablehnte; vielleicht hat Je-

---

[2] Unter „Gemeinde" ist hier natürlich nicht die Gesamtheit der Gemeindemitglieder zu verstehen, sondern der Liturge und Katechet, der Prediger und Missionar, der Presbyter oder Bischof der Gemeinde, also jene, die das Wort Jesu vor der Gemeinde in liturgischen und verkündigenden Worten gebrauchten.

sus selbst sogar die Schriftstellen angeführt, mit denen das Messiasbild zurechtgerückt werden konnte. Aber in den Versuchungserzählungen, die sicherlich auf der Tatsache der geistigen Auseinandersetzung Jesu mit dem nationalen Messiasbild basieren, sind die Worte Jesu nicht die in den geschilderten Situationen gesprochenen Worte, sondern Jesus in den Mund gelegte Worte.

Im Wort von der Nachfolge lautet die Rede Jesu: „Wer mein Jünger sein will, der verleugne sich selbst, nehme sein Kreuz auf sich und folge mir nach" (Mt 16,24). Das Wort vom Kreuz ist doch wohl erst nach dem Kreuzestod Jesu möglich gewesen! Ein Wort von der Nachfolge, von Jesus ganz unpathetisch gesprochen, erhält in der kerygmatischen Verwandlung eine neue Form. (Es wäre übrigens möglich, daß hier ein *liturgisches* Wort vorliegt, das bei der Ordination von Ältesten – Presbytern, Priestern – gebraucht wurde.)

In einer gewissen theologischen Ausformung mag auch das Jesuswort vorliegen, das die Kinder als die Bevorrechteten des zukünftigen Himmelreiches pries. „Wer ein solches Kind um meinetwillen aufnimmt, der nimmt mich auf" wirkt sogar angehängt (Mt 18,5). Aber es konnte als Wort überhaupt erst formuliert werden, als sich die paulinische Lehre von der Identität des Christus mit seiner Gemeinde durchgesetzt hatte. Eine ebensolche theologische und zugleich liturgische Formel, Jesus in den Mund gelegt, ist die Tauformel „. . . macht alle Menschen zu meinen Jüngern; tauft sie auf den Namen des Vaters und des Sohnes und des Heiligen Geistes . . ." (Mt 28,19). Hier sind nicht einmal mehr die Apostel und die Urkirche die Veranlasser der Änderung, sondern die Kirche in einer Zeit, als sich die trinitarische Formel bereits durchgesetzt hatte.

Dies sind nur Beispiele. Die Erkenntnis hat vielleicht für manche im Augenblick etwas Beklemmendes. Aber sie hat auch Erleichterndes. Der schöne „Jubel- und Heilandsruf" (Mt 11,25–30), der ohne Bedenken als ein liturgisches Gebet der Urkirche gesehen werden kann, geformt zwar unter Benutzung überlieferter Worte Jesu, die aber verwandelt wurden durch den Glauben an den Erlöser Jesus, hat nun nichts Peinliches mehr an sich. Hätte wohl ein wirklich Demütiger, wie es Jesus war, sprechen können: „Lernt von mir,

denn ich bin gütig und von Herzen demütig"? Die Kirche aber kann es sagen, wenn sie es ihrem Herrn in den Mund legt, um ihn dadurch zu preisen.

3. Das vom Evangelisten bewußt verwandelte Jesuswort geht aber über die angedeutete Verwandlung noch hinaus. Zweifellos haben wir eine Fülle solcher vom Evangelisten verwandelter Jesusworte im Johannesevangelium. Wie der johanneische Christus spricht der Jesus des Matthäus und Markus niemals, was sich schon durch ganz einfachen Stilvergleich feststellen läßt; bei Matthäus und Markus spricht eben Jesus, und bei Johannes spricht der Christus. Man hat Johannes „den Theologen" genannt; d. h. bezüglich des bei ihm sprechenden Jesus, daß dieser die Theologie vom gottgesandten Messias *(Christós)*, von dem vom Vater gesandten Sohn ausspricht, wie er auf Erden nie gesprochen hat.

Die Evangelisten schreiben eben nicht Geschichte, sondern Evangelium: Johannes *verkündigt* den menschgewordenen Logos, das fleischgewordene Wort, das von sich selber spricht. Dabei verklärt Johannes nicht das Wort Jesu, sondern er verwandelt die Worte des geschichtlichen Jesus, der „von Anfang an" (Joh 1,1) als der Messias Gottes und als Gottes göttlicher Sohn von den Aposteln bekannt wurde, in die Worte dieses Messias Gottes und dieses Sohnes Gottes: Jesus. Johannes legt die Tatsache, daß Jesu Lehre direktes Gotteswort ist – weit erhaben über das Gotteswort der Tora –, in seine Worte: „Meine Lehre stammt nicht von mir, sondern von dem, der mich gesandt hat" (Joh 7,16). Er drückt den Glauben, daß der Vater durch seinen Sohn Christus wirkt, der durch Auferstehung bestätigt wurde, durch Worte Jesu aus (Joh 5,16–30). Die Gespräche Jesu (vor der Erweckung des Lazarus) mit Maria und Marta sind Katechesen über die Auferstehung, und indem Johannes diese Reden der Erzählung von der Lazaruserweckung hinzugab, wurde sie gedeutet. Er verwandelt alltägliche oder auch vordergründig zu verstehende Worte Jesu in Worte mit tiefen Hintergründen oder praktischen Anweisungen: Jesus sprach mit Nikodemus über die Wiedergeburt des Menschen und Israels aus dem Geist – nicht auf das Fleisch (Glied eines bestimmten Volkes zu sein) kommt es an; da spricht der johanneische Christus von der Taufe: „Wenn jemand nicht aus Wasser und Geist geboren wird, kann er nicht in das Reich Gottes kommen" (Joh 3,5).

Bei Johannes wissen wir nicht mehr, was Jesus wirklich gesagt haben kann, was Johannes ihm in den Mund gelegt und was Johannes – ohne Zäsur – als eigene Deutung hinzusetzt. Und damit erhebt sich die schwerste Frage: die Frage nach der Berechtigung der Urkirche – der Apostel – der Evangelisten, solche Umwandlungen vorzunehmen. Oder anders ausgedrückt: Es erhebt sich die Frage nach der Autorschaft.

4. Die Frage nach der Autorschaft lautet: Kann man noch von „Jesusworten" sprechen, wenn diese Jesusworte nicht wirklich auf Jesus zurückgehen? Haben die Apostel und Evangelisten nicht die Worte Jesu verfälscht?

Wir dürfen da die Art nicht übersehen, wie man im Orient seit eh und je die Frage der Autorschaft behandelte. Der Grundbestand war entscheidend. Nach Ansicht des orientalischen Gesetzgebers konnte man z. B. auch dann noch von mosaischem Gesetz sprechen, wenn dieses Gesetz nur noch kleine Reste aus der Gesetzgebung des Mose enthielt. Das erweiterte, im Sinne der Erstanlage erweiterte Gesetz war immer noch das mosaische Gesetz (s. „Wort Jahwes", Nr. 3).

So auch bei den Worten Jesu: Entscheidend war, daß der Sinn der Gesamtheit der Worte Jesu erhalten blieb, nicht daß jedes Wort so von Jesus gesprochen wurde. Die Apostel als die befugten Prediger der Lehre Jesu verstanden sich nicht als Traditoren von Formeln, sondern als Verkünder und Bezeuger einer ihnen durch Worte und Taten übergebenen und vorgelebten Lehre, in der nicht so sehr wörtliche Formeln als vielmehr ganzheitliche Haltungen mit sinnvollen Worten ihren Platz hatten. Daraus ergab sich von selbst ein freieres Schalten mit dem Wort Jesu, das sie als lebendiges Lebenswort weiterzugeben hatten und nicht als toten, wenn auch edlen Stein. Diese Haltung hängt – völkerpsychologisch gesehen – vielleicht auch zusammen mit einer anderen Schätzung des Wortes und der Rede. „Wort" ist für den Orientalen nicht Einzelwort (vgl. den Ausdruck: Die Bibel ist „Wort Gottes", also die ganze Bibel und nicht das einzelne Wort); das Einzelwort ist nur *eine* Formel im Gesamtwort. Diese Haltung hat auch die Kirche übernommen, indem sie niemals zugelassen hat, daß man sich auf ein einzelnes Bibelwort beruft; immer gilt die Gesamtheit *des* biblischen Wortes (nicht *der* biblischen Worte) als Grundlage für den rechten Sinn.

III.
Zu Büchern und Perikopen des Alten Testaments

Die fünf Bücher des Mose

Die fünf Bücher, die wir mit dem Namen des Mose verbinden, nennt die Bibelwissenschaft „Pentateuch".[1] Das griechische *teúchos* bedeutet eigentlich „Gefäß", meint aber im Griechisch der Juden den Rollenbehälter, in dem die Schriftrollen aufbewahrt werden. „Pentateuch" heißt also etwa: Fünfrollenwerk, Fünferbuch o. ä. Die Einteilung des Gesamtwerkes in fünf Bücher dürfte sich im 4. Jahrhundert v. Chr. aus buchtechnischen Gründen empfohlen haben. Da manche das Buch Josua mit den fünf Büchern des Mose zu einer literarischen Einheit verbinden, wird auch von „Hexateuch" (Sechsrollenwerk) gesprochen. Ja, unter Einbeziehung des Richterbuches redet man sogar von „Heptateuch" (Siebenrollenwerk).

Die fünf Bücher des Mose werden heute meistens mit den Namen bezeichnet, die sie in der lateinischen Nomenklatur erhalten haben, die man in Anlehnung an die Buchbezeichnungen der griechischen Septuaginta übernahm:

Das 1. Buch Moses wird „Genesis" (Entstehung) genannt;

das 2. Buch Moses ist das Buch „Exodus" (Auszug);

das 3. Buch Moses ist das Buch „Leviticus" (mit den levitischen, d. h. priesterlichen Gesetzen);

das 4. Buch Moses ist das Buch „Numeri" (griechisch: arithmói = Zählungen, Musterungen);

das 5. Buch Moses ist das „Deuteronomium" (Abschrift des Gesetzes).

Die Gesamtheit der fünf Bücher Moses bezeichnet der Jude mit „das Gesetz" *(torá),* was nicht heißen soll, daß es *nur* gesetzliche Vorschriften enthält. Es ist mehr das Gesetz des Glaubens und Lebens, wie es sich aus der *Geschichte* des Volkes Israel ergibt, untermischt mit den eigentlichen gesetzlichen Vorschriften, die nichtsdestoweniger den größten Teil der fünf Bücher ausmachen. Man hat *torá* deshalb sinngemäß durch „Weisung" übertragen.

Ist der Pentateuch ein ursprüngliches Ganzes?
Bis ins 18. Jahrhundert der christlichen Zeit war man der Ansicht, die „fünf Bücher Moses" (Pentateuch) seien ein Werk des Mose. Seit dem 2. Jahrhundert vor Christus hat sich diese Meinung (der Juden) immer mehr gefestigt. Aber der Pentateuch selbst widerstreitet in vielen seiner Aussagen dieser Meinung:

a) keines der Bücher trägt eine Verfasserangabe, mit der die Bücher wenigstens selbst den Anspruch erheben würden, daß sie auf Mose zurückgehen;

b) von Mose wird in der dritten Person gesprochen;

c) einzelne Passagen, für die Mose ausdrücklich als Verfasser genannt wird (z. B. Ex 17,14; 24,4; 34,27 f.; Num 33,2; Dtn 31,9,24) schließen die Gesamtautorschaft des Mose fast aus;

d) Erzählungsmomente, die eine spätere geschichtliche Situation als die der Mosezeit voraussetzen, sind zumindest die Ergebnisse von Überarbeitungen; z. B. ein Satz wie dieser: „Die Könige, die in Edom regierten, bevor bei den Israeliten ein König regierte" (Gen 36,31), ist nicht vor dem ersten König in Israel (Saul) möglich. Solcher Stellen gibt es eine Reihe (z. B. Gen 12,6; 13,7; 14,4; 34,7; 40,15 u. a.).

Die intensive Durchleuchtung der Inhalte und der Textgestalt des Pentateuch hat die Auffassung bekräftigt, daß der heutige Text durch eine Redaktion von Texten aus verschiedenen Zeiten zusammengeflossen ist. Darauf weisen hin:

a) die Stilunterschiede, Unterschiede der Sprachformeln und Wortwahl für gleiche Dinge oder Tätigkeiten. Zu den auffälligsten Unterschieden gehört der Gebrauch für die Gottesbezeichnung: in den einen Passagen *Jahwe,* in anderen *Elohim;* nicht als ob die eine Tradition nur den einen Namen gekannt hätte und die andere den anderen – es handelt sich um die durchgehende Bevorzugung;

b) die sachlichen Widersprüche (z. B. die sich widersprechenden „Schöpfungsberichte" Gen 1,1–2,2 und 2,4–25) wären bei *einem* Schriftsteller nicht möglich. Wie sie einerseits zeigen, daß die spätere Redaktion sie nicht als einander widersprechende *Berichte* empfand, sondern als einander ergänzende *Lehrstücke,* so weisen sie aber doch darauf hin, daß sie nicht

---

[1] Die griechischen Worte pénte, hex, heptá = fünf, sechs, sieben.

von einem Verfasser stammen, der die verschiedenen Anliegen in sich nicht einander widersprechenden Erzählungen hätte folgen lassen;

c) mehrfache Berichte derselben Vorgänge weisen ebenfalls auf verschiedene Quellen hin, aus denen die heutige Form des Pentateuch zusammengewachsen ist (vgl. die Verstoßung der Hagar, Gen 16,4–14 und 21,8–21).

Zur Entstehungsgeschichte
Es gibt viele Theorien über die Entstehung der heutigen Textgestalt des Pentateuch, radikalere und gemäßigtere Theorien. Aber die (alleinige) Autorschaft des Mose vertritt heute kein Wissenschaftler mehr. Daß der Pentateuch das Ergebnis einer Zusammenstellung uralten und weniger alten Traditionsgutes ist und daß er aus dem Zusammenarbeiten verschiedener „Quellen" entstanden ist, wird heute allgemein anerkannt.

Die katholischen Wissenschaftler fühlten sich sehr lange eingeengt durch das Dekret der Bibelkommission vom 27. Juni 1906, das jegliche Quellentheorie, die eine nachmosaische Fixierung des Pentateuch vertrat, verwarf. Durch ein päpstlich gutgeheißenes Schreiben des Sekretärs der Bibelkommission vom 16. Januar 1948 an Kardinal Suhard ist diese Enge aber schon ziemlich aufgehoben worden. Darin heißt es: „Es gibt heute niemanden mehr, der die Existenz solcher Quellen bezweifelt oder eine fortschreitende Erweiterung der mosaischen Gesetze bestritte, die ihren Grund hatte in den [veränderten] sozialen und religiösen Verhältnissen der späteren Zeit – eine Weiterentwicklung, die sich auch in den geschichtlichen Erzählungen zeigt."

In Kürze systematisch dargestellt, würde sich etwa folgende Entstehungsgeschichte darbieten:
1. Die ältesten Texte werden vor allem repräsentiert durch einige poetische Stücke, die auch gerade durch ihre feste Formung am wenigsten in den späteren Bearbeitungen verändert werden konnten, wenn man sie nicht zerstören wollte. Zu diesem poetischen Gut gehört z. B. der größte Teil des Jakobssegens (s. d.), der zwar nicht in die Zeit Jakobs zurückgeht, aber doch wohl teilweise bis in die Zeit der Richter (1150 bis 1050); die spätere, d. h. heutige Form setzt allerdings andere Verhältnisse voraus. Zu diesem ältesten dichteri-

schen Gut gehört auch der Schilfmeerspruch (Ex 15,21 f.) aus der Mosezeit.

2. Gewisse Gesetzesformeln und Sprüche gehören ebenfalls zum ältesten Textgut, z. B. stammen die Grundformeln der Zehn Gebote sicherlich aus der Mosezeit. Wenn uns auch nicht mit Sicherheit diese Grundformeln überliefert sind, so lassen jedoch die Formeln Ex 20,2–17 vermuten, daß sie den Grundformeln sehr nahestehen. Nach einer Zeit, in der manche Wissenschaftler im überlieferten Pentateuchtext kaum noch altes gesetzliches Textgut erkennen wollten, ist man heute durch das Bekanntwerden des Gesetzesgutes anderer Völker zu der Ansicht gekommen, daß sich im Bibeltext mehr ursprüngliches Wortgut befindet, als viele bisher annahmen. Mesopotamische, assyrische und hetitische Gesetzessammlungen zeigen in manchem z. B. große Ähnlichkeit mit dem Bundesbuch (s. d.), und wenn auch nicht unbedingt direkte formelhafte Abhängigkeit nachgewiesen werden kann, so ist doch anzunehmen, daß sowohl hier wie dort allgemeines Gewohnheitsrecht des Vorderen Orients in jeweils eigenen Formeln niedergelegt wurde: vgl. die Ausführungen über „Die Gesetze Israels".

3. Die erste erzählerische Festformung der Erzvätergeschichten und der Landsuche- wie Landnahmegeschichten geschah wahrscheinlich in der Zeit der Richter (1150 bis 1050). Diese Erzählungen gingen jedoch zurück auf ältere Stammeserzählungen und blieben wohl auch nach ihrem Zusammenfließen zunächst noch mündliche Überlieferung (s. „Die Stämmetraditionen"). In diesen Erzählungen vereinigten sich – so mag es zu sehen sein – die Erzvätererzählungen der einzelnen Stämme zu den Erzvätererzählungen des werdenden Volkes Israel; die Landsuchegeschichten der einzelnen Stämme sammelten sich um die große Gestalt des Mose, der seine hebräischen Brüder aus Ägypten herausgeführt hat; die Landnahmeerzählungen der einzelnen Stämme flossen zu einer gemeinsamen Landnahmevorstellung zusammen – womit gleichzeitig gesagt ist, daß ein großer Teil des Erzählgutes in die Zeit des erzählten Geschehens zurückreicht.

Die Erforschung der Traditionsschichten,[2]
die allerdings noch keineswegs abgeschlossen ist, läßt sodann einen Blick in die verschiedenen mündlichen Traditionen und die kompli-

zierte Geschichte des schriftlichen Textes tun.

1. Der Jahwist. Etwa zur Zeit Davids (um 1000 v. Chr.), wahrscheinlicher aber erst zur Zeit Salomos (um 950) entstand die erste *schriftliche* Fixierung von Kapiteln des zukünftigen Pentateuch in einem Werk, das man heute lange „die erste Quelle" des Pentateuch nennt. Nach der Bevorzugung des Jahwenamens für Gott, die natürlich bereits die mündliche Tradition beherrschte, sprechen wir von der „jahwistischen Schicht" (J). Auch aus anderen Eigenarten (z. B. nennt er den Berg der Gesetzgebung „Sinai" und nicht „Horeb", wie er in einzelnen Kapiteln heißt) kann man die Stücke des Jahwisten erkennen (vgl. den Artikel „Sinai"). In mühseliger Vergleichsarbeit hat man sein Buch rekonstruiert, obwohl es an vielen Stellen nur mit anderen Schichten gemischt (bzw. durch andere Hände bearbeitet) in der Gesamtheit des Pentateuch auf uns gekommen ist.

Zweifelsfrei gehörten der jahwistischen Schicht[3] an: Gen 2,4b–4,26; 5,29; 6,1–8; 9,18–27; 10,8–19 und 25–30; 11,1–9 und 28–30; 12; 13; 16,1–14; 18,1–19 und 28 sowie 30–38; 21,1b.2a.6b.7; 22,15–18 und 20–24; 28,13–16; 29,2–14 und 31–35; 30,9–16 und 24–43; 31,46–50; 38; 39; 43; 44; 49,1–27; 50,1–11; Ex 1,8–12; 2,11–23; 11,4–8, 12,21–27; 13,3–16; 15,22–25a.27; 16,25–30; 19,20 bis 25; 24,9–11; 32,9–14; 33,12–34; 28; Num 10,29–32; 13; 24.

Schöpfung, Sünde, Gericht, Verheißung eines Landes an die Abrahamsnachkommen und immer wiederkehrende Auserwählung mit einem deutlichen Akzent auf dem Segen über Juda ist Inhalt und Tendenz dieses Traditionskomplexes, der bis zu Moses Tod geführt wird. Als Abfassungsort und -zeit wird eben wegen dieser Bevorzugung Judas der Hof der Daviden vermutet. Der Jahwist ist ein Hoferzähler, der die Legitimität Davids aus dem Stamme Juda dartut in der Führung des Volkes Israel durch die geschichtslenkende Hand Gottes.

Obwohl der Jahwist also Geschichtsschreiber ist, ist er Theologe; dies charakterisiert ihn als Schreiber einer Heilsgeschichte. Seine Stücke sind Lehrstücke von der Macht und Barmherzigkeit Jahwes, der den Stamm Juda und also David und die Daviden auserwählt hat, Jahwes König über das auserwählte Volk zu sein. Das alles erzählt er in sehr ursprünglicher Fabulierkunst, indem er Gott in anthro-

pomorpher Weise menschennah und menschlich handelnd darstellt (vgl. den Artikel „Anthropomorphismus"). Er erzählt es mit den uralten Geschichten, indem er sie in seiner Sprache formuliert, in lockeren Bildern ordnet und für sein Anliegen akzentuiert.

2. Der Elohist. Während „der Jahwist" als erste „Quelle" des Pentateuch fast allgemein anerkannt wird, gehen die Ansichten der Forscher über die zweite „Quelle", den „Elohisten" (E), weit auseinander. Daher möge das folgende lediglich als plausible Möglichkeit dargeboten werden.

Der „Elohist" ist später als der „Jahwist" anzusetzen; daß seine Erzählungen jedoch jemals in einem eigenen Buch niedergeschrieben wurden, wird bezweifelt. Die Stücke des Pentateuch, aus denen man eine elohistische Traditionsschicht zu erkennen glaubt, sprechen bis zur Offenbarung des Namens Jahwe an Mose grundsätzlich von *elohím* (Gott). Diese Stücke sind in Form und Tendenz erkennbar, und ihr Stil setzt sich auch nach der Erzählung von der Offenbarung des Jahwenamens an Mose in bestimmten Stücken fort.

Der „Elohist" kennt keinen anthropomorphen Gott, sondern einen immer transzendenten Gott, der zu den Menschen vom Himmel her, durch rufende Engel oder Träume spricht. Er lehnt jedes *Bild* Gottes scharf ab. Er beginnt seine Erzählung mit Abraham, der von *Gott* (elohim) geführt wird; aber offenbart hat er sich als „Jahwe" erst dem Mose. Die Identität des Abrahamsgottes und des israelitischen Jahwe wird herausgehoben. Dieser Gott ist der Gesetzgeber der Völker, vor dem die Völker schuldig werden – bis zur Fülle der Schuld. Keiner weiß, wann diese Fülle der Schuld erreicht wird.

Die Eigenart der „elohistischen" Perikopen oder der entsprechenden Glossen ist so stark, daß man eine eigene Erzählertradition annehmen muß, aus der diese Stücke stammen oder nach der viele Stücke des Jahwisten glossiert worden sind. Die einfachste Lösung für das

---

[2] Der sehr lange in der Bibelwissenschaft übliche Ausdruck ist „Quelle" und „Quellenschriften". Allmählich beginnt sich aber der Ausdruck „Schicht" durchzusetzen, der die lange (mündliche und schriftliche) Überformung und ihre Geschichte besser im Wort einfängt als „Quelle" usw.

[3] Nach Sellin-Rost: Einleitung in das Alte Testament, 1959, S. 57.

Entstehen dieser zweiten „Quelle" bietet die Überlegung der Folgen der Reichsteilung (S. 545, Nr. 32). Nach dem Zerfall des einen Reiches (etwa 932 v. Chr.) mußte der judaistisch orientierte Jahwist, der jetzt nur noch das Südreich Juda meinen konnte, ersetzt werden durch Erzählungen, in denen die Belange, Situationen und Probleme des Nordreichs Israel berücksichtigt wurden. So ergäbe sich als Zeit der Neuerzählung (oder ihrer Abfassung) die Zeit seit Jerobeam I. (925–911), und als Ort der Abfassung das Nordreich. Die Hervorhebung von Bet-El (s. d.) und Sichem (s. d.) als der wichtigen Kultstätten und Wallfahrtsorte des Nordreichs in den E-Stücken stützen diese These.

Der „Jahwist" und der „Elohist" erzählen von derselben Zeit, wenn auch der Elohist erst mit Abraham beginnt; dennoch haben sie nicht nur verschiedene Akzente, sondern auch verschiedene Perikopen. Dies ergab sich daraus, daß auch der Jahwist nicht ein Niederschlag der ganzen Tradition war. Neben den Niederschriften ging gewiß die erzählerische Tradition weiter und lieferte so auch weiterhin Stoff für andersartige Erzählungen.

3. Der Jehovist. Die Quellen J und E sind nun aber nicht bis zur „Entstehung" des Pentateuch nebeneinander hergegangen. Vielmehr wird die Annahme vertreten, daß beim Zusammenbruch des Nordreiches Israel (S. 555, Nr. 36a) Priester- oder Prophetenflüchtlinge aus dem Nordreich elohistische Traditionstexte oder mündliche elohistische Erzählungen ins Südreich Juda mitbrachten und hier eine Zusammenarbeitung von J und E vorgenommen wurde, die man „Jehovist" (d. i. „Jahwist" mit den Vokalen von *elohim)* nennt. Das Grundgefüge gibt dabei J ab, während E ergänzend und glossierend eingebaut wird, ohne daß der Stil aufeinander abgestimmt und Widersprüche ausgeglichen wurden.

4. Das Deuteronomium. Ob dieses dritte, und zwar schriftliche Quellenwerk (D) ebenfalls auf das Nordreich zurückgeht, ist unsicher. Es mag die Gebräuche und Gesetzesformulierungen des Nordreichs enthalten haben und könnte nach dem Zusamenbruch Israels von flüchtenden Leviten nach Jerusalem gebracht worden sein. Wahrscheinlich wurde dieser Kodex dann wohl in die judäische Situation transponiert, vielleicht bei Gelegenheit der Reform des Hiskija (721–693, S. 559, Nr.

37). Jedenfalls wurde in Jerusalem im Jahre 622 eine „Abschrift des Gesetzes" (Deuteronomium) in der Zeit des Königs Joschija von Juda im Tempel aufgefunden (S. 559, Nr. 38).

In breiter, oratorischer Form legt D, das im großen und ganzen in dem „Deuteronomium" genannten fünften Buch Moses eingeschlossen ist, dar, daß Gott aus Gnade Israel als sein Volk erwählt hat. Bedingung für die Treue Gottes zu seinem Bund mit Israel ist aber Israels Treue zu Gott, seinem Gesetz und zum einzig legitimen Heiligtum; dieser letzte Zug kann jedoch nur auf die Bearbeitung in Juda zurückgehen.

5. Priesterschrift (P) hat man die jüngste Traditionsschicht („Quelle") des Pentateuch genannt, die sich aus den fünf Büchern Moses mit klaren Charakterzügen herauslösen läßt. Die „Priesterschrift" ist, wie manche glauben, in der Zeit des Königs Joschija (638–608) entstanden; andere glauben, daß sie erst in der Babylonischen Gefangenschaft begonnen wurde, also nach 586. Was man sich allerdings unter dieser „Priesterschrift" vorstellen muß, ist schwer zu sagen: entweder einen für sich bestehenden kultischen Kodex, der aus den Zeiten vor der Babylonischen Gefangenschaft stammt; oder einfach die kultischen Traditionen der Priester von Jerusalem, die erst in der Babylonischen Gefangenschaft schriftlich fixiert wurden.

Außer diesen älteren Traditionen gehören aber zu dieser „Priesterschrift" auch andere Stücke: Erzählungen und Genealogien, die stark den Einfluß der babylonischen Welt verraten, so daß möglicherweise eine ältere wirkliche Priesterschrift und Lehrperikopen, die während der babylonischen Zeit als Ergänzungen neuesten Datums in den vorliegenden Text heiliger Bücher eingearbeitet wurden, die *ganze* „Priesterschrift" ausmachen.

Die ganze Schrift der Priesterbearbeitungen ist akzentuiert durch eine Theologie der Ordnung: Gott ist der Gott der Ordnungen, deren Künder und Verwirklicher die Priester sind.

Das babylonische Geschichtssystem der Datierung nach Regierungszeiten der Könige wird in den Priesterkodex aufgenommen, indem man die israelitischen Generationen nach Repräsentanten benennt und ihre Lebenszeiten mit idealen Zahlen umschreibt. Die Völkertafeln und die Genealogien gehören also der jüngsten Schicht an.

6. *Die Endredaktion* ergab sich zwangsläufig aus den nach der Rückkehr aus dem Exil vorliegenden Gesetzesbüchern.

a) J + E waren bereits zum Jehovistenwerk zusammenredigiert.

b) Zum Jehovisten war als zweites Gesetzbuch das Deuteronomium getreten, das (in Babylon in zwei verschiedenen Ausgaben?) um je ein Vor- und Nachwort erweitert wurde, die aber schließlich beide in das Deuteronomium (5. Mose) als Anfangs- und Schlußkapitel aufgenommen wurden. Auch gewisse ermahnende Zusätze erhielt das Deuteronomium.

c) Die Priesterschrift, beginnend mit dem Weltschöpfungshymnus, wurde nach der Rückkehr aus dem Exil bei der Endredaktion der Gesetzesbücher als Grundlage für die Reihenfolge des Fünfbuches genommen, und der Jehovist wie D wurden nach der Priesterschrift geordnet, ohne daß Jehovist und D in ihren Teileinheiten verändert wurden; das Eigengut von P aber blieb erhalten. D erscheint nunmehr als zusammenfassender Schluß des ganzen Werkes, und zwar als Abschiedsreden des Mose vor seinem Tode.

Das ist *eine* Möglichkeit. Die Vielfalt und Verschiedenartigkeit des Pentateuch-Materials läßt auch andere Möglichkeiten zu. Aber es kommt *hier* nicht darauf an, die verschiedenen Möglichkeiten mit ihren Nuancen auseinanderzulegen, sondern den großen möglichen Gang oder sogar nur: einen möglichen Gang zu skizzieren.

Unter dem Priester und Schriftgelehrten Esra, Führer der religiösen Reformen nach dem Exil, wurde dann nach 400 v. Chr. der Pentateuch als das endgültige Gesetz proklamiert (vgl. Neh 7,72 ff.), obwohl auch in den folgenden Jahrhunderten an ihm immer noch redigiert wurde (S. 566 f., in Nr. 42).

Abschließend soll aber noch einmal betont werden, daß es sich bei den verschiedenen Einheiten des Pentateuch sehr oft nicht um „Neuschöpfungen" handelt, sondern um Aufschreibungen vorhandener Erzählungen und Gesetze, wenn auch um die Aufschreibung verschiedener Traditionen, um verschiedene Auswahlen aus den Traditionen, um so verschiedene theologische Sichten zu betonen.

Gerade das Zusammenwachsen des Pentateuch aus verschiedenen Traditionsschichten bezeugt in großartiger Weise die Lehre, daß

die Gemeinde *vor* dem Buch ist (vgl. das Kapitel über die Entstehung der Heiligen Schrift, S. 11).

7. *Die Toledót* des Buches Genesis und ihre Deutung lassen die Entwicklungsgeschichte des biblischen Textes neuerdings in wieder anderem Licht erscheinen. P. J. Wisemann mit seinem Buch „Die Entstehung der Genesis. Das 1. Buch der Bibel im Lichte der archäologischen Forschung" (Wuppertal 1957) und, auf ihm aufbauend, Claus Schedl in der zweiten Auflage seiner „Geschichte des Alten Testaments. I. Band: Alter Orient und biblische Urgeschichte" (Innsbruck 1964) haben die Toledót-Diskussion wieder in Gang gebracht. Einige für die Geschichte des Bibeltextes wichtige Thesen seien deshalb hier zusammengefaßt und an einigen Beispielen des Buches Genesis erläutert.

a) Von *toledót* (Mehrzahl von *toledáh)* ist im Buche Genesis des öfteren die Rede. Der Sinn dieses Wortes ist nicht überall eindeutig. Ganz sicher bedeutet es „Zeugungen", deshalb wurde es oft mit „Geschlechterfolge" übersetzt. Aber die Richtigkeit dieser Übersetzung ist schon oft angezweifelt worden. Nun scheint nachgewiesen zu sein, daß man bisher das *toledót* falsch bezogen hat, und damit kommt man dem Rätsel um die Toledót um einiges näher.

Das Wort *toledót* kommt vor in Gen 2,4a („Das ist die Entstehungsgeschichte von Himmel und Erde"), in Gen 5,1a („Das ist die Liste der Geschlechterfolge nach Adam"), in Gen 6,9a („Das ist die Geschlechterfolge nach Noach"); in gleicher Weise wie in Gen 6,9a wird *toledót* ferner gebraucht in Gen 10,1a; in 11,10a; in 11,27a; in 25,19a; in 37,2a. In all diesen Texten hat man den mit *toledót* gebildeten Satz auf den folgenden Text bezogen, und so kamen die meisten Übersetzer zur Übersetzung „Geschlechterfolge". Während nämlich (z. B.) eine Übersetzung „Das ist die Geschichte der Söhne Noachs" sich auf das bereits Erzählte bezieht, kann sich eine Übersetzung „Das ist die Geschlechterfolge der Söhne Noachs" auf den kommenden Text beziehen. Die Wissenschaftler, die die Verseinteilung der Bibel schufen, gingen – wie ein Blick auf die Abschnitte der Bibel lehrt – meistens von der Meinung aus, daß sich *toledót* auf das Kommende beziehe.

Wisemann wies nun darauf hin, daß auch die

einzelnen Keilschrifttafeln, obwohl sie nicht zu
Büchern gebunden waren, doch miteinander
verbunden waren, und zwar durch den Text.
Der Text nannte am Schluß der Tafel das
Thema der Tafel, wies aber dadurch auch
gleichzeitig auf die folgende Tafel hin. Zum
Beispiel (an Hand eines Genesistextes, den wir
jetzt hier wie einen Keilschrifttext behandeln):

Schluß der Tafel: „Das ist das Buch der
Geschichte Adams" (Gen 5,1a, das sich auf
Gen 2,4b–5,1a bezieht).

Beginn der neuen Tafel: „Als Gott den
Adam den Menschen schuf, machte er ihn
nach dem Bilde Gottes" (Gen 5,1b, mit dem
nun die Geschichte auf Noach hinsteuert). Die
Annahme, daß *dies* der richtige Anfang des
neuen Kapitels ist, wird erhärtet durch die
mesopotamische Literatur, deren Epen oft
und bevorzugt mit „als" beginnen. Wisemann
legt dar, daß die Genesistexte in dieser Hinsicht noch den literarischen Gepflogenheiten
der Keilschriftzeit verpflichtet sind. (Hier wird
übrigens sichtbar, wie auch die äußeren Formen, also die Buchformen, die literarischen
Formen beeinflussen und prägen.)

Nun aber stellt sich die Frage: Warum die
Wahl dieses Wortes *toledót*, wenn es nicht die
„Geschlechterfolge" ankündigen soll? Warum
wählte der Erzähler für das Wort „Geschichte"
das Wort *toledót*, das „Zeugungen" o. ä. bedeutet, obwohl ihm doch auch andere Wörter
für „Geschichte" zur Verfügung gestanden
hätten? Wenn das Erzählte nichts mehr mit
Geschlechterfolge zu tun hat, vielleicht hat es
dann etwas mit anderen Zeugungen zu tun,
z. B. mit Wortzeugungen? Dies führt an den
geheimnisvollen Sinn des Wortes *toledót* heran: es heißt vielleicht „Wortzeugungen" (was
man dann frei durchaus mit „Geschichte"
übersetzen kann), und zwar in diesem Sinne:

Am Anfang steht dem Erzähler der Bibel
ein Mythenepos der Völker zur Verfügung.
Dies will er nun für seinen Zweck ummodeln.
Er will aus dem Göttertext oder aus dem
reinen Sagentext einen Gottestext, einen Jah-
wetext formen. Dazu erweitert er das vorhandene Gedicht; er läßt sozusagen die alten
Worte neue Worte zeugen; und die neue Geschichte nennt er deshalb *toledót* (Zeugungen). Claus Schedl hat mit viel Kenntnis der
hebräischen Sprache, viel Scharfsinn und poe-
tischer Einfühlung aus den *toledót* die ursprünglichen Texte herauszulösen versucht

und so aufgezeigt, was der biblische Redaktor
hinzugefügt hat. Die Methode und die Ergebnisse begegnen bei den Fachgelehrten noch
viel Zurückhaltung; aber bei aller Reserve
muß man zugeben, daß die dargelegten Möglichkeiten verblüffend sind.

b) In den Schluß der Keilschrifttafeln wurde auch die Datierung eingetragen. Solche
Datierungen finden sich vor allem in den Ge-
nesistexten des öfteren, wenn auch in anderer
Art, als wir uns solche Datierungen sonst
vorstellen. So steht z. B. in Gen 5,3: „Adam
war 130 *schanáh* [Jahr], indem er zeugte ein
Gleichnis nach dem Urbild; dann lebte er noch
800 *schanáh* [Jahr]; seine Gesamtzahl beträgt
930" (nach Schedl, a. a. O., S. 201).

Nun hat Schedl glaubmöglich gemacht, daß
solche „Datierungen" in Wirklichkeit nicht mit
Jahren oder anderen zeitlichen Daten zu tun
haben, sondern vielmehr die Anzahl jener
Wörter enthalten, die das alte Gedicht („das
Urbild") enthielt, sodann die Anzahl der hinzugefügten Wörter und die gesamte Wortan-
zahl des so „datierten" biblischen Textes. Ohne den Nachweis hier im einzelnen zu wiederholen, seien aber doch die Ergebnisse kurz
mitgeteilt. Danach bedeutet der oben zitierte
Vers Gen 5,3 – der sich auf Gen 2,4b–4,25
bezieht – folgendes:

Die Gesamtzahl der Wörter beträgt 930; die
erste Zeugung beträgt 130, d. h. dem Urtext
des ersten Liedes, das Schedl mit Gen 2, 4b–24
bezeichnet, sind 130 Wörter hinzugefügt
worden;

da die Einheit aus zwei Liedern besteht,
vermag der Schriftgelehrte aus dieser Angabe
130 für das erste Lied zu erkennen, daß dem
Urtext des 2. Liedes $2 \times 130 = 260$ neue
Wörter (Zeugungen) hinzugefügt worden
sind;

dadurch ergibt sich, daß die Ursprungslieder
930 Wörter abzüglich 390 (nämlich $130 + 260$)
gezeugten Wörtern umfaßt haben müssen, also zusammen 540 Wörter;

daraus aber, daß auch noch die Zahlenangabe 800 gemacht wird, vermag der Schriftgelehrte zu schließen, daß die Urwörterzahl der
zweiten Strophe 400 betrug; denn die 800 wird
als „Gesamtlebenszeit" nach der ersten Zeugung angegeben – 800 enthält also (so wußte es
der Schriftgelehrte) alles, außer den 130 der
ersten Zeugung. Für das zweite Lied kann er
aber nur die Hälfte von 800 in Anspruch

nehmen, also 400; mit diesen Zahlen: 930 (Gesamtlebenszeit) abzüglich 260 („Zeugungen" des zweiten Liedes) = 670, abzüglich 400 (Urwörter des zweiten Liedes) = 270, abzüglich 130 („Zeugungen" des ersten Liedes) ergibt sich die Zahl 140 als Urwörterzahl des ersten Liedes. – So ist also durch diese Zahlen in jene Texte, die solche Angaben enthalten, eine enorme Textsicherheit in die Bibel eingebaut, so daß bei sorgfältiger Beachtung kein Wort verlorengehen konnte.

c) Aus dieser Zahlendeutung ergibt sich nun die Frage, ob die anderen Zahlendeutungen dadurch hinfällig werden. Man hatte ja immerhin einen gewissen Symbolsinn in verschiedenen Zahlenzusammenhängen gesehen. Aber man unterschätzt wohl die mannigfachen Möglichkeiten des Zahlenspiels, wenn man so fragt. Natürlich werden die Schwierigkeiten für die Stimmigkeit größer, je mehr Bezüge die Zahlen ausdrücken sollen. Das ist jedoch kein Hindernis, sondern eher ein Anreiz. Obwohl also 130 die Anzahl der „gezeugten" Wörter für das erste Lied des oben benutzten Beispiels angibt und also einen praktischen Sinn hat, kann doch noch speziell die Zahl 130 gewollt worden sein, um z. B. eine übertreffende Zahl in der dezimalen Zwölferzählung zu erreichen ($10 \times 12 = 120 + 10 = 130$), d. h. eine Vollkommenheitszahl, die aus der Multiplikation zweier Vollkommenheitszahlen (10×12) entstanden ist, und der dann eine 10 als übertreffende Zehnerzahl hinzugefügt wird (vgl. S. 57). Daß man außerdem noch zwischen dieser 130 und der Summe der Zeugungsalter der Sem-Nachkommen eine Beziehung zu Abram herzustellen verstand (vgl. S. 519), weist nur darauf hin, daß man sich gerade am vielfältigen Sinn solcher Zahlen ergötzte.

d) Aber noch eine letzte Frage bietet sich an, und dieser Frage wegen wurde dieses Toledótkapitel als Abschnitt 7 am Ende des Textes zum Thema „Erforschung der Traditionsschichten" eingeschaltet – die Frage nämlich, wie diese neuen Erkenntnisse (falls sie sich als richtig erweisen sollten) unsere Ansicht von der Geschichte des Pentateuchtextes ändern werden. Wird die Theorie von den Traditionsschichten (J, E usw.) dadurch unbrauchbar? Manche Äußerungen Schedls zeigen, daß er dieser Ansicht ist, und manche andere befürchten es. Es ist nicht daran zu zweifeln, daß einige Zuordnungen von Texten zur Jahwistentradition oder zur Elohistentradition dadurch in Frage gestellt werden. Vielleicht würde ein großer Teil des Textes (bei Nachweis höchster Wahrscheinlichkeit dieser Toledót-Theorie), der bisher älteren Traditionsschichten zugesprochen wurde, für die Priesterredaktion während des Babylonischen Exils in Anspruch genommen werden müssen. Damit wäre aber noch nicht gesagt, daß die Texte mit Toledót *ganz* erst im Exil entstanden sind. Wahrscheinlicher wäre, daß die Kenntnis der ursprünglichen Texte und der schon seit längerem aufgefüllten Texte nebeneinander (im Priesterkodex?) tradiert wurde und daß lediglich das Spiel mit den eingebauten Toledótzahlen auf die babylonische Zeit zurückgeht; diese Zahlen hatte man ja auch unter anderem Gesichtspunkt der Priesterschrift zugewiesen.

Der größte Teil des Pentateuchtextes wird von dieser Toledót-Theorie gar nicht berührt. Also wird auch die bisherige Theorie der Traditionsschichten dadurch grundsätzlich überhaupt nicht in Frage gestellt – nur der Umfang der einzelnen Zuweisungen mag sich dadurch etwas ändern.

Das Buch Genesis

Das erste Buch der Bibel, das sogenannte „Erste Buch Moses", nennt die Bibelkunde *Genesis* (Gen, 1 Mos). Dies ist ein griechisches Wort und bedeutet: Entstehung, Ursprung; die ersten Kapitel dieses Buches sprechen von der Erschaffung der Welt und des Menschengeschlechts; andererseits spricht das ganze erste Buch der Bibel von der Entstehung des Volkes Israel (Patriarchengeschichte). Danach wird in der griechischen Bibel, und im Anschluß daran auch in der lateinischen Bibel, das ganze Buch „Genesis" genannt.

Das Buch Genesis umfaßt

1. in den Kapiteln 1–11 die sogenannte Urgeschichte (Schöpfungserzählungen, die Erzählung von Paradies und Sündenfall, die Erzählung von Kain und Abel mit der Liste der
Nachkommen Kains und der Nachkommen
des Seth; die Sintfluterzählung mit Noachs
Fluch und Segen über seine Söhne und der
Völkertafel; die Erzählung vom Turmbau zu
Babel mit der Semitenliste);

2. in den Kapiteln 12–50 die Patriarchengeschichten (sie erzählen von Abraham, Isaak
und seinen Söhnen Esau und Jakob, von Jakob
und seinen Söhnen).

Die Bezeichnung der Genesis als „erstes
Buch Moses" kann die Meinung veranlassen,
daß die Genesis von Mose geschrieben wurde.
Diese Meinung wäre ein Irrtum. Das Buch
Genesis hat eine sehr komplizierte und bis
heute noch nicht ganz geklärte Entstehungsgeschichte (vgl. den Artikel über den Pentateuch
auf den vorigen Seiten).

Die Menschheitskapitel der Genesis werfen für
den modernen Menschen immer noch Probleme auf. Wir werden dieser Probleme einigermaßen Herr, wenn wir folgendes feststellen:

Die rechte Deutung der wesentlichen Aussagen dieser Kapitel wird uns erleichtert, wenn
wir uns klar darüber werden, wie das Israel der
Abfassungszeit diese Kapitel verstanden hat.
Denn die schwerwiegenden Fehler, die bei der
Entgegennahme der biblischen Botschaft gemacht werden, sind einmal, daß man sie mit
den Begriffen und Weltbildern von heute verstehen will und daß man nicht nach der gemeinten Botschaft fragt.

Die Abfassungszeit ist zwar nicht unzweifelhaft festzulegen, aber nach dem augenblicki-
chen Stand der Forschung darf man sagen:

a) Die Elemente der Erzählungen stammen
zum größten Teil aus dem Erzählgut des Volkes Israel, das es zum Teil auch aus Mythen
und Sagen anderer Völker entlehnt hat. Seit
wann diese Mythen und Sagen im Erzählgut
des *Volkes* im Sinne des Glaubens Israels
verändert vorlagen, wissen wir nicht (vgl. den
Artikel „Mythos und Bibel").

b) Die ersten Formungen dieses Stoffes zu
gültigen Lehrstücken für Israel, die nichts Wesentliches mehr mit den eventuell mythischen
Ur- und Rohstoffen gemeinsam haben, beginnen mit Mose und in der Mosezeit (um 1250

v. Chr.); einiges stammt aber auch erst aus
der Gefangenschaftszeit in Babylon (6. Jahrhundert v. Chr.); die Geschichten Gen 1–11
werden heute ganz als Ergebnisse der Priester-
erzählungen aus der Babylonzeit angesehen;

c) Die Redaktion für eine erste Niederschrift geschah etwa zur Königszeit (nach 1000
v. Chr.). In der Zwischenzeit sind die Geschichten (Lehrstücke) mehr mündlich als
schriftlich überliefert worden und auch in Ne-
bensächlichkeiten vielfach verändert worden.

*Die Menschheitskapitel der Genesis sind Lehr-
stücke.* „Alles Geschriebene ist zu eurer Belehrung geschrieben", sagt Paulus. Nach der
Entscheidung der Bibelkommission (30. Juni
1909) sollte in ihnen aber der historische Kern
erkannt und anerkannt werden. Diese Bemühung um den historischen Kern wurde jedoch
allzuoft mit zweifelhaften Mitteln und in einer
zweifelhaften Breite versucht. Wenn wir Lehrstücke und Historisches in Zukunft nicht klar
voneinander abgrenzen, betreiben wir trotz
aller katechetischen Mühe Stückwerk. Ohne
daß hier die Einzelheiten und Möglichkeiten
gegeneinander abgewogen werden, soll – sozusagen thesenhaft – voneinander abgehoben
werden:
jenes Geschichtliche, das zur Lehre gehört,
der übrige Lehrgehalt der Lehrstücke und die
Einkleidung.

Im Schöpfungstext wird als geschichtlich
vorausgesetzt, daß *„Himmel und Erde"*, d. h.
alles Seiende, einen Anfang gehabt hat. Zusätzlich wird gesagt, daß *Gott* diesen Anfang
gesetzt hat. Alles andere ist zeitbedingte und
erzählerische Einkleidung. – Als geschichtlich
wird speziell in den Versen über die *Erschaffung des Menschen* vorausgesetzt, daß auch
der Mensch einen Anfang gehabt hat. Das ist
der geschichtliche Kern. Gelehrt wird, daß
Gott den Menschen geschaffen hat, und zwar
„als sein Abbild" (s. d.). Dies wird hervorgehoben durch das dreifache „Bild und Gleichnis". Alles andere ist zeitbedingte oder erzählerische Einkleidung. – Als geschichtlich wird
ein *vorsündlicher Zustand des Menschen* gelehrt. Die Erzählung von diesem vorsündlichen Zustand, das Wie und Wo und Wann, ist
Einkleidung. Auch über die zeitliche Länge
dieses vorsündlichen Zustands wird nichts gesagt. – Als geschichtlich wird die *Erschaffung
des Menschen als Mann und Weib* vorausge-

setzt. Die „spätere" Erschaffung Evas aus dem Manne ist ein Lehrstück, das die Gleichwertigkeit der Frau einprägen und die naturgewollte Einheit von Mann und Frau dartun will (Naturehe).

Als geschichtlich wird *die Erhebung der Menschen gegen Gott* gelehrt und daß dadurch alles Leid in die Welt gekommen ist. Alles andere – die Geschichte von den Bäumen, die Schlangengeschichte, das Verhör Gottes, die Ausweisung aus dem Paradiese – ist Einkleidung.

Die Erzählung von *Kain und Abel* ist nur insofern ein geschichtliches Ereignis, als sie den ersten Mord repräsentiert. Sie hat dagegen einen außerordentlichen Lehrgehalt; daß nämlich die Sünde (der Ureltern) fortwirkt und sich gegen das Leben richtet. Kain und Abel sind also ebenfalls Typen einer Erzählung, die den historisch ersten Mörder und den historisch ersten Erschlagenen repräsentieren; daß es historisch einen ersten Mörder gegeben haben muß, ist ein logisches Postulat.

Das Lehrstück von der *Sintflut* hat wahrscheinlich lokale geschichtliche Grundlagen, verarbeitet aber diese historischen Grundtatsachen im Sinne seiner Lehrtendenz. Wichtig ist lediglich die Aussage vom Anwachsen der Sündhaftigkeit der Menschen.

Die an die Sintflut anschließenden historischen Motive und Abstammungstafeln haben volkspolitische und theologische Absichten: der Autor will die Gruppen der Völker, die Israel und damit Jahwe feindlich sind, aus dem Fluch Noachs erklären. Sie sind ätiologische (begründende) Geschichtsschreibung.

Und schließlich: *der Turmbau zu Babel.* Auch diese Erzählung ist ein Lehrstück, obwohl in dieser Geschichte Historisches mit verarbeitet ist. Aber das Geschichtliche ist Rohstoff und als Historie unwichtig. Wichtig ist auch hier (wie in der Erzählung vom Sündenfall) die Erhebung des Menschen gegen Gott, der als einziger Frieden und Ordnung garantiert. – Dies ist ein sehr modernes Lehrstück!

Im „Werkraum" der „Katechetischen Blätter" stand einmal ein gutgemeinter Artikel über die vielgebrauchte Formel „Die Geschichte von ..." Es wurde dargelegt, diese Formel bringe die Gefahr mit sich, daß die Berichte der Bibel auf eine Stufe mit Märchen und Fabeln gerieten. Die Gefahr besteht. Aber dennoch ist die Formel „Die Geschichte von Kain und Abel", „Die Geschichte von David und Goliat" richtiger als „Der Bericht ..." oder ähnliches. Wenn wir es nicht fertigbringen, das Lehrstück als Lehrstück anzunehmen und auszulegen – das bezieht sich auch auf das NT! –, so werden die sachlichen Schwierigkeiten manchem derart über den Kopf wachsen und werden in unserem wissenschaftswachen Zeitalter die Zweifel am Gotteswort so mächtig werden, daß wir es noch verfluchen werden, von veralteten katechetischen Methoden nicht gelassen und die Ergebnisse der Bibelwissenschaft nicht ernst genommen zu haben.

Immer wieder wird bei dieser Diskussion die Forderung nach dem *wörtlichen* Verständnis des biblischen Wortes erhoben. Dazu sei Karl Rahners Wort angeführt: „Man sollte die Redeweise, als habe man früher in der alten Exegese den Genesisbericht ‚wörtlicher' verstanden und tue dies nun nicht mehr, absolut vermeiden, weil sie falsch und verwirrend ist. Man versteht eine Aussage um so wörtlicher, d. h. voller und genauer, je deutlicher und reflexer man das genus litterarium der betreffenden Aussage erkennt. Wenn wir dieses heute besser vermögen als früher, verstehen *wir,* nicht die Exegeten des 19. Jahrhunderts, den Text ‚wörtlicher'" (Karl Rahner/Paul Overhage: Quaestiones Disputatae, Bd. 12/13, Freiburg 1961; Karl Rahner, Das Problem der Hominisation, S. 40).

Auch die Erzvätergeschichten sind Lehrstücke, wenn sie auch einen anderen Charakter haben als die sogenannten Urzeitgeschichten; ihr Charakter bestimmte sich durch ihren ursprünglichen und ersten Zweck. Während die „Urzeitkapitel" nämlich offensichtlich in ihrem Kern rein religiös-theologische Bedeutung haben, tritt in den Erzvätergeschichten der Blickpunkt auf die Geschichte Israels hinzu. Aber gerade dieser Blickpunkt macht die Durchsicht schwieriger. Haben wir hier echte Traditionen vor uns? Oder haben wir hier zusammengefaßte Sagen, Legenden o. ä. vor uns, die mit Hinsicht auf den Zweck (die Führung Israels durch Jahwe aufzuweisen) umgearbeitet und zusammengefaßt wurden? Oder sind diese Geschichten vielleicht gar zum größten Teil erfunden?

Eine bündige Antwort darauf ist unmöglich.

Die Erforschung der Geschichte des Pentateuch (s. d.) gibt uns zwar einige Aufschlüsse über die Geschichte der Textform; aber die Ursprünge der Erzählungen hat sie bisher kaum durchleuchten können. So bleibt uns nichts anderes übrig, als uns mit den Bausteinen, die uns die vielen scharfsinnigen Vermutungen und die Erforschungen verwandter Texte, das Studium der Erzählweise und die Erforschung der geschichtlichen Mosaiksteinchen geliefert haben, eine *mögliche* Vorstellung von dem Weg dieser Erzählungsstoffe durch die Geschichte zu machen.

Obwohl es so manchen Wissenschaftler gibt, der den historischen Wert dieser Erzählungen ganz auflöst, möchten wir doch meinen, an der historischen Tatsache von Erzvätern festhalten zu müssen, die mit den biblischen Erzählungen gewisse Ähnlichkeit haben. Zwar waren in den verschiedenen Stämmen Israels verschiedene Traditionen lebendig – daß also nicht alle Stämme von den *drei* Erzvätern Abraham, Isaak und Jakob, der auch Israel genannt wird, wußten, da ja auch nicht alle Stämme dieselbe Geschichte hatten (vgl. das Kapitel „Die Zwölf Stämme", S. 500, Nr. 2–4); aber es ist kaum glaublich, daß ein Verfasser oder Redaktor von Stammestraditionen einem Stämmebund Geschichten vorlegen konnte, in denen sich die Stämme nicht selbst irgendwie mit *ihren* Traditionen wiedererkannten.

Etwas anderes ist die Frage, wie die *zusammengefaßten* und redigierten Geschichten sich zu den Traditionen der einzelnen Stämme verhielten. Die Antwort darf etwa so lauten: Die einzelnen Traditionen bringt der Verfasser[1] in einen Zusammenhang, der ursprünglich nicht ganz so bestand. Er gibt *allen* Stämmen, auch denen, die nicht von einer Abrahamtradition wußten, Abraham zum ersten Patriarchen. Er läßt die *Gesamtheit* des Zwölfstämmevolkes von Jakob abstammen, auch jene, die vielleicht nichts von einem Stammvater Jakob wußten. Er läßt die Traditionen jener Stämme, die von einem Aufenthalt in Ägypten und einem Wüstenzug wissen, in die Geschichte des *ganzen* Zwölfstämmevolkes eingehen – kurz: er verflicht ihre Traditionen zu einer Gesamttradition des Stämmeverbandes und gibt diesem so eine einheitliche Geschichte. Der Sinn dieser so erzählten Geschichte ist aber nicht eigentlich – das ist als Wichtigstes festzuhalten –, diese *Geschichte* zu schreiben,

sondern dem Sakralverband der israelitischen Stämme *Jahwe* zu zeigen, wie er das Volk seit den Tagen der Erzväter geführt hat. Deshalb ist die Akzentuierung in den nunmehr „biblischen" Erzählungen anders, als sie es in den einzelnen profanen Stämmetraditionen war. Nicht mehr der einzelne „Held" steht im Mittelpunkt, sondern die Hand Gottes.

Damit wird die historische Erzählstufe fast nebensächlich. Aus jahrhundertealten Geschichten entsteht – etwa zur Königszeit Davids oder Salomos – das erste zusammenfassende Erzählwerk für das Gesamtvolk, das alle erreichbaren Traditionen verwertet und deutet. In dieser Deutung wird nicht nur das Geschehene allgemein als Wirken Gottes dargestellt, sondern auch Gottes Eingreifen in die Geschichte an Einzelheiten dokumentiert. Zwar finden sich in diesem Erzählwerk auch spätere Ergänzungen, die aber wohl das Wesentliche meist nicht berühren.

Die Abrahamgeschichten und mit ihnen die anderen Erzvätergeschichten haben wegen ihrer „Unglaublichkeit" die Gemüter immer sehr beunruhigt. Sie sind als Mythen gedeutet worden, die die Wanderung des Mondkultes von Mesopotamien nach Kanaan darstellen. Andere haben sie als Erzählungen angesehen, die nur den Anspruch der aus Ägypten einwandernden Israeliten begründen sollen. Wieder andere haben in den Patriarchenerzählungen Gründungsgeschichten berühmter Kultorte gesehen. Wieder andere wollen in den einzelnen Erzvätern nur die Sammelnamen für Stämme und Völker erkennen. Die jüdischchristliche Exegese hat jedoch immer daran festgehalten, daß es sich bei den Patriarchen Abraham und Jakob auch um Einzelpersönlichkeiten handelt, wenn in ihrer Person sicherlich auch manches Typische, Stammesgeschichtliche und Kultgeschichtliche erzählerisch zusammengerafft erscheint.

Gewisse Hinweise im Text erhärten für den Grundstock der Patriarchengeschichten, und also auch der Abrahamgeschichten, ein sehr hohes Alter. Der Segen Melchisedeks, also eines *kanaanitischen* Priesterkönigs, über Abraham konnte in einer Zeit, als die Politik der israelitischen Volksführer auf eine scharfe Trennung von Israeliten und Kanaanitern hin-

---

[1] „Der Verfasser" ist hier generell zu verstehen. Es sind also damit alle Verfasser bzw. der jeweilige Verfasser gemeint.

arbeitete, nicht mehr in einer religiösen Ersterzählung das Thema abgeben; die Melchisedekerzählung weist also auf die Zeit der Erzväter selbst hin. Gewisse Orts- und Flurnamen
geben eine zur Königszeit schon untergegangene Nomenklatur wieder und müssen deshalb
durch Redaktionen dieser Zeit erklärt werden:
Bela – „das ist Zoar" (Gen 14,2); das Tal
Siddim – „das jetzt Salzmeer heißt" (Gen
14,3); sie kamen nach En-Mischpat – „das jetzt
Kadesch heißt" (Gen 14,7).

Die Entwicklung der Abraham- und Patriarchengeschichten zur jetzigen Textgestalt kann
man sich – wenn man von der Abrahamgenera-
tion ausgeht – etwa folgendermaßen vorstellen: Mit Abraham begann – zunächst für seinen Stamm oder jene Stämme, die sich auf ihn
zurückführen – etwas Neues. Die ersten Abrahamerzählungen sahen sicherlich anders aus
als der Bibeltext, aber sie enthielten gewiß das
Gerüst der äußeren Vorgänge: (Wanderung
mit dem Vater aus Ur nach Haran?) – Aufbruch aus Haran nach Kanaan – Station bei
Sichem – Station bei Bet-El – Aufbruch zum
Süden – bei einer Hungersnot Ausweichen
nach Ägypten (die Geschichte von Sara im
Harem eines ägyptischen Königs) – Rückkehr
nach Kanaan – Trennung der Abraham- und
Lotstämme – Abrahams Kriegszug zur Befreiung Lots – Begegnung mit Melchisedek –
Abrahams Hoffnung auf einen Sohn mit Sara,
„der Fürstin", usw. Welche Ereignisse im einzelnen in diesen ursprünglichen Geschichten
erzählt wurden und *wie* sie erzählt wurden,
kann niemand mit Sicherheit sagen; denn sie
waren der erste Rohstoff. Jene Erzählungen
waren noch nicht mehr als Stammesgeschichten, in denen die Einzigartigkeit des Stammvaters, der mit seinem Auszug aus dem Zweistromland etwas Neues begonnen hatte, gepriesen wurde. – Die Zeit dieser Ersterzählun-
gen liegt also etwa um 1700 v. Chr., wenn man
Abraham um 1750 ansetzt.

Diese Erzählungen gingen dann, als die
Abrahamssöhne in den Zwölfstämmebund
aufgenommen wurden, in die Geschichte dieses Bundes ein, und mit dem Glauben (in den
Jahren der Festigung des israelitischen Volks-
und Staatswesens), daß die ganze Geschichte
des Volkes eine zielvolle Führung Jahwes war,
und mit dem Bemühen, diese zielvolle Führung Jahwes dem Volke bewußt zu machen,
erhielten die „weltlichen" Geschichten ihren

Gehalt. Sie wurden neu erzählt. Nun weiß der
Erzähler, daß Abraham nicht aus einem nicht
näher zu beschreibenden Grund Haran verließ, sondern daß *der Herr* zu Abram sprach:
„Zieh weg aus deinem Land . . ." Er weiß jetzt,
daß Abram nicht schutzlos war, und daß er
nicht einfach ein tapferer Mann war, sondern
daß *Jahwe* zu Abram sprach: „Ich werde dich
zu einem großen Volk machen . . ." Die Abrahamgeschichten werden zur Heilsgeschichte,
in der aufgezeichnet ist, daß Gott einen neuen
Heilsweg eröffnet hat.

ZU Gen 1,1–2,4a:
DIE ERSCHAFFUNG DER WELT

Das Weltbild im Schöpfungstext der Bibel
Alles Geschriebene hat nur Sinn, wenn es in
einer Weise geschrieben wird, die für die Hörer oder Leser faßbar ist. Also müssen sich
auch jene Texte des Ersten Buches Moses, die
von der Weltschöpfung handeln, auf das Weltbild beziehen, das den Menschen von damals
gemeinsam war. Wenn der Verfasser des
Schöpfungstextes in seinen religiösen Belehrungen verstanden werden sollte, mußte er
diese an der Welt dartun, wie sie sich den
Menschen von damals anbot und wie sie glaubten, daß die Welt existiere. – Wie sah dieses
Weltbild aus?

Die Welt ist „Himmel und Erde", d. h. die
Erde mit dem Himmel, der sie überspannt.
Die Erde ruht oder schwimmt auf dem Uroze-
an, auf der Urflut, dessen Wasser sie auch nach
oben hin überspülen. Ein „Firmament", d. h.
eine feste Halbkugel (*firmus* = fest), wölbt
sich über die Erde und trennt das Wasser des
Himmelsozeans von der darunter liegenden
Erde, dem Trockenen. Über dem Himmels-
ozean erhebt sich der Lichthimmel. An der
festen Halbkugel des Firmaments ziehen Son-
ne, Mond und Sterne ihre Bahn. An den
Rändern der Erde wachsen die Berge zu „Säulen des Himmels" auf und stützen das Firmament. Die Erde wiederum ruht auf den Säulen
(Festen) der Erde, die tief in die Urflut hinein-
tauchen. Durch Kanäle steigen die Wasser der
Urflut (sie besteht aus Süßwasser) an die
Oberfläche und treten in Quellen zutage.
Durch die „Schleusen des Himmels" dringt das
Wasser des Himmelsozeans ab und zu in den
Raum der Erde ein und fällt als Regen auf das

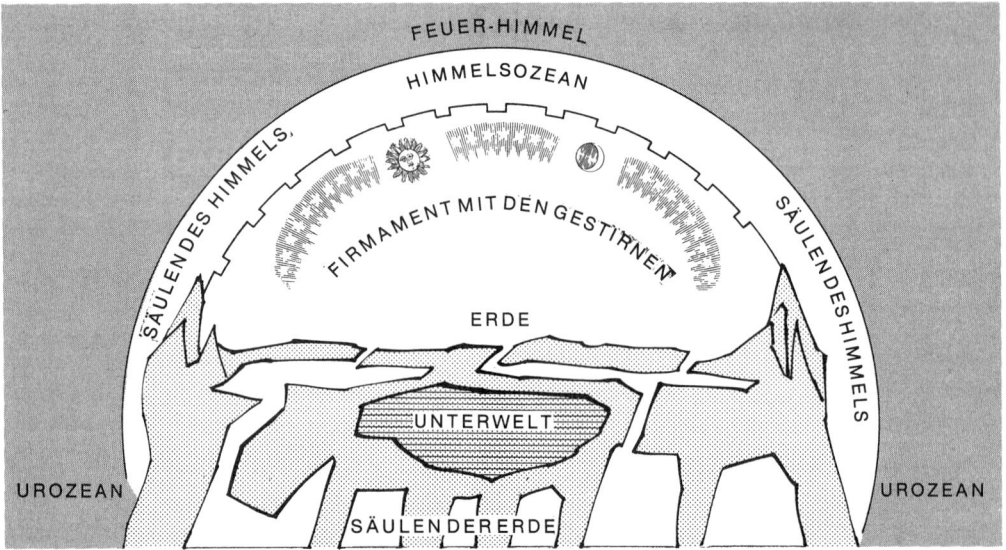

Trockene. – In der Tiefe des Trockenen ist die Höhle der Unterwelt, die Scheól (s. den Artikel „Das Totenreich").

Dieses Weltbild hat die Bibel mit den mythischen Religionen gemeinsam. In diesen aber liegt im Urmeer der Anfang allen Seins. Die Gottheit kämpft mit den bösen Mächten des Urmeers, sie zerteilt die Urflut und befreit so die Welt zum Dasein. Auch durch den Text der Bibel klingen noch die mythischen Formeln hindurch: „Finsternis lag auf der Urflut" (1,2), „Gott schied das Licht von der Finsternis" (1,4). „Ein Gewölbe entstehe mitten im Wasser und scheide Wasser von Wasser" (1,6). Aber trotz dieser mythischen Formeln kämpft hier nicht ein Schöpfergott gegen dämonische Götter und entreißt ihnen die Welt, sondern: Gott schafft die Welt aus dem Nichts. Die Welt ist nicht durch eine bereits belastete Urmaterie als böse Welt vorherbestimmt, wie z. B. im germanischen Schöpfungsmythos, wo die Welt aus der Leiche des von seinen Götterverwandten ermordeten Riesen Ymir gemacht wurde.

Das Gottesbild in Gen 1
Im Schöpfungstext der Bibel kommt es dem prophetischen Erzähler nicht auf die Bestätigung dieses Weltbildes an; es ist als etwas Selbstverständliches vorausgesetzt. Es kommt dem Erzähler darauf an, daß diese Welt – die man so (oder anders) vor sich sieht – von Gott geschaffen ist: „Im Anfang schuf *Gott* Himmel

und Erde." Das landläufige hebräische Wort für Gott, so auch an dieser Stelle, ist *elohím*. Diese Form ist ein Plural. Man hat vermutet, es handle sich hier um den Rest einer polytheistischen Ausdrucksform. Das ist durchaus möglich; die Frage ist aber nicht klar zu beantworten.

Das Wort *elohím* wird sehr vielfältig gebraucht: von den heidnischen Göttern (z. B. Psalm 97,7), von den Engeln, von den Totengeistern (Jes 8,19) und sogar von Menschen (Fürsten, Richter). Sein eigentlicher Sinn ist wohl: mächtige Geister, und es ist sicherlich nicht gegen den Sinn der Schrift, wenn man annimmt, daß *elohím* zu einer Zeit in der Sprache Israels heimisch geworden ist, als die Stammväter des Volkes noch nicht radikal monotheistisch dachten; doch das seßhafte Israel war ja immer in Gefahr, zur Vielgötterei abzufallen. In der monotheistischen Sprache der Bibel erhielt es dann aber den Sinn „Gottheit", Gott. In der Heiligen Schrift selbst ist es, wenn es Gott meint, absolut monotheistisch und wird dann auch immer mit einer singularischen Verbform konstruiert. Man darf annehmen, daß dieser pluralische Ausdruck *elohím* für das Sprachgefühl die Bedeutung der Majestät ausdrückte. Vielleicht wurde es später auch als ein Pluralis intensitatis empfunden, in dem all das auf einen Gott gesammelt wird, was ein Pantheon auf viele Götter verteilte.

Die Form *elohím* für Gott ist aber trotzdem

theologisch nicht unbedingt bedeutsam, sondern kann auch lediglich sprachhistorischen und anschauungshistorischen Wert haben. Wir sagen ja auch immer noch „die Sonne geht auf", obwohl wir genau wissen, daß es nur den Anschein hat, als ob sie aufginge. Bedeutsam ist dagegen, daß Gott am Anfang dieser biblischen Magna Charta der Offenbarung vom israelitischen Autor als selbstverständlich vorausgesetzt wird. Es heißt nicht: „Vor allem Anfang war Gott, der ...", sondern: „Im Anfang schuf Gott ...". Über Gott wird nicht philosophiert. Gehandelt wird über das Verhältnis der Schöpfung und des Menschen zu Gott usw.; Gott selbst ist evident.

Und doch ist auch mehr über Gott ausgesagt, als daß er undiskutabel da ist und daß er „Himmel und Erde" erschaffen hat. Es wird von ihm gesagt, daß er *Geist* ist („Gottes Geist schwebte über dem Wasser") und daß er die Welt durch sein *Wort* schafft („Gott sprach ..."), d. h. durch die Tätigkeit des Geistes Gottes wird die Welt. In dieser Aussage ist schon viel von der erhabenen Souveränität des biblischen Gottesbildes enthalten (s. im Artikel „Wort Jahwes", Nr. 6).

Der Text, in dem dieses Gottesbild zum erstenmal so vorgetragen wird, gehört allerdings zu den jüngsten Texten der fünf Mosebücher. Er wurde in der Babylonischen Gefangenschaft (um 500 v. Chr.) so aufgeschrieben und muß deshalb als ein Ergebnis angesehen werden: ein Ergebnis jahrhundertelanger Auseinandersetzung mit Vielgötterei und mit einem sich immer mehr zum absoluten und geistigen Monotheismus wandelnden Gottesbild Israels.

Das Menschenbild des Schöpfungstextes
Das Menschenbild in diesem Text ist gekennzeichnet durch drei wesentliche Punkte. Die Fragen nach diesen Punkten sind auch heute noch die wesentlichen Fragen bei der Erörterung des Menschenbildes:
1. Wo steht der Mensch in der Gesamtheit des Seienden? – Der erste Schöpfungstext der Bibel sagt, indem er den Menschen als das *letzte* Schöpfungswerk bezeichnet und ihn über die übrige Schöpfung setzt: der Mensch steht an oberster Stelle der Schöpfung.
2. Was ist der Mensch – was unterscheidet den Menschen von den anderen Wesen? – Der erste Schöpfungstext der Bibel sagt, daß der Mensch den Tieren verwandt ist (beide werden „am sechsten Tag" erschaffen), aber Gott erschuf den Menschen „als unser Abbild, uns ähnlich". Der Mensch ist trotz seiner offensichtlich leiblichen Verwandtschaft mit dem Tier ein Wesen, das Gott verwandt ist.
3. Wer ist Mensch? – Die Bibel sagt: „Als Mann und Frau schuf er sie." Beide zusammen sind der Mensch. In dieser Formel sind alle Fragen nach der Gleichwertigkeit der Geschlechter von vornherein ganz beantwortet.

Auf einen vierten wesentlichen Punkt kann man hinweisen, wenn man den hebräischen Text sprechen läßt: Dreimal (d. h. mit höchstem Nachdruck) spricht 1,27 das *bará* Gottes aus: „Gott schuf." Dieses *bará* als Schöpfungsverb ist in der Bibel den Aussagen von der Schöpfung Gottes vorbehalten; in anderen Sprachen gibt es kein Wort, das so für Gott reklamiert ist. Darin ist aber nicht nur die Einzigartigkeit der Schöpfung Gottes ausgesagt, sondern in 1,27 auch die *Geschöpflichkeit* des Menschen intensiv betont. Es wäre allerdings ein Irrtum zu glauben, daß dies immer alles unbestrittenes Glaubensgut Israels gewesen wäre.

DER SCHÖPFUNGSTEXT: EIN SCHÖPFUNGSLIED

Die Wahrheit von der Schöpfung durch Gott wurde in eine feierliche Form der Sprache gekleidet, so daß manche Bibelwissenschaftler diesen Text ein „Schöpfungslied" oder einen „Schöpfungshymnus" nennen. Viele Einzelformen dieses Textes sind tatsächlich poetische Elemente. Anderseits sieht das Ganze eher einer feierlichen Kundmachung, einer Lehre in feierlicher Form ähnlich als einem Gedicht, höchstens könnte man von einer *dramatischen* Entfaltung des „Im Anfang schuf Gott" sprechen.

Im folgenden wird der ganze Text von der Schöpfung in einer Form dargeboten, in der
1. die proklamatorische Form durch besondere Druckanordnung sichtbar wird;
2. die Hauptanliegen des Textes durch Versaliendruck herausgehoben werden – womit zugleich auch der Hinweis auf das eigentliche Offenbarungsgut gegeben wird; denn dieses kann nie in den Einzelheiten, sondern nur im *Anliegen* eines Textes deponiert sein;

3. Nebenanliegen des Textes sind durch Kursivdruck kenntlich gemacht; ihnen sind in den Anmerkungen, S. 117f., noch einige Ausführungen gewidmet.

Es soll damit nicht gesagt sein, daß in dem so dargebotenen Text alle Intentionen eingefangen sind. Wir haben ja auch früher schon gemeint, dies geleistet zu haben; und doch hat uns der Text heute eine ganz andere Tiefe enthüllt.

1,1   IM ANFANG[1] SCHUF GOTT HIMMEL UND ERDE[2],
2   [3]und die Erde war wüst und leer,
         und[4] Finsternis lag auf der Urflut,
         und GEIST GOTTES[5] schwebte über den Wassern:
3   da sprach GOTT:
         Es werde Licht –[6]
         und es ward Licht.
4   Und Gott sah
         das Licht:
         es war gut.
         Und GOTT schied Licht von Finsternis,
5   und Gott nannte das Licht „Tag",
         die Finsternis nannte er „Nacht".
         Und es ward Abend, und es ward Morgen:
         ein Tag.

6   Und GOTT sprach:
         Es werde eine Feste inmitten der Wasser
         und bilde eine Scheide zwischen Wasser und Wasser.
7   Und GOTT schuf
         das Firmament
         und schied zwischen den Wassern oberhalb
         und den Wassern unterhalb der Feste.
         UND ES GESCHAH SO.
8   Und Gott nannte
         die Feste „Himmel";
         und es ward Abend, und es ward Morgen:
         zweiter Tag.

9   Und GOTT sprach:
         Es sammle sich das Wasser, das unter dem Himmel, an einem Ort,
         und es erscheine das Trockene.
         UND ES GESCHAH SO.
10   Und Gott nannte
         das Trockene „Erde"
         und die Sammlung der Wasser „Meer".
         Und Gott sah:
         es war gut.
11   Und GOTT sprach:
         Hervorsprießen lasse die Erde Grünwuchs[7].
         Kraut, das Samen trägt,
         Fruchtbäume, die Frucht mit ihrem Samen bringen:
         je in ihrer Art –
         über die ganze Erde hin.
         UND ES GESCHAH SO.

1,12

Da brachte die Erde Grünwuchs hervor:
Kraut, das Frucht trägt in seiner Art,
und Bäume, die Frucht bringen, darin ihr Same ist:
je nach ihrer Art.
Und Gott sah:
es war gut.

13

Und es ward Abend, und es ward Morgen:
dritter Tag.

14

Und GOTT sprach:
Es sollen Leuchten werden[8] an der Feste des Himmels,
um zu scheiden zwischen dem Tag und der Nacht,
und sie sollen Zeichen sein
für Festzeiten und für Tage und Jahre.

15

Sie sollen Lichtspender sein an der Feste des Himmels,
um zu leuchten auf der Erde.
UND ES GESCHAH SO.

16

Und GOTT machte
die beiden großen Leuchten:
die größere Leuchte, daß sie beherrsche den Tag,
die kleinere Leuchte, daß sie beherrsche die Nacht
und die Sterne.

17

Und GOTT setzte sie
an die Feste des Himmels,
um zu leuchten auf der Erde

18

und zu herrschen bei Tag und bei Nacht
und zu scheiden zwischen Licht und Finsternis.
Und Gott sah:
es war gut.

19

Und es ward Abend, und es ward Morgen:
vierter Tag.

20

Und GOTT sprach:
Es sollen wimmeln die Gewässer von lebendigen Tieren,
und Vögel sollen fliegen über der Erde unter der Feste des Himmels.

21

Und GOTT schuf
die großen Seeungetüme
und alle sich regenden Lebewesen,
von denen das Wasser wimmelt, nach ihren Arten,
und alle gefiederten Vögel, nach ihren Arten.
Und Gott sah:
es war gut.

22

Und es segnete sie GOTT und sprach:
Seid fruchtbar und mehret euch und erfüllet das Wasser in den Meeren,
und die Vögel sollen zahlreich sein auf der Erde.

23

Und es ward Abend, und es ward Morgen:
fünfter Tag.

24

Und GOTT sprach:
Die Erde bringe lebende Wesen hervor, je nach ihrer Art:
Vieh und Kriechtiere und Feldtiere, je nach ihrer Art.
UND ES GESCHAH SO.

1,25   GOTT schuf die Feldtiere je nach ihrer Art
und das Vieh je nach seiner Art
und alle Kriechtiere der Erde je nach ihrer Art.
Und Gott sah:
es war gut.

26   Und GOTT sprach:
Laßt uns Menschen machen
NACH UNSREM BILDE[9],
uns ähnlich;
sie sollen herrschen über die Fische des Meeres
und über die Vögel des Himmels
und über das Vieh, über alle Feldtiere und über alle Kriechtiere der Erde.

27   UND GOTT ERSCHUF
DEN MENSCHEN NACH SEINEM BILDE,
NACH GOTTES BILDE SCHUF ER IHN:
männlich und weiblich schuf er sie.

28   Und GOTT segnete sie,
und GOTT sprach zu ihnen:
Seid fruchtbar und mehret euch und erfüllet die Erde
und machet sie euch untertan,
und herrschet über die Fische des Meeres
und über die Vögel des Himmels
und über alles Bodengetier auf der Erde.

29   Und GOTT sprach:
Seht, ich gebe euch alles Grünkraut, das auf der ganzen Erde Samen trägt,
und alle Bäume mit samentragenden Früchten;
dies alles diene euch zur Speise.

30   Und allem Getier der Erde
und allen Vögeln des Himmels
und allem, was auf Erden sich regt, in dem Lebenshauch atmet,
gebe ich alles Grünkraut zur Nahrung.
UND ES GESCHAH SO.

31   Und Gott sah alles, was er gemacht,
und siehe:
es war sehr gut[10].
Und es ward Abend, und es ward Morgen:
sechster Tag.

2,1   Es waren vollendet
der Himmel und die Erde und alle Gestirne.

2   VOLLENDET HATTE GOTT
am siebenten Tage[11]
sein Werk, das er geschaffen,
und ruhte
am siebenten Tage
von all seinem Werk, das er gemacht.

3   GOTT
segnete den siebenten Tag
und heiligte ihn;
denn an ihm
hielt er Ruhe von seinem ganzen Werk,
das GOTT geschaffen hat.

[1] *„Im Anfang" (1,1):* Wenn der Jude das Buch Genesis nennt, so sagt er *bereschít* („Im Anfang"); er benennt es also nach dessen erstem Wort. Dieses Wort war auch zur Zeit Jesu und der Apostel allen Juden geläufig. Man darf mit Sicherheit annehmen, daß der Evangelist Johannes deshalb sein Evangelium mit demselben Wort beginnt: *„Im Anfang* war das Wort . . ."

[2] *„Himmel und Erde" (1,1):* „Himmel und Erde" heißt nicht „Himmel" und „Erde". Der Ausdruck „Himmel und Erde" ist die typische Formel für das Weltall, für die Gesamtheit der Schöpfung (Ps 121,2: Meine Hilfe kommt vom Herrn, der Himmel und Erde gemacht hat). – Es ist hebräische Spracheigenart, das Ganze durch die Nennung von zwei Polen auszudrücken: Licht und Finsternis, Himmel und Unterwelt, Gut und Böse, Tag und Nacht, Schild und Schwert (d. h. die ganze Rüstung, die zum Schutz und die zum Angriff) u. ä.

„Himmel und Erde" ist für *uns* nur ein sehr unpräziser Ausdruck für das All; aber die Wortgruppe *bedeutet* hier auch für uns das All, weil sie im Weltbild Israels, das dem Schöpfungstext zugrunde liegt, die Formel für das All war.

[3] *„Und die Erde war wüst und leer" (1,2):* Dies ist keine Aussage für uns, obwohl sie für unser modernes Weltentstehungsbild auch noch richtig ist. Die Formel ist vielmehr nur der Hintergrund und Auftakt zu dem Ordnungsbild, das im „Sechstagewerk" entworfen wird. Gerade an solchen Aussagen, die auch für unser Weltbild gelten, kann man sehen, wie man die Aussagen bewerten muß. Man kann nicht das „Stimmende" herausgreifen und damit die „Zuverlässigkeit" der Bibel beweisen wollen. Alles – „Stimmendes" und „Nichtstimmendes" – ist als zum Weltbild jener Zeit gehörig zu werten, wenn es nicht zum Ziel der Aussage gehört. Das Ziel der Aussage aber ergibt sich wie zwangsläufig oder dem Suchenden aus dem Ganzen.

[4] *„Finsternis lag auf der Urflut" (1,2):* Finsternis, weil das Licht noch nicht erschaffen war? Schon die Stellung dieses Wortes im Text schließt diese oft gemachte Annahme aus. Der Künder kann sich nicht auf das Licht beziehen, das erst einige Verse später erwähnt wird. Es ist vielmehr ein Ausdruck des Grauens, der zusammen mit dem Wort „Urflut" seine Fülle erhält. Finsternis heißt für den Menschen der Zeit, die noch nicht das technische Licht erfunden hat, Gefahr, Angst, Preisgegebensein. „Finsternis" schafft – rein dichterisch – den Hintergrund für die Großtat Gottes, der das Licht erschuf. Der Sprecher läßt seine Zuhörer die ganze „Finsternis" durchleben, bevor er vom lichtschaffenden Gott kündet.

Der „Abgrund" (die „Urflut") ist eine Formel aus dem Vokabular des vorderorientalischen Weltbildes. Er ist nicht ein leerer Abgrund, sondern ein Wort für den alles durchflutenden, überall wogenden chaotischen Allozean. In ihm, der in der Wortgruppe „Himmel und Erde" sachlich als Geschöpf mit enthalten ist, gab es das Geschöpf Erde, die natürlich unter solchen Umständen noch „wüst und leer" sein mußte. Sie war noch vom Abgrund, von der „Tiefe" (wie Luther übersetzte), von der Urflut umgeben.

[5] *„Geist Gottes schwebte über den Wassern" (1,2):* Ja, so lauten fast alle Übersetzungen: „(Der) Geist Gottes . . ." Und so richtig dieses „Geist" auch sein mag, so problematisch ist die Formel. Sie deutet zu einseitig. – Aber es handelt sich um dichtungsnahe Sprache; dichterische

Sprache hat mehr Schichten als die Sprache der Wissenschaft. Nun spricht der hebräische Text von *ruach,* was sicherlich „Geist" heißt, aber es heißt ebenso „Wind", „Hauch", Hauch auch im Sinne von „Wort" (Ps 33,6: Durch das *Wort* des Herrn wurden die Himmel geschaffen; ihr ganzes Heer durch den Hauch seines Mundes). Die Fülle dieses Bildes wird uns erst zuteil, wenn wir in diesem Satz die verschiedenen Bedeutungen von *ruach* einander durchdringen lassen: Geist Gottes schwebte über den Wassern (der chaotischen Urflut) . . . der Wind Gottes . . . der Atem, der Hauch Gottes . . . der Hauch seines Mundes . . . ja: sein Wort schwebte über den Wassern . . . In dieser Vielbedeutsamkeit nämlich liegt das Salz dieses *ruach,* aus dem sich dann wie von selbst ergibt: „Und Gott *sprach* . . ."

[6] *„Es werde Licht!" (1,3):* Wie oft hat man diese Stelle des biblischen Schöpfungstextes mit Spott übergossen: zuerst schuf Gott das Licht und dann die Gestirne! Das hier zugrunde liegende, nicht nur orientalische, sondern antike Weltbild sieht aber im Licht einen für sich bestehenden, feinen Stoff, etwas für sich Existierendes: „Wo ist der Weg zur Wohnstatt des Lichts?" (Ijob 38,19).

Die Formel, daß Gott „im Lichte" wohnt, widerspricht nur dann der anderen, daß Gott „in der Dunkelheit" wohnt (s. den Abschnitt über die Wolke), wenn man diese Aussagen nicht als Bilder, sondern als Tatsachen nähme. Beide Formeln sind aber nur Metaphern für das Wesen Gottes, mit denen einerseits die wärmende Wirkung des Glaubens an Gott und seine Klarheit bzw. anderseits seine Unbegreiflichkeit ausgedrückt werden soll. Die Bilder werden auch verbunden, etwa so, daß die Dunkelheit Gottes in einem Mantel aus Licht wohnt.

„Gott, der in unzulänglichem Licht wohnt" (1 Tim 6,16). – „Ehe die Entmischung stattfand, solange noch alles beieinander war, war auch keinerlei Farbe deutlich; denn die Vermengung aller Stoffe, des Feuchten und Trockenen, des Warmen und Kalten, des Hellen und Dunklen, verhinderte es . . ." (Anaxagoras, 499–427 v. Chr.). – „Farbe ist eine Ausströmung von Körpern . . ." (Gorgias, 480–370 v. Chr.).

[7] *„Hervorsprießen lasse die Erde Grünwuchs" (1,11.12):* Der Schaffung des Trockenen fügt der biblische Schöpfungstext sogleich die Schaffung der Pflanzen und Bäume an. Weil sie nicht beweglich sind, waren sie für das Weltbild des Alten Orients ein Teil der Erde.

[8] *„Es sollen Leuchten werden . . ." (1,14–19):* In der Vorstellung der alten Völker waren die Gestirne belebte Wesen: Götter oder Halbgötter. So gab es den Sonnengott, die Mondgöttin usw. Vor allem im Zweistromland, wo dieser Text während der Babylonischen Gefangenschaft der Juden entstand, war der Gestirnkult lebendig.

Die Erschaffung der Gestirne im biblischen Schöpfungstext gibt – wenn man sie im Zusammenhang mit dem Gestirnkult und der Lichtreligion anderer Orientvölker sieht – tiefe Einsicht in die allem Göttermythos ferne Art dieses Textes. „Es sollen Leuchten werden . . ." Also nur als was sie dem Menschen erscheinen und dienen, werden die Gestirne vorgeführt. Und das Original fügt hinzu: „Und Gott sah: es war gut" (1,19). Nicht Götter sind Sonne, Mond und Sterne, nicht Halbgötter, nicht einmal Engel, sondern Leuchten und Zeiger einer Weltuhr. Es ist die Zurückweisung einer Lichtreligion, die Sonne, Mond und Sterne verehrt.

Daß Israel aus anderen Vorstellungen heraus einen dichterischen Ausdruck für Gott beibehalten hat: Gott Zebaót („Gott der leuchtenden Heere"), erhärtet die Notwendigkeit dieser Belehrung über die Sterne, vor denen man sich nicht zu fürchten braucht; denn sie sind nicht belebt. Formulierungen, die eine andere Meinung vermuten lassen, sind – wenn man diesen Text ernst nimmt – als dichterische Formeln anzusehen, wie ja auch z. B. Hölderlin vom „entzückenden Sonnenjüngling" schreibt, ohne an einen Sonnengott zu glauben (s. den Artikel „Jahwe der Heerscharen").

[9] „Laßt uns Menschen machen nach unserm Bilde" (1,26): Die Formel „Laßt uns . . ." wollte man früher oft als einen Hinweis auf die personale Trinität Gottes ansehen. Diese Deutung ist aber nicht zu halten, weil man sonst an Verbalinspiration (s. d.) glauben müßte. Später hat man darin einen Ausdruck der Feierlichkeit und für die Hoheit Gottes gesehen (s. den Artikel „Das Gottesbild . . ."). Aber auch diese Begründung ist fraglich. Eine andere mögliche Deutung wird von vielen Bibelwissenschaftlern heute bevorzugt; sie sehen in diesen Worten „Laßt uns . . ." ein Bild angedeutet, in dem Gott zu den Engeln (seinem „Hofstaat") spricht. Schließlich könnte man die Formel auch als normale Redewendung der Selbstaufforderung sehen, wie sie sich z. B. auch bei Jes 1,18 findet – allerdings auch im Zusammenhang mit Gott: „Kommt her, wir wollen sehen, wer von uns recht hat, spricht der Herr." Da aber die Bibel Jahwe sonst im Ichton sprechen läßt, sind die Stellen kein Anlaß für weitere Schlüsse.

Der Mensch als „Bild und Gleichnis" Gottes kann unter zwei Gesichtspunkten betrachtet werden: Zunächst als Beschreibung des Wesens des Menschen. Dreimal führt der Dichter dieses Gleichnis an: einmal in der Selbstaufforderung Gottes und zweimal im Schöpfungsakt selbst. So kommt es ihm offenbar auf die Tatsache an, daß der Mensch nicht nur ein Geschöpf, sondern ein *Kind* Gottes ist. Es wäre allerdings falsch zu sagen: Weil Gott Geist ist, will der Autor damit die *geistige* Existenz des Menschen betonen; so konnte der orientalische Mensch nicht denken – Dualismus (Leib *und* Seele) gab es für ihn nicht. Aber die Ähnlichkeit von Vater und Sohn war ihm etwas Wesentliches; so drückt er durch die Ähnlichkeit die *Kindschaft* aus.

Für den zweiten Gesichtspunkt muß man den ganzen Vers 26 berücksichtigen: „Laßt uns Menschen machen nach unserm Bilde, uns ähnlich; sie sollen herrschen über die Fische des Meeres . . ." Es ist die Aufrichtung des göttlichen Herrscherbildes in der Welt. Also nicht: Weil der Mensch Gleichnis Gottes ist, soll er herrschen; sondern: An Stelle Gottes und für Gott soll der Mensch herrschen; zum Zeichen dafür sei der Mensch Gottes Bild. Die orientalische Herrschaftsvorstellung, daß im Bilde des Herrschers der Herrscher gegenwärtig ist, hat hier Pate gestanden. Deshalb ja auch sollte sich das Volk „kein Bild machen", damit nichts zum Herrschaftszeichen eines fremden Herrschers werden konnte.

[10] „. . . es war sehr gut" (1,31): Ein Nebenzug des Schöpfungstextes kommt in der mehrmaligen Feststellung, daß das Geschaffene gut war, und in der zusammenfassenden Feststellung von 1,31 zur Geltung. Wenn man festhält, daß diese Verkündigung im Babylonischen Exil entstand, wo das Volk leicht diese Erde für die schlechteste aller möglichen Welten ansehen konnte, dann bekommt dieses „es war sehr gut" einen eminent polemischen Charakter gegen die Nörgler, wie sie an anderer Stelle einen polemischen Streich gegen die Sterngläubigkeit und überhaupt gegen die Vergöttlichung der Naturkräfte, führte. (Siehe auch den Schluß des Artikels „Das Weltbild im Schöpfungstext").

[11] „. . . am siebenten Tage" (2,2): Wenn man unvoreingenommen die Einteilung des großen biblischen Schöpfungstextes betrachtet und sich fragt, warum die Schöpfung wohl in den Rahmen einer Siebentagewoche eingeordnet ist, so gibt sich die Antwort vom siebenten Tage her; denn keiner der sieben Wochentage hat zu dem ihm zugeordneten Schöpfungswerk eine wirkliche Beziehung – außer dem siebenten Tag; höchstens noch beim ersten Tag könnte man eine gewisse Beziehung zum Lichtwerden gelten lassen.

„Der siebente Tag" wird im Schöpfungstext auf ganz eigene Art herausgehoben. Überall schließt die „Tages"-schöpfung ab mit den Worten: „zweiter Tag" – „dritter Tag" usw. Nur der Abschnitt vom siebenten Tage nimmt die Formel „am siebenten Tage" in den Anfangssatz der Strophe. Ferner: Nur im Abschnitt vom siebenten Tage ist der Tag selbst Gegenstand des Textes, während in den anderen „Tage"werken der Tag lediglich angehängt ist; er könnte, ohne Schaden für die Aussage, auch fehlen. Diese beiden Tatsachen weisen darauf hin, daß der Schöpfungstext nur deshalb ein „Sechstagewerk" wurde, um den siebenten Tag – den Sabbat – als (von Gott) geheiligt herauszuheben. Dabei ist die Antwort auf die Frage, wann diese Sechstagewerkeinteilung des Schöpfungstextes um des Sabbats willen geschehen ist – ob in früher oder ob in später Zeit: etwa im Babylonischen Exil –, zweitrangig. Das Babylonische Exil empfiehlt sich als Abfassungs- oder Abrundungszeit in dieser Beziehung vor allem dadurch, daß in ihm die Sabbatfeier ein besonderes religiöses Gewicht bekam (s. im Kapitel „Die Geschichte . . .", S. 563, Nr. 41).

Das Kapitel vom siebenten Tag und das langsame Hinsteuern im ganzen Schöpfungstext auf den siebenten Tag ist ein literarisches Mittel, mit dem die Heiligkeit des Sabbattages proklamiert und in feierlicher Weise immer dann ins Gedächtnis gerufen wird, wenn dieser Text gesprochen wird. Neben der Lehre, daß Gott alles erschaffen hat, ist die Lehre von der Heiligkeit des Sabbats ein wesentliches Anliegen des Schöpfungstextes. Er sanktioniert das entsprechende Dekaloggebot, das ja auch schon in seiner Formulierung aus dem Rahmen der übrigen Gebotsformeln herausfällt. – Über den Sabbat und seine Bedeutung, s. den Artikel „Sabbat".

Elemente der Dichtkunst weisen darauf hin, daß es sich hier um eine künstlerisch gewollte Form handelt – wenn wir bei solch erhabener Monotonie auch nicht unbedingt von einem „Lied" sprechen mögen: Der hebräische Text beginnt mit den Worten *bereschít bará elohím* ..., d. h. ganz wörtlich: „Im Anfang erschuf Gott ..." Der hebräische Text beginnt also mit dem künstlerischen Element der Alliteration. – Auch der Parallelismus der Satzglieder ist ein künstlerisches Element gerade der hebräischen Sprache; z. B. in Vers 2 entspricht „Finsternis" dem „Geist Gottes" und „Urflut" den „Wassern" (s. auch Vers 3, Zeile 2/3, Vers 5, Zeile 1/2, Vers 6, Zeile 2/3 usw.). – Die Inversion des Parallelismus, der Chiasmus, die Überkreuzstellung der Glieder, ist ein anderes künstlerisches Element gerade der hebräischen Sprache; z. B. in Vers 2 entsprechen sich nach diesem Ordnungsprinzip „Erde" und „Urflut", aber auch „wüst und leer" und „Finsternis" (s. auch Vers 27, Zeile 2/3).

Der Refrain ist in allen Sprachen ein dichterisches Mittel. Der Schöpfungstext hat mehrere Arten von refrainartigen Wiederholungen: „Und es ward Abend, und es ward Morgen ...", und dann die Abwandlung im Refrain: „ein Tag", „zweiter Tag" usw. – „Und es geschah so." – „Es war gut." So ist dieser Text, der eine gewisse Nüchternheit atmet, doch mit den Mitteln der Dichtung gestaltet – wahrscheinlich ohne Dichtung im eigentlichen Sinne sein zu wollen. Die Bezeichnung „feierliche Kundmachung" würde ihm gut stehen.

UND DAS SOLL MAN ALLES GLAUBEN?

So soll die Welt geschaffen sein? So soll der Mensch geworden sein? Hat sich die Wissenschaft gegen eine solche Darstellung nicht gewehrt?

Bis um 1500 n. Chr. haben die meisten Menschen in den Welt- und Menschenentstehungserzählungen der Bibel eine Antwort auf das Woher von Welt und Mensch gesehen. Seit Beginn der Neuzeit (etwa 1500) stellten aber immer mehr Menschen die Frage nach der *wissenschaftlich* beantworteten Herkunftsfrage. Die Antwortanfänge dazu mehrten sich im 19. Jahrhundert auch für die Frage nach der Entstehung des Menschen, zu denen Charles Robert Darwin (gest. 1882) Entscheidendes beitrug.

Die Antwort der Bibeltheologie auf die neuen wissenschaftlichen Antworten zur Welt- und Menschwerdung war am Anfang sehr heftig, und es gab hin und her böse Worte. Heute wissen die Theologen, daß die Antworten des ersten Genesisthemas (Gen 1,1–2,4a) nicht den Sinn haben, über das Wie der Welt- und Menschenwerdung Stimmendes zu sagen, sondern mythische und religiöse Antworten der Babylonier auf diese Fragen zu verneinen.

Bei aller Hochschätzung der Erzählung zum ersten Genesisthema kann der heutige Christ die Antworten der heutigen Wissenschaft auf die Frage nach der Welt- und Menschenwerdung schätzen und akzeptieren; allerdings muß er wissen, daß wohl noch lange diese Antworten in Einzelheiten nicht endgültig sind.

ZU Gen 2,4b–3,24: GESCHICHTEN VOM PARADIES

Als um 400 v. Chr. Esra (s. d.) in einer großen Redaktion den sog. Mosebüchern eine endgültige Form gab, fügte er dem großen Schöpfungslied (Gen 1,1–2,4a), das wahrscheinlich zwischen 586 und 538 v. Chr. in Babylon niedergeschrieben worden war, eine großangelegte Erzählung vom Sündenfall der Menschen an. Die große Einleitung zu dieser Erzählung vom Sündenfall ist eine andersartige Schöpfungserzählung (2,4b–25). Die Reihenfolge, in der hier von der Erschaffung des Menschen, (des Ackerbodens), der Bäume usw. erzählt wird, soll sicherlich nicht heißen, daß man glaubte, der Mensch sei zuerst von allem Geschaffenen da gewesen. Den Erzähler interessiert nur der Mensch, und auf ihn ist alles Geschaffene ausgerichtet.

BELEBTER STAUB

„Da formte Gott, der Herr, den Menschen aus Erde vom Ackerboden" (Gen 2,7). Der Erzähler knüpft an Bekanntes an: Ihr wißt alle, so etwa könnte er diesen Satz deuten, wie schnell ein Leichnam zerfällt. Ihr wißt, wie schnell wir ihn bestatten müssen, weil die Hitze ihn sonst vor euren Augen zersetzt. Deshalb begraben

Der Töpfergott Chnum formt den Menschen. Auf dieser ägyptischen Relieftafel ist es der Pharao, der von Chnum Gestalt und Leben erhält; der Pharao ist der höchste Mensch.

wir unsere Toten sofort. Die Reichen haben Grabkammern, die von Zeit zu Zeit, wenn nur noch Staub und Knochen übriggeblieben sind, ausgeräumt werden. Mancher von euch hat dabei schon geholfen. – So hätte der Erzähler sprechen können, ganz gleich, wann diese Erzählung zuerst gesprochen wurde; denn sowohl in der Patriarchenzeit wie in Ägypten, wie nach der Landnahme im Lande Kanaan waren die Bräuche ähnlich.

Der Erzähler stellt Gott wie einen Töpfer vor seine Zuhörer hin. Sein Standpunkt ist etwa dieser: Da ihr also wißt, daß der tote Mensch zu Staub wird, so sollt ihr auch wissen, daß der Mensch von Gott aus Erde geschaffen wurde. Töpfer machen nur *Gefäße* aus Erdenstoff, Gott aber hat den *Menschen* daraus gemacht. Deshalb seid ihr elend ... Natürlich wollte der Erzähler nicht sagen, Gott habe den Menschenleib wirklich so, wie der Töpfer ein Gefäß macht, geschaffen. Der Erzähler wollte ein Bild gebrauchen, das alle verstehen. In dieses Bild kleidete er die Wahrheit vom „staubgeborenen Menschen". – Falls diese Erzählung unter ägyptischem Einfluß entstanden sein sollte, darf man sogar annehmen, daß der Erzähler das Bild der ägyptischen Mythologie entnommen hat; denn im ägyptischen Glaubensbereich wurde der Mensch vom widder-

köpfigen Töpfergott Chnum geformt; „Chnum" bedeutet: Bildner (s. den Artikel „Mythos und Bibel").

Aber der Staub lebt: „Gott ... blies in seine [des Menschen] Nase den Lebensatem" (Gen 2,7). Es wäre auch falsch anzunehmen, der Erzähler hätte damit sagen wollen, Gott hätte dem Menschen wirklich ins Angesicht gehaucht. Er bleibt im Bild des Töpfers oder eines Bildners, den wohl auch schon einmal der Wunsch beschleicht, seine Figuren zum Leben erwecken zu können. Gott könnte es – und er tat es, wenn auch nicht so, wie man es sich oft nach dem Bild vom töpfernden Gott vorstellt. Das Bild ist Ausdruck für die Wahrheit: Das menschliche Leben stammt von Gott. Und die in der Geschichte erzählte Handlung Gottes zur Belebung des Menschen ist ein Bild für die Auszeichnung des Menschen – ein anderer Ausdruck für das „Bild Gottes", nach dem der Mensch geschaffen wurde (s. den Artikel „Das Menschenbild des Schöpfungstextes"). Gott teilt – wie der menschliche Vater – sein Leben dem Kinde mit (s. auch den Artikel „Ägyptische Religion").

In Bibelharmonien (s. d.) findet man manchmal den Satz: Und „Gott nannte ihn Adam (d. h. aus Erde)". Dieser Satz ist eine Konjektur, die sowohl aus der Anlage der Bibelharmonie wie auch aus der Tatsache der Übersetzung entspringt. Der hebräische Text bringt das Wort „Adam" schon in Gen 1,26: „Dann sprach Gott: Lasset uns *adám* machen ..." Die Vulgata bringt das Wort „Adam" als Eigennamen, ohne jede Vorbereitung, zum erstenmal in Gen 2,19: „Gott, der Herr formte aus dem Ackerboden alle Tiere der Felder ..."; vorher braucht die Vulgata für das hebräische *adám* immer das Wort „Mensch".

Das Wort *adám* ist kein original hebräisches Wort. A. Denisch hat in der Zeitschrift „Verbum Domini" (1924, Heft 4) glaubhaft gemacht, daß die Namen Adam, Eva, Abel und andere von den Sumerern kommen. Vielleicht haben schon die aus dem Eufratgebiet auswandernden Stämme einen Teil der Urgeschichten samt deren Namen mitgebracht. Das sumerische *addá* (Vater) wird als „mein Vater" zu *adámu*. Im Hebraisierungsprozeß entstand daraus das Wort *adám*, das dann zugleich den Sinn von „Stammvater", „erster Mensch" *und* den Charakter eines Eigennamens hatte.

Nun besaßen die Hebräer aber ein ähnlich klingendes Wort: *adamáh* (Ackerboden; vgl. dazu die Darlegungen im Artikel „Ackerbau"). Deshalb konnte der Erzähler von Gen 2,7, jener Stelle, an die der obige erklärende Satz angeknüpft wurde, sagen:

da bildete Gott

adám	aphár	min-ha-adamáh
den Menschen	als Staub	von dem Ackerboden;

oder: da bildete Gott

adám	aphár	min-ha-adamáh
den Menschen	des Staubes	von dem Ackerboden.

Der Erzähler benutzt also ein Wortspiel, indem er *adám* (Mensch) und *adamáh* (Ackerboden) zueinander in Beziehung bringt, ohne daß er diese Beziehung zunächst deutet. In Wirklichkeit haben beide Worte verschiedene etymologische Wurzeln.[1] Aber der Hörer der Erzählung macht sich seine Gedanken. – Im Laufe der Erzählung wird das Wort *adám* vor allem dadurch, daß es des öfteren ohne Artikel benutzt wird, immer mehr zum Eigennamen für den (ersten) Menschen: „Adam" (ab 4,25).

Adam meint also: Mensch. Das Wortspiel mit *adám* und *adamáh* (Ackerboden) ist ein Mittel des Jahwisten (s. d.) für die Betonung der Vergänglichkeit des Menschen, vielleicht auch für seine Zuordnung zur Erde. Man sollte aber über der Deutung dieses jahwistischen Wortspiels die andere Seite dieses Adamkapitels nicht vergessen: Das hebräische Wort *adám* ist der Form nach immer singularisch. Da ihm aber sowohl singularische wie auch pluralische Reflexivpronomina folgen, ist daraus ersichtlich, daß es vornehmlich einen Gattungs- und Sammelsinn hat. Zu Beginn des 5. Genesiskapitels wird dies in geradezu exemplarischen Sätzen deutlich: „Am Tag, da Gott *adám* (den Menschen) erschuf, machte er ihn Gott ähnlich. Als Mann und Frau erschuf er sie und … rief *ihren* Namen: *adám*" (5,1b. 2).[2] Beide Geschlechter also umfaßt dieses Wort *adám*. „Das Urpaar mit allen Nachpaaren heißt *adám*; auch die Einzahl („ihn") faßt Zwei- und Vielheit zusammen."[2]

„Adam" soll also im biblischen Text zunächst kein Eigenname sein, sondern eine Bezeichnung für den Menschen als solchen, nicht nur für den ersten Menschen. Wenn der Hebräer *adám* hörte, so hörte er „Mensch", nicht „erster Mensch"; wenn er *ha-adám* (wörtlich: der Mensch) hörte, so hörte er „die Menschen", nicht „der erste Mensch". Dies zu wissen, ist sicherlich eine Hilfe für die rechte Deutung dieses Adamkapitels.

DER GARTEN IN EDEN

Das Bild, das der biblische Erzähler vom „Garten in Eden" (Gen 2,8–17) entwirft, wäre mit anderen Worten so zu beschreiben: Der Garten lag in Eden, „gegen Osten", d. h. nicht im Osten der Welt, sondern im Osten von Eden. „Eden" wird hier als Landname eingeführt. Diesen Garten hat Gott gepflanzt. Der Garten war nicht immer da; er war auch nicht ein Hofgarten Gottes, wie es ihn in Göttermythen anderer Völker gibt, sondern ein Garten, von Gott eigens für den Menschen gepflanzt.

Dieser Garten war ein wundersamer Garten, wie die an Trockenheit gewöhnten israelitischen Hörer dieser Erzählung ihn sich nur träumend vorstellen konnten: mit „allerlei Bäumen", die „schön anzuschauen" waren, und deren „Früchte waren köstlich zu essen". Und das Element des Lebens war in diesem Garten reichlich vorhanden: Wasser (s. d.). Fast wie ein Märchen klang es israelitischen Ohren, daß es Länder gab mit Wasser im Überfluß; und doch waren solche Länder keine Märchen. So ging auch vom Lande Eden ein Strom aus, um den Garten zu bewässern. Vier Hauptflüsse gingen von diesem Strom aus – d. h. vier Bewässerungskanäle, deren Abzweigungen vom Hauptstrom man „Häupter" nannte –, ganz wie in den üppigen Bewässerungskulturen Mesopotamiens.[3]

---

[1] Es soll nicht verschwiegen werden, daß diese Darstellung zwar weithin anerkannt ist, daß aber einige Orientalisten auch einen anderen Zusammenhang vertreten. Sie deuten nämlich *adamáh* nicht als „Ackererde", sondern als „Menschenland", leiten also *adám* (Mann aus Erde) nicht von *adamáh* (Ackererde) ab, sondern führen *adamáh* (Menschenland) auf *adám* (Mensch) zurück.

[2] Nach F. Stier Artikel „Adam" (Handbuch Theologischer Grundbegriffe, München 1962).

[3] Es sei noch bemerkt, daß die Zahl Vier hier Universalität bedeutet. Die Könige Mesopotamiens nannten sich „Könige der Vier Weltgegenden", um ihre Weltherrschaft damit anzuzeigen (s. im Kapitel „Zahlen …").

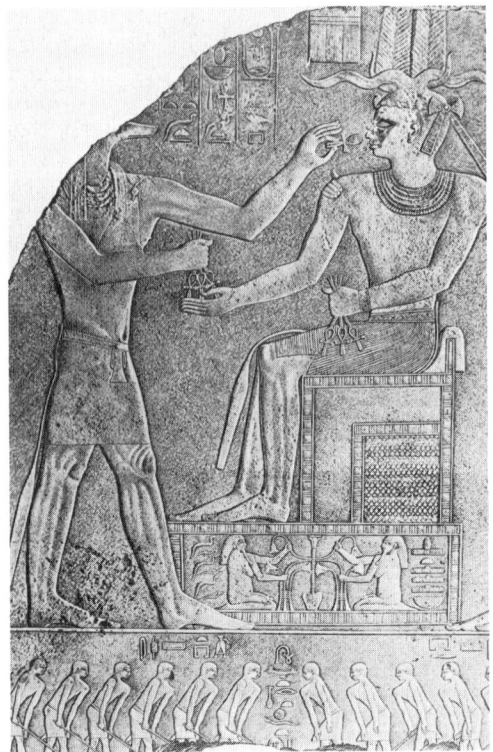

Das Zeichen des Lebens an der Nase und in den Händen des Pharao. Relief aus dem Totentempel des Königs Ne-user-re, Abusir.

In diesem Bild gibt es außerdem bestimmte, scheinbar nebensächliche Elemente, die noch mehr von diesem „Garten in Eden" aussagen: Er lag in *Eden*. Dieses Wort gab es im Sumerischen mit dem Sinn „kultivierbares Land". Es ging ins Hebräische als Lehnwort ein. Aber der Hebräer hat außerdem ein originales Wort, das ähnlich klingt: *edän*, mit der Bedeutung „Wonne"; so schwang im sumerisch-hebräischen „Eden" der Sinn „Wonne" mit; dies aber war nur das Land. In diesem Land, das an sich schon „Wonne" hieß, gab es nun den „Garten" – also eine Steigerung des Landes. (Die griechische Bibel und die Vulgata haben es später mit „Paradies" übersetzt: einem aus dem Persischen übernommenen Wort für „Park".) Und dieser Garten lag zudem im *Osten* von Eden. Der Westen ist die Himmelsrichtung des Todes, der Osten die des Aufgangs und des Lebens. Es war ein Garten, der auch durch seine Lage in diesem wundersamen Land Eden anzeigt, daß er nicht mehr zu steigern ist.

Es ist notwendig, dieses aus einer bestimmten Zeit und aus der Kenntnis einer bestimmten Landschaftskultur heraus entwickelte Idealbild des „Gartens in Eden" klar zu betonen, um den eigentlichen Sinn dieses Gartens zu enthüllen: Der Sinn ist letztlich nicht, eine wirkliche Landschaft und einen wirklichen Garten als genau zu lokalisierenden Lebensraum des ersten Menschen darzustellen, sondern der Sinn ist, mit den Mitteln des Vorstellbaren einen äußeren Lebensraum der ersten Menschen darzustellen, und zwar als Spiegel seines von Gott geborgenen und mit Gott verbundenen Lebens. Der biblische Schriftsteller sagt nicht etwas über die wirkliche Natur einer Landschaft oder eines Gartens aus, sondern über den *Menschen* und sein Gottverhältnis: im Bild des „Gartens in Eden".

Die Erde ist Milliarden Jahre alt, so wissen wir es heute. Der Mensch erschien „in der letzten Minute vor 24 Uhr", wenn wir die 24 Stunden als das Alter der Erde ansehen. Die Erde hat eine natürliche, zum Teil chaotische Entwicklungsgeschichte, die durch das Erscheinen des Menschen nicht unterbrochen wurde. Der biblische Schriftsteller kann uns also keine Darstellung der Natur geben, sondern nur in einem idealen *Bild* der Natur eine Darstellung des Zustands des Menschen; da aber der altorientalische Mensch keinen Unterschied zwischen Geist und Leib machte, konnte ihm nicht in den Sinn kommen, daß spätere Geschlechter, die dualistisch dachten, dieses Bild vielleicht allzu materialistisch auffaßten. Sündloser Urzustand war schlechthin nur am glückhaften Naturzustand darzustellen: hebräisch *näphäsch* war Person, Leib, Seele!

Es ist demnach völlig müßig zu fragen: Wo lag Eden und wo der Garten in Eden? – Sie lagen nirgendwo; denn sie sind ein *Bild* für den menschlichen Zustand des Anfangs. Höchstens läßt sich sagen, wo der biblische Schriftsteller in der Vorstellung seiner Hörer den Garten in Eden lokalisieren möchte, um so den geistig-seelischen Zustand des Menschen vor der Sünde möglichst real darzustellen. Ob er als beschränkter Mensch selbst an ein lokalisierbares Paradies geglaubt hat, kann dahingestellt bleiben. „Gott wollte Christen machen und keine Naturwissenschaftler", sagt Aurelius Augustinus. So fällt irgendeine naturwissenschaftliche, geographische oder sonstige natürliche Aussage völlig aus der eigentlichen Absicht der Bibel heraus, selbst wenn der biblische Schriftsteller es anders gemeint hätte.

Bliebe noch die Frage offen, wo der biblische Schriftsteller seinen *Rohstoff* hernahm. Albright hat nachgewiesen, daß es weder in den Mythen Mesopotamiens noch Ägyptens eine wirkliche Parallele zum Garten in Eden gibt. Er vermutet, daß man einmal in den schriftlichen Denkmälern Kanaans eine Parallele entdecken könnte. Aber diese Parallele würde als Mythos auftreten, und dieser Mythos könnte ein Rohstoff der Erzählung vom „Garten in Eden" sein. Reste eines solchen mythischen Rohstoffes sind in der biblischen Gesamterzählung enthalten. „Als sie Gott, den Herrn, im Garten gegen den Tagwind einherwandeln hörten" (3,8) und der Hinweis (3,24) auf den Kerub (s. d.), der nur da ist, wo Gott ist, darf als solches Relikt gedeutet werden. Hier sind Reste eines alten mythischen „Gottesgartens". Um so größer wird unsere Bewunderung für den biblischen Schriftsteller; denn nichts von solchem mythischen Urstoff ist in das Wesentliche der Erzählung eingegangen. Nach der Bibel hat Gott den Garten für den *Menschen* gepflanzt, nicht für sich. Nur da, wo in vermenschlichender Weise von Gott gesprochen wird, ist ein wenig vom Rohstoff übriggeblieben. Wahrscheinlich war der alte Mythos vom „Gottesgarten", in den der Mensch gesetzt wurde, in die Erzählwelt der Israeliten miteingegangen. Mit sicherer Hand formt der *biblische* Erzähler das alte mythische Gut um, nimmt das Mythische heraus und macht seine gültige Aussage daraus.

DIE BÄUME DES GARTENS UND DAS GEBOT GOTTES

Um den völlig unmythischen Charakter dieser „Bäume des Gartens" (2,16f.) zu erkennen, muß man sich einen Augenblick die Rolle des Baumes in den Vorstellungen und Mythen der Völker vor Augen führen. Bäume (meist bestimmte Bäume, alte oder seltsam geformte) waren in den ältesten Religionsformen Sitz der Götter oder gar selbst Gottheiten, oder wenigstens nahmen sie an der Verehrung teil, die man einer mit ihnen verbundenen Gottheit

zollte. Der Baum ist der Wohnort der Ahnen (Westafrika); im Baum wohnt unter Vogelgestalt die Seele Verstorbener, und die Muttergöttin spendet ihr durch den Baum das Wasser des Lebens (Ägypten, Theben); in den Bäumen wohnen die Götter und geben durch das Rauschen der Blätter ihre Orakel (frühes Griechenland und Kleinasien); der Baum symbolisiert das Weltall und seine Mannigfaltigkeit (Indien); Herakles holt vom Hesperidenbaum die Äpfel der Hesperiden: die Sterne des Himmelsbaumes (Griechenland); der Baum, unter dem Buddha über das Nirwana erleuchtet wurde, wird als Sinnbild der Erleuchtung verehrt, noch bevor man Buddha in Menschengestalt als Gott verehrte (Indien). Die Weltesche ist das Lebenssymbol der Welt (germanischer Mythos); die Germanen verehrten ihre Götter in Wäldern und besonderen Bäumen (Donareiche), Bilder und Mythen verschlingen sich in all diesen Vorstellungen.

Im mesopotamischen und semitischen Raum war es nicht anders: Der Weltenberg wird überragt vom Himmelsbaum, der als Nadelbaum vorgestellt wurde, alle Länder überschattend und alle Samen der Erde tragend (Mesopotamien, schon im 3. Jahrtausend v. Chr.); die Dattelpalme ist ein göttlicher Baum oder den Göttern heilig (Babylon, Kanaan); Ölbaum und Weinstock sind Götterbäume (Kanaan); vor allem die Fruchtbarkeitsgöttin Astarte und ihre Liebe zum allmählich sterbenden und wiedererstehenden Gemahl Tamuz (Adonis) wird im grünenden Baum verehrt, der ebenfalls jährlich „stirbt" und „aufersteht" (Syro-Phönizien).

Zwischen Mesopotamien und Ägypten, mit Syrien und Kanaan als Durchgangsland und schließlich Kanaan als Zielland, wanderten die Stämme, die später Israel wurden. Ihre Gedanken, ihre Sagen und Erzählungen blieben nicht frei von den Anschauungen des Herkunftslandes, der zeitweiligen Durchgangsländer und des Landes Kanaan. Wohl versuchten seine Führer, das Volk von der Infiltration der Gedanken der „Völker" frei zu halten. Es gelang zum Teil, Ölbaum und Weinstock, die heiligen Bäume der Kanaanäer, nicht als *die* heiligen Bäume ins Bewußtsein des Volkes eindringen zu lassen; aber ganz gelang es nicht. Auch in Israel wurden die Könige mit Öl gesalbt, wie bei den Kanaanitern; und Palästina wird bei Jes 5 der „Weinberg des Herrn" genannt; die Eichen, Terebinten, Tamarisken, Zedern wurden aus Bäumen kanaanitischer Götter zu Bäumen Jahwes. Jesaja spricht vom Himmelsbaum, an dem die Sterne wie goldene Früchte hängen (Jes 34,4); Ezechiel kennt das Bild des Weltenbaums, dessen Wurzeln bis in die Unterwelt und dessen Gipfel bis über die Wolken reichen (Ez 31). In der Offenbarung des Johannes werden solche Bilder neu aufgenommen (Offb 6,13).

Zweifellos haben diese „Bäume" in der Sprache Israels nur in seltenen Fällen noch einen Rest von mythischer Bedeutung – in der Bibel sind sie reine Bilder, zum Teil poetische Bilder. Gerade das führt uns an das Wesen der Paradiesbäume heran. Lange Zeit hat es in der Exegese so ausgesehen, als ob es nur diese beiden Möglichkeiten gäbe: entweder sind der „Baum des Lebens" und der „Baum der Erkenntnis des Guten und des Bösen" als handfeste Realitäten oder als Mythen zu verstehen. Sie sind beides nicht; sie sind Bilder.

Eine Geschichte des Alten Testaments meint: „Sowohl die primitive Art des Urmenschen wie auch überhaupt die leib-seelische Anlage des Menschen lassen es als höchst glaubwürdig erscheinen, an wirkliche, von den anderen Gartenbäumen klar abgegrenzte Bäume zu denken." Das ist von heute her gedacht. Ein Erzähler der Mosezeit oder gar ein Redaktor der Königszeit Israels oder der babylonischen Zeit konnte kaum so denken. Er wollte den Menschen *seiner* Zeit mit von ihnen erfahrenen oder erfahrbaren Kategorien vom Sündenfall erzählen; dazu brauchte er „die primitive Art des Urmenschen" nicht zu berücksichtigen.

Andererseits – wären die Bäume Mythenbäume, so würde sich ein Erzähler mehr bei den Bäumen aufhalten. Wir erfahren aber über die Bäume nicht mehr, als für ihren dienenden Charakter im Rahmen der Erzählung notwendig ist. Die Bäume sind Bilder – und es ergibt sich das Bild des Baumes, weil das Bild des Gartens vorhergeht. Sie sind Bilder, die vielleicht aus mythischem Rohstoff Mesopotamiens, Ägyptens oder Kanaans geschöpft sind, aber ihren mythischen Charakter verloren haben.

Der Baum des Lebens hat zwar in Ägypten einen mythischen Bruder; und auch das Lebenskraut und ähnliche Lebenselixiere (als Erzeugnisse der Phantasie und des Wunsches nach langem Leben oder gar Unsterblichkeit) haben sich in Mythen, Sagen und Märchen niedergeschlagen. Aber da er im Buch der Sprichwörter (3,18; 11,30; 13,12; 15,4) und auch später in der Offenbarung des Johannes (2,7; 22,2.14) als *Bild* erscheint, darf er wohl auch in der Königszeit und babylonischen Exilzeit, als diese Stücke der Genesis redigiert wurden, als Bild genommen werden: als Bild für die dem Menschen von Gott zugedachte Langlebigkeit (oder Unsterblichkeit).

Der Baum der Erkenntnis von Gut und Böse steht in seinen Konturen deutlicher vor uns als der Baum des Lebens, der in der biblischen Erzählung farblos bleibt. Aber trotzdem hat auch er kein eigenes Leben, sondern nur eine Funktion: daß sich an ihm der Mensch entscheide. Die Charakterisierung als Baum der Erkenntnis von Gut und Böse will besagen, daß er die Erkenntnis von *allem* vermittelt, wohl nicht im Sinne einer Allwissenheit, sondern im Sinne einer sittlichen Einschätzung von allem; diese aber ist schlechthin für den Menschen tödlich, weil der Mensch unvollkommen ist, weil er nicht selbst der Herr ist. Der Erkenntnisbaum ist für diese Alternative – ob der Mensch Gott gehorsam ist und alle Rangordnungen ihm überläßt oder ob er alle Rangordnungen selbst wissen will und dazu durch Ungehorsam gelangt – ein Bild. Über das Wie dieses Ungehorsams besagt das Bild nichts. Da die Sünde an sich als Ungehorsam gegen Gott zu definieren ist, genügt wohl auch diese allgemeine Aussage. (Hubert Junker räumt die ganze Schwierigkeit, wieso der Baum als Entscheidungsbaum eingeführt werden konnte, mit einer geradezu genialen Vermutung aus dem Wege, indem er kommentiert: „Der ‚Baum der Erkenntnis des Guten und des Bösen' wird so genannt im Hinblick auf die Verheißung der Schlange 3,5" [Echter-Bibel, Genesis, 1949, S. 15]).

Das Bild des Baumes ist uns geläufig geblieben; trotz unserer Naturentfremdung verstehen und gebrauchen wir es: im Maibaum, im Richtfestbaum, im Stammbaum; im Gleichnis Jesu, das vom Senfkorn und vom Senfbaum spricht, der das Himmelreich versinnbildet; in der Wurzel Jesse (Isai); im Bild von Maria im Rosenhag. Auch wir müßten deshalb Zugang zu diesen Baumbildern des Paradieses haben.

DIE FRAU IM ALTEN ORIENT

Die Erzählung von der Erschaffung der Frau (2,18–24) erhellt sich in ihrer Rätselhaftigkeit, wenn man sie vor dem Hintergrund der Stellung der Frau im Alten Orient deutet. Die Frau bedeutete nicht viel. Der Mann herrschte. Bei einer Geburt zählten nur die Söhne. Eine Mutter wurde um der *Söhne* willen, die sie geboren, geehrt – *wenn* sie geehrt wurde.

Die Frau war Sklavin, Arbeitstier, ja sie galt weithin nicht einmal als Mensch. Sie war Besitz, wie das Vieh. Man kaufte sich eine Frau, weil man sie zur „Zucht" brauchte. Die Väter gaben sie aber nicht ohne Gegengabe her, weil sie mit einer Tochter eine Arbeitskraft verloren. Dieses handfeste materialistische Denken stand hinter dem „Brautgeschenk" an den Vater. Überflüssige Töchter wurden als Sklavinnen verkauft; der Vater kümmerte sich nicht mehr darum. Der Mann jagte seine Frau fort, wenn er ihrer überdrüssig war; Pflichten ihr gegenüber blieben ihm nicht. Aber die Frau konnte ihren Mann nicht verlassen, sie war sein Eigentum. Sie war nicht erbberechtigt, sondern nur vererbbar.

Vor diesem sozialen Hintergrund des Alten Orient hebt sich Gen 2,18–24 ab, das von einer Frau spricht, die kein Tier ist, die für den Mann eine Gehilfin ist, „die ihm entspricht", die der Mann begrüßt: „Das endlich ist Bein von meinem Bein und Fleisch von meinem Fleisch." Die Anerkennung der Frau durch Adam ist hier dem Rechtssatz angeglichen, mit dem in Israel und im Orient überhaupt personale Rechtsverhältnisse begründet wurden: „Du bist mein Sohn" (Gen 48,5; Ps 2,7; Apg 13,33) oder „Du bist meine Frau" oder „Du bist mein Vater", wie Israel zu Jahwe sagt (Jes 63,16; Ps 89,27).

Daß es sich hier nicht um einen *Bericht* über die Erschaffung der Frau handeln soll, geht schon daraus hervor, daß vorher in der Erschaffung des Menschen (Gen 1,27) von der Erschaffung von Mann *und* Frau die Rede war. Also muß der biblische Redaktor einen anderen Grund gehabt haben, wenn er in seine Erzählungssammlung trotzdem beide, verschieden lautende Erzählungen aufnahm. Wer aber überhaupt Gleichnisse zu deuten versteht und durch Bilder aufs Wesen zu schauen vermag, *muß* hier erkennen, daß der Sinn dieser Erzählung ist, die Zusammengehörigkeit von Mann und Frau und die Gemäßheit der Frau für den Mann und das echte Menschsein der Frau zu betonen, ja zu offenbaren in einer Umwelt, die anders dachte, und vor einem Volk, das von dieser Umwelt unheilvolle Ansichten angenommen hatte und im Umgang täglich neu annahm. – Vor einem sollte man sich gerade in den ersten Kapiteln der Genesis immer wieder hüten: so zu tun, als ob hier Berichte oder Visionen oder was auch immer über die Urzeit gegeben würden. Vielmehr muß man sich immer klar machen, daß ein Autor der israelitischen oder gar erst der jüdischen Zeit eine Offenbarung geben darf – hier eine Offenbarung über die Frau und das Verhältnis Mann–Frau, die er erzählerisch in die Urzeit zurückprojiziert.

Trotzdem bleibt auch diese Erzählung in zwei Hinsichten historisch: einmal, indem sie (sozusagen logisch) auf den Anfang zurückgeht; und darin liegt auch gerade der Hinweis auf Einsetzung der Naturehe durch Gott, auf die vor allem die katholische Kirche so intensiv verweist: und zweitens, indem die Erzählung dem historisch nachgewiesenen Zustand (sozusagen negativ) verpflichtet ist, jenem Zustand, in dem die Frau dem Mann so weit nachgestellt war, daß ihm ein Herdentier unter Umständen mehr wert war als eine schwächliche Tochter oder eine Mutter seiner Kinder.

Die Höherschätzung der Frau in Israel ist eine Frucht dieser Erzählung oder ihrer literarischen Vorgängerinnen und des sozialen Gemeingeistes, der sich darin offenbart. Allerdings brachte auch diese Höherschätzung durch die Lehre keine praktische Gleichstellung mit dem Manne; in der Praxis blieb die Frau weithin die Dienerin: z. B. war die Frau in nachexilischer Zeit von der Erfüllung religiöser Gebote, die an bestimmte Zeiten gebunden waren, befreit, damit sie an ihren Hausdiensten nicht gehindert wurde. Dieselbe Befreiung galt für Sklaven! (Siehe auch den Artikel „Ehescheidung".)

Erhellende Einzelheiten in dem Abschnitt über die Erschaffung der Frau (2,18–24) sind die Sätze von der Namengebung der Tiere und von der Bildung der Frau aus einer Rippe des Mannes:

„Wie der Mensch jedes lebendige Wesen benannte, so sollte es heißen" (2,19). Der Sinn dieser Erzählung wird durch das rechte Ver-

ständnis dieses Satzes deutlicher. Das Namengeben war nach altisraelitischer (und gemeinorientalischer) Anschauung ein Akt, der der Erkenntnis folgte: „Jemanden beim Namen rufen" war einerseits ein Akt der Herrschaftsausübung und anderseits ein Ausdruck für die Verpflichtung, die dem Benannten zugemutet werden konnte; auch darin war das Erkennen vorausgesetzt. So führt Gott (in der Erzählung) dem Mann die Tiere vor; aber unter ihnen ist keines, dem eine Gehilfenstellung für den Menschen gemäß ist. Darum schafft Gott (in dieser katechetischen Erzählung!) ein eigenes Wesen, aus dem Menschen, das ihm nun wirklich gemäß ist. Die mißglückte Gehilfensuche und Adams Namengebung der Tiere in dieser Erzählung hat nur den Sinn, das wahre Wesen der Frau (ihr echtes volles Menschsein) zu erhellen.

„Gott, der Herr, baute aus der Rippe, die er vom Menschen genommen hatte, eine Frau und führte sie dem Menschen zu" (2,22). Die Orientalisten haben sich große Kopfschmerzen gemacht über den Sinn des hebräischen Wortes *szelá*, das wir allgemein hier mit „Rippe" übersetzen. Den wirklichen Sinn des Wortes kennen wir nicht sicher. Aber letztlich ist er für die Auslegung gleichgültig; denn ob Rippe oder was sonst: Gott hat die Frau *nicht* aus der *szelá* gemacht, sondern nur der Erzähler läßt Gott die Frau aus einer *szelá* machen. Wenn wir den Sinn des Wortes genau erfahren würden, brächte uns das höchstens eine kulturgeschichtliche Erkenntnis. Der Sinn steckt – wie immer – im *Ganzen* der Erzählung. Eine interessante Perspektive eröffnet ein sumerischer Text, von dem uns eine Abschrift aus der Zeit etwa um 1900 v. Chr. überliefert ist. Auch hier ist die besondere Erschaffung der Frau erzählt. Die Frau heißt hier *nin-ti*, was sowohl „Herrin der Rippe" wie auch „Herrin, die Leben schenkt" bedeuten kann. Das Alter dieser sumerischen Fabel gibt die Vermutung, daß diese Erzählung sogar schon über die aus Mesopotamien einwandernden Patriarchen in das israelitische Erzählgut gekommen ist. Zwar klärt dieser Fund den Ausdruck „Rippe" nicht, aber er legt nahe, daß auch im sumerischen Kulturbereich bereits eine Hebung der Wertung der Frau eingesetzt hatte – wenn auch in erster Linie deshalb, weil sie „Herrin, die Leben schenkt" ist. Die Doppeldeutigkeit des sumerischen Wortes könnte übrigens die Erzählung von der Erschaffung aus der Rippe veranlaßt haben.

DER FALL DES MENSCHEN

Zur Erzählung Gen 3,1–24 hat die päpstliche Bibelkommission im Jahre 1909 entschieden, daß die Erzählung einen geschichtlichen Sinn habe. Der geschichtliche Sinn sei dieser: Die Sünde gehörte ursprünglich nicht zum Menschen. In einer bestimmten geschichtlichen Stunde der Urzeit sei die erste Sünde geschehen.

Gen 3,1–24 ist ein Lehrstück, in dem die Tatsache von der Ursünde offenbart wird; in dem aber auch noch manches andere enthalten ist, was der Erzähler den Israeliten sagen wollte. Es wäre also abwegig, aus der Erzählung vom Sündenfall irgend einen historischen *Hergang* des Sündenfalls herauslesen zu wollen; höchstens die Tatsache (und vielleicht das Wesen dieser ersten Sünde, besser: der Sünde überhaupt) kann herausgelesen werden. Manche Erklärer glauben sagen zu dürfen: „Die Frage der Exegeten ist durchaus nicht, was die ersten Menschen tatsächlich getan haben, sondern nur, welche Vorstellung Israel ... sich von der Ursünde gemacht hat" (H. Renckens, Urgeschichte und Heilsgeschichte, 1959, S. 234). Diese Interpretation scheint zu weit zu gehen, geht aber wohl doch noch am Ziel vorbei. Besser hieße unsere Frage: Wie verstehen *wir* diese Erzählung richtig, die der biblische Erzähler des 3. Kapitels der Genesis für die rechte Art hielt, den *Israeliten* den Sündenfall zu offenbaren? – Am Rande sei gesagt, daß die immer mehr sich durchsetzende Überzeugung von der Polygenese für dieses Genesiskapitel ein ganz neues Durchdenken notwendig macht.

DIE SCHLANGE

Warum gibt der Erzähler dem Bösen die Gestalt der Schlange? (Gen 3,1–6). – Die Schlange war in Palästina kein seltenes Tier. Die Bibel kennt neun verschiedene Wörter für Schlangen; das bezeugt ihre Häufigkeit und daß es viele verschiedenartige Schlangen gab: harmlose Schlangen und giftige Schlangen, die zwischen Steinen und Felsen, im Wüstensand und in Wassergegenden lebten (Am 5,19; Spr 30,19; Neh 2,13). Sie waren manchmal gefährlich und rätselhaft. Bei vielen Völkern, gerade des Orients, aber nicht nur dort, wurde die Schlange verehrt.

Was aber verehrte man in der Schlange? Dämonen, die man fürchtete? Tatsächlich stellen sich viele Völker (z. B. die Araber) die Dämonen in Schlangengestalt vor. Aber wahrscheinlich ist das eher eine Folge der verfluchten Schlange der Bibel als ein Urglaube. Der Urglaube verehrte in der Schlange ein Lebenstier, wohl weil es Ähnlichkeit mit dem lebenspendenden männlichen Geschlechtsglied hat. Der Schlangengott der Stadt Der in Babylon war der „Herr des Lebens". Im alten Äthiopien war die Schlange „die Mutter allen Lebens". Das Tiersymbol des Lebens- und Heilungsgottes Esmun (Phönizien) und Asklepios (Griechenland) war die Schlange. Noch heute tragen deshalb die Ärzte die Schlange als Berufs-Zeichen.

Im Gilgameschepos (s. d.) wird auf die Schlange als Verfügerin über das Leben hingewiesen, indem der Erzähler eine Schlange dem Helden Gilgamesch das mühsam gefundene Lebenskraut wegnehmen läßt. – Auch im Syrien der Bronzezeit (in Kanaan, etwa 2000 bis 1110 v. Chr., d. h. in der Zeit der Patriarchen und des Auszugs aus Ägypten) spielte die Schlange im Kult eine Rolle, wenn auch nur als Göttersymbol. In der kanaanitischen Stadt Bet-Schean (s. d.), deren Name vielleicht von dem babylonischen Schlangengott „Schachan" abzuleiten ist, hat man jedenfalls verschiedene Kästchen und Stäbe mit Schlangenverzierungen gefunden. Auch an anderen Plätzen ist man bei Ausgrabungen auf Schlangenzeichen gestoßen.

Alles aber, was Göttersymbol war, wurde für Israel zum Dämonensymbol, es sei denn, daß es zum Symbol Jahwes wurde. Auch die Schlange hat in dieser Beziehung ihre Zweideutigkeit. Hier aber, in dieser Erzählung vom Sündenfall, ist sie zweifellos als Gestalt des Bösen und Zerstörers des Paradieseslebens deshalb eingeführt, weil sie in dem Lande, in dem Israel unter den Völkern Kanaans lebte, ein Tier der Landesgötter war. Von daher erklärt sich nicht nur, daß das Prinzip des Bösen einfach „die Schlange" genannt wird (3,1), sondern daß der Fluch über den Bösen wie über die Schlange selbst ausgesprochen

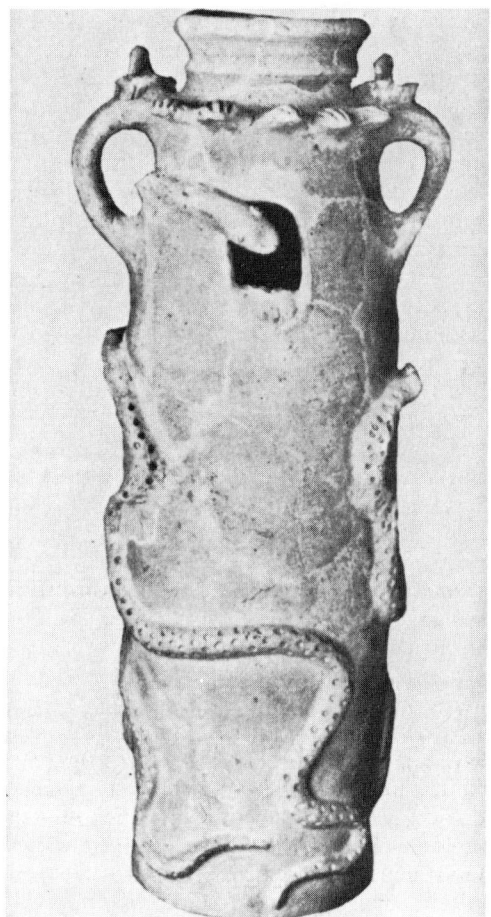

Räuchergerät aus einem Tempel in Bet-Schean. Die Schlange wurde in Ägypten und Kanaan als Symbol einer Lebensgottheit verehrt; als solches umschlingt sie hier den Räucherkolben.

wird (3,14); getroffen wurde damit nicht das Tier an sich, sondern das Götterzeichen. Bei diesem Fluch wird sodann das Erscheinungsbild der Schlange geschickt genützt: das „Auf-dem-Bauche-Kriechen" sowie das „Staub-Fressen". Und von daher wird die Schlange dann immer mehr zum Symbol von Verleumdung, Unehrlichkeit und allem Bösen (Ps 140,4; Gen 48,17) (s. auch „Die Baale").

GUT UND BÖSE

Es ist nebensächlich, wie sich der Gehorsam des Menschen gegen Gott bewähren mußte;

der Genesistext bindet diesen Gehorsam mit tiefer Symbolik an einen Baum (s. oben: den Artikel „Die Bäume . . ."). Die Frucht dieses Baumes soll vermitteln, daß der Mensch „Gut und Böse" erkenne (3,5). Was heißt „Gut und Böse"?

„Gut und Böse" heißt nach biblischem Sprachgebrauch: *alles.* „Nichts Gutes und nichts Böses" heißt nach biblischem Sprachgebrauch: *nichts.* – Beispiele: „Darauf antworteten Laban und Betuel: Die Sache ist vom Herrn ausgegangen, wir können nichts wider dich reden, weder Böses noch Gutes" (Gen 24,50). – „Abschalom aber redete nicht mit Amnon, weder Böses noch Gutes" (2 Sam 13,22) – „Mein Herr, der König, ist wie der Engel Gottes, er hört Gutes und Böses" (2 Sam 14,17) (s. auch die Anmerkung zu Gen 1,1b: „Himmel und Erde").

Eine kleine Übersetzungsvariante soll nicht unterschlagen werden, weil sie das Gespräch Schlange-Frau psychologisch noch geschickter erscheinen läßt. Man kann nämlich auch übersetzen: „Ihr werdet sein *wie himmlische Geister* (oder: wie Götter), erkennend Gutes und Böses." Das Wort *elohím* gibt diese Möglichkeit der Doppeldeutigkeit von „himmlische Geister" und „Götter" und „Gott" (s. das Kapitel „Das Gottesbild . . ."). Schon den Übersetzern der Septuaginta (s. d.) schien diese Deutung die richtige, so daß sie es im griechischen Text entsprechend aussprachen. Psychologisch ist diese Deutung feiner, weil sie auf Erreichbares hinweist, während *Gottes* Erkennen unerreichbar bleibt.

DIE THEORIE VOM SEXUELLEN SÜNDENFALL

Da in der volkstümlichen Deutung und in viel frivolem Gerede, aber auch bei ernsthaften früheren Exegeten der Sündenfall immer wieder als ein sexuelles Vergehen hingestellt wird, soll auch dazu etwas gesagt werden. Zunächst: Über die Materie des Sündenfalls kann uns der biblische Erzähler nichts berichten. Er war nicht dabei. Er hatte keine Vision. Er hält lediglich den Glauben Israels fest, *daß* einmal ein erster Sündenfall geschehen ist. Den Sündenfall hätte der biblische Erzähler auf viele Weisen in ein Bild bringen können. Er brachte ihn in dieses Bild vom Griff nach der Frucht am

verbotenen Baum. Konnten die Israeliten – wenigstens die Juden der nachbabylonischen Zeit, als das ganze Buch Genesis vorlag – daraus entnehmen, daß man ihnen den Sündenfall als Sünde des Fleisches darstellen wollte? Aus folgenden Gründen konnten sie es nicht daraus entnehmen:

1. Gott hatte (Gen 1,28–2,24) das erste Menschenpaar gesegnet und ihnen gesagt: Wachset und mehret euch. Wie also soll die fleischliche Gemeinsamkeit für sie eine Sünde sein? Ein Kapitel, das als Einsetzung der Ehe gewertet wurde, kann übrigens durch ein fast unmittelbar folgendes Kapitel nicht so aufgehoben werden.

2. Ehebruch kommt aus Gründen der Erzählungslogik nicht in Frage.

3. Aus Gründen der Erzählungslogik kommt aber auch ein widernatürliches sexuelles Vergehen nicht in Frage. Denn was sollte dann heißen: Ihr werdet sein wie Gott – oder: wie himmlische Wesen, da doch Jahwe kein körperhafter Gott ist und die Engel – oder wer auch immer von den himmlischen Geistern – in der Vorstellung der Israeliten geschlechtslos sind. Und wie sollten sie durch ein Geschlechtsvergehen höheres Wissen erlangen?

4. Am meisten gestützt wird die Theorie von der sexuellen Ursünde für ihre Verfechter durch die Wirkung: „Da gingen beiden die Augen auf, und sie erkannten, daß sie nackt waren" (3,7). Daß diese Folge auf eine sexuelle Tat hinwiese, ist aus unserer modernen Dekadenz heraus gedacht. Israel konnte solche aus dem Erkennen der Nacktheit nicht schließen. „Nackt" hieß für jene Menschen arm, elend, hilflos, entblößt, entehrt, ohnmächtig, hintergangen (hebr. *eróm*) durch die Schlange, die listig, hinterhältig war (hebr. *arúm*); das Wortspiel von *eróm* und *arúm* ist nicht ganz nebensächlich für die erzählerische Feinheit und das Verständnis der Erzählung. Daß der Fortgang der Erzählung sich auf Nacktsein im buchstäblichen Sinne bezieht, ist kein Argument gegen diese Erklärung; denn natürlich muß es dem Adam der Erzählung peinlich sein, in ausgezogenem Zustand vor Gott zu treten. Der Erzähler wäre ein schlechter Erzähler gewesen, wenn er die Vieldeutigkeit von *eróm* nicht genutzt hätte (s. Gen 9,18–27).

Die sexuelle Theorie ist – wenn sie auch scheinbar noch so alt ist – eine moderne Theorie, die versucht, die Sündenfallerzählung „verständlich" zu machen, d. h. ihr die höchste Ebene zu entreißen, auf der sie uns dartut: die Ursünde war ein Ungehorsam gegen Gott, ein Hochmut gegen Gott – wie sie geschah, das wissen wir nicht.

DAS GERICHT ÜBER DIE MENSCHEN

Als sie erkannten, daß sie nackt waren (s. den vorhergehenden Abschnitt), hefteten sie Feigenblätter zusammen (3,7). Die Erwähnung des Feigenbaumes (s. d.) verweist auf Palästina als Erzählungsland oder wenigstens als Redaktionsland. Sonst haben die Feigenblätter hier keine Aussagebedeutung. Sie sind ein rein erzählerischer Schmuck.

„Als sie Gott, den Herrn, im Garten ... einherschreiten hörten, versteckten sich Adam und seine Frau vor Gott" (3,8): Die Rohstoffe der Erzählungen dieses Genesiskapitels, nicht ihre Gehalte, sind z. T. den Mythen der Völker entnommen (s. den Artikel „Mythos und Bibel"). Es ist möglich, daß hier ein Rest solcher Mythen in einer anthropomorphen Erzählweise von Gott stehengeblieben ist (s. den Artikel „Anthropomorphismus"). Festzuhalten ist aber: Nicht *wir* sagen, daß Gott im Garten lustwandelte, nachdem die ersten Menschen gesündigt hatten, sondern der biblische Erzähler benutzte diese Szene für die Einkleidung seiner Lehre, weil er sie in einer Erzählung bringen wollte.

Andere übersetzen anders: „Sie hörten das Geräusch Jahwe-Gottes, das sich durch den Garten fortpflanzte, im Windhauch des Tages." Das Geräusch des Windes in den Bäumen, das oft in der Schrift als Geräusch des vorübergehenden Jahwe zitiert wird, erinnert an die Verehrung der Götter im Baumsymbol (s. den Artikel „Die Bäume ..."). Hier wäre das Mythische mehr zum *Bild* gewandelt. So auch in der niederländischen Übertragung van den Oudenrijns: „Da hörten sie die Stimme Jahwes des Gottes durch den Garten rollen, während der Tageswind aufkam"; er denkt bei der „Stimme Jahwes" an den Donner, der des öfteren in der Schrift als ein Bild für seine Stimme zitiert wird (s. den Artikel „Zeichen der Theophanie").

Indem wir aus solchen Hinweisen die literarische Art dieser Erzählung und wie sie in Zusammenhang mit denselben Metaphern an anderen Stellen der Schrift steht, deutlicher erkennen, erkennen wir auch die ganze Erzählung immer deutlicher als zeitgebundene Einkleidung.

Das mit 3,14 beginnende Gedicht enthält zuerst den Fluch über die Schlange (s. d.) und setzt sich in 3,15 mit dem sog. Protoevangelium fort:
„Feindschaft setze ich zwischen dich und die Frau,
zwischen deinen Nachwuchs und ihren Nachwuchs.
Er trifft dich am Kopf
und du triffst ihn an der Ferse."
Die Bezeichnung „Protoevangelium" stammt aus dem 17. Jahrhundert (lutherische Theologie) und meint die „erste Frohbotschaft", das „Erstevangelium". Unter der früher üblichen Vorstellung, daß solche Sätze der Bibel christologische Weissagungen sein könnten, die aber erst nach dem Erscheinen Christi sichtbar und deutbar werden konnten, sind diese Worte seit dem 4. Jahrhundert immer mehr Gegenstand von christologischen und marianischen Auslegungen geworden.

Das ursprüngliche Verständnis dieser Verse im alten Israel als Warnung vor der Schlange (sei es als natürlich-gefährlichem Tier oder als dämonischer Erscheinung) war wohl schon im Judentum des Babylonischen Exils (s. d.) überholt. Für die Menschen dieser Zeit war die Feindschaft zwischen Schlange und Menschen („Nachwuchs der Frau") die Feindschaft zwischen den teuflischen gesetzesfeindlichen Mächten und den gesetzestreuen Juden. Auch in dieser Deutung blieb das Gedicht die Fassung einer Warnung.

Der zweite Text des Gedichts (3,16–19) deutet die Mühen, welche die Frau als Ehefrau und Mutter haben wird und die Adam als Ackersmann dulden muß, und den Tod als Strafe für den Ungehorsam der Menschen.

„Adam nannte seine Frau Eva", fährt 3,20 dann fort, „denn sie wurde die Mutter aller Lebendigen": Es gibt eine althebräische Wortwurzel *hawá,* d. h. Leben. Von ihr ist das hebräische *hawwá* (unser „Eva") abgeleitet. Es ist möglich, daß dieses Wort *hawwá* ursprünglich „Schlange" im Sinne von Tier des Lebens heißt (s. den Artikel „Die Schlange"). Dann hätten wir in der Einführung dieses

Namens für die Frau einen ebensolchen Kampfvorgang, wie er im Artikel über die Schlange dargelegt ist: Nicht die Schlange ist die „Mutter der Lebenden", sondern die (erste) Frau. Da das Wort „Hawwá" nicht Schlange an sich heißt, sondern damit die Schlange in ebendieser Beziehung zum Leben bezeichnet wurde, läge in der Einführung des Namens „Eva" für die Frau eine kühne Ausräumung alter mythischer Vorstellungen.

Gott, der Herr, machte Adam und seiner Frau Röcke aus Fellen (3,21): Dieser Vers kann ebensowenig über die „erste Kleidung" der Menschen unterrichten, wie alle anderen Einzelheiten dieser Erzählung Aussagen über Urzustände anderer Art machen können und wollen. Sie will lediglich die Fürsorge Gottes für den sündig gewordenen Menschen aussagen – bezüglich der Urzeit aber kann sie höchstens sagen, wie sich der Erzähler und die Menschen, an die er sich richtete, die Kleidung der ersten Menschen vorstellten: als Kleider von Fellen. – H. Junker hat gezeigt (Genesiskommentar in der Echter-Bibel), daß man die betreffende Stelle auch anders, und zwar für den Zusammenhang außerordentlich sinn-nah übersetzen kann: „Jahwe-Gott machte dem Menschen und seinem Weibe nun *Röcke für die Blöße* und bekleidete sie."

„Gott, der Herr, schickte ihn (den Menschen) aus dem Garten von Eden weg, damit er den Ackerboden bestellte" (3,23): Auch dies ist kein Wort, das die Lehren der Soziologie über die Entwicklung der menschlichen Arbeit zu seiner Ernährung aufheben will oder könnte. Es besagt nichts gegen die historische Reihenfolge Jagd–Viehzucht–Ackerbau (s. d.). Das Wort weist lediglich darauf hin, daß der Erzähler aus einer Umwelterfahrung heraus erzählte, in welcher der Ackerbau *die* menschliche Arbeit zur Ernährung war.

Über den Wächter vor Eden in Gestalt des Kerub (s. d.).

Der letzte Sinn dieser Erzählung des Jahwisten ist die Aussage, daß Jahwe (Gott) der Helfende und Segnende ist, daß alles Böse aber – vom Leid bis zum Tod – die Folge der menschlichen Fluchtat ist (eine sehr schöne Deutung dieser „Erzählung vom Sündenfall" s. bei Norbert Lohfink „Das Siegeslied am Schilfmeer"/Frankfurt 1964, S. 81 ff.).

ZU Gen 4,1–5,32:
KAIN UND ABEL

Ihren biblischen Sinn enthüllt die Erzählung vor allem durch ihre Stellung in der Geschichtenreihe Sündenfall und Strafe – Kain und Abel – Sintflut. In dieser Geschichtenreihe hat die Kain-Abel-Erzählung die Funktion, von der Ausbreitung der Sündhaftigkeit zu künden. Welche Nebenfunktion der Ersterzähler der Geschichte anvertraute, als er sie *so* formte, ist nicht bis in jede Einzelheit geklärt. Irgendwie ist sie auch ein Lehrstück über die Blutrache (s. d.).

Kain und Abel nennt die Bibel die ersten Söhne der ersten Menschen (4,1.2). Der Name „Kain" mag sumerisch sein und „Schmied" bedeuten. Kain wurde (nach 4,18) der Erbauer der ersten Stadt. Vielleicht hängt damit zusammen, daß man „Kain" mit dem Begriff Handwerker verband. Ähnlich wie im Lateinischen das Wort *faber* sowohl „Schmied" wie auch allgemein „Handwerker" bedeutet, so könnte auch in diesem Namen „Kain" der Stand der Handwerker durch den Beruf des Schmiedes ausgedrückt sein.

Der Text der Erzählung selbst gibt freilich eine ganz andere, volksetymologische Deutung, indem es heißt: „Eva ... gebar Kain *(Kajin).* Da sagte sie: Ich habe einen Mann vom Herrn erworben *(Kaniti)."*

Der Name „Abel" lautet im Hebräischen „Hebel" und bedeutet: Hauch, Nichtigkeit. Dieses Wort mit seiner Bedeutung ist aber eine Umdeutung im Sinne der erzählten Geschichte. Der Name Abels ist wohl ebenfalls aus dem Sumerischen gekommen, wo er *ibila* lautet (im Assyrischen *aplu);* beides bedeutet Sohn (s. dazu die Anmerkung über den Namen Adams).

„Abel wurde Schafhirt und Kain Ackerbauer" (4,2). Wer diese Erzählung als eine wirkliche Begebenheit aus der Urzeit der Menschheit ansähe, den brächten diese Berufe in Verlegenheit. Hirten gibt es erst, seit der Mensch von der Tierjagd zur Tierzucht übergegangen ist – keinesfalls also in der Urzeit. Ackerbau gibt es nach unserem Wissen erst seit der Jungsteinzeit (im Orient etwa seit 4000 v. Chr.). Damals aber hat der Mensch schon eine lange Geschichte hinter sich.

Gerade die Erzählung von Kain und Abel weist also darauf hin, daß die ersten Erzählun-

gen des Genesisbuches keine Tatsachen berichten. Der Erzähler nimmt die beiden
Grundkulturen (Viehzucht und Ackerbau) *seiner* Zeit und die ihnen zugeordneten Berufe,
um in ihnen den Exempelgestalten seines
Lehrtextes eine Umwelt und eine Handlung zu
geben. Er projiziert die Umwelt *seiner* Zeit in
die Zeit der ersten Menschen, von denen er
einen geistig-historischen Vorgang erzählen
will (s. „Viehwirtschaft" und „Ackerbau").

*„Abel brachte ein Opfer dar von den Erstlingen
seiner Herde" (4,4).* Auch die Opferbräuche
und gesetzlichen Vorschriften seiner Zeit
nimmt der Erzähler in seine Lehrerzählung
hinein. Keinesfalls kann man also aus diesem
Text schließen – wie man es früher einmal tat
–, daß schon die ersten Menschen Gott Opfer
dargebracht haben. Das Opfer Abels ist hier
offenbar wie ein Opfer gesehen, das im Buch
Exodus (s. d.) vorgeschrieben ist, weil die
Erstgeburt der Israeliten in Ägypten verschont
wurde. „Alle männlichen Erstlinge, die dein
Vieh wirft, gehören dem Herrn" (Ex 13,12).
Vergleiche auch Ex 29,13.22; Lev 1,8.12;
3,3.4.9.10.14.15; 4,8.9 und andere Texte. Aus
all diesen Stellen – allerdings auch aus der
heidnischen Opferpraxis – geht hervor, daß die
Hauptopferstücke die beim Verbrennen am
meisten Rauch entwickelnden Fettstücke waren. – Auch diese Opferpraxis blendet der
Erzähler in dieses „Uropfer" ein.

Von Kains Opfer ist nicht ein solches Auswahlprinzip erwähnt, weil es bei Feldfrüchten
im israelitischen Ritual nichts dergleichen gab.
Es geht deshalb zu weit, aus diesem Schweigen
einen Gegensatz von Kain und Abel schon bei
der Opferauswahl ableiten zu wollen.

*„Der Herr schaute auf Abel und sein Opfer
..." (4,4.5a).* Nach israelitischer Überlieferung war das Gedeihen der Herde ein Zeichen
für die Gottwohlgefälligkeit des Hirten; das
Gedeihen der Feldfrucht ein Zeichen für die
Gottwohlgefälligkeit des Bauern. In diesem
Sinne beginnt das Buch Ijob: „Im Lande Uz
lebte ein Mann mit Namen Ijob. Dieser Mann
war untadelig und rechtschaffen ... Er besaß
7000 Stück Kleinvieh, 3000 Kamele, 500 Joch
Rinder und 500 Esel und sehr zahlreiches
Gesinde ..." (Ijob 1,1–3). Das Gesetz der
Vergeltung (s. d.), das israelitische Grundgesetz des Rechtes, wirkt nach israelitischer Auffassung auch im Verhältnis Gott/Mensch.

*Als sie auf dem Feld waren, griff Kain seinen
Bruder Abel an und erschlug ihn (4,8).* Es hat
Leute gegeben, die behaupteten, den Ort zu
kennen, wo Abel begraben sei (s. den Artikel
„Abilene"). Man kann angesichts solcher Behauptungen nur immer wieder darauf hinweisen, daß Abel und Kain Gestalten einer *Erzählung* sind, durch die der biblische Schriftsteller
die Folgen der Sünde sichtbar machen will.
Man kann nicht sagen: Abel war eine historische Gestalt, sondern man kann nur sagen:
Der erste Mord ist gemäß der Logik eine
(prähistorische) Tatsache, und die Erzählungsgestalt Abel vertritt die Gestalt des ersten
Ermordeten.

Es ist nicht einmal nötig, daß diese, Kain
und Abel, wirklich die Söhne der ersten Menschen waren – nicht einmal, daß sie Brüder
waren. Die Geschichte will nichts anderes
zeigen, als daß aus der Erhebung gegen Gott
notwendig die soziale Zerstörung hervorgeht –
oder besser: daß die soziale Zerstörung eine
Erhebung gegen Gott ist.

Kain vor Gottes Gericht (4,9–16)
Gott fragt Kain: „Wo ist dein Bruder Abel?"
(s. den Text zu Gen 37,12–36). Gott aber will
nicht, daß Kain der Blutrache verfällt (4,15).

Die Geschichte von Kain und Abel wird oft
als eine ursprünglich ätiologische (begründende) Sage der Israeliten angesprochen. Die
Israeliten hätten demnach diese Sage vom
Brudermörder geschaffen, als sie den schwei-
fenden Wüstenvölkern begegneten, um sich so
für deren Lebensart, für ihr Aussehen, für ihre
Stammeszeichen (etwa Tätowierungen) eine
Begründung zu geben. Ob der *Name* Kain mit
einer solchen Sage bereits verbunden war, ist
schwer zu sagen, aber unwahrscheinlich (s.
oben).

Die vielen ungeklärten Anspielungen dieser
Erzählung machen aber die Vermutung von
der ätiologischen Sage wahrscheinlich. Damit
sähen wir aufs neue, und für uns sehr instruk-
tiv, in den Werdegang der Heiligen Schrift
hinein. Wir sehen den Erzähler (Redaktor)
aus dem Sagenschatz seines Volkes eine Erzählung herausgreifen, die für seinen Zweck
am passendsten ist. Er fügt eine andere Sage,
vielleicht eine solche vom ersten Städtebauer
„Kain" mit ihr zusammen, macht diesen Kain
zu einem Sohn der Ureltern und gibt ihm zum
Bruder den „Sohn" der ersten Menschen (s.

die Anmerkung am Anfang dieses Kapitels). Er schließt also „Kain und Abel" an das bisher Erzählte an. Er erfindet einige Züge der Erzählung ganz neu, übernimmt andere aus der besagten Sage und aus anderen Erzählungen – und erhält eine für damalige Zeiten *praktische* Erzählung, die alles umgreift, was sie sagen soll.

Trotzdem bleibt der Teil dieser Erzählung, der vom „Kainszeichen" handelt, in seiner historischen Bedeutung ungeklärt. Man kann in ihm ein pädagogisches Mittel gegen die Blutrache (s. d.) sehen. A. Musil (so teilt H. Junker in seinem Genesiskommentar mit) berichtet von den Arabern des Ostjordanlandes: „Tötet jemand seinen Vater oder Bruder, so darf er nicht getötet werden, sondern wird aus dem eigenen Stammesverband ausgestoßen, und kein fremder, wenn auch feindlicher Stamm darf ihn aufnehmen. Durch sein Verbrechen hat er das Recht verloren, Mitglied der menschlichen Gesellschaft zu sein." Danach wäre das Kainszeichen ein Kennmal für den, der nicht getötet werden darf, damit er nicht durch einen schnellen Blutrachetod, sondern durch Ächtung auf lange Zeit gestraft wird.

„Dann ging Kain vom Herrn weg und ließ sich im Land Nod nieder" (4,16). „Nod" ist lautverwandt mit *nud* (umherirren). So ist es wohl kein wirkliches, sondern ein symbolisches Land.

Die oft im Zusammenhang mit dieser Erzählung vorgebrachten Fragen: Woher kamen die Menschen, die Kain hätten töten können? Woher nahm Kain seine Frau? und ähnliche Fragen sind wenig sinnvoll und sollten niemals mit Verlegenheitsantworten beantwortet werden. Die ganze Geschichte ist eine Erzählung, die die Ausbreitung der Sünde offenbaren, aber nicht die Geschichte der Ausbreitung des Menschengeschlechts lehren will.

Als abschreckendes Beispiel, wie man noch vor gar nicht langer Zeit diese Frage „löste", ein Kapitel aus einem Heft „Schlagworte gegen die Bibel" (von einem wohlmeinenden Franziskanerpater 1925 publiziert):

„Woher stammte die Frau Kains?"

„Kain ging ja in ein fremdes Land und nahm sich dort ein Weib. Aber nach der Bibel gab es damals nur Adam und Eva und ihre Kinder. Woher kam nun das Weib, das Kain im fremden Lande heiratete? Das ist die gewaltige

Kanone, mit der an jedem Biertisch die ganze Wahrheit und Autorität der Bibel schon tausendmal in Fetzen geschossen wurde und auch immer wieder aufs neue endgültig gemordet wird.

Die Frage ist allerdings ganz verzweifelt. Ratlos schlage ich sämtliche Erklärungen der Heiligen Schrift nach und – sie lassen mich alle im Stich. Da ist die Weisheit des gesamten Christentums einfach zu Ende!

Nun aber im Ernst: Daß keine Bibelerklärung etwas darüber schreibt, daß kein wirklich ernser Leser der Bibel sich mit der Frage beschäftigt, kommt einfach daher, daß das Behauptete – gar nicht in der Bibel steht!

1 Mos 4,16.17 heißt es: „Und Kain entfernte sich vom Angesichte Jahwes und nahm seinen Aufenthalt im Lande Nod östlich von Eden. Und Kain erkannte sein Weib, und es wurde schwanger und gebar den Henoch."

Da steht also nur, daß Kain im fremden Lande seinem Weibe beiwohnte und den Henoch zeugte. Aber das Weib brachte er schon dorthin mit.

Nun kehre ich den Spieß um und beweise dir gerade aus der Bibel an dieser Stelle, daß im Lande Nod, wohin Kain floh, noch keine Menschen waren, die nicht von Adam und Eva abstammten. Lies einmal den voraufgegangenen Vers 14! Da steht, daß Kain sagte: „So wird jeder, der mich findet, mich töten." Vor wem mußte denn Kain wegen des Brudermordes sich fürchten? Nur vor den Verwandten, den Brüdern und Neffen, weil diese die Blutrache an ihm ausüben würden. Bevor es geordnete Staaten gab, rächten die Verwandten den Mord eines der Ihrigen selbst an dem Mörder. Das ist auch heute noch bei unzivilisierten Stämmen zu Recht bestehende Blutrache. Nun sagt Kain, jeder, der ihn finde, werde ihn töten. Also war jeder, der ihn finden konnte, ihm blutsverwandt, stammte von Adam ab. Wären im Lande Nod andere, fremde Menschen gewesen, die nicht von Adam abstammten, so hätte sich Kain vor diesen nicht zu fürchten brauchen. Denn sie hätten gar keinen Grund und kein Verlangen gehabt, den Kain wegen des Brudermordes zu töten. Er konnte ja so weit fliehen, daß man von seinem Brudermorde gar nichts wußte. Daraus geht klar hervor, daß damals nicht schon andere Menschen auf der Erde lebten, sondern nur solche, die von Adam abstammten.

Ja ja, bei der Schrifterklärung muß man schon etwas genauer zusehen, und es gehört etwas mehr dazu als ein großes Mundstück am Biertisch! Laß dich in Zukunft nicht mehr mit solchen ,wissenschaftlichen' Einwendungen gegen die Bibel zum besten halten!"

ZU Gen 6,1–10,32:
NOACH UND DIE SINTFLUT

In der Noach-Erzählung sind zwei Fassungen derselben Geschichte auf sehr kunstvolle, aber nicht immer logische Weise zusammengearbeitet worden. Wer einen tieferen Blick in die Redaktionsarbeit der Bibelschreiber letzter Hand tun möchte, mag sich die beiden Fassungen auseinanderdividieren: Zur ersten Fassung, die man meistens die des Jahwisten (s. d.) nennt, gehören die Verse: 6,5–8; 7,1–5.7–10.12.16b.22; 8,2b.3a.6–12.13b. 20–22. Diese Fassung ist die einfachere, naivere und schönere. – Zur Fassung des sogenannten Priesterkodex (s. d.) gehören die Verse: 6,9–22; 7,6.11.13–16a. 17–21.24; 8,1–2a.3b–5.13a. 14–19; 9,1–19. Diese Fassung versucht, wissenschaftlich zu sein.

Es geht um die Sintflut. Das Wort „Sintflut" entstammt dem althochdeutschen *sinvluot* (große Flut). Claus Schedl schlägt vor, das volkstümliche Wort „Sündflut" auch offiziell einzuführen, weil in ihm sogleich die Deutung der Erzählung mitgegeben ist. Der Vorschlag ist sympathisch.

IST DIE SINTFLUT GESCHICHTLICH?

Eine Flut, welche die ganze Erde überschwemmte, hat es in geschichtlicher Zeit nie gegeben. Dennoch hat die Sintflutgeschichte der Bibel einen historischen Hintergrund. Das Material der Sintflutgeschichte ist historisch, ihre Deutung als „Sündflut" ist biblische Pädagogik. Das Geschichtliche dieser Flutgeschichte ist eine riesige Überschwemmung, wahrscheinlich im babylonischen Raum (Zweistromland).

Im Jahre 1929 war der englische Archäologe Sir Charles Leonard Wooley am Tell al Muquayyar (Berg der Stufen), dessen Bereich man dann mit Ur (s. d.) bezeichnet hat, bei Ausgrabungen. Dieser „Berg der Stufen" liegt etwa 200 km nordwestlich der Stadt Basra, im Eufratgebiet. Bei der Abteufung eines Prüfschachtes stieß er unter den Siedlungsschichten auf eine Lehmschicht, wie sie sich bei Flutablagerungen bildet; *unter* dieser Lehmschicht fand er wiederum Siedlungsschichten aus der Steinzeit. Weitere Prüfschächte im Eufrat-Tigris-Gebiet ergaben ähnliche Funde. Die Lehmschichten sind verschieden stark: 2 m, aber auch stellenweise nur 40 bis 50 cm. Wooley schloß daraus: Wir haben die Sintflut entdeckt.

Ob diese Lehmschichten von *der* Sintflut stammen, ist nicht zu beweisen. Wohl aber scheint erwiesen zu sein, daß im Zweistromland vom Persischen Golf an, in nordwestlicher Richtung, am Ende der Steinzeit eine Überschwemmung gewütet hat, die ein Gebiet von über 600 km Länge und 150 km Breite mehr oder weniger bedeckte. Und es ist sehr gut möglich, daß diese Überschwemmung das historische Material für die semitischen Fluterzählungen, auch für die der Bibel, abgegeben hat. Diese Überschwemmung wäre etwa um das Jahr 4000 v. Chr. anzusetzen.

Eine andere Möglichkeit hat Prof. Wolfgang Panzer erwogen, der die mannigfaltigen Traditionen über Flutkatastrophen auf die geologischen und meteorologischen Ereignisse der Nacheiszeit zurückführt. Zwischen 40000 und 10000 v. Chr. hat sich der Spiegel der Meere an allen Küsten um rund 90 m gehoben. Zur Würmzeit bedeckte die Kontinente etwa 37 Millionen Kubikkilometer Gletschereis mehr als heute. Als diese Gletscher dann abschmolzen, verschlang das Meer in jedem Jahrtausend riesige Länder, die von Menschen bewohnt waren. Urerinnerungen an diese Flutkatastrophen am Ende der Eiszeit, so meint Prof. Panzer, seien die Flutepen und Flutmythen, wie sie sich in allen Kontinenten finden lassen.

Bei sehr vielen Völkern gibt es Fluterzählungen. Überschwemmungen sind Naturkatastrophen, die – es wäre seltsam, wenn es anders wäre! – sich in Mythen, Sagen und Epen niederschlagen. Die Völker Europas (Germanen, Griechen, Slawen), Amerikas, Australiens und Asiens (Sibiriens, Indiens, Syriens, Kleinasiens und andere) erzählen davon. Richard Andrée hat im Jahre 1891 in einem Buch „Die Flutsagen" viele dieser Sagen wiedergegeben. In den Mitteilungen der Anthropologischen Gesellschaft in Wien (Band XXXI, 1901, S. 212 ff.) findet man sie übersichtlich geordnet.

Eine iranische Flutsage berichtet von einer Überschwemmung durch Schneeschmelze, die ein Sündengericht war und vor welcher der fromme Jima sich durch Bau einer Burg, die er auf Befehl eines Gottes baute, retten konnte.

Besonders ein babylonisches Flutgedicht ist der biblischen Fluterzählung immer gegenübergestellt worden. Schon der Kirchenschriftsteller Eusebius (313–339 n. Chr. Bischof von Cäsarea in Palästina) zieht es heran, in einer griechischen Fassung, die den babylonischen Mardukpriester Berossus (300 v. Chr.) zum Autor hat. Eusebius zitiert ihn in seinem „Chronikon", und bis zum Jahre 1872 n. Chr. hatte die Wissenschaft nur durch dieses Zitat Kenntnis davon. In den Jahren seit 1872 n. Chr. wurden dann die babylonischen Keilschriftbibliotheken entdeckt und entziffert, wodurch uns ein Großteil des babylonischen Gilgameschepos bekannt wurde, auf dessen elfter Tafel die Fluterzählung berichtet wird (Abfassungszeit etwa 1200 v. Chr.). Andere Schriftfunde zeigen aber, daß diese Fluterzählung noch älter ist. Das Scheil-Fragment (in babylonischer Sprache) wird auf das Jahr 1970 v. Chr. datiert; ein sumerischer Text, der 1912 n. Chr. entdeckt wurde, ist zwischen 1900 und 1750 v. Chr. niedergeschrieben worden. Auch Übersetzungen und Bearbeitungen in anderen Sprachen (z. B. in Assyrisch und Hetitisch) liegen vor.

Das Gilgameschepos erzählt die Sage so: Nach dem Tode seines Riesenfreundes Eabani macht sich Gilgamesch auf den Weg zu seinem Urahn Utnapischtim, um ihn nach dem Geheimnis von Leben und Tod zu befragen; denn Utnapischtim ist unter die Götter versetzt worden und unsterblich. Auf die Frage Gilgameschs, wie er unsterblich geworden sei, erzählt Utnapischtim die Geschichte von der großen Flut: Die Götter von Schuripak am Eufrat hatten eine große Sturmflut beschlossen. Der Gott Ea teilte seinem Liebling Utnapischtim diesen Götterbeschluß im Traume mit und befahl ihm, ein Schiff zu bauen. In dieses Schiff sollte er seine Angehörigen, seine Schätze und „lebende Wesen aller Art" hineinbringen. Seine Mitbürger belog er, als sie ihn nach dem Grund dieses Schiffsbaus fragten.

Adads Unwetter überzog den Himmel,[1] verwandelte alles Helle in Finsternis. Er überschwemmte das Land . . . der Sturm wehte stürmisch, die Wasser stiegen über das Gebirge . . .

Vor dem Sturm flohen sogar die Götter bis in den obersten Himmel.

Nach zwölf Fristen stieg ein Land empor, auf den Berg Nisir fuhr das Schiff los. Der Berg Nisir hielt das Schiff fest, ließ es sich nicht bewegen. Als der siebente Tag herankam, ließ ich eine Taube hinaus und ließ sie los. Es flog die Taube fort und kehrte zurück, da ein Ort zum Sitzen nicht da war, kehrte sie zurück. Ich ließ eine Schwalbe hinaus und ließ sie los. Es flog die Schwalbe fort und kehrte zurück, da ein Ort zum Sitzen nicht da war, kehrte sie zurück. Ich ließ einen Raben hinaus und ließ ihn los. Es flog der Rabe fort, sah die Verminderung des Wassers, flog näher hinzu, indem er krächzte, und kehrte nicht zurück. Da ließ ich hinaus alles nach den vier Winden, opferte ein Opfer.

Die Götter versammelten sich um das Opfer und zankten sich. Der Sturmgott war böse, daß doch noch Menschen gerettet wurden. Aber Ea versetzte seinen Liebling unter die Götter.

Die Berührungspunkte sind deutlich; die Unterschiede sind noch deutlicher: Die Flut der Bibel ist ein Strafgericht, die des Gilgameschepos kommt aus der Willkür der Götter. Die biblische Erzählung ist streng monotheistisch, die babylonische polytheistisch. Die Gottheit der Bibel ist erzürnt aus Gerechtigkeit, die Babylons aus Neid usw.

Hat also der biblische Erzähler das babylonische Gedicht „übernommen"? – Er wird es gekannt haben. Die israelitischen Erzväter kamen ja aus dem Zweistromland und mögen die alten Erzählungen mitgebracht und weitererzählt haben. Aber irgendeiner (der prophetische Redaktor nämlich) hat sie nur als Stoff benutzt, hat sie umgewandelt für seinen Zweck, um den Kindern Israels (wann, das ist gleichgültig) den Zorn Gottes über die Verkommenheit der Menschen deutlich vor Au-

---

[1] Übertragung nach Justus Köberle, Die Beziehungen zwischen Israel und Babylon, 1908.

gen zu stellen. – Ein Beweis für die unmittelbare Abhängigkeit der biblischen Erzählung von der babylonischen kann nicht geführt werden.

Die doppelte Fassung der Erzählung (s. oben) weist auf ihre Verbreitung und Volkstümlichkeit hin.

Zu einigen Formeln der Noach-Erzählung sollen noch einige Hinweise gegeben werden:

Des Menschen Lebenszeit soll „hundertzwanzig Jahre betragen" (6,3): Die Zahlenangaben der Bibel haben meist symbolischen Sinn, der aber nicht in allen Fällen von uns durchschaubar ist. Die Zahl 120 kann bedeuten: 40 × 3, d. h. 40 als Zahl der kräftigen Länge wird multipliziert mit der Zahl der Vollkommenheit. Der Mensch soll nicht ein Alter von allgemein kräftiger Länge haben (40); er ist von Gott als Sohn geschaffen; dieser Vorzug wird durch die Multiplikation mit 3 ausgedrückt (s. den Artikel über die Zahlensymbolik). –

„Noach fand Gnade in den Augen des Herrn" (6,8): Der Name *Noach* ist in Gen 5,29, in der Geschlechtertafel, die von Adam bis Noach führt, gedeutet: Und er (Lamech) nannte seinen Sohn Noach (Ruhe). „Dabei sagte er: Er wird uns aufatmen lassen (je-NACHamenu) bei unserer Arbeit und der Mühe unserer Hände um den Ackerboden, den der Herr verflucht hat." So heißt also „Noach" soviel wie „Tröster". Er ist der Tröster Gottes, weil er gerecht blieb, und der Tröster des Menschengeschlechts, weil er – nach der Erzählung – dem Menschengeschlecht einen neuen Anfang setzte; weil er es rettete. „Noach" ist ein Erlösername. –

„Noach war ein gerechter ... Mann" (6,9): Das Wort „gerecht" ist in der israelitischen und vor allem späteren jüdischen Gedankenwelt der Terminus für den, der das Gesetz erfüllt. Es ist wahrscheinlich, daß dies auch hier so gemeint ist. Daraus dürfte man schließen, daß die Schlußredaktion dieses Stückes sehr spät vorgenommen wurde; vielleicht erst nach der zweiten Rückwanderung aus der Babylonischen Gefangenschaft (um 400 v. Chr.) (s. den Artikel „Gerechtigkeit"). –

„Mach dir eine Arche" (6,14): Das hebräische Wort *tebáh* heißt „Kasten". Hieronymus (s. d.) übersetzte es ins Lateinische mit *arca*. Von dort kam es als Lehnwort „Arche" ins Deutsche. –

„Von allen reinen Tieren ..." (7,2): Dieses Moment zeigt, wie entweder schon in der Abfassungszeit oder zumindest bei späteren Redaktionen die geltenden Ritusbräuche in die Erzählungen hineinprojiziert wurden. Der Erzähler spricht bei Noach von reinen und unreinen Tieren, als ob ein in der Frühzeit lebender Noach diese Unterscheidung schon gekannt haben könnte.

Israel kennt zwei Kataloge der reinen und unreinen Tiere, von denen der ältere in Dtn 14,3ff. nachzulesen ist. Die Niederschrift dieses Katalogs ist zwischen 700 und 670 v. Chr. anzusetzen. Rein sind danach: Rind, Schaf, Ziege, Hirsch, Gazelle, Damhirsch, Steinbock, Antilope, „nämlich alles Getier, das vollständig durchgespaltenen Huf hat, und was zu den Wiederkäuern gehört" (Dtn 14,6). Kamel und Schwein sind damit ausgeschlossen. Unter den Fischen ist alles, was Flossen und Schuppen hat (Dtn 14,9), rein. Von den Vögeln werden nur die unreinen aufgezählt: Adler, Lämmergeier, Habicht, Falke, Rabe, Strauß, Schwalbe, Möwe, Käuzchen, Uhu, Eule, Pelikan, Storch, Fledermaus u. a.

Der Grund für die Unreinheit dieser Tiere liegt mit Sicherheit ursprünglich nicht in deren eigentlicher Beschaffenheit. Zwar können wir keine Gründe angeben; die Listen der reinen und unreinen Tiere geben keine an. Aber es darf vermutet werden, daß vor allem solche Tiere als unrein galten, die in anderen Religionen als Göttertiere oder Seelentiere verehrt wurden. Nachdem man diesen Grund nicht mehr kannte, wurde dann eine Systematisierung nach der Verwandtschaft oder Ähnlichkeit vorgenommen.

„Von allen reinen Tieren nimm dir je sieben Paare mit ... noch sieben Tage, dann lasse ich vierzig Tage und vierzig Nächte lang auf die Erde regnen" (7,2–4): In der Zahl Sieben haben wir die gottgewollte Zahl vor uns; in der Zahl Vierzig die Zahl der zu betonenden Länge (s. den Artikel „Zahlen ..."). Über die „Quellen der gewaltigen Urflut" und die „Schleusen des Himmels" – 7,11 – s. den Artikel „Das Weltbild der Bibel".

Im siebten Monat „setzte die Arche im Gebirge Ararat auf" (8,4): Auch dieses Monument der Erzählung weist auf den babylonischen Kulturkreis hin. Das Land Ararat ist nach den Darstellungen der Bibel (2 Kön 19,37 und Jes 37,38) ein Nachbarland Assyriens, also wohl das spätere Armenien. Assyrien war seit 2350 v. Chr. Akkad und seit 2000 v. Chr. Ur untertan. So sind also hier engste Beziehungen zum Zweistromland.

Heute ist „Ararat" der Name zweier erloschener Vulkane in Armenien. Der Große Ararat (5198 m) und der Kleine Ararat (3911 m); die Armenier nennen zwar die Berge „Masis" (im Gilgameschepos heißt er „Nisir"), während die Landschaft – nach Angabe von Gewährsmännern – noch heute wie in der Bibel Ararat heißt. Der Name „Ararat" in der Bibel beweist die Verbindung des biblischen Materials mit der babylonischen Sage; über das Wie der Verbindung gibt er keine Auskunft.

Obwohl die Bibel nicht sagt, auf welchem Berge von Ararat die Arche gelandet sein soll, begab sich im Jahre 1955 eine Expedition unter dem Franzosen F. Navarra zu Ausgrabungen auf dem Großen Ararat. Dabei fand er unter den Gletschern große Holzstücke, die offensichtlich bearbeitet waren. Die physikalisch-chemische Untersuchung ließ eine Datierung bis ins dritte Jahrtausend v. Chr. zu. Der Expeditionsbericht behauptete daraufhin: „Ich fand die Arche Noah" (Frankfurt 1957). Die Behauptung ist unglaubhaft. Trotzdem möchte man die Funde vom Ararat mit den Noachgeschichten in eine gewisse Verbindung bringen. Wenn nämlich die Holzstücke Reste von Hütten oder Häusern sind, könnten damit die hochgelegenen Teile der Berge in Ararat als Zufluchtsstätten unter Umständen auch während solcher Flutkatastrophen angesprochen werden. Sollte das Wissen um solche Zufluchtsstätten auf dem Ararat überliefert worden sein, so würde sich daraus erklären, warum der Erzähler die Arche gerade im „Gebirge Ararat" stehen bleiben ließ.

Nach der Landung der Arche opferte Noach. *„Der Herr roch den beruhigenden Duft" dieses Opfers (8,21):* Diese Ausdrucksweise mit der dahinterstehenden Anschauung ist aus der israelitischen Denkweise in urgeschichtliche Zeit zurückgeblendet. Die Ausdrucksweise ist polemisch. Obwohl es auch eine sehr anthropomorphe Weise ist, vom Riechen Gottes zu sprechen, ist sie doch der Anschauung der Heiden, die ihre Götter mit den Opfern „ernährten", weit überlegen. Jahwe ißt nicht. Er *braucht* das Opfer nicht. Er „riecht" es und hat

sein Wohlgefallen daran. Die geistigere Gottesverehrung ist damit ausgedrückt (s. den Artikel „Das Opfer"). –

Dann sprach Gott: *„Hiermit schließe ich meinen Bund mit euch" (9,9):* Das Wort vom Bund mit Jahwe ist ein Leitthema der israelitischen Geschichtsschreibung: Mit Abraham „schließt er einen Bund", mit den Kindern Israels „schließt er einen Bund". Der Bundesgedanke war den Israeliten geläufig. Wenn hier von einem Bund mit Noach die Rede ist, so ist dies zunächst einfach die Anwendung des normalen Verhaltens, wie sich der Mensch in den Zeiten der Erzväter und Israels soziale Sicherheit verschaffte (s. den Artikel „Der Bund"). Da aber der Bund mit Jahwe das große Thema der Geschichtsdeutung Israels war, ist der Bundesschluß mit Noach zugleich auch eine Rückblendung des großen Bundesgedankens in die Frühzeit. Es ist der *erste* Bund mit dem neuen Stammvater. Aus dessen Nachkommen wird einer auserwählt, Abram, mit dem Jahwe den *zweiten* Bund schließt, um dann vor dem Einzug nach Kanaan den *dritten* Bund mit den Auserwählten der Kinder Abrahams, nämlich den Kindern Israels (Jakobs), einzugehen. Der erste Bund (mit Noach) ist das Mittelstück der Sintflutgeschichte, damit der große Bund nach dem Auszug aus Ägypten der *dritte* und eigentliche Bund sein kann. Das ist der bundestheologische Sinn des Bundes mit Noach.

Zugleich liegt in diesem Bund aber auch ein universaltheologischer Sinn. Israel ist auserwählt – das aber heißt nicht, daß Jahwe der anderen Menschheit fremd und fern wäre. Jahwe ist auch der Gott der Heiden (d. h. der Völker); denn er hat seinen Bund mit Noach geschlossen. Das ist der andere Sinn dieses Bundes. Der Bund mit Noach ist der theologische Ausdruck für den Glauben, daß Gott die Welt und alle Menschen erhält.

„Meinen Bogen setze ich in die Wolken . . ." *(9,13)* folgt dem Bund als Friedenswort: Es ist kein Zweifel, daß dieser „Bogen" der Regenbogen ist. Ob mythische Urelemente mitgespielt haben, als der Erzähler den Regenbogen hier als Bundeszeichen einführte, ist nicht sicher. Viel näher liegt die Wahrscheinlichkeit, daß es sich hier um ein poetisches Bild handelt: wie nach dem Unwetter die Sonne aufgeht, so geht nach Gottes Zorn seine Huld wieder auf.

Das AT verwendet dasselbe Wort für den Bogen (s. d.) als Waffe und den Regenbogen. In der poetischen Sprache von Gottes Zorn wird Gott als Bogenschütze dargestellt (s. den Artikel „Die Zeichen der Theophanie"), der seine Pfeile aussendet. Nun aber legt er seinen Bogen fort; die Waffe erscheint im Gewölk als Bogen des Friedens: als Regenbogen.

NOACH UND SEINE SÖHNE

Die Erzählung Gen 9,18–27 spiegelt die Zustände einer nicht sicher zu bestimmenden Zeit wider. Sie setzt aber die Begegnung mit den Kanaanitern voraus – also entstand sie in der heute vorliegenden Form mit Sicherheit nach der Landnahme. Manche Bibelhistoriker möchten im Jafetsegen das Echo der Beziehungen zwischen Israel und den Phöniziern unter den ersten Königen des noch ungeteilten Reiches sehen. Vielleicht hat die Redaktion des Jahwisten (zur Königszeit) den älteren Jafetsegen moduliert; aber er war auch schon in der Zeit der Landnahme möglich.

Die Geschichte von dem ehrfurchtslosen Ham ist wohl nur der „Aufhänger" für die Dreiteilung der Menschheit durch den Noachspruch. Der Kern der Erzählung ist geschichtstheologische Erklärung (der Landnahmezeit oder) der Königszeit, indem Noach Fluch und Segen über die Völker in den Mund gelegt werden.

Diese ganz sicherlich sehr alte und lehrhafte Anekdote zum vierten Gebot: „Du sollst Vater und Mutter ehren . . .", tut dar, daß das Ehren in der Gesinnung liegt. Ham entehrt den Vater nicht tätlich, sondern durch Unterlassung und mit Spottworten vor den Brüdern. Er hat den Vater „entblößt" gesehen, damit hat er ihn erniedrigt, geschändet; denn Entblößung ist gleich Erniedrigung und Schändung, nicht nur gegenüber der Frau. Beispiele:

2 Sam 6,20: „Wie würdevoll hat sich heute der König von Israel benommen, als er sich vor den Augen der Mägde seiner Untertanen bloßgestellt hat, wie sich nur einer vom Gesindel bloßstellen kann."

2 Sam 10,4: „Hanun ließ die Diener Davids festnehmen, ihnen die Hälfte des Bartes abscheren und ihnen die Kleider zur Hälfte abschneiden, bis zum Gesäß herauf. So schickte er sie weg. Als man David das meldete, schick-

te er ihnen jemand entgegen . . . weil sie so schwer geschändet waren." (Siehe auch im Artikel „Die Theorie vom sexuellen Sündenfall".)

Doppelt schlimm aber war dieses Anschauen der Entblößung, weil der Vater betrunken war. Mit der Sintflutgeschichte ist diese Erzählung eigentlich nur locker verbunden. Sie konnte auch für sich bestehen und bestand wohl auch für sich – sozusagen als Stück in einem Exemplarium für Vergehen gegen die Zehn Gebote. In den Zusammenhang mit der Sintflutgeschichte gebracht und auf Noach und seine Söhne angewandt, wird sie jedoch zum erschütternden Beispiel für das auch nicht durch eine Sintflut auszurottende Böse im Menschen und speziell für die Folgen der Vaterentehrung.

„Noach . . . pflanzte einen Weinberg" (9,20): Wir halten im Gedächtnis, daß es sich bei den Erzählungen von Noach um eine Projektion späterer Zustände in eine erzählte Urzeit handelt. Da die Erzählung annimmt, alles auf Erden habe nach der Flut neu begonnen, liegt nahe, daß sie dem großen Techniker des Archebaus auch besonders eindrucksvolle Neuerungen des Ackerbaus zutraut.

Aus der Kundschaftererzählung (s. bei Num 13,23) wissen wir, wie bei der Landnahme gerade der kanaanäische Weinbau großen Eindruck auf die landsuchenden Israeliten gemacht hat. Dieser Eindruck schlug sich möglicherweise in diesem Teil der Noacherzählung nieder, was die Ersterzählung dieses Motivs für jene Zeit bestätigen würde. Vielleicht hat auch die Erklärung des Namens „Noach" als Tröster (s. oben) mitgeholfen, ihn zum ersten Weinbauer zu machen; denn so lautet der Originaltext: „Noach wurde der erste Ackerbauer und pflanzte einen Weinberg." Es wäre aber ganz und gar irrig, nun zu sagen, Noach *hat* als erster Mensch Wein gezogen . . . der Weinstock ist in Palästina demnach soundso alt. Der Weinbauer Noach ist eine *erzählerische* Ausschmückung, die lediglich zeigt, daß Israel den Weinbau von den Kanaanitern übernahm und daß es den Wein schätzte.

Entsprechend gehen solche Erklärer zu weit, die sich bemühen, die Trunkenheit des Noach zu entschuldigen, weil er ja die Wirkung des Weines nicht gekannt habe. Es war historisch ein sehr langer Weg vom ersten Weinstock bis zur Kenntnis der Weinherstellung. Man nimmt die Erzählung historisch und damit unsinnig, wenn man solche Entschuldigungen anbringt. Die Fabel ist ganz naiv und lediglich ein Vorspann und eine *erzählerische* Begründung für das folgende.

Noach spricht Fluch und Segen über seine Söhne (9,24–27). Zurückprojiziert in die „Zeit des Noach" ist aber nicht nur das Milieu, sondern auch der Noachspruch mit Fluch und Segen über seine Söhne. Deshalb ist es eine fragliche Methode, wenn man einerseits die Entstehungsgeschichte der Noacherzählungen behandelt, aber andererseits so sehr eine realistische Geschichtlichkeit annimmt, daß man etwa schreibt: „Als Noach erwachte und vom Benehmen Hams erfuhr, erfaßte ihn nicht bloß Zorn, sondern auch der Geist der Prophetie …, so daß er die Worte des Segens und Fluches aussprach …" Noachs Spruch über seine Söhne ist ebensowenig eine Prophetie Noachs wie Sem, Ham und Jafet wirkliche Söhne eines wirklichen Noach sind. Das Ganze ist *Geschichtstheologie in Form einer Erzählung.* Die Dreiteilung der bekannten Welt wird aus der Erzählungslogik der Noachgeschichten heraus, die den Hörer sich einen Neuanfang der Menschheit vorstellen lassen, auf drei „erzählte" Söhne der Erzählungsgestalt Noach zurückgeführt, um dem Fluch und Segen einen Rahmen zu geben. Daß es auf Fluch und Segen ankam, ergab sich den Israeliten aus den Adressaten von Fluch und Segen. Ob der einzelne Israelit den Rahmen, die Erzählung, für bare Münze nahm oder nicht, war weder für den Ersterzähler noch für den Schlußredaktor des Pentateuch wichtig – wenn der Hörer nur Fluch und Segen verstand! Denn die Frage nach „geschichtlicher" Wahrheit gab es damals noch nicht; die Frage ging nach der *wirkenden, wesentlichen Aussage,* die sich in einer Schale verhüllt darbot, die vom Leben und nicht von einer Abstraktion kündete.

Noachs Segen über Sem: „Sem" lautet im Hebräischen „Schem", d. h. Name. Warum in dieser Erzählung dieser Sohn Noachs, der als Vater der „semitischen" Völker genannt wird, „Name" heißt, läßt sich nur vermuten. Es gibt mehrere Möglichkeiten: weil er der Vater der Völker des guten Namens ist; weil er der Vater der Völker des Ruhms und der Ehre ist – denn *schem* hat im Hebräischen – wie ja auch bei uns – oft diesen Nebensinn: Ruhm, Ansehen, Gel-

tung, wie „Volk ohne Namen" (Ijob 30,8) ein verächtliches oder wenigstens unbedeutendes Volk.

Da das Wort *schem* auch oft als Abkürzung für „Name Gottes" gebraucht wird und „Name Gottes" gleich „Macht Gottes" sein kann, könnte im Namen „Schem" auch ein Hinweis auf die Macht Gottes liegen, die in ihm und seinem Volke wohnt.

In der Nähe dieser Interpretation liegt eine andere, durch die der Segenssatz in seiner ganzen Fülle erkannt werden könnte: „Gepriesen sei der Herr, der Gott Sems!" (9,26). Wörtlich nach dem Hebräischen: „Gepriesen sei Jahwe, der Gott (des) Namens/Schems." Für diesen Sohn, d. h. zumal für das Volk Israel, den vornehmsten Sproß aus Sem, hat Gott einen Namen: Jahwe. Dieser Jahwe, der Gott des Namens (!), sei gepriesen. Und indem der gesegnete Sohn „Schem" genannt wird, wird der Gott des Namens *(schem),* der Gott Sems *(Schems).*

Im Fluch über Ham (9,25) liegt der Kern dieser Erzählung. So wichtig der Segen über Schem sein mag – im Grunde ist er doch nur Hintergrund für den Fluch über Ham. Die Sicherheit dieser Aussage wird durch den eigentlichen Adressaten des Fluches – Kanaan – gegeben. Denn darum ging es den israelitischen Führern, daß sich das Volk in nichts mit den Kanaanitern einlasse!

Für Israel, d. h. für seine Propheten und die Bewahrer seiner Religion, waren das Leben und der Glaube der Kanaaniter ein Greuel. Ihr Glaube an die vielen Baale (Herren), ihre Götter, ihr Glaube an Fruchtbarkeitsgöttinnen, ihre Sakralprostitution, durch die Jungfrauen ihren Kranz dem Baal durch Hingabe an Tempelpriester opferten, und ähnliche Kulte der geschlechtlichen Hingabe machten die Kanaaniter in den Augen Israels, das nur *einen* Gott kennen sollte, den es zwar mit Opfern, aber nicht mit solchen Kulthandlungen verehren durfte, zu einem perversen und geschlechtsbesessenen Volk. Vor der Begegnung mit diesem Volk galt es zu warnen (s. die Artikel „Die Baale" und „Kultprostitution").

Der Erzähler zerbricht hier – sozusagen in dichterischer Freiheit, um der Wirkung auf die Zuhörer willen – sogar die Erzählungslogik, indem er Noach nicht Ham, sondern dessen Sohn Kanaan an Stelle des Vaters nennen läßt. Die Erzählungslogik verlangt den Fluch über

Ham; er ist der Erstadressat – der Erstver-
fluchte; aber der, den der Fluch meint, ist
Kanaan. Das eigentliche Ziel der Erzählung
kann nicht zweifelhaft sein: Kanaan ist nur
noch zum „Knecht der Knechte" (d. h. zum
elendesten Knecht) tauglich.

Noachs Segen über Jafet: Wer mit Jafet zur
Zeit der Fluch-Segenformulierung (9,27) gemeint ist, wissen wir nicht, weil wir nicht mit
Sicherheit die Zeit dieser Formulierung kennen. Wenn es die Zeit der Landnahme war, so
werden es ganz allgemein die indogermanischen Völker des Nordens und des östlichen
Mittelmeeres gewesen sein, die damals die
Kanaaniter von Norden her bedrängten, als
die Israeliten sie von Süden her angriffen.
Sollte aber der Jafetsegen erst in der israelitischen Königszeit (in eine ältere Segensfas-
sung?) hineingenommen worden sein, so
könnten mit Jafet auch die Phönizier gemeint
sein, die damals mit den Israeliten in guter
Verbindung standen.

Mit Sicherheit darf man wohl sagen, daß der
Jafetsegen mehr eine Sympathiekundgebung
als ein eigentlicher Segen ist. Politisch mag
auch dahinterstecken, daß Jafet „weiter Raum
gegeben werde", damit er Israel, die Söhne
Sems, nicht zu bedrängen braucht. Der
„Raum" ist wenigstens hier das Wesentliche;
denn das Wortspiel *Jafet* (der Name) und *jaft*
(weiten Raum gebe [Gott]) hebt diesen Se-
genswunsch als wesentlich hervor. – Über den
Sinn des Wortes „In Sems Zelten wohne er
[Jafet]", läßt sich mit Sicherheit nichts Historisches sagen. – Eine sprachliche Feinheit soll
nicht übergangen werden: Während im Segen
für Sem „Jahwe" erscheint, spricht der Segen
für Jafet von „Gott"; denn den Völkern Jafets
hat Gott seinen Namen nicht geoffenbart.

*An den Segen und Fluch Noachs schließt sich
die „Völkertafel" (Gen 10,1–32):* Diese Völkertafel gibt die Nachkommen der drei Noachsöhne an, ist also der Versuch, die Dreiteilung
der Menschheit in verwandte oder befreunde-
te Völker, in zu meidende und nicht unbedingt
zu meidende Völker (Heiden) durchzuführen.
Zwei ethnographische Besonderheiten aus
diesem zehnten Kapitel der Genesis sollen
erwähnt werden:

Obwohl die Kanaaniter (s. d.) nach Abstammung und Sprache zweifellos zur selben Gruppe gehörten wie die Israeliten, werden sie –

bewußt! – aus dieser Gruppe herausgenom-
men und unter „die Söhne Hams" eingereiht.
Der Sinn ergibt sich aus dem oben Gesagten.
Zugleich aber wird damit dargetan, daß es sich
um ein Dokument nicht der Geschichte oder
Geographie, sondern der Einstellung und
Ausrichtung handelt.

Unter die Söhne Hams wird ebenfalls gezählt der Sohn Misrajim, d. h. Ägypten. Auch
dies weist auf die Zeit der Landnahme als
Formulierungszeit wenigstens des Semsegens
und Hamfluches hin, als der Widerwille gegen
das ägyptische Joch, dem man soeben entflo-
hen, noch stark war. In den Psalmen ist mit
„den Zelten Hams" und „dem Land Hams"
(Ps 105/104,23.37; 106/105,22) immer Ägypten
gemeint, was eindeutig ist, weil die anderen
Söhne Hams die Kanaaniter waren.

Unter den Söhnen Kanaans finden sich ferner die Jebusiter (s. d.) und die Amoriter
(s. d.). Die Darstellungen dieser „Abstammung" sind aber genau so ein geschichtstheo-
logisches Politikum wie die Verfluchung Kanaans selbst. Auch die Amoriter waren nämlich, ethnisch gesehen, Semiten.

RASSENHASS UND VÖLKERFLUCH

An diesem Kapitel „Noach und seine Söhne"
mit der Völkertafel (Gen 9,18–10,32) entzündet sich immer wieder der rachsüchtige Hohn
der Antisemiten. Das AT ist ja selbst rassi-
stisch, sagt man, um seinen Antisemitismus
mit der scheinbar stärksten Waffe zu verteidigen. Aber die Beweisführung ist falsch.

Der Segen über die andersartigen und rassisch nicht gleichen indogermanischen Völker
(Jafet) widerspricht einer rassistischen Tendenz der Bibel.

Das Kapitel über Ham, Kanaan und seine
Söhne enthält keinen Rassenfluch, ja nicht
einmal einen Völkerfluch. So kann nur reden,
wer die Kapitel als „historisch" im heutigen
Sinn mißversteht. Der Fluch Noachs ist ganz
und gar nicht gleichzusetzen mit entsprechenden Kapiteln in Hitlers „Mein Kampf", die
Ziel und Ausrichtung für eine zukünftige Politik der Vernichtung geben sollten.

Der Weg des AT ist vielmehr umgekehrt:
Das Volk begegnet den in seinen Augen sitt-
lich verseuchten Kanaanitern, diesen Götzendienern und ihrem pervertierten Gottesdienst.

Da lautet die Frage: Wie kann so etwas Schreckliches zustande kommen? Und die Antwort: Das kann nur die Folge eines Fluches sein.

Der Noachfluch über Ham ist also zugleich ein warnendes und begründendes Erzählungsmoment und alles andere als der Fluch eines Volkes oder seiner Führung über ein anderes Volk. Daß dieser Fluch dennoch auch zu Grausamkeiten gegen die Kanaaniter geführt hat, muß zugegeben werden, wenn man ebenso zugibt, daß diese Grausamkeiten in der Kriegsführung der damaligen Menschheit selbstverständlich waren (s. den Artikel „Der Kriegsbann"). Heute sind sie nicht mehr selbstverständlich – und doch gibt es noch Grausamkeiten!

ZU Gen 11,1–9:
DER TURM ZU BABEL

Der erzählerische Zusammenhang dieser Geschichte ist die Geschichtenserie, die von der Sünde der Menschen erzählt, beginnend mit dem Sündenfall über die Erzählungen von Kain und Abel, von der Ausbreitung der Menschen und der Sünde, vom Strafgericht Gottes in der Sintflut, von der Sünde Hams bis hin zur Erzählung von der Hochmutssünde der Turmbauer. Außerdem wird das Thema von der Ausbreitung und Zerstreuung der Menschen, das mit den Noachsöhnen und der Völkertafel begonnen hat, neu aufgegriffen; jedoch wird das Thema nicht weitergeführt, sondern am „Zeitpunkt" der Archelandung neu begonnen.

Die Turmbaugeschichte ist eine andere Lehrerzählung von der Sünde, speziell von der Sünde des Hochmuts, die neben die bisherigen Erzählungen gesetzt wird. Der erzählerische Ort ist vielleicht schon das israelitische Milieu der Landnahme; dazu würde es wenigstens seinem Sinn nach sehr gut passen.

Wenn wir auf die Überlieferungsschichten sehen, so finden wir die Geschichte beim Jahwisten (s. d.), was vor allem ihre Volkstümlichkeit bezeugt; denn zweifellos enthält die Jahwistenschicht das volkstümlichste Gut der erzählerischen Tradition – womit übrigens auch etwas über das hohe Alter dieser biblischen Turmbauerzählung gesagt ist.

Von einer außerbiblischen Turmbauerzählung wissen wir nichts. Erzählungen mit verwandtem Gehalt bezeugen lediglich, daß das „Bis-in-den-Himmel-Bauen" oder ähnliches ein alter und weitverbreiteter Menschheitswahn ist; andere Erzählungen dieser Art lassen sich als aus der biblischen Turmbauerzählung hergeleitet erkennen.

Zum Gehalt einiger Erzählungsformeln:

„*Als sie nun von Osten aufbrachen . . .*" *(11,2):* Der hebräische Text sagt: Als sie *miqqādäm* aufbrachen; d. h. „von Osten her" („Osten" sehr weit verstanden, z. B. auch einschließlich Nordosten, denn eigentlich heißt es „von vorn her", was vom Erzähler- und Hörerstandpunkt in Palästina zu sehen wäre); aber es heißt auch „aus der Urzeit herauf". Diese Mehrdeutigkeit ist wegen des erzählerischen Zusammenhangs nicht ohne Würze: der Erzähler beschwört mit dem Worte *miqqādäm* für „von Osten" die Urzeit mit herauf.

Im Zusammenhang der Erzählungen müßte das als Himmelsrichtung verstandene Wort auf Armenien hinweisen; denn gemäß der Erzählung ist in Armenien die Arche in den Bergen von Ararat gelandet (s. d.). Man sollte jedoch daraus keine Aussagen über die Geschichte der Menschheitsentwicklung machen wollen. Eher liegt hier eine Symbolaussage im Sinne der Erzählungstendenz vor. Der Osten ist die Richtung, aus der das Leben kommt; der Westen die Richtung des Untergangs. Für den symbolverständigen israelitischen Hörer war also mit dem Aufbruch von Osten gegen Westen der Verlauf der Erzählung schon wie durch ein musikalisches Thema angekündigt. –

„*. . . fanden sie eine Ebene im Lande Schinar*" *(11,2):* Auch dies ist keine Aussage über menschheitsgeschichtliche Vorgänge. Die Worte fixieren zwar das erzählerische Ereignis vom Babylonischen Turm in eine bestimmte Landschaft Mesopotamiens oder gar Babyloniens, die in den verschiedensten Texten Sénnaar, Sinear, *schinhar, schanhar, singar, singara* genannt wird. Aber die Lokalisierung der Erzählungsereignisse nach Mesopotamien oder gar Babylon rührt sicherlich aus zwei Umständen, deren erster nichts, der zweite jedoch mittelbar mit dem Sinn der Erzählung zu schaffen hat: Einmal gab es in Mesopotamien und vor allem Babylon solche Türme, von denen der Erzähler einen als Stoff seiner Geschichte verwendet; und zweitens ist Mesopotamien und speziell Babylon das Land, aus dem die Erzväter (mit Protest?) ausgewandert waren. –

„Dann sagten sie: Auf, bauen wir uns eine Stadt und einen Turm ... und machen wir uns damit einen Namen" (11,4). Möglicherweise liegt hier eine Polemik der Semsöhne vor (s. die Ausführungen über Sem und *schem*). Der Gott Sems, der Gott des Namens, Jahwe allein kann einen Namen verleihen; selbst können ihn sich die Menschen nicht machen. Sich einen Namen machen wollen, ist also von vornherein Hochmut und Aufstand gegen den Herrn (der hebräische Text sagt übrigens nicht „großen" Namen, sondern einfach „Namen", *schem*, wodurch der Hinweis auf den Segensspruch des Noach noch deutlicher wird). Die Erzählung würde durch eine solche Deutung dieses Satzes den Dreiklang der Steigerung erhalten: sie wollen eine *Stadt* bauen, einen *Turm* bauen, sich einen *Namen* machen. Durch den Bau einer Stadt wird der gnadenlose Kain beschworen, der erste Städtebauer der biblischen Urgeschichten; durch den Beschluß, sich einen *Namen* zu machen, treten die Feinde Sems, die Feinde des Namens (Gottes) ins Bild.

DIE BABYLONISCHEN TÜRME

Das Land zwischen Eufrat und Tigris, in dem auch die babylonischen Reiche lagen, hatte viele Türme, die man als Vorbild des Turms in der Turmbauerzählung ansehen könnte. Bevor die Archäologen durch Grabungen die Ruinen einer Reihe solcher Türme freigelegt hatten, war die Zikkurrat (der Stufenturm, auch in der Schreibweise: Zigurra, Zigurah, Ziggurat u. ä.) durch Kleinbilder in den Gesichtskreis der Menschen des 19. Jahrhunderts n. Chr. getreten. Rollsiegelabdrücke, Grenzsteine und andere Urkunden auf Stein zeigen gestufte Türme mit mehreren Stockwerken, die auf diesen Urkunden offensichtlich als Hoheitszeichen, Machtzeichen oder ähnliches zu verstehen sind.

Die Ausgrabungen in Mesopotamien seit Ende des 19. Jahrhunderts n. Chr. legten dann bis heute die Trümmer und Reste von etwa dreißig größeren oder kleineren solcher Stufentürme frei, und noch an fast fünfzehn weiteren Stellen, wo man unter den typischen Hügeln ebenfalls Stufenturmruinen vermuten darf, sind die Grabungen in Angriff genommen worden oder vorgesehen. Die Urkunden und Ausgrabungen beweisen allerdings nichts für den Sinn der biblischen Turmbauerzählung, sondern sie bezeugen nur, daß der Turm der Bibel historische Vorbilder hat.

Obwohl jeder Turm dieser Art (und besonders die mächtigsten) das Vorbild für den Turm in der biblischen Erzählung sein kann, wird durch den Hinweis auf den Namen „Babel" am Schluß der Erzählung nahegelegt, daß dem Erzähler in erster Linie die Zikkurrat von Babylon als Vorbild für seine Turmbaugeschichte vorgeschwebt hat. Die Trümmer dieses Stufenturms von Babylon fanden Koldewey und Hilprecht, als sie die ehemalige Stadt Babylon (s. d.) von 1899 bis 1917 n. Chr. ausgruben. Die Abmessungen der Turmfundamente stimmen genau überein mit Aufzeichnungen, die man schon vorher auf Tontafeln (1876 n. Chr.) gefunden hatte. Es darf angenommen werden, daß dieser wirkliche stadtbabylonische Turm dem Turm der Erzählung zum Vorbild gedient hat.

Der Turm von Babylon hatte nach der erwähnten Beschreibung, die durch die Ausgrabung zum Teil bestätigt wird („zum Teil" deshalb, weil eben nur die Ruinen ausgegraben wurden), folgende Form und Abmessungen: Der Basissockel war ein Klotz von quadratischer Grundfläche mit 90 m Seitenlänge und 33 m Höhe. Darauf erhoben sich weitere sechs Stockwerke, deren Flächenseiten an den vier Seiten einrückten, so daß sich folgendes Bild ergab:

6. Oberstock: Seitenmaß 24 m, Höhe 15 m
5. Oberstock: Seitenmaß 33 m, Höhe 6 m
4. Oberstock: Seitenmaß 42 m, Höhe 6 m
3. Oberstock: Seitenmaß 51 m, Höhe 6 m
2. Oberstock: Seitenmaß 60 m, Höhe 6 m
1. Oberstock: Seitenmaß 78 m, Höhe 18 m
Grundsockel: Seitenmaß 90 m, Höhe 33 m

Gesamthöhe 90 m

Der Gesamtbau des Turms war also vom Würfel her geplant; denn die Seite der quadratischen Grundfläche wie die Gesamthöhe der sieben Stockwerke betrug 90 m, ohne daß der Würfel ganz ausgefüllt gewesen wäre. Die Zahl der Stockwerke (sieben Stufen, sieben Quader) weist auf die Heiligkeit der Siebenzahl hin (s. im Artikel „Zahlen ..."). Die

Babylonischer Stufenturm. Rekonstruktion nach Th. Dombart.

Terrassen waren verschiedenfarbig: schwarz, rot, blau. Der Tempel (oberstes Stockwerk) mit Silber verkleidet. Die Terrassen waren mit Erdpech bedeckt und mit Bäumen geziert („Die hängenden Gärten Babylons"). Die Stufentürme sind wahrscheinlich nichts anderes als ins Überdimensionale gesteigerte Formen des frühmesopotamischen Stufenhauses, das wegen der Überschwemmungen auf einem oder mehreren wasserfesten Sockeln erbaut wurde.

Die Bauweise wird ebenfalls erwähnt; in der Bibel heißt es: „Und sie sagten zueinander: Auf, formen wir Lehmziegel, und brennen wir sie zu Backsteinen. So dienten ihnen gebrannte Ziegel als Steine und Erdpech als Mörtel" (11,3).

Der Ziegelstein ist in Babylon, Palästina und Ägypten für die ganze biblische Zeit als Baumaterial bezeugt. Normalerweise wurde er in (nichtgenormten) Holzformen gepreßt und dann an der Luft getrocknet. Diese Steine sind viel größer als unsere heutigen Ziegel. Neben diesen luftgetrockneten Ziegeln gab es auch im Feuer gebrannte und glasierte Ziegel. Sie dienten aber offenbar nicht nur zur Errichtung außerordentlicher Bauwerke, sondern waren (vor allem in Mesopotamien) als Sockelverkleidung für die Stufenhäuser im Überschwemmungsgebiet entwickelt worden; zusammen mit dem wasserundurchlässigen Asphalt bildeten sie, um einen Lehmkern gelegt, einen sicheren Untergrund.

Laut Gen 11,3 wurde auch der Turm mit gebrannten Ziegeln errichtet und mit Erdpech (das die Griechen „Asphalt" nannten) als Mörtel vermauert. Asphalt ist oft ein Verdunstungs- und Oxydationsrückstand früherer Erdöllager; es wird noch heute an vielen Stellen des Vorderen Orients gefunden und auch manchmal abgebaut. In Palästina findet sich, zumal auf dem Toten Meer, immer wieder neu ausgestoßener Asphalt, weshalb die Antike das Tote Meer (s. d.) „Asphaltsee" nannte.

Die Geschichte dieser babylonischen Zikkurrat geht wahrscheinlich bis in das 21. Jahrhundert v. Chr. zurück. Eine Datierung erlaubt die Erwähnung des Marduktempels „Esagila" in Babylon (dem der Turm „Etemenanki" gegenüberlag und zu dem er gehörte) in der spätbabylonischen Abschrift einer altbabylonischen Chronik; danach müßte der Etemenanki um 2000 v. Chr. bereits gestanden haben. Bei der Einnahme Babylons 1533 v. Chr. durch die Elamiter (s. d.) und Hetiter (s. d.) wurde der Turm dann zerstört. Offensichtlich wurde er aber wieder aufgebaut; denn 689 v. Chr. wurde durch Sanheríb, den König der Assyrer (s. d.), die Stadt Babylon und der Turm wiederum zerstört, wie ausdrücklich bezeugt wird. Sein Sohn Asarhaddon und Enkel Assurbanipal bauten den Turm wieder auf; vollendet etwa 669 v. Chr. Zwanzig Jahre später wieder neue starke Kriegsbeschädigungen, dann unter dem Chaldäerkönig Nabopolassar (626–605 v. Chr.) und Nebukadnezzar II. (604–562 v. Chr.) Neuerrichtung des Turmes.

Eine Inschrift Nabopolassars lautet: „Betreffs Etemenanki, des Stufenturms von Babylon, der vor meiner Zeit baufällig und verfallen war, befahl mir Marduk, sein Fundament an der Brust der Unterwelt festzulegen und seine Spitze dem Himmel gleichzumachen" (Anton Jirku, Altorientalischer Kommentar zum Alten Testament, Leipzig/Erlangen 1923, S. 53).

Vollendet wurde Etemenanki erst wieder unter Nebukadnezzar II. Wann er dann zuletzt zerstört wurde, wissen wir nicht. Als Alexander d. Gr. 324 v. Chr., aus Indien zurückkehrend, nach Babylon kam, lag der Turm jedenfalls in Trümmern. Da unter den Nachfolgern Alexanders die Hauptstadt verlegt wurde, verfiel der Rest des Turmes immer mehr; er wurde ausgeplündert und schließlich vom Steppensand überrollt – bis er 1913 n. Chr. durch die Ausgräber dem Vergessen entrissen wurde. Die Reste des Turmes weisen so allerdings nur einen Turm aus, der zwischen 604 und 562 v. Chr. unter Nebukadnezzar II. neuerrichtet wurde. Wenn der Urbau oder die früheren Bauten des Turmes jedoch wirklich so mächtig waren, wie etwa die oben erwähnte neubabylonische Abschrift aus einer altbabylonischen Chronik behauptet, so wird der Turm vorher niemals bis auf den Grund zerstört worden sein, sondern die Eroberer werden sich damit begnügt haben, ihn symbolisch zu zerstören, um den Zusammenbruch der bisherigen Macht sichtbar zu machen. Jedenfalls darf man annehmen, daß der innere Lehmkern älter ist als die gebrannte Ziegelhülle, die offensichtlich aus der Zeit Nabopolassars (626–605 v. Chr.) oder Nebukadnezzars II. (604–562 v. Chr.) stammt.

Was aber bedeuten diese Türme? Sie sind keine eigentlichen Tempel. In Babylon liegt der Tempel „Esagila" dem Turm gegenüber. Auch die Tempeltrümmer hat Koldewey ausgegraben.

Der griechische Geschichtsschreiber Herodot (geboren 484 v. Chr.) berichtet in seinen „Geschichten" von dem Turm in Babylon, den er – allerdings erst um 450 v. Chr. – besucht hat. Es ist zwar zweifelhaft, ob Herodot den Turm von Babylon oder den von Borsippa (17 km von Babylon) beschreibt. Da man aber annehmen darf, daß der Sinn solcher Türme immer wenigstens annähernd derselbe war, ist die Auskunft Herodots nicht ohne Wert. Er spricht von dem obersten Stockwerk als einem „Hochzeitshaus" des Gottes, in dem kein Götterbild stand, sondern ein Lagerpolster für die Frau, die sich der Gott aus allen Bewohnern der Stadt ausgesucht hatte, „wie die Priester dieses Gottes sagen". Das weist auf Kultprostitution (s. d.) hin. Aber da die Religionen des Zweistromlandes Astralreligionen waren, verbunden mit Stern-, Mond- und Sonnenbeobachtung, ist auch wahrscheinlich, daß diese Türme zugleich Beobachtungstürme für die Astronomen waren.

Die Namen der Türme geben weitere Aufschlüsse; der von Babylon hatte den Namen *E-temen-an-ki*, d. h. Grundstein von Himmel und Erde. Symbolisch ist dieser Name durch die Würfelform, den vollkommenen Kantenkörper, ausgedrückt. Wie diese Form ein Symbol ist, war aber sicherlich auch der ganze Turm ein Symbol. Die Babylonier sahen den Raum zwischen der Erdoberfläche und dem Firmament nämlich als Berg, auf dessen Gipfel sich die Wohnung der Gottheit befand. Von

diesem Berg war der Stufenturm ein stilisiertes Abbild. Vielleicht war auch deshalb das Gipfelheiligtum des Turms ohne Götterbild (s. oben: die Darstellung Herodots), weil über diesem Turm, auf dem Weltberg selbst, der im Polarstern gipfelt, nach babylonischer Vorstellung die wirkliche Gottheit wohnte.

So wird man sagen müssen, daß sich in den Türmen als Symbol mehrere Aussagen zusammenfanden: die Herrschaft des Gottes über Stadt, Reich und Welt; die Idee der absoluten Machtherrschaft; der Glaube, daß der Sonnengott oder die Sterngötter die Herren aller Macht waren; die Überzeugung, daß der Gott durch seine Statthalter (etwa die Könige) selbst herrschte; die Überzeugung, daß der Turm ein Zeichen für diese Macht war. – Der Turm von Babylon ist jedenfalls eine sehr handfeste Realität.

Ist deshalb die Begebenheit der biblischen Turmbauerzählung historisch? Die Bibel will nicht Geschichte der Menschen schlechthin, sondern die Geschichte der Menschen mit Gott erzählen. Dabei *benutzt* sie die Tatsache der Türme, die in ihrer Sicht Götzentürme waren, um die Tatsache der Auflehnung gegen Gott zu demonstrieren – in einer Erzählung, deren Begebenheit sie in die Frühzeit der Menschheit, wie man sie sich damals vorstellte, zurückprojiziert. Dabei benutzte sie auch die zivilisatorische Situation der Turmbauzeit (Bauweise mit Ziegeln und Asphalt), ohne daß damit etwa eine historische Fixierung baulicher Erfindungen mitgeteilt sein kann, wie manche gemeint haben.

Nicht außer acht gelassen werden darf auch für die Erfassung des vollen Sinns der Erzählung, daß nicht einfach vom Bau eines Turms, sondern vom Bau einer Stadt *und* eines Turms die Rede ist. Der Turm ist auch das Symbol der Stadt. Darin drückt sich die Polemik des Bauern- und Landvolkes Israel (s. die Artikel „Ackerbau" und „Viehwirtschaft") gegen die Stadt aus, die ihm an sich schon Verlust des gottgewollten Lebens bedeutet. Daß der Erzähler den schicksalhaften Turmbau mit einem Stadtbau verbindet, ist also Ausdruck für die Minderschätzung der Stadtkultur in Israel und nicht historischer Bericht, obwohl die ganze Erzählung Berichtscharakter trägt. Stadt ist an sich schon Hochmut. Deshalb ist das Wort des Originaltextes: „Da stieg Jahwe herab, um die Stadt mit dem Turm zu sehen", nicht eigentlich ein Anthropomorphismus (s. d.) für die Neugier Gottes, als das man es meistens aufgefaßt hat, sondern in anthropomorphen Formeln sich äußernde Ironie. Diese Stadt mit dem großen Turm „bis in den Himmel" ist so klein, daß Jahwe, der im Himmel ist, *herabsteigen* muß, um sie zu sehen.

Aus welcher Zeit stammt also die Erzählung? Diese Frage wäre am Schluß dieses Abschnitts noch einmal zu stellen. Zu Anfang haben wir die Landnahmezeit als Möglichkeit genannt. Dann wären die Stoffe der Erzählung durch die Auswanderer aus Mesopotamien mitgebracht worden, bis sie in der Landnahmezeit zur klaren Sinnerzählung wurde, wie wir sie heute vorliegen haben.

Sicherlich hat die Geschichte in der Zeit der babylonischen Gefangenschaft der Juden, unter Nebukadnezzar II., neue Volkstümlichkeit erhalten, denn Nebukadnezzar II. hatte ja den Turm neu aufgebaut. Und möglich ist auch, daß manche sachlichen Einzelheiten in der Erzählung nicht auf den babylonischen Urturm, sondern auf den Turm zurückgehen, den die Juden während der babylonischen Gefangenschaft erlebten. Die Endredaktion des Pentateuchs (s. d.) findet ja erst nach der Rückkehr aus Babylon statt.

DIE BABYLONISCHE SPRACHVERWIRRUNG

In den Versen 11,1.6.7.9 geht es um die Sprache der Menschen, die Verwirrung der einen Sprache und das Wort Babel.

Darstellung eines Stufenturmes, an dem ein babylonischer König baut. Diese Türme waren vor allem Herrschaftszeichen. So eigneten sie sich auch – wie in diesem Fall – besonders als Zeichen auf Rollsiegeln.

Die Stadt Babylon hieß in assyrisch-babylonischer Sprache *bab-ili,* d. h. Tor Gottes. Offensichtlich gab es aber auch eine Form *bab-ilani,* d. h. Tor der Götter; auf dieser Form beruht die griechisch-lateinische Form „Babylon". – Der nördliche Hügel, der die Trümmer des alten Babylon deckte, hieß bis in unsere Zeit bei der Bevölkerung *babil;* dieser Name war für die Archäologen ein wichtiger Hinweis.

Auch im Hebräischen der Bibel klingt der Name Babylons ähnlich: *bābēl.* Es war für die Hebräer durchaus möglich, den eigentlichen Sinn dieses Wortes *bab-ili-/bab-el* zu erfassen. Die Erzählungstendenz aber führte ein anderes Wort als volksetymologischen Erklärer in die Geschichte ein: *balál,* d. h. verwirren. Dieser Umstand weist eigentlich schon sehr deutlich auf das rechte Verständnis dieses Textes hin, daß er nämlich eine sinnvolle Konstruktion für die Darlegung einer Wahrheit ist, aber nicht der Bericht über einen geschichtlichen Vorgang. Im Gegenteil, darf man sagen, liegt hier eine Polemik gegen Babylon vor, das sich selbst als „Tor Gottes" versteht und in Wirklichkeit doch nur ein *Zeichen* für das Tor der Strafe Gottes ist.

Das Erzählungsthema von der Sprachverwirrung setzt bei der einen Sprache der ganzen Menschheit ein: bei der einen Sprache „des Volkes", was tatsächlich auch bedeuten kann: „der ganzen Welt". Das wäre relativ zu verstehen als die eine Sprache der damals im Gesichtskreis des Erzählers und der Hörer liegenden „ganzen" Welt; dies sei gesagt, obwohl es für den Sinn der Erzählung keinerlei Bedeutung hat. Die viel kleinere „ganze Welt" des 2. Jahrtausends v. Chr. war für den damaligen Fußgänger, Reiter und mit Menschen- oder Windkraft fahrenden Seefahrer sicherlich viel größer als für uns die wirklich ganze Welt heute.

Der Eingang der Erzählung lautet: „Alle Menschen hatten die gleiche Sprache" (11,1). Weil man sich darüber klar ist, daß dies keine Aussage über die Geschichte der Sprachen sein kann, pflegt man diese Worte mit der Erklärung zu deuten: Die Menschen verstanden sich noch; der gemeinsame Glaube bewirkte ein gegenseitiges Verständnis oder ähnliches. Aber diese Erklärung rührt nicht an den Kern; denn der Text sagt ausdrücklich, daß die ganze Menschheit auch „die gleichen Worte"

benutzte. Es gibt Erklärer, die in diesem Zusatz einen späteren Einschub sehen; er gehöre nicht zum ursprünglichen Text. Aber ein solcher Ausweg ist gefährlich; er ist zudem hier nicht einmal nötig. Es gibt zwei Dinge zu bedenken:

1. Genausowenig, wie der Mensch des AT zwischen Leib und Geist des Menschen unterscheiden konnte, wie er immer den Menschen als Ganzes sah (s. Gen 1,26), so unterschied er nicht Sprache und Sprache. Die Verschiedensprachlichkeit war ihm Ausfluß und Ausdruck der einander nicht (mehr) verstehenden Menschen. Das so ganz auf Einheit angelegte Denken der Bibel stellt also nicht nur die Trennung der Menschen durch Sprachverschiedenheit fest, sondern sieht in dieser das Ergebnis der Uneinigkeit: ein solcher Mangel im Zustand der Menschengemeinschaft kann – so meint sie – nur durch einen Fluch oder einen strafenden Eingriff Gottes hervorgerufen sein (s. den Artikel „Rassenhaß und Völkerfluch"). Trotzdem ist damit nichts über die Sprachengeschichte gesagt, denn diese begründende Erzählung hat nicht zum Ziel, die Sprachverschiedenheit zu erklären, sondern die Folgen menschlichen Hochmuts in einem greifbaren, wenn auch erzählerischen Vorgang darzutun.

2. Von einer anderen Seite her ergibt sich das gleiche Ergebnis. Der wirkliche Turmbau der Babylonier wird in der Turmbauerzählung zum Symbol des Hochmuts der noch ungeteilten Menschheit. In gleicher Weise wird die wirkliche Sprachverschiedenheit der Menschen in der Turmbauerzählung zum Symbol der Trennung der Menschheit. Die auf Symbolik angelegte Erzählung fordert also keineswegs eine gezwungene Deutung der Worte von der Sprachverwirrung. Die Sprachverwirrung aus der Erzählung ist kein historisches Ereignis, aber sie ist die geradezu einzig mögliche sinnvolle Deutung einer greifbaren Tatsache: der Sprachverschiedenheit und Zerrissenheit der Menschen, die über die Menschen kam, weil sie hochmütig waren.

Wer Schwierigkeiten hat, diese Schau mitzuvollziehen, sollte die Teilung der Menschheit durch die drei Söhne Noachs – Sem, Ham und Jafet – einmal zusammensehen mit der Teilung der Menschheit durch die babylonische Sprachverwirrung; als Teilungsprinzipien widersprechen sie sich. Auch dadurch ergibt sich, daß beides *Deutungs*geschichten sind!

ZU Gen 11,10–13,18:
DIE ERSTEN
ABRAHAMGESCHICHTEN

Abram verließ mit seinem Vater Terach das Land Ur (s. d.); Terach wollte mit seiner Familie in das Land Kanaan, kam aber nur bis Haran in Mesopotamien (s. d.). Von Haran aus bricht später Abram nach Kanaan (s. d.) auf. Davon sprechen die Verse 11,10–12,9. Was das zu bedeuten hat, versucht das historische Kapitel S. 500, Nr. 2 und 3 darzustellen. Hier taucht zum ersten Mal die Formel auf von dem „Land, das ich dir zeigen werde" (12,1): s. den Artikel „Das Gelobte Land".

Die folgenden Texte (12,10–13,18) haben wohl die Aufgabe, die Landnot und Unsicherheit des Einwanderers Abram und seiner Familien bildhaft zu machen: Wanderung von Kanaan nach Ägypten (12,10–20), Rückwanderung in den Negeb und Abwanderung seines Neffen Lot in die Jordangegend (13,1–18).

Als Abram vorschlägt, daß sich seine Gruppe und die Gruppe Lots friedlich trennen sollen (13,5–18), begründet er das mit den Worten: „Wir sind doch Brüder" (13,8). Das dieser Übersetzung zugrundeliegende hebräische Wort lautet *ach*; es entspricht unserm Wort „Bruder", hat aber einen weiteren Bedeutungskreis. Es bezeichnet nicht nur den Bruder, der mit mir zusammen dieselben Eltern hat; es bezeichnet auch den Mann, der mit mir dieselbe Großfamilie hat (Verwandter), der vom selben Stamm ist wie ich (Stammesgenosse); und im weiteren Sinne schließlich auch – ähnlich wie bei uns – den Freund und Kampfgenossen (vgl. Ordensbruder, Waffenbruder, Amtsbruder u. ä.).

Etymologisch hängt *ach* (Bruder) vielleicht mit *echád* (eins) zusammen; ja, das Wort *echád* erscheint auch in der Form *ach*. Im Wort *ach* würde dann also generell die Abstammungseinheit betont, während wir in „Bruder" mehr auf die Kleinfamilie schauen, falls wir es im eigentlichen Sinn gebrauchen.

Diesen Unterschied zu kennen, hat unter Umständen auch für das rechte Verständnis neutestamentlicher Zusammenhänge eine Bedeutung („Brüder Jesu").

Nachdem sich Abram und Lot voneinander getrennt haben, verheißt der Herr (so erzählt die Bibel in 13,14–16) dem Abram „das ganze Land, das du siehst". Der Erzähler läßt das

Gespräch zwischen Gott und Abram wie den juristischen Akt einer Landübereignung stattfinden: die gemeinsame „Bergschau" des Landes durch den bisherigen und den neuen Eigentümer (vgl. Dtn 34,1 und Mt 4,8–10). Vielleicht erzählten schon die Erzähler des Stammes Juda (s. S. 507, Nr. 8/4), bereits in Zeiten vor Gründung des Stämmebundes, eine solche Geschichte, durch die sie den Anspruch des Stammes Juda auf dieses Gebiet ausdrückten. Später, nach Vereinigung der Stämme im Stämmebund, konnten dann die israelitischen Propheten diese Geschichte übernehmen, um damit den gesamtisraelitischen Anspruch auf dieses Land zu bekräftigen (s. S. 503, Nr. 4).

BERUFUNG UND GESCHICHTE

Die Abra(ha)mgeschichten erzählen immer wieder von der Berufung des Erzvaters und von Jahwes Segen über ihn. Was sollen die Geschichten dartun? Sollen sie dartun, daß Abram von der Berufung *wußte* – oder daß Abram von Jahwe berufen *wurde*? Sollen sie dartun, daß Abram die Segensworte Jahwes *vernahm* – oder daß Abram den Segen Jahwes *erhielt*? Zweifellos ist das Wichtigere die Tatsache, daß er berufen *wurde* und den Segen *erhielt;* denn auf diesem Objektivum beruht das geschichtliche Selbstbewußtsein des kleinen Israelvolkes.

Es ist also sicher, daß die Auserwählung und der Segen an Abraham nicht vom Erzvater so erlebt wurden, wie die Bibel sie erzählt. Die späteren (biblischen) Redaktoren, die die Erzvätergeschichten zu dem formten, was sie heute sind, wollten mit den *Abrahamgeschichten* nur diesen Anfang der Heilsgeschichte in einem Volke dartun, nicht aber die Erlebnisse Abrahams schildern.

Wir sind leicht geneigt, bei einer solchen Methode von „Erfindung" zu sprechen, weil wir eine andere Vorstellung von Geschichtsschreibung haben. In der Geschichtsschreibung des AT aber will der Geschichten- und Geschichtserzähler nicht „objektive" Einzelheiten geben, aus denen sich die Hörer dann selber die Ereignisse zusammenreimen können – sondern er will zeigen, wie Gott seit Vätertagen sein Volk geführt hat. Dabei erhalten alle Ereignisse ihren Sinn. Der Sinn wird herausgearbeitet, auch der Sinn in jenen Tagen, als die Geschichtsträger selbst vom Sinn noch wenig spürten, als sie, scheinbar von äußeren Notwendigkeiten getrieben, Dinge taten, die ihnen einfach das Leben erhielten. Als die Israeliten aus Ägypten flohen, flohen sie zwar vor dem ägyptischen Bedrückerkönig – aber Gott ist der Herr der Geschichte – so glaubten die Fliehenden; deshalb flohen sie „auf sein Geheiß", wenn sie auch selbst keinen Befehl Gottes hörten und von keinem Befehl Gottes wußten. Als Josua das Land Kanaan eroberte, tat er es unter dem Druck der Verhältnisse: Sein wanderndes Volk brauchte notwendig endlich eigenes Land – aber Gott ist der Lenker der Geschichte – so glaubten die Eroberer; deshalb spricht der Erzähler von Gott, der „immer wieder eingreift", obwohl Josua selbst zu entscheiden hatte, was zu tun war.

All diese Ereignisse werden in der Deutung des prophetischen Redaktors durchsichtig: als Führung Gottes, als konsequente Linie, die Gott und sein Beauftragter ziehen.

Die Entstehung der biblischen Bücher läßt für die Berufung und den Segen in den Abrahamgeschichten kaum eine andere Erklärung zu: Was Abraham erlebte, war ein Ansatz. Was er ahnte, wußte, tat, war aber im Sinn des Ganzen aufgehoben, das die biblischen Autoren erst in der Übersicht über Jahrhunderte durch den Glauben an Gottes Führung verstanden. Und weil sie jetzt erst verstanden, was mit Abraham und den Erzvätern geschehen war, schrieben sie es so auf, wie wir es heute lesen. Es konnte ja nicht anders sein, als daß *Jahwe* Abraham aus Mesopotamien gerufen, ihn berufen, daß *Jahwe* mit Abraham geredet, daß *Jahwe* Abraham gesegnet hatte; denn alles ist Jahwes Werk; das war ihr Gottesbild und ihr Gottesglaube. Und so formten sie diese Geschichten nach ihrem Glauben und machten in den Abrahamgeschichten auch für die Abrahamszeit gegenwärtig, was Abraham selbst kaum als gegenwärtig empfinden konnte.

Die Größe Abrahams liegt (nach den Erzählungen) in seinem Glauben an Jahwes Wort. Hat er diesen Glauben denn überhaupt gehabt, wenn die Erzählungen zum großen Teil nur geschichtstheologische Projektionen in die Abrahamszeit sind?

Die objektive Berufung ist auch heute noch ein Problem – nicht nur in bezug auf die Berufung Abrahams. Man kann eigentlich nur in zwei Hinsichten im vorhinein von Berufung sprechen: bei einem Amt und beim Auftrag, dem eigenen Gewissen gehorsam zu sein – wobei die Berufung zu einem Amt immer auch mit dem Gehorsam gegenüber dem eigenen Gewissen verbunden sein muß, zu dem jeder Mensch berufen ist.

Für Abraham trifft die Berufung zum Amt zu. Nicht als ob Gott sichtbar vor ihn hingetreten und hörbar zu ihm gesprochen hätte: „Zieh fort aus diesem Land ..." usw., sondern dadurch, daß er selbständiger Stammesführer wurde, der auf Landsuche ging, erhielt er wahrhaft ein Amt; und dieses Amt erfüllte er nach bestem Gewissen und mit allen Kräften. Er tat alles, was notwendig war. Er durchstand mit Mut und Klugheit alles Elend der Landsuchenden. Er war fromm und vergaß nicht die Gottheit.

Nur so kann man sich erklären, daß es überhaupt Abrahamgeschichten gegeben hat – zunächst „weltliche" Abrahamgeschichten, die von der Größe des Vaters Abraham erzählten. Wenn dann später der Neuerzähler der Geschichten das Leben Abrahams wie einen Dialog des Erzvaters mit Jahwe sieht, so spricht er nur aus, was sich nun nach Jahrhunderten als richtig ausgewiesen hat: daß Jahwe ihn geführt hat, daß Jahwe ihn berufen hat und daß Jahwe Abraham und seinen Nachkommen das Land Kanaan versprochen hat: Jahwe, von dem Abraham selbst wahrscheinlich noch gar nichts wußte. Erst die späteren Erzähler haben den Jahweglauben mit Abraham zusammengebracht.

Damit tut sich dann der dritte Sinn des Wortes „Berufung" auf. Im nachhinein konnte der prophetische Erzähler, der an Gottes Führung glaubte, sagen, daß Amt und Gewissensgehorsam Abrahams dazu gedient haben, die größere Berufung des Erzvaters, von der er selbst kaum wußte, zu verwirklichen. – So ging es nicht nur Abraham; so geht es auch uns mit unserer Berufung, die Gott uns vielleicht im Rahmen einer sozialen, politischen, wirtschaftlichen, technischen, wissenschaftlichen, kulturellen, pädagogischen Aufgabe zugedacht hat. – „Er *war* dazu berufen." Die sinnvolle Geschichte enthüllt die Berufung.

Vergleiche auch die Artikel „Biblische Geschichtsschreibung" und „Wort Jahwes" (Abschnitt 5 über die Erzvätergeschichten).

ZU Gen 14,1–24:
ABRAHAM UND MELCHISEDEK

Als zwischen einigen Königen des Landes und fremden Königen Krieg entbrannte, wurde auch Lot, der Neffe Abrams, der in Sodom wohnte, von den fremden Königen entführt. Ein Flüchtling brachte Abram davon Nachricht, und Abram nahm mit dreihundertachtzehn seiner Leute die Verfolgung der Entführer auf (14,1–14).

Die Zahl 318 ist ein Rätsel. Einerseits ist kaum glaublich, daß sich eine solche Zahl über Jahrhunderte in den Abrahamerzählungen echt bewahrt hat; andererseits ist eine (seltsame) Tatsache bedenkenswert. Die Buchstaben des Namens Eliëser, der 15,2 genannt wird, ergeben nämlich genau die Zahl dreihundertachtzehn; denn die Buchstaben des hebräischen Alphabets sind ja auch Zahlenwerte:

א (aleph =1) + ל (lamed = 30) + י (jod = 10) + ע (ajjin = 70) + ז (sajin = 7) + ר (resch = 200) = Summe 318.

Man hat das als launigen Zufall werten wollen; aber die Buchstaben des Namens sind zu mannigfaltig, als daß dieser Zufall ausgerechnet diese Zahl von 14,14 hervorbringen konnte. Es gibt für die Lösung zwei Möglichkeiten:

Entweder hat eine sehr späte Redaktion den im nächsten Kapitel genannten Eliëser sozusagen als Stellvertreter des ganzen Hauses Abram angenommen und an dieser Stelle seinen Namen in eine Zahl umgewandelt. Dann hätte vielleicht hiermit im Symbol ausgesagt werden sollen, daß die Leute seines Hauses Abram nah und wert waren, wie ihm Eliëser wert war, den er im folgenden Kapitel als seinen Erben erwähnt.

Die andere Möglichkeit wäre die umgekehrte, daß der Redaktor ein literarisches Spiel in die Erzählungen einführen wollte, indem er einerseits im Kapitel 14 die Zahl 318 und anderseits im Kapitel 15 den Namen Eliëser (mit den Buchstaben, die ebenfalls dreihundertachtzehn ergeben) einsetzte – wobei durchaus möglich ist, daß diese Zahl 318 einen bestimmten Symbolwert hat.

Solche Möglichkeiten lassen uns einen Blick tun in die Denkweise des vorchristlichen Spätjudentums (nach der Babylonzeit), das in seiner Skepsis gegenüber der Ratio sich in das literarische Spiel mit dem Ungreifbaren ver-

liebte, um dadurch das unbegreifbare Wirken Gottes immer wieder zu betonen.

Aber wenn gegenüber der Zahl 318 als „genauer" Zahl auch Bedenken anzumelden sind, so ist doch möglich, daß bereits in den ältesten Abrahamerzählungen, den Stammesgeschichten der Abramiden also, eine Zahl genannt wurde, die einen Begriff von der Größe des Abrahamstammes geben sollte; und das kann die Zahl 300 oder irgendeine ähnliche größere Zahl recht gut.

Als Abram nach dem Sieg über die fremden Könige nach Süden zurückkehrte, fand die sagenhafte Begegnung Abrams mit Melchisedek statt.

BEGEGNUNG MIT MELCHISEDEK

Der Name „Melchisedek" (hebr. *malkí-sädäk*) ist wahrscheinlich eine spätisraelitische Form, die im weitesten Sinne eine Umschreibung des Vorgangs vom Segen über Abram enthält. Es bedeutet etwa „König der Gerechtigkeit" oder „mein König ist gerecht", was sowohl auf Gott wie auch auf Melchisedek gedeutet werden kann. Die ursprüngliche Form des Namens könnte (nach M. Noth) gelautet haben: „. . . (Der Gott) Melek ist gerecht" oder auch als *malkísálem:* „König ist (der Gott) Salem".

Die spätere Angleichung eines Namens an ein Ereignis gehört zur deutenden Geschichtsschreibung (s. den Artikel „Abram und Abraham" und im Artikel „Biblische Geschichtsschreibung"). *„König von Salem"* wird Melchisedek genannt. Die israelitische und jüdische Tradition hat darunter immer die Stadt Jerusalem verstanden. Andere (so auch Hieronymus) hielten ein Dorf Silam (bei Sichem oder Bet-Schean) für den Nachfolger der früheren Stadt Salem; die Sache ist unwahrscheinlich. Denn der Name hat nur einen Sinn, wenn er Jerusalem *meint:* die Stadt des Tempels und des Königs, die durch Melchisedek als uralte Stadt des Priesters und Königs ausgewiesen werden soll. Man spürt die Hand des deutenden Geschichtsschreibers, wenn man auch kaum die Grenze ausmachen kann, wo sich ursprüngliches Sagengut und Deutung scheiden. – Über das Stadtkönigtum in Kanaan s. den Artikel „Der König".

Das Brot und der Wein, die Melchisedek herausbringt, haben die Exegeten (wegen der

Vorbildhaftigkeit von Melchisedeks Priestertum) immer sehr interessiert. Viele Übersetzer deuten schon durch ihre Wortwahl, indem sie formulieren: Melchisedek ... brachte Brot und Wein *dar.* Der hebräische Text aber sagt nur: Er brachte Brot und Wein *heraus.*

Im Rahmen der ganzen Erzählung wird die Szene noch klarer: „Als er (Abram) nach dem Sieg über Kedor-Laomer und die mit ihm verbündeten Könige zurückkam, zog ihm der König von Sodom ins Schawetal entgegen, das jetzt Königstal heißt. Melchisedek, der König von Salem, brachte Brot und Wein heraus ...“ (Gen 14,17.18). Die Könige der Gegend also kamen zu ihm, um ihm zu danken, und Melchisedek dankte auf sehr natürliche Weise, indem er Brot und Wein zur Erquickung der Kämpfer bringen ließ. Abram hielt mit Melchisedek Mahlzeit, während auch seine Leute aßen – anders ist das kaum zu denken.

„Er war ein Priester des Höchsten Gottes“ ist deshalb eine Anknüpfung, die nur aus der oben besprochenen Deutung heraus erlaubt ist; an sich knüpft der Originaltext einfach mit „und“ an. „Melchisedek ... brachte Brot und Wein, und er war ein Priester des Höchsten Gottes“ (14,18). Zu Anfang des Mahles opferte er, indem er Wein zur Erde goß – aber nicht, weil er ein Priester war. Das gehörte zum feierlichen Mahlritus. Aber *weil* er ein Priester war, verband er mit diesem Opfer den Segen über Abram. – Wenn das Ganze wirklich einmal in irgendeiner Weise Begebenheit war oder als Begebenheit gedacht war, können die Einzelheiten nur so verbunden werden.

Über „Gott den Allerhöchsten“ s. dort.

Abram gab Melchisedek den Zehnten von allem. Da der Zehnte für Tempel, Priester oder König im Altertum fast allgemein bekannt war, braucht man diese Stelle nicht für unglaubhaft zu halten. Der Zehnte an Tempel oder Priester war eine Anerkennung ihres Dienstes vor Gott, der dem Menschen alles gibt; er war eine Art symbolischer Rückerstattung des erworbenen Besitzes an Gott auf dem Weg der Gabe an seine Priester – und zugleich der Lebensunterhalt der Priester. Gegenüber dem König war der Zehnte die Steuer, die dem König als schützender Hand zustand.

Und trotzdem ist der Zehnte an dieser Stelle seltsam; denn Abram will ja nichts von der Beute behalten (Gen 14,23). So darf man schließen, daß der Satz ein priesterlich-levitischer Einschub aus einer Zeit ist, als das Zehntwesen (s. d.) in Israel schon geordnet war, und daß er nicht zur ursprünglichen Erzählmaterie gehört.

Solche Erkenntnisse sind wichtig, um das stets neue Wachstum des biblischen Textes aus der Aktualität zu verspüren.

ZU Gen 15,1–17,27:
GOTTES BUND MIT ABRAHAM

Diese Kapitel reden von Abrams großem Wunsch nach Kindern. Als der Herr von Lohn für Abram sprach, erwiderte Abram: „Herr, mein Herr, was willst du mir schon geben? Ich gehe doch kinderlos dahin, und Erbe meines Hauses ist Eliëser aus Damaskus“ (15,2). Diese Satzverbindung läßt einen tiefen Blick in die Seele der Israeliten tun, die sich diese Geschichte erzählten. Was kannst du mir denn wirklich geben, wenn ich kinderlos bleibe! Alles ist nichts gegenüber Nachkommen.

Wenn wir bedenken, daß das alte Volk Israel von einem Leben nach dem Tode noch nichts wußte (s. den Abschnitt „Das Totenreich“) und daß die Menschen damals das Weiterleben vor allem in ihrer Nachkommenschaft sahen, dann erhält dieser Seufzer Abrams die ganze Schwere. Vater und Mutter werden war das höchste Glück. Auch deshalb eröffnet das Gebot der Ehrung von Vater und Mutter die zweite Gesetzestafel; denn wer sie nicht ehrt, zerstört ihr Glück (s. den Artikel „Die Zehn Gebote“).

Aber darauf erhielt Abram die Antwort des Herrn: „Nicht er (Eliëser) wird dich beerben, sondern dein *leiblicher* Sohn wird dein Erbe sein“ (15,4). Eliëser war Abrams Adoptivsohn und Sklave (s. den Artikel „Der Sklave“). Eine Nachkommenschaft, zahlreich wie die Sterne am Himmel (15,5) wurde Abram jetzt verheißen. „Abram glaubte dem Herrn, und der Herr rechnete es ihm als Gerechtigkeit an“ (15,6).

Siehe hierzu den Artikel „Gerechtigkeit“. Der hier verwendete Begriff der Gerechtigkeit und seine Formel, aus dem Gesetzesjudentum stammend, legt die Vermutung nahe, daß dieser Satz ein sehr später Zusatz der Priesterschrift (s. d.) oder der Endredaktion des Pentateuch im 5. bis 4. Jahrhundert v. Chr. ist, obwohl die Pentateuchkritiker den Abschnitt normalerweise der Redaktion des Elohisten (s. d.) zuschreiben. Wenn diese Charakterisierung stimmt, wäre das ein Zeichen dafür, wie die Gestalt Abrahams, selbst in spätesten Zeiten des alttestamentlichen Judentums, immer „aktuell" neu gesehen wurde.

Die Verse 15,9–18 bilden dann eine Symphonie von Opferforderung, Sonnenuntergang, Schlaf, Angsttraum, Traum von rauchendem Ofen und lodernder Fackel und Bundesschluß zwischen Gott und Abram: „Deinen Nachkommen gebe ich dieses Land", in welcher das Traummärchen von Ofen und Fackel einen sehr urtümlichen Eindruck macht.

ABRAHAM UND HAGAR

Innerhalb des grundsätzlich polygamen Eherechts des alten Orients gab es eine gewisse Form der Ehe, deren Zustandekommen nicht vom Manne abhing, sondern von den bereits vorhandenen Ehefrauen. Eine kinderlose Ehefrau konnte nämlich von ihrem Mann verlangen, daß er eine bestimmte, ihr leibeigene Sklavin zur zusätzlichen Frau nehme; bekam diese Sklavin dann Kinder, so waren diese rechtlich die Kinder ihrer Herrin. Sie waren so sehr ihre Kinder, daß durch solche Kinder einer Sklavin sogar die Schmach der Kinderlosigkeit von der Herrin genommen wurde.

Das konstitutive Element bei dieser stellvertretenden Mutterschaft scheint die Leibeigenschaft der Stellvertreterin gewesen zu sein: sie mußte eine Leibeigene der Frau sein. In Gen 30,3 ist dem allerdings noch etwas hinzugefügt. Da sagt Rahel zu Jakob: „Da ist meine Magd Bilha. Geh zu ihr! Sie soll auf meine Knie gebären, dann komme auch ich durch sie zu Kindern." Aber dieses Gebären auf die Knie der Herrin scheint nicht ein überall geübter Brauch gewesen zu sein.

In den Nuzutexten finden sich gesetzliche Bestätigungen für diese stellvertretende Mutterschaft: „Wenn Gilimninu [die Gattin] gebiert, wird Shennima [der Gatte] keine andere Frau nehmen, und wenn Gilimninu nicht gebiert, wird sie mit Shennima eine Frau aus dem Lande der Lullu vermählen"; aus Lullu kamen viele Sklaven.

Es kam des öfteren vor, daß die Sklavin sich als werdende Mutter sodann über die Herrin erhaben fühlte. Und es kam ebenfalls vor, daß

die Herrin später doch noch einem Sohn das Leben schenkte und es dann zu schweren Auseinandersetzungen in der Familie kam. Geradezu wie eine Exempelerzählung zu diesen Rechtsformen mutet die Hagargeschichte der Genesis an.

Als Sarai unfruchtbar blieb und sie dem Abram ihre ägyptische Sklavin Hagar zur Frau gab, heißt es bald darauf in Gen 16,4: Hagar wurde schwanger. „Als sie merkte, daß sie schwanger war, verlor die Herrin bei ihr an Achtung."

Aber Sarai litt das nicht. Sie verlangte von Abram, daß er den Frieden unter Berücksichtigung der richtigen Ränge in der Familie aufrechterhielt: „Das Unrecht, das ich erfahre", sagte Sarai, „komme auf dich [wörtlich: liegt dir auf]." Sarai forderte also von ihrem Mann Rechtsschutz (16,5).

Wenn die Sklavin einer Frau dem Familienvater ein Kind geboren hatte, war sie nicht mehr der Gewalt ihrer Herrin allein ausgeliefert. Es mag nicht selten vorgekommen sein, daß eine solche Sklavin sich über ihre Herrin erhob. Aber die Herrin konnte sie nun nicht mehr verkaufen oder verjagen. Das Recht dazu lag jetzt beim Familienvater. Deshalb wandte sich Sarai an Abram, noch bevor Hagar geboren hatte. Und Abram gab seiner Frau Sarai Vollmacht über Hagar: „Deine Magd ist in deiner Hand. Tu mit ihr, was du willst" (16,6). Da behandelte Sarai sie so hart, daß ihr die Hagar davonlief.

ABRAM UND ABRAHAM

Das folgende Kapitel 17 ist zum Teil eine geänderte Geschichte (d. h. eine Erzählung aus anderer Tradition) des Kapitels 15. Ein neuer Zug in 17 ist das Thema der Namensänderung.

Als ursprünglicher Name des ersten hebräischen Patriarchen wird in der Bibel „Abram" genannt. Dies ist ein Name, der auch sonst im semitischen Sprachbereich Mesopotamiens für andere Personen in ähnlicher Form bezeugt ist, z. B. als *A-ba-am-ra-ma, Aba-ra-ma, A-ba-am-ra-am*. Der Name wird verschieden gedeutet; entweder bedeutet er „er liebt den Vater", „er ist groß durch seinen Vater" (d. h. er ist von hoher Abkunft) oder „mein Vater (d. h. Gott) ist erhaben", je nachdem, ob man den

Namen aus dem Akkadischen oder aus dem Westsemitischen ableitet.

Beim Bundesschluß (so erzählt Gen 17,5) wurde dieser Name „Abram" von Gott in „Abraham" geändert. „Abraham" bedeutet an sich dasselbe wie „Abram"; ist eine Dialektnebenform desselben Namens. Aber im Sinne der Verheißung, daß Abraham Stammvater einer Menge von Völkern werde, wird der Name volksetymologisch von *ab-hamon* abgeleitet, d. h. „Vater eines Getümmels" (nämlich: von Völkern). Diese volksetymologische Erklärung des Namens „Abraham" wird allgemein der sogenannten Priesterschrift (s. d.) zugeschrieben, von der aus sie dann in die älteren Erzählungspassagen hineinredigiert wurde. Die Bearbeiter mögen dabei auf die verschiedenen Namensformen der Tradition zurückgegriffen und ihnen durch Deutung einen Sinn gegeben haben.

Das Wichtigste bei dieser Namensänderung ist nicht die Bedeutung des Namens, sondern das Symbol der Namensänderung an sich. Wenn die Priesterschrift und die verhältnismäßig späten Redaktionen des Pentateuch (s. d.) diesen Zug in die alten Abramerzählungen einflochten, so drückten sie damit die jüdische Überzeugung aus – die vielleicht in einer älteren, aber bis dahin nicht zum fixierten Genesistext gehörenden Erzählung lebendig war –, daß Abram mit diesem Bund eine neue Rolle übernahm. Der alte Patriarch wurde ein neuer Patriarch.

Der Name ist Ausdruck des Wesens und der Aufgabe (s. Bemerkung zu Gen 2,19). Der neue Name ist Ausdruck eines neuen Wesens und einer neuen Aufgabe. Auf diese nicht nur im Orient, sondern auch in der abendländischen Antike herrschende Vorstellung geht sicherlich auch der Namenswechsel zurück, dem wir oft bei den Ordensnamen und Papstnamen begegnen. Ja auch der „Taufname" ist nicht ohne diese alte Vorstellung zu verstehen.

„Abraham" ist der Name Abrams für die neue Aufgabe. Auch gerade die volksetymologische Deutung macht dies deutlich.

In diese Bundesschlußerzählung fügte ein späterer Redaktor dann auch die erste Vorschrift zur Beschneidung (s. d.) ein (17,10–14).

Entsprechend den zwei Namen des ersten Patriarchen gibt die Bibel auch für Abrams/Abrahams Frau zwei Namen an: „Sarai" und „Sara". Beide Formen bedeuten wohl auch hier dasselbe (Fürstliche, Fürstin oder auch: der Herr ist Fürst) und sind mundartliche Formen des einen Namens. Aber gleichlaufend mit der Namensänderung Abram zu Abraham wird mit Gen 17,15 auch der Name Sarai in Sara geändert; denn nun tritt sie in die Rolle der Stammutter Israels ein.

ZU Gen 18,1–19,38: DIE DREI MÄNNER

Die Geschichte beginnt mit zwei meisterlichen Sätzen: „Der Herr erschien Abraham bei den Eichen von Mamre" (18,1a). Damit lenkt der Erzähler das innere Auge des Hörers sofort auf die Bedeutung der „drei Männer". Und: „Abraham saß zur Zeit der Mittagshitze am Zelteingang" (18,1b). Dieser Satz ist ein skizzenhaftes, aber meisterhaftes Bild: Zelt (s. d.) und Zelttür werden sichtbar. In der furchtbarsten Hitzezeit des Tages, während alles ruht, saß auch Abraham untätig vor der Zelttür. Der Temperaturunterschied zwischen Zeltinnerem und Außen bringt einen ganz leichten Wind hervor, den die Nomaden noch heute zur Kühlung nutzen. – Statt Mittagshitze sollte man besser irgendwie die Zeit von nachmittags drei Uhr angeben; denn sie ist die heißeste Zeit des Tages.

„Da sah Abraham vor sich drei Männer stehen. Er lief ihnen ... entgegen *und warf sich zur Erde nieder*" (18,2). Es ist die feierliche Form des orientalischen Grußes (s. den Artikel über den Gruß): dieselbe Form der Proskynesis, die der Moslem heute noch in der dritten Phase des rituellen Gebetes anwendet, wenn er sich kniend nach vorn beugt und mit der Stirn die Erde berührt.

Es ist kaum anzunehmen, daß Abraham jeden Vorübergehenden so begrüßte, wenn er auch als Fremdling besonders höflich gewesen sein wird. Der einfachere Gruß hätte in einer solchen Situation im Entgegengehen bestanden; wie es ja der Text auch sagt: „... er lief ihnen entgegen." Aber da der deutende Schriftsteller der späteren Zeit hervorheben möchte, daß Abraham in den drei Männern den Herrn begrüßte, genügte ihm das einfache Entgegengehen nicht. Abraham fällt vor dem Herrn nieder. Auch die Formeln der Einladung müssen auf diese deutende Erzählung zurückgeführt werden: „Mein Herr, wenn ich dein Wohlwollen gefunden habe, geh doch an deinem Knecht nicht vorbei" (Gen 18,3). In ähnlicher Situation sagt Mt 8,2 von einem Aussätzigen, daß er „vor Jesus niederfiel". Auch hier wußte der Aussätzige nicht mehr von Jesus, als daß er auf sein Wort hin geheilt worden war. Der Evangelist aber betont das Niederfallen, um dadurch die Wundermacht Jesu im Erzählungsbild sichtbar zu machen.

Aber es muß betont werden, daß diese Proskynesis nicht nur vor Gott (Göttern) und dessen (bzw. deren) Stellvertretern, den Königen, geübt wurde, sondern sie auch der Gruß des Bittstellers war. Als unterwürfiger Bittsteller tritt z. B. Jakob seinem Bruder Esau entgegen, als er ihn nach seiner Rückkehr aus Mesopotamien begrüßt (Gen 33,3). „Siebenmal" warf Jakob sich vor Esau nieder (s. das Kapitel „Esau").

Zu den Elementen des Empfangs der drei Männer s. zum Ausdruck „Knecht" (18,3) den Artikel „Der Sklave";
zum Füßewaschen (18,4) s. den Artikel „Fußwaschung";
zum Brot (18,5.6) s. d.; drei Sea (Maß), das sind etwa 40 l Mehl (s. dazu im Artikel „Tischsitten");
zum Kalb (18,7) s. im Artikel „Viehzucht";
zu Butter und Milch (18,8) s. den Artikel „Milch".

Die Ausleger des AT haben für die Erzählung von den drei Männern viele Hypothesen aufgestellt. Die Schwierigkeit sehen manche darin, daß die Schrift von drei Männern spricht, die Abraham dennoch einfach mit „Herr" anredet; ferner darin, daß die Erzählung abwechselnd im Plural (die drei Männer) und im Singular (der Herr) spricht, ohne daß dazu eine weitere Erklärung gegeben wird; und schließlich darin, daß ebenfalls einer der drei Männer wie der Herr angesprochen wird: der bei Abraham zurückbleibende, und auch die bei Lot ankommenden zwei Männer, die nun plötzlich „Engel" genannt werden, von Lot ebenfalls als „der Herr" angesprochen werden. Als was werden sie angesehen? Sind sie der Herr? Stellen sie den Herrn nur dar? Sind sie gesandt vom Herrn (Engel = Bote)? Oder wie ist das alles zu deuten? – Am leichtesten läßt sich diese Erzählung begreifen, wenn man sie im Zusammenhang der Entwicklung des Pentateuch (s. d.) sieht.

Aus den ursprünglich sippeneigenen Abrahamerzählungen mag die Geschichte vom Besuch der Männer stammen, die Abraham als Belohnung für die Gastfreundschaft ein freundliches Wort über seine Nachkommenschaft sagen (18,10). Was kann man einem Mann, der sehnlich auf echte Nachkommen wartet, Schöneres sagen, als daß seine Frau im nächsten Jahr einen Sohn haben wird. Der Neuerzähler aber, der von der Erfüllung her die *wahre* Geschichte Abrahams und seiner Nachkommen als von Jahwe geführte Geschichte erkennt, weiß, daß Abraham in diesen drei Männern der Herr erschienen war. Der schon früh lebendige Glaube an die absolute Transzendenz Gottes jedoch konnte den Herrn nicht als ihn selbst sichtbar werden lassen; so erscheint er in Gestalten, die ihn darstellen. Die drei Männer sind die „Sendung" des Herrn, wie das Wort Engel (hebr. *mal'ak*), das an anderer Stelle benutzt wird, ersichtlich macht (19,1); denn *mal'ak* ist nicht nur Engel in dem Sinne, wie wir das heute allzuleicht verstehen, sondern *mal'ak* ist „Sendung", „Botschaft", also etwas Geistiges, das hier in personhafter Weise erzählerisch dargestellt wird. Die Art der Erzählung enthält den theologischen Versuch, einen allzu handfesten Anthropomorphismus (s. d.) zu vermeiden und doch anschaulich zu bleiben (s. den Artikel „Der Engel Jahwes").

Der Prophet Abraham vor dem göttlichen Richter

Der Schriftsteller der Zeit zwischen Landnahme und Königszeit fügt hier noch eine Erzählung ein, durch die er die Bedeutung Abrahams hervorheben will. Der Untergang von Sodom und Gomorra gibt ihm dazu den Anlaß (18,16–33).

Prophetentum ist durch zwei Aufgaben gekennzeichnet: der Prophet hat den Willen Gottes zu verkünden und Fürsprache für die Menschen einzulegen. Mit dem zweiten Kennzeichen versieht der Erzähler hier den Patriarchen Abraham. Er will damit den Prophetencharakter Abrahams aufweisen.

Abraham „feilscht" nicht mit dem Herrn, wie das eine verlästernde Auslegung dieses Kapitels in judenfeindlicher Absicht oft dargestellt hat, sondern er legt Fürbitte ein bis zur letzten Möglichkeit. Andererseits ist der Sinn dieses Kapitels, die unerschütterliche Gerechtigkeit Gottes darzutun.

Zunächst ist noch einmal auf das Formale dieses Gesprächs hinzuweisen. Es ist ein Streitgespräch mit Gott, dem Richter. „Diese Streitgespräche mit Gott haben eine lange Geschichte", sagt Daube.[1] „Am Anfang steht die Idee von der Feindschaft der höheren Mächte gegen das Menschengeschlecht." Aber in Israel werden solche Urmythen vom Neid der Götter zu erzählerischen Ereignissen, an denen sich die Situationen des rechtlich-sittlichen Fortschritts ablesen lassen. Dieser Fortschritt wird in solchen Streitgesprächen von Gott geradezu erstritten und in der schließlichen Gewährung durch Gott sanktioniert.

So handelt es sich auch bei diesem Gespräch 18,16ff. um ein Rechtsproblem: um die Frage der Kollektivhaftung. Die ganz sicher im alten Orient allgemein geübte Kollektivhaftung wird von Abraham, dem Anwalt des Fortschritts in dieser Erzählung, verworfen: „Willst du auch den Gerechten mit dem Ruchlosen wegraffen?" (18,23) fragt er Gott. Er appelliert an Gottes Gerechtigkeit, um dessen Zusage zu erhalten, daß er an die Stelle der Kollektivhaftung die Kollektivbefreiung setzen wird. Damit aber mündet das zunächst rein juristische Gespräch in einem Bekenntnis zum barmherzigen Gott und zur Barmherzigkeit überhaupt. Das juristische Gespräch wird gekrönt durch ein religiöses Bekenntnis.

Es handelt sich also einerseits um Religion und andererseits um die Deutung der erzählten Gestalt Abrahams, nicht aber im eigentlichen Sinne um ein geschichtliches Kapitel. Geschichtlich daran ist die erzählte Gestalt Abrahams und der Untergang Sodoms, was aber nicht heißen muß, daß Abraham zur Zeit des Untergangs von Sodom gelebt hat.

Die Geschichte von der Zerstörung Sodoms (19,1–29) enthält in 19,15–29 den Sinn dieser Erzählung. Gott straft die Sünde und rettet die Gerechten. Das will der Erzähler zeigen. Und mit Bezug auf die Naturkatastrophe erweitert sich die Aussage: Der Gott, der Himmel und Erde erschaffen hat, ist auch der strafende und rettende Gott (über „Sodom" s. den entspr. geographischen Artikel).

In Sodom wohnte auch Lot; er wurde von den Engeln zum Verlassen der Stadt gedrängt, bevor sie zerstört wurde (19,15ff.). Der Erzähler nutzt danach die Gelegenheit, die Sage von

der Entstehung der Moabiter (s. d.) und Ammoniter (s. d.) einzufügen (19,30–38).

ZU Gen 21,1–23,20:
ABRAHAM, SARA UND ISAAK

Nach langer Kinderlosigkeit (s. d.) wurde Sara(i), Abrahams Frau, die Mutter Isaaks.

Der Name „Isaak" ist eine verkürzte Form von *jizchák-el:* Gott lachte. Dieses Lachen der Gottheit (wir würden hier den Ausdruck „Lächeln" vorziehen) ist auch keilschriftlich als Ausdruck für die Huld Gottes bezeugt. Der Name wird aus dem Lachen Abrahams, Saras und der Nachbarn gedeutet, die sich über die wunderbare Geburt des Kindes freuen (Gen 17,17.19; 18,12.15; 21,6).

Der Geschichte von Isaaks Geburt (21,1–8) folgen die genealogische Sage von Hagars und Ismaels Aussetzung (21,9–21) und die Erzählung von der Namengebung des Ortes Beerscheba (21,22–34: s. auch unter „Beerscheba"). Danach folgt in 22,1–19 die Geschichte von Abrahams Opfer.

Diese Erzählung von der Glaubensprobe Abrahams ist vielleicht die wichtigste aller Abrahamgeschichten. Sie hat zwei Themen, die sich aber so innig durchdringen, daß die Gefahr besteht, den Sinn der Ganzheit zu zerstören, wenn man sie getrennt betrachtet; aber um die Erzählung zu begreifen, ist dennoch die getrennte Betrachtung notwendig.

Das eine Thema ist die *Ablehnung des Menschenopfers.* – Seit der Steinzeit ist das Menschenopfer, vor allem in den Pflanzerkulturen, bezeugt. Nicht nur bei Naturvölkern, sondern auch in aufsteigenden Hochkulturen blieb es üblich. So auch in Kanaan. Noch im 8. Jahrhundert v. Chr. wird von König Ahas bezeugt: „Er ließ sogar seinen Sohn durch das Feuer gehen" (2 Kön 16,3). Und auch Jeremia im 7. Jahrhundert v. Chr. hält dem Volk seine Menschenopfergreuel vor. Israel hatte sich nicht frei gehalten von diesen schrecklichen Opfertaten, die es nicht nur von den Kanaanitern gelernt hatte.

Das Menschenopfer war aber auch eine kanaanäische Wirklichkeit, der sich Israel ge-

---

[1] Siehe D. Daube: „Rechtsgedanken in den Erzählungen des Pentateuchs" in der Festschrift für Otto Eissfeld („Von Ugarit nach Qumran"), Berlin 1958, S. 38–41.

genübergestellt sah. Ohne Zweifel kannte auch Abraham diesen Opferbrauch, wie sich auch später die Israeliten von diesem Opferbrauch beeinflussen ließen; denn mit den eigenen Kindern opferte man das Liebste, was man besaß. Die religiöse Unbedingtheit legitimierte das grausame Opfer eines Menschen. Die Propheten kämpften gegen dieses Menschenopfer mit der ganzen Macht ihres Wortes. Im Gesetz des Mose schon war das Menschenopfer, vor allem das Opfer des Erstgeborenen, berücksichtigt. Es war recht, daß auch der Mensch, vor allem der Erstgeborene (s. d.), dem Herrn gehörte; er sollte dem Herrn „dargebracht" werden, aber nicht als Feueropfer oder Schlachtopfer. Deshalb wurde zwar die Darbringung an Gott beibehalten (auch Jesus wurde im Tempel Gott dargebracht), aber an Stelle des Menschen wurde ein Tier für das Schlachtopfer genommen; der Mensch wurde losgekauft (s. „Loskauf").

In diesem Zusammenhang und mit diesem Sinn ist auch die Erzählung von der Darbringung Isaaks durch Abraham zu sehen, der in Kanaan das Liebste, das er hatte, seinen langersehnten Sohn Isaak, Gott darbringen wollte, aber von Gott daran gehindert wurde und an Isaaks Stelle einen Widder opferte.

Daß der Erzählung eine bezeugte Begebenheit aus dem Leben Abrahams zugrunde liegt, ist kaum anzunehmen. Aus der historischen Logik heraus darf man allerdings sagen, daß Abraham in Kanaan ganz sicher dem dort zu seiner Zeit geübten Menschenopfer (dem Opfer des Erstgeborenen) begegnet sein muß und die Versuchung Abrahams, seinen Sohn zu opfern, durchaus im Bereich der Möglichkeiten liegt; hinzu kommt, daß Abraham das Menschenopfer auch aus seiner ostsemitischen Heimat her nicht unbekannt war, wo es seit dem 3. Jahrtausend v. Chr. gelegentlich geübt wurde. Aber auch das Ersatzopfer (Lamm, Widder) war in jenen Kulturkreisen schon bekannt.

Gerade deshalb aber ist wahrscheinlich, daß hier ein Lehrstück vorliegt, das etwa in der ersten Königszeit oder noch später (nach der Teilung des Reiches im Reiche Israel; denn die Erzählung gehört der elohistischen Tradition an, die wahrscheinlich im Nordreich entstand, S. 545, Nr. 32) aufgeschrieben wurde, um gegen das immer wieder vorkommende Menschenopfer anzugehen. Die Erzählung wäre

dann also eine Projektion der damaligen Auseinandersetzung mit dem Menschenopfer in die Abrahamszeit, um die Ablehnung solcher Opfer durch den Dialog des Erzvaters mit Gott als Weisung Jahwes zu offenbaren. Jedenfalls zeigt die Erzählung im Widderopfer denselben Zug des Ersatzopfers, wie er auch in anderen Abschnitten des Gesetzes Israels verankert ist (Ex 13,12–15). Sie als Lehrstück für die Begründung des Ersatzopfers zu sehen, liegt deshalb nahe. Daß dabei gewisse tradierte Stammeserzählungen über Abraham mit verwandt wurden, ist jedoch möglich.

Das zweite Thema ist der unbedingte *Gottesgehorsam Abrahams*. Abrahams Gottesgehorsam war den Israeliten einsichtig geworden durch die wunderbare Geschichte des Gottesvolkes, die von ihm ausging (s. den Artikel „Berufung und Geschichte"). Dem Gottlosen gibt Gott nicht solche Gnaden; nur der Fromme kann auf solch wunderbare Weise Vater eines Volkes werden, das ohne Unterlaß durch Gefahren bedroht und doch gerettet wurde. Deshalb kann der spätere Geschichtenschreiber sagen, daß Abraham mit Bestimmtheit Gott nicht vorenthalten hat, was er von ihm verlangte – nicht einmal seinen Sohn Isaak. Aber da er mit Sicherheit gottesfürchtig war, hat er auch mit Sicherheit kein gottloses Opfer dargebracht. – So treffen sich die beiden Themen durchaus legitim, mag auch das erste Thema eine Rückblendung sein und das zweite auf einem Postulat beruhen.

Die jeden Anthropomorphismus nach Möglichkeit vermeidende Erzählweise des Elohisten (s. d.) läßt Gott selten selbst sprechen, sondern Gott redet bei ihm durch den „Engel des Herrn". Das Gottesbild vom absolut transzendenten Gott benutzt dieses Bild vom Engel, um in der Erzählung das Wort Gottes auszusprechen: s. 22,11–12 (s. auch die Artikel „Wort Jahwes", Nr. 3 u. 4; „Der Engel Jahwes" und „Die drei Männer".

Interessant ist, daß der ganze Text des Genesiskapitels 22 keine Verurteilung des Menschenopfers enthält. Die gläubige Unbedingtheit wird geradezu lobend anerkannt. Aber das Ersatzopfer genügt Gott!

Dann kehrte Abraham nach Beerscheba zurück (22,19). Bis zu diesem Punkt gibt die Bibel folgende Aufenthaltsorte Abrahams in Kanaan an: Sichem (erste Verheißung des Landes); östlich von Bet-El (s. d.); verschiene Rastorte gen Süden; Ägypten (Hungersnot in Kanaan); die alten Rastorte gen Norden; östlich von Bet-El (Trennung von Lot, zweite Verheißung des Landes); Umherziehen; Niederlassung bei den Terebinten des Mamre bei Hebron (Abrahams Kriegszug, Verheißung Isaaks und reicher Nachkommenschaft, dritte Verheißung des Landes, Bundesschluß, Erscheinung der drei Männer, Untergang Sodoms); Zug in die Südlande; Lager in Gerar (Isaaks Geburt); Beerscheba (Opferung Isaaks); Beerscheba (s. d.).

Der Sinn, den diese Ortsnennungen haben, ist – vom biblischen Erzähler her – sicherlich darin zu sehen, daß Abraham in *dem* Lande nomadisierte, das später das Wohnland Israels war. Abraham nahm das Land dadurch in Besitz; oder besser: schon durch Abraham, den später alle Stämme als Stammvater verehrten, haben die Israeliten das Land in Besitz genommen. Es durchdringen sich Tradition und Anspruchspolitik.

ZU Gen 24,1–25,18:
ISAAK UND REBEKKA

Als Abraham seinen Großknecht ausschickte, um für Isaak eine Frau zu suchen, sprach er zu ihm: „Ich will dir einen Eid beim Herrn, dem Gott des Himmels und der Erde, abnehmen" (24,3). Von dieser Stelle her läßt sich wieder ein tiefer Einblick in die Mehrschichtigkeit der biblischen Texte tun. Der Schwur „beim Herrn" (Jahwe) ist eine Formulierung des nachmosaischen Erzählers; er wollte mit solchen Formeln immer wieder die Identität des *Gottes Abrahams* (s. d.) mit Jahwe dartun. Zu dieser späten Formulierung gehört wahrscheinlich auch der Zusatz: „Gott des Himmels und der Erde", d. h. der Gott von allem, über alles, der alles geschaffen hat. Der Schwur beim Schöpfer, beim Allmächtigen ist hier besonders sinnvoll, weil Abraham seinen Großknecht ja aussandte, um für Isaak eine Frau zu suchen, mit der er die Schöpfung Gottes fortsetzen sollte.

Andererseits mag der Schwur beim Gott Abrahams schon zu den ursprünglichen Abrahamgeschichten gehört haben, wie andere Sätze dieser Erzählung vermuten lassen; denn mehrmals spricht der Knecht von der Huld „des Gottes meines Herrn Abraham" (z. B.

Gen 24,12; 24,26), was eine so urtümliche Formel ist, daß sie durchaus zu den Urerzählungen gehört haben kann – wenn auch der nachmosaische Erzähler immer wieder den „Herrn" (Jahwe) davor einschob.

Ob man aus dieser Formulierung des Knechtes entnehmen soll, daß er den Glauben Abrahams nicht teilte, ist schwer zu entscheiden. Es kann darin auch allein die Ehrfurcht des Knechtes ausgedrückt sein, der nicht wagte, den Gott Abrahams direkt seinen Gott zu nennen, sondern seinen Gott über Abraham ansprach. Das wäre orientalische Formulierung; noch heute spricht die arabische Frau vom „Vaterland meines Herrn" (ihres Mannes).

Die Bibel gibt eine bedeutungsvolle Schwurgeste an: „Leg deine Hand unter meine Hüfte" (24,2). Nach altorientalischer Vorstellung waren die Lenden der Sitz der Zeugungskraft. Diese Schwurgeste bildet mit dem oben angeführten Anruf Gottes des Allmächtigen, des Schöpfers, eine Einheit: der Knecht wurde ausgesandt, um für Isaak eine Frau zu suchen.

Und Abraham fuhr fort: „daß du meinem Sohn keine Frau von den Töchtern der Kanaaniter nimmst, unter denen ich wohne. Du sollst vielmehr in meine Heimat zu meiner Verwandtschaft reisen . . ." (24,3.4).

Diese Anordnung Abrahams kann durchaus schon zu den ursprünglichen (weltlichen) Abrahamgeschichten gezählt haben. Die ausgezogenen Neustämme hielten mit ihren Stammverwandten des Auszugslandes für gewöhnlich noch lange Verbindung, und in dem Bestreben, das Väterblut zu erhalten, holten sie auch oft die Frauen für ihre Söhne aus den Familien der zurückgebliebenen Verwandten. „Keine von den Töchtern der Kanaaniter" für Isaak zur Frau zu nehmen, muß bei Abraham nicht unbedingt einen religiösen Grund gehabt haben, obwohl natürlich auch diese Möglichkeit besteht.

Gerade dieser Zug der Abrahamgeschichten wurde aber für den religiös-politischen ·Kampf der späteren Zeiten Israels wichtig, weil er ausdeutbar und verwertbar war für das richtige Verhältnis des Jahwevolkes zu den kanaanitischen Götzendienern. Schon der Jahwist (s. d.) hat diese Erzählung, aber der Elohist (s. d.), in der Zeit des furchtbaren religiösen Abfalls der Nordstämme (S. 545, Nr. 32), muß gerade diese Erzählung als geeig-

neten Rohstoff für sein Offenbarungswort begrüßt haben.

Abrahams Großknecht traf Rebekka zuerst am
Brunnen (24,15–28). Er freute sich, eine so
freundliche junge Frau in ihr zu erkennen, die
Wasser schöpfte für Mensch und Tier. Dann
fragte er: „Wessen Tochter bist du?" Sie gab
darauf die entsprechende Antwort und nannte
nicht ihren eigenen Namen. Das entspricht
altorientalischem und zum Teil auch noch heute lebendigem orientalischem Brauch. Wer
seinen Namen nennt, gibt sich preis. Wer aber
sein Elternhaus nennt, bleibt geschützt. Der
Erzähler wollte damit die Unberufenheit Rebekkas dartun.

Als dann Abrahams Großknecht (Eliëser)
um Rebekka wirbt (Gen 24,29–61), wird ein
interessanter familienrechtlicher Zustand
sichtbar; es folgen die Phasen einander so:
Werbung, Laban (Rebekkas Bruder) spricht
das Übergabewort, am anderen Morgen wird
Rebekka selbst gefragt, ob sie mit dem Knecht
Abrahams nach Kanaan ziehen will, um Isaaks
Frau zu werden.

Hätte der Vater Rebekkas noch gelebt, hätte dieser Rebekka übergeben; die Heirat wurde zwischen den Eltern oder deren Beauftragten verhandelt. Wenn nach dem Tode des
Vaters der älteste Bruder den Vater als Fami-
lienoberhaupt vertrat, konnte er die Schwester
ebenso verheiraten wie der Vater, obwohl es
da Klauseln gegeben haben muß, die hier und
da angewandt wurden. In keilschriftlichen
Verträgen heißt es z. B.: „Mit meiner Einwilligung hat mein Bruder mich dem . . . zur Frau
gegeben" (Nuzu-Texte, die allerdings etwa 400
Jahre später liegen). Das Mädchen wurde also
dann gefragt oder konnte gefragt werden.

In der vorliegenden Geschichte wird Rebekka allerdings eigentlich nicht gefragt, ob sie
Isaak heiraten will, sondern ob sie mit nach
Kanaan ziehen will. Daß die verheiratete Frau
noch längere Zeit im Elternhaus blieb, kam
nämlich durchaus vor.

Wir haben das nicht aufgeführt, um die einfache Erzählung kompliziert zu machen, sondern um eines Hinweises willen. Aus solchen
altorientalischen Bräuchen in den Patriarchengeschichten, die wir noch nicht alle ganz durchschauen, wird nämlich klar, wie sehr sich in
ihnen altes Brauchtum und alte Rechtsverhält-

nisse, wenn auch nur in einzelnen Formeln
oder in auf den ersten Blick nebensächlichen
Erzählungsvorgängen, niedergeschlagen haben. Das aber ist ein sehr wichtiger Hinweis
auf die zeitgenössischen Ursprünge der erzählerischen Rohstoffe der Patriarchengeschichten.

ZU Gen 25,19–34:
ESAU UND JAKOB

Isaak erhielt von Rebekka nach langer Kinderlosigkeit (s. d.) zwei Söhne. „Als seine Frau
Rebekka schwanger war, stießen die Söhne
einander im Mutterleib . . . Sie ging, um den
Herrn zu befragen" (25,21.22). Die Formulierung weist auf Rebekkas Gang zu einem Seher
hin, der auf Befragung den Gottesspruch verkündete. Solche Formeln der Bibel sind wichtig, weil man aus ihnen ersehen kann, wie der
Herr zu den Menschen, nach Ansicht der
biblischen Schriftsteller, sprechen konnte.

Bei der Geburt der Zwillinge heißt es dann:
„Der erste, der kam, war rötlich. Man nannte
ihn Esau" (25,25). Der Name „Esau" (hebr.
„Esaw") heißt „Behaarter"; sein Name wird
davon abgeleitet, daß er schon bei seiner Geburt „am ganzen Körper wie ein Haarmantel"
aussah. Da Esau als Stammvater der Edomiter
(s. d.), galt, könnte dies ein Hinweis auf das
Äußere der Edomiter sein.

Den zweiten nannten sie Jakob (25,26). Der
Name Jakob (hebr. „Ja'aków") wird volksetymologisch von *aké b* (Ferse) erklärt: Nach Esau
kam sein Bruder zum Vorschein, mit der Hand
die Ferse Esaus festhaltend. Dieser Zug der
Erzählung ist schon ein Teil der Darstellung
des Kampfes um die Erstgeburt zwischen den
beiden Zwillingen.

Die eigentliche Bedeutung des Namens Jakob ist etwa: „Es schütze Gott"; in seiner
vollen hebräischen Form würde er lauten *ja-*
kob-el, aber das *el* (Gott) fällt in diesen theo-
phorischen Namen oft fort, weil der Er („er
schütze") eben selbstverständlich Gott ist. In
der Form *Ia'achkub-el* ist der Name auch
(bisher allerdings nur einmal) in nichtbiblischen Dokumenten bezeugt.

Die theophorische Form von Namen ist in
Kanaan und Phönizien nicht üblich, dagegen
wohl im Ursprungsland der Erzväter; ein kräftiger Hinweis dafür, daß ihre Herkunft aus

Mesopotamien und ihre spätere Verbindung dorthin keine erfundenen Bezüge sind.

Sein Erstgeburtsrecht verkaufte Esau später an Jakob (25,27–34): Als er einmal hungrig von der Jagd nach Hause kam, fand er Jakob, wie er ein rotes Gericht zubereitete. „Gib mir zu essen von dem Roten da", verlangte er von Jakob: eine Sage, die sein rotes Haar und seinen Beinamen „Roter" (Edom) noch einmal ins Spiel bringt (25,30). Jakob verlangte für dieses Essen dann das Erstgeburtsrecht (s. d.). Und Esau sagte es ihm zu. Darauf gab Jakob dem Esau Brot und Linsengemüse (25,34) (s. den Artikel „Linsen").

Die Esauerzählungen stellen Esau als gierig und unbeherrscht dar. Das Erstgeburtsrecht verkauft er an seinen Zwillingsbruder Jakob für ein Linsengericht. In derselben Linie liegt seine Heirat mit zwei hetitischen Frauen. Noch der Hebräerbrief bestätigt diese Deutung, indem er Esau als „unzüchtig" und „gottlos" bezeichnet, „der für eine einzige Mahlzeit sein Erstgeburtsrecht verkaufte" (Hebr 12,16).

Aber auch die Tölpelhaftigkeit gehört nach Aussage der Esaugeschichten zu seinem Charakter. Er verkauft seinem Zwillingsbruder Jakob nicht nur sein Erstgeburtsrecht, sondern läßt sich auch von ihm um den Erstgeburtssegen prellen.

Rachsucht vollendet die Zeichnung der Charakterzüge Esaus. Vor dieser Rachsucht flieht Jakob. Und als er nach zwanzig Jahren zurückkehrt, mit seinen Frauen, seinen Söhnen und großen Herden, zieht ihm Esau mit vierhundert Bewaffneten entgegen. Jakob fürchtet sich. Jedoch in der Nacht vor der Begegnung mit Esau wird Jakob von Gott gezeichnet und als Berechtigter, als gültiger Verheißungsträger angenommen. Daraufhin ist Esau am anderen Tag bei der Begegnung wie verwandelt. Wir würden vielleicht – psychologisierend – sagen, daß der so gezeichnete Esau eben nur sicher angefaßt werden brauche, um friedlich zu werden. Aber diese Deutung würde nicht stimmen. Denn Jakob faßt seinen Bruder gar nicht sicher an. Er ist ihm gegenüber sehr demütig. Der biblische Schriftsteller will wahrscheinlich auf diese Weise die auf andere wirkende, objektive Macht des bestätigten Rechtes – des Erstgeburtsrechtes – betonen. Die Erzählung soll Israel Sicherheit gegenüber den Edomitern

(s. d.) geben, die ja mit Esau gemeint sind. Das Erstgeburtsrecht ist objektiv auf Jakobs Seite, wie die Geschichte zeigen will, indem sie erzählt, wie Esau reagierte. Und dies ist nicht anders geworden!

Aber in diesem schnellen Umschwung Esaus scheint auch noch ein anderer Grundzug Esaus/Edoms dargetan zu sein: Die Gefühlsschnelle, die Spontaneität, die Hemmungslosigkeit der Gefühle Esaus: Esau weint laut über den gestohlenen Segen. Auch diesen Zug werden die Israeliten an den Edomitern beobachtet haben. – Übrigens lassen sich alle diese Eigenschaften Zug um Zug bei Herodes d. Gr., der ein Idumäer/Edomiter war, wiederfinden.

Martin Noth hat glaubhaft gemacht, daß außerdem das nomadische Ideal das stark negativ gezeichnete Bild Esaus beeinflußt hat. Obwohl Israel nach der Landnahme keineswegs mehr Nomadenvolk war, blieb das Nomadentum noch Lebensideal, und was sich in der Geschichte von Kain und Abel zeigt,[1] das zeigt sich auch hier: Der halbnomadische Kleinviehzüchter und Herdenhirt Jakob ist der Gottgefällige; der Landmann und Jäger Esau aber hat einen Beruf, der nicht zum Ideal des Halbnomaden gehört.

Trotz all dem wird die Verwandtschaft Jakobs mit Esau nicht vergessen: Die Verwandtschaft Israels mit Edom; denn von Esau stammen ja (nach biblischer Darstellung) die Edomiter ab. Aber so unbrüderlich auch manchmal das Verhältnis zwischen Israel und Edom ist, so bedeutsam scheinen doch manche Züge dieser Jakob-Esau-Geschichten, wenn man sie mit ähnlichen Geschichten vergleicht.

Als bedeutsam darf angesehen werden, daß Esau nicht verflucht wurde. Kanaan (s. d.) war in Israels Augen verkommen; seine Verkommenheit war eine Folge des väterlichen Fluchs Noachs. Esau/Edom aber war nicht verflucht; er hatte nur nicht den Segen des Erstgeborenen erhalten; er hatte einen kleineren Segen erhalten.

Bedeutsam ist auch, wie Israel die Edomiter äußerlich zu sehen wünschte. Gen 25,25 scheint darauf einen Hinweis zu enthalten, wo gesagt ist, daß Esau, „der erste, der kam, rötlich war, über und über mit Haaren bedeckt

---

[1] Siehe die Bemerkungen zu Gen 4 und im Artikel „Viehwirtschaft".

wie mit einem Fell". Damit unterschied man Esau/Edom zwar sehr stark von sich selber, von Jakob/Israel, aber man verwarf ihn damit nicht. Rötliche Typen hat es auch in Israel immer gegeben. Auch David soll ein solcher „Dschingis" gewesen sein.

Bedeutsam ist auch – wie schon gesagt – das laute Weinen Esaus über den gestohlenen Segen. Esau haßte Jakob um des Segens willen (27,41). Darin zeigt sich, daß die Spannung zwischen Israel und Edom eine Folge der Rivalität in der Gebietsherrschaft war, die durch höheres Alter auf seiten Edoms (Esau) und durch einen wirklichen Vatersegen durch Israel (Jakob) beansprucht wurde. Jedenfalls spielt das Bruderbewußtsein immer wieder durch.

Das Bewußtsein von Esau/Edom als dem Bruder war so stark, daß das fünfte Mosebuch das Gesetz enthalten konnte: „Der Edomiter soll dir kein Greuel sein; denn er ist dein Bruder ... In der dritten Generation dürfen ihre leiblichen Nachkommen in die Versammlung des Herrn aufgenommen werden" (Dtn 23,8.9). Es kann nicht bezweifelt werden, daß dieses Verwandtschaftsbewußtsein auf einer lebendigen Tradition beruhte, wenn die Profangeschichte auch die ethnischen Realitäten nicht ganz geklärt hat.

Eine genaue Analyse aller Esautexte würde allerdings ergeben, daß in dem biblischen Esaubild viele verschiedene ethnische Bilder zusammengeflossen sind.

ZU Gen 26,1–30,24:
ISAAKS SEGEN UND JAKOBS FLUCHT

Als Isaak und Rebekka im Land seiner Geburt durch seines Gottes Segen sehr reich wurde, mußte er immer wieder seinen Wohnbereich verlegen, weil die Leute des Landes ihm seinen Reichtum neideten – bis er im Süden mit Abimelech einen Frieden beeidete: in Beerscheba, d. i. „Eidbrunn" (26,1–35).

– Vergleiche 26,7–11 mit 20,1–18, wo von Abraham und Sara dieselbe Geschichte wie von Isaak und Rebekka erzählt wird. Man hat daraus die Folgerung gezogen, daß es über Isaak kaum ursprüngliche Sippenerzählungen gab und sogar die Frage gestellt, ob die „Stufe Isaak" nicht erfunden ist. –

Als Isaak alt geworden war, wollte er seinem Sohn Esau den Erstgeburtssegen geben. Während Esau auf der Jagd war, bereiteten Jakob und Rebekka aber einen Betrug vor, so daß Isaak statt über Esau den Segen über Jakob sprach (27,1–40).

Der Segen Isaaks über Jakob (27,27–29) hat vier Kernsätze, die unter verschiedenen Hinsichten wichtige Hinweise enthalten: „Gott gebe dir vom Tau des Himmels, vom Fett der Erde, viel Korn und Most" (27,28). Das ist der Segen über den *Landmann* Esau. Aber der Erzähler der Königszeit sieht den Segen erfüllt an den Nachkommen des *Hirten* Jakob, und so muß Jakob den Segen so erhalten haben. Darin liegt die Würze dieses Teils des Segensspruches.

In der Formel „Tau des Himmels" ist die Niederschlagssituation des südlichen Kanaan eingefangen. Nicht der Regen allein ist wichtig, sondern daneben der Tau, von dem allein die Vegetation in der regenlosen Zeit lebt (s. „Regen und Tau").

„Dienen sollen dir die Völker" (27,29). Auch diesen Satz sieht der Erzähler der Königszeit erfüllt, nachdem zumal David sich die Völker Kanaans untertan gemacht hat (S. 539, Nr. 26). Und was erfüllt ist, geht auf jeden Fall auf einen Segen zurück: Gott hat es gewirkt.

„Herr sollst du über deine Brüder sein" (27,29) ist nichts anderes als der allgemeine Segen, der dem Erstgeborenen gilt, der eben als Nachfolger des Vaters Herr über seine Brüder ist (s. den Artikel über die Erstgeburt und unter 13,8 die Erläuterung zum Wort „Bruder"). „Verflucht, wer dich verflucht. Gesegnet, wer dich segnet" (27,29): Teil des Erstgeburtssegens, insofern die Übergabe der Macht auch im Nomadenkulturbereich nicht ohne Reibungen vor sich ging.

Esau beweinte den Verlust des großen Segens (27,30–40); denn Jakob mußte gesegnet bleiben (27,33). An einem solchen Segen ist nichts zurückzunehmen, weil er vor Gott ausgesprochen wurde und weil Gott selbst als der Segnende genannt wurde (s. den Artikel über die Hand). „Mein Erstgeburtsrecht hat er mir genommen, jetzt nimmt er mir auch noch den Segen" (27,36). Bedeutsam ist diese Unterscheidung zwischen „Erstgeburt" und „Segen". Mit der „Erstgeburt" sind die rechtlichen Folgen gemeint: auf sie hatte Esau verzichtet. Der Segen hätte Esau dennoch die Empfehlung seines Stammes an den allmächtigen Gott zugesichert. Auf diese wollte Esau – wie der Text erzählt – nicht verzichten. Daß dies mit der Abtretung des Erstgeburtsrechts auch nicht ohne weiteres gegeben war, beweist die listige Erschleichung des Segens durch Jakob mit Hilfe seiner Mutter Rebekka.

Danach floh Jakob nach Haran (28,10). Unterwegs, so erzählt der Schreiber dieser Geschichten, schaute Jakob im Traum eine „Treppe, die bis zum Himmel reichte" (28,12). In den meisten Bibeln wird an dieser Stelle von einer „Himmelsleiter" gesprochen.

DIE „HIMMELSLEITER"

Das reale Modell für Jakobs Traumtreppe ist wahrscheinlich der babylonische Stufenturm. Die Archäologen weisen auf das hebr. *sullám* hin, das die Bibel für diese Treppe benutzt; es ist von *salál* abzuleiten, das „aufschütten" bedeutet; *sullám* ist also eine Treppe, die durch Aufschüttung entstanden ist. Gerade solche Treppen hatten aber die Stufentürme Mesopotamiens. Das reale Modell für die geträumten ab- und aufsteigenden Engel sind die liturgischen Prozessionen, die auf solchen Göttertürmen stattfanden (s. den Artikel „Der Babylonische Turm").

Ob dieser Traum zu Erzählungen gehörte, die als Familientradition bei den Jakobiten weitergegeben wurden, läßt sich nicht sagen. Da der Jakobsstamm – entgegen der späteren Darstellung der biblischen Erzähler – wahrscheinlich selbst aus Mesopotamien ausgewandert ist, konnten seine Erzähler auch Erinnerungen an die babylonischen Stufentürme haben, so daß also eine uralte Erzählung vorliegen kann, deren Sinn aber nicht mehr zu ermitteln ist, da die Erzählung in der Bibel fast ganz durch die Verheißungstheologie in Anspruch genommen und entsprechend gedeutet ist. Die Rede Gottes von der Höhe der „Treppe" herab gehört nämlich ganz bestimmt nicht zum Urbestand der Familientraditionen. Einerseits hat der Erzähler hier Worte im Sinne der Identifikation der Stammesgötter formuliert (s. dazu den Erklärungstext zu Ex 3,6) und andererseits hat er mit der hier formulierten Verheißung das Thema vom Gelobten Land (s. d.), das ursprünglich wohl nur ein Thema der Abrahamtradition war, in die Jakobtradition eingefügt.[1]

Nachdem Jakob aus seinem Traum erwacht war, legte er der ihm zugekommenen Verheißung wegen ein Gelübde ab. Er nannte den Platz Bet-El (s. d.: Haus Gottes). Er legte den Stein, auf dem er geschlafen, als Denkmal und Altar dorthin. Wenn er zurückkehrt, wollte er an diesem Ort ein Gotteshaus bauen lassen, das er selbst unterhalten wollte (28,20–22). – Zur Salbung des Denkmals mit Öl s. den Artikel „Die Bäume in der Mitte des Gartens" und den Artikel „Öl". Die Salbung mit Öl kann ein ursprünglicher Erzählungszug sein; denn die Ölsalbung ist kanaanäischer Ritus; die Patriarchen könnten ihn von ihrer Umwelt übernommen haben. Sie kann aber auch aus dem späteren israelitischen Salbungsritual stammen – das freilich auch durch das kanaanäische Ritual angeregt war.

Daraufhin zog Jakob nach Haran und begegnete dort der Tochter Rahel seines Onkels Laban (29,1–14). Dann diente er sieben Jahre, um Rahel zur Frau zu bekommen. Aber Laban gab ihm seine ältere Tochter Lea. Erst nach der Brautnacht mit Lea konnte er auch Rahel zur Frau bekommen (29,15–30). Dann wurden ihm von Lea und Leas Magd Silpa und von Rahels Magd Bilha und schließlich auch von Rahel Kinder geboren (29,31–30,24).

Diese Kapitel 29 und 30 sind überaus reich an sozial- und besonders familienrechtlichen Aussagen; deshalb sollte man sie unbedingt sorgfältig nachlesen.

ZU Gen 30,25–35,29:
JAKOBS HEIMKEHR

Der ganze Vorgang der Rückkehr Jakobs aus Haran trägt das Gepräge echter oder wenigstens möglicher Familientradition. Die äußeren Vorgänge gehören also vielleicht zu ursprünglichen Geschichten, die sich die Jakobiten (schon in Ägypten?) als Familiengeschichten erzählten. Freilich hieß es da noch nicht: „Der Herr sprach zu Jakob: Kehre heim…", sondern es wurde einfach von der Heimkehr Jakobs berichtet, von Jakobs eigenem Entschluß, heimzukehren. Da aber die Nachfahren Jakobs nach der gläubigen Erkenntnis der späteren Erzähler *offenbar* durch Jahwe ge-

---

[1] Siehe im Artikel „Die Zwölf Stämme", S. 502, Nr. 4.

führt worden waren, so wurde von ihnen die ganze Geschichte nunmehr auch als Wirken Jahwes erzählt (s. die Artikel „Biblische Geschichtsschreibung" sowie „Berufung und Geschichte").

„*Kehr zurück in das Land deiner Väter*" läßt die Erzählung der Bibel zu Jakob sagen (31,3). Der Anfangstext gibt den Grund an, warum Jakob seine Heimkehr beschloß: weil er sich von Laban, seinem Onkel und Schwiegervater, ungerecht behandelt fühlte; weil Laban ihm den vereinbarten Lohn an Herdenvieh vorenthielt. Deshalb brach er heimlich auf, mit seinen Frauen und seinen Söhnen; und die ganze Herde, die ihm laut Absprache gehörte, die ihm Laban aber nicht zusprechen wollte, nahm er mit. Nach drei Tagen verfolgte Laban den flüchtigen Jakob. Aber Gott – so erzählt die Bibel – warnte ihn, mit Jakob zu streiten. Die Einsicht Labans, daß er gegen Jakob nichts ausrichten konnte, lag wohl vor allem darin, daß er sah, wie Jakob in allem Erfolg hatte; er hatte Söhne; er hatte sich große Herden erworben, die er ihm rechtlich nicht streitig machen konnte, weil sie laut Absprache sein Lohn waren. Und diese Erfolge waren nach Ansicht des Aramäers Laban ein Zeichen für Gottes Schutz. So begegnete also schon der wahrscheinliche Gehalt der Urerzählung – die wir zum Teil schon dadurch ungefähr umschrieben sehen, indem wir das anordnende und ordnende Gespräch Jahwes herauslösen – dem Gehalt der Geschichte, die die späteren Erzähler formulierten. Die endgültige Erzählung setzt also mehrere Erzählstufen mit verschiedenen Tendenzen voraus:

1. Eine Urerzählung, die durch die Jakobiten überliefert wurde.

2. Die Stufe oder die Stufen, wo diese Urerzählung mit der Konstruktion von den vier Müttern des Stämmebundes und den zwölf Stammvätern der zwölf Stämme zusammenwuchs bzw. zusammenredigiert wurde (s. im Artikel „Die Zwölf Stämme", Nr. 2–4). Daß die Redaktion dieser Stufe(n) ältere Namen der jakobitischen Tradition (z. B. Lea, Rahel oder andere) verwandte, ist anzunehmen.

3. Die Endstufen, auf denen die ganze Erzählung den Sinn bekam, das Wirken Jahwes aufzuzeigen, also die Geschichte der Israeliten als Heilsgeschichte darzulegen. Diese „Endstufen" sind vielleicht mit den Stufen unter 2. identisch.

DER KAMPF JAKOBS

Da jede biblische Erzählung Lehrcharakter hat, fällt es zwar nicht schwer, zum Sinn auch dieser Erzählung Deutendes zu sagen. Anderseits ist das Grundthema der Geschichte vom nächtlichen Kampf Jakobs mit dem „Engel" so eigenartig, daß man nicht an eine ganz erfundene Geschichte glauben möchte. Aber über die eventuelle historische Grundlage in vorauszusetzenden Stammesgeschichten wissen wir nichts zu sagen.

Der Versuch, die Schichten des Rohstoffes von denen der religiös aufgefaßten Neuerzählung zu scheiden, kann eben nicht in jedem Falle glaubhaft angefaßt werden. Am ehesten bietet sich noch die Möglichkeit an, daß die Urerzählung der Jakobiten eine sagenhafte Erklärung für einen hinkenden Jakob gab (32,26: Ein Mann rang mit Jakob, „bis die Morgenröte aufstieg. Als der Mann sah, daß er ihm nicht beikommen konnte, schlug er ihn aufs Hüftgelenk. Jakobs Hüftgelenk renkte sich aus, als er mit ihm rang"). Diese Formulierung legt soviel Wert auf den hinkenden Jakob, daß man in der Urerzählung eine Geschichte sehen möchte, die dieses Hinken Jakobs erklärt; in ähnlicher Weise entstand z. B. aus den tatsächlichen Stigmata des Franziskus von Assisi die Legende von der Mitteilung dieser Wundmale auf dem Alverna.

Wieweit diese ätiologische (begründende) Erzählung in Richtung der heutigen biblischen Erzählung ausgeschmückt war, läßt sich nicht sagen. Sicherlich kam in ihr bereits der „Mann" vor, der „bis zur Morgenröte" (32,25) mit Jakob rang und der gegen Morgen verlangte: „Laß mich los; denn die Morgenröte ist aufgestiegen" (32,27). Denn daß die Hüftverletzung Jakobs von einem überirdischen Wesen („Geist") veranlaßt worden sei, wird auch schon die wahrscheinlich ursprüngliche Stammeserzählung berichtet haben. Der verbreitete Glaube, daß die Zeit überirdischer Wesen („Geister") die Nacht ist, hatte sich darin niedergeschlagen und blieb darin, auch als die Geschichte zur Lehrerzählung wurde.

---

[1] Der Vers 32,33 ist leicht als spätere Glosse zu erkennen: „Darum essen die Israeliten den Muskelstrang über dem Hüftgelenk nicht, bis auf den heutigen Tag; denn er hat Jakob aufs Hüftgelenk, auf den Hüftmuskel geschlagen." Diese Speisevorschrift ist sehr jung und fußt auf dieser Erzählung.

Aber weder das Hinken Jakobs[1] noch die Existenz von Geistern ist dem späteren biblischen Erzähler wichtig. Aus dem Erzählungsganzen scheinen sich vielmehr zwei andere wichtige Züge herauszuheben: 1. die Namensänderung des Namens Jakob in Israel (Gen 32,29); 2. der Segen über Jakob (Gen 32,30).

Die Namensänderung von Jakob in Israel ist zwar ein Zug des biblischen Lehrstückes, aber der Name „Israel" gehört zu den unbestreitbar profangeschichtlichen Tatsachen. Wieweit allerdings Jakob profangeschichtlich als „Israel" erwiesen ist, hängt von dem Grund ab, in dem man die Jakob/Israel-Passagen als profangeschichtliche Zeugnisse wertet. Aber selbst wenn der Name „Israel" (hebr. *Jisrael*) nur Volksname und die Bezeichnung Jakobs mit „Israel" lediglich späteres Lehrstückthema wäre, so blieben zwei Dinge bedeutsam: daß gerade Jakob „Israel" wurde und nicht Abraham (oder Isaak), mit anderen Worten: daß die Israeliten später in Jakob ihren unmittelbaren Stammvater sahen; und zweitens, daß Jakob von jener Nacht des Ringens an „Israel" war, d. h. von dem Augenblick seiner Umkehr an, womit einerseits alle Betrügereien Jakobs verworfen werden und die Berufung als Gnadenberufung dargestellt wird. Deshalb bekam er einen neuen Namen: aus Jakob wurde Israel (über den Sinn der Namensänderung s. den Artikel „Abram und Abraham" bei Gen 12,1ff.). Für die Lösung des Rätsels dieser ganzen Erzählung vom Ringkampf Jakobs, den man in der rabbinischen Schrifterklärung als Kampf mit dem Engel Jahwes (s. d.) deutete, wäre es vielleicht am richtigsten, die Erzählung als anschauliche Szene für die innere Umkehr Jakobs zu werten.

Die Bedeutung des Namens „Israel" ist nicht eindeutig. Ohne die biblische Erklärung (d. h. „Gottesstreiter") würde man den Namen eher deuten als „Gott kämpft", „Gott herrscht"; „Gott möge sich als Herrscher erweisen" ist eine andere Möglichkeit (Martin Noth); „Gott leuchtet" – „Gott möge aufleuchten" ist ebenfalls möglich (H. Bauer); andere bringen den Namen mit *jasar* (gerade, wahr) in Verbindung und deuten ihn als „Gott ist wahr" (auch „Gott ist treu") oder „rechtschaffen vor Gott" oder ähnlich (Sachsse) oder nach dem arabisch-äthiopischen Wort *jasar*: „Gott möge heilen" (W. F. Albright).

Die volksetymologische Deutung der Bibel:

„Denn mit Gott und Menschen hast du gestritten und hast gewonnen" (32,29) braucht keineswegs den Namen wirklich zu erklären, sondern ist die Erklärung, die der Erzähler gibt. Er treibt keine Philologie, sondern deutet theologisch das Schicksal seines Volkes. Zur Geschichte dieses Volkes gehört aber auch der Stammvater Jakob, der Israel *ist,* selbst wenn er – faktenhistorisch – nicht so *hieß.* Aus der Erzählung oder mit der Erzählung deutet er, wie er Israel *wurde:* durch seine Umkehr. Diese Umkehr wird vom Redaktor durch die Geschichte mit der Sendung von Boten an Esau und mit der Vorbereitung der Geschenke für Esau sichtbar gemacht (32,2–22). (Auch in dem Kapitel von der Gelübdeerfüllung in Bet-El – Gen 35,10 – wird die Namensänderung durch Gott veranlaßt; dieser Umstand weist darauf hin, daß es sich auch bei der Namensänderung in der Nacht des Ringens um eine lehrstückhafte Deutung handelt.)

Der Segen über Jakob gilt also dem Volk. Er gilt dem Volk, das sich bessert. Er gilt Israel!

Der Erzählung vom Segen über Jakob hat der Redaktor ein Kapitel über Jakobs Versöhnung mit Esau angeschlossen (33,1–15), was man als Folge dieses Segens verstehen muß. Daß aber mit diesem Segen nicht friedliche Welt verbunden sein würde, betont die Rache an den Sichemiten, die die Entehrung der Jakobstochter Dina ausgelöst hatte (34,1–31).

Als Jakob ins Land bei Betlehem kam, so erzählt das Buch Genesis, gebar Rahel Benjamin (35,16) und starb. Über Rahels Grab (35,19) s. unter „Betlehem". Über das Denkmal auf Rahels Grab (35,20) s. den Artikel „Die Massébe".

DIE JOSEFSGESCHICHTEN

Mit Gen 37,1 beginnen die Josefsgeschichten, die zu den schönsten Abschnitten des AT gehören. Es ist möglich, daß die Gesamtheit dieser Josefsgeschichten ursprünglich eine für sich existierende große Erzählung war, die in der mündlichen Wiedergabe einmal in dieser und ein anderes Mal in jener Hinsicht ausgeschmückt wurde.

Da die Gestalt Josefs nicht eindeutig faßbar ist, kann es verschiedene Möglichkeiten geben, wie diese Josefsgeschichten entstanden und wie sie in die anderen biblischen Überlieferungen integriert worden sind. Wir wollen nicht entscheiden, wer Josef war und wie die Josefstraditionen letztlich zu verstehen sind, sondern für die beiden Grundmöglichkeiten die Entstehung der Josefsgeschichten kurz erörtern.

Wenn Josef ein Jakobssohn war, was einige Wahrscheinlichkeit für sich hat,[1] so könnte man die Dinge so sehen, daß ein Mann der nach Ägypten gewanderten Jakobssippe in Ägypten zu hohen Ehren aufgestiegen ist. Dann müßten die ersten Josefserzählungen unter den jakobitischen Hebräern (s. d.) Ägyptens entstanden sein – nach dem Tode Josefs. Diese Josefsgeschichten müssen allerdings noch anders ausgesehen haben als die biblischen; denn damals konnte es noch keine zwölf Söhne Jakobs geben, die erst durch die Zwölf Stämme (s. d.) ermöglicht wurden. Auch die Einzelheiten der Benjamingeschichten müssen anders ausgesehen haben. Aber eine Grunderzählung von einem aufgestiegenen Hebräer, der nach allerlei Ungemach durch seine Klugheit das Auge des ägyptischen Königs auf sich lenkte und schließlich Wesir wurde und als Wesir seiner Sippe half – eine solche Grunderzählung lag durchaus in den Möglichkeiten der ägyptischen Jakobiten. Einzelheiten der Handlung und des Hintergrundes, der Einrichtungen und Bräuche sind so klar ägyptisch, daß die Entstehung der Erzählung in Ägypten glaubhaft ist – obwohl sie natürlich auch lediglich von einem Erzähler verfaßt sein kann, der Ägypten gut kannte.

Diese Grunderzählung ist, vielleicht schon längere Zeit nach dem Tode Josefs, durch allerlei novellistische Elemente ausgeschmückt worden: z. B. die Versuchung Josefs durch die Frau Potifars, die eine erzählerische Zutat sein könnte, entnommen dem Typenkreis der Verführungsfabeln. Auch in anderen Novellen begegnen uns solche Verführungsfabeln (z. B. in der ägyptischen Erzählung von den zwei Brüdern). – Auch anderes kann derart durch den freien Motivschatz angeregt sein. Gunkel drückt dies aus, indem er sagt, daß ein bedeutender Künstler ein allgemeines Märchenmotiv vom jüngsten, von den Brüdern gehaßten, aber vom Glück gesegneten Sohn auf Josef, den Sohn Jakobs, übertragen und als neue Erzählung in die Patriarchengeschichte eingefügt habe.

Es ist auch sicher, daß vieles später „moder-

nisiert" wurde; daß z. B. Namen geändert wurden, so daß in der Erzählung, wie sie heute ist, Namen erscheinen, die es zur Zeit der Hyksos (s. d.) in Ägypten noch nicht gab; denn in jener Zeit ist eine Gestalt wie Josef wohl am besten unterzubringen. Dies aber würde man auf Konto der Neuerzählung schreiben können, durch die die stammeseigene Erzählung des jakobitischen Hauses Josef zu einer Erzählung des Stämmebundes Israel wurde. Nun wurden alle Stämme „Söhne" des Erzvaters Jakob (S. 502, Nr. 4), die Josef nach Ägypten verkauften; und nicht mehr nur die Jakobiten, sondern alle „Söhne" Jakobs gingen nach Ägypten und wurden dort wunderbar durch den von Gott vorausgesandten Josef gerettet.

Indem die uns unbekannten frühen Propheten Israels den vorhandenen Erzählstoff umformten und die Personen der Erzählung mit je einem Eponymus der Stämme besetzten, schufen sie eine bewundernswerte Erzählung nicht nur von der Einheit Israels, sondern auch von einer wunderbaren Rettung, die zwar direkt nur einige Stämme anging, die aber die in der Stämmegemeinschaft geeinten Stämme alle auf sich beziehen konnten.

Josef selbst ist durch außerbiblische Quellen nicht belegt. Aber das besagt nichts gegen ihn als historische Möglichkeit. Da seine Zeit wahrscheinlich die Hyksoszeit war, deren Zeugnisse die Pharaonen nach Vertreibung der Hyksos aus Ägypten planmäßig vernichteten, kann auch das Zeugnis von ihm der großen Säuberung zum Opfer gefallen sein.

Wenn Josef kein Jakobssohn war, d. h., wenn dieser Wesir der Josefsgeschichten kein Mann aus der jakobitischen Hebräergruppe Ägyptens war, so bliebe die Möglichkeit, daß die ganze Urerzählung, die von irgendeinem emporgestiegenen Fremdling handelte, übernommen worden und unter dem Namen Josefs, des Sippenvaters des jakobitischen Hauses Josef, neu erzählt worden wäre: unter Einbeziehung der anderen Stämme als „Brüder", unter Einbeziehung der Hauptsippengruppen als „Söhne Josefs". All das liegt im Bereich der Möglichkeiten, zumal da in Sichem das Grab eines Josef lag, der gut der Sippenvater dieses „Hauses Josef" sein konn-

---

[1] Das Haus Josef (S. 513, Nr. 8/11) gehörte zu den Neustämmen Israels; diese aber führten ihr Haus offensichtlich auf Jakob zurück (S. 500, Nr. 2).

te, ohne daß er ursprünglich irgend etwas mit der Erzählungsgestalt zu tun hatte.

„Alles, was geschrieben wurde, wurde zu eurer Belehrung geschrieben", sagt Paulus. Aber nicht zu unserer „historischen" Belehrung. Bei aller Bemühung, die Patriarchengeschichten und Josefsgeschichten einigermaßen historisch zu durchleuchten, müssen wir festhalten: Auch wenn in den Josefsgeschichten nicht ein einziges Wort von historischen Ereignissen wäre – sie bliebe unverfälschtes Bibelwort. Denn die Ereignisse (ob historisch oder literarisch) sind nur das Fahrzeug, auf dem die Wahrheit Gottes kommt: daß Gott auserwählt; daß Gott seine Auserwählten führt; daß Gott durch seine Auserwählten hilft; daß Gott gar durch das Verbrechen das Gute schaffen kann; daß der Auserwählte Gottes Liebe und Gottes Überfluß austeilt und nicht Rache übt – darauf kam es bei der Aufnahme dieser Erzählung in das „Wort des Herrn" an. G. v. Rad meint, man spüre in den Josefsgeschichten sogar die Tendenz zur Weisheitslehre; deshalb sieht er gerade in der heutigen kunstvollen Form das Ergebnis der Neuerzählung eines Weisheitslehrers (etwa aus salomonischer Zeit), der in Josef das Lebensideal altisraelitischer Weisheitslehre gestalten wollte.

Mit anderen Worten spricht zum selben Thema der historische Abschnitt Nr. 5 auf S. 503.

ZU Gen 37,1–11:
JOSEF UND SEINE BRÜDER

Nach dem Tode Isaaks, so erzählt die Bibel, ließ sich Jakob endgültig in Mamre (s. d.) nieder, wo er als Erbe das ganze Eigentum Isaaks übernahm. Er wohnte in Mamre bei Hebron mit seinen Söhnen und deren Familien. Sein jüngster Sohn war Benjamin, sein zweitjüngster war Josef.

Ein Teil der Familie solcher Halbnomaden blieb am Standort, hier also: in Mamre, und bestellte den Acker; ein anderer Teil zog mit den Herden über die Hügel. Als Weidegegend wird (37,12) einmal das Gebiet von Sichem genannt; das ist gut 100 km nördlich von Mamre. Das ganze Gebiet war nur schwach besiedelt und bot zwar kärgliche, aber doch reichlich Weideplätze, selbst für große Herden (s.

die Artikel über „Ackerbau" und „Viehzucht").

Israel (d. i. Jakob) liebte seinen Sohn Josef ganz besonders. Deshalb ließ er ihm einen Ärmelrock machen (37,3). Siehe den Artikel „Das Hemdkleid". – Das Kleid ist wohl nicht nur als eine persönliche Auszeichnung Josefs durch Jakob zu verstehen, sondern soll seine Stellung betonen. Aus dem Kleid darf man schließen, daß die Erzählung damit sagen will, Jakob habe Josef eine Art Inspektordienst übertragen. Damit erklären sich auch am besten die Berichte Josefs an Jakob über gewisse Unregelmäßigkeiten bei der Herde. Außerdem könnte es vom Erzähler als erste Motivandeutung für den späteren Aufstieg Josefs gemeint sein.

Die Folge: Die Brüder sprachen mit Josef kein gutes Wort mehr (37,4). Der hebräische Text läßt sich noch deutlicher übersetzen: „Und sie sprachen mit ihm kein Wort mehr zum Schalóm." – Schalóm! („Friede!") ist aber das Grußwort („Guten Tag!"). Sie gönnten ihm nicht einmal mehr die Tageszeit, sagt man heute (s. auch den Artikel „Der Gruß").

Eines Tages erzählte Josef den Brüdern seine Träume (37,5–11), die ihn offenbar über die Brüder hinaushoben.

Die Bedeutung, die den beiden Traumgeschichten zukommt, weist auf Ägypten als Ursprungsland der Josefsgeschichten hin. Zwar ist es sicher, daß auch die Jakobszeit an Träume glaubte, mit denen Gott dem Menschen die Zukunft andeutet; aber der Brauch, Träume für bedeutungsvoll zu halten und sie zu deuten, war vor allem in Ägypten heimisch. Da Josef später in Ägypten selbst durch seine Traumdeutungen groß wurde, ist mit den Träumen Josefs – vom erzählerisch-literarischen Standpunkt aus – auch ein schöner Vorklang zur Entwicklung der Hauptgeschichte gegeben (s. „Traumdeutung").

Damit solche Bemerkungen richtig verstanden werden, soll noch einmal betont werden, daß die Urerzählung erst durch die sinndeutende Neuerzählung zur Offenbarungserzählung wird. Es wäre deshalb falsch, solche Einzelzüge der Erzählung als Offenbarungsthemen anzusehen. Das eigentliche biblische Thema ist ein Ganzes: Gott hat das Volk Israel durch Ägypten hindurchgeführt; nicht die Einzelheiten, sondern die Gesamtführung ist das Thema.

ZU Gen 37,12–36:
JOSEF WIRD VERKAUFT

Eines Tages schickte Jakob seinen Sohn Josef zu den Hirten bei der Herde. Als Josef zu den Brüdern kam, um nach der Herde zu sehen, beschlossen die Brüder ihn umzubringen. Dem Vater wollten sie sagen, ein wildes Tier habe ihn gefressen (37,20).

Menschenfressende Tiere der palästinensischen Steppe waren der Löwe, der Bär und der Wolf. Gefährlich war auch der Wildstier; aber er zerriß die Menschen nur, ohne sie zu fressen.

Der Vorschlag zu der Ausrede „Wir wollen sagen, ein wildes Tier habe ihn gefressen", hat ein altes und in nomadischen Kreisen allgemein gültiges Recht zum Hintergrund. War einem Hirten ein Herdentier abhandengekommen und konnte er nachweisen, daß es von einem wilden Tier geraubt worden war, so konnte der Hirt nicht zur Verantwortung gezogen werden (Ex 22,12).

Wie nun durch das Recht anerkannt wurde, daß der Mensch gegen den Raub von Herdentieren durch Raubtiere nichts ausrichten kann, so konnten die Brüder durch Vorzeigen von Josefs blutigem Rock beweisen, daß sie nicht nachlässig gehandelt hatten; auch gegen ein menschenraubendes Tier konnte ein Mensch nichts ausrichten.

Da dieser Grund für den Freispruch eines Hirten bei Verlust eines Herdentieres offensichtlich für den Freispruch älterer Brüder bei Verlust eines jüngeren Bruders Geltung hatte, darf man folgern, daß das Verhältnis älterer Brüder zu jüngeren Brüdern wie das Verhältnis von Hirt zur Herde gesehen wurde.

Daraus erklärt sich auch Kains Frage: „Bin ich der Hüter meines Bruders?" (Gen 4,9). Da Kain, der Landmann, dieses Hüterverhältnis ablehnte, möchte man daraus schließen, daß dieses Verhältnis der älteren zu jüngeren Brüdern ein charakteristisches Verhältnis für die Nomadenkultur der Kleintierzüchter war.

Aber Ruben sagte zu den Brüdern: „Vergießt kein Blut!" (37,22) – Die Warnung meint vielleicht weniger: Frevelt nicht durch Mord – sondern mehr: Denkt an die Folgen, wenn ihr tötet. Denn das gehört zum uralten Bestand der Ansichten des alttestamentlichen Volkes: Vergossenes Menschenblut schreit von der Erde zu Gott.

Nach dem Gesetz der Blutrache (s. d.) müßte nach Josef auch noch ein zweiter sterben, der Töter. Wer aber wird der Töter sein? Und wem fiele die Pflicht zu, Bluträcher zu sein? Dem Ältesten, und das war (gemäß den Jakobsgeschichten, Gen 29,32) Ruben, der deshalb sinnvoll diesen Rat gab.

Statt ihn zu töten, wird Josef von seinen Brüdern verkauft (37,23–30). Der Verkauf Josefs ist im Rahmen des Versklavungsbrauches zu sehen (s. den Artikel „Der Sklave"). Die Brüder verkauften ihn an midianitische Kaufleute (37,25.28). Die Midianiter (s. d.) betrieben gewerblichen Sklavenhandel. Der Kaufpreis betrug zwanzig Silberstücke (37,28); s. die Artikel „Das Geld" und „Zahlen...".

Die Brüder hatten Josef verkauft, während Ruben nicht bei ihnen war. Als er zurückkam, war er entsetzt über das Verschwinden Josefs. Ruben zerriß seine Kleider (37,29) – s. im Artikel „Trauerbräuche".

Die Brüder schlachteten einen Ziegenbock (s. den Artikel „Viehzucht") und besudelten Josefs Hemdkleid (s. d.) mit dem Bockblut. Dann sandten sie ihrem Vater Jakob das blutbefleckte Kleid zu: ein wildes Tier habe ihn geschlagen. Da betrauerte ihn Jakob als einen Toten (37,31–38); s. die Artikel „Trauerbräuche" und „Das Totenreich".

ZU Gen 39,1–21:
JOSEF ALS SKLAVE IN ÄGYPTEN

In Ägypten kaufte Potifar, der oberste Leibwächter des Pharao, Josef von den Midianitern (39,1). – Der Name Potifar ist eine hebräische Assimilierung des ägyptischen Namens *Pa-dj-pa-Ra (P'-dj-p'-ra)*, was „der Geschenkte von Ra" bedeutet; Ra (oder Re) war der ägyptische Name des Sonnengottes. Der Name „Padja-pa-Ra" ist in späterer Zeit des öfteren belegt.

Dieser ausgesprochen ägyptische Name weist auf die ägyptische Nationalität Potifars hin; trotzdem setzt der Urtext noch eigens hinzu: „ein Ägypter", vielleicht um herauszustellen, daß er kein Hyksos (S. 522, Nr. 5) und daß er somit für Josef ein absolut Fremder war. Trotzdem errang sich Josef das Vertrauen Potifars.

Die Übersetzung der hebräischen Wörter, die Beruf und Stellung Potifars angeben, ist mannigfaltig: „Oberster der Leibwache", „Oberster der Schlächter", „Fürst der Schlächter", „Oberster der Scharfrichter". Seine Stellung als Gefängnisdirektor (40,3) legt nahe, daß „Oberster der Scharfrichter" dem Sinn am nächsten kommt; diese „Scharfrichter", die sich beruflich vielleicht tatsächlich aus der Schlächtergilde entwickelt hatten, waren im Ägypten jener Zeit allerdings hohe königliche Hofbeamte, die auch eine Art Leibwachendienst des Königs versahen, nicht als Soldaten, sondern als Beamte. Ein Ausdruck dafür war ihre Aufgabe, bei Palastverschwörungen die Richter für die Aburteilung der Verschwörer abzugeben.

Potifar machte Josef zum Verwalter seines Hauses (39,4). Jemanden zum „Aufseher über sein Haus" machen, ihn „über sein ganzes Haus setzen" oder ihn zu „seinem Hausverwalter" machen, sind Ausdrücke, die in den Häusern der orientalischen Herren üblich waren. Könige und Fürsten bezeichneten mit diesen Worten die Ernennung ihres obersten Ministers, ihres ersten Vertrauensmannes. Von dem Verhältnis Potifar-Josef kann dieser Ausdruck nur benutzt werden, wenn Potifar wirklich einen fürstlichen Rang hatte und wenn Josef von Potifar wirklich zum zweiten Mann in seinem Haus ernannt worden war. – So will es also die Erzählung darstellen.

Als die Frau des Potifar Josef zum Ehebruch (s. d.) verführen wollte (39,7), ließ er seinen Mantel (s. d.) in ihrer Hand zurück, als sie ihn festhalten wollte (39,12). „Seht nur! Er (mein Mann) hat uns einen Hebräer ins Haus gebracht, der seinen Mutwillen mit uns treibt", rief sie ihrem Gesinde zu (39,14). Über den Ausdruck „Hebräer" s. dort. Da ließ Potifar Josef ins Gefängnis bringen (39,20). – Gefängnisse als Strafanstalten gab es in Ägypten nicht. Verdächtige oder Angeklagte wurden ins Gefängnis geworfen, bis sie abgeurteilt wurden. Also: Gefängnis = Untersuchungsgefängnis. – Potifar war Direktor des Gefängnisses. Siehe auch den Artikel über das Gefängnis in biblischen Zeiten.

ZU Gen 39,22–41,36:
JOSEF IM GEFÄNGNIS

Der Gefängnisleiter vertraute Josef alle Gefangenen im Kerker an (39,22). Um die Situation der Erzählung richtig zu sehen, sollte man bedenken: Josef wurde als Gefangener des Potifar eingeliefert, der selbst (nach 40,3) Oberster des Gefängnisses war. Wie also hätte der Kerkermeister Josef seine Gunst schenken können? Nur nach einem Hinweis Potifars selbst, der seine Frau kannte und ihr im Grunde die ganze Geschichte nicht glaubte. Aber um der Öffentlichkeit willen gab er Josef ins Gefängnis (bis zum Abschluß der Untersuchung, die aber nicht kam). Man könnte auch sagen – Josef ist ja Potifars Sklave –, daß Potifar Josef eine andere Arbeit gab: im Gefängnis. Zwei Jahre später war Josef immer noch in diesem Gefängnis.

„Einige Zeit später vergingen sich der königliche Mundschenk und der Hofbäcker gegen ihren Herrn." Er gab sie in Haft des Obersten der Leibwache (40,1–3).

Diese Ämter waren nicht einfach Handwerkerstellungen, sondern hohe Beamtenstellungen. Durch außerbiblische Texte, zumal Inschriften, sind sie bestätigt. Der Sinn dieser Ämter, die sich sicherlich aus handwerklichen Aufträgen entwickelt haben, war die Sicherstellung des königlichen Lebens. Der oberste Mundschenk mußte den Wein für den König kosten, der oberste Bäcker war dafür verantwortlich, daß das königliche Brot nicht vergiftet war. Mit diesen Ämtern wurde aber immer mehr eine Beamtung verbunden, obgleich die alte Bezeichnung und die alte Aufgabe im letzten bestehen blieb. (Vgl. das Mundschenkamt am mittelalterlichen Kaiserhof, das immer ein Kurfürst innehatte.) Gemäß ihrer Stellung wurden Obermundschenk und oberster Bäcker auch im Untersuchungsgefängnis bevorzugt behandelt. Sie wurden der Sorge Josefs übergeben.

DER PHARAO

Die Bibel nennt des öfteren den König von Ägypten „Pharao". Das hebräische *par'o* ist eine Wiedergabe des altägyptischen *per'ā* und bedeutet: großes Haus (oder größtes Haus).

Ursprünglich war *per'ā* die Bezeichnung für den ägyptischen Staat, der also als das alle umfassende Haus angesehen wurde; vielleicht wurde dann aber auch das Haus (die Familie) des Königs als „das größte Haus" bezeichnet (dieses Zwischenglied ist nicht belegt). In Urkunden des Königs Amenhotep (Amenophis) IV. Echnaton (1372–1352 v. Chr.) wird dann zum erstenmal der König selbst *per'ā* (Pharao) genannt.

Die Josefsgeschichte, die etwa dreihundert Jahre früher spielt, kann also rechtens nicht vom König als „Pharao" sprechen. Da es aber in späteren Jahrhunderten, nachdem seit Echnaton der Pharaotitel für den König selbst gebräuchlich geworden war, allgemein üblich wurde, vom ägyptischen König als „Pharao" zu sprechen, wurde der Titel auch auf die früheren Könige angewandt. – Die Bibel setzt in Exodus und Ezechiel den Titel wie einen Eigennamen: „Da wurde Pharao zornig"; an anderer Stelle setzt sie den Titel aber auch vor den Namen.

Die Bezeichnung „Pharao" für die Könige der Josefsgeschichte kann also nur auf einer unhistorischen Bezeichnung beruhen, d. h. – falls die Ersterzählung noch in die Zeit kurz nach dem Tode Josefs fiel –, aus einer Überarbeitung herrühren. Der Auszug der Jakobiten aus Ägypten liegt jedoch in der Zeit nach Einführung des Pharaotitels für den ägyptischen König.

Der Pharao war nach ägyptischem Glauben die Inkarnation des Hochgottes der ägyptischen Reiche, des Horus. Die Inkarnation geschah in der Krönungszeremonie; deshalb konnte der Tag der Krönung als Geburtstag des Pharao gelten (40,20); s. unten!

In seinem Leben war der Pharao der Vollstrecker des Willens der Götter. Nach seinem Tode wurde er durch seine feierliche Bestattung für die Ewigkeit inthronisiert.

Der Mundschenk und der Bäcker des Pharao hatten im Kerker in derselben Nacht einen Traum (40,5). Josef wollte ihren Traum deuten. Der Obermundschenk erzählte Josef: „Im Traum sah ich vor mir einen Weinstock. Am Weinstock waren drei Ranken, und es war mir, als triebe er Knospen..." (40,9.10). Es war ein Traum von der Wiedereinsetzung: Der Bittsteller lag oder kniete mit zu Boden geneigtem Haupt vor dem Pharao. Gewährte der Pharao die Bitte, so „erhob er das Haupt" des Bittstellers.

Der Text beginnt mit diesem Satz ein dreifaches Wortspiel: Gen 40,13 (zum Mundschenk): „Noch drei Tage, dann wird der Pharao dein Haupt erheben und dich wieder in dein Amt einsetzen..." – Gen 40,19 (zum Bäcker): Noch drei Tage, dann wird der Pharao dein Haupt erheben fort von dir, und dich am Pfahl aufhängen lassen..."

„Drei Tage darauf hatte der Pharao Geburtstag" (40,20). Da erfüllten sich die Träume. Das Erheben erfüllte sich in doppeltem Sinn.

Erst seit den Zeiten der Ptolomäer (323 v. Chr. ff.) war die Feier des Geburtstags des Königs üblich. Deshalb ist hier wahrscheinlich unter „Geburtstag des Pharao" der Jahrestag seiner Thronbesteigung zu verstehen. An solchen Tagen pflegten die ägyptischen Könige Begnadigungen auszusprechen. Der Mundschenk wurde begnadigt, den Oberbäcker jedoch ließ der Pharao hängen (40,22). Bei der Hinrichtung des Oberbäckers dürfen wir nicht an eine Hinrichtung durch den Strang denken, sondern an das Pfählen: ein spitzer Mast oder ein Speer wurde dem Verurteilten von unten her hinter den Brustkorb gestoßen; dann wurde er hochgehoben und am Mast aufgestellt oder umhergetragen. Der so Gepfählte verblutete. Im alten Orient gehörte zur Hinrichtung auch das Quälen des Verurteilten.

Hingerichtete auf dem Pfahl

Die Himmelskuh der ägyptischen Göttin Hathor. Sie bildet mit ihrem Bauch den Himmel.

Der Traum des Pharao und seine Deutung (Gen 41,1–36): „Zwei Jahre später hatte der Pharao einen Traum", einen Traum von sieben fetten und mageren Kühen (41,2–4) und von sieben vollen und sieben ausgedörrten Ähren (41,22–24).

ÄGYPTEN UND DER NIL

Die Träume des Pharao sind Träume, die mit dem Land und dem Glauben der Ägypter verbunden sind (s. „Ägypten"). Jedes Jahr nach den brausenden Regenfällen im Hochland Äthiopiens schwollen die Mittlerflüsse des Nil (Blauer und Weißer Nil) gewaltig an, und der Blaue Nil brachte eine Menge von rötlichem Lehmschlamm in den Hauptfluß. Während der Überschwemmung lagerte sich dieser Schlamm auf den Uferländern ab, wodurch ein 5–25 km breiter fruchtbarer Schwemmlandstreifen zu beiden Seiten des Flusses entstanden ist, der sich durch die neun großen Mündungsarme des Deltas stark verbreiterte. Ägypten ist also eine riesige Stromoase.

Die Flutzeit setzte Ende Juni bis Mitte Juli ein; bei Assuan (Südgrenze) trat der höchste Wasserstand (5–8,50 m) Anfang September, bei Kairo Anfang Oktober ein. Die auf die Überschwemmung folgende Winterbestellung brachte die Haupternte des Jahres (etwa im April). Aber mit Kanalbau und Wasserschöpfrädern, durch die das rissig gewordene Land in der Nähe der Nilufer und der Kanäle auch in der Trockenzeit fruchtbar gemacht werden konnte, war kurz vor der Flut noch einmal eine kleinere Ernte möglich. Kanalbau und Schöpfräder wurden auch eingesetzt, um die Fläche, die das Nilwasser erreichen sollte, zu vergrößern. (Heute wird an Staudämmen gebaut, die eine ganzjährige Bewässerung ermöglichen werden.)

Diese für Ägypten lebenswichtige Überschwemmung des Nils hat zeitweilig zur Verehrung des Nils als Fruchtbarkeitsgott geführt. Er wurde als männlicher Flußgott mit einem Bart dargestellt, aber mit weiblichen Brüsten, umgeben von sechzehn Kindern, welche die 16 Ellen symbolisieren, die der Fluß jährlich steigen soll, um das Land zu befruchten. (Die kleine ägyptische Elle maß 45 cm; 16 × 45 cm

= 7,20 m. Das sah man also offenbar für die ideale Hochwasserhöhe an.)

Das Steigen des Nilwassers, das Versinken des ägyptischen Ackerlandes in der Flut und sein Wiederauftauchen als fruchtbares Land hat jedoch seinen bedeutsamsten Ausdruck im Isis-Osiris-Mythus gefunden: der Wüstengott Set verursachte den Tod des Osiris im Nil, aber Isis, die Schwester und Gattin des Osiris, erweckte ihn wieder zum Leben, nachdem sie von dem Toten, d. h. von dem überschwemmten Land, empfangen hat.

Osiris war der ägyptische Fruchtbarkeitsgott. Sieben Kühe versorgten den toten Osiris mit Nahrung, sieben Ähren waren die Zeichen seiner Fruchtbarkeit.

(Die Kuh und der Stier waren in Ägypten heilige Tiere, Verkörperungen von Göttern. Lebendige Stiere wurden als Gottinkarnationen im Heiligtum der Götter gepflegt. – Der schwarze Apisstier wurde im alten Ägypten als Erscheinungsform des Ptah (Erdgott) verehrt; nach seinem Tode wurde er mumifiziert und in einem Heiligtum bei Memphis beigesetzt. – Die Himmelskuh der Göttin Hator von Dendera bildet mit ihrem Bauch den Himmel; mit den vier Beinen steht sie an den vier Ecken auf dem Erdboden. – Siehe auch den Artikel über ägyptische Religion.)

So waren die Elemente des Pharaotraumes vorgegeben. Unter psychologischer Betrachtung dürfen wir sagen: Es war die Zeit vor dem Nilsteigen. In dieser Zeit gab es in Ägypten nur eine Frage: Wird der Fluß genügend steigen? Für den Hyksos-Pharao (S. 522, Nr. 5) war diese Frage aber auch eine Macht- und Sicherheitsfrage seines Thrones. Da er nämlich den Boden verstaatlicht hatte, war der König nicht nur der ausschließliche Bodenbesitzer Ägyptens, sondern dadurch auch der Ernährer aller Untertanen. Konnte er sie nicht ernähren, gab es Unzufriedenheit, Rebellion und Aufstand. Unter solchen Sorgen träumte er ... Vielleicht hatte er auch seine Zuflucht zum Gebet genommen: zu Osiris, dem Gott der Fruchtbarkeit ... Jedenfalls begegneten ihm im Traum zwei wichtige Zeichen des Osiris: die sieben Kühe und die sieben Ähren.

Wer deutet den Traum des Pharao? (Gen 41,8–36). Alle Traumdeuter und Magier Ägyptens, die in der Nähe des Pharao lebten – und das waren *die* Traumdeuter und Magier –

suchten in den Traumbüchern (s. den Artikel „Traum und Traumdeutung") nach der Deutung; aber der Traum war nicht vorgesehen; deshalb konnte keiner die Deutung geben.

Die Darstellung zeigt sehr deutlich, daß im damaligen Ägypten die Traumdeutung zu einer Technik geworden war, die sich streng an die in den Traumbüchern vorgesehenen Fälle hielt. – Vielleicht liegt in dem Wort Josefs vor dem Pharao (Gen 41,16), daß Gott die Deutung gibt, eine Kritik dieser Symbollehre. Vielleicht sollte durch den Mund Josefs damit gesagt werden, daß nur der Geist Gottes (d. h. der von Gott inspirierte Menschengeist) die Lösung solcher Traumrätsel geben kann.

Da ließ der Pharao Josef rufen (41,14). Man schaffte ihn eilig aus dem Gefängnis heraus und schor ihm das Haar: denn Josef hatte wohl nicht nur als Gefangener, sondern auch als Hebräer langes Haupt- und Barthaar. Die vornehmen Ägypter dagegen gingen bartlos und ließen sich auch den Kopf kahl scheren; nur der König hatte das Recht auf einen Bart. Allerdings, wie die Vornehmen Ägyptens an Stelle der eigenen Haare eine Perücke trugen, so trug auch der König einen künstlichen, umgehängten Bart. Daraus geht hervor, daß das Haarscheren der Ägypter halb Ehrfurcht vor dem König, halb Mode war. Solche Bräuche sind den Menschen nach gewisser Zeit in ihrem ursprünglichen Sinn nicht mehr bewußt: Mode und Anstand geboten jedenfalls, daß Josef sich den Kopf scheren ließ; der Bart aber stand nur dem König zu. Duldete man bei freien Ausländern, daß sie bärtig vor dem König erschienen – bei einem Sklaven ging es auf keinen Fall an, daß er vor dem König mit dem Abzeichen des Königs erschien. (Dieser Zug der Erzählung ist ein sehr markanter Hinweis auf die ägyptische Herkunft der Josefserzählung.)

Und Josef deutete den Traum des Pharao. Der Traum bedeutete: Sieben fruchtbare Jahre ... sieben Jahre Hungersnot (41,29.30).

Die regelmäßige Überschwemmung des Nil verführt uns manchmal zu der Ansicht, als ob Ägypten keine Hungersnot gekannt habe. Aber wenn auch die Überschwemmung regelmäßig war, so war sie doch nicht immer ausreichend für eine genügende Ernte, oder sie war zu stark, so daß sie die Deiche zerstörte und das Kulturland, statt es zu bewässern, mit sich fortriß; denn das Nilwasser hatte in seiner Hochflut eine beträchtliche Geschwindigkeit.

Ein Hinweis darauf, daß Ägypten seit je Hungersnöte zur Genüge bekannt waren, sind die zwanzig bis dreißig verschiedenen Wörter der ägyptischen Sprache, die die verschiedenen Arten und Grade der Hungersnöte bezeichnen.

Die Zahl Sieben in dem Traumgesicht, und also auch in der Deutung, ist eine schematische Zahl; man darf deshalb nicht versuchen, sie zur Zeitrechnung und zu historischen Bestimmungen heranzuziehen (s. den Artikel „Zahlen...‟). Siehe auch den Artikel „Ägypten und der Nil‟ am Anfang dieses Abschnitts.

Zu dem Vorschlag Josefs, der Pharao möge einen klugen und weisen Mann ausersehen und „über Ägypten‟ setzen (41,33) s. die Bemerkung zu 39,4. Außerdem sollte er Bevollmächtigte (Inspektoren) bestellen (41,34). Der „Inspektor‟ ist überall dort eine uralte Einrichtung, wo es Zentralgewalten gibt. In Ägypten war vor allem unter den Hyksos (S. 522, Nr. 5) der Aufseher eine wichtige Staatseinrichtung, weil nie vorher die Staatsgewalt in Ägypten so zentralistisch war wie unter ihnen. Wenn Josef Bevollmächtigte empfahl, so empfahl er nichts Neues, sondern er sagte damit: Wie der König überall Bevollmächtigte hat, so soll er vor allem zur Durchführung dieser Vorkehrungen Bevollmächtigte einsetzen; denn hier lohnt es sich.

ZU Gen 41,37–57:
DER PHARAO SETZT JOSEF ÜBER ÄGYPTEN

So verwunderlich es zunächst scheint, daß der Pharao einem Hebräer so großes Vertrauen schenkte, so verliert doch dieser Vorgang an Seltsamkeit, wenn man bedenkt, daß auch der Pharao als Hyksos (s. d.) ein Semit war. Aber auch sonst sind aus Ägypten Erhebungen fremder Männer zu hohen Staatsämtern bezeugt.

Auf keinen Fall sollte man aber vergessen, daß in dieser Ehrung Josefs, die hier ein Autor aus dem Hause Josef erzählte, auch ein Moment des Selbstbewußtseins mitschwingt. Da nämlich das Haus Josef den Jakobssohn Josef als seinen Stammvater verkündigte, lag in einer so hohen Ehrung des Stammvaters auch

ein Bewußtsein des eigenen Wertes, und indem man davon erzählte, wies man auch auf seinen eigenen Wert hin. Es könnte sogar sein, daß dies der ursprüngliche Sinn der Josefsgeschichten war.

Und „der Pharao nahm den Siegelring... bekleidete Josef mit Byssusgewändern und legte ihm die goldene Kette um den Hals‟ (41,42.43). Es ist die Beschreibung der Amtsübergabe, wie sie uns aus späterer Zeit mit ähnlichen Worten durch den Bericht des Wesirs Rekhmi-Re aus der Zeit Thutmosis III. (1502 bis 1448 v. Chr.) überliefert ist: „Ich war ein Adliger, der zweite nach dem Pharao... Es war meine erste Begegnung nach meiner Berufung... Ich ging weg, gekleidet in feines Linnen... Als ich zum Palasttor kam, beugten die Höflinge den Rücken... Es gibt keinen, der sich mir widersetzen könnte.‟

Die Ernennung fand sicherlich nicht am selben Tag wie die Traumdeutung statt. Sie war vom Pharao vorbereitet. Er brachte den *Siegelring* mit, den er Josef überreichte.

Das Siegel war ein Skarabäus, d. h. ein Halbedelstein, der in der Form des Käferrückens des Skarabäus geschnitten war. Der Skarabäus (Mistkäfer, Pillendreher) galt als heilig, glückbringend und unheilabwehrend, weil er nach ägyptischem Glauben ohne Zeugung entsteht. Auf der flachen Seite dieses Siegelamuletts war das Siegelzeichen und die Siegellegende angebracht, die dartun mußte, daß der Siegelinhaber Bevollmächtigter des Königs war. Aus späterer (israelitischer) Zeit haben wir solche Skarabäen mit der Inschrift des Inhabernamens und dem Zusatz (des Königs oder eines Fürsten) „welcher über meinem Hause ist‟. Ähnlich ist auch das Siegel zu denken, das der Pharao Josef überreichte.

Das Siegel wurde an einer Schnur um den Hals oder am Armgelenk getragen. Da die Siegelmodel auf der Flachseite eingegraben war, konnte das Skarabäussiegel nicht am Finger getragen werden. Aus späterer Zeit (bei israelitischen Siegeln nach ägyptischer Mode) gibt es Skarabäuszeugnisse, die durchbohrt sind, um die Schnur durchziehen zu können. Mit diesem Siegelring wurde Josef vom ägyptischen König königliche Vollmacht übertragen. Er könnte damit Erlasse im Namen des Pharao unterzeichnen. –

Josef wurde in *linnene Gewänder* gekleidet, d. h. in die Gewänder der Vornehmen. Das

Wort für Linnen (Byssus), das hier im hebräischen Text benutzt wird, ist ein ägyptisches Lehnwort.

Die *goldene Halskette,* deren Verleihung durch den König in Ägypten des öfteren auf Bildern dargestellt wurde, war nicht so sehr ein Ehrenschmuck (wir würden sagen: Orden), sondern in erster Linie Amtsabzeichen (ähnlich unserer Bürgermeisterkette).

Die Formel „Dann ließ er ihn seinen zweiten Wagen besteigen" (41,43) könnte sinnvoller übersetzt werden: „dann ließ er ihn *auf dem Wagen des Zweiten* Umzug halten", eben auf dem Wagen des Wesirs. Alle am Wege mußten sich vor ihm beugen, vielleicht gar in die Knie fallen; denn er war nun der Vertreter des Königs.

„*Der Pharao ... gab ihm Asenat, die Tochter des Potiferas, des Priesters von On, zur Frau.* So wurde Josef Herr über Ägypten" (41,45).

„Asenat" heißt „die der Göttin Neit gehört", ägypt. *iws-nt.* Sie war nicht die Tochter irgendeines Priesters von On, sondern *des* Priesters von On. On ist der ägyptische Name der Stadt, die uns unter dem Namen „Heliópolis" bekannt ist; der Kultort des Atum (Aton) und Re (der Sonnengötter), nordöstlich von Kairo. Durch diese Verheiratung mit der Tochter eines „Episkopatsmitgliedes" wurde Josef gleichzeitig in den Adelsstand erhoben.

In den Jahren des Überflusses (41,53) organisierte Josef seine umsichtige Vorratswirtschaft. Als dann die Jahre der Hungersnot kamen, öffnete Josef alle Speicher und verkaufte Getreide an die Ägypter (41,54–56) und an die Fremden, die um Hilfe baten (41,57).

ZU Gen 42,1–45,28:
DIE ÄGYPTENREISEN DER BRÜDER JOSEFS

Als Jakob in Kanaan erfuhr, daß es in Ägypten Getreide zu kaufen gab, schickte er alle Söhne – aber ohne Benjamin, den Jüngsten – nach Ägypten. Als Josef seine Brüder sah, sagte er zu ihnen: „Spione seid ihr. Um nachzusehen, wo das Land eine schwache Stelle hat, seid ihr gekommen" (42,9). Dieser Satz und seine Wiederholungen zeigen, daß der Feind für Ägypten auch im Osten saß. Man hat dies gegen die Theorie angeführt, daß die Josefsge-

schichten in der Hyksoszeit spielen (S. 552, Nr. 5), weil die Hyksos (s. d.) auch über Kanaan herrschten. Jedoch ist dieser Einwand wohl nicht stichhaltig. Die Hyksos waren kein Volk, das über Menschenmassen verfügte. Sie konnten ihre Herrschaft nie genügend festigen. Anderseits war ein Land, das durch planmäßige Vorratswirtschaft über Getreide verfügte, ein wirkliches Angriffsobjekt.

Nach allerlei Prüfungen ließ Josef seine Brüder dann mit Getreide nach Kanaan zurückziehen. Er verlangte aber, daß sie den jüngsten Bruder bei einer zweiten Reise mitbrächten. Simeon hielt Josef als Pfand zurück.

Als das Getreide zu Ende ging, war Jakob einverstanden, daß die Brüder noch einmal nach Ägypten reisten; und Benjamin sollte mitreisen. Israel (Jakob) sagte: „Nehmt von den besten Erzeugnissen des Landes ... mit und überbringt es dem Mann als Geschenk (43,11): etwas Balsam, etwas Honig, Tragakant (Luther: Würze; Henne: Gummi) und Ladanum (Luther: Myrrhe; Henne: Rosenharz), Pistazien (Vulgata: *terebinti;* Luther: Datteln) und Mandeln" (Gen 43,11).

Als Josef seine Brüder, die ihn noch immer nicht erkannten, zum Essen einlud, gab es eine bemerkenswerte Sitzordnung: Man deckte getrennt für ihn und getrennt für sie und getrennt für die Ägypter, die bei ihm speisten; die Ägypter dürfen nicht mit den Hebräern speisen, denn das gilt den Ägyptern als ein Greuel (43,32). Über die Abneigung der Ägypter gegen die Hebräer (s. d.). – Josef ließ den Brüdern von seiner eigenen Tafel bringen, dem Benjamin aber fünfmal soviel (43,34). Sowohl das Vorlegen von der eigenen Tafel wie das Anhäufen der Speisen vor einem Gast bedeutete Ehrung, die allgemeiner antiker Tischsitte (s. d.) entsprach; vgl. auch das Übermaß an Mehl, das Abraham für die drei Männer nehmen ließ, um sie zu bewirten.

Als Josef seine Brüder dann mit Getreide zurückziehen ließ, stellte er sie noch einmal auf die Probe. Er ließ sie zurückholen und beklagte Benjamin des Diebstahls seines Bechers. Aber die Brüder bürgten für Benjamin (44,1–34). Dann gab er sich ihnen zu erkennen (45). In Kapitel 45 ist die Sinndeutung der ganzen Josefsgeschichte enthalten – der Grund, warum sie in die Geschichten des Volkes Israel aufgenommen ist. Denn bei allen Erzählungen geht es letztlich nicht um Josef,

sondern um die wunderbare Führung des Volkes durch Gott: Er hat mich vorausgesandt,
um euren Fortbestand im Lande sicherzustellen und euch am Leben zu erhalten, so daß ihr
in großer Zahl gerettet werdet. Also nicht ihr
habt mich hierher geschickt, sondern Gott"
(45,7–8).

Diese Worte, Josef in den Mund gelegt und
in der Erzählung als Motiv durchaus möglich,
gehen dennoch weit über die Erzählung hinaus. Die Geschichte eines Mannes und einer
Familie wird hier vom späteren Erzähler pointiert zur Geschichte der Führung des Volkes
Israel durch Jahwe ausgeweitet (s. im Artikel
„Biblische Geschichtsschreibung").

ZU Gen 46,1–47,26:
JAKOBS FAMILIE IN ÄGYPTEN

Nach Rückkehr der Jakobssöhne brach Israel
(Jakob) mit der ganzen Familie von Mamre
nach Ägypten auf. Die Wanderung der Jakobssippe nach Ägypten lag, trotz der in der
Josefsgeschichte erzählten besonderen Umstände, im Rahmen des Üblichen; dafür folgende Hinweise:

In den Abrahamgeschichten wird Gen
12,10f. erzählt, daß Abram wegen einer Hungersnot schon kurz nach seiner Einwanderung
in Kanaan vorübergehend nach Ägypten zog.

In Beni-Hassan, im Grabe Chnum-Hoteps,
eines ägyptischen Beamten der östlichen Bezirke, ist ein Bild aus der Zeit um 1890 v. Chr.
gefunden worden, das die Einwanderung von
siebenunddreißig ostjordanischen Beduinen
und ihre Huldigung vor dem fürstlichen Beamten Chnum-Hotep darstellt: Dankbesuch für
die erteilte Einwanderungserlaubnis.

Aus späteren Zeiten bezeugen zwei ägyptische Schriftstücke, daß den Nomaden und
Halbnomaden aus dem Gebiet Palästinas und
der Sinaihalbinsel der Eintritt nach Ägypten
gelegentlich gestattet wurde: Um 1350 v. Chr.
wird von einem Stamm berichtet, „der nicht
wußte, wo er leben sollte, und er kam, um
Heimstatt im Lande Pharaos zu erbitten". Aus
einem Zusatz „nach der Weise der Väter eures
Vaters", der den Pharao auf die Gepflogenheiten der früheren Könige Ägyptens aufmerksam machte, darf man schließen, daß auch die
Ägypter ihrerseits solche Einwanderungen als
alte Sitte kannten.

Ein Grenzbeamter meldete (um 1230
v. Chr.) dem König, daß er und seine Leute
soeben die Überführung edomitischer Nomaden mit ihren Herden bei der Festung des
Meneptah beendet haben, „um sie und ihre
Herden durch die Huld des Pharao zu erhalten". Die Philologen unter den Ägyptologen
sagen, daß dieses Wort „erhalten" immer Am-
Leben-Erhalten in Zeiten der Hungersnot bedeutet. Als Ziel der Einwanderung wird in
diesem Bericht Per-Atum genannt (d. h. der
Bezirk von Per-Atum), was wahrscheinlich der
Ort ist, der in der Bibel Pitom heißt. Er lag in
dem Lande, das wir heute für das Land Goschen (Gessen/Gosen) halten (s. den Artikel
„Das Land Goschen").

Im Zusammenhang dieser üblichen Hunger-
wanderungen ist auch die Wanderung der Jakobssippe nach Ägypten zu sehen, nur mit
dem Unterschied, daß sie – gemäß den biblischen Erzählungen – nicht um Einlaß in Ägypten bat, sondern daß sie eingeladen wurde.

*Als sich Jakob aufmachte, sprach Gott zu
ihm in Beerscheba (46,2–4).* Daß Jakob in
Beerscheba (s. d.) opferte, daran ist kaum zu
zweifeln. Am südlichen Grenzort konnte ein
auswandernder Jakob das Opfer nicht übergehen. Aber die Überlegung, die man sehr oft an
die in 46,2–4 erzählte neue Verheißung anschließt, ist abwegig. Jakob habe geopfert,
weil er in Sorge sein mochte, mit seiner Familie
das Land der Verheißung zu verlassen. Solche
Überlegungen zeigen ein völliges Mißverstehen des biblischen Geschichtsstils, der nicht
von angestrebten Fakten, sondern von Ergebnissen ausgeht.

Keiner der Erzväter wußte etwas von der
Verheißung. Sie waren ausgewandert und
suchten mit Hilfe (ihres) Gottes neues Land, in
dem sie auf ihre Weise leben konnten. Sicherlich waren sie überzeugt, daß sie im Land ihrer
Zukunft waren. Und darin lag beschlossen,
daß ihnen von Gott her das Land Kanaan
versprochen war – aber sie selbst wußten nichts
von diesem Versprechen. Erst der Erzähler
wußte es, nachdem sich alles so wunderbar
gefügt hatte. Aber gerade deshalb fügte er, der
Erzähler, auch hier noch einmal die Verheißung ein, um auf die Führung Gottes aufmerksam zu machen (s. die Artikel „Das Gelobte
Land" und „Berufung und Geschichte").

*„Insgesamt waren vom Haus Jakob siebzig
Personen nach Ägypten gekommen (46,7–27).*

Dies ist keine „echte" Zahl, sondern eine schematische Zahl (s. im Artikel „Zahlen..."). Die betreffenden Verse zählen die Söhne Jakobs auf; sie ergeben die Zahl 66 + 1 (Jakob) + 1 (Josef) + 2 (die Söhne Josefs: Efraim und Manasse) = 70. Hinzu kamen aber außerdem die Frauen Jakobs, die Frauen der Söhne und das Hausgesinde, die (laut Bibel) ebenfalls das spätere Volk der Israeliten mit bildeten. Gerade daran, daß in der Zahl 66 + 4 nur Jakob und seine Söhne und Enkel aufgezählt werden, einschließlich derer, die gar nicht mit nach Ägypten „kamen" (Josef und seine Söhne), erkennt man, daß die Zahl eine Schemazahl ist, die lediglich die Geringfügigkeit der Einwandernden betonen wollte, um die große Zahl der Auswandernden (ungefähr fünfhundert Jahre später) um so mehr ins Auge fallen zu lassen. Daß die Bibel sich dabei bemüht, die Zahl Siebzig durch Namen zusammenzubekommen, darf nicht verwundern; das ist einfach orientalischer Erzählstil, der alles bis in die Einzelheiten erzählt, auch da, wo die Einzelheiten fehlen (s. auch im Artikel „Die Zwölf Stämme").

DAS LAND GOSCHEN

„Jakob schickte Juda voraus zu Josef" (46,28). Josef berichtete dem Pharao von der Ankunft seiner Brüder und stellt seinen Vater dem Pharao vor. Der Pharao gibt Jakobs Familie gute Weidegründe in Goschen (47,1–12).

Über das Land Goschen wissen wir kaum etwas. In 47,11 wird es das „Gebiet von Ramses" genannt. Mit einer solchen Bezeichnung kann natürlich nur eine Zeit *nach* Ramses II. (1292–1225 v. Chr.) die betreffende Landschaft bezeichnet haben. Die Stadt Ramses (mit vollem Namen *per-re'emasese*: Haus der Ramessiden) war eine jener Städte, die Ramses II. als Vorratsstädte für sein Heer und als Residenz ausbaute, wobei dann wohl die Israeliten Frondienste leisten mußten. Aber leider ist auch die Lage der Stadt Ramses nicht restlos geklärt. Bei Quantir ist allerdings ein Palast Ramses' II. ausgegraben worden. Bei den Ausgrabungen fand man auf mehreren Scherben den Namen *pi-ramses (per-re'emasese?)*; aber daß sich diese Scherbenschrift auf den Ort bezieht, wo sie gefunden wurde, kann natürlich nicht sicher gesagt werden.

Mit Sicherheit darf man jedoch annehmen, daß Goschen im östlichen Nildelta lag, wo durch ausgedehntes Weideland auch am ehesten die Voraussetzungen für die Ansiedlung von Viehzüchterstämmen gegeben waren. Ob Goschen im Norden oder Süden des Deltas lag – darüber ist bisher keine Einigkeit erzielt worden. Wenn Goschen/Gessen derselbe Name ist wie das altägyptische Kesem (Provinz), so würde die Lokalisierung des „Gebiets von Ramses" um Quantir richtig sein. Die Provinz Kesem lag auf beiden Seiten des *wadi-et-tumilat*.

Die Erzählung von Josefs Verwaltung in Ägypten (47,13–26) schließt sich – gewissermaßen der Vollständigkeit halber – an die Erzählung von der Ankunft Jakobs und der Josefsbrüder an. Was von den Hyksos (s. d.) überliefert ist, daß sie die Landverstaatlichung in Ägypten durchgeführt haben, wird in der Erzählung von Josefs Verwaltung als ein Werk Josefs dargestellt.

ZU Gen 47,27–50,14: JAKOBS LETZTER WILLE, SEGEN UND TOD

Bevor Jakob starb, ließ er Josef schwören, daß er ihn nicht in Ägypten begraben werde (47,30). Die Erzvätergeschichte wird dann mit der Adoption der Söhne Josefs, Manasse und Efraim, durch Jakob wieder aufgenommen (s. im Artikel „Die Zwölf Stämme", Nr. 8/11).

Der anschließende Segen Jakobs über seine Söhne (49,1–27) ist ein späteres Gedicht über die Zwölf Stämme, als sie schon lange Zeit ihres Stammesschicksals hinter sich hatten. Ein später Redaktor oder der Schlußredaktor des Buches Genesis hat dieses Gedicht an dieser Stelle eingeschaltet – vielleicht sogar sehr bewußt, weil er damit sichtbar machen wollte, daß in den Söhnen Jakobs (Israels) die Stämme Israels angesprochen wurden.

Die Mumifikation ist in der Erzählung vom Tode Jakobs (50,2) ein sehr wichtiges Erzählungsthema. Mumifikation ist ein Bestattungsbrauch der vornehmen Ägypter. In dem Erzählungsmotiv, daß Josef seinen Vater Jakob einbalsamieren ließ, liegt deshalb eine hohe Ehrung beschlossen. Die Israeliten übten diese Beisetzungsart nicht.

Man nimmt an, daß die Mumifikation der

Könige schon während der 1. Dynastie in Ägypten (um 3000 v. Chr.) üblich war. Die älteste Methode ist die Austrocknung der Leichen. Zur Zeit Josefs (wahrscheinlich 15. bis 16. Dynastie, nach 1670 v. Chr.) wurde die sorgfältigste Mumifikation durch Entfernung der Weichteile und durch Einbalsamierung vollzogen. Das Gehirn wurde mit einem Röhrchen durch die Nase abgesaugt und die Eingeweide entfernt; all das wurde dann in vier Behältern mit einer Natronlösung konserviert. Der Körper wurde in Wein und einer Salzlösung gebadet, dann für vierzig (oder siebzig?) Tage in eine Natronlösung gelegt, schließlich mit dem balsamischen Harz des Mastixbaumes und der Terebinte einbalsamiert, also gewissermaßen verharzt, und in Leinwandstreifen gewickelt. Je vornehmer der Lebende gewesen war, um so vielfältiger war der Leinwandwickel um den Toten – bis zu 500 m lang.

Bei der Einbalsamierung Jakobs (50,2) wird gesagt, daß die Ärzte für die Einbalsamierung vierzig Tage gebraucht hätten. In ägyptischen Totentexten liest man von 70, 52 oder 40 Tagen Einbalsamierungsfrist. Bei den 40 oder 52 Tagen scheint es sich um die eigentliche Prozedur der Einbalsamierung gehandelt zu haben, während die 70 Tage auch das Umwickeln und Einsargen umfaßten, das nach einem strengen Ritus auf viele Tage verteilt war. Der 71. Tag war der Begräbnistag.

„Die Ägypter beweinten Jakob siebzig Tage lang" *(50,3).* Aus diesem Satz darf man nicht ableiten, daß Jakob unter den Ägyptern besonders beliebt war. Das Erzählungsmotiv gilt eigentlich weniger Jakob als Josef, der als Wesir des Ägypterreiches durch die Ägypter geehrt wurde, indem sie an der Totenklage für seinen Vater teilnahmen.

Genauso ist das Motiv zu verstehen, daß viele vornehme Ägypter die Leiche Jakobs mit Josef und seinen Brüdern nach Kanaan begleiteten (50,7.8). – Zur Bestattung Jakobs in der Doppelhöhle bei Hebron (50,13) s. den Abschnitt über die Höhle von Makpelá (s. „Hebron").

ZU Gen 50,22–26: JOSEFS TOD

Als Josefs Ende nahte, sprach er zu seinen Brüdern: „Ich muß sterben. Gott wird sich

Ägyptischer Mumiensarg, Beispiel für die anthropoiden Särge, die die menschliche Körperform nachahmten.

euer annehmen, er wird euch aus diesem Land herausführen . . ." (50,24).

In voller Naivität setzt hier der Erzähler scheinbar voraus, daß *die* Brüder Josefs den zweitjüngsten, der Josef war, überlebten. Aber der Satz ist nicht als Aussage einer geschichtlichen Einzeltatsache zu sehen, sondern allein von Sinn und Sprache der biblischen Geschichtsschreibung her richtig zu verstehen. Der Erzähler will das Volk Israel als die Gesamtheit der „zwölf Brüder" darstellen. Es spielt keine Rolle, ob die Brüder Josefs noch wirklich lebten oder je gelebt hatten – das werdende Volk Israel als „die Brüder Josefs" lebte. In diesem Sinn schrieb der Erzähler einer späteren Zeit die Josefsgeschichte zu Ende.

Das Wort Josefs, „Gott wird euch wieder hinaufführen in das Land, das er unseren Vätern eidlich versprochen hat", wird oft als Weissagung Josefs verstanden. Wir tun der Bibel mit solcher Sinngebung unrecht. Was sich später als Gabe Gottes erfüllte, wird vielmehr hier dem sterbenden Josef als Wunsch in den Mund gelegt, nachdem sich alles erfüllt hat. Dieser Ausspruch ist nichts anderes als eine andere Form der Aussage, daß alles, was geschehen ist, Gott gefügt hat (s. den Abschnitt „Das Gelobte Land").

Zum Todesalter Josefs: *„Josef starb im Alter von hundertzehn Jahren"* (50,22) s. im Artikel zur „Genealogie Abrahams" und im Artikel „Zahlen . . .".

„Man balsamierte ihn ein und legte ihn in Ägypten in einen Sarg" (50,26). Zur Einbalsamierung s. den Artikel „Mumifikation" im vorigen Abschnitt (50,2).

Eigens erwähnt wird, daß Josef in einen Sarg gelegt wurde; denn der Sarg gehörte nicht zur israelitischen Begräbnissitte. Wo er später in Israel auftaucht, muß er als ausländische (vor allem ägyptische) Sitte angesehen werden. (Vgl. den Artikel über die Begräbnissitten).

Die Mumiensärge Ägyptens bildeten sehr oft die menschliche Körperform nach und deuteten das Gesicht an; diesen Sargtypus nennt man deshalb „anthropoid". Ein Ausdruck für die Vornehmheit des Bestatteten war der mehrfache Sarg: drei oder vier Schreine übereinander.

Das Buch Exodus

ist das 2. Buch Moses (Ex, 2 Mos); es darf in den erzählten Geschehnissen ebenso gewertet werden wie die Patriarchenerzählungen des Buches Genesis (s. d.). Die Traditionen der aus Ägypten eingewanderten Gruppen wurden auf alle Stämme übertragen; zu den Traditionen der Gruppen aus Ägypten gehörten vor allem die Moseüberlieferungen.

Das Buch Exodus beginnt mit der Schilderung des Schicksals der wachsenden Jakobsfamilie und ihrer Behandlung durch den neuen ägyptischen König Ramses II. (s. S. 525, Nr. 6 und 7): Kap. 1. Die vorbereitende Darstellung des „Exodus" (d. h. Auszug) beginnt mit dem ersten Mose-Kapitel (Kap. 2) und führt über die Berufung des Mose (Kap. 3 und 4) und die Verhandlungs- und Drohkapitel (Kap. 5 bis 11) zu den eigentlichen Auszugsdarstellungen (ab Kap. 12). Die Auszugserzählungen gehen dann mit Kap. 19 in die Sinaikapitel über: Die

Zehn Gebote (Kap. 20), Das Bundesbuch (Kap. 21–23) und den Bundesschluß (Kap. 24).

Es geht bei dieser Reihenfolge nicht um eine geschichtliche, sondern um die Erzählordnung einer möglichen Vorbereitung des Auszugs, des Auszugs mit Schwierigkeiten und Rettungen, die zur Darstellung einer Gesetze-Ordnung führt, die das gerettete Volk erhalten soll. Mit dem Bundesschluß und der Erwähnung der Gesetzestafeln (24,12) tritt die Lade und das Zelt des Herrn in die Darstellungsabsichten der späteren Schreiber und Redaktoren dieses Buches. Die „Anordnungen für Heiligtum und Kult" (25,1–31,17) nach der Priesterschrift (s. d.) folgen deshalb an dieser Stelle: Wie das Heiligtum gebaut werden soll, seine Gerätschaften gemacht werden sollen (25–27); wie die Priestergewänder aussehen sollen, Priester geweiht und der Kult gehalten werden sollen (28–30). Leute werden bestimmt, die an all dem mit Können und Kunstsinn arbeiten werden (31,1–11).

Danach folgt – gewissermaßen als Kontrapunkt – der Bundesbruch durch das Goldene Kalb (s. d.) und die Erneuerung des Bundes (Kap. 32–34).

Der letzte große Abschnitt des Buches Exodus umfaßt in den Kapiteln 35–40 die Ausführung der kultischen Anordnungen, die in den Kapiteln 25–31 aufgeschrieben worden waren: Wie diese Kapitel 25–31 mit der genauen Vorschrift für die Feier des Sabbats (31,12–17) geschlossen hatten, so beginnen die Ausführungskapitel mit der Betonung des Sabbatgesetzes (35,1–3).

Die Schlußkapitel reden ab 35,4 von Spendensammlungen für das Heiligtum und von der Beauftragung vieler Künstler und Handwerker für die Ausstattung des Heiligtums und die Anfertigung der Priestergewänder bis zur Aufstellung und Weihe des Heiligtums, in dem die Lade mit der Bundesurkunde untergebracht wurde. Die Wolke Jahwes bedeckte das Offenbarungszelt (40,34). – Diese Darstellungen von der Vollendung all dieser kultischen Gegenstände und Zustände ist natürlich ein Text aus sehr späten Zeiten, wahrscheinlich hauptsächlich aus der Priesterschrift (s. d.).

Aus den Texten leuchten allerlei Darstellungsabsichten hervor, die vor allem theologische und kultische Aussagen enthalten. Die sehr späte schriftliche Abfassung des Buches Exodus macht die geschichtliche Reihenfolge sehr zweifelhaft, aber viele gesetzliche Einheiten haben wahrscheinlich ihre mündliche Erstfassung in der Zeit des Auszuges selbst bekommen. Ihre letzten Formungen gehen aber sicher erst auf Formulierungen der Priesterschaft (s. d.) zur Zeit des babylonischen Exils (586–537 v. Chr.) zurück. Die Zusammenstellung der Einzelkapitel zu einem „Buch" wird erst auf Esra (s. d.) zurückgehen.

ZU Ex 1,1–2,10:
DES MOSE GEBURT UND KINDHEIT

Die Erzählungen des Buches Exodus beginnen mit der Mitteilung: „Josef, alle seine Brüder und seine Zeitgenossen waren gestorben. Aber die Söhne Israels waren fruchtbar", (1,6.7). Deshalb fürchtete der neue König das wachsende Hebräervolk. Er ließ es zur Sklavenarbeit zwingen; die neugeborenen Knaben sollten von den Hebammen oder von den Ägyptern getötet werden.

Von Geburt und Jugend des Mose (2,1–10) wird Seltsames erzählt. Seine Eltern seien *aus levitischer Familie* gewesen (2,1). Das wird hier betont, obwohl vor Moses Wirken die levitischen Familien ihren besonderen Charakter noch gar nicht erhalten hatten (s. „Die Zwölf Stämme": Stamm Levi, Nr. 8/3); eine charakteristische altbiblische Erzählweise, wenn spätere Charaktere auch Früheres schon auszeichnen.

Das Kind hätte, nach dem Willen des Pharao, getötet werden müssen. Aber seine Mutter versuchte es durch Aussetzung in einem Binsenkästchen (2,3) zu retten.

Das „Binsenkästchen" war wohl ein Geflecht aus Papyrusstauden, die an den Ufern des Nils bis zu fast 4 m Höhe wuchsen. Heute findet man sie noch vereinzelt am Blauen und Weißen Nil und am Jordanlauf. Die Verwendung der Papyrusstaude als Geflecht für Wasserbehälter und leichte Schiffe ist für das alte Ägypten mehrfach bezeugt (s. das Kapitel „Über das Wort ‚Bibel'"). – Über die Verpichung mit Asphalt s. im Artikel „Der Babylonische Turm" die Ausführungen über die Bauweise.

Eine Tochter (nicht *die* Tochter) des Pharao fand das Kästchen. Als sie das Kind sah, sagte sie: „Das ist ein Hebräerkind" (2,6). Was diese Aussage bedeutet, geht durch den Stimmungsgehalt der Verse fast unter. Wir müssen uns aber daran erinnern, wie ablehnend sich die Ägypter – rein gefühlsmäßig – gegenüber den Hebräern (s. d.) verhielten. Zu dieser Ablehnung kam das Gebot des Königs, die Hebräer zu unterdrücken, weil sie politisch gefährlich werden könnten. Mit dieser Abneigung und diesem Mißtrauen muß auch eine Pharaotochter belastet gewesen sein. Und dennoch hatte sie Mitleid. Sie ließ eine Amme rufen. – Darin liegt das Wunderbare; und deshalb erkannte der Erzähler darin Gottes Fügung und Führung für sein Volk Israel.

Als die Amme (2,7), die in Wahrheit die Mutter des geretteten Kindes war, den Jungen nach Ende der Stillzeit der Pharaotochter brachte, nannte diese das Kind Mose (2,10). Der Name „Mose" ist zweifellos ägyptisch, wie Mose denn ja auch ganz und gar ägyptisch erzogen wurde. Namenszusammensetzungen mit *mose* (Sohn) sind im Ägyptischen gut bekannt: Ahmose, Thutmose, Ramose. Aus „Ramose" (Sohn des Re) wurde „Ramse(s)"; aber neben Zusammenziehungen dieser Art gab es vor allem die Namensverkürzungen durch Weglassung des Gottesnamens. Man kann vermuten, daß die Pharaotochter ihrem Adoptivkind etwa den Namen „Sohn des Nil" gab, von dem dann nur das *mose* gerufen wurde; s. „Isaak (Name)" und „Jakob (Name)".

Die hebräische Bibel schreibt den Namen „Mosche" und deutet ihn volksetymologisch als „Ich habe ihn aus dem Wasser gezogen." Diese Deutung ist sprachlich unkorrekt, wie das bei volksetymologischen Erklärungen oft der Fall ist. Sie will aber wohl auch keine philologisch korrekte Deutung sein. Der Hebräer hörte im Namen „Mosche" das Partizip Aktiv von *mascháh* (herausziehen), also „der Herauszieher", der Retter aus der ägyptischen Frondienstnot. In einer freien Anlehnung an diesen naheliegenden Sinn wird die ägyptische Namengebung in die Erzählung eingeflochten.

Es soll übrigens noch die Möglichkeit erwähnt werden, daß diese ganze Geschichte von der Rettung des Mose durch die Pharaotochter eine Sage ist, die etwas über die „Rettung des Retters" sagen will.

ZU Ex 2,11–4,17:
DES MOSE FLUCHT UND BERUFUNG

Als Mose einen Fronaufseher, der einen Hebräer gezüchtigt, erschlagen hatte, floh er vor dem Pharao nach Midian (2,11–22). In Midian gab ihm der Priester Reguël eine seiner Töchter zur Frau; dieser selbe Schwiegervater des Mose heißt auch manchmal (z. B. in Kap. 3 und 4) Jitro. Durch solche Namensunterschiede werden die verschiedenen Traditionskapitel greifbar!

Als Mose für seinen Schwiegervater die Schafe hütete, begegnete er dem brennenden Dornbusch (3,1–10).

DER BRENNENDE DORNBUSCH

Es wäre beruhigend, wenn man zu dieser Erzählung aus den Mosegeschichten mehr Er-

hellendes sagen könnte. Aber selbst sehr kritische Geister der Bibelwissenschaft übergehen oft gerade dieses Motiv. Anderseits wehren sich oft auch die weniger kritischen Darsteller, den brennenden Dornbusch ganz naiv hinzunehmen. Deshalb schreibt z. B. Daniel Rops in seiner „Geschichte des Gottesvolkes": „Dieses Licht, das wie die gelbe Flamme der mit Salz durchtränkten Pflanzen von bleibender Helle ist, gleicht etwas Lebendigem, ist etwas Lebendiges; es ist Gott." Aber solche Paraphrasen sind Verlegenheitsformulierungen.

Nur wenige einigermaßen gesicherte Zusammenhänge lassen sich aufzeigen: Der brennende Busch wird in der hebräischen Bibel *senǽ* genannt, was botanisch meist mit Brombeerbusch identifiziert wird. Das Wort *senǽ* soll aber wohl eher anspielen auf den Berg Horeb (3,2), der auch „Sinai" genannt wurde. Am Sinai wurde der Mondgott Sin verehrt; daher wahrscheinlich sein Name. Der *senǽ* wäre also ein Busch, der dem Mondgott heilig ist.[1] Dieser Gottesberg hatte natürlich auch seinen Kult. Deshalb glauben manche Bibelwissenschaftler, der brennende Busch habe eine bestimmte Kultsitte vom Sinai zum Hintergrund.

Vor Jahren wurde auch einmal die Theorie vom Gasstrauch vertreten, den es geben soll. Aber was auch an natürlichen oder kultischen Erscheinungen hinter diesem brennenden Busch stecken mag – daß es sich hier um ein reales Ereignis handelt, daran möchte man nicht zweifeln. Mit diesem Ereignis verbindet jedenfalls der Erzähler die Berufung des Mose.

„Leg deine Schuhe ab; denn der Ort, wo du stehst, ist heiliger Boden" sagte der Herr zu Mose (3,5). Ob Mose beim Schafehüten Schuhe (s. d.) getragen hat, ist trotz dieses Satzes zweifelhaft. Aber es handelt sich wohl auch nicht um die Schuhe, sondern um die sinnenfällige Dokumentation, daß hier „heiliger Boden" war. Die Priester in Israel verrichteten, wie in vielen anderen Religionen, ihren Dienst im Heiligtum barfuß. Aus diesem Brauch entstand wohl das Motiv: „Leg deine Schuhe ab, denn der Ort, wo du stehst, ist heiligerBoden."

---

[1] Die Ableitung des Namens „Sinai" ist nicht ganz geklärt; es besteht deshalb auch die Möglichkeit, daß „Sinai" direkt von *senǽ*, dem Brombeerstrauch, abzuleiten ist.

Der Erzähler wollte durch ein Wort Jahwes, das aus dem allgemein bekannten Brauch des barfüßigen Heiligtumsdienstes verständlich war, die Gegenwart Gottes dokumentieren und zugleich, daß es derselbe Gott war, der Mose beauftragt hatte und der im Heiligtum Israels verehrt wurde.

Dann fuhr der Herr fort: „Ich bin der Gott deines Vaters, der Gott Abrahams, der Gott Isaaks und der Gott Jakobs" (3,6). Der verkündende Erzähler dieser Geschichten hat mit diesem Satz, den er Gott vor Mose sprechen läßt, sicherlich mehrere Absichten. Im Erzählungszusammenhang hat dieses göttliche Wort Bürgschaftscharakter. Das Volk, für das diese Erzählungen zuerst formuliert wurden, kannte offensichtlich[2] bereits aus anderen Erzählungen (die später die Kapitel 12 bis 50 der Genesis wurden) die wunderbare Führung seiner Erzväter durch Gott. Es ist eine stillschweigende Berufung auf diese Führung, wenn der Erzähler Gott hier den „Gott Abrahams, Isaaks und Jakobs" nennt. Diese Erzväter haben – dank seiner Führung – alle Lebensgefahren überstanden. Wie er sie gerettet hat, so wird er das Volk auch aus der Hand des Pharao erretten.

Aber nicht nur das liegt in dieser Formel. Sie ist auch ein Glaubensbekenntnis zur Gottesidentität. Der Stammesgott der Abramiden, der Gott der eventuellen Isaakstämme sowie der der Jakobiten (S. 500, Nr. 2 bis 4) waren ja nicht selbstverständlich derselbe Gott. Aber zum Bekenntnis des Zwölfstämmebundes gehörte, daß es derselbe Gott war, der die Stämme bis dahin geführt und sie schließlich zusammengeführt hatte. Der Glaube an die Identität der verschiedenen Stammesgötter wird also mit der Formel vom „Gott Abrahams, Isaaks und Jakobs" bekannt. Damit wird zugleich die Geschichte der einzelnen Stämme zielhaft auf den Zwölfstämmebund hingeordnet, und schließlich wird damit ausgesagt, daß die von Jahwe geführte Geschichte der Stämme die bruchlose Fortsetzung der vom Stammesgott geführten Geschichte der Einzelstämme ist.

„Da verhüllte Mose sein Angesicht" (3,6). Das Sichverhüllen vor „dem Angesicht" Gottes oder das Verhüllen des Heiligen selbst ist ein uralter religiöser Brauch. Das Sichverhüllen hat sich im Judentum bis heute erhalten (Kopfbedeckung beim Gebet und Gebrauch der Gebetsdecke/des Gebetsmantels. Der streng orthodoxe Jude legt wegen der Allgegenwart Gottes die kleine Kopfbedeckung niemals ab.

Das Verhüllen des Heiligen selbst hat die Tempel hervorgebracht, in Israel das Heilige Zelt (s. d.). Im römisch-katholischen Bereich geht die Vorschrift, daß der Aufbewahrungsort der konsekrierten Gestalten durch ein Velum angezeigt wird (heute oft in das Innere des Tabernakels verlegt), auf diesen uralten religiösen Brauch zurück. Auch der Ziboriumsmantel ist daraus zu verstehen. Im Bereich der östlichen Kirchen ist die Ikonostase (Bilderwand vor der heiligen *trápeza*) ein Verhüllen des Heiligtums.

Und der Herr sprach weiter: er will sein Volk herausführen aus Ägypten *„in ein Land, in dem Milch und Honig fließen" (3,8).* Die stehende Wortgruppe „Milch und Honig" ist in ihrer Bedeutung nicht restlos geklärt. Es ist möglich, daß sie aus dem Ägyptischen stammt oder auch aus dem Phönizisch-Kanaanitischen. Bei diesen Völkern galt „Milch und Honig" als Götterspeise, die beim Opfer verwendet wurde. Milch (s. d.) bedeutet dabei die Fülle des Wohlstandes, Honig (s. d.) die Süße; denn Honig war das normale Süßungsmittel. „Milch und Honig" als typische Speise fremder Götter waren deshalb in Israel als Opfergaben nicht gestattet. –

Das schwerwiegende Kapitel Ex 3 enthält auch die „Mitteilung" des Gottesnamens (3,11–15). Zu diesem Abschnitt s. den Artikel „Jahwe". Daran schließt sich in Ex 4 die Beglaubigung des Mose durch das „Stabwunder" (wie man das früher genannt hat).

DER STAB DES MOSE

Der Verlust des Verständnisses für das Symbol hat lange Zeit das Verständnis für die Bibel-

---

[2] Diese Formel in Ex 3,6 ist geradezu ein Fingerzeig für die Textgeschichte. Denn ohne die Erzählungen von der wunderbaren Führung der Erzväter in Gen 12ff. hätte der Hinweis auf den Gott der Väter in der Mosegeschichte keine Kraft. Die Formulierung der Erzvätergeschichten muß also der Formulierung dieses Mosekapitels vorausgegangen sein. Da die prophetischen Erzvätergeschichten aber erst nach Vollendung des Zwölfstämmebundes (s. d.) möglich waren, muß diese Passage der Moseerzählungen ihre Formulierung noch später gefunden haben.

sprache verdunkelt. Nicht zuletzt dadurch ist die Bibel des AT als eine Aneinanderreihung von Wundertaten angesehen worden, wo sie in Wahrheit nur in Symbolen erzählt, um das aus dem Unsichtbaren von Gott Gewirkte anschaulich zu machen.

Zu diesen Symbolen, die buchstäblich genommen und dadurch mißverstanden wurden, gehört auch der Stab des Mose. Überall, wo er auftaucht, ist er im Grunde nichts anderes als ein erzählerisches Zeichen dafür, daß Gott durch Mose wirkt; nicht daß Mose Wunder wirkt, sondern daß Mose ein Helfer Gottes in der Befreiung und Führung Israels ist. Da aber die Denkgrundlagen für die Erkenntnis dieses Symbols oft fehlten, wurden sie auch oft mißdeutet.

Der Stab des Mose begegnet dem Bibelleser zuerst in der Erzählung von der Berufung des Mose (4,3). Die Erzählung will klarmachen, daß der Auftrag zur Befreiung Israels aus Ägypten an Mose von Gott kommt. Dazu bedient sich der Erzähler eines umgekehrten Gaukelspiels, das ägyptischen Charakter trägt. Während nämlich die „Zauberer" aus Schlangen Stöcke machten, indem sie die Schlangennatur geschickt nutzten, macht Gott – in der Erzählung – aus einem Stock eine Schlange; das kann kein ägyptischer Zauberer. Und ebenso wird aus der Schlange wieder endgültig der Stab des Mose. Das aber ist kein geschichtlicher Vorgang, sondern eine Legende (s. d.), durch die Mose erzählerisch beglaubigt werden soll. Die Beglaubigung wäre zwar nicht nötig; denn als diese Geschichten geschrieben wurden, war der Auftrag des Mose durch die Ereignisse der Befreiung längst beglaubigt; aber die orientalische Erzählung liebt solche Schmückung mit symbolischen Motiven.

Von da an tritt der Stab des Mose immer dann auf, wenn Gott als der Wirkende betont werden soll. Als Mose und Aaron vor dem ägyptischen König auf Jahwes Macht hinweisen, geschieht dies in der Erzählung dadurch, daß Aarons (diesmal ist es Aaron) Stab zur Schlange wird und der Stab Aarons die Schlangen der Zauberer verschlingt (7,8–12). Dies ist das *Symbol* der Überlegenheit Jahwes über die Götter Ägyptens. Immer wieder tritt so der Stab des Mose (oder Aarons) als Symbol in den Erzählungen auf: bei den Plagen, beim Durchzug durch das Schilfmeer, bei der Was-

sergabe aus dem Felsen usw. Es wäre töricht zu glauben, daß die Bibel hier die Wunder wirkende Macht des Mose darstellen will, der dazu eines Zauberstabes bedurfte; der Stab ist ein Symbol der Macht Gottes. Er tritt – in der Erzählung! – in Aktion, wenn Gottes geheimnisvolle Zeichen berichtet werden sollen; damit aber *sichtbar* wird, daß Gott sie schafft und nicht Mose, reckt Mose (oder Aaron) den Stab aus, nachdem Gott – in der Erzählung! – den Auftrag dazu gegeben hat.

ZU Ex 4,18–13,16:
DIE ÄGYPTISCHEN PLAGEN

Nach der Rückkehr des Mose aus Midian nach Ägypten verlangte er vom Pharao, die Hebräer zum Opfer für Jahwe in die Wüste führen zu dürfen. Der Pharao lehnte das ab und erschwerte die Arbeit der Hebräer bei der Ziegelarbeit (5,1–6,13). Danach versprach Jahwe dem Mose, erzwingende Plagen über die Ägypter zu schicken.

DIE ZEICHEN DER ZEHN PLAGEN

Viele Erläuterungen zu den „zehn Plagen" kommen auf eine Darstellung hinaus, die Heinrich Schneider in der alten Echterbibel also formuliert hat: „Wir werden mit dem biblischen Erzähler daran festhalten müssen, daß Mose und Aaron in Gottes Auftrag und Kraft echte Wunder gewirkt haben. Aber auch dann können wir mit der Möglichkeit rechnen, daß sich Gott für seine Zeichen auch natürlicher Zwischenursachen bediente. Wir sind berechtigt zu fragen, welche Faktoren dabei im einzelnen im Spiele gewesen sein könnten und dürfen eine Antwort auch im Lichte der modernen wissenschaftlichen Erkenntnisse versuchen" (1952, S. 18).

Die Schwierigkeit, die diese Einstellung in sich trägt, wird dem nachdenklichen Bibelleser bald klar, zumal wenn man die Schwierigkeiten noch hinzunimmt, die sich aus der literarischen Form ergeben. Man sollte die sich ergebenden Fragen auf keinen Fall unterschätzen. Eine weitgehende Klärung kann viel Glauben retten.Denn es kommt ja wahrhaftig nicht darauf an, die wegen der Führung des Volkes Israel durch Jahwe in der *Art* von Wundern dargestellten Ereignisse des AT als echte Wunder beizubehalten.

Nicht nebensächlich ist auch, daß die Bibel selbst immer nur von *Zeichen* spricht, die gegeben werden, oder einfach von „Großtaten Gottes". Gerade die Zeichen der zehn Plagen machen den Unterschied zum Wunder sehr deutlich. Es ergeben sich aber trotzdem einige drängende Fragen, die nach der kurzen Einzeldarstellung der Plagen erörtert werden sollen. Die natürlichen Erklärungen für die zehn Plagen, soweit für sie bis heute eine wissenschaftliche Erklärung versucht wurde, sind diese:

1. Das Wasser im Nil wird zu Blut (7,10–23): Von einer Wandlung des Wassers in wirkliches Blut kann nicht die Rede sein. Meistens nimmt man an, daß kleinste Lebewesen das Wasser verseucht haben und es rot färbten.

In einer großen Untersuchung von Greta Hort „The Plagues of Egypt"[1] wird über diese Plage gesagt, daß ein besonders starkes Nilhochwasser[2] auch die Brunnen in Mitleidenschaft zog, so daß neue Brunnen gegraben werden mußten. Die absonderliche Rotfärbung – denn eine gewisse Rötung zeigt jedes Nilhochwasser – wurde durch Geißeltierchen *(Euglena sanguinea* oder *Haematococcus pluvialis)* verursacht, die beide in Seen des abessinischen Hochlandes, aus denen der Nil kommt, leben. Unterm Licht scheiden diese Tierchen große Sauerstoffmengen aus, verbrauchen aber nachts noch größere Mengen. Dieser Wechsel im Sauerstoffgehalt verursachte das Fischsterben. – Diese Plage wäre ab Juli/August anzusetzen. Sie hörte gemäß der biblischen Darstellung nicht plötzlich auf. Goschen, das Land der Israeliten, wird nicht ausdrücklich ausgenommen.

2. Die Froschplage (7,26–29; 8,1–11): Nach den Nilüberschwemmungen waren Froschplagen in Ägypten nichts Ungewöhnliches.

Nach der Darstellung von G. Hort: Die Fischleichen, ins Röhricht getrieben, vermehrten die auch normalerweise im Sumpfbereich vorhandenen Milzbrandbakterien. Die Frösche flohen aus ihren verseuchten Lebensgebieten; aber da sie infiziert waren, starben und verfaulten sie schnell. – So konnte diese zweite Plage der ersten nach einer Woche folgen, wie es am Ende der ersten Plageerzählung (7,25) gesagt wird.

3. Die Stechmückenplage (8,12–15): Sie hängt ebenfalls mit den Überschwemmungen zusammen. Daß das Wunder darin bestehe, daß die Stechmückenplage im Frühjahr hervorgerufen wurde, wie man schon mal liest, geht von der Vorstellung aus, daß sich die Plagen Schlag auf Schlag folgten; da aber die Hagelplage (7.) im Frühjahr geschah, müßte die Stechmückenplage ebenfalls im Frühjahr geschehen sein. Vernünftiger aber wäre die Annahme, daß die Plagen im Laufe eines Jahres (oder mehrerer Jahre) auftraten.

„Aaron streckte die Hand aus und schlug mit seinem Stab auf die Erde in den Staub. Da wurden Stechmücken daraus, die sich auf Mensch und Vieh setzten" (8,13). Dieser Darstellung liegt die Vorstellung zugrunde, daß die kleinsten Insekten aus dem Staub der Erde entstehen. – G. Hort datiert die Moskitoplage ans Ende der Überschwemmung: Oktober/November, als das stehende Wasser in den Tümpeln die Moskitoentwicklung begünstigte. Ein plötzliches Aufhören wird nicht berichtet.

4. Die Bremsenplage (8,16–28): Hierzu ist nichts anderes zu sagen als zur Mückenplage. (Es ist übrigens wahrscheinlich, daß die Redaktoren die Zahl der Plagen bewußt auf zehn gebracht haben, so daß Mücken- und Bremsenplage in den ursprünglichen Traditionen *eine* Plage war.) Das Neue ist, daß Goschen, das Land Israels in Ägypten, nicht betroffen wurde. – G. Hort behält diese Plage als getrennte Erscheinung bei und führt das Nichtbetroffensein Goschens auf den Einfluß des Mittelmeers dort zurück.

5. Das Viehsterben (9,1–7): Während der Überschwemmung war das Vieh eingestallt, etwa im Januar war Austrieb auf die Felder. Aus der nächsten Plage (Geschwüre) hat man vermutet, daß es sich um Beulenpest handelte, die bei Tier und Mensch hauptsächlich durch Ratten und Flöhe übertragen wird. Sie ruft Abszeßbildungen hervor und ist bei Tieren vor allem dadurch gefährlich, daß das Tier instinktiv die kranken Stellen beleckt und dadurch Lungenpest hervorgerufen wird.

G. Hort führt das Viehsterben auf Milzbrand zurück: die Tiere infizierten sich an den von den Froschleichen verseuchten Stellen.

---

[1] Zeitschrift für Alttestamentliche Wissenschaft; 1957, S. 84–103; 1958, S. 48–59.
[2] Siehe den Artikel „Ägypten und der Nil".

Daß die Israeliten von dem Viehsterben nicht betroffen wurden, führt sie auf die längere Überschwemmungsdauer in Goschen zurück oder auf den größeren Regenreichtum, der das Land schon gesäubert haben konnte.

6. *Die Plage der Geschwüre* (9,8–12): Sie wird in der Erzählung dadurch dargestellt, daß Mose Ofenruß in die Luft streute. Das Ausstreuen von Ruß ist ein eindringliches Bild für die Verbreitung der Geschwüreplage; man sollte es aber nicht als das auslösende Mittel ansehen. Möglicherweise war diese Plage ebenfalls nichts anderes wie die fünfte Plage, diesmal vom Menschen berichtet. Der literarische Brauch trieb zum Bericht von *zehn* Plagen.

G. Hort deutet die Geschwüre als Hautmilzbrand, der vor allem durch eine Fliegenart, den Wadenstecher *(Stomoxys calcitrans)*, übertragen wurde. Übertragung der Krankheit durch diese Fliegenart von den milzbrandigen Tierkadavern auf den Menschen.

7. *Die Hagelplage* (9,13–35) ist in Ägypten zu jeder Jahreszeit möglich; gemäß der biblischen Darstellung handelte es sich um eine Naturkatastrophe im Frühjahr. Das Land Goschen kennt (nach G. Hort) den Hagelschlag durch sein Mittelmeerklima fast nur im *späten* Frühjahr.

8. *Die Heuschreckenplage* (10,1–20): Die etwa 6 bis 8 cm lange Wanderheuschrecke legt im Springflug bis zu 15 km in der Stunde zurück. Wenn sie in großen Schwärmen auftritt, wirkt sie für ein Land verheerend; denn sie kann in einem Freßgang bis zum Fünfzigfachen ihres eigenen Gewichtes vertilgen. Die Schwärme sind oft 30 km lang und 5 bis 10 km tief, so daß ein Schwarm nicht selten ein Gebiet von 200 bis 300 qkm bedeckt. Von ihren Brutstätten aufbrechend, fressen sie sich durch das Land und vernichten das Grün ganzer Landstriche. Afrika ist eines der am meisten von ihnen heimgesuchten Länder. In einem schwankenden Rhythmus von sieben bis zehn Jahren treten solche Heuschreckenschwärme in den betroffenen Ländern auf. Ihr Wanderweg ist stark von der gerade herrschenden Windrichtung mitbestimmt. – G. Hort bemerkt, daß die feuchte Witterung der Brut günstig war und weist so auf den Zusammenhang mit den übrigen Plagen hin.

9. *Die Plage der Finsternis* (10,21–29): Sie könnte ein Wüstensturm gewesen sein, der mit seinen Sand- und Staubwolken Finsternis über das Land breitete. Man möchte annehmen, daß die Plage der Heuschrecken und die Finsternis nicht ohne Zusammenhang waren. Das kahlgefressene Land trocknete unter der Sonne aus und flog in die Luft. – G. Hort nennt als Zeiten solcher Stürme März bis Mai. Das Land der Israeliten sei vor Südsturm geschützt und dadurch nicht betroffen gewesen.

Literatur, Geschichte und Heilsgeschichte in den Erzählungen von den zehn Plagen verbinden sich zu einer so innigen Einheit, daß man in Gefahr gerät, mit der Anerkennung des einen das andere aufzulösen. Dieser Gefahr sind Bibelwissenschaftler des öfteren erlegen. Wir wollen uns aber trotzdem dem Problem stellen (s. die Artikel mit verwandtem Thema: „Biblische Geschichtsschreibung" und „Berufung und Geschichte").

Die „natürliche" Erklärung von neun der Plagen hat zunächst gezeigt, daß es sich wohl doch nicht so sehr um reine Lehrstücke oder um „reine" Literatur handelt, wie die Bibelkritik oft annimmt. Gerade daß den Plagen naturhafte Vorgänge zugrunde liegen, ist ein Hinweis auf ihre Geschichtlichkeit; das gilt auch, wenn man die Zusammenhänge schaffende Erklärung von G. Hort nicht annimmt.

Trotzdem hat die Literaturkritik mit Sicherheit aufgewiesen, daß der Erzählungskomplex von den zehn Plagen erst nach und nach zur heutigen Form zusammengewachsen, oder besser: zusammengearbeitet worden ist. Gewisse Widersprüche lassen das erkennen (vgl. Ex 9,3–6 mit 9,19–21; 9,25 mit 10,5.12.15). Auch die verschiedenen Traditionen sind am Zusammenbringen der heutigen Form beteiligt (s. die Darlegung über die Entstehung des Pentateuch); auf zehn brachte erst der Elohist (s. d.) die Zahl der Plagen. Daß in Ps 78,43–51, Ps 105,28–36 und Weish 16–18 andere Formeln auftauchen, kann natürlich nichts gegen die Erzählungen im 2. Buch Moses besagen; denn Plagen wurden ja längst als Gottesgericht über Ägypten und als Mittel der Rettung Israels geglaubt.

Der schwierigste Punkt ist, daß es sich bei den zehn Plagen offensichtlich um ein literarisches Genus handelt, das in der Literatur zur Darstellung einer Wendezeit beliebt war. Aber auch dieser Anwurf ist bei kritischer Überlegung nicht ausschlaggebend; denn es ist eine Wendezeit – eine Wendezeit soll dargestellt werden –, und so greift man natürlich zum entsprechenden Literaturgenus. Daß in diesem Genus die Tatsachen nach den Literaturregeln geordnet werden (also etwa: *zehn* Plagen, auch wenn es historisch nur acht waren: oder: Ordnung gemäß einer Steigerung), ist nebensächlich, zumal wenn man die folgenden Darlegungen anerkennt.

Es erhebt sich nämlich noch die Frage: Was ist das Ganze eigentlich? Es enthält Geschehenes – aber ist es Geschichte im Sinne der objektiven Einzelgeschehensdarstellung? Es enthält Wundererzählungen – aber kommt es auf diese an?

Bei der Ganzbetrachtung der Plagenerzählungen drängt sich als Wesentliches auf, daß hier ein Gottesgericht über Ägypten dargestellt werden soll; daß hier die Überlegenheit des wahren Gottes, der Israels Gott ist, über die Götter Ägyptens proklamiert werden soll; und daß hier – wie im ganzen Pentateuch – die Führung des Volkes Israel durch Gott berichtet und anschaulich gemacht werden soll. Der gläubige Ordner und Former der Erzählungen legte seine Geschichten darauf an. Er glaubt ja, daß hier Gott (Jahwe) im Spiele war; denn ohne Jahwe hätte ein so bedrücktes Volk nicht wachsen, nicht durchstehen, nicht fliehen können.

Deshalb kommt es nicht darauf an, jeden einzelnen Zug dieser Erzählungen zu werten. Es kommt auch ganz und gar nicht darauf an, hier von Wundern zu reden, sondern von Gott, der das Volk gerettet hat und der über die Ägypter gerichtet hat. Es ist – sogar vom Gesichtspunkt des altbiblischen Erzählers her – fraglich, ob er wirklich Wunder gemeint hat: ob er nicht vielmehr durch die Art der Erzählung nur das Wunderbare des Gerichts über Ägypten und der Rettung des Volkes Israel hat darstellen wollen. Dazu aber bedient er sich, um der Anschaulichkeit willen, des Erzählstils, der das Geschehene als Werdendes darstellt. Um es an einem Beispiel zu erklären: Die Verseuchung des Nilwassers wird von Mose dem Pharao als Gottesgericht gedeutet; aber der Pharao glaubt es nicht. Die *Erzählung* aber setzt den Vorgang ins Dramatische um: Mose kündigt die Plage als Gericht an, er läßt sie auf Gottes Geheiß entstehen, und der Pharao läßt den Akt sogar von seinen Zauberern wiederholen. Obwohl das Wunder durch

eine solche Betrachtung verschwindet, wird der eigentliche Sinn erhalten: *Gott* schickt Plagen, *Gott* hält Gericht, *Gott* rettet durch die Plagen sein Volk.

Wir täten gut daran, uns um des Glaubens von Millionen willen zu dieser Lesart zu bekennen und sie auch zu lehren. Sie müssen sich nämlich sonst von der Naturwissenschaft attackiert fühlen, die aber wahrhaftig nicht dazu da sein kann, den religiösen Glauben zu zerstören. *Gott* wird dadurch nicht kleiner!

Eine Zusammenschau der Kapitel Ex 3–13 versucht der Artikel „Der Auszug aus Ägypten – wie er wirklich war", S. 183.

Unmittelbar nach der Erzählung von der neunten Plage wird die zehnte Plage vorausgesagt (Ex 11,1–10). Das Steigerungsmoment spielt in der Erzählung hier eine große Rolle. Alles wird auf das Ziel Auszug aus Ägypten, das durch die zehnte Plage erreicht wird, ausgerichtet. Bevor das Buch von der zehnten Plage erzählt, wird allerdings die Wichtigkeit dieses Auszugs durch die Festlegung des Jahresanfangs betont. Wollte man historisch formulieren, so müßte man allerdings sagen: Die Ereignisse des Auszugs wurden bei der späteren Erzählung mit dem Jahresanfang zusammengelegt.

PASCHA UND DAS ISRAELITISCHE JAHR

Die Juden heute feiern ihr Neujahrsfest *(rosch haschanáh,* d. h. Haupt des Jahres) an jenem Tag, der in Lev 23,23 als Neumondfest des siebenten Monats erscheint. Möglicherweise war vorher der Zehnte jenes siebenten Monats (Versöhnungstag) der Neujahrstag.

Im Leben der Völker sind die Neujahrstage keine Konstanten. Im römischen Reich fiel das bürgerliche Neujahr auf den 1. März, bis es 46 v. Chr. mit dem Beginn des Amtsjahres (1. Januar) gleichgeschaltet wurde. In Deutschland und Italien war im Mittelalter der 25. Dezember Neujahrstag, in England, Frankreich und teilweise in Italien der 25. März. In Rußland galt das „byzantinische Jahr", das am 1. September begann. Nach dem „gallischen Stil" feierte man Neujahr am Ostertag. Erst seit dem Jahre 1582 (Kalenderreform Papst Gregors XIII.) setzte sich als Neujahrstag der

1. Januar immer mehr durch. In Deutschland wurde erst im Jahre 1776 der 1. Januar durch den Kaiser als Jahresanfang für verbindlich erklärt.

So hatten auch die Israeliten nacheinander verschiedene Bräuche. Im Buche Exodus (12,2) wird der Monat des Paschafestes als der erste Monat bezeichnet. Seit dem Babylonischen Exil (586 v. Chr.) galt bei den Juden der babylonische Kalender. Die neuen Monatsnamen stimmen mit den älteren nicht überein. Von den alten Namen der Monate kennen wir vier: *abíb (avív)* als ersten Monat, d. h. Ährenmonat, Monat der reifenden Ähren, mit dem Stimmungsgehalt „Frühling" (März/April),[3] *siv* als zweiten Monat, d. h. Blüte (April/Mai); *etaním* als siebenten Monat, d. h. Monat der strömenden Gewässer (September/Oktober); *bul* als achten Monat, d. h. etwa: Flut (Regenmonat: Oktober/November). Diese Namen sind wahrscheinlich phönizisch-kanaanäisch, wie die Sprache der Israeliten überhaupt (s. den Artikel „Die Monate").

Die Anweisung „Dieser Monat soll die Reihe eurer Monate eröffnen" (12,2) kann übrigens auch einen politischen Charakter haben. Einen eigenen Kalender zu führen war nämlich in alten Zeiten ein Ausdruck für Souveränität. (Letztlich geht auf diese Anschauung auch die Erhaltung des kircheneigenen Kalenders des „Kirchenjahres" zurück.) Zwar kennen wir nicht mit Sicherheit den damals in Ägypten geltenden Jahresanfang, zumal wir das Jahr des Auszugs unter Mose nur *annehmen*, aber nicht wissen. Lange lag in Ägypten der Jahresbeginn am Tage des Siriusfrühaufgangs (heliakischer Aufgang[4] des Sirius), der nach unserem Kalender auf den 17. Juli fällt. Dieser Tag fällt in die Zeit der beginnenden Nilüberschwemmung (s. d.), war also ein typisch ägyptischer Jahresanfang. Er darf wohl auch für die Zeit des Auszugs als Jahresbeginn angenommen werden. Der in der Bibel erwähnte israelitische Jahresbeginn im Frühling würde sich also damit deutlich vom ägyptischen Jahresbeginn abheben. – Natürlich soll damit nicht gesagt sein, daß schon in Ägypten diese indirekte Proklamierung der Selbständigkeit vorgenommen wurde. Der Satz ist nur zu verstehen aus dem späteren Bewußtsein, daß in jenen Tagen des Auszugs die Freiheit und Souveränität des Volkes begann. Der Zehnte des Monats (12,3f.) als Aus-

wahltag und der Vierzehnte als Schlachttag des Lammes sind die später gesetzlich festgesetzten Tage, die hier in die Auszugserzählung hineingenommen werden. Das Auszugsfest wird in der Erzählung mit allen späteren Paschabräuchen ausgestattet. Die Ausstattung geht historisch nicht auf den Auszug zurück. Die Redaktoren der Erzählung haben sie hier eingeblendet, um das Paschafest mit all seinen Bräuchen deutlich als das Fest der Befreiung vom ägyptischen Joch anschaulich zu machen. – Über das Paschalamm (12,5ff.) s. d.; über die Tage der Ungesäuerten Brote (12,8) s. d.

DIE ZEHNTE PLAGE

Oben wurde von den natürlichen Ursachen der Plagen gesprochen und von der Deutung dieser Katastrophen durch die biblischen Erzähler. Gilt dies auch für die Vernichtung der Erstgeburt der Ägypter?

Zweifellos war die zehnte Plage eine Seuche, vielleicht die Pest, wie Ps 78,49–51 annimmt. Der Erzählstil der Plagen, der sich in Maximalia bewegt, spricht davon, daß vom Pharao bis zum Gefangenen im Kerker alle einen Toten zu beklagen hatten, und zwar nicht irgendeinen, sondern den *erstgeborenen Sohn*. Muß man das wörtlich nehmen? Der Sinn dieses Textes ist nur zu verstehen bei einer Zusammenschau von Ex 4,22 („Israel ist mein erstgeborener Sohn") und dem Gesetz der Wiedervergeltung. Das Gesetz der Wiedervergeltung *(ius talionis)* entspringt nicht niedriger persönlicher Rachsucht, genau so wenig wie das Gesetz der Blutrache (s. d.). Es ist einfach eine spezielle, wenn auch noch primitive (d. h. urtümliche) Form der Gerechtigkeit und entspringt dem Willen zum gerechten Strafmaß. Es ist ebenso wenig „typisch jüdisch" wie die meisten altorientalischen Rechtssätze, die aus einem allgemeinen orientalischen Rechtsdenken kommen. Es ist deshalb völlig falsch, in der Formel „Auge um Auge" eine speziell jüdische Rechtsformel sehen zu wollen. Im Sinne der zehnten Plage könnte man fortfahren: Erstgeburt um Erstgeburt.

---

[3] Vergleiche: Tel-Aviv (Hügel der Ähren, Hügel des Frühlings).

[4] Siehe im Artikel „Der Stern der Weisen".

Die Tötung der ägyptischen Erstgeburt ist eine Formulierung des Elohisten (s. d.), also etwa aus dem 10. bis 8. Jahrhundert v. Chr. Zwar verwendet er sicherlich mehr oder weniger geformte Erzählungen der Tradition, die von dem ägyptischen Massensterben berichten – vielleicht fand sich darin auch schon das Motiv der Vernichtung der Erstgeburt. Aber die Herausarbeitung dieses Themas haben wir doch wohl der Zusammenschau von Ex 4,22 und Ex 21,23–25 zuzuschreiben. Damit verschwindet allerdings das Wunder, das Zeichen aber bleibt. Das Wunder wäre, daß ausgerechnet die Erstgeborenen starben – das Zeichen aber ist, daß Gott die Ägypter durch Seuchentod schlug. Die Ankündigung „Um Mitternacht will ich mitten durch Ägypten gehen. Dann wird jeder Erstgeborene in Ägypten sterben" (11,45) dient dem Erzähler als Hinweis für den Hörer, daß er die Katastrophe der Ägypter als Zeichen Gottes zugunsten seines Erstgeborenen Israel sehen soll (s. den Artikel über den „Erstgeborenen").

Man muß sich allerdings doch noch darüber Gedanken machen, daß Israel verschont wurde. Denn sollte wirklich das Blut an den Hauspfosten (12,7) den Tod verhindert haben – bei einer Pestseuche? Wenn wir die natürliche Erklärung suchen, die ja Gott nie ausschaltet, so müssen wir auch für diese Rettung einen natürlichen Mittler suchen. Vielleicht war die relative Abgeschlossenheit der israelitischen Wohngebiete dieser Mittler? Vielleicht die Abhärtung durch schwere Arbeit? Und vielleicht verschweigt der maximalistische Erzählungsstil sogar, daß auch unter den Israeliten Pesttote zu finden waren. Nicht einmal die Möglichkeit wäre von der Hand zu weisen, daß der plötzliche Auszug der Israeliten eine Flucht vor der Pest war. Der heilsgeschichtliche Charakter des Auszugs wird also erst im Zusammenhang der Gesamtgeschichte Israels deutlich und als das volks- und heilsgeschichtliche Ereignis später gedeutet.

DER AUSZUG AUS ÄGYPTEN – WIE ER WIRKLICH WAR

Die Überschrift ist fast überheblich. Sie müßte heißen: *Versuch* einer Darstellung des Auszugs aus Ägypten, wie er wirklich war. Aber dieser Versuch ist notwendig; denn nachdem dies und dies und jenes und jenes als spätere Zutat und nicht als Bericht behauptet wurde, bleibt natürlich die Frage: Was war denn nun? Wie können wir uns den Auszug vorstellen?

Für die Berufung des Mose liegen die erklärbaren Kategorien im Dunkel; jedenfalls kehrte Mose aus Midian zurück als Ordner und Vollender der Religion seines Volkes und mit dem Entschluß, sein Volk zu befreien (S. 527, Nr. 8). Der Pharao, vor dem Mose geflohen, war gestorben. Vielleicht hatten die ägyptischen Hebräer in alter Zeit jährlich ein Nomadenfest (am Sinai?) gefeiert: nach einem dreitägigen Zug in die Wüste. Der erste Pharao der Bedrückung gab dazu nicht mehr die Erlaubnis. Für Mose war deshalb die Antwort auf den Antrag, mit seinem Volk in die Wüste zu ziehen, um das Fest zu feiern und Gott zu opfern, ein Symptom, wie der neue Pharao sich zum hebräischen Volksteil seiner Untertanen verhielt.

Der Pharao lehnte ab. Der Pharao bedrückte das Volk nicht nur, sondern er versagte ihm auch das Recht, seinen Gott in altgewohnter Weise zu verehren. Als dann Katastrophen: Seuchen, Hagelunwetter, Heuschreckenplage, Sandsturm über das Land kamen, deutete Mose sie vor dem Pharao als Strafgerichte „des Herrn", weil der Pharao die Hebräer nicht zu ihrem Anbetungs- und Opferfest in die Wüste ziehen ließ. Mose hat diese Katastrophen nicht hervorgerufen – Gott ist der Herr auch aller Katastrophen. Das Einschalten des Stabes des Mose ist lediglich ein „rhetorisches Mittel" der Erzählung, durch die die Gottgewirktheit der Katastrophen ausgesagt werden soll.

Als die Pest im Lande wütete, forderte Mose die Israeliten auf, das Bannblut an die Häuser zu streichen; dieser Ritus war den Israeliten bekannt. Er war in diesem Falle eine rituelle Maßnahme gegen die Pest. Keiner dachte an Aufbruch. Man aß das Lamm in den Häusern, wie es Brauch war. Dieses Bannblutstreichen mag man schon immer *pessach (passach)* genannt haben, was irgendwie etwas mit Vorübergehen, Verschonen, Überspringen zu tun haben mag; den genauen Sinn des Wortes kennen wir nicht. (Im Aramäischen, nach der Rückkehr aus dem Babylonischen Exil, lautet das Wort *pas-cha;* aus dieser Form leiten sich die bei uns bekannten Formen *Pascha* oder *Passah* ab.) *Pessach* (oder *passach*) bezieht sich auf das Vorübergehen des Unglücks; so auch bei jenen Ereignissen. *Vielleicht* wurden die Israeliten durch ihre verhältnismäßig abgeschlossenen Wohnsitze von der Pest verschont; jedenfalls wurden sie verschont. In Ägypten aber gab es viele Tote.

Ob durch Mose auch dieser ägyptische Massentod vor dem Pharao gedeutet wurde, ist gleichgültig. Mose hatte die vorherigen Plagen genügend als Gottes Strafgerichte für die Versklavung des Volkes gedeutet. Der Schluß, daß dies das schlimmste Eingreifen des Gottes der Fremden war, blieb bei den Ägyptern nicht aus. In den Tagen darauf ließ der Pharao die Jakobiten forttreiben. Man gab ihnen sogar Geld und Wertsachen, damit sie ja schnell abzogen: sie hatten nicht einmal Zeit, sich mit Reisekost zu versorgen (Ex 12,39).

Wir haben uns daran gewöhnt, anzunehmen, daß die Ägypter die Fremden überhaupt forttreiben wollten. Richtiger wäre wohl die Annahme, daß der Pharao die Hebräer nicht aus Ägypten vertreiben, sondern zu dem lange erbetenen Urlaub für das Nomadenfest in die Wüste treiben wollte. Dazu wurden die (wenigen) Jakobiten, die *unter* den Ägyptern wohnten, aufgefordert. Als diese nach Goschen kamen, und unter ihnen war wohl auch Mose, wurde dann – durch Mose – der endgültige Auszug in Bewegung gesetzt.

In jenen Unglückstagen sah der spätere biblische Erzähler die Zeit, in der Israel begann, ein eigenes Volk zu sein; deshalb wurde später in diese Zeit die Proklamation des eigenen Jahresanfangs verlegt. In jener Unglücksnacht, als die Pest ihren Höhepunkt erreichte, sah der spätere Erzähler den Beginn der Befreiung Israels, als die mit dem Bannblut bestrichenen Häuser wirklich verschont wurden und als infolgedessen der Pharao das gefährliche Volk, das so offenkundig von seinem mächtigen Gott begünstigt wurde, hinwegtreiben ließ. Deshalb wurde später von dieser Nacht so erzählt, als ob das Fest der Befreiung, das man in der Wüste und in Kanaan feierte, schon damals mit all seinen Riten von Mose angeordnet gewesen wäre (s. die Artikel über das Paschafest und die Tage der Ungesäuerten Brote).

Aber das Rechtsverhältnis, das Israel durch den Auszug begründet sieht, gehört schließlich genau so zu den Realitäten wie die wenigen möglichen historischen Fakten. Zwar sind die einzelnen Züge, die dieses Rechtsverhältnis in der Erzählung darstellen sollen, keineswegs historisch, aber sie weisen auf, wie das spätere Israel sich selbst interpretierte. Und die Selbstinterpretation ist schließlich ein Licht, das in diesem Falle vor allem auch die israelitische Bewertung des Auszugs aus Ägypten verdeutlicht.

Gott wird von Israel als sein Nächstverwandter[5] dargestellt. Als solcher übt er sein Lösungsrecht an dem in Sklaverei gefallenen Volk, wie ein Nächstverwandter den verschleuderten oder bedrohten Erbbesitz für den verarmten Verwandten zu lösen hatte,[6] wie ein Nächstverwandter den verarmten Sklaven Israels freizukaufen hatte oder wie er zur Schwagerehe (s. d.) verpflichtet war. Zwar wurden diese Verpflichtungen oft nicht eingelöst, aber Gott löste sie ein, als er Israel aus Ägypten befreite. Dieser Loskauf Israels durch Gott hat zur Folge, daß Israel Gottes Knecht wird. Das ist ein weitverbreitetes, nicht nur orientalisches Gesetz: Der Erlöste wird Eigentum und Sklave des Erlösers, wie es ja auch Lev 25,55 ausdrückt: „Denn mir gehören die Israeliten als Knechte, meine Knechte sind sie; ich habe sie aus Ägypten herausgeführt, ich der Herr, euer Gott."

Um den Loskauf aus der Knechtschaft Ägyptens noch deutlicher zu machen, fügt der Erzähler ein Motiv ein – wie D. Daube[7] dargelegt hat – das ebenfalls aus den Rechtsbräuchen um die Freilassung stammt. Der Freilassende soll den Freigelassenen nicht ohne Geschenke gehen lassen. Deshalb wird erzählt, daß die Ägypter den Israeliten vor dem Auszug Gold und Silber gaben (Ex 3,21f.; 11,2f.; 12,35f.), damit auch dadurch dargetan wurde, daß sie rechtens freigelassen waren.

ZU Ex 13,17–15,21:
RETTUNG AM SCHILFMEER

Es ist nicht verwunderlich, daß die Texte des Auszugs (13,17–22) viele Namen enthalten,

---

[5] Siehe den Artikel „Die zehnte Plage".
[6] Boas löst so den Erbbesitz der Noomi für Rut ein.
[7] David Daube: Rechtsgedanken in den Erzählungen des Pentateuchs (in „Von Ugarit nach Qumran", Verlag Alfred Töpelmann, Berlin 1958).

und es wäre auch nicht verwunderlich, wenn die Auszugserzählungen über lange Traditionsjahre, bis zur schriftlichen Fixierung oder vorläufigen Redigierung, diese Namen getreulich weitergegeben hätten; denn das Bewußtsein, daß es sich um einen neuen Anfang handelte, wurde sicherlich schon von Mose gepflegt.

Den Aufbruch kann man nicht bei Pi-Ramses ansetzen, wo die ägyptischen Hebräer Frondienst taten, sondern muß ihn in das Zentrum von Goschen verlegen (s. im Artikel „Die zehnte Plage"). Aber auch von hier aus zogen sie nicht nordwestlich, auf dem später „Philisterstraße" genannten Weg, der direkt nach Kanaan führt. Der Grund ist einsichtig, wenn man gelten läßt, daß Mose nicht „nach Kanaan" aufbrach, sondern „zum Fest in der Wüste". Er mußte also einen Weg einschlagen, der in die Wüste, in die Richtung des Gottesberges führte. Mose führte also das Volk über Sukkot nach Etam; dieser Weg konnte als Weg in die Wüste gelten und war doch einer der großen Verkehrswege ins Land Kanaan. Offensichtlich gelang aber der Durchzug an der vorgesehenen Stelle nicht; man zog deshalb südlich und kam ans Schilfmeer, das oft in den Übersetzungen „Rotes Meer" genannt wird. Wie dies zu verstehen ist, und wo der Ort des Durchzugs durchs Rote Meer anzunehmen ist, siehe „Rotes Meer".

In die Erzählung flocht der Erzähler der späteren Zeit ein Lied, das zu seiner Zeit (Königszeit?) als Paschahymnus gesungen wurde. Er legte es Mose und den Israeliten in den Mund. Man hat es später „Siegeslied des Mose" (15,1–21) genannt. Gedacht ist das Lied aber wohl als Hymnus des einzelnen, der Dank sagt für seine Rettung, die Jahwe durch die Rettung der Auswanderer vollbracht hat.

ZU Ex 15,22–17,16:
AUF DEM WEG ZUM SINAI

Die in diesen Kapiteln erzählten Geschichten wird man nur dann richtig einordnen, wenn man auf den Sinn schaut, den der *Erzähler* damit verbinden will. Wenn man sich an die Äußerlichkeiten hält, kommt man ins Rätseln, und über diesem Rätseln verschließt sich der Sinn immer mehr. Der Sinn aber löst auch die

Rätsel. Denn es kommt zunächst nicht darauf an, zu behaupten: Bitteres Wasser wurde trinkbar, Wachteln und Manna haben die Israeliten in der Wüste genährt, Mose hat Wasser aus dem Felsen geschlagen, und durch die erhobenen Hände des Mose sind die Amalekiter (s. d.) besiegt worden. Sondern es kommt darauf an, zu sagen: Jahwe hat sein Volk geführt und trotz seiner Undankbarkeit immer wieder mit Wohltaten überhäuft.

Dokument dieser Führung des Volkes durch Jahwe sind nicht die Erzählungen der Bibel, sondern die Tatsache, daß das Volk existiert – trotz Wüste, Hunger, Durst und feindlichen Angriffen. Um der *Anschaulichkeit* willen werden bestimmte Situationen herausgegriffen, in denen Gott das Volk durch natürliche Mittel gerettet hat; der Erzähler aber verherrlicht durch eine legendarische Sprache jede Rettung als einzelne Großtat Jahwes. Die Überlegungen, Entschlüsse und Notschreie des Mose werden dabei als Zwiegespräch des Mose mit Jahwe formuliert – weil ja das Ergebnis der Rettung wirklich Jahwes Werk war. Das ist altbiblischer Dokumentations- und Erzählstil, der in abgeschwächter Form auch uns noch geläufig ist, wenn wir nach einer Rettung sagen: *Gott* hat uns behütet – wenn wir nach einer Katastrophe sagen: *Gott* hat uns heimgesucht, *Gott* hat uns gestraft. Über diese bei uns übliche Redeweise hinaus kam es jedoch den biblischen Erzählern darauf an, den „Heilsplan" Gottes herauszuarbeiten, den sie in der *ganzen* Rettungsgeschichte Israels erkannt hatten. – Siehe auch die Artikel „Legende" und „Wort Jahwes".

Vom Schilfmeer zog Mose mit seinem Volk in die Wüste Schur (15,22–27). Sie hat vielleicht ihren Namen vom ägyptischen *schur,* d. h. Mauer. Sie wäre danach eigentlich: die Wüste hinter der Mauer. Diese Mauer ist eine Art ägyptischer Limes, erbaut zum Schutz gegen Einfälle und unkontrollierte Einwanderungen von Beduinen.

Mose hatte keine große Auswahl für die Führung seines Volkes durch die Wüste. Der Weg war von vornherein durch die Oasen bezeichnet. Das gibt uns für die Rekonstruktion des Weges Anhaltspunkte, obwohl die biblischen Namen manchmal schwer mit den heutigen Oasennamen zu identifizieren sind. Die Wasserarmut ist die schlimmste Not in der Wüste. Daß in der Not der Wüstenwanderung diese Not an Wasser immer wieder erwähnt wird, ist ein bedeutender Hinweis darauf, daß hier nicht einfach „Dokumentationen" erfunden wurden, sondern daß der Erzähler der späteren Zeit (Redaktor) schon geformtes Erzählungsgut vorfand, das vielleicht bis in die Wüstenzeit selbst zurückgeht. Die Erinnerung an die überstandene Durstnot formte Erzählungen, die dann – wie sich das in Erinnerungen ergibt – immer mehr zu extremen Situationen von Not und Rettung ausgeformt wurden.

Knapp 80 km von Suez in südlicher Richtung an der Ostseite des Golfs von Suez, einige Kilometer landeinwärts, liegt *ain chawar(a)*, das man für Mara hält. Dieses *ain* (eigentlich: Auge) bedeutet Quelle (s. d.). Die Entfernung dieses Oasenortes vom angenommenen Durchzugsort durch das Schilfmeer gibt für diese Identifikation große Wahrscheinlichkeit; man könnte sie in drei Tagen zurücklegen – falls dieses „drei Tage" nicht einfach eine schematische Zahl ist (s. den Artikel „Zahlen . . ."). Aber das Wasser von Mara konnten sie nicht trinken (15,23–26).

DIE HEILUNG DES WASSERS

Ein echtes Wunder? Das Wasser von Mara war bitter oder salzig. Es war aber sicherlich nicht immer bitter oder salzig – auch heute ist es nicht immer bitter oder salzig; sonst wäre eine Oasensiedlung dort sinnlos. Aber Mose warf ein Stück Holz in das Wasser, und das Wasser wurde genießbar. Wer es ablehnt, hier von einer Legende (s. d.) zu sprechen, die den ständig gegenwärtigen Rettergott anschaulich machen will, der wird entweder sagen müssen, daß Mose ein Holz kannte, das Wasser trinkbar werden läßt, wenn es in den Quelltrog gelegt wird – ein Holz, das wir nicht kennen, oder er muß den Vorgang als Wundertat stehen lassen.

Mara ist ein hebräisches Wort und bedeutet: bitter. Das Wasser war bitter. „Deshalb nannte man es Mara (Bitterbrunn)" (Ex 15,23). Das ist wahrscheinlich wiederum eine der vielen volksetymologischen Wortdeutungen, von denen die biblischen Texte voll sind. Der Ort hieß ganz sicher aus einem anderen Grund Mara. Aber seine eigene Sprache legte dem Erzähler die Deutung als Ort vom Bitterwasser nahe. Und möglicherweise gab ihm diese

Deutung den Gedanken von der Legende ein, die wir in 15,23–24 lesen. Daß es sich aber schließlich hier um die legendarische Fassung einer *Lehre* handelt, geht eigentlich aus den Worten hervor, die der Erzähler dem Mose in den Mund legt: „Wenn du auf die Stimme des Herrn, deines Gottes, hörst und tust, was in seinen Augen gut ist . . . werde ich dir keine der Krankheiten schicken, die ich den Ägyptern geschickt habe. Denn ich bin der Herr, dein Arzt" (15,26). Auf den Arzt Jahwe, den Heiler, zielt also dieses Lehrstück hin. Wenn es aber ein Lehrstück ist, dürfen wir die Heilung des Wassers dann noch so wörtlich nehmen, wie wir es oft tun? – Oft hat man den Eindruck, als ob die Bibelleser von der Bibel gar nicht einen Anruf zu lebendigerem Gottverhältnis wollten, sondern daß ihnen eine Wunderreportage ohne den dahinterstehenden Sinn lieber ist.

Die Speisung mit Wachteln (16,13), lokalisiert der Erzähler in die Wüste Sin, die sich südlich an die Wüste Schur anschließt. Da nur einmal von Wachteln gesprochen wird, höchstens aber zweimal (in Num 11,31 f., wenn dies nicht eine Variante der ersten Wachtelerzählung ist), liegt eine natürliche Erklärung dieser Wachtelspende absolut nahe. Es waren von Afrika her zurückkehrende Wachtelschwärme, die im Frühling (die Bibel sagt: zu Beginn des zweiten Wanderjahres) zum Norden flogen und die sich hier zum Ausruhen niederließen, wie sie es wahrscheinlich seit undenklichen Zeiten getan hatten. Gleich anschließend spricht 16,14–36 vom Manna.

MANNA

Das Mannamotiv, das mit dem Wachtelmotiv in der Bibelerzählung *ein* Ereignis bildet, ist in sich schwieriger als jenes. Es hat mehrere Aspekte:

Die natürliche Erklärung ist schon oft beschrieben worden: Auf einer Tamariskenart („Mannatamariske") der Sinaihalbinsel leben zwei Arten von Schildläusen, die siruppartige Tropfen (linsen- bis erbsengroß) ausscheiden. Die Tagesabsonderungen tropfen unter der Sonnenhitze zu Boden und verhärten sich in der Nachtkühle. Num 11,7–9 gibt zu diesem Manna eine Glosse: „Das Manna war wie

Koriandersamen und er sah wie Bdelliumharz aus. Die Leute ... mahlten es mit der Handmühle oder zerstampften es im Mörser, kochten es in einem Topf und bereiteten daraus Brotfladen. Es schmeckte wie Ölkuchen." Wenn bei Nacht der Tau auf das Lager fiel, fiel auch das Manna.

Im Bericht über die Expedition, die die Hebräische Universität Jerusalem 1927 eigens zur wissenschaftlichen Erforschung des Manna zum Sinai machte, ist zu lesen, daß die hartgewordenen Tröpfchen und Klumpen anfangs eine weißliche, später eine gelbbraune Farbe haben, daß ihr Geschmack dem Honig ähnlich ist und daß man das Manna am besten früh am Morgen sammelt, weil sich später die Insekten, zuerst die Ameisen, darüberhermachen.

Der Name „Manna" scheint auf ein (ägyptisches?) Wort *man* zurückzugehen, das die Wandernden kannten, wie sie auch dieses *man* vom Hörensagen her kannten. Aber sie hatten es noch nie gesehen. Als sie deshalb zum erstenmal diese Speise sahen, fragten sie: *man hu?* (Ist das Man?). Der biblische Erzähler aber, der die natürliche Gegebenheit stillschweigend übergeht, deutet den Namen volkstümlich, indem er *man hu* mit *mah hu* (was ist das?) erklärt. Daß er von dieser natürlichen Gegebenheit und dem alten Namen durchaus gewußt hat, zeigt das Wort *man,* das er selbst gebraucht. Die arabisch sprechenden Beduinen nennen das Manna *man-es sama,* Himmelsmanna. Dieser Name gibt jedoch keine weiteren Aufschlüsse, da er offensichtlich von der Bibel her inspiriert ist. -

Die Beschaffenheit des Manna ist so, daß es sich fast unbegrenzt aufbewahren läßt. Allerdings stellt der Erzähler das Manna so dar, als ob es nur für einen Tag gesammelt werden könne; wer mehr sammelte, dem verdarb der Vorrat (16,20). Nur am Tag vor dem Sabbat sollte für zwei Tage gesammelt werden; und dann verdarb es nicht (16,22). Der erzählerische Sinn dieser Abweichung von der natürlichen Beschaffenheit liegt eigentlich auf der Hand, wenn man zu lesen versteht: Das Manna hält sich in der Woche nur an dem Tag, für den es gesammelt werden darf; denn Mose will sein Volk zur freiwilligen Genügsamkeit erziehen. „Sammelt davon soviel, wie jeder zum Essen braucht ... Doch sie hörten nicht auf Mose, sondern einige ließen etwas bis zum Morgen übrig. Aber es wurde wurmig"

(16,16.20). Für den Sabbat aber hält sich das Manna des Vortages. Und am Sabbat selbst liegt kein Manna auf dem Gefilde (16,25.26).

Warum will man aus all dem ein Wunder machen: daß das Manna am Wochentag nach dem Sammeln verdirbt, aber am Sabbat nicht, weil es am Sabbat kein Manna gibt? Es ist ein *Lehrstück,* in dem der Erzähler die wirklichen Geschehnisse und Forderungen (Genügsamkeit und Sabbatruhe) durch legendarische Geschehnisse ergänzt, um diese Forderungen als Gottes Wille erkennbar zu machen. Die Abweichungen in der Erzählung vom Manna, die das biblische Manna anders sein läßt als das natürliche (das natürliche kann z. B. auch nur von Mai bis Juli gefunden werden, das biblische Manna aber *scheint* immer gefunden werden zu können), erklären sich aus dem speziellen Sinn der Erzählung: Israel, sei genügsam! und: Haltet den Sabbat! und aus dem allgemeinen Sinn aller dieser Erzählungen: Gott hat euch geführt, Gott hat euch nicht vergessen.

„Vierzig Jahre lang" (16,35) aßen die Israeliten das Manna, d. h., solange sie auf der Sinaihalbinsel waren. Ob dies wirkliche vierzig Jahre waren, darf bezweifelt werden; Vierzig ist eine schematische Zahl, wie sehr viele Zahlen des AT (s. auch den Artikel „Zahlen ..."). Zudem braucht dieser Satz nicht zu heißen, daß sie es tagtäglich aßen; es war ja nur von Mai bis Juli zu finden. Wenn ich vierzig Jahre lang nach Salzburg gefahren bin, so kann das heißen: während vierzig Jahren bin ich jährlich zu den Festspielen – oder: während vierzig Jahren bin ich jährlich einmal für einen Monat in Ferien nach Salzburg gefahren. Eine solche verkürzte Redeweise müssen wir auch der Bibel zubilligen: „vierzig Jahre lang" jährlich von Mai bis Juli Manna! Das ist – abgesehen von der maximalistisch-lehrstückhaften Sprache – auch noch zu berücksichtigen.

Daß Amalek Israel angegriffen habe, erzählt Ex 17,11–13. Die altbiblischen Gesten des Ausdrucks für Glaube, Überzeugung und Tatsache, daß Gott (Jahwe) seinem Volk hilft, sind mannigfaltig. Gott hat wirklich den Israeliten den Sieg über die Amalekiter geschenkt. Die Propheten Israels konnten nichts anderes verkündigen, als daß Jahwe siegte, wenn Israel siegte. Deshalb hat sicherlich auch schon Mose, in der Überzeugung, daß der Kampf mit den Amalekitern ein entscheidender Kampf war, von dessen Ausgang Weiterbestehen oder Untergang seines wandernden Volkes abhing, gebetet. Die Erzählung aber, daß Israel siegte, solange Mose die Hände erhob, daß es in Bedrängnis geriet, wenn er die betenden Hände sinken ließ, ist die biblische Formulierung für die Überzeugung, daß *Gott* seinem Volke den Sieg gegeben hat. Diese legendarische Fassung ist eine der schönsten Dramatisierungen der Bibel überhaupt (s. den Artikel über die Legende).

Aber auch ein anderer Zug darf hier nicht übersehen werden. Es ist zugleich auch eine Aussage über Mose, durch die der Prophetencharakter des Mose dargetan werden soll; denn der Prophet ist ja nicht nur Künder des göttlichen Willens, sondern auch Fürsprecher (s. den Artikel „Der Prophet Abraham vor dem göttlichen Richter").

ZU Ex 19,1–31,17:
GESETZ UND BUND AM SINAI

Wie der endgültige biblische Text aus verschiedenen Überlieferungserzählungen zusammengeflossen ist, läßt sich sehr gut aus den Zeitangaben mancher Erzählungen ersehen. In Ex 16,1 heißt es z. B., daß die Israeliten am fünfzehnten Tag des zweiten Jahres in die Wüste Sin gekommen seien, hier aber in 19,1 wird erzählt, das Volk sei im dritten Monat nach dem Auszug schon zum Sinai gekommen. Solche „Unebenheiten" hat man früher mit viel Scharfsinn zu harmonisieren versucht; seit wir jedoch durch sorgfältigen Textvergleich etwas mehr über die Literaturform der altbiblischen Bücher wissen (s. die Artikel über die Traditionsschichten des Pentateuch), sind solche „Unstimmigkeiten" kein Anlaß mehr zum Rätseln und Zweifeln. All diese Dinge haben übrigens auch nichts mit der Inspiration (s. d.) zu tun, weil sie nicht zum Wesen der biblischen Aussage gehören; das sei noch für jene gesagt, die solche Widersprüche aus Gründen der Inspiration stören. – Außerdem ist auf die thematische Ordnung hinzuweisen, wie wir sie ähnlich auch in den Evangelien beobachten können. Es wäre durchaus möglich, daß der Erzähler zuerst einige markante Dinge erzählt, die er für die Zeit *vor* und *nach* der Gesetzgebung auf Sinai verzeichnen wollte, um dann erst die Gesetzgebung darzulegen.

In dieser Erzählung wird Gott auf dem Sinai wohnend, weilend oder erscheinend gedacht. Er wird auf diesem Berg Sinai (s. d.) verehrt. Die Vorstellung der wandernden Hebräer mag die gewesen sein, daß Gott dort wohnte. Vielleicht trugen sie die Vorstellung vom *el-schaddáj* mit sich (s. d.), die schon Jakob aus Mesopotamien mitgebracht haben könnte. Dieser Vorstellung kam dann der beduinische Glaube entgegen, daß der Sinai/Horeb Wohnort des Gottes sei, der bei den Beduinen vielleicht Sin hieß. Möglicherweise liegen hier auch Einflüsse Jitros vor, des Priesters der Midianiter und Schwiegervaters des Mose, der vielleicht sogar *Jahwe* auf diesem Berg verehrte; denn es ist auffallend, mit welcher Selbstverständlichkeit der Erzähler Jitro nach dem Sieg der Israeliten über die Amalekiter Jahwe preisen läßt.

Das alles sind Überlegungen zu der Frage, warum Mose sein Volk zum Sinai führte – und warum es dann, nachdem man angelangt ist, einfach heißt: „Mose stieg zu *Gott* hinauf." Für die Geschichte des Monotheismus in Israel ist dieses Kapitel überaus wichtig. Denn die Auswanderer glaubten noch, daß es zwar viele Götter gebe, aber sie sollten nur dem Gott Jahwe glauben. Diesen Gott Jahwe findet Mose auf diesem Berg Sinai.

Nachdem aber – durch Gottes Führung, von der die alte Bibel immer wieder sprechen *muß* – sich Jahwe als *der* Gott und immer als der mächtigste erwiesen hat, rückte Jahwe, je weiter die Zeit und die Offenbarung durch die Geschichte des Volkes fortschritt, auch im Glaubensbewußtsein des Volkes immer mehr als der einzige Gott in den Vordergrund. Die Gesetzgebung am Sinai war für diesen Prozeß der Entwicklung vom Polytheismus über den Henotheismus (s. d.) zum Monotheismus einer der wichtigsten Hebel.

Da rief ihm der Herr vom Berg her zu (Ex 19,3). Hiermit beginnt die dramatische *Darstellung* der Gesetzgebung und des damit verbundenen Bundesschlusses. Die realen Vorgänge sind so zu denken, wie sie in alter Zeit in aller Welt geschehen sind: Mose beriet mit den Ältesten; Mose ging mit sich selbst zu Rate; Mose betete um Erleuchtung; Mose legte das Beratene in einigen Kernworten als „Gesetz" fest.[1] Aber der Erzähler wußte, daß dies alles trotzdem nicht des Mose Werk war, weil Jahwe der einzige ist, der bindende Gesetze geben kann. Deshalb formte er aus den tradierten Erzählungen, die wohl gewiß schon die Formel gebrauchten, daß *Gott* am Sinai dem Volk das Gesetz gegeben habe, die großartigen Dialoge zwischen Gott und Mose und zwischen Mose und dem Volke. Diese Erzählungen wollen nicht etwa sagen: so ist es in allen Einzelheiten geschichtlich gewesen, sondern – wie wir heute sagen würden –: so ist die geistige Wirklichkeit.

Wenn wir das alles annehmen, so wird es uns auch keine Schwierigkeit bereiten, in den Heiligungsvorschriften vor der Gesetzgebung (19,10f.) spätere rituelle Bräuche und Vorschriften zu erkennen. Denn der Erzähler sprach oder schrieb für Menschen, denen solche Heiligungsvorschriften geläufig waren (s. den Artikel „Rein oder unrein"). Er machte mit Mitteln, die zwar, wenn wir in streng historischen Kategorien denken, anachronistisch sind, die aber seinem Zuhörer und Leser begreiflich waren, klar, daß ein großer religiöser Akt bevorstand. In ähnlichem Sinn sind die Schranken um den Berg (19,23) zu verstehen. Der unnahbare Gott, der später im Allerheiligsten verehrt wurde, zu dem nur der Hohepriester Zutritt hatte, wohnte noch auf dem Berge. Der erzählerische Ausdruck für diese Unnahbarkeit Gottes am Sinai sind die Grenzen um den Berg.

DER SINAI BEI DER GESETZGEBUNG

In Ex 19,16–25 werden die Naturerscheinungen geschildert, als Gott vom Sinai her das Gesetz verkündete: Blitz, Donner, Wolken auf dem Berge; der ganze Sinai war in Rauch gehüllt, als der Herr im Feuer auf ihn herniederfuhr; die Erde bebte. Die Menschen selbst verstärkten die Szene mit „Hörnerschall" (19,19).[2]

Der Erzähler massiert hier alle Naturerscheinungen und Schallelemente, die im dichterischen Vokabular Israels für die Sprache und Erscheinungsweise Gottes gebräuchlich waren (s. den Artikel „Zeichen der Theophanie"). Auch diese Erzählung will nicht geschichtliche Einzelheiten berichten, sondern will mit Worten, die dem (späteren) israelitischen Volk als Bilder für die Erscheinung und Sprache Gottes verständlich waren, die historische Stunde der Gesetzgebung in ihrer Wich-

tigkeit und das Gesetz als von Gott gegeben anschaulich machen. Vollends deutlich wird die Richtigkeit dieser Sehweise, wenn es dann heißt: „Dann sprach Gott alle diese Worte" (20,1). Gott hat gesprochen „*durch* die Propheten" – am Sinai *durch* seinen Propheten Mose. Der Erzähler aber darf, um die Gesetzgebung von Gott her anschaulich zu machen, auch Gott selbst sprechen lassen. Nur der Erzähler kann das, wenn er Geschichte schreibt, nicht aber der nur auf die reinen Fakten ausgerichtete Geschichtsschreiber; denn allein der Erzähler kann deutend erzählen (s. im Artikel „Wort Jahwes" Nr. 3, und Nr. 4).

DIE ZEHN GEBOTE

Das AT enthält zwei größere Kataloge der Zehn Gebote: in Ex 20,1–17 und in Dt 5,6–21. Der Deuteronomiumstext (s. d.) ist in einzelnen Punkten ausführlicher oder anders. Offenbar war das Gesetz vom Sinai, wie auch die mehrmalige Bezeichnung „zehn Worte" andeuten könnte, zunächst ein sehr kurzer, markanter Katalog. Die beiden größeren Kataloge sind bereits Erweiterungen, wie sie sich später ergeben haben. Aber nur mit diesen Erweiterungen sind uns die Gesetzesworte vom Sinai erhalten.

Zur Präambel und den ersten drei Geboten siehe im Artikel „Jahwe", „Das Gottesbild", „Der Sabbat".

Zum vierten Gebot: Die Fassung dieses Gebotes weist auf eine Formulierung hin, die erst nach Einnahme der Wohnsitze im Lande Kanaan möglich war. Zu den Urgeboten würde also eine Kernsatzformulierung, vielleicht ohne Verheißung, gehören. Wenn man bedenkt, daß in anderen Gesetzen für Verunehrung der Eltern die Todesstrafe angedroht wird, so erhält der Text „damit du lange lebst" einen sehr speziellen und harten Sinn. (21,15

---

[1] Im heutigen Staat Israel spricht man von den „Zehn Worten vom Sinai" als der ersten *Verfassung* des Volkes Israel.

[2] Die früher sehr oft gebrauchte Bezeichnung „Posaunen" ist eine schlechte Übersetzung, weil es zur Zeit Israels das, was wir Posaunen nennen, noch nicht gab. Die Posaune ist erst im 15. Jahrhundert n. Chr. aus der Zugtrompete entwickelt worden. Es sollte besser heißen: „Trompeten" oder „Hörner" (s. den Artikel über die Musik Israels).

Die Hammurabistele. Hammurabi empfängt vom Gott Marduk das Gesetz. Dieses Gesetz steht auf säulenartigem Steinblock. Es umfaßt die Präambel, 282 Gesetzesparagraphen und ein Schlußwort, in dem das Gesetz durch Fluch und Segen gesichert wird.

sagt: „Wer seinen Vater oder seine Mutter schlägt, der wird mit dem Tode bestraft.")

Gesetzessammlungen anderer Völker können durchaus für das Gesetz des Mose und Israels als Vorbild gedient haben. Sowohl in Mesopotamien wie auch in Ägypten gab es vor Mose Gesetzessammlungen. Unter den mesopotamischen Gesetzen ist bei uns vor allem die Gesetzessammlung des Hammurabi (etwa 1750 v. Chr.), berühmt geworden. Außerdem gab es noch das ungeschriebene geltende Recht. Die meisten Sammlungen dieser Völker legen ihre Gesetze an bestimmten Fällen dar (kasuistische Rechtssammlungen); wir könnten sie etwa vergleichen mit den Entscheidungen der obersten Gerichte, wie sie bei uns für die richterliche Handhabung der Gesetze große Bedeutung haben.

Das Gesetz Israels unterscheidet sich von jenen Gesetzessammlungen oft dadurch, daß es in apodiktischen Rechtssätzen allgemeine Formeln aufstellt; abgesehen von der religiösen Bedeutung der Zehn Gebote erklärt diese allgemeine Formulierung den großen Einfluß dieses Grundgesetzes Israels auf die gesamte Rechtsauffassung bis heute.

Die Zahl Zehn in der Gebotszählung ist symbolisch. Zwar zählen wir heute zehn Gebote, weil wir sie entsprechend geordnet haben. Im AT sind die Gebote im Text nie numeriert; trotzdem ist von „zehn Worten" die Rede. Diese Zahl hat lediglich den Sinn, die Vollkommenheit der Gebote auszudrücken (s. den Artikel „Zahlen...").

Den Einfluß der mehr kasuistischen kanaanäischen Rechtsformeln kann man im sogenannten „Bundesbuch" (Ex 21,1 bis 23,19) beobachten; dieses Bundesbuch könnte eine Sammlung kanaanitischen Dorfrechts sein, die die Israeliten übernahmen. Das „Bundesbuch" ist also bestimmt erst nach Moses Tod in die israelitischen Weisungstexte eingefügt worden. Es wurde von den Propheten, die dies besorgten, in der Erzählung jedoch dem Mose zugeschrieben, weil der historische Mose zum Symbol des israelitischen Gesetzgebers überhaupt geworden war.

Nach den jüngsten Forschungsergebnissen haben außerdem die Vertragsformeln der Bundesbeschlüsse zwischen herrschenden und unterworfenen Völkern auf die Zehn Gebote bedeutenden Einfluß gehabt. (Dazu s. die Darlegungen über den „Bund".)

DIE GESETZESTAFELN

Weil Mose das Gesetz gab und doch Jahwe es gab, so muß sich die Gesetzgebung Jahwes durch Mose in der Erzählung mit der Übergabe der Gesetzestafeln aus der Hand Jahwes an Mose abrunden. Dies ist eine abschließende dramatische Szene, die jeder versteht. Denn wie beim Abschluß eines Vasallenvertrages zwischen Großkönig und Vasallenkönig die Vertragsformeln auf Stein ausgetauscht wurden, wobei jeder Partner eine Tafel bekam, genauso mußte sich auch der Vasallenvertrag zwischen Jahwe und Israel mit dem Austausch der Gesetzestafeln abrunden.

Es ist grausam, wie solche lehrenden, erzählerischen Aussagen manchmal materialisiert werden. So wurde z. B. die Eingrabung der Gesetze auf die Tafeln „durch Jahwe selbst" in dem Monsterfilm „Die Zehn Gebote" so dargestellt, als ob jeweils ein Blitzstrahl das einzelne Gesetz in die Steintafel eingegraben hätte. Das ist der schreckliche Versuch, aus der israelitischen Religion eine Unwahrscheinlichkeit zu machen. Natürlich hat es Gesetzessteine gegeben, auf denen die Grundgesetze gemäß der Überlieferung auf (zwei?) doppelseitig beschriebenen Steintafeln aufgeschrieben waren. Vielleicht hat wirklich schon Mose sie in diese Tafeln einmeißeln lassen. Sie wurden später in der Bundeslade aufbewahrt. Es ist nicht ausgeschlossen, daß die Formel „Ich werde einen Engel schicken, der dir vorausgeht" (23,20.21) sich auf die in der Bundeslade vorangetragenen Gesetzestafeln bezieht und Israel wußte, daß diese Gesetze von Jahwe gegeben waren: durch Mose. Mose hat sie in die Steine einmeißeln lassen (s. im Artikel „Wort Jahwes" den Abschnitt über die Gesetze).

DIE AUFSTIEGE DES MOSE

Die etwas verworrenen Erzählungen von den Aufstiegen des Mose auf den Berg lassen sich etwa so ordnen: Mose steigt zum erstenmal auf und kehrt zurück; dem folgt die Verkündigung der Zehn Gebote und des Bundesbuches sowie der Bundesschluß (Ex 19; 20; 21; 22; 23; 24,1–11). – Dann steigt Mose zum zweitenmal auf den Berg: „Vierzig Tage und vierzig Nächte"; er kehrt zurück mit den Anweisungen für

die Kultstätte und mit den Tafeln der Gesetze. Als er zurückkehrt, feiert das Volk soeben das Fest des Goldenen Kalbes. Mose vollzieht das Gericht (Ex 24,12–18; 25; 26; 27; 28; 29; 30; 31; 32,1–29). – Mose geht noch einmal zu Jahwe, um Verzeihung zu erbitten. Er kehrt zurück und fordert das Volk zu Trauer und Buße auf. Hier erscheint seltsamerweise schon „außerhalb des Lagers" ein „Offenbarungszelt" (Ex 32,30–35; 33,1–17). – Mose bittet Gott, ihm seine Herrlichkeit zu zeigen. Er steigt auf den Berg – „vierzig Tage und vierzig Nächte" – und erhält von Jahwe die Gesetze noch einmal auf den Tafeln. Neue Verheißung des Einzuges in Kanaan und neue Einprägung der gesetzlichen Forderungen. Mose kehrt zurück. Sein Gesicht strahlt (Ex 33,18–23; 34,29–35). Es folgt die Herstellung des Heiligen Zeltes (Ex 35 ff.).

Wenn man das Ganze so resümiert, scheint es eine gewisse Folgerichtigkeit zu haben; dem Originaltext aber fehlt diese Folgerichtigkeit. Man hat den Eindruck von lose aneinandergesetzten Stücken, die schlecht miteinander verbunden, notdürftig aufeinander abgestimmt sind – aber alles zusammen ist kein Ganzes geworden. Die Gründe für diese Notdürftigkeit liegen in der Verquickung und Verschachtelung verschiedener Traditionstexte, die außerdem noch unter verschiedenen Gesichtspunkten bearbeitet und ergänzt wurden. Ihre Kompilation ist kein Meisterwerk; aber vielleicht *wollte* man die tradierten Texte nicht allzusehr ändern, so daß man also die schlechte Kompilation in Kauf nahm, um die tradierten Texte einigermaßen zu erhalten. Dieser Schluß ist deshalb erlaubt, weil auch die Bearbeiter selbst die fragliche Folgerichtigkeit der aneinandergefügten Texte gesehen haben müssen.

Gerade diese Unvollkommenheit des Ganzen weist uns aber auf den Sinn des einzelnen hin: Später Entwickeltes sollte in diesen Anfang des Volkes, als das Volk sein erstes Grundgesetz erhielt, aufgenommen werden, um es als dazugehörig zu betonen. Die Vielfältigkeiten des Kultus sind gewiß *nicht* von Mose so angeordnet worden, wie es in Ex 25 ff. und 35 ff. zu lesen steht, sondern sie spiegeln frühestens die Kultbräuche der Königszeit wider, bevor der Erste Tempel unter Salomo gebaut wurde, oder sogar den salomonischen Tempel selbst, indem der Tempel sozusagen in ein Wanderheiligtum zurückübersetzt wird, um ihn damit zum vollendeten Nachbild eines nur in Ansätzen existierenden Urbildes zu machen. Mit den Vorbehalten, die sich daraus ergeben, sind die Beschreibungen des „Heiligen Zeltes" (s. d.) zu verstehen. Auf jeden Fall ist die Schilderung als ein Ideal anzusehen, das in der Wirklichkeit nie bestanden hat.

ZU Ex 31,18–33,6:
DAS GOLDENE KALB

Zur Erzählung über den Bundesbruch durch „das Goldene Kalb" (s. d.) und zu den geschichtlichen Zusammenhängen (s. S. 528, Nr. 10) nur einige Bemerkungen:

„Als ... Mose noch immer nicht vom Berg herabkam, versammelte sich das Volk um Aaron und sagte zu ihm: Komm, mach uns Götter, die vor uns herziehen" (32,1). Hier ist klar ausgesprochen, daß der ziehende Haufe insgesamt noch polytheistisch dachte. Außerdem ist diese Stelle wichtig für das rechte Verständnis der anderen Stelle, in der von der Wolken- und Feuersäule gesprochen wird. Wäre die Wolken- und Feuersäule eine wirklich sichtbare Erscheinung gewesen, so hätte es niemals zu dem Abfall Israels in der Verehrung des Goldenen Kalbes kommen können. So aber sind die „Säulen" nur erzählerische Bilder für die Gegenwart Gottes, die der spätere Erzähler als Motiv einführt (s. im Artikel „Zeichen der Theophanie").

Die Urerzählung dieser Geschichte hat gewiß vom Zorn des Mose über diesen Abfall seines Volkes und von der Strafe gesprochen; denn Volkserzählungen, die solche Ereignisse aufbewahren, pflegen sehr sachlich zu sein. Der Erzähler des (etwa) 10. Jahrhunderts v. Chr. aber läßt nach bewährter Erzählweise dem Zorn des Mose ein Zwiegespräch zwischen Mose und Jahwe vorausgehen, um ein pädagogisches Wort zur Lage im Nordreich (Israel) sagen zu können: Hier gibt es nur zweierlei – Ausrottung des Volkes oder Bekehrung. Die Lage ist auch für das von Jahwe schon halb abgefallene Nordreich nicht aussichtslos; denn Jahwe hört auf die Bitten seiner Propheten.

Deshalb heißt es in 32,11: Darum „versuchte Mose den Herrn ... zu besänftigen." Diese Formel gehört gleichzeitig zur Charakterisierung des Mose als eines fürsprechenden Pro-

pheten (s. Ex 17,11–13). Vielleicht will sich der (uns unbekannte) Erzählerprophet damit dem Volke Nordisraels als Fürsprecher empfehlen.

Von Mose weiß er zu erzählen, daß er das Goldene Kalb, das sie gemacht hatten, zerstampft und verbrannt habe (32,20) und daß er alle Leviten um sich geschart habe, daß sie die Götzendiener zu Tode schlügen (32,26–29). Die wenigen Zeilen dieses Erzählungspassus enthalten mehrere Gesichtspunkte:

1. Mose hat ganz gewiß eine drakonische Strafe vollziehen lassen; davon können die mosaischen Urerzählungen zweifellos berichtet haben.

2. Dem elohistischen Erzähler (s. d.) liegt daran, diese Strafe als Drohung für seine Zeit auszusprechen. Das Verbrechen des Götzendienstes ist so gewaltig, daß (wie der Text sagt) weder Bruder, Freund noch Verwandter geschont werden darf und deshalb auch – wie er zu berichten weiß – damals nicht verschont wurde (32,27). Diesen Zug stellt er als Warnung stark heraus.

3. Obwohl Aaron (der Mann aus dem Hause Levi, der Levit) Mitschuld an dem großen Frevel trug (32,23–24), standen alle Leviten mit dem Leviten Mose zum Herrn, und ihnen wurde von Mose die Bestrafung übertragen. Dieser Zug der Erzählung gehörte kaum zu den volkstümlichen Mosegeschichten (s. den Artikel über die Leviten), sondern stellte eine Aufforderung des Elohisten an den zum Gottesdienst verpflichteten „Stamm Levi" dar, seine Pflicht auch bei der Bekämpfung der Irrwege des Königs Jerobeam und seiner Nachfolger zu tun und sich nicht auf die Seite des baalähnlichen Jahwekultes zu schlagen.

ZU Ex 33,7–34,35:
ERNEUERUNG DES BUNDES

Zur Erneuerung des Bundes schrieb Gott auf zwei neue steinerne Tafeln all die Worte, die er zum ersten Male auf die Tafeln geschrieben, die Mose danach aus Zorn über das Goldene Kalb zertrümmert hatte (34,1). Nach vierzig Tagen stieg Mose mit strahlendem Angesicht vom Berg herunter (34,29). So formulierte es der Exodus-Erzähler.

Dieses Strahlende des Gesichts bei Mose ist ein Zug der Moselegende, durch die das Ansehen des Mose, seine Jahweverbundenheit, seine Erwählung zum Werkzeug Jahwes ausgesprochen werden soll; vielleicht auch seine Macht – denn der Strahl ist (in Anlehnung an den Blitz) ein Bild für Macht. Das wäre echt altbiblisch gedacht und ein echt altbiblisches Bild; denn nur Jahwe ist mächtig, und Mose strahlte – war mächtig – durch den Herrn.

Die Vulgata hat dieses Strahlen seltsamerweise mit *cornuta facies sua* (war sein Gesicht gehörnt) übersetzt. Das hebräische Wort *kärän* bedeutet allerdings „Horn", aber auch „Strahl" (Blitzstrahl, die Spitze der Mondsichel u. ä.).

Die Seltsamkeit ist aber trotzdem erwähnenswert, weil sehr viele Mosedarstellungen in der Bildenden Kunst auf Grund dieser Vulgataübersetzung Mose mit (strahlenden) Hörnern zeigen.

Das Buch Levitikus

Das dritte Buch des Mose (Levitikus) ist eine Sammlung von Gesetzen, deren heute vorliegende Form etwa seit 400 v. Chr. unverändert besteht.

Es enthält Opfergesetze, in einem erzählerischen Text die Einsetzung des Priestertums (Lev 8 und 9) und Gesetze für die Priester, Reinheitsgesetze, Kultanordnungen für den Versöhnungstag und schließlich das „Heiligkeitsgesetz"; in einem Nachtrag gibt es Anweisungen über die Ablösung von Gelübden und Zehntabgaben durch Geld.

Dieses priesterliche Verordnungsbuch geht in seinen Grundtexten auf die sogenannte Priesterschrift (s. d.) zurück, die aber ihrerseits in Einzelheiten auf älteren Gesetzesüberlieferungen fußt. Ein gewisser Grundstock dieser Gesetze geht vielleicht auf Mose zurück. Da man nach antikem orientalischem Brauch den Grundstock eines Werkes als ausschlaggebend für die Autorschaft ansah, ist es also durchaus zulässig, auch das durch Zusätze und veränderten Zeiten angepaßte Gesetzeswerk dieser Sammlung mit dem Titel „Gesetz des Mose" zu bezeichnen.

Der Titel „Levitikus" stammt aus der griechischen Bibel, den die lateinische Bibel von dort übernommen hat. Begründung des Titels: Das Buch enthält fast ausschließlich kultische Vorschriften der Priester und Kultdiener aus dem Stamme *Levi* (s. d.). In der Darstellung werden die Gesetze oft wie direkte Anordnungen des Mose am Sinai formuliert. Die heutige Gestalt erhielt das Buch erst nach dem Babylonischen Exil (538 v. Chr.).

Auskünfte über die einzelnen Opfer, über Priestergesetze, Reinheitsgesetze, Sabbat, Feste und das Jubeljahr gibt dieses Buch in Einzelartikeln (s. unter dem betreffenden Stichwort im Stichwortverzeichnis).

Das Buch Numeri

Das vierte Buch des Mose, das Buch Numeri (Num), erzählt vom Aufbruch der Stämme am Sinai bis zum Aufenthalt in Moab (S. 531, Nr. 15 f.). Da das Buch mit einer Zählung der Wehrfähigen beginnt, trug es im Griechischen den Titel *arithmói* (lat. *numeri:* Zahlen).

Als Geschichtsquelle ist das Buch nur ganz allgemein zu werten – wie die übrigen Bücher des Pentateuch (s. d.): zweifellos liegen ihm auch älteste Erzählungen zugrunde, die sogar bis in eine Wüstenzugzeit zurückgehen mögen. Aber diese sind gemischt mit anderen Traditionen – wahrscheinlich mit Traditionen verschiedener Wüstenzüge. Ihre Zusammenfassung und Ordnung zu einem Ganzen, das eine historische Möglichkeit bot, geschah etwa in der Königszeit; aber nicht so sehr um die Geschichte der Wanderung zu erzählen, sondern um die führende Macht des Bundesgottes Jahwe aufzuweisen.

Der Erzählungsraum, mit dem das Buch beginnt, ist die Vorbereitung des Aufbruchs am Sinai. Die einzelnen Abschnitte enthalten entweder Namens- und Ortsverzeichnisse (Listen) oder sind Wiederholungen bzw. Ergänzungen von Gesetzen (s. dazu auch „Das Buch Levitikus"), die in einige Ereignisse des Wüstenzugs eingebaut sind.

Das Buch Numeri schloß früher mit dem Tod des Mose; als aber das heutige Buch Deuteronomium nach der Babylonischen Gefangenschaft (also nach 538 v. Chr.) mit den anderen sogen. Büchern Moses zum Pentateuch (s. d.) zusammengefaßt wurde, ist der alte Schluß des Buches Numeri an das Ende des Buches Deuteronomium verlegt worden.

ZU Num 1,1–10,10:
NOTIZEN AUS DEM PRIESTERGESETZ

Listen von allerlei Art enthält das Buch Numeri, z. B. gleich am Anfang die Volks- und Heeresordnung (1,1–54), die Ordnung im Lager und auf dem Marsch (2,1–34), die Musterung der Priestergeschlechter und Levitengeschlechter, eingeleitet durch „Anweisung des Herrn", d. h. die Anweisungen des Mose werden als vom Herrn empfangen vorgestellt (3,1–4,49). – Über die Literaturgattung der „Liste" siehe dort!

Eingestreut sind Gesetzesvorschriften, z. B. die Ausweisung der Unreinen „aus dem Lager", um den Eindruck zu erwecken, daß die Vorschrift aus der ältesten Gesetzgebungszeit stammt, obwohl wahrscheinlich ist, daß der Text sehr viel jünger ist, wenn auch nicht ausgeschlossen werden kann, daß der Brauch der Aussonderung älter ist als das Gesetz (5,1–4); die Regelung von Schadenersatz und Abgaben ans Heiligtum (5,5–10). Das Eifersuchtsgesetz mit der Prozedur eines „Gottesurteils": wichtig für den lebensgefährlichen Aberglauben der Israeliten (5,11–31). In dieser Weise werden viele Gesetzesvorschriften eingefügt, ohne daß immer deutlich wird, warum die Vorschriften gerade an ihrer heutigen Stelle erwähnt werden.

Der Priestersegen (6,22–27) ist bis heute in jüdischen und christlichen Gemeinden üblich:
„Der Herr segne dich und behüte dich,
Der Herr lasse sein Angesicht über dich leuchten . . ."

Da des öfteren an Vorschriftenreihen Segen- oder Fluchformeln folgen, könnte sein, daß ursprünglich hier eine Segensformel vorliegt, die sich an das Kapitel „Nasiräergelübde" (6,1–21) – s. d. – anschloß, in Buch Numeri dann aber verselbständigt wurde.

Die Wolkensäule über dem heiligen Zelt (9,15–23) ist in den folgenden Kapiteln 7–10,10 unter den rechtlichen und liturgischen Vorschriften eine besonders zu beachtende Passage: eine Wolke zeigte sich über dem Heiligen Zelt am Tage als Schutz- und Ehrfurchtswolke, in der Nacht als leuchtende Wolke. Wenn die Wolke sich erhob, zog das Volk weiter; wenn sie sich niederließ, ließ sich auch das Volk nieder.

Früher nannte man diese Wolke ein Wunder Gottes. Richtig ist aber nicht die Deutung als Wunder, sondern die Deutung als Erzählungsmotiv. Daß Israel in allen Gefahren der Wanderung so beschützt leben konnte, läßt sich nur erklären, wenn man es vom Herrn beschützt glaubt. Das symbolische Zeichen dieser ständigen Gegenwart Gottes ist die Wolke (s. d.): die *erzählte* Wolke.

ZU Num 10,11–19,22:
AUFRUHR NACH DEM AUFBRUCH

Nach dem Aufbruch vom Sinai (10,11–36) begann das Volk wegen des Darbens auf der Reise zu fluchen und zu weinen. Mose wurde die Arbeit mit dem Volk zu viel; da bestimmte Mose siebzig (s. „Zahlen") Älteste, damit er es leichter habe. Ihren Unmut wegen des fehlenden Fleisches vertrieb der Herr, indem er Wachteln zum Fangen und Essen schickte (11,1–35). Zum „Wachtelwunder" s. die betreffende Bemerkung bei Ex 16,13.

Auch die Geschwister des Mose – Mirjam und Aaron – lehnten sich auf, und Mirjam wurde dafür sieben Tage mit Aussatz und Aussperrung bestraft (12,1–16).

Die Israeliten zogen von der Wüste Sinai in Etappen weiter; schließlich ließ sich die Wolke (s. d.) in der Wüste Paran nieder. Östlich an die Wüste Schur, nördlich an die Wüste Zin schließt sich das wasserlose Wüstengebiet Paran mit mehreren großen Oasen im Norden an. Die Wüste Paran ist eine Hochebene mit einer durchschnittlichen Höhe von 500 m über dem Meer, die im Nordosten durch das Gebirge

Seir (bis 1200 m) abgeriegelt wird. Das Gebirge Seir war Gebiet der Edomiter (s. d.).

Im Schutz des Gebirges, ihm westlich vorgelagert, liegt die große Quellen- und Seenoase Kadesch (heute: *ein k'des*), ein Landstrich, der von mehreren Wadis durchschnitten wird, die vom Gebirge Seir herunterkommen.

Mit diesem Vorstoß nach Norden, bei dem er den Amalekitern (?) diese große Oase abkämpfte, wollte Mose offenbar einen Ausgangspunkt für den Angriff auf Kanaan gewinnen. Er ging dabei vor wie jeder Heerführer: *Er sandte zunächst Kundschafter aus (13,1–16):* zwölf Männer, nämlich von jedem Stamm einen. Die Schrift weiß, nach orientalischer Geschichtsschreibungsart, die Namen der Männer genau zu nennen, obwohl die Niederschrift Jahrhunderte nach dem erzählten Ereignis geschah und man auf dem Wüstenzug unter Mose kaum von zwölf Stämmen sprechen konnte.

Nach vierzig Tagen machten sie sich auf den Rückweg. Die Zeitangabe „nach vierzig Tagen" (13,25) ist eine schematische Zahl, die keine echte Zeitangabe enthält (s. den Artikel „Zahlen ..."). Zwei Männer trugen an einer Stange eine Rebe mit einer Traube (13,23). Die Bibel nennt das Tal Eschkol (d. h. Traubental) als Ort, wo die Kundschafter die Traube abschnitten. Möglicherweise ist es das heutige *wadi bit-iskahil*, 6 km nordwestlich von Hebron. Natürlich war die Traube in Wirklichkeit nicht so fast mannsgroß, wie der Text es glauben lassen könnte und wie man sie manchmal auf romantischen Bildern dargestellt sieht; die Riesentraube ist jedoch wohl nicht nur das Ergebnis eines maximalistischen Erzählstils, sondern auch ein Symbol (s. den Artikel über den Wein). Über die mitgebrachten Granatäpfel (s. d.), über die Feigen (s. d.); über die Phrase „Milch und Honig" (13,27) s. S. 177.

Die Leute in dem Land sind stark, meldeten die Kundschafter, und ihre Städte sind groß und fest. „Auch haben wir die Söhne des Anak dort gesehen" (13,28). Auf die Aufforderung Kalebs, trotzdem den Angriff zu wagen, widerstanden die anderen Kundschafter, indem sie aus den starken Leuten Riesen machten (zu den Enakitern s. d.).

Das Volk hörte nicht auf, Mose zu drohen. Da erschien „die Herrlichkeit des Herrn" (s. d.) am Offenbarungszelt (14,10). Der Herr verhängte eine vierzigjährige Strafe.

In der Strafe, die Jahwe hier verhängte, finden wir – nach dem Stil der biblischen Erzähler – spätere Ereignisse als Strafe für früheren Ungehorsam gedeutet, aber erzählerisch nicht von rückwärts her, sondern indem die Bestrafungsworte vor den Strafereignissen Jahwe in den Mund gelegt werden. Die „vierzig Jahre" unbehaustes Hirtenleben, die die Stämme durchstehen mußten, bevor sie das Land Kanaan einnehmen konnten, erkannte der spätere Erzähler (zwischen Landnahme und Königszeit oder in der Königszeit) als Strafe Jahwes für den vielfältigen Ungehorsam des Volkes nach dem Auszug aus Ägypten, und er fügte deshalb das Strafe verhängende Jahwewort an eine der vielen Volkserzählungen über die Ereignisse des Wüstenzuges (Aufstand nach dem Kundschaftermarsch) an, um die „vierzig Jahre in der Wüste" als Strafe zu deuten.

Über die möglichen realgeschichtlichen Hintergründe dieser Erzählung und die vierzig Jahre in der Wüste (14,34), S. 530, Nr. 13.

ZWEI STRAFGERICHTE GOTTES

Im Anschluß an ein Anweisungskapitel für Opfer (15,1–31) wird die *Bestrafung eines Sabbatschänders* erzählt (15,32–35). Er wurde gesteinigt (s. „Steinigung").

Dieser Abschnitt steht im Kapitel 15, das die Textkritik der sogenannten Priesterschrift (s. d.) zuschreibt. Ob diese Sabbatschänderperikope ein Vorgang aus der Wüstenzeit ist, der sich in der Erzählungstradition erhalten hatte, oder ob er eine reine Exempelerzählung ist, wissen wir nicht; jedenfalls sollte sie zur Zeit des Babylonischen Exils (586–538 v. Chr.), als die Beachtung der Sabbatruhe durch die babylonische Umwelt in Gefahr geriet, oder nach dem Exil, als die Heimgekehrten in der Not des Lebens den Sabbat leicht mißachten mochten, die Heiligkeit des Sabbats neu vor Augen stellen (s. den Artikel „Der Sabbat").

Der Aufruhr Korachs wird bestraft (16,1–34). Die Perikope berichtet eine Auflehnung von Männern des Stammes Ruben und von Leviten gegen Mose und Aaron, gegen die beiden Autoritäten des Volkes. Die Quellenkunde sieht in der Erzählung eine alte Geschichte aus Niederschriften (etwa) der Königszeit, die durch elohistische und priesterschriftliche Bearbeiter erweitert wurde (s. den Artikel über den Pentateuch). Das heißt, daß wir hier ein Stück aus den Urüberlieferungen vor uns haben, eine Erzählung aus dem Ereignisgeschichtenarsenal über die Mosezeit: die Vernichtung einer Empörergruppe. (Zu den elohistischen Motiven gehört ein Zug: daß diese Empörer mit Räucherpfannen opfern wollten; Räucherpfannen aber gehörten zu den kanaanäischen Bräuchen, wie sie sich im Nordreich Israel durchsetzten.) Die Herausstellung der priesterlichen Rechte, die in die Erzählung eingearbeitet sind, datiert aus der Priesterschrift: Leviten dürfen nicht priesterliche Rechte für sich in Anspruch nehmen (s. den Artikel „Die Leviten"). Ein Musterbeispiel für die Entwicklung der biblischen Texte.

Daß die Erde eine Verschwörergruppe verschlungen hat, ist also anscheinend der historische Kern dieser Erzählung. Neuerdings wurde für diesen Tod der Korachgruppe eine außerordentlich einleuchtende Erklärung gegeben:[1]

Die Aufrührer hatten ihre Zelte im trockenen Flußbett angelegt, auf der Sand- und Salzkruste eines sommertrockenen Salzsumpfes. Plötzliches Wadihochwasser verwandelte das trockene Flußbett in einen saugenden Sumpf, der die Schuldigen in sich hinabzog.

Während man bisher zu sagen versucht war, daß die Erzählung von der Voraussage der Strafe durch Mose unbedingt eine spätere Erzählweise voraussetzt, die den plötzlichen Tod der „Rotte Korach" als Strafe deutet und Mose die Ankündigung der Strafe nur in den Mund legt, könnte man nach dieser Darlegung von Greta Hort sagen, daß Mose als Kenner der Wüste die Strafe tatsächlich voraussehen konnte, daß er die anderen tatsächlich warnen konnte. Die Darlegung Horts ist eine einleuchtende Hypothese.

Aber mit welcher Erklärung wir dieses Ereignis auch immer begleiten mögen – keine natürliche Erklärung nimmt den vom gläubigen Schriftsteller erkannten Sinn fort, daß der Tod der Rotte Korach eine Strafe war, die der Herr verhängt hatte; denn niemand anders als der Herr kann so strafen – auch ohne Wunder.

Der abschließende Satz: „Vom Herrn ging ein Feuer aus und fraß die zweihundertfünfzig Männer, die den Weihrauch dargebracht hatten" (16,35), bezieht sich auf die, die nach kanaanäischer Weise Rauchopfer darbringen

wollten; damit erweist er sich als Zusatz des Elohisten (s. d.); die Angabe der Vernichtungsart ist möglicherweise durch die Redeweise von dem die Opfer verzehrenden Feuer angeregt. Diese Art der Vernichtung ergab sich für den Erzähler fast zwangsläufig aus dem Vergeltungsprinzip (s. d.). Die Aufrührer hatten legitime Opferfeuer angegriffen, nun mußten sie an diese ihre Schuld zahlen.

Der Stab Aarons wird grün (17,16–25) schließt an Num 16 an: Ein Traditionsstück aus den Erzählungen der jüdischen Priester über ihren Stammvater Aaron; ein Kapitel der sogenannten Priesterschrift (s. d.).

Der erzählte Vorgang ist ein anderer Ausdruck für die Erwählung Aarons zum Hohenpriester; eine erste Version dazu brachte Ex 28,21. An solchen sich „widersprechenden" Kapiteln erkennt man, daß es sich bei derartigen Begründungen nicht um Geschichte in unserem Sinne, sondern um Deutungen von Zuständen und um die Verbindung herrschender Zustände mit der Aufbruchszeit des Volkes handelt. Die Zustände werden durch Vorgangserzählungen als gottgewollt aufgezeigt (s. auch den Artikel über das Priestertum).

Indem diese Erzählung in den Zusammenhang der Auflehnungsgeschichten gegen Mose und Aaron eingefügt wird, erhält sie einen neuen Sinn: Sie bestätigt das Hohepriestertum Aarons.

Die Priesterkapitel schließen mit der Beschreibung des Dienstes und des Entgelts der Priester (18,1–32); und in dem Kapitel über die Vorbereitung und Zubereitung des Reinigungswassers geht es um eine alte, für sich existierende Bestimmungssammlung über das Verhalten gegenüber Leichen, die hier eingefügt wurde (19,1–22).

ZU Num 20,1–21,9:
VIERZIG JAHRE IN DER WÜSTE

Die Literaturkritik weist die Erzählung vom Aufstand beim „Streitwasser" (20,2–13) den ältesten Überlieferungen zu. Die Quellenschriftentheoretiker nehmen sie schon für die sogenannte jahwistische Quelle in Anspruch,

---

[1] Greta Hort, The Death of Qorah, in: Australian Biblical Review VII (1959), S. 2–26.

glauben sie allerdings vom Elohisten überarbeitet (s. im Kapitel über den Pentateuch).

Harmonisierende Bibelerzählungen machen hier oft zwei Konjekturen, die dem Original fremd sind. Ein solcher Text sagt zum Beispiel: *„Nach langen Wanderungen* kamen die Israeliten wieder nach Kadesch. Es war im ersten Monat *des vierzigsten Jahres* seit dem Auszug aus Ägypten."* Die kursiv gesetzten Worte sind Hinzufügungen, die den Text im Sinne einer wörtlichen Interpretation von Num 14,34 deuten. Da die Streitwassererzählung (Haderwassererzählung) der Erzählung vom Aufbruch nach Kanaan unmittelbar vorausgeht, lag diese Konjektur nahe. Im Text selbst aber steht nichts davon, daß es sich um den ersten Monat *des vierzigsten Jahres* handelt, noch daß die Israeliten *nach langen Wanderungen wieder* nach Kadesch kamen.

Der Textbestand ist dieser: Kapitel Num 13 und 14 enthalten die Kundschaftergeschichten und die Wirren, die sich an die Kundschafterberichte anschließen. Kapitel Num 15 enthält, ohne Zusammenhang mit dem vorherigen, Opfergesetze, Kleidergesetze und Sühnegesetze; darin die exemplarische Erzählung vom Sabbatschänder: Kapitel, die wahrscheinlich in der Exilszeit eingearbeitet wurden. – Kapitel Num 16 und 17 enthalten, ebenfalls ohne Zusammenhang mit dem vorherigen, die Bestätigung des Mose und Aaron durch das Gottesurteil über die Aufrührer um Korach und durch den grünenden Stab Aarons: Kapitel, die ebenfalls zum großen Teil aus priesterlichen Überarbeitungen und Einschüben der Exilszeit stammen mögen. – Kapitel Num 18 enthält sodann, locker an die Bestätigung angelehnt, eine Beschreibung der Pflichten des Volkes gegenüber Priestern und Leviten: deutlich ein Einschub der priesterlichen Bearbeiter der Exilszeit. – Kapitel Num 19 ist deutlich eine alte, für sich existierende Bestimmungssammlung über das Verhalten gegenüber Leichen, die hier eingefügt wurde.

Erst Kapitel Num 20 fährt dann wieder mit den Ereigniserzählungen fort, wenn auch nicht nahtlos und nicht unmittelbar logisch anschließend an Num 13 und 14; doch wird hier Kadesch wieder aufgenommen und dann, in Num 20 , die Fortsetzung der Vorbereitungen zum Marsch nach Kanaan. Man möchte deshalb glauben, daß Num 20 in der frühesten Erzählungenordnung gleich auf Num 14 folg-

te, allerdings dann ohne die Einleitung („Im ersten Monat gelangten die Israeliten, die ganze Gemeinde, in die Wüste Zin. Das Volk ließ sich in Kadesch nieder . . . Da hatte die Gemeinde kein Wasser."), die nach der Neuordnung notwendig war, um die Erzählung zu orten.

Diese kurze Beschreibung des Textbestandes wurde hier vorgelegt, um die Problematik der Länge des Wüstenaufenthaltes zu beleuchten. Bei naiver Lesung muß man eigentlich annehmen, daß es sich bei der Erzählung von dem Wasser aus dem Felsen bei Kadesch (Num 20) und bei der Kundschafteraussendung um etwa die gleiche Zeit handelt.

Ein anderes Problem aber ist dies: In Kadesch *war* Wasser; hier aber (Num 20) fehlt in Kadesch das Wasser. Man hat deshalb gemeint, dieses Kadesch (Num 20) sei ein anderes Kadesch; denn tatsächlich gab es ja mehrere Orte dieses Namens – „Kadesch" heißt „Heiligtum". Die Lösung liegt aber eigentlich sehr nahe: Als die Israeliten sich anschickten, die Oase Kadesch den Amalekitern abzukämpfen, kamen sie zwar in den Bereich von Kadesch, aber sie waren noch nicht in der Oase selbst. In diese Zeit *vor* dem Besitz der Oase müßte der Aufstand wegen des fehlenden Wassers fallen. Da die Geschichten aber für sich existierten und nicht in einem Ablaufzusammenhang standen, fügte man sie später an einer Stelle ein, wo sie den Erzählungsfluß wieder in Gang bringen konnten. Daß die Israeliten Kadesch, welches das Wichtigste besaß, was man in der Wüste besitzen kann, nämlich Wasser, wieder aufgaben – nachdem sie es sich erkämpft hatten und bevor sie endgültig zum Zug nach Kanaan aufbrachen –, ist nämlich nicht anzunehmen. Aber da andererseits in diesem Buch des Volkes Israel nicht die Einzelheiten wichtig sind, sondern die Gesamtführung des Volkes durch Jahwe und das Gesamtverhältnis des Volkes zu Jahwe, legten die Endredakteure nicht den hohen Wert auf die „historische" Reihenfolge, wie uns das angenehm wäre.

Fallen damit nun die „vierzig Jahre" ganz und gar fort? Es gibt Wissenschaftler (z. B. H. Rowley, From Joseph to Joshua, 1950), die den Wüstenaufenthalt des Volkes, das mit Mose zog, auf zwei Jahre beschränken wollen. Das ist bestechend, weil es durch den Ereignisgang, wie ihn die Bibel erzählt, nicht widerlegt

wird; wohl aber widerspräche das den mit
soviel Bedeutung ausgesprochenen Strafwor-
ten, daß das Volk erst nach vierzig Jahren
Kanaan erreichen soll. Gerade wenn man den
Passus von der „vierzigjährigen" Strafwander-
schaft als eine spätere Deutung ansieht, muß
doch etwas daran sein, auch dann, wenn man
„vierzig Jahre" als schematische Zahl für eine
Generation nimmt.

In dieser Verlegenheit bleiben jedoch Möglichkeiten offen, die sowohl die „vierzig Jahre"
wie auch einen sehr kurzen Zeitraum nebeneinander glaubhaft erscheinen lassen: Die
Stämme des späteren Stämmebundes Israel
sind ja nicht alle unter der Führung des Mose
und auch nicht alle zu gleicher Zeit nach
Kanaan gekommen (s. im Artikel „Die Zwölf
Stämme", Nr. 2f.). Die einzelnen Stämme
hatten bezüglich der Landnahme ihre eigenen
Traditionen, die ganz sicherlich alle von einer
mehr oder weniger langen Zeit des Umher-
irrens vor der Landnahme berichteten. Diese
verschiedenen Traditionen durchdrangen sich,
als die Stämme zum Stämmebund und zum
Volk wurden – oder sogar: durch die bewußte
Zusammenarbeit der Traditionen und ihre
erzählerische Bindung an den Zug des Mose
sollte die Wandlung des Stämmebewußtseins
zum Bundes- und zum Volksbewußtsein beeinflußt werden. Jedenfalls gab es auch Traditionen von nahezu vierzigjährigem Wüstenaufenthalt: H. Rowley glaubt einen achtund-
dreißigjährigen Kadeschaufenthalt für die
Stämme Juda, Simeon und Levi zwischen 1440
und 1400 v. Chr. nachweisen zu können, also
etwa zweihundert Jahre vor dem Mosezug,
den wir ja in die Zeit um 1225 v. Chr. ansetzen
möchten. Auch wenn man Rowley nicht in
allen Schlüssen folgen möchte, so darf man
doch so viel daraus entnehmen – was Rowley
übrigens nicht als erster behauptete –, daß
verschiedene Traditionen ein mannigfaches
Einwanderungsbild ergeben.

Rowleys spezieller Versuch besteht darin,
daß er diese verschiedenen Traditionen zeitlich festzulegen sucht. Unser Schluß möchte
sich hier darauf beschränken, diese verschiedenen Traditionen als Tatsachen mit historischen Hintergründen anzunehmen, aus denen
dann der einheitliche Exodus des ganzen Volkes *erzählerisch* entwickelt wurde. Wenn man
den Sinn der Heiligen Schrift nicht darin sucht,
historische Einzelfakten darzustellen, sondern

die Führung des ganzen Volkes durch Jahwe
zu dokumentieren, brauchte man eigentlich
keinen Anstoß daran zu nehmen, daß die
Mosegruppe vielleicht nur kurze Zeit in Kadesch war. Das Motiv der „vierzig Jahre"
würde dann lediglich einer anderen Einwande-
rergruppe angehört haben, das dann in der
Zusammenarbeit der Stämmetraditionen
auf die Mosegruppe übertragen wurde. Die
Bedeutung des Mose machte diese Übertragung leicht. (Siehe auch im Geschichtskapitel,
S. 527, Nr. 8ff.). – Zum Wasser aus dem
Felsen: s. die Einleitung und die Notiz zu Ex
15,22–26.

Bevor Mose und Aaron wagten, Wasser aus
dem Felsen zu schlagen, waren die beiden voll
Angst zum Offenbarungszelt geflohen. Dafür
verkündete der Herr eine Strafe: „Weil ihr mir
nicht geglaubt habt, . . . werdet ihr dieses Volk
nicht in das Land hineinführen, das ich ihm
geben will" (20,12). Hierzu zwei Bemerkungen:

1. Wiederum liegt hier die typisch biblische
Deutung von Ereignissen vor, aber wohl kaum
eine Weissagung. Mose und Aaron starben,
bevor das von ihnen geführte Volk in Kanaan
einmarschierte. Der Erzähler, der alles unter
dem Gesichtspunkt der Führung Jahwes sieht,
der in den harten Ereignissen die strafende
Hand Gottes erkennt – er deutet den Tod
Aarons und Moses vor dem Einzug in Kanaan
als Strafe Jahwes für sie. Um dies recht deutlich zu machen, läßt er – in der Erzählung –
Jahwe selbst diese Strafe im voraus ankündigen.

2. Ob sich diese Strafe auf das Ereignis
„Wasser aus dem Felsen" bezieht, ist fraglich.
In unserer heutigen Literatursprache würden
wir sagen, die Wassererzählung ist nur ein
„Aufhänger", allerdings ein schlecht genutz-
ter. Die Exegeten erläutern die Stelle meistens
damit, daß nicht ersichtlich sei, worin das
fehlende Vertrauen des Mose bei diesem Wasserschlagen bestanden habe. Andere, und ihre
Vermutung ist einleuchtend, beziehen den Tadel Jahwes nicht auf das Wasserschlagen, obwohl es in diesem Zusammenhang erscheint,
sondern auf die Verzögerung der militärischen
Operation gegen Kanaan. Es liege darin ein
Vorwurf gegen Mose, daß er sich nicht dem
Vorschlag des Josua, der Kanaan sofort nach
dem Kundschafterunternehmen angreifen
wollte, angeschlossen habe, sondern den Wei-

gerern nachgegeben habe. – Eine solche Interpretation setzt allerdings ebenfalls eine zeitliche Nähe zu den Wirren nach dem Kundschafterunternehmen und nicht vierzig Jahre Abstand voraus (s. oben).

Als Aaron gestorben war (20,28) und das Volk beim Weitermarsch wieder gegen Gott und Mose murrte, sandte Gott zur Strafe giftige Schlangen (21,4–9). Diese mehrfach überarbeitete Erzählung gehört in ihrem Grundbestand sicher zu den alten Überlieferungsstükken; früheste Niederschrift etwa die Zeit Davids. Aber ihre Realhintergründe sind für den Darsteller ein Kreuz.

DIE SCHLANGENPLAGE UND DIE EHERNE SCHLANGE

Die Schlangenplage hat die Wanderer (so möchte es der Erzähler darstellen) in der Gegend des heutigen *feinan* (hebr. *punon*) überfallen. Die eherne Schlange, die Mose als Heilmittel anfertigen ließ, ermöglicht diese Lokalisierung; denn von der Archäologie wurden im *wadi arabá* Kupferminen und Kupferschmelzen nachgewiesen.

Die Schlangen nennt 21,6 nicht „giftige Schlangen", sondern „brennende Schlangen", vielleicht weil ihr Biß brannte. Mose griff dann zu einem in der Sicht seiner Zeit magischen, in unserer Sicht „psychotherapeutischen" Heilmittel. Er ließ bei den Kupferschmelzern eine kupferne Schlange anfertigen, die er an einem Stab aufrichtete. Diese gefesselte, aufgehängte, „unschädlich gemachte" Schlange sollte jeder anschauen, um damit zu wissen, daß der Schlangenbiß nicht tödlich war – vielleicht war der Schlangenbiß nicht unbedingt tödlich, sondern die Leute starben mehr aus Angst, weil sie gebissen worden waren.

Die Schwierigkeit des biblischen Motivs von der ehernen Schlange liegt in der Tatsache, daß die Schlange in Kanaan (und auch anderwärts) ein Lebenstier war, aber für die Israeliten zum Gestaltträger des Bösen wurde (s. den Artikel „Die Schlange"). Die oben gewagte „psychotherapeutische" Deutung würde zu dem Glauben, daß die Schlange das Böse verkörpert, zwar sehr gut passen; aber der Glaube, daß die Schlange das Lebenstier ist, würde ebenfalls zu der aufgerichteten kupfernen Schlange passen. –

Mit diesen Hinweisen wäre die Geschichte von der ehernen Schlange als Historikum stehengelassen. Daneben gibt es aber auch die Möglichkeit, daß es sich hier um eine rein ätiologische (begründende) Erzählung handelt, die in den Wüstenzug hineingearbeitet wurde.[1] Bis zur Zeit des Hiskija (Ezechias), König in Juda von 721 bis 693 v. Chr., war nämlich im Tempel ein kupfernes Schlangenbild durch Rauchopfer verzehrt worden. Hiskija ließ, wohl auf Anraten des Propheten Jesaja, das Bild zerschlagen (S. 559, Nr. 37). Woher dieses Schlangenbild kam, ist ungewiß. Wenn man die Geschichte von der ehernen Schlange in der Wüste als ätiologische Erzählung ansieht, scheidet sie als Reliquie der israelitischen Geschichte aus. Sie könnte gewesen sein: ein Kultbild, in dem man Jahwe als Arzt und Helfer verehrte; oder ein aus der jebusitischen Zeit Jerusalems vor 1000 v. Chr. übriggebliebenes Kultbild, in dem die Jebusiter (s. d.) gleich den übrigen Kanaanitern die Schlange als Lebenstier verehrt hatten und das die israelitischen Priester übernahmen (so glaubt Martin Noth sagen zu können); dann wäre die Erzählung von der ehernen Schlange als „Aneignung" dieses Kultbildes für Jahwe und Israel zu betrachten.

Eine Klärung dieser Probleme ist vorläufig nicht möglich; es bleibt uns deshalb nichts anderes übrig, als sie schmerzend stehenzulassen.

ZU Num 22,1–24,25: DER SEHER BILEAM

Als die Israeliten auf der Wanderung nach Kanaan ihr Lager in den Steppen von Moab (s. d.) aufgeschlagen hatten, sandte Balak, der König von Moab, Boten zu dem Seher Bileam, damit er Israel verfluche (22,1–8).

Bileam, den die Vulgata „Balaam" nennt, ist historisch nicht näher faßbar. Seine Gestalt ist in verschiedenen biblischen Traditionen verschieden gezeichnet. Einmal erscheint er

---

[1] Die Stelle bei Joh 3,14: „Wie Mose in der Wüste die Schlange erhöht hat, so muß auch der Menschensohn erhöht werden...", verliert dadurch nicht ihren Sinn. Denn nicht das Historische an sich ist hier das Vorbild, auf das sich Johannes bezieht, sondern der rettende Vorgang, den die Erzählung darlegt.

als Ratgeber für die Verführung Israels zum Götzendienst und als Midianiter (s. d.), der gegen Israel kämpfte; in der berühmten Bileamerzählung dagegen als mesopotamischer Wahrsager aus dem Eufratgebiet. Die Bileamerzählungen scheinen sehr populär gewesen zu sein, vor allem durch das Motiv der sprechenden Eselin (22,22–30), so daß sie einen geeigneten Rahmen für jene Segenssprüche abgaben, die Bileam in den Mund gelegt wurden, die aber wohl erst zur Zeit Davids ihre heutige Form erhalten haben. (Natürlich ist die sprechende Eselin ein Fabeltier und kein „Aufweis der Allmacht Gottes").

Der Sinn der Erzählung, in der sich die Fluchaufträge für Bileam *gegen* Israel in Segensworte *für* Israel wandelten, ist nichts anderes als eine Aussage des gläubigen Erzählers, daß Jahwe sein Volk nicht verläßt und Jahwe alles zum Guten wendet. Welche Einzelheiten hier echte geschichtliche Traditionen Israels sind, ist ungewiß. Es ist möglich, daß in den Bileamgeschichten Traditionen der Moabiter enthalten sind, die von einem mesopotamischen Prophetenfluch über Israel berichteten. Nach der Unterwerfung der Moabiter durch Saul und David wäre eine solche Tradition dann sehr aktuell geworden: Fluch war in Segen verwandelt worden, wie man nun offensichtlich feststellen konnte; und diese Tatsache wurde in einer neuen Geschichte, die alte Geschichten verwendete, erzählt. (Die Texte der Bileamgeschichten sind leider zum Teil nur verderbt überliefert.)

Bileam segnete dreimal das Volk Israel (22,35–24,11). Seine Segenssprüche gehören zu den schönsten dichterischen Stücken des Pentateuch. Die Aussonderung des Volkes aus den anderen Völkern wird gepriesen (23,9). Selig, wer sterben kann wie diese Gerechten (23,10). Jahwe ist König und Führer dieses Volkes (23,21.22). Ein Volk ohne Zauberer, zu dem Jahwe selbst zur rechten Zeit spricht (23,23). Ein Volk wie ein Löwe (23,24). Wie schön, Jakob, sind deine Zelte! Wie Bachtäler, wie Gärten am Strom! Wie Eiskraut, das Jahwe gepflanzt, wie Zedern am Wasser (24,6). Sein Königtum erhebt sich (24,7). Gott vernichtet die Völker, die es bedrängen (24,8). Gesegnet seien, die dich segnen; doch verflucht, die dich verfluchen (24,9). Diese Sprüche sind ein Preis des Volkes, das sich bewußt ist, durch seine Jahwereligion ein besonderes

Volk zu sein; ein Preis des Volkes selbst, das sich seiner Feinde erwehrt und sich Heimat schafft – worin für uns heute ein Hinweis auf die spätere Abfassungszeit liegt. Ein Hinweis auf die Abfassungszeit der Königszeit sind die Verse über das Königtum in Israel. Und „Gott vernichtet die Völker, die es bedrängen" weist auf den unmittelbaren Anlaß dieser Sprüche hin: die Besiegung der Moabiter durch Saul und ihre Unterjochung durch David. Der letzte Spruch des vierten Segensspruches (24,9) aber mag angeregt sein durch einen Fluch, der einstmals tatsächlich von Moab aus auf die durchziehenden Israeliten geschleudert wurde und der jetzt durch die Besiegung der Moabiter auf diese selbst zurückgefallen ist.

Es sollte kein Zweifel daran sein, daß diese „Worte Bileams" ein Wort aus der Königszeit nach der Besiegung oder Unterwerfung der Moabiter, zunächst ein Lobspruch auf König Saul oder David war: ein *vaticinium ex eventu* (Weissagungsspruch aus der Kenntnis des Ausgangs heraus, rückverlegt in frühere Zeiten). Saul oder David ist der „Stern aus Jakob"; Saul oder David ist „ein Zepter, das sich aus Israel erhebt" und „die Fürsten Moabs zerschmettert". Aber dieses *vaticinium ex eventu* wird im Ganzen der Heilsgeschichte dennoch zum echten *vaticinium;* da nämlich nach dem Sprachgebrauch der Heiligen Schrift Amalek = Amalekiter, Israel = Israeliten, Juda = Judäer, David = Daviden ist, muß sich der Lobspruch nicht auf die Person des Königs beschränken. Der unbekannte Lobsprecher König Sauls oder Davids, der seine Sprüche dem rund zweihundert Jahre früheren Bileam in den Mund legte, wurde in diesen Sprüchen zum Aussprecher einer Reichszukunft, während er in Saul oder David *den* Stern aus Jakob pries, *das* Zepter aus Israel, *den* König, der „die Fürsten Moabs", die Götzendiener der ganzen Welt überwindet.

In späteren Zeiten hat sich nämlich mit dem Glauben an den messianischen König der Sprachgebrauch vom „Stern" immer mehr auf den Messias konzentriert (Offb 22,16: „Ich, Jesus, ... bin der strahlende Morgenstern", und der mit Messiasanspruch auftretende Volksführer im Jahre 132 n. Chr. nannte sich „Sternensohn": *bar-kochba).* Außerdem werden „die Moabiter" im Sprachgebrauch der späteren Zeit zum Typ der Jahwefeinde, wie dies noch die Schrift „Krieg der Söhne des

Lichtes mit den Söhnen der Finsternis" bezeugt, die um Christi Geburt ($\pm$ 200 v./n. Chr.) entstand und 1947 in einer Höhle am Toten Meer gefunden wurde. Auf diese Weise wurden die Schlußworte der Bileamtexte aus der Zeit 1050 bis 1000 v. Chr. nachträglich zu einer messianischen Weissagung (s. dazu den Artikel „Der Prophet").

ZU Num 27,12–23:
BERUFUNG JOSUAS

Diese Geschichte beginnt mit dem Auftrag Gottes an Mose: „Steig auf das Abarimgebirge und sieh dir das Land an, das ich den Israeliten gegeben habe" (27,12). Mose selbst wird nicht in das „Gelobte Land" (s. d.) mit einziehen, weil er dem Herrn in Kadesch – beim Streitwasser – nicht geglaubt hat (s. die Erklärung zu Num 20,2–13 in Abschnitt 20,1–21,9); er wird vor dem Einzug sterben. So erbittet Mose von Gott, einen Nachfolger für ihn zu bestimmen. Gott bestimmt Josua. Durch Handauflegung (s. d.) überträgt Mose dann, in Gegenwart des Hohenpriesters Eleasar (d. i. Aarons Sohn und Nachfolger), sein Volksführeramt auf Josua.

Die Einsetzung Josuas und Moses Tod ist im Buch Deuteronomium weiträumiger erzählt: in den Kapiteln 31–34 (vor allem in 31,1–8; 31,23; 32,48–52; 34,1–9).

Buch und Komplex Deuteronomium

Es gibt wohl keinen anderen literarischen Komplex der hebräischen Bibel, der in seinen geschichtlichen Vorgängen so wenig einheitlich beurteilt und dargestellt wird wie der „deuteronomische", d. h. wie der Komplex vom Buch Deuteronomium bis zu den Büchern der Könige. Wer darüber etwas Einsichtiges sagen will, muß mehrere einsichtige Möglichkeiten des Zusammenhangs dagegen abwägen. Das haben schon viele Bibelkenner getan – immer ergibt sich, daß irgendetwas dann doch nicht wahrscheinlich ist oder stimmt. Deshalb ist es fast vermessen, eine „höchstwahrscheinliche" Darstellung niederlegen zu wollen. Aber trotzdem kann man sich daran nicht vorbeidrücken.

Einer der letzten Redaktoren oder die letzte Redaktorengruppe hat dem Buch Deuteronomium (Dtn) eine literarische Form gegeben, die es wie einen Bericht aus den letzten Lebenstagen des Mose erscheinen läßt. In Wirklichkeit ist es aber ein Buch, das aus alten und neuen Texten (aus der Zeit vor 700 bis $\pm$ 400 v. Chr.) zusammengeordnet wurde. Die Einordnung der jüngsten Texte aus der Zeit um 400 v. Chr. in Erzählungen von Mose bedeutet: Diese Texte haben für Israel dieselbe Geltung wie die Gesetze Jahwes, die er durch Mose hat verkündigen lassen.

Der Gehalt des Wortes „deuteronom(ist)-isch" ist nicht nur ein literargeschichtlicher, sondern auch ein theologischer Gehalt geworden. Etwa während der späten Richterzeit, also noch vor Saul (1020–1000 v. Chr.), entstand gegen die politische Bewegung in Israel, sich wie die anderen Völker einen König zu wählen, eine theokratische Bewegung, die sich gegen die monarchistischen Absichten mancher Volksgruppen in Israel auflehnte. Die Träger dieser theokratischen Bewegung waren mit Sicherheit die Leviten an den Heiligtümern (z. B. Schilo: s. d.). Ihre antimonarchistische Lehre war: Das Verhältnis des Volkes Israel zu seinem Gott Jahwe ist das Verhältnis eines Volkes zu seinem König. Das Land des Volkes Israel ist das Land seines Königs Jahwe, der es ihm zu Lehen gegeben hat. Das geistige Verhältnis des Volkes zu Jahwe heißt Liebe. Deshalb soll dieser eine Gott auch an nur einer Stelle offiziell verehrt werden. Das etwa war die „deuteronomische Lehre"; das Wort kam allerdings erst später auf.

Aus dieser Zeit soll der Text Ex 34,10–26 stammen, der später in die Erzählung von der Bundeserneuerung am Sinai eingeschoben wurde (Ex 33,7–34,35). Der alte Exodustext von der Bundeserneuerung wurde nach 34,27 unterbrochen (er schließt inhaltlich mit Ex 34,27 an 34,9 an). Der eingeschobene Text ist die Darstellung des Gottes Jahwe als König.

Nachdem sich das Volk dann doch für einen König aus Israel entschieden hatte, behielt man das Bild vom Herrscher und Herrn Jahwe aber bei.

Als man sich unter König Hiskija von Juda (728–699 v. Chr.) auf Anregung des Propheten Jesaja (s. d.) zu religiösen Reformen aufraffte, hat man sich dieser älteren Texte erinnert und sie wohl auch neu redigiert. Die Betonung Jerusalems als zentralen Heiligtumsorts (für Opfer und Festwallfahrten) wurde eingearbeitet. Die Neufassung und Ergänzungen veranlaßten dann auch die typische gehobene Sprache, um bei den (vorgesehenen regelmäßigen?) Bundeserneuerungen einen wirksamen Text vortragen zu können.

Zum Kern des Buches Deuteronomium gehört ein Gesetzestext, der 622 v. Chr. bei Erneuerungsarbeiten im Tempel gefunden wurde. Joschija war damals König im Reiche Juda. Er war erschüttert, als der Staatsschreiber Schafan ihm das gefundene (zweite) Gesetzbuch *(deuteros nomos)* vorlas; es war sozusagen eine neue Erkenntnis von dem, was Jahwe von seinem Volk will. Deshalb verpflichtete der König das Volk auf das neu gefundene Gesetz (s. 2 Kön 22,3–20). Dieser Kern umfaßt Dtn 6,4–11,32 + 12,1–26,19 (oder bis 28,68), ohne daß damit gesagt sein soll, daß dieser Kern in der Zeit von 622 bis ± 400 v. Chr. nicht erweitert worden ist. Die Thematik von Dtn 12,2–26,19 sei kurz wiedergegeben:

12,2–13,1: spricht über den rechten Kult: von der Zerstörung fremder Kultstätten, deren Gebiet die Israeliten übernehmen; über die Kultstätte Israels, wo des Herrn Name angebracht wird, nicht weil der Herr dort wohnt, sondern damit er dort angerufen wird – bis zur rechten Unterscheidung von Schlachtung und Opfer und zum Verbot, kanaanäische Kultbräuche zu übernehmen.

13,2–14,21b: warnt vor Anstiftungen zum Abfall von diesem Gesetz.

14,22–15,23: regelt die Abgaben an das Heiligtum und für die Armenhilfe.

16,1–16,17: nennt die Feste und ihre Verbindlichkeiten.

16,18–17,13: verlangt die Einsetzung von Richtern für alle Stadtbereiche und schärft wieder die Verbote fremder Kulte ein. Bei ungewöhnlichen Delikten sollen die levitischen Priester beim Heiligtum Recht sprechen.

17,14–20: spricht vom König, wie er gewählt werden und welche Rechte er haben soll.

18,1–8: regelt die Einkünfte der Priester.

18,9–22: warnt noch einmal vor fremden Kulteinflüssen: vor Zauberern, falschen Propheten, Menschenopfern und überhaupt vor der Ausübung falscher Kulte.

19,1–13: spricht von der Einrichtung und der Lage von Asylstädten.

19,14–21: spricht von dem bleibenden Recht alter Grenzmarkierungen sowie von den notwendigen Zeugenzahlen und von den Folgen falscher Gerichtsaussagen.

20,1–21,14: gibt Kriegsvorschriften und regelt Kriegsbräuche.

21,15–23: regelt einige Sohnrechte und den Sohnfluch, einschließlich der Bestattung nach Hinrichtungen.

22,1–12: spricht von verschiedenen Eigentumsrechten und Dingvorschriften.

22,13–23,1: regelt Sexualfragen und spricht von Sexualvergehen verschiedener Art.

23,2–19: spricht von der Reinheit und Unreinheit von Personen und ihrer Auswirkung.

23,20–24,22: spricht von Verpflichtungen, die der Mensch eingeht, und über das Recht von Eigentümern.

25,1–19: regelt wichtige soziale Einzelheiten (wahrscheinlich später eingeschaltete Regeln und Mahnungen).

26,1–11: spricht von der Darbringung der Erstlingsfrüchte.

26,12–15: Gebet nach Ablieferung des Zehnten für die Armen.

26,16–19: gibt noch einmal den Bund (s. d.) als Grund dafür an, daß die Gesetze gehalten werden müssen.

Das große Geschichtswerk in der Zeit dieses „deuteronomischen" Denkens ging dann vom Reformator König Joschija von Juda (641–609 v. Chr.) aus. Er befahl ein Werk zu schreiben, das mit Mose beginnen und bis in seine Königszeit führen sollte. So kamen Teile des Buches, das wir heute „Deuteronomium" nennen, und die Bücher Josua, Richter, Samuel (später in zwei Bücher geteilt) und der Könige (später in zwei Bücher geteilt) zusammen.

Als nach der Exilszeit „die Bücher des Mose" zu einem zusammenhängenden Werk geformt wurden, trennte man das erste Buch der deuteronomischen Geschichtsbücherreihe, das ja von Mose handelte, ab und hing es an die unter dem Namen des Mose laufenden vier Bücher Gen, Ex, Lev, Num als fünftes Buch an, so daß daraus ein „Fünfbuch" (Pentateuch: s. d.) wurde.

Die in der nachexilischen Zeit beliebte Literaturform war die Rede. Heute stellt sich das Buch Deuteronomium als eine Folge von Reden dar, die in den meisten Ausgaben in vier Teilen angeboten werden: 1,1–4,43; 4,44 – (mit 12,1–26,19 als deuteronomischer Gesetzessammlung) – 28,68; 28,69–32,52; daran schließt sich Segen und Tod des Mose (33,1–34,12). Man darf annehmen, daß die abschließenden Bearbeiter des Buches dem Gesamttext eine gewisse Einheitlichkeit geben wollten, indem sie die vorher bestehenden Einzelteile in solchen Reden zusammenschmolzen. Der Schluß mag bei 30,20 gelegen haben.

Kapitel 31–34 ist gewissermaßen der Versuch, später aufgefundene Reste in eine geregelte Abschlußordnung zu bringen, was aber nicht gelungen ist.

Das Buch Dtn ist die erste Zusammenfassung der theologischen Gedanken Israels im AT: daß Israel auf seinen einzigen Gott Jahwe verpflichtet ist; daß das Volk Israel Gott als seinen Lehnsherrn betrachtet, der mit ihm einen Bund (s. d.) geschlossen hat. Alle Lebensbereiche werden durch die Gesetze, die Jahwe gegeben hat, erfaßt und Israel soll vor allen Völkern Zeuge seines Gottes sein!

Das Buch Josua

Der Name des Buches lautet im Hebräischen „Johoschua", deshalb erscheint er in der Nomenklatur, die sich ans Hebräische anlehnt, als „Josua" (Jos), in der Vulgata dagegen als „Josue".

Die Entstehungszeit des Buches Josua ist unsicher. Von Josua, dem Nachfolger Moses, stammt es nicht, sondern es hat seinen Namen nach seinem Inhalt: Landnahme unter Josua bis zu Josuas Tod. Einige dokumentarische Texte gehen vielleicht auf die Landnahmezeit oder auf Josua zurück; im übrigen aber zeigen die im Buch erwähnten politischen, kulturellen und religiösen Verhältnisse, daß es später aus verschiedenen Erzählungen, Berichten, Dokumenten, Listen und Gesetzen zusammengestellt wurde, vielleicht auch in der Zeit der Kultkonzentration (s. d.) und in exilischer Zeit überarbeitet wurde. Das Buch Josua berichtet deshalb auch nicht Geschichte in modernem Sinne (vgl. den Artikel „Biblische Geschichtsschreibung").

Der Sinn des Buches Josua ist wie der aller anderen Bücher der Bibel die Verkündigung, daß Israels Gott ein strafender und helfender Gott ist. Es zeigt die Führung des Volkes durch Jahwe und schärft ein, daß es dem Volke gut gehen wird, wenn es die Gesetze Gottes befolgt. Die Ereignisse der Landnahme werden dabei zu Exempeln für die Einlösung des Landversprechens und für die Führung Jahwes, und sie bleiben es auch dann, wenn im einzelnen nachgewiesen werden sollte, daß diese Ereignisse „historisch", nicht *so* gewesen sein können; denn nicht das „Ereignis" ist das Ausschlaggebende, sondern die Führung Jahwes, die durch das „Ereignis" nicht so sehr nachgewiesen wie vielmehr gelehrt und beim Hören oder Lesen erfahren wird. Obwohl uns also das geschichtliche Faktum oft aus den Händen gleitet, bleibt der Sinn unangetastet.

Der Inhalt des Buches Josua umfaßt den kriegerischen Einzug Israels in Kanaan (Kap. 1–12), repräsentiert vor allem durch Episoden, in denen die Hilfe Jahwes in der Erzählung offenbar wird und durch die abschließende Liste der geschlagenen Könige (Kap. 12). Die Kapitel 13–22 enthalten die Verteilung des Ost- und Westjordanlandes an Israel.

„Lange Zeit später, nachdem ... Josua alt und betagt geworden war", rief er alle Stämme nach Sichem, um sie feierlich auf Jahwe zu verpflichten (Kap. 23–24). Wahrscheinlich sind diese Kapitel hier am Ende hinzugefügt, obwohl die Verpflichtung des Volkes auf das Gesetz schon Jos 3,30–35 berichtet wurde. Durch die Wiederholung dieses Vorgangs in Kap. 23–24 soll die Wichtigkeit der Gesetzestreue betont werden. – Mit der Erzählung von Josuas Tod schließt das Buch (24,29–33).

ZU Jos 1,1–10,27:
EROBERUNG DES VERSPROCHENEN LANDES

Gleich die ersten Verse des Buches umreißen seinen Sinn; denn was Gott hier zu Josua sagt, spricht er zum ganzen Volk Israel.

Das Buch Josua läßt Gott oft direkt sprechen, wie es auch sonst altbiblischer Brauch ist. Dies ist eine literarische Formel für den Ausdruck des Glaubens, daß die Anweisungen des Volksführers an das Volk Anweisungen Gottes sind; der Volksführer hat sie ja von Gott erhalten. Wenn das Volk sie befolgt, wird es glücklich werden. (Die geschichtlichen Zusammenhänge s. S. 533, Nr. 16).

Nachdem Josua durch zwei Kundschafter das Land um Jericho hatte erforschen lassen (2,1–24), ließ er das Volk zum Jordan (s. d.) aufbrechen. Und das Volk konnte, trotz des überschwemmten Landes, durch das plötzlich trockene Jordanbett das Westjordanland erreichen (3,1–18). – Es kommt nicht darauf an, das „Wunder" zu retten, sondern das Ereignis des Durchzugs durch den plötzlich trockenen Jordan als Zeichen für die Führung des Volkes durch Jahwe zu begreifen. Dieses Zeichen kann auch durch ein natürliches Ereignis gegeben werden, das vom Erzähler als Zeichen Gottes gedeutet wird.

Ein solches natürliches Ereignis geschah z. B. auch im Dezember des Jahres 1267 n. Chr., als sich der Jordan durch einen Erdbruch mehrere Stunden staute und dadurch ebenfalls jene Stelle, die als die Übergangsstelle der unter Josua Einwandernden gilt, wasserfrei wurde. Obwohl nicht sicher gesagt werden kann, daß es sich beim Jordanübergang von 3,1–18 um ein gleiches Ereignis handelte, scheint doch etwas Ähnliches geschehen zu sein; denn der Text sagt ja: „. . . da blieben die Fluten des Jordan stehen. Das von oben herabkommende Wasser stand wie ein Wall in weiter Entfernung, bei der Stadt Adam, die in der Nähe von Saretán liegt . . ." (3,16). – Die Stadt Adam (arab. *ed-damijeh*) liegt etwa 30 km nördlich der Übergangsfurt. Normalerweise wäre der Übergang unmöglich gewesen, da der Jordan (wegen der Schneeschmelze im Hermon) Hochwasser führte; aber gerade dieses Hochwasser mag den Erdbruch verursacht und das untere Jordanbett für einige Stunden wasserfrei gemacht haben (s. „Naturwunder").

Auffällig ist auf der Jordanseite, wo die Israeliten zum ersten Male nach dem Übergang gezeltet haben, eine Stätte mit zwölf Steinen, die aus dem Jordanbett stammen könnten. In Jos 4,1–24 wird eine Geschichte erzählt, wie diese Steine dorthin (nach Gilgal) gekommen sind. Solche ätiologischen (erklärenden) Sagen gibt es im AT mehrere.

Zum Zeichen der Ankunft im verheißenen Land, wird auch das Aufhören des Mannaregens erwähnt (5,12). Allerdings macht die Erwähnung des Manna (s. d.) an dieser Stelle eigentlich weniger den Eindruck, als ob dieses Aufhören für hier und jetzt festgestellt werden soll; es scheint vielmehr deshalb erwähnt zu sein, um das Erreichen des Landes, das Essen „von den Früchten des Landes" hervorzuheben. Die Notkost hat ein Ende – nun beginnt das normale Leben „von den Früchten des Landes".

EROBERUNG VON JERICHO

Die wundersame Art, in der nach dem Jordanübergang Jericho (s. d.) von den Israeliten unter Josuas Führung genommen wurde (6,1–27), hat die Gemüter immer sehr erhitzt. Die Urteile gehen vom krassen „unmöglich" bis zum blinden Wunderglauben. Die Frage nach den Realien muß aber die Erzählung von der schwierigen Einnahme Jerichos ernst nehmen. Man sollte die stürzenden Mauern Jerichos in Zusammenhang mit dem Jordanzeichen sehen (s. oben). Der Jordan wurde durch einen Erdbruch abgeleitet, sagten wir, der doch am ehesten durch ein Erdbeben erklärt werden könnte. Wenn aber ein Erdbeben das Jordanbett bei Adam zerstörte, so konnte es auch die Mauern von Jericho erschüttern. Ob dann tatsächlich – wie man schon einmal liest – die angeschlagenen Mauern der Stadt durch einen Schallschock am siebenten Tage (6,15–20) ganz zusammenfielen oder ob das ein reizvolles Erzählungsmotiv ist, tut nicht soviel zur Sache (s. den Artikel „Die Schlacht"). Wichtiger ist die Tatsache, daß Jericho den Israeliten in die Hand fiel.

Die Erzählung zielt auf die Tatsache der zusammenstürzenden Mauern von Jericho als Zeichen der göttlichen Unterstützung. Die Ankündigung dieses Zeichens durch Jahwe ist eine erzählerische Ankündigung, d. h. der Erzähler kann sie Jahwe mit Bestimmtheit ankündigen lassen, weil er ja (in der Erzählung!) etwas bereits Geschehenes als Zukünftiges ankündigt. Und die Ausschmückung durch den Mauerumzug kann ebenfalls *erzählerisches* Motiv sein. Durch den rituellen Mauerumzug wird die Einnahme der Stadt als Teil des Krieges deutlich gemacht, den die Israeliten als von Jahwe befohlen und geführt glaubten, weil dieser Krieg sie in das versprochene Land brachte. Natürlich fließt diese Darstellung aus einer späteren Sehweise, die das vollendete Werk der Landnahme als Jahwes Gabe preist. Es ist deshalb auch nicht nötig zu sagen – wie man schon einmal hört oder liest: „Unerklärt bleibt, warum dieses Erdbeben sich zur rechten Zeit einstellte", oder ähnlich, womit man das Wunder retten möchte. Jedes Unternehmen mißglückt oder glückt durch bestimmte Ereignisse. Diese Ereignisse sind, nach israelitischem Glauben, *alle* Gottes Werk: die ein Unternehmen glücken lassen, sind Zeichen von Gottes helfender Hand; die es mißglücken lassen, sind Zeichen seiner Strafe. In der Erzählung ist immer der spätere Deuter am Werk!

Durch die archäologischen Forschungsergebnisse ist allerdings die ganze „Eroberung von Jericho" sehr problematisch geworden. In Kathleen M. Kenyons Buch „Die Bibel im Licht der Archäologie" (Düsseldorf 1980) wird diese Problematik sehr ausführlich dargestellt. Aus dieser Darstellung geht hervor, daß die Stadt Jericho schon lange Zeit vor dem Einmarsch Josuas ins Land Kanaan (d. h. vor 1230 v. Chr.) zerstört worden ist. Eine Zerstörung Jerichos durch Josua und sein Israelitenheer kann also nicht der Ausgangspunkt für die obige Eroberungserzählung gewesen sein. Wie also kommt die Zerstörungserzählung an diese Stelle?

Es lassen sich dazu verschiedene Überlegungen anstellen. Die nächstliegende Lösung dieses Problems ist wohl diese: In dem Kapitel „Die Zwölf Stämme" (s. d.) sind die vielen verschiedenen Traditionen erwähnt worden, die in den Einzelstämmen überliefert worden sind und die später von den biblischen Schriftstellern zusammengearbeitet wurden, als es darum ging, für alle Stämme eine gemeinsame schriftliche Tradition zu schaffen. So könnte also ein Stamm auch eine Tradition von der Eroberung Jerichos gehabt haben, die von

einem Jahrhunderte früheren Stammeszug ausging; und diese wurde dann vom Josua-Schreiber in die Einzugsgeschichte aufgenommen.

DAS SONNENWUNDER

Im großen Kampf mit den fünf kanaanitischen Königen (10,1–27) wird von dem Zeichen der stillstehenden Sonne erzählt. Über eines darf man sich bei diesem Stillstand von Sonne und Mond klar sein: daß es sich entweder um ein vermeintliches Stillstehen *oder* um eine symbolische Ausdrucksweise handelt. Ein wirklicher „Stillstand" der Sonne und des Mondes ist nur annehmbar für ein Weltbild, das in der Erde den Hauptstern sieht, nach dem sich alle anderen Sterne richten. „Stillstand" der Sonne würde bedeuten, daß die Erde in ihrer Drehung stillstand. „Stillstand" des Mondes, daß der Mond in seinem Umlauf um die Erde eingehalten hätte. Zwei mechanische Gesetze der Sternenwelt, die voneinander unabhängig sind, hätten also außer Kraft gesetzt werden müssen. Die sorgfältigen Astronomen Mesopotamiens hätten ein solches Ereignis gewiß verzeichnet. Aber sie sagen davon nichts. Es sind eben unmögliche Dinge!

Wahrscheinlich ist, daß es sich um eine symbolische Ausdrucksweise handelt. Diese Meinung findet ihre Stütze darin, daß der Erzähler dieses Textes das Stillstandsgebet Josuas aus einem anderen, uns aber verlorenen Buch zitiert:

„Damals, als der Herr die Amoriter den Israeliten preisgab, redete Josua mit dem Herrn; dann sagte er in Gegenwart der Israeliten:

Sonne, bleib stehen über Gibeon
und du, Mond, über dem Tal von Ajalon! –
Und die Sonne blieb stehen,
und der Mond stand still,
bis das Volk an seinen Feinden Rache genommen hatte.

Das steht im *Buch der Aufrechten*. Die Sonne blieb also mitten am Himmel stehen..." (10,12.13). – Auch die weiterführende Prosaerzählung vom Stillstand der Sonne stützt sich ganz offensichtlich auf die dichterisch-hymnischen Verse aus dem uns sonst unbekannten „Buch der Aufrechten"; daß diese Verse aber nicht wörtlich verstanden werden dürfen, ist keine große Frage. Genaueres ließe sich sagen, wenn wir die Sprechweise jenes Buches kennen würden. Eine rein symbolische Deutung läge durchaus im Rahmen der israelitischen Denkweise; denn die Sonne ist das Zeichen der göttlichen Schöpfermacht und Herrlichkeitszeichen Gottes.

Außerdem gehörte die verfinsterte Sonne zu den Zeichen des Gerichts (Jes 13,10; 24,23; Ez 32,7.8; Am 8,9; Joël 2,10; 3,4; Mt 24,29; Offb 6,12; 9,2). Ein Gebet um Stillstand der Sonne kann deshalb gut bedeuten, Gott möge den Gerichtstag von Israel fernhalten. Zwar kann der Stillstandsruf im heutigen Text nicht mehr diesen Sinn haben, weil vorher schon von den fliehenden Feinden berichtet wurde; aber vielleicht hatte er ihn im „Buch der Aufrechten", aus dem er isoliert herübergenommen wurde und dadurch durchaus einen anderen Sinn bekommen haben kann. Im heutigen Zusammenhang hat der Stillstandsruf Josuas den Sinn: Herr, gib mir Zeit, den Sieg zu nutzen! – oder er ist eine dramatische Darstellung der metaphorischen Formeln, die im heiligen Krieg immer wieder benutzt werden; vgl. Ri 5,20: „Vom Himmel her kämpften die Sterne . . ."

Auf dem Internationalen Katholischen Bibelkongreß in Brüssel und Löwen, August 1958, sprach Bernhard J. Alfring, Erzbischof von Utrecht, in seiner Schlußansprache auch über das Thema des „Sonnenwunders". Dabei wies er noch auf eine andere Lösung des Problems hin: „Das poetische Gepräge des Stückes steht über jedem Zweifel. Die Gat-

tung des Heldengedichtes kann man gleichfalls leicht bejahen. Weitere Untersuchungen jedoch und weiteres Zergliedern der angewandten Worte bringt zutage, daß der Abschnitt überhaupt nicht von einem Stillstehen der Sonne im buchstäblichen Sinne spricht. *Stillstehen* ist in der biblischen und außerbiblischen Literatur ein Ausdruck für *sich verfinstern,* und zwar nicht für eine astronomische Sonnenfinsternis, sondern für eine Verfinsterung infolge der Wetterlage. Es stellt sich heraus, daß in dem poetischen Teil nichts anderes gemeint ist als in dem Prosastück, das von schwerem Hagel erzählt (10,11) . . . Durch das Aufspüren und Feststellen dieses konkreten Sinnes wird die Wundererzählung auf die ursprüngliche Absicht des Hagiografen zurückgeführt" (nach „Bibel und Liturgie" 1958/1959, Heft 5).

ZU Jos 23,1–24,33:
BUNDESVERPFLICHTUNG

Immer wieder begegnet man in den Büchern der jüdischen Bibel Erneuerungen der Bundesverpflichtung. Als Schluß des Buches Josua wurde wahrscheinlich um 400 v. Chr. die Erzählung von der Versammlung des Volkes in Sichem geschrieben: mit der großen Rede Josuas an das Volk. Er stellte das Volk vor die Frage, ob es dem Herrn weiterhin dienen will. „Ich aber und mein Haus, wir wollen dem Herrn dienen", schließt Josua seine Rede (24,1–15).

Vergleiche im Artikel „Die Zwölf Stämme", Nr. 3.

Das Buch der Richter

Die Verfasser und Bearbeiter dieses Buches der Richter (Ri) scheinen zur Zeit Davids oder später (s. Dtn) gelebt zu haben. Über die Zeit vor der Königszeit wird hart geurteilt; aber das Urteil ist, wenn man die Darstellungen zugrunde legt, berechtigt.

Das Buch ist eine Kompilation alter Stammesgeschichten und eine Zusammenfassung von Traditionen über die Zeit nach Josua und ist wohl erst nach und nach zur heutigen Form gediehen. Aber ebensowenig wie in den ande-

ren Büchern des AT ist es das Anliegen des Richterbuches, äußere Geschichte zu schreiben. Es ist deshalb kaum möglich, aus den schematischen Zahlen der Erzählung (40 Jahre Ruhe nach dem Wirken des Richters Othniel, 80 Jahre Ruhe nach dem Wirken des Richters Ehud, 40 Jahre Ruhe nach dem Wirken der Prophetin Debora und des Feldherrn Barak usw.) eine Chronologie zu entwerfen. Wir können lediglich sagen: Wenn wir die Landnahme um 1230 ansetzen, so hat die Zeit der

Richter (einschließlich Eli und Samuel, die das Richterbuch nicht mehr umfaßt) etwa hundertachtzig bis zweihundert Jahre gedauert; denn Sauls Salbung ist für 1020 anzunehmen. Allerdings wissen wir nicht, wann der erste „Richter" auftrat.

Nicht auf die äußeren Geschichtsereignisse, sondern auf eine Treuemahnung zur Jahwereligion und auf die Darstellung der Folgen des Abfalls kommt es den Verfassern an. Nur deshalb schreiben sie ihre Einleitungen und Nachworte, um in dem Kernstück die strafende Hand *und* die Barmherzigkeit Jahwes während der Richterzeit zu exemplifizieren. Die Israeliten vergaßen den Bund mit Jahwe, so lautet die Lehre; deshalb ließ Gott sie durch ihre Feinde bedrücken. Aber in höchster Not kam „der Geist Jahwes" über einen Mann, der als „Richter" sein Volk aus der größten Not herausriß. Das wiederholt sich immer wieder – ein beschämendes Schauspiel, aber auch ein Schauspiel von Jahwes Gerechtigkeit *und* Barmherzigkeit. Mehrere Abschnitte sind nach diesem geschichtstheologischen Schema aufgebaut.

Das Buch behandelt nicht ausführlich die Zeit jedes einzelnen Richters, sondern zieht sie sozusagen in typischen Ereignissen zusammen oder nennt sogar nur den Namen.

Von den Richtern Eli und Samuel spricht das Richterbuch nicht – vielleicht deshalb, weil der Redaktor die Samuelbücher, in denen die Geschichten von Eli und Samuel verzeichnet waren, schon vorfand: er empfand sein Buch als Lückenfüller zwischen dem Josuabuch und den Samuelbüchern.

Zur „Richterzeit" allgemein s. d. in den geschichtlichen Kapiteln S. 534, Nr. 17.

DAS AMT DES „RICHTERS"

Das Amt des „Richters" ist vom Namen her, der uns dafür überliefert ist, nicht sicher definierbar. Nur Debora und Jiftach haben gemäß dem Richterbuch tatsächlich als Richter gewirkt. Ob man von ihnen diesen Namen auf das namenlose Retteramt der anderen „Richter" übertragen hat oder ob man in dem Wirken der „Richter" ein richterliches Tun sah, das die Feinde Jahwes bestrafte, ist ungewiß. Von größter Überzeugungskraft ist die von Martin Noth vorgetragene Ansicht, daß der Name *schophet* (Richter) eine kanaanitische Amtsbezeichnung ist; denn sie findet sich auch in anderen semitischen Sprachen (bei Phöniziern und Karthagern) als „Suffeten" im Sinne von „ziviler Anführer", der seinem Volke „Gerechtigkeit" schafft.

Während der rund zweihundert Jahre zwischen Josuas Tod und der Königszeit gerieten die einzelnen Stämme, die noch keinen festen Staat, ja nicht einmal ein Volk waren, immer wieder in Bedrängnis. In solchen Nöten erstanden diese Retterpersönlichkeiten, die sich entweder selbst zu Führern machten oder aber gewählt oder durch einen (göttlichen) Hinweis dazu bestimmt wurden. Eine volksrechtliche Grundlage scheint das „Richteramt" nicht gehabt zu haben; man könnte es am ehesten mit dem Ausnahmeamt des Diktators[1] vergleichen, der vom Volk berufen wird, um in gewissen Notzeiten alle Macht in seiner Hand zu vereinen und nach Behebung der Not als Retter des Volkes geehrt zu bleiben, aber doch abzutreten.

Da es sich um politische Notwehr handelte, war die eigentliche Aufgabe der „Richter" der Befreiungskrieg, aber gleichzeitig und danach auch die Reorganisation der sozialen und innenpolitischen Zustände, wozu sicherlich auch die Rechtsprechung gehörte. Auch dies wäre möglich, daß ihre ganze Tätigkeit von dieser einen späteren Funktion her den Namen hat. Manche Bibelwissenschaftler halten die Richtergestalten nur für literarische und nicht für historische Gestalten; die Erzählungen über sie wurden, so meinen sie, z. T. durch charismatische Stammeshelden angeregt.

Die Landnahme war noch nicht vollendet, als Josua starb. So beginnt das Buch der Richter mit einem Kapitel (1), das von der Eroberung des Gebiets mehrerer Stämme erzählt. Wichtiger als diese Berichte von Versuchen der aktiven Eroberung sind aber die Skizzen von den Ergebnissen, die zeigen, daß die Stämme fast überall als Fremde unter den Kanaanitern wohnten, z. B. „Efraim konnte die Kanaaniter nicht vertreiben, die in Geser wohnten. Darum blieben die Kanaaniter mitten unter ihnen in Geser wohnen" (1,29).

---

[1] Da das Amt des Diktators durch Usurpatoren in restlosen Mißkredit gekommen ist, sei hier eigens betont, daß hier nicht eine Diktatur im Sinne solcher Diktatoren gemeint ist. Diktator im alten Sinne war ein Notwender.

Als die Israeliten nun so mitten unter den Kanaanitern wohnten, taten sie schon bald nicht, was dem Herrn gefiel: sie dienten den Baalen (s. d.) und nahmen sich die Töchter der Völker zu Frauen. Der Herr strafte sie dafür, indem er sie in die Hand der Kanaaniter gab (2,1–3,6).

Dann befreite *Otniel*, Kalebs jüngerer Bruder, die Israeliten vom König von Aram; Otniel war ein tüchtiger Anführer (3,7–11). – Als die Israeliten in der Palmenstadt unter der Macht des Königs Eglon von Moab waren, befreite *Ehud* das Volk, indem er den König erdolchte (3,12–30). – Ihm folgte *Schamgar*, der sechshundert Philister mit einem Ochsenstecken erschlug (3,31).

Die Richterin Debora lebte als Prophetin im Gebirge Efraim. Als Israel unter der Gewalt des Kanaaniterkönigs Jabin war, berief Debora Barak als Feldherrn gegen den König mit den neunhundert eisernen Wagen und seinem Heerführer Sisera. Barak übernahm den Krieg, wenn Debora mitginge. Sie wolle mitgehen. „Aber der Ruhm wird dann nicht dir zuteil; denn der Herr wird Sisera einer Frau ausliefern."

Als Barak vom Tabor aus gegen Sisera zog, brachte der Herr alle Wagen Siseras und seine ganze Streitmacht in Verwirrung. Sisera floh zu Fuß in das Zelt der Jaël. Sie deckte ihn mit einer Decke zu und trieb ihm einen Zeltpflock durch die Schläfe. So wurde König Jabin gedemütigt und Israel durch eine Frau gerettet (4,1–24).

Dem folgt das Debora-Lied, das diesen Sieg besingt – ein offenbar sehr altes Lied. Wer etwas von der heroischen Qualität dieses Liedes begreifen will, sollte es laut lesen! (5,1–31).

Die Gideonsgeschichte (6–8). Gegen 1100 v. Chr. wurden die Israeliten von den Midianitern (s. d.) sieben Jahre lang ohne Unterlaß überfallen (6,1–6). Als das Volk zum Herrn um Hilfe schrie, sandte der Herr einen Propheten, einen Strafprediger zu den Israeliten. Die Erzählung führt ihn als den „Engel des Herrn" (s. d.) ein. Der Name dieses Propheten wird nicht genannt; aber man muß in diesem unbekannten Propheten einen Jahwepriester sehen. Er hielt den Israeliten ihren Baalsdienst vor. Infolge dieser Strafpredigt vernichtete

Gideon den Baalsaltar seines Vaters Joasch (6,25–32). Die rechtfertigenden, anspornenden und inspirierenden Gedanken zur Zerstörung des Altars kleidet der Erzähler in das Gespräch zwischen dem „Engel Jahwes" (Jahwe) und Gideon. Dann zerstörte Gideon den Altar und opferte dem Herrn; damit war er berufen.

Das geschah in Ofra. Ofra wird als die Stadt Gideons genannt (6,11), das manche mit dem arabischen *ettaijibe* gleichsetzen: 11 km nördlich von Bet-Schean; manche aber glauben es auch in den Ausläufern der Jordanniederung östlich von Sichem suchen zu müssen. Beide Stellen würden in der Jordanniederung liegen und beide Stellen zum Stammesgebiet Manasse gehören.

Manche Literaturkritiker halten die Verse über das Auftreten des Propheten für einen Einschub (6,7–10), den man nicht vermissen würde. Bei nüchterner Betrachtung aber, die nicht nach Wundern sucht, sondern zuerst die natürlichen und sachlichen Gegebenheiten als Ursachen wägt, erscheint das Auftreten des Propheten ebenso wichtig wie das „Gespräch" Gideons mit Jahwe; denn jenes sagt etwas über die auslösenden Ursachen, dieses aber vor allem etwas über die religiöse Bedeutung der Berufung. Gerade im Auftreten des Propheten liegt das Zeichen Gottes, dessen Wille im Gespräch Gideons mit Jahwe gedeutet wird.

Da blies Gideon ins Widderhorn. Früher übersetzte man oft: „Er stieß in die Posaune" (6,34). Die Posaune ist aber ein Instrument, das erst im 15. Jahrhundert n. Chr. entstanden ist; statt Posaune sollte es richtig Hirtenhorn oder Widderhorn heißen. – Ein bestimmtes Signal mit dem Widderhorn war das Alarmzeichen für alle waffenfähigen Männer, sich zu sammeln. Natürlich erreichte das Signal nicht alle Städte und Dörfer; deshalb wurde das Aufgebot (s. d.) auch durch Boten verkündet (6,35).

Die Geschichte von Gideons Fellen (6,36–40) soll ein Zeichen für Gideons Berufung sein. – Bemerkenswert ist, daß sich diese Verse durch ihr Wort für Gott *(elohím)* möglicherweise als Teile einer anderen Tradition bestimmen lassen; die übrigen Gideontexte sprechen nämlich immer von Jahwe (Herr). Es ist nicht ausgeschlossen, daß die sogenannten Elohisten (s. d.) diese Erzählung eingeschaltet haben. Die Erzählung vom Tauwunder mag zu den Verherrlichungserzählungen für Gideon gehört haben, die aber ins ursprüngliche Richterbuch nicht aufgenommen waren; denn das Richterbuch ist sonst in Beziehung auf wunderbare Begebenheiten sehr nüchtern und karg. Der „elohistische" Bearbeiter aber mag hier eine Lücke empfunden haben. Oder aber er kannte diese Legende (s. d.) und wollte sie als Aussage über die gottgewollte Auserwählung Gideons aufbewahrt wissen.

Vom Sachlichen her entspricht die Erzählung dem Kulturstand der Gideonzeit und der Natur der Jordanniederung. Gideon hätte seinen Mantel abgenommen und ihn mit der Fellseite nach oben auf die hartgeklopfte Erde gelegt, wo man zu dreschen pflegte: auf die Tenne. In den Nächten kühlt sich die Luft im an sich heißen Jordangebiet sehr stark ab; dadurch fällt reicher Tau, der hin und wieder so dicht ist, daß er wie ein leichter Regen erscheint. Daß aber das Fell – wie die Erzählung sagt –, genau nach Gideons Wort einmal naß und einmal trocken ist, kann man nicht aus der Natur der Jordanniederung erklären. Es könnte ein legendarisches Spiel mit Gegensätzen sein, um dadurch die gottgewollte Berufung Gideons zu bekräftigen. Es heißt demnach nicht: dies geschah, sondern das Ganze hat die *Bedeutung,* daß Gideon berufen wurde.

Gideons Musterung, List und Sieg (7). Nachdem Gideon berufen war, galten seine Kampfüberlegungen als Anweisungen Gottes und werden deshalb in der *Erzählung* im Zwiegespräch zwischen Gott und ihm entwickelt (s. den Artikel „Wort Jahwes"). Gideon entschloß sich, nicht mit einem Heer, sondern mit einer kleinen Gruppe die Midianiter zu besiegen. Deshalb schickte er zuerst die Ängstlichen fort. Dann musterte er seine restlichen „Zehntausend" (schematische Zahl!), indem er sie an einer Quelle trinken ließ. Die Gierigen, Rücksichtslosen, aber zugleich Praktischen, die sich einfach auf den Bauch legten und mit dem Mund aus dem Quellteich tranken (es waren dreihundert), hielt er für sein Unternehmen zurück; die Zurückhaltenden, Vorsichtigen, Umständlichen, die sich erst niederknieten, um mit der Hand Wasser zu schöpfen, das ihnen dann zum Teil wieder entfloß, ließ er gehen. Das waren Kampfüberlegungen

Gideons! – Der Erzähler aber weiß, warum Gideon mit wenigen Leuten kämpfen *mußte:* damit Israel nicht sagen kann, es hätte sich selbst gerettet (7,2); und er läßt deshalb bei dem erdachten Zwiegespräch zwischen Gott und Gideon Jahwe selbst den Grund dafür aussprechen. Für Gideon waren das alles nur praktische Kampfüberlegungen – der Erzähler aber nannte sie den Willen des Herrn.

Gideon teilte dann – das war sein Überraschungskampfplan – seine dreihundert Leute in drei Gruppen. Alle Leute Gideons hatten Krüge, in denen Fackeln verborgen waren. Mit zweihundert Mann umstellte er des Nachts das Lager der Midianiter, mit hundert Mann näherte er sich selbst dem Lager, als soeben dort die Wachen abgelöst wurden und durch diese Bewegung die Aufmerksamkeit der Wachen nachgelassen hatte. Da zerbrach er seinen Fackelkrug, die Fackel lohte, sein Horn schrie auf – und kurz darauf lohten weitere dreihundert Fackeln, schrien weitere dreihundert Hörner über das Lager. Da gewöhnlich nur wenige Anführer Hörner bliesen und nur die Anführer beim nächtlichen Kampf Fackeln trugen, erreichte er so mit seinen dreihundert Mann den Effekt eines riesigen Heeres, das das Lager umstellt hatte. Daß sich daraufhin die Midianiter gegeneinander wandten, hing wohl nicht nur mit ihrer Nervosität zusammen, sondern mit der Tatsache, daß kein Feind greifbar war und jeder den unbekannten anderen für einen Israeliten hielt.

Nach dem Sieg (8,22ff.) wollten die Israeliten Gideon zum König erheben, mit erblichem Folgerecht; das Richterbuch sagt wörtlich: „Werde unser Herrscher." Aber Gideon antwortet: „Der Herr soll über euch herrschen."

Ob dieses Gespräch historisch stattgefunden haben kann, ist sehr fraglich. Aber darauf kommt es nicht an. Der Erzähler weiß, daß Gideon nicht Herrscher über Israel werden konnte, weil der Herr *der* Herrscher Israels sein soll; das bedeutet diese Stelle. Gideon blieb „Richter"; denn Vers 28 sagt: „Das Land hatte dann vierzig Jahre lang Ruhe, solange Gideon lebte."

Wie wenig Gideon selbst ein klares Bild von der Jahwereligion hatte, zeigt die folgende Erzählung (8,24f.), in der berichtet wird, wie Gideon aus den Nasenringen der erschlagenen Midianiter ein goldenes Gottesbild („Efod") machen ließ, um es in seiner Stadt Ofra aufzustellen. Es ist kaum anzunehmen, daß Gideon damit einen Baal verehren wollte – es sollte sicherlich der Verehrung Jahwes dienen; aber die Form war doch der Baalsreligion entnommen, und dadurch ist es für den Erzähler des Richterbuches ein Ärgernis. Er scheute sich nicht, diesen halben Abfall Gideons zu vermerken; denn zugleich sieht er darin die Ursache für das Gericht, das sein sichemitischer frevelhafter Sohn Abimelech nach Gideons Tod über die Familie brachte, als er alle Gideonsöhne umbringen ließ, um König zu werden (9,1–57).

Weitere Richter waren *Tola* aus dem Stamm Issachar (10,1.2); *Jaïr* aus dem Lande Gilead (10,3–5); *Jiftach,* dem sich die Efraemiten (seine Stammesgenossen) für den Kampf gegen die Ammoniter versagten und die ihn allein mit seinen Leuten aus Gilead kämpfen ließen – und so kam es zu einem Krieg innerhalb des Stammes Efraim (10,6–18; 11; 12,1–7).

Weitere Richter waren *Ilzan* aus Betlehem (12,8–10); *Elon* aus Sebulon (12,11.12); *Abdon* (12,13–15).

Die Simsongeschichte (13–16). „Die Israeliten taten wieder, was dem Herr mißfiel. Deshalb gab sie der Herr in die Gewalt der Philister" (13,1). In dieser Zeit empfing die (bisher) unfruchtbare Frau des Manoach ein Kind, das ihr vom Engel des Herrn (s. d.) versprochen worden war. Der Engel belehrte die Eltern, daß sie nüchtern und ohne Unreines zu genießen, leben sollten, und das Kind sollten sie als Nasiräer (s. d.) erziehen! (13).

Als junger Mann verlangte Simson eines Tages, eine Philisterin zur Frau zu nehmen. Als er zu den Philistern hinabstieg, begegnete er einem Löwen. „Da kam der Geist des Herrn über Simson, und Simson zerriß den Löwen mit bloßen Händen" (14,6). Die jungen Philister fürchteten sich vor ihm, deshalb umgaben sie ihn beim Gelage mit dreißig Männern. Da gab Simson ihnen ein Rätsel auf. Aber sie lösten das Rätsel erst, als Simsons Frau, die Philisterin, die Lösung aus ihm herausgefragt hatte (14).

Als sein Schwiegervater ihm die Frau weggenommen hatte, bestrafte er die Philister, indem er Füchse mit Fackeln an den Schwänzen in ihre erntereifen Felder jagte. Da zogen die Philister nach Juda hinauf, um Simson zu fordern. Und die Juden gaben ihn gebunden heraus. Aber die Stricke zerriß er wie Fäden, und mit einem Eselskinnbacken erschlug er tausend Philister (15).

Als er in Gaza bei einer Dirne war, wollten die Leute von Gaza ihn umbringen. Um Mitternacht stand Simson auf, nahm die Flügel des Stadttors auf seine Schultern und trug sie auf den Gipfel des Berges, Hebron gegenüber (16,1–3).

Als Simson sich Delila zur Frau genommen, wollten die Philister Delila reich beschenken, wenn sie sagen wolle, wie er seine Kraft verlieren könne. Nach drei falschen Antworten, gab er ihr dann die richtige Antwort: Ohne meine Schläfenlocken bin ich schwach. Da schnitt sie ihm die Haare ab, und er war schwach. Die Philister blendeten ihn, legten ihn in Bronzeketten und ließen ihn die Mühle drehen (16,4–22).

Bei einem Fest wollten die Philister ihn dann als Spaßmacher sehen. Sie brachten ihn herbei und stellten ihn neben die Säulen, die die Festhalle stützten. Er aber wußte, daß seine Haare wieder gewachsen und seine Kräfte wiedergekommen waren. Als sie alle über ihn lachten, tastete Simson nach den Säulen und riß Dach und Wände der Halle ein. So starb er selbst mit denen, die ihn verhöhnt hatten (16,23–31).

Nachträge zum Richter-Buch (17–21). Die letzten fünf Kapitel handeln nicht von Richtern, sie haben aber dieselbe Darstellungsabsicht, die in diesen Kapiteln mit denselben Worten formuliert ist wie in den Kapiteln 1–16: „In jenen Tagen gab es in Israel noch keinen König; jeder tat, was ihm gefiel" (17,6) u. ä. Die erzählten Ereignisse berichten von verschiedenen Mißständen, die in der Darstellung locker miteinander verbunden werden:

von Micha, der sich ein Gottesbild herstellte, einen Leviten als Priester anstellte und aus seinem Haus ein Heiligtum machte (17);

von den Kundschaftern aus Dan, die nach einer friedlichen ungefährlichen Siedlungsgegend suchten und diese dann mit Gewalt nahmen, um dort zu siedeln – das Gottesbild des Micha hatten sie vorher samt Michas Priester gestohlen (18);

von den Männern der Stadt Gibea in Benjamin, welche Gäste in ihrer Stadt mißbrauchten, so daß die Nebenfrau eines Gastes daran starb und wie der verunehrte Gast ganz Israel zur Rache an Benjamin aufrief (19);

von dem Kampf aller Israeliten gegen den Stamm Benjamin und wie Benjamin fast ganz vernichtet wurde (20);

von der Sorge der Sieger um den Rest von Benjamin (21).

Das Buch Rut

Die Erzählung von der Moabiterin Rut ist wahrscheinlich ursprünglich eine „historische Novelle", die die Absicht hatte, menschliche Beziehungen darzustellen und *Rut, die Ahnfrau Davids,* zu verherrlichen. Aber da sie gewisse Beziehungen als möglich zeigt, die nach dem strengen Gesetz Israels verboten waren (Heirat mit Moabiterinnen); da das Gesetz der Schwagerehe (s. d.) eine Rolle spielt, das wohl nicht gerade eifrig befolgt wurde; und da Rut eben durch die Heirat mit Boas Urgroßmutter Davids wurde, mögen gerade die freiheitlichen Züge im Zusammenhang mit der Davidsahne der Beliebtheit des Büchleins Auftrieb gegeben haben. Das Buch selbst ist jedoch ganz und gar in jeder Beziehung unpolemisch und auch in keiner Hinsicht als „religiöses" Buch geschrieben worden. Zunächst empfahlen es seine menschlichen Züge; die oben angeführten Einzelzüge sind sekundär. Daß allerdings die Erzählung von einer Ahnfrau Davids handelt und diese in ihrer menschlichen Treue und anziehenden Fraulichkeit vorstellt, hat gewiß die Volkstümlichkeit und die Aufnahme des Büchleins in den alttestamentlichen Kanon gefördert.

Der jüdische Talmud („Lehre") nennt Samuel als Verfasser. Diese Annahme wird von den christlichen Bibelwissenschaftlern heute nicht mehr geteilt. Annehmbar wäre eine Abfassungszeit zur Königszeit Davids oder später; denn erst seitdem konnte das im Hintergrund stehende Thema „David" Eindruck machen. Anzunehmen wäre aber auch eine Abfassungszeit vor den großen kämpferischen Propheten, die mit ihrem Kampf gegen den religiösen Synkretismus auch die Absonderung von den nichtisraelitischen Völkern wieder strenger betonten. Unter dieser Kombination hielt man die hundertfünfzig Jahre zwischen der Unterwerfung der Moabiter durch David und der Befreiung Moabs durch seinen König Mescha (um 840 v. Chr.) für eine gegebene Abfassungszeit; denn damals waren die Moabiter (s. d.) ein Tributärstaat Israels.

Aber nach den jüngsten Untersuchungen ist diese Datierung wieder mehr als fraglich geworden. Die Aramäismen im Text verlangen die Annahme einer mindestens exilischen (nach 586 v. Chr.), wenn nicht sogar nachexilischen Abfassungszeit (nach 538 v. Chr.). Vielleicht offenbart die milde Mischehenpraxis und die universale Tendenz das Büchlein sogar als eine Frucht jener jüdischen Kreise, die ganz und gar nicht mehr mit dem fanatischen und puritanischen Judaismus einverstanden waren, der sich vor allem in den Büchern Esra (9–10) und Nehemia (13,1–3.23–27) niedergeschlagen hat. Die Betonung elementarer und menschlicher Familientugenden, wie sie beim Büchlein Rut im Mittelpunkt stehen, schien ihnen nicht nur allgemein wichtiger, sondern bei einer betonten Wertung auch notwendiger zu sein als die einengende judaistische Nationalismuspolitik. Ende des ersten Jahrhunderts nach Christus war das Buch Rut (manchmal?) ein Anhang des Richterbuches (s. oben: Ende des Richterbuches). Wegen seiner Einheit und Eigenart wurde es später aber als gesondertes Buch gezählt.

Die Erzählung von Rut spielt in der Richterzeit (1,1), etwa um das Jahr 1100 v. Chr., also zur Zeit Gideons, was auch gut zu der Hungersnot passen würde, die durch die Einfälle der Midianiter (s. d.) verursacht wurde.

Die Auswanderung Elimélechs hatte ihren Grund also in der Not. Er wanderte aus dem Stammland Juda, aus der Landschaft Efrata, aus der Stadt Betlehem in das Land der Moabiter (s. d.). Daß die Söhne – laut Erzählung – erst nach dem Tode des Vaters moabitische Frauen nahmen, kann die Absicht haben, auf die Gesetzestreue Elimélechs hinzuweisen.

Nach zehn Jahren starben die Söhne ohne Nachkommen. Nach geltendem Recht konnten oder sollten jetzt die kinderlosen Frauen in ihr Elternhaus zurückkehren. An ihre Schwiegermutter Noomi band sie nichts; sie war in Moab auch nicht reich geworden. Aber als die vereinsamte Noomi nach Betlehem zurückkehren wollte, bestand Rut darauf, mit nach Betlehem zu gehen. Die Begründung Ruts ist neben dem menschlichen Ton auch religionsgeschichtlich interessant; sie hatte den Jahweglauben angenommen: „Dein Volk ist mein Volk, und dein Gott ist mein Gott" (1,16). Man würde dieses Wort noch tiefer verstehen, wenn man für die deutsche Übersetzung sagen wollte: „Dein Volk ist mein Volk, *denn* dein Gott ist mein Gott." Die Anerkennung des Volksgottes bedeutete ja Übertritt ins Volk (s. den Artikel „Die Götter der Völker") – obwohl später Moabiter nicht in die Glaubensgemeinschaft Israels aufgenommen werden sollten (Neh 13,1–3).

Noomi und Rut (2,1–18). Noomi kam mit ihrer verwitweten Schwiegertochter Rut zu Beginn der Gerstenernte in Betlehem an, d. h. etwa im April. Rut geht aufs Feld, um Nachernte zu halten, „wo es mir jemand erlaubt". Und so begegnete sie Boas, einem nicht mehr jungen Mann aus der Verwandtschaft Elimélechs.

Die Erzählung (deren Grundzüge ganz sicher auf die Richterzeit selbst zurückgehen) zeigt dann die Freundlichkeit des Boas und seiner Mägde gegenüber Rut, der Moabiterin. Dieser Erzählungszug ist bedeutsam für die Gewinnung eines vollständigen Bildes der Richterzeit, in der immer wieder Kämpfe das Volksleben erschütterten, Kämpfe auch gerade aus Gründen der religiösen Eindeutigkeit – in der aber anderseits gerade durch den Wunsch des Volkes nach Frieden und nach friedlichem Zusammenwohnen mit den Nachbarn der synkretistische Zug im Religiösen gefördert wurde; zumal gegenüber den Moabitern, die ja stammverwandt waren.[1] In solchen Zeiten vermag bescheidene Menschlichkeit viel. Das Anziehende aber im Bilde Ruts wird – ohne daß der Erzähler der Idealisierungsgefahr erliegt – vervollständigt durch die Sorge für ihre Schwiegermutter, für die sie sogar vom eigenen Mahl aufhebt und der sie alle Körner der gesammelten Ähren brachte. Als sie sie mit dem Stock ausgeklopft hatte, konnte sie

ein Efa (36 Liter) mit nach Hause nehmen. (Über das Feld des Boas und der Rut: s. unter „Betlehem").

Rut wird die Urahne Davids (3 und 4). Noomi gab sodann Rut den Rat, sich am Abend des Dreschtages geschmückt zu den Füßen des Boas zu legen, wenn er wegen der Diebe bei den herausgedroschenen und bei der Tenne zusammengeschaufelten Körnern schlafen ging: denn Boas gehörte zu den Lösern der Familie des Elimélech, d. h. er mußte Land kaufen, wenn es aus der Familie verkauft werden sollte, und er mußte Rut heiraten, wenn sie wieder heiraten wollte. Denn da Rut kinderlos war, hatte ein Verwandter die Pflicht, sie zur Frau zu nehmen, damit sie nicht kinderlos sterbe.

Nach dem Deuteronomium (s. d.) hatten die Brüder eines verstorbenen Mannes diese Pflicht, ihrem Bruder Kinder aus seiner Frau zu wecken; nach den Brüdern die nächsten männlichen Verwandten. Die daraus entstehenden Kinder galten als Nachkommen des Verstorbenen. Es war das Gesetz der Schwagerehe (s. d.). Boas wußte, daß noch ein anderer Löser da war, der Noomi und Rut näher verwandt war. Am Stadttor (s. d.) bot er ihm das Feld an. Der andere sagte zu. Dann fuhr Boas fort: Aber du mußt zugleich die Moabiterin Rut heiraten, um ihrem verstorbenen Manne Kinder zu erwecken, damit sein Name auf dem Besitztum nicht untergeht. Da verzichtete der andere; denn er würde das Feld ja dann nur für den Sohn Ruts kaufen und nicht für sich. – So erhielt Boas beim Gericht am Stadttor den Besitz Elimélechs und seiner Söhne und dazu Rut. Der verzichtende Löser zog seinen Schuh aus und gab ihn dem Boas; so wurde der Verzicht bestätigt.[2]

Dem folgt ein großer Glückwunsch des Volkes für die Ehe – er zielt auf die Mitteilung, daß aus der Verbindung Boas-Rut nach drei Generationen König David erstehen wird (4,18–22).

---

[1] Eine andere Möglichkeit ist die, daß die friedliche Behandlung des Verhältnisses der Israeliten zu den Moabitern die Folge der Unterwerfung der Moabiter durch David ist. Dann wäre darin eher die israelitische Haltung gegenüber den Moabitern zu sehen, wie sie in der Zeit der späteren Niederschrift des Buches Rut üblich war.

[2] Siehe auch Dtn 25,5–9: Hier bedeutet das Schuhausziehen nicht einfach Verzicht auf die „Lösung", sondern Verspottung des nicht bereiten Lösers.

In Martin Luthers Übersetzung des Buches Rut ins Deutsche, und zwar in der maßgeblichen Ausgabe von 1545, gibt Luther den Namen der Noomi mit „Naëmi" wieder. Dieser Name hat sich gerade in der evangelischen Bevölkerung so oder als „Noëmi" durchgesetzt. Luther übersetzt den Namen mit „Meine Lust". – Die Bezeichnung für Schwiegertöchter ist in der lutherischen Übersetzung „Schnur/Schnüre" (das war mittelhochdeutsch „snur", ein Wort aus dem Indogermanischen, wie auch das lateinische „nurus" und das griechische „nýos".)

Die Samuelbücher

Die zwei Bücher unter dem Namen Samuel wurden weder von Samuel verfaßt, noch handeln sie ausschließlich von Samuel; nur die erste Hälfte des Ersten Buches Samuel erzählt von ihm in den Erzählungen über die erste israelitische Königszeit. Die beiden Bücher bilden mit den zwei Büchern der Könige eine Einheit; deshalb findet man in der Zitation die verschiedensten Bezeichnungen, auf die man gefaßt sein muß:

1 Sam 2 Sam 1 Kön 2 Kön
1 Kön 2 Kön 3 Kön 4 Kön
1 Sam 2 Sam 3 Kön 4 Kön

Das Erste Buch Samuel (1 Sam) umfaßt die Kindheitsgeschichte Samuels vor dem Hintergrund der Geschichten vom alternden Eli und seiner verkommenen Söhne (Kap. 1–3). Der Sieg der Philister über Israel bringt große Not mit sich. Aus ihr führt Samuel als „Richter" und prophetischer (d. h. den Willen Gottes verkündender) Retter heraus (Kap. 4–6). Samuel bestellt als ersten König Saul (Kap. 7–15) und salbt nach Sauls Versagen als zweiten König David – noch während der Herrschaft Sauls (Kap. 16). Die Geschichten von David und Goliat, David und Saul, David und Sauls Sohn Jonatan gehören zu den volkstümlichsten Erzählungen dieses Buches (Kap. 17ff.). Das Buch schließt mit dem Bericht über neue Philisterkämpfe, bei denen Saul und Jonatan umkommen (Kap. 27–31).

Das Zweite Buch Samuel (2 Sam) umfaßt die Königszeit Davids, beginnend mit Davids Kampf gegen Sauls Sohn, der den Thron beansprucht, und schließend mit den Alterstagen Davids.

Die Abfassungszeit liegt nach 932 v. Chr., d. h. nach der Teilung des Reiches Davids und Salomos in das Reich Israel (Nordreich) und das Reich Juda (Südreich) – aber vor 586 v. Chr.; denn das Haus David wird noch als regierendes Haus im Südreich vorausgesetzt; 586 aber ging mit der Babylonischen Gefangenschaft Judas das Haus David als Königshaus unter. Irgendwann im Zeitraum dieser dreihundertfünfzig Jahre sind die Samuelbücher entstanden, unter Verwendung zum Teil festgefügter Traditionen, mündlicher und schriftlicher. Einzelne Ergänzungen und Änderungen sind auch später noch vorgenommen worden (Kap. 17 und 18).

Der Sinn der Bücher (der Samuelbücher und der Bücher der Könige) ist nicht so sehr Geschichtsschreibung, sondern Deutung der Ereignisse als von Gott gelenkter Geschichte des zu seinem Dienst erwählten Volkes. Daß das Volk Jahwe diesen reinen Dienst immer wieder aufkündigte, ja daß sogar David und Salomo gegen Gottes Verehrung und Gesetze brutal verstießen, wird nicht verheimlicht, sondern im Gegenteil stark herausgearbeitet. Denn alles, was je in der Geschichte des Volkes Israel geschah, wird exemplarisch aufgefaßt: nicht für das Volk, sondern für Gottes Größe *und* Treue, die er seinem widerspenstigen Bundesvolk erwies.

Die Samuelbücher wie auch die Bücher der Könige gehören zum Deuteronomistischen Geschichtswerk. In der Einleitung zum Buch Deuteronomium (s. d.) ist die Darstellungsabsicht des Deuteronomistischen Geschichtswerkes kurz dargelegt.

ZU 1 Sam 1,1–3,21:
ELI UND SAMUEL

Über die historischen Zusammenhänge s. S. 535, Nr 18. – In den ersten Kapiteln dieses Samuelbuches wird Eli Priester des Herrn am Ladeheiligtum in Schilo (s. d.) genannt.

Durch 4,18 erfährt man aber, daß er auch „Richter" im Sinne des Richterbundes (s. d.) war. Die Zusammenfassung der Ämter des obersten Priesters (s. „Hoherpriester") *und* des Richters scheint gegenüber der Richterzeit (s. d.) auf eine Änderung der Richterinstitution hinzuweisen. Während nämlich in der Richterzeit die Richter nichtpriesterliche Volksführer waren, war offensichtlich unter Eli die Priesterherrschaft so stark geworden, daß sich der oberste Priester am Heiligtum des Stämmebundes diese Richtereigenschaft aneignen konnte. Der Name „Eli" (nach der Vulgata „Heli") wird als Abkürzung von „Joëli" („Jahwe ist erhaben" oder „Jahwe ist mein Gott") zu deuten sein.

Diesem Priester Eli begegnet Hanna, die kinderlose Frau des Zufiters Elkana (1,1). Damit beginnt (1,9) eine der vielen Bibellegenden zur „Erlösung von Kinderlosigkeit" (s. S. 69, Nr. 7). Sie erzählt vom Geschenk der Geburt Samuels. Die Mutter Hanna gab ihm diesen Namen, „denn (sagte Hanna, seine Mutter): Ich habe ihn vom Herrn erbeten". Das ist für diesen Namen eine volkstümliche Deutung. Die hebräische Form des Namens lautet „Schemu'él"; in ihm wird ein Anklang an *scha'ál* (erbitten) und *me'él* (von Gott) gehört. Die eigentliche Bedeutung könnte mit *schem* (Name) zusammenhängen und würde heißen, daß dieses Kind ein Zeugnis des Namens (d. h. der Kraft) Gottes ist (s. den Artikel „Noachs Segen über Sem").

Nachdem Hanna ihr Kind nach der Entwöhnung beim Priester Eli abgegeben hat, damit es dem Herrn gehöre (1,24–28), schaltet der Redaktor des Samuelbuches ein Danklied der Hanna ein (2,1–12). Dieser Hymnus ist für das NT bedeutsam geworden, weil vom Verfasser der lukanischen Kindheitskapitel das Danklied der Hanna als Vorlage für Mariens Danklied „Magnificat" in Lk 1,46–55 genommen wurde.

Die frevelhaften Söhne des Eli (2,12–36), die am Ladeheiligtum Schilo Priester waren und doch so lebten, als ob sie nicht an Gott glaubten (vgl. Ps 1), waren für die Pilger ein Ärgernis: Vom Fleisch der Friedopfer (s. d.) fischten sie sich aus dem Kochkessel heraus, was sie wollten, nicht nur, was ihnen zustand; und sie schliefen mit den Frauen, die im Gefolge ihrer Männer als Pilger gekommen waren. (Um gerade dies überhaupt zu verstehen, sollte man daran denken, daß sich in jener Zeit der Jahwe-Monotheismus bei den Israeliten in Kanaan noch nicht durchgesetzt hatte – auch noch nicht bei den Priestern –, so daß Geschlechtsverkehr beim Heiligtum oder im Heiligtum, wie er im Fruchtbarkeitskult der Kanaaniter für die Baale selbstverständlich war, durchaus üblich sein konnte.) Der alte Eli konnte gegen seine Söhne nichts unternehmen.

Da kam ein „Gottesmann" zu Eli, so erzählt der Samuelbuch-Schreiber, um ihm die Strafe des Herrn für das ganze Haus Eli anzukündigen (2,27–36). Der Gottesmann ist nicht näher charakterisiert. Man könnte sagen: er war ein Prophet; zumindest erfüllte er prophetische Aufgaben, d. h. er sprach den Willen Gottes aus. Aber für den Israeliten ist der Titel „Prophet" zur Zeit des Schreibers der Samuelbücher schon sozusagen geschützt (s. den Artikel „Der Prophet"). Deshalb heißt es einfach: „ein Gottesmann".

Dieser Gottesmann konnte natürlich durchaus in eigenem Auftrag kommen. Vielleicht kam er aber auch im Auftrag von Leuten, die an dem Treiben der Elisöhne Anstoß nahmen und sich durch sie geschädigt fühlten.

Eine andere Frage ist: Was war dieser „Gottesmann" für ein Mann? Am ehesten kann man annehmen, daß er ein Jahwepriester war, der an einem anderen Jahweheiligtum diente (s. den Artikel „Die Höhen"). Und was er sagte, ist natürlich kein Dokument aus seiner Zeit, sondern eine Rede, die der Schriftsteller entworfen hat. Vielleicht dachte der Erzähler (bei der Erfindung dieses Gottesmannes) an einen jener Baalskultgegner, die bei ihrem Auftreten das Volk an den größeren Gott Jahwe erinnern wollten. Solche Gottesmänner waren die Wachstumspaten der Jahwereligion.

Der junge Samuel steht in Stille hinter all solchen Szenen, bis die Legende von der ersten Offenbarung an Samuel erzählt wird (3,1–18): Das viermalige Rufen Jahwes nach Samuel, um ihm dann den Untergang des Hauses Eli zu verkündigen, gehört einerseits zu jenen Samuellegenden, die die Auserwählung Samuels, des Vaters der Könige, bekräftigen; denn mit dem Aufkommen des Königtums (Jahrhunderte vor Niederschrift der Samuelbücher) war nicht das ganze Volk monarchistisch geworden. Die alte Denkrichtung, daß allein Jahwe Israels König ist, wurde ganz sicher unter denen propagiert, die durch das Königtum aus Juda (seit David) benachteiligt waren – zu denen sicherlich auch Familien wie die Familie Eli gehörten. So entstanden die Samuellegenden also nicht nur um Samuels willen, sondern auch um des Königtums willen.

Die Legende von Jahwes nächtlichem Rufen nach Samuel ist ursprünglich wohl nur ein Ausdruck für die Berufung Samuels (zum Richter), die seine Berufung von Jugend auf zeigen soll. Aber der Verfasser der Samuelbücher flocht in sie aufs neue das Urteil Gottes über das Haus Eli ein. Damit erhält diese Erzählung einen doppelten Sinn: einmal spricht sie die Berufung Samuels aus, und zweitens bekräftigt sie das Verdikt über das Haus Eli. Der Verfasser deutet diese Ablösung des Hauses Eli damit noch einmal als Gottesurteil.

ZU 1 Sam 4,1–7,1:
VERLUST UND RÜCKKEHR DER BUNDESLADE

Als Israel zu Samuels Zeit gegen die Philister (s. d.) zog, wurde Israel von den Philistern besiegt. Um nicht noch einmal geschlagen zu werden, holten sie die Bundeslade (s. d.) aus dem Heiligtum bei Schilo (s. d.) und nahmen sie als Feldzeichen mit in die nächste Schlacht. Aber auch diese Schlacht ging verloren, und die Philister nahmen die Bundeslade an sich (Kap. 5). Der biblische Text gibt drei Philisterstädte an, in denen die Bundeslade nacheinander aufbewahrt wurde: Aschdod (s. d.), Gat und Ekron.

In Aschdod wurde der Gott Dagon verehrt, der aber kein spezieller Philistergott war; sein Kult wird sowohl für Mesopotamien wie auch schon für das vorisraelitische Palästina bezeugt. Im Bild wurde er als ein Wesen halb Mensch, halb Tier dargestellt. Er erscheint oft als Hauptgott, bei Ackerbauvölkern als Wettergott, allgemein als Gott der Unterwelt. Vom Götterbild des Gottes Dagon wird erzählt, daß es, als die Lade in seinem Tempel stand, am Morgen auf dem Gesicht gelegen habe und am folgenden Morgen in seine Teile zerfallen gewesen sei. Diese Heimsuchung am Götterbild wurde begleitet von einer Heimsuchung des Volkes durch Beulenpest (5,6.9.12), wie durch die Erwähnung der Mäuse in 6,4.5 deutlich wird.

Wir stehen hier vor dem, was die Bibel Zeichen Jahwes für seine Macht und für seine Güte gegen Israel nennt. Es geht also nicht um ein „Wunder". Die Pestplage wurde – laut Samuelbuch – von den Philistern selbst als Strafe dafür gedeutet, daß sie die Lade Jahwes in Besitz genommen hatten. Bliebe nur die seltsame Erscheinung des umgefallenen und zerschlagenen Götterbildes. Wenn der Vorfall wirklich stattgefunden hat, ist er sicherlich auf eine natürliche Ursache zurückzuführen; eher ist jedoch anzunehmen, daß es sich hier um eine Legende (s. d.) handelt, die die Überlegenheit Jahwes über die Völker (Heiden) und ihre Götter – wie sie sich in der Beulenpest ausdrückte – in einem sehr handgreiflichen Bild vorstellen will. Auffallend ist jedenfalls, daß die Lade nicht wegen des umgefallenen Götterbildes, sondern wegen der ausgebrochenen Seuche aus Aschdod entfernt wird (5,6). Die Tempelgeschichte könnte deshalb recht gut ein späterer deutender Einschub sein; Vers 5,6 schlösse ganz gut an 5,1 an.

Beim Rücktransport der Lade (6,1–20) handelt es sich um ein von den Philistern angerufenes Gottesurteil. Zwei Kühe sollten den Wagen mit der Lade in den nächsten Ort der Jahwe verehrenden Israeliten nach Bet-Schemesch ziehen, ohne daß sie geführt wurden. Die Kühe waren zwei säugende Kühe (6,10). Ihre Kälber brachte man in den Stall. Gingen die Kühe auf den Stall zu, d. h. folgten sie dem Naturtrieb, so wollten die Philister all das Unheil als Zufall ansehen und als ohne Verbindung mit der Lade (6,9). Wenn sie aber Bet-Schemesch zustrebten, so wollten sie glauben, daß Jahwe all das Schreckliche über sie gebracht habe. Und die Kühe „gingen geradewegs in Richtung Bet-Schemesch" (6,12).

Daß die Philister die Lade durch eine Kuhkarre in das Gebiet der Israeliten zurückgeführt haben, ist nicht zu bezweifeln. Es wird auch ausdrücklich erzählt, daß die Fürsten der Philister „bis zur Grenze" mitgegangen seien (6,12). Das wird auch einigermaßen der historische Kern der Erzählung sein. Das Erzählungsgut über die Anerkennung Jahwes durch die Philister aufgrund des Gottesurteils ist aber deutende Legende, die wohl erst nach Davids Tod entstanden ist; ein Hinweis auf diese späte Zeit liegt in der Erwähnung des Ortes Bet-Schemesch, der vor David nicht zum israelitischen Gebiet kam, was dem Erzähler wohl nicht mehr bekannt war. Seltsam ist auch die Erwähnung der „Grenze", um die sich die siegreichen Philister ja wohl kaum gekümmert hätten. Die Legende (s. d.) mag sich um den Stein gerankt haben, der bei Bet-Schemesch auf den Feldern lag und der als Opferstein galt, auf dem die Kühe der Philisterkarren geopfert worden sein sollen (6,19). Der Sinn der Legende aber ist, daß auch die Feinde Jahwes ihn anerkennen müssen, selbst dann, wenn sie sein Volk besiegt haben. Mit diesem Sinn steht sie im Herzen der alttestamentlichen Botschaft.

Die Leute von Kirjat-Jearim holen die Lade ab. Sie war aus Schilo geholt worden und kehrte nicht nach dort zurück, weil Schilo wahrscheinlich von den Philistern zerstört worden war. Man darf daraus schließen, daß der Zerstörungskrieg der Philister auch nach Erbeutung der Lade noch weitergegangen ist.

In 2 Sam 6,1–23 wird die Überführung der Bundeslade nach Jerusalem erzählt. Die drei Kapitel 1 Sam 4–6 sollten wahrscheinlich bewußt machen, daß der Ort des Aufenthalts der Bundeslade jeweils ein „offizieller" Ort ist und daß dann in 2 Sam 6,1–23 das jebusitische Jerusalem als der gottgewollte eigentliche Ort vorgestellt wird.

ZU 1 Sam 7,2–15,35:
SAMUEL UND SAUL

Über die geschichtlichen Zusammenhänge s. S. 535, Nr. 19 und 20.

Die Geschichten von Saul, wie sie in 1 Sam erzählt werden, sind – so wird durch die biblische Textanalyse ersichtlich – aus mindestens zwei Überlieferungssträngen zusammengebracht worden.

Der eine Strang ist mehr historisch: er erzählt von dem Verlangen des Volkes nach einem König (s. d.); von der Warnung Samuels vor dem Königtum, auf die Israel aber nicht hört; von der Erwählung Sauls aus Benjamin (S. 514, Nr. 8/12) durch das Los zum König; von Samuels Abschied aus dem Richteramt und seiner Ermahnung, daß Volk und König den König Jahwe nicht vergessen sollen (dieser Strang findet sich in 1 Sam 8,1–22; 10,17–25; 12,1–25).

Der zweite Strang beginnt legendenhaft: Als der Benjaminite Saul einmal nach entlaufenen Eselinnen seines Vaters suchte und sie nicht

fand, kam er auch nach Rama, wo Samuel wohnte. Er wollte Samuel fragen, was er tun solle. Samuel aber war von Gott erleuchtet worden, daß ein Mann kommen werde, den er zum Fürsten über Israel salben solle, damit so das Volk von den Philistern befreit werde. Und Samuel erkannte Saul und salbte ihn. Er verhieß ihm eine Umwandlung des Herzens (1 Sam 9,1–27; 10,1–16.26.27; 11,1–15).

Diese zwei Stränge hat der Redaktor zu *einer* Erzählung verbunden, wodurch sich allerdings die Warnungen Samuels vor dem Königtum etwas seltsam ausnehmen. Ob die zwei Traditionen verschieden alt sind, ist schwer zu sagen; es könnte auch sein, daß die eine mehr aus jenem Teil des Volkes kam, der dem Königtum ablehnend oder wenigstens skeptisch gegenüberstand; die andere aber aus dem Stamme Benjamin, der sich natürlich durch die Erwählung eines Benjaminiten zum König über Israel geehrt fühlte.

Israel verlangt einen irdischen König (8,1–22). Dieser Teil der Saulerzählungen gehört zum „ersten Traditionsstrang" (s. oben). Er hebt einerseits die Abweichung von der Überzeugung hervor, daß nur Jahwe Israels König ist, indem das Volk sich einen König erwählte, wie es bei allen Völkern Sitte ist (8,5.7). Andererseits stellte Samuel dem Volk die Gefahren vor Augen, die mit der Einführung des Königtums gegeben sind. Zweifellos entwarf er damit ein Bild vom Mißbrauch des Königtums bei den umwohnenden Völkern seiner Zeit. Da das Bild die soziale Gefahr des Königtums hervorhebt und damit auf ein innervölkisches Politikum hinweist, sei es ungekürzt wiedergegeben:

Der König wird eure Söhne nehmen und sie an seinen Wagen und seine Pferde stellen, daß sie vor seinem Wagen herlaufen. Er wird für sich Aufseher über Tausend und Aufseher über Fünfzig einsetzen, um seinen Acker zu pflügen, seine Ernte einzubringen, die Ausrüstung für seine Kriege und seine Wagen anfertigen zu lassen. Eure Töchter wird er zur Bereitung der Salben, zum Kochen und Bakken heranziehen. Eure besten Felder, Weinberge und Ölberge wird er nehmen und sie seinen Vasallen geben. Von euren Saaten und Weinbergen wird er den Zehnten erheben und ihn seinen Höflingen und Dienern geben. Eure Knechte und Mägde, eure besten Rinder und

Esel wird er nehmen und sie in seinen Dienst stellen. Von eurem Kleinvieh wird er den Zehnten erheben und ihr selbst werdet seine Knechte sein (8,11–17).

Das ist natürlich keine mitstenographierte Rede, sondern es sind – gemäß dem Stil der antiken Geschichtsschreibung – Worte, wie sie Samuel gesprochen haben könnte. Dies aber legt die Möglichkeit nahe, daß in den Worten auch eine harte Kritik am zeitgenössischen israelitischen Königtum der Zeit des Schreibers enthalten ist. Dadurch ergäbe sich der oben als „erster Strang" bezeichnete Traditionsstil zumindest im Textbestand, wenn auch nicht im Ereignisbestand, als jünger.

Die Königswahl durch das Los und die Ausrufung Sauls zum König (10,17–25) setzt diesen „ersten Strang" dann fort. Der dritte Teil dieses Strangs ist dann die Einführung Sauls ins Königtum durch sehr ernste Mahnungen Samuels (12,1–25): Fürchtet den Herrn! „Wenn ihr aber wieder Böses tut, dann werdet sowohl ihr als auch euer König dahingerafft."

„Der zweite Strang", der mit dem ersten verflochten ist, umfaßt neben der oben erzählten Begegnungslegende von Samuel und Saul (9,1–27) auch die Salbung (10,1ff.). Über die Salbung mit Öl (s. den Artikel „Öl").

Trotz seiner Siege (13,1–15,9) geriet Saul unter die schärfste Kritik Samuels, weil er beim Kriegsbann (s. d.) über die Amalekiter (s. d.) die besten Schafe und Rinder geschont hatte (15,9). Das war Egoismus. Dann erfuhr Samuel: „Saul ist nach Karmel gekommen und hat sich (dort) ein Denkmal errichtet" (15,12). Obwohl dieses Siegesdenkmal wahrscheinlich eine einfache Massébe (s. d.) war, erwähnt der Erzähler die Tatsache, weil es ein Zeichen für den falschen Königsbegriff Sauls ist. Nach Israels Überzeugung siegt nicht der König, sondern Gott siegt. Ein König also, der sich ein Siegesdenkmal errichtet, anerkennt Gott nicht mehr als den einzigen Wirker der Geschichte des Volkes.

Das Ende von Samuels Vorwürfen heißt: Du, Saul, wirst nicht König bleiben (15,23). Der geschichtliche Kern der Erzählung mit diesem Schluß ist die Auseinandersetzung zwischen Samuel und Saul: mit Saul, der trotz guter Herrschaftsansätze sich selber als Herr benahm, obwohl er das Gesetz des Herrn im Munde führte; Saul, der nicht ein gehorsamer König vor Jahwe war, den Samuel verkündete,

sondern nach seinen eigenen Gesetzen handelte.

Aber der Sinn aller Erzählungen um Saul in diesen Kapiteln 13 bis 15 ist nicht eigentlich der, Sauls Handlungsweise und Samuels Kritik und Drohung darzustellen, sondern die rechte Ordnung des Königtums aufzuweisen. Deshalb heißt es immer wieder, daß Samuel dem Saul das Wort Jahwes überbrachte (z. B. 15,1) oder daß Jahwe zu Samuel sprach: „Es reut mich, daß ich Saul zum König gemacht habe" (15,11). Erst wer das erkennt und anerkennt, wird das Exemplarische dieser Saulserzählungen begreifen, und er wird keinen Anstoß mehr daran nehmen, daß hier manche, im Historischen sich offensichtlich widersprechende Traditionen miteinander verknüpft sind. Es handelt sich eben nicht um Königsannalen, sondern um Ordnungsbilder.

ZU 1 Sam 16,1–23: DAVIDS SALBUNG ZUM KÖNIG

Auch die Davidsgeschichten, die mit 1 Sam 16 einsetzen, sind nicht einheitlich. Wie bei den Saulkapiteln lassen sich mehr geschichtliche und mehr exemplarische Abschnitte unterscheiden: die exemplarischen Abschnitte sind als Legenden (s. d.) geformt und können ihrerseits wiederum verschiedene Grundlagen haben. Entweder sind sie Preislegenden auf David, oder sie sind Exempellegenden auf die wahre Ordnung des Königtums, das an David exemplifiziert wird. Als der Schreiber des Buches Samuel daranging, sie in einer Darstellung zusammenzufassen, mußte er entweder die gegensätzlichen Aussagen ausmerzen oder nebeneinander bestehen lassen. Er ist im großen und ganzen den letzteren Weg gegangen, weil ihm wohl weniger an einer einheitlichen fortlaufenden Erzählung als an der Erhaltung der Vielfalt des Traditionsgutes lag. – Die vermutlichen historischen Zusammenhänge, S. 536, Nr. 20f.

Das Zwiegespräch zwischen Jahwe und Samuel (16,1–13), durch das Samuel auf den rechten Sohn Isais (hebr. „Jischaj", eine kontrahierte Form von *isch-Jahwéh,* d. h. Mann Jahwes) hingeführt wird, ist ein (wahrscheinlich polemisch gemeintes) Lehrstück; denn Saul war groß, überragte seine Volksgenossen um Haupteslänge. Durch diese stattliche Erscheinung hatte sich Samuel – wie die Bibel erzählt – bei der Wahl Sauls täuschen lassen; diesen Fehler wollte er bei der Wahl von Sauls Nachfolger nicht mehr machen. Der Kernsatz, der den Sinn dieser Erzählung zusammenfaßt, ist in 16,7 durch zweifache Aussage hervorgehoben: „Sieh nicht auf sein Aussehen . . ., Gott sieht nämlich nicht auf das, worauf der Mensch sieht. Der Mensch sieht, was vor den Augen ist, der Herr aber sieht das Herz." Hier könnte die gleiche Kritik am zeitgenössischen Königtum der Zeit des Schreibers und Redaktors vorliegen, die zugleich eine Mahnung enthält, wie dies für die Warnung Samuels vor dem Königtum vermutet wurde (s. die Erklärung zu 1 Sam 8,1–22). Die rechte Königsordnung wird vorgestellt. Fast möchte man sagen, solche Abschnitte könnten aus einem Katechismus für Könige stammen.

Dieser Abschnitt schließt (16,13) mit der Salbung Davids durch Samuel. Der Versuch, diese erste Salbung Davids als eine Art Bestimmungssalbung und erst die zweite Salbung, nach dem Tode Sauls, in Hebron als die eigentliche Salbung zum König zu charakterisieren, sieht an dem Kompilatorischen der Samuelbücher vorbei. Die Salbung Davids durch Samuel gehört einer anderen Tradition an als die Salbung Davids in Hebron (2 Sam 5,3).

Im Anschluß an diese Salbungserzählung wird die erste Geschichte vom Aufenthalt Davids an Sauls Königshof gebracht (16,14–23). Saul wurde von einem bösen Geist gequält.

Sauls Gemütskrankheit wirft ein Problem auf: sie ist sicherlich historisch ernst zu nehmen. Ein sehr wichtiger Hinweis darauf ist sein Selbstmord (s. 31,1–13), den er zwar in auswegloser Lage beging, der aber trotzdem für einen Israeliten nichts Selbstverständliches war.

Diese Gemütskrankheit mag eine Folge der Auseinandersetzung mit Samuel gewesen sein. Samuels Worte enthielten die Drohung: „Der Herr verwirft dich als König" (15,23). Damit war das Mißtrauen in Sauls Leben eingetreten: Wer würde ihn stürzen wollen? Oder auch die Aussicht auf die Schande, das Königtum seiner Familie nicht erhalten zu können.

Aber von der altorientalischen Auffassung her, daß Fakten den Willen Gottes verkünden (s. im Artikel „Wort Jahwes", Nr. 1), sind auch noch andere Zusammenhänge möglich:

daß nämlich zuerst die Gemütskrankheit Sauls war (16,14: „ . . . es quälte ihn ein böser Geist, der vom Herrn kam") und daß aus dieser Krankheit die Verwerfung Sauls als König geschlossen und alle Worte und Drohungen Samuels gegen Saul dadurch veranlaßt wurden. Dann wären zwar in den biblischen Erzählungen (durch die Reihenfolge) Ursache zur Wirkung und Wirkung zur Ursache geworden – was aber den biblischen Erzähler nicht beunruhigen kann, da er nicht äußere Historie schreibt, sondern vom Wirken Gottes in seinem Volk Israel berichtet; dafür aber ist auch die Ursache noch eine Wirkung Gottes.

Um die uns oft so fremde Verknüpfung der Tatsachen unter dem Anliegen der Darstellung der Führung Gottes zu verstehen, sollte man sich solche alternierenden Möglichkeiten immer vor Augen halten.

Um ein Mittel gegen den „bösen Geist Gottes" stets zur Verfügung zu haben, beauftragte Saul seine Diener, einen Zitherspieler zu suchen, der den bösen Geist vertreiben kann. Als Zitherspieler kam dann David in Sauls Dienst (16,14–23).

Das hebräische *kinnór* (16,16) wird sehr oft mit „Harfe" oder mit „Zither" übersetzt. Diese Übersetzung wird aber durch die Denkmäler nicht gestützt; sie belegen für Syrien/Palästina weder die Harfe noch die Zither. Gemeint ist zweifellos ein Zupfinstrument, das man am besten mit „Kastenleier" bezeichnet hat. Sie ist für Syrien/Palästina schon in der Bronzezeit (also vor 1200 v. Chr.) bezeugt. Auf dem Grabgemälde von Beni-Hassan (S. 523) spielt der Mann hinter dem Esel eine achtseitige Kastenleier. Ein solches Instrument wird David vor Saul gespielt haben, weil die Schrägleier (hebr. *nebäl*) vornehmlich für den Gottesdienst gebraucht bzw. in höhergestellten Kreisen gespielt wurde. David aber war ein Hirt; ihm ist die Kastenleier gemäß.

Im Griechischen wird *kinnór* mit *kithára* wiedergegeben; Luther gebraucht dafür „Harfe" (s. den Artikel „Fest und Musik").

ZU 1 Sam 17,1–18,9: DAVID UND GOLIAT

In die ursprüngliche Goliatgeschichte sind bis zur Endredaktion des biblischen Textes Zusätze aus anderen Überlieferungen über Davids

Begegnung mit Saul eingearbeitet worden. Um im Text der Vollbibel den ungestörten Zusammenhang zu haben, muß man deshalb ausscheiden: 1 Sam 17,12–31; 17,55–58; 18,1–5. Diese Verse fehlen übrigens in der griechischen Septuaginta (s. d.) Die eine Tradition nimmt an, daß David – als Leierspieler und Waffenträger Sauls – im Lager war und dort die Herausforderungen des Philisters Goliat hörte; der Text dieser Tradition ist durch die genannten Ausscheidungen einigermaßen wiederhergestellt. Die andere Tradition läßt David im Auftrag seines Vaters ins Heerlager kommen: dort hört er Goliat, dort wird er Saul vorgestellt... Den Text dieser Überlieferung enthalten die genannten Abschnitte. In Bibelbearbeitungen (z. B. in Schulbibeln) pflegt man beide Überlieferungstexte so zu vereinen, daß sie auch nebeneinander bestehen können, während sie in der Vollbibel unversöhnt nebeneinanderstehen.

Das Auffallendste an dieser Goliaterzählung ist die Beschreibung seines ungeschlachten Äußeren und seiner Waffenrüstung (17,4–7). Bei der Beschreibung ist mit Sicherheit ein Märchen (s. d.) benutzt worden; das geht auch daraus hervor, daß der Goliat des hebräischen Textes mit fast 3 m Größe angegeben wird, während der Goliat in der Septuaginta (s. d.) nur 2 m groß ist.

Wahrscheinlich ist, daß Goliat ein Enakiter (s. d.) war, der im Dienste der Philister stand, unter denen die Reste der Enakiter wohnten; als sein Heimatort wird die Philisterstadt Gat genannt (17,4). Da Josua seinen Stamm stark zusammengehauen hatte, war er sozusagen ein Erbfeind der Israeliten. – Obwohl die Enakiter von hohem Wuchs waren, waren sie keine Riesen.

Goliat wird „Mann des Zwischenraums" genannt (17,4), was für gewöhnlich mit „Vorkämpfer" oder „Zweikämpfer" übersetzt wird. Vorausgesetzt ist hier die in alter Zeit bei vielen Völkern verbreitete Sitte, daß die Schlacht entweder durch einen Zweikampf zwischen besonders ausgewählten Männern der sich gegenüberstehenden Heere eingeleitet wurde oder der Zweikampf an die Stelle der Schlacht trat; z. B. ist in Homers Ilias (um 800 v. Chr.) und noch im althochdeutschen Hildebrandslied (vor 800 n. Chr.) davon ebenfalls die Rede.

Goliat trat in voller Rüstung auf, und der Erzähler macht sich einen Spaß daraus, hier seine Phantasie spielen zu lassen. Aber dieses Phantasiespiel hat einen sehr ernsten Hintergrund; denn die sehr massive Rüstung Goliats ist ein Zeichen für die gute Rüstung der Philister. Ihnen gegenüber aber stand ein ungleich weniger gerüstetes Heer, weil die Israeliten, seit sie unter der Herrschaft der Philister standen, keine eigenen Schmiede mehr haben durften. Für Dinge des täglichen Gebrauchs waren sie auf die Schmiede der Philister angewiesen, und Waffen konnten sie sich nicht herstellen. Nur König Saul und sein Sohn Jonatan hatten eine Rüstung und vollgültige Waffen; deshalb will Saul dem David für den Kampf seine Rüstung zur Verfügung stellen.

Eingeleitet wurde der Zweikampf mit höhnischen Herausforderungen, wie das auch aus literarischen Beispielen von Zweikämpfen anderer Völker bezeugt ist. Wenn die Herausforderung angenommen wurde, gab der gegnerische Kämpfer die Herausforderungen zurück. Diesen Brauch bestätigt die Erzählung von David und Goliat.

Das Zwiegespräch zwischen König Saul und David enthüllt den Sinn dieser Erzählung (17,32–37). Selbst wenn die ganze Goliatgeschichte ein Märchen, eine Sage oder eine Legende sein sollte – allerdings mit treffendem Zeitkolorit –, wäre sie durch dieses Zwiegespräch gerechtfertigt. Der Erzähler will eben – wie immer – klarmachen, daß es sich beim Kampf Israels mit den Völkern Kanaans um mehr handelt als bei anderen Stammeskämpfen. Jahwe ist mit seinem Volk, und er ist deshalb auch der Antrieb der Kämpfer. Das Zwiegespräch ist keine Geschichtsschreibung mit Tatsachen, sondern Deutung der Geschichte.

David griff für den Kampf mit Goliat zur Schleuder (s. d.). David, der Hirt, war gewohnt, mit der Schleuder umzugehen. Sie war eine bevorzugte Hirtenwaffe bei der Begegnung mit wilden Tieren (17,40).

Der Erzähler läßt David sagen (17,45), er komme „im Namen des Herrn der Heere" *(Jahwéh sebaót)*. Dieser Ausdruck bezieht sich hier zweifellos auf das Heer Israels, wie es der Zusatz erläutert: „des Gottes der Schlachtreihen Israels". Diese Gottesbezeichnung hat jedoch im Laufe der Zeit einen viel weiteren Sinn angenommen: Gott der Heere, Gott der Sternenheere, Gott der Engelheere, Gott der ihm vertrauenden Menschenheere; Gott, der Inbegriff jeglicher Mächtigkeit (s. den Artikel „Jahwe der Heerscharen").

ZU 1 Sam 18,6–26,25:
SAUL UND DAVID

Über die geschichtlichen Ereignisse s. S. 536, Nr. 20 u. 21.

Das Lied, das in 18,7 überliefert ist, macht nach Ansicht auch der zurückhaltendsten Kritiker den Eindruck, daß es aus der Zeit der Kämpfe mit den Philistern (s. d.) selbst stammt, in denen sich David zuerst bewährte. Der Sieg über die Philister (nach dem Goliatkampf?) wurde David zugeschrieben.

Ehrgeiz und Eifersucht ließen in Saul spontan den Wunsch aufkommen, David zu töten. Als er mit dem eigenen Speer (s. d.) David nicht traf, fürchtete er sich; in der Tatsache erkannte er den Willen Gottes (s. den Artikel „Wort Jahwes", Nr. 1). Daß er David daraufhin das Kommando über tausend Mann übergab, war jedoch nicht Großmut oder ein Zeichen, daß er von seinen Tötungsabsichten abgelassen hatte; dahinter steckte die Überlegung: Sollen nun die Philister ihn umbringen! (18,17).

Saul stellte nun David indirekt nach: er schickte ihn auf einen gefährlichen Spezialfeldzug gegen die Philister. Dafür sollte David Sauls Tochter Michal zur Frau erhalten. David löste seine Aufgabe und wurde Sauls Schwiegersohn (18,20–30). Aber von seinem Mordvorhaben stand Saul nicht ab. Jonatan gelang noch einmal eine Versöhnung (19,1–7).

Die Versöhnung war nicht von Dauer. Saul versuchte noch einmal selbst, David zu töten. Da floh David. Saul ließ sogar Davids Bett aus dessen Wohnung holen, weil er glaubte, er läge darin (19,11–17). Nun floh David zu Samuel nach Rama. Sauls Boten und er selbst versuchten ihn fortzuholen, aber sie konnten ihm nichts anhaben. David floh weiter zu Jonatan, Sauls Sohn, seinem Freund. David und Jonatan hatten vor Jahve einen persönlichen Bund (s. d.) geschworen. Aber Jonatan konnte bei Saul nichts ausrichten. Als er für David sprach, versuchte Saul, seinen Sohn mit der Lanze zu durchbohren. Auf offenem Felde dann trafen sich die Freunde und nahmen Abschied.

Die Kapitel 1 Sam 21 bis 26 erzählen dann von den Bemühungen Sauls, den flüchtigen David zu fangen. David floh zuerst zum Priester von Nob, wo er sich ein Schwert geben ließ: das Schwert Goliats; denn er war waffenlos (21,2–10). Als er in die Philisterstadt Gat kam, erkannte man ihn, und er stellte sich vor dem König von Gat wahnsinnig, um wieder zu entkommen (21,1–16). In der Höhle Adullam versteckte er sich; aber alle Bedrängten kamen zu ihm (vierhundert Mann, sagt die Bibel), und er wurde ihr Anführer (22,1–2). Dann brachte er seine Eltern nach Moab in Sicherheit, kehrte aber selbst wieder nach Juda zurück (22,3–5). Saul hielt Strafgericht über den Oberpriester von Nob und seine Priester, weil sie David geholfen hatten (22,6–22). Bei einem Philistereinfall in Keila kämpfte David mit seiner Truppe gegen die Philister. Aber als Saul gegen Keila zog, um David dort zu töten, floh David (23,1–13). Er ging in die Steppe Sif am Westrand der Wüste Juda; die Bewohner aber verrieten ihn an Saul. Saul zog nach Sif. David floh in die Steppe Maon. Saul folgte ihm, mußte die Verfolgung aber aufgeben, weil ihm ein Einfall der Philister gemeldet wurde (23,14–28). David nutzte die Gelegenheit zu entkommen und versteckte sich auf den Berghöhen von En-Gedi (s. d.). Saul verfolgte ihn weiter (24,1). Dabei kam er zu einigen Schafhürden. „Dort war eine Höhle. Saul ging hinein, um seine Notdurft zu verrichten. David aber und seine Männer saßen hinten in der Höhle" (24,4). Seine Leute sagten zu ihm: Nun kannst du mit ihm machen, was du willst (24,5). Dieser unscheinbare Satz ist ein wichtiges Erkenntnismittel für die biblische Aussageweise überhaupt: in der Gelegenheit handelt Gott oder spricht Gott (s. den Artikel „Wort Jahwes", S. 61, Nr. 1). Aber David schnitt bei dieser Gelegenheit nur „heimlich einen Zipfel von Sauls Mantel ab" (24,5). Und als Saul die Höhle verlassen hatte, rief David hinter ihm her, und als Saul umblickte, warf sich David auf sein Gesicht zur Erde und huldigte ihm (24,9). Saul war von diesem Verhalten Davids bewegt. Und er sagte zu David: „Du bist gerechter als ich" (24,18). Über den hier zugrunde liegenden Begriff der „Gerechtigkeit" (s. d.). Und dann der Satz, auf den die ganze Erzählung hingeht: „Jetzt weiß ich, daß du König werden wirst und daß das Königtum in deiner Hand Bestand haben wird" (24,21).

Da die Samuelbücher nach David entstanden sind, darf man diesen Ausspruch Sauls nicht als eine Weissagung ansehen; es ist nur eine Weissagung, die der Erzähler Saul machen läßt, weil er (der Erzähler) den Ausgang kennt. Und er legte Wert darauf, diese Aussage zu machen, weil die Zusammengehörigkeit von Treue und Glück eines seiner Themen ist.

Noch einmal wird eine solche Großmutstat von David gegen Saul berichtet, als David seinen Verfolger nachts im Lager besuchte, um ihm Lanze und Becher fortzunehmen, aber ihm selbst kein Leid tat. Am anderen Tag scheint Saul davon gerührt und versöhnt zu sein; aber David traute ihm nicht (26,1–25); er ging zu den Philistern über (S. 537, Nr. 22).

Alle diese Flucht- und Verfolgungserzählungen muß man kennen, wenn man den Sinn dieser und der folgenden Kapitel richtig deuten will. Sie gehören zu der großen Laudatio in 1 Sam für David, allerdings oft auf Kosten Sauls. Das soll nicht heißen, daß diese Geschichten vom Samuelbuchschreiber erfunden sind. Es gab gewiß noch mehr solcher Davidslegenden mit mehr oder weniger historischem Kern; und der Verfasser (Redaktor) hat aus ihnen nach seinen Zwecken ausgewählt.

Und nicht nur Laudatio sind diese Kapitel, sondern auch Rechtfertigung. Denn im Fluchtleben Davids gab es eine Periode, die der naive Israelit ganz sicher nicht so leicht verstand: sein Leben unter den Philistern. Durch die Darstellung der fast ausweglosen Lage des Flüchtigen wird aber der Vorwurf, daß David ein Söldnerführer des Feindes war, gemildert.

Schließlich stehen alle diese Fluchtgeschichten unter der klaren Deutung, daß David trotz Verfolgung für das Königtum bewahrt wurde. Das aber ist das Grundthema des AT: die *Führung* des Volkes durch Jahwe.

ZU 1 Sam 31,1–13:
SAULS TOD

Während David unter den Philistern lebte, kämpften die Philister wiederum gegen Saul. David nahm an dem Kampf nicht teil.

Im Waldgebirge Gilbea (s. d.) wurde Sauls Truppe besiegt, Saul selbst war von den Bogenschützen schwer verwundet worden. „Da sagte Saul zu seinem Waffenträger: Zieh dein Schwert und durchbohre mich damit! Sonst kommen diese Unbeschnittenen, durchbohren mich und treiben ihren Mutwillen mit mir" (31,4). Saul kannte die Kriegsbräuche der Philister, die – wie es auch in anderen orientalischen Völkern Brauch war – die gefangenen Feindkönige mißhandelten, blendeten, pfählten (s. d.) ihnen Ohren und Nase abschnitten oder ähnliches antaten (s. auch den Artikel „Der tote Feldherr").

Aber der Waffenträger weigerte sich (31,4), weil er nicht das Schwert gegen „den Gesalbten des Herrn" richten wollte. Der Gesalbte war sozusagen wohlriechend gemacht für Gott, d. h., er war ihm geweiht (s. den Artikel über das Öl). Der Waffenträger fürchtete, daß sich die dem Gesalbten mitgeteilte Gotteskraft gegen ihn und seine Familie richtete, wenn er Saul tötete.

Neben dem einfachen Sinn, vom Tode Sauls zu erzählen, lag dem königstreuen Erzähler des Buches Samuel auch daran, die durch die Königssalbung bewirkte Unantastbarkeit des Königs zu verkünden. Aber er tut dies nicht direkt, indem er sagt: Der König ist gesalbt, er ist dem Herrn geweiht; deshalb hütet euch, die Hand gegen ihn zu erheben! Er erzählt vielmehr, wie sich Sauls Waffenträger sogar in auswegloser Lage weigerte, Hand an den König zu legen. – Da stürzte sich Saul selbst in sein Schwert.

Selbstmord gibt es in jungen Kulturen verhältnismäßig selten. Man darf annehmen, daß auch im Israel der Königszeit Selbstmord noch eine Seltenheit war. Je mehr der Glaube an den Herrn, der das Leben der Menschen und der Völker lenkt und dem alles Leben gehört, Allgemeingut wurde, erhielt die gefühlsmäßige Ablehnung des Selbstmordes auch eine religiöse Stütze. Wann dies in Israel geschah, läßt sich jedoch nicht feststellen.

Die Schriftgelehrten – sicherlich schon der vorchristlichen Synagoge – sprachen ein förmliches Verbot des Selbstmordes aus; die schriftgemäße Begründung für dieses Verbot fanden sie in Gen 9,5: „Wenn euer Blut vergossen wird, fordere ich Rechenschaft, und zwar für das Blut eines jeden von euch." Der Satz spricht in seinem Zusammenhang nicht von Selbstmord; aber er wurde so gedeutet: wie der Herr aus der Hand eines Mörders das Blut des Ermordeten fordert, so wird er aus der Hand des Selbstmörders das Blut fordern, das dieser selbst vergossen hat.

Im „Jüdischen Krieg" (3,8,5) schreibt Flavius Josephus einige Sätze über den Selbstmord, die wahrscheinlich die allgemeine Meinung seiner Zeit enthalten (nach 70 n. Chr.), die als Ende einer jahrhundertelangen Entwicklung angesehen werden muß; also darf man auch Jahrhunderte vorher die öffentliche Meinung in dieser Richtung suchen: „Der Selbstmord ist sowohl der allgemeinen Naturanlage aller Lebewesen fremd als auch eine Gottlosigkeit gegen den Gott, der uns geschaffen hat... Meint ihr nicht, daß Gott darüber zürnt, wenn ein Mensch sein (Gottes) Geschenk frevhaltlich verachtet? Denn sowohl das Sein haben wir von ihm empfangen, als wir auch das Nicht-mehr-sein-Müssen ihm anheimstellen... Dazu kommt, daß, wenn jemand eines Menschen Depositum abhanden kommen läßt oder schlecht darüber verfügt, er böse und untreu zu sein scheint; wenn aber jemand das Depositum Gottes (die Seele) aus seinem eigenen Leibe vertreibt, meint er, daß er dem verborgen bleibe, den er beleidigt hat?... Deren Hände gegen das eigene Leben gewütet haben, deren Seelen wird der dunkelste Hades aufnehmen, und Gott ihr Vater wird die Schuld der Übeltäter heimsuchen an ihren Nachkommen. Darum ist dieses [das Verbrechen des Selbstmordes] verhaßt bei Gott, und bei dem weisesten Gesetzesgeber ist es mit Strafe belegt; wenigstens hat man es bei uns für gut befunden, die Selbstmörder bis zum Untergang der Sonne unbeerdigt liegen zu lassen, obwohl man selbst die Feinde zu begraben für recht erachtet. Bei anderen Völkern aber hat man sogar befohlen, die rechten Hände solcher Toten abzuhauen, mit denen sie gegen sich selbst zu Felde gezogen sind, indem man meint, daß wie der Leib von der Seele, so auch die Hand vom Leibe getrennt sein müsse..."

Für den Selbstmörder wurde in rabbinischer Zeit keine Totenklage gehalten.

Die Leiche Sauls. Sauls Tod löste unter den Israeliten Panik aus. Sie flohen aus der Jordanebene und aus dem Bannkreis der Philister nach Osten (31,7).

Als die Philister am andern Tag ihren Plünderungszug durch die Reihen der Erschlagenen machten, fanden sie auch Saul. Sie schlugen ihm den Kopf ab und brachten den Kopf als wichtigste Beute in den Tempel ihres Gottes Dagon (s. d.). Sauls Rüstung legten sie im Astartetempel nieder; aus dem Text geht allerdings nicht hervor, in welchem; vielleicht in Bet-Schean (s. d.), wo bei Ausgrabungen ein solcher Tempel freigelegt wurde. Die kopflose Leiche Sauls aber spießten sie an der Mauer von Bet-Schean fest oder nagelten sie an das Stadttor. Im König schändete man das Volk des Königs.

Die Leute von Jabesch aber, einer Stadt am Fuße des ostjordanischen Gileadgebirges, die Saul vor den Grausamkeiten der Ammoniter gerettet hatte (1 Sam 11,1–10), kamen den Weg von mehr als 100 km und holten den geschändeten Leichnam Sauls (und seines Sohnes Jonatan) nach Jabesch, hielten ihm die Totenklage und begruben ihn (31,8–13).

Vergleiche mit 1 Sam 31,1–13 und zum obigen Text das Kapitel 1 Chr 10,1–14 (Das Ende Sauls).

ZU 2 Sam 7,1–29:
VERHEISSUNG AN DAVID UND SEIN HAUS

Nachdem David die Burg Zion von den Jebusitern als „Stadt Davids" (s. d.) erobert hatte (5,6–8), ließ er sich aus Zedernholz einen Palast bauen (5,11–12). Vor seinem Propheten Natan läßt ihn das der Samuelbuchschreiber sehr betont sagen: „Ich wohne in einem Haus aus Zedernholz" (7,2). Damit wird etwas besonders Kostbares ausgesagt. Die weitausladende Zeder, der riesige Baumschirm, der auf den Höhen der Hochgebirge wächst, war längst ein Bild der Macht, als ihr Stamm zum Bauholz königlicher Paläste wurde. Aus dem gleichen Grunde wurde Zedernholz auch bevorzugtes Schnitzholz für Götterbilder (Jes 37,24; 44,14; Weish 2,14).

Das Zederngebiet Syriens war der Libanon. Die Libanonzeder wächst sehr langsam; um so mehr hat ihr der Raubbau geschadet, der schon durch die Phönizier begann. Heute gibt es im Libanon nur noch einige Zedernschutzgebiete. –

In seinem Palast mit Zederngebälk ließ König David den Propheten Natan zu sich rufen, erzählt der Schreiber der Samuelbücher.

Der Prophet Natan war (ein oder) der Hofprophet Davids, also ein Berufsprophet (s. den

Artikel „Der Prophet"). Unter den Propheten des Alten Bundes, die in der Bibel mit eigenen „Büchern" vertreten sind, wird er nicht genannt. Seine Prophetien tauchen im Laufe des Textes anderer Bücher auf, vor allem im Zweiten Buch Samuel.

Nach 1 Kön 1,10–40 griff Natan aktiv in die Nachfolgestreitigkeiten ein, indem er die Thronnachfolge Salomos, des zweiten Sohnes der Batseba, durchsetzte.

Diesen Propheten Natan sprach David wegen eines Tempels in der Stadt Davids an: „Ich wohne in einem Haus aus Zedernholz, die Lade Gottes aber wohnt in einem Zelt" (7,2). Damit gibt der Schreiber der Samuelbücher das Thema der Prophetie Natans in 2 Sam 7,8–16 an.

Eine Analyse des Textes unter Berücksichtigung der späten Abfassungszeit der Samuelbücher (s. Einleitungstext) könnte etwa folgendes Ergebnis haben, das hier zugleich als Beispiel für die Komplexität der biblischen Prophetien gelten möge:

David wollte Jahwe einen Tempel bauen. Natan war zunächst dafür; am anderen Tag jedoch gab der Prophet dem König einen anderen Bescheid, denn „in jener Nacht erging das Wort des Herrn an Natan" (7,4). Sagen wir es einmal ohne die biblische Aussagemodalität – ein wenig unter Berücksichtigung der Psychologie: Natan hatte Davids Tempelbauplan gutgeheißen. In der Nacht aber kamen ihm Bedenken, ob der König gut daran tue, seinen Plan durchzuführen. Israel war zwar seßhaft geworden – aber seine Seßhaftigkeit war jung und labil. Wäre es da nicht besser, zunächst einmal das Haus des Volkes – ja das Haus Davids um des Volkes willen – zu festigen? *Ein König muß nicht alles tun wollen; das ist weder gut für ihn noch gut für das Volk.* – So oder ähnlich, denkt sich der Erzähler, überlegte Natan, und am anderen Tag überbrachte er seinen Bescheid dem König als „Wort des Herrn" (s. den Artikel „Wort Jahwes"), d. h., er hatte aus den Umständen des Volkes, aus dem für den Augenblick Notwendigen, Jahwes Willen erkannt und hielt nun den König vom Tempelbau ab – im Namen Jahwes. Um dem König aber nicht *nur* eine Absage zu geben, wies er ihn darauf hin, daß sein Haus als Königshaus bestehen wird und sein Sohn für Jahwe einen Tempel bauen wird. Das als wirklich geschehene Auseinandersetzung zwischen

David und Natan dem Text 7,1–16 zu entnehmen, ist durchaus zulässig.

Der Text hat aber wohl auch noch eine *zweite Schicht,* die kaum zur wirklichen Weisung Natans gehört hat, die vielmehr die Kenntnis der Lebensführung Salomos voraussetzt. Entweder sind die Ergänzungen dieser zweiten Schicht im Laufe der Zeit in den Text eingeflossen, oder der Schreiber der Samuelbücher hat sie als Hinweis auf die einzige Legitimität des davidischen Königshauses (gegen die Könige des Nordreichs) einfließen lassen. „Ich will für ihn Vater sein, und er wird für mich Sohn sein. Wenn er sich verfehlt, werde ich ihn nach Menschenart mit Ruten und mit Schlägen züchtigen. Meine Huld aber soll nicht von ihm weichen" (7,14.15).

Die *dritte Schicht* ist sodann die ins Weite gehende Schlußprophetie (7,16). Möge sie nun aus der Verkündigung an David aus dem Munde Natans stammen (so daß Natan König David damit sagen will: Auch wenn *du* den Tempel nicht baust, so wird er doch von deinem Hause gebaut werden, denn „dein Haus und dein Königtum sollen durch mich auf ewig bestehen bleiben; dein Thron soll auf ewig Bestand haben": 7,16); oder möge sie aus dem politischen Aspekt der zweiten Schicht stammen, die das Davidshaus als einziges legitimes Königshaus preist – unter der sich später immer drängender entwickelnden Messiaserwartung und unter dem Aspekt des NT zeigt sich, daß hier über mehr gesprochen ist als über das *irdische* Königtum Davids, das ja tatsächlich auch mit dem ins Exil nach Babylon abgeführten König unterging.

Das darauf folgende Gebet (7,18–29) ist kaum Davids eigenes Gebet, es ist nach Art der antiken Schriftsteller gestaltet, die ihre Personen Reden halten oder Gebete sprechen ließen, wie sie sie wohl gesprochen haben könnten.

Es ist also nicht ein Beispiel für die Gebetsweise der Davidszeit als vielmehr für die Gebetsweise des Schreibers des Samuelbuches. Ein Gebet von großer Innigkeit! –

Vergleiche mit 2 Sam 7,1–29 und zum obigen Text das Kapitel 1 Chr 17,1–27 (Die Verheißung an David/Davids Gebet). – Über die Absicht Davids zum Tempelbau und seine Bemühungen darum bringt 1 Chr mehr; s. dazu 1 Chr 21,18–22,19 und 28/29.

ZU 2 Sam 11,1–12,25:
DAVIDS VERBRECHEN AN BATSEBA UND URIJA

Der Sinn der novellistischen Geschichte von David und Batseba ist nicht, eine Klatschgeschichte aus dem Hause Davids zu erzählen. Sie ist in den Ablauf der Kriegserzählungen eingeschoben, um die Unbestechlichkeit Jahwes zu lehren. Das *ius talionis* (Vergeltungsrecht), nach dem das AT die Weltgeschichte durch Jahwe regiert sieht, trifft auch den König (s. „Der gerechte Gott" und die Ausführungen auf S. 182). So muß der Samuelbuchschreiber, bevor er von den Unruhen und Aufständen in Israel erzählt, die sich aus dem Hause David selbst gegen den König wenden, von dem sprechen, wofür diese Unruhen die Strafe sein sollen. Er kleidet seine zugleich geschichts- und moraltheologische Deutung des weiteren Davidslebens in die Worte des Propheten Natan: 2 Sam 12,11.12.14.

Als Davids Truppen das Land der Ammoniter (s. d.) verwüsteten, entdeckte David vom Dach (s. d.) seines Palastes aus die badende Batseba, „die Frau des Hetiters Urija" (11,3). Daß unter den Israeliten versprengte Hetiter (s. d.) wohnten, ist auch anderweitig bezeugt. Man darf jedoch annehmen, daß diese Hetiter den Glauben Israels angenommen hatten (11,11). Urijas wird in 23,39 in der Liste der „Helden Davids" (manchmal liest man auch die Übersetzung: „Recken Davids") genannt.

Obwohl die Hetiter unter den Helden Davids wahrscheinlich den Jahweglauben bekannten, mögen sie doch noch ihrer hetitisch-hurritischen Kultur verbunden geblieben sein: vielleicht sprachen sie untereinander noch hurritisch, und in der Namengebung blieben sie ihrem Volk verbunden. „Urijjah" klingt zwar hebräisch („Mein Licht ist Jahwe"), aber in der Bibelenzyklopädie der Hebräischen Universität Jerusalem wird vermutet, daß der ursprüngliche Name hurritisch, nämlich *ewri* + Göttername („Mein Herr ist . . .") gewesen ist – aber nach Ersatz des Götternamens durch *jah* (Jahwe) wurde der Name dann hebräisch zurechtgesprochen. Ähnlich könnte auch „Batscheba" (Batseba) eine hebräische Veränderung des hurritischen *bat-Chepa* („Tochter der [Göttin] Chepa") sein.

David also sah Batseba von seinem Dach aus, denn er konnte in die Höfe hineinsehen.

Dort sah er die badende Batseba und befahl sie zu sich. Ob Batseba das gesetzliche Reinigungsbad nahm (sieben Tage nach dem Abklingen der Menstruation), ist zwar nicht gesagt, aber es liegt nahe, da nach dieser Frist die Zeit der größten Empfängniswahrscheinlichkeit beginnt; wenig später ließ sie David sagen: „Ich bin schwanger" (2 Sam 11,5). David rief Urija nach Jerusalem. Er wollte ihn veranlassen, zu seiner Frau zu gehen, damit das Kind als Kind des Urija erschien. Aber Urija ging nicht nach Hause. David versuchte es zum zweitenmal: er machte bei einem Trinkgelage Urija betrunken und wollte ihn wieder zu seiner Frau schicken. Aber Urija ging wieder nicht nach Hause. Dann schrieb der König den Mordbrief und ließ ihn durch Urija selbst ins Feld bringen. Als David dann Batseba zur Frau nahm, war dies kein Anlaß zum Verdacht: der König versorgte die Witwe eines seiner Helden, indem er sie in sein Frauenhaus aufnahm – ein ganz und gar zeitüblicher Vorgang (s. „Die Frauen des Königs").

Als der Krieg zu Ende war; als Batseba das Kind Davids geboren hatte, das sie aus dem Ehebruch empfangen; als – vielleicht – das Vorgehen Davids gegen einen seiner Helden ruchbar geworden war, trat der Prophet Natan (s. d.) auf: „Darum schickte der Herr den Natan zu David" (12,1), d. h., der Prophet sah in allem, was vorgefallen war, den Befehl Jahwes, um mit David zu reden.

Die Fabel „In einer Stadt lebten einst zwei Männer . . ." (12,1–4) legte der Prophet dem König aber nicht etwa als Fabel vor, sondern als Rechtsfall. Diese „Fabel" wirft ein informierendes Licht auf die Wirksamkeit der an den Höfen amtierenden oder zugelassenen Propheten, zu deren Aufgabe es offensichtlich gehörte, den König auf krasse Rechtsbrüche aufmerksam zu machen. Der König fiel auf die List herein und sprach so über sich selbst das Urteil (12,5–6).

Die gehobene rhythmische Prosa der dann folgenden strafenden Prophetenworte (12,7–12) ist natürlich nicht die der Originalworte Natans; es ist die Fassung des Samuelbuchschreibers, die er den strafenden Natanworten gibt.

Der geschichts- und moraltheologische Sinn dieser ganzen Geschichte ist einfach, daß auch ein König bestraft wird, wenn er Böses getan hat. Und die Strafe wird sein, daß Batsebas

Sohn sterben wird (12,10–12.14). Aber nach neun Monaten wird David in seiner Buße getröstet, als Batseba einen anderen Sohn gebar. Ihn nannte sie Salomo (12,24).

„Salomo" lautet im Hebräischen *schĕlomó*. Dem Hebräer klingt darin das Wort „Friede" *(schalóm)* mit. In Wirklichkeit wird der Name aber ein beschwörender Name sein, der dem Kind Jerusalem, die alte Stadt des jebusitischen Gottes Schalim, zum Eigentum verheißen soll, indem man seinen Namen mit dem des Gottes Schalim verbindet (vielleicht war dies ein Wunsch Batsebas, die dem Kind den Namen gab).

Diese Namensgebung mit Zitation eines heidnischen Götternamens ist nur scheinbar ein Problem; denn es war durchaus möglich, diesen alten heidnischen Gottesnamen Schalim (oder Schulmán) für Jahwe als Beinamen zu beschlagnahmen. Das wird unmittelbar nach der Eroberung Jerusalems durch David einfach de facto geschehen sein, ohne daß darüber etwas dekretiert wurde. Auf andere Weise wäre es wohl nicht möglich gewesen, die alten jebusitischen Priester in Jerusalem zu belassen – was aber doch geschah!

Der Prophet Natan scheint allerdings mit dieser Namengebung nicht zufrieden gewesen zu sein; er gab dem Kind einen zweiten Namen: „Jedidja" (12,25), d. h. „Liebling Jahwes".

Dieser Name hat sich aber nicht durchgesetzt – natürlich nicht, wenn die Mutter das Kind „Schĕlomo" rief.

Die Bücher der Könige

Diese „Bücher der Könige" (1 Kön, 2 Kön) schrieb man früher demselben Verfasser zu wie die beiden Samuelbücher. Stil und Sprache und verschiedenartige Urteile zu Vorgängen legen aber nahe, für die Bücher der Könige einen anderen Autor oder andere Autoren vorauszusetzen.

Die beiden Bücher, die ursprünglich zusammen nur als *ein* Buch gezählt wurden, setzen ein beim Tode Davids: ein Abschnitt, der eigentlich noch zu 2 Sam gehört. Sie umfassen die Geschichte Salomos (1 Kön 1–11) und die Geschichte der getrennten Reiche Israel und Juda (1 Kön 12 – 2 Kön 17) mit den Elija- und Elischaerzählungen, und führen den Bericht nach der Auflösung des Staates Israel über das Südreich Juda weiter (2 Kön 18–25) bis zur Babylonischen Gefangenschaft; sie enthalten also Geschehnisse von etwa 972–561 v. Chr.

Die Verfasser haben für ihre Berichte ein sehr bestimmtes Auswahlprinzip; sie interessieren nicht so sehr die Gesamtgeschichte und das, was ein König getan hat, sondern ihr Ziel ist: Dokumentation der religiösen Haltung der Könige, was sie für oder gegen den Jahwekult, wie er zumal im deuteronomischen Kultgesetz (Dtn 12) niedergelegt ist, getan haben und wie dies zu ihrem Besten oder zu ihrem Untergang wurde. Dabei läßt sich allerdings eine starke Parteilichkeit zugunsten des davidischen Königshauses im Südreich Juda feststellen, was aber nicht heißen soll, daß der Verfasser die frevelhaften Könige des Südreiches Juda schonend behandelt. Was er an den Königen Israels immer zu tadeln hat: ihre religiösen Verirrungen, ihre jahwebeleidigende Politik – das tadelt er auch an den Königen Judas, wenn sie nicht taten, „was dem Herrn gefiel".

In den Büchern der Könige liegt ein Sondertyp biblischer Literatur vor: denn trotz seiner religiösen Zielsetzung hält der Autor in einer den meisten anderen Büchern fremden Weise die geschichtlichen Ereignisse – wenn auch nur in Auswahl – nüchtern fest und datiert sie sogar: er gibt das jeweilige Alter der Könige an und verzahnt die Regierungsjahre der Könige von Israel mit denen der Könige von Juda und umgekehrt. In den meisten Fällen bedient er sich nicht mehr schematisch-symbolischer Zahlen (s. d., Nr. 1b), sondern exakter Jahresangaben, die zwar auch so noch schwer nachzuprüfen sind und in vielen Fällen nicht stimmen, aber das kann auch an Überlieferungsfehlern (Schreibfehlern) und an unserer lückenhaften Kenntnis davon liegen, wie solche Angaben zu verstehen sind. Trotz allem stehen wir hier auf Kalenderboden und nicht mehr auf einem Zeitland, in dem alles vierzig Jahre dauert (vgl. Buch der Richter). Die Geschichtlichkeit wird auch durch Urkunden und Listen angereichert.

Die Abfassungszeit liegt nach dem Jahr 560 v. Chr.; mit diesem Jahr schließt das Buch der Könige, nämlich mit der Begnadigung des Königs Jojachin von Juda in Babel. Also sind die Bücher im Babylonischen Exil geschrieben worden. Das ist zwar, wenn man bedenkt, daß sie mit dem Jahr 972 einsetzen, sehr lange nach den meisten Ereignissen. Aber dem Verfasser lagen offensichtlich genaue Quellen vor, die er mehrmals zitiert, die uns aber leider nicht erhalten sind. Nachdem er das aus den Quellen verwendet hatte, was er für seinen Zweck gebrauchen wollte, fügte er des öfteren (z. B.) hinzu – sozusagen um die Lückenhaftigkeit seines Berichtes zu entschuldigen: oder „Die übrige Geschichte Ahabs und alle seine Taten, der Bericht über das Elfenbeinhaus, das er gebaut, und die Städte, die er ausgebaut hat, sind aufgezeichnet in der Chronik der Könige von Israel" (1 Kön 22,39); „Die übrige Geschichte des Joasch und alle seine Taten sind aufgezeichnet in der Chronik der Könige von Juda" (2 Kön 12,20). Was soll ich das alles noch einmal wiederholen, so könnte man fortfahren; dort ist „die übrige Geschichte" aufgeschrieben – mir, dem Schreiber dieses Buches kommt es darauf an zu zeigen, wie sie taten, „was dem Herrn mißfiel" oder „was dem Herrn gefiel" und was daraus wurde. Ja, wenn man bedenkt, daß die Königsbücher im Babylonischen Exil (586–538 v. Chr.) geschrieben wurden, könnte man sagen, daß ihr eigentliches Ziel ist, an der Geschichte Israels und Judas zu zeigen, wie es dahin kommen *mußte*.

ZU 1 Kön 1,1–53:
VON DAVID ZU SALOMO

König David ging es in seinem Alter sehr schlecht. Man suchte für ihn ein schönes junges Mädchen, damit er sich im Bett an ihm wärmen konnte. Das war die rechte Zeit, für eine von David nicht gewollte Nachfolge zu sorgen.

Sein Sohn Adonija betrieb seine eigene Königssalbung bei einem großen Fest. Das aber teilte Batseba (s. d.), die Mutter Salomos, dem alten König mit. Der Prophet Natan und der Priester Zadok vertraten ebenfalls die Krönung Salomos. Und das ordnete David dann auch an.

Gleich dieses erste Kapitel offenbart zwei wichtige Punkte, die die Bücher der Könige charakterisieren: Auch hier sind verschiedene Geschichten über die Zeit bis zum Antritt der Regierung Salomos zusammengearbeitet worden; die Zusammenarbeit läßt sich noch erkennen. Und die Darstellungstendenz zugunsten des weisen Königs Salomo wird durch das letzte Wort dieses Kapitels sehr eindrucksvoll – allerdings auch sehr mißverständlich – vorgelegt. Zu seinem Bruder und Gegner Adonija sagte er, als er um Gnade bittet: „Geh in dein Haus" (1,53).

Dieses erste Kapitel von 1 Kön gehört zu den besten Erzählungen des AT.

ZU 1 Kön 2,1–3,28:
SALOMO DER WEISE KÖNIG

Über die politischen Vorgänge vor dem Tode Davids s. S. 543, Nr. 28.

Die Ermahnungen Davids an Salomo (2,1–4) sind getragen von der das AT beherrschenden Vorstellung, daß Gott dem, der seine Gesetze hält, es gut ergehen läßt (s. den Artikel „Der gerechte Gott"). Zur Gerechtigkeit des Königs gehört aber auch, daß er die Bösewichter und Untreuen bestraft; deshalb trägt David Salomo auf, alle von ihm noch nicht Bestraften bald zu strafen (2,5–9).

Die Worte sind dem sterbenden David in den Mund gelegt und sind für unser Gefühl eher Zeichen politischer Rücksichtslosigkeit als Zeichen der Weisheit. Der Königsbuchschreiber läßt David also sprechen: „Du weißt selbst, was Joab ... mir angetan hat: was er den beiden Heerführern Israels, Abner ... und Amasa ... angetan hat. Er hat sie ermordet, hat mit Blut, das im Krieg vergossen wurde, den Frieden belastet ... Laß dich von deiner Weisheit leiten und sorge dafür, daß sein graues Haupt nicht unbehelligt in die Unterwelt kommt" (2,5.6). Von der Tötung Abschaloms durch Joab spricht David nicht; zwar hat ihn der Tod Abschaloms sehr geschmerzt, aber es war schließlich doch die Tötung eines Empörers gegen den rechtmäßigen König, die David als rechtens empfinden mußte. Aber die Tötung der Feldherren durch Joab war einfachhin Mord, obwohl David diesem Mord seinen Thron verdankte. Deshalb war er nicht selbst gegen die Tat richterlich aufgetreten.

Zweifellos hat David solche Abschiedsworte gesprochen; aber weder die in 1 Kön noch die in 1 Chr wiedergegebenen Worte sind wirkliche Worte Davids, sondern geschichtstheologische und moraltheologische Maximen, die die Verfasser dem König in den Mund gelegt haben. Sie haben dadurch nicht weniger Gewicht; denn nicht auf Davids Wort, sondern auf das biblische Wort kommt es an.

Über das Begräbnis Davids (2,1) s. den Artikel „Das Davidsgrab". –

Nach Davids Tod befolgte Salomo die Ermahnung des Vaters David: „Laß dich von deiner Weisheit leiten" (2,6). Und Salomo läßt alle (Brüder, Verwandte und seines Vaters Mitarbeiter) töten, die sich irgendwann gegen seinen Vater vergangen haben (2,13–46). Das AT wirft also diese politisch bedingten Tötungen nicht dem weisen Salomo vor, weil es im König die vergeltende Hand Gottes sieht, der die Gesetzesübertreter bestraft. Deshalb muß man hier die Weisheit Salomos in seiner Haltung gegenüber dem Gesetz sehen, das für das Volk Israel erlassen wurde. Der das Gesetz hält und erst recht, der für seine Wahrung eintritt, ist weise. Daß hier Gesetz ohne Liebe waltet, darf uns nicht wundern; es ist eben *Alter Bund,* noch nicht durch die Liebe erfüllter Bund.

Das andere, was Salomos Weisheit ausmacht, ist sein Eifer für den Tempel. Im Grunde ist auch dies (nach Überzeugung des Königsbuchschreibers) eine besondere Erfüllung des Gesetzes: die Verehrung Jahwes ist Gesetz. Salomo erfüllt dieses Gesetz auf seine Weise (s. die Texte zu 5,15–9,9).

Schließlich sagt 1 Kön 5,10–14 von der „wissenschaftlichen" Weisheit Salomos: „Die Weisheit Salomos war größer als die Weisheit aller Söhne des Ostens und alle Weisheit Ägyptens . . . Sein Name war bekannt bei allen Völkern ringsum. Er verfaßte dreitausend Sprichwörter und die Zahl seiner Lieder betrug tausendundfünf. Er redete über die Bäume, von der Zeder auf dem Libanon bis zum Ysop (vgl. dazu den Artikel „Das Paschalamm"), der an der Mauer wächst. Er redete über das Vieh, die Vögel, das Gewürm und die

Fische. Von allen Völkern kamen Leute, um die Weisheit Salomos zu hören, Abgesandte von allen Königen der Erde, die von seiner Weisheit vernommen hatten."

Auf diese Kategorie der Weisheit Salomos ist durch die scharfsinnigen Überlegungen von A. Alt (Die Weisheit Salomos, in: Kleine Schriften zur Geschichte des Volkes Israel II, S. 90ff.) neues Licht gefallen; er hält nämlich für wahrscheinlich, daß Salomo an die in Ägypten und in Mesopotamien übliche „Listenwissenschaft" angeknüpft habe, die für uns aus dem ägyptischen Raum vor allem durch das Onomastikon des Amenemope (um 1100 v. Chr.) und für Akkad durch die große zweisprachige Wörterliste „Charra Chubullu" (so beginnt sie) repräsentiert wird. Das erwähnte ägyptische Onomastikon (auf Papyrus, herausgegeben 1923 n. Chr. und später) ist ein enzyklopädisches Werk, das Dinge des Himmels, des Wassers und der Erde aufzählt: Götter, Könige, Beamte, Berufe, Menschenarten, Städte, landwirtschaftliche Erscheinungen, Getreidesorten, Speisen, Getränke u. ä. Das akkadische „Charra Chubullu" ist dagegen mehr eine Liste von Substantiven, zweisprachig in Sumerisch und Akkadisch, d. h. der alten und neuen Herrschersprache Mesopotamiens (nach 2360 v. Chr.), die vielleicht mehr ein Wörterbuch als ein Weisheitsbuch ist. Aber gerade das Enzyklopädische beider „Listenwissenschaften" gibt den Hinweis auf die besondere Weisheit Salomos, mit der er nicht nur, „über die Bäume, von der Zeder auf dem Libanon bis zum Ysop, der an der Mauer wächst . . . über das Vieh, die Vögel, das Gewürm und die Fische" redete, sondern mit der er „die Weisheit aller Söhne des Ostens und alle Weisheit Ägyptens" (5,10) übertraf. A. Alt hält nämlich für möglich, daß hierin ein Hinweis auf das Unvollkommene der östlichen (mesopotamischen) und ägyptischen „Listenwissenschaft" vorliegt und Salomo aus dieser enzyklopädischen Wissenschaft eine Weisheitskunde gemacht habe, die durch ihre Lebensbeziehungen den anderen überlegen war. Salomo mag dabei die ägyptische und mesopotamische Weisheitsliteratur gründlich benutzt haben, vielleicht, daß er sogar manchmal nur übersetzen ließ; das schmälert sein Verdienst nicht (solche Übersetzungen hat Erman 1924 n. Chr. für Spr 22,17–24,22 nachgewiesen; sie sind Übernahmen aus dem Papyrus des Ame-

nemope). Was David mit dem Schwert erkämpfte, das sicherte Salomo durch kulturelle
Integration östlicher und ägyptischer Weisheit
in den israelitischen Geist.

Das Buch der Sprichwörter (s. d.) hat noch
einen Teil von Salomos Spruchweisheit bewahrt. Aber einem solchen König wurden
natürlich auch viele Dinge zugeschrieben, die
nicht von ihm stammten, ja es wurde Mode,
Bücher unter dem Namen Salomos zu veröf-
fentlichen, um den Anspruch der Weisheit für
das jeweilige Buch damit kundzutun.

Vergleiche mit obigem Text das Kapitel 2
Chr 1,1–13 (Salomos Bitte um Weisheit).

Das Kapitel 3 des Ersten Königsbuches setzt
das Weisheitsthema fort. Bedeutsam ist sein
Anfang (3,1–4), der zweierlei erzählt, das nach
dem Gesamtgesetz Israels zu dem gehört, was
dem Herrn mißfiel. Zunächst die Mitteilung
„Salomo . . . nahm eine Tochter des Pharao zur
Frau" (3,1): er heiratete also (aus politischer
Weisheit?) eine nichtisraelitische Frau (vgl.
dazu den Text zu 11,1–43). Sodann die Mitteilung, daß Salomo „auf den Kulthöhen
Schlachtopfer und Rauchopfer" darbrachte
(3,3). Das waren keine Opfer vor dem Gott
Israels, aber der Königsbuchschreiber tadelt es
nicht ausdrücklich: er stellt es sogar dar, als
habe Salomo damit dem Herrn geopfert (ein
Hinweis darauf, daß sich die israelitische Religion der Salomozeit noch im Rahmen des
Polytheismus (oder eines Synkretismus) befand. In der Nacht darauf „erschien der Herr
dem Salomo" (3,5).

Das Traumgespräch Salomos mit Jahwe
(3,4–14) ist ganz sicher kein Bericht über einen
wirklichen Traum Salomos, sondern ein Lehrstück des Königsbuchschreibers, durch das er
sagen will, daß die ganze vielgepriesene Weisheit Salomos ein Geschenk Jahwes ist: ein
Geschenk sogar auf Salomos Bitte: „Verleih
deinem Knecht ein hörendes Herz, damit er
dein Volk zu regieren und das Gute vom Bösen
zu unterscheiden versteht" (3,9).

Diesem Kapitel vom Traumgespräch folgt –
gewissermaßen als Beweis für die Erhörung
Salomos – der Rechtsfall des „salomonischen
Urteils" (3,16–28), der bei uns in ähnlicher
Weise vor allem unter dem Titel einer Urteilsfindung mit dem „Kreidekreis" bekannt wurde; er ist kein typisch israelitischer Fall. Es
muß auch nicht unbedingt ein echter Fall aus
der Rechtsprechung Salomos sein; vielmehr

darf die Erzählung durchaus als ein gewähltes
Beispiel für die Weisheit Salomos in seiner
Rechtsprechung angesehen werden. Sie ist im
besten Sinne eine Salomolegende, d. h. sie sagt
über Salomo aus, was ausgesagt werden soll –
auch wenn sie im engen Faktumsinne nicht
geschichtlich ist.

ZU 1 Kön 5,15–9,9:
DER TEMPELBAU

Über die Geschichte des Volkes Israel unter
Salomo: s. S. 543, Nr. 29.

Da die Schreiber der Königsbücher und
Chronikbücher weniger an der *Geschichte* des
Volkes als am Verhältnis der Könige und des
Volkes zu Jahwe interessiert waren, kann für
den Leser der Tempelbau im Gesamtleben
Salomos leicht mit einem falschen Schwer-
punkt erscheinen. Für die Schreiber dieser
Bücher war jedoch der Tempelbau überaus
wichtig. Für Salomo selbst war der Tempelbau
zwar ebenfalls ein wichtiges Unternehmen,
aber mehr aus Politik als aus Frömmigkeit.

Die Tempelbauer
Wenn man 5,27–32 die Statistik über die Arbeiter liest, die Salomo für den Tempelbau
aufbot, läuft es einem kalt über den Rücken:

30 000 Mann ausgehobene Fronarbeiter aus
Israel (5,27); von ihnen schickte Salomo jeden Monat 10 000 auf den Libanon, damit sie den Arbeitern König
Hirams beim Fällen und Abtranspor-
tieren der Bäume helfen konnten;

70 000 Lastträger aus der nichtisraelitischen
Bevölkerung;

80 000 Steinhauer im Gebirge (Bergland von
Juda) aus der nichtisraelitischen Bevölkerung;

 3 600 Werkführer der Vögte Salomos, welche die Arbeiter zu leiten hatten.

Das sind Zahlen, die nur orientalische Übertreibung zustande bringt, möchte man sagen.
Denn selbst wenn wir im Tempel ein überdimensionales Gebäude vermuten würden und
wenn wir auch zugeben, daß allerlei Funda-
mentbauten nötig waren, so ist die Zahl immer
noch unglaublich und unvorstellbar – es sei
denn, daß die Leute vielleicht nach und nach
arbeiteten, wie das in der Baumfällerangabe
angedeutet ist, und zwar immer nur wenige

Tage: etwa siebzig verschiedene Lastträger an tausend verschiedenen Tagen. Aber das ist kaum gemeint. – Eine andere Möglichkeit ist die, daß mit diesen Mammutzahlen die Wichtigkeit des Unternehmens herausgestrichen werden soll – was durchaus dem Stil einer altorientalischen Königslaudatio entspräche.

Bei aller Skepsis gegenüber diesen Zahlen sollte aber auch in Betracht gezogen werden daß das hebräische *äläph* (tausend) auch eine unbestimmt große Zahl bedeuten kann, so daß man auch übersetzen könnte: 30 Trupps (statt 30 000 Mann)[1], 70 Kolonnen (statt 70 000 Lastträger), 80 Hauergedinge (statt 80 000 Steinhauer). Dieser Meinung neigen manche Hebraisten zu; dann brauchte man diese Angaben nicht unbedingt für Übertreibungen zu halten. – Unter dem Gesichtspunkt der Fronarbeit bekommen die Zahlen allerdings noch ein anderes Gesicht.

Salomos Fronarbeiter
Die Fron ist eine Verpflichtung von (an sich freien) Bürgern zu Arbeiten für den Fürsten (althochdeutsch *frô* = Herr), und zwar ohne Entgelt. Die Arbeit des Sklaven kann also nur in übertragenem Sinne „Fronarbeit" genannt werden. Aber die Verpflichtung der Einwohner Ägyptens und mit ihnen auch der ägyptischen Hebräer zu Aufbauarbeiten an den Garnison- und Vorratsstädten der Ramessiden war Verpflichtung zur Fronarbeit.

Diese Heranziehung der Untertanen zur Fronarbeit nahmen die meisten antiken und zumal die meisten altorientalischen Fürsten für sich als Recht in Anspruch. Samuel warnte die israelitische Volksversammlung vor der Einführung des Königtums mit Hinweis auf diese Fronarbeit, indem er die verschiedenen Möglichkeiten der Fronarbeit aufzählte (vgl. die Bemerkungen zu 1 Sam 8,1–22). Zwar haben wir aus der Zeit Sauls keine biblischen Zeugnisse für Fronarbeiten in Israel, und die Zeugnisse für die Zeit Davids sind unsicher. Wohl wird Fronarbeit in der Davidszeit für unterworfene Völker genannt; aber hier muß man doch eher an eine Art von Staatssklaventum denken.

Salomo aber, der sich ganz als orientalischer Herrscher fühlte (s. den entsprechenden Artikel zu 1 Kön 9) hat – auch ganz eindeutig nach biblischen Zeugnissen – den Frondienst eingeführt. In der oben aufgestellten Arbeiterliste

stehen dreißigtausend Mann ausgehobene Fronarbeiter aus Israel. Sie werden in Zusammenhang mit dem Tempelbau erwähnt. Aber es besteht durchaus die Möglichkeit, daß diese „dreißigtausend" eine Zahl für Salomos Fronarbeiter aus Israels Bevölkerung überhaupt ist: vielleicht für alle seine Bauten, für seinen Handel, für seine Bergwerke usw. Dann könnte diese Zahl sogar noch eine schonende Zahl sein, weil man das Ansehen des Königs aus dem Hause Davids nicht allzusehr heruntersetzen möchte – solche Tendenzen lassen sich ja vor allem in den Büchern der Chronik (s. d.) nachweisen.

Daß der von Salomo organisierte Frondienst für die (an sich freien) Israeliten allerdings nicht gerade geringfügig und zahm war, zeigt die Rolle, die er nach seinem Tod spielte. An der Frondienstfrage brachen die beiden Reichsteile auseinander. Deshalb ist die (sehr spät eingefügte) Behauptung in 9,20–22 falsch: „Die Reste der Amoriter, Hetiter, Perisiter, Hiwiter und Jebusiter, die nicht zu den Israeliten gehörten und von denen noch Nachkommen im Lande lebten – die Israeliten hatten sie nicht ausrotten können –, hob Salomo als Fronarbeiter aus, und sie blieben es bis zum heutigen Tag. Von den Israeliten aber machte Salomo niemand zum Sklaven." Der Wechsel des Ausdrucks ist bedeutsam: „Von den Israeliten machte Salomo niemand zum *Sklaven.*" Man kann sich des Eindrucks nicht erwehren, daß hier etwas verdunkelt werden soll, um das Ansehen dieses Königs nicht herabzusetzen. Auch die Bücher der Könige sind ja parteiische Bücher – zugunsten des Davidshauses. Wo die Könige gegen die Religion Israels gesündigt haben, wird es zwar offen zugestanden; aber bei diesen sozialen Fragen glättet der Erzähler. Es ist wahrscheinlich, daß er deshalb auch die Fronarbeiter aus Israel nur mit dem Tempelbau zusammengebracht hat, weil ihm bei diesem Bauprojekt Salomos Fronarbeit noch am ehesten erträglich war.

---

[1] Man könnte einwenden, daß *äläph* im Sinne von Trupp o. ä. mit dem Plural „Männer" usw. konstruiert werden müßte, was im hebräischen Bibeltext jedoch nicht der Fall ist; dabei könnte es aber möglich sein, daß die Massoreten (s. d.), die ja wahrscheinlich allesamt in bezug auf den Tempel Romantiker waren, einen ursprünglichen Plural – weil ihnen die Bedeutung „tausend" hier richtiger schien – in einen Singular geändert haben, wodurch die Bedeutung „tausend" als einzige übrigbleibt.

Zur Tempelweihe (8–9,3 und 2 Chr 5,2–7,22) s. auch in dem Artikel „Tempel Salomos". Zur Übertragung der Bundeslade (8,4) s. den Artikel „Bundeslade". Über die Wolke, die den Tempel erfüllte (8,10) s. in den Artikeln „Zeichen der Theophanie" und „Das Heilige Zelt". Zu Salomos Gebet (8,23–30) s. im Artikel „Der Tempel Salomos".

Der Palast des Königs Salomo
Die Schilderungen über Tempelbau und Palastbau folgen so aufeinander: Tempelbau 1 Kön 6; Palastbau 7,1–12; Ausstattung des Tempels 7,13 ff. Also ist der Palastbau in den Tempelbau hereingenommen. Man sollte aus dieser Stellung der Schilderungen nicht zuviel machen („Der Tempel umgreift sozusagen den Palast..." oder ähnliches); aber eines darf man herauslesen: Salomo ließ ein Ganzes bauen, das Königssitz, Regierungssitz und Haus Gottes umfaßte. Königssitz und Regierungssitz waren nicht nur auf das Haus Gottes hingeordnet, sondern auch das Haus Gottes auf den Königs- und Regierungssitz. Der erste Tempel war das Haus des *Gottes* Israels, wie der Palast Salomos der Palast des *Königs* Israels war.

Eine Beschreibung des Palastkomplexes bietet 7,1–12; eine Beschreibung des Thrones in der Thronhalle (Gerichtshalle) gibt 10,18–20: „Ferner ließ der König einen großen Thron aus Elfenbein anfertigen und mit bestem Gold überziehen. Sechs Stufen führten zum Thron hinauf. An seiner Rückseite war der Kopf eines Jungstiers und zu beiden Seiten des Sitzes befanden sich Armlehnen. Zwei Löwen standen neben den Lehnen und zwölf zu beiden Seiten der sechs Stufen." (Die zwei Löwen deuten wahrscheinlich auf die zwei Reichsteile hin und die zwölf Löwen an den Stufen bedeuten die zwölf Stämme.)

Vergleiche zu 1 Kön 5,15 ff. und zu obigen Texten die Tempelbaukapitel aus 2 Chr 1,18–7,22.

ZU 1 Kön 9,10–10,29: SALOMOS REICHTUM

Salomos Seehandel
Nach der Eroberung des Landes der Edomiter (s. d.) durch David gehörte auch die nordöstliche Bucht des Roten Meeres (s. d.) zu Israel

(Golf von Akaba). Dadurch hatten die Israeliten Zugang zum offenen Meer erhalten. Salomo, der mit dem Tempel- und Palastbau mit König Hiram von Tyrus (s. d.) so gut ins Geschäft gekommen war, ließ sich von ihm nun auch Schiffsbaumeister und Seeleute kommen. In Ezjon-Geber (s. d.) ließ er Schiffe bauen, und von Elat aus fuhren sie aufs Meer hinaus: israelitische Schiffe unter der erfahrenen Führung der tyrischen Seefahrer.

Als Fahrtziele werden genannt: Ofir (9,28) und Tarschisch (10,22). Welches Land mit Ofir gemeint ist, wissen wir nicht. Die Schiffe brauchten für eine Reise drei Jahre[1] und brachten Gold mit, deshalb „Goldland Ofir", ferner Silber, Elfenbein, Edelsteine, fremdartige Tiere (Affen vielleicht und Pfauen) und Almuggimholz (das man neuerdings mit Sandelholz identifiziert). Die historische Tatsache der Goldeinfuhr aus Ofir ist auch auf einer Krugscherbe bezeugt, die allerdings zweihundert Jahre jünger ist, auf der verzeichnet ist: „Ofir-Gold für Bet-Choron". Man hat Transvaal für Ofir gehalten; andere denken an Sumatra oder Südarabien, andere an Eritrea, die 1100 km lange Küstenlandschaft an der Südwestküste des Roten Meeres (s. d.).

Der Name „Ofir" klingt für unsere Ohren wie „Gold und Silber"; er ist aber kein legendärer Name, denn er bedeutet sicherlich nichts anderes als „Staub" (hebr. *aphár*) – ob allerdings Staubland oder Goldstaub damit gemeint ist, bleibt offen.

Als zweites Fahrtziel muß man Tarschisch annehmen. „Der König hatte eine Tarschischflotte auf dem Meer, zusammen mit den Schiffen Hirams. Einmal in drei Jahren kam die Tarschischflotte und brachte Gold, Silber, Elfenbein, Affen und Perlhühner" (10,22). Diese Fahrten gingen nicht von Elat aus; nach Tarschisch fuhr man durchs Mittelmeer. Die Zinn- und Kupfervorkommen der spanischen Halbinsel hatten um 1500 v. Chr. die iberischen Einwanderer aus Nordafrika angezogen. Sie gründeten den berühmten und später vielumkämpften Erzhandelsplatz Tarschisch in Südspanien (griech. Tartessos), dessen Lage

---

[1] „Drei Jahre" bedeutet, der damaligen Zählung entsprechend: den Rest des ersten Jahres, das zweite Jahr als volles Jahr und den Anfang des dritten Jahres. Um eine genaue Zeitangabe zu erhalten, kann man damit wenig anfangen.

man aber nicht genauer kennt. Seit etwa 1100 v. Chr. entstanden im Süden und an der Ostküste Spaniens auch phönizische Kolonien. Anziehungspunkt waren auch für die Phönizier die Erzvorkommen der Halbinsel. Für den Erzhandel mit Tartessos gründeten sie Gades (1101 v. Chr.), d. i. das heutige Cadiz. Die phönizische Gründung Malaca lebt in Málaga fort. – Der iberische Erzhandelsplatz Tarschisch (Tartessos) wurde um 520 v. Chr. von den Karthagern zerstört, als sie ihren Eroberungszug mit der Verheerung Südspaniens begannen.

Salomos Landhandel

Auch den Landhandel pflegte König Salomo. Darin ist vor allem bemerkenswert sein Pferdehandel (10,26–29). Durch König Salomo ist das Pferd in Israel erst so recht eingeführt worden; vorher benützte man Esel, Maulesel *(equus hinnus)* und als vornehmeres Reittier das Maultier *(equus mulus)*. Der Maulesel ist eine Kreuzung zwischen Pferdehengst und Eselstute; das Maultier zwischen Eselhengst und Pferdestute; das Maultier ist stärker und größer als Maulesel und Esel. In erster Linie begann Salomo den Kauf von Pferden wohl, um seine Verteidigungsmacht zu erhöhen. Je mehr das Eisen im übrigen Orient (noch nicht in Palästina) zum Waffenmaterial wurde, um so mehr wurden auch „eiserne Wagen" gebraucht, d. h. Renn- und Kampfwagen, deren Teile mit Eisen verbunden und verstärkt waren. In Mesopotamien war das Pferd schon im 3. Jahrtausend v. Chr. bekannt. Die Hyksos (s. d.) hatten es in Syrien eingeführt; aber das gebirgige Land hatte keine rechte Verwendung dafür und nahm es nicht allgemein auf; dagegen wurde es durch die Hyksos in Ägypten heimisch; die kanaanäischen Fremdwörter für die Pferde- und Wagennomenklatur in Ägypten sind ein Zeichen dafür. Von den Ägyptern haben es dann wohl die Philister (s. d.) übernommen.

Das Pferd war also in erster Linie Zugpferd, aber nicht für Lastwagen. Reitereien hatten erst die Assyrer (n. 800 v. Chr.). Der Kampfwagen aber brauchte das leichte Pferd.

Salomo also kaufte Pferde für seine eigenen Garnisonstädte, und zwar in Koa (im südlichen Kleinasien: Kilikien), und andererseits verkaufte er von diesen Pferden nach Ägypten, von wo er Rennwagen bezog: von Ägyp-

ten deshalb, weil Eisen in Palästina selbst noch kaum gewonnen wurde. Der Kurswert Pferd zu Rennwagen betrug 1:4 (10,28). Die Trümmerreste der riesigen Vorrats- und Stallanlagen von Megiddo (s. d.) geben bis heute Zeugnis von dem Pferdereichtum Salomos.

Die Handelsleute Salomos verkauften aber die ägyptischen Wagen auch an die Könige der Hetiter (s. d.) und an die Aramäer (s. d.).

Salomos Bergbau

Palästina selbst hat kaum Erzvorkommen. In der „Arabá" (s. d.), dem Bruch zwischen dem Toten Meer und dem Golf von Akaba, gibt es jedoch Kupfer- und Eisenlager; so auch am Golf von Akaba, bei Ezjon-Geber (s. d.). Darüber hinaus liegen im Gebiet östlich des Jordan einige Eisenvorkommen.

Die Ausbeutung der Kupferlager geschah damals nicht mehr nur durch Tagebau; seit dem 2. Jahrtausend v. Chr. wagte man auch den Stollenbau.

Salomo hatte ganz sicherlich die Kontrolle über die Arabábergwerke, so daß er Abgaben aus den Schürfungsergebnissen bezog – wenn er nicht sogar das volle Recht zur Ausbeute hatte. Sein riesiges Bauprogramm konnte er jedenfalls nur mittels dieser Bodenschätze ausführen. Schmelzöfen gab es in Ezjon-Geber. Die Rohbarren kamen in den Handel und brachten viel Geld in die königliche Kasse. –

Vergleiche zu obigen Texten das Kapitel 2 Chr 9,13–28 (Salomos Reichtum).

Salomo, ein orientalischer Herrscher

Salomo ist durch Handel, den er als erster ins israelistische Leben über das normale Alltagsmaß hinaus einführte, reich geworden. Er hat die Lage Palästinas als eines Brückenlandes zwischen Ägypten und Aram bzw. Kleinasien genutzt; er ist dem Beispiel der Phönizier (s. d.) gefolgt, die durch Handel reich geworden waren.

Seine Weisheit (s. d.) ist davon nicht zu trennen. Im Verkehr mit den Völkern des Ostens und Westens zog er auch literarisches Gut bei sich zusammen und wertete es aus.

So wurde aus dem Sohn des Hirtenkönigs David ein orientalischer König, der einen überaus reichen Palast bewohnte, der mit den Königen des Orients in Verbindung stand und unter ihnen eine bedeutende Rolle spielte. Seine Methoden, mit denen er sich diese Rolle schuf, waren nicht zimperlich (s. den Artikel „Salomos Fronarbeiter"). Auch sein Volk Israel kam dabei nicht gut weg. Die Einteilung des Landes in zwölf Steuerbezirke, die Bestellung von Bezirksvögten, die die Abgaben und Steuern einzutreiben und die Arbeiter zu verpflichten hatten, die seinen Palast, den Tempel, seine Garnisonstädte (Wagenstädte?) wie Geser, Bet-Choron, Baalat, Tamar, Megiddo zu bauen oder zu befestigen hatten – all das ließ ihn immer mehr ein Herrscher als ein „Knecht Jahwes" sein, der sein Volk regierte. Er liebte die Macht und übte sie aus; er liebte die Pracht und schwelgte in ihr.

Obwohl seine Regierung die höchste Machtentfaltung der geeinten Stämme zeigte, war sie ein Abfall vom Geiste Israels.

Der Besuch der Königin von Saba (10,1–10) ist ein Beispiel für den Verkehr Salomos mit den Königen des Ostens. Zur Königin von Saba (hebr. Sebá oder Schebá) s. den Artikel „Die Sabäer".

Die Königin von Saba kam wohl nach Jerusalem, um mit Salomo über Handelsbeziehungen zu sprechen. Nach Art des orientalischen Lebensstils, der bis heute gilt, sprach man aber vom Hauptzweck nur nebenbei. Herausgestellt wurde der Besuch, das Private und Gesellschaftliche. Deshalb sagt die Bibel, sie sei gekommen, um den weisen Salomo „mit Rätselfragen auf die Probe zu stellen" (10,1), d. h. sie spielte mit ihm das beliebte Gesellschaftsspiel der gebildeten Leute, die sich schwierige Rätsel aufgaben. Dabei brachte sie ihre Handelsware sofort mit: „Sie kam nach Jerusalem mit sehr großem Gefolge, mit Kamelen, die Balsam, eine gewaltige Menge Gold und Edelsteine trugen" (10,2).

Die Königin von Saba bewunderte alles: den weisen König, seinen Palast, seine Gastlichkeit und den Stil seines Hoflebens. Sie nahm auch an einem Opfer teil, das der König vor ihr wie eine Schau zelebrierte. Und sie gestand ihm, daß die Erzählungen über ihn hinter der Wirklichkeit zurückblieben, und pries – als höfliche Dame – Salomos Gott, der ihm das alles geschenkt hatte. Das Geschäft kam zustande, und der König konnte nach so viel Schmeichelreden einer Dame gar nicht anders, als sie auch seinerseits reich zu beschenken.

Die Erzählung über den Besuch der Königin von Saba bei Salomo ist ein treffendes Gemälde seiner Zeit; es muß exemplarisch gewertet werden. (Die Verse 10,11–12 sind ein späterer Zusatz, der auf König Hiram/Chiram von Tyrus hinweisen soll, der wertvolles Holz für Salomos Tempelbau lieferte.) –

Vergleiche mit 1 Kön 10,1–12 und zum obigen Text das Kapitel 2 Chr 9,1–12 (Die Königin von Saba).

ZU 1 Kön 11,1–43:
ALS SALOMO ÄLTER WURDE

Salomo hatte neben der Tochter des Pharao noch viele andere heidnische Frauen. Diese Tatsache hat mehrere Aspekte:

Der religiöse Aspekt steht hier im Vordergrund. Das Verbot fremdländische Frauen zu nehmen, ist einer der ältesten israelitischen Gesetzesbestandteile (Ex 34,16), der auch immer beim Leben der Israeliten unter den Kanaanitern eine Rolle gespielt hat (s. den Artikel „Die Baale"). Die Israeliten sollten sich nicht mit heidnischen Frauen verbinden, um durch sie nicht zu Götzendienern zu werden. Aber die praktische Handhabung ist immer großzügig gewesen, zumal bei den Königen und solchen, die sich mehrere Frauen leisten konnten. In solchen Fällen war ja die Lebensgemeinschaft zwischen Mann und Frau nicht so eng wie beim Leben mit nur einer Frau. Trotzdem wird Salomo hier vom Königsbuchverfasser getadelt.

Der zweite Aspekt ist ein politischer; er betrifft das Frauenhaus, das ein Symbol für die Herrschaft ist. Die Frauen des Königs (s. d.) sind geradezu der Ausweis seiner Herrschaft. Die Aufnahme einer Königswitwe, einer Fürstin, einer Königstochter in das Frauenhaus eines anderen Königs war ein Ausdruck für die Unterwerfung eines Landes. So erklärt sich die Mitteilung: Salomo „hatte siebenhundert fürstliche Frauen" (11,3). Zwar mag die Zahl übertrieben sein, aber die „fürstlichen Frauen" werden doch sehr zahlreich gewesen sein. Es sind nicht nur Salomos wirkliche Frauen, sondern auch von seinem Vater ererbte Frauen und deren weibliche Kinder: Stellvertreter unterworfener Völker.

Und der dritte Aspekt ist sozusagen ein sozialer: Mit jeder Frau wuchs das Ansehen des Königs. Die Zahl der Frauen war ein Zeichen seines Reichtums.

Wieso heißt es nun: „Als Salomo älter wurde, verführten ihn seine Frauen zur Verehrung anderer Götter" (11,4)? Was tat Salomo? Er ließ für seine nichtisraelitischen Frauen Altäre bauen, damit sie ihren Göttern opfern konnten. Er ließ ihnen für diese Opfer natürlich auch die Opfertiere herantreiben. Aber aus dem Text kann man auch entnehmen, daß Salomo am Opfer seiner Frauen teilgenommen hat.

Es ist sicher, daß Salomo dabei politische Gründe bewogen haben. Die Bemerkung „als Salomo älter wurde" darf man nicht als einen Hinweis auf Trotteligkeit ansehen. Vielmehr erhob sich gegen den alten Salomo u. a. sein Beamter Jerobeam, der das ganze Nordreich hinter sich hatte. Als diese innenpolitischen Schwierigkeiten auftraten, mag Salomo seinen Frauen mehr Religionsfreiheit gegeben haben, um damit die zu seinem Reich zählenden Moabiter (s. d.), Ammoniter (s. d.), Edomiter (s. d.) auf seiner Seite zu halten; und da kam es ihm auch auf eigene Opfer zu Moabs Chamos/Kemos, zur sidonischen Astarte, zu Ammons Melek/Moloch nicht an. Er wußte gut, daß die Völker am ehesten zu gewinnen sind, wenn man ihrem Gott opfert.

Da wurde der Herr „zornig über Salomo, weil sich sein Herz von ihm, dem Gott Israels abgewandt hatte ... Weil es so mit dir steht, ... werde ich dir das Königreich entreißen" (11,9–11). Hier spricht der Königsbucherzähler aus dem Wissen des Ausgangs. Bald nach Salomos Tod wird sein Reich zerfallen. Nur Juda wird dem Davidshaus als Königreich bleiben. Und so beendet er diese Geschichte von der Untreue Salomos gegen Jahwe mit dem Hinweis, daß diese Sünde Salomos das Reich zerschlagen hat; eine (deuteronomistische) geschichtstheologische Deutung aus dem Glauben an die Gerechtigkeit des vergeltenden Gottes. Also: Der Erzähler läßt Jahwe so zu Salomo sprechen, um den Sinn der Zerschlagung des Reiches als Strafgericht Gottes zu deuten.

Nach „40 Jahren" Königtum starb Salomo (11,43). Er wurde nicht im Bereich seines Palastes, sondern (wie David) in der Stadt Davids (s. d.) begraben. Aber sein Grab ist verschollen, wie das Grab Davids. –

Über die Geschichte nach Salomos Tod s. S. 544, Nr. 31 und 32 sowie 33a/33b und 1 Kön 12,1–16.34.

ZU 1 Kön 17,1–19,21:
DER PROPHET ELIJA

Elija (Name in der Septuaginta und Vulgata: Elias) stammte aus Tischbe in der Landschaft Gilead (s. d.). Der Ortsname ist erhalten im arabischen *el-istib*, gut 20 km nördlich des Jabbok (s. d.). Elija trat zwischen 875 und 850 v. Chr. als harter Kämpfer gegen den Baalskult und Ascherakult auf, der unter König Ahab und seiner Frau Isebel (Vulgata: Jezabel) im Nordreich eingerichtet wurde. Der Ascherakult ist ein Vegetationskult; da der Baalskult hier neben dem Ascherakult genannt wird (16,32.33), ist auch der Baalskult hier als Vegetationskult zu sehen (s. den Artikel „Die Baale").

Das markante Auftreten dieses Propheten hat zu reicher Legendenbildung geführt. Diese Legenden erzählen von seinen Wundern und Wohltaten, aber auch von wunderbaren Errettungen des Propheten; von solchen Legenden hat der Königsbuchschreiber mehrere in sein Buch aufgenommen. Der eigentliche Sinn dieser Legenden ist nicht der, solche Wundertaten an sich zu berichten, sondern damit die Jahwetreue und Auserwählung des Propheten in einer Erzählung herauszustellen. Es spielt dabei keine Rolle, ob diese Geschichten so geschehen sind, wie sie erzählt werden, oder nicht. Auch nicht, ob sie glaubhaft sind oder ob der Königsbuchschreiber sie geglaubt hat. Die Rolle der Legende ist vielmehr, Charakterwirklichkeiten des Propheten zu enthüllen, in denen das Handeln des offenbarenden Gottes aufleuchtet. Sie hat deshalb mit dem Glauben an die erzählten Wunder wenig zu tun. Wer in ihr nur das Wunder sieht, verfälscht den Sinn der Legende (s. d.); in ihr sollen verborgene Wirklichkeiten exemplarisch anschaulich werden.

Die Überwucherung des Elijalebens durch Legenden und die Tatsache, daß manche dieser Legenden genauso über seinen Schüler Elischa (Vulgata: Elisäus) erzählt werden, macht es fast unmöglich, ein nüchternes Bild von diesem Propheten zu gewinnen. Sein geheimnisvolles Lebensende (2 Kön 2,1–18) und seine Erwähnung in messianischen Prophetentexten haben im Judentum eine ganze Elijalehre hervorgebracht; er wurde zum Vorläufer des Messias, zum Verkünder des Endgerichts (das entspricht seinem Charakter, da er immer wieder als Deuter des Jahwegerichtes auftritt), zum Helfer seines Volkes. Zeichen für die religiöse Bedeutung dieser Elijalehre sind die drei Elija-Apokalypsen, von denen eine etwa um die Zeit Jesu entstanden sein muß, die anderen stammen aus dem 3. und 4. Jahrhundert n. Chr. Die mehrfache Erwähnung des Elija im NT ist dieser ersten (apokryphen) Elijalehre zuzuschreiben (z. B. Lk 1,17).

Elija· sagt zu König Ahab (s. S. 548, Nr. 34a): „In diesen Jahren sollen weder Tau noch Regen fallen, es sei denn auf mein Wort hin" (17,1). Die Propheten des AT bedienen sich – das ist prophetischer Stil – einer maximalistischen Ausdrucksweise. Es wäre gewagt, das Elijawort ganz wörtlich zu nehmen; es will einfach von einer Periode der Dürre sprechen.

Dieses Wort des Elija soll keine Weissagung sein. Es ist eher die Deutung der bereits eingetretenen Dürrezeit, die übrigens auch von der phönizischen Geschichtsschreibung erwähnt wird. Indem diese Deutung *erzählerisch* zurückverlegt wird, wird sie zur Weissagung, in der Elija die Dürre als Strafgericht ankündigt.

Aber diese Deutung enthält einen massiven Angriff gegen den königlich zugelassenen Baals- und Ascherákult: die Verehrung dieser Fruchtbarkeits- und Vegetationsgötter ist so „wirksam", daß jetzt Dürre ist! Jahwe aber ist wegen der Verehrung dieser Götzen erzürnt; da er der Gott ist, „der Himmel und Erde erschaffen hat", versagt er nun den Regen. Das ist die Predigt des Elija vom strafenden Gott Jahwe.

Dann erging an Elija das Wort des Herrn: „Geh weg von hier... verbirg dich" (17,2.3). Denn vom König drohte Elija Gefahr. Elija hatte Ahab die Dürre gedeutet. Nun hielt der König ihn für den Urheber der Katastrophe. Da floh Elija.

Gemäß dem Glauben, daß die Wirklichkeit das Wort Gottes enthält, sagt die Bibel aber nicht einfach: Elija floh – sondern: Es erging an Elija das Wort des Herrn: Geh weg von hier... Elija floh an den Bach Kerit, den wir nicht identifizieren können.

Als der Bach ausgetrocknet war, floh Elija nach Sarepta (s. d.), einer Stadt zwischen Tyrus und Sidon. Im Gebiet von Tyrus und Sidon war er vor Verfolgungen sicher, obwohl der König des Gebiets mit Ahab verschwägert war; er fühlte sich in diesem Gebiet wahrscheinlich deshalb am sichersten, weil man ihn

dort am wenigsten suchte. Er floh nicht nach Juda, obwohl damals dort König Joschafat regierte, der „tat, was Jahwe wohlgefiel" (22,43). Aber die Häuser der Könige von Israel und Juda verstanden sich damals ausgezeichnet, jedoch so, daß Joschafat stark unter dem Einfluß Ahabs stand, und das hätte für Elija gefährlich werden können (s. S. 548, Nr. 34). In Sarepta wohnte er bei einer Witwe und deren Sohn.

Es ist typisch für die zwiespältige Kraft des Legendarischen, daß der Leser oft Aussagenakzente verändert, ja verstärkt. Der biblische Text spricht z. B. bei der Rettung des Sohns der Witwe nicht davon, daß der Sohn gestorben sei. Der originale Text lautet vielmehr: „Die Krankheit verschlimmerte sich so, daß zuletzt kein Atem mehr in ihm war. Da sagte die Frau zu Elija: Was habe ich mit dir zu schaffen, Mann Gottes? Du bist nur zu mir gekommen, um an meine Sünde zu erinnern und meinem Sohn den Tod zu bringen. Er antwortete ihr: Gib mir deinen Sohn! Und er nahm ihn von ihrem Schoß, trug ihn in das Obergemach hinauf, in dem er wohnte, und legte ihn auf sein Bett. Dann rief er zum Herrn und sagte: Herr, mein Gott, willst du denn auch über die Witwe, in deren Haus ich wohne, Unglück bringen und ihren Sohn sterben lassen..." (17,17–20).

Der Knabe war nicht tot. Wenn gesagt wird, daß das Leben in den Knaben zurückkehrte, so kann das nach allgemeinem Sprachgebrauch durchaus heißen, daß der nicht mehr wahrnehmbare Atem zurückkehrte. Der Knabe wurde gesund, nicht aber von den Toten erweckt.

Der Kern der Erzählung ist wohl nicht einmal diese Heilung, sondern die Charakterisierung des Propheten als Fürsprecher: ein Motiv, das des öfteren in den Prophetengeschichten vorkommt (s. den Artikel „Der Prophet Abraham vor dem göttlichen Richter" sowie die Legende vom Midianitersieg der Israeliten durch Mose: Bemerkung zu Ex 17,11–13).

DAS GOTTESURTEIL AUF DEM KARMEL

Diese Geschichte (18,1–46) gehört zu den bekanntesten Erzählungen des Ersten Königsbuches. Den Zusammenhang dieser Erzählung verliert man leicht aus dem Auge. Der Wetteifer zwischen Elija und den Baalspriestern ist so spannend, daß man darüber fast vergißt, daß beide hier durch ein Opfer um Regen bitten. Das Herabrufen des Feuers ist sekundär gegenüber dem Herabrufen des Regens.

Diese Geschichte datiert der Königsbuchschreiber „ins dritte Jahr" (18,1). Den Sprachgebrauch der Bibel darf man aber nicht als dreijährige Dürre deuten; er meint nur eine einjährige Dürre. Die Berechnung ist diese: kein Regen – wie es im größten Teil des Orient normal ist – vom Ende des Frühlings bis in den Herbst (erstes Jahr); ein Winter ohne Regen: vom Jahresanfang bis Jahresende (zweites Jahr); und auch zu Anfang des dritten Jahres noch kein Regen! Flavius Josephus teilt in seinen „Altertümern" (8,13,2) aus griechischen Annalen dementsprechend mit, daß jene Dürre ein Jahr gedauert habe.

Als nach dieser Dürrezeit wieder Regen kommen sollte, ließ Gott das dem König Ahab durch Elija mitteilen. Der König ließ die Baalspropheten zum Regenopfer auf den Karmel rufen. Dort trat Elija mit ihnen in einen Wettbewerb um Regen ein.

Der Tanz, mit dem die Baalspropheten ihre Anrufungen begannen, war ein Hinketanz, d. h. keine natürliche Tanzbewegung, sondern eine erregende, das Gleichgewicht bei jedem Schritt störende Bewegung. Zu diesem Tanz kamen dann zu späterer Stunde Verwundungen mit Schwertern und Lanzen, die sie sich „nach ihrer Weise" beibrachten, bis das Blut über sie herabfloß.

Die Herkunft und der gedachte Sinn solcher Bräuche ist unbekannt. Ihre Aufhellung gehört in das Gebiet der Theatergeschichte; sie sagt aber bis heute ziemlich wenig darüber. Es gibt manche Möglichkeiten: daß ursprünglich die Tänzer von anderen mit Speeren und Schwertern gestochen wurden, um den beschwörenden Tanz heftiger zu machen; dann wäre das Selbstverwunden eine humanere Form des Anreizes gewesen. Möglich ist aber auch, daß der Tänzer und Beter sich vor der Gottheit erbarmungswürdig zeigen wollte, damit sie ihn eher erhörte. Auffallend ist, daß auch für den Mutterkult der Kybeleverehrung diese ekstatische Selbstverwundung – bis zur Selbstentmannung der Priester – bezeugt ist. Mutterkult und syrischer Baalskult sind eng verwandt; sie sind beide Fruchtbarkeitskulte.

So bleibt schließlich auch die Möglichkeit, daß mit dem Vergießen des Blutes ein Opfer dargebracht wird – ein Opfer vom eigenen Leben (s. den Artikel „Das Blut"), um die Gottheit zum Hören geneigt zu machen.

Der Brauch ist auch im Christentum nicht sofort ausgestorben (Geißlerprozessionen und andere Selbstquälereien); erhielt aber hier den Sinn von Bußleiden.

Während die Baalspropheten so tanzten, ließ Elija einen Opferstier auf einen wiederhergestellten Altar legen und Wasser in einen umgebenden Graben gießen (18,34.35). Die Stelle wurde früher oft so verstanden, als ob dadurch das Wunder sichtbarer werden sollte. Zweifellos ist die Schilderung darauf angelegt, so daß es hernach heißen kann: Das Feuer Jahwes hat sogar das nasse Holz, das nasse Stieropfer und das Wasser im Graben entzündet. Wahrscheinlich liegt hier ein legendarischer Zug vor, der sich durch Ausschmückung eines fast notwendigen historischen Vorgangs gebildet hat. Der Wasserguß ist nämlich ganz sicher erfolgt, weil es sich ja um eine Regenbitte handelte: es war ein Wasseropfer, wie es später auch zum Ritual des Laubhüttenfestes (s. d.) gehörte.

Ein israelischer Gymnasialdozent für „Tenach" (d. h. *T*ora, *N*ewiim, *K*etuwim:[1] also Bibelkunde) wollte wissen, daß dieses Wasser des Propheten Elija Erdöl gewesen sei. Die Sache erklärt sich aber wohl ebensogut, wenn man annimmt, daß der Blitz eines Abendgewitters das dürre Holz entzündete (das Wasser wäre also nicht über das Holz gegossen worden), während die Wasserfläche um den Altar Jahwes den Blitz anzog. Als das Holz in Brand geriet, rief das Volk: *Elij-jahu!* Das ist: „Der Herr ist Gott" und zugleich der Name des Elija. Man sollte das nicht eine Legende nennen, sondern einen hübschen Gedanken des Königsbuchschriftstellers, der aus den gedachten Schreckens- und Verwunderungsrufen des Volkes diesen Ruf herauslöst, der zugleich des Propheten Name ist.

Elija ließ daraufhin die 450 Baalspropheten alle töten (18,40). Die hebräische Bibel kritisiert durch ihre Wortwahl diese Massentötung: „Elija ließ sie zum Kischon hinabführen und

---

[1] Tora = Gesetz, Newiim = Propheten, Ketuwim = Schriften; das K im Anlaut wird im Auslaut zu ch.

dort *abschlachten.*" – Der Karmel (s. d.) zieht in nordwestlicher Richtung. Auf seiner Nordseite fließt der Bach Kischon, ebenfalls in nordwestlicher Richtung, dem Mittelmeer zu.

Der Erzähler verbindet Opfer und Gebet des Elija mit dem endlich geschenkten Regen. Durch das siebenmalige Nachschauen eines Dieners wird diese Verbindung betont. Trotzdem sollte man sich hüten, von einem *Regenwunder* zu sprechen. Für den Glauben wäre es gescheiter, diesen Passus allgemeiner zu deuten:

Elija bittet um Regen. Er ist Prophet und der Prophet ist Fürsprecher (s. d.): es ist seine Pflicht, um Regen zu bitten. Aber er tut dies, nachdem ihm der Herr (wie der Schriftsteller erzählt) gesagt hatte: „Ich will der Erde wieder Regen senden" (18,1). Er ruft also nicht den Regen, sondern er wußte: es wird bald regnen. Vielleicht wußte er es aus den Anzeichen der Natur. Vielleicht fühlte er es in seinen Knochen, an seinem Rheuma. Das soll kein Witz sein; denn Gott spricht ja durch Tatsachen, durch Gegebenheiten (s. im Artikel „Wort Jahwes", Nr. 1). Aber der Glaube des Königsbuchschreibers darf, ja muß dies zusammenfassen in dem Passus seiner Erzählung, wie wir ihn 18,1–24 lesen. – Es gibt auch andere Darstellungsmöglichkeiten für diese Elijaerzählung; aber der Sinn bleibt immer derselbe: Es soll dargestellt werden, daß Jahwes Macht größer ist als die der Baale. Er stellt es in einer *Erzählung* dar, fast möchte man sagen: in einem Märchen.

ZU 1 Kön 19,1–21:
ELIJA AUF DER FLUCHT

Der Sinnkern der *ganzen* Erzählung ist wohl der, daß Propheten sich nicht in ihrem Erfolg sonnen dürfen. Ihre Situation ist die Flucht und die Wanderschaft, die durch ihre Erfolge hervorgerufen werden. Trotzdem müssen sie immer wieder zurückkehren – Über die geschichtlichen Zusammenhänge s. S. 548, Nr. 34a.

Elija flieht vor Königin Isebel (19,1–8).
Königin Isebel (Jezabel) war die Tochter des Königs von Tyrus (s. d.) und König Ahabs Gemahlin. Ihr Heimatgott war ein Baal (s. d.) und die Förderung des Baalkults im Nordreich

Israel ging von ihr aus. Aber Ahab duldete diese Förderung, ja er verehrte Jahwe *und* Baal. Isebel zog aus ihrer Heimat Baalspropheten an den Hof in Samaria, eben jene, die Elija am Kischon umbrachte (s. die Erklärung zu 18,1–46). Aber ihr Einfluß auf König Ahab war auch nach der Niederlage der Baalspriester ungebrochen. So konnte sie Elija mit ihrer Rache verfolgen. Von ihrer Bedenkenlosigkeit und List erzählt die Geschichte von Nabots Weinberg (s. unten zu 21,1–24).

Als dann nach dem Tode Ahabs König Jehu nach seiner Salbung das ganze bisherige Königshaus Israels ausrottete, warfen einige Kämmerer, die bei Isebel am Fenster standen, die Königin durch das Fenster auf die Straße. So konnten sie am besten ihren Übergang zum neuen König dokumentieren. Die Pferde stampften Isebel tot.

Vor der noch lebenden Isebel floh Elija über Beerscheba (s. d.) nach Süden: in die Wüste. Eine Legende erzählt: Als Elija unter einem Ginsterstrauch am Ende seiner Kraft und seines Mutes auf den Tod wartete, weckte ihn ein Engel (s. d.). Da fand er neben sich ein Brot (s. d.) und einen Krug Wasser. Das geschah zweimal. Zweimal innerhalb von kurzer Zeit stärkte er sich und wanderte dann vierzig Tage und Nächte (s. den Artikel „Zahlen") bis zum Horeb (s. unter „Sinai").

Am Horeb erscheint der Herr dem Elija (19,9–18).
Man geht nicht zu weit, wenn man diese Elijageschichte als reines Lehrstück – in Form einer Legende – ansieht. Der historische Kern ist die Flucht des Elija – vielleicht sogar zum Horeb/Sinai. Aber das Wesentliche ist nicht des Elija Flucht, sondern die Erzählung von Gott, der nicht nur in Sturm, Erdbeben und Feuer seine Gegenwart offenbart, sondern auch im sanften Säuseln des Windes (s. den Artikel „Zeichen der Theophanie"). Darin liegt eine scharfe Kritik am harten Vorgehen des Elija gegen die Baalspriester.

Elija kehrte wieder zurück. Die Worte Jahwes an Elija, in denen er die Zukunftsentwicklung ankündigt (19,15–18), fügte der Erzähler ein, um von vornherein alles, was nun bald geschehen sollte, als Zulassung, Willen oder Wirken Jahwes festzustellen. Es ist die in der Bibel übliche erzählerische Voraussage der kommenden Ereignisse aus dem Wissen des späteren Erzählers. Elija traf Elischa und machte ihn zu seinem Nachfolger.

Der Prophet Elischa wird von der Vulgata Elisäus genannt. (Martin Noth schlägt für das hebräische Elischa „Eljascha" vor: „Gott hat geholfen".) Der Evangelist Lukas nennt ihn „Elisaios". Seine Prophetenzeit fiel in die Jahre zwischen 850 und 800 v. Chr. Er hatte hohes Ansehen sowohl in Israel wie in Juda; er wohnte in Samaria.

In die Politik griff er aktiv ein, indem er den Heeresobersten des Nordreiches Israel, Jehu, zum König gegen Ahasja salbte. Dadurch stürzte Elischa das Haus Ahab.

Elischa stammte anscheinend aus reichem Hause, denn er pflügte mit „zwölf Paar Rindern" (19,19), als Elija ihn berief.[1] Elija warf Elischa seinen Mantel über; das war so gut wie ein Bundesschluß (s. d.).[2] Dann folgte ihm Elischa und wurde sein Diener.

Auch die biblischen Elischakapitel sind (wie die Elijakapitel) von Legenden (s. d.) reich überwuchert.

ZU 1 Kön 21,1–29:
UM NABOTS WEINBERG

Der Sinn der Erzählung ist wohl, ein hartes Beispiel für die Rechtsbrechung durch König und Königin zu geben, die von Amts wegen die Hüter des Rechts zu sein haben. Der theologische Sinn ist, das Übermaß dessen zu zeigen, „was Jahwe mißfällt" (21,20), und so die Katastrophe über das Haus Ahabs als Strafgericht Jahwes erkennbar zu machen.

König Ahab wollte in Jesreel von Nabot einen Weinberg kaufen (21,1–4). Das geschah, als Ahab sich in Jesreel (s. d.) einen Palast hatte bauen lassen und nun auch noch einige Gartengrundstücke hinzukaufen wollte. Zumal hätte er gern einen Weingarten gehabt, der dem Bürger Nabot gehörte. Indem Nabot auf das „Erbe der Väter" hinwies (21,3) und dem König den Weinberg verweigerte, berief er sich auf das geübte, wenn auch nicht kodifizierte Recht über das Eigentum (s. d.). Da auch der König dieses Recht zu achten hatte, wurde Ahab mißmutig, weil er nun seine Pläne nicht ausführen konnte.

Der List Isebels, durch die sie König Ahab den Weinberg besorgte, lag etwa folgender Gedankengang zugrunde: Nabot muß aus dem Wege geräumt werden, und zwar als Verbrecher; dann fällt das Grundstück gemäß geübtem Recht an den König. Da die Not immer noch groß war (s. S. 548, Nr. 34a), ließ Isebel durch königliche Briefe in der Stadt Jesreel ein Fasten anordnen. Dieses Fasten wurde eröffnet mit einem Gelage (ähnlich wie der christlichen Fastenzeit der Karneval vorausgeht). Bei diesem Gelage sollte – nach Anordnung Isebels – Nabot den Vorsitz führen. Zwei „nichtswürdige Männer" (21,10) sollten ihm gegenüber sitzen, seine Worte genau beobachten und ihm aus irgendeiner Äußerung ein Verbrechen andichten: eine Lästerung gegen Gott und den König. Zwei übereinstimmende Zeugen (s. d.) waren notwendig. Der Plan wurde ausgeführt, und Nabot wurde zur Steinigung (s. d.) geschleppt. Königin Isebel handelte nach ihren heimatlichen Erfahrungen in Phönizien, wo „die Könige mehr und die Bürger weniger Rechte hatten." (C. H. Gordon).

In 2 Kön 9,25f. wird erwähnt, daß auch die Söhne Nabots mit dem Vater gesteinigt wurden. Wie diese Nachricht mit der Anweisung Isebels in Verbindung zu bringen ist, ist unklar. Das Grundstück des Verbrechers wäre ohnehin dem König verfallen, so daß eine Beseitigung der Erben nicht nötig war. Man kann sich die Sache aber erklären: Als gegen Nabot die Anschuldigung der Lästerung gegen Jahwe und den König erhoben wurde, verteidigten die Söhne den Vater, wobei es natürlich leicht zu Lästerungen ihrerseits kommen konnte.

„Als Ahab hörte, daß Nabot tot war, stand er auf, ... um von dem Weinberg Besitz zu ergreifen (21,16). Mit welchem Akt Ahab den Weinberg in Besitz nahm, wird nicht erzählt. Die Bibel bietet dafür auch sonst keine Unterlagen. Die Ausstellung einer Urkunde genügte nicht; sie wäre nur die Bestätigung der Aneignung gewesen. Vielleicht darf man sich die Besitzergreifung durch ein Abschreiten der Grundstücksgrenzen durch den neuen Eigentümer und zwei Übernahmezeugen vorstellen, wie dies der Verfasser in Jordanien einmal beobachten konnte. Solche Bräuche sind ja

---

[1] Aber auch eine symbolische Deutung der „zwölf Paar Rinder" bietet sich an. Wie er mit zwölf Paar Rindern pflügte, so ist Elischa Prophet für alle zwölf Stämme.

[2] Es könnte hier aber auch dieselbe Bedeutung vorliegen wie in 2 Kön 2,13: ein erzählerisches Symbolmotiv für die Übernahme der Prophetenwirksamkeit des Elija durch Elischa.

sehr langlebig. Eine andere Möglichkeit ist das Aufsetzen des Fußes auf das erworbene Grundstück – in Gegenwart von zwei Zeugen. Die Inbesitznahme durch eine „Bergschau" (s. die Bemerkung zu Gen 13,14–16, S. 146) kommt hier nicht in Frage, weil der rechtmäßige bisherige Eigentümer tot war.

Danach „erging das Wort des Herrn an Elija" (21,17), der Stellung nimmt zu König Ahabs Verbrechen. Wie meistens sind auch hier echtes Prophetenwort und Deutung des Prophetenwortes gemischt. Der Erzähler wußte: Elija ist Ahab entgegengetreten und hat ihm das Unrecht vorgehalten; er hat dem König als Strafe dafür Unheil verkündet. Die Worte konnten kaum überliefert sein. Aber der Erzähler (oder die überlieferten Elijageschichten) „wußten" die Worte des Propheten: aus der weiteren Geschichte des Königs Ahab, aus seinem Tod und dem Schicksal seiner Nachkommen. Und darauf allein kommt es dem biblischen Erzähler an: nicht auf das, was Elija gesagt hat, sondern auf das Gericht Gottes über Ahab, das der Prophet verkündete (nicht aber voraussagte); die sehr spezifizierte Voraussage ist nur ein erzählerisches Mittel des Königsbuchschreibers. Der Prophet (s. d.) hatte lediglich aus seinem Glauben an den gerechten Gott dem König die Strafe verkündet; denn es kann nicht anders sein: Unrecht muß der gerechte Gott (s. d.) strafen! Der Prophet ist Mahner, Verkünder, aber nicht Weissager. Der Erzähler aber kann der Verkündigung des Propheten die Weissagung einfügen, um sichtbar zu machen, wie Gott gestraft hat. Die Weissagung ist also ein literarisches, nicht ein prophetisches Instrument (21,17–29).

Über das Ende Ahabs (1 Kön 22,31–38): s. S. 548, Nr. 34a.

Die Bücher der Chronik

Die „Chronik der ganzen göttlichen Geschichte" nannte Hieronymus (s. d.) die Geschichtsbücher, die zwischen 400 und 200 v. Chr. entstanden sind; die Zweiteilung ist in einer späteren Ordnung vorgenommen worden – ursprünglich handelte es sich um *ein* Buch. Die „Chronik" (Chr: 1 Chr, 2 Chr) ist auf Grund der Bücher Samuel, der Bücher der Könige und anderer, uns nicht erhaltener Quellen geschrieben worden.

Der Inhalt des Buches: Genealogische Listen von Adam bis David (1 Chr 1–9) und Geschichte des Volkes Israel mit einer großen idealisierenden Darstellung Davids (1 Chr ab 10). Die Geschichte Salomos bringt 2 Chr 1–9; von der Reichsteilung (932 v. Chr.) an fast nur Geschichte des Reiches Juda bis zum Erlaß des Kyros, der den Juden Babyloniens die Rückkehr nach Jerusalem gestattete (538): in 2 Chr 10–36. – Die Bücher Esra-Nehemia (s. unten) sind die Fortsetzung der Chronikbücher.

In den Chronikbüchern steht das Verhältnis der Könige zu Religion und Kult noch mehr im Vordergrund als in den Büchern der Könige. Im religiösen Versagen der Menschen liegt der Grund für Gottes Strafgerichte; in ihrer religiösen Wohlbeschaffenheit der Grund für Gottes Wohltaten; dieses Verhältnis Gott-Mensch wird am Königshaus Davids und am Tempel in Jerusalem stark herausgearbeitet (vgl. den Artikel „Der gerechte Gott").

Der Name „Chronik" wurde durch die Bemerkung des Hieronymus angeregt, der das Werk ein „Chronicon totius divinae historiae" nannte. Im Griechischen haben die Bücher den Titel „Paraleipómena" („das Ausgelassene", das bisher nicht Berichtete): ein Titel, der auf die Ergänzungen anspielt, die der Chronikverfasser gegenüber den Samuel- und Königsbüchern zu bringen wußte. Im Hebräischen heißt das Werk „Zeitgeschichte".

Den Verfasser kennen wir nicht. Die sorgfältige Liste 1 Chr 25,1–31 über Davids Tempelsänger hat zu der Vermutung geführt, daß der „Chronist" aus der Gruppe der Tempelsänger stammte.

Die Zuverlässigkeit der Bücher dieser Zeitgeschichte ist oft angegriffen worden. Anderseits gibt es auch Verfechter für ihre historische Glaubhaftigkeit.

Die Bücher Esra und Nehemia

Diese Bücher (1 Esra / 1 Esdr; Neh oder 2 Esra / 2 Esdr) gehören zusammen; in der hebräischen Bibel werden sie als *ein* Buch gezählt, entweder als „Esra" oder als „Esra-Nehemia". Der Verfasser der beiden Bücher ist der Verfasser der Bücher der Chronik (s. oben), der zwischen 400 und 200 v. Chr. aus Urkunden und älteren Aufzeichnungen diese beiden Bücher zusammenredigierte. Dabei unterlief ihm offenbar – wie wir heute zu wissen glauben – der Fehler, daß er den Reformator Esra/Esdras zu einem Zeitgenossen des etwa 50 Jahre älteren Nehemia machte. Der Fehler unterlief wahrscheinlich dadurch, daß Nehemia unter Artaxerxes I. (465 bis 424), Esra aber unter Artaxerxes II. (405–359) wirkte und die Quellen die Königsnamen nicht numeriert hatten. Als Quellen darf man Memoirenaufzeichnungen oder Notizen zu offiziellen Berichten an den persischen König annehmen, die Esra und Nehemia selbst niedergeschrieben oder diktiert hatten.

Die Bücher Esra-Nehemia sind aber nicht nur vom selben Schreiber bzw. Redaktor wie die Chronikbücher, sondern waren die Fortsetzung der Chronik, ja sie bildeten mit den später für sich gezählten „Büchern der Chronik" eine Einheit, also ein einziges Buch. Die vier Bücher unserer Zählung waren also ursprünglich nur ein Buch.

Die Bücher Esra/Nehemia gehören demnach zu der Geschichtsdarstellung, welche in 1 Chr die Königsherrschaft Davids in Israel als Theokratie beginnen läßt, dann aber in 2 Chr von den Königen erzählt, die „dem Herrn mißfielen". Aber zum Bösesein gehört in einer solchen Darstellung auch immer die Möglichkeit sich zu bekehren. Von der Bekehrung des Volkes Israel erzählt dann die Fortsetzung von 1.2. Chr in den Büchern Esra/Nehemia. Der Schreiber sieht das aus Persien zurückgekehrte Volk als „heiligen Samen", aber doch immer noch als gefährdete und Gott oft treulose Israeliten (Esra 9,2). In einem Bußgebet (Esra 9,5–15) läßt er Esra die Überzeugung aussprechen, daß die Zurückgekehrten ein „geretteter Rest" sind (Esra 9,15) – aber auch dieser Rest ist voller Schuld. So drücken auch diese Bücher sehr deutlich aus, was die altbiblischen Bücher immer wieder aussprechen, daß Israel

– das von Gott zu seinem Dienst auserwählte Volk – immer am Anfang steht.

Das Buch Esra hat seinen Namen nach dem jüdischen Priester und Schriftgelehrten Esra (s. S. 566), der im Babylon der Perser (s. d.) am Hof Artaxerxes' II. (405–359) Beamter für jüdische Angelegenheiten war. Esra führte (im Jahre 398) noch einmal 1500 Juden aus Babylon nach Judäa zurück und leitete eine wichtige religiöse Reformbewegung ein; er formte die Gemeinde Jerusalem als kultische Gemeinde.[1]

Das Buch Nehemia ist benannt nach dem Beamten Nehemia, der etwa seit 445 v. Chr. Statthalter des persischen Königs in Jerusalem war, und der vor allem Großes für die Wiederherstellung der sozialen Ordnung Jerusalems und Judäas leistete.[1]

Die Bücher berichten vom Erlaß des Kyrus, daß die verbannten Juden aus Persien heimkehren dürfen (538), vom ersten Heimkehrerzug, der Wiederherstellung des kultischen Lebens und den Widerständen, die auftreten. Mit der Weihe des Tempels (515) schließt der erste Abschnitt (Esra 1–6). – Der zweite Abschnitt setzt 398 ein mit der Wanderung Esras nach Jerusalem, und berichtet von Esras Reformversuchen (Esra 7–10).

Das Buch Nehemia beginnt mit dem Jahre 445, und berichtet von den Bemühungen des Statthalters um den Mauerbau für Jerusalem (Neh 1–6) und die Sozialreform (Neh 7–13). – In den Abschluß (ab Neh 7) sind mehrere Listen und Aufzählungen von Familien der Provinz Juda sowie von Priestern und Leviten eingeschaltet.

Obwohl die Bücher in ihren Angaben nicht immer klar zu datieren sind, stellen sie doch das wichtigste Geschichtswerk für die nachexi-

---

[1] Die Reihenfolge Nehemia (445 ff. v. Chr.), Esra (398 v. Chr.) wird heute von den meisten Bibelwissenschaftlern vertreten. Es gibt allerdings auch angesehene Wissenschaftler, die an der Reihenfolge Esra (458 v. Chr.), Nehemia (445 ff. v. Chr.) festhalten. Andere schlagen als Ausgleichshypothese vor: Nehemia (445 ff. v. Chr.), Esra (438); diese Hypothese arbeitet mit einer Zahlenkorrektur, indem sie in Esra 7,8 statt „im siebenten Jahr" (nämlich Artaxerxes' II. = 398) „im 27. Jahr" (nämlich Artaxerxes' I. = 438) liest.

lische Zeit dar, weil ein großer Teil ihrer Berichte auf eigenen Berichten des Esra und auf zeitgenössischen Geschichtswerken fußt. – Unter dem Namen des Esra/Esdras laufen noch zwei andere Bücher, die aber nicht als kanonisch gelten: „das 3. Buch Esdras" und die „Esdras-Apokalypse", auch „das 4. Buch Esdras" genannt; die Vulgata enthält beide Bücher im Anhang. In der Septuaginta (s. d.) steht dieses 3. Buch Esdras als „1. Buch Esdras" und 1 Esdr mit 2 Esdr (bzw. Esdr mit Neh) werden als „2. Buch Esdras" gezählt. Da die älteren Kirchenväter fast ausschließlich nach der Septuaginta zitieren, ist wegen dieses Durcheinanders in den verschiedenen Überlieferungstexten das Auffinden der Zitate oft ein Kunststück.

ZU Esra 4,1–7,26:
ORIGINALER BRIEFWECHSEL

In den meisten Fällen sind biblische Worte, mit denen sich einer an andere wendet (z. B. „Ansprachen und Reden": s. d.) Texte des erzählenden Schriftstellers. Im Buch Esra ist aber ein originaler Briefwechsel enthalten, auf den besonders hingewiesen werden soll. Der erzählerische Text, in den dieser Originalbriefwechsel eingebracht ist, beginnt bei Esra 4,1; er ist in Hebräisch geschrieben. Mit Esra 4,8 beginnt dann ein aramäischer Text, in dem ein Brief des persischen Befehlshabers Rehum in Jerusalem gegen die nach Jerusalem zurückgekehrten Juden an König Artaxerxes wiedergegeben wird. Der sich daraus entwickelnde Briefwechsel wird (z. T.?) bis 6,18 wiedergegeben.

Ein späteres Schriftstück, das König Artaxerxes II. dem Priester Esra mitgab, als er mit weiteren Rückkehrern von Persien nach Jerusalem zog, steht in Esra 7,1–26 (ebenfalls in Aramäisch). Durch diese Originalbriefe bekommt der Text eine besondere Farbe und auch Zuverlässigkeit.

ZU Neh 8,1–10,40:
ESRA UND DAS GESETZ

Obwohl sich nicht mit Sicherheit sagen läßt, wann und in welchem Zusammenhang (ob mit oder ohne Nehemia) der Schriftgelehrte Esra

die Vorlesung des Gesetzes vor den Juden im neuerbauten Jerusalem nach der Heimkehr aus Babylon begann, so läßt sich dazu aber doch wohl sagen:

Als Esra noch in Babylon war, hat er sich in den ersten sieben Jahren des Perserkönigs Artaxerxes II. damit befaßt, das Gesetz Israels aufzuschreiben (Esra 7,1–10). Dann zog Esra im Auftrag des Königs nach Jerusalem, um dort das Gesetz des Herrn Israels zu lehren und dafür zu sorgen, daß es befolgt und Verletzungen gerichtlich verfolgt werden (Esra 7,11–26).

Von der Unterrichtung des Volkes im Gesetz erzählt dann (und vielleicht darf man hier sogar sagen: „berichtet") Neh 8,1–18. Es ist eine ganz einfache Szene: Der Schriftgelehrte Esra wird vor dem Wassertor, wo sich das Volk von Judäa versammelt hat, gebeten, das Buch mit dem Gesetz des Mose zu holen. Und Esra las dem Volk sieben Tage lang während des Laubhüttenfestes von Morgen bis Mittag aus dem Gesetz Gottes vor. Dabei stand er auf einer hölzernen Kanzel, die eigens dafür geschreinert worden war. Man darf dies für das erste Mal ansehen, daß die Bücher des Pentateuch (s. d.) in der Ordnung der Zusammenfassung gelesen wurden. Denn die Überlieferung hält Esra für einen entscheidenden Redaktor dieser Zusammenfassung.

Im Kapitel 9 folgt dann die Beschreibung eines Bußtages. Die Israeliten legten Bußgewänder an und sonderten sich von allen Freuden ab. Dann standen sie auf und hörten ein „Viertel des Tages" Lesungen aus dem Gesetz. Darauf bekannten sie ein „Viertel des Tages" ihre Schuld (9,1–5). Das folgende große Bußgebet (9,6–37) zitiert viele Verkündigungsthemen aus den Pentateuch-Büchern und aus den deuteronomistischen Darstellungen, einschließlich einiger Schriftpropheten, wenn diese auch nur summerisch. Die Erzählung von diesem Bußgottesdienst mit der Gesetzlesung ist ganz sicher als Beispiel für die Bußgottesdienste der Zukunft zu verstehen; und der Text des großen Bußgebets will ebenfalls ein Beispiel dafür sein, wie die Texte der biblischen Bücher in die Gebetsformeln einbezogen werden sollen.

Das Buch Nehemia (10,1–40) schließt in seiner Erzählung die Mitteilung an, daß sich das Volk (durch seine Vertreter) auf das Gesetz durch Unterschrift verpflichtet: mit dem

Versprechen, keiner werde sich mit Menschen verbinden, die nicht zum Gesetz stehen.

Für den Weg des Volkes Israel sind diese Abschnitte bedeutsam – leider wissen wir nicht, wo wir diese Vorgänge historisch genau unterbringen sollen. Aber ist das so wichtig?

Das Buch Tobit

Das Buch Tobit (Tob) gehört zu den jüngsten Büchern des AT; als Abfassungszeit kann man etwa 170 v. Chr. ansetzen. Wo es verfaßt wurde, ist unbekannt; neuestens neigt man wieder mehr zu der Annahme, daß es in Palästina entstanden ist, während man früher oft die östliche jüdische Diaspora für das Entstehungsland hielt.

Das Buch Tobit gab es nur griechisch und lateinisch; hebräische Fassungen gab es zwar aus dem deutschen Mittelalter, waren aber Übersetzungen. Ob es jemals eine Urfassung in Hebräisch (s. d.) oder Aramäisch (s. d.) gegeben hat, wurde bezweifelt. Da aber in Qumrán (s. d.) Stücke des Buches Tobit sowohl in Hebräisch wie Aramäisch gefunden wurden, ist die Sache wenigstens insoweit entschieden, daß es schon sehr früh hebräische und aramäische Texte gegeben hat. Damit ist auch die Behauptung des Hieronymus (s. d.) glaubhaft geworden, der "vorgab" – wie man sich bisher oft ausdrückte –, er habe seine lateinische Übersetzung nach einer aramäischen Vorlage gemacht.

Die Beliebtheit des Buches Tobit wird daraus ersichtlich, daß es verschiedene Fassungen gibt; auch die griechisch überlieferten Texte sind untereinander nicht gleich, sondern einmal kürzer, einmal länger. Von beiden verschieden sind die lateinischen Fassungen, die aber ebenfalls unter sich verschiedene Wortlaute haben.

Die hebräische Bibel enthält also das Buch Tobit nicht; dagegen steht es in der Septuaginta (s. d.), wenigstens in den uns überkommenen Kodizes. In der Ur-Septuaginta kann das Buch Tobit ja nicht enthalten gewesen sein, da es rund hundert Jahre jünger ist als diese erste griechische Übersetzung des AT.

Luther schied das Buch deshalb als apokryph aus dem Kanon aus, weil er im AT nur die Bücher des hebräischen Textes als kanonisch anerkannte. Die Katholische Kirche entschied auf dem Konzil von Trient die Kanonizität auch dieses Buches; der alte Kampf um seine Zugehörigkeit zum Kanon des AT spiegelt sich noch wider in der Bezeichnung "deuterokanonisch" (s. d.), die in der Bibelwissenschaft der Katholiken üblich wurde.

Verschiedene Namen sind für dieses Buch üblich. Die griechische Septuaginta (s. d.) nennt das Buch "Tobit" (mit Omega, also langem O geschrieben). Hieronymus nennt in seiner lateinischen Bibelausgabe beide (den Vater Tobit und den Sohn Tobias) Tobias, so daß in der Vulgata (s. d.) auch der Name des Buches "Liber Tobiae" lautet. Dem hat sich Martin Luther angeschlossen, wenn er vom "Buch Tobie" spricht. – Der entsprechende hebräische Name ist Tobijahu (d. h. "Gütig ist Jahwe").

Der Inhalt des Buches Tobit ist eine Familiengeschichte, erzählt als Beispiel für die Früchte der Gottesfurcht und des Wohltuns. (Nach den Hauptpersonen der Geschichte, Vater und Sohn, hat das Buch seine Namen.) Insofern enthält es also durchaus altisraelitisches Gedankengut: Den Gesetzesübertreter straft Gott, den Gesetzestreuen belohnt er. Der Verfasser unterstreicht diesen Gedanken, indem er zu Anfang den großen Abfall Israels von Jahwe zu Baal als Hintergrund in großen Zügen aufzeichnet (1,3–9) und so an die Zerstörung Samarias und des Nordreichs als Strafe Jahwes für diesen Abfall erinnert (S. 555, Nr. 36a).

Der alte Tobit ist, nach Vorstellung des Erzählers, ein Israelit aus dem Stamme Naftali, der bei der Vernichtung des Nordreichs Israel durch die Assyrer nach Ninive deportiert wurde. Aber auch dort blieb er seinem Gotte treu und fiel nicht ab wie viele andere. – Diese Situation pointiert der Erzähler mit einigen politischen Einzelheiten, die sich während der Lebenszeit des deportierten Tobit kaum zugetragen haben können: die Deportation ist etwa für 722 v. Chr. anzusetzen. Mit dem „neuen König", der sodann die Israeliten verfolgt, kann nur Sanherib gemeint sein, der 705 v. Chr. die Regierung antrat; er wurde 681 tatsächlich von einem seiner Söhne ermordet, also vierundzwanzig Jahre später (vgl. S. 483, Nr. 6 u. 7). Der Erzähler hat also Motive aus der assyrischen Königsgeschichte zusammengezogen und sie für seine Erzählung benutzt.

Die Form ist novellistische Erzählung historischer Motive, die sehr frei behandelt werden. Man sieht deshalb am Wesen vorbei, wenn man das Buch Tobit als Geschichtsschreibung sehen will. Es ist eine religiös-sittliche Lehrerzählung in der Form einer Fabel, in die zur Verpflichtung des Lesers historische Elemente verarbeitet worden sind. Der Erzähler lebte Jahrhunderte nach der Zeit, von der er erzählt. Die Ichform der ersten Kapitel (1,3–3,6) ist also eine literarische Ichform und nicht etwa Hinweis auf einen echten Lebensbericht des alten Tobit.

Tobit in seiner Heimat (1,1–9). Der Icherzähler Tobit stellt sich als Sohn des Stammes Naftali (s. d.) vor. Die Erzähler der jüdischen Restaurationszeit erwähnten gern die Namen der zwölf Stämme; es ist ein romantischer Zug ihrer Erzählweise.

Tobit stellt sich als treuer Erfüller der Gesetze vor, der z. B. zu den Festen treu nach Jerusalem zog, dort seinen Zehnten ablieferte und opferte. Seine ganze Familie aber war von Jerusalem abgefallen und opferte dem Baal (1,4–8).

Solche Aussagen zeigen, daß der Erzähler keine klare Vorstellung hat von der Zeit, in der er seine Novelle spielen läßt. Er geht von den Zuständen seiner Zeit aus, in der man nach Jerusalem pilgerte, um Opfer darzubringen; von einem Anspruch des Tempels von Jerusalem als Zentralheiligtum (s. d.) aber konnte in der Zeit vor der Auflösung des Nordreiches Israel noch gar nicht gesprochen werden.

Tobits Verbannung, Flucht und Erblindung (1,10–3,17). Tobit erzählt, wie er auch im fremden Land die Reinheitsgesetze gehalten hat (1,10–12). Daß Salmanassar ihn zum Einkäufer für den Hof machte, empfand Tobit als Lohn Gottes (1,13–14). Dann verfolgte ihn König Sanherib wegen seiner Barmherzigkeit für die Hingerichteten. Tobit mußte fliehen

und wurde arm (1,15–20). Als aber sein Neffe Rechnungsverwalter des Reiches wurde, durfte er zurückkehren (1,21–22). Noch bevor er das Rückkehrmahl halten konnte, erfuhr er von einem toten Israeliten auf dem Marktplatz. Sofort brach er auf und begrub den Toten. Als er nach Hause zurückkehrte, legte er sich an die Hofmauer zum Schlaf (2,1–9).

Daß Tobit nicht ins Haus ging, nachdem er vom Begraben zurückkam, ist als Zeichen für seine Gesetzestreue in die Erzählung eingeführt. Denn „jeder, der... einen Toten... berührt, ist für sieben Tage unrein" (Num 19,16.22). Dieser Text stammt aus der Priesterschrift (s. d.), deren Gesetze zur Zeit der Abfassung des Buches Tobit längst zur Heiligen Schrift gehörten, aber nicht zu der Zeit, von der das Buch erzählt. Zu dieser Bemerkung ist zweierlei zu sagen: a) Die Reinheitsgesetze sind selbstverständlich viel älter als ihre Kodifizierung (s. den Artikel „Rein und unrein"), so daß ihre Rolle in der Zeit Tobits kein Anachronismus zu sein braucht; b) aber selbst wenn es ein Anachronismus wäre, würde das nichts gegen den Erzähler besagen; denn er schreibt nicht Geschichte, sondern eine moraltheologische Erzählung, in der er dartun will, daß nicht jedes harte Schicksal die Folge einer Nichtbefolgung des Gesetzes ist. Es ist dasselbe Problem wie im Buch Ijob (s. d.). Und diese Erzählung schreibt er für die Menschen seiner Zeit. Dazu aber muß er die in seiner Zeit gültigen Gesetze zugrunde legen.

„Da ließen Sperlinge ihren warmen Kot in meine Augen fallen" (2,10) erzählt Tobit weiter. Dieses Erzählungsmoment zeigt deutlich, daß der Erzähler fabuliert und nicht Geschichte schreibt. Er macht sich selbst eine ätiologische (begründende) Fabel: Er sagt, daß Tobit an *leukōmata* (griech.) erkrankt sei, an weißen Flecken im Auge; das ist die Krankheit der *macula cornea,* wie die Medizin diesen Hornhautfleck heute in lateinischer Sprache nennt. Diese Flecken sehen wirklich aus wie grauweißer Vogeldreck. Der Verfasser kannte die Krankheit. Er wußte sogar, wie sie geheilt wurde, nämlich durch Abätzen der Flecken mit Fischgalle. Ob er auch wußte, wie sie entstand, kann bezweifelt werden; aber er wußte wohl sicher, daß sie nicht durch Vogelkot entsteht, der in die Augen fällt. Weil die Flecke aber so aussehen, macht er daraus ein interessantes und sehr zweckdienliches Erzählungsmotiv: Tobit legte sich an der Mauer nieder, weil er unrein war, aber gerade die Gesetzestreue brachte ihm die Blindheit. Offensichtlich nützte ihn seine Gesetzestreue nichts. Gott belohnte ihn nicht. Mit dieser durch Gesetzeserfüllung hervorgerufenen Blindheit, die zu all dem anderen Jammer noch hinzukam, will der Erzähler die Größe der Prüfung Tobits aufzeigen.

Der Erblindete kam in große Not. Seine Frau Hanna verhöhnte ihn, weil ihm seine Barmherzigkeit keinen Gotteslohn eingebracht hatte (2,11–14). Da betete Tobit um Hilfe oder Tod (3,1–6). – Am gleichen Tag verhöhnten zu Ekbatana in Medien die Mägde der Sara, der Tochter Raguels, ihre Herrin, weil sie sieben Männer gehabt hatte, aber jedesmal in der Hochzeitsnacht hatte der Dämon Aschmodai sie, noch vor dem Hochzeitsakt, umgebracht (3,7–9). Auch Sara betete – wie Tobit – um Hilfe (3,10–15). Und der Erzähler fügt hinzu: „Das Gebet beider, Tobits und Saras, fand Gehör bei der Majestät des großen Rafael. Er wurde gesandt, um beide zu heilen" (3,16–17).

Gottes rettende Führung (4,1–12,22). „An diesem Tag erinnerte sich Tobit an das Geld, das er in der Stadt Rages in Medien bei Gabaël hinterlegt hatte." Er will es für seinen Sohn Tobias – von ihm selbst – holen lassen, damit der junge Mann versorgt ist, wenn er selbst blind bleibt oder bald arm stirbt. Bevor Tobit seinen Sohn Tobias zu Gabaël nach Rages in Medien schickt, erteilt er ihm viele gute Ratschläge (4,1–19). Dann gibt er ihm den Auftrag, bei Gabaël zehn Talente Silber abzuholen, die er dem Freund zur Aufbewahrung anvertraut hat (4,20–21).

Der Name „Gabael" (von hebr. *gĕbah-ēl:* „Gott ist erhaben"; Vulgata: Gabelus) soll hier dartun, daß es sich um einen israelitischen Glaubensbruder handelt, dem Tobit – so setzt es die Erzählung voraus – vor der Zerstreuung der Bevölkerung des Nordreichs (722 v. Chr.) Geld geliehen hat. – In der Erwähnung Mediens mag die Absicht verborgen liegen, die Vergänglichkeit des assyrischen Sieges über Israel zu erwähnen; denn schon um 700 v. Chr. wurde Assyrien durch die stark gewordenen organisierten medischen Stämme bedroht. Die Meder (s. d.) lebten im nordwestlichen Iran.

Bei der Geldangabe „Zehn Talente Silber"

(4,20) rechnet der Erzähler entweder anders, als wir heute die Geldwerte der damaligen Zeit berechnen, oder er übertreibt, oder er setzt voraus, daß Tobias mit Tragtieren reitet; denn 1 Talent sind unseres Wissens 60,6 kg – 10 Talente also 606 kg –, die kann man kaum in der Reisetasche tragen (s. „Griechische Münzeinheiten"). Aber in einer Erzählung ist sogar das möglich.

Tobias suchte einen Reisegefährten und fand Rafael. „Rafael war ein Engel, aber Tobias wußte es nicht" (5,4). Nur in einer Erzählung ist es möglich, daß Engel sichtbar mit Menschen reisen. Aber gerade auch in einer Erzählung kann durch einen *sichtbaren* Engel der die Menschen *unsichtbar* begleitende Engel (d. h. die ständige beschützende Gegenwart Gottes) dargestellt werden (s. den Artikel „Der Engel Jahwes"). Die Engelsbegleitung für Tobias ist ein deutliches Zeichen dafür, daß es sich beim Buch Tobit um eine „Novelle" handelt. Ja, auch der Erzähler ist ganz sicher der Ansicht, daß er mit dem Engel ein sichtbares Symbol für den Schutz Gottes in seine Geschichte eingeführt hat; denn zu pointiert läßt er Vater Tobit sagen: „Gott sei auf eurem Wege, und sein Engel begleite euch!" (5,17)

Die beiden kamen auf ihrer Reise abends an den Tigris, wo sie übernachteten. Als Tobias im Fluß badete, schoß ein Fisch aus dem Wasser. Tobias warf ihn ans Ufer. Auf Rafaels Rat schnitt er dem Fisch Herz, Leber und Galle heraus und nahm sie mit. Dann brieten sie den Fisch. Und Rafael sagte, wozu diese Eingeweide gut sind: um Menschen von Dämonenplage und von Flecken im Auge zu retten (6,1–9).

Die Reise ist eine erzählte Reise; deshalb ist es sinnlos, sich den Weg rekonstruieren zu wollen, auf dem Tobias von Ninive zum Tigris kam, wo er an den Tigris kam und was das wohl für ein großer Fisch gewesen sein mag.

Auf der Weiterreise sagte Rafael zu Tobias: Bald kommen wir nach Ekbatana zu deinen Verwandten. Dort solltest du Sara, deine Verwandte heiraten. Den Dämon, der sie liebte, konnte er mit dem Rauch der verbrennenden Leber und des verbrennenden Herzens des Fisches vertreiben. Sara und Tobias wurden Brautleute (6,10–8,21).

Vor der großen Hochzeitsfeier bat Tobias seinen Reisebegleiter, nach Rages in Medien zu reisen und bei Gabaël das verwahrte Geld zu holen (9,1–6). Nach der vierzehntägigen Hochzeitsfeier reiste Tobias mit seiner Frau Sara nach Ninive zu seinen Eltern zurück. Nun wurde auch der alte Tobit mit der Fischgalle geheilt. Danach gab sich der Reisegefährte als der Engel Rafael zu erkennen (10–12).

Die Worte des Engels enthüllen vollends den religiös-moralischen Lehrcharakter des Buches Tobit. Sie enthalten eine zweite Folge von Weisheitssprüchen. Das Wohltun wird gepriesen und als Vergeltung Gottes für die Frömmigkeit des alten Tobit die Heilung von seiner Blindheit genannt. Wegen dieser Heilung nennt sich der Engel „Rafael" („Gott heilt"). – Über die sieben Engel, die das Gebet der Heiligen emportragen (12,15), s. den Artikel „Der Kerub".

Das Buch Judit

Dieses Buch Judit (Jdt) ist in biblischen Kodizes nur griechisch überliefert. Weil die Juden es nicht in ihre hebräische Bibel aufnahmen, mag die aramäische oder hebräische Urfassung verlorengegangen sein. – Der Text der lateinischen Vulgata (s. d.) des Hieronymus bietet mehr die großzügige Inhaltsangabe eines aramäischen Textes als eine wirkliche lateinische Übersetzung. Die heute existierenden hebräischen Texte sind spätere legendarische Bearbeitungen des griechischen Buches Jdt.

Abgefaßt wurde das Buch Judit auf jeden Fall nach der Rückkehr der Judäer aus dem Babylonischen Exil (vgl. 4,3); der geographische Rahmen weist jedoch auf die Zeit der Hasmonäer hin (S. 571, Nr. 46), so daß etwa die Zeit um 100 v. Chr. als Entstehungszeit in Frage kommt.

Die als Geschichte berichteten Hintergründe der Tat Judits (hebräisch: Jehudith) sind nicht als wirkliche Geschichte anzusehen; die einzelnen Namen und Beziehungen stimmen mit der uns bekannten Geschichte nicht überein. Am wahrscheinlichsten ist, daß sich der Erzähler für seine Judit-Novelle eine geschichtliche Situation zurechtgebastelt hat, die einerseits bekannte Namen, eine Belagerung, wie sie in der Geschichte Israels oft vorgekommen ist, und eine vielleicht wirkliche außerordentliche Rettungstat einer Frau enthält, für das alles er aber anderseits eine nicht näher zu bestimmende Zeit und einen nicht näher zu bestimmenden Ort in die Erzählung hineinnahm, um so ihre Allgemeingültigkeit zu betonen. Denn das Wesentliche ist ja die Lehre, daß Israel im Vertrauen auf Jahwe auch die aussichtslosesten Situationen gegen die gottfeindlichen und israelfeindlichen Völker bestehen wird – also eine allgemeingültige Lehre.

Im einzelnen heißt das: *Nebukadnezzar* ist nicht einer der bekannten Nebukadnezzare, die uns die Geschichte nennt; aber dieser Name ist hier für den Großkönig zweifellos deshalb gewählt, weil es ja ein Nebukadnezzar war, der die Judäer ins Exil führte (s. S. 562, Nr. 40). – *Holofernes* ist Typusfigur für einen wilden, ungezügelten, aber seinem Großkönig ergebenen Feldherrn. – *Betulia*, die Heimatstadt Judits, kann ein wirklicher, kann aber auch ein symbolischer Name (etwa wie der wirkliche Name „Bet-El": Haus Gottes) sein. – Die Gestalt der *Judit selbst* könnte sogar ihr Vorbild in Jaël haben, die Sisera erschlug: „Sisera kam zu Fuß zum Zelt der Jaël, der Frau des Keniters Heber ... Jaël ging Sisera entgegen, und sagte zu ihm: Kehr ein, Herr, kehr ein bei mir! Hab keine Angst! Da begab er sich zu ihr ins Zelt, und sie deckte ihn mit einem Teppich zu. Nun sprach er zu ihr: Gib mir doch etwas Wasser zu trinken, ich habe Durst. Sie öffnete einen Schlauch mit Milch und gab ihm zu trinken; dann deckte sie ihn wieder zu. Weiter sagte er zu ihr: Stell dich an den Zelteingang, und wenn jemand kommt und dich fragt: Ist jemand hier?, so antworte: Nein. Doch Jaël, die Frau Hebers, holte einen Zeltpflock, nahm einen Hammer in die Hand, ging leise zu Sisera hin und schlug ihm den Zeltpflock durch die Schläfe, so daß er noch in den Boden drang (Ri 4,17–21).

Das Buch erzählt von der jugendlichen jüdischen Witwe Jehudit, die ihrem Mann noch über seinen Tod hinaus treu war. Als Holofernes, der assyrische Feldherr, sie im Krieg gegen Israel sich verfügbar machen wollte, täuschte sie ihm Willfährigkeit vor, ohne ihre Frauenehre aufzugeben, und tötete den Trunkenen im Feldherrnzelt mit seinem eigenen Schwert. Dadurch rettete sie ihre Vaterstadt (Betulia) und Jerusalem und stärkte den Glauben ihrer Mitbürger an die Königsherrschaft ihres Gottes.

Auf die „Ansprachen und Reden" (s. d.) im Buch Judit weist das Literaturkapitel in gemessener Ausführlichkeit hin. Die Reden und Ansprachen in Jdt werden dort als Beispiele für Erzählformen vorgestellt, wie sie in novellistischen Geschichten der Bibel vorkamen.

Das Buch Ester

Die Geschichte „Ester" (Est) erzählt von einem Mädchen der jüdischen Diaspora in Persien, das eine Gemahlin des Königs der Perser (s. d.) Ahaschwerosch wurde; sein Name ist in der Septuaginta (s. d.) „Artaxerxes" (486–465 v. Chr.). Durch den Mut, mit dem sie die strengen Hofgesetze übertrat, rettete Ester die Juden Persiens bei einer Judenverfolgung vor dem Untergang:

Der Inhalt der Geschichte in Kürze: Ahaschwerosch (Xerxes/Artaxerxes), 486–465 v. Chr. König von Persien, verstieß seine Gemahlin Waschti, als sie bei einem Fest in Susa nicht bereit war, sich vor fürstlichen Gästen in ihrer Schönheit zu zeigen. Als der König danach aus den schönsten Jungfrauen in Persien eine neue Frau wählte, befahl er die Jüdin Ester an seinen Hof. Ihr Onkel und Pflegevater Mordechai entdeckte kurze Zeit darauf eine Verschwörung gegen den König, die er dem König durch Ester melden ließ. Als dem Ersten Minister Haman auffiel, daß der Jude Mordechai sich vor ihm nicht zum Gruß niederwarf, beschloß er die Vernichtung aller Juden im Perserreich. Durch Loswurf bestimmte er dafür den 13. und 14. Adar (das war Ende Februar). Der König unterschrieb den Erlaß Hamans.

Als der Pogromerlaß bekannt wurde, bat Mordechai seine Pflegetochter Ester, sich für das Judenvolk beim König einzusetzen. Ester wollte es tun, obwohl ihr der Tod drohte, wenn sie beim König ungerufen erschien. Die jüdischen Einwohner in Susa fasteten – am dritten Tag wagte sich Ester zum König: sie habe einen Wunsch. Er nahm sie freundlich auf, und Ester lud den König mit Haman zu einem festlichen Essen ein. Aber noch wagte sie nicht, von ihrem Wunsch zu sprechen. Sie lud König und Minister zum anderen Tag noch einmal ein. Zu Hause prahlte Minister Haman mit der Freundschaft der Königin Ester. Seine Zufriedenheit wollte er durch die Hinrichtung seines Gegners Mordechai erhöhen. Er ließ einen 50 Ellen hohen Galgen bauen, damit alles Volk den Hingerichteten sehen konnte.

(Zwischenszene: In der Nacht konnte der König nicht schlafen. Er ließ sich aus dem Hoftagebuch vorlesen und hörte dabei noch einmal, daß Mordechai ihn vor einer Verschwörung beschützt hatte. Am Tag darauf ließ er ihn mit königlichen Gewändern bekleiden und der Öffentlichkeit als Freund vorstellen . . . Haman mußte die Ehrung vornehmen.)

Dann kam die Stunde des Gastmahls bei Ester. Sie bat den König um das Leben für sich und ihr Volk. Haman sei der Gegner aller Juden in Persien.

Der König verließ im Zorn das Haus. Als er zurückkehrte, sah er, wie sich Haman über die Liege der Königin geworfen hatte. Notzucht! Der König ließ Haman an den Galgen hängen, den Haman selbst für Mordechai errichtet hatte.

Nun erfuhr der König, daß Ester Jüdin war. Artaxerxes setzte den Juden Mordechai an Hamans Stelle. Bevor der Pogromtag kam, erhielten die Juden vom König die Erlaubnis, sich gegen ihre Feinde mit Totschlag zu wehren. Mordechai ließ die Tage nach dem 14. Adar als Festtage für alle Zeit ausrufen. Dieses Fest ist „Purim" (d. h. Lose), weil Haman die Pogromtage durch Lose hatte festlegen lassen.

Das Buch ist nur mit Vorbehalt als geschichtlich anzusprechen: es mag zwischen 330 und

300 v. Chr. entstanden sein und erzählt eine Episode, die etwa hundertfünfzig Jahre vorher geschehen sein kann. Am besten sagt man: Es ist eine Erzählung mit geschichtlichem Kern, geschrieben zur Stärkung der Überzeugung, daß Gott seinem Volk Israel immer und überall Hilfe schickt – oft sogar durch schwache Frauen.

Der Septuagintatext (und Vulgatatext) des Buches Ester bringt eine längere Fassung, der hebräische Text eine kürzere. Weil die Einführung des Purimfestes mit den Vorgängen des Esterbuches begründet wird, liest man die Esterrolle am jüdischen Purimfest in der Synagoge – bis heute.

Die hebräische Form der Estererzählung vermeidet den Gottesnamen; warum, das wird von den Auslegern verschieden begründet. Die (längere) griechische Gestalt hat diesen „Mangel", wie manche es nennen, durch Zusätze korrigiert; sie sind auch von der Vulgata (s. d.) übernommen worden. Die wichtigsten Texte dieser Zusätze sind das Gebet des Mordechai vor Abwendung der Gefahr (in der griechischen Gestalt 4,17a–i, in der Vulgata 13,8–18) und das anschließende Gebet der Ester (in der griechischen Gestalt 4,17k–z, in der Vulgata 14,1–19). Aber es geht im griechischen Text nicht nur um Zusätze, sondern auch um Umgestaltungen. Wegen des reicheren Textes legen die Übersetzer oft die griechische Gestalt der Erzählung zugrunde.

Die Geschichte von Ester, einer Gemahlin des persischen Königs, die ihr jüdisches Volk rettete, ist eine Novelle, mit zweifellos historischem Kern, der aber durch die außerbiblische Geschichtsschreibung nicht bezeugt ist.

Die Erzählung spielt in der Zeit zwischen der Erlaubnis Kyrus' II. für die Juden, in die Heimat zurückzukehren (538 v. Chr.), und der großen Rückwanderung unter Führung des Esra (398 v. Chr.). In dieser Zeit gab es mehrere Judenverfolgungen und Aktionen gegen die Juden, an deren eine oder mehrere die Estererzählung die Erinnerung wachhält – wenn auch die historischen Ereignisse sich anders abgespielt haben mögen, als sie das Esterbuch vorlegt. Immerhin darf man aber einige Grundzüge aus der Erzählung herauslösen, die historisch wichtig sind. Indem man nämlich das Spezielle (eine solche Erzählung kann nur

mit speziellen Daten arbeiten) ins Allgemeine hebt, ergeben sich folgende Situationen:

a) Die exilierten Juden lebten im Persischen Reich frei unter den anderen Bürgern. Zwar waren sie als Juden allgemein bekannt (sonst wäre eine Aktion gegen sie nicht möglich gewesen), aber man achtete auf sie auch nicht so, daß sie auf Schritt und Tritt als Juden festgestellt wurden (sonst wäre es Mordechai nicht möglich gewesen, seine Pflegetochter Ester in den Harem des Königs zu geben). Andererseits bestand ihnen gegenüber aber doch ein allgemeines Mißtrauen (sonst hätte Mordechai seiner Pflegetochter nicht einzuschärfen brauchen, daß sie ihre Herkunft verschweigen solle).

b) Der Konflikt zwischen dem Juden Mordechai und Haman/Aman, dem Günstling des Königs, entzündete sich daran, daß der Jude sich weigerte, das Knie vor Haman zu beugen; offenbar soll Haman hier als höchster Hofbeamter vorgestellt werden, vor dem ein ähnliches Zeremoniell galt wie vor Josef in Ägypten (s. Gen 41,42.43). Diese religiös begründete Weigerung des Juden wurde aber von den Höflingen und auch von Haman als Angriff gegen die königlichen Gesetze ausgelegt. Gerade weil das Buch Ester kein betont religiöses Buch ist, darf man diese Verhältnisschilderung sehr ernst nehmen: sie zeigt nämlich, daß das israelitische Gesetzeserbe und die Überzeugung, daß man nur vor Jahwe das Knie beugen darf, auch in der Verbannung nicht verlorengegangen war; sie enthüllt aber auch schlagartig die Fremdheit, mit der die Perser dem israelitischen Glauben und seinen eigenen Gesetzen gegenüberstanden.

c) Die Erzählung gipfelt in der Erhöhung des Juden Mordechai zum höchsten Reichsbeamten, nachdem durch Ester die Bosheit Hamans vor dem König aufgedeckt worden war. Mordechai wurde so für seine Königstreue belohnt, die er dadurch bewiesen hatte, daß er einen Mordplan gegen den König vereitelt hatte.

Zweifellos hat dieses Erzählungselement einerseits einen empfehlenden Charakter: die Juden sind keine Verächter der Regierung. Andererseits spiegelt es die Möglichkeiten des Exils wieder, in dem auch Juden zu hohen Stellungen aufsteigen konnten (wie dies auch von Daniel und von Nehemia berichtet wird). Die Angabe der Erzählung, daß Mordechai oberster Reichsbeamter wurde, hat aber wohl nur Symbolwert für diese allgemeinen Möglichkeiten.

d) Die Frage nach dem Anlaß der Erzählung beantwortet Est 9,20–32. Seitdem die jüdische Volksgemeinde in Palästina als selbständige Größe wiederaufgelebt war, wurde das Purimfest gefeiert; das Fest der Lose. Genaueres läßt sich über die Herkunft dieses Festes nicht sagen; aber da es kein eigentlich religiöses Fest ist und da das Wort *pur* kein hebräisches Wort ist, darf man seine Herkunft aus Babylonien annehmen. Vielleicht ist es ursprünglich ein babylonisches Frühlingsfest oder ein Fest zum letzten Jahresvollmond (s. den Artikel „Der israelitische Kalender"); ob bei der jüdischen Feier dieses Festes der Gedanke, einer großen Gefahr entgangen zu sein, von Anfang an mitlebte, ist uns nicht bekannt.

Das Buch Ester spricht aber so pointiert von der Stiftung dieses Festes, daß der Gedanke naheliegt, das Buch sei geschrieben worden, um dem Fest einen spezifisch jüdischen Gehalt zu geben. Dann wäre die ganze Estererzählung eine Zusammenraffung von Verfolgungsereignissen und Errettungen aus der Verfolgung in ebendiesem erzählten Vorgang, dessen Einzelheiten zwar nicht historisch im strengen Sinne sind, aber doch die Verfolgungen und Rettungen vertreten; denn das Fest erhält nun den Sinn eines Rettungsfestes. Eben deshalb

wird das Esterbuch am Purimfest vorgelesen. Auch der Name, der für uns nicht sicher erklärbar ist, wird im Esterbuch zweimal erklärt: 3,7; 9,24–26. Das *pur,* das Los, wurde vor Haman geworfen, um den Tag herauszufinden, an dem die Juden vernichtet werden sollten. Wahrscheinlich ist diese Erklärung eine Konstruktion des Esterbuchautors; aber gerade dadurch weist sie auf den Sinn des Buches hin.

In diesem Buch von der Verfolgung und Rettung der Juden erhält dann die doppelte Erhöhung (der jüdischen Ester zur Königin und des Juden Mordechai zum höchsten persischen Reichsbeamten) einen eminent symbolischen Sinn; Verfolgung endet für den, der sein Volk liebt und das Gesetz befolgt, mit Erhöhung!

Der jüdische Name Ester war „Hadassa"; aber ihr persischer Name war „Ester", der wahrscheinlich Stern bedeutet oder vielleicht sogar von dem babylonischen Göttinnennamen Ischtar abgeleitet ist.

„Hadassa" (Myrte) ist zum Begriff der jüdischen Caritas geworden. In ihrem Namen schwingt etwa mit, was für den Christen im Namen der Elisabeth von Thüringen mitschwingt; deshalb „Hadassa-Krankenhaus" und „Hadassa" als Name von sozialen Frauenvereinigungen im heutigen Israel und im Judentum überhaupt.

Die Bücher der Makkabäer

Die Makkabäerbücher (1 Makk, 2 Makk) sind zwei Bücher des AT, die nur mit Vorbehalt „Makkabäerbücher" genannt werden können, weil dies den Eindruck erweckt, als ob sie wie die Bücher Samuel, die Bücher der Könige, die Bücher der Chronik eine Einheit bilden. Sie sind jedoch zwei Bücher von zwei Autoren, deren Darstellungen nicht aneinander anschließen, sondern ungefähr dieselbe Zeit mit verschiedenen Akzenten behandeln.

Beide Bücher sind nur in griechischer Sprache überliefert, also in der hebräischen Bibel nicht enthalten. Das Erste Buch der Makkabäer ist aber ursprünglich in Hebräisch abgefaßt worden; das Zweite Makkabäerbuch wur-

de sofort in griechischer Sprache verfaßt. Die katholische Bibelwissenschaft nennt sie deshalb deuterokanonisch (s. d.); und Martin Luther reiht sie wegen der griechischen Sprache unter die Apokryphen (s. d.) ein.

Als Abfassungszeit gilt für das Erste Makkabäerbuch die Zeit kurz nach 100 v. Chr., d. h. es ist nicht das Buch eines Augenzeugen oder Zeitgenossen der geschilderten Ereignisse. Man nimmt an, daß ein palästinensischer Jude der Autor ist. Die Quellen dieses Buches können nicht mehr identifiziert werden; die mitgeteilten Briefe und Urkunden sind wohl freie Formulierungen – sind aber bezüglich des Inhalts historisch glaubhaft. Das Zweite Makkabäerbuch ist wahrscheinlich ein zeitgenössisches Buch, zwischen 160 und 150 v. Chr. entstanden.

Die Zeitangaben in beiden Büchern sind nach dem Kalender der Seleukiden angegeben, d. h. als Jahr 1 wird der Beginn der Regierungszeit Seleukos' I. gerechnet: 311/12 v. Chr.

Das Erste Makkabäerbuch berichtet von den Religionskämpfen, die der syrische König Antiochus IV. Epiphanes (175–164 v. Chr.) aus der Dynastie der Seleukiden durch seine grausame antijüdische Religionspolitik entfesselte (vgl. S. 569, Nr. 44). Es ist Darstellung und Laudatio zugleich für den vierzigjährigen Kampf der Familie der Makkabäer um die jüdische religiöse und politische Freiheit (175–134 v. Chr.) und bejaht den Aufstieg dieser Familie zur Macht. Judas Makkabá (der Hämmerer) hat mit diesem seinem Ehrennamen seiner Familie den Namen „Makkabäer" gegeben; nach ihm wurde dann auch das Buch benannt. Die Leitidee des Buches ist die Hervorhebung der Wiederaufrichtung des theokratischen Gemeinwesens.

Das Zweite Makkabäerbuch behandelt die Zeit von 175–161 v. Chr. Der Verfasser stellt sein Buch vor als Auszug aus dem, was „Jason aus Zyrene in fünf Büchern genau beschrieben" hat (2,23); das will er versuchen, auf ein einziges Buch zusammenzudrängen (2,23). Der Gelehrte Jason war Mitglied der jüdischen Gemeinde in Zyrene. Im Zweiten Makkabäerbuch gibt es Abschnitte, die den Eindruck von Augenzeugenberichten machen. Daneben stehen allerdings auch rein erbauliche Beispielgeschichten, die mehr der Freude am Fabulieren und Ermahnen als dem Willen zum Bericht entsprungen sein mögen.

Der Verfasser ist ein hellenistisch gebildeter Jude, der den alexandrinischen Juden ein Bild vom gegenwärtigen Kampf ihrer Glaubensbrüder in Palästina vermitteln möchte.

ZU 1 Makk 1,25–14,15: LIEDER IM ERSTEN MAKKABÄERBUCH

Auffällig ist, wie zielsicher die 16 Kapitel von 1 Makk mit Versen und Liedern angereichert

sind. Manche haben daraus geschlossen, der Schreiber dieser Ersten Makkabäerbücher habe sein Buch zur Vorlesung bei den alljährlichen Tempelweihfesten (s. d.) geschrieben, dessen Feier ja bis heute an den Makkabäeraufstand erinnert. Da aber der hebräische Text von 1 Makk verlorenging und es daher auch nicht in den hebräischen Kanon aufgenommen wurde, ist das Angebot des Verfassers – wenn überhaupt – nur ein paar Jahrzehnte Wirklichkeit geworden.[1]

Die eingebrachten Verse und Lieder hätten nicht nur den Text auflockern, sondern auch die Festlichkeit der Vorlesung erhöhen sollen.

Nachdem Antiochus Epiphanes, der „besonders gottlose Sproß" der syrischen Seleuziden (1,10), Ägypten erobert hatte (169 v. Chr.), ging er gegen Jerusalem vor, beraubte den Tempel und wütete mordend unter den Einwohnern. Dem Bericht fügte der Schriftsteller ein Trauerlied an, das die Betroffenheit aller jüdischen Menschen des Landes und des Landes selbst in vier Doppelversen aufreißt: „Da kam große Trauer über das ganze Land Israel . . ." (s. 1,25–28).

Und zwei Jahre später neue Verwüstungen in Jerusalem; die Stadt besetzt von heidnischen Soldaten. In kurzen Worten schildert der Scheiber des Buches diese Eroberung der Davidstadt. In acht Doppelversen spricht er von dem Unglück und der Trauer Jerusalems: „Aus dem Hinterhalt bedrohten sie das Heiligtum . . ." (1,36–40).

Ob der Berichtschreiber diese Trauerlieder selbst geschrieben hat, wissen wir nicht; natürlich kann er auch die Trauerverse anderer Menschen aufgenommen haben, die dem Volk die Trauer aussprechbar machen wollten.

Als der Priester Mattatias in Modein von den Greueln in Jerusalem erfuhr, faßte er in einem Psalm – so erzählt es der Makkabäerbuchschreiber – die schauderhaften Ereignisse zusammen: „Ach, warum bin ich geboren, daß ich erleben muß, wie man mein Volk vernichtet . . ." (2,7–13).

Aber dieses fast selbstzerstörerische Lied, das mit der Frage schließt: „Wozu leben wir

---

[1] In einem Sammelwerk „Jüdisches Fest, Jüdischer Brauch" (Berlin 1967) ist der Inhalt des Ersten Makkabäerbuches zum Vorlesen vorbereitet. Meistens feiert man dieses Chanukka-Fest nur mit dem achtflammigen Leuchter.

noch?" (2,13), riß Mattatias und seine Söhne in den Aufstand hinein. Und mitten in den Text von den ersten Aufstandserfolgen (2,42–48) setzte der Erzähler zwei kurze sieghafte Verse: „und sie erschlugen die Sünder in ihrem Zorn, / die Frevler in ihrem Grimm" (2,44) und „Sie verfolgten die frechen Frevler... Sie entrissen das Gesetz der Gewalt fremder Völker / und der Hand der Könige. / Dem Sünder ließen sie keine Macht" (2,47–48).

Das Vermächtnis des Mattatias vor dem Tod an seine Söhne legte der Erzähler in einer Dichtung vor, die von der Aufforderung getragen wird: „Denket an die Taten, die unsere Väter zu ihren Zeiten vollbrachten!" (2,49–64). Eine Aufforderung, die dieses späte Buch mit den frühesten Schriften der Bibel verbindet.

Nach dem Tode des Mattatias übernahm sein Sohn Judas die militärische Führung. Die Erzählung von den Taten des Judas (3,1–9,22) beginnt mit einem Loblied auf Judas: „Er machte sein Volk weithin berühmt. / Als Kriegsheld zog er seinen Panzer an..." (3,3–9). Dieses Loblied wurde nach seinem Tod gedichtet; es steht aber hier wie eine Visitenkarte am Beginn der Berichte über die Taten des Mannes, von dessen Beinamen „Makkabaios" die ganze Zeit ihren Namen bekam (s. unten zu 1 Makk 3,1).

Simeon der Makkabäer, letzter Sohn des Mattatias, „Hoherpriester, Feldherr und Führer" eröffnet die Zeit der neuen jüdischen Freiheit (142/141 v. Chr.). Das Loblied auf ihn steht ziemlich am Anfang der Darstellung seiner Taten. Das Lied aber ist ein Lob, das erst nach seiner achtjährigen Regierungszeit ausgesprochen werden konnte. Im Rahmen des Erzähltextes steht es etwas „deplaziert". Deshalb darf man annehmen, daß es erst einige Zeit nach Abschluß der Textfassung hier eingeschaltet wurde. Bis dahin war es ein selbständiges Loblied aus der Zeit nach seinem Tode.

Nicht der ganze Text dieses Liedes ist gelungen; aber die Bilder des Friedens sind lebendig empfundene Verse (14,4.8–14). Die Verse von seinen militärischen Leistungen und der Schlußvers vom Tempelausbau machen den Eindruck von Hinzufügungen, als das Lied für die Einfügung in das Makkabäerbuch zurechtgemacht wurde. Wer das ganze Lied bedächtig

liest, wird das empfinden: „Das Land Judäas hatte Ruhe, solange Simeon lebte" (14,4–15).

ZU 1 Makk 3,1:
DER BEINAME „DER MAKKABÄER"

Dieser Beiname des Judas ist nur in griechischer Umschrift überliefert: „Makkabaios", so daß der Sinn des Wortes nicht eindeutig feststeht. Das Wort könnte „Hämmerer" heißen, so wird es meistens verstanden. Es könnte aber auch – je nachdem, mit welchem K-Laut man es im Hebräischen schreibt – Vernichter (der Feinde), Auslöscher heißen. Manche Judaisten ziehen aber eine einfachere Bedeutung vor wie Häuptling, General oder „der (vom Vater als Nachfolger) Bezeichnete". Diese Vorschläge kommen durch die Bedeutung ähnlicher arabischer Wörter zustande.

In einem Gespräch mit Martin Buber wurde einmal die Möglichkeit besprochen, daß die ursprüngliche Form des Namens tatsächlich „der Bezeichnete" bedeutet habe, aber nach Judas' Tod (160 v. Chr.) sei der Name zu einem Ehrennamen geworden und dann auf die Bedeutung „Hämmerer" umgedeutet worden.

Jedenfalls galt die Bezeichnung später als Ehrenname: zunächst für Judas und alle Brüder des Judas, aber auch für die Großfamilie der Hasmonäer (denn das war ja der eigentliche Name dieser Priesterfamilie).

ZU 2 Makk 7,1–42:
MARTYRIUM VON SIEBEN BRÜDERN UND IHRER MUTTER

Vielleicht schon in der Zeit, als König Antiochus IV. Epiphanes im jüdischen Land viele Menschen durch Martyrien zu Tode brachte, entstand die große Erzählung von den sieben Brüdern und ihrer Mutter, die trotz aller Drohungen nicht bereit waren, die jüdischen Reinheitsgesetze durch Essen von Schweinefleisch zu brechen. Man muß diese rednerische Erzählung wohl als eine symbolische Zusammenfassung aller Angriffe des Antiochus gegen die Juden und aller Weigerungen gesetzestreuer Juden begreifen.

Das Martyrium, von dem die Erzählung spricht, wurde von den frühen Christen, vor allem von den Judenchristen, als ein geschichtliches Martyrium angesehen. In Hebr 11,35 fanden sie einen Hinweis darauf in den Worten: „Einige nahmen die Freilassung nicht an und ließen sich foltern, um eine bessere Auferstehung zu erlangen"; denn das war der Glaube dieser sieben Brüder und ihrer Mutter (s. 7,9.11.14.23.29).

Die frühen Christen haben die sieben Brüder und ihre Mutter die „Makkabäischen Brüder und die Makkabäermutter" genannt, weil die Geschichte im Zweiten Makkabäerbuch zu lesen steht. Die Bezeichnung ist aber falsch; denn sie sind keine Angehörigen der Makkabäerfamilie (der Hasmonäerfamilie) gewesen! Die Zeit ihres Martyriums hat man schon recht früh auf das Jahr 168 v. Chr. festgelegt, d. h. in die Anfänge des Makkabäeraufstandes.

In Antiochia wurde ihr Grab gezeigt, über dem um das Jahr 450 eine Kirche gebaut wurde. Hundert Jahre später wurden – nach einem schweren Erdbeben in Antiochia – Reliquien, die mit diesen sieben Brüdern zu tun haben sollten, nach Konstantinopel, Rom, Lyon, Vienne und nach Köln gebracht. Griechische und lateinische Kirchenväter empfahlen sie zur Verehrung, weil sie als Zeichen der „kämpfenden Kirche" angesehen werden könnten.

In der römisch-katholischen Kirche war (bis zur letzten Namenstagsreform) das Fest „Petri Kettenfeier" am 1. August mit dem Gedächtnis der „Sieben Makkabäischen Brüder" verbunden, weil in der römischen Basilika „St. Peter zu den Ketten" angeblich Reliquien dieser Martyrer ruhten.

Die Bücher der Lehrweisheit und die Psalmen

Darüber, was man zu den „Lehrbüchern" zählen soll, sind sich die Bibelwissenschaftler nicht einig; über die Ordnung gehen die Ansichten ebenfalls auseinander. In mehreren (heutigen) Bibelausgaben sind die Bücher Rut, Tobit, Judit und Ester unter „die Bücher der Geschichte des Volkes Gottes" eingeordnet. Wir wollen dieser Entscheidung folgen, obwohl diese Bücher durch ihren Gehalt auch unter die Lehrbücher gezählt werden können.

Martin Luther ordnete einen großen Teil der Lehrbücher, zusammen mit den Büchern Judit, Tobias (d. i. Tobit) sowie Stücke aus Ester unter die Bücher ein, die er „Die Apokryphen" (s. d.) nannte. Die Begründung dafür lesen Sie dort nach.

Von den Büchern der Lehrweisheit – Ijob, Sprichwörter, Kohelet (Prediger), Hoheslied, Buch der Weisheit und Jesus Sirach – wurden einige mit dem Namen des Königs Salomo verbunden; er war für Israel „der Weise" schlechthin. Um die Weisheitslehre zu pflegen, hatte Salomo sogar eine Schreiberschule gegründet.

Weisheitsliteratur war in allen Ländern des Alten Orients eine fast offizielle Literatur: in Ägypten, im Zweistromland, in Arabien, in Edom . . . „Weisheit" gehörte deshalb zu den führenden Männern an den Königshöfen, zu den Gebildeten: nicht Weisheit im Sinne von Philosophie, sondern als Lebensweisheit und Lebensregeln für den einzelnen Menschen. Das Leben nach solchen Regeln wurde mit Segen (z. B. Gesundheit, Wohlergehen) beschenkt. Da diese Lebensweisheit aber auch vom Glauben an Gott getragen wurde, fand sie um 400 oder später auch Eingang in die Schriften der Juden, die wir heute „Bibel" nennen. Religion und Kult selbst gehörten meistens nicht zum Thema der Weisheitsliteratur.

Das Buch Ijob

Das Buch „Ijob" (im Griechischen und in der Vulgata: Job, bei Luther: Hiob) ist ein Lehrstück über das Problem des Leidens der Gerechten. Anders ausgedrückt: Das Buch Ijob setzt sich auseinander mit dem Glauben, daß alle Leiden des Menschen Vergeltung und Strafe für seine Sünden seien. Im erzählerischen Grundbestand ist eine Volkserzählung verarbeitet (1,2 und 42,7–17): Gott gibt dem Satan, der an der Frömmigkeit Ijobs zweifelt, das Recht, Ijob durch Leiden zu prüfen. Aber Ijob bleibt auch im Leiden fromm, und Gott belohnt ihn, indem er ihm alles erstattet, was der Satan ihm genommen hat. Das ist der Rahmen des Buches Ijob. Dieser Rahmen (1,1–2,13 und 42,7–17) ist in Prosa geschrieben; die Reden und Dialoge des Mittelstücks (3,1–42,6) werden in dichterischer Sprache vorgetragen.

Der ausladende Mittelteil besteht aus „Plädoyers", in denen drei Freunde Ijobs sein Leiden als Vergeltung für Sünden und Vergehen verteidigen. Ijob wendet sich gegen diesen Vergeltungsschematismus. Er verteidigt Gottes Größe, die mit dieser engen Vergeltungslehre geschmälert werde.

Auf diese dreifache Dialogrede hätte der Entscheidungsspruch Gottes folgen müssen. Es tritt aber noch ein vierter, ein junger Mann auf: Elihu, der den Begriff des Läuterungs- und Warnungsleidens ins Gespräch bringt (32–37). Man sieht in den Reden Elihus die Zusammenfassung von Argumenten, die der Verfasser nach der ersten Verlesung des Buches von jungen Schriftgelehrten gegen seine unbefriedigende Darstellung hören mußte und die er nachträglich einfügte.

Der Spruch Gottes entscheidet nicht eindeutig, welcher Redner recht hat, sondern zeigt die Weltregierung Gottes als Mysterium auf, dessen Motive der Mensch nicht durchschauen kann. Die Annahme des göttlichen Handelns, auch dann, wenn es den Menschen scheinbar ungerecht trifft, ist wahre Frömmigkeit.

Als Abfassungszeit ist etwa die Zeit zwischen 500 und 450 v. Chr. anzusehen, da man annehmen muß, daß das Werk vom Propheten Sacharja (s. d.) beeinflußt ist. Andere datieren es in die Zeit zwischen 400 und 200. Um 200 v. Chr. lag es bestimmt vor. Sicherlich wurde es nach der Babylonischen Gefangenschaft geschrieben (also nach 538 v. Chr.), nachdem die Frage nach dem Sinn des Leidens durch das Exil so sehr in den Mittelpunkt getreten war.

Auf diese Zeit weist auch das Hebräisch des Buches hin, das unter aramäischem Einfluß steht. Der Massoratext (s. d.) ist hier sehr unzuverlässig und fehlerhaft; die Konsonanten geben nicht immer sinnvolle Texte und erst recht ist die Vokalisation fraglich. Schuld daran mag der fremdartige Wortschatz sein, der viele einmalige Wörter enthält.

Der Verfasser blieb unbekannt. Sichere Anhaltspunkte für Land und Zeit seines Lebens gibt es nicht. Wahrscheinlich war er ein vielgereister kultivierter Jude. Er wählte für das Lehrstück die Volkserzählung von Ijob, weil sie in ihrer Anlage seine beiden Grundanliegen vereinigte: Sind auch die Leiden der Gerechten Vergeltungsleiden? – und: Was ist echte Frömmigkeit?

Ijob könnte eine geschichtliche Gestalt aus dem zweiten vorchristlichen Jahrhundert sein. Das nomadische Milieu ist auch in den Reden der drei Freunde – wenn auch nur äußerlich – beibehalten; ihre Redeweise ist die der Schriftgelehrten (s. d.). Die Volkserzählung wußte von Ijob, und Ezechiel (s. d.) hatte bei seinem Kampf gegen die schematische Vergeltungslehre diese Erzählung implizite zitiert (Ez 14,20). Dadurch war das Buch Ijob sozusagen im voraus prophetisch gutgeheißen (vgl. auch den Artikel „Der gerechte Gott").

Das Buch Ijob gehört zu den großen literarischen Werken der Weltliteratur.

Die Gestalt des Ijob. Der Name Ijob ist nicht eigens für diese Erzählung bzw. für dieses Buch erfunden worden (er bedeutet etwa: „der Angefeindete"). Der Name ist auch sonst belegt (z. B. in den Amarnabriefen, 14. Jahrhundert v. Chr., wird ein König im Ostjordanland Aja-ab genannt). Die Wahrscheinlichkeit, daß Ijob irgendwie eine historische Persönlichkeit ist, erhöht sich damit.

Das Land Uz (Hus, Us), das uns sonst unbekannt ist, müßte ebenfalls im Ostjordanland zu suchen sein: in Syrien, Edom oder Arabien. Auf diese Länder östlich des Jordan weist auch Vers 3 hin: „An Ansehen übertraf dieser Mann alle Bewohner des Ostens." Die Bewohner oder Söhne des Ostens sind für den Israeliten die Völker östlich des Jordan. Der Stammbaum der Söhne Noachs nennt einen Uz unter den Söhnen Arams: Gen 10,23. – Ijob ist also kein Israelit.

Die Rahmenerzählung: „... eines Tages, da kamen die Gottessöhne, um vor den Herrn hinzutreten; unter ihnen kam auch der Satan" (1,6), so leitet der Erzähler die Szene ein, in der er den Knoten für die Erzählung schürzt.

Der Ausdruck „Gottessöhne" für Engel weist auf das hohe Alter der Urgeschichte hin. Die Unterhaltung zwischen Gott und Satan ist natürlich nur ein erzählerisches Mittel. Es erübrigt also eine Erörterung von Fragen: Wie kann Gott mit Satan reden? Wie kann Gott dem Satan einen Auftrag geben? Ähnliche Motive kehren auch in unseren mittelalterlichen Märchen wieder (vgl. das Märchen vom Schneider im Himmel).

Satan (hebr. *satán)* ist zwar in der Bibel das gebräuchliche Wort für den Teufel; ist aber kein für den Teufel reservierter Name, sondern bedeutet einfach: Gegner, Widersacher. Deshalb heißt auch der Gegner vor Gericht „Satan" (s. d.). Wer einem anderen entgegentritt, ist ein „Satan".

Das Thema des Buches Ijob wird kräftig angeschlagen in der Frage Satans: „Geschieht es ohne Grund, daß Ijob Gott fürchtet?" (1,9). Es ist das Problem, das von den Propheten erkannt worden war: Ist die Vergeltungslehre, wie sie in Israel geglaubt wurde, richtig? (s. den Artikel „Der gerechte Gott").

Vier Unglücksbotschaften für Ijob: Die Sabäer (s. d.) vernichteten einen Teil der Herden Ijobs auf einem Beutezug. Ein anderer Teil der Herden wurde vom Blitz erschlagen („Feuer Gottes fiel vom Himmel"). Die Chaldäer (s. d.) raubten die Kamelherden. Wüstensturm zerstörte das Haus seines Erstgeborenen und erschlug alle Kinder Ijobs bei einem Festmahl.

Es wäre zu wenig, lediglich auf dieses gehäufte Unglück zu sehen; die Sprache weist auf mehr hin. Der Einfall der Sabäer und Chaldäer erinnert uns daran, daß nach israelitischem Glauben die Völker tun, was Gott tun will. Deshalb wird z. B. Kyrus II., König der Perser, der den Befehl zur Wiederherstellung des Tempels in Jerusalem gab, im Buch Jesaja als ein von Gott Gesandter begrüßt (s. S. 260), und in den Bräuchen (s. d.) der Völker spricht und wirkt Gott. Aber auch Feuer vom Himmel und Sturmwind sind Zeichen der Theophanie (s. d.). Somit wirkt das Gottgewirkte dieser Unglücksfälle betont – obwohl der Leser weiß, daß der Satan all das inszeniert hat. Damit wird das Problem (Ist jedes Leid eine Strafe Gottes?) aufs neue pointiert.

Weitere Herausarbeitung des Problems:

Der Satan hat Gott gereizt, Ijob grundlos zu verderben (2,3). Gott als der, der allen Geschehens Ursache ist, arbeitet (in der Erzählung) dieses Problem sozusagen selbst heraus.

Im übrigen verläuft der Empfang bei Gott (2,1–6) wie in den ersten Versen. Es ist wie ein Zeremoniell beim Empfang Untergebener beim König. „Haut um Haut", sagt der Satan zu Gott, gehe es bei Ijob. „Haut um Haut" (2,4) ist offensichtlich ein Sprichwort, dessen Sinn sich zwar aus dem Zusammenhang ergibt, das aber aus sich selbst schwer deutbar ist. Es will heißen: Ijob gibt seine Haut (d. h. seinen Besitz) hin; er empört sich nicht, um seine Haut (d. h. sein Leben) zu behalten. Mit anderen Worten: Ijob ist aus Angst so gottergeben.

Schließlich wird Ijob mit Geschwüren geschlagen (2,7–10), d. h. er wird unrein – wenn die Geschichte unter den Israeliten spielte, müßte man sagen: levitisch unrein – und so aus der Gesellschaft der Menschen ausgesondert. Nun ist er erst wirklich arm.

Die Antwort, die Ijob dann seiner Frau gibt, als sie ihm die Aufforderung an den Kopf wirft „Lästere Gott, und stirb!" (2,9), lautet – gewissermaßen als eine erste Antwort auf das Problem: „Nehmen wir das Gute an von Gott, sollen wir dann nicht auch das Böse annehmen?" (2,10). Aber man beachte: Noch ist die Antwort als Frage formuliert.

Übrigens gibt es eine frühe mesopotamische Ijobliteratur, d. h. eine Literatur, die sich mit den Leiden unschuldiger Menschen befaßt. Offenbar war das also auch für die Orientalen anderer Religionen ein Ärgernis. Das Buch Ijob versucht auf die Leiden Unschuldiger eine menschenwürdige und menschliche Antwort. Solche Leiden sind eine uralte Frage.

Martin Luther schreibt in seiner „Vorrede über das Buch Hiob", das er zuletzt in der Biblia (Wittenberg 1545) deutsch herausgegeben hat: Die Frage des Buches Hiob ist, „ob auch den Frommen Unglück von Gott widerfahre?" Darauf antwortet das Buch, „daß Gott auch die Frommen ohn Ursach, allein zu seinem Lobe peiniget ... Es ist aber uns zu Trost geschrieben, daß Gott seine großen Heiligen also läßt straucheln, sonderlich in der Widerwärtigkeit."

Aber auch solche Antworten geben noch Fragen auf ...

Zu den Psalmen

die an dieser Stelle der Bücher des AT einzu-ordnen sind, vergleiche im Kapitel „Literari-sche Formen in der Bibel" den Abschnitt „Psalmen und Gebete" (S. 73–79).

Das Buch der Sprichwörter

Das Buch der Sprichwörter (Spr) – lat. „Pro-verbia" (Prov) – gehört zur Weisheitsliteratur des AT und wurde etwa zwischen 538 und 200 v. Chr. zu seiner heutigen Form aus mehreren älteren Sammlungen und Einzelsprüchen zu-sammengefaßt.

Die ersten neun Kapitel (1,8–9,18) sind wohl der jüngste Teil des Buches: eine Samm-lung väterlicher Worte zum Lobe der Weisheit und Mahnungen, Warnungen an den unerfah-renen Sohn; sie wurden wahrscheinlich als Einleitungskapitel geschrieben: eine Samm-lung von damals populären Sprichwörtern.

Zwei Sammlungen (Kap. 10–22,16 und 25–29) gelten als Sprüche Salomos oder als von Salomo gesammelte Sprüche, wenngleich auch diese sicherlich nicht in ihrer ursprünglichen Form vorliegen; das ahnt man schon aus der einleitenden Formel zur zweiten Sammlung: „Auch dies sind Sprichwörter Salomos, die die Männer Hiskijas, des Königs von Juda, sam-melten (25,1); Hiskija regierte von 721–693, also immerhin gut zweihundert Jahre nach Salomo.

An Vers 22,16 schließt sich eine Spruch-sammlung an („Die Worte von Weisen": 22,17–24,33), die z. T. aus ägyptischem Spruchgut stammt, aber in israelitische Weis-heitsliteratur verwandelt wurde.

Dem zweiten Salomoabschnitt, der von 25,1 bis 29,27 reicht, sind dann noch einige kleine Spruchreihen angehängt, die aus anderer Völ-ker Weisheit in die Weisheitsliteratur Israels übernommen wurden.

Der bekannteste Text des Sprichwörterbu-ches ist 31,10–31: „Eine tüchtige Frau, wer findet sie?" Dieses Loblied auf die tüchtige Frau ist im Christentum höher geschätzt wor-den als das ganze übrige Buch. (Entstehungs-zeit nach dem Exil – also nicht eher als 538 v. Chr.)

Etwa ein Siebtel der Sprüche ist religiösen Inhalts. Von ihnen werden auch die Sprich-wörter der rein praktischen Lebensklugheit getragen.

Vgl. den Abschnitt über die Listenwissen-schaft im Kapitel „Die Weisheit Salomos".

HINWEISE AUF EINIGE SPRICHWÖRTERREIHEN

Spr 5,1–23 sind Sprüche zur Sittlichkeit in einer Zeit, als die Einehe mehr und mehr an Geltung gewann; deshalb ist dieses Kapitel ein Lob auf die eine Ehefrau. Vergl. demgegen-über das Kapitel „fremde Frau" (7,6–27.)

Spr 6,16–19 ist ein „Zahlenspruch". Zahlen-sprüche sind (manchmal in Rätselformeln auf-tretende) Sittensprüche: eine Literaturform, die sich in Israel und Juda seit den Propheten Amos (s. d.), Hosea (s. d.), Jesaja (s. d.) und Micha (s. d.) langsam entwickelte.

Spr 8,1–9,18 darf man die großartigsten Kapi-tel zum Thema Weisheit im Sprichwörterbuch nennen.

Spr 10,1–22,16 enthält wohl die Sammlung der ältesten Sprüche: ohne thematischen Aufbau; fast jeder Spruch in parallelem Gliederbau der Halbsätze.

Diese zwölf Kapitel des Sprichwörterbuches sind gesammeltes sprachliches Volkstum: Le-benserfahrungen des einfachen Menschen in oft drastischer Sprache. Kürze und Derbheit sind Mittel, leicht einprägsame Formeln zu erreichen.

Spr 15,18 ist zum deutschen Sprichwort gewor-den: „Hochmut kommt vor dem Fall."

Spr 24,1–22 (Sprüchereihe zwischen der ersten

Sprichwörtersammlung „Worte der Weisen", 22,17–23,35 und den zweiten Weisheitssprüchen von Weisen, 24,23–34) enthält 22 „Lebensregeln". Obwohl die Zahl 22 von der Buchstabenzahl der hebräischen Schrift genommen ist, handelt es sich nicht um eine alphabetische Spruchreihe, in der die 22 Sprüche nacheinander mit den 22 Buchstaben beginnen müßten.

Spr 25,21 ist in der deutschen Sprichwörterwelt lebendig geworden: „Hat dein Feind Hunger, gib ihm zu essen, hat er Durst, gib ihm zu trinken; so sammelst du glühende Kohlen auf sein Haupt . . ."

Spr 26,27 wurde in den deutschen Sprichwörterschatz aufgenommen: „Wer (andern) eine Grube gräbt, fällt selbst hinein."

Spr 30,15–33 besteht wieder aus Zahlensprüchen (s. oben die Bemerkung zu 6,16–19).

Spr 31,10–31 „Lob der tüchtigen Frau", eine Sprüchereihe, deren Doppelverse nacheinander mit den 22 Buchstaben des hebräischen Alphabets beginnen (vgl. die Bemerkung zu 24,1–22). Hier ist nicht nur die Zahl der Buchstaben, sondern sind die Buchstaben selbst berücksichtigt.

Die letzten (übrigens späteren) Verse 31,30.31 sind eine Erweiterung des Lobhinweises auf die Weisheit „als tüchtige Frau", um so abschließend noch einmal auf das ganze Weisheitsbuch hinzuweisen.

Das Buch Kohelet

Dies Buch ist ein spätjüdisches Werk. „Kohelet" bedeutet: Redner in der Volksversammlung. Die griechische Septuaginta und die lateinische Vulgata nennen es *Ecclesiástes,* von *ecclesía* (Volksversammlung). Die deutsche Bezeichnung „Prediger" empfinden manche als irreführend, hat sich aber durch Luthers Bibelübersetzung stark durchgesetzt.

Der Verfasser ist unbekannt. Durch Stilvergleiche seiner Sprache hat man herausgefunden, daß er um 250 v. Chr. sein Weisheitsbuch verfaßt haben muß. Die Gemeinsprache der Juden war damals das Aramäische (s. d.), aber trotzdem ist *kohelet* ein Buch in Hebräisch (s. d.), das nur noch die Schriftgelehrten (im weitesten Sinne) beherrschten. Viele späthebräische Ausdrücke, Aramäismen und phönizische Anklänge (in Vokabular und Satzfügung) geben dem ganzen Buch eine sprachlich einmalige Farbe; zugleich darf man aber daraus schließen, daß der Verfasser aus dem phönizischen Nordpalästina stammte.

Die geistige Umwelt des Verfassers war das Ptolemäerreich (s. d.) Den Bildungsbewegungen des Hellenismus begegneten viele Palästinajuden mit Sympathie. Jüdische Religion sollte mit griechischer Bildung und Zivilisation eine neue kulturelle Einheit werden. In diesem Zusammenhang ist das Buch Kohelet als ein charakteristisches literarisches Zeugnis dieser Zeit zu sehen.

In der Überschrift stellt sich der Verfasser als König Salomo vor: „Worte Kohelets, des Davidsohnes, der König in Jerusalem war." In den ersten Kapiteln ist denn auch alles so ausgesprochen, als ob König Salomo spreche. Das ist eine beliebte Fiktion des späten Judentums, Weisheitsbücher unter den Verfassernamen Salomo zu stellen. Von Kapitel 5 an läßt der Verfasser oder der Bearbeiter diese Fiktion fallen.

Der Kohelettext ist in unregelmäßigem Wechsel Prosa und Spruchdichtung. Von seinen Sprüchen ist eine Reihe weltbekannt geworden, andere sind in die orientalische Spruchliteratur übergegangen – wenn sie nicht vorher schon Sprüche des Orients waren, so daß der Verfasser sie nur gesammelt und sie in seine kritischen Gedanken eingefügt hat: „Eitelkeit der Eitelkeiten, alles ist Eitelkeit", andere Übersetzung von 1,2 und 12,8: „Windhauch, Windhauch, das ist alles Windhauch." – „Mehrt man das Wissen, mehrt man das Leid." – „Ein lebender Hund ist besser dran als ein toter Löwe." u. a.

Die Gedanken des Buches sind sehr realistisch. Alles ist eitel, es führt dich zu nichts. Und trotzdem ist dein Leben in Gottes Hand. Genieße das flüchtige Leben, aber sei dabei weise und maßvoll, fürchte Gott; denn er hält in deinem Leben Gericht. Am schlimmsten ist, daß im letzten alles so aussichtslos ist. Denn wohin geht der Mensch – ins Totenreich, in die Scheól (s. d.), wo er nichts mehr von sich weiß und wo er vergessen wird.

Die Aufnahme des Kohelet unter die Lesebücher der jüdischen Feste ist sehr früh geschehen. Obwohl das Buch wenig auf jüdische Riten anspielt und allgemein-menschliche Betrachtungen anstellt, ist seine Haltung durchaus jüdisch allgemeingläubig. Das Buch wurde und wird am Laubhüttenfest (s. d.) im Synagogengottesdienst gelesen. Das im Grunde freudvolle Fest bekommt dadurch einerseits einen lebensenergischen Akzent, der gedämpft wird durch manchmal sogar pessimistische Betrachtungen.

Die christliche Kirche hat das Buch (erst etwa um 200) in den Kanon aufgenommen, weil es ein literarisches Denkmal für alttestamentliches Fragen und Sorgen ist, die durch den Erlöser Jesus Christus gelöst werden.

ÜBERSICHT ZUR THEMATIK DES BUCHES KOHELET

Koh 1,2–11 gibt als Vorspruchsthema „Alles ist Windhauch, alles ist Nichtigkeit", das die Verse vom Wechsel und der Vergänglichkeit aller Dinge einleitet.

In 1,12–4,16 spricht dann Kohelet Salomo, der König, von seinen Erfahrungen: „Viel Wissen, viel Ärger; wer das Können mehrt, der mehrt die Sorge" (1,18). – Die Organisation von Freuden und Taten: „alles ist Windhauch" (2,1–11). – Bildung und Besitz: alles ist Windhauch! (2,12–23). – Alles hat seine Stunde. Gott hat es gewirkt, aber das Gute weiß der Mensch nicht zu finden (2,24–3,15). – Und überall und für jeden, Schuldige und Unschuldige, gibt es Gericht und Tod (3,16–4,16).

In 4,17–5,6 gibt das Buch Ratschläge für religiöses Verhalten, z. B. „Tritt (ins Gotteshaus) ein, um zuzuhören, und nicht, wie die Ungebildeten, um Opfer abzugeben."

Mit 5,7 beginnt eine kritische Durchsicht alter Spruchweisheit zu Tun und Haltungen (bis 12,7). – Mit 12,8 schließt die melancholische Prüfung des Lebens mit dem Vorspruchsthema: „Windhauch, Windhauch, das ist alles Windhauch!"

12,9–11 ist ein erstes Nachwort, das den Weisen Kohelet lobt. Aus 12,10 darf man entnehmen, daß die Worte des Kohelet ursprünglich nicht *geschrieben* waren.

Das Hohelied

„Das Hohelied Salomos" oder einfach „Das Hohelied" (Hld) führt im Hebräischen den Namen *schir haschirím* (Lied der Lieder, d. h. schönstes Lied, erhabenes Lied, Lied über allen Liedern); daraus erklärt sich der lateinische Name der Vulgata: Canticum canticorum (Cant).

Der äußere Gang der Liedersammlung sind Liebes- und Hochzeitslieder, die ein Bräutigam mit seiner Geliebten, seiner Braut, wechselt: das Ganze ist wie ein Spieltext aufgebaut, in dem sich die Hochzeitsleute suchen, finden, verlieren, wiederfinden. Der Bräutigam ist ein Hirtenbräutigam, die Braut eine Hirtin, die

ihre „Königswoche" (Hochzeitswoche) feiern; deshalb heißen sie im Hohenlied Salomo und Schulammit/Sulamit (7,1) und deshalb werden sie besungen von „Jerusalems Töchtern". Die Bilder in den Lobliedern füreinander sind aus der Sprache der Hirten genommen.

Die Diskussion über eine glaubwürdige Erklärung der Herkunft des Hohenliedes ist bis heute nicht zu Ende. Manche Religionshistoriker meinen, das Lied stamme aus dem Fruchtbarkeitskult der Astarte und schildere eine „heilige Hochzeit". Dieses Lied aus dem kanaanitischen Baalsbereich sei dann auf das Verhältnis Jahwe–Israel angewandt worden.

Diese Diskussion bestreitet also nicht die Absicht, warum das Lied in die Jahwe-Religion und ihre Kulttexte übernommen wurde, sondern hält lediglich Israel für die ursprüngliche Dichtung nicht verantwortlich.

Andere sehen in den Texten ein begeistertes Lied auf die Erfahrung der bräutlichen und ehelichen Liebe, vielleicht zum ersten Mal von einem israelitischen Dichter bei einem Hochzeitsfest vorgetragen: ein Lied, das die Menschen immer mehr zu lieben begannen. Und so lag es auch hier nahe, die Dichtung als einen Ausdruck für die Liebe Gottes zu Israel zu deuten und es deshalb unter die kultischen Lieder aufzunehmen: als ein Lied, das bei dem großen Befreiungsfest (Pascha), als die Hinführung Israels in den Garten Kanaan begann, gesungen wurde. – Damit verwandt ist dann die christliche Auslegung dieser Liebesliederreihe als Jubel auf die bräutliche Ehe des Christus für die Kirche und auf die innige Vereinigung der Seele mit Gott.

Die hebräische Sprache (s. d.) des Hohenliedes ist aramäisch (s. d.) beeinflußt; die Zeit seiner Abfassung liegt deshalb wahrscheinlich nach Ende der babylonischen Gefangenschaft Israels (nach 538 v. Chr.).

Die Schlußredaktoren der Einzelbücher des AT haben es in die Weisheitsliteratur eingeordnet. Vielleicht ist dadurch erst der Name König Salomos in das Lied hineingekommen und Salomo poetisch als sein Dichter genannt worden.

Als die jüdischen Schriftgelehrten im ersten Jahrhundert nach Christus an der Richtigkeit zweifelten, daß diese Dichtung in den Kanon aufgenommen werde, wurde das Buch trotz der Zweifel durch Hinweis auf die Zuschreibung an Salomo und auf seinen liturgischen Gebrauch am Paschafest für den Kanon festgehalten.

Diesem kanonischen Rang hat sich die christliche Kirche angeschlossen. Vielleicht ist der Zusammenhang des Liebesthemas und des Ehethemas mit prophetischen Texten des Hosea (s. d.) und Ezechiel (s. d.) ein weiterer Grund dafür, daß die Texte als kanonisch angesehen wurden: Hos 2,4–17: Gegen das treulose Israel; und Ez 16,1–63: Jerusalem die treulose Frau.

Buch der Weisheit

Dieses „Buch der Weisheit" (Weish), im Lateinischen „Liber Sapientiae" (Sap), ist in Ägypten entstanden, im zweiten oder sogar erst im letzten vorchristlichen Jahrhundert, wahrscheinlich in Alexandrien (s. d.). Es ist also ein Beitrag des ägyptischen Judentums zum Alten Testament. Da es griechisch geschrieben ist und also in der hebräischen Bibel fehlt, nannte Luther das Buch apokryph (s. d.); die katholische Bibelwissenschaft nennt es deuterokanonisch (s. d.). Der griechische Text trägt den Titel „Weisheit Salomos"; der Verfasser geht damit den üblichen Weg, Weisheitsbücher der Weisheit Salomos (s. d.) zuzuschreiben; er läßt deshalb Salomo als Weisheitslehrer redend auftreten – aber den Namen Salomo nennt der Text an keiner Stelle (9,7.8.12): die Weisheit soll durch Namenlosigkeit in ihrer Geltung erweitert werden; doch spricht er wie ein König (7,5; 8,9–15) und spricht auch zu Königen (1,1; 6,1–11.21).

Die Elemente des Inhalts: Im ersten großen Abschnitt (Kap. 1–6) ruft der Weisheitslehrer die Herrscher und Richter der Erde auf, die Gerechtigkeit zu lieben und mit ihr die Weisheit zu suchen. Eine besondere Situation in der jüdischen Welt des letzten Jahrhunderts vor Christus, in dem viele vom Glauben Abgefallene die gläubigen Juden verfolgten, gehörte für den Autor dieses Buches zum Anlaß seines Weisheitsbuches (Kap. 2). Die Sünder dürfen mit ihren gottlosen Gründen nicht über die Gerechten triumphieren! So ist es Aufgabe der Weisheit, das Schicksal der Gerechten und Sünder in ihrem Leben und nach ihrem Tode für das eigene Schicksal zu vergleichen.

Im zweiten Abschnitt (6,22–8,18) weist der Lehrer der Weisheit den Weg zum Weltheil durch die Weisheit.

Der dritte und reichste Teil (8,19–19,22) beginnt mit Salomos Gebet um Weisheit, damit die Menschen durch die Weisheit gerettet

werden. Sieben biblische Beispiele gibt es dafür: Adam, Noach, Abraham, Lot, Jakob,
Jakobs Sohn Josef und das Volk Israel (10,1 bis
11,4). – Und an sieben Vergleichen des Volkes
Israel mit seinen Feinden zeigt er die strafende
und rettende Macht der Weisheit in Bildern
(11,5–19,22). Gerade in diesen Kapiteln wird
deutlich, wie frei die Rabbinen dieser und
späterer Zeiten mit den Textgegebenheiten
der älteren Bibeltexte umgehen und sie durch
Weisheitsaussagen frisch und weit machen.

Der Verfasser ist ein bewußter Jude. Als
Alexandriner ist er auch ein Mann hellenistischer Bildung, der seine griechische Sprache
liebt, der seine Bibel in der griechischen Sprache aus der Septuaginta (s. d.) gelernt hat und
der durch all das ein Mensch religiöser Philosophie geworden ist. Das hat sich in der Kultur
dieses Weisheitsbuches ausgewirkt: in der
Rhetorik seiner Reden und Sprüche, im
Reichtum seines Vokabulars, in der Reife
seiner philosophischen Begriffe (die jedoch
nicht in die Enge einer philosophischen Schule
eingesperrt sind).

Der Weisheitslehrer dieses Buches ist weder
ein ausgesprochener Theologe noch ein ausgesprochener Philosoph: Theologie und Philosophie benutzt er aber als ein Mann der Weisheit
in Israel. – Von diesem Charakter hat das Buch
der Weisheit auch dadurch besondere Bedeutung, daß es ein Zeugnis ist für den gewandelten Vergeltungs- und Jenseitsglauben des Judentums (vgl. die Artikel „Der gerechte Gott"
und über die jüdische Eschatologie).

Das Buch Jesus Sirach

Dieses Buch Sirach (Sir) wird im kirchlichen
Latein „Ecclesiasticus (liber)" genannt, um
gegenüber der Synagoge schon im Namen die
kirchliche Bejahung des Buches zu betonen.
Der Urtext ist um 190/180 v. Chr. von Jesus,
Sohn Eleasars, des Sohnes Sirachs: „Jesus
(Enkel des) Sirach" – wahrscheinlich in Jerusalem – verfaßt worden, und zwar in Hebräisch,
das damals schon zur Gelehrtensprache geworden und keine Umgangssprache mehr war.
Der Name „Jesus, Sohn Eleasars des Sohnes
Sirachs" wird in zwei Versen des Anhangs als
Verfassername genannt; ob es eine Unterschrift des Verfassers selbst (51,30) oder eine
von anderen hinzugefügte Bemerkung ist
(50,27), läßt sich nicht eindeutig klären. Spätere Hinzufügungen gibt es im Buch Jesus
Sirach viele.

Der Enkel des Verfassers hat das Buch 132
v. Chr. ins Griechische übersetzt; im Griechischen trägt das Buch den Titel „Sophia Sirach"
(Weisheit Sirach); der ursprüngliche lateinische Name für die griechische Übersetzung
war „Siracides". Im Vorwort zur griechischen
Ausgabe legt der Übersetzer dar, warum und
unter welchen Umständen er das Buch seines
Großvaters Jesus Sirach in die griechische
Sprache herüberholte. Weil dieses Vorwort
nicht zum eigentlichen biblischen Text zählt,
ist es in die Kapitel- und Verszählung nicht
einbezogen.

Das Buch gehört zur Weisheitsliteratur des
AT: Charakteristisch ist die manchmal lockere
Mischung von Weisheitssprüchen, Psalmen-
und Hymnendichtung, Gesetzesdarlegungen
und Verhaltensempfehlungen.

Mit dem Lobpreis der „Gottesfurcht" beginnt Jesus Sirach seine Erziehung zur Weisheit (Kap. 1). Gottesfurcht ist in den Weisheitsbüchern nicht mehr die Furcht vor der
Macht des Herrn, sondern einfach ein Wort für
rechte Religion.

Den reichsten Abschnitt möchte man
4,20–18,14 nennen, in dem mit Hilfe vieler
Gegensätze das rechte und falsche Leben der
Menschen miteinander in Sprüchen empfohlen und getadelt wird.

Dem folgen in 18,15–24,34 viele treffende,
wenn auch thematisch oft unzusammenhän-
gende Mahnsprüche und Rufe zur Vorsicht. –
Eine Spitze des Buches ist darin der Weisheits-
hymnus (Kap. 24), mit dem diese Mahn- und
Warnkapitel abschließen. Schon in der alten
Kirche wurden viele Sprüche dieser Weisheits-
rede auf Maria, die Mutter Jesu, ausgelegt.

In 25,1–42,14 spricht dann der Weisheitslehrer von seinen eigenen Erfahrungen mit den
Menschen und ihrem Verhalten.

Das Lob des Schöpfergottes (42,15–43,33) ist ein Text, der sich zwar auf israelitische literarische Denkweise und Sprechweise stützt, aber auch uns Heutigen noch sehr nahe ist.

Die letzten Kapitel (44,1–50,24) preisen die großen Männer der Geschichte des Volkes Israel: „Lob der Väter". Von den Königen lobt der Weisheitslehrer aber nur David (47,1–11), Hiskija (48,17–21) und Joschija (49,1–3). Außer ihnen „haben alle Könige ruchlos gehandelt" (49,4), auch Salomo (47,12–25).

Der Charakter dieser Weisheitstexte ist Liebe und Treue zum alten Gesetz. Da sich seit 198 v. Chr. in Palästina der Hellenismus (s. d.) immer kräftiger durchsetzte, erkannte Jesus Sirach die Gefahr der Lösung vom alten israelitischen Glauben. Deshalb ist die Mitte seiner Weisheit das Festhalten an diesem Glauben und seinem Kult. Aber die positiven Seiten des Hellenismus (Humanität und Kulturbewußtsein) verbindet er mit dem alten Glauben: soweit sich hellenistisches Kulturleben und Religion des Judentums verbinden lassen, ist er kein Gegner dieser Bewegung. Diese Haltung verstärkt sich in diesem Weisheitsbuch noch durch die Bearbeitungen seiner Texte in den nächsten drei Jahrhunderten.

Mit manchen Stellen und Haltungen ist das Buch Jesus Sirach aber auch ein Zeugnis für die gefährliche geistige Entwicklung, die das gelehrte Judentum in den letzten Jahrhunderten vor Christus nahm, als es die echte Weisheit (Gottesfurcht) nur für den Schriftgelehrten möglich hielt (38,24 ff.).

Formen und Geltungen des Buches. In der hebräischen Bibel ist das Buch „Ben Sira" nicht enthalten; einige hebräische Fragmente, die in Qumran (s. d.) gefunden wurden, sind aber Hinweise darauf, daß in der Zeit vor und nach Christi Geburt die ursprachliche Fassung noch existierte. Auch Hieronymus (s. d.) hat die hebräische Fassung noch gekannt. Daß das Buch „Ben Sira" aber auch in der späteren Synagoge geschätzt wurde, zeigen mehrere hebräische Handschriften des 12. christlichen Jahrhunderts, die 1896 gefunden wurden; ihr Text ist allerdings sehr verdorben. Auch die häufige Zitation im Talmud (s. d.) weist auf seine Beliebtheit hin. Das macht verständlich, daß im NT der Jakobusbrief (s. d.) – 1,13 und 1,19 – auf das Buch Sirach hinweist – 15,11 f. und 5,11.

Die Katholische Kirche zählt das Buch in seiner griechischen Sprachform zum Kanon (s. „deuterokanonische Bücher"). Manche Bibelausgaben heute führen in ihrem Fußnotenapparat die Abweichungen des hebräischen Textes und die Änderungen späterer Zeiten an. Neben den Psalmen ist Jesus Sirachs Buch in der Liturgie am meisten benutzt worden. – Martin Luther nennt das Buch apokryph, weil er im AT nur die hebräischen Texte der Bibel gelten läßt; Jesus Sirach bot sich aber in der hebräischen Bibel nicht an.

Die Großen Propheten

Die Bezeichnung „Große Propheten" bezieht sich nicht auf den Wert, sondern auf die Menge des Textes, mit der diese Propheten in der Bibel vertreten sind. Diese Unterscheidung der Prophetenbücher nach der Länge des Textes geht auf Augustinus zurück (Gottesstaat XVIII, 29). Bezüglich der Reihenfolge ist anzumerken, daß in den wissenschaftlichen Listen Jesaja, Jeremia mit Baruch und Ezechiel unmittelbar an die Königsbücher anschließen; Daniel wird dagegen oft zwischen Ester und Esra eingereiht, weil die Schrift „Daniel" erst entstand, als das alttestamentliche Corpus propheticum abgeschlossen war. – In unserer Ausgabe schließt sich Daniel an Ezechiel an.

Der Prophet Baruch zählt zwar nicht zu den Großen Propheten, wird aber immer nach Jeremia eingereiht, dessen Begleiter und Sekretär er war.

Die „Klagelieder", die nach einer griechischen Tradition unter dem Namen des Jeremia laufen, ordnet man oft bei den Lehrbüchern (zwischen Kohelet/Prediger und Hohem Lied) ein; wegen des damit verbundenen Jeremianamens schließen wir es dem Buch Jeremia an.

Über das Prophetentum s. S. 684.

Das Buch Jesaja

Dieses Buch ist eine Sammlung von Sprüchen und Reden des Propheten Jesaja (Jes). Der vollständige hebräische Name des Propheten war Jeschajahu: „Hilfe ist Jahwe". Seine Prophetenzeit lag etwa zwischen 740 und 700 v. Chr.

Der Vater des Jesaja war ein nicht weiter bekannter Amoz, der zu den vornehmen und gebildeten Bürgern Jerusalems gehörte (1,1; 2,1). In seiner Familie wurde der spätere Prophet (etwa) 770/765 v. Chr. geboren. Der Prophet selbst nennt später seine Frau „Prophetin" (8,3); das kann nur heißen, daß auch sie gelegentlich prophetisch tätig war. Sie hatten mit Sicherheit zwei Söhne (7,3; 8,3).

Manche haben Jesaja wegen seiner den Weisheitsbüchern verwandten Diktion für einen Weisheitslehrer gehalten. Andere sehen in dieser Sprechweise mehr die Frucht seiner Schulbildung (vielleicht war er zum Tempeldienst vorgesehen und besuchte die Schreiberschule).

Der junge Jesaja spürte sich um 739 v. Chr. zur Prophetie berufen: es war das Todesjahr des Königs Usija (6,1–13). Als die Verhältnisse in Juda und Jerusalem nach dem politischen und sozialen Aufstieg wieder abfielen, fühlte sich Jesaja aufgefordert, gegen die zersetzende Lebensart prophetisch aufzustehen und den nahenden Untergang als Strafe für die Treulosigkeit des Volkes zu verkündigen (Kap 1–3 u. 5). – Seine letzten Worte werden in das Jahr 701 datiert. Unter König Manasse soll er zum Tode verurteilt worden sein; da erzählt wird, er sei danach zersägt worden, sprechen manche kritische Bibelwissenschaftler bei Erwähnung dieses Todes von einer „apokryphen Legende" (In Hebr 11,37 könnte darauf angespielt sein).

Das Buch zeigt deutlich drei verschiedenartige Teile:

Der erste Teil (das Jesajabuch Kap 1–39, „Protojesaja") geht mit einem größeren Teil auf Jesaja selbst zurück. Allerdings sollen seine Schüler die Texte des öfteren für andere politische Lagen verändert haben. Etwa im ersten Drittel dieses Teils (1–12,6) sind Drohworte und Gerichtssprüche gegen das eigene Volk (also Juda und Jerusalem) gesammelt, mit denen der Prophet den Ernst seiner politischen und sozialen Botschaft, vor allem zugunsten der Armen, drastisch hörbar machte.

Um ein wenig klarwerden zu lassen, wie die Kapitelgruppen im Jesajabuch nur mit Vorbehalt als ursprüngliche Einheiten angenommen werden können, sollte man sehen, daß 1,1 eine Überschrift ist, die später wahrscheinlich bei Zusammenordnung der Kapitel 1–12 darüber gesetzt wurde; aber trotzdem findet sich schon in 2,1 eine neue Überschrift, die zu einer weniger umfangreichen Spruchsammlung (2,5) gehört. Nach dem ergreifenden Weinberglied (5,1–7) beginnt mit 6,1 das sog. „Immanuelbuch" mit den Berufungsversen (6,1–13) und der großen Mitte der Immanuelverheißung, die sich auf den Sohn des Ahas bezieht (der Hiskija heißen wird), die aber so feierlich ist, daß sie auf alle Dauer als Verheißung und schließlich auch als Messiasverheißung weitergilt (s. Kap. 7; 9,1–6; 11; 28,16–18).

Die politischen Geschichtsgänge, in die Jesaja mit seinem Wort eingriff, ist die Herrschaft der jüdischen Könige Jotam (der 739 auf König Usija/Asarja folgte, aber vorher schon als Reichsverweser regierte), Ahas und Hiskija (s. S. 555, Nr. 36b und 37). Die Zeit des Ahas und Hiskija ist gekennzeichnet durch Israels Abhängigkeit von Assyrien, was auch heidnisch-assyrischen Religionseinfluß bedeutete, und durch verschiedene Versuche, sich der politischen Abhängigkeit zu entledigen. In der Zeit 734/733 v. Chr. machen Damaskus und Nordisrael den Versuch, Juda in ihr (syrisch-ifraimitisches) Bündnis gegen die Assyrer hereinzuzwingen. Jesaja ist gegen dieses Bündnis, will aber auch nichts von der Politik des jüdischen Königs Ahas wissen, sich mit dem Assyrerkönig zusammenzutun, um die syrisch-efraimitischen Angreifer zu besiegen.

Diese Haltung des Jesaja ist aber keine Kriegsüberlegung, sondern geht aus seinem Glauben an den transzendenten Weltregierer-Gott und aus seiner Sicherheit der Unwürdigkeit des Menschen hervor, der sich keinen Sieg verdienen kann. Als dem Propheten nicht gelingt, das syrisch-efraimitische Bündnis fortzuwarnen und anderseits König Ahas von seinem Kriegsbündnis mit den Assyrern zurückzuhalten, beginnt Jesaja ein Schweigen: bis etwa 721. Als man aber durch ein Bündnis mit Ägypten versuchte, die Abhängigkeit von Assyrien zu lösen, warnte Jesaja wieder.

Kapitel 13–27 sind Drohsprüche und Spottlieder gegen fremde Völker: Babel, Assyrien, die Philister, Moab, Damaskus, Ägypten. Diese Textgruppe schließt mit einem viel späteren Text, der heute „große Jesaja-Apokalypse" genannt wird (24,1–27,13); apokalyptische Motive (Weltgericht, Auferstehung, Heil der Endzeit) rechtfertigen diese Bezeichnung.

Die Kapitel 28–35 sammeln in einem dritten Unterteil die späteren Drohsprüche und Verheißungen des Propheten an Juda und Jerusalem (sehr gemischte Ordnung); Kap. 34/35 nennt man die „kleine Jesaja-Apokalypse". Diesen letzten Unterteil mit fraglichen Texten des Protojesaja folgen noch vier Schlußkapitel (36–39) mit geschichtlichen Darstellungen, die hier als Gelegenheit zu einigen Jesajalegenden dienen; sie sind Übernahmen aus 2 Kön 18,13–20,19.

Der Sinn dieser Prophetien von Protojesaja (1–39) ist, die Menschen zum Glauben an Gott und zum Vertrauen auf Gott zu rufen. Denn er, der Prophet glaubte fest an Gottes Weltführung. Denen, die anders leben, hält er scharfe Gerichtsworte vor.

Der zweite Teil des Jesajabuches (Deuterojesaja: Jes 40,1–55,13) muß unbekannten späteren Propheten zugeschrieben werden, die im Geist des Großen Propheten dachten und lehrten („Traditionszirkel von Prophetenjüngern", sagt H. Groß). Ihre Zeit war die nach der Einnahme Jerusalems (586 v. Chr.). Sie sprachen im Babylonischen Exil zum Volke Juda und verhießen ihm die Heimkehr (40,1–11). Die Größe des Gottes Israels wird gepriesen; seine Gerechtigkeit, die er an den Völkern übt; die Nichtigkeit der Heidengötter wird hervorgehoben (40,12–41,29). – Nach diesen Texten und eingestreut zwischen die Kapitel 42 und 55 (in 44,28–45,8 erscheint Kyrus, der rettende König: S. 565, Nr. 42) folgen dann „die Gottesknechtlieder". Jedoch muß man diese wohl einem Propheten zuschreiben, der gut hundert Jahre später, etwa um 450 v. Chr. lebte.

Die vier Lieder vom Gottesknecht befinden sich in 42,1–9; 49,1–9; 50,4–9; 52,13–53,12. Sie werden „Gottesknechtlieder" genannt, weil der besungene anonyme Held von Jahwe „mein Knecht" /„mein Diener" genannt wird. Vom Judentum werden diese Lieder kollektiv gedeutet: es sieht im „Gottesknecht" das Volk Israel. Diese Deutung liegt nahe, weil bei Deuterojesaja (Jes 40–55) Israel auch sonst des öfteren „Knecht Jahwes" o. ä. genannt wird. Aber was in den Liedern vom Knecht Jahwes gesagt wird, läßt sich auf Israel kaum ausmünzen. Israel hat sich in anderen Texten niemals als der unschuldig Leidende hingestellt; das aber ist der Knecht Jahwes in diesen späten Liedern. Die Lieder müssen eine Einzelpersönlichkeit meinen, und zwar eine Einzelpersönlichkeit, die geradezu mit Jahwe identifiziert wird; das ergibt sich aus dem Gesamtbild, das hier vom Knecht Jahwes entworfen wird. Die christliche Urgemeinde sah in ihnen die Persönlichkeit und das Schicksal Jesu vorgezeichnet.

Der Deuterojesaja schließt mit dem Versprechen des Glücks im neuen Zion und (in einem Epilog) mit einer ernsten Mahnung zur Umkehr und zum Vertrauen auf Gottes Wort (54,1–55,13).

Der dritte Teil des Jesajabuches (Tritojesaja: Kap. 56–66) sind Worte an die aus dem babylonischen Exil Heimgekehrten; sie gipfeln im Blick auf „den neuen Himmel und die neue Erde" (66).

Anfangs werden in lockerer Ordnung Heilsworte für die Fremden und Kinderlosen (56,1–8), Drohworte an die Wächter und Führer des Volkes, und Mahnworte zur echten Frömmigkeit (58,1–15) aneinandergereiht; mit Kap. 60 beginnt dann die Vorstellung der Herrlichkeit Zions, der Gottesstadt Jerusalem. Die Wallfahrt dorthin ist ein Symbol des Hingangs aller Völker zum wahren Gott (vgl. 60–62,12 mit Jes 40–55). Noch einmal klingen die Themen Gericht an den Völkern, Bitte des Volkes um Gottes Erscheinen, Gericht an den Götzendienern auf (63,7–65,16), bevor die Erneuerung in der Endzeit besungen wird (65,16–66,24).

Diese Ordnung und dieses Ziel der Darstellung ist ein Ergebnis lange nach dem Tod des Jesaja. Wieviel Bewunderung für Jesaja liegt darin, daß diese Texte unter seinem Namen zusammengefügt wurden mit seinen eigenen Prophetien!

Das Buch Jeremia

Aus dem Einleitungstext des Buches Jeremia (Jer): „Die Worte Jeremias, des Sohnes Hilkijas, aus der Priesterschaft zu Anatot im Land Benjamin . . ." (1,1).

Dieser Jeremia wurde geboren, als der assyrerhörige König Manasse etwa im fünfzigsten Jahr in Juda regierte (s. S. 559, Nr. 37); das könnte etwa 650 v. Chr. gewesen sein. In der Zeit dieses Königs Manasse konnte kein Prophet aufstehen, um gegen die von den Assyrern mitbestimmten Kulte im Tempel von Jerusalem zu protestieren. Jeremia muß etwa neun bis zehn Jahre alt gewesen sein, als König Manasse starb und dessen Nachfolger Amon ein Jahr später ermordet wurde.

Auf König Amon folgte in Juda der noch minderjährige Joschija; er war König von 641 (638)–609 (608) v. Chr. (s. S. 559, Nr. 38). Bei seiner Thronbesteigung muß er etwa so alt wie Jeremia gewesen sein. Zehn bis fünfzehn Jahre später wird Jeremia seinen ersten Dienst als Priester im Tempel zu Jerusalem getan haben. Das Jahr 628 (626) v. Chr. wird als das Jahr seiner Prophetenberufung genannt. Jeremia war also damals etwa dreiundzwanzig Jahre alt.

Aus welchen äußeren Umständen sich Jahwes Prophetenauftrag an Jeremia ergab, können wir nur vermuten. Wahrscheinlich spürte er als junger Priester den Auftrag aus der religiösen und sittlichen Verwilderung des Volkes und besonders der oberen Stände, wie sie sich in den Zeiten Manasses und Amons breitgemacht hatte. Ob der gleichaltrige König Joschija im Willen zu seiner Kultusreform durch die ersten Predigten des Jeremia bestärkt wurde, ist zwar nirgendwo ausdrücklich belegt, aber doch möglich. Einen Hinweis darauf darf man darin sehen, daß Jeremia nach dieser Kultusreform und König Joschijas Bemühungen um nationale Erneuerung (Lösung von der Oberhoheit Assyriens) schwieg: etwa ab 621.

Im Jahr 612 begann mit dem Fall Niniwes der Aufstieg Babylons. Die Ägypter trieben Joschija gegen Babylon zum Widerstand an. Aber Joschija hielt das „helfende" Ägypten für gefährlicher. In der Schlacht bei Megiddo fiel König Joschija beim Widerstand gegen die Ägypter (609).

Erst danach, unter König Jojakim, der etwa 609 (608)–598 (597) v. Chr. in Juda regierte, trat Jeremia von neuem als Prophet auf. Was nach der Zeit des Königs Manasse und seines Sohnes Amon von König Joschija an heidnischen Sitten und Kulten beseitigt worden, war wieder durchgebrochen; der Prophet schwieg nun nicht mehr. Das war 605 v. Chr.; Jeremia war etwa 45 Jahre alt. Er legte sich mit dem König an. In diese Zeit fielen die ersten Verfolgungen gegen ihn, die bis zur Verurteilung zum Tode führten; aber weil die Ältesten in der Volksversammlung für Jeremia eintraten, wurde er gerettet. Der massivste Streitpunkt war ein politischer: König Jojakim, der seit 605 vom neuen babylonischen Reich abhängig war, ließ sich von Ägypten gegen Babylon aufstacheln. Der König unterschätzte die Macht Babylons und versuchte, Juda vom baylonischen Oberherrn loszureißen. Davor warnte Jeremia, weil er die Babylonier richtig einschätzte.

Alles, was Jeremia von Beginn seiner Prophetenzeit (etwa 628 v. Chr.) bis zu seinem Verschweigen (etwa 621) immer wieder verkündet hatte, das hatte er sich auch in seiner Schweigezeit (bis 605) immer wieder gegenwärtig gemacht – entweder in seinem Gedächtnis oder durch schriftliche Notizen. Als er im Jahr 605 v. Chr. seine zweite Wirkensperiode begann, fing seine ausdrückliche Diktatzeit an, in der sein Sekretär Baruch die Texte der ganzen Prophetentätigkeit des Jeremia von diesem diktiert erhielt (36,1–4). Für das Diktat brauchte Jeremia ein knappes Jahr. Da er als königsuntreuer Priester den Tempel damals nicht betreten durfte (36,5), gab er seinem Sekretär Baruch den Auftrag, in den Tempel zu gehen und die ganze Buchrolle dem Volk an einem Fasttag vorzulesen (36,9.10). Und Baruch tat so. Die Beamten des Königs waren nicht dabei. Der Enkel des Staatsschreibers aber meldete ihnen, was er bei der Vorlesung Gefährliches gehört hatte. Die Beamten ließen Baruch mit der Rolle zu sich kommen und befahlen ihm vorzulesen. Dann nahmen sie ihm die Buchrolle ab und brachten sie zu König Jojakim. Auch er ließ sich die Buchrolle vorlesen. Und da hörte er seine ganze Politik als Gefahr für das Volk dargestellt: eine jahwefeindliche Religionspolitik, die dazu führen wird, daß die Völker aus dem Norden und der König von Babel dieses ganze Land zum Trümmerfeld machen werden. Und immer wenn drei Spalten gelesen waren, schnitt der König sie selbst mit einem Schreibermesser ab und verbrannte sie im Feuer auf dem Kohlenbecken; denn die Vorlesung geschah im Winterhaus. Dann wollte der König Baruch und Jeremia festnehmen lassen; aber einige der Beamten hatten selbst dafür gesorgt, daß man sie nicht finden konnte.

Danach diktierte Jeremia noch einmal den Text, den König Jojakim verbrannt hatte. Man vermutet, daß aus dem heutigen Buch Jeremia in dieser Rolle folgende Kapitel in folgender Reihenfolge enthalten waren: als Anfang 25,1–12; dann die Kapitel 1–18 oder 20 und die Sprüche gegen die Völker: 25,13–38. Einige autobiografische Abschnitte der Kapitel 1–20 sind wohl später eingetragen worden. Man hat sie „Konfessionen des Jeremia" genannt (11,18–12,6; 15,10–21; 17,14–18; 18,18–23; 20,7–18).

Baruch hat aber nicht nur diese Texte neu aufgeschrieben, sondern hat auch dem Grundstock Notizen und Einzelstücke des Jeremia hinzugefügt (z. B. zwei Büchlein über die Könige: 21,11–23,8 und die Propheten: 23,9–40) und eigene Erzählungen über das Wirken des Propheten eingearbeitet. Eine chronologische Ordnung liegt der Anlage des Buches zwar zugrunde; sie wurde aber nicht durchgehalten; später hat man sie oft zugunsten einer sachlichen Ordnung geändert. – Dem sei noch hinzugefügt, daß die Septuaginta (s. d.) einen etwas gekürzten Text hat und zum Teil auch eine andere Folge der Einzelstücke zeigt als der hebräische Text.

21,1–25,38: Nach dem Tod des jüdischen Königs Jojakim (598 v. Chr.) wurde dessen Sohn Jojachin König in Juda. Schon im Jahr darauf unternahm Nebukadnezzar von Babylonien eine Strafexpedition gegen das Königreich Juda, die vor weiteren Gegenbewegungen der Juden warnen sollte. Nebukadnezzar nahm König Jojachin und einen Teil der wichtigen Bewohner als Gefangene mit nach Babylon. Jeremia schrieb an die Verbannten in Babylonien: „So spricht der Herr der Heere, der Gott Israels: ... Baut Häuser und wohnt darin, pflanzt Gärten und eßt ihre Früchte! Nehmt euch Frauen und zeugt Söhne und

Töchter ... Ihr sollt euch dort vermehren und nicht vermindern. Bemüht euch um das Wohl der Stadt, in die ich euch weggeführt habe, und betet für sie zum Herrn; denn in ihrem Wohl liegt euer Wohl" (29,5–7).

37,1–40,6: Zum König ernannte der Babylonier Zidkija (597–586 v. Chr.), der schon nach vier Jahren das gefährliche Spiel Jojakims wiederholte. Obwohl man bei weiteren politischen Bewegungen gegen Babylon um die Wiederholung einer Strafexpedition und für weitere Gefangennahmen fürchten mußte.

Wiederum trat Jeremia als leidenschaftlicher Warner auf. Er riet zur Unterwerfung unter Babylon, damit Volk und Tempel durch ein neues Erscheinen des babylonischen Heeres nicht Schaden litten (Kap. 27). Im selben vierten Jahr trat Jeremia gegen den Propheten Hananja auf, der ansagte, Gott werde „das Joch des Königs von Babel" zerbrechen (28,2). Aber der jüdische König hörte nicht auf Jeremia. Als dann Nebukadnezzar zu einer neuen Strafexpetititon gegen Jerusalem marschierte und die Belagerung Jerusalems begonnen hatte, wurde Jeremia von den Soldaten im Wachhof des Palastes als Volksfeind gefangengehalten. Aber er warnte weiter. Nach der Zerstörung Jerusalems (587 v. Chr.) wurde der Prophet dann von den Babyloniern befreit. Schon wurden neue Gefangenentrupps zusammengestellt. Man bot Jeremia an, als Prophet die Verbannten nach Babylon zu begleiten. Aber das lehnte Jeremia ab. Er wollte in Jerusalem bleiben.

40,7–41,15: Nebukadnezzar ließ das restliche Jerusalem unter einem (jüdischen) Gouverneur zurück, dessen Name Gedalja (Godoliar) war. Jeremia scheint in seiner Nähe gelebt zu haben. Dieser Gouverneur wurde von den zurückgebliebenen jüdischen Nationalisten nach einigen Monaten (586 v. Chr.) ermordet. Viele Bewohner im zerstörten Jerusalem und der Umgebung brachen danach panisch zur Flucht nach Ägypten auf. Jeremia riet auch von dieser Flucht ab. Aber die Flüchtlinge nahmen ihn und seinen Sekretär Baruch wider ihren Willen mit. Obwohl noch manches Wort aus Ägypten überliefert worden ist, muß man doch wohl sagen: In Ägypten ging die Spur des Jeremia verloren (41,16–44,30). Eine Abschrift der zweiten Aufschreibung der Prophetien des Jeremia wurde von einem befreundeten Priester (586 v. Chr.) mit in die Verbannung genommen. Dort wurde sie ganz sicher mehrmals abgeschrieben. Aber man schrieb nicht einfach ab, sondern schrieb auch (aus dem Geiste des Jeremia) neu. Die Bibelwissenschaftler haben die nachexilischen Erweiterungen herausgelöst, so daß sie hier aufgezählt werden können: 10,1–16; 17,19–27; 32,29–35.37–41; Kapitel 33; viele Drohrufe gegen fremde Völker aus den Kapiteln 46–51; und der Anhang, d. i. Kap. 52.

Die prophetische Botschaft des Jeremia spricht vom Götzendienst, der in den Jahwedienst eingedrungen war, und er nennt diesen Götzendienst wie Hosea (s. d.) Ehebruch (vgl. den Artikel „Kultprostitution"). Dafür straft Gott; aber er straft aus Liebe, um das Volk zur Umkehr zu rufen.

Im Hinblick auf Zerstörung und Exil spricht er von der Zukunft. Der Bund Gottes mit dem Volk ist zerbrochen; aber es wird ein „neuer Bund" (31,31–34) kommen, der nicht auf Gesetzestafeln steht, sondern „ich lege mein Gesetz in sie hinein und schreibe es auf ihr Herz" (31,33). Diesen „Neuen Bund" des Jeremia meint Jesus, wenn er vom Neuen Bund spricht.

Die Botschaft des Propheten enthält zwar im großen und ganzen ähnliche Gedanken wie die der anderen Propheten. Aber keiner sprach mit so dichterischem Mund, so aus dem Herzen, so glühend und leidenschaftlich wie Jeremia.

Die Klagelieder

„Klagelieder" sind eine orientalische Literaturform, die in erster Linie von beauftragten Dichtern zur Totenklage für einen König, einen Fürsten, einen Feldherrn, einen Stammesältesten oder einen anderen (politisch) angesehenen Mann benutzt wurde, um die Verdienste des Verstorbenen zu besingen; zu beklagen, daß er nun nicht mehr unter den Lebenden weilt; zu beklagen, wie deshalb so ganz anders der heutige Tag als der gestrige ist, und – falls es sich um einen Erschlagenen handelte – die rächende göttliche Strafe auf die Töter und Unfruchtbarkeit auf das Land, wo der Mann getötet wurde, herabzurufen.

Das 1., 2. und 4. Kapitel des biblischen Buches der „Klagelieder" (Kl) sind drei solcher Lieder, die – wie die politischen Totenlieder – mit *echá* (Ach!/Weh!) beginnen und für die sich der Dichter auch sonst von jener Literaturform beeinflussen ließ. Ihr Inhalt ist die Klage über den Fall Jerusalems, über die Wegführung der Juden nach Babylon (587/86 v. Chr.) und ihr Leiden in der Verbannung. Der tragende religiöse Gedanke ist der von Jahwe als dem Gott der Gerechtigkeit (s. d.) und der daraus hervorsteigende seelsorgerische Aufruf zur Bekehrung.

Das 3. und 5. Gedicht gehören zu einer anderen Kategorie; es sind Klagepsalmen: das dritte ein persönlich empfundener, das fünfte ein öffentlicher Klagepsalm. Auch dies waren im Orient übliche Literaturgattungen.

Obwohl die Lieder in den Übersetzungen den Namen des Propheten Jeremia tragen, muß man das als eine unhistorische Zuschreibung ansehen. Der hebräische Text nennt übrigens keinen Verfasser. Jedoch muß man annehmen, daß der Verfasser die beklagten Ereignisse miterlebt hat. Weil man dies von Jeremia wußte, kam man wohl dazu, ihm die Lieder zuzuschreiben. Der Autor wird ein jüdischer Priester gewesen sein, der zu den Verbannten gehörte.

Die Form der Lieder ist sehr kunstvoll. Im 1., 2. und 4. Lied beginnt jede Versgruppe mit den aufeinanderfolgenden Buchstaben des hebräischen Alphabets, im 3. Lied sogar jeder Vers der dreigliedrigen Versgruppe. Nur das 5. Lied macht dieses Spiel nicht mit; schließt sich aber doch insofern an das Schema an, als es 22 Versgruppen zählt – 22 ist die Zahl der hebräischen Buchstaben. In den Übersetzungen läßt sich dieses Spiel nur sehr gezwungen wiedergeben; aber um ein Beispiel zu geben, mögen einige Zeilen hier folgen: die ersten fünf Verse aus dem zweiten Lied, einem ausgesprochenen Klagelied, und die ersten neun Verse aus dem dritten Lied, einem Klagepsalm. Man könnte das Buchstabenspiel im Deutschen so wiedergeben:

Im 2. Lied:

1 **A**ch, wie machte häßlich in seinem Zorne
   der Herr die Tochter Zion . . .
2 **B**aumlos schlug der Herr, ohne Schonung,
   die Fluren Jakobs . . .[1]
3 **D**ampfenden Zornes hieb er ab
   ganz und gar Israels Horn . . .
4 **E**r spannte wie ein Feind seinen Bogen,
   in der Rechten den Pfeil . . .
5 **F**eindlich wurde der Herr:
   Israel schug er . . .

Im 3. Lied:

1 **A**uch ich bin ein Mann, der Not litt
   durch den Stock seines Zornes.
2 **A**us trieb er mich
   ins lichtlose Dunkel.
3 **A**uf mich legte er seine strafende Hand
   immerfort, Tag für Tag.
4 **B**rennen ließ er mir Fleisch und Haut,
   zerschlug mein Gebein.
5 **B**eladen hat er mich und umgeben
   mit Gilf und Elend.
6 **B**ürger der Dunkelheit wurde ich
   wie die längst Toten.
7 **D**umpfe Mauern ohne Türen schloß er um
   mich,
   schlug mich in Fesseln.
8 **D**runten rief ich und schrie,
   er aber verschloß die Ohren meinem Gebet,
9 **D**ämmte quer mir den Weg mit Quadern,
   leitete irre meine Wege . . .

Die „Klagelieder" gehören zu den Festrollen
des AT. Sie entstanden – wie schon gesagt –
nach der Zerstörung Jerusalems (586 v. Chr.)
und werden am Erinnerungstag (9. Ab, d. i. im
Mai), der dem Ende Jerusalems im Jahre 70
gilt, immer noch als Tagestext vorgelesen.

DAS BUCH BARUCH

Das Buch Baruch (Bar) trägt den Namen eines
Prophetenschülers und Vertrauten (Sekretärs)
des Jeremia, der ihn auch nach Ägypten begleitete (586); lt. Einleitung kam das Buch
allerdings von Baruch aus Babylon, aber nur
einen Teil dieses Buches möchte man ihm
selbst zuschreiben. Manche Bibelwissenschaftler glauben sogar, daß alle Teile des
Buches Baruch nur den Namen des Jeremia-
schülers gebrauchen, um so dem Buch ein
höheres Ansehen zu geben. –

Das nur griechisch überlieferte Buch – deshalb deuterokanonisch (s. d.) – zerfällt in vier
Teile, die wohl ursprünglich jeder für sich
bestanden haben; die Verse 1,1–14 sind Angaben über den Schreiber des Buches und die
Situation, unter denen er die Texte geschrieben haben soll. Von Babylon aus habe er das
Buch nach Jerusalem geschickt, damit es dort
bei synagogalen Versammlungen vorgelesen
werde. Aus diesem Eingangstext hat man geschlossen, daß der Urtext des eigentlichen
Buches (ab 1,15) hebräisch war. Die vier Texte
sind:

1. Ein großes Buß- und Hoffnungsgebet
(1,15–3,8); 2. ein Weisheitsgedicht worin Gesetz und Weisheit gleichgesetzt werden
(3,9–4,4); 3. lyrische Klage-, Trost- und
Danklieder, wahrscheinlich aus der Exilszeit
oder sogar aus der nachexilischen Zeit
(4,5–5,9): Jerusalem spricht darin zu den nach
Babylon Verbannten, um ihnen durch den
Gedanken an den Messias Hoffnung zu geben;
4. der „Brief des Jeremia", meistens – so auch
in den besten Handschriften der Septuaginta
(s. d.) – als eigenes kleines Werk behandelt:
ein Spottpamphlet auf die Götzen und ihre
Anbeter, das ebenfalls aus der exilischen Zeit
stammen mag (es atmet den Geist der Kapitel
13 und 14 des Danielbuches); die Vulgata zählt
den „Brief" als Kapitel 6 des Baruchbuches.

Wie die Autorensituation und die rechte
Datierung dieses Textes auch sein möge, in
jedem Fall ist das Buch Baruch, das an Jeremia
erinnert, ein Zeichen dafür, wie lebendig auch
in späteren Zeiten diese Erinnerung an den
Propheten Jeremia war.

---

[1] Das C ist hier übersprungen, weil es keine ursprünglich
deutschen Wörter mit C gibt.

Das Buch Ezechiel

Das prophetische Buch Ezechiel (Ez, Hes) trägt den Namen des Propheten Ezechiel; der Name bedeutet: Gott mache stark *(jechesk'el)*. Der Priestersohn oder Priester Ezechiel, 597 v. Chr. nach Babylon deportiert, wurde der Prophet des Exils, durch den ein strenger, gesetzestreuer Jahwe-Glaube unter den Juden Babylons gepredigt wurde.

Ezechiel erkannte seine Berufung im fünften Jahr seines Exils in Babylonien, wahrscheinlich unter den Eindrücken der ersten größeren Unsicherheit unter den im Exil Lebenden, ob denn Jahwe, der das alles geschehen ließ, wirklich *der* Gott sei, wie man sie gelehrt hatte. Die Berufungskapitel (1–3) stellen wohl deshalb die Macht und Heiligkeit Jahwes so in den Vordergrund. Das ausdrückliche Berufungswort, das Ezechiels Selbstverständnis aussagt, ist: „Menschensohn, ich gebe dich dem Haus Israel als Wächter" (3,17); vgl. auch im Literaturkapitel den Abschnitt „Berufungen".

Von Kapitel 4 bis 24 folgen in den verschiedensten literarischen Formen (6: Worte gegen die Götzen; 7: Worte über die Nähe des Gerichts; 12,21–13,21: Gegen die Verächter der Propheten, gegen die falschen Propheten; 15–20: Gegen Treulosigkeit und Verantwortungslosigkeit) die großen Unheilsdrohungen an Juda und Jerusalem, die vom völligen Untergang handeln – Untergang, weil Volk und Große und König Götzendiener waren: Ehebrecher von Anfang an, die den Bund (den Ehebund) mit Jahwe schon in Ägypten entweiht haben; nur die Gerechten – die wenigen – werden gerettet werden, die das Gesetz gehalten haben. Die prophetischen Texte sollen dem Menschen klarmachen, daß der Tag der Rückkehr nicht so bald kommen wird.

Das Herrengericht über den einzelnen tritt in den Reden Ezechiels besonders hervor; das Gericht ist kein Kollektivgericht. – Diese Verkündigung ist etwas revolutionierend Neues: nicht mehr wird der einzelne gestraft oder belohnt, weil er zu einem Volke gehört und der Gerechte deshalb mit dem Ungerechten zu leiden hat, sondern das Gericht trifft die wahrhaft Schuldigen und schont die Gerechten. In dieser Entwicklung zum Individuellen vollzieht sich dann auch die Entwicklung zum Universalen. Denn wenn nicht mehr das *Volk* der Geschlagene oder der Belohnte ist, sondern der *einzelne,* kann auch nicht mehr nur der einzelne *eines* Volkes, sondern müssen die einzelnen überhaupt gemeint sein.

In den Kapiteln 25–32 sind die Drohsprüche gegen „die Völker" zusammengetragen, die gegen Jahwe vorgegangen sind, indem sie gegen das Volk Israel vorgingen. Sie werden und müssen bestraft werden. Der gerechte Gott (s. d.) straft sie, wie er auch Israel straft.

Unter diesen Sprüchen gegen die Völker sollte man unbedingt sorgfältig lesen: die Sprüche gegen Tyrus (26) und das Gleichnis vom Pharao (31) sowie die beiden Totenklagen über Tyrus (27) und über den Pharao (32): literarisch hervorstechende Spruchreihen!

Die Kapitel 33–37 verkünden: so schrecklich auch das Gericht sein wird, schließlich wird der Herr Israel doch begnadigen, damit Jahwes Name geheiligt werden kann; denn er ist ja *Israels* Gott. So hat der Herr es immer gehalten – aber Voraussetzung dafür ist, daß das Volk sich heilige, sich reinige, indem es die Götzen fortschafft. Die Heiligkeit Jahwes ist ein theologischer Zentralgedanke des Buches Ezechiel.

In den Kapiteln 38/39 läßt der Prophet Jahwe „Gog aus dem Land Magog" (Gyges aus Lydien?) als den endzeitlichen Feind des Reichs Gottes herbeiführen und von Israel vernichtend schlagen. Auch dazu ist Jahwe stark genug, will Ezechiel damit sagen. Aus geschichtlichen Feinden Israels wird in „Gog" der symbolische Endfeind. Diese Gog-Kapitel sind literarisch besonders bemerkenswert.

In einem letzten großen Abschnitt (Kap. 40–48) entwirft das Buch dann den neuen Tempel, die neue Kultordnung, die neue Sozialordnung, die neue Wohnordnung des Volkes, die sich nun ganz nach dem heiligen Bezirk ausrichtet. Von manchen werden diese Kapitel „der große Verfassungsentwurf" genannt: eine Vision vom Neuen Israel.

Die Vision von der Tempelquelle (47,1–12) haben die Kirchenväter als Liedmotiv für die Taufliturgie benutzt: „Vidi aquam egredientem de templo a latere dextro" (47,1). Und: „Wohin der Fluß gelangt, da werden alle Lebewesen leben können . . ." (47,9).

Die Verkündigungen Ezechiels sind sehr oft hart und düster. Beides hängt vielleicht mit seinem Widerstand gegen die falschen Propheten zusammen, die das Volk in der Verbannung mit trügerischen Hoffnungen nährten und dadurch seinen Glauben an Jahwe untergruben.

Ezechiels prophetische Sprache ist beeinflußt von der Priestersprache; Wortelemente, vor allem aus dem Bereich der kultischen Reinheitsgesetze, geben den Aussagen eine unverkennbare Farbe.

Trotzdem ist es wahrscheinlich, daß auch dieses Buch Ezechiel nicht nur Texte des Propheten Ezechiel selbst enthält, sondern aus Stücken mehrerer gleichgesinnter prophetischer Autoren zusammengearbeitet und auch später redigiert worden ist. Die Traditionen der Priesterschrift (s. d.) sind darin spürbar, so daß man vielleicht auch sagen kann, daß Ezechiel einer von den Männern war, die die Texte der bisherigen Überlieferung im Sinne der Priesterschrift überarbeiteten. In ähnlicher Weise könnte dann auch das Buch Ezechiel ein Niederschlag der Gedanken dieses exilischen Priesterkreises sein.

Der Prophet wurde wahrscheinlich 597 („zweite Wegführung") nach Babylon deportiert. Seine Unheilsprophetien gegen Juda und Jerusalem wären also zwischen 592 und 586 in Babylon zu denken: vom fünften Jahr nach der Deportation an (s. oben). Seine Entwürfe vom zukünftigen Tempel und der neuen Ordnung des Volkes datieren dagegen aus der Zeit nach 586, also nach der Zerstörung des Tempels und dem Ende des Reiches Juda. Seine Wirkungszeit dauerte wahrscheinlich bis 571 v. Chr.

ZU Ez 1,4–28;
DIE ERSCHEINUNG GOTTES

In den Berufungskapiteln des Ezechielbuches wird die Erscheinung des berufenden Gottes in vier mischgestaltigen Lebewesen geschildert („Tetramorph"). Jedes dieser geflügelten Lebewesen hatte ein Menschengesicht, ein Löwengesicht, ein Stiergesicht, ein Adlergesicht (1,10). In 10,8–17 wird der „Thronwagen Gottes" mit ähnlichen Bildern geschildert. Die klare Deutung dieser Visionserzählungen ist bisher nicht gelungen. Das Bild bot sich dadurch leicht für eine freiere Interpretation an.

Als freiere Deutung dieser Erscheinung führte (wahrscheinlich) Irenäus v. Lyon (gest. 202) die vier Wesen als Symbole für das Wirken des Gottmenschen ein: Christus wurde *Mensch*, im Tode wurde er *Opfer*(stier), auferstehend wurde er *Löwe* und himmelfahrend war er ein *Adler*. Durch Hieronymus (347–420) kam dann der Gedanke auf, die Symbolbilder der Erscheinung des sprechenden Gottes auf die vier Evangelisten zu deuten; so wurde der *Mensch* das Symbolbild des Matthäus (wegen des Geschlechtsregisters am Anfang des Mt-Evangeliums), der *Löwe* wurde Symbolbild des Markus (wegen des löwenhaften Rufs des Täufers am Anfang des Mk-Evangeliums), der (Opfer-)*Stier* wurde Symbolbild des Lukas (weil am Anfang seines Evangeliums das Opfer des Priesters Zacharias steht), und der *Adler* wurde Symbolbild des Johannes (weil sein Evangelium mit dem adlerhaften Prolog beginnt). – Diese Deutungen haben mit verschiedenen Formen in der bildenden Kunst reiche Frucht gebracht.

Das Buch Daniel

Dieses trägt den Namen nach einem Propheten Daniel, der im 6. Jahrhundert v. Chr. im Babylonischen Exil lebte, dessen genaue Lebensdaten aber nicht mehr zu ermitteln sind. Eine Rekonstruktion nach den Angaben der Bibel ergäbe folgendes ungefähre Schema:

etwa	620 v. Chr.	geboren;
	605	nach Babylon deportiert;
	605–603	Daniel wird am Hof Nebukadnezzars erzogen.
zw.	603 u. 592	Daniel ist Page am Hof des Königs Nebukadnezzar. „Susannas Rettung durch Daniel."

	592	Daniel ist 27 Jahre: „Der Traum des Königs Nebukadnezzar." Daniel kommt in den babylonischen Staatsdienst.
zw.	592 u. 562	„Die drei jungen Männer im Feuerofen", am Anfang dieser 30 Jahre.
	562	Tod Nebukadnezzars. Daniel ist 58 Jahre alt.
zw.	547 u. 539	Belschazzar ist Vizekönig. „Der Frevel des Königs Belschazzar." Daniel ist zwischen 73 und 81 Jahre alt.
	539	Daniel wird von den Persern, nachdem diese die Herrschaft übernommen haben, als Satrap eingesetzt.
	539	Unter dem Perserkönig Kyros: „Daniels Kampf gegen den Götzen Bel", Daniel in der Löwengrube: Daniel ist älter als 81 Jahre.

Die Prophetien Daniels sind mit seiner Funktion als babylonischer und später persischer Beamter eng verknüpft. Manche Geschichten, die von ihm erzählt werden, mögen auf ihn übertragen worden sein.

Das Buch Daniel ist nicht von Daniel, sondern handelt über Daniel (sein Name bedeutet: Mein Richter ist Gott).

Die biographischen Teile (1–6; 13/14), obwohl sie zweifellos auch aus Interesse an der Gestalt des Propheten geschrieben wurden, haben Beispielcharakter. Zwei Grundgedanken lassen sich herausheben:

Die Verpflichtung, überall und immer dem Gesetz Jahwes zu gehorchen, selbst wenn es gefährlich ist; wer dem Gesetze Jahwes gehorcht, dem schenkt er Schutz und bringt ihn zu Ansehen.

Die prophetischen Teile (7–12), deren Gedanken auch in die biographischen Kapitel hineinspielen, sind apokalyptische Visionen und Träume, die vom Ende der Tage und vom künftigen Reich des Menschensohns künden. Die heidnischen Königreiche werden als gottfeindliche und daher brüchige Gebilde vorgestellt, denen ein Reich der Beständigkeit folgen wird. Die Prophetien sind nicht wegen ihrer Zeitencharakterisierung wichtig – sie können recht wohl formuliert worden sein, als diese Zeiten vergangen waren (also auch nach Daniel) – sondern wegen der Schau auf das Reich, das alle Reiche überdauern wird. Dieses Reich ist in der Schau des Danielbuches – vordergründig gesehen – zweifellos das Reich Juda der Zukunft. Aber dadurch, daß Jesus sich als „den Menschensohn" bezeugte, werden diese Prophetien zu theologischen Aussagen über das Messiasreich schlechthin.

Die Entstehung des jetzigen Buches Daniel ist nur zum Teil geklärt. Wahrscheinlich ist, daß sehr viele Stücke – in verschiedenen Zeiten entstanden – ein Einzeldasein führten –

sowohl schriftlich wie auch als mündliche Erzählungen –, später in zwei Sammlungen existierten (einer erzählenden und einer prophetischen) und nicht vor 300 v. Chr. zur heutigen Form zusammenredigiert wurden, wobei allerdings auch in späterer Zeit (Mitte des 2. vorchristlichen Jahrhunderts) noch Ergänzungen und Umarbeitungen vorgenommen wurden. Nicht alles ist also Aussage Daniels, aber im Buche wird sie verkündet durch Daniel. Nicht der Name eines Propheten und unser Wissen, ob alles nun wirklich von diesem bestimmten Propheten sei, machen die prophetische Verkündigung aus, sondern ihre Anerkennung als prophetische Verkündigung durch die jüdische bzw. christliche Gemeinde.

ZU Dan 1,1–21:
DANIEL UND SEINE FREUNDE

Der Anfang der Danielerzählungen führt den Leser in das Jahr der ersten Wegführung jüdischer Bürger nach Babylon (s. im Kapitel „Die Geschichte . . .", S. 561, Nr. 39). Die ersten Vornehmen sind ins Exil nach Babylon gekommen, unter ihnen vor allem auch junge Leute; denn gerade sie in ihrer Heimat aus dem Widerstand auszuschalten, mußte dem babylonischen König wichtig erscheinen (1,3–6).

Wie alle Erobererkönige des Altertums, so liebte es auch König Nebukadnezzar (Nabuchodonosor), sich mit jungen Leuten – wir würden sagen: Pagen – aus den eroberten Ländern zu umgeben; es erhöhte den Glanz seines Hofes und war ein lebendiges Zeichen für seine Leistungen als Eroberer. Unter diesen jungen Leuten waren auch Daniel und seine Freunde.

Daniel lehnte die Speisen der königlichen Tafel ab, die ihm laut Königsbefehl bei den

Mahlzeiten vorgesetzt wurden (1,8–16). Er wollte sich an den Speisen und dem Wein „nicht unrein machen" (1,8). Dahinter stand die Überzeugung, daß das Land fremder Götter an sich ein Land der Unreinheit ist. Außerdem mußte Daniel vermuten – oder er wußte es –, daß das Fleisch der Königstafel unter heidnischen rituellen Bräuchen zubereitet oder die Tiere unter heidnischen religiösen Zeremonien geschlachtet worden waren, wenn es nicht sogar Opferfleisch war.

Aus demselben Grunde lehnte Daniel den Wein ab. Schon Weinlese und Weinkelter wurden bei fast allen Völkern des Orients mit religiösen Feiern umgeben. Außerdem konnte es sehr gut sein, daß vor dem Auftragen gerade auch von diesem Wein das übliche Gußopfer gespendet worden war. So wollte sich Daniel jeder Speise enthalten, die irgendwie mit heidnischem Kult in Berührung gekommen war. Der Aufseher erklärte sich mit ihrer Weigerung einverstanden und gab ihnen Pflanzenkost.

Im Hinblick auf die Zeit der Zusammenfassung der Danielserzählungen (s. den Artikel „Das Buch Daniel") könnte man allerdings auch gerade aus der Ablehnung des Weins durch Daniel vermuten, daß die Redaktoren asketische Tendenzen der Rekabiten (s. d.) verfolgten; andererseits weist die Verwerfung des Fleischgenusses auf die Essener (s. d.) hin.

Der Verzicht auf die königliche Kost bekamen David und seinen Freunden gut (1,14–19). Sie wurden vom Oberkämmerer dem König zum Dienst vorgestellt.

Das allgemeine Ziel des Danielbuches wird hier deutlich: Gesetzestreue wird von Gott mit leiblichen und geistigen Gaben belohnt (s. den Artikel „Der gerechte Gott"). Die Verkündigung des Jesaja vom heiligen, anbetungswürdigen Gott hat also die Vergeltungstheologie nicht verdrängen können.

ZU Dan 2,1–49:
NEBUKADNEZZARS TRAUM

Die Zeitangabe (2,1: „Im zweiten Jahr der Herrschaft Nebukadnezzars hatte dieser einen Traum") ist im Zusammenhang der Erzählung sinnlos; die meisten Bibeltextkritiker glauben deshalb, hier „im zwölften Jahre" (hebr. „zwei-zehn") lesen zu sollen.

Der König ließ die Traumdeuter rufen. Aber auf ihre Deutung gab er nichts, wenn die „Zeichendeuter, Wahrsager, Beschwörer und Chaldäer" (2,2) nicht auch seinen Traum *erraten* (s. den Artikel „Traum...").

Diese Erzählung hat wohl keinen historischen Kern. Sie ist so zielbewußt angelegt, daß sie wie eine rein lehrstückhafte Legende (s. d.) wirkt, die darlegen soll: 1. daß der Gott Daniels sogar die verschwiegenen Träume offenbart, was die fremden Götter nicht vermögen; 2. daß er die einsichtige Deutung der Träume gibt; 3. daß er so gewaltig ist: selbst die heidnischen Könige werden von ihm bezwungen (2,46.47).

Der Traum und seine Deutung durch Daniel geht in die Zukunft. Aber seine Einzelheiten sind so speziell, daß man hier kaum eine echte Weissagung in die Zukunft sehen darf – falls die Reiche richtig gedeutet sind: Das Reich unter dem Symbol des Goldes ist das neubabylonische Reich des Königs Nebukadnezzar II. selbst; das Reich unter dem Symbol des Silbers ist das Reich der Meder (s. d.); das unter dem Symbol des Erzes: das Reich der Perser (s. d.); das Reich wie Eisen (Dan 2,40) ist Alexanders Weltreich; aber dieses Reich ist in den Füßen mit Ton gemischt: das geteilte Reich der Diadochen (s. im Kapitel „Die Geschichte...", S. 567, Nr. 43).

Diese speziellen Angaben lassen erkennen, daß der Verfasser dieses Traumes zu einer Zeit lebt, in der diese Reiche – außer dem geteilten Alexanderreich – bereits der Vergangenheit angehören, so daß also der Traum und seine Deutung in den Danielgeschichten zwangsläufig als „Weissagung" auftreten müssen. Der Stein aber ist das unzerstörbare Weltreich des wahren Gottes, in dem der Verfasser möglicherweise das aufstrebende Makkabäerreich (s. im Kapitel „Die Geschichte...", S. 569, Nr. 45 f.) sah.

Ob die Erhebung Daniels zu einem so hohen babylonischen Reichsbeamten, wie es Dan 2,48.49 darstellt, wirklich stattgefunden hat, ist oft bezweifelt worden. Aber auch wenn sie Legende wäre, hat sie im Zusammenhang der Erzählung und unter dem Gesichtspunkt des Sinns der Danielgeschichten eine hohe Bedeutung: Gott läßt seine Diener zu Einfluß und Würde kommen. Über die historische Einordnung der Danielgestalt, s. oben.

ZU Dan 3,1–97:
DREI JUNGE MÄNNER IM FEUEROFEN

Die Erzählung könnte aus einer Beispielsammlung stammen. Dieses spezielle Beispiel hat den Sinn, die Treue zu Jahwe darzutun; denn wenn ein Gott diese Treue verdient, so ist es Jahwe, der seine Anbeter sogar retten kann.

Welcher historische Kern der Feuerofenerzählung zugrunde liegt, ist nur mit Vermutungen zu sagen: Vielleicht ließ Nebukadnezzar II. im Jahre der Eroberung Jerusalems[1] eine Göttersäule als Siegeszeichen aufstellen (3,2) – einen Holzkern, mit Gold beschlagen. Die verbindliche Aufforderung zur Anbetung war allerdings wohl mehr ein politischer als ein religiöser Akt. Der König wollte am Gehorsam der Beamten gegen seinen Befehl ihre Ergebenheit prüfen – was in einem Reich mit so vielen Völkern und Religionen wichtig sein kann. Die Ergebenheit war aber am ehesten aus dem (wenn auch nur äußerlichen) Anschluß der Beamten an die Religion des Königs zu ersehen.

Jedem Heiden war eine solche Verehrung durchaus möglich – nicht aber einem Beamten, der an Jahwe glaubte. Der König ergrimmte also wohl weniger darüber, daß die „drei Jünglinge" (so hieß es Jahrhunderte in dieser Erzählung) – also ebenjene, die er selbst zu hohen Beamten erhoben hatte – sich weigerten, das Bild anzubeten, sondern vielmehr über ihren Ungehorsam, der eine Majestätsbeleidigung war. Und darin liegt wohl der eine Brennpunkt der Erzählung: die jungen Männer fielen auch nicht nieder, um das Bild zum Schein anzubeten und dadurch ihre Beamtenstellung und ihr Leben zu retten.

Die Erzählung könnte gut damit schließen, daß die Jünglinge für ihre Standhaftigkeit vom heidnischen König gestraft und im Feuerofen verbrannt wurden. Aber der Erzähler wollte keine Märtyrergeschichte schreiben, sondern – getreu dem Glauben an den gerechten Gott (s. d.) – wollte er zeigen, daß Jahwe die Treue zu ihm belohnt. Da ihm der Glaube an eine Belohnung im Jenseits noch nicht offenstand, zeigte er die Belohnung im Schutz der jungen Männer durch den Engel Jahwes (s. d.). –

Der Ofen, den sich der Erzähler vorstellte (3,6 u. a.), mag ein Schmelzofen gewesen sein: die Art, wie von ihm erzählt wird, weist darauf hin. Er war oben offen, so daß die Flammen hinausschlagen konnten; und von oben wurden die Jünglinge hineingeworfen. Er hatte aber auch unten eine Öffnung, wahrscheinlich um das Schmelzmetall herauslaufen zu lassen; durch diese Öffnung konnte man hineinsehen. Der Ofen war aus Stein gebaut und ziemlich hoch, so daß man die standhaften jungen Männer heraufheben mußte (3,22) und sie in den Ofen hineinfielen (3,23).

Die folgenden Texte: Das Gebet des Asarja im Feuerofen (3,26–45) und der „Lobgesang der drei Jünglinge im Feuerofen" (3,52–90) sind uns nur in griechischer Sprache überliefert. Das Gebet des Asarja, offensichtlich des Anführers der drei, bezieht sich nicht auf den Brand im Feuerofen, sondern auf die Lage Israels, das „geringer geworden ist als alle Völker" (3,37). Das Gebet legt nahe, daß der Feuerofen ein Bild für das Dasein Israels in den Strafen für seine Treulosigkeit gegen Jahwe sein soll.

Der sogenannte „Lobgesang der Jünglinge im Feuerofen" gehört zu den Gebetspreisungen, die der Redaktor des Danielbuches den drei jungen Männern in den Mund legt. Bis auf wenige, zu diesem Zweck eingeschaltete Verse haben sie nicht viel mit der Situation zu tun, in der sie gemäß der Erzählung gesprochen werden. Sie sind Zeugnisse für die Gebetsform aus der Zeit der Abfassung oder der Endredaktion des Danielbuches – oder auch übernommene frühere Gebetstexte.

Diese Feststellung, die die Bibelhistoriker nach ihren Textuntersuchungen fast übereinstimmend getroffen haben, sind für die Wertung der Gesamterzählungen nicht unwichtig. Denn ebenso wie der Redaktor mit diesen Gebetstexten frei geschaltet hat, so hat er auch mit den „historischen" Elementen seiner Erzählung frei geschaltet, um den oben dargelegten Sinn deutlich herauszuarbeiten.

Der Fortgang der Erzählung, nach den Gebetseinschüben (3,9–97), enthüllt sodann den zweiten Brennpunkt der Erzählung: Gott hat die Macht, auch die Heiden zum Glauben an sich zu bekehren. Da dies der Schluß auch von Dan 2 ist, könnte es sich hier um Stücke aus einem katechetischen Exemplarium über „Jahwe, der Gott auch der Völker" handeln.

---

[1] Siehe im Kapitel „Die Geschichte . . .", S. 562, Nr. 40.

ZU Dan 5,1–6,1:
BELSCHAZZARS GASTMAHL

Von König Belschazzars (Baltassars) Gefäße-
frevel erzählt 5,1–4. Die geschichtlichen Angaben dieser Erzählung entsprechen nicht dem,
was wir von jener Zeit wissen, in der diese
Erzählung spielen soll (s. S. 563, Nr. 41).
Belschazzar wird ein Sohn Nebukadnezzars
genannt; er sei der König gewesen, der in der
Nacht eines Gelages von den Persern über-
rumpelt und ermordet wurde.

Uns stellt sich die geschichtliche Situation
etwas anders dar: Nebukadnezzars II. Nachfolger in Babylonien war Nabonid (556–539
v. Chr.). Er war der letzte neubabylonische
König, dessen Hauptstadt Babylon aber nach
der Entscheidungsschlacht kampflos von den
Persern eingenommen wurde. Jedoch wird
Belschazzar in babylonischen Urkunden als
Sohn König Nabonids erwähnt, für den jener
zeitweilig in Babylon regierte. Belschazzar ist
also nur Regent und nicht König; ferner sind
im Danielbuch die Umstände der Einnahme
Babylons anders dargestellt. Nabonid wurde
nicht ermordet, was nicht heißen soll, daß auch
Belschazzar nicht ermordet wurde.

Wie der Erzähler zu seiner Darstellung
kommt, wissen wir nicht. Da aber solche Erzählungen nicht nur einen Sinn, sondern meist
auch einen historischen Kern haben, dürfen
wir festhalten, daß Belschazzar als Regent bei
einem Gelage die liturgischen Gefäße, die
Nebukadnezzar II. aus dem Tempel Jerusalems als Beute mitgebracht hatte, mißbrauchte. Solche Akte gehörten im Orient durchaus
zum Übermut der Herrschenden. „Sie lobten
die Götter aus Gold und Silber, aus Bronze,
Eisen, Holz und Stein", sagt 5,4, d. h., Belschazzar und seine Tafelgenossen haben aus
den liturgischen Tempelgefäßen auch die übliche Weingußspende zu Ehren ihrer Götter
dargebracht. Das Verlästern fremder Götter
(hier durch Gebrauch der Tempelgeräte des
Jahwekultes) war übrigens ebenfalls ein Akt
der Verehrung der eigenen Götter. Für diesen
Frevel, so erzählt die Geschichte weiter, wird
nur Belschazzar von Jahwe bestraft (5,5–6,1).
Dieser Teil der Erzählung beginnt mit dem
Motiv der geisterhaften Hand.

Das Motiv von der schreibenden geisterhaften Hand hat legendarische Form, was nicht
heißen muß, daß die Schriftzeichen gar nicht

da waren. Legenden (s. d.) knüpfen oft an
etwas Sichtbares oder Historisches an. Wenn
man diesem Teil überhaupt eine Realität zusprechen will, könnte man die Geschichte so
sehen:

An der Wand standen einige Schriftzeichen,
die man vorher nicht bemerkt hatte. Im halben
Rausch, in dem der Trunkene einerseits manches sieht, was nicht da ist; in dem er andererseits aber auch vorher Unbemerktes plötzlich
scharf vor sich sieht, glaubt Belschazzar plötzlich eine Hand zu sehen, die etwas an die Wand
schreibt. Und es steht auch wirklich etwas an
der Wand; drei Worte für Geldmaße: Mine
(m'né), Schekel *(t'kél)*, Halbminen *(upharsín)*: vielleicht irgendeine Aufzeichnung von
einer Abrechnung her. Aber Belschazzar besteht darauf, daß eine Geisterhand sie geschrieben habe und sie von den Traum- und
Zeichendeutern gedeutet werden müssen.
Doch was soll man an solchen unsinnigen
Worten schon deuten! Die „Chaldäer" versagen, und Daniel bringt die Lösung, wie schon
einmal bei Nabukadnezzar II. Daniel behandelt die Buchstaben – die ja nur in ihren
Konsonanten dastehen, also ohne Vokale, und
demnach vieldeutig sind (s. im Artikel „Hebräische Schrift") – sehr frei und trägt Belschazzar die bekannte Deutung vor: *m'ne:*
Mine – gezählt („Gezählt hat Gott die Tage
deiner Herrschaft"); *t'kél:* Schekel – gewogen,
nahe verwandt dem Wort *tekál,* d. h.: „Sie wird
gering erscheinen" („Gewogen wurdest du auf
der Waage und zu leicht befunden"); *upharsín:*
Dieses Wort liest der Deuter jetzt *peres,* um
die Verbindung zu *parás* (spalten, teilen) zu
erhalten und gleichzeitig mit *páras* (Perser); so
kommt er zum Sinn seiner Auslegung („Geteilt wird dein Reich und den Medern und
Persern gegeben.").

Das Spielerische dieser Deutungen legt nahe, daß es sich bei diesem ganzen komplexen
Motiv vielleicht nicht einmal um eine Legende, sondern um eine erfundene Geschichte
handelt, die allerdings einen sehr eindeutigen
Sinn hat: Der Untergang des neubabylonischen Reiches war vorauszusehen, da ja die
Gotteslästerung gegen Jahwe zum Spiel ihrer
Herrscher gehörte.

Die Erhebung Daniels zum „Dritten im
Reich" (5,29) ist dann dasselbe Motiv wie in
Dan 1,21; 3,46ff. und wie im Esterbuch. Der
genaue Ausdruck heißt: „Dritter Mann." Er

ist wohl von der Besatzung des königlichen Wagens abgeleitet, auf dem der „Dritte Mann" der Wagenlenker war, was dann zweifellos zu einem Amt und Ehrennamen wurde (vgl. die Ämter der deutschen Kurfürsten: Truchseß, Mundschenk usw.).

ZU Dan 7,1–28:
VISION VOM MENSCHENSOHN

Früher hat man diesen Text eine Prophetie genannt. Der Bibeltext selbst nennt ihn einen Traum (7,1). Die Niederschrift dieses angeblichen Traumes ist eine verschlüsselte Aussage über die Reiche, die bis zur Abfassung des Danielbuches über Juda herrschten. Der Erzähler legt sie dem Propheten Daniel in den Mund. Das Wunderbare dieses Rätseltextes liegt in der Auflösung: Der „Hochbetagte" (Gott) läßt sich auf dem Richterstuhl nieder und setzt jedem Reich seine Zeit fest (was ganz zur üblichen Geschichtsauffassung des AT gehört). Daß der „Hochbetagte" (7,9) Gott ist, wird noch durch die Erwähnung des Feuers, eines Zeichens der Theophanie (s. d.), bekräftigt. Nachdem die Zeit der „Tiere" abgelaufen ist und sie vernichtet sind, kommt „der Menschensohn" (7,13). Nach der Erklärung, die der Engel des Traumes gibt, stellt dieser Menschensohn „die Heiligen des Höchsten" dar (7,27), d. h. das Volk Jahwes; dieser „Menschensohn" übernimmt nun die Herrschaft – wobei „Menschensohn" einfach als *der Mensch* zu werten ist. Die Antithese liegt in den vier Reichen, die von Tieren symbolisiert werden, und dem „Menschensohn", der das Reich des Menschen heraufführt, in dem – nach alttestamentlicher prophetischer Geschichtsauffassung – niemand anders herrschen kann als Gott. Dieses Reich wird „ewig sein" (7,27). Ewiges Königtum aber ist schlechthin das Königtum des Messias (s. d.); so wird der „Menschensohn" ein messianischer Titel.

Jesus spielt auf diesen Danieltext an, als er vor Kajaphas steht: „Da kam mit den Wolken des Himmels einer wie ein Menschensohn" (Dan 7,13; vgl. Mt 26,64). Jesus benutzt dabei wahrscheinlich die damals traditionelle Deutung des „Menschensohnes" als Messias; indem er aber auch gewissenhaft die „Wolken des Himmels" (Dan 7,13) nicht unterschlägt,

entsteht der Sturm: Er hat Gott gelästert (s. den Abschnitt „Die Wolke"); denn die Wolke bedeutet Gottes Thron und ist Zeichen der Theophanie.

Ob dabei die Unterscheidung „*mit* den Wolken des Himmels" (Dan 7,13) und „*auf* den Wolken des Himmels" (Mt 26,64) als wesentlich betrachtet wurde, läßt sich leider nicht sagen.

Oft wehrt man sich dagegen, daß die Abfassung des Danielbuches so weit zurückgenommen wird, daß die „Tiere" als wissentliche Symbole für die Bedrückerreiche (etwa: Babylon, Perser, Alexander, Seleukiden) genommen werden können. Aber da das Wesentliche die Menschensohn-Verkündigung ist, ist diese Hemmung nicht als sinnvoll einzusehen. Ob die Prophetie nun von Daniel kam oder von einem unbekannten Propheten, der das Danielbuch schrieb und die Prophetie Daniel in den Mund legte – das ist gleichgültig.

ZU Dan 13,1–64:
SUSANNAS RETTUNG DURCH DANIEL

Diese Geschichte könnte altes Erzählgut aus der babylonischen Zeit der Juden enthalten, das erst nach 165 v. Chr. dem Danielbuch angefügt wurde.

Der erste Teil dieser Erzählung (13,1–27) weist auf einige Tatsachen hin, die die Situation der Juden im Babylonischen Exil beleuchten:

a) Es gab unter den Juden Babylons auch reiche Juden. Sie hatten eigene Häuser und sogar einen Baumgarten. Aber dies war offensichtlich nicht die normale soziale Lage der Juden in Babylon; denn sonst würde es in der Erzählung nicht so herausgestrichen, daß Jojakim (13,1) reich war.

b) Ein Gesetz, das die Exiljuden an Versammlungen hinderte, gab es nicht.

c) Die Juden hatten in Babylon eigene Rechtsprechung; das geht auch aus dem Buch Ester hervor, dessen Erzählungsinhalt allerdings später spielt: zur Zeit der Perser. Der Erzähler dieser Danielgeschichte hat seine Fabel in der Zeit des jungen Daniel angesiedelt, also kurz nach der ersten Wegführung der Juden aus Jerusalem.

d) Als Richter (s. d.) fungierten auch in Babylon die Ältesten (s. d.); ja sogar die

Volksversammlung scheint wieder konstituiert worden zu sein.

Das Gespräch zwischen den Ältesten und Susanna (13,20–23) spielt auf das Gesetz gegen Ehebruch (s. d.) an. Die Ältesten drohen ihr, falls sie nicht mit ihnen Ehebruch begehe, wollten sie sie wegen Ehebruchs mit einem Unbekannten anklagen. Susanna erwidert, daß sie den Tod der Steinigung (s. d.) verdiene, wenn sie den Ältesten zu Willen wäre; daß sie aber wisse, daß sie sie dem Tod wegen Ehebruchs ausliefern würden, wenn sie ihnen nicht zu Willen sei. Sie traut ihnen das falsche Zeugnis zu (s. „Zeugen"). Auch das wirft ein bezeichnendes Licht auf die Lage des Judentums in Babylon. Nicht gerade die besten Elemente spielten sich nach vorn.

Susanna wird darauf unschuldig verurteilt (13,28–44). Als sie zur Steinigung (s. d.) hinausgeführt wurde, begegnete Daniel dem Zug, und er forderte eine neue Untersuchung. Das war kein Sonderfall, sondern lag durchaus im Ritual der Exekution begründet. Während man zur Richtstätte ging, mußte nämlich ein Ausrufer die Öffentlichkeit auffordern: „Wer etwas zur Verteidigung weiß, komme und melde es!" Zwar ist dies eine Formel aus den Sanhedrinverordnungen (s. den Artikel „Der Hohe Rat"), die erst nach dem Exil fixiert wurden; aber wahrscheinlich fußt diese Verordnung auf früherem Gebrauch.

Das Verhör der Ältesten (13,51–59) enthält sodann die Erwähnung von zwei Bäumen: Der eine behauptet, er habe Susanna unter einem Mastixbaum, der andere, er habe sie unter einer Eiche sündigen sehen. Im Verlauf der Erzählung sind diese auseinandergehenden Aussagen lediglich der Beweis für das falsche Zeugnis, das die beiden Ältesten abgelegt haben. Man sollte aber auch die Symbolsprache dieser beiden Aussagen mithören: der Mastixbaum *(Pistacia lenticus)* ist nämlich ein Baum, dessen Zweige als Symbol der Reinheit getragen wurden; zwar haben wir über den Symbolgehalt des Eichbaums kein ebenso sicheres Wissen – aber es könnte darin ein Hinweis auf die Beharrlichkeit liegen.

Susanna: Die Lilie. Wir sind versucht, in dem Namen „Susanna" *(schuschán* und *schoschannáh* = Lilie) ebenfalls einen Hinweis auf die Reinheit Susannas zu sehen. Dieser Hinweis wird besonders von denen gern gebraucht, die

die Erzählung zu einer Exempelgeschichte für die Reinheit der Frau machen möchten. Dafür ist aber die Voraussetzung falsch: die Lilie des alten Orients war keine weiße Lilie *(lilium candidum),* die die Reinheit symbolisiert, sondern eine „Blume des Feldes" (Mt 6,30), die wegen ihrer Schönheit und Pracht der verschiedensten Farben Jesus ausrufen läßt: „Seht die Lilien des Feldes... nicht einmal Salomo in seiner Pracht war gekleidet wie eine von ihnen..." (Mt 6,28.29). So wäre „Susanna" also eher ein Symbolname für die Schönheit der Frau des Jojakim.

Aber es gibt auch noch eine andere Möglichkeit. In der Perserzeit wurde nämlich die Stadt Susa (s. d.) zu einer wichtigen Residenz. „Susa" aber heißt in der Bibel „Schuschan" (Lilie). In der Stadt Susa gab es in der Zeit der Perser (s. d.) außerdem eine große Judenkolonie: das Buch Ester (s. d.) spielt in Susa! Es kann durchaus sein, daß der Autor dieser Erzählung Dan 13 der Judenkolonie von Susa in „Susanna" ein Denkmal setzen oder irgendeine andere Beziehung zur Stadt Susa darin anmerken wollte. Das ergibt zwar für die Zeit des jungen Daniel (13,45) einen Anachronismus; Susa war damals zerstört; aber der Erzähler hat diese Schwierigkeiten nicht: Entweder scheidet er die Zeiten sowieso nicht so klar voneinander, oder er benutzt einfach alles für ihn in der Vergangenheit liegende als gleichzeitige Möglichkeit.

Der Sinn der Erzählung ist zweifellos wichtiger als ihr eventuell historischer Hintergrund. Der Sinn ist mehrfach direkt ausgesprochen: daß Gott dem, der wahrhaft recht tut, Hilfe sendet. Der Nachdruck liegt auf dem *„wahrhaft recht tun"* und wird exemplifiziert an Susanna, die auch dann nicht sündigen will, wenn sie sich dadurch einer falschen Anklage entziehen kann. Ihr Gegenpol und Gegenbeispiel sind die Richter; ein Gegenbeispiel, das um so schlagender wirkt, als es sich eben um Richter handelt, die über die Verletzung des göttlichen Rechts wachen und urteilen sollen.

ZU Dan 14,1–42:
DANIEL GEGEN BEL
UND DEN DRACHEN

Diese Erzählungen gehören zu der Beispielsammlung, wie sich der Jude den Angriffen der

Seleukiden gegenüber verhalten sollte (S. 568, Nr. 44 f.). Der Erzähler will eine Episode aus der Zeit Kyrus II. berichten, des ersten Königs der Perser (s. d.), der in Babylon herrschte. Kyros II. galt in Religionsdingen als sehr tolerant (oder politisch klug): Er betete den Gott Bel der Babylonier an, weil er die Stadt Babylon übernommen hatte (s. den Artikel „Die Götter der Völker"). Mit reichlichen Opfern, die wahrscheinlich die Staatskasse zu zahlen hatte, wurde Bel versorgt; die Priester behaupteten, Bel verzehre alles, was man ihm hinstelle. Daniel verstand es, den König vom Gegenteil zu überzeugen: ein Gott, den der König anbetete, war zuschanden geworden. Daniel hatte bewiesen, daß Bel ein totes Bild war: innen Ton und außen Goldblech (14,1–22).

„Auch ein Drache wurde in Babylon als Gott verehrt" (14,23). Zwar wissen wir sonst von solchen Verehrungen lebendiger Tiere im Vorderen Orient nichts; aber da die Schlange (s. d.) ein Göttertier war, kann es natürlich auch einmal vorgekommen sein, daß eine lebendige Schlange („Drache") als Gott verehrt wurde, während man sonst nur das Bild der Schlange als Symbol für einen Gott zu verehren pflegte.

Der König verwies darauf, daß dieser Gott aber doch zweifellos lebe. Daniel tötete ihn, sogar „ohne Schwert und Keule" (14,25), wodurch er bewies, daß dieser „lebendige Gott" (14,24) sehr leicht zu töten und für den lebendigen Gott eine Verhöhnung ist. Von der Drohung des Volkes gezwungen, ließ der König Daniel in eine „Löwengrube" werfen, d. h., in einen Zwinger, wo der König (sieben)

Löwen hielt, die man bei festlichen Gelegenheiten freiließ, um sie zu jagen. Während man ihnen sonst täglich zwei Leichen und zwei Schafe vorwarf (14,32), bekamen sie nun nichts; sie sollten Daniel fressen.

Die Verse 14,33 bis 42 arbeiten nunmehr den Sinn des Lehrmärchens in zwei Pointen anschaulich heraus: Daniel wird gespeist durch einen wunderbar herbeigetragenen Mann Habakuk, der mit Prophet bezeichnet wird (s. dazu das Buch Habakuk). Man darf vermuten, daß dieses Speisungsmotiv angeregt ist durch die Belerzählung: Bel konnte nicht einmal in einem verschlossenen Tempel *essen*, der wahre Gott aber kann sogar den, der ihn liebt, in einem verschlossenen Löwenzwinger *speisen*. Diese Wahrheit gilt, wenn auch die Erzählung den Stempel eines Märchens (s. d.) an sich trägt. Jahwe ist der lebendige Gott!

Der König war nach sieben Tagen überzeugt, daß Daniel nicht mehr am Leben sei. Er kam zur Totenklage, zur Beweinung (s. d.) an die Löwengrube – aber Daniel lebte. Und der König bekannte sich zum Gott Daniels, der wirklich ein Gott des Lebens ist. (Dies war zu beweisen; darauf zielt die ganze Erzählung hin.) Das soll zwar nicht heißen, daß der König von nun an Jahwe als den einzigen Gott bekennt – aber er bezieht Jahwe in seinen Götterhimmel mit ein.

Die Erzählung hat im Grunde dasselbe Ziel wie „Nebukadnezzars Traum" (s. oben Dan 2,1–49) und „Drei junge Männer im Feuerofen" (s. oben Dan 3,1–97): Jahwe ist der wahre Gott. Dies wird in packenden Erzählungen vorgetragen.

Das Zwölfprophetenbuch

Die sog. „Kleinen Propheten", in „Die Zwölf" (hebräische Bezeichnung) oder im „Zwölfprophetenbuch" (griechische Bezeichnung) zusammengefaßt, tragen diese Bezeichnung nicht etwa wegen ihrer geringen Geltung oder ihrem geringeren moralischen oder prophetischen Wert, sondern einfach deshalb, weil die hier zusammengeschlossenen Texte geringeren Umfang haben als die Redensammlungen

der „Großen Propheten" (s. d.). Die Darbietung dieser zwölf „Kleinen Propheten" in einer einzigen Buchrolle sollte eine handliche Sammlung von geschätzten Texten für die Lesungen im Synagogengottesdienst ermöglichen. Die Zusammenfassung in dieser einen Rolle dürfte etwa zwischen dem 4. und 2. Jahrhundert v. Chr. vor sich gegangen sein. Im Jahr 180 v. Chr. müßte sie vorhanden gewesen sein; bei Jesus Sirach werden die „Zwölf Propheten" (49,10) lobend erwähnt. Weil in der Synagoge immer an „ganz Israel" gedacht wurde, hatte man sich auch bei Zusammenstellung der Leserolle mit den „Kleinen Propheten" um eine Sammlung von zwölf Texten verschiedener Propheten bemüht.

Die Reihenfolge dieser Texte aus dem 8. bis 4. Jahrhundert v. Chr. hielt man zur Zeit der Rollenniederschrift für geschichtlich. Die Septuaginta (s. d.) könnte mit dem Namen „Zwölfprophetenbuch" sogar zu der Auffassung verleiten, als handle es sich hier tatsächlich um eine chronologische oder irgend eine andere einsichtige Ordnung. Aber jedes Ordnungsprinzip hat bisher versagt, ja die Septuaginta ordnet die einzelnen Bücher anders als die hebräische Bibel. Auch zeitlich gehören sie nicht einer geschichtlich einheitlichen Zeit an:

der Prophet Amos wirkte um 760 v. Chr., Maleachi um 460 v. Chr.; einige wirkten im Nordreich Israel, andere im Südreich Juda.

Die Artikel zu den „Kleinen Propheten" sind angeordnet, wie sie in der hebräischen Bibel (und in der Vulgata) einander folgen. Es gibt Bibelwissenschaftler, die vorgeschlagen haben, die „Kleinen Propheten" in Zukunft im Zwölfprophetenbuch nach ihrer zeitlichen Reihenfolge zu ordnen. Ob das schon Wirklichkeit geworden ist, konnte nicht festgestellt werden. Wohl aber haben in manchen Bibelausgaben die Bearbeiter der Einleitungen für die Besprechungen eine zeitliche Reihenfolge gewählt. Die „Bible de Jérusalem" hat die zwölf Propheten deshalb in folgender Reihenfolge geordnet: Amos, Hosea, Micha, Zefanja, Nahum, Habakuk, Haggai, Sacharja, Maleachi, Obadja, Joël, Jona.

Das Buch Hosea

Der Name des Propheten und also auch des nach ihm benannten Buches erscheint in den Bibelbüchern in verschiedenen Formen. „Hosea" (Hos) ist die hebräische Form; die griechische Bibel und die Vulgata haben die Form „Osee"; aber es erscheint auch, angelehnt ans Hebräische, die Form „Oseas".

Der Prophet Hosea, wahrscheinlich ein Efraimit (s. d.), trat im Nordreich Israel auf, etwa in den letzten dreißig Jahren vor der Zerstörung des Nordreichs im Jahre 722 v. Chr. (s. S. 552, Nr. 35 a). Zur gleichen Zeit wirkten in Juda die Propheten Jesaja (s. d.) und Micha (s. unten). Unter König Jerobeam II. begann er seine prophetischen Reden, mit denen er sich gegen die religiöse Praxis des Nordreichs richtete, wobei aber das Südreich Juda mitangesprochen wurde: Jahwe wird nicht deutlich genug von Baal und Astarte (s. d.) unterschieden und auch die fremden Götter selbst werden in den Höhen mit unheiligen Kultbräuchen verehrt. Das ist Ehebruch, sagte Hosea, denn der Bund zwischen Jahwe und dem Volk Jahwes ist eine Ehe. Jeremia (s. d.) und Ezechiel (s. d.) nehmen später dieses Bild wieder auf.

Die meisten Erklärer der Hosea-Texte nehmen an, für die starke Eheprophetie seien die persönlichen Eheerfahrungen des Propheten Anlaß gewesen. Hosea heiratete eine von ihm sehr geliebte Frau, die ihn später verließ. Aber seine Liebe erlosch nicht. Er warb um ihre Rückkehr, unterwarf sie einer Bewährung und holte die geliebte Frau wieder zu sich. – So stellte der Prophet seine eigene Ehegeschichte als ein Bild vor für die Enttäuschung Jahwes durch sein treuloses Israel und für das Werben Jahwes um dieses treulose Volk (Kap. 2).

Durch Hosea ist mit der „Ehe zwischen Jahwe und Israel" ein neues Thema, eine neue Sicht und auch eine neue literarische Gattung in die Bibel hineingekommen: der große Liebhaber Gott und der immer wieder in seiner Liebe verkannte Gott. Weltlich gesinnte Könige und unfromme Priester in Israel waren die Verkenner und Verräter, denen das breite Volk folgte. Der „eifersüchtige" Gott aber strafte das Volk, um es zurückzurufen.

Das Bild von dieser Gott-Volk-Ehe hat sich von Hosea aus auf Jeremia, Ezechiel, Jesaja und das Hohelied fortgepflanzt. Und wenn im Neuen Testament die Kirche die Braut Christi genannt wird, geht auch dieses Bild von Hosea aus.

Das Buch Joel

Der Prophet im Buch Joël wird in allen Bibelsprachen gleich genannt; eine Abkürzung wird heute kaum noch gebraucht – man schreibt den Namen auch bei Stellenangaben aus.

Das Buch sagt vom Propheten in der Überschrift: „Wort Jahwes, das an Joël, den Sohn Petuels, erging" (1,1). Mehr wissen wir von ihm nicht. Sogar seine Lebenszeit läßt sich nicht genau bestimmen. Da er die großen Religionsverwirrungen der vorexilischen Zeit (Vermischung Jahwes mit fremden Göttern u. a.) nicht erwähnt, glaubt man sein Wirken in die Zeit nach dem Babylonischen Exil (also nach 538 v. Chr.) oder sogar noch später ansetzen zu können (um 400 v. Chr.). Joël wird also in Jerusalem gewirkt haben.

Der erste Teil des Buches Joël spricht von einer Heuschreckenplage (über die Heuschrecken s. d.) als einem Warnzeichen für das Ende der Tage: für den Tag des Herrn. Der Prophet ruft zur Buße auf, damit Jahwe helfe; und er hilft (1,2–2,27). Die Kapitel 3 und 4 (zweiter Teil) beginnen mit einer Verkündigung der Geistaussendung vor Anbruch des Tags des Herrn: Ich werde meinen Geist ausgießen „über alles Fleisch" (3,1–5). Danach rollt das dramatische Gedicht vom „Gericht über die Völker", von den Schrecken des „Tages Jahwes", des Endgerichts ab. An ihm wird Jahwe die Quäler Israels richten, Israel aber wird er trösten, erneuern und erquicken (4,1–21).

Die Sprache dieses Propheten ist sehr bildhaft, kräftig, stark akustisch, man möchte sagen: angreiferisch. Er benutzt Bilder und Formeln aus dem Tempelkult, ohne daß er damit die Härte seines dichterischen Wortes zu mildern versucht.

Manche Bibelwissenschaftler glauben, daß die beiden Teile verschieden alt sind, von verschiedenen Autoren stammen und erst später zusammengearbeitet wurden; demgegenüber läßt sich auf das verbindende Motiv „Tag Jahwes" hinweisen (vgl. 1,25; 2,1–11 mit 4,14), so daß Kap. 1.2 als Skizze für das Endgemälde (3.4) angesehen werden kann.

In der Zusammenordnung haben manche Übersetzer und Herausgeber „die Heuschreckenplage" sehr geschickt eingeteilt: 1. Trauer- und Bittliturgie (1,2–2,17); 2. Jahwes Antwort (2,18–27). – Den zweiten Teil nennen sie dann „Die neue Zeit und der Tag Jahwes" mit den Abteilungen: 1. Die Ausgießung des Geistes (3,1–5); 2. Das Gericht über die Völker (4,1–17); 3. Paradiesische Zeit der Erneuerung Israels (4,18–21).

Im Ganzen der Texte des AT ist die Ausgießung des Geistes Gottes „über alles Fleisch" hier etwas Neues (3,1–5). Der Schreiber der Apg hat das christliche Pfingstereignis in diesem Joëltext vorgebildet gesehen; deshalb hat er ihn in die Petruspredigt (Apg 2,16 bis 21) hereingenommen.

Der Prophetenname Joël wird außer bei diesem Schriftpropheten noch bei zwölf anderen Propheten in der Bibel verzeichnet. Die Häufigkeit des Namens Joël („Jahwe ist Gott") könnte die Vermutung nahelegen, daß die Propheten gemäß ihrem Programm einen Prophetennamen annahmen.

Das Buch Amos

Der Name des Propheten „Amos" lautet in allen Bibelsprachen gleich (Abkürzung: Am).

Das Buch berichtet in der Präambel in aller Kürze über den Propheten: „Die Worte, die Amos, ein Schafzüchter aus Tekoa, in Visionen über Israel gehört hat, in einer Zeit, als Usija König von Juda und Jerobeam, der Sohn des Joasch, König von Israel waren, zwei Jahre vor dem Erdbeben" (1,1).

Das Buch und den Prophetennamen macht mehreres besonders bedeutungsvoll:

Von den Propheten, deren Reden in die Bibel aufgenommen wurden, ist Amos der früheste. Er wirkte etwa um 760 v. Chr.

Amos stammte aus dem Südreich Juda: aus Tekoa, das bei Betlehem liegt; aber er trat auf bei Bet-El (und an anderen Orten Israels), also im Nordreich. Er wurde wegen seiner Tadelsprophetien von den Priestern ausgewiesen (7,10–17).

Amos legte großen Wert darauf, nicht als Berufsprophet zu gelten; er gehörte zu keiner Prophetengruppe, war kein Prophetenschüler (7,14). Er betonte, daß er Hirt und Sykomorenzüchter, d. h. Maulbeerfeigenzüchter (s. d.) sei. Er wollte sich dadurch von den schmeichelhaften Propheten abheben, die nicht die Wahrheit sagen wollten (s. den Artikel „Der Prophet ...").

Die Botschaft des Propheten Amos wandte sich an die führenden Volksschichten Israels, die sich nach den politischen und kriegerischen Erfolgen König Jerobeams II., 783–743 v. Chr. (s. S. 552, Nr. 35a), dem Luxus und asozialen Leben hingaben. Außerdem nahm der Prophet Anstoß am religiösen Synkretismus der Religionspraxis in Israel. Der kultische Auf-

wand verdeckte das Fehlen wirklicher Religion (5,21–27). Deshalb forderte Amos Gerechtigkeit und Rechtlichkeit in jeder Beziehung. Das Volk soll nicht glauben, Jahwe gehöre zu seiner Partei: Jahwe gehört zur Partei des Rechtes. Wenn Israel nicht zu dieser Partei des Rechtes gehört, wird Jahwe es vernichten wie jeden anderen Feind von Recht und Gerechtigkeit (1–2), und wenn man noch so viele Opfer brächte (5,21–22). Vgl. den Artikel „Der gerechte Gott".

In Amos' Sprüchen erscheint zum ersten Mal das Wort von den Strafen am „Tag des Herrn": „Was nützt euch denn der Tag des Herrn? Finsternis ist er, nicht Licht" (5,18f.).

Leider sind die Ordnung der Texte und einige Ergänzungen nicht immer sinnvoll. Manche alten Redaktoren haben sie verschlimmbessert.

Das Buch Obadja

wurde früher sehr oft nach der griechisch-lateinischen Namensform des Propheten „Abdias" genannt. Wir benutzen die hebräische Namensform „Obadja" (Obd).

Die 21 Verse des Buches beginnen mit der Überschrift „Vision Obadjas". Seine Person ist aber nicht zu identifizieren. Über die Abfassungszeit des Textes sind sich die Gelehrten noch nicht einig; man sagt: möglich war sie zwischen 587 und 312, und das sei akzeptiert: Die geschichtlichen politischen Vorgänge, die hinter dem ersten Text des Propheten Obadja (1b–15) stehen, sind die Besetzungen von Südjudäa, die sich die Edomiter (s. d.) nach der Eroberung Jerusalems durch Nebukadnezzar im Jahre 586 v. Chr. erlaubt haben. Die Racherufe nach Strafe für Edom sind der Anfang dieser Obadja-Prophetien.

Ein Teil dieser Verse (2–9) findet sich zwar nicht wörtlich, aber doch mit einigen sehr deutlichen Formeln, die auf diese Stelle hinweisen, in dem Jeremiaabschnitt über Edom (49,7–22) wieder. Die Kenner sind davon überzeugt, daß ein Redaktor dieses Jeremiaabschnitts die anziehenden Formeln aus Obd 2–9 hier verwendet hat.

Aber nicht nur auf Rache kommt es Obadja an, sondern auf die Rettung Israels. Israel zieht zur Vergeltung in Edoms Gebiet ein: „Und der Herr wird herrschen als König" (17–21).

So wird aus der Rache-Prophetie Obadjas doch noch eine Heilsprophetie! – Vielleicht ist Edom hier auch nur ein Symbolwert für alle israelfeindlichen Mächte und für alle Feinde Jahwes.

Das Buch Jona

Das Buch und den Propheten „Jona" nennen auch heute noch viele – statt in dieser hebräi-

schen Namensform – mit der griechisch-lateinischen „Jonas" der Septuaginta (s. d.) und der Vulgata (s. d.). Das liegt wahrscheinlich an der literarischen Bekanntheit dieses Namens unter der Form „Jonas".

Bei Stellenangaben wird der Name oft nicht abgekürzt (also: Jona); manchmal erscheint aber noch die Abkürzung „Jon".

Das Buch Jona ist nicht die Dichtung eines Propheten, sondern die Geschichte über einen Propheten Jona, der vielleicht seinen Namen nach jenem Propheten Jona hat, den 2 Kön 14,25 als historische Persönlichkeit vor oder unter König Jerobeam II. von Israel (783 bis 743) belegt. Der erzählende Schriftgelehrte der Geschichte des Buches Jona bringt auch diesen Jona mit Ninive (s. d.) zusammen, das 612 v. Chr. zerstört worden war und das schriftgelehrten Lehrerzählern seit der Rückkehr aus dem Babylonischen Exil (nach 538 v. Chr.) als Typusname der unmoralischen Stadt galt. Der Schreiber der Jona-Parabel ist (so hat es die Sprachuntersuchung ergeben) um 350 anzusetzen.

Die Absicht des Erzählers war, die universale Gerechtigkeit und Barmherzigkeit Gottes, der Jahwe ist, zu verkünden. Der religiöse Partikularismus der nachexilischen Zeit gefährdete nämlich den Glauben, daß Jahwe der einzige und der wahre Gott ist. Dazu erfindet der Erzähler die Geschichte vom ungehorsamen Propheten Jona, der zuerst vor seiner Sendung, den Menschen in Ninive Buße zu predigen, fortlaufen will und sich nachher, als er seinen Auftrag dann doch erfüllt hat, darüber beklagt, daß die Niniviter Buße tun wollen.

Das Buch ist stark legendenhaft angelegt. Die über Jona erzählten Legenden (s. d.) gehen darauf aus, daß Jahwe nicht nur der Herr auch der Heiden, sondern ebenso der Barmherzige für die Heiden ist. Diese Lehre konnte an nichts radikaler aufgewiesen werden als an einer Erzählung, in der Jahwe sogar die grausamsten Feinde Israels, die Assyrer, begnadigt, wenn sie sich zu ihm bekehren.

Jona wird nach Ninive gesandt (1,1.2); aber Jona flieht nach Westen. Der Herr holt ihn zurück: Erzählung vom Sturm auf dem Meere, von der Opferung des Jona durch die Schiffer, von seiner Rettung durch den Fisch (1,3–2,11). Jona geht nun doch nach Ninive. Er predigt Buße in der großen vergnügungssüchtigen Stadt und droht ihr den Untergang an. Die Menschen tun Buße, und der Herr verschont

die Stadt (3,1–10). Darüber ist Jona böse, und Gott weist ihn zurecht: Erzählung von der Pflanze, die aufwächst und verdorrt; aber darüber wird Jona böse (4,1–9): „Dir ist es leid um den Rizinusstrauch, für den du nicht gearbeitet hast und den du nicht großgezogen hast. Über Nacht war er da, über Nacht ist er eingegangen. Mir aber sollte nicht leid sein um Ninive, die große Stadt, in der mehr als hundertzwanzigtausend Menschen leben . . ." (4,12.11).

In dieser Jonageschichte gibt es keine Menschen, die der Leser ablehnen muß. Der Erzähler läßt spüren, daß keine Menschengruppe, kein Volk vom Heil ausgeschlossen ist: Ein Höhepunkt des Alten Testaments!

Ein anderer Hinweis darauf, daß es sich im Jonabuch um eine Lehrerzählung handelt, ist auch die Erform der ganzen Geschichte. Ferner auch die Tatsache, daß die Gestalt des Jona mit Zügen aus anderen Prophetenerzählungen gezeichnet wird, weist ebenfalls auf den Charakter des Buches hin: Jona 4,6–8 hat sein Vorbild in 1 Kön 19,4 (Elija legt sich unter einen Ginsterbusch und wünscht zu sterben); Jona 1,3 hat sein Vorbild in Jer 20,9 (Jeremia möchte Gott entfliehen, um nicht mehr Prophet sein zu müssen).

Die Frage, ob in der Zeit Jesu das Jonabuch geschichtlich-wortwörtlich genommen wurde oder ob man es als eine unhistorische Erzählung nahm, ist für die Zeit Jesu keine ausschlaggebende Frage. Solche Geschichten waren für die Menschen jener Zeit immer Erzählungen, woher sie auch kommen mochten. So hat auch Jesus Erzählungen für seine Verkündigungszwecke genommen (Mt 12,39 ff. und Lk 11,29–32). Daraus jedoch eine Bestätigung der Erzählungen des Buches Jona als historischer Vorgänge abzuleiten, wäre eine Verkennung der Person Jesu. Er mußte die Dinge dieser Art so sehen, wie seine Zeitgenossen sie sahen. Wer etwas anderes fordert, nimmt die *Mensch*werdung Gottes in Jesus nicht ernst; er würde verlangen, daß Gott nicht göttliche Wahrheiten, sondern irdische Wissenschaft hätte offenbaren müssen.

Trotz dieses ernsthaften Schlußthemas fällt mir dabei etwas halb Vergessenes ein: Einer meiner Professoren, bei dem ich vor -zig Jahren Altes Testament hörte, kündigte eines Tages zur öffentlichen Vorlesung *(Publicum)* am Samstag um 12 Uhr c. t. das Thema an: „Der Jonaserzähler und seine Streiche" (oder ähnlich). Dabei wollte er seinen Zuhörern klar machen, daß es in der Bibel auch humorvolle, ja witzige Texte gebe. Und das legte er am Buch Jona dar: an seinen Geschichten und Gesprächen.

Wir waren begeistert von seiner „Exegese", die mir aber – nach den Erkenntnissen durch die Formkritik – erst später wie ein echtes Licht erschien.

Derselbe Professor machte uns schon damals darauf aufmerksam, daß der Psalm im Jonatext (2,3–10), den Jona nach der Rettung aus dem Fischbauch betete, wohl erst später eingeschaltet worden sei und zwar von jemandem, der das Witzige dieser ganzen Erzählung nicht begriffen hatte. „Tatsächlich", sagte man da unwillkürlich: Er ist ein Fremdkörper, wenn es auch ein echter und schöner Psalm ist!

Das Buch Micha

ist heute noch vielen mit dieser hebräischen Namensform (Mich) ungewohnt. In der griechisch-lateinischen Form als Michäas war es den meisten bekannter.

Der erste Vers stellt den Propheten vor: „Das Wort des Herrn, das an Micha aus Moreschet erging in der Zeit als Jotam, Ahas und Hiskija König von Juda waren; er hörte es in Visionen über Samaria und Jerusalem." Der hebräische Text nennt den Propheten also „Micha", das sicherlich eine Abkürzung des Namens Michaja ist: „Wer ist wie Jahwe?" (vgl. Michael: „Wer ist wie Gott?").

Micha lebte gleichzeitig mit dem Propheten Jesaja, war aber wohl etwas jünger. Der politische Hintergrund seiner prophetischen Reden sind die assyrischen Kämpfe gegen Syrien, Israel und Juda (s. S. 555, Nr. 36/37). Seine Wirkenszeit lag also etwa nach 725 v. Chr., vielleicht bis ins 7. Jahrhundert hinein. Eine Hilfe für die zeitliche Bestimmung ist der Text gegen Samaria (1,2–7). Sollte der Text vor der Zerstörung Samarias (also vor 722 v. Chr.) gesprochen sein, wie der Inhalt nahelegt, so könnte man den Propheten für die ersten Jahre nach 725 v. Chr. ansetzen. Anderseits ist aber auch möglich, daß der Text aus der Zeit nach dem Untergang Samarias stammt, aber inhaltlich so formuliert ist, als ob er vor Samariens Untergang verfaßt sei. Prophetie heißt ja nicht Weissagung, sondern Verkündigung z. B. einer Warnung. Die Warnung gälte dann allerdings nicht Samaria, sondern solchen, bei denen es wie in Samaria zuging, z. B. den Heiligtümern, die die einkömmliche Kultprostitution eingeführt hatten (1,7): auch Jerusalem.

Micha kam aus bäuerlichen Kreisen in Moreschet (westlich von Hebron). Sein prophetischer Wirkungskreis war aber wohl Jerusalem; denn gegen die hauptstädtischen Religions- und Sozialmißstände tritt er besonders scharf auf.

Er ruft zur Buße und verkündigt den vollkommenen König aus Davids Haus. Vers 5,1 über den kommenden Messias aus Betlehem wurde als Voraussagung in das NT übernommen (Mt 2,6 und Joh 7,42).

Zusammengefaßt wurden die Reden des Micha erst später, und zwar nach thematischen, nicht nach chronologischen Gesichtspunkten; dadurch ist die Zuordnung der einzelnen prophetischen Sprüche zu bestimmten Ereignissen erschwert: Gerichtsdrohungen an Israel (1,2–3,12); Verheißung an Zion (4,1–5,14); Israel wieder vor Gericht (6,1–7,7); Verheißungen und Hoffnungen (7,8–20).

Die Bibelwissenschaftler haben sich große Mühe gemacht, die echten Texte Michas und spätere Einschübe zu erkennen und zu bestimmen. Da aber das überlieferte Buch normalerweise vom Leser als Ganzes ohne Fragen hingenommen wird, soll hier darauf nicht näher eingegangen werden.

Der Prophetenname Micha tritt des öfteren auf (s. z. B. 1 Kön 22). Wegen seines programmatischen Inhalts („Wer ist wie Jahwe?") legt auch er die Vermutung nahe, daß sich die Propheten bei ihrer Berufung (d. h. meistens: wenn sie sich zum Propheten berufen fühlten) einen neuen Namen gaben (s. den Abschnitt über die „Namengebung").

Das Buch Nahum

und der in ihm redende Prophet Nahum werden in allen biblischen Sprachen mit der gleichen Namensform benannt.

Das Buch Nahum (Nah) trägt den Namen eines nicht näher bekannten Propheten in Juda. Der erste Vers sagt: „Ausspruch über Ninive. Das Buch der Visionen Nahums aus Elkosch." Die Visionen werden vorbereitet durch einen Hymnus auf den mächtigen und gerechten Gott (1,2–8).

Die Sprüche gegen Ninive (s. d.), die Hauptstadt der Assyrer, beginnen mit der Verkündigung des Gotteswillens zur Vernichtung der israelfeindlichen, d. h. gottfeindlichen Stadt und zur Rettung Israels (1,9–2,1). Das bilderreiche Mittelstück schildert die Zerstörung der Stadt (2,2–14). Der großangelegte Schluß zählt die Schuld der Stadt – des neuassyrischen Reiches – auf (3,1–7) und verhöhnt sie in ihrer Vernichtung (3,8–19). – Die Verse von der Zerstörung Ninives (ab 2,2) sind von so großer sprachlicher Kraft, daß man Nahum zu den stärksten Dichtern Israels gezählt hat.

Geschichtliche Einordnung. Die meisten Bibelwissenschaftler setzen diese prophetische Dichtung gegen 612 v. Chr. an, als sich deutlich zeigte, daß die neuassyrische Eroberungskraft erlahmte, ohne daß der Eroberungswille nachließ. Damals, so sagen sie, empörte sich Nahum gegen die Verkehrung der sittlichen Weltordnung durch die Machtpolitik der Assyrer und zeigte in kräftigen Bildern ihr baldiges Ende. – Über die historischen Zusammenhänge s. S. 559, Nr. 38.

Manche halten allerdings auch für möglich, Nahum habe die Sprüche erst nach der Zerstörung Ninives und nach der Eroberung des neuassyrischen Reiches durch Babylon verfaßt. Es wäre dann also keine dichterische Vorausschau, sondern eine wahrhaft prophetische Verkündigung der Wahrheit, daß alle Blutschuld, Lügen, Raffgier, Raube (3,1) von der strafenden Gerechtigkeit des Herrn erreicht werden. Die Verlegung der Schilderung des vollendeten Gerichts in die Zeit vor dem Gerichtsereignis wäre dann eine literarische Methode, die in der Bibel üblich war und die bis heute literarisch lebendig ist.

Das Buch Habakuk

heißt nach dem Propheten Habakuk (Hab), der auch in der Vulgata so genannt wird; ältere Bibelausgaben, auch Martin Luther, schreiben noch Habacuc. Die Griechen sagen „Ambacum".

Das Buch Habakuk geht nicht auf den gleichnamigen Habakuk des Danielbuches zurück; vielmehr ist der Prophet des Habakukbuches wahrscheinlich ein Zeitgenosse des Propheten Jeremia (s. d.)

Die Überschrift des Buches lautet: „Ausspruch, den der Prophet Habakuk in einer Vision hörte" (1,1). Der Text beginnt mit einem Dialog des Propheten mit Gott: Auf zwei Klagen Habakuks, warum „die Macht des Bösen" über das Volk kommt und warum Gott die Chaldäer gerufen hat, um am Volk das Gericht zu vollziehen, gibt Gott eine bisher nie gehörte Antwort (1,2–2,5); s. Schlußabsatz! Auf den zweiten Antwortspruch Gottes folgen Weherufe gegen den herbeigerufenen Bestrafer (2,6–20). Dann lobt der Prophet in einem großangelegten Gebet Gottes Sieg (3,1–19).

Weil am Anfang dieses Gebetliedes ein Gattungsname (etwa: „Klagelieder") steht und am Ende eine musikalische Bemerkung folgt („Dem Chormeister. Zum Saitenspiel"), ist das Lied in den Verdacht eines Fremdkörpers gekommen. Abgesehen aber davon, daß es inhaltlich aus dem Vorhergehenden ein Ganzes macht, erklären sich die Bemerkungen am Anfang und Schluß wohl daraus, daß dieser Psalm auch im Synagogengottesdienst gesungen wurde und entsprechende Bezeichnungen deswegen mit ihm verbunden wurden.

Unter welchen Umständen die von kräfti-

gem liturgischem Stil geformten Stücke gedichtet wurden und wer die erwähnten Bedrücker waren, wurde von den Erklärern verschieden beantwortet. Am nächsten liegen die
Chaldäer (genannt in 1,6): Sie waren die
Werkzeuge Gottes, um sein sündiges Volk zu
bestrafen; aber auch sie werden für ihre Ge-
walttaten bestraft werden. Sollte das stimmen,
so wäre der Text zwischen die Schlacht bei
Karkemisch (i. J. 605 v. Chr.), durch die u. a.
das Judenland an Nebukadnezzar kam, und
die Belagerung Jerusalems (i. J. 597 v. Chr.) zu
datieren (vgl. das Buch Nahum).

Bei Habakuk erscheint übrigens ein ganz
neuer Gedanke: Er will von Gott Rechenschaft über die Art der Weltregierung. Sicherlich hat Juda nicht recht gehandelt – aber
warum wählt der heilige Gott (1,12.13) die
schrecklichen Chaldäer, um die Juden zu be-

strafen? Diese Frage stellte – bei Beobachtung
des Weltgeschehens – in seiner Zeit nicht nur
Habakuk, sondern auch der moderne Mensch
stellt sie. Gott führt den Sieg des Rechtes auf
Wegen herbei, die einander widersprechen.
Aber dabei geschieht das Recht: „Wer nicht
rechtschaffen ist, schwindet dahin; der Gerechte aber bleibt wegen seiner Treue am
Leben" (2,4).

Martin Luther hat in seiner Vorrede auf den
Propheten Habakuk all das so zusammengefaßt. „Dieser Habakuk ist ein Trostprophet,
der das Volk soll stärken... Habakuk hat
einen rechten Namen zu seinem Amt. Denn
Habakuk heißt auf deutsch: ein Herzer, oder
der sich mit einem anderen herzt und in die
Arme nimmt. Er tut auch also mit seiner
Weissagung, daß er sein Volk... in die Arme
nimmt, das ist: Er tröstet es."

Das Buch Zefanja

und der Prophet Zefanja (Zef) haben die
hebräische Namensform. Manchmal findet
man auch „Sephanja". Die früher in Bibeln oft
übliche Namensform war „Sophonias", welche
auch die Vulgata (s. d.) übernommen hat.

Das Buch stellt den Verfasser in einer Form
vor, wie sie nur bei hochgestellten Personen
angewandt wurde: „Wort des Herrn, das an
Zefanja, den Sohn Kuschis, des Sohnes Gedaljas, des Sohnes Amarjas, des Sohnes Hiskijas
erging in der Zeit, als Joschija, der Sohn
Amons, König von Juda war" (1,1). Ob man
daraus schließen darf, daß er ein Nachkomme
des Königs Hiskija war (s. S. 559, Nr. 37), ist
aber nicht sicher.

Der letzte Prophet vor ihm war Jesaja gewe-
sen (um 700). In der Zeit des Gewaltherrschers
Manasse konnte wahrscheinlich kein wahrer
Prophet auftreten. Als der minderjährige Jo-

schija Manasse auf dem Thron folgte, trat als
erster Zefanja auf (etwa 639 v. Chr.); bald
folgten ihm Jeremia und Habakuk (s. oben).
Seine prophetischen Reden prangern die Reli-
gionsverirrungen (s. den Artikel „Die Baale"),
soziale Verantwortungslosigkeit und das Lu-
xusleben der Reichen an. Er droht ihnen mit
dem „Tag des Herrn" (1,2–2,3), dem schrecklichen Gerichtstag, an dem der Richter nicht
auf die Nationalität, sondern auf die Gerechtigkeit des einzelnen schauen wird.

Das Gericht über die Völker soll eine Warnung für Juda sein, die das Volk zu Gerechtigkeit und Demut zurückführen will. Das Heil
wird nur einem wahrhaften und armen „Rest"
verheißen (3,12–13).

Das christliche Mittelalter benutzte die Verse vom „Tag des Herrn" (1,14–18) für den
Anfang der Totensequenz „Dies irae".

Das Buch Haggai

und der Prophet „Haggai" (Hag) haben hier
die hebräische Namensform. Früher wurde die

aus dem Griechischen entwickelte Form der
Vulgata (s. d.) „Aggäus" gebraucht.

Die Dichtung mit den Ausrufen des Haggai ist die erste nachexilische Prophetie (also nach 538 v. Chr.). Das Thema dieser Ausrufe ist Wiederherstellung der jüdischen Gemeinde in der alten Heimat und Wiederherstellung des Tempels in Jerusalem. Die fünf Ausrufe sind im Text selbst mit August/September des Jahres 520 v. Chr. datiert.

Der Sinn der Rückkehr der Juden aus Babylon war der Neubau des Tempels. Aber man fand nicht den Mut dazu. Der Statthalter Serubbabel aus dem Davidshaus und der Hohepriester Josua beriefen Haggai als prophetischen Dränger für den Tempelneubau. Seine fünf Aufrufe sind die Prophetie des Jahres 520.

Hier ihre Inhalte:

Erster Ruf: Noch immer liegt der Tempel in Trümmern, deshalb verdirbt Jahwe die Frucht des Feldes (1,1–11).

Zweiter Ruf: Aber der Wiederaufbau des Tempels wird bessere Zeiten heraufbringen (1,12–15).

Dritter Ruf: Der neue Tempel wird zuerst sehr bescheiden aussehen, aber mit der Zeit wird er ein herrlicher Tempel werden (2,1–9).

Vierter Ruf: Vom Grundsteinlegen des Tempels an soll das neue Heil beginnen: „Von heute an spende ich Segen" (2,19).

Fünfter Ruf: Der Davidssproß Serubbabel wird Macht haben (2,20–23).

Das Buch Sacharja

hatte früher in deutschen Übersetzungen sehr oft die lateinische Namensform der Vulgata (s. d.) „Zacharias", die dem Griechischen entlehnt ist. „Sacharja" (Sach) ist die hebräische Namensform.

Das Buch enthält zunächst acht Nachtvisionen des Propheten Sacharja (1,7–8,23). Sacharja war Priester und trat wie Haggai (s. oben) während der Zeit des Tempelbaus nach Ende des Babylonischen Exils der Juden an die Öffentlichkeit, ebenfalls – wie Haggai – um den Tempelbau voranzutreiben (November 520 v. Chr.).

Seine Visionen sind zugleich Aufrufe zum Tempelbau und zu einem rechten Leben, Lobpreisungen Jahwes, der sich seinem Volk nach der Babylonischen Gefangenschaft, die eine Bußzeit war, wieder zuwendet, und Mahnungen zur Treue gegen Jahwe und seine Gesetze (s. S. 565, Nr. 42).

Während man keinen Zweifel daran hat, daß die Texte der Visionen auf den Propheten Sacharja selbst zurückgehen, möchte man vom zweiten Teil des Buches (Kapitel 9–14) annehmen, daß er – wenn auch nur wenig später – von einem uns unbekannten Propheten stammt, der ältere, vorexilische Prophetenworte mitverwandte; dieser ganze „Deutero-Sacharja" scheint aber in der Makkabäerzeit noch einmal aufgefüllt worden zu sein. Diese Kapitel 9 ff. beginnen mit einem zweiten Titelvers: „Ausspruch. Das Wort des Herrn ruht auf dem Land Hadrach . . ." Sie enthalten eine große Vision vom Reich des Messias (s. d.), das ein Reich des Friedens sein wird. Die Angriffe der Feinde werden Jerusalem nicht mehr schaden, und seine inneren Feinde, die falschen Propheten und die Versucher zu falschem Gotteskult, werden ausgerottet. Die Heiden werden sich bekehren!

Das Buch Maleachi

hatte in deutschen Bibeln früher meistens den griechisch-lateinischen Namen „Malachias". Heute wird immer mehr der hebräische Prophetenname „Maleachi" (Mal) benutzt. –

Martin Luther hat in seiner Bibelübersetzung immer die hebräischen Namen. In früheren katholischen Bibelübersetzungen zeigten sich dagegen fast immer die Vulgataformen.

Der Name dieses Buches bedeutet „Mein Bote". Deshalb besteht die Vermutung, daß er ein „Ersatzname" für einen sonst unbekannten Propheten ist, der um 465 v. Chr. in Jerusalem lebte (3,1). Seine Bußreden wandten sich gegen die religiöse Unzulänglichkeit der aus Babylon heimgekehrten Juden (1,6–14): gegen die ehrfurchtslosen Priester, die das Opfer im neuen Tempel vernachlässigten (2,1–9); gegen die Mischehen der Männer mit heidnischen Frauen; gegen die Ehescheidungen (2,10–16). Das alles, aber auch Zauberei, Meineid, Ausbeutung, Fremdenhaß wird am „Tag des Herrn" bestraft werden (2,17–3,22).

Der Schluß des Buches (3,23.24) enthält die so kräftig nachwirkende Verkündigung von der Wiederkehr des Propheten Elija, „bevor der Tag des Herrn kommt, der große und furchtbare Tag: . . . Er wird das Herz der Väter wieder den Söhnen zuwenden und das Herz der Söhne ihren Vätern, damit ich nicht kommen und das Land dem Untergang weihen muß" (s. den Artikel „Kriegsbann").

Bemerkenswert ist die lebendige Form der Reden dieses Propheten, der die Zuhörer persönlich anredet und Einwürfe der Zuhörer (Volk und Priester) in den Zusammenhang seiner Reden aufnimmt.

IV.
ZU BÜCHERN UND PERIKOPEN DES NEUEN TESTAMENTS

Das Evangelium und die Evangelien

Wir haben uns so sehr daran gewöhnt, daß „Evangelien" die Mehrzahl von „Evangelium" ist, daß es uns schwerfällt, dem Wort Evangelium auf den Grund zu kommen. Aber zunächst ist „Evangelium" die gute Nachricht, die frohe Botschaft – ein Wort, das aus dem kaiserlich-römischen politischen Bereich stammt (siehe Mk 1,14). „Evangelium" ist deshalb nicht nur das, was in „den Evangelien" aufgeschrieben ist, sondern Evangelium ist das, was Jesus predigte, was die Apostel und ihre Mitarbeiter als Lehre Jesu und über Leben, Tod und Auferstehung Jesu weitergaben. Einiges davon ist uns in zusammenfassenden Schriften und Briefen überliefert. Aus dem Anfang des Markusbuches, dessen Beginn lautet: „Anfang des Evangeliums von Jesus Christus", hat sich erst im 2. Jahrhundert die Bezeichnung „Evangelium" für die Bücher der vier Jünger Christi – Matthäus, Markus, Lukas und Johannes – und für entsprechende andere (nicht kanonisch gewordene) Bücher durchgesetzt. Die Bibel selbst kennt das Wort „Evangelium" im Sinne einzelner Bücher nicht. Das NT meint damit immer die volle Frohbotschaft Jesu und von Jesus.

Was aber sind nun „die Evangelien"? Und was sind sie nicht? – Die Evangelien sind nicht in erster Linie Berichte. Da es aber darum ging, die Lehre Jesu und auch das messianische Leben Jesu auf Erden zu verkündigen, *enthalten* sie Daten und Ereignisse, die Berichtscharakter haben; aber auch diese Ereignisse und Daten werden nicht um des Berichtes willen vorgetragen, sondern um Jesus als Messias, Gottes Sohn, Herrn und Meister zu lehren. Das heißt: der Grundcharakter der Evangelien ist Zeugnis von Jesus, dem Messias und Gottessohn.

Dieses Zeugnis von Jesus war den Evangelisten wichtiger als die Reihenfolge seiner Lebensabschnitte; deshalb ordneten die Evangelisten – jeder auf seine Weise – ihre Aussagen von der Lehre und über das Leben Jesu nach bestimmten Gesichtspunkten, so daß auf weite Strecken die Möglichkeit für die Rekonstruktion eines „Lebens Jesu" illusorisch ist.

Die niedergeschriebene Katechese der Evangelisten fußt auf den verschiedensten Gemeindetraditionen, die vielleicht ebenfalls schon schriftlich fixiert waren. Auch diese „Gemeindetraditionen" waren Verkündigungstexte; man nennt sie für gewöhnlich „Quellen".

Zu diesen Quellen gehörte fast mit Sicherheit eine Zusammenstellung von Worten Jesu („Logienquelle", „Spruchquelle"). Sie enthielt nichts über das Leben Jesu, sondern in Sprüchen und Sentenzen die Lehre Jesu selbst. Sie war in Aramäisch (s. d.) aufgezeichnet, also in der Muttersprache Jesu und der Apostel, wurde aber – aus Notwendigkeit – sicherlich schon in den ersten Missionszeiten ins Griechische übersetzt (vielleicht im syrischen Antiochien). Diese Logiensammlung lag wahrscheinlich schon bald nach dem Tod Jesu vor; sie war sozusagen das neue Gesetz, das Jesus seinen Jüngern gegeben hatte; und da der Meister selbst nichts Schriftliches hinterlassen hatte, schrieben seine Jünger dieses Gesetz auf, um es allen hinzukommenden Jüngern vorlegen zu können. Diese Spruchsammlung ist ein Teil des „Evangeliums vor den Evangelien", wie Easton die Tradition vor Niederschrift der kanonischen Evangelien bezeichnet hat.

Aber nicht nur ein solches Evangelium Jesu, sondern auch ein Evangelium *von* Jesus müssen wir zu den mehr oder weniger fest formulierten Traditionen der ersten christlichen Jahre zählen: die Botschaft von Tod und Auferstehung Jesu. In ihr wurde das Heilsereignis erzählt, wie es bei dem vom Herrn selbst aufgetragenen Gedächtnismahl Gegenwart wurde. Dieses Gedächtnismahl forderte geradezu die Formulierung dieser Botschaft; vgl. im Artikel „Das Paschafest".

Welche anderen formulierten (mündlichen oder schriftlichen) Traditionen außerdem vorlagen, läßt sich nur vermuten: vielleicht eine Sammlung der Gleichnisse Jesu, vielleicht eine besondere Sammlung von Wundererzählungen, vielleicht auch eine Sammlung seiner Streitgespräche mit den Pharisäern, Sadduzäern und ihren Schriftgelehrten.

All diese vorauszusetzenden (mündlich oder schriftlich überlieferten) Sammlungen gab es aber nicht als sozusagen offizielle Texte, sondern als Gemeindetraditionen; und diese Gemeindetraditionen wichen in Einzelheiten oft voneinander ab; diese Abweichungen sind so auch in „die Evangelien" hineingekommen. Aber da die einzelnen Äußerlichkeiten nur selten so wichtig sind, daß sich daran der Sinn entscheidet, müssen wir nicht unbedingt versuchen, solche auseinandergehenden „Berichte" zu harmonisieren.

Auch in der apostolischen Katechese weichen die Evangelien voneinander ab; hier aber liegt Absicht vor – nicht Absicht der Abweichung, sondern Absicht der Linie, die in diesem Buch bei der Besprechung der einzelnen Evangelien kurz skizziert ist. Diese Absicht der Linie wurde oft durch die Eigenart der einzelnen Gemeinde bestimmt, in der die „Quelle" formuliert wurde, oder durch die Schwierigkeiten der Gemeindegruppen, an die sich „das Evangelium" richtete. Dadurch wurde hier manches betont, was dort nicht betont zu werden brauchte. Die alte Kirche, sobald sie die *vier* Evangelien nebeneinander kannte, hat jedoch immer betont, daß die vier Evangelien einander ergänzen, einander erklären und erst aus allen vier das wesentliche und ganze Bild des Christus Jesus sichtbar werde.

Die Katechese war den Evangelisten so vorrangig, daß sie oft die historische Situation überspielten: indem sie z. B. Worte Jesu unter einem Thema zusammenfaßten (so in den Eucharistiereden, in den Abendmahlsreden, in den Parusiereden u. a.); indem sie die Erzählung von Wundertaten Jesu in einen bestimmten Lehrzusammenhang einordneten (z. B. die Blindenheilung der Aussage „Ich bin das Licht der Welt" folgen läßt); indem sie private Verkündigungen über den Messias Jesus zu öffentlichen Verkündigungen erhoben (wie z. B. die Lamm-Gottes-Rede des Täufers). Da sie das katechetische Anliegen über das historische setzten, ergeben sich dadurch für uns manchmal Probleme, die für die alten Hörer keine Probleme waren. – S. auch den Artikel „Jesusworte".

Die Synoptiker. Mit dieser Bezeichnung meinen wir die Schreiber der Evangelien nach Matthäus, Markus und Lukas – eine überaus kuriose Bezeichnung, die aus der synoptischen Methode herrührt, mit der man seit dem 18. Jahrhundert diese drei Evangelien in ihrem Textbestand zu vergleichen pflegt. Da diese drei Evangeliumsfassungen nämlich viele Texte gemeinsam haben, stellte man ihre einzelnen Perikopen – um des besseren Vergleichs willen – nebeneinander, damit man sie in einer *Zusammenschau* (Synopse) vor sich hatte. Diese Evangelien begann man dann bald „die synoptischen Evangelien" und die Evangelisten Matthäus, Markus und Lukas „die Synoptiker" zu nennen.

Schon die aufmerksame Betrachtung einiger kurzer paralleler Evangelienabschnitte läßt uns etwas von der „synoptischen Frage" begreifen. In ihr handelt es sich um die Abhängigkeit der drei „synoptischen" Evangelien voneinander oder ihrer aller drei von einer oder mehreren früheren Quellen. Darüber ist ungemein viel geschrieben worden. Eine Abhängigkeit voneinander oder von gemeinsamen anderen Quellen besteht. Welche, ist nicht restlos geklärt; alle Lösungen sind Vermutungen. Das Markusevangelium ist mit neun Zehnteln seiner Verse auch im Evangelium nach Matthäus und mit mehr als der Hälfte auch im Lukasevangelium enthalten. Aber sehr oft sind die thematischen Zusammenhänge und die chronologischen Einordnungen verschieden. Damit ist eines der Probleme angedeutet: eine direkte Abhängigkeit der einen Evangeliumsfassung von der anderen würde auch die Ordnungen mehr beeinflußt haben; hier liegt einer der Gründe, warum man frühere, aber nicht erhaltene Fassungen für die ursprünglichen hält oder warum man gar Quellen annimmt, die wir heute nicht mehr haben. Als Beispiel für einen synoptisch nebeneinandergestellten Text sind auf der folgenden Seite die Verse über die Kindersegnung abgedruckt. Wer die Verschiedenheiten studiert, wird schon etwas vom Synoptikerproblem begreifen.

Der Evangelienvergleich ist aber nicht nur eine historische Methode; er gestattet auch Einsichten. Denn gerade durch den Vergleich ähnlicher Stellen tritt uns das Eigene des einzelnen „Synoptikers", sein Redaktionsprinzip klarer vor Augen, so daß wir das Verkündigungsanliegen der jeweiligen Evangeliumsschrift besser zu erfassen vermögen. Als Beispiel dafür sollen die ersten Sätze der drei Versuchungsperikopen dienen:

Markus (1,12–13) schließt an die Bezeugung Jesu durch die Stimme („Du bist mein geliebter Sohn, an dir habe ich Gefallen gefunden") unmittelbar an: „Danach trieb der Geist Jesus in die Wüste." Vom Wüstenaufenthalt und den Versuchungen berichtet er nur ganz knapp, jedoch mit großen Bildern: In der Wüste „blieb Jesus vierzig Tage lang und wurde vom Satan in Versuchung geführt. Er lebte bei den wilden Tieren, und die Engel dienten ihm" (Mk 1,13). Der nicht einhellig deutbaren

Mitteilung von dem Jesus, der in die Wüste getrieben wurde, folgt die umfassende menschliche Charakterisierung von der Versuchung und der existentiellen Aussetzung, dem dann die Verkündigung von seiner Gottgeliebtheit durch den Satz von den dienenden Engeln folgt.

Beispiel für synoptisch angeordnete Evangelienverse:

Mt 19	*Mk 10*	*Lk 18*
13. Da brachte man Kinder zu ihm, damit er ihnen die Hände auflege und bete. Aber die Jünger	13. Man brachte Kinder zu ihm, daß er sie berühren möge. Aber die Jünger	15. Man brachte Kinder zu ihm, daß er sie berühre. Als die Jünger das sahen,
wiesen die Leute ab.	wiesen die Leute ab.	wiesen sie die Leute ab.
14. Doch Jesus	14. Als Jesus das sah, ward er unwillig und sprach zu ihnen:	16. Jesus aber rief die Kinder zu sich und sprach:
sprach: Laßt die Kinder zu mir kommen und wehret es ihnen nicht; denn für solche ist das Himmelreich.	Laßt die Kinder zu mir kommen und wehret es ihnen nicht; denn für solche ist das Reich Gottes.	Laßt die Kinder zu mir kommen und wehret es ihnen nicht; denn für solche ist das Reich Gottes.
	15. Wahrlich, ich sage euch: wer das Reich Gottes nicht annimmt wie ein Kind, wird nicht hineinkommen.	17. Wahrlich, wer das Reich Gottes nicht aufnimmt wie ein Kind, wird nicht hineinkommen.
15. Dann	16. Dann schloß er sie in seine Arme,	
legte er ihnen die Hände auf	legte ihnen seine Hände auf und segnete sie.	
und zog weiter.		

Matthäus (4,1 ff.) verknüpft Taufe und Versuchung nicht so eng wie Markus. Die lockere Fügung von Einzelperikopen, die die Synoptikerevangelienbücher beherrscht, läßt die Versuchungsperikope mehr für sich stehen; sie wird mit dem zu allen Überleitungen brauchbaren „dann" angeschlossen. Die Dynamik des Markus wird bei Matthäus aufgelöst: „Jesus wurde vom Geist in die Wüste geführt"

(passivische Satzform und Wahl nicht so dynamischer Worte), was sicherlich theologisch nicht so wichtig, aber stilistisch überaus auffallend ist. Der Grund liegt zu Tage: während Markus mit seinem Satz bereits mitten im Bericht ist, ist dieselbe Mitteilung für Matthäus nur Einleitung, was auch durch die formale Wendung ausgedrückt wird: „Dort sollte er vom Teufel in Versuchung geführt werden."

Dieser Nachsatz gibt bei Matthäus nur das Thema für das Kommende an. Das Kommende ist aber eine Darstellung der großen Auseinandersetzung Jesu mit dem nationaljüdischen Messiasglauben. Zwar schließt auch Matthäus (4,11) seine Perikope mit dem Satz von den dienenden Engeln und so mit dem Hinweis auf den Sohn Gottes; aber der große Einschub, der mit seiner Gewichtigkeit die Perikope ganz anders akzentuiert, weist auf den falschen und den richtigen jüdischen Messias hin. Das Anliegen des Matthäusevangeliums, in Jesus den rechten Messias zu zeigen, war also der Grund für die fundamentale Änderung und Erweiterung der Perikope.

Lukas (4,1ff.) schließlich knüpft – wie Markus – sehr fest an die Tauferzählung an, obwohl er zwischen diese und die Versuchungsperikope die lange Ahnentafel einschaltet.

Aber er deutet das Taufereignis im ersten Satz der Versuchungsperikope: „Erfüllt vom Heiligen Geist, verließ Jesus die Jordangegend. Darauf führte ihn der Geist vierzig Tage lang in die Wüste." Der Geist, der mit ihm in der Wüste ist, ist hier eindeutig der Heilige Geist: nicht ein treibender Geist (Mk), nicht ein in die Wüste führender Geist (Mt), sondern ein in der Wüste ihn begleitender Geist. Die Perikope wird akzentuiert auf die geistige Auseinandersetzung hin. Bei Matthäus beginnt die Versuchung nach vierzig Tagen Fastens, als Jesus danach hungerte (1,2); bei Lukas stehen sich der Geist, der Jesus in der Wüste geleitete, und der Teufel vierzig Tage lang gegenüber.

Dieser bescheidene Versuch einer Gegenüberstellung von je zwei Versen der drei Synoptikerbücher kann nur andeuten, worin der Wert eines solchen Vergleichs liegt.

Versuch einer Chronologie des Lebens Jesu

Für die Bedeutung des Lebens Jesu ist es im großen und ganzen gleichgültig, wie die einzelnen Geschehnisse und Reden seines Lebens historisch zu ordnen sind. Trotzdem hat es den Christen immer danach verlangt, sich vom Leben Jesu ein anschauliches, und d. h. für die meisten auch ein chronologisch geordnetes Bild zu machen. Dieses Verlangen ist menschlich verständlich. Daß wir aber zum größten Teil bei dem Bemühen scheitern, die Chronologie des Lebens Jesu aufzustellen, liegt an den Quellen, deren Autoren bezüglich dieses Punktes nur wenig Ehrgeiz hatten (s. den Artikel „Das Evangelium und die Evangelien").

So sind denn auch die folgenden Seiten zu diesem Thema mit vielen Fragezeichen zu versehen; sie geben mehr Möglichkeiten als gesicherte Wirklichkeiten. Aber auch schon der Hinweis auf Möglichkeiten erhöht die Farbigkeit des Bildes. Auf die Lebendigkeit des Bildes soll es hier ankommen.

DIE CHRONOLOGIE
DER JUGENDGESCHICHTE

1. Der Termin der Geburt Jesu kann nicht mit Sicherheit festgestellt werden. Es gibt trotzdem einige Anhaltspunkte:

a) Einen Terminus ante quem (d. h. einen „Termin, vor dem") bietet das Todesjahr des Herodes. Herodes d. Gr. starb im Frühjahr 750 „ab urbe condita" (750 nach der Gründung Roms); dies ist, da es nur ein Jahr 1 gibt, nicht aber ein Jahr 1 v. Chr. und ein Jahr 1 n. Chr., das Jahr 4 v. Chr.; denn 753 „ab urbe condita" nennen wir das Jahr 1. Da Herodes zur Zeit der Geburt Jesu noch lebte, muß Jesus also vor dem Jahre 4 v. d. Z. („v. Chr.") geboren sein. – Um den Widerstreit zwischen Aussagemeinung und Wortformel etwas zu mildern, wenn man sagen muß, daß Christus in einem Jahr „vor Christus" geboren wurde, wird im folgenden Text des öfteren die Zeitbestimmung „v.

d. Z." (vor [Beginn] der Zeitrechnung) benutzt. Diese Formulierung hat also hier nicht den oft damit verbundenen christentumsfeindlichen Sinn.

b) Die in Lk 2,1–3 genannte Steuerschätzung fiel in den Herodesländern wahrscheinlich in die Jahre 10–7 v. Chr., nachdem sich das Verhältnis des Herodes zu Rom im Jahre 8 v. Chr. getrübt hatte. Wenn die Geburt Jesu in die Zeit der Steuerschätzung fiel, engt sich die Frist für die Geburt Jesu auf die Jahre 7–4 v. d. Z. („v. Chr.") ein. Über die Steuerschätzung und die damit zusammenhängenden Probleme s. den Artikel „Die Steuerschätzung".

c) Die Erforschung der Sternerscheinung („Stern von Betlehem"), die von den Astronomen für das Jahr 7 v. Chr. errechnet wurde, empfiehlt nun außerdem, das Jahr 7 v. d. Z. („v. Chr.") als das Geburtsjahr Jesu anzunehmen (s. den Artikel „Der Stern von Betlehem"). Trotz aller damit verbundenen Problematik soll das mit der Konjunktion verbundene Jahr zunächst einmal festgehalten werden.

In unserer Zeitrechnung „nach Christi Geburt" liegt also möglicherweise ein Fehler von wahrscheinlich sieben Jahren vor. Dieser Fehler konnte leicht entstehen, denn bis ins 6. nachchristliche Jahrhundert hatte noch niemand eine chronologische Relation der Lebensdaten Jesu zu den herrschenden Zeitrechnungen aufgestellt. So etwas nachzuholen ist jedoch außerordentlich schwer.

In den Jahren 523–525 nun beauftragte Papst Johannes I. den gelehrten Mönch Dionysius, der sich selbst Dionysius Exiguus (der Geringe) nannte, den alexandrinischen Ostertermin zu überprüfen und für die Zukunft zu berechnen. Sein *Liber de paschate* (Ostertafel) gab er im Jahre 525 heraus. In dieser Ostertafel legte er auch eine Rechnung über die Lebenszeit Jesu vor. Er benutzte dazu die verschiedenen Angaben der Evangelien und setzte sie in Beziehung zu den beiden damals üblichen Zeitrechnungen: zur Zeitrechnung „ab urbe condita" (nach der Gründung der Stadt, nämlich Rom), die jedoch mehr literarische Bedeutung hatte gegenüber der anderen, die nach dem Regierungsantritt des Kaisers Diokletian rechnete. Den Tag des Regierungsantritts des Kaisers nannte Dionysius den 29. August 284 n. Chr., und das Jahr der Gründung der Stadt Rom sollte das Jahr 754 v. Chr. sein. In dieser Rechnung waren Fehler, die zumal

auf die Lukasformel zurückgehen, daß Jesus bei seinem ersten öffentlichen Auftreten „etwa dreißig Jahre alt" gewesen sei (Lk 3,23). Schon Kepler hat im Jahre 1606 *(De Jesu Christi salvatoris nostri vero anno natalitio)* auf das Jahr 7 v. d. Z. („v. Chr.") als das Geburtsjahr Christi hingewiesen, nachdem ihm die Berechnung der Sternkonjunktion gelungen war.

Seit nun viele Bibelwissenschaftler es wieder ablehnen, die Sternerscheinung überhaupt mit der Geburt Jesu ernsthaft in Verbindung zu bringen, sollte man mit einer Folgerung aus dem Sternerscheinungsjahr vorsichtiger sein!

2. *Die Jahreszeit* der Geburt Jesu ist schwer anzugeben; es läßt sich lediglich einiges kombinieren, was aber nicht zu sicheren Resultaten führt:

Die Hirtenerzählung – falls sie überhaupt eine historische Bedeutung haben kann – weist darauf hin, daß die Herden zur Zeit der Geburt Jesu draußen übernachteten: das ist von März bis Ende Oktober der Fall. Damit böte sich als Geburtzeit die Spanne zwischen März und Ende Oktober (7 v. d. Z.) an. Da es aber in Betlehem im Sommer nichts zu grasen gibt und im Herbst auch erst nach den ersten Regenfällen, möchte man annehmen, daß die Herdenflur bei Betlehem hauptsächlich im Frühsommer bevölkert war, etwa März/April. Und da man annehmen darf, daß die Schätzungsarbeiten im Hochsommer und in der winterlichen Regenzeit ruhten, würde durch diese dem Termin März/April für die Geburt Jesu nichts im Wege stehen, wenn sie ihn auch nicht bestätigen können.

Und warum ist keine Rede von der Nacht des 24./25. Dezember? – Diese Nacht war schon seit 275 eine heidnisch-römische Feiernacht, in der die Römer die erste Nacht nach der Sonnenwende begingen, in welcher die Kürzung der Dunkelheit spürbar wurde; es war die Nacht des „Natalis Solis Invicti" (Geburtstag der Unbesiegten Sonne, d. h. des Unbesiegten Sonnengottes). Als die Neuchristen, deren es nach 311 (Zulassung des Christentums im römischen Reich durch Kaiser Konstantin) mehr und mehr gab, trotz ihres Christentums in großer Zahl angezogen wurden, das lichterschöne heidnische Sonnenfest mitzufeiern, wurde der römische Festtag von der christlichen Kirche für die Christen als

Geburtstag der „Sonne der Gerechtigkeit" (d. h. als Geburtsfeiertag Jesu Christi) ausgerufen. Das geschah also mit Sicherheit nach 311 und vor 336 (für dieses Jahr ist es bezeugt).

Der Besuch der Weisen – falls man ihn doch noch in die Chronologie einbeziehen will – dürfte dagegen schon sicherer für Anfang Dezember (7 v. d. Z.) angenommen werden, weil die Sternkonjunktion in dieser Zeit im Abendhimmel erschien. Den Stern aber sahen die Weisen, als sie von Jerusalem nach Betlehem wanderten. Zwar hielt sich Herodes im Winter wohl meistens in Jericho auf; aber das braucht kein Hindernis zu sein, den Dezember für den Weisenbesuch anzusetzen. Herodes könnte zum Tempelweihfest (s. d.) zeitweise nach Jerusalem gekommen sein.

Trotzdem ist natürlich auch das Erscheinen der Weisen an der September/Oktober-Wende, als der Stern in der Nacht sichtbar war, möglich. Jedoch ist zweifelhaft, ob sich eine Karawane im Hochsommer auf eine sechswöchige Reise durch die Wüste aufgemacht hätte. Deshalb ist der Dezembertermin wahrscheinlicher.

3. Die Flucht nach Ägypten folgte dem Weisenbesuch: sie kann also gut im Winter des Jahres 7/6 v. d. Z. notwendig gewesen sein. Da Herodes im Frühjahr des Jahres 4 v. d. Z. starb, hat der Aufenthalt in Ägypten demnach mindestens etwas mehr als zwei Jahre gedauert (von Winter 7/6 bis Frühjahr 4 v. d. Z.).

Der Kindermord des Herodes müßte etwa für das Frühjahr 6 v. d. Z. angesetzt werden, vielleicht nachdem Herodes aus seinem Wintersitz Jericho nach Jerusalem zurückgekehrt war: knapp ein Jahr nach dem heliakischen Aufgang des Sternbildes (s. d.). Um jede Unsicherheit auszuschließen, befahl Herodes die Ermordung aller Knaben bis zu zwei Jahren, wobei er die beiden Kalenderjahre seit dem Frühjahr des Jahres 7 v. d. Z. als volle Jahre für seinen Befehl zugrunde legte.

Nach dem Tode des Herodes (4 v. d. Z.) mag Josef den Aufbruch noch aufgeschoben haben, bis die heißen Tage vorüber waren. Dann kehrte Josef mit Maria und dem Kinde Jesus nach Israel zurück:

Etwa seit Herbst des Jahres 4 v. d. Z. wohnte die Familie in Nazaret.

4. Jesus war zwölf Jahre alt, als in den altherodianischen Ländern der Aufstand des Judas von Galiläa (s. d., Nr. 7) ausbrach. Das erklärt in der Lukaserzählung vor allem auch „die Reisegesellschaft"/„die Pilgergruppe" (Lk 2,44); denn es waren unsichere Zeiten. Die Aufstandsatmosphäre beeinflußte ganz sicher auch die Lehrgespräche der Schriftgelehrten im Tempel, so daß es nicht ausgeschlossen ist, daß es die Lehren über den Messias waren, die Jesus im Tempel so bannten.

So ergäben sich etwa folgende Termine: Empfängnis Jesu: Juni/Juli 8 v. d. Z.; (Mariä Gang ins Gebirge: Juni/Juli 8 v. d. Z.;) (Geburt des Johannes und Rückkehr Mariens nach Nazaret: September/Oktober 8 v. d. Z.;) Reise nach Betlehem: Februar/März 7 v. d. Z. (Reisezeit etwa 4 Tage); Geburt Jesu: März/April 7 v. d. Z.; Beschneidung Jesu: acht Tage nach der Geburt; Loskauf Jesu im Tempel: April/Mai 7 v. d. Z.; (Besuch der Weisen: Anfang Dezember 7 [frühestens Ende September 7] v. d. Z.;) (Flucht nach Ägypten: zwischen Mitte Dezember 7 v. d. Z. und Frühjahr 6 v. d. Z.;) (Kindermord in Betlehem: Frühjahr 6 v. d. Z.;) (Tod des Herodes: März 4 v. d. Z.;) (Rückkehr der Familie Josefs nach Nazaret: Spätsommer oder Herbst 4 v. d. Z.;) Reise nach Jerusalem, bei der der zwölfjährige Jesus verlorenging: 6 n. d. Z.

Aber: So schlüssig sich das auch anhören mag – die Berechnungen haben nur dann ein Fundament, wenn die Zusammenhänge, von denen sie ausgehen, historisch sind. Da aber die entsprechenden Erzählungen vielleicht nur einen Verkündigungssinn haben, könnte die Rechtmäßigkeit eines chronologischen Gebrauchs fraglich sein.

Da der Gang Mariens ins Gebirge zu ihrer Verwandten Elisabet, zur Mutter des (Täufers) Johannes nur historisch sein kann, wenn diese Elisabet wirklich eine Verwandte (oder Bekannte) Mariens war und nicht nur ein Verkündigungselement, das auf Jesus den Retter der Notvollen hinweisen will, indem Lukas damit erzählt, daß Jesus das schon vor seiner Geburt gewesen sei.

Und da der Besuch der Weisen möglicherweise ebenfalls nur eine Erzählung ohne historischen Anspruch ist, durch welche vor allem den Juden die Berufung *aller* Völker zur Gemeinschaft Jesu verkündigt werden soll, ist fraglich, ob man den „Stern von Betlehem" für die Geburtszeit Jesu so aussagekräftig nehmen darf.

Natürlich wäre es auch möglich, daß der Autor der Weisenerzählung (Mt 2,1–12) diese Erzählung erfunden, sie aber mit der so wichtigen, ihm bekannten Konjunktion der Sterne verbunden hat. Dann bliebe die Sternerscheinung auch eine chronologische Aussage, *wenn* der Autor sie nicht einfach als Symbolbild und Hinweis auf den „neugeborenen König der Juden" (Mt 2,2) benutzt hätte, ohne daß seine Geburt der Sternerscheinung so nahe lag, wie wir sie aus dem Text entnehmen möchten.

Und der andere Termin, vor dem die Geburt Jesu geschehen sein müßte *(terminus ante quem)*: der Tod der Kinder von Betlehem (7/6 v. d. Z.), könnte sich für eine chronologische Aussage auch in ein Nichts auflösen – wenn nämlich die ganze Geschichte vom Kindermord von Betlehem und der Flucht nach Ägypten nicht einfach eine Verkündigung von der Rettung des Retters sein soll, wie sie z. B. auch von Mose erzählt wird, als seine Mutter ihn am Nilufer in einem Binsenkörbchen aussetzte (Ex 2,3).

DAS ÖFFENTLICHE WIRKEN JESU

müßte nach den Synoptikern auf etwa anderthalb Jahre befristet gewesen sein; das Johannesevangelium legt jedoch eine längere Wirksamkeit Jesu nahe. Dieser Widerspruch hat schon viele zum Nachdenken veranlaßt. Vielleicht ist er unlösbar; trotzdem gibt es einen einsichtigen Lösungsvorschlag: wenn man nämlich annimmt, daß die Synoptiker nur die letzte entscheidende Phase des Lebens Jesu umgreifen wollen, während Johannes die ganze Zeit zwischen Taufe und Kreuzigung im Auge hatte. Man müßte dann annehmen, daß die Synoptiker von der Taufe und Versuchung Jesu sofort zum letzten entscheidenden Jahr überspringen, oder besser: daß sie alle Ereignisse wie in einem Jahr zusammenfassen, während das Johannesevangelium nach der Taufe und dem vierzigtägigen Fasten Jesu mit der Zeit beginnt, als Jesus noch im Schatten des Täufers wirkte, und eine längere Wirksamkeit Jesu deutlich erkennen läßt. Jedenfalls ist die „kurze Chronologie" der Synoptiker kein Widerspruch zur „langen Chronologie" des Evangelisten Johannes, weil sie sich gut in die von Johannes angedeuteten Zeitabschnitte einpassen läßt.

Die „lange Chronologie", die man nach dem Johannesevangelium aufstellen kann, fußt vor allem auf den Berichten über mehrere Besuche Jesu in Jerusalem, wobei auch mehrere Paschafeste berücksichtigt werden. Von den Synoptikern wird aber nur *ein* Besuch Jesu in Jerusalem ausführlich erzählt – der Besuch zum Leidenspascha. Aber auch aus den Synoptikern, z. B. aus Mt 23,37, läßt sich erkennen, daß Jesus des öfteren in Jerusalem war: „Jerusalem, Jerusalem! ... Wie oft wollte ich deine Kinder um mich sammeln ..." Und auch aus Lk 9,53; 13,1–5; 17,11 darf man auf mehrere Reisen nach Jerusalem schließen, wenn daraus auch keine bestimmteren Schlüsse gezogen werden können.

5. Die Taufe Jesu muß zwischen Auftreten und Gefangensetzung Johannes des Täufers stattgefunden haben. Für das Auftreten Johannes des Täufers wird das 15. Jahr der Regierung des Kaisers Tiberius angegeben (Lk 3,1); dies war das Jahr 28 n. Chr. Die anderen Angaben aus Lk 3,1.2 stimmen dazu: Pontius Pilatus war Landpfleger von Judäa seit 26 n. Chr.; Herodes Antipas war Vierfürst von Galiläa (4 v. Chr. bis 39 n. Chr.); Philippus war Vierfürst von Ituräa (4 v. Chr. bis 34 n. Chr.); Hohepriester waren Hannas und Kajaphas: Kajaphas amtierte von 18 bis 36 n. Chr., während Hannas als mächtigster Althoherpriester (6–15 n. Chr.) mit genannt wird. Dieses Jahr 28 n. Chr. wird also durch die chronologischen Parallelen bestätigt, wenn sie das Datum auch nicht enger einkreisen, wie wir es wünschen möchten. Um eine feste Vorstellung zu geben, können wir sagen: Johannes der Täufer wirkte seit Frühjahr 28 n. Chr.

Da man nach der Chronologie, die das Johannesevangelium gibt (s. oben), die Verhaftung des Täufers in den Herbst 29 oder 30 n. Chr. setzen muß, ist die Taufe Jesu in das Frühjahr 28, 29 oder 30 n. Chr. anzusetzen. Nach der Chronologie des Johannesevangeliums empfiehlt sich für die Taufe Jesu das Frühjahr 29 n. Chr., wenn man als Todesjahr Jesu 32 n. Chr. ansieht, wie wir es tun möchten.[1] Wir nehmen also im folgenden das Frühjahr 29 n. Chr. als die Taufzeit Jesu an (Frühjahr, d. h. etwa im Februar).

Jesu Aufenthalt in der Wüste muß unmittelbar an seine Taufe angeschlossen werden, gemäß dem Worte: „Und sofort wurde Jesus vom Geist in die Wüste getrieben" (wörtlich nach Mk 1,12). Man kann jedoch nun nicht aus den „vierzig Tagen" des Fastens folgern, daß Jesu Wüstenaufenthalt bis weit in den April gewährt habe; „vierzig Tage" ist eine schematische Zahl, die auf den vierzigtägigen Sinaiaufenthalt des Mose anspielt. Jesus wird damit als neuer Gesetzgeber in Parallele zum Gesetzgeber Mose gesetzt. Mit anderen Worten: Für den Aufenthalt im Gebirge Juda läßt sich keine genaue Frist angeben.

6. Das vorösterliche Frühjahr 29 n. Chr. –

Nach seinem Wüstenaufenthalt kehrte Jesus an den Jordan zurück, wo ihm Johannes der Täufer zwei seiner Jünger überließ: Johannes und Andreas. Diese gewannen – am Jordan oder auf dem Weg nach Galiläa – Simon Petrus, Philippus und Nathanael hinzu (Joh 1,35–51).

Mit diesen fünf Jüngern kam Jesus „am dritten Tage" nach Kana, wo er seine Mutter bei einer Hochzeit wußte; auch seine Brüder fand er dort (Joh 2,12). Mit Mutter, Brüdern (s. „Brüder Jesu") und Jüngern zog er sodann über Nazaret nach Kafarnaum: In Nazaret wird man den Hausrat geholt haben; denn Jesus, seine Brüder und seine Mutter ließen sich von da an in Kafarnaum nieder (Joh 2,21).

Wenige Tage später zog Jesus mit seinen (fünf) Jüngern nach Jerusalem zum Osterfest.

7. Am Osterfest 29 n. Chr. begann seine messianische Richtertätigkeit mit der Tempelreinigung (Joh 2,13–22). In die Zeit dieses Osterbesuchs fällt wohl auch die Begegnung mit Nikodemus (Joh 3,1–21), wenn man die Perikopenfolge des Johannesevangeliums als Fristenfolge, die sie offenbar sein möchte, bestehen lassen will.

8. Frühsommer bis November 29 n. Chr.: Im Frühsommer kehrte Jesus von Jerusalem aus an den Jordan zurück, wo er die Johannestaufe empfangen hatte, predigte und ließ durch seine Jünger taufen. Als er erfuhr, daß die Pharisäer ihn wegen des Zulaufs, den er hatte, beobachteten und beargwöhnten, zog er durch Samaria nach Galiläa. Johannes der Täufer taufte gleichzeitig weiter nördlich (Joh 3,22–24).

Auf diesem Weg durch Samaria fand vielleicht die Begegnung mit der Samariterin am Jakobsbrunnen statt (Joh 4,1–42). – In Kana kam ihm der königliche Beamte entgegen, der um Heilung für seinen Sohn bat (Joh 3,43–45). – Diese Rückreise könnte im November 29 angesetzt werden. – Man kann annehmen, daß Jesus vom Jordan aus auch das Pfingstfest und das Laubhüttenfest in Jerusalem besucht hat.

9. Zwischen Ende 29 und Herbst 30 n. Chr. (oder gar Frühjahr 31 n. Chr.) ist die chronologische Folge sehr schwer zu klären. Ethelbert Stauffer läßt „zehn stille Monate" folgen, die er zwischen Joh 4,54 und Joh 5,1 einschiebt. Mit Sicherheit ist in diese Zeit die Verhaftung Johannes des Täufers und dessen Ermordung anzusetzen. Deshalb kann „stille Monate" nicht heißen, daß Jesus sich zurückgezogen habe. Seine Tätigkeit muß sogar Aufsehen erregt haben, denn als Johannes der Täufer im Kerker durch seine eigenen Jünger darüber Näheres erfuhr, ließ er ihn durch Botschafter fragen: „Bist du der, der kommen soll?" (Mt 11,3). Das muß spätestens im Herbst 30 gewesen sein, und zwar in Judäa. Man könnte die Ereignisse zwischen 29 und Herbst 30 wohl am besten so ordnen:

Zunächst stilleres Wirken in Galiläa, vielleicht veranlaßt durch die Kritik der Jünger Johannes des Täufers. Ebenfalls stiller Gang zum Osterfest nach Jerusalem, vielleicht auch zum Pfingstfest im Jahre 30. In diese Zeit sind aber mit Sicherheit die Heilung der Schwiegermutter des Petrus, die Heilung eines Gelähmten und viele Krankenheilungen anzusetzen. Dann, im Spätsommer 30 n. Chr., Berufung der Apostel und nach der Verhaftung Johannes des Täufers gewaltiges Auftreten in Galiläa; dazu gehören vielleicht: eine Bergpredigt als Programmpredigt, Heilung eines Aussätzi-

---

[1] In der Datierung der Lebenszeit Jesu gehen die einzelnen Bibelwissenschaftler sehr weit auseinander. Besonders für die Datierung des Todesjahres Jesu gibt es auch für andere Jahre gute Begründungen, zumal für das Jahr 30 n. Chr. Der Verfasser hat sich für die Annahme des Jahres 32 n. Chr. entschieden, weil ihm die von E. Stauffer dargelegten Zusammenhänge zwischen der Art der Prozeßführung gegen Jesus und der Politik des Sejanus bzw. um Sejanus (s. Nr. 10 und 11 dieses Kapitels) für die Datierung entscheidend zu sein scheint. – Vergleiche E. Stauffer, Jerusalem und Rom (Dalp-Taschenbücher), 1957, S. 16f..

gen (Mt 8,1–4), Heilung des Hauptmannsburschen (Mt 8,5–13), Besessenenheilung (Mt 12,22–24; Lk 11,14), eine Seepredigt (Mt 4,1–34), Sturmfahrt und die Ereignisse in Gerasa (Mk 4,35–5,21), Begegnung mit der Jairustochter (Mk 5,22–43), Verfemung in Nazaret (Mk 6,2–6), die Aussendung der Apostel (Lk 9,1), Predigt in Judäa – auf dem Wege zum Laubhüttenfest (Ende September), die Anfrage des Johannes (Lk 7,18–28).

10. Im Oktober 30 n. Chr., also nach der Johannesanfrage, wahrscheinlich auch nach dem Tode Johannes des Täufers, finden wir Jesus auf „einem Fest" der Juden in Jerusalem. Wenn man den griechischen Text (Joh 5,1) im Sinne des hebräischen Wortgebrauchs übersetzt, so lautet er: „Danach war Fest der Juden"; wenn dies *das* Fest heißen sollte, so könnte dies nur das Laubhüttenfest (s. d.) gewesen sein. Hierhin datiert Johannes die Heilung am Teich Betesda (Joh 5,1–15).

Politisch war das Jahr 30 n. Chr. ein gefährliches Jahr für das Judentum. Sejanus, der starke Mann in Rom und größte Judenfeind der römischen Geschichte, entzog dem Hohen Rat die Kapitalgerichtsbarkeit; die Religionsgerichtsbarkeit blieb Sache des Hohen Rates.

11. Im Januar 31 n. Chr. erhielt Sejanus mit Tiberius zusammen das Konsulat. Pilatus wird in dieser Zeit – denn er war ein Freund des Sejanus – den Titel „Freund des Kaisers" *(amicus Caesaris)* erhalten haben (Joh 19,12).

12. Frühjahr 31 n. Chr. Vor Ostern hatten sich die politischen Messiashoffnungen in Galiläa (s. d.) so auf Jesus konzentriert, daß er nur noch mit großen Mengen (vor allem Männern) durchs Land ziehen konnte. Die Erzählung vom Wunder der Brotvermehrung (Joh 6,1–13) zeigt Jesus mit einer solchen Menge, die ihn als Messias suchte. Er mußte sich ihr entziehen, weil sie ihn zum König machen wollten (Joh 6,15). Daran schloß sich, in der Synagoge von Kafarnaum, anderntags eine Auseinandersetzung mit den Juden an: über das lebenspendende Wort Gottes; vom Apostel Johannes (Joh 6,22–71) als Eucharistierede überliefert.

Ostern 31 n. Chr.: Jesus in Jerusalem zum Paschafest; das Fest wird auch von Johannes nicht erwähnt. Da Jesus aber die Wallfahrtsfeste getreu hielt und auch von seinen Feinden nie erwähnt wurde, daß er sie nicht gehalten habe, muß angenommen werden, daß er auch an diesem Paschafest nach Jerusalem ging.

13. Von Ostern bis zum Laubhüttenfest 31 n. Chr. hielt sich Jesus in Galiläa auf. Um den Nachspürungen des Hohen Rates einerseits und der ihm unablässig folgenden Menge andererseits eine Zeitlang auszuweichen, wanderte er auch in das Gebiet von Tyrus und Sidon (Mk 7,24–30). Nach der Rückkehr von dort wäre die sog. „zweite Brotvermehrung" (Mk 8,1–9) einzuordnen, wenn eine solche zweite Begegnung stattgefunden haben sollte.

Dann Wanderung – aus dem gleichen Grunde – ins Gebiet von Cäsarea Philippi. Messiasbekenntnis des Petrus (Mk 8,27–34). Auf dieser Reise sprach Jesus von seinem Leiden (Mk 8,30–32).

In den Spätsommer 31 fällt wohl auch der Aufstieg zum Tabor (Mk 9,1–9) mit den folgenden Ereignissen am Fuß des Berges (Mk 9,13–28); alle Evangelisten lassen dann noch einmal eine Leidensansage folgen (Mk 9,29–31), worauf sich der Rangstreit der Jünger erhob (Mk 9,32–36). – Im September 31 ging Jesus zum Laubhüttenfest nach Jerusalem (Joh 7–10):

14. Das Laubhüttenfest (s. d.), das im Leben Jesu eine so große Rolle spielte, war auf jeden Fall das letzte Laubhüttenfest vor seinem Tode – gleichgültig, welche Länge man für das öffentliche Wirken Jesu auch ansetzt. Nach der hier (als eine Möglichkeit) vorgeschlagenen Chronologie ist es das Fest des Jahres 31. Hierzu können wir folgende Angaben machen:

Das Fest dauerte 7 Tage + 1 Tag (Beschlußfest). Wann Jesus zum Fest kam, wissen wir nicht; öffentlich zeigte er sich aber erst, als das Fest halb vorüber war (Joh 7,14); der Grund dafür lag in dem geplanten Aufstand (S. 604, Nr. 11). „Am letzten Tag des Festes, dem großen Tag" (Joh 7,37) entstand im Tempel eine fast tumultuarische Auseinandersetzung mit und um Jesus und seine Propheten- bzw. Messiasqualität (Joh 7,37–52).

Die Nacht vom letzten Festtag zum Beschlußfest, das Sabbatcharakter hatte, verbrachte Jesus am Ölberg (s. d.). Am Sabbattag des achten Festtages (Beschlußfest, großer

Tag) Auseinandersetzung mit den Schriftgelehrten und Pharisäern: Rede über das Licht der Welt (Joh 8,12ff.), Rede über die Kinder Abrahams (Joh 8,31ff.). Die Auseinandersetzung endigte mit der Steinigungsdrohung. „Jesus aber verbarg sich und verließ den Tempel" (Joh 8,59). „Unterwegs", so erzählt Joh 9,1, begegnete er dem Blindgeborenen. Johannes macht daraus eine Heilungswundergeschichte. Weil Sabbat war: neue Auseinandersetzung mit den Pharisäern (Joh 9,1–41).

Zu den Reden dieses Laubhüttenfestes gehört vielleicht auch die Hirtenrede (S. 605, Nr. 12), die Johannes im Kapitel 10,1–21 an diese Ereignisse anhängt. Von Jerusalem aus kehrte Jesus nach Galiläa zurück.

18. Oktober 31 n. Chr.: Kaiser Tiberius stürzte seinen Mitkonsul Sejanus.

15. Im Winter des Jahres 31 n. Chr.: Jesus reiste zur Feier des Tempelweihfestes (s. d.). Die Lukanische Reise (Lk 9,51–10,24) läßt sich am besten als Reise zu diesem Tempelweihfest verstehen. In dieser Reise November/Dezember wären unterzubringen: die Ablehnung der Samariter, Jesus Herberge zu geben (Lk 9,52–56); Voraussendung der siebzig Jünger nach Judäa, „in alle Städte und Ortschaften, in die er selbst gehen wollte" (Lk 10,1ff.). Am Ende der Reise stand der Besuch im Hause Marias: „Nur eines ist notwendig!" (Lk 10,38–42).

Auch bei diesem Fest versuchte das Volk, Jesus ein entscheidendes Wort über seine Pläne zu entreißen. Auf die Erklärung Jesu hin neue Bedrohung mit Steinen (Joh 20,22–39). Nach dem Tempelweihfest ging Jesus nach Peräa (Joh 10,40).

16. Jesus hielt sich im Ostjordanland (Peräa) auf, wahrscheinlich in der Gegend jenes Betanien, wo Johannes der Täufer zuerst getauft hatte. Dort erreichte ihn die Botschaft von der Krankheit des Lazarus, der in Betanien am Ölberg (s. d.) wohnte. Zwei Tage zögerte er noch; dann begab er sich ins Ölberggebiet. Lazarus war tot (Joh 11,1–44).

Unmittelbar darauf, an einem der nächsten Tage, fand die Versammlung des Hohen Rates statt, auf der endgültig die Beseitigung Jesu beschlossen wurde: ausdrücklich mit Bezug auf ein Erweckungswunder an Lazarus (Joh 11,45–53) (S. 606, Nr. 16). Jesus aber entfloh

der drohenden Verhaftung und zog sich von dort in die Gegend nahe der Wüste in eine Stadt mit Namen Efraim zurück (Joh 11,54).

Für diese kurze Reise in die Nähe Jerusalems läßt sich keine genaue Datierung geben. Ethelbert Stauffer weist auf den Mischnatraktat Sanhedrin (43a) hin, der von einem Heroldruf spricht, der vierzig Tage vor der Hinrichtung Jesu durchs Land getragen wurde: „Er soll gesteinigt werden, weil er gezaubert und verführt und Israel zum Abfall gebracht hat. Jeder, der für ihn eine Rechtfertigung weiß, komme und begründe sie." Diese Angabe könnte tatsächlich darauf hinweisen, daß die Versammlung des Hohen Rates, die mit dem Todesbeschluß endete, etwa vierzig Tage vor der Verurteilung Jesu stattfand.

ALS TODESJAHR JESU

soll hier das Jahr 32 n. Chr. angenommen werden, mit dem Argument, daß das Pfingstfest der Apostelgeschichte (Apg 1,12 bis 2,41) am besten ins Jahr 32 datiert wird.

17. Die Reise zum Todespascha trat Jesus von seinem Versteck aus an. – Johannes spricht von Efraim (Joh 11,54), während aus Lk 17,11 zu entnehmen ist, daß er weiter aus dem Norden kam. Die Reise begann Jesus etwa zwei Wochen vor Ostern. Noch vor Jericho könnte man die Begegnung mit den zehn Aussätzigen einordnen (Lk 17,11–19); etwa am Donnerstag (vor dem Palmsonntag) kam Jesus in Jericho an – hierzu wird die Heilung des Blinden (s. den Artikel S. 606, Nr. 15) erzählt; in Jericho rief Jesus den Oberzöllner Zachäus aus dem Maulbeerfeigenbaum: „Ich muß heute in deinem Haus zu Gast sein" (Lk 19,1–10); es ist also anzunehmen, daß er in der Nacht von Donnerstag auf Freitag bei Zachäus übernachtete.

Am Freitag wird Jesus dann von Jericho nach Jerusalem gewandert sein; er blieb entweder in seiner gewohnten Höhle am Ölberg (s. d.) oder im Hause des Lazarus. Jedenfalls ist er am Sabbat in Betanien, wo er dann wohl am Sabbatmorgen die Synagoge besuchte; das Sabbatmahl nach dem Gottesdienst nahm er bei Simon dem Aussätzigen, bei dem er von Maria gesalbt wurde (Joh 12,1–8).

„Am Tag darauf" (Joh 12,12), also am er-

sten Tag der Woche, den wir heute „Sonntag"
nennen (Palmsonntag), ging Jesus dann über
Betfage nach Jerusalem. Auf diesem Wege
begann die Huldigung für ihn als Messias (Lk
19,28–40) (S. 607, Nr. 18); noch bevor der Zug
ins Tal kam, also noch auf dem Ölberg, rief
Jesus seine Klage über Jerusalem aus (Lk
19,41–44). – Nach dem feierlichen Empfang in
Jerusalem ging Jesus in den Tempel; mit diesem ersten Tempelbesuch nach seinem Einzug
ist vielleicht „die (zweite) Tempelreinigung"
zu verbinden.

18. Nach dem Einzug in Jerusalem sind zweifellos im Laufe der folgenden Tage – von
Sonntag bis Mittwoch – einzuordnen: Die Versuchung durch die Steuerfrage (Mt 22,15–21
und Parallelen) (S. 608, Nr. 19) und die Auseinandersetzung mit den Sadduzäern über die
Auferstehung (Mt 22,23–33 und Parallelen).
Die Versuchung Jesu durch die Urteilsauffor-
derung über die Ehebrecherin (Joh 8,1–11) (S.
608, Nr. 19).

Matthäus fügt hier – gemäß seinem zentrali-
sierenden Schema – eine Reihe von Reden und
Gleichnissen Jesu ein, die aber zum Teil auch
früher gesprochen worden sein können: Jesu
Antwort auf die Frage nach dem Hauptgebot
(Mt 22,34–40); Jesu Gegenfrage über den
Messias (Mt 22,41–46); Jesu Warnung vor den
Pharisäern (Mt 23,1–36); das Gleichnis vom
königlichen Hochzeitsmahl (Mt 22,1–14); die
Rede vom Ende des Tempels und vom Ende
dieser Zeit (Mt 24,1–51); das Gleichnis von
den zehn Jungfrauen (Mt 25,1–13); das Gleich-
nis von den Talenten (Mt 25,14–30); die Rede
Jesu vom Weltgericht (Mt 25,31–46).

19. Donnerstag und Freitag der Passionstage
Jesu haben als Ganzes die Problematik, daß
die Ereignisse sich stark drängen. Deshalb hat
es immer Frager gegeben, die die Zusammen-
drängung der Ereignisse, die sich übrigens
nicht aus allen Evangelien zwingend ergibt,
durch eine Aufteilung auf die Zeit von Dienstagabend bis Freitagnachmittag aufheben
möchten. Das Abendmahl schlagen sie für den
Dienstagabend vor. Da diese neue Chronologie jedoch noch stark in der Diskussion ist und
auch die traditionelle Chronologie ihre glaubhaften Möglichkeiten hat, soll hier diese traditionelle Verteilung der Geschehnisse auf Donnerstag und Freitag beibehalten werden.

Am Donnerstagabend fand danach also das
Paschamahl Jesu mit seinen Aposteln statt.
Am frühen Nachmittag schickte Jesus den
Petrus und Johannes vom Ölberg in die Stadt
hinüber, um das Ostermahl vorzubereiten.
Falls Jesus ein Paschamahl *mit* Osterlamm[2] aß,
mußte bereits ein Osterlamm besorgt sein;
sodann mußten Petrus und Johannes zum
Tempel, um das Lamm dort zu schlachten.[3]
Falls Jesus das Paschamahl *ohne* Paschalamm
aß, brauchten sie sich nur mit der Essensvorbe-
reitung im Mahlhause selbst zu befassen; auch
dort werden sie ein Lamm geschlachtet und
gebraten haben – aber dies war nicht das
Paschalamm.

Bei Anbruch der Dunkelheit kam Jesus
dann mit seiner Mahlgemeinschaft in die
Stadt. Das Abendessen dauerte bis gegen Mitternacht. Möglich ist, daß Jesus dann mit
seinen Aposteln in den Tempel ging, der an
diesem Tag ab Mitternacht geöffnet war. Vom
Tempel aus – oder vielleicht auch direkt vom
Abendmahlssaal aus (s. d.) ging er durch das
Kidrontal (s. d.) hinüber zum Ölberg (s. d.).

Eine Schwierigkeit macht – für die Chronologie – der Weggang des Judas Iskariot. Wenn
er den Abendmahlssaal schon bei der Vorkost
verließ – wie man annehmen möchte[4] –, so war
es noch recht früh am Abend, und Judas hätte
das Verhaftungskommando noch gut zum
Abendmahlssaal führen können, was Jesus mit
dem Vorausschicken von Petrus und Johannes
gerade verhindern wollte. Tatsächlich führte
Judas das Kommando zum Ölberg. Die
Schwierigkeit für die Chronologie müssen wir
stehen lassen.

Am Ölberg kam Jesus mit seinen Aposteln
um Mitternacht oder – falls er zunächst in den
Tempel ging – gegen 1 Uhr nachts an; etwa
eine Stunde später (also um 1 Uhr oder um 2
Uhr) kam das jüdisch-römische Verhaftungskommando.[5]

---

[2] S. 609.
[3] Siehe im Artikel „Das Paschafest".
[4] Siehe im Artikel „Das Paschafest", Nr. 3.
[5] Eine andere Zeiteinteilung, die auch die Schwierigkeit
   von Judas' Weggang lösen würde, wäre die, daß Jesus das
   Abendmahl sehr spät am Abend begonnen hat und es
   nach dem Fortgang des Judas in Eile zu Ende geführt hat,
   um nicht gerade bei diesem Abendmahl verhaftet zu
   werden. Der eventuelle Tempelgang und die Verhaf-
   tungszeit könnten beibehalten werden.
[6] Warum Jesus das Paschamahl am Donnerstag, die Ankläger Jesu jedoch am Freitagabend feierten, s. im Artikel
   „Paschamahl (Termin)".

Die Sitzung im Haus des Hohenpriesters mit der ersten Verurteilung Jesu müßte dann um 2 Uhr oder 3 Uhr nachts angesetzt werden. Sie braucht nicht lange gedauert zu haben: etwa um 3 Uhr oder 4 Uhr früh kann sie vorbei gewesen sein – was mit dem „Hahnenschrei", der bei der Verleugnung des Petrus erwähnt wird, übereinstimmen würde.

„Als es Tag wurde" (Lk 22,66), fand dann im Tempel die zweite Sitzung des Hohen Rates statt, d. h. gegen 7 Uhr früh. Die turbulente Verhandlung vor Pilatus, die Überführung des Gefangenen an den Herodeshof, die Rückführung zu Pilatus, die Geißelung, die Versuche des Pilatus zur Freilassung und die schließliche Verurteilung müßten sich dann zwischen 8 Uhr und 12 Uhr abgespielt haben. „Es war am Rüsttag des Paschafestes, ungefähr um die sechste Stunde", als Pilatus das Urteil sprach, sagt Johannes (Joh 19,14).

Die Kreuzigung darf man für etwa 13 Uhr vermuten; das entspräche auch der Episode mit Simon von Zyrene, der sehr wohl um diese Zeit vom Feld kommen konnte: bevor die heißeste Zeit des Tages, der frühe Nachmittag kam. Wenn die Synoptiker sagen, daß von der sechsten bis zur neunten Stunde eine Finsternis ausbrach (Mk 15,33) – womit sie doch offenbar die Zeit des Kreuzesleidens Jesu meinen –, so stimmt dies ebenfalls mit dieser Zeit überein; denn in der vulgären Zeitangabe brauchte man den Ausdruck „sechste Stunde" auch für die Stunden nach der sechsten Stunde (s. den Artikel „Die Stunde").

20. Von Freitagnachmittag bis Sonntag: für diese Zeit ist die Chronologie ziemlich unproblematisch. Sie kann fast uhrzeitmäßig festgelegt werden.

In den ersten Nachmittagsstunden (etwa 14 Uhr) des Freitags verließen die Ankläger Jesu Golgota, um bei Pilatus den Antrag zum Ab-transport der Gekreuzigten zu stellen; daraufhin waren sie überzeugt, daß alles nach römischem Brauch verlief: Knochenzerschlagung, Abtransport, Verbrennung. Bei alledem mußten die Verurteilten unter Aufsicht der Exekutionssoldaten bleiben.

Etwa um 15 Uhr, d. h. „gegen Abend", starb Jesus. Sofort begab sich Josef von Arimathäa zu Pilatus, um die Leiche Jesu zu erbitten. Inzwischen traf das Abtransportkommando ein; aber Jesus zerschlugen sie die Schienbeine nicht, weil er schon tot war, und nahmen seine Leiche nicht mit.

Nach der Rückkehr Josefs von Arimathäa nahmen einige Männer den Leichnam Jesu vom Kreuz, wuschen ihn und balsamierten ihn ein, so gut es in der Eile ging – die Frauen hielten sich einige Schritte davon entfernt und hielten Totenklage. Als es dunkelte, war Jesu Leichnam im Grabe Josefs von Arimathäa beigesetzt; der Rollstein wurde vorgeschoben. Vor Dunkelheit verließen alle den Gräberort. – Inzwischen hatten die Ankläger Jesu ihr Pascha vorbereitet (zwischen 15 Uhr und 18 Uhr).[6] Mit Beginn des Paschaabends (etwa 18 Uhr) gingen sie zum Paschamahl in ihre Wohnungen oder – die Pharisäer (s. d.) – in ihre Genossenschaftsräume. Als sie am späten Abend vom Paschamahl kamen, erfuhren sie vom wirklichen Ablauf: daß der Leichnam Jesu dem Josef von Arimathäa ausgehändigt worden war. In der Nacht noch hielten sie Beratung über die neue Lage. Am Sabbatmorgen Vorsprache einer Delegation des Hohen Rates bei Pilatus und Bitte um eine Grabwache. Am Sabbatvormittag übernahm eine militärische Einheit Grab und Leichnam zur Wache. Grabwache durch vier römische Soldaten vom Sabbatvormittag bis in die ersten Morgenstunden des ersten Wochentages. Als die Frauen zum Grab kamen, waren die Soldaten geflohen.

Das Evangelium nach Matthäus

Vom „Evangelium nach Mt" behauptet die kirchliche Tradition, die sich dabei auf sehr frühe schriftliche Äußerungen stützen konnte, der Apostel Matthäus (s. d.) sei sein Autor. Die Zusammenschau der Aussagen über den Zöllner Levi, den man für den Apostel Matthäus hält (Mt 9,9; 10,3; Mk 2,14; Lk 5,27), hat diese Tradition unterstützt.

Da das Evangelium erst nach der Zerstörung Jerusalems (vgl. Mt 24,1ff.) geschrieben wurde, also etwa zwischen 70 und 85 n. Chr., ist eher ein Apostelschüler als ein Apostel selbst als Autor anzunehmen: vielleicht ein jüdischer Schriftgelehrter. – In der Kanonliste steht es an erster Stelle, obwohl das Evangelium nach Markus älter ist. Der Grund für diese Stelle in der Kanonordnung ist wohl der, daß es in der frühen Kirche das meistgelesene Evangelium war.

Über die Entstehung des Matthäusevangeliums gab und gibt es viele Hypothesen. Heute nimmt man fast allgemein an, daß der Evangelist das bereits vorliegende Markusevangelium benutzte und außerdem aus anderen Quellen schöpfte: Markus und die anderen Traditionen waren also für ihn zwei Quellen seiner Darstellung; deshalb nennt man diese Theorie über die Entstehung des Matthäusevangeliums „Zweiquellentheorie".

Bei Bischof Papias (um 130) findet sich die Notiz, daß Matthäus „in hebräischer Sprache" die Reden Jesu zusammengestellt habe. Daraus hat man auf einen aramäischen Ur-Matthäus geschlossen; nachdem J. Kürzinger („Biblische Zeitschrift" 1960, Nr. 1, S. 19–38) die Vermutung ausgesprochen hat, daß man die griechischen Worte des Papias nicht „in hebräischer Sprache", sondern „nach hebräischer Darstellungsweise" übersetzen müsse, ist die Überzeugung von einem aramäischen Ur-Matthäus stark ins Wanken gekommen. Es ist möglich, daß das Matthäusevangelium von Anfang an griechisch geschrieben war. Freilich besagt dies noch nicht, daß die uns überlieferte Form des Matthäusevangeliums auch die ursprüngliche Form ist.

Das Evangelium nach Matthäus übernimmt den Markus-Rahmen, das sogenannte synoptische Schema, wie es im Artikel über das Evangelium nach Markus (s. d.) kurz dargestellt ist. Es übernimmt außerdem fast den gesamten Markus-Stoff, wenn auch oft in anderer Ordnung. Jedoch ist das Evangelium nach Matthäus um mehr als vierhundert Verse länger als Markus, so daß es etwa zwei Fünftel Sondergut enthält, das der Evangelist aus den Quellen des „Evangeliums vor den Evangelien" schöpfte.

Wenn Papias bei Matthäus davon spricht, daß er „nach hebräischer Darstellungsweise die Logien zusammengestellt habe", könnte dies also heißen, daß er die Logienquelle mehr als Markus benutzt hat; und daß er dies „nach hebräischer Darstellungsweise" tat, könnte bedeuten: das Evangelium nach Matthäus erinnert in seiner Form auffallend an die rabbinischen Spruchsammlungen, in denen sich die Weisheit einzelner Rabbinen oder Rabbinenschulen niedergelegt fand.

Der Aufbau des Evangeliums zeigt eine sehr eigenwillige Form, die die Aussicht, aus der Darstellung eine Chronologie des Lebens Jesu ableiten zu können, auf weite Strecken auflöst. Damit tritt der Gesichtspunkt der Verkündigung desto stärker ins Feld.

Eingeleitet wird die Darstellung durch den Zyklus der Geburts- und Kindheitsgeschichten (1,1–2,23) und die Hinweise auf die Vorbereitung Jesu auf sein messianisches Wirken (3,1–4,11).

Sodann folgt nach einer kurzen summarischen Einleitung und chronologisch-geographischen Ortung (4,12–25) die erste große Rede: die *Bergpredigt* (5,1–7,29). Der kerygmatische Hintergrund ist hier offensichtlich die Lehre von Jesus dem Lehrer.

Dem folgt ein *Zyklus von zehn Wundererzählungen,* unterbrochen von kurzen Lehren, deren Stellung hier auf Einflüsse späterer Redaktionen zurückgehen kann. Der kerygmatische Hintergrund ist offensichtlich die Lehre von Jesus, der Zeichen für den Anbruch der messianischen Zeit gibt (8,1–9,34).

In einem zweiten Redenzyklus geht es um *Jüngerschaft und Mission* (9,36–11,1), der durch die nachfolgenden Abschnitte vom *Unglauben der Juden* (11,2–12,50) seine Begründung findet. In diesen Versen 11,2 bis 12,50 sind vielleicht chronologisch auswertbare Situationen enthalten.

Dem folgt ein dritter Redenzyklus mit sieben Gleichnissen („*Die Seepredigt*": 13,1–52), worauf wieder eine Reihe von Lehren, eingestreut in historische Situationen, folgen (14,1–20,34). Heraus hebt sich hier die Redenfolge mit den *Belehrungen für die Jünger* (18,1–20,28) und über den Charakter der Bürger des messianischen Reiches.

Der letzten Lebenswoche Jesu gelten die Kapitel 21–25, beginnend mit dem Einzug in Jerusalem. Auch hier heben sich Zyklen heraus: die *Auseinandersetzung Jesu mit dem fal-*

schen *Messiasbild* der Juden (21,23–23,36) und die Abschnitte der *eschatologischen Reden* (23,37–25,46).

Der letzte Hauptteil enthält schließlich die Verkündigung von *Jesu Leiden, Sterben und Auferstehen* (26,1–28,20). Dieser Teil ist stark von Geschehnissen bestimmt.

Diese zwar ohne Einzelheiten dargestellte Systematik macht aber doch klar, daß das Evangelium nach Matthäus eine sachliche Komposition hat, in der – was die Reden und zum Teil auch, was die Wundererzählungen angeht – chronologische Gesichtspunkte nicht maßgebend waren.

Der theologische Sinn dieses Evangeliums ist der Aufweis Jesu als des verheißenen Messias des Judentums. Deshalb beginnt es mit der Genealogie des Davidssohnes; deshalb wendet es immer wieder messianisch zu verstehende Prophetien auf Jesus an; deshalb zeigt es immer wieder, daß sich alle Charakterisierungen des erwarteten Messias in Jesus erfüllt haben (s. im Artikel „Der Messias") und daß seine Gemeinde das wahre Israel ist.

Der Evangelist wandte sich – so darf man aus diesem sachlichen Befund herleiten – mit seinem Evangelium vorwiegend an Juden; vielleicht auch deshalb, weil er in einem Gebiet lebte, wo Christen aus dem Judentum zusammenwohnten.

Wie sich das griechische Evangelium nach Matthäus zu einer aramäischen Quelle verhält, ist für die Materie seiner Verkündigung nicht ausschlaggebend; Tatsache bleibt, daß auch dieses griechische Evangelium „nach hebräischer Darstellungsweise" geschrieben ist, d. h. sich an die Form der rabbinischen Spruchsammlungen anlehnt. Es ist so etwas wie ein Lehrbuch: ein Lehrbuch für die Gemeinden aus Judenchristen, in denen der neue Charakter der Gemeinde („Kirche") betont wird (vgl. Mt 16,18 und 18,17).

ZU Mt 1,1–25:
DIE GEBURT JESU

Der Erwähnung der Geburt Jesu geht ein Stammbaum Jesu voraus (1,1–17), über den man im Kapitel „Literaturformen" unter dem Abschnitt „Listen" etwas nachlesen möge.

Die kleine Erzählung von der Geburt Jesu beginnt mit der Mitteilung: „Maria, seine Mutter, war mit Josef verlobt; noch bevor sie zusammengekommen waren, zeigte sich, daß sie ein Kind erwartete – durch das Wirken des Heiligen Geistes" (1,18).

JOSEF AUS DEM HAUSE DAVIDS

Von Josef wissen wir nicht viel. Er war Zimmermann (Mt 13,55) und stammte aus dem königlichen Hause David (1,20). Er war verlobt mit Maria (1,18), aber das Kind Jesus war nicht sein leiblicher Sohn (1,18), erzählt das Evangelium nach Matthäus. Als er von der Schwangerschaft Mariens erfuhr, wollte er sie entlassen; denn er war gerecht (1,19). Aber durch Gottes Eingebung (erzählt Matthäus: 1,20) entließ er Maria nicht. Er führte sie heim und nahm sie mit nach Betlehem. Als das Kind acht Tage alt war, beschnitt Josef das Kind (Lk 2,21). Am vierzigsten Tag ging er zur Darstellung des Knaben in den Tempel (Lk 2,22), und als dem Kind Gefahr drohte, floh er mit Jesus und der Mutter Jesu nach Ägypten (Mt 2,14). Nach dem Tode Herodes d. Gr. kehrte er zurück (Mt 2,21). Weil aber Archelaus regierte, fürchtete er sich, nach Judäa (ins Gebiet des Archelaus) zurückzukehren, deshalb ließ er sich in Galiläa nieder, im Gebiet des Herodes Antipas (Mt 2,22). Als Jesus zwölf Jahre war, hören wir noch einmal von Josef gelegentlich einer Paschawallfahrt, die er regelmäßig machte (Lk 2,41). Später wird er nicht mehr als mithandelnde Person genannt, sondern nur noch erwähnt: „Ist er (Jesus) nicht der Sohn des Zimmermanns?" (Mt 13,55). – Aber so karg die Angaben sind, es läßt sich einiges daraus lesen, und einiges andere läßt sich aus dem Brauchtum und der Politik erschließen:

Das Alter Josefs läßt sich aus dem allgemeinen Brauch erschließen. Das Heiratsalter für junge Männer lag damals zwischen 18 und 20 Jahren. Josef könnte also bei der Geburt Jesu 19 bis 21 Jahre alt gewesen sein. Als Jesus 12 Jahre alt war, wäre Josef dann also etwa 31 bis 33 Jahre alt gewesen. Bei seinem öffentlichen Auftreten kann man Jesus auf 33 bis 37 Jahre schätzen; Josef wäre 52 bis 58 Jahre gewesen. Man könnte annehmen, daß der Tod Josefs den Aufbruch Jesu von Nazaret ausgelöst hat (zu den Altersangaben Jesu s. im Kapitel „Chronologie . . ." Nr. 1).

Diese Darstellung ist hypothetisch, ebenso

wie die andere, die sogleich angefügt sei: Man kann nämlich auch annehmen, daß Josef Witwer war und schon aus erster Ehe mehrere Kinder hatte. Die Meinung ist bis ins 4. Jahrhundert allgemein vertreten worden, und bei der Überlegung aller Hinweise hat sie sehr viel für sich. Josef könnte etwa sieben Kinder gehabt haben, wenn alle „Brüder" und „Schwestern Jesu" (Mk 6,3; Mt 13,55) im Sinne solcher Halbgeschwister Jesu zu verstehen wären. Man könnte dann annehmen, daß Josef bei der Geburt Jesu etwa 30 Jahre alt gewesen wäre; aber natürlich kann er auch älter gewesen sein. Beim öffentlichen Auftreten Jesu hätte Josef demnach mindestens ein Alter von 63 bis 67 Jahren erreicht haben müssen. Da er aber bei der Heirat mit Maria auch gut 15 Jahre älter gewesen sein kann, wäre sein Alter bis zum Auftreten Jesu bis zu etwa 82 Jahren zu umschreiben möglich. So alt wurden in der damaligen Zeit sehr wenige. Damit würde sich das Schweigen der Evangelisten über den weiteren Weg Josefs auf natürlichste Weise erklären.

Zur Charakteristik Josefs gehört die Aussage, daß er „gerecht" war (1,19). Was Gerechtsein bedeutete, s. im Artikel „Gerechtigkeit"; aber in welcher Eigenschaft war Josef „gerecht"? War er ein Schriftgelehrter? Gehörte er zu den Pharisäern? Die außerordentliche Schriftgelehrsamkeit Jesu legt nahe, daß Josef ein schriftgelehrter Zimmermann war und sich bemühte, die Weisungen der Schrift zu erfüllen: er war also „gerecht". Zu den demokratischen Pharisäern wird er kaum gehört haben. Eher stand er als Davide in Gegensatz zu ihnen, wodurch sich die Haltung Jesu zu den Pharisäern auch familiär erklären würde. Ja man darf vielleicht sagen, daß Josef ein sehr undogmatischer, menschlich gesinnter, schriftkundiger Mann war, der Jesus auch in schriftkundigen Gesprächen auf seine Sendung als Lehrer vorbereitete. Ein Beispiel für seine undogmatische, menschliche Haltung gibt 1,19, wo es um die Entlassung Mariens wegen vermuteten Ehebruchs (s. d.) geht.

Aus dem Hause Davids stammte Josef (1,6.20; Lk 1,27). Gemäß dem Lukasevangelium (Lk 2,4) wohnte er aber nicht in Betlehem, der Stadt Davids, sondern im galiläischen Nazaret. Nach dem Matthäusevangelium (Mt 2,22.23) wollte er jedoch aus Ägypten nach Judäa zurückkehren, also doch wohl

nach Betlehem; weil er sich aber vor Archelaus, dem Regenten von Judäa, fürchtete, ließ er sich in Nazaret nieder. Vielleicht läßt sich daraus folgendes Bild entwerfen:

Josef war Betlehemite. Im Bereich des Königs Herodes d. Gr. fühlte er sich – als Davide – gefährdet; denn im Zeichen der messianischen Erwartungen konnte seine Familie als Zentrum eines messianischen Unruheherdes verdächtigt werden. So wich er aus nach Galiläa – er oder vielleicht schon seine Eltern. Gelegentlich der Steuereinschätzung wollte er aber vielleicht nach Betlehem zurückkehren. Die Furcht des Daviden vor dem eifersüchtig nach allen möglichen Konkurrenten ausschauenden Archelaus (s. S. 577, Nr. 53) ließ ihn aber wieder nach Nazaret gehen.

Daß wir so wenig über den Daviden Josef an sich erfahren, liegt daran, daß den Evangelisten der Davide nur wichtig ist, um die Davidsabstammung Jesu und damit ein wichtiges Messiaskennzeichen darzutun. Josef war auf jeden Fall der gesetzliche Vater Jesu. Für die Davidsabstammung galt das gesetzliche Verhältnis Josef–Jesus, wie es in der Mischna formuliert ist: „Wenn jemand sagt: ‚Dieser ist mein Sohn', so ist er beglaubigt" (Baba Bathra 8,6). Jesus wurde also durch die Annahme Josefs durch den Spruch „Dieser ist mein Sohn" ein wirklicher Davide.

Zu den Versen Mt 1,18–24 nur einige Hinweise: Über die Charakterisierung Josefs als „gerecht" (1,19) und seine Überlegungen, Maria zu entlassen, s. im Artikel „Gerechtigkeit". Zum Engel des Herrn, der Josef im Traum aufforderte, Maria heimzuführen (1,20), s. den Artikel „Engel Jahwes" und der „Traum". Über die Formel „Josef, fürchte dich nicht, Maria als deine Frau zu dir zu nehmen" (1,20) s. den Artikel „Die Ehe". Von der Namengebung durch Josef (1,21) findet man etwas im Artikel „Die Beschneidung"; über die Vorausbestimmung des Namens für das Kind Jesus s. die Erklärung zu Lk 1,31 unter Lk 1,26–38.

Das erste Zitat aus der jüdischen Bibel (AT) in den Evangelien finden wir in Mt 1,23. Dies alles ist geschehen, damit sich erfüllte, was der Herr durch den Propheten gesagt hat: „Seht die Jungfrau wird ein Kind empfangen, einen Sohn wird sie gebären, und man wird ihm den Namen Immanuel geben (das heißt: Gott mit uns)." In früheren Zeiten wurde dieses Wort

Jes 7,14 (in der Form, wie es die Septuaginta – s. d. – enthält) als eine Prophezeiung der Jungfrauengeburt gesehen. Diese Zitate haben aber wohl doch eine andere Bedeutung. Obwohl sie in geringer Zahl auch in den Evangelien Mk, Lk und Joh vorkommen, erscheinen sie im Evangelium nach Mt, dessen Evangelist besonders an jüdische Hörer und Leser dachte, auffällig häufig. Die Absicht, die der Evangelist mit solchen Zitaten verband, war die, aus der Autorität der jüdischen Bibel (AT) Ansehen für die Schriften der Jesusbewegung zu schöpfen.

JUNGFRAUENGEBURT

Das Kapitel Jungfrauengeburt, das hierher gehört, wird von vielen Bibelwissenschaftlern heute als Legende angesehen, andere übergehen das Thema als Tabu. Auch der Verfasser dieses Buches hat sich darüber viele Gedanken gemacht, zumal sehr viele Christen mit diesem Thema nicht fertig werden. Es soll nur ein Gespräch darüber mitgeteilt werden, das mir selbst sehr viel geholfen hat.

Im Jahr 1956 hatte mich in Israel eine jüdische Theologenschule zu einem Gespräch eingeladen. Es ergab sich, daß vor allem über das Buch gesprochen wurde, das wir Christen das Neue Testament nennen. Alle Lehrer und alle Jungtheologen der jüdischen Hochschule kannten das Buch sehr gut; die Art, wie sie darüber sprachen, war rücksichtsvoll und anerkennenswert. Einer der Professoren sagte, daß es natürlich auch Dinge in diesem Buch gebe, die sie als Juden nicht verstehen könnten; und im selben Augenblick war das Gespräch bei der „Jungfrauengeburt".

In der Bibel, so sagte er (damit meinte er natürlich nur das Buch, das wir das AT nennen), stehen sehr viele Dinge, die Gott getan hat – aber das kann für uns nicht heißen, daß der Mensch dabei ausgeschlossen war. So hätten natürlich auch Matthäus und Lukas sagen können: daß Gott als Heiliger Geist die Empfängnis Jesu bewirkt habe, aber dies hätte nicht heißen können, daß der normale menschliche Weg dabei ausgeschlossen gewesen sei.

Nicht wenige christliche Bibelwissenschaftler weisen darauf hin, daß gerade für das Größte, was gelehrt werden soll, sehr oft eine Erzählung das Mittel der Vorstellung, Mitteilung oder Lehre ist. Soll nun gesagt werden, daß der weltbefreiende Messias geboren wurde, so will der Erzähler mit einer maximalen Ausdrucksweise betonen, daß Gottes Kraft dabei wirksam wurde: schon im Mutterleib wurde *der* Mensch empfangen, der in der Welt später göttlichen Geist entzünden und verbreiten sollte. Dies möchten die Evangelisten mit ihren Erzählungen dem Hörer und Leser nahebringen. Und damit der göttliche Geist in diesem Menschen ganz glaubhaft wurde, hieß es in der Erzählung, daß göttlicher Geist sein Vater war und nicht der Mann, den man seinen Vater nannte.

ZU Mt 2,1–23:
DIE ERZÄHLUNG VOM STERNDEUTERBESUCH

Die Erzählung von der Sternerscheinung zur Zeit der Geburt Jesu ist Sondergut des Evangeliums nach Matthäus. Die Erzählung soll zuerst mit allen geschichtlichen Einzelheiten, die in sie aufgegangen sind, angeleuchtet werden, dann aber auch mit den Verkündigungsanliegen, die der Erzähler im Auge gehabt haben könnte, bewertet werden.

DER STERN DER WEISEN

Die jüdischen Rabbinen lehnten zwar einen Einfluß der Sterne auf das Schicksal Israels ab; sie hätten darin eine Schmälerung der absoluten Herrschaft Gottes gesehen. Dagegen anerkannten die meisten einen Einfluß auf das Leben des einzelnen Menschen. – Welches der Verkündigungssinn der Sternerzählung ist, konnte bisher nicht eindeutig geklärt werden. Der Verfasser möchte annehmen, daß damit auf die gottgewollte Stunde der Menschwerdung und Geburt Jesu hingewiesen werden soll; denn die Sterne galten Israel ja als Zeiger der großen Weltuhr (s. Gen 1,14–19).

Nachdem durch allerlei erbauliche Erzählungen der „Stern von Betlehem" immer kuriosere Formen angenommen hat, war es eine Befreiung, als sich auch die Astronomen unserer Zeit dieses Sternphänomens annahmen. Schon allein dadurch wurde neu behauptet, was durch eine unsachgemäße Darstellung fast aus dem Bewußtsein geraten war, nämlich daß der gemeinte Stern eine natürliche Sternerscheinung war.

Die Weisen aus dem Morgenlande, die (in der Erzählung) bei Herodes in Jerusalem nach dem neugeborenen König der Juden fragten, waren – das muß zunächst gesagt werden – keine Könige, sondern *mágoi,* wie sie das Evangelium nennt (Mt 2,1). Unter diesen *mágoi,* Magiern, verstand die Zeit Jesu und der Evangelist zwar auch Zauberer; aber dies war schon eine durch rabbinische Sprechweise eingeengte Bedeutung. Die allgemeinere Form für *mágos* (Einzahl) war: „Inhaber von besonderem (geheimem) Wissen, speziell über den deutbaren Sinn des Gestirnlaufs und seine Entsprechungen im Weltgeschehen."[1] Deshalb hat man in den „Weisen aus dem Morgenlande" (2,1) Astronomen = Astrologen (Sterndeuter) zu sehen. Dabei ist das Wort „aus dem Morgenland" (*apó anatolón,* wörtlich: aus den Aufgängen, nämlich der Sonne) nicht eindeutig. Theoretisch könnten alle Länder, die östlich des Jordans liegen, damit gemeint sein; praktisch kommt aber wohl der alte babylonische Reichsraum in Frage, da nur dort auch Nichtjuden durch die jüdischen Mitbürger, die bei der jüdischen Rückwanderung zurückgeblieben waren, ein Interesse am jüdischen Heilskönig der Zukunft haben konnten.

Welchen Stern aber konnten diese Sterndeuter als „seinen Stern" (2,2) entdeckt haben? Der „Stern" konnte kein einzelner Stern gewesen sein; in der Sternkunde sind vor allem die Konjunktionen, d. h. das (scheinbare) Zusammentreten zweier Sterne, wichtig; ferner die Tierzeichen, in denen sich diese Sterne verbinden. Man braucht nicht anzunehmen, daß der Evangelist behaupten wollte, diese Weisen hätten in der Messiaserwartung gelebt und deshalb auf ein bestimmtes Sternbild gewartet. Näher liegt, daß sie als berufsmäßige Sternkundige den Himmel beobachteten und bei auffälligen Erscheinungen die Sternbilder deuteten.

Da sahen sie nun – so muß man die Erzählung ergänzen – in der Morgenfrühe des 12. April[2] im Jahre 7 v. Chr. eine auffällige Annäherung des Jupiter und des Saturn im Zeichen der Fische. Diese Konjunktion von Jupiter und Saturn im „heliakischen Frühaufgang" – d. h., die Sterne erschienen erst kurz

vor Sonnenaufgang – wurde in den folgenden Wochen immer enger, bis sie am 29. Mai im 21. Grad der Fische nur noch einen Abstand von 0,98 Grad hatten, so daß sie wie einziger Stern erschienen.

Was bedeutete diese Konjunktion in den Augen der babylonischen Astrologen? Jupiter galt als Königsstern, Saturn als „Stern des Westlandes", d. h. Syriens, speziell als Stern Judas. Diese Zusammenordnung von Juda und Saturn kann damals allerdings noch nicht alt gewesen sein. Sie geht letztlich auf hellenistische Astrologen zurück, die nach ägyptischem Vorbild eine Aufteilung der Tagesstunden und der Tage auf die Planetengötter vorgenommen hatten. Dabei kam der Tag, an dem die Juden ihren Sabbat feierten, unter das Zeichen des Saturn (vgl. das englische „saturday"). Da der Sabbat (s. d.) der Wochenfeiertag der Juden war, lag eine Zusammenordnung von Judenreich und Saturn nahe.

Der Tierkreis der Fische[3] galt ebenfalls als Feld des Westlandes, des Landes am Meer. Wurde diese Konjunktion nun unter dem Gesichtspunkt des jüdischen Messiasglaubens gesehen, konnte sie nur auf diesen besonderen König der Juden hinweisen, und zwar – nach dem damaligen Glauben der Astrologen – auf seine Geburt.

Nehmen wir an, die Wanderung der Astrologen sei tatsächlich geschehen, so brachen sie trotzdem nicht sofort auf. Sie beobachteten das Gestirn weiter. Die Konjunktion löste sich vom 8. Juli an langsam auf, wurde aber ab Mitte Juli rückläufig. Die Sterne standen Ende September/Anfang Oktober etwa zehn Tage

---

[1] Über die verschiedenen Bedeutungen von *mágos* im Griechentum, Judentum und NT s. Gerhard Kittel, Theologisches Wörterbuch zum Neuen Testament.

[2] Der Einfachheit halber geben wir die Daten nicht nach dem babylonischen Kalender, sondern in unseren Gregorianischen Kalender umgerechnet an.

[3] Über die Angriffe anderer Astronomen gegen die Behauptung, die berühmte Konjunktion sei im Jahre 7 v. d. Z. im Feld der Fische erschienen, und über deren andere Behauptung, die Konjunktion habe vielmehr im Zeichen des Steinbocks gestanden, konnte der Verfasser nicht entscheiden. Auch die abweichende Behauptung, daß nicht die Fische, sondern der Wassermann das Feld Israels gewesen sei, konnte nicht geklärt werden. Der Verfasser bleibt deshalb bei der Darstellung, die ihm zur Zeit als die plausibelste erscheint. Er will damit jedoch nicht sagen, daß das Problem endgültig gelöst sei.

lang in Engststellung: am 3. Oktober (im Jahre 7 v. d. Z. war dies der jüdische Versöhnungstag) hatten sie sich im 18. Grad der Fische auf 0,97 Grad einander genähert. Diese zweite Konjunktion war die ganze Nacht hindurch sichtbar. Danach löste auch sie sich auf.

Diese zweite Konjunktion, deren Engststellung mit dem jüdischen Versöhnungstag zusammenfiel, gab dann wohl das Signal zum Aufbruch. Die Karawanenreise aus Babylon nach Jerusalem dauerte fünf bis sechs Wochen, so daß die Astrologen etwa in der zweiten Novemberhälfte des Jahres 7 v. d. Z. in Jerusalem angekommen sein könnten.

Am Hof des Königs Herodes, so erzählt die Geschichte weiter, fragten die Weisen dann nach dem neugeborenen König der Juden (2,2). Der Matthäustext benutzt für seinen Bericht die astronomisch-astrologische Fachsprache: „Wir haben seinen Stern ... gesehen" (2,2), allerdings ist das übliche „im Morgenlande" ein ganz gewöhnlicher Übersetzungsfehler. „Morgenland" gibt Matthäus mit *anatolái* (Mehrzahl: Aufgänge) wieder, hier aber steht *ĕn anatolĕ̃* (Einzahl: im Aufgang). Die Mitteilung muß also übersetzt lauten: „Wir haben seinen Stern im (heliakischen) Aufgang gesehen", womit sogleich gesagt war: er *ist* geboren.

Darüber erschrak König Herodes d. Gr. (s. d.) und ganz Jerusalem mit ihm (2,3). Sie erschraken aus verschiedenen Gründen: Herodes, weil er für seinen Thron fürchtete – das Volk von Jerusalem, weil es plötzlich das Messiasreich nahe sah. Dann folgte die Befragung der Hohenpriester und Schriftgelehrten durch Herodes; sie gaben dem König die Auskunft: der Messias soll – gemäß der Schrift – in Betlehem geboren werden. Herodes forschte die Weisen dann aus, „wann (ohne: „ihnen", wie früher oft übersetzt wurde) der Stern erschienen sei" (2,7). Dieser Ausdruck entspricht wieder der astrologischen Fachsprache; das oft hierbei gebrauchte „ihnen" verfälscht diese Sprache – die Sprache des Evangelisten ist da sehr korrekt. Und der König wird genaue Auskunft erhalten haben: am 12. April begannen die Konjunktionen im heliakischen Frühaufgang *(ĕn anatolĕ̃)*. Dann ließ er die fremden Männer nach Betlehem ziehen, um das Kind zu suchen.

Das heilverkündende Sternbild hatte sich nach der zweiten Konjunktion des Jahres 7

wieder aufgelöst; die Auflösung setzte sich bis Mitte November fort; dann näherten sich die Sterne einander zum dritten Male. Das heißt: während der Zeit der Astrologenreise nach Jerusalem gab es das Sternbild nicht. Aber von der dritten Novemberwoche an waren die Sterne einander so nahe, daß man wieder von einer Konjunktion sprechen konnte; die Engstellung ist für den 4. Dezember mit 1,05 Grad berechnet worden. Das Sternbild erschien nun am Abend, im noch hellen Himmel. Tatsächlich muß der Doppelstern von Jerusalem aus in Richtung der Stadt Betlehem sichtbar gewesen sein, so daß die Worte des Evangelisten „und der Stern (den sie im Frühaufgang gesehen hatten) zog vor ihnen her" (2,9) nicht nur im übertragenen Sinne verstanden zu werden brauchen.

Daß die Sterndeuter über diese dritte Konjunktion „von sehr großer Freude erfüllt" wurden (2,10), ist leicht zu verstehen. Und doch steckt in dieser „großen Freude" mehr als die Mitteilung einer menschlichen Regung dieser Wanderer. Auch hier muß das Zitat einer „großen Freude" als Hinweis auf die Messiaszeit[4] gewertet werden.

Die Astronomenschule Sippar bei Babylon begann demnach die Anfangsnotizen von fünf Monaten (babylonischer Monatsteilung) mit den Worten: *mulu-babar u kaiwanu ina zibbati* (Jupiter und Saturn in den Fischen); derartige Notizen bezogen sich immer auf Konjunktionen. So ist auch durch zeitgenössische Notizen der Astronomen jenes Jahres belegt, daß man die Konjunktionen beobachtet hat.

Die Weisen suchen und finden den neugeborenen König der Juden (2,1–8), erzählt Matthäus seine Geschichte weiter: Die Konferenz der Hohenpriester und Schriftgelehrten (2,4–6), zusammengerufen durch Herodes, hatte wahrscheinlich eine außerordentlich hohe Messiaserwartung zur Folge, die tatsächlich für das Jahr 6 v. d. Z. durch Flavius Josephus bezeugt wird. Heimlich (2,7) ließ Herodes die Astrologen zu sich kommen; das hat wohl seinen Sinn darin, daß kein Hoherpriester und Schriftgelehrter ihm den Auftrag an sie geglaubt hätte: „Und wenn ihr es gefunden habt, berichtet

---

[4] Siehe den Abschnitt „Die Freude" am Ende des Artikels zum Magnificat.

mir, damit auch ich hingehe und ihm huldige" (2,8). Man hätte ganz sicher die Astrologen gewarnt.

Die Fortsetzung der Erzählung zeigt, wie außerordentlich der Evangelist oder der Schreiber dieser Geschichte mit der astronomischen Wissenschaft vertraut war. Die Formel vom Stern, der sie führte „bis zu dem Ort, wo das Kind war; dort blieb er stehen" (2,9), kann auch im Sinn der Fachsprache gedeutet werden. „Stehenbleiben" bedeutet nämlich in der babylonischen Astronomie das erste Anzeichen für die Auflösung der Konjunktion. Dann müßte man diesen Satz auf eine Zeit von mehreren Tagen nach der Ankunft der Weisen (in Betlehem) beziehen.

Die Ankömmlinge schenkten dem Kind „Gold, Weihrauch und Myrrhe" (2,12). In diesen Geschenken liegt reine Verkündigung. Es sind die Symbole des Königs, der Gottesverehrung und des Leidens. Die Dreizahl der Geschenke, die an die Dreizahl der Kennzeichen erinnert (s. die Bemerkung S. 305) hat in der Legende auch die Dreizahl der Weisen hervorgebracht, die seit dem 2. Jahrhundert zur festen abendländischen Tradition gehört. Andere, vor allem östliche Traditionen, sprechen von zwölf Weisen. Zu Königen aber wurden die Weisen durch die als Weissagung aufgefaßten Psalmverse: „Die Könige von Tarschisch und von den Inseln bringen Geschenke . . ." (Ps 72,10).

Die Fortsetzung der Sterndeutergeschichte ist die Erzählung von der Flucht nach Ägypten und von der Rückkehr des Kindes Jesus (2,13–15) sowie dem Kindermord in Betlehem: Sondergut des Evangelisten Matthäus. Er erzählt die Vorgänge um eines Zieles willen, nämlich um mit einem Zitat aus Hos, Jer und Ri die Verbindung des Kindes Jesus mit der alten Bibel (AT) aufzuweisen. Jeden der drei Abschnitte seiner Erzählung schließt er mit einem alten Bibelwort. Aus diesem Grunde dürfen wir nicht erwarten, aus der Erzählung des Matthäusevangeliums viel über die (vielleicht legendenhafte) Flucht nach Ägypten zu erfahren; er spricht von diesen Vorgängen nicht um der Vorgänge willen, sondern um auf ein prophetisches Wort hinzuweisen (s. „Chronologie", Nr. 3).

Ägypten war für Palästina immer das bevorzugte Fluchtland. Auch Herodes selbst war im Jahre 40 v. Chr., als der Panthersturm über die römischen Provinzen und Protektorate hinwegfuhr, nach Ägypten geflüchtet, bevor er nach Rom ging, um sich dort als König designieren zu lassen (s. den Artikel „Herodes d. Gr."). Die nach Ägypten fliehenden Juden gingen dort in eine jüdische Kolonie, deren es mehrere gab. Etwa eine Million Juden lebte zur Zeit der Geburt Jesu in Ägypten. Manche Kolonien sind schon in Papyri des 6. Jahrhunderts v. Chr. urkundlich belegt. Allein in Alexandrien lebten etwa zweihunderttausend Juden (s. den Artikel „Die Septuaginta"). Der Weg dorthin war schwierig. Er ging über Hebron, Beerscheba und dann durch etwa 160 km menschenleere und wasserlose Wüste, bis man die Grenze des damals römischen Ägypten erreichte.

Die Geschichte von der Flucht nach Ägypten schließt mit der Ankündigung der Rettung des Kindes und einem Prophetenwort aus Hosea: „Aus Ägypten habe ich meinen Sohn gerufen" (Mt 2,15/Hos 11,1). Die Rettung des jungen Israel aus Ägypten galt der jüdischen Theologie schon vor Jesu Zeiten als Vorbild und Typus der endgültigen Rettung Israels durch den Messias.[5] Deshalb ist das Tertium comparationis in der Anwendung dieses Prophetenwortes wahrscheinlich nicht eigentlich das Land Ägypten, sondern: Wie Gott das Volk Israel aus der Hand des Pharao (Ägyptens) gerettet hat, so hat er den Messias Israels aus der Hand des Herodes gerettet (der hier mit dem Pharao Ägyptens gleichgesetzt sein könnte). Nur so gedeutet hätte das Prophetenwort an dieser Stelle seinen prägnanten Sinn.

Herodes läßt die kleinen Knaben von Betlehem töten (2,16–18). Die Einzelheiten des (vielleicht legendären) Kindermordes von Betlehem sind schnell vorgetragen: Der Befehl kam von Herodes d. Gr., ausgeführt wurde er durch seine Soldaten (s. d.).

Betlehem mag damals eine Stadt von gut 1000 Einwohnern gewesen sein. Das bedeutete in Judäa: es gab dort jährlich etwa 30 Geburten. Rechnen wir, daß davon 15 Knaben und 15 Mädchen waren, so wären dem Befehl, alle Knaben bis zu zwei Jahren zu töten, etwa

---

[5] Belege aus der späteren rabbinischen Auslegung bei Strack-Billerbeck unter Mt 2,15.

30 Kinder zum Opfer gefallen. Berücksichtigt man die hohe Kindersterblichkeit der damaligen Zeit, so darf man vielleicht sagen: 20 bis 25 Kinder in Betlehem. Schwer zu sagen ist allerdings, was unter „der ganzen Umgebung" (2,16) zu verstehen ist; dadurch könnte sich die Zahl leicht verdoppeln oder verdreifachen. Die grausige Ernte der Schwerter wird also 40 bis 60 Kinder gewesen sein.

Im 5. Jahrhundert n. Chr. will der lateinische Schriftsteller Macrobius wissen, Herodes habe auch einen eigenen „Sohn" diesem Befehl zum Opfer fallen lassen. Um einen Sohn wird es sich schwerlich gehandelt haben; vielleicht aber um ein Söhnchen seines Sohnes Antipater.

Auch dieser Abschnitt schließt mit einem Prophetenwort: „Ein Geschrei war in Rama zu hören ..." (2,18). Das Prophetenwort (Jer 31,15) knüpft an Rahels Grab an (s. d.), das auch zu Jesu Zeiten nahe bei Betlehem verehrt wurde. Es tut nichts zur Sache, daß die Lage dieses Grabes Rahels durch die Legende bestimmt wurde; das Evangelium knüpft an den herrschenden Glauben an, anders könnte es nicht verstanden werden.

Das zitierte Jeremiawort ist eine Klage über das untergegangene Nordreich Israels: Rahel, die Mutter Josefs und Benjamins, Großmutter Efraims und Manasses, galt als Stammutter der zehn Nordstämme überhaupt, wie ja das Nordreich oft auch einfachhin „Efraim" genannt wurde. Rahel weinte über ihre von den Assyrern gemordeten und verschleppten Kinder. Betlehem gehörte zwar nicht zum Nordreich; aber durch das legendäre Rahelgrab bei Betlehem konnte das Prophetenwort auf die ermordeten Kinder von Betlehem angewandt werden. Solche Akkommodation ist nicht nur den Evangelisten eigen, sondern ist rabbinische Methode.

Die Rückkehr Josefs und seiner Familie (2,19–23) wird durch den Engel des Herrn (s. d.) befohlen, der in einem Traum (s. d.) zu ihm spricht (2,19.22). Die Mitteilung, daß Josef mit Jesus nach Nazaret (s. d.) zurückkehrte, führt wieder zu einem altbiblischen Wort: „Er wird Nazaräer genannt werden" (Mt 2,23: Ri 13,5). Dieses „Prophetenwort" ist wohl die Verstümmelung eines wirklichen Prophetenwortes: „Aus dem Baumstumpf Isais wächst ein Reis hervor, ein junger Trieb *(nē-*

ser) aus seinen Wurzeln bringt Frucht" (Jes 11,1).

In der Zeit vor Jesus, in Jesu Zeiten und nachher gab es Spekulationen darüber, wie der Messias heißen werde. Eine Antwort darauf lautete, daß der Messias *nēser* (Sproß) heißen werde; dabei bezog man sich auf die oben zitierte Jesajastelle. Etwas ähnliches scheint in den aramäischen Traditionen gestanden zu haben, aus denen auch das Evangelium nach Matthäus schöpfte. Das Lautspiel hat dabei den aramäischen Text *nēser* und den Namen Nazaret verbunden. Aber der griechische Text kann das Wortspiel nicht aufrechterhalten, und so erscheint der „Nazaräer" ziemlich unmotiviert, und die Anspielung wird unverständlich.[6] Dies hat dann später zu der Vermutung geführt, Jesus sei ein Nasiräer (s. d.) gewesen; das ganze Leben und die Lebensweise Jesu widersprechen aber dieser Deutung.

ZU Mt 3,13–17:
DIE TAUFE JESU

Über die Stellung der Taufe Jesu im Leben Jesu s. im Artikel „Chronologie ...", Nr. 5; über die Taufe des Johannes und die Stellung der Taufe Jesu im Leben Johannes des Täufers s. im Artikel „Johannes der Täufer", Nr. 4–8.

Während Markus und Lukas nur mit knapp einem halben Satz mitteilen, daß Jesus zu Johannes an den Jordan kam, um sich taufen zu lassen (Mk 1,9a; Lk 3,21a), ergänzt Matthäus die Mitteilung um ein kurzes Gespräch. Dieses Gespräch hat keinen historischen Charakter, sondern ist reine Verkündigung:

Johannes sagte zu Jesus: „Ich müßte von dir getauft werden, und du kommst zu mir?" (3,14). Hier ist – im Dienste der Verkündigung der „Überordnung" Jesu – eine ähnliche Abgrenzung zwischen Johannes dem Täufer und Jesus ausgesprochen, wie sie in dem Bild des Lukasevangeliums von der Verkündigung der Geburt des Johannes und Jesu enthalten ist (Lk 1,17). Der Evangelist Johannes drückt dies bei anderer Gelegenheit, nämlich nach der Fußwaschung, ähnlich aus: „Der Sklave ist nicht größer als sein Herr, und der Abgesandte

---

[6] Vgl. G. Dalman, Orte und Wege Jesu, [3]1924, S. 61 ff.

Der Jordan an der Stelle, wo – nach der Tradition – Jesus von Johannes getauft wurde. Unmittelbar hinter dem Ufergebüsch beginnen die charakteristischen Kalkkegel und Kalkplateaus der Gebirge, die das Ufer begleiten.

ist nicht größer als der, der ihn gesandt hat" (Joh 13,16).

„Und Jesus antwortete ihm: Laß es nur zu, denn nur so können wir die Gerechtigkeit (die Gott fordert) ganz erfüllen" (3,15). Das ist ein Hinweis des zu Juden redenden Matthäus, daß Jesus der Messias und der Erfüller der Gerechtigkeit (s. d.) ist. Mit anderen Worten: Matthäus berichtet keinen historischen Gesprächswortlaut, sondern verkündet Wahrheiten über den Messias Jesus in einem für die Verkündigung geformten Gespräch. Dieses Gespräch fügt er an den mit einem Satz wiedergegebenen historischen Bericht an, der vom Hinzutreten Jesu zur Johannestaufe spricht.

Solche Darlegungen können heute noch – da sie vielen ungewohnt sind – leicht so mißverstanden werden, als ob sie die Wahrheit der Evangelien auflösen wollten. Man könnte nämlich sagen: So stehen also hier Worte Jesu, die keine wirklichen Worte Jesu, sondern nur katechetische Erfindungen eines Evangelisten sind? Manchen (Katecheten) könnte das hier um so mehr treffen, als er gelernt hat, daß uns

in Mt 3,15 („Laß es nur zu . . .") das erste Wort Jesu überliefert ist.[1] Deshalb sei noch einmal gesagt: Es soll nichts aufgelöst und nichts abgewertet werden. Aber nachdem wir die Literaturformen immer mehr erkannt haben, in denen sich die Evangelien bewegen, wäre es eine Verachtung der Wahrheit, wenn wir nun nicht auch die Evangelien neu – und wahrhaftig nicht oberflächlicher, sondern tiefer! – begreifen wollten. Die Literaturform aber weist uns für Mt 3,15 darauf hin, daß wir hier Botschaft und nicht Bericht vor uns haben (s. den Artikel über die Evangelien). Es bleibt dennoch möglich, ja wahrscheinlich, daß es sich bei dem Wort „Nur so können wir die Gerechtigkeit ganz erfüllen" um ein echtes Jesuswort handelt, nur daß es nicht unbedingt im Zusammenhang mit der Taufe Jesu gesprochen sein muß. Es ist ja das Leitthema des Lebens Jesu, und es klingt in anderen Formeln immer wieder auf, z. B. wenn Jesus von der

---

[1] Vgl. z. B. J. Dillersberger, Matthäus I, Salzburg, S. 125.

Erfüllung des Vaterwillens als seiner Aufgabe spricht (s. den Artikel „Jesusworte"). Aber gerade weil es das Leitthema des Messiaslebens Jesu ist, schien es dem Evangelisten geeignet, beim Bericht vom ersten Auftreten Jesu in der Öffentlichkeit eingeflochten zu werden. Muß uns diese Bewußtheit der Verkündigung nicht Bewunderung abfordern?

„Kaum war Jesus von Johannes getauft und sogleich aus dem Wasser gestiegen . . ." (3,16) ist sodann die Fortsetzung der Verkündigung, verbunden mit diesem kurzen Berichtssatz; oder: Auch dieser „Berichtssatz" ist vorwiegend kerygmatisch. Denn nach der Taufe, wie sie Johannes spendete, stieg man nicht sofort aus dem Wasser, sondern blieb im Wasser stehen und bekannte seine Sünden. Matthäus aber legte Wert darauf, Jesus als den Sündelosen zu verkünden. Freilich hat diese Dokumentation der Sündelosigkeit bei Matthäus wohl auch noch einen bedeutungsvollen Nebenakzent, durch den diese Dokumentation überhaupt erst möglich wurde. Denn wer kann schon selbst glaubhaft seine Sündelosigkeit dokumentieren? So hatte das „sogleich" des Hinaussteigens, ohne Sündenbekenntnis, von Jesus aus eher den Sinn eines Protestes. Denn was die Leute im Wasser stehend bekannten, waren ja vor allem Verfehlungen gegen die vielfältigen Verordnungen des jüdischen Gesetzes. Aus dem späteren Leben Jesu darf man aber schließen, daß Jesus sich auch vor seiner Taufe dem Gesetz gegenüber als freier Mann gefühlt hat. Er hatte auch schon gegen das Gesetz gefehlt! Aber er bekannte es nicht als Sünde. Er protestierte damit gegen den geltenden Sündenbegriff.

Trotzdem, Matthäus will mit diesem „sogleich" auch Jesu Sündelosigkeit betonen. Statt des Sündenbekenntnisses Jesu folgt seine Beglaubigung als Messias, und zwar durch drei Kennzeichen:

„Da öffnete sich der Himmel" (3,16). Erstes Kennzeichen, aber kein allen sichtbares Kennzeichen: Jesus sah, wie der Himmel sich über ihm öffnete, sagt der Evangelist. Da aber „Himmel" nur ein Ersatz für den heiligen Gottesnamen war (s. den Artikel „Jahwe"), ist damit mehr gesagt, als zunächst vermutet werden kann: Der Messias geht aus dem Willen Gottes hervor. Er öffnet den Himmel. Er ist der Emmanuel (s. d.). Ob der Evangelist damit auch auf eine psychische Wirkung in Jesus

hinweisen will (Bewußtwerden der Gottessohnschaft oder ähnliches), muß offenbleiben. Die Psychologie Jesu ist ein heikles Thema, das nur der ohne Hemmungen behandeln könnte, der ihn als einen „einfachen Menschen" ansähe.

„Und er sah den Geist Gottes wie eine Taube auf sich herabkommen" (3,16). Zweites Kennzeichen: Der Evangelist erinnert an den Geist Gottes, der über den Wassern der Urflut schwebte, wie es in Gen 1,2 sagt; er setzte das Jordanwasser sozusagen an die Stelle der Urflut, über der Gottes Geist zu Beginn der Schöpfung schwebte. Den Eintritt Jesu in sein öffentliches Wirken sieht er als Beginn einer Neuschöpfung. Denn der Messias bringt die neue Erde, auf der alles „gut" ist, wie bei der Schöpfung. – Über das Symbol der Taube s. dort.

„Und eine Stimme aus dem Himmel sprach: Das ist mein geliebter Sohn, an dem ich Gefallen gefunden habe" (3,17). Drittes Kennzeichen, nicht hörbar für die Menge: eine Bezeugung für Jesus. Eine Begegnung des Vaters mit dem Sohn im Wort des Propheten Jesaja (Jes 42,1). Denn der Messias ist der *pais* Gottes, wie das griechische Evangelium sagt: der Knecht und Sohn Gottes, der Liebling Gottes. – (Zu den drei Kennzeichen s. auch den Artikel „Der Messias").

Diese drei Kennzeichen sind nicht nebensächlich. Sie verkünden in drei Ausdrücken die Messianität Jesu. Wir haben Zeugnisse aus dem Alten Orient, z. B. aus Ugarit, daß man in den mythischen Erzählungen für jeden Gott drei persönliche Erkennungszeichen für wichtig hielt. Was derart im Mythos erzählt wird, kam fast immer aus dem Verlangen des Volkes, das drei Kennzeichen als Ausweis verlangte. Wieweit diese Auffassung im AT lebendig war, wurde bisher noch nicht genügend untersucht; aber aus Gen 38,18 (die Pfänder, die Tamar von Juda verlangte) geht hervor, daß die Dreizahl der Kennzeichen auch in Israel bekannt war.

Wenn diese drei Kennzeichen von Matthäus aber so bewußt herausgearbeitet wurden, kann es sich eigentlich nur um eine kerygmatische Darstellung handeln. Historisch würde die Taufe Jesu durch Johannes sozusagen „nichts hergeben"; aber das Wissen darum, daß mit dieser Taufe das messianische Wirken Jesu begann, veranlaßte den Evangelisten, die

Kennzeichen des Messias hier aufzuweisen. –
Im Anschluß an Lk 3,21–22 („Die Taufe
Jesu") folgt eine Zusammenstellung der Vorfahren Jesu (3,23–38). Dazu s. im Literaturkapitel den Abschnitt „Listen" (gegen Ende).

ZU Mt 4,1–11:
DIE VERSUCHUNGEN JESU

Nach der Taufe „wurde Jesus vom Geist in die
Wüste geführt" (4,1). Die Geschichte, die der
Evangelist von der Wüstenzeit Jesu erzählt,
sind reinste Lehrerzählungen. Lediglich den
Wüstenaufenthalt Jesu darf man als geschichtliches Element sehen. Männer, die sich auf ein
ernstes Lehrerdasein vorbereiten wollten, begaben sich eine Zeitlang in die Einsamkeit.
Der Evangelist sah den Sinn des Wüstenaufenthalts Jesu in der Vorbereitung auf Jesu
Messiasdasein, obwohl Jesus in dieser Zeit
davon noch nichts wissen konnte. Aber für den
Evangelisten ist er schon der Messias. Mit
dieser Erzählung will er deshalb zeigen, daß
sich Jesus klarwerden mußte über die grundsätzlich verschiedene Art seines Messiascha-
rakters gegenüber dem, wie das Volk oder die
herrschenden Gruppen des Volkes den Messias sahen. Entsprechend ist denn auch der
Sinn der Erzählung bei Matthäus, für den
Hörer die Messianität Jesu gegen die der jüdischen Nationalmessiasbilder abzugrenzen. Er
tut dies aber nicht in abstrakten Darlegungen,
sondern in dramatischen Bildern, die Anschaulichkeit vermitteln.

Mit dem ersten Satz der Erzählung (4,1) will
Mt sagen, daß Jesus „vom begleitenden
Geist", nicht „vom bösen Geist" in die Wüste
geführt wurde. Der Katechet Matthäus legte
Wert auf die Feststellung, daß die Versuchung
Jesu gottgewollt war.

Zugleich ist die Mitteilung, daß Jesus versucht wurde, für die Juden (für die Mt ja
schrieb) ein Hinweis auf die hohe Berufung
Jesu. Die rabbinische Theologie legte großen
Wert auf die Darstellung und Begründung der
Versuchung Berufener. Aus dem Jahre 220
n. Chr. ist ein treffender Satz überliefert, der
diese jüdische Ansicht zusammenfaßt: „Rabbi
Jonatan hat gesagt: Wenn ein Flachshändler
seinen Flachs klopft, so schlägt er nicht allzusehr darauf, weil er sich in seine Fasern auflösen könnte; wenn aber sein Flachs gut ist, dann

schlägt er sehr darauf, weil er dadurch immer
schöner wird. So versucht auch Gott die Gottlosen nicht, weil sie dabei nicht bestehen
können."[1]

Der Ort des Wüstenaufenthalts Jesu ist nicht
überliefert. Seine Lokalisierung in das 500 m
hohe Bergmassiv westlich von Jericho, das vor
Christus die Makkabäerfestung Duk trug
(heute *dschebel karantál*, d. i. Berg der Qua-
rantana, Berg der vierzig Tage), geht besten-
falls bis ins 4. Jahrhundert n. Chr. zurück, vielleicht aber auch nur bis in die Kreuzfahrerzeit;
erst in dieser Zeit wird in der Literatur ausführlicher über die Stelle im Gebirge gesprochen, wo bis heute Fasten und Versuchung
Jesu verehrt werden. Trotzdem könnte der Ort
natürlich auf Grund einer echten Tradition
bestimmt worden sein. Jedenfalls hat noch im
Jahre 1962 die Erforschung des Gebirges ergeben, daß sich in der Nähe des *dschebel karantál*
mehrere Höhlen mit Bewohnerzeugnissen aus
verschiedenen Zeiten der Antike befinden.
Daß die Höhlen gelegentlich bewohnt wurden,
steht also fest.

„Als er (Jesus) vierzig Tage und Nächte
gefastet hatte, bekam er Hunger" (4,2). Die
Länge des Wüstenaufenthalts Jesu ist damit
nicht umschrieben. „Vierzig Tage" ist eine
schematische Zahl (s. den Artikel „Zahlen
. . ."). Daß aber der Evangelist die Zahl „vierzig Tage" wählte, hat einen tiefen Sinn. Es
kam ihm darauf an, Jesus als den Stifter des
Neuen Bundes aufzuzeigen. Dies konnte er am
besten, indem er ihn in Parallele setzte zu
Mose, der vor dem ersten Bundesschluß „vierzig Tage und vierzig Nächte" auf dem Sinai
blieb, wie Ex 24,18; 34,28 erzählen.

Da trat der Versucher an ihn heran: „Wenn
du Gottes Sohn bist, so befiehl, daß aus diesen
Steinen Brot wird" (4,3). Erste Messiasversu-
chung! (S. zuerst im Abschnitt „Sohn Got-
tes"). Sie weist auf das volkstümliche Messias-
bild hin: der Messias als der Vollender des
Landes von Milch und Honig (s. im Artikel
„Das politische Messiastreiben. . .", Nr. 2).
– Die Erzählung benutzt eine Eigenart der
Steinformen in der Wüste Juda, wo es des
öfteren im Weißkalk steckende brotförmige
Steine gibt. Der Erzähler läßt Jesus antworten:
„In der Schrift heißt es: Der Mensch lebt nicht

---

[1] Strack-Billerbeck unter Mt 4,1.

nur von Brot ..." (4,4). Dazu ist dreierlei zu beachten:

1. Der Evangelist bediente sich eines Wortes aus dem Deuteronomium (8,3), um etwas zu beweisen. Ein solcher Beweis hat aber nur Durchschlagskraft, wenn das „In der Schrift heißt es" unverrückbares Wort, d. h. Gotteswort, von Gott inspiriertes Wort ist. Das glaubten und glauben die Juden (s. das Kapitel über die Inspiration).

2. Der Evangelist bediente sich dieses Beweiswortes aus dem AT vor Juden, die zur Gemeinde Jesu Christi gehören. Also hat das alttestamentliche Wort auch für Christen beweisende und bindende Kraft.

3. Dieses alttestamentliche Wort wird als Wort Jesu mitgeteilt. Daß es auch ein Wort Jesu war, daran kann nicht gezweifelt werden. Denn obwohl oben gesagt wurde, daß die Art, wie Matthäus von der Versuchung Jesu erzählt, anschauliche, dramatische Bilder sind, die auf das Konto des Evangelisten gehen, so kann das nicht heißen, daß die Jesusworte (s. d.) erfunden sind. Wir müssen allerdings konzedieren, daß die Evangelisten ihnen bekannte Jesusworte in diesen Zusammenhang gestellt haben. Durch die Zitation solcher alttestamentlicher Worte durch Jesus, der sie selbst als Beweise zitierte, wurde das AT als Gotteswort von Jesus sanktioniert. Und das hat weittragende Bedeutung für jeden, der ihn als das menschgewordene Wort Gottes anerkennt. Der Text, den Jesus hier bei Matthäus zitiert, ist eine freie Wiedergabe des Wortes aus Dtn 8,3 nach der Septuaginta (s. d.). Nach der hebräischen Bibel heißt dieser Vers: „So hat er dich durch Hunger gezüchtigt und gab dir dann das Manna zu essen ..., um dir zu zeigen, daß der Mensch nicht nur von Brot leben kann, sondern daß der Mensch durch alles, was aus Gottes Munde kommt, leben kann."

Dann 4,5–7: Zweite Messiasversuchung! Der Teufel stellte Jesus auf die Zinne des Tempels und sagte zu ihm: Stürz dich da hinab! Sie weist auf das volkstümliche Messiasbild hin: Der Messias ist gefeit (s. im Artikel „Das politische Messiastreiben", Nr. 2).

Die Antwort Jesu (4,7) wird oft als eine Abweisung des Satans angesehen im Sinne:

Der Berg Qarantal, wohin die Pilgertradition die Fastenzeit Jesu lokalisiert. In dem Namen „Qarantal" wird die Erinnerung an die „Vierzig Tage" aufbewahrt. In einem orthodoxen Kloster am Berghang wird dieses Geheimnis des Lebens Jesu besonders verehrt.

Du sollst mich, Jesus, den Herrn, deinen Gott, nicht versuchen. Das würde aber den Sinn verbiegen. Das Wort will sagen, daß jede Tollkühnheit, auch wenn sie sich auf den zitierten Psalmvers (Ps 90/91,11.12) beruft, eine Versuchung Gottes ist. „Du sollst den Herrn, deinen Gott, nicht auf die Probe stellen" ist ein Zitat nach Dtn 6,16; Dtn 6 ist ein Lieblingskapitel Jesu: es handelt von der alleinigen Ehre des einen Gottes. Dennoch darf hinzugefügt werden, daß Matthäus das Wort wahrscheinlich mit Absicht in der vorliegenden Zusammenhangfügung zitierte, damit es sich auch auf Jesus beziehen kann.

Die „Zinne des Tempels", die hier für das Versuchungsbild herangezogen wird, ist wahrscheinlich der Südostturm des Vorhofs der Heiden, der sich noch heute fast 46 m über dem Kidrontal erhebt.

Und: Dritte Messiasversuchung! „Wieder nahm ihn der Teufel mit sich und führte ihn auf einen sehr hohen Berg . . ." (4,8–10). Jesus weist das volkstümliche und nationale Messiasbild zurück, in dem der Messias als ein Weltherrscher erscheint.

Dieser Hinweis wäre aber zu einfach für den wirklichen Gehalt dieser dritten Versuchungsformel; denn es spielt noch einiges andere mit. Der Teufel führte in der Sprache der Zeit Jesu auch den Titel „Weltbeherrscher"; er war der gottfeindliche Völkerengel zumal der damaligen römischen Weltmacht.[2] Deshalb muß in dieser Versuchungsdarstellung zusätzlich gesehen werden, daß ein Messiasprätendent auch Messias von Roms Gnaden hätte werden können, wenn er vor Roms Kaiser niedergefallen wäre und ihm gehuldigt hätte. Dieser Text verweist damit auf den jüdisch/christlich-römischen Konflikt in der Frage der göttlichen Verehrung der römischen Kaiser. Die Verquickung dieser kerygmatischen Warnung mit der Versuchung Jesu wäre ein echt apostolischer Katecheseweg, um die Kirche als die mit Jesus leibhaft verbundene Gemeinschaft offenbar zu machen. Da es sich um eine erzählerische Einkleidung der geistigen Messiasversuchungen Jesu in der Wüsteneinsamkeit handelt, ist es natürlich völlig unmöglich, den Berg benennen zu wollen, auf den der Teufel Jesus brachte. Da es einen solchen Berg nicht geben kann, von dem aus man „alle Reiche der Welt und ihre Herrlichkeit" sehen kann, ist hier ein sehr wichtiger Hinweis darauf, daß es sich in den Versuchungsgeschichten um anschauliche Bilder für geistige Auseinandersetzungen handelt. Trotzdem könnte der Evangelist an den – allerdings nicht sehr hohen – Ölberg gedacht haben, um eine Parallele zu ziehen zu dem Jesuswort nach Ostern: „Mir ist alle Gewalt gegeben . . ." (Mt 28,18).

Das Bild der Bergschau war für den antiken Hörer ohne weiteres verständlich. Nach antiker Auffassung wird Land dadurch erworben, daß der bisherige Eigentümer es von einem erhöhten Punkt in der Nähe dem neuen Eigentümer in seinem ganzen Umfang zeigt. Der Teufel wird also in dieser Perikope als wirklicher Eigentümer behandelt, wodurch der Hinweis auf die römische Weltmacht noch einmal verstärkt wird (s. hierzu auch Gen 13,14–16). Den Sieg Jesu drückt der Evangelist aus mit dem Befehl: „Weiche Satan!" (s. d.). – Zu dem Wort aus dem Deuteronomium (Dtn 6,13) „Den Herrn, deinen Gott, sollst du anbeten . . ." ist ähnliches zu sagen wie oben.

Mit dem Nachsatz „und es kamen Engel und dienten ihm" (4,11) schließt Mt die Erzählung. Dieser Satz hat zwei Schichten: einmal führt er die Worte aus dem Deuteronomium weiter, um damit zu sagen: „Jesus ist der Herr . . ." – Es könnte durchaus sein, daß Matthäus hier die jüdische Engellehre gebrauchte, um Jesus und Gott gleichzusetzen; es könnte aber auch sein, daß der Evangelist den Engel hier im Sinne von Botschaft Gottes angewendet wissen will, was dann heißen würde: an Stelle der falschen Messiasbegriffe füllte sich nun der menschliche Geist Jesu immer mehr mit den Messiasbegriffen, die im Sinne Gottes sind.

Von der Versuchung Jesu sprechen auch *Mk 1,12–13* und *Lk 4,1–13*. Im Artikel „Die Synoptiker" sind in diesem Buch die ersten Sätze der drei Versuchungserzählungen vergleichend besprochen worden; damit ist schon einiges über die Andersartigkeit von Mt, Mk, Lk in diesem Stück gesagt. Die völlige Andersartigkeit der Markuserzählung geht daraus auch hervor.

Von der Lukaserzählung zu diesem Thema ist noch zu sagen, daß er die zweite Versuchung bei Mt zur dritten und die dritte Versuchung bei Mt zur zweiten macht. Über die Gründe dafür läßt sich viel nachdenken . . .

---

[2] Belegstellen s. bei Strack-Billerbeck unter Mt 4,1 (B3Bc); Mt 4,9; Röm 1,23.

Wichtig ist noch der letzte Satz bei Lukas: „Nach diesen Versuchungen ließ der Teufel für eine gewisse Zeit von ihm ab" (4,13). Damit will er seinen Lesern sagen, daß Jesus kein Mensch ohne Versuchungen war!

ZU Mt 5,1–6,8:
AUS DER BERGPREDIGT

Der „Bergpredigt" im Evangelium nach Matthäus entspricht wahrscheinlich keine gleiche geschichtliche Situation; in erster Linie ist sie Verkündigung der neuen Gerechtigkeit (s. d.) durch das apostolische Zeugnis. Das heißt: nicht alles, was in der „Bergpredigt" des Matthäusevangeliums gesagt ist, wurde auch von Jesus in einer solchen „Bergpredigt" gesagt, die Matthäus in Mt 5,1 vorstellt: „Als Jesus die vielen Menschen sah, stieg er auf einen Berg . . ." Der Evangelist erinnert mit diesem „Berg" an den Sinai des Mose, von dem Gott das alte Gesetz verkündigen ließ. Was er Jesus sagen läßt, ist eine Art Programmtext. Das Matthäusevangelium gibt diese Programmpunkte wieder, nicht aber den *Text* einer Predigt; denn der Text des Matthäusevangeliums ist kein Predigttext, sondern eine Sammlung von Überschriften oder Zusammenfassungsformeln oder Leitworten, wie sie in einer Predigt als immer wiederkehrende Themenangaben vorzukommen pflegen; höchstens handelt es sich des öfteren um geprägte Resümees. Diese Formeln gehen zwar auf Jesus zurück; aber wie sie im Matthäustext erscheinen, sind sie Texte, die schon mehrere Jahrzehnte in der Urkirche an die faktische Situation angepaßt und weitergegeben worden waren.

Daß Matthäus, der sich mit seiner Schrift an die Juden richtete, diesen *Berg* so sehr herausgehoben hat, hängt damit zusammen, daß er für das Wort des Messias Jesus von vornherein die gleiche Verbindlichkeit behaupten will wie für das Gesetz des Mose.

DIE ACHT SELIGPREISUNGEN (5,1–12)

Der erste Psalm des AT beginnt mit dem Wort *aschéré* (Heil!): „Heil dem Manne . . ." – Diese Formel war allen Juden bekannt. Matthäus setzte sie an den Anfang der „Bergpredigt", vielleicht um bekannte Töne anzuschlagen. Es ist nicht notwendig, daß auch die Bergpredigt Jesu selbst so begonnen hat, obwohl es nicht ausgeschlossen ist; die Methode Jesu war ja, immer an Bekanntes anzuknüpfen. Zudem ist das *aschéré* (Heil!) eine allgemein übliche Preisungsformel; ihr Gegenteil ist das oh (Wehe!). – Wir übersetzen dieses *aschéré* meistens mit „Selig!"

„Selig, die arm sind vor Gott; denn ihnen gehört das Himmelreich" („Selig die Armen im Geiste . . .") (5,3).
Nach inzwischen ziemlich allgemein gewordener Überzeugung spricht Jesus mit diesen „Armen" die *ámme ha'árez* (Leute der Erde) an, d. h. das gesetzesunkundige Volk.[1] In einer späteren rabbinischen Lehre heißt es: „Es gibt keinen Armen außer dem, der an Wissen arm ist . . . Hat er dieses Wissen, so hat er alles; hat er dieses nicht, was hat er?" Bei diesem Wissen, wovon die rabbinische Lehre spricht, handelt es sich um Torawissen. Man muß nicht nur das Gesetz kennen, sondern muß es auch richtig auslegen können, richtig zu befolgen wissen. Dies aber war zur Zeit Jesu so kompliziert geworden, daß die meisten Menschen es aufgaben, von den feineren Bestimmungen des Gesetzes überhaupt Kenntnis zu nehmen. Diese meisten Menschen aber waren die *ámme ha'árez*, die Jesus deshalb „die Armen" nannte. Die Schriftgelehrten zählten diese kaum noch zum Volk: „Es ist verboten, sich eines Menschen zu erbarmen, der kein Wissen[2] hat"; „ein Ungebildeter[2] ist nicht sündenscheu und ein am ha'árez ist nicht fromm" (Hillél um 20 v. Chr.). Wer das Gesetz nicht erlernen will, ist nach Ansicht der Schriftgelehrten hochmütig; und das eben sind die „Armen".

Der zeitgebundene Sinn dieses Jesuswortes enthält also einen ungeheuren Angriff auf die Art der Gesetzesreligion, wie sie von den Schriftgelehrten (s. d.) gelehrt wurde. Diejenigen, die von den Rabbinen verdammt wurden, pries Jesus selig und sagte ihnen die Teilnahme am Himmelreich (s. d.) zu.

„Selig die Trauernden, denn sie werden getröstet werden" (5,4).
Diese Seligpreisung spricht jene an, die als Büßer darüber trauern, daß sie für das Him-

---

[1] S. im Kapitel „Die Geschichte . . .", S. 563, Nr. 41.
[2] Es sei noch einmal daran erinnert: mit „Wissen" ist immer Gesetzeswissen gemeint, wie die Rabbinen es verstanden!

melreich (Messiasreich) so schlecht vorbereitet sind. Neben diesem mehr moralischen Gesichtspunkt tritt in der Schriftgelehrtenliteratur auch der Gesichtspunkt auf, daß die notvolle Gegenwart nichts als Trauer gebe, aber die messianische Zeit wird diese Trauernden trösten. Man denke an das Thema der Freude (s. d.), die zur messianischen Zeit gehört. – Als Quelle für die Seligpreisung kann Jes 61,2 angesehen werden, da läßt der Prophet den Messias sprechen: „Mich hat der Herr gesandt, ,allen Trauernden Trost zu spenden'. "

Selig, die keine Gewalt anwenden; denn sie werden das Land erben" (5,5).
Eine Maxime, die an Ps 37/36,11 anschließt; die deutschen Übersetzungen bieten jedoch in diesem Psalm ein sehr verschiedenes Sprachbild: „Doch die Gottergebenen werden das Land besitzen . . ." (Herkenne); oder: „Doch die Erniedrigten erben das Land . . ." (Hamp-Stenzel); oder: „Aber die Armen werden das Land besitzen . . ." (Nötscher); oder: „Aber die Elenden werden das Land erben . . ." (M. Luther); oder: „Die Stillen aber besitzen das Land . . ." (Henne); „Doch die Armen werden das Land bekommen . . ." (Einheitsübersetzung, 1980). – Das entsprechende hebräische Wort *anawím* hat einen breiten Bedeutungsumfang; daher die Variationen. Die beiden Grundbedeutungen sind jedoch – erschlossen aus der Literatur der Schriftgelehrten – *sanftmütig und demütig* als Gegensatz zu *hochfahrend und stolz*.

Das „Land zu besitzen" kann unter zwei Gesichtspunkten gesehen werden, die allerdings innerlich zusammenhängen. Im Verlauf der Geschichte Israels handelte es sich immer um „das Land". Der Besitz des Landes war selten gesichert; deshalb gehörte (und das ist der zweite Gesichtspunkt) zur messianischen Zeit, daß der Besitz des Landes gesichert war.

Dieser Besitz des Landes wurde von dem wenig sanftmütigen und wenig demütigen Volk Israel immer wieder auf hochfahrende und stolze Weise verteidigt, befestigt und neu erobert. Die Nackenschläge, die das Volk erhielt, wurden von den Propheten als Strafe Gottes gedeutet. Deshalb findet sich auch in der Lehre der Schriftgelehrten viel Lob der Sanftmut und Demut. Aber nichtsdestoweniger verfiel das Volk immer wieder in hochfahrenden Stolz.

Diese Zusammenhänge sollte man nicht übersehen, wenn man diese messianische Seligpreisung der Bergpredigt richtig verstehen will. Sie ist – gerade für die messianische Zukunft – die Absage an das Schwert.

„Selig, die hungern und dürsten nach der Gerechtigkeit, denn sie werden satt werden" (5,6).
Nach etwas hungern und dürsten ist typisch orientalische Ausdrucksweise, die sich auch bei geistigen Vorgängen gern der Ausdrücke der sinnlichen Welt bedient. Da die Gerechtigkeit (s. d.) etwas ist, was der Mensch nach jüdischer Ansicht durch eigene Kraft erlangen kann, muß dieser Satz für die Schriftgelehrten der Pharisäer ein Ärgernis gewesen sein. Jesus kehrte die Lehre der Schriftgelehrten geradezu um. Diese lehrten: Wenn das Volk durch Erfüllung der Gebote gerecht geworden ist, kommt das messianische Reich. Jesus aber: Wenn das messianische Reich kommt, wird jeder Hunger und Durst nach Gerechtigkeit gestillt werden.

„Selig die Barmherzigen, denn sie werden Erbarmen finden" (5,7).
Barmherzigkeit zu üben gehörte zur Frömmigkeit der Juden (s. die Artikel „Almosen" und „Liebesdienste"). Es könnte jedoch sein, daß hier ein polemischer Akzent gegen die Schriftgelehrten und Pharisäer mitschwingt, die die Gesetzesunkundigen – wenn auch vielleicht nur theoretisch und in ihren orientalisch überspitzten Sätzen – von der Barmherzigkeit ausschlossen. Denn es kann keinen Zweifel daran geben, daß diese Seligpreisung der bedingungslosen und nicht der auswählenden Barmherzigkeit gilt.

„Selig, die ein reines Herz haben; denn sie werden Gott schauen" (5,8).
Aus dem rabbinischen Schrifttum läßt sich keine eindeutige Bedeutung für „die ein reines Herz haben" entnehmen. Es könnte heißen: die den bösen Trieb gezähmt haben (Ps 51,22: „Ein reines Herz erschaff in mir, Gott"); es könnte aber auch heißen: die das Gute wollen, wenn sie es auch nicht immer tun können. Im Zusammenhang der Bergpredigtseligpreisungen möchte man eher die letztere Bedeutung für die gemeinte halten.

Die ein reines Herz haben, werden Gott schauen. Da der ganze Zusammenhang messianisch ist – denn die Bergpredigt soll ja die Zusammenfassung der messianischen Proklamation Jesu sein –, kommt als Bedeutung nur die messianische Bedeutung von „Gott schauen" in Frage. Die Befreiten werden Gott schauen in den Tagen des Messias, im Sinne der Jesajastelle: „Der Herr macht seinen heiligen Arm frei / vor den Augen der Völker. / Alle Enden der Erde / sehen das Heil unseres Gottes" (Jes 52,10).

„Selig, die Frieden stiften; denn sie werden Söhne Gottes genannt werden" (5,9).
Der messianische Tenor dieser Seligpreisungen verlangt, das Friedenstiften messianisch aufzufassen. Der Friede ist das Ergebnis der messianischen Zeit! Wer zum Frieden beiträgt, vermehrt die Nähe der messianischen Zeit. „Kinder Gottes" aber sind die Israeliten. Demnach könnte dieser Satz – aus dem messianischen und nationalen Verständnis aufgefaßt – etwa bedeuten: Selig, die durch ihr Friedenstiften zum Kommen des Messiasreiches beitragen; sie werden wahrhaft Israelkinder sein. Der Satz könnte außerdem eine polemische Note gegen streitsüchtige Schriftgelehrte enthalten.

„Selig, die um der Gerechtigkeit willen verfolgt werden; denn ihnen gehört das Himmelreich. Selig seid ihr, wenn ihr um meinetwillen beschimpft und verfolgt werdet . . ." (5,10–12).
Aus den späteren rabbinischen Zeugnissen ist zu entnehmen, daß Erleiden von Verfolgungen um der Tora willen durchaus zum jüdischen Moralkodex gehörte. Man kann kaum annehmen, daß diese Haltung erst später aufgekommen ist; deshalb schließt diese Seligpreisung an die rabbinische Lehre an. In dieser Seligpreisung der Bergpredigt wird die Verfolgung gekoppelt mit der schlimmsten Sünde, der Verleumdung. Verleumdung wurde bewertet wie Götzendienst, Unzucht und Blutvergießen zusammen, wohl deshalb, weil sie sich sehr oft darauf bezog und auf Blutvergießen hinauslief.

Über die Würde und Pflichten der Jünger Jesu sprechen die Gleichnissätze vom Salz und vom Licht: „Ihr seid das Salz der Erde" (5,13): s. dazu den Artikel „Salz"; und „Ihr seid das Licht der Welt" (5,14–16): s. dazu den Artikel „Licht und Finsternis". Über ein Licht stülpt man kein Gefäß. Mit einem Gefäß löscht man ein Licht!

Vom Töten und von der Versöhnung: „Ihr habt gehört . . .: Du sollst nicht töten" (5,21–24).

Jesus knüpft an die Tradition an („Ihr habt gehört, daß zu den Alten gesagt worden ist"). Der Mörder verfiel dem Gericht und wurde getötet. Zwar war zur Zeit Jesu die Tendenz, möglichst keine Todesurteile zu fällen; die formaljuristischen Forderungen waren so (doppelte Zeugenschaft für die Mordabsicht – und offensichtlicher Todeserfolg durch den Mordangriff – und Mord mit einem zum Mord geeigneten Instrument), so daß selten ein Todesurteil wegen Mordes zustande kam. Im Wort Jesu scheint diese Weitherzigkeit – weil sie eine offensichtliche Geringschätzung des Menschenlebens und eine Parteinahme für den Mörder bedeutete – implizite kritisiert zu sein, indem Jesus jede Zorn- und Haßregung verurteilt. „Jeder, der seinem Bruder auch nur zürnt, soll dem Gericht verfallen sein" (5,22); wer also Zorn und Haß nur in sich trägt, sollte vor das Gericht kommen, das es in jeder Stadt gab (s. im Artikel „Die Ältesten"). Wer sagt: „Du Dummkopf", „Du Hohlkopf", (also jemanden in seiner intellektuellen Qualität angreift), der soll dem großen Gericht, dem Hohen Rat (s. d.) verfallen: das scheint zunächst seltsam, ist aber auf die Schriftgelehrten und Pharisäer gemünzt, die jeden, der das Gesetz nicht kannte, für einen Hohlkopf hielten. Und wer sagt: „Du (gottloser) Narr!", der soll dem Feuer der Hölle, dem Feuer der Gehenna (s. den Artikel über das Hinnomtal) verfallen; auch dies scheint auf die Schriftgelehrten und Pharisäer zu gehen, die bei der Beschimpfung der *ámme-ha'árez* ja nicht immer beim Vorwurf „Hohlkopf" stehenblieben, sondern im Gesetzesunwissen Gottlosigkeit sahen. Das waren Vorwürfe, die man nur seinem „Bruder" machen konnte, d. h. dem Nächsten gleichen Glaubens; deshalb beginnt Jesus diese Lehre mit den Worten: „Jeder, der seinem *Bruder* zürnt . . ."

Und „wenn du deine Opfergabe zum Altar bringst und dir dabei einfällt, daß dein Bruder etwas gegen dich hat, so laß deine Gabe dort vor dem Altar . . ." (5,23.24). Dieses Wort ist ohne weiteres verständlich, kann aber mit historischem Hinweis präziser verstanden werden. Es gab nämlich den Rechtsgrundsatz, daß man eine wichtige Verpflichtung um einer wichtigeren Verpflichtung willen unterbrechen sollte. Auf diesen Rechtsgrundsatz geht Jesus zurück, und gibt er der Versöhnung einen höheren Rang als dem Opfer.

Zu 5,27 (Ehebruch) siehe den Artikel „Ehebruch".

„Du sollst keinen Meineid schwören"
(5,33–37). Der leichtfertige Schwur, nicht nur
der leichtfertige Gerichtsschwur, war ein weitverbreitetes jüdisches Übel. Deshalb wurde
der leichtfertige Schwur auch von den Schriftgelehrten bekämpft. Begründet ist das Wort:
„Schwört überhaupt nicht!" (5,34) in der Entheiligung des göttlichen Namens durch den
leichtfertigen Schwur. Denn wie man den
Schwur auch einleiten mochte: „bei der Tora",
„beim Himmel", „bei Mose", „beim Altar",
„beim Bunde", „bei Jerusalem", „beim Tempel", „beim Tempeldienst", „beim Schwur",
„Schwur", „ich schwöre", „bei deinem Leben"
usw. – immer wurde dabei die Heiligkeit Gottes mißbraucht, auch wenn man nicht ausdrücklich Gottes Namen als Einleitungsformel
gebrauchte. Denn ein Schwur war ja nur ein
Schwur, weil man sich dabei irgendwie auf
Gott bezog.

„Du sollst deinen Nächsten lieben"
(5,43–48): „Du sollst deinen Nächsten lieben"
ist ein Zitat aus Lev. 19,18; „du sollst deinen
Feind hassen" ist kein alttestamentliches
Wort, sondern wahrscheinlich nichts anderes
als eine Faustregel des jüdischen Alltags. Jedoch: Was verstand man in alttestamentlicher
Zeit und zur Zeit Jesu unter dem „Nächsten"?
Nur den eigenen Volksgenossen, der auch
zugleich Glaubensgenosse war. Zwar wurde
man Volksgenosse, indem man den Glauben
Israels annahm – aber selbst da war man
zurückhaltend: wer nicht spontan und in kürzester Zeit, nachdem er in den Wohnbereich
des jüdischen Volkes gekommen war, zum
Judentum übertrat, galt nicht als Vollproselyt
und nicht ganz und gar als Nächster. Dieses
Abwägen: Wer zählt zu meinen Nächsten und
wem muß ich Liebe erweisen – dieses Abwägen schob Jesus also ganz beiseite, indem er
die extremste Formel gebrauchte, die möglich
ist: „Liebt eure Feinde." Im Grunde heißt
diese Formel: Jeder ist dein Nächster, den du
lieben mußt.

Zwar gibt es auch im AT das Gebot der
Feindesliebe (z. B. Ex 23,4); aber die ausdrückliche Lehre wurde selten davon berührt,
oder man begnügte sich mit der negativen
Grenze: „Freu dich nicht über den Sturz deines
Feindes" (Spr 24,17).

Hütet euch, eure Gerechtigkeit vor den Men-
schen zur Schau zu stellen (6,1–4). In der
Synagoge oder bei den Fastengottesdiensten,
die oft auf der Straße stattfanden, wurde die
Gemeinde zu privaten Spenden für die Armenpflege aufgerufen. Es war üblich, diesen
Aufruf durch das Gelöbnis einer Spende zu
beantworten. Laut rief der Spender: „Ich gebe
soundso viel . . ." – So suchte man sich vor der
Öffentlichkeit durch eine hohe Spende in günstiges Licht zu stellen. Daß solche Spenden
nicht immer aus dem Geist des liebenden
Almosengebens gemacht wurden, liegt nahe
(s. den Artikel „Almosen").

Und „wenn ihr betet, macht es nicht wie die
Heuchler (6,5–8). Im letzten vorchristlichen
Jahrhundert war es üblich geworden, nicht nur
am Morgenopfer und am Nachmittagsopfer
(Abendopfer) im Tempel betend teilzunehmen, sondern auch außerhalb des Tempels
und außerhalb Jerusalems seine täglichen Gebete (s. d.) während der Opferzeiten zu verrichten. Man betete, wo man sich gerade befand. Aber die Heuchler befanden sich zu
diesen Gebetszeiten gern dort, wo viele Menschen waren. – Über das Beten in der Kammer
(6,6): s. im Artikel „Die Tür".

ZU Mt 6,9–13:
DAS GEBET DES HERRN

Die Überlieferung des Herrengebetes im
Evangelium nach Matthäus hat die Form, wie
sie heute fast überall gebetet wird. Das Evangelium nach Lukas enthält dagegen eine kürzere und etwas andere Fassung, die allerdings in
manchen Kodizes wiederum nach dem Text
des Matthäusevangeliums durch die Abschreiber erweitert worden ist. Der Text nach Lukas
(11,2–4) lautet:

Vater, dein Name werde geheiligt.

Dein Reich komme.

Gib uns täglich das Brot, das wir brauchen.

Und erlaß uns unsre Sünden; denn auch
wir erlassen jedem,

was er uns schuldig ist.

Und führe uns nicht in Versuchung!

Der Codex Basileensis (Baseler Kodex) und
andere von ihm abhängige Kodizes haben am
Ende des Gebetes (Mt 6,13) eine Doxologie:
„Denn dein ist das Reich und die Kraft und die
Herrlichkeit in Ewigkeit." In den ältesten
Handschriften fehlt dieser zweite Teil des Ver-

ses 13. Erasmus von Rotterdam aber nahm die Doxologie in seine Ausgabe des griechischen Neuen Testaments (1516 bis 1519) auf. Von dort übernahm Martin Luther sie in seine Bibelübersetzung, wodurch sie seit Mitte des 16. Jahrhunderts zur Form des Vaterunsers der evangelischen Christen gehört.

Ob diese Doxologie (frei nach 1 Chr 29,10.11) auf Jesus selbst zurückgeht, ist ebenso schwer zu beweisen wie zu bestreiten. Ganz sicher ist sie aber um 100 n. Chr. am Ende des Vaterunsers in manchen Gemeinden üblich gewesen; denn sie stammt aus dem Synagogengebet. Auch wenn sie nicht auf Jesus zurückgeht, sondern aus dem Gemeindegebet in einige Handschriften hereingekommen ist, ist sie eine verehrungswürdige Formel, und sie eignete sich ganz und gar nicht dazu, Streitpunkt zwischen Konfessionen zu sein. Es war deshalb nichts dagegen einzuwenden, sondern im Gegenteil eine Bereicherung des Herrengebetes, als man die Doxologie für das Vaterunser auch der katholischen Christen als Abschlußformel übernahm (1975). Auch die orthodoxen Kirchen beschließen das Vaterunser mit dieser – allerdings dort trinitarisch erweiterten – Preisungsformel.

Die Verschiedenheit des Matthäus- und Lukastextes und die überlieferte Doxologie lassen vielleicht den Schluß zu, daß Jesus zwar des öfteren in ähnlichen Formeln mit seinen Jüngern gebetet hat, daß er aber nicht immer in genau denselben Formelreihen betete. Dieser Verschiedenheit der Gebetsrufe wären dann die Gemeinden gefolgt, und dadurch erklärten sich aufs natürlichste die verschiedenen Überlieferungen bei Matthäus und Lukas. – Der Text des Gebets, das Jesus seine Jünger gelehrt hat, soll kurz besprochen werden:

„Unser Vater im Himmel, dein Name werde geheiligt" (ökumenische Liturgiefassung: „Vater unser im Himmel, geheiligt werde dein Name"). Bei romantischen Katecheten kann man schon einmal hören oder lesen, daß der „unerhört neue Name", den Jesus für Gott gebracht habe, der Name von Gott als dem „Vater" sei. So pointiert ist diese Behauptung jedoch nicht zu halten.[1] Israel sah Gott nicht nur als seinen Vater an, sondern sprach auch

im Gebet von Gott als seinem Vater, ja gelegentlich findet sich das Wort „Vater" als Anrede an Gott auch im Gebet. Dabei läßt sich auch gerade die Anrede „Unser Vater" nachweisen: als Ausdruck der Ehrfurcht und Demut vor Gott wagte man meistens nicht „mein Vater" zu sagen, um Gott nicht zu nahe zu treten.

Es ist kaum zweifelhaft, daß Jesus die Anrede „Vater" oder „Unser Vater" nicht nur gebraucht hat, um das vertrauensvolle Kindschaftsverhältnis der Menschen zu Gott zu lehren, sondern auch, um (im Sinne des alten patriarchalischen Vaterverhältnisses) den Abstand zwischen Gott und Mensch zu betonen. Auch die Formulierungen der ersten Bitten weisen auf diese Auffassung hin. – Es sei noch hinzugefügt, daß Jesus selbst wahrscheinlich die Anrede *„Vater"* gebraucht hat, wie es ja auch im Evangelium nach Lukas überliefert ist. (Aus hebraistischen Kreisen Israels erhielt der Verfasser den dankenswerten Hinweis, daß die aramäische Wortform „Abba" für „Vater, mein Vater", die Jesus im Gebet gebraucht hat (z. B. Mk 14,36), wohl den Gefühlsgehalt unseres Wortes „Papa" habe. So sei das Wort „Abba" von jüdisch-christlichen Kreisen der Zeit Jesu im Gebet wohl nicht sehr leicht angenommen worden, weil diese Wortform von den Rabbinen für die jüdische Liturgie nicht akzeptiert wurde.)

Der Zusatz „im Himmel" wurde im Judentum der Zeit Jesu üblich, wenn man von Gott als Vater sprach, um Mißverständnisse auszuschließen. Der Vater Gott wurde dadurch vom menschlichen Vater abgehoben.

Daß im deutschen Sprachgebiet die Kirche den Anfang des Herrengebetes fast überall noch mit „Vater unser" formuliert, ist ein sprachlicher Greuel, der bald beseitigt werden müßte. Zwar heißt es im Lateinischen (richtig): *Pater noster!* Aber deshalb braucht es im Deutschen nicht (falsch) zu heißen: Vater unser! Die richtige Wortfolge im Deutschen ist nur: Unser Vater! Die seltsame Wortfolge „Vater unser" stammt noch aus der Missionszeit (8. und 9. Jahrhundert n. Chr.), als die Gebete mittels Interlinearversion gelehrt wurden, d. h. mit dem lateinischen Text, unter den Wort für Wort der deutsche Text geschrieben wurde:

Pater noster, qui es in caelis,

Vater unser, der du bist in den Himmeln,

---

[1] Belege zum Gebrauch des Vatertitels für Gott s. bei Strack-Billerbeck unter Mt 6,4 und 6,9 B.

sanctificetur	nomen	tuum . . .
geheiligt werde	der Name	dein . . .

„Dein Name werde geheiligt" (ökumenische Liturgiefassung: „Geheiligt werde dein Name"). Die passivische Form ist zu beachten. Sie ist nicht die normale Gebetsform, die etwa lauten würde: Vater im Himmel, heilige deinen Namen! – oder: Wir bitten dich, Vater im Himmel, heilige deinen Namen! – oder: Wir versprechen dir, Vater im Himmel, deinen Namen zu heiligen! – oder: Gewähre uns, Vater im Himmel, daß wir deinen Namen heiligen (so die typisch römische Gebetsformel: *Praesta, quaesumus . . .).*

Diese passivische Gebetsformel wünscht einfach, daß geschehen möge, was Gott will. Sie fordert Gott nicht auf, sie wünscht nichts von Gott, sondern der Mensch stellt sich ganz schlicht vor Gott und sagt *„es geschehe".*

Die Formel, der Jesus seinen Gebetsruf vielleicht entnommen hat, formuliert ebenso: „Verherrlicht und geheiligt werde sein großer Name in der Welt"; so heißt es z. B. in einem alten Synagogengebet. Der Unterschied zu dieser Formel liegt beim Gebet Jesu in der Anrede: „Geheiligt werde dein Name"; aber die passivische Form bleibt bestehen (s. auch im Artikel „Jahwe"). Obwohl diese Form nicht allgemein im Judentum gebräuchlich war, scheint es doch nicht nebensächlich, daß Jesus gerade diese passivische und unpersönliche Ausdrucksweise bevorzugt hat; sie betont nämlich neben der Ehrfucht auch das Universale: nicht in uns, nicht in Israel, nicht in unserer Gemeinde werde dein Name geheiligt, sondern ganz allgemein: „Geheiligt werde dein Name".[2] – Über die Bedeutung des Wortes „Name" s. im Artikel „Jahwe".

„Dein Reich komme" (so auch seit 1975 die ökumenische Liturgiefassung). Die eigentliche Formel lautet: „Es komme dein Reich!" Über das „Gottesreich" (Himmelreich) s. d. – Was oben über die passivische Formel gesagt wurde, gilt hier sinngemäß von der intransitiven Formel. Die jüdischen Gebete bitten um die „Offenbarung" des Gottesreiches; Jesus gebraucht den seltenen Ausdruck vom „Kommen" des Gottesreiches. Dies hängt mit dem Verständnis Jesu vom Gottesreich zusammen, das jede *Herrschaft* ablehnt.

„Dein Wille geschehe wie im Himmel so auf der Erde" (ökumenische Liturgiefassung: „Dein Wille geschehe, wie im Himmel so auf Erden"). Diese Formel läßt sich in dieser ausgesprochenen Weise in der jüdischen Gebetsliteratur der Zeit Jesu nur in Anklängen nachweisen. Hier könnte also ein ganz eigener Gebetsruf Jesu vorliegen. – Zur intransitiven Form s. oben.

„Gib uns heute das Brot, das wir brauchen" (ökumenische Liturgiefassung: „Unser tägliches Brot gib uns heute"). In den folgenden Bitten wird die passivische bzw. intransitive Form aufgegeben. Der Grund dafür ist einleuchtend. Während es sich in den ersten Bitten um Gottes Namen, Gottes Reich und Gottes Willen handelt, die schlechthin geheiligt werden, kommen und geschehen mögen, tritt jetzt der elende Mensch selbst bittend vor Gott. Die Einschaltung des Sprechenden bedeutet nun nicht mehr ein Gott-zu-nahe-Treten, sondern Anerkennung der menschlichen Bedürftigkeit: „Gib *uns* heute das Brot, das *wir* brauchen", „Und erlaß *uns* unsre Schulden", „Und führe *uns* nicht in Versuchung, sondern rette *uns* von dem Bösen". Indem hier das *wir* und *uns* eingeführt ist, wird dieselbe Haltung eingenommen, die in den ersten drei Bitten durch das Ausschalten des *wir* und *uns* eingenommen wurde: die Haltung der Zurückhaltung und Demut.

Die Bitte geht wohl um das *nur* tägliche Brot und könnte angeschlossen sein an die Weisung, die vom Manna im Buch Exodus sagt: daß jeder nur seinen Tagesbedarf sammeln solle (s. im Artikel „Das Manna"). Außerdem hat die Bitte einen Stützpunkt im damaligen orientalischen Brauch: Brot (s. d.) wurde selten auf Vorrat, sondern täglich gebacken.

„Und erlaß uns unsere Schulden, wie auch wir sie unsern Schuldnern erlassen haben" (ökumenische Liturgieformel: „Und vergib uns unsere Schuld, wie auch wir vergeben unsern Schuldigern"). Die Formulierung des Lukas ist folgerichtiger und sinnvoller: „Erlaß uns unsere Sünden; denn auch wir erlassen jedem, was er uns schuldig ist." Die Matthäusformel macht sozusagen den Menschen zum Beispiel für

---

[2] Zu Einzelheiten s. Strack-Billerbeck unter Mt 6,9 A 2.

Gott: Siehe, Gott, *wir* vergeben; so sollst du auch uns vergeben. Sicherlich ist das nicht gemeint, aber letztlich heißt es das. Die Lukasformel knüpft jedoch an das jüdische Recht an und gibt den Weg an, wie der Mensch von Gott Vergebung seiner Schuld erhoffen kann. Es war durchaus jüdische Lehre, daß nur dem eine Schuld gegenüber dem Nächsten vor Gott vergeben wird, der sich mit seinem Nächsten aussöhnt.[3]

Die Lukasformel bedeutet also: *Wir* vergeben unsern Schuldigern, und so ist nun die Möglichkeit, daß auch du uns vergibst; denn wir haben die Bedingung erfüllt.

„Und führe uns nicht in Versuchung, sondern rette uns von dem Bösen" (ökumenische Liturgieformel: „Und führe uns nicht in Versuchung, sondern erlöse uns von dem Bösen"). Die jüdischen Hörer konnten unter „dem Bösen" alles physische, alles geistige und alles geistliche Übel verstehen: alles Böse und jeden Bösen. Insofern ist dies eine Formel von größter Weite, die auch rechtens jede Deutung zuläßt.

ZU Mt 6,24–34:
AUS DEM SCHLUSS DER
BERGPREDIGT

„Niemand kann zwei Herren dienen" (6,24). Diese Maxime ist uns durch diese Bibelstelle geläufig geworden. Aber wir verstehen sie inzwischen so stark geistig, daß wir kaum auf den Gedanken kommen, hier ein Wort aus dem Sklavenwesen vor uns zu haben.

Es kam vor, daß ein Sklave (s. d.) zwei Herren gehörte: hatten z. B. zwei Brüder ihn von ihrem Vater geerbt, dann gehörte er jedem zur Hälfte. Daß dabei der Sklave dem einen Herrn leicht mehr zugetan sein konnte als dem anderen, ist menschlich verständlich. „Entweder wird er den einen hassen und den anderen lieben" darf man allerdings nicht wörtlich nehmen, sondern das ist eine Formel, die sich aus der orientalischen Vorliebe für extreme und geradezu kontradiktorische Ausdrücke erklärt. Das „hassen" ist also im Sinne von „weniger lieben" zu verstehen.

Das geistige Verständnis dieses Satzes wird allerdings schon mit dem Abschluß dieses Verses nahegelegt: „Ihr könnt nicht beiden die-

nen, Gott und dem Mammon." „Mammon" bedeutet nicht Geld, obwohl das Geld zum Mammon gehört. „Mammon" ist alles, was nicht zu Leib und Leben *(nàphäsch)* gehört: also Geld, Grundbesitz, Kleiderbesitz, Schmuck und Wertsachen. Diese Worte schließen gedanklich an Mt 6,19 f. an: „Sammelt euch nicht Schätze hier auf der Erde . . ."

„Lernt von den Lilien, die auf dem Feld wachsen (6,28–30). Diese große Mahnung Jesu, sich nicht in der Sorge um das Äußere des Lebens zu verlieren, ist so elementar, daß man kaum etwas dazu zu sagen braucht. Einer kleinen Erläuterung bedürfen „die Lilien des Feldes", die wir leicht mißverstehen können. Nicht die Prachtlilien unserer kultivierten Gärten sind damit gemeint, sondern die bescheidenen, wildwachsenden Lilienblumen „des Feldes": die violetten und purpurroten Anemonen, die man bis heute im Frühling zu Zehntausenden auf den unkultivierten Hängen und in den Ebenen Palästinas findet. Aber selbst sie, die Unkraut sind, „Gras des Feldes", das man zum Heizen beim Brotbacken verwandte, sind schöner als „Salomo in all seiner Pracht".

ZU Mt 8,1–9,34:
VON MESSIASTATEN

Diese Kapitel sind beste Zeugnisse dafür, daß es sich bei den Evangelienschriften (hier nach Matthäus) nicht um Lebensbeschreibungen Jesu handelt. Auf die sog. Bergpredigt, die von der wahren Art des Lebens in „Gerechtigkeit" handelt, läßt der Evangelist Wunder- und Ereigniserzählungen folgen, die an Jesus aufweisen sollen, daß sich die Zeit des Gottesreiches (die mit dem Messias beginnt) in heilenden und rettenden Guttaten zeigt.

Matthäus beginnt mit der Erzählung einer Aussätzigenheilung (8,1–4). Die medizinische Wissenschaft hat der in der Bibel genannte Aussatz immer sehr interessiert; ihre Wissenschaftler sind nach gründlichem Studium aller Bibelstellen, die vom Aussatz handeln, zu der Überzeugung gekommen, daß es sich dabei nicht um die Krankheit handelt, die man heute „Lepra" nennt, obwohl dieses griechische

---

[3] Belege zur Versöhnungslehre des Judentums s. bei Strack-Billerbeck unter Mt 6,12.14; 18.21.

Wort *lépra* auch den Aussatz in der Bibel bezeichnet. Am wahrscheinlichsten ist, daß es sich dabei um die Schuppenflechte handelt *(psoríasis vulgáris)*. Diese Krankheit beginnt meistens mit rötlichen Flecken, die mit weißen Schuppen bedeckt sind; die Flecken breiten sich langsam ruckweise aus und fließen schließlich zusammen. Seltener wird der ganze Körper plötzlich von diesen weißbeschuppten Flecken befallen; aber auch diese Form kommt vor.

Die Ursachen dieser Krankheit sind unbekannt; wohl weiß man, daß Hautverletzungen und Reizungen auslösend wirken. Die Krankheit wird durch Blutdisposition begünstigt, daher werden oft ganze Familien davon befallen – aber sie ist weder ansteckend noch vererbbar. Deshalb blieben bei den nichtisraelitischen Völkern solche Aussätzigen in ihren Familien, und aussätzige Beamte blieben im Dienst, wie z. B. der Syrer Naaman, von dem die Elischageschichten erzählen (s. 2 Kön 5,1–27).

In Israel und bei den Juden wurde also der so Aussätzige nicht deshalb von Familie und Volk abgesondert, weil er eine gefährliche Krankheit hatte, sondern weil das Gesetz ihn für kultisch unrein erklärte. Deshalb mußte der Kranke durch zerrissene Kleider, Barhäuptigkeit und verhüllten Bart und den Ruf „Unrein!" die ihm Entgegenkommenden warnen, damit sie durch Berührung mit ihm nicht ebenfalls kultisch unrein wurden (s. den Artikel „Rein und unrein"). Deshalb blieben die Aussätzigen, die zu Jesus kamen, von ferne stehen. Und deshalb wurde die Heilung vom Aussatz „Reinwerden" genannt.

Diese „Aussatz" genannte Schuppenflechte ist eine ganz und gar chronisch verlaufende Krankheit. Zwar kann sie plötzlich auftreten, aber normalerweise nicht plötzlich verschwinden. Gerade darin liegt die Dokumentation für die wunderbare Heilung, die Jesus an Aussätzigen wirkte, wenn „Aussatz" auch nicht das ist, was wir heute darunter verstehen.

Der Geheilte, normalerweise also nach Abklingen der letzten Krankheitszeichen, hatte sich den Priestern vorzustellen, welche die Genesung und damit die kultische Reinheit feststellten. Daran schloß sich das Genesungsopfer an. Die genauen Bestimmungen für die Feststellung des Aussatzes durch die Priester und die Absonderung sind in Lev 13,1–46

niedergelegt; die Bestimmungen für die Reinigungszeremonien in Lev 14,1–32. Ursprünglich mag man eine derartige Behandlung dieser Kranken eingeführt haben, weil man ihre Krankheit für gefährlich und ansteckend hielt. Zweifellos hat man später um die Ungefährlichkeit gewußt, behielt aber trotzdem die Absonderung wegen „kultischer Unreinheit" bei. Der Grund dafür lag darin, daß man diese Krankheit als ein besonderes Zeichen der Sündigkeit ansah. Die Reinigungszeremonien weisen dies ganz deutlich aus.

Jesus rührte den Aussätzigen an (8,3), womit Jesus – oder auch nur der Evangelist – wohl die „Handauflegung" (s. d.) andeuten wollte, jedoch darf nicht übersehen werden, daß Jesus zugleich damit Protest erhob gegen das Gesetz, das die harmlos Kranken zu levitisch Unreinen stempelte.

Zu den hier folgenden Wundererzählungen siehe im Literaturkapitel die Erläuterungen zu Mt 8,5–13 („Der Hauptmann von Kafarnaum"); zu Mt 8,14–15 („Die Heilung der Schwiegermutter des Petrus"); zu Mt 8,23–27 („Der Sturm auf dem See"); zu Mt 8,28–34 („Die Heilung der Besessenen von Gadara"); zu Mt 9,9–13 (unter „Berufungen"); zu Mt 9,18–26 („Die Auferweckung der Tochter eines Synagogenvorstehers und die Heilung einer kranken Frau").

Zwischen diesen Geschichten findet sich ein allgemeiner Text über die Heilung von Besessenen und Kranken (8,16–17). Von all diesen Wundererzählungen ist dieser Kurztext wohl der wichtigste dieses Kapitels. Er zitiert aus Deuterojesaja, aus dem Vierten Lied vom Gottesknecht (Jes 53,4): „Er hat unsere Leiden auf sich genommen und unsere Krankheiten getragen." Diese Gottesknecht-Lieder wurden als Hinweise auf den Messias genommen. Diesen Jesaja-Vers illustrieren die Wundererzählungen in Mt 8 und 9.

ZU Mt 10,1–4:
DIE ZWÖLF APOSTEL

Die Apostel werden im Text des NT des öfteren „die Zwölfe" genannt. Darin liegt sicherlich eine bewußte Anknüpfung an die zwölf Stämme Israels. Welcher spezielle Gedanke allerdings bei der Wahl von zwölf

Aposteln im Spiele war, läßt sich nicht mit Sicherheit sagen; es gibt mehrere Möglichkeiten: die Apostel als Botschafter des Evangeliums an die zwölf Stämme; oder: die Apostel als Stammväter der zwölf Stämme des Neuen Bundes. Auf jeden Fall liegt der Gedanke mit zugrunde, daß der Neue Bund das neue Israel ist.

Wenn man bedenkt, daß sich in der Zeit Jesu von allen Stämmen Israels nur noch einige mit echter Tradition ausweisen konnten, könnte in der Zwölfzahl auch der Hinweis liegen, daß mit dem Neuen Bund das ganze Israel wieder lebendig wird. All solche Gedanken sind, bei der Vorliebe des Orients für die Zahlensymbolik, als Inhalt der „Zwölfe" möglich (s. auch im Artikel „Zahlen . . ."). Die Apostellisten befinden sich bei Mt 10,2 ff., Mk 3,16 ff., Lk 6,14 ff., Apg 1,13; im Johannesevangelium sind nicht alle Apostel genannt, auch eine Apostelliste enthält es nicht. Die Apostellisten enthalten die Namen der Apostel (mit geringfügigen Abweichungen in der Reihenfolge). Im folgenden wurde die Reihenfolge des Evangeliums nach Matthäus eingehalten.

Petrus steht in allen Apostellisten der Synoptiker an erster Stelle; das kann nur im Sinn eines Vorrangs gedeutet werden, da die Liste nicht der chronologischen Folge der Berufungen entspricht. Auch die Tatsache, daß Judas Iskariot in allen Listen den Schluß bildet, weist auf eine Rangordnung hin.

Die Berufung des Simon Petrus zum Apostel ging, wenn wir die Aussagen über seine Berufung nicht als verschiedene Traditionen, sondern als verschiedene Szenen der Gesamtberufung ansehen, in mehreren Stufen vor sich:

Zeitlich am frühesten liegt die Begegnung Jesu mit Simon Petrus, die Joh 1,40-42 erzählt wird. Andreas, der Bruder des Simon Petrus, war ein Jünger des Täufers Johannes. Er folgte mit dem späteren Apostel Johannes dem vom Täufer als Messias bezeichneten Jesus, als er seinen Bruder Simon „traf". In der zeitlichen Darstellung des Apostels Johannes muß dies am Jordan gewesen sein, wo der Täufer wirkte.

Ob Simon ebenfalls ein Täuferjünger war oder ob er nur zum Jordan gekommen war, um sich taufen zu lassen, kann nicht erschlossen werden. Simon Petrus schloß sich Jesus an und zog mit ihm über Kana, wo er an der Hochzeit teilnahm, wahrscheinlich auch über Nazaret nach Kafarnaum.

Ob Simon Petrus die folgenden Wanderungen mitgemacht hat, ist ungewiß. Aus der Berufung am See, nachdem der Täufer verhaftet worden war und Jesus sich nach Galiläa zurückgezogen hatte, könnte man schließen, daß Simon Petrus zunächst bei seiner Arbeit, dem Fischfang (s. d.), blieb. Diese erste eigentliche Berufung, die bei Mt 4,18–20 und Mk 1,16–18 berichtet wird, geschah am Nachmittag (in der Zeit des Netzeflickens). Simon Petrus folgte Jesus nach Kafarnaum und lud ihn in sein Haus ein. Er stammte zwar aus Betsaida, wo er als Sohn eines Jona (Mt 16,17) oder Johannes (Joh 1,42) geboren worden war, er wohnte aber in Kafarnaum. Dort heilte Jesus die Schwiegermutter des Simon, woraus hervorgeht, daß dieser verheiratet war. Simon Petrus zog aber auch dann noch nicht endgültig mit Jesus. Erst später, als Jesus in einer Nacht mit ihm zum Fischfang gefahren war (Lk 5,4–11), folgte er ihm, ohne noch einmal längere Zeit zu einem Fischfang zurückzukehren. Damit hatte aber vielleicht schon das letzte Jahr Jesu begonnen. – Wenige Wochen später wählte Jesus aus allen Jüngern zwölf Apostel, zu denen Simon Petrus gehörte.

Charakter und Temperament des Erstapostels sind durch eine Reihe von Worten und Taten einheitlich bezeugt:

Als Jesus nach der Speisung der Menge (sog. „Brotvermehrung"), anderntags in der Synagoge von Kafarnaum über das Brot vom Himmel sprach, verstand auch Simon Petrus nicht, was Jesus meinte. Als sich dann viele Anhänger von Jesus abwandten, fragte Jesus die Apostel: „Wollt nicht auch ihr gehen?" Petrus aber fragte zurück: „Wohin sollen wir gehen? Du hast Worte des ewigen Lebens. Wir glauben und wissen, daß du der Heilige Gottes bist" (Joh 6,67–69). Wenn diese Worte auch johanneisch verwandelt sein mögen, so können sie doch nur auf einem Treuebekenntnis des Petrus zu Jesus beruhen. Anderseits ist aber auch die Frage wichtig: „Wohin sollen wir gehen?" Petrus war treu in all seiner Ratlosigkeit.

Wenige Zeit später, bei Cäsarea Philippi, gab Petrus sein berühmtes Bekenntnis zu Jesus als dem gottgesandten Messias (s. Mt

16,13–20). Auch hier enthüllt sich der Charakter des Petrus. Er fürchtet sich nicht, Schlüsse zu ziehen, radikale Schlüsse. Sicherlich war mit diesem Bekenntnis die Hoffnung auf das messianische Reich verbunden; aber mit dieser Hoffnung war auch die Aussicht auf Kampf verbunden. Davor jedoch fürchtete sich Simon Petrus nicht. Indem er Jesus als Messias anerkannte, stellte er sich und – als Sprecher der anderen – alle Zwölf Jesus zur Verfügung.

Kurz darauf sprach Jesus von der Notwendigkeit seines Leidens. Petrus fühlte nun auch Verantwortung für Jesus und wollte ihn von seinem Gang nach Jerusalem abhalten. Er fuhr immer mit vollen Segeln. Da wies ihn Jesus zurück; er schimpfte Simon Petrus einen „Satan" (Widersacher), der die Gedanken der Menschen denkt. Petrus mußte wohl so hart angefaßt werden, um seine Aufgabe zu begreifen (s. bei Mt 16,21–23).

Petrus verehrte Jesus auf seine etwas poltrigradikale Weise. Bei der Fußwaschung (Joh 13,6–10) wehrte er sich gegen die Fußwaschung; als Jesus ihm aber vorhielt, daß er sonst keine Gemeinschaft mit ihm habe, will er nicht nur die Füße, sondern auch Hände und Kopf gewaschen haben.

In der Verhaftungsnacht offenbarte sich der Charakter des Simon Petrus auf neue Art. Im Abendmahlssaal beteuerte er seine Treue. Im Bewußtsein seiner körperlichen Kraft und im Schwung der messianischen Erwartung dachte er nicht an Angst. Simon Petrus war etwas großsprecherisch. Solange er handeln konnte, war er in seinem Element. Deshalb griff er, unbedacht und erzürnt, im Ölgarten zum Schwert und schlug dem Tempelhauptmann Malchus auf den Helm; das Schwert rutschte ab und trennte Malchus das Ohr ab. Aber als Petrus dann im Hof des Hohenpriesters die ganze Gefahr der Lage – auch für sich selbst – begriff, verteidigte er, ebenso unbedacht und erzürnt, seine eigene Haut. Er verleugnete seinen Meister. Der Hahnenschrei brachte ihn zu sich selbst, und er erkannte, was seine Treue in der Angst wert war. Seine Reue war so heftig wie sein Zorn und sein Selbsterhaltungstrieb.

Der Name des Petrus spielt in mehreren Evangelienerzählungen eine Rolle. Die grundlegende Aussage ist in Mt 16,17.18 (und Parallelen) enthalten: „Und so sage ich dir: Du bist Petrus. Auf diesen Felsen will ich meine Gemeinde bauen." Man faßt dies für gewöhnlich so auf, als ob der Name *kepha* (Fels), griech. *pétros,* von Jesus stamme. Die andere Annahme ist jedoch organischer: Simon hatte bereits einen Beinamen „Kepha", der ihm von seinen Freunden auf Grund seines Charakters gegeben worden war. Jesus deutete diesen Namen symbolisch und umschrieb damit zugleich Simons neue Aufgabe. Die Anrede Simons als „Kepha" (Fels) bei Joh 1,42 muß vielleicht als zeitliche Vorausnahme des Gesprächs bei Cäsarea Philippi angesehen werden.

Die Berufung zum Apostelersten ging wohl ebenfalls stufenweise vor sich. Jesus wählte zunächst eine kleine Gruppe aus, die er zu seinen bevorzugten Zeugen machte: Simon Petrus, Jakobus und dessen Bruder Johannes. Diese drei waren dabei, so erzählen die Evangelien, als Jesus die Jairustochter erweckte (Mk 5,37); sie waren Zeugen der Verklärung Jesu (Mk 9,2); sie blieben in der Nacht seiner Todesangst in der Nähe Jesu (Mk 14,33); dies betont der Begleiter des Apostels Petrus, der Evangelist Markus. Man darf sicherlich diese drei „Vorgänge" nicht als die einzigen ansehen, bei denen diese Gruppe abgesondert und bevorzugt wurde. Anfangs bedeutete sie wohl eine Art Kandidatentrio, aus dem Jesus dann schließlich den Petrus als Ersten auserwählte. Das Leben mit Jesus, das Leiden Jesu und das Bewußtsein seiner Auferstehung haben Petrus nicht gewandelt, aber geläutert. Er wurde wirklich zum Erstapostel. Er war ein gläubiger Jude, aber seinem so unerwartet andersartigen Messias treu, so daß er immer mehr in seine schwierige Führerrolle hineinwuchs. Er erkannte die Bedeutung der Zwölfzahl der Apostel und ließ Matthias an Stelle des Judas Iskariot wählen (Apg 1,15–26); er trat als Zeuge des Auferstandenen auf und erwies ihn in einer einfachen, aber sicheren Theologie als den wahren Messias: am Pfingstfest (Apg 2,14–16), im Tempel nach der Heilung des Lahmgeborenen (Apg 3,1–26), vor dem Hohen Rat (Apg 4,1–22); er ist ein unbestechlicher Richter, wenn es um die Lauterkeit des Handelns geht, wie die Geschichte von Hananias und Saphira dokumentiert (Apg 5,1–11); er überwindet im Sinne Jesu seine jüdische Animosität gegen die Samariter und behandelt sie als Gleichberechtigte (Apg 8,14–25); während der Christenverfolgung des Saulus blieb Petrus in Jerusalem an seinem Platz (Apg 8,1), und nach Wiederherstellung des Friedens besuchte er alle Gemeinden, um sie zu stärken (Apg 9,32). Auf dieser Reise traf er in Joppe und Caesarea eine schwierige Entscheidung durch die Aufnahme der ersten Heiden in die Gemeinde Jesu, ohne von ihnen die Beschneidung zu verlangen; es läßt sich kaum ermessen, was diese Entscheidung für einen strenggesinnten Juden bedeutete; so machte man ihm denn in Jerusalem auch heftige Vorwürfe; aber er verteidigte sich.

Wahrscheinlich gab Petrus zu Beginn seiner Reise durch die Gemeinden (Apg 9,32) die Leitung der Urgemeinde in Jerusalem an den Herrenbruder Jakobus (s. d.) ab, oder wenigstens beauftragte er ihn mit der praktischen Leitung; Petrus sah sich von nun an immer mehr als Hirt aller Gemeinden Jesu an. Deshalb war der Griff des Herodes Agrippa I. nach Petrus, nachdem der König Jakobus den Älteren (im Jahre 44 n. Chr.) hatte hinrichten lassen, ein Angriff nicht nur gegen die Gemeinde von Jerusalem, sondern gegen alle Gemeinden Jesu. Petrus konnte aus seinem Gefängnis befreit werden (s. bei Apg 12,1–23). Dem Jakobus ließ er seine Befreiung und seinen Weggang mitteilen. Dann floh er: „er begab sich an einen anderen Ort" (Apg 12,17); wo er sich von dieser Zeit an aufgehalten hat und wie lange er Jerusalem gemieden hat, wissen wir nicht. Da seine Flucht in die Paschawoche fiel und Herodes Agrippa I. im Sommer des gleichen Jahres starb, könnte Petrus auch nur wenige Monate fortgewesen sein (S. 579, Nr. 55 f.). Jedenfalls ist er im Jahre 49/50 n. Chr. beim „Apostelkonzil" in Jerusalem (s. bei Apg 5,3–35).

Bald darauf scheint Petrus Jerusalem endgültig verlassen zu haben. Durch Gal 2,11–14 erfahren wir von seinem Aufenthalt in Antiochien. Das muß einige Zeit nach dem Apostelkonzil gewesen sein; denn in einem Streit zwischen Paulus und Petrus ging es um Dinge, die dort entschieden worden waren (s. im Kapitel „Paulus", Nr. 14). Welche Gemeinden Petrus sonst noch besuchte, wissen wir nicht. Wir wissen auch nicht, wann er nach Rom gekommen ist. Aber in Rom geht das Wachstum der Gemeinde auf ihn zurück; er nennt sie „die mitauserwählte Gemeinde in Babylon" (1 Petr 5,13), womit er auf den Charakter der römischen Gemeinde als heidenchristlicher Gemeinde hinweist, die nicht auserwählt ist

wie die judenchristliche Gemeinde, sondern „mitauserwählt", und die wie in der Verbannung (Babylon) lebt.

In der neronischen Verfolgung erlitt Petrus den Martertod; gemäß der Überlieferung wurde er gekreuzigt und auf dem heidnischen Friedhof am Vatikanhügel begraben.

Andreas war der Bruder des Simon Petrus. Sein Name ist nur griechisch überliefert, woraus man auf die Haltung seiner Familie aber schwerlich einen Schluß ziehen kann, weil sein Bruder Petrus immerhin den hebräischen Namen Simon führte, also einen stark nationalen Namen. Andreas war Fischer; er stammte aus Betsaida, wohnte aber – wenigstens zeitweilig – in Kafarnaum. Ursprünglich gehörte er zu den Täuferjüngern. Aus der Gefolgschaft des Täufers trat er mit Johannes, nachdem er ein längeres Gespräch mit Jesus gehabt hatte, in die Gefolgschaft Jesu über (Joh 1,35–39). Mit dem Ausruf, daß er in Jesus den Messias gefunden habe, forderte er auch seinen Bruder Simon Petrus auf, Jesus zu folgen (Joh 1,40–42).

Als nach dem Einzug Jesu in Jerusalem einige Griechen Jesus sehen wollten, beriet er sich mit Philippus, und beide trugen dann Jesus den Wunsch der Fremden vor (Joh 12,23). Seine zum Griechentum geöffnete Haltung könnte man darin – wie in seinem Namen – bestätigt sehen. – Als Jesus einen Hinweis auf das Ende Jerusalems aussprach, fragte Andreas – mit Petrus, Jakobus und Johannes – den Herrn: „Wann wird dies geschehen und welches ist das Zeichen?" (Mk 13,3).

Mehr berichtet die Bibel von ihm nicht. Vor allem die Überlieferung der Ostkirchen spricht von Andreas als Missionar am Schwarzen Meer, in Thrakien und Griechenland, wo er in Patras den Martertod am Kreuz starb. Ikonographisches Zeichen: das Malzeichenkreuz (Andreaskreuz).

Jakobus (der Ältere), galiläischer Fischer, Sohn des Fischers Zebedäus, war ein älterer Bruder des Apostels Johannes. Wegen ihres Temperamentes wurden beide von Jesus „Donnersöhne" *(boanärgés,* hebr. *bne-hargém)* genannt (Mk 3,17). Ein Beispiel für ihre cholerische Art gaben sie, als ein samaritanisches Dorf Jesus nicht aufnehmen wollte. Jakobus und Johannes reagierten: „Herr, sollen wir nicht Feuer vom Himmel herabrufen, daß es sie verzehre?" Aber Jesus verwies ihnen diese harten Worte (Lk 9,52–54).

Jesus wählte Jakobus den Älteren mit Petrus und Johannes zu besonderen Vertrauten (s. die Erzählung von der Verklärung Jesu; s. die Absonderung in der Ölbergnacht vor seinem Leiden von den anderen Aposteln).

Die Mutter des Jakobus, Salome, gehörte zu dem Kreis der Frauen, die Jesus mit ihrem Vermögen unterstützten. Diese Mutter war ehrgeizig – wie wohl auch ihre Söhne –: sie versuchte sich von Jesus eine Zusage geben zu lassen, daß ihre Söhne im erwarteten Messiasreich Jesu die ersten Minister würden („Laß meine beiden Söhne in deinem Reiche den einen zu deiner Rechten und den anderen zu deiner Linken sitzen", Mt 20,21).

Im Jahre 44 n. Chr. ließ König (Herodes) Agrippa I. „einige Mitglieder der Kirche ergreifen und mißhandeln. Jakobus, den Bruder des Johannes, ließ er mit dem Schwerte hinrichten" (s. bei Apg 12,1–23).

Die Legende um Jakobus den Älteren ist sehr reich; aber seine Mission in Spanien ist ungeschichtlich; sein Begräbnis in Santiago de Compostela ist sehr fraglich. Trotzdem hat die Wallfahrt nach Santiago seine Ikonographie bestimmt; Jakobus der Ältere wird dargestellt als Pilger mit Wallfahrtshut, Pilgerstock, Wasserflasche und Schöpfmuschel.

Johannes der Apostel ist nach allgemeiner Überzeugung auch Johannes der Evangelist, obwohl das Johannesevangelium durch die Zurückhaltung des Ausdrucks („der andere Jünger", „der Jünger, den Jesus liebhatte") diese Identität nur sehr indirekt bestätigt.

Der Apostel Johannes – sein Bruder war Jakobus der Ältere – stammte aus einem einigermaßen begüterten Hause in Betsaida; sein Vater war der Fischer (und Fischhändler?) Zebedäus, der sogar Knechte beschäftigte; seine Mutter war Salome, eine der Frauen, die Jesus folgte und ihn unterstützte. Sie folgte Jesus nicht nur aus persönlicher Sympathie, sondern weil sie in ihm den zukünftigen Messias sah; das weist auf jüdisch-nationale Haltung der Familie hin. Salome war darauf aus, ihre Söhne im Messiasreich Karriere machen zu lassen: „Laß meine Söhne in deinem Reich den einen zu deiner Rechten und den andern zu deiner Linken sitzen" (Mt 20,21).

Johannes war ein Heißsporn, so muß man wohl die Charakterisierung verstehen, die Jesus den beiden Brüdern mit dem Wort *boanárgés* (Donnersöhne) gab (s. oben im Abschnitt über Jakobus den Älteren). – Die landläufige Vorstellung vom Apostel Johannes bedarf also einer Korrektur.

Der junge Johannes gehörte zur Jüngerschaft des Täufers, ging aber von diesem zu Jesus über, als der Täufer andeutete, daß Jesus wohl der Messias sein könnte. Jesus berief ihn dann in Galiläa in den Kreis der Apostel und sogar in den Kreis der besonderen Vertrauten. Johannes verließ die Fischerei seines Vaters und kehrte wohl später nur gelegentlich wieder zu ihr zurück.

Johannes war anscheinend nicht nur während des letzten Jahres der Begleiter Jesu – von dieser Zeit berichten die Synoptiker –, sondern auch während der übrigen Jahre. Das besondere Vertrauen, das Jesus diesem Apostel erwies, zeigt sich auch darin, daß er Maria, seine Mutter, dem Johannes zur Fürsorge übergab. Der Apostel blieb nach dem Tode Jesu zunächst in Jerusalem, dort gehörte er zu den „Maßgebenden" und den „Säulen" (Gal 2,9). Er wird in der Apostelgeschichte des öfteren zusammen mit Petrus genannt. Wie lange Johannes in Jerusalem blieb, ist nicht bekannt.

Irenäus von Lyon berichtet von einer Angabe des Johannesjüngers Polykarp, daß der Apostel später in Ephesus als Haupt der Kirchen Kleinasiens gewirkt habe. Man nimmt das Jahr 60 n. Chr. für seine Übersiedlung an – vielleicht das Jahr des Todes Mariens; nach ihrem Tod hätte sich dann der Apostel nicht mehr an Jerusalem gebunden gefühlt.

Unter Kaiser Domitian (s. 583, Nr. 63) wurde er als Gegner des Kaiserkultes nach Rom gebracht (?), dort verhört, gefoltert (?) und schließlich nach Patmos verbannt; ein sicheres Jahr läßt sich für diese Verbannung nicht angeben, auch nicht die Länge der Verbannung. Dagegen muß man annehmen, daß er im Jahre 96, als Kaiser Nerva auf Domitian folgte, wieder nach Ephesus zurückkehren konnte. Dort starb er nach dem Jahre 98 unter der Regierung des Kaisers Trajanus (98 bis 117).

Zur Ergänzung s. die Artikel „Der vierte Evangelist", „Apokalypse", „Die Johannesbriefe".

Philippus, der Apostel, wurde berufen, nachdem Jesus zunächst das Brüderpaar Andreas-Petrus und den Johannes berufen hatte: „Tags darauf wollte er nach Galiläa ziehen. Da traf er Philippus und sprach zu ihm: Folge mir. Philippus stammte aus Betsaida" (Joh 1,43.44). Philippus veranlaßte aber, bevor er Jesus folgte, noch den Natanael (Bartholomäus), mit Jesus zu gehen (Joh 1,45).

Zur Zeit der großen Folgegemeinschaften scheint Philippus die gemeinsame Kasse verwaltet zu haben, denn Jesus redete ihn an: „Woher sollen wir Brot kaufen, daß die Leute essen können?", und Philippus antwortete mit dem Kassenbestand: „Für 200 Denare Brot reicht nicht für sie" (Joh 6,5.7).

Daß die Griechen sich an Philippus wandten, um Jesus sehen zu können, daß er sich mit Andreas besprach und den Wunsch der Griechen Jesus vortrug (Joh 12,21), kann seine hellenistenfreundliche Haltung bezeugen, ebenso wie die Tatsache, daß von ihm nur ein griechischer Name überliefert ist.

Als Wort des Philippus überliefert Joh 14,8: „Herr, zeige uns den Vater, das genügt uns."

Auffällig ist, daß vor allem das Johannesevangelium von Philippus spricht; die Synoptiker erwähnen ihn dagegen nur in den Apostellisten. Da das Johannesevangelium in Kleinasien geschrieben wurde, könnte die Volkstümlichkeit des „Diakons" Philippus (Apg 6,5) in Kleinasien der Grund dafür sein, etwa so, daß der Evangelist in der öfteren Erwähnung des Apostels Philippus den „Diakon" Philippus ehren wollte. Bibelwissenschaftler, die das Johannesevangelium sehr spät ansetzen, nehmen dagegen einfach eine Verwechslung zwischen „Diakon" und Apostel Philippus an, so daß der Evangelist den in Kleinasien verehrten „Diakon" für den Apostel Philippus gehalten hätte.

Bartholomäus ist nur in den Apostellisten der Synoptiker erwähnt. Obwohl sein überlieferter Name griechisch klingt, ist es ein aramäischer Name: „Bar-Tolmai" oder „Bar-Talmai" (Sohn des Tolmai oder Talmai); da dieser Name aber eigentlich nur ein Zuname (Vatername) ist und da der Name des Natanael, dessen Berufung Joh 1,45–50 erzählt, in den synoptischen Apostellisten fehlt, hat man Natanael und Bartholomäus identifiziert; er hat also wohl Natanael Bar-Tolmai geheißen.

Natanael ist im Johannesevangelium köstlich charakterisiert: Er stammte aus Kana in Galiläa (s. d.) und hatte wohl einen gewissen lokalpatriotischen Stolz. Deshalb antwortete er auf die Mitteilung des Philippus, daß er den Messias gefunden, der aus Nazaret stamme: „Kann aus Nazaret etwas Gutes kommen?" (Joh 1,46) – Jesus charakterisierte ihn, als er ihn zum erstenmal sah: „Seht, ein wahrer Israelit, an dem kein Falsch ist!" (Joh 1,47). Auch hier zeigte Natanael ausgebildetes Selbstbewußtsein, denn er bejahte die Charakteristik Jesu mit der naiv-unbescheidenen Frage: „Woher kennst du mich?" (Joh 1,48). Jesus hatte ihn „unter dem Feigenbaum" gesehen (Joh 1,48). Da der Feigenbaum (oder Ölbaum) sehr oft der Ort des Studiums und der Lehre der Schriftgelehrten war, könnte das bedeuten, daß Natanael ein Schriftgelehrter oder ein Schriftgelehrtenschüler war. Später – allerdings erst um 300 n. Chr. – spricht Abba ben Kahana von den Gelehrten als den Leuten, „die unter dem Olivenbaum und Weinstock und Feigenbaum sitzen und sich mit der Tora beschäftigen" (Strack-Billerbeck unter Joh 1,48). Wenn er Schriftgelehrter oder ein Schriftgelehrtenschüler war, würde sich sein Selbstbewußtsein gut erklären.

Die Gleichsetzung von Natanael und Bartholomäus ist im 7. christlichen Jahrhundert in Syrien üblich geworden und hat seitdem viele Anhänger gefunden. Gesichert ist diese Gleichsetzung nicht; da aber die Stellung des Bartholomäus im Apostelkatalog genau da ist, wo man – wegen der von Johannes mitgeteilten Berufungsfolge – den Namen Natanael erwarten müßte, ist die Identität von Bartholomäus und Natanael doch sehr wahrscheinlich.

Die christliche Legende erzählt, daß Bartholomäus in Indien gepredigt habe. In Armenien soll er den Martertod erlitten haben. Als Attribut tragen seine Bilder ein Messer und ein Buch oder ein Messer und die abgezogene Haut: er soll geschunden worden sein.

Thomas wird bei den Synoptikern nur in den Apostellisten genannt. Ob er Fischer war, läßt sich aus Joh 21,2ff. nicht sicher folgern: „Simon Petrus, Thomas . . ., Natanael . . ., die Söhne des Zebedäus . . . waren beisammen. Simon Petrus sagte zu ihnen: ,Ich gehe fischen.' Sie erwiderten ihm: ,Wir gehen mit.'" Natanael aus Kana war wohl kaum ein Fischer;

so muß auch Thomas nicht Fischer gewesen sein.

Er war ein hellenistisch orientierter Jude, der nicht nur mit seinem aramäischen Namen „Thomas" (Zwilling), sondern auch mit der griechischen Übersetzung dieses Namens („Dídymos") genannt wurde.

Seine Anhänglichkeit an Jesus war groß. Als Jesus beschloß, zum kranken Lazarus in die Nähe Jerusalems zu reisen, forderte Thomas die anderen Apostel auf: „Laßt uns mitgehen, um mit ihm zu sterben" (Joh 11,16). Aus dem gleichen Wort spricht Furchtlosigkeit und Radikalismus. Vielleicht darf man daraus aber auch schließen, daß Thomas unter den Aposteln eine gewisse Autorität hatte.

Diese Autorität mag in seiner realistischen Haltung begründet gewesen sein, in seiner Vorsicht beim Entgegennehmen von Behauptungen, wie sie sich auch in der Erzählung nach der Auferstehung zeigte, als der Herr den Aposteln erschien, Thomas aber nicht anwesend war. Immerhin scheint Thomas Jesus sehr viel wert gewesen zu sein, daß die Erscheinungserzählungen nach der Auferstehung ihn einer eigenen Belehrung würdigten. Und Thomas glaubte: „Mein Herr und mein Gott!" (Joh 20,24–29).

Die kirchliche Überlieferung erzählt, daß Thomas später bei den Parthern und in Indien gewirkt habe.

Matthäus war Zöllner (s. d.), wahrscheinlich im Dienst des Herodes Antipas. Seine Zollstelle hatte er in Kafarnaum (s. d.). Markus und Lukas nennen ihn in der Berufungsgeschichte Levi (Mt 2,14; Lk 5,27), in den Apostellisten heißt er dagegen ebenfalls Matthäus. Nur das Matthäusevangelium nennt ihn auch in der Berufungserzählung Matthäus (Mt 9,9); „Matthäus" ist ein gräzisierter hebräischer Name (Mattai); als seinen Vater nennt Mk 2,14 Alphäus. Der etwas rätselhafte Doppelname Levi/Matthäus könnte dadurch erklärt werden, daß Matthäus vielleicht seine Abstammung aus dem Stamm Levi herführte. Er würde sich dann genannt haben: Mattai ben Levi bar Halphaj (Matthäus aus Levi, Sohn des Alphäus). Dann wäre sein Zöllnerberuf allerdings – in jüdischen Augen – eine außerordentliche Verirrung gewesen. Ob sein Vater Alphäus derselbe ist wie der Vater Jakobus des Jüngeren (s. unten), ist zweifelhaft. Beden-

kenswert ist jedoch, daß er gerade im Matthäusevangelium in der Apostelliste neben Jakobus dem Jüngeren genannt wird.

Nachdem Jesus den Zöllner zu seiner Nachfolge aufgefordert hatte, gab dieser für Jesus und sein Gefolge ein Essen, bei dem Jesus wegen seiner Gemeinschaft mit den Zöllnern angegriffen wurde.

Matthäus schrieb, wie Bischof Papias (um 138) mitgeteilt hat, ein Evangelium. Als Zöllner wird er sowohl das Aramäische wie das Griechische beherrscht haben, zumal, wenn er aus Galiläa (s. d.) stammte.

Jakobus, „der Jüngere" genannt – wohl weil der andere Jakobus („der Ältere") von Jesus früher berufen wurde –, ist in Mt 10,3 und Mk 3,18 ein Sohn des Alphäus, während er an anderen Stellen als Sohn des Kleophas erscheint. „Alphäus" wie „Kleophas" sind wohl nur verschiedene Gräzisierungen des aramäischen „Halphai" („Chalphai"). Seine Mutter war eine Maria, die unter den Frauen genannt wird, die bei der Kreuzigung Jesu zugegen waren und die in der Erzählung am Ostermorgen zum Grabe gingen, um Jesus zu salben. Sein Bruder war vielleicht der Zöllner und Apostel Matthäus (s. oben).

Von diesem „jüngeren" Jakobus, der ein Apostel war, wissen wir sonst nichts. Daß er mit Jakobus, dem „Bruder des Herrn", identisch ist, wurde zwar oft behauptet, ist aber unwahrscheinlich. Die „Brüder des Herrn" standen, wie die Evangelien des öfteren anklingen lassen, dem Wirken Jesu mißtrauisch und ablehnend gegenüber und schlossen sich erst nach Ostern den Aposteln an (zu „Jakobus, dem Herrenbruder" s. d.).

Thaddäus, mit vollem Namen: Judas Thaddäus, wird bei Lk 6,16 und in Apg 1,13 „Judas des Jakobus" genannt. Obwohl man sehr oft dieses „Judas des Jakobus" als „Bruder des Jakobus des Jüngeren" auslegt, scheint dies kaum möglich, da im gleichen Text der Apostelgeschichte „Jakobus des Alphäus" zweifellos heißt: Jakobus, Sohn des Alphäus. Im gleichen Text kann man aber dieselbe Konstruktion nicht verschieden übersetzen. Judas Thaddäus war also der Sohn Jakobus des Jüngeren (oder eines anderen Jakobus). Damit fällt allerdings dieser Apostel auch als Autor des Judasbuches (s. d.) aus, denn der Autor des Judasbuches nennt sich „Bruder des Jakobus".

Der Name Judas kann auf nationale Familientradition hinweisen, indem er den Makkabäer Judas zitiert (S. 561, Nr. 45). Das nationale Bild dieses Apostels wird noch verstärkt durch den Beinamen Thaddäus, der an Theudas erinnert; Theudas war ein jüdischer Aufstandsführer, der um das Jahr 39 n. Chr. den Römern unterlag; in der nichtbiblischen Literatur ist er nicht bezeugt, aber in Apg 5,36–39 (Rede Gamaliels) wird er erwähnt. Man möchte deshalb annehmen, daß Judas Anhänger jenes Theudas war, der am wahrscheinlichsten um das Jahr 6 n. Chr. anzusetzen ist, oder daß sein Vater ein Theudasanhänger war, der seinem Sohn diesen doppelt nationalen Namen gab. Jedenfalls kann „Thaddäus" bedeuten: dem Theudas gehörig, o. ä.

Simon hieß noch ein anderer Apostel Jesu, nicht nur Simon Petrus. Er hat in Mt 10,4 und Mk 3,18 den Beinamen *kananáios,* der in Lk 6,15 und Apg 1,14 mit *zälotás* wiedergegeben wird. *Zälotás* wird für gewöhnlich mit „Eiferer" übersetzt; dasselbe bedeutet *kananáios,* das vom hebr. *kan'anajja* (Eiferer) hergeleitet ist, also nicht „Kanaanäer" bedeutet.

Der Name „Simon" kann auf nationalistische Familientradition hindeuten: der Makkabäer Simon war einer der Söhne des Matthatias (s. S. 569, Nr. 45). Der Beiname *kan'anaja*/*zälotás* ist dafür eine Bestätigung; er kann eigentlich nur bedeuten, daß Simon zur Radikalgruppe der nationalistischen Zeloten (s.d.) gehörte oder gehört hatte.

Die Bibel berichtet sonst nichts über ihn. Die kirchliche Tradition setzt ihn gleich mit Simeon, dem „Bruder des Herrn", dem Nachfolger des Jakobus als Bischof von Jerusalem. Dieser floh im römisch-jüdischen Krieg vor der Einschließung Jerusalems, im Jahre 70 n. Chr., mit seiner Gemeinde nach Pella. Er soll in Ägypten, später in Persien gepredigt haben. Die Martyrergeschichten erzählen, daß er im Alter von hundertzwanzig Jahren unter Kaiser Trajanus (s. S. 583, Nr. 63) gekreuzigt oder zersägt wurde. Sein ikonographisches Kennzeichen ist eine Säge. – Aber diese Gleichsetzung ist nicht haltbar: die Brüder Jesu verhielten sich zum Wirken Jesu ablehnend und stießen erst nach Jesu Tod zu seiner Gemeinde.

Judas Iskariot entstammte sicherlich einer national gesinnten Familie, worauf sein (gräzisierter) Name „Judas" (hebr. „Juda") hinweist, der in der Zeit Jesu an den Makkabäer Judas (s. S. 569, Nr. 45) erinnerte. Sein Beiname „Isch-Kariot" bedeutet „Mann aus Kariot"; Kariot ist ein Ort in Süd-Judäa. Dieser Judas war wahrscheinlich der einzige Judäer unter den sonst galiläischen Jüngern Jesu.

Es ist schon einmal die Vermutung aufgekommen, daß Judas von Anfang an bzw. sehr früh als Beobachter des Hohen Rates in die Jüngerschaft Jesu delegiert worden und daß es ihm gelungen sei, durch besonderen Eifer das Vertrauen Jesu zu erwerben, so daß Jesus ihn unter die Apostel berief. Möglich ist auch, daß Jesus in dem Jünger aus Judäa von Anfang an den Verräter erkannte, ihn aber trotzdem unter die Apostel berufen hat (Joh 6,70.71).

Wie dem auch sei: die Mitapostel haben davon nicht das Geringste geahnt, wie das Abendmahlsgespräch über den Verräter (Joh 3,21–30) zeigt. Deshalb muß man annehmen, daß Judas – selbst wenn er als Spion delegiert worden war – durch die Persönlichkeit Jesu trotzdem für ihn gewonnen wurde und daß er zumindest eine Zeitlang als wirklicher Apostel Jesus anhing.

Als Grund für den Verrat Jesu wird von den Evangelisten des öfteren die Geldgier des Judas angedeutet. Er verwaltete zeitweilig die gemeinsame Kasse und unterschlug aus ihr Gaben, die für alle bestimmt waren (Joh 22,6). An der Ehrung Jesu durch die Salbung in Betanien nahm er wegen der Verschwendung Anstoß (Joh 12,4). Wie problematisch diese Charakterisierung des Judas als eines geldgierigen Mannes durch den Evangelisten Johannes ist, zeigt aber die Darstellung der Synoptiker, die bei derselben Salbung sagen, daß „einige" sich darüber ärgerten. Zumindest ist es zweifelhaft, daß Judas allein aus Geldgier und um der dreißig Silberlinge (s. d.) willen Jesus an den Hohen Rat verriet.

Judas war zu Jesus gestoßen wie alle Jünger: weil er in ihm den zukünftigen Messias sah. Oder wenn er ein delegierter Spion des Hohenpriesters war, darf man annehmen, daß Judas wenigstens zeitweilig an Jesus als den zukünftigen Messias glaubte. Allmählich aber kam Judas, als nüchterner und kalkulierender Mann, zu der Überzeugung, daß Jesus unmöglich der nationale Messias sein konnte: er ging in keiner Weise auf die Vorstellungen der großen Massen der Freiheitskampfwilligen ein, er beschränkte sich auf messianische Lehren, er zog sich auf seinen Apostelkreis zurück, und obwohl Judas den Messiaskampf Jesu als bevorstehend ansah – vielleicht glaubte er sogar, daß in der Nacht des Gründonnerstag sein Angriff vom Ölberg her bevorstand –, sah er das Ganze skeptisch an. Es war so gut wie nichts vorbereitet, und in ein aussichtsloses Abenteuer wollte Judas sich nicht einlassen. So verriet er in letzter Minute den Aufenthaltsort Jesu. – Dies sollte man als Möglichkeit nicht aus dem Auge lassen.

Die wahre Haltung des Judas wird durch den Versuch, Jesus nach seiner ersten Verurteilung zu befreien, dargetan. Hin- und hergebeutelt zwischen der Messiasideologie des nationalen Judentums und der Einsicht in das wahre Messiastum Jesu, verriet Judas seinen Meister und versuchte, den Verrat rückgängig zu machen. Als ihm das nicht gelang, erhängte er sich.

Über seinen Tod gibt es zwei Versionen: Mt 27,5 erwähnt den Selbstmord durch Erhängen, Apg 1,16–18 spricht von Judas, „der sich zum Führer für die Häscher Jesu hergab ... Mit Sündenlohn erwarb er sich ein Grundstück. Aber er fiel kopfüber, barst entzwei, und alle Eingeweide traten heraus." Man hat versucht, die beiden Versionen zu harmonisieren, indem man sagte, der Strick sei gerissen, und Judas habe sich auf einem Felsen zu Tode gefallen. Besser ist, wir lassen die beiden Darstellungen ungelöst nebeneinander stehen; den wirklichen Tod des Judas kennen wir nicht. An solchen Nebenzügen der biblischen Geschichten entscheidet sich nicht die Wahrheit des Evangeliums, das die Apostel verkündet haben. –

Von der Apostelwahl sprechen auch Mk 3,13–19 und Lk 6,12–19.

ZU Mt 12,1–14:
SABBAT FÜR DEN MENSCHEN

Immer wieder kommt bei den Worten Jesu zutage, daß er ein scharfer Kritiker vor allem der pharisäischen Schriftgelehrten war: nicht weil er grundsätzlich gegen die Pharisäer (s. d.) war, sondern weil sie sehr oft das Gesetz über den Menschen stellten. Ein Thema, bei

dem Jesus mit dieser Kritik immer wieder auftrat, war die Sabbatruhe. Jesus vertrat die Auffassung: der Sabbat (s. d.) ist für den Menschen da und nicht der Mensch für den Sabbat.

Als die Jünger am Sabbat Ähren abrissen und die Körner zwischen den Händen ausrieben (12,1–8), sagten die Pharisäer zu ihm: Das ist am Sabbat verboten. Aber Jesus antwortete mit Beispielen aus der Geschichte Israels: „was David getan hat, als er und seine Begleiter hungrig waren" (12,3–4); und aus dem Gesetz, „daß am Sabbat die Priester im Tempel den Sabbat entweihen, ohne sich schuldig zu machen" (12,5).

Zu den nächsten Zeilen ist (aus dem Charakter des biblischen Textes) etwas Differenziertes zu sagen. Die zusammenfassende Antwort Jesu ist wahrscheinlich nur: „Barmherzigkeit will ich (sagt Gott), nicht Opfer" (12,7). Die Sätze aber, mit denen hier Jesus auf sich selbst hinweist, sind nicht als Originalsätze Jesu zu betrachten. Als Originalgedanke Jesu wäre anzusehen, daß der Sabbat für den Menschen da ist und nicht der Mensch für den Sabbat; daß also insofern der Mensch auch Herr über den Sabbat ist. In der Lehr- und Predigttradition der Urkirche lag aber die Tendenz, immer mehr Jesus an die Stelle des israelitischen Gesetzes zu rücken; dadurch kamen dann solche Sätze heraus: „Ich sage euch: Hier ist einer, der größer ist als der Tempel" (12,6), was sich auf 12,3–5 bezieht; und „der Menschensohn ist Herr über den Sabbat" (12,8). Durch solche Sätze wird nicht nur die Grundhaltung Jesu verfälscht, der bei aller Bestimmtheit seiner Aussagen sich nie selbst in den Vordergrund rückte. Gleichzeitig bleibt aber durch solche Änderungen in der Tradition auch die menschliche Haltung Jesu nicht in ihrer Schönheit erhalten. Denn Jesus hatte nie die Absicht, an die Stelle des strengen Gesetzes andere befehlende Worte zu setzen.

Die Heilung eines Mannes in der Synagoge am Sabbat (12,9–14) ist eine Heilungserzählung, die mit ihrer Lehre in dieselbe Richtung geht. „Wer von euch wird, wenn ihm am Sabbat sein Schaf in eine Grube fällt, es nicht sofort wieder herausziehen?" (12,11). Das war auch nach dem israelitischen Gesetz selbstverständlich erlaubt. Aber einen schon lange kranken Menschen am Sabbat zu heilen, hielten die Pharisäer für unerlaubt. Der Mensch ist aber doch sicher mehr wert als ein Schaf, meinte Jesus (12,12). Und er heilte den Kranken. An der Spitze seiner Sorge stand der Mensch. Durch den Schlußsatz betont sodann der Evangelist den Unterschied zwischen dem lebenerhaltenden Jesus und den die Gesetze erhärtenden Pharisäern: „Die Pharisäer aber gingen hinaus und faßten den Beschluß, Jesus umzubringen" (12,14). –

Vergleiche die Parallelen bei Markus (2,23–3,6) und bei Lukas (6,1–11).

ZU Mt 13,54–14,36:
NAZARET/TÄUFERENTHAUPTUNG/
WUNDERERZÄHLUNGEN

Nach der „Rede über das Himmelreich" (13,1–53) legt Matthäus in seinem Text Ereignisse vor, die auch von anderen Evangelien erzählt werden: „Die Ablehnung Jesu in Nazaret" (13,54–58) sollte man bei Lk 4,16–30 mit der zugehörigen Erläuterung nachlesen. „Zu dieser Zeit hörte der Tetrarch Herodes, was man von Jesus erzählte. Er sagte zu seinem Gefolge: Das ist Johannes der Täufer. Er ist von den Toten auferstanden" (14,1–2). Nach Mitteilung dieser Bemerkung berichtet Mt von der Festnahme und Enthauptung des Täufers (14,3–12); s. dazu im Artikel „Johannes der Täufer und seine Gefolgschaft", Nr. 10 u. 12.

Das Volk folgte Jesus, den viele für Johannes den Täufer hielten. Von dieser Volksmenge erzählt Matthäus (14,13–21) eine Speisung von Fünftausend durch Jesus (s. dazu im Literaturkapitel den Abschnitt „4. Die Erzählungen von den Speisungswundern"); dem folgt „Der Gang Jesu auf dem Wasser" (14,22–33): s. dazu den Abschnitt „3. Naturwunder". Das Kapitel schließt sodann mit einigen allgemeinen Zeilen über „Krankenheilungen in Gennesaret" (14,34–36).

ZU Mt 16,13–20:
DAS MESSIASBEKENNTNIS DES
PETRUS UND JESU ANTWORT

Im Gebiet von Cäsarea Philippi (s. d.) fragte Jesus seine Jünger: „Für wen halten die Leute den Menschensohn?" (16,13). Obwohl das Wort „Menschensohn" (s. d.) in den Evangelien des öfteren Messias bedeutet, ist allerdings kaum anzunehmen, daß Jesus hier ge-

fragt habe, für wen die Menschen ihn, den Messias halten, sondern „Menschensohn" ist hier eher eine bescheidene Ichbezeichnung, in welcher Jesus (oder eher der Evangelist) nichtsdestoweniger den Hinweis auf Jesus als Messias mitenthalten sein läßt. Die Frage enthüllt etwas von den sprachlichen Schwierigkeiten, die sich uns heute für das rechte Verständnis der biblischen Diktion oft in den Weg legen. Wir sind gewohnt, „Menschensohn" als Messiastitel hinzunehmen; das Bescheidene, was dieses Wort als Ichbezeichnung ursprünglich enthält, ist uns fast ganz aus dem Auge gekommen. Aber nur wenn wir beide Sinngehalte im Auge behalten, wird uns die Doppelbödigkeit des Evangeliumswortes an dieser Stelle klar. Jesus fragt: „Für wen halten die Leute mich – eines Menschen Sohn?" Nur mit diesem Sinn sind die darauffolgenden Antworten sinnvoll. Der Evangelist aber legt bereits die Antwort ein wenig in die Frage hinein, indem er nicht „eines Menschen Sohn" sagt, sondern „den Menschensohn" und damit auf den Messiastitel anspielt – wobei übrigens zu bemerken ist, daß im Aramäischen zwischen beiden Formeln kein Unterschied wäre und der Unterschied erst im Griechischen hätte gemacht werden müssen, aber (wohl bewußt) nicht gemacht wurde.

Die Antworten der Jünger (16,14) beleuchten schlagartig sein Ansehen und die Beunruhigung des Volkes durch sein Erscheinen.

Johannes der Täufer (s. d.) war auf Befehl des Herodes Antipas hingerichtet worden. Aber trotzdem lebte er weiter. Daß Herodes Antipas den Jüngern des Täufers seinen Leichnam aushändigen ließ, ist schon ein Hinweis darauf, wie froh Herodes war, den Leib dieses Propheten loszuwerden, um so vor möglichen Nachstellungen des Toten sicher zu sein. Aber wie Herodes, so hielten auch die Täuferjünger und die Massen der von Johannes Getauften sein Weiterleben in Gestalt eines anderen Propheten (Jesus) oder sein Wiedererscheinen für möglich. Eine Zusammenfassung der Situation gibt Mk 6,14–16: „Der König Herodes (Antipas) hörte von Jesus; denn sein Name war bekannt geworden, und man sagte: ‚Johannes der Täufer ist von den Toten auferstanden; deshalb wirken solche Kräfte in ihm.' Andere sagten: ‚Er ist Elija.' Wieder andere: ‚Er ist ein Prophet.' Als aber Herodes von ihm hörte, sagte er: „Johannes, den ich enthaupten ließ, er ist auferstanden.‘"

Elija wurde als Prophet der Endzeit angesehen, wo er wiederkehren sollte, um dem Messias den Weg zu bereiten (s. „Der Prophet Elija").

Jeremia soll bei der Zerstörung Jerusalems das Bundeszelt und die Bundeslade – so erzählt eine Legende – in einer Höhle des Nebo (s. d.) versteckt haben. Da die messianische Zeit als eine Verlebendigung des Bundes (der Neue Bund) angesehen wurde, mag der Volksglaube, daß Jeremia zu dieser Zeit wiederkehren werde, damit zusammenhängen, weil er allein das Versteck des Bundeszeltes und der Bundeslade kannte. Zur Verlebendigung des Bundes glaubte man Bundeszelt und Bundeslade nötig zu haben. Die rabbinische Tradition schweigt über diesen Glauben, daß Jeremia vor der Endzeit wiederkehren solle.

„Oder sonst einer der Propheten" muß (gemäß dem Glauben der Zeit Jesu) nicht unbedingt heißen: oder sonst einer der *Schrift*propheten. Prophet (s. d.) war vielmehr zur Bezeichnung für einen Gottgesandten geworden, der – nach der langen prophetenlosen Zeit – die Sache des Judenvolkes endlich ordnen sollte, nicht unbedingt als Messias, sondern vor der Zeit des Messias, als dessen Vorbereiter. Der erloschene prophetische Geist, so glaubte man, werde in den Zeiten des messianischen Gottesreiches wiedererwachen. Da der Messias aber allgemein rein völkisch und politisch gesehen wurde, war auch „ein Prophet" oder „der Prophet" ein politischer Begriff. Zwar ist die Überlieferung in diesen Bereichen und zu diesem Terminus nicht eindeutig; aber am wahrscheinlichsten ist wohl die Unterscheidung, daß „ein Prophet" einen Vorbereiter, „der Prophet" aber auch den Messias selbst bezeichnen konnte. Diese Lösung legt auch Joh 6,14 nahe, wo die Männer nach der Brotvermehrung rufen: „Das ist wirklich der Prophet", worauf sie Jesus zwingen wollen, ihr König zu werden (S. 603, Nr. 10). In diesem Sinne spricht Petrus auch in Apg 3,22 von Jesus als „Propheten" (s. auch im Kapitel „Versuch . . .", Nr. 6).

Zum Petrusbekenntnis (16,16) s. die Artikel „Der Messias" und „Sohn Gottes"; über das Schweigegebot (16,20), S. 605, Nr. 14.

Die Antwort Jesu betont, daß „nicht Fleisch und Blut" (16,17) das dem Petrus offenbart haben; „Fleisch und Blut" ist eine alttestamentliche Redeweise für die Bezeichnung des Menschen, um ihn von Gott abzuheben.

Stilistisch ist die nun beginnende Verheißung an Petrus dem Bekenntnis des Petrus genau parallel formuliert. Petrus sagte: Du bist der Christus; Jesus antwortete: Du bist der Fels (16,18), im Sinne: Du bist wahrhaft Petrus (der Fels), du hast deinen Namen wahr gemacht (s. den Artikel „Petrus"). Daß diese Ausdrucksweise durch den Augustustempel auf dem Felsen von Cäsarea Philippi angeregt wurde, in dessen Anblick diese Gespräche geführt worden sein sollen, ist eine zwar ansprechende Vermutung, aber sehr unsicher. Sicherlich ebenso wahrscheinlich ist, daß in dem Wort vom Felsen ein Hinweis auf den heiligen Felsen (s. d.) im Tempel von Jerusalem enthalten ist.

Auf diesen Felsen, sagt Jesus, *„werde ich meine Kirche bauen"* (16,18). Diese Formel ist natürlich deutsche Katechese. Im griechischen Text steht *ekkläsía*, womit man zwar auch schon in der alten Kirche die ganze christliche Gemeinschaft meinte, womit die Septuaginta (s. d.) aber auch die israelitische Volksgemeinde bezeichnet: die zur Heilsgemeinde Herausgerufenen. Vor allem die „Reste Israels" und die Essener von Qumrán (s. d.) nannten sich pointiert mit dem hebräischen Wort, das *ekkläsía* entspricht. Diese Bezeichnung war messianisch gemeint. Indem Jesus seine Gemeinde des Neuen Bundes mit diesem selben Wort bezeichnet, deutet er diese Gemeinde als messianische Gemeinde an. Im Wort Jesu ist der Ausdruck also allgemein zu sehen (etwa als „messianische Gemeinde"), im Wort des Evangelisten aber kann es durchaus speziell gemeint sein (als Gemeinde der durch Jesus Erlösten), was dann unserem deutschen Lehnwort „Kirche" entspräche: „Kirche" ist abzuleiten von *kyriakä* und bedeutet: die (Gemeinde) des Herrn.

Diese Kirche werden „die Mächte der Unterwelt" nicht überwältigen (16,18). Früher übersetzte man die „Pforten des Hades" mit „Pforten der Hölle"; aber diese Übersetzung von „Pforten des Hades" stimmt heute nicht mehr mit dem überein, was das Wort der Bibel sagen will. In alter deutscher Zeit war „Hölle" einfach gleich Unterwelt (vgl. auch die bis 1975 gültige Fassung im Apostolischen Glaubensbekenntnis: „abgestiegen zur Hölle", das seitdem „hinabgestiegen in das Reich des Todes" lautet). Als „Hölle" noch Unterwelt bezeichnete, wurde diese Übersetzung von den „Pforten der Hölle" im Deutschen üblich. Deshalb ist der Sinn dieses Satzes zunächst nicht, daß Satan die Kirche nicht überwältigen wird, sondern daß die Unterwelt – die Welt der Vergänglichkeit – sie nicht überwinden wird.

Wenn Jesus seine ganze Redeweise in dieser Verheißung tatsächlich von dem Felsen bei Cäsarea Philippi inspirieren ließ, so könnte die unergründliche Panshöhle in ihm unter Umständen die Formel „Tore des Hades" angeregt haben. Aber das sind nur Kombinationen.

Jesus will dem Petrus *„die Schlüssel des Himmelreichs"* geben (16,19); (über den Schlüssel s. im Artikel „Die Tür"). Schlüsselübergabe heißt Gewaltübergabe. Diese Gewalt wird spezifiziert als *„Gewalt des Bindens und Lösens"* (16,19). Die Redeweise war der Synagoge zur Zeit Jesu in doppeltem Verständnis bekannt. Zunächst, wenn es sich um den Synagogenbann handelte, d. h. um den Ausschluß aus der Gemeinde: wenn der zu Bestrafende in den Bann *gebunden* wurde; und um die Wiederaufnahme in die Gemeinde: wenn der Gebannte aus dem Bann *gelöst* wurde. (Weiteres zum Synagogenbann s. im Artikel „Die Synagoge"). Dieses Verständnis bezieht sich also auf Jurisdiktion; in diesem Sinne wird es auch in Mt 18,18 auf die Apostel angewandt (s. die Erklärung zu Mt 18,18).

Sodann, wenn es sich um Entscheidungen darüber handelte, ob etwas verboten oder erlaubt war. In diesem Sinne registriert die Mischna das „Binden und Lösen" als Gewalt der Schriftgelehrten. Der Schriftgelehrte *bindet,* wenn er etwas verbietet, und er *löst,* wenn er eine Sache für frei und erlaubt erklärt. Hier bezieht sich das Bild vom Binden und Lösen also auf die Lehre, zumal auf die Sittenlehre.

„Was du auf Erden binden wirst, *das wird auch im Himmel gebunden sein"* (16,19), heißt es weiter. Dieses „im Himmel" entspringt der jüdischen Ausdrucksweise, die sich bemüht, das Wort „Gott" sowenig wie möglich zu gebrauchen. An die Stelle „Gott" setzte man gerade zur Zeit Jesu sehr häufig eine Formel mit „Himmel". „Im Himmel" heißt also: vor Gott, oder: für Gott. Gott anerkennt diese Bindung und Lösung.

Zusammenfassend sei deshalb gesagt: In diesem Wort an Petrus wird die Vollmacht der ordentlichen Obrigkeit des jüdischen Volkes, wie sie vom Hohenpriester, den Synagogenältesten und den Schriftgelehrten ausgeübt wurde, auf Petrus übertragen. – Dies soll nicht heißen, daß diese Worte schon damals von Jesus so ausgesprochen wurden. Sehr wahrscheinlich ist vielmehr, daß der Redaktor, der diese Worte in den heutigen Text gegen Ende des 1. Jahrhunderts eingefügt hat, diesen Text als Ergebnis der Tradition so formuliert hat, nachdem sich die von der Kirchenleitung des Petrus durchgesetzt hatte. –

Vgl. dazu die Parallelen bei Mk 8,27–30 und Lk 9,18–21.

ZU Mt 16,21–23:
DIE LEIDENSANKÜNDIGUNGEN JESU

In jedem der drei synoptischen (s. d.) Evangelien finden wir drei ähnliche Abschnitte mit Leidensankündigungen Jesu:

Mt 16,21–23	Mk 8,31–33	Lk 9,22
Mt 17,22–23	Mk 9,30–32	Lk 9,43b–45
Mt 20,17–19	Mk 10,32–34	Lk 18,31–34

(Man sollte alle neun Perikopen einmal in einer Synopse vergleichend durchsehen!)

Als man noch alle Einzelheiten der biblischen Bücher für „biblische Geschichte" hielt, sprach man bei diesen Ankündigungen von *„Leidensweissagungen".* Die Bezeichnung war immer schon problematisch, aber sie hatte sich eingebürgert. Anderseits war sie wohl auch verständlich; denn lange Zeit hat man die Gründe für die Verurteilung Jesu nicht deutlich gesehen. Da wir aber heute zugeben, daß Jesus von seinen Gegnern als politischer Messiasprätendent beurteilt wurde (S. 608, Nr. 19) und daß Jesus dies klar erkannte, ist das Wort „Weissagung" abzulehnen.

Jesus war einer von denen, die als politische Unruhestifter hingerichtet wurden. Zwar lag der Fall Jesus anders als der politischer Messiasprätendenten oder messianistischer Revolutionäre (z. B. als der Fall des Barabbas, S. 604, Nr. 11); die jüdischen Autoritäten beurteilten Jesus aber dennoch nach denselben Kategorien; also war Jesus klar, daß über ihn eines Tages ein gleiches Urteil gesprochen werden mußte. Die sehr präzisen Formen des vorausgesagten Leidens brauchen deshalb nicht zu überraschen. „Den Heiden übergeben" werden, d. h. den Römern (Mt 20,19), war eine selbstverständliche Folge der Anklage auf messianische Revolution. Verspottung und Anspeien (ebd.) gehörten zum Hohn der Völker über die lächerlichen Messiasansprüche des unbedeutenden Judentums wie zum Hohn der Sadduzäer (s. d.) über den Menschen, der nach einer Messiaskrone griff. Geißelung (ebd.) gehörte zur Vorbereitung der Kreuzigung. Die Kreuzigung war die Vollstreckung des Urteils (Mt 20,19).

Jeder Synoptiker bringt also drei Leidensankündigungen. Das muß nicht heißen, daß Jesus nur dreimal von seinem zu befürchtenden Schicksal gesprochen hat; die Dreizahl bedeutet einfachhin „des öfteren" oder gar – wenn wir berücksichtigen, daß die Dreizahl eine Intensivzahl ist (s. im Artikel „Die Zahl . . .") – „immer wieder". Zugleich bieten die drei Ankündigungen von erster zu zweiter zu dritter Ankündigung eine Steigerung, wobei die zweite ihr Steigerungsmoment in der Wiederholung der ersten und die dritte in der Entfaltung der Einzelheiten hat. Diese Steigerung ist sicherlich den Evangelisten zuzuschreiben.

Bei der ersten Ankündigung – so fügt Mt in 16,22.23 an – nimmt Petrus an den Worten Jesu Anstoß. Petrus (s. d.) war damals noch deshalb Anhänger Jesu, weil er ihn für den nationalen Messias hielt. Petrus sah in den Worten Jesu seine Hoffnung zusammenbrechen. Jesus fuhr ihn hart an: „Satan" (s. d.), d. h. Widersacher. „Was die Menschen wollen" sind die Gedanken der nationalistischen Messianisten.

Die Tatsache, daß jeder der drei Synoptiker (s. d.) drei Leidensankündigungen bringt, unterstreicht den *Charakter dieser Texte,* nämlich daß es sich nicht so sehr um Leidensankündigungen Jesu handelt (so daß man daraus schließen konnte: Jesus wurde von seinem Leiden und Tod nicht überrascht), sondern mehr um die apostolische Verkündigung von der Freiwilligkeit des Leidens und Todes Jesu. Das Ärgernis des Kreuzes konnte im Text auch damit (etwas) beseitigt werden, daß die Auferstehungshoffnung in die (nachösterlichen) Textgestaltungen mit hereingenommen wurde. Dreifache Aussagen sind schon im Verkündigungsstil des AT üblich (z. B. Gen 1,26.27). Natürlich sollen damit die Leidens- und Todesverkündigungen Jesu als geschichtliche Fakten nicht geleugnet werden. Aber es

soll auf die Möglichkeit hingewiesen werden, daß diese nicht so detailliert waren, wie sie die betreffenden dritten Texte bringen (Verspottung, Geißelung usw.), obwohl man natürlich auch hier berücksichtigen dürfte (wie schon gesagt), daß diese Behandlung eines als Messiasprätendent Verurteilten weithin die normale Behandlung war und deshalb solche Details nicht absolut aus den historischen Worten Jesu ausgeschlossen werden müßten. Aber selbst wenn die Evangelisten die Andeutungen Jesu in ihrer späteren Verkündigung im Sinne des Geschehenen umgeformt hätten, wäre dagegen nichts einzuwenden; es hieße lediglich: Das hat Jesus damals gemeint, das lag in seinen Worten beschlossen; so ist es geschehen, und etwas anderes kann er nicht vor sich gesehen haben.

Zu den kurzen dritten Perikopen gehören außerdem Hinweise auf die Erfüllung prophetischer Weissagungen. Sie weisen auf den leidenden Gottesknecht (s. d.) des Jesaja und auf den Menschensohn (s. d.) des Danielbuches hin. Wenn sie im Bibeltext auch von Jesus gesagt werden, so müssen sie doch nicht von Jesus gesagt worden sein. Der verkündigende Evangelist sah das Leben Jesu im Lichte der Erfüllung vor sich ausgebreitet und ließ die Erfüllung den Erfüller selbst aussprechen.

Diese dreimal drei Leidensankündigungen sieht man aber nur richtig, wenn man sich bewußt macht, daß sie dreimal drei ähnlich gemachte Formen (wahrscheinlich nach Markus) aus der Sammlung vieler Leidensankündigungen sind, die zur Sammlung verschiedener Sprüche, Berichte und Geschichten zu diesem Thema gehören, die als Ganzes auf die Leidensgeschichte Jesu hinführen oder zu ihr gehören.

In Mt 26,2 heißt es: „Als Jesus seine Reden beendet hatte, sagte er zu seinen Jüngern: Ihr wißt, daß in zwei Tagen das Paschafest beginnt; da wird der Menschensohn ausgeliefert und gekreuzigt werden."

In Mk 2,19f. sprach Jesus zu den Fragern: „Können denn die Hochzeitsgäste fasten, solange der Bräutigam bei ihnen ist?. . . Es werden aber Tage kommen, da wird ihnen der Bräutigam genommen sein; an jenem Tage werden sie fasten (s. Parall. Mt 9,14–15 und Lk 5,33–35).

In Mk 10,37f. sagt Jesus zu Jakobus und Johannes: „Könnt ihr den Kelch trinken, den ich trinke, oder die Taufe auf euch nehmen, mit der ich getauft werde?"

In Mk 12,1–12 erzählt das Gleichnis von den bösen Winzern eine Geschichte als Leidensverkündigung (Parall. Mt 21,33–46 und Lk 20,9–19).

In Lk 12,50 sagt Jesus: „Ich muß mit einer Taufe getauft werden, und ich bin sehr bedrückt, solange sie noch nicht vollzogen ist." Dieser Satz wird von manchen Bibelwissenschaftlern als ein unverändertes Wort Jesu genommen, weil sie nicht annehmen, daß die Jünger eine solche Aussage durch Umformung hervorgebracht haben könnten.

In Lk 17,24–25 spricht Jesus davon, daß der Menschensohn beim Kommen des Gottesreiches an seinem Tag erscheinen wird. „Vorher aber muß er vieles erleiden und von dieser Generation verworfen werden."

In Lk 22,14–15 sagt Jesus beim Mahl zu den Aposteln: „Ich habe mich sehr danach gesehnt, vor meinen Leiden dieses Paschamahl mit euch zu essen."

In Joh 12,7 duldet Jesus die Fußsalbung der Maria mit den Worten: „Laßt sie, damit sie es für den Tag meines Begräbnisses tue" (s. die Parall. Mt 26,12 und Mk 14,8).

Dies sind durchaus nicht alle Texte aus den Evangelien, die auf das kommende Leiden Jesu und seinen gewaltsamen Tod hinweisen; aber auch diese kleine Auswahl zeigt schon, was gezeigt werden soll: daß in allen Evangelien das kommende Leiden Jesu an vielen Stellen gegenwärtig ist. Historisch darf man daraus schließen: Jesus war sein Schicksal schon recht früh klar und wurde ihm immer klarer. Daß wir dies aber aus der Verkündigung von Jesus in den Evangelienschriften so ohne Unterlaß hören und lesen können, bedeutet: Jesu bewußtes Ja zum Leiden soll den Adressaten der Evangelien unüberhörbar und unübersehbar deutlich gemacht werden! Dieses bewußte Ja zum Leiden soll schon vor dem ausführlichen Leidensbericht im Laufe der anderen Berichte, Erzählungen und Lehren irgendwo und irgendwie eingestreut werden: mit gelegentlichen Hinweisen auf Leiden und Tod, wie sie oben in Auswahl angeführt wurden; daneben aber mit den anfangs erwähnten dreimal drei Leidensankündigungen. Alle diese Hinweise sind deutende Stücke für die kommende Leidensgeschichte der Evangelien. Bei den dreimal drei Ankündigungen

spürt man allerdings die aufgebaute, sehr beabsichtigte Beleuchtung, die damit auf die Leidensgeschichte geworfen werden soll: ob sie nun mit Worten Jesu oder mit Worten der verkündigenden Jünger (unverändert oder verändert im Anschluß an Jesu Worte) formuliert wurden. Gerade bei diesen dreimal drei Hinweisen (vgl. Martin Dibelius, „Formgeschichte des Evangeliums", 1918) spürt man, wie „situationslos" sie in die Gesamterzählung eingeschaltet wurden – woraus die örtlich ungezielte Einschaltung der Hinweise durch die Evangelisten besonders verraten wird.

ZU Mt 17,1–9:
VERKLÄRUNG

Die Deutung dieser Erzählung ist sehr verschiedenartig vorgenommen worden. Manche nennen sie eine „Legende" (z. B. Bultmann), manche einen Mythus (z. B. Dibelius). Heute liegt manchen die Erklärung als Ostergeschichte näher: eine Ostererzählung, die von einem der Evangelisten in die Erzählungen von der Lebenszeit Jesu hereingeholt wurde. Die Erzählung findet sich neben Mt auch bei dem älteren Markus (9,2–9) und bei Lk 9,28–36; angedeutet wird sie auch in 2 Petr 1,16–19.

Manche Bibelwissenschaftler weisen sehr stark darauf hin, daß die Erzählung nicht von einem Erlebnis Jesu spricht, sondern von einem Erlebnis der Jünger.

Diese Geschichte von der Verklärung Jesu macht nicht wenigen Schwierigkeiten. Noch um 1940 gingen viele Katecheten von künstlerischen Verklärungsbildern aus, durch die sie den „Vorgang" sehr anschaulich machen konnten; aber solche Bilder vermitteln keine Erleichterung für das Verständnis der Erzählung: sie machen höchstens das Erzählte vorstellbarer.

Versuchen wir den objektiven oder historischen Vorgang dieser Geschichte herauszuschälen: Jesus stieg mit Petrus, Jakobus und dessen Bruder Johannes auf einen hohen Berg (17,1). Oben ging Jesus abseits zum Gebet; das dürfen wir für selbstverständlich halten, obwohl Matthäus es nicht erwähnt – bei Lukas ist es aber ausdrücklich gesagt (Lk 9,29). Matthäus sagt auch nicht, daß sich die Jünger nach dem schweren Aufstieg ins Gras legten und einschliefen; aber Lukas sagt auch das: „Petrus und seine Begleiter waren eingeschlafen" (Lk 9,32), und man darf es als zur Erzählung gehörig festhalten. Nach einiger Zeit zog eine Wolke auf, in die sie (nach Lk 9,34) sogar hineingerieten. Vielleicht gab es auch einen Donnerschlag. „Als die Jünger das hörten, bekamen sie große Angst und warfen sich mit dem Gesicht zu Boden. Da trat Jesus zu ihnen, faßte sie an und sagte: Steht auf, habt keine Angst!" (17,6.7).

Dieses Erlebnis auf dem Berg hätte Petrus sicherlich nicht veranlaßt, später in einem Brief zu schreiben: „Jesus hat von Gott, dem Vater, Ehre und Herrlichkeit empfangen; denn er hörte die Stimme der erhabenen Herrlichkeit, die zu ihm sprach: Das ist mein geliebter Sohn, an dem ich Gefallen gefunden habe. Diese Stimme, die vom Himmel kam, haben wir gehört, als wir mit ihm auf dem heiligen Berg waren" (2 Petr 1,17.18). Was also war sonst noch außer dem oben angedeuteten Naturerlebnis?

Hermann Gunkel hat in seiner Darstellung „Das Märchen im Alten Testament" (Tübingen, 4. Auflage 1921) auch auf die Ermüdung der Jünger in der Verklärungsgeschichte hingewiesen (Lk 9,32), „in der sich die drei auserwählten Jünger des Schlafes nicht erwehren können" (a. a. O. S. 104). Das Schlafmotiv ist ja in vielen Märchen bedeutungsvoll; man denke nur an Dornröschen und Schneewittchen. Was genau die Jünger in diesem Schlaf träumend gesehen haben, läßt sich nicht sagen; aber man darf sagen, daß ausgehend von diesem Traum und vom Erwachen aus ihm die Verklärungsgeschichte die Form bei den drei Synoptikern (s. d.) erhalten hat: allerdings nicht so, als ob sie all das geträumt hätten. Als sie jedoch wach wurden, erzählt das Evangelium nach Lukas, sahen sie „Jesus in strahlendem Licht und die zwei Männer, die bei ihm standen" (Lk 9,32).

Der Sinn dieser Erzählung ist wohl nicht der Bericht von einer Verklärung Jesu, sondern die Abgrenzung Jesu von Mose und Elija; denn der Mittelpunkt der Erzählung ist nicht die Verklärungserscheinung an sich, sondern das Wort: „Das ist mein geliebter Sohn, an dem ich Gefallen gefunden habe; *auf ihn sollt ihr hören*" (17,5). Um dieses Wortes willen

wird die Verklärungsgeschichte erzählt. Es ist eine Abgrenzung Jesu vom Alten Bund. Dieser Sinn läßt eine späte Abfassung vermuten.

Der griechische Text spricht von *metamorphothä:* Jesus wurde in seiner Gestalt verwandelt (Metamorphose). Die vertrackte Nähe dieses Wortes zur klassischen Mythologie war der Grund, warum man diese Erzählung oft als Mythos abtun wollte. Während aber die Götter in den Mythen in wirklich anderen Gestalten auftreten (z. B. als Stier, als Schwan), hat dieses Wort *metamorphothä* im Evangelium einen ganz anderen Sinn; das Wort bot sich für die Erzählung lediglich deshalb an, weil es ein adäquateres Wort nicht gab. Was mit dieser „Verklärung" im Grunde gemeint ist, läßt sich kaum sagen. Die Erzählung arbeitet mit entlehnten Wortformeln (s. u.), wird aber dadurch eigentlich nicht klarer. Es wird von einem flüchtigen intensiven Sichtbarwerden des erhöhten Jesus erzählt, um den Glauben der drei Apostel zu stärken, sagen manche Theologen. Aber auch das besagt nichts über die eigentliche Erscheinung. Die Bilder der Kunst können auf keinen Fall als Anschauungsmittel dafür dienen.

Vielleicht ist es nicht falsch, auf die beiden Wörtchen „vor ihnen" zu achten: „er wurde vor ihren Augen (vor ihnen) verklärt" (17,2). Man könnte auch daraus entnehmen, daß diese Verklärung keine objektive Tatsache als vielmehr eine Verklärung Jesu in den Augen der Jünger war. Jesu Hoheit hat sie immer beeindruckt, wie Karl Adam in seinem Buch „Jesus Christus" (1934, S. 108/109) hervorhebt. „Während er betete" (Lk 9,29), wurde dieser Glanz von innen noch größer. Ermüdet vom Aufstieg auf den hohen Berg, schliefen die Jünger ein. Als sie erwachten, fanden sie Jesus mit „zwei Männern" (Lk 9,30), die mit ihm über „seinen Ausgang, den er in Jerusalem finden sollte", redeten. Es war Nacht. Was war und was wirklich geschah, wissen wir nicht. Jedenfalls *erlebten* die Jünger zwischen Schlafen und Wachen die Herrlichkeit Jesu.

In den Augen der Mehrheit gilt der Tabor (s. d.) als der Berg der Verklärung; dort wird dieses Thema bis heute verehrt. Manche aber denken auch an den Hermon (s. d.) oder an einen anderen Berg in Nordgaliläa.

„Sein Angesicht leuchtete wie die Sonne" (Mt 17,2). Die Verklärung war für die Jünger ein Erlebnis, das sich im Grunde nicht beschrei-

ben läßt. Aber eines war den Zeugen klar geworden, daß diese Verklärung ein Zeugnis für Jesus war und daß die erhöhte Wesenheit aus ihm hervorgeleuchtet war. Deshalb griff der Erzähler zu einer Terminologie, die dieses Strahlen Gottes gemäß der religiösen Sprache des Alten Bundes auszusagen vermag. „Sein Angesicht leuchtete wie die Sonne" ist sicherlich nicht ohne Verbindung mit dem, was das AT von Mose erzählt, als er auf dem Berg Gott begegnet war. Auch das zur Zeit Jesu sehr populäre Buch Henoch, das zu den alttestamentlichen Apokryphen (s. d.) zählt, und andere apokalyptische Bücher des Judentums der Zeitenwende sprechen von dem strahlenden Antlitz der Heiligen, „weil der Herr der Geister sein Licht auf das Angesicht der Heiligen und auserwählten Gerechten strahlen läßt" (Henoch 38,4). Oder auch: „Selig sind die Gerechten, weil sie leuchten werden, siebenfach mehr als die Sonne" (Henoch 66,7).

Da das Kleid auch sonst als Symbol der Person gesehen wird, findet sich auch das Leuchten der Kleider der ganz Gerechten in denselben Schriften parallel zum Leuchten ihres Angesichts. Daß diese Worte vom sonnenleuchtenden Antlitz und von den Kleidern weiß wie Schnee als Formeln für eine sonst unaussprechliche Erscheinung gemeint sind, geht auch aus Mt 28,3 hervor (der Engel am leeren Grab Christi).

Der Satz „Auf ihn sollt ihr hören" (17,5) gibt den Hinweis darauf, warum Mose und Elija genannt werden. Gerade unter kerygmatischem Betracht wird dies klar. Es ist (einerseits) die Trennung vom mosaischen Gesetz allein und die Betonung Jesu als Messias (andererseits); denn der rückkehrende Elija wurde ja allgemein als ein Vorläufer des Messias angesehen. Das Gesetz, das den Namen des Mose trägt, ist allein nicht mehr wichtig, nachdem der gekommen ist, den die Welt in Zukunft hören soll; und der Vorläufer (Elija) braucht nicht mehr gehört zu werden, wenn der Messias selbst da ist: „Auf *ihn* sollt ihr hören!"

Elija hier als Vertreter der Propheten deuten zu wollen, im Sinne der Formel „das Gesetz und die Propheten", wie es oft getan wird, ist weniger angebracht, weil gerade Elija im Volksglauben eine so außerordentliche Beziehung zur messianischen Zeit hatte (s. den Artikel „Der Prophet Elija"). Außerdem er-

zählt die Bibel nicht nur von Mose, daß er am Sinai der Offenbarung Gottes gewürdigt wurde, sondern auch von Elija. Der „hohe Berg", auf dem Jesus verklärt wurde, wird also einerseits dadurch als der neue Sinai gedeutet, wo Mose und Elija die Bevorzugten der Sinaioffenbarungen, dem Verkünder des Neuen Bundes ihre Ehrung erweisen. Wir tun hier einen tiefen Blick in die Symbolik der Verkündigungssprache der Evangelisten.

Dieses „ihn sollt ihr hören" weist – wie viele Worte des NT – auf das AT hin (Dtn 18,15). Hier wird von Jesus, *dem* Propheten der Endzeit gesagt, daß man ihn hören solle. Damit wird also in der Erzählung Jesus als Prophet der Endzeit – als Messias (wenn auch stillschweigend) genannt. Damit bekäme allerdings auch die Erscheinung des Mose und des Elija den gleichen Sinn wie das Wort aus dem Dtn: sie werden als Vorläufer des Messias eingeführt.

Petrus, der diese Geschichte wohl zuerst erzählt hat, könnte also mit dem Wort aus der Wolke eine Bekundung Jesu als Messias gemeint haben; es ist sicherlich kein Zufall, daß diese Geschichte bei Markus (und bei Matthäus) nicht weit von der Erzählung zu lesen steht, die das Messiasbekenntnis des Petrus zum Inhalt hat.

Vgl. auch die Verklärungserzählungen bei Mk 9,2–10 und bei Lk 9,28–36.

ZU Mt 18,1–10:
RANGSTREIT DER JÜNGER

Die Jünger fragten Jesus: „Wer ist im Himmelreich der Größte?" (18,1): Himmelreich s. den Artikel „Gottesreich". Die Frage hat bei den Jüngern den Sinn, wer im kommenden Messiasreich mit zu den Herrschenden gehören werde. Es war nicht die Frage nach der absoluten Größe eines einzelnen, sondern vielmehr nach der Bevorzugung einer Gruppe.

Die Schriftgelehrten behandelten die Frage in bezug auf die Belohnung im Himmelreich (Gottesreich) nach dem Tode (s. den Artikel „Versuch . . .", Nr. 5). Die Jünger aber fragten, wer der Größte im irdischen Messiasreich sein werde. Jesus wich der politischen Fragestellung aus, indem er im Sinne der Schriftgelehrten antwortete. Trotzdem ist seine Antwort ganz und gar ungewöhnlich und teilt deshalb den Hörern zunächst nur Ratlosigkeit mit.

Zu den „Größten im Himmelreich" zählten nach allgemeiner jüdischer Auffassung die Martyrer (z. B. die der syrischen Verfolgung: 2 Makk 7,1–42). Die Pharisäer (s. d.) und die Gerechten überhaupt sahen in denen, die das Gesetz treu erfüllten, die „Größten im Himmelreich". Die Schriftgelehrten der sozusagen liberalen Schule sahen als die „Größten im Himmelreich" die an, die nach allgemeiner menschlicher Auffassung rechtschaffen lebten. Das alles bezieht sich aber auf das „Himmelreich" nach dem Tode. Die Jünger fragten nach dem „Himmelreich" (Messiasreich) hier auf Erden.

Jesus antwortete seinen Jüngern, indem er ihnen ein Kind vorstellte: „Wenn ihr nicht umkehrt und wie die Kinder werdet, könnt ihr nicht in das Himmelreich kommen" (18,3). Diese Antwort Jesu ist deshalb überraschend, weil man den Kindern meistens das Los ihrer Eltern beimaß. Zwar gab es auch die Meinung, daß die Kinder der Gottlosen durch die Barmherzigkeit Gottes auferstehen könnten. Indem Jesus aber die Kinder als Vorbild hinstellt, gibt er dem Kindlichsein (d. h. dem Gläubigsein, Niedrigsein und Naivsein) einen eigenständigen Wert. Zwar hoben auch die Schriftgelehrten hin und wieder das Kind als Bild der Sündenreinheit hervor; aber das ist hier nicht gemeint. Es heißt ja ausdrücklich: „Wer so klein sein kann wie dieses Kind . . ." (18,4). Und „wer ein solches Kind um meinetwillen aufnimmt, der nimmt mich auf"(18,5). Das ist vielleicht eines der umgeformten Jesusworte (s. d.), mit etwa folgendem ursprünglichen Sinn: Wer ein solches Kind aufnimmt, nimmt den messianischen Menschensohn auf; denn er ist der Größte im Messiasreich. Auf Grund des Glaubens an Jesus als den Messias formte dann wohl die Urgemeinde dieses Wort in die Ichform Jesu um.

Wie hoch Jesus die Kinder schätzte, geht aus der Strafe hervor, die er für einen Verführer angemessen hielt. „Für ihn wäre es besser, wenn er mit einem Mühlstein um den Hals im tiefen Meer versenkt würde" (18,7): s. den Artikel über den „Mühlstein".

Die folgenden Verse „Wenn dich deine Hand oder dein Fuß zum Bösen verführt . . ." (18,8.9) gehören wahrscheinlich nicht hierher; sie stehen bereits in Mt 5,29.30 und sind wohl von sehr frühen Abschreibern, angeregt durch das Aufklingen des Wortes „Verführung" in 18,7, hier eingefügt worden. Sie unterbrechen auch den laufenden Text.

Der Gedanke dieser Verse 18,8.9 stammt aus der Strafgerichtsbarkeit Israels und der Juden. Wenn eine Frau oder ein Mann wegen Bestialität gesteinigt wurde, wurde auch das Tier getötet, mit dem sich der Mensch vergangen hatte; nicht weil das Tier für schuldig gehalten wurde, sondern weil es Anlaß zur Sünde war und nicht wieder Anlaß zur Sünde werden sollte. Ein Baum, der immer wieder Anlaß zum Diebstahl war, sollte umgehauen werden. Auch die Übertragung solcher Beseitigung von ärgerniserregenden Dingen auf den Menschenleib und die Folgerung (lieber ohne eine Hand ins Himmelreich als mit zwei Händen ins Straffeuer) ist Schriftgelehrtenweisheit. Jesus zeigt hier also, daß er auch aus der Schriftgelehrtentradition seiner Zeit geschöpft hat.

Der Urtext hat in 18,9 nicht „Feuer der Hölle", sondern „Gehenna des Feuers". Dieses Hinnomtal bei Jerusalem (s. d.) wurde zum Symbol der Verdammnis.

Hütet euch, die Kleinen zu verachten! „Denn ihre Engel sehen stets das Angesicht meines himmlischen Vaters" (18,10). Jesus steht hiermit der landläufigen Lehre entgegen. Ihr Begriff von der Unnahbarkeit Gottes ließ die Schriftgelehrten meist lehren, daß Gott von niemandem, auch nicht von den Engeln, geschaut werden könne. Ob Jesus dieses „Anschauen" allerdings so wörtlich genommen hat, wie wir das gern tun, ist zweifelhaft. Der Satz benutzt ja eigentlich nur eine alttestamentliche Formel, die Gott als König und die Engel als seinen Hofstaat bezeichnet, ohne daß damit mehr als eine ferne Analogie gemeint ist. Die Höflinge am orientalischen Hof standen vor dem Herrscher und „schauten sein Angesicht", womit die Gunst des Herrschers ausgedrückt wurde. Umgekehrt verweigerte David seinem Sohn Abschalom die Versöhnung mit den Worten: „Er soll in sein Haus gehen, aber er soll mir nicht unter die Augen treten" (2 Sam 14,24). Vgl. auch Rafaels Wort in Tob 12,15: „Ich bin Rafael, einer von den sieben heiligen Engeln, die das Gebet der Heiligen emportragen und mit ihm vor die Majestät des heiligen Gottes treten." – Vgl. auch die Paralleltexte in Mk 9,33–37.42–48 und Lk 9, 46–48; 17,1–3a.

ZU Mt 18,15–35:
VERANTWORTUNG FÜR DEN BRUDER

Im Gespräch Jesu mit seinen Jüngern kamen immer wieder Fragen zur Sprache, die auch in den Auslegungen der Tora durch die Schriftgelehrten angeschnitten wurden. Nur dadurch konnte übrigens das Gemeinsame und das Verschiedene der Lehre Jesu gegenüber der Lehre der Schriftgelehrten sichtbar werden. Deshalb ist es nicht etwa ein Versuch, die Lehre Jesu herabzusetzen, wenn man auf die Verbindung seiner Worte mit dem schriftgelehrten Judentum hinweist, sondern es ist die Anerkennung, daß Jesus in seinem Volke und in einer geprägten Religiosität gelebt hat, in dem das Erscheinen des Messias vorbereitet war.

„Wenn dein Bruder sündigt, dann geh zu ihm und weise ihn unter vier Augen zurecht" (18,15) ist durchaus eine Forderung, die auch das Judentum kannte und kennt. Das Buch Levitikus gibt dazu die Anweisung: „Weise deinen Stammesgenossen zurecht, so wirst du seinetwegen keine Schuld auf dich laden" (Lev 19,17). Aber die Praxis kannte diese brüderliche Zurechtweisung kaum, vielleicht deshalb nicht, weil das Selbstbewußtsein der Pharisäer (s. d.) jede Zurechtweisung praktisch zurückwies; gerade die aber, die am meisten darauf pochten, Erfüller des Gesetzes zu sein, hätten hier vorangehen müssen – nicht nur im Zurechtweisen, sondern auch im Annehmen der Zurechtweisung. Jesus schärft diese brüderliche Zurechtweisung als Pflicht ein, und er gibt sehr praktische Anweisungen für das Vorgehen.

Im Hinweis auf die Zeugen: „. . . nimm einen oder zwei Männer mit" (18,16) bleibt Jesus ebenfalls ganz im Rahmen des Gesetzes seines Volkes. Zwei Zeugen (s. d.) war die Regel für ein gerichtliches Verfahren. Der Unterschied besteht darin, daß es sich im jüdischen Gesetz bei den Zeugen fast immer zunächst um Überführungszeugen handelte, in den Worten bei Matthäus dagegen handelt es sich (sozusagen) um Bekehrungshelfer.

Der dritte Versuch, den Sünder zu bekehren, soll dann von der Gemeinde ausgehen (18,17). Auch das ist altjüdischer Brauch.

Hört er nicht auf die Gemeinde, „dann sei er für dich wie ein Heide oder ein Zöllner"

(18,17), d. h. wie ein Götzendiener. Denn wer seinem Trieb nachgeht, ist ein Götzendiener. Wer aber weder auf das mahnende Wort des Nächsten („Bruder") hört, noch auf die Vorstellungen mehrerer Zeugen, noch auf die Gemeinde, die das ganze Volk Israel vertritt, der hält sich selbst für klüger und macht sich selbst zum Maßstab; das aber ist in den Augen der Tora Götzendienst. Oder er sei für dich wie ein Zöllner (s. d.), wurde früher oft mit „öffentlicher Sünder" übersetzt; dem Sinne nach wäre das auch richtig.

Die Folge der nichtgehörten Gemeindeermahnungen ist der Bann (d. i. nämlich „wie ein Heide und Zöllner"); darauf beziehen sich – in der Reihe der synagogalen Bekehrungsmaßnahmen gesehen – die Worte vom Binden und Lösen (18,18). Diese von der Synagoge ausgeübte Vollmacht haben demnach gemäß den Worten Jesu bei Matthäus auch die Apostel Jesu.

Mit der Frage des Petrus: „Wie oft muß ich meinem Bruder vergeben . . ." (18,21) beginnt ein neues Thema. Bisher war die Rede von der Sünde des anderen überhaupt, hier steht die Sünde des anderen gegen mich zur Frage. Dieses Thema „Wie oft . . ." scheint eine beliebte Disputfrage gewesen zu sein; denn an sich verlangte die jüdische Lehre das Verzeihen – aber man setzte sich Grenzen; irgendwann wurde, nach altjüdischer Meinung, das Vergeben unzumutbar. Das Gleichnis vom unbarmherzigen Gläubiger (18,23–35) gibt dafür eine tiefgreifende Belehrung (s. im Abschnitt „Der Sklave", S. 739). –

Vgl. den Paralleltext zu den Grundgedanken des Mt bei Lk 17,3.4; das Gleichnis vom unbarmherzigen Gläubiger hat Lk nicht.

ZU Mt 19,13–15:
SEGNUNG DER KINDER

Die Segnung von Kindern durch Handauflegung (s. d.) war zur Zeit Jesu allgemein üblich. Markus und Lukas sagen allerdings nichts von dem Wunsch der Mütter, „daß er über sie bete" (19,13). Aber Matthäus, der nicht nur die Bräuche Israels kannte, sondern auch Jesus als einen jüdischen Rabbi zeichnen wollte, legte Wert auf dieses „über sie beten". Matthäus weist Jesus damit vor den Lesern als echten frommen Juden aus, der den rabbinischen Brauch, über seine Kinder und Schüler zu beten, geübt hat. Zwar beteten die Rabbinen für gewöhnlich nur über ihre eigenen Kinder und Schüler, indem sie den Segen Gottes über sie herabriefen. Gerade darin aber mag Matthäus den Sinn dieser Mitteilung gesehen haben, daß Jesus über die Kinder betete; der *allen* gehörende Messias sollte damit ausgewiesen werden.

Die Jünger, die den Brauch der Schülersegnung (Jüngersegnung) durchaus kannten, mögen im Wunsch der Mütter eine unsachgemäße Zumutung gesehen haben. Vielleicht war auch Eifersucht mit im Spiel. Deshalb schimpften sie gegen die Frauen und ihre Kinder und wollten sie verjagen.

„Doch Jesus sagte: Laßt die Kinder zu mir kommen . . . Denn Menschen wie ihnen gehört das Himmelreich" (19,14). Markus und Lukas sagen statt „Himmelreich": Gottesreich. Matthäus, für Juden schreibend, befolgte den jüdischen Brauch seiner Zeit und vermeidet das Wort „Gott" (s. im Artikel „Jahwe"). Unter „Himmelreich" mußten die Jünger an sich das Reich des Messias (s. d.) im Sinne des Judentums ihrer Zeit verstehen. Trotzdem liegt gerade in diesem Wort Jesu auch seine Antwort auf die vieldiskutierte Frage seiner Zeit, wer zum Gottesreich auferweckt werde. Der Glaube von der Scheól, dem Totenreich (s. d.), war seit langem in Fluß geraten, und man stritt darüber, ob die Kinder der Gottlosen (d. h. hier auch: der Gesetzesunkundigen) zur Freude an Gott auferstehen würden. Viele Rabbinen neigten dazu, diese Kinder mit ihren gottlosen Vätern der freudlosen Scheól zu überantworten. Jesus sagte in diesem Ausspruch dazu seine Meinung: Gerade auch für solche ist das Himmelreich, deren Eltern so naiv sind, ihre Kinder segnen zu lassen, statt sie im Gesetz zu unterrichten.

Das Himmelreich des Messias und das Himmelreich der Auferweckten sind aber – nach jüdischem Glauben – nicht etwa zwei verschiedene Himmelreiche. Die Auferweckung geschah zum Messiasreich. Ohne die allgemeinjüdischen Ansichten vom Himmelreich (Messiasreich) richtigzustellen, lehrte Jesus in seinem Ausspruch ganz allgemein: Auch diese Kinder, ja gerade die Kinder, sind für das Messiasreich bestimmt. –

Vergleiche die Parallelen Mk 10,13–16 und Lk 13,15–17.

ZU Mt 19,16–30:
REICHTUM UND NACHFOLGE

„Es kam ein Mann zu Jesus und fragte: Meister, was muß ich Gutes tun, um das ewige Leben zu gewinnen?" (19,16). Diese Frage muß nicht unbedingt eine Frage nach dem ewigen Leben nach dem Tode sein. In der Zeit Jesu konnte „ewiges Leben" durchaus das Leben in der Messiaszeit, im Reiche Gottes bedeuten. Es war die Kardinalfrage der damaligen jüdischen Menschen: Wie werde ich der Segnungen des Messiasreiches (s. d.) teilhaftig?

Jesus antwortete: „Halte die Gebote" (19,17); eine Antwort ganz im Sinne der Schriftgelehrten. Richte dich nach den Weisungen der Tora. Und er führte aus dem Dekalog (s. d.) einige Gebote auf – *und* das Gebot der Nächstenliebe. Denn die Menschen der Gerechtigkeit (s. d.) werden am Messiasreich teilhaben.

„Der junge Mann erwiderte ihm: Alle diese Gebote habe ich befolgt" (19,20). Er war also überzeugt, ein Gerechter zu sein. Es war den Juden der Zeit nicht zweifelhaft, daß der Mensch alle Gesetze halten kann. „Was fehlt mir noch?" (19,20).

Die Antwort Jesu „Wenn du vollkommen sein willst . . ." (19,21) kann nicht nur vom Wort „vollkommen" her verstanden werden, sondern hat wohl den Sinn: Willst du vollkommen *gerecht* sein . . .

Der Rat, alles zu verkaufen und den Erlös den Armen zu geben, ist zwar von Jesus nicht völlig neu gegeben worden, war jedoch für jüdische Ohren eine Zumutung. Denn Reichtum galt im allgemeinen als Segen Gottes, und Armut galt geradezu als Leiden. Zwar gab es auch die Ansicht, daß man um der Tora (des Gesetzes) willen, um ganz frei zu sein, und um der Armen willen die Armut wählen kann – aber das Neue ist hier, daß der reiche junge Mann arm werden soll und dann Jesus nachfolgen sollte. Damit setzte Jesus sich selbst (oder besser: der verkündigende Evangelist setzte Jesus) der Tora gleich, um derentwillen man Armut wählen kann.

Als der reiche junge Mann traurig fortgegangen war, sagte Jesus zu seinen Jüngern: „Eher geht ein Kamel durch ein Nadelöhr, als daß ein Reicher in das Reich Gottes gelangt" (19,24). Die Erklärung, die man schon einmal für diese Redensart hört, „Nadelöhr" sei die Bezeichnung für das Nebentor eines dreitürigen Stadttors, ist kaum richtig. Aus späterer Zeit (etwa 350 n. Chr.) ist die Redewendung jedenfalls durchaus im wörtlichen Sinne belegt: „Macht mir eine Öffnung der Buße so groß wie ein Nadelöhr", spricht Gott, „so will ich euch Tore öffnen, in die Wagen und Karren hineinkönnen." In maximalistischen Gegensätzen zu sprechen ist durchaus orientalische Ausdrucksweise. Siehe auch die Parallelen bei Mk 10,17–31 und Lk 18,18–30.

ZU Mt 20,1–34:
STETS NEUE THEMEN

Wer die Thematik eines Evangelium-Buches wach befragt, ist immer nur erstaunt, wie stets andere Akzente in Gleichnissen, Antworten Jesu, Wundererzählungen auftreten.

„Das Gleichnis von den Arbeitern im Weinberg" (20,1–16) ist Sondergut des Evangelisten Matthäus: Der Hausvater geht aus, um Arbeiter zu dingen. Bis heute ist es im Orient und in Griechenland üblich, daß Männer, die Arbeit suchen, an bestimmten Straßenecken oder auf bestimmten Plätzen warten, bis sie jemand anspricht. Im heutigen Jerusalem am Zionsplatz warten z. B. die Lastträger auf Arbeit; in Athen stehen auf der Ostseite des großen Hauptplatzes die Anstreicher mit ihren fast 4 m langen Quastenstangen und warten auf ihre Auftraggeber. Diesen uralten orientalischen Brauch spiegelt das Gleichnis Jesu wider: der Hausvater geht auf den Markt, wo die Männer auf Arbeit warten. Hier konnte man sie dingen: für einige Stunden, für einen Tag, für Tage, Wochen, Monate, bis zu sieben Jahren.

Der Hausvater einigt sich mit den Arbeitern auf einen Denar Taglohn; das entsprach einem normalen und nicht zu geringen Taglohn (s. im Artikel „Das Geld"). Solche mündlichen Vereinbarungen waren üblich und bindend. Dann schickt er sie in seinen Weinberg (zum Wein, s. d.).

Die Arbeitszeit begann mit Sonnenaufgang; als Sonnenaufgang galt noch nicht das Morgengrauen oder das Morgenrot, sondern der wirkliche Aufgang der Sonne. In Zeiten, die allgemein noch keine Uhr kannten, waren solche Vereinbarungen für den Arbeitsfrieden

wichtig. Ab Sonnenaufgang konnte man Arbeiter dingen. Der Weg zur Arbeitsstelle gehörte mit zur Arbeit, der Rückweg dagegen nicht. – Der Hausvater ging auch zu anderen Tageszeiten aus; zur dritten Stunde (etwa 9 Uhr vormittags), zur sechsten Stunde (am Mittag), zur neunten (etwa 15 Uhr) und elften Stunde (17 Uhr). Diese Zählung entspricht der natürlichen Anschauung, daß der Tag mit Sonnenaufgang beginnt; wir dagegen haben eine mechanische Einteilung, deren Zählung um Mitternacht beginnt (s. im Artikel „Jahr und Tag . . .").

Der Arbeitstag dauerte bis zur Dämmerung, d. h., bis der erste Stern im noch hellen Himmel erschien. So berechnet man im Judentum bis heute den Ausgang des alten Tages (z. B. bei Anbruch des Sabbat: die Sabbatnacht beginnt mit dem ersten Stern am noch hellen Himmel des Freitagabend). Am Ende des Arbeitstages zahlte der Verwalter den Lohn aus. Dieser Zug des Gleichnisses ist nicht unwichtig; die Arbeiter erhalten ihren Lohn sofort, wie es das Gesetz vorschreibt: „Der Lohn des Tagelöhners soll bei dir nicht bis zum Morgen bleiben" (Lev 19,13), und: „Bedrücke nicht einen Tagelöhner . . . am gleichen Tag sollst du ihm seinen Lohn geben, und die Sonne soll darüber nicht untergehen" (Dtn 24,14.15). Schon dies charakterisiert den Herrn des Weinbergs als gerecht.

Aber allen wird der gleiche Lohn ausgezahlt, wobei zu beachten ist, daß das Maß der Lohn ist, der mit den ersten vereinbart ist. Das Gleichnis will damit die Güte gegen die, die weniger geleistet haben, herausstellen, während der Hausvater gegen die, die den ganzen Tag gearbeitet haben, gerecht bleibt.

So ist es mit dem Himmelreich.

Diesem Gleichnis folgt die dritte Ankündigung von Leiden und Auferstehung Jesu (20,17–19): s. dazu die erste Ankündigung und die zugehörige kurze Erläuterung bei Mt 16,21–23.

„Vom Herrschen und Dienen" handelt 20,20–28. Die Haltung Jesu wird aus der Erzählung sehr deutlich; aber die Ermahnung, um die es hier geht, scheint manchen Exegeten das Ergebnis späterer Zeiten, als man in der Kirche schon von Herrschern sprechen konnte. Auf Jesus zurück gehen könnte in diesem Text „Wer bei euch der Erste sein will, soll

euer Sklave sein" (20,27), und zu den frühesten Charakterisierungsworten der Apostel über ihren Meister: „Auch der Menschensohn ist nicht gekommen, um sich dienen zu lassen, sondern um zu dienen . . ." (20,28).

Und sein Dienst bestand im Mitleid und Heilen. Das erzählt „Die Heilung von zwei Blinden bei Jericho" (20,29–34).

ZU Mt 21,1–22,14:
EINZUG IN JERUSALEM

Über den Eselsritt Jesu nach Jerusalem (21,1–11) und die politische Bedeutung des Einzugs in Jerusalem s. im Kapitel „Das politische Messiastreiben . . ." (S. 607, Nr. 18).

Als Jesus sich der Stadt näherte und er eintritt, riefen die Leute, die vor ihm hergingen und ihm folgten: „Hosanna!" (21,9). Dieser Ruf „Hosanna" bedeutete ursprünglich etwa: Rette (uns)! Später wurde er zur Notwenderakklamation. Der ganze Text der Akklamation ist eine Messiaserklärung: „Hosanna dem Sohn Davids! Gesegnet sei er, der kommt im Namen des Herrn. Hosanna in der Höhe!" (21,9). – Vergl. die Textparallelen in Mk 11,1–11; Lk 19,28–40 und Joh 12,12–19.

Nach der Einzugserzählung spricht Mt von der Tempelreinigung (21,12–17). Von ihr sprechen in Paralleltexten auch Mk 11,15–19 und Lk 19,45–48. – Auch Johannes erzählt von einer Tempelreinigung, jedoch in einem anderen Zusammenhang: als Jesus zum ersten Mal nach Jerusalem kam (Joh 2,13–16). Der Leser möge sich über die Realien dieser Tempelreinigungen im entsprechenden Kapitel des Johannesevangeliums (2,13–16) unterrichten; die dortigen literarischen Elemente gehören dann nur zu Johannes.

Das eingeschobene Kapitel „Die Verfluchung eines Feigenbaumes" (21,18–22) ist wahrscheinlich ein sehr später Text: aus einer Zeit, als die frühen Prediger dem Glauben vieler Christen kritisch gegenüberstanden. Dieser Text ist bei vielen Bibellesern unbeliebt. Er verfälscht das Bild Jesu, sagen sie. Obwohl der innere Kern dieser Zeilen (der zweifellose Glaube / das vertrauensvolle Gebet) sicherlich akzeptabel ist, so ist doch der Weg zu diesem Kern sehr fraglich. Das betrifft auch schon den Text bei Markus (11,12–14 und 11,20–25). Das Schauwunder, mit dem nicht

gerade geistvolle Überlieferer einen großen Satz Jesu bildhaft machen wollen, trägt eine Haltung an sich und weiter, die dem selbstlosen und bescheidenen Charakter Jesu ganz fremd ist.

Die Ratlosigkeit der Hohenpriester und Pharisäer geht aus der Frage hervor: „Mit welchem Recht tust du das alles?" (21,23–27). Das Gespräch erklärt sich von selbst. Die drei Gleichnisse, die Matthäus folgen läßt, richten sich sehr deutlich gegen die Fragesteller: Das Gleichnis von den ungleichen Söhnen (21,28–32), das Gleichnis von den bösen Winzern (21,33–46). Das Gleichnis vom königlichen Hochzeitsmahl (22,1–14) ist allerdings wohl erst sehr spät formuliert worden. Manche meinen, es sei eine Erzählung von der Strafe an den Juden in Jerusalem, die Menschen aus der ersten Christengeneration umkommen ließen; so könnte also nur ein Gleichnis mit anderem Gehalt auf Jesus zurückgehen.

Mit der folgenden „Frage nach der kaiserlichen Steuer" (22,15–22) beginnt dann eine Reihe von Gegenangriffen gegen Jesus.

ZU Mt 22,15–33:
STREITGESPRÄCHE IN JERUSALEM

„Ist es nach deiner Meinung erlaubt, dem Kaiser Steuern zu zahlen, oder nicht?", das war eine beliebte Frage (22,15–22). Diese Steuerfrage der Pharisäer versteht man in ihrer Hinterhältigkeit nur, wenn man sie im Zusammenhang mit der politischen Situation betrachtet. Deshalb wurde sie im Kapitel „Das politische Messiastreiben . . .", S. 608, Nr. 19, ausführlich behandelt.

Bei der liturgischen Lesung dieser Perikope bricht die Verlesung sehr oft ab nach den Worten: „So gebt dem Kaiser, was dem Kaiser gehört, und Gott, was Gott gehört" (22,21). Dadurch wird der Blick auf die Frage Staat und Kirche gelenkt. Obwohl anzunehmen ist, daß diese Hinlenkung des Blicks auch von den Evangelisten gewollt war und also in der Verkündigung durchaus legitim ist, wird dadurch dennoch die eigentliche Versuchungssituation, um deren Darstellung es den Evangelisten hier ja auch geht, verdunkelt; denn der Text fährt (übrigens bei allen drei Synoptikern) so oder ähnlich fort: „Als sie das hörten, waren sie sehr überrascht, wandten sich um und gingen weg" (22,22). Warum sie sich verwunderten, ist jedoch nur aus der Versuchungsfrage und ihrem politischen Hintergrund zu verstehen. –

Siehe auch die Paralleltexte bei Mk 12,13–17 und Lk 20,20–26.

„Am selben Tag kamen zu Jesus einige von den Sadduzäern, die behaupten, es gebe keine Auferstehung" (22,23–33). Sie fragten Jesus mit einem „Fall" (22,24–28) nach der Möglichkeit eines Lebens nach der Auferstehung. Diese Sadduzäerfrage hatte vielleicht keinen eigentlich politischen Inhalt. Die Sadduzäer (s. d.) hatten die Auferstehungsfrage gut durchdacht und sie mit ihren Gründen abgelehnt. Wenn sie sich nun mit ihrer Spezialität an Jesus heranmachten, konnte dahinter der Wunsch stehen, den anmaßenden Rabbi Jesus gründlich lächerlich zu machen, bevor sie ihn unschädlich machten; denn unter den Sadduzäern müssen wir ja vor allem die Mitglieder der hochpriesterlichen Familien sehen.

Die Antwort Jesu liegt ganz in der Richtung der damaligen Lehre von der Auferstehung (s. d.), wie sie von den meisten Schriftgelehrten vertreten wurde, außer von denen der Sadduzäer. Anderseits geht die Steuerfrage und auch die spätere Angriffsfrage Jesu (22,41–46) auf den Messiaskomplex; man möchte deshalb vermuten, daß auch die Auferstehungsfrage darauf hinzielt. Tatsächlich hat die Auferstehung auch nach jüdischem Verständnis mit dem Erscheinen des Messias zu tun, obwohl die Vorstellungen vom Zusammenhang zwischen dem „Tag des Herrn" als Messiastag und als Auferstehungstag weder einheitlich noch klar gewesen zu sein scheinen. Die Sadduzäer haben aber wohl mit Sicherheit aus ihrer Leugnung der Auferstehung auch die Folgerung gezogen, daß es keinen wirklichen Messiastag geben werde. Insofern könnte also die Auferstehungsfrage indirekt auch eine Messiasfrage gewesen sein, und die Antwort Jesu würde so bedeuten, daß es einen endzeitlichen Tag des Messias durchaus geben werde, weil ja eine Auferstehung der Toten möglich sei. Wenn diese Kombination richtig ist, hätte sich also Jesus im positiven Sinne der negativ gerichteten Beweisführung der Sadduzäer bedient.

Siehe dazu auch die Paralleltexte bei Markus 12,18–27 und Lukas 20,27–38.

ZU Mt 24,1–25,46:
DIE REDE ÜBER DIE ENDZEIT

Diese Rede von der Endzeit ist eine der fünf Reden, um die Matthäus sein Evangelium geordnet hat. Man muß deshalb annehmen, daß in diesem Abschnitt auch Äußerungen Jesu über die Endzeit enthalten sind, die er zu anderen Zeiten und an anderen Orten getan hat.

Als die Jünger Jesus auf die „gewaltigen Bauten des Tempels" hinwiesen (24,1) und Jesus ihnen sagte, die Mächtigkeit und Pracht dieses Herodianischen Tempels (s. d.) werde dahinsinken, fragten die Jünger: Wann wird das geschehen?

Die Frage schließt also an die Bemerkung Jesu an, daß von dem prächtigen Tempelbau nichts übrigbleiben werde (24,2). Aber nur Matthäus läßt die Jünger so speziell fragen: „Was wird das Zeichen für deine Ankunft sein?" Und da Jesus von seinen Jüngern als Messias anerkannt wurde, ganz sicher, als sie nach seinem Tode erlebten: „Jesus lebt", da wurde in diesem Text auch diese Formel des Matthäus möglich.

Auf das Wort Jesu von der Zerstörung des Tempels reagierten die Apostel ganz im Sinne der Ideologie des messianistischen Kampfes. Weil der Tempel die religiös-nationale Mitte des Judentums war, mußte der Besitz des Tempels das erste Ziel eines Messiasprätendenten sein: einmal konnte durch die Vertreibung der nichtjüdischen Wachmannschaften der Anbruch der messianischen Zeit am sichersten dargetan werden – sie war das Symbol für die Vertreibung der Heiden; sodann war der Besitz des Tempels aber auch ein Herrschaftszeichen für den auftretenden Messias (S. 599, Nr. 3). Der Gedankengang der Frage war demnach: Wann wird dieser Tempel durch den messianischen Kampf zerstört werden? Die Jünger fragten also indirekt nach dem Aufbruch Jesu zum Messiaskampf. In diesem Sinne muß also auch: „Was wird das Zeichen deiner Ankunft sein?", gedeutet werden.

Der dritte Teil der Frage: „Was ist das Zeichen . . . für das Ende der Welt?" ist in dieser Übersetzung – obwohl sie üblich ist – problematisch. Wörtlich heißt es im griechischen Text: „Was wird das Zeichen . . . der Vollendung der Weltzeit sein?" (der Vollendung des Äons). Die Jünger fragten nicht nach dem Weltende, sondern nach dem Ende dieses Äons und nach dem Beginn der messianischen Zeit, der „zukünftigen Welt". Das Weltende konnte sie ja wirklich nicht interessieren, sondern nur das Ende der vormessianischen Zeit, die durch die Ankunft *(parusía)* des Messias ihr Ziel finden sollte (s. im Artikel „Versuch über die israelitisch-jüdisch-urchristliche Eschatologie", S. 690, Nr. 5).

Die kommende Not, so warnte Jesus, dürft ihr nicht als Zeichen für das Ende ansehen (24,6). Das griechische *télos* kann hier also nicht Ende im Sinn von Untergang, sondern muß den Sinn von Ziel haben. Hinter den Worten Jesu und der Evangelisten stand nicht die Vorstellung von einem Weltuntergang, sondern vom Übergang zu einer zukünftigen Welt (zu der *vita venturi saeculi,* wie es in der lateinischen Fassung des nizäno-konstantinopolitanischen Glaubensbekenntnisses heißt). Das entspricht ganz der Vorstellung der letzten vorchristlichen Zeit, wie sie im Buch Daniel (s. d.) niedergelegt ist, daß mit der Ankunft des Messias dieser neue Äon anbricht (Dan 12,4.9.13).

Die Kriege, Empörungen, Verfolgungen, die falschen Messiasse usw. sind zwar Zeichen für die nahende Messiaszeit, aber „das alles ist erst der Anfang der Wehen" (24,8). Auch diese Lehre Jesu ist nicht ohne Zusammenhang mit der damals landläufigen Lehre, daß vor der messianischen Zeit die Nöte dieses Äons ihren Höhepunkt erreichen werden.

Zu 24,1–14 vergleiche die Paralleltexte bei Mk 13,3–13 und bei Lk 21,7–19.

In den Versen 24,15–28 läßt der Evangelist Jesus von der größten Not sprechen: beginnend mit dem „unheilvollen Greuel" am heiligen Ort (24,15). Die landläufige Katechese begriff den „Greuel der Verwüstung" an heiliger Stätte meist als die Verwüstung des Tempels. Damit ist aber am Wesentlichen vorbeigesehen. Der „Greuel der Verwüstung an heiliger Stätte" ist entweder ein Götzenbild oder ein Götzenaltar im Tempel (er steht am heiligen Ort!). So bei Dan 9,27: „Oben auf dem Heiligtum wird ein unheilvoller Greuel stehen, bis das Verderben, das beschlossen ist, über den Verwüster kommt" – Und in 1 Makk 1,54: „Am fünfzehnten Kislew des Jahres 145 ließ der König auf dem Brandopferaltar den unheilvollen Greuel aufstellen." Ob bei Mt 24,15

an ein Götzenbild oder einen Götzenaltar gedacht ist, ließ sich nicht einwandfrei ermitteln; diese Klarheit ist aber für den Sinn auch nicht so wichtig. Das Wort meint jedenfalls als höchste Steigerung der Drangsale den Abfall vom wahren Gott an heiliger Stätte.

Demnach beziehen sich die Warnungen und Mahnungen: „Dann sollen die Bewohner von Judäa in die Berge fliehen . . ." (24,16–20) nicht auf den „Greuel der Verwüstung", sondern auf den Höhepunkt der Drangsale, für den der „Greuel der Verwüstung" als Symbol steht. Wer auf dem Dach (s. d.) ist, soll vor der Flucht nicht einmal seinen Mantel (s. d.) aus dem Hause holen. Flucht am Sabbat (s. d.) würde viele in Gewissenskonflikte bringen.

Falsche Messiasse (Christusse) werden aufstehen (s. d.) und falsche Propheten (s. d.); aber all diese werden nur einen beschränkten Wirkungskreis haben; *der* Messias jedoch wird bei seiner Ankunft allen sichtbar sein, wie der Blitz (24,23–28). Wenn die Welt für den Messias reif ist durch die höchste Not (vgl. die Metapher vom Aas: 24,28), wird der Messias kommen, so sicher wie die Raubvögel sich über das Aas hermachen. –

Vergleiche zu 24,15–28 die Paralleltexte bei Mk 13,14–23 und bei Lk 21,20–24.

Die Zeichen nach der größten Drangsal an Sonne, Mond und Sternen (24,29) müssen im Rahmen des antiken orientalischen Weltbildes (s. d.) gesehen werden. Der Menschensohn (s. bei Dan 7,2–18) wird auf den Wolken (s. d.) kommen, wie es bei Daniel gesagt ist. „Engel" werden die zerstreuten Auserwählten sammeln: Engel im Sinne von Abgesandten, Boten (was ja sowohl *mal'ak* im Hebräischen wie *ángelos* im Griechischen bedeutet). Sie werden die Posaune blasen (24,31): ein Bild, das aus der jüdischen Liturgie genommen ist. Gemeint ist das Horn, mit dem man den Sabbat sowie den Versöhnungstag und das Jubeljahr einblies, so daß in diesem Hinweis auch das Horn der Messiaszeit einbeschlossen liegt, daß damit ein endloser Sabbat, ein endloser Versöhnungstag und die Zeit der Entschuldung (Jubeljahr!) anbricht.

Der Tag dieser Geschehnisse ist völlig ungewiß (24,36–42). Deshalb schließt der Evangelist noch weitere Ermahnungen an, wenn auch wiedergegeben als Jesuswort.

Zu Mt 24,29–42 vergl. die Parallelen bei Mk 13,28–32; 13,25 und Lk 21,29–33; 17,26–30.

GLEICHNIS VON DEN ZEHN JUNGFRAUEN

In Zusammenhang mit der Endzeitrede fügt der Evangelist einige Gleichnisse ein. Das „Gleichnis von den zehn Jungfrauen" ist Sondergut des Evangeliums nach Matthäus (25,1–13). Aus dem Gedanken des Ehebundes (s. d.) Jahwes mit Israel entwickelte sich in den Jahren um Christi Geburt die symbolische Bezeichnung der Messiaszeit („Himmelreich") als Hochzeitsfeier und Hochzeitsmahl. Sie wird die Zeit sein, in der es keinen Ehebruch (d. h. Götzendienst) mehr gibt; dann wird die wahre Hochzeit Gottes mit seinem Volkes sein. An diese Symbole knüpft Jesus auch in seinem Gleichnis an: „Dann wird es mit dem Himmelreich sein wie mit zehn Jungfrauen, die ihre Lampen nahmen und dem Bräutigam entgegengingen" (25,1).

Der Hochzeitszug ist der folkloristische Hintergrund dieses Gleichnisses. Am Wohnort des Bräutigams, wohin der Hochzeitszug die Braut geleitete, warteten zehn Jungfrauen, um als Gäste mit in das Hochzeitshaus und zur Hochzeitsfeier einzuziehen. Vom Vaterhaus der Braut brach der Hochzeitszug auf, und alle Freunde und Bekannten waren dabei. Die Braut saß nardenduftend und unverschleiert in einer Sänfte, wenn sie Jungfrau geblieben war. Musikanten (s. „Fest und Musik") begleiteten den Zug, voran der Paukenschläger. Der Bräutigam und seine Freunde umspielten die (Sänfte der) Braut und neckten sie. Unterwegs lief der Pauke nach, was eben noch laufen konnte. Sogar Schriftgelehrte, die mit ihren Schülern im Toragespräch waren, unterbrachen ihre Gespräche und gingen ein Stück Weges mit; denn eine Braut zu begleiten war ein verdienstlicher Liebesdienst (s. „Liebeswerke"). Wohlriechende Flüssigkeiten wurden manchmal auf dem Wege ausgegossen: Wein und Öl. Nüsse wurden unter die Menge geworfen. Man sang Hochzeitslieder, und junge Leute tanzten, mit Myrtenzweigen in den Händen und mit Lobsprüchen für die Braut, vor dem Hochzeitszug her.

Das ist die Vorstellungswelt, die Jesus mit dem Gleichnis erweckte, als er von den zehn Jungfrauen sprach, „die ihre Lampen nahmen und dem Bräutigam und seiner Braut entgegengingen" (25,1). Dieses von allen so begehrte Fest verpaßten einige von ihnen, weil sie sich für den Empfang der Brautleute nicht genügend vorbereitet hatten.

Der Bräutigam – im Gleichnis – kommt des Nachts oder doch spät am Abend. Das war nicht weiter zu erklären und motivierte zugleich die Lampen. Das Gleichnis setzt voraus, daß die Braut nicht aus dem gleichen Ort kommt; im übrigen wurden Hochzeiten am Abend – bis spät in die Nacht hinein – gefeiert.

Über den Gebrauch von Lampen bei der Einholung der Braut wissen wir aus Judäa und Galiläa sonst nichts. Da es aber wohl kaum nur ein Zug des Gleichnisses ist, müssen wir darin einen uns sonst nicht überlieferten Landesbrauch oder lokalen Brauch sehen. Aus Arabien ist, allerdings für die Zeit nach Christus, das Tragen von (zehn) Stangen belegt, an deren Spitzen Kupferschalen mit öl- und harzgetränkten Wollbüscheln getragen wurden, die man als Fackeln den Brautleuten vorantrug. Das wäre durchaus auch für Palästina denkbar. Die Schalen müßten danach aber irdene Lampen gewesen sein.

Weil das Gleichnis nur den Ruf kennt: „Der Bräutigam kommt" (25,6), könnte allerdings auch eine andere Situation vorausgesetzt sein: die Hochzeit wird im Hause der Brauteltern gefeiert. Der Bräutigam kommt mit seinen Freunden zur Hochzeit, und die zehn Jungfrauen erwarten nur den Bräutigam, während die Braut im Hause der Eltern wartet. – Beide Möglichkeiten sind offen, obwohl dieser Ruf im Gleichnis auch dadurch begründet sein könnte, daß Jesus die Ankunft des Messias herausarbeiten will.

Als der Bräutigam nahe war, hatten fünf Jungfrauen nicht genug Öl. Sie mußten versuchen, Öl zu kaufen. Das nächtliche Kaufen beim Krämer ist kein Zug des Gleichnisses, der lebensfremd ist, wie man schon einmal liest. Eine Hochzeit war ein großes Ereignis, und bestimmt ließ es sich der Krämer nicht nehmen, den Brautleuten (oder dem Bräutigam) ein kurzes Geleit bis zum Hochzeitshaus zu geben. So konnte Jesus also gut erzählen, daß die „törichten Jungfrauen" zum Krämer gingen; denn Ladenschlußzeiten gab es nicht. Der Krämer wäre bei dieser Gelegenheit einer Hochzeit bestimmt nicht früher zu Bett gegangen als die anderen.

Das verschlossene Hochzeitshaus ist ebenfalls ein Bild aus dem Leben. Eben weil alles, was Beine hatte, im Hochzeitszug mitzog, mußte man die Tür verschließen, damit nur die Geladenen zur Hochzeitafel kamen. Manche Exegeten halten es allerdings für unmöglich, daß man ein Hochzeitshaus schloß. Sie sehen in diesem „unwahrscheinlichen" Zug des Gleichnisses eine jener überraschenden Wendungen, wie sie die Gleichnisse Jesu des öfteren bringen.

Die Lehre wird in kurzen Worten angehängt: „Seid wachsam! Denn ihr wißt weder den Tag noch die Stunde!"

DAS GLEICHNIS
VOM ANVERTRAUTEN GELD

ist ein anderes Gleichnis, das von der Ankunft des Menschensohnes spricht (25,14–30).

Die Diener, denen der Mann, der auf Reisen ging, sein Vermögen anvertraute (25,14), waren Sklaven (s. d.). Er übergab ihnen das Geld, damit sie damit arbeiteten, nicht damit sie es verwalteten. Sie hatten den ausgesprochenen Auftrag, für ihren Herrn das übergebene Geld zu vermehren; deshalb heißt es ausdrücklich, daß er jedem eine Geldsumme „nach seinen Fähigkeiten" (25,15) übergab. Das Geld, das ein Sklave mit dem Geld seines Herrn hinzuerwarb, war Geld seines Herrn; nicht weil die übergebenen Gelder Gelder des Herrn waren, sondern weil der Sklave dem Herrn gehörte. „Der Sklave erwirbt nicht, außer für seinen Herrn", heißt der israelitische Rechtsgrundsatz bei fremdvölkischen Sklaven; um solche muß es sich im Gleichnis also gehandelt haben. (Über die Talente, die er ihnen gab, s. im Artikel „Das Geld"; von diesem Gleichnis leitet sich der bei uns gängige Sinn von „Talent" ab.)

Die Diener, die fünf und drei Talente erhielten, gewannen fünf und drei Talente hinzu. Der Diener aber, der nur ein Talent erhalten hatte, vergrub es (25,18). Dieser Sklave handelte nicht wie ein Sklave, sondern wie ein freier Mann, dem eine Geldsumme zur Aufbewahrung gegeben wurde. Dieser Zug des Gleichnisses, den der Verfasser für den wichtigsten hält, ist – soweit er sieht – in der Exegese noch kaum berücksichtigt worden, weil man den Sklavenstand der Handelnden zu wenig berücksichtigt hat. Der freie Mann durfte mit übergebenem Geld keinen Handel treiben; er mußte es sicherstellen, und dazu war –

auch nach Ansicht der Gesetzeslehrer – das Vergraben die sicherste Methode.

Die guten Sklaven wurden belohnt (25,19–23), weil sie über weniges treu waren. Die Treue im Kleinen wird von Jesus des öfteren gerühmt. Im allgemeinen darf man annehmen, daß die Betonung der Treue im Kleinen sich an die Pharisäer (s. d.) wendet oder die Pharisäer meint. Denn auch die Pharisäer betonten die Treue im Kleinen, verstanden darunter jedoch die kleinliche Befolgung der Gesetze (s. die Besprechung von Lk 18,9–14); die Lehre Jesu meint aber immer die Befolgung der Gottesgebote im Großen *wie* im Kleinen.

Der Herr lobte die treuen Sklaven: „Komm, nimm teil an der Freude deines Herrn!" (25,21.23). Strack-Billerbeck und Dalman („Worte Jesu") haben nachgewiesen, daß das Wort *chará* (Freude), das hier im griechischen Text steht, dem aramäischen *chedwá* entspricht; dieses bedeutet „jedoch nicht nur *Freude,* sondern auch *Freudenfest,* insonderheit *Hochzeit"* (Strack-Billerbeck zu Mt 25,21). Diese Deutung des Wortes rückt das Gleichnis in unmittelbare Nähe des ihm vorhergehenden von den zehn Jungfrauen, das ebenfalls mit dem Eingehen ins Hochzeitshaus schließt. Es ist damit nicht gesagt, daß Jesus diese Gleichnisse unmittelbar hintereinander vorgetragen hat; wohl aber ist daraus ersichtlich, warum Matthäus sie einander folgen läßt.

Der faule Knecht aber wurde bestraft: „Werft den nichtsnutzigen Diener hinaus in die äußerste Finsternis! Dort wird er heulen und mit den Zähnen knirschen" (25,24–30). Diese Formel ist alttestamentlich: „Sie ... knirschen mit den Zähnen gegen mich", heißt es Ps 35,16; „Arges sinnt der Frevler gegen den Frommen, er knirscht mit den Zähnen wider ihn", lautet Ps 37,12; „Der Ruchlose ... knirscht bestürzt mit den Zähnen", steht in Ps 112,10; „Er knirschte wider mich in seinem Zorn", heißt es Ijob 16,9. Solche Formeln drücken den hilflosen Zorn der Gottlosen aus, die von Gottes Hand geschlagen werden; ihr Zorn wendet sich gegen den von Gott Gesegneten, den Messias, und die, die bei Gott Gnade gefunden haben. –

Bei Lukas (19,12–27) gibt es ein ähnliches Gleichnis, das sich aber in seinem Rahmen und in mehreren Einzelheiten vom Gleichnis bei Mt unterscheidet.

ANKUNFT ZUM GERICHT

Dieser Abschnitt 25,31–46 bildet bei Matthäus den Schluß der eschatologischen Reden und Gleichnisse: „Wenn der Menschensohn in seine Herrlichkeit kommt und alle Engel mit ihm, dann wird er sich auf den Thron seiner Herrlichkeit setzen" (25,31). Wenn man bedenkt, daß die Ankunft Gottes zum Gericht auch vom alten Judentum schon gelehrt wurde, daß die Engel der Hofstaat Gottes sind, daß „der Thron der Herrlichkeit" der Thron Gottes ist und daß all dies hier mit dem Menschensohn (s. d.) in Verbindung gebracht wird, so scheint das Wesentliche dieses Satzes zu sein, daß der Menschensohn der göttliche Richter ist. Die Szenerie ist der altjüdischen apokryphen Literatur entnommen und kann nur als Bild gewertet werden.

Ob das Bild der Scheidung in Böcke und Schafe auf dem Gedanken der Scheidung in Angreifer und Leidende beruht, konnte bisher nicht belegt werden.

Bedeutsam ist der textliche Übergang vom „Menschensohn" zum „König" (25,34); hiermit wird (durch Matthäus, den Judenevangelisten) das jüdische Messiasbild, wie es im Volk lebte, pointiert. Und indem dieser König spricht: „Kommt her, die ihr von meinem Vater gesegnet seid . . ." (25,34), identifiziert er Jesus, der immer wieder Gott seinen Vater nannte, mit diesem König. Die Darlegung, daß Jesus der Messias ist, geht bei Matthäus also tatsächlich bis in die letzte Formel seines Evangeliums.

Die Begründung für die Aufnahme ins Messiasreich: „Denn ich war hungrig . . ." (25,35.36) knüpft an die geltende Lehre an, daß die Liebesdienste (s. d.) die höchste Form der Erfüllung des Willens Gottes sind.

Dieses eschatologische Urteil in Mt 25,31–46, enthält den Kern der Lehre Jesu: Wer dem Armen, dem Vernachlässigten, „dem Geringsten" geholfen hat, der hat dem geholfen, auf den es Gott ankommt. Deshalb läßt Mt den Richter sagen: Was du dem „geringsten" Mitmenschen getan hast, das hast du deinem Richter getan. Das heißt: Wer sich radikal für den notleidenden Mitmenschen einsetzt, tut das, was Jesus getan hat! Wie sehr dabei der Mitmensch im Vordergrund steht, drücken manche Exegeten dadurch aus, daß sie sagen, es gehe hier um ein „atheistisches"

Tun und Urteil, d. h. die Hilfe für den Menschen ist ausschlaggebend und nicht, daß einer Gott mit seinem Tun gefallen will.

ZU Mt 26,1–5:
TODESBESCHLUSS DES HOHEN RATES

Diese Verse bilden die Einleitung zur Leidensgeschichte. Sie enthalten noch einmal einen Hinweis Jesu auf sein baldiges Leiden und seinen Kreuzestod (26,2). Hierzu ist nichts Neues zu sagen; man lese dazu die Darlegungen im Anschluß an Mt 16,21–23 über „Die Leidensankündigungen Jesu". Der Evangelist hat bei Ordnung der Einzelüberlieferungen es für sinnvoll gehalten, nach den drei vorher eingefügten Leidens- und Todesankündigungen eine vierte zu Anfang der Leidenserzählung folgen zu lassen. Dieser gibt er einen besonderen Akzent, indem er die Leidensansage Jesu dem Beschluß des Hohen Rates, Jesus zu töten (26,3–5), vorausgehen läßt. Der Beschluß fiel im Palast des Hohenpriesters (s. im Artikel „Jerusalem"); der Hohepriester hieß Kajaphas (26,3).

JOSEF KAJAPHAS

Sein eigentlicher Name war Josef; Kajaphas war sein Beiname, was vielleicht „der Untersucher" heißt, eine Bedeutung, die ihn als gewiegten Untersuchungsrichter ausweisen würde.

Aus den „Jüdischen Altertümern" des Flavius Josephus (18,2,2) wissen wir, daß Josef Kajaphas vom Vorgänger des Pontius Pilatus, dem Prokurator Valerius Gratus (15 bis 26. n. Chr.), als Hoherpriester eingesetzt worden war (S. 576, Nr. 54); das zeugt für eine romfreundliche Haltung dieses Hohenpriesters oder doch zumindest für eine Haltung, gegen die der römische Prokurator nichts einzuwenden hatte. Das Jahr, als er sein Hohespriesteramt antrat, muß das Jahr 18 n. Chr. gewesen sein. Vom römischen Legaten in Syrien, Vitellius, wurde er wahrscheinlich unmittelbar nach der Abberufung des Pilatus (im Jahre 36 n. Chr.) abgesetzt (Altertümer 18,4,3). Zwischen Pilatus, dem Judenfeind, und Kajaphas bestand also seltsamerweise weitgehendes Einverständnis.

Von der Familie des Josef Kajaphas ist nur bekannt, daß er (laut Joh 18,13) ein Schwiegersohn eines vorhergehenden Hohenpriesters Hannas (Annas) war, so daß man auch vermuten könnte, daß Valerius Gratus Hannas nicht abgesetzt hat, sondern auf des Hannas Vorschlag – nach dessen Sohn Eleazar – dessen Schwiegersohn Josef Kajaphas zum Hohenpriester berief. Vielleicht weil Hannas amtsmüde war.

Kajaphas gehörte zur Gruppe der Sadduzäer (s. d.), die stark politisch dachten und in ihren Urteilen im Hohen Rat sehr streng waren – wahrscheinlich ebenfalls meistens aus politischen Gründen. Von hier aus ist das politische Vorgehen des Kajaphas gegen Jesus und seine bemühte Suche nach stichhaltigen Gründen für ein Todesurteil zu verstehen.

Kajaphas wird als „Schwiegersohn des Hannas" zusammen mit dem „Hohenpriester Hannas" genannt, was jedoch nicht heißen kann, daß Hannas und Josef Kajaphas zur selben Zeit amtierende Hohepriester waren. Vielmehr soll damit auf die berüchtigte Hannasfamilie hingewiesen werden, in der wohl der alte Hannas noch lange den Kurs bestimmte oder mitbestimmte.

Hannas war Hoherpriester von 6 bis 15 n. Chr.; ihm folgte sein Sohn Eleazar von 16 bis 17; ihm folgte Josef Kajaphas von 18 bis 36; ihm folgte der Hannassohn Jonathan von 36 bis 37; ihm folgte der Hannassohn Theophilus von 37 bis 41; in späteren Jahren waren ferner die Hannassöhne Matthias (etwa 43 n. Chr.) und Hannas der Jüngere (etwa 62 n. Chr.) Hohepriester.

Diese Hannasfamilie war eine Usurporatorenfamilie, wie schon manche Hohepriesterfamilie vor ihr. Nicht nur die Erschleichung des hochpriesterlichen Amtes durch Bestechung der Prokuratoren warf man ihr vor, sondern auch Raub am Priestergut. „Eine solche Unverschämtheit und Tollkühnheit packte die Hohenpriester, daß sie sogar wagten, ihre Knechte auf die Tennen zu senden, damit sie die den Priestern zustehenden Zehnten wegnähmen. So kam es, daß Mangel leidende Priester infolge ihrer Not starben", schreibt Josephus (Altertümer 20,8,8). Vielleicht übertreibt hier aber auch der Pharisäer Josefus.

Die Hannasfamilie beherrschte den Tempelhandel (Opfertiere) und trieb die Preise hinauf. Die „Hannashallen", die wahrscheinlich nicht offiziell, sondern nur im Volksmund so hießen, waren wahrscheinlich ihre Verkaufsstände, deren Erlös in die Taschen der Hohenpriester floß, d. h. der ganzen hochpriesterlichen Familie des Hannas und der Hannassöhne; zu ihnen gehörte durch Heirat auch der Schwiegersohn des Hannas, Josef Kajaphas.

Die Apostelgeschichte nennt Hannas und Kajaphas auch noch beim Prozeß gegen Petrus und Johannes (Apg 4,6). –

Die Parallelen zu Mt 26,1–5 findet man bei Mk 14,1–2 und bei Lk 22,1–2.

ZU Mt 26,6–13:
SALBUNG IN BETANIEN

„Als Jesus in Betanien (s. d.) im Hause Simons des Aussätzigen bei Tisch war, kam eine Frau mit einem Alabastergefäß voll kostbarem, wohlriechendem Öl zu ihm und goß es über sein Haar" (26,6/7).

DAS ALABASTERGEFÄSS MIT KOSTBARER SALBE

Alabaster ist ein feinkörniger Gipsstein, weiß, manchmal etwas ins Rötliche schimmernd, der dünngeschliffen zu Fenster„glas" und Flaschen, zu durchschimmernden Gefäßen und Schmuck verarbeitet wurde. In ägyptischen Königsgräbern hat man manches Alabastergefäß gefunden, kunstvoll geschnitten und eingelegt. Da diese Gefäße seit Jahrhunderten für wohlriechende Öle und fließende Salben als Behälter verwendet wurden, nannte man aber auch ein Gefäß aus anderem Stoff ein *alabástron*. Das Gefäß der Frau muß also nicht unbedingt aus Alabasterstein gewesen sein. Da es längst Glas gab und die Römer Glas auch in den von ihnen beherrschten Gebieten eingeführt hatten, kann es sich auch um ein Glasgefäß gehandelt haben. Obwohl Salben- und Schmucktöpfe uns nur in offenen Gefäßen erhalten sind, scheint es sich bei dem Fläschchen (als solches muß man sich das Gefäß vorstellen) um einen festverschlossenen Behälter gehandelt haben, den man zerbrechen mußte, bevor das Öl oder die Salbe ausfließen konnte.

Den Inhalt nennt Matthäus einfach „kostbare Salbe" (26,7). Den Gästen Salböl zu reichen, gehörte mit zur Ehrung des Gastes. Zwar ist uns aus Palästina die Salbung von Rabbinen durch Frauen sonst nicht überliefert; unter den babylonischen Juden war dies jedoch üblich. Man darf aus dem mitgeteilten Ereignis entnehmen, daß diese Sitte im palästinensischen Judentum wenigstens nicht unbekannt war.

„Die Jünger wurden unwillig ... Man hätte das Öl teuer verkaufen und das Geld den Armen geben können" (26,8) ... Jesus verwies den Jüngern die Kritik am Handeln der Frau mit einem Hinweis auf ihr höheres „gutes Werk". Das war nicht so allgemeinhin gesprochen. „Gute Werke" waren nämlich entweder Almosen oder Liebesdienste; diese wurden höher gewertet als Almosen. Zu den Liebesdiensten zählte auch das Bestatten der Toten. Die Jünger wollten nur Almosen geben, sie aber hat ein Liebeswerk vollbracht, indem sie Jesus im voraus zu seinem Begräbnis salbte (s. auch den Artikel über die Liebesdienste).

„Arme habt ihr immer bei euch" sagte Jesus den Jüngern (26,11). Der Sinn, den Jesus und die Evangelisten mit diesem Wort verbinden, ist eine Mahnung zur Nüchternheit. Das Wort tritt der von manchen Juden gehegten Illusion entgegen, als ob mit dem Messias alle Not aufhöre. Jesus zitiert implizite Dtn 15,11: „Niemals wird es in deinem Lande an Armen fehlen."

Aus dem Anfang des 3. Jahrhunderts n. Chr. ist ein Wort des Rab Schemuel überliefert, das ebenfalls gegen diese Illusion angeht: „Zwischen dieser Welt und den Tagen des Messias ist weiter kein Unterschied, als daß die Knechtung durch die Reichen aufhört";[1] freilich faßt auch dieses Wort den Messias nationalistisch auf.

Die anderen Evangelisten erzählen von dieser (oder einer ähnlichen) Salbung in Betanien mit verschiedenen Abweichungen:

Markus 14,3–9 sagt, daß das Gefäß vor dem Ausgießen gebrochen wurde. Den Inhalt nennt er „Nardenöl". Die Narde ist ein Öl, das aus der Wurzel und den unteren Stengeln des indischen Nardengrases gewonnen wird, einer Art der Baldrianpflanzen, die fast nur im Himalaja wächst, in Höhen von über 3500 m. Dies und die Entfernung Indien – Palästina

erklären die hohen Preise für solche Öle und die aus ihnen bereiteten Salben.

Lukas 7,36–50 erzählt von einer Frau, die in das Haus eines Pharisäers Simon kam; die Frau bezeichnet er als „eine Sünderin, die in der Stadt lebte" (7,37). Der Pharisäer entsetzte sich darüber, daß Jesus sich von einer solchen Frau salben ließ. Lukas weitet die Geschichte sehr aus; man sollte das nachlesen!

Johannes 12,1–8 erzählt die Geschichte auch von Betanien, aber sie geschah nach ihm im Hause des Lazarus: „sechs Tage vor dem Paschafest" (12,1). Mit solchen Angaben will Johannes das wirklich Geschehene bekräftigen. Die Frau, die bei den anderen Evangelisten keinen Namen hat, ist bei Johannes Maria, die Schwester des Lazarus. Auch Johannes spricht von „Nardenöl", wie Markus. Maria salbte Jesus aber nicht das Haar, sondern die Füße. Als Kritiker dieses Verehrungsaktes nennt Johannes Judas Iskariot; den Judas läßt Johannes auch den Preis der Salbe nennen: 300 Denare, d. h. der Wert betrug dreihundert normale Tagelöhne (s. den Artikel „Das Geld"). Als Menge gibt Johannes (12,3) 1 Pfd. (lítra) an; die lítra ist das syrische Pfund, es hatte 273 g. Das Salbengefäß mag also etwa (vierkantig ausgedrückt) 5 × 5 cm in der Grundfläche und etwa 12 cm hoch gewesen sein.

Nach Johannes spielte sich diese Ehrung Jesu am Tag vor seinem Einzug in Jerusalem ab; wenn man aus der Stellung der Erzählung bei den anderen Evangelisten eine Zeit bestimmen würde, müßte man eine spätere Zeit annehmen. Die Stellung im Text ist aber wohl eigentlich durch den nahen Beginn der Leidensgeschichte bestimmt worden.

ZU Mt 26,14–16:
VERRAT DURCH JUDAS

Den Beschluß, Jesus mit List in ihre Hand zu bekommen, hatten der Hohepriester und die Ältesten wahrscheinlich durch einen Aufruf versucht zum Erfolg zu bringen. Es ging darum, einen Menschen zu finden, der der Behörde verriet, wo man Jesus gefangen nehmen konnte, ohne daß ein Aufruhr im Volk ent-

---

[1] Strack-Billerbeck unter Mt 26,11.

stand (Mt 26,5). Judas Iskariot, einer der Jünger Jesu, ließ sich durch diesen Aufruf bewegen, dem Hohenpriester seine Bereitschaft zur Hilfe bei der Gefangennahme Jesu anzubieten.

Welche Gründe Judas dazu hatte, ist jahrhundertelang die Frage der Bibelkenner und Theologen gewesen. Im Artikel „Judas Iskariot" sind einige Probleme dieses Komplexes angedeutet. J. Blinzler hat sehr deutlich darauf aufmerksam gemacht, daß sich der Verrat des Judas an Jesus mit Sicherheit auf keine im Sinne des Hohen Rates strafbaren Vorgänge oder Vorhaben bezogen haben kann, da Judas sonst im Prozeß vor dem Synhedrium als Zeuge hätte auftreten müssen; davon sagen die Evangelien aber kein Wort.

Parallelen (mit kleinen Abweichungen) bringen Mk 14,10–11; an Mk schließt sich sehr eng Lk 22,3–6 an. – Auf den oben erwähnten Aufruf könnte Joh 11,57 hinweisen: „Die Hohenpriester und die Pharisäer hatten nämlich, um ihn (Jesus) festnehmen zu können, angeordnet: Wenn jemand weiß, wo er sich aufhält, soll er es melden."

ZU Mt 26,17–29:
DAS PASCHAMAHL

Das Paschafest der Juden ist hervorgegangen aus dem uralten Paschafest (s. d.) der hebräischen Hirtenstämme (in Ägypten). An dieses Einführungskapitel des allgemeinen Teils dieses Buches schließen an: „Das Paschamahl zur Zeit Jesu", „Das Paschamahl außerhalb Jerusalems" und „Der Termin für das Paschamahl". Es könnte hilfreich sein, die Abschnitte an dieser Stelle zu lesen1

Zum Paschamahl gehörte normalerweise das Paschalamm, das im Tempel geschlachtet wurde. Die Frage der Jünger lautet aber in keinem Evangelium: „Wo sollen wir das Oster*lamm* für dich bereiten?" Sondern es ist immer nur vom Oster*mahl* die Rede; so auch in den Antworten Jesu. Das Paschalammschlachten tritt jedoch bei allen Evangelisten als Terminangabe auf. Da außerdem in den Texten beim Paschamahl selbst an keiner Stelle auf das Paschalamm Bezug genommen wird, liegt der Schluß nahe, daß Jesus sein Paschamahl ohne Paschalamm gehalten hat, wie es außerhalb Jerusalems und seit der Zerstörung

des Tempels üblich und wie es für die aus der Synagoge Ausgeschlossenen vorgeschrieben war. Die Ansicht, daß Jesus aus der Synagogengemeinschaft ausgeschlossen war, setzt sich immer mehr durch. Wenn auch von einem Ausschluß Jesu aus der Synagoge nirgendwo in den Evangelien ausdrücklich die Rede ist, so ist diese doch dadurch implizite berichtet, indem Jesus immer wieder als Sabbatbrecher und Angreifer gegen die strenge Synagogenlehre hingestellt wird.

Wenn man überlegt, daß die Evangelisten Jesus sich gerade beim Paschamahl dem Paschalamm gleichsetzen lassen, so wäre es tatsächlich seltsam, wenn sie den Hinweis auf „sein Fleisch" nicht beim Fleisch des Paschalamms gemacht hätten; nun aber haben sie ihn diesen Hinweis beim ungesäuerten Brot machen lassen, weil kein Paschalamm zugegen war, sondern höchstens ein Böckchen, das lediglich zum Essen, aber nicht zum rituellen Gedächtnismahl geschlachtet worden war. Diese Überlegung kann tatsächlich zu der Überzeugung führen, daß Jesus sein Paschamahl – gemäß den geltenden Gesetzen – ohne Paschalamm gegessen hat. (Theologisch gibt dieses lammlose Paschamahl Jesu weite Perspektiven!) –

In dem Paschamahl Jesu vor seinem Tode sehen wir die Stiftung des Sakramentes, das wir heute „Abendmahl" oder „Eucharistie" oder „Herrenmahl" nennen. Die biblischen Stellen, die davon sprechen, stehen bei Mt 26,26–29, bei Mk 14,22–25, bei Lk 22,19.20 und in 1 Kor 11,23–25. Der Text in 1 Kor wurde früher als der älteste angesehen.

Gustav Dalman hat versucht, die Abendmahlsworte Jesu, wie sie die Kirche überliefert hat, ins Aramäische (s. d.), die Sprache Jesu, zu übersetzen. Sie könnten gelautet haben:

sábün akhúlün: den hügüphí,

Nehmet, esset: dies da (ist) mein Leib,

demitjéhēb   alēkhón;

hingegeben für euch;

hākhédēn abúdūn ledukhrāní;

dies tut zu meinem Gedächtnis;

íschtōn minnáh kullekhón:

trinket daraus alle:

hädä käsä hi kejämä hadatä

dieser Kelch da (ist) der Neue Bund

be'idmí, demischtépēkh alēkhōn

in meinem Blute, vergossen für euch.

Sind die Abendmahlsworte Jesu originale Worte Jesu? In den letzten Jahren hat man darüber viel diskutiert (s. im Artikel „Jesusworte", Nr. 2). – S. die Erklärung zu Mk 14,22–25.

In Markus 14,12–16 spiegelt die Erzählung über die Vorbereitung des Paschamahls die gespannte Lage, in der sich Jesus mit seinen Jüngern zur Zeit des Ostermahls befand. Er konnte es nicht wagen, den von ihm gewählten Ort für das Paschamahl bekanntzugeben; deshalb ließ er Petrus und Johannes zu einem Freund in die Stadt gehen, mit dem er das Zeichen des Wasserkrugs (14,13) vereinbart hatte. So konnte das Paschamahl vorbereitet

und schließlich gehalten werden, ohne daß Judas in der Lage war, den Ort zu verraten. Alle Jünger, einschließlich Judas, wurden von Jesus am Abend zum Paschamahl in das Haus geführt, das sie als Ort des Paschamahls vorher nicht ahnen konnten. Dennoch muß es sich um das Haus eines Freundes Jesu gehandelt haben, da ein Fremder schwerlich den Mut gehabt hätte, den von den Hohenpriestern Verfemten aufzunehmen.

Zu Lk 22,14–16 ist in älteren Bibelübersetzungen und in zusammengefaßten Bibeltexten der Satz 22,15 oft falsch wiedergegeben. Der Originaltext lautet *nicht:* „Sehnlichst habe ich danach verlangt, dieses Osterlamm (Paschalamm) mit euch zu essen" – sondern: „ . . . dieses Ostermahl (Paschamahl) mit euch zu essen".

DIE LEIDENSGESCHICHTE und das Kapitel **„AUFERSTEHUNG UND ERSCHEINUNGEN JESU"** siehe Seite 390.

Das Evangelium nach Markus

Dieses Evangelium nach Markus ist das älteste der vier kanonischen Evangelien. Im Katalog der kanonischen Bücher des NT steht es zwar *nach* dem Evangelium nach Matthäus; seine Priorität soll aber hier betont werden.

Dieses früheste Evangelium trägt – nach alter allgemeiner christlicher Überlieferung – den Namen des Judenchristen aus Jerusalem Johannes Markus (Apg 12,12), des zeitweiligen Begleiters des Apostels Paulus (Apg 13,5) und Dolmetschers des Apostels Petrus. Nach dem Tode des Petrus schrieb Markus auf (um 70 n. Chr.), was Petrus gepredigt hatte, d. h. er schöpfte aus fest formulierten Traditionstexten (s. d.), nach denen auch zum Teil Petrus predigte (der sie ja wohl auch mit fixiert hatte), unter Berücksichtigung der römischen Petruspredigt. Außerdem – und das ist das Originale an seinem Buch – ordnete er das Ganze zu einem ganzheitlichen Bericht.

Das Verkündigungsziel des Evangelienbuches nach Markus ergibt sich aus der Überschrift: „Anfang des Evangeliums von Jesus Christus, dem Sohn Gottes." Das Ziel hält er

großzügig im Auge, ohne daß er alles darauf abzweckt. Die Verkündigung vom Messias Jesus, Gottes Sohn, bietet er in einem chronologisch sehr vereinfachten Rahmen. Taufe und Versuchung geben eine Art Einleitung (1,1–13); dem folgt eine galiläische Periode, die abschließt mit dem Messiasbekenntnis des Petrus und den drei Leidensankündigungen (1,14–9,32); dem folgt Jesu judäisches Wirken und das Wirken in Jerusalem (10,1–12,44); dem folgen die Leidensgeschichte (14,1–15,47) und die Verkündigung vom leeren Grab (16,1–18).

Der Schluß (16,9–20) ist eine Hinzufügung des zweiten Jahrhunderts, in der Texte aus Mt, Lk, Joh und Apg (Erscheinungen und letzte Worte Jesu) zusammengefaßt wurden. In den ältesten Texten fehlt also dieser Abschnitt. Diese Hinzufügung nennt man den „kanonischen Markusschluß", weil er auf anderen kanonischen Schriften fußt.

Aus diesen Quellen, Zielen und Grundlinien erklären sich einige hervorzuhebende Eigenheiten: Markus spricht mehr als die anderen Evangelisten über Petrus (s. d.), wobei er die den Petrus kompromittierenden Vorgänge besonders getreu berichtete. – Die Reden des Petrus in der Apostelgeschichte und die Petrusbriefe einerseits sowie der Perikopenaufbau im Markusevangelium anderseits sind stilistisch verwandt. – Die Schilderungen sind Augenzeugenschilderungen (Petrus war Augenzeuge!): manche detaillierten Zeitangaben und Ortsangaben unterstreichen diesen Eindruck. – Die Sprache ist temperamentvoll, gegenwärtig, Alltagssprache, oft im Präsens schildernd (Charakteristikum Petri). Die Sätze sind kurz, die Sprache ist arm an Wörtern; so ist er zwar kein guter Schriftsteller, aber doch ein guter Erzähler. Mit seinem Charakter hängt sicherlich auch zusammen, daß er in der Erzählung die *Taten* Jesu bevorzugt; die Gleichnisse sind untergeordnet. Beim Erzählen liebt er die Handlungsperspektive und die Erwähnung von Gefühlsbewegungen.

Die Blickrichtung bei der Abfassung auf Heiden und (römische) Heidenchristen ist unverkennbar: wenig Rückgriff auf das AT, das Gesetz Israels; Auseinandersetzungen mit jüdischen Schriftgelehrten und Pharisäern und Hinweise auf Jesus als Messias der Juden werden nur gestreift; semitische Ausdrücke, spezifisch jüdische Begriffe, palästinensische Ortsnamen werden übersetzt und erklärt; römische Begriffe werden als bekannt vorausgesetzt.

Charakteristisch für Markus ist der immer wieder auftretende Hinweis, daß Jesus seine Messiasqualität und auch die Wunder, die er wirkte, verschwiegen wissen wollte. Dieser Zug gehört zur Katechese des Markus, der Jesus einerseits durch eine Menge Wunder als Messias, Gottes Sohn, ausweist, aber ihn selbst durch das *„Messiasgeheimnis"* dartun läßt, daß er nicht der politische Messias der Juden ist. Durch ein frühzeitiges und offenes Messiasbekenntnis hätte sich Jesus ja durchaus zum politischen Messias der Juden aufschwingen können; wie die Messianisten der Zeit Jesu sich in dieser Hinsicht immer neu um Jesus bemüht haben, geht aus dem Kapitel „Das politische Messiastreiben zur Zeit Jesu" (s. d.) reichlich hervor.

Für den Kanon haben frühchristliche Worte das Markusevangelium bezeugt: *Papias,* Schüler des Apostels Johannes, schrieb: „Markus,

der dem Apostel Petrus als Dolmetscher diente, schrieb . . . genau, aber nicht der Reihenfolge nach, Worte und Taten Jesu auf." – *Irenäus,* im 2. Jahrhundert Bischof in Lyon, schrieb: „Nach ihrem Hingang (d. h. der Apostel Petrus und Paulus) hat uns Markus, der Schüler und Dolmetscher des Petrus, die Lehrvorträge des Petrus schriftlich überliefert." – *Klemens von Alexandrien* berichtete um 200: „Markus, der Begleiter Petrus, verfaßte, während Petrus in Rom öffentlich das Evangelium verkündete . . ., ein Evangelium, das nach Markus benannt wird."

Als Abfassungszeit muß man wohl die Jahre nach dem Tode des Petrus annehmen, also das Jahr 65 oder eines der folgenden Jahre.

ZU Mk 1,1–11:
BEGINN BEI MARKUS

„Anfang des Evangeliums von Jesus Christus" (1,1) sind die außerordentlichen Worte, mit denen das „Evangelium nach Markus" beginnt. Man sollte sich bei diesen Worten ins Bewußtsein rufen, daß hier der Ausdruck „Evangelium" noch nicht das Buch bedeutet, in dem Markus von Jesus erzählt. „Evangelium" heißt hier, das was es ursprünglich hieß: gute Botschaft, frohe Botschaft (s. den Artikel „Das Evangelium und die Evangelien").

Diese frohe Botschaft begann, so verkündete Markus, mit Johannes dem Täufer (1,2–8). Die Verse beim Propheten Mal 3,1 und 23,20 und bei Jes 40,3 deutete Markus auf Johannes den Täufer, den er damit zum „Vorläufer" Jesu erklärte. Der durch seine Lebensart populäre Täufer (1,6), der als Person nichts Besonderes sein wollte (1,7.8), aber dessen Botschaft in dieselbe Richtung ging wie die Botschaft Jesu, eignete sich ausgezeichnet als „Vorläufer" eines Stärkeren.

Indem Jesus die Wassertaufe des Johannes selbst annahm (1,9–11), gab er dem Volk zu verstehen, in welcher Richtung sein Denken ging.

MARKUS OHNE
KINDHEITSGESCHICHTE

Die ersten Abschnitte des Evangeliums nach Markus stellen also den bereits erwachsenen

Jesus vor und bringen keine Kindheitsge-schichten (s. d.) wie Matthäus und Lukas. Das braucht eine Erklärung:

Markus wollte sich dadurch nicht von Mt und Lk unterscheiden; denn der Mk–Text ist älter als die Mt/Lk-Texte. Wohl darf man sagen, daß für die alten Christengemeinden das öffentliche Leben des erwachsenen Jesus das Wichtigste war. Die Kindheitsgeschichten (bei Mt und Lk) fügen ihrem Haupttext, der ähnlich geartet ist wie bei Mk, einen Gehalt hinzu, der die folgenden Geschichten des Evangeliums mit einer Schicksalserzählung über das Kind von vornherein ergreifend macht und an dem Kind schon aufzeigen wollen, daß es sich bei ihm um mehr als „ein gewöhnliches Kind" handelt. Daß Markus nicht auf den Gedanken kam, sein Evangelium so einzuleiten, zeigt seine Nüchternheit gegen-über Jesus.

ZU Mk 1,12–13:
DIE VERSUCHUNGEN JESU

Den kürzesten Text über die Versuchungen Jesu bringt Markus. Nach der Taufe „trieb der Geist Jesus in die Wüste. Dort blieb Jesus 40 Tage lang und wurde vom Satan in Versuchung geführt. Er lebte bei den wilden Tieren, und die Engel dienten ihm."

Den Markustext könnte man fast noch Be-richt nennen (vgl. die Erklärungen zu Mt 4,1–11). Die „wilden Tiere" machen die Wü-ste, ihre Einsamkeit und Gefahren gegenwär-tig; die Engel (s. d.), d. h. die Botschaften und Antworten Gottes, dienten ihm für seine Zu-kunft.

ZU Mk 1,15:
DAS REICH GOTTES

Der Ausdruck „Reich Gottes" ist die normale Bezeichnung für die Zukunft, die Jesus ver-kündet. Nur Mt spricht statt dessen vom „Him-melreich", vom „Reich der Himmel", weil sich Matthäus scheut, in seiner Schrift an die *Ju-den,* das Wort „Gott" auszusprechen; er be-nutzte deshalb aus den üblichen Ersatzworten für Gott das Wort „die Himmel". Weil die anderen Evangelisten das Wort „Gottesreich" benutzten, darf man auch annehmen, daß Je-

sus selbst vom „Reich *Gottes*" gesprochen hat. Zugleich darf man daraus auch schließen, daß Jesus den jüdischen Brauch der Meidung des Wortes „Gott", der auch zu einer äußeren Mache werden konnte, nicht zwanghaft mitge-macht hat.

Wo ist das Reich Gottes? Es ist da, wo Gott König ist. Gott ist aber noch nicht wirklich König. Deshalb ist das Königtum Gottes – das Reich Gottes – ein Zustand der Zukunft. Und auf diesen Zustand arbeitet Jesus hin: Er will bewirken, daß die Menschen miteinander und mit Gott in Frieden leben: in der kleinsten und größten Gemeinschaft.

Jesus hat kein realistisches Bild von diesem „Reich Gottes" gezeichnet. Er deutet immer wieder an, daß das Leben der Zukunft – das Reich Gottes – nicht ohne weiteres von den Möglichkeiten des jetzigen Lebens abgeleitet werden kann (vgl. Mk 12,18ff.). Mit *Bildern* des elementaren Lebens läßt er durchschim-mern, was es mit dem Gottesreich auf sich hat: daß keine Gruppen von der Gesamtgemein-schaft ausgeschlossen werden – man kann mit *allen* zu Tisch gehen; man sollte *allen* zu essen und zu trinken reichen; man wird *allen* helfen (Heilungen); man wird *allen* zum Leben hel-fen. Das alles aber ist Zukunft, und Jesus sieht sich als ein Verkünder und deshalb als einen Beginn dieser Zukunft.

Die Armen und die Leidenden werden von Jesus als die ersten Adressaten des Reiches Gottes gesehen; denn sie waren – wie jeder wußte – damals von der Welt (Gottes) ausge-schlossen, vor allem durch die Vorstellungen der Gesetzestreuen (der Pharisäer und ihrer Schriftgelehrten), durch die Reinheitsvor-schriften, von denen auch viele Kranke betrof-fen waren.

Die Ansage des Reiches Gottes ist keine Belohnungsversprechung, sondern eine Trost-versprechung, durch die alle Benachteiligten, Bedrückten, Verlorenen auf die Lösung von Armut und Leiden und auf die Freiheit hinge-wiesen werden.

Das Reich Gottes ist keine Einrichtung, sondern das Ergebnis der Bemühungen von Menschen, die sich wie Jesus bemühen, für die Menschen Freiheit und Heilung, die von Gott ausgehen, zur Wirklichkeit des Lebens *aller* zu machen. –

Weil Jesus das verwirklichen wollte, sahen viele in ihm den Messias (s. d.), der das Gottesreich der Zukunft aufbauen will. Aber viele andere sahen in ihm den Messias nicht, weil ihnen sein Wirken zu unpolitisch aussah; sie sahen in ihm sogar einen „Antimessias", dessen Zukunftsbild dem nicht entsprach, das sie selbst vom „Gottesreich" hatten.

ZU Mk 14,22–25:
JESU WORTE BEIM PASCHAMAHL

In einer sehr sorgfältigen Arbeit hat Rudolf Pesch („Wie Jesus das Abendmahl hielt", Freiburg 1977) glaubhaft gemacht, daß der Markus-Text der älteste Abendmahlstext ist. (Lesen Sie zunächst den Text zu Mt 26,17–29.)

Beim Hauptmahl des Paschamahls wurde zum Lamm, zu Bitterkraut und Fruchtkompott auch ungesäuertes Brot gegessen. Über dieses Brot sprach der Hausvater Lob und Segen. Nach dem Markustext hat Jesus dem Segen ein Wort hinzugefügt, wie es zum Paschamahl bei verschiedensten Gelegenheiten üblich war: je nach dem, was man betonen wollte. Zum Beispiel: „Siehe, das ist das Brot des Elends, das unsre Väter essen mußten, als sie Ägypten verließen." Dem folgte eine Einladung an die Armen. – In Ex 16,15 sagt Mose vom Manna: „Das ist das Brot, das der Herr euch zu essen gibt." Solche Deutungen wurden auch in das Paschamahl hineingenommen.

Als Jesus mit den Zwölfen das Paschamahl aß, sah er vor sich seinen Hinrichtungstod, weil die Hohenpriester sein Leben als Messias nicht duldeten. Die Person Jesu soll geopfert werden. Und damit der Segen dieses Opfers seinen Zwölfen (und allen, die an ihn als rechten Messias glaubten) zuteil wurde, sprach er über das Brot, das er gesegnet austeilte und von dem er sie zu nehmen bat: „Nehmt, das ist mein Leib."

Und um die Sühnekraft seines zu erwartenden Todes zu betonen, sprach er über den Wein im Segensbecher, mit dem das offizielle Paschafest schloß: „Das ist mein Blut des Bundes, das für viele vergossen wird." Dies sagte er im Anschluß an Ex 24,8: „Da nahm Mose das Blut (der jungen Stiere), besprengte damit das Volk und sagte: Das ist das Blut des Bundes, den der Herr aufgrund all dieser Worte mit euch geschlossen hat." Dieses Blut des Bundes aus Ex 24,8 verstand man zur Zeit Jesu als Sühneblut. Jesus wollte auch sein Todesblut so verstehen.

DIE LEIDENSGESCHICHTE und das Kapitel **„AUFERSTEHUNG UND ERSCHEINUNGEN JESU"** siehe Seite 390.

Das Evangelium nach Lukas

Manche wichtigen Eigenheiten bietet das Evangelium nach Lukas (Lk), deren Kenntnis die richtige Deutung seiner Aussagen erleichtern. Der Evangelist Lukas schrieb seine Evangeliumsschrift, wie die Vorrede ausdrücklich betont (1,1–4), nicht als Augenzeuge, sondern auf Grund sorgfältiger Nachforschungen, indem er die glaubhaftesten Zeugen befragte und schriftliche Zeugnisse benutzte. Zu den benutzten Zeugnissen gehört vor allem das Evangelium nach Markus. Lukas aus Antiochien war ein Christ aus dem Heidentum (Kol 4,11–14), von Beruf vielleicht Arzt oder wenigstens von einiger ärztlicher Bildung (Kol 4,14). Zeitweilig war er Begleiter und Mitarbeiter des Apostels Paulus (s. d., Nr. 19).

Auch in seiner letzten Gefangenschaft war Lukas noch bei ihm (2 Tim 4,11).

Die Widmung des Lukasevangeliums ist an einen „krátistos Theóphilos" gerichtet. *Krátistos* ist ein Titel, der etwa unserem „Exzellenz" entspricht. Im ersten und zweiten nachchristlichen Jahrhundert ist dieser Titel für die Prokuratoren („Landpfleger") Judäas und anderer Provinzen bezeugt. Die Dedikation galt also einer hochgestellten Persönlichkeit.

Die Kindheitsgeschichte, mit der als charakteristisches Eröffnungskapitel das Evangelienwerk nach Lukas beginnt, zeigt als erstes überaus deutlich, daß dieses Evangelium auch auf judenchristliche Texte zurückgriff. Gerade diese Kapitel 1,5–2,40 sind geprägt von alttestamentlichen Bild- und Ideentraditionen, und zwar so stark und bis in Einzelheiten hinein, daß man den Eindruck gewinnt, es sei daran kaum etwas redigiert worden (s. zu Lk 1,5–2,38 „Das Fünftafelbild"). – Eine zweite vorbereitende Perikopenreihe schließt sich an die Kindheitserzählungen an: die Täuferberichte (3,1–20), die Taufe Jesu (3,21–22), der Stammbaum Jesu (3,23–38) und die Erzählung von der Versuchung Jesu (4,1–13).

Das synoptische Schema, wie es Markus entworfen hatte, beherrscht sodann im großen und ganzen die Darstellung: Jesu Wirken in Galiläa, Jesu Wanderung nach Judäa, Jesu Wirken und Reden in Judäa und Jerusalem, die Leidensgeschichte; in diese Darlegungen sind jedoch einige Kapitel eingefügt, die bei den anderen Evangelisten nicht zu finden sind. Die „lukanische Reise" ist – neben der „kleinen Einschaltung" 6,20–8,3 – die wichtigste Perikopenfolge, die Sondergut des Lukas bringt. Man versteht darunter die Kapitel 9,51–18,14 oder 19,27 (Reise Jesu nach Jerusalem), in denen zwar auch das allgemeine Synoptikergut verwertet ist, die aber vor allem Gleichnisse Jesu enthalten, für die Lukas eine Sonderquelle zur Verfügung gestanden haben muß, sei es eine schriftliche, sei es eine mündliche. Zu diesem Sondergut gehören: das Beispiel vom barmherzigen Samariter (10,25–37); das Gleichnis vom bittenden Freund (11,5–8); das Gleichnis vom treuen und vom schlechten Knecht (12,35 bis 48); das Gleichnis vom unfruchtbaren Feigenbaum (13,6–9); das Gleichnis vom großen Festmahl (14,15–24); die Gleichnisse vom verlorenen Schaf (15,1–7), von der verlorenen Drachme (15,8–10) und vom verlorenen Sohn (15,11–32); das Gleichnis vom klugen Verwalter (16,1–13); das Beispiel vom reichen Prasser (16,19–31); der Wunderbericht von den zehn Aussätzigen (17,11–19); das Gleichnis vom gottlosen Richter und der Witwe (18,1–8); das Beispiel vom Pharisäer und vom Zöllner (18,9–14). Gerade in den Gleichnissen und Beispielen dieses Abschnitts offenbart Lukas sein theologisches Anliegen: Jesus ist der Retter und Gerechte für die Verfemten, die Armen, die Kranken, die Knechte, die Verlorenen. Er offenbart in ihm den Gott der Menschenliebe.

Die österlichen Erzählungen vermehrte Lukas um die Perikopen von den Emmausjüngern (24,13–53) und die Erscheinung des Auferstandenen in Jerusalem (24,36–53).

Eigenarten des lukanischen Evangeliums ergaben sich aus der Eigenart des Verfassers bzw. Redaktors: In der Zeichnung Jesu betont er den göttlichen Charakter und Herrschaftscharakter des Gottmenschen: durch das Wort „Herr" (S. 614), wie auch Paulus es tut. Lukas war Pauli Mitarbeiter!

Die Frohbotschaft ist nicht den Juden reserviert, sondern gilt ebenso den Samaritern und den Heiden. Die Heiden behandelt er in seinem Buche immer gut. Lukas stammte selbst aus dem Heidentum und predigt damit zugleich die universale Geltung des Evangeliums im Sinne seines Lehrers Paulus. Wegen dieser universalen Haltung, die aber die Juden nicht ausschließt, fand Lukas das besondere Wohlwollen des Marcion (s. d.), der das Evangelium nach Lukas als einziges gelten ließ.

Unter den Wunderberichten scheinen ihn besonders die Heilungsberichte interessiert zu haben.

Die Abfassungszeit ist unsicher; er schrieb einerseits nach 70 n. Chr., denn seine Verse 21,20–24 sind geradezu eine Schilderung der Zerstörung Jerusalems; andererseits bringt das Lukasevangelium gegenüber Markus eine weiterentwickelte Theologie; für diese Entwicklung muß man aber einige Jahre ansetzen. So darf man die Entstehung in den Jahren um 90 vermuten.

Speziell für das Lukasevangelium besitzen wir seit kurzem einen Hinweis auf seine frühe Verbreitung. Papyri, die etwa auf das Jahr 125 zu datieren sind, wurden in Ägypten gefunden; sie enthalten Bruchstücke des Lukasevangeliums. So war das Evangelium also vor 125 in Ägypten bekannt.

ZU Lk 1,5–2,38:
DAS FÜNFTAFELBILD

Die lukanischen Empfängnis- und Geburtserzählungen von Johannes dem Täufer und Jesus haben einerseits die Bilder der Ereignisse stark lyrisch geprägt, nicht immer zum Vorteil des Verständnisses der Gegebenheiten; andererseits haben sie dem Zweifel starke Ansatzpunkte gegeben. Daß Zweifel zu wecken nicht in der Absicht des Evangelisten Lukas liegen konnte, ist evident; er wollte Heilsbotschaft verkündigen. Er tat dies jedoch auf eine Weise, die später oft mißverstanden werden mußte. Von seiner Zeit wurde er nicht mißverstanden, weil man auf den Gehalt achtete und nicht das Gewand für den Gehalt hielt.

Lukas entschied sich bei der Verkündigung dieser Ereignisse für ein erzählerisches Genus, das die sachlichen Gegebenheiten in Bilder aufnahm, die ihren eigenen Sinn hatten, aber nicht selbst als Begebenheiten verstanden werden wollten. Oder anders ausgedrückt: Er trug seine Lehren systematisch vor, indem er einige Bilder einander gegenüberstellte. Im Vergleich dieser Bilder wird der ganze Gehalt, den der Evangelist zeigen wollte, sichtbar.

So müssen zunächst die Bilder 1,5–25 (Die Ankündigung der Geburt des Täufers) und 1,26–38 (Die Verkündigung der Menschwerdung Jesu) vergleichend zusammengesehen werden. Der Evangelist wollte in seiner Darstellung Johannes den Täufer und Jesus einander zuordnen, sie aber dennoch genügend voneinander unterscheiden helfen. Er tat dies, indem er die Ankündigung der Geburt Johannes des Täufers und die Verkündigung der Menschwerdung Jesu einander entsprechen ließ; gerade durch diese Entsprechung hatte er auch die Möglichkeit, die Unterschiede herauszuarbeiten:

Johannes kommt aus einer Priesterfamilie – Jesus aus der Familie des Königs David (1,5–7 und 1,26–27);

Johannes der Täufer wird dem Vater verkündigt – Jesus der Mutter, weil er als Sohn Gottes betont werden soll (1,8ff. und 1,28);

Johannes der Täufer wird als Bekehrungsprediger und *Vorläufer* des „Herrn" charakterisiert – Jesus als *Sohn* des Allerhöchsten und Messias (1,15 und 1,32.33);

sowohl Zacharias wie Maria stellen eine Frage: 1,18 und 1,34;

die Zweifelsfrage des Zacharias wird bestraft (1,19.20), die einfache Wie-Frage Mariens wird als Glaubensakt vom Boten beantwortet und mit dem Hinweis auf ein Zeichen belohnt (1,35–37);

das abschließende Wort der Elisabet, nach fünf Monaten (!), ist ein Lob Gottes, daß er die Schmach der Kinderlosigkeit von ihr genommen (1,25), die Antwort Mariens ist Unterwerfung, und zwar sofort: „Ich bin die Magd des Herrn; mir geschehe, wie du es gesagt hast", sagt Maria (1,38).

Lk 1,5–25 und 1,26–38 sind zwei sich entsprechende katechetische Bilder, die in Lk 1,57–80 und 2,1–38 um ein weiteres Diptychon, dessen Tafeln einander entsprechen, vermehrt werden. Aber zwischen diesen beiden Doppeltafeln steht das große Mittelstück: die Heilsverkündigung als solche, die die beiden Diptycha (sozusagen links und rechts von ihm) erst in den vollen Sinnzusammenhang stellt: das „Magnifikat", eingebettet in die Erzählung vom Besuch Mariens bei Elisabet: sie führt einerseits die Erzählung fort, hebt sich aber aus dem Ganzen der Komposition hervor durch die zentrale Bedeutung des Lobgesangs (s. 1,46–55).

Schematisch, in der Form eines Fünftafelbildes, würde sich für diese lukanische Einleitung zum Evangelium folgendes Bild ergeben:

Ankündigung der Geburt des Vorläufers	Die Ankündigung Jesu	Der zentrale Lobgesang im Rahmen der Erzählung von „Mariä Heimsuchung"	Geburt des Vorläufers	Die Geburt Jesu
Lk 1,5–25	Lk 1,26–38	Lk 1,46–55 in 1,39–56	Lk 1,57–80	Lk 2,1–38

Die Geburt Johannes des Täufers und die Geburt Jesu sind also zwei weitere Tafeln, die sich entsprechen und so sich gegenseitig in ihrer Aussage erhellen:

Für Elisabet erfüllten sich ihre Tage, und sie gebar einen Sohn (1,57); so einfach wird von der Geburt des Johannes gesprochen – Jesu Geburt aber wird zunächst in einen Weltreichsrahmen gestellt, sodann wird seine Geburt in Betlehem, der Stadt Davids, herausgearbeitet und schließlich erst seine Geburt berichtet (2,1–7).

Von der Geburt des Johannes heißt es, daß Elisabets Nachbarn und Verwandte davon hörten und daß sie sich freuten über die Huld, die der Herr ihr erwiesen hatte (1,58) – bei der Geburt Jesu aber wird die Verkündigung an die Hirten erzählt: an die Geringen, gemäß dem zentralen Lobgesang des Magnifikat, und die weltweite Bedeutung seiner Geburt wird durch den Lobgesang der Engel hervorgehoben (2,8–20).

Von Johannes dem Täufer sowohl wie von Jesus wird erzählt, daß sie den vorbestimmten Namen bekamen (1,59–63 und 2,21); für Johannes den Täufer und für Jesus wird damit ihre Geburt als vorsehungsgemäße Tatsache festgehalten.

Es folgt die Beantwortung der Frage: „Was wird wohl aus diesem Kind werden?" Für Johannes den Täufer beantwortet Lukas sie durch den Preisgesang des Zacharias, der – aus der Rückschau des Lukas – eine Sinndeutung des Johanneslebens enthält. Dieser Preisgesang ist ein Danklied an Gott für den Messias, und in dieses Danklied eingebaut ist die Anrede des Zacharias an seinen Sohn: „Du, Kind, wirst Prophet des Höchsten heißen; denn du wirst dem Herrn vorangehen und ihm den Weg bereiten..." (1,65–79) – über Jesus läßt Lukas aber nicht Vater oder Mutter im eigenen Hause das prophetische Wort sprechen, sondern zwei prophetische Menschen (Simeon und Hanna), und zwar im Tempel (2,22–38). Auch daß der Lobgesang des Zacharias bei der Beschneidung, die Prophetie über Jesus bei der Darstellung im Tempel gegeben wird, mag bei der bewußten Fügung dieser Stücke nicht gleichgültig sein.

Der Schlußpunkt unter die Einleitung wird sodann für Johannes den Täufer in 1,80 gegeben: „Das Kind wuchs heran, und sein Geist wurde stark..." – und für Jesus in 2,39.40: „Das Kind wuchs heran und wurde kräftig; Gott erfüllte es mit Weisheit..."

Das Studium der Abweichungen in den entsprechenden Stücken von Johannes dem Täufer und von Jesus kann von Gewinn sein.

ZU Lk 1,5–25:
BOTSCHAFT AN ZACHARIAS

Siehe das Vorsatzkapitel „Zu Lk 1,5–2,38: Das Fünftafelbild". – Über die Abstammung Johannes des Täufers aus der frommen Priesterfamilie des Zacharias und der Elisabet (1,5.6) s. im Kapitel „Johannes der Täufer" den Abschnitt Nr. 1 über die Abstammung.

Zum Motiv der Zeugung und Geburt aus alten Eltern (1,7) s. im Kapitel „Biblische Geschichtsschreibung" den Abschnitt über die Kinderlosigkeit.

Zum Namen „Johannes" (1,13) s. im Artikel „Johannes der Täufer", Abschnitt 2; über die Vorausbestimmung zum Nasiräer (s. d.) in den Worten: „Wein und berauschendes Getränk wird er nicht trinken" (1,15), s. ebd. den Abschnitt über die Erziehung, Nr. 3.

Zu Lk 1,26–38:
VERKÜNDIGUNG JESU AN MARIA

Siehe hierzu auch „Das Fünftafelbild zu Lk 1,5–2,38".

Der „Engel des Herrn" brachte Maria die Botschaft (s. dazu den Artikel über den Engel Jahwes). Warum aber diese Botschaft in der anschaulichen Gestalt eines Engels bei Lukas Gabriel (d. h. Mann Gottes) heißt, darüber kann das Buch Daniel (s. d.) und seine Deutung durch die Zeit Jesu Auskunft geben.

„Gabriel" als Name eines visionären Engels kommt im AT zweimal im Danielbuch vor: Dan 8,16; 9,21. Beide Male ist Gabriel der Deuter einer Vision, die in der Zeit Jesu als Vision von der Zeit der Erfüllung, d. h. der messianischen Zeit, angesehen wurde. Es gibt deshalb für den Engel in der Verkündigungserzählung keinen besseren Namen als „Gabriel", mit dem darauf hingewiesen werden kann, daß in Jesus der Messias erschienen ist. Die Einführung des Namens „Gabriel" bedeutet also hier Katechese darüber, daß die Zeit erfüllt ist. Die Kindheitserzählungen benutzen aus demselben Grunde fünfmal im 1. und 2. Kapitel des Evangeliums nach Lukas das Wort von den Tagen, der Zeit, die erfüllt waren (Lk 1,23; 1,57; 2,6; 2,21; 2,22). Das scheint zwar nur ein Spiel zu sein, ist aber in Wahrheit mehr: der Evangelist will damit sagen, daß alles auf Erfüllung der Zeit hinauslief.

Mit Absicht zitiert der Evangelist in seiner Darstellung auch andere Formeln aus dem Buche Daniel – bis hin zu der Formel Dan 7,28: Ich, Daniel, „bewahrte die Mitteilung in meinem Herzen", die in Lk 2,51 in ähnlichen

Worten das Kindheitsevangelium abschließt. Daniel ist im allgemeinjüdischen Bewußtsein der Zeit Jesu und der Apostel der Prophet der erfüllten Tage; diese will der Evangelist mit seiner Erzählung ins Bewußtsein rufen – nicht zuletzt durch den danielischen „Gabriel". (In der jüdischen Legende kommt Gabriel als Engel der Gnadenbotschaft *und* der harten Strafbotschaft vor. Er gilt als der härteste aller Engel. So mußte wenigstens den jüdischen Lesern und Hörern durch solche Legendenerzählungen die Bedeutung der Botschaften Gabriels in den Kindheitserzählungen verständlich sein.)

Wenn das gleiche Kindheitsevangelium den Namen „Gabriel" auch bei der Botschaft an Zacharias einführt (Lk 1,19), so tut es damit nicht nur auf sehr deutliche Weise dar, daß Johannes der Täufer unter dem Blickpunkt des kommenden Messiasreiches gesehen werden soll, sondern auch, daß er zu dem Messias in Bezug gesetzt werden muß, der in der Erzählung kurz darauf durch ebendenselben Gabriel angekündigt wird.

Die Verkündigung durch Gabriel an Maria, wie sie das Lukasevangelium erzählt, ist voller Hinweise auf die wandelnde Kraft des kommenden Messias sowie auf den Charakter der Jungfrau Maria:

„Der Engel trat bei ihr ein" (1,28); in dieser Formel wird die Züchtigkeit des Lebens Mariens betont, was wohl im Lukasevangelium schon ein apologetischer Hinweis ist gegenüber den Verleumdungen, die das Judentum in frühchristlicher Zeit gegen die „Frauenhaarflechterin" Maria vorbrachte.

Der direkte Engelsgruß an Maria könnte in derselben Richtung gedeutet werden, kann aber auch ein Hinweis auf die neue Wertung der Frau sein; denn im Judentum war es verpönt, eine Frau direkt zu grüßen.

Das als Übersetzung üblich gewordene Wort „Sei gegrüßt, du Begnadete" zerstört etwas den vom Evangelisten gewollten biblischen Bezug auf Sach 9,9: „Freue dich sehr, Tochter Sion!" Das griechische Wort *chaírě* in 1,28 sollte deshalb besser mit „Freue dich!" übersetzt werden, was es ja auch wirklich bedeutet. Das Zitat Sach 9,9 im Engelsgruß ist ja nicht zufällig, sondern deshalb aufgenommen, weil es von der Ankunft des Friedensbringers berichtet. Dasselbe Evangelium nach Lukas nimmt beim Einzug Jesu in Jerusalem denselben Vers Sach 9,9 noch einmal auf: „Er kommt demütig und reitet auf einem Esel, auf einem Fohlen, dem Jungen einer Eselin" (Lk 19,29f.). Siehe auch den Abschnitt über die Freude am Schluß des Artikels zum Magnifikat in Lk 1,39–56.

Die Vorausbestimmung des Namens Jesus (1,31) knüpft an die Lehre der Schriftgelehrten an, daß der Name des Messias vorausbestimmt sei. „Jesus von Nazaret" hieß „Jehoschua", was in abgekürzter Namensform auch als „Joschua" oder „Jeschua" üblich war; der Name bedeutet: Jahwe ist Erlöser, der Herr ist Erlöser, der Herr erlöst oder ähnliches. Der Name kommt im AT des öfteren vor, nicht nur als Name des Mosenachfolgers Josua (s. Gen 46,17; 1 Chron 24,11 u. a.). Auch im NT findet sich in der Ahnenreihe Jesu ein Eliësersohn Joschua (Luk 3,29), und unter den Mitarbeitern des Apostels Paulus wird ein Jesus genannt (Kol 4,11). Der Name war also gebräuchlich, und doch war er sprechend; er sagte aus, was der Messias (s. d.) sein sollte.

„Er wird Sohn des Höchsten genannt werden" (1,32) läßt der Erzähler den Engel sagen. „Der Höchste" ist eine unzweideutige Gottbezeichnung: „Der Höchste" ist der *ēl-eljón,* der seit der Syrerzeit und später auch immer wieder in den Urkunden der hasmonäischen Könige erscheint (s. im Artikel „Der Gott Abrahams"), eine zeitübliche Bezeichnung Gottes. Zwar konnte dieses „Sohn" von den Juden nicht im Sinn eines wirklichen Sohnes Gottes verstanden werden, sondern nur im Sinn des Bevorzugten Gottes. Aber durch die Geschichte von der Empfängnis durch die Kraft des Heiligen Geistes wird dennoch die essentielle Gottessohnschaft gelehrt, durch die nachfolgenden Worte jedoch: „Er wird groß sein..." (1,32.33), wird die Messiaseigenschaft betont.

Über die Frage Mariens an den Engel: „Wie soll das geschehen, da ich keinen Mann erkenne?" (1,34) ist viel geschrieben worden. Die Schwierigkeit, die sich immer vor dieser Frage auftut, ist die Fraglichkeit des Jungfräulichkeitsversprechens einer jüdischen Frau. Da die größte Gnade Gottes für eine Frau die war, Kinder zu haben, schien es fraglich, was der Evangelist mit dieser Frage gemeint hatte. Man hatte dabei allzusehr aus dem Auge gelassen, daß es sich ja nicht um eine wirkliche Frage Mariens handelte, sondern um eine Frage in der *Erzählung*. Unter dieser Rücksicht gibt J. Gewiess[1] eine sehr plausible Lösung: daß das Wort lediglich die Tatsache der augenblicklichen Jungfräulichkeit zu umfassen braucht, daß die Frage im Rahmen der Erzählung aber nur die Funktion habe, zur wesentlichen Botschaft überzuleiten: „Der Heilige Geist wird über dich kommen...“; daß man also für Maria selbst leicht zuviel daraus lesen kann.

Der zweite Teil der Engelsbotschaft umfaßt sodann die Lehre von der Empfängnis Jesu, dem das Jawort Mariens folgte. Auf diese beiden Punkte zielt die Katechese dieses Teils des Kindheitsevangeliums hin. Kraft des Höchsten (s. oben) „wird dich überschatten“ (1,35) ist dabei ein Wort aus der Theophaniesprache; es erinnert an die *Wolke* Gottes (s. d.). – Zum Zeichen für die Glaubhaftigkeit der Botschaft weist der lukanische Engel auf Elisabet hin (1,36); dabei nennt er Elisabet eine Verwandte Mariens, was nicht unbedingt „Base“ heißen muß, wie man oft übersetzt findet.

Zur „Magd des Herrn“ (1,38) s. im Artikel „Die Frau im Alten Orient“. – Vgl. die Darlegungen zu Mt 1,18–25.

ZU Lk 1,39–56:
MARIA BEI ELISABET

„Eine Stadt im Bergland von Judäa“ – mit diesem unbestimmten Ausdruck bezeichnet das Evangelium nach Lukas den Geburtsort Johannes des Täufers (1,39). Die griechische Wortform weist auf das Bergland in der Nähe Jerusalems hin: *hä oreinā* (Bergland) nennt Plinius in seiner *Naturalis historia* (Naturgeschichte) den Bezirk um Jerusalem (lat. *orinen*); mehr aber läßt sich mit Sicherheit nicht sagen. Zwar hat die Legende nach und nach Ain-Karím als diese „Stadt in Juda“ erobert: ein dörfliches Talstädtchen, knapp 8 km westlich von Jerusalem, wo mehrere Kirchen den Pilgern Gelegenheit geben, die Geschehnisse um die Geburt Johannes des Täufers und den Besuch Mariens zu verehren; daß aber die „Geburtsgrotte“ und die andere Grotte, wo Elisabet den kleinen Johannes vor den Soldaten des Herodes versteckt haben soll, auch nur einen Schimmer von Wahrscheinlichkeit echter Lokalisierung haben, ist ausgeschlossen.

Der Ort selbst kommt zwar durchaus als Heimatort des Täufers in Frage, eben weil er im Bergland um Jerusalem liegt. Aber in diesem Bergland gibt es auch noch andere kleine Städte.

Als Maria die Mutter des Johannes in ihrem Hause begrüßte, sagt der Evangelist: „Als Elisabet den Gruß Marias hörte, hüpfte das Kind in ihrem Leibe“ (1,41). Der Erzählstil des Evangelisten benutzt hier eine Formel, die im Erzählstil der späteren Rabbinen, d. h. vom 1. Jahrhundert n. Chr. an, des öfteren bezeugt ist; z. B.: „Selbst die Embryos im Schoße ihrer Mütter haben ein Lied gesungen“, sagte Gamaliel um das Jahr 90 n. Chr., als er von der großen Freude sprach, die das Volk beim Durchzug durch das Schilfmeer bewegte (Ex 15,1). Der Verkündigungssinn dieses Erzählungszuges ist bei Lukas übrigens nicht nur, die totale Freude auszudrücken, wie dies sonst der Sinn ähnlicher Formeln ist, sondern auch die Hinordnung des Täufers Johannes auf Jesus, seinen Herrn, zu lehren. Dasselbe läßt er ja auch Elisabet aussprechen: „Wer bin ich, daß die Mutter meines Herrn zu mir kommt?“ (1,43).

Die Prophetie und Seligpreisung Mariens (1,42–46), die der Evangelist Elisabet hier aussprechen läßt, ist also nicht als historische Mitteilung zu betrachten, sondern als Verkündigung des Lukas, der das ganze Evangelium von Jesus, dem Herrn, und vom Glauben auf das Wort Gottes hin hier schon in einen Augenblick vor der Geburt Jesu vorausnimmt. Deshalb ist es auch sehr problematisch, in dieser von Lukas erzählten Szene einen Zug des Marienlebens sehen zu wollen; Lukas verkündet *Christus* und preist Maria als Stellvertreterin der Glaubenden. Schon eine großzügige Analyse des Textes sagt das ganz eindeutig.

Das folgende „Magnificat“ (1,46–55), der Lobgesang Mariens bei Lukas, setzt eine biblische (und gemeinorientalische) Aussageweise fort, die schon in den alten Bibelbüchern (AT) geübt wurde. Nicht unbedingt muß ein solcher Lobgesang auch von dem gesungen worden sein, dem er vom Schriftsteller in den Mund gelegt wird.

Das soll zwar nicht heißen, daß es nie einen

---

[1] J. Gewiess, Die Marienfrage Lk 1,34, in: Biblische Zeitschrift, N. F. Heft 2, 1961, S. 221 ff.

Lobgesang Mariens gegeben hat. Die orientalische Frau, ganz sicher, wenn sie einer Priesterfamilie entstammte, wie das bei Maria möglich ist, hatte eine Menge biblischer Formeln zur Hand, mit der sie ihre Freude ausdrücken konnte. Diese Möglichkeit sollten wir auch für Maria anerkennen. Etwas anderes ist es, ob das Magnifikat derselbe begeisterte Lobgesang ist, mit dem Maria ihre Freude vor Elisabet ausgesprochen hat. Das ist kaum anzunehmen. Denn Lukas hatte nicht die Absicht, die inneren Herzensregungen Mariens wiederzugeben, sondern er wollte in seiner Verkündigung das Wirken Jesu Christi preisen; dazu hat er einen sehr genauen Aufbau, der einer jungen Frau von gut zwölf Jahren wohl kaum so im Augenblick gelingen könnte. – Die Übersicht auf S. 355 soll das Wichtigste und die altbiblischen Quellen hervorheben.

Eine solche Analyse des Magnifikat erhellt am leichtesten seinen Charakter. Es ist Verkündigung des Heilands der Geringen, der aus Israel kam. Möglich wäre übrigens, daß es sich um ein urchristliches Gemeindeloblied handelt, das Lukas in sein Evangelium übernahm. Denn „die Magd" Gottes ist ja nicht nur Maria, sondern das gläubige und gottesfürchtige Israel (der christlichen Gemeinde).

Die Freude, die in den Evangeliendarstellungen zum erstenmal im Magnifikat so betont hervorgehoben wird, ist schließlich eines besonderen Hinweises wert. Ausgehend vielleicht von der Freudenaufforderung des Propheten Sacharja (s. d.) war nämlich die Freude zu *dem* Merkmal der messianischen Zeit geworden: „Juble und freue dich, Tochter Zion, denn siehe, ich komme und wohne in deiner Mitte – Spruch des Herrn" (Sach 2,14) und „Juble laut, Tochter Zion! Jauchze, Tochter Jerusalem! Siehe, dein König kommt zu dir" (Sach 9,9). Nur das messianische Reich – die Ankunft des Messiaskönigs – bringt und ist die vollkommene Freude. Deshalb ist die Erwähnung von besonderer Freude und von vollkommener Freude im NT nur dann richtig zu deuten, wenn man sie in Bezug zur Messiaszeit setzt. Das Zitat dieser Freude ist jedesmal ein bewußter Hinweis auf die messianische Erfüllung. Deshalb der Gruß *chaire* an Maria (s. im Abschnitt zu Lk 1,26–38). Deshalb die Fülle der Freudenursachen im Magnifikat. Deshalb

verkündigen Engel den Hirten „große Freude" (Lk 2,10). Deshalb das Wort des Täufers Johannes vom wachsenden Ansehen Jesu, daß seine „Freude jetzt vollkommen" sei (Joh 3,29). Deshalb das Wort Jesu bei Johannes: „Bisher habt ihr um nichts in meinem Namen gebeten. Bittet, so werdet ihr empfangen, und eure Freude wird vollkommen sein" (Joh 16,24). Deshalb die Darstellung des Messiasreiches als Freudenmahl *(chara),* insonderheit als Hochzeitsmahl (Mt 25,21). Und schließlich ist auch deshalb die Botschaft von all dieser Freude: die Frohbotschaft, die gute Nachricht (s. S. 284).

ZU Lk 1,57–80:
GEBURT DES TÄUFERS

Siehe den Vorsatzartikel: „Zu Lk 1,5–2,38: Das Fünftafelbild".

Am achten Tag nach der Geburt des Sohnes kamen Nachbarn und Verwandte zur Beschneidung (s. d.). Da sein Vater noch stumm war, konnte er den Namen des Kindes nicht nennen. So verlangte er ein Täfelchen (1,63). – Die Schreibtafeln für Notizen, die nur vorübergehenden Mitteilungswert hatten, waren aus Buchsbaumholz. Die Tafel war mit Wachs überzogen, und man schrieb darauf mit einem spitzen Holzgriffel; diese Art von Notiztafeln gab es in Syrien/Palästina etwa seit 300 v. Chr. Am oberen Ende hatte der Griffel eine schaufel- oder walzenähnliche Verdickung, mit der man das Wachs glätten und das Geschriebene wieder tilgen konnte. Der Rand der Tafel war meistens etwas erhaben, so daß man zwei beschriebene Tafeln aufeinanderlegen konnte, ohne das Geschriebene zu verwischen. Das „Täfelchen" des Zacharias war aber wohl nur eine einfache häusliche Notiztafel. Auf die Tafel schrieb er: „Sein Name ist Johannes" (s. im Artikel „Johannes der Täufer"). Und sofort danach konnte er wieder sprechen (1,64). Diesem Vater Zacharias legte Lukas einen Lobgesang in den Mund.

Der Lobgesang des Zacharias (1,68–79) ist, ähnlich wie das „Magnifikat", ein Dankgebet aus biblischem Geiste. Es ist ein katechetisches Mittel, das von Lukas formuliert oder von ihm formuliert übernommen wurde und an die Stelle des üblichen Dankspruches nach

(I. Preis des Heilands der Geringen)

Lk 1,46	Meine Seele preist die Größe des Herrn,	Mein Herz ist voll Freude über den Herrn,	1 Sam 2,1
Lk 1,47	und mein Geist jubelt über Gott, meinen Retter.	große Kraft gibt mir der Herr	1 Sam 2,1 Hab 3,18
Lk 1,48	Denn auf die Niedrigkeit seiner Magd hat er geschaut.	Wenn du das Elend deiner Magd wirklich ansiehst.	1 Sam 1,11
	Siehe, von nun an preisen mich selig alle Geschlechter.	Glückselig bin ich. Die Frauen werden mich beglückwünschen!	Gen 30,13
Lk 1,49	Denn der Mächtige hat Großes an mir getan – sein Name ist heilig.	(Erlösung sandte er seinem Volk:) heilig . . . ist sein Name	Ps 111,9 Ps 111,9
Lk 1,50	Er erbarmt sich von Geschlecht zu Geschlecht über alle, die ihn fürchten.	Sein Erbarmen währet in Ewigkeit . . . bei denen, die ihn fürchten	Ps 103,17 Ps 103,18
Lk 1,51	Er vollbringt mit seinem Arm machtvolle Taten: er zerstreut, die im Herzen voll Hochmut sind.	Du zerstreutest deine Feinde mit mächtigem Arm . . .	Ps 89,11
Lk 1,52	Er stürzt die Mächtigen vom Thron und erhöht die Niedrigen.	Er stürzt alle Geschlechter, Niedrige setzt er an hohe Stellen.	Ijob 12,19 Ijob 5,11
Lk 1,53	Die Hungernden beschenkt er mit seinen Gaben und läßt Reiche leer ausgehen.	Die hungernden Menschen hat er mit Gütern erfüllt . . .	Ps 107,9

(II. Preis des Heilands aus Israel)

Lk 1,54	Er nimmt sich seines Knechtes Israel an und denkt an sein Erbarmen,	Gegen Israels Haus war er seiner Huld und Treue eingedenk.	Ps 98,3
Lk 1,55	das es unsern Vätern verheißen hat, Abraham und seinen Nachkommen auf ewig.	(Bezieht sich auf:) In dir (Abraham) sollen gesegnet sein alle Geschlechter . . . (und ähnliche Stellen des AT)	Gen 12,3 Gen 13,15 Gen 22,18

der Beschneidung gesetzt wurde.[1] Zweifellos hat Zacharias einen Dankspruch gebetet; aber diese Form, wie sie im „Benediktus" überliefert ist, wurde formuliert, um das in Jesus erschienene messianische Heil zu preisen – mit biblischen (wie die Christen heute sagen: alttestamentlichen) Formeln – und um die Zuordnung des Täufers auf den Messias im Evangelium von dem Messias Jesus schon in der Geburtsgeschichte zu verankern. Dem entsprechen die beiden Abschnitte: Lob Gottes für die gekommene messianische Zeit (1,68–75) und Proklamation des Kindes Johannes zum Vorbereiter (1,76–79). Auch hier zeigt der gezielte Aufbau, daß es sich um ein kerygmatisches, vielleicht gar um ein liturgisches Lied handelt (s. den Artikel über das „Magnifikat" bei Lk 1,39–56).

Übrigens ist das Lob Gottes ein Lieblingsthema des Evangelisten Lukas. Außer im Magnifikat Mariens und im Benediktus des Zacharias siehe auch folgende Stellen: Lk 2,20.28.38; 5,25.26; 7,16; 13,13; 17,15.18; 18,43; 19,37; 23,47; 24,53; Apg 2,47; 3,8.9; 4,21; 14,48; 21,20.

ZU Lk 2,1–20:
GEBURT JESU

Siehe den Vorsatzartikel „Das Fünftafelbild zu Lk 1,5–2,38".

„In jenen Tagen erließ Kaiser Augustus den Befehl, alle Bewohner des Reiches in Steuerlisten einzutragen" (2,1), so beginnt bei Lukas die Erzählung von der Geburt Jesu.

DER ZENSUS
(DIE STEUERSCHÄTZUNG)

Die Angaben der Lukasverse 2,1–4 haben einerseits viele Kritiker mobilisiert, andererseits die Vorstellung von den Ereignissen um die Geburt Jesu in seltsame Bahnen gelenkt. Wir können hier ein rechtes historisches Bild

nicht aus dem vielseitigen Für und Wider entwickeln; aber die einfache knappe Darstellung wird auch schon manche Frage beantworten.

Mit dem Jahre 27 v. Chr. ließ Augustus, im Rahmen seiner Reichsreform, den allgemeinen Zensus beginnen. Er begann in Gallien; die Beauftragten brauchten in Gallien dafür vierzig Jahre.

Der Zensus bestand aus zwei Vorgängen: der *apógraphä* und der *apotímäsis*. Die *apographä* (Aufschreibung) war eine systematische Erfassung der Liegenschaften und beweglichen Vermögenswerte (z. B. Herden), verbunden mit einer Personenstandsaufnahme; diese allerdings nicht zum Zwecke der Volkszählung, sondern zum Zwecke der Feststellung der Steuerpflichtigkeit. Die beauftragten Steuerbeamten gingen dabei sehr hart vor; aus späteren Zeiten wird dabei sogar die Anwendung von Folter berichtet (in der Schrift „De mortibus persecutorum", die unter dem Namen des Kirchenschriftstellers Lactantius läuft, 3./4. Jahrhundert n. Chr.).

Im Jahre 11 v. Chr. und in den folgenden Jahren war Publius Sulpicius Quirinius einer der mächtigsten Männer im Osten des Römerreiches, obwohl er nicht immer „Statthalter von Syrien" war; allem Anschein nach hatte er zunächst Sonderaufgaben, die ihn gleichberechtigt neben die Statthalter stellten. In diese Zeit der Orientherrschaft des Quirinius fiel der Beginn des Zensus in Syrien, also auch in Judäa, mit der *apógraphä* (10–7 v. Chr.);[1] in die Zeit seiner syrischen Statthalterschaft (6 n. Chr.) fiel die *apotímäsis*. Diese zog aus der „Aufschreibung" die Resultate und ordnete die vorläufige Besteuerung zu einer endgültigen. Die Besteuerungsgrundlage wurde alle vierzehn Jahre überprüft und die Besteuerung neu festgesetzt. Quirinius leitete also die Zensusmaßnahmen von Anfang bis Schluß: vierzehn Jahre lang. Wenn Lukas den Quirinius „Statthalter von Syrien" nennt, so nennt er ihn mit dem Titel, der ihm zuletzt zukam.

Die Aufschreibung begann, als Herodes d. Gr. noch König war. Die Autonomie des Herodes ging nicht so weit, daß er sich dieser kaiserlichen Maßnahme widersetzen konnte. Der Beginn der Zensusmaßnahmen hatte auch

---

[1] Heute lautet der jüdische Spruch des Vaters nach der Beschneidung: „Gepriesen seist du, ja gepriesen sei unser Gott und König des Alls, der uns durch seine Gebote geheiligt und uns anbefohlen hat, das Kind in den Bund Abrahams, unseres Vaters, einzuführen." Die Verwandtschaft des Lobgesangs des Zacharias mit diesen Worten ist unverkennbar.

[1] Das Jahr 7 v. d. Z. war wahrscheinlich das Geburtsjahr Jesu; s. im Kapitel „Chronologie . . .", Nr. 1.

kaum etwas damit zu tun, daß der Kaiser mit dem baldigen Tode des Herodes rechnete. Herodes war damals noch nicht alarmierend krank. Es war einfach für Rom selbstverständlich, daß es seine Bundesländer als Untertanenländer behandelte; ausgelöst wurde der Zensusbeginn für die Herodesländer allerdings wohl doch durch die Degradierung des Herodes im Jahre 8 v. Chr.[2]

Die Zensusmaßnahmen waren nicht in allen römischen Provinzen gleichartig. In Ägypten und Gallien waren sie anders als in Syrien. In den Herodesländern mit der sehr starken jüdischen Bevölkerung mußte man auf das eigengeartete Eigentumsrecht Rücksicht nehmen. Das immer noch geltende Teilungsverbot für Ländereien hatte sehr stark das Miteigentumssystem hervorgebracht. Die Familie David hatte ihr Ländereigentum hauptsächlich bei ihrem alten Stammsitz, obwohl längst nicht mehr alle Mitglieder der Familie in oder bei Betlehem wohnten. Dies, nicht aber die Abstammung Josefs aus dem Davidshause an sich, machte seine Reise nach Betlehem nötig. Und da es sich um „die erste Aufschreibung" (apógraphä) handelte, war auch Maria gezwungen, mit nach Betlehem zu reisen, da ja die Personenstandsaufnahme für die Besteuerung nötig war. Die Familie des Daviden Josef benahm sich loyal.

Über Josef (2,4) und zu Betlehem (2,4) s. in den entsprechenden Artikeln.

Als Maria das Kind geboren hatte, wickelte sie es in Windeln (2,7). In christentumsfeindlichen Kreisen des Westens hat man diese Aussage oft für einen unmöglichen Zug der Erzählung gehalten: Eine Frau, die soeben geboren habe, könne ihr Kind nicht selbst versorgen. Dalman erzählte – zur geradezu drastischen Illustration dieser Stelle – von einer palästinensischen Bäuerin, die auf dem Wege zur Stadt niederkam, ihr Kind in den Korb mit Eiern tat, die Eier ruhig auf dem Markt in der Stadt verkaufte und dann erst mit ihrem Kind nach Hause ging. Wir machen sehr oft den Fehler, daß wir die harten orientalischen Gepflogenheiten zumal des Alten Orients mit unseren heutigen und sogar westlichen Sitten und Zuständen messen wollen und dann falsch messen.

Maria legte ihren Erstgeborenen in eine Krippe, weil in der Herberge kein Platz für sie war (2,7).

HÖHLE UND KRIPPE?

Zweifellos hatte die überfüllte Herberge mit dem Zensus etwas zu tun. Betlehem war damals ein Ort von schätzungsweise tausend, höchstens tausendfünfhundert Einwohnern. Für diesen Ort genügte eine einzige Herberge. Und obwohl nicht eine allgemeine Wanderung einsetzte, bei der jeder in seine Stammesstadt zog (wie man das für gewöhnlich versteht), so kamen doch einige Leute mehr nach Betlehem, um dort geduldig zu warten, bis sie an die Reihe kamen. Manchmal mußten sie monatelang warten; deshalb war die Herberge besetzt.

Es wäre auch töricht anzunehmen, Josef sei mit Maria kurz vor der Niederkunft Mariens nach Betlehem gereist. Maria war sicherlich schon einige Monate in Betlehem, als das Kind geboren wurde. Wir dürfen das Evangelium nicht mit Hilfe von Volksspielen interpretieren.

Daß Josef in einer Höhle wohnte, darf man auch nicht dramatisieren. Es gab viele solcher Höhlen am Rande Betlehems, wo man nicht nur wohnen konnte, sondern auch wohnte. Sie wurden wahrscheinlich als Unterkünfte für schwächeres Herdenvieh benutzt, falls zur noch kühlen Zeit in der Gegend von Betlehem die Herden weideten, oder auch – bei anhaltendem regnerischen Wetter – als Hirtenwohnungen oder ähnliches. Jedenfalls wohnte man dort nicht als Verstoßener, wenn es auch eine Notunterkunft war. Tiere waren nicht unbedingt mit in der Höhle. Wenn Josef für die Reise einen Esel oder einen Maulesel (s. d.) gekauft hatte, so kann er ihn auch in einer anderen Höhle untergebracht haben. Trotzdem hatte die Höhle eine im Boden ausgehauene oder aus Lehm am gewachsenen Stein mit Lehm aufgebaute Krippe, eben weil sie gelegentlich oder sogar normalerweise als Stall benutzt wurde (s. aber auch im Artikel „Das Haus").

„In jener Gegend lagerten Hirten auf freiem Feld" (2,8). – Nachdem Lukas sehr sachlich den geschichtlichen Hintergrund aufgerissen hat, beginnt er mit seiner Verkündigung: daß dieses Kind der Messias war; daß er für die

[2] S. S. 573, Nr. 49.

Armen und Verachteten gekommen ist; daß dies die unüberbietbare Botschaft Gottes an die Menschen ist. Als Beispiel nimmt er den Hirtenstand heraus, der sehr wenig angesehen war: „Man lasse seinen Sohn nicht ausbilden zum Eselstreiber, zum Kamelführer, zum Barbier, Schiffer, Hirten und Krämer; denn ihr Handwerk ist ein Handwerk der Räuber." Hirten wurde, so erzählt es Lukas, die Botschaft zuteil, die Lukas wiederum durch den „Engel des Herrn" anschaulich macht (s. den Artikel „Engel Jahwes").

Neben dieser kerygmatischen Betonung der Armen und Verachteten in Gestalt der Hirten, denen die Ankunft des Messias besonders gilt, könnte aber auch noch eine Mischnatradition diese Erzählung von den Hirten mitbestimmt haben. Hirten der Tempelherden bei Betlehem – so überliefert die Mischna (Shek 7,4) – sollten die ersten sein, denen das Kommen des Messias verkündet würde. Da die Kindheitsgeschichten allem Anschein nach in Palästina, also vor allem aus judenchristlichen Traditionen geformt wurden, konnte dieses Hirtenmotiv den kerygmatischen Erzählern beim Aufweis der Messiasqualität Jesu überaus wichtig sein.

Das soll nun nicht etwa heißen, daß keine Hirten das Kind Jesus besuchten. Es liegt sogar äußerst nahe, daß gerade Hirten einen Geburtsbesuch bei Maria machten; denn das Kind wurde ja möglicherweise – wie es die Volkstradition weiß – in einer Höhle geboren, wo auch die Hirten oft Unterschlupf suchten. Jedoch der erzählerische Rahmen – Engel auf dem Hirtenfeld und Gesang der himmlischen Heerscharen – ist kerygmatisches Bild. Lukas will kein historisches Bild geben, sondern er will sagen, was diese Geburt bedeutet: „große Freude" (2,10);[3] sie bedeutet Frohbotschaft für die Armen und Verachteten (Hirten); sie bedeutet Erfüllung der Prophetie (Geburt des Messias in der Davidsstadt: 2,11); sie bedeutet unübertreffliche Botschaft (eine Menge himmlischer Botschafter: 2,13); sie bedeutet Beginn der Messiaszeit („auf Erden Friede den Menschen": 2,14).

Der kleine Abschnitt 2,15–20, der vom Besuch der Hirten in Betlehem erzählt, ist nur die *erzählerisch* selbstverständliche Fortsetzung des eingeschlagenen kerygmatischen Weges von Frohbotschaft und Freude und seine Übersetzung ins anschauliche Bild.

ZU Lk 2,21–38:
BEI DER DARSTELLUNG JESU

Durch die Festbezeichnung „Mariä Reinigung" und unsachgemäße Nacherzählungen ist die Vorstellung vom Vorgang der „Darstellung" oft unklar geworden. An sich hat die „Reinigung" Mariens mit der „Darstellung/Weihe" Jesu nichts zu tun. Lukas braucht die „Reinigung" (s. d.) zunächst lediglich als Terminangabe für die „Darstellung" Jesu: „. . . als die Tage der Reinigung zu Ende waren" (2,22). Zwar lag am Ende der Reinigungszeit auch ein kultischer Akt, der mit einer Opferspende verbunden war, aber der ist verschieden von dem kultischen Akt der „Darstellung". Da Lukas von diesem Reinigungsopfer nach Erwähnung der Darstellung spricht, sind in der Vorstellung mancher Leute die Zusammenhänge noch unklarer geworden; dieses hier erwähnte Opfer bezieht sich aber auf die „Reinigung" Mariens. Es ist jedoch wahrscheinlich, daß diese „Darstellung" – besser hieße es: „Loskauf der Erstgeburt" (s. d.) – gerade wegen des Tempelgangs zum Reinigungsopfer schon nach vierzig Tagen stattfand; denn an sich gab es für diesen Loskauf keinen strengen Termin. Vielleicht ist die Betonung des erstmöglichen Loskauftermins, nämlich nach Verstreichen der mütterlichen Reinigungszeit, auch ein kerygmatischer Hinweis auf Jesus als den Erfüller des Gesetzes. Dies kann um so mehr angenommen werden, als auch im Text selbst mehrmals auf das Gesetz und damit auf den messianischen Gesetzeserfüller hingewiesen wird (s. 2,22.23.24).
Auch der weitere Evangelientext (s. 2,25–38) ist darauf angelegt, auf Jesus als Messias hinzuweisen:

Von Simeon, einem Mann in Jerusalem, wird gesagt, „er wartete auf die Rettung Israels" (2,25); das weist auf den Anfang der Deutero-Jesaja-Kapitel hin, die beginnen mit dem Aufruf an die Propheten: „Tröstet, tröstet mein Volk" (40,1); in diesen Deutero-Jesaja-Kapiteln (40ff.) aber stehen als Kernkapitel die vom Gottesknecht, dem prophetisch gestalteten Messiasbild, von dessen Zeit

---

[3] Siehe den Abschnitt „Die Freude" am Ende des Artikels zum Magnifikat: im „Fünftafelbild zu Lk 1,5–2,38".

es in Jes 52,9 heißt: „Jubelt laut allesamt, ihr Trümmer Jerusalems; denn der Herr tröstet sein Volk" (ähnlich Jes 49,13; 51,12; Klgl 2,13 und andere Stellen).

Von Simeon sagt der Evangelist, er sollte nicht sterben, „bevor er den Gesalbten des Herrn gesehen habe" (2,26). Der „Gesalbte des Herrn" aber ist die zeitgemäße Ausdrucksweise für den König der Zukunft, den Messias. Der Lobgesang Simeons führt diese Hinweise weiter: „Meine Augen haben das Heil gesehen" (2,30); wie es in Jes 52,10 gesagt ist: „Alle Enden der Erde sehen das Heil unseres Gottes" (Jes 42,6; 46,13; 49,6); „ein Licht, das die Völker erleuchtet" (2,32) zitiert ebenfalls aus den Gottesknechtsprüchen: „Ich machte dich... zum Licht der Völker" (Jes 42,6). Schließlich ist noch das Wort „Dieser ist dazu bestimmt, daß in Israel viele durch ihn zu Fall kommen..." (2,34) ein Anklang an Jesaja, und zwar an die Immanuelssprüche: „Er wird euch zum Anlaß der Heiligung werden, zum Stein des Anstoßes, zum Fels des Strauchelns..., zur Schlinge und zum Fallstrick für die Bewohner Jerusalems" (Jes 8,14).

Simeon nahm das Kind auf seine Arme und „lobte Gott" (2,28); dieses „Loben Gottes" ist ein Lieblingsthema des Evangelisten Lukas.

Ganz im Sinne der bisherigen Messiasverkündigung vollendet Lukas seinen Text nach der Darstellung Jesu im Tempel. Die Prophetin Hanna redete „von dem Kinde zu allen, die auf die Erlösung Jerusalems warteten" (2,38); die Befreiung Israels war in jedem Falle das messianische Ziel, auch das Ziel der nationalen Messiasbewegung.

Lukas spricht also in seiner Verkündigung drei Gruppen an, denen er bereits das Kind Jesus als Messias vorstellt: 1. die gesetzestreuen Juden, die „Gerechten", z. B. die Pharisäer und Schriftgelehrten, denen er Jesus als Gesetzeserfüller predigt; denn als solchen erwarten sie den Messias; 2. die Judenchristen, die in Jesus den Messias als leidenden Gottesknecht anerkennen; aber auch diesen leidenden Gottesknecht verkündet Simeon, ein „gerechter" Mann. Auf diese Weise spricht der Evangelist wiederum auch die Gesetzestreuen an; 3. in den Worten der Prophetin Hanna das ganze Volk, und in ihm vor allem auch die breiten Massen, die an einen nationalen Befreiungsmessias glaubten.

Diese geradezu systematische Verkündigung läßt die Möglichkeit offen, daß die Worte Simeons und Hannas rein kerygmatische Worte des Evangelisten sind, der sie zwei auch lange nach ihrem Tode noch allbekannten Gestalten – Simeon und Hanna, die sozusagen zu den Dauerbesuchern des Tempels gehörten – in den Mund legt. Aber da die Evangelisten nicht ein Protokoll des Lebens Jesu schreiben, würde es nichts besagen, wenn Simeon und Hanna nicht diese Worte im Anblick des Kindes Jesus gesprochen haben; die prophetischen Worte, die Lukas sie aussprechen läßt, haben ja ihr Gewicht ohnehin nur dadurch, daß sie letztlich Worte der Schriftpropheten sind. Und auf diese Verbindung kommt es an.

Trotzdem braucht das nicht zu heißen, daß Lukas die Begegnung mit Simeon und Hanna erfunden hat. Es war Brauch, Kinder – z. B. solche von einem Jahr, die man einige Stunden hatte fasten lassen und also „geheiligt" hatte (s. im Artikel über das Fasten) –, frommen Männern und Schriftgelehrten in die Arme zu legen, die dann einen Segen darüber sprachen. Der historische Kern dieser Simeon-und-Hanna-Worte könnte demnach auch ein solcher Segen sein.

ZU Lk 2,41–52:
DER ZWÖLFJÄHRIGE JESUS IM TEMPEL

Diese Erzählung ist Sondergut des Evangeliums nach Lukas. Ihr Sinn ist nicht, von einer Paschareise Jesu mit seinen Eltern von Nazaret nach Jerusalem zu berichten, sondern vom Erwachen des Messiasbewußtseins in Jesus zu erzählen: das Verkündigungsanliegen steht also im Vordergrund. Das Erzählungsthema der Paschareise ist ein historisch mögliches, aber nicht sicheres Ereignis. Da es aber ein echtes Ereignis gewesen sein *kann* (s. „Chronologie..."), soll es als solches mit seinem Sinn kurz überlegt werden:

Das Judentum der Zeit Jesu kannte zwei Mündigkeitstermine: zivilrechtlich wurde erst der Zwanzigjährige berechtigt und verpflichtet, religionsgesetzlich jedoch schon der Dreizehnjährige (Lk 2,42); mit dem dreizehnten Lebensjahr sah man außerdem die Geschlechtsreifung des jungen Mannes für abgeschlossen an, bei der Frau mit zwölf Jahren; die Frau wurde deshalb auch schon mit zwölf

Jahren religionsgesetzlich mündig (z. B. zum Gelübde).

Der Vater eines Knaben war verpflichtet, das Kind nach und nach, aber recht früh an die Erfüllung der religiösen Gesetze zu gewöhnen: zuerst an die Erfüllung der leichteren, dann auch an die Erfüllung der schwereren Gesetze. Zu diesen schwereren Forderungen gehörte die Wallfahrt nach Jerusalem; die Verpflichtung dazu bestand nach Vollendung des dreizehnten Lebensjahres. Nach Vollendung des zwölften Jahres aber pflegte man die Jungen auch zu den drei großen Wallfahrtsfesten (Paschafest, Pfingsten und Laubhüttenfest) mit nach Jerusalem zu nehmen, um sie in die Wallfahrtsbräuche einzuführen. Für die Einwohner Jerusalems legten die Schriftgelehrten die Verpflichtung strenger aus, weil für sie mit der Wallfahrt keine anstrengende Reise verbunden war.

Die Paschawallfahrt, von der Lukas erzählt, könnte also als Einübungswallfahrt Jesu gesehen werden. Damit muß aber nicht unbedingt gesagt sein, daß diese Wallfahrt die erste Wallfahrt Jesu nach Jerusalem war.

Der Weg von Galiläa nach Jerusalem und zurück war nicht ungefährlich; deshalb schloß man sich zu Pilgergruppen (Karawanen) zusammen, die am Tag etwa 30 km zurücklegten. Von Nazaret bis Jerusalem waren es etwa 120 km; allerdings mußte man für diesen kürzeren Weg durch Samaria reisen, und die Samariter (s. d.) waren gerade gegenüber den Pilgergruppen nach Jerusalem nicht sonderlich freundlich. Deshalb umging man des öfteren Samarien, zog – von Jerusalem aus – über die Straße Jerusalem–Jericho und dann durch die Jordansenke (auf dem linken Ufer: durch Transjordanien) nordwärts. Bei der Rückkehr, so erzählt Lk, vermißten die Eltern ihren Sohn Jesus; sie meinten, er sei bei der Pilgergruppe (2,44); aber als sie ihn nicht fanden, suchten sie ihn in Jerusalem.

„Nach drei Tagen fanden sie ihn im Tempel" *(2,46).* Man möchte gern wissen, wo Jesus an den Gesprächen der Schriftgelehrten teilnahm; denn „Tempel" bedeutet den ganzen heiligen Bezirk. Am ehesten kann man annehmen, daß solche Gespräche und Diskussionen in der Halle Salomos (s. d.) stattfanden, da diese aus der öffentlichen Lehrtätigkeit Jesu und aus den Zeiten der ersten Christen als

bevorzugter Ort für Reden und Gespräche bezeugt ist (Joh 10,23f.; Apg 3,12–60; 5,13).

„Er saß mitten unter den Lehrern, hörte ihnen zu und stellte Fragen" (2,46). – Die nazarenischen Bilder „Der zwölfjährige Jesus im Tempel" haben die Vorstellung von dieser Szene ganz und gar verdorben. In Wirklichkeit saß Jesus unter den Schülern, er war nicht der Mittelpunkt. Er trat nicht wie ein Lehrer auf. Die Worte des Lukas geben die Situation richtig wieder; denn die Schüler fragen zu lassen, war die Methode der Gesetzeslehrer. Die Lehrer gaben das Thema an, und die Schüler hörten ihren Darlegungen zu, dann diskutierten sie mit dem Lehrer, indem sie fragten, Einwände erhoben usw. Es ist zu beachten, daß Lukas genau die von der Methode geforderte Reihenfolge (zuhören und fragen) wiedergibt. Aber auch die Lehrer pflegten zu fragen; und an einem besonders scharf und originell denkenden Schüler hatten sie natürlich ihre besondere Freude (2,47).

Als die Eltern ihm vorwurfsvoll sagten, sie hätten ihn gesucht, antwortete er: „Wußtet ihr denn nicht, *daß ich in dem sein muß, was meinem Vater gehört?"* *(2,49).* Diese Formel versucht einzufangen, war der griechische Satz sagt. Man versteht den Satz für gewöhnlich vom Tempel („daß ich im Haus meines Vaters sein muß"); aber er kann auch allgemeiner verstanden werden, deshalb übersetzt z. B. die französische Jerusalem-Bibel: „Ne saviez-vous pas que je me dois aux affaires de mon Père" (etwa: „. . . daß ich den Angelegenheiten meines Vaters verpflichtet bin"). Wichtig für die Erhaltung des kerygmatischen Anliegens des Evangelisten ist lediglich der Hinweis auf den Vater. Der Verkündigungssinn der ganzen Erzählung sowie speziell dieses Satzes in bezug auf den Messiashinweis könnte der sein, daß Lukas zeigen will, wie Jesus als Messias Gott ohne Hilfe erkannt hat; denn das glaubte man vom Messias.

ZU Lk 4,16–30:
JESUS IN NAZARET

Die drei ersten Evangelisten erzählen von einem Besuch Jesu in seiner Heimatstadt Nazaret, bei dem er von den Nazarenern übel behandelt wurde. Lukas ordnete diese Erzählung in den Bericht von Jesu erstem Wirken in

Galiläa ein. Von diesem ersten Auftreten Jesu sagt er: „Er (Jesus) lehrte in den Synagogen und wurde von allen gepriesen (4,15). Vor dem Hintergrund dieser Mitteilung spricht er dann von seiner Ablehnung in Nazaret.

Zu der Gewohnheit, am Sabbat in die Synagoge zu gehen (4,16) und über den Verlauf des Synagogengottesdienstes (4,17ff.) s. den Artikel „Synagogengottesdienst". – Die Erzählung des Lukas ist etwas ausführlicher als die bei Mt und Mk. Lukas sagt, Jesus habe im Gottesdienst die Stelle aus Jes 61,1.2 gelesen (4,18.19): den Hinweis, daß nun die Zeit des Herrn beginnt. Diese Jes-Stelle hat natürlich der Evangelist für diese Erzählung ausgesucht; denn er wollte ja Jesus als den Retter verkündigen. Deshalb hat Lk die Erzählung von Jesu Besuch in Nazaret auch an den Anfang der Berichte über sein öffentliches Wirken gesetzt.

Als dann die Nazarener wegen Jesu Anspruch gegen ihn tätlich wurden, brachten sie ihn „an den Abhang des Berges, auf dem ihre Stadt erbaut war, und wollten ihn hinabstürzen. Er aber schritt mitten durch die Menge hindurch und ging weg" (4,29.30). Dabei handelte es sich um einen gescheiterten Versuch der Steinigung (s. d.). –

Die entsprechenden Parallelen stehen bei Mt 13,54–58 und bei Mk 6,1–6. In diesen Evangelien findet man diese Erzählung chronologisch etwas später eingeordnet.

„Kein Prophet wird in seiner Heimat anerkannt" stellte Jesus fest (Lk 4,24).

ZU Lk 6,17–26:
DIE SELIGPREISUNGEN BEI LUKAS

Die Einführung der Bergpredigt bei Mt lautet: „Als Jesus die vielen Menschen sah, stieg er auf einen Berg" (Mt 5,1); Mt wollte mit dieser Bergszene bei der Lehre Jesu an Mose erinnern, den ersten Vermittler der Gebote Gottes; das war ein Gedanke des Evangelisten, der in den Juden seine eigentlichen Adressaten sah. Diese Szenerie ändert Lk: „Jesus stieg mit ihnen den Berg hinab. In der Ebene blieb er mit einer großen Schar seiner Jünger stehen" (Lk 6,17). Wegen dieser Predigtsituation in der Ebene wird des Lukas Parallele zur Bergpredigt des Matthäus oft „Feldrede" genannt.

Auffällig ist gegenüber der allgemein bekannteren Form der Seligpreisungen bei Mt in der dritten Person („Selig die arm sind . . ." 5,3) die Anredeform bei Lk („Selig, ihr Armen . . ." 6,20). Den acht Seligpreisungen bei Mt stehen vier Seligpreisungen und vier Weherufe bei Lk gegenüber.

ZU Lk 9,51–56:
UNGASTLICHE SAMARITER

Diese sechs Verse enthalten einige Sätze, zu denen etwas überlegt werden will:

„Als die Zeit herankam, in der er aufgenommen werden sollte, entschloß sich Jesus, nach Jerusalem zu gehen" (9,51). Die von Lukas hier benutzte Zeitangabe hat bei den Fragen zur Realität der Auferstehung Jesu seit langem eine Rolle gespielt. Was soll damit gesagt sein?

Am nächsten liegt die Bedeutung, die aus dem Wissen des Lukas um den Tod Jesu hervorging. Aus diesem Wissen heraus hätten die Worte einfach bedeutet: Die Zeit des Leidens und Sterbens Jesu kam immer näher; Jesus ahnte dieses Ende voraus – will Lukas sagen – und machte sich deshalb auf den Weg nach Jerusalem.

Dafür aber, daß Jesus mit seinem Tod nicht einfach aus seiner Gemeinschaft ausgeschieden war, hatte Lukas die Zeitangabe als Aussage von seiner Auferweckung (Auferstehung) formuliert: „Als die Zeit herankam, in der er aufgenommen werden sollte". Die Formulierung ist vor allem deshalb so bedeutungsvoll, weil auch am Schluß des Evangeliums nach Lukas einige Auferweckungserzählungen und Erzählungen von Erscheinungen des Auferstandenen gesammelt sind, die die einfache Glaubensformel, daß Jesus „(in den Himmel) aufgenommen" wurde, nicht mehr gebraucht haben. Diese Formel ist aber wohl eine der ältesten und gemeinverständlichsten in den Auferweckungsaussagen.

Ein Nebenakzent liegt im selben Vers auf den Worten, daß „Jesus sich entschloß, nach Jerusalem zu gehen" oder daß er „entschlossen seinen Weg nach Jerusalem nahm" o. ä. Manche sagen, damit sei die Freiwilligkeit des Weges Jesu in die Hauptstadt Jerusalem, seine Sterbestadt, betont. –

Mit diesen wenigen Zeilen 9,51–56 beginnen die Erzählungen der „lukanischen Reise" (9,51–18,14 oder 19,27), die Lukas in dieser Art unter den Evangelisten allein hat. Manche

Bibelherausgeber fassen die Aussagen dieser zehn bis elf Kapitel umgreifenden Jerusalemreise in Lehr- und Ordnungskapiteln zusammen. Die erste Lehre in 9,52–55 setzt für die folgenden Lehren ein ernstes erstes Beispiel: *Weil die Samariter Jesus auf dem Weg nach Jerusalem nicht aufnehmen wollten,* riefen Jakobus und Johannes: Sollen wir Feuer vom Himmel rufen? Das verwies Jesus ihnen, denn „Der Menschensohn ist gekommen, um zu suchen und zu retten, was verloren ist" (19,10). Einen ähnlichen Vers wie diesen aus dem Ende der „lukanischen Reise" haben einige Bibelhandschriften auch schon in 9,55: „Der Menschensohn ist nicht gekommen, um Menschen zu vernichten..." Damit umgreift Lukas die „lukanische Reise" mit dem Bild des rettenden Jesus.

ZU Lk 10,1–24:
SELIG DIE AUSGESANDTEN

In diesen vier Abschnitten will Lukas zeigen, wie zentral das Thema Aussendung für das (junge) Christentum ist. Die Jesusbewegung hängt von der Aussendung der Jünger ab (10,1–16): weil die Ernte groß ist (10,2); weil die Ausgesandten den Frieden bringen sollen (10,5); weil sie die Kranken – d. h. die Kranken in jeder Beziehung – heilen sollen (10,9). Gutes sollen sie tun, weil sich nur so das Reich Gottes nahe zeigen kann (10,11). „Wer euch hört, der hört mich..." (10,16).

Jesus hatte zweiundsiebzig (siebzig) Jünger ausgesandt. Und sie freuten sich, daß sie mit Erfolg zurückkehren konnten. Jesus aber sagte ihnen: „Freut euch nicht darüber, daß euch die Geister gehorchen, sondern darüber, daß eure Namen im Himmel verzeichnet sind" (10,17–20). Vom Gottesreich (Messiasreich) her darf man das vor allem so verstehen: Freuet euch darüber, daß ihr für das Reich Gottes auf Erden wirksam arbeiten dürft. (Ob hier das Stichwort „Lohn" der Jünger nicht mißverständlich ist?)

Darauf läßt der Evangelist Jesus dem Vater Dank sagen: daß er all das „den Weisen und Klugen verborgen, den Unmündigen aber offenbart" hat. Ein Dank dafür, daß all das Gelungene Gegebenes ist – aber unmittelbar darauf folgt ein Hymnus: „Mir ist von meinem Vater alles übergeben worden; niemand weiß,

wer der Sohn ist..." (10,22). Ein Hymnus, den der Schreiber (Lukas) Jesus in den Mund legt, obwohl er Jesus gilt; denn nur dadurch – so meint der Evangelist – kann das Gesagte seine ganze Glaubhaftigkeit bekommen! (10,21.22).

In ähnlicher Weise schließt Lukas die Seligpreisung der Jünger an (10,23.24). Auch diese legt er Jesus in den Mund. Ohne Zweifel geht es hier aber um die Seligpreisung des Evangelisten für die Apostel und die Apostelschüler, weil sie Jesus gesehen, Jesus gehört, Jesus erlebt haben. So könnte sie wie ein Preiswort auf Jesus mißverstanden werden, das Jesus selbst über sich ausspricht.

Die Aussagen Lk 10,1–24 sind ein besonders gutes Beispiel dafür, wie die Evangelisten aus sehr guten, aber ursprünglich nicht auf Jesus selbst bezogenen Worten Texte formulierten, die mehr Jesus selbst meinten als die, die Jesus gemeint hatte. Um darauf hinzuweisen, wurde dieser Abschnitt eingefügt.

ZU Lk 10,25–37:
DER BARMHERZIGE SAMARITER

Diese Beispielerzählung gibt es nur im Evangelium nach Lukas: Ein Schriftgelehrter (s. d.) und Gesetzeslehrer versuchte Jesus auf die Probe zu stellen (10,25); ihn bloßzustellen, ihn in Widersprüche zu verwickeln, ihm eine Äußerung zu entlocken, die man gegen Jesus ausmünzen konnte. Er fragte ihn: „Was muß ich tun, um das ewige Leben zu gewinnen?" Jesus fragte ihn zurück: „Was steht im Gesetz?" Und der Gesetzeslehrer antwortete mit dem „Hauptgebot".

Dieses sogenannte Hauptgebot, das in 10,27 zitiert wird, ist zu lesen in Deuteronomium 6,5: „Du sollst den Herrn, deinen Gott lieben..."; ergänzt wird es durch Lev 19,18: „Deinen Nächsten sollst du lieben wie dich selbst."

Diese Antwort auf die Frage Jesu war durchaus nicht selbstverständlich; sie war nur eine von den möglichen Antworten. Sie liegt im Rahmen der Bemühungen der Schriftgelehrten, die „sechshundertdreizehn Einzelsatzungen" der Tora auf einen Nenner zu bringen. Der Schriftgelehrte Hillel faßte (um 20 v. Chr.) die Tora z. B. in dem Satz zusammen: „Was dir nicht lieb ist, das tu auch du deinem

Nächsten nicht." Rab Akiba (gestorben um 135 n. Chr.) liebte es, in Lev 19,18 den größeren allgemeinen Grundsatz zu sehen; aber Akiba stand damit sicherlich auch schon in einer älteren Tradition. Kurz, es gab eine Reihe von Sätzen, die man als Zusammenfassungen der Tora zitieren konnte. Auch Jesus tat das. Und der Gesetzeslehrer in 10,27 tat es, worauf Jesus ihm recht gab. Von Jesus selbst überliefert Matthäus (22,40), daß er diese beiden Zitate (Dtn 6,5 und Lev 19,18) bevorzugt habe: „An diesen beiden Geboten hängt das ganze Gesetz und die Propheten."

Jesus gab dem Gesetzeslehrer recht und fügte hinzu: „Handle danach, und du wirst leben" (10,28). Dieses Wort enthält eine Polemik gegen das Wissen und die klugen Worte vieler Gesetzeslehrer. Jesus sagte mit Betonung: „Tu das." Das Tun bringt das Leben, nicht das Wissen.

Doch der Gesetzeslehrer wollte seine Frage rechtfertigen (10,29), d. h., er wollte zeigen, warum er seine Frage gestellt hatte: „Wer ist denn mein Nächster?" Diese Frage war eine vieldiskutierte Schulfrage (s. die Bemerkung zu Mt 5,43–48).

Darauf begann Jesus seine Beispielerzählung (s. d.).„Ein Mann ging von Jerusalem nach Jericho..." (10,29–37). Flavius Josephus schrieb in seiner „Geschichte des Jüdischen Krieges" (4,8,3): „Von Jerusalem ist Jericho hundertfünfzig, vom Jordan sechzig Stadien entfernt. Die Gegend bis Jerusalem ist öde und felsig..." Also eine ausgezeichnete Räubergegend. Trotzdem geht eine wichtige Straße durch diese felsige Einöde, die von Jericho bis Jerusalem auf etwa 30 km Länge gut 1000 m Steigung hat (Jericho liegt 250 m unter, Jerusalem 760 m über dem Meeresspiegel). Raubüberfälle werden auf dieser Straße nicht selten gewesen sein; so ist also auch diese Erzählung Jesu aus dem nahen und harten Leben gegriffen.

Ein Priester und ein Levit (10,31.32) sahen den fast zu Tode geprügelten Wanderer; aber beide ließen ihn liegen. Die Priester standen damals wegen ihrer Unsittlichkeit nicht in hohem Ansehen (s. „Johannes d. Täufer", Nr. 1). Aber auf ein sittliches Verdikt kam es Jesus nicht an. Es kam ihm darauf an, den ganz und gar Unangesehenen, den Samariter, von dem gesellschaftlich Angesehenen (Priester und Levit) abzuheben. Also nicht der Priester als hartherziger Mensch, sondern als gesellschaftlich Angesehener wird (nebenbei) gebrandmarkt. Sittliche Haltung erwartete man vom Priester sowieso nicht.

Daß gerade ein Priester und ein Levit auf der Straße zwischen Jerusalem und Jericho von Jesus in seiner Erzählung eingeführt werden, liegt in der Unterhaltsordnung der Priesterschaft von Jerusalem begründet. Jericho war in der Zeit Jesu eine der Hauptpriesterstädte: „Vierundzwanzig Priesterklassen gibt es im Lande Israel und zwölf [von ihnen] in Jericho."[1] Von Jericho aus mußten die Priester und Leviten den in Jerusalem weilenden Priestern und Leviten Jerichos Wasser und Brot bringen. Auf diesen regen Priester- und Levitenverkehr zwischen den beiden Städten spielt die Erzählung Jesu an.

Die Priester und Leviten halfen nicht. Warum nicht? Wahrscheinlich weil dieser „Mann" (10,30) ein am-ha'árez war (s. die Bemerkung zu Mt 5,3); ihn konnte ein Priester nicht einmal berühren, ohne unrein zu werden. Zwar hätte ein Levit sich nicht verunreinigt; aber er dachte nur an seinen Dienst, an den Tempel. Der Samariter aber (s. d.), der Häretiker, der Fremde, von dem man nur Haß erwartete, er rettete den Überfallenen.

Wein und Öl (10,34) goß der Mann aus Samaria dem Überfallenen in die Wunden, weil sie als Wundbalsam galten: der Wein reinigt, zieht die Wunde zusammen; das Öl lindert den Schmerz und hält das wunde Fleisch geschmeidig. Wein und Öl gehörten zum Mundvorrat des Reisenden, daher hat sie auch der Mann aus Samaria im Gleichnis zur Hand (s. in den Artikeln „Wein" und „Öl").

Dann brachte der Samariter den Überfallenen in eine Herberge (10,34). Etwa 19 km vor Jerusalem, an der Straße von Jericho nach Jerusalem, die in alter Zeit hier „Rotsteige" hieß (heute *talat ed-damm*: Blutsteige), liegt ein Chan, der heute eine Polizeistation beherbergt. Die Pilger der christlichen Frühzeit nahmen an, daß in der Nähe dieses Chan der Überfall gewesen sein müsse, von dem das Gleichnis erzählt. Sie nahmen ohne weiteres an, daß Jesus an eine wirkliche Begebenheit angeknüpft habe. Als Ort der Herberge, wohin der Samariter den Verwundeten brachte,

---

[1] Strack-Billerbeck unter Lk 1,5 (A 4).

sah man anfangs Jericho an. Aber 1231 n. Chr. wurde dann in einer Pilgerschrift behauptet, der Chan bei der „roten Zisterne" sei die Herberge, wohin der Samariter den Zerschlagenen brachte. Jedoch hat sich diese Lokalisierung nie ganz durchgesetzt; heute allerdings steht die frühere Raststation in den meisten Reiseführern als „Chan des barmherzigen Samariters".

Der Samariter gab dem Wirt zwei Denare (10,35); das reichte etwa für einen Wochenaufenthalt in der Herberge (s. im Artikel „Das Geld").

Es gibt auch eine Möglichkeit, die Erzählung als Widerspiegelung der politischen Verhältnisse zu sehen. In solchem Falle müßte man das Wort „Räuber" dann politisch verstehen (s. den Artikel „Das politische Messiastreiben...", Nr. 8).

ZU Lk 10,38–42:
MARIA UND MARTA

Diese Perikope ist Sondergut des Evangeliums nach Lukas. Nach Joh 11,1 hieß das Dorf, wo Maria und Marta wohnten, Betanien (s. d.). Bei ihnen genoß Jesus reiche Gastfreundschaft (über die Gastfreundschaft in biblischen Zeiten s. d.). Als Marta Jesus wegen Maria, die sich Jesus zu Füßen gesetzt hatte, den Vorwurf machte: „Herr, kümmert es dich nicht, daß meine Schwester die ganze Arbeit mir allein überläßt? Sag ihr doch, sie soll mir helfen" (10,40), da gab Jesus auf den Vorwurf Martas eine Antwort, die in mancher Beziehung für das Vokabular Jesu aufschlußreich ist (10,41.42).

Jesus redet Marta zweimal an: „Marta, Marta, du machst dir viele Sorgen..." Zweifellos war diese doppelte Anrede im Alltag gebräuchlich, wenn man eine Belehrung, eine Warnung, eine Richtigstellung, eine Klage oder ähnliches aussprechen wollte; vgl. „Jerusalem, Jerusalem, du tötest die Propheten..." (Mt 23,27). Aber da die Rabbinen von denen, die in der Schrift doppelt angeredet werden, ihre tiefgründigen Aussagen machten – z. B. daß sie in der vergehenden und in der zukünftigen Welt genannt werden, daß sie vor der Anrede und nach der Anrede dieselben seien –, scheint hier doch mehr als Alltagsrede vorzuliegen. Jesus, der im Bewußtsein des Heil-

bringers über diese Erde ging, könnte sehr wohl solche doppelte Anrede mit ähnlichem Sinn gefüllt haben.

Und er fuhr fort: „Aber nur eines ist notwendig" (10,42). Das einzig Notwendige nach der Lehre der Schriftgelehrten (s. d.) war die Lehre des Gesetzes, die Unterhaltung und das Nachsinnen über das Gesetz. Jesus erwähnte das Gesetz zwar nicht, hob es nicht ab von seiner Lehre, aber konfrontierte es dennoch in diesem Wort mit seiner Lehre und mit seinem Wort: Sein Wort gehört zum Notwendigen.

Zugleich sollte man aber nicht übersehen, daß die Formel „Nur eines ist notwendig" in Zusammenhang mit den vorhergehenden Worten eine Alltagsschicht hat: „Marta, Marta, du machst dir viele Sorgen und Mühen" (10,41). Das meint sicherlich zunächst die Geschäftigkeit Martas, die – gemäß den Gesetzen der Gastfreundschaft – den Tisch mit vielen Dingen decken möchte. Jesus hält das für überflüssig. Ein einziges Gericht würde ihm genügen. Aber – und das ist charakteristisch für den im Evangelium oft im Gleichnis redenden Herrn –: aus dem einen Notwendigen des Tisches leitet er unmittelbar über zum einen geistig-geistlichen Notwendigen. – Vielleicht gehörte Marta zu denen, die hören und doch nicht verstehen (Mt 13,13).

Jener sehr weltliche Sinn von „Nur eines ist notwendig" ist vielleicht hier Jesu eigentliche Aussage. Dieses Wort spürten die Lehrer und Prediger der Apostelzeit aber als einen Ansatz. Sie hoben das Wort empor, um (ausgehend von der Lehre der Schriftgelehrten über das einzig Notwendige des Gesetzes) die Worte Jesu als das einzig Notwendige vorzustellen. Aber um ihm das Gewicht von Jesus selbst zu geben, ließ der Prediger es Jesus selbst sagen. Und so nahm es dann Lukas in sein Evangelium auf.

ZU Lk 11,5–13:
DER BITTENDE FREUND

Im Anschluß an die Mitteilung des Vater-Gebetes an die Jünger (11,1–4) erzählte Jesus den Jüngern ein Gleichnis vom Beten (11,5–8), das ganz aus dem Leben gegriffen ist; es enthält geradezu ein Alltagsbild des palästinensischen Lebens. Brot konnte man nicht überall beim Bäcker kaufen, sondern man buk es meistens selbst; wenn es ausgegangen war, mußte man backen oder entleihen. Wenn es aber Nacht war, konnte man dazu nicht einfach in ein Haus hineingehen; denn die Tür (s. d.) wurde nachts verschlossen.

In der Auslegung des Gleichnisses (11,9–13) behält Jesus das Bild von der Bitte um Nahrung bei, weil sie das Notwendige ist, womit wir unser Leben erhalten. Er spricht wieder von Brot, aber er spricht auch von Fisch; ein Zeichen dafür, wie sehr der Fisch (s. d.) damals zur täglichen Nahrung gehörte. – Dieses Bitten meint natürlich nicht nur Nahrung. Vielleicht ist es von den Betern oft mißverstanden worden. Deshalb haben später manche Bibelausgaben der Frühzeit in 11,13 hinzugefügt: „. . . wieviel mehr wird der Vater denen, die ihn bitten, vom Himmel den Heiligen Geist geben.“

Viele Bibelwissenschaftler, die sich bei jedem Satz des NT die Frage vorlegen: Ist dies wohl ein echtes Jesuswort oder ist es ein aus Verkündigungswillen Jesus in den Mund gelegtes Wort, halten dieses Gleichnis mit seiner Auslegung als „Urgestein“. Es lohnt sich, die wenigen Sätze daraufhin mit Bedacht zu lesen.

Das Gleichnis selbst hat nur Lukas, die Auslegung findet sich auch bei Mt 7,7–11.

ZU Lk 12,35–48:
GLEICHNIS VOM TREUEN UND SCHLECHTEN KNECHT

Dieses Gleichnis soll hier nicht seines Inhalts wegen besprochen werden. Vielmehr soll der kritische und aufmerksame Leser bei Lesung dieses Gleichnisses spüren, wie die Bearbeitungen (Redaktionen) älterer Texte auch mal zu wenig bewundernswerten Ergebnissen gelangen können. Gerade die Redaktion und die Zusammenarbeit der Vorlagen zu diesem Gleichnis können das klar machen. Um es ganz sichtbar zu machen, müßte allerdings viel dazu gesagt werden; hier wollen wir nur ein paar Andeutungen machen, die dem nachdenklichen Gleichnisleser etwas helfen werden.

Das Gleichnis beginnt sehr schön mit dem Bild der Knechte, die auf die Rückkehr ihres Herrn warten (12,35–38). Aber dann wechselt das Bild zum Herrn, der nicht weiß, wann der Dieb kommt (12,39). Die Einheitlichkeit der Gleichnisbilder geht verloren. In den ersten Versen (12,35–38) klingt der Gehalt des Gleichnisses von den klugen und törichten Jungfrauen nach (Mt 25,1–13); ab 12,39 drängt sich die Gefahr der eschatologischen Zeit auf: „die einbrechende Krisis“ wird erwähnt, sagt David Flusser in seinem Gleichnisbuch (S. 89). Lk schließt hier an Mt 24,37–41 an; der Inhalt dieser Verse ist aber besser aufbewahrt in Lk 17,29–37.

Aber das Gleichnis wechselt noch einmal seinen Inhalt (12,41 ff.) und sein Ziel. Man muß das mal mit Verwunderung lesen. – Natürlich läßt sich aus all dem exegetisch eine Einheit machen; aber die großartige Einheit der Urgleichnisse Jesu läßt sich hier nicht mehr entdecken. Der lukanische Endredaktor hat die hier vorliegende (nicht bewundernswerte) Redaktionseinheit trotz ihrer Mängel übernommen, weil er darin noch Gleichnisansätze Jesu spürte.

ZU Lk 12,49–53:
VON FRIEDEN UND ZWIETRACHT

Ein Abschnitt, der sehr verschieden verstanden wird. Das richtige Verständnis ist wohl, ihn als eine matthäisch-lukanische Aussage (also der späteren Evangelistenzeit) zu sehen. Zwar werden die Worte Jesus in den Mund gelegt, aber die Aussage selbst ist wohl eine Erfahrungsmitteilung der (etwa dritten) christlichen Generation: Die Folge des Kommens Jesu bewirkt oft auch ein Auseinanderfallen von Menschen *einer* Familie, weil die einen seinem Wort glauben und folgen, die anderen ihm aber nicht glauben und folgen. Die Art, wie es (von Mt und Lk) gesagt wird, kann keine Weissagung (und erst recht kein Wunsch) Jesu bedeuten, sondern als Worte Jesu wäre es eher eine Vermutung, wie alles kommen wird. Die Evangelisten haben es schon erfahren (s. auch Mt 10,34–36).

ZU Lk 15,3–32:
DREI GLEICHNISSE VOM VERLORENEN

Das Gleichnis vom verlorenen Schaf (15,3–7) lebt stark aus rabbinischen Erzählmotiven; auch die Folgerung ist den Schriftgelehrten nicht fremd – und doch ist bei Jesus ein neuer, absoluter Ton darin.

Erzählungsmotiv der Schriftgelehrten ist *die Schaferzählung* an sich: Mose ging als Schafhirt in der Wüste Midian (s. d.) einem verlorenen Schaf nach und trug es auf den Schultern zur Herde zurück; deshalb berief ihn Gott zum Hirten Israels. Das Zurücktragen eines verirrten Schafes galt als Zeichen guten Herzens; es konnte nach dem Diebstahl eines Schafes sogar strafmildernd sein. Hier wirkten nicht nur die alten Viehzüchtertraditionen Israels nach, sondern die Viehzucht (s. d.) war auch zur Zeit Jesu, vor allem in Judäa, ein lebendiger Erwerbszweig. Das Gleichnis schöpft in seinem Bild also sowohl aus der Tradition wie aus der Gegenwart der Zeit Jesu.

Erzählungsmotiv der Schriftgelehrten ist auch das Zahlenspiel *„hundert Schafe – ein Schaf – neunundneunzig Schafe"*. In der rabbinischen Sprache kommt vor allem der Gegensatz „hundert Werke – ein verdienstliches Werk – neunundneunzig schuldhafte Werke" vor, womit die Schriftgelehrten das Gewicht des einen verdienstlichen Werkes bekräftigen: beim Wägen der Werke läßt das *eine* verdienstliche Werk die Waagschale ausschlagen. Oder bei der Mahnung, sich für den Tag des Todes bereitzuhalten, sagten die Schriftgelehrten etwa: Neunundneunzig sterben an einer Krankheit, einer aber durch die strafende Hand Gottes. Oder: Der Rat eines Mannes, der mit dem Gesetz übereinstimmt, gilt mehr als der Rat von neunundneunzig anderen, deren Rat aus Ichsucht gegeben wird.[1]

Lehre der Schriftgelehrten war auch, daß ein Sünder, der Buße (s. d.) getan hat, durchaus neben den Gerechten steht, die ihr Leben lang untadelig waren. Am Laubhüttenfest (s. d.) tanzten die Büßer mit den von Jugend an Gerechten gemeinsam im Tempel den Fakkeltanz. Während die einen sangen: „Heil unserer Jugendzeit, denn sie beschämt unser Alter nicht!", sangen die anderen: „Heil unserem Alter, denn es hat unsere Jugendzeit gesühnt!" Und beide sangen: „Heil dem, der nicht gesündigt hat, und Heil dem, dem seine Sünde vergeben ward!" (s. den Artikel „Gerechtigkeit".)

Das andere und Neue in diesem Gleichnis Jesu ist aber der Hinweis auf die Zöllner und öffentlichen Sünder, der sich aus der Situation ergibt. Der Haß diesen gegenüber war von seiten der Pharisäer und pharisäischen Schriftgelehrten so groß, daß sie Zöllner und öffentliche Sünder in die Rechtfertigungsmöglichkeit praktisch nicht miteinbezogen.

In dem Satz „im Himmel wird mehr Freude herrschen über einen einzigen Sünder, der umkehrt, als über neunundneunzig Gerechte" (15,7) ist der Ausdruck „im Himmel" eine Umschreibung für Gott. Die Größe Gottes verbot es, von Gott in menschlicher Weise Gemütsbewegungen auszusagen. Nichtsdestoweniger ist aber Gott gemeint (s. den Artikel „Jahwe").

Zum Gleichnis von der verlorenen Drachme (15,8–10) s. den Artikel „Geld". Das Gleichnis gibt ein Genrebild des jüdischen Alltags im Hause. Besonders hinzuweisen ist auf das Licht, das die Frau anzünden muß, um das Geldstück wiederzufinden. In ihrem Hause war es auch am Tage dunkel oder wenigstens dort, wo sie die Drachme vornehmlich suchte: auf dem Schlafpodest (s. den Artikel „Das Haus").

Die Freude der Engel Gottes (15,10) meint ebenfalls Gott; nicht als ob Gott hier den Engeln gleichgesetzt würde – aber indem der griechische Text sagt: „So wird auch *vor* den Engeln Gottes Freude sein", wird hier von der Freude Gottes gesprochen (s. die Schlußbemerkung zum vorhergehenden Abschnitt!)

Das Gleichnis vom verlorenen Sohn (15,11–32) gehört zu den kostbarsten Erzählungen Jesu. Sie könnte gut die Nacherzählung eines Schicksals sein, das Jesus kannte und das er zum Gleichnis formte. Abenteuernde junge Juden gab es damals nicht wenige. Sie zogen in *ein fernes Land* (15,13), das im rabbinischen Hebräisch meist mit *medinát hajam* (etwa: Land hinter dem Meer) wiedergegeben ist: Zypern, Mazedonien, Griechenland, Italien oder Spanien.

Ein Sohn hatte sich vom Vater sein Erbteil auszahlen lassen (15,12). Als er dies in der Ferne durchgebracht hatte und eine Hungersnot entstand, verdingte er sich an einen Bürger jenes Landes, der durch seine Schweinezucht als Heide charakterisiert wird (15,15). Damit ist das ganze Elend umschrieben: Nicht nur

---

[1] Einzelbelege bei Strack-Billerbeck unter Mt 18,12.

daß er arm war, er mußte auch Knecht eines Heiden werden und *Schweine hüten,* also gerade jene Tiere, die dem Juden als unrein galten. Er hätte gern die Futterschoten gegessen, die die Schweine fraßen: die Früchte vom Johannesbrotbaum (15,16), die in Palästina als Hungerbrot und Viehkost galten. Aber die die Schweine fütterten, schütteten sie – wohl wegen der Hungersnot in wohlabgemessenen Rationen – den Tieren vor, und er konnte nicht darankommen.

„Da ging er in sich" (15,17) ist Redeweise der Schriftgelehrten: Anfang der Bekehrung. Jesus knüpfte also – während er zu Schriftgelehrten sprach – an ihre eigene Redeweise an.

Der verlorene Sohn dachte an das Haus seines Vaters und sagte zu sich: *„Ich will... zu meinem Vater gehen"* (15,18). Auch mit dieser Formel bedient sich das Gleichnis rabbinischer Sprache. Häufig verglichen die Schriftgelehrten die Barmherzigkeit Gottes gegenüber dem mißratenen Sohn Israel mit der Barmherzigkeit des irdischen Vaters. Aber Jesus läßt das Gleichnis nicht fallen oder in direkte Lehre übergehen; er bleibt im Bilde, indem er den Sohn sagen läßt: „Vater, ich habe mich gegen den Himmel und gegen dich versündigt" (15,18), d. h. gegen Gott und gegen dich. Wieder steht „Himmel" an der Stelle der Vokabel „Gott", und in der Formel „Ich bin nicht mehr wert, dein Sohn zu heißen" (15,19) benutzt er wieder Formelgut der Schriftgelehrten („Ich bin nicht wert, daß du zu mir geschickt hast", „Wir sind nicht wert, daß er uns bedient" u. ä.). Die Schriftgelehrten hörten ihre eigene Sprache.

Nachdem der Sohn heimgekehrt, überhäuft ihn der Vater mit Wohltaten (15,22.23): *das beste Gewand,* eigentlich – nach dem griechischen Text – „das erste Kleid", *Ring* und *Schuhe* (s. d.); all das ist nicht nur Bekleidung für den abgerissenen Heimkehrer, sondern Ausstattung wie zu einem Amt.

Einen interessanten Zug, der einen Einblick in den bäuerlichen Lebensstandard der Zeit Jesu gibt, liefert Vers 15,29; der getreidebauende Bauer aß wenig Fleisch. Und genauso darf man von den Landbauern allgemein annehmen, daß sie wenig Fleisch aßen. Wenn es in den Lehren der Rabbinen über die Verteilung des Osterlammes heißt, daß jeder mindestens „soviel wie eine Olive" bekommen sollte, so bestätigt das diesen allgemeinen Zug. –

Sieh zu diesen drei Gleichnissen auch die Bemerkungen unter der Literaturform „Gleichnisse".

ZU Lk 16,1–31:
DAS GLEICHNIS VOM KLUGEN VERWALTER UND DAS BEISPIEL VOM ARMEN LAZARUS

Diese beiden Erzählungen sind Sondergut des Evangeliums nach Lukas. Zum Gleichnis vom klugen Verwalter s. auch im Literaturkapitel „Gleichnisse".

Das Gleichnis vom klugen Verwalter (16,1–13) hat zwar einen allgemeinen Sinn, ist aber vordergründig als Auseinandersetzung Jesu mit den Pharisäern bzw. mit den pharisäischen Schriftgelehrten (und Sadduzäern) zu sehen. Jesus apostrophiert diese als ungetreue Verwalter, die die Schuldscheine fälschen, in denen die Schuld des Menschen gegenüber Gott aufgezeichnet ist. Das Gleichnis ist deshalb wohl am richtigsten zu verstehen, wenn man darin eine Kritik Jesu an der buchstabenmäßigen und äußerlichen Erfüllung des göttlichen Gesetzes sieht, wie sie von vielen gesetzestreuen Juden geübt wurde.

„Ein reicher Mann hatte einen Verwalter" (16,1). In ältesten Zeiten waren die Haushalter und Verwalter meistens Sklaven in leitender Stellung. Ein solcher war Josef im Hause des Potifar. Diesen leitenden Sklavenstand gab es auch noch zur Zeit Jesu. Im Gleichnis vom gerissenen Verwalter ist aber an einen freien Mann zu denken, der bei seiner Absetzung ohne Erwerb dastünde. Ein Sklave hätte sich keine Gedanken darüber zu machen brauchen, woher er nach der Absetzung als Verwalter seinen Lebensunterhalt bekommen würde. Sein Eigentümer war ja zu seinem Unterhalt verpflichtet.

Zu der Überlegung: „Zu betteln schäme ich mich" (16,3) s. den Artikel „Bettler". – Zu den Schuldmaßen:

100 Faß Öl (16,6), im Griechischen: 100 Bat Öl, sind nach heutigem Maß 22 Hektoliter Öl; s. im Artikel „Maße und Gewichte"; 100 Sack Weizen (16,7), im Griechischen: 100 Kor Weizen, sind 220 Hektoliter Weizen, im Hohlmaß und nicht nach Gewicht gemessen; s. im Artikel „Maße und Gewichte".

Da sagte er zu den Schuldnern: „Nimm deinen Schuldschein... und schreibe...“ (16,6.7). Schulden waren auch noch in der Zeit Jesu sehr oft nicht Geldschulden, sondern Warenschulden. Wer eine schlechte Ernte gehabt hatte, lieh sich die Früchte, die er selbst nicht ernten konnte (das Gleichnis ist also dem landwirtschaftlichen Bereich entnommen). Solche Schulden durften im Sabbatjahr (s. d.) nicht eingefordert werden. Wegen der Unsicherheit der Geldwerte zog man im allgemeinen vor, Geldschulden in Warensummen auszudrücken (s. den Artikel „Das Geld“).

Der Schuldschein mußte vom Schuldner selbst ausgeschrieben werden. Der Schriftduktus des Schreibers war das eigentliche Schuldzeichen. Zwar schrieb man sehr wenig. Öffentliche Schreiber übernahmen das Schreiben von Briefen, Scheidebriefen u. ä. Schuldscheine jedoch mußte man selber schreiben. Wenn sie von einem Schreiber vorgeschrieben wurden, mußte der Schuldner wenigstens die Zahlzeichen eintragen.

Der Verwalter gibt also die Schuldscheine dem Schuldner zurück und läßt ihn die Zahlen ändern. Geänderte Zahlen waren nicht verdächtig, da auf diese Weise auch die Rückgaben eingetragen wurden. Der Schuldner bekam für Rückgaben keine Quittungen, sondern er durfte selbst im Schuldschein die Schuldsumme ändern. Der Betrug des Verwalters im Gleichnis bestand also darin, daß er die Schuldner Rückgaben eintragen ließ, ohne daß er – der Verwalter – diese wirklich bekommen hatte. Dadurch verschaffte er sich Freunde.

Dies ist die eine Möglichkeit, das Gleichnis in seinen Realien darzustellen. Es ist jedoch auch möglich, nicht „Schuldschein“, sondern „Pachtschein“ zu übersetzen. Dann stellt sich der Vorgang im Gleichnis etwas anders dar:

Der Verwalter hatte Pachtscheine ausgestellt, die ziemlich hohe Pachtsummen verlangten: 100 Faß/Bat Öl für ein bestimmtes Gelände mit Ölbäumen, 100 Sack/Kor Weizen für ein bestimmtes Gelände Weizenland. Er hatte aber in die Einnahmebücher weniger eingetragen, als er eingenommen hatte. Damit verschleuderte er die Güter seines Herrn (16,1), weil er das Unterschlagene für sich verkaufte. Als er nun zur Rechenschaft gezogen werden soll, läßt er die Pachtscheine ändern; einmal schafft er sich damit unter den Pächtern Freunde, sodann aber kann er vor seinem Herrn darauf hinweisen, daß er nichts unterschlagen hat, weil ja die Pachtscheine auf die Summen der Einnahmen lauten. (Unter einem Schuldschein oder Pachtschein muß man sich einen Papyrusstreifen vorstellen: s. d.).

Die Verse 16,9–13 sind Erklärungen zu diesem Gleichnis, die Jesus – wie viele heute meinen – nicht vor dem Volke angefügt hat, sondern als er mit den Jüngern allein war: „Und der Herr lobte die Klugheit des unehrlichen Verwalters“ (16,8). Er lobte nicht die Untreue, sondern die Klugheit, etwa in dem Sinne: Der Herr konnte nicht umhin, die gerissene Klugheit seines ungetreuen Verwalters anzuerkennen.

Und Jesus fügte hinzu: „Macht euch Freunde mit Hilfe des ungerechten Mammons, damit ihr in die ewigen Wohnungen aufgenommen werdet, wenn es (mit euch) zu Ende geht“ (16,9). Hierin liegt das Tertium comparationis des Gleichnisses. Der Verwalter hatte sich auf seine Weise Freunde mit dem Mammon gemacht. Ihr aber macht euch auf eure Weise Freunde mit ihm. Zwar ist er meist ein „ungerechter Mammon“, d. h., er ist oft auf ungerechte Weise erworben. Trotzdem benutzt ihn richtig – etwa durch Almosengeben, durch Helfen überhaupt...

Die Formel „damit ihr aufgenommen werdet“ ist rabbinisch. Man sagte nicht: damit Gott euch aufnimmt, – weil man den Gottesnamen auszusprechen sich scheute (s. im Artikel „Jahwe“); man sagte „damit man euch aufnimmt“ oder „damit sie euch aufnehmen“ oder ähnlich. – Über die „ewigen Wohnungen“ s. im Artikel „Versuch...“, S. 687.

Das Beispiel vom reichen Mann und vom armen Lazarus (16,19–31) ist ebenfalls ein Sondergut des Evangeliums nach Lukas; früher wurde es meistens auch „Gleichnis“ genannt. Heute spricht man es als „Beispiel“ an; deshalb s. auch im Literaturkapitel unter „Beispiele“.

Im Anschluß an das Verwaltergleichnis hatte Jesus in 16,13 und 16,15 zwei harte Angriffe gegen die Pharisäer ausgesprochen. Lukas leitet in 16,14 den zweiten Angriff so ein: „Das alles hörten auch die Pharisäer, die sehr am Geld hingen.“ Sie erkannten wohl, daß das Gleichnis gegen sie gerichtet war. Jesus selbst legte das Gleichnis sogar sehr deutlich gegen die Pharisäer aus: „Wer in den kleinsten Dingen zuverlässig ist, der ist es auch in den großen, und wer bei den kleinsten Dingen Unrecht tut, der tut es auch bei den großen. Wenn ihr im Umgang mit dem ungerechten Reichtum nicht zuverlässig gewesen seid [mit dem Mammon, bei dessen Erwerb fast immer Ungerechtigkeit im Spiele ist], wer wird euch dann das wahre Gut anvertrauen?" (16,10.11). Vielleicht spielte Jesus auf Veruntreuungen bei der Verwaltung der Tempelsteuer und der Tempelkasse an; diese könnten chronologisch am besten eingeordnet werden nach dem letzten Laubhüttenfest, etwa beim Tempelweihfest, wo auch solche Chronologien das Prassergleichnis mit Vorliebe einordnen, die das Gleichnis vom ungerechten Verwalter auf frühere Zeiten verlegen.

Leider läßt sich das Motiv des Hohns nur vermuten. Am wahrscheinlichsten wird es aber wohl den oben zitierten Worten gegolten haben: „Wer in den kleinsten Dingen zuverlässig ist, der ist es auch in den großen . . . (16,10). Das konnten die Pharisäer nur auf die Gesetzeserfüllung beziehen, in der sie sich für auch im Kleinsten treu hielten; Jesus aber hielten sie nicht für gesetzestreu. Die Antwort Jesu (16,15) bestätigt diese Auffassung: Ihr mögt euch vor den Menschen als Gerechte, d. h. als treue Erfüller des Gesetzes ausgeben, aber Gott kennt eure Herzen.

Das nachfolgende Gleichnis ist also – nach dem soeben Dargelegten – wohl dann auch nicht so sehr eine Kritik des Reichtums, sondern eher eine Kritik der pharisäischen „Gerechtigkeit" (s. d.). Die pharisäische Auslegung der Reinheitsgesetze wird von Jesus als Beispiel für die Gottlosigkeit ihrer „Gesetzeserfüllung" herangezogen. Der Reiche dieser Beispielerzählung ist demnach als ein gesetzestreuer Reicher zu sehen, der den Bettler (s. d.), doppelt verachtet: einmal, weil er zu den *ámme ha'árez* gehört (s. d.), und außerdem, weil er durch seine Geschwüre unrein ist (s. den Artikel „Rein und unrein"). Einem solchen zweifach Unreinen konnte ein reicher „Gesetzestreuer" kein Brot geben. Ihm gegenüber gab es keine Barmherzigkeit.

Diese doppelte Trennung zwischen dem reichen und „gerechten" Prasser und dem armen Lazarus pointiert auch den Sinn des Fortgangs der Erzählung. Denn als der Arme und der

Reiche nacheinander sterben, trat die Frage auf: Wie wird ihnen jetzt ihr Leben vergolten? Die Vergeltungsvorstellungen dieses Kapitels sind im Artikel „Versuch . . ." berücksichtigt.

Leicht zu übersehen sind die drei Wörtchen am Ende des Satzes: Auch der Reiche starb *und wurde begraben* (16,22). Die Absicht dieser Mitteilung ist die, zu sagen, daß der Reiche bis zuletzt auf Erden vom Gottesgericht verschont wurde; denn „er wurde begraben". Kein irdisches Gottesgericht minderte und linderte also die jenseitige Strafe.

Die Verse 16,26–31 könnten eine katechetische Erweiterung der ursprünglichen Erzählung Jesu sein, die sich aus dem Unglauben gegenüber dem erhöhten Herrn ergab. Der Evangelist würde damit also sagen: Wenn man Mose und die Propheten richtig hört, ist der Weg zum Glauben an die Frohbotschaft Jesu frei; die Erhöhung Jesu aber kann die [Juden], die Mose und die Propheten nicht richtig hören und verstehen, auch nicht zum Glauben bringen.

ZU Lk 17,20–37:
GOTTESREICH UND MENSCHENSOHN

Der Lukas-Redaktor fügt in die letzten Kapitel der „lukanischen Reise" eine wichtige Jesusdarlegung ein, die vom Gottesreich und vom Menschensohn handelt.

Das Gottesreich ist eine uralte Erwartung, die von vielen Völkern und Zeiten religionsgeschichtlich bezeugt ist: unter den verschiedensten Namen wie z. B. „Reich der Wahrheit" (Buddha), „Goldenes Zeitalter" (Römer: Vergil). Oft trägt dieses Gottesreich bei den Völkern Züge eines Herrscherkults. Auch bei den Juden gab es einen Kontakt zwischen Gottesreich und Herrscher: das Gottesreich werde – so glaubte man – begründet und/oder regiert von einem besonderen (gesalbten) König – dem Messias.

An diesen Glauben knüpft die Frage der Pharisäer (s. d.) an, wann das Reich Gottes komme (17,20). Aber die Antwort Jesu verneint diese Art von Gottesreich: „es kommt nicht so, daß man es an äußeren Zeichen erkennen könnte" (17,20). Es ist nicht hier oder dort (in königlichen Erscheinungen), sondern es ist „mitten unter euch" (17,21). Damit spricht Jesus von einem ganz andersgearteten Gottesreich als es das Volk und auch die Pharisäer erwarten. Aber Jesus erklärt vor den Pharisäern dieses Gottesreich nicht im einzelnen; so geht es wenigstens aus Lk 17,20–21 hervor.

In den folgenden Versen läßt Lukas dann Jesus vom „Menschensohn" als dem Bringer (und Träger) des wahren Gottesreichs sprechen (17,22–37).

Der Menschensohn wird kommen, sagt Jesus, und die Jünger würden sich freuen, wenn sie auch nur einen seiner Tage erleben könnten. (Es ist sehr deutlich, daß Jesus an dieser Stelle bei Lk nicht von sich selbst spricht!) Aber sie werden ihn nicht erleben (17,22). Was auch immer Lk mit der Zeit des kommenden Menschensohnes meint – eines ist sicher, daß er nicht von der Zeit der Apostel spricht. Dieser Abschnitt bei Lk ist also wohl erst in der zweiten oder gar dritten Christengeneration entstanden. Es gab damals allerlei Vorstellungen, wie man das Kommen des Menschensohnes erleben würde. Jesus sagte (oder: Lk läßt Jesus sagen): Das Erscheinen des Menschensohnes ist sichtbar wie ein Blitz – man braucht nicht suchend hinter ihm herzulaufen (17,23.24).

Die Frage ist: Wer ist hier mit dem „Menschensohn" gemeint? Gewiß ist hier der Messias gemeint – aber nicht der Messias, wie ihn das Volk und die Pharisäer erwarten. Der hier gemeinte Messias ist ein *Mensch,* der die Fülle des Menschseins im Dienste der anderen Menschen mitbringt.

„Vorher aber muß er vieles erleiden und von dieser Generation verworfen werden" (17,25). Als Wort Jesu bietet sich dieser Satz wie eine Weissagung auf sein Leiden und seinen Tod an – aber als Wort des Evangelisten, der ja vom Schicksal Jesu weiß, ist es ein Hinweis auf Jesus als Menschensohn-Messias.

Die Zeit des Menschensohnes bietet sich nicht als großartige menschliche Zeit an. Lukas läßt Jesus an die schlimmen Zeiten des Noach erinnern, an die schlimmen Zeiten des Lot in Sodom – so wird es auch in den Zeiten des Menschensohns sein: es ist keine Zeit der guten Menschen, und ist keine Zeit des schonenden Gottes: (Nicht jeder Satz – z. B. nicht 17,31–33 – trägt etwas Klärendes dazu bei, was Lukas Jesus sagen läßt!) Aber die Grundaussage ist klar: Von zweien wird einer dem Menschensohn nicht folgen, und der andere wird

ihm folgen. In der Nachfolge Jesu teilt sich die Menschheit.

Es soll noch einmal gesagt sein: Dieser Abschnitt des Evangelisten Lk hat seinen Gehalt bekommen durch die Realitäten der Generation des Lukas. Es gab kein großartiges Christentum, sondern eine in Bosheit und Gutheit geteilte Menschheit. Und für diese Zeit ist der Menschensohn gekommen – als des Menschen Helfer.

ZU Lk 18,9–14: BEISPIEL VOM PHARISÄER UND ZÖLLNER

Diese Beispielerzählung ist Sondergut des Evangeliums nach Lukas. – Siehe die Artikel „Pharisäer" und „Zöllner".

„Einigen, die von ihrer eigenen Gerechtigkeit überzeugt waren und die anderen verachteten, erzählte Jesus dieses Beispiel . . ." (18,9). Dieser Satz und das Gleichnis zeigen, daß Jesus durchaus an die sittlichen Lehren von Rabbinen seiner Zeit anknüpfte; denn so sagte z. B. Rabbi Hillel (um 20 v. Chr.): „Vertraue nicht auf dich selbst bis zum Tage deines Todes."[1] Die durch den Trieb zur Nachlässigkeit stets gefährdete Gerechtigkeit (s. d.) ließ viele Rabbinen vor diesem Selbstvertrauen warnen.

„Zwei Männer gingen zum Tempel hinauf, um zu beten" beginnt die Erzählung, „der eine war ein Pharisäer, der andere ein Zöllner. Der Pharisäer stellte sich hin . . ." (18,10.11). Der polemische Ton, der in „stellte sich hin" mitklingen könnte, fehlt im griechischen Text. Es steht dort einfach: „Der Pharisäer stand und betete." Das Stehen war die Regel beim Beten. Die rabbinischen Texte sprechen deshalb oft vom „Stehen vor Jahwe", wenn sie vom Beten sprechen. Aber auch gehend, sitzend und liegend wurden bestimmte Gebete verrichtet. Knien war nur als „Niederfallen" und als Kniebeuge bekannt: Mittel zum ekstatischen Gebet; anhaltendes Knien beim Beten war nicht üblich.

„Der Pharisäer sprach leise dieses Gebet: Gott, ich danke dir, daß ich nicht wie die anderen Menschen bin" (18,11). Aus der

---

[1] Strack-Billerbeck zu Lk 18,9.

Überzeugung, daß Gesetzesstudium und Gesetzesbefolgung die Höhe des Lebens seien, konnte bei denen, die sich ganz dem Gesetz (s. d.) widmeten, leicht ein geringschätziges Hinabschauen auf andere werden (s. den Text zu Mt 5,3 und den Artikel „Das Buch Jesus Sirach").

Aus der Zeit um 70 n. Chr. sind Gebete überliefert, die fast genau diese in der Erzählung Jesu gebrauchte Formel enthalten. Die Formel ist von Jesus also wohl kaum erfunden, sondern das Zitat gebräuchlicher Gebetssätze gesetzesstrenger Juden, zu denen sich ja besonders die Pharisäer rechneten.

„Ich faste zweimal in der Woche" (18,12) betete der Pharisäer. Jesus läßt den Pharisäer damit auf sein privates, freiwilliges Fasten hinweisen, das als Zeichen der Frömmigkeit galt (s. den Artikel „Das Fasten"); „... und gebe dem Tempel den zehnten Teil meines ganzen Einkommens" (18,12). Es handelte sich hier wohl kaum um die Erfüllung der allgemeinen Zehntpflicht, sondern um Übererfüllung. Da es sich um eine *Erzählung* und nicht um ein Geschehen handelt, ist es sinnlos, sich darüber zu unterhalten, wie der Pharisäer diese Zehntpflicht übererfüllte. Es gab dafür mehrere Möglichkeiten, wie der Artikel vom Zehnten (s. d.) kurz dartut; Jesus aber faßte diese Übererfüllung in der pauschalen Formel zusammen: Dieser Pharisäer rühmte sich, daß er „den Zehnten von *allem*" entrichtet, was er erwirbt, also auch von dem, was gar nicht zehntpflichtig war.

„Der Zöllner aber blieb ganz hinten stehen ..." (18,13). Der Pharisäer betete im inneren Vorhof des Tempels; der Zöllner aber, so scheint es Jesus darstellen zu wollen, im äußeren Vorhof des Herodianischen Tempels. Vergleiche die Karte S. 674.

„Dieser kehrte als Gerechter nach Hause zurück, der andere nicht" (18,14). Diese Feststellung Jesu schlägt dem jüdischen Bußbrauch jener Zeit und dem formulierten Gesetz ins Gesicht. Nach der Überzeugung der Gesetzeslehrer konnte einer nur gerechtfertigt werden, wenn er einen Schaden voll und mit Bußzugabe erstattet hatte (s. den Text zu Lk 19,8). Der Zöllner der Erzählung Jesu aber wird allein durch sein demütiges Sündenbekenntnis gerechtfertigt; der Pharisäer dagegen, der den Zehnten von allem gibt und mehr tut, als das Gesetz von ihm verlangt – der

niemandem etwas fortnimmt, sondern reichlich den Armen gibt, er ist nicht gerechtfertigt, weil er sich mit seiner Frömmigkeit gebrüstet hat.

ZU Lk 19,1–10:
JESUS BEIM ZÖLLNER ZACHÄUS

Die Erzählung von Zachäus ist Sondergut des Evangeliums nach Lukas. Zachäus war Zöllner in Jericho (s. d.).

Als Jesus nach Jericho kam, kletterte der kleine Oberzöllner Zachäus auf einen Maulbeerbaum (s. d.), um Jesus sehen zu können. Als die Menge vorbeizog, mag man Jesus auf den schamlosen Sünder, der er nach Ansicht der Pharisäer war, und auf den Betrüger, was alle Zöllner nach Meinung des Volkes waren, hingewiesen haben. Aber Jesus reagierte nicht mit Abscheu, sondern rief Zachäus vom Baum herunter und ging mit in sein Haus. Das war sowohl eine religiöse wie eine nationale Herausforderung (s. die Artikel „Rein und unrein" und über die Zöllner).

Zachäus war jüdischer Zöllner; deshalb konnte er nur als „Sünder" angesehen werden. Auch sein Name „Zakkaj" weist auf den Juden hin; er könnte eine Kurzform für „Zekarja" (Sacharja, Zacharias: „Jahwe hat sich erinnert") sein oder auch „der Reine" bedeuten. Diese Bedeutung muß ihn, der als jüdischer Zöllner unablässig im Zustand der Unreinheit lebte, dem besonderen Spott der Pharisäer ausgesetzt haben.

Als Zachäus neben Jesus zu Tische lag, versicherte er ihm: „Herr, die Hälfte meines Vermögens will ich den Armen geben, und wenn ich von jemand zu viel gefordert habe, gebe ich ihm das Vierfache zurück" (19,8). Die Vergehen gegen fremdes Eigentum wurden nach jüdischem Recht durch Rückerstattung getilgt und durch eine Mehrerstattung gesühnt. Die Sätze für Mehrerstattung waren geregelt. Bei fahrlässigen Vergehen mußte z. B. ein Fünftel (die Rabbinen lehrten: ein Viertel) mehr erstattet werden; bei Diebstahl konnte bis zur vierfachen Erstattung auferlegt werden. Zachäus verurteilte sich also in seinem Wort an Jesus sozusagen zur Höchststrafe für Diebe.

Die Antwort Jesu an Zachäus lautete bei Lukas: „Heute ist diesem Haus das Heil geschenkt worden, weil auch dieser Mann ein

Sohn Abrahams ist" (19,9). Man ist gewohnt, diesen Satz auf die Einkehr Jesu bei Zachäus anzuwenden. Der Gedankengang ist aber doch wohl etwas anders. Das „Heil", das dem Hause des Zachäus widerfahren ist, war das spontane Schuldbekenntnis und die spontane Umkehr des Zöllners; und es *konnte* ihm widerfahren, „weil auch er ein Sohn Abrahams ist", was auch von den Rabbinen keineswegs nur als leibliche Abstammung gesehen wurde, sondern auch als sittliche Kategorie. Das Wesen Abrahams wurde von den Juden darin gesehen, daß er dem Ruf Gottes gefolgt ist. Das jedoch tat eben auch dieser Zöllner Za-

chäus, als Jesus ihn rief. (Immerhin wird durch den Evangelisten verkündigt, daß Jesus mit Gottes Stimme ruft!) Warum Jesus aber auch ihn rief, sagt 19,10: „Der Menschensohn (s. d.) ist gekommen, um zu suchen und zu retten, was verloren ist."

DIE LEIDENSGESCHICHTE
und das Kapitel
**„AUFERSTEHUNG UND
ERSCHEINUNGEN JESU"**
siehe Seite 390.

Das Evangelium nach Johannes

Dieses vierte Evangelium ist ganz und gar anders geartet als die Evangelienschriften der Synoptiker (s. d.). Teilweise führt man diese Andersartigkeit darauf zurück, daß der Vierte Evangelist eine Schrift vorlegen wollte, die die bereits vorliegenden Evangelienbücher ergänzt. Teilweise führte aber auch das andere Verkündigungsziel zu einer Schrift, die neue Gesichtspunkte freilegt.

Der zeitliche Rahmen des Lebens Jesu wird durch das Johannesevangelium anders angelegt. Während man aus den Synoptikern den Eindruck gewinnt, als ob Jesus hauptsächlich in Galiläa und nur in der Zeit vor seinem Todespascha in und bei Jerusalem gewirkt habe, erhellt aus dem Vierten Evangelium, daß auch Jerusalem und Judäa des öfteren von ihm besucht wurden. Die bei den Synoptikern scheinbar nur ein Jahr umfassende öffentliche Wirksamkeit Jesu wird von Johannes als eine Tätigkeit von wahrscheinlich zwei bis drei Jahren dargestellt.

Die Chronologie im Vierten Evangelium bekommt außerdem dadurch einen eigenen Akzent, daß nicht nur sehr viele absolute Zeit- und Ortsangaben gemacht werden, sondern auch solche, die die Geschehnisse in ihrem Zeitverhältnis zueinander festlegen. Obwohl man diese Zeit- und Ortsangaben bei Johannes nicht ins Symbolische auflösen darf, haben sie neben ihrer Bedeutung für die Fakten des

Lebens Jesu aber doch wohl auch einen theologischen Sinn. Denn gerade weil die Verkündigung einen so starken Akzent auf den messianischen Gottessohn Jesus legt, soll durch die sehr bestimmten Zeit- und Ortsangaben dargetan werden, daß dieser „Gottessohn" Jesus eine wirkliche menschliche, an Zeit und Ort gebundene Person war; daß also der von Johannes verkündigte Gottessohn identisch ist mit dem Jesus, der das Gottesreich verkündigte.

Der theologische Gehalt ist also sehr stark durch den Glauben an die „Gottessohnschaft" Jesu bestimmt. Die Verkündigung vom Messias und gottgeliebten Menschensohn Jesus, wie sie die Synoptiker pflegen, ist durch die Verkündigung vom Messias, der Gottes Sohn ist, erweitert worden. Dadurch tritt allerdings auch das Wort Jesu selbst beim Vierten Evangelisten oft stark verändert auf; denn nun predigt Jesus nicht mehr nur vom Messiasreich, sondern auch von sich selbst (vgl. im Artikel „Jesusworte"). Reden und Zeichen Jesu sind von Johannes so ausgewählt und dargestellt worden, daß sie den Beweis Jesu als einmaliger geschichtlicher Heilbringer enthalten. Die Wunderzeichen werden manchmal als zeichenhafte Bestätigung für den Sinn der Worte Jesu symbolisch gedeutet.

Die großen Reden im Rahmen des Vierten Evangeliums können nicht als originale Reden

Jesu angesehen werden. Sie geben nicht die Sprachfügung Jesu wieder, sondern sind uns in der späten theologischen Sprache des Apostels überliefert. Wort Jesu und auslegendes Wort des Apostels lassen sich oft nicht trennen.

Ob die Fragen, die von den Zuhörern eingeworfen werden, wirkliche Fragen waren oder ob sie nur methodische Mittel des Evangelisten sind, um dadurch Erläuterungen mit Worten Jesu bringen zu können, muß zugunsten der Methodik entschieden werden.

Die „Reden" sind anders als die der Synoptikerevangelien. Während diese Aussagensammlungen (Logienreihen, Spruchfolgen) sind, wird beim Vierten Evangelisten eine Rede viel thematischer aufgebaut, allerdings ohne daß im strengen Sinne eine „Rede" daraus wird. Die einzelne „Rede" enthält wahrscheinlich – ähnlich wie im Matthäusevangelium (s. d.) – alles, was Jesus im Lauf seiner Lehre zu dem angeschlagenen Thema gesagt, geht also auch in ihrer Komposition, und nicht nur in der Sprachlichkeit auf den Evangelisten zurück.

Die Judenfeindlichkeit des Vierten Evangelisten ist besonders auffallend:

Wenn Johannes „Juden" sagt, so meint er nicht *die* Juden, sondern er bezeichnet damit die jüdische Behörde und die schriftgelehrten Inspiratoren des Kampfes gegen Jesus; das läßt sich aus dem Zusammenhang der Texte erkennen. Es kann also daraus keineswegs eine Verfemung des Judenvolkes an sich gefolgert werden. Durch die theologische Tendenz des Evangeliums ist die Richtung gegen das Judentum leicht gegeben; denn gerade die Lehre von der Göttlichkeit des Menschen Jesus mußte ja den Juden ein Ärgernis sein. Es schien ihnen ein Angriff gegen den absoluten Monotheismus, der die Frucht ihrer langen, schmerzhaften Religionsgeschichte war. So wurden „die Juden" im Evangelium nach Johannes die Repräsentanten des Unglaubens, der die Göttlichkeit des Menschen Jesus nicht anerkennt.

Es darf also nicht übersehen werden, daß „Jude" für Johannes eine, allerdings nicht leidenschaftslose Sammelbezeichnung ist für die Welt, die den Glauben an den Messias Jesus nicht angenommen hat und annehmen wird. Eine Bezeichnung auch für *vergangene* Auserwählung, wodurch er sich übrigens stark von Paulus unterscheidet (vgl. Röm 11,17 ff.).

Die Gnosis, d. h. das erkenntnismäßige Teilhaben der Gläubigen am Geheimnis Jesu (Kol 2,3), ist eine Komponente des Johannesevangeliums. Diese „Gnosis" ist jedoch wohl nur im Kampf des Christentums gegen die antike Gnosis so genannt worden, die – aus den verschiedensten Weisheitslehren stammend – auch das junge Christentum ergriff. Die jüdische und heidnische Gnosis meint das Wissen um Herkunft und Ziel des Menschen und war ein Heilsweg, auf dem der fleischliche Mensch zum geistigen Menschen wurde. Auf dem Wege mystischer und spekulativer Weisheitsmehrung fand der in die Gnosis eingeweihte Mensch zur Wahrheit und zum Leben. Die häretisch-christliche Gnosis schaltete das erlösende Ereignis der Menschwerdung zugunsten einer Einweihung des Menschen in die geheime Weisheit mehr oder weniger aus und näherte sich einem geschichtslosen Christentum (vgl. das Kapitel zum 1. Johannesbrief).

Manche Worte des Vierten Evangeliums bekommen aus der Polemik gegen die gnostischen Mysterienkreise ihren lichtvollen Sinn, etwa: „Und das Wort ist *Fleisch* geworden" (Joh 1,14). – *„Ich* bin der Weg, die Wahrheit und das Leben." – Die Hinweise auf Jesus Christus als das *Licht* u. a.

Der Vierte Evangelist ist nach der Überlieferung, die bis in die Zeit der Schüler des Apostels Johannes zurückgeht, der Apostel Johannes selbst (s. d.). Sehr bestimmt teilt dies Irenäus von Lyon mit, der als junger Mann noch Polykarp von Smyrna gesprochen hat, der seinerseits wiederum den Apostel noch persönlich kannte. Er schrieb das Evangelium zu Ephesus in den Tagen seines Alters, am Ende des 1. Jahrhunderts, nachdem er aus der Verbannung von der Insel Patmos zurückgekehrt war. Das Evangelium wurde also zeitlich nach der Apokalypse (s. d.) geschrieben.

Einen Hinweis auf den Apostel finden wir auch in der Art der Darstellung, wenn das Evangelium von Johannes selbst berichtet. Dabei nennt er nie seinen Namen, sondern umschreibt ihn: „Der andere Jünger", „der Jünger, den Jesus liebhatte" u. ä. Diesen Jünger können wir durch Vergleich mit synoptischen Berichten als den Apostel Johannes identifizieren.

Obwohl man also in weiten Kreisen das Evangelium nach Johannes auf den Apostel

Johannes zurückführt, wird heute mehr und mehr die Meinung vertreten, daß die heutige Form nicht auf den Apostel selbst zurückgeht. Es kann nämlich sein, daß die Gesamtheit der Evangelienschrift eine Zusammenstellung einzelner Arbeiten und Notizen des Apostels von der Hand einer seiner Jünger ist, vielleicht sogar mit einzelnen Zusätzen dieser Hand. Auch unglückliche Komplikationen lassen sich feststellen; z. B. schließt 3,31–36 besser an 3,21 als an 3,30 an; Kapitel 6 paßt sachlich besser vor Kapitel 5, u. a. Aber die geistige Konzeption ist einheitlich und läßt sich durchaus auf den Apostel Johannes zurückführen.

Um die Wende des 2./3. Jahrhunderts gab es mehrere Opponenten, die das Vierte Evangelium überhaupt nicht auf den Apostel Johannes zurückführen wollten, die es für gefährlich hielten und es aus dem Kanon ausgeschlossen wissen wollten. Aber schon zu Anfang des 3. Jahrhunderts war es fast allgemein anerkannt.

Seit dem Jahre 1820 ist – vor allem in der evangelischen Bibelwissenschaft – eine Diskussion im Gange, die das Vierte Evangelium einem anderen Johannes als dem Zebedäus-Sohn Johannes zuschreiben möchte; z. B. sieht man in ihm einen Priester des Tempels in Jerusalem, der ein Jünger Jesu war. Die Bibelwissenschaft allgemein verfolgt diese Diskussion mit Interesse.

ZUM PROLOG Joh 1,1–14:
DAS EWIGE WORT GOTTES

Der Prolog des Evangeliums nach Johannes enthält eine Reihe von Wortformeln, die aus der Schriftgelehrtensprache bzw. aus dem Gegensatz zur Schriftgelehrtensprache zu verstehen sind. Nur in dieser Hinsicht sollen einige Hinweise gegeben werden, ohne daß damit gesagt sein soll, man könne mit solchen Verständnishilfen den Prolog ausschöpfen.

„Im Anfang war das Wort,[1] und das Wort war bei Gott, und das Wort war Gott...“ (1,1–4).
„Das Wort Jahwes“ kommt reich und vielfältig auch in der rabbinischen Literatur vor. Durch viele Arbeiten über dieses Thema ist aber klargeworden, daß dieses rabbinische „Wort Jahwes“ *(memra)* mit dem johannei-schen „Wort“ in keiner Weise gemeint sein kann. Das „Wort Jahwes“ der Synagoge ist vielmehr ein Ersatzwort für den Gottesnamen selbst und kam aus der Scheu, den Namen Gottes direkt auszusprechen (s. den Artikel „Jahwe“).

Da der Text auf den Messias geht, muß ferner gefragt werden, ob der praeexistente Messias – „im Anfang war es bei Gott“ (1,2) – zur jüdischen Theologie gehörte. Es gibt viele Stellen, die man so deuten könnte; wenn man sie aber näher untersucht, findet man, daß sie von der Entrückung des bereits geborenen Messias sprechen – oder von einem Messias, der als zweiter David oder als Prophet aus dem Totenreich wiederkehrt – oder von der Idee des Messias in den Gedanken Gottes – oder von der Praeexistenz der Seele des Messias. Das personale praeexistente Sein aber, das Johannes vom „Wort“ lehrt, findet sich in der jüdischen Theologie der Apostelzeit nicht. In diesem Zusammenhang muß auch das Wort „Ehe Abraham ward, bin ich“ (8,58) gelesen werden. Wenn die Juden es auch noch im Sinne einer Praeexistenz der Seele des Messias hätten verstehen können, falls sie Jesus als Messias ansahen, so wollte Johannes es bestimmt nicht in diesem Sinne verstanden haben, sondern im Sinne einer personalen Praeexistenz.

Eine fast vollständige Entsprechung der johanneischen Aussagen über das „Wort“ mit jüdisch-theologischen Lehren läßt sich jedoch feststellen, wenn man auf die rabbinischen Aussagen über *die Torá* schaut, die man mit der ewigen Weisheit identifizierte. Leider stammen die weitaus meisten Belege dafür aus den ersten drei Jahrhunderten n. Chr., aber die wenigen Beispiele aus früherer Zeit geben doch die Berechtigung, hier die Möglichkeit einer Anknüpfung zu sehen. Das würde heißen: Johannes setzte das „Wort“ – den Christus – nicht gleich, sondern *an die Stelle* der Torá: des Gesetzes und der Weisung Gottes für Israel. Was die Juden von der Torá aussagten, sagt Johannes vom „Wort“ aus: Die Torá war vor der Welt da; die Torá war bei Gott: „sie lag auf Gottes Knie, während Gott auf dem Thron der Herrlichkeit saß“; die Torá war göttlicher Art, eine Tochter Gottes; die Torá

---

[1] Zur Eingangsformel s. die Bemerkung bei Gen 1,1.

war Gottes Schöpfungswerkzeug; die Torá ist die lebenspendende Kraft für Israel; die Torá ist Israels Licht: wer in sie hineinschaut, dem leuchtet sie auf dem Weg durch diese Welt.[2]

So scheint uns der Gehalt dieser theologischen Kundmachung 1,1–4 zu sein, daß der Evangelist das „Wort", das in Jesus erschienen ist, als die neue Torá vorstellt. Falls das Wort „Ehe Abraham ward, bin ich" (8,58) auf Jesus als die neue Torá hinwiese, würde Jesus damit allerdings nicht nur als an die Stelle der alten Torá tretend gelehrt, sondern als Inkarnation der alten und der neuen Torá. –

Und das Licht leuchtet in der Finsternis (1,5)
Die metaphorische Sprache der jüdischen Religiosität gebrauchte die Redensarten von der Finsternis und vom Licht sehr häufig. Dabei wird „Licht" sowohl im Sinne des gerechten und lauteren Handelns (und „Finsternis" dementsprechend als Handeln der Gottlosen) gebraucht, wie auch im Sinne von Glück, Heil, Freude, Erlösung (und „Finsternis" dementsprechend als Unglück, Verwerfung). In diesem Sinne wird die messianische Zeit beschrieben als die Zeit der Finsternis für die Völker (der Heiden), aber über Israel „wird der Herr aufgehen" als „Licht" (Jes 60,2).

Also nicht nur der Zustand der Gerechtigkeit und Lauterkeit ist „Licht", und nicht nur der Zustand der Sünde ist „Finsternis"; und nicht nur die Erlösung ist „Licht", und nicht nur die Verwerfung ist „Finsternis" („Werft ihn hinaus in die Finsternis . . .", heißt es in Gleichnissen Jesu); sondern auch die Führer zur Gerechtigkeit (s. d.) und zur Erlösung sind „Licht": die Torá ist eine Leuchte auf dem Wege, und der Messias kommt als „Licht".[3]

Überall dort, wo auf das „Licht" hingewiesen ist, insofern es nicht ein Zustand ist, sondern weist und wirkt, ist also entweder auf die Torá hingewiesen oder auf etwas, was an die Stelle der Torá (d. h. der göttlichen Weisheit) tritt; oder es ist auf den Messias (d. h. den gottgesandten Befreier) hingewiesen. Der Ausdruck „Licht", wenn er aktiv gemeint ist, läßt im jüdischen Kulturkreis kaum eine andere Deutung zu – es sei denn, daß man Gott selbst damit bezeichnet sehen könnte.

Gerade das Johannesevangelium – aber nicht nur dieses – macht von dieser Metapher reichen Gebrauch, sei es nun, daß es auf Jesus als den Bringer der neuen Torá oder gar auf

ihn als die neue Torá selbst hinweist – sei es, daß es damit Jesus als Messias meint. Die beiden Gesichtspunkte sind durchaus nicht auseinandergehalten, so daß sie wohl bewußt beide gleichzeitig gemeint sind.

Zweifellos liegt allerdings in der Bevorzugung dieser Lichtmetapher auch eine polemische Absicht. Die erste Auseinandersetzung des jungen Christentums mit der zeitgenössischen Lichtreligion der Gnosis (s. d.) fiel ja gerade in die Zeit der Abfassung des Johannesevangeliums und mag diese mit veranlaßt haben.

In den Lehren der Gnosis waren die Welt des „Lichtes" (Gottes) und die Welt des „Fleisches" (des Menschen, der der Finsternis verfallen ist) zwei scharf voneinander getrennte Welten, Schöpfung und Heil wurden in ihnen auseinandergerissen. Indem Johannes jedoch das „Wort", das „Licht" ist (1,4.5.9), als das „Wort", das „Fleisch" (d. h. hier: menschliche Schwachheit) geworden ist (1,14), verkündet, lehrt er die Einheit von „Licht" und „Fleisch" durch Jesus Christus. Sowohl die Welt kommt aus dem „Wort" (1,3), wie auch das Heil aus dem „Licht" kommt, das das „Wort" ist (1,4). Die Welt ist nicht „Finsternis", wie die Gnosis lehrt, sondern die Welt wird „Finsternis" nur dadurch, daß sie sich dem Licht des Wortes verschließt (1,5.10). Die „Finsternis" der Welt ist also nicht eine widergöttliche Substanz, sondern eine geschichtliche Tatsache. – Auch die Formeln vom „Fleisch" in der Rede zu Kafarnaum (Joh 6,22–69) verdienten etwas mehr unter diesen Gesichtspunkten ausgelegt zu werden.

Jesus von Nazaret, der das „Licht" ist (1,9), brachte auch das „Licht" (1,9) und heilte dadurch die Welt, wie es Johannes in der Erzählung von der Heilung des Blindgeborenen darstellt (s. Joh 9). Der Blinde war nicht einer seinsmäßigen, sondern einer vorübergehen-

---

[2] Einzelbelege bringt Strack-Billerbeck, in: Das Evangelium nach Markus, Lukas und Johannes . . ., 1924, S. 302–358.

[3] In einem noch weiteren, aber doch ähnlichen Sinn benutzt Matthäus (Mt 5,14–16) die Metapher vom Licht. Hier wird nicht nur der Messias selbst „Licht" genannt, sondern auch seine Jünger sind „das Licht der Welt", insofern sie zur Gerechtigkeit und Erlösung hinführen. Die rabbinische Tradition nennt in ähnlicher Weise nicht nur Gott und die Torá „Licht der Welt", sondern auch einzelne Menschen, Israel, den Tempel und die Stadt Jerusalem.

den Finsternis verfallen. In diese geschichtliche Finsternis brachte das Licht-Wort, das in Jesus (geschichtlich) Fleisch geworden war, das heilende Licht (1,9). –

„Er kam in sein Eigentum" (1,11)
Israel ist Jahwes Eigentum.[4] So ist es im AT des öfteren gesagt, ausdrücklich z. B. in Ex 19,5: „Ihr werdet unter allen Völkern mein besonderes Eigentum sein." Mit diesem Satz geht der Prolog also noch ein Stück weiter als bisher. Für das „Licht", von dem Johannes spricht, wird nicht nur die Eigenschaft einer neuen Torá und nicht nur die Eigenschaft des Messias in Anspruch genommen, wie es sich aus der Schriftgelehrtensprache leicht ergab, sondern es wird an die Stelle Jahwes selbst gesetzt.

Auch mit der Begriffsformel „voll Gnade und Wahrheit" (1,14) fußt Johannes auf der Schriftgelehrtensprache, wenn er es auch dem Sinne nach antithetisch gebraucht. Das Wirken Gottes als „Gnade" war eine bekannte Formel. Unter „Wahrheit" aber konnte der jüdische Geist kaum etwas anderes verstehen als die Torá.

Da die Vielfalt der Worte immer wieder auf dasselbe hinweist, darf man als wahrscheinlich ansehen, daß Johannes hier
1. das fleischgewordene „Wort" als das „Licht" der neuen Torá,
2. dasselbe erschienene „Licht" als den Messias, und
3. diesen Messias als Gott selbst verkündigt.

ZU Joh 1,19–51:
DER TÄUFER ÜBER SICH UND JESUS

Zur Anfrage der Juden an den Täufer, wer er sei und warum er taufe (1,19–28), s. im Kapitel „Johannes der Täufer" den Abschnitt über das Prüfungsgespräch.

Der Hinweis des Täufers auf Jesus (1,29–34).
Dieser Abschnitt hat seine historische Schwierigkeit durch die spätere Anfrage des Täufers: „Bist du es, der da kommen soll, oder sollen wir auf einen anderen warten" (Mt 11,3). Wie konnte der Täufer so fragen lassen, wenn er beim ersten Auftreten Jesu so genau wußte, daß Jesus der Messias war? Mit Blick auf die apostolisch-johanneische Verarbeitung wird diese Schwierigkeit aber immerhin kleiner.

Allgemein darf man sagen: Der Evangelist bietet keinen Bericht, sondern nimmt Worte des Täufers, um sie im Sinn seiner eigenen Botschaft klarer und eindeutiger zu fassen. Wie die ursprünglichen Worte des Täufers gelautet haben, ist nicht mehr auszumachen. Die sympathischste Lösung wäre vielleicht die, daß der Täufer einfach über den Messias sprach, dessen Reich er durch die Bußtaufe vorbereiten wollte, ohne speziell auf Jesus hinzuweisen; der Evangelist formuliert diese Worte aber so, daß sie zu ausdrücklichen Hinweisen des Täufers auf Jesus als Messias werden. Diese johanneische Verwandlung originaler Worte finden wir ja beim Vierten Evangelisten oft; sie ist ein Mittel seiner Verkündigung.

Eine andere Möglichkeit ist die, daß der Täufer Jesus anfangs für den Messias gehalten hat, später aber schwankend wurde. Die Erklärung, der Täufer habe seiner Jünger wegen die berühmte Frage (Mt 11,3) stellen lassen, ist eine unannehmbare Verlegenheitserklärung.

In dem Hinweis des Täufers auf Jesus heißt es „Seht das Lamm Gottes" (1,29). Die Bedeutung dieses Wortes ist viel diskutiert worden. Es stellen sich drei Fragen:
1. Konnte der Täufer Jesus, wenn er auf ihn als Messias hinwies, als „Lamm" bezeichnen und damit verstanden werden?
2. In welcher Situation konnte der Täufer auf Jesus als das „Lamm" hinweisen?
3. Meint Johannes der Apostel genau dasselbe wie der Täufer, wenn er von Jesus als dem Lamm Gottes spricht?

1. Der Täufer nennt bei Johannes Jesus „das Lamm Gottes". Damit schiede (als Meinung des Täufers) der Sündenbock des Versöhnungstages (s. d.) aus, der zwar symbolisch die Sünden „hinwegnimmt" – aber ein ausgewachsener Bock ist und kein Lamm.

Aus scheidet auch „das Lamm" des täglichen Abendopfers im Tempel, dessen Blut zwar auch die Sünde des Volkes „hinwegnimmt" – aber da beim Abendopfer (s. d.) zwei Lämmer geschlachtet wurden, kann „*das* Lamm" hier nicht auf dieses Opfer gedeutet werden.

---

[4] Siehe den Abschnitt „Über das Rechtsverhältnis", im Artikel „Der Auszug aus Ägypten . . .".

Aus scheidet auch das Paschalamm (s. d.), weil es geschlachtet wurde; der Täufer konnte sich, ebensowenig wie irgendein anderer Jude, einen Messias vorstellen, dessen höchstes Wirken sein Tod ist.

Die überzeugendste Lösung ist ein Hinweis auf Vers 53,7 bei Jesaja, wo der leidende (nicht der sterbende) Gottesknecht mit dem Lamm verglichen wird, das zur Schlachtbank geführt wird, und seinen Mund nicht auftut. „Das Lamm" aus Jes 53,7 würde dann vom Täufer wie ein Messiasname gebraucht worden sein; dieses Lamm „trägt" die Sünden seines Volkes, es leidet darunter, sie häufen sich über ihm auf, aber es nimmt sie nicht hinweg.

2. Ein öffentlicher Messiashinweis konnte dieses Wort vom Lamm jedoch nicht sein. Die politische Situation verbot es, jemanden öffentlich als Messias anzusprechen (s. „Jesus und die Messiasbewegung", Nr. 3). Das wußte keiner besser als Johannes der Täufer. Handelte es sich trotzdem um ein öffentliches Täuferwort?

Die Verse 1,35–42 legen nahe, daß das Wort vom „Lamm Gottes" in einem Privatgespräch des Täufers mit einigen seiner intimsten Jünger gesprochen wurde, etwa als Hinweis des Täufers für diese Jünger, daß Jesus Messiasformat habe. Im Johannesevangelium wäre dann dieses Privatgespräch in den Versen 1,29–34 zu einer öffentlichen Proklamation geworden.

3. Die Verkündigung des Apostels muß nicht unbedingt die Bedeutung des Wortes „Lamm" übernehmen, die der Täufer in seinem Gespräch zugrunde gelegt hat. Aus 19,36 wird ersichtlich, daß er Jesus als das Paschalamm des Neuen Bundes sieht und lehrt. So kann der Apostel auch hier im gleichen Sinne an „das Lamm" des Pascha gedacht haben, das die Not seines Volkes „hinwegnimmt", obwohl der Täufer an „das Lamm" aus Jes 53,7 gedacht hatte, das die Sünden seines Volkes „trägt".

Der Evangelist hat – so darf man sagen – im „Lamm" ein Symbolwort gefunden, in welchem das Wesen Jesu zusammengefaßt ist (als Sündenbock), als Paschalamm, als Sündopfer, als leidender Gottesknecht – als Messias und Erlöser.

4. Ein anderer Aspekt wird gerade heute wieder stark diskutiert: ob nämlich das griechische *amnós* (Lamm) in 1,24.35 eine falsche Übersetzung des aramäischen *taliá* (Knabe,

Knecht) sei (vgl. zum Beispiel: J. Jeremias, *amnós* und *pais* in „Theol. Wörterbuch zum Neuen Testament"). Wenn Johannes nicht auf das Lamm, sondern auf den Knecht hingewiesen hätte, würde hier eine Charakterisierung Jesu als „Knecht Jahwes" vorliegen, wie er sich auch anderwärts im Johannesevangelium findet (vgl. den Artikel von P. Schoonenberg über die „Kenosis" in der Zeitschrift „Concilium" 1966, Nr. 1).

Jesus beruft Jünger (1,35–51). Andreas und Johannes waren zunächst Täuferjünger. Aus 1,40–42 könnte man herauslesen, daß auch Petrus anfangs Täuferjünger war.

Das Gespräch zwischen Jesus und den Jüngern Andreas und Johannes sollte durch die Zeitangabe („Es war um die zehnte Stunde", 1,39) als ein wirkliches Gespräch bezeichnet werden. Es war am Nachmittag. Andreas und Johannes gingen mit Jesus. Wahrscheinlich soll damit gesagt werden, daß sie mit Jesus die ganze Nacht sprachen. Am Ende stand die Überzeugung: „Wir haben den Messias gefunden" (1,41), wie es Andreas seinem Bruder Simon mitteilte.

Der Evangelist Johannes predigt in seinem Evangelium sein Messiasbild. Zu diesem Messias gehört die übernatürliche Menschenkenntnis. Deshalb läßt er Jesus den Simon mit „Kephas" (Fels) charakterisieren, gleich bei der Begegnung; deshalb läßt er ihn den Natanael als „Israeliten, an dem kein Falsch ist" (1,47) charakterisieren.

Der historische Hintergrund des ganzen Kapitels scheint aber wohl der zu sein, daß die Jünger Jesus gefolgt sind, weil sie in ihm den Messias gefunden zu haben glaubten, daß sie ihm also von Anfang an unter diesem Gesichtspunkt und voller Entschlossenheit folgten. –

Zu den Apostelnamen s. unter den betr. Artikeln.

ZU Joh 2,1–11:
DIE HOCHZEIT IN KANA

Über das Zeichen bei der Hochzeit in Kana s. unter den „Speisungswundern". – Zum Text dieser Erzählung nur einige Bemerkungen:

„Als der Wein ausging, sagte die Mutter Jesu zu ihm: Sie haben keinen Wein mehr. Jesus erwiderte ihr: *Was willst du von mir,*

Frau? Meine Stunde ist noch nicht gekommen" (2,3.4). Diese Sätze gehören zu den besonderen Schwierigkeiten der pastoral ausgerichteten Bibelerklärer. Darf ein Sohn so zur Mutter reden? Der Hinweis darauf, wer Jesus war, kann als Antwort nicht genügen, denn er war ja ganz und gar Mensch. Außerdem heißt es: „Er war ihnen untertan" (Lk 2,51); soll das nun plötzlich ganz verkehrt worden sein? Der Satz ist wohl nur unter kulturgeschichtlichem und philologischem Gesichtspunkt recht zu verstehen.

Zunächst kann die Antwort Jesu auch ohne solche Betrachtungshilfen nicht ablehnend verstanden werden; denn seine Mutter fühlte sich nicht zurückgewiesen, sondern ging auf das Wort Jesu hin und sagte: „Was er euch sagt, das tut" (2,5). Von daher könnte man schon ahnen, daß es mit unseren Übersetzungen oft nicht ganz stimmt: „Weib, was habe ich mit dir zu schaffen?", „Frau, was habe ich mit dir?" – oder wie sie auch mit ähnlich abweisendem Sinn lauten mögen.

Die erste Kernfrage heißt: Was bedeutet „Was ist mir und dir?" (so müßte es wörtlich nach dem Griechischen heißen). Tatsächlich läßt sich nachweisen, daß ähnliche Formeln in allen Zeiten einen Abstand, eine Zurückweisung oder ähnliches ausdrückten (z. B. „Was ist [zwischen] euch und Jahwe", Jos 22,24). Aber solche Frageformeln waren so geläufig, daß sie im Laufe der Zeit ihren ursprünglichen Charakter, nämlich Abstand auszudrücken, verloren und zur einfachen Antwortfrage wurden. Deshalb könnte sie hier etwa bedeuten: „Warum kommst du zu mir?", oder sogar: „Ich weiß" oder ähnliches. Die Antwort bedeutet also nur, daß Jesus auch ohne den Hinweis seiner Mutter schon die Not des Hochzeitshauses erfahren hatte; und das sagte er ihr.

Die Formel bringt außerdem sogar manchmal eine Einverständniserklärung, eine Willensübereinstimmung zum Ausdruck. Dazu erzählte Pfarrer Bolsinger aus Neuburg (Untermarchtal): „In meiner Pfarre war ein Franziskanerpater. Er war früher neun Jahre in Syrien als Leiter einer Schule und lernte die Sitten und Gebräuche der Orientalen gut kennen. Eines Tages wollte er einen Araberjungen in die Stadt schicken, um einige Aufträge erledigen zu lassen. Er sagte dem Jungen, was er besorgen sollte. Da bekam er zur Antwort: ,Abbuna, was ist mir und dir?' Der Junge sagte

damit: ,Sei unbesorgt, ich erledige alles pünktlich; du kannst dich darauf verlassen.' Es war eine zusagende Beteuerung."[1]

Die zweite Kernfrage ist die nach der Bedeutung des Wortes „Frau": „Was ist mir und dir, Frau?" Konnte Jesus seine Mutter „Frau" nennen, ohne daß darin eine Abweisung lag?

Für die Anrede einer Mutter von seiten ihres Sohnes durch *gynai* (Frau) gibt es leider bisher keine Dokumente. Wohl aber gibt es Dokumente für die Anrede der Mutter durch ihren Sohn mit dem griechischen Wort *kyria* (Herrin), und zwar aus der römischen Kaiserzeit, in der die wichtigste Umgangssprache das Griechische war. Dieses Wort *kyria* hatte aber das Wort *gynä* (Nominativ) seit der ersten Kaiserzeit allmählich verdrängt. Es darf deshalb angenommen werden, daß vorher auch *gynai* (Vokativ) wie später *kyria* als Anrede üblich war. Der Gehalt dieser Anrede wäre etwa der verehrungsvollen Anrede „Frau Mutter" gleichzusetzen, wie sie in Deutschland im späten 18. und frühen 19. Jahrhundert gebraucht wurde. Die Anrede „Frau" ist auch im Talmud der Zeit Jesu als ehrende Anrede belegt, freilich nicht als Anrede eines Sohnes an seine Mutter.

Die dritte Kernfrage ist die Deutung des Satzes: „Meine Stunde ist noch nicht gekommen." Wenn der erste Teil der Antwort Jesu keine Ablehnung war, kann auch diese Übersetzung kaum richtig sein. Der griechische Text *úpō hákei hä hōra mu* gibt aber ganz ungezwungen auch einen anderen Sinn her. Er kann als Frage an die Mutter verstanden werden: „Ist meine Stunde [denn] noch nicht gekommen?" Diese Übersetzung ergänzt die Einverständnis ausdrückenden ersten Worte („Was ist mir und dir?") in sinnvoller Weise.

Die absolut freundliche Antwort Jesu auf den Hinweis der Mutter sollte deshalb in der Übertragung lauten: „Warum sagst du mir das (oder: „Ich weiß"; oder: „Du hast recht"), Frau Mutter... Ist denn meine Stunde noch nicht gekommen?"

Es soll aber auch noch auf folgendes hingewiesen werden: Der Evangelist dieser Erzählung heißt Johannes. Er hat manchen Satz

---

[1] Anregungen zu diesem Artikel fand der Verfasser in: Bibel und Kirche, Oktober 1956, in einem Artikel von Prof. Dr. Johann Michl (Freising); die obige Episode berichtete Pfarrer Bolsinger, ebd. März 1957.

„harmloser" Jesusworte (s. d., Nr. 3) so pointiert, daß sie einen theologischen Sinn erhalten haben. Obige Darstellung kümmerte sich nicht um den theologischen Sinn, sondern fragte nach dem Alltagssinn. Es ist aber durchaus möglich, daß der Vierte Evangelist an zwei Stellen dieses Satzes einen theologischen Gedanken aussprechen wollte, um nämlich mit dem Wort „Frau" auf Gen 3,15: „Feindschaft setze ich zwichen dich und die Frau", hinzuweisen; Johannes würde also damit Maria als jene „Frau" bezeichnen, die als Feindin Satans bezeichnet ist. Ferner ist möglich, daß Johannes die Antwort Jesu zu einem theologischen Sinn umgemodelt hat, indem er schrieb: „Ist [denn] meine Stunde noch nicht gekommen?". Die „Stunde" ist ein Lieblingswort des Vierten Evangelisten (vgl. Joh 4,21; 5,25; 5,28; 7,30; 8,20; 12,23; 12,27; 13,1; 16,2; 16,4; 16,25; 16,32; 17,1), durch das er das Wirken Gottes in Christus betont.

Zu Joh 2,13–22:
TEMPELREINIGUNG

Von der „Tempelreinigung" sprechen sowohl die Synoptiker (s. d.) wie auch Johannes. Die Synoptiker sprechen jedoch nur von einer Tempelreinigung am Tag nach dem Einzug Jesu in Jerusalem (s. dazu Mt 21,12–17), während Johannes diese übergeht und von einer solchen beim ersten Osterfestbesuch Jesu in Jerusalem spricht. Obwohl die Bibelwissenschaftler meistens solche ähnlichen Ereignisse, die von verschiedenen Stellen des Lebens Jesu berichtet werden, für dasselbe Ereignis halten, das die Evangelisten lediglich unter kerygmatischem Gesichtspunkt verschieden einordneten, halten sie an der zweifachen Tempelreinigung oft fest. Es ist durchaus sinnvoll, an einer solchen zweifachen Tempelreinigung Jesu festzuhalten; eine bei seinem ersten Auftreten mit dem vollen Messiasbewußtsein als Kritiker in Jerusalem und eine nach seinem Empfang als kritischer Messias in Jerusalem.
Die Verkäufer der Opfertiere (s. d.) und die Geldwechsler (s. d.) trieb Jesus zum Tempel hinaus (2,13–17). Verkaufsstände für Rinder, Schafe und Tauben und die Wechsler befanden sich wahrscheinlich in der und vor der Westhalle des Vorhofs der Heiden (s. den Artikel „Der Herodianische Tempel").

„Er machte eine Geißel aus Stricken" (2,15). Aus den fortgeworfenen Leitstricken der großen Opfertiere, deren man am Äußeren der Tempelmauer viele finden konnte, wird Jesus sich diese Geißel geknotet haben. Das Instrument wird hier „Geißel" genannt, weil es der Geißel (s. d.) ähnlich war; eigentlich aber war es nur das Symbol einer Geißel.
Wichtiger ist die Frage, warum Jesus sich eine Geißel machte und warum sich die Geschlagenen gegen die überraschende Züchtigung nicht wehrten. – Es handelte sich um eine von Jesus ausgeführte Strafe wegen Heiligtumsschändung. Diese Strafe wurde in den Synagogen vom Synagogendiener ausgeführt: außer für Verleumdung, Vergewaltigung und andere Delikte gegen den Nächsten auch wegen ungebührlichen Benehmens beim Gottesdienst. Außerdem wird aus etwas späterer Zeit ausdrücklich bezeugt, daß jeder Schriftgelehrte das Recht hatte, Gesetzesverletzungen sofort mit der Geißel zu bestrafen. Falls diese Regel in Jesu Zeit bereits üblich war – was wir annehmen –, würde sie den Vorgang der Tempelreinigung aus der jüdischen Rechtspraxis der Zeit Jesu lichtvoll erklären. Die Juden aber (d. h. hier die Schriftgelehrten aus den Pharisäern) waren mit Jesu Vorgehen nicht einverstanden. Sie sagten zu ihm:
„Welches Zeichen läßt du uns sehen als Beweis, daß du dies tun darfst" (2,18). Aus der Vorsicht der Frage geht übrigens ebenfalls hervor, daß es Schriftgelehrte der Pharisäer waren, die in ihrer Furcht, etwas ungerecht zu beurteilen, die Sicherung des „Zeichens" einschalteten. Wäre Jesus ein Schriftgelehrter gewesen, hätten sie sein Vorgehen als das Recht ihres Standes anerkannt; da er das aber nicht war, forderten sie ein Zeichen, mit dem er sich als Prophet hätte ausweisen können.
Und „Jesus antwortete ihnen: Reißt diesen Tempel nieder, in drei Tagen werde ich ihn wieder aufrichten" (2,19). Ohne daß die tiefere Bedeutung dieses Wortes (2,22: „Er redete aber von dem Tempel seines Leibes") angezweifelt werden soll, lag in diesem Wort zunächst eine Zurückweisung der Zeichenfrage. Das erhellt aus der Unmöglichkeit des Zeichens, das Jesus zu geben bereit ist. Ja, es liegt so etwas wie ein Spott darin, weil ja kaum einer Hand an den Tempel legen würde. Die Antwort Jesu besagt deshalb zunächst: Ach, ihr mit euren ewigen Zeichenforderungen!

Zum vollständigen Text sagen einiges der Artikel „Der Herodianische Tempel" und das Kapitel „Das politische Messiastreiben...", Nr. 3.

ZU Joh 3,1–21:
NIKODEMUS UND JESUS

Nikodemus war ein Pharisäer (s. d.) und Mitglied des Hohen Rates (s. d.); als solcher wird er in 3,1 vorgestellt; aus 3,10 erfahren wir ferner, daß er ein geachteter Schriftgelehrter (s. d.) war.[1] Er gehörte also zu zwei Gruppen, die Jesus im ganzen unfreundlich gegenüberstanden. Aber das Auftreten Jesu hatte Nikodemus beunruhigt, und so geht er eines Nachts zu Jesus, um mit ihm zu sprechen. Die Auslegung, als habe er nur des Nachts zu kommen gewagt, ist sehr zweifelhaft. Um ungestört Gespräche zu führen, pflegte man sich durchaus allgemein nachts zu treffen.

Das Johannesevangelium gibt nur eine kurze Skizze des Nachtgesprächs. Die eigentliche Frage des Nikodemus ist nicht mitgeteilt; man muß sie aus den Antworten Jesu erschließen. Sie könnte gelautet haben: Sage mir, wer kann in das Gottesreich (Messiasreich) eingehen? So etwa könnte man Vers 3 fortführen. Hinter der Frage stand die Unsicherheit, ob das von den Propheten verkündete Gottesreich ein nationales oder ein auf alle Völker ausgreifendes Reich sein würde (s. den Artikel „Der Messias"). Nikodemus wollte darüber die Meinung Jesu hören. Jesus antwortete ihm mit dem Hinweis auf die Wiedergeburt (s. unten).

Am Ende des Laubhüttenfestes, als die Pharisäer und der Hohe Rat (wegen des zunehmenden Glaubens des Volkes an Jesus als Messias) Jesus verhaften lassen wollte (s. „Das politische Messiastreiben...", Nr. 16), mahnte Nikodemus zu gesetzlichem Vorgehen, was ihm eine höhnische Antwort seiner Kollegen eintrug (Joh 7,50–52). Die Mahnung des Nikodemus zeigt, daß er seine Achtung vor Jesus nicht verloren hatte, trotz des Kesseltreibens der Pharisäer und des Hohen Rates gegen ihn.

Bei der Grablegung Jesu berichtet Johannes, daß Nikodemus „eine Mischung aus Myrrhe und Aloe" (Joh 19,39) gebracht habe, und zwar „etwa hundert Pfund", um den Leichnam Jesu für das Begräbnis vorzubereiten. Aus diesem offenen Bekenntnis des Pharisäers und Ratsherrn zu Jesus hat man schon einmal geschlossen, daß er bei der Verurteilung Jesu nicht dabei war. Ferner möchte man aus der dreimaligen Erwähnung des Nikodemus im Johannesevangelium schließen, daß er Mitglied der ersten christlichen Gemeinde Jerusalems war. Darüber läßt sich aber nichts Sicheres sagen. In einer alten Jüngerliste Jesu, die sich verstümmelt in einem höhnischen Schulwitz der Rabbinen des 2. Jahrhunderts findet, ist allerdings der Name eines Nikodemus (Naqqai) verzeichnet.[2]

Der Sinn dieser dreimaligen Erwähnung des Nikodemus im Evangelium könnte sein, daß der Evangelist darlegen will: Bei gutem Willen hätten auch die Ratsherren, selbst die pharisäischen schriftgelehrten Ratsherren, die Botschaft Jesu annehmen können.

„Nikodemus" ist ein griechischer Name („Volkssieger" oder ähnlich).

Die Verse 3,1–8 wollen eine Skizze des Nachtgesprächs Jesus/Nikodemus geben. Darin sagt Jesus: „Wenn jemand nicht von neuem geboren wird, kann er das Reich Gottes nicht sehen" (3,3). Die griechische Wortgruppe *gennäthänai ánothen* kann sowohl „wiedergeboren werden" wie auch „von oben her geboren werden" (so wörtlich) bedeuten. Jesus muß auch in seiner Muttersprache ein ähnliches Wort mit doppeltem Gehalt gebraucht haben; jedoch ist die aramäische Rekonstruktion bisher nicht gelungen. Der Irrtum und das Unverständnis des Nikodemus gehen aber wohl nicht nur auf diesen doppelten Gehalt des Wortes zurück; viel wahrscheinlicher ist, daß ihm der Begriff „wiedergeboren werden" nur im physischen Sinn geläufig war, wie es die Rabbinen lehrten, daß der Mensch durch eine Heilung, durch Beseitigung von Not und Gefahr und durch Sündenvergebung *leiblich* aufleben könne. Natürlich ist es auch nach ihrer Lehre nur Gott, der den Menschen so wiedergeboren sein läßt – aber trotzdem verstand Nikodemus das Wort Jesu nicht, weil Jesus auf eine geistig-geistliche Wiedergeburt hinwies, die der Schriftgelehrte nicht verstehen konnte, weil sie erst in der Zeit der Erlösung, des Messias

---

[1] Daß Nikodemus nicht nur irgendein Schriftgelehrter, sondern ein geachteter Schriftgelehrter war, sagt der griechische Text durch den bestimmten Artikel: sy ei ho didáskalos tu Israél (3,10).

[2] S. Strack-Billerbeck unter Joh 3,1; Nr. 2.

geschieht.[3] Nikodemus sah hier also zweifellos in Jesus noch nicht den Messias. Zugleich weist dies aber auf den Verkündigungssinn hin, den der Evangelist mit diesen Versen verbindet: Jesus offenbart sich – auch im jüdischen Sinn – als Messias.

Die Verse 3,14–21 gehören nicht mehr zum Gespräch Jesu mit Nikodemus, sondern sind die Folgerung, die der Evangelist daraus zieht; er gibt darin das Ziel der Sendung Jesu an.

„Wie Mose die Schlange in der Wüste erhöht hat, so muß der Menschensohn erhöht werden" (3,14). Auch wenn die Schlangengeschichte aus Num 21,6–9 nur eine ätiologische Tempellegende sein sollte, kann Johannes sie hier mit Recht heranziehen. Denn ob das Vorbild geschichtlich oder literarisch ist, das ist gleichgültig. Auch das „geschichtliche" Vorbild wird nur durch die literarisch geschaffene Beziehung zum sprechenden Vorbild. Nicht nur, was geschichtlich *war,* sondern mehr, was man in der Geschichte *sieht,* ergibt die Vorbildlichkeit; insofern besteht zwischen geschichtlichem und literarischem Vorbild kein Unterschied. – S. den Artikel zur "Ehernen Schlange".

Der Hinweis auf die eherne Schlange ist von jüdischem Standpunkt aus auch deshalb ein Messiashinweis, weil das Wort „Schlange" durch seinen Zahlenwert mit dem Zahlenwert des Wortes „Messias" übereinstimmt[4] (vgl. den Artikel „Zahlen . . .").

Messias (maschiách):

מ   שׁ   י   ח

$8 + 10 + 300 + 40 = 358$

Schlange (nachásch):

נ   ח   שׁ

$300 + 8 + 50 = 358$

Der Satz „Gott hat die Welt so sehr geliebt, daß er seinen eigenen Sohn hingab" (3,16) ist dann in diesem Zusammenhang immer ein Ärgernis geblieben. Der eingeborene, einziggeborene *Sohn* in der rabbinischen Sprache ist Israel; das aber ist bildlich zu verstehen. Hier nun nimmt der Evangelist Israel den Titel ab und gibt ihn Jesus von Nazaret, jedoch in einem nichtbildlichen Sinne. Die antichristliche jüdische Polemik hat sich immer an diese Stelle geklammert, weil sie damit den Glauben an einen einzigen Gott aufgegeben sah.

ZU Joh 4,1–42:
JESUS AM JAKOBSBRUNNEN

Der Anfang der Erzählung vom Gespräch Jesu mit der Samariterin am Jakobsbrunnen (4,6) enthält viele Ortsnamen, die alle für die Geschichte einen Hintergrund mitbringen: Über die Gefährlichkeit Judäas für Jesus s. S. 605, Nr. 14; und über die geringere Gefährlichkeit Galiläas für ihn s. unter „Galiläa"; zur Charakteristik Samarias (4,5) s. d.; über Sichar (4,5) und über den Jakobsbrunnen (4,6) s. im Artikel „Sichem".

Durch die sehr präzise Zeitangabe „Es war um die sechste Stunde" (4,6) will der Evangelist die Begegnung als geschichtliches Faktum festlegen, wenn er im folgenden auch die Unterredung kerygmatisch aufbaut und sie mehr so erzählt, wie er sie braucht, als wie sie gewesen ist. – Die sechste Stunde ist die hohe Mittagszeit (s. im Artikel „Jahr . . .").

Die Samariterin wunderte sich, daß sie von Jesus angesprochen wurde (4,7–15): denn die Samariter (s. d.) wurden von den Juden verfemt; ganz besonders hielten die Juden jede Speise – natürlich auch Wasser –, die durch die Hand von Samaritern gegangen war, für unrein. Jesus spricht zu ihr von lebendigem Wasser (4,10), was die Frau wörtlich versteht: s. im Artikel „Quellen und Brunnen". Deshalb weist sie darauf hin, daß Jesus kein Schöpfgefäß hat (4,11): s. im Artikel „Gefäße und Geräte" (G 2); solche Schöpfgefäße waren oft auch Ledereimer.

In den Worten Jesu ist „lebendiges Wasser" bildlich gebraucht, wie auch im bildlichen Sprachgebrauch der jüdischen Schriftgelehrten das Wort „Wasser" sehr oft als Bild gebraucht wurde für den fruchtbar machenden Heiligen Geist Gottes; als Bild für die Worte der Tora; als Bild für die Lehre, die man von jemandem empfängt („vom Wasser eines Gelehrten trinken"). Außerdem war die Hoffnung auf den Reichtum der messianischen Zeit mit der Hoffnung auf reich fließende Quellen verbunden. Indem der Evangelist das Gespräch so formulierte, wie es heute vorliegt, geht die Tendenz seiner Katechese also darauf hinaus, Jesus als Spender des Heiligen Geistes,

---

[3] Belege bei Strack-Billerbeck unter Joh 3,3; Nr. 2.
[4] J. M. Heer, Die Stammbäume Jesu nach Matthäus und Lukas, in: Biblische Studien 15,1–2, Freiburg i. Br. 1910.

seine Worte als der Tora gleichwertige Worte und ihn selbst als Lehrer und Messias zu verkündigen.

Die Charakteristik des Messias durch den Vierten Evangelisten enthält immer wieder auch den Hinweis auf seine übernatürliche Fähigkeit, die Menschen zu erkennen. Dieser Charakteristik dient die Wiedergabe des Gesprächs über die Vergangenheit der Samariterin (4,16–18). Die Samariterin erkennt daraus, daß Jesus ein Prophet ist (4,19); s. den Artikel „Prophet". Und sie fragt ihn deshalb sofort, was denn eigentlich richtig sei: daß man „auf diesem Berge", d. h. auf dem Garizim (s. d.), anbete oder in Jerusalem (4,20).

Die Antwort Jesu ist johanneisch verwandeltes Jesuswort (s. d.). Die Frau spricht die Hoffnung aus, daß alle Unklarheiten durch den Messias beseitigt werden. Im Anschluß daran fällt das Wort, auf das Johannes die ganze Erzählung mit Hilfe der verschiedensten Charakterisierungen hingeführt hat: Der Messias – „ich bin es, der mit dir redet" (4,26).

Die Verkündigung, daß Jesus der Messias ist, hat eigentlich nicht Jesus, sondern der Evangelist ausgesprochen. Deshalb bezieht sich, in der weiteren Erzählung, die Samariterin auch nicht auf dieses „Selbstzeugnis Jesu", sondern auf seine Menschenkenntnis und fragt: „Ob dieser nicht der Christus [Messias] ist?" (4,29).

Während die Samariterin ins Dorf geht, führt der Evangelist die Verkündigung von dem Messias Jesus vor seinen Jüngern weiter: vom Messias als dem Erfüller des Willens Gottes (s. den Artikel „Gerechtigkeit"). Und nachdem die Frau mit viel Volk aus dem Dorfe zurückgekehrt war und Jesus auf des Volkes Bitten hin sich zwei Tage bei ihnen aufgehalten hatte, lautete das Urteil der Samariter: „Dieser ist wirklich der Retter der Welt." Schwerlich konnten die Samariter so sprechen; es ist die Verkündigung des Evangelisten von Jesus, der als Messias nicht nur der Messias der Juden ist. Das will der Evangelist betonen.

ZU Joh 6,1–15:
DIE WUNDERBARE VOLKSSPEISUNG

Über den politischen Grund für die große Menge, die Jesus nachzog und ihren Versuch, ihn zum König zu machen: s. S. 603, Nr. 10.

Jesus fuhr über den See zum Ostufer des Sees Gennesaret (s. d.), das auf dem Reichsgebiet des Herodes Philippus lag (s. S. 577, Nr. 52). Das Volk jedoch war ihm auf dem Uferwege gefolgt. Er ging durch die Jordanfurt beim Dorf Betsaida und kam in das menschenleere und wüste Gebiet, das schon unweit davon begann. In diesem Gebiet, irgendwo östlich des nordöstlichen Seebogens am Gebirgsrand, ist diese „Wunderbare Volksspeisung" zu lokalisieren. Da die meisten Heilig-Land-Pilger den weiten Weg auf die Ostseite des Sees scheuten, wurde schon in frühchristlicher Zeit die Verehrungsstätte des Brotvermehrungswunders auf die Westseite verlegt, unweit des Berges der Seligkeiten, knapp 3 km südwestlich der Ruinen von Kafarnaum; schon im 4. Jahrhundert lag dort eine Kirche, in der die Pilger dieses Wunder Jesu verehrten, nicht ohne daß dieser Verehrungsort dadurch schon bald als der wirkliche Ort der gemeinten Volksspeisung angesehen wurde.

Dieser Speisungserzählung bei Johannes entsprechen die Erzählungen bei Mt 14,13–21 und 15,32—39; Mk 6,31–44 und 8,1–10; Lk 9,10–17. – Siehe in den Literaturkapiteln den Abschnitt über die Speisungswunder.

Die Problematik dieser Erzählungen wird von manchen heutigen Exegeten hervorgehoben. Sie weisen darauf hin, daß die Zahlen der Fünftausend und Viertausend unglaubhafte Maximalzahlen sind. Ferner wird die Meinung vertreten, daß die Erzählung in der Form des Johannesevangeliums eine Dokumentation dafür darstellen solle, daß Jesus der göttliche Hirt ist, wie er in Ps 23/22 besungen wird: „Der Herr ist mein Hirt, nichts wird mehr fehlen: er läßt mich lagern auf grünen Auen . . ."

Beide Hinweise sollten nicht überhört werden. Es entspricht durchaus dem Verkündigungscharakter der Evangelien, wenn in ihnen ein Wunder unter einem bestimmten Gesichtspunkt erzählt wird, so daß die eigentlichen Berichtsmomente mehr und mehr undeutlich werden – wie z. B. die wirkliche Zahl der Gespeisten – und die Deutung der Wundererzählung nach einem überlieferten Bilde mehr in den Vordergrund tritt: Wie hier die Deutung nach dem Bilde des nahrungbietenden Hirten, der seine Herde auf grüner Au lagern läßt („Laßt die Leute sich setzen, sagte Jesus, es gab dort nämlich viel Gras", wie Joh 6,10 bedeutungsvoll betont).

Zur Begegnung der Apostel mit Jesus auf dem Wasser (6,16–21) s. die Parallelen bei Mt 14,22–33 und Mk 6,45–52 und im Literaturkapitel den Abschnitt „Naturwunder".

ZU Joh 6,22–71:
„ICH BIN DAS BROT DES LEBENS"

Eine historische Einordnung dieses Kapitels ist nicht diskutabel. Johannes oder der spätere Redaktor hat die Gedanken dieser Rede aber an seine Erzählung von der Wunderbaren Brotvermehrung angefügt. Es muß wohl angenommen werden, daß in diesem Kapitel eine Reihe von Auseinandersetzungen, die zu verschiedenen Zeiten und an verschiedenen Orten geschehen sind, zusammengefaßt wurde. Diese Zusammenordnung war – eben wegen des kerygmatischen Hauptanliegens – in der apostolischen Verkündigung üblich.

Im Ganzen handelt es sich hier: einmal um eine Unmenge alttestamentlicher Anspielungen, die in die Worte Jesu eingeschlossen sind, die anderseits aber johanneisch für Kerygma oder Liturgie umgestaltete Jesusworte (s. d.) sind. „Ich bin das Brot des Lebens; wer zu mir kommt, wird nie mehr hungern" (6,35). Dieser Vers nimmt die Verse 9,5.6 aus dem Buch der Sprichwörter in sich auf: „Kommt, eßt von meinem Mahl, und trinkt vom Wein, den ich mischte. Laßt ab von der Torheit, dann bleibt ihr am Leben...." Jesus tritt an die Stelle der Tora, die von den Rabbinen oft mit „Brot" oder Speise bezeichnet wurde. – „Wer zu mir kommt, den wird nie mehr hungern, und wer an mich glaubt, wird nie mehr Durst haben" in Vers 6,35 stellt die Sättigung mit dem Brot Jesus dem Vers 24,21 bei Jesus Sirach (Ecclesiasticus) gegenüber, wo er über die Weisheit (Tora) sagt: „Wer mich genießt, den hungert noch, wer mich trinkt, den dürstet noch."

Obwohl dieses Kapitel ein eucharistisches Kapitel ist, kann man das Wort vom „Fleisch des Menschensohnes" (6,53) nicht ohne weiteres im Sinne der Eucharistietheologie nehmen. „Fleisch" bedeutet bei Johannes – in Anlehnung ans AT – menschliche Schwäche (s. im Prolog: 1,13.14). Der *unmittelbare* Sinn dieses Wortes ist demnach die Anerkennung des Messias als demütigen, schwachen Menschensohn und die Anerkennung der eigenen Schwäche in Gemeinschaft mit ihm. Dieser Gedanke führt dann zwangsläufig zur eucharistischen Brotgemeinschaft.

Der Hinweis auf das Manna (6,58) gebraucht rabbinisches Gedankengut.[1] Die Rabbinen sahen in der Führung durch die Wüste und in der Speisung mit Manna ein Vorbild der messianischen Befreiung. Wie den Vätern in der Wüste „Brot vom Himmel" gegeben wurde, so wird auch – lehrten die Rabbinen – der Messias dem Volk Brot vom Himmel geben. Jesus bezieht sich (bei Johannes) auf diese Lehre, korrigiert sie aber: „*Dies* ist das Brot, das vom Himmel herabgekommen ist..."

Die Worte Jesu sind offenbar von vielen seiner Jünger und vom Volk sehr materialistisch verstanden worden (6,60–71): man hat nicht verstanden, daß Jesus *mit* seinem „Fleisch" geistiges Leben versprach. Diese Reaktion entspricht durchaus dem jüdischen Denken, das die geistig-leibliche Existenz des Menschen mit einem Akzent auf dem Leiblichen auffaßte. Aber die erklärenden Worte Jesu: „Der Geist ist es, der lebendig macht; das Fleisch nützt nichts" (Joh 6,63) ändern nichts mehr. – Daß „viele seiner Jünger" und das Volk dies nicht verstanden, kann übrigens auch bedeuten, daß die Menschen dieser Zeit ein falsches, materialistisches Verständnis der Eucharistie hatten.

Joh 7,1–52:
BEIM LAUBHÜTTENFEST

Die drei Abschnitte „Jesu Flucht vor der Öffentlichkeit" (7,1–13), „Was das Volk von Jesus redete" (7,25–36) und „Streit im Hohen Rat um Jesus" (7,37–52) sind im Rahmen der Laubhüttenfestunruhen (im Jahre 31) zu sehen. Die Situation im ganzen wird etwas geklärt durch die historische Darstellung auf S. 604, Nr. 11. (Zur Bedeutung dieses Festes überhaupt: s. den Artikel „Laubhüttenfest".)

ZU Joh 8,1–11:
JESUS UND DIE EHEBRECHERIN

Diese Erzählung fehlt in den ältesten Handschriften des Johannesevangeliums, auch in

---

[1] Belege gibt A. Schlatter, Die Sprache und Heimat des vierten Evangelisten, 1902, S. 79f.

fast allen alten Übersetzungen; dennoch ist unzweifelhaft, daß die alte Kirche (z. B. Papias, um 120 n. Chr.) sie kannte. Die Perikope scheint aus einer Quelle zu stammen, der auch Lukas manche seiner Erzählungen entnommen hat, die aber selbst nicht kanonisch geworden ist. Wie sie später ins „Evangelium nach Johannes" hineinkam, ist nicht geklärt. An der Stelle, wo sie heute steht, kann sie ganz deutlich als Einschiebsel empfunden werden (vgl. Joh 8,9 mit Joh 8,12). Die heutige Ordnung stellt die Geschichte in den Zusammenhang der Laubhüttenfestereignisse vor dem Tode Jesu; der historische Zusammenhang ist aber wohl richtiger bei den Kampfreden Jesu mit den Führern der Juden nach seinem Einzug in Jerusalem zu suchen.

Als die Schriftgelehrten und Pharisäer eine Ehebrecherin brachten, die auf frischer Tat ertappt worden war, fragten sie Jesus, ob sie gesteinigt werden solle. „Mit dieser Frage wollten sie ihn auf die Probe stellen" (8,6).

Diese Frage der jüdischen Gelehrten und Pharisäer an Jesus ist oft mißverstanden worden. Viele Ausleger setzten voraus, die Schriftgelehrten und Pharisäer hätten angenommen, Jesus würde die Frau freisprechen; sie setzten voraus, daß man ihn dann wegen Mißachtung des Gesetzes des Mose hätte anklagen können. So deuteten viele Ausleger die Worte: Damit „wollten sie ihn auf die Probe stellen, um einen Grund zu haben, ihn zu verklagen." Aber das wäre eine sehr unwirksame Versuchung gewesen. Die Übergehung einer Strafordnung des mosaischen Gesetzes hätte Jesus höchstens neue Verachtung in den Augen der Pharisäer und Schriftgelehrten eingebracht; aber gefährlich war das für ihn ganz und gar nicht, zumal Jesus ja keineswegs richterliche Funktionen auszuüben hatte. Vor wem hätten sie denn Jesus deswegen anklagen sollen? Vor dem Hohen Rat? Der konnte über keine Unterlassung und auch nicht über eine in seinen Augen falsche Auslegung des mosaischen Gesetzes zu Gericht sitzen; der konnte höchstens über Taten und positiv gotteslästerliche Worte zu Gericht sitzen. In dieser Richtung ist die „Versuchung" also wohl kaum zu sehen.

Die Schriftgelehrten und Pharisäer waren durchaus der Ansicht, daß Jesus die Frau zum Tode verurteilen und die Steinigung fordern würde. Sie hielten Jesus ja für einen Messias-

prätendenten, und als solcher müßte er solche Urteile durchaus vollstrecken lassen wollen; das Urteil war durch das „auf frischer Tat beim Ehebruch ertappt" (8,3) an sich schon gesprochen, es brauchte nur noch ausgeführt zu werden. Aber dem Hohen Rat war durch die Römer die Blutgerichtsbarkeit genommen (S. 578, Nr. 54), und so konnten sie die Frau gar nicht steinigen, ohne vorher das Urteil durch Pilatus bestätigen zu lassen; der aber hätte es – als liberaler Römer – wohl kaum bestätigt.

In dieser Situation kamen sie also mit der Ehebrecherin zu Jesus, und da sie Jesus für einen Messiasprätendenten hielten, der selbstverständlich gegen die römischen Einschränkungen war, der sich darum einfach nicht kümmern durfte, trugen sie ihm das mosaische Gesetz vor: „Mose hat uns im Gesetz vorgeschrieben, solche Frauen zu steinigen" (8,5). Nicht gesagt wurde das Zwischenglied, weil es ja allen bekannt war: Die Römer aber haben uns das Steinigungsrecht genommen. „Nun, was sagst du?" (8,5). Es ist doch sicher deine Ansicht, daß wir uns um diese römische Beschränkung nicht kümmern? Und sie erwarteten von ihm: Steinigt sie! Dann aber hätten sie nicht etwa die Frau gesteinigt, sondern sie hätten Jesus ergriffen, ihn zu Pilatus gebracht und vor Pilatus angeklagt: Der da hat zum Aufstand aufgerufen, indem er die römischen Beschränkungsgesetze für die Blutgerichtsbarkeit übergehen wollte. So also war der Versuch angelegt, Jesus eine Äußerung zu entreißen, die ihnen ein Recht zur Klage gegen ihn vor Pilatus gab (S. 607, Nr. 17).

„Jesus aber bückte sich und schrieb mit dem Finger auf die Erde" (8,6.8). Man hat da viel hineingelegt, aber es ist in erster Linie hier der Ausdruck dafür, daß es sich um eine schwierige Frage handelte, deren Antwort gut überlegt sein wollte. Oder vielleicht auch nur um eine Geste, mit der Jesus anzeigen wollte, daß er die Absicht durchschaute. Eine solche Fangfrage verdient eigentlich keine Antwort; darum schrieb Jesus mit dem Finger in den Staub, wie man es spielerisch zu tun pflegte. Und dann die Antwort: „Wer von euch ohne Sünde ist, werfe den ersten Stein auf sie" (8,7).

Das war eine Antwort, die ihnen jede Waffe aus der Hand schlug. Sie hieß nicht „Steinigt sie", nach der Jesus für die Überlieferung an Pilatus reif gewesen wäre; sie hieß nicht „Steinigt sie nicht", womit Jesus sich neue Verachtung zugezogen hätte – welche Antwort die Versucher allerdings gar nicht erwartet hatten. Die Antwort nahm den „Fall" aus der Politik heraus und machte daraus einen sittlichen Fall, wobei zu beachten ist, daß dieses „ohne Sünde" wahrscheinlich nicht generell, sondern speziell zu verstehen ist: Wer von euch nie einen Ehebruch begangen hat, „der werfe den ersten Stein auf sie". Der erste Stein war der Stein der Zeugen (s. den Artikel „Steinigung").

ZU Joh 9,1–41:
HEILUNG EINES BLINDGEBORENEN

Diese Erzählung ist eine typische Johannesbotschaft. Der Evangelist spricht von den Ereignissen des letzten Laubhüttenfestes vor dem Tode Jesu (S. 604, Nr. 11). Er erzählt aber in lockerem Zusammenhang, so daß man viel mehr auf die einzelnen Begebenheiten achtet als auf das Gesamtereignis dieser aufregenden Woche. Und das ist offensichtlich Absicht; denn der historische Zusammenhang ist dem Evangelisten fast gleichgültig. Der kerygmatische ist ihm allein wichtig. Dieser ist aber sehr deutlich:

In 8,12–19 hat der Evangelist von Jesus als dem Licht der Welt gesprochen. Zwar folgen dem in 8,13–59 auch noch andere Aussagen von und über Jesus, aber mit dem 9. Kapitel nimmt der Evangelist das Thema wieder auf, indem er Jesus als das Licht der Welt an einer Heilung durch Jesus exemplifiziert. Johannes berichtet von dieser Heilung am Sabbat, sicherlich, aber er legt seine Erzählung davon so an, daß sie mehr ist als ein Wunderbericht. Wahrscheinlich sollen wir (nach dem Willen des Evangelisten) das Wunder als ein Symbol der Taufe ansehen.[1] Über die Wunder in der Bibel s. im Abschnitt über die Literaturgattungen.

Als die Jünger Jesu am Weg einen Blindgeborenen sahen, fragen sie: „Rabbi, wer hat gesündigt?" (9,2). Die sehr mechanistische Auffassung von der Gerechtigkeit Gottes (s. den Artikel „Der gerechte Gott") ließ im Judentum die Meinung aufkommen, daß jedes Gebrechen eine Strafe für persönliche Sünde sei. Diese Meinung brachte bei manchen die Auffassung hervor, daß die mit einem Gebrechen

Geborenen schon im Mutterleib gesündigt hätten. Bei Begegnung Jesu und seiner Jünger mit dem Blindgeborenen wird in der Frage der Jünger aber hörbar, daß man im Volke diese Lehre einzelner Schriftgelehrter bezweifelte; jedoch hielt man dann diese Gebrechen für eine Folge elterlicher Sünden. Jesus lehnte diesen Zusammenhang zwischen Sünde und Lebensunglück, Sünde und Mißlingen eines irdischen Werkes ab (9,3). Vergleiche auch Lk 13,2.

Jesus antwortete: „Weder er noch seine Eltern haben gesündigt, sondern das Wirken Gottes soll an ihm offenbar werden" (9,3). Diese Verse bringen wieder Jesusworte, die sich durch ihre Fügung als gebundene oder liturgische Sprache verraten:
Ich muß die Werke dessen wirken,
der mich gesandt hat,
solange es Tag ist.
Es kommt die Nacht,
da niemand wirken kann.
Solange ich in der Welt bin,
bin ich das Licht der Welt.   9,4.5
(Zu dieser Art von Herrenwortüberlieferung s. den Artikel „Jesusworte").

In der literarischen Einheit dieser Perikope sind diese Verse eine Art Motiv, unter dem der Evangelist die ganze Erzählung gedeutet sehen will. Über Jesus als das Licht der Welt s. den Artikel „Licht und Finsternis" (Joh 1,5).

Nach diesen Worten heilte Jesus den Blinden mit seiner Speichelauflage auf die Augen und sagte zu ihm: „Geh und wasch dich in dem Teich Schiloach" (9,7) – s. unter „Schiloach". Der Evangelist fügt als Glosse hinzu: „Schiloach" heißt übersetzt: Der Gesandte." Er knüpft damit an Vers 4 an: „Wir müssen, solange es Tag ist, die Werke dessen vollbringen, der mich gesandt hat." Mit anderen Worten: Der Evangelist versucht, aus dem Ganzen und den Einzelheiten seiner Erzählung die Messiaseigenschaft Jesu hervorleuchten zu lassen. „Gesandter" ist bei Johannes ein immer wieder gebrauchter Messiastitel (vgl. 3,17; 3,34; 5,16–38; 7,16; 8,16; 12,45.49; 13,16;

---

[1] Die französische „Jerusalem-Bibel" weist in einer Fußnote zu Joh 9,32 („Solange die Welt steht, hat man es nicht gehört, daß jemand einem Blindgeborenen die Augen geöffnet hat") darauf hin, daß die Analogien zwischen dem Nikodemusgespräch über die Taufe (Joh 3,1–21) und Joh 9 sehr zahlreich sind.

14,24; 17,3.18; 20,21), und es lag ihm nichts so nah, als bei dem Wort „Schiloach" sogleich diese Glosse im Sinn seiner Verkündigung einzuschalten.

Der Geheilte wurde dann von den Pharisäern verhört (9,8–17). Sie sagten: „Dieser Mensch kann nicht von Gott sein, weil er den Sabbat nicht hält" (9,16). – Jesus hatte eine Art Salbung der Augen des Blindgeborenen mit einem Brei aus Speichel und Staub vorgenommen und vorher diesen Brei selbst angerührt (9,6). Beides aber war im Sinne der pharisäischen Gesetzesauslegung Arbeit, die am Sabbat (s. d.) verboten war; man durfte weder einen Brei anrühren, noch durfte man sich oder andere mit Materialien salben, mit denen man sich nicht alltäglich salbte, z. B. mit Öl. Zwar wäre eine Heilung bei akuter Augenerkrankung erlaubt gewesen; darum aber handelte es sich ja bei einem Blindgeborenen nicht. An dieser Arbeit nahmen die Pharisäer (s. d.) Anstoß; sie hebt Johannes eigens hervor. Ihre Begründung gibt Vers 16 (s. oben).

„Andere aber sagten: Wie kann ein Sünder solche Zeichen tun?" (9,16). Auch das ist typisch für die Pharisäer. Das Argument gehört ebenfalls in den Gedankenkreis vom gerechten Gott (s. d.). Es ist die Kehrseite der Auffassung, daß jedes Gebrechen Sündenfolge sei: und sie fragten den Geheilten, was denn er über Jesus sage. Seine Antwort: „Er ist ein Prophet" (9,17); s. im Artikel „Der Messias" den Abschnitt über „Prophet" als Messiastitel.

Nun wollten die Juden gar nicht glauben, daß er überhaupt blind gewesen war (9,18). Immer wieder tritt beim vierten Evangelisten das Wort von den Juden auf, das jeweils mit dem Salz der rechten Unterscheidung aufzunehmen ist (s. im Artikel „Das Evangelium nach Johannes").

Die Juden verhörten nun die Eltern des Geheilten: War er vorher blind? Wer hat ihn geheilt? (9,21). Aber die Eltern fürchteten sich, wie das ganze Volk, vor „den Juden", d. h. vor dem Hohen Rate, weil jede Anerkennung Jesu als Messias als Komplizenschaft mit einem Aufrührer gedeutet werden konnte. Man durfte Jesus nicht „als den Messias bekennen" (9,22). Wie das wahrscheinlich zu verstehen ist, darüber ist auch S. 606, Nr. 16, einiges dargelegt.

Die Pharisäer versuchten nun den Geheilten einzuschüchtern: „Gib Gott die Ehre" (9,24).

Diese Aufforderung gehört in einen ganzen Komplex von Wahrheitsformeln, die in dem Artikel „Die Wahrheitsfrage" behandelt sind. – Und sie beschimpften ihn: „Du bist ein Jünger dieses Menschen; wir aber sind Jünger des Mose" (9,28). Mit besonderem Nachdruck nannten sich gerade die Pharisäer „Schüler des Mose", worin allgemein eine Spitze gegen die Sadduzäer (s. d.) lag. Hier wird die Wendung als Spitze gegen die Schüler (Jünger) Jesu gebraucht. „Das Gott zu Mose geredet hat", muß von den Pharisäern nicht wörtlich verstanden worden sein, sondern durchaus in der Art, wie wir es im Artikel „Wort Jahwes" (Nr. 3) dargelegt haben. – „Von diesem aber wissen wir nicht, woher er kommt" (9,29), sagten sie von Jesus.

Diese Formulierung des Evangelisten könnte fast boshaft sein. Wesentlich für den Messias war nämlich, so war es vor allem pharisäischer Glaube, daß man nicht wissen sollte, woher er kam. Zwar wußte man: er kam aus Davids Haus, und er sollte in Betlehem geboren werden. Aber vor seinem Auftreten sollte er verborgen leben, bis er dann „offenbar würde" (so lautete die allgemeine Formel).[2] Zwar wollten die Pharisäer hier etwas anderes sagen, aber Johannes drückte es so aus, daß es im Munde der Pharisäer ein (versehentliches) Messiasbekenntnis wurde.

Im abschließenden Teil dieses Textes (9,35–41) fließen nun wieder Berichterzählung, Taufkatechese und liturgische Formeln so sehr in eins, daß das Ganze zwar noch die Grundlinie des Ereignisses vom Heilungsereignis am Laubhüttenfest trägt, aber viel mehr der erhöhte Herr als der Menschensohn (s. d.) Jesus spricht. Das Zwiegespräch zwischen Jesus und dem Geheilten (9,35–38) ist Glaubensbekenntnis. Die Worte Jesu (9,39) sind wieder liturgisch verwandelte Jesusworte (s. d.):

Um zu richten,
bin ich in diese Welt gekommen,
damit die Blinden sehend
und die Sehenden blind werden.

Und an die Adresse der Pharisäer (9,41):

Wenn ihr blind wärt,[3]
hättet ihr keine Sünde.
Jetzt aber sagt ihr: Wir sehen.
Darum bleibt eure Sünde.

---

[2] Belege bei Strack-Billerbeck unter Joh 1,1 und Joh 7,27.
[3] Das heißt: Wenn ihr blind wäret und eure Blindheit nicht leugnen würdet ...

ZU Joh 10,1–21:
DER GUTE HIRT

Die berühmten Hirtengleichnisse des Johannesevangeliums könnten rein theologische Aussagen des Evangelisten sein, im Gewand von Jesusgleichnissen. Die Gleichnisse sind so sehr als Theologie über Jesus zu erkennen, mit drei Themen, die drei Wesenheiten Jesu aufweisen, daß manche Erklärer keine andere Möglichkeit mehr in Erwägung ziehen. Johannes will Jesus als das Wort lehren (10,1–6), als das Leben (10,7–10) und als der, der sein Leben gibt für die Schafe (10,11–16). Das Hirtenbild als messianisches Bild ist ja alt; mit solchen Gleichnissen konnte Johannes gleichzeitig auf Ez 34,11–23 hinweisen, wo der göttliche Hirt seinen „Knecht David" über die Herde zu setzen verspricht.

Obwohl ein solcher Verkündigungssinn in den drei Hirtengleichnissen zutage liegt, muß das jedoch nicht heißen, daß sie nicht auf wirklichen Hirtengleichnissen Jesu fußen. Der Evangelist mag sie für seine Botschaft zurechtgeschrieben und pointiert haben; aber daß Jesus sich als Hirt – vielleicht ebenso nach dem Ezechieltext – gesehen hat, ist dennoch durchaus wahrscheinlich. Nicht nur der Evangelist, auch Jesus selbst ließ sich durch die Propheten inspirieren.

Alle drei Gleichnisse haben außer ihrem Lehrgehalt polemischen Charakter. Man kann das Ziel dieser Polemik sehr allgemein sehen; man könnte ferner annehmen, daß erst der Evangelist diese Polemik hineingebracht hat und darin die Christenverfolger jener Zeit sah, in der er sein Evangelium schrieb (s. den Eröffnungsartikel zum Evangelium nach Johannes). Aber man könnte auch annehmen, daß die Polemik schon von Jesus selbst stammt; dann aber müßte sie einen auffindbaren Anlaß haben.

Beachtenswert ist unter diesem Gesichtspunkt die Stelle der Hirtengleichnisse im Johannesevangelium; sie stehen nämlich im Zusammenhang der Ereignisse und Reden jener Laubhüttenfestwoche (7–10,21), in welcher der Aufstand gegen Pilatus versucht wurde (S. 604, Nr. 11). Der Aufstand wurde verraten – wahrscheinlich von den Sadduzäern (s. d.) und Hohenpriestern, d. h. von den offiziellen Hirten des Volkes. So möchte man wenigstens die Möglichkeit offenlassen, daß in den Hirtengleichnissen Jesu, auch wenn sie ursprünglich etwas anders ausgesehen haben, harte Tadelsworte für diese „Hirten" verborgen waren (s. im Kapitel „Das politische Messiastreiben...", Nr. 12; zu den anschließenden Kampfreden Jesu mit den Juden – 10,23 bis 39 – s. ebd. Nr. 13).

Zu 10,1–21 s. auch im Literaturkapitel über die Gleichnisse.

VERWEISE
ZU Joh 10,22–12,19

10,22–39: „Das Streitgespräch beim Tempelweihfest", s. den Artikel „Tempelweihfest" und im Artikel „Das politische Messiastreiben...", Nr. 13.

11,17–44: „Die Auferweckung des Lazarus" s. im Literaturkapitel unter den Wundererzählungen" 5. Die Totenerweckungsgeschichten".

12,1–11: „Die Salbung in Betanien" s. am Ende zu Mt 26,6–13.

12,12–19: „Der Einzug in Jerusalem" s. unter Mt 21,1–11.

ZU Joh 13,1–20:
DIE FUSSWASCHUNG

Die Erzählung über das Paschamahl Jesu mit seinen Jüngern beginnt bei Johannes mit der Fußwaschung. Die Bibelwissenschaftler sind nicht einig darüber, ob man annehmen soll, daß Johannes über die Fußwaschung berichtet hat, weil die Synoptiker (s. d.) diesen Bericht ausgelassen haben – oder ob Johannes die Erzählung von einer Fußwaschung an die Stelle der Brot- und Weingabe Jesu mit den Worten „Das ist mein Leib ... das ist mein Blut" gesetzt hat.

Die Fußwaschung war im alten Orient Sklavendienst. Der Hausherr ehrte seine Gäste, indem er ihnen die Schuhe (s. d.) abnehmen und die Füße waschen ließ, wenn sie in sein Haus eintraten (Gen 18,4; Lk 7,44). Die Fußwaschung wurde so sehr als Sklavendienst gewertet, daß einem jüdischen Diener dieser Dienst nicht zugemutet werden sollte. Die Frau aber hatte ihrem Mann, die Söhne und Töchter hatten ihrem Vater diesen Dienst zu leisten; dies gehörte zur Ehrung des Vaters.

Deshalb wehrte sich Petrus so energisch gegen die Fußwaschung durch Jesus (13,6). Aber Jesus deutete sie als Symbol für den äußersten Dienstcharakter.

Für die Jünger muß es schon sehr auffallend gewesen sein, als Jesus sein Obergewand ablegte, ein Leintuch nahm und sich damit umgürtete; denn nach einem alten Brauch zeigte man durch das Abnehmen des Obergewandes und die Umgürtung mit einem Leintuch an, daß jemand ein Sklave war.

Von der Fußwaschung spricht (oder berichtet?) nur Johannes. Trotzdem, so meinen manche, scheint in Lk 22,26.27 noch ein Hinweis auf die Fußwaschung enthalten zu sein. Andere sind jedoch der Ansicht, daß Fußwaschung und Austeilung seines Leibes und Blutes in Brot und Wein nur verschiedenartige Bilder für den äußersten Sklavendienst Jesu gewesen seien. Das lohnt sich immer neu zu überdenken. Man könnte damit eine weiterreichende Exegese für die Darreichung von Brot und Wein ermöglichen.

ZU Joh Kap. 14–17:
ABSCHIEDSREDEN JESU

Die Sprachfügung dieser Kapitel ist nicht die, wie wir sie aus den Jesusworten der Synoptiker (s. d.) kennen; sie trägt ganz besonders das Gepräge des Vierten Evangelisten, sowohl in Sprachrhythmus wie in theologischer Aussage. Deshalb darf man annehmen, daß Johannes zwar auf Worten und Gedanken Jesu aufbaut, sie aber weder wörtlich noch gedanklich ganz treu wiedergibt. Eine unbedingte gedankliche Treue würde übrigens auch keineswegs dem Sinn des Evangeliums entsprechen; denn es will nicht Bericht sondern Verkündigung sein – Verkündigung jedoch in einer Form, die dem theologischen Stand der Zeit entspricht. Man könnte sagen: Es ist die Verkündigung der Jesusworte, wie sie Johannes verarbeitet hat.

Aus diesem Grunde braucht man auch nicht zu erschrecken, wenn hier und da behauptet wird, daß die „Abschiedsreden Jesu" vielleicht gar nicht im Abendmahlssaal, wo ihnen Johannes ihren erzählerischen Ort gibt, gesprochen wurden. Diese Abschiedsreden bei Joh 14–17 könnten durchaus Worte Jesu meinen, die in den Wochen oder Tagen vorher gesprochen worden sind.

Etwas sehr sachlich ausgedrückt: Johannes verarbeitet in diesen „Abschiedsreden" ein Material, das zwar von Jesus stammt, dem er aber seine johanneische Prägung gibt, und er sammelt dieses ganze Material in einer Rede, die er an jenen Ort verlegt, der für uns heute der Geburtsort der Kirche ist. Die „Rede" ist jedoch in sich nicht geschlossen, sondern bietet mehrere Gedankenkreise in lockerer Reihung, so daß man eine Urschrift mit späteren Nachträgen annehmen könnte. In den folgenden Zeilen sollen nur einige Abschnitte aus diesen Abschiedsreden hervorgehoben werden:

Gespräch über den Weg zum Vater (14,1–9). Man kann nicht eindringlich genug darauf hinweisen, welch ein Unterschied ist zwischen dem alten Scheólglauben der Israeliten und diesem Ausdruck Jesu vom „Haus meines Vaters" (14,2), in dem es „viele Wohnungen" gibt (s. den Artikel „Versuch ...").

Das Verswort „Ich bin ... das Leben" (14,6) muß nicht von Jesus stammen; es kann von Johannes Jesus in den Mund gelegt sein. Aber er hat es Jesus in den Mund gelegt, weil Jesus „der Weg, die Wahrheit und das Leben" (14,6) wahrhaft ist (vgl. zu derartigen Aussagen die Bemerkung zu Mt 11,29).

Die Bezeichnung Jesu als „Weg" (14,6) könnte polemisch sein. Die Mysterienreligionen der Antike brauchten dieses griechische Wort *hodós* (Weg, Schwelle) als Terminus für den „Zugang zur Erkenntnis". Es könnte im Hinweis auf Jesus als den Weg also eine Verurteilung der Mysterienkreise liegen, wie solches ja auch sonst in der Sprache des Vierten Evangelisten nachweisbar ist. Unter diesem Gesichtspunkt bekäme dann allerdings der ganze Abschnitt 14,1–9 polemischen Charakter; die Christen des griechischen Kulturkreises sollten vor den Geheimlehren der Mysterienkreise gewarnt werden.

Vom „Beistand, dem Heiligen Geist" (14,26) spricht Jesus in seinen Trostworten an die Jünger. Im Deutschen hatte sich die Übersetzung mit „Tröster" weithin durchgesetzt, obwohl das Wort dem griechischen *paráklētos* nicht ganz entspricht. *Paráklētos* ist Anwalt, Fürsprecher, Verteidiger, Beistand, also eine sehr viel mehr auf den Glauben und die Gnadenhilfe gehende Bezeichnung. Nur in diesem Sinne hat das Wort auch im Rabbinischen der ersten christlichen Zeit eine Entsprechung, so daß man sagen darf: das NT benutzt hier einen Begriff, der auch den Juden geläufig war – allerdings nur mit dem Sinn „Fürsprecher" usw.

In Anbetracht dessen, daß es sich hier um ein Evangelium aus dem hellenistischen Kulturkreis handelt, könnte dieses *paráklätos* aber auch ein von Johannes aus dem hellenistischen Prozeßverfahren eingeführter Terminus sein.

„Ich bin der wahre Weinstock" sagt Jesus zu den Aposteln (15,1–6). Der Wein (s. d.) ist ein wesentliches Symbol für die Stämme Israels und ihre Verbundenheit mit Gott. Deshalb befanden sich im Herodianischen Tempel (s. d.) über dem vorderen Tor des eigentlichen Tempels an der vergoldeten Wand „goldene Rebzweige, von denen mannsgroße Trauben herabhingen" (Flavius Josephus, Geschichte des Jüdischen Krieges: 5,5,4). Da der Gedanke, den Jesus in 5,1–6 ausspricht, an die Bedeutung des Traubensymbols im Tempel anknüpft, hat man schon einmal die Vermutung ausgesprochen, daß zumindest das Weinstockgespräch Jesu, das Johannes hier in seinem Evangelium verwendet, im Tempel stattgefunden hat. Zeitlich und im Ablauf des Geschehens wäre das durchaus möglich, da Jesus auf dem Weg vom Abendmahlssaal (s. d.) – falls die Tradition ihn einigermaßen richtig lokalisiert – zum Ölberg in der Nähe des Tempels vorbeigehen mußte. Es muß nach Mitternacht gewesen sein; und der Tempel war an diesem ersten Tag des Festes ab Mitternacht geöffnet. Da kann dann das Traubensymbol, funkelnd im Schein der Tempelfackeln, recht gut Anlaß für solche Worte gewesen sein, zumal wir ja wissen, daß Jesus gern an das Sichtbare und sich Darbietende anknüpfte.

Die Jünger werden Jesus wiedersehen (16,16–22). Die Erzählweise dieses Abschnitts ist für uns fremd. Der Morgenländer aber liebt in seinen Erzählungen die volle Wiederholung ganzer Redeteile; sie ist ursprünglich ein me-

moratives Mittel im Dienste der mündlichen Überlieferung, das nicht zuletzt auch dadurch zum Stilmittel der orientalischen Erzählung überhaupt geworden ist. Die zweifache, fast dreifache Zitation dieser Sätze: „Noch kurze Zeit, dann seht ihr mich nicht mehr . . .", könnte ein Hinweis darauf sein, daß der Evangelist hier ein Stück der mündlichen Tradition aufgenommen hat, die oft mit derartigen Wiederholungen arbeitete.

Jesus kehrt heim zum Vater (16,23–30). Nach der rabbinischen Lehre gibt es zwei Möglichkeiten der „vollkommenen Freude": die Freude am Gesetz des Herrn und die Freude, wenn der Messias kommt (s. den Abschnitt über „Die Freude"). Man findet erst zum vollen Sinn dieser Formel, wenn man berücksichtigt, daß hier in 16,24 das, was der Vater durch Jesus gibt, jener „vollkommenen Freude" gegenübergestellt oder gleichgestellt oder jene implizite als die Erfüllung dieser behauptet wird. –

Das „hohepriesterliche Gebet" (Joh 17) wird seit dem 16. Jahrhundert so genannt. Der Name tauchte zuerst bei den Lutheranern auf und hat sich als glückliche Bezeichnung für dieses gedanklich und sprachlich überaus schöne Kapitel durchgesetzt. Heute wird es des öfteren auch „Abschiedsgebet des Herrn" genannt.

Da die Sprachformeln typisch johanneisch sind, darf man annehmen, daß sie Zusammenfassungen von Gedanken und Worten Jesu sind, nicht nur solcher aus dem Abendmahlssaal, die der Vierte Evangelist (s. d.) in seiner eigenen theologischen Sprache nachformuliert hat und denen er im Rahmen der Abendmahlsberichte einen erzählerischen Ort gegeben hat.

DIE LEIDENSGESCHICHTE
und das Kapitel **„AUFERSTEHUNG UND ERSCHEINUNGEN JESU"** siehe Seite 390.

Leidensgeschichte, Tod und Begräbnis Jesu

Um die biblischen Texte, die zu diesen Themen sprechen, nicht dadurch auseinanderzureißen, daß sie in den einzelnen Evangelienabschnitten dieses Buches berücksichtigt werden, sollen sie gemeinsam in einem „chronologischen" Abschnitt behandelt werden, der ein wenig von der Art der Evangelien-Harmonie (s. d.) beeinflußt ist. Der Leser wird freundlich gebeten, die Vorteile dieser abweichenden Darstellung zu bejahen.

ZU Mt 26,36–27,30 und Parallelen:
PROZESS UND LEIDENSGESCHICHTE
DES JESUS VON NAZARET

1. Jesus in Getsemani (Mt 26,36–46)
Nach dem Mahl ging Jesus mit den Aposteln nach Getsemani (s. im Artikel „Ölberg"). Im Angstgebet bittet Jesus: „Wenn es möglich ist, gehe dieser Kelch an mir vorüber" (26,39). In diesem Gebetsruf liegt eine orientalische Redeweise vor, in der „Kelch" sowohl Glück und Freude wie auch Leid und Trauer bedeuten kann: „Ein Becher ist in des Herren Hand . . ., daraus schenkt er ein, selbst seine Hefen müssen sie schlürfen, trinken müssen alle irdischen Frevler" (Ps 75,9). Zornesbecher, Freudenbecher u. ä. sind metaphorische Formeln für Zorn, der sich über dem Menschen entlädt, für Freude, die der Mensch genießt.

Zum Gebetswort „Aber nicht wie ich will, sondern wie du willst" (26,39.42) s. die Bemerkung zu Mt 6,10.

Markus 14,32–42 hat als Parallele gegenüber Mt keine wesentlichen Besonderheiten.

Lukas 22,39–46 fügt dem Aufbruchssatz ein: er ging, „wie er es gewohnt war" (22,39), zum Ölberg. Im Ölgarten, sagt der Evangelist, habe sich Jesus von den Jüngern „ungefähr einen Steinwurf weit" entfernt. Und die Ängste Jesu schildert Lukas durch einige ergreifende Worte: „Da erschien ihm ein Engel vom Himmel und gab ihm (neue) Kraft. Und er betete in seiner Angst noch inständiger, und sein Schweiß war wie Blut, das auf die Erde tropfte" (22,43.44). – Zu dem Engel vom Himmel s. den Artikel „Engel Jahwes".

Johannes 18,1 erwähnt bei den Worten zum Gang nach Getsemani, Jesus sei mit seinen Jüngern „auf die andere Seite des Baches Kidron" (s. d.) gegangen. Manche Exegeten nehmen an, der Evangelist erwähne damit den Bach als Symbol für den Übergang in das Land des Leidens.

2. Jesus wird gefangengenommen
(Mt 26,47–56)
Warum kam man zu Jesus an den Ölberg? Der Hohe Rat hielt Jesus für einen der üblichen Aufrührer, der das Fest zu einem messianischen Aufstand benutzen wollte. Wahrscheinlich hielt er den von Judas gemeldeten Gang Jesu zum Ölberg für den Gang zur Sammelstelle. Man erwartete vom Ölberg her den Überfall Jesu auf Stadt und Tempel.

Wer kam mit Judas als Wegführer zum Ölberg? Matthäus sagt: „eine große Schar von Männern, die mit Schwertern und Knüppeln bewaffnet waren; sie waren von den Hohenpriestern und den Ältesten des Volkes geschickt worden" (26,47).

Judas benutzte den üblichen Gruß (s. d.), um Jesus für die Anführer der Truppe kenntlich zu machen (26,49).

Bei der Festnahme Jesu schlug einer seiner Begleiter mit dem Schwert auf den „Diener des Hohenpriesters ein und hieb ihm ein Ohr ab" (26,51). Jesus verlangte von dem Schläger, das Schwert in die Scheide zu stecken (26,52). „Wie gegen einen Räuber seid ihr . . . ausgezogen, um mich festzunehmen" (26,55), stellte Jesus fest, nachdem er seinem Begleiter das Schwert verboten und damit bewiesen hatte, daß er kein „Räuber", kein Aufständischer war. Das Evangelium benutzt hier die römische Militärsprache, die aufständische Messianisten „Räuber" *(lästái)* nannte. Siehe dazu „Das politische Messiastreiben . . .", Nr. 5.

Markus 14,43–52 bringt inhaltlich wenig Neues. Nur 14,51–52 erzählt (nach Erwähnung der Flucht aller Apostel), daß ein junger Mann, „der nur mit einem leinenen Tuch bekleidet war", Jesus nachgehen wollte. „Da packten sie ihn; er aber ließ das Tuch fallen und lief nackt davon." Manche nehmen an, dieser junge Mann sei Markus gewesen.

Lukas 22,47–53 läßt den Begleiter Jesu nicht einfach mit dem Schwert draufschlagen, sondern die Apostel fragten ihn: „Herr, sollen wir mit dem Schwert dreinschlagen?" Aber dann schlug der Schwertträger auch ohne Jesu Jawort zu. „Er hieb ihm das *rechte* Ohr ab" (22,50). Und Jesus heilte das Ohr des Dieners des Hohenpriesters. – Für die lebendige Darstellungsweise des Lukas sind die Besonderheiten dieser Szene charakteristisch.

Johannes 18,2–12 bringt für die Gefangennahme eine Reihe von Besonderheiten. Er spricht zunächst von der *speira* und außerdem von den „Gerichtsdienern der Hohenpriester und der Pharisäer", die mit „Fackeln, Laternen und Waffen" kamen (18,3). Der Johannestext unterscheidet also zwischen der *speira* und den „Knechten der Hohenpriester".

Eine *speira* entspricht dem lateinischen *manipulus,* das sind zwei Zenturien, also zweihundert Mann. Die *speira* können eigentlich nur die diensttuenden zwei Zenturien gewesen sein: jene wachhabende römische Truppe, die für alle Unruhefälle zur Verfügung stand. Um sie in Gang zu setzen, brauchte man wohl kaum den Prokurator (Pilatus) zu behelligen, vielleicht wurde sie aber jeweils von einem höheren Offizier, einem *chilíarchos* (18,12), befehligt, der den Einsatz zu entscheiden hatte. Ihr Wachquartier war wahrscheinlich die Kaserne beim Prätorium (s. d.), wenigstens war dort eine diensttuende Abteilung, während der größere Teil auf der Burg Antonia (s. d.) untergebracht war.

Der andere Teil der Truppe, die zum Ölberg zog, waren die „Knechte (Gerichtsdiener) der Hohenpriester und Ältesten". Man kann diese „Knechte" *(hypärétai)* nicht als persönliche Dienerschaft deuten. „Hohepriester und Älteste" ist hier als Gruppe zu sehen und bedeutet nichts anderes als das große Synhedrium, den Hohen Rat. Dieser Hohe Rat (s. d.) hatte, als zivile Behörde, natürlich auch eine eigene Polizeitruppe. Um diese handelt es sich; diese Deutung entspricht auch ganz der üblichen Bedeutung von *hypärétäs* (Einzahl) bzw. *hypärétai* (Mehrzahl).

Diese jüdische Polizeitruppe wurde von *dem* „Diener des Hohenpriesters" angeführt, dessen Name (nur von Johannes) Malchus genannt wird (18,10). In unserer Sprache würde man sagen: Malchus war der jüdische Tempelhauptmann. Das Wachquartier seiner Truppe war wahrscheinlich ein den Juden vorbehaltener Teil der Burg Antonia (s. d.), auf der allerdings auch römische Soldaten lagen.

Römische Soldaten und jüdische Polizei kamen also mit Laternen, d. h., sie waren auf Kampf vorbereitet, in dem sie Signalzeichen brauchten, mit Fackeln als Kampfleuchten, mit Waffen, die bei Matthäus und Markus als „Schwerter und Knüppel" spezifiziert werden. Ob die jüdische Polizeitruppe nur mit Knüppeln ausgerüstet war, wissen wir nicht; mit Knüppeln aus Hartholz schlugen auch die römischen Soldaten, wenn sie als Polizeitruppe eingesetzt wurden, bevor sie zu den Schwertern griffen.

Judas ging allen voran. Während nun Judas in das Gartengebiet von Getsemani am Ölberg hineineilte, zündeten die Soldaten ihre Pechfackeln und Laternen an; ein Becken mit glühenden Kohlen wurde zu diesem Zweck am Ende des Zuges mitgetragen.

Bei Johannes (18,4.6) fragt Jesus: „Wen sucht ihr?" Sie antworteten: „Jesus von Nazaret." Jesus erwidert: „Ich bin es." – „Da wichen sie zurück und fielen zu Boden" (18,5). Warum das? Die oft gegebene Antwort, Jesus habe seine Macht gezeigt, ist kaum glaubhaft. Aber in der Antwort Jesu *aní hu* hörten sie die unglaubliche Antwort eines Menschen mit göttlichem Anspruch (s. im Artikel „Jahwe"). Davor wichen sie zurück und fielen sie nieder – nicht alle, nicht die Römer, wohl aber die jüdische Polizeitruppe, die nach römischem Brauch voranging; diese jüdische Polizei rekrutierte sich wahrscheinlich aus Leviten (s. d.). Für diese Juden war ein solches Wort umwerfend.

Es ist durchaus wahrscheinlich, daß dies eine rein johanneische Ausgestaltung ist; denn Johannes schreibt ja das Evangelium von Jesus dem Sohne Gottes. Jesus selbst hätte diese Antwort nicht so verstanden. Das Johannesevangelium wurde in einer Zeit geschrieben, als die Christologie den Begriff „Sohn Gottes" nicht mehr so verstand, wie die Juden ihn verstanden hätten.

3. Jesus vor den Hohenpriestern.

Bei Matthäus heißt es: „Nach der Verhaftung führte man Jesus zum Hohenpriester Kajaphas" (26,57).

Johannes 18,12–23 spricht dagegen von einem Verhör Jesu durch Hannas (s. d.). Aber oft ordnet man 18,24 nach 18,13 ein; dadurch wird das im normalen Johannestext vor Hannas stattfindende Verhör zu einem Verhör vor

Kajaphas.[1] Damit verschwindet die Frage, wieso Hannas berechtigt war, ein regelrechtes Verhör anzustellen; nach der geänderten Versordnung ist er nur noch eine Art Verhaftungsrichter.

Es bleibt allerdings die Frage, wieso Jesus überhaupt zu Hannas geführt wurde. Manche meinen, Kajaphas habe dem berühmten Hannas, seinem Schwiegervater, eine Reverenz erweisen wollen; damit aber nähme man Jesus zu wichtig – für die Synhedristen und Kajaphas war er doch wirklich nicht mehr als ein üblicher, wenn auch gefährlich gewordener Aufrührer. Eine sympathische Hypothese ist die, daß die Hannashallen (Verkaufshallen, die dem Althohenpriester Hannas gehörten und wo er vielleicht auch wohnte) am Ölberg lagen und also diese Hannashallen das nächste Gebiet waren, wo durch ein hochpriesterliches Mitglied des Hohen Rates auf gerichtsfähigem Boden die Verhaftung offiziell ausgesprochen werden konnte. Jedenfalls dauerte der Aufenthalt bei Hannas nicht lange.

Der Hohe Rat (s. d.) hatte sich inzwischen beim amtierenden Hohenpriester Kajaphas (s. d.) versammelt (18,24). Mit dieser Mitteilung tritt eine andere Frage auf: Warum wurde die Sitzung gegen Jesus im Hause des Kajaphas und nicht am offiziellen Versammlungsort des Hohen Rates abgehalten? Auch hier sind wir auf Kombinationen angewiesen, weil wir den Versammlungsort des Hohen Rates für jene Jahre nicht mit Sicherheit angeben können. Wenn er im Tempelbezirk lag – was einige Wahrscheinlichkeit für sich hat –, so läge darin allerdings auch ein Grund für die Verlegung. Der Tempel war in jener Nacht ab Mitternacht geöffnet, und manche Pilger, die am Donnerstag das Paschamahl hielten, besuchten ihn; das aber waren gerade die Galiläer; denn diese vor allem begingen anscheinend das Paschamahl nach pharisäischer Rechnung (vgl. S. 647f.). Den verhafteten Galiläer Jesus durch den hellerleuchteten Tempelbezirk zu führen – wo auch immer der offizielle Gerichtsort gelegen haben mag –, konnte zu Schwierigkeiten führen. Deshalb wurde Jesus zum Gericht in das *Haus* des Hohenpriesters Kajaphas geführt.

Das Haus war offenbar für größere offizielle Gelegenheiten gebaut und nicht ein einfaches Wohnhaus. Der jüdische Teil der Verhaftungsmannschaft (s. oben im Abschnitt 2) und die Gerichtsdiener (Leviten) hielten sich im Binnenhof auf, wo einige breite Tonbecken standen, in denen Holzkohlenfeuer brannten. Um sie herum standen und hockten die Männer, unter ihnen Johannes und Petrus, wie man für gewöhnlich annimmt. Warum es bei 18,15.16 heißen kann, daß „der andere Jünger" (unter dem man für gewöhnlich Johannes vermutet) dem Hohenpriester bekannt war, ist nicht geklärt.

Der Text nennt an dieser Stelle den Namen des Johannes nicht; außerdem sagt der Originaltext nicht, wie meist übersetzt wird, daß er „mit dem Hohenpriester" bekannt gewesen sei. Tatsächlich ist es sehr unwahrscheinlich, daß dieser „andere Jünger" der Apostel Johannes war. Als Jünger Jesu hätte er mitverhaftet werden müssen; wenn er also dem Hohenpriester bekannt war, warum ließ er ihn nicht verhaften? Der einzige Jünger Jesu der vor Verhaftung sicher war, wäre Judas Iskariot gewesen. Deshalb könnte es sein, daß mit dem „anderen Jünger" Judas gemeint ist, der kam, um seinen Lohn abzuholen. Gleichzeitig würde das bedeuten, daß die Apostel – zumindest aber Petrus – den Verrat des Judas noch nicht erkannt hatten. –

Die ersten Fragen des Hohenpriesters – wenn es Kajaphas war, so kann er auch allein gewesen sein, noch ohne den Hohen Rat – sind nicht überliefert, nur daß er Jesus „über seine Jünger und seine Lehre" befragt habe (18,19). Die Antwort Jesu lautete: „Ich habe offen vor aller Welt gesprochen . . ." (18,20.21). Daraus kann man schließen, daß die Frage des Hohenpriesters Jesus aufforderte, eine Geheimbündelei zuzugeben.

Jesus antwortete offen und selbstbewußt, anders als man es vor jüdischen Gerichten gewohnt war, wo der Angeklagte sich durch Unterwürfigkeit und Erbarmungswürdigkeit ein gnädiges Urteil zu erwirken suchte; zugleich bezeugte eine solche unterwürfige Haltung auch Ehrfurcht vor den Richtern. Diese Ehrfurcht schien einem der Polizeisoldaten bei Jesus zu fehlen, deshalb schlug er ihn: „Redest du so mit dem Hohenpriester?" (18,22).

---

[1] Diese andere Reihenfolge der Verse ist vor allem belegt durch die syrische Bibelhandschrift auf dem Sinai; sie bringt die Verse dieses 18. Kapitels des Johannesevangeliums in der Reihenfolge 13.24.14.15.19–23.16–18.

4. Jesus vom Hohen Rat zum Tode verurteilt (Mt 26,59–66)

Um der Wahrheit willen sollte man unter den „falschen Zeugnisaussagen gegen Jesus", um die sich die Hohenpriester und der ganze Hohe Rat bemühten, nicht verstehen wollen, daß Kajaphas die Zeugen beeinflußt hat. Vielmehr liegt in dem Ausdruck „falsches Zeugnis" Glaube und Überzeugung des Evangelisten beschlossen, daß jedes Zeugnis, das man *gegen* Jesus vorbrachte, ein Zeugnis war, das mit der Wirklichkeit nicht übereinstimmte, nicht aber muß „falsches Zeugnis" lügnerisches Zeugnis heißen. Gerade daß es nicht gelang, zwei Zeugen (s. d.) zur Übereinstimmung zu bringen, zeigt die Regularität der Zeugenvernehmung, wenn auch nicht geleugnet werden kann, daß die Zeugenvernehmung die Verurteilung Jesu zum Ziel hatte.

Die Zeugenaussage, Jesus habe gesagt, er könne den Tempel Gottes abbrechen und in drei Tagen wiederaufbauen, war vielleicht als Hauptbelastung gedacht. Jesus sagte darauf nichts.

Diese Zeugenvernehmung gehörte schon zur regelrechten Verhandlung des Hohen Rates, bei der die Hohenpriester (s. d.), Ältesten (s. d.) und Schriftgelehrten (s. d.) zu Gericht saßen. Sie saßen im Halbkreis auf einer erhöhten Tribüne, so daß sie sich gegenseitig ansehen konnten. An den beiden Enden des Halbkreises war der Platz der zwei Gerichtsschreiber, die (ohne Fühlung miteinander) das Protokoll aufzunehmen hatten. In der Mitte stand der Angeklagte und traten die Zeugen auf. Der Öffnung des Halbkreises gegenüber saßen am Boden die Schriftgelehrtenschüler.

Vor diesem Gremium also traten die Zeugen auf, die Jesus vorwarfen, er habe den Tempel zerstören und ihn in drei Tagen wiederaufbauen wollen. Darin lagen zwei Verurteilungsmöglichkeiten: 1. Wer den Tempel abbrechen wollte, verging sich als Gotteslästerer. 2. In dem Wort, er wolle den Tempel in drei Tagen wiederaufbauen, lag ein Messiasanspruch; denn der Messias würde den beim Machtkampf zerstörten Tempel in Herrlichkeit wieder aufbauen, so glaubte man.

Nun griff Kajaphas selbst als Frager ein. Das Abbrechen des Tempels ließ er ganz aus dem Spiel; kein der Gotteslästerung Angeklagter wird die Gotteslästerung vor seinen Richtern wiederholen. Der Hohepriester knüpfte an das Aufbauen des Tempels in drei Tagen an, worin der Messiasanspruch lag, und er fragte Jesus nun direkt, ob er der Messias zu sein behaupte. Er stellte die Wahrheitsfrage (s. d.): „Bist du der Messias, der Sohn Gottes?" (26,63). Die Frage bedeutete jedoch nicht, ob Jesus der wirkliche Sohn Gottes sei, sondern im Sinne der Juden fragte er, ob Jesus der Messias, der von Gott besonders Geliebte, der von Gott besonders Bevorzugte sei; das will hier heißen: „Sohn Gottes". Jesus antwortete: „Du hast es gesagt." Das jedoch konnte keine Verurteilung durch den Hohen Rat nach sich ziehen; denn es war nicht verboten, sich als Messias zu bezeichnen. Die Antwort Jesu war für den Hohenpriester und den größten Teil des Hohen Rates zufriedenstellend; denn mit diesem Ja konnte man Jesus dem römischen Prokurator Pilatus zum Gericht übergeben, in dessen Gerichtshoheit solche Aufrührer fielen, die sich als Messiasprätendenten gegen die römische Macht stellten. Kajaphas wagte mit dieser Frage, durch die er den Angeklagten selbst zum Zeugen aufrief, allerlei; denn ein Nein von seiten Jesu hätte seine Freilassung zur Folge haben müssen.

Jesus aber führte seine Antwort weiter: „Doch ich erkläre euch: Von nun an werdet ihr den Menschensohn zur Rechten der Macht sitzen und auf den Wolken des Himmels kommen sehen" (26,64). Da dieser zweite Teil der Erklärung keine Gotteslästerung enthielt – denn „Menschensohn" (s. d.) war eine Messiasbezeichnung und keine Gotteslästerung, und auch dieser Menschensohn kam bei Daniel auf der Wolke des Himmels – muß wohl etwas anderes die eigentliche Gotteslästerung gewesen sein. Zwar konnte ein böswilliges Gericht auch in dem Anspruch Jesu, der Menschensohn auf der Wolke (s. d.) des Himmels zu sein, einen Anspruch auf Gottgleichheit sehen: indem es in ihm einen Menschen sah, der den Thron Gottes für sich beanspruchte; aber wahrscheinlicher ist, daß das spontane Urteil „Er hat Gott gelästert!" auf einem anderen Wort beruhte. Das Wort finden wir bei Markus. Es könnte sein, daß Matthäus nicht wagte, das auslösende Wort im Text für die Juden auszusprechen.

Markus formulierte die feierliche Wahrheitsfrage des Hohenpriesters anders: „Bist du der Messias, der Sohn des Hochgelobten?" (14,16). Das wäre aber keine besonders gefährliche Frage gewesen, wenn Jesus darauf so oder ähnlich geantwortet hätte, wie es bei Mt formuliert ist. Jesus aber antwortete: „Ja, ich bin es." Hier berichten die Evangelisten in der Leidensgeschichte Jesu das *aní hu* („Ich bin es") Jesu zum zweiten Male: das erste Mal s. oben, unter Nr. 2 (bei Joh 18, 46). Dieses *aní hu* galt als Gotteswort und war also im Mund eines Menschen eine Gotteslästerung (s. auch im Artikel „Jahwe"). In Disputationen über diese Antwort ist in unserer Zeit des öfteren gefragt worden, ob Jesus hier nicht als Kritiker an solchen von Menschen festgelegten und überbewerteten Formeln von Gott gesprochen hat und: ob Markus hier nicht zeigen will, mit welchem oberflächlichen Urteil über ein bestimmtes Wort Jesus zum Gotteslästerer gemacht werden sollte.

Der Hohepriester zerriß sein Gewand (s. im Artikel „Trauerbräuche") weil er Zeuge einer Gotteslästerung geworden war – nicht sein kostbares hochpriesterliches Gewand, das ihm in jenen Zeiten nur zu wichtigen Amtshandlungen vom römischen Prokurator ausgehändigt wurde, sondern sein alltägliches Gewand –, und stellte zusammen mit dem ganzen Hohen Rat den Schuldzustand Jesu fest. Auf Gotteslästerung stand Steinigung.

Die Sitzung endete gegen 3 Uhr früh (s. den folgenden Abschnitt 5).

Die Bibelwissenschaftler sind sich also nicht einig darüber, worin der Hohe Rat die Gotteslästerung Jesu gesehen hat. Denn nicht alle sind der Ansicht, daß dieses *aní hu* in der Zeit Jesu (noch) als Gotteslästerung angesehen wurde. Da das, was die Evangelisten von Jesus vor dem Hohen Rat erzählen, erst Jahrzehnte nach der Verhandlung aufgeschrieben wurde, also keineswegs historisch glaubwürdige Einzelheiten enthält, kann hier nicht Sicheres über den Grund des Todesurteils gesagt werden. Eines aber darf wohl sicher sein: Jesus wurde als Gotteslästerer vom Hohen Rat zum Tode verurteilt.

5. *Petrus verleugnet den Herrn (Mt 26,69–75)*

Die Szene spielte sich etwa zwischen Mitternacht und 4 Uhr morgens ab. Petrus stand am Kohlenfeuer (s. oben in Abschnitt 4) und wurde mehrmals als Begleiter Jesu angesprochen. Aber er fürchtete sich, dies zuzugeben. Petrus selbst sah in Jesus ja ebenfalls einen politischen Messias, und er wußte genau, was

Jesus bevorstand. Er wußte aber auch, daß er selbst auch als Aufrührer verhaftet und hingerichtet werden konnte, wenn man ihn als Jünger Jesu identifizierte. Trotzdem blieb er in der Nähe Jesu.

Als Petrus den Herrn dreimal verleugnet hatte, krähte ein Hahn (26,74), wie Jesus dem Petrus vorausgesagt hatte. *Der Hahn* kann natürlich ein richtiger Hahn (s. „Hühnerzucht") gewesen sein;[2] die Stunde um drei Uhr früh nannte man „den Hahnenschrei" (s. d.). Da es sich bei Jerusalem jedoch um eine römisch besetzte Stadt handelte, kann damit auch das römische Signalhorn gemeint sein, das *gallus* (Hahn) genannt wurde. Die Darstellung bei Matthäus, Lukas und Johannes läßt diese Deutung zu; dort ist von nur *einem* Hahnenschrei die Rede, entsprechend dem Worte Jesu: „Bevor der Hahn kräht, wirst du mich dreimal verleugnen" (Mt 26,34), das müßte demnach heißen: Noch vor der Stunde des Hahnenschreis wirst du mich gänzlich (dreimal) verleugnen.

Markus 14,66–72: Nur scheinbar schwieriger ist die Mitteilung bei Markus; er spricht vom zweimaligen Hahnenschrei (14,31.72). Wenn man bei der Deutung mit der Signaltrompete bliebe und man den Markustext wörtlich nähme, so würde die erste Verleugnung noch vor Mitternacht geschehen sein; um Mitternacht, beim Wachwechsel der Truppe, „krähte der Hahn" der Römerwache zum erstenmal, nachdem Jesus im Abendmahlssaal vom zweifachen Hahnenschrei gesprochen hatte. Die dritte Verleugnung geschah demnach rund drei Stunden später, als „der Hahn" zum zweitenmal krähte, eben „zur Stunde des Hahnenschreis". Da diese Darstellung von Markus stammt, dessen Evangelium auf Petrus beruht, haben wir einen Grund, diese Darstellung für die genauere zu halten.

6. *Jesus wird verspottet und mißhandelt (Mt 26,67.68)*

Die nächtliche Versammlung, die gegen 3 Uhr in der Nacht schloß, war die erste gesetzliche Gerichtsverhandlung gegen Jesus. Zwar sollte des Nachts keine Gerichtsverhandlung abge-

---

[2] Laut Talmud durften allerdings in Jerusalem keine Hähne gehalten werden, weil sie als Vögel galten, die dem Sonnengott heilig waren. Das könnte die folgende Überlegung über das Krähen des „Hahns" stützen.

halten werden, aber der Hohepriester hatte dafür ganz sicher Dispensrecht. Es handelte sich ja um eine Notstandssituation. Sogleich nach Tagesanbruch sollte die zweite gesetzlich vorgeschriebene Verhandlung stattfinden.

Die Zeit bis zu dieser Versammlung (von etwa 3 Uhr früh bis Sonnenaufgang) blieb Jesus unter Aufsicht der „Diener des Hohenpriesters", also der jüdischen Polizei (s. oben, Abschnitt 2). Diese Polizei bestand wahrscheinlich aus Leviten. Die römischen Soldaten werden nach der Gefangennahme Jesu wieder in ihre Wachquartiere zurückmarschiert sein.

Diese drei bis vier Stunden waren also die Zeit der Verspottung Jesu. Als Ort muß man sich einen Hof beim Hause des Hohenpriesters Kajaphas vorstellen. Die Verspottung bezog sich auf den (angeblichen?) Messiasanspruch Jesu, der den levitischen Polizisten natürlich besonders komisch vorkam, weil sie einen ganz und gar in ihre Gewalt gegebenen Mann als Messias ansprechen konnten. Ein hilfloser Messias war für jede jüdische Vorstellung eine Spottfigur. Deshalb gaben sie ihrer Verachtung durch Anspeien Ausdruck und beschimpften ihn mit Faustschlägen und Ohrfeigen; dabei hingen sie Jesus eine Hülle über den Kopf (wahrscheinlich das freie Ende seines Mantels) und forderten ihn auf, „als Messias" zu sagen, wer ihn geschlagen habe. Darin wird eine sehr vulgäre Auffassung vom Prophetentum (des Messias) sichtbar, die im Propheten (s. d.) eine Art Hellseher sah.

7. Jesus zum zweiten Male vor dem Hohen Rat (Mt 27,1)

Die nächtliche Verhandlung gegen Jesus muß zwar als offizielle und rechtsgültige Verhandlung angesehen werden; aber eine zweite Verhandlung mußte folgen. Deshalb wurde für die Zeit nach Tagesbeginn (etwa zwischen 6 und 7 Uhr in der Frühe) eine zweite Verhandlung angesetzt. Diese fand auf dem Tempelberg statt, was auch aus dem Versuch des Judas hervorgehen könnte, das Verratsgeld zurückzuerstatten (s. unten, im Abschnitt 8).

Jesus wurde also vom Hause des Hohenpriesters Kajaphas auf den Tempelberg gebracht. Wo allerdings dort die offizielle Synhedriumssitzung stattfand, ist unsicher. Wahrscheinlich ist ein Teil der westlichen Hallen Ort dieser Sitzung gewesen (s. der „Tempel des Herodes"). Die Materie der nächtlichen Sitzung wurde noch einmal kurz aufgerollt. Zwei Zeugen (aus dem Hohen Rat) werden das nächtliche Delikt bezeugt haben – damit schieden sie aus dem Richtergremium aus – und jedes der anwesenden Mitglieder des Hohen Rates sprach einzeln „Des Todes schuldig", wie es Vorschrift war. Damit war dem formalen Recht genügt.

Die Synoptiker Matthäus und Markus berichten des breiteren über die nächtliche Sitzung und erwähnen die Morgensitzung nur ganz kurz.

Lukas 22,66–71 übergeht die Nachtsitzung und bringt die Materie der Nachtsitzung in der Morgensitzung.

Der nächtliche Ausruf „Er ist des Todes schuldig" war also eine Art kollektiver Gerichtsspruch. Der offizielle Gerichtsspruch wurde in der Morgenversammlung gefällt. (Zur Beschuldigungsmaterie der Morgenversammlung s. Abschnitt 4.)

8. Ende des Judas (Mt 27,3–8)

Eine zeitliche Einordnung ist nicht möglich. Die Einsicht des Judas (s. „Judas Iskariot") darf man aber doch wohl in die Zeit zwischen der nächtlichen Verhandlung gegen Jesus und der Morgenverhandlung setzen. Am Ende der Nachtverhandlung sah er, worauf die Maßnahmen des Hohen Rates gegen Jesus hinausliefen. Er versuchte noch einen Einspruch: „Ich habe euch einen unschuldigen Menschen ausgeliefert" (27,4). Dazu ging er auf den Tempelberg, wo die Morgenverhandlung stattfand. Aber sein Einspruch wurde nicht mehr angenommen. Daraufhin warf er das Verratsgeld den Richtern vor die Füße (27,5). Aus dieser Mitteilung darf man schließen, daß die Judenchristen in Jerusalem annahmen, die Morgenverhandlung des Hohen Rates gegen Jesus habe im Tempelbezirk stattgefunden.

Das Matthäusevangelium fügt den Bericht von der Verzweiflung des Judas zwar erst nach Mt 27,1.2 ein: „Als es Morgen wurde, faßten die Hohenpriester und Ältesten des Volkes gemeinsam den Beschluß, Jesus hinrichten zu lassen. Sie ließen ihn fesseln und abführen und lieferten ihn dem Statthalter Pilatus aus." Da aber der zweite Satz wesentlich zu dem Beschluß, Jesus dem Tode zu überliefern, gehört – wegen der beschränkten Gerichtsbarkeit des Hohen Rates (S. 578, Nr. 54) –, kann man aus dieser Stellung keine chronologischen Schlüsse ziehen.

Die Verwendung des Verratsgeldes (27,6–8) beruht auf einer typisch buchstabenmäßigen Auslegung des Gesetzes. Es hätte nahegelegen, das Geld des Judas in einen der Opferstöcke zu werfen, deren Inhalt in den Tempelschatz kam, bzw. mit deren Inhalt die Tempelriten bestritten wurden. Aber da es „Blutgeld" war, wenn auch von ihnen selbst gezahlt, konnten die Tempelbehörden es dazu nicht verwenden (Dtn 23,18: „Hurenlohn oder Hundegeld darfst du nicht in das Haus des Herrn, deines Gottes bringen"; auf diese Weisung wird man sich bezogen haben; „Hundegeld" war der Lohn für Strichjungen).

Man kaufte für dieses Geld einen Acker, aus dem Töpfer ihre Tonerde geholt hatten und der wohl bis auf eine tiefere Schicht abgetragen war, die für den Töpfer nicht mehr brauchbar war. Er sollte als Fremdenbegräbnis dienen. Der Name „Blutacker" (aramäisch *hakeldemá,* im Griechischen mit *hakel-damách* wiedergegeben) ist seit dem 4. Jahrhundert n. Chr. als Name eines Grundstücks im Hinnomtal (s. d.) überliefert, wo gemäß Jer 19 Töpferwerkstätten vermutet werden können.

9. *Jesus vor Pilatus (Mt 27,12ff.)*

Nach der Verurteilung Jesu durch den Hohen Rat wegen Gotteslästerung taten die jüdischen Behörden den nächsten notwendigen Schritt zum Vollzug des Urteils: sie brachten Jesus zum Prokurator Pontius Pilatus. Durch die antijüdischen Maßnahmen des Sejanus waren die Juden in ihrer Gerichtshoheit beschränkt; sie konnten kein Todesurteil vollstrecken lassen (S. 578, Nr. 54).

Johannes 18,28–38 gibt den ausführlichsten Text zu diesem Teil des Prozesses: Der Gang zu Pilatus ist etwa für 8 Uhr morgens anzusetzen. Es war der Tag des Paschamahls nach der Ordnung der Sadduzäer (s. im Kapitel über das Paschafest); deshalb betraten diese (d. h. vor allem die Männer der hohenpriesterlichen Familie) das Prätorium des Pilatus nicht, um durch das Eintreten in ein heidnisches Haus nicht unrein zu werden.

Pilatus kam zu ihnen heraus; seit dem Sturz des Sejanus hatte er seine judenfeindliche Prokuratorenpolitik etwas gemäßigt und machte den Anklägern deshalb diese Konzession. Pilatus stellte die Schuldfrage also außerhalb des Prätoriums. Anderseits waren die Ankläger durch den neuen Kurs mutiger geworden. Sie standen nicht als Bittende, sondern als Fordernde vor dem Prokurator. Seine Schuldfrage beantworteten sie fast frech: „Wenn er kein Übeltäter wäre, hätten wir ihn dir nicht ausgeliefert" (18,30).

Pilatus wurde daraufhin ironisch: „Nehmt ihr ihn doch, und richtet ihn nach eurem Gesetz" (18,31). Er ließ sie spüren, daß ihre Gerichtsbarkeit beschränkt war.

Die Antwort der Ankläger scheint etwas gemessener gewesen zu sein. Sie wiesen auf die beschränkte Kapitalgerichtsbarkeit hin. Sie wollten sich nicht kurz vor dem Ziel durch Verärgerung des Prokurators alles verderben: „Uns ist es nicht gestattet, jemand hinzurichten" (18,31).

Durch dieses Gespräch mit dem römischen Gerichtsherrn war den Anklägern klar geworden, daß sie ihr Todesurteil nicht einfach bestätigen lassen konnten. Pilatus war zwar vorsichtiger, aber nicht freundlicher geworden gegenüber dem jüdischen Gesetz. Ein Urteil wegen Gotteslästerung würde er wohl kaum bestätigen. Sie brachten deshalb die Messiasanklage vor, die zwar nicht der Grund ihres Urteils gewesen war, die aber dennoch im Hintergrund auch ihres Urteils gestanden hatte. Sie klagten Jesus messianischer Umtriebe an: der Aufwiegelung, der Steuerverweigerung (S. 608, Nr. 19). All das waren Delikte gegen den Kaiser und die römische Oberhoheit.

Pilatus ging dann ins Gerichtsgebäude zurück und ließ Jesus vor sich führen. Der Prokurator stellte an Jesus die Schuldfrage sehr direkt: „Bist du der König der Juden?" (18,33). Ein Ja Jesu hätte die Verurteilung auch durch Pilatus bedeutet. Jesus aber gab eine Antwort, die dem Prokurator nicht politisch zu sein schien. Und Jesus gab auch die Begründung: Es gibt doch wohl keinen politischen Messiaskönig, der sich widerstandslos gefangennehmen läßt und dessen Anhänger nicht für ihn kämpfen (18,36). Jesus verwies damit auf seine Gefangennahme am Ölberg, wo er selbst seinen Jüngern jeden Widerstand verboten hatte. Pilatus, der zweifellos von dem Offizier, der die Ölbergaktion in der Nacht für den römischen Truppenteil geleitet hatte, eine genaue Meldung erhalten hatte, mußte die Berechtigung des Hinweises Jesu annehmen.

Aber die Antwort Jesu enthielt doch auch die Bejahung seines Königtums. So forschte Pilatus weiter nach der Art dieses Königtums. Die Antwort schien ihm jedoch aus dem Geist religiöser Schwärmerei zu kommen (18,37). Er erwiderte darauf abfällig: „Was ist Wahrheit!" Eine Schuld fand er nicht. Pilatus teilte dies den Anklägern mit. Die Juden erneuerten ihre Anklagen. Jesus verteidigte sich nicht. Pilatus wunderte sich und war ratlos. Jesus benahm sich ganz anders, als er es sonst von Menschen vor seinem Richterstuhl kannte. – In diesem letzten Abschnitt, so betonen viele, ist wohl keine historische Echtheit des Gesprächs anzunehmen; es ist johanneische Theologie.

Lukas 23,2 und 5 bekräftigen die Messiasanklagen. Als aber dann in der Anklage das Wort „Galiläa" fiel und Pilatus erfuhr, daß Jesus Galiläer war, ließ er ihn zu Herodes (Antipas) bringen, der ebenfalls zum Paschafest nach Jerusalem gekommen war. Pilatus übergab Jesus zunächst einmal dem Gericht des Landesherrn; so konnte er den Fall zwar nicht loswerden – aber vielleicht fand er im Urteil des Herodes eine Handhabe oder eine Formel für sein eigenes Urteil. Pilatus fühlte sich bedrängt und suchte durch die Übergabe Jesu an Herodes (Antipas) einen Aufschub für sein Urteil.

10. Jesus vor Herodes. Mt erwähnt nichts von einer Gerichtsverhandlung bei Herodes.

Lukas 23,8–12 spricht von einer Übergabe Jesu durch Pilatus an den Landesherrn Jesu. Herodes scheint aber nicht sofort in eine gerichtliche Untersuchung eingetreten zu sein. Er freute sich, Jesus endlich einmal zu sehen, und das in einem so ungefährlichen Zustand. Er versprach sich davon eine sensationelle Unterhaltung.

Jesus hätte durch Eingehen auf das Unterhaltungsbedürfnis seines orientalischen Potentaten die Lage für sich günstiger gestalten können. Aber Jesus konnte solche Wünsche nicht erfüllen. Er war kein Zauberer, kein Magier, kein Schauprediger. Deshalb blieb er stumm. Als Herodes mit seinen Wünschen nicht zum Ziele kam, begann der Tetrarch die Gerichtsverhandlung.

Es ging um die Tätigkeit Jesu in Galiläa. Die Ankläger stellten die messianischen Delikte heraus (z. B. die angebliche Anregung des Volkes, Jesus zum König zu machen: s. den Artikel „Das politische Messiastreiben...", Nr. 10). Gegen Messiasprätendenten war auch der Vierfürst empfindlich (s. den Artikel „Die Herodianer"). Aber letztlich scheint Herodes in der Tätigkeit Jesu kein todwürdiges Verbrechen gesehen zu haben. Er verurteilte ihn zum öffentlichen Gespött. Hatte er sich zum König gemacht, so sollte er als Gefangener in einem (weißen) Königskleid durch Jerusalem geführt werden. Damit war für den Vierfürsten (Tetrarchen) die Sache erledigt. Zur weiteren Urteilsfindung sandte er Jesus an Pilatus zurück, was eine freundliche Geste war, obwohl Herodes die Zurücksendung wohl auch für notwendig hielt; Pilatus buchte – trotz seiner Ratlosigkeit – die Rückgabe jedenfalls als einen Akt der Freundlichkeit.

11. Jesus oder Barabbas? (Mt 27,15–22)
Pilatus gab seine Bemühungen, Jesus freizulassen, nicht auf. Da er zum Paschafest einen Gefangenen freizulassen pflegte, bot er dem Volke Jesus zur Freilassung an (so auch bei Johannes). Aber das Volk verlangte den Barabbas.

Markus (15,6–14) hat eine etwas andere, aber durch ihre charakteristischen Einzelheiten sehr zuverlässige Darstellung. Während sich Pilatus um die Freilassung Jesu bemühte, „zog die Volksmenge hinauf und bat, ihnen die gleiche Gunst zu gewähren wie sonst" (15,8). Diese „Volksmenge" waren nicht irgendwelche Leute, war auch nicht der Pöbel von Jerusalem, wie man es schon einmal dargestellt findet, sondern waren jene messianistischen Unruhegeister, die den Römern ohne Unterlaß viel zu schaffen machten. Diese kamen nicht Jesu wegen zu Pilatus, sondern um des Barabbas willen.

Barabbas saß „im Gefängnis, zusammen mit anderen Aufrührern, die bei einem Aufstand einen Mord begangen hatten" (15,7). Was dies für ein Aufstand war, kann kaum zweifelhaft sein: Barabbas war einer jener messianistischen Hasardeure, die weder das Leben der Römer oder seiner jüdischen Gegner schonten noch ihr eigenes Leben ängstlich behüteten, wenn es galt, die messianistische Aufstandsbewegung zu schüren. Er war ein „Räuber", ein *lästäs*: ein jüdischer Freiheitskämpfer (S. 604, Nr. 11).

Die Männer, die vor das Prätorium des Pilatus zogen, waren die Parteigänger des Barabbas. Für sie war Barabbas kein Mörder, sondern ein Mann, der für die gemeinsame Sache etwas gewagt hatte. Deshalb kamen sie, um Barabbas durch die Paschaamnestie loszubitten. Als sie nun mit Geschrei für Barabbas die Amnestie forderten, bot Pilatus ihnen Jesus für die Amnestie an. Wohlverstanden: Nicht den Mitgliedern des Hohen Rates empfahl Pilatus die Amnestie Jesu, sondern den messianistischen Neuankömmlingen. Er hoffte, damit an dem geforderten Todesurteil für Jesus vorbeizukommen.

Diese Messianisten waren anscheinend nicht abgeneigt, auf das Angebot des Pilatus einzugehen. Daß Jesus in der Hand des Pilatus war, zeigte doch, daß Jesus einer der Ihren war; mißtrauisch muß sie allerdings gemacht haben, daß Pilatus ihnen Jesus so freigebig für die Amnestie anbot. Dieses Mißtrauen nutzten die Mitglieder des Hohen Rates, um gegen Jesus zu hetzen und für die Amnestierung des Barabbas Stimmung zu machen. Sie hätten zwar die Hinrichtung des Barabbas nicht ungern gesehen – aber Jesus schien ihnen im Augenblick gefährlicher; und außerdem war er von ihnen selbst wegen Gotteslästerung zum Tode verurteilt worden.

So fiel denn die Auswahlfrage „Barabbas oder Jesus" zugunsten des Barabbas aus. Ja, durch das Hetzen der Hohenpriester und der Ankläger Jesu wurde aus der einfachen Amnestieforderung für Barabbas die Forderung, Jesus zu kreuzigen.

Bei Lukas erscheint dieses Thema in 23,13–25 bei der (oft so genannten) zweiten Verhandlung vor Pilatus, weil Lukas ja als einziger Evangelist zwischen die Auslieferung Jesu an Pilatus und die Verhandlung vor Pilatus die Geschichte von Jesus vor Herodes (23,6–12) einschiebt (s. oben, Abschnitt 10).

12. Jesus wird gegeißelt (Mt 27,24.25)
Manche Historiker halten es für zweifelhaft, daß die Händewaschung des Pilatus hier richtig eingefügt ist; denn noch war der Prokurator nicht bereit, das Todesurteil gegen Jesus zu bestätigen (s. Abschnitt 14). Die Geißelung, der er Jesus unterwarf, muß als Strafe vor der Freilassung gedacht gewesen sein: ein Gegenstück zum „weißen Kleid", das Herodes Jesus hatte anlegen lassen. Der Prokurator mag sich gedacht haben: Irgendein Verschulden wird schon vorliegen.

Aus der Art, wie die hohen römischen Offiziere ihre Befehle an die Soldaten gaben, dürfen wir schließen, daß der Befehl etwa lautete: Vor der Freilassung geißeln! Solche Befehle gaben den Soldaten für die Ausführung weiten Spielraum. Eine römische Soldatengeißelung war keine wohlabgezählte jüdische Synagogengeißelung. Die Soldaten geißelten ohne Zählung der Streiche. Sie gestatteten sich aus eigener Machtvollkommenheit die Benutzung von harten und spitzen Bleistükken, die sie an die Geißelstränge anhingen, und ähnliche Schikanen mehr; denn eine solche Geißelung war für die Soldaten eine Belustigung, zumal die Einheiten aus Cäsarea, die wir hier als die „römischen" Soldaten des Pilatus annehmen müssen, aus Syrern (s. d.) und Samaritern (s. d.) bestanden, die beide gegen die Juden voller Haß waren. Ihre Mäßigung hatte nur eine negative Grenze – der Gegeißelte durfte nicht sterben; denn der Befehl lautete: Vor der Freilassung geißeln!

Der zur Geißelung Verurteilte wurde bei den Römern nackt gegeißelt. Obwohl die Geißelung auf Rücken und Schultern ausgeführt werden sollte, ist bei dem Mutwillen der syrischen und samaritanischen Geißler damit zu rechnen, daß die Geißelung sich auf den ganzen Körper Jesu erstreckte und besonders empfindliche Stellen nicht schonte. Bei der Geißelung Jesu ließ sich an Jesus der syrisch-samaritanische Haß gegen das Judentum aus. –

13. Jesus mit Dornen gekrönt (Mt 27,27–30)
Barabbas war von Pilatus freigegeben worden. Barabbas, der von den Soldaten als ebensolcher Messiasprätendent angesehen wurde wie Jesus – und Barabbas war es sicherlich auch in seinen eigenen Augen (S. 604, Nr. 11) –, sollte am gleichen Tage gekreuzigt werden. Die Soldaten hatten für ihn eine Komödie vorbereitet, die ihnen nun durch die Freilassung gründlich verdorben wurde.

Die Komödie galt dem Messiasprätendenten Barabbas (dem „König der Juden"). Er war besiegt; aber der Hohn der Soldaten wollte aus ihm einen Sieger machen. Er sollte seinen roten Anführermantel wieder umgelegt bekommen, der jetzt als Purpur (s. d.) des Königs dienen sollte, einen Siegeskranz sollte er angeboten bekommen und von den syrisch-samaritanischen Soldaten als „König der Juden" verhöhnt werden. Wie die Besiegten auf dem Schlachtfeld vor dem Siegerfeldherrn niederknieten, ihn gnadebittend als Sieger begrüßten („Sei gegrüßt . . ."), so wollten sie vor Barabbas, der gegen sie mit seinen Freischärlern kämpfend aufgetreten war, als „Sieger" begrüßen, bevor er am Kreuz hingerichtet wurde.

Barabbas wurde zwar freigelassen, aber statt seiner erhielten die Soldaten Jesus, der für sie eine noch lächerlichere Figur war: Er nannte sich (wie verlautete) „König der Juden", aber hatte nicht einmal gekämpft. Alles, was sie Barabbas zugedacht hatten, fügten sie nun Jesus zu: sie hingen ihm den Führermantel des Barabbas als Königspurpur um, gaben ihm ein Zepter in die Hand, schlugen ihn auf den Kopf, damit er aufschaute und sie ihn ohrfeigen konnten, gaben ihm den Siegeskranz – einen Dornenkranz – aufs Haupt und begrüßten ihn, „um Gnade bittend": „Sei gegrüßt, König der Juden!" Zu diesem Satyrspiel holten sie „die ganze Truppe" herbei, damit alle daran ihren Spaß hatten und darin ihren Haß am jüdischen Hochmut kühlen konnten. So etwa müssen die Einzelheiten in dieser Verspottungsszenerie gesehen werden.

Diese Deutung der Vorgänge ist der alle Situationen jener Jahre durchtränkenden Messiasidee näher als die Deutung durch das persische Sacäenfest, wie sie durch Alfred Jeremias 1905 ins Spiel gebracht wurde („Babylonisches im Neuen Testament", S. 207): „Von dem persischen Sacäenfest wissen wir, daß der sterbende Jahrgott durch einen Sklaven in königlichem Gewande . . . dargestellt wurde oder durch einen zum Tode verurteilten Verbrecher, den man in königlichen Gewändern auf den Thron setzte und verspottete". Zwar ist die Möglichkeit nicht ganz auszuschließen, daß die syrischen Soldaten mit Jesus das Festspiel der Frühlingszeit trieben; aber der Messiaszusammenhang empfiehlt, der anderen Deutung den Vorzug zu geben. –

Ähnliche Darstellungen bei Mk (15,16–19) und bei Joh (19,2.3).

14. Jesus zum Tode verurteilt (Joh 19,4–16)
Pilatus ließ Jesus in Purpurmantel und Dornenkrone dem Volke vorführen, und er zeigte auf Jesus: „Seht, da ist der Mensch!" Ob der Prokurator die Ankläger damit zum Mitleid bewegen wollte oder ob er damit sagen wollte: Solch ein geschundener und stummer Mensch

kann doch unmöglich Messiasabsichten haben – das kann schwer entschieden werden. Zweifellos aber machte Pilatus mit dieser Vorführung Jesu noch einmal den Versuch, Jesus freizulassen.

Es ist kaum anzunehmen, daß die messianistischen Freischärler immer noch zu dem Volkshaufen gehörten, der vor dem Prätorium die Verurteilung Jesu forderte. Diese waren nach der Freilassung des Barabbas mit ihrem Helden abgezogen – vielleicht in den Tempel, um dort ein Dankopfer darbringen zu lassen. Deshalb erwähnt 19,6 auch nur „die Hohenpriester und ihre Diener", die Pilatus mit dem Ruf „Ans Kreuz mit ihm!" antworteten.

Pilatus wurde zynisch: „Nehmt ihr ihn, und kreuzigt ihn! Denn ich finde keinen Grund, ihn zu verurteilen." Der Prokurator sagte das, obwohl er wußte, daß die Juden wegen der beschränkten Gerichtshoheit Jesus nicht kreuzigen konnten. Die jüdischen Behörden, die auf diese Weise von Pilatus nicht gerade zartfühlend auf das *römische* (beschränkende) Gesetz hingewiesen wurden, antworteten nun mit Hinweis auf ihr Gesetz. Sie zitierten die Gotteslästerung, auf die hin sie Jesus zum Tode verurteilt hatten. Und wenn Pilatus Jesus nicht wegen Rebellion verurteilen wolle, so soll er ihn nun wegen der Verurteilung durch den Hohen Rat dem Kreuzestod überliefern. „Wir haben ein Gesetz, und nach diesem Gesetz muß er sterben, weil er sich als Sohn Gottes ausgegeben hat" (s. Abschnitt 4). Die Ankläger verlangten vom Prokurator die Respektierung ihrer religiösen Gesetze, die ihnen durch den Kaiser zugesagt worden war. Pilatus untersuchte noch einmal. Er wollte von Jesus die Materie der Gotteslästerung bestätigt haben, zugleich aber hielt er die Möglichkeit, daß Jesus kein gewöhnlicher Mensch sei, für gegeben; der Kaiserkult als Götterkult hatte ihm die Möglichkeit geöffnet. Deshalb fürchtete er sich und stellte an Jesus die sehr allgemeine Frage: „Woher bist du?"

Als Jesus schwieg, verwies Pilatus auf seine prokuratorische Macht. Jesus erkannte diese Macht an: Du hast Macht, aber „du hättest keine Macht über mich, wenn sie dir nicht von oben gegeben wäre" (19,11).

Da Jesus die Macht des Pilatus anerkannte und da dieser nun Jesus für eine religiöse Potenz hielt, die ihre Messiasansprüche ganz anders verstand als die kämpferischen Messianisten, hielt er die Freilassung Jesu geradezu für ein politisches Gebot. Als Prokurator konnte er damit dem römischen politischen Grundsatz folgen „Teile und herrsche" *(Divide et impera)*, indem er Jesus als teilende Macht in der jüdischen Öffentlichkeit beließ. Deshalb suchte Pilatus von nun an noch mehr, ihn freizugeben (19,12).

Da fuhren die Ankläger ihr schwerstes Geschütz auf. Sie ließen die Anklage wegen Gotteslästerung wieder fallen und kehrten zum ersten Anklagepunkt zurück. Der bestimmte ihre Drohung: „Wenn du diesen freigibst, bist du kein Freund des Kaisers; jeder, der sich als König ausgibt, lehnt sich gegen den Kaiser auf" (19,12).

Pilatus hatte den Titel „Freund des Kaisers" erst etwa ein Jahr vorher erhalten (S. 604, Nr. 11), und durch die Absetzung und Hinrichtung seines Protektors Sejanus (S. 578, Nr. 54) war dieser Titel für ihn wahrscheinlich sowieso in Frage gestellt. Die jüdischen Ankläger faßten ihn also als römischen Karrieremacher an seiner empfindlichsten Stelle. – Daraufhin erlahmte der Widerstand des Pilatus. Die folgende Auseinandersetzung hatte nur noch rhetorischen Charakter; schon saß der Prokurator auf dem Richterstuhl (19,13–15).

Matthäus 27,24.25 berichtet, allerdings an früherer Stelle, über die Händewaschung. Vorher, solange Pilatus noch versuchte, Jesus freizugeben, wäre sie sinnlos gewesen.

Die Händewaschung war nicht etwa ein römisches Gerichtsritual, obwohl solche rituellen Waschungen in Rom nicht unbekannt waren. Pilatus praktizierte die Händewaschung aber wohl als *jüdischen* Brauch, um seine Meinung, für die Juden verständlich, darzutun. Händewaschung gab es im jüdischen Brauch nicht nur bei Gerichtsurteilen, sondern sie war ein Beteuerungszeichen, daß man an einem Verbrechen unschuldig war. In der Händewaschung griff Pilatus also noch einmal die Ankläger Jesu mit einem ihnen unmißverständlichen Zeichen an; er gab ihnen damit zu verstehen, daß nicht er als Prokurator Jesus verurteilte, sondern daß er lediglich das jüdische Urteil bestätige.

Die Ankläger nahmen nach einer traditionellen Redewendung die Verantwortung auf sich: „Sein Blut komme über uns und unsere Kinder". Diese Redewendung gibt freilich den Sinn nur lückenhaft wieder, weil sie selbst – wie oft bei solchen feststehenden Wendungen – lückenhaft ist. Der vollständige Sinn ist dieser: Die Verurteilung ist gerecht; aber wenn sie ungerecht ist, dann komme sein Blut über uns und unsere Kinder; dann räche Gott dieses ungerechte Urteil an uns und unseren Kindern.

ZU Mt 27,31–56 und Parallelen: KREUZIGUNG UND TOD JESU

„Nachdem sie so ihren Spott mit ihm getrieben hatten, nahmen sie ihm den Mantel ab und zogen ihm seine eigenen Kleider wieder an. Dann führten sie Jesus hinaus, um ihn zu kreuzigen" (27,31).

DIE KREUZIGUNG

war im Orient seit der Zeit der Perser (s. d.) als Todesstrafe für politische Rebellen üblich. Von den Persern übernahmen Alexander und seine Nachfolger die Strafe, bis schließlich sogar der kollaborierende Hohepriester Alkimos im Jahre 162 v. Chr. die Kreuzesstrafe gegen seine jüdischen Gegner anwandte. Die Römer übernahmen die Kreuzigung von den Puniern und wandten sie vor allem gegen rebellierende Sklaven und aufrührerische Elemente in den unterworfenen Völkern an. Deshalb war sie auch die entsprechende Strafe in Palästina zur Zeit der Römer.

Bei der Kreuzigungsstrafe handelte es sich keineswegs um eine Strafe für einzelne. Massenkreuzigungen dienten als abschreckendes Mittel. Bei Herodot kann man lesen, daß im Jahre 519 v. Chr. in Babylon dreitausend Aufständische gekreuzigt wurden. Der Hohepriester Alkimos ließ im Jahre 162 v. Chr. sechzig seiner jüdischen Gegner hinrichten, zum größten Teil durch Kreuzigung. Im Jahre 88 v. Chr. ließ der König und Hohepriester Alexander Jannäus (S. 571, Nr. 47) fast achthundert Pharisäer kreuzigen. Im Jahre 76 v. Chr. ließ der Pharisäerdiktator Simon ben Schetach achtzig „Zauberweiber" (d. h. wohl hellenistische Huren) ans Kreuz hängen. Im Jahre 71 v. Chr. wurden an der Via Latina bei Rom sechstausend gefangene Sklaven des Spartakusaufstandes gekreuzigt. Im Jahre 4 v. Chr. ließ Varus fast zweitausend Freiheitskämpfer der Messiasbewegung kreuzigen (S. 576, Nr. 50). Diese Massenkreuzigungen steigerten sich im jüdisch-römischen Krieg zu wahren Mordorgien. – Zur eigentlichen jüdischen Gerichtsbarkeit hat die Kreuzigung nie gehört, wenn sie auch zeitweise (vgl. Alexander Jannäus) von den Juden in Nachahmung anderer Völker praktiziert wurde.

Der offizielle Vollzug der Kreuzesstrafe begann mit der Kreuztragung. Dem Verurteilten wurde der Kreuzbalken zugeworfen, d. h. das Querholz. Dieses Querholz mußte er vom Gerichtsplatz zum Hinrichtungsplatz tragen. Der Kreuzweg nahm den Weg durch die belebtesten Straßen, damit recht viele den Verurteilten sahen. Man wollte so abschrecken – aber es sollte damit auch dem Volk Gelegenheit zu ausgiebiger Verhöhnung des Verurteilten gegeben werden.

Am Richtplatz wurde der Verurteilte ausgezogen. Den Kreuzweg mußte er – nach römischem Recht – in denselben Kleidern gehen, in denen er aufgegriffen worden war. Obwohl die Schriftgelehrten bei der Kreuzigung ein Lendentuch für den Verurteilten verlangten, darf mit Recht bezweifelt werden, ob die römischen Soldaten dieser Forderung jemals nachgaben.

Dann folgte die Geißelung. Diese Geißelung am Kreuzigungsort ist also nicht dieselbe, der Jesus unterzogen wurde. Bei Jesus wurde diese Geißelung ausgelassen, weil er die Geißelung schon als „Strafe vor der Freilassung" erhalten hatte (s. oben Nr. 12: Mt 27,24.25). Durch die Geißelwunden sollten die Fliegen angezogen werden; denn zur Praxis der soldatischen Exekution gehörte es, die Todesstrafe so schmerzlich wie möglich zu machen.

Das Myrrhegemisch (Mt 27,34: Wein mit Galle) gehörte nicht zum Kreuzigungsbrauch der Römer. Es scheint Brauch mitleidiger Frauen von Jerusalem gewesen zu sein, den zum Kreuz Verurteilten ein solches betäubendes Getränk anzubieten, wenn die Soldaten es zuließen. Jesus lehnte den Betäubungstrank ab.

Dann sprangen zwei Soldaten des Exekutionskommandos hinzu – das Kommando bestand aus vier Mann und einem Zenturio –, sie ergriffen jeder einen Arm des Verurteilten, warfen ihn auf das Querholz und hielten seine Arme. Zwei andere Soldaten nagelten mit dicken Nägeln die Hände in der Handwurzel

an. Der Kreuzesstamm war bereits vorher am Richtplatz aufgerichtet. Mit einem Strick wurde der Querbalken samt dem Angenagelten am Stamm hochgezogen, wobei der Strick auch unter den Armen des zu Kreuzigenden durchgezogen war. Der Querbalken wurde oben eingepflockt und festgenagelt. Dann wurden die Füße ebenfalls angenagelt.

Es gab auch Kreuzigung ohne Nagelung: mit Stricken. Da der Kreuzigungstod ein Kreislauftod ist, spielte es keine Rolle, ob gebunden oder genagelt wurde. Die Annagelung gehörte zum Spaß der Soldaten.

Über dem Kopf des Gekreuzigten sollte – gemäß römischem Recht – auf einem *titulus* die Urteilsbegründung in einigen Stichworten angegeben werden.

Der Gekreuzigte hing stundenlang oder gar tagelang lebend am Kreuz, immer wieder in Ohnmacht sinkend, wieder erwachend, durch Aufstützen für die Atemnot etwas Erleichterung suchend, dann aber wieder nachgebend, weil die Beine durch die Fesselung wie abgestorben waren oder die durchnagelten Füße beim Stützen schmerzten. Hitze, Ungeziefer, Nachtkälte, Verhöhnung, Essigtrunk erhöhten die Folter.

Zu den Versen, die von Kreuzigung und Tod Jesu sprechen, sollen einige ergänzende Realien mitgeteilt werden:

Mt 27,31: Die Kriegsknechte legten Jesus seine Kleider wieder an, denn es war römische Vorschrift, daß die Verurteilten den Weg zur Richtstätte in der gleichen Kleidung gingen, in der sie verhaftet worden waren.

Mt 27,32: „Auf dem Weg trafen sie einen Mann aus Zyrene namens Simon; ihn zwangen sie, Jesus das Kreuz zu tragen." Simon von Zyrene war sicherlich ein Jude aus Zyrene, Glied der landsmannschaftlichen zyrenischen Synagoge (s. den Text zu Apg 6,1–8,1a). Die Art, wie Kreuzwegdarstellungen das Nachtragen des Kreuzes Jesu durch Simon von Zyrene zeigen, kann kein historisches Bild ergeben. Die Soldaten werden Simon kaum zum Mittragen gezwungen haben; vielmehr nahmen sie Jesus das Holz ab (den Querbalken, der Längsbalken stand ja schon an der Richtstätte) und legten es Simon auf. Die Folgen der Geißelung Jesu zeigten sich: Jesus war nicht mehr in der Lage, das Kreuz selbst zu tragen.

Jesus selbst schleppten die Soldaten ohne Kreuz durch die Straßen Jerusalems zur Richtstätte hinaus.

(Mk 15,21) Der über die Verhältnisse in der Kirche von Jerusalem gut informierte Markus setzt hinzu, daß dieser Simon der Vater des Alexander und des Rufus gewesen sei, die in der jungen Kirche Roms, für die Markus schrieb, offenbar bekannt waren.

(Lk 23,26) Lukas fügt in seinen Bericht ein, daß Simon gerade vom Feld kam.

(Lk 23,27–31) An die Erwähnung des Simon von Zyrene schließt Lukas die Worte Jesu an die weinenden Frauen an. – Wer waren diese weinenden Frauen? Nicht jene Frauen, die Jesus manchmal auf seinen Wanderungen folgten, denn diese waren keine „Töchter Jerusalems", wie Jesus sie ansprach. Obwohl es vielleicht manche Illusion zerstört, muß man doch wohl sagen, daß es sich um jene Klageweiber handelte (s. d.), die aus dem Weinen ein Geschäft machten. Ob sie im Falle Jesu einen Auftrag hatten, ist fraglich, aber möglich; denn Jesus hatte ja auch in Jerusalem – abgesehen von seinen Aposteln – Freunde (z. B. Nikodemus und Josef von Arimathäa). Sie konnten sehr wohl die Klageweiber beauftragt haben, die den Verurteilten auf seinem Todesgang begleiteten.

Die Worte Jesu an die weinenden Frauen sind wahrscheinlich kerygmatisch verwandelte Jesusworte (s. „Jesusworte").

Mt 27,33: „Kalvarienberg" oder „Golgota" hieß der Hinrichtungsplatz, zu dem Jesus geführt wurde. *Calvaria* (lateinisch) heißt dasselbe wie *golgolta* (aramäisch), nämlich: Schädel; aus *golgolta* wurde in der griechischen Schreibung *golgota*. Daß dieser Ort, wo Jesus gekreuzigt wurde, so hieß, weil er die Form eines Schädels hatte, ist eine vage Vermutung. Wie wir heute Hügel oder Berge manchmal „Kopf" nennen, ohne daß sie die Form eines Kopfes haben, so war dies auch damals (vgl. z. B.: Hartmannsweilerkopf). „Schädel" war also Flurbezeichnung für einen steilen Hügel.

Golgota lag außerhalb der damaligen Stadtmauern. Durch die Tatsache des Grabes Josefs von Arimathäa, in dem Jesus begraben wurde, ist der Ort für damals als Gräberort belegt; durch Gräberfunde ist auch der Ort, der heute als Bereich Golgotas und des Grabes Jesu angesehen wird, als jüdischer Gräberort belegt; es gibt keinen Ort unter den heiligen Stätten Palästinas, der mit so hoher Wahrscheinlichkeit den wirklichen Ort bezeichnet, der er zu sein vorgibt, wie die Grabeskirche in Jerusalem.

Origenes führt den Namen Golgota (Schädel) auf den Schädel Adams zurück, der dort begraben worden sei und auf den das Blut Jesu zum Zeichen der Erlösung der Menschheit geflossen sei; aber Golgota als Schädelbegräbnis Adams ist eine frühchristliche Legende. Hieronymus wollte wissen, daß Golgota eine traditionelle Hinrichtungsstätte war, so daß die Schädel der Hingerichteten dem Ort seinen Namen gegeben hätten; obwohl ganz sicher nicht nur Jesus und seine beiden Mitgekreuzigten auf Golgota hingerichtet wurden, ist aber die Vorstellung, als ob die Schädel der Hingerichteten dort öffentlich herumgelegen hätten, zumindest abenteuerlich. Die Juden hätten – aus Gründen der rituellen Reinheit – solche Zustände niemals geduldet. – Unter Kaiser Hadrianus wurde, nach Niederwerfung des jüdischen Bar-Kochba-Aufstandes (135 n. Chr.), das ganze Gelände zugeschüttet und durch die römische Neustadt *Aelia Capitolina* bebaut. Kaiser Konstantin ließ es wieder freilegen und über dem Kreuzigungs- und Grabesort eine Kirche bauen, nachdem er Golgota hatte zurechtmeißeln lassen.

Mt 27,35: „Nachdem sie ihn gekreuzigt hatten, warfen sie das Los und verteilten seine Kleider unter sich." So war es Brauch bei den Hinrichtungsschergen. Über die Kleider Jesu s. den entsprechenden Artikel „Die Kleidung der Zeit Jesu".

(Joh 19,23) teilt die Zahl der Soldaten mit, die zum Exekutionskommando gehörten: diese vier Soldaten teilten unter sich die Kleider Jesu und natürlich auch die der beiden anderen Hingerichteten. Die Verteilung der Kleider geschah, soviel wir wissen, allgemein durch das Los; so berichten es auch übereinstimmend die drei Synoptiker. Das Johannesevangelium hebt den Leibrock hervor, so daß es scheinen könnte, nur über ihn sei das Los geworfen worden. Der Sinn dieser Hervorhebung ist aber wohl nur, die Übereinstimmung mit dem Psalmvers dartun zu können. Übereinstimmend mit dem Psalmvers „Sie verteilen unter sich meine Kleider und werfen das Los um mein Gewand" (Ps 22,19) wählte der Evan-

gelist seine Berichtsworte und erzählte von der Verteilung der Kleider und vom Loswurf über den Rock.

(Joh 19,25–27) enthält das Sorgetestament für Maria. Es ist in eine Szene eingebettet: In der Nähe standen die Mutter Jesu, die Schwester seiner Mutter (Maria, die Frau des Klopas), Maria Magdalena (s. d.) und der Jünger, den er liebte. Auch Lukas (23,49) bestätigt, daß Bekannte und „die Frauen, die ihm von Galiläa her gefolgt waren", in der Nähe standen.

Durch die Kreuzigungsbilder der Kunst ist die Vorstellung von der Art und Weise der Gegenwart der Frauen und des Johannes beim Kreuz sehr schematisch geworden; die Kreuzigungsbilder wollen aber mehr religiös und theologisch als historisch erzählen. Die Wirklichkeit sah sicher anders aus: Die Frauen und Johannes standen nicht „unter dem Kreuz", sondern unter den Zuschauern am Fuß des Golgotafelsens. Auf Bitten hin werden die Wachsoldaten aber Verwandten und Freunden für kurze Zeit gestattet haben, auf den Felsen hinaufzusteigen und einige Abschiedsworte mit den Gekreuzigten zu sprechen. Bei einer solchen Gelegenheit müssen wir uns das Sorgetestament für Maria, die Mutter Jesu, vorstellen.

Dieses Testament war nötig, um Maria rechtskräftig zu versorgen. Ihr Mann, Josef, war tot. Die übrige Familie Jesu hatte sich bis zur Stunde ablehnend gegenüber Jesus verhalten (s. den Artikel „Jakobus, der Herrenbruder"). Bei der Kreuzigung bekannte sich Maria zu ihrem Sohne, was sich bei der Berücksichtigung durch die synagogale Armenkasse nachteilig auswirken mußte. Deshalb empfahl Jesus nicht nur seine Mutter dem Lieblingsjünger, sondern er beurkundete in aller Form ein Mutter-Sohn-Verhältnis zwischen Maria und Johannes. Die Form dafür war denkbar einfach. Wenn einer sagte: „Dieser ist mein Sohn", so war er dadurch Sohn mit allen Folgen (s. Ps 2,7). In ähnlicher Form verkündete der sterbende Jesus als sein Testament: „Frau, dieser ist dein Sohn", und zu Johannes: „Diese ist deine Mutter." – Mutter und Jünger erfüllten das Testament Jesu, denn „von dieser Stunde an nahm der Jünger die Mutter Jesu zu sich".

Mt 27,36: „Dann setzten sie sich nieder und

bewachten ihn." Die Bewachung der Gekreuzigten hatte einen sehr realistischen Grund. Solche Kreuzigungen waren ja Vorgänge in einer kriegerischen Auseinandersetzung zwischen Rom und Judentum. Die kampfentschlossenen Juden hätten sich nicht gescheut, einen gekreuzigten Führer zu rauben; denn ein Gekreuzigter, der früh genug abgenommen wurde, konnte für das Leben gerettet werden. Die Wache hatte also nicht nur einen symbolischen Charakter.

Bei der Kreuzigung Jesu war nach dem offensichtlich feindlichen Verhalten der jüdischen Behörden gegen Jesus und nach der Befriedigung der kämpferischen Messianisten durch die Begnadigung des Barabbas allerdings weder ein Angriff um Jesu noch um der beiden mitgekreuzigten Aufrührer willen wahrscheinlich. Deshalb mochte diesmal eine Wache von vier Mann unter einem Offizier genügen. Aber der Kreuzigungsort weist doch darauf hin, daß man ihn unter militärischem Gesichtspunkt ausgesucht hatte. Man kreuzigte derartige politische Rebellen auf einer Erhöhung wie Golgota (s. oben), der ein felsiger Kopf war und also leicht von einer kleineren Soldatenschar von oben her selbst gegen einen zahlenmäßig stärkeren Angreifer verteidigt werden konnte, bis Entsatz aus der nahen Burg Antonia kam.

Mt 27,37: „Über seinem Kopf hatten sie eine Aufschrift angebracht, die seine Schuld angab: Das ist Jesus, der König der Juden." Das Schild war – nach römischem Brauch –, Jesus vorangetragen worden.

(Joh 19,19–22) weiß diesen Vorgang etwas anders zu erzählen: Pilatus hatte den Titulus, die Angabe des Grundes für Verurteilung und Hinrichtung, offensichtlich selbst formuliert: „Jesus von Nazaret, der König der Juden." In dieser Formulierung offenbart sich der ganze Ärger des Pilatus über den Ausgang des Prozesses. Man hatte ihn unter Druck gesetzt. Nun verhöhnte er seinerseits die, die ihn gezwungen hatten. Er proklamierte die Kreuzigung Jesu als die Kreuzigung des jüdischen Messias („König der Juden"). Dagegen wehrten sich selbstverständlich die jüdischen Behörden. Aber Pilatus wollte sich nun wenigstens in dieser, wenn auch nebensächlichen, aber immerhin schon veröffentlichten Dokumentation durchsetzen. Er änderte den Titulus

nicht; man hatte ihn schon genügend kompromittiert: „Was ich geschrieben habe, habe ich geschrieben."

Mt 27,38: „Zusammen mit ihm wurden zwei Räuber gekreuzigt, der eine rechts von ihm, der andere links." Die zwei Männer, die mit Jesus zur Kreuzigung hinausgeführt wurden, waren ebenfalls *lästái,* „Räuber", Genossen des Barabbas, die bei Mk 15,7 genannt werden: „Damals lag ein Mann namens Barabbas im Kerker zusammen mit anderen Aufrührern."

(Lk 23,34) „Vater, vergib ihnen, denn sie wissen nicht, was sie tun." Die Vergebungsbitte zugunsten seiner Ankläger und Richter ist laut Lk das erste Wort Jesu am Kreuz, oder sagen wir besser: unter den überlieferten letzten Worten Jesu ist es als erstes Wort einzureihen. Es wird auch von vielen strengen Kritikern als originales Jesuswort angesehen, also nicht als altbiblisches Zitat. Es ist ausgezeichnet durch die Anrede „Vater" und ist von der Gemeinde Jesu in Jerusalem als eine Zusammenfassung der Versöhnungsbotschaft Jesu aufgenommen worden, wie Apg 7,60 zeigt: Stephanus bat mit den Worten Jesu um Verzeihung für seine Steiniger. Gemäß einer frühchristlichen Tradition soll auch der Herrenbruder Jakobus (s. d.) bei seiner Steinigung mit diesen Worten für seine Mörder gebetet haben.

Mt 27,39–44: „Die Leute, die vorbeikamen, verhöhnten ihn . . . auch die Hohenpriester . . . und die beiden Räuber, die man zusammen mit ihm gekreuzigt hatte." Viel Volk war mit den Verurteilten nach Golgota hinausgezogen: Neugierige, aber auch Parteigänger und Feinde der Verurteilten.

Unter ihnen wird als besondere Gruppe der Hohe Rat genannt: „. . . die Hohenpriester, Schriftgelehrten und Ältesten." Diese waren nur um Jesu willen erschienen; denn Jesus wurde ja nicht – wie die beiden Aufrührer – auf Grund eines Urteils des Pilatus, sondern auf Grund der Verurteilung des Hohen Rates hingerichtet. Diese Deputation des Hohen Rates wohnte der Kreuzigung als Zeuge bei. Ob der Spott und die Lästerungen der Ratsmitglieder den Sinn hatten, den Gekreuzigten zu einem Sündenbekenntnis und zu einem Widerruf zu bringen, ist umstritten. Die Evangelisten tei-

len die Verhöhnung mit, um die tiefste Erniedrigung Jesu deutlich zu machen.

(Lk 23,43) Das Verheißungswort an den Schächer „Heute noch wirst du mit mir im Paradies sein" ging hervor aus einem Spott des einen mitgekreuzigten Aufrührers, der möglicherweise zu den enttäuschten Anhängern Jesu gehörte (S. 609, Nr. 20). Nun lästerte er über Jesus, wie die Mitglieder des Hohen Rates und die Soldaten: „Wenn du der Messias bist, rette dich und uns." Darüber ereiferte sich der andere, der ihre Strafe für gerecht hielt (sie waren Aufrührer), die Strafe Jesu aber hielt er für ungerecht. Jesus verhieß ihm mit Hoheit und Selbstsicherheit das Paradies, und zwar „heute noch". Da dieses Wort durchaus im Rahmen gewisser jüdischer Jenseitserwartungen steht, braucht dieses Wort Jesu keineswegs ein verwandeltes Jesuswort zu sein. Wohl aber ist zu fragen, ob das Wort des gekreuzigten Aufrührers im historischen Wortlaut überliefert ist. Die Bitte „gedenke meiner" (also nicht: „denk an mich") weist auf eine theologisch-liturgische Formel hin, während die Anrede „Jesus" von der historisch glaubhaften Anrede herrühren muß. Man möchte annehmen, daß diese Formel „gedenke meiner . . ." aus einer urchristlichen Sterbeliturgie stammt, in der das historische Schächerwort also verwandelt wurde.

Mt 27,45–47: „Von der sechsten bis zur neunten Stunde herrschte eine Finsternis im ganzen Land. Um die neunte Stunde rief Jesus laut: Eli . . ." Der Verlassenheitsruf Jesu ist auch bei Markus (15,34) überliefert. Beide Evangelisten erwähnen dabei eine Finsternis von der sechsten bis zur neunten Stunde; ob diese Finsternis eine wirkliche Finsternis oder ob sie ein Symbol der Evangelisten für die tiefste Not Jesu war, kann man verschieden auslegen.

Um die neunte Stunde (zwischen 14 und 15 Uhr) begann Jesus den Psalm 22/21 zu beten, der mit den Worten beginnt: „Mein Gott, mein Gott, warum hast du mich verlassen!" Man nähme diesem „Wort" das Eigentliche, wollte man nur diesen ersten Psalmvers als Wort Jesu gelten lassen. Erst der ganze Psalm offenbart den messianischen Sinn; er enthält gewissermaßen Kreuzigung und Auferstehung. „Von seinem Heilserweis erzählt man den später Geborenen, daß der Herr dies getan!" (letzter Vers = Vers 32).

„Er ruft Elija" (Mt 27,47), sagten einige, „die da standen und es hörten", indem sie die Worte Eli, Eli, lamma sabaktani verhöhnten. Für gewöhnlich sieht man in diesem Wort „Er ruft Elias" ein Mißverständnis. Gemäß dem Volksglauben erschien aber Elija, um die Gerechten aus ihrer höchsten Not zu befreien; unter Berücksichtigung dieses Volksglaubens liegt näher, daß man das Eli (mein Gott) absichtlich mißverstand, um Jesus zu verhöhnen.

(Joh 19,28–30) „Als Jesus wußte, daß nun alles vollbracht war, sagte er, damit sich die Schrift erfülle: Mich dürstet." Dieses „Mich dürstet" könnte ebenfalls aus Ps 22/21 stammen, Vers 16: „Wie Scherben ist trocken mein Schlund, am Gaumen klebt mir die Zunge." Die realistische Situation wäre etwa die, daß Jesus den ganzen Psalm murmelnd betete, aber einige Worte herausstieß.

Die Soldaten hatten einen Krug mit Essig mitgebracht. Sie wußten ja, wie solch ein Kreuzigungstod verlief, und sie nutzten jede Gelegenheit, solche Gekreuzigten noch weiter zu quälen. Der Durst kam, nachdem der ganze Körper von der Geißelung vor der Kreuzigung aufgerissen war, nachdem der Gekreuzigte eine Zeitlang unter der sengenden Sonne fast unbeweglich am Kreuz gehangen hatte – der Durst kam unweigerlich. Und da pflegten die Soldaten denn kraft eigener Machtvollkommenheit die Kreuzigungsfolter auf ihre Weise zu bereichern, indem sie den Dürstenden noch mehr Durst machenden Essig gaben. Vorsichtig steckten sie den Schwamm mit Essig auf einen kurzen Stab, damit die Gekreuzigten nicht zuschnappten und dem Folterer in die Finger bissen.

„Als Jesus von dem Essig genommen hatte, sprach er: Es ist vollbracht."[1] Möglicherweise ist dies ebenfalls Teil eines Gebetes. „Und er neigte das Haupt und gab seinen Geist auf" (Joh 19,30).

Mt 27,51–56: „Da riß der Vorhang im Tempel von oben bis unten entzwei ... Wahrhaftig, das war Gottes Sohn!" Das Zerreißen des Tempelvorhangs bedeutet die Ablösung des alten Heiligtums durch den erlösenden Tod Jesu; denn gemeint sein kann nur der Vorhang vor dem Allerheiligsten, das durch das Zerreißen des Vorhangs enthüllt wird. – Ein verkündigendes Symbol in der Erzählung! Die Erwäh-

nung von Erdbeben bedeutet die Ablösung des bisherigen Reiches: „Die Erde zittert und bebet, weil sich an Babel des Herrn Plan erfüllt; er will Babel zur Wüste machen, die niemand bewohnt" (Jer 51,29). – Die Auferstehung vieler Leiber der Entschlafenen will auf den Beginn der messianischen Zeit hinweisen; denn das war jüdische Erwartung, daß zu Beginn des messianischen Reiches die Toten auferstehen.

Die Reaktion der Soldaten ist im biblischen Text sicherlich schon gedeutet. Aber diese Deutung hat ebenso sicherlich historischen Hintergrund. Denn die Fassung, das Selbstbewußtsein Jesu, seine Tapferkeit bis zum letzten Augenblick zwangen nicht nur dem Hauptmann, sondern auch den vier Wachsoldaten Bewunderung ab. Die Evangelisten fassen die Bewunderung der Soldaten zusammen in dem Wort des Hauptmanns: „Dieser war ein Gerechter" (Lk 23,47). Das Wort entstammt der jüdischen Religionssprache und ist deshalb bestimmt eine Übertragung der Soldatenworte in gemäße jüdische Sprache. Für den Evangelisten heißt dies aber noch weit mehr: „Er war Gottes Sohn!"

(Lk 23,45.46) ordnet das Wort vom Zerreißen des Vorhangs etwas anders ein: „Die Sonne verdunkelte sich. Der Vorhang im Tempel riß mitten entzwei, und Jesus rief laut: Vater, in deine Hände lege ich meinen Geist. Nach diesen Worten hauchte er den Geist aus." Dieses Wort steht in Ps 31/30, der zum Abendgebet gehörte, das zu Beginn des vierten Tagesviertels von den Juden gebetet wurde. Als um 3 Uhr nachmittags vom Tempel her die Zeit des Abendopfers und des Abendgebetes (s. d.) angezeigt wurde, begann auch Jesus das Abendgebet mit Ps 31/30. Der Evangelist deutet es an durch Vers 6, der als Einzelvers als kleines Abendgebet diente: „In deine Hände befehle ich meinen Geist . . .", vielleicht weil Jesus gerade diesen Vers lauter betete.

Kurz nach Beginn des Abendopfers dieses Tages verschied er.

---

[1] „Er betet (proleptisch) den Sabbatkiddusch, halblaut, wie ein Todmüder betet: ‚So wurde vollendet . . . und Gott vollendete . . . und ruhte von seinem ganzen Werk.' Der Evangelist Johannes hat aus diesem Gebet nur ein Wort festgehalten, vielleicht nur ein Wort deutlich gehört, das entscheidende Wort, das zweimal hier vorkommt, ‚vollendet'. Es wird ihm zum Inbegriff und Schlußwort allen Christuswerkes . . ." (E. Stauffer, Jesus, Gestalt und Geschichte, Dalp-Taschenbücher 1957, S. 107).

(Joh 19,31–37) spricht dann noch von der Vorbereitung der Bestattung: von der Schienbeinzerschlagung und der Feststellung des Todes. Warum sollten den Gekreuzigten die Schienbeine zerschlagen werden? „Die Juden", d. h. die Behördenmitglieder des Hohen Rates, gingen zu Pilatus, um die Schienbeinzerschlagung zu beantragen und damit den Tod der Gekreuzigten zu beschleunigen. (Daraus erhellt, daß diese Hinrichtungszeugen des Rates den Kreuzigungsort verließen, bevor Jesus tot war. Auch die beiden Mitgekreuzigten lebten noch.)

Der Evangelist begründet diesen Antrag mit den Worten: „Weil Rüsttag war und die Körper während des Sabbats nicht am Kreuz bleiben sollten"; sie rechneten also mit dem Tod der Gekreuzigten im Laufe des Sabbats. Wieso ist dies eine Begründung?

In den „Altertümern" des Flavius Josephus (16,6.2) findet sich dafür eine Stelle, die für diese Begründung angeführt werden muß. Augustus hatte nämlich den Juden das Privileg eingeräumt, daß sie am Sabbat und von der neunten Stunde des Rüsttages an (d. h. des Tages vor dem Sabbat) nicht mehr zur Bürgschaftsleistung herangezogen werden sollten, d. h., daß sie zu keiner Gerichtsleistung mehr heranzuziehen waren, nicht einmal zur geringsten, der Bürgschaftsleistung. Dies wollten die jüdischen Behörden auch auf die drei gekreuzigten Juden angewandt wissen – es war für sie eine Grundsatzfrage. Die drei sollten nicht nach der neunten Stunde des Rüsttages durch gerichtlich verursachten Tod dieses Privileg öffentlich durchbrechen.

Gestützt auf die Untersuchungen von Strack-Billerbeck zu Mt 27,57, sehen manche Wissenschaftler die Begründung für das hastige Fortschaffen der Gekreuzigten in Dtn 21,22.23: Vor Abend sollten die Hingerichteten begraben werden; deshalb steht dort: „. . . als es Abend wurde" (Mt 27,57), Markus aber fügt noch hinzu: „. . . weil Rüsttag [d. h. Vorsabbat] war" (Mk 15,42).

Das Gesetz der Juden wich bei der Behandlung Hingerichteter stark vom Brauch der Römer ab. Die Römer ließen die Gekreuzigten hängen, bis ihre Leichen von den Aasgeiern aufgefressen waren und nur noch das Gerippe übrig war. Die Juden aber wandten auf die Gekreuzigten das Gesetz des 7. Jahrhunderts v. Chr. an: „Wird jemand für ein todes-

würdiges Verbrechen hingerichtet [gesteinigt] und man hängt ihn danach an einem Baum auf [um ihn anzuprangern], so soll sein Leichnam nicht über Nacht an dem Baume hängen bleiben, sondern man begrabe ihn noch am gleichen Tage, denn von Gott verflucht ist ein Aufgehängter; du aber sollst dein Land, das der Herr, dein Gott, dir zum Erbteil verleihen wird,[2] nicht verunreinigen" (Dtn 21,22.23).

Die Schienbeinzerschlagung hatte den Sinn, den Tod schneller herbeizuführen; das ist ganz allgemein gesprochen. Tatsächlich hatte ein Gekreuzigter nach der Schienbeinzerschlagung nicht mehr die Möglichkeit, durch Aufstützen Luft zu holen. Dadurch trat der Tod eher ein, obwohl es auch dann noch Stunden dauern konnte. In diesem Falle ist aber wohl etwas anderes gemeint; denn der genaue Text lautet ja: „. . . daß ihnen die Schienbeine zerschlagen und sie fortgeschafft würden." Das heißt: den Gekreuzigten sollten die Schienbeine zerschlagen, dann sollten sie vom Kreuze genommen und abtransportiert werden zu einer Verbrennungsstelle (im Hinnomtal?), wo sie als Rebellen lebendig verbrannt werden sollten. Den Antrag für diese Behandlung stellten die jüdischen Behörden auch für Jesus. Der Antrag wurde von Pilatus genehmigt. Mit den beiden Mitgekreuzigten Jesu wurde so verfahren. Jesus aber war tot. Deshalb zerschlug man ihm die Beine nicht. Durch einen Lanzenstich wurde sein Tod festgestellt: „. . . und sogleich floß Blut und Wasser heraus" (Joh 19,34). Diese Worte haben wahrscheinlich reinen Verkündigungssinn. Nach jüdischer Lehre war der Wasser- und Blutgehalt im Menschen gleich. Beim Gerechten blieb er gleich, beim Sündhaften überwog Blut oder Wasser (s. die Erklärung zu Lk 14,2). Johannes will noch einmal in symbolischer Sprache von der vollen Gerechtigkeit Jesu reden.

ZU Mt 27,57–61 und Parallelen: BEGRÄBNIS JESU

Das Begräbnis (s. d.) wird in der Leidensgeschichte Jesu mit Bewußtsein so ausführlich

---

[2] Das Futurum steht hier, weil das Deuteronomium (S. 25) die Fiktion aufrechterhält, als ob das ganze Gesetz von Moses stamme und also vor der Landnahme formuliert sei.

erwähnt. Wenn von einem Menschen mitgeteilt wurde, daß er gestorben sei, so wurde dem immer hinzugefügt, daß er begraben worden sei. Das Begräbnis war eine Aussage über seine Ehrenhaftigkeit bis zum Tode.

Mt 27,57–60: „Gegen Abend kam ein reicher Mann aus Arimathäa namens Josef; auch er war ein Jünger Jesu. Er ging zu Pilatus und bat um den Leichnam Jesu ..." Josef von Arimathäa wird im NT nur in diesem Zusammenhang genannt, und zwar von allen vier Evangelisten. Er war nicht nur reich, sondern auch edel, gerecht, angesehen – seine Person wird mit solchen und ähnlichen Worten herausgestrichen. Josef von Arimathäa tat zweierlei für Jesus: zunächst erbat er den Leichnam Jesu von Pilatus. Daß er ohne Schwierigkeiten zu Pilatus gehen konnte, weist ihn als eine besondere Amtsperson aus. Er war also wohl nicht nur Mitglied des Hohen Rates, sondern auch des Zehnerrates, dessen Mitglieder (Dekaproten) jederzeit beim römischen Prokurator Zutritt hatten (s. im Artikel „Die Ältesten"). Als Mitglied der Zehnerrates weist ihn sein Reichtum aus, der eigens betont wird (27,57). Auch der „angesehene Ratsherr" (griech. *euschǎmon buleutǎs*) ist ein Hinweis darauf, vor allem, wenn man es nicht einfach mit „angesehener Ratsherr", sondern im Sinne der jüngeren Gräzität mit „Ratsherr in Ehrenstellung" übersetzt (Mk 15,42). Ferner die Tatsache, daß er von Pilatus ohne weiteres vorgelassen wurde und den Leichnam Jesu ebenso ohne weiteres geschenkt bekam, ist ein Zeichen für seine Dekaprotenstellung; deshalb nennt ihn auch die Vulgata *decurio* (Zehnmann). Er war nicht nur ein „angesehener Ratsherr", sondern auch ein haftender Ratsherr. Sodann stellte Josef von Arimathäa sein eigenes Grab, das er in einem Garten bei dem Hügel Golgota besaß, für das Begräbnis Jesu zur Verfügung.

Mit beiden Akten bewies Josef von Arimathäa viel Mut, daß er zu Pilatus ging. Denn einmal trat er damit dem Hohen Rat entgegen, der schon die Zerschlagung der Gebeine Jesu bei Pilatus beantragt hatte, und konnte sie verhindern; sodann bekannte er sich durch die Stellung des eigenen Grabes gegen die Verurteilung Jesu als Verbrecher.

Normalerweise gaben die Römer den Bitten von Angehörigen der Hingerichteten statt, wenn sie um die Auslieferung der Leiche baten – normalerweise, wenn nämlich keine politischen Bedenken bestanden (wie z. B. bei Rebellen). Das nicht Alltägliche dieses Vorgangs ist, daß Pilatus sich nicht von einem Angehörigen, sondern von einem offenbaren Anhänger des Hingerichteten um die Leiche gebeten sah und er sie trotzdem freigab; denn die Anhänger waren ja gerade die Gefährlichen, wenn es sich um die Leiche eines Aufständischen handelte. Aber gerade daraus erhellt nicht nur das Ansehen des Josef von Arimathäa als Dekaprot, der mit seinem ganzen Vermögen sozusagen immer haftete, sondern auch die Haltung des Pilatus zu dieser Verurteilung: man hatte sie ihm abgepreßt; er hatte sein wirkliches Urteil über Jesus, nämlich daß er ungefährlich war, nicht geändert.

(Mk 15,43.44) betont übrigens wörtlich, daß Josef von Arimathäa „kühn" war, als er zu Pilatus ging; leider hat der eine oder andere Bibelübersetzer das Wort unterschlagen. Derselbe Markus teilt übrigens auch mit, daß sich Pilatus darüber wunderte, als man ihm schon den Tod Jesu mitteilte; denn normalerweise starben die Gekreuzigten nicht so schnell (s. im Artikel „Die Kreuzigung").

(Lk 23,51) betont, daß Josef von Arimathäa als Mitglied des Hohen Rates dem Beschluß und Vorgehen gegen Jesus nicht zugestimmt hatte, was heißen muß, daß er an den Urteilssitzungen gegen Jesus nicht teilgenommen hat.

(Joh 19,38) nennt ihn sogar einen geheimen Jünger Jesu: geheim, weil er sich wohl bis dahin vor den führenden Kreisen der Juden gefürchtet hatte, zu denen er selbst gehörte.

Die Kreuzabnahme ist bei allen Evangelisten nur ganz nebenbei berichtet worden. Was dabei für die Beteiligten im Spiele war, sollte man aber nicht übersehen. Es war Paschatag: Am Abend sollte das Osterlamm gegessen werden, zu dem man levitisch rein sein mußte. Durch die Abnahme des Leichnams Jesu vom Kreuz und die Bereitung der Leiche zum Begräbnis wurden aber alle Beteiligten levitisch unrein (s. den Artikel „Rein und unrein"). Josef von Arimathäa wurde zweimal unrein: einmal durch das Betreten eines Heidenhauses, als er zu Pilatus ging, sodann durch die Leichenberührung. Er konnte das Osterlamm an jenem Tage nicht essen. Auch Nikodemus (s. d.) der teilnahm, wurde unrein (Joh 19,39); er konnte das Osterlamm an jenem Tag nicht essen. Zwei Ratsherren, von denen einer ein Mitglied des Zehnerrates war, wagten solches, um Jesus ein würdiges Begräbnis zu verschaffen.

Bei der Kreuzabnahme wurden zuerst die angenagelten Füße vom Längsstamm gelöst, dann wurde der Querbalken heruntergelassen, der Leichnam mit dem Querbalken auf den Boden gelegt und die angenagelten Hände vom Querbalken gelöst. – Daß „Jesus in den Schoß seiner Mutter gelegt wurde", ist eine liebenswürdige, aber unhistorische Arabeske der franziskanischen Kreuzwegandacht.

Die Bereitung des Leichnams wird von allen vier Evangelisten aber ausführlich erwähnt; das ist bedeutsam, weil keineswegs die Leichen aller Hingerichteten so für das Begräbnis vorbereitet wurden (Näheres über die Behandlung von Leichen hingerichteter Rebellen, s. oben bei der Schienbeinzerschlagung).

Indem man Jesus ein ehrenvolles Begräbnis mit Leinen und Salben bereitete, wurde durch alle Beteiligten damit bedeutet, daß Jesus kein Verbrecher war. – Die hundert Pfund Myrrhe und Aloë, in Joh 19,39 als Bestattungsgabe des Nikodemus angegeben, sind unglaubhaft. Die Angabe ist wohl durch Abschreibfehler verfälscht worden. Wenn die Pfundzahl in den ältesten Niederschriften durch griechische Buchstabenzahl angegeben war, konnte dies leicht vorkommen; aus Γ (drei) wurde eines Tages P (hundert). Drei Pfund Salbengemisch würden einer normalen Bestattungsbeisteuer entsprechen.

Mt 27,60.61: „Dann legte Josef von Arimathäa Jesu Leichnam in ein neues Grab . . . Er wälzte einen großen Stein vor den Eingang des Grabes . . . Auch Maria aus Magdala und die andere Maria waren dort . . .". Das Grab Jesu, das eigentlich das Grab des Josef von Arimathäa war, ist nicht eine so geräumige Grabanlage gewesen, wie man sie für ganze Familien anzulegen pflegte (s. den Artikel über das Begräbnis). Es scheint ein Grab mit nur einer Grabstätte gewesen zu sein, wenn man dem Bericht des Eusebius glauben kann (Vita Constantini 3,25); vor dem Troggrab, das unter einem ausgehauenen Bogen lag, war aber eine Vorkammer, wo die Grabbesucher sich zur Totenklage (s. „Beweinung") niederlassen konnten.

Der Stein vor dem Grabe (27,60) wird ein Rollstein gewesen sein, einem großen Mühl-

stein ähnlich, etwa 1,50 m im Durchmesser und 30 bis 40 cm dick. Ein solches Sandsteinrad wurde auch vor dem Familiengrab der herodianischen Familie gefunden, das nach Ausgrabungen im israelischen Teil Jerusalems (neben dem Hotel „König David") freigelegt wurde. Der Stein läuft in einer Rille, kann nach der linken Seite (vom Beschauer draußen gesehen) frei gerollt werden, stößt aber, wenn er vor den niedrigen Eingang gerollt ist, rechts an den gewachsenen Fels als Anschlag.

(Lk 23,55) Die Frauen bei der Grablegung setzten die Totenklage fort, die sie beim Sterben Jesu begonnen hatten. Sie saßen nicht stumm zuschauend in der Nähe, während der Leichnam Jesu zum Grabe bereitet wurde. Die Worte des Evangelisten könnten diesen Eindruck erwecken; aber da es selbstverständlich war, daß die Frauen die Totenklage anstimmten, kam es den Evangelisten nicht in den Sinn, dies eigens zu sagen. Man übersetzt in diesem Vers von den Frauen sehr oft: „. . . sie gaben acht, wohin der Leichnam gelegt wurde." Der griechische Text jeoch ist dichter: „. . . sie schauten das Grab und solange sein Leichnam beigesetzt wurde." Diese Übersetzung ist sozusagen fachlicher: das Schauen ist nämlich der wirkliche Fachausdruck für die Haltung und das Tun, mit denen die Totenklage begleitet wurde. Wenn Totenklage beim Grabe gehalten wurde, ging man zum Grabe, um den Leichnam oder das Grab zu *schauen*. Und sie taten dies an diesem Abend solange, bis die Bestattung vollendet war.

ZU Mt 27,62–66:
VERSIEGELUNG DES GRABES

Am nächsten Tage (27,62) versammelten sich die Hohenpriester und Pharisäer bei Pilatus, um eine Wache zu beantragen, damit die Leiche Jesu nicht gestohlen werden könnte. „Am nächsten Tage?" Warum hatten sie bis zu diesem Tage keine Sorge?

Der (oder die) Hohe(n)priester hatten ja bei Pilatus am Tage der Kreuzigung, noch vor Jesu Tod, die Zerbrechung der Gebeine beantragt (s. oben). Diese war ihnen zugestanden worden. Damit war für sie der Fall Jesus von Nazaret erledigt. Die Zerschlagung der Gebeine der drei Gekreuzigten, ihr Abtransport und ihre schließliche Verbrennung war Sache des

Exekutionskommandos. Die gesetzestreuen Mitglieder des Hohen Rates wollten sich schließlich auch nicht in den Verdacht einer Verunreinigung durch die Nähe einer Leiche bringen. Sie kehrten nicht zum Richtplatz zurück, sondern wandten sich ihren Paschaverrichtungen zu. Von der Auslieferung der Leiche Jesu an Josef von Arimathäa und von Jesu Begräbnis hatten sie zunächst keine Ahnung. Aber natürlich dauerte es nicht lange, bis diese gänzlich anomale Fortsetzung der Hinrichtung auch zu den Ohren der Ratsmitglieder drang: spätestens am späten Abend, als sie nach dem Paschamahl ins Freie traten, müssen sie davon erfahren haben. Es ist kaum anders denkbar, als daß daraufhin wiederum eine Beratung im Hause des Hohenpriesters stattgefunden hat, in der man die neue Lage besprach. „Am nächsten Tage" dann versammelten sich die Hohenpriester und Pharisäer bei Pilatus, um gemäß ihrer Beratung zu verfahren.

Der Antrag und die Begründung für die Bewachung des Grabes benutzten sehr geschickt die römischen Gepflogenheiten. Wegen Mißbrauchs des Leichnams wurde in manchen Fällen, z. B. bei wegen Aufstands Hingerichteten, von der römischen Militärbehörde die Auslieferung des Leichnams verweigert und die Verbrennung der Leiche befohlen, auch wenn der Gekreuzigte am Kreuz gestorben war. Die Antragsteller wiesen deshalb auf die Möglichkeit eines solchen Mißbrauchs durch die Anhänger Jesu hin: „. . . damit nicht etwa seine Jünger kommen . . ." (27,63.64).

Rollstein vor einem Grab, hier vor dem Grab der herodianischen Familie in Jerusalem. Der Stein läuft in einer Spalte als Führung. Er ist so groß, daß er den Eingang eines Grabes verdecken kann.

Pilatus bewilligte den Antrag, übergab die Ausführung aber den Antragstellern selbst – so versteht man den Text (27,65) für gewöhnlich, wenn man die Übersetzungen liest. Der griechische Text aber sagt mehr. Er sagt: „Ihr habt (aber doch) eine Wache!" Manche Kodizes unterstreichen diesen Sinn, indem sie schreiben: „Es sprach *aber* Pilatus"; er antwortete also nicht nur auf den Antrag, sondern erwiderte, man möchte meinen, unwillig. Pilatus war es satt, sich mit der Sache zu befassen. Er wies auf die Wache hin, die die Exekution bewachte, die auch die Leiche oder das Grab hätte bewachen müssen; er machte in diesem kurzen Satz „Ihr habt (aber doch) eine Wache!" den Leuten des Hohen Rates klar, daß sie dies dem Wachoffizier hätten melden müssen, statt den Prokurator selbst damit zu behel-

ligen. „Ihr habt (aber doch) eine Wache. So geht und laßt bewachen, wie ihr meint."

Man sollte sich aber auch die Übernahme der Wache vor Augen führen. Als die Soldaten zum Grab Jesu kamen, werden sie sich kaum ohne vorherige Grabbesichtigung um das Grab postiert haben. Sowohl der Wachhauptmann wie auch die Pharisäer und Hohenpriester mußten sich vergewissern, ob die Leiche Jesu noch darin war. Und die Leute des Hohen Rates würden wohl kaum – mißtrauisch, wie sie waren – ein Grab versiegelt haben, dessen Inhalt sie nicht genau kannten. So ist durch Siegel und Wache – wenn auch nicht durch ausdrücklichen Bericht in den Evangelien über diese Vergewisserung – bestätigt, daß Jesus tot war. Wenn sich die Grabwache und die jüdischen Behördenmitglieder vor Wachaufnahme und Versiegelung nicht vergewissert hätten, ob Jesus tot darin lag, hätte gewiß auch die Ausrede, als das Grab leer war, anders gelautet. Sie setzt voraus, daß man wußte: Als das

Grab versiegelt wurde und die Wache ihren Dienst antrat, war der Leichnam darin.

Warum der Hohe Rat das Grab versiegeln ließ, kann man leicht vermuten. Denn noch waren ja die Tage der Totenklage, zu der das Grab geöffnet wurde. Der Hohe Rat wollte verhindern, daß das Grab überhaupt geöffnet wurde – zu welchem Zweck auch immer. Damit die Wache nicht nur den Leichnam, sondern das absolut verschlossene Grab bewachte, versiegelte man es mit dem Siegel des Hohen Rates. Dann übernahmen die Soldaten, wahrscheinlich vier und ein Wachoffizier – wie bei der Kreuzigung –, die Bewachung; ja es werden wohl sogar dieselben Soldaten gewesen sein . . .

Auferstehung und Erscheinungen Jesu

In dieses Buch kann kein ausführlicher Artikel zum Thema „Auferstehung und Erscheinungen Jesu" aufgenommen werden. Wir müssen uns begnügen mit einigen Antworten auf die Fragen: „Was bedeutet das biblische Wort von der Auferstehung Jesu?" und: „Sind die Erscheinungen Jesu wirklich geschehen?"

Heute wird von manchen Skeptikern zum Thema Auferstehung etwas aufgeregt vorgebracht: Es ist noch nie ein Toter zum Leben zurückgekehrt – auch Jesus ist nicht zum Leben zurückgekehrt! Das aber braucht man nicht so erregt oder mit spöttischem Lächeln vorzubringen, denn das ist ganz sicher richtig: Jesus ist nicht ins irdische Leben zurückgekehrt. Der historische Jesus war nach der Kreuzigung tot und blieb tot. Aber doch haben die Apostel und mit ihnen die ersten Christen bekannt: Jesus lebt. Wie Johannes, die Apg und die Briefe es auch immer ausgesagt haben mögen, z. B. wenn Johannes Jesus sagen läßt: „Ich bin nur noch kurze Zeit bei euch; dann gehe ich fort, zu dem, der mich gesandt hat" (Joh 7,33) – und in der sog. öffentlichen Rede: „Wenn ich über die Erde erhöht bin, werde ich alle zu mir ziehen" (Joh 12,32) – und „Gott hat ihn (Jesus) von den Wehen des Todes befreit und auferweckt; denn es war unmöglich, daß er vom Tod festgehalten wurde" (Apg 2,24) – und „Ihn hat Gott als Herrscher und Retter an seine rechte Seite erhoben" (Apg 5,31) – und „Christus ist für unsre Sünden gestorben, gemäß der Schrift; und ist begraben worden. Er ist am dritten Tag auferweckt worden, gemäß der Schrift" (1 Kor 15,3.4) – und wenn Paulus im Philipperbrief einen Hymnus auf Christus zitiert: „. . . er erniedrigte sich / und war gehorsam bis zum Tod . . . Darum hat ihn Gott über alle erhöht . . ." (Phil 2,8.9) – und wenn es im Timotheusbrief heißt: „Wahrhaftig, das Geheimnis unseres Glaubens ist groß:

Er wurde offenbart im Fleisch, / gerechtfertigt durch den Geist,

geschaut von den Engeln, verkündet unter den Völkern, geglaubt in der Welt, / aufgenommen in die Herrlichkeit" (1 Tim 3,16) – und wenn es im Brief an die Hebräer vielfältig heißt: „Er hat die Reinigung von den Sünden bewirkt und sich dann zur Rechten der Majestät in der Höhe gesetzt" (Hebr 1,3) – und „Da wir nun einen erhabenen Hohenpriester haben, der die Himmel durchschritten hat, Jesus, den Sohn Gottes, laßt uns an dem Bekenntnis festhalten" (Hebr 4,14) – und „Wir haben einen Hohenpriester, der sich zur Rechten des Thrones der Majestät im Himmel gesetzt hat" (Hebr 8,1) – und „Christus ist nicht in ein von Menschenhand errichtetes Heiligtum hineingegangen, in ein Abbild des wirklichen, sondern in den Himmel selbst, um jetzt für uns vor Gottes Angesicht zu erscheinen" (Hebr 9,24) – so hat das immer die eine Bedeutung: Jesus lebt!

Dieser Glaube an den als historischer Mensch gestorbenen und begrabenen Jesus, der durch Gottes Wille als „Auferstandener" mit einem ewigen geistigen Leben der Liebe als belebender Christus für die Menschen da ist, hat nach einer Reihe von Erzählungen gerufen, in denen die Sicherheit und der Sinn dieser „Auferstehung" in Bildern dargestellt wird.

Die vier kanonischen Evangelien sprechen in der Erzählung über das leere Grab von Engeln oder einem Engel im oder beim Grabe: Mt 28,2–7; Mk 16,5–7; Lk 24,4–7; Joh

20,12–13. Markus und Lukas haben zwar nicht das Wort Engel, sondern sie sprechen von einem jungen Mann (Mk) bzw. von Männern (Lk), die in einer Kleidung beschrieben werden, wie man sich in der Antike Engel vorstellte. Diese Engel sprechen von der Auferstehung Jesu. „Engel" ist eine altbiblische Vokabel: ein Engel spricht, wenn eine Botschaft Gottes in Worte gefaßt werden soll; denn Gott stellte man sich in einer so absoluten Transzendenz vor, daß (in späteren Zeiten) Gott selbst in den Erzählungen nicht auftreten konnte. In den Auferstehungserzählungen des NT bedeutet das: „Jesus ist nicht hier" (weil er nicht tot ist). Die Auferstehungsbotschaft vom leeren Grab verkündeten die Apostel Jesu, die frühesten Prediger oder die späteren Evangelisten in der Erzählung mit verschiedenen Worten. Das aber ist nebensächlich. Wichtig ist das Bild des Engels, weil damit die Auferstehungsbotschaft als eine Botschaft Gottes erkennbar gemacht wird.

Zu Mt 28,2–7: Die Auferstehung Jesu läßt sich also nicht beschreiben, sondern nur verkünden. Eine Beschreibung darf man deshalb auch nicht in diesem Matthäustext sehen. Die Verkündigungsmomente dieses Textes weisen geradezu darauf hin, daß auch Matthäus keine Beschreibung geben will. Das „gewaltige Erdbeben" (28,2) stammt aus dem altbiblischen Wortschatz für die „Zeichen der Theophanie" (s. d.); aber gerade damit sagt er für den jüdischen Leser, an den sich Matthäus ja richtet, mehr, als der Text der unmittelbaren Aussage nach enthält; indirekt sagt er damit: es geschah eine Erscheinung Gottes. (Über den Engel s. den Kurzabschnitt oben.)

Die Erscheinungen Jesu. Scheinbar entziehen sich die Erscheinungen des auferstandenen Jesus völlig dem Bereich der Realien; es ist ins irdische Leben eingebrochene Transzendenz und gehört deshalb – so könnte man sagen – genausowenig wie Gott zu den „Realien". Die Gottesvorstellung, der Gottesname u. ä. gehören dazu – Gott selbst gehört nicht dazu. Aber mit den Geschichten von den Erscheinungen Jesu verhält es sich doch anders: sie haben durch Erzählungen, in Predigten und später in den Evangelienschriften das Leben der Kirche in Gang gebracht und sind so geschichtsmächtig geworden; deshalb kann man sie nicht einfach wie ein „reines Theologikum" übergehen, obwohl man über sie selbst nicht mehr aussagen kann, als das NT über sie aussagt.

Das NT *erklärt* nichts von diesen Erscheinungen Jesu; es spricht sie einfach aus: Jesus war / ist da. Er lebt. Die Erzählungen drücken Jesu nachösterliches Dasein mit sehr irdischen Mitteln aus: Er kam nicht als „Geist", sagen sie, sondern er aß mit den Jüngern; Thomas konnte seine Wundnarben betasten – und doch widersprach die Art dieses erzählten Auferstehungsleibes Jesu den Gesetzen der materiellen Körper: Mauern und verschlossene Türen konnten ihn nicht hindern; Entfernungen gab es für ihn nicht.

Der Erste Korintherbrief (s. d.) ist das früheste Dokument, das von der Auferstehung Jesu in Verbindung mit den Erscheinungen Jesu spricht. „Vor allem habe ich euch überliefert, was auch ich empfangen habe: Christus ist für unsere Sünden gestorben / gemäß der Schrift,

und ist begraben worden. / Er ist am dritten Tag auferweckt worden, / gemäß der Schrift, und erschien dem Kephas, dann den Zwölf.

Dann erschien er mehr als fünfhundert Brüdern zugleich ... Danach erschien er dem Jakobus, dann allen Aposteln. Als Letztem von allen erschien er auch mir, dem Unerwarteten, der ‚Mißgeburt'. Denn ich bin der geringste von den Aposteln; ich bin nicht wert, Apostel genannt zu werden, weil ich die Kirche Gottes verfolgt habe. Doch durch Gottes Gnade bin ich, was ich bin ..." (1 Kor 15,3–10). Aus diesem Text klingt hervor, was die Erscheinungserzählungen für die Geschichte der Urkirche bedeuteten: sie waren Vollmachtszeugnisse für das Apostelamt und das Amt der Kirchenleitung. Deshalb sind hier Petrus (s. d.) und Jakobus (s. d.) genannt; und auch Paulus rechtfertigt sein Apostelamt aus der Erscheinung Jesu. Die meisten Erscheinungserzählungen haben deshalb auch Vollmachtsübertragungen zum Inhalt.

Diese Erkenntnis ist bedeutsam, weil sie die geistige Realität der Erscheinungen bekräftigt. Die Apostel, die Jünger und die ganz und gar nicht zur Anerkennung des Messias Jesus geneigten Jakobus und Paulus ließen ihr Mißtrauen fahren und glaubten. Die einer erzählten Erscheinung Jesu Gewürdigten wurden Zeugen: für den lebenden Auferstandenen. Deshalb treten in den Erscheinungsgeschichten der Synoptiker die Frauen zurück. Sie fehlen nicht ganz, aber die Synoptiker legen keinen großen Wert auf ihr Zeugnis. Frauen waren ja im Gerichtswesen von der Zeugenschaft ausgeschlossen. Markus erwähnt Maria Magdalena nur in einem Nebensatz (16,9). Und als Maria Magdalena von der Erscheinung Jesu den Aposteln berichtete, da „glaubten sie es nicht" (Mk 16,11). Aber Johannes erzählt ausführlich von einer Erscheinung vor Maria Magdalena (Joh 20,11–18) und gibt damit die ausdrückliche Lehre, daß der irdische Christus und der auferstandene verklärte Jesus identisch sind. Dieselbe Verkündigungstendenz liegt den Erzählungen von der Erscheinung Jesu vor Thomas und am See Gennesaret zugrunde; in beiden Erscheinungen ist der Anschluß an das irdische Leben Jesu sehr markant herausgearbeitet: bei Thomas durch die Kreuzigungswunden Jesu, am See durch die dem wunderbaren Fischfang verwandte Situation und in der Petrusberufung durch die Anknüpfung an die Verleugnung. Um Verkündigung der Identität des Auferstandenen mit dem irdisch Lebendigen geht es in diesen Geschichten.

Um es noch einmal deutlicher zu sagen: Weder die Erzählungen vom leeren Grab noch die von den Erscheinungen Jesu wollen greifbare Tatsachenberichte sein; sie sollen vielmehr die geistig-geistlichen Erfahrungen der Frauen, Apostel und Jünger mit dem trotz Tod und Begräbnis lebendigen Christus in Worte fassen. Diese Erzählungen sind so angelegt, daß in den verschiedensten Formen von einem „Sehen Jesu" gesprochen wird: Er ließ sich vor ihnen sehen, er erschien ihnen; und das, obwohl sie ihn verlassen hatten. Das Erlebnis treulos und schuldig gewordener Menschen in der Sicherheit, daß sein Geist und seine Liebe sie nicht verlassen hatten, sind psychisch die Anlässe dieser Erscheinungen, von denen die Evangelien erzählen.

Wenn die Bibel die Begegnungen mit diesem Auferstandenen „Erscheinungen" nennt, so heißt dies also, daß diese Begegnungen geistig-geistliche Begegnungen sind, die allerdings fast immer mit einem Vokabular aus der sichtbaren Welt mitgeteilt werden.

Zu Mt 28,11–15: In der Reihe der Erscheinungserzählungen steht bei Matthäus die Geschichte vom angeblichen Diebstahl der Leiche Jesu durch die Jünger. Dieses Nachwort

zum Evangelium nach Matthäus ist mit Sicherheit eine späte Einfügung: eine Erzählung, mit der man Gerede über das leere Grab überwinden wollte.

Eine Abordnung der (wahrscheinlich syrischen) Soldaten der Grabeswache meldete das Verschwinden des Leichnams Jesu. Aber sie meldeten es nicht bei Pilatus, ihrem Vorgesetzten, sondern bei den Hohenpriestern, die ihnen die Bewachung als wichtig dargestellt hatten. Sie hofften, die Hohenpriester (d. h. die Mitglieder der hochpriesterlichen Familien, die zum Hohen Rat gehörten) als Fürsprecher bei Pilatus zu gewinnen; denn natürlich fürchteten sie sich vor Strafe.

Die Hohenpriester hielten Rat mit den Ältesten des Hohen Rates (s. d.), gaben den Soldaten Geld und sprachen ihnen die Formel vor, mit der sie ein Diebstahlgerücht verbreiten sollten. Wegen der Strafe beruhigten sie die Soldaten; sie würden Pilatus schon begütigen.

Hinter dieser Sicherheit der Hohenpriester, daß sie Pilatus begütigen könnten, stand die Kenntnis von der römischen Strafpraxis. Man bestrafte selten viele oder mehrere Soldaten mit dem Tode, weil Rom jeden Soldaten für die Besatzung der Provinzen brauchte. Aus des Flavius Josephus „Geschichte des Jüdischen Krieges" soll dazu ein Beispiel herangezogen werden, das diese Praxis beleuchtet:

Als eine Abteilung römischer Soldaten nach dem Kriegsrecht das Leben verwirkt hatte, traten ihre Kameraden für sie ein. „Den Bitten willfahrte der Caesar [Titus] um so lieber, als dies auch in seinem eigenen Interesse lag; denn die Bestrafung des einzelnen, glaubte er, müsse nach dessen Tat, aber die einer Menge nach der Zweckmäßigkeit beurteilt werden. Er verzieh also den Soldaten, nachdem er sie eindringlich ermahnt hatte . . ." (5,3,5).

Auch Mt 28,16–20 ist eine späte Ergänzung zu den älteren Erscheinungserzählungen. Eine Ergänzung ist dieser Text aber auch zu Mt 10. Man möchte sagen: Hier ist die entwickelte Praxis der frühen Kirche im Stil einer Erscheinungserzählung an den Schluß des Evangeliums nach Mt gesetzt, um die Praxis an das Evangelium anzuschließen.

Weil die Taufe das Mittel der Aufnahme in die Kirche war, heißt es in 28,19: „Macht alle Menschen zu meinen Jüngern und tauft sie." Das Taufbad war eine bekannte Zeremonie, die ein Symbol für die Aufnahme in einen neuen Daseinszustand war (s. den Artikel „Die Taufe").

Die Taufe soll geschehen „auf den Namen des Vaters und des Sohnes und des Heiligen Geistes". Das war die in der Kirche sich langsam durchsetzende Taufformel. Noch in der Apostelgeschichte heißt es dagegen durch den Mund des Petrus: „Jeder von euch lasse sich auf den Namen Jesu Christi taufen" (Apg 2, 38). Es ist sinnlos, hier spitzfindige Harmonisierungsversuche anzustellen: wie das eine und das andere Wort authentisch sein kann. Am wahrscheinlichsten ist, daß es ursprünglich einfach hieß: „... und tauft sie"; daß dagegen die Formel „im Namen des Vaters und des Sohnes und des Heiligen Geistes" eine spätere Vervollständigung aus der Liturgie ist – von wem auch immer, das kann dahingestellt bleiben. Die Kirche hat die Evangelien als Ganzes kanonisiert und damit nicht behauptet, daß jedes einzelne Wort oder auch jedes Jesuswort darin ohne Wandel bewahrt worden ist. Diese ausgeprägt trinitarische Formel war in apostolischer Zeit wohl kaum schon möglich.

Diese in Mt 28,16–20 später nachgetragene Erscheinungserzählung schien wohl dem Ergänzer deshalb notwendig, weil in den bisherigen Auferstehungstexten des Evangeliums nach Matthäus ein Thema fehlte, das (das in den ältesten Überlieferungen und auch in anderen Evangelien) gewissermaßen das Strukturelement für die Zukunft war: die Erscheinung Jesu vor den Jüngern, bei der er ihnen den Missionsauftrag gab.

Zu Mk 16,1–7: Wer die Auferstehungsverkündigung bei Mk unvoreingenommen liest, spürt, daß sie sich als Schluß der Leidens- und Todesgeschichte Jesu anbietet. Denn es ging in der frühesten Kirche vor allem darum, dem Kreuzestod Jesu durch die Auferstehungspredigt seine Schmach zu nehmen. Oder positiver: Die Leidensgeschichte Jesu und von seinem Kreuzestod wurde nur gepredigt, weil man von der Auferstehung Jesu predigen konnte. Nur weil die Jünger Jesu an seine Auferstehung glaubten, predigten sie. Und was die Evangelisten später aufschrieben, waren nicht so sehr die alten Auferstehungsformeln, sondern die Geschichten, mit denen sie diese Formeln bildhaft und erlebnishaft gemacht hatten.

Die drei Frauen, die zum Grabe gingen, wollten Jesus die Totenklage singen. Daß sie ihn salben wollten, ist wohl kaum anzunehmen. Das wäre am dritten Tag im Orient nicht mehr möglich. Markus erzählt trotzdem, daß sie den Toten salben wollten. Wie kam er dazu? Daß sie „am ersten Tag der Woche in aller Frühe" (16,2) kamen, hatte nach Mk seinen besonderen Sinn: Die Einbalsamierung des Toten war ja nur notdürftig, kurz vor Sabbatbeginn am Freitagabend (s. den Artikel über den „Sabbat", S. 642), vorgenommen worden. Sie mußte aber vorgenommen werden, bevor die Verwesung eintrat, sonst konnte man die Seele nicht halten. Am Sabbat war eine Salbung zwar durch das Sabbatgesetz nicht verboten, aber der Kauf der Salben war nicht möglich. So kauften die Frauen ihre Salben sofort am Sabbatende (Samstagabend) und gingen in der ersten Frühe des ersten Wochentages zum Grabe. Sie kamen im Trauerkleid, barfuß, verschleiert; denn so war es jüdische Sitte. Und sie machten sich Sorge, wie sie den Stein vor dem Eingang fortwälzen könnten. Offenbar wußten sie also nichts von der Versiegelung und von der Wache.

Zu Mk 16,9–20: Dieser Abschnitt hat nicht von Anfang an zum Markusevangelium gehört. In späterer Zeit, als auch die weiteren Osterbotschaftstexte und Erscheinungserzählungen der anderen Evangelisten allgemein bekannt geworden waren, wurde eine Zusammenfassung jener Ostererzählungen geschrieben und dem Markustext angehängt, der ursprünglich mit dem heutigen Vers 16,7 abschloß. Diese Zusammenfassung ist inhaltlich und formal sehr mangelhaft.

Im griechischen *Codex Vaticanus* (eine Pergamenthandschrift, die um 350 in Ägypten entstanden ist) und im griechischen *Codex Sinaiticus* (ein Pergamentkodex, ebenfalls um 350 geschrieben, mehr als 1500 Jahre später, nämlich 1844, von dem evangelischen Theologen Konstantin Tischendorf teilweise im Katharinenkloster des Sinai gefunden, seit 1933 im Britischen Museum in London) – in diesen beiden Handschriften fehlt dieser Anhang noch.

Zu Lukas 24,1–12: Der Auferstehungsabschnitt bei Lukas ist eine sehr schöne Erzählung. Der Eingang ist allerdings nicht akzeptabel – oder besser gesagt: er ist, (wie bei Mk) wenig sinnvoll. Warum gingen die Frauen mit „wohlriechenden Salben" zum Grabe? Doch weil sie Jesus salben wollten. Aber am dritten

Tag kann man in Palästina keinen Toten mehr salben! Das Problem mit dem Stein (Mk 16,3) überbrückt Lukas ohne Schwierigkeit. „Aber den Leichnam Jesu, des Herrn, fanden sie nicht." Bis hierher schreibt Lukas erzählende Einleitung.

Mit 24,4 ist er aber dann schon bei der Hauptsache, warum er die einleitende Erzählung überhaupt geschrieben hat. Mit den „zwei Männern in leuchtenden Kleidern" erwähnt er die Engel, die die Auferstehungsbotschaft bringen. Zuerst fragen sie: „Was sucht ihr den Lebenden bei den Toten" (24,5). Dies ist eigentlich für die Verkündigung der wichtigste Satz. Was darauf folgt, ist wieder die Aufnahme der Erzählung (24,6–12) mit Worten, die Lukas aus älteren Evangelien geläufig waren.

Zu Lukas 24,13–32: Die Erscheinungserzählung von der Begegnung zweier Jünger mit Jesus – eine wahrhaft kunstvolle Geschichte! Die sich des öfteren wiederholende Formel, daß die Jünger Jesus bei einer Erscheinung nicht erkannten, weil er ihnen ja nicht mit seiner irdischen Leiblichkeit nahe war, hat hier eine besondere Form: „Sie waren wie mit Blindheit geschlagen, so daß sie ihn nicht erkannten" (24,16). Unterwegs erzählte er ihnen, warum das alles mit ihm so geschehen mußte, wie es geschehen ist, weil es ja durch die Schrift so angedeutet war: „Mußte nicht der Messias all das erleiden, um so in seine Herrlichkeit zu gelangen?" (24,26). Und dann in Emmaus, als er sie verlassen wollte, baten sie ihn, bei ihnen zu bleiben; denn nur so konnte der Abend für sie erträglich werden. Und er blieb bei ihnen beim Brotbrechen – wie er immer bei seinen Jüngern bleibt, wenn sie mit ihm zum Brotbrechen zusammen sind. Die in der Tiefe des Herzens empfundene Liebe Jesu, der ihnen das biblische Wort erschließt; der bei ihnen bleibt, wenn sie sich vor der Nacht fürchten; und der ihnen das Brot bricht: das ist die Botschaft vom lebendigen Herrn, der in der Kirche bei ihnen ist. Eine sehr späte Erscheinungserzählung, als die Kirche schon zu eigenen liturgischen Formen gelangt war.

Die Erzählung sagt – wie schon angedeutet: Als Jesus zu den Jüngern kam, waren sie „mit Blindheit geschlagen, so daß sie ihn nicht erkannten" (24,16). Mit diesem Satz wird eine Formel aus der rabbinischen Sprache benutzt, die das Täuschen durch Augenblendwerk meint. Das „Halten der Augen" war jedoch nach rabbinischer Lehre straffrei; es galt sozusagen mehr als eine Kunst und nicht als Zauberei. Es ist möglich, daß in dieser Formel bei Lukas eine Apologie für Jesus liegt, der von den Rabbinen der apostolischen Zeit als Zauberer verketzert wurde.

Zu Joh 20,1–10: Die Erzählung, in der Maria Magdalena das offene Grab Jesu entdeckt, von wo aus sie dann zu Simon Petrus und zu dem Jünger, den Jesus liebte, lief und ihnen sagte: „Man hat den Herrn aus dem Grab weggenommen, und wir wissen nicht, wohin man ihn gelegt hat" (Joh 20,2) – sie ist die erste Auferstehungserzählung bei Johannes. Die beiden Apostel liefen dann zusammen zum Grab. Da Johannes als der jüngere dort zuerst ankam, wartete er draußen, bis Petrus kam und ließ ihm den Vortritt. In die Erzählung von der Entdeckung des leeren Grabes bringt der Evangelist also die Anerkennung des Simon Petrus als ersten Gläubigen und ersten Beauftragten für die Verkündigung. Die Beauftragung der Jünger zur Mission ist ja der Kern in mehreren Auferstehungserzählungen.

Zu Joh 20,24–29: Eine Erscheinungserzählung, die an den Charakter des Apostels Thomas (s. d.) anschließt. Thomas wollte nicht glauben, daß die Jünger den Herrn gesehen hatten. Nun kam Jesus zu ihnen, als Thomas bei ihnen war. Die Türen waren verschlossen. Aber *der* Jesus, der nach seiner Kreuzigung lebt, kann sich auch durch verschlossene Türen nähern. Die Menschen müssen für ihn offen sein: durch den Glauben. „Selig sind, die nicht sehen und doch glauben" (20,29).

In Kürze noch einmal, wie die Auferstehung des Herrn von den Jüngern Jesu erlebt und ausgesprochen wurde:

Die Art, wie Matthäus vom Tod Jesu erzählt, ist der Bericht von einem Zeichen der Theophanie (Erdbeben) und von Folgen der Auferstehung des Messias (Mt 27,52.53: Auferstehung von Leibern vieler Heiligen). Damit verkündete Mt also die Auferstehung Jesu im Augenblick seines Sterbens (vgl. Maria Riebl, „Auferstehung Jesu in der Stunde seines Todes?", Stuttgart 1978).

Bei allen Evangelisten wird von Jesu Auferstehung im Bilde des leeren Grabes erzählt.

In kleinen Ereignisbildern („Erscheinungen") sprechen die Evangelisten vom Erlebnis der Apostel und Jünger, daß er lebt, daß er bei ihnen bleibt, daß er ihnen Aufträge für die Zukunft erteilt.

Eine andere Folge des messianischen Lebens und Sterbens Jesu ist seine Erhöhung, die allerdings nur ein anderer Aspekt seiner Auferstehung ist.

Lukas stellt diese Erhöhung im Bilde der Himmelfahrt dar.

Die Apostelgeschichte

Dieses Buch (Apg) wird heute meistens als Einzelwerk gesehen, ist aber ursprünglich als zweiter Teil eines zweiteiligen (wir sagen heute: zweibändigen) Werkes gedacht: als Fortsetzung des Lukas-Evangeliums (s. 1,1). Es ist aber kein weiteres Evangelium, sondern ein geschichtliches Geschichtenbuch, wie es das AT mehrere enthält. Sein Titel aus dem 2. Jahrhundert („Práxeis Apostólōn" – „Taten der Apostel") paßt nicht zu diesem Buch, das weder Biografie noch Erbauungsbuch wie die üblichen „Práxeis" sein möchte, sondern vom Werden der Kirche berichten möchte.

In der alten Kirche sah man Lukas, den Mitarbeiter des Paulus als Autor dieses Buches an. Heute wird die Annahme, daß ein Mitarbeiter des Paulus diese Geschichtsabschnitte geschrieben hat, nicht mehr von allen aufrechterhalten, weil zu viele fragliche Dinge von ihm als Fakten vorgetragen werden. (Wir kommen hier und da im Laufe der Darstellung darauf zurück.) Die Berichte nehmen zwar für eine Zeitlang die Wirform an (16,10), was aber nicht heißen muß, daß Paulus und Lukas das „Wir" waren. Es kann sich dabei auch um Berichte eines anderen Paulusbegleiters handeln.

Die Bibelwissenschaftler nehmen heute z. g. T. an, daß die „Apostelgeschichte" erst 25 oder mehr Jahre nach dem Tod des Paulus aufgeschrieben wurde. Und was war dieser sogen. „Lukas" für ein Mensch? Er war gewiß ein Heidenchrist, der die Heidenkirche etwa im Anfang der dritten Generation erlebte und vielleicht sein Buch in Italien schrieb. Weil er seine Darstellung mit den Worten abbricht „Er (Paulus) blieb zwei volle Jahre in seiner Mietwohnung (in Rom) und empfing alle, die zu ihm kamen . . .", d. h. mit dem Jahre 60, hielt man früher diese Zeit für die Abfassungszeit. Da aber das „Evangelium nach Lukas" kaum vor 80 geschrieben wurde und die „Apostelge-

schichte" dem Evangelium folgte (s. 1,1), wird man mit einem Jahr zwischen 85 und 90 eine wahrscheinliche Abfassungszeit angeben.

Die „Apostelgeschichte" ist jedoch keine Geschichte der Apostelzeit, sondern eine Entwicklungsdarstellung der judenchristlichen Gemeinden um den Apostel Petrus und der ersten heidenchristlichen Gemeinden um den Apostel Petrus und um Paulus. Vier inhaltliche Bereiche geben der Apostelgeschichte die äußere Einteilung: 1) die Mission in Jerusalem (1,4–8,3); 2) die Mission in Judäa und Samarien (8,4–9,31); 3) die erste Begegnung mit Heiden, die sich der Bekehrung zuneigen (9,32–14,28) und das Apostelkonzil (15); 4) freie Mission unter den Heiden (15,36–28,31).

Mit Lk 24,47 und Apg 1,8 kann man vielleicht etwas über den Grund sagen, warum dieser Lukas die „Taten der Apostel" aufgeschrieben hat. In Lk 24,47 läßt der Evangelist Jesus sagen: Im Namen des Messias „wird man allen Völkern, angefangen in Jerusalem, verkünden, sie sollen umkehren . . .". Dies nimmt der Schreiber der Apg in 1,8 in einem anderen Jesuswort wieder auf: „Ihr werdet meine Zeugen sein in Jerusalem und in ganz Judäa und Samarien und bis an die Grenzen der Erde." Von dieser Zeugenschaft will er einiges Entscheidende aufschreiben.

Auf welche Überlieferungen der Schreiber der Apg zurückgreifen konnte, ist bis heute nicht geklärt. Die Paulusbriefe hat er nicht gekannt. Die Lösung der neuen Glaubensgemeinschaft Christentum vom Judentum, die das durchgehende Thema der Apg ist, beruht ganz sicher auch auf älteren Traditionen und auf des Schreibers eigenen Erfahrungen und wacher Beobachtung. Die Theologie dieses „Lukas" findet man vor allem in den Ansprachen der Apostelgeschichte.

Schon das zweite Jahrhundert zählte die

„Taten der Apostel" *(Acta Apostolorum)* zu den kanonischen Schriften, und ebenfalls wurde schon im 2. Jahrhundert ein Lukas als Verfasser genannt.

Neben der klassischen griechischen Fassung gibt es eine längere Fassung, die man meist „die westliche" nennt; sie erscheint vor allem in altlateinischen Handschriften und wird von den lateinischen Kirchenschriftstellern bevorzugt zitiert, ist aber auch in griechischen und altsyrischen Texten überliefert. Die Herkunft dieses Textes ist noch nicht geklärt. Manche sehen darin den ersten Entwurf, manche einen später überarbeiteten Text der kürzeren („alexandrinischen") Fassung der Apostelgeschichte.

ZU Apg 1,1–12:
ABSCHIED UND HIMMELFAHRT JESU

Nach dem Vorwort an Theophilus (1,1–3; s. auch die Widmung zum Lukas-Evangelium) spricht dieser Lukas von einigen Belehrungen Jesu an seine Jünger, die auf die Geistsendung und die Fortsetzung der Zeugenschaft für Jesus hinweisen (1,4–8). Darauf erzählt er von der Himmelfahrt Jesu, mit der er sein Evangelium (in Lk 24,50–52) feierlich geschlossen hatte. Die Wiederholung Apg 1,9–11 dient – auch thematisch – der Vorbereitung der Pfingst-Erzählung. Die Himmelfahrtsgeschichte gehört inhaltlich in den Rahmen der österlichen Erscheinungserzählungen. Die Erhöhung Jesu zum endzeitlichen Herrscher im Himmel wird schon eine längere Erzählungstradition gehabt haben, die angeregt sein mochte durch ähnliche „Entrückungen" und „Apotheosen" des Elija, des Esra, des Herakles, des Empedokles und der römischen Kaiser bei Gelegenheit der Verbrennung der Verstorbenen. Das Emporgehoben-Werden auf einer Wolke und ähnliche „Erscheinungen" (d. h. Bilder) lieferten dem Erzähler das Wortmaterial für die Entrückungsgeschichte der Himmelfahrt. Sinn der Erzählung ist, ein deutliches Bild von der Erhöhung Jesu an die Seite Gottes zu geben, das in der Erscheinungsgeschichte nach der Auferstehung nicht so klar gegeben wurde.

Das Himmelfahrtsfest, vierzig Tage nach Ostern, wurde erst nach 300 üblich. In der Apg ist nur in 1,4 eine Angabe, die diese Festlegung

unterstützte. Der Schreiber der Apg wollte damit wohl eine Verbindung zum AT schaffen: Mose blieb 40 Tage auf dem Sinai, bis er die Gesetze Gottes bekam; entsprechend wollte Lk damit sagen, daß Jesus so lange seinen Jüngern erschien, bis er ihnen die neuen Lebensgesetze auferlegt hatte.

ZU Apg 1,12–26:
VOR DEM PFINGSTTAG

Anschließend an die Himmelfahrtserzählung (1,4–11)[1] spricht die Apg von der Gemeinde Jesu, die sich im „Obergemach" (1,13) versammelte. Unter diesem Obergemach verstehen viele Leser den Abendmahlsraum (s. d.). Die Brüder Jesu (1,14) werden hier deutlich von den Aposteln unterschieden, s. dazu die Ausführungen im Artikel „Jakobus der Jüngere" und unten über „Jakobus den Herrenbruder". Die Zahlenangabe etwa 120 Personen (1,15) ist schematisch; damit wird angedeutet, daß es sich um eine rechtsfähige Gemeinde handelte, denn gemäß dem Gesetz Israels war ein Dorf von 120 Leuten berechtigt, ein Synhedrium (s. d.) zu haben. Petrus verkündet den Brüdern, sie wollten einen Jünger Jesu finden, der an die Stelle des Judas (s. d.) treten solle.

Unter den Anwesenden befand sich Josef Bársabbas (1,23), nicht „Barsábbas"; der Beiname bedeutet wahrscheinlich „Sohn des Sabbats", „am Sabbat Geborener" (vgl. „Sonntagskind"). Der Name „Matthias" (1,23) ist eine Kurzform des Namens „Mattathias"; so hieß der Vater der Makkabäer. Man darf aus dem Namen auf nationale Tradition schließen, ähnlich wie bei Judas (s. d.) und Simon (s. d.). Über Matthias ist nichts Gesichertes bekannt: die Formel „der du die Herzen (aller) kennst" (1,24) wurde gelegentlich als Gottesbezeichnung gebraucht; über das Los (1,26), das über Matthias geworfen wurde, s. den Artikel „Los".

JAKOBUS DER HERRENBRUDER

In der kirchlichen Überlieferung hat man Jakobus den Herrenbruder sehr oft mit Jakobus

---

[1] Siehe Erklärung zu Apg 1,4–11 im Kapitel.

dem Jüngeren (s. d.), einem der Apostel, gleichgesetzt. Die Identifizierung hat aber große Schwierigkeiten, weil die „Herrenbrüder" – ganz gleich, wie man dieses „Bruder" verstehen will – dem Wirken Jesu während seiner öffentlichen Tätigkeit ablehnend gegenüberstanden. Da aber nichts dazu zwingt, den Herrenbruder Jakobus und den Apostel Jakobus zu identifizieren[2], sollte man diese Mitteilung von der Ablehnung Jesu durch seine Brüder ernst nehmen.

Wenn man nicht annehmen will, daß Maria, die Mutter Jesu, auch die Mutter der Brüder Jesu war, so ergäbe sich eine organische Deutung der Bezeichnung „Herrenbruder" durch die Annahme, daß Jakobus und seine Brüder Söhne aus einer ersten Ehe Josefs waren – woran man in altchristlicher Zeit übrigens keinen Anstoß nahm, wie das in katholischen Kreisen sehr lange der Fall war.

Als „Brüder Jesu" werden Jakobus und seine Brüder Josef, Simon und Judas in Mt 13,55 genannt. Weil in Mt 27,56 eine „Maria, die Mutter des Jakobus und des Josef" genannt wird, hat man gemeint, daß dies ja wohl dieselben Jakobus und Josef sein müßten, und da hier die Mutter genannt wird, die anderwärts als Frau des Klopas bezeichnet wird, so hat man Klopas zum Bruder des Vaters Jesu und Jakobus zum Vetter des Herrn gemacht. Dadurch wurde aber der Herrenbruder (Vetter) Jakobus zum Apostel Jakobus dem Jüngeren, weil dieser als Sohn des Klopas bezeichnet wird. Bei alldem läßt man aber die Mitteilung, daß die Herrenbrüder Jesus ablehnten und also keine Apostel sein konnten, aus dem Auge (vgl. vor allem Joh 7,1–5; siehe auch S. 604, Nr. 11).

Erst nach der Himmelfahrtserzählung werden die Brüder Jesu mit den Aposteln vereint genannt; zuerst werden in Apg 1,13.14 die Apostel (auch Jakobus, der Sohn des Alphäus/ Klopas) und neben ihnen eigens die Brüder Jesu genannt, allerdings summarisch und nicht mit Namen. Man möchte annehmen, daß die Erscheinung Jesu vor Jakobus, die in 1 Kor 15,7 genannt wird, vom Herrenbruder Jakobus geglaubt und vielleicht dadurch der Bann gelöst wurde.

Der Herrenbruder Jakobus wurde (im Jahre 44 n. Chr.) nach der Flucht des Apostels Petrus (Apg 12,17; 21,18ff.; Gal 1,19) Leiter der Gemeinde von Jerusalem. Er trug den Beinamen „der Gerechte" (s. im Artikel „Josef").

Jakobus der Gerechte war ein untadeliger Judenchrist strengster jüdischer Observanz, der das jüdische Gesetz beachtete; der im Tempel einer der ausdauerndsten Beter war; der sogar von den Juden als „Gerechter" verehrt wurde, obwohl er Jesusanhänger war; der auf dem Apostelkonzil zwischen Paulus und Petrus vermittelnd in die Debatte eingriff (s. zum Thema Paulus, Nr. 14), obwohl er selbst das mosaische Gesetz für Judenchristen für verbindlich hielt. Die hochpriesterliche Politik gegen die Urgemeinde Jesu brachte ihn aber trotzdem im Jahre 62 n. Chr. vor den Hohen Rat, und er wurde gesteinigt, wie wir aus den „Altertümern" des Flavius Josephus (20,9,1) entnehmen können. Er ist wahrscheinlich der Autor des Jakobusbriefes (s. d.); auch die stark gesetzlich gefärbte Frömmigkeit des Jakobusbriefes empfiehlt diese Annahme.

ZU Apg 2,1–36:
DAS PFINGSTEREIGNIS

Die Herabkunft des Heiligen Geistes, von der Lukas in diesen Zeilen erzählt, legt der Text auf „Das Pfingstfest" (s. d.) der Juden. Der „gleiche Ort" (2,1), an dem sich „alle" befanden, soll der Abendmahlssaal (s. d.) oder das Haus des Abendmahlssaals gewesen sein; jedoch kann diese Tradition durch keinen biblischen Hinweis gestützt werden.

Das sog. Sprachenwunder an diesem Pfingstfest ist eine Wundererzählung, die die vielen Sprachen der Völker als Symbole für die Zersplitterung setzt. Mit der Wundererzählung will der verkündigende Erzähler die Auflösung der Zersplitterung und die neue Einheit der Menschen im Heiligen Geist, den der verklärte Christus gesandt hat, lehren. „Wir Parther, Meder . . ." (2,9–11) fühlen uns als Einheit. Die Aufzählung dieser Völker und Landschaften meint Juden aus diesen Völkern und Landschaften.

Die „Parther" waren die aus Parthien (im Nordosten des heutigen Iran) stammenden Juden. Die Parther selbst waren ein turanisches Reitervolk, das im 3. Jahrhundert

---

[2] Dasselbe gilt für den Herrenbruder Simon und den Apostel Simon den Eiferer.

v. Chr. in der Landschaft Parthien Fuß faßte
und sich danach Parther nannte. Von Parthien
aus dehnten sie ihr Reich bis an den Eufrat aus.
Als die Römer in Asien vordrangen, stießen
sie im vierten Jahrzehnt v. Chr. auch mit den
Parthern zusammen, die im großen „Parther-
sturm" sogar die Römer für eine Zeitlang aus
Syrien verjagten. Damals floh vor den Parthern auch der Feldherr Herodes nach Rom
(S. 572, Nr. 48/49).

In den „Medern" muß man Nachkommen
der deportierten zehn Stämme des Nordreichs
Israel sehen, die nach dem Fall Samarias im
Jahre 722 v. Chr. (S. 555, Nr. 36a) vor allem in
Medien angesiedelt wurden (2 Kön 17,6;
18,11). Diese Deportierten vermischten sich
aber sehr stark mit der Bevölkerung Mediens,
so daß sie mit Recht Meder (s. d.) genannt
wurden.

„Kappadozien" (Kappadokien) ist der antike Landschaftsname für das östliche Kleinasien zwischen Taurus und Halys.

„Pontus" und „Asia" werden unterschieden, beides meint Kleinasien; im Rabbinischen wurde Kleinasien einfach „Asia" genannt; Pontus ist die Landschaft im Nordosten
Kleinasiens, am Schwarzen Meer (*Póntos Eú-
xeinos*).

Auch Phrygien und Pamphylien sind kleinasiatische Landschaften: Phrygien in der Mitte
des westlichen, Pamphylien an der Küste des
südöstlichen Kleinasien. In Phrygien waren
um 200 v. Chr. von Antiochus III. (S. 567, Nr.
43) zweitausend jüdische Familien aus Mesopotamien angesiedelt worden; sie sollten als
Ferment der Treue dort in Phrygien die neue
Herrschaft des Antiochus stützen. Antiochus III. sicherte ihnen den Schutz ihrer Religion und große wirtschaftliche Freiheiten zu. –

Als das Volk die miteinander ekstatisch
Redenden für betrunken hielt (2,13), wies
Petrus den Vorwurf der Trunkenheit zurück,
weil ja erst die dritte Stunde sei (2,16), d. h.
gegen 9 Uhr vormittags. Um die dritte Stunde
(zwischen 8 und 9 Uhr) pflegte man, während
der Darbringung des Morgenopfers im Tempel, das Morgengebet zu beten (s. den Artikel
„Tägliche Gebete"), und dann erst zu früh-
stücken, wobei auch Wein getrunken wurde.
Petrus wies dagegen auf Worte des Propheten
Joël hin, daß Gott am Ende der Tage seinen
Geist über alles Fleisch ausgießen werde (Joël
3,1–5).

Der Vorwurf der Trunkenheit ist ein verwir-
rendes Element in der Lösung des Problems
des Sprachwunders. Kann denn Trunkenheit
zum Reden in fremden Sprachen verhelfen?
Oder können Trunkene so verstanden werden,
als ob sie die Muttersprache des Hörenden
sprächen?

Gerade aus diesem Vorwurf und der Antwort Petri hat man geglaubt ableiten zu können, daß es sich bei den „Sprachen" des
Pfingstfestes um Glossolalie gehandelt habe.
Glossolalie (Zungenreden) war ein ekstati-
sches Reden, das aber nicht ohne Deutung
durch andere verstanden werden konnte.

Was ist nun diese Pfingsterzählung? „Lukas" hat hier mehrere Überlieferungen zusammengearbeitet.

Die Sprachenwundererzählung bedeutet,
daß die Jünger zur Verkündigung des Evangeliums in den Sprachen der damals bekannten
Welt fähig waren.

Dieses Bild stammt deshalb wohl aus Antiochien, von wo die erste planvolle Missionsarbeit unter den Völkern ausging. Ihre Aufgabe
zur missionarischen Wirkung ist den Jüngern
Jesu aber wohl nach ihrer Flucht nach Galiläa
bewußt geworden, so daß sie bald dazu nach
Jerusalem zurückkehrten.

Was sie dann dort im Jüngerkreis erlebten,
ist von Lukas in einem Erlebnisvorgang von
der Geistsendung zusammen mit anderen pas-
senden Elementen erzählt worden. Dahinein
gehört dann auch die Predigt des Petrus zur
Menge (s. im Literaturkapitel „Reden ..."
Apg 2,14–36).

ZU Apg 2,42–47:
LEBEN IN DER URGEMEINDE

Auf das Pfingstkapitel folgt ein Ruhepunkt
(meistens „Erstes Summarium" genannt), wo
in aller Kürze vom Leben in der Urgemeinde
gesprochen wird. Jedes Wort ist hier wichtig:
„Sie hielten an der Lehre der Apostel fest –
und an der Gemeinschaft – am Brechen des
Brotes – und an den Gebeten" (2,42): Was die
Apostel aus der Lehre Jesu weitergaben und
von Jesus lehrten – an der Gemeinde, die sich
um Jesus immer mehr sammelte – an der
Mahlzeit, die sie mit Jesus und untereinander
verband – an den Gebeten im Tempel.

ZU Apg 3,1–26:
DIE GELÄHMTENHEILUNG

Aus den Geschichten, die sich die frühen Christen ihrer Zeit von den Aposteln erzählten, schrieb der Schreiber der Apg diese Erzählung auf: Petrus heilt einen Kranken durch den Namen Jesu. Eine Erzählung, die (etwa zwei Generationen nach Petrus) noch aussagt, welche Kräfte die Christen der apostolischen Zeit dem „Namen Jesu" zutrauten.

Aber wichtiger als die Heilung selbst (3,1–10) ist die große Predigt des Petrus nach der Heilung im Tempel (3,11–26). Es ist eine Rede des Lukas mit verarbeiteten alten judenchristlichen Eschatologie- und Christologie-Aussagen: Damit die Heilszeit durch den Messias Jesus (3,26: den Knecht Gottes) bald anbricht, muß sich Israel zum Glauben an ihn bekehren.

ZU Apg 4,1–31:
ERSTER ZUSAMMENSTOSS

Während Petrus und Johannes zum Volk redeten, traten Priester unter dem Tempelhauptmann gegen sie auf. Weil sie vor dem Volk von Jesus gesprochen hatten, nahm man die Apostel fest. Das war schon gegen Abend. Nach nächtlicher Gefangenschaft begann am Morgen das Verhör vor dem Synhedrium (s. d.). Da dieser Lukas hier von einer Zeit erzählt, die für ihn schon an die 40 Jahre zurückliegt, irrt er sich wohl in manchen Namen, die er in 4,5.6 nennt.

Das Wesentliche der Erzählung des Lukas ist aber wohl die Darstellung der Freimütigkeit des Petrus und Johannes, mit der sie dem Verhör der leitenden Priester (Archonten) antworteten und sie Jesus als das Heil verteidigten. Weil das Volk aber offensichtlich zu ihnen stand, drohten sie zwar vor weiterer Predigt, wagten aber nicht, Petrus und Johannes zu bestrafen.

In 4,23–31 wird dann von ihrer Rückkehr zur christlichen Gemeinde erzählt; daraus geht hervor, daß es sich nicht um einen privaten Konflikt der christlichen Anführer mit der jüdischen Gemeinde handelte, sondern um eine Spannung der ganzen Gemeinde zu den jüdischen Autoritäten. Die Schilderung von Versammlung und Gebet der Jesusanhänger zeigt aber, wie einmütig sicher sich die Gemeinde verhält (s. vor allem 4,25–30).

ZU Apg 4,32–5,11:
VOM LEBEN DER JUNGEN GEMEINDE

Ein zweites Mal gibt Lukas (nach 2,42–47) in 4,32–35 eine Charakterisierung der Urgemeinde. Hervor tritt hier „Sie hatten alles gemeinsam" (4,32). Die darauf folgende Erzählung bezeugt aber auch, daß dieser sogen. Kommunismus der christlichen Urgemeinde keine organisierte auferlegte Gütergemeinschaft war. Wer seine Felder und Häuser verkaufte, mußte den Aposteln und der Gemeinde nicht den ganzen Kauferlös übergeben; er konnte behalten, was er wollte. Die Lüge gegen den Heiligen Geist (5,3), die Hananias nach dem Ackerverkauf beging, lag darin, daß er den Erlös, den er vor Petrus brachte, für den *ganzen* Erlös ausgab. Er heuchelte also Armutswillen bzw. Willen zum gemeinsamen Eigentum, während er einen Teil des Kauferlöses für sich behielt.

Die Namen der beiden lügnerischen und bestraften Gemeindeglieder waren Hananias (hebr. „Chananja", Gott hat sich erbarmt) und Saphira (hebr. „Schaphira", die Schöne), die mit ihrer Bedeutung in dieser Erzählung wie eine Ironie wirken.

Durch die Erzählung schimmert auch die Ordnung der urchristlichen Gemeinde in Palästina hindurch, die Ältere und Jüngere unterschied. Die Bezeichnung derer, die sowohl Hananias wie Saphira begruben, als „junge Männer", sollte man deshalb nicht übersehen. Über die Zeit der Bestattung (5,5.10), s. den Artikel „Das Begräbnis".

Außer ihrem Berichtcharakter könnte die Perikope die Funktion haben, das legitime Richteramt des Petrus zu verkündigen. –

Lukas hebt am Schluß des Berichts die religiöse Furcht hervor (5,11), die auf das Gottesurteil hin die Gemeinde erfaßte. Diese Feststellung der Wirkung einer Rede (oder eines Wunders) ist eine Lieblingsformel des Evangelisten Lukas (Lk 1,29.30; 2,9.10; 4,36; 5,8–10; 7,16; 8,25.33–37.56; 9,34.43; 24,37; Apg 2,43; 3,10; 10,4; 19,17). Solche Formelähnlichkeiten haben dazu beigetragen, die Überzeugung von der gleichen Autorschaft für das Evangelium nach Lukas und die Apostelgeschichte zu festigen.

ZU Apg 5,12–42:
ZUSAMMENSTÖSSE DER APOSTEL MIT DEN JÜDISCHEN BEHÖRDEN

Das wachsende Ansehen der Apostel, das nicht zuletzt durch die Heilungen, von denen die Leute erzählten, gefördert wurde, gab auch ihrer Lehre wachsendes Ansehen (s. das Dritte Summarium 5,12–16). Zu dieser Lehre gehörte die Verkündigung des Auferstandenen. Jede Auferstehung wurde aber von den Sadduzäern (s. d.), zu denen auch der Hohepriester und die hohenpriesterlichen Familien gehörten, geleugnet (5,17). So fühlten sich die Sadduzäer und der Hohepriester nicht nur durch das Ansehen geärgert, das die Anhänger eines von ihnen Verurteilten gewannen, sondern sie sahen sich auch durch die Auferstehungspredigt der Apostel ständig in ihrer vernünftigen und „reinen" Lehre widersprochen.

Der Hohepriester ließ „die Apostel" verhaften (5,18); welche von ihnen, ist nicht gesagt. Eine Rechtshandhabe für die Verhaftung war für die jüdische Behörde dadurch gegeben, daß sie Petrus und Johannes strikt verboten hatten, von Jesus zu predigen (4,17). Auch diesmal wurden sie in ein Gefängnis (s. d.) gebracht. Da es keine Gefängnisstrafe gab, ist das als Haftort zu verstehen, wo Delinquenten bis zur Aburteilung untergebracht wurden. Die Gefängnistüren wurden von Polizeisoldaten (Leviten) der jüdischen Behörde mehrfach und streng bewacht.

Aus diesem Gefängnis wurden die Gefangenen befreit. Bei der Erzählung von dieser Befreiung taucht wieder das Engelmotiv auf (5,19). Gemäß der Eigenart der lukanischen Ausdrucksweise muß die Befreiung „durch einen Engel" jedoch nicht Befreiung durch einen himmlischen Engel aussagen wollen. Man kann die Sache auch ganz natürlich – fast möchte man sagen: politisch-kriminalistisch – nehmen. Anhänger Jesu und der Apostel haben die Befreiung gewagt, vielleicht nicht ohne Mitwissen der Wache. In der Sprache des Evangelisten Lukas ist auch dies „ein Engel", der von Gott gesandt wurde, der Gottes Willen ausführte, der als Befreier eine Botschaft Gottes war (s. den Artikel „Engel Jahwes").

Als dann die Gefangenen vor den Hohen Rat gestellt werden sollten, konnte man sie nicht aus dem Gefängnis vorführen; man mußte sie aus dem Tempel holen lassen (5,21–27). Der Hohepriester warf ihnen vor, sie hätten das Predigtverbot übertreten (5,28). Aber Petrus antwortete: „Man muß Gott mehr gehorchen als den Menschen" (5,29). Die Antwort des Petrus weist sehr energisch auf Jesus als Messias (s. d.) hin (5,30–33).

Im folgenden Rechtsgespräch trat Gamaliël für die Apostel ein (5,34–40): Gamaliël war Pharisäer (s. d.); er gehörte zu den Mitgliedern des Hohen Rates, deren Name uns bekannt ist. Als Pharisäer mahnte er zur Vorsicht; denn da in jedem Richten die Möglichkeit zur Verletzung des Willens Gottes liegt, zogen viele Pharisäer das Abwarten gegenüber dem Handeln vor. Es wäre jedoch falsch, Gamaliël deshalb zu einem heimlichen Anhänger Jesu zu machen. Der Gamaliël der Apostelzeit (Gamaliël: „Meine Vergeltung ist Gott") trägt zum Unterschied von seinem ebenfalls schriftgelehrten Enkel den Beinamen „der Alte". Er war der Lehrer des Apostels Paulus (s. Z. Th. Paulus, Nr. 1). In der Mischna (s. d.) werden mehrere wichtige Gesetzesauslegungen über die Sabbatheiligung und den Scheidebrief auf Gamaliël zurückgeführt.

Im ausführlicheren Wortlaut seiner Rede (5,36.37) weist Gamaliël auf die Freiheitskämpfer Theudas[1] und Judas von Galiläa hin (S. 602, Nr. 7); sie kamen um, und ihr Anhang wurde zerstreut. Dieser Hinweis Gamaliëls ist wichtig für die Kenntnis der Einschätzung Jesu und der Apostel durch den Hohen Rat; Gamaliël stellte Jesus also auch längere Zeit nach seiner Hinrichtung noch in eine Reihe mit anderen messianistischen Freiheitskämpfern. Wenn er gleich zu bewerten ist, geht seine Bewegung unter!

Bevor sie – auf Gamaliëls Worte zur Vorsicht hin – entlassen wurden, ließ der Hohe Rat die Apostel Jesu geißeln (5,40–42): Die Geißelung war hier eine Strafe für die Übertretung des Predigtverbots, wie sie von der Synagoge verhängt werden konnte.

---

[1] Wenn Gamaliël die Rede wirklich zu der Zeit gehalten hat, wo Lukas sie einordnet, dann hätte er auf Theudas nicht hinweisen können, der mehr als zehn Jahre später auftrat. Lukas legt also Gamaliël hier einen unmöglichen Hinweis in den Mund.

ZU Apg 6,1–8,1a:
DIE WAHL DER SIEBEN UND DAS LOS DES STEPHANUS

Diese Erzählung gibt den Markstein an, von dem aus die Entwicklung der Kirche über Jerusalem hinausgeht: Die Klagen, daß bei der täglichen Verteilung der Almosen einige Witwen übergangen worden waren, enthüllen einen Gegensatz, der in der Urkirche Jerusalems herrschte; Apg 6,1 sagt es deutlich: Es „begehrten die Hellenisten gegen die Hebräer auf, weil ihre Witwen bei der täglichen Versorgung übersehen wurden". Die „Hellenisten" war die Gruppe der griechischsprechenden Juden,[1] die „Hebräer" die der aramäischsprechenden Juden,[2] beide aber waren – in diesem Falle – Christen. Der kulturelle Gegensatz in der Judenheit wirkte sich also auch in der christlichen Urkirche aus. Dabei darf als ein vermittelnder Zustand angesehen werden, daß die fast alle aus Galiläa (s. d.) stammenden Apostel eine ausgleichende Stellung zwischen „Hellenisten" und „Hebräern" einnahmen.

Die Apostel schlugen zur Behebung dieses Gegensatzes vor, sieben Männer für den Dienst der Tische zu wählen (6,3). Diese „Sieben" hat wahrscheinlich ihr Zahlenvorbild in den „Sieben einer Stadt", die als „Hirten" oder „Vorsteher" den jüdischen Ortsvorstand bildeten. Das ist um so wahrscheinlicher, da sich auch die öffentlichen Armenpfleger aus diesem Ortsvorstand der Sieben rekrutierten. Diese „Sieben einer Stadt" sollten einen guten Ruf haben, wie es auch von den sieben zu wählenden christlichen Tischdienern verlangt wird (6,3). Lukas gibt ihnen noch nicht den Namen Diakone, obwohl er ihren Dienst *diakonia* (6,2) nennt; d. h. er will „die Sieben" *nicht* als die ersten Inhaber des späteren Diakonenamtes sehen.

Die Handauflegung, mit der die Apostel diese Sieben (für die Hellenisten) in ihr Amt einführten (6,6), knüpfte ebenfalls an jüdischen Brauch an. Die Ordination eines Rabbi wurde nach dem Vorbild der Handauflegung bei der Amtsübertragung des Führer-, Lehrer- und Richteramtes durch Mose auf Josua vorgenommen, meistens durch drei bereits ordinierte Rabbinen. Diese – zwar erst seit dem 3. nachchristlichen Jahrhundert bezeugte – Sitte ist aber zweifellos älter; sie ist uns wohl deshalb erst aus jener Zeit bezeugt, weil vorher die Ordination nicht geordnet und daher auch nicht in ihren Riten gesetzlich fixiert war, obwohl sowohl Ordination wie Ritus bestanden. Später fiel im Judentum die Handauflegung fort, weil das Christentum sie sich als die eigentliche Geste bei seiner Ordination angeeignet hatte (s. den Artikel „Die Handauflegung").

Stephanus spielte unter den gewählten „Sieben" und in der Gemeinde von Jerusalem eine bevorzugte Rolle: er wirkte „voll Gnade und Kraft" (6,8).

Die Auseinandersetzung der jungen christlichen Gemeinde mit dem konservativen Judentum spitzte sich in der Zeit des Stephanus immer mehr zu. Es war keine pauschale Auseinandersetzung, sondern an jedem Brennpunkt des Judentums gab sie sich neu und anders. Brennpunkt war aber nicht nur der Tempel, sondern vor allem auch die Synagogen (s. d.), die landsmannschaftlich organisiert waren, d. h. nach den Herkunftsländern der Synagogalen.

Die Apostelgeschichte nennt hier die Synagogen der Libertiner, der Zyrenäer, der Alexandriner und die Synagogen der Juden aus Zilizien und Asien (d. h. Kleinasien), mit denen sich Stephanus auseinandersetzte (vgl. die Erklärung zu Apg 2,9.11). Die Libertiner waren freigelassene jüdische Kriegsgefangene oder Nachkommen von diesen, die nach römischer (?) Kriegsgefangenschaft sich wieder in und um Jerusalem angesiedelt hatten. Ob die Landsmannschaften (Zyrenäer, Alexandriner usw.) mit der Synagoge der Libertiner eine Synagoge bildeten und ein Synagogenhaus besaßen oder ob es sich um zwei, drei, vier oder fünf Synagogen handelte, konnte noch nicht mit Sicherheit festgestellt werden. Es könnte sich auch um einen Synagogenverband gehandelt haben, der dann wahrscheinlich hellenistisch orientiert war, d. h., es könnte ein Zusammenschluß mehrerer Landsmannschaften griechischsprechender Juden gewesen sein. Da auch Stephanus „hellenistischer" Jude war, würde dies zugleich zeigen, daß die verschiedenen Kulturgruppen der Urgemeinde sich in

---

[1] S. die Artikel „Griechisch als Sprache der Bibel" und „Die Hellenisten".

[2] S. den Artikel „Die Sprache der hebräischen Bibel".

ihrer Verkündigung an die verschiedenen Kulturgruppen und Synagogen der Judenheit wandten, zu denen sie selbst gehörten – was übrigens eigentlich selbstverständlich ist.

Aus der Missionspredigt des Stephanus wurde aber ein Streit mit der genannten Synagogengruppe, der schließlich damit endete, daß Stephanus vor den Hohen Rat (s. d.) geschleppt wurde, vor dem falsche Zeugen (6,13) gegen ihn aussagen sollten (s. den Absatz „falsches Zeugnis"). Die Anschuldigungen richteten sich vor allem gegen seine Verkündigung, daß Jesus den Tempel zerstören und die Bräuche ändern wird, die uns Mose überliefert hat (6,13.14).

In seiner Verteidigungsrede vor dem Hohen Rat machte Stephanus dem höchsten Gericht den Vorwurf, daß es nicht auf *den* Gottgesandten gehört, sondern ihn hingerichtet habe, genauso wie das Volk seit eh und je nicht auf die Propheten gehört habe, die ihm Gottes Wort verkündeten (7,2–53). Als das Gericht darauf heftig sein Mißfallen äußerte, fügte Stephanus den Gipfel der Verkündigung hinzu: Der Menschensohn, der Christus Jesus, sitzt zur Rechten Gottes! Da war auch für Stephanus das Urteil wegen Gotteslästerung fällig. Alle, die zugegen waren, schrien und hielten sich die Ohren zu, um nicht noch weitere Gotteslästerungen hören zu müssen. Paulus, der – wie man annehmen könnte – als Beisitzer zugegen war, hätte dann auch dem Todesurteil zugestimmt. Stephanus wurde zur Steinigung (s. d.) aus der Stadt hinausgestoßen. –

Die Steinigung des Stephanus (7,54–8,1a) macht im Text der Apg zunächst den Eindruck einer Lynchjustiz; so wird Lukas es auch aus der Tradition empfangen haben. Anderseits trägt er aber auch zu dem Eindruck bei, als ob es sich um ein offizielles Verfahren mit Todesurteil im Hohen Rat gehandelt habe. Dabei aber fehlt das Verfahren vor Pilatus, zu dessen Zeit das Martyrium des Stephanus (zwischen 32 und 34) noch stattgefunden haben muß. Anderseits bestätigt die Bemerkung, daß ein junger Mann namens Paulus (7,58) die Kleider der Steinigungszeugen bewahrt, die Gerichtlichkeit dieser Steinigung.

ZUM THEMA PAULUS: 1 + 2
(Apg 7,58 und 8,1–3)

Mit Apg 7,58 wird zuerst der Name des Mannes genannt, der später für die Ausbreitung des Christentums so viel leisten sollte. Bei der Steinigung des Stephanus war er noch antichristlicher Zeuge.

1. Abstammung und Werdegang des Apostels Paulus sind verbunden mit der Stadt Tarsus in Kilikien (südliches Kleinasien). In dieser griechischen Stadt am Kydnos, der die fruchtbare kilikische Ebene durchströmt, trafen sich griechisch-römische und orientalisch-semitische Kultur. Ein freier Geist herrschte; die griechischen Kaufleute, Philosophen, die Handwerker in wohlgeordneten Zünften schlossen sich nicht ab von den Orientalen, unter denen es auch viele Juden gab. Auch diese Juden, wenn sie das tarsische Bürgerrecht hatten, konnten auf Patronat eines römischen Bürgen und durch Zahlung einer Summe von 500 Drachmen (s. d.) das römische Bürgerrecht erhalten; so war der Vater des Paulus römischer Bürger geworden, und dadurch war Paulus römischer Bürger von Geburt (Apg 22,25–29).

Sein Name war „Scha-úl" (Saul); es war sein Beschneidungsname (s. d.), mit dem er im jüdischen Kreis gerufen wurde (Phil 3,5). Sein römischer Name war Paulus; dies war sein öffentlicher Name, welcher auf den römischen Bürgen zurückging, der die Verleihung des römischen Bürgerrechts an seinen Vater befürwortet hatte.

Paulus wuchs in dieser heidnischen Stadt Tarsus am Fuße des Taurus auf. Die Bilder des Meeres und des Handels prägten sich tief in seine Vorstellungswelt ein, wie später seine missionarischen Briefe zeigen werden. Sein weltoffener Sinn nahm alles auf, was in dieser Stadt geschah: von der Sitte der verschleierten Frauen wird er später noch beeindruckt sein; der oft erlebte Loskauf der Sklaven durch die Tempelgabe des Sklaven wird später zu einem Bild in seiner Erlösungstheologie werden; das sportliche Leben in den griechischen Stadien wird in den Briefen des Christen Paulus nachklingen; die Mysterienfeste, bei denen die neugeweihten Mysten im Kleide der Gottheit dem Volke vorgestellt wurden, werden seine Bilder von der Christuseinheit mitbestimmen („Ziehet an den Herrn Jesus Christus"); die oft erlebten hochsommerlichen Vegetationsfeste mit der Verbrennung des Gottesbildes und der erwarteten Auferstehung der Natur werden sich ihm noch im Alter als Bilder für das Auferstehungsgeheimnis Christi einstellen. In diesem griechisch-orientalisch-heidnischen Milieu der Handelsstadt wuchs Paulus heran, ein griechisch redender junger Jude unter Griechen, aramäisch redend unter seinesgleichen, ohne kulturelle Vorurteile, aber doch auf dem Weg zum strengen Torajuden.

Als Jude wurzelte Saul/Paulus in der jüdischen Kolonie seiner Vaterstadt, die als geschlossene politische Körperschaft ein Bestandteil der politischen Stadteinheit Tarsus war. Von Stammes wegen führte sich seine Familie auf Benjamin zurück (Phil 3,5). Der Vater des Paulus gehörte zu den Pharisäern; so wurde auch Paulus als Pharisäer (s. d.) erzogen (Apg 26,5), d. h., von seinem fünften Lebensjahr an wurde er an ganz regelmäßiges Beten gewöhnt und in die Heilige Schrift eingeführt. Den ersten Unterricht gab der Vater, ab sechs Jahren ging er in die Synagogenschule. Mit zehn Jahren mußte der Junge die Bibel kennen; dann begann der Unterricht in der Wissenschaft *von* der Schrift: die Wissenschaft von den zahllosen Gesetzen. Daneben aber erzog ihn der Vater – wahrscheinlich in der eigenen Weberei – nach dem guten Grundsatz, daß Wissenschaft und Handwerk ein gutes Paar sind, zu einem gut arbeitenden Weber, der aus kilikischen Ziegenhaaren die berühmten kilikischen Zeltdecken zu machen verstand.

Saul/Paulus mag fünfzehn Jahre gewesen sein, als er dann in die Rabbinenschule nach Jerusalem kam; Schulhaupt oder doch wenigstens hochangesehener Lehrer dieser Schule war Gamaliël (Apg 22,3). Auch als Talmudschüler in Jerusalem verdiente er sich seinen Lebensunterhalt (s. im Artikel über die Schriftgelehrten). Die Inbrunst, mit der sich Saul/Paulus dem juristisch-theologischen Talmudstudium hingab, wird durch nichts besser angedeutet als dadurch, daß er unverheiratet blieb, obwohl die Heirat (mit etwa achtzehn Jahren) Pflicht war! Nach dem wenn auch seltenen Vorbild anderer Rabbinen sah er sich mit der Tora verheiratet. Anders läßt sich die Ehelosigkeit des Apostels nicht erklären.

Wie lange Paulus in Jerusalem blieb, wissen wir nicht; man kann mit drei Jahren rechnen, dann kehrte er (etwa zwischen 18 und 22 n. Chr.) nach Tarsus zurück, von wo aus er vielleicht auch in andere jüdische Kolonien ging, um dort als jüdischer Lehrer zu wirken.

2. Paulus als Verfolger der Anhänger Jesu tritt in der Apostelgeschichte zuerst beim Prozeß gegen Stephanus auf (6,8–8,4). In welcher Funktion er sich in Jerusalem aufhielt, ist nur zu erschließen. Ob er inzwischen zum Lehrer in Jerusalem emporgestiegen war, ob er eigens zum Zwecke der Auseinandersetzung mit den Jesusanhängern in die Hauptstadt berufen worden war oder ob er zunächst nur zu einem Routinebesuch in Jerusalem war, um dem Hohen Rat über die Lage in der jüdischen Diaspora zu berichten – nichts läßt sich mit Sicherheit behaupten. Dreierlei läßt sich aber sagen: der nun etwa dreißigjährige Lehrer Saul/Paulus gehörte zu den geachteten pharisäischen Lehrern; er war aus Eifer für das jüdische Gesetz ein Gegner der Jesusbewegung, vor allem ihrer hellenistischen Gruppe, die dem Gesetz liberaler gegenüberstand als die judaistische Gruppe; er gehörte als Kilikier aus Tarsus zu den Lehrern der kilikischen Synagoge (s. d.). Zum Hohen Rat hatte er gute Beziehungen, gehörte ihm aber wohl kaum an – vielleicht nahm er als Kandidat für den Hohen Rat an den Beratungen teil.

Als der hellenistische „Tischdiener" der Jesusgruppe, Stephanus (s. Apg 6,1–8,1a), mit der kilikischen Synagoge um die Geltung Jesu stritt (6,9), muß Paulus der Gegner Stephanus oder einer seiner Gegner gewesen sein. Als man Stephanus nach seinem Wortangriff auf den Tempel vor den Hohen Rat schleppte, wird Paulus einer der Anführer gewesen sein. Als Stephanus gesteinigt wurde, war Paulus möglicherweise amtlich beauftragter Exekutionszeuge des Hohen Rates; diese Tatsache wird dadurch bekräftigt, daß die anderen Zeugen, die die Steinigung (s. d.) selbst auszuführen hatten, ihre Kleider zu seinen Füßen niederlegten (7,58).

Nach dem Zeugnis der Apostelgeschichte (8,1) folgte auf die Steinigung des Stephanus eine allgemeine Verfolgung der Jesusanhänger, bei der Paulus auch gerade in Jerusalem eine führende Rolle gespielt hat (9,21). Er ging sogar mit Foltermaßnahmen gegen die Jesusanhänger vor, um sie zu einer Schmähung gegen das Gesetz zu veranlassen (Apg 26,11). Und als er dann in den Kreis um den Hohen

Rat aufgerückt war, stimmte er bei manchem Todesurteil gegen Christen mit ab (26,10). Anscheinend traf die Verfolgung aber vorwiegend die hellenistischen Gruppen, in denen sich Leute wie Stephanus betätigten. So erklärt es sich wohl, daß die Apostel einigermaßen unbehelligt in Jerusalem bleiben konnten (Apg 8,1).

Die Anhänger Jesu aus dem hellenistischen Judentum ließen sich aber nicht etwa untätig verfolgen, sondern flohen auch in die hellenistischen Städte der Nachbarschaft, in denen es jüdische Gemeinden gab. Die Kenntnis von dieser Flucht beunruhigte die gesetzestreuen Verfolger der Jesusanhänger, die nun für die Synagogen in jenen Städten die Gefahr heraufkommen sahen, daß sich der Messiasglaube der Jesusgruppe in ihnen ausbreitete. So galt es, die flüchtigen Jesusanhänger in ihren Fluchtstädten aufzustöbern; und dieser Aufgabe wollte sich Saul/Paulus widmen, als er eine Reise nach Damaskus plante. Aus der Mitteilung: „Er ging zum Hohenpriester und erbat sich von ihm Briefe an die Synagoge von Damaskus" (Apg 9,2), darf man außerdem schließen, daß Paulus von sich aus nach immer wirksameren Methoden suchte, um der Jesusanhänger habhaft zu werden.

In seinen Briefen nennt sich Paulus des öfteren selbst einen früheren Verfolger der Kirche (1 Kor 15,9; Gal 1,23; Phil 3,6; 1 Tim 1,13).

ZU Apg 8,1b–40:
PHILIPPUS IN SAMARIA

Die erste jüdische Christenverfolgung wurde wahrscheinlich durch das Auftreten des Stephanus ausgelöst. Während bis dahin der Hohe Rat versucht hatte, mit Drohungen und Verboten der Sache Herr zu werden, begann etwa im Jahre 33 oder etwas später eine harte Verfolgung mit Aufspürung und Verschleppung. Die Treiber dabei waren wohl die Sadduzäer (s. d.), die damit gegen die Auferstehungslehre Front machten; aber auch die Pharisäer (s. d.) nahmen an der Verfolgung teil, wie der wütende Einsatz des Pharisäers Saul (s. oben „Zum Thema Paulus", Nr. 2) zeigt. Auf die Dauer konnte sich die Meinung Gamaliëls also nicht durchsetzen (vgl. Begleitwort zu Apg 5,34–40). Um der Wahrheit willen sollte

man aber nicht aus dem Auge verlieren, daß der Hohepriester Josef Kajaphas sich als oberster Richter in Religionssachen auch verpflichtet fühlte, dem vermeintlichen Wahnsinn der Gruppe um Petrus, die einen wegen Gotteslästerung rechtens Verurteilten und Hingerichteten zum Messias proklamierte, Einhalt zu gebieten.

Die Gemeinde Jesu, vor allem die christlichen Hellenisten, wich der Verfolgung durch Flucht aus. In ihren Fluchtorten verkündeten die Flüchtlinge aber die Frohbotschaft von Jesus weiter. Die Apostel blieben in Jerusalem.

Philippus war mit sechs anderen Männern der Gemeinde in Jerusalem zum ehrlichen Tischdiener für die Frauen der christlichen Hellenisten gewählt und von den Aposteln durch Handauflegung eingesetzt worden (6,5). Nach der Flucht aus Jerusalem (etwa im Jahre 33 n. Chr.) ging er nach Samaria. Das weist ihn als Mann ohne jüdische Vorurteile aus; denn auch die Judenchristen behielten meistens ihre Voreingenommenheit gegen die Samariter (s. d.). Aus seinem griechischen Namen und aus dieser Flucht nach Samaria darf man schließen, daß er ein bewußter „Hellenist" war. In Samaria gelang ihm dann die Gewinnung des Zauberers Simon (s. unten) für den Glauben an den Messias Jesus, was sein Ansehen in Samaria mächtig hob. Aber schon allein die Tatsache, daß ein Jude nach Samaria kam und den Samaritern Anteil gab an der Botschaft vom jüdischen Messias, hatte diese für Philippus eingenommen. Der Missionar meldete seine Erfolge den Aposteln nach Jerusalem.

Philippus scheint eine sehr zupackende und unkomplizierte Natur gewesen zu sein. Als er auf dem Weg nach Gaza den Kämmerer der äthiopischen Königin traf – ob er ein Jude war oder ein Äthiopier, der sich zum Judentum bekehrt hatte, ist ungewiß; jedenfalls kam er von einem der großen Feste in Jerusalem –, redete er den Mann an, nutzte dessen religiöse Unklarheiten und sprach ihm von dem Messias Jesus. Und als der Kämmerer ihm glaubte, taufte er ihn in einem Wasserlauf (8,26–39).

Philippus predigte in Aschdod (s. d.), zog dann nordwärts die Küste entlang und predigte in den Städten, bis er nach Cäsarea (s. d.) kam. Cäsarea scheint sein Heimatort gewesen zu sein. Dort wohnte er auch, als Paulus nach Cäsarea kam (s. „Zum Thema Paulus", Nr. 34); der Apostel war dort sein Gast (21,8).

Als Besonderheit der Familie des Philippus berichtet die Apg, daß Philippus vier unverheiratete Töchter hatte, die die Prophetengabe besaßen (21,9), d. h., sie wußten den Menschen (der Gemeinde) die Geschehnisse und Rätsel der Zeit zu deuten.

Philippus wird auch „der Evangelist Philippus" genannt (21,8); er hat wahrscheinlich am Ende seines Lebens mit seinen Töchtern in Kleinasien gewirkt. Er ist schon in der frühen Kirche oft mit dem Apostel Philippus (s. d.) verwechselt worden. Die apokryphen „Philippusakten" erzählen genau das, was wir von ihm wissen, obwohl sie vom Apostel Philippus zu berichten vorgeben.

Wie schon gesagt, gewann Philippus auch den „Zauberer Simon" für Jesus. Worin die „Zauberei" des Simon (8,9) bestand, kann nur vermutet werden. Wahrscheinlich bestand sie in der Ausnutzung magnetischer Kräfte, durch die er Menschen heilte; diese Heilungskräfte hatten natürlich ihre Grenzen, und so „schloß er sich dem Philippus an; und als er die großen Zeichen und Wunder sah, geriet er außer sich vor Staunen" (8,13). Der „Zauberer" hoffte noch etwas für sich zu lernen. Später bot er Petrus Geld, wenn man ihm die Vollmacht gebe, den Heiligen Geist herabzurufen. Petrus wies ihn deswegen hart zurecht, und Simon antwortete zerknirscht und gläubig. Es ist kaum zweifelhaft, daß er sich dem Christentum wirklich zugewandt hat.

Auf das simonische Geldangebot an Petrus (8,18) geht der Ausdruck „Simonie" zurück, womit in der Kirche der Kauf geistlicher Ämter bezeichnet wird. Aus Gerechtigkeit gegen Simon muß man aber sagen, daß es bei ihm, dem soeben Getauften, nur ein Angebot und ein Wunsch war und daß er zu Simon Petrus sagte: „Betet ihr für mich zum Herrn, damit mich nichts von dem trifft, was ihr gesagt habt" (8,24). Die pointierte Darstellung des simonischen Geldangebots und seiner Ablehnung durch Petrus läßt vermuten, daß der Abschnitt auch einen besonderen aktuellen disziplinären Charakter hatte, durch den gelehrt und eingeschärft werden sollte, daß Gemeindeämter nicht mit Geld erkaufbar sind. Diese Lehre mag besonders notwendig gewesen sein, weil im spätvorchristlichen Judentum die Ämter sehr oft durch Geld erworben wurden.

ZUM THEMA PAULUS: 3 + 4 + 5 (Apg 9,1–30 und Gal 1,16–24)

3. *Die Bekehrung des Saul/Paulus,* so erzählt die Apg, kam plötzlich, als er auf dem Weg nach Damaskus war, um die Jesusanhänger, die in die dortigen Judengemeinden geflohen waren, zu verhaften. Mit Empfehlungsschreiben des Hohenpriesters ging (ritt) Paulus nach Damaskus (9,2); diese Schreiben („Briefe der Ehre") sollten ihn bei den Vorstehern und Ältesten der Synagogen (s. d.) als rechtgläubig einführen. Aber noch bevor er, nach einer Reise von gut 250 km, in Damaskus eintraf, geschah etwas, was nicht nur seinen Sinn änderte, sondern den Verfolger völlig umkehrte. Lukas hat in der Apostelgeschichte eine sehr runde Erzählung daraus gemacht, die das Bekehrungsereignis anschaulich vorstellt (9,1–19). Dennoch kann man nicht sagen, daß Lukas Wesentliches hinzugetan hat. Lediglich einiges Äußere des berichteten Ereignisses mag erzählerische Zutat sein: das vom Himmel strahlende Licht etwa könnte als „Zeichen der Theophanie" (s. d.) gedacht sein. Paulus selbst führt in verschiedenen Briefen diese Bekehrung als eine Erscheinung Jesu an, der zu ihm sprach und ihn von einem Augenblick zum anderen umwandelte. Mag diese Erscheinung gewesen sein, was und wie sie wolle – sie war jedenfalls für den Betroffenen so überzeugend, daß Paulus, der Jesus niemals als Menschen auf Erden gesehen hatte, für sein ganzes Leben davon Sicherheit empfing (1 Kor 15,8).

Lukas berichtet (9,5), daß Paulus bei der Erscheinung, die ihn zu Boden warf, gefragt habe: „Wer bist du, Herr?" Dieses „Herr" kann hier nicht die spätjüdische Gottesanrede sein, sondern Anrede an einen Höhergestellten. Lukas aber wollte damit wohl trotzdem dartun, daß die Gotteserscheinung Jesu über Paulus das eigentlich Bekehrende war. Im ersten Augenblick war alles entschieden. Paulus wurde nach Damaskus geführt und empfing von einem Jünger Jesu, Hananias, die Taufe (9,10–19). Das mag etwa im Oktober 34 gewesen sein. (Siehe auch den Artikel „Damaskus".)

4. *Paulus in Damaskus und Arabien.* Nach seiner Taufe begab sich Paulus mit demselben Eifer an den Nachweis, daß Jesus der Messias und Sohn (Erwählte, Liebling) Gottes ist, wie

er ihn vorher in seinen Anhängern verfolgt hatte. Als Pharisäer und Schriftgelehrter trat er unmittelbar nach seiner Taufe in den Synagogen von Damaskus auf, aber mit einer Botschaft, die man von ihm nicht erwartete. Damit brachte er die ganze Judenschaft von Damaskus gegen sich auf.

Apg 9,19 sagt, daß er „noch einige Tage bei den Jüngern in Damaskus" blieb. Da Lukas einmal bei den Ereignissen von Damaskus ist, berichtet er einige Verse weiter (9,23–25) von der abenteuerlichen Flucht des Paulus, als die Judenchristen ihn vor den Mordplänen der Juden retteten und ihn in einem Korb über die Mauer oder zur Stadt hinausließen. Dies geschah „einige Zeit" danach (9,23).

Zwischen Apg 9,19–22 und 9,23–25 lag vermutlich die Reise des Paulus nach „Arabien", die in Gal 1,17 erwähnt wird. Paulus ging mit dieser Reise nicht aus dem Herrschaftsbereich, zu dem Damaskus gehörte, hinaus; denn Damaskus war damals nabatäisch. Die Nabatäer (s. d.) waren eines der vornehmsten nordarabischen Staatsvölker. Vielleicht glaubte Paulus, wenn er unter den Nabatäern gewirkt hatte, auch in Damaskus freier auftreten zu können; aber als er drei Jahre später nach Damaskus zurückgekehrt war, ließ der Nabatäerstatthalter schon bald die Stadt bewachen, um ihn zu verhaften (2 Kor 11,32). Wenn man 9,23–25 (s. oben) mit dieser Angabe harmonisiert, darf man vielleicht sagen: Die Juden beschwerten sich über den Eindringling beim Statthalter des Nabatäerkönigs, der auch darauf zu achten hatte, daß keine neue Religion eingeführt wurde; denn die Römer duldeten in ihrem Reich nur die von ihnen ausdrücklich erlaubten Religionen. Zum Römerreich gehörte auch das Nabatäerreich, und der Kampf der Juden gegen die Jesusanhänger bediente sich im Römerreich des öfteren dieser Anklage auf *religio illicita* (verbotene Religion).

5. *Die erste Reise zu den Aposteln* nach Jerusalem machte Paulus wahrscheinlich unmittelbar nach dieser Flucht aus Damaskus, also etwa 3 Jahre nach seiner Bekehrung (9,26–30). Aus der Darstellung der Apostelgeschichte müßte man allerdings entnehmen, daß schon der Bekehrungsaufenthalt des Apostels mit der Flucht schloß und er dann sofort nach Jerusalem ging. Aber der Galaterbrief berichtet es anders (Gal 1,18).

Zwei bis drei Jahre (etwa zwischen Ende 34 und Ende 37) hatte Paulus also noch keinen Kontakt zum Apostelkollegium, auch nicht zu Petrus. Seine Vollmacht zur Predigt führte er wahrscheinlich auf seine jüdische Schriftgelehrteneigenschaft zurück; und seine Vollmacht zur christlichen Predigt auf die Herrenerscheinung vor Damaskus. Aber sein Ruf als Verfolger der Jesusanhänger wirkte weiter. Die Apostel fürchteten sich vor ihm. Ein Verwandter, Barnabas, schlug die Brücke. Aus Gal 1,18 f. erfahren wir, daß er sich zwei Wochen in Jerusalem aufhielt und daß er nur mit Petrus und Jakobus, dem Bruder des Herrn (s. d.), zusammentraf.

ZU Apg 10,1–11,18: PETRUS UND HAUPTMANN KORNELIUS

Nach dem Abklingen der Verfolgung gegen die junge Kirche in Palästina zog Petrus, beauftragt mit dem Hirtenamt für die Gemeinde Jesu, durch die Dörfer und Städte Judäas, Samarias und Galiläas (Apg 9,31.32); er stärkte die Brüder (Lk 22,32). Die Absicht der Apg-Erzählungen, die hier beginnen, ist die Darstellung einiger Elemente, mit denen es zur Heidenmission kam. Am Anfang (9,32–43) werden zwei Heilungen in Lydda und Joppe nach dem Muster von Jesusheilungen erzählt, die Ausdrücke für die Begehrtheit der Petrusbesuche sind.

In Cäsarea (s. d.) lebte Kornelius, Hauptmann der sogenannten italischen Truppe; er war in jüdischem Sinne fromm, gab Almosen und betete beständig zu Gott (10,1.2) (s. den Artikel „Soldaten zur Zeit Jesu"). – Dieser Kornelius hörte vom Aufenthalt des Petrus in Joppe. Aber für den Erzähler war der Vorgang, daß Kornelius von dem Aufenthalt Petri in Joppe hörte, kein profanes Ereignis. Es war gottgewollt und gottgewirkt. Der *erzählerische* Ausdruck hierfür ist die Erscheinung, in welcher der Hauptmann einen Engel (s. d.) sieht; dieser Engel macht die Botschaft Gottes in der Erzählung sichtbar. Lukas bedient sich also hier ganz der alttestamentlichen Erzählmethode, oder besser: er übernimmt in seine Apostelgeschichte eine aus alttestamentlichem Geist geformte Verkündigungserzählung, die

die Fühlungnahme des Hauptmanns Kornelius mit Petrus als Gottes Willen lehrt (10,1–8).

Simon Petrus wohnte in Joppe bei einem Gerber, der ebenfalls Simon hieß. Während die Boten des Kornelius auf dem Wege zu Petrus waren (10,9–24), betete Petrus auf dem Dach (s. d.) des Gerberhauses in Joppe. Es war zwischen 12 und 15 Uhr (um die sechste Stunde, was die exakte Angabe für 12 Uhr ist, volkstümlich aber für die ganze Zeit zwischen 12 und 15 Uhr gebraucht wurde). Da hungerte ihn. Unter Hunger und Mittagshitze war Petrus wahrscheinlich eingeschlafen, und er hatte den Traum vom Linnentuch, in dem sich reine und unreine Tiere befanden. Petrus hörte: „Schlachte und iß!" Aber Petrus hielt nach wie vor die jüdischen Reinheitsgesetze; beim Anblick der unreinen Tiere wehrte er erschrocken ab. Der Traum wiederholte sich; dann erwachte Petrus.

Man muß diese Erzählung nicht, wie manche Bibelwissenschaftler es tun, als eine ad hoc erfundene Geschichte ansehen. Psychologisch betrachtet, ist dieser Traum sogar überaus verständlich. Denn durch die liberaleren christlichen Hellenisten (s. d.) war zweifellos die Debatte darüber, ob die jüdischen Speisegesetze noch unbedingt zu halten seien, wohl schon längst in Gang gekommen. Dies beschäftigte Petrus als schweres Problem.

Von der Deutung des Traumes, der die Speisegesetze meint, zur Deutung, daß nicht mehr zu unterscheiden sein soll zwischen reinen Menschen (des Judentums) und unreinen Menschen (des Heidentums), ist aber nur ein Schritt. Petrus zog jedenfalls die Folgerungen daraus, daß die Heiden nicht abzulehnen sind. Lukas erkennt auch in dieser Folgerung Petri das Wirken Gottes, indem er schreibt: Der Geist sprach zu Petrus: „Da sind zwei Männer und suchen dich . . . zieh ohne Bedenken mit ihnen; ich habe sie geschickt" (10,19–20).

In 10,23–48 gibt die Apostelgeschichte die Auslegung des Petrustraumes, um die Gleichberechtigung von Juden und Heiden in derselben (christlichen) Gemeinde darzutun. – In 11,1–18 legt der Schreiber der Apostelgeschichte den ganzen Hergang der Korneliusgeschichte noch einmal als Rechenschaftsanspruche wie eine Rede des Petrus vor den Jerusalemer Christen dar, die damit den Beginn einer neuen Entwicklung sehen.

ZUM THEMA PAULUS: 6 + 7 + 8 (Apg 11,19–30)

6. In Tarsus vollzog sich für Paulus der stille, aber bedeutungsvolle Übergang (etwa in den Jahren 38–42): Paulus wurde nicht sofort nach seiner Bekehrung der Völkerapostel. Von Palästina aus fuhr er zurück in seine Heimatstadt Tarsus und arbeitete dort als Zeltweber; höchstens im Kreise ihm verwandter und bekannter Juden sprach er von seinen neuen Erkenntnissen. Aber man darf sich nicht vorstellen, daß ihn das angesehener machte; im Gegenteil mußte dadurch der hoffnungsvolle pharisäische Schriftgelehrte in den Geruch der Apostasie und Geistesverwirrung gekommen sein.

Dem Bild seines Lebens in Tarsus kommt man vielleicht am nächsten, wenn man ihn sich als äußerlich stillen Zeltwirker vorstellt, der während der Arbeit, an den Abenden und in den Nächten wie unter einem Zwang unablässig über das Geheimnis Jesu nachdachte und über dessen Verbindung zu all dem, was er als Pharisäerschüler über die Offenbarungen Gottes gelernt hatte. Dabei blieb er nicht ohne Einfluß durch die Weisheit griechischer Philosophen, denen er ohne Hindernis auf dem Markt zuhören konnte. Paulus hatte keinen Lernplan. Er dachte nach und hörte, worüber die anderen nachdachten, und dabei formte sich „sein Evangelium", das unter dem Einfluß der Griechenstadt Tarsus allmählich die judaistische Exklusivität verlor und immer mehr Völkerevangelium wurde. Es war eine Zeit der sich entfaltenden Offenbarung – durch Paulus (2 Kor 12,1). In der Begegnung mit dem blühenden Heidentum wuchs ihm einerseits die Weisheit von der Originalität Jesu zu, wuchsen ihm aber auch Bilder für Erlösung und Auferstehung zu, die er später in seinen Predigten immer wieder anwenden sollte.

Man darf sich allerdings nicht vorstellen, daß Paulus in dieser Zeit denkerisch (oder gar schriftlich) eine systematische christliche Theologie entwickelte. So etwas hat es für Paulus nie gegeben. In jedem Nachdenken über die Lehren der rabbinischen Väter und in jeder Begegnung mit heidnischen Lehrern und heidnischem religiösem Leben lag für ihn der Anstoß neuer akuter Auseinandersetzung mit dem Christus-Jesus-Geheimnis. Und so blieb es bis zu seinem Tode. Paulus entwickelte kein System, lehrte auch später niemals aus einem

System heraus, sondern lehrte stets nur die Begegnung des Lebens mit dem Christus Jesus. (Wenn die Theologen aus den Schriften des Apostels ein System paulinischer Theologie herauslesen, so kann es sich höchstens darum handeln, die Grundzüge der paulinischen Antworten auf solche Begegnungen zu sammeln und systematisch darzustellen.)

7. *Während Paulus in Tarsus war,* breitete sich die Lehre Jesu und von Jesus über die alte Welt aus; nicht nach einem missionarischen Plan, sondern durch Flüchtlinge aus Palästina und durch wandernde jesusgläubige jüdische Kaufleute und Handwerker. So kam die Botschaft von Jesus auch in die kleinasiatische Weltstadt Antiochia am Orontes. In dieser alten Residenzstadt der Seleuziden mit ihren kilometerlangen, dreizügigen, gekreuzten Marmorboulevards, die die Stadt in vier Stadtteile teilten – mit der mächtigen, vielhunderttürmigen Stadtbefestigung, die bis auf die Höhe des Silpius hinaufgeführt war –, mit Quellen, Bädern und Wasserspielen, mit aufwandreicher Nachtbeleuchtung, mit Lustgärten und Tempeln, in denen die Kultprostitution (s. d.) grassierte und das Menschenopfer noch nicht ausgestorben war, mit einer vornehmen Bevölkerung, die in Villen lebte, mit einem Heer von Sklaven, das zweimal so zahlreich war wie die freien Bürger, mit Römern, Griechen, Syrern, mesopotamischen Volksgruppen und Juden – auch in dieser Weltstadt hatte das Christentum eine Zelle gebildet, die aus den Proselyten, d. h. aus den zum Judentum übergetretenen Heiden, hervorgewachsen war und aus den „Gottesfürchtigen", d. h. aus jenen Heiden, die Gott wie die Juden verehrten, ohne direkt zum Judentum übergetreten zu sein.

Die Kunde von dieser Gemeinde Jesu kam nach Jerusalem, und man schickte den Barnabas, um die Situation zu prüfen. Barnabas fand bei weitem nicht alles so, wie es in Jerusalem war. Aber er glaubte, daß es christlicher Boden war, den er bei der Gemeinde Christi in der Singonstraße von Antiochia betrat. Er beschloß zu bleiben und aufzubauen. Beim Beschluß aufzubauen dachte er an Paulus.

Barnabas reiste nach Tarsus (11,25f.), suchte Paulus, fand ihn, und wenige Tage später war er mit Paulus in Antiochia. Das war etwa im Jahre 42 n. Chr. Damit begann das Wirken des Paulus: zunächst unter den Armen und

Sklaven Antiochias. Die Sprache des Christentums hat bis heute die Farbe dieses Wirkens unter Sklaven noch nicht verloren.

Paulus wirkte zusammen mit Barnabas, als dessen Gehilfe. Sie trugen die Botschaft Jesu und von dem Christus (Messias) Jesus in das ganze Land um Antiochia hinaus. In Antiochia bekamen die Anhänger Jesu zuerst den Namen „Christianoi": die dem Christus (dem Messias) gehören, die sich zu einem Christus (einem Gesalbten) bekennen, oder ähnlich muß man diese Bezeichnung deuten.

8. *Im Jahre 43 n. Chr.* erfuhr die Kirche von Antiochia durch einen judenchristlichen Wanderprediger („Prophet"), daß die Kirche von Jerusalem in Not geraten sei (11,27–30). Das Gefüge der Gütergemeinschaft hatte sich nicht bewährt. Und die antiochenischen Christen beschlossen, der Kirche von Jerusalem für das Geschenk der Christusbotschaft durch Übersendung einer Kollekte zu danken. Barnabas und Paulus wurden nach Jerusalem geschickt, um das Kollektengeld zu überbringen. So berichtet Apg 11,30. Daß Paulus mitreiste, ist aber unwahrscheinlich. Nach eigener Angabe kam er vor dem Apostelkonzil (i. J. 51) nicht mehr nach Jerusalem.

ZU Apg 12,1–23; HERODES AGRIPPA I.

Die historischen Hintergründe zur Hinrichtung Jakobus des Älteren und zur Festnahme des Petrus (12,1–5) s. S. 579, Nr. 55.

Petrus wurde befreit (12,6–17). Zum Vorgang der Befreiung durch einen Engel s. die Erklärung zu Apg 5,19. Nach seiner Befreiung floh Petrus. Das Wort des Petrus „Berichtet das dem Jakobus" (12,17) meint den Herrenbruder Jakobus: s. S. 416.

Apg 12,18–23 erzählt sodann vom plötzlichen Tod des Herodes Agrippa; s. in den Geschichtsabschnitten S. 580, Nr. 56.

ZUM THEMA PAULUS: 9 + 10 + 11 + 12 + 13 (Apg 12,24–15,2)

9. *Noch im gleichen Jahr 44* kehrte Barnabas mit seinem Neffen Johannes Markus nach der

Kollektenüberbringung von Jerusalem nach Antiochien zurück. Sein Ansehen war gestiegen. Und da er auch der Empfehler des Paulus war, gehörten nun Barnabas und Paulus mehr als vorher zu den Autoritäten der Gemeinde von Antiochien. Aber den antiochenischen Ältesten genügte es nicht, eine gute Gemeinde zu haben. Sie kannten den Auftrag, das Evangelium hinauszutragen (12,24–13,3).

Aus dem Fortgang der Ereignisse darf man schließen, daß Barnabas und Paulus die wichtigsten Verfechter des Gedankens waren, die Frohbotschaft Jesu in die Ferne zu tragen. Außerdem haben wir – wenn auch aus späterer Zeit – Äußerungen des Apostels Paulus, die vor allen ihn als den missionarischen Unruhegeist ausweisen, wie z. B. das Wort an die Korinther: „Weh mir, wenn ich das Evangelium nicht verkündigte!" (1 Kor 9,16).

Ob die Gemeinde von Antiochia solch in die Weite führendes Missionsdrängen ohne Widerspruch aufgenommen hat, wissen wir nicht. Um den Vorschlag zu prüfen, setzten die Ältesten ein Fasten an (13,2). In einem Gottesdienst wurde die Frage sodann zur Entscheidung gestellt, und durch einen Propheten (d. h. durch ein Gemeindemitglied, das die Zeichen der Zeit zu deuten wußte) wurde erklärt: „Wählt mir Barnabas und Saulus zu dem Werk aus, zu dem ich sie mir berufen habe" (13,2). In diesem Ausspruch hörte man den Willen Gottes, wie ausdrücklich durch die Worte vermerkt wird: „. . . es sprach der Heilige Geist" (13,2).

Nachdem die Entscheidung gefallen war, wurde noch einmal ein großes Gemeindebeten und -fasten angesetzt; die Ältesten legten den Ausgewählten in einem Gottesdienst die Hände auf, d. h., sie gaben ihnen damit den offiziellen Missionsauftrag und entließen sie: etwa 44/45 (13,3). – S. den Artikel „Handauflegung".

10. Erste Missionsreise des Paulus: Zypern sollte das erste Missionsziel sein, so bestimmte es Barnabas, der Leiter der Reisegruppe, zu der neben Barnabas mindestens sein Neffe Johannes Markus und Paulus gehörten (13,4–12): Als mit dem Frühling die Schiffahrt aufging, nahmen die drei im Hafen Seleuzia ein zyprisches Schiff und konnten nach wenigen Tagen die Insel bei der Hafen- und Handelsstadt *Salamis* an der Ostküste betreten.

(Salamis war der Heimatort des Barnabas.) Sie predigten in den Synagogen der Stadt, indem sie von der Messiaserwartung ausgingen und Jesus von Nazaret als den Messias verkündeten. Noch stand Paulus im Hintergrund; seine Verfolgervergangenheit war noch nicht vergessen – besonders hier nicht, wohin auch jesusgläubige Juden gerade vor der Verfolgung geflohen waren, an der Paulus so heftigen Anteil genommen hatte.

Von Salamis aus durchwanderten die drei die Gebirge der Insel von Osten nach Westen (etwa 150 km) und predigten in den Synagogen der Städte, bis sie – nach etwa vier Monaten – nach *Paphos* kamen, dem Sitz des römischen Prokurators. Dieser hochgebildete Sergius Paulus war damals Prokurator auf Zypern. Als Sergius Paulus von dem Auftreten der (drei) Juden hörte, lud er sie in den Prokuratorenpalast ein, um von ihrer Lehre zu hören. Als Gesprächspartner hatte er auch seinen Hoftheosophen Elymas (Barjesus) eingeladen.

Als römischer Bürger trat am Prokuratorenhof nun Paulus in den Vordergrund. Und im Redewettkampf vor dem Prokurator unterlag Elymas dem Paulus. (Hiermit erzählt Lukas eine Pauluslegende.) Dieser Sieg des jüdischen Jesusverkündigers machte auf den Prokurator einen tiefen Eindruck. Taufen ließ er sich aber wohl nicht.

Mittlerweile war es Herbst geworden, und Paulus drängte zur Abreise nach Kleinasien, wohin es ihn von Anfang an getrieben hatte. Er nutzte seine gewachsene Autorität, um seinen Plan durchzusetzen.

11. Von Paphos auf Zypern brachen sie Herbst 45 auf (13,13–52): Paulus, Barnabas und sein Neffe Markus. Sie nahmen ein Schiff, das sich ihnen gerade bot. So landeten sie in *Attalia,* wo der Kestros ins Meer mündet. Sobald es möglich war, fuhren sie auf einem Flußboot stromaufwärts bis *Perge,* dem Ausgangspunkt der Karawanenstraße, die durch den westlichen Taurus nach Galatien führte. Das drohende Gebirge lag vor ihnen (13,13).

Aber bevor sie sich auf den Weg ins Gebirge machten, teilte der junge Markus seinen Entschluß mit, daß er umkehren wolle. Er fürchtete sich vor dem Weg durchs Gebirge; er war ein Städter. Vielleicht aber fürchtete er sich auch vor Paulus und seinen Ideen, daß das Gesetz des Judentums der Freiheit des Christus weichen müsse; Markus war ein Jünger Jesu aus dem Judentum, der das Gesetz hochhielt! (13,13).

Barnabas, zwischen Paulus und Markus stehend, entschied sich, die Missionsreise mit Paulus fortzusetzen. Aber dieser Entschluß fiel ihm nicht leicht. Markus also kehrte um, Paulus und Barnabas begannen den gefährlichen Marsch durch den Taurus: durch Schluchten, über Flußläufe, bedroht von Räuberbanden und vom wechselnden Wetter. Vier Tage etwa darf man für diesen Durchstieg durchs Gebirge rechnen, dann öffnete sich ihnen die südphrygische (pisidische) Hochebene (868 m über dem Meer) mit ihrem See (Egerdír Gölü) von 35 km Länge und 16 km Breite. Sie wanderten am Ostufer des Sees entlang oder durchfuhren ihn auf einem Passagierschiff in seiner ganzen Länge; denn am Ufer lagen viele Städte und Dörfer, und der See war belebt von Schiffen. Vor ihnen lag der mächtige Bergriese, der heute Sultan-Dagh heißt. Am Fuß dieses Gebirges lag das pisidische *Antiochia* (1200 m über dem Meer) – ihr erstes Ziel in der römischen Provinz Galatien (s. den Artikel über den Brief an die Galater).

Paulus und Barnabas fragten sich in Antiochia (13,14) zum Judenviertel durch: Paulus fand einen Webermeister, der bereit war, ihn einzustellen und in sein Haus aufzunehmen. Damit hatte er die Vorbedingungen geschaffen, die er nach seinem Plan brauchte, um seine Mission zu beginnen.

Er begann seine Mission in der Synagoge, wo er als jüdischer Schriftgelehrter das Recht zur Predigt hatte. Und er wartete nicht lange zu, sondern verkündete sofort den Messias Jesus, der das messianische Reich errichtete, um alle Völker durch das erwählte Judentum zu Brüdern zu machen (13,16–41). Die Predigt brachte die Stadt in geistigen Aufruhr. Die jüdischen Rabbinen bauten ihre erste Front gegen Paulus auf; die Heiden wollten immer mehr und Genaueres wissen, denn auch von ihnen hatten „Gottesfürchtige" – wie man die dem Judentum nahestehenden Heiden nannte – der Predigt des Paulus zugehört.

Am folgenden Sabbat „versammelte sich fast die ganze Stadt, um das Wort des Herrn zu hören" (13,44). Da brach der Sturm der gesetzesstrengen Juden, die des Paulus Lehre brüsk ablehnten, gegen ihn los. Aber das bedeutete für Paulus nicht das Ende: Nun verkündete er

den Heiden, daß *sie* die Auserwählten sein würden, wenn die Kinder Israels den wahren Messias ablehnten. Und damit begann der eigentliche Weg des Paulus.

Auf Straßen, in Wohnungen und Gärten sammelte er die galatischen Heiden (13,48–52), die an Men glaubten, den Mondgott, den die Lateinischsprechenden „Lunus" nannten – eine auf den Mond übertragene Mithrasgottheit. Paulus wanderte den See entlang, durch Dörfer und Städte und durch das Vorgebirge des Sultan-Dagh und predigte Jesus, den Messias, unter den Heiden. Und überall wuchsen kleine Gemeinden heran. Er predigte – bis er krank wurde; die Malaria hatte ihn gepackt. Aber man spuckte nicht vor ihm aus, wie es vor Malariakranken üblich war; die neue brüderliche Gemeinschaft bewährte sich. Paulus blieb ihr Lehrer. Er raffte sich auf und predigte weiter. Die jüdischen Gemeinden straften ihn mit der synagogalen Geißelstrafe. Aber Paulus predigte – bis die vornehmen Juden durch ihre Beziehung zu den römischen Behörden seine Ausweisung aus der Stadt erreichten. Paulus und Barnabas mußten Antiochia verlassen.

„Sie schüttelten gegen sie den Staub von ihren Füßen" (13,51), aber Galatien verließen sie nicht. Sie machten sich auf den Weg durch die von Gebirgen umstellte riesige Salzsteppe (etwa im Herbst 46), um die 120 km entfernte Oase von *Ikonium/Ikonion* (1027 m über dem Meer) zu erreichen (14,1–5): Und auch hier hatten sie Erfolg, der aber darin gipfelte, daß sich die Bevölkerung (Juden und Heiden) teilte.

Was sich in Ikonium näherhin ereignete, wissen wir nicht. Aber die phantastischen Theklageschichten[1] sind ein Hinweis darauf, daß Paulus dort viel leiden mußte, weil sich ihm junge Leute, auch gegen den Willen ihrer Familie, anschlossen. Bevor es deshalb zur Steinigung kam, flohen Paulus und Barnabas – und wiederum flohen sie weiter ins Land hinein, nach Osten.

12. In den Süden der Landschaft Lykaonien, in die südöstlichen Gebiete Galatiens – von Ikonium nach Lystra –, war der Weg nicht sehr weit (knapp 40 km), aber sehr beschwerlich

---

[1] „Akten des Paulus und der Thekla" (um 180 n. Chr.), Teil der apokryphen Paulusakten.

(14,6–20): Die Steppe war entweder ein Sand-sturmfeld oder ein Sumpf. Seit dem Jahre 1833 kennen wir die Lage von *Lystra,* dem ersten Ziel des Paulus und Barnabas nach ihrer Flucht aus Ikonium: beim Dorfe Khatyn Serai (1230 m über dem Meer) fand der Amerikaner Sitlington Sterret in bisher unbeachteten Trümmern einen heidnischen Altarstein mit der Inschrift „Lustra".

Die Missionare nahmen ihre Predigttätig-keit auch hier unverzüglich auf; in Lystra und in der Umgebung. Es war hier wie überall: das Volk verehrte seine alten Götter, die infolge der Gräzisierung griechische Namen ange-nommen hatten. So verehrte man vor allem den Zeus. (Pauluslegende:) Als Paulus eines Tages am Stadttor (s. d.) einen Lahmgebore-nen durch Zuspruch heilte, geriet die Menge in Aufregung. Plötzlich war man davon über-zeugt, daß Barnabas Zeus sei und Paulus der Götterbote Hermes, der dienstbare, aber täti-ge und heilende Gott. Und ehe die Missionare

recht begriffen, was geschah, kam der Priester des Zeus von Lystra mit Opfertieren, um den auf Erden erschienenen Göttern zu opfern. Paulus protestierte in einer Rede. Er nannte die Götter Hirngespinste („Nichtse") und sich selbst und Barnabas schwache Menschen. Da-mit schlug die Stimmung um. Wenige Tage später hatte sich – durch jüdische Feinde der beiden, die ihnen aus Ikonium gefolgt waren – der Vorwurf durchgesetzt: „Ihr seid Zaube-rer!" Und als Paulus wieder aufzutreten ver-suchte, griff man nach Steinen, und es war nicht nur eine Drohung; Paulus wurde gestei-nigt und als tot vor die Stadt geworfen (14,19).

Als Barnabas und seine Freunde seinen Leib umstanden, erwachte Paulus aus seiner Be-wußtlosigkeit (14,20–28): Aber er durfte nicht bleiben. Man setzte den Todwunden auf einen Bauernwagen und brachte ihn noch 40 km tiefer ins Land hinein; in die weltentlegene Bergstadt *Derbe.* Barnabas reiste mit ihm.– In Lystra muß man sich die erste Bekanntschaft

Wie die Opferkühe auf dem Nordfries des Parthenon dem Götterbild entgegengeführt werden, so führte man in Lystra Barnabas und Paulus Opfertiere entgegen, weil man sie wegen ihrer Heilungstaten für Götter hielt.

mit Timotheus und seiner Mutter denken. – Es dauerte lange, bis Paulus sich von den Wunden und vom Blutverlust der Steinigung erholt hatte. Aber sobald er wieder bei Kräften war, begann er aufs neue, für die Jüngerschaft Jesu zu werben – in Derbe und im Gebirge, bis nach Kappadozien. Nach einem Aufenthalt von etwa einem Jahr verließen Paulus und Barnabas Derbe und begannen die Rückreise. Sie besuchten noch einmal die Christengemeinden Galatiens, durchstiegen den Taurus und kamen wieder nach *Perge;* hier gelang ihnen die letzte Gemeindegründung auf dieser Reise (?).

13. Im Jahre 48 n. Chr. kehrten Paulus und Barnabas von ihrer vierjährigen Missionsreise nach Antiochia zurück (14,26–28). Sie erzählten von ihren Erfolgen und erfuhren, wie auch die Presbyter von Antiochia in ganz Syrien christliche Gemeinden hatten gründen können. Es waren Tage voll Dank, aber auch voll Sorge; denn die Gefahr des Judaismus hatte sich verschärft.

In Jerusalem war unter der Leitung des frommen Herrenbruders Jakobus die christliche Gemeinde zwar aufgeblüht, aber die Gemeinde sah sich dennoch als jüdische Gemeinde an, die durch den Messias Jesus zur Krone des Judentums gelangt war (15,1–2): Viele Pharisäer (s. d.) waren zur Gemeinde gestoßen, und sie vor allem sorgten dafür, daß alle Gesetze des Judentums peinlich befolgt wurden. Sie sahen die messianische Gemeinde Jesu als eine Gemeinde der jüdischen Erwählten an.

Von Jerusalem kamen solche Judenchristen auch nach Antiochia, um nach dem Rechten zu sehen. Aber sie lebten mit den Christen aus dem Heidentum nicht brüderlich, sondern behandelten sie als „Unbeschnittene", als Unreine, die die Speisegesetze nicht hielten; ein Judenchrist sollte eine Heidenchristin nicht heiraten können, da das Zusammenleben eines Juden mit einer Nichtjüdin Unzucht war. Sie verlangten für die volle Anerkennung als Jünger Jesu die vorherige Beschneidung und die unverkürzte Befolgung der jüdischen Gesetze.

Diese Lage fand Paulus bei seiner Rückkehr in Antiochia vor. Sie widersprach allem, was er unter den Heiden gepredigt hatte. Und so entschloß er sich, schnellstens nach Jerusalem zu reisen, um seine Predigt, die den Glauben an den Messias (Christus) Jesus *ohne* die Anerkennung des jüdischen Gesetzes lehrte, von den Aposteln sanktionieren zu lassen.

ZUM THEMA PAULUS: 14 + 15 (Apg 15,3–35)

14. Apostelkonzil nennt man die Versammlung, auf der über die Ansichten des Paulus entschieden wurde.

15,3: Auf dem Wege nach Jerusalem konnte Paulus guten Mut schöpfen, denn in allen Gemeinden, wo er mit Barnabas und Titus, einem jungen antiochenischen Christen aus dem Heidentum, haltmachte, war man voll Staunen und Dank über die Erzählungen von dem Gewinn so vieler Heiden für den Messias Jesus. Das war ein Zeichen für die Messianität Jesu; denn die Bekehrung der Heiden gehörte zur messianischen Zeit. – Lukas (der Schreiber der Apg) setzt diesen Bericht in die Mitte des Buches: ein Zeichen dafür, daß er den erzählten Vorgang für den wichtigsten seiner Geschichtsmitteilungen ansah.

15,4–5: Diese Freude fanden Paulus und Barnabas zunächst auch bei der Gemeinde in Jerusalem. Jedoch die Pharisäer (s. d.) der Gemeinde forderten die Beschneidung und die volle Beachtung des Gesetzes.

15,6–12: In einer Versammlung der leitenden Männer der Gemeinde wurde von Petrus dem Paulus zunächst recht gegeben: er verwies auf die Aufnahme des Kornelius in die Gemeinde Jesu (Apg 10) und darauf, daß sie doch auch selbst das Gesetz (s. die Erklärung zu Mt 11,29) nicht zu tragen vermöchten. Barnabas und nach ihm Paulus stützten die Worte des Petrus durch einen Missionsbericht. Barnabas war der Vertrauensmann Jerusalems in Antiochia; deshalb wird er hier zuerst genannt (15,12).

15,13–21: Aber die Angriffe der Pharisäergruppe waren damit nicht zum Schweigen gebracht. So nahm denn Jakobus, der Bruder des Herrn, der selbst ein gesetzesstrenger Jude war, das Wort zu einem vermittelnden Vorschlag: er erwähnte dankbar die Bekehrung der Heiden; man solle ihnen auch keine Last auflegen; befolgen sollten sie aber diese Vorschriften: Keiner darf an heidnischen Opfermählern teilnehmen! Keiner darf sich der unter Heiden üblichen Unzucht ergeben (s. die „Kultprostitution": sie machte die Unzucht unter Heiden sogar zu einem religiösen Akt) Sie sollen nur Fleisch essen, das von geschächteten und ausgebluteten Tieren stammt (s. „Schächten")! – Während die ersten beiden Vorschriften vielleicht mehr aus Vorsicht gegeben wurden, war die dritte eine echte Auflage, die aus dem jüdischen bzw. semitischen Abscheu gegen den Blutgenuß kam. Im Blut wohnte einerseits das Leben und andererseits der Dämon.

15,22–29: Der Vorschlag wurde angenommen und in einem kurzen feierlichen Schreiben niedergelegt. Barnabas und Paulus wurden darin als „die geliebten Barnabas und Paulus" bezeichnet und dadurch von Jerusalem aus als rechtmäßige Verkünder der Gemeinde Jesu bestätigt. Außerdem wurden ein Jünger Jesu aus dem hebräischen Judentum (Judas Barsabas) und einer aus dem hellenistischen Judentum (Silas/Silvanus) als offizielle Überbringer und Erklärer der Entscheidung mit Barnabas und Paulus an „die Brüder heidnischer Abkunft" (15,23) in Antiochia, Syrien und Kilikien gesandt.

Dieses „Apostelkonzil" wird meistens auf das Jahr 48/49 datiert. Andere Pauluskenner halten aber den Oktober 51 vor Beginn der dritten Missionsreise für die richtige Datierung (s. z. B. Robert Jewett, Paulus-Chronologie, München 1982).

15. *Die Aufnahme der Entscheidung in Antiochia* war freudig. 15,30–35: Man spürte das brüderliche Band – die Rechtfertigung durch den Messias Jesus –, das alle umschloß. Das Gesetz trennte nicht mehr. So meinte man wenigstens.

Im Galaterbrief aber teilte Paulus (2,11–21) mit , was trotz des Apostelkonzils kurz darauf in Antiochia geschehen war: Als nämlich Petrus nach Antiochia kam, schien sein Verhalten diese völlige Herstellung der Brüderlichkeit zu bestätigen. Petrus gab sich auch den Brüdern aus dem Heidentum gegenüber als einer von ihnen. Er gehörte zu ihnen.

Aber dann kamen andere Abgesandte aus Jerusalem, aus dem Kreis um Jakobus den Herrenbruder (s. d.). Diese Jesusanhänger aus den gesetzesstrengen Pharisäern (s. d.) dachten nicht wie Petrus. Zwar wußten auch sie von der Entscheidung der Zusammenkunft in Jeru-

salem; aber damit war in ihren Augen für die Jesusanhänger aus dem Heidentum nur das Gesetz gelockert, nicht aber waren damit die Jesusanhänger aus den Völkern gleichrangig neben die aus den Juden gestellt. Die Juden waren und blieben für sie das erwählte Volk. Sie sonderten sich in Antiochia sogar bei den Liebesmählern ab, und – nun folgten auch Petrus und Barnabas ihrem Beispiel.

In einer Gemeindeversammlung trat Paulus deshalb gegen Petrus auf. Paulus fürchtete, daß durch das Pochen auf Gesetzesbefolgung die allein rechtfertigende Kraft der Erlösung durch Jesus Christus verkannt werde. Er fürchtete außerdem die Zweiteilung der Kirche.

Der Streit war heftig, und Paulus setzte sich durch.

ZUM THEMA PAULUS: NR. 16 + 17 (Apg 15,36–16,5)

16. *Ein Streit zwischen Paulus und Barnabas* trennte die beiden Missionare (15,36 bis 39). Als Paulus auf den Besuch anderer Missionsgebiete drängte (etwa Anfang des Jahres 49 n. Chr.), war Barnabas sofort bereit mitzureisen. Aber er wollte wieder seinen Neffen Markus mitnehmen; da dachte Paulus daran, warum Markus versagt hatte (s. Z. Th. Paulus, Nr. 11) und er weigerte sich, Markus mitzunehmen. Darüber erboste sich Barnabas und ging mit Markus seine eigenen Wege: wiederum nach Zypern, auf seine Heimatinsel (s. Z. Th. Paulus, Nr. 10).

17. *Zur sog. zweiten Missionsreise* brach Paulus im selben Frühjahr 49 auf (15,40–16,5). Er nahm Silas/Silvanus mit, der durch seine Beziehung zu Petrus für Paulus ein wichtiger Zeuge für seine Anerkennung durch die Urgemeinde war. Auf dem Landweg wanderten die beiden von Antiochia aus nach Norden, über Alexandra und Issus, und weiter nach Westen, über Mopsuestia/Missis und Adana nach Tarsus, der Heimatstadt des Apostels (s. Z. Th. Paulus, Nr. 1). Das große Ereignis der Entscheidung von Jerusalem (s. oben, Nr. 14) war Grund genug, sich überall in den Christengemeinden einige Tage aufzuhalten und die Erleichterungen vom Gesetz sowie die Einheit der Gemeinde zu verkünden.

Von Tarsus aus brachen sie dann mit trocke-
nem Reiseproviant aus geröstetem Brot, Oliven und gedörrtem Obst auf der Karawanenstraße durch den Taurus nach Lykaonien auf.
Die Straße war erst zu Anfang Juni, nach der
Schneeschmelze, passierbar. Sie war 120 km
lang und ein einziges Nacheinander von
Schluchten, Furten durch reißende Wasser,
Randpfaden in schwindelnder Höhe, Balken-
wegen ... So führte sie die Wanderung durch
die „Kilikischen Pforten" durch den hohen
Taurus, hinab ins Tal und wieder hinauf zum
Paß des Bulgar Dag (3560 m) und schließlich
hinab ins südkappadozische Sumpfland.

So kamen Paulus und Silas nach Derbe, wo
Barnabas und Paulus auf ihrer ersten Missionsreise eine Gemeinde gegründet hatten (s. Z.
Th. Paulus, Nr. 12). Nach einigen Tagen reisten sie weiter nach Lystra.

In Lystra traf Paulus Timotheus wieder (s.
ebda Nr. 12), der inzwischen ein gebildeter
junger Mann geworden war und dazu ein
überzeugter Anhänger Jesu. Paulus gewann
ihn für seine Missionstätigkeit. Da Timotheus
Sohn einer jüdischen Mutter war, ließ er ihn
beschneiden, um ihn auch bei seinem Werben
unter den Juden für die Botschaft von Jesus als
vollgültigen Helfer zu haben. Dann verließ
Timotheus seine Großmutter Lois und seine
Mutter Eunike und zog mit Paulus zunächst
nach Ikonium (s. Z. Th. Paulus, Nr. 11), dann
ins pisidische Antiochia (s. ebda Nr. 11) und
dann nach Westen.

ZUM THEMA PAULUS: NR. 18
(Apg 16,6–8)

18. *Eine Reise nach Nordgalatien* möchten
manche Paulusbiographen hier anschließen.
Aber sie ist unwahrscheinlich – aus zeitlichen
Gründen. Wahrscheinlich ist, daß Paulus mit
Silas/Silvanus und Timotheus ohne größere
Aufenthalte der kleinasiatischen Küste zu-
strebte. Die Missionsvorstellungen des Apostels verbanden sich mit den großen Küsten-
städten, die ihm – wohl wegen ihres Völkerge-
mischs und ihrer Offenheit für alles Neue – der
geeignete Boden für seine Predigt schienen.

So kamen sie nach Troas, an der nördlichen
Küste Kleinasiens; ins Troja der Sage, das in
jener Zeit eine blühende Hafenstadt war. Der
Weg dahin brachte ihnen manche Hindernisse,

über die wir jedoch nichts Näheres wissen. Die
Apostelgeschichte sagt nur, daß Paulus ins
mittlere Kleinasien und später nach Bithynien
habe wandern wollen; aber „der Heilige Geist
verwehrte es ihnen" und „der Geist Jesu erlaubte es ihnen nicht" (16,6.7). Was an Hin-
dernissen dahintersteht, sagt der Bericht nicht.
Hinzugefügt sei aber, daß hier der Wille Gottes aus den Tatsachen erkannt wird, wie es im
AT so oft durch die Heilige Schrift festgehalten wird (s. im Artikel „Wort Jahwes", Nr. 1).

ZUM THEMA PAULUS: NR. 19 + 20
(Apg 16,9–15)

19. *Früher erzählte man: In Troas trafen sie
Lukas.* Der Arzt Lukas (s. d.), der als wan-
dernder Arzt nicht nur in ganz Kleinasien zu
Hause war, lenkte das Augenmerk des Paulus
auf das nahe Europa: auf Mazedonien. Aber
eine solche Begegnung ist nicht möglich (s. das
Einleitungskap. zur Apg). Das Nachdenken
über die Heiden muß Paulus auf das heidnische Europa aufmerksam gemacht haben.
Paulus beschäftigte diese Nähe sehr; und so
träumte er in der Nacht von einem Mazedonier, der ihn in sein Land herüberrief. In
diesem Traum (s. d.) sah Paulus einen göttlichen Ruf.

Sobald es möglich war, nahm Paulus mit
Silas und Timotheus ein Schiff nach Mazedo-
nien. Von nun an nimmt der Bericht der
Apostelgeschichte ab und zu für eine Zeitlang
die Wirform an (16,10): Lukas hat in diesen
Abschnitten wahrscheinlich ein überliefertes
Itinerar der kleinen Reisegesellschaft benutzt.

20. *Philippi* war das Ziel. Man landete in
Neapolis (Kawalla). Von Neapolis führte die
Römerstraße *(Via Egnatia)* durch das mazedonische Küstengebirge nach Philippi, ein Weg
von etwa 65 km. Über der weiten Talebene
hinter dem Gebirge erhob sich auf einem
Ausläufer des Gebirges die Provinzialhaupt-
stadt Philippi, eine Stadt mit römischer Verfassung, die von zwei Archonten – die den römischen Konsuln entsprachen – regiert wurde.
Mitten unter den Römern, meist soldatischen
Veteranen, lebten die Mazedonier.

Da in Philippi nur wenige Juden wohnten,
gab es keine Synagoge (s. d.), sondern nur eine
proseuchá, einen Betplatz. Paulus und seine

Leute fanden diesen Betplatz, der in einem Ufergarten am Gangas lag, der ein etwas größerer Bach ist. Man fand am Sabbat dort eine Handvoll Frauen, Jüdinnen und „gottesfürchtige" Heidinnen (d. h. Heidinnen, die dem jüdischen Glauben nahestanden), beim Morgengebet. Unter ihnen war eine lydische Purpurhändlerin („Lydia"). Vor ihnen, in diesem Garten, verkündete Paulus seine erste Christusbotschaft in Philippi.

Der Erfolg dieser Predigt war überraschend. Lydia entschloß sich sofort zur Taufe; und ihr Hausgesinde ließ sie ebenfalls taufen. Sodann lud sie Paulus und seine Begleiter ein, in ihrem Haus zu wohnen. Damit aber war in Philippi nicht nur Paulus und seinen Leuten ein Heim bereitet, sondern auch der jungen christlichen Gemeinde.

Über die Frauen gewann Paulus in Philippi dann auch die Männer, von denen er im Philipperbrief (s. d.) später einige aufzählen wird: Epaphroditus, Klemens, Syzygus.

Die Aufnahme der Missionsdelegation in Philippi war so persönlich, so auf Güte gestimmt, daß Paulus noch Jahre danach nicht an die Gemeinde von Philippi denken konnte, ohne im Herzen angerührt zu werden. Sie ist seine Freude und seine Krone (Phil 4,1). Äußerlich drückte sich diese Verbundenheit darin aus, daß er nur dieser Gemeinde gestattete, ihn mit Geld zu unterstützen.

ZUM THEMA PAULUS: NR. 21 + 22 (Apg 16,16–40)

21. Das große Ereignis von Philippi wurde durch eine besessene Sklavin ausgelöst. Sie war sich selbst entfremdet durch einen Dämon, der sie zu vieldeutigen Sprüchen und Schreien trieb; und so hatte sich ihrer (wahrscheinlich) ein Konventikel heidnischer Priester bemächtigt, die aus ihren Sprüchen und Schreien weissagten und dafür Geld einnahmen.

Die Personen des Paulus und des Silas regten die Sklavin mächtig auf; sie schrie hinter ihnen her, und Lukas formulierte – nach örtlichen Überlieferungen – diese Schreie zu einem dämonischen Zeugnis für die christliche Botschaft: „Diese Menschen sind Diener des höchsten Gottes; sie verkünden euch den Weg des Heils" (16,17).

Paulus wollte seine Arbeit aber nicht durch dämonische Mächte kompromittieren lassen. Er ließ durch die Kraft Christi den Dämon aus dem Mädchen ausfahren. Ihre Besitzer, die sich dadurch in ihren Einnahmen geschädigt sahen, erhoben daraufhin sofort Klage gegen Paulus und Silas – allerdings wegen Verbreitung von Unruhe unter der Bevölkerung. Immer wurde – seit dem Kampf gegen Jesus von Nazaret – der Kampf gegen das Christentum auf das politische Gebiet verlagert.

Es folgte, anscheinend unter Tumulten, eine Bestrafung der Fremden durch Stockschläge, vor der für die Angeklagten nicht einmal eine Verteidigung möglich war. Dann wurden sie ins Gefängnis geführt (in das „innere" Gefängnis im Berg) und in den Block gesperrt.

Aber in der folgenden Nacht erschütterte ein Erdbeben die Stadt und den Berg, in dem das Gefängnis lag. Die Türen vor den Höhlen sprangen auf. Der Kerkermeister, ein römischer Offizier, wollte sich schon wegen der nun ganz sicher geflohenen Gefangenen in sein Schwert stürzen. Da rief ihm Paulus zu: „Wir sind noch alle hier!" Der Kerkermeister fiel nieder; er sah in Paulus und Silas plötzlich überirdische Wesen. Aber Paulus wehrte ab: „Glaube an Jesus, den Herrn, und du wirst gerettet werden, du und dein Haus" (16,31). Und der Offizier lud die Gefangenen in sein Haus. Er ließ ihre Prügelwunden waschen, hörte ihre Botschaft von dem Erlöser Jesus, verlangte die Taufe und hielt mit Paulus, Silas und seinem ganzen Gesinde ein Taufmahl. Er fühlte sich dreimal gerettet: vor dem Erdbeben, vor den Folgen einer Gefangenenflucht, durch Paulus und die Taufe auf Jesus Christus. Der andere Morgen brachte die Krönung: die Behörde hatte das Erdbeben als Strafe für die Unregelmäßigkeit bei der Bestrafung des Paulus und Silas aufgefaßt – die reiche, einflußreiche Purpurhändlerin Lydia (Zum Thema Paulus, Nr. 20) mag bei dieser Sinnesänderung im Spiele gewesen sein. Die Behörde teilte dem Kerkermeister mit, er solle die beiden Gefangenen freilassen, damit sie die Stadt verlassen können.

Nun wehrte sich Paulus. „Wir sind römische Bürger!" (Man kann uns nicht so einfach prügeln, einkerkern und freilassen; man soll uns die Ehre wiedergeben). Paulus verlangte, daß man sie ehrenvoll begleite (16,37). Wie sehr das ganze Zusammentreffen der Ereignisse den Behörden zu denken gegeben hatte, zeigt, daß sie den Wunsch des Paulus erfüllten. Nachdem er in Lydias Haus alles für die junge Gemeinde geordnet hatte, wurde er mit Silas ehrenvoll zur Stadt hinausgeleitet.

22. Lukas hatte wahrscheinlich in Philippi seine Heimat, so meinen manche, die die Aufschreibung der Gemeindegründungslegende in Philippi um Lydia dem Lukas zuschreiben möchten.

ZUM THEMA PAULUS: NR. 23 + 24 (Apg 17,1–15)

23. Nach Thessalonich (Saloniki) wandte sich Paulus mit Silas und Timotheus etwa in den späten Frühlingstagen des Jahres 50, als er von den Behörden der Stadt Philippi auf den Weg geleitet wurde. Die Reise über Amphipolis und Apollonia nach Thessalonich mag eine Woche oder auch etwas mehr gedauert haben. Weder kleinere Städte noch Naturschönheiten von Tälern und Meeresküsten hielten sie auf. So schnell es ging, wanderten sie der großen mazedonischen Hauptstadt Thessalonich zu.

Thessalonich war eine internationale Stadt, eine Handelsstadt und Handwerkerstadt, griechisch in seiner Kultur, durch sechs Politarchen demokratisch regiert, die jährlich gewählt wurden. Ein römischer Statthalter vertrat das römische Reich. Thessalonich hatte eine freiheitlich gesinnte Bürgerschaft – in jeder Hinsicht: auch in den Sitten war man frei, sehr frei.

Paulus, Silas und Timotheus suchten in Thessalonich – wie meistens – zuerst das Judenviertel auf, wo sie bei einem jüdischen Zeltmachermeister Jason Arbeit fanden; und Paulus arbeitete „Tag und Nacht" (1 Thess 2,9).

Drei Sabbate hintereinander sprach Paulus im Synagogengottesdienst (s. d.). Als Gesetzeslehrer aus einer Pharisäerschule Jerusalems wurde er freudig aufgenommen. Und er verkündete die Erfüllung der Weissagungen des Propheten Jesaja (Jes 53). Unter den Juden gewann er nur wenige Anhänger für das Evangelium – aber auch unter den „gottesfürchtigen" Heiden (d. h. unter denen, die mit dem Judentum sympathisierten) gab es nicht viele Bekehrte. Trotzdem hatte Thessalonich bald

eine Gemeinde Jesu; Paulus kämpfte sozusagen um jeden einzelnen. Der Missionsweg, den er hier ganz bewußt und in zäher Kleinarbeit ging, war die Erschließung der Schrift, verbunden mit größter Liebenswürdigkeit.

Aber die Frohbotschaft von Jesus, dem Messias – d. h. dem König –, wurde für Paulus auch hier zum Verhängnis. Die Juden, die sich durch dieses Königsevangelium, das ja nach einer jüdischen Messiasproklamation aussah, in die Gefahr des Vorwurfs gebracht sahen, daß sie antikaiserlich wären – sie waren es wohl, die den Pöbel gegen Paulus und seine Gefährten aufhetzten. Vor Jasons Haus verlangte er die Auslieferung des Paulus und seiner Gefährten. Aber schon hatte man sie versteckt, und statt ihrer wurden Jason und einige andere Christen vor die Richter geschleppt. Sie schürten den Aufruhr, hieß es. Aber Jason gelang es, gegen Kaution freizukommen. Und in derselben Nacht sorgte er dafür, daß Paulus, Silas und Timotheus nach Beröa (Verria) am Olymp aufbrechen konnten; es war ein Weg von gut zwölf Stunden.

24. Die kleine Bergstadt Beröa hätte im frei gewählten Plan des Paulus wohl kaum eine Rolle gespielt. Aber da Paulus auch im Zwang die Stimme Gottes erkannte, begann er in Beröa sein Missionswerk. Er fand bei den Juden gute Anknüpfungspunkte, zumal er die in Thessalonich erprobte Methode der biblischen (d. h. alttestamentlichen) Exegese für die einzelnen und vor den einzelnen auch hier aufnahm. Zu den gläubig Gewordenen zählten auch viele heidnische Frauen, die der Synagoge nahestanden.

Aber die jüdischen Rabbinen von Thessalonich hatten Paulus bald in Beröa aufgespürt und versuchten, das Volk gegen ihn aufzubringen. So beschloß Paulus, Beröa zu verlassen. Silas und Timotheus sollten bleiben, damit die junge Gemeinde nicht halbbelehrt zurückbliebe. Einige Mitglieder der Gemeinde sollten Paulus bis zum Meer begleiten.

Dann jedoch lesen wir (Apg 17,15), daß die Begleiter ihn bis Athen brachten. Hinter dieser kurzen Nachricht verbirgt sich wahrscheinlich die miserable gesundheitliche Lage des Apostels. Vielleicht überfiel ihn wieder die Malaria; vielleicht bekam er einen Nervenzusammenbruch. Jedenfalls wagten die beröanischen Gefährten nicht, ihn allein nach Athen

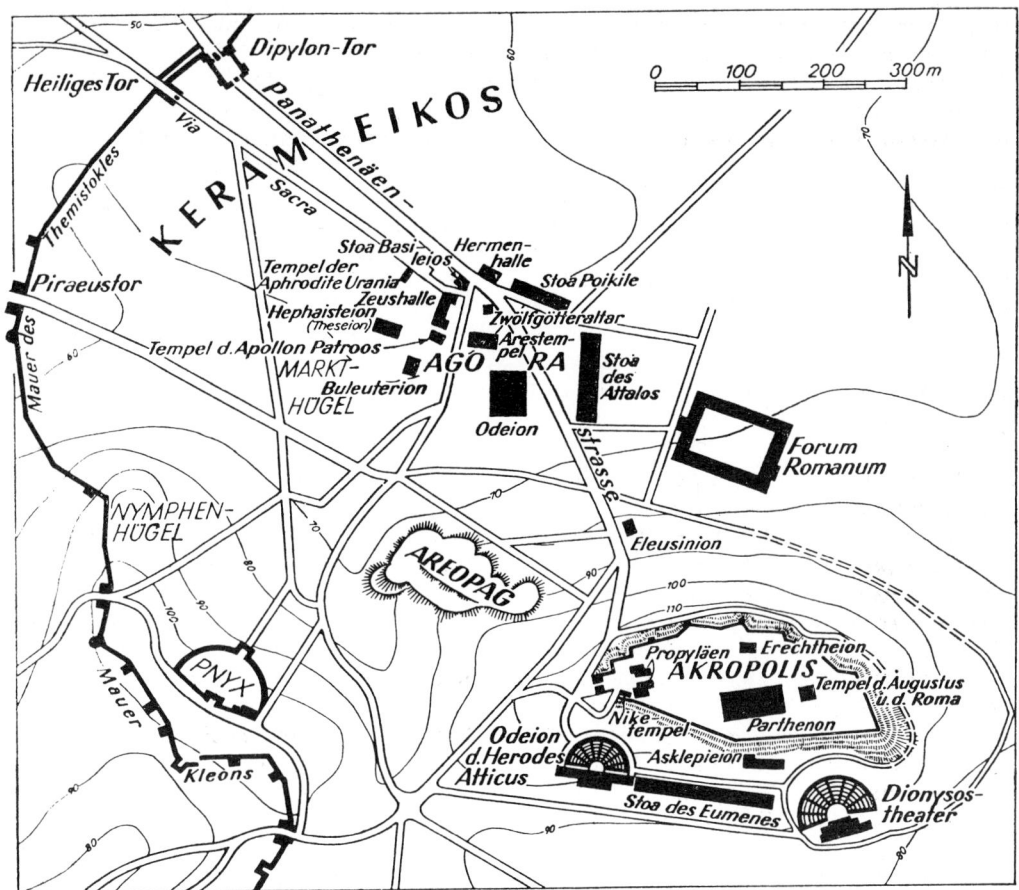

Karte vom antiken Athen

reisen zu lassen. Und als sie sich in Athen von ihm verabschiedeten, bat Paulus, daß Silas und Timotheus nachkommen sollten. Er war auf einem Tiefpunkt angekommen.

ZUM THEMA PAULUS: NR. 25 (Apg 17,16–34)

25. In Athen war Paulus also allein. Aber sobald er sich ein wenig erholt fühlte, hinderte ihn das nicht an der Verkündigung. Zuerst wandte er sich an die Juden; er ging in die Synagogen (17,17). Es gab in Athen viele Juden; aber man muß annehmen, daß die griechische Kultur sie ihrem Judentum entfremdet hatte. Paulus fand bei ihnen nicht die rechten Anknüpfungspunkte. In der Apostelgeschichte wird nichts davon gesagt, daß er aus der athenischen Judenheit jemanden für die christliche Gemeinde gewonnen hätte.

Paulus war zum erstenmal in Athen. So ging er aufmerksam durch die Stadt und sah sich alles an, vor allem die Heiligtümer und öffentlichen Altäre. Er suchte nach Anknüpfungspunkten für seine Verkündigung und die athenischen Bürger. Dabei fand er an der Straße eine Weihestelle oder einen Altar, der unbekannten Göttern geweiht war. Aus der späteren Rede des Paulus, die von Lukas stammt, müßte man zwar annehmen, daß die Inschrift AGNOOSTOO THEOO (einem bzw. dem unbekannten Gott) gelautet hätte. Aber Altarinschriften mit diesem Weihewort sind bis heute nicht belegt, wohl aber solche mit der Mehrzahlform: unbekannten Göttern. Die griechische Welt war überzeugt davon, daß es außer den einheimischen bekannten

Göttern auch fremde unbekannte Götter gebe, die man durch solche Altäre günstig stimmen wollte. Hieronymus teilt z. B. mit, daß es in der Nähe von Athen, an der Straße zum Hafen von Phaleron, einen Altar gegeben habe mit der Weiheinschrift: Den fremden und unbekannten Göttern Asiens, Europas und Afrikas.

Dieser Entdeckung ging Paulus nach, wird Lukas gedacht haben. Zunächst ließ er Paulus aber noch nicht davon sprechen. Aber Lukas erzählt, wie man sich des Paulus Leben in Athen denken kann: Den Tag über hielt er sich meistens auf der *agorá* auf, dem Markt, der nicht nur der Mittelpunkt des wirtschaftlichen, sondern auch des politischen und wissenschaftlichen Lebens war. Auf dem Markt führten auch die Philosophen ihre Gespräche, in denen sie die wissenschaftliche Denkweise zur Denkweise des Volkes zu machen suchten. Auf dem Markt sprach auch Paulus mit den Philosophen Athens, ja er geriet mit ihnen aneinander, als er die Botschaft von Jesus verkündigte – obwohl er es sicherlich zunächst sehr vorsichtig und in Andeutungen tat. Die Philosophen hörten aus den Worten Pauli zweierlei heraus: daß er Fremdes *und* Bekanntes lehrte. Da glaubten sie, er habe seine Weisheiten überall zusammengelesen, und sie schimpften ihn einen *spermológos* (17,18), einen „Körnerpicker", eine „Saatkrähe", was im übertragenen Sinne „Faselhans, Kompilator, Schwätzer" bedeutet. Der Vorwurf geht durchaus auf Systemlosigkeit und Unklarheit, ist also ein echter Philosophenvorwurf.

Außerdem hörten sie heraus, daß er eine neue Gotteslehre verbreitete (17,18). Das etwas abgerissene Äußere des Paulus, das die Athener vielleicht an die Bedürfnislosigkeit der Kyniker erinnerte, mag manche vielleicht sogar an einen *theios anär* (einen göttlichen Mann) erinnert haben; solche „göttlichen Männer" – so glaubte man – kommen als Boten der Götter, um den Menschen eine bisher verborgene Wahrheit zu bringen. – Die Gestalt des Paulus auf dem Markt von Athen stand also zwischen scheuer Anerkennung und spöttischer Ablehnung.

Da Paulus als Lehrer auftrat, forderte die athenische Stadtordnung, daß er sich vor dem obersten Gericht, dem Areopag, einer Prüfung unterziehen ließ. Dieser Areopag hatte seinen offiziellen Sitz auf dem Areshügel

(*Áreios págos*), einem Felsenhügel neben der Akropolis. Weil er lehrend auftrat, wurde Paulus also von den Philosophen vor den Areopag gebracht, der allerdings zu diesem Zweck wohl nicht auf dem berühmten Felsenhügel tagte, sondern in der „Stoa" (d. h. Halle) auf dem alten Staatsmarkt; es darf eine größere Versammlung vorausgesetzt werden, die auf dem Areshügel nicht möglich gewesen wäre.

In dieser Versammlung knüpfte Paulus – so erzählt Lukas – an seine Entdeckung an: an die Inschrift auf dem Altar für die unbekannten Götter (17,23). Da es jedoch kaum wahrscheinlich ist, daß Paulus nicht von der wirklichen, nämlich pluralischen Inschrift ausgegangen ist, muß man annehmen, daß die singularische Formulierung schon ein Thema der Verkündigung war. Etwa so: Ich fand die Inschrift „Den unbekannten Göttern" – ich aber kann euch *den* unbekannten Gott verkündigen, den ihr mit diesen „unbekannten Göttern" nur gemeint haben könnt. Die „Areopagrede", wie sie in 17,22–31 mitgeteilt ist, darf als eine kurze Zusammenfassung einer möglichen Rede angesehen werden, obwohl Lukas nicht einmal die Absicht gehabt haben muß, von einer wirklichen Rede etwas wiederzugeben, sondern in den Paulusworten katechetische Linien für die Belehrung der griechisch-heidnischen Göttergläubigen aufzureißen.

Paulus erkannte, daß er in Athen zu wenig Anknüpfungspunkte für seine Mission hatte. Er sah darin den Hinweis, weiterzuwandern. Inzwischen war Timotheus (und vielleicht auch Silas) in Athen wieder zu ihm gestoßen. Aber Paulus dachte an Thessalonich; so schickte er denn Timotheus wieder auf die Reise, damit er ihm bald einen Bericht über die Lage in Thessalonich bringen solle. Kurz darauf verließ auch Paulus Athen.

ZUM THEMA PAULUS: NR. 26 + 27 (Apg 18,1–22)

26. *Paulus reiste nach Korinth;* der Landweg von Athen aus betrug 65 km. Wahrscheinlich reiste er aber mit dem Schiff; von Piräus, zwischen den Inseln Salamis und Ägina hindurch, nach dem korinthischen Hafen Kenschrää, 15 km östlich von Korinth, der großen Handelsstadt am Nordwestkopf des Isthmus,

der als 30 km lange Landbrücke das Festland mit dem Peloponnes verbindet.

Das Korinth der Apostelzeit war nicht mehr das der klassischen Griechenzeit. Nachdem es seit seiner Zerstörung (146 v. Chr.) fast hundert Jahre als Trümmerhaufen gelegen, hatte Cäsar es mit Veteranen und freigelassenen Sklaven neu besiedelt. Die römische Herrschaft hatte die Lage der Stadt genützt: einerseits, indem man mit einem geringen Soldatenposten die Verbindung zwischen Festland und Peloponnes aus dem Isthmus kontrollierte; andererseits, indem man auf der schmalsten Stelle zwischen den beiden Häfen Kenchräā und Korinth eine Rollbahn anlegte, um Schiffe über Land von Hafen zu Hafen zu befördern und ihnen so die Fahrt um den Peloponnes zu ersparen. Das Problem Wegkürzung, das heute durch den Isthmuskanal gelöst ist, sah man also damals schon.

In den rund hundert Jahren seit der Neugründung der Stadt unter Cäsar bis zur Apostelzeit war Korinth zu einer Allvölkerstadt geworden, in der die römischen Elemente nur noch eine Minderheit bildeten. Gut die Hälfte bestand aus Griechen; unter ihnen aber lebten mit großen Völkeranteilen Syrer, Juden und Afrikaner.

Die große Göttin dieser Völkerstadt war Aphrodite Pandāmos, in deren Züge sich manches von der syrischen Astarte (s. d.) eingemischt hatte und die wie diese durch Kultprostitution (s. d.) verehrt wurde. Das Ideal des Lebens wurde im geschlechtlichen Sichausleben gesehen; das Kind galt in weiten Kreisen als lästige und überflüssige Zugabe.

Als Paulus in Korinth ankam, muß ihn die allgemeine Atmosphäre der Stadt bedrückt haben. Andererseits spürte er in der korinthischen Vielfältigkeit die Wirkmöglichkeit (18,1–17): Er fand Arbeit bei einem Zeltmacherpaar (Weber, Lederarbeiter) Aquila und Priszilla, die anscheinend schon Christen waren: Aquila war Jude, Priszilla wahrscheinlich römische Proselytin; sie werden aus Rom nach Korinth gekommen sein (nach 49 n. Chr.), als

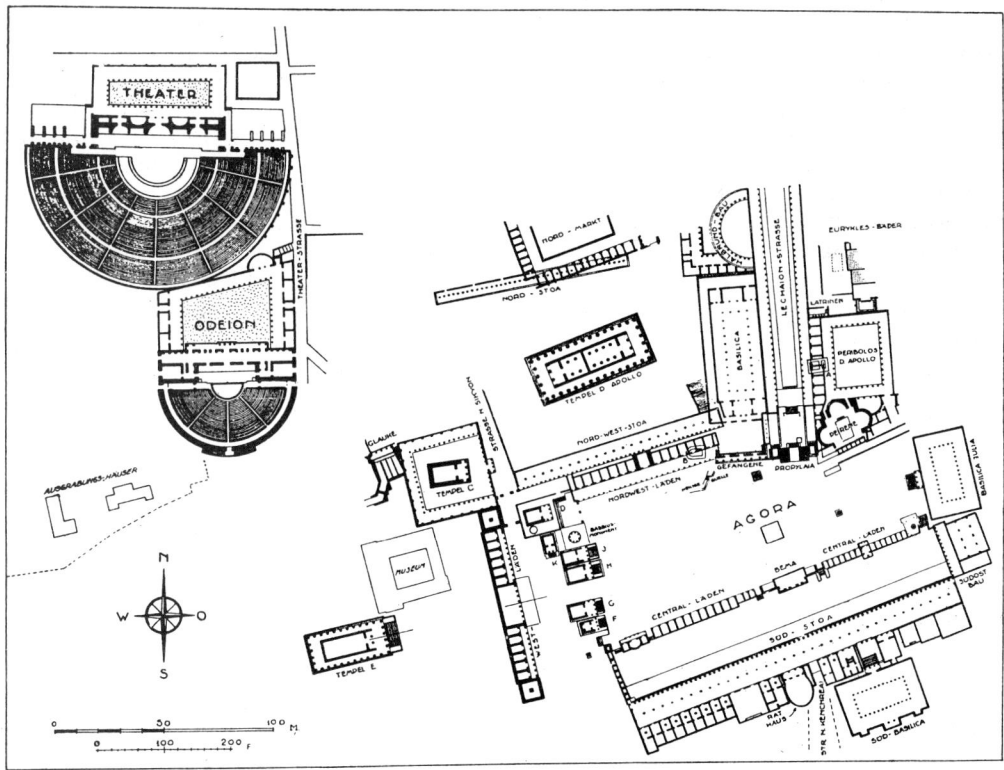

Karte vom antiken Korinth

unter Kaiser Claudius die Juden vorübergehend in Rom bedrückt bzw. aus Rom ausgewiesen wurden. Es ist ebenso wahrscheinlich,
daß durch diese Judenausweisung die jüdische
Kolonie in Korinth stark angewachsen war. In
der Synagoge dieser jüdischen Gemeinde
wandte sich Paulus – wie er es bisher immer
geübt hatte – zuerst an die Juden. In den
Sabbatgottesdiensten führte er – als Rabbi, der
als Pharisäer (s. d.) von vornherein hohes Ansehen genoß – seine Zuhörerschaft langsam
auf die Verkündigung von dem Messias Jesus
hin.

Als Paulus schon einige Monate in Korinth
war, kehrten Timotheus und Silas aus Mazedonien zurück. Aus Philippi (s. Z. Th. Paulus Nr.
20) brachten sie Geld mit, und über die Gemeinde von Thessalonich wußten sie mancherlei zu berichten. Die Antwort auf diese Berichte war der 1. Thessalonicherbrief (s. d.), den
Paulus als gemeinsamen Brief des „Paulus,
Silvanus und Timotheus" schrieb (Thess 1,1).
Paulus ahmte damit den Brauch des Hohen
Rates von Jerusalem nach, der sich durch
solche Sendschreiben an die Diasporasynago-
gen wandte. – Wer den Brief nach Thessalonich brachte, wissen wir nicht. Timotheus und
Silas oder einer von beiden? Oder christliche
Brüder aus Mazedonien, die als Kaufleute in
die Handelsmetropole Korinth gekommen
waren?

Nach einigen Monaten in Korinth hatte Paulus sowohl unter den Juden wie auch unter
solchen Heiden, die als „Gottesfürchtige" der
Synagoge nahestanden, einige Frauen und
Männer mehr für den Glauben an den Messias
Jesus gewonnen. Als sich auch bekannte Per-
sönlichkeiten der neuen Bewegung anschlossen, kam es in der Synagoge zu einem Tumult,
den Paulus damit beantwortete, daß er mit
seinem Obergewand (s. d.) den Staub aufwir-
belte oder den Staub seines Obergewandes
gegen die Tumultmacher abschüttelte: ein Zeichen der Trennung; Paulus wandte sich dann
den Heiden von Korinth zu. Im Hause des
Römers Titus Justus nahm Paulus dann Wohnung, und dort fand von da an auch die Versammlung der Jesusgemeinde statt, äußerlich
nach dem Ritus des Synagogengottesdienstes
(s. d.), aber doch von ihm verschieden. Vielleicht wurde hier auch zuerst die Gemeindefei-
er vom Sabbat bewußt in die Nacht zum ersten
Tag der Woche vorgeschoben, indem man

anschließend an den Gottesdienst ein nächtli-
ches Danksagungsmahl beging: die Eucharistiefeier.

In die Zeit dieser Entwicklung etwa fällt die
Abfassung des Zweiten Thessalonicherbriefes
(s. d.), nachdem durch Boten neue Nachrichten aus Thessalonich bei Paulus eingetroffen
waren.

So klein die Gemeinde um Paulus zunächst
auch war, sie scheint in dem heidnischen Milieu Korinths, wo auch die Synagoge nur ein
unsicherer Pol der Festigkeit war, eine große
Anziehungskraft gehabt zu haben. Obwohl die
Mehrzahl dieser Gemeinde Sklaven, Freigelassene und kleine Handwerker waren, also Leute ohne Ansehen, fand aus den Leuten von
Stand eine Reihe den Weg zu dieser Gruppe:
z. B. der Synagogenvorsteher Crispius, der
Stadtkämmerer Erastos, eine reiche Witwe
Chloë und andere angesehene Männer und
Frauen.

Solche Erfolge führten schließlich zu einem
massiven Angriff der Synagoge gegen Paulus.
Im Sommer des Jahres 51 wurde der hochange-
sehene Marcus Annaeus Novatus (Junius Gallio), ein älterer Bruder des Philosophen Seneca, römischer Statthalter von Achaia. Sobald
er in Korinth sein Amt angetreten hatte, versuchten angesehene Juden, Paulus wegen
Werbung für eine verbotene (d. h. amtlich
nicht zugelassene) Religion anzuklagen. Die
Klage wurde wahrscheinlich an einem routine-
mäßigen Gerichtstag des Statthalters auf dem
Markt vorgebracht. Aber Gallio, der eine Abneigung gegen die Juden hegte, wies die Klage
ab; sie entsprang nach seiner Meinung inner-
jüdischen Religionsstreitereien. Die Judenfeindschaft der heidnischen Bevölkerung Korinths führte dazu, daß der neue Synagogenvorsteher Sosthenes sofort jämmerlich verprü-
gelt wurde.

Paulus blieb noch einige Monate in Korinth,
dehnte durch Timotheus und Silas/Silvanus
und wohl auch durch die neugewonnenen Jünger seine Mission auf die ganze Landschaft
Achaia aus, wie sich aus der Einleitung des
späteren Zweiten Korintherbriefes (s. d.) ergibt.

27. *Paulus verließ Korinth (18,18–22)* nach
etwa zwanzig Monaten Aufenthalt. Er verließ
die Stadt nicht als Vertriebener; er verließ sie
nicht, weil er mit dem Aufbau der Gemeinde

„fertig" war, sondern weil es ihn weitertrieb. Der äußere Anlaß für seine Abreise war ein Gelübde, das er in höchster Verfolgungsnot gemacht hatte. Ob es ein Nasiräergelübde war (s. d.), wissen wir nicht. Die von Lukas erwähnte Reise nach Jerusalem, wird von den meisten Apg-Kennern für unwahrscheinlich gehalten.

Paulus reiste mit Silas und Timotheus sowie mit Aquila und Priszilla, seinen ersten korinthischen Gastgebern und Arbeitgebern, zunächst nach Ephesus (s. d.); der Seeweg durch das ägäische Inselmeer mag etwa zehn Tage gedauert haben (man fuhr nur bei Tage).

Nach dem Sabbat reiste Paulus mit Silas und Timotheus weiter; Aquila und Priszilla blieben in Ephesus zurück, um eine neue eigene Zeltmacherei zu errichten und so auch dem Paulus für einen vorgesehenen längeren Aufenthalt Quartier zu machen.

Bald danach ist Paulus – lt. Lukas: nach Paulus' Besuch in Jerusalem – bei der Gemeinde im syrischen Antiochia, von wo er schon zweimal zu seinen Missionsreisen aufgebrochen war. Etwa im Spätherbst des Jahres 52 kam er mit Silas und Timotheus in der syrischen Hauptstadt an. Hier blieb er einige Monate, bis der Frühling die Reisezeit wieder eröffnete. Mit wem er in Antiochia zusammentraf, können wir nur vermuten. Wahrscheinlich mit Petrus, der sich an diesem Vorort der Mission vielleicht eher am rechten Platze fühlte als in Jerusalem (s. Z. Th. Paulus, Nr. 15). Wenn mit Petrus, dann auch mit Markus, der wohl damals schon mit Petrus reiste, vielleicht auch mit dem Apostel Johannes (s. d.); vielleicht auch mit Barnabas, ganz sicher mit Titus. – Aber wenn Paulus auch den ganzen Winter 52/53 in Antiochia blieb, so sah er doch die Stadt nur als Platz zu kurzer Rast an.

ZUM THEMA PAULUS: NR. 28 + 29 + 30 (Apg 18,23–19,20)

28. Paulus setzte seine Reise von Antiochia aus fort, wahrscheinlich im Frühjahr 53. Silas begleitete ihn nun nicht mehr; aber vielleicht wurde Titus (s. d.) sein Begleiter.

Ein Jahr darf man ansetzen für seine Besuche bei den früher gegründeten galatischen und phrygischen Gemeinden (18,23): s. Zum Thema Paulus, Nr. 11 und 17. Der Apostel wirkte nicht nur als Sämann, sondern wenn es ihm möglich war, besuchte er seine Gründungen nach einiger Zeit wieder, oder er schrieb ihnen wenigstens, wie die erhaltenen Briefe beweisen.

Der Grund für diese galatische Reise des Apostels war eine judaistische Gegenmission, die in den südgalatischen Gebieten die Gründungen des Paulus zu unterwühlen drohte.

An diese „Visitationsreise" schloß er aber unmittelbar eine neue Gründungsreise an. Etwa im Frühjahr 54 kam er, nach einem Marsch von fast 1200 km (Tarsus-Galatien-Ephesus), in Ephesus (s. d.) an. Und er fand sofort Quartier und Arbeit bei den christlichen Zeltmachern Aquila und Priszilla.

29. In Ephesus begegnete Paulus den Täuferjüngern (s. d.). Der ganze Abschnitt (18,24–28; 19,2–7), der von dieser Begegnung berichtet, hat zweifellos einen besonderen exemplarischen Sinn. Überall in Asien und Nordafrika gab es Anhänger Johannes des Täufers, die diesen als „das Licht" verehrten (Joh 1,8). Die Apostelgeschichte macht darauf aufmerksam und gibt durch das Handeln des Paulus und seiner Freunde zugleich ein Beispiel, wie diese Johannesanhänger für die Kirche gewonnen werden konnten.

Der kurze Abschnitt über den Johannesjünger Apollos (18,24–28) zeichnet ein Bild von der christlichen Gläubigengruppe in Ephesus vor dem Eintreffen des Paulus.

Apollos, mit vollem Namen Apollonios, stammte aus Alexandrien. Er war Jude und kam aus der Schule des Philon (s. d.). Wahrscheinlich hatte er sich schon in Alexandrien einer Johannesschülergruppe angeschlossen, die aber mit der Johannestaufe einen gewissen Glauben an den Christus Jesus verband. Ob Apollos dann nach Ephesus kam, um ausdrücklich im Sinne des Täufers zu wirken, d. h. in Erwartung der endgültigen Ankunft des Messias zu einem Leben der Buße aufzurufen, ist ungewiß. Aber zweifellos wirkte er in der Synagoge von Ephesus in diesem Sinne.

Seine Synagogenpredigten hörten auch Priszilla und Aquila, die von Korinth nach Ephesus gekommen waren (s. Z. Th. Paulus, Nr. 26 + 27). Sie erkannten, daß dieser Gelehrte Apollos erst auf dem Weg zum vollen Glauben an den Christus Jesus war, luden ihn in ihr Haus ein und überzeugten ihn davon, daß er zu der von Paulus gepredigten Glaubensgemeinschaft weiterschreiten müsse.

Apollos hatte daraufhin anscheinend den Wunsch, einmal eine Gemeinde zu sehen, die so lebte, wie Priszilla und Aquila es schilderten. Und da dieses Ehepaar wahrscheinlich vorwiegend von der Gemeinde in Korinth berichtet hatte, lag es nahe, daß Apollos nach Korinth ging. Die Taufe auf den Namen Jesus und den Heiligen Geist hat er dann wohl erst in Korinth empfangen.

In Korinth setzte er sich dann so intensiv in der christlichen Gemeinde ein, daß er viele für die Kirche gewann. Aber die griechische Tendenz, überall Gruppen oder Schulen zu bilden, bewirkte, daß sich um ihn eine Partei zusammenfand, die sich gegen andere Gruppen abhob, welche sich nach Paulus, Petrus oder Christus benannten (s. den Artikel zum Ersten Korintherbrief sowie Kor 1,12; 3,4ff.; 4,6; 16,12). Als dadurch die Einheit der korinthischen Gemeinde in Gefahr geriet, verließ Apollos Korinth und ging nach Ephesus zurück.

Als Paulus nach Ephesus kam, war Apollos schon in Korinth; aber Paulus hörte in Ephesus von ihm und hörte auch von anderen Gruppen der Johannesjünger, die er sodann der Kirche zuführte.

30. Die Mission in Ephesus beschränkte sich aber natürlich nicht auf die Vollendung der Unterweisung für die Johannesjünger. Paulus hatte seine Methode, die er auch in Ephesus beibehielt. Zuerst versuchte er, in der Synagoge die Botschaft vom Reich Gottes zu verkünden; dadurch wurden sich die Anhänger Jesu ihrer Andersartigkeit voll bewußt – aber auch die Juden von Ephesus merkten, daß die Botschaft des Paulus nicht mehr unverändertes Judentum war. So konnte eine Trennung nicht ausbleiben (19,8.9).

Nach drei Monaten suchte sich Paulus eine andere Kanzel. Statt in der Synagoge lehrte er – und zwar öffentlich – in einem Lehrsaal, wie es deren in Ephesus um den Markt herum und im Gymnasion viele gab (19,9).

So war ein neuer Akzent in seine Arbeit gekommen: er arbeitete als Zeltmacher, um so seinen Unterhalt zu verdienen; er sorgte für Katecheten, die in den verschiedenen Privathäusern die Katechumenen unterrichteten, und er unterrichtete dort auch selbst; er leitete

die Gemeinde und hielt öffentliche Vorträge über die Botschaft von Christus Jesus. Seine Botschaft wirkte so erregend, daß sich viele vom Zauberglauben an die Götter abwandten und ihre Götterbücher verbrannten (9,18–20).

ZUM THEMA PAULUS: NR. 31

31. In Ephesus erhielt Paulus schlechte Nachrichten. Boten aus Galatien, aus den Landschaften hinter dem Taurus, wo er die ersten Früchte für die Kirche Jesu gepflegt hatte, kamen und meldeten von judaistisch gesinnten Christen, die Paulus bei den Galatern als Apostel heruntermachten und das jüdische Gesetz für heilsnotwendig erklärten – das habe ihnen Paulus unterschlagen.

Paulus geriet in Furcht um die Galater und schrieb ihnen einen Brief, in dem er sie beschwor, dem Evangelium treu zu bleiben, das *er* gepredigt habe; nicht einmal ein Engel könne ein anderes Evangelium predigen! (S. den Artikel zum Galaterbrief.) Die Boten brachten den Brief des Paulus ins galatische Antiochia, und es scheint, daß der Brief die Gemeinden Galatiens so sicher machte, daß sie die judaistischen Versucher vertreiben konnten. – Der Brief an die Galater wurde wahrscheinlich im Jahr 53 geschrieben.

Andere alarmierende Nachrichten kamen aus Korinth. Hier schien das Leben der Gemeinde Jesu in Parteihader und freisinnigem Griechentum unterzugehen. Obwohl er soeben erst Timotheus nach Korinth geschickt hatte, um in der Gemeinde das wahre Evangelium durch Predigt zu bekräftigen, sandte er einen Brief an die Korinther, um mit seiner Autorität das Rechte zu sagen (s. den Artikel zum Ersten Korintherbrief).

Als Timotheus nach Ephesus zurückkehrte, konnte er Paulus nicht beruhigen. Der Brief hatte Eindruck gemacht, aber die Parteiungen hatten nicht aufgehört. Immer noch standen die einen zu Paulus, die anderen zu Petrus, die anderen zu Apollos und andere zu Christus.

Timotheus war als Gesandter des Paulus anscheinend schwer beleidigt, von einem Fanatiker (vielleicht) sogar tätlich angegriffen worden. Paulus mußte trotzdem einen neuen Boten schicken. Er bat Titus. Aber Titus weigerte sich. Erst auf längeres Zureden hin reiste er mit einem weiteren Brief – dem (nicht erhaltenen) „Tränenbrief" – nach Korinth. Die Rückreise sollte Titus über Mazedonien nehmen, und in Troas wollte Paulus Titus erwarten. Aber Paulus war schon des längeren in Troas, als Titus zurückkehrte; denn Paulus mußte aus Ephesus fliehen.

ZUM THEMA PAULUS: NR. 32
(Apg 19,21–20,2)

32. Der Mai war der Artemis heilig. Da wurden die großen Artemisfeste gefeiert, die „Ephesia" oder auch „Artemisia" und wegen ihrer weiträumigen Bedeutung „Oikumenika" genannt wurden. Ephesus (s. d.) war in dieser Zeit ein riesiger Wallfahrtsort und Jahrmarkt mit einer endlosen Kette von Festlichkeiten ausgelassenster Art.

Die Pilger aus aller Welt nahmen natürlich von Ephesus aus auch ihre Artemisandenken mit: ein Artemisamulett, eine Tempeldarstellung oder eine Nachbildung des Artemisbildes. Ein Heer von Silber- und Goldschmieden arbeitete aus Ton, Blei, Silber und Gold solche billigen und teuren Devotionalien und Souvenirs, mit denen sie ihr Geschäft machten.

Im Jahre 53 n. Chr. florierte das Geschäft jedoch nicht so, wie sie es wünschten; und ein Silberschmied Demetrius machte dafür (ob mit Recht oder Unrecht, das sei dahingestellt) den Prediger Paulus verantwortlich. Er putschte zunächst die Devotionalien- und Souvenirshandwerker gegen ihn auf: Paulus bringe sie um ihren Verdienst, indem er die Leute in Ephesus und fast ganz Asien von der Verehrung der Artemis abspenstig mache. Dieser klug kontaminierte soziale und religiöse Vorwurf endete in dem Kampfruf: „Groß ist die Artemis von Ephesus!"

Die aufrührerischen Handwerker zogen mit ihrem Kampfruf die Pilger in den Tumult hinein, und eine unübersehbare Volksmenge wälzte sich auf das Theater zu, das mit seinem Halbrund den weiten Marktplatz abschloß. Zwei Gefährten des Paulus, die Mazedonier Gajus und Aristarch, stießen sie in ihrer Mitte voran – Paulus hatten sie bei den Zeltmachern Aquila und Priszilla, wo er wohnte, wahrscheinlich nicht angetroffen. Da er zu jener Zeit regelmäßig im Gymnasion lehrte, wird er sich dort aufgehalten haben; das Gymnasion lag kaum 50 m vom Theater entfernt.

Paulus erfuhr jedenfalls von dem Vorgang und auch, was der Grund für den Tumult war; aber seine Schüler wie auch einige Asiarchen hielten ihn davon ab, sich selbst dort einzumischen. Die Asiarchen waren die zehn obersten ehrenamtlichen Beamten der Stadt, die alle vier Jahre auch die Aufgabe hatten, die großen ephesinischen Artemisfeste zu finanzieren.

Der Tumult hatte aber nicht nur die Richtung gegen Paulus und seinen Kreis. Da die Ephesiner und die Pilger Paulus nicht von den Juden unterschieden, richtete er sich auch gegen die Juden. Das veranlaßte die Juden, die im Theater waren, einen Wortführer (Alexander) vorzuschicken, um das Verhältnis zwischen Paulus und den Juden zu klären. Es ging darum, den Zorn der aufgebrachten Artemisanhänger allein gegen Paulus zu richten. Aber als Alexander als Jude erkannt wurde, brach die ruhiger gewordene Menge wieder in ihren Kampfruf aus, und fast zwei Stunden lang riefen sie sich heiser und müde: „Groß ist die Artemis von Ephesus!"

Erst nach fast zwei Stunden trat der oberste Stadtbeamte, der Stadtkanzler *(grammateús),* ins Theater und hielt eine besonnene Rede. – Warum erst nach zwei Stunden? Er wird sich zuerst Klarheit über den Grund des Aufruhrs verschafft haben, wird mit den Asiarchen und vielleicht auch mit Paulus selbst oder einigen Männern der christlichen Gemeinde gesprochen haben. Er wies die Menge hart zurecht: Religionsverbrechen liege nicht vor: Habe Demetrius als Wortführer der Silberschmiede eine Anklage zu führen, wende er sich ans Gericht! Die Menge solle Ruhe geben und das Theater verlassen! Andernfalls werde es eine Anklage wegen Aufruhr geben!

Nach diesen Vorgängen, vielleicht sogar fast zwei Jahre später (im Jahre 55), verließ Paulus Ephesus, um nach Mazedonien zu reisen, wie er es vorgesehen hatte.

ZUM THEMA PAULUS: NR. 33
(Apg 20,2.3)

33. Den Winter 55/56(57) blieb Paulus in Korinth. Er wohnte bei Gajus, einem reichen Christen – einer der wenigen, die er in Korinth selbst getauft hatte (1 Kor 1,14). Im Hause dieses Gajus kam die Gemeinde von Korinth zusammen (Röm 16,23).

Seine Wohnung zeigt schon, daß sich Paulus bei diesem Korinth-Aufenthalt nicht ausruhte. Die vielfältigen Probleme der Gemeinde (s. den Artikel zum Ersten Korintherbrief) werden ihm auch jetzt noch viele Gespräche, viele Stunden der Belehrung gebracht haben. Aber er sah sich auch an einem Wendepunkt, und deshalb beschäftigte er sich mit neuen Plänen.

Paulus sah die Lage der Kirche vor sich: die sich nach zwei Richtungen entwickelnden Stränge der Judaisten und der Kirche aus dem Heidentum. Er fühlte sich aber für die Einheit dieser Kirche verantwortlich. Deshalb plante er eine nochmalige Reise nach Jerusalem und eine andere zum Zentrum des Reiches: nach Rom. Von hier aus hoffte er, auch den westlichen Reichsteilen (Spanien) das Evangelium bringen zu können.

Zu den Vorbereitungen dieses Planes gehört auch der Römerbrief (s. d.), der aber gleichzeitig den Versuch darstellt, die Katholizität des Christusglaubens in einem theologischen Schreiben darzustellen. Diesen Römerbrief schrieb der Apostel etwa während des Winters 56/57 in Korinth, als ihn neben den Angelegenheiten der korinthischen Gemeinde die Einheit der Kirche und die neuen Missionspläne beschäftigten. Er diktierte das Schreiben einem christlichen Sklaven, Tertius (Röm 16,22).

ZUM THEMA PAULUS: NR. 34 (Apg 20,3–21,16)

34. Der Aufbruch nach Jerusalem ist wohl in das Jahr 57, manche meinen in die ersten Märztage des Jahres 58, anzusetzen. Die Stationen der Reise sind in der Apostelgeschichte wohl nach einem Itinerar der Kollektenüberbringer (20,3–21,16) verzeichnet. Charakteristisch für die ganze Fahrt ist die Bedrohung des Apostels durch die Juden. Immer wieder wird sie berichtet: bei der Abfahrt von Korinth, wo es wohl die jüdischen Paschapilger aus Griechenland waren, die gegen Paulus auftraten (20,3), weshalb Paulus die Reiseroute änderte und den Weg über Mazedonien nahm. Auch daß Paulus in Troas nicht sofort mit aufs Schiff stieg, sondern bis Assos zu Fuß und dort erst aufs Schiff ging (20,13), kann in einer Vorsichtsmaßnahme gegen einen drohenden Anschlag begründet sein. Er fühlte sich auf einer

Abschiedsreise; die Apostelgeschichte läßt es in einigen Reden und Gesten deutlich werden: in der Rede von Milet (20,38), in den Warnungen der Brüder in Tyrus (21,4), in der Prophezeiung des Agabus in Cäsarea (21,10f.). Die Sorge der (zumal hellenistischen) Jünger um Paulus war groß: Was würde ihm in Jerusalem geschehen? Von Cäsarea aus begleiteten sie ihn sogar bis Jerusalem und sorgten für ein sicheres Quartier bei Mnason aus Zypern, „einem alten Jünger" (21,16).

ZUM THEMA PAULUS: NR. 35 + 36 (Apg 21,17–23,11)

35. Pfingsten 58 in Jerusalem. Paulus war angekommen. Von hellenistischen Glaubensbrüdern wurden er und seine Reisegefährten freundlich begrüßt, und am anderen Tag betrat er mit seinen christlichen Brüdern aus dem Heidentum den Versammlungssaal der Presbyter von Jerusalem, wo der alte Jakobus – der Bruder des Herrn (s. d.) – präsidierte. Die Aufnahme war kühl und reserviert. Als Paulus dann vom Wachsen der Gemeinden berichtete, lobten sie Gott. Aber dann kam doch der Angriff. Die Gemeinde von Jerusalem bestand aus Judenchristen, die sich keineswegs vom Gesetz getrennt hatten. Viele von ihnen waren aus dem Pharisäerkreis gekommen. Und diese griffen Paulus an, weil er das Gesetz stürze und das Judentum verrate. Von allen Seiten schaute ihn das Mißtrauen an.

Dann kam ein „guter Rat". Paulus sollte sich von allem Verdacht, ein abgefallener Jude zu sein, reinigen. Er sollte die Kosten für fünf arme Nasiräer (s. d.) übernehmen, deren Gelübdezeit zu Ende gehe. Sieben Tage sollte er mit ihnen im Tempelvorhof verbringen, und dann die Kosten für die fünfzehn Schafe und die anderen Opfer übernehmen (daß dies von der Kollektensammlung geschehen sollte, verschweigt Lukas). Paulus, der die Freiheit vom Gesetz gepredigt hatte, demütigte sich und folgte dem Rat. Er glaubte so wieder frei zu werden für das Evangelium (21,17–26).

36. Ein Aufstand gegen Paulus ballte sich am Ende dieser sieben Tage zusammen. Man hatte Paulus mit dem jungen Trophimus aus Ephesus in der Stadt gesehen. Ganz sicher hatte er ihn auch mit in den Tempel genommen, so schloß man. Der jüdische Tempel und seine Heiligkeit schienen ihnen durch Paulus geschändet. Die jüdischen Pilger aus Ephesus waren wohl die Anstifter der Unruhen. Man ging tätlich gegen Paulus vor. In dem Tumult der wütenden Pilger wäre Paulus umgekommen, hätten nicht die Soldaten des Prokurators (s. d.) eingegriffen, die in Paulus einen lange gesuchten Ägypter vermuteten, der mit Messiasabsichten aufgetreten war. Aber der Irrtum klärte sich sofort auf, und der Chiliarch (s. d.) der Burg Antonia (s. d.) gestattete Paulus sogar, zum Volk zu reden. Paulus verteidigte sein ganzes Lebensverhalten, verschwieg aber nicht, daß Gott ihn als Verkünder des wahren Gottes zu den Völkern gesandt habe (22,1–21).

Da brach der Tumult aufs neue los (22,22–29). Die Menge forderte seinen Tod. Der römische Chiliarch wußte aber nicht, worum der Streit ging. Doch er wollte es wissen. Nach altbewährter Methode ließ er Paulus auf einen Geißelbock binden, um durch die Folter der Geißelung (s. d.) den Grund des Streites zu erfahren. Da fragte Paulus den Hauptmann, ob man einen römischen Bürger geißeln dürfe – und dazu noch ohne Urteil. Der Hauptmann erschrak und machte dem Chiliarchen Meldung. Der Chiliarch erschrak ebenfalls und lief zu Paulus. Die Geißelung unterblieb. Paulus blieb in leichter Haft auf der Burg, bis zum anderen Tage.

Am anderen Tage berief der Chiliarch, der hier als Vertreter des Prokurators gesehen werden muß, den Hohen Rat (s. d.). Da es sich um eine religiöse Streitigkeit der Juden zu handeln schien, wollte er durch den jüdischen Gerichtshof Klarheit erhalten. Vor dem Hohen Rat ging Paulus zum Angriff vor (23,1–11): er betonte die Rechtlichkeit seines Weges. Da forderte der Hohepriester Hananias die anwesenden Ratsmitglieder auf, Paulus auf den Mund zu schlagen. Diese Zeremonie bedeutete eine Verwünschung, die zumal das Wort des Verwünschten verurteilte. Es war ein Urteil des religiösen Gerichtshofes über einen Rabbinen, gewissermaßen eine Zurücknahme der Ordination.

Aber Paulus wehrte sich gegen die Aufforderung. Er nannte den Auffordernden eine „übertünchte Wand", weil er zu Gericht sitze und das Gesetz verletze; denn Paulus war noch nicht verhört. Da hielt ihm einer vor: „Du

wagst es, den Hohenpriester Gottes zu schmähen?" – Paulus hatte nicht gewußt, daß es der Hohepriester war, und entschuldigte sich. Aber unmittelbar danach griff er aufs neue an: „Ich bin Pharisäer... Wegen der Hoffnung und wegen der Auferstehung der Toten stehe ich vor Gericht." Damit trieb er die Ratsmitglieder gegeneinander: Sadduzäer (s. d.) gegen Pharisäer (s. d.). Einige Pharisäer plädierten für Paulus. Die Ratssitzung wurde zu einem einzigen Tumult, bei dem Paulus in Stücke gerissen zu werden drohte. Deshalb ließ der Chiliarch Paulus schützen und brachte ihn wieder in Gewahrsam.

In der folgenden Nacht beschloß Paulus, sich nicht wieder in die Hand des Hohen Rates ausliefern zu lassen; er beschloß, das römische Gericht anzurufen. Lukas drückt dies in der Apostelgeschichte so aus: „In der folgenden Nacht aber trat der Herr zu Paulus und sagte: Hab Mut! Wie du in Jerusalem meine Sache bezeugt hast, sollst du auch in Rom Zeugnis ablegen" (23,11). Mit seiner Berufung an das römische Gericht war eine Verbringung nach Rom verbunden, wohin Paulus schon so lange zu reisen wünschte.

ZUM THEMA PAULUS: NR. 37 + 38 + 39 (Apg 23, 12–26,32)

37. Eine höchste Bedrohung für Paulus offenbarte der folgende Tag (23,12–22). Die Zeloten (s. d.), die in Paulus wohl einen römerhörigen Juden sahen, wollten ihn durch ihre Geheimgruppe der Sikarier umbringen; vierzig Mann hatten dafür ein Gelübde getan. Sie traten mit dem Hohen Rat dieserhalb in Verbindung; da der Hohe Rat jedoch zum großen Teil, nämlich durch die Sadduzäer (s. d.), selbst römerhörig war, werden sie dort die religiösen Gründe vorgebracht haben.

Da der Plan innerhalb des Judentums umlief, erfuhr auch der Neffe des Paulus, ein Sohn seiner Schwester, davon. Es gelang ihm, bei Paulus vorgelassen zu werden, und er teilte dem Onkel den Plan der Sikarier mit.

Paulus schickte ihn mit dem Hauptmann der Gefangenenwache zum Chiliarchen Lysias, und so kam die Nachricht noch gerade rechtzeitig zum Chiliarchen, bevor die Abgesandten des Hohen Rates bei ihm ihre Bitte um ein neues Verhör vor dem Hohen Rat vortragen konnten; auf dem Wege zum Ratsgebäude sollte Paulus ermordet werden.

Daraufhin verfügte Lysias, den Gefangenen unter stärkster Bewachung nach Cäsarea (s. d.) zum Statthalter Felix zu schicken (23,23–35). In der späten abendlichen Dämmerung ließ er zweihundert Fußsoldaten, zweihundert Lanzenträger und siebzig Reiter mit Paulus aufbrechen. Dieser ganze Geleitzug brachte Paulus sicher über die knapp 60 km lange Straße durch das judäische Berg- und Hügelland bis Antipatris an der Grenze von Samaria. Hier mußte ganz sicher am anderen Morgen eine längere Marschpause eingelegt werden, nach der die vierhundert Mann Fußvolk nach Jerusalem zurückkehrten. Die siebzig Reiter ritten mit Paulus weiter: nach Cäsarea.

38. Paulus wurde dem Prokurator übergeben.

Prokurator war Antonius Felix (S. 580, Nr. 57), der einige Tage später, als der Hohepriester Hananias mit seinem Gefolge und mit seinem Rechtsanwalt Tertullus eintraf, die Verhandlung gegen Paulus ansetzte (24,1–27).

Die Anklage wurde politisch vorgetragen: Aufruhr und Ausübung einer verbotenen Religion. Paulus verteidigte sich: seit er vor zwölf Tagen Jerusalem betreten habe, sei er überhaupt nicht öffentlich aufgetreten – was gegen den Aufruhr ging; sein Glaubensbekenntnis bewege sich durchaus in den Glaubenssätzen des Judentums, die im Gesetz und in den Propheten niedergelegt seien – was gegen den Vorwurf einer Religionsübung ging, die nicht von Rom anerkannt war. Er habe im Tempel seine Opfer dargebracht.

Der Prokurator war in jüdischen Dingen nicht unerfahren, denn seine Frau Drusilla war selbst Jüdin. Er glaubte zu erkennen, daß es sich um Meinungen in einem religiösen Streit handelte, und dafür hielt er sich nicht zuständig. Er vertagte die weitere Verhandlung.

Offensichtlich hatte der Prokurator Felix für Paulus eine Schwäche. Er ließ ihn sogar einmal vor sich über seine spezielle Lehre sprechen. Als Paulus dabei jedoch auf „Gerechtigkeit, Selbstbeherrschung und künftiges Gericht" (24,25) zu sprechen kam, unterbrach Felix den Paulus. Aber trotzdem ließ er ihn später immer wieder kommen, um sich mit ihm zu unterhalten. Er war ihm offenbar ein interessanter Gefangener.

Aber viel mehr tat Felix für Paulus nicht. Er hielt ihn in leichter Haft. Er durfte um sich haben, wen er wollte. Die Vorsteher der Christengemeinden durften ihn besuchen. Er war nicht müßig; aber er war nicht frei. – Das blieb so von der Pfingstzeit 58 bis zum Herbst 60: mehr als zwei Jahre lang.

Manchmal scheint Felix dem Paulus die Freilassung angeboten zu haben, wenn er ein ordentliches Geld dafür zahle. Aber Paulus ging nicht darauf ein. Als Felix dann bei einem Streit in Cäsarea zwischen Juden und anderen Bürgern der Stadt gegen die Juden vorging, beschwerten sich die Juden in Rom. Felix wurde abberufen, und um sich die Juden für den ihm drohenden Prozeß günstig zu stimmen, bestätigte er die Gefangenschaft des Paulus und übergab ihn als Gefangenen seinem Nachfolger.

39. Über Paulus und Festus und ihr Verhältnis

(25,1–12) spricht der Artikel 58 des Geschichtskapitels (S. 581). Festus bemüht auch noch König Agrippa (25,13–26,32). Bei der Gefangenschaft des Paulus bleibt es.

ZUM THEMA PAULUS, NR. 40 + 41 (Apg 27,1–28,10)

40. Paulus reiste also als Gefangener,

als er seine langersehnte Reise nach Rom zu Anfang September 60 n. Chr. begann (27,1–44): Der Hauptmann Julius von der Kaiserlichen Polizeitruppe (Prima Augusta Italica) leitete den Gefangenentransport, in dem Paulus eine besondere Stellung hatte. Offenbar war er dem leitenden Hauptmann vom Prokurator empfohlen worden; anders wäre nicht zu erklären, daß Julius dem Paulus gestattete, bei der Zwischenlandung in Sidon (s. d.) seine Glaubensbrüder zu besuchen.

Von Sidon fuhr das Gefangenenschiff nördlich an Zypern vorbei und läuft Myra in Lykien (Südkleinasien) an. Nach Möglichkeit hält man sich in Landnähe.

Myra war ein bedeutender Getreideumschlagplatz. So fand Hauptmann Julius hier ein Getreideschiff – es war sicherlich eines der letzten des Jahres –, das nach Italien fuhr und dessen Reeder bereit war, die Gefangenen mitzunehmen. Durch die Gefangenen kam die Schiffsbesatzung auf zweihundertsechsundsiebzig Personen; unter ihnen befand sich Paulus, und bei ihm waren seine Begleiter, vielleicht auch Timotheus.

Auch dieses Getreideschiff segelte die kleinasiatische Küste entlang, bis es bei Knidos Kurs nach Süden nahm, um das 160 km südlich gelegene Kreta anzufahren, dessen Südhafen Kaloi-Limenes (bei Lasäa) man auch glücklich erreichte.

Inzwischen war es Oktober geworden. Paulus, der schon manche Seefahrt hinter sich hatte, warnte vor der Weiterfahrt. Aber der Reeder wollte wenigstens den etwa 180 km weiter westlich gelegenen kretischen Hafen Phönix erreichen. Ein Südwind, der das Schiff nahe an der Küste zu halten vermochte, bestärkte sein Vorhaben. Aber schon nach kurzer Fahrt kam ein wilder Nordost auf und trieb das Schiff auf die hohe See. Man nahm das Rettungsboot an Deck; man umgürtete das Schiff mit Stricken; man leichterte das Schiff, indem man Geräte und einen Teil der Ladung über Bord warf; aber man wurde weit nach Süden abgetrieben, so daß der Steuermann fürchtete, in die afrikanische Bucht der Syrte zu geraten; man zog schließlich alle Segel ein und überließ das Schiff dem Sturm, der einmal von Südwesten, einmal von Nordosten blies. Und da man weder am Tag die Sonne noch nachts die Sterne sah, verlor man jede Orientierung. Keiner wußte, wo das Schiff trieb.

Dann – nach vierzehn Tagen Sturmfahrt – ermittelten die Schiffer, wahrscheinlich aus dem veränderten Wogengeräusch, mitten in der Nacht Landnähe. Man ließ das Senkblei ins Wasser und fand steigenden Meeresboden: zuerst 20 Faden (37 m), später 15 Faden (27,75 m). Und man warf Anker. Bei dieser Arbeit versuchten die Schiffsleute auf dem Rettungsboot zu entfliehen. Paulus – so erzählt Lukas – durchschaute das Manöver und beschwor den Hauptmann, die Flucht zu verhindern. „Da kappten die Soldaten die Taue und ließen das Boot ins Meer fallen" (27,32).

Der Schiffbruch war unvermeidlich. Paulus bereitete die Leute auf ihr Schicksal vor. Er gab ihnen Vertrauen. Er forderte sie auf zu essen und aß selbst. Dann wurde das Schiff noch einmal geleichtert. Beim ersten Tageslicht sah man das Land – keiner wußte, welches – vor sich. Man versuchte das Schiff langsam auf den Strand auffahren zu lassen. Aber beim Auffahren brach das Schiffsheck auseinander.

Die Soldaten, die mit ihrem eigenen Leben für die Gefangenen hafteten, daß sie nicht entkamen, fragten nach dem Befehl des Hauptmanns. Sollten die Gefangenen getötet werden? Aber Julius, der entweder alle oder keinen töten lassen wollte, ließ um des Paulus willen alle leben. So hieß es: „Rette sich, wer kann!"

Die Insel, auf der man angetrieben wurde, war Malta, 100 km südlich von Sizilien. Die rund 900 km lange Strecke von Kreta (Kaloi-Limenes) bis Malta hatten sie auf einer grauenhaften Irrfahrt von 1200 bis 1500 km zurückgelegt. Dieses ganze Schiffahrtskapitel hat zwei Aspekte: einmal die abenteuerliche Schiffahrt selbst, die sich streckenweise wie ein Augenzeugenbericht liest. Darüber, wie Lukas an diesen Bericht gekommen sein könnte, haben die Forscher viele Vermutungen aufgestellt – aber etwas Sicheres läßt sich in dieser Beziehung nicht sagen. Möglich, daß er auf einem Reisebericht des Paulusbegleiters Aristarch beruht (s. 27,2). Der andere Aspekt ist die Erzählung von der Rolle des Paulus bei dieser abenteuerlichen Schiffahrt selbst; sie geht auf Lukas zurück. Lukas will damit keine tatsächliche Bevorzugung des Paulus durch den Offizier Julius behaupten – wohl aber möchte er sagen, wie der Gläubige all das, was diese Reise so glücklich ausgehen ließ, letztlich (nicht auf Paulus, sondern) auf den Herrn zurückführen muß, dem Paulus dient und der den Dienst des Paulus von innen her sieht. Also: Verkündigung des Lukas von der gottgewollten Ausbreitung des Evangeliums durch Paulus.

Die Wundergeschichten, die Lukas in den folgenden Versen 28,1–10 erzählt, haben denselben Sinn. Nicht auf Paulus als Wundertäter sind sie zu beziehen, sondern sie sind ein erzählerischer Ausdruck dafür, daß Paulus sein Ziel – Rom – als Missionar des Messias erreichen soll.

41. In Malta (28,1–10) sorgte der römische Prokurator Publius („der angesehenste Mann der Insel") für die Gefangenen. Er nahm sie sogar auf, bis alle ein Winterquartier gefunden hatten. Paulus muß auf den Prokurator einen tiefen Eindruck gemacht haben: er führte ihn sogar ans Krankenbett seines Vaters.

Sonst wissen wir nichts von einem Wirken des Paulus auf Malta. Aber wenn er als Gefangener auch keine breite Wirksamkeit entfalten konnte – es ist wohl kaum möglich, daß er fast fünf Monate lang müßig blieb.

ZUM THEMA PAULUS: NR. 42 + 43 (Apg 28,11–31)

42. Nach Rom (28,11–16) brach der Gefangenentransport dann Ende Februar 61 auf. Paulus war immer noch von seinem Wachsoldaten begleitet. Auf einem alexandrinischen Getreideschiff, das ebenfalls in Malta überwintert hatte, kam man schnell voran. Das Schiff hieß „Kastor und Pollux", „Die Dioskuren", „Zwilling" oder ähnlich; jedenfalls führte es das Dioskurenwappen: es fuhr also unter dem Zeichen der antiken Kompaßsterne, nach denen sich die Steuerleute richteten.

Die Apostelgeschichte gibt die Etappen der Reise an: Syrakus im Südosten von Sizilien (dort nahm der Transportführer Julius drei Tage Aufenthalt), Rhegium an der Fußspitze des italischen Stiefels, dann mit günstigem Südwind – an Neapel vorbei – nach Puteoli.

In Puteoli begann die Landreise des Gefangenentransportes. Da hierfür manches vorzubereiten war (Sicherheit, Proviant, Herberge), legte der Transportführer, der Offizier Julius, eine siebentägige Reisepause ein. Diese Pause durfte Paulus bei Glaubensbrüdern in Puteoli verbringen; so nur kann der Berichtssatz der Apg zu verstehen sein: „Dort trafen wir Brüder, die uns baten, sieben Tage bei ihnen zu bleiben" (28,14). Die Glaubensbrüder von Puteoli/Puzzuoli waren in den Hafen gelaufen, als sich das erste kaiserliche Getreideschiff des Jahres aus Ägypten der Bucht näherte – wie die Bevölkerung von Puteoli zu tun pflegte (vgl. Seneca, Briefe an Lucilius, 77,1). Übrigens war Puteoli sozusagen eine orientalische Stadt auf italischem Boden. Die Glaubensbrüder dort werden judenchristliche Flüchtlinge gewesen sein.

Nach sieben Tagen begann die etwa siebentägige Fußreise; von Puteoli bis Rom waren es etwa 210 km. Der größte Teil des Weges führte über die Via Appia; durch das fruchtbare Kampanerland, dann durch die Randgebiete der fast endlosen Pontinischen Sümpfe.

Der unverschönte Reisebericht geht wohl auch hier auf den Paulusbegleiter Aristarch (Apg 19,29; 20,4; 27,2) zurück. Aber die Er-

zählung wird vor dem Einmarsch in Rom zum Triumphzug, die ein Verkündigungswerk des Lukas ist, um zu sagen: Paulus ist am Ziel:

Am Ende des Augustuskanals (60 km vor Rom), in Forum Appii, wartete eine römische Gemeindedelegation auf Paulus; und eine zweite Delegation traf ihn am nächsten Straßenstützpunkt, in Tres Tabernae, gut 40 km vor Rom. Diese Delegationen werfen nicht nur ein Licht auf das Ansehen des Paulus in den christlichen Kreisen solcher Städte, die er bisher selbst noch nie besucht hatte, sondern auch auf den geradezu modern anmutenden Nachrichtendienst zwischen den christlichen Gemeinden. –

In Begleitung römischer Christen kam der gefangene Paulus also nach Rom (28,16–31): in das prunkvolle Rom der Kaiser und Götter, das sich inmitten der stinkenden Massenviertel wie auf Inseln erhob. Der Transportführer Julius übergab seinen Gefangenentreck der Kaiserlichen Polizei, den Prätorianern – entweder in deren Hauptlager an der Via Nomentana oder im Lager auf dem Mons Caelius *(castra peregrinorum)*.

Nach Ablauf einiger Tage wurde Paulus dem General der Kaiserlichen Polizei, Burrus, vorgeführt, der als oberster Offizier der Polizei auch gewisse Voruntersuchungen zu führen hatte: z. B. Prüfung der *elogia,* d. h. der Gefangenenbegleitschreiben, im Falle Paulus die Prüfung des Schreibens des Festus (s. S. 581, Nr. 58), ferner Entgegennahme des Berichtes der Transportsoldaten, insbesondere des Transportführers. Das Ergebnis dieses Haftprüfungstermins war die Zubilligung der *custodia libera* (etwa: Leben in Freiheit, aber Stellung unter Polizeiaufsicht). Paulus durfte eine eigene Wohnung beziehen, Besuche empfangen, Briefe schreiben, auch seine Wohnung nach Belieben verlassen und in die Stadt gehen, wohin er wollte – nur sein Wachsoldat mußte immer bei ihm sein: der haftete mit seinem Leben dafür, daß der Gefangene nicht entkam. Nachts verband ihn eine Kette mit dem Wachsoldaten; und wenn er ausging, war er ebenfalls durch die Kette an den Soldaten gefesselt, der hinter ihm gehen mußte. Damit sich die Soldaten nicht an ihren Gefangenen gewöhnen und keine Sympathie für ihn gewinnen konnten, wurde die Wache täglich gewechselt. Aber diesen Umstand benutzte Paulus zur Mission: „Ihr sollt wissen, Brüder", schrieb er an die Philipper, „daß alles, was mir zugestoßen ist, die Verbreitung des Evangeliums gefördert hat. Denn im ganzen Prätorium und bei allen übrigen ist offenbar geworden, daß ich meine Fesseln um Christi willen trage" (Phil 1,12.13).

43. *In Rom* geschah im Gefangenschaftsleben des Apostels äußerlich nicht viel. In den ersten Tagen bat Paulus um den Besuch der jüdischen Vorsteher; das entsprach ganz seiner sonstigen Übung, am ersten Sabbat nach Eintreffen in einer Stadt in die Synagoge zu gehen. Paulus erklärte ihnen, warum er als Gefangener nach Rom gekommen sei: „Um der Hoffnung Israels willen trage ich diese Fesseln" (28,20). Das kurz darauf folgende eingehendere Gespräch endete auch in Rom ähnlich, wie die Synagogenpredigten des Apostels auszugehen pflegten: „Die einen glaubten seinen Worten, die anderen blieben ungläubig" (28,24).

Mit Paulus war wahrscheinlich auch der Petrusjünger Markus in der Hauptstadt, obwohl Petrus damals nicht dort war. Jedenfalls darf man sich den gefangenen Paulus nicht zu einsam vorstellen. Aber trotz der *custodia libera* war er kein freier Missionar, kein freier Mann in der römischen Gemeinde. In Rom mag es damals etwa fünf- bis zehntausend Christen gegeben haben; zumal unter der jüdischen Bevölkerung griechischer und kleinasiatischer Provenienz, unter den Sklaven, aber auch vereinzelt unter den Bürgern und Vornehmen. Diese jüdischen, bürgerlichen und vornehmen Familien mögen es vor allem gewesen sein, die ihre Häuser für die gottesdienstlichen Zusammenkünfte zur Verfügung stellten. Es ist aber sehr zweifelhaft, ob Paulus an solchen Zusammenkünften der römischen Christen jemals teilnehmen konnte.

Vom Prozeß gegen Paulus, vom Tode des Paulus sagt die Apg nichts. Lukas schwieg wohl – seiner Leser wegen – absichtlich darüber.

44. *Das Schweigen der Apostelgeschichte* über den Fortgang des Lebens und Schicksals des Paulus hat sehr stark die Legendenbildung befruchtet. Sie setzte damit ein, daß Paulus (etwa im Jahre 63) freigelassen wurde. Das ganze Verfahren wurde, so meinte man, wegen der Grundlosigkeit oder Geringfügigkeit der Anklage niedergeschlagen. Zwar wurde

diese Freilassung des Paulus nicht von allen unbestritten angenommen; aber da noch sehr lange die Pastoralbriefe (s. d.) als Zeugnisse für das Leben des Apostels Paulus nach einer Freilassung angesehen wurden, konnte man die Legende mit anscheinend echten geschichtlichen Daten anreichern.

Von Rom aus, so erzählte man weiter, wandte sich Paulus sofort wieder der Missionsarbeit zu. Da er nach Rom gehen wollte, um von dort nach Spanien zu reisen, war es ja möglich, daß er nach seiner Freilassung nach Spanien ging. Biblische Zeugnisse liegen dafür nicht vor; jedoch berichtet Klemens von Rom (92 bis 101 war er Bischof von Rom) über eine Spanienreise des Apostels. Legendäre lokale Traditionen in den spanischen Städten Ecija und Tolosa können kaum als Bestätigungen für diese Paulusreise angesehen werden.

Sicherer schien vielen die Tradition von der Kretamission des Apostels. Falls er in Spanien war, müßte er anschließend nach Kreta gereist sein; falls er nicht in Spanien war, könnte er sich auch von Rom aus direkt nach Kreta begeben haben. Kreta besuchte er zusammen mit Titus (s. d.), den er dann dort zurückließ, um die Gemeinden des Missionsgebietes weiterzuentwickeln. Kreta war ein besonders schwieriges Missionsgebiet. Die Menschen dort galten als verweichlicht und waren von ausnehmend materialistischer Lebensauffassung. Aus den Ermahnungen des Titusbriefes könnte man ein charakteristisches Bild der gefährlichen Eigenschaften der Kreter entwerfen.

In die Zeit, in die man den Aufenthalt Pauli nach Spanien oder Kreta legen möchte, fiel die erste neronische Verfolgung, nach dem 19. Juli 64 (S. 582, Nr. 60). Ob Paulus dadurch behelligt wurde, wissen die Legendenerzähler nicht.

Ob Paulus irgendwo verhaftet wurde, wissen auch die Legendenerzähler nicht. Jedenfalls glichen die Reisen, von denen sie berichten, mehr einer Flucht als einer planmäßigen Visitationsfahrt. Vielleicht ging Paulus aber trotzdem frei nach Rom, heißt es in den Geschichten. Die Tatsache, daß Titus im Frühjahr 67 nach Illyrien ging (2 Tim 4,10), schien sogar dafür zu sprechen. Titus hätte einen verhafteten Paulus wohl kaum allein reisen lassen. Jedenfalls spricht die Tradition davon, daß Paulus im Jahre 67 in Rom war. Den Grund für diese Romreise will man darin sehen, daß die Gemeinde in Rom nach der neronischen Verfolgung einen Mann brauchte, der mit apostolischer Vollmacht und Autorität auftreten konnte; Petrus war tot.

Was die Erzähler von einem eventuellen Aufenthalt Pauli in Rom zu wissen glauben, entnehmen sie zum Teil dem 2. Timotheusbrief (s. d.), der aber kein echter Paulusbrief ist. Als Paulus bei diesem Aufenthalt in Ketten lag (2 Tim 1,17; 2,9), besuchte ihn Onesiphoros aus der Gemeinde in Ephesus; er konnte ihm manche Erleichterung bringen. „Als er nach Rom kam, ruhte er nicht, bis er mich gefunden hatte" (2 Tim 1,17).

Der Schreiber des 2. Timotheusbriefes entwirft ein Bild von der äußeren Situation und dem inneren Zustand des Apostels, indem er den Apostel selbst davon sprechen läßt. Er läßt Paulus an Timotheus in Ephesus schreiben, um den Jünger in seinem Amt zu stärken, gleichzeitig aber auch, um ihn nach Rom zu rufen; und Markus solle er mitbringen. Erschütternd klingt aus dem Brief die Sicherheit, daß bald das todbringende Urteil über ihn gesprochen werden wird (2 Tim 4,6) – aber auch der Wille zum Weiterleben: Paulus bittet um seinen Mantel. Aber er bittet auch um „die Bücher, zumal die Pergamentrollen" (2 Tim 4,13), worunter man wohl die Bibel verstehen muß.

Der Schreiber des 2. Timotheusbriefes läßt Paulus den Brief zwischen der ersten und zweiten Gerichtsverhandlung diktieren. So erhält er Gelegenheit, auch über die vergangene Verhandlung zu sprechen. Keiner, der dazu in der Lage gewesen wäre, trat für ihn ein. „Alle ließen mich im Stich" (2 Tim 4,16). Vor dem Gericht aber hat er sich selbst verteidigt, indem er sich offen zum Herrn bekannte; diesem offenen Bekenntnis schrieb der Briefschreiber die Vertagung des Prozesses zu (2 Tim 4,17).

Der Timotheusbriefschreiber nimmt also an, daß Paulus im Sommer oder Herbst 66 oder 67 in Rom war. Im Jahre 67 wurde er – nach der Tradition – hingerichtet: mit dem Schwert, weil er römischer Bürger war. Seit dem Jahre 64 galt es im Römischen Reich als Verbrechen, der Gruppe der Jesusanhänger anzugehören, die man „Christen" nannte.

Die Legende kennt einen Ort, wo Paulus nach seiner zweiten Ankunft in Rom gelehrt hat: ein Getreidelager beim Tor nach Ostia; die kleine Paulskirche „San Paolo alla regola" bewahrt diese Tradition. Die Ausgrabung von Grundmauern antiker größerer Gebäude bestätigt die Möglichkeit für die historische Tatsache; mehr kann sie nicht bestätigen.

Daß Paulus im Mamertinischen Kerker beim Kapitol gelegen hat, ist ebenfalls nur von der Legende überliefert. Das Bestreben, das Martyrium des Paulus mit dem bekannten und gefürchteten Ort zu verbinden – die Legenden haben den Zug zur Darstellung von Spitzensituationen – mag den Ort eingegeben haben.

Auch die Hinrichtung des Apostels so weit vor der Stadt (Tre Fontane) ist nur durch die Legende überliefert. Es könnte immerhin sein, daß in dieser Tradition der Kern steckt, daß die Enthauptung heimlich geschah, damit kein Aufruhr unter den Christen entstand, die sich – wie die Verlassenheit des Paulus vor dem römischen Richter zeigt – ruhig verhielten. Nur wenige wußten davon. Selbst die Tatsache seiner Hinrichtung ist zunächst nur mündlich überliefert worden. Aber die Tradition wird selten angezweifelt.

Die Briefe des Apostels Paulus

Im Anschluß an die Apg folgt im NT die Briefsammlung. Vierzehn dieser Briefe sind unter dem Namen des Apostels Paulus überliefert bzw. wurden mit Paulus in Verbindung gebracht (z. B. der Brief an die Hebräer: s. d.). Die meisten dieser Briefe waren zum Vorlesen in der Gemeinde bestimmt. (Einzelheiten unter den folgenden Briefkapiteln!)

Als Gelegenheitsbriefe enthalten sie nicht die ganze Lehre, die Paulus vorgetragen hat. Sie nehmen zu einer solchen Fülle von Fragen Stellung, daß sie mit den Evangelien zusammen das kostbarste Zeugnis urchristlicher Lehre enthalten, besonders wichtig deshalb, weil die meisten dieser Briefe früher abgefaßt wurden als das früheste der schriftlichen Evangelien. Die mündlich überlieferte Predigt der Urkirche ist in ihnen lebendig, aber auch die Freiheit ist aus ihnen erspürbar, mit der die Urapostel das Vermächtnis Jesu in die Weite der alttestamentlichen Wahrheiten setzten; Paulus ist darin in allem vorausgegangen.

Charakteristisch für die Briefe Pauli ist die rabbinische Darlegungsweise. Ganz wie die pharisäischen Schriftgelehrten, aus deren Schule er kam, benutzte Paulus die Methode der typologischen Exegese, allerdings auf seine Weise: während die Rabbinen in den Ereignissen der Schrifterzählungen das Gesetz und die Weisungen Gottes symbolisch dargestellt sahen, sah Paulus in den alttestamentlichen Schrifterzählungen das neutestamentliche Geschehen und Wirken vorgebildet.

Eine Darstellung der paulinischen Theologie in einigen Kernsätzen kann zwar nicht erschöpfend sein, aber kann wohl die Größe der theologischen Zusammenfassung durch den Apostel und ihre Bedeutung für die christliche Grundtheologie dartun:

Der eine Gott ist der Schöpfer „des Himmels und der Erde" (s. Gen 1,1) und Herr der Menschen (jüdisch-pharisäischer Glaube). Aber Mittler der Schöpfung, Erhalter der Schöpfung ist der Christus Jesus, der vor aller Schöpfung das Ebenbild des unsichtbaren Gottes war.

Der eine Gott spricht zu den Menschen in den heiligen Schriften (jüdisch-phärisäischer Glaube). Aber vollendet hat er seine Offenbarung durch den Christus Jesus.

Das Seufzen der Schöpfung nach Erlösung, verengt dargestellt im jüdischen Messiasglauben (jüdisch-pharisäischer Glaube), ist in dem Christus (Messias) Jesus gestillt worden: Er hat durch sein Leiden, seinen Kreuzestod und seine Auferstehung alle Menschen erlöst und zur Auferstehung berufen (Lehre der christlichen Urgemeinde). Darum bleibt der Christus Jesus für immer der einzige Mittler des Heils. Er hat den Menschen aus der Knechtschaft der Sünde, in die ihn das Gesetz immer tiefer hineinstieß, befreit.

Wer an den Christus Jesus glaubt, wird behandelt wie ein Gerechter; denn Gott läßt um seinetwillen Gnade walten.

Die Taufe, in Glaube und Bußgeist empfangen, versetzt den Menschen in einen neuen Zustand, der vom Heiligen Geist gewirkt wird. Der Heilige Geist schließt in der Taufe alle zu einem Leib zusammen: diese Gemeinde Christi ist das wahre neue Israel, das von der Liebe getragen wird, das vom Opfertod Christi lebt, wenn sich die einzelnen bei Brotbrechen und Kelch der Danksagung zu jener Gemeinschaft zusammenfinden, deren Haupt der Christus Jesus ist. Zu diesem neuen Bund im Blut Jesu gehören auch die Getauften aus dem Heidentum.

Am Ziel der Zeiten erscheint der eine Gott als königlicher Richter, um alle Menschen zu belohnen oder zu bestrafen; auch die Toten weckt er auf zum Gericht (jüdisch-pharisäischer Glaube). Dieses Gericht wird der Christus Jesus halten, wenn er wiederkommt

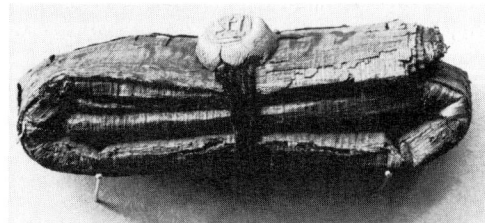

Diese Papyrusbriefe, gerollt und von außen versiegelt, die in Elephantine (Ägypten) gefunden wurden, geben ein Bild von den Briefen des Apostel Paulus, wie er sie den Boten übergab. Die abgebildeten Briefrollen stammen aus der Zeit zwischen dem 8. und 4. Jahrhundert vor Christus.

(Glaube der Urgemeinde). Er wird die Welt vollenden.

Der Stil der paulinischen Briefe, die alle in griechischer Sprache (s. d.) geschrieben sind, die Paulus offenbar gut beherrschte, ist nicht das, was man einen guten Stil nannte. Aber da ihn immer wieder die Begeisterung für die Sache Christi hinriß, ist seine Sprache oft von höchster Beredsamkeit getragen. Mit Anreden, Fragen, Einwänden, Antithesen und Personifikationen erzielt er äußerste Lebendig-

keit, die ihn manchmal auch zu stilistischen „Fehlern" hinreißt, indem er begonnene Sätze nicht zu Ende führt oder anders fortführt, als er sie begonnen. –

Von einer Sammlung der Paulusbriefe spricht schon 2 Petr 3,15. Die heutige Sammlung ist mit Sicherheit nicht vollständig. Die Reihenfolge der Briefe im Neuen Testament ist keine chronologische Reihenfolge, vielmehr sind die Briefe nach ihrer Länge geordnet.

Der Brief an die Römer

Der längste paulinische Brief ist des Paulus Brief an die Römer (Röm). Wegen seiner Länge steht er am Anfang der Sammlung; das ist in der Antike ein des öfteren angewandtes Reihenfolgeprinzip.

Die Überlieferung von einer römischen Gemeinde ist für uns nicht älter als die Kenntnis von diesem Brief; aber Paulus wußte ganz sicher schon seit längerem von der Existenz einer judenchristlichen und heidenchristlichen Gemeinde in Rom. Wann und durch wen er davon erfahren hat, ist nicht bekannt, obwohl er (in 16,1–16) eine Reihe von möglichen Namen nennt. Aber daß er sich die Frage schon lange gestellt hat: Gibt es in Rom Christen, und wie leben die dortigen Christen? – das liegt in doppelter Hinsicht nahe: Der geographische Bereich des missionarischen Wirkens des Paulus hatte seine Regierungs- und Verwaltungsspitze in Rom; und seit er an christliche Mission unter den Heiden dachte, dachte er natürlich auch an Mission in den westlichen Teilen des Römischen Reiches. Daß er dabei auch auf judenchristliche Gemeinden stoßen würde, war ihm fast selbstverständlich; Juden gab es im ganzen Römischen Reich.

Den Plan, Rom und die römische(n) Christengemeinde(n) zu besuchen, war bei ihm gewiß so alt wie er wußte, daß es in Rom Christen gab. Nach seinen (drei) Missionsreisen in Kleinasien und Osteuropa dachte er deshalb bei weiteren Plänen immer mehr an eine Reise, die ihn in das westlichste Gebiet

des Römischen Reiches führen sollte: nach Spanien. Wer konnte ihm da wohl besser helfen als Brüder der christlichen Gemeinden in Rom?

Paulus sah diese Reise nach Rom auf sich zukommen. Vorher aber wollte er noch nach Jerusalem, um dort die Gelder der Kollekte abzuliefern, die er in Mazedonien und Griechenland für die Gemeinde in Jerusalem zusammengebracht hatte. Bevor er nach Jerusalem aufbrach, war er noch drei Monate in Korinth. Dort schrieb er dann wohl den Brief an die Römer, um der römischen Gemeinde seinen Besuch anzusagen. Und weil er immer von all dem Neuen sprechen mußte, was er in seinem Glauben an Christus Jesus in sich trug, ist dieser Brief eine Art „Testament" seiner Evangeliumsverkündigung in die Hände der römischen Gemeinde geworden: für Christen aus dem Judentum und Heidentum. Der Brief mag etwa im Winter 57/58 nach Rom abgegangen sein.

Nach den ausgewählten Grußworten nennt Paulus das Grundthema seines Briefes: „Ich schäme mich des Evangeliums nicht: Es ist eine Kraft Gottes, die jeden rettet, der glaubt, zuerst den Juden, aber ebenso den Griechen" (1,16).

Die Darlegung beginnt mit einer tiefgründigen Vorstellung der sündhaften Vergangenheit aller Menschen: der Heiden (1,18–32) und der Juden (2,1–24). Über die Juden ist Gott zornig, weil sie das Gesetz nicht beachten, obwohl sie beschnitten sind (2,25–29). Aber trotzdem ist Gott den Menschen treu, obwohl sie alle schuldig sind (3,1–2).

Durch Jesus Christus werden aber alle, die an ihn glauben, ohne es verdient zu haben gerecht (3,21–26). An die Stelle des Gesetzes ist „das Gesetz des Glaubens" getreten (3,27–31). Das große Vorbild im AT für die Rechtfertigung durch Glauben war Abraham. Von ihm aus weist Paulus auf Jesus Christus hin: „Wegen unserer Verfehlungen wurde er hingegeben, wegen unserer Gerechtmachung wurde er auferweckt" (4,1–25).

Nachdem Paulus „das Heil durch den Glauben" in zwei großen Abschnitten sehr sorgfältig dargelegt hat (3,21–11,33) beginnt er einen dritten Abschnitt mit Ermahnungen – eine Darstellung, wie die Glaubenden leben sollen: daß jeder in der Gemeinde das tun soll, was seine Gabe ist (12,1–8) und daß er in ihr arbeiten soll in Liebe ohne Heuchelei; aber diese Liebe soll *allen* Menschen gelten (12,9–21). – Den Trägern der staatlichen Ordnung soll man gehorchen; denn sie sind von Gott eingesetzt (13,1–7).

Immer sollt ihr die Liebe erfüllen: „die Liebe ist die Erfüllung des Gesetzes" (13,8–14). Deshalb sollen wir auch besonders auf die Schwachen Rücksicht nehmen (14,1–15,6) und immer miteinander in Einheit leben (15,7–13).

Kann ein so wichtiger Brief nur „sozusagen eine Ankündigung" des Apostelbesuches sein, die verlängert wurde durch fast unbeabsichtigte theologische und pastorale Ausführungen? Auch hier muß man aus dem Inhalt den Anlaß ersehen. Es scheint, daß in der römischen Gemeinde Uneinigkeit zwischen den Christen aus dem Judentum und denen aus dem Heidentum herrschte, wobei die Heidenchristen sich über die Judenchristen erhaben fühlten. Paulus suchte dieser Uneinigkeit zu steuern, indem er einerseits das Zusammenfassende und Gemeinsame betonte; der Überheblichkeit der Christen aus dem Heidentum setzte er die unaufhebbare Auserwählung Israels entgegen, die er aber nicht den Judenchristen, sondern den Heidenchristen der Gemeinde Roms vor Augen führte.

Der Brief wird schon von Kirchenschriftstellern des 2. Jahrhunderts als paulinischer Brief erwähnt. Seine Echtheit wird auch heute kaum bestritten. Einige Kapitel (15 und 16) werden allerdings bezüglich der Echtheit bezweifelt, zumal der lange Grußschluß (16,1–16), der aus einem verlorenen Brief an die Epheser stammen soll.

Die Korintherbriefe

Auf seiner zweiten Missionsreise erreichte Paulus gegen Ende des Jahres 50 zum ersten Male Europa: über Mazedonien kam er nach Athen (Apg 17,16–34) und Achaia (d. h. in den Norden des Peloponnes). In Korinth gelang ihm eine Gemeindegründung mit der ärmeren Bevölkerung (1 Kor 1,26–28). Dadurch war aber der Kontakt mit den vornehmen und kulturellen Gruppen der Stadt nicht ganz verhindert, weil auch die religiösen Strömungen des Heidentums durch die ganze Bevölkerung gingen. Paulus wollte wohl durch die Gewinnung von Menschen in der Hafen- und Großstadt Korinth für das Christentum einen Einbruch in die Sittenlosigkeit dieses Landes versuchen. Er blieb dort von Ende des Jahres 50 bis Mitte des Jahres 52 (Apg 18,1–18).

Während seines Korinth-Aufenthaltes schrieb Paulus die Thessalonicherbriefe (s. d.). So war er bei aller Arbeit immer auch für die von ihm gegründeten Gemeinden tätig, bei denen er sich im Augenblick nicht aufhalten konnte.

Die Korintherbriefe sind zwei Zeugnisse der Sorge des Apostels Paulus für die korinthische Gemeinde nach seiner Abreise. Im ganzen darf man vier Korintherbriefe annehmen, von denen aber nur zwei erhalten sind. Der zeitlich erste, nicht erhaltene, ist durch 1 Kor 5,9 bezeugt; der zeitlich zweite ist der Erste (kanonische) Korintherbrief; ein dritter, nicht erhaltener Brief, der „Tränenbrief", ist durch 2 Kor 2,4 bezeugt; und der zeitlich letzte wäre dann der Zweite (kanonische) Korintherbrief.

DER ERSTE BRIEF AN DIE KORINTHER

ist ein Antwortbrief. Nach seinem Weggang von Korinth (Mitte 52) scheint Paulus einen Ermahnungsbrief an die Gemeinde in Korinth geschrieben zu haben (5,9–13), den einige Glieder der Gemeinde durch beunruhigende mündliche Nachrichten (1,11–17), andere durch einen Fragebrief beantworteten, der zugleich auch von allerlei Mißbräuchen berichtete (7,1 und 16,17). Die Antwort wiederum auf diesen Brief ist der Erste (kanonisch gewordene) Korintherbrief (1 Kor), den Paulus in Ephesus zwischen den Jahren 53 und 56 schrieb; manche datieren ihn auch auf Ostern 57 (1 Kor 5,7f.; 16,5–9 im Vergleich mit Apg 19,21).

In 1,10–6,20 behandelt der Apostel die Mißstände. Er verurteilt das Parteiwesen, das sich in einer Kephaspartei, Apollospartei und Pauluspartei breitmachte, ja in einer Christuspartei, die von menschlichen Vermittlern nichts wissen wollte. Paulus prägt den Korinthern ein, daß es nicht auf die Diener Jesu Christi ankommt, sondern auf den Herrn selbst: auf den Herrn und die Botschaft von seinem Kreuz (1,18ff.). Der Herr aber hat seine Verkünder gesandt (1,10–4,14). Paulus treibt die Vorsteher an, die Gemeindezucht zu wahren und nicht unerlaubte Eheverhältnisse zu dulden, wie sie es tun (5,1–13). Er verlangt, daß man Streitigkeiten unter Christen nicht vor heidnische Richter tragen solle (6,1–9). Er verurteilt jegliche Unzucht, der sich manche Brüder hingaben, indem sie sich auf die Freiheit des Christenmenschen beriefen (6,9–20).

Der zweite Teil (7,1–15,58) befaßt sich sodann mit den Fragen, die der Brief aus Korinth enthielt oder die Paulus von den korinthischen Abgesandten mündlich vorgelegt worden waren. Er spricht über Ehe und Ehelosigkeit (7,1–40); über die Unerlaubtheit und Erlaubtheit des Essens von heidnischem Opferfleisch und die Teilnahme an heidnischen Opfermahlzeiten (8,1–11,1); über die Verschleierung der Frau (11,2–16); über gottesdienstliche Versammlungen und die rechte Haltung bei der Eucharistiefeier (11,17–34); über den Wert der Geistesgaben, daß aber nichts über die Liebe zu setzen sei (12,1–14,40); über die Auferstehung Christi als Fundament des Glaubens und die Auferstehung von den Toten, die von manchen bezweifelt wurde (15,1–58). – Briefschluß: 16,1–24

In 1 Kor 12,31b–13,13 finden wir – oft unter dem Zwischentitel „Das Hohelied der Liebe" o. ä. – einen der tiefsten und schönsten Texte der Bibel überhaupt: kein Text, von dem man „wissen" muß, den man „kennen" muß. Er ist einer jener Texte, die für die Gesundheit und die Freude des Menschen und der Menschenwelt geschrieben worden sind. Wer die Bibel studiert, aber nicht immer wieder solche Texte aufschlägt wie 1 Kor 12,31b–13,13, auch ohne in ihnen Neues entdecken zu wollen, sondern um sich immer wieder daran zu prüfen und geistig zu bereichern, der hat noch nicht begriffen, warum man überhaupt mit der Bibel umgeht.

Schon im ersten christlichen Jahrhundert wurde dieser Brief des Apostels Paulus durch Klemens von Rom (gest. etwa im Jahr 97) als authentisch bezeugt. Dem Bibelhistoriker gibt er tiefen Einblick in die Art, wie Paulus (als Urbild der christlichen Missionare) sich um die jungen christlichen Gemeinden der „Völker" kümmerte, die mit ihren Lebensgewohnheiten ja noch dem Heidentum verbunden waren. Für den Kirchenhistoriker ist der Brief eine unerschöpfliche Quelle der Kenntnis vom frühchristlichen Gemeindeleben.

DER ZWEITE BRIEF AN DIE KORINTHER

Zwischen dem Ersten Brief an die Korinther und dem Zweiten Brief (2 Kor) ist einiges geschehen: In der Gemeinde Korinth gab es nach Ostern 57 viel Wühlerei gegen Paulus. Deshalb wollte der Apostel von Ephesus aus einen zweiten Besuch in Korinth machen (1,15). Durch eine Gefangenschaft in Ephesus wurde er daran aber gehindert. Statt dessen schrieb er einen „Tränenbrief" (ist nicht erhalten), den er durch Titus (s. d.) nach Korinth bringen ließ (2,4).

Diese Darstellung von der Verschiebung des Besuchs und daß statt des Besuchs der Tränenbrief von Ephesus nach Korinth ging, ändern allerdings andere Erklärer durch eine andere Reihenfolge; sie sagen: Als es nach Ostern 57 in Korinth zu der Krise kam, machte Paulus dort einen kurzen Besuch, bei dem es zu harten Auseinandersetzungen kam. Als er beim Fortgang dann versprach, er werde bald wiederkommen, um alles in Ruhe zu ordnen, aber dann in Ephesus in Gefangenschaft geriet, mußte er (statt des längeren Besuchs) durch Titus den Tränenbrief bringen lassen.

Nach seiner Freilassung in Ephesus reiste Paulus dann über Troas nach Mazedonien, um dort Titus mit seiner Antwort aus Korinth zu treffen (2,13 und 7,6). Was Titus als Antwort zu erzählen wußte, war gut (7,6–16). Paulus durfte auf Versöhnung hoffen.

Von Mazedonien aus schrieb Paulus (noch im Spätherbst 57) seinen Zweiten Korintherbrief als großangelegten Rechtfertigungsbrief, in dem er den Korinthern die Größe, aber auch den absoluten Dienstcharakter des Apostelamtes vor Augen stellte (Kap. 1–7). Dann bittet er, die begonnene Kollekte für die Gemeinde in Jerusalem fortzusetzen; er sagt den Korinthern, wie sehr Gott die Mazedonier als Geber begnadet hat (Kap. 8–9).

Dieser Brief ist durch seinen Inhalt das wichtigste Dokument für Charakter und Temperament des Apostels und für seine Auffassung vom Apostelamt. Zugleich bezeugt er aber auch die Spannungen, die die Einbeziehung der Völker in die Mission mit sich brachten (Kap. 10–13).

Die Kanonizität des Zweiten Korintherbriefes ist seit der ersten Hälfte des 2. Jahrhunderts bezeugt.

Wer den Brief mit kritischer Aufmerksamkeit liest und für einige Fragen offen sein will, könnte sich für einige Beobachtungen der Bibelwissenschaftler interessieren:

Die Verse 6,14–7,11 unterbrechen den Zusammenhang; manche Wissenschaftler nehmen an, bei diesen Zeilen handle es sich um Worte aus dem verlorenen Brief, den wir im Vorwort als möglichen ersten angegeben haben; dann müßte man für 2 Kor von 6,13 direkt zu 7,12 übergehen.

Von vielen werden die Kapitel 8 und 9 als *zwei* Briefe zur Kollekte angesehen; es könnte auch sein, daß Kap. 8 Teil von 2 Kor ist, Kap. 9 aber als Brief für sich oder als Teil eines anderen Briefes anzusehen ist.

Die Kap. 10–13 halten nicht wenige für Abschnitte des „Tränenbriefes". Wer den Ton dieser Abschnitte beachtet, wird diese Meinung verstehen. Die vorhergehenden Abschnitte haben nicht so harte Klänge.

Solche gestörten Reihenfolgen wären daraus zu erklären, daß man in späteren Zeiten Fragmente aus Paulusbriefen gefunden hat, die man dann irgendwo in Briefe einfügte, wo man sie für passend hielt.

Der Brief an die Galater

Der Galaterbrief (Gal) des Apostels Paulus wurde wahrscheinlich 54/55 von Ephesus aus geschrieben. Auf seiner zweiten Missionsreise (etwa im Jahr 50), nach dem Apostelkonzil (etwa 49), hatte er in Galatien mehrere Gemeinden gegründet (Apg 16,6); zu Beginn der dritten Reise besucht er sie noch einmal (Apg 18,23). In Ephesus erfuhr er nun über eben diese heidenchristlichen Gemeinden, daß bei ihnen judenchristliche Missionare aufgetreten waren, die – entgegen der Lehre des Apostels Paulus – den galatischen Christen die Annahme der Beschneidung und des jüdischen Gesetzes als notwendige Voraussetzung für das Heil gepredigt hatten. Auch alte heidnische Anschauungen und Bräuche, wie sie in Galatien lebendig waren, wurden von ihnen mitempfohlen. Um mit ihrer Lehre durchzudringen, suchten sie das Ansehen des Paulus herabzusetzen: er sei kein vollgültiger Apostel. Die Galater waren also in Gefahr, sich vor allem jüdische Fesseln anlegen zu lassen, gegen die Paulus zugunsten der Heidenchristen so sehr gekämpft hatte. So mußte Paulus sie ermahnen, beim gesetzesfreien Evangelium zu bleiben und sich nicht selbst zu versklaven (1,6–9). – Vgl. auch weiter unten das Kapitel über den Kolosserbrief.

Zuerst stellt sich Paulus noch einmal als Verkünder des rechten Evangeliums und als anerkannten Apostel vor. Und das ist er, auch ohne daß er das Gesetz verkündet. Das Apostelkonzil (s. d.) hat ihm die Freiheit gegeben, das Evangelium gesetzfrei (und ohne die Beschneidung zu fordern) anzubieten (1,11–2,21). Dann umreißt er noch einmal den Inhalt des gesetzfreien Evangeliums. Schon das AT lehrt am Beispiel Abrahams, daß der Glaube und nicht das Gesetz das Heil bringt. Das Gesetz sollte den Menschen auf den Glauben hin bewahren; mit dem Glauben an Christus Jesus ist aber die *Freiheit* vom Gesetz gekommen. Wer wollte sich da von neuem durch das jüdische Gesetz versklaven lassen und damit den befreienden Christus verlieren (3,1–5,12). Die Freiheit kann aber nur gelebt werden im Geist und in der Liebe. Deshalb schließt der Apostel seinen Brief mit eindringlichen Mahnungen zum Dienen in Liebe und zur Nächstenliebe (5,13–6,10).

Die meisten Bibelwissenschaftler heute nehmen an, daß sich die galatischen Gemeinden den beschwörenden Brief des Paulus zu Herzen genommen und sie den Kontakt mit Paulus erneuert haben (s. dazu 1 Kor 16,1). Für uns ist das Schreiben eine lebendige Darstellung der Gefahren, in die junge Gemeinden durch fanatische Prediger kommen konnten.

Die Echtheit und Kanonizität des Briefes ist seit Beginn des zweiten Jahrhunderts bezeugt.

Die Galater waren keltische Stämme, die um 300 v. Chr., als der germanische Druck gegen ihre Wohnsitze in den südlichen Rheingauen begann, nach Südosten zogen und auf dem Balkan als brandschatzende Stämme umherzogen. Etwa um 270 v. Chr. setzten sie sich im kleinasiatischen Hochland von Mittelphrygien fest; nach ihnen erhielt die Landschaft den Namen Galatien.

Zwischen 270 und 189 v. Chr. lebten große Volksteile der drei galatischen Stammstaaten noch als Halbnomaden, von denen jeder vier Fürstentümer hatte. Ihre Stammesverfassung gaben sie auch nicht auf, als sie um 111 v. Chr. hellenisiert wurden. Aber neben der griechischen Sprache blieb unter ihnen bis ins vierte nachchristliche Jahrhundert die keltische Sprache lebendig.

Seit 25 v. Chr. war die Landschaft Galatien der nördliche Teil der römischen Provinz Galatien.

Der Brief an die Epheser

Der Epheserbrief (Eph) trägt seinen Namen wahrscheinlich zu unrecht. Wegen seiner unpersönlichen Haltung – im Brief an eine Gemeinde, in der Paulus drei Jahre gewirkt hat! – glaubt man heute im „Epheserbrief" ein Sendschreiben an die Christen eines größeren Gebietes (Kleinasien?) vor sich zu haben. In sehr bedeutenden alten Abschriften des Briefes fehlt im Anschriftensatz die Angabe „in Ephesus" (1,1). Das war für viele Herausgeber – z. B. Nestle und Vogels (s. d.) – der Anlaß, diese Worte im griechischen Text einzuklammern. Paulus, d. h. der Briefschreiber, scheint die Adressaten gar nicht gekannt zu haben oder bei ihnen selbst nicht bekannt gewesen zu sein (1,15; 3,2–4; 4,21).

Auch die Annahme, daß Paulus der Autor war, wird deshalb heute von vielen Forschern nicht mehr aufrecht erhalten. Ein Schüler des Paulus (in Ephesus?) könnte der Verfasser des Schreibens sein; höchstens möchte man sagen, daß ein solcher Schüler den Brief im Auftrag

des Paulus geschrieben habe: für möglich halten manche die Zeit der römischen Gefangenschaft des Paulus (in den Jahren 61/62: s. 4,1).

Daß Paulus in Anschrift und Grußwort als Absender genannt wird, kann einfach mit der Absicht zusammenhängen, den Brief mit der Autorität des Apostels zu verbinden. Das empfand man nicht als Fälschung.

Den „Epheserbrief" sehen viele heute nicht mehr so sehr als einen apostolischen Brief an, obwohl er die Form eines Briefes hat. Die eigentliche Absicht dieses Schreibens könnte gewesen sein, Anregungen für die Formulierung liturgischer Texte (s. 1,3; 1,16; 3,1; 3,14; 3,21), von Lehrtexten und Standespflichten (5,21–6,9) zu geben. Letztere Form von Belehrungen war im ersten Jahrhundert allgemein bekannt. Solche „Haustafeln" gehörten auch zur Form der Sittenlehre bei Heiden und Juden.

In die Warnung vor den Werken der Finsternis flicht der Briefschreiber drei Verszeilen (wahrscheinlich) aus einem urchristlichen Taufruf ein:

Wach auf, du Schläfer,
und steh auf von den Toten,
und Christus wird dein Licht sein
(5,14).

Das vornehmlich an Christen aus dem Heidentum gerichtete Schreiben ist ein Loblied auf die Gnade Gottes, die Wohltat der Erlösung und die einzigartige Würde des Christen. Deshalb nennt das Schreiben sie „die Heiligen" (1,1), d. h. die durch Taufe und Geist Geheiligten. Zu ihnen gehören auch die ehemaligen Heiden, denen der Apostel bzw. sein Beauftragter schreibt und für die er sich ganz besonders als gleichberechtigte Mitgenossen der Erlösung einsetzt (1–3). Daran anschließend ermahnt das apostolische Schreiben zum christenwürdigen Leben unter dem Haupte Christus (4,1–16). Neue Menschen, nicht mehr Heiden sollen sie sein (4,17–24): Christen, die ihre Liebespflichten gegen den Nächsten kennen und erfüllen (4,25–5,2); die nicht die heidnischen Werke der Finsternis vollbringen, sondern mit den Waffen des Lichtes kämpfen (5,3–20). Als Eheleute, als Kinder, als Väter, als Sklaven haben sie alle in ihrem neuen christlichen Stand Aufgaben des Friedens und der Liebe (5,21–6,9). Dazu hilft ihnen die Waffenrüstung Gottes: der Streiter Christi kämpft mit Wahrheit, Gerechtigkeit, Bereitschaft für das Evangelium des Friedens, mit dem Schild des Glaubens, dem Helm des Heiles, dem Schwert des Geistes, welches Gottes Wort ist (6,10–20).

Seit dem 2. Jahrhundert (Irenäus) ist der Epheserbrief als kanonisch anerkannte Schrift bezeugt. Er enthält die tiefsten theologischen Aussagen des Neuen Testaments über die Kirche; Grund genug für die kanonische Autorität.

Vorlage für das Schreiben muß der Kolosserbrief (s. d.) gewesen sein; der Epheserbrief hat mit dem Kolosserbrief fast die Hälfte der Verse gemeinsam. Jedoch ist der Gedankengang erweitert. –

Die Diskussion um die Echtheit bzw. über die Zusammenhänge zwischen dem Schreiber des „Epheserbriefes" und dem Apostel Paulus geht weiter.

Der Brief an die Philipper

Der Philipperbrief (Phil) ist an die christliche Gemeinde von Philippi im östlichen Mazedonien gerichtet, einer Stadt, die im 7. Jahrhundert v. Chr. gegründet und von Philipp II., dem Vater Alexanders d. Gr., zur Residenz ausgebaut wurde. In der Zeit des Paulus gehörte sie zur römischen Provinz Mazedonien, in der sie als Bergwerksstadt, Militärort und als Handelsstadt eine große Rolle spielte. Die meisten Einwohner von Philippi waren Römer und sprachen lateinische oder griechische Dialekte.

Paulus gründete etwa im Jahre 50 in Philippi die erste Christengemeinde Europas – eine heidenchristliche Gemeinde; vielleicht wurde sie auch deshalb seine Lieblingsgründung, die er dadurch auszeichnete, daß er ihr gestattete, ihn als einzige Gemeinde mit Geld zu unterstützen.

Als der Philipper Epaphroditos Paulus um das Jahr 55 ein Kollektenergebnis in die Gefangenschaft nach Ephesus brachte – aus der Apg wissen wir keine Einzelheiten über diese Gefangenschaft; aber aus 2 Kor 1,8–10 und 11,22–33 läßt sie sich ersehen. – Der Philipper berichtete dem Apostel eingehend über die Lage der Gemeinde. Epaphroditos wurde dann in Ephesus sehr krank und blieb anscheinend längere Zeit dort. Vor der Rückreise des Epaphroditos schrieb Paulus diesen Brief und gab ihn seinem „Bruder, Mitarbeiter und Mitkämpfer" mit. Als Absender nennt Paulus neben sich selbst auch Timotheus (s. d). Die Adressaten sind neben der Gemeinde im allgemeinen („alle Heiligen" = die durch die Taufe Geheiligten) auch die „Bischöfe und Diakonen", d. h. diejenigen, die in der Gemeinde als Aufseher und helfende, karitative Diener wichtige Dienste tun (1,1.2). Der Brief wurde etwa im Jahr 55 geschrieben.

Der Inhalt des Briefes ist Dank für die Hilfe,

wodurch die Spender an Leiden und Freuden des Apostels Anteil haben und damit Helfer für das Evangelium werden: für den Tag Christi (1,3–11). Dann berichtet Paulus über sich selbst und seine Missionsarbeit: Auch durch seine Gefangenschaft durfte er das Evangelium ausbreiten. Und die meisten wissen das! (1,12–26).

Paulus betont, daß für ihn das Wichtigste ist, die Philipper in einem Geiste zu wissen, mit dem sie „einmütig für den Glauben an das Evangelium" kämpfen. Unser Leben soll ein Leben in Christus sein: „er erniedrigte sich und war gehorsam bis zum Tode, bis zum Tod am Kreuze." Diese Worte aus einem vielleicht vorpaulinischen Christushymnus (2,5–11), der abschließt mit dem Glaubensbekenntnis der Christen: „Jesus Christus ist der Herr!" – Lebt als Kinder Gottes „mitten in einer verdorbenen und verwirrten Generation, unter der ihr als Lichter in der Welt leuchtet" (1,27–2,18). Dann spricht der Apostel davon, daß er selbst einmal wieder nach Philippi kommen möchte, wenn es ihm möglich ist. Bald aber will er Timotheus schicken (2,19–30).

Angesichts aufkommender Irrlehren warnt der Apostel die Philipper vor angeblich christlichen Wanderpredigern des Judaismus und vor heidnischen Einflüssen; er weist auf sich selbst als Beispiel hin, der er vom Gesetzesjuden und vom Feind des Kreuzes Christi zum Verkünder Jesu geworden ist (3,1–4,1). Mit einigen persönlichen Mahnungen, mit Dank und Gruß schließt der Brief (4,2–23).

Der Brief an die Kolosser

Der Kolosserbrief (Kol) wurde von Paulus in einer Gefangenschaft geschrieben: entweder in Cäsarea (s. Apg 23,33 bis 26,32) um das Jahr 58 oder in Rom (s. Apg 28,16–31) nach dem Jahr 59. Der Brief selbst erwähnt die Gefangenschaft ohne Ortsangabe (4,3.10.18; s. auch 1,24). Paulus erfuhr damals, daß in der Gemeinde von Kolossä am Flusse Lykos, in der Nähe von Laodizäa in Phrygien (Westkleinasien) eine neue Lehre die Christen beunruhigte. Über diese Lehre wissen wir nichts Näheres; aus dem Brief zu ihrer Bekämpfung läßt sich aber einiges schließen:

In der Einleitung lobt Paulus Gott für den Glauben der Kolosser, die Epaphras in seinem Auftrag für die Kirche Jesu Christi gewonnen hat (1,1–12); Paulus selbst kennt die Gemeinde nicht. Er hebt die einzigartige Stellung Christi hervor, der durch nichts (auch nicht durch Engel) verdrängt werden kann; er ist das Haupt der christlichen Brüdergemeinschaft. In einem Christuslied, das anscheinend viele kennen, erinnert er an diese Stellung Christi, die sich auch auf die Gemeinde bezieht (1,15–20). Nun haltet an der Botschaft von ihm fest! (1,21–23). Und wenn wir leiden, nehmen wir auch an der Vervollkommnung seiner Gemeinde teil (1,24–29). In Christus „sind alle Schätze der Weisheit und Erkenntnis verborgen. Das sage ich, damit euch niemand durch Überredungskünste täuscht" (2,1–7).

Dann warnt Paulus vor der Philosophie und falschen Lehre der Irrlehrer, die sich „nur auf menschliche Überlieferung stützen" und auf Elementarmächte, nicht aber auf Christus. Er warnt sie vor einer leiblichen Beschneidung, nachdem sie doch in der Taufe durch Christus beschnitten worden. Er warnt sie davor, jüdische Bräuche und Feste zu übernehmen; denn all das sind „menschliche Satzungen und Lehren" (2,8–23).

„Ihr seid mit Christus auferweckt" (3,1), darum sollt ihr alles alte Irdische in euch töten und zu einem neuen Menschen werden. „Wo das geschieht, gibt es nicht mehr Griechen oder Juden, Beschnittene oder Unbeschnittene, Fremde, Skythen, Sklaven oder Freie, sondern Christus ist alles und in allen" (3,2–17). Daran schließt der Apostel eine christliche Familien- und Hausordnung an, die das soziale Leben der Nähe sehr deutlich ausspricht (3,18–4,1).

Die Echtheit des Briefes ist oft angezweifelt worden. Das Vokabular ist – wie beim Brief an die Epheser (s. d.) – auffallend, die Christologie entspricht nicht den früheren Briefen. Aber beide Briefe (so sagen die Verfechter der Echtheit) ergaben sich aus der Situation: aus dem Kampf gegen eine jüdisch-hellenistische Nebenlehre und aus der Notwendigkeit, ihr ein entsprechendes Christusbild entgegenzusetzen: deshalb lehrhafter Hauptteil (Kap. 1 u. 2) und mahnender zweiter Teil (Kap. 3 u. 4). Aber das Ganze wirkt (gegenüber Epheser) wie ein echter Brief. Das ist inzwischen auch von vielen früheren Gegnern der Echtheit des Kolosserbriefes anerkannt worden.

Für die Echtheit spricht auch die Erwähnung des Philemonsklaven Onesimus (4,9), um den es in dem fast ausschließlich als echt anerkannten Brief des Paulus an Philemon (s. d.) geht. Onesimus wurde Angehöriger der Gemeinde in Kolossä.

Die alte Kirche hat den Brief seit Beginn des 2. Jahrhunderts als echt und kanonisch angenommen.

Zwei Briefe an die Thessalonicher

Diese beiden Briefe wurden an eine Gemeinde gerichtet, die Paulus auf seiner zweiten Missionsreise, um das Jahr 50, von Philippi kommend, unter den griechischen und römischen Menschen von Thessalonich (Thessaloniki/Saloniki) gegründet hatte. Er mußte die neue Gemeinde aber schon bald wieder verlassen, weil die Juden der Stadt ihn und mit ihm die neuen Christen wegen der Messiasverkündigung als kaiserfeindlich bedrohten (Apg 17,1–10).

Thessalonich war die zweite Gemeindegründung des Paulus in Europa. In römischer Zeit (also zur Zeit des Paulus) war es Hauptstadt der römischen Provinz Mazedonien. Seine Lage hatte sie zu einem Handelszentrum und einer bedeutenden Hafenstadt gemacht.

Nachrichten über das Gemeindeleben der Thessalonicher beunruhigten den Apostel; aber es gelang ihm nicht, zur Beilegung der Irrtümer und Zweifel noch einmal in den Norden zu reisen. Von Athen aus sandte er deshalb Timotheus nach Thessalonich (1 Thess 3,1), der ihn nach seiner Rückkehr in Korinth wiedertraf (Apg 18,5). Der Bericht des Timotheus veranlaßte Paulus zu einem ersten Brief an die Thessalonicher. Von allen erhaltenen Paulusbriefen ist dieser Brief der älteste.

DER ERSTE BRIEF AN DIE THESSALONICHER

ging also im Jahr 51/52 von Korinth aus in die Stadt im Norden: Die ersten drei Kapitel sind eine von Herzlichkeit getragene Darstellung der Lage einer Gemeinde ehemaliger Heiden und ihres Verhältnisses zu Paulus. Er erinnert sich immer wieder an ihren Glauben, ihre Opferbereitschaft aus Liebe und ihre beharrliche Hoffnung „auf Jesus Christus, unsern Herrn". Trotz aller Bedrängnis (von seiten der Juden) wurden sie ein Vorbild „für alle Gläubigen in Mazedonien und in Achaia". Dieser Hinweis auf die Bedrängnis wiederholt sich im Brief immer wieder. Aber durch diese Bedrängnis haben sie die Freude nicht verloren (1,2–10).

Paulus erinnert die Thessalonicher an sein Wirken unter ihnen: daß er sie alle wie ein Vater gelehrt habe. Aber er habe zur selben Zeit auch in seinem Beruf (als Zeltmacher) gearbeitet, „um keinem von euch zur Last zu fallen" (2,1–12). Sie haben das Evangelium angenommen und sind damit den Gemeinden gleich geworden, die das Wort Gottes in Judäa angenommen haben (2,13–16). Leider konnte er sie aber nicht besuchen. Deshalb habe er Timotheus zu ihnen gesandt; und der habe vom Glauben ihrer Gemeinde gute Nachricht gebracht (2,17–3,13).

Der zweite Teil des Briefes (Kap. 4–5,22) beginnt mit Mahnungen zur Heiligung des Lebens: Meidet die Unzucht! Verkehrt mit eurer Frau in Achtung vor ihr! Meidet den Ehebruch! Seid redlich bei Geschäften! (4,1–12).

Dem fügt Paulus ein Wort an über die Gegenwart der Gläubigen bei der Ankunft Christi: bei ihr werden nicht nur die noch Lebenden, sondern auch die entschlafenen Christen zum Leben mit dem Herrn entrückt; es sei deshalb nicht recht, so sehr wie die anderen um die Toten zu trauern (4,13–18).

Zu diesem Tag des Herrn sollen wir immer bereit sein (5,1–11). Deshalb „erkennt die unter euch an, die sich solche Mühe geben, euch im Namen des Herrn zu leiten und zum Rechten anzuhalten!" (5,12–22).

Aus dem Schluß des Briefes (5,27) geht hervor, daß das Schreiben an die (oder den) Vorsteher der Gemeinde gerichtet ist; sie (oder er) sollen dafür sorgen, daß alle in der Gemeinde den Inhalt des Briefes erfahren!

DER ZWEITE BRIEF AN DIE THESSALONICHER

(2 Thess) scheint mehrere Monate später – ebenfalls von Korinth aus – geschrieben worden zu sein. Der Bote, der mit dem ersten Brief nach Thessalonich gereist war, kam zurück und berichtete, die Gemeinde sei zwar standhaft, aber nach dem Auftreten schwärmerischer adventistischer Prediger erwarte man die Wiederkunft Christi schon bald, so daß große Verwirrung herrsche. Paulus schreibt darauf diesen zweiten Brief, in dem er vor falschen Wiederkunftserwartungen warnt.

Das Eingangskapitel ist, so möchte man sagen, eine große *captatio benevolentiae:* Paulus lobt den Glauben und die Liebe der thessalonicher Gemeinde, die sie bei aller Bedrängnis verwirklicht. Jesus wird ihr das am Tag seiner Ankunft vergelten (1,3–12). Aber der Tag des Herrn ist noch nicht da! Die Gemeinde soll sich das nicht vormachen lassen! „Denn zuerst muß der Abfall von Gott kommen..., der Widersacher, der sich über alles, was Gott oder Heiligtum heißt, so sehr erhebt, daß er sich sogar in den Tempel Gottes setzt und sich als Gott ausgibt" (2,1–12).

Sie sollen sich durch nichts entmutigen lassen (2,13–17). Auch die Arbeit sollen sie nicht aufgeben; das Beispiel habe er ihnen doch nicht gegeben! (3,1–12). In der Zeit der Erwartung „werdet nicht müde, Gutes zu tun". Denn, der anders denkt, sollen sie aber nicht als Feind behandeln, sondern als Bruder zurechtweisen (3,13–15). –

Beide Briefe enthalten also die Botschaft von der Wiederkunft Christi und die Weisung, wie die Gemeinde diesen Tag erwarten soll.

Die Echtheit beider Briefe als Paulusbriefe wurde seit dem 2. Jahrhundert angenommen.

Drei Pastoralbriefe

An den Zweiten Thessalonicherbrief des Paulus schließen sich in den meisten Ordnungen des NT drei Briefe an, die nach einem Buchtitel des evangelischen Theologen Paul Anton seit 1753 immer mehr die Bezeichnung „Pastoralbriefe" (Past) führen. (Übrigens nannte schon Thomas von Aquin – gest. 1274 – den Ersten Brief an Timotheus einen „Hirtenbrief": *pastoralis regula.*) Bei diesen „Pastoralbriefen" geht es um den Ersten Brief an Timotheus, den Zweiten Brief an Timotheus und einen Brief an Titus. Grund für diese Bezeichnung: Die Briefe wenden sich nicht eigentlich an urchristliche Gemeinden, sondern an urchristliche oder frühchristliche Gemeindevorsteher (*pastor* = Hirte). Trotz ihrer Kürze gehören sie zu den folgenreichsten Schriften des NT, weil sie eine Menge praktischer Anweisungen enthalten, die bis auf den heutigen Tag beachtet blieben.

Die Echtheit der Pastoralbriefe als Paulusbriefe wurde allerdings seit 1807 angefochten. Der einflußreichste Theologe in dieser Frage war Friedrich Ernst Daniel Schleiermacher, der nicht Paulus, sondern einen nachpaulinischen Schreiber oder nachpaulinische Pastores als Schreiber dieser Briefe ansprach, die er in die Zeit gegen 100 n. Chr. einordnete. Sie bedienten sich des Namens und der Autorität des Apostels Paulus, um die sich immer mehr verfestigenden Ämter der Christenheit im Geiste des Paulus zu formen und zu füllen.

Die damalige Zeit sah einen solchen Namensgebrauch nicht als Fälschung an, sondern als Hinweis darauf, in welchem Geist solche Briefe oder Schreiben verstanden werden wollten.

Warum die Briefe an Timotheus und Titus adressiert wurden, geht aus den kurzen Namensartikeln vor den Briefbesprechungen selbst hervor (s. unten). Diese Abschnitte berichten, wie sehr Timotheus und Titus in die Missionsarbeit des Paulus geistig und praktisch einbezogen waren. So waren sie beide als vorbildliche Hirten bekannt, und deshalb gab es keine besseren Adressaten als diese, wenn eine schriftliche Pastoralanweisung zugleich auch eine Empfehlung für die Zukunft sein sollte.

TIMOTHEUS

wird in der Apostelgeschichte und in mehreren Paulusbriefen als geschätzter Mitarbeiter des Paulus erwähnt. Er wurde in Lystra als Kind eines griechischen heidnischen Vaters und einer jüdischen Mutter geboren. Als Paulus auf seiner ersten Missionsreise in Galatien auch nach Lystra kam (Apg 14,6ff.), konnte er den jungen Mann wohl schon für das Evangelium gewinnen; vielleicht hieß er erst danach „Timotheos".

Bei seinem zweiten Besuch in Lystra hörte Paulus von den Christen der Stadt viel Gutes über Timotheus (Apg 16,2). Deshalb wollte der Apostel den Christen Timotheus als Begleiter auf der zweiten Missionsreise verpflichten. Um ihn auch bei seiner Mission unter den galatischen Juden einsetzen zu können, ließ er Timotheus beschneiden (Apg 16,3). Von da an war Timotheus ständiger Begleiter des Paulus.

Der Apostel betrachtete ihn so sehr als Mitmissionar, daß er am Kopf mehrerer Briefe sich und Timotheus als gemeinsame Absender nennt, z. B. „Paulus und Timotheus, Knechte Jesus Christi..." o. ä. (1 und 2 Thess, 2 Kor, Kol, Phil). Des öfteren schickt ihn der Apostel auch zu kritischen Situationen als seinen Vertreter in die Gemeinden (s. Apg 18,5; 1 Thess 3,1 ff.; 1 Kor 4,17; 16,10; Apg 19,22; Röm 16,21; Apg 20,4; Phil 2,19–30).

DER ERSTE TIMOTHEUSBRIEF

ist ein Brief unter dem Namen des Paulus an Timotheus in Ephesus, der in Ephesus bleiben sollte, um jüdische Verteidiger der Gnosis (s. d.) daran zu hindern, mit Lehren über allerlei namentliche Zusammenhänge des AT die Welt Gottes falsch darzustellen (1,3–7). Die Gesetzlosen sollen sich durch das Gesetz leiten lassen, aber die das Evangelium angenommen haben, wissen auch ohne das Gesetz, was sie zu tun haben (1,8–11). Paulus hat diese Befreiung vom Gesetz zum Evangelium selbst erlebt (1,12–17).

Neben dem Hinweis auf den rechten Glauben gibt der Brief Hinweise auf rechten Gottesdienst: auf Bittgebete, Lobgebete, Fürbitten für alle Menschen und Danksagung (2,1–7). Der Hinweis auf die Art des Lebens der Männer und Frauen ist nichts anderes als Hinweis auf bewährte jüdische Lebensweise. Von vielen Lesern heute wird das nicht mehr angenommen; gerade deshalb sollte es befragt und diskutiert und für unsre Welt tragbar ausgelegt werden (2,8–15).

Kapitel 3 spricht von der rechten Art des Vorstehers und der Diakone einer Gemeinde und wie sie ihre Ämter verwalten sollen (3,1–7 und 8–13). All das wird des großen Geheimnisses unsres Glaubens wegen gesagt (3,14–16).

Wie sehr den Briefschreiber die falschen und lügnerischen Lebenshaltungen der gnostischen Irrlehrer besorgtmachen, zeigt 4,1–5, wenn er mittten in den Hinweisen für die ordentliche Gemeinde noch einmal auf dieses am Anfang des Briefes schon einmal angerührte Problem zurückkommt („Sie verbieten die Heirat und fordern den Verzicht auf bestimmte Speisen...").

Dem folgen persönliche Mahnungen, z. B. wie Timotheus sein Hirtenamt richtig verwalten kann; gerade in diesen Zeilen (4,6–6,21) sind eine Menge Angaben enthalten, aus denen wir auf die Situation und die Bräuche der Urkirche oder der frühen Kirche, nicht nur der Kirche von Ephesus, wo Timotheus tätig war, schließen können. „Vernachlässige die Gnade nicht, die in dir ist und die dir verliehen wurde, als dir die Ältesten... gemeinsam die Hände auflegten" (4,14). – „Eine Frau aber, die wirklich eine Witwe ist und allein steht, setzt ihre Hoffnung auf Gott... Wenn eine jedoch ein ausschweifendes Leben führt, ist sie schon bei Lebzeiten tot" (5,5.6). „Eine Frau soll nur dann in die Liste der Witwen aufgenommen werden, wenn sie mindestens sechzig Jahre alt ist, nur einmal verheiratet war; wenn bekannt ist, daß sie Gutes getan hat" (5,9.10); das weist auf einen ordensähnlichen Witwenstand hin.

„Lege keinem vorschnell die Hände auf" (5,22). – „Alle, die das Joch der Sklaverei zu tragen haben, sollen ihren Herren alle Ehre erweisen, damit . . . die Lehre nicht in Verruf komme" (6,1). – Aus diesen und anderen Stellen lassen sich auch dunkle Stellen der frühen Kirche herauslesen.

In dem Brief spricht Paulus die Hoffnung aus, bald nach Ephesus kommen zu können. Da der Brief aber wohl nach dem Tode des Paulus geschrieben wurde, möchte der Schreiber durch solche Sätze den Brief in die Zeit des Apostels fiktiv hineindatieren.

DER ZWEITE TIMOTHEUSBRIEF

(2 Tim) enthält ebenfalls Mahnungen, ähnlicher Art wie im ersten Brief, aber auch manches persönliche Wort; im Grunde, so möchte es der Schreiber darstellen, bringt es Paulus gar nicht mehr fertig, rein persönliche Worte zu sagen; immer stellt er das Persönliche in Bezug zu seinem Apostelamt, von dem er seine hohe Auffassung bezeugt (2,1–13). Da aber der Brief kein echter Paulusbrief ist, liegt gerade in dieser im Brief gebotenen Haltung die stärkste Mahnung, die der Schreiber geben möchte.

Der Brief ist so angelegt, als ob er von Paulus aus dem Kerker in Rom geschrieben würde (1,17), wo er „sogar wie ein Verbrecher gefesselt" ist; „aber das Wort Gottes ist nicht gefesselt" (2,9). Deshalb ist das rechte Verhalten gegenüber den Irrlehrern: Abstand, Freundlichkeit statt Streit, Geduld. Das Ziel ist zunächst nicht Auseinandersetzung, sondern Umkehr der Irrenden (2,14–26).

In der Endzeit werden die Menschen von einer umfassenden Selbstsucht befallen. „Den Schein der Frömmigkeit werden sie wahren, doch die Kraft der Frömmigkeit werden sie verleugnen. Wende dich von diesen Menschen ab" (3,1–9). Und er ermahnt Timotheus, alles was er gelernt hat durch Glaube, Liebe, Leiden, Schriften und Weisheit zur Erziehung in der Gerechtigkeit zu gebrauchen (3,10–17).

Tritt für die gesunde Lehre ein, sagt zum Schluß der Schreiber zu Timotheus; „denn es wird eine Zeit kommen, in der man die gesunde Lehre nicht erträgt" (4,3). Die Zeilen 4,1–8 sind sozusagen ein ermunterndes Testament des Paulus.

TITUS

an den der „Brief an Titus" (Tit) geschrieben sein soll, war ein Mitarbeiter des Apostels Paulus. In der Apostelgeschichte (s. d.) wird dieser Titus nicht genannt, dagegen erscheint sein Name mehrmals in den Paulusbriefen, auch in den älteren, nicht nur im „Brief an Titus". In Gal 2,3 heißt es von ihm: „Nicht einmal mein Begleiter Titus, der Grieche ist, wurde gezwungen, sich beschneiden zu lassen." Paulus hatte ihn für das christliche Evangelium gewonnen (Tit 1,4). Als Paulus im Jahre 48/49 zum Apostelkonzil nach Jerusalem reiste, war Titus bei ihm (Gal 2,1).

Im Jahre 50/51 kam Paulus zum ersten Male nach Korinth, wo er die Christengemeinde gründete. Als er zwei Jahre darauf aus Korinth von schweren unchristlichen Lebensvorgängen erfuhr, schrieb er seinen ersten Brief an die Korinther, der schwere Krisen für die Gemeinde hervorbrachte. Er wollte daraufhin in Korinth einen Besuch machen (2 Kor 1,15), konnte den Plan aber nicht erfüllen (2 Kor 2,1). Er schrieb einen „Tränenbrief" (2 Kor 2,3). Mit diesem Brief sandte er (im Jahr 57) Titus nach Korinth, nachdem er ihn wiedergefunden hatte (2 Kor 2,12–13). In 2 Kor 7,6–16 steht dann etwas von der Wirkung und vom Trost bei der Rückkehr des Titus aus Korinth zu Paulus, der damals in Mazedonien war.

In 2 Kor 8,6ff., über 8,16.17.23 erwähnt Paulus dann die Sammlung für Jerusalem, für die sich Titus – wohin er auch kam – mit Eifer einsetzte.

In 2 Kor 12,18 hebt Paulus noch einmal die Zuverlässigkeit und Ehrenhaftigkeit seines Mitarbeiters Titus hervor.

DER BRIEF AN TITUS

Im Paulusleben läßt sich der Titusbrief nicht unterbringen. Nach Tit 1,5 hat Paulus nach einer Kretamission (?) diesen bewährten Mitarbeiter auf Kreta als Leiter der Christengemeinde zurückgelassen. Er sollte die Organisation der Kirche auf der Insel vollenden und „in den einzelnen Städten Älteste" einsetzen. In diesem Zusammenhang zeichnet der Schreiber das Bild solcher Vorsteher: der Text 1,6–9 entspricht sachlich dem von 1 Tim 3,1–7. Die Aufforderung, die Irrlehrer zu bekämpfen

(1,10–16), entspricht 1 Tim 1,4 und 4,7. Auch das Wort über die Männer, Frauen und Sklaven stimmt weitgehend mit 1 Tim 2,8–15 und 6,1–2a überein.

Ein besonderer Ton ist in 2,11–14 angeschlagen, wo Worte einer altchristlichen Tauffeierformel in den Brief aufgenommen sind, um eine Grundlage für christliche Erziehung und christliches Leben ins Bewußtsein zu rufen. Daraus hat sich dann das rechte Tun in politischer und sozialer Gesellschaft zu entfalten (3,1–8).

Der Brief an Philemon

Der Philemonbrief (Phlm) ist wahrscheinlich kein römischer Gefangenschaftsbrief des Apostels Paulus, wie man die Verse 1 und 9 früher gedeutet hat. Von der Geographie des zugrundeliegenden Vorgangs her liegt ein kleinasiatischer Absendeort näher.

Heute nimmt man an, Paulus habe den Brief bei einer (wohl nicht lange dauernden) Gefangenschaft in Ephesus geschrieben (etwa anläßlich des Aufruhrs beim großen Artemisfest – im Jahre 55 –, von der aber in der Apostelgeschichte nichts vermerkt ist).

Bei dieser Gefangenschaft[1] gewann Paulus den Onesimus, einen Sklaven, für das Evangelium Jesu; der Sklave war seinem Herrn – vielleicht wegen einer Veruntreuung oder wegen Faulheit – davongelaufen (Vers 11). Paulus beachtete das geltende Sklavenrecht und gewann auch den Sklaven dafür: er schickte Onesimus seinem rechtmäßigen Besitzer, dem Christen Philemon in Kolossä, zurück, den ebenfalls Paulus für das Christentum gewonnen hatte (Vers 19). Das Haus der Familie des Philemon war eine Hauskirche (Vers 2). Der Brief an Philemon sollte dem Sklaven eine gute Aufnahme durch seinen Herrn sichern.

Der Sklave Onesimus (was ein häufiger griechischer Sklavenname war; denn *onesimos* heißt „nützlich") wäre dann von Kolossä her über die große Straße nach dem etwa 150 km westlich gelegenen Ephesus geflohen – vielleicht um bei dem Artemisfest eine Artemiswallfahrt für die Besserung seiner Lage zu machen.

Der Brief ist ein Zeugnis dafür, wie das junge Christentum den Rechtsstand der Sklaverei durch christliche Brüderlichkeit zu mildern wußte.

Der Brief an die Hebräer

Der Hebräerbrief (Hebr) gehört zu jenen urkirchlichen Briefen, deren Zugehörigkeit zum Kanon (s. d.) im Osten seit ältesten Zeiten anerkannt ist; im Westen wurde er erst gegen 400 in den Kanon aufgenommen, was nicht ausschließt, daß er auch vorher schon Autorität hatte. Im Ersten Klemensbrief wird er benutzt (also um das Jahr 97); bekannt ist er seit jener Zeit immer gewesen.

Die östlichen Kirchen haben diesen Brief fast immer und überall als ein Mahnschreiben des Apostels Paulus angesehen; dieser Überzeugung hatte sich das Abendland (z. B. Hieronymus, bis 409 auch Augustinus) angeschlossen. In 13,18–25 fand man Hinweise auf die Gefangenschaft des Paulus und auf paulinischen Briefstil. Je mehr man aber Wortwahl, Stil und Theologie des Briefes untersuchte, um so mehr kam diese Überzeugung wieder ins Wanken; sowohl Wortwahl, Stil und Theologie heben sich zum Teil beträchtlich von denen der Paulusbriefe ab.

Die Vorschläge zu einer Lösung der Frage nach der wahren Verfasserschaft gehen sehr weit auseinander. Am besten begnügt man

---

[1] Vgl. im Kapitel „Paulus" S. 443, Nr. 32.

sich mit einer umschreibenden Definition: der Verfasser ist ein Judenchrist, wie Paulus, der zwar in seinem Brief den geistigen Einfluß des Apostels Paulus verrät, aber doch ein ganz und gar eigengearteter Theologe und Stilist ist. Wenn man einen Namen nennen möchte, so scheint Barnabas (s. d.), der Mitarbeiter des Apostels Paulus, möglich; schon Tertullian (gest. nach 220) nennt Barnabas als Verfasser des Hebräerbriefes. In neuerer Zeit neigte man mehr dazu, den schriftgelehrten Apollos aus Alexandrien als Verfasser anzusehen. Seine Beziehungen zu Paulus einerseits (vgl. 1 Kor 1,12; 3,4ff.; 16,12; Tit 3,13; Apg 13,1–15,35; 18,24–19,1) und die geistige wie örtliche Nachbarschaft zu dem Alexandriner Philon anderseits (s. unter „Hellenisten") stützen diese These; denn der Verfasser des Hebräerbriefes hat sich die allegorische Schriftauslegung, wie sie der hellenistische Jude Philon (gest. etwa um 50 n. Chr.) bis zur Meisterschaft entwickelte, zu eigen gemacht. Das Griechisch des Briefes ist sprachlich sehr gut. Seine Kenntnis der jüdischen Bibel ist bewundernswert. Seine Denkweise und Gestaltungsart ist die eines hellenistischen Judenchristen.

Der Brief hat keine Überschrift und keine Empfängerangabe, die zum Text gehören; er ist an eine Gemeinde gerichtet, die zu den apostolischen Urgemeinden zählte, eifrig war, in der Verfolgung treu, aber dann in eine Krise geriet (vgl. 2,3f.; 6,9f.; 10,32–34; 10,24f.), die sich vor allem darin äußerte, daß die Versammlungen nicht mehr so selbstverständlich besucht wurden wie früher. Die Gemeinde war in Gefahr, manche ihrer Mitglieder (wieder?) ans Judentum zu verlieren. Deshalb wird die Erhabenheit des Neuen Bundes in der Erhabenheit seines Stifters vorgestellt (1,1 bis 4,13); das Priestertum Jesu Christi wird in seiner Unvergleichlichkeit vom Priestertum des Alten Bundes abgehoben (4,14 bis 8,13): hier wird auch das Wort vom Opfer gesprochen, das „unser Hoherpriester" *ein für allemal* dargebracht hat (7,27); das Opfer Christi wird in seinem alle früheren Opfer übertreffenden Wert und Wesen aufgewiesen (9,1–10,18). Danach weist er auf die „Wolke von Zeugen" hin, die seit den Tagen der

Erschaffung der Welt bis in die Tage der Verfolgung der Glaubenden Israels vor den Gläubigen Christi hergehen, obwohl jene die Erfüllung ihrer Hoffnungen nicht erlebt haben (11,1–40). Deshalb dürfen wir uns in Leidenszeiten, die wir wegen des Glaubens erleben müssen, nicht schwankend machen lassen (12,1–29). Aus diesen Darstellungen erfließen sodann die Schlußmahnungen zur Glaubenstreue und zum Streben nach Brüderlichkeit und Heiligung.

An wen der Hebräerbrief gerichtet war, konnte bis heute nicht geklärt werden. Die Fülle von Hinweisen auf das AT macht eine judenchristliche Gemeinde als Adressaten wahrscheinlich. Die Bezeichnung „Hebräerbrief" war schon in den ersten Jahrhunderten das Ergebnis dieser Vermutung. Welche Gemeinde aber direkt angesprochen wurde, ließ sich noch nicht entscheiden. Manche entscheiden sich für eine kleinasiatische Gemeinde, andere für die stark judenchristliche Gemeinde in Rom; aber all das sind unsichere Vermutungen. Auch eine heidenchristliche Gemeinde wäre als Empfänger denkbar.

Eine Zeitlang hat man den Hebräerbrief für eine theologische Abhandlung gehalten. Davon ist man aber wieder abgerückt. Heute hält man für möglich, daß er eine niedergeschriebene Predigt ist: nicht für Judenchristen, sondern allgemein für Christen, die in ihrem Glauben wanken.

Ebenso unsicher ist die Zeit der Abfassung. Die Annahmen schwanken zwischen 85 und 95 (um das Jahr 97 benutzte der Schreiber des Ersten Klemensbriefes den Hebräerbrief). Wer den Brief aber auch heute noch für einen Paulusbrief oder für einen Brief nach Angaben des Paulus halten möchte, muß seine Entstehungszeit in die Jahre zwischen 63 und 67 datieren: nach der Befreiung des Paulus aus seiner ersten römischen Gefangenschaft.

Wenn die beiden Verfolgungen, die der Brief andeutet – die überstandene und die, welche die Krise auslöste, zu welcher der Brief Stellung nimmt –, die neronische Verfolgung und die Verfolgung Domitians gewesen wären, so könnte der Brief etwa zwischen 80 und 90 geschrieben sein (s. S. 582, Nr. 60 und 63).

Die sieben Katholischen Briefe

Unter dem Titel „Katholische Briefe" faßt man den Jakobusbrief, die beiden Petrusbriefe, die drei Johannesbriefe und den Judasbrief zusammen: also Briefe von Jüngern der ersten Generation. Der Titel ist bereits für das Ende des zweiten Jahrhunderts bezeugt. Eusebius (gest. 339) verstand in seiner Kirchengeschichte darunter „kanonische Briefe"; andere meinten mit diesem Titel „allgemeine Briefe", die nicht an einzelne Personen oder Gemeinden gerichtet sind. So wird die Bezeichnung auch heute meistens verstanden, obwohl sie für 2 Joh und 3 Joh nicht zutreffen kann.

Vielleicht war der Erste Johannesbrief auch der erste Brief, dem man diesen Titel „katholischer Brief" (allgemeiner Brief) gegeben hat, weil er ohne jeden Adressaten ist. Von ihm aus mag sich dann die Bezeichnung auf die anderen Briefe ausgedehnt haben.

Vielleicht haben auch die darin behandelten Fragen die Bezeichnung mit veranlaßt: weil es Fragen sind, die große Teile der Christenheit oder gar die ganze Christenheit angingen (Die Frage nach der Verzögerung der Wiederkunft Christi und die Sorge um das Eindringen gnostisch-libertinistischer Irrlehren).

Martin Luther hat diese sieben Briefe nicht als eine Gruppe gesehen; die Reihenfolge ist deshalb in den Katholischen Bibelausgaben meistens anders als in den Bibelausgaben der evangelischen Christen. Sie seien hier einander gegenübergestellt; begonnen sei mit dem letzten Paulusbrief, der in beiden Ausgabeformen an gleicher Stelle steht:

Katholische Ausgaben	Lutherische Ausgaben
Paulusbrief an Philemon	Paulusbrief an Philemon
Hebräerbrief	1 Petrus
Jakobusbrief	2 Petrus
1 Petrus	1 Johannes
2 Petrus	2 Johannes
1 Johannes	3 Johannes
2 Johannes	Hebräerbrief
3 Johannes	Jakobusbrief
Judasbrief	Judasbrief
Offenbarung Johannes	Offenbarung Johannes

In den Katholischen Ausgaben wird heute meistens der Zweite Petrusbrief (Kap. 2) als Teilkopie nach dem Judasbrief angenommen. In lutherischen Ausgaben wird jedoch der Judasbrief als Auszug oder Abschrift (so sagt Luther) des Zweiten Petrusbriefs angesehen.

DER BRIEF DES JAKOBUS

Der Jakobusbrief (Jak) hat seit dem zweiten Jahrhundert immer mehr, aber erst um 400 allgemeine Anerkennung gefunden. Bis vor einigen Jahrzehnten hat man noch sehr viel herumgetastet, welcher Jakobus denn wohl der Verfasser dieses Briefes sein könnte. Heute hält man allgemein für wahrscheinlich, daß Jakobus, der Herrenbruder (s. d.), ihn geschrieben hat.

Aus dem Brief läßt sich herauslesen, daß der Verfasser ein christusgläubiger Jude war; denn das AT, zumal die Weisheitsbücher, werden stark herangezogen, anderseits fühlt er sich vom alten Gesetz befreit (1,25; 2,12). Die *apostolische* Autorität wird nicht in Anspruch genommen.

Das Jakobusschreiben ist eher eine Predigt als ein Brief. Nur die Einleitungsformel ist ein Briefelement. Ein engbegrenzter Empfängerkreis, wie bei den Paulusbriefen, wird nicht angenommen; es handelt sich also mehr um eine Art Rundschreiben, das sich namentlich an „die zwölf Stämme in der Zerstreuung" wendet (1,1), d. h. an die Judenchristen auch außerhalb Palästinas.

Der eröffnende Abschnitt (1,2–18) hat ein seltenes, aber charakteristisches Thema: „Seid voll Freude . . ., wenn ihr in mancherlei Versuchungen geratet. Ihr wißt, daß die Prüfung eures Glaubens Ausdauer bewirkt." Wesentlich für Dogmatik, christliche Sitte und Liturgie wurde 1,19–2,26 mit seinen Darlegungen über den Glauben, der ohne Werke tot ist.

Mit Nachdruck weist er auf die allen geltende Nächstenliebe hin und spricht von den Gefahren für diese Nächstenliebe (3,1–4,12); Weltdienst verführt zur Ichsucht (4,13–5,6). Auf 5,14.15 fußt nach katholischer Lehre das Sakrament der Krankensalbung; 5,16 gilt als

Begründung für das Bekenntnis vor Nachlassung der Sünden im Bußsakrament.

Als Abfassungszeit werden die Jahre um 60 angesehen. Der Anhänger Jesu, dem der Brief zuzuschreiben ist, wurde als Haupt der Gemeinde von Jerusalem im Jahr 62 auf Betreiben des Hohenpriesters Ananus II. gesteinigt.

Der Brief hat das beste Griechisch des NT, zeigt aber trotzdem in der Satzfügung manche Semitismen. Man muß deshalb annehmen, daß der Verfasser, dessen Zweisprachigkeit man voraussetzen darf, den Brief zwar entworfen, ihn aber mit Hilfe eines hellenistisch-christlichen Schreibers in die vorliegende Form gebracht hat – wie dies damals üblich war.

DIE PETRUSBRIEFE

haben nicht beide von Anfang an allgemeine Geltung gehabt. Der Erste Petrusbrief (1 Petr) ist zwar seit der frühchristlichen Zeit als kanonisch (richtunggebend) angesehen worden. Der Zweite Petrusbrief (2 Petr) erlangte dagegen erst im fünften Jahrhundert mehr oder weniger Anerkennung. Viele möchten ihn auch heute nicht als echten Petrusbrief anerkennen.

DER ERSTE PETRUSBRIEF

ist ein Schreiben aus Rom („Babylon": 5,13) an die Heidenchristen (1,18) fünf kleinasiatischer Kirchenbezirke (s. 1,1), um sie in der Verkennung und Verfolgung mit Hinweis auf die christliche Hoffnung zu trösten. Er wurde vor dem Jahr 64 geschrieben, als die großen Verfolgungen unter Nero noch nicht begonnen hatten (S. 582, Nr. 60). Der Verfasser bezeichnet sich in 1,1 selbst als Petrus (s. d.), was durch die Tradition bestätigt wird. Im Brief nennt er sich einen „Ältesten" und „Zeugen des Leidens Christi" (5,1).

Der Brief ist in gutem Griechisch geschrieben, was dadurch erklärt werden kann, daß Silas (lat. Silvanus), ein Mitarbeiter (Sekretär) des Apostels Paulus, dem Petrus im Gefängnis zu Rom als Verfasser des Briefes zur Verfügung stand (5,12), wenn er auch nach Angaben des Apostels schrieb. Silas war ein griechisch sprechender Christ (vgl. Apg 15,22.32.40).

Inhaltlich ist der Brief bedeutsam durch seinen Trostcharakter und seine Mahnungen, alle Prüfungen tapfer wie Christus zu ertragen (2,21–25; 3,18; 4,1) und durch seine Ermunterung zur Nächstenliebe (3,8–17; 4,8–11). Besonders bedeutsam ist er durch die Darlegung des richtigen gesellschaftlichen Verhaltens: Pflichten gegen die Obrigkeit (2,11–17), Pflichten der Sklaven (2,18–25) und Pflichten der Eheleute (3,1–7).

Weil der Brief außer Anschriftsformeln, Schlußermahnungen und Grüßen eine zusammenhängende Ansprache nach der Taufe sein könnte (1,3 oder 1,13–4,11), hat man auch schon von einem Schreiben gesprochen, das als Hilfe für die Tauffeier an die Gemeinden der fünf Provinzen versandt wurde (s. 1,23).

In diesem Brief erscheint übrigens in 4,16 das Wort „Christ" für die Gläubigen Jesu Christi: eine Bezeichnung, die auf diese wahrscheinlich auch in Rom während der sechziger Jahre zum ersten Male angewandt wurde. Die Bezeichnung wurde von den Nichtchristen aufgebracht.

DER ZWEITE PETRUSBRIEF

ist bis heute in seiner geschichtlichen Echtheit stark umstritten; viele Bibelwissenschaftler halten ihn für ein Schreiben zwar unter dem Namen des Petrus, das aber nicht von ihm selbst stammt. Die Kanonizität des Briefes ist jedoch von seiner Verfasserschaft unabhängig. Die Ermahnung zum Glauben an Christus sowie die Auseinandersetzung mit den Irrlehrern (2,1–22) und die Worte über die Wiederkunft Christi (3,1–13) sind in ihrer Gültigkeit nicht von Petrus als Verfasser abhängig.

Der Brief erwähnt ein früheres Schreiben desselben Verfassers (3,1). Die Verfasserschaft des Apostels Petrus vorausgesetzt, wäre dann wohl auch dieser Brief an die fünf Kirchen in Kleinasien gerichtet (1 Petr 1,1). Zwar ist dieser zweite Petrusbrief in einem ganz anderen Griechisch geschrieben – was man aber mit einem anderen Mitverfasser (als Silas) erklären könnte.

Für die Geschichte der Sammlung „Neues Testament" ist dieser Brief, den man, falls er nicht petrinisch ist, dennoch als Schreiben eines Bischofs der zweiten Generation an Heidenchristen ansehen darf, überaus aufschlußreich, weil er offenbar eine Sammlung der Briefe des Apostels Paulus voraussetzt (3,15.16).

Die Benutzung des Petrusnamens in einem Sendschreiben sollte man übrigens nicht als Fälschung abtun; die Titulierung eines literarischen Werkes oder – wie hier – eines Verkündigungsbriefes mit einem angesehenen Namen war auch damals noch üblich, nicht nur, um dem Schreiben ein höheres Ansehen zu geben, sondern um darzutun, daß man aus dem Geist des im Titel genannten Menschen schrieb.

Bei allen Fraglichkeiten wäre für diesen Brief positiv festzuhalten: Er kann an alle gerichtet sein, die an Christus glauben. Manche halten ihn für ein briefliches geistliches Testament des Petrus, das vielleicht nach seinem Tode (mit Hilfe des Judasbriefes) seine letzte Form bekommen hat. Die Wiederholung der Themen von 1 Petr würde sich durch diesen Testamentscharakter gut erklären. Die Erinnerung an den Hinweis Jesu auf den Tod des Petrus könnte durchaus von Petrus stammen und im Zusammenhang mit dem Testament seinen besonderen Sinn haben (1,14).

DREI JOHANNESBRIEFE

Die Johannesbriefe führen ihren Namen nach dem Apostel Johannes (s. d.). Der Erste Johannesbrief (1 Joh) ist selten als echter Johannesbrief angefochten worden und gehörte schon in frühchristlicher Zeit zum Kanon (s. d.); der Zweite Johannesbrief (2 Joh) und der Dritte Johannesbrief (3 Joh) dagegen wurden sehr oft als nichtapostolisch angesprochen und haben erst spät einen Platz im Kanon gefunden.

DER ERSTE JOHANNESBRIEF

hat in Sprache, Stil und Theologie starke Berührungspunkte mit dem Evangelium nach Johannes. Deshalb darf man annehmen, daß er dem Evangelium nach Johannes kurz voraufging oder kurz nach ihm geschrieben wurde. Der Hinweis darauf, daß der Verfasser Augenzeuge des Lebens Jesu war, weist ihn als Jünger Jesu aus (1,1–3; 4,14).

Die um 100 sich verbreitende gnostische Philosophie drohte das Mysterium der Menschwerdung der Gottheit in Jesus und die allgemeine Erlösung ins Symbolische aufzulösen. Gegen diese Irrlehre scheint der Brief gerichtet zu sein, und zwar an kleinasiatische Gemeinden, die in ihrer hellenistischen Umwelt der Gefahr einer Liberalisierung besonders ausgesetzt waren (s. „Gnosis").

Der Brief ist kein Gelegenheitsschreiben wie die Briefe des Apostels Paulus, sondern eine Art regionaler Enzyklika für die christlichen Gemeinden Kleinasiens (gegen 100). Der Verfasser tritt dabei als Sprecher einer Gruppe christlicher Lehrer auf, wie die Personalform „wir", die er des öfteren benutzt, bezeugt (z. B. 1,1–4); das Ich wird allerdings nicht ausgeschaltet. In diesem Rundschreiben antwortet der Verfasser dreimal auf die großen gnostischen Gefahren mit sehr konkreten Ermahnungen: auf den Libertinismus mit einer Mahnung zur Keuschheit; auf die Auflösung der universalen Erlösungstatsache mit seiner Mahnung zur universalen Bruderliebe; auf die Gefahr der Glaubensverfälschung mit seiner Mahnung zur Glaubenstreue. Jede dieser Mahnungen wiederholt sich unter den drei theologischen Aspekten „Gott ist unser Licht" (1,5 – 2,29), „Unser Leben ist unser Leben als Kinder Gottes" (3,1–4,6), „Gott ist die Liebe" (4,7–5,4) – freilich stellt er das nicht in systematischen Kreisen dar, sondern in freier, ungezwungener Gedankenentfaltung.

DER ZWEITE JOHANNESBRIEF

ist stilistisch 1 Joh verwandt. Der Autor nennt sich Presbyter (Ältester, Alter), schreibt aber aus höchster apostolischer Verantwortung und Autorität. Deshalb ist die Echtheit als Johannesbrief *möglich*. Es handelt sich um ein Schreiben in der üblichen Länge eines antiken Briefs: soviel wie auf ein Papyrusblatt paßte; ein Schreiben an eine kleinasiatische Gemeinde: „an die von Gott auserwählte Herrin und an ihre Kinder" (1,1).

Der Brief besteht nur aus 13 Versen, deren Grundgedanken sich so zusammenfassen lassen: Bleibt bei dem Gebot, „das wir von Anfang an hatten: daß wir einander lieben sollen" (Vers 5). – Und hütet euch vor den (gnostischen) Verführern, die leugnen, „daß Jesus Christus im Fleisch gekommen ist" (Vers 7). Dem, der mit solchen Reden zu euch kommt, gebt keinen Gruß und keine Gastfreundschaft; denn sonst macht ihr euch „mitschuldig an seinen bösen Taten" (Verse 10.11).

Die wenigen Briefzeilen geben ein lebendiges Bild von den Gefahren, die sich um 100 den jungen (heidenchristlichen) Gemeinden aufdrängten

DER DRITTE JOHANNESBRIEF

„an den geliebten Gaius" (Verse 1–4) ist vom selben Schreiber wie 2 Joh verfaßt (s. d.). Er lobt Gaius, daß er die Missionare vor der Reise reichlich ausgestattet hat (Verse 5–8). Und er tadelt Diotrephes, den wir wohl als Gemeindebischof identifizieren müssen, weil dieser einen früheren Brief (des Johannes?) nicht verlesen hat, weil er den Schreiber (Johannes?) verleumdet und reisende Missionare nicht aufgenommen hat (Verse 9 u. 10).

Der Brief ist sehr kurz, verrät aber trotzdem mancherlei über die Organisation der kleinasiatischen Kirchen, deren selbständige Gemeinden unter monarchisch regierenden Bischöfen stehen, die aber dennoch die besondere Autorität des Briefschreibers anerkannt haben müssen.

Der Brief muß – wie 2 Joh – kurz vor Ende des ersten Jahrhunderts geschrieben sein. Auch der fast wörtlich gleiche Briefschluß wie in 2 Joh weist darauf hin, daß es derselbe Briefschreiber ist, der – wie der des 2 Joh – seinen baldigen Besuch in der Gemeinde ansagt (Verse 13–15).

DER BRIEF DES JUDAS

Der Judasbrief (Jud) nennt am Kopf des Schreibens als Absender: „Judas, Knecht Jesu Christi, Bruder des Jakobus." In der kirchlichen Tradition hat man deshalb lange den Apostel Judas Thaddäus (s. d.) als Verfasser des Briefes angesehen. Da sich aber der Briefschreiber selbst von den Aposteln ausnimmt (Vers 17), ist diese Zuschreibung kaum haltbar. Beim Judasbriefschreiber handelt es sich

wahrscheinlicher um jenen Verwandten Jesu, der in Mark 6,3 genannt wird und von dem wir sonst kaum etwas wissen. Seine Autorität bekräftigt er durch den Hinweis auf seinen berühmten Bruder Jakobus, der bis 62 Vorsteher der Gemeinde von Jerusalem war (s. d.).

Der Brief wurde wohl nach 62 geschrieben, etwa zwischen 62 und 67, weil Petrus, der wahrscheinlich im Jahr 64, spätestens 67 getötet wurde, in einem Brief (2 Petr Verse 2 u. 3) daraus zitiert; allerdings steht die Autorschaft des Petrus für 2 Petr (s. oben) nicht sicher fest, so daß der Judasbrief u. U. auch später geschrieben sein könnte (etwa zwischen 70 und 80). Gewisse Ausdrücke (Verse 3 u. 20) empfehlen die spätere Datierung.

Der Brief befaßt sich mit einer Gruppe von Menschen, die sich in die Gemeinde „eingeschlichen" haben (Vers 4), und warnt vor ihnen, die „sich von ihren gottlosen Begierden leiten lassen" (Vers 18). Man hat das gedeutet als Warnung vor Leuten, die zuchtloses Leben in die Gemeinde hineintragen; die Erinnerung an die Strafe für Sodoma und Gomorrha (Vers 7) ließe diese Deutung berechtigt erscheinen. Vielleicht sind diese „gottlosen Begierden" u. ä. aber auch eine Umschreibung für den geistigen Hochmut, mit dem diese Menschen (Vers 4) die einfache Lehre Jesu und von Jesus fälschen. Deshalb nennt er sie „Sterne, die keine feste Bahn haben" (Vers 13) und solche, die „die Einheit zerstören" (Vers 19), die sich nicht der Gemeinde unterwerfen, sondern sich selbst schmeicheln: „irdisch gesinnte Menschen, die den Geist nicht besitzen" (Vers 19).

Der Verfasser zitiert Gedanken aus jüdischen Apokryphen (s. d.): aus dem Henochbuch und der „Himmelfahrt des Mose". Dies weist auf die Empfänger hin: auf Judenchristen. Die angeprangerte Irrlehre aber (sei es nun sittlicher Liberalismus, sei es Verspiritualisierung der apostolischen Lehre – oder beides) weist anderseits auf die griechische Welt hin. So darf man vielleicht hellenistische Judenchristen als Empfänger des Briefes ansehen.

Die Kirchen von Rom, Karthago, Alexandrien rechneten den Judasbrief schon um 200 zum Kanon (s. d.). In Antiochien wurde er erst nach 400 als kanonisch anerkannt.

Die Offenbarung (Apokalypse) des Johannes

Dieses früher oft „Geheime Offenbarung" genannte Buch (Offb, Apk) ist eine Lehrschrift, in welcher der Kampf und die Zukunft der Kirche als unüberwindlicher Macht Gottes dargestellt wird. Diese Lehrschrift ist in die Form eines Sendschreibens oder von Sendschreiben an die sieben Gemeinden Kleinasiens gekleidet, die aber (die Zahl 7 weist darauf hin) die ganze Kirche meinen; die Einleitung bilden sieben Einzelschreiben, während ab Kapitel 4 das Ganze als ein gemeinsames Schreiben an die „sieben" Gemeinden angesehen werden muß.

Der Verfasser soll (nach einer Tradition, die bis ins 2. Jahrhundert zurückgeht) der Apostel Johannes sein, der in der Mitte der neunziger Jahre unter Domitian auf die Insel Patmos verbannt war (S. 583, Nr. 63); hier soll das Buch konzipiert worden sein. Die Verfasserschaft des Apostels ist allerdings heute aufgegeben worden; manche halten zwar noch an der Möglichkeit fest, daß diese Apokalypse in ihren Teilen auf den Apostel zurückgeht, daß aber einer seiner Jünger sie zusammengearbeitet hat. Die literarische Form, ihre stark semitisch beeinflußten Einzelformen (Parallelismen, Symbolismen und syntaktische Koordination) geben immer noch große Rätsel auf, und man kann sie ebensosehr für wie gegen die apostolisch-johanneische Verfasserschaft ausmünzen, wie die noch immer nicht abgeschlossene Diskussion darüber zeigt.

Der Verfasser selbst nennt sich „Knecht Johannes" (1,1). Sein Ansehen leuchtet aus der Art seines Buches hervor. Er ist ein guter Kenner der jüdischen Bibel (d. h. des AT) und der jüdischen Apokalypsen. Man darf in ihm deshalb einen Judenchristen vermuten. Vor ihm hatte ein Jude christlichen Glaubens noch keine Apokalypse geschrieben.

Martin Luther nennt in seiner Bibelübersetzung den Verfasser in der Überschrift: „Die Offenbarung S. Johannis des Theologen."

Das neutestamentliche Buch „Die Offenbarung des Johannes" ist ebenso aus zeitgebundenen Situationen heraus zu verstehen wie viele andere Aussagen der Heiligen Schrift. Hinter diesem Offenbarungsbuch steht der Kampf des Kaisers Domitian um die göttliche Verehrung seiner Person und seines Bildes sowie sein Kampf gegen jene, die diese Verehrung ablehnten. Johannes stellte in seinem Buche dem Kaiser und der blasphemischen Kaiserliturgie den wahren Weltbeherrscher und die göttliche Liturgie des Lammes gegenüber. Dem selbstgenommenen Eintagsherrschertum des Kaisers konfrontierte er das ewige Herrschertum des himmlischen Menschensohnes Jesus: alles zwar in verhüllender Sprache, aber doch für die Christen der damaligen Zeit, die das Ritual der Kaiserverehrung kannten, deutlich genug, um den Protest und die wahre Kaiserproklamation für Jesus Christus zu erkennen.[1]

„Durch einen Engel" (1,1) empfing der Seher die Offenbarung. Man erinnere sich der Ausdrucksweise, die sich durch die ganze Bibel hinzielt, daß die *Botschaft Gottes* sehr oft personifiziert wird als *Engel Gottes,* was im Hebräischen durch das Wort *mal'ák* begünstigt wird, da es beides bedeuten kann (s. den Artikel „Engel Jahwes"). In dieser Redewendung ist auch bildlich angedeutet, daß die Leser das Geschriebene als Wort Gottes ansehen sollen.

In einer brieflichen Einleitung (1,4–8) nennt der Verfasser „die sieben Gemeinden in der Provinz Asien" als Adressaten der Offenbarung (Apokalypse), d. h. er schreibt an die ganze Kirche in der römischen Provinz Asien (s. zur Zahl Sieben den Artikel „Zahlen").

Die Aussage darüber, wie Johannes den Auftrag zum Schreiben bekam (1,9–20) beginnt mit den Worten: „Ich, euer Bruder Johannes... war auf der Insel Patmos um des Wortes Gottes willen und des Zeugnisses für Jesus" (1,9). Als man den *Apostel* Johannes noch mit Sicherheit für den Autor der Apokalypse hielt, wurde diese Bemerkung zum Anlaß, aus ihr ein biografisches Bild vom Seher Johannes, des Apostels zu zeichnen. Das konnte dann so heißen: „Der Apostel Johannes war wahrscheinlich (nach der Zerstörung Jerusalems?) nach Ephesus (s. d.) gekommen und apostolischer Mittelpunkt der kleinasiatischen Kirche geworden. Als in Ephesus der domitianische Kaiserkult eingeführt wurde,

---

[1] Vgl. Ethelbert Stauffer, Christus und die Cäsaren. 3. Aufl., S. 160 ff.

trat er dagegen auf, wurde nach Rom gebracht, einem Prozeß mit Folter unterworfen und schließlich auf die Insel Patmos im Ägäischen Meer verbannt. Das war im Jahre 95 n. Chr. Die öde Insel wurde von der römischen Regierung als Sträflingsinsel benutzt."

Vom jetzt angenommenen Apokalypse-Autor läßt sich das zwar nicht alles sagen; aber sein Schicksal muß ähnlich gewesen sein, bevor er nach Patmos kam.

„Am Tag des Herrn" (1,10) hörte er eine Stimme, die ihn zum Schreiben eines Buches für die sieben Gemeinden aufforderte; und als er sich umschaute, sah er „sieben goldene Leuchter" (1,12), und inmitten der Leuchter erschien ihm der Menschensohn. Wie der Kaiser auf Münzen dargestellt wurde – die auf den Ritus der Gottkaiserliturgie hinwiesen –, so zeigte der Seher den Menschensohn: umgeben von Engeln, umgeben von Leuchtern. Zwar bedeuten die Engel hier die Hirten der kleinasiatischen Gemeinden, die Leuchter die Gemeinden selbst – aber das Bild ist doch eben aus der Antithese gegen die Kaiserverehrung erwachsen.

Der Menschensohn „war bekleidet mit einem Gewand" (1,13–16). Mantel, Goldgürtel, Goldschuhe trägt dieser Menschensohn und wird dadurch ausgewiesen als Priester (Mantel), Herrscher (Goldgürtel) und Triumphator (Goldschuhe). All das trug der Gottkaiser in seinem idealen Bilde – Johannes setzte ihm den Menschensohn entgegen. Nicht den Erdball, sondern die sieben Planeten des Kosmos trägt er in seiner Hand: er ist nicht nur Erdherrscher, sondern Weltherrscher.

„Als ich ihn sah, fiel ich wie tot zu seinen Füßen nieder", schrieb Johannes (1,17). Was er vor dem Kaiser und seinem Bild verweigert hatte, das mußte er vor dem Menschensohn tun. Fast jedes Wort ist Kampf gegen den Kaiserkult.

Und der Menschensohn sagte: „Fürchte dich nicht! Ich bin der Erste und der Letzte und der Lebendige. Ich war tot, doch nun lebe ich in alle Ewigkeit" (1,18).

Vor dem Kaiser und seinen Gesandten fiel das Volk aus Angst nieder. Hier aber heißt es: Fürchte dich nicht. Vor dem Kaiser fielen die Anbeter nieder, obwohl jeder wußte, daß er ein sterblicher Mensch ist. Hier aber heißt es: Ich bin der Erste, der Letzte und der Lebendige.

Aus Ephesus kannten die Kleinasiaten den Ritus der Kaiserspiele. Nach ihrem Bild läßt Johannes nun das Drama der Parusie (d. h. der Kaiserankunft) vor dem Leser abrollen, beginnend mit den Herrscherproklamationen – in der Apokalypse: die sieben Sendschreiben (Offb 2,3), die sich im Wortlaut der kaiserlichen Proklamationsformeln bedienen. Dann beginnt das Spiel.

„Ein Thron stand im Himmel..." (4,2.3), wie ein Thron in der Höhe der Amphitheater stand, wenn der Kaiser an den Spielen teilnahm: ein leerer Thron sogar, wenn der Kaiser nicht teilnahm, und vor dem er doch verehrt wurde. Der Seher aber schildert den himmlischen Thron als über alle irdischen Throne erhaben. „Rings um den Thron *standen* vierundzwanzig Throne, und auf den Thronen saßen vierundzwanzig Älteste" (4,4); die vierundzwanzig Ältesten der vierundzwanzig jüdischen Priesterklassen. An den hohen Festtagen fanden sich die Ältesten aller Priesterklassen im Tempel ein: Ausdruck der Feierlichkeit, Ausdruck der Bedeutung der Festliturgie.

„Von dem Throne gingen Blitze, Stimmen und Donner aus" (4,5): die Zeichen der Theophanie (s. d.); denn der auf dem Throne sitzt, ist Gott. Nicht ein Gottkaiser, sondern der wahre Gott. „Wie ein gläsernes Meer" (4,6) dehnte sich vor ihm das Firmament. Der Seher zitiert das altorientalische Weltbild, in dem ein Firmament zwischen Wasser und Wasser als eine durchsichtige Halbkugel die Welt unseres Lebens überspannt. Über ihr aber thront Gott.

„Vier Lebewesen voller Augen" (4,6), wie ein Löwe, ein Stier, ein Mensch und ein Adler (s. unter „Tetramorph"), waren bei dem Thron: Kerubim (s. d.), die anzeigten, daß dieser Gott ein wirklicher König und Kaiser war. „Heilig, heilig, heilig..." (4,8–11) riefen die vier Wesen, im Anschluß an die alttestamentliche Gottesverherrlichung, aber nicht ohne Anspielung auf den Gottkaiserlobpreis am Ende der Kaiserproklamation, wie sie bei den kaiserlichen Spielen üblich waren. Da wurde der *Dominus* gefeiert. Der Seher aber feiert den würdigen *Dominus:* „Würdig bist du, unser Herr, unser Gott!" Nicht der Gottkaiser, sondern *unser* Gott (4,11).

Dann erfolgt die Inthronisation des Erben. Auch hier beläßt der Seher die Szenerie im

Rahmen der Spiele; es handelt sich also um Spiele bei Übergabe der kaiserlichen Macht an den Kronprinzen. „Ein Buch... mit sieben Siegeln" (5,1ff.), wie es für die feierlichen kaiserlichen Erlasse üblich war, soll vom Würdigsten geöffnet werden. Im Thronsaal steht das Lamm (s. bei Joh 1,29–34) – schweigend: ein antithetischer Hinweis auf den selbstlobrednerischen Gottkaiser. Dieses Lamm erhält das Buch mit den Siegeln. Es wird als einziger würdig gepriesen, die Herrschaft zu führen und als Priester zu herrschen. Der Gottkaiser wird entthront. Sodann werden die Siegel geöffnet, und die zukünftige Kampfgeschichte zwischen dem Gottkaiser und dem Lamm Gottes und der Gemeinde des Lammes wird entrollt (5,12).

Der große Feind ist der Drache, der Satan. Aber er kämpft nicht allein:

„Und ich sah: Ein Tier stieg aus dem Meer..." (13,1f.): das römische Weltreich, repräsentiert durch seinen Gottkaiser, kommend aus dem Land hinter dem Meer und deshalb sozusagen „aus dem Meere" aufsteigend. Dieser Gottkaiser erscheint als Nachäffung des Messias, aber mit großer Macht, die ihm der Drache gegeben hat. – „Und die ganze Erde sah dem Tier staunend nach..." (13,3–8). Weil man den Drachen anbetete, betete man auch seinen Gesandten, den Messias des Drachens an: das Tier. Das Tier selbst und das Erscheinen des Tieres waren eine einzige Gotteslästerung. Keiner konnte ihm widerstehen, weil man sich vor ihm fürchtete. Das ist der römische Kaiser Domitian als Messias des Drachens, der mit den „Heiligen", d. h. den Geheiligten des wahren Messias, Krieg führte. Alle verfielen ihm, die im Lebensbuch des Lammes nicht aufgeschrieben waren. Am Christus und Antichristus, am Lamm und Domitian, dem Tier, scheidet sich die Welt.

Das Ende der Gesichte, die wie ein gewaltiges Welttheater vor dem Leser durch das Wort des Sehers abgerollt sind, ist die Proklamation des Lammes zum „König der Könige" (Kaiser!) und „Herrn der Herren" (Gott der „Götter"). Noch ist zwar das Tier, der Gottkaiser, nicht überwältigt. Noch sammelt er seine Truppen gegen „das Lamm". Aber das Lamm besiegt ihn, denn es ist das „Wort Gottes"; dies ist sein Name (19,11–16.19–21).

Das Ende ist das Gericht über alle Toten und der neue Himmel und die neue Erde. Nicht mehr ein Gottkaiser herrscht über die Erde, sondern „Gott selbst wird unter ihnen sein als ihr (wirklicher) Gott" (20–22). Mit „Komm, Herr Jesus" (22,20) ruft der Seher diese Zeit herbei.

V.
VÖLKER, GESCHICHTE,
GRUPPEN, RELIGION, KULTUR UND ORTE –
REALIEN IN DER BIBEL

Zur biblischen Zeitgeschichte

In der Bibel ist Geschichte – wie wir sie verstehen – zwar enthalten, die Erzählungen der Bibel berichten aber nicht Geschichte – wie wir sie verstehen.

Oft stehen uns für sehr viele Vorgänge nur die Angaben der Bibel zur Verfügung. Zwar besitzen wir mannigfache Ergebnisse der archäologischen Forschung; wir besitzen dadurch reiche Angaben über die Völker der Umwelt Israels, die aber trotz dieses Reichtums noch so lückenhaft sind, daß die Datierungen in den einzelnen Kombinationen, die die Forscher scharfsinnig auf Grund aller Angaben ausgearbeitet haben, manchmal um mehrere Jahrhunderte auseinandergehen. Wir besitzen Gesetzestexte und Akten mit Anwendungen der Gesetze, die Rückschlüsse auf die israelitischen Gesetzeskomplexe erlauben; aber all das trifft sehr oft nicht den Kern von dem, was wir wissen möchten. Die Hauptquelle bleibt für vieles die Bibel selbst, deren Schreiber aber – wie wir bestimmt wissen – ihr Ziel eben nicht in der eigentlichen Geschichtsschreibung sahen, sondern in der Schreibung von Heilsgeschichte, in der Darlegung, wie Gott (Jahwe) das Volk Israel geführt hat. Deshalb wählt die Bibel aus; schmückt sie aus; erhebt sie Nebenfakten zu Hauptmotiven ihrer Darstellung; kontrahiert sie die Zeiten. Durch all das wird es überaus schwierig zu entscheiden, was an verbürgten Fakten dahinter steht.

Unter solchen Umständen erhält der Versuch, Faktengeschichte der biblischen Zeiten zu schreiben, den Charakter der Rekonstruktion. Dieser Rekonstruktionsversuch muß aber gewagt werden – mit möglichst vielen Sicherungen –, um das Bild so faktenverbunden und anschaulich wie möglich zu machen. Denn für unsere Generation hängt davon viel für die Glaubhaftigkeit der Bibel ab. Zwar können diese Fakten die wesentlichen Aussagen der Bibel (Offenbarung der Herrlichkeit Gottes) nicht bestätigen; aber die Menschen von heute glauben dennoch, sie könnten die Glaubhaftigkeit der Bibel erhöhen; und das ist Grund genug, sich darum zu bemühen. Die Rekonstruktionen bewahrheiten diese Meinung übrigens in etwa: schon die nüchterne Sprache der Geschichte, auf die biblischen Fakten angewandt, gibt uns eine höhere Sicherheit.

VÖLKER DES ALTEN ORIENTS

Vorausgeschickt werden soll den eigentlichen historischen Kapiteln eine lexikalisch geordnete Darstellung jener Völker, die die Geschichte Israels mitbestimmten. Die Artikel sind unterschiedlich angelegt – je nach der Wichtigkeit, die ihnen im Gesamtablauf der israelitisch-jüdischen Geschichte, d. h. der frühen Heilsgeschichte zukam. Dabei wurde vor allem Wert gelegt auf eine Darstellung der Verbindung der Völker zu dieser Geschichte, manches andere – für die Völker an sich Wichtige – wurde summarisch behandelt, wenn es für diese Geschichte weniger bedeutsam war.

Die Völker, denen dieses Kapitel gewidmet ist, sind keine gleichartigen Größen. Wenn Assyrern und Jebusitern je ein Kapitel gewidmet ist, so ist dies etwa so, als wenn in der heutigen Geschichtsschreibung Frankreich und Andorra je ein Kapitel gewidmet würde; aber die Auswahl richtete sich auch hier nach der Bedeutung für Israel-Juda und nicht nach der Bedeutung der Völker an sich. Das bringt – absolut gesehen – natürlich Akzentverschiebungen hervor, die sich immer wieder in der Darstellung bemerken lassen.

„Völker" können wir nicht in allen Fällen so verstehen, wie wir heute „Völker" verstehen. Manchmal handelt es sich bei verschiedenen „Völkern" mehr um verschiedene Stämme des gleichen Volkes oder um die gleichen Völker mit verschiedenen Herrschaftsschichten. Dies alles erschwert oft das Verständnis der Zusammenhänge, zumal da auch noch längst nicht alle „Völker" bis zur vollen geschichtlichen Klarheit erforscht sind. Hinweise können in den betreffenden Artikeln da vielleicht helfen.

Der Mittelpunkt der Bibel ist das Volk der Zwölf Stämme (s. d.): Israel. Dieses Volk stand „den Völkern" *(gojím)* gegenüber: „Israel und die Völker". Man pflegte dieses *gojím* oft mit „Heiden" zu übersetzen. Wenn dies auch sachlich richtig ist, insofern „die Völker" alle ihren eigenen Gott hatten,[1] der nicht der Gott Israels war, so verbauen wir uns mit dieser Übersetzung für das NT doch etwas das

---

[1] Vgl. den Artikel „Die Götter der Völker".

Verständnis. Schon die jüdische Mission suchte Anhänger in „den Völkern", aber nicht unter den Heiden. Und so ging auch Paulus nicht zu den Heiden, sondern zu „den Völkern" („Völkerapostel" ist deshalb besser als „Heidenapostel"), wie ja schon nach prophetischem Spruch „die Völker" – nicht aber die Heiden! – eingeladen waren, zum heiligen Berg Zion zu kommen, um dort den Herrn anzubeten. Gerade die Bezeichnung *gojím* mit der Bedeutung „Völker" bezeugt die Offenheit der jüdischen Religion, wenn sie auch ihre volle entnationalisierte, universale Öffnung erst durch die christliche Predigt erhielt.

Die folgenden Artikel sind nicht als „Kurzbiographien" der altorientalischen Völker anzusehen; sie wollen nur vom Ganzen der verschiedenen Orientvölker her die einzelne Völkerrolle im Zusammenhang der israelitisch-jüdischen Geschichte sichtbar machen.

DIE ÄGYPTER

gehören, neben den Bewohnern Mesopotamiens, zu den ältesten staatenbildenden Völkern. Schon im 4. Jahrtausend (Kupfersteinzeit) gelangte Ägypten zu staatlichen Organisationen. Die geschichtliche Zählung beginnt die ägyptische Chronologie mit den Jahren um 2900.

Von 2900–2050 rechnet man das Alte Reich: die I. bis VIII. Dynastie (2900–2200) mit der „ersten Zwischenzeit" der IX. und X. Dynastie (2200–2050).

Nachdem unter dem ersten und zweiten König der I. Dynastie die Einzelstaaten Ägyptens geeinigt worden waren, begann bereits der dritte König der I. Dynastie, Palästina und die syrische Küste unter seine Macht zu bringen. Damit begann ein politisches Element für die Geschichte Israels wirksam zu werden – fast 2000 Jahre bevor man von Israel sprechen kann.

Um das Jahr 2050 ging die „Zwischenzeit", d. h. die Zeit der Auflösung Ägyptens in Gaufürstentümer, zu Ende; mit der XI. und XII. Dynastie festigte sich die Zentralgewalt im „Mittleren Reich" (2052–1785). Da diese Stärkung der Zentralgewalt mehr durch äußere Notwendigkeit – Einfälle asiatischer Völker – veranlaßt war, konzentrierten sich die Bemü-

hungen der Könige bis 1928 v. Chr. auf die Sicherung der Grenze gegen Asien hin. Im Deltagebiet und zwischen Delta und Golf von Suez entstand ein System von befestigten Anlagen, die einer „Mauer" ähnlich war. Unter den folgenden Königen, zumal unter Sesostris III. (1878–1842), setzte dann wieder eine bewußte kriegerische Asienpolitik ein, die den ägyptischen Einfluß über ganz Palästina erneuerte und das Einflußgebiet bis Damaskus ausdehnte. Die Ächtungstexte dieser Zeit enthalten auch kanaanäische Städtenamen (z. B. Jerusalem). Byblos (s. d.) ist in dieser Zeit ägyptischer Umschlaghafen an der syrischen Küste.

Der XII. Dynastie des Mittleren Reiches folgte wieder eine „Zwischenzeit" mit der XIII. und XIV. Dynastie (1785–1700). In dieser Zeit mag Abraham nach Kanaan gewandert sein; das Land stand noch unter ägyptischem Einfluß, aber die schwächer werdende Macht Ägyptens machte es der Völkergruppe der Hyksos (s. d.) möglich, große Teile Kanaans unter ihre Herrschaft zu bringen, bis sie schließlich auch nach Ägypten eindrangen und seit 1670 v. Chr. als XV. und XVI. Dynastie das Land, wenigstens zum Teil, beherrschten; schon 1600 waren sie aber – nachdem von Theben aus der ägyptische Befreiungskampf gegen die Hyksosherrschaft eingesetzt hatte – auf den Norden Ägyptens beschränkt. Deshalb zählt man das „Neue Reich" vom Jahre 1600 an, als dieser Befreiungskampf vom ägyptischen Südreich her begann: XVII. Dynastie (1600–1570). Dem ersten König der XVIII. Dynastie (Achmosis 1570–1545) gelang die Säuberung Ägyptens von den Hyksos, die neue Einigung der beiden ägyptischen Reiche (Ober- und Unterägypten) sowie die Wiedereroberung Palästinas. – Unter den Hyksos (also zwischen 1670 und 1570) spielen wahrscheinlich die Josefsgeschichten (s. d.) und wanderte die hebräische Gruppe der Jakobssippe nach Ägypten ein, wo sie sich im Gebiet von Goschen ansiedelte.

In den Jahren 1600 bis kurz vor 1300 lebte die Jakobssippe ruhig in Ägypten. Die ägyptische Politik kümmerte sie nicht viel (s. S. 522), bis Sethos I. (XIX. Dynastie) die Festungsbauten im Nildelta beginnen ließ und auch die Jakobiten zum Frondienst heranzog. Unter seiner Herrschaft (1313–1301) wurde – nach der Bibel – Mose geboren. Unter ihm jedenfalls floh er – als junger Mann – nach Midian, kehrte aber unter dessen Nachfolger Ramses II. (1301–1234) nach Ägypten zurück.[2]

Ramses II. intensivierte die Festungsbauten im Nildelta, um die Hetiter (s. d.) von Ägypten fernzuhalten; dazu brauchte er jeden Mann. Trotzdem gelang es Mose, wahrscheinlich gerade unter der Herrschaft Ramses' II., sein bedrängtes Volk aus Ägypten herauszuführen (zwischen 1280 und 1260).

Die folgenden Jahrhunderte Ägyptens (1234 bis 950) waren bestimmt durch Angriffe fremder Völker und durch Thronwirren. Unter Ramses III. (1197–1164) erlebte Ägypten von Osten und Westen her die Angriffe der „Seevölker", d. h. der von der See her afrikanischen Boden betretenden Völker, zu denen auch die Philister (s. d.) gehörten (1190 v. Chr.). Aber die Macht Ramses' reichte nur noch zur Abwehr; er konnte nicht verhindern, daß sein syrisch-palästinensisches Einflußgebiet und die darin liegenden Provinzen verlorengingen. Das geschwächte Ägypten war ein günstiger Nachbar für die Entwicklung des Davids- und Salomonreiches.

Nachdem aber in Israel das salomonische Reich auseinandergefallen war (932 v. Chr.), trat auch Ägypten in Syrien/Palästina wieder auf den Plan. Pharao Schischak I. (Scheschonk I.), von libyschen Söldnern aus eigenen Reihen auf den Thron erhoben (XXIII. Dynastie), eroberte, zerstörte, plünderte Edom, Juda und Israel, ohne damit eine ständige Herrschaft über Syrien/Palästina aufrichten zu können – aber als sein Interessengebiet gab Ägypten diese Brücke nach Mesopotamien auch in der Zeit des assyrischen Aufstiegs nicht auf. Deshalb kämpften ägyptische Hilfstruppen 854 v. Chr. in der syrisch-palästinensischen Koalition mit gegen die Assyrer (s. d.).

Nach dem Absinken der ägyptischen Macht und dem Niedergang des Königtums und innerer Zersplitterung (1200–750) drohte Ägypten im 8. Jahrhundert dem Expansionswillen der Assyrer zum Opfer zu fallen. Noch einmal versuchte eine Koalition von ägyptischen Kleinfürsten eine Vorstufe zur Einheit zu schaffen, aus der sich 711 sogar noch einmal Pharao Schapaka als Alleinherrscher emporschwang. Das um sich greifende Assyrien suchte er durch Aufwiegelung und Unterstüt-

zung der Staaten in Syrien/Palästina zu schwächen; die Folge war aber nur ein schärferes Zupacken Assyriens und die Herrschaft Assyriens über Ägypten (671–663), die zwar 663 durch eine Befreiungswelle in Frage gestellt wurde. Da Assyrien durch die Elamiter (s. d.) bedrängt wurde, erreichte Pharao Psammetich I. aus Sais (663–609) – XXVI. Dynastie – im Jahre 654 den Verzicht Assyriens auf Ägypten.

Als Assyrien sodann durch die Angriffe der Meder und Babylonier dem Untergang nahe war, half Ägypten Assyrien, wofür es freie Hand in Syrien/Palästina erhielt (616 v. Chr.). Im Jahre 608 wiederholte Pharao Necho (609–593) diesen Hilfsfeldzug. Als sich König Joschija von Juda dem nach Norden ziehenden Necho entgegenstellte, um die Freiheit, die er durch Lossage von den Assyrern erworben hatte, nicht aufs neue an Ägypten zu verlieren, tötete Necho (eigenhändig?) den ihm widerstehenden Joschija. Seinen Verfügungsanspruch über Syrien/Palästina bestätigte er, indem er den Nachfolger des Joschija in Juda, Joahas, nach drei Monaten absetzte und nach Ägypten bringen ließ und König Jojakim an dessen Stelle einsetzte (S. 561, Nr. 39). Der Hilfsfeldzug zugunsten Assyriens endete damit, daß Ägypten von Nebukadnezzar geschlagen wurde (Karkemisch 605). Der neue mesopotamische Gegner Ägyptens hieß Neubabylonien.

Neubabylon versuchte, ohne Übergang die Herrschaft über die früheren Vasallen Assyriens in Syrien/Palästina anzutreten. Aber Ägypten war nicht bereit, seinen neuerworbenen Einfluß aufzugeben. So konnten die kleinen Staaten zwischen Ägypten und Babylonien immer mit ägyptischer Hilfe rechnen. Dies machte jeden Staat in diesem Bereich der Konspiration gegen Babylon verdächtig. Dieser begründete Verdacht führte Nebukadnezzar 597 v. Chr. nach Jerusalem – gegen Juda.

[2] Die Chronologie der Könige zeigt, daß die Mosegeschichten, wie sie die Bibel erzählt, schwer mit historisch-faßbaren Fristen unterzubringen sind. Am wahrscheinlichsten ist, daß Mose schon gegen Ende der Regierung Haremhabs (1340–1314) geboren wurde; daß er unter Sethos I. (1313–1301) revoltierte und floh, und daß er dann unter Ramses II. wiederkehrte. Das ergäbe – selbst bei 30 bis 40 Jahren Wüstenzug – ein glaubhaftes Alter: Geburt etwa 1315, Flucht etwa 1295, Rückkehr etwa 1290, Auszug zwischen 1280 und 1260, Tod etwa 1240.

Fünf Völker zeigt dieses Gefangenenbild vom Totentempel des Pharao Ramses III. (1197–1164 v. Chr.): einen Lybier, einen Gefangenen eines semitischen Volkes, einen Hetiter, einen Philister, einen Gefangenen eines semitischen Volkes.

Er nahm den jungen König Jojachin und viele führende Männer Judas nach Babylon mit in die Verbannung. Als König seines Vertrauens – wie er glaubte – setzte der Babylonier Zidkija ein (597 v. Chr.). Aber auch Zidkija bereitete den Abfall vor und hoffte auf ägyptische Hilfe. Als Nebukadnezzar 587 zum zweitenmal heranrückte, konnte dem Staate Juda auch der Ägypter mit seinem Entsatzheer nicht helfen. Jerusalems und Judas Ende war da! Nachdem der Statthalter Babylons in Juda, Gedalja (Godolias), in Mizpa ermordet worden war, wurde Ägypten die Zuflucht derer, die sich des Mordes wegen von Babylon verfolgt glaubten. Ägypten war immer wieder die Zufluchtsstätte der Palästinenser (S. 561, Nr. 39 und 40).

Solange Neubabylon bestand (605–539), konnte sich Ägypten wieder festigen und sogar ausbreiten. Die Babylonier betraten den ägyptischen Boden nicht. Ägypten baute eine Seemacht auf und gewann Zypern als Provinz. Als Kyros 539 v. Chr. das Perserreich errichtete, nutzte es Ägypten jedoch nichts, schon vorher zugunsten des aufsteigenden Kyros auf Syrien/

Palästina verzichtet zu haben: der Perser Kambyses eroberte Ägypten; die XXVII. Dynastie Ägyptens waren die persischen Könige (525–404).

Ein landweiter Aufstand gegen die Perserherrschaft (seit 486) brachte 404 noch einmal für gut 60 Jahre Ägypten die Freiheit; aber 341 brachten die Perser Ägypten aufs neue in ihre Hand: für wenige Jahre; denn 332 ging auch Ägypten im Reich Alexanders des Großen auf.

Die Nachfolger Alexanders in Ägypten waren die Ptolemäer, Nachkommen des Satrapen Ptolemäus I., der sich nach dem Tode Alexanders als Herrscher behauptete. Auch die Ptolemäer verfolgten die alte ägyptische Politik, über Palästina zu herrschen. Da dasselbe Ziel aber auch die syrischen Nachfolger Alexanders, die Seleukiden (s. S. 576, Nr. 43), hatten, waren die Jahre 320–198 vom Kampf um Palästina gezeichnet; im Jahre 198 trugen die Seleukiden in diesem Kampf den Sieg davon. In den Kämpfen, die bald zwischen den Seleukiden und den Juden entbrannten (s. S. 568, Nr. 44), nahmen die Ptolemäer in Ägypten – wie die Pharaonen – die alte Begünstigungs- und Störungspolitik in Palästina wieder auf: sie gestatteten sogar den vor den Seleukiden flüchtenden Juden, in Ägypten einen Jahwetempel zu bauen (s. S. 567, Nr. 43). Aber als bald durch die zunächst revolutionäre, dann diplomatische und schließlich expansive kriegerische Politik der Makkabäer sich das Reich Juda immer mehr an die alte Größe der Davidszeit annäherte (s. S. 571, Nr. 47), griffen nicht nur die Seleukiden Juda an, sondern auch Ägypten (107 v. Chr.). Aber nach beiden Seiten hin konnte sich das erstarkte Juda der Angriffe erwehren.

Einen Höhenflug ägyptischer Macht versuchte noch einmal Kleopatra VII. (51–30), die mit Hilfe des römischen Antonius ein Mittelmeerreich konzipierte. Aber durch Ok-

Sargon I., den Akkader, stellt vielleicht diese Bronzemaske dar, die in Ninive ausgegraben wurde. Sargon I. begründete um 2400 v. Chr. die erste semitische Großmacht der orientalischen Geschichte.

tavians (d. i. der spätere Kaiser Augustus) Einnahme von Alexandrien wurde nicht nur der Plan zerschlagen, sondern auch das quasi-ägyptische Ptolemäerreich ging unter. Ägypten wurde römische Provinz (30 v. Chr.).

In dieses römische Ägypten – so erzählt Mt 2,13–15 – floh Josef mit Jesus und Maria, als er von der Gefahr für das Kind Jesus, die ihm von Herodes her drohte, erfuhr.

Vergleiche auch die Artikel „Ägyptische Religion" (s. S. 161), „Die Hyksos" (s. d.) und die Josefsgeschichten.

AKKADER

ist keine Volksbezeichnung, sondern eine Reichsbezeichnung. Der altassyrische Sargon I. gründete in der Stadt Akkad (Akkade, Agade) etwa 2300 v. Chr. das erste semitische Großreich, das ungefähr zweihundert Jahre unter elf Königen bestand und als die 15. Dynastie Babyloniens gilt. Akkad lag in Nordbabylonien. Die Stadt selbst war eine sumerische Gründung und wurde, wie alle wichtigen Städte des Landes – einschließlich Babylons – durch das akkadische Reich semitisch. Das Reich von Akkad überdauerte die Bedeutung der Stadt Akkad.

Zu den Nachfolgern des Reiches von Akkad gehörte das Reich von Mari, in dessen Zeit wir die Auswanderung Abrahams aus Mesopotamien setzen müssen, und das Reich des großen Hammurabi, der ein Amoriter (s. Babylonien) war.

Das akkadische Reich, das sich vom Persischen Golf bis zum Mittelmeer und zeitweise bis Kleinasien dehnte, wirkte in den späteren Reichsgründungen Mesopotamiens als Ideal nach.

Die semitische Sprache der „Akkader" gehört zum ostsemitischen Sprachzweig und unterscheidet sich vom Babylonischen und Assyrischen nur wie ein Dialekt vom anderen; heute bezeichnet man mit dem Sammelnamen „Akkadisch" die altsemitischen Sprachzweige Mesopotamiens. Die zeitweilige Macht des akkadischen Reiches brachte es mit sich, daß Akkadisch Diplomatensprache für den ganzen Vorderen Orient wurde. Die zwanzigtausend Keilschrifttafeln des Königspalastes von Mari und der auch für die Geschichtskenntnisse von den biblischen Zeiten wichtige Briefwechsel des ägyptischen Königs Amenhotep (Amenophis) III. (1410–1372 v. Chr.) mit Mesopotamien, die sogenannten Amarna-Tontafeln oder Amarna-Briefe, sind in Akkadisch geschrieben. Akkadisch wurde in Keilschrift aufgezeichnet.

Aus der akkadischen Literatur sind für die vergleichende Bibelwissenschaft vor allem das akkadische Weltschöpfungsepos und das Gilgameschepos mit der Fluterzählung (s. d.) wichtig. Sie sind aber nicht original akkadisch, sondern gehen auf sumerische Vorbilder zurück.

DIE AMALEKITER

waren ein Nomadenstamm oder ein Bund von Nomadenstämmen. Amalek wird in Gen 36,12 als Enkel Esaus genannt; geschichtlich muß man das wohl so verstehen, daß die Amalekiter zu den Edomitern (s. d.) gehörten. Ihre Wohnsitze lassen sich nicht genau umgrenzen; sie tauchen auf dem Sinai, um Kadesch (S. 530, Nr. 11), in Arabien, aber auch im Stammesgebiet Efraim auf.

Die erste Begegnung der wandernden biblischen Hebräerstämme mit den Amalekitern geschah (laut Ex 17,8–13) bei Refidim am Sinai, wo sie von Josua geschlagen wurden, während Mose betete. Dieser Angriff der Amalekiter gegen die Israeliten war der Krieg eines Hirtenstammes gegen einen anderen Hirtenstamm. Die Amalekiter sahen durch die einwandernden „Israeliten" ihre Weidegebiete bedroht. Die durchgehende Deutung des AT sieht aber in dieser Behinderung der Wandernden, die das von Jahwe gelobte Land zu erreichen suchten, den Grund für die Feindschaft zwischen Israel und Amalek, den Grund auch für den Fluch über die Amalekiter und ihre spätere Ausrottung.

In der Erzählung von dem Versuch einiger ägypto-hebräischer Teilstämme, von Kadesch aus direkt durch Edom nach Norden vorzustoßen (Num 14,43.45), erscheinen die Amalekiter als Verbündete der „Kanaaniter" (s. d.), die die vordringenden Gruppen zurückschlagen. Hier werden sie vom biblischen Erzähler als Ausführende der strafenden Hand Gottes gegen den Ungehorsam der Israeliten gewertet.

Auch zur Richterzeit scheinen die Amalekiter unter den Angreifern gegen Israel gewesen zu sein: als Verbündete der Moabiter (s. d.) und Midianiter (s. d.).

Die wesentliche Auseinandersetzung mit ihnen brachte aber die Königszeit. Saul hat sie hart bekämpft (1 Sam 1–9); doch vollzog er den Kriegsbann (s. d.) an ihnen nicht ordnungsgemäß, wonach Samuel ihn als unfähig und unwürdig für das Königtum erklärte. Auch David zog in seiner Freibeuterzeit (S. 537, Nr. 22), als er bei den Philistern wohnte, gegen die Amalekiter (1 Sam 27,8). Ihre Gegenaktion (1 Sam 30,1) scheint ein letztes Aufflackern ihrer Lebenskraft gewesen zu sein. Danach werden sie nur noch einmal im ersten Chronikbuch (4,42.43) erwähnt, das sozusagen einen Schlußstrich unter die Amalekiterexistenz ziehen möchte; aber die Stelle hat wenig realhistorischen Wert. Ihre Reste werden in anderen Stämmen (Edomiter?) aufgegangen sein.

DIE AMMONITER

(auch „Söhne Ammons" oder einfach „Ammon" genannt) waren ein aramäischer Stamm, der sich zur israelitischen Richterzeit (12. Jahrhundert) am Oberlauf des Jabbok (s. d.) Land für seine Seßhaftigkeit erkämpfte. Die israelitische genealogische Geschichtsschreibung nennt Lot als ihren Stammvater und anerkennt damit die ferne Verwandtschaft der Ammoniter mit Israel (Gen 19,30–38).

Nachdem Israel das Gebiet nördlich des Jabbok besiedelt hatte (Gilead, s. d.), versuchten die Ammoniter diese ostjordanischen Israeliten tributpflichtig zu machen. Die Bürger der israelitischen Stadt Jabesch boten deshalb Ammon einen Vertrag an. Der ammonitische König Nachasch sagte zu, „insofern ich jedem von euch das rechte Auge aussteche und damit Schmach über ganz Israel bringe" (1 Sam 11,2). Davon erfuhr König Saul. Er zog gen Jabesch und schlug die Ammoniter, die sich schon nach Jabesch aufgemacht hatten, um ihre grausame Vertragsklausel zu erfüllen. Da diese Rettung durch Saul auch später noch einmal erzählerisch aufgegriffen wird – als die Leute von Jabesch Saul heimlich begraben –, möchte man sie wohl historisch nennen.

Als David König war, sandte er beim Tode des Ammoniterkönigs eine Trauerdelegation nach Rabba, in ihre Hauptstadt. Aber die Ammoniter sahen die Delegierten als Spione an, schnitten den Männern die Kleider bis zum Gesäß ab und jagten sie fort. Daraufhin zog David gegen Ammon. Bei der Belagerung von Rabba ließ König David Urija, den Mann Batseba's, an die gefährlichste Stelle kommandieren, so daß er fiel. David besiegte Ammon, setzte sich selbst die Krone von Ammon auf und versklavte einen großen Teil des ammonitischen Volkes.

Salomo hatte wahrscheinlich auch eine ammonitische Frau (vgl. den Abschnitt „Die Frauen des Königs", S. 750), für deren Gott Moloch er auf einer Opferhöhe ein Heiligtum errichten ließ.

Zur Königszeit Judas erscheint Ammon als judäischer Tributärstaat; sobald aber die Assyrer (s. d., Nr. 1/2) im 9. Jahrhundert ihre Unterwerfungszüge begannen, wurde Ammon assyrischer Vasall und blieb von da an – wenn auch widerwillig und immer revoltierend – unter mesopotamischer Herrschaft, die von Alexander d. Gr. und dann von Rom abgelöst wurde.

In die Geschichte Judas griff der Ammoniterkönig Baalis noch einmal ein, als er nach der Eroberung Jerusalems durch Nebukadnezzar (586 v. Chr.) Ismael aus dem Hause David als Mörder dingte, um den jüdischen Statthalter Babylons, Gedalja, umzubringen (S. 562, in Nr. 40).

DIE AMORITER

geben den Bibelhistorikern manche Nuß zu knacken; restlos geklärt ist weder dieser Name, der in der Bibel immer wieder genannt wird, noch die Natur dieses Volkes. Eine möglichst einfache Darstellung sei versucht:

Die Bibel bezeichnet mit „Amoriter" die vorisraelitische Bevölkerung Kanaans. Aber sind sie dieselben wie die Kanaaniter (s. d.)?

Die Amoriter waren Semiten. Die Stationen, wo sie Spuren hinterlassen haben, sind: Um 2500 Ägypten, wo sie auf Wandbildern als Unterworfene dargestellt sind; nach 2300 erscheinen sie in phönizischen Keilschrifttexten als „Amurru" (d. h. Westliche) – sie sind Nomaden.

Dann Amoritervorstoß von Westen gegen Mesopotamien: sie beherrschen Larsa (etwa

1940 v. Chr.), Babylon (etwa 1830 v. Chr.), Assur (etwa 1750 v. Chr.); Hammurabi (s. d.) war ein Amoriter. Zur gleichen Zeit gab es ein Amoriterreich am mittleren Euphrat (Mari), das im Vorherrschaftskampf mit Hammurabi unterging. Schon vorher aber war das heutige Palästina, zu beiden Seiten des Jordan, amoritisch; amoritische Stadtstaaten waren z. B. Jerusalem und Hebron (s. d.).

Vielleicht waren die Kanaaniter eine erste nomadische Einwanderungswelle ins heutige Palästina, um 3000, die Amoriter eine zweite, um 2200 (so R. de Vaux). Vielleicht waren aber „Kanaaniter" und „Amoriter" auch nur zwei Namen für dieselben Völker: Kanaaniter würden sie dann geheißen haben, weil sie in Kanaan wohnten (was voraussetzen würde, daß der Landesname älter ist als die Völker), und Amoriter wäre ihr Volksname gewesen. Israel rechnete sie beide zu den Nachkommen Hams und nicht zu den Semiten; aber das hat religiöse Gründe (s. den Artikel „Ham und Kanaan") und muß für die Forschung ausgeschieden werden. „Amoriter" war für Israel gleichbedeutend mit Götzendiener.

Jedenfalls lebten die Amoriter im Lande, als Abraham nach Kanaan kam: er ließ sich bei der Terebinthe (Luther: „Eiche") des Amoriters Mamre (s. d.) nieder; und als die Wanderstämme, aus Ägypten kommend, in Kanaan einzogen, gab es dort ebenfalls noch die Amoriter. Vielleicht waren sie auch nur das stärkste unter den kanaanitischen Völkern, so daß mit ihrem Namen stellvertretend die ganze Bevölkerung Kanaans bezeichnet werden konnte.

Sie lebten, wie man damals dort lebte: in Stadtstaaten und kleineren Siedlungen und wahrscheinlich auch als Halbnomaden. Sie besaßen nicht das ganze Land noch beherrschten sie es; aber sie waren im Lande. Diese Art des Wohnens ergab für die Erzväter und für die Israeliten überhaupt erst die Möglichkeit, auch dort zu wohnen bzw. dort einzudringen. Die ersten Gegner Josuas nach dem Eindringen in Kanaan werden „Amoriter" genannt; sowohl links wie auch rechts des Jordan.

Unter Salomo wurden die (Reste der?) Amoriter Fronarbeiter. Aber ausgerottet wurden sie anscheinend nicht; noch nach der Rückkehr aus dem Babylonischen Exil heirateten die Rückkehrer „amoritische" Frauen, was aber vielleicht auch nur heißen soll: heidnische Frauen.

ARABER

im heutigen Sinne (als Völkergruppe) gibt es in der Zeit der Bibel nicht. Unter den „Arabern" versteht man damals die Nomaden der syrisch-arabischen Wüste, und „Arabien" ist ein einigermaßen verschwommener Begriff, zu dem man zwar bestimmte Gebiete zählte, nämlich die an Palästina anschließenden Wüsten – die Grenzen von „Arabien" sind aber nicht zu nennen.

Die Völker Arabiens sind im AT nicht „die Araber", sondern sie haben eigene Namen: Joktaniter, Keturiter und Ismaeliter. Zu den Joktanitern gehören z. B. die Sabäer (s. d.), die Bewohner des Landes Ophir (s. d.); zu den Keturitern die Midianiter (s. d.); zu den Ismaelitern die Nabatäer (s. d.). Dabei sind die Sabäer z. B. als Stämmebund des Volkes der Joktaniter, die Midianiter als Stämmebund des Volkes der Keturiter, die Nabatäer als Stämmebund der Ismaeliter zu sehen, oder auch: das Volk der Joktaniter als Zwölfstämmebund (unter ihnen die Sabäer), das Volk der Keturiter als (Sechs-?)Stämmebund (unter ihnen die Midianiter), das Volk der Ismaeliter als Zwölfstämmebund (unter ihnen die Nabatäer).

Die Bezeichnung „Volk" ist hier immer mit Vorbehalt zu gebrauchen; die Bibel selbst braucht ihn kaum. Sie spricht entweder einfach von den Midianitern usw. oder von den Söhnen Midians, was aber nicht unbedingt heißen muß, daß die Söhne des X von diesem X abstammen; das X kann auch als Land gemeint sein (vgl. die Redeweise Hölderlins in seinem Gedicht „Germania an ihre Kinder").

Über die arabische Sprache siehe den Artikel „Die Sprache der hebräischen Bibel".

DIE ARAMÄER (SYRER)

sind in der älteren Geschichte als Volk (oder Stämmeverband) schwer greifbar. Im Mesopotamien der Jahre ± 2000 lebten Menschengruppen, die man wegen ihrer westsemitischen Personennamen als Aramäer ansprechen möchte. Sie waren anscheinend Halbnomaden. Aus dieser Gruppe läßt die Bibel Abraham kommen. Laban war (laut Bibel) ein Aramäer, und Jakob wird ein „heimatloser Aramäer" (Dtn 26,5) genannt.

Vor 1200 drangen sie in „ihre" Gebiete ein und bildeten einige bedeutende Stadtstaaten und kleinere Gebietsstaaten, außer im Eufratgebiet vor allem im Libanon-Antilibanon-Gebiet[3] und in der Ebene östlich des Antilibanon; hier war eines ihrer Zentren die Stadt Damaskus (S. 783).

„Syrer" und „Aramäer" ist oft dasselbe. Luther übersetzte deshalb in Gen 22,20–24 Aramäer mit „Syrer". Aber „Syrer" heißen sie, weil sie in die *Landschaft* Syrien eindrangen, in der vorher auch schon andere Völker saßen und gleichzeitig mit ihnen sitzen. Daß die Aramäer allein den Namen Syrer annahmen, zeigt, daß sie am meisten in dieser Landschaft verwurzelten.

Zur Sprache siehe das Kapitel „Das Aramäische . . ."

DIE ASSYRER

Aus dem harten Machtkampf der Stämme und Kleinfürsten im Vorderen Orient seit 3000 v. Chr. erhob sich schon einmal um 1750 v. Chr. der Fürst von Assur (am westlichen Tigrisufer) zum Beherrscher Mesopotamiens. Er konnte sich aber gegen Hammurabi (s. d.) und die Hetiter (s. d.) nicht behaupten und rettete aus den Kämpfen nur seine Selbständigkeit. Um 1250 schien es noch einmal zu einem zweiten Großreich der Assyrer zu kommen, als Babylon zeitweilig assyrisch wurde. Aber zur wirklichen Gründung eines assyrischen Großreiches kam es erst unter Assurnasirpal II. Durch die Expansionskriege dieses neuen Assyrerreiches wurden auch die israelitischen Königreiche betroffen.

Die Assyrer setzten neben pferdebespannten Kriegswagen auch Reiterei als Waffe ein.

1. Assurnasirpal II. (884–859) führte seine ersten Unterwerfungskriege gegen die Stadtstaaten in Syrien: gegen die Aramäer und Phönizier.

Die Bewegung gegen Westen, die wir damit bei den assyrischen Königen beobachten können, war nicht planloser Eroberungsdrang, vielmehr stand die Konzeption eines Weltrei-

---

[3] S. im Artikel „Hermon"

ches dahinter. Wollte man nämlich von Meso-potamien aus ein Weltreich bauen, hatte die erste Sorge zu sein, daß man die Brücke zum Konkurrenten Ägypten in die Hand bekam – eben Syrien/Palästina; andernfalls, wenn Syrien/Palästina zur Einflußsphäre Ägyptens ge-hörte, war das konzipierte Großreich von vornherein bedroht. Abgesehen davon war natürlich die Herrschaft über Syrien/Palästina auch an sich eine Machtsteigerung.

Assurnasirpals Regierung begann etwa zur selben Zeit wie die König Omris in Israel (886–875).

2. Salmanassar III. (859–824) setzte die Er-oberung Syriens fort. Seine Feldzüge gegen Damaskus hatten eine Koalition von zwölf Staaten unter der Führung von Damaskus zur Folge, die sich in der Schlacht von Karkar (854) gegen Salmanassar verteidigen. Salma-nassar siegte zwar, aber hatte große Verluste; sein Sieg blieb ungenützt. An der Koalition

gegen Assyrien beteiligte sich auch König Ahab von Israel (875–854).

In den folgenden Jahren brachte Salmanas-sar Babylonien unter seine Herrschaft und unterwarf die ersten Stämme der Meder (s. d.).

Die auf Ahab folgenden Könige Israels scheinen sich an einer Koalition gegen Assy-rien nicht mehr beteiligt zu haben. Als Salma-nassar 841 König Hasael von Damaskus be-siegte, kaufte sich Israels König Jehu (842–815) von den Nachstellungen Assyriens durch Tributleistung frei (s. die Darstellung auf dem „Schwarzen Obelisk" Salmanassars, S. 553).

3. Die Jahre 823–746: Das assyrische Reich machte schwere Krisen durch; erholte sich; neue Krisen folgten.

Jerobeam II. von Israel (784–744) versuchte auf diplomatischem Wege die assyrische Macht zu neutralisieren. Das ist vielleicht der

Tributbringende Syrer aus dem Grab des Ägypters Hui in Kurnet-Murrai. – Der vorangehende Fürst und zwei andere Männer tragen das ketonét passím, *den „bunten Rock" (s. „Hemdgewand"). Die Schurzträger haben an ihrem Schurz Fäden mit Quasten, die vielleicht Sklavenzeichen sind: die Sklaven sollten durch solche Schnüre an ihre Gebundenheit erinnert werden. Falls dies eine vor allem syrische Sitte war, darf man annehmen, daß der Brauch der jüdischen Quasten hier seinen Ursprung hat.*

historische Hintergrund der Aussendung des Propheten Jona (S. 555, in Nr. 35a) nach Ninive, der Hauptstadt Assyriens.

4. *Tiglat-Pileser III.* (745–727) hatte sich zunächst mit einer neuen Koalition westlicher Staaten auseinanderzusetzen, in der König Asarja (Usija) von Juda (779–739) anscheinend eine führende Rolle spielte (743). Zu den aufständischen Staaten gehörte auch das Nordreich Israel. Die Unterwerfungsaktion Assyriens endete 738 wie für andere Staaten auch für das Nordreich Israel mit schweren Tributzahlungen unter König Menahem (743–738); er zahlte tausend Silbertalente.

Etwa drei Jahre später begann Tiglat-Pileser seinen Unterwerfungsfeldzug ins Philisterland. Er durchzog Israel und besetzte es zum Teil.

Da Damaskus frei blieb, bildete es schon bald darauf eine neue, gegen Assyrien gerichtete Koalition aus Ammonitern, Moabitern, Edomitern und Philistern; ihr trat allzugern wiederum das Nordreich Israel bei. Das Südreich Juda blieb aber der Koalition fern. Die Verbündeten begannen deshalb eine Nötigungsaktion gegen Juda. König Ahas von Juda (736–721) rief daraufhin den assyrischen König Tiglat-Pileser zu Hilfe, wovor der Prophet Jesaja ausdrücklich warnte. Nachdem der Assyrerkönig das Nordreich Israel verwüstet, viele Gebiete Syriens und Phöniziens zu assyrischen Provinzen gemacht und Damaskus erobert hatte (732), leistete Ahas von Juda in Damaskus vor Tiglat-Pileser den Gehorsamseid. Der assyrische Staatskult bekam neben dem Jahwekult im Tempel von Jerusalem seinen Platz.

Im Jahre 729 krönte Tiglat-Pileser seine Unterwerfungskriege mit der Eroberung Babylons.

5. *Salmanassar V.* (727–722) stand wiederum einem massierten Aufstand der Staaten Phöniziens und Palästinas gegenüber, die sein Vorgänger zum Teil zu assyrischen Provinzen oder tributpflichtig gemacht hatte. Zu den Aufständischen gehörte wieder das Nordreich Israel unter König Hoschea (733 bis 725). Als Salmanassar davon erfuhr, zog er gegen Israel. Es gelang ihm, König Hoschea gefangenzunehmen (725). Das Land wurde besetzt. Die Stadt Samaria widerstand noch drei Jahre (S. 558).

6. *Sargon II.* (722–705) führte die Belagerung Samarias zu Ende (722), ließ die Oberschicht des Nordreiches nach Medien und Mesopotamien deportieren und füllte das Land mit Siedlern aus anderen unterworfenen Völkern seiner östlichen Reichsteile auf; daraus wurde das Volk der Samaritaner (S. 499).

Seine Unterwerfungsaktionen in Syrien hatten auch sonst Erfolg. Er eroberte sogar Zypern. Babylonien unterwarf er sich aufs neue.

In Juda, das Assyrien seit 732 tributpflichtig war, regierte König Hiskija (721–693); seit König Ahas war es ebenfalls ein assyrischer Vasallenstaat. Hiskija beteiligte sich aber nur 713 bis 711 einmal vorübergehend an einem Aufstandsversuch gegen Sargon, zog sich aber früh genug wieder zurück.

7. *Sanherib* (705–681), Sohn Sargons II., mußte überall in seinem Reich um weitere Anerkennung der assyrischen Oberherrschaft kämpfen. Diese Gelegenheit benutzte König Hiskija von Juda, den Kult in Jerusalem zu reformieren, d. h. die kultischen Elemente der assyrischen Oberherrschaft abzuschaffen und mit Ägypten und den Philistern zu konspirieren.

Nachdem Sanherib sich zum König von Babylon gekrönt hatte (704), versuchte ein babylonischer Fürst einen Aufstand gegen ihn. Die Aufständischen nahmen auch mit Hiskija von Juda Verbindung auf. Daraufhin unternahm Sanherib eine Polizeiaktion gegen die revoltierenden Philister und Juda: 701 Eroberung von ganz Juda, dabei Belagerung von Lachis, Belagerung von Jerusalem. Eine Pest im Heer der Assyrer machte der Belagerung ein Ende, aber doch wohl erst, nachdem Hiskija bereits kapituliert hatte. Von nun an blieb Juda assyrischer Tributärstaat.

Sanherib wurde 681 in Ninive von einem seiner Söhne ermordet.

8. *Asarhaddon* (681–669), Sanheribs Sohn, versuchte das Reich durch Verträge zu sichern; nur bei ausgesprochenen Aufständen ging er militärisch vor, z. B. 677 in Sidon und 672 in Tyrus. Beide Male – oder nur 672 – verlangte er von König Manasse in Juda (693–639) einen Tribut, um sich seiner Vasallentreue zu versichern.

Im Jahre 671 zog Asarhaddon gegen Ägypten, weil er in Ägypten den Drahtzieher gegen Assyrien erkannte; Ägypten schürte die Aufstände und stützte die Koalitionen in Palästina und Syrien gegen Assyrien. Es gelang ihm, einen Teil Ägyptens der assyrischen Herrschaft zu unterstellen (671).

9. Assurbanipal (669–627) setzte die Eroberung Ägyptens fort und sicherte die assyrische Gewalt, aber 663 begann der ägyptische Befreiungskrieg; er endete 654 mit dem Verzicht Assurbanipals auf die Herrschaft in Ägypten.

Gegen die Aufstandsversuche seines Bruders, der König von Babylon war, setzte sich Assurbanipal durch (652–648); er eroberte Babylon. Auch sonst griff er hart durch: gegen Elam und an den Grenzen; aber sein Interesse wandte er vorwiegend dem kulturellen Aufbau zu. Die Hauptstadt Ninive (s. d.) stieg unter Assurbanipal zu höchstem Glanz auf. Um den assyrischen Tributärstaat Juda kümmerte er sich kaum noch. Ob im Tempel von Jerusalem für den Assyrerkönig geopfert wurde oder nicht, war ihm ziemlich gleichgültig. So war es König Joschija von Juda (641–609) möglich, seine große Kultreform vorzubereiten, ohne von den Assyrern etwas befürchten zu müssen.

10. Auf das Jahr 625 setzt man die Vorbereitungen für die Gründung des neuen Reiches der Babylonier (s. u.); damit zerfiel Assyriens Macht. 614 wurde Assur durch die Meder (s. d.) zerstört, 612 Ninive (s. d.). Der König, Assurbanipals Sohn, kam bei den Kämpfen um.

Assurbanipals Bruder versuchte, im Norden die Reichsmacht neu zu begründen. Nun half ihm Ägypten gegen den gefährlicheren Machtprätendenten Neubabylon. Aber Assyriens Macht war nicht mehr zu retten. 605 war das Geburtsjahr des neubabylonischen Reiches; Nebukadnezzar, der Chaldäer, übernahm die Regierung in Babylon.

DIE BABYLONIER

waren nicht nur die Einwohner der Stadt Babylon (Babel), sondern auch die Bewohner des Reiches Babylonien, das sich nach der Stadt Babylon nannte. Zu Babylonien gehörten auch die Städte Ur (s. d.) und Akkad.

Babylonien war uraltes Siedlungsland; die Spuren vorgeschichtlicher Kulturen muß man bis ins 5. Jahrtausend datieren. Die ersten namentlich faßbaren „Babylonier" sind die Sumerer (etwa 3500–2300). Ihnen folgten die Akkader (s. d.), die ein semitisches Reich in Babylon errichteten (2300–?). Nachdem das Reich von Akkad durch die iranischen Gutäer zerstört worden war, riß eine Dynastie des sumerischen Ur als Befreier von den Gutäern die Macht an sich (um 2000). Aber neue semitische Wanderungswellen lösten das sumerische Reich von Ur auf und versuchten von Akkad aus das Land zu beherrschen; jedoch war ihre Macht zu gering, als daß sie die Kleinstaatenfürsten unter ihre Hand bringen konnten. Bedeutsam war unter diesen Fürsten vor allem das Reich von Mari am mittleren Eufrat.

Von 1792–1750 regierte in Babylon Hammurabi (oder: Hammurapi), dem es gelang, die Macht über weite Strecken Mesopotamiens an sich zu reißen; auch Mari fiel ihm zum Opfer. Er ist der erste König, der von Babylon aus ein Großreich aufbaute. Seine Gesetzessammlung zeigt, daß er auch die nötigen rechtlichen Grundlagen dafür zu setzen vermochte. Abrahams Vater floh vielleicht in den Zeiten Hammurabis aus dem Kampfgebiet zwischen Ur und Babylon nach Norden (S. 517, Nr. 3).

Von 1750–732, also mehr als tausend Jahre, tobte dann der Kampf zwischen den vordringenden und mächtiger werdenden Assyrern und Ägypten sowie den Völkern Kleinasiens (Hetiter, s. d.) und Syriens (Aramäer, s. d.), in dem seit dem 9. Jahrhundert auch immer wieder die Reiche Israel und Juda auftreten (vgl. den Artikel „Die Assyrer"). Das babylonische Reich konnte in dieser Zeit nur schlecht und recht neben Assyrien seine kleine Selbständigkeit erhalten. Als aber Assyrien nach Niederwerfung von Damaskus (732) die Oberhand in Syrien/Palästina errungen hatte, ging Tiglat-Pileser auch gegen Babylonien vor. Zwar versuchte die babylonische Dynastie immer wieder, ihren Thron zurückzuerobern, aber (ausgenommen einige Jahre) war der König von Assyrien von 731–668 auch der König von Babylonien.

Im Jahre 668, als der Assyrerkönig Assurbanipal den Thron bestieg, mußte er – auf Anordnung seines Vaters – seinem Bruder den babylonischen Thron überlassen. Das führte

Der Palast zu Mari sank in den Kämpfen mit Hammurabi (1792–1750?) in Trümmer. Von der Macht dieses „teilbabylonischen" Reiches Mari geben noch die Trümmer eine Vorstellung. Mari am Eufrat zählte mit seinen mehr als zweihundert Sälen und Höfen zu den größten Residenzen des alten Vorderen Orient. Die Ausgrabungen von Mari förderten als geradezu unschätzbaren Schatz das königliche Archiv zutage, mit mehr als 25000 keilschriftlichen Tontafeln, die für die Geschichte der Erzväterzeit wichtige Aufschlüsse geben.

648 zum Bruder- und Bürgerkrieg. Babylon wurde von Assurbanipal zwar erobert, aber das Ende der assyrischen Macht war schon angebrochen: der Chaldäer Nabopalassar zettelte in Babylonien gegen die assyrischen Herren einen Aufstand an, dem Assyrien unter dem Ansturm der Meder nicht mehr gewachsen war. Das neubabylonische Reich hatte mit Nabopalassar seinen ersten König.

Nebukadnezzar, Sohn und Kronprinz Nabopalassars, zog gegen die Ägypter ins Feld, um –

als Nachfolger der Assyrer – Syrien/Palästina in die Hand zu bekommen. Die Ägypter wurden bei Karkemisch geschlagen (605) und zurückgetrieben. Aber das kleine Juda, unter König Jojakim (608 bis 597) erkannte den neuen Herrn nicht an. Damit begannen die letzten Kämpfe zwischen Babylon und Juda (darüber S. 561, Nr. 39).

König Nebukadnezzar war eigentlich der einzige große König Neubabyloniens. In den Jahren 605–562 machte er Babylon zur Weltmacht. Er entfaltete eine reiche Bautätigkeit. In den letzten zwanzig Jahren konnte er sich vornehmlich friedlichen Werken widmen.

Nach drei kurzlebigen Königen (562–560, 559–556, 556) kam der Nordaramäer Nabonid auf den Thron (556–539). Inzwischen war die Persermacht stark geworden, und Nabonid erkannte darin die Gefahr für sein Reich. Er zog sich fast zehn Jahre nach Teiman(n), in die arabische Wüste zurück, wahrscheinlich um die Beduinen für den Kampf gegen die Iranier (Perser, s. d.) zu gewinnen. Während dieser Zeit war Belschazzar (Belsazer, Balthassar) Vizekönig in Babylon.

Einige Jahre nach seinem großen Sieg über Krösus von Lydien (546) griff der Perser Kyrus schließlich auch Babylon an. Schon vor dem Sieg über Belschazzar begrüßten die deportierten Juden in Babylon Kyrus als Befreier. Nach dem Sieg über Belschazzar (539) wurde Babylonien zum persischen Reich geschlagen; es wurde eine Satrapie der Perser.

Vergleiche auch den folgenden Artikel „Die Chaldäer".

DIE CHALDÄER

Chaldäer ist ein nicht eindeutig zu umgrenzender Volksname. Man kommt der historischen Wahrheit wohl am nächsten, wenn man sie als ein aramäisches Volk ansieht, das jedoch im 9. Jahrhundert noch nicht geeinigt war und unter mehreren Fürsten kleinere Staaten gründete, die am Westufer des Persischen Golfes lagen. Von hier aus bedrohten sie die jeweiligen Beherrscher Babylons bzw. waren unsichere Untertanen, bis sie nach Zerstörung der assyrischen Macht das neubabylonische Reich gründen konnten (s. S. 561, Nr. 39, und den Völkerartikel „Die Babylonier", s. d.).

Im Sinne von Sterndeuter, Traumdeuter, Magier, Wahrsager u. ä. wird „Chaldäer" seit etwa 450 v. Chr. in der Bibel gebraucht: wahrscheinlich, weil die späten Schreiber der biblischen Bücher, nach den überlieferten Erfahrungen der nach Babylon exilierten Juden, diese Künste für Babylon als charakteristisch ansahen.

DIE EDOMITER

läßt der biblische Genealoge von Esau (s. d.) abstammen. Daß Esau in den Jakobserzählungen der Bruder Jakobs ist, bedeutet auf jeden Fall, daß die Israeliten die Edomiter als stammverwandt ansahen – sie kamen wie die Israeliten aus dem syrischen Wüstenraum; und daß Esau, als der ältere, dem jüngeren Jakob das Erstgeburtsrecht abtrat, ist wohl eine Anerkennung der älteren Geschichte Edoms, wenn auch zugleich ein Anspruch auf die höheren Rechte Israels.

Den Namen „Edomiter" führt der biblische Erzähler in volksetymologischer Deutung auf jene Szene zurück, in der Esau „von dem Roten, von dem Roten da" verlangte (Gen 25,30 f.), woraufhin Jakob ihm das rote Linsenmus gegen das Erstgeburtsrecht gab. Der Name hat aber wohl eher in geologischen Gegebenheiten seinen Ursprung. Die Nordgrenze Edoms war der Bach Sered, der von Südosten her ins Tote Meer fließt. Südlich davon lag das Reich der Edomiter, zu beiden Seiten des 12 km breiten Einbruchgrabens (der Arabá), der sich von Norden her in der Linie Jordan (s. d.), Totes Meer auf den Golf von Akabá hin fortsetzt und ins Rote Meer (s. d.) mündet. Der Westen, das Gebirge Seïr, ist durch rote und rostfarbene Sandsteine gekennzeichnet, die um so auffallender sind, als sie mit blendendweißen Kalksteinen wechseln.

In diesem Gebiet wurden die bis dahin nomadisierenden Edomiter etwa um 1300 seßhaft, zunächst östlich der Arabá, später auch westlich; den Namen „Edomiter" könnten sie also (gemäß der obigen Darstellung) erst erhalten haben, als sie auch westlich der Arabá Fuß gefaßt hatten, im Gebirge Seïr.

Ihre zunächst sechs, später zwölf Stämme – die Bibel nennt sie mit Namen – wurden schon vor Israels Königszeit unter einem König zu einem Staatswesen zusammengeschlossen; die genaue Zeit läßt sich jedoch nicht bestimmen. Auch die Art ihrer Monarchie (Wahlmonarchie oder Monarchie durch Gewalthegemonie) ließ sich bis jetzt nicht erforschen.

Im Gebiet des Stammes Juda (s. S. 507, Nr. 8/4) gab es Sippen, die in der Bibel einmal zu Juda, einmal zu Edom gezählt werden – wahrscheinlich waren dies noch nicht seßhafte Gruppen, die je nach ihrem Biwak zu Juda oder Edom gerechnet wurden und sich vielleicht auch selbst rechneten. Auch am Heiligtum von Beerscheba (s. d.) gab es edomitische „Brüder", als Beerscheba schon Jahweheiligtum war. Alles das weist auf zunächst nicht sehr bewußte Trennung hin.

Aber als das israelitische Staatswesen unter David (um 1000 v. Chr.) seine Formung erhielt und Israels Politik damit expansiv wurde, kam es zum Zusammenstoß.

Der Sinn der israelitischen Expansion ins edomitische Reich hinein lag in der Eroberung der Erzgebiete, die im Gebiet Edoms lagen (Esjon-Geber, s. d.) und wohl auch in der Eroberung eines Zugangs zum Roten Meer. David schlug eine mörderische Schlacht und vernichtete anschließend fast die ganze Führungsschicht der Edomiter und unterstellte Edom israelitischen Statthaltern, obwohl es wahrscheinlich seinen König behielt. Unter Salomo aber stand Hadad auf und versuchte den Abfall Edoms von Israel (1 Kön 11,14 bis 22.25); mit Sicherheit wurde Edom um 845 v. Chr. wieder ein freies Königreich (S. 548, in 34b). Von da an wurde es nur noch einmal zeitweilig von den Königen Judas gezwungen, Juda die durch edomitisches Gebiet ziehende Straße zum Roten Meer und dem Hafen Elat zur Verfügung zu stellen (etwa 770–736). Edom war in dieser Zeit jedoch immerhin so frei, daß es der von Damaskus geführten Koalition gegen Assyrien beitreten konnte (S. 555, in Nr. 36a), und da sich das Königreich Juda nicht anschloß, kam es zu Auseinandersetzungen, in denen Edom von Juda wieder ganz frei werden konnte.

Diese Zeit ist vielleicht eine der seltsamsten Edoms; denn seit etwa 800 v. Chr. war es Tributärstaat von Assyrien, wie die Erwähnung von „Udumu" in den assyrischen Königsinschriften beweist. Gleichzeitig aber wurde es von dem noch freien Juda zu gewissen Tributen gezwungen.

Nach der Liquidierung Judas (586 v. Chr.) drängten die Edomiter auf der Westseite des Toten Meeres in die früheren judäischen Gebiete ein. Die Drohsprüche der Propheten aus der Exilszeit (Ezechiel, Obadja, Deutero-Jesaja) gegen Edom haben hier ihren historischen Anlaß.

Inzwischen schoben sich die arabischen Nabatäer (s. d.) in das alte edomitische Gebiet östlich der Arabá vor und begründeten dort ihr mächtiges Reich.

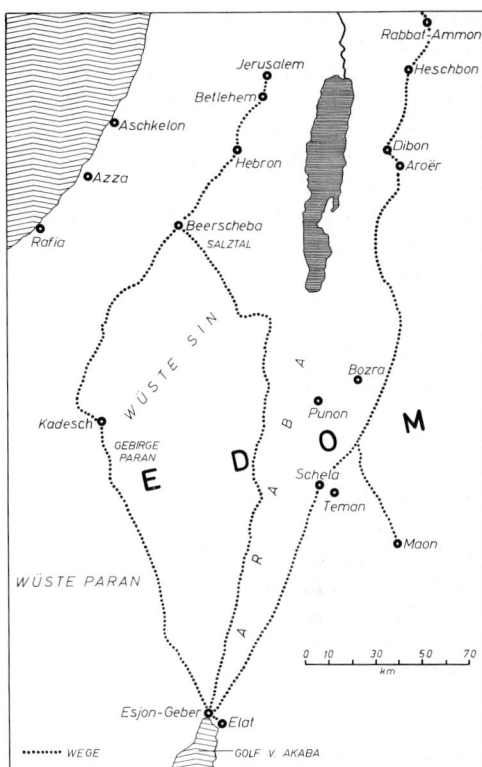

Das Gebiet der Edomiter läßt sich nur schwer mit genauen Grenzen umreißen. Ihre frühen Sitze lagen wahrscheinlich nur östlich der Arabá, des Südteils jenes großen Nordsüdbruches, von dem Jordantal und Totes Meer den Mittelteil bilden. Ihre Hauptstadt lag ebenfalls in diesem Bereich: Bozra. Punon war ein wichtiger Erzort. – Aber die nomadische Wanderung der Edomiter, mit Zug nach Westen, war trotz fester Städte noch nicht beendet; und so wohnten sie denn um 1300/1200 oder kurz danach auch in den Gebirgen westlich der Arabá.

Das Land östlich des Toten Meeres ist das Bergland von Moab: Hauptstadt Heschbon/Chesbon. Aus Dibon stammte König Mescha; der Mescha-Stein (S. 550) wurde in Dibon gefunden.

In syrisch-hellenistischer Zeit war das Edomiterland ein eigener Bezirk: die Satrapie Idumäa. Johannes Hyrkanus gelang es, nachdem das Königreich Juda wieder selbständig geworden war und langsam die Ausmaße des alten Davidsreiches annahm, Idumäa in den jüdischen Makkabäerstaat einzugliedern (etwa 120 v. Chr.); die Bevölkerung wurde zwangsweise judaisiert (S. 571, Nr. 46). Aus Idumäa kam Antipater, der Vertraute Roms, welcher der Vater des Königs Herodes d. Gr. war (S. 572, Nr. 48).

Die meist polemische Behandlung der Edomiter in der Bibel könnte leicht den Eindruck erwecken, als ob es sich um ein barbarisches Volk gehandelt hätte. In kultureller Beziehung dürfen wir Edom aber wenigstens mit Israel gleichstellen. Ein Teil seiner Weisheitsliteratur ging in Israels Weisheitsliteratur ein.

DIE ELAMITER

waren östliche Nachbarn Babyloniens. Sie eroberten Anfang des 12. Jahrhunderts v. Chr. Babylon und brachten die Gesetzesstele Hammurapis[4] (die heute im Louvre steht) in ihre Hauptstadt Susa. Das war ein Racheakt; denn Hammurapi hatte Elam fünfhundert Jahre vorher unterworfen.

Nach wechselhaften Kriegen brachten die Assyrer Elam unter ihre Herrschaft; auch zum neubabylonischen Reich zählten sie. Deshalb kamen sowohl zerstreute Israeliten nach Elam (722 unter den Assyrern) wie auch exilierte Judäer (586 unter den Babyloniern). Als die Perser (s. d.) die Herren Babyloniens wurden, machte Kyrus Susa, die Hauptstadt von Elam, zu einer der persischen Königsresidenzen der Provinz.

Juden aus Elam („Elamiter") werden noch in der Apostelgeschichte (2,9) genannt.

ENAKITER

auch „Anakiter", war der Name eines wohl ebenfalls – wie die Israeliten – aus Mesopotamien stammenden Aramäervolkes, dessen Menschen hochgewachsen waren. Sie begründeten, etwa zu Anfang des 13. Jahrhunderts v. Chr., die Stadt Hebron (s. d.) und hatten zur Zeit der Wanderung der Jakobiten einen ihrer Wohnsitze in und um diese Stadt. Den Kundschaftern (s. Num 10–14), die das einzunehmende Land erforschten, kamen sie wie Riesen vor. Das Buch Josua spricht von einer Vertreibung der Enakiter durch Kaleb. Im gleichen Buch Josua (11,21f.) werden enakitische Minderheiten in den Philisterstädten erwähnt.

Zu diesen Enakitern gehörte wohl auch Goliat, der dann als eine besonders groß

geratene Kriegsfigur dieses Volkes anzusehen wäre.

Die Bibel nennt die Enakiter auch „Söhne Enaks" oder „Kinder Enaks". Martin Noth leitet ihren Namen jedoch von hebr. *anâk* (Halsschmuck) ab, so daß es sich nicht um eine Stammesbezeichnung gehandelt hätte, sondern um einen kennzeichnenden Zunamen: etwa „Halskettenmänner".

DIE HEBRÄER

gehören eigentlich nicht in diesen Zusammenhang der „Völker des Alten Orient"; da aber dieser Gruppenname später dennoch als Volksname gebraucht wurde, soll er hier eingeordnet werden.

Solange man nur die Bibel als Beleg für dieses Wort hatte, nahm man an, es handle sich auch bei den „Hebräern" um eine Volksbezeichnung. Heute besitzen wir durch die Ausgrabungen vor allem ägyptischer und altmesopotamischer Königs- und Stadtarchive viele aufklärende Belege über „die Hebräer". Als *hapiru (chaperu, chabiru)* werden sie in den verschiedensten Urkunden (Briefen, Verwaltungsberichten, Verwaltungsanordnungen, Inschriften) erwähnt: als Söldnertruppen (um 1700 v. Chr. im Dienste des babylonischen Königs Hammurapi; um 1700 v. Chr. im Dienste der südbabylonischen Fürsten von Larsa, Gegner Hammurapis); als Räuberbanden (um 1700 v. Chr. in Keilschriftbriefen des Königs Zimrilim von Mari am mittleren Eufrat, Gegner Hammurapis; um 1400 v. Chr. in einem der keilschriftlichen „Amarnabriefe" des ägyptischen Königs an den Stadtfürsten von Jerusalem); als Fremde verschiedener Nationalität, die sich freiwillig als Sklaven vermieten (in den Nuzutexten des 15. Jahrhunderts v. Chr.). Aber auch an vielen anderen Stellen werden sie erwähnt: als Steinbrucharbeiter, Bergwerksarbeiter, Lastträger und Keltertreter in Ägypten, als Soldaten, als Teil der Stadtbevölkerung von Chabbi in Phönizien (15. Jahrhundert v. Chr.), als Kriegsgefangene oder Deportierte. In all diesen Zeugnissen wird jedoch mit den *hapiru* (o. ä.) nicht ein Volk gemeint, sondern aus den Texten geht

---

[4] Über Hammurapi s. unter „Die Babylonier".

hervor, daß sie zu den verschiedensten Völkern und Stämmen gehörten.

Was also bedeutet in diesen außerbiblischen Texten *hapiru* (Hebräer)? Es gibt die widersprechendsten Deutungen: Räuber, Schleuderer, Bogenschützen, Würger, Bundesgenossen, Gefangene, Deportierte, Eindringlinge, Nomaden, Heimatlose ... Jedenfalls wurde mit *hapiru* etwas Charakteristisches ausgesagt, das wir heute nicht mehr ganz fassen können. Als einigermaßen sicher aber steht dahinter der Begriff des heimatlosen Wanderers, der streunenden Bande, der dann bei den Belästigten und Seßhaften leicht den Inhalt „Räuber" bekommen konnte. Es handelt sich also eher um eine soziologische als um eine völkische Bezeichnung.

Wenn vorläufig auch nur diese allgemeine Richtung für die Bedeutung als einigermaßen sicher herausgefunden werden konnte, so darf daraus doch geschlossen werden, daß der Ausdruck „Hebräer" zunächst ein Schicksalsname oder gar ein Schimpfname war, den die so Charakterisierten oder die Beschimpften später selbst als Bezeichnung für sich übernommen haben – wenn vielleicht auch erst dann, als der ursprünglich abwertende Sinn dieses Wortes nicht mehr verstanden wurde.

Waren also die Israeliten Hebräer? Trotz der Unklarheit der Verhältnisse, die sich mit dem Wort „Hebräer" verbindet, darf man vielleicht sagen:

Die Ursprungssippen Israels (Abraham, Jakob) wurden vielleicht in den Augen der Mesopotamier und Kanaaniter in dem Augenblick „Hebräer", als sie ihre Sippe von ihrem uraramäischen Stamm oder aus dem uraramäischen Stämmeverband lösten, um nach Kanaan auszuwandern. Genauso mag man die später als Moabiter, Edomiter usw. geeinten Stämme zeitweilig „Hebräer" genannt haben. In diesem Sinne ist vielleicht das Wort „Hebräer" gebraucht, wenn es nach der Entführung Lots durch die Ostkönige heißt: „Ein Flüchtling aber kam und meldete es dem Hebräer Abram, der bei den Eichen des Amoriters Mamre wohnte" (Gen 14,13).

Da aber viele dieser Wanderer sich verdingen oder selbst versklaven mußten, um das eigene Leben und das ihrer Angehörigen zu erhalten, wurde „Hebräer" auch ein Wort für Sklave und Fronarbeiter. In diesem weiteren Sinn (weiter, weil der Landfremde auch hier immer mitgemeint ist) ist es vielleicht in der Josefsgeschichte vom Verführungsversuch des Potifarweibes gebraucht, wenn die Frau Josef anklagt: „Seht nur! Er hat uns einen Hebräer ins Haus gebracht, der seinen Mutwillen mit uns treibt" (Gen 39,14).

Die Verachtung, die die selbstbewußten, bodenständigen Ägypter den „Hebräern", den Landfremden, entgegenbrachten, spricht auch aus der Essensszene der Josefsgeschichten: Josef, der zwar aufgestiegen, aber immer noch „Hebräer" war, ißt nicht mit den Ägyptern an einem Tisch (Gen 43,32).

In ähnlichem Sinne für eingewanderte Landfremde kann das Wort in den Mosegeschichten gebraucht sein; als die Pharaotochter das Kind Mose findet, sagt sie: „Das ist ein Hebräerkind" (Ex 2,6). – Wenn man später liest, daß sich dem Auszugsvolk der Jakobiten auch „ein großer Haufen anderer Leute" anschloß (Ex 12,38), so müßte man – im Sinne der aufgenommenen Deutung – die Gesamtheit dieses Wandervolkes mit „Hebräern" bezeichnen, während die Jakobiten zwar „Hebräer" wie dieses Mischvolk waren, aber in sich ein geschlossener „ungemischter" Sippenverband, der früher einmal aus uraramäischen Stammesverbänden abgezweigt war.

In späteren Zeiten tritt das Wort „Hebräer" im AT nicht mehr auf. Es spricht nichts für die Annahme, daß sich die seßhaften Israelstämme selbst noch als „Hebräer" bezeichnet haben. Wenn „Hebräer" den obengenannten Sinn hatte, wäre dies ja auch widersinnig gewesen. Andererseits wird in der Königszeit (vor oder um 700) im Stammbaum der Noachsöhne (Gen 10,21.24.25) auf die Bezeichnung „Hebräer" für Abraham zurückgegriffen, indem man einen Enkel Sems mit dem Namen „Eber" einführte. Es kann kaum angenommen werden, daß der geschichtsschreibende Genealoge hier eine echte Abstammungsreihe geben wollte: Sem – Arpachschad – Eber ... Abram (S. 517, Nr. 3); aber eines wollte er sicherlich: eine Deutung des Namens „Hebräer" wollte er geben, den er also als Volksnamen einführte. Hier lägen demnach die Anfänge des gewandelten Inhalts dieser Bezeichnung. Die Rabbinen werden den Namen später (geographisch-genealogisch) erklären: „Hebräer" als Volk, das von *jenseits des Eufrat* kam; oder auch geschichtstheologisch:

Abraham war ein Hebräer, weil er als einzelner dem Polytheismus der anderen gegenüberstand; beide Male bezieht sich die Erklärung auf das hebräische Wort *meabér* („jenseits" oder auch „gegenüber").

Wann man auf die Stelle Gen 14,13 vom „Hebräer Abraham" und die genealogische Erklärung der Bezeichnung „Hebräer" zurückgriff, um auch das Volk „Hebräer" zu nennen, ist nicht geklärt; wahrscheinlich geschah dies aber in den Zeiten der intensiven Bibelstudien, also nach Esra (S. 565 in Nr. 42), etwa seit 350 v. Chr., spätestens aber seit etwa 200 v. Chr., als die Juden dem sich gewaltsam ausbreitenden Hellenismus gegenüberstanden. Diese Bezeichnung wäre dann als eine Protestbezeichnung zu verstehen. Die immer mehr in den Vordergrund tretende Gestalt des biblischen Abraham ist eine indirekte Bestätigung für diesen Vorgang. Man braucht nur das NT aufzuschlagen, und man hat diese Aufwertung Abrahams in Beispielen mannigfaltig vor sich: Mt 3,4; 8,11; 22,23; Lk 1,55.73; 13,16; 16,22; 19,9; Joh 8,33; 8,56.58; Röm 4,1–3; 9,3; Gal 6,3.14; Hebr 2,16; 11,8; Jak 2,21.23. Die Bezeichnung „Hebräer" hatte also die Bedeutung „Jude" angenommen.

Die Sprache der Juden bekam wohl auch gerade durch diesen Vorgang die Bezeichnung „Hebräisch". Eine indirekte Bestätigung dafür ist die Tatsache, daß in den Zeiten vor und nach Christi Geburt sowohl das Aramäische (s. d.) wie auch die Sprache Kanaans[5] mit „Hebräisch" bezeichnet wurde. Man nannte also „Hebräisch", was die Hebräer sprachen.

In der Apostelgeschichte wird von „Hebräern" und „Hellenisten" gesprochen (Apg 6,1), womit – nach allgemeiner Überzeugung – auf die Muttersprache angespielt wird. Hier bedeutet „Hebräer" diejenigen, die Aramäisch sprachen, d. h. den palästinensischen Dialekt des Aramäischen, das Jüdische.

Solange „Hebräisch" noch gleich Aramäisch war, wurde für die Sprache Kanaans – obwohl sie auch damals schon oft „Hebräisch" genannt wurde –, oft eine andere Bezeichnung gebraucht; wir finden dafür in den jüdischen Gelehrtentexten die Bezeichnung „Assyrisch". Das scheint zunächst mehr als seltsam, weil ja gerade die assyrische Reichssprache das Aramäische ist. Die Bezeichnung ist aber verständlich, wenn man auf die Schrift schaut; gerade die Bibel, die in der Sprache Kanaans geschrieben war, wurde mit assyrischen Schriftzeichen aufgezeichnet und vervielfältigt, die sich im Jerusalemer Kultbereich zu der bekannten Quadratschrift entwickelte (Abb. S. 40). Erst nachdem das Judentum hauptsächlich in der Diaspora lebte und das Aramäische in Palästina durch das Griechische verdrängt worden war, bekam dann die Sprache Kanaans, d. h. die Sprache der Bibel, ausschließlich die Bezeichnung „Hebräisch".

Gerade diese Bezeichnungsentwicklung für die Sprache Kanaans half aber wiederum mit, den Eindruck zu erwecken, als ob „Hebräer" eine ursprüngliche Volksbezeichnung wäre.

DIE HETITER

– im Hebräischen „Chittim", im Ägyptischen „Cheta", im Assyrischen „Chatti" genannt, waren eine indoeuropäische Völkergruppe, die seit 2000 v. Chr. von Osten her in das östliche Kleinasien eindrang: zur selben Zeit, als die indoeuropäischen Wandervölker der Meder (s. d.), Perser (s. d.) und Hurriter in den Vorderen Orient eindrangen. Die Hetiter breiteten ihren Herrschaftsbereich langsam und mit wechselndem Erfolg gegen Mesopotamien hin aus (um 1630 v. Chr.); einige Jahrzehnte später überschritten sie den Taurus und versuchten Syrien in ihrer Herrschaft einzubeziehen. Aber Thronwirren warfen die Macht der Hetiter zurück.

Im AT werden des öfteren „Hetiter" genannt. Als Abraham für Sara eine Grabstätte bei Hebron kaufen wollte, sprach er mit den Hetitern, „dem Volk des Landes" (Gen 23,7).

Esau heiratete, so wird erzählt, eine Hetiterin (Gen 26,34), und Isaak läßt Jakob nach Mesopotamien ziehen, damit er sich nicht „so eine Hetiterin, eine Einheimische, zur Frau nimmt" (Gen 27,46). In der Zeit Abrahams blühte das alte Reich der Hetiter, das – soviel wir wissen – höchstens in Nordsyrien Einfluß hatte. Aber es kann natürlich sein, daß es in Palästina hetitische Inseln gab, vielleicht Stützpunkte für geplante Reichserweiterungen.

---

[5] Siehe den Artikel „Die Sprache der hebräischen Bibel" (S. 35).

Das „neue Reich" der Hetiter (etwa 1460 bis 1200) dehnte sich seit 1385 mit Erfolg nach Syrien und Mesopotamien aus. Seit etwa 1300 war Nordsyrien fest in der Hand der Hetiter. Da aber Ägypten zur selben Zeit seine traditionelle Syrienpolitik wieder aufgenommen hatte, griff Ramses II. im Jahre 1286 v. Chr. die Hetiter in Kadesch am Orontes an, um ihr weiteres Vordringen zu verhüten. Ramses II. siegte zwar über die Hetiter, aber sein Sieg schwächte die ägyptische Macht mehr als die hetitische. Da die Hetiter jederzeit bereit waren, Streitigkeiten durch Verträge zu schlichten, schlossen sie mit Ägypten einen „ewigen Vertrag" (1270 v. Chr.); das zweisprachige Vertragsdokument ist erhalten. Die Hetiter behielten den Teil Syriens, der in ihrer Hand war, Ägypten konnte den noch nicht hetitischen Teil besetzt halten. Damit fiel Palästina/Phönizien in die ägyptische Einflußsphäre, wie es ägyptischer Wunsch war. (Über den Einfluß der hetitischen Bündnispolitik auf den Vorderen Orient und speziell die israelitische Religion s. im Artikel „Der Bund".)

Um 1200 machte der Vormarsch anderer Völker, wahrscheinlich der Philister (s. d.), auch dem Hetiterreich ein Ende. Einige Stadtkönigreiche hielten sich im Südosten des früheren Reiches (Karkemisch am Eufrat, Aleppo). Aber unter dem Vordringen der Assyrer (s. d.) brachen auch diese zusammen (spätestens 717 v. Chr.).

Mit dem Zusammenbruch des Hetiterreiches um 1200 v. Chr. brach auch für Palästina die Eisenzeit an. Bis zu diesem Zeitpunkt hatten die Hetiter den Schmelzprozeß für Eisenerz als Geheimnis bewahren können. Da die Philister (s. d.) das Eisen in Palästina heimisch machten, darf man schließen, daß auch sie es waren, die den Fall der Hetiter verursachten.

Erwähnt wird unter David der Hetiter Urija, der zu den hervorragenden Kämpfern Davids zählte; seine Frau war Batseba! (vgl. 2 Sam 11).

Salomo erreichte mit seinem Pferde- und Wagenhandel auch „hetitische Könige" (1 Kön 10,29), womit vielleicht auch zusammenhängt, daß er hetitische Frauen in seinem Harem hatte (1 Kön 11,1). Wo aber diese Hetiter saßen, die hier gemeint sind, ist nicht auszumachen.

Da das indoeuropäische Stammvolk nur klein war, zeigt die hetitische Kultur und Religion mehr die Züge der unterworfenen Völker als die der Herrenschicht, obwohl sie durch bunte Keramik und asymmetrische Baukunst auch eigene Züge bestätigt.

Zum Schreiben benutzten die Hetiter, sobald sie kleinasiatischen Boden betreten hatten, die altassyrische Keilschrift. Aber sie schrieben mit dieser Schrift ihre eigene Sprache. Im Jahre 1915 gelang die erste Entzifferung. Außerdem schrieben sie aber auch eine Bilderschrift, die übrigens in der ersten Zeile von rechts nach links, in der zweiten von links nach rechts, in der dritten von rechts nach links

Die Hetiter waren keine Semiten. In ihrem Äußeren hoben sie sich charakteristisch von den anderen Völkern des Vorderen Orient ab: ihr Profil war scharf; sie trugen keinen Bart; das schwarze Haar fiel ihnen frei auf Rücken und Schulter, jedoch nicht so, daß es den Kopf einrahmte, sondern nach hinten. Bekleidet waren sie mit einem Schurz und einem langen Soldatenmantel, der auf der rechten Schulter festgemacht wurde und die andere Schulter frei ließ. (Relief aus Medinet-Habu, Ägypten, Neues Reich).

usw. gelesen wird; man nennt dies eine Schreibweise „nach Art der Ochsentour". Die Entzifferung dieser Bilderschrift gelang zuerst im Jahre 1947.

Die Hetiter sind erst seit 1880 systematisch erforscht worden; bei den Ausgrabungen von Boghazköy (seit 1906) wurde das hetitische Staatsarchiv mit zwanzigtausend Keilschrifttontafeln gefunden; diese Stadt, 150 km östlich von Ankara, war in beiden Reichen die hetitische Hauptstadt: die Hetiter nannten sie „Hattuscha".

DIE HIWITER

(Chiwwiter, Heviter) waren ein Volksstamm, der wahrscheinlich nicht semitisch war – sie kannten die Beschneidung nicht (Gen 34,14) –, der aber schon zu den Zeiten vor der israelitischen Landnahme in Kanaan wohnte. Sie siedelten am Fuße des Hermon, am Karmelgebirge, aber auch in Sichem (s. d.). Offenbar waren ihre Siedlungsgebiete über das Land verstreut und bildeten zwischen den semitischen Kanaanitern einige Inseln, die sich bis in Davids Zeiten hielten. Mit Josua erlisteten sie sich einen Friedensbund (Jos 9,3–27). Salomo machte sie zu Fronarbeitern, vielleicht um sie dadurch aufzureiben (2 Kön 9,20.21). – Sonst weiß man nichts Genaues über sie.

HYKSOS

nannten die Ägypter jene Kriegerverbände, die seit dem 20. Jahrhundert v. Chr. in Vorderasien immer mehr an Einfluß gewannen und es schließlich beherrschten, und die von 1700 bis 1580 auch über das nördliche Ägypten herrschten.

Die Herkunft dieser „Herrscher der Fremdvölker" (Hyksos) ist ungeklärt; sie waren wahrscheinlich eine Gruppe mehrerer Kleinvölker, unter denen sich auch Semiten befanden. Sie brachten das Pferd und den Streitwagen mit nach Palästina, wo er sich aber durch sie noch nicht allgemein einführte; in Ägypten jedoch wurden Pferd und Streitwagen (s. d.) durch die Hyksos heimisch und gaben den ägyptischen Königen eine starke Überlegenheit über die syrischen Nachbarvölker.

Während ihrer palästinensischen Herrschaft waren wahrscheinlich Hazor, Jericho und Sichem Hyksosstädte. In Hazor (s. d.) mag die umwallte Pferdeweide auf sie zurückgehen; in Jericho (s. d.) möchte man die weitläufige Mauer (Siedlungsschicht 4), die um 1700 erbaut wurde, auf die Hyksos zurückführen. Und Sichem (s. d.) bietet auch Spuren von Hyksosbefestigung. Das Typische dieser Hyksosbefestigung war Weitläufigkeit, durch die sie nicht nur Raum für Pferde und Wagen hinter den Mauern schufen, sondern auch die Quelle mit in den Schutzgürtel hineinnahmen.

In der ägyptischen Geschichte zählen die Hyksoskönige als 15. und 16. Dynastie, obwohl sie nicht in ganz Ägypten regierten. Im wesentlichen beherrschten sie nur das Nildelta; im mittleren und südlichen Ägypten regierten zu gleicher Zeit einheimische Fürsten (S. 523, Nr. 6).

Während sie sich in Kult und Sitte den Ägyptern anpaßten, wirkten die Hyksos – vielleicht, um ihre kleine Zahl, auf die sie sich stützen konnten, etwas auszugleichen – in sozialer Hinsicht revolutionierend. Sie verstaatlichten das Land, d. h. alles Land wurde königliches Eigentum; damit verbunden war eine größtmögliche Zentralisierung. Das wesentliche Regierungsorgan wurde der königliche Inspektor. Nach hundertzwanzigjähriger Herrschaft wurden die Hyksos durch ägyptische Fürsten vertrieben; die Befreiungsbewegung begann um 1600 v. Chr. und ging von Theben aus.

In hellenistischer Zeit – und im Anschluß daran auch in frühchristlicher Zeit – sah man in Josef und seinen Brüdern die Hyksos. Man glaubte vor allem in den biblisch erzählten Maßnahmen Josefs gegen die Hungersnot den Akt der Landverstaatlichung zu erkennen. Diese Geschichtskonstruktion ist jedoch nicht tragbar. Wohl aber nimmt man heute allgemein an, daß mehrere semitische Gruppen, die später Israel wurden, gerade zur Zeit der Hyksos nach Ägypten kamen. Daß es unter dem mit Mose auswandernden Volk auch Abkömmlinge der etwa dreihundert Jahre vorher entmachteten Hyksos gab, ist jedoch durchaus möglich.

Da die Ägypter die Hyksoszeit für Ägypten als eine erniedrigende Zeit ansahen, wurde von den späteren Königen das Aktenmaterial der Hyksos vernichtet. Dadurch sind unsere

Geschichtskenntnisse über diese ägyptische Zeit notgedrungen gering.

DIE JEBUSITER

gehören zur vorisraelitischen Bevölkerung Kanaans. Ob sie ein selbständiger Stamm neben den anderen Stämmen waren, ist nicht gesichert. Unter ihren Namen finden sich hetitische und amoritische Namensformen, woraus man aber nicht unbedingt Schlüsse ziehen kann. Ihr Zentrum war Jerusalem (s. d.), aber auch im Gebirge Juda werden sie genannt. Die Jebusiter blieben zum Teil auch in Jerusalem nachdem David die Stadt erobert hatte; die Stämme Juda und Benjamin hatten vorher die Stadt der Jebusiter nicht erobern können.

König *Melchisedek* (mit dem amoritischen Namen) war also Jebusiter; vielleicht waren die Jebusiter nur einer der Stämme der Amoriter, denn die Inhaber Jerusalems werden auch Amoriter (s. d.) genannt. Die Bibel scheint die Jebusiter zu den Kanaanitern (s. d.) zu rechnen, obwohl sie wahrscheinlich Semiten waren. Den Rest der Jebusiter machte Salomo zu Fronarbeitern (s. d.).

DIE KANAANITER/KANAAN

Der Name ist nicht ganz geklärt; jedoch nach allem, was wir bisher darüber wissen, scheint er eine ägyptische Bewohner- und Landesbezeichnung zu sein, die die Ägypter wiederum von einer Selbstbezeichnung dieser Bewohner, die sich *kina'nu* („Kaufleute", „Händler") nannten, abgeleitet haben mögen. Mehrere ägyptische Texte sprechen von diesem Land als *kinahni, mat kiinanim* oder ähnlich.

Die Bibel gebraucht den Namen „Kanaan" als Namen für das Land des Wanderziels der Erzväter und Israeliten und „Kanaaniter" als Sammelname für die Völker dieses Landes, obwohl sie des öfteren auch differenziert Hetiter (s. d.), Amoriter (s. d.), Hiwiter (s. d.), Jebusiter (s. d.) genannt werden. Man weiß also um die ethnische Verschiedenheit, faßt die Völker aber (nach ägyptischem Vorbild?) zusammen – wobei für Israel der Grund dafür ein religiöser ist (s. den Artikel „Ham und Kanaan", s. d.).

Die Kanaaniter sind Semiten wie die Israeliten, wenn man diesen Terminus hier einmal rassisch nehmen will (s. den Artikel „Die Sprache der hebräischen Bibel", S. 35). Auch sie sind im Laufe der großen Wanderungsbewegung der semitischen Stämme in das Land gekommen, das die Bibel nach ihnen benennt. Roland de Vaux sieht sie als die Stämme einer ersten Wanderungswelle an, die das Land um etwa 3000 erreichte. Gewiß ist, daß diese frühen Kanaaniter um 2300 durch die ägyptischen Eroberungszüge stark dezimiert und viele ihrer Städte zerstört wurden. Aber nach 2000 kamen neue „kanaanitische" Einwanderer, die viele kleine Stadtstaaten gründen (laut Archiv von Mari waren es tausendsiebenhundert). Wie diese Einwanderer ethnisch näher zu bezeichnen sind, ist unklar; wahrscheinlich aber müssen wir sie Hetiter, Amoriter, Hiwiter, Jebusiter (s. oben) nennen.

In den Nuzitexten (15. Jahrhundert v. Chr.) wird die rote Purpurwolle als *kinahnu* bezeichnet. So wäre Kanaan das Land der roten Purpurwolle, und die *kinahni* die Händler der Purpurwolle (s. d.), es sei denn, daß dieser Ausdruck sekundär wäre, und die wichtigste Handelsware, die Purpurwolle, nach ihren Händlern benannt wurde; ein ähnlicher Vorgang der Namensgebung liegt ja in der Be-

Ein Kanaanitergesicht wurde auf einer bemalten Topfscherbe in Bet-Schean (s. d.) gefunden. Die sehr charakterisierende Zeichnung dürfte etwa aus dem 15. Jahrhundert v. Chr. stammen.

zeichnung des Papyrusumschlagplatzes Byblos (s. d.) vor.

Jedenfalls erhellt aus diesen Darlegungen, daß die Bibel „Kanaan" in einer zwar üblichen Weise benennt, aber dem Wort einen ganz neuen Sinn verleiht, indem es die „Kanaaniter" von Kanaan abstammen läßt, den sie zum verfluchten Nachkommen Noachs macht (s. den Artikel „Ham und Kanaan").

DIE MEDER

waren um 900 v. Chr. von Osten her in den Raum südlich des Kaspischen Meeres eingewandert, hatten die ansässige Bevölkerung unterworfen, wurden aber im Zuge der assyrischen Reichsausdehnung (859–670) von Assyrien abhängig, zumal nach Besiegung der Elamiter (s. d.) durch Assyrien auch das Reich besiegt war, das bis dahin Assyrien von Medien getrennt hatte.

Als die Assyrer das Nordreich Israel besiegt hatten, wurden die Deportierten Israels auch in medische Städte verbracht. Im Buch Tobit 4 wird auf diese Tatsache zurückgegriffen.

Nach 670 v. Chr. bildeten die Meder ein indogermanisches Reich im nördlichen Vorderen Orient: Höhepunkt unter Kyaxares (seit 650 v. Chr.), der mit dem aufsteigenden Neubabylon ein Bündnis schloß. Im Jahre 612 zerstörte Neubabylonien zusammen mit den Medern die assyrische Hauptstadt Ninive (s. d.); Medien und Babylonien teilten untereinander das assyrische Reich, und Medien stand auf dem Gipfel seiner Macht. Nach dem Tode Nebukadnezzars, der mit der Tochter des Kyaxares verheiratet war, zerfiel das Bündnis Babylonien–Medien. Der Abstieg bereitete sich vor.

Im Jahre 550 wurde der Mederkönig Astyages vom Perserkönig Kyrus II. gestürzt, Medien ging aber dabei nicht ganz im Perserreich auf, sondern bildete – wenigstens zunächst – mit den Persern zusammen das „Reich der Meder und Perser", das dann Babylon besiegte.

Die Hauptstadt des medischen Reiches war Ekbatana, wohin der Erzähler des Tobitbuches seinen Leser führt.

Als die Parther im letzten vorchristlichen Jahrhundert Medien ihrem Reich einverleibten, verschwand der Name Mediens aus der Geschichte; der Name „Meder" bezeichnete von da an nur noch die Bewohner der Landschaft des früheren Medien (vgl. Apg 2,9).

DIE MIDIANITER

Der Geschichtsschreiber Ptolemäus (2. Jahrhundert n. Chr.) nennt in seinen „Geographica" einen Ort „Madian" am Ostufer des Golfs von Akabá. Dort ist auch die Zone der Seßhaftigkeit der halbnomadischen arabischen Midianiter zu suchen. (In der griechischen Septuaginta (s. d.) und der lateinischen Vulgata (s. d.) heißt Midian „Madian"; entsprechend auch: Madianiter.) Ihr Gebiet läßt sich nicht umschreiben.

Bezeugt sind die Midianiter: als Räuberhorden, die mit ihren Kamelen auf Raubzüge gingen; ferner als Händler und Karawanenführer internationaler Handelskarawanen, die Räucherwaren und Medizinkräuter vor allem nach Ägypten brachten. Sie scheinen aber dennoch nicht so unkultiviert gewesen zu sein, wie ihr Bild in einigen parteiisch formulierten Teilen der Bibel gezeichnet ist.

Die Midianiter hatten Priester, Opfer und Opfermähler; wahrscheinlich hatten sie auch beamtete Richter. Mose hat viel von ihnen gelernt, als er zu ihnen flüchtete (vgl. Ex 2,11–21).

Die Midianiter fielen später, nach der israelitischen Landnahme in Kanaan, öfter raubend ins Land ein und drangen dabei bis ins spätere Untergaliläa vor. Sie kamen mit ihren Kamelen, die anscheinend zuerst von ihnen als gezähmte Reittiere gehalten wurden, weideten die Saaten ab, nahmen die Herden fort und verbreiteten unter der Bevölkerung Angst und Schrecken, so daß diese Rettung im Gebirge suchte. Die Hungersnot, von der im Buch Rut erzählt wird, gehört wohl zu den Folgen der felderverheerenden Midianitereinfälle. Gegen sie trat Gideon auf, der sie am „Tage Midians" besiegte (s. bei Ri 7 u. 8).

DIE MOABITER

waren mit den Israeliten stammverwandt. Die Geschichte von den Töchtern Lots (Gen 19,30–38), die sich neben ihren betrunkenen Vater legten, um von ihm Kinder zu bekommen, drückt dies aus: Lot, der Neffe Abrahams, gilt als Vater der Moabiter; *me'abí:* „von meinem Vater" soll den Namen Moab erklären; aber diese Erklärung ist Volksetymologie. Die Erzählung ist sicherlich eine späte Legende (s. d.), durch die einerseits die Verwandtschaft, andererseits das Verwerfliche aller Moabiter dargetan werden soll.

Die ursprünglich nomadischen Moabiterstämme haben sich nicht lange vor dem Einzug der aus Ägypten kommenden letzten Welle der wandernden Israelstämme im ostjordanischen Gebiet zwischen *wadi-el-chesa* im Süden und Arnon im Norden fest angesiedelt. Ihre Ursprungsheimat ist, wie die der Israelstämme, Mesopotamien. Auch sie haben, wie die Israelstämme, die Sprache Kanaans angenommen; ihre Sprache unterschied sich wohl nur im Dialekt von der der Israeliten.

Die Religion der Moabiter war polytheistisch; die Hauptgötter waren Kemosch (Chamos) und eine (Fruchtbarkeitsgöttin) Aschtar. Vielleicht verehrten sie auf dem Nebo (s. d.) den akkadischen Gott Nabu. Trotz ihrer mesopotamischen Urheimat hatte ihre Religion viele ägyptische Züge angenommen, was sich aus der ägyptischen Oberherrschaft über Palästina erklären läßt.

Die Erzählung von Bileam läßt glauben, daß die Moabiter zur Zeit des Durchzuges der Israeliten durch Moab (S. 531, Nr. 15) es schon zu einem kleinen eigenen Staatswesen gebracht hatten. Sicherlich war ihr Staatswesen älter als das des Israelitenverbandes. Es ist aber auch möglich, daß die Erzählung die Zustände Moabs um 1000 widerspiegelt, als diese Erzählung ihre heutige Form erhielt.

Das Ausbreitungsbedürfnis Moabs brachte nach der israelitischen Landnahme viel Grenzstreit und kriegerische Auseinandersetzungen zwischen den Völkern mit sich, bis David sie unterwarf. Aber hundertfünfzig Jahre später gelang es ihnen, sich durch unablässige Angriffe von ihrem israelitischen Bedrücker wieder freizukämpfen. Ihr König Mescha (Mesa) hat diesen verzweifelten Freiheitskampf auf seiner Annalenstele gefeiert (S. 548, in Nr. 34).

Heute gibt es keine Moabiter mehr. Schon vor Christus wurden sie arabisch durchsetzt und verschwanden so im arabischen Volk. Heute gibt es nur noch „die Berge von Moab".

Der Gegensatz zwischen den stammverwandten Völkern ist nicht nur politisch bedingt, sondern vor allem religiös. Die Israeliten waren es, die wegen des Polytheismus der Moabiter den Gegensatz betonten und den Kindern aus israelitisch-moabitischer Ehe, auch wenn der Vater ein Israelit war, die volle Volkszugehörigkeit in Israel verweigerten; dennoch gab es viele solcher Ehen. Die Absonderung war gefordert, aber wurde nicht streng praktiziert, so daß die Verehrung des moabitischen Gottes Kemosch sogar in Israel Einlaß fand. Die Erzählung des Buches Rut (s. d.) ist ein schönes Beispiel für die Praxis des Verhältnisses Moab-Israel.

(Eine Lagekarte Moabs siehe beim Abschnitt „Edomiter", S. 487).

DIE NABATÄER

Über die Herkunft der Nabatäer ist nichts Sicheres bekannt; sowohl ihre Abstammung von den Aramäern wie auch von den Arabern ist möglich. Gen 25,13 rechnet sie zu den Arabern *(nebajót);* jedenfalls waren sie stark arabisiert.

Aus einem räuberischen Nomadenvolk, das die Karawanenstraßen zwischen dem Persischen Golf und dem Roten Meer beherrschte, wurden die Nabatäer – spätestens in neubabylonischer Zeit – ein mehr seßhaftes, bedeutendes Handelsvolk. In den Zeiten der babylonischen Gefangenschaft der Juden schoben sie sich von Osten her gegen den östlich der Arabá gelegenen Teil Edoms vor und verdrängten schließlich die Edomiter (s. d.). Etwa achtzig Kilometer südöstlich des Toten Meeres übernahmen sie wohl das edomitische Bozra (Am 1,12) als Hauptstadt, das später in der Nähe neu erbaut wurde und mit seinem griechischen Namen Petra hieß.

Die Siedlungen der Nabatäer wurden von den Handelsstraßen bestimmt. In den Zeiten ihrer größten Expansion (seit 300 v. Chr.) nutzten sie jede geringe Oase in der Wüste zum Ackerbau. Kleine Festungen mit Ackerbausiedlungen bildeten so eine mehr oder weniger dichte Brücke auch noch südlich des Toten Meeres bis ans Mittelmeer.

Im Zusammenhang mit den Begebenheiten der Bibel spielten die Nabatäer vor allem in folgenden Ereignissen eine Rolle:

Von 87 bis 62 v. Chr. regierte in Petra König Aretas III. Er dehnte das Reich weit nach

Norden aus; so kam auch Damaskus unter seine Herrschaft. In dem jüdischen Bruderkampf zwischen Hyrkan und Aristobul (S. 572, Nr. 48) floh Hyrkan nach Petra und gewann Aretas als Helfer gegen seinen Bruder Aristobul. Als aber sowohl Aristobul wie auch Hyrkan Rom zum Schiedsrichter anriefen und Pompeius sich zunächst für Aristobul entschied, wurde das Heer des Königs Aretas – das Hyrkan helfen wollte – von dem zornigen Römer zurückgesandt.

Der nabatäische König Aretas IV. (9 v. Chr. bis etwa 40 n. Chr.) gab seine Tochter dem Vierfürsten Herodes Antipas (S. 576 in Nr. 51) zur Frau. Herodes aber versuchte, sich von dieser Frau zu scheiden, um Herodias zu heiraten. Aber die Tochter des Aretas ließ es nicht zur Scheidung kommen und floh zu ihrem Vater nach Petra. Dieser Vorgang brachte für Herodes Antipas kriegerische Verwicklungen mit Aretas IV.

Derselbe Aretas IV. beherrschte noch Damaskus, als Paulus nach seiner Bekehrung in Damaskus weilte (2 Kor 11,32; S. 425, Nr. 4).

Die Nabatäer sprachen ein arabisch gefärbtes aramäisches Idiom. Ihr Hauptgott war ein Sonnengott (Duschara).

Die Ruinen der Stadt Petra sind das Zeugnis für die später stark hellenisierte Kultur der Nabatäer.

DIE PERSER

sind ein aus Indien (?) nach Mesopotamien eingewandertes Volk (Arier), das bis in die Mitte des sechsten vorchristlichen Jahrhunderts von den Medern (s. d.) abhängig war und sich mit den Ureinwohnern mischte. Ihr König Kyrus II. machte das Königreich selbständig und verleibte Medien dem persischen Reich ein (Reich der Meder und Perser, Iranier). Seine Könige:

Kyrus II. (559–529), in der Bibel „Kores" genannt. Er eroberte 539 v. Chr. Babylon und erlaubte schon 538 den in Babylon in der Verbannung lebenden Juden heimzukehren. Sein Grundsatz, Besiegte milde zu behandeln, korrigierte so die Politik seines chaldäischen Vorgängers in Babylon. Aber Kyrus übernahm nicht sofort die Regierung über ganz Babylonien. An seiner Stelle regierte zunächst Darius der Meder, der Chaldäa in hundert-

zwanzig Satrapien (Statthaltergebiete) einteilte, die er drei Ministern unterstellte. Einer dieser Minister war der Judäer Daniel, der auch unter den babylonischen Königen schon zu Ehren gekommen war.[6]

Kambyses (529–522).

Darius I. (522–486) hatte zunächst mit Aufständen zu kämpfen; aber um 515 hatte er das Perserreich gerettet. Er wurde der große Organisator der persischen Macht. Er teilte das Reich in zwanzig Satrapien, die fünfte Satrapie war Syrien bis zur ägyptischen Grenze; es war die Satrapie „jenseits des Stromes", d. h. des Eufrat. Diese großen Verwaltungsbezirke waren unterteilt in Provinzen: Samaria (mit Jerusalem), Azot (s. d.), Ammon und Arabien. Als Nehemia nach Jerusalem kam (s. u. Artaxerxes I.), wurde Jerusalem eine eigene Provinz. – Vielleicht war es auch schon Kambyses, der die Organisation durchführte.

Xerxes I. (486–465), in der Bibel „Achaschverosch" genannt (s. unter „Ester"). Er war durch seine Mutter ein Enkel des Kyrus. Von Indien bis Äthiopien reichte seine Herrschaft; aber er versuchte sie noch zu vergrößern. Zwischen seinem dritten Regierungsjahr (Gastmahl, bei dem er seine Königin Waschti verstieß; Est 1) und seiner Hochzeit mit Ester im siebten Regierungsjahr (Est 2,16) liegen seine unglücklichen berühmten „Perserkriege" mit Griechenland.

Artaxerxes I. (465–424), in der Bibel „Artachschasta" genannt, verbot den Wiederaufbau Jerusalems, nachdem die Samaritaner (s. d.) als Gegner der Juden ihm das als Gefahr dargestellt hatten (Esra 4,7 bis 23). Aber das Verbot wurde dann doch wieder zurückgenommen (Esra 6,14). Im Jahre 445 beurlaubte er seinen Hofmundschenk Nehemia, damit er in Jerusalem als Gouverneur des Großkönigs den Aufbau unterstütze (Neh 2,1–8).

Darius II. (423 bis 404).

Artaxerxes II. (404–359) versuchte vergeblich, Ägypten zurückzugewinnen. – Unter ihm erfüllte Esra einen königlichen Auftrag, indem er die heiligen Schriften der Juden zusammenstellte und die überlieferten Texte aufschrieb. Artaxerxes II. entsandte sodann Esra, um die

---

[6] Dies ist eine geschichtliche Konstruktion; denn aus der Profangeschichte ist dieser „Darius der Meder" nicht bekannt. Näheres in den Darlegungen zum Buch Daniel.

Kultgemeinde in und um Jerusalem nach den gültigen Traditionen neu zu ordnen und ihr tragbare Grundlagen schriftlich zu übergeben. Dies geschah wahrscheinlich im Jahre 398 v. Chr. (S. 565, in Nr. 42).

Artaxerxes III. (359–338) eroberte Phönizien und Ägypten. Er war ein grausamer Herrscher; 338 wurde er ermordet.

Arses (338–336)

Darius III. (336–333); unter ihm ging durch Alexander d. Gr. das persische Weltreich zugrunde (Schlacht bei Issus 333). Damit kam auch die fünfte Satrapie, zu der Syrien mit den jüdischen Provinzen gehörte, unter die Herrschaft Alexanders.

DIE PHILISTER

waren wahrscheinlich ein indoeuropäisches Volk, das seine ursprünglichen Wohnsitze im südwestlichen Kleinasien hatte. Ihre Wanderungen sind zeitlich nicht mit Sicherheit anzusetzen. Es ist möglich, daß ein erster Stoßtrupp sich schon im 19./18. Jahrhundert auf den Weg gemacht hat und sich im südlichen Kanaan als gefügige Untertanen der Ägypter angesiedelt hat. Im 13. Jahrhundert v. Chr. begann die eigentliche Wanderung, an deren Ende sie sich auf den Inseln des östlichen Mittelmeeres ansiedelten, vor allem auf Kreta. Als dann im 12. Jahrhundert die Dorer bei ihrer Wanderung auf die Inseln nachstießen, suchten die Philister (mit anderen verdrängten Völkern) neues Siedlungsland in Ägypten. Aber Ramses III. wies diese „Seevölker" im Jahre 1194 ab; ein Teil von ihnen, die Philister, faßte Fuß an der Küste Kanaans, wo sich (wahrscheinlich) schon kleine Gruppen ihres Volkes früher angesiedelt hatten (s. oben). Ihre Herrschaft wurde dort so bestimmend, daß sie diesem Land für die Zukunft den Namen gaben: Palästina (Philisterland).

Im Text der Bibel finden sich mehrere Hinweise darauf, daß die Philister von Kreta kamen, z. B. Zef 2,5: „Weh euch, die ihr das Gebiet am Meer bewohnt, ihr Volk der Kereter. Das Wort des Herrn richtet sich gegen euch: Kanaan, Land der Philister..." und 1 Sam 30,14: „Wir waren in das Südland der Kereter eingefallen."

Die fest angesiedelten Philister zogen wiederum andere aus den Inselgebieten nach. Die Ausdehnungsbestrebungen der Philister trafen mit den Bestrebungen der Israeliten zusammen, die ihre zum Teil neuen Wohnsitze zu konsolidieren suchten. Die daraus erwachsenden Auseinandersetzungen zogen sich durch die ganze israelitische Richterzeit, die Regierung Sauls und die Anfänge der Regierung Davids hin (1200–1000 v. Chr.). Da die Philister aus Ländern kamen, in der die Eisenzeit schon früher eingesetzt hatte, hatten sie stoßkräftigere Waffen als die Israeliten, und durch ihre Eisenerfahrung gelang es ihnen, in Kanaan ein Schmiedemonopol zu erreichen, so daß die Israeliten bei den Philistern schmieden lassen mußten – wodurch diese die Rüstung Israels einschränken konnten.

Die Philister nahmen, wie die Israeliten, zum Teil die Kultur der Kanaaniter an – die Beschneidung (s. d.) nahmen sie nicht an; für Israel waren sie deshalb „die Unbeschnittenen". Religiös hatten sie einen eigenen Kult für den Gott Dagon (s. d.) und für Beelzebub (s. d.), verehrten aber daneben auch die Götter Kanaans, wie sich auch schon am Namen Beelzebub sehen läßt. Die im alten Philistergebiet zahlreich ausgegrabenen Reste mykenischer Tongefäße verweisen darauf, daß die aus dem griechischen Raum kommenden Philister auch in anderen Teilgebieten ihre eigene Kultur bewahrten.

König David gelang es, die Philister in ein Vasallenverhältnis zu nehmen; ihre wichtigsten Städte (Gaza, Askalon, Ekron, Gad und Azot, s. d.) gaben sie aber auch unter David nicht auf. Der König hat die Philister jedenfalls für sich gewonnen, da seine Leibwache aus *kĕrêti* (eine Erinnerung an den Herkunftsort Kreta) und *pĕlêti* (Philister – aus *pelischtím*) bestand.

Nach der Reichsteilung (932 v. Chr.) mußte der erste jüdische König Rehábeam (Roboam) einige Städte im Westen seines Landes befestigen, um aufs neue die Philister abzuwehren; auch später mußte sich Juda des öfteren mit ihnen auseinandersetzen. Die Assyrer unterwarfen die Philister. Nach dem Sturz der Assyrer wurden sie ägyptische Untertanen, zur Perserzeit persische. Nach Alexanders d. Gr. Tod kämpften die Ptolemäer (Ägypten) und die Seleukiden (mesopotamisch-syrisches Reich) um den Besitz ihrer Städte und um die Herrschaft über das Volk, bis die Seleukiden sich durchsetzten. Im Kampf der Seleukiden mit den Makkabäern kämpften sie gegen die Makkabäer.

PHÖNIZIER / PHÖNIKER

ist der Name, den in griechischer Zeit die Küstenkanaaniter erhielten; der Grund für diesen Namen ist ungeklärt *(phoinix* = Dattelpalme, aber auch: rote Hautfarbe). Die Selbstbezeichnung war Kanaaniter (s. d.), falls sie sich nicht nach ihren Hauptorten nannten, z. B. „Tyrer", „Sidonier".

Sie waren vor ihrer Einwanderung in Palästina (um 3000) Küstenbewohner am Persischen Golf oder am Roten Meer; letzteres wird von der heutigen Geschichtsforschung für wahrscheinlicher angesehen. Rassisch standen sie wohl den nordafrikanischen Völkern nahe; nach ihrer Einwanderung in hauptsächlich von Semiten besiedeltes Gebiet haben sie sich aber vollständig semitisiert. Ihre Herkunft von der Küste erklärt ihre Wohnsitze in Palästina, wo sie vor allem den etwa 250 km langen Küstenstreifen des Mittelmeeres vom Karmel nordwärts bis zur Insel Arwad (heute Ruad) besiedelten.

Nach einer langen Zeit der Abhängigkeit von Ägypten (s. d.) konnten sich die Phönizier in den Zeiten des geschwächten Ägyptens souverän machen (um 1200 v. Chr.). Bis etwa 1150 war Sidon führend; dann Tyrus.

Seit David unterhielt der Großstaat Israel-Juda gute Beziehungen zu den Phöniziern, die nach der Reichsteilung vor allem durch König Omri von Israel (886–875) für das Nordreich weitergeführt wurden. Diese gute Verbindung war für Phönizien wie für Israel ein gewisses Bollwerk gegen die vorrückenden Assyrer (s. d.). Als Syrien/Palästina dann immer stärker unter die assyrische Oberherrschaft geriet, wurde auch Phönizien (Tyrus) assyrisches Tributärgebiet (seit 854). Nach dem Untergang des assyrischen Reiches (614) konnte es sich gegen Ägypten und Neubabylon lange erfolgreich wehren. Seit 351 aber hatte es seine Geschichte als Provinz des jeweiligen Reiches der Perser, Alexanders, der Seleukiden und der Römer.

Die Religion der Phönizier läßt sich nicht von der herrschenden Religion Kanaans scheiden. Sie verehrten die Baale (s. d.), aber auch eigene Stadtgötter, z. B. in Tyrus den Sonnen-

gott Melkart. Durch die Verbindung Phönizien – Israel erhielten die phönizischen Götterkulte auch nach Israel Zugang (S. 548, Nr. 34a). Auch der Tempel Salomos ist von Phönizien her beeinflußt.

Die Phönizier waren Schiffahrer, Baumeister, Fischer, Händler – aber ihr größter Beitrag zur Kultur ist die Erfindung des Alphabets, die ihnen zugeschrieben wird. Vom phönizischen (altkanaanitischen) Alphabet stammt sowohl die assyrisch-hebräische Schrift ab wie die griechische; auf der griechischen fußt aber wieder die lateinische – und damit die unsere.

Vergleiche die Artikel „Sarepta", „Sidon" und „Tyrus"; ferner das Kapitel „Das Wort Bibel".

DIE SABÄER

treten agierend in der Bibel nur bei dem berühmten Besuch der Königin von Saba (hebr. Sebá oder Schebá) bei Salomo auf den Plan (s. bei 1 Kön 10). Erwähnt werden sie außerdem in einer Meldung der Unglücksboten im Buche Ijob (1,15).

Die Sabäer waren ein südarabisches Volk (im heutigen Jemen), die aber auch in Nordarabien Kolonien hatten (s. den Artikel „Die Araber"). Ihre Handelsware war u. a. Weihrauch, Gewürze, Gold und Edelsteine. Die Ausgrabungen der „Amerikanischen Stiftung für anthropologische Forschungen" nach dem zweiten Weltkrieg in Südarabien haben Dokumente zutage gefördert, auf denen die Bezeichnungen für verschiedene Weihrauchsorten zu lesen sind; man weiß zwar noch nicht, ob man daraus schließen darf, daß die Sabäer im ganzen Orient Tempellieferanten waren und die Weihrauchsorten gleich für die verschiedenen Kulte zubereiteten.

Durch die gleichen Forschungen hat sich unser Bild von Saba gründlich gewandelt. Man muß heute schon für das Jahr 1000 v. Chr. die Sabäer als das politisch und kulturell führende Volk in Südarabien ansehen. Die Art des Auftretens der Königin von Saba bei Salomo geht also nicht, wie man früher meinte, auf eine spätere Korrektur zurück. Allerdings ist nicht gesagt, daß die sabäische Königin in der Salomoerzählung *die* Königin von Saba war; sie kann auch irgendeine sabäische Fürstin gewesen sein (vgl. den Artitkel über die Bezeichnung „König").

DIE SAMARIT(AN)ER

waren ein Mischvolk, das sich aus den zurückgebliebenen Israeliten – nach der Zerstörung des Nordreichs und der Deportierung der tragenden Bevölkerung Samarias (725–722 v. Chr.) – und den vom assyrischen König im alten Gebiet Israels angesiedelten babylonischen Kolonisten bildete. Da die Kolonisten zunächst im Lande schwere Zeiten durchmachen mußten, glaubte man dies auf die Vernachlässigung der Verehrung Jahwes zurückführen zu können (s. den Artikel „Die Götter der Völker"). Deshalb sandte der assyrische König einen verbannten israelitischen Priester, um den Jahwekult neu aufzurichten; so wurden die Samaritaner jahwegläubig. Neben Jahwe behielten die Kolonisten aber auch ihre eigenen Götterkulte bei.

Als knapp dreihundert Jahre später die Juden – nicht die Einwohner Israels – aus ihrem babylonischen Exil zurückkehrten, neigten die Samaritaner zunächst einer Sammlung um Jerusalem zu, gemeinsam mit den Juden. Aber die sehr strenggläubigen jüdischen Volksführer lehnten diese Vereinigung ab. Nehemia gelang es sogar, die persische Provinz Samaria, zu der auch Jerusalem gehörte, teilen zu lassen (S. 565 in Nr. 42).

So wurden die Samarit(an)er die Feinde der Juden und die Juden die Feinde der Samaritaner. Die Samarit(an)er sind in den Augen der Juden unrein, Ketzer und Menschen mit einem bösen Geist (Joh 8,48); die Juden aber sind in den Augen der Samarit(an)er hochmütig und streitsüchtig. Das ist auch noch die Ansicht zur Zeit Jesu. Erst daraus kann man die Kühnheit ermessen, die hinter Jesu Gleichnis vom barmherzigen Samariter steht (s. bei Lk 10,25–37). Auch die Erzählung von der Rückkehr eines einzigen Dankenden, nämlich eines Samariters, nach der Aussätzigenheilung durch Jesus betont die Ungerechtigkeit des jüdischen Samarit(an)erhasses. Daß Jesus die ausgesandten Apostel nicht nach Samaria gehen ließ, hebt Matthäus (10,5) wahrscheinlich vordergründig deshalb hervor, um das Gefühl der Juden, an die sich seine Evangeliumsschrift wendet, zu schonen; hintergründig mag diese

Aussage jedoch bedeuten, daß zuerst den Juden das Heil angeboten wurde, sie es aber abgewiesen haben.

Die jahwegläubigen Samarit(an)er hatten bei weitem nicht das Exklusivbewußtsein wie die Juden. Deshalb waren unter den römischen Soldaten (s. d.) auch viele Samarit(an)er.

Siehe ferner den Artikel über den Garizim (s. d.). – Noch heute gibt es in Nablus (Samaria) eine kleine Samarit(an)ergemeinde von knapp dreihundert Menschen.

DIE SYRER
siehe unter dem Stichwort „Aramäer".

DIE ZWÖLF STÄMME

Da „die Zwölf Stämme Israels" nicht nur historisch, sondern auch symbolisch große Bedeutung für das Verständnis der biblischen Erzählungen haben, und da es nach Einsicht in das komplizierte Material und den komplizierten Werdegang der biblischen Schriften[1] besonders wünschenswert erscheint, das Historische und das Wesentliche der Zwölf Stämme, die ja Träger der alttestamentlichen Geschichte sind, aufzureißen, soll versucht werden, in aller Kürze dieses Phänomen der Stämme Israels darzustellen. Der Autor weiß sich bei seiner Darstellung der Stammesgeschichte sehr stark angeregt durch Martin Noth,[2] ohne daß er ihm in allem gefolgt ist. Im übrigen wird ja jeder, der sich mit dieser Materie länger beschäftigt, ein sich oft wandelndes Bild in sich tragen, das er aber wenigstens in dem Augenblick, da er es niederlegt, für das richtige hält – womit auf die fragliche Endgültigkeit solcher Darstellungen eindringlich hingewiesen sei. Die Notwendigkeit, auf weitläufige Begründungen zu verzichten, belastet die folgende Darstellung für den Fachgelehrten mit einer weiteren Problematik; die notwendige Kürze legte jedoch diesen Verzicht nahe.

1. Bünde von zwölf Stämmen gab es nicht nur bei den Israeliten. Allein die Bibel gibt außer

---

[1] Vgl. die Abschnitte über die Traditionsschichten, s. 102.
[2] Martin Noth: Geschichte Israels, ⁴1959.

bei den Israeliten eine Zwölfstämmegliederung bei den Uraramäern (Gen 22,20–24), bei den Ismaelitern (Gen 25,13–16) und bei den Edomitern (Gen 36,10–14) an. Diese Gliederung war also offenbar ein übliches System, das übrigens auch außerhalb des Orients, z. B. für das antike Griechenland und Italien, bezeugt ist. Man nimmt an, daß diese Zwölfzahl auf die Monate des Jahres zurückgeht, weil jeder Stamm im Laufe des Jahres einen Monat lang einen Dienst zu übernehmen hatte, sei es nun einen militärischen oder einen kultischen Dienst oder – wenn die Stämmegemeinschaft monarchisch geführt war – auch einen Arbeitsdienst oder Lieferdienst für den König.

Bei kleineren Bünden zeigt sich deshalb die Sechsergliederung, durch die dann jeder Stamm zweimal im Jahr einen Monat lang zum Dienst verpflichtet war.

Diese von außen her veranlaßte Gliederung weist schon darauf hin, daß der Stamm (s. d.) in seiner historischen Erscheinung nicht unbedingt eine natürliche Gemeinschaft zu sein brauchte, sondern daß ein äußerer Konstitutionsfaktor zumindest mitspielte. Wenn man außerdem bedenkt, daß die in einem Bund geeinten Stämme ihr Eigenleben und ihre Eigenpolitik nicht aufgaben, sondern unter Umständen auch gegeneinander auftraten, so wird klar, daß es fast unmöglich ist, ein Zustandsbild der Stämme zu geben, weil eben das Kräftespiel der Stämme in ständiger Bewegung war.

2. Die Söhne Jakobs werden in der erzählerischen Geschichtsschreibung der Bibel[3] als die Stammväter von zwölf Stämmen Israels vorgestellt. Dabei wird für die Geburt der zwölf Söhne folgende Reihenfolge angegeben:

von Lea:	Ruben
	Simeon
	Levi
	Juda
von Bilha (Sklavin Rahels):	Dan
	Naftali
von Silpa (Sklavin Leas):	Gad
	Ascher
von Lea:	Issachar
	Sebulon
von Rahel:	Josef
	Benjamin

In diesen Geburtserzählungen (Gen 29, 31–30,25; 35,16–20) fallen einige Einzelheiten auf:

a) Lea gebar sechs Söhne, die als Stammväter von sechs Stämmen genannt werden; das erinnert an die Sechsstämmebünde.

b) Alle Lea-Söhne gehen den Rahel-Söhnen voran.

c) Vier der zwölf Söhne Jakobs sind Söhne von Sklavinnen, die als Adoptivsöhne in der Zwölfstämmeliste genannt werden; da die Söhne aber Stämme sind, erhebt sich die Frage, ob die Adoptivsöhne auch Adoptivstämme sind.

d) Alle diese Söhne werden Söhne Jakobs genannt, und alle diese Stämme sind Stämme Israels. Alle diese Stämme, so können wir gemäß Buch Numeri und Buch Josua hinzufügen, werden als Einwandererstämme bezeichnet.

Wenn man nun die tausend verstreuten Einzelheiten, die die Bibel über die Stämme berichtet, vergleicht und aus ihnen ein Bild von der Geschichte der Stämme zu gewinnen sucht, wird sichtbar, daß die Stämme zwar alle eine Zeit der Landnahme hinter sich hatten, daß aber diese Landnahme nicht nach einem so geschlossenen Auszug aus Ägypten und in einem so geschlossenen Angriff auf das Land Kanaan geschehen sein kann, wie es in den Büchern Exodus, Numeri und Josua dargestellt wird, ja daß es Stämme gab, die hundert und Hunderte von Jahren vor anderen Stämmen eingewandert waren. Damit aber löst sich gleichzeitig die Reihe der Jakobssöhne als Reihe echter Söhne auf; „Söhne" Jakobs heißt – so muß man schließen – „Söhne Israels", wobei „Israel" jetzt nicht mehr als Beiname Jakobs, sondern als Volk oder, besser, als Stämmegemeinschaft anzusprechen ist. Die Söhne Jakobs, so zeigt sich, sind Symbolpersonen der Stämme Israels. Damit erhebt sich aber auch sofort die Frage nach der Bedeutung der Reihenfolge der „Söhne" in den Geburtserzählungen, nach der Bedeutung der verschiedenen Mütter und nach der Bedeutung der „Söhne" der Sklavinnen.

In der Reihenfolge fällt auf, daß sie mit Lea-Söhnen beginnt, die solche Stämme repräsen-

---

[3] Über die biblische Geschichtsschreibung siehe S. 65, vor allem S. 66, Nr. 4.

tieren, die zur Zeit des aufsteigenden Israel nur noch in Resten oder zerstreut existieren: Ruben, Simeon, Levi. Ferner fällt auf, daß die Lea-Stämme gerade sechs Stämme ausmachen: Ruben, Simeon, Levi, Juda, Issachar, Sebulon. Daraus könnte man schließen, daß diese Lea-Stämme die älteren sind: weil sie zum Teil schon eine zerstörerische Geschichte durchgemacht haben; dann aber auch, weil sie wie ein älterer Sechsstämmeverband in den zwölf Stämmen Israels enthalten sind.

In der Reihenfolge fällt ferner auf, daß sie mit den Söhnen Josef und Benjamin schließt. Die Josefsgeschichten (S. 161), die mit diesem Stamm oder, besser, mit dem Stammvater dieses Hauses Josef zusammengebracht werden, verweisen nach Ägypten. Der Name „Benjamin" verweist nach dem Süden; denn „Benjamin" bedeutet „Söhne des Südens". Die Söhne Josef und Benjamin repräsentieren wirklich als „jüngste Söhne" auch die jüngsten Stämme, d. h. jene, die zuletzt eingewandert sind. – Das alles soll allerdings nicht heißen, daß die Geburtsfolge genau das Alter der Stämme im Kulturland darstellt, sondern es heißt zunächst nur, daß die Lea-Stämme länger im Kulturland saßen als die Rahel-Stämme, und daß Ruben, Simeon, Levi am Anfang stehen, entsprang nicht einem Wissen um ihre erste Einwanderung, sondern ergab sich aus ihrem Schwunddasein und ihrer Zerstreuung – daraus schloß der Erzähler ihr höheres Alter.

Und die „Söhne" der Sklavinnen? So wie der Stamm (s. d.) fremde Elemente aufnehmen konnte, so konnte natürlich erst recht ein Stämmebund fremde Stämme aufnehmen. Wenn ein edomitischer Stamm (oder Stammesteil) in den Stämmebund, der sich Israel nannte, übertrat, so gehörte er zu Israel. Wie eine Frau den Sohn ihrer Sklavin, die sie ihrem Manne zur Nebenfrau gegeben hatte, adoptierte, indem sie sagte: „Dies ist mein Sohn", so konnte auch ein Stamm zum legitimen Bundesstamm werden, wenn die Stämmegemeinschaft ihn auf entsprechende Weise adoptierte. Dies könnte der Sinn der Geburt Dans und Naftalis aus Bilha, der Sklavin Rahels, und der Geburt Gads und Aschers aus Silpa, der Sklavin Leas, sein. So aber, wie sie dann Söhne Israels (Brüder im Stämmebund) geworden sind, sind sie dann auch Söhne Jakobs geworden, dessen Söhne alle Stämme repräsentieren.

Es wird Aufgabe der Darstellung der einzelnen Stämme sein, diese Perspektiven sich in der Geschichte und im Charakter des einzelnen Stammes bestätigen zu lassen.

3. Wie der Stämmebund Israel entstand, ist die nächste Frage. Logisch ist, daß er erst entstehen konnte, nachdem auch die Rahelstämme eingewandert waren. Dies geschah gemäß den Erzählungen der Bibel unter Josua aus dem Stamme Efraim (Efraim + Manasse = Haus Josef).

Die Erzählung von der Verkündigung des Bundesgesetzes an die bei Sichem versammelten Stämme scheint das Geschehnis der Gründung des Stämmebundes aufzubewahren (Jos 24). Wenn hier der „Landtag von Sichem" auch infolge der Fiktion, daß alle Stämme unter Josua eingewandert sind, im Erzählungsganzen etwas anders aussieht, als er vielleicht war, so schimmert doch das Ereignis mit seinen Grundzügen durch:

Bei Sichem, dem früheren Baalsheiligtum, das von den Efraimiten zum Jahweheiligtum erklärt wurde, versammelte Josua die Ältesten eines aramäischen Sechsstämmebundes, dessen Einzelstämme schon früher im Lande saßen (Lea-Stämme); ferner das Haus Josef und den Stamm Benjamin (Rahel-Stämme); und schließlich vier in der Nachbarschaft dieser acht Stämme wohnende oder auf der Wanderung zu ihnen gestoßene Fremdstämme. Er „versammelte sie," was natürlich einer langen Vorbereitung durch Verhandlungen bedurfte. Diese zwölf Stämme schlossen in Sichem einen Bund (s. d.), sie legten in Sichem ihr Bundesversprechen ab, indem sie sich zu Jahwe als ihrem gemeinsamen einzigen Gott bekannten, dem Herrn allen Geschehens und dem Geber aller Güter, der ihnen auch dieses Land Kanaan zur Wohnung gegeben. Hier wurden sie „Israel" (Gotteskämpfer), und hier mögen sie sich auch diesen Namen gegeben haben.

Ob dies alles schon in der Einzugsgeneration geschah, die durch den Einzug des Stammes Benjamin (S. 513, Nr. 8/12) repräsentiert wird, mag man bezweifeln; aber es besteht eigentlich kein Grund zu bezweifeln, daß der Stämmebund durch Josua, den Efraimiten, begründet wurde, der nicht lange nach dem Einzug des Stammes Benjamin im Hause Josef regiert haben muß, Die folgende Richterzeit setzt den Stämmebund jedenfalls voraus, und zwar als lockeres Gebilde, in dem die Stämme durchaus eigene Größen blieben.

Als Sakralmittelpunkt dieses Bundes galt wohl zunächst Sichem, wo auch die Bundeslade (s. d.) zuerst aufbewahrt wurde.

Die im Buche Josua wiedergegebenen Listen mit den Landanteilen entsprechen einerseits ganz sicher viel späteren Machtsituationen bzw. späteren Ansprüchen. Dennoch darf man in ihnen insofern einen Hinweis auf die Zeit des Zusammenschlusses der Stämme sehen, als diese Listen das Grundgebiet angeben, in dem die Stämme – wenn auch zum Teil in sehr lockeren Zusammenhängen – siedelten.

4. *Die Stämmetraditionen* mußten bei einer solchen Entwicklung sehr verschieden sein; anderseits mußte denen, die die Stämme Israels zu einem Ganzen zusammenschließen wollten, daran gelegen sein, diesen Stämmen ein gemeinsames Vergangenheitsbild zu geben (vgl. den Abschnitt über die Erzvätergeschichten). Man kann annehmen, daß diese Bestrebungen vom Heiligtum in Sichem ausgingen, dem ersten Zentralheiligtum der Stämme. Worum ging es bei diesen Bestrebungen?

a) Dem Stämmebund mußte *Jahwe,* auf dessen Namen es sich als Herrn seines Bundes verpflichtet hatte, als *der Gott* gezeigt werden.

b) Die religiöse Geschichte der aus Ägypten kommenden Josef-Gruppe mußte dabei als Träger fungieren; denn hier lagen unvergleichliche religiöse Erfahrungen vor.

c) Die Traditionen der übrigen Stämme mußten in diesen Grundbestand verwoben werden; denn nur so konnten sie die Gesamtgeschichte Israels, die es zu entwerfen galt, als ihre eigene anerkennen.

Man kann davon überzeugt sein, daß dies ein bewußtes Vorhaben der efraimitischen Priester von Sichem war, die viel Gesamtschau verlangte. Und hier liegen dann wohl die ersten erzählerischen Ansätze zu dem, was später vom Jahwisten (s. d.) *und* vom Elohisten (s. d.) schriftlich niedergelegt wurde:

der Patriarch Abraham der Lea-Stämme und der Patriarch Jakob der Rahel-Stämme wurden einander zugeordnet als Großvater und Enkel – worin wieder die Reihenfolge eingehalten wird wie bei den Geburtserzählungen;

die Gesamtheit der Stämme Israels, die im Bund (s. d.) nun als Brüder lebten, erhielten in einem Eponymus Israel, der mit Jakob gleichgesetzt wurde, einen gemeinsamen Stammvater;

aber ebenso war allen gemeinsam der Großstammvater Abraham;

als Symbol des vorkanaanitischen Daseins *aller* Stämme wurde das geschichtliche vorkanaanitische Dasein des Hauses Josef erzählt: die Gesamtheit der Stämme wanderte so in ihren erzählerisch eingeführten Eponymen, den Jakobssöhnen, nach Ägypten aus, sie lebte in den Nachkommen der Stämme-Eponymen in Ägypten und wanderte schließlich in diesen aus. Die Zahlen der Auswanderer aus Kanaan nach Ägypten wie auch die der Auswanderer aus Ägypten haben also symbolischen Sinn;

die wirkliche Rettung des Hauses Josef aus Ägypten und seine religiösen Erfahrungen am Horeb/Sinai (s. d.) wurden ganz Israel als geschichtliches Symbol für die Rettungen eines jeden Stammes aus jeglicher Fremde vorgelegt; durch seine Bundesverpflichtung auf Jahwe (in Sichem) hatten aber schon alle Stämme das Ergebnis der religiösen Erfahrungen des Hauses Josef anerkannt;

in den Erzählungen von den Wüstenwanderungen mußte jeder Stamm – vielleicht ausgenommen von einigen adoptierten Stämmen – seine eigenen Traditionen wiedererkennen – denn Wüstenwanderungen hatten sie vor kürzerer oder längerer Zeit alle durchgemacht, wie ganz sicher auch die Traditionsgeschichten der Lea-Stämme zu berichten wußten. Vielleicht, daß auch das Vielerlei der Orte, das später zu einem Nacheinander wurde, in diesen Erzählungen aus Einzelerzählungen des Traditionsgutes der Stämme stammt;

und da wohl die meisten Stämme von Osten her gekommen waren oder von Süden durch (das spätere) Moab, konnten sie den Einzug des Stammes Benjamin sehr wohl als Landnahme ihres eigenen Stammes oder als Symbol der Landnahme ihres Stammes erkennen – zumal da es möglich ist, daß die ersten Erzählungen noch nicht so genau mit Namen arbeiteten, wie das später geschah. Ganz sicher wurde längst nicht alles zu diesem gemeinsamen Bild verarbeitet, was man sich in den Stämmen als Tradition erzählte – aber eben dadurch blieb noch manches übrig, was später eingefügt werden konnte.

So kann es gewesen sein. Nicht als ob die Priester von Sichem ein Gesamtbild hätten fertigstellen können; aber es wurde doch durch sie begonnen – von ihnen oder anderen prophetischen Männern des Hauses Josef –, so daß eine Grundlage für eine Gesamttradition geschaffen wurde.

Auf dem Weg, den die Stämme sodann durch die Jahrhunderte gegangen sind, gibt es einige literarische Marksteine, die von ihrer Geschichte berichten.

5. *Das Debora-Lied* (Ri 5,1–31) ist wahrscheinlich ein Lied, das bei der Siegesfeier der Stämme nach dem großen Sieg Baraks über den Kanaaniter Sisera am derzeitigen gemeinsamen Stämmeheiligtum zum erstenmal und bei alljährlichen Siegesfeiern immer wieder gesungen wurde. Bei diesen Wiederholungen mag es dann die heutige Form gefunden haben. Der überlieferte Text dürfte dem ursprünglichen Text sehr nahe geblieben sein. Da viele Stämme apostrophiert werden, ist das Lied für den Stand der Stämmegeschichte des 12./11. Jahrhunderts sehr aufschlußreich.

Wesentlich ist das Zeugnis, daß der Stämmebund zu jener Zeit wirklich existierte. Ob es schon der endgültige Zwölfstämmebund war, kann man fragen; denn Juda, Simeon und Levi werden nicht erwähnt. Vielleicht haben wir hier tatsächlich das Zeugnis für ein Zwischenstadium vor uns, in dem sogar der ursprüngliche Sechsstämmebund des Südens auseinandergebrochen war und sich nur drei Stämme des südlichen Sechsstämmebundes dem sich langsam bildenden Zwölfstämmebund angeschlossen hatten. Jedenfalls ist es auffällig, daß diese drei Stämme überhaupt nicht erwähnt werden, während doch sonst auch die an dem Kampf nicht teilnehmenden Stämme angesprochen werden. Das Übergehen dieser drei Stämme würde sich am besten dadurch erklären, daß sie noch nicht zur neuen Stämmegemeinschaft Israel gestoßen sind.

Auch die Erwähnung von Efraim und Machir (Ri 5,14) – statt von Efraim und Manasse – ist bedeutsam. Das weist in eine Zeit, als Machir noch nicht zum Teil ausgewandert war und die Sippengruppe Manasse noch nicht zum Stammesnamen geworden war (S. 513, Nr. 8/11); aber das Haus Josef hatte sich anderseits doch schon in zwei Teile gruppiert, die stämmeähnlichen Charakter hatten; denn man darf

wohl für die Frühzeit der Bildung des Stämmeverbands noch nicht annehmen, daß sich alle Gruppen, die sich zusammentaten, als Stämme bezeichneten. Es gab da gewisse Übergangsformen.

6. *Der Jakobssegen* (Gen 49,1–28) ist erzählerisch in die Sterbestunde Jakobs eingebaut worden. Er ist eine Sammlung von Sprüchen, die ganz sicherlich nicht von Anfang an so war, wie sie heute vorliegt: weder im Umfang, indem sie alle Stämme berücksichtigt, noch im Text der einzelnen Formeln, der je nach dem Stand der Stämme (etwas) geändert wurde. Dies zerstört natürlich zum Teil die Hoffnung, älteste Traditionen im Jakobssegen aufbewahrt zu finden. Trotzdem ist er ergiebiger, als man im ersten Augenblick befürchten muß. Denn in den Flüchen über Ruben, Simeon und Levi – in denen man oft den Grundbestand dieses poetischen Stückes sieht – möchte man ursprüngliche Bannsprüche über diese drei Stämme wiedererkennen können, die vielleicht noch in die Zeit des Sechsstämmebundes der Südstämme zurückreichen, also etwa bis in den Anfang oder die Mitte des 13. Jahrhunderts. Am besten wird man vielleicht die *heutige* Form des Segens – wegen des Segens über Juda – in die Zeit des davidischen Königtums setzen, wobei man – wegen des außerordentlichen Lobpreises über Josef – vielleicht an ein im Bereich der Nordstämme gelegenes Heiligtum denken kann (Sichem?), wo der Segen zur Liturgie der Landtage der Nordstämme gehört haben könnte.

7. *Der Mosesegen über die Stämme* (Dtn 33,1–29) ist von den drei Stämmeapostrophen die jüngste. Er gibt die Stämmecharakteristik aus der Sicht der getrennten Reiche, als sich das Nordreich Israel als das legitime ganze Israel betrachtete: „Höre, Herr, die Stimme Judas, führ ihn heim zu seinem Volk" (Dtn 33,7). Josef wird über alle anderen Stämme hinaus gelobt: als fruchtbares und als siegreiches Land. Und die Tatsache des Tempels von Jerusalem wird vorausgesetzt: Benjamin, der im Schutz des Allerhöchsten wohnen soll (Dtn 33,12) – es sei denn, daß hier mit dem Heiligtum Bet-El (s. d.) gemeint ist, das Südheiligtum der Nordstämme. Auch das würde aber auf die Zeit nach der Reichsteilung hinweisen.

Auch dieser Segen ist wohl eine Spruch-

sammlung älterer Sprüche, die ad hoc aufgefüllt wurde. Sie stammt wahrscheinlich aus
dem Nordreich und gehörte vielleicht zur Liturgie in Betel.

DIE EINZELNEN STÄMME

8/1. Der Stamm Ruben geht nach den Jakobserzählungen auf einen Stammvater Ruben zurück, der in den Geburtserzählungen der Jakobssöhne als ältester Sohn Jakobs und als
erster Sohn Leas geboren wurde (Gen 29,32).
In der Deutung des historisch-symbolischen
Stammbaums der Jakobssöhne müßte dies also
heißen: der Stamm Ruben gehörte zu den
ältesten Einwandererstämmen (ältester Sohn
Leas) und war oder galt als ein aramäischer
Stamm (wirklicher Sohn Leas).

Die Einwanderung eines Stammes Ruben
muß schon sehr früh stattgefunden haben; sein
ursprüngliches Siedlungsgebiet war wohl im
Lande westlich des Toten Meeres und des
Jordan, im späteren Gebiet der Kalebiter und
des Stammes Juda, wie aus einigen Andeutungen hervorgeht: aus dem am westjordanischen
Gebirgsrand gelegenen „Stein Bohans, des
Sohnes Rubens" (Jos 15,6); aus der Bezeichnung der Familie Karmi als Judasippe (Jos
7,1), während Karmi in Num 26,21 ein Sohn
Rubens genannt wird – so daß also eine frühere
im Westland sitzende Rubensippe nach Auflösung oder Auszug des Stammes Ruben sich
Juda eingegliedert haben muß. Gemäß den
Stammeslosen sitzt Ruben aber im Ostjordanland (Jos 13,15–23), jedoch sind die Angaben
so, daß sich eine wirkliche Lokalisierung kaum
vornehmen läßt; die rubenitischen Sitze ver-
schmelzen mit denen Gads (s. u. Nr. 8/7).

Aus beiden Feststellungen läßt sich ein un-
gefährer geschichtlicher Gang rekonstruieren:
Ein früh eingewanderter Stamm Ruben saß im
südlichen Westjordanland. Nachfolgende,
wahrscheinlich kanaanitische Stämme verdrängten ihn. Einige Sippen mögen zurückgeblieben sein, andere siedelten in die östlichen
Ränder des Ostjordanlandes über. Aber viel
blieb nicht von ihm über, sei es nun, daß er
aufgerieben wurde, sei es, daß er in anderen
Stämmen aufging. Die wenigen Sippen hielten
aber noch das eigene Stammesbewußtsein aufrecht und fanden sich als Stamm später auch
bei der Geschichte Israels berücksichtigt.

Der Jakobssegen (Gen 49,3.4)[4] nimmt wohl
schon auf das Dahinschwinden Rubens Bezug:
„Ruben, mein Erster ... Der erste sollst du
nicht bleiben. Du bestiegst ja das Bett deines
Vaters; geschändet hast du damals mein Lager." In Gen 35,22 wird nämlich erzählt, wie
Ruben Bilha, der Sklavin Rahels und Nebenfrau seines Vaters Jakob, beigewohnt hat. Ob
dies eine Erzählung ist, die symbolisch einen
Vorgang in der Stämmeauseinandersetzung
meint, oder ob es nur eine Erzählung ist, die
das Dahinschwinden Rubens erklären will,
indem dies als Strafe angesehen und dafür eine
Untat gesetzt wird, läßt sich nicht sagen. Jedenfalls ist dieser Vers ein Hinweis auf die
Bedeutungslosigkeit des Stammes Ruben, der
zwar der Erstgeborene war, d. h. hier: der am
frühesten eingewanderte Stamm, aber nun
kaum noch etwas gilt.

Der Mosesegen (Dtn 33,6)[5] sagt von Ruben:
„Ruben soll leben, er sterbe nicht aus – doch
habe er wenig Männer." Auch dies weist auf
das langsame Aussterben des Stammes hin.

Was der Name des Stammes bedeutet, ist
nicht geklärt; eine volksetymologische Deutung bringt Gen 29,32: Lea gebar einen Sohn,
„sie nannte ihn Ruben (Seht, ein Sohn!); denn
sie sagte: Der Herr hat mein Elend gesehen.
Jetzt wird mein Mann mich lieben." (Ableitun-
gen von *ra'á* = sehen); zur wirklichen Deutung
des Stammesnamens trägt diese Erklärung allerdings nichts bei.

8/2. Der Stamm Simeon erscheint in den Geburtserzählungen der Jakobssöhne als zweiter
Sohn Jakobs, und zwar als Sohn Leas (Gen
29,33). Die Bedeutung dieser Konstruktion
wird sein, daß der Simeonstamm zu den ältesten Einwandererstämmen gehörte (zweiter
Lea-Sohn) und daß er als aramäisch-hebräi-
scher Stamm galt (echter Lea-Sohn).

Im übrigen ist zum Stamm Simeon vieles zu
sagen, was zum Stamm Ruben (s. o.) zu sagen
war: Er wird ursprünglich im mittelpalästi-
nensischen Raum gesessen haben, wurde aber
verdrängt – vielleicht von kanaanitischen
Stämmen, worauf die in Gen 34,25–29 erzählte
Freveltat Simeons und Levis hindeuten könn-

---

[4] Zum Jakobssegen und zu seinen Aussagen über die Stämme s. S. 503.

[5] Zum Mosesegen und zu seinen Aussagen über die Stämme
s. S. 503.

te. Die Erzählung ist möglicherweise ein Dokument der Verhandlungen über die Bildung eines ersten Stämmeverbandes mit eigenem Kultritual (Beschneidung), dessen Vorgang aber durch eine solche oder ähnliche Freveltat gestört wurde (Gen 34).

Aber welches Ereignis auch immer hinter der Verdrängung und teilweisen Vernichtung des Stammes Simeon gestanden haben mag: das Ergebnis war jedenfalls, daß später nur noch ein Rest von ihm im Stammesgebiet Juda saß. Darauf weist hin, daß bei der Verteilung der Landlose (Jos 13ff.) der Stamm Simeon fehlt; ferner die Tatsache, daß die in Jos 19,1–9 genannten Städte Simeons bei Jos 15,21–32 zu Juda gerechnet werden; und schließlich die Einladung Judas an Simeon: „Zieh mit mir hinauf in das Gebiet, das mir durch das Los zugefallen ist" (Ri 1,3). In der Erzählung, wenn sie als Erzählung von den Einzelsöhnen Jakobs auch erfunden sein mag, sind jedenfalls wirkliche geschichtliche Zustände eingefangen. Die „Zuteilung" von Städten an Simeon (Jos 19,1–9) mag ihren historischen Grund haben in dem tatsächlichen Restbestand simeonitischer Sippen östlich von Beerscheba, die vielleicht noch ein Stammesbewußtsein pflegten, obwohl sie so weit zusammengeschmolzen waren, daß sie in Wahrheit nur im Stamm Juda bestehen konnten.

Der Jakobssegen (Gen 49,5–7)[6] über Simeon und Levi bestätigt all das und führt vielleicht gar noch weiter:

5 Simeon und Levi, die Brüder, Werkzeuge der Gewalt sind ihre Messer.
6 Zu ihrem Kreis mag ich nicht gehören, mit ihrer Rotte vereinigt sich nicht mein Herz. Denn in ihrem Zorn brachten sie Männer um, mutwillig lähmten sie Stiere.
7 Verflucht ihr Zorn, da er so heftig, verflucht ihr Grimm, da er so roh. Ich teile sie unter Jakob auf, ich zerstreue sie unter Israel.

Im Erzählungszusammenhang der Genesis verweisen diese Verse auf die Freveltat von Sichem (Gen 34,25–29). Dieser charakterisierende Spruch, so möchte man meinen, sagt aber mehr, als Gen 34,25–29 erzählt. Der Stamm Simeon (mit Levi) scheint ein Störenfried in der (sich bildenden) Stämmegemeinschaft gewesen zu sein, und die letzten Verse könnten sogar darauf hindeuten, daß Simeon (mit Levi) bewußt, nach Beschluß eines Rates

der Stämme, zerstreut worden ist. Ihr Stamm wurde nicht vernichtet, auch nicht ausgeschlossen aus dem Stämmebund, aber er wurde „geteilt" und „zerstreut". Vielleicht, daß eine Freveltat gegen eine fremde Sippen- oder Stammesgruppe bei Sichem, mit denen die Stämme soeben wegen Zusammenschluß verhandelten, das Maß zum Überlaufen brachte und ein Stämmegericht dann die Strafe vollzog; so ließe sich das zuerst Dargelegte mit diesen letzten Überlegungen zusammenbringen.

Der Name „Simeon" (eine Koseform von „Schemaél": „Gott hat erhört") ist vielleicht der Name des Stammesbegründers. In Gen 29,33 wird der Name „Simeon" also richtig gedeutet, wenn Lea ihren Sohn „Simeon" nennt, weil Gott ihr Flehen gehört hat.

8/3. Der Stamm Levi wird in den späteren Erzählungen nicht mehr als einer der Zwölf Stämme gerechnet (Num 26), wie er denn auch in den Landverlosungen im Buch Josua (13ff.) nicht mit einem geschlossenen Stammesgebiet berücksichtigt ist. Dagegen wird er in den Geburtsgeschichten der Jakobssöhne als dritter Sohn Leas wie ein ordentlicher Stammvater genannt (Gen 29,34) und ebenso im Jakobssegen, zusammen mit Simeon, als ein normaler Stamm behandelt (Gen 49,5–7).

Man darf gerade aus Gen 49,5–7 schließen, daß Levi ursprünglich ein Stamm wie alle übrigen war, der im weiteren Umkreis von Sichem (s. d.) seine Sitze hatte, dann aber durch eine Freveltat, die er zusammen mit dem Stamm Simeon verübte, versprengt wurde (S. 504, Nr. 8/2).

Die Deutung des Namens „Levi" in den Geburtsgeschichten durch Lea (Gen 29,34) leitet den Namen von *lawáh* („begleiten") ab: „Jetzt wird endlich mein Mann an mir hängen, denn ich habe ihm drei Söhne geboren. Darum nannte sie ihn Levi (Anhang)." Diese Ableitung ergibt aber nichts für die Geschichte des Stammes. Dagegen bleibt bedeutsam, daß Levi zu den sechs echten Lea-Söhnen zählt, wodurch wir für die Geschichte auf Levi als einen Stamm der frühen Einwanderung schließen dürfen. Aber er war schon aus den Stämmesit-

---

[6] Über den Jakobssegen als stammesgeschichtliche Quelle, s. S. 503.

DAS GEBIET DER STÄMME
12.–11. Jahrh. v. Chr.

Sidon	1
Sarepta	2
Damaskus	3
Tyrus	4
Dan	5
Kadesch	6
Merom	7
Hazor	8
Akko	9
Kinneret	10
Dor	11
Megiddo	12
Taanache	13
Bet-Schean	14
Sichem	15
Penuel	16
Afek	17
Schilo	18
Jafo	19
Bet-El	20
Rabbat-Ammon	21
Ai	22
Mizpa	23
Jericho	24
Bet-Horon	25
Geser	26
Ekron	27
Rama	28
Ajalon	29
Heschbon	30
Kirjat	31
Aschdad	32
Jerusalem	33
Betlehem	34
Aschkelon	35
Gat	36
Hebron	37
Lachisch	38
Gaza	39
En-Gedi	40
Debir	41
Gerar	42
Rabbat-Moab	43
Arad	44
Beerscheba	45
Kir Moab	46
Horma	47

▲ = Berg   BENJ. = BENJAMIN   0 10   50
km

Das Gebiet der Stämme Israels kann man unter verschiedenen Gesichtspunkten betrachten. Einige dieser Gesichtspunkte sollen hier kurz skizziert werden: Wahrscheinlich kann man von Urstämmen des späteren Stämmebundes Israel seit dem 17. Jahrhundert v. Chr. sprechen. Die ältesten, von Abram stammenden Sippen zen (um Sichem) verschwunden, als die später einwandernden Stämme die Landnahme vollzogen; das Haus Josef (S. 513, Nr. 8/11) fand auch an den verlassenen Plätzen des Stammes Levi sein neues Siedlungsland.

Vergleiche zu diesem Abschnitt auch den Artikel „Die Leviten" (s. d.).

8/4. *Der Stamm Juda*, in den Geburtserzählungen der Jakobssöhne (Gen 29,35) als Lea-Stamm gekennzeichnet, gehörte – gemäß der Deutung der Lea-Stämme als früh eingewanderter Stämme – zu den aramäischen Sippenverbänden, die schon im Lande saßen, als Josef und Benjamin einwanderten.

Sein Siedlungsgebiet war ein Teil des Negev und das Judagebirge (s. d.), von dem der Stamm dann wohl auch seinen Namen annahm. Die ihm laut Buch Josua zugestandenen Grenzen und zugeteilten Städte geben das Ausdehnungsgebiet des Stammes an, als es schon das Königreich Juda (Südreich) war, das David aus Juda geschaffen hatte (Jos 15,1–12.20–63).

Die Frühgeschichte des Stammes Juda wird nicht bedeutender gewesen sein als die der anderen Stämme. Ein Sippenverband von einigen tausend Mann, dessen Sippen im Judagebirge von Jerusalem aus südlich bis in die Nähe von Hebron und am westlichen Gebirgsabhang wohnten; ihre Stammesfürstenstadt war Betlehem (s. d.). In dieses Gebiet waren die Juda-Leute (Leute vom Gebirge Juda, „Söhne von Juda") aus ihren mesopotamischen Stammsitzen, vielleicht auf dem Wege über andere Gegenden mit längerem Aufenthaltsort (± 1300), eingewandert, vielleicht zur selben Zeit, als die Edomiter und Moabiter ihre Landnahme im ostjordanischen Land vollzogen.

Die weiter südlich gelegenen Gebirgstäler und Hochebenen sowie die daran anschließenden Negevteile waren von anderen Stämmen oder Sippenverbänden besetzt: den Kalebitern (die aus dem Sippenverband der Kenizziter hervorgegangen waren); den Othnielitern (ebenfalls dem kenizzitischen Sippenverband entsprossen); von kenitischen Gruppen

in Kanaan (z. B. Simeon, Juda) könnte man auf einer Karte als kleine versprengte Einwandererfamilien etwa dort eintragen, wo sie auch auf der nebenstehenden Karte des 12./11. Jahrhunderts v. Chr. eingetragen sind. Ruben allerdings für jene frühe Zeit westlich des Toten Meeres. Im selben Gelände (in Gebirgen, Tälern und Ebenen) lebten vorher schon oder wanderten nachher kleinere andersstämmige (also nichtaramäische) Gruppen ein, die sich später als Stämme ebenfalls dem Stämmebund Israel anschlossen (z. B. Gad, Ascher). Seit dem 17. Jahrhundert v. Chr. war in dem späteren „Gebiet der Zwölf Stämme" ein ständiges Einwandern und Auswandern. Das aber führte nicht zu ständigen weitausgedehnten Kämpfen zwischen den Sippen und Sippengruppen (Stämmen). Die Kleingruppen lebten vielmehr nebeneinander als Einzelstämme, Einzeldörfer oder Dörfergruppen unter ihren Königen (s. d.).

Um 1200, vielleicht um 1180, kamen dann größere und schon ziemlich festgeformte aramäische Gruppen (Haus Josef), die sich im Gebirge Efraim festsetzten und von hier aus verbreiteten. Unter Führung dieser jüngsten Wandergruppen formierte sich dann zunächst ein Stämmebund der alten und neuen aramäischen Gruppen, denen sich dazwischenwohnende andersartige Gruppen anschlossen. Die Formung dieses Bundes dauerte Jahrhunderte und mag etwa unter David abgeschlossen gewesen sein.

Trotzdem lesen wir die in der Karte eingetragenen Namen für das 12./11. Jahrhundert v. Chr. an ihrer Stelle nicht zu Unrecht. Denn ganz sicher saßen die älteren Stämme auch damals – wenigstens im allgemeinen – schon in ihren späteren Wohngebieten, und die neu eingewanderten Gruppen hatten auch keine große Wahl: sie ließen sich dort nieder, wo Platz war – zwischen den anderen aramäischen Stämmen und den anderen Völkerschaften, Sippenschaften, Dorfschaften Kanaans. Aus diesem Grund werden sich in den meisten Fällen die Erstsiedlungsgebiete von den späteren Siedlungsgebieten nicht unterschieden haben. Einer der wenigen (durch die Bibel) bezeugten Fälle einer größeren Stammeswanderung (schon nach den Kontakten zur Stämmebundbildung) ist die Verlegung der Wohnsitze Dans aus dem Philistergebiet nach Galiläa.

Die Kenntnis von den Gebieten, wo die einzelnen Stämme saßen, verdanken wir allerdings am wenigsten einer pragmatischen Geschichtsschreibung, sondern zum größten Teil den Circumscriptionen der Stämmegebiete aus dem Buch Josua (Jos 13–21). Diese Listen, wahrscheinlich erst aus der Zeit Davids, sind in das Buch Josua an dieser Stelle eingefügt worden und umschreiben nun ein ideales Stämmegebiet der Davidszeit, als ob es zur Zeit Josuas so schon hätte festgelegt werden können. Aber selbst diese Fiktion kann den Kern der Gebietsordnung nicht ungültig machen: In irgendeiner Weise sind die durch die Stämmenamen auf der Karte angedeuteten Gebiete mit mehr oder weniger Raum meistens die Gebiete der Stämme durch die Jahrhunderte hin.

(Kain!); von Jerachmeelitern; schließlich von einem ebenfalls aramäischen Stamm Simeon (S. 504, Nr. 8/2), dessen Reste aber schon sehr früh von Juda aufgesogen worden zu sein scheinen.

Diese Stämme oder Sippenverbände waren „Kanaaniter", was aber nicht unbedingt etwas über ihre Herkunft aussagt. Die wahren Verwandtschaften lassen sich auf Grund der biblischen Genealogien eben nicht entwirren, da diese den Sinn der Darstellung von Rechtsverbindungen haben; nur durch das Auftreten desselben Stammes- oder Sippennamens in verschiedenen Völkern läßt sich eine genealogische Verbindung vermuten. So treten z. B. die Kenizziter, die als Kalebiter südlich von Juda ihre Sitze hatten, mit anderen Sippenteilen unter den Edomitern (s. d.) auf (Gen 36,11), und die Othnieliter hatten Sippenverbindung zu den Amalekitern (s. d.).

Die ersten zweihundertfünfzig bis dreihundert Jahre, so dürfen wir annehmen, hat der Stamm Juda zwar seine Siedlungen im Gebirge und im angrenzenden Negevland ausgebaut und gefestigt, aber im wesentlichen blieben die Nachbarstämme wirklich nur seine Nachbarn, und er trat mit ihnen in keinen näheren Kontakt. Kontakt mit anderen Stämmen fand Juda, als unter Josua oder seit Josua der Stämmeverband Israel zusammengebracht wurde, in dem eine Stämmegruppe aramäischer Abstammung und hebräischen Schicksals[7] sich unter der Anerkennung des Gottes Jahwe zusammenschloß.[8]

Aus diesem Stamm ging ein Mann hervor, dem es gelang, die Nachbarstämme Judas für sich persönlich und dadurch für einen eigenen Sechsstämmebund zu gewinnen.[9] Nach Sauls Tod brachte David sie im „Haus Juda" zusammen und ließ sich von ihnen zum König erheben.[10] Schon bis zu jenem Augenblick hatte der Stamm Juda als einziger verbliebener Südstamm wahrscheinlich ein Sonderleben geführt, das sich einfach aus seiner isolierten Lage ergab. Das Bewußtsein, dadurch auch eine Sonderstellung zu haben, ergab sich leicht. Außerdem sah sich der alteingesessene Stamm Juda auch in eine Rivalitätsstellung gegenüber den später eingewanderten Stämmen des Hauses Josef gedrängt, das im Verband der Zwölf Stämme durch seine mittelpalästinensische Lage und durch seine Stärke eine führende Rolle spielte. Dadurch ergab

sich wohl die Separatstellung Judas als Stamm, die durch David dann zementiert wurde, indem er dem Stamm weitere fremde Stämme angliederte und das „Haus Juda" begründete.

Der Jakobssegen (Gen 49,8–12),[11] in den Judaversen aus der Sicht der Königspartei des Stammes Juda heraus geformt, gibt bereits die Situation des herrschenden Stammes Juda wieder:

8 Juda, dir jubeln die Brüder zu, deine Hand hast du am Genick deiner Feinde. Deines Vaters Söhne fallen vor dir nieder.
9 Ein junger Löwe ist Juda. Vom Raub, mein Sohn, wurdest du groß. Er kauert, liegt da wie ein Löwe, wie eine Löwin. Wer wagt, sie zu scheuchen?
10 Nie weicht von Juda das Zepter, der Herrscherstab von seinen Füßen, bis der kommt, dem er gehört, dem der Gehorsam der Völker gebührt.
11 Er bindet am Weinstock sein Reittier fest, seinen Esel am Rebstock. Er wäscht im Wein sein Kleid, in Traubenblut sein Gewand.
12 Feurig von Wein funkeln die Augen, seine Zähne sind weißer als Milch.

Der Mosesegen aber (Dtn 33,7)[12] soll die Trennung Judas von den übrigen Stämmen dokumentieren; der Spruch müßte also aus der Richterzeit stammen:

Höre, Herr, die Stimme Judas,
führ ihn heim zu seinem Volk.

Wahrscheinlicher aber ist, daß der Vers ein Dokument der Zeit nach Salomo ist, nachdem Israel in ein Nord- und Südreich geteilt war.

8/5. Der Stamm Dan wohnte ursprünglich im Nordteil der Niederung westlich des Judagebirges, in der *schefeláh* („Niederung"). Die in Jos 19,40–48 angegebenen Orte lagen aber im Stammesgebiet von Juda, was bedeuten mag, daß der Stamm in Juda wohnte und sehr klein gewesen sein muß; Ri 18,11 beziffert seine Stärke mit sechshundert Mann. Die Ziffern der Volkszählungen (Num 1,39 und 2,26:

---

[7] Siehe den Artikel „Die Hebräer".
[8] Vgl. S. 533, Nr. 16.
[9] Vgl. S. 537, Nr. 22.
[10] Vgl. S. 538, Nr. 23.
[11] Zum Jakobssegen als Element der Stämmegeschichte s. S. 503.
[12] Über den Mosesegen s. S. 503.

62 700 Mann, und Num 26,43: 64 400 Mann)
müssen eine Bedeutung haben, die wir nicht
kennen (vgl. im Artikel „Zahlen…"), aber
daß sowohl in Gen 46,23 wie auch in Num
26,42 nur eine Sippe für den Stamm Dan
angegeben wird, weist auch hier auf die Klein-
heit Dans hin.

Der Name „Dan" wird in Gen 30,6 von *dīn*
abgeleitet, das „Recht schaffen" bedeutet: als
Rahel durch ihre Sklavin Bilha einen Sohn
erhalten hatte, sprach sie *„DANanni"* („Gott
hat mir Recht verschafft"); auf die erste Silbe
führt der Erzähler den Namen Dans zurück.

Obwohl sich dies zunächst wie eine volksetymologische Deutung liest, wird die Verbindung mit *dīn* dennoch glaubhaft, wenn man
berücksichtigt, daß im ursprünglichen Stammesgebiet Dans der Recht schaffende Sonnengott verehrt wurde. Dan könnte also seinen
Namen von einem Beinamen „Dan" („der
Rechtschaffende", „der Richter") des Sonnengottes erhalten haben, also von einem kanaanitischen Gottesnamen.

Die Folgerung, daß Dan ursprünglich ein
kanaanitischer Stamm war, liegt nahe. Wenn
man dann hinzunimmt, daß in den Erzählungen von der Geburt der Jakobssöhne der Jakobssohn Dan ein Sohn der Bilha war, einer
Sklavin Rahels, so möchte man die kanaanitische Abstammung des israelitischen Stammes
Dan darin bestätigt finden (Gen 30,1–6). Über
die Verpflichtung dieser Stämme auf Jahwe: s.
in diesem Kapitel Nr. 3.

In den Wanderungserzählungen wird Dan
den Stämmen Ascher und Naftali zugeordnet
(Num 2,25–31); in den Jakoberzählungen sind
auch Ascher und Naftali Söhne einer Sklavin.
So deuten also die späten Erzähler durch diese
Gruppierung an, daß die ähnliche Herkunft
der Stämme Dan, Ascher und Naftali – nämlich aus kanaanitischem Geschlecht – nicht
vergessen war. Jedoch wird ihnen das nicht
zum Vorwurf gemacht; lediglich die Tatsache
soll damit, so scheint es, festgehalten werden.

Im Buch der Chronik wird der Stamm Dan
überhaupt nicht genannt; dafür scheint aber
wohl seine Familie, die Huschim (so in Gen
46,23) und die Schuchamiten (so in Num
26,42), in 1 Chr 7,12 genannt zu sein, jedoch
hier als Nachkommen Benjamins, womit wieder die Verbindung zu den Rahel-Stämmen
hergestellt ist. Auch die Tatsache, daß der
Stamm im Osten von Benjamin und im Norden

von Efraim (aus dem Hause Josef) begrenzt
wurde, weist auf Rahel hin, obwohl er im
nördlichen Randgebiet des Stammes Juda
wohnte (diese geographische Lage läßt sich
durch Jos 19,40–46 erschließen).

In diesen ursprünglichen Sitzen konnte sich
Dan nicht behaupten. Die Amoriter bedrängten ihn; gemäß Ri 13–16 die Philister, gegen
die Simson aus dem Stamme Dan auftrat.
Deshalb zog der Stamm aus und suchte sich
neue Wohnsitze im Norden, wo er die Stadt
Lais eroberte, zerstörte und als Dan (s. d.)
wiederaufbaute.

Im Deboralied (Ri 5,17)[13] wird Dan vorgeworfen, daß er nicht an der großen Schlacht
gegen Jabin, den König von Hazor (s. d.),
teilgenommen habe: „Warum verweilt Dan
bei den Schiffen?" Das könnte noch auf die
Zeit Dans im Süden gehen. Aber welchen
Schluß kann man aus solchem Satz ziehen?
Hatten sich die wehrfähigen Daniten auf phönizischen Schiffen anheuern lassen, als sie in
ihrem Gebiet immer mehr bedrängt wurden?

Im Jakobssegen (Gen 49, 16–18)[14] möchte
man manche dieser dargelegten Einzelheiten
bestätigt finden: „Dan schafft Recht seinem
Volk wie nur einer von Israels Stämmen."
Klingt darin nicht nach, daß Dan ein adoptier-
ter Sohn Israels ist? Aber er ist tapfer und
listig; er siegt sogar über den berittenen Feind:
„Zur Schlange am Weg wird Dan… Sie beißt
das Pferd in die Fesseln, sein Reiter stürzt
rücklings herab." Vielleicht bezieht sich dieser
Satz aber auch auf die Wegelagerermanieren
Dans, der nach seinem Auszug in den Norden
den Verkehr zwischen dem aramäischen Damaskus und den phönizischen Städten behin-
derte.

Im Mosesegen (Dtn 33,22)[15] heißt es: „Dan
ist ein junger Löwe, der aus dem Baschan
hervorspringt." Der Baschan war die Landschaft östlich des Jordan, die bis an den Hermon reichte. Obwohl man für gewöhnlich den
Baschan nicht zu Dan rechnet, wies Martin
Noth darauf hin, daß jenseits des Jordan nach
Osten hin (also im Baschan) die einzige Aus-

---

[13] Zum Deboralied als Quelle für die Geschichte der Stämme, S. 503.
[14] Zum Jakobssegen als Quelle für die Geschichte der
Stämme, S. 503.
[15] Zum Mosesegen als Quelle für die Geschichte der Stämme, S. 503.

dehnungsmöglichkeit für Dan war: im Westen lag ja das phönizische Herrschaftsgebiet, im Norden das Gebirge, im Süden die Sümpfe des ersten Jordansees („Hule"); so würde sich also auch Dtn 33,22 als ein geschichtlicher Hinweis erklären.

Dan, ein Sohn der Sklavin; das Stammesgebiet Dan (s. d.) im Norden mit einem Götzenbild gegründet; Dan (die Stadt), von Jerobeam mit dem Stierbild zum jahweschänderischen Heiligtum gemacht – dieses Dan erscheint nicht unter den hundertvierundvierzigtausend Gezeichneten vor dem Thron des Lammes (Offb 7); „Dan" wurde deshalb in christlicher Zeit zum Namen der Häresie, aus dessen Stamm der Antichrist kommen soll (Irenaeus: Adversus haereses V, 30,2).

8/6. Der Stamm Naftali wohnte wahrscheinlich, wie der Stamm Dan (S. 508), ursprünglich ebenfalls in der Niederung westlich des Judagebirges, in der *schefeláh;* zum Unterschied von Dan erwähnt aber der Landverteilungsplan des Buches Josua für Naftali keine südlichen Wohnsitze, sondern nur sein Gebiet im späteren Galiläa (s. d.), wo er zwischen dem galiläischen Gebirge und dem oberen Jordangraben bzw. dem See Gennesaret saß. Er war dort also ein südlicher Nachbarstamm von Dan. Der Name „Naftali" wird in Gen 30,8 volksetymologisch aus den *naftulím* (den „Kämpfen") gedeutet, die Rahel mit ihrer Schwester Lea um Nachkommenschaft austrug. Deshalb nannte Rahel den zweiten Sohn ihrer Sklavin Bilha, der nach dem Recht Rahels Sohn war: Naftali.

Diese Erzählung weist wieder auf die Herkunft des Stammes Naftali hin. Er gehörte zu den Rahel-Stämmen, d. h. zur zweiten großen Wanderungsgruppe, mit der er entweder als fremder Stamm (Rahelsohn aus Bilha!) einwanderte oder der er sich in Kanaan angliederte. Die Stellung Naftalis in der Geburtenliste der Jakobssöhne, nach Juda (aus der Lea), könnte ein in erzählerische Form gegossener, aber dennoch geschichtlicher Hinweis darauf sein, daß sich Dan und Naftali aus dem *Gebiet* Judas als eigene Stämme gelöst haben, da sie sich als Rahel-Stämme, d. h. als Neustämme dort nicht halten konnten – nicht nur der Amoriter oder Philister wegen, sondern auch Judas wegen.

„Naftali" bedeutet „Kämpfer". Die wenigen Male, wo der Stamm Naftali in der Bibel erwähnt wird, wird er vor allem als Kämpferstamm erwähnt: als eine Haupttruppe Baraks (Ri 4,1–5,31), als Mitkämpfer Gideons (Ri 6,35; 7,23). Vielleicht ist das für die Geschichte des Stammes so zu deuten, daß sich eine exklusive Kämpfergruppe (aus Dan?) zum eigenständigen Stamm erklärte. Allerdings könnte der Stamm auch den Namen seines Siedlungsgebirges angenommen haben, das dann nicht von ihm seinen Namen erhalten hätte. Für diesen Fall ist der Name bisher noch nicht gedeutet.

Im Mosesegen (Dtn 33,23)[16] heißt es über Naftali: „Naftali, gesättigt mit Gnade, gefüllt mit dem Segen des Herrn – See und Süden nimm in Besitz!"

Obwohl hier das Wort „See" zweifellos auf den See Gennesaret hinweist, also auf die eigentlichen Wohnsitze des Stammes, könnte mit dem „Süden" die *schefeláh* gemeint sein, die oben als der ursprüngliche Wohnbereich Naftalis vermutet wurde; der Vers müßte dann uralt sein, aber wäre dann später – mit Rücksicht auf die neuen Verhältnisse – erweitert worden.

Es wird des öfteren angenommen, daß Naftali mit Dan (S. 508) aus dem Norden Judas ins spätere Galiäa ausgewandert oder daß Naftali vielleicht überhaupt durch Teilung des Stammes Dan entstanden sei. Die Reihenfolge der Geburt der Jakobssöhne (1. Dan, 2. Naftali) könnte ein erzählerischer Hinweis darauf sein. Daß Naftali und Dan als eng zusammengehörig betrachtet wurden, geht auch aus der Gaueinteilung Salomos hervor, die Dan und Naftali zusammen unter dem Namen „Naftali" nennt.

Es könnte auch sein, daß die Kämpfe unter dem Naftaliten Barak, der auf Geheiß Deboras mit seinem Stamm gegen Jabin, den König von Hazor (s. d.), kämpfte, Landnahmekämpfe des noch südlichen Stammes Naftali um Gebiete im Norden waren; denn die in Jos 19,32–39 genannten Grenzen Naftalis im Norden umfassen nicht nur Hazor selbst, sondern auch andere Gebiete, die König Jabin beherrscht haben muß.

Im Jakobssegen (Gen 49,21)[17] wird Naftali

---

[16] Zum Mosesegen als Geschichtsquelle, S. 503.
[17] Zum Jakobssegen als Geschichtsquelle, S. 503.

„die flüchtige Hirschkuh" genannt. Ob dies ein Vergleich sein soll, ist fraglich; es könnte auch auf das Wappentier oder Feldzeichenemblem des Stammes hinweisen.

„Er versteht sich auf gefällige Rede", fährt der Vers fort, was sich auf rednerische oder dichterische Begabung beziehen könnte. Da möchte man an das Siegeslied denken (Deboralied: Ri 5,2 ff.), das in Ri 5,1 Barak aus Naftali als Sänger mit nennt: „Debora und Barak, der Sohn Abinoams, sangen an jenem Tag . . ."

Das Stammesgebiet Naftalis ist eines der bevorzugten Gebiete des Wirkens Jesu in Galiläa.

8/7. *Der Stamm Gad* wird auf einen Jakobssohn Gad zurückgeführt, der in Gen 30,11 als Sohn der Lea-Sklavin Silpa erscheint. Gemäß dem monistischen und symbolischen Denken der biblischen Schriftsteller darf also Gad als ein nicht von Anfang an israelitischer Stamm angesehen werden (Sklavin-Mutter): sei es nun, daß er mit anderen, nämlich „originär israelitischen" Stämmen einwanderte, sei es, daß er sich erst in Palästina den aramäischen Hebräern (s. d.) anschloß. Die „Lea-Abstammung" weist auf frühe Einwanderung hin, so daß Gad also wohl schon in seinem Stammesgebiet saß, als die letzten Gruppen des späteren Stämmebundes zur Landnahme vorrückten. – „Gad" heißt etwa: „plötzliches Glück". Ob in diesem Namen ein Hinweis auf Gad, den Gott des plötzlichen glücklichen Umschwungs, enthalten ist, dafür gab es bisher noch keine Anhaltspunkte; aber möglich wäre es. Wenn man die fremde Abstammung Gads für gegeben hält, könnte man in einem Götternamen „Gad" sogar eine Bestätigung dieser (kanaanitischen) Abstammung sehen (vgl. im Artikel „Dan"). – Allerdings kann „Gad" auch ein Personenname sein; Gad wäre dann als der Urvater der Gad-Sippe und des späteren Stammes Gad anzusehen.

Das Gebiet des Stammes war nicht sehr groß. Sein frühester Sitz nach seiner Landnahme muß zwischen der Nordspitze des Toten Meeres und dem ostjordanischen Gebirge gelegen haben; von da aus hat er sich dann ausgedehnt in dem Streifen längs des linken Jordanufers und dem Westabfall des Gebirges östlich des Jordan, vor allem nach Norden. Viel Raum zur Ausdehnung blieb ihm jedoch

nicht, da er im Süden an moabitisches, im Osten an ammonitisches und im Norden ans Gebirge stieß. Diese Lage brachte mit sich, daß der Stamm seit dem 8. Jahrhundert vielleicht nur noch theoretisch da war, während er in Wirklichkeit von den Moabitern (s. d.) in deren Befreiungskrieg und von den sich ausbreitenden Ammonitern in der Zeit des geschwächten Reiches Juda (9. Jahrhundert) aufgerieben oder aufgesogen wurde.

Der Jakobssegen (Gen 49,19)[18] überliefert im Sprichwort, das über Gad im Umlauf war: „Gad *(gad),* ins Gedränge *(gedud)* drängen sie ihn *(gegudenu),*[19] doch er bedrängt ihre Ferse." Darin könnte sogar der Grund angegeben sein, warum Gad vom Stämmebund Israel gern aufgenommen wurde. Wie gefährlich die Lage des Stammesgebiets Gads war, kann man ermessen, wenn man an seine sprichwörtliche Tapferkeit und das Schicksal seiner Vernichtung denkt.

Der Mosesegen (Dtn 33,20.21)[20] macht weitere wertvolle Aussagen: Während Vers 20 in Anbetracht des engen Stammesgebietes mehr wie ein Wunsch klingt, aber eine Bestätigung der gaditischen Tapferkeit ist: „Gepriesen sei der, der Gad Raum schafft. Gad lauert wie ein Löwe . . .", kann Vers 21 a auf die frühe Einwanderung anspielen: „Das erste Stück hat er sich ausgesucht" (erzählerisch wird diese frühe Einwanderung in Dtn 3,8 ff. natürlich als erste Landnahme beim gemeinsamen Einzug dargestellt). Vers 21 b aber kann auf Gad als kanaanitisches oder ein anderes fremdes Volk hinweisen, das sich auf Jahwes Gesetz verpflichtet hat und so dem Stämmebund Israel beitrat: „Er tat, was vor dem Herrn recht ist, (hielt sich) gemeinsam mit Israel (an) seine Rechtsvorschriften" (vgl. die Bemerkungen über Dan zu Gen 49,16, S. 509).

8/8. *Der Stamm Ascher* (Asser, Aser) hatte nach den Jakobserzählungen den Jakobssohn Ascher als Stammvater; dieser wird in den Geburtserzählungen der Jakobssöhne (Gen 30,12 ff.) als Sohn Leas aus deren Sklavin Silpa bezeichnet, was wohl heißen soll, daß er schon lange im Lande Kanaan saß (Lea-Stämme!),

---

[18] Über den Jakobssegen und die Stämmegeschichte, S. 503.

[19] Man beachte das Wortspiel!

[20] Über den Mosesegen, S. 503.

daß er aber kein Aramäerstamm war (Mutter: die Sklavin Silpa!). Texte aus Ägypten und Ras Schamra scheinen die frühe Seßhaftigkeit eines Stammes Aschor/Asor in Kanaan (schon vor 1300) zu bestätigen.

Im Rahmen der späteren Stammesgrenzen (lückenhaft mitgeteilt in Jos 19,24–31) dürfte auch das ursprüngliche Gebiet des Stammes gesucht werden müssen: zwischen der Höhe des von Nord nach Süd ziehenden nordpalästinensischen Gebirges (später galiläisches Gebirge) und dem Mittelmeer, bis südlich des Karmelgebirges. Leider gibt es aber keine zuverlässigen biblischen Andeutungen, außer den obengenannten, die für die (kanaanitische?) Frühzeit des Stammes irgendeinen näheren Aufschluß geben. Es sei denn, daß man Ri 1,32 dafür nehmen wollte: Es leben „die Ascheriter mitten unter den Kanaanitern, die in der Gegend wohnen blieben, weil man sie nicht vertreiben konnte." In Anbetracht der in den Jakobsgeschichten erzählten „Abstammung" von einer Sklavenmutter, die zwar durch Adoption zu einer gesetzlichen Abstammung von Lea gewandelt wurde, könnte man aus diesem Satz schließen, daß die Sippe Ascher zu einem kanaanitischen Stamm oder Verband dieses Gebietes gehört hatte, aber dann durch Verpflichtung auf Jahwe (S. 517, Nr. 3) zu einem eigenen israelitischen Stamm wurde, der aber in seinen alten Wohnsitzen verblieb; lediglich wurde ihm das Stammesgebiet seiner früheren kanaanitischen Brüder als zu beanspruchendes israelitisches Stammesgebiet zugeteilt. Da die eigentlichen Stadtgebiete dem Stamm nicht gehörten (vgl. Ri 1,31.32), war der eigentliche Bereich des Stammes das fruchtbare Land östlich von Akko und die Städte in der Akko-Ebene. Diese Städte hat Ascher aber wohl kaum erobert, sondern er blieb als Israelstamm dort, wo er vorher als Kanaaniterstamm gesessen hatte.

Eine Bestätigung für die kanaanitische Abstammung könnte auch der Name (hebr. „Ascher") bieten. Er könnte, wie bei Dan (s. d.), ein kanaanitischer Gottesname sein: „das männliche Gegenstück zu dem weiblichen Gottesnamen Ascheráh" (s. d.), dies hält Martin Noth für möglich (Geschichte Israels, [4]1959, S. 65).

Im Deboralied (Ri 5,17)[21] werden die Wohngebiete am Mittelmeer bestätigt: „Ascher sitzt am Ufer des Meeres, bleibt ruhig an seinen Buchten." Gleichzeitig sind diese Verse ein Tadel für den Stamm Ascher, der sich nicht am Kampf Deboras und Baraks beteiligte.

Dies gerade weist aber darauf hin, daß er feste Sitze hatte und nicht – wie Naftali (s. d.) etwa – sich noch Wohnraum erkämpfen mußte. Er hatte immer feste Sitze (s. oben).

Der Jakobssegen (Gen 49,20)[22] könnte als Bestätigung der Abhängigkeit von kanaanitischen, vielleicht sogar phönizischen Stämmen angesehen werden: „Ascher, fett ist sein Brot, Königskost liefert er." Damit ist nicht nur die Fruchtbarkeit seiner Wohngebiete zitiert, sondern könnte auch auf den nächsten Königshof hingewiesen sein, das wäre Tyrus. Wenn er „königliche Leckerbissen" bietet, so wäre das möglicherweise als Tributzahlung an den König von Tyrus aufzufassen. Diese aber würde der Stamm nicht als Stamm Israels, sondern als früherer kanaanitischer Stammesteil, aus dem er wohl nicht so deutlich ausgetreten war, wie wir uns das für gewöhnlich vorstellen, gezahlt haben.

Der Mosesegen (Dtn 33,24.25)[23] könnte eine Bestätigung des Übertritts der kanaanitischen Sippe Ascher zum Jahweglauben enthalten: „Mehr als die (anderen) Söhne sei Ascher gesegnet, bei seinen Brüdern sei er beliebt", wenn man hier unter „seinen Brüdern" nicht die anderen Israelstämme nimmt, sondern die kanaanitischen Brüder Aschers. Durch seine Anerkennung Jahwes wurde er „beliebt" unter ihnen.

„Er bade seinen Fuß in Öl" bestätigt die Fruchtbarkeit des Landes, und „Deine Riegel seien von Eisen und Bronze" meint die festen Städte Aschers. „Hab Frieden, solange du lebst!" kann nicht nur als Wunsch, sondern auch als Feststellung genommen werden: Ascher war ein ruhiger, arbeitsamer Stamm, der Frieden mit seinen (verwandten?) kanaanitischen Nachbarn zu halten bemüht war.

Die Prophetin Hanna, die in der Perikope von der Darstellung Jesu erwähnt wird (Lk 2,36), stammte aus Ascher.

---

[21] Über das Deboralied als Material zur Stämmegeschichte, S. 503.

[22] Zum Jakobssegen als Material für die Stämmegeschichte, S. 503.

[23] Zum Mosesegen als Material für die Stämmegeschichte, S. 503.

8/9. Der Stamm Issachar (Jissakar) gehörte als Lea-Stamm zu den früh eingewanderten Stämmen, vielleicht um 1350. Er wohnte im Süden des galiläischen Gebirges, zwischen der Ebene Jesreel (S. 803) und der Ebene von Bet-Schean (S. 782). Im Nordwesten seines Gebietes lag der Tabor, der für Issachar und Sebulon gemeinsames Stämmeheiligtum war.

Der Jakobssegen (Gen 49,14.15)[24] gibt von diesem Stamm eine wenig schmeichelhafte Charakteristik:

> „Issachar ist ein knochiger Esel,
> lagernd in seinem Pferch.
> Er sieht, wie die Ruhe so schön ist . . .,
> da neigt er die Schulter als Träger
> und wird zum fronenden Knecht."

Früher wußte man mit diesen Versen, die offensichtlich keine Segensformeln, sondern Spottverse sind, nichts Rechtes anzufangen. Nach einer Arbeit von A. Alt,[25] der die Amarnatafeln (nach 1410 v. Chr.) für die Geschichte Israels auswertete, wurde aber klar, daß die frühere kanaanitische Stadt Sunem zerstört worden war (etwa zwischen 1410 und 1370), ihr Grundgebiet sollte in Zukunft von Fronarbeitern, die den benachbarten Stadtkönigen unterstanden, bearbeitet werden. In dieses menschenleere Gebiet der Stadt Sunem mag nun dieser Stamm vorgestoßen sein und übernahm die Arbeit eines Fronsklaven, um unter dieser Bedingung in diesem Gebiet wohnen zu können. Auch in den Geburtsgeschichten der Stämme-Eponymen wird der Name mit „Lohn" (*ssakár)* verbunden; freilich wird er da gedeutet mit „Gott hat mich mit einem schönen Geschenk bedacht" (Gen 30,18); aber diese Namensdeutungen sind ja auch mindestens vierhundert Jahre jünger als die Entstehung des Stammesnamens Issachar. Die Erforscher der Traditionsschichten schreiben diese Deutungen dem Elohisten zu, also wohl einer Zeit, als im Nordreich Israel sicherlich auch für Issachar andere Zustände herrschten: König Omri (886–875) stammte wahrscheinlich aus Issachar.

Der Mosesegen (Dtn 33,18.19)[26] ebenfalls wohl aus dem Nordreich stammend, bestätigt dann auch mit fast hymnischen Worten den Reichtum Issachars und Sebulons (vgl. den Artikel über das Deuteronomium). Mit „dem Berge", zu dem sie die Stämme einladen, könnte der Tabor (s. d.) gemeint sein.

8/10. Der Stamm Sebulon saß nordwestlich von Issachar (s. oben), etwa im Gebiet um das spätere Nazaret. Der kleine Stamm ist kaum hervorgetreten, nicht einmal die Segenssprüche geben etwas Reales her. Ob Gen 49,13: „Sebulon wohnt nahe dem Strand, am Gestade der Schiffe" von Sebulon ähnliches aussagen möchte wie Gen 49,15 von Issachar – daß es Frondienste tat –, ist zweifelhaft.

Bei der großen Schlacht, die im Deboralied besungen wird (S. 503, Nr. 5), war Sebulon ein tapferer Mitkämpfer (Ri 5,18).

8/11. Das Haus Josef wird in den Geburtserzählungen der Jakobssöhne durch Josef vertreten, den ersten wirklichen Sohn Rahels (Gen 30,22–24). Gemäß der Bedeutung, die diese Abstammung aus Rahel wahrscheinlich hat, dürfen wir sagen: das Haus Josef gehört zu den zuletzt eingewanderten Stämmen; jedoch sollte man der Reihenfolge der Stammväterreihe nicht unbedingt auch entnehmen wollen, daß das Haus Josef vor Benjamin eingewandert ist – obwohl das wahrscheinlich ist; jedoch der Stämmeliste, die sich durch die Geburtenreihe ergibt, sollte man nur die allgemeinen Kategorien entnehmen, weil man sonst in Gefahr kommt, auch jedes erzählerische Element der Geburtsgeschichten zu einer geschichtlichen Aussage umzumünzen.

Die „Rahelabkunft" sollte man aber wohl doch mit folgendem deuten dürfen: Das Haus Josef, der Stamm Benjamin sowie die Fremdvolkstämme Dan und Naftali (Nr. 8/5 und 8/6) gehören zusammen in eine spätere Landnahmezeit, d. h. jene, die wir als *die* Landnahmezeit anzusehen pflegen (um 1220). Da das Haus Josef gegenüber den Stämmen Dan, Naftali und Benjamin den weitaus besten Landteil besetzen konnte, scheint es zumindest vor Benjamin eingewandert zu sein – also nicht deshalb, weil es in der Liste vor Benjamin steht. Die Rahel-Bilha-Stämme sind zwar als Fremdvolkstämme anzusehen, aber ob sie mit eingewandert oder ob sie ursprünglich schon länger im Lande sitzende Kanaaniterstämme waren, läßt sich nicht ausmachen.

---

[24] Zum Jakobssegen als Material für die Stämmegeschichte, S. 503.

[25] A. Alt: Neues über Palästina aus dem Archiv Amenophis IV. (Palästinajahrbuch 1924, S. 34).

[26] Zum Mosesegen als Material für die Stämmegeschichte, S. 503.

Der Name Josef vertritt in der Geburtenliste nun allerdings keinen „Stamm Josef"; einen solchen gibt es, wenigstens in dem uns überlieferten Bestand der Bibel, nicht. Das „Haus Josef"besteht vielmehr aus zwei Stämmen: Manasse und Efraim. Die Bibel erzählt von Manasse und Efraim, den Söhnen Josefs und Enkeln Jakobs, in Gen 48. Wie aber ist das geschichtlich zu sehen?

Am besten sollte man annehmen – darauf könnte auch die Bezeichnung „Haus" hinweisen –, daß das „Haus Josef" als ein größerer Sippenverband, der sich aber nicht als Stamm bezeichnete, in Kanaan eingewandert ist. Hier wurde es schnell zu einer volkreichen Gruppe, die sich (noch vor der Stämmegruppierung) in zwei Gruppen spaltete oder organisierte: in den Sippenverband Machir und den Sippenverband Efraim, der seinen Namen vielleicht nach einer Gebirgsbezeichnung annahm. Der Sippenverband Machir wurde zu stark, er teilte sich wiederum, und ein Teil wanderte aus. Zurück blieb aus dem Sippenverband Machir das Haus der Sippen Manasse. Als es dann zur Stämmeorganisation kam, wurden die beiden Großgruppen des Hauses Josef in die Zwölf Stämme als Stamm Manasse und Stamm Efraim aufgenommen. Eine gewisse Sondergruppierung innerhalb des Stämmeverbandes blieb für Efraim und Manasse in der Bezeichnung „Haus Josef" bestehen. Die Bezeichnung „Haus Josef" für eine Gruppe, die mehrere Stämme zusammenfaßte, wurde dann wohl durch David aufgenommen, als er die sechs Südstämme im „Haus Juda" zusammenfaßte (s. in Nr. 8/4).

Da der Stammesname ausschlaggebend war und der ins Ostjordanland ausgewanderte Teil von Machir nicht als Stamm in den Verband aufgenommen wurde, trat diese Ostjordangruppe des Sippenverbandes Machir dem Stamm Manasse bei, obwohl Manasse früher einmal ein Teil der Gruppe Machir war.

Die führende Stellung des Hauses Josef und vor allem des Stammes Efraim, der zum mächtigsten Stamm Mittelpalästinas wurde, zeigt sich in der Bibel – im Buche Josua – durch die Stellung Josuas. Josua war Efraimite. Vielleicht war er der eigentliche Organisator des Stämmeverbandes. Als solcher wurde er dann in den Erzählungen von der Landnahme, die hauptsächlich nach dem Muster der Landnahme Benjamins erzählt wurde, sogar der Herr

der Landnahme selbst. Seine eigentlich historische Stellung ist aber wohl in die Zeit der Stämmeorganisation nach der Landnahme auch des Stammes Benjamin (s. weiter unten 8/12) zu verlegen. Die großen Segenssprüche[27] rühmen die Fruchtbarkeit der Stämmegebiete, den Volksreichtum mit den „Zehntausenden aus Efraim" und den „Tausenden aus Manasse" (Dtn 33,17) und die Erlauchtheit ihres Stammesvaters Josef (vgl. das Kapitel über die Josefsgeschichten, S. 161). Aus dieser beherrschenden Stellung Efraims erklärt sich auch die Bezeichnung des Nordreiches als „Efraim".

8/12. Der Stamm Benjamin ist in der Stämmeliste der letzte. Er gehörte zu den Rahel-Stämmen (s. oben in 8,11). Er war ein kleiner Stamm, der in dem ost-westlich laufenden Gebietsstreifen zwischen Jerusalem (südlich von ihm) und Efraim (nördlich von ihm) wohnte. Das Jerusalem der Jebusiter (s. d.) wurde ihm in den idealen Landverteilungslisten zugesprochen; aber er eroberte es nicht. Seine Landnahmetradition wurde wahrscheinlich zum Leitfaden für die Landnahmeerzählungen des ganzen Stämmeverbandes.

„Benjamin" bedeutet wahrscheinlich „Söhne des Südens", was entweder auf seine Herkunft hinweist oder, vom Haus Josef aus gesehen, seine Wohnsitze betrifft; wenn das Haus Josef ihm aber diesen Namen gegeben hätte, so müßte dies geschehen sein, noch bevor die auf dem Gebirge Juda und im Negev wohnenden Stämme durch die Bildung des Zwölfstämmeverbandes in den Interessenkreis des Hauses Josef getreten waren. Dieser Interessenkreis umschloß zunächst nur die Neustämme und mochte vielleicht schon zu einer ersten Gruppierung geführt haben, bevor der große Verband gelang. So hätte auch Benjamin seinen Namen nicht mitgebracht, sondern seinen Namen nach seiner Landnahme erhalten.

Die großen Segenssprüche nennen Benjamin einen reißenden Wolf: „Am Morgen frißt er die Beute, am Abend teilt er den Fang" (Gen 49,27). Ob dies nur eine Umschreibung der Tapferkeit der Benjaminiten ist oder auf ein früheres Straßenräuberdasein der Sippen

---

[27] Gen 49,22–26 (Jakobssegen, S. 503) und Dtn 33,13–17 (Mosesegen, S. 503).

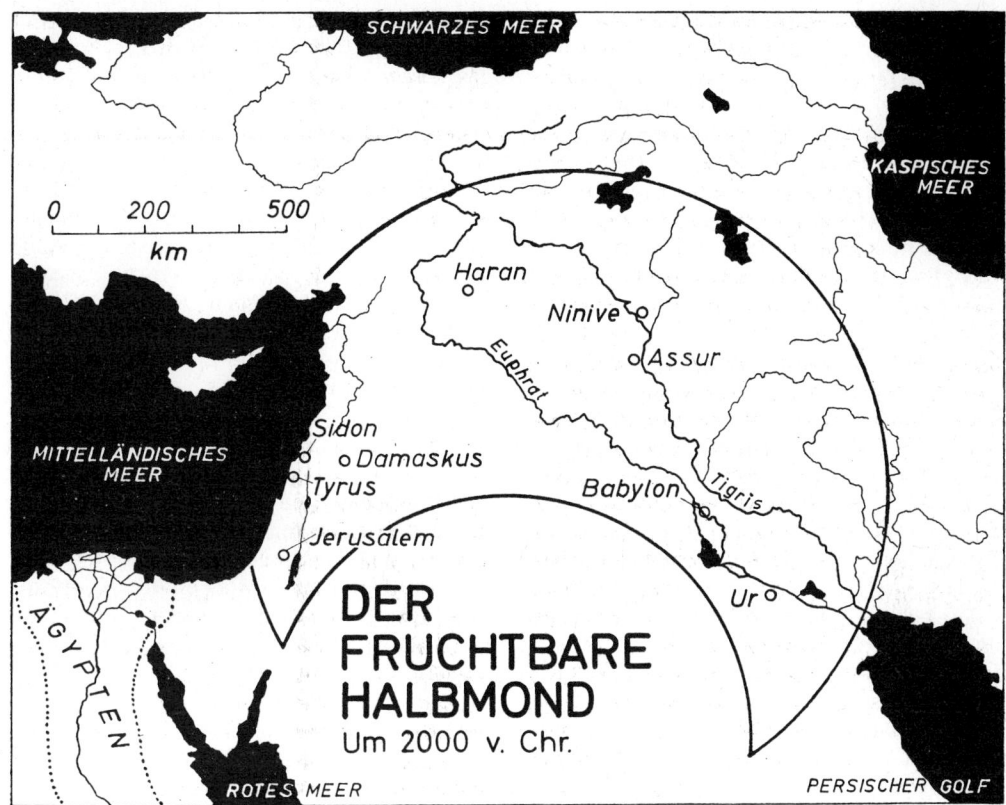

anspielt, muß dahingestellt bleiben. Im Mosesegen[28] wird er „Liebling des Herrn" genannt, über den der Höchste wacht (Dtn 33,12), was auf den Tempel, aber auch auf Bet-El (s. d.) und sein Heiligtum hinweisen kann, in dessen Nähe der Stamm wohnte.

Als sich die Stämme einen König wählen wollten, wählten sie Saul aus Benjamin. Auf diese Lösung mag der Priester und Prophet Samuel gedrungen haben, weil er verhindern wollte, daß mit der Wahl eines Königs aus einem großen und starken Stamm ein einzelner Stamm im Stämmebund zur Vorherrschaft kam. Bei einem kleinen Stamm war diese Gefahr nicht so groß. – Vgl. S. 535, Nr. 19 und Nr. 54, S. 578.

DIE GESCHICHTE UND DIE BIBLISCHE VERKÜNDIGUNG

Dieses Kapitel enthält die geschichtlichen Vorgänge, die der biblischen Verkündigung, d. h. den Berichten und Geschichten des AT

und NT zugrunde liegen oder in deren Rahmen sie eingebettet sind. In dieser Darstellung wurde einerseits versucht, die Geschichte in sich als Grundlage der Heilsereignisse zu sehen. Dabei wurden des öfteren die biblischen Aussagen in ihrem historischen Aussagewert gewogen und der religiöse Aussagewert vom historischen geschieden. – Zum Gesamtproblem vergleiche man den Artikel über „Biblische Geschichtsschreibung".

Schließlich verfolgt diese fortlaufende Darstellung noch den Zweck, dem Bibelleser zu helfen, die biblischen Vorgänge leichter historisch einzuordnen. Gerade in den Kapiteln nach der „Teilung des Reiches" (932 v. Chr.) und bei der Lesung der Propheten, der Bücher Rut, Ester u. a. gibt es für den Bibelleser erfahrungsgemäß erhebliche Schwierigkeiten der historischen Einordnung; deshalb schienen dem Verfasser reichliche Verweise in den

[28] Über den Mosesegen und seine Bedeutung für die Geschichte der Stämme, S. 503.

Perikopenkapiteln auf die einzelnen Abschnitte eines fortlaufenden Geschichtskapitels notwendig und praktisch.

1. Der Fruchtbare Halbmond. Das Gebiet der alttestamentlichen Geschehnisse ist „der Fruchtbare Halbmond" *(Fertile Crescent);* so nannte man zuerst in England die Gesamtheit der fruchtbaren Gebiete von Mesopotamien (s. d.) über die Mittelmeerküste Palästinas bis nach Ägypten. Tatsächlich bildet diese Sichel von Ägypten aus nach Nordosten über Palästina, Phönizien, Syrien, und in südöstlicher Richtung dem breiten Landstreifen zwischen Eufrat und Tigris folgend bis zum Persischen Golf, einen halbmondähnlichen Bogen. Seine fruchtbaren Gebiete ziehen sich um die syrische Wüste herum. Zwischen Palästina im Westen und den bewohnbaren Bereichen im Osten dehnt sich die Wüste in einer Weite von 700–800 km.

Als Lebensraum von Menschen ist dieses Gebiet durch Werkzeugfunde schon für die Zeit vor 200000 bezeugt. Etwa 20000 Jahre später beginnt hier die große Regenperiode, die sich etwa mit der dritten Eiszeit des europäischen Kontinents deckt; der Mensch wohnt in Höhlen.

Zwischen 180000 und 20000 ist der ganze Fruchtbare Halbmond als Höhlensiedlungsgebiet urzeitlicher Menschen gesichert. In Höhlen bei Nazaret und Kafarnaum fand man Skelette eines Menschentypus der Späteren Steinzeit, der als Wildjäger lebte (180000 bis 120000).

In Höhlen des Karmelmassivs fand man Skelette aus der Zeit von 120000 bis 20000. Der kulturelle Stand dieses Menschen ist bedeutend („Kultur von Atlith"). Zwischen 20000 und 8000 allmählicher Übergang zum Hackbau. Die Höhle ist nicht mehr die gewöhnliche Wohnform; erste Hüttenbauten.

Nach 8000 beginnen die kulturellen Äußerungen vielschichtig zu werden.

2. Zwischen Ägypten und Mesopotamien ereigneten sich die äußerlich oft so unscheinbaren Dinge – wenn man in den Ereignisdimensionen der heutigen Zeit denkt –, die in der Bibel ihren Niederschlag gefunden haben. Dieses syro-palästinensische Gebiet ist nicht nur ein Teil des Fruchtbaren Halbmonds (s. o., Nr. 1), sondern auch Länderbrücke, nämlich zwischen Ägypten und Mesopotamien. Es war eine Art Pufferland zwischen den großen Reichen, das zu beherrschen oder darauf Einfluß zu haben sowohl Ägypten wie den mesopotamischen Reichen jahrtausendelang begehrenswert war. So wechselten denn auch die Besitzer dieser Landschaften immer wieder, und die Völker, die in ihnen wohnten, hatten schon allein durch den Eroberungs- und Machtdrang Ägyptens und der mesopotamischen Reiche kein ruhiges Leben; immer wieder waren sie gezwungen, nach zwei Seiten zu schauen.

Anderseits war diese Länderbrücke aber auch so etwas wie ein Niemandsland (in bezug auf die großen Reiche), weil sie selten so fest in ihrer Hand war, daß man dort nicht neutraler hätte leben können als in den Reichen selbst. Infolgedessen sehen wir immer wieder Stämme und Stammesverbände aus jenen großen Reichen oder über jene Reiche in dieses „Niemandsland" einströmen. Die Fluktuation war so stark, daß wir nicht einmal mit Sicherheit etwas über eine Urbevölkerung dieser Landschaften sagen können. Keines der Völker Syrien-Palästinas, die zu biblischen Zeiten dort wohnten, kann als Urbevölkerung angesprochen werden, aber viele von ihnen kamen aus jenen Reichen, um sich in diesen Landschaften als freier Stamm niederzulassen.

Einer der bedeutsamsten Gründe für die Loslösung war oft die Religionsfrage. Obwohl wir darüber kaum Einzelheiten wissen, können wir das aus der allgemeinen Situation schließen. Es ist ganz sicherlich des öfteren und immer wieder vorgekommen, daß ein Volk, eine Stämmegemeinschaft oder ein Stamm unter einem Herrscher, der zentralistischen Ideen huldigte, zu denen dann auch eine zentralistische Religionspolitik gehörte, ausgewandert ist, weil sie *ihren* Gott und *ihren* Kult nicht aufgeben wollten. Bei der überaus wichtigen Rolle, die Religion und Kult spielten, ist das eigentlich selbstverständlich. Der Kult gehörte so sehr zum Volk, daß man ihn einfach nicht aufgeben konnte. Anderseits gehörte er aber auch zum Land (vgl. den Artikel „Die Götter der Völker"), so daß unter solchem Aspekt einerseits eine Auswanderung das einzig gegebene war – Auswanderung allerdings in ein Land, das (noch) keinen Gott hatte: also in unbewohnte Landstriche. Wenn das nicht möglich war, so war es immer noch besser, den Stammesgott mit den Göttern eines frei gewählten Landes zusammen zu verehren, als in einem Land mit zentralistischem Kult die Stammesreligion vernachlässigen zu müssen.

Damit sollen die anderen Auswanderungsgründe nicht verkannt werden: Kriegsunruhen, vor denen man floh – Feindlichkeit der umwohnenden Bevölkerung – Hungersnöte – Anwachsen der Stammesbevölkerung oder des Volkes, so daß der Wanderbereich (bei Nomaden) oder der Wander- und Feldbereich (bei Halbnomaden) nicht mehr zum Leben ausreichte; aber der kultische Grund soll hier besonders hervorgehoben werden, weil er unmittelbar an das Thema der Bibel heranführt.

DIE PATRIARCHEN

3. *Aus Mesopotamien kam Abraham.* Im Artikel über „die zwölf Stämme" ist die Möglichkeit ausgesprochen worden, daß die Erzväterreihe Abraham–Isaak–Jakob eine Konstruktion ist, die auf das verschiedene Alter der Stämme im Kulturland zurückgeht: daß die älteren Stämme oder einer oder einige der älteren Stämme ihre Abstammung auf einen Erzvater Abraham zurückführten, das Haus Josef dagegen Jakob seinen Stammvater nannte. Das Wort von der „Konstruktion" darf allerdings nicht zu der Meinung führen, als ob Abraham keine historische Person wäre. Abraham ist als Erzvater israelitischer Stämme geschichtlich, genauso wie Jakob und wie vielleicht auch Isaak. Lediglich seine Einordnung als Großvater Jakobs könnte ein konstruiertes Element sein, nicht aber seine Geschichtlichkeit, wozu wahrscheinlich auch gehört, daß er als erster der Erzväter aus Mesopotamien ausgewandert und nach Kanaan eingewandert ist.

Gemäß der Bemühung der Bibel – vor allem in den Texten der priesterschriftlichen Tradition (s. d.) –, durch genealogische Listen Zusammengehörigkeiten darzustellen,[1] gibt es nun in der Genesis (11,10–32) eine Genealogie der Sem-Söhne; nach dieser Genealogie verläuft die Abstammungslinie Abrahams also:

Sem zeugte mit 100 Jahren den *Arpachschad* und in weiteren 500 Jahren andere Söhne und Töchter,

Arpachschad zeugte mit 35 Jahren den *Schelach* und in weiteren 403 Jahren andere Söhne und Töchter;

Schelach zeugte mit 30 Jahren den *Eber* und in weiteren 403 Jahren andere Söhne und Töchter;

Eber (oder: Heber) zeugte mit 34 Jahren den *Peleg* und in weiteren 430 Jahren andere Söhne und Töchter;

Peleg (oder Paleg) zeugte mit 30 Jahren den *Regu* und in weiteren 209 Jahren andere Söhne und Töchter;

Regu (oder Rëu) zeugte mit 32 Jahren den *Serug* und in weiteren 207 Jahren andere Söhne und Töchter;

Serug (oder Sarug) zeugte mit 30 Jahren den *Nahor* und in weiteren 200 Jahren andere Söhne und Töchter;

Nahor zeugte mit 29 Jahren den *Terach* (Thare) und in weiteren 129 Jahren andere Söhne und Töchter;

Terach (Thare) zeugte den Abram, Nahor und Haran.

Abram war mit seiner Frau Sarai zunächst kinderlos; – *Nahor* war verheiratet mit Milka; – *Haran* (Aran) starb in Ur; sein Sohn war Lot.

Terach (Thare) zog mit Abram, Sara und Lot aus Ur nach Haran. Von Nahor ist nichts gesagt; aber im Verlauf der späteren Geschichten, bei der Brautwerbung Isaaks, erfahren wir, daß auch die Familie Nahors in Haran wohnte.

Das Kapitel gibt einige Fragen auf, die bei kritischer Betrachtung des AT immer wieder gestellt werden. Deshalb einige Hinweise zur Lösung dieser Fragen, die auch zugleich ein Beitrag zur Geschichte und Geschichtsauffassung sind.

Ist dies eine echte Genealogie? Ähnlich wie die „Völkertafel" in der Form von Stammbäumen gegeben wurde (Gen 10) und wie in der Völkertafel als Söhne Sems Elam, Assur, Arpachschad, Lud und Aram genannt werden – was ganz offensichtlich in Stammvätereigennamen verwandelte Völkernamen sind (Elamiter, Assyrer, Aramäer) – Arpachschad und Lud wissen wir nicht sicher zu deuten –, so erscheinen in der Liste der Erstgeborenen des Sem-Stammes Stammesnamen, Landschaftsnamen oder Städtenamen.

Arpachschad glaubt man wiederzuerkennen in „Arrapcha", der Hauptstadt der gleichna-

---

[1] Diese Genealogien gehören fast alle der jüngsten Traditionsschicht an; man darf ihre Konstruktion auf etwa 550 v. Chr. ansetzen.

migen assyrischen Provinz (vielleicht das heutige Kerkuk).

Heber (oder Eber) ist der Stammvater der „Hebräer". Über diesen Namen berichtet S. 488.

Peleg (oder Paleg), was „Scheidung, Trennung" bedeutet, weist auf Stammesteilung hin.

Serug (oder Sarug) ist Landschaftsname im nördlichen Mesopotamien und ist bereits in akkadischen Inschriften (2360–2180) als geographischer Name wie auch als Personenname belegt.

Nahor tritt sowohl als Name des Großvaters wie auch des Bruders Abrams auf. Der Großvater Nahor ist nach der Genealogie (Gen 22,20–24) der Stammvater von zwölf Stämmen, deren Namen uns zum Teil in Abwandlungen auch außerbiblisch belegt sind, die die Bibel aber als Personennamen einführt. Die Keilschrifttexte belegen den Namen als Städtenamen in *Nachur,* das nach der Neugründung im neubabylonischen Zeitalter (7. Jahrhundert v. Chr.) *tilnachiri* heißt.

Terach (Thare) findet sich vielleicht in den spätbabylonischen Ortsnamen *til-sehaturachi (til-turachi)* wieder. Durch seine drei Söhne wird er der Stammvater der Westsemiten und der nordbabylonischen Aramäer. Denn:

Abraham wird der Stammvater von hebräischen Westsemiten, die im Lande Kanaan siedeln;

Nahor bleibt, auch nach biblischem Bericht, in Mesopotamien (Aram) zurück;

Haran (oder Charan), als Name durch die Stadt Haran am Balik (linker Nebenfluß des Eufrat) belegt, stirbt zwar nach biblischer Aussage in Ur – was aber (im Sinne der symbolischen Geschichtsschreibung) auch heißen könnte, daß er als selbständiges Stammesvolk nicht mehr im Zweistromland existiert, denn:

Lot, Harans Sohn, zieht mit Abram (Abraham) nach Kanaan, trennt sich dort von ihm und wird – gemäß der Erzählung – zum Stammvater der Moabiter und Ammoniter.

Was darf man als Ergebnis dieser Darstellung ansehen?

1. Der Schluß, den die Verfasser der Theorie ziehen, daß auch Abraham und die anderen Erzväter nichts als Personifikationen von Stämmen seien, liegt nicht fern. Dagegen spricht allerdings: Von keiner „Person" zwischen Sem und Abraham werden ausgespro-

chen persönliche Züge berichtet; erst bei Abraham setzt die Erzählung über eine individuelle Person ein. Ja, die unvoreingenommene Betrachtung der Genealogie, die bewußt mit diesen Völkernamen operiert, verstärkt den Eindruck, daß dieser ganze Abstammungsapparat nur Abra(ha)ms wegen aufgezogen wurde:

einmal, um seine Verwandtschaft mit den Stämmen des Ostens aufzuzeigen und dadurch seine Andersartigkeit in der Rolle deutlicher werden zu lassen;

und außerdem, um durch die strenge Erstgeborenenlinie, der Abraham nach der Darstellung der Bibel entstammte, die hohe Bevorzugung des Erzvaters symbolisch darzutun.

All das zusammen rückt die Annahme, daß Abraham eine wirkliche Person ist, in die Nähe der Sicherheit.

2. Die Genealogie ist also keine Genealogie Abrams in dem Sinne, als ob hier die wirklichen Vorfahren Abrams vorgetragen würden. Es handelt sich um eine konstruierte Genealogie – konstruiert um eines bestimmten Sinnes willen (vgl. obigen Punkt 1).

3. Aus der Genealogie läßt sich aber mit Sicherheit eines entnehmen: daß Abram von jenseits des Eufrat kam, da seine Familienherkunft aus dem „Stammbaum" belegt ist. Denn mag der Stammbaum auch kein echter persönlicher Stammbaum sein, der seinen Vater, Großvater und andere Ahnen mit wirklichen Namen aufzählt, so wird das Allgemeine von ihm doch gerade durch die Abrahamgeschichten glaubhaft gemacht.

Ein zweites großes Fragezeichen setzen für gewöhnlich die Altersangaben.

Sind die Altersangaben möglich? Man operierte früher oft mit der These: Gott habe in der Frühzeit der Menschheit die Menschen älter werden lassen, um das Menschengeschlecht sich leichter ausbreiten zu lassen. Die These ist unhaltbar. Die Abrahamszeit ist von der Frühzeit der Menschheit kaum weniger weit entfernt als wir.

Eine andere These zur Rettung der biblischen Altersangaben lautete: Es handelt sich um eine andere Art von Jahr. Aber dem widersprechen Angaben wie diese: Peleg zeugte mit 30 Jahren den Regu, Nahor zeugte mit 29 Jahren den Terach u. ä. Das sind ganz normale Zeugungsalter.

Die einzige Lösung für dieses Fragezeichen ist die, daß die Zahlen Symbolwert haben. Die 4 als Zahl der Himmelsrichtungen, die 7 als Zahl der Wochentage, die 12 als Zahl der Monate im Jahre und die Verzehnfachung dieser Zahlen zu 40, 70, 120 und ihre vielfachen Multiplikationsmöglichkeiten untereinander ergeben für ein Denken, das sich mit Vorliebe des symbolischen Ausdrucks bedient, manche Aussagemöglichkeiten, deren Formeln nicht wörtlich verstanden werden dürfen, sondern wie Rätselspiele der Deutung weiten Raum lassen (vgl. den Artikel „Zahlen...", S. 55).

In diesem Sinn sind auch die Altersangaben der Bibel zu verstehen: 40 etwa als Zahl der kräftigen Größe (eine Generation); 100 (10 × 10) als Zahl der Vollkommenheit; 12 als die vollkommene Zeitzahl; deshalb zeugte z. B. Sem mit 100 Jahren den Arpachschad. Die Zahlen der Zeugungsalter der Semitenliste geben eine ähnliche Sicht frei:

Sem zeugte mit	100 Jahren seinen Erstgeborenen
Arpachschad zeugte mit	35 Jahren seinen Erstgeborenen
Schelach zeugte mit	30 Jahren seinen Erstgeborenen
Eber (Heber) zeugte mit	34 Jahren seinen Erstgeborenen
Peleg zeugte mit	30 Jahren seinen Erstgeborenen
Regu zeugte mit	32 Jahren seinen Erstgeborenen
Serug zeugte mit	30 Jahren seinen Erstgeborenen
Nahor zeugte mit	29 Jahren seinen Erstgeborenen
Terach zeugte mit	70 Jahren seinen Erstgeborenen
Die Summe	390 Jahre

Diese Summe 390 ist aber die dreifache Summe des in Gen 5,3 angegebenen Zeugungsalters Adams, worin man ausgedrückt sehen kann, daß die 130 (Adams Zeugungsalter) + 390 (Summe des Zeugungsalters von Sem bis Terach) die vierfache Summe des Zeugungsalters des ersten Menschen ergibt. Am Ende dieser vierfachen Summe (4 ist die Vollkommenheitszahl der Himmelsrichtungen) der Zeugungsalter steht der Stammvater des von Gott erwählten Volkes: der älteste Sohn Terachs, Abraham. Vgl. dazu auch den Abschnitt über „Die Toledót".

Daß dies in gar keiner Weise Zahlen pragmatischer Geschichtsschreibung sein wollen, ergibt sich aus dem Charakter der Zahlen als symbolischer Zahlen. Damit aber wäre das Rätsel prinzipiell kein Rätsel mehr – wenn wir auch nicht überall die Symbolik erkennen sollten.

Für eine moderne Geschichtsschreibung wäre aus all dem als wichtig festzuhalten: In Zeiten kriegerischer Auseinandersetzungen, die zu den Wehen der altbabylonischen Reichsbildung gehörten, kam das Land Sumer, das von Akkad (s. d.) beherrscht wurde, um 1750 in die Hand Babylons. Die sumerische Stadt Ur wurde von Babylon zerstört; das Gebiet von Ur wurde babylonisch. Viele Einwohner von Ur flüchteten eufrataufwärts in freie Gebiete.

Mitten zwischen den akkadisch-sumerischen Städten und Dörfern lagen die Zeltlager der nomadischen Aramäer. Sie lebten zwar nicht in den Städten, waren aber doch von den städtischen Kulturen beeinflußt. Als der König von Babylon Ur eroberte und zerstörte, flohen auch sie mit den überlebenden Einwohnern der Stadt Ur nach Norden.

Es ist nicht unwahrscheinlich, daß auch Abrams Vater Terach mit seiner Familie damals nach Norden zog. Jedenfalls finden wir die Sippe Terachs, die ursprünglich bei Ur gewohnt haben soll, bald danach 1000 km weiter eufrataufwärts bei der Stadt Haran (Charan).

In den Jahren 1792 bis 1750 v. Chr. war Hammurapi König von Babylon. Er dehnte sein Reich auf ganz Mesopotamien aus: über ein Gebiet von 1200 km Länge und 300 bis 400 km Breite. Auch Haran gehörte um diese Zeit zum babylonischen Reich. – In die Zeit vor Hammurapi oder in die Zeit der Nordexpansion Hammurapis fiel der Auszug Abrams.

Abraham kann aus dem Land Haran ausgezogen sein, weil er der zentralistischen Regierungsgewalt der Babylonier entkommen wollte; dabei kann auch ein Religionszentralismus eine Rolle gespielt haben, wie es in der rabbinischen Tradition erzählt wurde (S. 616, Anm. 7).

Daß Abraham nach Südwesten zog, daß Gott schon in den ersten Abrahamversen „das Land, das ich dir zeigen werde" nennt, ergab sich aus Kanaan als dem klassischen Zielland der semitischen Wanderungen. Wir können da natürlich nicht auf die Wanderungen des 3. Jahrtausends hinweisen, die die Kanaaniter (s. d.) ins Land brachte; denn die Unterwerfungsaktionen Ägyptens hatten vor allem zwischen 2200 und 1900 das Land ausgeplündert,

die Städte dezimiert und Land und Stadt entvölkert. Aber zwischen 2000 und 1900 erhielt diese zerstörerische Entwicklung durch neue semitische Einwanderer von Osten her eine Gegenbewegung.

Zu den letzten Ausläufern dieser Einwanderung, die wohl zumal durch die babylonischen Machtkämpfe ausgelöst wurden, gehörte dann wahrscheinlich auch die Wanderung der Abrahamssippe. Sie kam damit in ein Land, wo sich die Kanaaniter in vielen kleinen befestigten Städten seit etwa 1900 immer mehr fest ange-

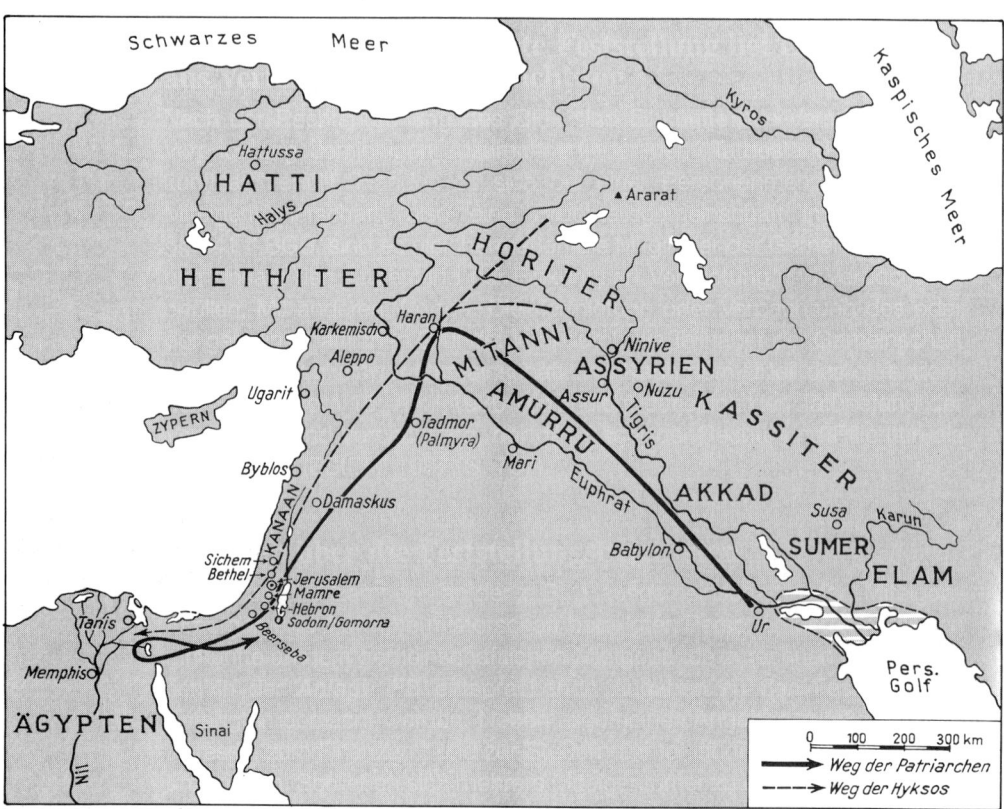

Der Vordere Orient zur Zeit der Patriarchen. Die Karte ist einerseits eine Zustandsskizze, die durch Reichsnamen die ungefähren Herrschaftsgebiete andeutet. Aber die Reichsnamen besagen nichts über die damalige Stärke dieser Herrschaften. Hervorgehoben sei vor allem das Reich von Hatti, das Reich der Hetiter, das in den Zeiten der Patriarchen immer mehr und mehr nach Süden ausstrahlte.

Außerdem macht die Karte einige Bewegungen deutlich: die Bewegung der Hyksos, die – wie es aus den Patriarchenerzählungen wohl entnommen werden darf – für die Jakobiten eine große Bedeutung hatten; ferner zeigt die Karte den sogenannten „Weg der Patriarchen", d. h. den Weg der uraramäischen Einwanderer, die wir später mit verschiedenen Gruppen aus verschiedenen Einwandererströmen als Abramgruppe, als Isaakgruppe (?) und als Jakobgruppe wiederfinden. Die Markierung „Weg der Patriarchen" muß also als eine pauschale Zusammenfassung des Wanderweges mehrerer Wandergruppen gesehen werden, die zuerst ihre Wohnsitze nach Nordwesten, z. B. in die Gegend von Haran (Ortszahl 6), verlegten und später zum Teil nach Kanaan weiterwanderten – wie z. B. die Abramiden und die Jakobiten.

siedelt und vermehrt hatten. Die Städte und Dörfer mit Staatscharakter befehdeten sich gegenseitig heftig; aber nicht nur deshalb waren die Städte befestigt, sondern sicherlich auch, um sich gegen die immer noch einziehenden nomadisierenden Stämme zu schützen. Mit diesen Nomaden schlossen die Stadtkönige (s. „Könige") Verträge und überließen ihnen gegen Tribut das offene Land ihrer Herrschaftsbereiche. Noch immer herrschte Ägypten, ja, es dehnte seinen Einflußbereich bis nach Mesopotamien aus. – Um diese Zeit wird in ägyptischen Ächtungstexten gegen kanaanitische Städte auch Jerusalem (Uru-Salem/Uru-Schalim) zum erstenmal genannt).

4. Die Erzväter in Kanaan sind mit geschichtlichen Einzelheiten kaum faßbar. Das meiste, was die Bibel von ihnen berichtet, dient entweder der Glaubensverkündigung an Israel/Juda oder der Bildung des Einheitsbewußtseins der Stämme. Gibt es nun gar nichts Geschichtliches in all diesen Erzählungen?

Zunächst bleibt die Tatsache ihrer historischen Existenz: es gab Abraham – wenn auch wahrscheinlich nur als Erzvater der Lea-Stämme; es gab Jakob – wenn auch wahrscheinlich nur als Erzvater der Rahel-Stämme oder gar nur des Hauses Josef. Abraham und Jakob wurden später einander zugeordnet als erste und dritte Generation der Erzväter; die Berechtigung dafür lag in dem höheren Alter der Lea-Stämme im Kulturland (S. 516, Nr. 2). Problematischer ist es mit Isaak. Vielleicht war Isaak tatsächlich der Sohn Abrahams. Oder vielleicht war er der Vater Jakobs. Seine Gestalt bleibt in den Erzählungen der Bibel etwas blaß, so daß man ihn schon mal als einen erfundenen Erzvater angesprochen hat – denn drei mußten es ja eigentlich sein! Auf Isaak wären dann Züge der Traditionserzählungen vom Sohne Abrahams und vom Vater Jakobs übergegangen.

Die historische Existenz ist schon viel; denn was soll man von dem ereignislosen Leben eines Nomaden schon Großes erzählen! Von Abraham ist dennoch ein rettender Kriegszug überliefert, bei dem er raubenden Königen nachsetzte und deren Beute er zurückbrachte (Gen 14). Wenn in diesem Traditionsstück auch das meiste an Königsnamen, Ländernamen und deren Beziehungen untereinander ungeklärt ist, so macht es doch – nach Über-

zeugung auch der meisten Bibelwissenschaftler – einen so altertümlichen Eindruck, daß man in dem Inhalt die Erinnerung an einen echten Vorgang sehen möchte. Vielleicht wurde die Erzählung von diesem Kriegszug in den Abrahamsippen und Abrahamstämmen späterer Zeit deshalb so konstant überliefert, weil sie ein frühes Zeugnis für die Treue ihres Stammvaters zu dem Bund (s. d.) war, den er mit den Einwohnern geschlossen hatte. Eine solche Treue empfahl natürlich auch die Nachkommen. – Außerdem ist von Abraham erzählt, daß er bei Hebron (s. d.) ein Erbbegräbnis gekauft habe, als er bei Mamre (s. d.) zeltete. Diese Ereignisse scheinen zu den historischen Zügen der Abrahamtradition gehört zu haben. Natürlich gab es auch andere Traditionen, nämlich solche, die die zusammenfassenden Ersterzähler der Geschichte Israels von der Berufung Abrahams und vom Bund Abrahams mit Gott als Geschichten vom ersten Erzvater vortrugen. Aber diese sind wohl zumeist vom religiösen Verkündigungswillen umgeformt (vgl. den Artikel „Berufung und Geschichte"). Ebensolche Geschichten gab es von Jakob; da man annehmen möchte, daß die Berufungs- und Verheißungserzählungen primär zu den Jakoberzählungen gehören, weil sie innerlich mit dem Begriff des „gelobten (versprochenen) Landes" verbunden sind, der vielleicht in Ägypten durch Mose geprägt wurde (Nr. 8, S. 527), wird man als Folge davon annehmen dürfen, daß die Verheißungs- und Berufungsgeschichten mit dem Mittelpunkt Abraham sich erst formten, als die Abrahamiden (also vor allem Juda: S. 507, Nr. 8/4) sich mit den aus Ägypten eingewanderten Gruppen (Jakobiten) zu einem Stämmebund verbanden, und als es daraufhin galt, eine gesamtisraelitische Geschichte zu erzählen.

Im übrigen werden sich die Traditionen von der ursprünglichen Herkunft der Stämme nicht sonderlich unterschieden haben. Die meisten waren sich ihrer aramäischen Abkunft und ihrer Herkunft aus dem Nordosten bewußt. Wenn die späteren biblischen Redaktoren die Namen Haran, Terach, Nahor, Serug, Peleg auch in erster Linie mit Abrahams Namen verbanden – über Abraham als „Großvater" waren dieselben Namen schließlich doch mit den Jakobiten verbunden, die ganz sicherlich selbständige Verbindungen zu eben diesen

Namen hatten, die ja Namen von Städten und Landschaften sind (S. 517, Nr. 3). Die Formel Dtn 26,5 für die Darbringung der Erstlingsfrucht „Mein Vater war ein heimatloser Aramäer" traf also tatsächlich die Herkunftssituation fast aller Stämme.

Es läßt sich hier nicht viel „Geschichtliches" sagen. Die Erzväter waren aus Mesopotamien gekommen. Sie wanderten im Lande umher, bis sie einen geeigneten Platz gefunden hatten, wo sie sich niederlassen und ihren Herden und ihrem Acker leben konnten, um ihre Familien schlecht und recht zu ernähren. Kam eine Hungersnot, wanderten sie für eine Zeitlang aus. Daß sie dabei fromm waren, ist selbstverständlich – gerade darauf bauen ja die prophetischen Erzähler ihre wichtigsten Abraham-, Isaak- und Jakobgeschichten auf, die auf ganz Israels Bund mit Gott hinzielen.

ÄGYPTEN

5. Die Jakobssöhne in Ägypten: das ist die nächste große Etappe, auf der die Bibel das von Gott gelenkte Werden des Volkes Israel zeigt. Die biblischen Erzählungen leiten diesen Abschnitt durch die Josefsgeschichten ein; durch den verkauften Josef wird die Brücke zum Zug der Jakobssippe nach Ägypten geschlagen und ihre Niederlassung dort motiviert. – Welche dieser Erzählungen können wir auf historische Ereignisse zurückführen?

Eine einfache Überlegung führt uns auf den Kern: es war israelitische Tradition, daß die Israeliten (oder Teile der Israeliten) aus Ägypten eingewandert waren; ebenso wußte man aber auch, daß die auswandernden Israeliten keine Ägypter waren. So mußten sie also nach Ägypten eingewandert sein. Selbst wenn zur Zeit der ersten mündlichen Festformung der Erzählungen (um 1150 etwa) keine speziellen Erinnerungen an eine Auswanderung mehr bestanden hätten, würde sich aus der Kenntnis der allgemeinen Beziehungen zwischen den nomadischen Bewohnern Kanaans und dem Lande Ägypten die Möglichkeit ergeben haben, die Geschichte einer Auswanderung bei Hungersnot zu erzählen. Die Erinnerung an die Herkunft aus Ägypten und das Wissen, daß man nicht zu den Ägyptern gehörte, ergab die Notwendigkeit einer früheren Auswanderung aus Kanaan; die immer wieder auftretenden

Hungersnöte in Kanaan und das allgemein bekannte Übertreten von Nomaden und Halbnomaden Kanaans nach Ägypten in Zeiten solcher Hungersnöte gaben die Begründung.

Die Einwanderung Frühisraels nach Ägypten *muß* nicht zur Zeit der Herrschaft der Hyksos (s. d.) über die Ägypter stattgefunden haben (1670–1570 v. Chr.); die Annahme dieser Zeit würde aber erklären, warum die den Hyksos stammverwandten Frühisraeliten länger in Ägypten blieben: sie waren ein Treueferment der Hyksos-Regierung. Außerdem verweist die Nähe des Hofes zum Lande Goschen, die in Gen 47,1 ff. vorausgesetzt wird, auf die Hyksos; denn vor 1300 hatten nur sie die Hauptstadt im Delta, nämlich in Avaris.

Die Josefsgeschichten (s. d.) brauchen nicht unbedingt historisch zu sein. Sie können reinen Erzählungswert haben, indem sie einerseits die Hungersnot in lebendigen Bildern heraufbeschwören; indem sie anderseits in der Verwandtschaft Josefs mit den Eingewanderten eine Erklärung dafür abgeben, warum sie so lange in Ägypten blieben; indem sie schließlich auch in der Wanderung nach Ägypten die führende Hand Gottes aufweisen sollen.

Über die Gestalt Josefs ist uns historisch nichts bekannt; zwar schildern die Einzelheiten seiner Geschichten typisch ägyptische Zustände Ägyptens, ja in manchem sogar typische Zustände der Hyksos-Zeit (z. B. gehört alles Land der Krone) – aber sie können auch aus einem geschlossenen Erzählungszyklus über einen ägyptischen Großwesir in die Bibel und in die Auswanderung der Jakobssippe geschickt eingebaut worden sein. Das hätte nichts mit Geschichtsklitterung zu tun – denn die Bücher der Bibel sind exemplarische Erzählwerke und nicht Geschichte in unserem Sinne. Sie wollen den Heilsweg des Volkes zeigen; dieser aber muß nicht unbedingt an historisch feststellbaren Einzelereignissen aufgewiesen werden. Gerade die Josefsgeschichten betonen das Heilswirken Gottes (vgl. Gen 50,20); sie meinen damit das Heilswirken allgemein und nicht unbedingt das Einzelereignis. Das ist für unser Geschichtsdenken vielleicht schwer zu verstehen; aber die biblische Geschichtsschreibung (s. d.) geht nachweislich diesen Weg. Durch Josef wird die gute Zeit Frühisraels in Ägypten symbolisiert.

Einwandernde Nomaden bedanken sich beim ägyptischen Beamten Chnum-Hotep für die Erlaubnis zur Einwanderung. Die Delegation des eingewanderten Stammes läßt dem ägyptischen Beamten durch ägyptische Schreiber ein Dankschreiben für den König, ferner einige Tiere aus ihrer Kleintierherde überbringen. Durch bogen- und wurfspeertragende Männer stellt sich der Stamm als waffenfähig vor: die Waffenkraft des Stammes steht dem König – wenn er es wünscht – zur Verfügung. Durch die verschiedenartige Kleidung, durch die Musikinstrumente, durch die Lastiere zeigen sie an, daß sie mit allen notwendigen Lebensformen vertraut sind. Chnum-Hotep ließ an der Nordwand seines Grabhauses in Beni-Hassan (um 1890 v. Chr.) dieses Bild anbringen, das die Delegation zeigt, wie sie vor dem großen Chnum-Hotep erscheint. Die abgebildeten Friese zeigen nur einen Teil der Karawane, die im ganzen siebenunddreißig „Asiaten" (d. h. Semiten) zeigt. Die hier übereinander stehenden Streifen sind hintereinander zu denken; der untere Streifen schließt an den oberen Streifen an.

6. Die Zeit von Josefs Tod bis Mose, also die längste Zeit des ägyptischen Aufenthalts der Jakobssippe, übergeht die Bibel. Das erste Mosebuch (Genesis) schließt mit dem Tod Josefs, das zweite Buch Moses (Exodus) setzt mit den Erzählungen von der Bedrückung des Volkes durch den ägyptischen König ein. Das einzige, was aus der Zwischenzeit berichtet wird, ist sehr allgemein: „Die Israeliten vermehrten sich und wurden überaus stark; sie bevölkerten das Land" (Ex 1,7).

Die Länge des Aufenthalts der Jakobssippe und ihrer Nachkommen in Ägypten müßte sich aus dem Zeitpunkt ihrer Einwanderung (s. oben, Nr. 5) im Vergleich mit dem ihrer Auswanderung ergeben. Wenn wir die Einwanderung für nach 1670 v. Chr. und die Auswanderung etwa um 1260 v. Chr. (s. unten die Kapitel Nr. 7 und 9) ansetzen, so ergäbe sich ein Aufenthalt von rund vierhundert Jahren – aber

es können auch ebensogut nur zweihundertfünfzig Jahre gewesen sein, wenn die Einwanderung erst gegen Ende der Hyksosherrschaft über das ganze Land, während der wir sie ja ansetzen möchten, stattgefunden hat (seit etwa 1600 ist die Hyksosherrschaft auf den Norden beschränkt). Ja, es wäre sogar möglich, daß sich dieser Aufenthalt auf etwa drei Generationen beschränkte: dann aber müßte man die These von der Einwanderung nach Ägypten unter den Hyksos aufgeben und sie etwa auf das Ende der 18. Dynastie ansetzen (etwa 1360 v. Chr.).

Für die Bibelaussage an sich ist die Länge des Aufenthaltes der Israeliten in Ägypten gleichgültig; lediglich für unsere Vorstellung wäre es wichtig, sie zu wissen. – Und welche Vorstellung sollen wir uns von diesem Aufenthalt machen?

Wellhausen schrieb in seinem Buch „Israelitische und jüdische Geschichte" das Wort von dem „jahrhundertelangen Zwischenraum, in dessen ereignisloser Stille der Vater Jakob sich zum Volke Israel ausbreitete" (S. 10). Dieses Wort charakterisiert wie kein anderes das Leben der Eingewanderten, und man bekommt seinen besonderen Geschmack auf die Zunge, wenn man sich die ereignisreiche Geschichte Ägyptens in dieser Zeit vergegenwärtigt.

Etwa 1700[2] begann die Herrschaft der Hyksos (s. d.) über Ägypten: die Regierung der „Herrscher der Fremdländer".

Schon vor 1600 organisierten die südägyptischen, thebanischen Könige eine nationale Befreiungsbewegung, die zunächst zur Be-

schränkung der Hyksos auf Unterägypten und (etwa) 1562 zu ihrer Vertreibung führte. König Amosis von Theben (1580 bis 1558) vollendete das Befreiungswerk, indem er die Hyksos bis Palästina verfolgte.

1557–1535: Amenophis I.,[3] Sohn des Amosis, sorgte in einer zwanzigjährigen Friedenszeit für die Stärkung des Reiches. Nach seinem Tode wurde er als Gott verehrt.

1535–1516: Thutmosis I. machte auf einem großen Asienzug Syrien und die Länder Kanaans zu ägyptischen Provinzen.

1516–1505: Thutmosis II., Sohn Thutmosis' I., war ein König, von dem wenig zu berichten ist. Er war schwächlich und ernannte des-

Dem einzigen Gott Aton, der Sonnenscheibe, wurde der Tempel in Amarna gebaut, an dem und in dem in immer neuen Variationen die Macht der lebenspendenden Sonnenscheibe gefeiert wurde. Die Strahlenhände sind das Zeichen von Atons wirkender Macht. Dieses Amarna-Relief (um 1400 v. Chr.) wird in Berlin aufbewahrt.

halb seinen Stiefbruder zum Mitregenten und Nachfolger. Da aber Thutmosis' I. Tochter Hatschepsut allein eigentlich königlichen Geblütes war, beanspruchte sie den Thron.

1505–1480: Königin Hatschepsut regierte zunächst mit ihrem Stiefbruder Thutmosis III., den sie heiratete, für ihren Stiefbruder Thutmosis II. Nach dessen Tod (1501) regierte sie allein. Sie sorgte für Wohlstand und Frömmigkeit (Wiederaufbau der unter den Hyksos verkommenen Tempel) in Ägypten.

1480–1450: Nach dem Tode Hatschepsuts regierte Thutmosis III. allein weiter. Jetzt konnte er sich entfalten. Die unter der Königin vernachlässigten Provinzen in Asien, die sich unter dem Reich von Mitanni erhoben hatten, unterwarf er in jahrelangem Kampf aufs neue. Er machte Ägypten zum Weltreich, organisierte eine straffe Verwaltung der Provinzen in Ägypten und Asien und machte sein Land zu einem Zentrum der internationalen Bildung.

1450–1405: Die Könige Amenophis II. und dessen Sohn Thutmosis IV. mußten aber nach dem Tod des starken Thutmosis' III. die revoltierenden Völker Vorderasiens neu erobern.

1405–1370: Amenophis III. (Bruder Thutmosis' IV.) war nach all diesen kriegerischen Zeiten ein Mann der Bildung; ein Herrscher, der sowohl als Außenpolitiker wie in seiner Kulturpolitik einmalig war. Sein Briefwechsel mit Mesopotamien („Amarnatafeln") wurde in der Hauptstadt seines Nachfolgers gefunden, er entfaltete eine reiche Bautätigkeit (Luxortempel). Die Verbindung mit asiatischen Kulturen brachte aber auch eine Verfälschung der ägyptischen Religion mit sich, so daß mesopotamische und kanaanitische Kulte nach Ägypten eindrangen.

1370–1352: Amenophis IV. wollte die ägyptische Religion reformieren. Er beseitigte den Amonkult in Theben, wo wahrscheinlich auch das Zentrum der Religionsvermischung war, und erklärte Aton (die Sonnenscheibe) zum einzigen Gott. Er verbot die Vielgötterei. Seine Hauptstadt erbaute er in Amarna, wohin er auch das Kultzentrum verlegte. Da auch sein Name Amenophis an den abgesetzten Gott Amon erinnerte, nannte er sich – nach dem Gott Aton – Achnaton (Echnaton). Während er sich dieser Religionspolitik widmete, wurden seine asiatischen Provinzen durch die Hetiter (S. 490) und durch Revolten der Kleinkönige in Vorderasien bedroht.

1352–1310: Nach zwei Übergangsregierungen – Tutenchamun und Eje – war die Kraft dieser 18. Dynastie zu Ende.

1310–1309: Nach einem Vorspiel mit der Regierung General Haremhebs trat Ramses I. auf. Mit ihm begann die Herrschaft der Ramessiden.

1308–1290: Der Sohn Ramses' I., Sethos I., wollte die Grundlagen für die Bekämpfung der Revolten in Asien legen und beschloß, die Hauptstadt von (Theben und) Memphis ins Delta zu verlegen. Und er begann auch mit dem Bau. Als er dazu Fronarbeiter heranzog, begann unter ihm die Unterdrückung der in Ägypten lebenden Fremdvölker.

1290–1224: Ramses II., ohne Unterlaß in Kämpfe um die ägyptischen Provinzen in Syrien/Palästina verwickelt, vollendete das Werk der Residenzverlegung seines Vaters. Er ließ eine Stadt mit seinem Namen bauen, außerdem Garnisonstädte, um einen näher an Asien liegenden Ausgangspunkt zu haben. Beim Bau dieser Städte setzte er auch die in Goschen lebenden Jakobssippen ein.

Während diese Ereignisse in Jahrhunderten das ägyptische Leben bestimmten, lebten also – um noch einmal Wellhausen zu zitieren – die Israeliten in „ereignisloser Stille" als Halbnomaden in dem ihnen zugewiesenen Gebiet, nicht im Nilland, sondern in Goschen (s. d.), das zwar ägyptisch war, aber eher zu Arabien gehören konnte als zu Ägypten. Sie lebten in ihren Weide- und Ackergebieten, betrieben Viehzucht (s. d.) und Ackerwirtschaft (s. d.) und kümmerten sich kaum um das, was im Niltal, in den Städten und am Hof vor sich ging. Sie hatten ihre eigene semitische Sprache; sie hatten ihre Traditionen, zu denen die von ihren Erzvätern gehört haben können; jedoch darf man sich diese nicht als ein geschlossenes Ganzes vorstellen, sondern als mehr oder weniger zusammenhanglose Einzelerzählungen. Für die biblischen Erzvätererzählungen können sie höchstens den Rohstoff abgegeben haben.

---

[2] Die Zahlen können nur als ungefähre Anhaltspunkte genommen werden. Wer drei Bücher mit Jahreszahlen zu ägyptischen Königsherrschaften studiert, wird wahrscheinlich bei jedem König drei verschiedene Jahreszahlen finden.

[3] „Amenophis" ist die bei uns gebräuchliche griechische Form des ägyptischen Namens „Amenhotep".

Ihre Religion war ganz sicher eine Opferreligion vor einem Gott – oder vielleicht auch mehreren Göttern. Ihr Glaube und Kult wird sich aber von dem anderer Halbnomaden kaum unterschieden haben. Erst in den Zeiten der Ramessiden mögen sie von ägyptischer Religiosität beeinflußt worden sein.

Kurz: Im Lande Goschen wohnte diese kleine unbedeutende Gruppe, die sich im Laufe der Zeit vergrößerte, die sich aber weder durch ein besonderes Selbstbewußtsein, noch durch besondere Leistungen, noch durch eine besondere Kultur oder Religion vor anderen Halbnomaden auszeichnete. Wir wissen nicht einmal mit Sicherheit, wie sie sich nannten; denn das Aufkommen des Namens „Israel" ist in der Bibel wohl nur vor ihre Einwanderung nach Ägypten erzählerisch zurückprojiziert worden (vgl. das Kapitel „Die Zwölf Stämme", S. 501, Nr. 3).

7. *Die Bedrückung* ist in der Bibel durch zwei pharaonische Verordnungen dargetan: Erstens der Befehl zur Beschränkung der Kinderzahl; als das nicht hilft, wird die Tötung der männlichen Neugeborenen angeordnet. Zweitens durch die Heranziehung zur Fronarbeit mit immer höherem Soll (Ex 1,11–14).

Bezeugt sind durch ägyptische Urkunden Hebräer (s. d.) als Fronarbeiter unter Ramses II. (1290 bis 1224), unter Ramses III. (1197–1164) und auch später noch. Das zeigt, daß die Bedrückung sich nicht speziell gegen die Jakobssöhne richtete, sondern überhaupt gegen die Hebräer in Ägypten, vielleicht überhaupt gegen die Fremden; denn die Heranziehung hebräischer Stämme zur Fronarbeit hörte nicht auf, als ein Teil unter Mose das Land verlassen hatte (vor 1225). Wahrscheinlich beurteilt man die Situation auch nicht richtig, wenn man die Fronarbeit als eine Neuerung dieser Könige des 14. und 13. Jahrhunderts ansieht. Ganz sicherlich hatten auch schon die Könige früherer Zeiten die bei Hungersnöten einwandernden Fremdlinge zu Fronarbeiten herangezogen. Da dies aber allgemein üblich war, hatte man nichts dabei gefunden; erst die *systematische* Bedrückung durch Fronarbeit wird deshalb in der Bibel erwähnt. Die Fronarbeiten bezogen sich vor allem auf Lastträgerarbeiten und auf die Arbeit in Ziegeleien und Steinbrüchen bei Gelegenheit des Neubaus ganzer Städte, Tempel sowie königlicher Residenzen und Kasernen. Über Befehle zur Beschränkung der Kinderzahl wissen wir allerdings aus ägyptischen Urkunden nichts.

Der Amontempel in Luxor wurde um 1400 v. Chr. von Amenophis III. erbaut und gegen 1200 v. Chr. von Ramses II. bedeutend erweitert. Der älteste, in seinen Abmessungen erhaltene ägyptische Säulensaal, ist umstanden von gewaltigen Papyrusbündelsäulen, 16 m hoch.

Bei diesen Fronarbeiten wurde natürlich nicht das ganze Stammesvolk herangezogen, sondern hauptsächlich die Männer zwischen zwanzig und fünfzig Jahren; diese aber wurden dadurch aus ihrem Lebensbereich herausgezogen und entwurzelt. Darin lag – für die Jakobssöhne – vielleicht die größte Gefahr.

DER AUSZUG

8. *Das Auftreten des Mose* war die Folge der Bedrückung. Das historische Gerippe der Mosegeschichten aus den biblischen Erzählungen herauszulösen, ist schwierig. Vieles von dem, was über Kindheit, Jugend und erstes Auftreten des Mose in der Bibel steht, mag Legende (s. d.) sein. Aber zum festen historischen Bestand muß – indem man die speziellen Aussagen der Legende ins Allgemeine hebt – doch wohl folgendes gezählt werden:

Mose war ein Sohn des unterdrückten Volkes, aber ägyptisch erzogen worden. Er hatte jedoch den Kontakt zu seinem Volke nicht verloren. Sein Widerstand gegen die Unterdrücker war aber anfangs mehr revolutionär als klug. Seine Flucht in ein fremdes Land – nach einem Totschlag – kann durchaus ein historischer Zug sein. In diesem fremden Lande befreite er sich geistig von den Einflüssen seiner ägyptischen Erziehung, er dachte über die geistigen Grundlagen seines Volkes nach und verarbeitete die religiösen und stammesgebundenen Legenden seines Volkes mit anderen religiösen Ideen, die ihm im fremden Lande zuflossen. Dieses Nachdenken verband sich mit dem Gedanken, sein Volk zu befreien. Als der König starb (Ex 2,23), unter dem Mose geflohen war, hoffte Mose auf eine Möglichkeit, seinen Befreiungsplan in der ersten Regierungszeit des neuen Herrschers auszuführen. Ausgerüstet mit dem Wissen um einen höheren allgemeinen Gottesbegriff und Gottesnamen (Jahwe, S. 611), der in sich den Kern zum Monotheismus trug, und mit dem Willen, diesen allgemeinen Gottesbegriff und Gottesnamen als den Gott der Väter zu verkündigen, kehrte er zu seinem Volk nach Ägypten zurück. Dies ist der Gott, der das Volk befreien wird!

Mose verkündete zunächst unter seinem Volk die Identität des mächtigsten Gottes mit dem Gott der Väter. Dann beschloß er den

Statue Ramses' II. aus dem Amontempel zu Luxor.

Akt der Befreiung zu beginnen. Er forderte vom ägyptischen König Urlaub für das Volk, damit es drei Tage in die Wüste ziehe, um seinem Gott ein Fest zu feiern (Ex 5,3). Von diesem Urlaub sollte das Volk dann nicht mehr zurückkehren. Aber der ägyptische König lehnte den Urlaub immer wieder ab.

Daraufhin erzählt die Bibel die Geschichten von den Zehn Plagen (s. d.). Sie erzählt sie, indem sie Mose aktiv ins Werden der Plagen hineinzieht; indem sie Mose die Plagen voraussagen läßt o. ä. Das ist biblischer Legendenstil. Der historische Hintergrund aber sind Plagen – wenn auch nicht zehn Plagen. Diese natürlichen Plagen deutete Mose vor dem König als Strafgericht des Gottes seines Volkes, weil der König das Volk nicht zum Gottesfest in die Wüste ziehen ließ. Schließlich kapitulierte der König.

9. *Der Auszug aus Ägypten* geschah sehr plötzlich. Das Volk war nicht mehr darauf vorbereitet, daß der König ihm Urlaub geben würde. Da gab er den Urlaub – ja er trieb das Volk geradezu fort, damit es sein Fest in der Wüste feiere.

Mose führte das Volk fort. Die Bibel beschreibt die Wege genau. Hinter diesen Beschreibungen stehen kaum Erinnerungen. Wie man in alten Geschichtswerken Reden in einem Wortlaut vorbringt, in dem sie gehalten worden sein *könnten,* so gibt die Bibel Wege an, wie man sie ziehen *konnte.* Der Marsch nach Osten und das Abbiegen nach Süden ist jedenfalls als erzählerisches Motiv wichtiger denn als historischer Weg. An diesem Weg merkte der ägyptische König, daß die Wandernden nicht im Sinne hatten, zurückzukehren. Deshalb jagte er eine Streitwagenabteilung hinter ihnen her, um sie zurückzuholen; denn er brauchte sie als Fronarbeiter. Aber das Schilfmeer, das die Fliehenden bei günstigem Wasser durchziehen konnten, hinderte die ägyptischen Soldaten an der weiteren Verfolgung, ja sie kamen in einer Katastrophe um.

Diesem Durchzug durch das Schilfmeer wird später die ganze Liebe der ausmalenden Erzähler gelten. Er wurde geradezu das Symbol für die Errettung des Volkes aus Ägypten und für die immer neue Rettung des Volkes aus allen Nöten der Bedrohung.

Die Bibel betont, daß sich den fortziehenden Jakobiten „viel Volk" anschloß (Ex 12,38). Man hat hier vielleicht einen Hinweis auf in Israel integrierte Fremdstämme vor sich. Die Verbindung von Jakobiten und Fremdstämmen zum Stämmeverband Israel muß ja nicht erst in Palästina begonnen haben. Näheres läßt sich darüber aber nicht sagen.

10. *Die Gesetzgebung am Sinai* ist die Grundlage der israelitischen Gesetzgebung. Sie folgt dem Auszug aus Ägypten (nach 1280 v. Chr.), und ihre Gesetze waren bereits die Gesetze der wandernden hebräischen Sippen, die nach Kanaan strebten. Mit der Gesetzgebung war der „Bund von Sinai" wesentlich verbunden.

Vieles an den Erzählungen der Bibel über dieses Ereignis ist unklar und legendenhaft umkleidet. Man weiß nicht sicher, wo das Ereignis stattfand. In den verschiedenen Traditionen wird der Gesetzgebungsberg sowohl Horeb wie Sinai (s. d.) genannt. Aber beide Namen sind schwer mit einem bestimmten Berg zu identifizieren. Der Bund war für Israel Gegenwart; damit mag zusammenhängen, daß man auf eine genaue Lokalisierung seines Anfangs keinen Wert legte.

Der eigentliche Inhalt der Gesetzgebung am Sinai kann nur mittels schwieriger Textuntersuchungen annähernd herausgeschält werden. Nur ein geringer Teil von dem, was als Gesetz (S. 63, Nr. 3) erzählerisch mit dem Sinaiereignis verbunden wurde, ist wirklich Gesetz vom Sinai.

Der Vorgang selbst ist so erzählt, wie ihn sich ein späterer Erzähler vorstellte, besser noch: er ist mit Worten erzählt, die in der Erzählung das Wirken Jahwes sichtbar machen – ohne daß angenommen werden kann, daß sich alles so abgespielt hat.

Aber trotzdem sagt sogar einer der radikalen Kritiker des biblischen Textes: „Daß diese Sinaitradition, deren Inhalt in seinem wesentlichen Bestand ganz singulär und religionsgeschichtlich unableitbar ist, von einem tatsächlichen Vorgang herkommt, kann nicht bezweifelt werden."[4]

Wir möchten als geschichtlichen Minimalbestand festhalten:

Das Volk des Auszugs erhielt an einem Gottesberg (zwischen 1280 und 1180 v. Chr.) die gesetzlichen Grundlagen seiner Religion

---

[4] Martin Noth: Geschichte Israels, [4]1959, S. 121.

Fronarbeiten finden wir auf ägyptischen Bildern des öfteren dargestellt. Oben: Landwirtschaftliche Fronarbeiter, Relief aus dem Grabe des Chaëmhat (Theben) aus der Zeit der XVIII. Dynastie, d. h. aus der Zeit der Reinigung Ägyptens von den Hyksos (um 1550 v. Chr.).

Unten: Fronarbeiter (und Sklaven?) bei der Ziegelherstellung und bei Bauarbeiten, Wandmalerei im Grab des Rechmire (Theben, etwa 1450 v. Chr.). Wahrscheinlich beschreibt man das Bild richtig, wenn man die dunkelhäutigen Gestalten als Sklaven deutet, die hellhäutigen als Fronarbeiter (Semiten?). Links: Arbeiter beim Wasserschöpfen in einem Teich; daneben vorn: Schlammerde wird losgehackt, mit Wasser geschmeidig gemacht und in Kübeln nach hinten getragen, wo Arbeiter den Lehm in Formen pressen; die gepreßten Ziegel liegen nebeneinander zum Trocknen. Die übrigen Bilder beziehen sich auf das Bauen mit Ziegeln und sind leichter zu deuten. Vom gleichen Lehmschlamm, von dem das Material für die Ziegelherstellung genommen wird, wird auch das Material für die Verbindung der getrockneten Ziegel (Mörtel) genommen.

und seiner Gemeinschaft. Das Verhältnis des Volkes zu seinem Gott wurde dabei als Bund (S. 743) formuliert oder erlebt. Dieses Bundesverhältnis ging über die üblichen Bundesverhältnisse hinaus; denn der Gott des Bundes war nicht nur Schützer des Bundes, sondern wurde als Bundes*partner* gelehrt. In der Befolgung der Gesetze konnte das Volk seine Treue zum Bund mit seinem Gott beweisen. (Über die geschichtlichen Zusammenhänge der Erzählung vom Goldenen Kalb: S. 192)

11. Der Wüstenzug nach Kadesch, der sich an die Sinaiwallfahrt anschloß, ist chronologisch nicht faßbar. Ob ursprünglich daran gedacht war, Kadesch als Ziel der Auswanderung hinzunehmen, ist ebenfalls unsicher. Immerhin war diese Oase am Westfuß des Edomitergebirges eine Verbesserung gegenüber dem unsicheren Zug durch die Wüste. Die etwa 80 km lange Oase bot in den Tälern des Hügellandes Brunnen. Mit Grundwasser und einigen Quellen konnte Obstbau und Getreidebau gefördert werden. Das Frühjahr brachte reiches Weidegrün hervor.

Nach der im biblischen Text enthaltenen Chronologie wohnte das Volk dreißig Jahre in Kadesch. Das war eine Tradition Israels, als es schon im Kulturland war. Aber – waren die Kadeschbewohner dieselben, die unter Mose aus Ägypten kamen? Oder waren es andere Gruppen, die aus Kadesch gekommen waren, vielleicht hundert oder zweihundert Jahre früher? Das Volk der Zwölf Stämme (S. 502, Nr. 4) im Kulturland konnte oder wollte die Traditionen der verschiedenen Einwanderungsgruppen nicht mehr auseinanderhalten; für das seßhaft gewordene Israel war Israel eine Einheit, das auch als Einheit dieselbe Geschichte durchgemacht hatte. Das Volk, das unter Mose Ägypten verließ und am Sinai zeltete, kann sich aber anderseits durchaus auch gerade deshalb nach Kadesch gewandt haben, weil dort verwandtes Volk früher einmal gewohnt und von dort ausgezogen war. Die Kadeschüberlieferung der von Mose geführten Gruppe ganz zu streichen, scheint uns jedenfalls nicht anzugehen. Gerade weil dieser Aufenthalt einen so eminent „innenpolitischen" Sinn hatte: der zusammengewürfelte Haufen von Jakobiten und anderen Hebräern, die in Ägypten unterdrückt worden waren und sich den Auswanderern angeschlossen hatten, mußte zu

einer Einheit zusammenwachsen, nachdem er am Sinai die Grundlagen seiner politisch-religiösen Gemeinschaft empfangen hatte.

12. Mißglückt ist der erste Versuch, in Kanaan einzudringen. Er ging von der Oase Kadesch aus, in den ersten Jahren nach dem Auszug. Die überlieferten Erzählungen machen den Eindruck, daß sie echte Ereignisse schildern; jedenfalls fehlt ihnen jedes Schematische.

Mose schickte Kundschafter nach Kanaan sicherlich nicht so sehr deshalb, um die Güte des Landes zu erforschen, sondern um die Möglichkeit eines Eindringens auszumachen. Nach Rückkehr der Kundschafter wollte anscheinend ein Teil des Volkes sofort nach Kanaan aufbrechen, der größere Teil aber fürchtete sich und wollte zurück nach Ägypten. Es kam zu einer Revolte. Da erkannte Mose, daß mit dieser Generation kein Land zu erobern war, und er entschied, daß der Zug nach Kanaan aufgeschoben werden solle. Trotzdem brachen einige Haufen auf, um auf eigene Faust Landnahmekrieg zu führen. Aber sie wurden von den Kanaanitern geschlagen.

Dies etwa ist das, was man aus Num 13 und 14 herauslesen kann, wenn man die Gespräche, die Worte Jahwes, die Weissagungen, die Strafandrohungen, die Heraushebungen im Interesse Judas auf die nackten Tatsachen reduziert, wie sie beim Treck eines Volkes, das auf Landsuche ist, vorgekommen sein können.

Nach diesem mißglückten Versuch der Landnahme läßt die Bibel die Jahre in der Wüste, „die Wüstenwanderung" beginnen.

13. Die Wüstenwanderung der Israeliten muß man – historisch gesehen – pauschal nehmen. Es ist wahrscheinlich, daß der Verfasser der ersten Niederschrift der Wanderungserzählungen selber keine genaue Vorstellung mehr von dieser Wanderung hatte – wieviel weniger aber konnten Redaktoren, die die Niederschriften sechshundert Jahre später überarbeiteten oder ergänzten, sich davon ein Bild machen! Die Wanderungsgeschichten bestehen aus Einzelgeschichten der Erzählungstradition, die in *eine mögliche Ordnung* gebracht wurden. Ob das Hin und Her historisch ist, kann man deshalb nicht mit Sicherheit sagen. Da aber die Einzelgeschichten ohnehin meistens einen ganz anderen Sinn haben als den, einen minutiösen Ablauf der Wanderung zu geben – sie wollen die Führung Jahwes lehren, oder sie wollen bestimmte Gesetze einprägen –, ist die Frage nach der geschichtlichen Ortung dieser Einzelgeschichten für das Wesentliche von geringer Bedeutung.

Als historisch fest muß stehenbleiben: Die Landsuchenden kamen nach einer längeren Wanderung nach Kanaan. Ihr Weg führte südlich um das Tote Meer herum, über Transjordanien nach Kanaan. Im ganzen versuchten sie, ihre Wanderung friedlich zurückzulegen; aber wenn es ihnen notwendig erschien, kämpften sie sich ihren Weg auch mit Waffen frei.

Das Gebiet von Kadesch war in den Erzählungstraditionen als längerer Aufenthaltsort genannt.

Wer diese „Israeliten" der Wüstenwanderung waren, darauf versucht das Kapitel „Die Zwölf Stämme" (S. 500, Nr. 2ff.) eine Antwort zu geben. Der biblische Erzähler sieht natürlich das ganze Volk durch die Wüste wandern, weil er die *Führung des ganzen Volkes durch Jahwe* darstellen möchte. Aber diese Vorstellung ist geschichtlich kaum haltbar. Deshalb hat Wellhausen, der große Anreger, aber auch große Irrgänger, in etwa recht, wenn er sagt, daß der biblische Erzähler „sich das Volk nicht im Werden, sondern nur fertig vorstellen" kann: „als sei es schon aus Ägypten so herausgekommen, wie es nachher etwa in der Königszeit war."[5] Besser sollte man vielleicht sagen: er *wollte* es sich fertig vorstellen (S. 502, Nr. 4).

Damit wird natürlich auch die Zahl von Ex 12,37f. fraglich: „an die sechshunderttausend Mann zu Fuß, nicht gerechnet die Kinder." Man hat an der Zahl viel herumgerechnet. Selbst den sonst unkritischen Lesern kam sie etwas hoch vor: etwa zwei Millionen Menschen auf einem Wüstenzug!

Aber wir brauchen sie nicht so ernst zu nehmen. Selbst wenn wir keine echte Zahl dagegen vorzuschlagen haben, können wir einfach darauf hinweisen, daß der spätere biblische Erzähler eben den Grundstock *aller* Stämme auf der Wanderung zeigen möchte und nicht irgendeinen Teil, der sich später mit den bereits im Kulturland sitzenden anderen Hebräerstämmen zusammentat. Und dazu konstruierte er sich eine Zahl, denn ohne Zahlen fehlt einer orientalischen Erzählung das rechte Salz des Fabulierens (vgl. den Artikel „Zahlen . . .").

14. Vierzig Jahre, so sagt die Bibel, habe die Wüstenwanderung gedauert. Diese Zahl darf man nicht wörtlich verstehen. Sie ist eine schematische Zahl, wie sie in den biblischen Büchern oft vorkommt. Die Zahl will nicht übertreiben, sondern soll einfach bedeuten: etwa eine Generation lang (vgl. im Artikel „Zahlen . . .").

Aus gewissen Angaben der Bibel gewinnt man den Eindruck, als ob die Reise nur wenige Jahre (etwa zwei oder drei Jahre) gedauert habe. Einen der stärksten Hinweise auf eine kurze Wüstenreise gibt Num 21,4 und 5. Mit diesen Versen beginnt die Geschichte von der Ehernen Schlange. Gemäß dem großen Erzählungszusammenhang spielt sie gegen Ende der Wanderung. Bei vierzigjähriger Wanderung müßte aber Ägypten längst vergessen sein. Der Text aber spricht von Ägypten wie von einer nahen Vergangenheit.

Die wahrscheinlichste Lösung für diese ganze Schwierigkeit ist die, daß sich hier mehrere Traditionen verschiedener Wanderungsgruppen miteinander vermischt haben (s. ob., Nr. 11). Es ist psychologisch und literarisch verständlich, daß sich die Tradition der erlebnisreicheren Gruppe durchsetzte, als man daranging, die Traditionen der verschiedenen Wanderungsgruppen zu einer Gesamtgeschichte des Stämmebundes zusammenzuziehen.

15. Im Ostjordanland liegt die letzte Etappe des Landsuchezuges, wie ihn die Bibel beschreibt. Hier wird von den kriegerischen Begegnungen mit den Völkern und Stämmen des Ostjordanlandes berichtet und vor allem von der Begegnung mit den Moabitern (s. d.), deren Götter die Durchziehenden verehrten, während sie sich mit den Frauen der Moabiter einließen. Dafür strafte sie Jahwe, sagt die Bibel.

Der Bericht von der Begegnung mit anderen Völkern und Stämmen im Ostjordanland, das die Wandernden um das Südbecken des Toten Meeres (s. d.) herum erreichten, ist geschicht-

---

[5] J. Wellhausen: Israelitische und jüdische Geschichte. Berlin [9]1958, S. 13.

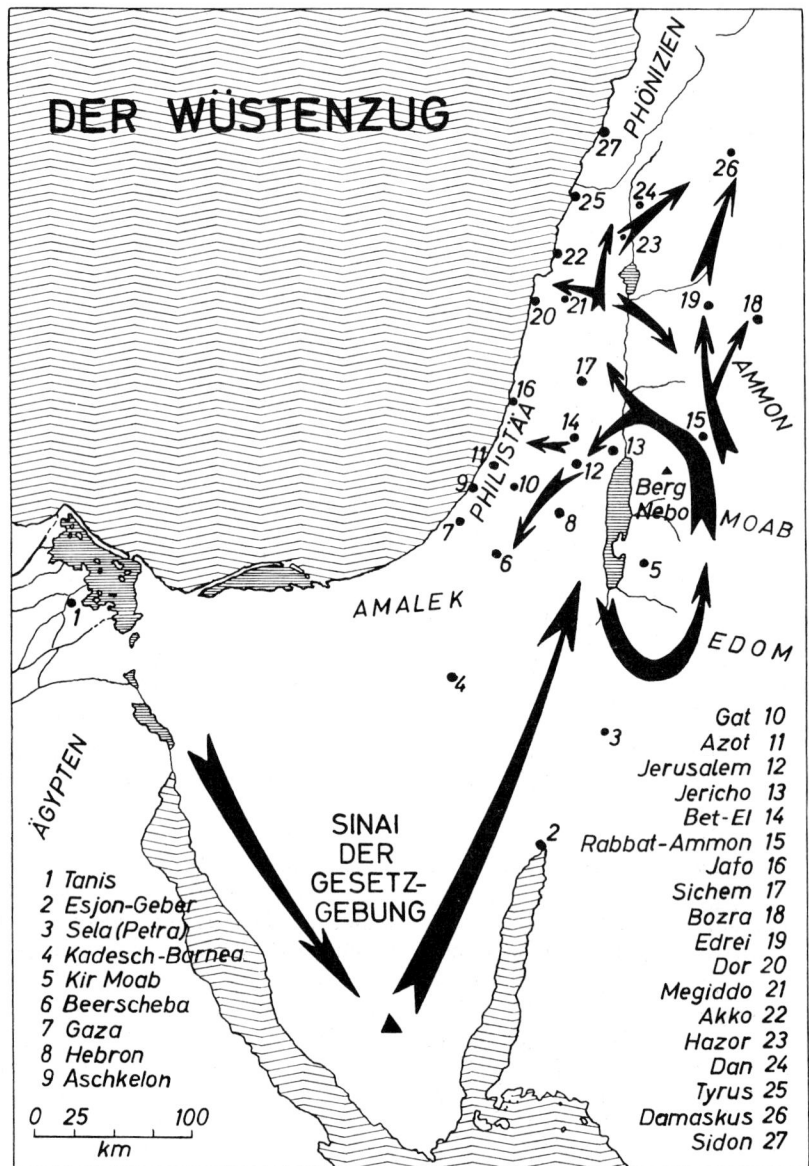

DER WÜSTENZUG

PHÖNIZIEN

AMMON

MOAB

EDOM

AMALEK

PHILISTÄA

ÄGYPTEN

SINAI
DER
GESETZ-
GEBUNG

Berg
Nebo

1 Tanis
2 Esjon-Geber
3 Sela (Petra)
4 Kadesch-Barnea
5 Kir Moab
6 Beerscheba
7 Gaza
8 Hebron
9 Aschkelon

Gat 10
Azot 11
Jerusalem 12
Jericho 13
Bet-El 14
Rabbat-Ammon 15
Jafo 16
Sichem 17
Bozra 18
Edrei 19
Dor 20
Megiddo 21
Akko 22
Hazor 23
Dan 24
Tyrus 25
Damaskus 26
Sidon 27

0   25   100
       km

Eine Karte zum Wüstenzug läßt sich eigentlich nicht zeichnen. Zeichnen läßt sich nur der Weg, wie ihn die Bibel darstellt. So muß diese Karte aufgefaßt werden. Aus dem Gebiet um Tanis (1) brachen die Wanderer auf, gingen in einer Furt durch die Wassersperre, die das Sinaigebiet von Ägypten trennt, und zogen auf der Sinaihalbinsel von Oase zu Oase und schließlich durch das Gebiet von Moab nach Kanaan. Das darf man historisch als gesichert ansehen. Ungesichert bleibt: die Lage des Sinai der Gesetzgebung, der genaue Weg, die Länge des Zuges. Unhistorisch ist die Verteilung der Wanderer auf das Land, wie sie auf der Karte – gemäß der biblischen Darstellung – gezeigt wird. Die Stämme kamen nicht alle auf einmal ins Land. Ihre Landnahme zog sich über Jahrhunderte hin. Zusammen fanden sie erst im Lande Kanaan.

Tanis (1) ist der Vulgataname; mit dem Gebiet von Tanis darf man wohl das Gebiet der Ramsesstadt identifizieren, wo die Jakobiten Frondienste leisten mußten. – Ezjon-Geber (2) ist in seiner Lage umstritten. Manche verlegen es auch tiefer ins Land, zumal deshalb, weil der Meeresarm damals wohl noch tiefer ins Land hineinragte. – Kadesch-Barnea (4) ist die Oase, wo sich die Wanderer (laut Bibel) fast achtunddreißig Jahre aufhielten.

lich bedeutsam. Durch eine gründliche Bodenuntersuchung hat Nelson Glück nämlich festgestellt, daß das Ostjordanland vom 17. bis 13. Jahrhundert v. Chr. nicht besiedelt war, daß aber mit dem 13. Jahrhundert die Besiedlung mit allerlei Stämmen wieder einsetzte. Demnach traf das Wandervolk hier auf Stämme, die selbst erst seit kurzem im Ostjordanland saßen und die das Gebiet in einer ähnlichen Wanderbewegung eingenommen hatten, wie es nun das Volk unter Mose versuchte.

Gleichzeitig ist aber die Entdeckung Nelson Glücks auch für die Chronologie der israelitischen Wanderung bedeutsam: der Durchzug durch das Ostjordanland läßt sich dadurch in die letzten Jahrzehnte des 13. Jahrhunderts ansetzen: weil es nicht nur überhaupt Besiedlung voraussetzt, sondern auch eine gewisse Konsolidierung der vorher eingewanderten fremden Stämme.

In die Zeit des Aufenthalts in Moab fällt der Tod des Mose (Dtn 34); denn den folgenden Eroberungszug führt Josua an.

LANDNAHME

16. *Die Eroberung Kanaans* unter dem Nachfolger des Mose, unter Josua, ist so, wie sie im Buch Josua (s. d.) erzählt wird, sicherlich eine Konstruktion späterer Zeiten. Da es im Buche Josua aber nicht auf die Darstellung von Geschichte ankommt, sondern auf die Darstellung einer Entscheidung im heilsgeschichtlichen Ablauf, kann diese Konstruktion nicht stören. Der Gehalt des Buches Josua wird so ausgesprochen: „Fürchtet also jetzt den Herrn", sprach Josua, „und dient ihm in vollkommener Treue. Schafft die Götter fort, denen eure Väter jenseits des Stroms und in Ägypten gedient haben, und dient dem Herrn! Wenn es euch aber nicht gefällt, dem Herrn zu dienen, dann entscheidet euch heute, wem ihr dienen wollt: den Göttern, denen eure Väter jenseits des Stroms dienten, oder den Göttern der Amoriter, in deren Land ihr wohnt. Ich aber und mein Haus, wir wollen dem Herrn dienen" (Jos 24,14.15).

Die Konstruktion bietet folgenden Ablauf: Josua erobert Jericho, Ai und später Hazor, die er zerstört. Die anderen Städte der Amoriter (s. d.), sämtlich kleine Stadtstaaten, erobert er, vollzieht an den Bewohnern den Bann (s. d.), aber zerstört die Städte nicht. Nachdem er bis ins Herz des Landes, bis zum Heiligtum bei Sichem, vorgedrungen ist, läßt er auf dem Ebal[6] einen Altar errichten und verpflichtet das Volk von neuem auf das Gesetz, das Mose gegeben hat. Am Ende seines Lebens ist aber noch lange nicht das ganze Land in der Hand Israels. Er verteilt jedoch auch dieses Land an die zwölf Stämme, damit sie wissen, welches Land ihnen zukommt.

Wenn man versuchen will, den wirklichen Verlauf aus dieser Konstruktion herauszulösen, muß man berücksichtigen:
a) daß man in der Zeit der Einwanderung wohl kaum schon von zwölf Stämmen Israels (S. 500, Nr. 2/3) sprechen konnte;
b) daß die Einwandernden nicht die einzigen „Israeliten" waren, die nun im Lande waren;
c) daß die Kriege Josuas im Buche Josua als Landgabemittel des Herrn gewertet werden.

Auch dieser letzte Gesichtspunkt konnte sich erst durchsetzen, als Israel das Land bereits beherrschte und als es ein wirkliches Stämmevolk Israel gab; denn zum Bewußtsein, daß Kanaan sein eigenes Land war, kam Israel erst, als es das Land ganz in Besitz genommen hatte. Auch da setzte sich erst die Überzeugung durch, daß Kanaan das von Jahwe verheißene Land war (s. unter „Gelobtes Land").

Der Einmarsch bei der Landnahme, wie sie die Bibel erzählt, geschah aber nicht in ein Land, in dem es nur fremdes Volk gab. Stammverwandte Aramäerstämme saßen schon im Lande, und Josua sorgte für schnellste Integration der beiden Gruppen. Zwar steht ausdrücklich davon im Buche Josua nichts aufgezeichnet – die Abfassungszeit hatte ja bereits die Fiktion aufgenommen, daß das ganze Israel aus Ägypten gekommen sei. Aber in dem oben zitierten Text (Jos 24,14.15) schimmert doch diese doppelte Geschichte des in Kanaan seßhaften Israel durch. Josua spricht in ihm beide Gruppen an, indem er sagt: „Schafft die Götter fort, denen eure Väter jenseits des Stromes und in Ägypten gedient haben." Die aus dem Lande jenseits des Eufrat nach Kanaan kamen und es nie verließen, sollten ihre mesopotamischen Götter abschaffen; die aus Ägypten kamen, sollten

---

[6] Vgl. den Artikel über den „Garizim".

ihre ägyptischen Götter abschaffen – wobei zu bedenken ist, daß diese letztere ägyptische Gruppe wahrscheinlich auch noch aus zwei Auswanderungsgruppen bestand, von denen die eine etwa hundert bis zweihundert Jahre früher, aus Ägypten kommend, nach Kanaan gelangt war (S. 530, Nr. 11).

Einen großen Teil des Buches Josua nimmt der Landesverteilungsplan für die Stämme ein. Zu einem wirklichen Stämmebund kam es aber erst im Laufe der Richterzeit, wenn auch nicht geleugnet werden soll, daß ein Zwölfstämmebund zur Konzeption Josuas gehört haben kann. Aber die Verteilung der Stämme auf das Land lag kaum in der Möglichkeit Josuas. Er war sicherlich weniger Organisator als realistischer Krieger, der besetzte und festhielt, was er eroberte, indem er es bestimmten Familieneinheiten zusprach. Darin freilich lag schon der Kern zur Stämmeorganisation. Die Verteilungspläne des Buches Josua stammen frühestens aus der Zeit der späten Richter und geben selbst für diese Zeit mehr einen Idealverteilungsplan als eine Zirkumskription.

Im ganzen dürfen wir uns die Eroberung des Landes vielleicht sogar etwas friedlicher vorstellen, als das Buch Josua sie erzählt. Israel hatte kein Interesse daran, im Kampf seine Männer zu verlieren. So wird man zunächst das Land zwischen den Städten „erobert", d. h. besetzt haben. Die späteren Zeiten schrieben dann manche Zerstörungen Josua zu, auch wenn sie schon vor Josua in anderen Kämpfen geschehen waren.

17. „Die Zeit der Richter" nennt man die Zeit zwischen Landnahme und Israels erstem König Saul. Die deuteronomistische Geschichtskonstruktion (s. d.) mit runden Zahlen, wie sie das Buch der Richter enthält, gibt für diese Zeit vierhundertzwanzig Jahre an. In Wirklichkeit kann diese Zeit aber höchstens hundertachtzig Jahre gedauert haben: etwa 1200 bis 1020 (Beginn der Königszeit Sauls).

Will man diese „Zeit der Richter" charakterisieren, so geht man am besten von dem Provisorium der Niederlassung Israels in Palästina aus. Große zusammenhängende Siedlungsgebiete Israels gab es noch wenig. Der Zusammenhang der Siedler, die sich wahrscheinlich damals soeben als Stämme (s. den Artikel „Der Stamm") konstituiert hatten, wurde notdürftig durch ein gemeinsames Hei-

ligtum, in dem die Bundeslade stand, zusammengehalten. Dieses Heiligtum war weniger gemeinsame Opferstätte, obwohl dort auch geopfert wurde, sondern Stätte des Bundesgedenkens: des Bundes der Stämme untereinander, der durch den Bund mit Jahwe und das gemeinsame Gesetz zusammengehalten wurde.

Zu dem fehlenden äußeren Zusammenhang, der an sich schon bedrohlich war, kam die Bedrohung durch die Nachbarn: Edomiter, Aramäer, Moabiter, Hazoriter, Midianiter, Ammoniter, Philister (Einzelheiten zu all diesen Völkern s. d.). Nicht ganz Israel wurde jeweils durch sie bedroht, sondern einzelne oder mehrere Stämme.

Dieser Not steuerten die „Richter", die sich entweder selbst beauftragten (Otniël, Ehud) oder durch ihren Stamm (Jiftach) oder durch einen Propheten berufen wurden (Debora berief Barak), oder – nach der biblischen Darstellung – durch eine Theophanie beauftragt wurden (Gideon, Simson); bei letzterem ist die direkte Berufung nicht mehr erkennbar.

Das Buch der Richter (s. d.), aus einer Zeit, als man die Traditionen einzelner Stämme wie eine Tradition ganz Israels erzählte, erweckt oft den Eindruck, als ob „die Richter" die Führer ganz Israels gewesen wären. Dies kann man aber von keinem der „Richter" behaupten. Sie kämpften alle für einen Stamm oder doch für nur einige Stämme; da aber die Stämme Teile Israels waren – und als solche sieht sie der Verfasser des Richterbuches –, hat diese Behandlung der Stämmerichter als Richter ganz Israels doch ihre Berechtigung.

Einige Einzelzüge des Richterbuches verraten etwas über die Lebensweise. Sisera, Feldherr König Jabins von Hazor, rettete sich auf der Flucht vor dem israelitischen Heer in ein israelitisches Nomadenzelt; es gab also immer noch nomadisierende Israeliten;

der Königsgedanke (s. den Artikel „Der König") bzw. der monarchische Gedanke beschäftigte die Israeliten schon lange, wie das Angebot an den erfolgreichen Richter Gideon, Herrscher zu sein, zeigt;

Jiftach führte in Gilead (s. d.) ein Bandenleben: er beschützte als eine Art privater Polizeichef alle, die ihm dafür Tribut zahlten – ein interessantes soziales Detail! Eine Chronologie der Richterzeit ist schwer aufzustellen. Ein einigermaßen fester Punkt ist das erste Eindringen der Philister (etwa 1190 v. Chr.); die Deboraschlacht Baraks gegen Sisera mag um 1125 anzusetzen sein; der massierte Kampf der Philister gegen die israelitischen Stämme begann wohl zwischen 1100 und 1090.

SAMUEL UND SAUL

18. *Eli und Samuel* sind die beiden biblischen Gestalten, die aus der Zeit des Richterbuches in die Zeit des Königtums überleiten. Für die profane Geschichte Israels sind jedoch der alte Eli wie der junge Samuel nur Hintergrundgestalten.

In der Zeit um 1040 v. Chr. rüsteten die Philister (s. d.) den Krieg gegen die Stämme Israels, um das Land, dessen Küste sie bewohnten, ganz in ihre Hand zu bekommen; wahrscheinlich wollten sie die allgemeine Schwächung der Stämme durch den Midianitereinfall (s. d.) ausnutzen. Ihr erster Vorstoß sollte sich, wie der mitgeteilte Truppenkonzentrationspunkt der Philister vermuten läßt, gegen die Stämme im Gebirge Efraim richten. Die bedrohten Stämme verteidigten sich, wurden aber geschlagen (1 Sam 4,1.2).

Diese Katastrophe war bedrohlich. Sie mobilisierte alle Stämme Israels, wie der Umstand zeigt, daß nun in einem zweiten Feldzug die Bundeslade (s. d.) – sie stand zu dieser Zeit in Schilo (s. d.) – in den Kampf mitgenommen wurde. Aber auch dieser Kampf wurde zur Niederlage für Israel, für alle Stämme. Die Bundeslade ging an die Philister verloren, ja die Philister zerstörten auch das derzeitige Stämmeheiligtum, wo das heilige Symbol des Stämmebundes, die Lade, aufgehoben wurde. Sie setzten diese Zerstörung wahrscheinlich als Zeichen dafür, daß sie den Bund Israel für aufgelöst ansahen. Die zentralen Stämme im Efraimgebirge wurden philistäischen Gouverneuren unterstellt, die mit einer Besatzung die Stämme unter ihrer Hand hielten (eine solche Besatzung ist 1 Sam 13,4 erwähnt). Die Philister entwaffneten die Stämme, indem sie ihnen das Betreiben von Schmieden verboten, so daß die Israeliten sich sogar ihre Pflugscharen, Karste, Äxte und Sicheln bei den Schmieden der Philister hämmern lassen mußten; denn „die Philister hatten sich gesagt: Die Hebräer sollen sich keine Schwerter und Lanzen machen können" (1 Sam 13,19–22).

Daß Israel nicht für lange Zeit dieser Bedrückung ausgesetzt war, lag nur daran, daß es den Philistern nicht gelang, alle Stämme unter ihre Aufsicht zu bringen.

Eli war in der Zeit dieser Philisterkämpfe Priester am Heiligtum in Schilo. Das erste Buch Samuel (2,12ff.) erzählt viel Ruhmloses über seine Söhne. Die Berichte geben – abgesehen von ihrem Verkündigungsanliegen – ein ergänzendes Hintergrundbild von der damaligen Religiosität dieses Stämmebundes.

Samuel wuchs am Heiligtum in Schilo auf und wurde vom Vertrauen der Ältesten zum Richter berufen. „Richter" hat bei Samuel ganz sicher die Doppelbedeutung von wirklichem Richter (s. d.) und Notwender (s. oben, Nr. 17). Anscheinend gelang es ihm, mit Hilfe der Amoriter (s. d.), die mit Israel zusammen im Lande saßen, einige Erfolge gegen die Philister zu erlangen. Aber als Samuel alt geworden war, setzte er seine Söhne zu Richtern über Israel ein, und sie waren schlechte Richter, wie die Söhne Elis schlechte Priester waren. Also auch auf diesem Gebiete brauchte Israel einen Mann, der es aus seiner Unordnung herausführte.

Philisternot und Rechtsunsicherheit weckten den Ruf nach dem König.

19. *Die bedrohliche Lage* des Volkes, d. h. jedes einzelnen Stammes, war auf einem Höhepunkt angekommen. Da entschloß sich der eigentliche, aber nicht offizielle Regent – Samuel –, dem Drängen „des Volkes" nachzugeben und Israel einen König zu geben. Viele sahen die Völker ringsum durch das Königtum in besseren Konditionen leben; so hofften sie durch einen König auch für Israel auf eine bessere Entwicklung. Samuel hatte weniger Bedenken wegen des Königtums an sich als wegen des Volkes, ob die freiheitlich gesinnten Einzelstämme das leicht despotisch werdende Königtum auf die Dauer ertragen würden.

Saul, ein stattlicher Mann aus dem Stamm Benjamin (S. 513, Nr. 8/12), wurde König. Es ist wahrscheinlich, daß Saul nicht von ganz Israel zum König gewählt wurde – allerdings werden doch mit Sicherheit mehrere Stämme daran beteiligt gewesen sein. Ganz sicher wurde die Wahl von Samuel gesteuert, der vielleicht deshalb für einen Mann aus Benjamin eintrat, weil dieser Stamm durch eine kurz vorher erfolgte Strafaktion der anderen Stämme (vgl. Ri 19,14–20,48: Die Schandtat von Gibea) sehr schwach geworden war. Er erhoffte sich dadurch einen fügsamen König. Samuel salbte Saul: ein Zeichen dafür, daß der König nicht die letzte Autorität sein sollte, sondern Samuel, der Priester.

20. *Durch Sauls leidenschaftlichen Einsatz* im Freiheitskampf gewann sein Königtum im Volke an Ansehen, wenn auch ungewiß ist, ob er jemals alle Israelstämme unter seinem Hirtenzepter vereinigt hat. Samuel versuchte, den König in der Hand zu behalten; aber der König, durch Erfolge sicher gemacht, gehorchte Samuel nicht mehr. Was dann geschah, läßt sich nicht mit Sicherheit rekonstruieren;

entweder: Falls man die Geschichte von der Salbung Davids durch Samuel für historisch hält, salbte Samuel kurzerhand einen neuen König. Zwar konnte er Saul nicht absetzen; aber diese Königssalbung auf Vorrat war ein schwerer Affront gegen Saul und eine Untergrabung seiner Autorität.

Samuel aber wollte die Dinge nicht auf die Spitze treiben: er salbte einen sehr jungen Mann, der im Augenblick noch nicht ernsthaft für den Thron in Frage kam. Als er den jüngsten Sohn des Isai aus dem Stamm Juda erwählte, mag darin der Plan mitgeschwungen haben, ihn zum König noch zu erziehen: anderseits praktizierte Samuel damit wie bei Saul die Auserwählung des Geringsten.

Saul mußte mit dieser neuen Lage fertig werden. Er tat das beste, was er für sich tun konnte: er zog den samuelischen Kronprinzen an seinen Hof – sicherlich auf Vorschlag seiner Berater. So hätte er ihn dem Einfluß Samuels am besten entziehen können; aber er war nicht fähig, David für sich zu gewinnen. Seine Eifersucht zerstörte alles.

oder: Falls man die Geschichte von der Salbung Davids durch Samuel für eine Legende hält, die die prophetische Erwählung Davids, der durch eigene Condottiere-Tapferkeit zum Königtum aufgestiegen war (s. u., Nr. 22f.), nachholen möchte – eine Legende, die auch in diesem König die Erwählung des Geringen zeigen möchte, so kann man für die politische Lage aber wohl doch folgern, daß die Priesterkreise, geführt durch Samuel, veranlaßt durch die Renitenz Sauls, sich nach einem neuen König umsahen. Aufmerksam wurden sie dabei auf den ehemaligen Waffenträger Sauls, der zum Offizier aufgestiegen war und offensichtlich kämpferische Eigenschaften hatte, wie sie zu dieser Zeit ein König in Israel brauchte. Ohne daß irgendwelche Schritte unternommen wurden, erfuhr aber sowohl David, daß die Priesterschaft mit ihm sympathisierte, wie auch Saul, daß man sich schon nach einem neuen König umsah und daß man dabei an David dachte. So würden sich die Angriffe Sauls gegen David aus der politischen Situation erklären.

Die Könige der Kanaaniter waren für die Israeliten schließlich der Anlaß, auch für Israel einen König zu fordern. Einen Begriff vom kanaanitischen Königsritual gibt eine Elfenbeineinlegearbeit, deren Zeichnungslinien auf dieser Abbildung nachgezeichnet wurden. Auf dem Kerubenthron sitzt der König; hier hat das Bild vom Gott Jahwe und seinen Kerubim (S. 627) seinen Ausgangspunkt. Zum Kerubenthron des Königs gehört „der Schemel seiner Füße". – Hinter der Königin ein Musikant mit Rahmenleier oder Schrägleier (nebäl). Hinter dem Soldaten, mit Kriegerschurz, Rundschild und Wurfspieß, werden zwei gefangene Könige herangeführt. Diese Elfenbeineinlegearbeit stammt etwa aus der Zeit um 1200 v. Chr.; sie wurde in Megiddo (S. 809) gefunden.

21. *Über Saul selbst* erfahren wir aus der Bibel zu wenig, um seine Gestalt und sein Wirken, ohne biblische Deutungszutat, in den Griff zu bekommen. Was wir sagen können, ist lediglich dies:

Saul führte die Kriege gegen die äußeren Feinde der israelitischen Stämme nach besten Kräften. Er tat in diesem Zusammenhang auch „verwaltungsmäßig" etwas für die Unterscheidung der israelitischen Stämme von ihren Nachbarn und Landesmitsassen, indem er nach Möglichkeit alle Totenbeschwörer und Zauberer entfernte. Das war eine echt religiös-politische Tat; denn das Selbstbewußtsein der Stämme sollte auf dem Bewußtsein ihrer religiösen Andersartigkeit beruhen. Diese Andersartigkeit mußte aber immer wieder – nicht nur geistig, sondern auch durch das Verbot kanaanitischer Praktiken – herausgearbeitet werden.

Dabei aber plagte Saul die krankhafte Eifersucht gegen David, die ihn manchmal bis zu Mordanschlägen trieb. Schließlich schickte er ihn zu gefährlichen Unternehmungen aus, wobei er hoffte, daß David von ihnen nicht zurückkehren werde. Als des Königs Verfolgung immer gefährlicher wurde, floh David.

Das Verhältnis Saul–David verlief allerdings nicht so geradlinig, wie es jetzt zusammengefaßt dasteht. Denn Saul haßte David nicht, sondern er fürchtete ihn; vielleicht sah er auch – falls David wirklich schon gesalbt war und zum König designiert war – in den Erfolgen Davids die Auswirkung der Salbung, durch die der Geist auf den unerwünschten Kronprinzen herabgekommen war. So fühlte sich Saul einmal durch David angezogen, dann wieder jagte er ihn. Dieses Verhältnis Saul-David spiegelt sich in den Erzählungen der Bibel wider, wenn auch das innenpolitische Bild stark durch die religiöse Verkündigung, aber auch durch die Laudatio auf David, den späteren König, die die Erzählungen bezwecken, verdeckt wird.

22. *David und seine Söldner.* Ob David erst durch Sauls Machenschaften gegen ihn zum Freikorpsführer wurde, oder ob er vielleicht schon mit einem Freikorps in Sauls Dienste getreten ist, läßt sich nicht entscheiden. Die biblischen Geschichten von David nehmen an, daß sich David erst nach der Flucht vor König Saul in den Bergen von Juda eine Truppe aus allen möglichen gescheiterten und verwegenen Leuten zusammengesucht habe (1 Sam 22,1.2). Aber das Freikorpssystem entspricht zu sehr dem vorderasiatischen Bereitstellungswesen jener Zeit, als daß es nicht auch anders hätte sein können. Die Philister nahmen solche Söldnerführer in Dienst, gaben ihnen ein Stück Land und setzten sie mit ihrer Truppe je nach Notwendigkeit ein. Es ist durchaus möglich, daß auch Saul solche Söldnertruppen, zumal wenn sie aus israelitischen Stämmen kamen, in Dienst nahm.

Mit diesen Leuten praktizierte David nach seiner Flucht vor Saul eine Art von privatem Polizeidienst, anscheinend zunächst im Judagebirge (s. d.) und später im Hügelland und Flachland westlich des Gebirges, indem er die dort wohnenden Stämme vor Raubnomaden schützte; ähnliches hatte schon der Richter Jiftach getan (s. ob., Nr. 17). Diesen „Polizeidienst" im Hügel- und Flachland versah David von der Philistäa aus, wo er – mit seiner Horde – beim Philisterkönig Achis von Gath um Asyl gebeten hatte. Der Philisterkönig wies ihm einen Lagerplatz an, nahm David aber kaum in Anspruch. Am Kampf der Philister gegen Saul nahm David jedenfalls nicht teil, schon allein weil ihm die Philister in dieser Beziehung nicht trauten.

David, der natürlich wußte, daß die israelitische Priesterklasse ihn zum König wünschte, bereitete seine Königskür nicht zuletzt durch seinen „Polizeidienst" vor. Er erwarb sich damit unter den Stammesgruppen in Juda viele Freunde, zumal da er nicht vergaß, den Ältesten fleißig Geschenke aus der Beute zu übersenden, wie im ersten Samuelbuch berichtet wird (1 Sam 30,26ff.).

Vielleicht hat David in dieser Freikorpszeit auch seinen Namen erhalten. In den Mari-Texten erscheint des öfteren ein Wort *davidúm* mit der Bedeutung „Befehlshaber", „Truppenführer". Wenn der spätere König in seiner Söldnerführerzeit von seinen Leuten einfach „David" im Sinne von „Führer" genannt worden wäre und er diesen Titel als Namen auch in seiner Königszeit weitergeführt hätte, wäre „David" also nicht sein ursprünglicher Personenname. Auch die Deutung des Namens „David" als „Geliebter", die von manchen Wissenschaftlern vorgezogen wird, könnte auf einen Beinamen hinweisen.

KÖNIG DAVID

(Zum Folgenden s. auch: 2 Sam 2,1–5,12)
23. *Nach dem Tode Sauls* veranlaßte Sauls Feldherr Abner, der die Katastrophe überlebt hatte, die Ausrufung von Sauls Sohn Ischbaal (später „Ischboschet" genannt) zum König. Da aber die Philister das Land beherrschten, mußte er östlich des Jordan residieren. Ischbaal aber konnte nicht die Anerkennung aller Stämme erlangen, da sich unmittelbar nach der Niederlage Sauls auch David rührte. David war aus dem Philisterland zurückgekehrt, nach Hebron gegangen und gewann dort den Sechsstämmebund des Südlands (*Juda*, Kalebiter, Otnieliter, Keniter, Jerachmeeliter, *Simeon*) für sich. Er selbst war aus dem Stamme Juda, dessen führende Stellung anscheinend in diesem Sonderbund anerkannt war (vgl. im Kapitel „Die Zwölf Stämme", Nr. 8/4); deshalb erscheint für diesen Sechsstämmebund jetzt der Name „Haus Juda". In seiner Söldnerführerzeit hatte David – offensichtlich sehr planvoll und auf die Zukunft berechnet – mit diesen Stämmen gute Beziehungen unterhalten; mit den Kenitern hatte er sich sogar durch Heirat verbunden.

Diese Stämme wählten David also – wohl in ihrem Heiligtum Mamre (s. d.) – zum König, und er wurde dort auch gesalbt.

Aber Davids Pläne gingen auf das Königtum über das ganze Volk Israel. Dabei ging er taktisch klug vor. Den Leuten von Jabne (in Ischbaals Reich), die Sauls Leichnam begraben hatten, sandte er eine Dankesbotschaft. Als die Truppen Ischbaals – den Abner überredet hatte, die Südstämme zurückzugewinnen – das Südreich angriffen, antwortete David zwar mit harter Verteidigung; aber David griff das Nordreich selbst nicht an.

Dann gab es im Reiche Ischbaals eine Veränderung. Abner verlangte eine junge Witwe Sauls von Ischbaal zur Frau. Darüber wurde Ischbaal mißtrauisch; denn er sah darin ein Anzeichen, daß Abner nach dem Thron strebte. Darauf bot sich Abner David an, für ihn in Ischbaals Reich zu wirken. David war einverstanden, wenn er ihm Mikal, die Tochter Sauls, als Frau mitbringe. David wollte damit für später einen Anspruch auf Sauls, also Ischbaals Thron gewinnen.[7] Abner gehorchte und kam zur Unterredung mit David nach Hebron. Die Pläne Davids und Abners kamen jedoch nicht zur Ausführung. Als Abner von der Unterredung zurückkam, um in sein Zelt zurückzukehren, wurde er im Tor (s. d.) von Hebron durch Joab ermordet. Joab war Davids Feldherr und fürchtete Abners Konkurrenz. Einen Rechtstitel für die Ermordung hatte Joab allerdings, weil Abner bei den Kämpfen zwischen den beiden Reichen in der Not der Verfolgung Joabs Bruder Asael getötet hatte. Joab mißbrauchte so das Blutracherecht (s. d.).

David trauerte öffentlich um Abner und stimmte sich so die Nordstämme günstig. Die Befürchtung Davids, man könne ihm den Mord zuschieben, trat nicht ein.

Im zweiten Jahr seiner Regierung wurde Ischbaal von zwei Soldaten ermordet, die sich dadurch an der Familie Sauls wegen persönlich empfangenen Unrechts rächen wollten. Als sie darauf, wie Freiheitskämpfer, Ischbaals abgeschlagenen Kopf zu David nach Hebron brachten, ließ David sie hinrichten. Er befürchtete, man würde gerade diesen Mord ihm zuschieben; aber auch das geschah nicht. Im Gegenteil gewann er durch die Bestrafung der Mörder die Stimmung der Nordstämme im entscheidenden Augenblick für sich.

Sein Ruhm als Sauls Waffenträger, seine berühmt gewordenen Kämpfe, seine erfolgreiche Herrschaft über das Haus Juda, sein gerechter Sinn – all das empfahl ihn als König; und so kamen denn nun auch die Ältesten der Nordstämme zu David nach Hebron, um mit ihm einen Bund zu schließen und ihn zum König (s. d.) zu machen. David wurde so auch über das Reich „Israel" König, wie sich Ischbaals Reich nach Sauls Gesamtreich der israelitischen Stämme genannt hatte.

24. *Die Königreiche Israel und Juda* hatten nunmehr *einen* König: David. Die Uneinigkeit des Volkes, bereits grundlegend ausgedrückt in den Gruppierungen der „Zwölf Stämme" (S. 500, Nr. 2 ff.), hatte nach Sauls Tod zu einer echten Teilung geführt: in das „Haus Israel" unter Ischbaal und das „Haus Juda" unter David. David *einte* jedoch diese beiden Reiche nicht, sondern wurde lediglich König beider Reiche (Personalunion). Dieser Zustand hielt sich bis zum Tode Salomos, des

---

[7] Vgl. den Artikel „Die Frauen des Königs".

Sohnes Davids. Dann fielen die beiden Teile wieder auseinander.

25. Die ersten Taten Davids als König beider Reiche mußten der Konsolidierung des Königtums gelten. Die vordringlichste Unternehmung wurde ihm von den Philistern aufgezwungen.

Denn daß David König des „Hauses Juda" werden konnte, geschah unter dem Protektorat der Philister, unter denen er als Söldnerführer gelebt hatte (s. ob., Nr. 22). Die Philister wollten dadurch die Macht der israelitischen Stämme teilen, die geeint ihnen immer gefährlich werden konnte. Als David aber nun König beider Reiche geworden war, versuchten die Philister David zu beseitigen. David jedoch schlug die zweimaligen Angriffe der Philister ab und besiegte sie. Damit war ihre Oberherrschaft zunächst gebrochen, und David konnte seine Herrschaft wirklich antreten.

Daß er aber in Hebron residierte, war für seine Herrschaft von großem Nachteil. Der König beider Reiche brauchte eine Residenz, die weder typisch als Residenz des Südreichs noch des Nordreichs angesehen werden konnte. Dies veranlaßte David, die immer noch jebusitische Stadt Jerusalem zu erobern, um sie zur Residenz beider Reiche zu erheben (im achten Jahr seiner Regierung als König von Juda, im sechsten seiner Regierung als König beider Reiche). Diese Zwischenstellung betonte David dadurch, daß er Jerusalem weder zu Juda noch zu Israel schlug, sondern ihm den Status eines neutralen Stadtstaates verlieh, und zwar unter dem Titel seines eigenen Namens: „Stadt Davids" („Davidsstadt").[8] Aus diesem Grund auch bevölkerte er Jerusalem weder mit Leuten aus dem Südreich noch mit Bürgern des Nordreichs, sondern belegte es lediglich mit seinem Hof und seinen Söldnern; im übrigen ließ er die Jebusiter (s. d.) darin wohnen, wie sie vorher darin gewohnt hatten (s. Jerusalem, den Abschnitt „Stadt Davids").

(Vergleiche hierzu 1 Chr 11,1–9: Anerkennung Davids als König/Eroberung Jerusalems.)

Mit der Schaffung dieser neuen Königsstadt gelang David ein taktisches Manöver, durch das er einerseits weder eines der beiden Reiche vernachlässigte noch bevorzugte, und anderseits machte er Jerusalem, das genau zwischen den Grenzen der Nord- und Südstämme lag, zu einem – zwar nicht geographischen, aber doch zwischen den politischen Grenzen liegenden – Mittelpunkt. Damit hatte der König, nach menschlichem Ermessen, alle Stammeseifersüchteleien ausgeschlossen.

(Zum Folgenden s. auch: 2 Sam 6,1–23.)
Aber der politische Mittelpunkt der Reiche war erst vollwertig, wenn er auch der religiöse Mittelpunkt des Bundesvolkes war. Deshalb tat David noch ein drittes: er ließ die Bundeslade auf die heilige Höhe der Jebusiter überführen; auf den Zion (s. d.). Damit schuf er die Grundlage für die „heilige Stadt Jerusalem".

(Vergleiche hierzu 1 Chr 13,1–14: Überführung der Bundeslade nach Jerusalem; ferner 1 Chr 15,1–16,3: Überführung der Lade in die Davidsstadt.)

26. Das Reich Davids erstand nun im Laufe von weiteren rund dreißig Jahren. In den dem Volke Israel „ideal" zugeteilten Gebieten wurde durch die Oberherrschaft Davids der ideale Zustand in einen realen verwandelt. Nur die Städte der Philister (s. d.) scheinen eine relative Selbständigkeit behalten zu haben, aber nicht ohne den Willen Davids. Die übrigen kanaanitischen Stadtstaaten wurden den beiden Reichen einverleibt, allerdings ohne daß die Siedlungen und Städte als solche aufgelöst oder von ihren früheren Einwohnern entvölkert wurden. Sie hatten zwar keine Könige (s. d.) mehr: David war auch ihr König; und soweit sie nicht monarchisch regiert wurden, sind wohl ihre Herrschaften zu Verwaltern Davids umgewandelt worden. Das alles war ein außerordentlicher Machtzuwachs – aber auch eine Strukturänderung des früheren Zwölfstämmeverbandes, der ein Sakralverband war. Die Reiche Israel und Juda unter David waren dagegen ein Nationenstaat, in dem „die Völker" unter der Führung Israels (im Sinne des Volkes, nicht des Staates) lebten.

Außerhalb der alten Reichsgrenzen unterwarf David die Moabiter (s. d.); Moab blieb zwar Königreich, wurde aber abhängig und

---

[8] Diesen staatspolitischen Charakter der „Stadt Davids" hat A. Alt zum erstenmal gesehen, und seine Deutung findet immer mehr Anhänger.

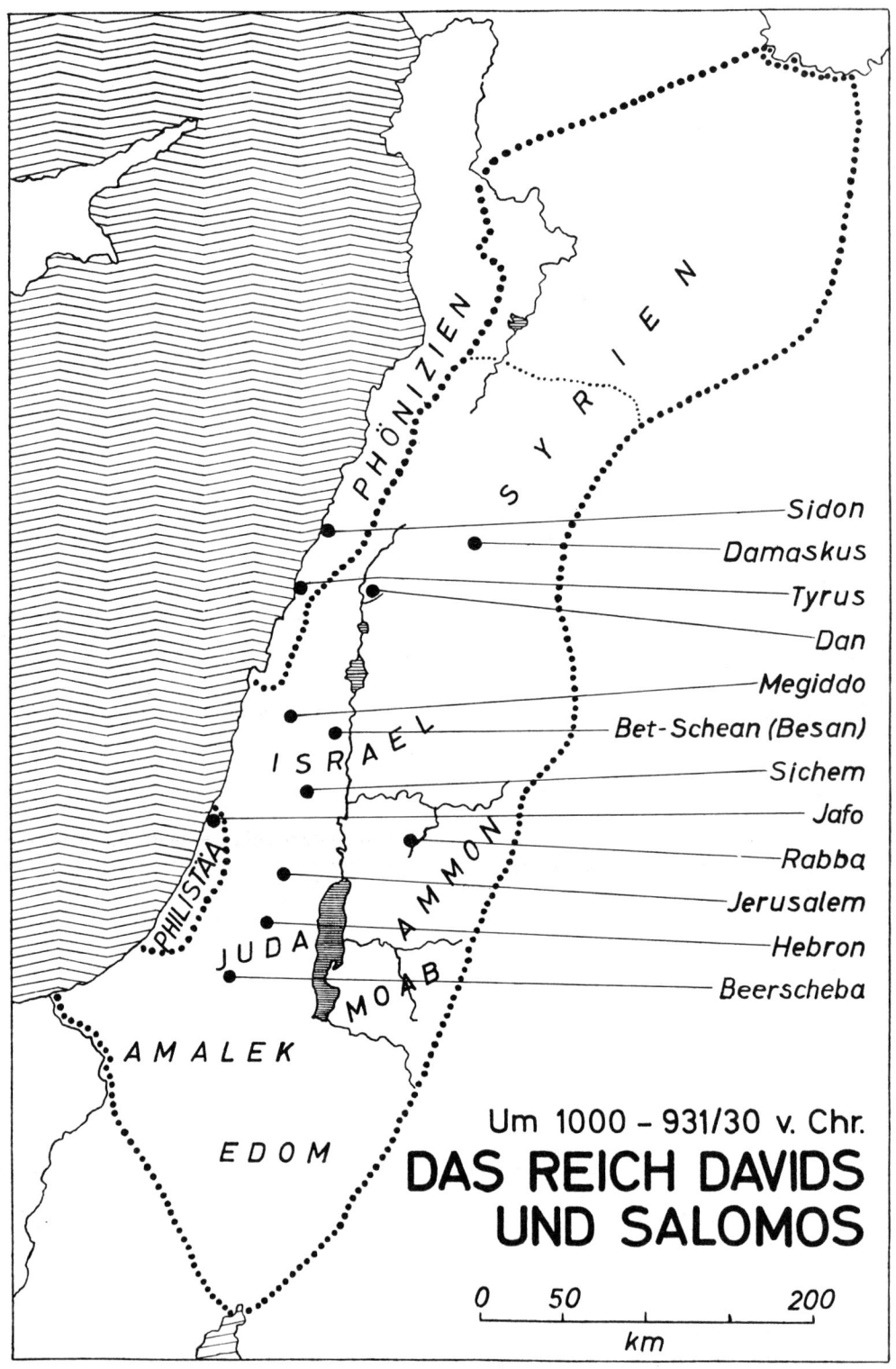

Sidon

Damaskus

Tyrus

Dan

Megiddo

Bet-Schean (Besan)

Sichem

Jafo

Rabba

Jerusalem

Hebron

Beerscheba

PHÖNIZIEN

SYRIEN

ISRAEL

AMMON

PHILISTÄA

JUDA

MOAB

AMALEK

EDOM

Um 1000 – 931/30 v. Chr.

DAS REICH DAVIDS UND SALOMOS

0   50   200

km

tributpflichtig. Als die Ammoniter (s. d.) David herausforderten, zog er gegen sie zu Felde.[9] Die den Ammonitern zu Hilfe eilenden Aramäer (s. d.) besiegte er, um dann die Unterwerfung der Ammoniter zu vollenden.[10] David machte sich selbst zum König von Ammon. Die Gebiete der aramäischen Stadtstaaten aber faßte er in einer Provinz zusammen, deren königliche Statthalter David in Damaskus stationierte.

Nicht besser ging es den Edomitern (s. d.). Nach fürchterlicher Metzelei machte David Edom zu einer Provinz unter Statthalterherrschaft. Damit besaß er die Erzgebiete in der Arabá (s. d.) und den Zugang zum Roten Meer am Golf von Akaba. So vereinigte David in seiner Hand:

das Königtum über Juda (mit allen Kanaaniterstädten),

das Königtum über Israel (mit allen Kanaaniterstädten),

das Stadtkönigtum über Jerusalem,

das Königtum über Ammon,

die Oberherrschaft über das Königreich Moab,

die Oberherrschaft über die Provinz Aram (Syrien),

die Oberherrschaft über die Provinz Edom,

die Aufsichtsherrschaft über die Philisterstädte.

Mit Phönizien unterhielt er freundschaftliche Beziehungen.

In der Organisation dieses Großreiches ging David ebenfalls seine Wege:

Die Priester (s. d.) am Heiligtum machte er zu königlichen Beamten. Den Heerbann Israels ließ er zwar noch bei passender Gelegenheit aufrufen; aber als alter Söldnerführer stützte er sich mehr auf seine Söldner (s. d.). Die Verwaltung aber organisierte er nach ägyptischem Muster, mit Hofprophet, Staats-schreiber, Staatsarchivar, Statthaltern usw.; Salomo sollte darin noch weitergehen.

(Zum Folgenden s. auch: 2 Sam 13,1–19,9)
27. *Die ersten Thronfolgestreitigkeiten* setzten bereits zu Lebzeiten Davids ein. Sie enthüllen nebenbei, daß David – so energisch er als König regieren mochte – ein schwacher König über seine Söhne war.

Der eigentliche Thronfolger war Amnon. Dieser Amnon verführte eines Tages seine Halbschwester Tamar, die Schwester Abschaloms (Amnon und Abschalom waren Söhne Davids von verschiedenen Müttern). Zwei Jahre später nahm Abschalom für die Verführung seiner Schwester Rache: er ließ Amnon auf einem Schafschurfest erschlagen (2 Sam 13,1–29). Der eigentliche Grund: Abschalom beseitigte den Thronanwärter und war nun selber Kronprinz.

Um der Blutrache zu entgehen, floh Abschalom nach Geschur; denn seine Mutter war eine Tochter des Königs von Geschur (2 Sam 13,38). Joab, Davids Feldherr, wußte zwar durch eine List von David die Erlaubnis für die Rückkehr Abschaloms zu erwirken. Abschalom durfte zurückkehren; David selbst aber wollte seinen Sohn nicht sehen (2 Sam 14,1–24).

In dieser Zeit nun scheint Davids Ansehen beträchtlich gesunken zu sein. Vielleicht war auch die Person des Königs durch den neuen Königsstil dem Volke ferngerückt, so daß man gegen ihn wie gegen einen Despoten auftrat. Die Rechtsprechung war – wie wir ausdrücklich erfahren – ungenügend.

---

[9] Vgl. Psalm 2.
[10] Bei der Belagerung der ammonitischen Hauptstadt Rabba (Rabbat-Ammon = Amman) kam Urija durch die mörderische Anordnung Davids ums Leben (s. 2 Sam 11,1–27).

Das Reich Davids und Salomos wuchs vor allem aus den beiden Reichsteilen Juda und Israel zusammen. Zwischen beiden Reichsteilen lag die Jebusiterstadt Jerusalem, die David von Juda her eroberte und zur zunächst neutralen Stadt zwischen den Reichsteilen machte. Die Völkerbereiche Amalek, Edom, Moab, Ammon, Syrien gehörten zwar nicht in gleicher Art und Weise zu Davids und Salomos Reich wie Juda und Israel – aber der Einfluß dieser beiden Könige auf diese Völker darf (wenigstens zeitweise) als so bedeutend angesehen werden, daß man sie als Reichsteile ansehen darf.

Im Reich Salomos war der Reichsteil Israel in Gaue eingeteilt. Da die Gaueinteilung die Grundlage für den königlichen Fron- und Lieferdienst war, geht daraus die ungleiche Behandlung des nördlichen Reichsteils (Israel) und des südlichen Reichsteils (Juda) hervor, die dann nach Salomos Tod zum Auseinanderfallen der beiden Reichsteile führte.

Abschalom nun, der durch die harte Haltung Davids ihm gegenüber seine Königsträume schwinden sah, scheint sich in dieser Zeit einen Plan zurechtgelegt zu haben. Aber diesen Plan konnte er nur durchführen, wenn sich der König versöhnlicher zeigte, damit sich Abschalom freier bewegen konnte. So erzwang er eine Begegnung, und David gab ihm spontan den Versöhnungskuß (2 Sam 14,25–33).

Dann begann Abschalom die systematische Vorbereitung der Empörung:

1. Er lenkte die Aufmerksamkeit auf sich, indem er nach Art eines ägyptischen königlichen Hofbeamten auf einem Wagen fuhr oder sogar seinen Wagen eskortieren ließ und Läufer vor sich herschickte (2 Sam 15,1, vgl. den Schluß der Anmerkungen zu Gen 41,43).

2. Er benutzte die Mängel der Rechtspflege Davids, um mit Geschick auf sich selbst als gerechten Richter hinzuweisen. Der Text sagt ausdrücklich, daß er sich nicht als König empfahl, sondern als Richter (2 Sam 15,2–4).

3. Er gewann das Volk, indem er sich nicht majestätisch gab, nicht herrscherlich, sondern brüderlich (2 Sam 15,5–6).

So bereitete Abschalom systematisch vier Jahre lang seinen Aufstand vor. Dann hielt er die Zeit für gekommen, politische Tatsachen zu schaffen. Er ging unter dem Vorwand, ein Opfer darbringen zu wollen, nach Hebron und ließ sich zum König ausrufen. „Hebron", d. h. sicherlich Mamre (s. d.).

Dieser Zug Abschaloms nach Hebron kann zweierlei bedeuten und lehren: Zunächst erhellt daraus, daß Abschalom zunächst „das Haus Juda" gewonnen hatte oder als König beherrschen wollte. Er hätte also König sein können, auch wenn David weiterhin König über das Haus Israel und die Fremdvölker geblieben wäre. Die Ausdehnung des Königtums ergab sich dann später von selbst, wenn ihm nicht auch das Haus Israel folgen würde, was er immerhin für möglich hielt; denn er hatte „Boten an alle Stämme Israels gesandt und sagen lassen: Wenn ihr den Klang des Widderhorns hört, dann sollt ihr rufen: Abschalom ist König in Hebron" (2 Sam 15,10). – Abschalom erwies sich in seinem Plan als gelehriger Schüler seines Vaters David (S. 537, Nr. 22ff.).

Zweitens kann man daraus entnehmen, daß Jerusalem im Bewußtsein des Volkes keineswegs die alten Heiligtumsstädte verdrängt hatte. Zur Königswahl ging man nach Hebron.

Der Putsch gelang zunächst. Abschalom wurde zum König ausgerufen; auch der Reichsteil Israel folgte Abschalom (2 Sam 15,7–12).

David betrachtete die Lage politisch. Er wußte: die Proklamation bedeutete für ihn die Absetzung. Ferner wußte er: Abschalom wird von Hebron nach Jerusalem marschieren, um die Absetzung Davids zu demonstrieren.

Nun wollte sich David zwar nicht kampflos in die neue Lage ergeben, aber er wollte Jerusalem dabei nicht aufs Spiel setzen; deshalb floh er aus der Stadt (2 Sam 15,14). Er floh aber auch aus einem anderen Grunde: David hatte in der gegebenen Lage keine Übersicht, wer noch zu ihm hielt. Er mußte deshalb an einen Ort, wo er seine Leute nicht nur sammeln, sondern von wo er sie auch ökonomischer einsetzen konnte. Deshalb sichtete er beim Auszug seine Leute. Mit ihm zogen – außer seiner Familie (nur zehn Nebenfrauen ließ er zur Bewachung des Palastes zurück) – „alle seine Diener" (2 Sam 15,18), d. h. nicht nur seine Leibeigenen und die Palastdienerschaft, sondern auch seine Regierungsbeamten (der Kanzler, die Staatsschreiber und deren Gehilfen, die Minister – im Sinne von sachverständigen Verwaltern –, die Berater).

Mit ihm zogen „alle Kereter und Peleter" (2 Sam 15,18), d. h. Davids Leibwache. Diese „Kereter und Peleter" waren wohl Philister; denn nach einer alten Tradition war ein Teil der Philister über Kreta (deshalb „Kereter") nach Syrien gekommen – möglich ist aber auch, daß es Männer der palästinensischen Philisterstadt Bet-kar waren: Karier; in dem Namen „Peleter" dagegen müssen wir direkt den Philisternamen erkennen. Die „Kereter und Peleter" waren also nichtisraelitische Söldner (s. d.), in Dienst genommene Männer der Philister, die als Nichtisraeliten mit dem Volk kaum Kontakt hatten und dadurch für den König ein besonderes Sicherheitsorgan bedeuteten; über die Stärke dieser Leibwache wissen wir nichts.

Auch Männer einer anderen Philisterstadt werden als Davidsgefolge genannt: sechshundert Männer aus Gat/Geth (2 Sam 15,19f.). Man hat den Eindruck, daß die meisten Begleiter Davids Nichtisraeliten waren; der folgende Kampfbericht zeigt jedoch, daß auch viele Israeliten mit David (aus Jerusalem?) ausgezogen waren oder sich ihm auf dem Wege angeschlossen hatten.

Durch Anordnung eines Kundschafterdienstes bereitete David die kriegerische Auseinandersetzung vor. Er wurde aus Jerusalem über alle Bewegungen unterrichtet. – Die Bundeslade, die die Priester und Leviten mitnehmen wollten, schickte David auf den Zion zurück – vielleicht, um den Eindruck der Flucht oder der Abdankung zu erhöhen; denn die Bundeslade (s. d.) ist im Heiligen Krieg auch Feldzeichen; vielleicht aber auch aus einer gewissen Scheu, den Kampf gegen den eigenen Sohn unter das Zeichen Jahwes zu stellen (2 Sam 15,25).

David ging über den Bach Kidron (s. d.), schritt den Ölberg (s. d.) hinan und floh über den Jordan nach Osten. Mahanajim im Ostjordanland wählte er als Musterungsplatz für seine Schlachtvorbereitung. In der Schlacht kam Abschalom um, obwohl David um Schonung seines Lebens gebeten hatte (2 Sam 18,6–32).

Mit dem Tod Abschaloms begann sofort die Selbstrettung seiner Parteigänger. Sie verurteilten den Aufständischen, indem sie die Grube seines Begräbnisses mit einem Steinhaufen übertürmten (vgl. über die Steinigung).

David kehrte um und wurde als König heimgeholt. In der juristischen Sprache unserer Zeit würden wir das großmütige Verzeihen Davids gegen alle Empörer eine Generalamnestie nennen. Die ausführlichen Kapitel darüber, in denen einzelne Gespräche wiedergegeben sind, machen einen manchmal geradezu komischen Eindruck. Jeder suchte sich zu rechtfertigen oder zu entschuldigen. David aber blieb innenpolitisch nur diese Amnestie übrig, wenn er nicht mehr als die Hälfte des Volkes ausrotten wollte. Sogar die Leute des Stammes Juda, die Abschalom gewählt hatten, wußte er zu gewinnen mit Hinweis auf ihre Verwandtschaft (2 Sam 19,12–16).

Die große Revolte des Abschalom, eigentlich ein erster Thronfolgekrieg, war zusammengebrochen.

(Zum Folgenden s. auch: 1 Kön 1,5–53)
28. *Der zweite Thronfolgestreit* entstand dadurch, daß David trotz seines Alters die Thronfolge noch nicht geregelt hatte. Mit dem

Recht des Ältesten der noch lebenden Söhne versuchte deshalb Adonija, sich das Königtum zu sichern. Er versicherte sich des Feldhauptmanns Joab und des Priesters Abjatar – worauf sofort deren übergangene Gegner, der Leibwachenhauptmann Benaja und der Priester Zadok und andere, Partei gegen Adonija ergriffen. Als Führer der Gegenpartei betätigte sich der Hofprophet Natan (s. d.).

Natan wußte, wie empfindlich David auf fertige Tatsachen reagieren konnte. Deshalb schickte er Batseba zu ihm, die immer noch großen Einfluß auf den König hatte, und ließ ihm sagen, daß Adonija sich zum König habe salben lassen. Kurz darauf traf der Prophet selber ein und meldete dem König dasselbe. Vielleicht waren die Meldungen eine Vorwegnahme der Tatsache – aber so wurde es David berichtet, und so berichtet es auch der Königsbuchschreiber. Außerdem erinnerte Batseba den König an sein Versprechen, ihren Sohn Salomo zum König zu erheben.

Nun reagierte der alte David. Er befahl, sofort Salomo an der Gihonquelle (s. im Artikel „Kídrontal") zu salben und als König nach Jerusalem einzuführen (1 Kön 1,5–53).

Batseba war die bevorzugte Frau Davids. Wegen Batsebas Bevorzugung hielten es offensichtlich gewisse Hofkreise mit ihrem Sohn Salomo. Salomo war durch eine Hofkabale und vielleicht Haremsintrige König geworden. Während der letzten Monate des alten Königs war er Davids Mitregent.

Den obersten Priester Abjatar ließ David absetzen und durch Zadok ersetzen, der nicht zu Adonija gehalten hatte (1 Kön 2,35). Auf Zadok führte sich sodann die legitime Linie der Hohenpriester zurück, und auch die nichtlegitimen nahmen Zadok für sich in Anspruch, indem sie sich „Sadduzäer" (s. d.) nannten.

KÖNIG SALOMO

29. *König Salomo*, schon zu Davids Zeit gesalbt und des alten Königs Mitregent, übernahm den Thron etwa 972 v. Chr. und regierte „vierzig Jahre" (bis 932); die symbolische Zahl Vierzig weist auf das Unsichere dieser Angabe hin.

Er begann seine Regierung mit einer Palastsäuberung, indem er seinen Halbbruder Adonija, der versucht hatte, sich noch zu Lebzeiten

Davids des Throns zu bemächtigen (s. oben, Nr. 28), samt dessen Parteigängern und anderen unsicheren Hofleuten aus dem Wege räumen ließ (1 Kön 2,13–44.46). Salomo fehlte die persönliche Überlegenheit, die David bei seiner Thronbesteigung gezeigt hatte.

Die Schwäche Salomos erkannten auch seine Gegner. Aus Ägypten kam der Edomiterfürst Hadad zurück und begründete ein neues Königtum im Land der Edomiter (s. d.); zwar konnte er seine Macht nur im ostjordanischen Gebirgsgebiet sichern – aber es war doch der erste Einbruch in das festgefügte Reichsgebäude Davids (1 Kön 11,14–22.25). In Damaskus eroberte ein Aramäer (s. d.) Reson den Thron und vertrieb den königlich-israelitischen Gouverneur der aramäischen Gebiete. Obwohl Salomo damit nicht alle syrischen Gebiete verlorengingen, erschwerte das neue Stadtkönigreich doch die Regierung der umliegenden israelitisch beherrschten Gebiete und die Verbindung zu den Gebirgsaramäern (1 Kön 11,23–25). Beide Verluste mußte Salomo wahrscheinlich schon gleich in den ersten Jahren seiner Regierung hinnehmen. Er nahm sie hin. Er war kein Kämpfer.

Groß war Salomo als Bauherr. In Jerusalem (s. d.) baute er in dreizehn Jahren einen ganz neuen Stadtteil für Palast und Tempel. In Megiddo und anderen Städten errichtete er Paläste und Marställe für seinen riesigen Pferdebestand („Wagen- und Pferdestädte", 1 Kön 9,19). Zu diesem Zweck baute er das System der Fronarbeit aus.

Salomo förderte den Landhandel, baute eine Handelsflotte, betrieb Bergbau und hielt in großem Stile Hof. Um den Hof regelmäßig und reichlich mit Naturalien zu versorgen, teilte er Israel (nicht Juda!) in zwölf Gaue ein, deren je einer den Hof einen Monat zu beliefern hatte. So sorgte er für seine „Herrlichkeit" (Mt 6,29; Lk 12,27).

Vergleiche auch die Einzelkapitel über Salomo im Perikopenteil.

(Zum Folgenden s. auch: 1 Kön 11,14–40)
30. Ein Aufstand Jerobeams erschütterte das Reich Salomos, als die Despotie des Königs immer ungehemmter wurde. Der Efraimite Jerobeam war ein Aufseher bei den salomonischen Bauten in Jerusalem, wurde aber von Salomo zu einer Art Generalinspekteur für Fronarbeiten oder Steuereintreibung oder

ähnliches im Norden („Haus Josef" = Zehnstämmegebiet[11]) befördert. Hier scheint er die Unzufriedenheit der Nordstämme für seine eigenen Pläne genutzt zu haben, die sein eigenes Königtum über die nördlichen Stämme nicht ausschlossen. Er fand auch einen ihm geneigten Propheten (s. d.), Ahija von Schilo, der ihm das Königtum versprach, indem er seinen Mantel in Stücke riß und Jerobeam zehn Fetzen davon übergab: als Symbol für die zehn rebellionsbereiten Stämme des Nordens gegen den despotischen König aus Juda. Es könnte natürlich auch sein, daß diese Prophetengeschichte eine spätere Zutat nordreichpolitischer Erzähler ist, wodurch die Designierung des ersten Königs des Nordreiches durch einen Gottesmann sichergestellt werden sollte – ähnlich wie durch die Geschichte von der Salbung (s. d.) Davids durch Samuel; (s. 1 Sam 16).

Leider wissen wir nicht, wann Jerobeam seinen Aufstand ins Auge faßte. Er konnte ihn nicht verwirklichen. Vor der Strafe Salomos floh er nach Ägypten, zum Pharao Schischak (Scheschonk) I., der von 950–929 regierte. Pharao Schischak gewährte Jerobeam Asyl: als wichtigem eventuellen späteren Mitarbeiter und Werkzeug bei der Zerschlagung des bedrohlich groß gewordenen Davidenreiches.

Vielleicht hängt es mit diesem drohenden Machtverlust zusammen, daß Salomo am Ende seines Lebens für seine Haremsfrauen, die ja die Vertreterinnen der von ihm unterjochten Völker waren, Götteraltäre baute, um sich so die Völker günstig zu stimmen (vgl. den Artikel „Die Frauen des Königs" und bei 1 Kön 11).

DIE GETEILTEN REICHE

(Zum Folgenden s. auch: 1 Kön 12,1–19)
31. Nach Salomos Tod zeigte sich einerseits, daß die zwei Reichsteile (s. ob., Nr. 23f.) unter Salomos Regierung keine Einheit geworden waren, und anderseits, daß der freiheitliche Sinn der Stämme die Erbmonarchie keineswegs für selbstverständlich hielt. Sie sahen in

---

[11] „Haus Josef" (Efraim und Manasse) steht hier als Vertreter für alle Nordstämme; denn diese beiden Stämme waren die mächtigsten (S. 513, Nr. 8/11).

der Bestellung eines Königs immer noch einen Bund zwischen Volk und König (s. d.).

Während sich Salomos Sohn Rehabeam seinerseits als selbstverständlicher Nachfolger seines Vaters ansah, war das Volk anderer Ansicht. Als sich Rehabeam nach Sichem (s. d.) begab, um dort das Königtum zu übernehmen, stieß er bei den Ältesten auf die Frage, wie er zu regieren gedenke. Er mag geglaubt haben, der Angriff sei die beste Waffe und ein Fronherr der beste König – wie er es bei seinem Vater gesehen hatte. Seine Antwort, er werde hart regieren, hatte den Erfolg, daß die Stämme des Reichsteils Israel (s. ob., Nr. 23f.) ihn nicht als König annahmen; für den Reichsteil Juda war Rehabeam vielleicht schon vorher zum König gesalbt worden (in Jerusalem, in Hebron – wir wissen es nicht). Er versuchte noch einmal durch einen Mittelsmann, die Nordstämme zu gewinnen, wählte aber dazu ausgerechnet einen beamteten Leiter der Fronarbeiten: Hadoram. Hadoram wurde gesteinigt (s. den Artikel „Die Steinigung"). Rehabeam floh auf seinem Kriegswagen nach Jerusalem.

Die Nordstämme aber hatten schon gleich nach Salomos Tod Jerobeam aus Ägypten rufen lassen (s. ob., Nr. 30). Nach der Vertreibung des Salomosohnes Rehabeam riefen sie ihn nach Sichem und machten ihn zum König. Ob Jerobeam die Frage nach der Regierungsart Rehabeams veranlaßt hatte, kann nur vermutet werden; möglich wäre es aber, da ja er es war, der zuerst gegen den königlichen Fronherrn Salomo aufgetreten war.

Damit beginnt die Geschichte der geteilten Reiche: des Nordreiches Israel und des Südreiches Juda.

(Zum Folgenden s. auch: 1 Kön 12,20–14,20) Die stark phantastisch erzählten Legendengeschichten in 13 und 14 zeichnen trotz der Phantastik ein lebendiges Bild von der religiöspolitischen Auseinandersetzung.
32. Der erste König des Nordreiches Israel war also Jerobeam (932–911). Gleichzeitig mit ihm regierten als Könige in Juda: Rehabeam von 932–917; Abija von 916–914 (s. 2 Chr 13,1–23); Asa von 914 an. Im zweiten Jahre der Regierung Asas in Juda starb Jerobeam von Israel (1 Kön 15,25).

Die Geschichte der beiden israelitischen Reiche begann mit einem harten Schlag: Pha-

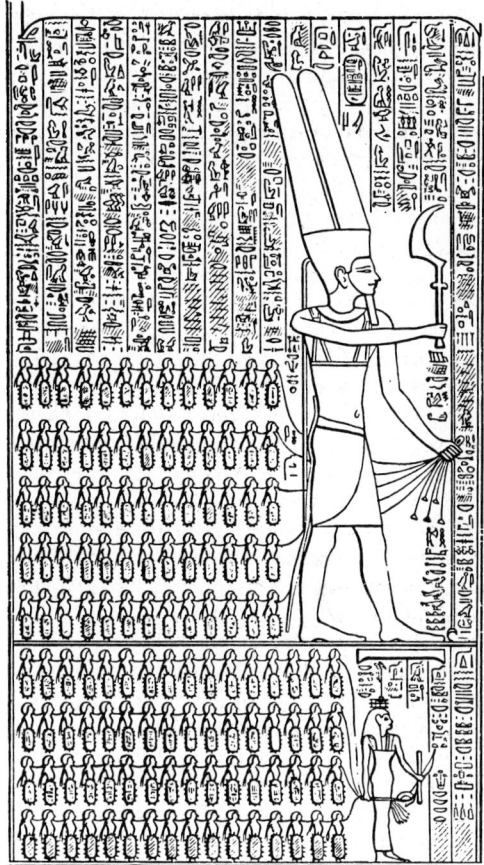

Pharao Schischak I. hat seinen siegreichen Feldzug gegen die Städte Kanaans in einem Siegerrelief am Tempel von Karnak verewigt. Der Gott und die Göttin von Theben (Amons Gemahlin) bringen dem König die Waffen zurück – Sichelschwert, Bogen und Köcher –, mit denen sie gegen die Völker Kanaans gekämpft haben. Das Ergebnis ihres Kampfes führen die Götter dem König vor: Gefangene, auf deren Schild je ein Name der eroberten Städte geschrieben steht. – Schischak wurde in Ägypten Scheschonk genannt.

rao Schischak glaubte die Stunde für die Wiederaufrichtung der ägyptischen Oberhoheit über Palästina gekommen und überfiel sowohl Israel wie auch Juda (etwa 930); seine Liste der eroberten Städte nennt Städte beider Reiche. Die Bibel teilt im wesentlichen nur seine Plünderung Jerusalems und des Tempels mit; ihr Anliegen ist die Darstellung des religiösen Lebens und seiner Behinderungen. Daß Schischak auch das Reich Jerobeams angriff, dem er Asyl gewährt hatte (s. ob., Nr. 30), ist bemerkenswert; schon dieses Asyl galt der Zerschlagung des zusammengefaßten Volkes Israel unter Salomo.

Rehabeam von Juda versuchte, das Nordreich wiederzugewinnen. Obwohl dies für das kleine Reich Juda fast aussichtslos war, kämpfte er. Angesichts dieser Versuche betrieb Jerobeam von Israel um so mehr die Stabilisierung der Teilung.

Da der praktische, wenn auch nicht religionsgesetzliche Mittelpunkt des Jahwekultes in Jerusalem lag, zerriß er aus politischen Gründen die Einheit des Kultes, indem er die Heiligtümer Bet-El (s. d.) im Süden und Dan (s. d.) im Norden ausbaute. Die Einführung von goldenen Stierbildern als Jahwethron hatte vielleicht auch den Sinn, die kanaanitische Bevölkerung an diese Heiligtümer heranzuziehen und damit bei den Kanaanitern Rückhalt zu gewinnen; aber er entfremdete sich damit die prophetischen Kreise (vgl. den Artikel „Das Goldene Kalb").

Militärisch sicherte er sich gegen Juda, indem er Sichem (s. d.) und Penuël befestigte. Trotzdem verlor er im Krieg gegen Abija, den zweiten König von Juda, mehrere Städte, u. a. Bet-El (s. d.).

Der davidisch und tempeltreu gesinnte Königsbuchautor zeichnet ein finsteres Bild von Jerobeam, weil er die Einheit des Kultes zerrissen, die Stierbilder aufgestellt und weil er Priester an den Heiligtümern anstellte, die keine Leviten waren (s. den Artikel „Das Amt des Priesters"). Die Bibel gibt eben keine Staatengeschichte, sondern berücksichtigt diese vor allem unter dem Gesichtspunkt des Sieges der Jahwereligion.

Unter Jerobeam dürfen wir vielleicht die ersten *Elohisten* (s. d.) im Nordreich ansetzen, d. h. prophetische Verfasser und Redaktoren biblischer Texte, die unter der größer werdenden Gefahr des Abfalls vom Jahwekult einen strengeren Maßstab an die Diktion in der Sprache von Gott anlegten, um die Transzendenz Gottes stärker zu betonen.

Die elohistische Variante der israelitischen Traditionserzählungen zeigt übrigens, wie Offenbarung ganz wesentlich historisch bezogen ist; deshalb läßt sich die Offenbarungsmeinung nicht erkennen, wenn man den historischen Bezug außer acht läßt.

(Vergleiche hierzu 2 Chr 10,1–12,16: Der Abfall der zehn Nordstämme / Rehabeam).

Die Zeit der geteilten Reiche soll in den folgenden Abschnitten in einer synchronistischen Darstellung vorgelegt werden. In der linken Spalte (a) lesen wir die Vorgänge im Nordreich Israel, in der rechten Spalte (b) die im Südreich Juda.

(Zum Folgenden s. auch: 1 Kön 15,25–32)
33a. Auf Jerobeam folgte im Nordreich Israel sein Sohn *Nadab* (911–910 v. Chr.). Er schlug sich mit den Philistern herum, bis ihn Bascha, einer seiner Offiziere, bei der Belagerung einer Philisterstadt erschlug.

(Zum Folgenden s. auch: 1 Kön 15,9–24)
33b. Während der Jahre 911 bis 875, als im Nordreich Israel fünf Könige regierten, regierte in Juda nur ein König: Asa (914 bis 874). Von ihm berichtet 2 Chr 14,1–16,14.

Der Redaktor der „Bücher der Könige" (s. d.) lobt Asa vor allem wegen seiner Unnachsichtigkeit gegen Götzenbilder und götzendienerische Kultformen. Er schritt gegen die Kultprostitution (s. d.) beim Tempel ein und schonte im Kampf gegen Götzenbilder nicht einmal das Götterbild seiner Großmutter (1 Kön 15,11–13), die er zur Strafe als „Herrin" absetzte. Aber die Höhen (s. d.) schaffte Asa nicht ab.

(Zum Folgenden s. auch: 1 Kön 15,33–16,7)
Bascha rottete das ganze Haus Jerobeam aus und war König in Israel von 910 bis 887 v. Chr. Er begann, die Grenze gegen Juda hin zu befestigen; aber Judas König Asa rief Damaskus gegen Israel ins Feld. Bascha führte den ersten Krieg Israels gegen Damaskus.

Aus seinem politisch-militärischen Handeln wird vor allem sein Grenzkampf mit Israel hervorgehoben. Als König Bascha von Israel Rama (9 km von Jerusalem!) als Grenze gegen Juda befestigte und damit die Straße nach Norden sperrte, fürchtete Asa für die Sicher-

(Zum Folgenden s. auch: 1 Kön 16,8–14)
Ela (887/886 v. Chr.) folgte seinem Vater Bascha; aber ihn erschlug – als Ela betrunken war – Simri, der Oberst des einen seiner zwei Kriegswagenverbände.

(Zum Folgenden s. auch: 1 Kön 16,15–20)
Simri rottete das ganze Haus Baschas aus. Aber seine Verschwörung fand nicht die allgemeine Gutheißung des Volkes. Das Volk berief den Feldherrn Omri zum König. Er zog nach Tirza und nahm die Stadt, wo Simri sich verteidigte. Da steckte Simri das Königshaus über sich an und verbrannte mit dem Königspalast. Simri war sieben Tage König (886 v. Chr.). Aber an die Stelle Simris wählte ein Teil des Volkes *Tibni* zum König. Erst als Tibni starb, wurde Omri König über das ganze Nordreich.

(Zum Folgenden s. auch: 1 Kön 16,21–28)
Omri, der Simri bezwungen, konnte als Rächer Elas auftreten und hatte so eine gute Thronbesteigung. Er war kein Usurpator wie Simri, sondern erst nach Elas Tod gewählt worden. Omri begründete im Jahre 878 Samaria (s. d.) als neue Hauptstadt des Nordreiches, wofür er den Grund und Boden kaufte. Omri begann als erster Handelsbeziehungen zu Damaskus (s. d.), nachdem er besiegt worden war. Omri schloß Frieden mit dem Bruderreich Juda, damit es nicht noch einmal fremde Völker gegen Israel aufhetzte. Omri unterwarf Moab, wie die Inschriftenstele des späteren Befreierkönigs Mescha von Moab (um 840) bezeugt: „Omri war König über Israel und hatte Moab viele Tage gedemütigt . . . Omri hatte sich des Landes von Madeba bemächtigt, und (Israel) wohnte darin während seiner Regierung und der Hälfte der Regierung seines Sohnes, vierzig Jahre". Aber davon erzählt der jüdische Königsbuchschreiber nichts – es paßte ihm wohl nicht, daß Israel und nicht Juda die Moabiter (s. d.) unterworfen hatte. Der Königsbuchschreiber verurteilt Omri: „Er trieb es noch schlimmer als alle seine Vorgänger" (1 Kön 16,25); denn natürlich war er auch großzügig gegen die fremden Götter. Aber die Bedeutung Omris geht daraus hervor, daß die Assyrer, wenn sie von Israel sprachen, vom „Reich Omri" sprachen.

heit Jerusalems. Bascha hatte mit Rama zwar keineswegs israelitisches (nämlich benjaminitisches) Gebiet verlassen, aber Asa kämpfte um der Sicherheit Jerusalems willen um jeden Streifen benjaminitischen Landes. Deshalb griff Asa zu einer List. Er schenkte beträchtliche Werte des Tempelschatzes dem Aramäerkönig Ben-Hadad von Damaskus und bewog ihn, Israel im Norden anzugreifen. Während Bascha im Norden gegen den Eindringling kämpfen mußte, brach Asa mit seinen Judäern im Süden Israels die Festung Rama ab und begann seinerseits mit der Befestigung einer Grenzlinie, die er um einige Kilometer weiter nach Norden verlegte. Diese Grenzlinie, die ein Pufferland zwischen Israel und Jerusalem legte, war dann von Dauer. Nur Bet-El (s. d.), das Juda dem Nordreich unter Bascha abnahm, wurde von Israel wieder zurückerobert.

Zur Sicherung des Landes Juda stellte Asa außerdem ein stehendes Heer auf.

Obwohl Juda viel kleiner war als Israel, hatte es im Anfang der geteilten Reiche, vor allem in dieser Zeit zwischen 911 und 875, einen Vorteil durch die Beständigkeit seiner Regierung, die sich auf das Ansehen des einheimischen und erfolgreichen Königs David stützen konnte.

König Asa wird im Stammbaum Jesu (Mt 1,7.8) als einer der Vorväter Jesu genannt.

(Vergleiche hierzu 2 Chr 14,1–16,14: Asas Erfolge / Bundeserneuerung unter Asa / Asas Krieg mit dem Nordreich / Asas Tod.)

Für das „Buch der Könige" sind alle Untergänge der Könige und königlichen Familien des Nordreichs Israel Beispiele für die strafende Hand Jahwes, von dessen alleiniger Verehrung sie abgewichen sind.

(Zum Folgenden s. auch: 1 Kön 16,29–22,40)
34a. Omris Sohn Ahab (875–854) wurde nach Omri Israels König. Schon sein Vater Omri hatte dafür gesorgt, daß Ahab durch eine politische Heirat mit der tyrischen Prinzessin Isebel (s. d.) bei Phönizien Rückhalt erhielt. Aber das politische Heiratsbündnis war für den Staat Israel und seinen König Ahab ein Danaergeschenk. Ahab konnte seine Bündnistreue nur beweisen, wenn er auch den phönizischen Gott Baal in seinem Land anerkannte und öffentlich verehrte. Die Folge war das Auftreten des Jahwe-Propheten Elija (s. d.), der ihm hart zusetzte.

Ahab war ein guter König für Israel. Außer seiner mehr handelspolitisch bedingten Freundschaft mit den Phöniziern (s. d.), die Israel wirtschaftlich zugute kam, verstand er es, die Moabiter unter seiner Herrschaft zu halten. Mit dem Bruderreich Juda hielt er Frieden, und durch die Heirat seiner Tochter Atalja mit dem Kronprinzen von Juda wurde dieser Friedenswille besiegelt. Der gleichzeitige König in Juda, Joschafat (872– 849), war für Ahab ein ebenbürtiger Friedenspartner, wenn wohl auch beide wußten, daß sie nicht aus reinem Friedenswillen handelten.

Sein Heer brachte Ahab trotz seiner grundsätzlichen Friedenspolitik auf äußerste Kampfstärke, was sich bezahlt machte, als Damaskus unter Ben-Hadad II. Israel einige Städte abnahm und Samaria belagerte, um den gefährlichen Glanz des Omri-Reiches zu dämpfen. Ahab besiegte die Angreifer, nahm Ben Hadad gefangen, gab ihn aber frei gegen Rückgabe der besetzten Städte und Abschluß eines Handelsvertrages, wie er mit Tyrus schon bestand: Die Händler aus Israel sollten

(Zum Folgenden s. auch: 1 Kön 22, 41–51)
34b. Joschafat, König von Juda (874–849), Sohn Asas, war ein Jahr vor Ahab von Israel König geworden. Er setzte die positive Religionspolitik seines Vaters Asa fort (Kampf gegen die Sakralprostitution, s. d.), schlug aber im Verhältnis zum Nordreich Israel eine entgegengesetzte Linie ein. Er suchte die Versöhnung. Freilich mag dieser Versöhnungswille nicht reiner Friedensabsicht, sondern auch realistischer Einsicht entsprungen sein; denn das kleine Juda konnte sich nur in Ruhe entwickeln, wenn es nicht auch noch mit seinem großen Bruder Krieg führen mußte. Und da Ahab offenbar versuchte, Juda ins Schlepptau Israels zu nehmen, gab König Joschafat von Juda dem nach. Die Heirat seines Sohnes Joram mit der Ahabstochter Atalja war das Zeichen der Verbindung beider israelitischer Staaten. Indem er Israel in den letzten Jahren Ahabs Waffenhilfe gab, besiegelte er die Verbindung tatkräftig. Zwar wurden beide Könige in der Schlacht von Ramot-Gilead geschlagen; aber das Bündnis war nun doch auch durch Blut bekräftigt.

Die geteilten Reiche verloren zunächst den Herrschaftseinfluß auf die gesamte umliegende Völkervielfalt. Sie lagen nunmehr wirklich eingesprengt zwischen „den Völkern". In ihrer Getrenntheit waren sie zudem doppelt schwach. – Obwohl das Verhältnis Israel/Juda schon durch die unterschiedliche Größe der Landesanteile für Juda ziemlich ungünstig beurteilt werden kann, muß man selbst diese Größenverhältnisse noch für täuschend erklären, weil das Judagebirge fast kaum bewohnt war, das Efraimgebirge, wo ein großer Teil Israels wohnte, war dagegen dicht besiedelt. Außerdem war die Lage Israels günstiger durch seine politische Offenheit nach Phönizien hin, die ihm auch den Zugang zum Mittelmeer sicherte.

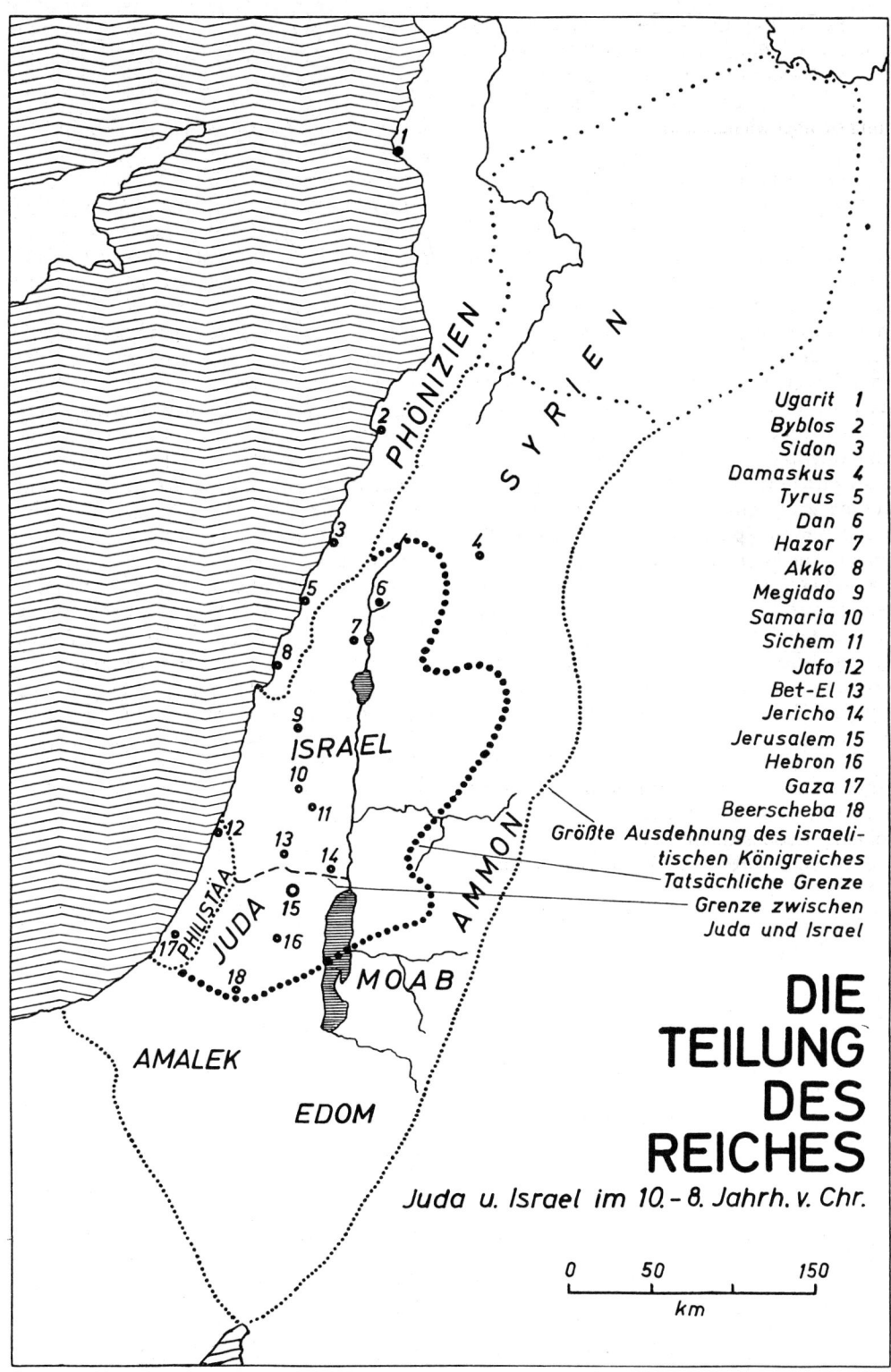

Ugarit 1
Byblos 2
Sidon 3
Damaskus 4
Tyrus 5
Dan 6
Hazor 7
Akko 8
Megiddo 9
Samaria 10
Sichem 11
Jafo 12
Bet-El 13
Jericho 14
Jerusalem 15
Hebron 16
Gaza 17
Beerscheba 18
Größte Ausdehnung des israeli-
tischen Königreiches
Tatsächliche Grenze
Grenze zwischen
Juda und Israel

PHÖNIZIEN

SYRIEN

ISRAEL

AMMON

PHILISTÄA

JUDA

MOAB

AMALEK

EDOM

DIE
TEILUNG
DES
REICHES

Juda u. Israel im 10.- 8. Jahrh. v. Chr.

0   50   150
km

in Damaskus Handelszentralen einrichten dürfen, wie auch umgekehrt die Damaszener in Israel ihre Basare beschicken durften.

In die Zeit nach diesen Kämpfen mit Ben-Hadad ordnet der Königsbuchschreiber die Auseinandersetzung des Königs Ahab mit Nabot (s. d.) um dessen Weinberg ein.

Dann nahte sich für Syrien/Palästina die assyrische Gefahr. Die Abwehrinitiative ergriff Damaskus, das die phönizischen Stadtstaaten, Kilikien, die Ammoniter (s. d.), das Nordreich Israel und mehrere arabische Stämme zu einem Verteidigungsbündnis vereinigte. Die Schlacht bei Karkar am Orontes (854) war zwar trotzdem ein Sieg des Assyrers Salmanassar; aber ohne die Koalition wäre es zu einem noch verheerenderen Ausmaß des assyrischen Raubzuges gekommen.

An den Assyrerfeldzug schloß Ahab, gemeinsam mit Joschafat von Juda, eine Strafaktion gegen Ben-Hadad an, der eine der eroberten Städte – Ramot-Gilead – nicht zurückgegeben hatte, wie es vereinbart war. In diesem Kampf fiel Ahab, und der Krieg wurde abgebrochen.

In der Bibel wird Ahab sehr negativ beurteilt. Die politisch bedingte Milde ist für den judäisch denkenden Königsbuchschreiber Schwäche. Ahabs Baalskonzession bestimmt die ganze Wertung. Der Königsbuchschreiber notierte eben nicht Königsgeschichte, sondern die religiöse Geschichte des Volkes, und das außerdem unter dem Aspekt der alleinigen Rechtmäßigkeit des davidischen Königshauses.

(Zum Folgenden s. auch: 1 Kön 22,52–2 Kön 1,17)
Ahasja (853–852), Ahabs Sohn, folgte König Ahab auf dem Thron des Nordreiches. Den Regierungswechsel benutzten wahrscheinlich die Moabiter, um ihre Freiheit zu erklären. Ahasja scheint dagegen nichts unternommen zu haben – oder er konnte (wegen eines Unfalls) nichts dagegen unternehmen.

Seine religiöse Haltung war die Toleranz gegen alle Götter. Als er nach dem Unfall eine Botschaft nach Ekron schickte, um ein Orakel vom Philistergott Beelzebul einzuholen, trat Elija den Abgesandten entgegen. Daraufhin versuchte der König, sich des Elija zu bemächtigen. An den Folgen des Unfalls starb er (1 Kön 22,52–54; 2 Kön 1,1–18).

Klarschrift des Meschasteins, den der moabitische König Mescha/Mesa, etwa im Jahre 835 v. Chr., als Triumphtafel in seiner Stadt Dibon aufstellen ließ, nachdem das Haus Omri in Israel gestürzt worden war. Hier einige Zeilen aus dem Dokument:
„Ich (bin) Mescha, der Sohn des Kemosch – [...], des Königs von Moab, des Diboniters. Mein Vater regierte über Moab dreißig Jahre, und ich regierte nach meinem Vater, – (der) diese hohe Stätte für Kemosch machte in Qarhoh [...], denn er rettete mich von allen meinen Feinden und ließ mich über alle meine Gegner triumphieren. Omri, der König von Israel, demütigte Moab viele Jahre lang, denn Kemosch war ergrimmt über sein Land. Und sein Sohn folgte ihm, und auch er sagte: „Ich will Moab demütigen". Zu meiner Zeit sagte er (dies), aber ich habe triumphiert über ihn und sein Haus, und Israel wurde vernichtet für immer! (Jetzt) hat Omri das Land von Madeba besetzt und Israel hat dort gewohnt während seiner Zeit und der Hälfte der Zeit seines Sohnes (Ahab), vierzig Jahre; aber Kemosch wohnte dort zu meiner Zeit. Und ich baute Baal-meon und die Zisterne darin, und ich baute Qaryaten. Nun hatte der Stamm Gad immer im Land Atarot gewohnt; und der König von Israel hatte Atarot für sich gebaut. Und ich kämpfte gegen die Stadt und nahm sie, und ich erschlug alle Leute in der Stadt zur Genugtuung für Kemosch und Moab ... Und Kemosch sagte zu mir: „Geh, nimm Nebo von Israel!" So ging ich bei Nacht und kämpfte gegen sie von Tagesanbruch bis Mittag, und ich besiegte sie und erschlug alle, 7000 Männer, Knaben und Frauen, Mädchen und Dienerinnen, denn ich hatte sie zur Vernichtung Aschtor-Kemosch geweiht ..."
(nach Harding, Auf biblischem Boden, 1961, S. 43).

(Zum Folgenden s. auch: 2 Kön 3,1–27 und ff. Kapitel)
König Joram (852–841), Sohn Ahabs und Bruder seines Thronvorgängers, versuchte, die Moabiter (s. d.) wieder unter seine Herrschaft zurückzuführen. Aber obwohl er mit König Joschafat von Juda und dem König von Edom gemeinsam gegen Moab kämpfte, konnte der moabitische König Mescha die Unabhängigkeits Moabs behaupten. Kurz vor Besiegung der Moabiter opferte König Mescha von Moab auf den Mauern der Stadt, im Angesicht der Feinde, seinen ältesten Sohn dem moabitischen Gott Kemos. Dieses Zeichen äußerster Entschlossenheit hob den Kampfgeist der Moabiter und schwächte die Kampfmoral der Angreifer. Moab kämpfte sich frei. Auf dem „Mescha-Stein" ist dieses für Moab wichtige Ereignis festgehalten, Joram brach den Feldzug ab.

Nachdem in Damaskus der israelfeindliche Ben-Hadad II. von seinem Minister Hasaël ermordet worden war, folgte ihm dieser (etwa 845 v. Chr.) auf den Thron (2 Kön 8,15).

(Zum Folgenden s. auch: 2 Kön 9,1–10,36)
Es scheint, daß Joram einen Augenblick der schwankenden Macht Hasaëls benutzen wollte, um das von Damaskus immer noch nicht zurückgegebene Ramot-Gilead für Israel wiederzuerobern. Auch diesmal zog ein judäisches Heer mit, unter König Ahasja von Juda. Aber in der Schlacht bei Ramot-Gilead wurde König Joram verwundet (842); er kehrte nach Jesreel (s. d.) zurück. Während seiner Krankheit unternahm Jehu seinen Staatsstreich, bei dem Joram ermordet wurde. Mit ihm wurde das ganze Haus Omri ausgerottet. Auch Isebel (s. d.) fiel dem Morden zum Opfer.

Joschafat half auch Ahabs Sohn und Nachfolger Joram von Israel, als dieser gegen Moabiter zog, um sie unter die Botmäßigkeit Israels zurückzuführen – was allerdings mißlang (1 Kön 22,41–51).

Im vierten Jahre Jorams von Israel starb Joschafat von Juda. Ihm folgte sein Sohn Joram.

(Vergleiche hierzu 2 Chr 17,1–20,37: Joschafat-Kapitel.)

(Zum Folgenden s. auch: 2 Kön 8,16–24)
Joram von Juda (849–842) war mit Ahabs und Isebels Tochter Atalja verheiratet. Diese Ahabstochter begünstigte den Baalsdienst in Juda, so daß nach der Zeit Joschafats, der die reine Jahwereligion in Juda gefördert hatte, die königliche Religionspolitik im Südreich wieder wechselte. Joram stand ganz unter Ataljas Einfluß. Der Mord an seinem Bruder – sobald er auf den Thron gekommen war – mag auch auf Ataljas Einfluß zurückzuführen sein.

In seiner Zeit wurden die Edomiter (s. d.) durch das Beispiel Moabs ermutigt, von ihrem Oberherrn Juda abzufallen. Wenn Israel, Juda und die Edomiter gemeinsam Moab nicht zwingen konnten, mochte es auch Edom gelingen, Juda allein zu widerstehen. Edom gelang der Unabhängigkeitskampf. Joram konnte Edom nicht bezwingen. (Vgl. 2 Chr 21).

(Zum Folgenden s. auch: 2 Kön 8,25–29)
Ahasja von Juda (842) – Ochozias/Joachaz/Achazijahu – folgte als Zweiundzwanzigjähriger seinem Vater Joram von Juda. Auch er setzte die Kooperation mit Israel fort. Er kämpfte, zusammen mit seinem Onkel Joram von Israel, dem Bruder seiner Mutter Atalja, gegen Hasaël von Damaskus.

Kurze Zeit nach der verlorenen Schlacht von Ramot-Gilead (842) machte Ahasja einen Besuch bei seinem verwundeten Onkel Joram in Jesreel (S. 803); so geriet er in die Wirren des Jehu-Aufstandes. Er floh zwar, wurde aber als Helfer und Verwandter Jorams von Jehus Leuten verfolgt und in seinem Wagen auf der Flucht verwundet. Er starb in Megiddo.

Seine Religionspolitik ging in den Bahnen seines Vaters, oder besser: seiner Mutter Atalja, der Tochter Ahabs und Isebels. Er war tolerant gegenüber dem Baalskult, weswegen er in der Bibel ungünstig beurteilt wird (Vergleiche hierzu auch 2 Chr 22,1–9.).

35a. Die Dynastie Jehu in Israel (842–743) war als religiöses Reformkönigtum an die Macht gekommen.

(Zum Folgenden s. auch: 2 Kön 9,1–10,36)
Jehu (842–815), der ein Heerführer Ahabs und Jorams gewesen, war von den Propheten Elija (s. d.) und Elischa (s. d.) und den Rekabitern[12] zum Kampf gegen Joram angefeuert worden; die Absicht war, durch Jehu den Baalskult auszurotten. Jehu ließ alle Baalspriester töten und die Baalsheiligtümer abbrechen; den „Stierdienst" in Bet-El (s. d.) und Dan (s. ob. in Nr. 32) griff er jedoch nicht an.

Der neue König wandte sich damit von dem Regierungsprogramm der Omriden ab; dies konnte er aber nicht nur durch seine religiöse Reformlinie bezeugen. Der Baalskult war in Israel vor allem durch die Verbindung mit den phönizischen Städten eingeführt worden. Die Liquidierung des Baalskultes bedeutete deshalb auch Bruch mit Phönizien. Außerdem hat Jehu aber auch das freundschaftliche Verhältnis zum Reiche Juda nicht weitergeführt; im Anfang, als die Ahabtochter Atalja Königin in Juda war, war dies selbstverständlich; aber auch später kam es zu keiner Annäherung. Allerdings kann die Zementierung dieses Bruchs auch von dem einflußreichen Priester Jojada ausgegangen sein, der mit dem Davidenhaus eng verbunden war, und überhaupt von den Daviden; denn nachdem Jehu den König Ahasja von Juda und einen großen Teil des königlichen Hauses David beim blutigen Staatsstreich gegen den Thron Israels umgebracht hatte, konnte in Juda für eine Verbindung mit Jehu keine große Neigung bestehen.

Ein anderes Erbe der Omriden konnte Jehu jedoch nicht so einfach ablegen: die Feindschaft der Aramäer von Damaskus, wo Hasaël regierte. Zwar war Hasaël zunächst durch die Angriffe der Assyrer (s. d.) gegen Damaskus

35b. Gleichzeitig mit der Dynastie Jehu in Israel regierten in Juda drei Könige, nachdem das Regiment Ataljas beseitigt worden war.

(Zum Folgenden s. auch: 2 Kön 11,1–20)
Atalja (842–836), die Tochter Ahabs und Isebels, war im Zuge der Annäherungspolitik zwischen Israel und Juda die Gattin des Königs Joram von Juda geworden. Nachdem Jehu ihr ganzes Stammhaus ausgerottet und auch ihren Sohn Ahasja, König von Juda, umgebracht hatte, verfiel sie in eine Art von Thronbehauptungswahnsinn: sie ließ in Juda alle Daviden, die Jehu nicht erreicht hatte, ermorden und riß selbst die Herrschaft in Juda an sich. Was sie vorher schon als Gattin Jorams getan hatte, führte sie nun in großem Stil weiter: sie organisierte in Jerusalem und Juda den Baalskult.

Nach sechs Jahren gelang dem Jahwepriester Jojada eine Palastrevolution: bei der Ermordung der Daviden durch Atalja war nämlich ihr Enkel Joasch, der damals noch ein Säugling war, gerettet worden. Jojada rief den nunmehr Siebenjährigen unter starker militärischer Bewachung vor dem Tempel zum König aus und salbte ihn. Das Volk jubelte ihm zu. Als sich Atalja dagegen auflehnte, wurde sie niedergehauen.

(Vergleiche hierzu 2 Chr 22,10–23,2: Atalja).

(Zum Folgenden s. auch: 2 Kön 12,1–22)
Joasch (836–797) war sechs Jahre im Tempel verborgen gehalten worden. Die Frau des Priesters Jojada hatte ihn vor der mordenden Atalja gerettet. So stand er stark unter dem Einfluß des Priesters Jojada, der ihn auf den Thron gebracht hatte. Deshalb ließ er zunächst den Tempel erneuern, der unter Atalja vernachlässigt worden war.

Nach dem Tode Jojadas, als Joasch herangewachsen war, wandte er jedoch nichts dagegen ein, daß sich im Tempel wieder heidnische Kultbräuche breitmachten. Jojadas Sohn, der Prophet Sacharja, kritisierte diese Bräuche, was der König als Eingriff in seine Herrenrechte ansah, so daß er Sacharja hinrichten ließ (Lk 11,51).

Als Hasaël von Damaskus gegen die Philister zog, lieh Joasch den Philistern militärische Hilfe, was zur Folge hatte, daß sich Hasaël nach Niederringung der Philister gegen Jerusalem wandte. Joasch konnte sich nur dadurch gebunden. Da aber nach dem Abzug der Assyrer sich Hasaël jederzeit wieder gegen Israel wenden konnte, versuchte Jehu sich durch Tributzahlung an Salmanassar von Assyrien unter den Schutz Assyriens zu stellen, als Salmanassar sich in Damaskus aufhielt. Auf dem sogenannten „Schwarzen Obelisken" ist diese Tributzahlung und Unterwerfung Jehus vor dem Assyrerkönig Salmanassar dargestellt. Die Säule spricht von „Jehu vom Haus Omri": mit „Omri" bezeichnete Assyrien das Reich Israel, was wiederum das große Ansehen Omris bestätigt.

Mit dem Jahre 838 stellte der Assyrer Salmanassar seine Feldzüge gegen Damaskus ein, womit Damaskus wieder freier wurde; und sofort begann Hasaël seinen Kampf gegen Israel, um dessen ostjordanische Reichsteile unter die Herrschaft von Damaskus zu bringen. Jehu verlor das nördlich des Jabbok gelegene Gilead (s. d.). Das Gilead südlich des Jabbok nahmen ihm die Ammoniter (s. d.) fort, die die geschwächte Lage Israels ausnutzten. Und im Südwesten begannen die Philister (s. d.), durch Hasaël von Damaskus mobilisiert, neue Angriffe gegen Israel. – So wurde die Zeit Jehus für Israel eine Zeit der Kriegsnöte.

(Zum Folgenden s. auch: 2 Kön 13,1–9)
Joahas (815–799), Jehus Sohn, mußte sich weiterhin gegen Damaskus wehren und unterlag ihm. Damaskus verbot ihm jegliche Kriegsmacht und gestattete ihm lediglich zehn Streitwagen und fünfzig Reiter als Leibwache.

(Zum Folgenden s. auch: 2 Kön 13,10–25)
Joasch (799–784), Sohn des Königs Joahas, profitierte von dem neuen Aufmarsch Assyriens gegen Damaskus. Der Assyrerkönig Adad Nirari III. besiegte Damaskus und zwang es zu Tribut und Unterwerfung. Sofort wandte sich Joasch gegen Damaskus (Ben-Hadad III.) und holte die unter Jehu an Hasaël verlorenen Gebiete östlich des Jordan zurück.

retten, daß er Hasaël den ganzen Tempelschatz als Tribut übersandte. Das war gegen 797; kurz darauf wurde er ermordet. Der Mord muß als Kritik an seiner mißglückten Außenpolitik und an der Plünderung des Schatzhauses gewertet werden.

(Vergleiche hierzu 2 Chr 24,1–27: Joasch).

Der Schwarze Obelisk aus dem Jahre 841 v. Chr. ist ein Triumphzeugnis des Assyrerkönigs Salmanassar III. Der Kalksteinobelisk ist 2 m hoch.

Nachdem Joasch seinen Sohn Jerobeam 793 zum Mitregenten erhoben hatte, zog er 792 gegen Juda. Der Anlaß ist nicht klar ersichtlich. Nach Andeutungen der Bibel (2 Kön 14,8–14) ging der Konflikt von Juda aus. Wahrscheinlich hatte König Amazja von Juda dem König von Israel vorgeschlagen, er solle seine Tochter dem Kronprinzen Asarja von Juda zur Frau geben, wodurch sich Joasch beleidigt fühlen mochte (2 Kön 14,9). In einer Schlacht bei Bet Schemesch unterlag Juda, Joasch nahm Jerusalem ein, riß einen Teil der Mauern ab und plünderte den Tempelschatz sowie das Schatzhaus des Königs.

(Zum Folgenden s. auch: 2 Kön 14,1–22)
Amazja (797–779), Sohn des Joasch, hatte offensichtlich eine außenpolitische Konzeption: Er zog gegen die Edomiter (s. d.), um den Weg nach Ezjon-Geber (s. d.) wieder frei zu haben; denn seit Joschafat oder Joram war dieser Weg durch den Abfall der Edomiter versperrt. Der Feldzug gelang ihm. Danach wandte er sich an König Joasch von Israel und bat ihn um dessen Tochter für seinen Sohn Asarja. Er versuchte also mit Israel durch Verschwägerung bessere Beziehungen anzuknüpfen. Aber Joasch von Israel lehnte das ab, worauf es zu einem kurzen Krieg kam, bei dem Amazja gefangengenommen wurde.

Damals scheint das Volk den sechzehnjährigen Sohn des Amazja, Asarja, zum Regenten gewählt zu haben. Ob Amazja je noch einmal frei gelebt hat, wissen wir nicht. Später ist er nach Lachisch geflüchtet, wo er 779 ermordet wurde. Als Grund dafür gibt die Chronik (2 Chr 25,27) die Einführung des Kultus für edomitische Götter an: dadurch fand sich in Kreisen der Jahwepriester eine Verschwörungsgruppe zusammen, vor der der König nach Lachisch floh. Wahrscheinlicher ist aber,

König Jehu von Israel bringt dem Assyrerkönig Salmanassar III. seinen Tribut dar (Detail vom Schwarzen Obelisken). Die Keilschriftinschrift über der Darstellung besagt: „Tribut des Jau vom Hause des Omri: Silber." Omri ist hier als Bezeichnung für das Nordreich Israel zu lesen, nicht etwa als Bezeichnung für eine Familienzugehörigkeit; denn Jehu war es ja gerade, der das Haus Omri stürzte.

daß man nach seiner Flucht aus der Gefangenschaft von ihm die Abdankung zugunsten seines Sohnes Asarja verlangte und daß er sich weigerte. Daß die Ermordung von Asarja selbst inszeniert wurde, ist nie behauptet worden.

(Vergleiche hierzu 2 Chr 25,1–28: Amazja/ Amazjas Übermut und Tod.)

(Zum Folgenden s. auch: 2 Kön 14,23–29) *Jerobeam II. (784–744)* führte die Wiedereroberungen im Ostjordanland fort. Unter ihm erreichte das Nordreich Israel den Höhepunkt seiner wirtschaftlichen und politischen Macht. Freilich stellten sich gleichzeitig damit auch die üblichen üblen Begleiterscheinungen ein: soziale Gegensätze, soziale Ungerechtigkeit, Luxus auf der einen Seite und Not auf der Seite derer, die diesen Luxus bezahlen mußten. Die Propheten Amos (s. d.) und Hosea (s. d.) traten in dieser Zeit als Kritiker solcher Entartung auf.

Aber anscheinend vergaß Jerobeam nicht, daß Damaskus durch Assyrien besiegt war und daß es eines Tages auch vor Samaria erscheinen könnte. Vielleicht sandte er deswegen den Propheten Jona nach Assyrien, um dort die Lage Assyriens zu erkunden oder sogar mit einer politischen Mission. Genaueres wissen wir darüber nicht.

(Zum Folgenden s. auch: 2 Kön 15,8–12) *Secharja (743)*, Jerobeams Sohn, war nur sechs Monate König. Jerobeam war kräftig genug, auch die widerstrebenden Kräfte seines Reiches in der Hand zu behalten. Sein Sohn fiel jedoch einer Verschwörung zum Opfer, die von aramäerfreundlichen israelitischen Kreisen angezettelt wurde. Zuerst wurde er gestürzt und dann von Schallum ermorder, der auf dem Thron sein Nachfolger wurde. Secharja war der letzte König der Dynastie in Israel (2 Kön 15,8–11).

36a. Das Ende des Nordreiches Israel wurde wahrscheinlich heraufbeschworen durch die Verbindung, die seine Könige mit Damaskus eingegangen waren.

(Zum Folgenden s. auch: 2 Kön 15,13–16) *Schallum (743)* hatte König Secharja wohl deshalb ermordet, weil dieser die aramäerfeindliche Politik seiner Vorgänger weiterführte. Sallum/Schallum/Sellum gehörte wahr-

(Zum Folgenden s. auch: 2 Kön 15,1–7) *Asarja (779–739)*, auch Usija genannt, Sohn Amazjas, regierte als Regent und König mehr als fünfzig Jahre. Wie Israel unter Jerobeam II. hatte Juda unter Asarja seine wirtschaftliche und politische Blütezeit.

Im Jahre 743, als Assyrien unter Tiglat-Pileser III. zu neuer Stärkung seiner Macht ansetzte, war es wahrscheinlich Asarja, der eine vorbeugende Koalition der syrisch-palästinensischen Staaten gegen Assyrien zusammenbrachte. Wenigstens sah Tiglat-Pileser in Asarja den Anführer der Koalition. Aber zunächst hatte dies für Juda noch keine Auswirkungen.

Da Asarja gegen Ende seines Lebens vom Aussatz (s. d.) befallen wurde, war in den letzten Jahren sein Sohn Jotam Mitregent.

(Vergleiche hierzu 2 Chr 26,1–23: Usija/ Asarja.)

36b. Während der zwanzig letzten schicksalhaften Jahre Israels (743–722) regierte in Juda zunächst noch Asarja (bis 738), allerdings bereits vertreten durch seinen Sohn Jotam. In diesen letzten Jahren des Königs Asarja begann die Wirksamkeit des Propheten Jesaja.

scheinlich zu einem Kreis von Leuten, die die weiche Haltung gegen Assyrien nicht billigten und sich lieber mit dem Nachbarn Damaskus aussöhnen wollten, um zu gegebener Zeit gemeinsam gegen Assyrien antreten zu können. Diese Konzeption wurde inzwischen wohl auch von Damaskus propagiert, und es ist nicht ausgeschlossen, daß hinter dem Mord Schallums an König Secharja die Aramäer standen.

Jedoch konnte Schallum sich nur einen Monat lang seiner königlichen Würde freuen. Ein israelitischer General, der die assyrer-freundliche Politik der Jehu-Dynastie vertrat, ermordete Schallum und ließ sich selbst zum König ausrufen.

(Zum Folgenden s. auch: 2 Kön 15,17–22)
Menahem *(743–738)*, der Mörder Schallums, wartete zu, bis es an der Zeit war, die Weiterführung der alten Assyrienpolitik zu offenbaren. Als dann Tiglat-Pileser III. im Jahre 738 in Syrien/Palästina erschien, um von den Staaten allgemeine Unterwerfung zu verlangen, zahlte Menahem ohne Widerstand Tribut. Er legte eine Summe von tausend Talenten[13] auf die Großgrundbesitzer um, die zur Heerbannfolge verpflichtet waren, und beruhigte so den Assyrerkönig nicht nur, sondern interessierte ihn mit dieser hohen Tributleistung auch für den Weiterbestand seines Königtums.

Siegel des Schemá aus Jaspis (3,8 cm lang), in der Form eines Skarabäus, auf der Flachseite einen brüllenden Löwen als Siegelbild zeigend und mit der Inschrift in kanaanitischer Schrift: le-Schemá, äbäd-Jerobeam (gehörig „dem Schema, Knecht Jerobeams"). Für gewöhnlich nimmt man an, daß Schemá ein Minister („Knecht") König Jerobeams II. war, der von 785 bis 743 v.Chr. Israel regierte. Die Skarabäusform des Siegels zeigt den starken ägyptischen Einfluß in Palästina; in Mesopotamien bevorzugte man das Rollsiegel (s. d.). Obwohl der Löwe ein Zeichen Judas war, ist die Zuschreibung an einen Nordreichbeamten dennoch auch heraldisch möglich, wie Dtn 33,22 bezeugt: „Dan ist ein junger Löwe."

Das Siegel wurde in Meggido (s. d.) gefunden, und zwar in der Schicht des 8. Jahrhunderts v. Chr.

Inschrift vom Ossuar des Königs Asarja: „Hierher wurden die Gebeine Usijas, des Königs von Juda, gebracht. Öffne nicht!" Der aussätzige König Asarja wurde nicht in den Königsgräbern, sondern in der Nähe der Königsgräber beigesetzt. Bei Bauten König Agrippas II. stieß man auf das Grab. Man sammelte die Gebeine in ein Ossuar und brachte dabei die obige Inschrift an. Die Inschrift (Steingröße 35 × 36 cm) stammt also aus dem Jahrhundert der Apostel. Sie ist die längste erhaltene aramäische Inschrift (gefunden 1932 von Prof. Sukenik, Jerusalem).

[13] Siehe im Kapitel „Geld".

(Zum Folgenden s. auch: 2 Kön 15,23–26)
Pekachja *(737–736)* versuchte wohl, diese Politik seines Vaters weiterzuführen. Inzwischen hatte sich aber die Opposition, die mit Schallum im Jahre 743 einen ersten Versuch gemacht hatte, an die Macht zu kommen, wieder zum Handeln aufgerafft. Der Leibwächter Pekachjas, Pekach, muß einer der Führer dieser Opposition gewesen sein. Er ermordete Pekachja und ließ sich selbst zum König ausrufen.

(Zum Folgenden s. auch: 2 Kön 15,27–31)
Pekach *(736–733)* verfolgte nun die andere politische Linie: Koalition mit Damaskus gegen Assyrien. Als Rezin von Damaskus und Pekach von Israel sich bemühten, auch Juda für die Koalition zu verpflichten, lehnte Juda ab. Die Koalition (Damaskus, Israel, Ammon, Moab, Edom und die Philister) wandte sich deshalb zunächst gegen Juda, um dort einen anderen König einzusetzen, der bereit wäre, am Kampf gegen Assyrien teilzunehmen. Da rief der König von Juda Tiglat-Pileser von Assyrien zu Hilfe. So zog Tiglat-Pileser im Jahre 733 nach Syrien/Palästina, und zwar vor allem gegen Israel. Er eroberte weite Teile des Landes, so daß nur noch ein Rumpfstaat Efraim übrigblieb. Viele angesehene Bewohner ließ er deportieren.

Diese ganze Niederlage schrieb man mit Recht Pekachs assyrienfeindlicher Politik zu. Trotzdem war der nun folgende Sturz Pekachs und seine Ermordung nicht etwa das Zeichen für den Abbruch dieser Politik, sondern nur für eine Weiterführung mit anderen Mitteln, wie das Verhalten seines Mörders Hoschea, der ihm auf dem Thron folgte, zeigt.

(Zum Folgenden s. auch: 2 Kön 17,1–41)
Hoschea *(733–725)* war kein Assyrerfreund. Als er seinen Vorgänger ermordete und sofort als neuer König an Tiglat-Pileser Tribut zahlte, hatte er damit wohl zweierlei geplant: Er wollte den noch nicht besetzten Teil Israels als Staat retten. Der Königsmord und der gleichzeitige Tribut konnten dem Assyrer beweisen, daß dieser Reststaat anders regiert werden sollte als unter Pekach. Die erwartete Folge trat ein; Tiglat-Pileser zog seine Truppen zurück und bestätigte Hoschea als König über den Reststaat; das übrige Israel wurde assyrische Provinz.

(Zum Folgenden s. auch: 2 Kön 15,32–38)
Jotam *(738–736)* wurde in seinem letzten Jahr vor die schwere Frage gestellt, ob er der anti-syrischen Koalition der übrigen syrischpalästinensischen Staaten beitreten sollte. Grundsätzlich war er nicht gegen eine solche Politik; auch sein Vater Asarja hatte den Aufstand vom Jahre 743 gegen Assyrien gestützt. Inzwischen aber hatte sich gezeigt, daß der Assyrer lebensbedrohlich handeln konnte. Aber er wird die Frage nicht mehr entschieden haben; er starb im Jahre 736.

(Vergleiche hierzu 2 Chr 27,1–9: Jotam.)

(Zum Folgenden s. auch: 2 Kön 16,1–20)
Ahas *(736–721)*, Jotams Sohn, entschied die Frage dann dahin, daß er sich dem Koalitionsbündnis versagte. Daraufhin wurde er von seinen Nachbarn, die ihn zur Koalition eingeladen hatten, hart bedrängt: die Philister eroberten mehrere Städte im Westen Judas; die Edomiter fielen von Juda ab, die judäischen Stützpunkte am Roten Meer nahm ihm Damaskus fort und gab sie den Edomitern zurück; Damaskus und Nordisrael zogen gegen Jerusalem (syrisch-efraimitischer Krieg), um den davidischen König durch einen Aramäer zu ersetzen und so Juda in die gegen Assyrien gerichtete Koalition einzubeziehen.

Da ging Ahas ganz auf assyrischen Kurs. Der Prophet Jesaja mahnte ihn, ruhig Blut zu bewahren und nicht Assyrien um Hilfe zu rufen. Aber Ahas wollte sichergehen. Er opferte den assyrischen Göttern, auch dem Moloch, für den er seinen eigenen Sohn „durchs Feuer gehen ließ". Er sandte einen großen Teil des Tempelschatzes an Tiglat-Pileser, bat um Hilfe und unterwarf sich: „Dein Knecht und dein Sohn bin ich" (2 Kön 16,7).

Als dann der Assyrer gegen Israel und Damaskus zog, gaben beide die Belagerung Jerusalems auf. Als im Jahre 732 die Koalitionskönige in Damaskus vor Tiglat-Pileser ihre Unterwerfung durch Tribute bewiesen, ging auch Ahas nach Damaskus und unterwarf sich. Dann änderte er in Jerusalem das Tempelritual, einschließlich des Opferaltares. Die Unterwerfung war vollkommen.

(Vergleiche hierzu 2 Chr 28,1–27: Ahas/Die Bedrängnis durch Assur.)

Aber Hoschea wollte nur Zeit gewinnen. Eine Zeitlang verhielt er sich ruhig. Als sich jedoch das zersplitterte Ägypten zum Kampf gegen das immer weiter vordringende Assyrien sammelte, nahm er Verbindung zu Ägypten auf. Aber sicherlich gehörten auch andere palästinensische Staaten zu dieser Verschwörung. Als dann Tiglat-Pileser starb, verweigerte Hoschea den Tribut. Der Assyrerkönig Salmanassar V. ließ darauf im Jahre 725 auch den Rest Israels besetzen. König Hoschea konnte aufgebracht und gefangengenommen werden. Der Staat Israel hatte aufgehört zu existieren. Zwar mußte die Stadt Samaria noch etwa drei Jahre belagert werden; aber auch sie fiel im Jahre 722.

Inzwischen war in Assyrien auf Salmanassar V. König Sargon II. gefolgt. Sargon ordnete weitere Deportationen an und füllte das Land mit Umsiedlern aus seinen mesopotamischen Reichsteilen auf (vgl. den Artikel „Die Samariter")

Sargon II., der Assyrerkönig, der die Eroberung Samarias im Jahre 722 zu Ende führte. Das Relief ist 2,5 m hoch – Sargon II. kam zwar als Usurpator auf den assyrischen Thron, wurde aber einer der bedeutendsten Herrscher, der vor allem um die kulturelle Entwicklung hohe Verdienste hat.

RESTREICH JUDA

37. Das Verhältnis des Reiches Juda zu den Assyrern war seit dem Vasallenschwur seines Königs Ahas (732) festgelegt. Juda war Tributärstaat, Vasallenstaat. Der Assyrerkönig war sein Großkönig.

(Zum Folgenden s. auch: 2 Kön 18,1–20,21)
König Hiskija (721–693) bestieg in Juda fast zur gleichen Zeit den Thron, als Samaria fiel.[14] Er hatte die Folgen der Revolte gegen Assyrien unzweideutig vor Augen. So verhielt er sich zunächst loyal.

Dann aber ging (um 713) von den Philistern und Ägypten eine neue assyrienfeindliche Welle aus, in die sich auch Hiskija hineinziehen ließ. Der Prophet Jesaja warnte davor, sich auf Ägypten zu verlassen. Anscheinend hatte er Erfolg beim König; denn als der assyrische Sargon im Jahre 711 nach Südpalästina zog, gelang es Hiskija, sich früh genug aus der Konspiration zu lösen; es geschah ihm nichts.

Sobald jedoch in Assyrien Sanherib auf Sargon gefolgt war (705), schaffte Hiskija den assyrischen Staatskult im Tempel ab. Das bedeutete Lossagung von Assyrien. Vielleicht gehörte auch die eherne Schlange, die er – vielleicht auf Rat des Jesaja – vernichten ließ und die als die Eherne Schlange des Moses in 2 Kön 18,4 erwähnt wird, zu diesen assyrischen Kulten (s. oben, Nr. 36b.) In dieser Zeit muß auch der Schiloach (s. d.) gegraben worden sein (etwa 701): als Vorsorge für den Fall einer zu erwartenden Belagerung durch die Assyrer.

Nachdem Sanherib sich in Assyrien durchgesetzt hatte, zog er gegen den revoltierenden Hiskija, der sich bei Ägypten und bei den Philistern Rückensicherung verschafft hatte, um ihn zu bestrafen. Ganz Juda fiel dabei in die Hand Sanheribs. Das Königreich wurde sogar für eine Zeitlang auf den Stadtstaat Jerusalem beschränkt; gegen einen Tribut („dreißig Talente Gold" nennt 2 Kön 18,14) konnte er Jerusalem selbst freikaufen. Der Erfolg war, daß Hiskija assyrischer Vasall blieb; obwohl die Bibel es nicht sagt, wird Hiskija auch wohl oder übel den assyrischen Kult im Tempel wieder eingeführt haben.

(Vergleiche hierzu 2 Chr 29,1–32,33: Zur Geschichte Hiskijas / Die Wiederherstellung des Kultes / Feier des Paschafestes / Neuordnung des Tempeldienstes / Sanheribs Feldzug gegen Jerusalem / Weitere Nachrichten über Hiskija.)

(Zum Folgenden s. auch: 2 Kön 21,1–18)
König Manasse (693–639) änderte daran ebenfalls nichts. Das 2. Buch der Könige schreibt *ihm* die Wiedereinrichtung des fremden Kultes im Tempel zu: „Auch baute er Altäre im Haus des Herrn, obwohl der Herr gesagt hatte: Auf Jerusalem will ich meinen Namen legen" (2 Kön 21,4). Es war die Fortsetzung des aufgezwungenen assyrischen Kultes, die kultische Bestätigung der assyrischen Oberherrschaft (vgl. den Artikel „Die Götter der Völker"), wenn sich auch zweifellos mit dieser Liberalisierung weitere andere Kulte eingeschlichen hatten. Der unter ihm bevorzugte Molochkult im Hinnomtal (s. Ge-Hinnom), bei dem er sogar eigene Söhne geopfert haben soll, ist jedoch wahrscheinlich auf die assyrische Verpflichtung zurückzuführen. König Manasse betrieb allerdings die Aufrechterhaltung des assyrischen Kultes – vielleicht aus Sicherheitsgründen – so intensiv, daß er jeden Warner und jeden, der sich über die fremden Kulte erregte, umbringen ließ. Möglicherweise ließ er auch den Propheten Jesaja töten.

(Vergleiche hierzu 2 Chr 33,1–20: Manasse.)

(Zum Folgenden s. auch: 2 Kön 21,19–26)
König Amon (639–638) verfolgte die Politik seines Vaters weiter. Er wurde bei einer Palastrevolution ermordet (2 Kön 21,19 bis 26).

(Vergleiche hierzu 2 Chr 33,21–25: Amon.)

(Zum Folgenden s. auch: 2 Kön 22,1–23,30)
38. König Joschija von Juda (638–608) war noch ein Junge von acht Jahren, als er nach der Ermordung seines Vaters zum König erhoben wurde. Offenbar haben sich assyrerfeindliche und religiös-reformerische Kreise sofort des jungen Königs als Erzieher bemächtigt, wenn nicht gerade sie sogar dafür gesorgt haben, daß der Knabe und nicht ein anderer König wurde. Anders ist es kaum zu erklären, daß der Enkel Manasses und Sohn Amons (s. oben, Nr. 37) schon in jungen Jahren als Assyrerfeind und religiöser Reformer auftrat.

---

[14] Die Bibel selbst setzt die Belagerung Samarias ins sechste Jahr der Regierung des Hiskija (2 Kön 18,9.10).

Die Deportation wird auf den Siegesdarstellungen immer wieder abgebildet. Die Deportierten tragen ihre besten Kleider, was als Ehrung für den Siegerkönig gedacht ist; denn über einen zerlumpten Feind zu triumphieren galt nicht als ehrenhaft. Das Notwendigste ihrer Habe tragen die Hinweggeführten auf dem Rücken. Das übrige verfiel der Plünderung oder dem Siegerherrscher. Hinweggeführt wurde außerdem die lebende Habe. – Das Beispiel ist ein assyrisches Gipsrelief aus Nimrud, 8. Jahrhundert v. Chr.

Ganz zu diesem Bilde paßt, daß im zwölften Jahr der Regierung des Joschija der Prophet Jeremia (s. d.) und ungefähr gleichzeitig die Propheten Nahum (s. d.) und Zefanja (s. d.) auftraten. Wenn man der Darstellung des Chronikbuches glauben kann (2 Chr 34,3–7), begann Joschija im gleichen Jahr mit seinem Kampf gegen die Höhen (s. d.). Es ist nicht ausgeschlossen, daß dabei als Anreger der Prophet Jeremia im Hintergrund stand. Auch die Ausbesserungsarbeiten am Tempel, die Joschija bald darauf in Angriff nehmen ließ, gehören mit zu seinen ersten Reformen.

Ein Ereignis, das sich bei diesen Ausbesserungsarbeiten am Tempel einstellte, gab der Reform mächtigen Auftrieb. Im Jahre 621 wurde das deuteronomische Gesetzbuch gefunden,[15] das offenbar für die damalige Zeit das einzige wirklich zusammenfassende Gesetzeswerk war; nun ging der König, gestützt auf die Kenntnis des Gesetzes, an die religiös-reformerische Arbeit: er verpflichtete seine Fürsten auf das Gesetz, erneuerte den Jahwebund, säuberte den Tempel von allem fremden Kultwerk (2 Kön 23,4) und griff mit seiner Reformarbeit sogar in die Bereiche des früheren Nordreiches Israel ein.

Diese Maßnahmen, die die biblischen Autoren rein religiös werten, sind aber nicht ohne politischen Aspekt. Die Säuberung des Tempels hieß nämlich vor allem, daß der König die Kultgegenstände für die assyrischen Staatsgötterkulte entfernte. Auch die Liquidierung des Molochkultes, der speziell assyrisch war, wird erwähnt. Dies aber waren erste Maßnahmen gegen das Vasallenverhältnis des Reiches Juda zu Assyrien. Die nachlassende Macht der Assyrer (S. 528, Nr. 9/10) ermutigte Joschija sogar, den Einflußbereich Judas nach Norden zu erweitern, obwohl das frühere Nordreich immer noch die assyrische Provinz Samaria war.

Er besetzte den Bezirk von Bet-El (s. d.) und hob auch hier die assyrischen Staatskulte auf. Aber „Bet-El" ist hier wohl nur stellvertretend für den ganzen südlichen Grenzstreifen der assyrischen Provinz Samaria zu sehen.[16] Joschija begab sich damit auf den Weg, das alte Davidsreich wiederherzustellen. Die

---

[15] Über dieses Gesetzbuch siehe S. 104.
[16] Dies hat A. Alt nachgewiesen: Kleine Schriften zur Geschichte des Volkes Israel II, 1953, S. 276ff.

Assyrer hinderten ihn daran nicht; sie hatten damit zu tun, ihr Restreich zu erhalten.

Einige Bemerkungen in 2 Kön (23,19) lassen erkennen, daß er bald schon seine Macht über die ganze assyrische Provinz Samaria und sogar bis nach Galiläa hin ausdehnte. Die Chronologie für diese stillschweigenden Grenzverschiebungen läßt sich allerdings nicht ermitteln. Es ist aber anzunehmen, daß die Ausdehnung schon vor der Auffindung des Gesetzbuches begann; daß auch die Liquidierung des assyrischen Staatskultes vor der Auffindung des Gesetzbuches begann und durch die Entdeckung der Gesetzesrolle das politische Restaurationswerk und religiöse Reformwerk lediglich seine positive Wendung bekam.

Im Jahre 612 scheint Joschija dann den letzten Schritt getan zu haben, indem er die Tributzahlungen an Assyrien einstellte. Nun war er frei.

Der Pharao Necho II., der dem bedrängten Assyrien gegen das aufstrebende Neubabylonien zu Hilfe eilte, sah sich deshalb beim Durchzug durch Palästina bei Megiddo (s. d.) den Truppen des Joschija von Juda gegenüber, der wohl befürchtete, die Freiheit aufs neue, jedoch nun an Ägypten zu verlieren, denn Assyrien hatte als Preis für die Hilfe Syrien schon an Ägypten abgetreten. Aber Ägypten war stärker als Juda. Joschija wurde niedergeschlagen; zum Kampf ist es anscheinend gar nicht gekommen. Er starb in Megiddo oder an seiner tödlichen Verletzung in Jerusalem. Er wurde achtunddreißig Jahre alt.

(Vergleiche hierzu 2 Chr 34,1–35,27: Joschijas Kampf gegen den Götzendienst / Auffindung der Gesetzbücher / Erneuerung des Bundes / Die Feier des Paschafestes / Joschijas Ende.)

39. *Judas Kampf gegen Babel* setzte mit dem Jahre 605 v. Chr. ein. Zwanzig Jahre vorher hatte sich der chaldäische (babylonische) Fürst General Nabopalassar (nach dem Tod seines assyrischen Königs Assurbanipal) zum unabhängigen König Babels ausgerufen. Im Bündnis mit den Medern – seit 616 – gelang es ihm, 614 die assyrische Stammstadt Assur und 612 die assyrische Hauptstadt Ninive zu erobern und zu zerstören; 610 fiel Haran im Norden, wo eine Assyrergruppe versucht hatte, das Reich neu zu konstituieren; 605 wurde das assyrische Heer und das zur Hilfe aufziehende

ägyptische Heer in der Schlacht von Karkemisch geschlagen. An den babylonischen Siegen hatte den größten Anteil Nabopalassars Sohn Nebukadnezzar. Während Nebukadnezzar das ägyptische Heer bis nach Ägypten verfolgte, erreichte ihn die Nachricht vom Tode seines Vaters.

(Zum Folgenden s. auch: 2 Kön 23,31–24,7)
Ganz Syrien, einschließlich des Königreichs Juda, geriet durch diesen Sieg von Karkemisch unter die Gewalt des neubabylonischen Reiches unter Nebukadnezzar II. Jedoch König Jojakim von Juda (608–597) weigerte sich zunächst, Nebukadnezzar als neuen Oberherrn anzuerkennen. Juda sollte frei sein. Aber Nebukadnezzar griff ein. Damals wurden vielleicht die ersten Trupps judäischer Vornehmer nach Babylon deportiert, unter denen sich der junge Daniel (s. d.) befunden haben mag. Juda mußte sich fügen.

Aber schon drei Jahre später (602) zeigte sich König Jojakim gegenüber Babylon wieder unvorsichtig herausfordernd. Nebukadnezzar schöpfte Verdacht und schickte einige Juda benachbarte Völker gegen das israelitische Südreich, um Jojakim zu beschäftigen. Der Prophet Jeremia warnte vor einem Aufstand gegen die überlegene Macht Babylons. Aber Jojakim betrieb seine Selbständigkeitsbestrebungen weiter. Daraufhin zog Nebukadnezzar selbst gegen Jerusalem, um den rebellischen Vasallen zu strafen. Als er Jerusalem erreichte (597), war Jojakim schon drei Monate tot.

(Zum Folgenden s. auch: 2 Kön 24,8–17)
Der neue König, sein achtzehnjähriger Sohn Jojachin, kapitulierte. Nebukadnezzar verfügte die Deportation des jungen Königs nach Babylon; mit ihm wurden die ganze königliche Familie, der Hofstaat, führende Männer – auch der Prophet Ezechiel (s. d.) –, siebentausend Soldaten und tausend Handwerker nach Babylon abgeführt. Außerdem plünderte Nebukadnezzar den Tempelschatz. Von diesem Jahre 597 („zweite Wegführung") an rechnete man die Babylonische Gefangenschaft der Juden. Nebukadnezzar setzte Mattanja zum neuen König ein und nannte ihn Zidkija (Sedekias). Dieser war zwar auch Davide, aber stammte aus einer Nebenlinie. – Über den Sinn dieser Namengebung durch Nebukadnezzar s. unter „Namensgebung".

(Über die Assyrer, die Babylonier, die Meder: s. unter ihren Namen.)

(Zum Folgenden s. auch: 2 Kön 24,18–25,22)
40. Der Untergang des Reiches Juda kam dann durch Zidkija (seit 597). Wegen seiner Weichheit war er von Nebukadnezzar zum König eingesetzt worden; aber gerade sein Charakter stürzte Juda in die tödlichen Gefahren.

Schon bald begannen die nationalistischen, waghalsigen, antibabylonischen Kreise Judas wieder im Land und außerhalb des Landes gegen Babylon zu wühlen. Der König war sturmreif geredet worden, als 594 Gesandtschaften der Ammoniter[17] und Moabiter[18] sowie aus Tyrus[19] und Sidon[20] kamen, um wegen einer Aufstandskoalition mit Zidkija zu verhandeln. Für die Durchführung hoffte man auf Ägypten.

Als Nebukadnezzar diese Umtriebe gemeldet wurden, verlangte er eine Erklärung von Zidkija. Durch eine Ergebenheitsgesandtschaft (593) und wahrscheinlich auch durch einen persönlichen Besuch in Babylon (593/92) wußte Zidkija aber die Bedenken des babylonischen Außenamtes zu zerstreuen.

Daß man aber allgemein in Jerusalem auch in diesen Jahren seine Hoffnung auf Ägypten setzte, beweist der Kult im Tempel zu Jerusalem, der vor allem ägyptische Götter mit einbezog, wie Ez 8 zeigt; die hier mitgeteilte Schilderung ist für 592 v. Chr. anzusetzen (in Ez 8,1 genau datiert!).

Die Lage hätte sich vielleicht noch lange zwischen Willen zur Rebellion und Aufschub hingezogen, wenn nicht 588 in Ägypten der neue Pharao Hophra/Apries (588 bis 569) die Koalition zur Tat getrieben hätte. Im Jahre 588 verweigerte Zidkija den schuldigen Jahrestribut, worauf Nebukadnezzar sofort seine Truppen in Eilmärschen nach Juda vorrücken ließ. Ab Januar 587 war Jerusalem eingeschlossen.

In den folgenden eineinhalb Jahren, in denen Jerusalem langsam ausgehungert wurde, vollzog sich dann innerhalb der Stadt der dramatische Kampf zwischen Jeremia und der kleinen Gruppe, die wie Jeremia dachte, und den antibabylonischen Kreisen, die die Widerstandskraft des Königs stärkten. Dabei schien sich der ganze Zwiespalt im Schicksal des Jeremia (s. d.) auszutragen. Er warnte auch jetzt noch den König vor weiterem Widerstand, wie er immer vor einer Konspiration gegen Babylon gewarnt hatte. Die Umstände gaben ihm recht; der Pharao kam zwar mit einem Entsatzheer, konnte aber nichts ausrichten – vielleicht wollte er sich auch ernsthaft gar nicht für die kleinen Rebellen einsetzen, nachdem sie ihren Zweck erfüllt hatten, die babylonische Macht zu binden.

Das babylonische Heer nahm alle befestigten Städte Judas ein, bis zuletzt nur noch Lachisch, Aseka und Jerusalem übrig waren. Dann fielen auch Aseka und Lachisch, im Juli 586 Jerusalem. Im August wurden die Stadtmauern zerstört, Palast und Tempel wurden in Brand gesteckt; nur der Brandopferaltar wurde verschont. Hundert vornehme Einwohner wurden hingerichtet.

König Zidkija gelang während der Einnahme der Stadt die Flucht; er wurde aber in der Niederung von Jericho eingefangen. Das Gericht Nebukadnezzars über den König seines Vertrauens war grausam. Er ließ ihn mit seinen Söhnen zu sich nach Ribla am Orontes bringen, wo er sein Hauptfeldlager hatte. Dort ließ er die Söhne des Königs vor dessen Augen abschlachten und Zidkija anschließend blenden, damit das furchtbare Bild dieser Tötung seiner Söhne das letzte sei, was er gesehen hatte. Mit Ketten gefesselt, ließ Nebukadnezzar König Zidkija nach Babylon bringen.

Nach der Einnahme Jerusalems befahl Nebukadnezzar noch einmal eine Deportation; Jer 52,29 spricht von achthundertzweiunddreißig Verschleppten. Das Reichsland Juda wurde zur babylonischen Provinz unter einem Statthalter.

Zum Statthalter ernannte Nebukadnezzar einen Offizier, der zur Parteigruppe des Jeremia gehört hatte: Gedalja (Godolias). Er residierte in der kleinen Stadt Mizpa, sieben Kilometer nördlich von Jerusalem. Gedalja versuchte die Ordnung wiederherzustellen, indem er die Bauern an die Arbeit schickte und die versprengten Heeresreste aufzulösen suchte. Die Offiziere sammelten sich um ihn; auch Jeremia, der auf Befehl Nebukadnezzars im Lande bleiben durfte – wenn er wollte – fand sich bei Gedalja ein. Der Neuaufbau wurde bereits geplant.

Anscheinend war aber den Ammonitern,

[17–20] s. d.

Moabitern und Edomitern, die durch Tribut ihre Unterwerfung schleunigst bekräftigt hatten, der Untergang Judas noch nicht gründlich genug. Sie fanden in dem Daviden Ismael, der in der ganzen Katastrophe hauptsächlich die Katastrophe des davidischen Königshauses sah, ein willfähriges Werkzeug. Gedalja wurde im Winter 586 von Ismael ermordet. Aus Furcht vor den Folgen versuchte er dann die Einwohner von Mizpa – einschließlich der davidischen Prinzessinnen, die Nebukadnezzar der Obhut Gedaljas anvertraut hatte – nach Ammon zu entführen. Aber seine Karawane wurde von den Anhängern Gedaljas eingeholt. Ismael selbst entkam nach Ammon.

Aber die mit Ismael Geflohenen fürchteten sich, nach Mizpa zurückzukehren, weil man sie vielleicht für den Mord an Gedalja mitverantwortlich machen könnte. Die Panik trieb sie nach Ägypten. Jeremia warnte vor der Flucht. Aber die Flüchtenden hörten nicht auf ihn, ja nahmen ihn gegen seinen Willen mit. Von da an wissen wir nichts mehr von Jeremia.

Durch die verschiedenen Deportationen waren etwa zwanzig Prozent der Bevölkerung (Wehrfähige, Handwerker, die Führerschicht) nach Babylon verschleppt worden. Die zurückbleibende Bevölkerung war fast führerlos.

41. Die Zeit des Babylonischen Exils (597–539) ist für die Deportierten eine fast unpolitische Zeit. Sie wurden zum größten Teil in den mittelbabylonischen Bezirk um die Stadt Nippur gebracht, wo sie sich frei bewegen, sich auf Pachtland als Bauern betätigen konnten oder Handel treiben durften. Sie wurden nicht als Sklaven behandelt; wenn sie zu Fronarbeiten herangezogen wurden, so teilten sie dieses Los mit den Babyloniern. Sie hatten die Möglichkeit, in ihren gesellschaftlichen Ordnungen (Sippen, Sippenverbände, Stämme) zu siedeln, und auch in ihren Versammlungen (Ältestenversammlungen und religiösen Zusammenkünften) waren sie nicht behindert. Mit den in Juda zurückgebliebenen Familienangehörigen – etwa achtzig Prozent des Volkes blieben in Juda! – konnten die Deportierten in Verbindung bleiben: sie durften Briefe empfangen und absenden.

Der Sinn der Deportation – von der babylonischen Politik her gesehen – war, das unsichere Tributärvolk um Jerusalem aus der politischen Karte zu streichen; deshalb wurden die Reichen, die führenden Männer und die wichtigsten Handwerker ausgesiedelt. Selbständig wirtschaftende Familien waren dem Babylonier in Babylon wichtiger als Sklaven. Freie Deportierte waren viel ertragreicher.

Für Babylon war die Unterwerfung des Reiches Juda allerdings nur eine Episode in seiner Auseinandersetzung mit Ägypten und ganz Syrien, dessen Völker immer wieder durch Ägypten gegen die jeweiligen mesopotamischen Herrscher mobilisiert wurden. Es gelang Nebukadnezzar, sich so viel Frieden zu verschaffen, daß er in seinem Reich eine rege Bautätigkeit entfalten konnte; unter anderem baute er die Ziggurat E-temen-an-ki wieder auf (s. im Artikel über den Babylonischen Turm) – und dieser Glanz Neubabylons blieb auch auf die Deportierten nicht ohne Eindruck. Aus der langgehegten jüdischen Überzeugung, daß Erfolg ein Geschenk Gottes sei, wandten sich auch manche Juden den Göttern Babylons zu; denn nur ein mächtiger Gott konnte Erfolg verleihen. Zwar kehrten sie damit Jahwe nicht den Rücken – aber es war doch dasselbe Schauspiel wie in Kanaan, wo sie Jahwe und Baal gemeinsam verehrten, oder Baal als Jahwe verehrten und die Kulte vermischten. Aber dieser Synkretismus in Babylon war dennoch ein entscheidender Vorgang; denn im Maße des synkretistischen Liberalismus der einen verschärfte sich die priesterliche Bemühung um die Klarheit der Gesetzes-

Das Siegel des Gedalja wurde in Lachisch gefunden. Die Inschrift in althebräischer Schrift lautet: „Gedalja, der über dem Hause ist." Es ist möglich, daß dieser Gedalja derselbe ist, den Nebukadnezzar nach der Eroberung Jerusalems im Jahre 586 v. Chr. zum Statthalter über Juda einsetzte.

aussagen und im Zusammenhang damit die fast fanatische Jahwegläubigkeit der anderen.

In Babylon erhielten die Gesetze des Pentateuch durch die Endformung der priesterschriftlichen Abschnitte ihre Abrundung, ohne daß der Pentateuch selbst schon Form gewann (s. Priesterschrift). Der große Schöpfungstext entstand (Gen 1,1–2,4a), die große Genealogie von Adam bis Noach wurde entworfen (Gen 5), die Noachgeschichten verkündeten die Universalität des Jahweglaubens und verkündeten die Weltkatastrophen ganz allgemein als Strafgerichte Gottes (Gen 6,5 bis 9,19), der große Semitenstammbaum wurde konstruiert (Gen 11,10–26) und viele Gesetzestexte aus der Tradition in die bestehenden Exodustexte (Ex = 2 Mos) eingebaut sowie das Buch Leviticus (3 Mos) auf Grund des Brauches und des Idealstatus fast ganz abgefaßt. So entstand unter dem Druck der babylonischen fremden Götter ein großer Teil der Bücher, die dem Kult des einen wahren Gottes Stütze geben sollten.

Daneben hielten Propheten wie Ezechiel (s. d.) das Bewußtsein wach, daß das Exil eine Strafe Gottes war, trotz der heilverkündenden Propheten, die den Deportierten mit billigen Trostworten die Verbannung als eine schnell vorübergehende Episode einreden wollten.

Im Kampf mit der Andersartigkeit Babylons bekam der Sabbat (s. d.) ein schärfer geprägtes Antlitz. Die „Heiligung" des Sabbats, die bis dahin für das Volk wohl hauptsächlich in der Sabbatruhe bestanden hatte, erhielt mehr Charakter durch religiöse Aktivität: durch Sabbatbelehrung und Sabbatgebet in der Synagoge (s. d.). Damit Hand in Hand ging die Einprägung der Sabbatheiligkeit, wofür ja gerade der große Schöpfungstext Gen 1,1–2,4a ein großartiges literarisches Beispiel bietet (s. d.).

Auch die Beschneidung (s. d.) wurde mehr pointiert. Während man in Kanaan als Beschnittene unter Beschnittenen wohnte (nur die Philister übten diesen Brauch nicht), lebte man in Babylon als Beschnittene unter Unbeschnittenen. Damit trat die Beschneidung als Zeichen der Auserwählung stärker hervor und wurde auch entsprechend stärker betont. Es darf deshalb nicht übersehen werden, daß Gen 17 allgemein der Priesterschrift (s. d.) zugerechnet wird, die in ihrer Endform wohl in Babylon entstand. Gen 17 gibt der Beschnei-

dung den Sinn des Bundeszeichens, das Jahwe dem Abraham auferlegte. Nicht als ob dies bis dahin ganz und gar nicht im Augenbereich Israels gelegen hätte – aber in Babylon wurde das Beschneidungszeichen als Zeichen der Abhebung von den Babyloniern sozusagen wie von selbst auch als Zeichen der Auserwählung pointiert. Es wurde Zeit, diese Tradition aufzuschreiben! Und man schrieb sie auf.

So vollzog sich in Babylon die Scheidung zwischen denen, die unbedingt an Jahwe glaubten, die in den Synagogen seine Weisungen hörten, die mit religiösem Eifer den Sabbat hielten, die die Beschneidung als Bundeszeichen übten, und jenen, die *auch* Babylons Götter verehrten, die Jahwes Weisungen mit babylonischer Weisheit verschnitten, die den Sabbat nicht heiligten und um der Assimilation willen auf die Beschneidung verzichteten. Durch diesen dialektischen Prozeß wuchs neben den liberalen babylonischen Juden, die sich akklimatisierten, eine fast sektenhaft strenge Kultgemeinde heran, die nicht nur aus dem Gegensatz zu Babylon, sondern auch aus dem Gegensatz zu den liberalen Juden ihrer Umgebung lebte und aus der Sehnsucht nach dem Tempel, der sich in ihrer Vorstellung immer mehr idealisierte. Ezechiel (s. d.) entwarf deshalb einen Plan für den Wiederaufbau des Tempels und Jerusalems. Seit dieser Zeit wird Jerusalem die Stadt der jüdischen Sehnsucht: der „Zionismus" wurde in Babylon geboren.

Die in Judäa Zurückgebliebenen (etwa achtzig Prozent) hatten in dieser Zeit ihre eigene Entwicklung; leider wissen wir daüber nur wenig:

Der babylonische Heerführer und Statthalter in Jerusalem (Nebuzaradan) führte eine Bodenreform durch, indem er das Land der deportierten Großgrundbesitzer aufteilte. So entstand in Judäa eine Kleinbauernwirtschaft: mit einem Volk, das von der Erde lebte (*am-ha'árez*: Volk der Erde, Volk des Landes – dieser Ausdruck wurde wahrscheinlich nach der Rückkehr der Deportierten geprägt und bezeichnete von Anfang an einen Gegensatz zu den kultisch und sehr nach der Tora orientierten Heimkehrern). Diese Kleinbauern nahmen sehr bald die Religion der Kanaaniter an; nur ein kleiner Teil – vor allem die Gruppe um Jeremia (s. d.) und nach der erzwungenen

Flucht des Propheten seine Anhänger – hielt den alten Glauben hoch und versammelte sich in Synagogen (s. d.), die hier wie in Babylon entstanden, in Babylon aber wohl eher nach dem Beispiel in Juda denn umgekehrt.

RESTAURATION

42. *Die Heimkehr* stand schon in Aussicht, als Kyrus II., König der Perser (s. d.), nach Niederwerfung der Meder (553 v. Chr.) und Lyder (546 v. Chr.) sich auch gegen Babylon wandte. Es gehörte zur Eigenart der persischen Provinzialpolitik, den besiegten Völkern ihre Kultur und Religion zu lassen. Als sich Kyrus nun auch gegen Nabonid von Babylonien (s. d.) wandte, erhofften die Familien der deportierten Juden, soweit sie noch an Heimkehr dachten, von Kyrus alles. Ein Niederschlag dieser Hoffnungen ist der Deutero-Jesaja (Jes 40–55, vgl. vor allem Jes 41).

Nachdem Kyrus Babylon erobert hatte (539 v. Chr.) und die Juden sahen, daß er dort den einheimischen Marduk-Kult wiederherstellte, den König Nabonid durch einen Mondkult verdrängt hatte, ließen sie Kyrus auf den von Nebukadnezzar aufgehobenen Jahwekult in Jerusalem aufmerksam machen. Kyrus nahm die Anregung auf, ließ unter jüdischer Assistenz eine Anweisung entwerfen, die einer jüdischen Abordnung die Rückkehr nach Jerusalem auferlegte und die Wiederaufnahme des Kultes in Jerusalem gebot, damit auch „der Gott, der in Jerusalem ist", richtig verehrt werde. Diese Formel (Esra 1,3) ist so typisch polytheistisch[21] daß sie die sonst wie eine unglaubliche Anerkennung Jahwes anmutende Anweisung als echt ausweist – wenn auch nicht Wort für Wort. Mit der Ausführung dieser übrigens ganz regierungsinternen Anweisung wurde Scheschbazzar beauftragt, der – wie manche meinen – ein Sohn König Jojachins gewesen sein soll, der 597 nach Babylon deportiert wurde (S. 561, Nr. 39).

Scheschbazzar führte eine kleine Gruppe, unter der sich wohl vor allem Priester und Bauhandwerker befanden, im Jahre 536 nach Jerusalem zurück. Die Heimkehr in die immer noch zum größten Teil in Trümmern liegende Stadt war lähmend. Aber da es vor allem galt, den Kult wiederaufzunehmen, war die Linie des Wiederaufbaus vorgezeichnet: der Brand-opferaltar wurde instand gesetzt oder neu erbaut, der Grundstein zu einem neuen Tempel (s. d.) wurde gelegt; aber die Kraft des Anfangs erlahmte bald. Tempelaufbau allein war den Heimkehrern eben doch kein genügendes Lebensziel. Von einer Wiederherstellung des Staates Juda hatte der Erlaß des Kyrus jedoch nicht gesprochen.

Auf Kyrus folgte Kambyses und auf Kambyses im Jahre 522 Darius I. Bei seiner Thronbesteigung brachen in Persien Thronwirren aus, woraus die Juden in Jerusalem die Hoffnung auf neue Selbständigkeit schöpften. Scheschbazzar, der die Lage offensichtlich nicht meisterte, wurde durch (seinen Neffen?) Serubbabel abgelöst; Serubbabel war mit Sicherheit ein Davide. So knüpften sich an ihn die Erwartungen auf Erneuerung des Reiches – Erwartungen, die man messianisch nennen kann. In dieser Situation zwischen 522 und 520 trat der Prophet Haggai (s. d.) auf und verknüpfte die Hoffnung auf Wiedererrichtung des Staates Juda mit dem intensiven Hinweis auf die Notwendigkeit des Tempelbaus. Da um 520 ein neuer Heimkehrertreck im Mutterland ankam – Darius hatte den Tempelbaubefehl erneuert –, ging der Bau auch gut voran. Nachdem die Juden sich wieder loyal Darius zugewandt hatten, der sehr bald das Heft fest in der Hand hielt, trat der Prophet Sacharja (s. d.) auf und trieb seinerseits zu beschleunigtem Tempelbau an. Im Jahre 515 wurde der Tempel eingeweiht.

Die Zeit des Tempelbaus brachte allerlei Zwischenfälle. Jerusalem gehörte zur persischen Provinz Samaria, und die samaritanische Mischbevölkerung und ihre Führer fürchteten, daß mit dem Aufbau des Tempels und dem damit sich wie von selbst ergebenden Wiedererstarken Jerusalems die Führerrolle oder eine Führerrolle in Palästina an Jerusalem übergehen könnte. Da Serubbabel die Samaritaner (s. d.) von der Beteiligung am Tempelbau ausschloß, ergab sich die Gelegenheit, die Jerusalemer Kultgemeinde im persischen Außenamt der Autonomiebestrebungen zu verdächtigen. Die Störungen Jerusalems von seiten Samarias scheinen auch in den folgenden Jahrzehnten nicht aufgehört zu haben.

Weitere Störungen brachten die Einfälle

---

[21] Vgl. den Artikel „Götter der Völker."

von Arabern, Edomitern und Ammonitern in die Stadt, die ja immer noch ohne Mauer war. Auch diese Völker sahen den, wenn auch vorläufig noch kümmerlichen Aufbau eines neuen Jerusalem und damit eines neuen Juda mit Unwillen an. Ganz sicher wird man von Jerusalem aus in Persien deswegen Vorstellungen gemacht haben – Genaueres wissen wir nicht. Bekannt ist uns erst wieder der Notwender Nehemia, der am persischen Hof in Susa – als gläubiger Jude! – ein hoher Staatsbeamter war. König Artaxerxes I. (465–423) machte ihn zum persischen Statthalter in Jerusalem (im Jahre 445 v. Chr.); auf Nehemia geht sodann die grundlegende Rettung und Neuordnung in Jerusalem zurück:

Nehemia veranlaßte, daß Jerusalem nicht mehr zur Provinz Samaria gehörte, sondern eine eigene persische Provinz wurde (vgl. den Artikel „Garizim").

Er organisierte – unter Einsatz der gesamten jüdischen Bevölkerung des Landes – den Neubau einer Mauer um Jerusalem; die umwohnenden Völker suchten den Bau zu vereiteln, so daß die Bauenden bewaffnet arbeiten mußten.

Da sich in Judäa, dessen Provinzbereich von Jerusalem aus etwa 40 km nach Süden reichte, schon wieder so starke soziale Unterschiede gebildet hatten, daß die arme Bevölkerung durch Verpfändungen noch ärmer wurde, wenn sie überhaupt leben wollte, führte er eine Entschuldungsaktion durch. Weil Jerusalem aber immer noch fast entvölkert war, nahm er Umsiedlungen aus den Provinzorten vor, um der Stadt eine angemessene Bevölkerung zu geben.

All diese Arbeiten leistete Nehemia unter den Angriffen auswärtiger und einheimischer Feinde, die ihm schließlich vorwarfen, er wolle König in Juda werden, und ihn zu töten suchten. – Nehemia arbeitete ohne Entschädigung. Er war persischer Statthalter von 445 bis (etwa) 433.

Das Gemeinwesen in der persischen Provinz Juda war aber so durcheinander, daß Nehemia kurze Zeit darauf wieder zurückkehrte. Er entwarf eine Verpflichtungscharta, um die Grundzüge der Gemeinschaft für die Zukunft zu sichern (Neh 10,31–40): Keine Ehen mehr zwischen Juden und Nicht-Juden! So versuchte er die jüdische Religiosität zu sichern, die ein Garant des Gemeindebewußtseins war. – Der Sabbat muß gehalten werden! – Durch Erstlingsabgaben und Zehnt soll der Unterhalt der Priester und Leviten gesichert werden!

Wir wissen nicht genau, wann Nehemia zum zweitenmal nach Jerusalem kam und wann er endgültig nach Susa zurückkehrte oder wann er starb. – Sein Aufbauwerk wurde einige Jahre oder Jahrzehnte später von einem anderen hohen Beamten des persischen Hofes aufgenommen, der ein jüdischer Priester war.

Esra (Esdras) kam in der Regierungszeit Artaxerxes' II. (405–359) nach Jerusalem (398 v. Chr.).[22] Sein spezieller Auftrag war, die religiösen Verhältnisse in Judäa zu untersuchen, d. h. er sollte die Anwendung oder Nichtanwendung des jüdischen Gesetzes in Jerusalem und Judäa überprüfen, von dem er wohl vorher im Auftrage des Königs eine Niederschrift gemacht hatte. Wo es an der Duchführung des Gesetzes fehlte, sollte er die notwendigen Einrichtungen veranlassen. Dieser Auftrag lag ganz in der Linie der persischen Provinzpolitik; die Provinzvölker sich nach ihren eignen Gesetzen regieren zu lassen.

Esra kam mit einer weiteren Gruppe von Heimkehrern nach Jerusalem. Er führte seinen Auftrag aus, indem er an einem Neujahrstag aus dem von ihm selbst niedergeschriebenen Gesetz vorlas. Damit begann die erste Verpflichtung des Volkes Israel auf ein einigermaßen zusammengefaßtes „Gesetz" (*torá* = Weisung). Der Sinn dieser Verpflichtung war, im Chaos der Mischehen mit anderen „Völkern", die keine Anbeter Jahwes waren, das Judentum zu retten. Damit wurde einerseits aber auch seine Abschließung vorbereitet, die sich durch die bald einsetzende Arbeit der Schriftgelehrten (s. d.) immer mehr verstärkte. Andererseits wurde aber damit auch der verstehbare Grund gelegt für das Überstehen aller Verfolgungen, die das Juden-

---

[22] Die Bücher Esra/Nehemia (s. d.) lassen den Eindruck aufkommen, als ob Nehemia und Esra gleichzeitig in Jerusalem gewirkt hätten. Dieser Irrtum mag durch die Meinung entstanden sein, der Artaxerxes des Nehemia sei auch der Artaxerxes des Esra. Die Erforschung der Hohenpriesterlinie zeigte aber, daß der zur Zeit des Nehemia genannte Hohepriester Eljaschib der Großvater des Hohenpriesters Jochanan der Esrazeit war. Die Schreiber der Chronik (s. d.), denen die Zusammenarbeitung der Nehemia- und Esraunterlagen zuzuschreiben ist, haben durch den genannten Irrtum wohl die Unklarheiten veranlaßt.

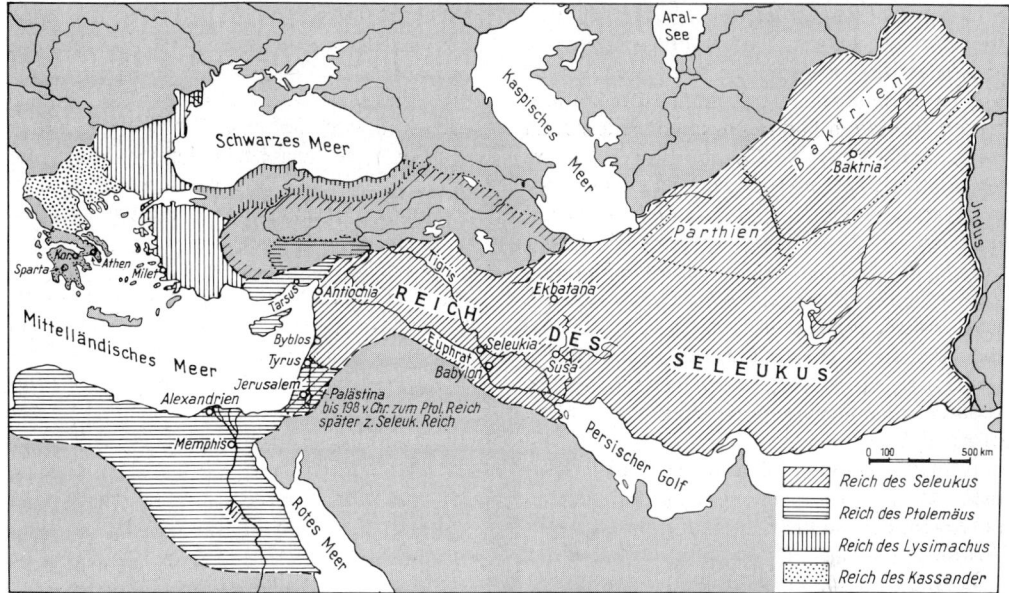

tum – bis heute – auf sich nehmen mußte. Esra wirkte während eines Jahres in Jerusalem.

Von Esra bis zum Auftreten Alexanders d. Gr. in Palästina sind es fünfundsechzig Jahre (398 bis 333). In dieser Zeit vollzog sich schon ein großer Teil des eben angedeuteten Prozesses, zu dem auch gehörte, daß nach Esra „das Gesetz und die Propheten" im großen und ganzen jene Form erhielten, in der sie uns heute als Bücher des Alten Bundes vorliegen.

43. Mit dem Auftreten Alexanders d. Gr. fiel auch die Perserherrschaft dahin. 332/331 eroberte Alexander den syrisch-palästinensischen Mittelmeerstreifen und Ägypten. Die Eroberung des syrisch-palästinensischen Binnenlandes besorgte für ihn sein Feldherr Parmenio. Jerusalem, Juda und die anderen judäischen und israelitischen Städte wurden fast gewaltlos unterworfen; nur in Samaria leistete der persische Statthalter Widerstand. Das Kultusvolk um Jerusalem konnte leben wie bisher.

Im Jahre 323 v. Chr. starb Alexander. Es begannen die Diadochenkämpfe der Statthalter Alexanders, die zum Teil auf palästinensischem Boden stattfanden. Die Ptolemäer (Ägypten) hielten Palästina besetzt. Gegen sie bemühten sich vor allem die Seleukiden, die von Mesopotamien bis Kleinasien als Nachfolger Alexanders herrschten, um die Erweiterung ihres Reiches nach Süden. Aber über

Ptolemäus I., mit dem Beinamen Sotēr *(Erlöser, Befreier). Ehemaliger Feldherr Alexanders d. Gr., nach dessen Tod (323 v. Chr.) er sich in der alexandrinischen Satrapie Ägypten im Jahre 304 v. Chr. als Alexanders Herrschernachfolger aufwarf. Begründer des ägyptischen Königshauses der Ptolemäer. Ptolemäus I. herrschte bis 285 v. Chr. Er brachte Ägypten eine musterhafte Verwaltungsordnung.*

hundert Jahre lang wurde der Kampf nicht entschieden – bis im Jahre 198 v. Chr. der Seleukide Antiochus III. (223–187) den ägyptischen Ptolemäus V. Epiphanes bei Paneas (S. 577, Nr. 52) besiegte. Auch Jerusalem wurde bei diesen Auseinandersetzungen stark beschädigt. Die Juden um Jerusalem empfingen die Seleukiden, die mit ihren Kriegselefanten einzogen, klug und verehrungsvoll als neue Herren und nahmen die ägyptische Besatzung der Ptolemäer gefangen. Antiochus bedankte sich, indem er alte Privilegien für Kultpersonal, Kultausgaben u. ä. bestätigte und erweiterte sowie allgemeine Steuerfreiheit für drei Aufbaujahre gewährte.

Bedeutsam in diesem Zeitabschnitt von 332 bis 198 sind noch zwei kulturelle bzw. kultpolitische Vorgänge, von denen sich der eine in und um Alexandrien, der Hauptstadt der ptolemäischen Könige in Ägypten, der andere in Palästina abspielte.

In die Zeit nach 300 fällt nämlich die kulturelle Spaltung der Judenheit, indem die inzwischen akklimatisierten Juden Ägyptens, die aus allerlei Auswanderungen stammten (vgl. z. B. oben in Nr. 40), sich ihre eigene griechische Bibel schufen und dadurch dem Griechentum verstärkten Zugang in die Judenheit verschafften (s. den Artikel „Die Septuaginta").

In Palästina aber begünstigte der Herrschaftswechsel kurz nach dem Ausscheiden der Perser die Begründung der eigenständigen samaritanischen Kultgemeinde. Offenbar haben sich die Samaritaner (s. d.) von Alexander oder den Ptolemäern diese Gunst erbeten, die die Perser (s. d.), welche seit Nehemias Tagen Jerusalem und seinen Kult begünstigten, niemals geben wollten. Dem neuen Herrscher konnte es nur recht sein, sich in Palästina durch dieses Zugeständnis die Samaritaner zu gewinnen und die einheimische Bevölkerung zu spalten. – Vergleiche auch den Artikel „Garizim".

44. Wie aber konnte es zum Makkabäerkrieg kommen, da sich der Seleukidenherrscher so großzügig zeigte?

Als Antiochus III. (der Große) starb, folgte ihm sein Sohn Seleukus IV. (187–175). Nachdem Seleukus von seinem Minister Heliodor ermordet worden war, bemächtigte sich ein anderer Sohn Antiochus' III. der Herrschaft:

Antiochus IV. Epiphanes (175–164) ließ sich auf einer Münze im idealen Siegerporträt darstellen. Die Aufschrift Basileos Antiochu Thëu Epiphanu Nikeforu *bedeutet: (Münze) des Königs Antiochus, Erscheinung Gottes, Sieger.*

Antiochus IV. Epiphanes. Da in Juda und zumal in Jerusalem der Hellenismus vor allem in den höheren und gebildeten Kreisen Schule gemacht hatte, gab es zwischen hellenistischen und altgläubigen Juden immer wieder Streitigkeiten. Bei solchen Streitereien griff Antiochus ein, erklärte den Hohenpriester Onias III. als unfähig, Ordnung zu halten, wie es seine Aufgabe war, und setzte dessen Bruder Jesus ein – er hatte dem König eine ansehnliche Summe für diesen Posten geboten –, der sich bald Jason Antiochenes nannte.

Jason war also aufs äußerste hellenistisch gesinnt. Er gründete in Jerusalem eine hellenistisch orientierte Sportvereinigung für junge Männer, organisierte eine Ringerschule und einen Sportplatz. Das Ringen und Kämpfen geschah – nach griechischem Vorbild – nackt;

darin aber sahen die Gesetzestreuen eine Verletzung der Tora.

Nach drei Jahren benutzte die Tobiadenfamilie, die in äußerstem Maße hellenistisch gesinnt war, die inneren Spannungen in Jerusalem und die Geldschwierigkeiten des Königs, ihren eigenen Mann auf den hochpriesterlichen Stuhl zu bringen und damit zur Herrschaft in Jerusalem aufzusteigen. Jason wurde vom König fallengelassen, und ihm folgte Menahem, der sich griechisch Menelaos nannte. Er überließ dem König nach und nach den ganzen Tempelschatz. Aber das alles scheint er doch nur betrieben zu haben, um seine liberal-jüdische Idee durchsetzen zu können und nicht etwa aus reiner Speichelleckerei gegenüber dem Seleukidenkönig.

Der Hohepriester Menelaos sah in der rigorosen Absonderung des Judentums, die durch Nehemia und Esra (s. ob., Nr. 42) betrieben und sich seit jener Zeit immer mehr verfestigt hatte, ein Unglück, wie übrigens viele Hohepriester und Priester und Hochgestellte jener Zeit. Auch in Jasons Sportbewegung lag ein Versuch zur Assimilation. Menelaos ging aber weiter: er wollte wohl die – wenn auch gedämpfte – kultische Assimilation. Wie er sich das im einzelnen vorstellte, ist schwer zu sagen. Aber mit Sicherheit wurde mit seiner Genehmigung im Tempel ein Standbild aufgestellt (den „unheilvollen Greuel", den „Greuel der Verwüstung", Dan 11,31) das einen Obergott repräsentierte – oder ein Altar für einen solchen Obergott –, wodurch „der Herr" (zu jener Zeit „Herr des Himmels" genannt) zu *irgendeinem* Gott degradiert wurde. Auch die Heiligtümer auf den Höhen (s. d.) erwachten zu neuem Leben, und eine polytheistisch gefärbte Religiosität feierte ihre ersten Erfolge.

Inzwischen hatte der abgesetzte Jason eine antiseleukidische Gruppe gebildet, die sich antihellenistisch aufspielte und vorgab, den Kult retten zu wollen. Als Antiochus IV. von den Ägyptern geschlagen worden war, versuchte Jason, in Jerusalem noch einmal an die Macht zu kommen. Aber es kam nur zu einer stärkeren antisyrischen Bewegung, und als Antiochus IV. nach Jerusalem kam, begannen die Strafmaßnahmen. Er verbot die Sabbatfeier und die Beschneidung; er bestrafte die politischen Religionsfanatiker mit Entzug der religiösen Praxis – nicht so sehr, um einen anderen Kult einzuführen (anderwärts ließ er

die verschiedenen Götterkulte bestehen), sondern um die Rebellen auszusondern.

Mit seiner nun einsetzenden Methode, die Exklusivität des Tempels von Jerusalem aufzuheben und das ganze Volk zu einem heidnischen Opfer zu zwingen – die Höhen (s. d.) bekamen nun eine offizielle Funktion –, konnte er mit Sicherheit die Liberalen und Ungefährlichen von den religiösen Fanatikern, die für ihn auch die politisch Gefährlichen waren, scheiden. Dabei blieb auch mancher Unschuldige auf der Strecke, aber das war nicht zu ändern und – für einen Machtmenschen und Seleukiden – auch kaum bedauerlich.

Das Buch Daniel (s. d.) und die Makkabäerbücher (s. d.) beschreiben diesen Vorgang auf ihre Weise, d. h. vom streng orthodoxen jüdischen Standpunkt aus, mit geschickten Auslassungen und Pointen.

45. *Der Makkabäeraufstand* war zunächst ein örtlicher Widerstand gegen die Loyalitätsopfer, die in Gegenwart seleukidischer Beamter dargebracht werden mußten. Der Priester Mattatias in Modeïn[23] erschlug den syrischen Opferbeamten, floh mit seinen Söhnen und Freunden in die Wüste Juda (s. d.) und begann dort einen Kampf für die Befolgung des Gesetzes: heidnische Altäre wurden zerstört, Apostaten wurden erschlagen, Kinder wurden beschnitten. Kleinere syrische Abteilungen verfolgten die Anführer. Weil die Juden am Sabbat nicht kämpfen wollten, erlitten sie manche Niederlage – bis Mattatias den Kampf am Sabbat gestattete.

Dieser Kleinkrieg begann im Jahre 167 v. Chr. Als Mattatias aus der Hasmonäerfamilie 166 starb, wurde Judas, sein dritter Sohn, Führer des Aufstandes. Er hatte den Beinamen „Makkabi" (Hammer?), den er sich vielleicht in den Kämpfen verdient hatte; das würde auch erklären, warum gerade er – als dritter Sohn des Mattatias – sein Nachfolger wurde.

Der Kampf wurde heftiger. Bei Emmaus (s. d.) gelang ihm ein Sieg (1 Makk 3,37 bis 4,25). Bei Bet-Zur auf dem Judagebirge gelang ihm ein Sieg gegen den syrischen Statthalter Lysias. Da aber König Antiochus IV. wegen seiner Partherkriege keinen Entsatz schik-

---

[23] Modeïn liegt 35 km nordwestlich von Jerusalem.

ken konnte, schloß Lysias mit Judas einen Waffenstillstand. Die Juden sollten wieder ihre Gesetze befolgen dürfen. Der König verlangte Rückkehr der Aufständischen in die Wohnorte und versprach Straffreiheit (164 v. Chr.).

Aber Judas kehrte nicht nach Modeïn zurück. Er beschloß die ganze Wiederherstellung des gesetzmäßigen Zustandes und besetzte Jerusalem, wo immer noch der hellenistische Hohepriester Menelaos amtierte (s. oben, Nr. 44). Er sperrte die seleukidische Besatzung und die seleukidisch gesinnten Bürger in der Burg ein, ließ den Tempel reinigen und den reinen Jahwekult wiederherstellen (165 v. Chr.). Zum ewigen Gedenken daran stiftete er das Tempelweihfest (s. d.). Die Burg konnte er aber nicht erobern.

Dann begann Judas die Juden aus den benachbarten Provinzen und Völkern zu sammeln und nach Judäa umzusiedeln, wobei er vielleicht auch an die Vorbereitung der vollständigen Eroberung Jerusalems dachte. Deshalb rückte aufs neue Lysias, der syrische Statthalter, heran, der glaubte, auch Reichsverweser für den unmündigen Antiochus V. zu sein – denn Antiochus IV. war im Frühjahr 163 gestorben. Als Lysias aber erfuhr, daß der vierte Antiochus einen anderen zum Reichsverweser ernannt hatte, beschloß er, sofort nach Antiochien aufzubrechen, um dessen Amtsantritt zu verhindern. So schloß er mit den Juden Frieden (163 v. Chr.): der Tempel wurde den Orthodoxen zurückgegeben, der Hohepriester Menelaos als angeblicher Initiator der Hellenisierung wurde von Lysias, dem Hellenisten, hingerichtet, Hoherpriester wurde ein gemäßigter Hellenist: Alkimos. Aber die Burg Jerusalems blieb besetzt, im Tempel wurde weiter für den Seleukidenkönig geopfert.

Judas der Makkabäer gab jedoch den Aufstand nicht auf. Hier ist die Trennungslinie vom Religionskrieg zum Machtkrieg. Judas wollte nicht, erfolglos für sich, nach Hause gehen. Er führte nun den Krieg um die Alleinherrschaft gegen seine syrerfreundlichen Landsleute. In dieser Situation nahm Judas Fühlung mit Rom auf, denn die Frommen, die zwar an der Beseitigung der Religionsbedrückung, nicht aber an einer politischen Änderung interessiert waren, hatten Judas verlassen. Zu diesen Frommen gehörten auch die

„Chassidim" („Fromme"), aus denen sich die Bewegung der Pharisäer (s. d.) entwickelte.

Der Hohepriester Alkimos rief nach Hilfe bei dem neuen König Demetrios I. – der junge Antiochus V. wie auch Lysias waren ermordet worden. Der König schickte ein Heer unter General Nikanor; er wurde von Judas besiegt (163 v. Chr.). Neuer Hilferuf des Hohenpriesters. Der König schickte ein Heer unter General Bakchides; Bakchides besiegte Judas, und der Makkabäer Judas fiel (160 v. Chr.).

Sein Bruder Jonatan führte den aussichtslosen Kleinkrieg vom Judagebirge aus fort. In Jerusalem blieb alles beim alten – bis der Hohepriester Alkimos starb (159 v. Chr.). Dadurch blieben die Hilferufe gegen die Aufständischen aus, und Jonatan gelang eine Vereinbarung mit den Syrern, sich in Michmas (12 km nordöstlich von Jerusalem) als Beauftragter der Syrer niederzulassen. Von hier aus gelang ihm mit Klugheit, Zähigkeit und Konspiration der allmähliche Aufstieg zur ganzen Macht in Judäa:

Als sich Alexander Balas im Jahre 153 gegen König Demetrius erhob, nahm Jonatan die Partei Alexanders; Alexander Balas siegte und machte Jonatan zum Hohenpriester (152);

dem folgte seine Ernennung zum „Feldherrn und Statthalter";

nach der Ermordung des Alexander Balas (145) gewann Jonatan den neuen seleukidischen König Demetrius II. für sich, der Jonatan einige südsamaritanische Bezirke zur Provinz Juda überschrieb; Jonatan war praktisch Herrscher geworden – nur lag in Jerusalem und in der Gebirgsfestung Bet-Zur immer noch seleukidische Besatzung;

Tryphon, ein Feldherr des Alexander Balas, erhob den zweijährigen Antiochus VI. gegen Demetrius II. auf den Thron; Jonatan trat auf die Seite Tryphons und seines Königs (143 v. Chr.);

Jonatan knüpfte Beziehungen zu Rom an; aber Tryphon sah in Jonatan schon bald einen Mann, der ihm auch selbst gefährlich werden konnte. Als er das Kind Antiochus ermordet hatte, schwang er sich selbst zum König gegen Demetrius auf. Jonatan nahm er als befreundeten Heerführer auf, wiegte ihn in Sicherheit, so daß Jonatan sein Heer entließ, und nahm ihn gefangen.

Simeon, Jonatans Bruder, wurde sein Nachfolger (142 v. Chr.).

46. Die Hasmonäerfürsten lösten die Aufstandsheroen ab. Jonatan war der Übergang gelungen; aber seine schwankende Haltung zwischen Demetrius II. und dem Gegenkönig Tryphon brachte ihn um. Obwohl *Simeon* (142–134) dem Tryphon für Jonatan reichlich Lösegeld anbot, ließ Tryphon Jonatan ermorden. Darauf trat Simeon auf die Seite des Königs Demetrius II., der ihm Steuer- bzw. Tributfreiheit zusagte und daß er selbst als Großkönig sich in die Angelegenheiten Judas nicht einmischen werde (142 v. Chr.).

Das war zwar noch nicht die volle Freiheit, aber Simeon konnte sich zum „Hohenpriester, Feldherrn und Führer der Juden" erklären (1 Makk 13,42), ohne Widerspruch zu befürchten. Im gleichen Jahr 141 vertrieb er die seleukidische Burgbesatzung und verschaffte sich Zugang zum Meer, indem er Joppe unterwarf. Seine Erfolge hatten die Wirkung, daß er von Priestern, Adel und Ältesten zum erblichen Ethnarchen erhoben wurde, womit er wahrscheinlich nicht nur als Fürst über Juda, sondern als Fürst aller Juden, auch derer in der Diaspora, anerkannt wurde.

Auf einer seiner Inspektionsreisen, auf denen er sich um das Wohl des Volkes zu kümmern pflegte, wurde er in Jericho von seinem Schwiegersohn Ptolemäus ermordet (134 v. Chr.).

Johannes Hyrkanus (134–103), Simeons Sohn, kam aber der Machtübernahme des Ptolemäus in Jerusalem zuvor. Kraft Volksbeschluß wurde er Simeons Nachfolger; die Seleukiden in Antiochien traten bei seiner Thronerhebung von sich aus nicht mehr in Erscheinung.

Aber der geflohene Ptolemäus holte den Seleukidenkönig Antiochus VII. herbei, der sich in seinen Großkönigsrechten übergangen sah. Johannes Hyrkanus ließ es nicht zum Kampf kommen; er kapitulierte nach kurzer Belagerung und mußte sehen, wie Burg und Festungsmauern Jerusalems abgebrochen wurden; er mußte sein Waffenarsenal für den König räumen und Geiseln stellen; und die im Jahre 142 eingeräumte Tributfreiheit wurde zurückgenommen. Die Autonomie der Provinz Juda wurde zwar nicht aufgehoben – aber was bedeutete das unter diesen Umständen noch! Im Jahre 130 mußte er mit Antiochus gegen die Parther ziehen.

Von seinem Partherfeldzug kehrte Antiochus nicht zurück. Ein langjähriger Nachfolgestreit begann, der schließlich zur Teilung der syrischen Macht führte. So begann im Jahre 128 die freie Entfaltung der Herrschaft des Johannes Hyrkanus und des neuen Reiches Juda; als er im Jahre 103 starb, war Juda durch sein rücksichtsloses Vorgehen wieder ein bedeutsamer Staat geworden. Er wütete gegen die Samaritaner: zerstörte den Tempel auf dem Garizim (s. d.) und die Stadt Samaria (s. d.). Die Idumäer (s. d.) wurden nach der Eroberung von Idumäa von ihm zwangsweise judaisiert. Das gleiche Schicksal erlitt auch die Bevölkerung einiger autonomer Städte, z. B. die Stadt Betschan (s. d.), die er kaufte und deren Bevölkerung er zwangsweise judaisieren ließ – obwohl sie sich während der Freiheitskämpfe freundlich gegenüber den Makkabäern verhalten hatten.

So erfolgreich sein Regiment nach außen hin aber auch war – er hatte dadurch keineswegs das ganze Volk hinter sich; vor allem die Pharisäer (s. d.) schürten die Unzufriedenheit mit dem militärischen Fürsten, der die Weisungen Gottes (Tora) mit dem Schwert statt durch das Studium dieser Weisungen selbst durchsetzen zu können glaubte.

Aristobul I. (104–103) war nicht der älteste Sohn des Johannes Hyrkanus und also auch nicht berechtigter Thronfolger. Anscheinend hielt Johannes Hyrkanus überhaupt nicht viel von seinen Söhnen, denn er bestimmte seine Gemahlin zur Nachfolgerin. Aristobul ließ die Mutter ins Gefängnis schaffen, ebenso drei seiner Brüder; einen vierten Bruder, mit dem er anfangs die Herrschaft teilte, ließ er ermorden. Seine Herrschaft dauerte nicht lange. – Aristobul setzte die Eroberung und Zwangsjudaisierung fort: in Idumäa und Galiläa.

47. Mit Alexander Jannäus (103–76) nahmen die Hasmonäerfürsten den Königstitel an.[24] Nach Aristobuls Tod sollte wohl seine Witwe Salome Alexandra Thronfolgerin sein. Sie öffnete aber das Gefängnis für die drei Brüder Aristobuls und setzte Jonatan (Jannai) unter dem griechischen Namen Alexander zum Hohenpriester und König ein, wahrscheinlich unter der Bedingung, daß er sich mit ihr vermähl-

---

[24] Vielleicht nahm auch Aristobul schon den Königstitel an, ließ das jedoch noch nicht auf seinen Münzen vermerken.

te. Der König ließ den tatkräftigsten seiner Brüder – aus Vorsicht – umbringen.

Alexander Jannäus setzte die Eroberungs- und Judaisierungspolitik seines Vaters und seines Bruders fort, so daß unter ihm das Reich Juda das Ausmaß des davidischen Reiches erreichte; sogar das Gebiet der Philister (s. d.) konnte er erobern. Er führte seine Kriege mit Söldnern, wie es schon Johannes Hyrkanus getan hatte.

Als der König bei seinen Kämpfen im Ostjordanland nur mit knapper Not dem Tode entgangen war, benutzten seine Feinde in Judäa – die Pharisäer – die Situation, gegen ihn den Seleukiden Demetrius III. herbeizurufen. Demetrius schlug Alexander Jannai bei Sichem, so daß er ins Gebirge fliehen mußte. Aber aus nationaler Solidarität fanden sich sechstausend Juden zusammen, ihm zu helfen. Demetrius zog ab, und Alexander war wieder Herr der Lage.

Dieser Bürgerkrieg dauerte etwa sechs Jahre. Er war darin begründet, daß die Pharisäer die ganz auf Macht und Krieg aufgebaute Herrschaft eines Königs, der zugleich Hoherpriester war, für ein Sakrileg hielten. Als er 88 v. Chr. die Macht wiedergewonnen hatte, ließ er achthundert gefangene Pharisäer in Jerusalem kreuzigen, während er selbst von seiner Bankettafel mit seinen Gelagefreunden und Mätressen dem Schauspiel zusah. Achttausend Gesinnungsgenossen der Pharisäer flohen in der folgenden Nacht aus Jerusalem. Zur gleichen Zeit wurde die Gruppe der Esséner (s. d.) als Protestgruppe sichtbar.

Vor seinem Tode bestimmte Alexander Jannäus seine Gemahlin Salome Alexandra zur Königin. Es heißt, er habe ihr selbst geraten, sich mit den Pharisäern auszusöhnen; nur so werde es Ruhe geben.

Königin Salome Alexandra (76/75–67) ernannte den eigentlichen Thronfolger, Hyrkanus, zum Hohenpriester; ihren nach vorn drängenden jüngeren Sohn Aristobul wußte sie zu zügeln.

Kriegerischen Auseinandersetzungen wich die Königin aus, indem sie die Angreifer mit Geschenken besänftigte. Innenpolitisch gab sie den Pharisäern (s. d.) viel Einfluß auf die Regierungslinie, so daß sie eine starke Stütze ihres Thrones wurden. Vor allem öffnete sie den Hohen Rat für die Schriftgelehrten der Pharisäer. Darüber hinaus war wohl sie es, die

den Hohen Rat aus einem rein beratenden in ein Exekutivinstitut umwandelte, das in der Verwaltung, als Gerichtsbehörde und vor allem als Religionsaufsichtsbehörde fungierte. Mit dieser Umwandlung des Hohen Rates *und* dem erhöhten Einfluß der Schriftgelehrten der Pharisäer mag es zusammenhängen, daß unter Königin Alexandra die Anfänge einer Kanonbewegung zu verzeichnen sind (s. S. 22).

Über die Bevorzugung der Pharisäer waren nun wieder die Priesterkreise, die Sadduzäer (s. d.), unzufrieden, und sie konspirierten mit dem ebenfalls unzufriedenen Aristobul. Der Aufstand aber fand zunächst nicht statt, denn die Königin starb.

RÖMERZEIT

48. *Der Bruderkampf um die Macht,* der zwischen dem Hohenpriester Hyrkan und seinem jüngeren Bruder Aristobul nach Königin Alexandras Tod ausbrach, brachte schließlich jene Macht auf den Kriegsschauplatz Palästina, die danach für Jahrhunderte Palästinas politisches Schicksal bestimmen sollte.

Nachdem Hyrkan neben dem Hohenpriesteramt auch die Königswürde angenommen hatte (67 v. Chr.), zog Aristobul gegen ihn zu Felde und besiegte sein Heer bei Jericho. Die Sadduzäer (s. d.), Aristobuls Parteigänger, bewegten Hyrkan, der sich in Jerusalem eingeschlossen hatte, zum Thronverzicht.

Da trat Antipater auf, Sohn des jüdischen Statthalters Antipater in Idumäa, der selbst Idumäer war. Antipater, der Sohn, war wohl mit Hyrkan befreundet. Dieser Idumäer – vielleicht ebenfalls Statthalter in Idumäa – riet Hyrkan zur Flucht nach Petra, um sich beim Nabatäerkönig Aretas Hilfe gegen Aristobul zu erwirken. Mit dem Versprechen, dem Nabatäer einige Gebiete im alten Moab zurückzugeben, bewog er Aretas, gegen Jerusalem zu ziehen und Aristobul zu belagern (64 v. Chr.).

In dieser Lage riefen beide Brüder Rom zu Hilfe, das damals soeben seine Herrschaft in Syrien angetreten hatte. Nach einer ersten Entscheidung für Aristobul, bei der die Nabatäer förmlich nach Hause geschickt wurden, gingen beide Brüder im Jahre 63 selbst nach Damaskus, als Pompeius, der damalige eigentliche Herrscher Roms, persönlich in Syrien weilte. Auch „das Volk" sandte eine Gesandtschaft, die ausrichtete, daß man überhaupt keinen König wolle.

Die Entscheidung fiel durch Aristobul, der eine zunächst aufschiebende Antwort des Pompeius damit beantwortete, daß er nach Juda ging, um für die Sicherung seiner Herrschaft zu sorgen. Da zog auch Pompeius nach Juda und stellte ihn in dessen Burg Alexandreion. Aber Aristobul entkam nach Jerusalem und traf Vorbereitungen zu einem Angriff gegen Pompeius. Nach einem wahnwitzigen jüdischen Widerstand nahm Pompeius Jerusalem ein; Aristobul schickte er nach Rom in die Gefangenschaft. Hyrkan wurde in Jerusalem als Priesterfürst bestätigt, aber sein Gebiet wurde auf das alte Juda, Idumäa, einen Streifen längs dem östlichen Jordanufer (Peräa) und Galiläa beschränkt. Die griechisch kultivierten Städte und einige zwangsweise judaisierte Städte faßte Pompeius in einem Städtebund, der Dekapolis (s. d.), zusammen. Es verblieben also die den jüdischen Glauben bekennenden Länder bei der priesterlichen Hasmonäerkrone. Die Krone aber unterstand Rom (63 v. Chr.). Einige Jahre später wurde Hyrkan diese Krone genommen, und er war nur noch Hoherpriester; das Staatsgebiet wurde einem Prokonsul unterstellt (57 v. Chr.). Aber dieser Prokonsul selbst gab Hyrkan im Jahre 54 die weltliche Gewalt wieder zurück. Solches Hin und Her zeigt die vielerlei Kräfte und Berechnungen, die in dem römisch beherrschten, aber immer wieder durch Pharisäer, Sadduzäer, Aristobulanhänger beunruhigten Priesterreich Hyrkans am Werke waren.

Als Cäsar die Macht in Rom an sich riß (49 v. Chr.), gelang es Hyrkan und seiner starken Hand, Antipater, noch rechtzeitig den Übergang zu Cäsar zu vollziehen. Cäsar bestätigte daraufhin Hyrkan, charakterisierte sein Amt als erbliches Hohespriesteramt und ernannte ihn zum erblichen Ethnarchen. Ja, Cäsar änderte den Status des Vasallen in den eines „socius", wodurch jegliche Abgaben an Rom entfielen, Hyrkan eigene Gerichtsbarkeit erhielt und das Recht zur Befestigung gegeben war. Sogar das Gebiet wurde erweitert. Antipater aber, der erste Minister Hyrkans, wurde zum römischen Bürger und Statthalter Roms in Judäa ernannt. So sorgte Cäsar für ein ruhiges Palästina.

Hyrkan II. blieb aber trotzdem ein schwacher Regent. Seine starke Hand war der Idumäer, der nun seine Stellung auch reichlich für sich selbst und seine Familie nutzte, obwohl das Volk sich gegen die Macht dieses Fremdlings Antipater innerlich auflehnte. Seine Söhne machte er schon bald zu Militärbefehlshabern: Phasael für das Gebiet Judäa/Peräa und Herodes für Galiläa. Von den beiden zeichnete sich Herodes durch besondere Rücksichtslosigkeit aus. Als er selbst einmal eine Bandengruppe durch Hinrichtung beseitigt hatte, wurde er wegen Angriffs auf die Gerichtshoheit vor den Hohen Rat geladen. Man verurteilte ihn zwar nicht – man wagte es nicht –, aber wegen der Vorladung allein versuchte er den Hohen Rat mit seinen Truppen zu überfallen.

Nach Cäsars Ermordung (44 v. Chr.) kam ein ausbeuterischer Statthalter nach Syrien, mit dem sich Antipater – wie es seine Politik war – gut zu verstehen suchte. Das brach ihm das Genick; er wurde von den Judäern vergiftet. Aber seine Söhne herrschten weiter.

Als Antigonus, der Sohn Aristobuls – Aristobul selbst war inzwischen in Rom ermordet worden – mit bewaffneter Macht gegen seinen Onkel Hyrkan zog, um die Hohepriesterwürde für sich selbst zu erobern, wurde er von Herodes geschlagen. Damit gewann Herodes sogar die Sympathie Hyrkans. Das wirkte sich aus, als der neue römische Herrscher des Ostens, Antonius, in Antiochien durch eine Gesandtschaft aus Jerusalem gebeten wurde, Herodes und Phasael abzuberufen (42 v. Chr.). Hyrkan war nicht der Ansicht, und Antonius bestätigte die Antipatersöhne in ihren Militärämtern, ja er machte sie zu Tetrarchen, so daß Hyrkan wieder nur Hoherpriester war und statt seiner Herodes und Phasael die nun geteilte politische Herrschaft ausübten – bis im Jahre 40 die Parther Syrien stürmten, vor denen sogar die Römer für eine Zeitlang weichen mußten.

49. Herodes, Antipaters Sohn, seit dem Jahre 41 Tetrarch, floh vor den Parthern und Antigonus über Ägypten nach Rom. Was er in Jerusalem ins Auge gefaßt hatte, konnte er nun in der Reichshauptstadt verwirklichen: er wurde auf Vorschlag des Antonius, mit Zustimmung Oktavians, durch den Senat zum König der Juden designiert (40 v. Chr.). Die Römer stellten ihm Truppen zur Verfügung, und 37 v. Chr. war er, nach harten Kämpfen gegen Antigonus, im Besitze Jerusalems. Antigonus wurde auf seinen Wunsch hin von den Römern hingerichtet.

Ein idumäisch-nabatäischer Mischling war „König der Juden" geworden – wenn auch als römischer Vasall.

Das Verhältnis von Abhängigkeit und Freiheit bei den von Rom eingesetzten oder mit ihm verbündeten Vasallenkönigen war sehr unterschiedlich. Herodes gelang es – nicht zuletzt dadurch, daß er nach der Verdrängung des Antonius durch Oktavian (Augustus) im Jahre 31 v. Chr. rechtzeitig zu Oktavian/Augu-

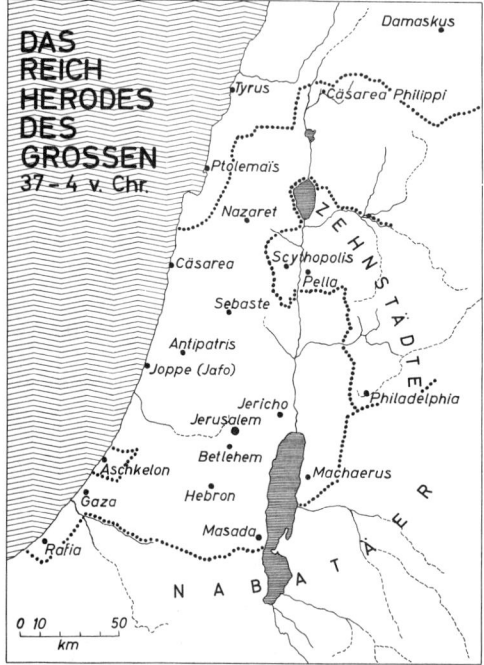

DAS REICH HERODES DES GROSSEN
37 – 4 v. Chr.

Das Reich Herodes des Großen: An der Mittelmeerküste ist das von Herodes erbaute Caesarea Palestinae *oder „C. maritima" zu beachten.* Caesarea Philippi *im Norden ist allerdings zur Zeit des Herodes noch nicht unter diesem Namen bekannt; zwar geht auch diese Stadt auf Herodes zurück, aber ihren charakterisierenden Namen erhielt sie erst durch den Herodessohn Philippus. In der Mitte des Reiches liegt* Sebaste, *das ist das Samaria Herodes' des Großen. Gut 30 km südwestlich von Sebaste erbaute Herodes die Stadt* Antipatris *in der Schefela an der Straße von Jerusalem nach Cäsarea; der Name erinnert an* Antipater, *den Vater des Herodes. Am Westufer des Toten Meeres ließ Herodes die alte Makkabäerburg* Masada *als Bollwerk gegen das Nabatäerreich ausbauen; Masada war der letzte jüdische Stützpunkt im jüdisch-römischen Krieg (es fiel im Jahre 73 n. Chr.). Auf der Ostseite des Toten Meeres die Feste* Machärus, *wo Herodes Antipas Johannes den Täufer gefangenhielt und hinrichten ließ.*

stus überging –, verhältnismäßig frei regieren zu können. Sein Reich war nicht von römischen Soldaten besetzt. Herodes konnte ein eigenes Heer halten, konnte Krieg führen, war Gerichtsherr (fast unbeschränkt) und konnte seine Nachfolge regeln, die Rom allerdings bestätigen mußte. Zwar *konnte* Rom jederzeit eingreifen, was es denn auch um das Jahr 7 v. d. Z. (als Jesus geboren wurde) durch den kaiserlichen Zensus (s. d.) tat. Im übrigen aber war Herodes kein Provinzkönig, sondern ein *rex socius:* ein verbündeter König.

Außerdem bestätigte Oktavian/Augustus seine Gunst gegenüber Herodes, indem er ihm immer wieder neue Städte oder Landschaften schenkte, so daß schließlich der größte Teil des Kulturlandes zwischen Damaskus und der Grenze Ägyptens zu seinem Reich gehörte.

Herodes war jedoch keine Herrscherpersönlichkeit, die kraft eines Herrschercharismas zu regieren vermochte. Er war unsicher und ein psychopathischer Machtmensch. Er lebte in der ständigen Furcht vor Angreifern gegen seinen Thron. Deshalb schlug er bei der leisesten Vermutung, vor einer Konspiration zu stehen, zu. Dabei ging es ihm vor allem um die Beseitigung der Hasmonäer, also der Mitglieder des bisherigen Königshauses.

Die hasmonäische Mariamne, die er im Jahre 37, wenige Monate vor seiner Einnahme Jerusalems, geheiratet hatte, vor allem um seiner Thronlegitimität Nachdruck zu verleihen – ließ er hinrichten, freilich aus Eifersucht. Ebenso ließ er hinrichten seine Schwiegermutter Alexandra, seinen Schwager Kostobar, seine Söhne Aristobul und Alexander und (noch fünf Tage vor seinem Tode) seinen Erstgeborenen und von ihm zum Thronerben designierten Antipater. Den jungen Hohenpriester Aristobul ließ er ertränken. Hinrichten ließ er Offiziere, die sich für die Unschuld der Herodessöhne Aristobul und Alexander verbürgten. Verbrennen ließ er Pharisäer, die sich ihm widersetzt hatten; umbringen auch die Pharisäer, die den goldenen Adler Roms vom Tempeltor entfernt hatten, weil sie meinten, Herodes sei gestorben; töten ließ er in seinen letzten Jahren die Kinder von Bethlehem, weil er unter ihnen „den neugeborenen König der Juden" treffen wollte (S. 600, Nr. 5).

Trotzdem erhielt er in der Geschichte den Titel „der Große". Diesen Titel verdankt er wohl seinem Baueifer. Jerusalem erhielt ein römisches Theater, ein Amphitheater, einen neuen Königspalast; die Burg Antonia (s. d.) ließ er ausbauen und vom Tempel zum Palast eine hellenistische Prachtstraße bauen. Im Jahre 20 v. Chr. begann er, den Tempel (s. d.) zu einem Prachttempel umzubauen. Sebaste (s. Samaria) ließ er erst wieder zu einer wirklichen Stadt machen. Cäsarea am Meer (s. d.) entstand. Im Jordantal, von der Quelle bis Jericho, ließ er Festungen bauen. In Jericho für sich selbst einen Winterpalast mit Park und Teichen, ein Theater, eine Rennbahn und einen Beobachtungsturm. Am Toten Meer entstanden die Festung Masada im Westen und Machärus im Osten (s. d.). Seinen Baueifer aber bezahlte das Volk, dem er hohe Steuern auferlegte.

Den Strenggläubigen war der König von Anfang an ein Greuel. Er war Idumäer, also Edomiter (s. d.), und dazu Vasall Roms, der

Rom auch wirklich ehrte. Er war äußerlich Jude, aber er baute nicht nur an einem schöneren Tempel für Jahwe, sondern errichtete auch für die göttliche Verehrung des Kaisers, z. B. in Sebaste/Samaria (S. 814) und in Cäsarea (S. 783), einen Augustustempel. In der Kultgemeinde verfügte er hemmungslos über Ämter und Eigentum. Deshalb wuchs gerade unter ihm die Messiassehnsucht der Gläubigen bis zum äußersten.

Das Evangelium nach Matthäus erzählt: Als Sterndeuter in Jerusalem nach dem „neugeborenen König der Juden" fragten, erschrak nicht nur Herodes, sondern „ganz Jerusalem mit ihm" – und ganz sicher erschraken Herodes und Jerusalem nicht aus demselben Grunde.

Im Jahr 4 v. d. Z. hatte er sich zur Kur nach Jericho begeben. Dort starb er im selben Jahre, kurz vor dem Paschafest.

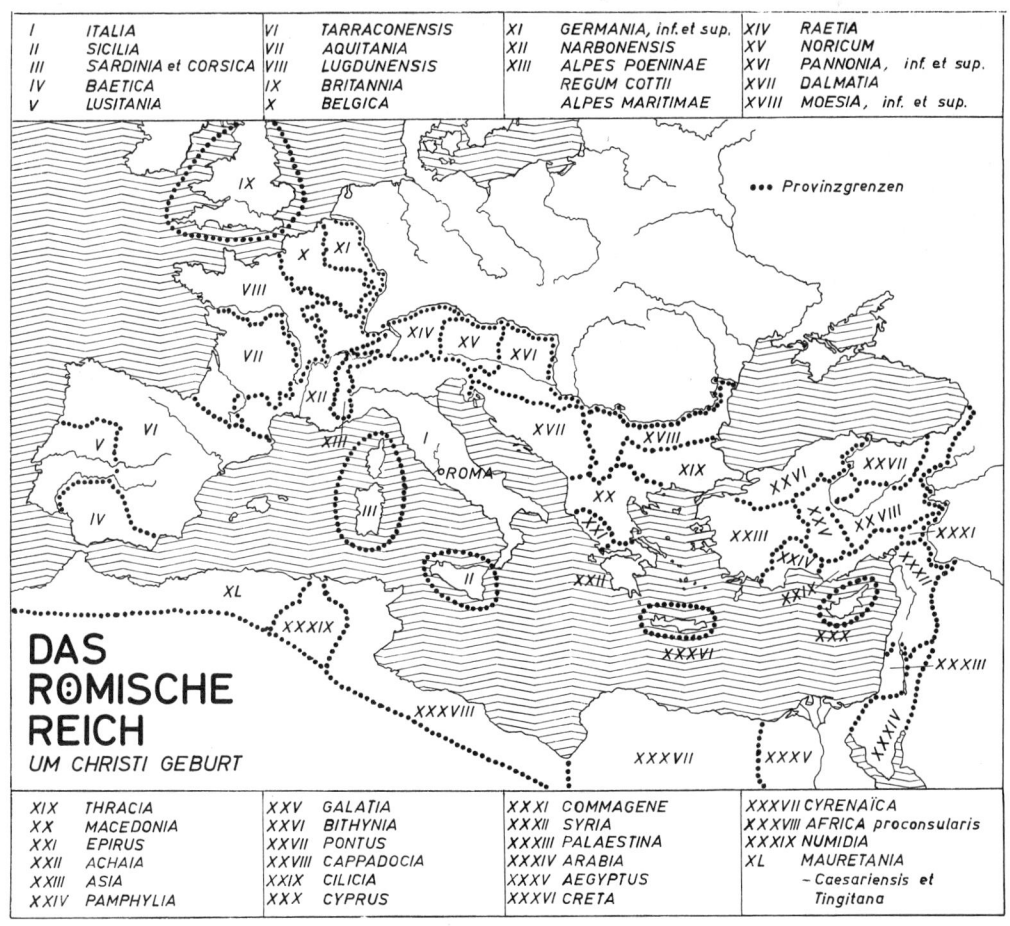

I	ITALIA	VI	TARRACONENSIS	XI	GERMANIA, inf. et sup.	XIV	RAETIA
II	SICILIA	VII	AQUITANIA	XII	NARBONENSIS	XV	NORICUM
III	SARDINIA et CORSICA	VIII	LUGDUNENSIS	XIII	ALPES POENINAE	XVI	PANNONIA, inf. et sup.
IV	BAETICA	IX	BRITANNIA		REGUM COTTII	XVII	DALMATIA
V	LUSITANIA	X	BELGICA		ALPES MARITIMAE	XVIII	MOESIA, inf. et sup.

••• Provinzgrenzen

DAS RÖMISCHE REICH
UM CHRISTI GEBURT

XIX	THRACIA	XXV	GALATIA	XXXI	COMMAGENE	XXXVII	CYRENAÏCA
XX	MACEDONIA	XXVI	BITHYNIA	XXXII	SYRIA	XXXVIII	AFRICA proconsularis
XXI	EPIRUS	XXVII	PONTUS	XXXIII	PALAESTINA	XXXIX	NUMIDIA
XXII	ACHAIA	XXVIII	CAPPADOCIA	XXXIV	ARABIA	XL	MAURETANIA
XXIII	ASIA	XXIX	CILICIA	XXXV	AEGYPTUS		– Caesariensis et
XXIV	PAMPHYLIA	XXX	CYPRUS	XXXVI	CRETA		Tingitana

50. Nach dem Tode Herodes d. Gr., im Jahre 4 v. d. Z. (S. 287, Nr. 1a), wurde das herodianische Reich geteilt. Die Grundlage für die Teilung gab das Testament des Herodes, das – gemäß dem Status seines Reiches – der Zustimmung des römischen Kaisers bedurfte.

Bevor der Kaiser das Testament in Kraft setzen konnte, kam es aber schon zu Unruhen. Augustus hatte dies vorausgesehen und seinen Statthalter in Syrien, Publius Quintilius Varus (gest. im Jahre 9 nach der Schlacht im Teutoburger Wald), nach Palästina einmarschieren lassen. Er schlug den Aufstand des Judas ben Hiskia nieder und machte dessen Hauptstadt Sepphoris zu seinem eigenen Hauptquartier. In Jerusalem wehrte sich Archelaus, der von Herodes vorgesehene Herrscher über Judäa/ Idumäa/Samaria, gegen seine aufständischen Gegner. In Jericho erhob sich der Sklave Simon in einem Sklavenaufstand und krönte sich zum König. Im südlichen Judäa ließ sich ein Hirtenkönig Athrongas zum Herrscher ausrufen.

Varus, der nach den ersten Polizeiaktionen wieder nach Syrien abmarschiert war, kehrte zurück und schlug alle Aufstände nieder; zweitausend rebellische Juden ließ er kreuzigen.

Inzwischen verschaffte sich Augustus in Rom durch Anhören jüdischer Delegationen und der von Herodes bestimmten Erben ein Bild von der Lage. Trotz der Bitten sadduzäischer (oder pharisäischer?) Delegationsmitglieder, das Land Rom unmittelbar zu unterstellen, ratifizierte der Kaiser im großen und ganzen das Testament des Herodes; lediglich Stadt und Gebiet von Gaza (an der Mittelmeerküste) sowie Hippos und Gadara (östlich des Sees Gennesaret) schlug er zur römischen Provinz Syrien, weil sie vorwiegend oder zum großen Teil griechische Bevölkerung hatten. Vergleiche die ergänzenden Darstellungen im Kapitel „Das politische Messiastreiben...", S. 601, Nr. 6.

51. Galiläa und Peräa kamen gemäß dem Testament des Herodes an Herodes Antipas, der über vierzig Jahre sein kleines Reich regierte; er führte den Titel „Tetrarch" („Vierfürst"). Von Josephus wird er als energieloser und verweichlichter Fürst geschildert. Aber auch List und Schläue, die sich politisch als Schmeichelei gegen die römischen Oberherren und als

Konjunkturpolitik zeigten, waren für ihn charakteristisch. Er war allerdings von seinem Vater – gemäß römischer Forderung – zur Erziehung nach Rom gegeben worden, so daß seine Römerfreundlichkeit einigermaßen verständlich ist.

Er baute viel, nannte Städte nach dem Kaiser, so vor allem seine Neugründung am See Gennesaret: Tiberias (s. d.), das also frühestens im Jahre 14 benannt worden sein kann, da Tiberius erst im Jahre 14 als Kaiser auf Augustus folgte.

Im Lande selbst hatte er keine bedeutende Anhängerschaft, da er Sohn eines Idumäers (Herodes d. Gr.) und einer Samariterin (Malthake) war, beides Völker, von denen die Juden nicht viel hielten (s. „Edomiter" u. „Samariter"). Archelaus (s. u., Nr. 53) war übrigens sein einziger Ganzbruder. Er scheint sich vor allem auf die Nutznießerfamilien der langen Herrschaft seines Vaters und auf seine Beamtenschaft gestützt zu haben (s. den Artikel „Herodianer").

Obwohl er sich bemühte, vor den Juden seines Herrschaftsbereiches durch die vorgeschriebenen Wallfahrten nach Jerusalem, durch Vermeidung anstößiger Kaisermünzen und durch Fürsprachen bei römischen Stellen den Eindruck eines treuen Juden zu machen, schlug bei ihm doch immer der römische Liberalismus durch. Das zeigte sich vor allem bei seiner zweiten Heirat. Er hatte eine Tochter des Nabatäerkönigs Aretas IV. geheiratet. Als er aber in der Mitte der zwanziger Jahre im Hause seines nichtregierenden Halbbruders Herodes Philippus mit seiner Nichte Herodias zusammentraf, die mit Herodes Philippus verheiratet war, wollte er diese heiraten. Da Herodias diesen Wunsch unterstützte – sie wollte wahrscheinlich lieber Frau eines Regenten als eines reichen Privatiers sein –, erklärte sich Herodes Philippus mit der Scheidung einverstanden, wenn Herodes Antipas sich von der Aretastochter trenne. Vor der Scheidung reiste diese aber zu ihrem Vater ab, was politische Verwicklungen zur Folge hatte. Herodes Antipas heiratete trotzdem Herodias und kümmerte sich dabei auch nicht um das Toraverbot, daß die Heirat mit der Frau eines Bruders unerlaubt ist. Dies hielt ihm Johannes der Täufer (wahrscheinlich im Jahre 29) vor.

Salome, die Tochter des Herodes Philippus und der Herodias, mag damals etwa zwölf

Jahre alt gewesen sein; sie ertanzte ihrer Mutter den Kopf Johannes des Täufers. Bald darauf heiratete sie ihren Onkel (Halbbruder ihres Vaters Herodes Philippus) und Großonkel (Onkel ihrer Mutter Herodias): den alternden Tetrarchen Philippus (s. die folgende Nr. 52).

Bei den Maßnahmen der Prokuratoren unter dem Einfluß Sejans (s. u. die Nr. 53 und 54) scheint er sich nur in besonders krassen Fällen eingeschaltet, sonst aber abwartend verhalten zu haben. Judäa ging ihn nichts an, höchstens der Tempel als das Heiligtum der Kultgemeinde konnte ihn etwas angehen. So hat er gegen die Einbringung der Kaiserbilder in Jerusalem (s. u. die Nr. 54) bei Pilatus interveniert, woraufhin Pilatus nachgeben mußte. Das könnte der Grund der Verfeindung zwischen Pilatus und dem Tetrarchen gewesen sein. Nach der Absetzung Sejans aber, als sich Pilatus wieder etwas vorsichtiger gegen die Juden verhielt, legte auch der Prokurator Wert auf ein besseres Verhältnis zu Herodes Antipas. Wir erfahren aus dem Evangelium, wie Pilatus den Prozeß Jesu dazu benutzte, vor Herodes Antipas eine Verbeugung zu machen, indem er ihm Jesus zur Aburteilung schickte. Und Herodes erwiderte die Verbeugung, indem er nicht in die Rechte des Prokurators von Judäa eingriff.

Über das Regierungsende des Tetrarchen Herodes Antipas s. u. Nr. 55.

52. Ituräa kam gemäß dem Testament des Herodes an Herodes Philippus, der in seinem Reich als Tetrarch („Vierfürst") ohne Härten regierte. Mit den Ereignissen des Lebens Jesu hat er selbst nur insofern zu tun, als Jesus sich in das übrigens fast ganz heidnische Gebiet des Herodes Philippus einige Male zurückzog, wenn er sich eine Atempause vor den Verfolgungen des Hohen Rates gönnte. Das von Jesus zur Wohnstadt erwählte Kafarnaum (s. d.) lag nur eine gute Wegstunde vom Gebiet des Philippus entfernt. Zwischen der von ihm erbauten Stadt Julias (zu Ehren der Tochter des Augustus so genannt), praktisch eine Erweiterung des Fischerdorfes Betsaida an der Mündung des Jordan in den See Gennesaret, und dem galiläischen Kafarnaum, das zum Gebiet des Herodes Antipas gehörte, lag nur das Ufergebiet des Jordan. Der Jordan war die beiderseitige Reichsgrenze.

In der Gegend des östlichen Jordanquellflusses, bei den Trümmern von Paneas (Panion) (S. 567, Nr. 43) mit seinen Panshöhlen, baute schon Herodes d. Gr. eine weitere Ehrentributstadt für Kaiser Augustus, nachdem ihm der Bezirk im Jahre 20 v. Chr. überschrieben worden war, und ließ bei den Panshöhlen auf der Höhe des Felsens einen marmornen Augustustempel errichten, der vielleicht das Bild von dem „Tempel auf dem Felsen" in der Jesusverheißung an Petrus veranlaßt hat. Denn in der Gegend von Caesarea Philippi – so nannte dann Philippus seinerseits die Stadt, zu Ehren des Kaisers – war es, wo Petrus sein berühmtes Bekenntnis für Jesus als den Messias abgab (Mk 8,27).

53. Judäa, Idumäa, Samaria kamen gemäß dem herodianischen Testament an den Herodessohn Archelaus; er wurde aber nicht König, wie Herodes vorgeschlagen hatte, sondern sollte sich zunächst mit dem Titel „Ethnarch" begnügen. Den Königstitel sollte er sich durch gute Regierung verdienen. Er regierte aber so terroristisch, daß er im Jahre 6 vom römischen Kaiser abgesetzt wurde, im zehnten Jahre seiner Regierung. Die terroristische Regierung des Archelaus mag ihren Grund besonders in den Messiashoffnungen der Bevölkerung von Judäa (i. e. S.) gehabt haben, auf Grund deren Archelaus für seinen Thron fürchtete. Seine Verfolgung bezog sich dabei sicherlich auch auf alle Familien, die in irgendeiner Weise durch ihre Abstammung Herrschaftsansprüche hätten erheben können. Deshalb fürchtete sich auch Josef, der Davide, aus Ägypten nach Betlehem zurückzukehren; er ging in den Herrschaftsbereich des Herodes Antipas, nach Galiläa (S. 576, Nr. 51). – Nachdem sich Juden und Samaritaner gemeinsam bei Kaiser Augustus über die Terrorregierung ihres Ethnarchen beschwert hatten, wurde er zur Verantwortung nach Rom geladen. Das Urteil fiel auf Vermögensentzug und Verbannung nach Gallien. Als Verbannungsort wurde ihm Vienne im Rhonetal zugewiesen.

Das bisherige Herrschaftsgebiet des Archelaus: Judäa (d. h. Judäa, Idumäa und Samaria) wurde zur römischen Provinz erklärt, die von einem Prokurator (Luther: „Landpfleger") verwaltet wurde; dieser unterstand anscheinend normalerweise dem Statthalter von Syrien.

Die Landpfleger residierten in Cäsarea (s. d.). In Jerusalem und Samaria hielten sie sich nur in Krisenzeiten auf: in Jerusalem z. B. an den hohen Festen, wenn die Aufstandsgefahr besonders groß war. Sowohl in Cäsarea wie Jerusalem bewohnten sie den Palast Herodes' d. Gr., als dessen Regierungsnachfolger sie ja auch tatsächlich eingesetzt waren. Als Residenz des Prokurators hieß der Palast „Prätorium".

Der sachliche Amtsbereich des Prokurators umfaßte den Oberbefehl über die römischen Truppen im Lande, die Finanzverwaltung (Einziehung der Zölle und Steuern), die oberste Kriminalgerichtsbarkeit sowie die Sorge für Ruhe und Ordnung.

Als Soldaten standen ihm allerdings keine Römer zur Verfügung, sondern Hilfstruppenverbände: Samaritaner, Syrer, Griechen und vielleicht auch Germanen (vgl. den Artikel „Soldaten...").

Über die Zölle: s. den Artikel „Zöllner", über die Steuern: S. 602, Nr. 7.

Die römischen Prokuratoren in Judäa hatten die Anweisung, das religiöse Gefühl der jüdischen Bevölkerung zu schonen; wenigstens war dies unter Augustus, Tiberius, zum Teil auch unter Claudius so; auch die Kaiser Vespasian, Titus und Trajan hielten sich an diese Schonung. Aber nur wenige Prokuratoren befolgten diese Anweisung der kaiserlichen Behörden Roms gewissenhaft.

Von 6 bis 15 amtierten drei Prokuratoren: Coponius, der sich mit dem Aufstand des Judas von Galiläa auseinanderzusetzen hatte (S. 602, Nr. 7), Marcus Ambivius und Annius Rufus.

Die Prokuratoren setzten auch die Hohenpriester ein: zunächst wechselten sie jedes Jahr, bis von Marcus Ambivius im Jahre 9 Hannas eingesetzt wurde, der bis zum Jahre 15 das Amt innehatte.

Der Prokurator Valerius Gratus, der erste Prokurator des Kaisers Tiberius (14–37) in Judäa, setzte jedoch bei seiner Amtsübernahme im Jahre 15 n. Chr. den Hohenpriester Hannas ab, wechselte wieder jedes Jahr, bis er im Jahre 18 als gefügiges Werkzeug Joseph Kajaphas fand, der von 15 bis 36 Hoherpriester blieb, also bis zur Abberufung des Pilatus.

Valerius Gratus war Prokurator von 15 bis 26. Er war ein scharfer Steuereintreiber und setzte den Juden auch sonst mit allerlei delika-

ten Einfällen zu. Dies konnte er vor allem gegen Ende seiner Amtszeit tun, weil seit 23 der mächtigste Mann in Rom neben Tiberius der Minister Sejanus war, der sich in den Kopf gesetzt hatte, das Judenvolk auszurotten.

54. *Unter Pontius Pilatus,* der von 26 bis 36 Prokurator von Judäa war, nahm der Einfluß des Judenfeindes Sejanus noch zu. Da auch Pilatus, desen Herkommen nicht ganz geklärt ist, nicht gerade ein Judenfreund war, ließ der Prokurator seinen Verachtungsgefühlen freien Lauf, weil er sich durch den allmächtigen Minister gedeckt fühlte; wahrscheinlich wurde er von Sejanus sogar deshalb zum Prokurator für Judäa bestimmt, weil dem Minister die Judenfeindschaft des Pilatus bekannt war. Pilatus schonte das religiöse Gefühl der Juden keineswegs, ließ seine Truppen mit Kaiserbildern in Jerusalem einmarschieren, ließ goldene Kaiserschilde an seinem Prätorium in Jerusalem anbringen u. ä., alles Dinge, die den Juden, die in jedem Bild schon eine Gotteslästerung sahen, ein Greuel sein mußten.

Nachdem sich Kaiser Tiberius immer mehr von der Regierung zurückgezogen hatte, wurde Sejanus im Januar 31 zusammen mit dem Kaiser auf fünf Jahre das Konsulat übertragen. Damit begann der verstärkte Kampf gegen das Judentum in den Provinzen. Aus Rom waren die Juden schon im Jahre 19 durch Sejanus vertrieben worden. In Judäa wurden nun die geheimen Sitzungen des Hohen Rates verboten: aus den unterirdischen (?) Quaderhallen mußte der Hohe Rat in allgemein zugänglichere Tagungshallen umziehen. Die Blutgerichtsbarkeit wurde dem Hohen Rat genommen; überhaupt wurde ihm die Ziviljurisdiktion genommen, und er behielt nur die Jurisdiktion über Religionsvergehen, aber bei Todesurteilen ohne Vollstreckungsrecht. Diese Zuspitzung vollzog sich im Jahre 31; Sejanus besorgte Pilatus für seine Arbeit den Ehrentitel „Amicus Caesaris" („Freund des Kaisers"). Aber noch im gleichen Jahre wuchs das Mißtrauen des Kaisers gegen den immer mächtiger werdenden Sejanus so sehr an, daß er ihn am 18. Oktober 31 absetzte und wegen Amtsmißbrauch hinrichten ließ.

Während all dieser Ereignisse war Josef Kajaphas (s. d.) Hoherpriester. Man kann sich des Eindrucks nicht erwehren, daß es ihm auf seine – wenn auch stark beschränkte – Macht ankam und daß er nichts Wesentliches getan hat, um den Entwicklungen entgegenzuarbeiten. Er sah wohl seine Aufgabe darin, das Volk ruhig zu halten.

Nach der Absetzung des Sejanus änderten sich die Verhältnisse: Pilatus wurde vorsichtiger, wenn auch nicht freundlicher gegen die Juden; ein Teil der judenfeindlichen Anordnungen Sejans wurden nach dessen Absetzung aufgehoben. Pilatus fürchtete die Rückberufung. Im Prozeß Jesu, wie ihn die Evangelien berichten, ist diese neue Nachgiebigkeit gegen die Juden deutlich spürbar; aber auch seine grundsätzliche Judenfeindschaft ist zu erkennen.

Als Pilatus im Jahre 35 ungerechtfertigt gegen einen angeblichen Aufstand in Samaria vorging, beschwerte sich der Rat der Samaritaner beim Statthalter von Syrien. Dieser (Vitellius) schickte Pilatus zur Verantwortung nach Rom; an die Stelle des Pilatus setzte Vitellius seinen Freund Marcellus. Dieser blieb Prokurator von Judäa bis zum Jahre 41.

Mit der Prokuratur des Pilatus endete auch die Amtszeit des Hohenpriesters Kajaphas; neunzehn Jahre lang war er Chef der jüdischen Selbstverwaltung und oberster Richter der jüdischen Kultusgemeinde.

55. Herodes Agrippa wurde nach dem Tode des Kaisers Tiberius (16. März 37) mit dem Titel „König" Regent der Herrschaftsgebiete des Philippus und des Lysanias. Mit ihm wurde einer der wüstesten Abenteurer[25] König in Palästina. Als Jugendfreund des nunmehr Kaiser gewordenen Cajus Caligula blieb er aber noch bis zum Herbst 38 in Rom, wo ihn Tiberius gefangengehalten hatte. Im Herbst 38 fuhr er über Alexandrien nach Ägypten, wo er rücksichtslos als jüdischer König mit großem Gefolge auftrat, trotz der Anwesenheit des römischen Statthalters. Die Juden von Alexandrien begrüßten ihn in emphatischen Tumulten mit „Marin!" (Unser Herr!), was die griechischen Alexandriner nicht nur gegen Herodes Agrippa, sondern auch gegen die Juden aufbrachte.

Die Verleihung des Königstitels an ihren Bruder Herodes Agrippa machte Herodias, die Frau des Herodes Antipas,[26] eifersüchtig. Sie stachelte ihren Mann, der immer nur den Titel „Tetrarch" tragen durfte, zur Reise nach Rom an, um ebenfalls von Kaiser Cajus Cali-

gula den Königtitel zu erbitten. Aber Herodes Agrippa kam ihm zuvor, sandte eine Anklageschrift an den Kaiser mit mehreren Hinweisen auf angeblich kaiserfeindliche Akte des Antipas und erreichte tatsächlich damit dessen Absetzung. Der Kaiser verbannte den abgesetzten Tetrarchen nach Lugdunum (Lyon); seine Frau Herodias folgte ihm freiwillig in die Verbannung. Herodes Agrippa erhielt die Tetrarchie des Antipas hinzu (Galiläa und Peräa) und außerdem den Privatbesitz seiner Schwester Herodias. Die Absetzung des Antipas und die Übertragung seiner Herrschaft auf Agrippa ist wohl auf das Jahr 39 anzusetzen.

Nachdem Agrippa seine Herrschaft im Lande selbst übernommen hatte, reiste er wieder nach Rom. Im Herbst 40 gelang es ihm, Caligula zum Verzicht der Aufstellung seiner Bild-

---

[25] Herodes Agrippa wurde 10 v. Chr. geboren; er war ein Enkel Herodes d. Gr. Nach der Hinrichtung seines Vaters Aristobul (7. v. Chr.) kam er mit seiner Mutter Berenike nach Rom, wo er bei Hof erzogen wurde. Unter dem Einfluß des Hofes wurde er zum Verschwender. Nach der Ermordung seines Sohnes Drusus (im Jahre 23) wollte Kaiser Tiberius die Freunde des Toten nicht mehr sehen. Herodes Agrippa konnte sich so mit gutem Grund seinen Gläubigern entziehen und ging nach Judäa. Er lebte dort von Gnaden seiner Schwester Herodias, der illegitimen Frau des Herodes Antipas; der Form halber war er Marktaufseher in Tiberias. Herodes Antipas warf ihm eines Tages öffentlich vor, daß er sich von seiner Schwester aushalten ließ. Agrippa ging darauf nach Antiochien, wo ein früherer Freund römischer Statthalter war. Als er aber gegen den Statthalter politisch konspiriert hatte und die Sache herauskam, versuchte er nach Italien zu entkommen. Das Schiff wurde jedoch von dem kaiserlichen Domänenprokurator von Jamnia festgehalten; Agrippa sollte ein Darlehen bezahlen, das er beim verstorbenen Sohn des Kaisers, Drusus, aufgenommen hatte. Aber der Abenteurer ließ nachts die Taue durchschneiden und floh nach Alexandrien. Hier gelang es ihm, eine hohe Anleihe aufzunehmen. So kam er im Jahre 36 – nach dreizehn Jahren – wieder nach Italien. Kaiser Tiberius, der in Capri war, nahm ihn gut auf. Dann kam die Sache mit dem ungetilgten Darlehen zutage. Der Kaiser verwies Agrippa vom Hof. Eine Freundin seiner verstorbenen Mutter, Antonia, beglich das Darlehen. Tiberius nahm Agrippa wieder auf und ernannte ihn zum ständigen Begleiter seines Enkels. Ihm aber gefiel der Umgang mit Antonias Sohn Cajus Caligula, dem späteren Kaiser, besser. Es gelang ihm, sich von einem Freigelassenen des Kaisers eine Million Sesterzen zu leihen, um den Umgang mit Caligula zu bestreiten. Er wartete darauf, daß Caligula Kaiser wurde. Als er ihm das eines Tages sagte, hörte dies der Kutscher, der ihn daraufhin bei Tiberius anzeigte. Tiberius ließ Agrippa einkerkern (Herbst 36); erst beim Tode des Tiberius, ein halbes Jahr später, wurde er wieder frei – und König.

[26] s. ob. in Nr. 51.

säule im Tempel zu bewegen. Er war auch noch in Rom, als Caligula am 24. Januar 41 ermordet wurde. Er selbst hob die Leiche auf. Er selbst setzte sich für Caligulas Onkel Claudius ein, daß dieser Kaiser wurde, und überredete Claudius, das Kaiseramt anzunehmen – gegen den Willen des Senats. Andererseits sorgte er dafür, daß Claudius den Senat milde behandelte. Claudius bedankte sich für die Schützenhilfe, indem er die Herrschaft des Herodes Agrippa durch Judäa und Samaria erweiterte; damit hatte sein Reich den Umfang des Reiches seines Großvaters Herodes d. Gr. gewonnen. Den Juden des römischen Reiches gab Kaiser Claudius um Agrippas willen die Zusicherung freier Religionsausübung.

Herodes Agrippa gab sich jüdisch, weil er König der Juden war. Anderseits baute er Amphitheater, liebte Gladiatorenkämpfe, setzte für seine Töchter Bildsäulen, legte römische Bäder an, gab Münzen mit eigenen Bildern und mit Kaiserbildern aus und benahm sich ganz wie ein heidnischer Herrscher – nur wenn er in Jerusalem war, opferte er täglich. Durch Almosen, Freigebigkeit und jüdisches Gehabe suchte er in Jerusalem die Gunst der Judenheit zu gewinnen, um ein gutes Herrscherandenken zu hinterlassen.

Dieser Schmeichelei für seine eigenen Untertanen fielen Jakobus der Ältere (s. d.) und andere hervorragende Mitglieder der Urgemeinde zum Opfer. Denn als er von der Wut des Judentums gegen die Anhänger des Jesus von Nazareth erfuhr, wandte er sich sofort gegen die Apostel, ließ Jakobus hinrichten (frühestens kurz vor Ostern 42, spätestens kurz vor Ostern 44), und Petrus ließ er ins Gefängnis bringen, um ihm nach den Feiertagen einen Schauprozeß machen zu lassen. Aber Petrus wurde in der Nacht vorher befreit.

56. Der Tod des Herodes Agrippa kam sehr plötzlich. Bei einem Fest im Theater zu Cäsarea (s. d.), das nach der glücklichen Rückkehr des Kaisers Claudius von dessen Feldzug nach Britannien gefeiert wurde, kündigte sich sein Ende an. Claudius kehrte im Januar 44 zurück; das offizielle Fest „wegen der Rettung" des Kaisers fand in Palästina wahrscheinlich gegen Ende April 44 statt. Herodes Agrippa trat in einem silbernen Gewand auf. Die römischen Schmeichler (wegen seiner Freundschaft zum Kaiser) und die liberalen jüdischen Schmeich-

ler, wohl meist Hellenisten (wegen seiner Judengewogenheit) begrüßten ihn als „Gott". Die Apostelgeschichte berichtet, daß man nach seiner Rede gerufen habe: „Die Stimme eines Gottes, nicht eines Menschen" (12,22). Agrippa sonnte sich in diesen Schmeicheleien.

Wohl beim selben Fest noch spürte er furchtbare Schmerzen in den Eingeweiden. Er wurde nach Hause getragen. Fünf Tage später starb er.

Im Glauben an die Gerechtigkeit Gottes, der seiner Kirche beisteht und der sich nicht durch einen Menschen verdrängen läßt, deutete die Urkirche diesen plötzlichen Tod als Strafe an diesem zwiegesichtigen König: „Im selben Augenblick schlug ihn ein Engel des Herrn" (Apg 12,23). Der Engel des Herrn war die Krankheit. Das war im April oder Mai 44. Die römischen, griechischen, syrischen und samaritanischen Soldaten betranken sich vor Freude, daß dieser „Judenfreund" dahin war.

57. Als Agrippa I. starb, war Claudius Kaiser (41–54). Man riet ihm davon ab, den damals siebzehnjährigen Sohn Agrippas I. – ebenfalls ein Agrippa – mit der Herrschaft über das palästinensische Reich zu betreuen. So wurde das gesamte bisherige Reichsgebiet dem römischen Prokurator in Caesarea (s. d.) unterstellt.

Cuspius Fadus war erster Prokurator dieser Zeit: 44 bis 46. Die gewandelte Zeit schien sich dadurch anzuzeigen, daß dieser Landpfleger wieder das hohepriesterliche Kultgewand in Verwahrung nehmen sollte.[27] Aber eine jüdische Petition an den Kaiser erreichte eine Änderung der kaiserlichen Order. Der junge Agrippa hatte als Vermittler mitgewirkt.

Cuspius Fadus hatte mit den immer heftiger auftretenden Zeloten zu kämpfen, war aber sonst ein Mann, der nicht antijüdisch eingestellt war. Sein Kampf gegen einige Aufstandsversuche entsprach schließlich seiner Aufgabe als Prokurator.

---

[27] Schon Herodes d. Gr. hatte das hohepriesterliche Gewand in eigene Verwahrung genommen, um damit anzuzeigen, daß alle Gewalt des Hohenpriesters von ihm abhänge. So taten es auch sein Sohn Archelaus und alle römischen Prokuratoren bis Pilatus. Als Pilatus abgesetzt wurde (im Jahre 36), gelang es dem Hohen Rat, vom römischen Statthalter in Syrien, Vitellius, zu erreichen, daß ihnen das Gewand wieder ausgehändigt wurde. So blieb es bis zum Tode Agrippas im Jahre 44.

Tiberius Alexander, Prokurator von 46 bis 48, setzte den Kampf gegen die Zeloten fort. Als es ihm gelang, die Söhne des Vaters der Zelotenpartei, des Judas von Galiläa, gefangenzunehmen, ließ er sie kreuzigen. Er wurde im Jahre 48 abberufen und machte eine glänzende Karriere. Im jüdisch-römischen Krieg kehrte er als Chef des Generalstabes im Heere des Titus nach Palästina zurück.

Tiberius Alexander war ein abgefallener Jude, Neffe des alexandrinisch-jüdischen Philosophen Philon (S. 586). Wahrscheinlich verschärfte die Tatsache, daß Tiberius Alexander ein Apostat war, die Haltung der Juden gegen ihn.

Ventidius Cumanus war Statthalter von 48 bis 52. Seine Amtszeit war gezeichnet durch wiederholte Zusammenstöße zwischen Juden und römischer Besatzung.

In das zweite Jahr des Cumanus fiel ein Ereignis, an dem er allerdings keinen Anteil hatte: in Jerusalem kamen die Apostel Jesu zusammen, um über die Missionskonzeption des Paulus zu beraten („Apostelkonzil" im Jahre 49). Immerhin scheint es aber wichtig zu wissen, in welcher Atmosphäre diese Beratungen vor sich gingen.

Etwa im Jahre 50, als Herodes von Chalkis auf sein kleines Königreich verzichtete, belehnte Kaiser Claudius den Sohn Agrippas I. mit Chalkis im Antilibanon.[28] Wie Herodes von Chalkis erhielt er damit das Recht, die Aufsicht über den Tempel in Jerusalem zu führen und die Hohenpriester zu ernennen – ein Recht, das unter Claudius von den Prokuratoren auf diese jüdischen Kleinkönige überging, um nicht auch dadurch ständig neuen Sprengstoff zu schaffen.

Als Cumanus schließlich bei einem blutigen Zusammenstoß zwischen Juden und Samaritern völlig versagt hatte, schickte ihn der damalige römische Statthalter in Syrien, Ummidius Quadratus, zur Verantwortung nach Rom. Auch diesmal setzte der junge Agrippa sein Ansehen ein: Die Juden wurden geschont, Cumanus wurde verbannt.

Antonius Felix, Statthalter von 52 bis 60, war wohl die übelste Erscheinung auf dem Prokuratorenstuhl der jüdischen Provinz überhaupt. Tacitus schrieb über ihn in seinen *Historiae* (5,9), daß er „in Grausamkeit und Wollust königliches Recht (d. h. sein Prokuratorenamt) mit sklavischer Gesinnung ausgeübt ha-

be". Er gehörte zu jenen Freigelassenen, von denen sich Claudius, vor allem nach seiner Heirat mit Agrippina, leiten ließ; der Bruder des Felix war der Finanzminister des Kaisers.

Seine Zeit ist, nicht zuletzt durch die grausame Amtsführung des Felix selbst, eine Zeit ständiger Unruhen. Die Zeloten[29] schürten immer mehr. Der politische Messianismus trieb das Volk in nationale Hochspannung. Immer wieder standen Messiasprätendenten auf. Die Sikarier[29] trieben ihr meuchlerisches Handwerk; ihrer bediente sich sogar der Prokurator, als er den Althohenpriester Jonathan erdolchen ließ, weil er ihn immer zu geordneter Amtsführung gemahnt hatte.

Während Felix in Palästina Prokurator war, wurde Kaiser Claudius ermordet (im Jahre 54). Sein Nachfolger war Nero, der Felix in seinem Amt bestätigte. Gleichzeitig zeigte der neue Kaiser aber auch seine Gunst für Agrippa II., dem er zu seinem ituräischen Königreich noch eine Reihe Städte überschrieb. Vielleicht war es die Gunst des Kaisers für Agrippa, die Felix dazu veranlaßte, Agrippas Schwester Drusilla kurz nach ihrer Hochzeit mit einem anderen Fürsten zu entführen.

Im Jahre 58 geriet der Apostel Paulus durch Anklage der nazarenerfeindlichen Juden in die Haft des Felix, der seinen Prozeß aber, in der Hoffnung auf Bestechungsgelder, immer wieder aufschob.

In einem Bürgerrechtsstreit zwischen den Syrern und Juden von Cäsarea (s. d.) versagte Felix völlig. Der Prozeß wurde schließlich in Rom ausgetragen. Das Ergebnis des Prozesses wurde sechs Jahre später (66) zum Anlaß für den Ausbruch des römisch-jüdischen Krieges.

58. *Der Landpfleger Porcius Festus* amtierte von Mai 60 bis etwa Mai 62. Sein Prokuraturbereich war der nicht von Agrippa II. beherrschte Teil Palästinas (s. ob. in Nr. 57). Festus versuchte, das Land zu beruhigen, viele „Räuber" (Freiheitskämpfer, Messianisten, s. ob. in Nr. 57) ließ er hinrichten; den jüdischen Kultusbehörden und König Agrippa II. gegenüber verhielt er sich weitherzig.

Von seinem Vorgänger, dem Prokurator Felix (s. ob. in Nr. 57) hatte Festus den gefan-

---

[28] Siehe im Artikel „Hermon"
[29] Siehe den Artikel über die Zeloten, S. 589.

genen Paulus übernommen. Gleich nach seinem Eintreffen in Palästina ging er nach Jerusalem, um rückständige Prozesse zu erledigen. Dabei machten ihm die jüdischen Behörden den Vorschlag, Paulus nach Jerusalem bringen zu lassen – man wollte ihn dann unterwegs umbringen. Festus lehnte das ab; er beschied die Ankläger zu einer ordentlichen Anklage an seinem Amtssitz, nach Cäsarea (s. d.). Gleich nach seiner Rückkehr fand in Cäsarea das Verhör statt. Festus fand kein Verbrechen an Paulus. „Religionsstreitereien!" sagte er. Trotzdem fragte er ihn, ob er sich dem Religionsgericht in Jerusalem stellen wolle. Paulus lehnte ab und appellierte an den Kaiser; Kaiser war in dieser Zeit Nero, der von 54 bis 68 regierte (s. u. in Nr. 60). Festus bestätigte die Berufung. – Dies alles geschah gleich in den ersten vierzehn Tagen der Prokuratur des Festus (Apg 25,1–12).

In der dritten Woche seiner Amtszeit machte König Agrippa II. mit Gefolge einen Höflichkeitsbesuch beim neuen Landpfleger. Festus trug ihm den Fall Paulus vor, mit dem er nichts Rechtes anzufangen wußte. Agrippa bat, Paulus sehen zu dürfen, und Festus setzte für den folgenden Tag ein Verhör an. Bei diesem berichtete Paulus in großer Rede von seiner Berufung. Festus rief: „Du bist verrückt, Paulus!" Aber ein Verbrechen fand er auch jetzt nicht an ihm, ebensowenig wie Agrippa, der feststellte: „Der Mann könnte freigelassen werden, wenn er nicht an den Kaiser appelliert hätte." Festus ließ Paulus nach Rom bringen (Apg 25,13–27; 26; 27,1).

Nach nur zwei Jahren Amtszeit starb Festus (vor Juli 62).

59. Der Hohepriester Hannas II., ein Sohn des Althohenpriesters Hannas (s. d.), war soeben von Festus eingesetzt worden. Er benutzte die Vakanz der Prokuratur dazu, gegen die christliche Urgemeinde zu wüten. Dabei kam auch Jakobus, der Bruder des Herrn (s. d.), ums Leben.

60. Als Nero Kaiser war (54 bis 68), brannten am 19. Juli 64 von den dreizehn Regionen der Stadt Rom zehn Regionen zum größten Teil ab. Das Feuer begann bei den Kaufständen der Orientalen am Circus Maximus und wütete sechs Tage lang. Verschont wurden u. a. die Judenviertel an der Porta Capena und das

jüdische Viertel jenseits des Tiber. Die Massen der Obdachlosen – so muß man die Vorgänge wohl rekonstruieren – wandten sich darauf mit ihrem Verdacht gegen die Juden: als ob sie den Brand angelegt hätten. Aber die Juden am Kaiserhof, der jüdische Schauspieler Alyturus und die Proselytin Poppäa Sabina[30] und vielleicht auch andere einflußreiche Mitglieder der jüdischen Gemeinde Roms, haben die Sache zugunsten ihrer Glaubensgenossen auf die *Christianos* abwälzen können, d. h. auf jene, die der Synagoge abtrünnig geworden waren; denn viele Christen Roms stammten aus der Synagoge. Das Verhör brachte dann zutage, daß es sich bei diesen um Leute handelte, die sich vom ausgelassenen Pöbeltreiben fernhielten und dadurch bald zu Menschenfeinden gestempelt waren, denen man alles zutrauen konnte. Viele von ihnen wurden zum Tode verurteilt und bei einem Nachtfest in den Kaiserlichen Gärten des Vatikan als lebendige Pechfackeln verbrannt, während Nero in der Rennbahn dieser Gärten dem Pöbel seine Sportfaxereien vorführte und in Tierfelle eingenähte Christen den Bluthunden vorgeworfen wurden.

Als Opfer dieser Strafaktion kamen auch die Apostel Petrus und Paulus ums Leben: Petrus (s. d.) wahrscheinlich im Jahre 64; gemäß einer frühchristlichen Tradition soll er gekreuzigt worden sein (s. den Artikel „Die Kreuzigung").

Der Apostel Paulus (s. S. 449, Nr. 44) begab sich – etwa im Jahre 66 – nach Rom, um die zusammengeschmolzene Gemeinde aufzurichten, zu stärken und neu zu ordnen. Dabei wurde er verhaftet und etwa neun Monate gefesselt inhaftiert, bis er im Jahre 67 enthauptet wurde.

Da Rom das Modell für die Provinzen abgab, ist es wahrscheinlich, daß auch manche anderen Christenverfolgungen dieser Zeit, auf die wir zumal aus der Offenbarung des Johannes schließen können, durch jenen Brand

---

[30] Nero hatte wegen Poppäa Sabina, die seine Mätresse war, 59 seine Mutter Agrippina umbringen lassen, die versuchte, Nero zu gängeln, und dem Aufstieg P. Sabinas im Wege stand. Im Jahre 62 ließ er sich von seiner Gemahlin Octavia scheiden, verbannte sie und ließ sie schließlich aus Angst vor Bewerbern, die durch sie kaiserliche Legitimität hätten erwerben können, umbringen; 62 heiratete er Poppäa Sabina.

von Rom mit ausgelöst wurden (2,13; 20,4). Auch im ersten Petrusbrief könnten Hinweise auf solche Verfolgungen enthalten sein, wenn es darin an die Adresse der kleinasiatischen Gemeinden heißt: „Laßt euch durch die Feuerglut ... nicht verwirren" (4,12); und: Wenn einer „leidet, weil er Christ ist, dann soll er sich nicht schämen" (4,16); d. h. „Christ sein" ist das eigentliche Vergehen.

Die Behauptung, daß Nero selbst Rom habe anzünden lassen, ist eine Tendenzdarstellung antikaiserlicher Kreise (Tacitus!).

61. Nach dem Tode Neros (im Jahre 68) wurden im ganzen Reich Kaiser und Gegenkaiser ausgerufen, die sich zum Teil schon vor Neros Tod gegen ihn gestellt hatten. So war das Reich in Aufruhr, während Vespasian mit seinem Sohn Titus in Palästina die aufständischen Juden zu unterwerfen suchte, wie Nero es ihm aufgetragen hatte. Gegen alle Kaiserusurpatoren und Soldatenkaiser in Rom, Spanien, Gallien und am Rhein einigten sich Vespasian, der römische Statthalter in Syrien (Licinius Mucianus) und der römische Statthalter in Ägypten (Tiberius Alexander), den General Vespasian zum Imperator Roms zu erheben. Das war im Juli 69. Er überließ darauf die Kriegsführung gegen die Juden seinem Sohn Titus und betrieb selbst die Übernahme seines Amtes in Rom.

Im Dezember 69 hatte Vespasian die Stadt Rom fest in der Hand und wurde vom Senat anerkannt.

Vespasians Regierung bedeutete für Rom Gerechtigkeit, Aufbau, Friede. Den Krieg gegen die Juden beendigte er im Jahre 71 mit einem triumphalen Einzug in Rom, an dem er auch seinen Sohn Titus als Mitregenten teilnehmen ließ. Um in Palästina jede jüdische Königsmacherei unmöglich zu machen, ließ er nach Mitgliedern der Familie Davids fahnden; aber erst unter Domitian brachte man einige Verwandte Jesu nach Rom – nachdem jedoch Domitian ihr religiöses Bekenntnis gehört, ließ er sie wieder frei.

Das neronische Gesetz gegen die Christen war zwar noch in Kraft; aber Vespasian legte kaum Wert auf seine Anwendung. Einzelne christliche Martyrer mag es gegeben haben; denn auch der Imperator Titus und die Statthalter hatten das Schwertrecht. Aber mit Sicherheit kann kein Martyrium wegen christli-

chen Glaubens in Vespasians Zeit datiert werden.

62. Auf Vespasian folgte Titus. Im Juni 79 wurde er römischer Kaiser. Die Regierungszeit dieses gütigen und blutverabscheuenden Kaisers war eine Kette von Katastrophen. Zwei Monate nach seiner Thronbesteigung geschah der schrecklichste Vesuvausbruch, den es je gegeben hat. Pompeji und Herkulan(e)um wurden in glühender Asche begraben. Im Jahre 80 brannte Rom: drei Tage und drei Nächte lang. Dem Brand folgte die Pest (80/81); eine schlimmere Seuche hat Rom nie erlebt. Kaiser Titus half, wo er konnte, bis er – im gleichen Jahre 81 – starb, vielleicht nicht ohne Zutun seines Bruders Domitianus, dessen bösartige Anlagen schon Vespasian, sein Vater, mit Strenge bekämpft hatte.

63. Kaiser Domitian (81–96) widmete sich in den ersten Jahren seiner Regierungszeit dem Aufbau Roms und einer Reihe von kriegerischen Unternehmungen in Britannien, Germanien und im Donauraum. Nachdem sich aber in Mainz der Statthalter Obergermaniens als Gegenkaiser hatte ausrufen lassen (im Jahre 89), kam das zeitweise ein wenig verdeckte Mißtrauen Domitians, das sich mit Grausamkeit paarte, immer mehr zum Ausbruch. Um seinen Kaiserthron zu sichern, befahl er – wie Caligula (37–41) – die Verehrung seiner kaiserlichen Person als Gott, und auch das kleinste Zögern vor der Anerkennung seines alles und alle überragenden kaiserlichen Charakters konnte Folter und Tod bedeuten.

Aus dieser Haltung des Kaisers erwuchs die zweite Christenverfolgung in Rom, die zwar keine allgemeine Verfolgung war, wohl aber gegen solche Christen vorging, die in hohen Stellungen waren. Dieser Verfolgung erlag als einer der vornehmsten Männer der römische Konsul Flavius Clemens; seine Frau Domitilla wurde verbannt. Die Anklage gegen Flavius Clemens lautete auf Gottlosigkeit, d. h. Nichtanerkennung der römischen Götter und des befohlenen Kaiserkults.

Weder in Rom noch in den Provinzen wurde eine systematische Verfolgung betrieben. Aber überall da, wo der Kaiserkult besonders gepflegt wurde, kam es auch zu Verbannungen, Folterungen und Hinrichtungen, wenn jemand sich weigerte, an den Kaiserriten teil-

zunehmen. Das war wohl vor allem in Kleinasien der Fall, wo der Apostel Johannes (s. d.)
wegen seines Widerstandes oder, was wahrscheinlicher ist, wegen seiner Mahnungen zum
Widerstand gegen den Kaiserkult auf die Insel
Patmos verbannt wurde; das war etwa zu Anfang des Jahres 96 – im gleichen Jahr, als
Domitian am 18. September ermordet wurde.

RELIGIÖSE, POLITISCHE UND SOZIALE GRUPPEN

Ein wesentliches Geschichtsmoment der biblischen Zeiten sind die verschiedenen religiösen
und sozialen Gruppen, die gleichzeitig oft auch
politische Gruppierungen darstellten. Es ist
schwer, im einzelnen zu entscheiden, ob die
religiöse oder die politische Haltung die for-
mierende Ausgangshaltung für eine Gruppe
war, weil beide sich oft sozusagen gegenseitig
forderten. Wichtig ist aber die Erkenntnis, daß
weder die Politisierung einer religiösen Haltung noch die religiöse Verarbeitung einer
politischen Haltung als Verfälschungen angesehen werden dürfen, wozu man ja heute
neigt. Das Politische und das Religiöse sind für
Israel und Juda nur verschiedene Akzente.
Übrigens vollziehen sich auch die Christusent-
scheidungen der Ur- und Frühkirche vornehmlich im politischen Raum. Dies wird wesentlich
darauf zurückzuführen sein, daß die christliche
Botschaft eine Friedensbotschaft, d. h. Ge-
meinschaftsbotschaft ist und das Wesen des
Politischen sich ebenfalls im Gemeinschafts-
raum erfüllt.

DIE NASIRÄER

Nasiräer waren Gottgeweihte, die den Herr-
schaftsanspruch Jahwes über Israel durch ihre
Lebensweise, jedoch nicht abgeschlossen von
der Öffentlichkeit, ins Gedächtnis riefen. Der
nazir ist der Geweihte, der Ausgesonderte. Er
lebt in seiner Gelübdezeit nur für Gott.

Das Nasiräatsgelübde scheint mindestens
bis in die Richterzeit (also 1200/1100 v. Chr.)
zurückzugehen; denn Simson war ein Nasiräer.

Zum Nasiräatsgelübde (Num 6,3–12) gehörte Enthaltsamkeit von allem, was vom Weinstock stammt; kein Schermesser durfte das

Haar schneiden; absolutes Sichfernhalten von
Toten; starb während der Gelübdezeit ein
naher Verwandter, so mußte nach siebentägi-
ger Reinigung die Nasiräerzeit von neuem
begonnen werden.

Das Nasiräatsgelübde konnten Frauen und
Männer ablegen: für eine gewisse Zeit oder für
das ganze Leben. Auch die Eltern konnten ihr
Kind dem Nasiräat geloben. So tat es die
Mutter Simsons, wie ihr die Botschaft Gottes
eingab (Ri 13,5). So tat es Anna, die Mutter
Samuels (1 Sam 1,11). So tat es Zacharias für
seinen Sohn Johannes, der der Täufer werden
sollte (Lk 1,15).

Das Ende der Weihezeit wurde durch Scheren des Haupthaars angezeigt, das dann (im
Tempel), zusammen mit dem die Gelübdezeit
abschließenden Dankopfer, verbrannt wurde.

DIE SADDUZÄER

Sie werden oft als eine „Partei" bezeichnet; da
diese Bezeichnung aus dem modernen Verständnis von „Partei" jedoch mißverständlich
sein könnte, sollte man von ihnen besser als
einer Gruppe des Judentums sprechen.

Seit wann es diese Gruppe gab, ist ungeklärt; man darf ihren Ursprung aber wohl in
der persischen oder hellenistischen Zeit Judas
suchen (zwischen 536 und 170 v. Chr.).

Der Name „Sadduzäer" ist von „Zadok"
(Sadok) abgeleitet. Gemeint ist wahrscheinlich jener Zadok, der in 2 Sam 8,17 mit Abjatar
zusammen als der Priester der Davidszeit genannt wird.

Als Abjatar im zweiten Thronfolgestreit (S.
543, Nr. 28) die Partei des Davidssohnes Adonija ergriff, nahm Zadok die Partei Davids (1
Kön 1,8). Anscheinend war bis dahin Abjatar
Hoherpriester; denn David verlieh Zadok für
seine Treue „die Stelle Abjatars" (1 Kön 2,35).
Von da an galt die Familie Zadok als die
legitime hohepriesterliche Familie. Der Name
„Sadduzäer" enthält also den Anspruch, das
legitime hohepriesterliche Haus zu sein, das
seit 200 v. Chr. mit seinen „Söhnen Zadoks"
auch den Ältestenrat bildete. Es ist möglich,
daß sich die Gruppe um den Hohenpriester
Onias III. bildete (170 v. Chr. ermordet), der
der letzte Hohepriester direkter Nachfolge der
Sippenlinie Zadok war; so wäre sie als Opposi-
tionspartei gegen die hellenistischen usurpie-

renden Hohenpriester entstanden (S. 568, Nr. 44), als die man sie jedoch später nicht mehr ansehen kann. Denn gerade die ursurpierenden, hellenistisch gesinnten Hohenpriester waren später „die Sadduzäer". Dieser seltsame Zustand erklärt sich dadurch, daß die Zadokgruppe, um nicht durch den Aufstieg der Pharisäer (s. unten) aus der Macht herausgedrängt zu werden, sich gegen die ursprüngliche Konzeption ihrer Gruppe mit dem jeweils regierenden Hohenpriester verband, auch wenn dieser kein Zadoksohn war. Auf diese Weise verlor jedoch der Name „Sadduzäer" einen Teil seines ursprünglichen Sinns. Nicht mehr echte Zadoksöhne zu sein war das Charakteristikum der Sadduzäer, sondern die geistige Festlegung auf die antipharisäische Linie – eine Festlegung, die größtenteils durch Machtpolitik bestimmt war. Auch zur Zeit Jesu waren die hochpriesterlichen Usurpatoren (Hannas, Kajaphas) Sadduzäer, jedoch nicht im Sinne von echten Söhnen Zadoks.

Die Sadduzäer waren nur eine kleine Gruppe, eben die priesterliche Gruppe um den Hohenpriester. Aus ihrem Gegensatz zu den Pharisäern hatte sich ihr geistiges Programm gebildet:

Außer dem Pentateuch (s. d.) ließen sie kaum andere heilige Schriften gelten – selbst die prophetischen Bücher achteten sie gering;

die „Überlieferungen der Väter", d. h. die schriftgelehrten Ausführungsbestimmungen und Kommentare der pharisäischen Gesetzeslehrer zur Schrift, lehnten sie ab – für sie galt nur die Schrift selbst, und von dieser vor allem der Pentateuch.

Da sich die Verkündigung des Glaubens an die Existenz von Engeln, von Geistern und an ein Weiterleben nach dem Tode in den Auslegungen der pharisäischen Schriftgelehrten entwickelt hatte, lehnten sie auch diesen Glauben ab;

damit zusammen hing die sadduzäische Ablehnung einer politisch-religiösen Eschatologie: sie glaubten weder an einen zukünftigen Messias (Geringschätzung der Prophetenbücher!) noch an eine Auferstehung der Toten in messianischer Zeit.

So wurden sie zu Rationalisten und Machtmenschen, die es mit dem jeweiligen höchsten Herrscher (Seleukiden, Makkabäer, Römer) hielten und die ihre Macht festzuhalten gewillt waren. Ihre Willfährigkeit gegenüber den heidnischen Machthabern mag auch die Abgrenzung als Vorwurf hervorgehoben haben, den die Pharisäer aussprachen: „Wir sind Jünger des Mose" (Joh 9,28). Die Verfolgung Jesu durch die Sadduzäer (Hoherpriester und sein Anhang) kam deshalb auch in erster Linie aus dem politischen Motiv: sie fürchteten, daß die Römer ihre Macht beschränken würden, wenn sie nicht jeden politischen Unruhestifter entfernten. Anderseits fürchteten sie sich nicht, in ihrem Kampf gegen die Messiasprätendenten den richtigen Messias zu treffen, weil es für sie keinen Messias gab. Ihre Antwort an Pilatus: „Wir haben keinen König außer dem Kaiser!" (Joh 19,15) läßt diese Auffassung durchschimmern.

Der Kampf der sadduzäischen Hohenpriester gegen die Apostel wurde dagegen wohl mehr durch die apostolische Predigt von der Auferstehung Jesu veranlaßt; sie fühlten sich dadurch in ihrer Lehre brüskiert.

HELLENISTEN

Den kulturellen Durchdringungsprozeß, der mit der Begründung des Weltreichs Alexanders d. Gr. (333–323 v. Chr.) begann und der sich unter seinen Nachfolgern, den Ptolemäern in Ägypten und den Seleukiden in den nördlichen Ländern des Vorderen Orients, fortsetzte, nennen wir „Hellenismus". Griechische Sprache, griechische Zivilisation und in gewissem Maße auch griechische Philosophie breiteten sich aus. Auch die Juden in Palästina gerieten unter den Einfluß dieses Prozesses, noch mehr aber die Juden der Diaspora (Ägyptens, Nordafrikas, Griechenlands, Syriens). Aber nicht alle, die unter diesen Einfluß kamen, kann man „Hellenisten" nennen. Diese Bezeichnung bedeutet übrigens nicht zu allen Zeiten und unter allen Umständen dasselbe.

In der vormakkabäischen Zeit muß man unter den Hellenisten jene Gruppen verstehen, die sich für eine Öffnung des Judentums gegenüber der griechischen Zivilisation einsetzten. Solange Palästina dem ptolemäischen Ägypten unterstand, blieb es bei dieser Öffnung, ohne daß von seiten der Ptolemäer Gewalt angewendet wurde. Das Judentum wurde dadurch religiös nicht angetastet. Als Palästina aber kurz nach 200 v. Chr. seleukidisch wurde (S. 567, Nr. 43), nahm der Hellenisierungsprozeß intensivere Formen an und umfaßte sogar die Tendenz, das Judentum auch auf eine freiere Religiosität auszurichten. Diese Bewegung wurde lange Zeit vom priesterlichen Hochadel der Juden getragen, und die damit zusammenhängenden Auseinandersetzungen führten schließlich zum Makkabäeraufstand (S. 568, Nr. 44f.).

In der Diaspora war zur selben Zeit der hellenistische Jude die Regel, obwohl hier „Hellenismus" nicht dasselbe bedeuten kann wie in Palästina. Die Hellenisierung ging in der jüdischen Diaspora zwangloser vor sich. Man sprach sowieso griechisch. Man war gegenüber der griechischen Zivilisation sowieso tolerant und nahm vieles von ihr zwanglos an. Man kam mit griechischer Philosophie selbstverständlich in Berührung, und jüdischer Glaube und griechische Philosophie durchdrangen sich in gewisser Weise, wie die Tatsache der Septuaginta (s. d.) dartut und wie später die Gestalt des Alexandriners Philo(n) zeigt (etwa 20 v. Chr. bis 50 n. Chr.).

Philo(n) unternahm den großangelegten Versuch, die biblische Offenbarung in der griechischen Philosophie nachzuweisen und anderseits die jüdisch-biblische Theologie mit Begriffen der griechischen Philosophie zu deuten. Vor allem bemühte er sich um einen absolut geistigen Gottesbegriff, fern jedes bildhaften Anthropomorphismus (s. d.). Mit der Geistigkeit Gottes hielt er es für unvereinbar, daß Gott unmittelbar auf die Materie wirke. Deshalb lehrte er Mittelwesen, die er als Engel (nach biblischem Vorbild) oder als Kräfte Gottes („Ideen" nach platonischem Vorbild) auffaßte. Sie sind der Inhalt des göttlichen Geistes: des „Logos", den er auch Gottes „erstgeborenen Sohn" nennt, dessen Mutter die göttliche Weisheit ist, der heilige Geist. Aus dieser Nomenklatur schöpfte später die Theologie vom trinitarischen Gott – vielleicht sogar schon der vierte Evangelist (s. „das Johannesevangelium").

In der nachmakkabäischen Zeit wurde durch den Kampf der Makkabäer gegen die hellenistischen Seleukiden und durch die neue Reinigung der Religionsauffassungen – auch durch die Pharisäer (s. unten) – „Hellenist" zeitweise zu einem Wort des Vorwurfs. Aber die Welt war bereits so sehr hellenistisch geworden, daß sich auch die palästinensischen Juden dem kulturellen Einfluß des Hellenismus nicht mehr entziehen konnten.

Zur Zeit der Apostel werden in der Apostelgeschichte des öfteren „Hellenisten" als Glieder der Kirche erwähnt. Dieser Name ist jedoch kaum politisch und als Vorwurf gemeint. Er meint Juden, in diesem Fall Christen aus dem Judentum, die griechisch sprachen, vom griechischen Denken und den griechischen Formen des Lebens beeinflußt waren. Sie stammten also entweder aus der Diaspora oder aus den hellenistisch-römischen Städten Palästinas: den Städten der Dekapolis (s. d.) oder den Neustädten wie Cäsarea am Meer (s. d.) und gehörten – soweit sie in Jerusalem wohnten – zu den Synagogen der entsprechenden Landsmannschaften; auch die Anhänger Jesu gehörten ja anfangs noch zur Synagoge.

Die „Diakone" der Urkirche waren in diesem Sinne wohl alle Hellenisten.

Durch den Apostel Paulus wurde den „Hebräern" der Urkirche die gesamte hellenistische Welt als mögliche Anhängerschaft Jesu gegenübergestellt. Er gewann hellenistische Juden der Diaspora und noch mehr Nichtjuden der damals im ganzen hellenistischen Welt für den Glauben an den auferstandenen Herrn – wodurch der Unterschied zwischen „Hebräern" und „Hellenisten", je mehr Nichtjuden Christen wurden, in der Kirche allmählich gegenstandslos wurde. Das Griechentum erhielt sogar ein Übergewicht, so daß griechische Sprache und griechische Denkformen auf Liturgie und Theologie der wachsenden Kirche einen mächtigen Einfluß nahmen.

DIE PHARISÄER

Eine besondere Frömmigkeitsrichtung des Judentums stellten die Pharisäer dar, die gerade zur Zeit Jesu ein bestimmender Faktor waren. In der Geschichte des Judentums werden die Pharisäer für uns zuerst um 150 v. Chr. greifbar, damals noch ohne Organisation, einfach als Frömmigkeitsbewegung. Vielleicht gingen sie hervor aus einer religiösen Gruppe, die während der Syrerzeit (S. 567, Nr. 43) als *chasidim* (Fromme) die Rechte der nationalen Religion der Juden vertraten. Zu einer festen Organisation wuchsen die Pharisäer unter Johannes Hyrkanus I. (135–104) heran: als Protestbewegung gegen die Verweltlichung des hasmonäischen Priester- und Königtums. Durch Königin Alexandra (76–67) gewannen sie offiziellen Einfluß, den sie dann auch Jahrhunderte nach Christus noch behielten.

Der Sinn der Pharisäerbewegung war also, dem Gesetz Israels wieder Geltung zu verschaffen, mit Hilfe des Gesetzes alle Lebensbereiche zu ordnen und selber das Gesetz *(torá)* und die Überlieferungen der Väter, das zweite Gesetz *(mischna),* aufs peinlichste zu befolgen. Dieses „zweite Gesetz" enthielt jedoch keine *neuen* Weisungen, sondern umfaßte die Deutungen des alten Gesetzes auf die neuen Lebensumstände.

Religiös gesehen, waren die Pharisäer eine radikale Gruppe, politisch gesehen aber eine Opportunistengruppe, wenigstens zur Zeit Jesu. Zwar waren sie nicht römerfreundlich, wohl aber betrieben sie eine Erfüllungspolitik, um auch im römischen Machtbereich ihre religiöse Aufgabe erfüllen zu können (vgl. im Kapitel „Das politische Messiastreiben...", Nr. 3).

Der religiöse Sinn der Pharisäerbewegung fußte auf dem Glauben an den gerechten Gott (s. d.). Gott straft das Volk für seine Sünden durch schwere Schicksale; dieser Glaube der Propheten wurde von den Pharisäern jedoch mit einem Aber weitergeführt: durch Buße und strenge Gesetzeserfüllung kann das Volk vor Gott wieder zu Gnaden kommen. Die Pharisäer sahen in den schweren Schicksalen ein Warnungszeichen Gottes. Es wäre falsch, sich aufzugeben; durch Buße und Gesetzeserfüllung kann alles wieder gut werden, ja wird die Zeit sich erfüllen, in der der Messias (s. d.) als Frucht der absoluten Gesetzeserfüllung erscheinen wird.

Die Forderung der strengen Gesetzeserfüllung, die durchaus für das ganze Volk gedacht war, veranlaßte die Schriftgelehrten der Pharisäer, danach zu trachten, die schwersten Gesetze durchführbar zu machen. Da der Wortlaut der Weisungen ausschlaggebend war, konnte er nicht dem Sinne nach verstanden werden, sondern die Wirklichkeit mußte sich nach dem Wortlaut richten. Zum Beispiel durfte am Sabbat kein Gegenstand aus einem Bereich in einen anderen Bereich getragen werden. Daran war nichts zu ändern. So galt es nun, den „Bereich" so groß wie möglich zu machen, z. B., indem jede von vier Familien, die um einen Hof herum wohnten, *vor* dem

Sabbat durch Niederlegen von Speise im Hof dokumentierte, daß der Hof zu ihrem Bereich gehörte. Dadurch wurden Hof und Wohnungen aller vier Familien zu *einem* Bereich.

So seltsam, haarspalterisch und manchmal unsinnig uns solche Überlegungen auch vorkommen mögen – sie gingen hervor aus dem Bemühen, die Gesetze, welche zu einer Last und Beschränkung der Lebensfreiheit geworden waren, durchführbar zu machen. Da das ganze Leben mit Gesetzeszäunen umstellt war, war selbst der aufmerksame Pharisäer ständig in Gefahr, das Gesetz zu übertreten und damit zu sündigen (Sünde war nicht eine Entscheidung gegen Gott, sondern eine Verletzung des aufgestellten Gesetzes!). Das machte die Pharisäer – in den Zeiten Jesu – in Leben und Politik meistens zu vorsichtig Handelnden oder sogar zu Zauderern. Das ließ sie auch alles prüfen, was ihnen an Neuem begegnete (vgl. das Verhalten des Nikodemus, der sich getrieben fühlte, Jesus zu befragen; vgl. auch die Haltung des Gamaliel, als die Apostel vor dem Hohen Rat standen). Pharisäer heißt also nicht: voller Vorurteile.

Die Praxis des Pharisäismus führte allerdings manchmal zu seltsamen Formen: nicht notwendig, aber tatsächlich. Es gab auch Pharisäer, die vom Geist her lebten und das Gesetz aus einer wirklichen Liebe zu Gott und zum Nächsten zu erfüllen suchten; viele oder manche wurden aber zu rein buchstabenmäßigen Gesetzesbefolgern, und da dieser Gesetzeserfüllung der belebende Geist fehlte, wurden sie zu Heuchlern und Machtmenschen. Deshalb ist Pharisäer nicht gleich Pharisäer. Gegen den religiösen Formalismus, der Entleerung der Religion bedeutet, richteten sich die Weherufe Jesu (Mt 23); dabei verurteilte Jesus ausdrücklich nicht die Lehre der Pharisäer (Mt 23,3).

Den größten Wert legten die Pharisäer auf die Beobachtung der Sabbatruhe (s. d.), auf die Anwendung der rituellen Reinheitsgesetze (s. den Artikel „Rein oder unrein") und auf den exakt gezählten Zehnten (s. d.). Da sie sich vor allem durch die Reinheitsgesetze in ständige Absonderung vom Volk begaben, das diese Gesetze fast allgemein ignorierte, wurden sie – entweder anerkennend oder feindlich – „die Abgesonderten" genannt, d. h. im rabbinischen Hebräisch *peruschím,* aram. *perischajá;* daraus entwickelte sich das griechische *pharisáioi* (Pharisäer). Sie selbst nannten sich *chaverím* (Genossen), was auf ihre feste Organisation hindeutet.

Zu dieser Genossenschaft kam es wohl vor allem deshalb, weil sie nur bei Genossenschaftsmählern sicher waren, reine und richtig verzehntete Speisen zu bekommen, und weil sie nur durch genossenschaftliche Einkäufe der richtigen Verzehntung sicher waren. Die Genossenschaftseinkäufe machten viele Pharisäer zu reichen Großkaufleuten.

Der Einfluß der Pharisäer zur Zeit Jesu war nicht deshalb so groß, weil sie viele waren – die Gruppe war verhältnismäßig klein (etwa sechstausend, wohl meist aus gehobenen Ständen) –, sondern weil sie in hohem Ansehen standen. Auch das Volk verehrte die Pharisäer als die Frommen und Gerechten (s. d.); die Meinung des Volkes von Frömmigkeit war ja vor allem von den Pharisäern geprägt. Wenn sich das Volk in seiner Gesetzesunkundigkeit auch als *amme-ha'árez* (s. d.) verachtet sah, so wirkte dies dennoch nicht als Verachtung gegen die Pharisäer zurück. Frömmigkeit und Pharisäertum wurde vom Volke gleichgestellt. Gegenüber den Sadduzäern (s. d.) hatten sie, was den Einfluß auf das Volk anging, den Vorteil, daß sie sich nicht so eng und offensichtlich mit den Römern einließen wie jene Sadduzäerfamilien, die durch die Gunst der Römer das Hohepriesteramt für sich gewonnen hatten.

Der Sinn der Pharisäerbewegung hatte es mit sich gebracht, daß aus ihren Kreisen die meisten Schriftgelehrten (s. d.) kamen. Durch ihre Schriftgelehrten hatten sie im Hohen Rat großen Einfluß, dem sich zuweilen sogar die Sadduzäer beugten.

Die Verfolgung Jesu als Religionsverletzer ist deshalb vor allem auf das Konto der „Schriftgelehrten und Pharisäer" zu setzen, während die Verfolgung Jesu als Messiasprätendent mehr auf das Konto der Sadduzäer zu schreiben ist.

Die des öfteren wiederkehrende Formel „Schriftgelehrte und Pharisäer" kann verschieden gedeutet werden: entweder sind die Schriftgelehrten für sich gemeint – also die Schriftgelehrten der Pharisäer und Sadduzäer –, dann ist mit den „Pharisäern" die Gruppe der Pharisäer gemeint, die nicht ausdrücklich von Berufs wegen Schriftgelehrte waren; oder aber es sind die Schriftgelehrten gemeint, die Pharisäer waren. Letztere Deutung hat viel für

sich, da es vor allem unter den Pharisäern Schriftgelehrte gab.

DIE ESSÉNER

Der Name dieser jüdischen Gruppe bedeutet wahrscheinlich „die Frommen". Das griechische *essáioi* und *essénoi* ist wohl vom aramäischen *hasén* abgeleitet; das entsprechende hebräische Wort ist *chasidím,* was auf die Pharisäer (s. oben) hinweist, aus denen die Esséner vielleicht hervorgegangen sind.

Die Esséner waren eine Protestgruppe gegen die verweltlichte und unmoralische Priesterschaft am Tempel Jerusalems sowie gegen den geltenden Tempelkult. Der Protest galt in der Zeit der Entsendung dieser Gruppe zumal auch dem von den Hasmonäern usurpierten Hohenpriestertum, weil die Hasmonäer keine Nachkommen Zadoks waren (S. 543, Nr. 28) und zudem ihr Amt nicht würdig verwalteten. Um das Jahr 150 v. Chr. zogen sie in die Wüste bei En-Gedi (s. d.), wo sie ein ordensmäßiges Leben führten: nach strengsten rituellen Reinheitsregeln, mit strengster Sabbatbeobachtung, betend, aber ohne Opfer. Statt der Opfer kamen sie zu gemeinsamen sakralen Mahlzeiten zusammen. Sie waren unverheiratet, verpflichteten sich zum Gehorsam gegen ihre Ordensoberen und lebten von der Handarbeit; den Handel lehnten sie ab. Alles Eigentum war ihnen gemeinsam. Bevor ein Bewerber aufgenommen wurde, hatte er sich in einem mindestens einjährigen Noviziat als Ordensmann zu bewähren.

Neben diesen essénischen Ordensmännern gab es unter dem Volk lebende Esséner, die wegen ihres prophetischen Geistes in hohem Ansehen standen; sie waren verheiratet und befolgten die Regel des Ordens, soweit dies unter ihren anderen Lebensverhältnissen möglich war.

Die unverheirateten Esséner nahmen Kinder in ihre Gemeinschaft auf, um sie von Jugend auf im Geist ihres Bundes zu erziehen. Man darf annehmen, daß auch Johannes der Täufer in einem solchen Essénerkloster aufgewachsen ist.

Die Esséner hatten eine Geheimlehre, die wahrscheinlich den Messias und die messianische Zeit betraf.

Ob *die Gemeinschaft von Qumrán* zu den Essénern gehörte, ist bisher nicht mit Sicherheit zu behaupten. Zweifellos hatte sie Ähnlichkeit mit der essénischen Gruppe – aber es gab auch Unterschiede, und wenn sie keine Esséner gewesen sein sollten, so war doch dieser „erneuerte Bund" von Qumrán aus denselben Protestmotiven und zur selben Zeit entstanden wie der Essénerbund, ja sie hatten zu ähnlichen Lebensformen gefunden. Nach Ausweis der Archäologen wurde die Bibliothek von Qumrán, aus der mehrere Rollen gefunden wurden, in der Zeit Hyrkans I. (134–103)[1] angelegt, also in derselben Zeit, für die man im allgemeinen das Entstehen der Essénergruppe ansetzt.

Die führenden Leute in Qumrán gehörten zum Priesteradel des verdrängten Zadokhauses. Entsprechend war auch die ganze Organisation nach Priesterordnungen aufgebaut. Geistig war die Schriftgelehrsamkeit die Grundlage dieser Gemeinde, deren Frömmigkeitsideal die „Rückkehr zur Tora", die Rückkehr zum Gesetz war.

Entsprechend diesem Ideal feierten sie in aller Strenge den Sabbat, hielten sie die Speisegebote und die Waschungsgesetze, beteten sie lange und achteten sie auf die strenge Einhaltung der Ehegesetze. Es galt, durch das Leben im „erneuerten Bund" von Qumrán die messianische Zeit vorzubereiten.

„Der erneuerte Bund" von Qumrán glaubte, daß die messianische Zeit kurz bevorstehe. Deshalb schrieb man Anweisungen für den Anbruch der Messiaszeit. Den Messias sah der Qumránbund allerdings nicht als König, sondern als Priester; der kämpferische Held der messianischen Zeit hatte in ihrem Bild vom Anbruch der neuen Zeit den zweiten Platz.

Die vielerörterte Frage, ob Jesus etwa ein Esséner oder Qumránjünger war, erledigt sich durch einige Hinweise:

Jesus besuchte (Joh 10,22.23) sogar das Tempelweihfest (s. d.), also ein ausgesprochen hasmonäisches Fest, von der illegitimen Priesterschaft eingeführt, von Qumrán gemieden;

Jesus behandelte das Sabbatgebot ganz und gar nicht im Sinne von Qumrán;

Jesus hielt nicht viel von rituellen Waschungen.

Das Leben Jesu weist aus, daß er kein Qumránmönch war.

DIE ZELOTEN

Das Programm der Pharisäer (s. d.) läßt sich in zwei Worten zusammenfassen: „Kein Herr über uns als der Herr" und „Volle Erfüllung der Gesetze des Herrn." Innerhalb dieser Pharisäerbewegung scheint es seit den Zeiten des Herodes zwei Richtungen gegeben zu haben: quietistische, die gemäß dem Herkommen der Bewegung aus der Büßerbewegung auch die Hinnahme der halbjüdischen und heidnischen Herren und ihrer Gesetzesverletzungen als Strafe ansah – und eine kämpferische, die gegen die gesetzeswidrigen Machttaten der Herrscher und ihrer Stellvertreter anging.

Während diese beiden Kräfte bis in die Zeit des Archelaus (4 v. Chr. bis 6. n. Chr.) innerhalb des Pharisäertums blieben, trennte sich, wahrscheinlich durch *Judas von Galiläa* (s. d.) der rigoristische Flügel der Pharisäergruppe (um das Jahr 6) und bildete eine eigene Gruppe: Zeloten (griech. *zälootás* = Eiferer), die sich aramäisch *ken'anajjim* nannten, war ihre „ehrenvolle Selbstbezeichnung" seit dem Sohn des Judas von Galiläa. Diese Zeloten („Eiferer") richteten sich vor allem gegen die Römer, die sie mit Gewalt vertreiben wollten. Steuer an den römischen Staat, vor allem die Kopfsteuer, und jegliche Kaiseropfer lehnten sie ab. Sie hatten anfangs im großen und ganzen wohl ein pharisäisches Programm, das sich jedoch durch die Betonung des Kampfes gegen Rom immer mehr von dem der Pharisäer abhob. Lediglich der Grundsatz „Kein Herr über uns als der Herr" blieb ihnen gemeinsam. Diese Alleinherrschaft Gottes war aber kein profan-politischer Aspekt der Zelotenbewegung, sondern strebte die eschatologische Freiheit Israels an, die das Kommen des Messias vorbereitete. Die großen und kleinen messianistischen Revolutionen, auch die der Zeit Jesu, wurden wahrscheinlich hauptsächlich von Zeloten inspiriert (S. 603, Nr. 10ff.). – Jesus wurde von den Hohenpriestern und Pharisäern dem Pilatus wahrscheinlich als Zelot überantwortet. Die Heilserwartung der Zeloten war Naherwartung. Ihr Einfluß auf das Volk war stark und breit.

Zu diesen Zeloten muß auch einer der Apostel Jesu gehört haben: Simon der Eiferer.

---

[1] Siehe S. 571, Nr. 46.

Unter dem zum Teil gewaltsamen Regiment der Prokuratoren wurde auch die Zelotenbewegung immer gewaltsamer, bis das harte Durchgreifen der Römer den öffentlichen Widerstand fast zum sicheren Todesurteil machte. Deshalb wurde ein Teil dieser Zeloten, etwa zur Zeit des Prokurators Antonius Felix (52–60), zu einer Untergrundbewegung, deren Mitglieder mit dem Dolch im Gewande gemäßigte und kollaborierende Elemente sowie Römer aus dem Wege räumten; nach der *sica*, dem Banditendolch, nannte man diese Partisanen „Sikarier".

Martin Henzel hat in seinem Buch „Die Zeloten" (1976) allerdings die Ansicht vertreten, daß die Bezeichnung „Sikarier" von Anfang an ein aus dem Lateinischen stammendes Synonym für die aus dem Griechischen stammende Bezeichnung „Räuber"/*lästäs* (s. d.) gewesen sei.

Der kämpferische Fanatismus der Zeloten beschwor schließlich im Jahre 66 den jüdisch-römischen Krieg herauf.

DIE HERODIANER

Das NT nennt die Herodianer zweimal: einmal nach der Heilung, die Jesus an dem Mann mit der verdorrten Hand vornahm: „Da gingen die Pharisäer hinaus und faßten zusammen mit den Anhängern des Herodes den Beschluß, Jesus umzubringen" (Mk 3,6). Das war in Galiläa. Sodann lesen wir in der Perikope von der Steuermünze (Mt 22,16): Die Pharisäer hielten Rat, wie sie Jesus in einer Rede fangen könnten. „Sie veranlaßten ihre Jünger, zusammen mit den Anhängern des Herodes zu ihm zu gehen..." Sie müssen nicht strenggläubige Juden gewesen sein, die Anstoß an der Sabbatheilung nahmen. Eher wollte wohl Markus mit seinem Satz 3,6 darauf hinweisen, daß sich die Pharisäer mit Leuten zusammentaten, die ihnen an sich zuwider waren; aber um Jesus zu verderben, scheuten sie sich davor nicht. Auf derselben Linie müßte dann das gemeinsame Vorgehen bei der Steuerfrage gesehen werden.

„Herodianer" hießen sie wohl deshalb, weil sie Anhänger der herodianischen Herrscherfamilien waren und für jede Bestrebung zu gewinnen waren, die den Herodianern den Thron sicherten. Als Herodianer waren sie deshalb gegen jeden Messiasprätendenten, weil ein Messias ja – wie sie glaubten – die Herodesdynastie auf jeden Fall beseitigt hätte. Daß die Pharisäer nach der Heilungstat Jesu mit den Herodianern berieten, wie sie Jesus verderben könnten, ist ein Hinweis darauf – wenn Markus auch nichts davon sagt –, daß sie in diesen Zeichen Jesu Messiaszeichen sahen.

Obwohl wir keine literarischen Belege dafür besitzen, müssen die Herodianer im Grunde sowohl gegen die Pharisäer wie auch gegen die Sadduzäer gestanden haben. Die Sadduzäer hatten ja sogar nach dem Tode Herodes' d. Gr. durch eine Gesandtschaft in Rom darum gebeten, das Land direkt Rom zu unterstellen und es nicht der Willkür der Herodesherrscher auszusetzen; Herodes hatte ja ohne Rücksicht auch in die Angelegenheiten des Synhedriums und der Hohenpriester eingegriffen, und diese waren Sadduzäer. Die Pharisäer aber hatten unter Herodes so viel gelitten, daß sie unmöglich Freunde der herodianischen Dynastie sein konnten (S. 573, Nr. 49). Außerdem warteten auch sie mit Glut auf den Messias, womit sie sich ebenfalls gegen die Herodianer stellten. In einem Punkt waren die Pharisäer aber wohl doch mit den Herodianern einig: sie betrieben zwar in der Praxis keine römerfeindliche Politik, im Innern aber waren beide gegen das römische Regime (S. 599, Nr. 3) – auch die Herodianer, weil Rom ja die Souveränität der herodianischen Dynastie kürzte, wozu auch die Kürzung durch die römische Steuerhoheit gehörte. Deshalb konnten die Herodianer Jesus die Steuerfrage stellen, ohne von vornherein in den Verdacht zu kommen, ihn aushorchen zu wollen. Als Herodianer mußten sie ja gegen die von Rom eingezogene Kopfsteuer sein, und so würde er sich mit einem „Es ist nicht erlaubt" nur vor Gleichgesinnten aussprechen. Das Auftreten der Herodianer bei der Steuerfrage entspringt also einem ziemlich komplizierten Gedankengang. Sie sollten Jesus eine romfeindliche Äußerung entlocken, die er Herodianern gegenüber, die ja im Grunde keine Romfreunde waren, unvorsichtiger aussprechen würde, glaubten sie. Als Feinde jeglichen Messiasaufstandes aber, der – wenn er gelang – auch die Herodesdynastie fortfegen würde, sollten sie hernach bezeugen, daß er romfeindliche Äußerungen getan hatte.

Vergleiche den Abschnitt über die Steuermünze, S. 608, Nr. 19).

ZÖLLNER

Die Zöllner waren nicht die Finanzbeamten der Zeit Jesu; und sie waren auch nicht die Zollbeamten jener Zeit. Die Zöllner waren im Grunde Geschäftsleute, die aber nicht Ware ordentlich kauften und verkauften, sondern die vom Spekulieren lebten, von der Hartherzigkeit und von der Erpressung. Daß die Zöllner so ihre Geschäfte machten, lag aber nicht zuerst an ihnen, sondern vor allem am System.

Die Eintreibung der direkten Steuern (S. 602, Nr. 7) war nicht Sache der Zöllner, sondern der römischen Prokuratoren bzw. (in den Tetrarchien) der römischen Epitropen („Statthalter" o. ä.). Die Zöllner befaßten sich nur mit der Eintreibung der indirekten Abgaben, der Zölle.

Die Arten der Zölle wurden von Rom bestimmt. Zoll wurde erhoben: an Straßen, an Pässen, an Brücken und Furten, beim Aus- und Einschiffen in den Häfen, für Ein- und Ausfuhr von Waren an den Provinzgrenzen (Judäa – Galiläa – Judäa, Judäa – Peräa – Judäa, Galiläa – Ituräa – Galiläa, Peräa – Ituräa – Peräa), für Ein- und Ausfuhr in die Stadtbezirke und schließlich auch für Transitverkehr. Besonders streng war der Kleiderzoll geregelt: für alle Kleider, die man nicht am Leibe trug; ferner der Perlenzoll, der Sklavenzoll.

Rom, das überall in seinem Reich die Zollhoheit beanspruchte, auch in den „selbständigen" Herrschaften der Tetrarchien des Philippus (Ituräa usw.) und des Herodes Antipas (Galiläa und Peräa), zedierte den Tetrarchen die Einkünfte aus Zöllen, während es die direkten Steuern selbst einnahm. In seinen prokuratorischen Provinzen dagegen (seit 6 n. Chr. Judäa mit Idumäa und Samaria) nahm Rom auch die Zölle ein; für die gute Nutzung der Zollrechte – wie auch für die Steuerbeitreibung – hatte der Prokurator zu sorgen.

Für die Zolleinnahme gab es aber nicht etwa einen Stab von Beamten oder Angestellten. Die einzelnen Zollbezirke wurden an finanzkräftige Leute meistbietend versteigert: z. B. alle Zollstellen im westlichen Jordangraben vom Süden des Sees Gennesaret bis zum Toten Meer. Zu diesem Zweck waren die Provinzen in Bezirke eingeteilt. Jeder Bezirk oder ein halber Bezirk oder ein kleiner Teilbezirk wurde von einem Zollgeschäftsmann gepachtet: er zahlte eine feste Jahressumme an den Prokurator bzw. an den Tetrarchen, dafür durfte er dann seinerseits alle Zollstellen seines Bezirkes ausnutzen. Die Pachtsumme lag aber schon im Ansatz hoch und wurde durch die Versteigerung manchmal noch beträchtlich hinaufgetrieben. Diese Erstpächter waren sehr oft Römer oder römische Bürger – wenigstens in den prokuratorischen Provinzen. Sie waren die Großhändler des Zolls; sie kamen mit dem zollzahlenden Publikum nicht zusammen, vielmehr verpachteten sie ihrerseits die einzelnen Zollstellen an „die Zöllner". Der Pachtpreis, den die Zöllner zahlen mußten, war natürlich höher als der, den die Erstpächter in ihrer Pauschale für die Einzelzollstelle gezahlt hatten; denn der Erstpächter wollte ja verdienen. Der Zöllner aber, der an der einzelnen Zollstelle saß, wollte ebenfalls verdienen, und so mußte er hart vorgehen, wenn er den gezahlten Pachtpreis und dazu noch einen Gewinn einnehmen wollte. Zwar wurde der Zollsatz von Rom für die Einzelwaren festgesetzt, aber die Zöllner wußten die Zölle in die Höhe zu schrauben, indem sie falsch wogen, falsch rechneten, und da verschiedene Währungen in Umlauf waren, gab es auch dadurch für die Zöllner manche Möglichkeit, beim Umrechnen zu betrügen. Diese Zöllner aber kamen immer aus der einheimischen Bevölkerung; und da sie es waren, die an der einzelnen Zollstelle saßen, traf sie der ganze Haß und die ganze Verachtung der zollzahlenden Bevölkerung.

Dieser Haß und diese Verachtung hatten ihren doppelten Grund: Wegen ihres blutsaugerischen und erpresserischen Geschäftes waren sie in den Augen des Volkes nichts anderes als organisierte Wegelagerer und Räuberbanden, die außerdem – und das war der zweite Grund – indirekt für Rom und die herodianischen Tetrarchen arbeiteten.

Natürlich hatten sich auch die pharisäischen Schriftgelehrten mit dem Fall „Zöllner" beschäftigt. Durch sie wurde festgestellt, daß die Zöllner, soweit sie für den römischen Fiskus arbeiteten (also im prokuratorischen Gebiet von Judäa, Idumäa, Samaria), durch diese Abhängigkeit von den Heiden notorisch unrein waren.[2] Auch dadurch, daß sie an den

---

[2] Vgl. im Artikel „Rein und unrein".

Zollstellen täglich mit Nichtjuden aller Art und mit unreinen Menschen anderer Art zusammenkamen, waren sie ständig im Zustand der rituellen Unreinheit. Da ihr Verdienst aus Betrug und Erpressung stammte, konnte von ihm nicht einmal der Zehnt[3] gezahlt werden, so daß jeder, der bei einem Zöllner aß, nicht nur mit einem Unreinen verkehrte und nicht nur an seinem geraubten Verdienst teilnahm, sondern auch unverzehntete Speise aß.

Der Verdienst eines Zöllners war nicht einmal zum Almosen tauglich. Wegen dieser Verdienstart taugte der Zöllner auch nicht zum Richter und Zeugen; er stand auf einer Stufe mit Würfelspielern, mit Leuten, die Geld gegen Zins verliehen, und Leuten, die Wetten abschlossen, um damit Geld zu verdienen. Dies waren unehrliche Arten, sein Auskommen zu haben; deswegen waren solche Leute „öffentliche Sünder", und ihnen wurden die Zöllner zugezählt durch die Formel „öffentliche Sünder und Zöllner"; daß die Zöllner eigens genannt wurden, hatte wohl seinen Grund darin, daß der Begriff „öffentliche Sünder" schon juristisch festgelegt war und sich auf die obengenannten Verdienergruppen bezog.

Vor diesem Hintergrund muß man die Zöllnerperikopen der Bibel sehen:

Bei Johannes, der bei den Jordanfurten, also in der Nähe der Handelsstraßen taufte, erschienen auch die Zöllner der Umgegend; dort war ja eines ihrer ertragreichsten Gebiete. Und sie fragten: „Was sollen wir tun?" – Johannes: „Verlangt nicht mehr, als festgesetzt ist" (Lk 3,13).

Jesus berief Levi/Matthäus, obwohl er ein Zöllner war, und er aß mit ihm in dessen Hause. Und Matthäus nennt sich selbst in der Apostelliste seines Evangeliums: „Matthäus, der Zöllner" (Mt 10,3). Es gibt so leicht keine größere Provokation gegenüber dem ritualistischen Judentum.

Jesus kehrte bei Zachäus ein (Lk 19,2); dieser Zachäus wird „oberster Zollpächter" (Oberzöllner) genannt, was jedoch hier bestimmt nicht Erstpächter, sondern ebenfalls Zweitpächter bedeutet, wahrscheinlich einer, der mehrere Zollstellen gepachtet hatte, aber doch auch selbst an den Zollstellen „nach dem Rechten" sah. Nur im direkten Publikumsverkehr konnte er übrigens betrügen, und Zachäus gab ja zu, daß er betrog und sich selber

wie ein Dieb einschätzte. Aber Jesus aß mit ihm.

Am aufschlußreichsten ist die Parabel vom Pharisäer und Zöllner (Lk 18,9–14). Gerade die Schriftgelehrten der Pharisäer hatten ja alles zusammengetragen, was den Zöllner den „öffentlichen Sündern" gleichstellte, was ihn zum Unreinen, zum Verachteten machte. Der Pharisäer zählt nun all das auf, was ihn vom Zöllner unterscheidet: er ist kein Räuber – wie der Zöllner; er ist kein Betrüger – wie der Zöllner; er ist kein Ehebrecher – wie der Zöllner;[4] er fastet zweimal die Woche – aber die Zöllner verdienen gut und tafeln gut; er gibt von allem den Zehnten, was er erwirkt – was der Zöllner nicht einmal kann.

„Zöllner" war so sehr zum Inbegriff des abseits Stehenden und des Verworfenen geworden, daß es fast losgelöst von diesem seltsamen Beruf gebraucht werden konnte: „Wenn ihr nur die liebt, die euch lieben, welchen Lohn könnt ihr dafür erwarten? Tun das nicht auch die Zöllner?" (Mt 5,46); „. . . hört er aber auch auf die Gemeinde nicht, dann sei er für dich wie ein Heide oder ein Zöllner" (Mt 18,17). Ähnlich losgelöst von seinem eigentlichen Sinn wurde ja auch „Samariter" gebraucht: „Sagen wir nicht mit Recht: Du bist ein Samariter und von einem Dämon besessen?" (Joh 8,48).

BETTLER

Die Bettler gehören zum Bild des Orients – bis heute. Überall, wo es keine geordnete Alten-, Kranken- und Invalidenfürsorge gibt, kann das Betteln nicht umgangen und deshalb auch nicht verboten werden.

Einen tiefen Einblick in die Haltung des humanistisch gebildeten Mannes der letzten Jahrhunderte vor Jesus zum Betteln und zum Bettler gibt das Buch Jesus Sirach (s. d.) im Kapitel 40,28–30:

„Mein Sohn, lebe nicht vom Betteln! / Besser sterben, als aufdringlich sein."

---

[3] Siehe den Artikel „Der Zehnt".

[4] Es ist möglich, daß hier an Ehebruch im Sinne des Bundesbruches (s. d.) gedacht ist: der jüdische Zöllner diente durch seinen Kaiserdienst einem fremden Gott; jeder Jude wußte ja von den Tempeln für Augustus, die z. B. in Cäsarea (s. d.) und Samaria (s. d.) standen.

Wer nach dem Tisch anderer schauen muß, / dessen Leben ist nicht als Leben zu rechnen. Geschenkte Leckerbissen beschmutzen die Kehle, / dem verständigen Mann bereiten sie Magenschmerzen.
Im Mund des Frechen ist Betteln süß, / doch in seinem Innern brennt es wie Feuer."
Und im Kapitel 41,17–21:
„Schäme dich . . . , eine erbetene Gabe zu verweigern,
deinen Bruder abzuweisen, / die Verteilung der Opferanteile zu unterlassen."
Wie Jesus Sirach über das eigene Betteln denkt (40,28–30), so denkt auch der ungetreue Verwalter im Gleichnis Jesu: „zu betteln schäme ich mich" (Lk 16,3).
Bettler zu sein ist für den gebildeten Mann der jüngsten biblischen Zeiten eine Last, die Gott geschickt hat, aber nicht ein Straffluch, sondern eher eine Prüfung. Deshalb fürchtet man, selbst Bettler zu werden, nicht aber verachtet man den Bettler. Zwar zählt der Bettler meist zum *am-ha'árez* (s. d.); dieses gesetzesunkundige Volk ist für den Gesetzestreuen, namentlich für den Pharisäer, verächtlich – der Bettler ist also deshalb verächtlich, nicht jedoch, weil er Bettler ist. Darum gehört das Almosengeben (s. d.) zu den guten Werken, und noch mehr die Liebeswerke (s. d.), weil sie dem Armen nicht nur kaltes Geld, sondern auch ein Zeugnis des mitfühlenden Herzens geben. Entsprechend waren auch die

Formeln, mit denen die Bettler um ein Almosen baten: „Erwirb dir ein Verdienst an mir" oder „Erwirb dir ein Verdienst durch mich", obwohl auch die einfachere Form vorkam: „Gib mir ein Almosen", „Gib mir etwas zu essen", „Versorge mich" u. ä.[5]
Bettler wurde in biblischer Zeit der Mensch durch Blindheit (s. Lk 18,35), als Lahmer, durch Verlust der Habe, durch andere Krankheiten. Dem Armgewordenen und dem durch andere Krankheit Verarmten standen allerdings die gesetzesfrommen Gruppen mit größerem Vorbehalt gegenüber, weil man Krankheit und Verarmung als Strafen Gottes für persönliche Sünden ansah. Zwar hütete man sich auch, Blinde und andere Bettler zu berühren, aber mehr aus Furcht vor levitischer Verunreinigung; denn ihre Kleider entsprachen meist nicht den levitischen Reinheitsvorschriften, und die triefenden Augen der Blinden machten genauso unrein wie die Geschwüre mancher anderer Bettler (s. den Artikel „Rein und unrein"). Gerade deshalb aber befaßte sich Jesus des öfteren ostentativ mit Bettlern, zu denen man auch die Aussätzigen rechnen muß, ja er berührte sie, während er sie heilte; und sein Gleichnis vom reichen Mann und dem armen Lazarus ist ein Angriff auf diese zurückhaltende Art zumal der Pharisäer gegenüber den Bettlern (s. Lk 16,14 f.).

[5] Quellen bei Strack-Billerbeck unter Joh 9,8.

Aussätzige Bettler am Ölberg (Jordanien) – ein Bild, das man heute nicht mehr so oft sieht.

JOHANNES DER TÄUFER
UND SEINE JÜNGER

1. Die Abstammung des Täufers Johannes ist skizziert in Lk 1,5.6; obwohl die Kindheitskapitel des Lukasevangeliums stark kerygmatischen Charakter tragen, sind alle Perikopen dieser Kindheitskapitel doch dadurch gekennzeichnet, daß sie von sehr genauen sachlichen Angaben ausgehen. Diese sind geradezu der sachliche Boden, auf dem sich die Verkündigung der Heilsbotschaft aufbaut. So scheinen uns also auch diese Angaben über die Abstammung des Täufers Johannes ein gutes Fundament für die Darstellung der Realia zu sein.

Johannes stammte aus einer Priesterfamilie. Seine Eltern werden Zacharias und Elisabet genannt. Von Zacharias wird gesagt, daß er aus der „Priesterklasse des Abija" (Lk 1,5) stammte, und von Elisabet, daß sie „aus dem Geschlecht Aarons" war (Lk 1,5). Die Priesterschaft stand damals nicht gerade in gutem Ruf. Vor allem die Priesterklasse des Abija war als unzüchtige Gruppe berüchtigt. Deshalb ist die Bemerkung des Evangelisten wichtig: „Beide lebten so, wie es in den Augen Gottes recht ist . . ." (Lk 1,6).[6] Auch der Hinweis, daß beide Ehegatten aus priesterlichem Geschlecht waren, ist bedeutsam; es verweist darauf, daß Zacharias als Priester nicht etwa geheiratet hatte, wen er wollte, sondern auch, wen er sollte: eine Priestertochter. Schließlich könnte eine ethische Wertung des Priesters Zacharias darin liegen, daß er seine Frau bei ihrer Kinderlosigkeit nicht einfach entlassen hatte.

Auch die Namen „Zacharias" (Eingedenk ist Jahwe) und „Elischeba" (Gott ist Fülle) könnten auf fromme Familientradition hinweisen. In der Vulgata wurde aus „Elischeba" der Name „Elisabet". – Aus dieser Familie stammte der Täufer Johannes.

2. Der Name Johannes muß in Zusammenhang mit der Traditionstreue des Priesters Zacharias gesehen werden.[7] „Johannes", meistens in der Form „Onias", war ein häufig vorkommender Priestername der rechtmäßigen sadokidischen Hohenpriesterfamilie, die aber durch Antiochus IV. Epiphanes (s. d.) verdrängt wurde. Seitdem gab es eine Priesteropposition, die auf verschiedene Weise ihre Anhänglichkeit an die verdrängten Sadokiden

bezeugte. Sowohl Zacharias wie Elisabet gehörten offensichtlich zu dieser Priesteropposition, wie die Hervorhebung ihrer Gerechtigkeit und die Wahl des Namens „Johannes" bezeugt. Sie teilten nicht den Sittenliberalismus der damaligen Priester, und im Namen „Johannes" legten sie ein Bekenntnis zur vertriebenen Hohenpriesterfamilie ab.

Wenn Lukas den Engel sagen läßt, daß der Knabe „Johannes" heißen soll (Lk 1,13), so soll darin des Vaters Eintreten für die volle Gesetzlichkeit ausgedrückt werden.

3. Erziehung und Jugendzeit des Täufers sind in Dunkel gehüllt. Nur einige Worte geben kargen Aufschluß: Lk 1,15 weist darauf hin, daß schon die Eltern das Kind zum Nasiräer (s. d.) bestimmt haben: Entsagung von alkoholischen Getränken ist als *ein* Punkt für *alle* Punkte des Nasiräatsgelübdes zu betrachten. Daß dies schon in der Perikope von der Ankündigung der Geburt des Kindes steht, kann den Sinn haben, daß die Eltern ein Gelübde gemacht haben – wenn sie doch noch ein Kind bekommen würden –, es in dieser besonderen Weise Gott zu weihen.

Der Hinweis auf die Wüste darf heute auf Qumrán gedeutet werden, wo sich die Priesteropposition in klösterlicher Gemeinschaft zu einer oppositionellen, strengen und der Gerechtigkeit (s. d.) lebenden Gemeinschaft zusammengefunden hatte. Dort könnte das Kind Johannes – etwa von seinem fünften Lebensjahr an – erzogen worden sein. Wenn man auch sonst in den Evangelien keine Andeutung auf Qumrán findet, so ist doch dieses „in der Wüste" (Lk 1,80; 3,2) ein unüberhörbarer Hinweis.[8]

4. Die Predigt des Täufers, der wohl nicht im Auftrag einer Gemeinschaft auftrat, war messianisch, jedoch nicht messianisch im Sinne des volkstümlichen Messiasbildes. Er trat auf als Prophet (Lk 7,26), d. h. als Verkünder des Gotteswillens; deshalb trug er den härenen Mantel der Propheten (s. d.); und seine seltsame Nahrung („Heuschrecken und wilder Honig"; Mt 3,4) war wohl eine Folge davon, daß er sich nach keiner Seite hin binden wollte; er nahm keine Geschenke an, nicht einmal Brot,

---

[6] Über „Gerechtigkeit" s. d.

[7] E. Stauffer, Jerusalem und Rom (Dalp-Taschenbücher), 1957, S. 99.

[8] Über die Esséner und Qumrán, s. d.

sondern aß, was er fand und selber sammeln konnte.

Wie er sich selbst sah, scheint am besten bei Joh 1,23 überliefert – bei Johannes, der nach dem eigenen Hören die Worte des Täufers berichtet: „Ich bin die Stimme, die in der Wüste ruft: ‚Ebnet den Weg für den Herrn‘, wie der Prophet Jesaja gesagt hat." Diese Umformung des Jesajawortes 40,3 enthielt das persönliche Täuferprogramm und das Selbstverständnis des Täufers. Er will die Welt reinigen für den kommenden Richter (Mt 3,7). Und diese Reinigung bezog er nicht allein auf das Volk Israel, sondern auf die universale Welt; denn „Gott kann aus diesen Steinen Kinder Abrahams machen" (Mt 3,9). Er predigte den Mächtigen, der nach ihm kommen werde, den Richter, der mit „Heiligem Geist und Feuer" taufen werde (Lk 3,16), d. h., der die Scheidung vollzieht in Weizen und Spreu, in Gerechte und Ungerechte, die dem Feuer verfallen.

Johannes des Täufers Predigt war eine Bußpredigt, damit der Messias, über den er sonst nichts Genaueres aussagte, eine geläuterte Welt vorfinde. Aber als Praktiker ließ es Johannes der Täufer nicht bei allgemeiner Bußpredigt bewenden, sondern er wandte sich in seiner Predigt an die einzelnen Stände; aus den Abbreviaturen dieser Predigten, wie sie die Evangelisten mitteilen, erhalten wir einen guten Eindruck vom Umfang des Zulaufs, den Johannes hatte.

5. *Die Taufe des Johannes* (s. im Artikel „Chronologie", Nr. 5) wird wohl am besten als Ritus für die Aufnahme in einen neuen Stand angesehen. Taufen (s. d.) d. h. Untertauchen, war allgemein im Orient, nicht nur in Israel, bekannt und hatte wohl überhaupt diese Bedeutung: den Stand ändern. Johannes der Täufer taufte zum Eintritt in den Büßerstand, womit er dem nahenden Messias ein würdiges Volk bereiten wollte. Deshalb tauchte er die Täuflinge unter, und nach dem Auftauchen bekannten sie öffentlich ihre Sünden; das war der Anfang der Buße. Aber die Getauften fragten ihn auch: „Was sollen wir tun" (Lk 3,10). Und Johannes gab ihnen Anweisungen für ein Leben nach der Ordnung und der Menschenliebe (Lk 3,11–14).

6. *Das Prüfungsgespräch*, welches Priester und Leviten im Auftrag „der Juden", d. h. des Hohen Rates, vornahmen, berichtet Joh 1,19–28. Hervorgehoben wird, daß die mit der Prüfung Beauftragten zu den Pharisäern (s. d.) gehörten. Der Gedankengang, der der Prüfung zugrunde lag, war also priesterlich-levitisch und pharisäisch; der Sinn war, Material für eine Stellungnahme der jüdischen Selbstverwaltung zu erhalten. Die Abgesandten stellten die Fragen direkt; sie nannten die Personen, die mit der Proklamation des Messiasreiches zusammenhingen und fragten ihn, ob er sich als eine dieser Personen betrachte.

Der Täufer wußte, worauf die Prüfung hinauslief. Der Hohe Rat befürchtete messianische Unruhen.[9] Deshalb antwortete er sogleich: „Ich bin nicht der Messias." Der Evangelist sagt: „Er bekannte, ohne zu leugnen", daß er nicht der Messias war. Das bezieht sich allerdings wohl nicht nur auf die politische Situation, sondern auch auf die Tatsache, die der Evangelist Johannes immer wieder betont, daß Johannes der Täufer „nicht das Licht" war (Joh 1,18). Der Evangelist will damit betonen, daß der Täufer nie den Anspruch erhoben hat, selbst der Messias zu sein.

Johannes der Täufer wollte also weder der Messias sein noch irgendeine Gestalt, die in der jüdischen Tradition mit dem unmittelbar bevorstehenden Messias zusammengebracht wurde. Damit beruhigte er zunächst die Untersuchungskommission; jedoch war sie nun ratlos. Denn jetzt wußte sie nicht mehr, was das Taufen bedeuten sollte. Gerade als Pharisäer sahen sie in der Taufe ein Messiaszeichen. Lehnte es Johannes ab, seine Taufe als Hinweis auf den Messias ansehen zu lassen?

Anscheinend antwortete Johannes der Täufer ausweichend, um seine Taufe nicht zu gefährden. „Ich taufe mit Wasser", was kann daran gefährlich sein? Damit wies Johannes der Täufer jede Verdächtigung seiner Person zurück.

Der Täufer sprach aber auch zu den Pharisäern (s. d.) und Sadduzäern (s. d.) als Menschen, die vielleicht zur Taufe kamen. Es wäre sicherlich falsch, diesen nicht zutrauen zu wollen, daß sie die Johannestaufe wirklich empfangen wollten – als ob sie etwa nur als Spione gekommen wären. Die harte Anrede galt ih-

---

[9] S. im Kapitel „Das politische Messiastreiben...", Nr. 3 u. 4.

rem zwiespältigen Tun. Deshalb sind sie „Natternbrut" (Mt 3,7). Da Johannes nicht das geistliche Messiasbild Jesu hatte, sondern durchaus ein nationales, politisches, wenn auch stark religiöses, so wird er mit dieser Anrede das Paktieren der Pharisäer und sadduzäischen Hohenpriesterfamilien mit den Römern gemeint haben, obwohl sie doch – wenigstens die Pharisäer – ein Messiasbild in sich trugen, das sich damit nicht vertrug (S. 599, Nr. 3). Mit der Ausrede: „Wir haben Abraham zum Vater" (Mt 3,9) wollen sie wohl alle ihre Tricks als durch die Verdienste Abrahams gerechtfertigt hinstellen. Johannes aber predigte die persönliche Würdigkeit für das Messiasreich. Deshalb verlangte er Buße, Umkehr, Andersdenken und daß diese Umkehr „würdige Früchte" im Leben bringe (Mt 3,8), auch in der Politik. „Abraham zum Vater haben" ist kein Verdienst, ebensowenig wie es ein Verdienst wäre, wenn Steine zu Kindern Abrahams würden. Am Anfang der messianischen Zeit steht aber „das künftige Zorngericht" (Mt 3,7), bei dem alles, was Unrat ist, in der Gehenna (im Hinnomtal, s. d.) verbrannt wird.

7. Die Taufe Jesu (s. dazu bei Mt 3,13–17) stand zunächst im Täuferleben des Johannes wohl nicht als ein besonderes Ereignis da. Die Evangelistentexte geben dafür ein deutliches Zeugnis. Nicht Johannes der Täufer sieht den Himmel offen und den Heiligen Geist in Gestalt einer Taube auf Jesus herabschweben, sondern Jesus sieht dies alles; d. h., die Evangelisten erzählen es, als ob Jesus es sähe. Die Erzählung selbst ist Verkündigung von der Salbung Jesu zum Messias.

8. Was Johannes von Jesus dachte, geht aus den Synoptikern nicht hervor. Diese begnügen sich im großen und ganzen damit, den Worten des Täufers über das kommende Messiasreich den Bericht über die Taufe Jesu anzufügen, die sie mit der Verkündigung von Jesus als dem mit dem Heiligen Geist Gesalbten verbinden.

Der Vierte Evangelist dagegen spricht von ausdrücklichen Worten des Täufers über Jesus als Messias. Die erste Stelle schließt an eine allgemeine Messiasverkündigung an (Joh 1,19–27) und weist auf Jesus als das Lamm Gottes hin (Joh 1,29–34). Man geht wohl nicht zu weit, wenn man diese Verse 29 bis 34 als

eine Anwendung des *Evangelisten* auf den vom Täufer verkündeten Messias ansieht – dargestellt in der Form einer Proklamation des Täufers. Denn der Täufer Johannes wird kaum die Unvorsichtigkeit begangen haben, den möglichen Messias öffentlich zum Messias zu erklären (s. „Die pharisäische Messiaserwartung" S. 599, 3 und 4).

Die andere Stelle (Joh 1,35ff.) hat dagegen sicherlich dokumentarischen Wert. Zu „zwei von seinen Jüngern", von denen der eine wohl der Evangelist war, sprach er von Jesus im gleichen Sinne. Wenn wir die Verkündigungssprache des Evangelisten in die Umgangssprache zu übersetzen versuchen, würde der Täufer etwa gesagt haben können, daß er Jesus für den Messias halte – woraufhin die Jünger zu Jesus übergingen.

9. Es kam später zu einem Konflikt zwischen Johannes und Jesus, der zwar äußerlich nicht sehr sichtbar wurde, aber doch spürbar war. Johannes der Täufer nahm Ärgernis an Jesus (vgl. „Selig, wer an mir keinen Anstoß nimmt" in Lk 7,23), wahrscheinlich, weil Jesus immer mehr die rabbinischen Auslegungen der mosaischen Gesetze ignorierte. Und auch in seinem Wort erhob sich Jesus gegen die Torá („Ihr habt gehört, daß zu den Alten gesagt worden ist ...; ich aber sage euch": Mt 5,21.27.33.38.43). Daran *mußte* der streng im Sinne der Torá erzogene Johannes Ärgernis nehmen. Ihm mußte bei Beobachtung solcher Haltung die Frage aufkommen, ob Jesus tatsächlich der Messias sei.

10. Es kam zu einem Konflikt mit Herodes Antipas, weil der Fürst eine flagrante Verletzung der Torá begangen hatte. Zwischen Herodes Antipas und seiner Nichte Herodias, welche die Frau seines Bruders war, kam es zu einem leidenschaftlichen Verhältnis. Herodes Antipas beschloß, seine arabische Frau zu verstoßen; diese aber floh vor Übergabe des Scheidebriefes zu ihrem Vater. Der Tetrarch nahm Herodias zu sich, samt Salome, deren Tochter. Nicht die tatsächlich nun bestehende Doppelehe war der Stein des Anstoßes; denn das Eherecht war offiziell polygam. Anstoß gab die Heirat mit der Frau des Bruders, die nach Lev 18,16 ausdrücklich verboten ist. Als rigoristischer Verteidiger der mosaischen Gesetze hielt der Täufer diese Gesetzesverletzung dem Herrscher – wahrscheinlich des öfteren – vor: „Du hattest nicht das Recht, die Frau deines Bruders zur Frau zu nehmen" (Mk 6,18). Solche Angriffe wollte sich Herodes Antipas nicht bieten lassen, zumal wenn sie öffentlich ausgesprochen wurden. Deshalb ließ der Fürst Johannes den Täufer festnehmen und auf seine Bergfestung Machärus (s. d.) bringen, die im Osten des Toten Meeres lag. Da aber auch Herodes nicht unbeeindruckt war von der Persönlichkeit und Predigt des Täufers, wollte er sich damit nur vor dessen weiteren Angriffen schützen; ihn zu töten hatte er nicht im Sinn. Im Gegenteil scheint er den Täufer des öfteren haben holen lassen, um sich mit ihm zu unterhalten (Mk 6,20).

Überlegungen haben auch die Meinung aufgebracht, daß Herodes Antipas den Täufer nicht wegen dieses Angriffes habe festnehmen lassen, sondern weil ihm dessen Messiasvorbereitungen zu weit gingen. Die Vorhaltungen wegen seines unerlaubten Ehestandes habe der Täufer dem Tetrarchen dann erst während der Gespräche auf Burg Machärus gemacht. – Diese Lesart hat viel für sich, weil man dann nicht anzunehmen braucht, daß Johannes den Fürsten öffentlich angeprangert habe.

11. Jesu Ansehen wuchs, nachdem Johannes der Täufer aus der Öffentlichkeit verschwunden war. So erzählten denn auch die Jünger des Johannes dem Täufer im Gefängnis von dem immer größer werdenden Jesus. Die Haft des Johannes war nämlich so, daß der Täufer mit seinen Jüngern sprechen konnte.

Der Zweifel Johannes des Täufers an Jesus war nicht erloschen. Aber seine Jünger beeindruckten seine Taten, und sie sagten das bei ihren Besuchen auch dem Gefangenen. Da beschloß Johannes Jesus selbst fragen zu lassen: „Bist du der, der kommen soll, oder müssen wir auf einen anderen warten?" (Lk 7,20).

12. Die Ermordung des Täufers war die Folge seines offenen Wortes, daß Herodes Antipas nicht mit Herodias zusammenleben dürfe. Das Geburtstagsfest des Tetrarchen auf der Feste Machärus (s. d.) fand in jenem seltsam römisch-griechisch-jüdischen Mischstil statt, der sich durch die Nachahmung römischer Sitten – auch Herodes Antipas war in Rom erzogen

worden –, durch hellenistische Liberalität und gewisse jüdische Fest- und Mahltraditionen ergeben hatte. Man lag zu Tisch,[10] in der Mahlfolge hielt man sich an die jüdischen Gebräuche, jedoch gab es wahrscheinlich keine Benediktionen; man trank viel zum Essen: Wein mit starken Gewürzen;[11] man ließ sich durch Erzähler, Sänger, Musiker, Tänzerinnen unterhalten. Die Frauen tafelten getrennt von den Männern in einem besonderen Raum.

Bei diesem Geburtstagsfest trat Salome als Tänzerin auf,[12] die Tochter der Herodias, die damals soeben mit ihren zwölf Jahren ins Heiratsalter gekommen sein muß. Daß sie als Tänzerin[13] auftrat, sagt einiges über ihren sonstigen Lebensstil; jüdischer Lebensstil war das nicht. Als sie getanzt hatte, rief Herodes Antipas die Tänzerin zu sich, ließ sie neben sich auf dem Polster Platz nehmen und versprach ihr in seiner Erregung alles, was sie haben wollte. Sie hatte nicht nur gut getanzt, sondern sie gefiel ihm.

Das Mädchen ging in den Festraum der Frauen, wo Herodias dem Bankett präsidierte, und fragte ihre Mutter, was sie sich wünschen solle. Und die Mutter wünschte etwas für sich selbst: Das Haupt des gefangenen Johannes auf einer Schale (Mk 6,25). Sie verlangte die Enthauptung[14] des Täufers. Daß sie das Haupt aber „auf einer Schale" überreicht haben wollte, läßt eine furchtbare Fortsetzung vermuten. Dies erinnert an persische Bräuche, den Tisch mit dem abgeschlagenen Kopf eines Rebellen zu schmücken: das Haupt des Johannes aber kam nicht auf einen Tisch im Männersaal, sondern auf den Tisch der Herodias.

13. Nach dem Tode des Täufers kamen seine Jünger. Wahrscheinlich waren auch Jünger des Täufers auf der Burg, als er enthauptet wurde; vielleicht mußten sie die Enthauptung mit ansehen. Jedenfalls kamen seine Jünger und forderten von Herodes Antipas den Leichnam.

---

[10] Über das Liegen bei Tisch (s. d.).
[11] Über den Wein (s. d.).
[12] Über Salome (s. d.).
[13] Über den Tanz (s. d.).
[14] Die Enthauptung galt in der jüdischen Rechtspraxis, in die sie im letzten christlichen Jahrhundert eingedrungen war, als schimpflichste Todesart, als Todesstrafe für Mörder, wohl weil sie eine heidnische (römische) Strafpraxis war.

Herodes Antipas, der in nüchternem Zustand die Sache anders ansah und sich nun vor dem rächenden Geist des Enthaupteten fürchtete, wird froh gewesen sein, den Leichnam loszuwerden. Seine Jünger brachten den Enthaupteten – wie Eusebius zu berichten weiß – nach Samaria und setzten ihn dort bei. Der Tetrarch aber fühlte sich durch sein Gewissen in Zukunft von Johannes verfolgt (Mk 6,16).

14. Die Jüngergmeinde des Täufers Johannes brach jedoch mit der Ermordung ihres Meisters nicht zusammen. Sie hielt sich – ganz im Sinne der Vorbereitungstaufe des Johannes – für eine Vorbereitungsgemeinde, die bereit zu stehen hatte für den kommenden Messias. Eine Spielart dieser Johannesjünger gab es offenbar in Alexandrien, von wo Apollo kam, der um das Jahr 53 (zunächst als Johannesjünger) in Ephesus predigte (Apg 18,24–26). Unabhängig von diesem Apollo gab es in Ephesus aber auch noch eine andere Spielart von Täuferjüngern, denen kurze Zeit später Paulus begegnete (Apg 19,1–7).

Man darf annehmen, daß es auch an anderen Orten noch Gruppen von Johannesjüngern gegeben hat, die – so verschieden sie im einzelnen auch gewesen sein mögen – sich doch alle als eine messianische Bereitschaftstruppe ansahen. Vereinzelt mögen sie den Täufer Johannes auch als den Messias angesehen haben. Gegen solche Glaubenssätze sind dann wohl Aussagen gerichtet, wie sie im Vierten Evangelium des öfteren vorkommen – am schärfsten in dem Wort: „Er [Johannes der Täufer] war nicht selbst das Licht" (Joh 1,8). Aber auch die anderen Zeugnisse des Täufers für Jesus im Vierten Evangelium (Joh 19ff., 1,29ff.) müssen mit unter diesem Aspekt der Abgrenzung der Messiasqualität Jesu von der „Vorläufer"-Qualität Johannes des Täufers gesehen werden. Ja, die Bezeichnung „Vorläufer" für den Täufer könnte am besten überhaupt als ein Ergebnis solcher Auseinandersetzungen erklärt werden. Wenn man im Auge behält, daß sowohl die Apostelgeschichte von Johannesjüngern in Ephesus spricht, wie auch, daß die Tradition das Vierte Evangelium in Ephesus entstanden sein läßt, darf man vielleicht hinzusetzen, daß diese Auseinandersetzungen um die alleinige Messiasqualität Jesu mit Richtung gegen den Täufer Johannes vor allem in Kleinasien vor sich gegangen sind.

DAS POLITISCHE MESSIASTREIBEN ZUR ZEIT JESU

Obwohl in diesem Buche immer wieder auf die Zusammenhänge des Lebens Jesu mit der politischen Messiashoffnung der Juden hingewiesen wird, scheint es um der Übersicht willen angebracht, diese Zusammenhänge in einem Sonderkapitel darzustellen. Manche Züge des Lebens Jesu rücken dadurch in ein sehr realistisches Licht, und einiges scheinbar Nebensächliche oder gar Widerspruchsvolle wird wichtig oder erhält seine fast selbstverständliche Lösung.

Es handelt sich nicht darum, das Leben Jesu zu politisieren. Aber da Jesus, der Meister des Lebens, nicht am öffentlichen Leben vorbeigelebt hat, sondern vielmehr sein messianisches Verständnis nur in scharfer Auseinandersetzung mit der politischen Messiasideologie erfüllt werden konnte, ist das politische Treiben des Messianisten nicht vom Leben Jesu zu trennen.

1. Der jüdische Nationalismus war die Wurzel des politischen Messiastreibens der Zeit Jesu. Der Messias (s. d.), von den Propheten als der vollkommene König aus David und der gesalbte Vollender Israels herbeigesehnt, wurde im jüdischen Volk der Zeitenwende zum Idol der Freiheit von der Römerherrschaft. Während sich diese Freiheitssehnsucht mit dem Kampfwillen gegen die Römer als Heiden verband, entstand ein politisch-religiöses Ideal, das im breiten Volk sehr populär war, obwohl der religiöse Anteil dieses Ideals (Kein Herr über uns als Gott!) von eben diesem Volk keineswegs ebenso leidenschaftlich vertreten wurde wie der politische. So wurde in den Augen des Volkes der Messias immer mehr zum rein politischen Vorkämpfer, der das unabhängige und andere Völker beherrschende Reich Israel wiederaufrichten würde. Daß dieser Messias eine gottgesandte Gestalt sein würde, war zwar allen klar; aber sein Erscheinen – von dem Gott aller her – galt nur dem bedrückten Israel, dem Juden, ob er nun ein aktiver Gläubiger war oder nicht.

In jenen Zeiten waren im breiten Volke wohl keine anderen Gestalten der jüdischen Geschichte so populär wie die der kämpferischen Makkabäer. Man fühlte sich in ähnlicher Situation (S. 568 , Nr. 44/45).

2. Das volkstümliche Messiasbild, das die jüdische Bevölkerung zu ständiger Aufstandsbereitschaft trieb, hatte seine Wurzeln zum Teil in Apokalypsen der Apokryphen (s. d.), deren Messiasbild aber nun noch mehr politisiert und mit allerlei Wunderglauben auf Grund falsch verstandener Schriftworte ausgeschmückt worden war. Eine geradezu systematische Zusammenfassung dieses vulgären politischen Messiasbildes finden wir in den Versuchungen Jesu (s. d.). Der Messias wurde als der Vollender des Landes, das von Milch und Honig fließt, erwartet (vgl. Jes 35,1 ff.); als der große Notwender, zu dessen Zeit es keinen Hunger mehr geben würde. In diesem Sinne geht es in der ersten Versuchung Jesu darum, „daß diese Steine da Brot werden".

Der Messias, der ein kämpferischer Messias sein sollte, wird gefeit sein gegen die Unfälle des Kampfes. Der tollkühne Messias wird von den Engeln beschützt werden. In diesem Sinne geht es in der zweiten Versuchung Jesu um die Demonstration in einem Sprung von der hohen Zinne des Tempels.

Der Messias, wie ihn das Volk, aber auch die Pharisäer erwarteten, sollte ein Weltbeherrscher sein. Durch ihn würde Juda die Reiche der Heiden besiegen und die Welt beherrschen. In diesem Sinne geht es in der dritten Versuchung Jesu darum, einen Blick auf die Reiche der Erde zu tun und von der Lust an der Macht versucht zu werden.

Damit dieser Messias wirklich käme, brauchte es vieler, die Messias sein wollten. Es konnte ja keiner kommen und sagen: „Ich bin der Messias", sondern erst der Sieg machte den Messias. Erst nach dem Sieg wurde er als Messias anerkannt, ausgerufen, gesalbt usw. Wenn also jemand sagte: „Ich bin der Messias", war das zunächst nicht so sehr ein Anspruch, sondern ein Kampfversprechen, den messianischen Kampf zu kämpfen gegen die heidnischen Reiche und um die jüdische Weltherrschaft unter dem Königsstab des Messias. Deshalb nannten sich auch schon jene „König" (s. d.), die erst den Versuch begannen, Messias zu werden. Und entsprechend, wenn Revolutionäre jemanden „zum König machen" wollten, hieß das noch nicht Messias, sondern Anführer einer revolutionären Messianistengruppe. Deshalb soll es das Wort gegeben haben: „Der Messias kennt sich selber nicht", was unter den Umständen glaubhaft ist.

3. Die pharisäische Messiaserwartung zur Zeit Jesu wollte nichts von Kampf und Aufstand wissen. Sicherlich war gerade der Grundsatz der Pharisäer (s. d.): Kein Herr über uns als Gott. Aber nachdem Judäa im Jahre 6 n. Chr. römische Provinz geworden war (S. 577, Nr. 53), genossen sie nicht nur die römische Ordnung und die kleine Macht, die Rom dem Hohen Rat gelassen hatte, sondern sie erkannten auch die Unmöglichkeit, gegen das mächtige Rom durch Kampf etwas auszurichten. Deshalb hielten die Pharisäer zwar die Messiaserwartung wach, empfahlen aber aus taktischen Gründen, dem Kaiser zu gehorchen, das Opfer für den Kaiser im Tempel darzubringen und die Kopfsteuer (s. u., Nr. 7) an den Kaiser zu zahlen – bis der Messias komme.

Diese Politik machte die Pharisäer oft doppelzüngig; denn da sie die machtvollste, wenn auch nicht eine besonders große Gruppe waren, einflußreich auch im Hohen Rat, geachtet vom ganzen Volke, wollten sie diesen Einfluß nicht verlieren – deshalb waren sie äußerlich zwar oft auf seiten derer, die mit kämpferischen Maßnahmen das Messiasreich herbeiführen wollten; anderseits drohte ihnen der Verlust ihres Einflusses auf das Volk, wenn sie nicht praktisch und taktisch zu den Römern hielten; denn Rom konnte die Macht des Hohen Rates von einem Tag auf den anderen beschneiden. Deshalb waren die Pharisäer innerlich gegen jeden Aufstandsversuch. Wo sie einen Messiasprätendenten witterten, stellten sie verfängliche Fragen, um ihn zu erforschen und dann eventuell der römischen Macht in die Hand zu spielen. Deshalb waren die abgesandten Priester und Leviten, die an Johannes den Täufer die Frage „Bist du der Messias" stellten (Joh 1,19.24), Pharisäer. Deshalb ließen sie an Jesus die Steuerfrage richten (s. u., Nr. 19). Deshalb sind sie im Falle Jesu auf seiten der Sadduzäer, die die politische Macht zur Leitidee ihrer hochpriesterlichen Regierung gemacht hatten, obwohl sie sonst keineswegs mit ihnen übereinstimmten.

Auch die Pharisäer glaubten, daß erst der Messias das Fremdjoch beseitigen werde; aber nach ihrer Überzeugung würde der Messias eine Frucht der Gerechtigkeit (s. d.) sein. Das Volk beobachtete zu wenig das Gesetz: „Wenn Israel nur zwei Sabbattage ganz nach dem Gesetz lebte, so würde es erlöst", so und ähnlich waren die Vorwürfe der Pharisäer.

Gerade deshalb wollten die Pharisäer selbst das Gesetz so gewissenhaft erfüllen, damit der Messias komme.

Entsprechend war natürlich auch ihr Messiasbild selbst pharisäisch. Sie erwarteten einen Messias aus den Pharisäern: den Gerechtesten, den Gesetzestreuesten, dem Gott wegen seiner vollkommenen Gesetzeserfüllung die Gewalt gäbe, Messias zu sein. Das pharisäische Buch der Psalmen Salomos (etwa 50 v. Chr.) drückt dies so aus: „Nicht setzt er sein Vertrauen auf Roß und Reiter und Bogen, noch sammelt er Gold für den Krieg, und er setzt seine Hoffnung für die Kriegstage nicht auf das Volk. Seine Hoffnung setzt er auf den Herrn. Wer kann da gegen ihn streiten?" (Ps Salom 17,27.39). Eines Tages würde der Messias da sein, sich auf den Markt setzen und Gericht über die Heiden halten.

Aber auch aus der Lebensart, d. h. dem in jeder Lebensminute buchstäblich befolgten Gesetz, entsprang die Abneigung der Pharisäer gegen den messianischen Kampf. Kampf hieß Blut und Leichen, die verunreinigten (s. den Artikel „Rein oder unrein"). Kampf zumal in Jerusalem bedrohte die Unversehrtheit des Tempels, da jede kämpfende Truppe sich zunächst in den Besitz des Tempelberges und der Tempelburg zu setzen suchte. Deshalb war für sie das Wort vom Tempelabreißen, das Jesus sprach (Joh 2,19), ein deutlicher Hinweis auf die Messiasabsichten Jesu. Und auch die Jünger deuteten die Worte Jesu über den Tempel, in dem „kein Stein auf dem anderen bleiben wird" (Mt 24,2), in ähnlicher Weise; diese Rede von der Tempelzerstörung war auch für sie ein Hinweis auf die Kampfabsichten Jesu. Und als später Stephanus vom Tempel sagte: „Dieser Jesus, der Nazoräer, wird diesen Ort zerstören" (Apg 6,14), verstanden die Pharisäer das im selben Sinne. Zwar wußten sie, daß Jesus tot war – aber so, wie sich das ganze Israel „Jakob" nannte, so verstanden sie auch unter „Jesus der Nazoräer" seine Jünger; sie hörten darin eine Ankündigung des Messiaskampfes der Jesusanhänger, bei dem der Tempel zerstört werden würde.

So standen die Pharisäer zwar in der Hoffnung auf den Messias auf seiten der kämpferischen Gruppen, aber ihr Weg war anders, und ihre Taktik machte sie oft doppelzüngig: sie waren „Natternbrut".

Aber man darf die Pharisäer nicht samt und

sonders für eng oder listig halten. So nationalistisch ihr Glaube und ihre Haltung auch manchmal scheinen – im Wesen war bei ihnen alles auf Weltweite angelegt. Es ist sicherlich kein Zufall, daß Paulus, der Apostel Jesu unter den Völkern, ein Pharisäer war. Aber die jüdisch-nationalistischen Umtriebe der Zeit machten die meisten eng und sogar die besten unter ihnen unsicher. Das war ja wohl das Problem, das Nikodemus zu Jesus trieb: Kommt der Messias zu den Juden oder zur Welt? Und Jesus gab ihm die Antwort, daß es nicht auf die Geburt aus dem Fleische, sondern die Geburt aus dem Geiste ankommt, und daß der Geist wie der Wind weht, wo er will (Joh 3,6.8). Diese Weite und Universalität Jesu und des Nikodemus, der sie annahm, wurde dann noch einmal in aller Härte durch den jüdischen Nationalismus kontrapunktiert, der sich sogar gegen die galiläischen Provinzler erhob; als Nikodemus auf die Haßtiraden der anderen Pharisäer gegen Jesus einwandte: „Verurteilt etwa unser Gesetz einen Menschen, bevor man ihn verhört und festgestellt hat, was er tut?", da antworteten sie ihm: „Bist du vielleicht auch aus Galiläa? Lies doch nach: Der Prophet kommt nicht aus Galiläa" (Joh 7,50–52). –

Durch diese beiden Nikodemusperikopen wird die Uneinheitlichkeit der Pharisäer und auch gerade des pharisäischen Messianismus beleuchtet.

4. Die Sadduzäer (s. d.) erwarteten keinen Messias. Sie waren zur Zeit Jesu krasse Realpolitiker, ganz auf die Meisterung der gegenwärtigen Macht ausgerichtet. Sie hielten nicht nur taktisch mit Rom, sondern einfach, weil Rom die Macht hatte. Sie erwarteten keinen König (Messias), sondern sie hatten einen Kaiser (in Rom), wie sie es im Prozeß Jesu vor Pilatus aussprachen (Joh 19,15). Da die Hohenpriester von der Sadduzäerrichtung waren, bedeutete diese Einstellung, daß sie mit allen Mitteln gegen jeden messianischen Aufstandsversuch auftraten.

5. Die Messianisten unter Herodes hatten ihre Vorläufer in einer königstreuen Gruppe, die in Galiläa unter der Führung eines Ezechias auftreten war. Nachdem seit dem Jahre 47 v. Chr. – als Cäsar in Rom regierte – der Idumäer Antipater immer mehr Macht in Judäa gewonnen und dieser seine Söhne Herodes und Phasael zu Generälen der beiden Heeresgruppen gemacht hatte, wurde der Unwille gegen die römerhörigen Idumäer immer stärker. Als nun ersichtlich wurde, daß Herodes Königspläne verfolgte, bildeten sich hasmonäertreue Gruppen, die die einheimische Herrschaft revolutinär zu stützen suchten. Indem sie raubend und plündernd in das römische Syrien einfielen, schadeten sie Rom und suchten in Galiläa (s. d.) ein Widerstandszentrum zu schaffen. Die Römer nannten die Mitglieder dieser Banden *lástái* (Räuber).[1] Herodes, als General der Heeresgruppe in Galiläa, kämpfte gegen sie und vollzog an ihnen ein Gericht aus eigener Machtvollkommenheit, wogegen „die Mütter der Gemordeten" mit großen Bitten vor König Hyrkan und dem Hohen Rat auftraten, Herodes solle „zur Verantwortung gezogen werden" (Flavius Josephus, Altertümer 14,9,4). Aus dieser Tatsache erkennt man, daß es sich, trotz der Bezeichnung *lástái* (Räuber), nicht um verbrecherische Räuber handelte. Aber Herodes wurde nicht verurteilt, weil die Römer sein eigenmächtiges Gericht deckten (S. 572, in Nr. 48).

Als Herodes dann König geworden war und im Jahre 37 v. Chr. daranging, sich sein Königreich zu erobern (S. 573, Nr. 49), hatte er wiederum zunächst Kämpfe mit den *lástái* zu bestehen, die ihn am Antritt seiner Königsherrschaft hindern wollten. In den Höhlen von Arbelá, südlich über dem Wadi el-chamam, 4 km westlich des Sees Gennesaret, hatten sie sich verschanzt, und die Soldaten des Herodes setzten alles daran, sie in diesem ihrem Hauptquartier auszurotten. Aber als Herodes abgezogen war, sammelte sich der Rest neu und machte Herodes und seinen Anhängern Schwierigkeiten. Sie wollten keinen Idumäer und keinen von Rom eingesetzten König.

Die Opposition gegen Herodes riß nie ab (S. 573, Nr. 49); aber in besonderer Weise scheint sie sich gegen Ende seines Lebens geäußert zu haben, als sechstausend Pharisäer einen ihnen abverlangten Kaisereid verweigerten, der vermutlich mit dem Zensus zusammenhing. Damals, so schreibt Flavius Josephus, habe eine Gottesoffenbarung stattgefunden, die die Erwartungen, daß der Messias geboren sei, aufs höchste gesteigert habe. Da dies gerade für das Jahr 7 v. d. Z. – also das vermutliche Geburts-

jahr Jesu[2] – berichtet wird, ist es vielleicht nicht abwegig, diese Spannung mit dem messianisch gedeuteten Sternbild in Verbindung zu bringen, über das Herodes erschrak – „und mit ihm ganz Jerusalem" (s. Mt. 2,1–12).

Im Zusammenhang mit diesen Erwartungen bzw. Befürchtungen wird dann auch die Geschichte von dem Kindermordbefehl erzählt. Nachdem der König aus der Konferenz der Hohenpriester und Schriftgelehrten erfahren habe, daß die messianischen Erwartungen auf Bethlehem wiesen, schien ihm der Weisenbesuch auf Gefahr hinzudeuten. Nichts charakterisiert den Machtwillen des Herodes zugunsten seines Hauses besser als die Geschichte von diesem Kindermord; denn indem er willens war, *den* König – den Messias – zu treffen, zeigte er, wie wenig er wirklich Jude war. Er gehörte nicht zu diesem Volk, dessen König er war.

6. *Nach dem Tode des Herodes,* als Sadduzäer und Hellenisten in Rom darum baten, Rom direkt unterstellt zu werden, begann das Bandenleben im bisherigen Reich des Herodes erneut aufzuleben:

In Idumäa sammelten sich zehntausend Männer um einen Stamm von zweitausend herodianischen Soldaten, die Herodes genauso feindlich waren wie die Pharisäer.

In Galiläa riß Judas, der Sohn des von Herodes hingerichteten Bandenführers Ezechias, die Herrschaft an sich und ernannte sich in Sephoris zum König. Er war ein Schriftgelehrter und kämpfte mit dem Schwert für die Reinheit des Landes, über das kein Unreiner herrschen durfte.

In Jericho scharte sich das Sklavenvolk um einen gewissen Simon, der sich zum Sklavenkönig machte und als Revolutionsfanal das Winterschloß des Herodes in Jericho in Brand steckte.

In Judäa erstand ein Hirtenkönig Athrongas. „So war das Judenland von Banden voll, und wo immer eine Schar von Aufständischen zusammentrat, wählten sie gleich Könige" (Flavius Josephus, Altertümer 17,10,8). Sie wollten das einheimische Königtum erneuern

---

[1] Der Räuber (griechisch): *hŏ lástás;* die Räuber: *hoi lástái.*
[2] Vgl. im Kapitel über die „Chronologie...", S. 287, (Nr. 1b).

und die Freiheit Israels wiederherstellen. Aber sie hatten keinen Zusammenhang. Der damalige römische Statthalter in Syrien, Publius Quintilius Varus, konnte sie alle besiegen. Zweitausend Freiheitskämpfer ließ er kreuzigen (4 v. d. Z.). Die Hauptstadt des Judas, Sohn des Ezechias, ließ er zerstören, ohne Rücksicht darauf, daß die Stadt die Hauptstadt des Tetrarchen Herodes Antipas sein sollte, des herodianischen Erbherrschers über Galiläa.

Um das Jahr 1 glaubte Varus und glaubten die herodianischen Ethnarchen und Tetrarchen Palästinas das Land von Freiheitsbanden *(lástái)* gesäubert zu haben.

(Bemerkung zu den folgenden Kapiteln: Der Ausdruck *lástás* behielt seinen Sinn. Diese „Räuber" waren Freiheitskämpfer, die sich im Laufe der Jahrzehnte immer mehr als messianistische Kämpfer fühlten; deshalb stellte Jesus am Ölberg gegenüber der Verhaftungskolonne fest: „Wie zu einem *Räuber* seid ihr zu mir herausgekommen…"; Barabbas war ein „Räuber", und gekreuzigt wurde Jesus zwischen zwei „Räubern".)

7. *Im Jahre 6 n. Chr.,* als unter Quirinius, dem Statthalter Roms in Syrien, nach den Erhebungen der Steuergrundlagen auch die Kopfsteuer in Palästina eingeführt wurde, begann eine neue Phase des Freiheitskampfes der Juden. Wieder war es ein Mann mit dem nationalen Namen Judas, der gegen die römischen Maßnahmen vorging. Dieser „Judas der Galiläer" trat mit der Parole auf: „Es ist euch nicht erlaubt, dem Kaiser Steuer zu zahlen", womit er nicht so sehr die Grund- und Vermögenssteuer meinte, die spätestens seit dem Tode des Herodes an Rom gezahlt wurde,[3] sondern die neue Kopfsteuer. Diese kaiserliche Kopfsteuer trat nämlich in Konkurrenz mit der Tempelsteuer, die durch Nehemia eingeführt worden war und ebenfalls eine Kopfsteuer war. Diese Tempelsteuer war das Zeichen der Zugehörigkeit zur Kultgemeinde von Jerusalem; jeder Jude, auch jeder Jude der Diaspora, der zwanzig Jahre alt war, bezahlte sie als Beisteuer zu den Kultuskosten. Dadurch aber war sie allmählich zu einem Symbol für die persönliche Zugehörigkeit zu Jahwe geworden. Kopfsteuer war Zugehörigkeitssteuer. Und deshalb erregte die Kopfsteuer des Kai-

sers so sehr, weil damit eine persönliche Zugehörigkeit zum heidnischen Kaiser dokumentiert wurde.

Judas von Galiläa rief unter der Parole „Es ist euch nicht erlaubt, dem Kaiser (Kopf-) Steuer zu zahlen" zum allgemeinen Kampf gegen die Römerherrschaft auf. Dahinter aber stand die Hoffnung, daß am Ende dieses Kampfes das Messiasreich der Juden verwirklicht werden könnte (s. ob. Nr. 1).

Judas fiel in diesem Kampf. Aber er hatte eine Bewegung entfacht, die nicht mehr aufhörte, bis das Judentum in Palästina unterging. Es war eine Partisanenbewegung. Die Römer nannten auch die Kämpfer dieser Bewegung *lástái,* Räuber.

Ein anderer Führername dieses Partisanenkrieges gegen die Römer war Theudas, dessen Auftreten noch nicht mit Sicherheit chronologisch festgelegt werden konnte. Beide Namen – Judas und Theudas – werden in der Rede des Gamaliel genannt (Apg 5,36.37).

8. *Messianistische Atmosphäre* durchweht alle Evangelienschriften, angefangen bei der Predigt Johannes des Täufers und dem Prüfungsgespräch, das die Abgesandten des Hohen Rates mit Johannes führten (S. 595).

Aber auch in den Gleichnissen Jesu finden wir diese Atmosphäre; wenn er z. B. vom Schatz im Acker spricht, so erinnert dies an die unsicheren Zeiten, die seit dem Auftreten der Römer und dem gleichzeitigen Auftreten der *lástái* in Palästina aufs neue heraufgezogen waren, so daß die Menschen ihre Schätze vergruben.

Als Jesus mit Macht auftrat, wollten die Leute ihn festhalten und ihn zum Messiaskönigtum drängen (Lk 4,42).

Vielleicht ist auch das Gleichnis vom barmherzigen Mann aus Samaria (Lk 10,30–37) eine Momentaufnahme aus dem täglichen palästinensischen Bandenkampf, denn der Mann, der von Jerusalem nach Jericho ging, fiel ja unter die „Räuber". Auch diese könnten *lástái* im politischen Sinn gewesen sein.

Am deutlichsten aber sprach Jesus immer wieder von den Kampfverhältnissen und den Revolutionshelden, wenn er auf die falschen Propheten und falschen Messiasse hinwies, die

---

[3] Vgl. im Kapitel „Die Chronologie…" S. 287.

das Messiasreich mit Kampf aufrichten wollten (Mt 7,15; 24,11).

9. *Als Jesus Jünger um sich sammelte,* konnte er dies auch ohne Messiasanspruch. Als Schriftgelehrter (s. d.) hätte er Jünger sammeln können; aber Jesus war kein Schriftgelehrter, dadurch kam er mit seiner Gefolgschaft von vornherein in den Verdacht, aus anderen Gründen Gefolgsleute um sich zu sammeln.

Aber dieser Verdacht hätte sich zerstreuen lassen; Jesus konnte ihn nicht zerstreuen, weil seine Person ja wirklich mit dem Messiasanspruch verbunden wurde. In der Wüste war er sich allerdings klar darüber geworden, daß seine Messianität nichts mit dem Messiasbild des Volkes zu tun hatte. Die drei Versuchungserzählungen verkünden diesen scharfen Trennungsstrich zwischen dem Messias Jesus und dem Messias des Volkes (s. oben Nr. 2).

Durch angebliche Hinweise des Täufers auf Jesus als Messias[4] waren die Weichen gestellt für die Nachfolge Jesu: es sammelten sich um Jesus national gesinnte Männer, die auf den Messias warteten und in Jesus den Messias sahen. Zu diesen Nationalisten gehörten auch die Apostel. Als der junge Johannes und Andreas von Johannes dem Täufer zu Jesus übergingen, taten sie das ausdrücklich deshalb, weil sie in ihm den Messias gefunden zu haben glaubten, und zwar den Messias, wie ihn das Volk sich vorstellte. Dasselbe verkündeten sie denn ja auch Nathanael und Petrus.

Die nationalistische Grundauffassung der Apostel vom Messias darf man vielleicht auch aus ihren Namen ablesen: zweimal gab es unter ihnen einen Judas (Judas Thaddäus und Judas Iskariot); der Name Judas war ein nationalistisches Programm, denn er erinnerte an Judas Makkabäus. Zweimal gab es unter ihnen einen Simon (Simon Petrus und Simon „der Eiferer") – ebenfalls ein Name aus dem Makkabäeraufstand; auch der Vater des Judas Iskariot hieß übrigens Simon.

Die nationalistische Haltung des Simon Petrus hat Jesus einmal sehr bestimmt festgestellt und zugleich scharf zurückgewiesen, als Petrus Jesus nach einer Leidensankündigung beiseite nahm, um ihn zu warnen. Da sagte Jesus zu Petrus. „Weg mit dir, Satan (Widersacher), geh mir aus den Augen! Du willst mich zu Fall bringen; denn du hast nicht das im Sinn, was

Gott will, sondern was die Menschen wollen" (Mt 16,23). Und Simon Kananäus (d. h. der Eiferer) war vielleicht sogar ein messianistischer Extremist (S. 323 und S. 589, sowie in diesem Kapitel Nr. 5).

Die Predigt Jesu von der erfüllten Zeit,[5] seine Zeichen und die Formeln seines Wortes nährten die Hoffnungen des Volkes, daß mit Jesus von Nazaret der Erfüller der Zeit gekommen war, so wie ihn sich der einfache Jude vorstellte. Daß er besonders Galiläer um sich sammelte, gab der Hoffnung weitere Nahrung; denn Galiläa (s. d.) galt als Hochburg des Freiheitswillens, und die Galiläer galten als besonders radikale Kämpfer für die messianische Zukunft.

Zwar versuchte Jesus, dem Volke und erst recht den Aposteln sein ganz anders geartetes Konzept darzulegen; aber sie verstanden ihn nicht. Im Gegenteil: immer mehr sammelten sich bei seinen Wanderungen durch das Land auch die radikalsten Elemente um ihn und nahmen mit Spannung jedes seiner Worte auf.

10. *Die sog. Brotvermehrung* kurz vor dem Paschafest[6] war der erste Höhepunkt der feindlichen Begegnung jener politischen Messianisten mit Jesus. Die Galiläer hatten aus Jesu machtvoller Lehre die Folgerung gezogen, daß er der Messias sein werde. Aber noch warteten sie zu. Sie zogen ihm nach, wohin er auch ziehen mochte. Sie zogen ihm auch ins Gebirge östlich des Sees nach, als er sich dorthin zurückziehen wollte. So kam es zu dem, was später als „Brotvermehrung" weitererzählt wurde. Aber diese Brotvermehrung war nicht so sehr ein wunderbares Zeichen, sondern in mehrfacher Weise bedeutsam, so daß die Galiläer – fünftausend Männer! (sagt Joh 6,10) – daraus ihre Schlüsse zogen. Der Friede und Reichtum der messianischen Zeit hatte sich vor ihnen aufgetan (Nr. 2 dieses Kapitels). Und dazu war Paschazeit! Das Paschafest (s. d.) war das Fest der Befreiung; zu welcher anderen Zeit konnte sich der Messias besser offenbaren als zur Paschazeit? Dieser Schluß riß sie hin: die fünftausend galiläischen Messiassucher. „Da erkannte Jesus, daß sie kom-

---

[4] Siehe oben, Nr. 8 dieses Kapitels.
[5] Siehe bei Mk 1,14.15.
[6] Vgl. S. 645 und im Kapitel „Chronologie...", S. 292, Nr. 12.

men würden, um ihn in ihre Gewalt zu bringen und zum König zu machen" (Joh 6,14): nicht sofort zum Messias, aber zu dem, der sich als „König" an ihre Spitze stellte und mit ihnen den politischen Freiheitskampf führen wollte, um so zum Messias zu werden. Diese Fünftausend waren bereit, ihm als Heerbann zu folgen (s. oben, Nr. 2).

Jesus lehnte diese politische Messiasmanipulation ab. „Daher zog er sich wieder auf den Berg zurück, er allein" (Joh 6,15). Deshalb ließ er die Jünger allein die Rückfahrt antreten, um nicht beim Besteigen des Bootes weitere messianistische Kundgebungen auszulösen.

Die Auseinandersetzung am Tage darauf, in der Synagoge zu Kafarnaum, galt der Richtigstellung des Messiasbildes: der Messias wird dem inneren Menschen dienen und nicht dem äußeren (mit „Speise, die verdirbt": Joh 6,27). Damit zerstörte Jesus den Enthusiasmus der Massen für ihn als Messiasprätendenten. Man zog sich zurück. Aber durch seine Zeichen bewies er ohne Unterlaß, wer er war.

11. Der Laubhüttenfestaufstand im Jahre 31 hatte einen akuten Anlaß, d. h. die Freiheitskämpfer benutzten einen solchen Anlaß für eine ihrer Aktionen.

Pilatus hatte, um sich ein bauliches Denkmal zu setzen, die Errichtung eines Aquädukts geplant. Dafür wollte er Geld aus der Tempelkasse nehmen, also Geld von der nationalen Bank des Judentums. Er konnte dies nicht ohne Hilfe des Hohenpriesters; aber die sadduzäischen Hohenpriester (s. Sadduzäer) waren ihm gefügig. Trotz Geheimhaltung war die Sache ruchbar geworden, und die selbstverständliche Folge war eine Bandenaktion. Man versammelte sich vor dem Prokuratorensitz des Pilatus, um scheinbar eine Bittschrift abzugeben. Im geeigneten Augenblick sollte der Aufstand beginnen.

Aber Pilatus war im Bilde. Er hatte Soldaten unter die Menge verteilt, die auf sein Zeichen hin zuschlugen. Der Aufstand wurde zwar im Keim erstickt, aber auf beiden Seiten gab es Tote und Verletzte. Wahrscheinlich wurden bei diesem Aufstand Barabbas und die beiden namenlosen *lēstái* („Räuber"), festgenommen, die Pilatus am darauffolgenden Rüsttag zum Sabbat der Ungesäuerten Brote hinrichten lassen wollte. Barabbas darf man als den Auf-

standsführer oder doch als einen maßgeblichen Mann des Aufstandes ansehen.

Um nicht in den Aufstand hineingezogen zu werden, ging Jesus erst nach Jerusalem, als der Aufstandsversuch vorüber war. In diesem Sinne ist Joh 7,2ff. zu lesen:

„Das Laubhüttenfest der Juden war nahe. Da sagten seine Brüder zu ihm: Geh von hier fort, und zieh nach Judäa, damit auch deine Jünger die Werke sehen, die du vollbringst ... Auch seine Jünger glaubten nämlich nicht an ihn. – Jesus sagte zu ihnen: Meine Zeit ist noch nicht gekommen ... Geht ihr nur hinauf zum Fest; ich gehe nicht zu diesem Fest hinauf, weil meine Zeit noch nicht erfüllt ist. Das sagte er zu ihnen, und er blieb in Galiläa. Als aber seine Brüder hinaufgegangen waren, zog auch er hinauf, jedoch nicht öffentlich, sondern heimlich. Die Juden suchten beim Fest nach ihm und sagten: Wo ist er? Und in der Volksmenge wurde viel über ihn hin und her geredet ... Schon war die Hälfte der Festwoche vorüber, da ging Jesus zum Tempel hinauf und lehrte ..."

Jesus kam *nach* dem gescheiterten Aufstandsversuch, zu dem wahrscheinlich auch das Gemetzel am Brandopferaltar gehörte, das Pilatus verursacht hatte. Die zusammengehauenen Galiläer waren entweder wirkliche oder vermeintliche Aufstandskomplizen. Und da Jesus im selben Atemzug auch von den achtzehn sprach, die der Turm am Schiloach (s. d.) bei seinem Einsturz erschlug, ist anzunehmen, daß sich am Schiloach ein drittes Aufstandszentrum befand.

Daß beide Gruppen – die Galiläer im Tempel und die Leute am Schiloach – zu einem politisch-messianistischen Kämpferverband gehörten, geht jedenfalls aus den Lehren Jesu hervor, die er an die beiden Ereignisse anknüpft (Lk 13,2–5):

„Meint ihr, daß nur diese Galiläer Sünder waren, weil das mit ihnen geschehen ist, alle anderen Galiläer aber nicht? Nein, im Gegenteil: Ihr alle werdet genau so umkommen, wenn ihr euch nicht bekehrt. Oder jene achtzehn Menschen, die beim Einsturz des Turms von Schiloach erschlagen wurden – meint ihr, daß nur sie Schuld auf sich geladen hatten, alle anderen Einwohner von Jerusalem aber nicht? Nein, im Gegenteil: Ihr alle werdet genau so umkommen, wenn ihr euch nicht bekehrt."

Die Frage nach den „größeren Sündern"

bezieht sich auf das mißglückte Unternehmen und den Tod dieser Menschen. Man war ja allgemein der Ansicht, der Grund für Krankheit und Mißerfolg sei die Sünde eines Menschen. Jesus aber meinte nicht die größere Sünde dieser Menschen, wenn er, an den Mißerfolg und Tod anknüpfend, sagte: „Ihr alle werdet genau so umkommen, wenn ihr euch nicht bekehrt." Er meinte das ganze Geschehen: den politischen und nationalistischen Messiaskampf, der todsicher in den Untergang führen würde. Deshalb forderte er mit dem Bekehrungsruf auf, von diesem Kampf abzulassen.

12. Die Hirtengleichnisse, die der Evangelist Johannes absolut religiös verwendet, könnten ursprünglich eine andere Antwort Jesu auf den Aufstand, und zwar eine Antwort auf die Art gewesen sein, wie der Hohepriester und sein Kreis den Aufstand verhindert haben. Obwohl damit diese Hirtengleichnisse Antwort auf ein politisches Verhalten gewesen wären, waren sie bestimmt nicht politisch. Sie würden auch dann lediglich festgestellt haben, daß der Hohepriester und der Hohe Rat keine guten Hirten waren, die ihr Leben gaben für ihre Schafe – sie suchten nur ihr eigenes Leben zu schützen. Sie waren Mietlinge, Tagelöhner, eingesetzt vom fremden Beherrscher (s. den Artikel „Kajaphas"). Sie verlassen die Schafe, wenn der Wolf kommt; ja man ist versucht, den „Wolf" (Joh 10,12) hier doppeldeutig zu nehmen: als Widersacher der Schafe schlechthin *und* als Anspielung auf die römische Macht, für die die legendarische Wölfin, die Nährmutter des Romulus, dann hier als treffendes Bild stünde.

Die Messianisten, die nach ihrem gescheiterten Aufstand besonders trostbedürftig, rachedurstig, aber wohl auch ratlos waren, werden jedenfalls solche Reden Jesu, den sie seit dem Frühjahr als einen der Ihren fallengelassen hatten, mit Aufmerksamkeit und Hoffnung gehört haben.

In den gleichen Antwortkomplex gehört wahrscheinlich auch das Gleichnis vom ungerechten Verwalter (Lk 16,1–13) – auch wenn es nicht gerade am Laubhüttenfest, sondern später, etwa am Tempelweihfest, von Jesus vorgetragen wurde. Jedenfalls spielt das Gleichnis auf Geldveruntreuungen an, wie sie von den Verwaltern der Tempelkasse begangen wur-

den oder begangen werden wollten, als sie Pilatus nicht an dem Griff in die Tempelkasse hinderten (vgl. die Einleitung zum Gleichnis Lk 16,1–13).

13. Am Tempelweihfest, im Dezember nach dem Laubhüttenfestaufstand (des Jahres 31?), hat sich die Spannung um Jesus noch weiter verdichtet. Jesus hatte zwischen Laubhüttenfest und Tempelweihfest (s. d.) wahrscheinlich am Jordan gelehrt und durch seine Jünger vielleicht auch getauft. Das geschah unter Hinweis auf das kommende Messiasreich. Aber ganz sicher hat Jesus niemals gesagt: Ich bin der Messias (d. h., Ich will der Messias sein). Die Freiheitskämpfergruppen hielten Kontakt zu ihm – aber es brachte sie nicht weiter. Deshalb stellten sie ihn am Tempelweihfest in der Halle Salomos: „Wie lange noch willst du uns hinhalten? Wenn du der Messias bist, sag es uns offen!" (Joh 10,24).

Die Worte, mit denen Jesus bei Johannes antwortet, mögen im Sinne der Verkündigung vom Wesen Jesu verwandelte Jesusworte sein (s. d.), aber die wirkliche Antwort klingt doch noch hindurch: „Ich habe es euch gesagt, [was ich für ein Messias bin], aber ihr glaubt nicht. Die Werke, die ich im Namen meines Vaters vollbringe, legen Zeugnis für mich ab [und von der Art meiner Messiassendung]. Ihr aber glaubt nicht [an diesen Messias], weil ihr nicht zu meinen Schafen gehört, [weil ihr euch unter dem Messias etwas anderes vorstellt als ich] . . ." (Joh 10,22–26).

Die Steinigungsdrohung, die bei Johannes (10,31) auf das Wort „Ich und der Vater sind eins" folgt, ist von seiten der Messianisten als eine Abweisung des Messiasbildes Jesu anzusehen, das sie für eine Gotteslästerung halten. Zugleich ist aber darin wohl auch ein Ausdruck der Wut zu sehen, daß Jesus sie nicht nur hinhielt, sondern auch ihr eigenes politisches Messiasbild schmähte.

Wieder einmal schien der Bruch zwischen den politischen Messianisten und Jesus endgültig zu sein.

14. Jesus wußte, wie man ihn einschätzte. Er wußte, daß sowohl das Volk wie auch die jüdische Behörde ihn für einen der üblichen Messiasrevolutionäre hielt, die gegen Rom Stimmung machten und tätlich gegen die römische Besatzung kämpften. Deshalb suchte er oft die Einsamkeit auf (Lk 4,42.43); deshalb suchte er nach Möglichkeit allen Messiasfragen und Messiasandeutungen von seiten der messianistischen Dränger aus dem Wege zu gehen. Aber das gelang ihm durchaus nicht immer, zumal da seine Jünger in derselben Weise durch das politisch-kämpferische Messiasbild geprägt waren und von ihm eines Tages den messianischen Kampf erwarteten. Folgerichtig verbot Jesus deshalb auch den Jüngern, jemandem zu sagen, daß er der Messias sei, als er es den Jüngern gestanden hatte (Lk 9,21).

Von seiten des Volkes brachte diese Meinung für Jesus nur mittelbare Gefahr; von seiten der jüdischen Behörde aber konnte diese Meinung für Jesus eine unmittelbare Gefahr werden. Die Behörden unter der Leitung des römerfreundlichen Hohenpriesters Kajaphas (s. d.), der Sadduzäer war (S. 577 in Nr. 53), befürchteten bei jeder messianistischen Revolte, daß die Hand des Römers härter zugriff und sie – Hohenpriester und Hohen Rat – für die Revolte verantwortlich machen würde. Die Folge konnte dann nur eine weitere Einschränkung der jüdischen Hoheitsgewalt sein. Deshalb war das Bemühen des Hohen Rates, alle solche Revolten im Keim zu ersticken. Sobald ein Messiasverdächtiger auftrat, wurde er mit allen Mitteln bekämpft und unter Umständen dem Römer zur Aburteilung übergeben.

Jesus wußte, daß der Hohe Rat ihn als einen solchen Messiasprätendenten einschätzte. Der Weg dieser Revolutionäre stand ihm klar vor Augen. Und aus dieser realistischen Sicht kamen seine Leidens- und Todesvoraussagen (S. 327).

Nachdem die Jünger zu ahnen begonnen hatten, daß Jesus dieser Weg bevorstand, begannen sie sich zu fürchten, wie Joh 11,8 zeigt.

15. Öffentlichen Messiashuldigungen ging Jesus aus dem Wege. Auch seine Jünger fürchteten sie, weil sie die darin liegende Gefahr kannten (Mk 10,32). Und doch widerfuhren sie Jesus immer wieder, sozusagen im Vorbeigehen: z. B. die Messiashuldigung der kanaanitischen Frau (s. Mt 15,21–28) und der Ruf des Blinden in Jericho (s. Lk 28,35–43).

Jesus verhielt sich den Proklamationen gegenüber souverän; er wies nicht zurück, sondern korrigierte das hinter den Anrufen stehende Messiasbild – wenn auch im Augenblick ohne Erfolg – durch ein Zeichen. Die Jünger aber wurden jedesmal nervös, wenn solches geschah: sie fuhren die Rufer an und forderten sogar Jesus auf, ihnen Schweigen zu befehlen. Aber die Messiashoffnung des Volkes verband sich – trotz aller Enttäuschungen – immer wieder so stark mit der Person Jesu, daß es in der letzten Woche vor dem Paschafest zu mehreren großen Kundgebungen kam.

16. Der Todesbeschluß gegen Jesus fiel aber nicht erst in dieser letzten Woche. Die Erzählung von der Lazaruserweckung (Joh 11,1–57) hatte zur Folge, daß „viele an ihn glaubten" (Joh 11,45). Im Johannesevangelium hat diese lapidare Mitteilung zwar den Sinn, auf Jesus als den Lebensspender hinzuweisen, an den viele nach diesem Wunder glaubten, und mit dem darauffolgenden Todesbeschluß soll sicherlich die unlösbare Beziehung ausgesagt werden, in der Tod Jesu und Lebensspendung durch Jesus zusammengehören. Aber dennoch ist damit der politische Akzent dieses „Glaubens" nicht verlorengegangen. Die Lazaruserweckung war vielen ein Zeichen, daß Jesus wirklich der Messias sein würde. Und die „an ihn glaubten", werden deshalb vor allem die Männer der Messianistengruppen gewesen sein. Man darf sogar folgern, daß sie diesen ihren „Glauben" durch messianische Demonstrationen für Jesus zum Ausdruck brachten.

Aber da überall, wo Jesus war, auch bestellte Beobachter des Hohen Rates zugegen waren, wußten bald auch die Hohenpriester und die Pharisäer von diesem Wunder und von dessen Auswirkungen. Der Hohepriester berief eine Ratssitzung, deren Tagesordnungspunkt von Johannes in 11,48 zusammengefaßt wird: „Was sollen wir tun? Dieser Mensch tut viele Zeichen [durch die er sich nämlich als möglicher Messias ausweist]. Wenn wir ihn gewähren lassen, werden alle ihn [als Messias] glauben; [er wird den zu erwartenden Aufstand machen] dann werden die Römer kommen und uns die heilige Stätte und das Volk nehmen." Und da sie Jesus nicht daran hindern konnten, sich auch weiterhin durch Zeichen auszuweisen, fiel auf jener Ratssitzung der Beschluß, Jesus zu töten. Jesus ahnte, daß die schicksalhafte Entwicklung nun in ihr letztes Stadium getreten war. Um aber das Zeichen seines Todes als Zeichen der Befreiung setzen zu können, zog er sich nach Efraim zurück, bis zum Osterfest.

Unter welchem Titel der Todesbeschluß veröffentlicht wurde, wissen wir nicht. Es kann sein, daß man von der pharisäischen Anklage her den Titel wählte: Zauberer und notorischer Sabbatschänder, um damit die Messianisten nicht vor den Kopf zu stoßen, die ja offensichtlich wieder einmal ihre Hoffnung auf Jesus gesetzt hatten. Es kann aber auch sein, daß man ihn unter dem wahren Titel herausgab: Aufrührer, Umstürzler, reichswidriger Revolutionär. Jedenfalls war nunmehr die Jagd auf Jesus eröffnet: „Die Hohenpriester und Pharisäer [d. h. die Männer des Hohen Rats] hatten nämlich, um ihn festnehmen zu können, angeordnet: Wenn jemand weiß, wo er sich aufhält, soll er sich melden" (Joh 11,57). Die Folgen dieses Aufrufs waren mit Sicherheit antipodisch: Die als Messianisten ihre Hoffnung auf Jesus gesetzt hatten, bemerkten sein Ausweichen mit Hoffnung; es mußte ihnen klar sein, daß noch die rechte Stunde für das Messiashandeln nicht gekommen war. Wenn Jerusalem vor dem Paschafest voll sein würde mit Pilgern, dann würde er wiederkommen. Die Anhänger der Pharisäer,[7] Sadduzäer[8] und Herodianer[9] müssen sich von diesem Augenblick an bemüht haben, Jesus zu finden, um ihn ausliefern zu können. Das breite Volk aber, das zum großen Teil zu den radikalen Messianisten hielt, geriet – je mehr das Paschafest nahte – in eine fieberhafte Erwartung. Davon zeugt die Menge des Volkes, die Jesus folgte, als er zum letztenmal nach Jerusalem ging.

17. Am letzten Sabbat seines Lebens, als Jesus in Betanien am Sabbatmahl des Pharisäers Simon des Aussätzigen teilnahm, geschah etwas Alarmierendes. Eine Frau trat herein und salbte Jesus.[10] Es kann eigentlich nicht zweifelhaft sein, daß dies eine Art vorausgenommener Königssalbung sein sollte.

Daß die Salbungserzählungen in den Evangelien heute davon nichts mehr spüren lassen, braucht uns nicht zu wundern. Jesus hatte die Symbolik zweifellos begriffen; aber er deutete die Salbung sofort um, so daß ihr die gewollte Bedeutung genommen wurde. Die Evangelisten aber benutzen selbstverständlich die Deutung Jesu für ihre Katechese; denn der messianistisch-politische Sinn konnte ihnen – nach der Erkenntnis, was „Messias" bedeutet – nichts mehr sagen.

Die Reaktion des Judas Iskariot (Joh 12,4–6) wirft auf diese Umstände ein besonderes Licht. Judas (s. d.) lehnte solche Messiasmacherei ab. Zwar mußte er wissen, daß Jesus ebenso dachte; aber in allen Umständen sah er doch, daß die Dinge auf eine Messiasproklamation hintrieben. Da er aber als echter Jude nicht gegen eine Messiassalbung protestieren konnte, schob er bei seinem Protest soziale Überlegungen vor.

Politische, messianische Spannung lag über dem Saal, wo Jesus mit Simon dem Aussätzigen, Lazarus und seinen Jüngern zu Tische lag.

18. Der Einzug Jesu in Jerusalem, am Tage nach diesem Sabbat, war nur die Fortsetzung solch messianistischer Politik der Freiheitskämpfer. Als Jesus im Laufe des Vormittags nach Jerusalem aufbrach, erkannte er – so darf man wohl den Anfang berichten – an mancherlei äußeren Anzeichen und an der Aufregung seiner Jünger den ihm drohenden Messiasempfang durch die Freiheitsleute.[11] Da schickte er seine Jünger voraus, um einen Esel oder einen Maulesel zu holen (Mt 21,1ff.; Lk 19,29ff.). Er wollte mit diesem Tier, wenn er auf ihm in Jerusalem einritt, gegen den Kampfmessianismus protestieren, zugleich sich aber als Messias bekennen: „Juble laut, Tochter Zion ... Siehe, dein König kommt zu dir. Er ist gerecht und hilft; er ist demütig und reitet auf einem Esel ... Ich vernichte die Streitwagen aus Efraim und die Rosse aus Jerusalem, vernichtet wird der Kriegsbogen. Er verkündet für die Völker den Frieden ... (Sach 9,9.10).

Aber der Messianismus der Kämpfer war am Werk und wollte Jesus für sich gewinnen. Er wußte, wie das alles enden würde. Als er sich Jerusalem näherte und ihm die jubelnden, kampfentschlossenen Männer schon entgegenzogen, weinte er über Jerusalem (Lk 19,41–44).

---

[7] Zu den Pharisäern: siehe dort und in diesem Kapitel Nr. 3.
[8] Zu den Sadduzäern: siehe dort und in diesem Kapitel Nr. 5.
[9] Zu den Herodianern: siehe dort.
[10] Vgl. den Text zu Mt 26,6–13.
[11] Übrigens hat sich die Partei der äußersten Rechten auch im heutigen Israel „Freiheit" genannt: *cherút.*

Am Abhang des Ölbergs wurde er dann von der Menge in Empfang genommen: man schwenkte Palmen und grüne Zweige, wie sie am Laubhüttenfest (s. d.) bei den liturgischen Antizipationen des Messiasempfangs geschwenkt wurden. Die Männer breiteten ihre Mäntel auf die Straße, um damit auszudrükken, daß Jesus über ihre ganze Person beim Messiaskampf verfügen könne: ein uraltes Symbol für die Anerkennung eines Königs. Ähnlich taten die Männer Israels, als Jehu ihnen sagte, daß er durch einen Elischajünger zum König gesalbt worden sei: „Sogleich nahmen alle ihre Kleider, legten sie ihm zu Füßen auf die bloßen Stufen, stießen in das Horn und riefen: Jehu ist König" (2 Kön 9,13).

Dieser Einzug in die Stadt war eine Königsproklamation. Aber Jesus tat nichts, was ein Partisanenführer und Aufstandsleiter darauf hätte tun müssen; im Gegenteil, er trat noch einmal gegen die Geldwechsler und Verkäufer auf und sprach noch einmal von der „Räuberhöhle" des Tempels (s. Jes 7,11), aber jetzt scheint das Wort „Räuber" plötzlich einen anderen Sinn zu haben als beim Propheten. Es erinnerte vielmehr an die Höhlen der *lāstái*, der Freiheitsbanden, von denen jeder Israelit genügend wußte. Dieses Wort: Ihr habt den Tempel zu einer Räuberhöhle [zu einem Partisanenunterschlupf] gemacht (Mt 21,13), könnte ein erster Peitschenhieb gegen die Hoffnungen der Freiheitsleute gewesen sein, die Jesus nun endgültig für sich gewonnen zu haben glaubten.

19. Die Steuerfrage war einer der typischen Angriffe, die die Feinde Jesu nach seinem feierlichen Einzug gegen ihn inszenierten. Es war sozusagen eine Frage, die todsicher zum Ziel führen mußte.

Judas von Galiläa[12] hatte die Forderung „Es ist nicht erlaubt, dem Kaiser (Kopf-)Steuer zu zahlen" erhoben, und jeder Messiasprätendent mußte sie sich seitdem zu eigen machen. An dieser Forderung konnte man ihn geradezu als Messiasprätendenten erkennen.

Die Hohenpriester und Pharisäer waren davon überzeugt, daß Jesus ernsthafte Messias- und Aufstandsabsichten hatte. Aber er gab sie nicht zu. Man suchte aber ein solches Eingeständnis, um Jesus rechtens verhaften zu können; denn man fürchtete sich vor dem Paschafest, für das man den Aufstand erwartete. Sie wagten aber die Frage nicht selbst zu stellen; Jesus könnte die Absicht durchschauen. Deshalb schickten die Pharisäer ihre Schüler; sie sollten die Frage als theoretische Schulfrage stellen – etwa in der Art: Wir möchten auch einmal deine Ansicht zu dieser vieldiskutierten Frage hören. Außerdem schickten sie die Herodianer (s. d.) zu ihm.

Aber trotz dieser guten Inszenierung erkannte Jesus die Absicht, und er gab dies zu erkennen mit den Worten: „Ihr Heuchler, warum stellt ihr mir eine Falle?" Dann aber ließ er sich die Steuermünze zeigen. „Wessen Bild und Aufschrift ist das?" – Sie antworteten: „Des Kaisers." Und dann kam die überraschende Antwort: „So gebt dem Kaiser, was des Kaisers ist . . ." Diese Antwort zerstörte all ihre Hoffnungen, durch die Antwort „Es ist euch nicht erlaubt, dem Kaiser die (Kopf-) Steuer zu zahlen" einen Rechtsgrund zu erhalten, ihn rechtmäßig verhaften zu können. Sie wußten nicht mehr, was sie von ihm denken sollten. War er etwa doch kein Aufrührer? Ein wirklicher Messiasprätendent – wie sie ihn gewohnt waren – konnte einfach nicht gestatten, dem Kaiser (Kopf-)Steuer zu zahlen. Ihre Ratlosigkeit drückt der Evangelist aus: „Als sie das hörten, waren sie sehr überrascht, wandten sich um und gingen weg" (Mt 22,22).

Die Vorführung der Ehebrecherin gehört zur gleichen Methode der Versuchung.[13] Diese Ehebrecherin war in flagranti ertappt worden; sie war eine „Verlobte" (s. das Kapitel „Die Ehe"); das verlangte nach dem Gesetz die Steinigung. „Nun, was sagst du?" fragten ihn die Schriftgelehrten und Pharisäer.

In Wirklichkeit wäre es ihnen dabei also gar nicht um die Erfüllung des Strafgesetzes gegangen, sondern um die Frage, ob man sich um die Beschränkung, die die römische Macht dem Hohen Rat in der Kapitalgerichtsbarkeit auferlegt hatte,[14] kümmern solle. Mose hat die

---

[12] Siehe Nr. 7 dieses Kapitels.
[13] Johannes ordnet diese Versuchung Jesu in das Laubhüttenfest 31 ein (8,2–11); bei den chronologischen Harmonien wird sie des öfteren in die Tage nach dem Einzug Jesu in Jerusalem eingeordnet. Die dahinterstehende Absicht macht diese Einordnung wahrscheinlich, weil die Frage eine provokatorische Aufforderung zu einer Erklärung enthält, deren „richtige" Antwort eine direkte Verhaftung nach sich gezogen hätte. Diese Methode wandten die Feinde Jesu am Laubhüttenfest aber noch nicht an.
[14] Siehe S. 578 in Nr. 54.

Steinigung befohlen – kann der Römer sie verbieten? Der liberale Römer würde solche Urteile, wenn sie auch vom Hohen Rat ausgesprochen worden wären, niemals bestätigt haben. Sollte man also nicht die Strafe vollstrekken, trotz des römischen Verbots? Man war überzeugt, daß Jesus ein wirklicher Messiasaspirant sein wollte – wie sie ihn sich dachten –, und so mußte er gegen die römischen Beschränkungen angehen – wie sie meinten. Aber Jesus gab eine Antwort wie bei der Steuerfrage. „Gebt Gott, was Gottes ist" heißt hier: „Werfet den . . . Stein auf sie!" Aber die andere Seite ist auch wieder da; sie lautet: „Wer ohne diese Sünde ist, werfe als erster einen Stein auf sie", wie das der belastende Zeuge bei der Steinigung (s. d.) zu tun hatte. – Sie hatten Jesus nicht gefangen.

20. Kurz vor dem Paschafest war also die Lage in Jerusalem aufs äußerste gespannt. Die Messianisten waren besonders aktiv: einmal, weil Pascha/Festzeit der Ungesäuerten Brote war (s. das Kapitel „Paschafest"), das Fest der Befreiung, und dieses Fest hatte immer die Möglichkeit in sich, daß der Messias, der endgültige Befreier, die Macht übernahm; die Möglichkeit für diese Machtübernahme wurde besonders auch durch die Massen der Pilger gestützt, von denen ja nicht wenige mit messianischen Hoffnungen nach Jerusalem kamen.

Vom Hohen Rat her gesehen, bot aber besonders das Paschafest jenes Jahres eine große Gefahr für einen messianischen Volksaufstand, weil der Prokurator Pilatus den Aufstandsführer Barabbas („Räuber") und zwei andere Aufständische, die (wahrscheinlich) seit dem Laubhüttenfestaufstand des Vorjahres im Gefängnis lagen, gerade am Paschafest hinrichten lassen wollte, was eine neue Herausforderung des Pilatus für die Juden war: es bewies ihnen ihre Unfreiheit, und das ausgerechnet an jenem Tag, an dem sie das Gedächtnis der Befreiung aus ägyptischer Knechtschaft feierten. Solche Taktlosigkeiten des Landpflegers waren gefährlicher Zündstoff. Die hohepriesterlichen Familien und das Synhedrium (s. der Hohe Rat) fürchteten an sich schon diese Situation; denn nach jedem Volksaufstand bestand die Gefahr, daß Rom die Selbstverwaltung des Hohen Rates aufheben oder doch seine Machtbefugnis sehr beschneiden würde.

Nun war aber wenige Tage vorher Jesus von Nazaret unter feierlichen Huldigungen in die Hauptstadt eingezogen und dabei von den Messianisten jubelnd begrüßt worden(s. oben, Nr. 18). Nach den Vorstellungen der hohepriesterlichen Familien und des Hohen Rates, die sie von Jesus hatten, sahen sie deshalb in Jesus den möglichen und gefährlichen Anführer des möglichen und drohenden Pascha-Aufstandes. Zwar bestand immer noch die Auslieferungsforderung. Aber nach seinem Einzug in die Stadt wagte wohl keiner mehr Hand an ihn zu legen; eine Verhaftung Jesu hätte unter den derzeitigen Umständen den Ausbruch des Aufstandes beschleunigt. Deshalb brachte eine neue Beratung den Beschluß, Jesus „mit List" in ihre Gewalt zu bringen (Mt 26,4), d. h. unter Ausschluß der Öffentlichkeit.

Daß dieser Beschluß des Hohen Rats durchgeführt werden konnte, wurde schließlich durch Judas Iskariot (s. d.) möglich, der Jesus verriet.

21. Das Ende. Jesus wußte von dem Verrat des Judas; und weil er befürchtete, daß man ihn beim Paschamahl verhaften könnte, sorgte er dafür, daß Judas den Ort des Paschamahls vorher nicht kannte. Er schickte den Petrus und Johannes in die Stadt, wo sie nach einem Mann[15] mit einem Wasserkrug Ausschau halten sollten; wenn sie diesem nachgingen, würden sie in das Haus kommen, wo Jesus Paschamahl halten wollte. Jesus hatte also seinerseits schon Absprachen getroffen. Judas ging nicht mit in die Stadt und erfuhr den Ort des Paschamahls erst am Abend, als er mit Jesus und den anderen Jüngern in das Haus eintrat.

Die Jünger waren der Ansicht, daß der Messiasstreich Jesu kurz bevorstünde. Es gab Worte Jesu, die diese Ansicht zu unterstützen schienen; Lukas gibt eines davon in gehobener Sprache wieder: „Von nun an werde ich nicht mehr von der Frucht des Weinstocks trinken, bis das Reich Gottes kommt" (Lk 22,18).

Die Spannung vor der Begründung des Messiasreiches hatte bei den Aposteln den Höhepunkt erreicht: sie stritten sich, wer der Größte im Messiasreich sein werde (Lk 22,24).

---

[15] Das Auffällige daran war, daß sie einen *Mann* mit einem Wasserkrug finden würden; denn Wasserholen mit Krügen war Arbeit der Frauen.

Dann gingen sie zum Ölberg. Vom Ölberg her sollte der Messias Jerusalem einnehmen – das war die Meinung des Volkes, auch der Rabbinen. Deshalb war die Meldung des Judas, daß Jesus nach dem Paschamahl zum Ölberg gehen werde, für die jüdische Behörde eine Bestätigung für die Kampfabsichten Jesu. Aber als die Verhaftungseskorte kam, wies Jesus ihre Ansicht, daß er ein Bandenkämpfer sei, zurück: „Wie gegen einen Räuber *(lästás)* seid ihr mit Schwertern und Knüppeln ausgezogen" (Lk 22,52).

Vielleicht war der militärische Haufe, der zu Jesus an den Ölberg kam, in Wirklichkeit gar nicht als Verhaftungskommando gedacht. Vielleicht sollte man ihn und seine Bande in einen Kampf verwickeln. Dabei würde er fallen, und der Fall Jesu war erledigt. So pflegte es ja oft mit diesen kleinen Banden zu gehen.

Aber Jesus legte Wert darauf, kein politischer Bandenführer, kein „Räuber" zu sein. Er verbot dem Petrus das Schwert. Und seine Leute entließ er. Mit all dem bewies er, daß er kein messianistischer Revolutionär war, und darauf beruhte wohl auch das lange Zögern des Pilatus, das Todesurteil zu bestätigen.

Jesus hatte bewiesen, daß er kein messianistischer Bandenkämpfer war, und doch verlief der Prozeß ganz so, als ob er einer gewesen wäre. Das Ende war, daß er gegen einen echten Bandenkämpfer – Barabbas – ausgetauscht wurde und mit zwei anderen Revolutionären gekreuzigt wurde. Er empfing die Todesstrafe der politischen Rebellen, die gegen Rom kämpften.

Die Schmähungen der Kreuzigungszeugen gegen Jesus bezogen sich ausdrücklich auf die Befreierqualität Jesu. „Ebenso beschimpften ihn die beiden Räuber, die man zusammen mit ihm gekreuzigt hatte" (Mt 27,44); denn vor allem sie waren ja enttäuschte Befreiungskämpfer.

Im Evangelium nach Lukas (23,39–43) erscheint der Matthäussatz auseinandergefaltet. Da schmähen Jesus nicht beide Mitgekreuzigte, sondern nur der eine. Vielleicht darf man dahinter – abgesehen von der milden, sünderfreundlichen Verkündigung des Lukas – persönliche Schicksale der Mitgekreuzigten sehen: der eine sah in Jesus einen Messiaskämpfer mit höchstem Anspruch, der aber keine gewichtigen Mittel für sein Ziel einsetzte – er lästerte Jesus; der andere aber mag bei einer gelegentlichen Nachfolge Jesu erkannt haben, daß Jesu kein landläufiger Messiasprätendent war, der sich auch niemals als solcher ausgegeben hatte.

Über diese persönlichen Schicksale hinaus, die in diesen Worten des Lukas aufleuchten mögen, wird aber gerade auch hier die andere Messiasqualität Jesu betont, der eben kein *lästás* war.

Religionsgeschichtliches zur Bibel

RELIGION IN DER GESCHICHTE ISRAELS

Fast alle Bücher der Bibel sind unter religiösem Gesichtspunkt geschrieben worden. Zwar hat es in Israel sicherlich nicht nur religiös inspirierte Literatur gegeben. Die Könige hatten, wie in anderen Völkern, auch ihre Annalenschreiber, die Aufzeichnungen über die Taten der Herrscher machten, wie es die Bücher der Könige ausdrücklich bestätigen: „Die übrige Geschichte Jerobeams, alle seine Taten und Erfolge, wie er Krieg führte . . ., all das ist aufgeschrieben in der Chronik der Könige von Israel." (2 Kön 14,28). Aber um all das geht es nicht in den Büchern des AT.

Die Zwölf Stämme Israels (s. d.) waren ein Sakralbund, dem Priester und Propheten seine Traditionen unter dem Gesichtspunkt der Führung des Volkes durch Jahwe vortrugen und nahebrachten. Die weltlichen, völkischen, politischen Traditionen, welche sich in ihrer Art zunächst von denen anderer Stämme und Völker kaum unterschieden haben mögen, bekamen unter dieser Sicht eine Dynamik, die nicht mehr weltlich, nicht mehr völkisch, nicht mehr politisch war, sondern für die man in allem eine göttliche Macht lebendig wußte.

Die Formel für diese dynamische Überzeugung ist an sich sehr einfach: Jahwe, der Gott Israels, führt das Volk Israel. Aus kleinsten Anfängen heraus, durch tausend Nöte hindurch, hat er es zu einem Volk mit Königen gemacht, die von der Grenze Ägyptens bis zum Eufrat regieren. Dieser Jahwe regiert die Welt: Israel und „die Völker". Er ist gerecht. Er straft den, der seine Gesetze bricht, aber ist auch immer wieder barmherzig gegen sein Volk. Er hat mit Israel einen Bund geschlossen; obwohl Israel diesem Bund nicht immer treu war, Jahwe bleibt diesem Bund treu. Am Ende steht die Überzeugung: Jahwe ist nicht nur der Gott Israels, sondern ist *der* Gott, der einzige Gott.

Dies war die theologische Linie der Propheten, nicht erst der Schriftpropheten, sondern auch jener, denen wir nicht ausgesprochen diesen Titel geben, vor allem des Mose, der als Repräsentant der frühen Jahwetheologie „dem Gesetz" (Tora), d. h. den „Büchern Moses", seinen Namen gegeben hat.

Jahwe war zunächst nur als der Gott Israels erkannt. Ihm gegenüber waren die Götter der Völker „fremde Götter". In seinem Volk Israel, das unter Kanaanitern wohnte, die ihre Götter hatten, trat er in leidenschaftliche Konkurrenz mit diesen „fremden Göttern". Er duldete sie nicht, d. h., seine Propheten und die Erleuchteten unter den Priestern Israels verkündeten, daß Jahwe keine fremden Götter neben sich duldet. Das Volk aber, an Vielgötterei gewöhnt, begriff vielleicht mit dem Verstand, daß es seinen Gott hatte, der nicht wie andere Götter war, aber unter dem Eindruck der Kanaaniterkulte hielt es seinen Glauben nicht rein. Es fiel zwar nicht von Jahwe ab, aber es vermischte die Verehrung Jahwes, den Kult für ihn, seine Vorstellung von ihm mit dem, was es die Kanaaniter und andere Völker tun sah.

Die Großtaten Jahwes, die die Priester und Propheten den Israeliten vortrugen: daß Jahwe es war, der sie aus Ägypten geführt, durch die Wüste geleitet, ihnen dieses Land gegeben, machte zwar Eindruck auf die Israeliten – aber die religiöse Forderung, die ein Mann von Geist und göttlich inspiriert ihnen als Gesetz gegeben hatte, war für sie kaum faßbar: Keine fremden Götter! Kein Gottesbild! – da versagten viele von ihnen in all ihrer Vitalität und Weltzugewandtheit.

Der Kampf um die Geltung Jahwes in Israel als der Gott Israels, als der unbegreifliche Gott, der nicht im Bild dargestellt werden kann, als der gerechte Gott, als der Gott, der die Welt regiert; und später unter den Schriftpropheten als der Heilige, der ganz Transzendente, der eine Gott – dieser Kampf ist der Inhalt der israelitischen und jüdischen Bücher, die wir die Bibel des AT nennen.

Von verschiedenen Gesichtspunkten her soll dieser Kampf um den wahren Glauben an Jahwe in den folgenden Artikeln dargestellt werden. Die Entwicklung der Anschauung Israels von Gott ist darin immer enthalten. Das Bewunderungswürdige ist der Zug der sich entfaltenden Offenbarung, der darin immer wieder zutage tritt. Aus dem Glauben, daß Jahwe der Stammgott Israels sei, wird immer klarer der Glaube – zunächst nicht der vielen, aber der inspirierten prophetischen Künder –, daß es keinen Gott gibt außer Jahwe, weil es eben nur einen Gott geben kann.

JAHWE UND DIE GÖTTER

Es kann nicht der ganze Komplex dargelegt werden, sondern nur das eine oder andere Moment, das aber doch die zielbewußte Führung Israels durch Jahwes inspirierte Sprecher erkennen läßt. Dabei kann keine chronologische Reihenfolge eingehalten werden, da die verschiedenen Momente sich durch die ganze Geschichte Israels hinziehen und die Ansatzpunkte manchmal bis vor den geschichtlichen oder literarischen Dokumentationspunkt zurückgreifen. Die einzelnen Artikel setzen also einander nicht fort, sondern sind zum Teil Darlegungen derselben Zeiten unter verschiedenen Gesichtspunkten. Es geht um „Jahwe und die Götter", d. h. letztlich: um die Hinführung Israels zum Monotheismus.

Jahwe

Es gibt Religionshistoriker, die glauben, für den Beginn der Religion den Monotheismus nachweisen zu können. Mag diese Hypothese auch manches Verlockende haben – es wäre jedoch falsch, aus ihr Folgerungen für die Religionsgeschichte Israels zu ziehen. Das Bild der israelitischen Religion weist aus, daß

Israels Vorfahren (oder in seiner Frühzeit gar die Israeliten selbst) aus dem Polytheismus kamen, daß sie praktisch polytheistisch dachten. Wir sollten uns abgewöhnen, in solcher Feststellung eine Diffamierung zu sehen. Auch der polytheistische Gläubige ist fromm. Die Führung zum Monotheismus ist eine Gnade; nicht zugunsten der Frömmigkeit, sondern zugunsten der Wahrheit. Und die Führung Israels zum Monotheismus gehört zu den großen Offenbarungen. Die traditionelle Behauptung, Israel habe in einer polytheistischen Umwelt den Monotheismus bewahrt, ist falsch; wir sollten als eines der wahren Wunder, die im AT niedergelegt sind, festhalten, daß Israel trotz seiner polytheistischen Grundhaltung und immer neuer polytheistischer Einflüsse zum Monotheismus geführt wurde.

Der Gottesname Israels ist „Jahwe". Ein Gottesname weist auf polytheistisches Denken hin. Er unterscheidet diesen so benannten Gott von den anderen Göttern. Es besteht zwar die Möglichkeit, daß ein Stamm oder ein Volk nur einen Gott anerkennt; damit denken sie aber noch nicht monotheistisch. In dieser Anerkennung *eines* Gottes liegt immer noch die Möglichkeit für Götter anderer Stämme und Völker und meistens auch die Anerkennung, daß andere Stämme und Völker wirklich andere Götter haben. Diese Situation ist wahrscheinlich die der aus Ägypten aufbrechenden Hebräer.

Als auslösendes theologisches Moment für den Aufbruch aus Ägypten berichtet der Erzähler in der Geschichte vom brennenden Dornbusch die Stiftung der Jahwereligion, vor allem in den Versen Ex 3,13–15. Früher hat man diese Stelle so verstanden, als ob Gott hier den Namen „Jahwe" vor Mose geoffenbart habe, obwohl die genaue Wort-für-Wort-Betrachtung etwas anderes lehrt: „Da sagte Mose zu Gott: Gut, ich werde also zu den Israeliten kommen und ihnen sagen: Der Gott eurer Väter hat mich zu euch gesandt. Da werden sie mich fragen: Wie heißt er? Was soll ich ihnen darauf sagen? Da antwortete Gott dem Mose: Ich bin der ‚Ich-bin-da'. Und er fuhr fort: So sollst du zu den Israeliten sagen: Der ‚Ich-bin-da' hat mich zu euch gesandt. Weiter sprach Gott zu Mose: So sag zu den Israeliten: Jahwe, der Gott eurer Väter, der Gott Abrahams, der Gott Isaaks und der Gott Jakobs, hat mich zu euch gesandt. Das ist mein Name für immer, und so wird man mich nennen in allen Generationen."

Die religionsgeschichtlichen Forschungsergebnisse legen nahe, den Text nicht als Offenbarung des Gottesnamens „Jahwe" zu verstehen, sondern als Darlegung der *Bedeutung des Namens „Jahwe"*. Denn wir glauben heute zu wissen, daß der Name „Jahwe" oder ein Name, der diesem ähnlich war, uralt ist. Personennamen wie Ja-pi-ilu, Ja-um-ilu, Ja-hu-wa-da (= Juda), Jô-kebed (die Mutter des Mose) enthalten den kennzeichnenden Bestandteil des Namens „Jahwe"; solche Personennamen lassen sich zum Teil schon im babylonischen Mutterland der Patriarchen nachweisen, wenn wir auch keine sicheren Beweise dafür haben, daß der *Ja*-Name schon von den Erzvätern aus Mesopotamien mitgebracht wurde (vgl. weiter unten den Artikel „Der Gott Abrahams").

Das soll nun nicht heißen, daß die Stelle Ex 3,14.15 nichts wesentlich Neues brächte. Denn die Bedeutung des *Ja*-Elementes in den älteren Namen ist – bis auf die Tatsache, daß es wahrscheinlich einen Gottesnamen enthält – unsicher. Ex 3,14 aber präzisiert die Bedeutung dieses Gottesnamens: „Ich bin der Ich-bin-da." Obwohl die hebräische Grammatik auch die Übersetzung zuläßt: Ich bin, der da ist; Ich bin der Seiende (so die Septuaginta) – sollte man, auch gerade mit Blick auf das NT, doch die wörtliche Übersetzung „Ich bin der Ich-bin-da" beibehalten.

Im Anschluß an diese Deutung „Ich bin der Ich-bin-da" wird sodann der Name Gottes (neu oder) endgültig gefaßt in die Formel „Jahwe". In diesem Wort versteht der Hebräer, der es vom Wort *hajáh* (dessen ältere Form *hawáh* lautet und „dasein" bedeutet) ableitet, gleichzeitig den, der „da ist", der „da war" und der „ins Dasein ruft", je nachdem welches Tempus und welchen grammatischen Modus man darin hört.[1] – Die Präambel der Zehn

---

[1] Da es in der Bibel und in Israel kein durchgezeichnetes Gottesbild gibt, sondern im Wirken Gottes das Gottesbild dynamisch vorgestellt wird, kann die oft vorgelegte Deutung von „Ich bin der Ich-bin-da" als „der Seiende" nicht richtig sein. Das Sein war für den Israeliten keine denkbare Daseinskategorie. Dasein zeigte sich im Wirken. Deshalb ist auch die Formel „Ich bin der Ich-bin" so zu deuten, daß in dem Ich-bin der schöpferische, handelnde, wirkende, weltlenkende Gott spricht; eben dadurch ist er der Ich-bin – Vgl. den Abschnitt über das dynamische Denken (s. d.) der semitischen Völker.

Gebote: „Ich bin der Herr, dein Gott...", verwendet diese vielsagende Deutung, wenn auch in einer mehr verbergenden als enthüllenden Formel.

Wenn die Darlegung dieser Zusammenhänge richtig ist, läge das Wesen dieser Erzählung darin, daß einerseits an einen existierenden Namen (den Gott der Väter?) angeknüpft wird, daß aber der nicht weiter gedeutete Name in einer sehr geistigen und dynamischen Weise gedeutet und der Name des Gottes Israels mit „Jahwe" fest umschrieben wurde. Damit aber begann eigentlich erst die Jahwereligion.

Allerdings darf man nicht übersehen, daß es sich hier um eine *theologische Aussage* des Elohisten (s. d.) handelt und um eine *volksetymologische Namensdeutung*. Diese Feststellung legt zweierlei nahe:

Die Elohisten (des Nordreiches?), in den krassesten Kampf gegen die Gefährdung der für Israel allein gültigen Jahwereligion gestellt (S. 545 ff., Nr. 32 ff.), versuchten den individuellen Jahwenamen etwas zu verdrängen, vielleicht um die polytheistischen Möglichkeiten, die in einem Gottesnamen liegen, zu beseitigen. Da der Jahwename aber existierte, mußte er gedeutet werden, was sicherlich früher schon getan wurde, aber noch nicht beurkundet war. Deshalb nahmen sie die Traditionen der Deutung in das (mündlich verkündete?) Gesetz auf und vereinigten darin die verschiedenen Möglichkeiten.

Die eine Deutung könnte man in der Antwort Gottes auf die Frage des Mose (Wenn sie mich fragen: „Wie heißt er? Was soll ich ihnen darauf sagen?") sehen, so wie man früher zu übersetzen pflegte: „Ich bin, der ich bin." Der nächstliegende Sinn dieser Antwort ist wohl der: Frage mich nicht nach meinem Namen! Was soll bei Gott ein Name! Es ist die Verweigerung der Namensnennung.[2] Die Antwort träfe genau das, was die Elohisten verteidigen: daß der wahre Gott keinen Namen hat; vielleicht wollte man damit auch gegen den Namenglauben ankämpfen, der darin bestand, daß man durch Nennung des Namens einer Sache der Sache selbst (also hier: Gottes) habhaft werden könnte. Da der Jahwename aber nun einmal existierte, brauchte man auch noch eine Deutung dieses Namens, die – wie oben dargelegt – volksetymologisch von *hajáh* (sein) abgeleitet wurde. In diesem Versuch des

Elohisten liegt also ein echter monotheistischer Ansatz, wenn wir auch heute nicht mehr sagen können, wie weit es sich bei den Elohisten selbst nur um ein henotheistisches Anliegen handelte.[3]

Hier ist auch der theologische Ort des „Ersten Gebotes": „Du sollst neben mir keine anderen Götter haben." Wir pflegen in diesem Gebot einen Ausdruck für den absoluten Monotheismus Israels zu sehen. In Wirklichkeit aber erkennt der Text die Existenz anderer Götter an; aber Israel soll nur Jahwe als Gott haben. Das Gesetzeswort ist aber nichtsdestoweniger eine Brücke zum Monotheismus.

Die Aussprache des Jahwenamens war „Jahwe". Das Verbot, den Namen Jahwes zu mißbrauchen, könnte man unter demselben, oben dargelegten Aspekt sehen. Die Formel der Zehn Gebote „Du sollst den Namen des Herrn, deines Gottes, nicht mißbrauchen, denn der Herr läßt den nicht ungestraft, der seinen Namen mißbraucht" (Ex 20,7) ist nach allgemeiner Ansicht ebenfalls eine Formel der Elohisten. Deshalb muß man darin nicht allein den Sinn sehen, den man für gewöhnlich damit verbindet: aus Ehrfurcht sollst du den Namen nicht aussprechen – sondern den vom prophetischen Gesetzgeber her gemeinten Sinn: der Name Jahwes soll so wenig wie möglich gebraucht werden, um die damit verbundene polytheistische Gefahr zu verringern. Der hebräische Text präzisiert dieses Verbot noch mehr, indem er sagt: „Du sollst den Namen Jahwes, deines Gottes, nicht „zu Nichtigkeiten" aussprechen. „Nichtigkeiten" umfaßt alles, was gegenüber Jahwe ein Nichts ist, z. B. auch die „anderen Götter". Man soll also den Namen Jahwes nicht für Lüge, für falsches Zeugnis, für Zauberei oder für die Anrufung der Nichtse (Götzen) mißbrauchen.

---

[2] In derselben Erzählungseinheit gibt es noch einmal eine ähnliche Formel: „Herr, sende, wen du senden willst" (Ex 4,13). Auch hier ist der erste Sinn der einer Ablehnung (S. 544, Nr. 31,3b). Diese ähnliche Formel stützt die Möglichkeit, daß „Ich bin, der ich bin" als Verweigerung der Namensnennung gemeint ist.

[3] Henotheismus ist Eingottverehrung, in der zwar mehrere Götter anerkannt, aber *ein* Gott vorwiegend verehrt oder für die einzelne Gruppe oder das einzelne Volk als einzig gültig anerkannt wird. Die Nationalgottverehrung ist Henotheismus. Religionshistorisch gesehen ist der Henotheismus die natürliche Brücke zum Monotheismus.

Dieses Verbot bewirkte tatsächlich, daß der Name „Jahwe" zurücktrat, wenn auch nicht ganz, zumal nicht im Schrifttext, so doch in der Rede; allerdings nicht wegen der polytheistischen Gefahr, sondern aus Gründen der Gottesfurcht. Neben der Rede von Gott setzte sich die Rede vom „Herrn" (adonáj) durch; das Wort „der Herr" trat immer mehr an die Stelle des Wortes „Jahwe". In der hebräischen Bibel wurde zwar das Wort „Jahwe" belassen, jedoch wurden zur Zeit der Massoreten (s. d.) die Konsonanten von „Jahwe" *(jhwh)* mit den Vokalen des hebräischen Wortes für „Herr" *(aoa* in *adonáj)* punktiert. Das entsprach ganz der Übung, die sich etwa seit dem 3. Jahrhundert v. Chr. durchgesetzt hatte. Leider haben die ersten abendländischen Hebraisten daraus die falsche Vokalisierung „Jehova" entwickelt.

Wenn in den Evangelien der Christus Jesus „Herr" genannt wird, muß dies allerdings nicht unbedingt auf die alttestamentliche Gottesbezeichnung „Herr" zurückgehen, sondern kann auch eine Protestbezeichnung sein, die sich gegen den Kaiserkult richtete, in dem der Kaiser ja mit „Herr und Gott" bezeichnet wurde (vgl. dazu auch die gegen die römische Kaiserliturgie gerichtete spätere dreigliedrige Christusformel im Gloria: „Du allein bist der Heilige, du allein der Herr, du allein der Höchste, Jesus Christus.")

In den nachbabylonischen Zeiten setzten sich neben der Bezeichnung „der Herr" auch andere Formeln durch, mit denen man von Gott sprach. Das Wort „Jahwe" war fast ganz außer Kurs gekommen. Aber im Bemühen, von Gott in Ehrfurcht zu sprechen, redete man oft auch nicht von „Gott" oder vom „Herrn", sondern in möglichst indirekten Formeln: z. B. vom *Namen* (in Anlehnung an den „Namen des Herrn"), vom *Höchsten* (indem man auf den *ēl-eljón* zurückgriff, s. d.), vom *Himmel* (als der Wohnung Gottes, s. d.), daher „Himmelreich" statt „Gottesreich", namentlich bei Matthäus. Auch die unpersönlichen Ausdrucksweisen gehören in diesen Zusammenhang: die Ausdrücke mit „man" oder „sie" (z. B. „... damit sie euch aufnehmen in die ewigen Wohnungen", Lk 16,9) oder die es-Formeln, wie sie im Vaterunser gebraucht werden (z. B. „Geheiligt werde dein Name"), betonen die Unaussprechlichkeit Gottes und den Abstand zwischen Gott und Mensch.

Die Deutung „Ich bin der Ich-bin-da" hat in älteren Zeiten anscheinend kaum eine Rolle gespielt; die Bücher des AT kommen darauf fast nie mehr zurück. In der älteren Mischna-Literatur scheint sie dann aber wieder gewertet worden zu sein; jedenfalls ist sie zur Zeit Jesu geläufig, wie der Gebrauch, den Jesus von diesem Wort macht, sehr deutlich zeigt.

Im Wortschatz Jesu kehrt das „Ich-bin" wieder in dem „Ich bin es" Jesu. Der auf dem See wandelnde Herr beruhigt die erschrockenen Jünger: „Habt Vertrauen, ich bin es; fürchtet euch nicht!" (Mk 6,50). Zur Samariterin am Brunnen sagt Jesus auf die Messiasfrage: „Ich bin es, ich, der mit dir spricht" (Joh 4,26). Am Ölberg stürzen die jüdischen Polizeisoldaten beim „Ich bin es" Jesu zur Erde (Joh 18,5). Vor Kajaphas bekennt Jesus auf die Messiasfrage: „Ich bin es" (Mk 14,62). Am deutlichsten aber wird der Zusammenhang mit Ex 3,14 in dem Wort Jesu „Noch ehe Abraham wurde, bin ich" (Joh 8,58). Der Gebrauch dieses „Ich bin" durch Jesus und in der Verkündigung der Evangelisten von Jesus geht zwar nicht direkt auf den Gottesnamen „Jahwe" zurück, sondern auf die prophetischen Ich-Bezeichnungen Gottes (z. B. Dtn 5,6; Jes 41,13.17; 42,6.8; 43,3.5.11.13.15; 44,6; 45,5; 48,17; 51,15 und öfter), die in der Tempelliturgie ihren breiten Niederschlag gefunden haben. Hier lautete die Formel bevorzugt *aní hu* (oder ähnlich): „Ich bin (es)". Aber es ist nicht zweifelhaft, daß dieses göttliche Ichwort der Liturgie vom Jahwenamen inspiriert ist.[4]

Dieser Gebrauch der Deutung des Gottesnamens „Jahwe" durch die Rabbinen und Jesus bei den Evangelisten weist darauf hin, daß das Wort inzwischen seinen Gottes*namen*charakter verloren hat und zu einer Gottesbezeichnung geworden ist, die allerdings nur sehr wenig gebraucht wurde, sondern vor allem mit ihrer Deutung lebendig war.

Jahwe der Heerscharen

Bevor diese Entwicklung abgeschlossen war, wurde eine Bezeichnung üblich, die bis heute

---

[4] Eine Zusammenstellung der Stellen, wo Jesus sein „Ich bin es" spricht, mit Überlegungen zur Bedeutung und mit Darstellung der religionsgeschichtlichen, religionspolitischen und liturgischen Zusammenhänge gibt Ethelbert Stauffer in seinem Buch „Jesus – Gestalt und Geschichte" (Dalp-Taschenbücher, Band 332, S. 130ff.).

im christlichen Sprachgebrauch nachwirkt: „Jahwe der Heerscharen" *(Jahwéh sebaót).* Soweit wir feststellen können, ist dies eine Bezeichnung der Königszeit, die aber in den Büchern, die in der Königszeit und später über die Zeit vor den Königen verfaßt wurden, ebenfalls verwandt wird. Vielleicht hängt diese Jahweformel mit der Bundeslade (s. d.) zusammen, die dem Heer als Feldzeichen und Waffe vorangetragen wurde.

Der „Jahwe der Heerscharen" war sicherlich in der Vorstellung der Israeliten ein Nationalgott, der die Heere Israels zum Siege führte. Er wurde dann folgerichtig zum *„Herrn* der Heerscharen".

Im Fortschritt der Jahrhunderte verlor das *sebaót* aber offensichtlich immer mehr die ausschließliche Bedeutung von israelitischen Kampfheeren, obwohl es in diesem Sinne immer noch benutzt werden konnte. Aber auch die Bedeutung „Herr der Sternenheere", „Herr der Engelheere" spielte hinein, so daß der „Herr Sebaot" allmählich zum allgemeinen Machttitel Gottes wurde, der besonders gern von einigen Propheten gebraucht wurde.

In jüdischer Zeit (3./2. Jahrhundert v. Chr.) sah man in dieser Bezeichnung einen Titel für den alles beherrschenden Gott. Sowohl die Kampfheere wie auch die Engel- und Sternenheere sind Gottes Geschöpfe, Werkzeuge und Diener. Deshalb wird in der Septuaginta der „Herr der Heerscharen" oft durch *Kyrios pantokrátor* wiedergegeben.

Der Gott Abrahams.
Noch bevor es die eigentliche Jahwereligion gab, gab es „den Gott Abrahams", „den Gott Jakobs", „den Gott Abrahams, Isaaks und Jakobs". Immer wieder wird von den Erzvätern erzählt, sie hätten Altäre gebaut und Opfer dargebracht. Das gibt dem nachdenklichen Bibelleser die Frage ein: Wem opferten die Erzväter eigentlich?

Das komplizierte Verhältnis der biblischen Erzählungen zur äußeren Geschichte[5] bringt außerdem noch andere Probleme mit sich: zunächst die Frage, zu welchen Traditionen obige Formeln gehören; ferner die Frage nach ihrem Überlieferungsweg. Ist „der Gott Abrahams" wirklich der Gott Abrahams gewesen, oder war er eigentlich „der Gott Jakobs"? (Waren die Jakobtraditionen nicht stärker als die Abrahamtraditionen?) Oder: ist „der Gott

Jakobs" wirklich der Gott Jakobs gewesen, oder war er eigentlich „der Gott Abrahams"? (Waren die religiösen Urtraditionen der Abrahamstämme in der Zeit der Zusammenfassung der Traditionen vielleicht stärker als die religiösen Urtraditionen der Jakobstämme?)

In jedem Fall muß man annehmen, daß die Tradition der einen zur Tradition der anderen geworden ist. Da sich die stärkere Ausprägung jedoch an den Namen Abraham heftet, möchte man annehmen, daß die religiösen Erzvätertraditionen Gesamtisraels mehr durch die vorbiblischen Abrahamgeschichten geprägt sind, während die näherliegenden Traditionen durch die eigentlichen Jakobiten (Haus Josef und vielleicht Benjamin) beigesteuert wurden. Dieses würde bedeuten, daß „der Gott Abrahams" erst in den zusammengefaßten Erzählungen der Zwölf Stämme auch zum „Gott Jakobs" wurde. Die dann und wann wiederkehrende Formel vom „Gott Abrahams, Isaaks und Jakobs" würde demnach heißen, daß die uns unbekannten prophetischen Erzähler die verschiedenen Gottheiten der Stämme *zu einem Gott* erklärten, für den „der Gott Abrahams" das Modell abgab. Im folgenden sprechen wir deshalb vorwiegend vom „Gott Abrahams".

Die nächste Frage lautet nun: Wie verhielt sich „der Gott Abrahams" zu Jahwe? Der Bibeltext sagt: Abram baute einen Altar für den Herrn (Gen 12,7), „der ihm erschienen war". Wenn auch nicht ausgeschlossen ist, daß Abraham den Gottesnamen „Ja", „Jahu" oder „Jahwe" (s. d.) gekannt hat, so ist doch unmöglich, daß Abraham den Jahwe verehrt hat, von dem die Bibel seit Mose erzählt. Die Abrahamtraditionen stießen ja doch wohl erst nach der Landnahme zu den Traditionen der aus Ägypten kommenden Stämme (S. 502, Nr. 4). Es kommt also darauf hinaus, daß die uns unbekannten prophetischen Erzähler (etwa in der Richterzeit) den Gottesnamen „Jahwe" in die Erzvätergeschichten – speziell in die Abrahamgeschichten – einführten, einen Namen, den die Erzväter – speziell Abraham – nicht so gekannt haben.[6] Es wäre das nur die konsequente Anwendung der Art ihrer Geschichts-

---

[5] Siehe in den Artikeln über die Genesis (s. d.), über die Zwölf Stämme (S. 500, Nr. 2ff.), über die Geschichte der Abrahamszeit (S. 501, Nr. 3) und „Berufung und Geschichte" (s. d.).

schreibung (vgl. den Artikel „Berufung und Geschichte"); da Jahwe das Volk geführt hat, da er es aus Abrahams (und Jakobs) kleiner Sippe zu einem großen Stämmebund hat werden lassen, muß auch Abraham ihn schon verehrt haben. – Dieser Zusammenhang ist eine Möglichkeit.

Aber es gibt auch noch eine andere Möglichkeit: daß „Ja" oder „Jahu" (so oder ähnlich lautete ja wohl die älteste Form) tatsächlich der Gottesname des Abrahamstammes wie auch der Gottesname der Jakobiten war, den beide aus ihren Heimatländern mitbrachten; und daß also auch die ägyptischen Jakobiten diesen „Ja" („Jahu") verehrten – wenn auch vielleicht nicht als einzigen Gott –, und daß Mose bei seiner Religionsstiftung an diesen vorhandenen Namen der Väter anknüpfte. Die Wort-für-Wort-Betrachtung von Ex 3,13–15 (vgl. oben im Artikel „Jahwe") legt jedenfalls diese Möglichkeit nahe. Den Namen „Ja" oder „Jahu" fanden die eingewanderten Jakobiten dann jedoch in Kanaan bei den früher eingewanderten Abrahamstämmen (Juda) wieder.

Aber auch mit dieser Feststellung wäre die Frage nicht gelöst. Es bleibt das Problem: Wen stellte sich Abraham selbst vor, als er Jahwe einen Altar baute? Welches war die Gottesvorstellung Abrahams? Welche Gottesvorstellung brachte Abraham aus Mesopotamien mit?

Wir können aus den Abrahamgeschichten darüber nur Aufschluß erwarten, wenn wir von ihnen annehmen, daß sie in der Erzählung der äußeren Begebenheiten und damit auch in ihren Urformeln auf die Patriarchenzeit selbst zurückgehen. Diese Annahme ist jedoch gestattet, wenn wir ein wenig an die Traditionstreue der Erzählung der Abrahamsstämme glauben, die ja ihren Glauben noch lange beibehielten.

Für den Auszug Abrams aus Mesopotamien wird von der Bibel außer dem Ruf Gottes kein Grund angegeben. Erst später wird gesagt, Jerach, der Vater Abrahams, habe andere Götter angebetet (Jos 24,2). Das kann eigentlich nur heißen, daß Abraham als Stifter einer neuen Religion in der Überlieferung lebte. Zwar sind die Spuren der Tradition, daß Abram seines Glaubens wegen aus Mesopotamien ausgewandert sei,[7] kaum zu verfolgen; aber die Formel vom „Gott Abrahams" könn-

te durchaus auch in die Richtung von Abraham als Religionsstifter weisen.

Was aber charakterisierte die Religion Abrahams? Der Name „Ja" („Jahu") – oder, wie die Bibel sagt: „Jahwe" – gibt keinen Einblick. Der Name wiese höchstens auf Polytheismus (S. 612), vielleicht auf die henotheistische Form des Polytheismus (vgl. Fußnote 3, S. 613). Aber in den Abrahamerzählungen der Bibel sind auch noch andere Gottesbezeichnungen mitgeteilt, nicht Namen, sondern Beinamen, Charakternamen; sie können vielleicht mehr sagen.

Da ist zunächst der *ēl schaddáj*. Die Bedeutung ist unsicher. Die Formel ist aber so sehr (z. B. Num 23,7; 24,4 beim aramäischen Bileam und im aramäisch schattierten Buch Ijob) als aramäische Gottesbezeichnung überliefert, daß die Annahme naheliegt, auch Abraham könnte hier religiösen Zusammenhang mit seinem aramäischen Herkunftsland haben. Das akkadische *schadú* (Berg) legt *ēl schaddáj* als Bezeichnung für einen Berggott nahe. Im späteren Israel hörte man das hebräische *schadád* heraus (mächtig sein), und so erhielt es schließlich die Bedeutung: der Allmächtige

---

[6] Diese Darlegung könnte, je nach dem, welche deutsche Bibelübersetzung benutzt wird, dem Leser unklar sein; deshalb dazu folgende Bemerkung:

Im hebräischen Text wird durchgehend auch schon in den Abrahamtexten das Wort Jahwe für Gott gebraucht. In manchen Übersetzungen wird deshalb in diesen Texten ebenfalls das Wort Jahwe gebraucht.

Die griechische Septuaginta hat fast durchgängig das hebräische Jahwe durch Kyrios (Herr) wiedergegeben. Entsprechend ist in den meisten Übersetzungen aus dem Hebräischen ins Deutsche der Gottesname Jahwe im deutschen Text mit „Herr" wiedergegeben; wo aus dem Griechischen übersetzt wurde, lag die Wiedergabe von Kyrios durch das Wort Herr ohnehin nahe.

[7] Die rabbinischen Erzählungen des Judentums haben einen ganzen Geschichtenkranz um die Revolution Abrams gegen die Götzen Mesopotamiens geflochten. Abram hat danach eines Tages in der Werkstatt seines Vaters, der Götzenbilder fabrizierte, alle Götzen mit einem Hammer zerschlagen, außer einem, dem er den Hammer in die Hand steckte. Als er wegen dieser Götterlästerung zur Rede gestellt wurde, fragte er, ob man denn einem solch großen Gott nicht einmal die Zertrümmerung kleinerer Götter zutraue. Mit dieser Geschichte wird der Auszug aus Ur motiviert. In Haran wurde er ebenfalls wegen Gotteslästerung belangt und zum Tod in einem Brennofen verurteilt. Aber sein Gott schützte ihn und ließ das Feuer durch einen Sturm löschen. Da geriet sogar der König in Furcht und bat ihn um Auskunft über seinen Gott. – Vgl. auch im Kapitel „Geschichte...", S. 519, Nr. 3.

(Gen 17,1). Dieser mögliche Zusammenhang könnte viel Sicht freigeben: vielleicht darf man annehmen, daß Abraham einen Gottesnamen seines aramäischen Heimatortes bzw. Heimatlandes auch für die Bezeichnung seines Gottes gebrauchte.

Die Frage, ob Abraham denn nur *einen* Gott bekannte, ist natürlich berechtigt – aber die spätere Bezeichnung vom „Gott Abrahams" legt immerhin die Vermutung nahe. Wenn er aber nur *einen* Gott bekannte, lag darin gegenüber der Religion seines aramäischen Mutterlandes etwas wesentlich Neues. Und ein Gott kann dann auch nicht irgendein Gott sein, sondern er ist immer *der* Gott.

Sodann wird in den Abrahamgeschichten der Name *ēl-ōlám* berichtet. Dieser Name – wenn er zu den aus der Patriarchenzeit überlieferten Formeln gehört, und es besteht kein Grund, daran zu zweifeln – bedeutet: „Gott der Vorzeit" und „Gott der Ewigkeit". Möglicherweise schwingt hinsichtlich „Gott der Vorzeit" darin der Schöpferbegriff mit.

Dieser geradezu geistige Gottesbegriff, der einen von Ort und Zeit unabhängigen Gott bedeuten würde, wird durch die Orte der Opfer bestätigt. Sicherlich opferte Abraham an Orten, wo die Bevölkerung des Landes auch sonst opferte, aber er opferte dort seinem Gott, dem einen Gott. Das läßt sich aus der „Wahllosigkeit" der Opferorte erkennen. Der Ort ist nicht wesentlich für Abrahams Opfer. Der Gott Abrahams ist da, wo Abraham ist. Aber er ist nicht bei Abraham in Gestalt eines Götterbildes. Er ist einfach da.

Unter der Voraussetzung, daß die Formeln, in denen von Abrahams Opfer gesprochen wird, zum Bestand der Erzählungen aus der Erzväterzeit gehören, sind dies sehr tief greifende Aussagen über Abrahams Religion, die seinen Abschied von Mesopotamien aus religiösen Gründen glaubhaft machen (vgl. auch den Artikel „Altar").

Schließlich wäre noch an die Gottesbezeichnung *ēl-eljón* zu denken. Zwar wird an keiner Stelle der Bibel ausdrücklich gesagt, daß Abraham diesen Gottesnamen gebraucht habe, aber er muß ihm begegnet sein, und er hat ihn wohl auch anerkannt. Man darf dies aus der Melchisedekerzählung schließen (Gen 14,22).

Der *ēl-eljón* („Höchster Gott") war anscheinend eine allgemeine semitische Gottesbezeichnung für einen höchsten Gott, wie sich gerade aus den Textfunden der letzten Jahrzehnte nachweisen läßt; die Bezeichnung war deshalb in der Dichtungssprache leicht auf Jahwe zu übertragen (vgl. Jes 14,14; Ps 47/ 46,3; 57/56,3; 83/82,19; 97/96,9; Weish 5,15; 6,3; Sir 6,37; 41,4).

In der Makkabäerzeit wurde dieser Beiname Jahwes fast amtlich, nachdem Antiochus IV. den Juden verboten hatte, den Namen ihres Gottes auszusprechen (S. 568, Nr. 44). Dieses Verbot wirkte in die Praxis der Makkabäerzeit nach, und von daher wirkte der Beiname in seiner griechischen Wortform *hýpsistos* (Höchster) auch noch in das NT hinein; vgl. Lk 1,32: „Er wird Sohn des Höchsten genannt werden", und Lk 1,76: „Du wirst Prophet des Höchsten heißen." Ganz sicher ist auch die Formel des Lobgesangs der Engel bei Lk 2,14 davon inspiriert: „Verherrlicht ist Gott in der Höhe", *en hypsístois*, dem höchsten Gott! Daß gerade Lukas, der Hellenist (s. d.), von dieser Formel so reichlich Gebrauch macht, liegt wohl daran, daß der *ēl-eljón* als *Zeus hýpsistos* auch im griechisch-römischen Kulturkreis verehrt wurde.

Das Bild, das diese Formel ursprünglich veranlaßt hatte, war aller Wahrscheinlichkeit nach der in den Wolken daherfahrende Gott. Dieses urtümliche Bild könnte sogar noch in der Lukasformel nachklingen: „Die Kraft des Höchsten wird dich überschatten" (Lk 1,35); denn in diesem „überschatten" wird die Wolke (s. d.) mitgedacht.

Der Engel Jahwes (Der Engel des Herrn) ist eine Formel, die in den Texten der biblischen Erzähler die Tendenz hat, die Transzendenz Gottes zu betonen. Da diese Tendenz aber später – im Christentum – nicht immer erkannt wurde, hat dieser „Engel Jahwes" zu manchen abwegigen Ansichten geführt.

Der Ausgangspunkt war, daß spätere prophetische Schriftsteller Anstoß daran nahmen und es für ungeziemend und dem transzendenten Wesen Gottes als nicht entsprechend hielten, wenn in allzu krassem Anthropomorphismus (s. d.) von Gott gesprochen wurde. Während die jahwistischen Texte (s. d.) bis etwa 950 v. Chr. noch ganz naiv Gott selbst alles sagen und tun lassen, was Israel führte und half, gingen die elohistischen Erzähler und Überarbeiter (s. „Elohist") daran, an die Stelle Jahwes sehr oft den „Engel Jahwes" (hebräisch: den *mal'ák Jahwéh*) zu setzen. Dieser *mal'ák* ist nur mit Vorsicht als wirklicher „Engel" zu sehen; gleichzeitig muß man ihn als „Botschaft" verstehen, also unpersönlich. Damit ist auch die Möglichkeit gegeben, irgendeinen gottgesandten Menschen (z. B. „Die drei Männer", die Abraham besuchten: s. d.) oder ein Ding (z. B. die Bundeslade – s. d. – mit den Tafeln des Bundes) als *mal'ák* zu verstehen. Auch Propheten (s. Jes 14,32) und Priester (s. Mal 2,7) werden mit *mal'ák* bezeichnet. Die Aufgabe der Botschaft macht den *mal'ák* zum Boten. Das Wort sagt also nichts über das Wesen aus, sondern nur etwas über die Aufgabe.

Zum „Engel" wird diese Botschaft allerdings leicht durch den ausschließlich anschaulichen, erzählerischen Stil der biblischen Texte, auch der des „Elohisten". Gerade die Redeweise des Elohisten hat sich aber stark durchgesetzt, so daß im biblischen Text der späteren Zeiten immer mehr „der Engel Jahwes" („Der Engel des Herrn") auftritt.

Jakobs Kampf mit dem Engel (Gen 32,25 ff.) muß auf jeden Fall – wenn wir solche literarischen Formeleigenheiten der Bibel ernst nehmen wollen – unter solcher Deutung gesehen werden. Wir wissen nicht, was da wirklich vor sich gegangen ist. Aber das ist auch nicht so wichtig; wichtig ist nur, daß der biblische Schriftsteller diesen nächtlichen Ringkampf Jakobs als Kampf mit Gott deutet. Aber da er Gott – wegen seiner absoluten Transzendenz – nicht selbst auftreten lassen will, bringt er das Bild vom Engel ins Spiel, weil dies gleichzeitig Botschaft *(mal'ák)* bedeutet. Auf diese Botschaft aber, die Jakob bekehrt, kommt es allein an.

Dem Mose, so erzählt Ex 3,2, erschien „der Engel Jahwes" in einer Feuerflamme: die Botschaft Jahwes! Früh hat man erkannt, daß dieser Engel Jahwes an Stelle Jahwes spricht und daß er also eigentlich gleich Jahwe ist. Welch eine falsche Folgerung daraus aber die Bilderbuchzeichner gezogen haben – infolge der falschen Formulierungen früherer Schulbibeln, in denen man die die Tranzendenz Gottes betonende Erzählweise des AT einfach aufhob und sagte: Jahwe ist erschienen, und also auch danach im Bilde verfuhr. Die geistige Ausdrucksweise vom Engel *(mal'ák),* der auch Botschaft bedeutet, wurde so ganz zerstört.

Die zehnte ägyptische Plage schlägt die Erstgeburt der Ägypter. Die Bibel spricht davon, daß der Herr selbst durch Ägypten gezogen sei (Ex 11,4; 12,29), um alle Erstgeburten zu erschlagen. In späteren Midraschtexten aber tritt als Töter der Erstgeburt immer „der Engel des Herrn" auf, wodurch die Midrascherzähler dartun wollten, daß es sich bei dieser Tötung der Erstgeburt um eine Botschaft (*mal'ák* = Engel und Botschaft) Gottes handelte. Weil diese Seuche Israel half, war sie eine Botschaft (ein „Engel") Gottes. In bildlichen Darstellungen hat sich ausschließlich die Midrascherzählung als Bildinspirator behauptet.

Im Buch der Richter (6,11) erscheint der „Engel des Herrn" dem Gideon (s. d.). Es läßt sich nicht ausmachen, welche Begegnung hier so erzählt wird; wichtig ist nur, daß Gideon eine bestimmte Botschaft, ein bestimmtes Gespräch (vielleicht mit einem Jahwepriester oder Jahwepropheten) als *mal'ák* (Botschaft = Engel) Jahwes entgegengenommen hat. Der biblische Erzähler hätte auch Gott selbst sprechen lassen können; aber er verehrte Jahwe als transzendenten Gott und führte deshalb den „Engel des Herrn" ein, der – um der Anschaulichkeit willen – ein regelrechtes Gespräch mit Gideon führt.

Elija in der Wüste (1 Kön 19,5.7) wird vom Engel des Herrn gestärkt. Die anschauliche Erzählungsszene läßt den „Engel des Herrn" dem Elija ein Aschenbrot und einen Krug mit Wasser bringen. Gestärkt aber hat Elija die Botschaft (*mal'ák,* auch = Engel), die dieser „Engel des Herrn" war, und ganz sicherlich sind Brot und Wasser nur anschauliche Symbole für diese stärkende Botschaft.

In ähnlicher Weise drückt sich z. B. das 2. Buch der Könige aus: Als König Sanherib von Assyrien Jerusalem belagerte und eroberte (S. 559, Nr. 37), erschlug „ein Engel des Herrn" im Lager der Assyrer hundertfünfundachtzigtausend Mann (2 Kön 19,35). Mit dieser Ausdrucksweise wird dargetan, daß die plötzliche Seuche ein helfendes Zeichen des Herrn zugunsten Judas war. Gott wollte König Hiskija und das Volk nicht in die Hände der Assyrer fallen lassen – aber dieses Zeichen war eben doch eine Seuche, und nicht „Gott selbst" erschlug die Assyrer, wie es die Älteren noch auszudrücken gewagt hätten. Die Seuche war der „Engel des Herrn", die Botschaft des Herrn an Israel.

In diesem Sinne spricht das Buch Tobit vom Engel Gottes, der den jungen Tobias begleitet. Er ist das erzählerische Symbol für die schützende Gegenwart Gottes über dem jungen Tobias auf seiner Reise (s. Tob 5,4).

Im NT wehren sich manche gefühlsmäßig gegen die folgerichtige Weiterführung des Gedankenganges. Wir fragen: So wäre also auch „der Engel des Herrn" (man beachte: es ist dieselbe Ausdrucksweise!), der dem Zacharias erschien (Lk 1,11), nicht wirklich erschienen? Das Gespräch zwischen Zacharias und dem Engel wäre sozusagen die Projektion eines Gebetes des Zacharias in die Form einer Erzählung oder ähnlich? Und bei der Verkündigung an Maria durch „den Engel des Herrn", der hier – wie übrigens auch bei der Ankündigung der Johannesgeburt – Gabriel heißt (Lk 1,26), handelte es sich ebenso nicht um eine wirkliche Engelserscheinung, sondern um die Projektion eines geistigen Gespräches zwischen Maria und dem Heiligen Geist Gottes in Form einer Erzählung? Oder vielleicht nicht einmal um das, sondern um eine rein katechetische und theologische Erzählung?

Es ist nur ein scheinbarer Verlust, wenn wir auch dazu ja sagen; denn auch Matthäus braucht eine andere Berichtsform: „Mit der Geburt Jesu Christi war es so: Maria, seine Mutter, war mit Josef verlobt; noch bevor sie zusammengekommen waren, zeigte sich, daß sie ein Kind erwartete – durch das Wirken des Heiligen Geistes" (1,18). Es kommt nicht auf den Engel an, sondern auf das Empfangen vom Heiligen Geiste.

Natürlich kennt auch der Matthäus-Evangelist – als Jude – diese Ausdrucksweise vom Engel; und er gebraucht sie des öfteren: Noch trug Josef sich mit den Gedanken, Maria zu entlassen, da „erschien ihm ein Engel des Herrn im Traum . . ." (Mt 1,20). Das ist dieselbe Ausdrucksweise wie im AT: der Traum (s. d.) war selber der Engel, d. h. die Botschaft Gottes. Genauso heißt es bei Mt 2,13: Da „erschien dem Josef im Traum ein Engel des Herrn und er sagte: Steh auf, nimm das Kind und seine Mutter und flieh nach Ägypten", und in Mt 2,19: „Als Herodes gestorben war, erschien dem Josef in Ägypten ein Engel des Herrn im Traum und sagte: Steh auf, nimm das Kind und seine Mutter, und zieh in das Land Israel."

Auch das NT benutzt diese Formel vom „Engel des Herrn", um damit ein Wirken Gottes, die Führung durch Gott und den Schutz Gottes auszusagen. Der Engel selbst aber ist darin keine sichtbare Wirklichkeit; Wirklichkeit aber ist der *mal'ák*: die Botschaft Gottes – darauf kommt es dem Evangelisten an.

Die Versuche, die Empfängnis Jesu durch den Heiligen Geist und andere Kindheitsgeschichten insgesamt als Jesuslegenden zu stempeln, haben zu einem großen Teil ihren Grund im Mißverstehen des Erzählmotivs vom „Engel des Herrn".

Die ergänzende Aussage des Lukas in der Katechese von der Todesangst Jesu am Ölberg: „Da erschien ihm ein Engel vom Himmel und gab ihm (neue) Kraft" (22,43), kann auch nur in diesem Sinne verstanden werden. Man könnte vermuten, daß Lukas in dieser Botschaft (Engel) die Antwort geben wollte auf das Gebet Jesu: „Doch nicht mein, sondern dein Wille soll geschehen" (22,42). Mit anderen Worten: Wer so betet, wird gestärkt.

Vollends in den Auferstehungs- und Himmelfahrtsperikopen ist die Einführung der Männer in weißen Gewändern – bei Mt 28,2 wird ausdrücklich von einem „Engel des Herrn" gesprochen – eine bildhafte Umschreibung für die Ankündigung: nun folgt eine Botschaft Gottes. In den Auferstehungsperikopen heißt diese: „Er ist auferstanden" (Mt 28,6, Mk 16,6, Lk 24,5), in der Himmelfahrtsperikope: „Dieser Jesus wird wiederkommen" (Apg 1,11).

Bei Johannes werden in der Auferstehungsperikope zwar auch die „Engel in weißen Gewändern" (20,12) eingeführt; die Botschaft aber geben nicht sie, sondern der Auferstandene selbst (Joh 20,13ff.). Man könnte darüber nachdenken, ob mit dieser Erzählungsfeinheit nicht eine besondere Botschaft ausgesprochen ist: daß nämlich in Zukunft der Verkünder Gottes Jesus heißt – sozusagen ein Hinweis des Apostels, daß man von dem traditionellen Engelbild, das eine Verkündigung Gottes an die Menschen anzeigen soll, Abschied nehmen müsse.

Und schließlich: so schwer es auch ist, dieselbe Sicht für die Befreiung des Petrus aus dem Kerker des Herodes zu gewinnen (Apg 12,1–19), so wäre es doch falsch, hier zu zögern. Wie Petrus befreit wurde, wissen wir zwar nicht; daß aber die Darstellung des Lukas eine Verkündigungsabsicht hat, scheint bei rechter Betrachtung der Gründe für diese Formel vom „Engel des Herrn" kaum zweifelhaft. Lukas will sagen, daß Gott bei der Befreiung des Petrus mitgewirkt hat – wie sie auch immer geschehen sein möge –, und das sagt er am deutlichsten, indem er die Befreiung als Befreiung durch den „Engel des Herrn" erzählt.

All das besagt allerdings nichts gegen die Existenz von Engeln. Es sollte nur gezeigt werden, daß die literarische Formel vom „Engel des Herrn" andere Gründe hat als die, daß Engel wirklich erschienen sind: zunächst katechetische Gründe, um die Transzendenz Gottes zu betonen; später aber übernahm man die bekannte Formel, um seinen Glauben daran zu bekunden, daß Gott wirksam eingegriffen habe.

Natürlich kann nicht jedes Wort vom Engel so gedeutet werden. Es gibt ja auch noch ein anderes Engelbild als das dieses „Engels des Herrn", der eine Botschaft *(mal'ák)* ist: die Engel als „Hofstaat Gottes", d. h. die Erwähnung von Engeln als umschreibenden Ausdruck dafür, daß Gott der wahre König ist. In dieser Hinsicht könnten die Worte vom Engel

Der Apisstier, eine Darstellung aus dem 4. Jahrhundert v. Chr., Bronze, 15 cm lang (Britisches Museum).

z. B. in Mt 4,11 gemeint sein. Die Versuchungsperikope bei Matthäus zielt hin auf die Verkündigung Jesu als des wahren Messiaskönigs. Auch wenn Mt 4,10 („Weg mit dir, Satan! Denn in der Schrift steht: Vor dem Herrn, deinem Gott, sollst du dich niederwerfen und ihm allein dienen") nicht den Sinn haben kann, auf Jesus als göttliche Person hinzuweisen, so ist in Vers 11 dieser Glaube dennoch verkündigt – nicht direkt, sondern im Bilde: „Es kamen Engel und dienten ihm."

Ägyptische Religion
hat sicherlich auf die hebräischen Sippen Ägyptens eingewirkt, wenn wir auch die Einzelheiten nicht fest bestimmen können; denn jene Einflüsse, die wir als ägyptisch bezeichnen könnten, können auch auf anderem Wege in die Kulturwelt der Israeliten gelangt sein.

Die Menschenschöpfung in Gen 2,7 stammt nach dem Urteil der Traditionsforscher aus der ältesten Traditionsschicht der Bibel. In Ägypten gab es den Mythos von dem Widdergott Chnum (s. d.), der die Menschen aus Ton formte. Ebenso gab es den Mythos vom Gotte Amon (s. d.), der dem Menschen das Zeichen „Leben" an die Nase hält. Es wäre möglich, daß solche ägyptischen Mythen das Bild abgegeben haben für die spätere Erzählung, die sich in Vers Gen 2,7 niedergeschlagen hat: „Da formte Gott, der Herr, den Menschen aus Erde vom Ackerboden und blies in seine Nase den Lebensatem" (zum Grundsätzlichen vgl. den Artikel „Mythos und Bibel").

Der uralte Kult des Apis, jenes schwarzen heiligen Stiers von Memphis, in dem der Gott Ptah – der Gott von Memphis – wohnte bzw. erschien, war in ganz Ägypten bekannt. Es könnte gut sein, daß das Goldene Kalb (s. unten) im Apis sein Urbild hat.

Der Totenkult war in Ägypten außerordentlich stark ausgebildet. Auf der Überzeugung vom Weiterleben beruhte die hohe Grabkunst der Ägypter und ihr Brauch, die Toten einzubalsamieren. Der immer mehr wachsende israelitisch-jüdische Glaube an ein Weiterleben des Menschen nach dem Tode kann durchaus seinen Anstoß erhalten haben in den mannigfachen Beziehungen zwischen Palästina und Ägypten im Laufe der israelitisch-jüdischen Geschichte: etwa seit der Teilung der Reiche (S. 544, Nr. 31 ff.); zur Entwicklung des Auferstehungsglaubens (s. d.).

Siehe auch den Artikel „Der Pharao" (s. d.) und den Artikel „Ägypten und der Nil" (s. d.).

Das Goldene Kalb
gehört zu den von der Bibel angeprangerten Arten der Gottesverehrung Israels. In der Reihenfolge der biblischen Erzählungen wird zum erstenmal von einem goldenen Kalb am Sinai erzählt; als die Auswanderer vergeblich auf die Rückkehr des Mose vom Berge warten, lassen sie sich von Aaron einen Gott machen.

Die biblische Literarkritik schreibt diese Erzählung (Ex 32,1ff.) der Bearbeitung des Elohisten (s. d.) zu. Der Anlaß für die Aufnahme der Erzählung in das biblische Geschichtenbuch wäre dann im Kampf der Propheten des Nordreiches gegen die Art des Kultes in den Heiligtümern zu Bet-El (s. d.) und Dan (s. d.) zu suchen. Im 10. Jahrhundert ließ König Jerobeam dort Stierbilder aufstellen, die wohl als Thron Jahwes gedacht waren. Gegen diese Stierbilder traten noch zu ihrer Zeit (8. Jahrhundert) die Propheten Hosea (s. d.) und Amos (s. d.) auf.

Es wäre aber ein Kurzschluß, damit die Geschichte vom Goldenen Kalb am Sinai kurzweg zu einer Erfindung der prophetentreuen Elohisten zu machen. Eher trifft zu, daß in dieser Zeit die alte Erzählung vom Goldenen Kalb ihre besondere Aktualität erhielt und deshalb aus dem Überlieferungsgut in die bereits geformten Moseerzählungen aufgenommen wurde. Daß man irgendwann das Goldene Kalb vom Sinai und die Kälberbilder Jerobeams aufeinander bezogen hat, geht aus der Gleichheit der Formeln hervor, die für die Tierbilder gebraucht werden. Wir halten deshalb an folgender Entwicklung fest:

1. ein götzendienerischer Abfall auf der Wüstenwanderung hat stattgefunden;

2. in Erzählungen war dieser Abfall bezeugt und festgehalten worden;

3. in der Zeit König Jerobeams I. und seiner Nachfolger bekommt diese Erzählung ein besonderes Gesicht;

4. die „Elohisten" nehmen sie in die Heiligen Schriften auf und bearbeiten sie so, daß sie für den Jahwekult, wie er seit Jerobeam im Staate Israel (Nordreich) eingeführt war, eine harte Kritik und Drohung darstellt.

Der Urtext formuliert in der Geschichte vom Goldenen Kalb die Aufforderung der Israeliten an Aaron: „Komm, mach uns Göt-

ter, die vor uns herziehen" (Ex 32,1). Aber dann macht Aaron *ein* Götterbild also doch nur *einen* Gott. Diese Nuance ist nicht unwichtig, weil der Erzähler den *Unterschied zwischen dem Gott, Jahwe, und den Göttern* betonen will.

Für die Formulierung dieses Erzählers ist charakteristisch, daß er *das Göttermachen* betont. Denn das hebt gerade der Prophet Hosea höhnend hervor, daß man im Nordreich Göt-

Das Stierbild als Thron eines Gottes ist auch sonst im Orient bezeugt, wie dieses Bild des Gottes Teschub zeigt, der als Baal (d. h. Herr) in Kanaan und Nordsyrien verehrt wurde. Es war möglich, das Gottesbild selbst fortzulassen und nur das Stierbild darzustellen. Wenn Jerobeam I. also nur das Stierbild darstellen ließ (den Thron), stellte er Jahwe wie einen Baal dar.

Stierkopf, kurz nach 3000 v. Chr., aus Mesopotamien. Der Stier war nicht erst in der Zeit der Israeliten für die Völker des Alten Orient ein Bild der Macht.

terbilder verehrt, die man selbst gemacht hat. So sammelte man (am Sinai) Goldschmuck, erzählt die Bibel, und Aaron goß aus dem Golde ein Kalb, und er ließ verkünden: „Morgen ist ein Fest zur Ehre des Herrn!" (Ex 32,4.5).

Warum ein Kalb? Der Jungstier war ein gemeinsemitisches, ja ein gemeinorientalisches Götterbild, nicht ein Bild für einen bestimmten Gott. Nannar, der Mondgott Babylons, wird in altbabylonischen Hymnen als „kräftiger Jungstier" gespriesen. Der aramäische Wettergott Hadad heißt „Erhabener Stier". Der kanaanäische Baal, der südarabische Mondgott Schachar wurden im Bild eines Jungstiers oder Stiers verehrt. Der ägyptische Ptah wurde ebenso unter dem Stierbild geehrt, und der ägyptische Sonnengott Amon-Re wurde „schöner Stier der Götter-Neunheit" genannt. Das Stierbild sollte die Stärke und Fruchtbarkeit schenkende Macht des jeweiligen Gottes ausdrücken.

Wenn Aaron ein Bild Jahwes oder ein sichtbares Symbol für die Anwesenheit Jahwes oder einen Thron Jahwes, auf dem er unsichtbar thront, machen wollte, so lag deshalb das Bild eines Jungstiers nahe. Im Sinne einer Metapher ist die Formel „Stier Jakobs" für Jahwe sogar in Jes 1,24; 49,26; 60,16 gebraucht. (Manche Übersetzungen lösen die

Bildmetapher auf und übertragen: *Starker* Israels/Jakobs u. ä.) Man sieht daran, wie leicht dem Orientalen für den Ausdruck der Stärke „der Stier" ins Wort floß. Warum also nicht auch ins plastische Bild? Auch in Ez 1,10 und Offb 4,7 wird die Stiergesichtigkeit im Sinne der Kraft Gottes als Symbol benutzt.

Das Goldene Kalb ist entweder als ein kleines, vielleicht 10–20 cm hohes Bild aus massivem Metall zu denken oder als ein größeres Holzbild, das mit Goldblech beschlagen war. Weil später gesagt wird, daß Mose das Bild verbrannt habe (Ex 32,20), ist wohl die Vorstellung von einem goldbeschlagenen Holzkern die zutreffendere.

Die Stierbilder im Nordreich Israel waren Holzbilder, die mit Goldblech beschlagen waren. Um die Parallele recht greifbar zu machen, ist es möglich, daß der „Elohist" durch seine Formulierung das goldbeschlagene Holzbild beschwört, während das Sinaibild trotzdem ein kleines massives Stierbild war.

Das Goldene Kalb war allerdings nur der Form nach ein Götzenbild, der Bedeutung nach war es sicherlich ein Bild Jahwes. Denn Aaron läßt verkünden: „Morgen ist ein Fest zur Ehre des Herrn!"

Der Erzähler will damit betonen, daß das Volk und Aaron glaubten – wie Jerobeam im 10. Jahrhundert –, damit nicht vom Herrn abzufallen; der Stier sollte ja ein Bild Jahwes sein. Aber objektiv war es ein Abfall vom Herrn, der geboten hatte: „Du sollst dir kein Gottesbild machen" (Ex 20,4). Jahwe kann nicht in einem geschnitzten Bild, in einem goldenen Kalb angebetet werden; nicht nur deshalb nicht, weil er es durch seinen Gesetzgeber verboten hat, sondern weil er nicht faßbar und sichtbar zu machen ist vermittels eines Bildes. Die Verehrung eines Bildes ist deshalb immer Götzendienst, auch wenn das Bild Jahwe nur bedeuten, seine Macht nur symbolisieren oder Jahwes Thron sein soll.

Die Baale

waren die Götter Kanaans, heißt es. Ob es sich dabei wirklich um *Götter* handelte, ist zweifelhaft, wahrscheinlicher ist, daß es nur *einen* „Baal" gab, d. h. einen „Herrn", der aber unter verschiedenen Namen verehrt wurde: als Baal Berit (Herr des Bundes) in Sichem, als Baal-Gad (Herr des Glücks) am Hermon, als Baal-Peor (Herr von Peor in Moab) usw.

Manche Bezeichnungen lassen allerdings auch vermuten, daß es sich bei den Baalen um verschiedene Gottheiten handelte, z. B. bei dem Philistergott Baal-Zebul (Baal der Fürst). Ganz sicherlich handelte es sich bei „Astarte" um eine eigene weibliche Fruchtbarkeitsgottheit; auch hier könnten aber die verschiedenen Astarten lediglich verschiedene Namen für die Verehrung derselben Göttin an verschiedenen Orten sein; vgl. auch den Artikel „Die Schlange".

Demnach ist der Baalskult kein klar zu bestimmender Kult: Baal konnte als Herrschergott des Landes verehrt werden (daher vielleicht sein Name: Baal = Herr); er konnte als Vegetationsgott verehrt werden (wie etwa auf dem Karmel, wo die Baalspropheten im Wettstreit mit Elija, der Jahwe verehrte, ihn um Regen anriefen); er konnte aber auch jede andere Götter-„Aufgabe" haben. Baal war ein Universalgott; das gerade machte ihn für Israel so gefährlich.

Mit den jahwegläubigen Israeliten trat der Stammgott der Israeliten in Kanaan in Konkurrenz mit Baal oder „den Baalen" und gleichzeitig mit Astarte oder „den Astarten". In diesem Kampf, der von den Volksführern und von für uns heute namenlosen Propheten geführt wurde, erhielt die Jahwereligion ihre immer wachsende Bewußtheit. Dieser Kampf zog sich durch Jahrhunderte hin.

Die Durchsetzung des Jahwekultes wurde erschwert durch die Art des Baal- und Astartekultes, der durch seine Anschaulichkeit (Gottesbilder), durch die Ansprache der Vitalsphäre (Kultprostitution, s. d.) und die Möglichkeit von Menschenopfern, in denen der Fromme einen Akt der Unbedingtheit sah, hohe Anziehungskraft hatte. Gerade im Kampf mit den Kulten und Riten aber entwickelte sich auch die *Eigenart des rechten Jahwekultes* immer sicherer zur bildlosen, menschenopferfeindlichen und den Verirrungen der Kultprostitution fernen Religion. Wohl fielen immer wieder Könige und Volk zu den Baalen ab; wohl verehrten immer wieder Könige und Volk Jahwe auf Arten und Weisen, wie die Kanaaniter die Baale verehrten; wohl verehrten Könige und Volk immer wieder Jahwe an den Opferstätten Baals . . ., aber das Wunder dieser israelitischen Geschichte liegt gerade darin, daß trotzdem das bildlose Bild von Jahwe und die Lehre vom transzendenten Gott, der

Ein Baalbild. Spannengroße Götterstatue, Holzkern mit Goldblech beschlagen, aus Syrien (Hama), nördlich von Damaskus. Die Hörner als Götterzeichen erinnern an Kraft und Fruchtbarkeit, die auch durch die Stierbilder ausgesagt werden sollte.

nicht wie die Baale und Astarten in Bildern und Bäumen[8] verehrt wurde, am Ende triumphierte, wenn auch immer nur in einem kleinen Rest des Volkes.

Man kann sich die Verwirrung in den Köpfen des Volkes (und auch vieler Könige) nicht leicht zu chaotisch vorstellen. Was als Jahweglaube und Jahwekult proklamiert war, wurde immer neu in Frage gestellt. Fast alle Bücher

---

[8] Vgl. im Artikel „Die Massébe" den Abschnitt über die Ascheráh.

Baal mit Blitz, gefunden bei Ausgrabungen 1932 in Ras Schamra (Ugarit). Das Bild ist 1,42 m hoch; Material: Kalkstein. In der Datierung gehen die Meinungen der Gelehrten weit auseinander: die Jahreszahlen reichen von 1900 bis 1550 v. Chr. Die Kappenhörner erinnern an die Hörner des Stiers, die die Macht bedeuten (s. auch „Horn des Mose"). Der Baal steht auf einem gehäufelten (?) und gewellten Grund, der ihn als Gott der fruchtbaren Erde (Erde und Wasser) erkennen läßt. In seiner Linken trägt er die „Lanze mit Blitz"; es ist aber auch möglich, daß es sich um eine Ascherá handelt.

des AT brodeln von diesem Chaos; aber gerade in ihnen sind auch die Lichtpunkte enthalten: Gesetze, Weisungen, Prophetien und Psalmen, die wir als wunderbare Inseln im Meer des Baalskultes nicht genug bewundern können.

Die Götter der Völker
waren die Vorstufen zum einen Gott, wenn das einzelne Volk nur einen Gott bekannte. Das aber war im alten Orient eine Seltenheit; die meisten Völker hatten mehrere Götterkulte.

Die Vielgötterei ist vor allem ein Erbe des Animismus, der die Leiber der Dinge als beseelt ansah und die hervorragenden Dinge mit Göttern beseelt glaubte. Dadurch wurde die Verehrung von Göttern oft an bestimmte Orte geknüpft: bestimmte Berge, Höhlen, Flüsse usw. Der Nationalgott hängt wohl mit diesem *Gott eines Berges, eines Flusses* usw. zusammen, womit das Gefühl, einen bestimmten Raum beherrschen zu müssen, verbunden war, um seinen Gott nicht zu verlieren.

Eine Spielart dieser Denkweise finden wir im antiken Vorderen Orient, wo man den Boden eines Volkes als den Herrschaftsbereich des Gottes eines Volkes ansah. Diese Auffassung teilte ganz sicher auch die Menge der nach Kanaan einwandernden Hebräer, die zum Volk Israel wurden. Deshalb war es für die Vorkämpfer Jahwes, der keine fremden Götter neben sich duldete, so schwer, das Volk zur Alleinanerkennung Jahwes zu bringen. Für die meisten von ihnen mag es ganz unverständlich gewesen sein, daß sie im neuen Land Kanaan nicht auch den Göttern des kanaanäischen Landes opfern durften.

Hier liegt aber auch zugleich der politische Aspekt des erbitterten Kampfes um die Durchsetzung des Jahwekultes. Wenn es nämlich gelang, Jahwe im Kult zum Herrn des Landes zu machen, war auch das Land zum Land Israels geworden; denn Jahwe war Israels Gott.

In jenen Zeiten der sich erst langsam zum Monotheismus öffnenden Jahwereligion spielte Jahwe als Nationalgott der Israeliten und als Gott des Landes der Zwölf Stämme eine entscheidende Rolle. Immer wieder wird dies aus den biblischen Erzählungen sichtbar, nicht nur in den Urkunden der Zehn Gebote, wo es heißt „Ich bin Jahwe, *dein* Gott", und nicht nur in den immer wiederkehrenden Erinnerungen, daß Jahwe es war, der das Volk aus Ägypten herausgeführt hat und ihm dies Land Kanaan gegeben hat – was allerdings unter diesen Gesichtspunkten seine besondere Farbe bekommt. Einige Geschehnisse bzw. Worte sollen außerdem herausgehoben werden.

Im Buch Rut (s. d.) sagt Rut zu Noomi, als diese ihre verwitwete Schwiegertochter Rut in Moab zurücklassen will: „Dein Volk ist mein Volk, und dein Gott ist mein Gott" (1,16). Rut hatte bei ihrer Heirat mit einem Israeliten auch den Glauben an den Gott Israels angenommen; damit aber war sie nun nicht mehr Moabiterin, sondern in Wahrheit Israelitin geworden: „Dein Gott ist mein Gott." Letztlich beruhte auf dieser Denkweise auch die Möglichkeit des Übertritts ins Judentum überhaupt. Die Proselyten wurden nicht nur Juden dem Glauben nach, sondern dem Volke nach, indem sie den Gott der Juden anerkannten. Und umgekehrt: Wenn die Judenchristen dafür eiferten, daß die Heiden zuerst die Beschneidung auf sich nehmen sollten, bevor sie Christen wurden, so stand auch dahinter – wenn auch vielleicht nicht mehr so deutlich – diese Überzeugung, daß man in das Volk Jesu Christi nur aufgenommen werden konnte, wenn man vorher zum Volk des Vaters Jesu Christi gehörte.

Das Buch Jona (s. d.) erzählt, daß die Schiffer in Seenot Jona auffordern: „Steh auf, ruf deinen Gott an" (1,6), nachdem vorher jeder von ihnen zu seinem Gott geschrien hatte (1,5). Auch hier wirkt sich die Überzeugung aus, daß jedes Volk seinen Gott hatte und daß die Menschen des Volkes zu eben diesem Gott ein besonderes Verhältnis hatten. Das Buch Jona bezeugt damit in diesem Kapitel eine henotheistische (s. d.) Grundauffassung der Menschen der damaligen Zeit, die allerdings im gleichen Buch der über sein Volk hinausragenden Herrschaft Jahwes gegenübergestellt wird.

Im 2. Buch der Könige wird in den Elischa-Geschichten vom Syrer Naaman erzählt, der zum Dank für seine Heilung vom Aussatz in Zukunft Jahwe opfern möchte. Er nimmt sich soviel Erde aus Israel mit, wie seine Maultiere tragen können, damit er auch in Damaskus dem Gott Israels opfern kann (2 Kön 5,1–16). Volksgott und Land sind für Naaman so eng verbunden, daß er sich Erde mitnimmt, um Jahwe opfern zu können. Oder anders ausge-

drückt: Jahwe schaut nur auf das ihm gehörige Land, wo sein Kult blüht, nicht aber auf einen einzelnen Opfernden, der ihn in Damaskus auf damaszenischer Erde anruft.

Als sich nach der Deportation der Nordreichbewohner unter assyrischer Herrschaft im Lande Samaria Mißernten und Plagen einstellen, führen die dort neu angesiedelten Bewohner diese Plagen auf die Vernachlässigung der Verehrung des Landesgottes zurück. Deshalb läßt der Assyrerkönig einen deportierten Jahwepriester nach Bet-El (s. d.) zurückkehren, um dort den Jahwekult neu aufzurichten.

Auch die Maßnahmen des Kyrus zur Wiedererrichtung des Mardukkults in Babylon und des Jahwekults in Jerusalem kommen aus dieser Vorstellung, daß in jedem Land der Gott des Landes angebetet werden muß (S. 565, Nr. 42).

Die Vorstellung von dieser engen Verbindung von Gott, Land und Volk war eine der schwierigsten Schranken, die in den Köpfen zu überwinden war, um zu einem echten Monotheismus zu kommen. Daß dies im Judentum dennoch möglich wurde und im Christentum seine Vollendung erfuhr, ist eines der großen Wunder der religiösen Entwicklungen. Und gerade von diesem Wunder kündet die Gesamtheit des AT und des NT.

Der gerechte Gott
gibt nicht nur dem Menschen sein Recht, sondern er gibt allen Verhältnissen ihr Recht; dieses Allen-Verhältnissen-gerecht-Werden ist der Inhalt der israelitisch-jüdischen Gerechtigkeit (s. d.). Als der, der allen Verhältnissen gerecht wird, gibt der gerechte Gott seine Gesetze (s. d.). Da er Israels Bundesgott, der Partner im Bund (s. d.) mit Israel ist, erfüllt er seinen Bund auch dann, wenn Israel ihn nicht erfüllt. Er hilft Israel als der gerechte Gott, indem er Israel den Sieg verleiht. Er straft Israel als der gerechte Gott, indem er „die Völker" zu Seiner strafenden Hand macht, mit der er Israel schlägt, wenn Israel Seine Gesetze und Weisungen nicht beachtet. Als Gott des Bundes nimmt er Israel aber auch immer wieder barmherzig auf; denn er ist Israels Gott.

Der gerechte Gott straft und belohnt den einzelnen. Obwohl dieser Satz absolut zu bejahen ist, nahm er in Israel und zumal in der Zeit der Schriftgelehrten (s. d.) eine solch arithmetische Form an, daß man aus bestimmten Krankheiten auf bestimmte vorausgegangene Sünden schließen zu können glaubte. Zwar war die „Züchtigung aus Liebe" nicht unbekannt; aber man sah sie als die Ausnahme an – vielleicht infolge der Auseinandersetzungen im Buch Ijob (s. d.). Für gewöhnlich wurden Krankheit oder Schicksalsschläge als Folge bestimmter Sünden angesehen.

Jesus trat gegen solche Ansichten auf (vgl. Joh 9,2; ferner Lk 13,2). Die christliche Theologie vom gerechten Gott kennt deshalb wohl die Lehre, daß uns Leiden wegen unserer Sünden auferlegt werden, nicht aber, daß bestimmte Leiden die Folgen bestimmter Sünden sind. Nichtsdestoweniger ist aber auch diese jüdische, geradezu arithmetische Zumessung von Krankheit und Leid nach bestimmten Sünden ein Ausfluß des Glaubens an den gerechten Gott.

Der gerechte Gott straft die Völker, die Israel bedrücken; der gerechte Gott straft mit Sicherheit Israel, wenn es fremden Göttern nachgeht. Aus dem Glauben an den gerechten Gott zogen die Propheten (s. d.) ihre Sicherheit zur Unheilsprophetie, aber auch ihre Sicherheit zur Heilsprophetie für den, der Buße (s. d.) tut. Aus dem Glauben an den gerechten Gott wuchs die Hoffnung auf den Messias (s. d.), der dem bedrückten Volk der Juden wieder Freiheit geben würde.

Einige Schriftstellen geben besonders hartes Zeugnis vom israelitischen Glauben an den gerechten Gott als strafenden bzw. lohnenden Gott: „. . . ich, der Herr, dein Gott, bin ein eifersüchtiger Gott: Bei denen, die mir feind sind, verfolge ich die Schuld der Väter an den Söhnen, an der dritten und vierten Generation" (Ex 20,5). Siehe auch Ex 34,7. – „Wenn ihr eure Hände ausbreitet, verhülle ich meine Augen vor euch. Wenn ihr auch noch so viel betet, ich höre es nicht. Eure Hände sind voller Blut (Jes 1,15). Vergleiche auch Ps 1 und Ps 84. – Auch die Frage der Pharisäer nach der Heilung des Blindgeborenen durch Jesus enthält diesen Glauben: „Wie kann ein Sünder solche Zeichen tun?" (Joh 9,16).

Die Kerubim

Das Wort ist uns geläufig als Bezeichnung für bestimmte Engel; es wird in seinen Formen aber nicht immer richtig gebraucht. – Einzahl: Cherub, besser: Kerub; Mehrzahl: Kerube,

oder auch: Keruben (deutsche Mehrzahl), Kerubim (hebräische Mehrzahl); alle drei Formen sind möglich. Unmöglich dagegen ist eine Vermischung von hebräischer und deutscher Mehrzahlform: „Kerubimen" oder „Kerubine". Vermeiden sollte man auch den Gebrauch der Pluralform für den Singular („der Kerubim").

Das Wort *kerúb* ist möglicherweise vom akkadischen *karíbu* herzuleiten. Die mesopotamische *karíbu*-Gottheit war eine Gottheit mittleren Ranges; türhütende Gottheit, den Eingang beschützende Gottheit, segnende Gottheit, fürbittende Gottheit; eine menschenfreundliche Gottheit, die Zutritt zum Heiligtum des Gottes hatte, dem der *karíbu* zugeteilt war.

Die Gestalt des Kerub oder (besser) das Bild, in dem er dargestellt wurde, zeigt ein Mischwesen: Menschenleib mit Adlerkopf und mehrfachen Flügeln; Menschenleib mit mehrgesichtigem Kopf von Menschen und Tieren, manchmal über und über mit Augen besetzten Flügeln. Auch andersgestaltige Mischformen kommen vor.

An den Wänden der Königspaläste Alt-Assyriens waren die Kerubim als adlerköpfige lebensfreundliche Wesen dargestellt, die durch künstliche Bestäubung im Pflanzenreich das Leben stützten. Zu diesen Darstellungen gehört auch das Alabasterrelief des 9. Jahrhunderts v. Chr. aus Nimrud (Paris, Louvre). Da man diese Bestäuber gern als die Bestäuber des Lebensbaumes deutet, läge hier eine urmythische Beziehung zwischen Lebensbaum und Kerub vor, die in Gen 3,24 nachklingt.

Auch der geflügelte Löwe mit Menschengesicht, der geflügelte Stier mit Menschengesicht, geflügelte Drachen mit anderen tierischen Formelementen, weibliche und männliche Wesen zählen zu den Urbildern der Kerubim. Wichtig ist, daß den geschlechtlich bestimmbaren Urbildern die biblischen Kerubim als geschlechtslose Wesen gegenüberstehen, womit ihre Geistigkeit symbolisch betont wird. Die zwei goldenen Kerubimbilder über der Bundeslade werden außerdem in reiner Menschengestalt beschrieben; so sind wohl auch die Kerubim auf den Wänden und Vorhängen des Tempels zu denken.

Wie das Wort „Kerubim", so kommt auch der Glaube an diese Mischwesen aus dem Zweistromland. Auf dem Weg über Phönizien

(Salomos Tempelbau?) haben die Israeliten Bild und Namen dieser Wesen übernommen; jedoch sind sie im israelitischen Kult nur Zeichen der Gegenwart Gottes. Selber genießen sie keinerlei Verehrung; nur deshalb war ihre bildhafte Gegenwart im Tempel überhaupt möglich. Sie sind also ihrer Göttlichkeit entkleidet und in den Dienst des einen (gültigen) Gottes gestellt.

Eine genaue Geschichte der Mischwesentheologie und ihrer Einwirkung auf Israel ist noch nicht geschrieben. Allerdings scheint sicher zu sein, daß sich die Vorstellung vom Kerub in Israel erst sehr spät verbreitet hat.[9]

Im AT kommt der Kerub vor als Hüter des Paradieses (Gen 3,24). Er mag im Zusammenhang mit dem Lebensbaum (s. oben) in die Austreibungserzählung hineingekommen sein. Wie auch an anderen Stellen dieses Buches dargelegt wurde, haben ja einige Stellen gerade der „Urerzählungen" die Farbe ihres mythischen Rohstoffs nicht ganz verloren (vgl. „Mythos und Bibel").[10]

Als Schmuck der Bundeslade nennt das Buch Exodus zwei getriebene Goldkerubim, die aus den beiden Enden der Deckplatte herausgearbeitet worden sind. Die Kerubim sollen ihre Flügel nach oben hin ausbreiten, indem sie mit ihren Flügeln die Deckplatte überdachen; ihre Antlitze sollen gegeneinander gekehrt sein (Ex 25,17–20).

Für die Herstellung des Bundeszeltes gibt das Buch Exodus die Anweisung, daß die Zeltdecken mit farbigen Kerubim geschmückt sein sollen (Ex 26,1).

Diese Darstellungen gehören zur Priesterschrift (s. d.), also zu der Zeit, nachdem der salomonische Tempel mit geschnitzten Kerub-Bildern geschmückt worden war. Vom Tempel Salomos werden sie in den späten Erzählungen der jüdischen Priester (wohl in Babylon) auf das Heilige Zelt und die Bundeslade übertragen. Über diese Übertragung s. den Artikel „Das Heilige Zelt" (s. d.).

Nachdem die Bundeslade (s. d.) im Tempel Salomos der Thron Jahwes geworden war, über der sich die Kerub-Flügel spannten, wurde die poetische Kerubimformel gebräuchlich: Gott, „der über den Kerubim thront" (1 Sam 4,4; Ps 99,1) oder „der auf dem Kerub fuhr" (Ps 18,11). In diesem Sinne beschreibt Ezechiel (1. und 10. Kapitel) die Kerubim als Träger des göttlichen Thronwagens.

Die Kerubim erscheinen im AT also als Torwächter Gottes, als Träger des Thrones Gottes und – in Bildern – als Hüter der Bundeslade; so bleiben sie zwar noch in ihrer alten Funktion, sind aber keinerlei göttliche Wesen. Sie genießen auch selbst keinerlei Verehrung.

Die Kerubim sind wohl die ersten Engel, aus denen sich die Vorstellung vom Gefolge Gottes entwickelt hat. Gott, als König gedacht, ist von Engelfürsten umgeben, wie der irdische König von Fürsten umgeben ist, wenn er auf seinem Throne sitzt. Das Buch Tobit kommt so zu der Formel von den sieben Engeln, „die vor die Majestät des heiligen Gottes treten" (12,15).

DIE GOTTESVEREHRUNG

In den Anfangskulturen galt die Verehrung des Göttlichen der unbekannten, furchterregenden Macht. Der Mensch verehrte diese Macht, er opferte ihr, damit sie ihn verschone. Oder er opferte, damit die Gottheit gute Witterung, Fruchtbarkeit der Felder, Fruchtbarkeit der Mütter gebe: *Do, ut des* – „Ich gebe, damit du gibst".

Dieser Gegenseitigkeitsstandpunkt bestimmte auch die ersten religiösen Gedanken Israels. Auch „der Bund" (s. d.) war wahrscheinlich zunächst nichts anderes; der Höhere (Gott) ließ den Geringeren zu gewissen Dien-

---

[9] Aus anderen Ausdrücken der Schrift hat man andere Engelgruppen abgeleitet, z. B. „Heere" *(exercitus)* aus Jer 5,14; „Seraphim" aus Jes 6,2, wo von sechsflügeligen Engeln gesprochen wird, die vor Gott stehen; „Fürsten" aus Dan 10,13, wo von Michael als „einem der obersten Engelfürsten" geschrieben steht; „Herrschaften" *(dominationes)* aus der mißverstandenen Deutung von Dan 7,27, wo es in bezug auf die irdischen Reiche heißt: „Alle Herrschaftsgebilde werden ihm dienen." Die Bezeichnungen wurden dann noch durch die jüdischen Apokryphen vermehrt: „Mächte" *(potestates)*, „Kräfte" *(virtutes)* u. a. Mit den lateinischen Namen sind diese Engelgruppen in die römische Liturgie eingegangen, wo sie vor allem am Ende der Präfation die Gesamtheit der himmlischen Geister als der Hofstaat des königlichen Gottes bedeuten.

[10] In manchen Bibelharmonien und Bibelübersetzungen liest man: „Vor den Garten stellte er Kerubim mit flammendem Schwerte..." oder ähnlich. In Gen 3,24 heißt es aber wörtlich: „Und er stellte im Osten des Gartens von Eden die Kerubim *und* die Flamme des kreisenden Schwertes." Das Flammenschwert wird also in dieser Erzählung nicht einem Kerub oder den Kerubim in die Hand gegeben, sondern es wird neben den Kerubim genannt: als Bild des Zornes Gottes.

sten zu, und der Geringere erkaufte sich durch seine Dienste Sicherheit, Huld, Gnade. Aber dieser „Bund von Gott her" wurde durch die Propheten Israels weiter emporgeführt, obgleich auch dadurch der Gegenseitigkeitsstandpunkt nicht ganz überwunden wurde. Aber ist er heute überwunden?

Das Opfer

Eigentlich gibt es „das Opfer" weder im heidnischen noch im israelitischen Kult; erst durch Jesus Christus wird in der Auffassung der Christen *das Opfer* dargebracht. Es ist das „ein für allemal" dargebrachte Opfer, und alles, was *wir* „Opfer" nennen, ist entweder eine Gegenwärtigsetzung dieses Opfers, oder es erhält seinen Sinn und seine Kraft von diesem Opfer (Fastenopfer, Leidensopfer u. ä.). „Das Opfer" ist also im heidnischen und im israelitischen Kult lediglich eine Kategorie, die die verschiedenen Opfer zusammenfaßt. Jedes dieser heidnischen und israelitischen Opfer war unvollkommen, es verbrauchte sich schnell, es wurde aufgezehrt und verlangte dann wieder ein neues Opfer. Erst das „ein für allemal" dargebrachte vollkommene Opfer Jesu Christi, des Gottmenschen, hat immer neue Opfer überflüssig gemacht; das ist Lehre der Christen (Hebr 9–10).

Die Erzväter brachten die Art zu opfern aus ihrer aramäischen Nomadenwelt mit. Daß zu diesen Opfern auch noch das Menschenopfer gehören konnte, wissen wir aus den gelegentlichen Menschenopfern der Moabiter (s. d.), die aus derselben Nomadenwelt kamen. Das verhinderte Opfer Isaaks durch Abraham könnte ebenfalls darauf hinweisen. Das Menschenopfer aber ist nie ein normales, sondern immer ein außerordentliches Opfer gewesen (s. Gen 22,1–19). Das normale Opfer Abrahams, des Hirten, war das Tieropfer (Lamm, Schaf, Ziegenbock). Vom Opfertier wurden meistens nur die Fettstücke auf dem Opferaltar über dem brennenden Holz verbrannt. Das Fleisch wurde gegessen; zum Opfer gehörte seit eh und je das Opfermahl der versammelten Familie, die durch ihren Ältesten opferte.

In ähnlicher Weise opferten die Jakobiten in Ägypten; wahrscheinlich war inzwischen das Früchteopfer hinzugekommen: das Verbrennen der Erstlingsgaben, wie es die Halbnomaden kannten und die seßhaften Bauern. Tieropfer – und eventuelles Früchteopfer – waren deshalb auch die Opfermaterie, als die einzelnen Stämme das Land Kanaan betraten.

Die Form des Opfers war ein einfaches Verbrennen. In Kanaan wurden die Israeliten des mosaischen Gesetzes sodann an den einzelnen Heiligtümern der Kanaaniter dem entwickelteren Kult der Baale (s. d.) konfrontiert, und dies mag auch den Anstoß gegeben haben, die Opferbräuche der eigenen sakralen Gemeinschaft zu entwickeln. Von diesen Anfängen aus formte sich dann der reiche und differenzierte Opferritus, den wir vor allem aus den Anordnungen der Priesterschrift (s. d.) kennen.

Das Brandopfer (Lev 1,1–17; 6,1–6) war das Opfer ohne Ende, das immerwährende Opfer. Bei diesem Opfer eines männlichen Tieres (Jungstier, Widder, Ziegenbock oder Tauben) wurde das ganze Tier verbrannt, ausgenommen das Fell bzw. Federn und Kropf. An jedem Morgen und an jedem Abend wurde ein solcher Opferstier geschlachtet, und während des ganzen Tages sowie die ganze Nacht hindurch verschwelte er langsam auf dem Altar. Die Priester hatten dafür zu sorgen, daß der Brand des Holzes nicht erlosch und der Rauch unablässig aufstieg.

Wer ein persönliches Opfer anmelden wollte, ging zu den Priestern. Am Eingang zum Heiligtum legte er eine Hand auf den Kopf des Tieres und bezeichnete so das Opfertier als ein Opfer seiner selbst. Dann schlachtete der Opfernde – später war es der Levit (s. d.) – das Tier, ein Priester fing das Blut auf (den Sitz des Lebens, Sitz der Seele – auch beim Menschen), das ganz Gott gehört – eben als Sitz des Kostbarsten, des Lebens; es durfte vom Menschen nicht genossen werden. Es wurde am Altar vor Jahwe als Zeichen der Hingabe des eigenen Lebens ausgegossen. Dann häutete der Opfernde das Tier. Für die Verbrennung des ausgebluteten und enthäuteten Tieres sorgte sodann die Priesterschaft.

Mit dem Opferfleisch wurde meist ein Teil Mehl oder ein Stückchen ungesäuertes Weizenbrot, das mit Öl begossen, mit Salz und Weihrauch bestreut wurde, verbrannt (und eine Weinspende am Fuß des Altares ausgegossen). Das restliche Brot, von dem das Opferstück (das „Ehrenteil") abgebrochen wurde, gehörte den Priestern.

Vielleicht sollte man bei diesen Erläuterungen zum immerwährenden Brandopfer noch einmal an die Rauch- und Feuersäule erinnern, die die Gegenwart Jahwes symbolisierte. Es ist denkbar, daß dieses Ausdrucksmotiv für die ständige Gegenwart Jahwes sich aus dem Brandopfer entwickelt hat (s. „Die Wolke"). Wenn man diesen Zusammenhang recht überlegt, läge darin sogar ein Hinweis auf die Tatsächlichkeit des Brandopfers (wenn vielleicht auch nur des gelegentlichen) auf dem Wüstenzug. Der aufsteigende Rauch des Opfers vor dem Aufbruch und nach der Neuerrichtung des Lagers wäre dann das Zeichen, mit dem Jahwe durch Mose oder die Priester den Aufbruch und das Niederlassen befahl.

Das Sündopfer (Lev 4,1–13; 5,1–26; 6,17–23) war ein Sühnopfer für alle Sünden, die einen „nicht ganz freiwilligen Verstoß" darstellten; oder es wurde dargebracht zur Wiedererlangung der rituellen Reinheit (nach Berührung von Aas oder Kot; nachdem jemand Zeuge einer Verfluchung geworden war, diese aber nicht angezeigt hatte; nach unbesonnenem Schwur).

Charakteristisch für diese Opfer war die Sprengung des Blutes aus dem Opfertier. Das Blut des Opfertieres wurde vom Priester an die Hörner des Brandopferaltares gestrichen (s. den Artikel „Der Altar"). Beim Opfer der ganzen Gemeinde, eines Teiles der Gemeinde oder der Priester wurde von dem Blut mit dem Finger siebenmal gegen den Vorhang vor dem Allerheiligsten gesprengt und an die vier Hörner des Rauchopferaltars im heiligen Raum gestrichen. Am Versöhnungstag aber brachte der Hohepriester das Blut sogar ins Allerheiligste, sprengte davon mit dem Finger siebenmal auf den Boden vor der Bundeslade und einmal auf den Deckel der Lade.

Beim Sündopfer eines einzelnen wurde wie beim Brandopfer das Tier durch Handauflegung zum Symbol des Opfernden bezeichnet; Fett samt Nieren und Leber wurde auf dem Altar verbrannt, das Fleisch gehörte als „Hochheiliges" den Priestern, die es im Vorhof verzehren mußten.

Bei den Opfern, deren Blut ins Heiligste getragen wurde, bedeutete die Handauflegung wahrscheinlich Übertragung der Sünden; deshalb wurde das Fleisch nicht gegessen, sondern außerhalb (des Lagers oder) der Stadt (als dann unreines Fleisch?) verbrannt.

Das Schuldopfer (Lev 5,14–26; 7,1–6) war ein Sündopfer des einzelnen, jedoch nicht als eine freiwillige, sondern als eine richterlich auferlegte Opfergabe. Wenn dadurch ein Eigentumsdelikt gesühnt werden sollte, mußte der Opfernde am Tage des Opfers den Schaden in voller Höhe wieder gutmachen und mußte dem Opfer außerdem ein Fünftel des erwirkten Schadens hinzulegen.

Das Erfüllungsopfer (meistens „Friedopfer" genannt)[11] war ein Opfer mit Opfermahl (Lev 3,1–17; 7,11–34). Das Opfertier wurde durch Handauflegung für Jahwe übergeben und vom Familienältesten der opfernden Familie am Eingang zum Heiligtum geschlachtet. Dann wurden die Fettstücke samt Nieren und Leber verbrannt. Die Brust wurde herausgelöst und dem Heiligtum entgegengehoben („Weben"), sodann wurde auch die rechte Keule abgetrennt, und Brust und Keule wurden den Priestern überlassen. Das übrige Fleisch wurde von der opfernden Familie mit Wein und Früchten in einem festlichen Opfermahl verzehrt.

Während man mit dem „Erfüllungsopfer" ein Gelübde erfüllt, nimmt Jahwe, antwortend auf diese Erfüllung, die Opfernden an seinen Tisch und behandelt sie als Freunde. Dieses Gastmahl am Tisch Jahwes wird später zum Symbol des messianischen Reiches. Grundcharakter des Erfüllungsopfers, das auch als „Lobopfer" und „Dankopfer" erscheint, ist die Freude.

Zum Brandopfer dieser Art gehört ebenfalls die Brotspende mit Öl, Salz, Weihrauch und die Weinspende als unblutiger Opferanteil. Von dem dargebrachten Brot wurde nur ein symbolisches Stück verbrannt, den Rest erhielten die Priester und Leviten, und er gehörte zum Opfermahl des Opfernden.

Über das Opfer beim Schlachten des Paschalammes (s. d.).

Das hohepriesterliche Speiseopfer, das der Hohepriester als Haupt der Priesterschaft auf dem Brandopferaltar darbrachte, bestand ebenfalls aus ungesäuertem (d. h. kultisch reinem) Brot, ferner Öl, Salz und Weihrauch. Es mußte ganz verbrannt werden. Ebenfalls die

---

[11] Dieses Opfer heißt im Hebräischen *sebách schelamim*, was man meistens von *schalóm* (Friede) ableitet. Claus Schedl weist auf die Ableitung von *schallám* (erfüllen) hin, die Sinn und Bezeichnung des Wortes wieder zusammenbringen würde („Geschichte des Alten Testaments" II, S. 197).

Speiseopfer, die die Priester von sich aus dar-
brachten.

Das Rauchopfer im heiligen Raum, vor dem
Vorhang des Allerheiligsten, war tägliches
Opfer am Morgen und am Abend. Es war ein
reines Duftopfer, das in der Wolke Gottes
Gegenwart bezeugte (vgl. den Abschnitt über
den Räucheraltar). Wenn in Lk 1,10 ff. Zacharias die Botschaft Gottes von der Geburt des
Johannes beim Rauchopfer gegeben wird, so
liegt darin sicherlich auch ein Hinweis auf die
Gegenwart Gottes, die durch den Rauch symbolisiert wird.

Das Schaubrotopfer war ein Anbietungsop-
fer. Der Schaubrottisch ist also ebenfalls als
Opferaltar anzusehen. Die Schaubrote wurden als Opfer vor Jahwe gelegt, womit sie
endgültig dem profanen Gebrauch entzogen
waren. Sie mußten, um der kultischen Reinheit willen, ungesäuertes Brot sein.

Die Schaubrote wurden jede Woche, für je
einen Stamm ein Brot, erneuert. Die Schaubrote der vergangenen Woche wurden sodann
als Speiseopfer verbrannt (vgl. den Abschnitt
über den Schaubrottisch).

Das Licht des goldenen Leuchters ist ebenfalls als unblutiges Opfer anzusehen: nicht nur
als Ölopfer, sondern ebenso als stellvertreten-
des ununterbrochenes Gebetsopfer.

Der tägliche Opferkult, wie er in der Zeit Jesu
üblich war: Es war noch dunkel, wenn die
Priester in ihrem Schlafraum des inneren Tem-
pelhofes geweckt wurden. Nach einem Tauch-
bad legten sie die Priesterkleider an: weißlei-
nene lange Hosen, Kittel und Turban und
rotblaue Gürtel. Durch Loswurf (s. d.) wurde
sodann bestimmt, wer den Brandopferaltar
reinigen und auffüllen sollte; wer das Speiseopfer des Hohenpriesters backen sollte. Die
das Los traf, wuschen Hände und Füße und
taten ihre Arbeit. Dann wurden durch das Los
die weiteren Dienste bestimmt: neun Priester
für die Bereitung und Darbringung des Brandopfers, drei Priester für die beiden Speiseopfer
und das Trankopfer, einer für die Reinigung
des Leuchters, einer für die Reinigung des
Rauchopferaltars.

Wenn der Morgen aufleuchtete, wurde das
Opferlamm aus dem Lämmerstall geholt, getränkt, dann geschlachtet und zum Opfer vorbereitet. Während dieser Dienste wurden die
Tempeltore geöffnet. Dann betete die Prie-

sterschaft in der Quaderhalle das „Höre, Israel" (s. „Schema-Rezitation"), worauf die drei
Priester für das Rauchopfer ausgelost wurden.

Die Priester, die Leuchter und Rauchopferaltar gereinigt hatten, taten im Heiligtum noch
einige für die Zeit nach dem Gebet vorgeschriebene letzte Handgriffe, warfen sich anbetend nieder und gingen hinaus. Die drei
Ausgelosten betraten das Heiligtum: der eine
mit der goldenen Pfanne mit Feuer vom
Brandopferaltar; er schüttete die Glut auf den
Rauchopferaltar, warf sich nieder und ging
hinaus. Der andere trug die Weihrauchurne
herbei, übergab sie dem dritten, warf sich
nieder und ging hinaus. Der dritte streute den
Weihrauch und opferte; in diesem Augenblick
war er allein im Heiligtum. Aber er sollte nicht
verweilen; auch er sollte sich sofort nach dem
Weihrauchstreuen niederwerfen und hinausgehen, wo ihn die vier anderen erwarteten, um
gemeinsam mit ihm (am Sabbat) das Volk oder
(an anderen Tagen) die abgeordneten Vertreter des Volkes von den Stufen des Tempels aus
zu segnen.

Dann begann das Opfer am Brandopferaltar
(Tieropfer, zwei Speiseopfer, Trankopfer).
Beim letzten Opfer begann der Chor der Leviten den Gesang der vorgeschriebenen Psalmen, die silbernen Tempelfanfaren erklangen
und das Volk warf sich anbetend zur Erde.

Das Abendopfer (zwischen 14.30 und 16
Uhr, je nach der Jahreszeit) begann mit dem
Brandopfer, bei dem wegen der größeren Frist
bis zum Morgenopfer *zwei* Lämmer geschlachtet wurden, es endete mit dem Rauchopfer und
dem Segen; hier pflegte das Volk besonders
eifrig teilzunehmen. (Die Situation, die Lk
1,10 ff. voraussetzt, ist die, daß Zacharias der
opferstreuende Priester beim Abendopfer
war. Und das Außergewöhnliche war, daß er
länger im Heiligtum blieb, als es Brauch war.)

Jahwe ißt nicht wie die Götter der Heiden (s.
Gen 8,21). Deshalb war die Darbringung von
Fleisch, Frucht, Brot und Wein vor Jahwe und
für Jahwe grundsätzlich etwas anderes als die
Brand- und Speiseopfer der Heiden. Man darf
sich da nicht durch die Ähnlichkeit der heidnischen Opfer mit den israelitisch-jüdischen Opfern täuschen lassen. Natürlich waren die Op-
ferformen und die Opfermaterie ähnlich. Ausschlaggebend ist aber, was mit dem Opfer
gesagt werden sollte. Und Israel sagte mit
seinem Opfer, daß der Herr alles geschaffen

hat, daß ihm alles gehört und daß ihm deshalb auch ohne Unterlaß alles angeboten werden muß (Ps 51/50,18–21).

Trotzdem muß zugegeben werden, daß sich unter dem Einfluß der fremden Religionen auch Elemente heidnischer Opfervorstellungen im Volk als Vulgärvorstellungen lange erhalten haben, die von einer Speisung Jahwes nicht weit entfernt waren. Dagegen kämpften die Propheten.

Kultprostitution
gab es bei vielen Völkern des Alten Orients. Hier möge ein kurzer Hinweis darauf genügen, der helfen soll, den Weg der Jahwereligion durch die Verirrungen der kanaanitischen Kultbräuche hindurch zu erkennen.

Es gibt wohl keinen Zweifel daran, daß die Jahwereligion von Anfang an der Kultprostitution feindlich war. Das „sechste Gebot", das nach allgemeiner Überzeugung zu den konstitutiven Gesetzen der Jahwereligion gehört, könnte sich sehr gut auch auf die Kultprostitution beziehen. Die ebenfalls nach allgemeiner Ansicht sehr alte Erzählung von der Schlange (s. d.) und die Erzählung von Ham und Kanaan (s. d.) in den Noachgeschichten weisen ebenfalls auf solche Feindschaft hin. Aber die Berührung mit den Moabitern (s. d.), Midianitern (s. d.) und Kanaanitern (s. d.) und die nur sehr lockere religiöse Führung in den Jahren nach der Landnahme haben ebenso offensichtlich diese Feindschaft neutralisiert; ja, in Anbetracht dessen, daß wohl nur ein kleiner Teil des Zwölfstämmebundes Israel das strenge mosaische Gesetz aus der Wüste mitbrachte (vgl. den Artikel „Die Zwölf Stämme", S. 500 ff., Nr. 2 ff.), ist es möglich, daß die hebräischen Stämme, die bereits in und um Kanaan saßen, sich der kanaanitischen Religion und ihren Religionsübungen angeschlossen hatten und erst nach und nach für die Jahwereligion gewonnen wurden. Wie dem auch sei: Jedenfalls müssen wir aus den biblischen Aussagen schließen, daß auch die Israeliten die Kultprostitution übernommen haben – und ihre Erwähnung in den biblischen Texten ist um so glaubhafter, als die Verfasser diesen Umstand ja ganz und gar nicht gutheißen konnten bzw. wollten.

Wenn wir die Zeit der Genesisaufschreibung des sogenannten Jahwisten (s. d.) mit der ersten Königszeit richtig ansetzen, so würden die obenbezeichneten Geschichten mit der Schlange und von Ham und Kanaan ein erster zusammenfassender Versuch sein, gegen diese von den Kanaanitern übernommene Kultprostitution einzuschreiten. Der Königsbuchschreiber weiß aber dann sowohl von Salomo wie auch von anderen Königen Judas und Israels zu berichten, daß sie unzüchtige Kulte duldeten oder sogar förderten. Besonders scheint sich dabei das Nordreich Israel „ausgezeichnet" zu haben. Die Prophetentexte bestätigen diese Zustände.

So heißt es bei Amos (s. d.): „Sohn und Vater gehen zum selben Mädchen, um meinen heiligen Namen zu entweihen", spricht der Herr (Am 2,7).

Und bei Hosea (s. d.) „Aber ich strafe nicht eure Töchter dafür, daß sie zu Dirnen werden . . .; denn sie (die Priester) selbst gehen mit den Dirnen beiseite, mit den Weihedirnen feiern sie Schlachtopfer" (4,14). Gerade bei Hosea steht denn auch das Wort vom Ehebruch, den das Volk treibt, obwohl es einen (Ehe)Bund mit Jahwe hat. Dieser Ausdruck wird mit Hinblick auf diese Bräuche besonders verständlich.

Die Tempelprostitution der Kanaaniter scheint ursprünglich mit Bezug auf Astarte (s. d.) betrieben worden zu sein, hat sich dann aber auch auf den Baalskult (s. d.) ausgebreitet, insofern beide Kulte sich wohl immer mehr verbanden. Da man Jahwe in der Weise wie Baal verehren zu können glaubte, griff diese Sitte auch auf die Jahweheiligtümer über. Die Prostitution war eine gute Einnahmequelle für das jeweilige Heiligtum; denn die Prostituierten, die ihren Dienst in Zelten aus bunten Tüchern leisteten, empfingen ihren Dirnenlohn nicht für sich, sondern für das Heiligtum. Durch den Dirnenlohn opferte man also dem Heiligtum.

Eine allgemeine Dirnenvertreibung veranstalteten die Könige Asa und Joschafat von Juda (S. 546, Nr. 33b und 34b), aber unter Manasse (S. 559, Nr. 37) eroberten die Dirnen sogar den Tempel von Jerusalem, bis Joschija sie in seiner Reform (S. 559, Nr. 38) wieder vertrieb und ihre Wohnungen abreißen ließ.

Verkündigung des Gotteswillens
gehörte zur Götterverehrung, sobald Gott oder die Götter als Willensmächte erkannt wurden. Bis heute gehört diese Verkündi-

gung zur christlichen Gottesverehrung. Die Verkündigung des Gotteswillens charakterisiert in besonderem Maße die Jahwereligion. Die Grundlage für diese Art der Gottesverehrung ist der Glaube, daß Jahwe der Herr der Geschichte ist.

1. *Loswurf,* um den Gotteswillen zu ermitteln, erscheint uns heute meistens als fragliche Methode. Wenn man aber bedenkt, daß gerade Israel an die totale Lenkung der Welt durch Gott glaubte, so wird man vielleicht darüber anders denken. Gott lenkt auch den Loswurf.

An sich ist der Loswurf ein uraltes Mittel, um eine streitlose Verteilung von Dingen durchzuführen – nicht nur in Israel. Als solcher ist er im AT wie im NT bezeugt. Die Verteilung des Landes durch das Los – wodurch das Land selber zum „Los" (d. h. Ergebnis des Loswurfs) wird – greift aber schon über in den religiösen Bereich, insofern die einzelnen Stämme ihr Land als Anteil des ihnen von Gott gegebenen Landes betrachteten.

Man muß annehmen, daß der Loswurf immer nebeneinander (auch gerade in Israel) als profanes und als sakrales Entscheidungsmittel gebraucht wurde. Dabei wurde im Volk und auch im profanen Gebrauch der Loswurf ganz sicherlich nicht nur als eine Zufallsentscheidung angesehen; auch in ihm sollte der Gotteswille walten – wenn das den Loswerfern auch nicht in jedem Falle bewußt war; vielgebrauchte Mittel dieser Art verlieren ja sehr bald im Bewußtsein ihre ursprüngliche und tiefere Begründung.

Sobald es aber Priester (s. d.) gab, fielen die für das Ganze – sei das Ganze nun ein Stamm oder die Gesamtheit der Stämme – entscheidenden Loswürfe den Priestern (oder den Propheten?) zu. So auch in Israel. Wie sehr in ältesten Zeiten der Loswurf als Mittel, die rechte Weisung zu geben, in Israel eine Rolle spielte, zeigt das Wort *torá* (Weisung), das die Hebraisten von *járá* (werfen) ableiten. Dieses Wort *torá,* das ja keineswegs nur die Weisung durch Loswurf meint, weist dennoch auf die ursprüngliche Methode hin, den Gotteswillen und die rechte Weisung durch Loswurf zu ermitteln.

Für die Zeit vor David (also bis etwa 1000 v. Chr.) wird ein Priesterorakel *urim* und *tummim* erwähnt: zwei Stäbchen oder Steinchen (?), die vielleicht mit verschiedenen Zeichen für ja oder nein versehen waren; Genaues darüber weiß man nicht. Von David bis zum Babylonischen Exil werden sie in der Bibel nicht mehr erwähnt, was nicht unbedingt heißt, daß sie nicht mehr benützt wurden. Aber immerhin enthält 1 Sam 14 (in der Erzählung von der Verurteilung des siegreichen Jonatan durch das Los) eine harte Kritik am Losorakel. Die in der Königszeit geschriebenen Samuelbücher bestätigen also das Zurücktreten des Losorakels seit David. Nach dem Babylonischen Exil wurden *urim* und *tummim* nicht mehr benutzt.

Auffällig ist, daß seit der Zeit Davids die Propheten (s. d.) erwähnt werden. Vielleicht darf man daraus schließen, daß die Weisung aus Enthusiasmus und Weisheit von da an die Weisungsermittlung durch Loswurf immer mehr verdrängt hat.

Ganz ausgestorben ist der Loswurf jedoch nie, wie die Apostelgeschichte zeigt: Als für Judas ein Nachfolger gewählt werden sollte, wurden Josef, genannt Barsabbas, mit dem Beinamen Justus, und Matthias zum Apostel vorgeschlagen. Dann beteten die Apostel: „. . . zeige, wen von diesen beiden du erwählt hast . . . Dann gaben sie ihnen Lose; das Los fiel auf Matthias, und er wurde den elf Aposteln zugerechnet" (Apg 1,23–26).

2. *Traumdeutung* ist ein anderer Weg der Verkündigung des Gotteswillens. Seit ältesten Zeiten werden die Traumbilder von vielen Völkern als Weissagungen genommen, wenn man sie nur richtig deutet. In Ägypten und Mesopotamien, aber auch in Griechenland und Rom schrieb man den Träumen hohe Bedeutung zu.

In Ägypten sind für die Zeit um 1300 v. Chr. Traumbücher bezeugt, deren Inhalt aber bis in die Jahre um 2000 v. Chr. zurückgeht. In einem solcher Traumbücher sind gute und böse Träume einander gegenübergestellt; auf dem Papyrus ist das *gut* und *böse* sogar mit roter Tinte geschrieben. Die Traumdeuter benutzten solche Traumbücher, um bei Befragungen den Traum richtig zu deuten.

Dies hat jedoch noch wenig mit Verkündigung des Gotteswillens zu tun. Solche Traumdeutungen waren Versuche, die dunkle Zukunft zu öffnen, und meistens nicht mehr. In diesem Sinne waren auch die Träume Josefs im Elternhaus zu Hebron, die Träume des Hofbäckers und des Obermundschenks sowie des Pharao Weissagungsträume, wenn sie richtig gedeutet wurden. Da sie sich von den Träumen, die in den späteren Geschichten Israels eine Rolle spielen, dadurch stark unterscheiden, darf man sie als einen Hinweis auf die echt ägyptische Herkunft der Josefsgeschichten (s. d.) werten. Zwar ist eine Bemerkung Josefs im Sinne israelitischer Traumdeutung eingeflochten – daß nur Gott Träume deuten könne –, aber sie geht im Grunde nicht an den Kern; denn die israelitische Traumdeutung weissagt nicht, sondern weist. Josef aber deutet die Träume durch eine geradezu hellseherische Weissagung.

Besser als diese dem israelitischen Denken nur notdürftig angepaßten Träume der Josefsgeschichten zeigen der Traum Abrahams (Gen 15,17.18) und der Traum Jakobs (Gen 28,12–14), was der Traum in Israel bedeutete. Abraham – so wird erzählt – träumte von einem großen Ofen, der zwischen den zum Bundesschluß zerteilten Tieren hindurchfuhr; und sogleich folgt die Mitteilung vom Bundesschluß zwischen Gott und Abraham, eine Mitteilung also, die eine Weisung enthält; denn Bund (s. d.) bedeutet vornehmlich eine Forderung an den Geringeren. Und Jakob träumte von der Himmelsleiter; nach seinem Erwachen sprach Jakob: „Wirklich, der Herr ist an diesem Ort" (Gen 28,16) und brachte ein Opfer dar.

Der Traum tritt klar als Weisung auf. Zwar sind bei beiden Träumen auch die Verheißungen Jahwes in dem Traum enthalten, aber da es sich ja nicht um wirkliche Träume handelt, sondern um eine literarische Form, in der Weisung wie Verheißung zusammengebracht sind, ist gerade dies bedeutsam für die Einschätzung des Traumes in Israel.

Der Traum ist keine Weissagung, sondern eine Weisung; deshalb war Traumdeutung – wohl schon sehr früh – in Israel verboten, es sei denn, daß Berufene diese Träume deuteten. Nicht schematische Deutung (nach Traumbüchern), nicht phantastische und willkürliche Deutungen, sondern Deutung durch die, die in ihrer Weisheit den Willen Gottes erkannten – die Priester und Propheten –, das war einzig zugelassene Deutung: durch den Traum sprach der Engel des Herrn (s. d.).

Im NT ist diese Bewertung des Traumes nicht anders; und deshalb wird auch hier oft der Traum als Mitteilungsmittel Gottes eingeführt. Das Wissen Josefs um die Empfängnis des Kindes Jesus in Maria durch den Heiligen Geist, das Wissen der Weisen, daß sie auf einem anderen Wege nach Hause zurückkehren mußten, das Wissen Josefs, daß er nach Ägypten fliehen mußte und – nach zwei Jahren – daß er nach Israel zurückkehren konnte u. a., muß nicht immer unbedingt eine wirkliche Traumerkenntnis sein, es kann durchaus (z. B. daß Josef mit dem Kind fliehen mußte) im alltäglichen Leben gewonnene Erkenntnis sein. Aber der Evangelist will klarmachen, daß es eine göttliche Weisung war, und so sagt er es – sogar doppelt: er erhielt im Traum die Weisung . . ., weil Traum Weisung Gottes war, und zwar durch einen Engel des Herrn, der ja die Botschaft des Herrn selbst ist.

In einigen Erzählungen der Bibel, z. B. den Danielgeschichten, tritt zwar auch der jüdische Prophet als Traumdeuter auf, indem er eine weissagende Deutung gibt. Hier aber handelt es sich ja wohl um Träume, die von der gewollten Deutung her konstruiert sind. Hier handelt es sich nicht um Weisung im obenbeschriebenen Sinne, sondern um die Prophetie (Verkündigung), z. B. vom alle anderen Reiche überwindenden Reich des wahren Gottes. Hier ist das Genus des Weissagungstraumes Mesopotamiens als Kleid für die Verkündigung von der Größe des Gottes Israels benutzt, der der Gott über alle Götter ist.

3. Die Prophetie, d. h. die Verkündigung des Gotteswillens durch die Propheten, ist ein wesentlicher Zug in der israelitischen Gottesverehrung. Zu diesem Punkt sei auf die Artikel „Der Prophet" (s. d.) und „Wort Jahwes" (s. d., Nr. 4) hingewiesen.

4. Das Gesetz schließlich ist in Israel der kodifizierte Gotteswillen. Nicht als ob das Gesetz unmittelbar von Gott gegeben wäre; aber die Gesetzgeber sind die Mittler Gottes, und deshalb gilt Verkündigung und Kodifizierung des Gesetzes als Verehrung Gottes. Unter solchem Gesichtspunkt kann es auch keine Verfälschung alter Gesetze geben. Das Gesetz ist immer ein Ganzes. Wird es entfaltet, d. h. für andere Zeiten anders oder erweitert ausgesprochen, so tritt es unmittelbar gleichberechtigt neben die älteren Gesetze. So haben wir die Erweiterungen des Gesetzes zu verstehen, die im Laufe der israelitischen Geschichte immer wieder vorgenommen und in die alten Gesetze eingearbeitet wurden (z. B. aus der Priesterschrift, s. d.). – Im übrigen vgl. dazu „Wort Jahwes" (s. d., Nr. 3).

Das Gesetz als formulierter Gotteswille bestimmte vor allem das Leben der Pharisäer (s. d.), die mit der strengen Befolgung des Gesetzes den Willen Gottes ganz und gar erfüllen wollten, womit sich auch der Gedanke an den Messias verband: durch die Erfüllung des Gotteswillens wird die Zeit erfüllt, und wer das Gesetz erfüllt, wird das Messiasreich bzw. „das ewige Leben gewinnen" (Lk 10,25). Durch diese Erfüllung des Gotteswillens fühlten sich vor allem die Pharisäer über „die anderen Menschen"(Lk 18,11) erhaben.

Diese pharisäische Haltung gegenüber dem Gesetz mag uns leicht gegen das Gesetz einnehmen; aber wir müssen doch auch darin das Positive sehen, wie es etwa in dem rabbinischen Ausspruch enthalten ist: „Über denen, die sich mit dem Gesetz beschäftigen, ist die *schechinah* (die Wolke Gottes, der Glanz Gottes, die Gegenwart Gottes)." Dieser Satz ist nicht unbedingt so dem Hochmut zuzuordnen wie das Pharisäergebet aus dem Gleichnis vom Pharisäer und Zöllner, das Jesus erzählt hat.

Wenn Jesus betet: „Dein Wille geschehe", so ist dies zwar nicht dasselbe wie „Das Gesetz werde erfüllt", aber der Jude, der es hörte, konnte es doch darunter verstehen und konnte, wenn er hellhörig war,die größere Weite darin erspüren. Im übrigen aber war dieses Wort Jesu eine Rückkehr zum eigentlichen Gotteswillen; denn wenn das Gesetz auch einmal zusammengefaßter Gotteswille war oder sein wollte, so wurde in dem Ausgeklügelten und Aktiven, das sich immer mehr mit ihm verband, doch immer mehr der Wille des Menschen mächtig. Deshalb betete Jesus nicht: „Laß uns dein Gesetz erfüllen", auch nicht: „Laß uns deinen Willen erfüllen", sondern – in voller Anerkennung der göttlichen Weltführung: „Dein Wille *geschehe*." Ganz sicher liegt auch darin ein Moment der Auseinandersetzung mit dem Pharisäertum.

Gerechtigkeit
war für den Israeliten und Juden – was den Menschen betraf – die Bemühung um vollständige Gesetzeserfüllung. Die Bedeutung des Wortes deckt sich also nicht mit der Bedeutung unseres abendländischen Wortes „Gerechtigkeit", die aus der aristotelischen Ethik stammt, obwohl sie auch nicht ganz von dieser verschieden ist. Nicht jedem *Menschen* das Seine zu geben (abendländisch), sondern dem Gesetz des Herrn das Seine zu geben, bedeutete Gerechtigkeit. Diese „Gerechtigkeit" umschloß deshalb die Anerkennung Gottes als des Herrn der Menschen, der die Gesetze (s. d.) und Weisungen für die Menschen gibt, und die Erfüllung der bürgerlichen Gesetze, die zugleich immer religiöse Gesetze waren, weil Gott der einzige Gesetzgeber ist. „Gerechtigkeit" ist also: Vollkommenheit, Heiligkeit, so tun, wie Gott will. Der gegen die Weisungen Gottes Handelnde ist deshalb „der Ungerechte", und der Büßer, dem die Sünden erlassen waren, „der Gerechtfertigte".

Diese auf Gott bezogene Gerechtigkeit ist aber nichtsdestoweniger menschlich; denn Gott will, daß der Mensch seinem Nächsten, sogar wenn er sein Verfolger ist, Gutes tut. Deshalb läßt der Schreiber des Samuelbuches Saul zu David sagen, der Saul hätte töten können: „Du bist gerechter als ich" (1 Sam 24,18). Dieser eine Hinweis eröffnet die ganze Fülle des Wortes „Gerechtigkeit". Und diese Fülle der „Gerechtigkeit" sagt Jeremia auch vom künftigen idealen König Israels aus: In seinen Tagen will ich für David einen gerechten Sproß erwecken... Man wird ihm den Namen geben: Der Herr ist unsere Gerechtigkeit" (Jer 23,5.6). Die letzte Erfüllung seiner Weisungen wirkt der Herr selbst.

Als die Erfüllung des Gesetzes immer komplizierter wurde (nach der Babylonischen Gefangenschaft) und man Gelehrter sein mußte, um das ganze Gesetz und seine Auslegungen zu kennen (zur Zeit Jesu), konnte es geschehen, daß das Wort „Gerechtigkeit" auch einmal nicht so ganz positive Bedeutung hatte. Etwas davon klingt an in dem Wort Jesu: „Wenn eure Gerechtigkeit nicht weit größer ist als die der Schriftgelehrten und Pharisäer, werdet ihr nicht in das Himmelreich kommen" (Mt 5,20).

Jesus predigt wider den alten Begriff der Gerechtigkeit, der von ihm zum Teil ersetzt wird durch die andere Formel vom Handeln nach dem Willen des Vaters. Aber er gebraucht dennoch sehr oft den überlieferten Ausdruck: „Selig, die hungern und dürsten nach der Gerechtigkeit" (Mt 5,6). – „Selig, die um der Gerechtigkeit willen Verfolgung leiden" (Mt 5,10).

Allerdings klingt aus den Worten Jesu – auch da, wo wir es bei oberflächlichem Hinhören nicht wahrnehmen – die Überzeugung heraus, daß es eigentlich keine Gerechten gibt; denn sein genereller Messiasruf geht auf Umkehr und Buße, und der richtet sich an alle. Wenn man das nicht aus dem Auge läßt, bekommt das Gleichnis vom verlorenen Schaf (Lk 15) am Schluß eine ironische Farbe, zumal wenn man bedenkt, daß es zu Schriftgelehrten und Pharisäern gesprochen wurde, deren „Gerechtigkeit" Jesus für höchst unvollkommen erklärte (Mt 5,20) und die er im Gleichnis – nicht direkt, aber sie selbst faßten es sicherlich so auf – als die neunundneunzig Gerechten anspricht, „die es nicht nötig haben umzukehren" (Lk 15,7).

Es zeigt sich also, daß in den Worten Jesu „Gerechtigkeit" einmal allgemeineren Gehalt und einmal den eingeschränkten landläufigen Gehalt hat. Diesen eingeschränkten Gehalt müssen wir in den Evangelien wohl immer beim Wort „gerecht" annehmen, wenn es von einer einzelnen Person ausgesagt wird. „Gerechtsein" heißt, auf volle Gesetzeserfüllung bedacht sein. So auch bei Simeon im Tempel, als Jesus zur Darstellung gebracht wurde: „Er war gerecht und fromm" (Lk 2,25).

Von Josef, dem Nährvater Jesu, heißt es ebenfalls: „. . . er war gerecht" (Mt 1,19), und zwar im Zusammenhang mit dem Verdacht von Mariens Ehebruch. Im Judenevangelium des Matthäus kann dieser Ausdruck nur den engen jüdischen Sinn der Zeit Jesu haben. Deshalb sollen dieses Wort und die Stelle Mt 1,19 hier kurz erläutert werden.

Als „Gerechter" war Josef gehalten, seine Braut oder Frau bei Ehebruch (s. d.) zu verklagen oder auf den Titel Ehebrecherin zu entlassen. Er allein konnte wissen, ob Ehebruch vorlag. Das Gericht aber verlangte zwei Zeugen, die Josef auch bei tatsächlichem Ehebruch kaum hätte beibringen können. Das Gericht hätte nicht zu einem Schuldspruch kommen können, wohl aber hätte die Gerichtsprozedur Maria in Schande, ins Gerede, in Verruf gebracht. Viele Ehemänner, die ihre Frau wegen Ehebruchs verstießen, verzichteten trotz fehlender Zeugen auf die Klage nicht. Deshalb beschloß Josef, sie „in aller Stille" zu entlassen, was in diesem Zusammenhang nur heißen kann: ohne vorherige Gerichtsverhandlung oder ohne Nennung des Entlassungsgrundes im Scheidebrief (s. d.). Demnach wäre die beste Übersetzung dieser Stelle: „Josef, ihr Mann, war gerecht; aber da er sie nicht ins Gerede bringen wollte, beschloß er, sie in aller Stille zu entlassen." Er wollte von dem dramatischen Mittel der Klage keinen Gebrauch machen, weil es sinnlos war; und auf eine Verfemung kam es ihm nicht an. – Über die Gerechtigkeit Gottes s. den Artikel „Der gerechte Gott".

Rein oder unrein

können Dinge sein, Lebewesen, menschliche Zustände, menschliche Taten. Die Scheidung in rein und unrein ist aber kein speziell israelitisch-jüdischer Zug der Religiosität. Vor allem der *Parsismus,* die Lehre Zarathustras (die Griechen nannten ihn Zoroaster), scheidet die Welt in reine und unreine Welt. Sich selbst und den reinen Elementen (Wasser, Feuer, Erde) ist der Gläubige äußerste Reinheit schuldig. Unsauberes, Verdorbenes, Totes verunreinigt, und die Verunreinigung kann nur durch Waschungen, Gebete, Quarantäne behoben werden. Das Unreine ist die Wirkstätte der Devs, der unreinen zerstörenden höllischen Elemente, die den Menschen an Leib und Seele verderben.

Aber die rituellen Reinheitsgesetze des Parsismus sind nur besonders ausgeprägte Formen der in allen Religionen geltenden Reinheitsgesetze, so daß bei ähnlichen Reinheitsriten nicht unbedingt immer auch Abhängigkeit vorliegen muß. Es war schon in Frühkulturen allgemeinreligiöse Anschauung, daß man sich vor dem Opfer zu reinigen hatte oder daß gewisse Krankheiten wegen ihrer Unsauberkeit den Menschen auch für den kultischen Dienst ungeeignet machen. Im alltäglichen Leben bewirkte „Unreinheit" Trennung, und erst die „Reinigung" gab wieder volle Gemeinschaft. Alles, was wegen seiner das Leben bedrohenden Kräfte für unrein erklärt worden war, sonderte den Menschen ab, wenn er in seinen Wirkungskreis geriet. Der Glaube an die Einheit des Menschen, der keine „Teilung" in Leib und Geist und Seele gestattet, ja den Gedanken an eine solche „Teilung" nicht einmal aufkommen ließ, förderte diese Anschauungen. Körperliche Unreinheit machte *ganz* unrein und war das Zeichen der Unreinheit an sich; körperliche Reinigung machte *ganz* rein.

Man darf deshalb sagen, daß das Volk der Bibel schon seit frühesten Zeiten, ja daß schon Abraham solche Reinheitsgesetze gekannt hat, wenn wir auch nicht sagen können, welche; der Umfang der eigentlich jüdischen Reinheitsgesetze läßt sich erst seit nachexilischer Zeit feststellen, denn die ausführlichen Reinheitsbestimmungen sind erst in und nach dem Babylonischen Exil in die Bücher des Pentateuch eingearbeitet worden. Sie galten vorher wahrscheinlich größtenteils als exklusive priesterliche Tradition – es gab sie also, aber ihre Entwicklung läßt sich nicht verfolgen. Möglich ist auch, daß die Juden unter persischer Oberhoheit für den Ausbau der Reinheitsgesetze Anregungen aus dem Parsismus erhalten haben.

Unrein machte – ganz allgemein – jeder Schmutz: Geschwüre, Ausschlag, Fliegen und Mücken im Wein, Berührung von Kot, Aussatz (s. d.); vgl. auch den Artikel „Die Bettler".

Unrein machte auch alles, was mit dem Geschlechtsleben zusammenhängt: Geschlechtsverkehr, Monatsregel der Frau, unwillkürlicher Samenfluß, krankhafter Blutfluß der Frau. Auch durch die Geburt wurde die Frau unrein. Manichäische Irrlehren im Christentum gehen auf solche Auffassungen zurück, mißverstehen sie aber wohl doch; denn Israel und das Judentum sahen keineswegs diesen Komplex an sich für unrein an, sondern – so glaubte man – gerade dieser lebensentscheidende Bereich des Geschlechtslebens war den lebenverderbenden Kräften und Dämonien besonders ausgesetzt, so daß er nach jeder Aktion einer Reinigung bedurfte. Viele dieser Anschauungen von Unreinheit möchte man heute auf einfache Hygieneforderungen zurückführen: „Hat eine Frau Blutfluß... (wird) alles, worauf sie sich... legt, unrein... Wer ihr Lager berührt, muß seine Kleider waschen..." (Lev 15,19–21). Diese Vermutung ist nicht ganz falsch, jedoch auch nicht ganz richtig: es gibt eben keine absolut körperliche Erscheinung, sondern nur eine ganzmenschliche; in allem wirkt das Heilige und Reine wie das Dämonische und Unreine auf den ganzen Menschen. Unter diesem Gesichtspunkt aber gibt es keine Hygiene, die nichts als Hygiene wäre.

Unrein machte in Israel vor allem die Berührung mit dem Götzendienst: mit Götzenopferfleisch, Götzenaltären und anderen götzendienerischen Kultgegenständen sowie der Vollzug götzendienerischer Kultformen (z. B. Sakralprostitution, s. d.). Diese Anschauungen sind in Israel sicherlich sehr alt und gehören mit zu den frühesten; sie müssen in der Zeit Josuas und der Richter, vielleicht sogar schon unter Mose verkündet worden sein, als das Volk zuerst aufgefordert wurde, sich von den kanaanäischen Kulten des Baal (s. d.) fernzuhalten.

Die Unterscheidung zwischen reinen und unreinen Tieren geht wahrscheinlich ebenfalls auf die Bemühung zurück, kanaanitische Opfertiere oder gottgeweihte andere Tiere von Völkern, mit denen Israel in Verbindung trat, als Opfertiere zu ächten und dadurch den Möglichkeiten eines Götzenopfers auch von dieser Seite her entgegenzutreten. So mag es ursprünglich nur wenige unreine Tiere gegeben haben; aber da solche Gesetze die Tendenz haben, den ganzen betreffenden Bereich zu erfassen, wurde schließlich die ganze Tierwelt in reine und unreine Tiere geschieden (vgl. Gen 7,2).

Die Bezeichnung der Fremde als unreines Land; der Glaube, daß fremdes Land und schließlich auch die Berührung mit Fremden verunreinige, geht ebenfalls auf die Ächtung des Götzendienstes zurück. Das fremde Land ist das Land eines fremden Gottes,[12] und der Fremde ist ein Unbeschnittener oder ein Götzendiener, der unrein macht; oder er gehört – wie im Falle der Samaritaner (s. d.) – zu einem Mischvolk, das durch seine Mischvolksubstanz unrein ist; dadurch wird der Gehalt des Gleichnisses Jesu vom barmherzigen Mann aus Samaria pointiert: der Samaritaner machte den überfallenen Juden „unrein", aber er half ihm – und: der „Unreine" war der Hilfreiche. – Vergleiche auch den Artikel „Die Zöllner" (s. d.).

Die unbefugte Berührung heiliger, d. h. für Gott ausgesonderter Dinge machte ebenfalls unrein, nicht etwa, weil das Heilige an sich unrein macht, vielmehr sollte durch dieses Gesetz das Heilige geschützt werden. Sogar der Priester mußte sein Dienstgewand nach

---

[12] Vgl. den Artikel „Die Götter der Völker".

dem Dienst ablegen, weil es ihm nur während des Dienstes zustand. Außerhalb des Dienstes hätte es ihn unrein gemacht. Die Anschauung, daß der Lebende durch Leichen verunreinigt wird, könnte ein Erbe des Parsismus sein, der Leichen weder mit dem reinen Element der Erde (Beerdigung) noch des Feuers (Leichenverbrennung) in Verbindung brachte, sondern sie auf Leichentürmen den Raubvögeln zur Vernichtung übergeben und die Knochen in Knochenhäusern sammeln ließ. Die Bücher Israels mit vorexilischen Traditionen zeigen nämlich keine Totenscheu. Erst nach der Rückkehr aus dem persischen Babylonien bzw. in den Zeiten persischer Oberherrschaft wurde die Leichenberührung zum ausgesprochenen Verunreinigungsfaktor.[13] Selbst die Berührung mit Gräbern machte unrein; deshalb wurden die Gräber weiß getüncht, um vor ihnen zu warnen. Als Herodes Antipas seine neue Hauptstadt Tiberias (s. d.) zum Teil auf einem Gräberfeld erbaut hatte, hemmte dies die Entwicklung der Stadt außerordentlich. Dennoch setzte sich im Judentum niemals der geradezu unmenschliche Leichenhaß des Parsismus durch; dafür waren wohl die alten Traditionen zu stark. Leichenbestattung blieb ein Liebeswerk (s. d.).

Die Reinigung geschah durch Abwarten einer gesetzlich festgesetzten Reinigungsfrist: in gewissen Fällen „bis zum Abend" oder (z. B.) sieben Tage nach der Menstruation; sie geschah vor allem durch Waschungen: durch Abspülen der Hände, durch Waschen des Körpers und der Kleider, durch Übergießen von Früchten, die im Verdacht der Unreinheit standen, weil sie möglicherweise aus heidnischer Hand kamen. Wie sehr diese Waschungen ins tägliche Leben eingriffen, zeigt die Beschreibung bei Joh 2,6: „Es standen dort sechs steinerne Wasserkrüge, wie es der Reinigungsvorschrift der Juden entsprach."

Die „Reinigungs*opfer*" waren jedoch ursprünglich wohl weniger Reinigungsmittel als Dankopfer für die Reinigung.

Die mütterliche Reinigung setzt voraus, daß die Mutter durch die Geburt eines Kindes unrein wird, nicht nur wegen des mit der Geburt verbundenen Blutflusses, sondern ganz allgemein wegen der bösen Geister, die sich bei jeder Geburt in sie hineindrängen (vgl. oben).

Die Tage der Unreinheit der Wöchnerin waren in zwei Etappen gegliedert: bei Knaben 7 Tage Unreinheit, und 33 weitere Tage „muß sie im Reinigungsblut zu Hause bleiben"; bei Mädchen 14 Tage Unreinheit und weitere 66 Tage Reinigungszeit. Am Ende dieser Reinigungszeit sollte sie ihr Opfer zum Priester bringen: ein einjähriges Lamm und eine Turteltaube oder eine junge Taube (s. d.); der Priester opferte das Tier, und „so wird sie von ihrem Blutfluß gereinigt". Das Lamm konnten solche, die es nicht erschwingen konnten, auch durch eine zweite Turteltaube oder eine zweite junge Taube ersetzen. So bestimmte es Lev 12,8; und so taten es Maria und Josef, als Maria zum Reinigungsopfer in den Tempel ging.

Im Buch Leviticus ist – weil das Gesetz unter der Fiktion des Erlasses durch Mose formuliert wurde – der Eingang des Heiligen Zeltes als Übergabeort für das Reinigungsopfer vorgeschrieben. An die Stelle des Zeltes trat der Tempel. Die Wöchnerinnen mußten ihr Reinigungsopfer natürlich nicht alle selbst in Jerusalem übergeben; aber solche, die im Tempel in Jerusalem zum Reinigungsopfer erschienen, wurden vom Vorsteher der Laienvertretung am Osttor des Frauenhofes aufgestellt (Nikanortor, s. d.), wo sie dem Priester dann ihr Reinigungsopfer aushändigten. Es war dafür eine feste Stunde üblich; wir wissen aber nicht, welche. Aus praktischen Gründen schloß sich an die Reinigungszeremonie oft der Loskauf der Erstgeburt (s. d.) an, obwohl dabei weder die Mutter noch das Kind zugegen zu sein brauchten. Dieser war Sache des Vaters.

[13] In Übereinstimmung damit konnte man die entsprechenden Gesetze, die die Verunreinigung durch Tote betreffen, als Gesetze der jüngsten Traditionsschicht (s. Priesterschrift) ermitteln. Einen gewissen Gegensatz dazu bilden die Erzählungen im 2. Buch der Könige (23,4ff.), in denen König Joschija (S. 559, Nr. 38) bei Aufhebung der Höhenheiligtümer und des Heiligtums von Bet-El immer wieder die Altäre und heiligen Bezirke Baals durch menschliche Gebeine verunreinigen und so für das Opfer unbrauchbar machen läßt. Diese Ereignisse (vor der Babylonischen Gefangenschaft!) passen mit diesem speziellen Motiv nicht recht zur allgemeinen Haltung des Volkes jener Zeit gegenüber den Toten. Da aber die Bücher der Könige (s. d.) frühestens während des Babylonischen Exils geschrieben wurden, liegt der Gedanke nahe, daß manche früheren Ereignisse in der Erzählung unter Verwendung von Anschauungen und Gesetzen gestaltet worden sind, die sich erst unter persischem Einfluß, am Ende des Exils, durchgesetzt haben.

Vor wichtigen kultischen Akten sollte sich der Priester oder das Volk „heiligen". Dazu gehörten nicht nur die Reinigungsakte, sondern vor allem auch die Enthaltung von Verunreinigungen, z. B. Geschlechtsverkehr.

Zusammenhängend sind die jüdischen Reinheitsvorschriften im Buch Leviticus (ab Kapitel 11) niedergelegt. Vergleiche auch im Artikel „Die Pharisäer".

Buße und Sündenvergebung
gehören sowohl nach Auffassung des AT wie auch des NT zusammen. Die Sündenvergebung ist an die Buße geknüpft. Ein eigenes Wort für „Buße" gibt es allerdings weder in den biblischen Büchern des AT noch in den Büchern des NT.

Im AT wird die Praxis der Buße meistens mit Fasten (s. unten) bezeichnet. Die Veräußerlichung dieser Praxis wurde von den Propheten scharf kritisiert. Sie sahen in der Sünde die Abkehr von Gott und predigten deshalb die Buße als Hinkehr, Rückkehr, neue Hinwendung zu Gott. Darin lag zugleich die Verurteilung der bloßen Verrichtung von Bußwerken, also ohne den festen Entschluß, in Zukunft auf das Wort Jahwes zu hören und es zu befolgen. Nur diese Hinwendung zu Gott bringt von Gott die Sündenvergebung, nicht aber die mechanische und äußerliche Absolvierung von Bußwerken.

Im NT predigt Johannes der Täufer nach der Weise der Propheten die Abwendung von der Sünde um des kommenden Messiasreiches willen. Während er sich der Bußtaufe unterzieht, dokumentiert der Mensch seinen Willen zur Hinwendung zu Gott (griech. *metánoia*); S. 594, Nr. 4. In dieser prophetischen Tradition steht auch die Bußpredigt Jesu.

Die Verkündigung Jesu als Messias und Gottessohn durch die Apostel gibt dieser Hinwendung zu Gott dann jedoch den besonderen Akzent: die Hinwendung zu Jesus als dem Messias (Christus) ist Hinwendung zu Gott, und die Verkündigung der Sündenvergebung durch den Mund Jesu ist das apostolische Bekenntnis zur Göttlichkeit Jesu, wie es vor allem in den Perikopen von der Heilung des Gelähmten (Lk 5,17–26) und von der bußfertigen Sünderin (Lk 7, 36–50) sichtbar wird.

Die Buße als persönlicher Heilsweg wird im AT durch manche Perikopen betont: z. B. durch die Erzählung von Davids Sünde und

Buße. Die Buße stellte den Büßer wieder vollwertig neben die Gerechten, wie alljährlich durch den Tanz der Männer in der ersten Nacht des Laubhüttenfestes (s. d.) dargetan wurde.

Im NT ist nicht nur Maria Magdalena (s. d.) die Verkörperung der Büßerin, sondern auch die Zusammenschau der Petrus-Perikopen gibt ein Bild vom wahren Heilsweg der Buße: Verrat-Reue-Berufung zum höchsten Gemeindeamt. Aber sowohl Petrus (s. d.) wie auch Maria Magdalena betonen durch ihren Bußweg, daß im Neuen Bund die Hinwendung zu Gott durch die volle Hinwendung zu Christus geschieht.

Fasten
galt wohl zunächst als persönliche Bußübung, wurde aber seit der Zeit der großen Propheten immer mehr auch zu einem gemeinsamen Bußwerk. Die Stationen der Entwicklung der israelitisch-jüdischen Fastenpraxis sind nur in Andeutungen zu verfolgen; in den Jahrhunderten nach dem Babylonischen Exil wurde sie aber immer mehr ausgebildet, und zur Zeit Jesu dürfen wir eine sehr ausgeprägte und differenzierte Fastenpraxis annehmen.

Das öffentliche Fasten, das von der Spitze der Kultgemeinde, die in Jesu Zeiten ja auch Trägerin der zivilen Selbstverwaltung war, angesetzt wurde, fand vor allem am Versöhnungstag (s. d.) statt; es war „das große Fasten". Außerdem gab es Fasten an den Gedenktagen nationalen Unglücks (Tag der Eroberung Jerusalems durch Nebukadnezzar, Tag der Tempelzerstörung u. ä.); aber dieses Fasten scheint in der Zeit Jesu nicht allgemein und regelmäßig beobachtet worden zu sein. Ferner fastete man – als Gemeinde – in Zeiten akuter Nöte.

Das private Fasten war dagegen gerade zur Zeit Jesu sehr in Übung. Obwohl die eigentlichen Fastenbestimmungen kaum auf der Tora, sondern fast ausschließlich auf der Lehre der Rabbinen beruhten, wurde ihnen doch außerordentlicher Wert beigelegt. Fasten war ein Mittel, um die Gerechtigkeit (s. d.) zu mehren und für eigene Sünden und die Sünden anderer zu büßen; ein Mittel der Reinigung des Menschen und ein Mittel, die Versöhnung Gottes zu erlangen.

Die Fastenpraxis sah vor, daß man sich ein Sackgewand anlegte; dieses Sackgewand war aus den Trauerbräuchen (s. d.) übernommen worden; ebenfalls die Asche, die man sich aufs Haupt streute. Beim Fasten setzte man sich sogar in Asche. Man wusch sich nicht, man salbte sich nicht. Zum Fasten gehörte das Barfußgehen, die geschlechtliche Enthaltsamkeit, das Sichversagen des gegenseitigen Friedensgrußes und natürlich – als Hauptsache – die Enthaltung von Speisen.

Der Fastengottesdienst bei den öffentlichen Fasten wurde auf einem freien Platz gehalten: mit Gebeten und Fastenpredigten, die – zumal bei Fasten, die der Behebung eines Notstandes galten, z. B. der Wassernot – sehr rührselig sein mußten, um das Volk und durch das weinende Volk Gott zu rühren.

Das längere Fasten („40 Tage") bedeutete nicht, daß man in dieser Zeit gar nichts aß; bei längerem und langjährigem Fasten fastete man für gewöhnlich aber doch vom Montag bis zum Donnerstag. Am Rüsttag zum Sabbat, am Sabbat und am Tag nach dem Sabbat setzte man meistens mit dem Fasten aus. Das wird wohl auch für das vierzigtägige Vorbereitungsfasten Jesu zutreffen.

Der Fastende gab ein Zeichen seiner Frömmigkeit, das von Pharisäern und Schriftgelehrten sicherlich auch deshalb so pointiert öffentlich begangen wurde, um ein gutes Beispiel zu geben und zum persönlichen Fasten aufzufordern. Daß sich dabei die Fastenden sehr oft auch im Glanz ihrer eigenen Frömmigkeit sonnten, geht aus den kritischen Worten Jesu genügend hervor. Deshalb preist Jesus das Fasten, bei dem der Fastende sich wäscht, sich salbt und ein fröhliches Gesicht macht, damit nur Gott das Fasten sieht und nicht die Menschen, die den Fastenden loben könnten. Deshalb fastete Jesus niemals vor der Öffentlichkeit: beim vierzigtägigen Fasten zog er sich zurück, und von seinem Fasten in der Zeit seines öffentlichen Wirkens wissen nicht einmal die Evangelisten etwas zu berichten, obwohl kaum zweifelhaft ist, daß auch er gefastet hat; er galt ja als „Fresser und Weinsäufer".

Almosengeben
gehörte zur Werkseite der jüdischen Religiosität, zu den „guten Werken". Dabei muß zugegeben werden, daß die Forderungen an den Almosengeber, die Forderungen an seine Gesinnung und an die Art des Almosengebens an Idealität nichts zu wünschen übriglassen. Man

sollte taktvoll geben, im verborgenen, möglichst nicht direkt; die Spende für die Armenbüchse galt deshalb als die ideale Art der Wohltätigkeit (s. bei „Opferbüchsen").

Da die Wohltätigkeit als überaus verdienstlich galt, weil die rabbinische Lehre an sie die Fülle der Belohnungen knüpfte – vom Reichtum über männliche Nachkommen bis zur Bewahrung vor der Gehenna (s. d.) –, war das Almosengeben auch in jenen Kreisen weit verbreitet, wo man nur ein sehr vulgäres und äußerliches Religionsverständnis hatte.

Aber nicht nur dies führte zu Verflachungen und zu Almosenbetrieb, sondern gerade auch die Empfehlung, Almosen „im verborgenen" zu geben und lieber die Almosenbüchsen der Synagogen und die Armenopferstöcke des Tempels zu benutzen als direkte Almosen zu spenden, führte zu sinnlosen Verfälschungen. Da nämlich an Fasttagen, besonders beim Fastengottesdienst (s. oben) im Freien, die Aufforderung zum Almosengeben erging, versprach man öffentlich hohe Summen, überbot sich dabei gegenseitig, so daß dieser Spendenbetrieb eher einer Auktion glich als einem Gottesdienst, in dem sich Opfergesinnung zeigen sollte. Die karitative Eitelkeit feierte Triumphe. Dabei taten sich besonders die Pharisäer (s. d.) hervor.

Jesus geißelte diese Art von „guten Werken". Er wies auf das Opfer der armen Witwe hin (Mk 12,41–44), die mit ihrem Wenigen mehr in den Opferkasten getan hatte als die, die vor aller Öffentlichkeit große Beträge opferten.

Die Liebeswerke
unterschied man vom Almosengeben; auch sie gehörten zu den „guten Werken", wurden aber höher bewertet, weil sie nicht nur mit Geld, sondern mit dem Einsatz der persönlichen Kraft getan wurden.

Zu den Liebeswerken gehörten Krankenbesuche, Beherbergung von Fremden, Bestattung von Toten und Teilnahme an Begräbnissen, Tröstung von Trauernden, Ausstattung armer Brautpaare wie überhaupt Hilfe bei der Vorbereitung von Hochzeitsfeiern und Teilnahme an Hochzeitsfeierlichkeiten; alle Werke, die bei Mt 25,35.36 als entscheidende Werke für das Bestehen des Gerichtes am Jüngsten Tage genannt werden, sind solche Liebeswerke, die nicht nur in dieser und jener

Welt reich belohnt werden, sondern auch alle Gebote der Tora aufwiegen. Gerade mit diesem Satz macht Jesus in seiner Lehre unbedingten Ernst.

Das Liebeswerk der *Gastfreundschaft* hatte für den Juden in Abraham sein biblisches Vorbild (Gen 18,1–10). Es wurde überaus hoch bewertet, so daß ein späterer Rabbi sagen konnte: Um der Gastfreundschaft willen ruht die Gegenwart Gottes sogar auf einem Baalspropheten. In diesem Zusammenhang muß auch das Wort gesehen werden: „Wer euch aufnimmt, der nimmt mich auf, und wer mich aufnimmt, nimmt den auf, der mich gesandt hat ... Und wer einem von diesen Kleinen auch nur einen Becher frisches Wasser zu trinken gibt, weil es ein Jünger ist – amen, ich sage euch: Er wird gewiß nicht um seinen Lohn kommen" (Mt 10,40.42). Darin liegt zugleich der Anspruch, daß die Gemeinde Jesu das neue Israel ist; denn das Liebeswerk der Gastfreundschaft wurde von den Rabbinen zunächst für die Israeliten proklamiert.

Das Liebeswerk der *Aufnahme und Erziehung von Waisenkindern* wird ebenfalls im Evangelium eigens erwähnt: „Wer ein solches Kind um meinetwillen aufnimmt, der nimmt mich auf" (Mt 18,5). Das katechetische Ziel eines solchen Satzes ist, daß im neuen Israel das Liebeswerk nicht mehr auf den Weisungen und Vorbildern der Tora und sein Lohn nicht mehr auf den Versprechungen der Schriftgelehrten beruht, sondern auf dem Leben und dem Wort Jesu.

Zum Liebeswerk der Vorbereitung einer Hochzeit, des Mitgehens usw. bei einem Hochzeitszug: s. d. Worte zu Mt 25,1ff.

Zum Liebeswerk des Totengeleits und des Totebegrabens (s. „Begräbnis"). Auch das Salben der Toten galt als besonderes Liebeswerk.

Der Synagogengottesdienst

sollte vor mindestens zehn Personen stattfinden. Damit aber der Gottesdienst gesichert war, verpflichtete man zehn Personen, die ohne Arbeit waren, regelmäßig an jedem Gottesdienst teilzunehmen. Man nimmt oft an, dies sei eine späte Vorschrift, die erst in der Diaspora aufgestellt wurde; da es aber für den Tempelgottesdienst ähnliche Vorschriften gab – daß nämlich das gesamte Volk durch vierundzwanzig honorierte Stellvertreter anwe-

send sein sollte –, darf man annehmen, daß die Übung auch im Synagogengottesdienst schon sehr alt ist.

Mit der Schemá-Rezitation begann der Gottesdienst. Das „Schemá" („Höre") war ein mit Bestimmtheit schon vor Jesu Zeit üblicher Text, der ein Bekenntnis zum Monotheismus und zu den Geboten Gottes bedeutete. Man benannte ihn nach seinem ersten Wort. Dieser Bekenntnistext setzte sich zusammen aus Dtn 6,4–9 („Höre ..."), Dtn 11,13–21 („Und wenn ihr ...") und Num 15,37–41 („Der Herr sprach ...").

Das „Schemá" gehörte zum täglichen Morgengebet und Abendgebet, bei dem es von Lobpreisungen Gottes umgeben wurde. Da ihm also eine so wichtige Rolle im alltäglichen Leben zukam, ist es nur natürlich, daß es auch den Anfang des Synagogengottesdienstes bildete. Die Gemeinde sprach das „Schemá" sitzend, wobei die Lobpreisungen vorher und nachher vom Rezitator der Prophetenlesung (s. unten) vorgebetet wurden.

Das Achtzehngebet, das etwa seit dem Jahre 90 n.Chr. der Schemá-Rezitation folgte, war zur Zeit Jesu noch nicht endgültig redigiert. Da es aber aus dem Anliegengebet erwachsen ist, darf man annehmen, daß dieses Anliegengebet in der älteren Synagoge seinen Platz zwischen dem „Schemá" und der ersten Lesung hatte, eben an der Stelle, wo sich später das Achtzehngebet fand. Einige Benediktionen dieses Gebets wurden bereits im Tempel gebetet. Im christlichen Ritus des Gebetsgottesdienstes steht deshalb bis heute die Oration vor den Lesungen.

Es folgten die Schriftlesungen. Zunächst wurde aus der Tora gelesen, d.h. den fünf Büchern Moses. An den Festtagen wurden die auf die Feste bezüglichen Texte gelesen, an den gewöhnlichen Sabbattagen las man dagegen den Pentateuch fortlaufend *(lectio continua).* Dabei gab es zwei Modalitäten: die Einteilung der gesamten Tora in 54 Abschnitte – babylonische Einteilung, so daß der Pentateuch innerhalb eines Jahres ganz verlesen wurde; oder die Einteilung in 154 bis 175 Abschnitte – palästinensische Einteilung, so daß der Pentateuch innerhalb von drei Jahren ganz verlesen wurde. Aber die babylonische Einteilung hat sich auch in Palästina schon früh durchgesetzt.

Weil das Hebräische zur Zeit Jesu schon

lange nicht mehr Volkssprache war, wurde die Lesung meist Vers für Vers übersetzt (vgl. „Targum"). Der Verleser des hebräischen Textes mußte dabei wirklich lesen, und der Übersetzer mußte sein *targum* (seine Übersetzung) ohne schriftliche Unterlage vortragen, um anzudeuten, daß seine Worte nicht zur „Schrift" gehören. Die Übersetzung war meistens frei und nicht ohne schmückende Zusätze.

Die Toralesung gehört zur ältesten Synagogenpraxis. Später kam – in den Sabbatmorgen- und Festtagsgottesdiensten – die Prophetenlektion hinzu, d. h. eine Lesung aus den geschichtlichen Büchern von Josua an *(prophetae priores)* oder aus den auch von uns so genannten „Propheten". In den Tagen Jesu war die Doppellesung aus Tora und Propheten längst üblich; wann und durch wen sie eingeführt wurde, wissen wir nicht. Wahrscheinlich war sie ursprünglich ein Ersatz für die Predigt, wenn kein Prediger zur Stelle war, und ist dann allmählich zu einer selbständigen Übung geworden, auch wenn eine Predigt folgte.

Die Prophetenlesung war in den Tagen Jesu üblich – nicht üblich war eine bestimmten Tagen fest zugeordnete Prophetenlesung. So konnte Jesus in Nazaret (Lk 4,16ff.), als er zur Prophetenlesung aufgerufen wurde, frei wählen (Jes 61,1ff.).

Die Predigt schloß sich an. In der Zeit Jesu war sie noch schmucklos, eine eindringliche Mahnung, und zwar in der Landessprache. Später wurde sie akademischer und hebräisch; aber das war schon zu nachbiblischer Zeit.

Eine Verpflichtung zur Teilnahme am Gottesdienst in der Synagoge hat es im Judentum nie gegeben.

Tägliche Gebete,
d. h. den allgemeinen Brauch, täglich zu bestimmten Zeiten zu beten, gab es in Israel wahrscheinlich seit der Zerstörung des Tempels im Jahre 586, wie ja wohl auch die Synagoge (s. d.) in dieser Zeit ihren Ursprung hat. In früherer Zeit mag man sich mit dem Wissen begnügt haben, daß im Tempel täglich geopfert wurde; dieses Opfer sollte ja die offizielle Gottesverehrung des Volkes sein. Als dann ein großer Teil des Volkes in Babylon ohne Opfer leben mußte, wird sich hier ein erster Brauch täglicher Gebete herausgebildet haben.

Wie sich der Brauch weiterentwickelte, läßt sich nicht verfolgen. Aber aus der Tatsache, daß später im Tempel dem eigentlichen Opfer das Morgengebet der Priester voraufging (s. „Der tägliche Opferkult"), und aus der anderen Tatsache, daß die Morgen- und Nachmittagsopfer als Zeitbenennungen auch für das Gebet außerhalb des Tempels gebraucht wurden, darf man schließen, daß sich einerseits die täglichen Gebete, von Anfang an, an die Tempelopferzeiten anschlossen und später diese Gebete sich parallel zu den Tempelopferzeiten entwickelten.

Man sollte – so bestimmten es später die Schriftgelehrten – am Morgen beten (möglichst parallel zum Tempelopfer), aber das Gebet sollte bis zum Mittag gebetet sein; das Nachmittagsgebet wurde etwa zur neunten Stunde gebetet (parallel zum „Abendopfer" im Tempel), aber man durfte es ab Mittag beten; am eigentlichen Abend sollte ein Abendgebet den Tag beschließen. Diese Regelung stammt wohl aus Kreisen der Pharisäer (s. d.), die den Brauch dadurch zu stützen und zu einem allgemeinen zu machen suchten, indem sie diese Tagzeitengebete öffentlich verrichteten, vor allem das Nachmittagsgebet; wo sie sich auch befanden, wandten sie sich zur gegebenen Zeit dem Tempel oder Jerusalem zu und beteten vor aller Augen. Die Gebete bestanden aus dem „Schemá" (s. oben: „Synagogengottesdienst") und Anrufungen.

Durch die Ausführungsbestimmungen zur Tora, die von den Schriftgelehrten gegeben wurden, entstand der Brauch der Gebetsriemen *(tefillím)*: Riemen, mit denen man eine vierräumige Kapsel vor der Stirn und eine einräumige Kapsel gegenüber dem Herzen anbrachte; in diesen Kapseln waren Zettel mit Abschnitten aus dem „Schemá" und den Zehn

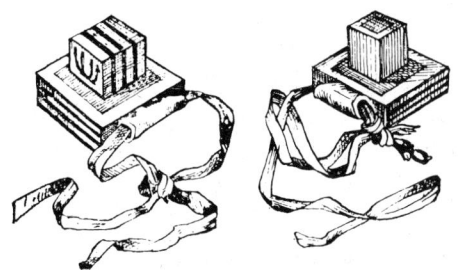

Stirn- und Armkapseln für die „Denkzettel", die beim Gebet durch Gebetsriemen vor Stirn (links) und Herzen (rechts) festgehalten werden.

Geboten enthalten. Damit führte man auf eine seltsame Weise wortwörtlich aus, was in Dtn 6,8 gesagt war: Die Worte des Gesetzes, „du sollst sie als Zeichen um das Handgelenk binden. Sie sollen zum Schmuck auf deiner Stirn werden". Diese in übertragenem Sinn gemeinten Worte führten, buchstäblich befolgt, zum Brauch der Gebetsriemen mit Zubehör. Die Pharisäer trugen besonders breite Gebetsriemen, was Jesus als ein Zeichen ihrer äußerlichen Frömmigkeit anprangerte (Mt 23,5).

Über das Tischgebet s. den Abschnitt „Die Lobsprüche".

FESTE

Ein Zeichen dafür, daß die Gottesverehrung nicht nur „irgendwie" ein Akt des einzelnen und der gläubigen Gemeinde ist, sondern daß sie dem immer schöpferischen und immer waltenden Gott, der Himmel und Erde erschaffen hat, gilt, sind die Feste des natürlichen Jahres. Ihre Entwicklung spiegelt die Entwicklung Israels vom naturverbundenen zum geschichtsgebundenen Volke wider, indem in die alten Naturfeste immer mehr Gedächtnismotive der israelitischen Geschichte als Festmotive einfließen, die eine Gegenwärtigsetzung der Geschichte bewirken. Außerdem sah der Israelit in den religiösen Festen die Segnung der Zeit. In den religiösen Festen des natürlichen Jahres drückt sich dies fast wie von selbst aus. Später aber sprach man es auch im Lobspruch aus, z. B.: „Gepriesen seist du, Jahwe, unser Gott, König der Welt, der seinem Volke Israel dieses Fest der Ungesäuerten Brote zur Freude und zum Gedächtnis gegeben hat. Gepriesen seist du, Jahwe, der Israel und die Zeiten heiligt."

Der Sabbat

war der Wochenfeiertag der Israeliten und ist heute noch der „Sonntag der Juden". Woher stammt der Sabbat? Und wie kam es zur Siebentagewoche? Die Woche muß ja nicht unbedingt sieben Tage haben. Sie hat, nach Völkern und Zeiten verschieden, fünf bis zehn Tage gehabt. Wodurch aber ergab sich für Israel die Siebentagewoche, die sich dann von ihm aus (durch das Christentum) auf die ganze Welt ausdehnte? (Im Jahre 321 führte Kaiser Konstantin sie im römischen Reich gesetzlich ein.)

Die Frage kann nicht ohne Berücksichtigung des Wortes „Sabbat" (hebr. *schabbát*) und der Bedeutung des Sabbattages gelöst werden; denn gerade um den Sabbat geht es hier.

Die Keilschriftforschung hat folgende Zusammenhänge aufgedeckt:[14] Das Wort *schabbát,* das im Hebräischen „ruhen" bedeutet, begegnet uns im Akkadischen als *schabátu.* Es bedeutete in den ältesten Zeiten den 15. Monatstag, und als Verb meinte es „vollständig machen, auf seine rechte Größe bringen" o. ä. In der Zeit Hammurabis (d. i. etwas vor der Zeit Abrams) bezeichnete es den Vollmondstermin. Der 1., 7. und 15. Tag des Mondlaufs waren Freudenfeiertage; der 1. wegen des neuen Mondes, der 15. wegen des vollen Mondes und der 7. – als Fest geringerer Größe –, weil der Mond die Hälfte seines Aufstiegs zur Fülle erreicht hatte. Der 21. Tag, an dem die Hälfte des abnehmenden Mondes erreicht war, ist in dem Kalender Babylons nicht erwähnt; der 28. dagegen wurde als Trauertag und als Tag der „Nachruhe" (nämlich des Mondes) begangen.

Aber schon bald trat in dieser Mondchronologie mit besonderer Deutlichkeit der 49. Tag hervor, d. h. der 19. Tag des zweiten Monats. Durch die die Siebenzahl schon in etwa betonende ältere Mondchronologie war eine Betonung der $7 \times 7 = 49$ geworden, die jetzt nichts mehr mit dem Stand des Mondes am 19. Tage selbst zu tun hatte. Auch dieser Tag hatte den Namen (jetzt mit verhärteten Konsonanten) *schapáttum.* Die Bedeutung des Wortes hatte sich aber inzwischen gewandelt. Während es in der Zwischenzeit gegenüber seiner Urbedeutung (Tag, der auf die rechte Größe bringt) immer mehr einen Sinn angenommen hatte, der den Inhalten gewisser Tage und ihrer Opfer entsprach – Beruhigung des Herzens der erzürnten Götter! –, bekam das Wort schließlich den Sinn von „böser Tag", an dem bestimmte Vorrichtungen nicht getan werden dürfen. „Der König darf an diesem Tage kein Fleisch essen, das auf Kohlen gekocht ist, und kein Brot, das unter der Asche gebacken ist; er darf das Hemd seines Leibes nicht wechseln . . . kein Opfer darbringen, nicht im Wa-

---

[14] Ausführlicheres siehe bei Bernh. Bonkamp „Die Bibel im Lichte der Keilschriftforschung", 1939.

gen fahren und keinen Befehl geben... der Arzt darf die Hand nicht an den Kranken legen. Der Tag ist für die Ausführung eines Vorhabens nicht geeignet."

Man kann also zunächst folgende Stufen der Entwicklung des babylonischen siebenten Tages (oder von Festen nach einem Vielfachen von 7 Tagen) unterscheiden: a) *schabátu* = Tag, der eine Zeit auf ihre Größe bringt (Vollmond); b) allmähliche Betonung auch des 1. und 7. Tages; Trauer- und Sühnetag ist der 28. Tag des Mondlaufs; die Siebenzahl tritt mehr hervor; die Feier des 15. geht auf den 14. über; die Tagesbezeichnung *schapáttum* bekommt immer mehr den Sinn von „böser Tag".

In Babylon waren diese Tage und Bezeichnungen vom Mondlauf ausgegangen. Aber als die verschiedenen Aramäergruppen, die später Israel wurden, Babylon verließen – und wir nehmen an, daß dies seit dem 18. Jahrhundert v. Chr. geschah –, galt als *schabátum* immer noch der 15. Tag des Umlaufs. Wann nahmen die Abramiden, die Jakobiten, die ägyptischen Jakobiten den Sabbat als einen „siebten Tag" an? Hier ist eine Lücke in der Forschung. Wir können nur sagen: die mannigfaltigen Verbindungen der wandernden Aramäer mit Babylon haben sie die Entwicklung zur Siebentagewoche, die in Babylon im 16. Jahrhundert v. Chr. beendet war, mitmachen lassen. Oder aber, falls der Sabbat erst im Kulturland gefeiert wurde, könnte es sein, daß die später aus Mesopotamien ausgewanderten Stämme, die aber eher in Kanaan waren (S. 500, Nr. 2) den Sabbattag mitgebracht und ihn der Gesamtheit Israels vermittelt hätten.

Aber damit ist nur der siebte Tag als Sabbat erklärt, nicht aber das Wesen des Sabbats, der ja bei Israeliten und Juden kein Tag der Beruhigung des Zorns Jahwes, sondern ein Freuden- und Ruhetag zur Ehre Gottes war, der Himmel und Erde gemacht hat. Man kann wohl annehmen, daß der Sabbat in der vorbabylonischen Zeit eine geringere Rolle gespielt hat als in der nachbabylonischen. Er wurde jedoch gefeiert oder wurde wenigstens geboten zu feiern. Vielleicht geht er aber tatsächlich als Feiertag für die Gottheit bis in die ägyptische Zeit zurück, so daß in den Zehn Geboten[15] gesagt werden konnte: „Gedenke des Sabbats: Halte ihn heilig!" Israel sah die Sabbatheiligung wohl auch als etwas Wesentliches seiner Religiosität an, das von den unbe-

kannten Frühpropheten der Stämmeheiligtümer schon gepredigt worden sein mag. Aber vielleicht hing ihm doch noch der babylonische Ursprung an, der sich in der Feier durch allerlei Aberglauben ausgewirkt haben mag.

Diese Vermutung legt Gen 2,1–3 nahe. Als im Babylonischen Exil die israelitische Sabbatfeier mit der babylonischen vermischt zu werden drohte, wurde das *Heiligungsgebot* für den Sabbat neu eingeschärft, indem das Schöpfungswerk Gottes in der Erzählung in die Siebentagewoche eingespannt wurde und der siebte Tag am Schluß des Textes als Tag Gottes eindringlich aufs neue proklamiert wurde; damit wurde der jüdische Sabbat scharf von dem babylonischen abgesetzt, der der Beruhigung der Götter diente (s. die Worte zu Gen 2,1–3).[16]

Nach dem Babylonischen Exil entwickelte sich dann durch die Vorschriftenmanie der Schriftgelehrten (s. d.) der Vorschriften- und Verbotswust für den Sabbat, wie wir ihn auch aus den Auseinandersetzungen Jesu mit den pharisäischen Schriftgelehrten kennen. Man darf am Sabbat keine Ähren abreißen und sie zwischen den Händen dreschen, weil Dreschen Arbeit ist. Man darf am Sabbat nicht heilen; ein Geheilter darf sein Bett nicht nach Hause tragen (Heilung des Gelähmten am Teich Betesda, Joh 5,10). Zwar darf man sich am Sabbat um der Körperpflege willen salben, aber man darf keine Heilsalbe bereiten oder aufstreichen (Heilung des Blindgeborenen, Joh 9,16).

Die Sabbatfeier begann – und beginnt bei den Juden auch heute noch – am Abend: „mit dem matten Aufleuchten der ersten Sterne in der Dämmerung", wie der Talmud sagt. Der Tagesbeginn am Abend und der Tag von Abend zu Abend war übrigens auch bei den Griechen und Römern üblich. Daß das Vespergebet der Kirche an Vorabenden von Festen bereits eine Festtagsvesper ist („erste Vesper"), hat darin seinen Ursprung; denn auch die Kirche rechnet von Abend zu Abend.

In bezug auf den Sabbat, der vollständiger Ruhetag zu sein hatte, wurde der Freitag zum

---

[15] Da die Zehn Gebote nur in Fassungen späterer Zeit überliefert sind, wissen wir nicht sicher, ob die Sabbatfeier auf das Sinaigebot zurückgeht oder ob sie vielleicht sogar älter ist.

[16] Vgl. S. 564, Nr. 41.

„Rüsttag" des Sabbats, an dem also für den Sabbat gerüstet wurde. Denn der Sabbat wurde ja auch mit festlichen Mahlzeiten begangen; da die Mahlzeiten aber nicht am Sabbat selbst zubereitet werden durften, hatte der „Rüsttag" eine große Bedeutung.

Die scharfen Sabbatbestimmungen, die in vorchristlicher Zeit aufgestellt wurden und von den Rabbinen immer mehr ausgebaut wurden, versuchen einige radikal-orthodoxe Kreise im heutigen Israel wieder zum Leben zu erwecken. Sie verlangen, daß z. B. am Sabbat keine Eisenbahn fahren soll. Von jenen Kreisen wird unter Umständen auch ein Arzt mit Steinen beworfen, wenn er mit seinem Wagen zum Kranken fährt – weil man (nach dem Talmud) am Sabbat nicht fahren darf. Solche Zustände, die manchmal von ahnungslosen Israelreisenden als vorbildliche Art der Feiertagsruhe angesehen werden, sind gerade solche Zustände, die Christus in seinem Protest gegen die Veräußerlichung und menschenknechtende Gesetzlichkeit der Sabbatruhe angegriffen hat.

Das Paschafest
geht wahrscheinlich bis in nomadische Zeiten zurück. Das *Lammopfer* war wohl schon ein Neujahrsbrauch der hebräischen Hirtenstämme, bevor einige von ihnen nach Ägypten zogen. Man opferte die Erstgeburt der männlichen Lämmer als Zeichen dafür, daß alles Lebendige Gott bzw. den Göttern gehört. Das war ein weitverbreiteter Hirtenkult (vgl. auch die Einleitung zu Gen 22,1–19).

Ein Brauch, der mit dem Ritus des Neujahrsschlachtens verbunden gewesen sein mag, ist der *Einweihungsbann,* der bis heute noch bei manchen Nomaden und Halbnomaden begangen wird: man bestreicht die Zeltpfosten oder (bei festen Häusern) Schwelle, Türpfosten und Türsturz mit Blut, um sich den gewalttätigen Ortsgeist geneigt zu machen. Solche Riten machen sich jedoch oft leicht selbständig und werden dann nicht mehr nur als Einweihungsbann begangen, sondern auch überhaupt als Bannritual. Es ist gut möglich, daß dieses Bannritual des Blutstreichens immer schon *pessach* (Passah) geheißen hat; dieses Wort bedeutet irgendwie „Vorübergang", „Übersprung" o. ä., will also sagen, daß der gewalttätige Ortsgeist das Haus verschonen möge oder verschone.

Der Ysop. Vielleicht gehörte auch das Bestreichen der Pfosten mit Blut mittels eines Ysopbüschels schon zum uralten Ritual. Der Ysop *(hyssopus officinalis)* heißt bei uns Eiserigkraut; er ist ein rosa blühender Lippenblütler mit aromatischem Blätterduft. Ein Aufguß vom Kraut dieses niederen Strauches ist bis heute in der Arzneikunde als auswurfförderndes Mittel bei Bronchitis bekannt; als solches kannten es auch schon die orientalischen Nomaden.

Im Kult Israels wird der Ysop des öfteren genannt, vor allem bei Reinigungs- und Entsühnungsriten (z. B. bei der Besprengung mit Opferblut, beim Reinigungsopfer der vom Aussatz Geheilten). Bei der Wahl des Ysops für diese Riten Israels mag sein uralter Gebrauch bei Reinigungs- und Bannriten mitgespielt haben, und dieser uralte Gebrauch ist sicherlich durch die auswurffördernde Wirkung veranlaßt worden.

In diesen drei Einzelheiten (Lammopfer, Bannritual, Ysop) hätten wir also Urelemente jenes Festes, das später als Gedächtnisfest an die Befreiung aus der ägyptischen Knechtschaft gefeiert wurde. Die Paschafeier (alten Inhalts) wurde in Ägypten im Auszugsjahr wohl genau so gefeiert, wie man es jahrhundertelang vorher getan hatte. Dann kam der Auszug, den die Propheten der Stämme Israels später als die große endgültige Rettung des Volkes erkannten und verkündeten. Und damit begann auch die Umformung des alten Hirtenpascha zu dem Pascha, das von der Großtat Jahwes erzählte. Die Paschafeier wurde zur Gedächtnisfeier des Auszugs.

Wann dieser Prozeß einsetzte, läßt sich nicht sagen. Zwar wird in den älteren Teilen der alttestamentlichen Bücher des öfteren das Pascha erwähnt (z. B. Jos 5,10); aber ob hier schon der neue Inhalt mitgemeint ist, ist sehr zweifelhaft. Wir kennen nur den Endvorgang dieses Prozesses, in dem durch die Priesterredaktion in oder nach dem Babylonischen Exil der heutige Text Gestalt gewann (Ex 12,1–13). Nunmehr erzählten die Priesterpropheten von dem Auszugspascha, als ob es ganz bewußt unter dem Vorhaben des Auszugs gehalten worden wäre, nicht um Geschichte zu fälschen, sondern um der Paschafeier ihren tieferen Sinn zu geben: den Sinn, Gedächtnisfeier an den rettenden Auszug aus Ägypten zu sein. Dazu aber gaben sie nicht nur eine blutleere

Anordnung, sondern sie gaben auch eine Schilderung des Pascha-Gedächtnismahles und übertrugen dieses Bild in die Tage vor dem Aufbruch aus Ägypten. Sie legten Mose die Anordnungen zur Paschafeier in den Mund und ließen in ihrer Erzählung das Volk in Ägypten Pascha feiern, wie es jetzt und hier gefeiert werden sollte (vgl. das Kapitel „Der Auszug aus Ägypten – wie er wirklich war").

Das Paschafest gilt als Wallfahrtsfest. In der älteren kanaanäischen Zeit Israels hat die Wallfahrt wohl im Gang zu einem der Heiligtümer des Landes bestanden, um dort dem Herrn das Neujahrsopfer darzubringen. Nachdem der Tempel in Jerusalem errichtet war und vollends nach der Reform des Königs Joschija (S. 559, Nr. 38), wurde dann das „Erscheinen vor dem Herrn Jahwe" immer mehr als Wallfahrt nach Jerusalem aufgefaßt.

Obwohl das Paschalamm nach Abstreifen des Neujahrsopfercharakters kein ausgesprochenes Opferlamm mehr war, wurde es in späterer Zeit doch wieder als Opferlamm aufgefaßt. Es wurde am Nachmittag des Paschamahltages im Tempelvorhof geschlachtet, das Blut wurde am Altar ausgegossen, das Fett auf dem Altar verbrannt und das Lamm selbst zum Paschamahl mit nach Hause genommen bzw. in eines der Zimmer oder kleinen Säle der Stadt, die man für das Paschamahl benutzen konnte. Im Mischnatraktat „Jomá" (Versöhnungstag) ist zu lesen: „Jerusalem ist nicht unter die Stämme verteilt worden [sondern gemeinsamer Besitz von ganz Israel geblieben]; denn in einer Baraitha heißt es: Man darf die Häuser in Jerusalem nicht vermieten, weil sie ihnen [den Jerusalemern] nicht gehören. Rabbi Eleazar ben Çadok [wohl der Ältere, um 100] sagte: Auch nicht die Lagerstätten [an die Festpilger]; deshalb nehmen die Wirte [Gastfreunde] die Häute der Festopfer [der bei ihnen wohnenden Festpilger] mit Gewalt [als ihre Entschädigung in Anspruch]. . . Die Festpilger waren hiernach berechtigt, jedermann um Überlassung eines Raumes zur Paschafeier anzugehen."[17]

Das Paschamahl in der ersten nachexilischen Zeit verlief etwa so, wie wir es in Ex 12 lesen; man aß stehend, zur Reise fertig, schnell. Mit Eindringen hellenistischer oder römischer Sitten erhielt das rituelle Gedächtnismahl immer mehr Festmahlcharakter; man aß liegend, das Mahl dauerte mehrere Stunden

(vom Einbruch der Dunkelheit bis Mitternacht), und gleichzeitig entwickelte sich eine sehr detaillierte Paschamahl-Liturgie. Diese Paschamahl-Liturgie feierte wahrscheinlich auch Jesus mit seinen Aposteln am Vorabend seines Leidens.

Das *Paschamahl zur Zeit Jesu* hatte seine besonderen Bräuche und Formen. Zunächst mußte man für einen Festraum mit Speisepolstern[18] sorgen. Zwar wohnten die Festpilger in der Umgebung Jerusalems, aber das Paschamahl sollte innerhalb der Mauern Jerusalems eingenommen werden, und die darauf folgende Nacht sollte man in der Stadt bleiben. Das war nicht so einfach; denn in Jerusalem aßen jährlich an die zwei Millionen das Paschamahl. Die Tischgemeinschaften sollten mindestens zehn Personen haben – so schreibt es wenigstens der Brauch des ersten christlichen Jahrhunderts vor. Als Petrus und Johannes von Jesus in die Stadt geschickt wurden, um das Mahl vorzubereiten (Lk 22,7–13), gingen sie also hin, um den mit Liegepolstern[18] versehenen Raum herzurichten und die Speisen für den Abend des Paschamahls zu bereiten.

Das Paschalamm war in den Tagen vorher beschafft worden; die Regel, daß es vier Tage vor Pascha zu besorgen sei (Ex 12,3), wurde zu Jesu Zeiten nicht mehr streng gehandhabt. Am Tage des Paschamahls wurde das Lamm sodann am frühen Nachmittag auf den Schultern zum Tempel getragen – am Sabbat sollte es am Strick geführt werden –, wo nach der etwas vorverlegten Darbringung des Abendopfers im inneren Vorhof (s. d.) das Schlachten begann, etwa ab 14.30 Uhr. Der Hausvater oder sein Beauftragter schlachtete das Lamm selbst, und zwar nach der Methode des Schächtens.

Das Schächten ist in allen Kulturen üblich, in denen das Blut als der Sitz des Lebens angesehen wird. Durch das Schächten soll verhindert werden, daß der Mensch Blut trinkt oder ißt. Beim Schächten wird das Tier vor dem Schlachten nicht betäubt. Das Schlachttier wird gefesselt und „niedergeschnürt"; dann wird ihm mit dem scharfen breiten Schächtmesser in schnellem Schnitt der Hals bis auf die Wirbelsäule durchgeschnitten. Das Blut spru-

---

[17] Strack-Billerbeck: „Das Evangelium nach Matthäus, erläuert aus Talmud und Midrasch, 1922, S. 988f.
[18] Über das Liegen beim Essen; s. d.

delt heraus und wird durch Bewegung der Läufe bis auf den letzten Rest herausgepumpt.

Außer den Juden üben bis heute auch die Mohammedaner das rituelle Schächten. (Der Ausdruck „schächten" kommt vom hebräischen *schachat,* das diese Form des Schlachtens meint.) Beim Paschaschächten wurde das Blut in goldenen und silbernen Blutschalen, die dem Tempel gehörten, aufgefangen und von Priestern in einer langen Reihe von Hand zu Hand gereicht, bis zum Brandopferaltar, wo von dem Blut auf Altar und Boden gesprengt und das Ganze dann verschüttet wurde. Dabei wurden die Hallél-Psalmen gesungen (113–118).

Auf der Nordseite des Brandopferaltars waren an Wänden und Säulen Haken eingelassen, an denen man das geschlachtete und ausgeblutete Lamm aufhängte, um es abzuhäuten und auszuweiden. Bei dieser Zubereitung wurden der Fettschwanz, die Nieren, die Leber und die großen Fettstücke ausgesondert und auf einer Schüssel zum Brandopferaltar gebracht, damit sie dort geopfert wurden. Dann wurde das Lamm in sein Fell gehüllt und auf der Schulter ins Paschafeierhaus gebracht. Dort wurde ein Bratspieß vom Granatapfelbaum durch das Lamm hindurchgesteckt, und im Freien oder in einer Küche wurde es über einem Holzkohlefeuer, das auch in einem Becken brennen durfte, gebraten. – Ob diese Vorbereitungen von Petrus und Johannes ebenfalls getroffen wurden, ist fraglich, weil nicht feststeht, daß Jesus ein Paschamahl mit Lamm gefeiert hat; da Jesus exkommuniziert war, ist sein Paschamahl ohne Lamm wahrscheinlicher (S. 344).

Dem Essen des Paschamahls vorauf ging ein kurzes Fasten (etwa von 15 Uhr an); man sollte mit Hunger an den Paschatisch kommen.

Das Paschamahl wurde seit der Rückkehr aus Babylon mit Wein gefeiert, wie sich der Ritus für die Feier ja überhaupt erst seit dieser Zeit formte:

1. Zu Beginn reichte der Tischdiener („Speisemeister" s. d.) den „ersten Becher", d. h. entweder jedem seinen Becher oder dem Hausvater einen Becher für alle; die Galiläer scheinen den einen großen Becher für alle bevorzugt zu haben. Der Hausvater, der Leiter des Mahles oder der Sprecher setzte sich sodann aufrecht, nahm den Becher in beide Hände und betete den Lobpreis: „Gepriesen

seist du, Herr, unser Gott, König der Welt, der die Frucht des Weinstocks geschaffen." Alle Tischgenossen antworteten mit „Amen".

2. Dem folgte der Lobpreis für den Tag: „Gepriesen seist du, Herr, unser Gott, König der Welt, der seinem Volke Israel dieses Fest der Ungesäuerten Brote[19] zur Freude und zum Gedächtnis gegeben hat. Gepriesen seist du, Jahwe, der Israel und die Zeiten heiligt."

3. Dann wurden die Vorkostgerichte aufgetragen. Dies war jedoch keine Besonderheit des Paschamahls, sondern allgemein üblich; Gerichte, die die Eßlust fördern sollten: Salate aus Lattich, Rettich, Gurken; dazu wurde Senf- und Fischbrühe, Salzwasser, Essigwasser und ungesäuertes Brot gereicht. Oder auch Fruchtmus aus Feigen, Datteln, Mandeln, das mit Wein oder Weinessig, mit Zimt oder anderen Gewürzen angerührt war. Vor dem Essen wurde auch hier der Lobspruch gebetet: „Gepriesen seist du; Jahwe, unser Gott, der du die Frucht des Erdbodens geschaffen hast, der uns durch seine Gebote geheiligt und uns geboten hat, bittere Kräuter zu essen." – Da der Hausvater oder der Leiter des Mahles des öfteren einen Mahlgenossen dadurch auszeichnete, daß er ein Stück Brot in die Kräuter- oder Musschüssel tauchte und es ihm reichte, kann man annehmen, daß Jesus den Bissen an Judas bei dieser Vorkost reichte (Joh 13,26).

An dieser Stelle ist wohl auch die Fußwaschung einzuschalten.

4. Dann begann mit dem Auftragen des zerteilten Paschalamms das eigentliche Gedächtnismahl. Der Speisemeister mischte „den zweiten Becher", und während man trank oder der Gemeinschaftspokal rundging, stellte der Hausvater oder der Sprecher die Frage: „Was unterscheidet diese Nacht von allen übrigen Nächten?" Hierauf gab es sehr oberflächliche, sozusagen rubrizistische Antworten (etwa: „In allen anderen Mahlnächten ißt man gesäuertes und ungesäuertes Brot, in dieser aber nur ungesäuertes" u. ä.), aber die Frage zielte natürlich auf die Erzählung der Großtaten Gottes bei der Errettung des Volkes Israel aus Ägypten. Jede Generation sollte sich so ansehen, als ob sie selbst aus Ägypten ausgezogen wäre.

---

[19] Warum das Paschafest später allgemein nur noch „Fest der Ungesäuerten Brote" genannt wurde, darüber siehe den Artikel „Die Tage der Ungesäuerten Brote."

Danach wurde „der große Lobgesang" gebetet (Ps 111–114), und zur Vorbereitung auf das symbolische Gedächtnismahl wurden, nach einem Lobspruch, die Hände abgespült.

Mit dem Lobspruch über das ungesäuerte Brot, das der Hausvater – auf dem Polster sitzend – in die Hand nahm, begann dann die Austeilung der ungesäuerten Brote: „Gepriesen seist du, Herr, unser Gott, König der Welt, der Brot aus der Erde hervorgehen läßt. Gepriesen seist du, Herr, unser Gott, König der Welt, der uns durch seine Gebote geheiligt und ungesäuertes Brot zu essen geboten hat." – Alle antworteten: „Amen." – Dann brach der Hausvater das Brot und reichte jedem seinen Bissen. Wenn alle ihr Brot erhalten, begann der Hausvater zu essen, und alle aßen mit. – In diesen Vorgang ist der Brotakt des zum Nachvollzug gebotenen Abendmahls („Dies ist mein Leib") einzuschließen.

Hierauf folgte der Segen über das Paschalammfleisch: „Gepriesen seist du, Herr, unser Gott, König der Welt, der uns durch seine Gebote geheiligt und uns das Schlachtopfer zu essen geboten hat (oder: und uns das Pascha zu essen geboten hat)."

5. Danach wurden die Reste abgeräumt, die Brotbrocken vom Boden aufgelesen und die Hände abgespült.

6. Der feierliche Abschluß des Paschamahls begann mit der Aufforderung: „Preiset unseren Gott, dem gehört, was wir genossen haben..." Und wieder wurden die gefüllten (oder wurde der gefüllte) Becher gereicht. Der Hausvater – sitzend – hob ihn eine Handbreit über den Tisch und sprach bei diesem „dritten Becher", diesem „Becher des Segens" das Lob Gottes, der die ganze Welt durch seine Güte speist, und einen zweiten Dankspruch für Gott, der seinem Volk das Land Israel gegeben hat, der mit ihm den Bund der Beschneidung geschlossen hat, der ihm seine Weisung *(torá)* gegeben hat. Dieser Becher sollte zu drei Viertel mit Wasser und nur zu einem Viertel mit Wein gefüllt sein, aber als Becher des großen Segens wurde er bekränzt. – Bei diesem Becher sprach Jesus, von der Erwähnung des Bundes ausgehend: „Dies ist der Kelch meines Blutes, des neuen und ewigen Bundes..." (vgl. Mt 26,30; Mk 14,26; Lk 22,20; 1 Kor 10,16 und 11,25).

7. Nach dem „Becher des Segens" wurde der zweite Teil des großen Hallél gesungen (Ps 115–118), und mit einem vierten Becher wurde die Feier beschlossen (vgl. Mt 26,30; Mk 14,26). Danach blieb man noch beim Wein zusammen, bis um Mitternacht. Damit die Feier nicht in Trinkgelage ausartete, sollte sie nicht über Mitternacht ausgedehnt werden.

Das Paschamahl außerhalb Jerusalems verlief im großen und ganzen genauso, jedoch natürlich ohne das Paschalammessen. An Stelle des Paschalamms wurde dann ein gewöhnliches Lamm gebraten. Ein solches Paschamahl feierten die Juden in der Diaspora, die nicht immer nach Jerusalem pilgern konnten, oder auch die Juden in Palästina, die aus irgendeinem Grunde keine Wallfahrt nach Jerusalem unternahmen. Nach diesem Muster des Paschamahls ohne Paschalamm feierten auch die Exkommunizierten, also möglicherweise auch Jesus.

In den Zeiten der Zerstreuung ist das Paschafest immer getreu beibehalten worden. Der Vater versammelt seine Familie um den Tisch, auf dem für jeden Mahlteilnehmer ein Becher steht. An einem leeren Platz ein besonders schöner Becher für den Messiasboten. Zwischen den Hallélgesängen fragt der Jüngste am Tisch: *Mah nischtanáh halajla hasé mikól halajlót?* („Warum ist ausgezeichnet diese Nacht vor allen Nächten?") Und dann erzählt oder liest der Hausvater aus der Haggadáh, wie Israel immer verfolgt wurde, angefangen in Ägypten, aber auch sonst in der Geschichte, wie es aber immer wieder gerettet wurde. Und mit erhobenem Becher: „Nicht einer allein hat sich gegen uns erhoben, sondern zu allen Zeiten erhoben sie sich gegen uns, uns zu vernichten – Gott aber errettet uns vor ihnen." Das ist Grund zu Gotteslob, zu Freude und Zukunftsicherheit, die ausklingt in den Ruf: „Kommendes Jahr in Jerusalem!" – dem wiedererbauten Jerusalem, der Stadt, wo der Messias wohnen wird. Allerdings – es ist überall ein Paschamahl ohne Lamm; denn die Bestimmung, daß das Paschalamm im Tempel zu schlachten ist, konnte seit dem Untergang des Tempels nicht mehr erfüllt werden.

Der Termin für das Paschamahl war der 14. Nisan. An diesem Tage wurden nachmittags im Tempel die Lämmer geschlachtet, und am Abend wurde das Paschamahl eingenommen.

Der Abend gehörte schon zum Festsabbat des 15. Nisan, dem ersten Tag der Woche der Ungesäuerten Brote (s. unten).

Die Synoptiker (s. d.) erzählen den Beginn der Leidensgeschichte Jesu in Übereinstimmung mit diesen Daten. Aus dem Johannesevangelium geht jedoch hervor, daß das Abendmahl Jesu am Abend des 13. Nisan und seine Kreuzigung am 14. Nisan geschahen. Auf das gleiche Datum weist 1 Kor 5,7 hin.

Trotzdem geht aus beiden Überlieferungsgruppen eindeutig hervor, daß Jesus am Donnerstagabend mit seinen Jüngern das Abendmahl feierte und daß er am Freitag verurteilt und gekreuzigt wurde; für Johannes ist deshalb folgerichtig das Abendmahl Jesu nicht das liturgische Paschamahl, sondern einfach „das Mahl" (18,2).

Diese Überlieferungsschwierigkeit ist zwar insofern überbrückt worden, als offenbar sowohl Johannes wie Paulus darauf Wert legen, daß Jesus zur Stunde des Osterlammschlachtens gekreuzigt wurde und sich so als das wahre Osterlamm erwies: „Und ihr sollt keinen Knochen des Paschalammes zerbrechen" heißt es sowohl in Ex 12,46 vom Osterlamm wie auch mit Bezug darauf bei Joh 19,36; und bei Paulus: „als unser Paschalamm ist Christus geopfert worden" (1 Kor 5,7). Man könnte meinen, Johannes wie Paulus hätten aus Gründen der Symbolik den Kreuzigungstermin auf den 14. Nisan verlegt. Diese Meinung ist aber unzulässig, da nur die wirkliche Gleichheit der äußeren Vergleichsmomente die Symbolik zum Tragen brachte. Weder Johannes noch Paulus hätten also vom Paschalamm Jesus sprechen können, wenn Jesus nicht wirklich am 14. Nisan, dem Schlachttag der Lämmer, gekreuzigt worden wäre. Damit läßt sich also die Differenz zwischen Johannes/Paulus (Kreuzigung 14. Nisan) und den Synoptikern (Abendmahl 14. Nisan) nicht ausgleichen.

Seit 1913 scheint nun die Lösung für dieses Problem gefunden zu sein. Der jüdische Gelehrte Jechiel Lichtenstein – und später auch Strack–Billerbeck (1924) – wiesen auf die Kalenderdifferenz hin, die hin und wieder dadurch entstand, daß Pharisäer und Sadduzäer zwei verschiedene Paschatermine festsetzten. Es handelte sich dabei zwar an sich nicht um den Ostertermin, sondern um die Auslegung von Lev 23,15.16, also um den Tag des Ernteopfers des Pfingstfestes (s. weiter unten), der

aber nach dem Ostertermin berechnet wurde. Über die Worte „Vom Tag nach dem Sabbat, an dem ihr die Garbe für die Darbringung gebracht habt, sollt ihr *sieben volle Wochen* zählen. Zählt fünfzig Tage bis zum Tag nach dem siebten Sabbat" – über diese Worte also und die rechte Anwendung dieser Anweisung war man sich nicht einig. Die Pharisäer wollten den „fünfzigsten Tag" vom ersten Tag nach dem *Festsabbat* des Festes der Ungesäuerten Brote, die Sadduzäer aber „sieben volle Wochen" vom österlichen *Wochensabbat* aus berechnen. Damit nun aber das Wochenfest (Pfingsten) nicht auf einen Wochensabbat fiel – was bei den Pharisäern, die fünfzig Tage vom Tag nach dem Festsabbat aus rechneten, ja durchaus möglich war –, mußten sie unter Umständen den österlichen Festsabbat verschieben. Da aber anderseits der österliche Festsabbat der 15. Nisan sein mußte, mußten sie den Beginn des Monats Nisan unter Umständen um einen Tag vorverlegen oder verschieben. – Für die Sadduzäer bestand diese Schwierigkeit nicht, da sie sich nach dem österlichen Wochensabbat richteten, von da aus „sieben volle Wochen" zählten und also ihr Wochenfest immer auf den ersten Tag fiel.

Am Pfingstfest kommt die Festzählung also immer wieder zusammen; darauf wird die österliche Tagesverschiebung wohl angelegt worden sein. In Übereinstimmung mit dieser Darstellung finden wir die Pharisäer denn auch an ihrem 15. Nisan nicht bei denen, die in der Stadt vom Hohen Rat zu Pilatus mitumherziehen; denn es war ihr Festsabbat. Die Sadduzäer aber gingen nicht in das Gebäude des Pilatus, weil sie am Abend (ihres 14. Nisan) noch das Paschamahl essen wollten; es war ihr Rüsttag zum Festsabbat, der in diesem Falle zugleich auch Wochensabbat war. Da die Pharisäer als Gruppe stärker waren als die Priestergruppe der Sadduzäer, setzten sie durch, daß auch ihre Kalenderzählung berücksichtigt wurde. Dies brachte für die Schlachtung der Paschalämmer immerhin den Vorteil mit sich, daß nicht alle Tischgemeinschaften am selben 14. Nisan ihr Paschalamm schlachten zu lassen brauchten.

Der Fall eines von den Pharisäern vorgezogenen Sabbats scheint im Jahre des Todes Jesu vorgelegen zu haben. Kalendarisch könnte man die Differenz etwa so darstellen:

	Pharisäer Synoptiker	Sadduzäer Joh./Paulus	Pharisäer Synoptiker	Sadduzäer Johannes/Paulus
Donnerstag	14. Nisan	13. Nisan	Paschamahl	
Freitag	15. Nisan	14. Nisan	Erster Tag der Ungesäuerten Brote (Festsabbat)	Paschamahl
Wochen-Sabbat	16. Nisan	15. Nisan	+ „50 Tage"	Erster Tag der Ungesäuerten Brote (Festsabbat) + „7 volle Wochen"
Pfingstfest			Erster Tag („Tag nach dem Sabbat")	Erster Tag („Tag nach dem Sabbat")

Die Tage der Ungesäuerten Brote

Die Vorschrift für das Fluchtpaschamahl enthält auch das Motiv des ungesäuerten Brotes. Wann der Ritus der ungesäuerten Brote und die Paschafeier zusammengebunden worden sind, wissen wir nicht. In der Erzählung ist die Koppelung ganz sicher eine Zurückversetzung aus späterer Zeit in die ägyptische Zeit (vgl. im Artikel „Das Paschafest", s. oben).

Das Fest der Ungesäuerten Brote als Auszugsgedächtnis ist wahrscheinlich älter als das Paschafest als Auszugsgedächtnis. Das besagt nichts über das absolute Alter beider Feste; sie können gleich alt sein, wenn auch das eine mehr ein Hirtenfest, das andere mehr ein Bauernfest war – oder besser: das eine begangen wurde, insofern man Hirte war, das andere, insofern man Bauer war. Aber die Verbindung des Brotfestes mit dem Auszugsgedächtnis ist älter, wie die Traditionsforschung und der Vergleich des älteren Textes aus Ex 13 (Ungesäuerte Brote) mit dem jüngeren Text aus Ex 12 (Pascha) nahelegt.

Ursprünglich waren die „Tage der Ungesäuerten Brote" sicherlich ein Erntefest. Die Erstlingsgarben der Gerstenernte wurden gedroschen, die Körner gemahlen und dann als ungesäuertes Brot verbacken; ungesäuert vielleicht deshalb, weil die Säuerung (Gärung) kultisch unrein machte. Um im Essen des neuen Brotes aber zugleich einen Dankgottesdienst zu begehen, brauchte man kultisch reines, ungesäuertes Brot.

Da das ungesäuerte Brot auch das Brot der Nomaden war, eignete sich dieses Fest besonders als Fest des Gedächtnisses an den Auszug. Tatsächlich ist bis heute das ungesäuerte Brot im Nomadenleben häufiger zu finden als in Völkern mit festen Wohnsitzen, was sich aus dem Bemühen erklären mag, das nomadische Leben von allen Kompliziertheiten frei zu halten.

Nachdem ganz Israel in Kanaan feste Wohnsitze gefunden hatte und der Wüstenzug seiner aus Ägypten gekommenen Stämme zur Tradition aller Stämme geworden war (S. 502, Nr. 4), nahm es das Gedächtnis des Auszugs aus Ägypten, der die Wandernden zu Nomaden gemacht hatte, in sein Erntefest der Ungesäuerten Brote mit auf. Dieses Fest feierte es sieben Tage lang (mit einem Sabbatfesttag am ersten und letzten Tag). Das darf man aus Ex 13 entnehmen. Diese Gedächtnisfeier gab es wohl schon zur Zeit der großen Könige.

Auch die Bitterkräuter in der Paschafeier mögen noch auf das Erntefest der Ungesäuerten Brote zurückgehen. Wahrscheinlich waren die Bitterkräuter nur Würze für das sonst geschmacklose Brot. Der Talmud (d. h. „Lehre"; er entstand 200 v. Chr. bis 600 n. Chr.) deutet die Bitterkräuter als Symbol der biblischen Jahre in Ägypten; eine andere traditionelle Deutung, welche die biblische Erzählung beschwört, ist in einem Gedicht von Friedrich Torberg „Seder 1944" ausgesprochen:

Weil wir uns, HERR, vor Pharaos Schergen,
Welche Dein Atem hinweggehaucht,
Jenseits der *Meeresflut* durften bergen,
Essen wir heute von den Latwergen,
Die wir in salzige Wasser getaucht.

Das sind jedoch spätere Deutungen!

Das Paschafest als Hirtenfest hat sicherlich immer neben der Festzeit der Ungesäuerten Brote bestanden. Wahrscheinlich zunächst ohne Verbindung zum Auszugsgedächtnis. Als dann die Priesterredaktoren (s. Priester-schrift) der babylonischen Zeit das Gedächt-nisritual für die Feier der Großtat Gottes, der Israel aus Ägypten geführt hat, neu formten, banden sie die beiden Feste zusammen: sie ließen dem Fest der Ungesäuerten Brote das Paschafest vorausgehen, deuteten seine Bräu-che im Sinne des Auszugsgedächtnisses und erzählten vom Pascha *und* dem Fest der Unge-säuerten Brote wie von Festen, die durch Erstereignisse in Ägypten entstanden waren; darin gerade bestand die religiöse Deutung.

Obwohl die Feste als zwei Feste galten, verschmolz später das Paschafest so sehr mit dem Fest der Ungesäuerten Brote (*hag maz-zót)*, daß Josephus in seinen „Altertümern" (18,2,2) schreiben konnte: „Das Fest der Un-gesäuerten Brote, welches wir Pascha nennen."

Die Woche der Ungesäuerten Brote begann eigentlich am Tag nach dem Paschamahl. Aber vor dem Paschamahl wurden bereits alle Reste gesäuerten Brotes entfernt, da zur „Ordnung" *(séder)* des Paschamahls auch ungesäuertes Brot gehörte.

Im Buche Exodus wird der 1. Aviv als Paschatag genannt. Nach Einführung des ba-bylonischen Kalenders in Israel (nach dem Exil) entspricht dieser Tag dem 14. Nisan. An ihm wurde nachmittags im Tempel das Lamm geschlachtet und abends das Paschamahl ge-gessen; dieser 14. Nisan begann liturgisch am Abend des Vortages. Am Abend des 14. Ni-san, dem Vorabend des 15. Nisan, begann sodann das Fest der Ungesäuerten Brote, das bis zum Abend des 21. Nisan dauerte. Da man aber – wie dargelegt – die Festzeiten schon bald nicht mehr unterschied, sprach man von einem achttägigen Fest. Die Bezeichnung „Fest der Ungesäuerten Brote" wurde so sehr Allgemeinbezeichnung für das achttägige Fest, daß auch der 14. Nisan (Pascha) als der erste Tag des Festes der Ungesäuerten Brote bezeichnet wurde, obwohl dieses Fest eigent-lich erst mit dem 15. Nisan begann – etwa wie auch Katholische Christen oft vom „zweiten Weihnachtsfeiertag" sprechen, obwohl es das Fest des Erzmartyrers Stephanus ist; aber das Weihnachtsfest als das kräftigere dehnt – durch den Volksmund – seinen Namen auf den Stephanustag aus. Ähnlich dehnte das zeitlich kräftigere und ältere Mazzótfest seinen Na-men auf das nur eintägige, ihm vorangehende

Paschafest aus (über die Termine des Festes beim Tode Jesu s. oben).

Das Doppelfest Pascha-Mazzót mit seiner achttägigen Festzeit war seit dem Exil endgül-tig ein Fest des geschichtlichen Gedächtnisses: nicht ein bloßes Erinnern, sondern ein Ge-dächtnis, dessen Gehalt im Vollzug der Ge-dächtnisliturgie gegenwärtig wurde. In diesem Gedächtnis war die ganze Not des Volkes, die erlösende Hand Jahwes und alle Befreiung für Gegenwart und Zukunft gegenwärtig. Des-halb war das Fest Pascha-Mazzót *das* Vorbild der Festfeier endgültiger Erlösung.

Das Pfingstfest

Dieses zweite Wallfahrtsfest war eigentlich nichts anderes als der fünfzigste Tag des Ernte-danks, der mit der Darbringung der Erstlings-garbe von der Gerstenernte (vgl. im Artikel „Die Tage der Ungesäuerten Brote", s. oben) begann. Diese „fünfzig" (griech. *pentekóstä*, daher unser Wort: Pfingsten) ist das Schlußfest der Weizenernte (s. „Erntezeit"). Arbeitsruhe war geboten, festliche Versammlungen wur-den gehalten, freiwillige Opfer wurden darge-bracht, später auch gesäuerte Brote aus Wei-zenmehl, um für den Anschluß des normalen Brotes zu danken.

Allerdings ist der Name als „Fest des fünf-zigsten Tages" wohl ziemlich spät aufgekom-men; er ist erst aus den ersten nachchristlichen Jahrhunderten schriftlich belegt. Vorher sprach man von „Erntefest" oder „Wochen-fest", weil es sieben Wochen nach der Erst-lingsgabe gefeiert wurde (Lev 23,15.16).

Im letzten vorchristlichen Jahrhundert wur-de das Pfingstfest immer mehr ein Dankfest für die Gesetzgebung am Sinai, das unermeßliche Scharen aus allen jüdischen Kolonien nach Jerusalem zog. Der Festcharakter des Ernte-danks trat dabei immer mehr zurück.

Die Bedeutung des christlichen Pfingstfestes als fünfzigster Tag der Osterfeier, entspre-chend der Zuordnung des jüdischen Ernte-schlußfestes zum österlichen Fest des Erntebe-ginns sowie entsprechend der Zuordnung des jüdischen Dankfestes für das Gesetz zum österlichen Befreiungsfest, wird in der christli-chen Katechese im allgemeinen nicht genü-gend herausgearbeitet.

Das Laubhüttenfest,

das dritte Wallfahrtsfest, wird vorgeschrieben

in Dtn 16,13 und Lev 23,34.40; es könnte also um 700 v. Chr. (falls diese Vorschriften zum Urdeuteronomium gehörten) schon bestanden haben. Es wurde auf der September-Oktoberwende oder im heutigen Monat Oktober gefeiert: vom 15. bis 21. Tischri; der erste Tag hatte Sabbatcharakter. Ursprünglich war es ebenfalls ein Erntefest – am Ende der Oliven- und Weinernte – und mag angeregt sein durch kanaanitische Erntefeste. Vor dem Traubenschnitt und Olivensammeln zogen sich die Weingarten- und Ölbaumplantagenbesitzer in Hütten zurück, die sie in ihren Besitzungen gebaut hatten. Von dort aus konnten sie die reife Frucht am besten vor Dieben schützen. Am Ende der Ernte, vielleicht sogar am Ende der Kelterzeit, feierten sie dann in den Hütten ein Fest, nachdem sie vorher Baal (die Kanaaniter) oder Jahwe (die Israeliten) in seinem ländlichen Heiligtum (vgl. den Artikel „Die Höhen") ein Dankopfer dargebracht hatten.

Nachdem durch die Konzentration des Jahwekultes auf den Tempel, vor allem seit der Zerstörung der Landheiligtümer zugunsten des alleinigen Tempelkults (vgl. den Artikel „Das zentrale Heiligtum"), das Fest ein Stadtfest geworden war – denn die Wallfahrt nach Jerusalem war Pflicht –,[20] fiel der Zusammenhang mit dem Erntefest im Bewußtsein immer mehr zurück. Aus den Hütten wurden *Laubhütten* im Freien (auf Dächern, in Gärten, auf Straßen, in den Tälern um die Stadt), und das Fest wurde zum Dankesfest für die Großtaten Gottes während des Wüstenzuges. Das Fest heißt *hag hassukkót* (Fest der Hütten) und dauert sieben Tage; seit den letzten Jahrhunderten vor Christus hieß es einfach *hahág* (das Fest) – ein Hinweis auf seine Volkstümlichkeit. Alle Männer und israelitischen Knaben, soweit sie der Mutter nicht mehr bedurften, mußten in der Laubhütte wohnen, d. h. essen und trinken.

In späterer Zeit gehörte zum Festritus das *Ergreifen des Feststraußes,* der aus einem Palmwedel, zwei Weiden- und drei Myrtenzweigen bestand. Dazu gehörte eine Pampelmuse (?). Man ergriff den Strauß mit dem Gebet: „Gepriesen seist du, Herr, unser Gott, König der Welt, der uns geheiligt hat durch seine Gebote und uns Befehl gegeben, den Feststrauß zu nehmen." Dann nahm man die Pampelmuse in die Linke und schüttelte den Strauß mit der Rechten.

Über Alter und eigentlichen Sinn dieses Ritus wissen wir nur wenig. Die rabbinischen Texte geben entweder auseinandergehende symbolische Deutungen oder befassen sich nur mit dem rechten Ergreifen. Immerhin kann man aber soviel sagen, daß in nachexilischer Zeit damit ein Messiassymbol, ein Segenssymbol, ein Symbol für Jahwe, den Herrn und König des Weltalls (die Pampelmuse als Symbol der Welt?), ergriffen wurde. Ursprünglich mag es sich aber wohl um eine sozusagen tragbare Aschéra (s. d.) gehandelt haben.

Da das Laubhüttenfest der Regenzeit Palästinas unmittelbar vorausging, wurde in nachexilischer Zeit mit dem Fest *das tägliche Wasseropfer* verbunden –- vielleicht, um damit im voraus Gottes Segen auf das neue Wasser herabzurufen. Der Sinn ist nicht ganz eindeutig aus den Zeugnissen zu entnehmen. Aus dem Schiloach (-teich) – s. d. – wurde beim Morgengrauen der sieben Festtage von einem Priester mit goldener Kanne Wasser geschöpft. Wenn die Wasserprozession am Wassertor ankam, wurden kurz-lang-kurz die Tempeltrompeten geblasen: „Ihr werdet Wasser schöpfen, voll Freude" (Jes 12,3). War die Prozession am Brandopferaltar angekommen, stieg ein Priester beim Morgenopfer (s. d.) auf die Altarbrüstung und goß das Wasser aus erhobenem Krug in eine Opferschale, die neben der Trankopferschale stand; wenn das Wasser daraus abfloß, ging es durch Röhren in den Boden.

Mit einiger Sicherheit darf man sagen, daß dieses Wasseropfer messianischen Sinn hatte: ihr Trompetenstoß, der mit dem Jesajavers begründet wurde, deutet darauf hin; aber auch Wasser an sich war ein Symbol des Überflusses und Segens der zukünftigen messianischen Zeit (vgl. die Artikel „Quellen und Brunnen" und „Der Messias").

So wurde das Laubhüttenfest aus einem Erntefest zu einem Fest des Gedächtnisses an den Wüstenzug und zu einem Fest der messianischen Erwartung.

---

[20] Diese Wallfahrt wurde wohl ursprünglich nicht deshalb vorgeschrieben, um die Gläubigen wallfahren zu lassen, sondern um sie dadurch von den Landheiligtümern, an denen immer die Gefahr bestand, daß Baal und Jahwe vermischt wurden, fernzuhalten. Da aber in der Geschichte die Rettung des Volkes immer wieder mit der Wanderung beginnt, wurde auch recht bald der theologische Sinn der Wallfahrt erkannt und vom Volk aufgenommen.

Das Fest wurde sieben Tage lang gefeiert. In der ersten Nacht erstrahlte der Tempelbezirk im Licht zahlreicher Fackeln (vgl. Joh 8,12). In dieser Nacht auch kamen die frommen Männer zu Fackeltänzen im Tempel zusammen, bei denen sie sich in rhythmischen Gesängen seligpriesen, daß sie niemals die Wege des Gesetzes verlassen oder daß sie ihre Sünde gegen das Gesetz gebüßt hatten. Auch dies war ein messianisch inspirierter Festvorgang; denn erfüllte Gerechtigkeit (s. d.) und Buße (s. d.) waren die Stufen zum Tag des Messias.

Der letzte Tag, der siebte, war „der große Tag". Der Tag des großen Hosanna und des siebenmaligen Umzugs um den mit Weiden geschmückten Brandopferaltar. Mit diesem siebten Tag schloß die eigentliche Festwoche. Um die Bedeutung des Festes zu betonen, hatte man ihm aber noch einen achten Tag als gesondert gezähltes „Beschlußfest" angehängt.

Der Versöhnungstag

Dem Laubhüttenfest ging am 10. Tischri (etwa auf der September-Oktober-Wende) der Versöhnungstag voraus (*jōm hakkippurím,* im späteren rabbinischen Hebräisch *jom kippúr*). Er wurde als Sabbattag gefeiert (d. h. als Ruhetag) und war Fasttag (d. h. Bußtag) vom Abend bis zum Abend: „Das große Fasten" (s. „Fasten").

Die Vorschriften für seine Feier beschreiben ein sehr eindrucksvolles Ritual (Lev 16): Der Hohepriester, ohne hohepriesterliches Gewand, im einfachen weißen Priesterkleid, legte einem Stier die Hände auf und bekannte mit seinen eigenen Sünden die Sünden der Priesterschaft. Dann wurde über zwei Böcke gelost. Das Jahwe-Los bestimmte den einen Bock zum Schlachtopfer, das Asasel-Los den anderen zum Sündenbock. Hierauf wurde der Stier geschlachtet. Im Allerheiligsten umhüllte der Hohepriester die Platte der Bundeslade mit Weihrauch, holte dann vom Blut des Stiers und sprengte davon auf die Platte und auf den Boden vor der Bundeslade. Dies war die Entsühnung der Priesterschaft. Nach der Schlachtung des für Jahwe ausgelosten Bocks wiederholte er die Sprengungszeremonie mit dem Bocksblut im Allerheiligsten, am Rauchopferaltar im Heiligtum und am Brandopferaltar im Vorhof; dabei wurden auch die Altarhörner bestrichen: Entsühnung des Volkes. Dann

stemmte der Hohepriester die Hände auf den Sündenbock und bekannte über ihm die Sünden des Volkes, übertrug sie sozusagen auf diesen Bock, worauf der Sündenbock „zu Asasel", dem bocksgestaltigen Wüstendämon, in die Wüste geschickt wurde. Opfer schlossen das Sühneritual ab.

Über das Alter des Festes wissen wir sehr wenig. Einerseits macht gerade der Ritus mit der Übertragung der Sünden auf den Sündenbock einen sehr altertümlichen Eindruck – anderseits erwähnt keine ältere Erzählung der Bibel diesen Versöhnungstag und diesen Ritus. Zwar gibt das Buch Leviticus (s. d.) als Grund für die Einführung dieses Bußtages den Tod der Aaronssöhne wegen falscher Opferweise an (Lev 10,1–20; 16,1); aber das könnte auch eine im Exil oder erst nach dem Exil ins Gesetz eingefügte Begründung sein, zumal sie wohl aus der sogenannten Priesterschrift (s. d.) stammt. Vielleicht darf man die Geschichte des Versöhnungstages so sehen:

1. Der Sündenbockritus ist alt. Er könnte aus der Zeit des Wüstenzugs stammen, aus einer Zeit, als man die tiefe Wüste als den Wohnort der Dämonen (Asasel) ansah; diesen Dämonen schickte man, was durch sie veranlaßt war, zurück: die eigenen Sünden. Dieser Sündenbockritus gehörte zu den Traditionen der Priesterschrift – möchten wir sagen –, obwohl er in der Zeit der Seßhaftigkeit vergessen wurde; dies würde das Schweigen über diesen Ritus in allen vorexilischen Traditionen erklären.

2. Unabhängig von diesem Sündenbockritus gab es *ein priesterliches Sühneritual,* zu dem die Blutsprengungen an der Bundeslade usw. gehörten; auch dieses Ritual könnte gut schon in der Wanderzeit entstanden und ein Sühneritus für alle Fehler im Opferdienst gewesen sein, so daß die Begründung in Lev 16,1 (Sühne im Anschluß an die Bestrafung der Aaronssöhne wegen falscher Opferweise) eine sehr sinnvolle Begründung wäre, wenn sie nicht sogar der Anlaß zu diesem Ritual gewesen ist. Auch dieser Ritus gehörte natürlich zu den Traditionen der sogenannten Priesterschrift, war aber vielleicht so etwas wie priesterliches Geheimwissen.

Beide Riten wären dann in der Zeit des Exils oder in nachexilischer Zeit zu einem Versöhnungstagritus zusammengebunden worden; sie wurden beide den Traditionen der „Priesterschrift" entnommen, im Buch Leviticus (s. d.) mit anderen Gesetzen zusammengefügt und mit diesen dann später auch dem Pentateuch (s. d.) eingegliedert. Jedenfalls scheint das Fest schon kurz nach der Rückkehr aus dem Babylonischen Exil gefeiert worden und schon sehr bald volkstümlich geworden zu sein.

Allerdings darf eines nicht übersehen werden: im Festritus spielt die Bundeslade (s. d.) eine große Rolle; der Versöhnungstag ist eigentlich das einzige Fest, bei dessen Feierritus sie überhaupt eine Rolle spielt. Nach dem Exil aber war das Allerheiligste des Tempels leer: die Bundeslade war seit der Zerstörung Jerusalems 586 v. Chr. verschwunden. Gerade das aber veranlaßt uns, den priesterlichen Sühneritus (2.) als älter anzusehen als das ganze Versöhnungsfest. In die Beschreibung des Gesamtritus wurde der (vielleicht fiktive) priesterliche Ritus im Bundeszelt und der (sicherlich nicht fiktive) Ritus im Tempel Salomos aufgenommen, ganz unabhängig von der neuen nachexilischen Situation, in der es keine Bundeslade mehr gab; ja wenn man den erzählerischen Zusammenhang der Einführung des Festes sinnvoll gestalten wollte, mußte man das Fest in der Stiftshütte mit der Bundeslade beschreiben.

Am Versöhnungstag jeden fünfzigsten Jahres sollte das Jubeljahr (s. d.) mit dem Widderhorn eingeblasen werden.

Wie sehr lebendig der Ritus vom vertriebenen Bock, der die Sünden des Volkes hinwegnahm, noch zur Zeit Jesu war, zeigt die Predigt des Täufers Johannes: „Seht das Lamm Gottes, das hinwegnimmt die Sünden der Welt" (Joh 1,29). Und wie lebendig die eindrucksvolle Entsühnungszeremonie des Hohenpriesters war, der mit dem Blut des geschlachteten Stiers und des Bocks in das Allerheiligste eintrat, zeigt der Hebräerbrief (s. d.); s. 9,7.12.13.25; 10,4.19.

Das Tempelweihfest
ist das jüngste Fest des jüdischen Festkalenders. Es geht auf die Makkabäerzeit zurück, meint also weder die Einweihung *(chanukkah)* des salomonischen Tempels noch die des „Zweiten Tempels", der nach der Rückkehr der Juden aus Babylon erbaut wurde, sondern die Wiedereinweihung des Tempels nach dem Sieg des Makkabäers Judas über die Syrer (S.

569, Nr. 45). Während der Syrerkriege war der Tempel verwüstet worden; das ganze Tempelgebiet war von Unkraut überwuchert. Judas ließ den Tempel reinigen, neu weihen und einen neuen Brandopferaltar aufrichten. Das war im Jahre 165 v. Chr. Zum Andenken an diese Neuweihe des Tempels setzte Judas das achttägige Tempelweihfest ein.

Zum Andenken an die Wiederentzündung des siebenarmigen Leuchters wird dieses Chanukkafest als Lichterfest begangen. Die Rabbinen erzählen dazu die Geschichte vom wunderbaren Ölkrug, wodurch die acht Tage während Feier legendarisch unterbaut wird: „Am 25. Kislev [November/Dezember] beginnen die Tage des Chanukkafestes; es sind ihrer acht, an denen man weder eine Trauerfeier abhalten noch fasten darf. Denn als die Syrer in den Tempel eindrangen, verunreinigten sie dort alle Öle. Nachdem sich die Herrschaft der Hasmonäer gefestigt hatte und die Syrer besiegt waren, fand man nach langem Suchen nur ein einziges, mit dem Siegel des Hohenpriesters versehenes Krüglein, in welchem nur Öl

Chanukkaleuchter aus Kupfer, achtarmig, ohne „Diener" zum Anzünden. Dieser Leuchter stammt aus Frankreich. Das christliche Martinsfest (11. November), das des öfteren in die Nähe des jüdischen Chanukkafestes fällt, hat vielleicht die Gans auf dem Mittelarm veranlaßt.

für einen Tag war. Da geschah ein Wunder, und es brannte acht Tage lang. Im folgenden Jahr machte man diese Tage zu Festtagen mit Lob- und Dankliedern" (aus den Talmudtraktaten Sab 21b).

Bereits zur Zeit Jesu wurden beim Chanukkafest im Hause zur Feier dieser acht Tage acht tönerne Öllampen aufgestellt, von denen man am ersten Tag eine, am zweiten Tag zwei usw. anzündete. Später, in der jüdischen Diaspora, wurden die Chanukkaleuchten (acht und ein „Diener" zum Anzünden der acht) als Wandleuchter auf einer kleinen Bank angeordnet. Auch in der Synagoge wurde ein solcher Leuchter aufgestellt: für die Fremden und Armen, die das Fest nicht zu Hause feiern konnten. Der bankartige Wandleuchter wurde jedoch in der Synagoge aus praktischen Gründen zum Armleuchter mit acht Armen und einem vorgetriebenen neunten Arm (als „Diener"); diese Form ist dann auch wieder ins jüdische Haus zurückgewandert.

Das Tempelweihfest ist von den Hasmonäern (Makkabäern) und ihren Priestern eingeführt worden; deshalb lehnten die Essener (s. d.) dieses Fest ab. Jesus besuchte es (lt. Joh 10,22.23); schon allein deshalb ist es absurd, Jesus den Essénern zuzählen zu wollen.

(Zum Tempelweihfest s. 1 Makk 4,36–59 und die Briefe 2 Makk 1,1–9 und 1,10–2,18).

DAS HEILIGTUM

Nicht nur am Gottesbild und an der Art der Gottesverehrung, sondern auch am Heiligtum läßt sich die Rolle und die Geschichte der Religion und die Art der Religiosität eines Volkes verfolgen. Im Falle Israels und des Judentums ist eine Schau auf das Heiligtum besonders aufschlußreich, weil sich in ihm der Kampf um die Anerkennung des einen Gottes unter anderen Perspektiven, aber nicht weniger deutlich spiegelt als in der Geschichte des israelitisch-jüdischen Gottesbildes und der entsprechenden Gottesverehrung.

Die Zeichen der Theophanie
Die Religionswissenschaftler setzen an den Anfang der Religion die Furcht des Menschen vor gewaltigen Naturerscheinungen. Biblisch gesprochen könnte man sagen: das Wort Gottes, durch das den Menschen der Vorzeit zu-

erst offenbart wurde, daß es über ihnen eine unbegreifliche, furchterregende Macht gibt, sind die Stürme, die Blitze, der Donner, die drohenden Wolken und das Tosen der Wasser im großen Regen und in den gewaltigen Flüssen. Vielleicht offenbarte sich aber auch diese selbe Macht als gütig in wohltuender Sonnenwärme und im Flüstern des Laubes bei stillen Winden.

Es ist sicher, daß diese Stellung des Menschen zur Natur auf den höheren Stufen der Religion nicht einfach verschwindet; ein wenig lebt noch heute davon in unserem Schaudern, wenn ein gewaltiges Gewitter niedergeht oder Sturmgewalten über ein Land herfallen. So ist es denn auch nicht verwunderlich oder gar ein Zeichen von Aberglaube, wenn in Zeiten, da sich der Gottesglaube zu höheren Formen aufringt, die Stimme der Naturgewalten noch Zeichen für die Gottheit sind. Die Gottheit erscheint nicht sichtbar, sondern im Sturm, im Feuer, in der Wolke sieht man ein Zeichen dafür, daß die Gottheit erscheint. Diese „Zeichen der Theophanie" (Gotteserscheinung) verlieren allmählich ihren Natursinn, und es heißt nun nicht mehr nur: Wenn eine große Wolke aufsteigt, erscheint der Gott, sondern die Gegenwart Gottes wird durch die Zitation der Wolke ausgedrückt; es heißt nicht mehr: Blitz und Feuer sind Zeichen für das Erscheinen des Gottes, sondern die Gegenwart und frequente Kraft des Gottes werden durch die Zitation von Blitz und Feuer ausgedrückt. Es findet also geradezu eine Umkehrung statt: das Zeichen kündet nicht mehr die Gegenwart des Gottes, sondern das Zeichen wird zu einer literarischen Formel, durch die die Gegenwart Gottes ausgesagt wird. – Auf dieser Stufe treffen wir die religiöse Literatur Israels, wobei allerdings berücksichtigt werden muß, daß auch ältere Stufen in die Bücher Israels mit ihren Formeln eingegangen sind, so daß man kein ganz einheitliches Bild gewinnt.

Die Wolke spielt dabei eine große Rolle. Wie sie in fast allen Naturreligionen und Mythen eine Rolle spielt, so mag sie in den ältesten Geschichten Ur-Israels, die der Naturreligion noch nahe waren, eine ähnliche Bedeutung gehabt haben: als Wagen Gottes, als Schleier Gottes, als Thron Gottes oder ähnliches.

Mit dem sich stärkenden Jahweglauben wird dann aber die Wolke zum Zeichen für gewisse Eigenschaften Jahwes. Vor allem seine Unsagbarkeit, seine Unsichtbarkeit wird ausgedrückt durch die Wolke. Auch seine ständige, aber unsichtbare Gegenwart wird im Zeichen der Wolke ausgesagt. Zwar ist in den alten Geschichten, die vom Sinai und von der Wüstenwanderung erzählen, die Grenze zwischen Sein und Zeichen noch sehr schmal. Und wenn die Israeliten in Kanaan – zur Zeit der Richter oder auch noch zur Davidszeit – vom Sinai und von der Wüstenwanderung erzählten, mag sich die massive Vorstellung von der Wolke, in der sich Gott verbirgt, mit dem Zeichen noch stark vermischt haben. Aber bei den Propheten und in den Psalmen hat man dann doch stark den Eindruck, daß die dunklen Wolken, die das Zelt Gottes sind (z. B. Ps 18,12), daß der Tag Jahwes als Tag der Wolken (z. B. Ez 30,3; Ps 97,2), daß das Erscheinen Jahwes auf der Wolke als seinem Thron (z. B. Ez 1,4) literarische Bilder sind, die nichts mehr von der Massivität älterer Zeiten an sich haben. Man bediente sich dieser literarischen Bilder aber, um damit auch weiterhin die Eigenschaften Gottes, die mit ihnen auch ursprünglich gemeint waren, auszusagen. Wenn man von Gottes Thron sprach, sprach man von der Wolke: „Da kam mit den Wolken des Himmels einer wie ein Menschensohn" (Dan 7,13). Vergleiche mit dem Wort Jesu vor Kajaphas und dem Hohen Rat, als er beanspruchte, Gottes Sohn zu sein (Mk 14,62). Und wenn der Evangelist davon spricht, daß Jesus bei der Himmelfahrt vor den Augen der Jünger hinweggenommen wurde, schreibt Lukas: „Und eine Wolke nahm ihn auf" (Apg 1,9) – in ähnlicher Weise die alte Formel vom unsichtbaren Gott benutzend wie in den Mosebüchern; ähnlich schon in der Verklärungsperikope.

Die Wüstenwolke ist dabei eine besonders eigenartige Ausdrucksweise der Bibel. Man hat sie sehr wörtlich genommen, obwohl der Apostel Paulus den Sinn der Wolke als Metapher für die Gegenwart Gottes klargelegt hat: „Unsere Väter (waren) alle unter der Wolke . . . und (sind) alle auf Mose getauft in der Wolke" (1 Kor 10,1.2). „Die Wolke" ist hier sehr deutlich ein Ausdruck für die Gegenwart Gottes. Deshalb ist zum Herrn in der Feuer- und Wolkensäule (Ex 13,21.22; 14,19.20.24) zu sagen, daß Feuer- und Wolkensäule ein Symbol des Erzählers sind für die Tatsache, daß Jahwe das Volk der Israeliten geführt hat; daß er immer bei ihm war; daß alle Ereignisse,

die das Volk schützten, Jahwes – Gottes – Wirken waren, aber: daß er unsichtbar da war und wirkte. Diese Feuer- und Wolkensäule [21] ist genauso ein Anschauungsmittel des Erzählers wie seine Erzählweise: „Und Gott sprach zu Abraham . . ." Was Abraham tat, war von Gott gewirkt; das ist und bleibt wahr. Aber diese Erzählweise ist nur ein Ausdruck dafür, daß es von Gott gewirkt war, nicht aber soll damit behauptet werden, daß Gott *in irgendeiner Gestalt* vor Abraham hingetreten sei (vgl. im Artikel „Wort Jahwes" und „Berufung und Geschichte").

Blitz und Donner werden in ähnlicher Weise in der Bibel als Zeichen Gottes vorgetragen. In Ex 14,24 heißt es: da „blickte der Herr . . . auf das Lager der Ägypter". Zweifellos ist das eine Ausdrucksweise aus dem Vokabular der Naturgottheitsreligionen: Zeus schleudert seine Blitze, Thor wirft seinen Hammer . . . Dieses Vokabular setzt sich in den sich höher entwikkelnden Religionen fort, ohne daß es wörtlich gemeint ist – ähnlich wie auch wir vom „Aufgang" und „Untergang" der Sonne sprechen, obwohl wir wissen, daß dies nur so scheint; auch wir haben in unserer Sprache manche Vokabel und Redeweise, die nicht unseren, sondern früheren Anschauungen entsprechen.

---

[21] Um der ganzen Einsicht willen sollte man auch beachten, daß die Bibel von einer Feuer- und Wolken*säule* spricht. Auch diese Säule ist im spiritueller werdenden Denken ein Ausdruck für die verborgene Gegenwart des Gottes. Im Tempel des Apoll von Phigalia wurde das plastische Gottesbild von einer korinthischen Säule verdeckt und in der Säule selbst auf andere Weise wiederum dargeboten. Für die Verehrung griechischer Götter in der Gestalt von Säulen hat der griechische Archäologe Nikolaos Yalouris reiches Material zusammengetragen. Diese Darstellung des verborgenen gegenwärtigen Gottes setzt sich noch im Christentum fort bei den Styliten, die ihr Stehen auf der Säule als Stehen in Gott sahen. Solche Erkenntnis verdankt der Verfasser dem Aufsatz „Klassik in Arkadien. Vom Wandel des griechischen Gottesbildes" von Prof. Josef Fink (Münster), erschienen in: Antike und Abendland, Bd. XI, S. 43–54 (Marion von Schröder Verlag, Hamburg), in dem auch auf die eine tragende Säule in der Kapelle des Nikolaus-Hospitals in Cues hingewiesen ist, die in ähnlicher Weise einerseits den Blick auf den Altar verdeckt und anderseits das Gewölbe des Schiffs der Kirche trägt. Man könnte fragend hinzufügen, ob nicht auch die tragende Einzelsäule im nördlichen und im südlichen Querschiff des Freiburger Münsters aus diesen Traditionen geschaffen wurden. – Dem Verfasser scheint es aber unzweifelhaft, daß in diesem ganzen Komplex „Säule" ein starker Hinweis auf das richtige Verständnis für die Formel von der Wolken- und Feuersäule des AT liegt.

In ähnlicher Weise sagt der Erzähler im Ex-
odusbuch, daß der Herr auf das Heer der
Ägypter seinen Zornesblick warf – und es
geschah ein Unwetter, das die Ägypter ver-
wirrte; in ähnlicher Weise spricht der Psalmist
von Gott als von einem Bogenschützen, der
seine Pfeile aussendet (Ps 7,13.14).

Am Sinai wird der Berg durch Blitze und
Donner erschüttert. Natürlich ist es möglich,
daß es wirklich blitzte und donnerte – aber der
Erzähler (Jahrhunderte später) gebraucht diese Szene, um die Gewalt Jahwes auszudrükken, ohne daß wir ihm zutrauen sollten, daß er
glaube, Gott habe Blitz und Donner geschickt,
um das Volk für die Übergabe des Gesetzes in
der Gottesfurcht reif zu machen.

Dieser Artikel steht am Beginn des Kapitels
über das Heiligtum, weil am Anfang Heiligtum
dort war, wo der Gott erschien. Später aber
erscheint der Gott, wo das Heiligtum ist, nicht
weil sich Gott um des Heiligtums willen ein-
schränkt, sondern weil er überall ist und erst
recht überall da, wo seine Anbeter sind.

Die vorgelegten Beispiele genügen wohl,
um zu zeigen, was gemeint ist. Es gibt noch
manche andere Naturerscheinungen, die im
biblischen Text auf die beschriebene Weise als
Symbole göttlichen Wirkens in die Erzählung
eingeführt werden: vom Regenbogen, den
Gott beim Opfer Noachs erscheinen läßt, bis
zum Erdbeben bei der Auferstehung Jesu (Mt
28,2). Alle diese Sageweisen haben, richtig
und ernst genommen, eine intensivere Aussa-
gekraft, als wenn man sie buchstäblich nimmt.
Leider hat man aber manchmal den Eindruck,
als ob Christen vor den „Zeichen der Theophanie" zumal des AT zum Glauben kommen, es
handle sich bei Jahwe um eine Naturgottheit.

„Die Herrlichkeit des Herrn" ist oft eine
zusammenfassende Ausdrucksweise für alles,
worin sich die Größe, Macht und Herrlichkeit
Jahwes ausdrückt. Es ist vor allem auch die
Formel, wodurch die naturhaften und realistisch geschilderten Zeichen der Theophanie
im Erzählungszusammenhang sublimiert werden. In Feuer, Wolke, Glanz, aber auch in der
Bundeslade und im Tempel überhaupt, auch in
den Siegen Israels zeigt sich „die Herrlichkeit
des Herrn".

Diese *kabōd* Jahwes ist – theologisch gesehen – das Grundwort und der Grundbegriff,
auf dem sich typische Intentionen des christlichen Gotteslobes aufbauen, wie sie z. B. durch

das „Ehre sei dem Vater ..." repräsentiert
werden.

Der Altar
Am Heiligtum ist das Wichtigste der Altar, ja
man kann sagen: die ältesten Heiligtümer existierten geradezu durch den Altar. In der Bibel
lesen wir zuerst bei Abram von einem Altar,
und zwar: Abram baute dem Herrn einen
Altar (Gen 12,7). Es gab Naturaltäre (Findlin-
ge, Felsen), in denen sich die Naturreligionen
oft den Gott wohnend dachten. Aber der
gebaute Altar schließt diese Einwohnung der
Gottheit aus.

Angesichts der Tatsache, daß in den Patriarchengeschichten ein religiöser Gehalt erst lange nach der Patriarchenzeit (s. d.) erkannt
wurde, gibt diese Bemerkung vom gebauten
Altar zwar zunächst die Ansicht des Erzählers
wieder; aber da der Nomade oder Halbnomade leichter von den Naturaltären wegfindet als
etwa Höhlenbewohner, die fest siedeln, gibt es
keine Zweifel, daß auch die Erzväter den
gebauten Altar hatten. Der biblische Erzähler
legte offenbar Wert darauf, bei Abraham von
einem gebauten Altar zu reden, um damit
anzudeuten, daß der Gott Abrahams (s. d.)
keine Naturgottheit war.

Den Altar Abrahams können wir uns als
einen würfelförmigen Tischherd vorstellen,
aus Steinen aufgeschichtet. Die späteren Altäre der entwickelteren Kulturformen weisen
auf diese Form hin; mochten sich die rituellen
Forderungen an einen solchen Altar mit der
Zeit auch ändern, die Grundformen blieben
erhalten – denn in nichts ist der Mensch kon-
servativer als in der Religion.

Der Altar wurde aus unbehauenen Steinen
gebaut. Spätere Zeiten verbieten das Behauen
ausdrücklich (Ex 20,25; Jos 8,30), in der Abrahamszeit aber war das Behauen wohl ohnehin
kaum üblich – denn es ist noch die Bronzezeit.
Man hätte den Stein mit Stein behauen müssen, und auf einen solchen steinzeitlichen Gedanken kam man wohl nur bei Feingeräten
und Schmuckmälern. Das Verbot des Behau-
ens der Altarsteine hat wahrscheinlich seinen
Grund in der Ansicht, daß man der Gottheit
nur das Natürliche anbieten darf – ein Rest
alter Anschauungen aus Naturreligionen, der
bis heute im Christentum wirksam ist.

Die Aufschüttung von Erde und Steinen
zum Altar geschah ursprünglich ganz sicher

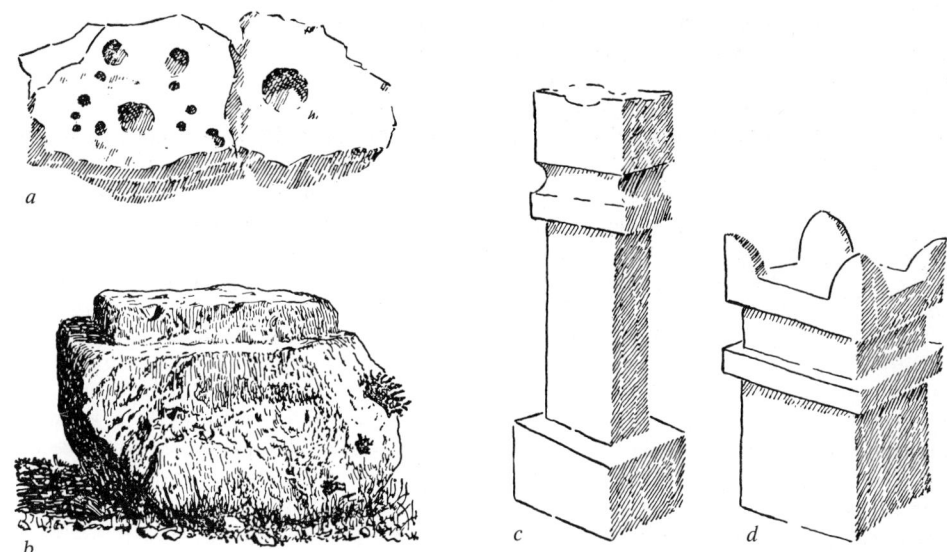

Die Altarformen der alten Religionen weisen große Unterschiede auf; das Gemeinsame ist jedoch ebenfalls sichtbar: ein Naturstein, der einen Becher oder einen Tisch für die Opfer an die Götter enthält oder darstellt. a) Felsenaltar, von oben gesehen, mit Napflöchern (Fundort: Megiddo); b) Steinblockaltar; c) Massébenaltar, Stelenaltar aus Sichem: die Opfer werden auf dem Gegenwartszeichen der Gottheit selbst (Massébe, s. unten) dargebracht; d) Hörneraltar aus Megiddo: die Hörner in den Ecken des Opfertisches bzw. Opferherdes haben ihren Ursprung in den Gegenwartszeichen der Gottheiten (Massében), erhielten aber schließlich Form und Namen durch die Hörner des Stiers (s. d.), der für viele Gottheiten das Bildzeichen war. Die Altäre c und d sind aus einem Stück gehauen.

ohne jede spekulative Nebenüberlegung. Später wird dagegen bei den Altären Israels von zwölf Steinen für den Altar gesprochen. Ob diese Zwölfzahl wirklich immer beobachtet wurde, wissen wir nicht – aber in der Vorschrift sollte sie andeuten, daß jedes Altaropfer ein Opfer für den Gott der „zwölf" Stämme und ein Opfer im Namen des ganzen Stämmeverbandes war.

In den israelitischen Vorschriften für den Altarbau finden wir später die Forderung, daß die Ecken des Altars – es ist aber nun nicht mehr der naturhafte aufgeschüttete Erd- und Steinaltar – mit vier Hörnern versehen werden sollen. H. Greßmann ist der Ansicht, daß es sich dabei um die mit dem Altar verbundenen Massében (s. unten) handelt; eine andere Deutung ist im Abschnitt über den Altar des Heiligen Zeltes versucht. Weitere Ausführungen zum israelitischen Altar siehe in den Artikeln „Das Opfer", „Das Heilige Zelt" und „Der Tempel".

Die Vulgata gebraucht für den Altar des wahren Gottes das lateinische *altare*, während sie für den Götzenaltar meistens das Wort *ara* benutzt. Im Deutschen haben wir leider für beide Altäre nur das eine Lehnwort „Altar".

Massébe
(hebr. *massebáh*) ist eigentlich jeder aufgestellte Stein, der zum Zeichen erklärt worden ist. Im AT wird unter Massébe jedoch meist ein kultischer Stein verstanden: ein Denkstein (z. B. Gen 28,18), ein Grabstein (z. B. Gen 35,20), ein Grenzstein, vor allem aber ein Stein, der beim Altar aufgestellt wurde und die Gegenwart der Gottheit symbolisierte. Von diesem Brauch erzählt die Bibel des öfteren in den Erzvätergeschichten, wobei der Sinn des Steines nicht erwähnt, sondern als bekannt vorausgesetzt wird.

Nachdem das Buch Josua vom Durchzug der einwandernden Israeliten durch den Jordan erzählt hat, berichtet es, daß zwölf Massében als Denksteine errichtet wurden (Jos 4,3). Man könnte erwägen, ob hier nicht eine bewußte und betonte Verallgemeinerung des Massébegedankens durch den Erzähler vorliegt. Da die Massébe nämlich offenbar auch ein kanaanitischer Brauch war, durch den vor allem die männliche Gottheit (in einem Fruchtbarkeitszeichen?) als gegenwärtig bezeichnet wurde, mag der biblische Erzähler, dem daran lag, die kanaanitischen Zeichen zu neutralisieren, bemüht gewesen sein, in ihnen den allgemeineren Sinn zu betonen: z. B. den Sinn des Gedenksteins, obwohl sie sicherlich auch bei den Israeliten – nach dem Vorbild Kanaans – zunächst mehr den Sinn gehabt haben, die Gottheit als gegenwärtig zu bezeichnen.

Allerdings scheint die Massébe von Anfang an auch ganz allgemein den Sinn eines Gegenwartszeichens gehabt zu haben. Auf diese Möglichkeit weisen die Ansammlungen von Stelen hin, z. B. in Geser und in Assur (achtundzwanzig mit eingeschriebenen Namen von Königen und hundert mit eingeschriebenen Beamtennamen). Sie einfach als Grabsteine zu bezeichnen, ist nicht möglich. Dagegen liegt die Möglichkeit nahe, daß die durch die Namen bezeichneten Personen in den Steinen beim Opfer, das auf dem in ihrer Mitte errichteten Altar dargebracht wurde, zugegen sein sollten. Diesen Gedanken scheint die Bibel des öfteren in den Massében der Zwölf Stämme kultivieren zu wollen, z. B. in Ex 24,4, wo erzählt wird, daß Mose beim Bundesschluß am Sinai einen Altar baute und zwölf Massében um ihn herum aufstellen ließ.

Die Göttermassébe wuchs – wie Ausgrabungen lehren – allmählich mit dem Altar zusammen. Deshalb hat man die „Hörner" des israelitischen Brandopferaltars (s. d.) ebenfalls als verkümmerte Massében gedeutet, die aber zur Zeit der Tempelaltäre wohl nicht mehr als solche empfunden wurden.

Die Ascherá ist das hölzerne Gegenstück zur Massébe. Wie die Massébe ursprünglich wahrscheinlich den männlichen Gott symbolisierte,

Massében aus Hazor. Eine dieser Massében scheint ein Beschwörungsstein zu sein (s. im Artikel „Hazor").

so die Ascherá die weibliche Gottheit. Der Name „Ascherá" weist darauf hin, daß sie anfangs ausschließliches Zeichen der Göttin Aschirtu (Aschratu, Ischtar, Astarte) war; aber das AT weist die Ascherá (Aschére) auch ganz allgemein als Zeichen weiblicher Gottheiten aus (vgl. im Artikel „Die Baale").

Bäume (der Lebensbaum) sind die ursprünglichen Aschéren, später Bäume, deren Äste und Zweige man abgehauen hatte, oder auch stilisierte Bäume in Form von Holzstelen und Pfählen. Zur Ascherá gehörte aber, daß sie *in* der Erde stand – entweder als noch verwurzelter Baum oder als eingegrabene Stele. Man *setzte* deshalb eine Ascherá nicht, sondern *pflanzte* sie, auch wenn es sich um eine Holzsäule handelte. Die Ascherá wurde vor allem auf den Höhen (s. d.) aufgestellt.

Die Eiche des Mamre (s. d.), bei der Abraham sein Lager aufschlug, ist wohl als eine Baumascherá zu deuten (Gen 13,18). Auch die Bemerkung in Gen 21,33 „Abraham pflanzte Bäume zu Beerscheba" (s. d.) erhält durch Blick auf die Ascherá ihren kultischen Sinn.

So urtümlich Mássebe und Ascherá als Götterzeichen zu sein scheinen – sie sind trotzdem schon Zeichen höherer Gottesverehrung; denn sie wollen sicherlich das Verborgene der gegenwärtigen Gottheit darstellen. Vergleiche dazu im Artikel „Zeichen der Theophanie" die Fußnote auf Seite 655.

Das Gottesbild
der Heiden wird von uns oft mißverstanden. Der religiöse Sinn eines Gottesbildes war durchaus nicht der, daß das Bild der Gott war, sondern es repräsentierte den Gott; es machte ihn gegenwärtig; er war da, wo sein Bild war – oder wie man es auch immer ausdrücken will. Das Bild war einerseits eine sinnenhafte Hilfe für den Menschen, der sich den fernen Gott vorstellen wollte, anderseits war es ein magisches Mittel, den Gott gegenwärtig werden zu lassen. Daß im Vulgärverständnis (aller Religionen) das Bild selbst dabei leicht zu einer Art Gottheit werden kann, dafür haben wir – mutatis mutandis – leider im christlichen Raum durch die Bilderverehrung genügend Beispiele.

Die alten Religionen des Vorderen Orients (Ägyptens, Syriens, Mesopotamiens) pflegten ihre Götter in Bildern anzubeten und zu verehren, sie beim Opfer durch Bilder oder mindestens durch eine Säule (Mássebe, s. oben) gegenwärtig sein zu lassen. Die Jahwereligion verbot diese bildliche Vertretung Gottes. Dafür hatte sie vor allem drei Gründe:

Einmal wußte Mose – auf den diese Bestimmung in den Zehn Geboten wohl zurückgeht –, daß das Bild leicht selbst die göttliche Verehrung auf sich zieht; sodann war der verkündete Gott so gewaltig, daß ihm kein Bild gerecht wurde; und schließlich trat im Kampf gegen den Anthropomorphismus (s. d.) und für den Glauben an die Transzendenz Gottes – vor allem beim Elohisten (s. d.) – die absolute Jenseitigkeit Jahwes hinzu, die jedes Bild verbot.

Das israelitische Volk aber war ein orientalisches, d. h. sinnliches und sinnenhaftes Volk, und der Gedanke der absoluten Transzendenz und der absoluten Gestaltlosigkeit Gottes war ihm unbegreiflich. Deshalb fand es sich immer wieder so leicht bereit, seinen Gott Jahwe in kanaanitischen Kulten anzubeten.

In diesem Sinne waren vielleicht die Stierbilder in Bet-El und Dan, die als Throne Jahwes gedacht waren (s. den Artikel „Das Goldene Kalb"), ein kluggedachter Kompromiß des israelitischen Nordreichkönigs: da konnte das Volk im Thron schon die Stärke und Fruchtbarkeit seines Gottes erkennen. Aber dieser Kompromiß verführte das Volk.

Die Bemühungen der Propheten und Priester führten niemals zu einem vollen Sieg der bildlosen Jahweanbetung. Als nämlich Antiochus IV. Epiphanes[22] im Tempel das Gottesbild des Zeus aufstellen ließ und damit das Zeichen zur Götterbefreiung gab, ging das ungebildete Volk ohne Schwierigkeit zum nie ganz verschwundenen Kanaaniterkult über: mehr als tausend Jahre nach Mose! Für den orthodoxen Juden aber war diese Aufstellung eines Götterbildes im Tempel „der Greuel der Verwüstung" (Dan 11,31). Aber die Orthodoxen waren immer nur eine Minderheit.

Die Menschwerdung der Gottheit in Jesus Christus war der einzig mögliche „Kompromiß", der aus dieser Überforderung herausführte. Gott erhielt mit ihm Gestalt und Antlitz, ohne daß der Mensch sich von ihm ein Bild machte.

---

[22] Siehe im Kapitel „Die Geschichte . . .", S. 568, Nr. 44.

Die Höhen

sind natürliche Heiligtümer. Auf dem Himmelsberg thronen die Götter. Die irdischen Berge sind die symbolischen Wirklichkeiten des Himmelsberges. Auf ihnen wurden die Götter verehrt. So auch in Syrien/Palästina: auf dem Libanon, dem Hermon (s. d.), dem Karmel (s. d.), dem Tabor (s. d.) und vielen anderen Bergen. Der Ausdruck „Höhe" (*bamáh*, Mehrzahl *bamót*) hatte so sehr den Sinn von Gottesheiligtum angenommen, daß selbst jene Heiligtümer, die im Tal, an der Straße und im Feld lagen, „Höhen" genannt wurden (z. B. der Molochaltar im Ge-Hinnom, s. d.).

Ins Leben der Israelstämme traten „die Höhen", nach dem Berg Horeb/Sinai (s. d.), zunächst als Götterhöhen der Moabiter und Kanaaniter ein, auf denen das Volk den „Göttern der Völker" (s. d.) opferte, die aber von den Volksführern und Propheten Israels – oft mit Gewalt – dem Baalskult der Kanaaniter abgerungen wurden, um daraus einen Kultort für Jahwe zu machen. Ein markantes Beispiel dafür ist der Kampf des Elija mit den Baalspriestern (S. 234).

Nach der Landnahme waren die Höhen die normalen Opferstätten. Wenn es auch zeitweise irgendwo das Heilige Zelt (s. d.) mit einer Art offiziellem Opferaltar im Vorhof gab, so war dieser Opferaltar doch kein einzig berechtigter Altar der Stämme Israels. Es muß sogar angenommen werden, daß jeder Stamm seine bevorzugte Jahwehöhe hatte, die einmal eine Höhe des Baal (s. d.) gewesen war. Aber daneben bestanden andere Höhen des Baal weiter. Und auch zu diesen pilgerte das Volk, vielleicht angezogen durch die Bildhaftigkeit der Kulte und durch die vitalen Formen der Gottesverehrung, wie z. B. Kultprostitution (s. d.).

Duldung der „Götter der Völker" übten auch die Könige; angefangen bei Salomo, der für seine Frauen heidnische Höhenaltäre baute (S. 232), bis hin zu allen Königen des Nordreichs Israel und den Königen Joram, Ahas und Manasse von Juda. Die Könige Hiskija und Joschija zerstörten die Höhen, aber andere schonten sie oder bauten sie wieder auf.[23] Auch das zentrale Heiligtum (s. d.), wie es durch das Deuteronomium proklamiert wurde, konnte die Höhen nicht ausrotten. Die Propheten kämpften gegen sie – aber die Höhen waren stärker; nicht nur als Jahwehöhen, sondern auch als Baalshöhen. Auf derselben Höhe verehrten oft die Kanaaniter Baal und die Israelstämme Jahwe – mit demselben Kult.

Sehr oft gab es auf der Höhe nicht nur einen Brandopferaltar, einen Rauchopferaltar und die Massében (s. d.), sondern auch Höhenhäuser: den Tempel mit einem Götterbild, Priesterwohnungen, Mahlhallen, Häuser für die Wohnung der Kultprostituierten und Zelte aus bunten Tüchern für deren Dienst.

Die Höhen sind wohl auch mit der Babylonischen Gefangenschaft nicht verschwunden; das zurückbleibende Volk (etwa 80 Prozent) wurde eher gerade durch die Zerstörung des Tempels zum Höhenkult getrieben; und als Antiochus IV. Epiphanes gegen das Judentum im Bezirk Jerusalem einschritt und überall Götteropfer einrichten ließ,[24] hat er sich wohl der immer noch vorhandenen Höhenaltäre bedient; denn man kann nur opfern, wo heiliger Boden ist.

Die Bundeslade

ist ein typisches Heiligtum der Israeliten. Zwar ist es nicht ausgeschlossen, daß Israel damit einen Brauch aus anderen Religionen übernahm; aber die Ausbildung der Bedeutung dieser Lade ist typisch israelitisch.

Es ist nicht daran zu zweifeln, daß die Bundeslade viel älter ist als der Text, in dem ihre Anfertigung von Gott befohlen wird (Ex 25,10–22). Dieser Text stammt aus der Priesterschrift (s. d.), d. h. wahrscheinlich aus dem Babylonischen Exil; wenigstens wurden die Kultbestimmungen erst damals zusammengefaßt und noch später den Exodusberichten und -gesetzen eingefügt. Aber auch in viel früher entstandenen Büchern ist von der Bundeslade die Rede.

Die Priesterschrift und damit die heutige Form des AT verlegt also den Befehl Gottes für die Herstellung einer heiligen Lade in die Gesetzgebungsperiode am Sinai. Jahwe selbst gab die Anordnungen dazu; was dieses „Jahwe selbst" bedeutet, ist im Artikel „Wort Jahwes" dargelegt. Aus diesen Texten haben wir unsere Vorstellung von der Bundeslade: Sie war aus Akazienholz gefertigt; eine Tru-

---

[23] Siehe im Kapitel „Die Geschichte . . .", S. 546, Nr. 33 bis 38.

[24] Siehe im Kapitel „Die Geschichte . . .", S. 568, Nr. 44.

Geflügelte Gestalten an heiligen Schreinen sind auch für Ägypten belegt. Obwohl die Bezeichnung Kerub auf Mesopotamien hinweist, könnten doch recht gut ägyptische Motive und Formen in den primitiven Schmuck der Urlade eingegangen sein. Dieses Relief vom Grabe Tutanch-Amons zeigt solch ein ägyptisches Schutzflügelmotiv, wie man es in späteren Traditionen mit der Urlade verband. Die Herkunft des Schutzflügelmotivs an der Lade aus Ägypten könnte erklären, warum die israelitischen Kerubim manchmal volle Menschengestalt haben, obwohl der Kerub sonst z. T. tiergestaltig ist.

he (137,5 cm lang, 82,5 cm breit und hoch), innen und außen mit reinem Gold überzogen. Sie stand auf vier Füßen. Am Treffpunkt eines jeden Fußes mit der Lade war an der Längsseite je ein gegossener Ring aus schierem Gold eingelassen. Durch die Ringe waren die vergoldeten Tragstangen aus Akazienholz gezogen, die niemals herausgenommen werden durften: ein Zeichen der ständigen Bereitschaft Jahwes, für sein Volk einzutreten oder gar zu kämpfen.

Zugedeckt war diese Lade mit einem Deckel *(kappóret)*; das Wort wurde jedoch im Griechischen und Lateinischen mit „Sühnemittel"

u. ä. übersetzt *(hilastárion,* Röm 3,25); deshalb übersetzte z. B. Luther *kappóret* mit „Gnadenstuhl"; diese Übersetzung ist wohl veranlaßt durch die Zeremonien, die für den Ritus des Versöhnungstages (s. d.) mitgeteilt werden.

Aus den Schmalseiten der Platte waren zwei goldene Kerubim herausgearbeitet. „Die Kerubim waren so dargestellt, daß sie die Flügel nach oben hin ausbreiteten, indem sie mit ihren Flügeln den Aufsatz bedeckten." Ihre Gesichter waren der Lade zugeneigt (s. den Artikel „Die Kerubim").

Das ist die Schilderung der Bundeslade, wie

sie aus der Priesterschrift in das Buch Exodus hineingearbeitet worden ist: das ideale Bild einer Bundeslade. Die Priester hatten sie im Tempel zurückgelassen, als sie nach Babylon deportiert wurden, und nun beschrieben sie sie so, wie sie eigentlich hätte sein müssen. (War sie anders?) Nun führten sie ihren Ursprung auf die erste Gesetzgebung ihrer Volkstraditionen zurück: auf die Gesetzgebung am Sinai. (War dort wirklich ihr Ursprung?) – Leider lassen sich keine sicheren Auskünfte darüber geben.

Die Gesetzgebung am Sinai ist nicht zu bezweifeln (S. 528, Nr. 10). Deshalb ist durchaus möglich, daß die Hebräer der Wüstenwanderung ihre Gesetzesurkunde, die Tafel oder die Tafeln mit den Grundgeboten, in einem Kasten mit sich trugen, der auf der Wanderung ihr Heiligtum war. Daß dieser Kasten nicht gerade ein roher Holzkasten war, ist anzunehmen. Er muß verziert gewesen sein – wenn auch nicht gerade so, wie die Priesterschrift es behauptet. Vielleicht hatte er einen Goldblechbeschlag; die Schutzfiguren aber werden kaum darauf als „Kerubim" derart angebracht gewesen sein, da diese erst später in die Kultusgeschichte Israels eingetreten sind. Da aber im Allerheiligsten des Tempels Salomos Keru-

bim standen, zwischen denen die Bundeslade so aufgestellt war, daß die Kerubimflügel über der Bundeslade einen Bogen bildeten, ist die Beschreibung des Exodustextes kein Rätsel: Man hat die Tempelkerubim in die Wanderzeit vortransponiert und sie (in der Erzählung) auf der Bundeslade selbst befestigt.

Die Funktion der Lade war also, Aufbewahrungsort der „Tafel(n) des Bundes" (daher „Lade des Bundes") zu sein. Die Aufbewahrung eines Mannagefäßes und des Aaronstabes (s. d.) in der Lade ist im AT nicht bezeugt; davon spricht jedoch der Hebräerbrief (9,4); es war wohl eine jüdische, also spätere Tradition.

Als solche „Lade des Bundes" (auch „Lade des Herrn", „Lade Gottes", „Bundeslade Jahwes") war sie Symbol der Gegenwart Gottes. Der Bund (s. d.) war ja eine Garantie dafür, daß Jahwe mit seinem Volke war. Und so wird sie zum Feldzeichen, das mehrmals in den biblischen Erzählungen auftritt:

Die Lade wird beim Einzug in das Land Kanaan vorausgetragen (Jos 3). Unter Vorantritt der Lade wird Jericho (s. d.) erobert (Jos 6,6–14). In der Richterzeit steht sie (vgl. Ri 20,22 ff.) im Heiligtum von Bet-El (s. d.). Später wird sie im Tempel zu Schilo (s. d.) aufbe-

Die Bundeslade ist wahrscheinlich nicht eine so singuläre Erscheinung, als die wir sie zu sehen gewohnt sind. Es entsprach wohl einem verbreiteten nomadischen Brauch, ein tragbares Schreinheiligtum im Nomadentreck mitzuführen; und wahrscheinlich stand dieser Schrein auch in einem transportablen Zelt. Von den vorislamischen Arabern ist dies bezeugt, und durch ein Flachrelief des Beltempels in Palmyra – aus der römischen Zeit – sogar „schriftlich" beurkundet.

wahrt, von wo sie zum Kampf gegen die Philister geholt wird; aber die Philister erbeuten sie und bringen sie in den Dagontempel (S. 215). Nachdem die Philister sie zurückgesandt haben, bleibt die Lade – Schilo ist inzwischen zerstört worden – fast fünfzig Jahre in Kirjat-Jearim, im Hause eines Nichtisraeliten, bis David sie in der Davidstadt unter einem Zelt aufstellen läßt (um 1000). Aber sie bleibt nicht im Zelt, sondern zieht immer wieder mit in die Schlacht, z. B. 2 Sam 11,11: in den Kampf gegen die Ammoniter (s. d.). Nachdem Salomo den Tempel gebaut hat, wird sie im Allerheiligsten des Tempels zwischen den großen Kerubim aufgestellt, die nun ihre Flügel über der Lade mit dem Gesetz aufragen lassen.

In dieser Aufstellung aber – wie in den Kerubim – liegt ein neuer Zug, der der Lade eine weitere Funktion gibt. Sie wird zum Thron Jahwes. Vielleicht ist dieser Gedanke erst in der Zeit der getrennten Reiche ausdrücklich betont worden, als Jerobeam I. im Nordreich die Stierbilder als Throne Jahwes aufstellen ließ (s. den Artikel „Das Goldene Kalb"). Aber die Anlage auf diesen Gedanken hin war schon im Bau des dunklen Allerheiligsten, der Aufnahme der Bundeslade in dieses Allerheiligste und ihrer Aufstellung unter den Kerubimflügeln gegeben; denn die Kerubim (s. d.) sind die Thronwesen der Könige und die Pfortenhüter der Götter. Daß später die Priester in der Babylonischen Gefangenschaft (Priesterschrift) die Vorstellung von der Lade als Thron Gottes in die Wüstenzeit zurückprojizieren, liegt ganz in der Tendenz, einmal das Heiligtum selbst und zum anderen den höchsten Gedanken, der je mit der Bundeslade verbunden wurde, mit der Aufbruchszeit des Volkes und der ersten Gesetzgebungsperiode zu verbinden, weil er dort anlagemäßig gegeben war (s. oben).

Das Heilige Zelt
(Ex 36,8–38) wird als ein großes Zelt geschildert: 16,50 × 5,50 m im Grundriß; zehn innere Zeltbahnen „aus gezwirntem Byssus [Feinleinen][25], violettem und rotem Purpur[26] und Karmesin mit Kerubimfiguren; jede Bahn 28 × 4 Ellen (15,4 × 2,20 m); die Außenbahnen aus Ziegenhaar gewebt: elf Bahnen zu je 30 × 4 Ellen (16,50 × 2,20 m). Diese Bahnen sollten ein Gerüst umkleiden, das aus je zwanzig breiten, goldblechbeschlagenen Akazienbal-

ken auf den Längsseiten (Norden und Süden) und aus acht solchen Balken auf der westlichen Schmalseite gebildet war. Sie mußten durch am Boden liegende versilberte Bohlen hindurchgeführt und im Boden verankert werden. Die Balken untereinander waren durch Querstangen verbunden. Die Byssusbahnen wurden an goldenen Haken, die Ziegenfellbahnen an kupfernen Haken aufgehängt.

Diese „Stiftshütte" (Luther) wurde durch eine vierfache Decke gedeckt; die unterste, von innen her sichtbare Decke war wie die inneren Wandbahnen gewebt; darauf lag eine Dachschicht aus Ziegenhaarbahnen, eine aus rotgefärbten Widderfellen, eine aus Seekuhhäuten.

Das Innere war in zwei Räume geteilt: in das Heilige, 20 Ellen lang, 10 Ellen breit und hoch (1 Elle = 55 cm) und das Allerheiligste, je 10 Ellen lang, breit und hoch. Die Räume waren durch einen Vorhang getrennt, der dem untersten Dachteppich glich; der Vorhang hing vor vier goldüberzogenen Säulen aus Akazienholz. Im Osten, wo das Zelt offen war, hing hinter fünf goldbeschlagenen Säulen ebenfalls ein buntgewirkter Vorhang.

Auffällig ist die vorgeschriebene regelmäßige Würfelform des Allerheiligsten-Raumes. Man erinnert sich dabei an die Stufentürme, die ebenfalls in einen Würfel einzupassen waren (s. im Artikel „Der Babylonische Turm" die Ausführungen über die Maße). Man darf daraus schließen, daß der alte Orientale im Würfel, dem einfachsten Körper des kubischen Kristallsystems, ein Bild des Himmels sah. So lag die Beschreibung des Allerheiligsten als Würfel nahe.

In diesem Allerheiligsten mußte es ganz und gar dunkel sein. Wenn dies für das transportable Heilige Zelt der Israeliten schon wirklich zutraf, so könnte man an eine Entlehnung aus Ägypten denken; denn auch das Heiligtum der ägyptischen Sonnentempel war ganz dunkel. Nach einer uralten Menschheitsvorstellung wohnt Gott im Dunkel. Auch die Wolken des Sinai und überhaupt die Wolken als Bild von Gottes Thron weisen auf die Dunkelheit als Wohnung Gottes hin. Im Buch der Könige (1 Kön 8,12) spricht es Salomo bei der Tempel-

---

[25] Über das Leinen s. d.
[26] Über den Purpur s. d.

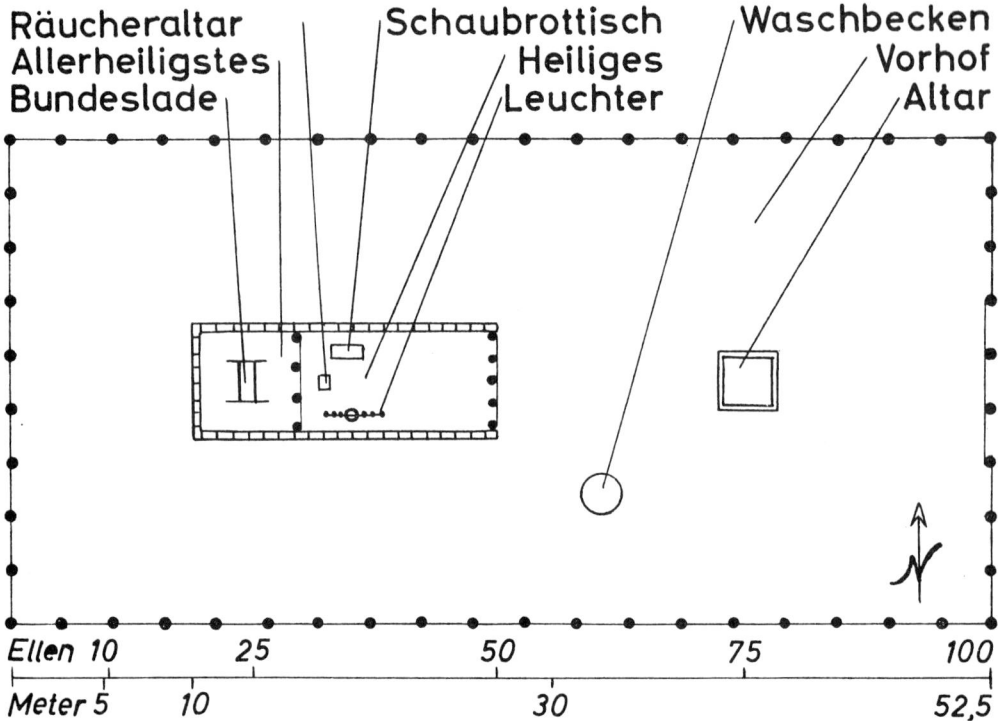

Räucheraltar Schaubrottisch Waschbecken
Allerheiligstes Heiliges Vorhof
Bundeslade Leuchter Altar

Ellen 10 25 50 75 100

Meter 5 10 30 52,5

Der Grundriß des Bundeszeltes, wie er im Buch Exodus angegeben wird. Wenn das Bundeszelt (Luther sagt: „Stiftshütte") in der beschriebenen Form Wirklichkeit gewesen wäre, hätte es den hier gezeichneten Grundriß gehabt. Aber wenn das Bundeszelt in der angegebenen Form auch keine Wirklichkeit war, ist es nicht müßig, sich den geschilderten Grundriß zu vergegenwärtigen; denn er ist ja ein Abbild des Grundrisses vom zerstörten Tempel Salomos.

weihe ausdrücklich aus, als die Wolke das Haus erfüllte und die Priester sich wegen der Wolke nicht zum Dienst aufstellen konnten: „Der Herr hat die Sonne an den Himmel gesetzt; er selbst wollte im Dunkel wohnen." Allerdings gibt der Vers keine Begründung. Letztlich sind Wolke wie Dunkel im AT nur Bilder für die Unergründlichkeit Gottes (s. den Artikel „Die Zeichen der Theophanie").

Dieses Zelthaus sollte in einem Hof stehen (55 × 27,5 m), der von sechzig silberbeschlagenen Holzsäulen umzäunt war, zwischen denen Feinleinendecken die Zwischenräume ausfüllten. Für die Eingangsdecken werden buntgewirkte Stoffe vorgeschrieben (Ex 38,9–20). Die Anordnung des Zelthauses im Hof war so, daß die geschlossene Westseite fast an die Westseite der Umhegung gerückt war; so entstand im Osten vor dem Eingang des Zeltes ein „Vorhof". Im Vorhof des Zeltes sollten der Brandopferaltar und das Waschbecken für die Priester stehen.

Der Brandopferaltar (Ex 38,1–7) hatte seinen Platz gegenüber dem Eingang ins Heiligtum: ein kupferüberzogener Bretterkasten, 2,75 m im Geviert, 1,65 m hoch; er war oben und unten offen und wurde mit Erde und Steinen gefüllt. An den vier oberen Ecken sollte er vier Hörner haben. Bis zur Höhe von 82 cm mußte ein kupfernes Gitter um den Altarbehälter laufen. Er mußte zum Tragen eingerichtet sein, wie der Schaubrottisch, der Räucheraltar und die Bundeslade; aber getragen werden sollte natürlich nur der leere Behälter. – Zum Altar gehörten Töpfe, Schaufeln, Blutbecken, Gabeln und Feuerschalen aus Kupfer.

Die „Hörner" finden sich auch an kanaanitischen Räucheraltären des 8. bis 7. Jahrhunderts (Fundorte Sichem und Megiddo). Es ist möglich, daß die Idee dieser Hörner Strahlen sind; dasselbe Wort *(kärän)* bedeutet im Hebräischen „Strahl" und „Horn". Auch so würden diese Hörner ein Symbol für die Gottheit sein, für die auf dem Altar geopfert wird. Das würde jedenfalls israelitischer Denkweise ebenso nahe kommen wie die Deutung der Hörner als Stierhörner (s. im Artikel „Das Goldene Kalb" die Ausführungen über den Jungstier als Göttersymbol).

Die mit diesen Hörnern verbundenen liturgischen und rechtlichen Bräuche weisen auf jeden Fall darauf hin, daß die Hörner als ein Symbol der Gegenwart und Macht Gottes gedacht waren. Deshalb wurde das Opferblut beim Sündopfer daraufgestrichen, und deshalb wurde der Altar für den, der seine Hörner berührte, zum Asyl.

Das kupferne Waschbecken für die Priester sollte zwischen Brandopferaltar und Heiligtum stehen, vielleicht etwas zur Seite hin verschoben. In dem Becken sollten sich die diensttuenden Priester vor dem Brandopfer und vor dem Betreten des Heiligtums Hände (und Füße) waschen (s. den Artikel „Rein und unrein").

Im Heiligtum des Zeltes sollten der Räucheraltar, der Schaubrottisch und der goldene Leuchter stehen. – *Der Räucheraltar* (Ex 37,25–28) wird also geschildert: 1,10 m hoch, der Grundriß 55 cm im Geviert. Er war aus Akazienbrettern gezimmert, an den Seiten und oben mit Goldblech überzogen. Um ihn herum lief eine goldene Randleiste. Die obe-

ren Ecken liefen in vergoldete Hörner aus. Auch er war tragbar eingerichtet. Er stand vor der Mitte des Vorhangs zwischen Heiligtum und Allerheiligstem.

Räucheraltäre sind auch für den kanaanitischen Kult bezeugt, sogar für die vormosaische Zeit. Die Kanaaniter stellten den Räucheraltar – oder Räuchertisch – an die Stufen, die zum erhöhten Heiligtum mit dem Gottesbild hinaufführten. Genau an dieser Stelle stand auch der Rauchopferaltar der Israeliten. Ob Israel den Brauch in Kanaan übernommen hat, ist schwer zu sagen; ebensogut besteht die Möglichkeit, daß das Räucheropfer ein uralter semitischer oder sogar gemeinorientalischer Kultbrauch war, so daß er sich von selbst anbot. Israel hob sich im Kultbereich des Rauchopfers also nicht durch den Kultbrauch selbst, sondern durch die Art des Räucheropfers ab. Für Kanaan sind Räucherpfannen bezeugt.

Für das Räucheropfer wurde eine pulverisierte Mischung aus Myrrheharz, zermahlenen Muscheln, Arzneikräutermilch (*galbanum*) und reinem Weihrauch benutzt: die Mischung aus diesen Ingredienzien aus gleichen Teilen. Für den Privatgebrauch mußte die Mischung anders sein; das zeigt, daß man auf gebräuchliche Bestandteile zurückgriff. – Warum räucherte man? Es ist möglich, daß hier Gedankenverbindungen zu dem im Dunkel und in

Der Siebenarmige Leuchter des Herodestempels, wie er auf dem Titusbogen im Triumphzug des Titus nach der Einnahme Jerusalems (im Jahre 70 n. Chr.) dargestellt ist

der Wolke wohnenden Gott vorliegen (s. oben über das Dunkel im Allerheiligsten); wenn Gott in der Wolke wohnte, konnte man ihn auch durch die Wolke rufen. Das Duftopfer wäre dann sekundär.

Der Schaubrottisch – vor der Nordwand des heiligen Raumes – war (nach der Beschreibung in Ex 37,10–16) eine Tischplatte von 110 × 55 cm, die auf Beinen von 82,5 cm Höhe ruhte. Auch dieses Stück war aus Akazienholz, mit Goldblech überzogen; ringsherum lief eine erhöhte goldene Randleiste. An den vier Ekken der Längsseiten waren Ringe aus massivem Gold angebracht, durch die man vergoldete Stangen stecken konnte; so konnte man den Tisch tragen. Schüsseln und Schalen standen darauf sowie Krüge und Becher für das Trankopfer – alles „aus reinem Golde".

An jedem Sabbat sollten zweimal sechs frische Brotfladen (s. den Artikel „Brot") in zwei Schichten auf diesen Brottisch gelegt werden;, also für jeden Stamm Israels ein Brotfladen.

Brottische sind auch aus anderen Religionen bezeugt, jedoch für Brot, das der Gottheit zum Essen angeboten wurde. Die Bezeichnung „Schaubrot" ist deshalb ein Hinweis auf die Geistigkeit des israelitischen Gottesbegriffes, dessen Prägung durch Mose begonnen wurde.

Der siebenarmige Leuchter (Ex 37,17–24) – vor der Südwand des heiligen Raumes – wird als Leuchter aus massivem Gold geschildert. Vom Schaft gingen nach rechts und links drei Röhren in konzentrischen Halbkreisen aus, deren Enden zusammen mit dem Schaft sieben Öllampen trugen. Diese Lampen sollten Tag und Nacht brennen – so war es jedenfalls später im Tempel.

Die Idee des siebenarmigen Leuchters *(menoráh)* stammt wahrscheinlich aus der mesopotamischen mythologischen Religionswelt, wo er ein Zeichen für den Weltenbaum oder auch für den Lebensbaum war.[27] Die Sieben (s. d.) als heilige Vollkommenheitszahl oder Endgültigkeitszahl durchwaltete diesen Lichtbaum.

Ob dieser Leuchter für eine vorkanaanäische Zeit mosaischer Religion schon möglich war, möchte man bezweifeln. Gerade die Herkunft dieser Idee macht es wahrscheinlicher, daß der Leuchter erst durch die phönizischen Handwerker, die Salomo für seinen Tempelbau verpflichtet hatte, in das Inventar des Ersten Tempels eingebracht worden ist. Wo

dieser Leuchter des Ersten Tempels geblieben ist, wissen wir nicht.

Zweifellos hatte auch der Zweite Tempel einen siebenarmigen Leuchter. Ein Dokument für die Existenz eines solchen Leuchters ist das Relief im Mittelbogen des Titusbogens auf dem Forum Romanum, in dem der siebenarmige Leuchter des Herodianischen Tempels als Trophäe im Triumphzug des siegreichen römischen Feldherrn Titus dargestellt ist. Nachdem Jerusalem von Titus zerstört worden war (im Jahre 70 n. Chr.), durfte er in Rom einen Triumphzug halten. Dieses Relief stellt wahrscheinlich jenes Leuchterexemplar dar, das Judas Makkabäus im Jahre 164 v. Chr. (S. 569, Nr. 45) für den Tempel anfertigen ließ.

Im Allerheiligsten stand die Bundeslade (s. d.).

Daß dieses Stiftszelt mit dieser kultischen Ausrüstung nie existiert hat, darüber ist man sich heute einigermaßen einig. Die Beschreibung gehört zur jüngsten Traditionsschicht (s. „Priesterschrift") und ist die Übersetzung des salomonischen Tempels in einen transportablen Tempel der Wüstenzugzeit, der natürlich ein Zelthaus sein mußte. Trotzdem kann das nicht heißen, daß niemals ein Bundeszelt (Zelt des Zeugnisses, Heiliges Zelt o. ä.) existiert habe. Als sicher darf angenommen werden, daß auch die wandernden Stämme vor dem Einzug in Kanaan ihr Heiligtum mitgeführt haben: nicht nur die Bundeslade, sondern auch ein Zelt für diese Bundeslade. Es gibt aus den beduinischen Bereichen Zeugnisse für solche transportablen Heiligtümer, die allerdings naturgemäß sehr einfach waren – eben wirkliche Zelte.

Im Laufe der Erzählungen des AT hören wir kaum einmal etwas von diesem Bundeszelt. Im Zweiten Samuelbuch taucht allerdings einmal ein Zelt auf: als David Jerusalem erobert hatte, ließ er neben seinem Palast auch ein Zelt für die Bundeslade errichten (2 Sam 6,17). Aber dieses Zelt ist wohl nicht das Heilige Zelt gewesen, sondern ein neues. Das Volk fand es übrigens nicht angemessen, daß die Lade in einem Zelt stand, wie man aus der Äußerung

---

[27] Untersuchungsergebnisse über den Sinn solcher Leuchter veröffentlichte Peter Bloch: „Siebenarmige Leuchter in christlichen Kirchen". Band XXIII des Wallraf-Richartz-Jahrbuchs, Köln 1961.

des Urija schließen kann, der nicht nach Hause gehen wollte – wie David ihm anriet –, weil die Lade in einem Zelt stand (2 Sam 11,11). In diesem Zusammenhang könnte die Bemerkung des Urija allerdings auch bedeuten, daß die Lade mit in den Krieg gegen Rabba genommen wurde, wo sie dann in einem Kriegszelt stand.

Das Heilige Zelt war seit langem verschollen; aber die Erinnerung daran lebte noch, und so ist denn die „Beschreibung" aus der Priesterschrift eine literarische ideale Realisierung dieser Erinnerung, und ihre Schilderung nach dem Bild des Tempels soll wohl nichts anderes sein als die Bekräftigung der Tradition, die das Volk der Königszeit mit dem Volk der Wüstenzeit verband: ob Zelt oder Tempel – ein und derselbe Gott!

Der Tempel Salomos

Wir dürfen uns unter dem Tempel Salomos (die Juden nennen ihn bis heute „der Erste Tempel") kein überdimensionales Gebäude vorstellen. Trotzdem ist er für die damaligen Verhältnisse in Palästina ein außerordentliches Werk, zumal wenn man noch die Palastbauten hinzurechnet, die zwar nicht zum Tempel, aber doch zum Bauwerk Salomos gehören. Das Verhältnis des Tempels zum Palastkomplex könnte man übrigens treffend mit dem Verhältnis einer königlichen Kapelle zum Königspalast kennzeichnen.

Der Tempel sei nach dem Muster des Heiligen Zeltes erbaut worden, sagt man (was davon zu halten ist, kann man im Artikel „Das Heilige Zelt" nachlesen). Die Grundrißmaße des Tempels (ohne Anbauten) sind genau die doppelten gegenüber denen des Heiligen Zeltes – oder besser, da das Heilige Zelt ja nach dem Tempel entworfen wurde: die Grundrißmaße des Heiligen Zeltes betragen die Hälfte der Tempelgrundrißmaße.

Leider waren archäologische Erhebungen über den Tempel Salomos bisher nicht möglich, da die Moslems den alten Tempelbezirk innehaben und sich über dem Tempelgebiet der Felsendom erhebt (früher „Omar-Moschee" genannt). Die Moslems lehnen aber jede Art von Grabung, auch Stichgrabungen, ab.

Der Tempelberg ist nicht die Davidsstadt (s. d.). Salomos große Pläne ließen sich auf diesem schmalen Hügel nicht verwirklichen.

Der nördlich davon gelegene Hügel, wahrscheinlich der alte jebusitische Opferberg, wo vielleicht auch schon das Zelt Davids gestanden hatte,[28] war jedoch für größere Bauten geeignet; Jeremia nennt diese Höhe den „Fels der Ebene" (Jer 21,13), d. h. ebener Fels, „Mulde des Felsengebirges". Diesen Bereich ließ Salomo in die Stadtmauer einbeziehen und begann zu bauen.

Der heilige Fels, über dem später die jetzige große Omar-Moschee des Tempelberges erbaut wurde, war auch der heilige Fels des Tempels: er hat die Abmessungen von 17,40 m Länge, 13,20 m Breite und 1,80 m Höhe. Seit langem geht die Diskussion darüber, ob auf diesem Fels die Bundeslade oder der Opferaltar gestanden habe. Der Streit muß wohl aus Gründen der Lage zugunsten des Standortes der Lade entschieden werden: Wäre der Fels Standort des Altars gewesen, hätte das Tempelhaus nach Westen hin wohl zu wenig Platz gehabt.

Ob dieser heilige Fels das Bild bestimmt hat, wenn Jesus von Petrus sagt: „Auf diesem Felsen werde ich meine Kirche bauen" (Mt 16,18) – worauf man manchmal die Behauptung aufbaut, daß also der Tempel selbst auf dem Felsen gestanden haben müsse –, ist unsicher. Das Bild vom Stein und vom Fels war auch ohnedies sehr geläufig.

Eine vollständige Beschreibung des Salomonischen Tempels gibt es nicht; aber 1 Kön 6 enthält wichtige Angaben, die sich durch die Ezechielvisionen (Ez 41) ergänzen lassen. Die Form der Vision ist kein Grund, an den Angaben Ezechiels zu zweifeln, zumal sie zum Teil durch 1 Kön 6 bestätigt werden. Der Archäologe G. Ernest Wright vertritt deshalb die Ansicht, daß in diese „Visionen" eine alte Tempelbeschreibung mitverarbeitet ist, die uns aber nicht erhalten ist („Biblische Archäologie" 1958, S. 134). Statt einer langwierigen Beschreibung der Tempeldimensionen möge hier eine schematische Rekonstruktion mit eingefügten Zeichen über Grundriß und Aufbau Auskunft geben.

Weitere Auskünfte gibt der phönizische Tempelbau. Der phönizische, weil König Salomo praktisch den Tempel (einschließlich Pa-

---

[28] Siehe S. 539, Nr. 25, und oben im Artikel „Das Heilige Zelt".

last) durch Architekten und Kunsthandwerker des phönizischen Königs Hiram von Tyrus bauen ließ. Wenn es auch heißt, daß schon David die Pläne habe anfertigen lassen, so muß das nicht heißen, daß er ohne Vorbild hat arbeiten lassen – falls diese Mitteilung nicht nur eine Verbeugung vor David ist.

Aus dem 8. Jahrhundert (etwa hundertfünfzig Jahre nach dem Tempelbau Salomos) stammt eine Palastkapelle in Chattina, die das Oriental Institute of the University of Chicago auf dem *tell-tainat* in Syrien ausgegraben hat. Sie hat fast den gleichen Grundriß wie Salomos Tempel. Da bisher kein anderes Gebäude aus

Der Heilige Fels in der Omarmoschee auf dem Tempelberg zu Jerusalem.

der Zeit zwischen 1000 und 600 v. Chr. freigelegt wurde, das einwandfrei als Tempel bestimmt werden kann, ist diese Ausgrabung nicht zu überschätzen.

Die Bronzesäulen zu beiden Seiten des Tempeltors standen frei und hatten den Namen Jachin und Boas (1 Kön 7,21). Diesen Namen hatten sie wahrscheinlich nach Inschriften, die mit diesen Worten begannen. Diese Anfänge mochten etwa lauten: *„Er gründe fest* [hebr. *jachin*] dieses Haus..." und *„Mit Macht* [hebr. *beás*] vertreibe er von diesen Toren all seine Feinde..." Die Säulen trugen vielleicht auf ihren Kapitälen Kohlenpfannen für die Verbrennung von Räucherwerk. Die Kapitäle standen auf den hohlgegossenen Säulen und waren verziert mit Schnüren, Granatäpfeln, Geflechten. Wie bei den Türen und Wandzieraten wirkte hier phönizischer Kunstgeist, der seinerseits von Ägypten beeinflußt war. Diese Säulen hatten ihr Vorbild vielleicht in den Massében (s. d.), hatten freilich hier einen ganz anderen Sinn bekommen.

Auf den Tempeltüren, die von der Vorhalle zum Heiligtum führten, ließ Salomo „Kerubim, Palmen und Blütenranken einschnitzen" (1 Kön 6,35). Funde von Elfenbeintafeln aus Syrien, die solche Darstellungen enthalten, geben uns dafür Vorstellungshilfen. Das Schnitzwerk war mit dünngeschlagenem Goldblech überzogen.

Das Heiligtum [hebr. *hekal)* bekam sein Licht durch Fenster, die unter der Decke angebracht waren. Der Fußboden war aus Zypernholz, die Wände trugen Täfelung aus Zedernholz (s. „die Zeder"). Das flache Dach war ebenfalls aus Zedernholzbalken. Die Wän

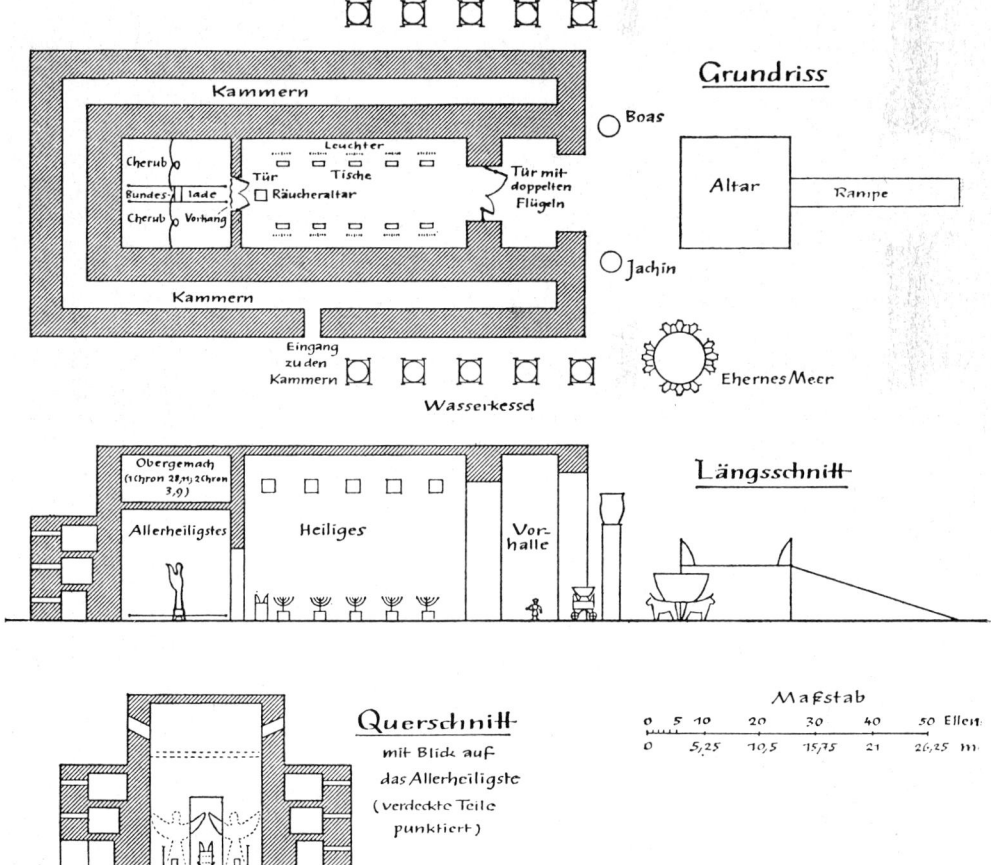

Der Tempel Salomos („Erster Tempel") in schematischer Darstellung: Rekonstruktion nach 1 Kön 6–7 und 2 Chron 3–4, unter Benutzung einzelner Angaben aus Ez 41–43.

de waren reich geschmückt, indem in und um die Zedernholztäfelung Füllungen und Ränder mit geschnitzten Palmen, erblühten Blumen, Ketten und Kerubim gelegt und mit feinstem Goldblech überzogen waren. In jedem Feld der Täfelungen stand ein doppelgesichtiger Kerub (s. d.) mit Menschen- und Löwengesicht.

Diese Zedernholztäfelung und die Art des Schmucks ist auch sonst für Syro-Phönizien als Eigenart gefunden worden, und die Verpflichtung phönizischer Bauleute brachte diese Eigenart nach Jerusalem. Die Phönizier aber haben wiederum ägyptische Vorbilder umgestaltet (über die Beziehungen Phöniziens zu Ägypten s. das Kapitel über das Wort „Bibel"), so daß ein interessanter Kulturkreislauf zu beobachten ist. Auch die Durchbrechung der Mauern durch hochgelegene Fenster geht auf Ägypten zurück. Indem die Phönizier diesen Gedanken übernahmen und nach Jerusalem trugen und andererseits die Griechen diese ägyptische Bauweise über Griechenland nach Rom brachten, wo sie in der Basilika und später im basilikalen christlichen Kirchenbaustil verwandt wurde, begegnen sich Tempel und christlicher Kirchenbau im gemeinsamen baulichen Vorbild auf eigenartige Weise.

Das Heiligtum heißt im Hebräischen *hekal,* was eigentlich ein sumerisches Lehnwort ist und „Königspalast" bedeutet; die geläufige umschreibende biblische Bezeichnung lautete „Haus Gottes". Diese Bezeichnungen sind also auch Entlehnungen aus anderen orientalischen Religionen, die im Tempel (ein eigenes Wort dafür gab es wohl nicht) ihren Gott wohnen ließen[29] (deshalb „Haus Gottes"); aber da sie den Gott immer in königlicher Autorität sahen, war dieses Haus Gottes ein Palast. Aber diese Namensentlehnungen sind bei allem noch das Harmloseste; denn man kann bei einer neuen Sache ja nicht immer einfach ein neues Wort erfinden; man übernahm eben das Wort der Umwelt für eine ähnliche Sache.

Über die Geräte im Heiligtum haben wir schon im Artikel „Das Heilige Zelt" alles Notwendige gesagt:
über die goldenen Leuchter (s. d.);
über den Tisch mit den Schaubroten (s. d.);
über den Rauchopferaltar (s. d.).

Das Allerheiligste war ein Raumwürfel von 20 Ellen Seitenlänge mit Zederntäfelung. Die ganze Breite des Raumes durchspannten die riesigen Flügel von zwei menschengesichtigen Kerubim aus Ölbaumholz, die 4,50 m (oder 5,40 m) hoch aufragten; der Außenflügel eines jeden berührte die Außenwand, die Innenflügel trafen sich in der Raummitte, und unter diesen Flügeln, in der Mitte des Allerheiligsten, stand die Bundeslade (s. d.). Die Engelgestalten waren ganz vergoldet.

Phönizisch ist wohl auch der Kerub. Aus Ägypten kam die geflügelte Sphinx nach Phönizien, ein Löwe mit Menschenkopf: bei jeder Grabung in Syro-Phönizien werden solche Sphinxbilder gefunden; und von hier drangen sie mit dem Tempelbau nach Israel ein. Zwar wurde in Israel nicht „die Sphinx" an sich übernommen; man übernahm vielmehr das Thronbild der kanaanitischen Könige, die auf dem Kerubenthron saßen, als Zeichen für den Thron Jahwes. Der Tempel hatte ja (gemäß dem ersten Gebot des Urgesetzes) kein Gottesbild (s. d.). So wurde ein Thron Gottes geschaffen, ein Königsthron, ein Kerubenthron, der von dem Thronbild der kanaanitischen Könige angeregt wurde (s. Abb. S. 536).

In diesem Allerheiligsten also wohnte Jahwe? Wie die Heiden keinen Widerspruch zwischen der Gegenwart ihres Gottes im Kosmos und seiner Gegenwart im Tempel sahen (s. Fußnote 29), so sahen auch die Israeliten keine Schwierigkeit darin, daß der alle Begriffe übersteigende Herr des Himmels und der Erde in diesem Allerheiligsten wohnte. Ganz sicher erkannten Salomo und seine Zeit darin keinen Widerspruch. Aber die späteren Theologen wurden sich dieser Schwierigkeit doch bewußt. Der Niederschlag der theologischen Diskussion darüber oder ein Beitrag dazu findet sich im Tempelweihgebet, das der Verfasser der Königsbücher (nach 530 v. Chr.) Salomo in den Mund legte: „Siehe, selbst der Himmel und die Himmel der Himmel fassen dich nicht, wieviel weniger dieses Haus, das ich

---

[29] Übrigens haben viele Menschen vom Götterbildkult eine zu primitive Vorstellung. Auch Sumer, Akkad, Ägypten, Kanaan usw. wußten, daß ihr Gott nicht nur dieses oder jenes Götterbild war. Ihre Götter waren ja zumeist kosmische Götter. Indem sie nun im Tempel den Kosmos (z. B. als Ziggurat: s. d.) und im Götterbild den Gott nachbildeten, war der Gott für sie wahrhaftig zugegen, was aber nicht heißt, daß nur das Götterbild der Gott war.

gebaut habe ... Halte deine Augen offen über diesem Haus bei Nacht und bei Tag, über der Stätte, von der du gesagt hast, daß dein Name wohnen soll. ... Achte auf das Flehen deines Knechtes und deines Volkes Israel, wenn sie an dieser Stätte beten. Höre sie im Himmel, dem Ort, wo du wohnst" (1 Kön 8,27–30).

Die Vorhöfe gehörten zum Tempel. Für die Mauern des inneren Vorhofes wird in 1 Kön 6,36 eine eigenartige Bauweise angegeben: auf je drei Steinschichten folgt eine Lage Zedernholz. Diese in Syrien entwickelte Bauweise ist eine Erdbebensicherung; die Mauern sind so elastischer.

Gegenüber dem Eingang zur Vorhalle und den Säulen im Priesterhof stand der Brandopferaltar (s. d.). Er hatte die Form der Ziggurat; die hebräische Bezeichnung *har-ēl* (Berg Gottes) kann eine Bestätigung dafür sein, daß diese Form ganz bewußt gewählt war, denn in Babylon dachte man sich ja die Welt als Berg, auf dessen Spitze die Götter thronen, und das Abbild dieses Weltberges war die Ziggurat (s. d.). Freilich wäre es für die salomonische Zeit ein Anachronismus, annehmen zu wollen, diese Altarform wolle besagen, daß Jahwes Altar an die Stelle des Tempels auch der babylonischen Götter trat. Der Sinn wird der gewesen sein, daß der Altar sozusagen bis an die Wohnung Gottes heranreicht oder daß dieser Altar im Tempelhof die Höhe (s. d.) aller Höhen ist.

Das Meer im Vorhof war die riesige Wasserschale für die liturgischen Waschungen und für die Reinigung der Opfermahlteile; Wandung etwa 0,7 bis 0,8 cm stark. Vier Gruppen von drei Ochsen trugen das Becken. Gewicht des Beckens etwa 30 bis 35 t (Schätzung). Fassungsvermögen: 20000 l (die Angabe 1 Kön 7,26 ist anachronistisches Anhängsel aus einer späteren Zeit; das dort angegebene Fassungsvermögen von 2000 Bat würde fast 45000 l bedeuten – dafür aber war selbst das Eherne Meer zu klein).

Über den Namen „Meer" glaubt G. Ernest Wright sagen zu können: „Das Meer spielte in der kanaanäischen und babylonischen Mythologie eine wichtige Rolle. Für die Babylonier war es die Urquelle allen Lebens und aller Fruchtbarkeit, und es war auch die Wohnung des kanaanitischen Leviathan, des Chaosdrachens. Salomos Ehernes Meer ist also – wie die Kerubim und die Säulen – verwendet worden,

Ein Kesselwagen wurde in Zypern ausgegraben. Er ist ins 2. Jahrtausend v. Chr. zu datieren. Ähnlich werden auch die fahrbaren Becken im Tempel Salomos ausgesehen haben.

Meer (Ehernes Meer) wurde das große bronzene Wasserbecken im Hof des salomonischen Tempels genannt (Rekonstruktion). Gefäßtiefe 2,5 m! Im phönizischen Sidon (S. 818) wurde eine Marmorvase gefunden (14 cm hoch, 18 cm Durchmesser), die einem solchen Tempelbecken nachgebildet sein könnte.

weil es eine lange Geschichte in der Theologie und Symbolik Kanaans hinter sich hatte" („Biblische Archäologie" 1958, S. 138).

Auch die zehn bronzenen Kessel, die auf Gestellen standen, können aus syrischen Ausgrabungen belegt werden. Da im Jahwekult vorher solche Dinge nicht gebraucht worden waren, liegt es nahe, daß mit der Einführung solcher Becken auch die Einführung fremder Kultbräuche verbunden war. Die phönizischen Architekten und Künstler wollten eben alles so machen, wie sie es aus ihren Tempeln kannten, und Salomo nahm diese Vorschläge an, denn er wollte mit seinem Tempel auf der Höhe der Religionskultur sein.

Die kulturelle Bedeutung dieses Tempelbaus liegt u. a. darin, daß Salomo in dem Bemühen, sein in dieser Beziehung kulturell traditionsloses Königreich den Vorsprung der umwohnenden Völker einholen zu lassen, Formen des religiösen Bauens und damit wohl auch religiöse Bräuche übernahm, die zwar zu einer äußeren Hebung des Kulturstandes beitrugen, aber andererseits auch religiöse Gefahren mit sich brachten. Die durch das Urgesetz eingeimpfte Einzigartigkeit Jahwes wurde zwar nicht prinzipiell, wohl aber praktisch durch die Übernahme heidnischer Tempelformen und Tempeleinrichtungen erschüttert.

Der Tempelbau hat aber nicht nur eine religiös-kulturelle, sondern auch eine politische Seite. Als „königliche Kapelle" sollte der Tempel religiöser Mittelpunkt für die beiden Reichsteile Israel und Juda werden (S. 538, Nr. 23 ff.). Er war als religiös-politischer Garant für die Einheit der Nation gedacht: die Priester gehörten zur königlichen „Familie" und unterstanden der Herrschaft des Königs. So konnte vermieden werden, daß sich ein Hoherpriester zum Machthaber aufschwang, wie das in anderen Staaten des öfteren geschehen war.

Die biblischen Beschreibungen des Tempels, die ja wohl zum Teil erst in die Zeit nach seiner Zerstörung durch Nebukadnezzar (586 v. Chr.) zu datieren sind, haben im Zusammenhang mit seiner Geschichte unter den Königen Judas wohl auch die Absicht, den Tempel in seinem eigentlichen Sinn zu zeigen und wie er sein soll. Seitdem Juda den Assyrern[30] und danach den Babyloniern[31] tributpflichtig geworden war, war der Tempel nicht mehr nur ein Tempel Jahwes, sondern auch assyrischer und

babylonischer Götter, denen für den assyrischen bzw. babylonischen Oberherrn geopfert werden mußte. Der Tempelkult wurde dadurch völlig überfremdet. Gerade auch darauf bezog sich die Kultreform des Königs Joschija (S. 559, Nr. 38).

Der zweite Tempel,
auch „der Tempel Serubbabels" genannt, ist der Tempel der Heimkehrer aus der Babylonischen Gefangenschaft. Die in Jerusalem Zurückgebliebenen durften den Tempel nicht aufbauen, solange die babylonische Herrschaft währte; aber selbst wenn es ihnen gestattet worden wäre, hätten sie es wohl kaum vermocht – oder gar kaum gewollt. Die Zurückgebliebenen opferten wohl meist auf den Höhen (s. d.).

Wie lange die Opfer auf dem Altar beim zerstörten Tempel noch dargebracht wurden, wissen wir nicht. Aus den Heimkehrberichten der Bibel muß man entnehmen, daß auch der Altar zur Zeit der Heimkehr (nach 538 v. Chr.) zumindest dem Zerfall nahe war.

Die ersten Arbeiten wurden etwa 536 begonnen, zunächst mit der Wiederherstellung des Brandopferaltars; aber beim Tempelgebäude kam man nicht weit über die Grundsteinlegung hinaus. Führer der zurückgekehrten Judenheit war Scheschbazzar, der 522 durch Serubbabel abgelöst wurde. Als dann 522 in allen persischen Provinzen der Aufstand gegen den neuen Perserkönig Darius ausbrach, trieben Serubbabel und der Prophet Haggai (s. d.) zum beschleunigten Tempelbau – in der Hoffnung, daß bald das Reich Juda wiedererstehen könne (S. 565, Nr. 42). Von 520 bis 515 wurde der Tempel neu erbaut, 515 v. Chr. eingeweiht (Esra 6).

Das Gebäude dieses Zweiten Tempels war größer als das des Tempels Salomos: 60 Ellen breit und hoch gegenüber 20 Ellen Breite und 30 Ellen Höhe des zerstörten Hauses. Die Länge ist nicht überliefert. Das Allerheiligste wird auch hier wieder ein dunkler Raumwürfel gewesen sein (s. „Das Heilige Zelt"); aber der Raum war leer. Die Bundeslade war verschollen.

Das wertvolle Geräteinventar des Tempels konnte zum Teil aus Babylon wieder mit zu-

---

[30] Vgl. im Artikel „Die Assyrer".
[31] Vgl. S. 561, Nr. 39.

rückgebracht werden und muß sich schnell wieder vermehrt haben – aber durch die hellenistischen Hohenpriester und die ständigen Geldbedürfnisse der seleukidischen Könige wurde der Tempelschatz immer wieder stark gekürzt. Die letzte Plünderung besorgte Antiochus IV. Epiphanes zur Zeit der Makkabäerkämpfe (S. 568, Nr. 44/45); der Tempel nahm bei dieser kriegerischen Einnahme schweren Schaden. Judas Makkabäus konnte den dem Zerfall nahen Tempel wiederherstellen; dann ließ er ihn neu weihen (165 v. Chr.). Zum Andenken daran wurde das Tempelweihfest (s. d.) eingeführt. – Der Tempel der Samaritaner auf dem Garizim (s. d.) wurde nach dem Vorbild dieses Zweiten Tempels in Jerusalem erbaut.

Der Tempel des Herodes
war zwar kein Neubau, aber ein Umbau und Erweiterungsbau, der einem Neubau gleichkam. In dem riesigen „Vorhof der Heiden", der die ganze Hochfläche zwischen dem Kidrontal (s. d.) und dem Käsemachertal[32] bedeckte und etwa eine Ausdehnung von 440 × 380 m hatte, lag der eigentliche Tempelbezirk wie eine massive hohe Insel. Rund um den Vorhof der Heiden zogen sich die Hallen; den Hang über dem Kidrontal entlang die angeblich von Salomo erbaute „Halle Salomos" (Gangbreite etwa 25 m), den Hang über dem Käsemachertal entlang die ebenso breite Westhalle (Hannashallen?). Im Norden lief eine ebensolche Halle am Kasernenplatz der Burg Antonia (s. d.) vorbei, und auf der Südseite des Vorhofs lag die Prachthalle, die dreischiffige „Königliche Halle" (etwa 45 m breit). Hunderte von Säulen trugen die Hallendächer aus Zedernholz.

Die Halle Salomos und die Königliche Halle waren die Versammlungsräume der religiösen Gruppen. Hier lehrten die Schriftgelehrten ihre Schüler in aller Öffentlichkeit. Hier irgendwo haben wir uns den zwölfjährigen Jesus zu Füßen der Schriftgelehrten vorzustellen (Lk 2,46). In der Halle Salomos hielt sich auch der lehrende Jesus des öfteren auf, und hier mag er auch bevorzugt gelehrt haben; das können wir nicht nur aus Joh 10,23 entnehmen, sondern auch aus der Apostelgeschichte: Nach der Heilung des Lahmgeborenen durch Petrus und Johannes „lief das ganze Volk bei ihnen in der sogenannten Halle Salomos zusammen" (Apg

3,11). Die judenchristliche Urgemeinde wird gerade diese Halle bevorzugt haben, weil in ihr auch Jesus gelehrt hatte (Apg 5,12).

Die Westhalle ist wahrscheinlich die Verkaufshalle gewesen, wo die Tempelverwaltung den Trankopferwein verkaufte (Monopol!) und die Tauben für die Reinigungsopfer (s. d.). Für Tauben (s. d.) hatte sich die Tempelverwaltung zwar kein Monopol gesichert, aber sie verkaufte sie doch auch in eigener Regie.

Der Verkaufsplatz für vierbeinige Opfertiere war nicht diese Westhalle, sondern ein Platz oder mehrere Plätze am Ölberg; deshalb wird oft angenommen, daß die in der Literatur genannten „Hannashallen" nicht mit der Westhalle identisch sind, sondern am Ölberg lagen, wo die hohepriesterliche Hannasfamilie – vielleicht unter dem Vorwand, die leibliche Wohlbeschaffenheit der angebotenen Opfertiere zu kontrollieren – eine Art von Opfertierhandel unterhielt. Aber auch in und entlang der Westhalle wurden von Händlern und Herdenbesitzern Tauben, Schafe und Ziegen angeboten. – Die Tempelreinigung Jesu ist also wahrscheinlich bei dieser Westhalle zu lokalisieren.

Nachdem der Hohe Rat „vierzig Jahre vor der Zerstörung des Tempels" seinen bisherigen Versammlungsraum, die Quaderhalle (s. Text zur Karte) verlassen hatte, tagte er „in den Kaufhallen" auf dem Tempelberg, also wohl in der Westhalle, wie um das Jahr 150 von Rab Jischmael überliefert wird, der sich dabei auf seinen Vater Rab Jose beruft (Strack-Billerbeck zu Mt 21,12). – Die morgendliche zweite Ratssitzung gegen Jesus wurde also wohl auch in dieser Westhalle abgehalten. Durch diesen Sitzungsort war es übrigens sehr leicht, jemanden „vor den Hohen Rat" zu schleppen (vgl. Apg 6,12, den Prozeß gegen Stephanus).

Um dieses gewaltige Tempelgelände zu gewinnen, mußte die südliche Senke zwischen Tempelberg und Ophel (Davidsstadt) zum Teil ausgefüllt und für die Ausfüllung eine Haltemauer geschaffen werden; denn nicht das Tal, sondern nur der Verbreiterungsraum sollte aufgefüllt werden.

---

[32] Siehe in der Einleitung zum Artikel „Jerusalem".

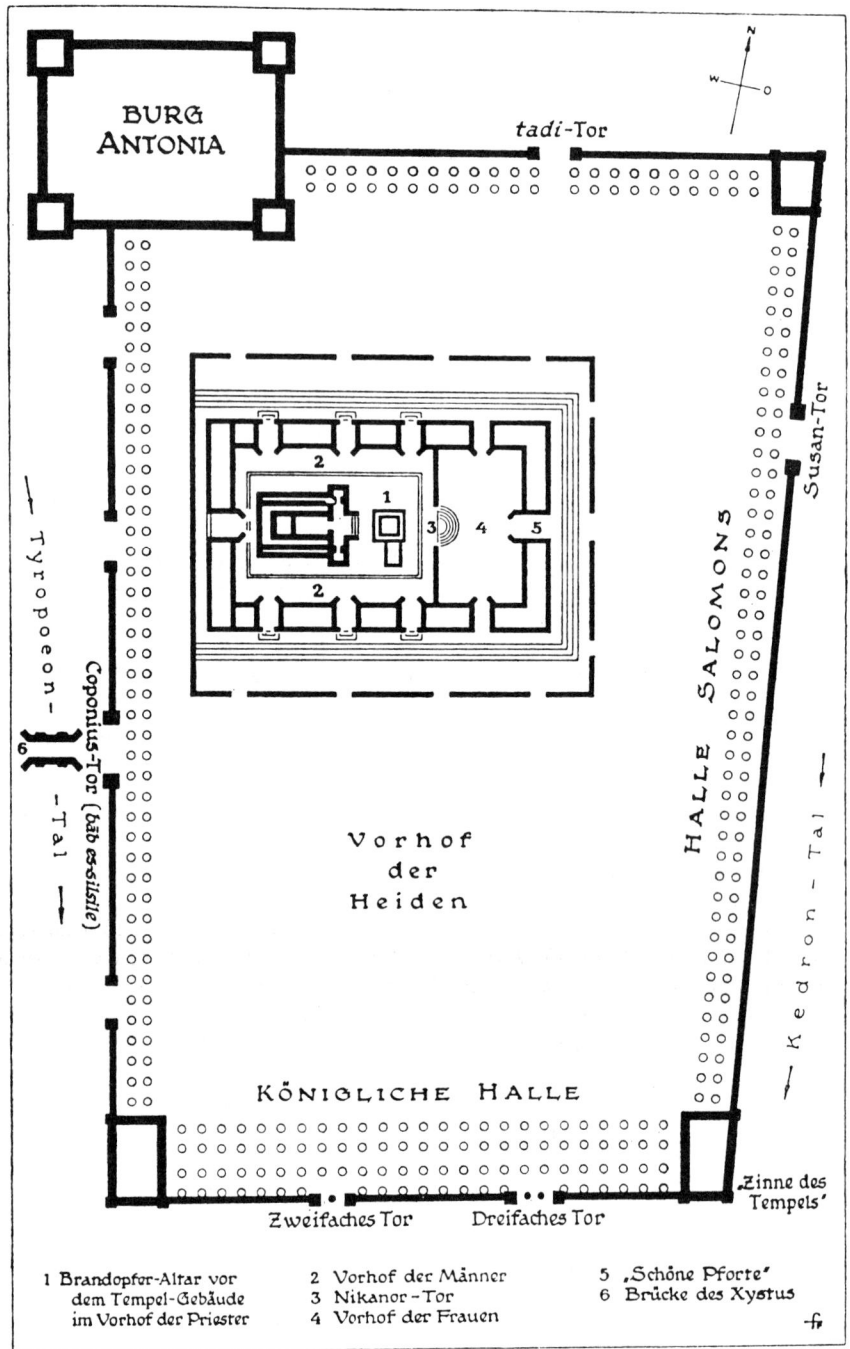

1 Brandopfer-Altar vor dem Tempel-Gebäude im Vorhof der Priester
2 Vorhof der Männer
3 Nikanor-Tor
4 Vorhof der Frauen
5 „Schöne Pforte"
6 Brücke des Xystus

Das Tempelgelände zur Zeit Jesu läßt sich nur mit Vorbehalten rekonstruieren; wir bieten die von Kopp vertretene Darstellung. Wer damit das Tempelgelände auf unserer Jerusalemkarte vergleicht, wird Unterschiede feststellen. Diese verschiedenen Rekonstruktionen in ein und demselben Buch sollen die Problematik solcher Rekonstruktionen handgreiflich machen und vor allzu festen Bildern warnen. Vieles bleibt überhaupt ungelöst. Wo lagen z. B. die Quaderhallen, in denen der Hohe Rat für gewöhnlich tagte und wo die Priester am Morgen ihr „Höre Israel" beteten?

Ein Teil dieser geradezu zyklopischen Haltemauer steht noch – es ist die sogenannte „Klagemauer", an der die Juden bis in unsere Tage
die Zerstörung des Tempels beklagen. Die
Mauer lag jedoch nicht überall frei, sondern
war am Abhang mit Gebäuden zugebaut, die
man die „Ställe Salomos" nennt; dieser Name
ist ungeklärt.

Um die Tempelinsel herum führte etwa im
Abstand von 40 bis 60 m eine niedrige Mauer,
an der die Banntafeln angebracht waren, die
um der Reinheit (s. d.) des eigentlichen Tem-
pelbezirks willen den Heiden das Weitergehen
verboten; die griechischen Inschriften lauten:
„Kein Fremder darf den Bezirk innerhalb der
Tempelschranken betreten. Wer ertappt wird,
zieht sich selbst die Todesstrafe zu, die darauf
steht." Zwei solcher Tafeln hat man bisher
gefunden. Die Schrift war rot ausgefärbt, die
Tafel aus weißem Stein.

Der Block der Tempelinsel war von Gebäuden (Hallen, Türmen, Wohntrakten, Torhäu-
sern) umgeben. Mindestens sieben Tore führten in die inneren Vorhöfe; Josephus spricht
von zehn, die rabbinische Tradition manchmal
auch von dreizehn. Das Haupttor war *das
„Schöne Tor"* im Osten (auch nach seinem
Stifter „Nikanortor" genannt oder nach seinem Material aus korinthischem Erz „Korin-
thisches Tor" oder „Ehernes Tor"). An diesem
Tor saß der Lahmgeborene, den Petrus heilte,
als er zum Nachmittagsgebet in den Tempel
ging (Apg 3,1–10).

Der erste Hof war der *„Vorhof der Frauen",*
wo sich die Prophetin Anna aufgehalten haben
muß, die niemals den Tempel verließ (Lk
2,37). Dieser Vorhof der Frauen war nicht
etwa *nur* den Frauen zugänglich, sondern allen
Israeliten, also *auch* den Frauen. Deshalb
standen in diesem Vorhof auch die dreizehn
trompetenförmigen, oben engen *Opferbüchsen,* und zwar standen sie unter einer der
Hallen, die den Vorhof der Frauen zum Teil
umgaben. In einer dieser Hallen saß Jesus
also, als er vom Wert des Opfers einer armen
Witwe sprach (Mk 12,41ff. und Lk 21,1ff.);
ebenfalls ist dort das Wort „Ich bin das Licht
der Welt" zu lokalisieren (Joh 8,12); denn
diese Worte sprach er bei der „Schatzkammer"
(Joh 8,20), und diese Halle mit den Opfer-
behältern im Frauenvorhof wurde „Schatzkammer" genannt. – Die dreizehn Opferbe-
hälter hatten Aufschriften: „Geflügelopfer",

*Als Klagemauer benutzen die Juden den nach Westen
gewandten Mauerteil der südlichen Stützmauer,
durch die Herodes die Erweiterung des Tempelplat-
zes nach Süden ermöglicht hatte. Die riesigen Blöcke
geben einen guten Eindruck von der gewaltigen Bau-
leistung.*

„Holz", „Weihrauch", „Gold zu Opferscha-
len" u. a. Jeder konnte also nach seinem Op-
ferwunsch in den betreffenden Behälter das
Opfergeld einwerfen.

Vom Frauenhof führte eine Treppe durch
eine Halle hindurch zum *„Vorhof der Israeliten"* (Vorhof der Männer). An dieser Treppe
oder am gegenüberliegenden Nikanortor
nahm der Priester wohl das Reinigungsopfer
(s. d.) der Mütter entgegen; das Auslösungs-
opfer für den Loskauf der Erstgeburt („Darstellung") wird Josef jedoch wohl im „Vorhof der Israeliten" übergeben haben.

Der „Vorhof der Israeliten", den also nur
die männlichen Juden betreten durften, war
noch einmal durch eine Balustrade in Brusthö-
he geteilt. Der Raum hinter dieser Balustrade
war der Priesterhof; in ihm lag der Brandopf-
feraltar, hinter dem sich dann die hohe Fassade des Tempelhauses selbst erhob.

Im Gleichnis vom Pharisäer und Zöllner

setzt Jesus eine Tempelsituation voraus, die
oft mißverstanden wird. Beide gingen hinauf
„in den Tempel" heißt nicht: ins Tempelgebäude, sondern in die Höfe des Tempels. Der
Pharisäer betete im Vorhof der Israeliten; der
Zöllner aber „blieb von ferne stehen", d. h. im
Vorhof der Heiden. Jesus verbindet also hier
zwei Menschen im Tempel, die voneinander
nichts wußten. Wenn er trotzdem den Pharisäer von „diesem Zöllner da" sprechen läßt, so
ist das eben nur im Gleichnis möglich!

Der eigentliche Tempel verbarg hinter seiner
Fassade die mächtige offene Vorhalle, die
gegen das Heiligtum hin mit einem farbig
gewebten oder bestickten Vorhang abschloß.

Das Heiligtum mit Rauchopfertisch (s. d.),
Schaubrottisch (s. d.) und siebenarmigem
Leuchter (s. d.) war der alte Tempel Serubbabels (s. oben), ebenso das Allerheiligste. Die
herodianischen Baumeister hatten sich damit
begnügt, diesen zweiten Tempelbau mit einer
repräsentativen Schale zu umkleiden. Im Inneren trennte Heiligtum und Allerheiligstes außer einer Mauer ein zweiter Vorhang; dieser
Vorhang ist wohl gemeint, wenn der Evangelist Matthäus beim Tode Jesu sagt: „Da riß der
Vorhang im Tempel von oben bis unten entzwei" (27,51).

Das Tempelhaus war weiß und vergoldet;
die Fassade war eine einzige Goldwand, auf
der über dem Eingang zur Vorhalle riesige
Rebzweige mit Trauben dargestellt waren:
Symbole der fruchtbaren Zwölf Stämme.

Der Tempelumbau wurde von Herodes im
Jahre 20 v. Chr. begonnen. Man baute am
Tempel bis zum Jahre 64; im Jahre 70, als Titus
Jerusalem eroberte, brannte der Tempel ab.
Kaiser Hadrian ließ im Jahre 136 n. Chr. an der
Stelle des jüdischen Tempels einen Jupiter-
tempel bauen.

Eine Beschreibung des Herodianischen
Tempels enthält das Buch „Geschichte des
jüdischen Krieges" von Flavius Josephus (V,
5).

Das zentrale Heiligtum
tritt im AT, wie seine Bücher heute vorliegen,
gleich am Anfang der Entwicklung auf: im
Heiligen Zelt. Geschichtlich aber ist das eine
zentrale Heiligtum stets nur ein Ideal gewesen
und niemals verwirklicht worden.

Am Anfang, in der Wüsten- und Wanderzeit
der aus Ägypten kommenden Hebräer, stand

sicherlich ein Heiliges Zelt (s. d.); aber man
kann es schwerlich als zentrales Heiligtum
ansprechen. Es war ein unscheinbares Wanderheiligtum. Nach der Landnahme und Kon-
stituierung des Zwölfstämmebundes (S. 501 ff.
bis Nr. 3) wurde die Vielfalt der Heiligtümer
selbstverständlich. Das Heilige Zelt mit der
Bundeslade (s. d.) mag eine Art Stämmeheiligtum geblieben oder geworden sein, konnte
sich aber auch wohl nur dadurch behaupten,
daß es selbst an einem traditionellen Heiligtumsort (z. B. in Bet-El, s. d.; oder in Schilo,
s. d.) oder daß sein Nachfolger (ein Tempel)
an einem traditionellen Heiligtumsort errichtet wurde. Bis zur Zeit Davids kann von einem
zentralen Heiligtum überhaupt nicht die Rede
sein, höchstens von bevorzugten Heiligtümern, deren Bevorzugung sich aber aus ihrer
Tatsache als Stammesheiligtum ergab (z. B.
Mamre, s. d.; Sichem, s. d.).

David holte dann, nachdem er Jerusalem
erobert und zur Hauptstadt seiner Reiche gemacht hatte (S. 539, Nr. 25 f.), die Bundeslade
in die Davidsstadt (s. d.) und errichtete über
ihr ein Zelt (2 Sam 6); er trug sich auch mit dem
Gedanken, einen Tempel zu bauen (2 Sam 7).
Aber auch bei dieser Einholung der Lade wie
auch beim Tempelbauplan stand nicht so sehr
der Gedanke eines zentralen Heiligtums als
vielmehr der Gedanke eines königlichen Pa-
lastheiligtums Pate. Die Revolte Abschaloms
gegen seinen Vater David zeigt, daß nach wie
vor das Heiligtum von Hebron (lies: Mamre)
für das Haus Juda vorherrschend war (S. 541,
Nr. 27,3).

Dann baute Salomo den ersten Tempel.
Auch er wurde kein zentrales Heiligtum, obwohl er vielleicht als solches geplant war;
tatsächlich war er lediglich eine Palastkapelle
mit der Bundeslade, neben der die Höhen
(s. d.) und Heiligtümer der Tradition weiter-
bestanden. Ja, die Errichtung von Höhen für
die heidnischen Frauen Salomos durch den
König selbst zeigt, daß der Gott Israels immer
noch als Gott unter Göttern verehrt wurde;
schon dadurch konnte es kein zentrales Heiligtum geben, wenn auch für den Tempel ein
besonderer, sozusagen offizieller Anspruch erhoben wurde.

Einen starken Impuls für das Emporstreben
des Gedankens vom zentralen Heiligtum gab
dann die Teilung der vereinigten Reiche (S.
544, Nr. 31 f.). Im Nordreich Israel wurden

gegen den Vorranganspruch des Tempels von Jerusalem zwei Reichsheiligtümer (in Bet-El und Dan) errichtet; daraufhin trat der Anspruch des Tempels von Jerusalem, *der eigentliche Tempel* zu sein, getragen vom politischen Gedanken des rechtmäßigen Königtums des Hauses David, immer mehr hervor. Die Propheten stützten diesen Gedanken indirekt dadurch, daß sie die Offenbarung vom einen Gott immer bestimmter verkündeten und gegen die Höhenheiligtümer auftraten. Jedoch war ihr Ziel nicht die Proklamation des Tempels von Jerusalem zum zentralen Heiligtum, sondern die Verkündigung des Ausschließlichkeitsanspruchs Jahwes.

Mit dem Untergang des Nordreiches (722 v. Chr.) erhielt der Jahwetempel von Jerusalem von selbst wieder größere Allgemeinbedeutung, zumal da König Hiskija von Juda versuchte, die im ehemaligen Nordreich verbliebenen Israeliten religiös an Jerusalem zu binden; aber die Entsendung eines Jahwepriesters nach Bet-El durch die Assyrer legte den Grund für ein Schisma, noch bevor Jerusalems Tempel sich als zentrales Heiligtum durchsetzen konnte (s. „Die Samaritaner").

In der Mitte des 7. Jahrhunderts konnte man in Juda kaum von Monotheismus und noch weniger von einem zentralen Heiligtum reden. Erst mit der Reform des Königs Joschija (S. 559, Nr. 38) rückte der Tempel von Jerusalem zum zentralen Heiligtum auf, jedoch immer noch nicht so, daß ein exklusiver Anspruch offiziell für ihn erhoben wurde; wohl aber wurde der Tempel *praktisch* zum Zentralheiligtum, da Joschija sein Reich auch in das alte Nordreich hinein erweiterte. Im Bewußtsein der Frommen galt der Tempel seit dieser Zeit als *das* Heiligtum des Jahwekultes.

Nach der Zerstörung des Reiches Juda und des Tempels (586 v. Chr.) wurde die Idee vom Tempel in Jerusalem als Zentralheiligtum des Jahwekultes von den Priestern im Babylonischen Exil zur Höhe geführt. Die Überzeugung, daß der Glaube an den einen Gott in der jüdischen Kultgemeinde nur durch das eine berechtigte Heiligtum gesichert werde, ließ sie alles darauf einrichten, für die Zukunft den Tempel von Jerusalem zum Zentralheiligtum zu erklären. Eines der Mittel dafür war die literarische Darstellung des Heiligen Zeltes als Zentralheiligtum nach dem Muster des untergegangenen Tempels. Indem sie diese Darstel-

lung mit den älteren Gesetzes- und Weisungstexten verbanden, wurde das Zentralheiligtum aus der reinen Praxis zum Gesetz erhoben und damit für alle Zeit gefordert.

Obwohl hiermit die Geschichte des Zentralheiligtums nicht zu Ende ist, ist aber doch die Geschichte der Idee hiermit vollendet. Der neue Tempel in Jerusalem erstand als Zentralheiligtum. Es gab aber danach dennoch den Jahwetempel in Samaria auf dem Garizim (s. d.); es gab auch (etwa seit 600 v. Chr.) den Jahwetempel in Elephantine, der Stadt auf der Nilinsel bei Assuan, der aber in der Bibel verschwiegen wird; es gab in der Makkabäerzeit den Hohenpriester Onias IV., der vom syrischen König Demetrius abgesetzt wurde, nach Ägypten floh und dort den Jahwetempel in Leontopolis gründete.

Aber die Idee des Zentralheiligtums in Jerusalem war nach der Gründung des Zweiten Tempels (520 n. Chr.) im Laufe der Jahrhunderte so stark geworden, daß das Judentum seit der Zerstörung des Tempels (im August 70 n. Chr.) durch die Römer keine Opferreligion mehr ist, sondern eine reine Religion des Wortes.

Die Synagoge

gehört, strenggenommen, nicht zu den Heiligtümern: sie ist ein Bet- und Lehrhaus. Wahrscheinlich entstand sie während des Babylonischen Exils (nach 586 v. Chr.), als man einen Ort brauchte, wo man vor allem am Sabbat zum Gebet und zur Belehrung über das Gesetz zusammenkommen und sich als Gemeinde erleben konnte. Das ist eine Vermutung, die allerdings durch Ausgrabungen bisher nicht bestätigt wurde; manche Wissenschaftler glauben das Aufkommen der ersten Synagogen sogar noch in das vorexilische Jerusalem datieren zu können: als Folge der Reformen des Königs Joschija (S. 559, Nr. 38), nach denen die Belehrung besonders dringend war.

Die Synagogen, die man bei Ausgrabungen gefunden hat, sind frühestens ins erste christliche Jahrhundert zu datieren. Schriftliche Zeugnisse für Synagogen in der jüdischen Diaspora gibt es dagegen schon seit dem dritten vorchristlichen Jahrhundert (Ägypten, Syrien, Kleinasien, Rom). Auch für die Zeit Jesu und der Apostel ist das Vorhandensein von Synagogen mannigfalt bezeugt. Nicht nur in den Städten der Juden Palästinas und in der jüdischen Diaspora gab es sie, sondern auch in Jerusalem – trotz des Tempels.[33]

Für den Synagogenbau gab es keine Vorschriften – in der Zeit, aus der uns Grabungszeugnisse vorliegen, war er oft dreischiffig. Die Bräuche beim Synagogenbau sind des öfteren stark vom Tempelbau bzw. von der Beschreibung des Heiligen Zeltes (s. d.) beeinflußt; die Synagoge galt nach der Zerstörung des Tempels als Ersatz für den Tempel. Deshalb legte man – wenn es anging – die Synagoge auf den höchsten Punkt der Stadt. Die Eingänge legte man nach Osten hin an (außer in Galiläa, wo sie meistens nach Süden liegen; der Grund ist nicht eindeutig geklärt). – Um das Waschungsgebot vor dem Gebet erfüllen zu können, wurden die Synagogen möglichst in die Nähe eines fließenden Wassers gebaut (Apg 16,13). Siehe im Artikel Kafarnaum die Zeichnung von der Synagoge.

Die bei den ausgegrabenen Synagogen immer wieder auftretende Apsis entstammt wohl erst christlicher Bautradition. In dieser Apsis oder im hintersten Teil der Synagoge stand der Schrein mit den Schriftrollen („das Heilige"), der mit einem Vorhang – wie im Tempel das Allerheiligste – verdeckt war.

Die Tora und die übrigen Heiligen Schriften standen in Rollenformbüchern in diesem Heiligen Schrein. Die aneinandergenähten Pergamentblätter waren auf einem Stab aufgedreht; die Torarollen hatten am Anfang und am Ende einen Stab, damit man die betreffende Stelle der fortlaufenden Lesung immer „aufgeschlagen" halten konnte. Die Rollen selbst wurden in einer Tuchhülle („Mantel") aufbewahrt, der reich bestickt war; in diesen Hüllen standen sie im Toraschrein, den man auch „Lade" oder „Heilige Lade" nannte. Diese Lade war oft transportabel, so daß man sie zu den großen öffentlichen Fastengottesdiensten (s. d.) auf die Straße tragen konnte. – Rollen, die ausgeschieden wurden, sollten auf immer verborgen werden. – Neben dem Rollenschrein standen zwei siebenarmige Leuchter (s. d.), davor stand das Vorbeter- und Lesepult („Thron"), meistens auf einem hölzernen Podium (griech. *bäma*).

Die Männer saßen auf Bänken, im Mittelschiff oder an den Wänden entlang; für die Frauen war meistens eine Empore eingebaut.

Zur Zeit Jesu war der Leiter des Synagogengottesdienstes und gleichzeitiger Verwalter

der Synagoge der „Synagogenvorsteher"; er gehörte zu den angesehensten Männern der Gemeinde. Ihm zur Seite fungierte der Synagogendiener (Synagogenwärter, Synagogenaufseher); er legte die Schriftrollen für den Gottesdienst bereit, holte die Vorbeter und Leser herbei und gab mit der Trompete den Beginn des Sabbats bekannt. Wenn ein Mitglied wegen religiöser Ehrfurchtslosigkeit zu einer Geißelung verurteilt wurde, so vollzog diese ebenfalls der Synagogendiener. Die Liturgen des Gottesdienstes sind zunächst der aus der Gemeinde vortretende Vorleser und der Vorbeter, der die Gemeinde im Gebetsmantel als Beter vor dem Schrein vertritt. Allmählich wuchs aber das mehr administrative Amt des Synagogenvorstehers und des Vorbeters zusammen. – (Über den Synagogengottesdienst, s. d.).

„Synagoge" war aber nicht nur das Haus der Gemeinde, sondern auch die Gemeinde selbst; ja „Synagoge" im Sinne von Versammlung (dies bedeutet ja das griechische Wort *synagogä*) und Gemeinde ist wahrscheinlich älter als das Haus der Synagoge. – Mit der Synagoge war auch die Kinderschule verbunden.

Durch die kulturelle Verschiedenheit des Judentums entwickelten sich die landsmannschaftlichen Synagogen nicht nur in Jerusalem, sondern auch in den größeren römischen Reichsstädten, in denen es jüdische Kolonien gab (s. den Artikel „Der Diakon Stephanus").

„Die Synagoge" war, und das wohl auch schon zur Zeit Jesu, das eigentliche religiöse Gemeindeinstitut. Der Tempel bildete keine eigentliche Gemeinde, sondern war der Ort des offiziellen Opfergottesdienstes des gesamten Volkes, das den Gott Israels anbetete. Der Hohe Rat war zwar die Körperschaft der zivilen Selbstverwaltung Judäas, aber auch oberste Religionsbehörde. Die Synagogen aber waren die „Kirchengemeinden", in denen die Schriftgelehrten (s. d.), vor allem die der Pharisäer (s. d.) als (anscheinend) unbeamtete Führer der Gemeinde regierten. Da die Syn-

---

[33] Vgl. Mt. 13,54; Mk 6,2; Lk 4,6 (Nazaret); Mk 1,21; Lk 4,33; 7,5; Joh 6,59 (Kafarnaum); Apg 6,9; 24,12 (Jerusalem); Apg 9,2.20 (Damaskus); Apg 13,5 (Salamis); Apg 13,14 (Antiochia in Pisidien); Apg 14,1 (Ikonium); Apg 17,1 (Thessalonich); Apg 17,10 (Beröa); Apg 17,17 (Athen); Apg 18,4 (Korinth); Apg 18,19.26; 19,8 (Ephesus).

agoge wesentlich demokratisch funktionierte, war der Einfluß solcher unbeamteten Führer größer als der des beamteten Synagogenvorstehers.

Die Gemeinde wurde zur Zeit Jesu und der Apostel praktisch durch ihre Schriftgelehrten, die überall Lehrrecht hatten, geleitet. Aus ihrem Lehrrecht als Schriftgelehrte hatten sie das Recht zum „Binden und Lösen" (s. d.). In welchem Umfang sie freilich das Recht hatten, den Synagogenbann (Exkommunikation) auszusprechen, ist uns nicht klar; ob dabei der örtliche Rat (kleines Synhedrium, s. d.) eingeschaltet wurde, wo die Schriftgelehrten ganz sicherlich die bevorzugten Mitglieder waren (S. 742), ist ebenfalls nicht geklärt. Zu beachten ist dabei nämlich, daß der Rat eine mehr zivile, die Synagoge jedoch eine religiöse Institution war, die in Mt 10,17 ausdrücklich unterschieden werden. Aber Zusammenhänge bestanden wohl doch.

DIENER DES KULTES UND DES GOTTESWILLENS

Kultdienst und Verkündigung des Gotteswillens waren ursprünglich reine Funktionen und nicht Dienste eigentlicher Berufe. Der Hausvater oder der Älteste war der Priester, der zumal das Opfer darbrachte; die Verkündigung des Gotteswillens scheint dagegen schon in frühesten Zeiten besonders begabten Menschen zugefallen zu sein: Weisen, Pneumatikern, Enthusiasten oder auch herrscherlich veranlagten Menschen, die nicht selten ihren eigenen Willen für den Willen Gottes ausgaben. So ergab es sich denn, daß der Verkünder des Gotteswillens eher zum „Beruf" wurde als der Priester. Mit der Differenzierung des Kultes wurde aber auch das Priestertum zum Beruf.

In der Bibel, die vom alten Israel erzählt, können wir dieser allgemeinen Entwicklung noch nachspüren: Abraham und die Erzväter opferten noch selbst – Mose aber setzte Priester ein. Dieses Priestertum entfaltete sich im Laufe der israelitisch-jüdischen Religionsgeschichte immer mehr, so daß es schließlich zu einer regelrechten Priesterdynastie mit hierarchischen Ordnungen (Leviten, Priester, Hohepriester) kam.

Den Priestern oblag auch die Verkündigung des Gotteswillens (Loswerfen u. a.); aber aus dem allgemein-orientalischen Prophetentum entwickelt, trat auch in Israel das Prophetentum immer mehr in den Vordergrund – wurde aber im Laufe der religiös-politischen Geschichte Israels-Judas zu einem ganz eigengeprägten Verkündigungsinstrument des göttlichen Willens.

Durch die Propheten Israels – nicht nur durch die „Schriftpropheten" – wurden die Gesetze, Weisungen und biblischen Erzählungen zuerst formuliert, erzählt, niedergeschrieben, redigiert und so zu Urkunden des Gotteswillens in Gesetz, Weisung und Erzählung geformt. Ihre Nachfolger, die Schriftgelehrten, konnten sich nur noch auf die juristische und theologische Exegese dieser Urkunden verlegen, so endgültig galt das heilige Büchergut, das die Propheten geschaffen hatten.

Natürlich soll das nicht heißen, daß Priestertum und Prophetentum in Israel-Juda streng getrennt waren. Ganz sicherlich kamen des öfteren Propheten aus dem Priesterstand, wie dies von einigen Schriftpropheten eigens bezeugt ist.

Das Priestertum

ist eine charakteristische Funktion des Religiösen, die sich aber nicht auf allen Religionsstufen und in allen Religionen zu einer eigenen Priesterschaft zu entwickeln braucht. Das institutionelle Priestertum findet sich z. B. kaum bei den Jäger- und Sammlervölkern der Naturstufe; die Erstlingsbeute bringt jeder Jäger selbst dar, und er ist dadurch Priester (z. B. bis in unsere Zeiten noch bei den Feuerländern, bei den Pygmäen und Buschmännern).

In den bäuerlichen Urkulturen sowie den Hirtenkulturen findet sich durch die hohe Bedeutung der Naturvorgänge für das Gedeihen der Frucht und der Herde bereits auf der Stufe der Naturreligion eine differenzierte Ausbildung des religiösen Brauchtums und des Opferkultes. Da hier nicht mehr – wie beim Jäger der einzelne aus seiner Beute – der einzelne Tätige aus seinen Früchten oder aus seiner Herde opfern kann, weil Acker und Herde Eigentum des Familienhauptes oder des Sippenhauptes (Patriarch) sind, wird das Familien- oder Sippenhaupt der Priester der Familie oder Sippe. In größeren Verbänden oder in der Vertretung des verstorbenen Familienvaters hat dabei der Erstgeborene immer den

Vorrang. Der Erstgeborene ist der prädestinierte Priester.

Das Priestertum der Stammesfürsten oder der Könige ist im Grunde nur eine Übertragung dieses Stellvertretungsprinzips im Priestertum der Ersten für alle.

Je differenzierter der Götterglaube (Sonderdienst für verschiedene Götter) oder je differenzierter der Opferdienst wurde (das Gelegenheitsopfer wird zum kalendermäßigen Festtagsopfer), um so mehr bildete sich eine eigene Priesterschaft heraus, die oft zwangsläufig in Konkurrenz mit dem Fürstentum und Königtum trat – um so mehr, je bewußter die institutionelle Priesterschaft den Stellvertretungsgedanken, für das ganze Volk Priester zu sein, pflegte.

Die eigentliche priesterliche Aufgabe ist, für das Volk und über das Volk zu beten; das Volk zu segnen, d. h. den Segen des Gottes herabzurufen, der Gottheit Opfer darzubringen. In den meisten Religionen obliegt dem Priestertum auch die Erforschung des Willens der Götter, die Wegweisung des Volkes nach dem Willen der Götter, die Heilung mit gottgewiesenen Kräften.

Je differenzierter das Religionswesen aber wird, um so leichter pflegen sich diese Aufgaben vom Priestertum abzusondern: als Amt des Sehers, des Propheten, des religiösen Lehrers. Magier, Medizinmänner, Schamanen gehören an sich nicht zur Priesterschaft, wenn ihre Funktionen auf naturhaften Religionsstufen auch oft von ihr ausgeübt werden; es ist eine Art Personalunion.

Das Amt des Priesters in Israel. Israel bricht mit seiner Tradition des Priestertums, indem es nicht mehr das gegebene Priestertum des Erstgeborenen oder des Familienoberhauptes anerkennt. Die Patriarchen übten sicherlich noch das Priesterrecht des Familien- bzw. Stammesoberhauptes aus; wahrscheinlich war es so auch noch bei den Hebräern, die in Ägypten waren. Durch die Ägypter lernten sie allgemein – und Mose speziell wohl außerdem noch bei seinem midianitischen Schwiegervater, dem Priester Jitro – das institutionelle Priestertum näher kennen. Jedenfalls möchte man annehmen, daß Mose Schöpfer der institutionellen Priesterschaft für die ägyptischen Hebräerstämme war, die später Israel wurden.

Manche nehmen an, daß die Institutionalisierung des Priestertums erst in den ersten Zeiten der Landnahme nach dem Vorbild kanaanitischer Priesterordnungen geschah. Auch das wäre möglich. Die Bestimmung zu Priestern in der Mosezeit wäre dann nicht gleichbedeutend mit der Gründung einer institutionellen Priesterschaft.

Ins geschichtliche Licht tritt die israelitische Priesterschaft erst mit der Priesterordnung Davids und dem Tempelbau in Jerusalem (unter Salomo). Vorher ist die Ordnung auf jeden Fall sehr locker. Die feste Ordnung, wie sie im Buch Exodus dargelegt wird, ist eine Rückblendung (vergleiche zu Ex 28). – Anderseits darf man auch die Priesterordnung Davids nicht in der vollkommenen Ausbildung als historisch ansehen, wie sie 1 Chr 24 schildert. Aber historisch daran ist wahrscheinlich doch, daß David eine erste feste Priesterordnung geschaffen hat.

Ob Mose selbst Priester war, ist nicht geklärt. Da das Priestertum des Stammesfürsten eine Selbstverständlichkeit war, könnte auch das Priestertum eines Volksführers wie Mose für selbstverständlich gehalten werden. Daß er als Priester aus Midian, wo sein Schwiegervater Jitro Priester war, zurückgekehrt ist, wäre ebenfalls nicht unmöglich. Auch daß er Priester bestellt und weiht, könnte auf sein Priestertum hinweisen. Ferner nennt das Nordreich Mose als Stammvater von Priesterfamilien.

Die Erzählungen von der Aaronsfamilie als der Priesterfamilie sind geschichtlich undurchsichtig und haben deshalb auch manche verschiedene Deutung erfahren. Die einen glauben schon im Elohisten (s. d.) die Wurzeln der Tradition für Aaron als Hohenpriester zu finden; ebenso gut ist aber möglich, daß die Einsetzung der Aaronsfamilie als Priesterfamilie erst eine nachexilische Fiktion der Priesterschrift (s. d.) ist oder daß sie vielleicht aus einer südjudäischen Tradition stammt (Alt).

Ebenso undurchsichtig ist die Rolle, die Aaron in der Geschichte vom Goldenen Kalb spielt. Vielleicht war er eine Art priesterlicher Gegenpol gegen die bildlose Jahwereligion des Mose bzw. man hat die Geschichten, die von jenen Priestern erzählen, die zur Zeit des Mose gegen die bildlose Religion auftraten, auf Aaron übertragen. Vielleicht ist aber die maßgebliche Aktivität des Aaron bei der Verfertigung des Goldenen Kalbes auch ein Hinweis darauf, daß die Nordreichpriester an den

„Stierheiligtümern" Aaron als ihren Stammvater ansahen, so daß dieser Zug von Aaron, der das Goldene Kalb machte, ein polemischer Hieb der jüdischen Erzähler gegen die Nordreichpriester wäre. Da sich aber anderseits gerade die Südreichpriester am Tempel in Jerusalem „Söhne Aarons" nannten, rennt sich diese Hypothese zu. Eine Lösung zum Aaronproblem kann nicht geboten werden; wer der historische Aaron war, bleibt undurchsichtig.

Die eigentliche Bedeutung läge dann darin, daß man für die Priesterschaft eine bruchlose Entwicklung aus der Mosezeit anzeigen, also Gesetz und Priesterschaft innig miteinander verbunden aufweisen wollte. Dafür bot sich „der Bruder" des Mose an, der vielleicht kein wirklicher, sondern ein Amtsbruder des Mose war, aber vielleicht schon in den Erzählungen der Redaktionszeit als wirklicher Bruder des Mose erscheint.

Falls jedoch in der Bestellung der Aaronsöhne durch Mose ein historischer Kern ist – was nicht ausgeschlossen sein muß –, so läge hier wohl nicht so sehr ein mosaischer Nepotismus vor als vielmehr ein taktischer Zug des Mose, der die Familie seines Gegenspielers zum vorgeschriebenen Priestertum für Jahwe berief und sie dadurch ungefährlich machte.

Die Priesterorganisation der nachexilischen Zeit nennt vierundzwanzig Reihen, Priesterklassen oder Priestergeschlechter, die aber in den verschiedenen biblischen Texten nicht einheitlich und nicht vollzählig benannt werden (Neh 10,3–9; 12,1–7; 12,12–21; 1 Chr 24); das System war also noch nicht festgefügt. In den „Kindheitsgeschichten" des Lukas wird Zacharias zur Priesterklasse Abija gezählt (Lk 1,5). Die Erzählung in 1 Chr 24, daß David diese Priesterklassen eingerichtet habe, ist historisch kaum haltbar und muß als Versuch angesehen werden, die Priesterklasseneinteilung in derselben Zeit zu begründen wie die Berufung Zadoks zum Hohenpriester (s. S. 543, Nr. 28, und „Die Sadduzäer").

In welcher Beziehung die vierundzwanzig Priesterklassen zu den achtundvierzig Priesterstädten stehen, ließ sich bisher nicht festlegen. Vielleicht sind beide Zahlen (24 und 48) nur durch die Zahl 12 der Stämme angeregt. Die Priesterstädte selbst sind ursprünglich wahrscheinlich die priesterlichen Wohnstädte der Höhenheiligtümer (s. d.).

Die Amtsaufgaben der israelitischen Priester, wie sie sich immer mehr herausgebildet haben, sind diese: die Darbringung der Opfer (s. d.), genauer: der Vollzug des Blutritus (Ex 14); die Segnung des Volkes; die Pflege des Lichts auf dem siebenarmigen Leuchter und den anderen Tempellampen; die Sorge für die Schaubrote; die Annahme der Opfergaben bei der Ablösung der Erstgeborenen, die ja Gott dargebracht werden mußten; die Feststellung der Heilung vom Aussatz („Zeigt euch den Priestern", Lk 17,14) und Entgegennahme des Reinigungsopfers; Gesetzesauslegung sowie Dispens von Gesetzesauflagen und Gelübden; Belehrung über das Gesetz und richterliche Anwendung des Gesetzes.

Da der ständige Kontakt mit dem Gesetz die Priesterschaft auch in ständigem Kontakt mit der Genesis des Gesetzes hielt, ist ihr auch zuzutrauen, daß sie ein zuverlässiger Traditionsträger war und daß sie also (selbst noch zur Zeit des Babylonischen Exils) Traditionsgut besaß, das noch nicht in den öffentlichen Schriften enthalten war. So erklärt sich die (vielleicht bis dahin geheime) Priesterschrift (s. d.) als Quelle für die Erweiterung der Schriften Israels.

Mit dem israelitischen Priestertum war vor allem auch die Aussage des Gotteswillens verbunden, der oft durch Loswurf (s. d.) ermittelt wurde. Unter Salomo finden wir dann zuerst statt des Priesters, der den König in die Schlacht begleitete, den Propheten. Aber der Prophet (s. unten) löst nicht den Priester als Verkünder des Gotteswillens ab, sondern tritt neben ihn.

Beeinflußt durch die opferlose Zeit des Babylonischen Exils, in der die Belehrung über das Gesetz nicht unbedingt von Priestern vorgenommen werden mußte, geht dann im 5. Jahrhundert v. Chr. die Gesetzeskunde und die Auslegung immer mehr auch an sogenannte Schriftgelehrte (s. weiter unten) über, die selten Priester waren.

Seit der Zerstörung des Tempels (70 n. Chr.) ist das Judentum wieder eine Religion ohne Opfer; es hat keine Priester mehr. Eine Erinnerung an die Priesterfamilie, der sie entstammen oder zu entstammen glauben, tragen manche Juden noch in ihrem Familiennamen, der seit den Länderverfügungen im 19. Jahrhundert, daß die Juden einen Familiennamen anzunehmen hatten, als Beiname getragen wurde. „Priester" heißt im Hebräischen *ko-hen;* von daher die Namen: Kohen, Kohn, Kuhn, Konen, Kahane, Cohne, Coenen u. ä. Auch die Namen Bloch, Blok u. ä. sind darauf zurückzuführen; sie sind eine Zusammenziehung der Anfangsbuchstaben der Worte *„ben Lewi we kohén"* (Sohn Levis und Priester), wobei das *w* in der Vokallesung zu *o* wird.

Die Rabbiner sind keine Priester, sondern Gesetzeslehrer, Religionslehrer, Prediger und die vom Volke bestellten Diener des synagogalen Gottesdienstes. Ihren Namen haben sie von dem Wort „Rabbi" (s. d.), einem alten Ehrentitel der Schriftgelehrten. Die Mehrzahlbildung dieses Titels „Rabbi" lautet „Rabbinen", während die deutsche Bezeichnung des jüdischen Amtes in Einzahl und Mehrzahl mit „Rabbiner" üblich geworden ist.

Das Amt des Hohenpriesters wird im Buche Exodus als erbliches Amt in der Familie Aaron bezeichnet, wo es der jeweils Erstgeborene der Familie erhalten soll. Der Hohepriester (heute wird des öfteren versucht, im Deutschen die etwas flüssigere Form „Hochpriester" einzubürgern) ist Inhaber der höchsten Priesterwürde Israels, Leiter des gesamten Gottesdienstes. Er bringt die großen Opfer selbst dar, so vor allem das Sühnopfer am jährlichen Versöhnungstag.

In spätjüdischer Zeit war der Hohepriester Vorsitzender des Hohen Rates (s. d.).

Zur Zeit Jesu pflegte man auch die nicht mehr amtierenden Hohenpriester sowie die Angehörigen der hohenpriesterlichen Familie „Hohepriester" zu nennen, so daß die seltsame Formel „die Hohenpriester" möglich wurde, obwohl es jeweils nur einen Hohenpriester gab.

Ein sogenanntes Hohespriesteramt gab es in Israel erst seit der Königszeit, vielleicht auch erst seit Ende des Exils, als die Reformgedanken Ez 40 ff. wirksam werden konnten. Trotzdem ist nicht daran zu zweifeln, daß es auch in ältester Zeit schon einen Ersten Priester gab; er heißt in den älteren geschichtlichen Büchern meistens einfach *„der* Priester". Ob dieser Erste Priester schon Institution war oder ob er einfach gelegentlich sein Amt als Erster Priester ausübte, ist dabei gleichgültig.

Die Gewänder des Hohenpriesters. Alle biblischen Abschnitte mit Beschreibungen von hochpriesterlichen Gewändern (z. B. Ex 39, 1–31) sind Rückblenden. Spätere Entwick-lungsstufen werden dargestellt, als ob sie in der Mosezeit durch Gott angeordnet wären: ein Mittel, das Gesetzliche dieser Formen auszudrücken.

Die Kleidung der Hohenpriester war mit Nachdruck prächtig und voller Bedeutung: ein kurzer Leibrock (Ephod) aus buntem, golddurchwirktem Wollstoff wurde über den Schultern von Onyxsteinen zusammengehalten, in die die zwölf Namen der Stämme eingegraben waren.

Auf der Brust trug er ein viereckiges Amtsschild mit zwölf Edelsteinen, ebenfalls mit den Namen der zwölf Stämme. Dieses Amtsschild war eine Tasche, in der das heilige Orakel „Urim und Tummim" (Licht und Heil? oder: Offenbarung und Wahrheit?) aufbewahrt wurde: zwei Stäbchen oder zwei Orakelsteine; über die Methode dieses Orakels sind viele Hypothesen aufgestellt worden – aber Genaues wissen wir nicht (s. auch „Loswurf"). Seit der Zeit Davids wird in den biblischen Erzählungen die Orakelbefragung nicht mehr erwähnt, was nicht heißen muß, daß sie nicht mehr geübt wurde. Josephus (1. Jahrhundert n. Chr.) setzt sie auch für spätere Zeit noch voraus.

Die Mitra auf dem Kopf des Hohenpriesters trug an der Vorderseite ein goldenes Stirnblatt mit dem Wort: „Jahwe heilig".

Am Versöhnungstag (s. d.), wenn der Hohepriester als Stellvertreter des büßenden Volkes das Allerheiligste betrat, trug er nur die einfache weiße Priestertoga aus Leinen.

Die Leviten
werden in den Kapiteln der Bibel, die auf die Priesterschrift (s. d.) zurückgehen, als die Männer des Stammes Levi bezeichnet. Im Sprachgebrauch der israelitisch-jüdischen Organisation wird nur die levitische Familie Aaron zur Priesterfamilie bestimmt, während alle anderen Leviten den Priestern als „Leviten" dienen sollen. Aus dem Stammesnamen wäre demnach eine Amtsbezeichnung für die Gehilfen der Priester geworden.

Die Leviten hatten verschiedene Heiligtumsdienste zu verrichten: sie sollten die Opfer vorbereiten, die Lade tragen, auch das Volk segnen. Sie hatten gemeinsam mit den Priestern richterliche Funktionen, waren aber vor allem dazu bestimmt, die Beobachtung der Gesetze zu überwachen (Polizeifunktion);

vielleicht war ihre eigentliche Aufgabe deshalb mehr die Erhebung der Anklage und die Zurechtweisung als die des Richtens („die Leviten lesen"). Dies sind die Dienste, die man „den Leviten" zuschreiben muß, wie sie aus dem Gesetzesbestand und dem Erzählungsbestand der biblischen Texte hervorgehen.

Die Erforschung der Stammesgeschichten und die des Levitenstandes hat jedoch gegenüber dieser einfachen Darstellung, die zum größten Teil den nachexilischen Zustand meint, eine sehr komplizierte Entstehungsgeschichte dieses Priestergehilfenstandes zutage gebracht.

Zunächst darf festgestellt werden, daß der Stamm Levi ursprünglich ein Stamm wie alle anderen Stämme war (S. 505, Nr. 8/3). Daß er überhaupt mit dem Levitenstand etwas zu tun habe, wird oft bezweifelt. Wenn aber zwischen Stamm und Stand eine Beziehung bestehen sollte, ist sie nicht geklärt. Es ist möglich, daß die Levitenerzählungen mit sehr verschiedenen Tendenzen in sehr verschiedenen Zeiten aufgekommen sind und erst sehr spät mit dem (zufällig gleichen?) Stammesnamen Levi zusammengebracht wurden.

Abgesehen vom Stammesnamen Levi, tauchen die Leviten in der Kulturgeschichte Israels zuerst zur Zeit des Königs Joschija auf: als Bezeichnung für Priester, die an den lokalen Heiligtümern des Landes fungierten. Nach der Kultusreform und der befohlenen Konzentration des Kults auf den Tempel in Jerusalem unter Joschija (S. 559, Nr. 38) wären dann diese Priester an das Heiligtum in Jerusalem übernommen worden. Da aber die Priesterschaft von Jerusalem, die sich als „Söhne Aarons"[34] bezeichnete, diese Höhenpriester nicht zum Opfer im Tempel zuließ, sanken sie in den Stand von Dienern hinab.

Das Kapitel „Leviten" gehört zu den ungeklärtesten der biblischen Religionsgeschichte. Auch die Untersuchung, welcher Traditionsschicht die einzelnen Levitenerzählungen angehören mögen, hat da nicht viel weitergeholfen; eher wurde die Frage dadurch noch dunkler. Irgendwie hat „Levit" etwas mit Begleiter zu tun, wie ja auch Gen 29,34 den Namen Levi mit „Anhänger", „Begleiter" erklärt. Aber was bedeutet dieser „Begleiter" oder „Anhänger"? Begleiter der Bundeslade? Begleiter der Priester? Begleiter eines Götterbildes? Anhänger Jahwes? Oder was? Manche Geschichten der Bibel weisen auf die Bedeutung „Anhänger Jahwes" hin; z. B. sei der Stamm Levi neben Mose getreten, als Mose angesichts des Goldenen Kalbes rief: „Wer für den Herrn ist, her zu mir" (Ex 32,26). Ihre richterliche Funktion aber ist in derselben Geschichte aufgefangen, denn sie bestraften das Volk für seine Verehrung des Goldenen Kalbes.

Man muß vielleicht sagen, daß sich im „Leviten" mehrere Traditionen beruflicher und ethnischer Art zusammengefunden haben zu jenem typisch *jüdischen* Stand des Leviten, der als Helfer der Priester, als Helfer sowohl in der Liturgie (z. B. auch als Levitenchöre) wie auch in der Rechtspflege fungierte und seine Wurzeln wahrscheinlich sowohl in einem zerstreuten Stamm Levi wie auch in einem *lewi* (oder ähnlich) genannten Berufsstand der Höhenpriester hat – wobei immerhin möglich ist, daß die Höhenpriester aus dem zerstreuten Stamm Levi stammten.

Der Zehnt

war die Steuer der Naturalienwirtschaftszeit. Der König, der Fürst oder andere „Zehntheren" erhielten den Zehnt(en) (1 Sam 8,15–17). Im Altertum war er eine übliche Abgabe, durch die der Hof, ein Tempel (z. B. Eleusis in Griechenland) oder ein anderes Institut erhalten wurde, wobei der Zehnt für religiöse Institute meistens als Opfer gegeben wurde.

Das alte Israel unterhielt seine Heiligtümer, seine Priester und Leviten noch nicht mit dem Zehnten, sondern einfach mit einem Anteil an der Opfergabe, ohne daß dieser Anteil im einzelnen geregelt war. Die Erzählung von den Eli-Söhnen ist dafür bezeichnend: sie fischen sich mit Gewalt die besten Stücke des Opferfleisches aus dem Fleischkessel (1 Sam 3).

Die erste umfassende Ordnung einer Priester- und Levitenhebe scheint für Israel das Deuteronomium (s. d.) gebracht zu haben. Durch die Reform des Königs Joschija (nach 632 v. Chr.) und die Aufhebung der Höhen (s. d.) verloren die Höhenpriester ihre Einkünfte. Aber sie sollten alle am Tempel in Jerusalem ihr Auskommen haben; deshalb wurden zunächst die Anteile am Feueropfer

---

[34] „Söhne Aarons" muß nicht unbedingt genealogisch gemeint sein, sondern kann einfach heißen: Priester wie Aaron. Das Wort „Söhne" hat oft einen sehr allgemeinen Sinn.

bestimmt, die den Dienern des Kultes zukommen sollten; außerdem sollten auch die Erstlinge von Getreide, Most, Öl und Schur den Kultdienern gehören (Dtn 18,1–8); dazu kamen die Schaubrote und die Bußgelder (2 Kön 12,17; 22,7). Bei diesen Erstlingsopfern wird das Deuteronomium auf ältere Bräuche zurückgegriffen haben bzw. war das Ur-Deuteronomium eine Kodifizierung ältester Bräuche; denn zweifellos war das Erstlingsopfer vom Vieh schon nomadischer Brauch, das sicherlich den Heiligtümern und seinen Priestern und Helfern zugute kam. An anderer Stelle ist Ähnliches gesagt (Dtn 14,22–29), hier ist jedoch vom „Zehnten" gesprochen. Aber auch dieser Zehnte wurde wohl noch als Opfer aufgefaßt. In jedem dritten Jahr sollte er Witwen, Waisen, Armen und Leviten zukommen.

Anders wurde das nach dem Exil, als die Formeln des Priesterkodex (s. d.) angewandt wurden (Lev 27,30–33), die praktisch Kirchensteuerformeln sind. – Im übrigen sind solche Gesetze, wenn sie einmal diesen Status erreicht haben, sehr wandelbar, weil der Steuererheber immer nach einer günstigeren Formel sucht und gleichzeitig nach einer einfacheren Hebeweise.

Die Pharisäer (s. d.) nahmen es mit dem Zehnten sehr genau. Sie aßen nichts, was nicht mit Sicherheit verzehntet war; sie gründeten dazu eigens ihre Genossenschaften, um mit Sicherheit nur Verzehntetes zu essen. Die pharisäischen Schriftgelehrten dehnten die Verzehntung sogar bis auf die Gartenkräuter aus (Mt 23,23; Lk 11,42). Da die Verzehntung Sache des landbebauenden Produzenten war, andererseits diese es aber im allgemeinen mit der Zehntpflicht nicht so genau nahmen, verzehnteten die Pharisäer alles, was sie erwarben (Lk 18,12), also auch das käuflich Erworbene; gerade dieser Verzehntung des käuflich Erworbenen dienten ihre Genossenschaftskäufe. Es wäre allerdings falsch, darin nur das Kleinliche zu sehen; vielmehr offenbart diese Gewissenhaftigkeit, daß der Zehnt auch zur Zeit der Pharisäer durchaus noch als Gottesgesetz gesehen wurde.

Der Zehnt war übrigens nicht die einzige Einnahmequelle des Kultpersonals. Hinzu kamen – vor allem zur Zeit des Zweiten Tempels – wie in früheren Zeiten die Erstlingsabgaben (in Naturalien oder Geld), der Ertrag der Opferkästen (s. d.) und reichliche Privatzuwendungen („Weihegeschenke"). Außerdem gab es seit Nehemia die Tempelsteuer (S. 565, Nr. 42).

Der Prophet des AT

„Der Prophet" ist keine typisch israelitische Erscheinung. Allerdings ist der allgemeine Begriff und die allgemeine Erscheinung des Propheten schwer zu fassen, weil sie in allen Zeugnissen, auch den biblischen, einfach als bekannt vorausgesetzt und nirgendwo definiert wird. Als allgemeinste Formel könnte man etwa sagen: Propheten sind Männer des Geistes, die den wirklichen oder angeblichen Willen eines Gottes kundtun. Durch Träume, Visionen und Überlegungen, gelegentlich auch in Verzückungen erfahren sie (wirklich oder angeblich) den Willen Gottes und verkünden ihn denen, die sie danach fragen, oder auch ungefragt.

Solche Propheten waren Gelegenheitspropheten, die auch einen anderen Beruf ausübten, oder Berufspropheten, die oft zur Umgebung der Stadtfürsten und Könige als deren Berater gehörten. Diese Propheten sagten keineswegs immer ihre wahre Meinung; sie ließen sich auch durch die Wünsche ihres Herrn und Befragers leiten. Zwar sind sie nicht das, was vor allem die griechische Bibel mit „falschen Propheten" bezeichnet; aber der Ausdruck könnte auf sie angewandt werden. Das AT zählt auch solche Propheten samt und sonders unter das Genus Propheten; das Wort ist keine Wertaussage, sondern eine Berufsaussage. Ja zeitweilig war diese Berufsbezeichnung „Prophet" so sehr mit Unwert verbunden, daß der Schriftprophet Amos (s. d.) nicht Prophet genannt werden wollte, weil „die Propheten" den Mächtigen nach dem Munde redeten, statt den Willen Gottes zu künden.

Der Prophet ist nicht – wie der Volksmund das Wort bis heute benutzt – grundsätzlich ein Mann der vorhersagenden Weissagung; trotzdem ist auch diese mit ihm verbunden. Entweder ist seine göttliche Willensverkündigung eine Bedingung, verbunden mit einer Drohung: wenn du das und das tust oder nicht tust, dann wird das und das geschehen; oder er „schaut" die Zukunft, meist auf Befragen. Seine Prophetensprüche in dieser Beziehung waren oft zweideutig, so daß der Prophet bei jedem Ausgang recht behielt. Die Bezeichnungen „Weise", „Seher" und „Wahrsager" deuten auf die Verschiedenartigkeit des prophetischen Wortes hin.

Dieses im Orient allgemein bekannte Prophetentum gab es auch in Israel als Berufspropheten und als Gelegenheitspropheten. Ob die Israeliten diese Einrichtung aus ihren Ursprungsländern mitbrachten, ob sie sie von den Kanaanitern entlehnten, oder ob sie ihnen einfach aus dem im Orient allgemein bekannten Prophetentum vertraut war, ist bisher nicht geklärt. Das hebräische Wort *nabí* (Rufer) scheint auf den im Orient allgemein bekannten Brauch hinzuweisen, falls seine Verwandtschaft mit dem akkadischen *nabu* richtig ist; Nabu ist der Gott der Beredsamkeit und Weissagung (vgl. den Artikel „Nebo").

Der Prophet Israels sah sich selbst und auch Israel sah den Propheten wohl durchaus in diesem allgemeinen Zusammenhang. Eines allerdings zeichnete den israelitischen Propheten als „wahren Propheten" aus, daß er nämlich nicht irgendeinem Gott „der Völker" diente, sondern Jahwe. Seine Prophetien waren Aussagen des Willens Jahwes, wobei hier das Gewicht auf der Willensaussage Gottes liegt und nicht auf der Weissagung in die Zukunft. Die griechische Bezeichnung „Prophet" *(prophḗtäs)* muß also zunächst mit *pró-phämi* (im Sinne von „verkünden") und erst in zweiter Linie mit *prophäteúein* („als Seher vorhersagen") in Zusammenhang gebracht werden. Die Wirksamkeit der biblischen Propheten gebietet geradezu diesen anderen Akzent.

Dennoch war auch bei ihnen das Element der Weissagung nicht ausgeschlossen; aber es hielt sich doch fast vorwiegend im Rahmen der Unheilsdrohung: falls das und das so bleibt... falls das und das sich nicht ändert... falls man das und das nicht tut; wenn aber das und das geschieht, dann wird der Herr gnädig sein. Ob es sich dabei um wirkliche Weissagungen handeln sollte (Enthüllungen der verhüllten Zukunft), darf man bezweifeln. Man sollte solche Prophetien besser Prognosen eines Mannes nennen, der die Art des Handelns seiner Volksgenossen und die Geschichte seines Volkes und die drohenden Gefahren aufs beste kennt und der nun die unheilvollen Entwicklungen als Strafen Gottes für die religiöse Untreue des Volkes und manchmal auch – aber selten – die guten Entwicklungen als die Gnade und Barmherzigkeit Jahwes für sein Volk verkündet. Diese Prophetien, d. h. diese

Weisungen mit Drohung und eventuellem Gnadenanspruch, beziehen sich fast immer auf die Entwicklung der Freiheit bzw. Unfreiheit, mit der die religiöse Situation engstens verknüpft war, der wirtschaftlichen und sozialen Situation des Volkes Israel und des Landes oder auch auf die Bewertung einzelner Unternehmen. Damit ist der Glaube nicht ausgeschaltet. Vielmehr gab gerade der Glaube an den gerechten Gott (s. d.), der Israels Bundesgott war und der straft und belohnt, dem Propheten die Sicherheit zur Unheilsprophetie wie auch zur Heilsprophetie.

Die Form der prophetischen Aussage ist entweder volkstümlich oder pathetisch. Jesaja nimmt sogar ein Trinklied in seine Prophetien auf (Jes 22,13). Die eigentlich volkstümliche Form aber war der Spruch. Alle literarischen Gattungen konnten zur prophetischen Aussage benutzt werden: Klagelied, Totenklage, dramatisches Gespräch u. a. Das pathetische Wort aber überwog, wenn es auch mit außerordentlich volkstümlichen und saftigen Bildern gefüllt war.

Hier nun liegt der Weg zur messianischen Zukunftsprophetie. Wenn die Propheten Wegweiser für ihre Zeit und ihr Volk waren, die Jahwes Willen verkündeten, so ist hier zwar der Kontakt zum Geist Gottes, dem Gott aller Völker und Zeiten, vorhanden; aber der Wille der Propheten selbst ging trotzdem nur auf ihr Volk und die nähere Zukunft. Gottes Geist aber konnte ihre Worte so fügen (dies war die Meinung der christlichen Theologen), daß sie mehr sagten, als sie zu sagen glaubten.[35] Durch die Eigenart des prophetischen Wortes, das sich gern mit Bildern und metaphorischen Formeln schmückte, um dem Augenblick und der Aussage Feierlichkeit und Eindrücklichkeit zu verleihen, kam etwas eminent Neues in ihr Wort.

Die Propheten lebten oft in Gemeinschaften zusammen, wie durch die Bibel bezeugt wird (z. B. 1 Sam 10,5–10; 19,19f.; 2 Kön 4,28ff.; 6,1). Man hat diese Prophetengemeinschaften oft „Prophetenschulen" genannt. Mit einem solchen Ausdruck zeichnet man aber wohl von

---

[35] Deshalb sagte Thomas von Aquin, daß „sogar die wahren Propheten nicht alles durchschauten, was der Heilige Geist mit ihren Visionen, Worten und Handlungen meinte" (S. Th. IIa IIae, q. 173, a4).

den Prophetengruppen und Prophetenhäusern ein schiefes Bild.

Vielleicht bezeichnet man das Institut solcher Prophetengemeinschaften am richtigsten, wenn man es eine religiöse Gemeinschaft nennt, die den Willen des Gottes wahrhaft verkünden will. Möglicherweise waren sie ein Protestinstitut gegen die Lügenpropheten, die nicht den Willen des Gottes, sondern den Willen des Fragers verkündeten – nicht erst in Israel, sondern schon bei den Kanaanitern oder welche Völker auch immer schon Propheten gehabt haben mögen. In einer Prophetengemeinschaft war der einzelne nicht so vom Fragesteller abhängig, wie wenn er als einzelner lebte.

Es ist unwahrscheinlich, daß solche Prophetengemeinschaften immer nur aus Propheten bestanden. Vielleicht genügte es sogar, daß ihr Haupt ein Prophet war; die Gemeinschaft um dieses Haupt wären dann „Prophetenjünger", ohne selbst Propheten werden zu sollen (also tatsächlich keine Prophetenschüler). Sie waren seine Anhänger, die seine Autorität stützten und seiner Lehre durch diesen Jüngerkreis Ansehen verschafften.

Aber die Bibel bezeugt auch, sowohl für die Baalspropheten wie – anscheinend – auch für die Jahwepropheten, daß sie in Scharen auftraten und insgesamt „Propheten" genannt wurden. Denn so sagt Elija zu Ahab, er solle „die vierhundertfünfzig Propheten des Baal und die vierhundert Propheten der Ascherá, die vom Tische der Isebel essen", auf den Karmel kommen lassen (1 Kön 18,19). Und Samuel spricht zu Saul: „Wenn du dort [in Gibear-Elohim] in die Stadt hineingehst, wirst du eine Schar von Propheten treffen" (1 Sam 10,5).

Da der vorisraelitische und der altisraelitische Prophetismus[36] offenbar wesentlich ekstatisch war (vgl. 1 Sam 10,5.6), ergab sich aus diesem Wesenszug übrigens sehr leicht die Prophetengemeinschaft, während der prophetische Weise eher die Gemeinschaft *um* den Propheten bildete.

Schriftgelehrte
gab es seit der Babylonischen Gefangenschaft der Juden (586–538 v. Chr.). Die Religion ohne Opfer, die die Juden damals erzwungenermaßen in Babylon und Judäa zu leben hatten, mag die Herausbildung dieses Standes begünstigt haben. Der Schriftgelehrtenstand

ist die Fortsetzung des alten Prophetenstandes. Während aber die echten Propheten (s. oben), von Gott – durch ihr Gewissen oder durch den König – berufen, die unvollkommene Gesetzeserfüllung des Volkes in ihren prophetischen Reden anprangerten und Gottes Strafe dafür verkündigten, machten die Schriftgelehrten das Gesetz Israels, das seit Esra (s. d.) in einer endgültigen Sammlung vorlag, zum Gegenstand der Anwendung auf das tägliche Leben; der Schriftgelehrte war „Gesetzeskundiger" (griech. *nomikós*) und „Gesetzeslehrer" (griech. *nomodidáskalos*); er erklärte das Gesetz und überwachte es. Er trat damit neben die Priester und Leviten, die die ursprünglichen Schriftgelehrten waren, ohne diesen Namen zu führen.

Die Aufgabe der Schriftgelehrten in hellenistischer Zeit (etwa seit 300) war vor allem Abwehr des hellenistischen Heidentums, das durch seine Philosophie und Lebensführung das Judentum auszuhöhlen drohte. Als sich unter dem Regiment der Makkabäer der maßgebliche Priesterstand immer mehr aus dem ungelehrten Landpriestertum rekrutierte, bildete sich der Schriftgelehrtenstand immer mehr aus. Seine apologetische Mission verstand er nun noch mehr in einer detaillierten Erklärung des überlieferten Gesetzes und in seiner kasuistischen Anwendung auf alle möglichen Fälle des Lebens. Ihre Lehre *(talmúd)* trat als Sonderwissen geradezu neben das Gesetz *(torá)* und entwickelte sich in den zwei Jahrhunderten vor und den zwei Jahrhunderten nach Christus zu einer derart verwickelten und zum Teil engherzigen Wissenschaft, daß unter ihren Auslegungen das überlieferte Gesetz so viel von seinem Menschlichen verlor, daß Jesus dagegen auftreten mußte. Das Gesetz in der Deutung der Schriftgelehrten war zum Joch geworden, dem Jesus sein sanftes Joch gegenüberstellte (Mt 11,29). – Die Lehre *(talmúd)* der Schriftgelehrten nannten diese selber *mischnáh* (zweites Gesetz); diese Mischna ist der älteste Bestandteil dessen, was wir heute „Talmud" nennen.

---

[36] Vgl. auch: J. Lindblom, Zur Frage des kanaanäischen Ursprungs des altisraelitischen Prophetismus, in: Von Ugarit nach Qumran (Festschrift für Otto Eissfeldt), 1958, S. 89 ff.

Der Titel der Schriftgelehrten war Rabbi (s. den Abschnitt „Meister", weiter u.). Sie lehrten in den Synagogen und im Tempel. Zuerst lasen sie eine Schriftstelle, stehend, dann sprachen sie dazu, sitzend, ermunterten ihre Schüler und Hörer zu Fragen, die sie – manchmal durch Gegenfragen – zu einer Antwort führten. Jesus übernahm diese Form der Schriftlehre, im Inhalt aber unterschied er sich grundsätzlich von ihr, indem er nicht Kasuistik lehrte, sondern Grundsätze und im Glauben an den Vatergott gründendes Leben. Obwohl das Volk die Schriftgelehrten wegen ihres subtilen Denkens bewunderte, stellte es fest, daß Jesus lehrte wie einer, der Macht hat, „und nicht wie ihre Schriftgelehrten" (Mt 7,29). Schriftgelehrter wurde man dadurch, daß man sich einem Rabbi anschloß, d. h., man mußte seinen Unterricht besuchen und ihm „folgen", d. h. mit ihm leben, ihm dienen und die Befolgung des Gesetzes im praktischen Leben von ihm lernen.

Dieses Wort vom „Folgen" oder „Nachfolgen" hatte sich aus der Sitte der Schüler (Jünger) ergeben, hinter dem Schulhaupt herzugehen; darin bezeugten die Jünger eines Schriftgelehrten ihre Hochachtung vor dem Meister. Diese Sitte haben auch die Apostel gegenüber Jesus befolgt.

Jesus hat diesen Werdegang eines Schriftgelehrten nicht durchlaufen, deshalb wunderte man sich darüber, daß er von der Schriftwissenschaft und der Schriftweisheit etwas verstand (Joh 7,15).

„Meister"
begegnet im NT immer wieder als Anrede für Jesus. Nicht nur seine Jünger, sondern auch Simon der Pharisäer, der reiche Jüngling, Nikodemus, ja seine Versucher redeten Jesus mit „Meister" an.

„Meister" entspricht dem hebräisch-aramäischen Wort *rabbi*, d. h. wörtlich: mein Lehrer; freilich wird wohl schon zur Zeit Jesu das „mein" nicht mehr mitempfunden, ähnlich wie im französischen *monsieur, madame, mademoiselle* das „mein" zwar in den Wortformen erhalten ist, aber die Wörter einfach als Herr, Frau, Fräulein empfunden werden.

Das Wort *rab* bedeutet eigentlich mächtig, groß. Aber schon um 100 v. Chr. ist es im Sinne von „Lehrer" bezeugt. Die spätere Amtsbezeichnung „Rabbi" (Mehrzahl Rabbinen) für die jüdischen Schriftgelehrten Palästinas kommt also von dieser Anrede (üblich etwa seit 100 n. Chr.); zur Zeit Jesu war aber *rab, rabbí* (aramäisch: *rabboni*) noch nicht zur Amtsbezeichnung geworden, sondern einfach Anrede an einen Lehrer, die Ehrfurcht, Verehrung oder Hochachtung auch bezeugen sollte.

Versuch über die israelitisch-jüdisch-urchristliche Eschatologie

Das Thema hat verwirrend viele Linien. Es ist kaum möglich, all diese Linien in ihrem rechten Lokalwert erkennbar zu machen; dazu brauchte es einer ideengeschichtlichen Darstellung, welche die eschatologischen Glaubensvorstellungen in ihren verschiedenen Strängen nach Herkunft und Glaubensgruppen verfolgt. Da es aber der Sinn dieses Versuches ist, einmal eine globale Vorstellung vom Glaubensbereich der „letzten Dinge" Israels, der Juden und der urchristlichen Gemeinde zu geben und zum anderen die Verzahnung des Messiasgedankens mit diesen Vorstellungen von den „letzten Dingen" aufzuzeigen, wie sie auch in den Evangelien sichtbar ist, wird dieser Artikel hoffentlich auch wertvolle Auskünfte geben, ohne daß in ihm alle diesbezüglichen Zusammenhänge erschöpfend und ihrer Herkunft nach dargestellt werden.

1. Das Totenreich. Israels Totenreich, die „Scheól", ist für uns ein schwer zu füllender Begriff. Es ist die gemeinsame Behausung der Toten, der Frommen wie der Gottlosen. Das Totenreich ist das Reich derer, „die im Land des Staubes schlafen" (Dan 12), und ist doch mehr als nur die Gräber.

Im Totenreich wurde man „zu den Vätern versammelt". Man war tot und hatte doch ein Bewußtsein. Beim Staub lebte die Seele. Man war ohne Freude, ohne Genuß. Die Könige sitzen auf dem Thron, und die Zerlumpten sind arm, auch in der Scheól; wie der Tod den Menschen antraf, so ist er auch im Totenreich. Nach irdischen Rängen, nicht geordnet nach dem moralischen Rang ihres irdischen Lebens, „leben" die Toten in der Scheól und sind doch alle ohne Macht.

In Erzählungen wird das Totenreich zu einem Land, das von Strömen begrenzt ist; zu einer ummauerten Stadt oder verriegelten Festung, denn aus der Scheól kehrt niemand wieder; man erzählt von ihr wie von einer Zisterne, einer tiefen Grube oder wie von einem alles verschlingenden Ungeheuer. Das alles aber sind nur Bilder für die unvorstellbare Scheól: wo der Lebenssatte ausruht, der Verzweifelte Ruhe findet, die große Sippe zusammen ist, der Einsame einsam bleibt, alle aber Schatten sind, die sich der göttlichen Wohltaten nicht mehr erinnern und deshalb Jahwe nicht mehr preisen. Alles Dunkle, aber auch ein wenig Trost wußte man damals von der Scheól.

Wo ist die Scheól: in der Erde? Nach der Vorstellung des Orientalen jener Zeit ist die Erde eine Scheibe auf dem Weltmeer. Unter diesem Meer, „in der Tiefe des Trockenen", ist die Scheól. Nichts ist tiefer, stiller und dunkler als die Scheól. – Auch die Vorstellung der Erzväterzeit vom Totenreich liegt in der beschriebenen Richtung.

Mit dem Wachwerden des Auferstehungs- und Gerichtsgedankens („der Tag Jahwes") änderte sich langsam der Charakter der Scheól; nun wurde sie als Ort des Zwischenzustandes zwischen Tod und Auferstehung, zwischen Tod und Gericht, zwischen Tod und Vergeltung angesehen. Aber in den letzten Jahrhunderten vor Christus und in der Zeit Jesu war der Sprachgebrauch nicht einheitlich. Das hellenistische Judentum gebrauchte das Wort „Scheól" oft, wie wir das Wort „Hölle" gebrauchen. Andererseits wurde von gewissen Kreisen das Ge-Hinnom als Sammelort der Gottlosen, sowohl als Warteort wie auch als Strafort, bezeichnet; in dieser Nomenklatur bekam „Scheól" später die Bedeutung von Grab.

Eines aber galt immer: In der Scheól des AT herrschte nicht ein Gott der Unterwelt, sondern Jahwe, „der Himmel und Erde erschaffen hat."

2. Die Auferstehungslehre baute sich im Judentum erst sehr spät auf dem Glauben an das Totenreich auf. Woher dem Judentum die Anregung kam, den Glauben an das Verweilen der Toten im Totenreich allmählich aufzugeben und zum Glauben an die Auferstehung zu gelangen, ist bis heute nicht geklärt. Daß

fremde Einflüsse vorliegen, kann nicht abgewiesen werden. Daß diese fremden Einflüsse aus Ägypten kamen,[1] wird von einigen Bibelwissenschaftlern allerdings lebhaft bestritten: die späte Bejahung des Auferstehungsglaubens in Israel (Dan 12; Weish 3–5) deuten sie als radikale und totale Absage an die ägyptischen Jenseitsvorstellungen, die eigentlich nur eine gigantische Beschwörung des Diesseits waren.

Aber wie dem auch sei – zweifellos darf man nicht übersehen, daß solche fremden Einflüsse nicht genügen würden, den Auferstehungsglauben zu dem zu entwickeln, was er im späten alttestamentlichen Judentum war. Ohne den jüdischen Glauben an den gerechten Gott (s. d.), der ein transzendenter Gott ist, wäre nur ein symbolisierender Glaube daraus entstanden. Woher also auch immer die Anregung gekommen sein mag – im Zusammentreffen mit dem jüdischen Gottesbegriff wurde der Auferstehungsglaube zu dem, wie er bei Daniel als Auferstehung zur Vergeltung verkündet wird (Dan 12,2–13). Auch im 2. Makkabäerbuch (7,9–14.23; 14,46) wird eine Auferstehung zum Empfang der Vergeltung klar ausgesprochen.

In der Zeit Jesu gehörte der Glaube an die Auferstehung zum Grundbestand des jüdischen Glaubens. Nur die Sadduzäer (s. d.) lehnten ihn ab. Jesus bestätigt den Glauben an die leibliche Auferstehung. Er präzisiert sogar die Auffassungen seiner Zeit, indem er im Streitgespräch mit den Sadduzäern (Mt 22,23–33 und Parallelen) die Auferstehung der *verklärten* Leiber lehrt: „Denn nach der Auferstehung werden die Menschen nicht mehr heiraten, sondern sein wie die Engel im Himmel." Zwar spricht er vorwiegend von der Auferstehung der Gerechten, aber da Auferstehung und Gericht im Evangelium innig verbunden sind und auch vom Gericht über die Sünder gesprochen wird, ist daraus auch auf die Auferstehung der Sünder zu schließen. Aber die Sünder, so scheint der Glaube gewesen zu sein, standen nicht zum „ewigen Leben" auf; das „ewige Leben" ist der Anteil der Gerechten: „Meister", stellt einmal ein Gesetzeslehrer an Jesus die Frage, „was muß ich tun, um das ewige Leben zu gewinnen?" (Lk 10,25).

---

[1] Vgl. den Artikel „Ägyptische Religion", S. 620

3. Der Geisterglaube ist im Volksglauben die Folge des Glaubens an jegliches Fortleben nach dem Tode. Das gilt ganz allgemein und gilt also auch für die Zeit des AT und NT. Die Anekdote von Saul, der zur Totenbeschwörerin von En-Dor geht, um den verstorbenen Samuel um Rat zu fragen, ist ein Beleg für alttestamentlichen Geisterglauben (vgl. 1 Sam 28), also für eine Zeit, als der alte Glaube an die Scheól noch galt, unverändert vom Auferstehungsglauben.

Im NT gibt der Schreckensruf der Jünger, als sie bei der nächtlichen Seefahrt plötzlich Jesus gewahren, ein Beispiel für die Allgemeinheit des Geisterglaubens jener Zeit (vgl. S. 91 zu Mt 14,26).

4. Himmel und Hölle sind die Worte, mit denen wir heute (den Ort oder) den Zustand der Vergeltung ausdrücken, der mit dem Auferstehungsglauben gefordert ist. Haben „Himmel" und „Hölle" in der biblischen Sprache denselben Sinn wie in unserer Sprache?

Himmel ist im biblischen Sprachgebrauch zunächst das Wort für das Firmament (s. d.) und den Sternenhimmel; insofern diese zur Schöpfung gehören, bedeutet die Formel „Himmel und Erde" die Gesamtheit der Schöpfung (s. unter Gen 1,1).

Über dem Firmament wird die Wohnstätte Gottes gedacht, wo er thront, umgeben vom Hofstaat der Engel, mit den Füßen auf der Erde als Schemel. Dieses Bild vom Thronsaal Gottes ist dem orientalischen Thronritual der Könige entnommen (S. 536) und kann daher nicht buchstäblich genommen werden; es will lediglich sagen, daß Gott der Herr, der König des „Himmels und der Erde" ist.

Entsprechend ist „Himmel" fast immer bildhaft gebraucht, und es wäre folgerichtig, auch die Versetzung der Gerechten in den „Himmel" bildhaft für die Versetzung in den Bereich Gottes zu verstehen.

Auch im NT ist das Wort „Himmel" als bildhafter Ausdruck für Gottes Reich zu begreifen. Zwar mag die sehr sinnliche Vorstellungsweise und Ausdrucksweise der Semiten das Bild oft so gebrauchen, daß wir versucht sind, aus dem Bild einen Ort und aus der bildhaften Situation des Königssaales Gottes eine wirkliche Situation zu machen. Aber wollte man die Ausdrucksweisen mit „Himmel" alle untersuchen, so würde man feststellen,

daß sie fast alle Gott oder den Bereich Gottes meinen und nicht einen Ort – daß sie also bildliche Ausdrucksweisen sind; die Ausnahmen jedoch sind vollends Bilder! Gott ist gemeint, wenn es heißt: „Eine Stimme aus dem Himmel sprach..." (Mt 3,17); „Euer Lohn im Himmel wird groß sein" (Mt 5,12); „sammelt euch Schätze im Himmel" (Mt 6,20); „was du auf Erden binden wirst, das wird auch im Himmel gebunden sein" (Mt 16,19); „woher stammte die Taufe des Johannes? Vom Himmel oder von den Menschen?" (Mt 21,25). In allen diesen und ähnlichen Fällen wird eigentlich von Gott geredet.

Wenn es aber im Gebet heißt: „Vater unser, der du bist in den Himmeln" u. ä., so ist das *Bild* des Himmels benutzt, wie es im AT üblich war; und wenn es heißt: „Mir ist alle Macht gegeben im Himmel und auf der Erde" (Mt 28,18), oder „Ich preise dich, Vater, Herr Himmels und der Erde" (Mt 11,25), so ist „Himmel" wiederum nicht anders gebraucht als in Gen 1,1, wo die Gesamtheit des Seins mit „Himmel und Erde" benannt wird, die Gott geschaffen hat.

Die vielgebrauchte Ausdrucksweise vom „Himmelreich" = Gottesreich ergab sich also schon aus dem Bild, in dem man sich Jahwe wie einen König thronend in seinem Thronsaal über dem Himmel oder im Himmel vorstellte, und nicht erst aus der späteren jüdischen Scheu, den Namen Gottes auszusprechen.[2] Das Gottesreich wurde wie von selbst zum „Himmelreich", wie es vor allem das Matthäusevangelium gebraucht, weil das Wort für den „Thronsaal" Gottes, seine Wohnstätte eben „Himmel" war.

Demnach hat das Wort vom „Himmel" in der jüdischen Eschatologie nur Bildcharakter. „Himmel" meint Gott, der „in den Himmeln" thronend gedacht wird. Gerade weil es Bildcharakter hat, hat es aber auch starken Aussagecharakter; denn „Himmel" hat in diesem Bild mit der *Herrschaft* Gottes zu tun. Und deshalb ist das „Himmelreich" der Eschatologie das Reich der Herrschaft Gottes! Und wenn Jesus in den „Himmel" aufgenommen wurde, ging er in den Thronsaal Gottes ein – womit ebenfalls wieder das Bild zitiert wird

---

[2] Vgl. im Artikel „Jahwe und die Götter", S. 611.

und nicht ein Raum gemeint ist. Gerade damit aber betont der Evangelist am Schluß seiner schriftlichen Botschaft noch einmal, daß Jesus der Messias war, des königlichen Gottes königlicher Bote auf Erden, der nun in Einheit mit dem Gottkönig die Herrschaft ausübt (Mk 16,19; Lk 24,51).

Mit dieser Schau des Himmels hängt auch der hier und da bezeugte jüdische Glaube zusammen, daß der Gerechte nach seinem Tode in das Reich der vollkommenen Gerechtigkeit, d. h. der erfüllten Gesetze, eingeht; denn im Herrschaftsreich Gottes gibt es nur vollkommene Gerechtigkeit.

Die ewigen Wohnungen, die ewigen Hütten (Lk 16,9), die Wohnungen des Vaters (Joh 14,2) sind andere Bilder für das Reich Gottes, in das der Gerechte nach seinem Tode zu kommen hofft und das Jesus seinen Jüngern verspricht.

Obwohl sich in der rabbinischen Literatur keine Anhaltspunkte für die nähere Bedeutung von „Hütten" finden, möchte man doch auf die Möglichkeit hinweisen, daß „Hütten" hier wegen der Hütten des Laubhüttenfestes (s. d.) gewählt wurde, welches *das* Fest der Juden der Zeitenwende war. Das ewige Leben der Gerechten wurde damit als größtes Fest bezeichnet, bei dem die vergänglichen Hütten des Sukkotfestes durch „ewige Hütten" ersetzt sind.

Sowohl die „Wohnungen im Hause des Vaters" wie auch „die Hütten" sind Ausdrücke voll reichster Messiasverheißung. Die „Wohnungen" (Lk 16,9), die nicht mehr zerstört werden können. Die Formel von den „Wohnungen des Vaters" umfaßt die Verheißung der Beständigkeit des Messiasreiches, welches ja das Reich des Vaters ist. Es gibt nicht mehr die Wechselfälle dieses vormessianischen Lebens und nicht mehr die elende Verlassenheit der Scheól, sondern nur noch Geborgenheit im „Hause des Vaters". – Die „Hütten" *des* Festes aber sind der wohnhafte Ausdruck der messianischen Freude (s. d.).

Abrahams Schoß wird im NT einmal im Sinne des „Himmels" gebraucht (Lk 16, 22.23). Der Ausdruck meint das Bild des Gastmahls, unter dem das ewige Leben des Glücks nach dem Tode des öfteren dargestellt wurde. Der besonders zu Ehrende lag in der griechischen Tischordnung zur Rechten des Gastgebers. Als Gastgeber wird für dieses himmlische

Bild Abraham angenommen. Der Geehrte lag durch die Weise des Liegens bei Tisch (s. d.) „an der Brust" oder „im Schoß" des Gastgebers.

Die Hölle (unseren Begriffs) hat im biblischen Sprachgebrauch keine genaue Entsprechung. Während der Zeit Jesu ist das Ge-Hinnom (s. d.) zum Symbol für den Sammelort der Gottlosen geworden; in diesem Tal des ehemaligen Molochdienstes sollten die ungerechten, abtrünnigen, gesetzlosen Israeliten nach dem großen Gericht ihre Strafe empfangen (Jes 31,9; 66,24); aus diesem wurde es dann später – aber jedenfalls noch vor Christus – auch zum Warteort der Gottlosen auf das Endgericht.

Ebenso wurde aber auch die Scheól als Hölle angesehen, vor allem von den hellenistischen Juden, die das Wort „Scheól" durch „Hades" ersetzten. So wird es von Lukas im Gleichnis Jesu vom reichen Prasser gebraucht: „In der Unterwelt (Hades), wo er qualvolle Schmerzen litt . . . rief er: . . . Ich leide große Qual in diesem Feuer" (Lk 16,23.24).

Ganz anders als die landläufige Vorstellung ist in der Bibel weder das Ge-Hinnom noch der Hades ein Herrschaftsort der Dämonen, sonden der Ort, an dem Gott straft.

5. *Das Gottesreich* ist also von vornherein gemeint, wenn von „Himmelreich" gesprochen wird. Aber nicht nur durch den unter Viertens (s. oben) dargelegten Gedankengang kam es zu dieser Bedeutung. „Gottesreich" kann unter etwas anderer Bedeutung auch für sich aufgewiesen werden; und unter dieser anderen Bedeutung hat es einen ganz eigen gearteten Sinn: es ist das Reich, in dem Gottes Herrschaft unbestritten sein wird; das Reich des neuen Himmels und der neuen Erde, d. h. – gemäß der Bedeutung von „Himmel und Erde" (s. d.) – das Reich, in dem „alles gut" gemacht ist (Mk 7,37).

Dies ist das Reich, um das Jesus betet, wenn er in seinem Gebet formuliert: „Dein Reich komme!" Dieses Reich bricht an, wenn das Ziel dieser Weltzeit gekommen ist, das die Evangelien in griechischer Sprache nennen: den *télos tu aiónos,* was man für gewöhnlich, aber nicht präzise genug, mit „Ende der Welt" übersetzt.

Das Wesen dieses Gottesreichs war gerade in der Zeit Jesu sehr umstritten. Eine der

Fragen, die überhaupt am hitzigsten diskutiert wurden, betraf dieses Gottesreich: ob es ein nationales Reich Israels oder ein auf alle Völker ausgreifendes Reich sein werde. Die Antwort Jesu in Joh 3,3 zeigt, daß dies auch die Frage war, die Nikodemus an Jesus richtete.

Ein anderer überragender Diskussionspunkt war die Frage, wann dieses Gottesreich der vollkommenen Gottesherrschaft anbricht. Erscheint es in dieser Zeit, zwar nach Ende dieses Äons, aber doch in dieser irdischen Zeit und Welt? Oder verwirklicht es sich in einer Welt, die ganz außerhalb der Perspektiven dieser irdischen Zeit und Welt liegt? Verwirklicht es sich nur für die Verstorbenen, während wir noch leben? Oder verwirklicht es sich für die zur neuen Welt aufstehenden Gerechten?

Es gab keine einheitliche Lehre. Ja die Sadduzäer (s. d.) glaubten wohl überhaupt nicht an ein solches zukünftiges allgemeines Gottesreich. Von Pharisäern (s. d.) und Essénern (s. d.) wurde es in religiösen Schriften[3] verkündigt. Die Bilder, in denen diese Schriften den Anbruch des Gottesreiches darstellten, waren sehr verschieden. Man umkreiste sozusagen diesen weitverbreiteten Glauben an das zu erwartende Gottesreich mit immer neuen Bildern, obwohl man dessen sicher war, daß es damit niemals zu beschreiben oder in irgendeiner anderen Weise zu fixieren war. Oder anders gesagt: Die mannigfaltigen Bilder vom Gottesreich und dessen Anbruch waren lediglich ein verschiedenartiger Ausdruck für den sehr einfachen Glauben, daß das Gottesreich einmal kommen wird. Zusammengefaßt fand sich dieser Glaube in der Gebetsbitte, die auch Jesus in sein Gebet aufnahm: „Dein Reich komme, dein Wille geschehe wie im Himmel also auch auf Erden!"

6. *Der Messias* sollte dieses Reich Gottes vorbereiten oder gar heraufführen, so glaubten jene Kreise des jüdischen Volkes, die an einen Messias glaubten. Und die meisten glaubten an einen Messias, so daß man fast von einer allgemeinen jüdischen Hoffnung auf den Messias reden könnte. Wer und was allerdings dieser Messias sein würde, darüber waren sich die Kreise, die einen Messias erwarteten, nicht einig. Die Auffassung von dem, als was der Messias erscheinen würde, teilte geradezu das Volk in einander entgegengesetzte Gruppen.

Es sollen hier nicht alle Einzelzüge herausgearbeitet werden, mit denen die verschiedenen Gruppen den Messias ihrer Vorstellung charakterisieren zu können glaubten. Da aber viele dieser Einzelzüge als Aufweis für die Messiasqualität Jesu angeführt werden, sollen sie in einer globalen Zusammenstellung, zugleich mit Hinweis auf die entsprechenden neutestamentlichen Schriftstellen, folgen. Der Messias Jesus ist ja das Thema der apostolischen Verkündigung. Durch seine Auferstehung hatte sich ihnen Jesus – trotz seines Kreuzestodes – als der wahre Messias ausgewiesen. Deshalb wenden die Evangelisten nun die Messiasbezeichnungen der alttestamentlichen Bibel und der zeitgenössischen Sprache auf ihn an. Jesus hat sich selbst nur in Andeutungen als Messias bekannt, weil er die falschen Messiashoffnungen des Volkes nicht nähren wollte.

Propheten nannten sich anscheinend jene, die mit Messiasanspruch auftraten; allerdings war für sie wohl auch der Ausdruck „König" üblich. In den „Altertümern" des Josephus wird erzählt, daß sich zwei politische Volksverführer „als Propheten ausgaben". Mit diesem volkstümlichen Gebrauch des Prophetentitels hängt sicher zusammen, daß das jüdische Volk Jesus als Propheten ansah, weil es in ihm einen Bereiter des Messiasreiches oder den möglichen Messias selbst sah (Mk 6,15; 8,27; Mt 21,11). Gerade in den Machttaten Jesu sah das Volk den Propheten Jesus bestätigt (Lk 7,16; Joh 9,17); denn von einem so mächtigen Propheten konnte man auch die politische Befreiung erhoffen (Lk 24,19.21).

„Prophet" hatte in der jüdischen Eschatologie der Zeit Jesu keine einheitliche Bedeutung. Es hatte eine Inhaltsweite, die vom bedeutenden Geistesmann bis zum Messias reichte, außerdem aber auch – ohne Namensnennung – die historisch bekannten Propheten, zumal Elija und Jeremia, meinen konnte. Das mag zur Folge gehabt haben, daß die Evangelisten zwar berichten, das Volk habe Jesus für einen Propheten gehalten, daß sie selber aber keinen Wert darauf legten, Jesus ausdrücklich unter einem solch allgemeinen Titel wie dem eines Propheten zu verkünden.

In der urchristlichen Verkündigung wurde

---

[3] Vgl. den Artikel über die Apokryphen des AT, S. 23.

Jesus als Christus dann allerdings schon bald mit dem Propheten aus Dtn 18,15.18 gleichgesetzt: „Einen Propheten wie mich [Moses] wird Gott euch aus euren Brüdern erwecken" (Apg 3,22; 7,37). Hier ist aber nicht mehr der Prophet der Machttaten, sondern der Prophet der Lehre gemeint. Deshalb heißt es in der Verklärungsperikope mit Bezug auf diese Deuteronomiumstelle: „Auf ihn sollt ihr hören" (Mk 9,7); und durch die Erzählung von der Erscheinung des Elija wird der Christus Jesus markant von den Propheten, die man sonst mit dem Wort meinen konnte, abgehoben; und durch die Erscheinung des Mose und das Zitat von Dtn 18,15 wird Jesus als der neue Mose, d. h. als der neue Gesetzgeberprophet, verkündet. Auch die Formel „Ich aber sage euch" (z. B. Mt 5,20.22.28.34.39.44) u. ä. Formeln sind aus dieser Gleichsetzung zu verstehen, woraus sich die Möglichkeit ergibt, daß sie christologische Formeln der Urkirche sind.

Vielleicht hängt mit dem Propheten auch der von Johannes für Jesus so sehr geliebte Messiascharakter des „Gesandten" zusammen (vgl. die Erklärung zu Joh 9,7).

Der Menschensohn steht in den Evangelien des öfteren mit Messiasbedeutung, obwohl das Wort nicht unbedingt messianisch gemeint sein muß (vgl. den Text zu Mt 16,13) „Menschensohn" war ganz sicher kein allgemein übliches Wort für den Messias; aber in gewissen Kreisen scheint das Wort doch messianisch verstanden worden zu sein. Zumal das Henochbuch meditiert über den messianischen Menschensohn, offenbar im Anschluß an Dan 7,13.14: „Immer noch hatte ich die nächtlichen Visionen: Da kam mit den Wolken des Himmels einer wie ein Menschensohn: Er gelangte bis zu dem Hochbetagten und wurde vor ihn geführt. Ihm wurden Herrschaft, Würde und Königtum gegeben."

Das Henochbuch paraphrasiert diese Stelle in seiner zweiten Bilderrede, die vom Messiasreich handelt (46,1–5):

Ich sah dort den, der ein Greisenhaupt besitzt,
und sein Haupt war weiß wie Wolle,
und bei ihm war ein anderer,
dessen Antlitz das eines Menschen war,
und sein Angesicht war voll Anmut,
ähnlich dem eines heiligen Engels.
Ich fragte den Engel,

der mit mir ging und mir alle Geheimnisse zeigte,
über jenen Menschensohn, wer er sei,
woher er stamme
und weshalb er mit dem Greisenhaupt gehe.
Er gab mir zur Antwort:
Dies ist der Menschensohn, der die Gerechtigkeit besitzt,
bei dem die Gerechtigkeit wohnt
und der alle Schätze der Geheimnisse offenbart;
denn der Herr der Geister hat ihn auserwählt,
und sein Los übertrifft durch Rechtschaffenheit
in Ewigkeit alles vor dem Herrn der Geister.
Dieser Menschensohn, den du sahest,
macht die Könige und Machthaber von ihren Lagern
und die Starken von ihren Thronen aufstehen;
er löst die Zügel der Starken und zermalmt der Sünder Zähne.
Er verstößt die Könige von ihren Thronen und aus ihren Reichen,
weil sie ihn nicht erheben noch preisen,
noch dankbar anerkennen,
woher ihnen das Königtum verliehen ward.

In dem ebenfalls apokryphen 4. Buch Esra wird im sechsten Gesicht das Bild gemäß Dan 7,13 vervollständigt; es ist in den uns bekannten altjüdischen Erbauungsbüchern die älteste Stelle, die vom Messias auf den Wolken des Himmels spricht (11[13],1–3):

Nach sieben Tagen träumt' ich einen Traum bei Nacht.
Ein ganz gewaltiger Sturm erhob sich von dem Meer
und regte alle seine Wogen auf.
Ich sah:
Da führte jener Sturmwind aus des Meeres Herzen,
was einem Menschen glich.
Ich sah:
Und dieser Mensch flog mit des Himmels Wolken.
Wohin er nur sein Antlitz wandte
und blickte,
erbebte alles, was er angeschaut.

Aus zwei Gründen mögen die Evangelien diesen gar nicht besonders volkstümlichen Messiastitel so stark berücksichtigt haben: einmal, weil vielleicht die Messiasvorstellung Jesu von diesem Titel „Menschensohn" mit getragen wurde – der Menschensohn im Sinne von armseliger Mensch wird zum messianischen Menschensohn; sodann aber auch, weil ganz sicher das Henochbuch[4] in gewissen Kreisen die Messiasvorstellungen geprägt hatte, so daß es im Sinne einer universalen Mission angebracht erschien, Jesus auch als den „Menschensohn" zu zeigen.

In den eschatologischen Reden Jesu wird sehr pointiert auf „den Menschensohn" hingewiesen (Mt 24,30), und im Prozeß nennt sich Jesus (Mt 26,64) selber den Menschensohn.

Sohn Davids zu sein war ein Messiascharakteristikum. Obwohl das Haus Davids das Königtum verloren hatte (586 v. Chr. bei der Zerstörung des Reiches Juda), galt das Haus Davids immer noch als ein legitimes Königshaus, und in den letzten Jahrzehnten vor der Geburt Jesu kam im Judentum immer mehr die Überzeugung auf, daß der Messias ein König, und zwar aus dem Hause Davids, sein werde.

Obwohl sich aus der Zeit vorher und nachher genügend Beispiele für die Ansicht bringen ließen, daß der Messias auch aus anderem Hause hervorgehen konnte, herrschte doch die Hoffnung auf einen Sohn Davids als Messias vor. Zwischen 63 und 48 v. Chr. entstanden die „Psalmen Salomos", die außerordentlich populär wurden. Vor allem durch Ps Sal 17,23 wurde die Botschaft vom davidischen Messias ins breiteste verkündet: „Sieh, Herr, darein! Laß ihnen erstehen ihren König, den Sohn Davids, zur Zeit, die du erkoren, Gott, daß er über deinen Knecht Israel regiere."

Jesus selbst nannte sich – trotz seiner gesetzlichen Davidsabstammung – allerdings nie „Sohn Davids"; er wollte sich nicht durch Abstammung, sondern durch sein Wirken legitimieren.

Die Evangelisten berichten die Tatsache der Davidsabstammung Jesu mehrfach, vor allem in den Passagen, die sich vornehmlich an Judenchristen oder Juden wandten: Matthäus im „Stammbaum Jesu Christi" (1,1.6–16); ebenso Matthäus in der Erzählung von der Engelsaufforderung an Josef: „Josef, Sohn Davids, fürchte dich nicht, Maria als deine Frau zu dir zu nehmen" (1,20); und noch einmal Matthäus im Hinweis auf die Geburt Jesu in der Davidsstadt Betlehem (2,5.6); Lukas in der Erzählung von der Verkündigung Jesu an Maria,

„Sie war mit einem Mann namens Josef verlobt, der aus dem Haus David stammte" (1,27), und in dem Engelswort „Gott, der Herr, wird ihm den Thron seines Vaters David geben" (1,32); ebenso Lukas im Lobgesang des Zacharias: „Gepriesen sei der Herr . . . er hat uns einen starken Retter erweckt im Hause seines Knechtes David" (1,69); ebenso Lukas im Hinweis auf die Wanderung Josefs „in die Stadt Davids, die Betlehem heißt", wohin er reisen mußte, „denn er war aus dem Haus und Geschlecht Davids" (2,4), und in dem Engelswort: „Heute ist euch in der Stadt Davids der Retter geboren, er ist der Messias, der Herr" (2,11); ebenso Lukas im Stammbaum Jesu (3,31).

Aber auch in den früheren katechetischen Erzählungen der Evangelien wird Jesus als „Sohn Davids" betont, und zwar immer in Verbindung mit entscheidenden Taten: Bei der Blindenheilung von Jericho rufen die Blinden: „Hab Erbarmen mit uns, Sohn Davids!" (Mt 9,27). Nach der Heilung des blinden und stummen Besessenen fragt das Volk: „Ist er etwa der Sohn Davids?" (Mt 12,23). Die Kanaaniterin ruft Jesus als „Sohn Davids" an (Mt 15,21). Im Messiasruf beim Einzug Jesu in Jerusalem heißt es: „Hosanna dem Sohn Davids!" (Mt 21,9). Vergleiche auch Offb 3,7; 5,5.

Der Messias als König, das war die landläufige Auffassung vom Messias, aber nicht die einzige; neben ihr gab es auch die vom priesterlichen Messias. Das Volk aber verband mit „Messias" (griech. *Christós*, Gesalbter) durchgängig den Begriff des Königs. Der König als Gesalbter war auch durch eine Reihe von populären biblischen Erzählungen besonders geläufig; man denke z. B. an die Salbung Davids durch Samuel und an die Weigerung des Waffenträgers, Saul zu töten. Auch die vielfältigen Hinweise auf den Messiaskönig Jesus zeigen, wie wichtig auch die apostolische Kirche das Königtum des Messias nahm.

Allerdings war Jesus kein König, wenn er auch „Davids Sohn" war. Die Argumentation, daß Jesus der Messias ist, lenkte die Apostel dennoch notwendig auf den „König Jesus". Da es aber gleichzeitig galt, die nationalen messia-

---

[4] Über das Henochbuch siehe im Artikel über die alttestamentlichen Apokryphen.

nischen Königshoffnungen ad absurdum zu führen, sagt Jesus bei Johannes, als er vor Pilatus steht: „Mein Königtum ist nicht von dieser Welt" (18,36), und: „Ich bin dazu geboren und dazu in die Welt gekommen, daß ich für die Wahrheit Zeugnis ablege" (18,37). Wenn dies sicherlich auch johanneisch verwandelte Jesusworte (s. d.) sind, so weisen sie doch auf die schwierige Messiasargumentation der Apostel hin, wenn sie den König Jesus predigen wollten. Aus der Johannesperikope von der Brotvermehrung geht das sehr deutlich hervor, als Jesus merkte, „daß sie kommen würden, um ihn ... zum König zu machen" (Joh 6,15).

In diesem Sinne ist deshalb auch Lk 1,33 zu verstehen: „Er wird über das Haus Jakob in Ewigkeit herrschen." Es ist ein Königtum der höchsten Macht, aber kein politisches Königtum. – Vergleiche Hebr. 7,2 und Offb 1,5.

Die Salbung machte den König also zum „Messias", zum „Christós", d. h. zum Gesalbten. Nicht jeder König war ein Gesalbter bzw. ein „Gesalbter des Herrn"; denn nicht auf die Salbung an sich, sondern auf die Salbung vom Herrn her, von Gott her, kam es an. Das scheint auch die pointierte Erzählung von der Salbung Davids, des israelitisch-jüdischen Modellkönigs, durch Samuel aussagen zu wollen. Übrigens war ganz sicher die Salbung des Königs das Primäre; die Salbung des Hohenpriesters war sekundär und vielleicht gar schon ein Akt der konkurrierenden Auseinandersetzung zwischen König und Hohem Priester, die schließlich in der Messiasideologie der Essener (s. d.) dazu führte, daß der Messias zum Feldherrn und Wegbereiter des gesalbten hochpriesterlichen Königs wird, welcher der eigentliche Herrscher der Zukunft ist.

Der König wurde mit Öl (s. d.) gesalbt. Aber die Salbung mit Öl war nur ein Zeichen für die Salbung mit dem Heiligen Geist Gottes. Durch sie wurde der Gesalbte „der Messias (Gesalbte) des Herrn" (Lk 2,26). Deshalb legten die Evangelisten Wert auf Bilder, in denen die Salbung Jesu mit dem Geist Gottes sichtbar wurde. Das Bild dafür ist der geöffnete Himmel und die Taube (Mt 3,16; Mk 1,10; Lk 3,22; Joh 1,32).

Die Salbung zum König bedeutete aber auch – wie die Königsliturgie Israels durch die Psalmen ausweist – die Annahme zum Sohne Gottes: „So spricht der Herr zu meinem Herrn: Setze dich mir zur Rechten" (Ps 110). Deshalb verbinden die Evangelisten das Bild von der Taubenerscheinung mit der Sohnesbestätigung durch Gott: „Das ist mein geliebter Sohn ..." (Mt 3,17; Mk 1,11; Lk 3,22; Joh 1,34). In ähnlicher Weise auch in den Perikopen von der Verklärung (Mt 17,5; Mk 9,7; Lk 9,35; 2 Petr 1,17).

Daß der Messias gesalbt sei, war für das jüdische Messiasbild das Ausschlaggebende, denn das hebräische *maschiách* („Gesalbter"), im Aramäischen *meschichá,* war ja *das* Wort für „den, der da kommen soll". Die griechische Umschrift dieses Wortes ist „Messias", die griechische Übersetzung ist *christós.* Seitdem im letzten Jahrhundert vor Jesus das Wort *meschichá* sich für den zukünftigen Befreier Israels eingebürgert hatte, war diese Salbung also ein wesentlicher Punkt; deshalb spricht Paulus auch immer von dem Christos Jesus (Jesus, dem Gesalbten Gottes; dem Messias Jesus).

In der christlichen Diktion hat der Titel „Messias" unter seiner griechischen Form „Christós" (latinisiert „Christus") eine Wandlung durchgemacht. Aus dem Ehrentitel wird allmählich ein Eigenname bzw. ein charakterisierender Beiname; aus „Jesus, der Christós" wird der Rettername „Jesus Christus".

Als Erfüller der Gerechtigkeit sehen vor allem die Pharisäer den Messias (s. „Messiaserwartung", Nr. 3). Daraus erklären sich manche Akzente in den Evangelien, die auf Jesus als Erfüller des Gesetzes und Vollender der Gerechtigkeit (s. d.) hinweisen, z. B. die Antwort Jesu bei der Taufe: „Laß es nur zu! Denn nur so können wir die Gerechtigkeit ganz erfüllen" (s. Erklärung zu Mt 3,15).

Auch die Hervorhebung der Erfüllung des Vaterwillens (z. B. Joh 4,34) durch Jesus muß wohl unter diesem Gesichtspunkt gesehen werden.

Von unbekannter Herkunft sollte der Messias sein, wie aus Joh 7,27 hervorgeht: „Von dem hier wissen wir, woher er stammt; wenn jedoch der Messias kommt, weiß niemand, woher er stammt." Das heißt nicht, daß man weder die Abstammung noch den Geburtsort des Messias wissen werde, sondern daß man nicht wissen werde, wo er auf sein Messiasamt vorbereitet wird. Der Messias werde bis zu seiner „Offenbarung" ein verborgenes Leben führen.

Der Jude Tryphon trägt diese allgemeine Überzeugung in den „Dialogen mit Tryphon" vor, die Justinus niedergeschrieben hat: „Wenn der Messias auch schon geboren ist und sich irgendwo befindet, so ist es doch unbekannt; ja er selbst weiß nicht um sich [d. h. um seine Benennung zum Messias], noch hat er irgendwelche Gewalt, bis Elija kommt und ihm selbst und allen offenbar macht" (Dial. c. Tryph. 8).

Weil es den Evangelisten darauf ankommt, auch diesen Zug des Messias an Jesus als erfüllt zu zeigen, legen sie so großen Wert auf die Betonung seines zurückgezogenen Lebens in Nazaret. Zugleich ist dadurch der Charakter Nazarets (s. d.) als einer unbedeutenden Siedlung besser bestimmt als durch spärliche archäologische Ergebnisse. – Auch der Beginn des Berichtes von Jesus mit seinem ersten Auftreten, wie ihn Markus und Johannes haben, umfaßt diese Verkündigungstendenz.

Über den unbekannten Aufenthaltsort des noch nicht offenbarten Messias wurden natürlich trotzdem Überlegungen angestellt. Dabei spielte auch eine Rolle, daß der Messias vor seiner Offenbarung bei Gott verborgen sei. Es ist nicht ausgeschlossen, daß deshalb Johannes die Formulierung brauchte: „Im Anfang war das Wort, und *das Wort war bei Gott . . .*"

Der Notwender spielte besonders im politischen Messiasbild des Volkes eine Rolle, was aber nicht heißen soll, daß er nicht auch wesentlich mit der religiösen Messiasidee verbunden war. Ganz allgemein ergab sich das Charakteristikum des Notwenders für den Messias aus der Tatsache, daß er die neue Zeit vorbereitete oder heraufführte. Tat er dies, so mußte er die Not der alten Zeit beenden. Darüber war man sich einig; uneinig war man sich allerdings darüber, welche Nöte aufhören und worin die Segnungen der messianischen Zeit bestehen würden.

Da die Messiasidee ihren Mutterboden in Israels Hoffnung hatte, aus den religiös-politischen Nöten errettet zu werden, gehörte zur Aufgabe des Messias primär die Vernichtung der gottfeindlichen Weltmächte. Danach würde Israel gesunden können, sowohl politisch wie wirtschaftlich. Indem diese ganz natürliche Folge in immer extremeren Bildern der Hoffnung ausgesprochen wurde, entstanden die ans Wunderbare grenzenden erhofften Gaben der messianischen Zeit. Der Messias sollte

zurückbringen den „Glanz des menschlichen Antlitzes", „die Länge des menschlichen Lebens",[5] „die Größe des Menschen", „die Fruchtbarkeit des Erdbodens", „die Fruchtbarkeit der Bäume", „die Fruchtbarkeit der Bewohner des Heiligen Landes" und „das neue Jerusalem, das aus Saphir auferbaut werden wird".

Zwar stammt diese Zusammenstellung aus einem rabbinischen Genesis-Midrasch, der erst in christlicher Zeit abgefaßt wurde (etwa 300 n. Chr.); aber man darf annehmen, daß diese Lehren alle in der Zeit der großen nichtbiblischen jüdischen Hagiographen wurzeln, wie sich dies für einige dieser Züge auch nachweisen läßt. Ganz im Sinne dieser Hoffnungen versprachen die Pharisäer z. B. einem Eunuchen, daß auch er Kinder haben werde, sobald der Messias komme.

Die prophetische Quelle dieser Befreiungs- und Fruchtbarkeitshoffnungen sind die großen Reichs- und Messiassprüche des Propheten Jesaja: Jes 2,2.3; 9,1–9; 11,1–9; 35,1–7; 44,1–4; 60,1–22; 62,1–12.

In den Evangelien haben manche Perikopen ganz betont den Sinn, Jesus als diesen messianischen Notwender zu charakterisieren: wenn sie von seinen Teufelsaustreibungen sprechen, wenn sie von den Heilungen berichten, wenn sie von der Fülle bei den Speisewundern erzählen und von seinen Einwirkungen auf die Natur. „Anderen hat er geholfen", das bezeugte sogar noch eine ganz und gar nicht jesusfreundliche Stimme unter dem Kreuz Jesu (Mt 27,42).

Sohn Gottes wurde ebenfalls als Messiastitel benutzt, war aber keineswegs dem Messias vorbehalten; z. B. hießen die Engel Söhne Gottes, und auch das auserwählte Volk Israel wurde Sohn Gottes genannt (Ex 4,22). Der Sinn dieser Formel vom „Sohn Gottes" ist leicht faßbar: es sollte darin die enge Verbindung zwischen Gott und dem ausgedrückt werden, der als „Sohn Gottes" bezeichnet wurde. In diesem Sinne wurde auch der Messias „Sohn Gottes" (Liebling Gottes) genannt; und wenn Kajaphas Jesus fragt, ob er der „Sohn Gottes" sei (Mt 26,63), so konnte er

---

[5] Diese Hoffnung zeigt, daß die symbolischen Zahlen der biblischen Altersangaben in den genealogischen Kapiteln der Patriarchenerzählungen (S. 517 ff.) von manchen Rabbinen nicht verstanden wurden (vgl. den Abschnitt über die Toledót) – S. „Zahlen".

dies ebenfalls nur in diesem Sinne fragen. Eine Sohnschaft im Sinne einer göttlichen Natur war für den Israeliten undenkbar.

Aus diesem Grunde sind auch nicht alle Stellen des NT, die von Jesus als einem „Sohn Gottes" sprechen, im Sinne der Sohnschaft göttlicher Natur, sondern als Messiastitel zu verstehen. Bezeichnungen wie 1 Chr 17,13 und Ps 2,7; 89,27 – die ja messianisch verstanden werden – fordern nicht von vornherein die Göttlichkeit des Messias. Auch in den Worten Satans (Mt 4,3–6) ist nicht von einer Göttlichkeit des Messias die Rede, und erst recht nicht in Mk 15,39, wo der Hauptmann unter dem Kreuz Jesu sagt: „Wahrhaftig, dieser Mensch war Gottes Sohn." Immer steht hinter solchen Formeln das den damaligen Menschen denkbare Verhältnis von dem Menschen zu Gott, den Gott als Sohn angenommen hat. Und der Messias sollte ein solcher Adoptivsohn Gottes sein.

Immanuel ist ein weiterer Messiastitel, der auf Jesaja zurückgeht (vgl. Jes 7; 9,1–6; 11; 28,16–18; s. S. 259).

7. *Ein Gericht* bildet den Übergang zum messianischen Reich. Diese Vorstellung kristallisiert sich seit der Schriftprophetenzeit immer klarer heraus: Gericht über die Völker, die sich gegen Israel und damit gegen Israels Gott richten, den einzigen wirklichen Gott – Gericht über Israel, das von seinem Gott immer wieder abfällt – und später: Gericht über die einzelnen, denn jeder einzelne wird nach seinen Taten, nach seiner Gerechtigkeit (s. d.) gerichtet. Das Gericht vor dem messianischen Reich oder durch das messianische Reich ist der Höhepunkt des Gerichts, das Gott immer und überall durch die Geschehnisse dieser Welt abhält. Von *diesem* Gericht ist fast auf jeder Seite des AT die Rede.

Dieses große und letzte Gericht ist der „Tag Jahwes", „der Tag des Herrn der Heere" (z. B. Jes 2,12). Nach ihm beginnt das unbestreitbare Reich Gottes, für das ein „Rest" übrigbleiben wird (z. B. Sach 14,16).

Die Vorstellungen von diesem Gericht waren nicht einheitlich. Oft wurde es als mit kosmischen Katastrophen verbunden geschildert, mit Weltuntergang – oft aber auch als Kriegskatastrophe; je nachdem, wer angesprochen wurde, änderte sich das Bild dieses Gerichtstages. Aber weder in den prophetischen Sprüchen noch in den jüdischen Apokalypsen (s. d.), noch in den Worten Jesu kam es darauf an, genaue Bilder von diesem Gerichtstag zu entwerfen. Das Ausschlaggebende war die Verkündigung der kommenden *Tatsache* eines allgemeinen Gerichts: des Gerichts über Gerechte und Sünder.

Ob auch über die Toten Gericht gehalten wird, wurde in der jüdischen Eschatologie der Zeit Jesu nicht einheitlich dargestellt. Aber ein Großteil der Rabbinen lehrte (wahrscheinlich in Anlehnung an Dan 12,2) die Auferstehung der Toten zum Gericht, damit sie als Gerechte teilhaben können am messianischen Reich oder als verurteilte Ungerechte aus diesem Reich verbannt werden.

Die von Jesus verkündete Eschatologie bestätigt in manchen Zügen die jüdischen Lehren; aber sie läßt dennoch mancherlei Deutungen zu, wie die traditionelle Lehre vom „Himmel" einerseits und das Wort vom „neuen Himmel und der neuen Erde" (im Anschluß an Jes 66,18f.) in der Offenbarung Johannis andererseits zeigt. Hier ist noch viel nüchterne Theologie nötig!

Zur Kulturgeschichte der Bibel

GRUNDELEMENTE DES LEBENS

Das menschliche Leben hat gewisse materielle Grundlagen, ohne die es verkümmert. Die Wirtschaftswissenschaften nennen die Bedürfnisse, denen diese materiellen Grundlagen entsprechen, „unabweisbare Bedürfnisse": Nahrung, Kleidung, Wohnung. Diese Bedürfnisse hat der Mensch durchaus als Einzelwesen. Er ist aber nicht nur Einzelwesen, sondern er lebt in einer Gemeinschaft. Deshalb entwickeln sich auch die Formen dieser materiellen Grundlagen nach der Art eines Gemeinschaftslebens, genauer gesagt: nach der wirtschaftlichen Lebensform, in der er für Nahrung, Kleidung, Wohnung sorgt.

Dieses gemeinschaftliche Leben ist jedoch nicht nur wirtschaftendes Leben; es verlangt und erzeugt auch andere Lebensformen, die mit dem wirtschaftlichen Bereich nur locker zusammenhängen oder den Menschen geradezu über seine materielle Abhängigkeit hinausheben. Es sind dies die Ordnungen, die er sich gibt, damit er sich einerseits behaupten kann und damit er andererseits mit dem unmittelbaren Familiennachbarn und dem Nachbarn im weiteren Sinne friedlich leben kann; die Ordnungen auch, in die er sich hineinstellt, um die großen Marksteine des Lebens zu Zeichen dafür zu machen, daß der Mensch einen eigenen, höheren Wert hat.

Eine Beschreibung dieser Grundelemente des Menschen der biblischen Zeiten wird in den allgemeinen Teil dieses Handbuches aufgenommen, weil diese Realien alles Leben durchziehen. Sie sind nicht typisch für gewisse Vorgänge und Lehren, sondern für das ganze Leben der biblischen Zeiten. Wir teilen sie ein in drei Unterkapitel:

1. Wirtschaftliche Grundformen;
2. Nahrung, Kleidung, Wohnung;
3. Recht und Brauch in biblischen Zeiten.

Die Auswahl bestimmte sich nach dem Zweck des Buches.

WIRTSCHAFTLICHE GRUNDFORMEN

Ackerbau
ist die eine der wichtigen Wirtschaftsformen der biblischen Zeiten. Da die biblischen Zeiten und Menschen nicht zur „Vorzeit" gehören, können die urtümlichen Wirtschaftsformen des Sammelns und Jagens außer Betracht bleiben. Sie hatten damals für Palästina kaum eine größere Bedeutung als für uns heute, wo Sammeln und Jagen für das Wirtschaftsleben ja auch nicht ganz bedeutungslos sind.

Da wir uns die Erzväter Israels nur als notgedrungene Nomaden, nicht aber als Nomaden nach eigenem Willen vorstellen dürfen, müssen wir auch sie schon als Ackerbauer ansehen, wenn sie Ackerbau auch nur in geringem Umfang trieben (Halbnomaden). Sie waren – nach den biblischen Erzählungen – vor allem Kleintierzüchter (s. den Artikel „Vieh-

wirtschaft"), was ein saisonmäßiges Nomadisieren mit sich brachte; aber der Stammesführer (z. B. Abraham, Jakob) hatte dennoch einen festen Lagerplatz, was den Ackerbau begünstigte. Freilich darf man dabei wohl nur an etwas mageren Gerstenanbau und ein wenig Gemüsekultur in der Nähe der Lagerplätze denken, deren Felder genauso schnell verlassen werden konnten, wie man sie angelegt hatte.

Auf gleiche Weise mögen die Auswanderer nach Ägypten im Lande Goschen (s. d.) in ihrem halbnomadischen Leben etwas Ackerbau für den notwendigsten Eigenbedarf betrieben haben.

Die Erzählungen aus der Zeit des Wüstenzuges legen die Verbindung Israels mit dem Ackerbau dar; das ganze Sinnen der Wanderer – so erzählt die Bibel – war auf die Eroberung festen Siedlungslandes gerichtet, was für den nomadischen Kleintierzüchter von Geblüt nicht besonders sinnvoll gewesen wäre. Deshalb ist gerade die Erzählung von den Kundschaftern (s. d.) nicht nur so zu verstehen, daß man das verheißene Land (s. d.) ganz allgemein als Land reicher Früchte entdeckte – wo man also die entbehrten Früchte des Landes würde eintauschen oder kaufen können –, sondern daß man es entdeckte als Land mit Möglichkeiten für den eigenen Ackerbau.

Im Lande Kanaan, nach der Landnahme, betrieb man zwar auch noch die Kleintierzucht, weil das Land ja – soweit es fruchtbar war – zum Teil von den Kanaanitern bebaut wurde; aber ganz offenbar gewann der Ackerbau als zweite Wirtschaftsform mit der fortschreitenden Eroberung des Landes durch die Zwölf Stämme Israels immer mehr an Bedeutung, wie älteste biblische Texte bezeugen (z. B. das Richterbuch, die Bücher Samuel, das Buch Rut u. a.). Die Landbeschaffenheit brachte es allerdings mit sich, daß der Ackerbau die Kleintierzucht niemals verdrängt hat, aber alte Feste wie das Fest der Ungesäuerten Brote (s. d.) und das Pfingstfest (s. d.) zeigen, wie der Ackerbau im Bewußtsein des Volkes eine wichtigere Rolle spielte als die Kleintierzucht.

Ackerbau war nach der Landnahme sozusagen das äußere Zeichen dafür, daß man das Land wirklich besaß.

Aus der Königszeit etwa stammt ein außerordentliches Zeichen für die innige Verbindung Israels mit dem Ackerbau: die Aufzeichnung der sogenannten zweiten Erzählung von der Erschaffung des Menschen. Der Erzähler läßt Gott den Menschen aus dem Ackerboden erschaffen, aus der *adamáh*. Dieses Wort *adamáh* ist (vorausgesetzt, daß es etymologisch richtig gedeutet ist) sehr aufschlußreich. Es hängt nämlich wahrscheinlich zusammen mit dem Wort *adóm* (rot). Nun ist zwar die normale Ackererde der Ebenen in Palästina keineswegs rot oder rötlich, wohl aber die verwitterte oberste Kalksteinschicht vorwiegend der Kuppen und Hänge. Es scheint also, daß der Ausdruck *adamáh* (Ackerboden) von diesem Rot *(adóm)* der Hang- und Bergäcker zu einer früheren Zeit genommen wurde, als die Stämme noch hauptsächlich im Bergland wohnten und sein Ackerboden an Hängen und auf Bergen lag. So würde diese Erzählung von der Erschaffung des Menschen für die israelitische Geschichte zum doppelten Zeugnis: im Wort *adamáh* (Ackerboden) zum Zeugnis für die Schwierigkeiten seiner Landnahme – zumindest der früh eingewanderten Gruppen – und in dem Motiv Gott formte „den Menschen aus der Erde vom Ackerboden" (Gen 2,7) zum Zeugnis dafür, daß sich Israel zur Königszeit als Ackerbauervolk fühlte, das freilich die Härte dieses Ackerbauerlebens kannte, denn die Erde brachte Dornen und Disteln hervor. (Es ist übrigens durchaus wahrscheinlich, daß auch die Erzählung selbst – nicht nur das Wort *adamáh* – vor der Königszeit, ja sogar im Bereich der kanaanitischen Kultur entstanden ist; aber aus obigen Gründen muß sie im Ackerbaugebiet entstanden sein.)

Eine scheinbare Schwierigkeit für die Bewertung des Ackerbaus bietet die Erzählung von Kain und Abel; denn der Ackermann Kain schneidet in dieser Erzählung nicht gut ab (s. den Artikel „Viehwirtschaft", S. 699 und die Perikope Kain und Abel, S. 130; aber immerhin bezeugt das Kapitel, das in der Frühzeit des Stämmebundes in Palästina entstanden sein mag, daß das Nebeneinander von Ackerwirtschaft und Viehwirtschaft in jener Zeit in den Augen der Israeliten ein normales Nebeneinander war; dieses Nebeneinander projiziert der Erzähler deshalb auch in die Zeit der ersten Menschen.

Schließlich läßt der Erzähler auch den geretteten Noach wieder ackerbauend neu beginnen. Da diese Erzählung aus dem judäischen

Traditionskreis der Priesterschrift (s. d.) stammt, wird damit ebenfalls – wenigstens für Juda – der Ackerbau als ein oder sogar der Normalerwerbszweig bezeugt.

Die Verhältnisse des Landes Palästina mögen für den Ackerbau zur Zeit der Israeliten nicht viel günstiger gewesen sein als heute. Vielleicht hatte das Land etwas mehr Wald – aber sowohl das subtropische Klima mit einer Jahresmitteltemperatur um 17,2° C wie auch die Regenverteilung darf man der heutigen etwa gleichsetzen.

Fruchtbar waren vor allem die Ebenen; bebaubares fruchtbares Land boten die Hänge und Kuppen mit ihrer rötlichen Oberfläche aus verwittertem Kalkstein *(adamáh)*, wenn sie auch schwieriger zu bebauen waren; besonders fruchtbar war das Gebiet Galiläas und Ostjordaniens mit seiner verwitterten Lava. Aber dazwischen gab es viel Ödland, Steppenland, Dünen. Die Kleintierzucht schadete dem Ackerbau durch das zerstörerische Abweiden des Buschwaldes, der feuchtigkeitsbindend ist.

Die Arbeitszeiten richteten sich nach den Regenzeiten. Im Oktober konnte man mit dem ersten Regen rechnen; so waren die Monate Oktober/November die Zeiten der Bodenbestellung.

Die Bestellung der Äcker wurde eingeleitet mit dem Ausreißen der Dornen und Disteln, das auch während der Wachstumszeit des öfteren wiederholt werden mußte. Jedoch wurde die Bestellung nicht immer mit dem hölzernen Pflug vorbereitet. Oft säte man auf das noch ungepflügte Feld und pflügte nachher die Saat unter. Wenn man dieses Verfahren berücksichtigt, wird das Gleichnis Jesu von der Saat als dem Wort Gottes (Lk 8,5–15) besonders verständlich: was nicht mit untergepflügt wurde, weil es auf Weg, Fels oder unter Dornen fiel, ging nicht oder nur vorübergehend auf. Auf den Weg konnte manches Saatkorn fallen, weil viele öffentliche Pfade quer durch die Felder gingen, die beim Säen nicht immer ausgespart werden konnten. Und abgesehen davon, daß der Boden oft nur eine dünne fruchtbare Schicht über hartem Fels besaß, der an manchen Stellen hervorstieß, gab es im Ackerboden viele Steine, die beim Pflügen an die Oberfläche kamen und mit denen man die Grenzmäuerchen baute.

Regen und Tau sind auch in Palästina die

wichtigsten Faktoren des Wachstums. Im „Winter" fällt reichlich Regen, oft sogar zuviel und zu heftig, so daß zumal die strömenden Januarwasser vor allem den Hangäckern schaden, indem sie die spärliche Humusdecke fortreißen. Aber es gibt auch Dürrezeiten: Winter, in denen es zu wenig regnet oder in denen der für das reifende Korn so wichtige Spätregen (Ende März/Anfang April) ausbleibt.

In solchen Zeiten kommt dem Tau besondere Bedeutung zu. Im Bergland und in Küstennähe ist der Tauniederschlag sehr reichlich, aber schon unter der ersten Sonne verdampft er (Der Tau, der bald vergeht, sagt Hos 6,4). Trotzdem ist er in den Sommermonaten (von Mai an) für den Pflanzenwuchs das Elixier des Lebens. Unter dem tropischen Klima des Jordanbruchs gibt es fast gar keinen Tau.[1]

Erntezeit ist für die Gerste zwischen Mitte April und Mitte Mai (beginnend mit der Ernte im Jordanbruch; dann folgen das Küstenland am Mittelmeer und die Inlandebenen und zuletzt die Höhen). Die Weizenernte liegt jeweils etwa drei Wochen nach der Gerstenernte.[1] Gerste und Weizen waren die wichtigsten Getreidesorten neben den weniger wichtigen Emmer, Hirse und Hafer.

Bei der Ernte schnitt man das Getreide, indem man es mit der stumpfen Sichel abriß, so daß ein verhältnismäßig langer Halm stehenblieb, oder indem man es kurz über dem Boden mit scharfer Sichel schnitt. Wichtig für die Vorstellung ist aber, daß die Halme bei weitem nicht so hoch werden wie auf den meisten Feldern unserer Breiten.

Das Aufstellen in Garben kannte man (Gen 37,7), jedoch war es nicht immer nötig, da das Getreide oft so trocken war, daß es vom Feld sofort auf die Tenne gefahren werden konnte.

Zum Dreschen brachte man die trockene Frucht mit dem Halm auf die Dorftenne. Mit einem Dreschschlitten oder einer Dreschtafel ließ man ein Zugtier über die Halme laufen, so daß die Körner herausgerieben wurden. Dann wurde das grob gebliebene Stroh weggeräumt, falls überhaupt solches übriggeblieben war. Für gewöhnlich blieb außer den Körnern nur Spreu und Häcksel zurück.

Um Häcksel und Spreu von den Körnern zu trennen, nahm man den Drusch auf eine siebenzinkige Holzgabel und warf ihn gegen den Wind. Die Spreu flog davon, die Körner fielen auf die Tenne zurück – zuunterst, und das Häckselstroh fiel auf die Körner, so daß man es leicht ablesen konnte. Mit einer Wurfschaufel wurden sodann die Körner noch einmal geworfelt, so daß auch die letzte Spreu davonflog. Den groben Häcksel verknetete man mit Mist zu einer Art Brikett – als Brennmaterial; der feinere Häcksel war Viehfutter.

Die Körnerernte wurde in der Scheune, und zwar meist in Krügen, aufbewahrt.

Viehwirtschaft
ist die eigentliche Wirtschaftsform des Nomaden und des Halbnomaden. Bezüglich der Art dieser Viehwirtschaft darf man – etwas schematisch – sagen: Je mehr das Lager zur festen Siedlung wird, um so mehr nimmt das Großvieh zu, ohne daß das Kleinvieh abnimmt.

Der Nomade und der Halbnomade halten *Großvieh* (Rinder) in der Nähe ihres Lagers, entweder als Zugtier für Wagen oder (der Halbnomade) auch als Pflugtier. Daneben natürlich auch als Schlachttier, weniger als Milchtier. So kann Abraham beim Besuch der drei Männer zur Rinderherde laufen und ein Kalb zum Schlachten auswählen (Gen 18,7).

Die Zugtiere, mit denen der Treck der Jakobssippe nach Ägypten einwanderte, waren Zugtiere, Kühe oder auch Ochsen; denn die Kastration war bereits bekannt.

Zur Zeit der festen Siedlung in Palästina werden die Rinder während der eigentlichen Regenzeit (Dezember bis Februar) eingestallt. – Nach überlieferten Abbildungen zu schließen, scheinen als Rinderrassen vor allem das Ur und das Zebu in Palästina heimisch gewesen zu sein – wie übrigens bis heute.

Der eigentliche Viehreichtum des Nomaden und Halbnomaden besteht jedoch in den Kleintierherden: in Schafen und Ziegen. Das *Schaf* (Fettschwanzschaf) gab Milch und Wolle und als Schlachttier Fett und Fleisch. Die *Ziege* (Gen 37,31) gab Milch und das geschätzte Ziegenhaar für die Herstellung von Decken für die Zelte (s. d.), als Schlachttier Fleisch, und der vernähte Balg diente als Milchschlauch (s. den Artikel „Milch"), Wasser- und Weinschlauch. Beide Tiere waren als die eigentlichen Schlachttiere auch die eigentlichen Opfertiere.

Auch als die Einwanderer in Kanaan Fuß

[1] Über die „Jahreszeiten" (s. d.).

gefaßt hatten, blieb bei diesen die halbnomadisierende Lebensweise und die Kleintierzucht noch lange vorherrschende Wirtschaftsform. Erst etwa seit der Zeit Davids mögen sich Ackerbau und Viehwirtschaft einigermaßen die Waage gehalten haben, jedoch nicht durch Zurückdrängen der Viehzucht, sondern durch Zunahme der Landwirtschaft.

Eine bemerkenswerte romantische Pointe zum Verhältnis Ackerbau und Viehwirtschaft enthält die Erzählung von *Kain und Abel.* Hier erscheint Abel, der ein Hirt war und die Erstlinge seiner Herde opferte, mit seinem Opfer als vor Gott wohlgefällig. Es ist zweifellos nicht der Sinn dieser Erzählung, Ackermann und Hirten gegeneinander auszuspielen, aber es kann nicht geleugnet werden, daß eine Spitze gegen den Ackermann darin spürbar ist. Widerspricht dies nun der historischen Linie, die wir oben für den Ackerbau (s. d.) dargelegt haben?

Vielleicht läßt sich hier einer der Gründe für die Spaltung der Stämme Israels erkennen? Denn zweifellos gab es ja in den Stämmen verschiedene Traditionen, von denen die Traditionen des Nomadentums nicht allen Stämmen gemeinsam waren. Die Träger einer nomadischen Tradition mochten nun wohl nicht alle mit dem Übergang zum vorwiegenden Ackerbau völlig einverstanden sein. Für sie waren das halbnomadische Leben und der Hirtenberuf zugleich Tradition und Ideal. Dieses Ideal des Hirtenberufs mag besonders im Süden gepflegt worden sein, wo das Hirtenbild später auch in besonderer Weise das Bild für den König abgab, von wo es dann wiederum auch in die Sprache Jesu gekommen ist (Joh 10,1–18). – Es ist also durchaus möglich, daß in dem Gegensatzmotiv Ackermann Kain – Hirt Abel und der Bevorzugung Abels ein romantisches Nomadenideal etwa aus jener Zeit aufbewahrt ist, als der Ackerbau im Volksleben eine immer größere Rolle zu spielen begann.

Unter den größeren Tieren hat *das Kamel* im Leben Israels erst etwa seit der Königszeit eine Rolle gespielt, während es bei den Wüstennomaden, zumal bei den Arabern (s. d.), und bei den Handelsvölkern, den Midianitern (s. d.) und Phöniziern (s. d.) schon seit der Bronzezeit (also schon zur Zeit der Erzväter) bekannt war; und zwar das einhöckrige Kamel, das Dromedar. David bestellte einen Araber über seine königliche Kamelherde. –

Kamelfleisch war unreines Fleisch; aber die Milch der Kamelstuten wurde getrunken.

Bevor das Kamel als Reit- und Lasttier benutzt wurde, kannte Israel nur den *Esel* und das *Maultier;* Pferde wurden nicht als Reit- und Lasttiere benutzt (s. den Artikel „Salomos Landhandel").

In der Geflügelzucht herrschte seit den frühen Zeiten der Seßhaftigkeit die Taube vor, die man in Taubenschlägen hielt. *Die Taube* lebte in Palästina als Wildvogel in mehreren Gattungen und Arten, vor allem in der Gattung *streptopelia turtur* der Turteltaube (mit den Arten der Lachtaube und der eigentlichen Turteltaube), und in der Gattung Feldtaube, zu der auch die Art der Felsentaube *(columba livia)* gehört. Die Felsentaube war in Palästina die Stammform der zahmen Taube.

Die Taube war Opfervogel. Außer der Taube durfte kein anderer Vogel in Israel geopfert werden. Schon in den frühen Erzählungen, denen des Jahwisten (s. d.) ist die Taube als Opfervogel genannt (Gen 15,9). Durch das Buch Leviticus wird sie als Opfer mehrmals vorgeschrieben, wodurch das Taubenopfer für das 7. bis 6. Jahrhundert bezeugt ist; und die öfter freundliche Zitation der Taube bei Jeremias bestätigt die Volkstümlichkeit der Taube für diese Zeit.

Als Reinigungsopfer[2] der Mutter (Lev 12,6.8, vgl. Lk 2,24), als Reinigungsopfer des Mannes (Lev 15,14) und als Löseopfer der Nasiräer (S. 584) war die Taube eines der am häufigsten geopferten Tiere (Num 6,10). Daneben galt sie als Armenopfer (Lev 5,7; 12,8; 14,22). – Die zahlreichen Taubenopfer – denn gerade Reinigungsopfer waren sehr häufig – veranlaßten die Händler, im Tempelvorhof besonders zahlreich Tauben feilzuhalten (Mt 21,12 und Parallelen).

Die Taube als Symbol tritt in den Erzählungen der Priesterschrift (s. d.) in den Noachgeschichten auf (Gen 8,8–12). Aber das Symbol ist schwer zu deuten. Mit Sicherheit wird die Taube später als Symbol der Gemeinde Israels gesehen (s. Strack-Billerbeck zu Mt 3,16). Ob sie auch als Symbol des Geistes (der Kraft) Gottes gesehen wurde, läßt sich aus den rabbinischen Schriften nicht belegen, ist aber durch die Erzählung von der Taufe Jesu (Mt 3,16) als

---

[2] Vgl. den Artikel „Rein oder unrein".

wahrscheinlich anzunehmen. Da es sich hier um die messianische Salbung Jesu durch den unsichtbaren Gott handelt, liegt eine gedankliche Verbindung mit der Taube Noachs, die mit dem Ölblatt[3] heimkehrte (Gen 8,11), nahe. Als Symbol des Heiligen Geistes als dritter Person der Gottheit kann die Taube bei der Taufe Jesu jedoch nicht angesehen werden; wenn auch das Taubensymbol später von dieser Stelle als Symbol der Person des Heiligen Geistes genommen wurde.

Das heute oft gebrauchte Bild von der Taube über den Wassern der Urflut bei der Schöpfung, das den Satz „Gottes Geist schwebte über den Wassern" (Gen 1,2) einfangen will, geht wohl eher auf die neutestamentliche Erzählung von der Taufe Jesu zurück als auf ältere Bilder; von einer Taube als Bild des Schöpfungsgeistes ist in den rabbinischen Schriften nichts bekannt.

Hühner waren etwa seit 600 v. Chr. bekannt (eingeführt aus Indien über Mesopotamien); aber in alter Zeit waren sie nicht sehr verbreitet; erst in römischer Zeit (seit etwa 60 v. Chr.) gab es eine ausgedehntere Hühnerzucht. Der Klageruf Jesu über Jerusalem: „Wie oft schon wollte ich deine Kinder sammeln, wie eine Henne ihre Küchlein unter ihre Flügel nimmt . . ." (Mt 23,37), ist ein eindrucksvoller Hinweis auf die Beliebtheit der Hühnerzucht.

Fischfang
tritt im NT als wichtige Erwerbsform und der Fisch als wichtiges Nahrungsmittel auf, und zwar nicht nur für Galiläa, das mit seinem fischreichen See Gennesaret (s. d.) ein wichtiger Fischlieferant war. Fisch erscheint neben dem Brot als alltägliches Nahrungsmittel: „Ist unter euch ein Vater, der seinem Sohn eine Schlange gibt, wenn er um einen Fisch bittet" (Lk 11,11). Außer Brot nahm man als Reiseproviant Fisch mit, wie der Hinweis des Andreas vor der Brotvermehrung zeigt (Joh 6,9).

Im AT sind der Fischfang und der Fisch als tägliches Nahrungsmittel zwar nicht so häufig bezeugt; aber zweifellos waren Fischfang und Fischkost üblich. In Ägypten war eingesalzener Fisch, der in Öl gebraten wurde, und gedörrter Fisch jahrhundertelang Volksnahrung: als Zukost zum Brot. Von dort waren also auch wenigstens den aus Ägypten eingewanderten Israeliten Fischfang und Fisch bekannt (s. Num 11,5). Das fischreiche Mittel-

meer und der See Gennesaret verwiesen auch seine alttestamentarischen Bewohner auf dieses Gewerbe und diese Kost, sobald sie die Küsten in Besitz genommen hatten. Das „Fischtor" und der „Fischmarkt" in Jerusalem (Zef 1,10 und Neh 3,3) weisen sogar den Fischhandel mit Jerusalem für alttestamentarische Zeit aus; man darf daraus schließen, daß inzwischen die Sälzerei auch in Palästina eingeführt worden war.

Da mehrere Apostel Jesu Fischer waren, spielen Fischen und Fische im NT eine größere Rolle. Man fischte hauptsächlich mit Netzen, für die uns das Matthäusevangelium drei Typen mit ihren Namen überliefert:

die *díktya* (griechisch), ein Fanggerät, das nur durch ein Mehrzahlwort bezeichnet wurde, weil es aus mehreren Netzen bestand; meistens drei hintereinanderstehende Netze von 10 bis 20 m Länge, jedes folgende Netz mit engeren Netzmaschen, das erste mit etwa 12 cm, das letzte mit etwa 2,5 cm Netzlichte. Holz- oder Korkschwimmer hielten den einen Netzrand auf der Wasseroberfläche, Stein- oder Bleisenker zogen den anderen Netzrand in die Tiefe. Mit Rudern und Stangen wurden die Fische in die Netze getrieben. Solche Netze flickten Jakobus und Johannes, als Jesus sie berief (Mt 4,20);

das *amphíblästron* (griechisch), ein Uferfanggerät, mit dem man auch bei Tage fischte: ein rundes Wurfnetz, am Rande mit eingebundenen Steinen. Es wurde flach über das Wasser geworfen oder in Ufernähe vom Boot aus ausgebreitet aufs Wasser gelegt. Während es sank, trieb es die Fische unter sich nach oben und ins Netz. Mit einem solchen Netz fischten Simon und Andreas, als Jesus sie berief (Mt 4,18);

die *sagắnä* (griechisch), ein 150 bis 250 m langes Zugnetz, zwischen 3,50 und 5 m breit, in der Mitte breiter als am Anfang und Ende, das gegebene Netz für den Fischfang auf hohem Wasser. Meistens wird es von zwei Booten gezogen. Das Netz wird meist auf See eingeholt, die gefangenen Fische werden herausgerissen und das Netz für die Rückfahrt noch einmal ausgeworfen und mit dem Fang an Land gezogen (Mt 13,47). Ein solches Netz hatten die Apostel wahrscheinlich in der Nacht

---

[3] Vgl. den Artikel „Öl".

vor dem „wunderbaren Fischfang" benutzt und benutzten es auch bei diesem Fischfang selbst, obwohl Lukas hier den Ausdruck *díktya* benutzt.

Nach dem morgendlichen Anlegen werden die Fische in die Sälzerei gebracht, ein Teil auch sofort verkauft. Vorher aber brät man sich vom frischgefangenen Fisch ein Frühstück. Das war auch zur Zeit Jesu so (Joh 21,9–14).

Wenn die Fische verkauft oder zur Sälzerei gebracht sind, reinigt der Fischer die Netze, dann schläft er; am Nachmittag richtet er sein Boot und flickt seine Netze. Wenn er damit fertig ist, macht er kleine Fänge in Ufernähe. Deshalb muß man sich die Berufung des Simon und Andreas sowie des Jakobus und Johannes am späten Nachmittag vorstellen: Simon und Andreas warfen ihre Rundnetze in den See; Jakobus und Johannes besserten ihre Netze aus (Mt 4,18–22).

Die Fischerboote auf dem See Gennesaret sind uns für die Zeit Jesu in ihren Typen nicht näher bekannt. Man darf aber annehmen, daß die größeren mit Segeln und Riemen, Steuerruder und Anker bestückt waren. Mit dem in Mk 4,38 (Sturm auf dem See) erwähnten Kissen ist wohl ein Fender gemeint, ein „Kissen", das beim Aneinanderlegen zweier Boote an die Bordwand gelegt wird, um das Aneinanderprallen und Scheuern zu verhindern.

Handel

wird im gleichen Augenblick zum Grundelement der Wirtschaft, wo der Mensch nicht mehr all das, was er braucht, selbst erzeugt oder herstellt. Der Vordere Orient zur Zeit der Erzväter und Israeliten muß allgemein in dieser Situation gesehen werden.

Das Land Kanaan war dem Handel besonders günstig, nicht als exportierendes, sondern als vermittelndes Land; denn es war die Landbrücke zwischen den großen Reichen Ägyptens und Mesopotamiens. So wurden die Kanaaniter (s. d.) und speziell die Phönizier (s. d.) zu Handelsleuten. Die großen Verbindungsstraßen zwischen Ägypten und Mesopotamien sind deshalb nicht nur Heerstraßen, sondern auch Handelsstraßen.

Keiner der biblisch bedeutsamen Orte (weder Jericho noch Jerusalem, Hebron, Samaria) liegt jedoch an einer dieser großen Straßen; wohl aber liegen sie alle an den wichtigsten Querverbindungen, die z. B. Jerusalem und Jericho, Jerusalem über Sichem mit Samaria, Jerusalem mit Hebron verbinden.

Diese Lage der Orte Israels entspricht genau der Handelslage. Israel hat nie zu den großen Handelsträgern des Vorderen Orient gehört. Es war ein Hirten- und Bauernvolk, das Handel mit seinen Erzeugnissen und für seine Bedürfnisse im Rahmen des zwischenstädtischen Markthandels trieb; die einzige Ausnahme machte Salomo (s. die Artikel „Salomos Seehandel" und „Salomos Landhandel"). Aber dieser großangelegte Salomonische Handel hörte von selbst auf, als sich das Reich nach dem Tode des Königs in seine Bestandteile auflöste (S. 544, Nr. 31).

Das Reich Juda, das von da an von keiner der großen Handelsstraßen mehr berührt wurde, schied aus dem großen Handel damit ganz aus. Nur König Amazja, dem es gelang, die Oststraße durch die Arabá (s. d.) bis zum Golf von Akaba zurückzugewinnen, gab Juda noch einmal die Möglichkeit, am Überseehandel teilzunehmen (S. 552, Nr. 35b), ebenso wie die Makkabäerkönige (S. 571, Nr. 46).

Das Reich Israel hatte etwas günstigere Bedingungen. Zu seinem Bereich gehörte der Paß von Megiddo und die Verbindungsstraße, die durch die Ebene Jesreel (s. d.) verläuft. Außerdem knüpfte König Omri gute Beziehungen nach Tyrus und Sidon an (S. 548, Nr. 34a), und dieselbe Dynastie verstand es, den Handel mit Damaskus aufzunehmen, so daß Israel in Damaskus und Damaskus in Samaria seine Basare hatte. Aber das alles war doch nur notwendiger Nachbarschaftshandel.

Aus dem Wohnen im Handels- und Brückenland Kanaan kann man auf keinen Fall das spätere jüdische Handelsgenie ableiten. Eher kann man die Handelskomponente im israelitischen Wirtschaftsleben unterentwickelt nennen. Auf Waren- und Geldhandel wurde erst das Judentum der Verbannung und Zerstreuung verwiesen; zunächst in Babylon, sodann in den Kolonien, die z. T. aus den Deportierten nach dem Fall Samarias (722 v. Chr.) entstanden; und dann wieder nach der Auflösung des Staatswesens durch die Römer (135 n. Chr.). Diese Entwicklung ist ein Ergebnis des jüdischen Schicksals. Bis dahin waren die Handelsleute für den Israeliten „die Umherziehenden", was keine ganz schmeichelhafte Bezeichnung war.

Das Geld

Populär ist die Vorstellung, als ob die Geldwirtschaft die Tauschwirtschaft mit Naturalien
abgelöst habe und als ob die Geldwirtschaft
eine höhere Wirtschaftsform darstelle als die
Tauschwirtschaft mit Naturalien. Es ist jedoch
durch die allgemeine Wirtschaftsgeschichte erwiesen, daß Tauschwirtschaft mit Naturalien
und Geldwirtschaft nicht Stufen, sondern lediglich verschiedene Formen des Handels darstellen, wobei der Tauschhandel im Orts- oder
Bezirksbereich auch noch überwog, als sich im
Handel zwischen den Völkern und Staaten
längst die Geldwirtschaft durchgesetzt hatte.
Erst nachdem sich die Geldwirtschaft auch im
Nahhandel eingebürgert hatte, kann man von
der Geldwirtschaft als einer „Stufe" sprechen,
wobei man aber vermeiden sollte, sie als etwas
Höheres anzusehen. Es ist nicht einzusehen,
warum diese absolute Abstraktion, die mit der
vollen Geldwirtschaft einsetzte, eine höhere
Form sein sollte, besonders wenn man sieht,
wohin die Geldwirtschaft den Menschen und
die Gesellschaft bringen kann.

Auch die Zeit des AT kennt schon die
Geldwirtschaft. Die Tribute an fremde Könige
wurden meistens in Geld gezahlt; aber nicht
immer. Auch Herden, kostbare Geräte, Ländereien, Städte, Ernteerträge werden sowohl
als Tribute wie auch als Zahlungsmittel genannt. Löhne werden zur gleichen Zeit in
Naturalien oder Geld gezahlt. Noch zur Zeit
Jesu erhalten die Priester ihr Einkommen in
Naturalien, während die Söldner Davids, tausend Jahre vorher, schon Geld für ihre Dienste
erhalten. Andererseits kann man im Tempel
zur Zeit Jesu Opfertiere nur für Geld kaufen,
aber die Leistungen der Stämme für den Hof
Davids und Salomos sind Naturalleistungen.
Also schon zur Zeit der Könige gab es beide
Formen, aber auch bis in die Zeit Jesu hinein
gab es nebeneinander Naturalentgelt und
Geldentgelt. – Eine wesentliche Ausweitung
der Geldwirtschaft im Vorderen Orient begann mit dem 6. Jahrhundert v. Chr., als die
Perser herrschten.

Geldwiegen gehört zur frühen Form der
Zahlung mit Geld. Das Gold, Silber oder Erz
war in handliche Stücke Edelmetall gehackt
oder sonstwie gestückelt (als Barren, Ringe
oder in Zungenform), jedoch war es anfangs
nicht geprägt. Es wurde auf einer Waage mit
geeichten Gewichten gewogen. Die Händler
führten eine Waage bei sich und in einem
Beutel die Gewichtsteine (aus Stein, später aus
Blei). Der tyrische *schekel* als Gewichtseinheit
von (etwa) 16,32 g ist eine Konvention, die
einfach „Gewicht" als ein bestimmtes Gewicht
festsetzt; dieser tyrische Schekel wurde auch
das heilige Gewicht bzw. die heilige Geldeinheit Israels. Die gewogene Geldeinheit *schekel*
leitet sich von *schakál* (wägen) ab (s. den
Artikel über „Maße und Gewichte"). Auch in
den europäischen Sprachen gibt es noch Münz-
bezeichnungen, die auf das frühere Wiegen
des (ungemünzten) Geldes hinweisen: man
denke an „Pfund" und „Lira".

Geldwechseln ist demnach ursprünglich ein
Gegenwägen verschiedener Geldsorten: größere Stücke gegen kleinere Stücke, mehrwerti-
ge Metalle gegen geringerwertige. Geldwechseln im heutigen Sinne gibt es erst seit Aufkommen der mit Wertangaben geprägten
Geldstücke.

Im Palästina der Zeit Jesu, zumal in Jerusalem und im jüdischen Tempel, spielte das
Geldwechseln eine eigengeartete Rolle. Zum
Beispiel sollte das Lösegeld bei militärischen
Musterungen in Schekel gezahlt werden: für
die Abwendung von Lebenskatastrophen, die
durch die Musterung herbeigeführt werden
konnten, weil man durch sie sein Leben einem
Zweck unterwarf; durch das Weihgeschenk
von einem halben Schekel an den Tempel gab

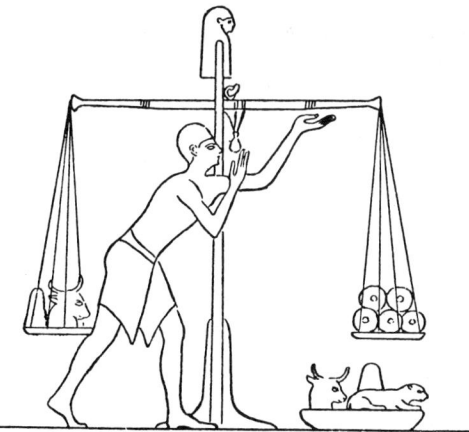

*Geldwiegen. Zeichnung nach einem ägyptischen Re-
lief (Neues Reich). Auf der linken Waagschale und
auf einem Teller rechts geeichte Gewichtsteine, auch
in der Gestalt heiliger Tiere; auf der rechten Waagschale Geldringe.*

man sich sozusagen dem Herrn zurück (Ex 30,11–16, ein Gesetz aus der Priesterschrift, s. d.). Ferner sollte die Tempelsteuer im alten „heiligen" Gewicht des Schekels gezahlt werden, als „dritter Teil eines Schekels" (Neh 10,33). Wahrscheinlich gab es auch noch andere Abgaben, die das Wechseln in Schekel verlangten – nicht nur, um so die richtige Einheit abzuliefern, sondern auch, um durch die Israel eigene Münzeinheit den Tempel, den Tempeldienst und damit den Herrn zu ehren.

Almosengelder, die in die Opferstockbüchsen (s. d.) des Tempels geworfen wurden, brauchten nicht in Schekeln gespendet zu werden. Jedoch verlangte es die Ehrfurcht vor Jahwe, daß dazu keine Münzen mit Götterbildern oder mit Herrscherbildern benutzt wurden. Weil solche Münzen immer wieder in unanstößige, tempelwürdige Münzen gewechselt werden mußten, war das Wechseln in Jerusalem ein verbreitetes Geschäft.

Auch im Tempel saßen deshalb im äußeren Hof („Vorhof der Heiden") die Geldwechsler (Mt 21,12), die für das Wechseln einen kleinen Aufschlag in Gestalt einer kleinen Münze *(kóllybos)* nahmen; von dieser Münze rührt die griechische Bezeichnung für den Geldwechsler, den *kollybistás*.

Die Unterbringung des Geldes geschah – wenn man viel davon hatte – in Schatzkammern: in königlichen Schatzkammern oder im Tempelschatzhaus. Die Schatzkammer des nachexilischen Tempels, also auch zur Zeit Jesu, scheint eine Art Bank gewesen zu sein, wo jeder sein Geld deponieren konnte. Der Privatmann brachte sein Geld wahrscheinlich in Krügen unter, da Krüge (s. d.) die üblichen Behälter für alles mögliche waren.

Um das Geld (im Krug) vor Diebstahl zu schützen, pflegte man es zu vergraben. Dies war noch zur Zeit Jesu die gebräuchlichste Art, Geld zu verstecken (s. bei Mt 25,15). Deshalb vergrub man besonders in Kriegszeiten und vor der Flucht oder Deportation sein Geld. Da aber viele von ihrer Flucht nicht mehr heimkehrten, gab es später immer wieder Funde, bei denen ein „Schatz im Acker" (vgl. Mt 13,44) zum Vorschein kam.

Das Geld, das man bei sich trug, wurde im Gürtel (s. d.) untergebracht. So ist es auch im Text des NT dokumentiert: „Steckt nicht Gold ... in euren Gürtel" (Mt 10,9). Allerdings gab

es auch (lederne) Geldbeutel, obwohl das Wort für Beutel *(funda)* gerade auch in frühchristlicher Zeit oft zur Bezeichnung des Gürtels gebraucht wurde. Daraus geht wiederum hervor, wie sehr der gedrehte Stoffgürtel als der eigentliche „Geldbeutel" empfunden wurde.

Die umlaufenden Münzen waren in den Zeiten des AT und NT nicht so einheitlich, wie wir das heute gewohnt sind. Verschiedene Währungen waren nebeneinander im Umlauf; das brachten schon die häufigen Herrschaftswechsel mit sich. Eine neue Herrschaft prägte aber nicht nur eigene Münzen, sondern ließ auch meistens die Münzen der bisherigen Herrschaft – wenigstens eine Zeitlang – im Umlauf. Außerdem gestattete der Großkönig, der Kaiser oder die oberste Regierung den unterworfenen Königen, den Städten, aber auch ihren eigenen Statthaltern, Prokuratoren oder sonstigen Regierungsbeamten in den Provinzen die Prägung kleinerer Geldstücke für den Lokalgebrauch und den provinziellen Geldverkehr. Dadurch ergab sich, daß die Gold- und Silbermünzen Reichsmünzen (des Großkönigs, des Kaisers) waren, die Kupfermünzen dagegen auch als Provinzial- und Städtemünzen umliefen. Bei diesen Kupfermünzen unterschied man das wertvollere Gelbkupfer (Messing) vom Rotkupfer (Zinnbronze). In der Zeit Jesu galt als Grundlage für alle Münzverrechnungen das römische Münzsystem des Kaisers Augustus. In allen Nominalen dieses Münzsystems wurden von der kaiserlichen Münze Gelder ausgegeben; daneben gaben aber auch die Prokuratoren (Landpfleger) in Judäa/Samaria römische Münzen aus.

Neben dem römischen System galt das griechische System, das von den römischen Kaisern, insofern sie Herrscher über Griechenland und den Orient waren, ebenfalls selbst geprägt oder bestimmten griechischen und orientalischen Handelszentren zur Prägung überlassen wurde. Um die römischen und griechischen Einheiten einander jedoch anzugleichen bzw. dem römischen Geld zum Vorteil zu verhelfen, wurden von der kaiserlich-römischen Bank für das griechische Geld Zwangskurse bestimmt, wodurch z. B. die Drachme auf drei Viertel des Denarwertes festgesetzt wurde.

In zwei Listen werden die wichtigsten Geldeinheiten zueinander in Verhältnis gesetzt.

Griechische Münzeinheiten

Das Talent ist eine Summenbezeichnung, ohne daß damit eine bestimmte Münze gemeint ist (s. unten).

Die Mine ist ebenfalls, wie Talent, eine Summenbezeichnung, hatte aber im Gebrauch anscheinend eine feste Beziehung zur Drachme. Deshalb möge sie im folgenden als Großeinheit stehen; sie ist jedoch keine Münze wie die anderen Einheiten:

	Mine *(mnā)*	1				
Silber:	Tetradrachme	25	1			
Silber:	Didrachme (Statēr)	50	2	1		
Silber:	Drachme	100	4	2	1	
Kupfer:	Obolós	600	24	12	6	1
Kupfer:	Chalkós	4800	192	96	48	6

Römische Münzeinheiten (System des Kaisers Augustus)

Gold:	Aureus	1					
Silber:	Denar	25	1				
Gelbkupfer: (Messing)	Sesterz	100	4	1			
Messing:	Dupondius	200	8	2	1		
Rotkupfer: (Zinnbronze)	As	400	16	4	2	1	
Rotkupfer:	Semis	800	32	8	4	2	1
Rotkupfer:	Quadrans	1600	64	16	8	4	2

Ob das griechische *leptón* ein halber Quadrans war, ist ungeklärt. Manche Numismatiker glauben, daß die Stelle Mk 12,42 mißverstanden wird, wenn man sie so deutet (die arme Witwe warf in den Opferstock „zwei Leptá, d. i. ein Quadrans").

Das Talent wird in der Bibel im Buch Tobit (4,20) genannt sowie in den Evangelien im Gleichnis von den Talenten (Mt 25,14–30), wofür Lukas in einem ähnlichen Gleichnis den Summenwert „Mine" einsetzt (Lk 19,11–27). Talent und Mine sind griechische Bezeichnungen.

Weder Talent noch Mine ist ein Münznominal, sondern ein Summenwert; beide Bezeichnungen beruhen auf dem ehemaligen Brauch des Geldwiegens (s. „Geld"); deshalb übersetzte Martin Luther Talent mit Zentner und Mine mit Pfund. Aber auch dieser Summenwert ist nicht zu errechnen, weil die Angabe fehlt, ob es sich um Kupfer, Silber oder Gold handelt. Allerdings darf man annehmen, da die Normalwährung auf dem Feingehalt an Silber beruhte, daß es um Silbertalente bzw. Silberminen geht.

Zu dem Gleichnis vom unbarmherzigen Knecht, der seinem Herrn 10000 Talente schuldete, ist dasselbe zu sagen (Mt 18,23–34).

Silberlinge sind u. a. in den Josefsgeschichten, im Propheten Sacharja und in den Synoptikern genannt. Davon interessieren am meisten die dreißig Silberstücke („dreißig Silberlinge"), die Judas für den Verrat an Jesus erhielt. Die Evangelisten Markus und Lukas geben bei diesem Verratsgeschäft keine Summe an; sie sprechen einfach davon, daß Judas Geld bekommen habe (Mk 14,11; Lk 22,5). Matthäus dagegen spricht von dreißig Silberstücken (Mt 26,15). Man könnte darüber rätseln, was mit „Silberstücken" gemeint ist; denn „Silberstück" ist zur Zeit Jesu keine mit Sicherheit zu bestimmende Münzart. Alle Silbermünzen könnten damit gemeint sein: Denare, Drachmen, Didrachmen (der Statēr), Tetradrachmen, der Schekel. Aber mit der Festlegung auf eine bestimmte Münze und mit der damit verbundenen Errechnung des Verratshonorars für Judas würde man den Blick vom Wichtigsten weglenken: nämlich von einer Stelle im Propheten Sacharja, die Matthäus wohl im Auge hatte, als er die Verratssumme mit dreißig Silberstücken angab: „Ich sagte zu ihnen: Wenn es euch recht scheint, so bringt mir meinen Lohn; wenn nicht, so laßt es! Doch sie wogen mir meinen Lohn ab, dreißig Silberstücke. Da sagte der Herr zu mir:

Wirf ihn dem Schmelzer hin! (oder: Wirf ihn in das Schatzhaus!). Hoch ist der Preis, den ich ihnen wert bin. Und ich nahm die dreißig Silberstücke und warf sie im Haus des Herrn dem Schmelzer hin" (Sach 11,12.13).

Weil die „dreißig Silberstücke" in Mt 26,15 ein Hinweis auf Sach 11,12.13 sind, haben sie also keinen Geldwert, sondern Symbolwert. Die Sacharjastelle selbst nennt die Summe von dreißig Silberstücken, worunter hier Schekel zu verstehen sind (etwa 540 g Silber), als Preis, den die Schafe für ihren guten Hirten zahlen; und dieser Preis wird als Hohn empfunden – muß schon deshalb als Hohn empfunden werden, weil die um 1200 festgelegte Summe von dreißig Silberstücken als Entschädigung für einen fahrlässig getöteten Sklaven (Ex 21,32) längst nicht mehr den damit intendierten Wert hatte.

In der Zeit der Erzväter galt übrigens für dieselbe Entschädigung die Summe von zwanzig Silberstücken, was auch der allgemeine Sklavenpreis war. Entsprechend ist die ursprüngliche Summe, zu der die Jakobssöhne ihren Bruder Josef verkauften, mit zwanzig Silberstücken angegeben (Gen 37,28). In der Mosezeit war der Preis, entsprechend der Geldentwertung, um 50 Prozent höher. In der Folgezeit wurden die Summen in den Gesetzen jedoch nicht immer gemäß der Geldentwertung geändert; andererseits sind die in Übersetzungen manchmal angegebenen anderen Werte oder Nominale auf die Bemühung zurückzuführen, die gerade geltenden Preise einzusetzen.

Die Drachme ist im NT nur einmal genannt – im Gleichnis von der verlorenen Drachme (Lk 15,8–10). Bei dieser Drachme muß die griechische Drachme gemeint sein, die als Wertmünze zuletzt noch im Königreich Kappadozien geprägt worden war und deren Prägung die römischen Kaiser nach Einverleibung Kappadoziens in das römische Reich wieder aufgenommen hatten. Ihr Silberwert war auf drei Viertel des römischen Denars festgesetzt. Die Drachme ist also im Gleichnis noch als wirkliche Wertmünze behandelt, was allein die Aufregung der Frau über das verlorene Geld verständlich macht.

Später, bald nach Nero, sank die Drachme immer mehr im Wert und wurde schließlich zur Scheidemünze. Daraus kann man einen Schluß auf die Zeit der endgültigen Formulierung dieses Gleichnisses ziehen. Der Redaktor des Lukasevangeliums muß eine Gleichnissammlung benutzt haben, die bis (etwa) zur Zeit Neros abgeschlossen war, wenn das Evangelium selbst auch später erst abgeschlossen wurde.

Das Drachmengleichnis weist übrigens auf einen Brauch hin, den es damals gab, wie es ihn heute noch stellenweise gibt: Die Orientalin trug ihren Alterszehrpfennig in Ketten von blankgeputzten Münzen um Kopf und Hals. Die Münzen bekam sie oft als Morgengabe zur Hochzeit oder auch bei Gelegenheit guter Geschäfte ihres Mannes. Sie reihte sie auf, und viele solcher Münzen waren ein Beweis für die Gunst ihres Mannes. An der Münzkette konnte man ablesen, wie angesehen sie in der Familie war.

Die Frau im Gleichnis war keine besonders reiche Frau: sie hatte nur zwei Drachmen. Um so wertvoller war für sie die verlorene Drachme; sie suchte sie, bis sie sie fand und wieder auf den gerissenen Faden aufreihen konnte.

Der Denar gehörte zum römischen Silbergeld. Er war die geläufigste Silbermünze (3,9 g). Da er am meisten in Umlauf gebracht wurde, kommt er im NT, dessen Begebenheiten sich ja in der römischen Zeit Palästinas abspielen, auch ziemlich häufig vor.

Der absolute Wert eines solchen Denars ist schwer anzugeben. Wir haben aber einen ungefähren Anhalt für seinen Wert in dem Gleichnis von den Arbeitern im Weinberg (Mt 20,1–16), in dem jeder Arbeiter einen Denar als Taglohn erhält. Auch daß der Samaritaner im Gleichnis dem Wirt zwei Denare als Versorgungsgeld für den zerschlagenen und ausgeraubten Mann gibt, kann zum Vergleich herangezogen werden; denn davon konnte der Wirt den Mann gewiß mehrere Tage pflegen und ernähren. Ein Denar war also ein guter Tagelohn.

Zweihundert solcher Denare hatte die Apostelschar Jesu in der Kasse, als Jesus fragt, ob seine Jünger den Fünftausend nicht zu essen geben wollten (Mk 6,37; Joh 6,7).

Mit dreihundert Denaren wird der Wert der Salbe angegeben, die Maria im Hause Simons des Aussätzigen über die Füße Jesu goß (Mk 14,3ff.; Joh 12,3ff.). Vergleiche auch die Gleichnisse bei Lk 7,41 und Mt 18,28.

Der Denar war auch die römische Kopfsteuermünze (s. die „Steuerfrage").

Maße und Gewichte
in biblischer Zeit sind für uns noch nicht in allen Einzelheiten geklärt. Die letzten Ausgrabungen haben allerdings manche Maße für unser Wissen korrigiert.

Längenmaße

1 Elle =	2 Spannen	= 6 Handbreit =	24 Finger =	etwa 44 cm
	1 Spanne	= 3 Handbreit =	12 Finger =	etwa 22 cm
		1 Handbreit =	4 Finger =	etwa 7,3 cm
			1 Finger =	etwa 1,8 cm

("nach altem Maß":)

1 Elle =	2 Spannen	= 6 Handbreit =	24 Finger =	etwa 52 cm
	1 Spanne	= 3 Handbreit =	12 Finger =	etwa 26 cm
		1 Handbreit =	4 Finger =	etwa 8,7 cm
			1 Finger =	etwa 2,2 cm

Dieses Maß benutzte Ezechiel bei der Tempelbeschreibung.
Die gleichen Maße hatte Ägypten: die längere Elle ist „die königliche Elle".
In Babylon war die Elle 49,5 cm und „die königliche Elle" 55 cm lang.

Die Wegemaße
waren sehr pauschal: ein Steinwurf, ein Bogenschuß, eine Tagereise (etwa 35 km); ein „Sabbatweg" betrug 2000 Ellen, etwa 1 km.

Seit hellenistischer Zeit wurde auch mit dem „Stadion" gemessen: etwa 200 m. In römischer Zeit kam die römische „Meile" mit 1000 Doppelschritten hinzu: etwa 1,5 km.

Flächenmaße
1 Acker: was man in einer Tagesarbeit mit dem Ochsengespann beackern konnte; 1 Furche: ein unbestimmter Teil des „Ackers"; daneben diente die Saatmenge, die für ein Feld gebraucht wurde, als Flächenmaß.

Hohlmaße (für Trockenware)

1 Homer (Kor) =	10 Efa =	30 Sea =	180 Kab =	etwa 220 l
	1 Efa =	3 Sea =	18 Kab =	etwa 22 l
		1 Sea =	6 Kab =	etwa 7⅓ l
			1 Kab =	etwa 1⅖ l

Hohlmaße (für Flüssigkeiten)

1 Homer =	10 Bat =	60 Hin =	720 Log =	etwa 220 l
	1 Bat =	6 Hin =	72 Log =	etwa 22 l
		1 Hin =	12 Log =	etwa 3⅔ l
			1 Log =	etwa ⅓ l

Das Bat wurde auch beim Messen von Trockenware (= 1 Efa) benutzt.
Seit der hellenistischen Zeit war „das Maß" *(meträtás)* üblich geworden; es war ein Einheitskrug, nach dem die anderen Krüge gemessen wurden. Es betrug 39 l. Die Krüge von Kana faßten also mit ihren „zwei bis drei Maß" jeder an die 100 l (Joh 2,6).

Gewichte
waren meistens aus Stein hergestellt, mit denen man in älteren Zeiten vor allem auch das Geld wog (s. im Anfang dieses Artikels):

1 Talent =	60 Minen =	3000 Schekel =	6000 Beka =	60000 Gera =	36 kg
	1 Mine =	50 Schekel =	100 Beka =	1000 Gera =	600 g
		1 Schekel =	2 Beka =	20 Gera =	12 g
			1 Beka =	10 Gera =	6 g
				1 Gera =	0,6 g

In Joh 12,3 wird für das Salbengewicht die *lítra* angegeben, d. i. das syrische Pfund mit 273 g Gewicht.

Die Gewichtsangaben in Gramm sind Durchschnittsgewichte. Der Schekel, der die Grundeinheit darstellte, schwankte zwischen 11,17 und 12,2 g. Dieses Schwanken hat die Archäologie bisher nur festgestellt; ein Grund konnte dafür noch nicht gefunden werden.

Beachtenswert ist, daß bei allen Maßen die verschiedensten Systeme durcheinandergehen: das Sechser- und Zwölfersystem vor allem mit dem Dezimalsystem, aber auch Spuren vom uralten Fünfersystem sind erhalten.

Vom Eigentum

als abstraktem Begriff wird zwar in der Bibel verhältnismäßig selten gesprochen; aber die Einzelheiten und Eigenschaften des Eigentums werden oft so genannt, daß der Eigentumsbegriff als Privateigentum charakterisiert werden muß, wenn auch gewisse Grenzen festzustellen sind. Josef nennt seinen Vater und seine Brüder „Viehzüchter" (Gen 46,32), und König Ahab kann den Weinberg Nabots nicht erwerben, wenn Nabot es nicht will (s. bei 1 Kön 21,1–4). Das weist auf festes Privatbesitzdenken hin, wie es auch in den Zehn Geboten vorausgesetzt wird: „Du sollst nicht stehlen ... Du sollst nicht nach dem Haus deines Nächsten verlangen. Du sollst nicht verlangen nach seinem Sklaven oder seiner Sklavin, seinem Rind oder seinem Esel, oder nach irgend etwas, das deinem Nächsten gehört" (Ex 20,15–17). Das Deuteronomium fügt hinzu: „sein Feld" (Dtn 5,21). Die Problematik über die Formulierungszeit solcher Erzählungen und Gesetze kann man beiseite lassen; denn in der Bibel gibt es keine Stelle, die das Privateigentumsrecht in Frage stellt, und nur das würde bezüglich dieses Punktes eine Abwägung rechtfertigen. Wohl aber gibt es Überzeugungen, Bräuche und Gesetze, die das Eigentum ins rechte Licht stellen, den Mißbrauch des Privateigentums verurteilen und der Verarmung vorbeugen wollen.

Bis in die Zeit der ersten bewußt als *Lehrstücke* geformten Erzählungen der Bibel – sagen wir: bis in die Zeit der Landnahme – geht die Überzeugung zurück, daß das Land, das Israel sich in Kanaan erkämpft, ihm von Jahwe gegeben wird. Der Verheißungsglaube, der sich in den Erzvätergeschichten und in den Geschichten vom Auszug aus Ägypten widerspiegelt (s. den Artikel „Das Gelobte Land"), besagt nichts anderes, als daß Jahwe, der Herr der Menschen und Dinge, Israel dieses Land gegeben hat. Und da Israel Eigentum Jahwes ist, bleibt so auch das Land Eigentum Jahwes; im Grunde ist es ein Lehen. Das hat er den Stämmen zugeteilt, und die Stämme teilten es den Familien zu: durch Los und durch Eroberung. Diesen Besitzern soll es zugeteilt bleiben.

Diese allgemeine Überzeugung, daß der zugeteilte Besitz gottgewollte Grundlage der Familienexistenz ist und kein Verkauf erzwungen werden kann, gibt Nabot den Mut, König Ahab seinen Weinberg zu verweigern (S. 237). Durch Anteil an diesem von Gott gegebenen Land ist sich der Israelit des Heiles sicher, das Gott für sein auserwähltes Volk wirkt. Diese Überzeugung hat die Schwagerehe (s. d.) hervorgebracht. Diese Überzeugung veranlaßt Jesaja, sein Wehe über die Landgierigen und Großgrundbesitzer zu rufen (Jes 5,8–10). Und diese Überzeugung und die schlechten Erfahrungen mit Leuten, die trotzdem den Besitz an sich rissen, hat dann wohl in der Zeit der sogenannten Priesterschrift (s. d.) zur Kodifizierung des Gesetzes über das Jubeljahr (s. d.) geführt. Wenn dieses Gesetz auch kaum große Auswirkungen hatte, so ist es doch ein Programm und weist als solches auf die sozialen Auffassungen hin, in denen der Besitz gegen Bodenhamsterer geschützt war.

DIE NAHRUNG

Was aß Abraham? Was aß David? Was aßen Jesus und die Apostel?

Das wichtigste Nahrungsmittel war das Brot (s. d.), daneben Fleisch und Fisch (s. die Artikel „Viehwirtschaft" und „Fischfang"). Gemüse wurde in Gemüsegärten angebaut, wie zur Zeit der Jakobiten in Ägypten, so in allen Zeiten der israelitischen Seßhaftigkeit. Man baute an: Bohnen („Saubohnen", „dicke Bohnen", auch als Bohnengrütze zubereitet), die vor allem die ärmere Bevölkerung zur Streckung des Getreides nahm; Linsen (s. d.), Gurken, Melonen, Lauch, Knoblauch, Zwiebeln.

Es gab sicherlich auch noch andere Gemüse; aber jene werden in der Bibel genannt.

Von den Obstbäumen kennen wir den Ölbaum, der über die Olive das Öl (s. d.) lieferte, den Feigenbaum mit der wichtigen Feige (s. d.), den Baum der Granatäpfel (s. d.), den Walnußbaum und den Weinstock; der Wein (s. d.) spielte in der biblischen Zeit eine große Rolle. Zwar spricht die Bibel auch von „Apfelbäumen"; aber man hat daran gezweifelt, daß es sich dabei um das handelt, was wir heute „Apfel" nennen. Vielleicht waren es Zitronen, Quitten oder Aprikosen. Die Orange, die Exportfrucht des heutigen Palästina, wird erst seit dem 15. Jahrhundert n. Chr. in der palästinensischen Ebene am Mittelmeer angepflanzt.

Von einigen dieser Nahrungsmittel handeln die folgenden Artikel. Noch vor dem Brot aber ist vom Wasser und vom Feuer zu reden, denn ohne diese ist nicht einmal das Brot möglich.

Quellen und Brunnen
sind neben Flüssen, Bächen und Seen die natürlichen Wasserspender. Da es in Palästina wenig Flüsse, Bäche und Seen gibt, konzentrierte man sich in ältester Zeit auf Quellen und Brunnen. Die Zisterne (s. unten) wurde erst gegen 1500 v. Chr. erfunden.

Die Wichtigkeit der Quelle für die Besiedlung geht aus den zahllosen Namen mit *ēn* oder *ain* (eigentlich „Auge", aber auch „Quelle") hervor; z. B. En-Gedí (s. d.). Auch der Brunnen *(be'er)* hat Siedlungsgeschichte gemacht; z. B. die Brunnen von Beerscheba (s. d.).

Am wichtigsten war der Brunnen in den quellenarmen Gebieten, z. B. für das nomadische Leben in der Steppe („Wüste") und als Station auf den Saisonzügen der Halbnomaden. Da sich Gottesverehrung und Erhaltung des ständig durch Wassermangel bedrohten Lebens für den frommen Orientalen (nicht nur für den Israeliten und dessen Erzväter) nicht trennen ließen, verbanden sich mit den Brunnen und Quellen auch oft heilige Stätten: z. B. Sichem (s. d.); Mamre (s. d.), die Gihonquelle bei Jerusalem (s. d.) u. a.

Die Quelle hatte natürlich vor dem Brunnen den Vorrang, weil sie „lebendiges Wasser" spendet. Allerdings gab (und gibt) es auch Brunnen, die Quellwasser spenden: nämlich jene, die man nicht bis ins Grundwasser, sondern bis in eine Wasserader vorgetrieben hat. Daher kam es, daß die Ausdrücke *ajin/ein*

(Quelle) und *be'er* (Brunnen) im Sprachgebrauch nicht immer deutlich auseinandergehalten wurden.

Die Brunnen und Quelltröge sollten zugedeckt sein, damit sie sauber blieben. Mit der Sauberkeit des Brunnens bzw. Quelltroges verbindet Jesus einen seiner treffenden Sprüche in der Bergpredigt: „Was siehst du zwar den Splitter im Wasserbecken deines Bruders; den Balken in deinem eigenen Wasserbecken aber siehst du nicht" (Mt 7,3.4 und Lk 6,41.42). Man pflegt das *ein,* das hier offensichtlich ursprachlich gestanden hat, zwar mit „Auge" zu übersetzen – was es ja tatsächlich *auch* heißt –, aber mit „Brunnen" oder „Quelle" übertragen ist es eigentlich erst eines der Bilder, wie wir sie in den lebensnahen Worten Jesu gewohnt sind.

Die Quellen vor allem lagen oft außerhalb der ummauerten Siedlungen. Damit man in Kriegszeiten nicht von der Wasserversorgung abgeschnitten war, trieb man deshalb Gänge in den Fels, wie z. B. zur Gihonquelle im Kidrontal (s. d.). Die Archäologen haben bisher – außer mehrerer solcher Schächte in Jerusalem – noch sechs andere derartige Gänge in anderen Städten entdeckt. Ein weiterer Fortschritt war der Wassertunnel, der das Quellwasser auf schiefer Ebene ins Stadtgebiet fließen ließ. Auch dafür gibt Jerusalem ein markantes Beispiel mit seinem Schiloachtunnel (s. d.), der das Wasser in den Schiloachteich führte; diese Anlage entstand als Verteidigungsvorbereitung im 8. Jahrhundert v. Chr.

Die Vorgänger unserer Talsperren sind Sammelteiche, für die ebenfalls Jerusalem und seine Umgebung einige Beispiele bieten. Da das Wasser besonders in einem wasserarmen Land hoch geschätzt wird, wurde es in den heiligen Schriften Israels und auch im NT zum Bild des Lebens und der lebenspendenden Lehre.

Die Zisterne
ist eine Erfindung der späteren Bronzezeit (um 1500 v. Chr.). Man höhlte einen Felsen aus und fugte alle Ritzen mit Mörtel zu, damit das Gefäß ganz dicht war. Die Gestalt war birnenförmig, so daß der obere Teil schmäler war als der untere. Durch Gräben und Rinnen wurde das Regenwasser der Zisterne zugeleitet. So konnte man auch die sonst schnell abfließenden Wasser der winterlichen Regenzeit nutzen

und in quellenarmen Gegenden oder für Wassernotzeiten Wasservorräte sammeln. Die Zisternen haben verschiedene Größen: von der kleinen Zisterne neben dem Hauseingang mit einem Fassungsvermögen von 30 bis 40 l bis zur Gemeinde- und Hirtenzisterne von 13 000 l und mehr Kapazität. Hatte jedes Haus im Hof seine Zisterne, so galt dies als Zeichen des Wohlstands. Voraussetzung guten Zisternenwassers ist Sauberkeit; deshalb muß sie mit einer Steinplatte zugedeckt sein. Aber zugedeckt sein muß sie auch, damit niemand hineinfällt. Um Zisternen unbrauchbar zu machen, warf man im Kriege die Leichen Erschlagener hinein. – Trockene oder rissige oder versumpfte Zisternen wurden vorübergehend als Gefängnis benutzt. Zisternen gibt es im Orient bis auf den heutigen Tag. Nur wenn kein „lebendiges Wasser" (Quellwasser) oder Brunnenwasser zur Verfügung steht, benutzt man Zisternenwasser. Das deutsche Lehnwort „Zisterne" stammt aus dem Lateinischen. (*Cisterna* ist eine Erweiterung des Wortes *cista*, das wiederum unser Lehnwort „Kiste" hervorgebracht hat).

Zisterne, Längsschnitt.

Feuer
gehört zum Kulturstand des Menschen. Da es in alter Zeit nicht einfach war, Feuer zu erzeugen, suchte man es zu erhalten, indem man die Glut mit Asche zudeckte.

Die Methode, Feuer zu erzeugen, war bestimmt bis etwa 900 v. Chr. (Beginn der zweiten Eisenzeitperiode) dieselbe: man rieb das Feuer aus zwei Hölzern heraus, die man aufeinander quirlte; so also sowohl zu Abrahams wie zu Davids Zeiten. Für später ist anzunehmen, daß man durch Aneinanderschlagen von Stahl und Stein Feuer schlug; bei der Neuweihe des Tempels (165 v. Chr.) ist diese Methode eigens bezeugt (2 Makk 10,3). – Das israelitische Gesetz verbot für den Sabbat das Feuerschlagen.

Getragen wurde das Feuer auf der Fackel, d. h. an zusammengebundenen Hölzern, die mit Öl oder Pech getränkt waren, oder in einem flachen Feuertopf oder einer Feuerpfanne, die mit glimmender Holzkohle gefüllt war, welche durch Schwenken oder Blasen in Brand gehalten wurde (System des Rauchfasses).

Ob das Tragen der brennenden Fackel in einem Tonkrug üblich war oder ob es eine Erfindung Gideons war (s. den Artikel „Gideons Musterung, List und Sieg"), ist nicht bekannt.

Brot
war das Grundnahrungsmittel aller biblischen Zeiten. Es war so sehr Grundnahrungsmittel, daß es im Sprachgebrauch an die Stelle der Nahrung überhaupt trat. Über die Vaterunserbitte „Unser tägliches Brot gib uns heute" ist dann dieser Sprachgebrauch auch bei uns üblich geworden.

Weil Brot die tägliche Nahrung war, gehörte es auch zum täglichen Opfer (s. d.) und wurde Gott angeboten in den Schaubroten (s. d.), und weil Brot die tägliche Nahrung war, wurde später auch die Tora (Die Lehre vom Gesetz) oft mit „Brot" bezeichnet. Diese Bezeichnung schwingt auch in Joh 6,35 mit, wenn Jesus das „Brot des Lebens" genannt wird. Johannes setzt damit Jesus und seine Lehre als Brot dem Brot der Tora entgegen.

Man kannte Gerstenbrot und Weizenbrot. In älterer Zeit, z. B. auch noch in der ersten Zeit der Könige (um 1000 v. Chr.), war Gerstenbrot das übliche; aber später wurde es das

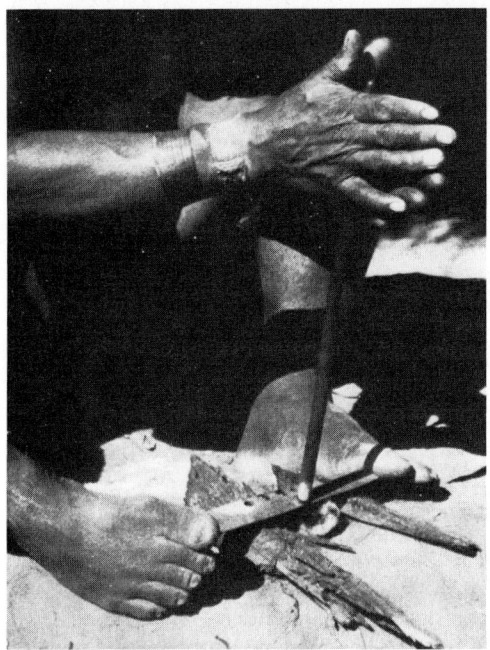

Feuerquirlen mittels eines Quirlstockes, der in Holz gedreht wird, aus dem über leicht brennbarem Material Feuer gerieben wird. Bei vielen Negerstämmen wird diese urtümliche Kunst noch heute geübt.

Brot der Armen, während die Bessergestellten Weizenbrot aßen. Vielleicht betont deshalb Joh 6,9 bei der Speisung der Fünftausend, daß ein Knabe mit fünf Gerstenbroten da sei.

Das Normale war, daß die Frauen täglich das notwendige Brot bereiteten („Unser *tägliches* Brot gib uns *heute*"). Aber in den Städten gab es Bäcker und Bäckereien, wie übrigens auch an den Königshöfen.

Jeden Morgen zerrieben die Frauen, auf den Knien hockend, vor der Mühlsteinmulde mit einem Handstein das Korn zu Mehl; allerdings gab es, bestimmt in der Zeit des NT, auch von Zugtieren getriebene Trichtermühlen (s. „Mühlen"). Das Mehl wurde mit Wasser und etwas Salz zu einem Teig gerührt. Meistens wurde dem Teig aus frischem Mehl dann ein Stück Sauerteig hinzugefügt.

Sauerteig ist alter, sauer gewordener Teig vom letzten Backtag, den man inzwischen in Wasser aufbewahrt hatte. Dieser Sauerteig muß gut untergeknetet werden, denn nur so gibt er dem Brot die angenehme Lockerung und feine Säuerung. Die durchdringende Wir-

kung des Sauerteiges macht ihn zum Bilde für die Wirkung des bösen Beispiels: „Hütet euch vor dem Sauerteig der Pharisäer und Sadduzäer" (Mt 16,6), aber auch für die Wirkung der Tora und des Gottesreiches (Lk 13,21).

Die Art des Backens hat sich natürlich im Laufe der zweitausend Jahre biblischer Zeit gewandelt, aber doch nicht so sehr, wie man annehmen könnte. Die einfachste Art des Backens war die, daß man den vorgeformten, einigermaßen festen, aber dünnen Teig in die heiße Asche legte („Aschenbrot", „Aschenkuchen"). – Das Backen auf einem Stein, der vorher durch ein Feuer auf dem Stein heiß gemacht worden ist, ist sicher ebenfalls uralt; war der Stein heiß, wurde das Brennmaterial abgefegt, und der Stein war eine Backplatte (diese Backweise wird bis heute bei manchen Nomaden praktiziert; sie erhitzen den Stein durch Verbrennung von Kamelmist). – Zur gleichen Zeit kannte man aber auch die gebogene Backplatte aus Ton, die etwa wie ein großer Schildkrötenrücken aussah. Man legte die Platte auf Steine und erhitzte sie von unten her; es ist der Typ des „Herdes"; was sich später noch daran änderte, gehört nicht zum Wesentlichen. – Aber es gab auch *Backöfen,* die ähnlich ausgesehen haben müsen, wie man sie heute noch im Orient auf Dörfern findet. Sie gleichen einem abgeschnittenen Kegel, der unten ein Feuerloch hat; das Feuer durchglüht

Frau beim Kornreiben. Diese Kalksteinplastik einer ägyptischen Frau wurde in einem Grab gefunden (Grabbeigabe, um 2500 v. Chr.). Unter den Händen hält die Frau den Mühlstein, mit dem sie das Korn auf dem Reibstein zerreibt.

Schildkrötenherd: gebogene tönerne Backplatte.

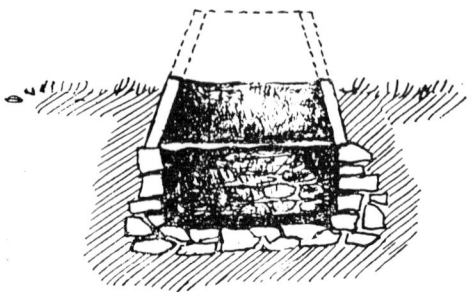

Backgrube (Längsschnitt), wie sie in Megiddo gefunden wurde. Die zerbrochenen oberen Seitenplatten wurden durch Strichellinien ergänzt.

Lehmbackofen (zur besseren Illustration wurde eine Wand geöffnet). Die Teigfladen werden an die schräge Wand geklebt. Das Feuer muß sacht brennen, damit das Brot bäckt, jedoch nicht verbrennt.

das Innere dieses hohlen Lehmkegels, und den Teig klebt man dann an die schrägen Wände. Das sehr schnell durchgebackene Brot holt man dann mit einer langstieligen Gabel heraus.

Ob man die Backplatte mit ein wenig Öl abrieb, ist nicht eigens bezeugt. Nach 900 v. Chr. (d. h. seit Beginn der zweiten Eisen-

zeitperiode) buk man auch in eisernen Pfannen; diese wurden mit Öl gefüllt.

Das Ergebnis konnte verschieden aussehen. Die Bemühung ging auf einen dünnen Fladen (10–30 cm Durchmesser, je nach dem Backinstrument, und ganz dünn, etwa 3–4 mm); die Fladen wurden frisch gegessen. Was aufbewahrt wurde, spießte und reihte man auf einen Stock. – In der Asche konnte man jedoch nur kleine, etwa semmelförmige, aber trotzdem flache Brote backen. Größere Brotlaibe gab es in der Hausbäckerei nicht.

Der Fladen wurde gebrochen oder gerissen; die andere Form gebrockt. Ein Messer benutzte man für das Brot nicht. Man aß es in Butter, Öl (s. d.) oder Sahne getunkt, mit (saurer) Milch (s. unten), Wein (s. d.) oder Obst; und natürlich auch zum Fleisch (s. d.).

Daß wir bis heute für das eucharistische Brotzeichen eine flache Brotscheibe benutzen, ist noch ein letzter Rest von der Fladenform des palästinensischen Brotes, das auch Christus beim Abendmahl benutzte.

Milch
ist während aller biblischen Zeiten ein wichtiges Nahrungsmittel. Das halbnomadische Leben der Erzväter und Frühstämme – bis lange nach der Landnahme in Kanaan – kannte sowohl das Kleinvieh wie auch das Großvieh (s. den Artikel „Viehwirtschaft"). Vor allem vom Kleinvieh (Schafen und Ziegen) erhielt der Halbnomade Milch. Aber auch das Israel der Königszeit war noch zum großen Teil ein Volk mit Herdenwirtschaft, und immer ist es ein Volk geblieben, das Viehwirtschaft betrieb.

Milch und Käse waren Hauptnahrungsmittel. Die *Milch* wurde in „Schläuchen", d. h. in vernähten Ziegenbälgen, aufbewahrt; aber nicht nur aufbewahrt, man trank wohl auch direkt aus dem Schlauch, wie man auch Gäste daran trinken ließ (Luther übersetzt allerdings mit „Milchtopf"). Es ist wahrscheinlich, daß man die Milch selten als Süßmilch, sondern meistens als Dickmilch trank.

Zur Bereitung der *Butter* benutzte man ebenfalls einen Ziegenbalgschlauch. Der mit der süßen Milch gefüllte Schlauch wurde frei aufgehängt und solange geschlagen (geboxt), bis die Butterklümpchen in der Milch schwammen; dann wurde der Schlauch ausgeleert und die Butterklümpchen wurden herausgefischt.

So hat der Verfasser die Buttergewinnung noch vor wenigen Jahren bei arabischen Stämmen beobachten können. Die so gewonnene Butter bleibt weich, und man taucht das Brot hinein; soll sie aufbewahrt werden, muß man sie schmelzen und kochen.

Die Art der *Käsegewinnung* für die ältere Zeit ist unbekannt. In späterer Zeit (etwa der Königszeit) wurde der Quark mit Salz (s. d.) gewürzt und alle Feuchtigkeit herausgeknetet. Daraus machte man dann kuchenförmige Platten oder brötchenförmige Klumpen und ließ sie an der Luft trocknen und reifen. Man darf ruhig annehmen, daß diese Art der Käsebereitung die ursprüngliche und älteste ist, da sie im Orient auch heute noch unter entsprechenden Verhältnissen verbreitet ist. –

Milch ist in der biblischen Sprache sehr oft Zeichen des Überflusses (s. die Anm. zu „Milch und Honig"); später auch Ausdruck für den Überfluß der messianischen Zeit (s. den Artikel „Der Messias", S. 695). Als gesunde Nahrung finden wir sie noch in den Schriften des NT (1 Kor 3,1 f.; Hebr 5,12 f.; 1 Petr 2,2).

Das Öl

wird aus der Olive, der Frucht des Ölbaums, gewonnen. Der Ölbaum ist charakteristisch für ganz Palästina. Deshalb spielte seine Frucht für die Nahrung, aber auch im Ritual der Israeliten eine große Rolle. Die Oliven reifen gegen Ende September, so daß ihre Ernte um die Zeit des Laubhüttenfestes anzusetzen ist. Das Laubhüttenfest (s. d.) war – als altes Erntefest – wohl auch ein Fest der Olivenernte. – Die gepflückten oder vom Baum geschüttelten Oliven wurden in einer Kelter (Mörser, Ölmühle), möglichst kühl, zerquetscht und in einen Korb geschüttet, der als Sieb wirkte. Aus ihm troff jenes Öl heraus, das als die beste Qualität galt. Dann wurde der Rückstand gepreßt; das Öl lief durch das Korbsieb und galt als Öl zweiter Qualität. Die Öle wurden in Krügen aufbewahrt.

Zur Nahrung nahm man die Oliven frisch, nur ein wenig gesalzen oder in Salzwasser konserviert; schwarze Oliven, d. h. vollreife Früchte, wurden auch in Öl konserviert. Brot tunkte man vielfach in Öl – vor allem in den Gegenden, wo es weniger Viehwirtschaft gab und die Butter fehlte –, und Öl nahm man auch zum Backen und Braten: für Kuchen und Fisch.

Im Reiseproviant wurde Öl als „Brotaufstrich" mitgeführt. In einer flachen tönernen Flasche, ähnlich unserer Feldflasche (Bild, s. „Flasche") wurde es aufbewahrt, und vor der Mahlzeit wurde ein Guß auf einen mit der Flasche verbundenen Teller gebracht, so daß man das trockene Brot eintunken konnte. Jesus konnte also im Gleichnis vom barmherzigen Samariter voraussetzen, daß ein Mann auf Reisen Öl bei sich hatte.

Zur Körpersalbung benutzten schon die Ägypter das Öl; so werden es auch die ägyptischen Hebräerstämme schon in Ägypten gekannt haben. Zur Zeit Jesu war die Salbung mit Öl so selbstverständlich, daß die Schriftgelehrten diese Salbung am Sabbat erlaubten, eben weil sie zu den täglichen Verrichtungen der Körperpflege gehörte. – Bei der Wundbehandlung benutzte man Öl, um das wunde Fleisch geschmeidig zu halten (vgl. das Gleichnis vom barmherzigen Samaritaner).

Bei den Kanaanitern war der Ölbaum ein heiliger Baum, ein Götterbaum. Das Öl aus der Olivenfrucht war Trankopfergabe, wie z. B. der ölige Überzug der ausgegrabenen Altarsteine der Höhe (s. d.) von Naharijah im Norden des heutigen Staates Israel noch ausweisen kann. Öl diente ihnen auch zur Priester- und Königssalbung.

Die Israeliten, obwohl sie nicht den Ölbaum selbst als heiligen Baum übernahmen, übernahmen doch das Öl als Ritusmittel. Davon gibt die Bibel reichlich Kunde. Ohne daß wir hier die komplizierte Unterscheidung treffen, durch welchen Akt der Kultordnung das Öl zum Kultmaterial geworden ist und durch welche Traditionsschicht die einzelnen Daten überliefert werden, können wir doch erkennen, daß zu allen Zeiten das Öl einen symbolischen Wert hatte; zum Beispiel: Jakob salbte in Bet-El den Stein, den er an heiliger Stätte aufrichtete, mit Öl; so erzählt das Buch Genesis.

(Der Herr sprach zu Mose:) „Nimm das Salböl, und salbe die Wohnstätte und alles, was in ihr ist. Weihe sie mit allen ihren Geräten! So wird sie heilig sein. Salbe auch den Brandopferaltar mit all seinen Geräten, und weihe den Altar! So wird der Altar hochheilig sein. Salbe das Becken mit seinem Gestell, und weihe es!" (Ex 40,9–11 und ähnlich Lev 8,10–12).

Im Tempel brannte im siebenarmigen Leuchter Öl, was dementsprechend schon für das Heilige Zelt (s. d.) als selbstverständlich erzählt wurde.

In der Geschichte von Davids Erwählung zum König salbt Samuel David mit Öl aus dem Ölhorn (1 Sam 15,13). Saul war mit Öl gesalbt worden, und als er seinen Waffenträger aufforderte, er solle ihn töten, lehnte dieser das ab: Der Herr bewahre mich davor, „daß ich meine Hand gegen den Gesalbten des Herrn erhebe" (1 Sam 26,11).

Schließlich wurde das Ölbaumsymbol auch in die späten Lehrstücke, die wir die „Menschheitskapitel" oder „Urgeschichten" nennen, hineingenommen, zumal im Ölzweig, den die Taube Noach in die Arche bringt – diesem Symbol des Friedens, mit dem das Sintflutkapitel abschließt.

Ölsalbung schützte den Gesalbten vor feindlichem Angriff. Sie machte den Gesalbten wohlriechend vor Gott und stellte ihn so unter seinen besonderen Schutz. So wurde das Öl zum Zeichen der Unverletzlichkeit und Friedhaftigkeit.

Wein
wurde in biblischen Zeiten in allen Teilen Palästinas angebaut, und immer wieder bezeugen die biblischen Bücher den Anbau. Weingärten gab es in der Ebene und an den Hängen. Die Weingärten wurden mit einem Zaun oder einer Mauer umgeben, um sie vor Wildschweinen und Schakalen zu schützen. Auf den Hügeln wurden mittels Stützmauern Terrassen angelegt, damit die Erde bei den plötzlichen Regengüssen nicht fortgespült wurde. Für die Zeit der Weinreife war ein Wachtturm in den Weinbergen gebaut; während der Lese aber, im August bis September, wohnte man in Zelten im Weingarten, wo die Trauben meist auch sofort in einer aus dem Fels gehauenen Mulde gekeltert wurden. Oft zog sich die Weinlese bis in den Oktober hin. Das Laubhüttenfest (s. d.) war wohl ursprünglich das Erntefest der Weinlese.

Die roten Weinbeeren wurden in der Kelter getreten, erst in den letzten Jahrhunderten vor Christus gab es auch stellenweise Balkenkeltern, ähnlich den Ölkeltern. Den Most füllte man in Schläuche, d. h. vernähte Ziegenbälge (s. d.) oder in Krüge (s. d.). Nach der Gärung wurde er in Vorratskrüge umgefüllt.

Wein gehörte zu jedem festlichen Mahl, selbstverständlich auch zu jedem Hochzeitsfest. Er wurde mit Wasser verdünnt und oft auch gewürzt getrunken. Beliebt war die Würzung mit Honig; sie ergab den „süßen Wein" (Apg 2,13). Um ihn gleichzeitig schärfer zu machen, mischte man auch eine gute Prise Pfeffer unter. Aber es gab auch noch andere Würzen. Viel getrunken wurde auch Wein mit Wermutkraut: der „bittere Wein". Einen ganz eigenen Geschmack hatte außerdem der „geräucherte Wein", das ist Wein, dessen Trauben unter der Einwirkung heißen Rauches nachgereift waren. – Der Speisemeister (s. d.) hatte u. a. die Aufgabe, die rechte Würzmischung festzulegen.

Der Weinstock war nicht nur ein allgemeines Symbol des Wohlstandes (1 Kön 5,5), sondern auch ein spezielles Symbol der Zwölf Stämme Israels. Als solches fand er sich im Herodianischen Tempel, an der hohen Wand über dem Eingang zum Heiligtum, in einem riesigen Hochrelief (?) dargestellt. Dieses Weinstocksymbol ist jedoch sekundär: primär ist das Symbol des Weinbergs für Israel. Jesus knüpfte (Joh 15) an das Weinstocksymbol an, womit aber sicherlich nicht nur das Verhältnis der Jünger zu Jesus und dem Vater dargetan, sondern ebenso die neue Gemeinde Jesu als das eigentliche Israel charakterisiert werden soll.

Der Weinberg galt auch schon vor dem Weinberglied des Jesaja (5,1–7) als Symbol Israels. Mit Sicherheit darf man annehmen, daß das Gleichnis Jesu vom gütigen Herrn des Weinbergs (s. bei Mt 20,1–16) durch diese Symbolik mitbestimmt ist.

Im Kult wurde der Wein beim täglichen Trankopfer, das mit dem Brandopfer verbunden war, mitgeopfert; auch daraus erhellt, daß der Wein zu den Kostbarkeiten und zur alltäglichen Nahrung gezählt wurde. In den Zeiten nach der Babylonischen Gefangenschaft gehörte Wein vor allem zur Feier des Sabbatmahles und zum Paschamahl (s. d.).

Die Feige
hat ihre Heimat im östlichen Mittelmeergebiet; der Baum trägt zweimal im Jahr (Frühfeigen und Sommerfeigen). In unseren Breiten kennen wir die Feige nur getrocknet. Wer sie frisch essen will, muß in den Orient oder z. B. nach Spanien fahren, wo die Mauren sie hei-

misch gemacht haben. Die frische Feige hat einen etwas faden, aber süßen Geschmack, an den man sich schnell gewöhnt. Da die Feigen fast den ganzen Sommer über reifen (Mai bis Oktober), sind sie in ihren Heimatgebieten ein gängiges, alltägliches Nahrungsmittel, vor allem bei der Landbevölkerung. So konnten also die Kundschafter (Num 13,23) mit Feigen recht gut die Ernährungslage eines Landes aufweisen. Und wenn „ein jeder saß unter seinem Weinstock und seinem Feigenbaum" (1 Kön 5,5), so bedeutete das Friede und Wohlstand.

Die Feige ist nahrhaft und vielfältig verwendbar: frisch und getrocknet. Der „Feigenkuchen" besteht aus frischen Feigen, die zu einem Teig geknetet werden, der sodann an der Luft getrocknet wird. Auflagen von Feigenkuchen wurden (und werden noch heute im Orient) als Zugpflaster bei Geschwüren verwendet. Durch Übergießen getrockneter Feigen machte man Feigenbier.

Unser Wort „Feige" ist semitischer Herkunft (hebr. *pag*); der Name der bekannten Ölbergortschaft Betfage (aram. *bet-paggé*) bedeutet Feigenhaus(en).

Aus der Stelle Gen 3,7 („sie hefteten Feigenblätter zusammen") hat die Kunst seit der frühchristlichen Zeit die Gewohnheit hergeleitet, nackten Statuen oder nackten Menschen auf Bildern die Schamgegend mit einem Feigenblatt zu bedecken.

Die Dattel

hatte für Palästina nicht die große Bedeutung wie die Feige, obwohl der Baum von seinem zwanzigsten Jahr an jährlich 200 bis 300 kg trägt; reife Datteln gab es aber nur im großen Nordsüdbruch mit seinem tropischen Klima, vor allem bei der Palmenstadt Jericho. Um die Ernteerträge zu erhöhen, unterstützte man die Befruchtung durch künstliche Bestäubung (etwa seit 400 v. Chr.) Zwischen zwanzig bis dreißig weiblichen Bäumen steht nämlich meistens nur ein männlicher Baum.

Die Bedeutung der Dattel für die Nahrung besteht vor allem in ihrer natürlichen Haltbarkeit; durch den Zuckergehalt der Dattel (36 Prozent) ist das gepreßte „Dattelbrot" ohne weiteres jahrelang haltbar. – Der Saft der frischen Dattel ergibt den „Dattelhonig".

Der Baum dagegen, die Dattelpalme, hatte eine unvergleichlich höhere Bedeutung als alle anderen Bäume des Landes. Der ausgewachsene Baum hat eine durchschnittliche Höhe von 20 m. Das Holz eines so kräftigen Baumes war wichtigstes Bauholz.

Jede Palme bringt im Wipfel jährlich rund fünfzig bis sechzig Blätter hervor, die bis zu 3 m lang werden. Diese „Palmzweige" dienten als Bedachungsmaterial; die Rispen der Blätter wurden zum Flechten von Körben und Zäunen, die Fasern zum Knoten von Matten und Drehen von Seilen benutzt.

Die Bedeutung der Dattelpalme – wenn

Traube und Weinblatt zeigt ein Fries der Synagoge von Kafarnaum (2. christl. Jahrhundert).

auch nicht die Bedeutung der Dattel als Nahrung – geht aus der Benutzung ihres Bildes hervor. Die Wände des salomonischen Tempels waren mit Palmen geschmückt, vielleicht wegen ihrer Fruchtbarkeit, vielleicht aber auch, weil die Dattelpalme in Kanaan den

Vespasians Siegesmünze, mit der Legende IVD (AEA) CAP (TA), d. h.: Das Judenland ist eingenommen. Als Zeichen des Judenlandes zeigt die Münze eine Dattelpalme. – Diese Bronzemünze wurde im Jahre 70 n Chr. geschlagen.

Göttern heilig war; nun diente sie im Tempel Jahwes als Schmuck. Auf judäischen Münzen erscheint die Dattel des öfteren als Symbol für Judäa (s. oben).

Im NT gilt der Palmzweig als Siegeszeichen: beim Einzug Jesu in Jerusalem (Joh 12,13) und in Offb 7,9. Die Verwendung als Siegeszeichen scheint auf griechischen Einfluß zurückzugehen.

Maulbeerfeigen

werden mehrmals in der Bibel genannt. Der Prophet Amos (s. d.) bezeichnete sich selbst als Züchter von Maulbeerfeigen, und in Lk 19 wird erzählt, daß Zachäus auf einen Maulbeerfeigenbaum gestiegen sei, um Jesus sehen zu können. Der Maulbeerfeigenbaum (Sykomore) wächst vornehmlich in Niederungen, z. B. in der Gegend von Jericho (s. d.) und an der Küste; er ist wahrscheinlich während der ägyptischen Zeit Palästinas (1550 bis 1225 v. Chr.) aus Ägypten dort eingeführt worden.

Die Früchte des Maulbeerfeigenbaumes, die büschelweise wachsen, sind nur wohlschmeckend, wenn man jede einzelne dieser „Eselsfeigen" ein wenig aufschlitzt und sie dann noch etwas weiter reifen läßt. Wenn der Prophet Amos sich Sykomorenzüchter nann-

Maulbeerfeigenernte auf einer ägyptischen Holztafelmalerei.

te, so hat man unter dem „Züchten" wohl auch diese Arbeit des Ritzens zu verstehen. – So umständlich es also ist, die Sykomorenfrucht gut eßbar zu machen, so leicht ist es dagegen, eine Sykomore zu erklettern. Der dicke, meist vom Boden an stark verzweigte Stamm, dessen lockere dichte Krone (wie bei einem Strauch) fast unmittelbar über den Wurzeln beginnt, bietet überall Anhalt, wenn man ihn ersteigen will.

Das überaus harte Holz wurde in Ägypten für Mumiensärge verwandt. Die Frucht wurde den Toten mit ins Grab gegeben.

Granatapfel. Rechts: Schnitt durch eine reife Frucht.

Granatäpfel

sind die Früchte des Granatbaums *(punica granata)*. Der immergrüne Strauch oder Zwergbaum wächst vor allem im Orient, heute auch in Spanien. Er ist eigentlich ein Beerenstrauch, dessen Früchte jedoch die Größe eines dicken Apfels haben und auch apfelartig aussehen. Die Schale ist ledrig, umschließt aber ein saftiges Inneres, in dessen süßsaurem Fruchtmark viele Kernsamen eingebettet sind. Das Mark ist durststillend, aber das Essen ist für Ungeübte schwierig, weil man immer Kerne spucken muß.

Der Granatapfel war beliebte Beigabe zu Hochzeitsgeschenken, weil er wegen seiner reichen Samenkerne Symbol der Fruchtbarkeit ist. Die israelitischen Stämme, die nach Kanaan wanderten, kannten die Granatfrüchte von Ägypten her, und so lag es nahe, daß die Kundschafter die langentbehrte Frucht als Beweis für die Fruchtbarkeit des Landes mitbrachten (Num 13,23).

Honig

war in biblischen Zeiten das normale Süßungsmittel; Zucker war noch unbekannt. Deshalb brauchte man das Wort Honig als Metapher für Süße: „Süßer als Honig" (s. Ps 19,11).

Seit wann es Bienenzucht im Vorderen Orient gab, wissen wir nicht sicher; viele Historiker nehmen an, daß bis etwa 300 v. Chr nur der Honig wilder Bienen geerntet wurde, die ihre Stöcke vor allem in hohlen Bäumen und Felsspalten hatten.

In Kanaan galt Honig als Götterspeise und also als Opfergabe; deshalb war er in Israel als normales Speiseopfer verboten, dagegen war er beim Honigernteopfer (Erstlingsopfer) gestattet.

Nicht immer, wenn „Honig" gesagt wird, muß es sich um Bienenhonig handeln. Das Wort wurde später auch für dickflüssigen Fruchtsirup gebraucht (zumal für Traubensirup und Dattelsirup).

Die Linse

(botanischer Name: *lens*) ist eine etwa 30 cm hohe fiederblättrige Pflanze mit weißen Schmetterlingsblüten (wie die Erbse und die Wicke). In den glatten dunkelbraunen Schoten sitzen die 3 bis 7 mm großen rotbraunen Samen, die seit der jüngeren Steinzeit (im Orient etwa 8000 bis 4500) als Nahrungsmittel bekannt sind.

Die normale Zubereitung war die als Linsenmus. Die geröstete und gemahlene Linse mischen die Araber heute noch mit Honig und bereiten daraus eine Art Kuchen. In Notzeiten diente Linsenmehl zur Streckung des Brotmehls: „Du, nimm dir Weizen, Gerste, Bohnen, Linsen, Hirse und Dinkel; tu sie zusammen in ein Gefäß, und mach dir Brot daraus" (Ez 4,9).

„Etwas für ein Linsengericht verkaufen" ist aus Gen 25 sprichwörtlich für einen unangemessenen Kaufpreis geworden.

Salz

ist ein lebenswichtiges Gewürz. Aber Salz ist wohl eines der wenigen Güter, an denen das Israel der kanaanäischen Wohnsitze keinen Mangel litt (s. die Artikel „Totes Meer" und „Sodoma"). Aus dem Toten Meer wurde das Salz gewerbsmäßig gewonnen. Dieses „sodomitische Salz" war besonders stark und galt als das eigentliche Opfersalz. Sodomitisches Salz war „Salz, das nicht feiert", weil das Tote Meer immer – auch am Sabbat – durch Verdunstung Salz hervorbringt.

Salz wurde viel gebraucht, nicht nur zum Würzen: ein Pfeffer- und Salzkorn nahm man in den Mund gegen Zahnschmerzen; ein Salzklümpchen legte man in die Lampenflamme, damit das Licht heller wurde; das Neugeborene wurde mit Salz abgerieben (Ez 16,4). Vor allem aber benutzte man Salz zum Konservieren.

Die konservierende Wirkung machte das Salz zu einem Symbol der Dauerhaftigkeit. Deshalb aß man miteinander Salz, um einen „Salzbund" zu schließen (s. den Artikel über den „Bund"). Vor allem aber spielte Salz deshalb eine große Rolle im Opferkult, zumal im Tempelkult. In den Salzkammern des inneren Vorhofs des Herodianischen Tempels (s. d.) salzte man die abgezogenen Häute der Opfertiere, die den Priestern gehörten; das wird einen rein praktischen Sinn gehabt haben. Auch daß die Rampe auf der Südseite des Opferaltars mit Salz bestreut wurde, war eine rein praktische Maßnahme, damit die Priester nicht ausglitten. Auf der Rampe wurden aber auch die Opfer selbst gesalzen; sowohl das Brotopfer, die Trankopfer, die Speiseopfer wie auch die Brandopfer und der Weihrauch. Diese Opfer, Lob und Dank für den Gott des Bundes, wurden gesalzen, um die Dauerhaftigkeit des Bundes auszudrücken.

In ähnlichem Sinne wurden die Züchtigungen des Sünders als reinigendes Salz angesprochen, das den Menschen tauglich macht zur Sündenvergebung. Und in ähnlichem Sinne galt die Tora als das würzende und Bestand gebende Salz des menschlichen Lebens.

Hier ist vielleicht der Verständnisboden des Wortes Jesu: „Ihr seid das Salz der Erde. Wenn das Salz seinen Geschmack verliert, womit kann man es wieder salzig machen?" (Mt 5,13). Die Lehre Jesu, gepredigt durch die Apostel, tritt an die Stelle der schal gewordenen Tora. – Daß von den Rabbinen dieses Wort Jesu so verstanden wurde, zeigt ihre Polemik:

Man fragte Rabbi Jehoschua ben Chananja: „Sage uns, wenn das Salz schal wird, womit soll man es salzen?" – Er antwortete: „Mit der Nachgeburt einer Mauselin." – Man fragte ihn: „Hat denn die [unfruchtbare] Mauselin eine Nachgeburt?" – Er antwortete: „Kann denn Salz schal werden?"

Das Salz Israels, die Tora, kann nicht schal werden, sagt Israel. Das Salz Israels ist längst schal geworden, sagt Jesus. Deshalb: „Ihr [die ihr meine Lehre predigt] seid das Salz der Erde", mit dem allein man die Tora würzen kann. Wenn aber dieses Salz schal wird, womit soll man dann die schal gewordene Tora würzen?

Das Salz war aber auch ein Bild der Verödung. Die im Salzwind liegenden Gelände am Toten Meer sind unfruchtbar! Diese Unfruchtbarkeit galt als Folge des Fluches Gottes. Deshalb war das Salz auch Symbol des Fluches. Über eine zerstörte Stadt wurde Salz gestreut, damit sie verflucht sei (Ri 9,45). Das konservierende Salz konserviert auch den Fluch.

GEFÄSSE UND GERÄTE

Von den einfachen Gefäßen und Geräten des Hauses in biblischer Zeit seien die wichtigsten erwähnt. Man wird bemerken, daß die „Bestecke" fehlen. Außer dem Messer gab es im Hause kaum so etwas wie Bestecke. Man löffelte nicht, sondern trank; und was wir mit der Gabel anfassen, nahm man mit den Fingern (s. im Artikel „Tischsitten"). Gelegentlich dienten spitze Stöcke als Gabeln, aber wohl nur beim Zubereiten.

Krüge und Gefäße
wurden in biblischer Zeit (nämlich seit 1800 v. Chr.) schon auf der Töpferscheibe gedreht und hochgezogen, die etwa um 2100 v. Chr. erfunden wurde. Der Ton wurde von allen Unreinigkeiten gesäubert, und die gedrehten Stücke wurden im Ofen gebrannt. Seit etwa 1600 v. Chr. waren viele Keramiken in Palästina durch Bemalung oder Rillenschliff verziert. In der Archäologie sind die Scherbenfunde das sicherste Mittel für die Feststellung des Alters einer Siedlung – vorausgesetzt, daß die Scherbenfunde zu bereits erforschten Keramikgruppen gehören.

Die Schale war der gemeinsame Eßnapf; je mehr der eigene Eßnapf in Gebrauch kam, desto flacher wurde die Schale und entwickelte sich auch zum Zierteller, der in der hellenistischen Zeit besonders innen geschmückt war. Das soll aber nicht heißen, daß die alte Schale je außer Gebrauch kam – sie ist ja bis heute

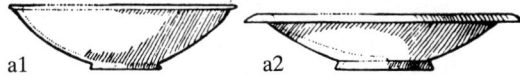

Schalen: a 1 (11 cm hoch) ist ein Typ aus der Mittel-Bronzezeit (2000 bis 1600 v. Chr.). Der Standring ist selten. Leicht verdickter Rand ist gebräuchlich. Die biblische Patriarchenzeit benutzte solche Schalen. – a 2 (10 cm hoch) ist ein Typ der hellenistischen Zeit (etwa seit 300 v. Chr.): kräftiger Standring und überhängender Rand. Solche Schalen benutzte auch die Zeit Jesu.

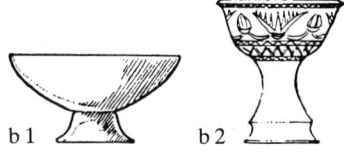

Schalen mit Fuß, die klassische Bezeichnung ist calix, calices. b 1 (15 cm hoch) ist eine Standfußschale aus der Mittel-Bronzezeit; der geschweifte Fuß ist typisch für diese Zeit. – b 2 (24 cm hoch) zeigt ein Gefäß, wie es etwa zwischen 900 und 600 v. Chr. benutzt wurde, also z. Z. der getrennten Reiche. Dieser Typ hält sich auch über die Eisenzeit hinaus.

Trinknäpfe sind die Alltagsbrüder der Standfußschalen. Ein Typ der Mittel-Bronzezeit ist c 1 (7 cm hoch); den hellenistischen Typ (auch den der Zeit Jesu) zeigt c 2 (8 cm hoch).

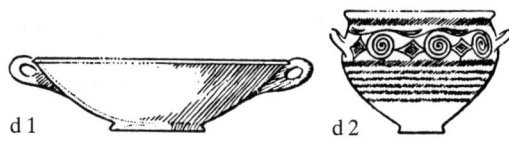

Die Schüsseln wandeln sich ziemlich parallel der Schale. d 1 (12 cm hoch) zeigt einen Schüsseltyp, der parallel zu a 1 gesehen werden muß. Die Zweihenkligkeit überwiegt; selten sind vierhenklige Schüsseln (vgl. h 2). – d 2 (20 cm hoch) gibt ein Beispiel von der Philisterkeramik.

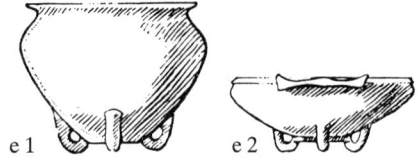

Töpfe mit Henkelfüßen, wahrscheinlich kleinasiatischer Topftyp, der einerseits nach Griechenland, anderseits nach Palästina übertragen wurde. Die hier skizzierten Exemplare entstammen der Mittel-Bronzezeit, d. h. 2000 bis 1600 v. Chr., (e 1, 24 cm hoch) und der Spät-Bronzezeit, d. h. 1600 bis 1200 v. Chr. (e 2, 12 cm hoch).

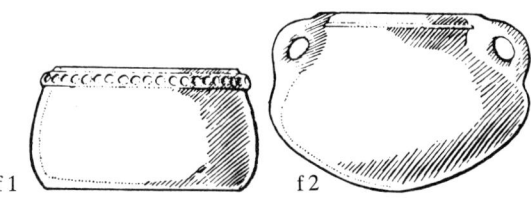

Der Kochtopf ist in der Mittel-Bronzezeit ohne Griff, aber am Rande verziert (f 1, 20 cm hoch). Für die Zeit um 1000 v. Chr. sind die Kochtöpfe mit zwei Henkeln bezeugt; der Boden ist oft rund (f 2, 26 cm).

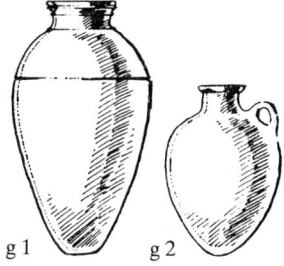

Krüge vom Typ des großen henkellosen Vorratskrugs waren 60 bis 120 cm hoch; Fassungsvermögen 20 bis 50 Liter (Typ g 1, ist etwa von 2000 bis 1000 v. Chr. gebräuchlich: 36 cm Durchmesser). Daneben ein Krug mit Schulterhenkel (zwischen 1800 und 1600 v. Chr.), der aber ziemlich selten blieb (g 2, 30 cm Durchmesser). Die Krüge standen in einem Bodenloch.

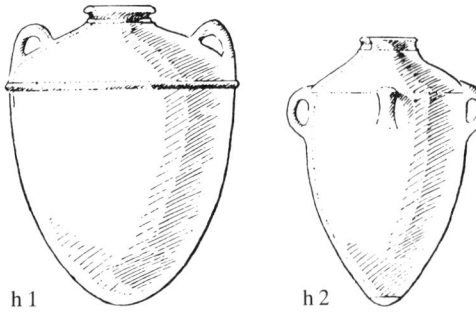

h 1   h 2

Henkelkrüge (Amphoren, d. h. zweihenklige Krüge, oder vierhenklige Krüge) setzen sich seit dem Jahre 1000 v. Chr. immer mehr durch. Die Amphora h 1 hat einen Durchmesser von 58 cm, der Vierhenkelkrug h 2 hat einen Leibdurchmesser von 42 cm.

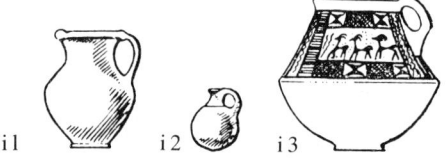

i 1   i 2   i 3

Kannen, d. h. Gefäße mit einem Griff, der am oberen Halsrand ansetzt. i 1 (16 cm hoch) ist eine „Kleeblattkanne" (Typ der Mittel-Bronzezeit, zwischen 2000 und 1600 v. Chr.); i 2 (8 cm hoch) ist eine Parfümflasche aus der Königszeit (900 bis 600 v. Chr.); i 3 (21 cm hoch) mag eine südpalästinische Serienarbeit aus der Zeit um 1500 v. Chr. sein; sie wurde vor allem in Gebieten gefunden, die Handelsorte genannt werden können.

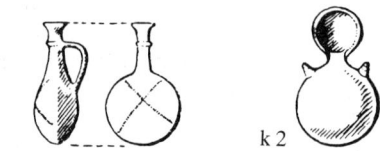

k 1   k 2

Zwei Flaschentypen zeigt k 1: Flachflasche – Ton oder Alabaster – aus der Spät-Bronzezeit, d. h. 1600 bis 1200 v. Chr. (17 cm hoch); und k 2: Feldflasche mit angearbeitetem Teller (Kannenhöhe, einschließlich Teller: 18 cm).

Eine Mühle, deren Oberstein durch zwei Menschen (oder Tiere) gedreht wurde. Man steckte durch die Steinösen eine Stange oder einen Riemen,, mittels derer durch Stoßen oder Ziehen der Oberstein auf dem kegelförmigen Unterstein bewegt wurde. Dieser Mühlentyp wurde von den Römern in Palästina eingeführt. Man darf annehmen, daß er zur Zeit Jesu gebräuchlich war.

sogar bei uns noch im Gebrauch. Die Schale ist sozusagen eine sich natürlich ergebende Form.

Gewissermaßen gegenläufig zur Schale entwickelte sich die anfangs seltene Henkelschale. Während die Schale flacher wurde, wurde die Henkelschale tiefer, so daß sie schließlich die Form etwa unserer Suppenterrine annahm. Darin drückt sich aber auch der Funktionswandel des großen Tischgefäßes aus. Die große, einigermaßen tiefe Schale war gemeinsames Eßgefäß, die henkellose sowohl wie die mit Henkeln. Je weniger das große Gefäß aber gemeinsames Eßgefäß war, desto mehr entwickelte sich die einfache Schale zur Flachschale und die Henkelschale zum Auftragetopf. Seit der hellenistischen Zeit spielten stark modische Einflüsse mit, so daß von da an die Formen immer mehr durcheinandergehen.

Der Topf mit dem Dreifuß ist eine andere Spielart des Großgefäßes, möglicherweise diente er zum Essen aus *einem* Gefäß, wenn man auf dem Boden hockte. Er ist schon 1000 v. Chr. bezeugt. Vielleicht war er ursprünglich zugleich Koch- und Eßtopf. Ein Vergleich mit dem eigentlichen Kochtopf zeigt deutlich die Ähnlichkeit.

Die Schale mit Fuß, „die nach der klassischen Terminologie als *calices* zu bezeichnenden Schalen" (Galling), hat etwa bis 1200 v. Chr. einen gedrungenen Fuß; danach wird der Fuß höher und schlanker und ist etwa seit 1000 v. Chr. oft bemalt. Diese Schalen dürften vor allem Trinkgefäße sein, wie sie etwa auch zur Zeit Jesu von den Galiläern noch als gemeinsame Trinkgefäße benutzt wurden (Abendmahlsbecher?).

Der Napf ist ein kleines henkelloses Gefäß, etwa einer großen henkellosen Tasse ähnlich oder wie eine kleine Schüssel, aber mit steilerer Wand. Der Napf war der Essensbehälter oder auch das Trinkgefäß des einzelnen.

Der Vorratskrug, 60 bis 120 cm hoch, wurde gebraucht für die Aufbewahrung von Öl, Wein und Getreide. Diese 20 bis 50 l fassenden Krüge waren entweder henkellos oder hatten einen Schulterhenkel; mit Henkel versehen waren aber meistens nur die kleineren Krüge.

Von Anfang an gab es neben diesen henkellosen und einhenkligen Krügen auch die Amphoren (zweihenklige Krüge) sowie vierhenklige Krüge mit verschiedenen Henkelansätzen. Das Praktische dieser Henkelkrüge verdrängte allmählich die henkellosen Krüge.

Alle diese Krüge hatten keinen Standfuß, sondern waren unten rund oder spitz, oder ihre Bodenfläche war so schmal, daß sie darauf nicht stehen konnten. Man bohrte sie in den Sand des Vorratsraumes ein oder setzte sie in gegrabene Löcher.

Solche Krüge sind auch in der Perikope von der Hochzeit zu Kana gemeint (Joh 2,6), jedoch wird hervorgehoben, daß sie aus Stein waren ("Steingut"), also nicht aus Ton. Steinerne Krüge nahmen keine rituelle Unreinheit an; deshalb bevorzugte man seit etwa 200 v. Chr. für das Waschungswasser Steinkrüge (s. im Artikel "Rein oder unrein").

Auf dem Henkel einiger großer Krüge wurden Stempel gefunden, z. B. "für den König – Hebron". Man nimmt an, daß es sich hierbei um Krüge handelt, die z. B. Öl als Naturaliensteuer für den König enthielten, und daß Hebron der Sammelort war, von wo aus die gesammelten Steuerbeiträge dann nach Jerusalem transportiert wurden.

Als Kanne zählt man in der Archäologie alles, was einen hoch angesetzten Tragehenkel hat. Solche Kannen gab es in vielen verschiedenen Formen und Größen bis hin zu den kleinen Parfümkännchen, die um 1200 v. Chr. zum erstenmal auftauchen. Auch diese Kannen hatten anfangs meistens keine Standfläche.

Die Funktion dieser Kannen ergibt sich aus ihrer Größe: Soweit sie für Wein, Öl und Wasser gedacht waren, füllte man in sie aus den großen Vorratskrügen um, so daß man alles für den augenblicklichen Gebrauch in handlichen Gefäßen bereit hatte.

Wahrscheinlich wurden Kannen aber auch als Schöpfgefäße benutzt, auch an Brunnen, in die man die gehenkelte Kanne am Brunnenseil hinabließ (Joh 4,11).

Die Flasche entwickelte sich aus der schmalen Kanne; als Flasche müßte man alle schmalen Kannen bezeichnen, die einen engen Hals hatten.

Ein eigenartiges, aber typisches Gefäß war die Ölflasche mit tellerförmigem Ansatz. Sie wird als Feldflasche oder Reiseflasche gedeutet (Gleichnis vom barmherzigen Samariter), in der man das Öl mitnahm. Der Teller war so angebracht, daß beim Kippen ein wenig Öl in den Teller floß; in dieses Öl konnte man dann sein Brot eintunken (s. auf Seite 720 die Abbildung K 2).

Der Mühlstein
ist im Laufe der Zeit vervollkommnet worden, obwohl auch die älteren Arten bis in die Zeit Jesu auf dem Dorfe verwandt wurden. Die älteste Art besteht aus einem länglichen großen Stein, auf den die Körner geschüttet und mit einem Handstein zerrieben wurden. Dieser "Reibstein" – oft aus Basalt – lag meistens vor der Tür des Hauses oder im Hof, falls es einen solchen gab. Auf ihm rieben die Frauen jeden Tag in der Morgenfrühe den Tagesbedarf an Mehl für "das tägliche Brot" (s. die Abbildung zum Brot).

Später rauhte man den unteren Stein auf und konstruierte einen Reibrahmen als Oberstein, der durch einen Knüppel bewegt wurde; daran konnten zwei Frauen (oder Sklaven) mahlen. Dieser Typ ist schon für die Zeit vor 1200 v. Chr. belegt; aber der einfache Reibstein wurde dadurch nicht ganz verdrängt.

Neben diesen Reibsteinen scheint es seit ältesten Zeiten "Handmühlen" gegeben zu haben, worunter man sich wohl eine Art Mörser vorzustellen hat. In Num 11,8 wird sowohl "Mörser" wie "Handmühle" genannt, in denen die Wüstenwanderer das Manna zerrieben.

Die größere Mühle scheint erst seit 300 v. Chr. in Palästina heimisch geworden zu sein. Sie bestand aus einem fest im Boden liegenden Mühlsteinrad, das nach der Umfangsseite hin etwas abschüssig war. In diesem Rad saß der Mühlstein, der in der Mitte offen war, so daß man die Körner hineinschütten konnte; rund um den Unterstein wurde das Mehl mit Tüchern aufgefangen. Durch zwei gegenüberliegende Löcher im oberen Mühlstein konnten Stöcke gesteckt und so die Mühle gedreht werden; oder man konnte sie dadurch drehen, daß man Esel anspannte. – Einen solchen Mühlstein scheint Jesus im Auge gehabt zu haben, als er vom Ärgernisgeber sprach, dem ein Mühlstein an den Hals gehängt werden sollte (Mt 18,6).

TISCHSITTEN

wurden erst zu wirklichen "Tischsitten", seitdem man an Tischen aß. Eine Untersuchung der Essensgewohnheiten zeigt allerdings, daß der Tisch auch im Orient uralt ist – freilich wurde er zunächst nur in vornehmen Häusern benutzt. Für gewöhnlich hockte sich der Orientale zum Essen nieder, und als „Tisch" diente ihm eine Tierhaut (Lederdecke, Matte), die er auf dem Boden ausbreitete; das hebräische Wort *schulchán* („Tisch") bedeutet eigentlich „Ausbreitung".

In Mesopotamien und Ägypten setzte man sich zum Gastmahl an Tische. Während der König oder der Hausherr meistens allein speiste, saßen die Gäste an kleinen Tischen, entweder allein oder zu zweit, zu dritt oder zu viert. Erst mit der weltweiten griechischen Kultur wurde der größere Tisch allgemein üblich, obwohl bei den feierlichen Liegemahlzeiten auch kleine Tische gebräuchlich blieben, weil sie praktisch waren.

Das Liegen bei Tisch war bei den Griechen und den Römern (nach griechischer Sitte) bei festlichen Mahlzeiten mit Gästen der Brauch. Man lag entweder im Halbrund um einen runden Tisch, oder man lag um einen viereckigen niedrigen Tisch. Um einen normalen quadratischen Tisch mit etwa 120 cm Seitenlänge hatten neun Personen Platz. Eine Tischseite blieb frei, damit der Tischdiener frei herantreten konnte. An einem größeren Tisch konnte die Personenzahl aber auch verdoppelt werden; durch rechteckige Tische konnten andere Anordnungen getroffen werden.

Um den niedrigen Tisch standen die Liegepolster, auf denen je drei Personen Platz hatten. Die Polster und Plätze hatten ihre Ränge: auf dem „ersten Polster" war der erste Platz dem Gastgeber vorbehalten. Neben diesem lag der vornehmste oder der dem Gastgeber am nächsten stehende Gast. Da man sich beim Liegen auf den linken Arm stützte, lag der erste Gast so, daß sein Kopf vor der Brust des Gastgebers war; vergl. Joh 13,23–25.

Da es ein erstes, zweites, drittes usw. und letztes Polster gab und die Plätze auf den Polstern ebenfalls als Rangplätze galten, gab es „erste Plätze" und „letzte Plätze". Diese Rangordnung benutzte Jesus in seinem Gleichnis, „als er bemerkte, wie sich die Gäste die Ehrenplätze aussuchten" (Lk 14,7).

Beim Liegen waren die unbeschuhten Füße nach hinten gestreckt. Daraus wird auch die Situation klar, die in der Perikope von der Sünderin erzählt wird, die Jesu Füße salbte: Sie stellte sich weinend hinter seine Füße und fing an, seine Füße mit ihren Tränen zu benetzen (Lk 7,38). Die letzte Demut in dieser Tat

wird deutlich, wenn man bedenkt, daß Jesus die Frau nicht einmal recht anschauen konnte, es sei denn über seine Schulter.

In älteren Zeiten ehrte man einen Gast vor allem durch die Menge der Speisen. Es wurde für ihn so viel zubereitet und ihm so viel vorgesetzt, wie er unmöglich essen konnte. In der Erzählung von dem Besuch der drei Männer bei Abraham (Gen 18,6–8) und bei den Tischportionen Benjamins, die Josef ihm vorsetzen läßt (Gen 43,34), wird das ostentativ praktiziert. Auch in der Weinmenge beim Wunder zu Kana könnte dieser Gastgeberbrauch mitgespielt haben; denn auch zur Zeit Jesu war dieser Brauch nicht ausgestorben, wie aus dem Vorwurf Jesu für Marta hervorzugehen scheint: „Marta, Marta, du machst dir viele Sorgen und Mühen. Aber nur eines ist notwendig" (Lk 10,41 f.).

Während der Gast aß, aß der Gastgeber nicht mit, wenn er den Gast besonders ehren wollte. So war es wenigstens in nomadischen und später auch in bäuerlichen Kreisen, die die Lebensweise der Nomaden am reinsten bewahrt hatten: Als Abraham den drei Männern reichlich zu essen vorgesetzt hatte, heißt es: „Er wartete ihnen unter dem Baum auf, während sie aßen" (Gen 18,8).

Die Lobsprüche über die Speisen sind ein Ergebnis der nachexilischen Frömmigkeit – vielleicht Übertragungen von Opfersprüchen früherer Zeit ins Leben des Alltags. Die Lobsprüche (die man am besten „Tischgebete" nennt) waren formelhaft, etwa: „Wir preisen dich, Herr, Gott, König der Welt, der du uns durch den Erdboden das Brot zur Speise gibst." Worauf die Tischgenossenschaft mit „Amen" antwortete und zustimmte. – Aber wenn der Lobspruch auch formelhaft war, so war er nicht notwendig eine feststehende Formel. Der wortkundige Rabbi hatte die Möglichkeit, seinen eigenen Lobspruch zu formulieren. So hat es wohl auch Lukas in der Erzählung von den Emmausjüngern gemeint, die Jesus am oder besser beim Brotbrechen erkannten. Jesus mag seine ganz eigen geprägte Lobspruchformel gehabt haben, an der man ihn unzweifelhaft identifizieren konnte.

Wenn in der Perikope von der wunderbaren Brotvermehrung steht: „Dann nahm Jesus die Brote, sprach das Dankgebet" (Joh 6,11) – oder wenn Paulus auf dem treibenden Schiff vor Malta alle zum Essen aufforderte (s. Apg

27,35, zum Thema Paulus Nr. 40) und es im Bericht heißt: „Nach diesen Worten nahm er Brot, dankte vor den Augen aller", dann ist mit dem Danken jeweils der Lobspruch über die Speisen gemeint.

Das Brotbrechen war die Einleitung der jüdischen Mahlzeit, was aber zweifellos aus älteren Tischsitten übernommen war. Das Recht des Brotbrechens hatte der Hausvater oder der Gastgeber. Nach dem Lobspruch (über das Brot!) brach er die knackerig gebakkenen Fladen und teilte jedem Tischgenossen davon zu (s. den Artikel „Das Brot"). Das Brotbrechen eröffnete jede Mahlzeit, auch die, bei der mehr als Brot gegessen wurde. Dieser Eröffnungsakt galt den Israeliten und Juden als ein so wesentlicher Bestandteil jeden Mahles, daß Brotbrechen und Mahlhalten im Sprachgebrauch als Synonyme gebraucht werden konnten. Es handelt sich ganz sicher um einen uralten Brauch und Ausdruck; schon bei Jeremia (6. Jahrhundert v. Chr.) findet man die Formel: Man wird keinem das Trauerbrot brechen, um ihn zu trösten . . . (Jer 16,7).

Der Speisemeister, wie er in Joh 2,8 (Hochzeit zu Kana) genannt wird, ist uns mit dem griechischen Wort *architriklínos* sonst nur noch aus einem christlichen Roman des 4. Jahrhunderts bezeugt; deshalb ist nicht eindeutig, was in Joh 2 damit gemeint ist. Da ihm aber offensichtlich oblag, die Weine abzuschmecken, scheint es sich um eine Art Mundschenk gehandelt zu haben, besser: um einen Verantwortlichen für das Mahl. Ein solches Mundschenkamt ist für den jüdischen Kulturkreis des öfteren bezeugt – allerdings nicht mit jenem griechischen Ausdruck. Er hatte für den Wein (s. d.) die zuzusetzende Wassermenge und die Gewürze zu bestimmen.

Daß es einen solchen „Speisemeister" nur in einem vornehmen und reichen Hause gab, braucht kaum bemerkt zu werden. Bezeugt ist er – für später – vor allem bei den Freundschaftsmählern der gesetzestreuen Genossenschaften (Pharisäer). Für gewöhnlich wird man bei Gastmählern keinen „Speisemeister", sondern einen Tischdiener gehabt haben, der aber wohl auch nicht nur die Speisen aufzutragen, sondern ebenfalls die Aufgaben des Speisemeisters zu erfüllen hatte, wenn es um die Mischung des Weines ging.

Essen aus einer Schüssel war bei den Juden der Zeit Jesu nicht üblich. Auch beim Pascha-

essen hatte jeder seine eigene Schüssel mit Bitterkräutern. Jedoch hatten die Galiläer in mancher Beziehung archaische Sitten, und dazu gehörte auch das Essen aus einer Schüssel und das Trinken aus einem großen Weinbecher. Das symbolische Moment der intensiveren Gemeinschaft blieb dabei nicht außer acht, wie das Klagewort Jesu zeigt: „Der, der die Hand mit mir in die Schüssel getaucht hat, wird mich verraten" (Mt 26,23). Dies ist kein Hinweis auf den Verräter, sondern steht auf einer Stufe mit der Frage: „Judas, mit einem Kuß verrätst du den Menschensohn?" (Lk 22,48).

Weil Essen aus einer Schüssel ein Zeichen tiefer Gemeinschaft war, gab man dem Gast, den man ehren wollte, von seinem eigenen Brot und aus der eigenen Schüssel. Dies war die Fortsetzung der einen Schüssel in einem Brauch, auch als diese nicht mehr überall üblich war. Aus der einen Schüssel zu essen, war die volle Tischgemeinschaft. Vom Hausvater Brot zu empfangen, war Ehrung. Als dann die eine Schüssel wegfiel, blieb die Geste der Ehrung: der Hausvater nahm von seinem Brot, tauchte es in seine Schüssel mit Mus und gab davon dem Gast oder dem Freund. So tat Jesus auch bei Judas (Joh 13,26); er gab Judas von seinem Brot.

Tischgespräche würzten das Mahl. Das Mahl als Gemeinschaftszeichen war deshalb besonders dazu angetan, von den Zeiten der vollkommenen Gemeinschaft des Messiasreiches zu reden; das wird bei allen Gastmählern in Israel reichlich getan worden sein. Sicher wurde auch von den tiefsten Dingen, die eine Gemeinschaft bewegen, gesprochen. Es müßte auffallen, wie oft Jesus gerade seine Gleichnisse vom Himmelreich nicht nur auf dem Motiv vom Mahl aufbaute, sondern wie oft er gerade bei Mahlzeiten vom Himmelreich und den neuen Ordnungen sprach; wie er bei Mahlzeiten seine gute Nachricht verkündete. Er tat es als Beitrag zum Tischgespräch.

Wenn Johannes in den Kapiteln 14 bis 17 die Abschiedsreden Jesu in den Rahmen des Letzten Abendmahls aufnahm, so hatte er dazu also einen guten Grund, obwohl diese Abschiedsreden wahrscheinlich nicht so beim Letzten Abendmahl gesprochen worden sind.

Das Spülen der Hände gehörte vor dem Mahl und nach dem Hauptgericht nicht nur zur rituellen Reinheitsvorschrift der Pharisäer, sondern auch zum Anstand. Man bediente sich ja beim Essen keiner Bestecke, sondern aß mit den Fingern, wie man es bis heute noch im Fernen Osten tut – auch bei hochkultivierten Völkern. Ihnen ist das Essen mit Löffel und Gabel, die wer weiß wie viele schon im Munde gehabt haben, unappetitlich.

Das Essen kam in mundgerechten Stücken auf den Tisch, wurde also in der Küche zerteilt. Nachdem man mit den Händen als „Besteck" gegessen hatte, reinigte man die Hände mit Brot und Wasser. Das verschmutzte Brot wurde unter den Tisch geworfen.

Die Brocken, die vom Tische fielen, wozu auch das fortgeworfene Brot gehörte, wurden nach der Mahlzeit gesammelt, damit sie nicht umkamen. Diese Reste wurden den Hunden zum Futter gegeben. Deshalb antwortete die für ihre besessene Tochter bittende Kanaaniterin, als sie von Jesus abgewiesen wurde: „Aber selbst die Hunde bekommen von den Brotresten, die vom Tisch ihrer Herren fallen" (Mt 15,27).

DIE KLEIDUNG

Die Kleidung der Menschen hat sich im Laufe der Jahrtausende nicht sehr geändert. Im Grunde gibt es nur zwei Kleidungstypen: die die einzelnen Körperteile umhüllenden (Kleider, die man anzieht) und solche, die den ganzen Körper umhüllen (Kleider, die man umlegt). Im Orient haben die Umlegekleider immer eine größere Bedeutung gehabt. Ein Zwischentyp ist das Hemdkleid, zu dem auch unser heutiger Manteltyp gehört.

Seit Urzeiten ist die Kleidung modebedingt. Die Mode aber wurde damals am meisten angeregt durch die Eroberung eines anderen Landes; die Bevölkerung des eroberten Landes nahm von ihren Beherrschern sehr oft die Kleidung ihres Landes an, besonders dann, wenn die Kultur des Eroberers der Kultur des eroberten Landes überlegen war.

Leinwand
wurde in Palästina nur vereinzelt vom Flachsbau aus hergestellt; das Land eignet sich wegen seiner Wasserarmut nicht sonderlich für den Flachsbau; Ägypten dagegen war und ist das ideale Flachsbauland. Es ist daher nicht von ungefähr, daß der Erzähler in den Kapiteln, die das Volk als gerade aus Ägypten kommend darstellen, die Leinwand und den Byssus, eine besonders feine Leinwandart, eine große Rolle spielen läßt: nämlich bei der Schilderung des Heiligen Zeltes.

In Palästina muß Leinwand zu allen biblischen Zeiten verhältnismäßig teuer gewesen sein, da ein großer Teil eingeführt wurde, auch als fertige Leinwand. Überall aber, wo es Anbaumöglichkeiten für Flachs gab, hat man diese genutzt, und soweit man den Flachs gehechelt aufkaufen konnte, hat man dies sicherlich getan; denn die reichen Funde an Spinnwirteln (Spindelköpfe aus Knochen, Kalkstein oder Ton) bezeugen, daß in Palästina viel gesponnen wurde. Aus dem Garn wurde auf Webstühlen die Leinwand gewebt.

Purpur
galt als besonders kostbar. Ursprünglich war mit „Purpur" wohl nur der Farbstoff gemeint, der aus den Absonderungen der Purpurschnecken gewonnen wurde; unter dem Sonnenlicht wurden diese Säfte violett, durch bestimmte bleichende Zusätze „purpurrot". Mit diesem Farbstoff färbte man vor allem Wolle. Purpurwolle galt als Königsstoff.

Die Phönizier haben anscheinend dieses Färbverfahren erfunden und sich das Monopol lange erhalten. Es wird sogar für möglich gehalten, daß die Bezeichnung „Kanaan(iter)" (s. d.) auf Purpur zurückgeht. Daher ist es auch nicht verwunderlich, daß gerade kanaanitische Götzen mit Purpur bekleidet waren (Jer 10,9). Aber ebenfalls ist nicht verwunderlich, daß die Israeliten in Kanaan Purpur zur Auszeichnungsfarbe ihres Tempels erhoben und diese auch auf das Heilige Zelt (s. d.) übertrugen.

Auch in der Zeit Jesu galt Purpur noch als Auszeichnungsfarbe der Herrscher und Reichen (s. das Gleichnis vom reichen Prasser, Lk 16,19). Auch die Verspottung Jesu durch Umhängen eines scharlachroten Offiziersmantels weist in diese Richtung: der Mantel war zwar nicht purpurrot, aber der scharlachrote Mantel ersetzte den purpurroten Königsmantel, den die spottenden Soldaten natürlich nicht zur Hand hatten.

Der Schurz
ist das Männerkleid der urtümlichen Zivilisation warmer Länder. Sobald die Menschen nicht mehr nackt gingen, begann die Zeit des

Schurzes. In der Bibel müssen wir ihn für die Erzväterzeit als die normale Bekleidung des geringen Mannes ansehen; aber man darf annehmen, daß er sogar bis in die Zeit Jesu als das bequemste Arbeitskleid der Bauern, Handwerker und Fischer gegolten hat. Dieses Arbeitskleid war auch zugleich das Normalkleid des semitischen Kriegers.

Natürlich änderte sich dieser Schurz – durch Praxis und Mode – im Laufe der fast zweitausend biblischen Jahre; aber die Grundbestandteile blieben: ein längerer wollener Wickelstreifen und ein Gürtel, mit dem er festgehalten wurde; später scheint der Schurz sogar

eher eine kurze Hose gewesen zu sein – wenn wir die Darstellungen richtig deuten.

Das Hemdgewand
kommt seit etwa 1200 v. Chr. immer mehr in Mode. Der Schurz (s. oben) tritt damit als Normalkleid zurück. Obwohl er als Arbeitskleid meistens noch beibehalten wird, tritt daneben aber auch das halblange Hemdkleid mit ebenfalls halblangen Ärmeln. Es wurde des öfteren mit dem Schurz kombiniert getragen.

Das lange Hemdkleid war schon vorher (in der späteren Bronzezeit) als Kleid der Vorneh-

Der Schurz konnte ein geradezu prunkhaftes Kleidungsstück sein, wie die Kreterfigur aus einer Grabmalerei des ägyptischen Theben dokumentiert. Bei Baalsfigurinen ist der (oft sehr einfache) Schurz ein Zeichen für die lange Tradition des betreffenden Baalstypus. Der hier mit gehörnter Götterkappe abgebildete Baal wurde als Bronzestatuette in ras esch-schamrá (Ugarit) gefunden.

men üblich gewesen, und nach dem Gesetz der Mode wurde es nach und nach immer mehr von der Allgemeinheit übernommen, jedoch für die Bedürfnisse (d. h. auf halblang) zurechtgeschneidert.

Die vornehme Kleidung war außerdem schon vor 1200 v. Chr. durch den breiten Wikkel charakterisiert. der im Grunde nichts anderes ist als ein verlängerter Schurz, der über dem kleinen Schurz oder über dem Hemdkleid getragen wurde. Im berühmten „bunten Rock"/„Ärmelrock" Josefs (Gen 37,3) spielt dieses Kleid in der Bibel eine große Rolle. Man übersetzt den entsprechenden hebräischen Ausdruck mit „Kleid der Knöchel" oder mit „Kleid der Flächen" (Ärmelrock); deshalb gibt es für das besondere Kleid Josefs folgende Möglichkeiten:

ein Hemdkleid, bis zu den Waden, gegürtet, mit langen Ärmeln „bis zu den Knöcheln" der Hand, darüber ein lockerer spiralförmiger Wickelumhang;

oder das „Flächenkleid", ein Wickelkleid, das über einem Hemd oder Schurz getragen wurde. Es bestand aus einem langen, breiten buntgewebten Tuchstreifen, dessen eines Ende man von vorn her über die rechte Schulter schlug, während man das lange Stück über die linke Schulter bis zu den Waden fallen ließ; dann wickelte man den Ballen weiter ab und drehte ihn unten lockerer, oben fester spiralförmig um den Körper, so daß man das andere Ende über die linke Schulter und den Oberarm werfen konnte. Vor dem Nabel und vor der Brust konnte es durch Broschen gehalten werden. Es soll ein hetitisches Modekleid gewesen sein, das bei dem großen Einfluß des Reiches der Hetiter (s. d.) von 1900 bis 1650 v. Chr. sehr verbreitet gewesen sein mag.

Aus Kenntnis der bunten Webart dieser „Flächenkleider" übersetzte Hieronymus: *tunica polymita*, d. i. „buntgewebter Rock".

Der Mantel

hat in der Bibel viele Namen, für die wir aber die verschiedenen Bedeutungen nicht kennen. Einen Anhaltspunkt haben wir am heutigen ägyptischen Fellachenmantel *(abáje)*; aber dieses Kleid entspräche dann wohl doch nur dem hebräischen *beged*. Die *abáje* ist ein Tuch, etwa 120 cm im Quadrat, grob gewebt, das über die Schultern geworfen wird und an den Rändern zwei weitere Armschlitze hat.

Wichtiger als die Form ist etwas anderes: der *beged* war auch die Schlafdecke (das zugehörige Verb bedeutet „zudecken"); als Schlafdecke war dieser Mantel unpfändbar. Wenn die Frau Potifars – in der Josefsgeschichte – Josefs Mantel als Beweisstück für die unlauteren Absichten des Hebräers vorzeigte, so hatte sie damit übrigens keinen schlechten Beweis in der Hand. Denn was tat der Sklave mit dem Mantel in der Wohnung, da man doch den Mantel bei der Arbeit nicht trug? Die Verbindung zwischen Sichniederlegen und Mantel ist hier das Treffende.

Eine Besonderheit ist der Ziegenfellmantel der Propheten, wohl ein altertümlicher Hirtenmantel, der bis ins 3. Jahrtausend v. Chr. hinaufreichen könnte.

Die Kopfbedeckung

der Israeliten und Juden ist uns durch Bilder nur in Andeutungen bekannt. Auffallend ist auf vielen Bildern die Kopfschnur. Sie könnte dazu gedient haben, die Haare so festzuhalten, daß sie locker den Kopf bedeckten, so daß dadurch die Haare zur eigentlichen Kopfbedeckung wurden. Man trug aber auch zum Dreieck gefaltete Kopftücher, mit einer Spitze nach hinten herunterhängend, und runde Kappen, die ebenfalls durch die Stirnschnur gehalten wurden. Diese Kopfbedeckungen waren bestimmt bis 1200/1100 v. Chr. in der Mode, können aber auch später noch getragen worden sein.

Aus späteren Zeiten, z. B. der Zeit zwischen dem Ende des Reiches Israel (722 v. Chr.) und dem Fall Jerusalems (586 v. Chr.), sind auch geschlungene Tücher (ähnlich dem Turban) für die Bevölkerung von Juda bezeugt.

Der Tuchwulst über dem hängenden Kopftuch, wie ihn heute noch die Araber zur Keffije tragen, ist durch eine Ausgrabung in Geser belegt. Es ist aber schwierig zu sagen, ob die Tonfigur mit diesem Wollring (wahrscheinlich aus der Zeit vor 1200 v. Chr.) Rückschlüsse auf die israelitische und spätere jüdische Tracht erlaubt; Geser war die meiste Zeit ägyptisch und philistäisch.

Schuhe

zu tragen war nicht in allen biblischen Zeiten selbstverständlich. Die nomadisierenden Erzväter, die Hebräer in Ägypten und auf dem Wüstenzug sowie der Bauer, der Hirt, der

Fischer trugen bei der Arbeit – bis in die Zeit der Apostel – selten Schuhe. Wenn aber Schuhe getragen wurden, waren es Sandalen, bestehend aus einer Sohle (Leder, Holz, Geflecht), die mit Riemen am Fuß festgebunden wurden; manchmal hatten die Ledersandalen auch eine Hackenkappe. Es gab aber, auch schon in nomadischer Zeit, den geschlossenen Schuh, den vor allem hochgestellte Personen, aber auch Frauen und Kinder trugen.

Seit etwa 1000 v. Chr. darf man in Israel den Besitz eines Paars Sandalen bei jedem freien Mann voraussetzen.

Der Schuh war ein Bekleidungsstück für die Straße; im Hause wurde er fast immer abgelegt. In den Häusern, wo ein Sklave war, zog er den eintretenden Familienmitgliedern und Gästen die Schuhe aus und wusch ihnen dann die Füße (s. „Fußwaschung"). Johannes der Täufer erklärte sich nicht einmal für würdig, Jesus diesen Dienst zu leisten (Joh 1,27). Das Schuhausziehen und Schuhenachtragen galt so sehr als äußerste Form des Sklavendienstes, daß hebräische Sklaven zu diesem Dienst nicht verpflichtet waren und daß eine Person, die einer anderen die Schuhe auszog, dadurch geradezu als Sklave erworben wurde.

Das Ablegen der Schuhe war ein Akt der Ehrfurcht; deshalb versahen die Priester den Dienst im Tempel barfuß. Aber auch der Trauernde und Büßende ging barfuß. Beide Gesten haben vielleicht auch daraus ihren Gehalt gewonnen, daß die Sklaven und die Deportierten barfuß zu gehen hatten. Vor Gott ist jeder ein Sklave, und der Trauernde und Büßende wollte seine Deportation ins Elend bildlich dartun. Entsprechend war das Anlegen der Schuhe eine Geste der Wiederaufnahme: „Zieht ihm Schuhe an", sagt deshalb der Vater des verlorenen Sohnes im Gleichnis Jesu (Lk 15,22). Ebenfalls ist dementsprechend das (gewaltsame) Ausziehen eines Schuhs bei einem anderen, der seine Rechte und Pflichten nicht wahrnimmt, z. B. die Schwagerehe (s. d.) verweigert, ein Spott; er tut durch seine Pflichtverletzung nicht das, was Freie tun müssen, und so zeigt man, was man von ihm denkt: Du hast einen Sklavengeist, du bist ein Barfüßer.

So kann der Schuh, das Ablegen, das Ausziehen und das Anlegen der Schuhe mancherlei Bedeutungen haben, je nach der Situation, in der es geschieht.

Die Kleidung der Zeit Jesu
war stark von der griechischen Kleidung beeinflußt, was jedoch nicht so außerordentliche Unterschiede gegenüber der Kleidung früherer Zeiten hervorbrachte, wie man meinen könnte.

Das Untergewand (griech. *chitôn*) war ein weites hemdähnliches Gewand, das mit einem Gürtel zusammengehalten wurde; es war in Jesu Zeiten meistens aus Leinen (s. d.). Es konnte ärmellos sein, hatte aber wohl meist wenigstens halblange Ärmel. Es ging bis zu den Knien oder bis zu den Waden. Als Zeichen der Vornehmheit galt es, zwei Untergewänder – ein ärmelloses Hemd und eines mit Ärmeln *(tunica)* – übereinander zu tragen (Lk 3,11 und Mk 6,9).

Der Gürtel, ein breiter langer Leinenstreifen, gehörte zum Untergewand. Er wurde mehrmals – aber nicht glatt, sondern faltig – um den Leib gewickelt und meistens sogar an zwei Stellen gedreht; dadurch entstand eine Tasche, in der man sein Geld aufbewahrte (vgl. Mt 10,9, Mk 6,8).

Beim Laufen und Arbeiten schürzte man das Untergewand, indem man die unteren Ränder hochhob und hinter den Gürtel steckte.

Das Obergewand (griech. *himátion*), viereckig, rund oder oval geschnitten, wird für gewöhnlich als Mantel (s. oben) bezeichnet. Es war meistens aus Wolle. Über die vielfältigen Gebrauchsmöglichkeiten gibt das NT einigen Anschauungsunterricht. Um seine Erregung auszudrücken, nahm man es ab und wirbelte mit ihm den Staub auf (Apg 22,23); man konnte es auf den Boden breiten, sozusagen als spontanen Teppich, oder auch als Reitdecke gebrauchen; beides geht aus der Erzählung vom Einzug Jesu in Jerusalem hervor (Mt 21,7.8).

Die Kostbarkeit einer Kleidung ergab sich nicht so sehr durch den Schnitt, sondern durch die Webart (das Untergewand Jesu war aus einem einzigen Webstück gearbeitet); auch bunte Säume wurden angewebt.

Ferner wurde die Vornehmheit betont durch die gutsitzende Faltung des Untergewandes, den phantasievoll geschlungenen Gürtel, das großzügig übergeworfene Obergewand und schließlich durch die Kostbarkeit der Spangen, zumal bei Frauengewändern; denn Knöpfe gab es nicht.

Die Frauengewänder waren den Männergewändern (bis auf kleine modische Abweichungen) gleich. Allerdings waren die Untergewänder der Frauen meistens länger als die der Männer.

Die Schuhe (s. oben) waren Sandalen, von denen man auf Reisen ein zweites Paar im Reisegepäck mittrug; Jesus aber wollte nicht, daß seine Gesandten ein solches zweites Paar mitnähmen (Mt 10,10; Lk 10,4; 22,35). Diese Forderung kann also nicht als Barfußgehen ausgelegt werden (Mk 6,9).

DIE WOHNUNG

Das Zelt
war die normale Wohnstätte der Nomaden und der meisten Halbnomaden, ganz sicherlich aber der zwangsweise nomadisierenden Hebräer zwischen dem Auszug aus Ägypten und der Niederlassung in Kanaan. Auch nach der Landnahme blieb das Zelt für den Teil der Bevölkerung, der als Viehzüchter lebte, das normale „Haus". Da sich in gewissen Kreisen Israels in Kanaan ein ideologisches Idealbild des Volkes erhalten hatte, in dem die Erinnerung an die nomadische Vergangenheit gepflegt wurde, galt sogar später das Zelt noch als die eigentliche israelitische Wohnung.

Es gab das Rundzelt mit einer Mittelstütze sowie rechteckige Zelte mit Stützen, die wie durchbrochene Wände wirkten. Die Aufstellung war die auch bei uns noch übliche vermittels Seilen, die durch Zeltpflöcke (Heringe) gehalten wurden, welche man in den Boden einschlug.

Die Zeltdecken wurden aus Ziegenhaar gewebt; Ziegenhaar ergab eine dichte Decke, die zugleich wasserabstoßend war und durch ihre Gewebefestigkeit im Sommer die Kühle im Innern des Zeltes lange bewahrte.

Das Zelt war im Innern manchmal unterteilt. Vor dem Eingang hing ein Vorhang aus behaarten Häuten, aus Leder oder auch aus Leinendecken, die zuweilen bunt gewirkt waren.

Das Haus
blieb sich in seinem Grundtypus im Lande Israel während der biblischen Zeit immer gleich – abgesehen davon, daß es reichere und weniger reiche Formen gab. Man übernahm,

wenn auch zunächst in bescheidenster Art, den Hausbau der Kanaaniter.

Die einfachste Form war das Einraumhaus: ein Rechteck von etwa 6 × 4 m oder auch größer, mit einer Tür (s. unten) an der Breitseite. Falls die Mauern überhaupt Fenster hatten, waren die Fenster sehr klein (z. B. 50 × 50 cm). Sie lagen in der etwa 3 m hohen Mauer unmittelbar unter dem flachen Dach und waren meistens offen, also auch ohne Fensterrahmen. Wahrscheinlich lagen diese kleinen Fenster in den Wandteilen des Unterraumes (s. unten), so daß auf jeden Fall der Oberraum dunkler war als der Unterraum; dieser bekam auch noch durch die Tür mehr Licht als der Oberraum – selbst dann, wenn die Wohnung überhaupt keine Fenster gehabt hätte. Da die Frau im Gleichnis von der verlorenen Drachme ihre Drachme wahrscheinlich beim Schlafen verloren hat, also im Oberraum, muß sie auch bei Tage ein Licht anzünden (Lk 15,8), um die Drachme zu suchen.

Das Mauerwerk hatte ein Bruchsteinfundament, das aus dem Boden herausragte, und zwar rundum, so daß die Schwelle der Tür verhältnismäßig hoch hervorstand. Auf dieses Fundament baute man die Mauern aus ungebrannten, d. h. luftgetrockneten Ziegeln, die meist durch untergemengtes Stroh fester gemacht wurden (vgl. Ex 5,6ff. und Abb. S. 529). Darüber wurde das flache Dach (s. unten) gelegt. Zweistöckig wurden solche Häuser nie gebaut.

Im Innern war der Raum zweigeteilt, jedoch nicht durch eine Mauer, sondern durch eine Erhöhung im hinteren oder in einem seitlichen Raumteil. Diese Erhöhung war die Schlafstelle; Betten gab es wohl in diesen einfachen Häusern nicht. Im unteren Teil wurden die Haustiere (Esel, Maultier oder Maulesel, Ochse) zur Nacht oder an Regentagen untergebracht; deshalb war an der Grenze zwischen Unter- und Oberraum eine Futterkrippe in der Erhöhung ausgespart oder aus Lehm(-ziegeln) aufgebaut. Die Tiere standen also mit den Köpfen den Schlafenden zugewandt.

In einer Ecke, die von Vorder- und Seitenwand gebildet wird, stand ein Backofen (s. d.) und der Wasserkrug. Dort wurden auch die Geräte zur Essenbereitung und für die Mahlzeiten aufbewahrt.

Unterkellert waren die Häuser nicht; der „Keller" war ein Loch im Boden (gestampfter

Lehm!); in diesem Loch standen die Krüge (s. d.) mit Öl, Wein, Salz usw. Das ungemahlene Korn und andere Trockenware wurden in solchen Häusern meistens auf dem Dach aufbewahrt, zu dem an einer fensterlosen Mauer draußen eine hölzerne Treppe hinaufführte.

Das Haus wurde wenig benutzt, fast nur zum Schlafen und höchstens zum Essen. Auch die Küchenarbeit wurde meistens vor dem Hause (oder in einem Hof) getan. In solchen Häusern aß man – falls man keinen Hof hatte – im Innern des Hauses, in der Nähe der Tür, auf dem Boden sitzend. Für alte Leute gab es einen Hocker.

Eine besondere Form des einfachen Hauses muß man für die Gegenden mit weichem gewachsenem Boden voraussetzen – und solchen Boden gibt es in Palästina viel, z. B. auch in Nazaret und Betlehem. Hier grub man des öfteren sein Haus in den Berg hinein. Vielleicht schloß man die Vorderseite mit Ziegelwänden. Im übrigen war die Einrichtung die gleiche.

Das Hofhaus war der reichere Typ. Hier war die Anlage rechteckig oder quadratisch. Zwei oder drei Zimmer lagen nebeneinander; hinter ihnen lag der Hof, der mit einer Mauer umzogen war. Über einige Anordnungsmöglichkeiten unterrichten die Grundrisse. In solchen Häusern gab es kleine Räume für die Vorräte. Der Hof diente vor allem zum Essen. Im Hof lag auch die kleine Zisterne.

In hellenistischer und römischer Zeit änderte sich der Grundtyp nicht, lediglich einige schmückende Zutaten verraten in reicheren Häusern die Kulturepoche (Säulen, gewölbte Decken). Das typisch griechische bzw. römische Haus trat nur einzeln auf. Nur bei den Palästen machte sich die veränderte Zeit stärker bemerkbar.

Abtritte gab es in den einfachen Häusern nicht. Die Israeliten waren angewiesen, ihre Notdurft außerhalb des Lagers („im Vorgelände des Lagers") zu verrichten und den Kot mit einem zum Graben geeigneten Pflock oder mit einer Schaufel zuzuscharren (Dtn 23,13.14). In dieser Vorschrift tritt uns aber durchaus die Regelung für das Land Israel entgegen; man braucht nur statt „im Vorgelände des Lagers" zu lesen: außerhalb der Wohnbereiche. In vornehmen Häusern gab es Abtritte im Hause, die an einen Abführkanal angeschlossen waren.

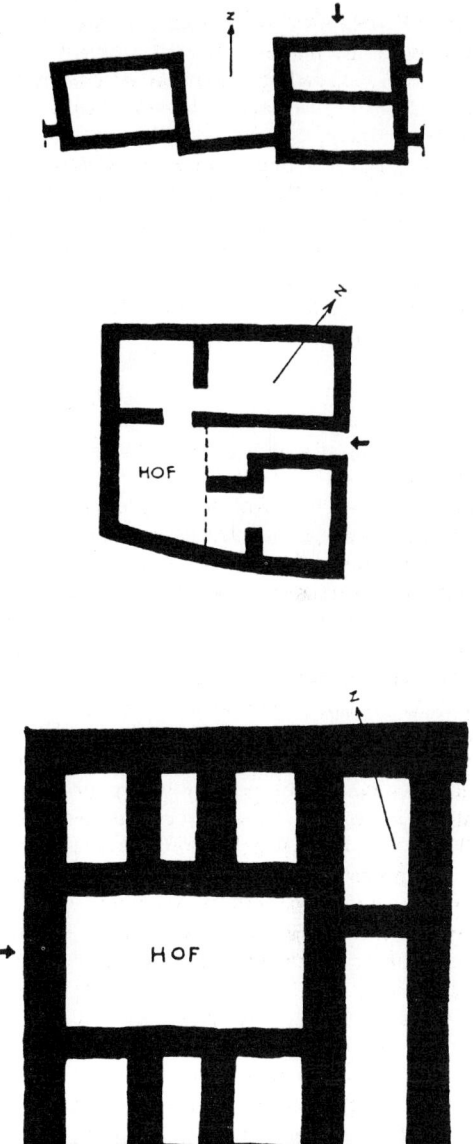

Hausformen: 1. Einraumhaus und Zweiraumhaus, verbunden durch einen offenen Hof. – 2. Dreiräumiges Haus, die Räume um einen ummauerten Innenhof liegend; der Hof ist von der Straße her durch einen (wahrscheinlich überdachten) Flur zu erreichen. – 3. Mehrräumiges Haus, auch mit kleinen Vorratskammern, um einen geräumigen Wohnhof gelegen. – In Skizze 1 und 3 sind die Eingänge im Mauerwerk nicht sichtbar, da die Grundmauern ohne Berücksichtigung der Türen aufgemauert sind. Man kann also in die Räume nur gelangen, indem man die Schwelle der ununterbrochenen Umfassungsmauer übersteigt.

Das Dach,

genauer: das Flachdach, des Hauses spielte im orientalischen Leben eine große Rolle. Ja, das Flachdach ist bis heute für das orientalische Haus charakteristisch. Auf das Mauerwerk wurden Baumstämme gelegt: entweder derart, daß das dickere (untere) Stammende ausgeschnitten wurde, damit die Stämme liegend eine waagerechte Dachfläche bildeten; oder derart, daß die Stämme abwechselnd mit dem dickeren Ende zur einen und zur anderen Seite gelegt wurden. Die Ritzen und Mulden wurden mit Reisig und Stroh ausgefüllt, und über das Ganze kam eine Lehmschicht, die immer wieder festgetreten oder gewalzt werden muß-te. In späteren Zeiten – und dazu gehört auch schon die Zeit Davids – verstand man es aber schon, für vornehmere Häuser Balken zu sägen. Stämmelage und Balkenlage sind noch bis in die Neuzeit im Dachbau nebeneinander verwandt worden.

Umgeben war das Dach von einer Brüstung.

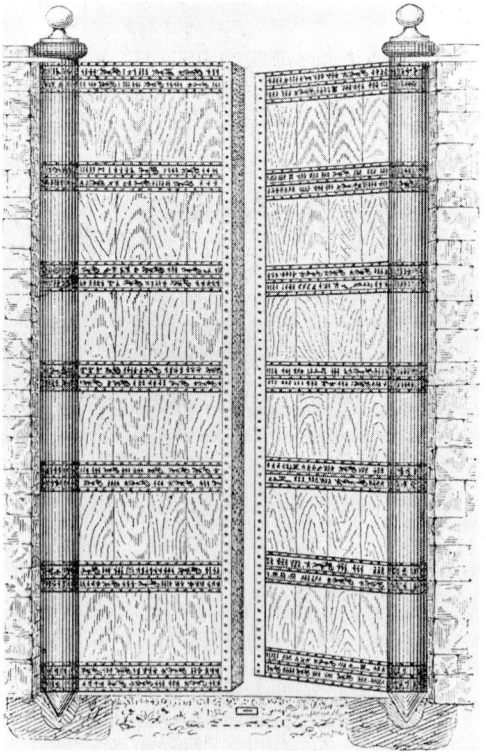

Bronzetür aus Balawat (Assyrien). Die Konstruktion des Drehmechanismus läßt sich hier sehr gut erkennen.

Das Wasser lief durch Traufenlöcher ab. Bei einfacheren Häusern führte eine Treppe von außen auf das Dach, bei vornehmeren und geräumigeren wurde die Treppe vom Hausinneren her hinaufgeführt.

Das Dach war beliebter Aufenthaltsort, vor allem gegen Abend; nachts konnte es zum Schlafort werden. Ein kleines Häuschen, wahrscheinlich offen, machte es manchmal besonders wohnlich. Meistens wird man aber statt dessen ein Zelt oder eine Zeltplane verwendet haben. Außerdem war das Dach brauchbar und beliebt zum Trocknen von Obst und Flachs.

David erging sich gegen Abend nach dem Tagesschlaf auf dem Dach; dabei sah er Batseba (2 Sam 11,2). Das Dach war der ideale Platz, um für das Laubhüttenfest die Laubhütte aufzubauen. Als die Männer den Gichtbrüchigen zu Jesus bringen wollten, aber an ihn nicht herankommen konnten (Mk 2,3ff.), stiegen sie aufs Dach, nahmen einen Teil fort und ließen den Kranken durch das Dach hinab.

Die Tür,

d. h. den klappbaren Flügel oder deren zwei, die den Türeingang verschließen, gab es im Orient mit Sicherheit seit dem frühen 3. Jahrtausend v. Chr. Die Türen waren fast immer aus Holz, wenn sie auch als Palasttore, Tempeltore oder Stadttore oft zur Befestigung oder zur Schmückung beschlagen waren. Der Beschlag wie auch die Angelbänder in der Mauer waren bei solchen Türen meist aus Bronze; ebenfalls waren die Drehzapfen, die sich oben im Angelband und unten im „Loch" oder der „Pfanne" des Angelsteins drehten, mit Bronze verstärkt. Bei einfachen Holztüren gab es all dies aus hartem Holz.

Das gewöhnliche Wohnhaus hatte niedrige Eingänge und war in früheren Zeiten nicht zu verschließen: die Türöffnung hatte keine Türflügel, sondern wurde höchstens einmal mit einer Decke verhängt. Seit der Rückkehr der Juden aus Babylon scheint aber die Verschlußtür am Wohnhaus häufiger gewesen zu sein als bis zum 7. Jahrhundert v. Chr. Zur Zeit Jesu ist die verschließbare Wohnhaustür keine Seltenheit mehr. Die Türflügel gehörten jedoch selten zum Haus, sondern meistens zu den Möbeln, die man beim Umzug mitnahm.

Verschlossen wurde die Tür mit einem kurzen Riegelbalken, der innen mit dem Türblatt fest vernagelt war und durch Verschlußzapfen mit einem entsprechenden Stück am Türpfosten fest verbunden werden konnte. Dieser lose Zapfen konnte mit Hilfe eines Hebeschlüssels, der im „Bart" dem Verschlußzapfen entsprach, von außen gehoben werden. Es gab sowohl hölzerne wie (seit etwa 900 v. Chr.) eiserne Riegel und Schlüssel. Stadttorschlüssel waren so groß, daß sie auf der Schulter getragen werden mußten.

Das Haus hatte nur eine Tür und auch nur einen Schlüssel. Wer den Schlüssel hatte, war deshalb bevorzugt: er hatte Rechte wie der Hausherr. Er ließ ein und schloß aus. Von daher ist der Schlüssel im Orient – nicht nur in der biblischen Sprache – zu einem wichtigen Symbol geworden.

Die Verschlußtür hielt ungeladene Menschen aus dem Wohnhaus oder aus dem Palast fern. Wichtiger als dies war aber seit eh und je das Fernhalten böser Geister; deshalb bestrich man – auch schon zu Zeiten, als die Häuser noch kaum Türflügel hatten – die Türpfosten, Türsturz und Schwelle mit Blut von Opfertieren (s. den Artikel „Das Paschafest").

Innerhalb des Hauses war nur die fensterlose Vorratskammer verschließbar (Mt 6,6: „Du aber geh in deine Kammer, wenn du betest, und schließ die Tür zu").

RECHT UND BRAUCH DER ISRAELITEN UND JUDEN

Das Verhältnis von Recht und Brauch in Israel war mannigfaltig. Es gab Brauch, der sich zum Recht entwickelte; es gab Recht und Gesetz, das wenig beachtet wurde und kaum einen weitverbreiteten Brauch zu konstituieren vermochte; es gab aber auch Recht und Gesetz, das nicht so sehr als solches empfunden wurde, sondern als Brauch lebte, über dessen Herkunft man sich indes kaum noch Rechenschaft ablegte. Wesentlich für Brauch und Recht des biblischen Volkes ist jedoch, daß es fast immer eine Verbindung zum Religiösen hat – sei es aus frühisraelitischer oder israelitischer Zeit, sei es aus jüdischer Zeit. Wenn Brauch und Recht hier trotzdem gesondert und nicht in direktem Zusammenhang mit den religionsgeschichtlichen Darlegungen gebracht wird, so deshalb, weil es in erster Linie das *zivile* Leben ordnete und nicht das kultische, obwohl sich

kultisches und ziviles Leben nie streng trennen lassen.

Die Ehe
war, wie für den Alten Orient überhaupt, so auch für Israeliten und Juden keine religiöse Institution. Man kommt ihrem Verständnis für biblische Zeiten am nächsten, wenn man sie als Bund (s. d.) versteht, jedoch nicht als Bund zwischen den Ehegatten, sondern als Bund zwischen Familien, Sippen oder Stämmen. Die Frau war dabei das Bindeglied.

Das persönliche Verhältnis vom Mann zur Frau wurde als Besitzverhältnis gesehen. Die Frau ging aus dem Besitz ihres Vaters in den Besitz ihres Mannes über.

Dieser Charakter der Ehe als Besitzverhältnis klingt auch durch den Bibeltext hindurch, der vom Verführungsversuch der Frau Potifars gegen Josef erzählt. Josef erwidert der Verführerin: „Du siehst doch, mein Herr kümmert sich, wenn ich da bin, um nichts im Haus; alles, was ihm gehört, hat er mir anvertraut. Er ist in diesem Haus nicht größer als ich, und er hat mir nichts vorenthalten als nur dich, denn du bist seine Frau. Wie könnte ich da ein so großes Unrecht begehen und gegen Gott sündigen?" (Gen 39,8.9). Also nicht eine Sünde der Unzucht wird hier von Josef abgelehnt, sondern eine Sünde des Diebstahls und der Untreue gegenüber seinem Herrn.

Die Formen der Eheschließung sind ebenfalls aus dieser Sicht des Bundes und des Besitzes zu verstehen: Die Väter der jungen Leute vereinbarten die Ehe, manchmal auch der Vater (oder Bruder) der Braut und der Bräutigam. Dann bezahlte der Bräutigam den Brautpreis (wertvolle Herdentiere, später Geld), und die Braut war sein Eigentum. Die Zahlung des Brautpreises war die „Verlobung". Danach pflegte die Braut noch eine Zeitlang (etwa ein Jahr) im Haus ihres Vaters zu bleiben, bis der Bräutigam sie „in sein Haus aufnahm", „heimführte", „zu sich nahm"; diese und ähnliche Formeln bezeichnen die „Hochzeit". Von da an ist der Mann für die Frau Sorger und Schützer (Mt 1,20).

„Verlobung" und „Hochzeit" dürfen allerdings nicht mit unserer Verlobung und Hochzeit gleichgesetzt werden; es fehlt uns lediglich in unserer Sprache das rechte Wort, um diese Stufen des Ehevertrages gemäßer auszudrücken. Schon die „Verlobung" machte die Eheleute durchaus zu Gatten und Gattin, mit allen Rechten; deshalb war Untreue einer Verlobten dem Ehebruch gleich, und eine Trennung voneinander war nur durch den Scheidebrief möglich.

In der Zeit Jesu war die rechte Zeit für die Verlobung einer Frau kurz vor Vollendung des dreizehnten Lebensjahres; ein Jahr später sollte die Frau feierlich eingeholt, d. h. in die Gewalt des Mannes übergeben werden. Dieses Alter entsprach sicherlich altem Brauch. Ein Bild von der feierlichen Einholung der Braut schildert das Gleichnis Jesu von den zehn Jungfrauen (Mt 25,1–13).

Auf dem bäuerlichen Lande gingen die Dinge ebenfalls so vor sich, nur daß hier mehr als im nomadischen und im städtischen Bereich die Bekanntschaft der jungen Leute vor der Ehe üblich war; die gemeinsame Feldarbeit gab die Möglichkeit dazu. Deshalb waren Liebesheiraten auf dem bäuerlichen Lande häufiger als unter Nomaden und Städtern. Aber auch in der Stadt konnte der Verliebte zum Vater der Braut gehen und um sie bitten. „Rede doch mit dem König, er wird mich dir nicht verweigern", sagte Tamar zu Amnon, ihrem Halbbruder, als er sie vergewaltigen wollte (2 Sam 13,13).

Die Mehrehe war der Ehebrauch Israels; ob ein Mann eine oder mehrere Frauen hatte, war eine reine Wirtschaftsfrage. Jedoch wandelte sich der Brauch im Laufe der Jahrhunderte. In den nachbabylonischen Jahrhunderten scheint die Einehe sich immer mehr durchgesetzt zu haben. Zur Zeit Jesu gab es zwar nicht grundsätzlich, aber praktisch fast nur noch die Einehe.

Die Mehrehe war grundgelegt in der Ansicht vom Zweck der Ehe: man sah ihn ausschließlich im Kindersegen. Vor allem deshalb wurde denn auch Unfruchtbarkeit der Frau als Unglück, ja als Schande angesehen, weil die unfruchtbare Frau den Sinn der Ehe nicht erfüllte. Vom Kindersegen her erhielt das Frauenleben auch an sich seinen Sinn. Ehelosigkeit als eine Idealform des Lebens der Frau gab es nicht.

Der Ehebruch einer Frau war nach dem Gefühl des Orientalen ungleich verwerflicher als der des Mannes. Einmal, weil die Frau das Bindeglied des Bundes zwischen Sippen war, den die Ehe darstellt; sodann aber auch, weil die Frau mit der Ehe Eigentum des Mannes

wurde. Deshalb wurde der Ehebruch einer Frau mit dem Tode bestraft. Der männliche Ehebrecher wurde aber nur dann mit dem Tode bestraft, wenn er Ehebruch mit einer verheirateten Frau begangen hatte, weil er damit das Bindeglied eines anderen Bundes und damit diesen Bund selbst angegriffen hatte und weil er sich das Eigentum eines anderen (die Frau eines anderen) angeeignet hatte. Diese verschiedene Bewertung von außerehelichen Geschlechtsbeziehungen des Mannes und der Frau ergibt sich übrigens zwangsläufig aus dem polygamen Ehebrauch des Mannes. Den Begriff der männlichen Gattentreue kann es nur in der grundsätzlich monogamen Ehe geben.

Die Strafe für Ehebruch in ältester Zeit war die Steinigung (s. d.), weil es praktisch keine andere Todesart gab. In späterer Zeit – also auch zur Zeit Jesu – wurde der Ehebrecher erdrosselt; nur der Ehebruch einer Verlobten wurde mit Steinigung bestraft. Die Steinigung galt gegenüber dem Erdrosseln als schwerere Strafe. Wenn bei der Frau, die Jesus als Ehebrecherin vorgeführt wird, von Steinigung gesprochen wird, muß es sich also dabei um eine „Verlobte" gehandelt haben.

Ehebruch war in Israel an der Tagesordnung. Deshalb war zur Zeit Jesu das Verfahren wegen Ehebruch außerordentlich erschwert. Zwei Zeugen mußte der Ehemann beibringen, und diese mußten das ehebrecherische Paar vorher verwarnt haben. So kam es fast nie zu einem Todesurteil, außer wenn das Paar in flagranti ertappt wurde. Das war ebenfalls bei der Ehebrecherin der Fall, die von den Gesetzeseiferern Jesus vorgeführt wurde und über die er urteilen sollte (s. die Anmerkungen zu Joh 8,1–11).

Der Bund Jahwes mit Israel wird von manchen Propheten als Ehebund dargestellt. Dahinter steht vor allem das Besitzverhältnis, das die Ehe des Mannes gegenüber der Frau darstellte. Israel ist Jahwes (ehelicher) Besitz; aber indem es sich andern Göttern (den Baalen) zuwendet, reißt es sich aus diesem Ehebund los.

In dieser Metapher vom Ehebund Jahwe – Israel wird zugleich sichtbar, daß die Ehe in Israel am richtigsten als Bund gesehen wird; dadurch kann sie den Bund Jahwes mit Israel im Bilde vollgültig darstellen.

Die Schwagerehe

(auch „Leviratsehe", von lat. *levir*, Schwager) gehört zum israelitischen Polygamiegesetz. Das Gesetz besagt (Dtn 25,5–10), daß die Brüder eines verstorbenen Mannes die Pflicht hatten, die söhnelose Witwe des Verstorbenen zur Frau zu nehmen. Das Gesetz war nicht ein Versorgungsgesetz zugunsten der Frau, sondern ein Gesetz zugunsten der Familie des Toten; ihm sollten seine Brüder einen Nachkommen erwecken: der erste Sohn galt als Nachkomme des Verstorbenen. Wenn die Brüder des Toten die Heirat ablehnten – was oft aus wirtschaftlichen Gründen geschah –, so waren die Verwandten der nächsten Grade zu dieser Witwenehe verpflichtet. Die Witwe konnte die Heirat auf dem Klagewege erzwingen.

Durch die Leviratsehe konnte verhindert werden, daß die Familienländereien aus Not verschleudert wurden. Kaufte ein Verwandter das Feld eines Verstorbenen, war er verpflichtet, auch dessen Witwe zu heiraten, falls nicht ein näherer Verwandter darauf Anspruch erhob. Man konnte nicht das Feld kaufen und die Witwe einem anderen überlassen. – Der älteste Sohn aus dieser Ehe trug dann einen Namen als Sohn des Toten, damit dessen Name auf dem Besitztum nicht untergehe, aber dennoch galt er auch als der wirkliche Sohn seines natürlichen Vaters (s. die Anmerkungen zu Rut 3 u. 4).

Diese Weitergabe der Witwe war und ist bis heute in vielen orientalischen Völkern üblich; der Kreis der Verpflichteten ist durch Gesetz oder Rechtsbrauch genau festgelegt. Aber überall handelt es sich dabei mehr um eine Institution zur Versorgung der Witwen. Die Begründung der Schwagerehe mit der Fortführung der Familie auf dem Besitztum des Toten ist ausgesprochen israelitisch (s. den Artikel „Das Eigentum").

Seit dem Babylonischen Exil galten auch die Töchter als erbberechtigt; sie konnten die Familie des Vaters weiterführen. Dadurch war seitdem die Schwagerehe nicht mehr so häufig. Aber als Gesetz für den Fall völliger Kinderlosigkeit galt sie auch noch zur Zeit Jesu (Mt 22,24).

Ehescheidung

war in Israel und Juda keine Seltenheit. Aus dem Zweck der Ehe (Nachkommenschaft des Mannes) erklärt sich, daß vor allem die unfruchtbare Frau scheidungsgefährdet war. Die Frau war gewissermaßen die Sklavin des Mannes, die ihm Kinder zu schenken hatte (vgl. den Ausspruch Mariens: „Siehe, ich bin die Magd des Herrn"). Schenkte sie ihm keine Kinder, so verfügte er über sie, d. h. er schickte sie wieder in ihr Elternhaus zurück.

Unter dem Einfluß der reinen Männerherrschaft nahm die Praxis der Scheidung im Laufe der Zeit Formen an, die zur Zeit Jesu die Scheidung völlig der Willkür des Mannes unterwarfen. Das ging so weit, daß z. B. der Mann von seiner Frau, von der er sich trennen wollte, die Ablegung eines unmöglich zu erfüllenden Gelübdes verlangte; stellte er dann (selbstverständlich) fest, daß die Frau das Gelübde nicht erfüllte, lag ein Scheidungsgrund vor. Oder der Mann verlangte von seiner Frau, daß sie etwas tat, was sein Haus gesellschaftlich kompromittierte (z. B. indem sie sich ein bestimmtes Haushaltsgerät, etwa ein Mehlsieb, bei der Nachbarin lieh); und dann entließ er sie, weil sie etwas getan hatte, was sein Haus kompromittierte.

Scheidebriefe waren die israelitisch-jüdischen Mittel der Ehescheidung. Der Mann mußte sie selbst unterschreiben bzw. seinen Namen an der entsprechenden Stelle eintragen und von zwei Zeugen unterzeichnen lassen. Geschrieben wurde der Scheidebrief bis in die Zeit Jesu meistens von öffentlichen Schreibern, die an den Straßen saßen und ihre Dienste für alle Schreibarbeiten anboten. Der Mann übergab der Frau den Scheidebrief entweder selbst oder ließ ihn durch einen Beauftragten überbringen. Auch die „Verlobte" konnte nur durch Scheidebrief entlassen werden, weil die Verlobung (s. d.) der erste Akt der Heirat war. – Ein Scheidebrief hatte etwa folgenden Wortlaut:

„Scheidebrief. Am (ersten) Wochentage, am (siebten) Tage des Monats (Tischri) im (3760.) Jahre seit Erschaffung der Welt nach der Zählung, nach der wir zu zählen pflegen,[4] am Orte (Kana) habe ich (Simon, Sohn des Onias), und welchen Namen ich sonst haben mag, aus dem Orte (Seforis), aus eigenem Entschluß und freiem Willen und ohne jeden

---

[4] Das Muster dieses Scheidebriefes stammt aus der Spätantike; denn erst damals begann man „nach Erschaffung der Welt" zu rechnen (s. den Artikel „Jahreszählungen").

Zwang dich verabschiedet, entlassen (und verstoßen), dich (Mirjam, Tochter des Jeschua), und welchen Namen du sonst noch haben magst, aus dem Orte (Seforis), die du vordem mein Weib gewesen bist. Und jetzt (verstoße ich dich und) gebe ich dich frei (Mirjam, Tochter des Jeschua), und welchen Namen du sonst haben magst, aus dem Orte (Seforis), so daß du frei und dein selbst mächtig bist zu gehen, um dich zu verheiraten an jeden beliebigen Mann, und niemand soll es dir wehren von diesem Tage an bis in Ewigkeit. Siehe, du bist erlaubt jedermann, und dies soll dir meinerseits das (Schriftstück der Verstoßung und das) Dokument der Scheidung und der Brief der Entlassung sein nach dem Gesetz des Mose und Israels. – Ruben ben Jakob als Zeuge. – Gilead ben Ascher als Zeuge." –

Die ersten Scheidedokumente sind für das 8. Jahrhundert v. Chr. bezeugt, sie hatten freilich noch nicht diesen ausführlichen Wortlaut.

Das Erstgeburtsrecht
ist ein urtümliches Recht, das in mancherlei Hinsicht Geschichte gemacht und auch die religiösen Gedanken beeinflußt hat: wie in allen Völkern, so auch in den orientalischen, speziell auch den semitischen Völkern, und also auch in Israel.

Der Erstgeborene ist der Erstberechtigte. Ein solcher oder ähnlicher reiner Rechtssatz, der sich aus der Regierung der Ältesten (s. d.) ergab, ist wohl der Ausgangspunkt des gesamten Erstgeborenenrechts. Unter „Erstgeborener" ist hier der Erstgeborene des Hausvaters zu verstehen. Ob dahinter in älteren Zeiten praktisch so etwas wie ein Recht des Stärkeren stand, kann bei Betrachtung dieses Komplexes im biblischen Zusammenhang außer Betracht bleiben. Das orientalische, speziell das semitische Recht setzt jedenfalls schlechthin den Erstgeborenen (des Hausvaters) an die Spitze der Familie, der Sippe oder des Stammes, wenn Familie, Sippe oder Stamm durch den Tod des Ältesten der älteren Generation einen neuen „Ältesten" erhalten muß.

Da Herrschaft immer als ein besonderes Geschenk der Gottheit angesehen wurde, sah man den Erstgeborenenstatus ebenfalls als ein besonderes Geschenk der Gottheit an. Das Erstgeburtsrecht sicherte dem Erstgeborenen des Hausvaters den doppelten Anteil am Erbe; der Erstgeborene wurde also bei der Erbzuteilung wie zwei Söhne gerechnet, damit er als der Älteste und Herrscher der Familie, der Sippe oder des Stammes auch der durch Besitz Angesehenere und Mächtigere sei. Für Israel ist dies z. B. durch Dtn 21,17 geregelt.

Über seinen Erstgeborenen sprach der Patriarch vor seinem Tod einen besonderen Segen, der sich nicht nur auf Erfolg der Arbeit und Mehrung des Besitzes bezog, sondern vor allem auch den Herrschaftsstatus des Erstgeborenen sanktionierte, indem er ihn zum Herrn seiner Brüder einsetzte und seine Herrschaft segnete; indem er ihm die Unterstützung der Gottheit wünschte und ihren Segen für seine starke Hand, damit er den Frieden erhalte.

Eine sehr deutliche Dokumentation für dieses zum großen Teil gemeinsemitische oder sogar allgemein vorderorientalische Erstgeburtsrecht geben die Jakob-Esau-Geschichten. Abgesehen von ihrem israelitischen Pro-domo-Sinn – denn sie sollen zweifellos das Vorrecht Israels (Jakobs) vor Edom (Esau) begründen –, geben sie auch Kenntnis von der möglichen Verschiebung dieses Erstgeburtsrechts; denn nicht nur der Patriarch konnte dem Erstgeborenen das Erstgeburtsrecht entziehen (Gen 49,3.4); der Erstgeborene Esau verkauft sein Recht „für ein Linsenmus" an Jakob (Gen 25,31–34); also konnte auch der Erstgeborene selbst darauf verzichten, er konnte dem Herrschaftsrecht abschwören, und dazu war nicht die Einwilligung des noch lebenden Patriarchen nötig, wie dies die gleiche Erzählung zeigt. Andererseits verzichtete der Verzichtende damit nicht auch zugleich auf den großen Segen des scheidenden Patriarchen über den Erstgeborenen, wie ja auch Esau mit dem Erstgeburtsrecht nicht auf den Segen verzichtet hatte.

Aus dieser möglichen Zwiespältigkeit (ein Nachgeborener erhält das Erstgeburts*recht*, und der Erstgeborene erhält trotzdem den Erstgeburts*segen)* konnten sich unter Umständen schwere Spannungen innerhalb der Gemeinschaft ergeben; so daß man überlegen könnte, ob der biblische Erzähler nicht notwendig Jakob den Erstgeburts*segen* erschleichen lassen mußte, nachdem ihm Esau das Erstgeburts*recht* so leichtfertig verkauft hatte. Wohlverstanden: das hat mit dem Sinn der biblischen Jakob-Esau-Erzählungen nur wenig zu tun, ist aber möglicherweise ein wichtiger allgemeiner rechtlicher und religiöser Zug, der in diesen Erzählungen niedergelegt ist.

Der Erstgeborene gehörte Gott. Diese Überzeugung konnte sich nur durchsetzen, weil der Erstgeborene so hoch geschätzt wurde. Ebendeshalb kann man aber auch nicht folgern, daß es jemals allgemeine Sitte war, den Erstgeborenen als menschliches Schlacht- oder Feueropfer der Gottheit darzubringen; denn damit wäre niemals der so hoch geschätzte Erstgeborene zur Herrschaft gekommen. Eine Auslösung der an sich zum Opfer bestimmten Erstgeburt durch ein Tieropfer ist deshalb ganz sicher uralt.

Allerdings ist Erstgeburt nicht gleich Erstgeburt. Erstgeburtsrecht ist eine Sache des „Erstlings der Manneskraft", der Gott gehörige Erstgeborene ist aber jede männliche Erstgeburt, „die den Mutterschoß öffnet". In der polygamischen Gesellschaftsordnung ist dieser Unterschied sehr wichtig. So ist es denn auch durchaus möglich, daß etwa bei den Kanaanitern zwar der „Erstling der Manneskraft" ausgelöst wurde, sonst aber jede männliche Erstgeburt, „die den Mutterschoß öffnet", als Erstlingsopfer dargebracht wurde. Ob dieses Erstlingsopfer immer ein Kinderopfer war, darf bezweifelt werden. Der Wille Abrahams, den schon herangewachsenen Isaak zu opfern, könnte jedenfalls darauf hinweisen, daß dieses menschliche Erstlingsopfer auch zu gegebener Zeit später vollzogen werden konnte.

In Israel wurde jedenfalls der Loskauf der Erstgeburt (s. d.) geübt. In den Abrahamgeschichten wird sowohl dieser Grundsatz „Der Erstgeborene gehört Gott"wie auch die Auslösung durch ein Tieropfer sehr dramatisch gelehrt (s. Gen 22,10–13).[5] Durch die Geschichtstheologie der ungenannten frühen Propheten bis hin zur Geschichtstheologie der Priesterschrift (s. d.) tritt aber in diese Aspekte des allgemeinen Erstgeburtsrechts ein neuer Zug.

Israel selbst ist der Erstgeborene. Das Erstgeburtsrecht Israels spielt in vielen biblischen Erzählungen eine große Rolle und ändert die allgemeinen Aspekte, wie sie sich auch bei anderen Völkern in bezug auf die Erstgeburt fanden, in speziell israelitische.

Schon beim Jahwisten (s. d.), also in der frühesten Überlieferungsschicht des Pentateuch, findet sich der Satz: „Israel ist mein erstgeborener Sohn" (Ex 4,22). Der Erzähler läßt Gott dieses Wort dem Mose vorsprechen, und Mose soll es dem Pharao sagen. Jahwe liebt diesen Sohn Israel, wie ein Vater seinen Erstgeborenen liebt. Deshalb soll der Pharao Israel nicht bedrücken, sondern entlassen.

Man kann dieses Wort wohl nur dann richtig einordnen, wenn man an Israel als den ersten Verehrer dieses Gottes Jahwe denkt, der in den vorhergehenden Kapiteln verkündigt wurde. Das Wort steht also durchaus noch im Gesamtrahmen der polytheistisch denkenden Welt. Dennoch ist hiermit das Thema angeschlagen, das die israelitische Geschichtstheologie beherrscht, erst recht dann, als Jahwe durch die Propheten als der eine Gott verkündigt wurde. Ja, Israels allgemeines Erstgeburtsrecht wurde um so deutlicher verkündigt, je klarer Jahwe als der eine Gott verehrt wurde; denn „Israel" war ja der „Erstgeborene" Jahwes, als dieser erst der Stammesgott der ägyptischen Hebräerstämme war.

Aber der Pharao läßt den Erstgeborenen Jahwes nicht ziehen. Und so schlägt Jahwe – gemäß dem Vergeltungsrecht der Blutrache (s. d.) – die *ägyptische* männliche Erstgeburt, weil der Pharao *Jahwes* Erstgeburt schlägt (s. „Die zehnte Plage").

Nach der Rettung aus Ägypten – so wird diese geschichtstheologische Linie später rechtlich fortgeführt – werden alle Männer des Stammes Levi dem Herrn geweiht: als Priester (s. d.) und Leviten (s. d.); und jede männliche Erstgeburt soll dem Herrn gehören, die tierische als Opfer, die männliche aber soll ausgelöst werden. Und wenn dich später deine Kinder fragen: Was hat dies zu bedeuten?, dann sollst du ihnen sagen: Mit starker Hand hat uns der Herr aus Ägypten herausgeführt, aus dem Sklavenhaus. Denn als der Pharao hartnäckig uns nicht freigeben wollte, da hat der Herr alle Erstgeburt im Ägypterland getötet . . .; darum opfere ich dem Herrn alles, was den Mutterschoß öffnet, soweit es männlich ist; jeden Erstgeborenen unter meinen Söhne aber löse ich aus (Ex 13,14.15).

Israel sollte das Erstgeburtsrecht aber nicht als ein wirkliches Recht betrachten, sondern

---

[5] Die Tatsache, daß Ismael, der „Erstgeborene der Manneskraft" Abrahams, für ein Opfer nicht in Frage kam, wohl aber Isaak, der erste wirkliche Sohn Saras, ist bei der Betrachtung der Erstgeborenenrechte vielleicht doch wichtiger, als man bisher angenommen hat.

als ein aus Gnade übertragenes Recht, das ihm gar nicht zugekommen wäre, wenn alles nach strengem Recht vor sich gegangen wäre. Diesen Sinn (u. a.) mögen die Jakob-Esau-Erzählungen haben. Sie sind sozusagen Demutskapitel, die lehren sollen, daß sich Israel auf dieses Erstgeburtsrecht nichts einbilden kann, daß es gewissermaßen „aus Versehen" Jahwes Erstgeborener wurde. – Die Jakob-Esau-Geschichten, so könnte man sagen, widersprechen zwar den Kapiteln über Ägypten; aber ursprünglich sind ja wohl all diese Geschichten nicht dazu erzählt worden, um in einem großen Zusammenhang fortlaufend erzählt oder gelesen zu werden, sondern um bestimmte Wahrheiten und Lehren einzeln vorzutragen.

Im NT wird der Erstgeborenentitel dann folgerichtig immer wieder auf den Messias Jesus angewandt, und immer wieder wird gezeigt, daß er ein Erstgeborener war. Er ist als Erstgeborener *der* Priester. Er ist der neue Israel, und seine Gemeinde ist das neue Israel; für seine Jünger ist er der erste Dargebrachte, der Erste der Toten, der Erste der Auferstandenen, in dem alle seines Geschlechtes mit gemeint sind (Röm 8,23.29; 1 Kor 15,20; Kol 1,15.18; Hebr 1,6; 12,23; Jak 1,18; Offb 14,4).

Die Beschneidung
Als bleibendes Bundeszeichen für den Bund Jahwes mit Abraham (Gen 17,10 ff.) nennt die Bibel die Beschneidung, die an jedem Knaben acht Tage nach der Geburt vollzogen werden soll. „Beschneidung" ist eine durch Schnitt vorgenommene Veränderung an den Geschlechtsteilen. Die geringste Veränderung bringt die Beschneidung in der Form eines Einschnitts *(incisio)* in die männliche Vorhaut, d. h. jene lappige Haut, die im schlaffen Zustand des Penis über die Eichel nach unten fällt. Bei der *circumcisio* wird die gesamte Vorhaut fortgeschnitten, so daß die Hautstraffung bei aufgerichtetem Penis zunimmt. Die Beschneidung bei Mädchen beseitigt den Kitzler samt den beiden kleinen Schamlippen oder auch nur die kleinen Schamlippen. Die Israeliten übten und die Juden üben bis heute die Beschneidung in der Form der *circumcisio;* Mädchenbeschneidung kannte man nicht.

Der Sinn der Beschneidung mag von der Hygiene her gesehen werden oder als Mittel, die geschlechtliche Empfindsamkeit zu erhöhen bzw. (durch die Beschneidung bei der

Frau) zu verringern. Aber die Sinngebung sah die Beschneidung meistens als Initiationsritus, als Eintrittsritus in das Geschlechtsreifealter oder auch damit sich die Beschnittenen von den Angehörigen anderer Stämme, die die Beschneidung nicht übten, unterschieden.

Die Belege für Beschneidung und für das Alter der Beschneidung sind mannigfach. Noch heute gibt es Beschneidung bei manchen Stämmen der spätentwickelten Völker in Afrika und Australien. Das älteste Volk, bei dem wir die Beschneidung belegt haben, sind die Ägypter. Sie pflegten sie schon im Alten Reich (2900 v. Chr. und später), und die Benutzung eines Steinmessers, auch noch in Bronze- und Eisenzeit, weist darauf hin, daß der Beschneidungsbrauch schon in der Steinzeit geübt wurde.

Bei den Arabern war und ist zum Teil die Beschneidung ebenfalls üblich. Unter den modernen Völkern ist sie (aus hygienischen Gründen) in England sehr verbreitet. Dagegen war sie bei den indogermanischen Völkern des 2. Jahrtausends v. Chr. (Philister!) nicht üblich, wohl aber bei den Kanaanitern.

Von der israelitischen Beschneidung nehmen heute manche Gelehrte an, daß die Hebräerfamilien, die später Israel wurden, die Beschneidung in Ägypten kennengelernt haben und daß der Brauch beim Einzug nach Kanaan eingeführt wurde, um die Schnelligkeit des eigenen Bevölkerungszuwachses zu steigern.

Leider wissen wir über all das nichts Genaueres. Immerhin darf man aber aus Ex 4,25 (so dunkel die Stelle auch sonst ist) schließen, daß die Beschneidung schon sehr früh in Israel als Übergabe an Jahwe angesehen wurde. Gesetzlich eingeführt wurde sie nie, sondern einfach geübt.

Die Übung wurde jedoch durch Verordnungen (zum Teil auch in Gestalt von Erzählungen) geregelt; dazu gehört sicherlich auch die Beschneidungsgeschichte, die sich an die Erzählung vom Bundesschluß zwischen Gott und Abraham anfügt; diese Erzählung stammt allerdings wohl erst aus der Babylonischen Gefangenschaft (s. im Kapitel „Die Geschichte . . .", S. 563, Nr. 41). Zugleich war damit die Beschneidung gedeutet, wodurch erst der übertragene Gebrauch der Worte „Beschneidung" und „Beschnittene" (s. unten) möglich wurde. Auch die Erzählung von der Beschneidung in Gilgal (Jes 5,2–12) muß man wohl zu den Verordnungstexten rechnen, durch die den Israeliten die Treue zum Brauch der Beschneidung (erneut) aufgetragen wird.

Die Beschneidung am erst achttägigen Knaben gab dem dadurch nicht so sehr auf den Geschlechtsgebrauch bezogenen Beschneidungsritus den Sinn einer Aufnahme ins Volk. Das Jahwevolk (der eigentliche Beschneider war deshalb auch der Vater) „schnitt einen Bund" für dieses Kind mit Jahwe (s. den Artikel „Der Bund"). Sobald dieser Gedanke Platz gegriffen hatte, daß jedem israelitischen Kind der Bund mit Jahwe ins Fleisch geschnitten wurde, ergab es sich fast von selbst, daß die Einführung der Beschneidung mit diesem Sinn in jene Zeit übertragen wurde, in der man den Bund zwischen Jahwe und Abraham „für alle seine Nachkommen" realiter entstanden glaubte, und zwar jenen Bund, in dem Gott versprach, Abraham zu einem großen Volk zu machen. Das *Zeichen des Bundes* kam zwar später auf; aber der Bund selbst mußte ja damals begründet worden sein; so vermählte man eben auch in der Erzählung Zeichen und Bund.

Im jüdischen Sprachgebrauch sind „die Unbeschnittenen" (abgesehen davon, daß man so gewisse Völker Kanaans bezeichnete) die Unreinen, die für Gott nicht Gezeichneten, die für Gott nicht bereit sind. „Beschneidet euch für den Herrn, und entfernt die Vorhaut eures Herzens" (Jer 4,4) ist deshalb nicht nur ein Bild, sondern auch eine treffende Deutung dafür, was man in jener Zeit unter der Beschneidung verstand: das Symbol des Bereitmachens für Gott. Ähnlich: „Ihr Ohr ist ... unbeschnitten, sie können nichts vernehmen" (Jer 6,10). In diesem Sinne verurteilte Stephanus die Juden seiner Zeit: „Ihr Halsstarrigen und an Herzen und Ohren Unbeschnittenen, ihr widersetzt euch immerzu dem Heiligen Geist" (Apg 7,51).

Die Namengebung war später – seit wann, wissen wir nicht – mit der Beschneidung verbunden. Mit der Eingliederung in das Volk, das sich selbst als Bundesvolk wußte, erhielt der Mensch eine neue Rolle (s. „Abram und Abraham"); deshalb erhielt er auch einen (neuen) Namen. Darin entspricht die Beschneidung der Taufe; Beschneidungsname entspricht Taufname, denn an sich hat auch „taufen" mit Namensgebung nichts zu tun.

Der Loskauf der Erstgeburt,

die „Darstellung" oder „Weihe der Erstgeburt" hat eine ihrer ältesten Wurzeln vielleicht im Kampf gegen den Brauch der Menschenopferzeiten, die männliche Erstgeburt der Gottheit zu opfern (s. die Bemerkungen zum Menschenopfer unter Gen 21,1 ff.).

Eine andere Begründung gibt Ex 13,11–16. Weil der Herr die männliche Erstgeburt Ägyptens geschlagen hat, um Israel aus der ägyptischen Knechtschaft zu retten, soll in Zukunft jede männliche Erstgeburt von Mensch und Vieh dem Herrn geweiht werden. Die Verse Ex 13,3–16 zählt man zur ältesten Traditionsschicht des Pentateuch, so daß man annehmen kann, daß der kultische Brauch mit dieser Begründung schon in der Zeit zwischen der letzten Landnahme (etwa 1225 v. Chr.) und Königszeit lebendig war.

Eine dritte Begründung geht vom Priestertum (s. d.) der Ältesten aus. Nachdem in Israel ein berufsmäßiges und angeblich auf Stammesgrundlage (Levi) fußendes Priestertum entstanden war (Num 18), sollten die an sich zum Dienst am Heiligtum verpflichteten Erstgeborenen losgekauft werden. Das Auslösungsgeld war ein Teil der Priester- und Leviteneinkünfte (Num 18,15.16). Diese Begründung und diese Bestimmung gehören zur jüngsten Traditionsschicht, zur Priesterschrift (s. d.), und haben deshalb mehr einen hinzugefügten rechtlichen Charakter, als daß sie etwas über den wirklichen Grund des Loskaufs aussagen.

Da dieser Loskauf der Erstgeburt der Mutter in Israel schon sehr früh geübt worden zu sein scheint, ist der Ursprungsgrund dieses Brauches wohl in der Ablösung des Menschenopfers des männlichen Erstgeborenen zu sehen, während die anderen Motive *Begründungen* sind.

Die Ablösung sollte vom dreißigsten Tage an geschehen, und zwar durch den Vater; er hatte dafür fünf Schekel zu zahlen (s. im Kapitel „Geld"). In gewissen Fällen, wenn die Vaterschaft zweifelhaft war, sollte sich der Erstgeborene später selbst freikaufen. Jeder Priester im Lande war berechtigt, die Freikaufsumme entgegenzunehmen. Diese Zeremonie war also nicht an den Tempel gebunden, wurde aber zweifellos nicht selten mit dem Reinigungsopfer der Mutter verbunden, zumal wenn dieses im Tempel übergeben wurde.

Aus dem Gesetz über den Loskauf der Erstgeburt geht übrigens hervor, daß die Erwähnung eines „Erstgeborenen" nicht heißen muß, daß ihm noch weitere Kinder folgten.

Die Familie
ist für das gesamte Denken der Israeliten die Grundlage der Gemeinschaft und der Gemeinschaftskultur. Allerdings – während das christliche Denken diese Familie auf der Ehe begründet sieht, sieht der biblische Orientale Ehe und Familie nicht so eng verbunden.

Die Familie besteht zunächst aus dem Vater und dessen Söhnen und Töchtern. Die Frau (-en) des Vaters und die Frauen der Söhne zählten zwar zur Familie; da es jedoch Polygamie gab und die Frauen (durch Scheidebrief) aus der Familie entlassen werden konnten, waren sie mit ihr nur verbunden, zählten aber nicht integral dazu. Das konstituierende Personelement war der Vater. Diese Ansicht ist auch überall da wirksam geworden, wo Gott als Vater angesprochen wird.

Der Mann „errichtete ein Haus", d. h. er nahm eine Frau oder mehrere Frauen, um Kinder zu zeugen. Das „Vaterhaus" war die ausschlaggebende Gemeinschaftseinheit, die auch durch die Sippe nicht aufgehoben wurde. Wer unter den Schutz und die Rechtsautorität des Vaters trat, gehörte zur Familie: die angeheirateten Frauen, die eingebrachten Kinder der angeheirateten Witwen, die Sklaven, die freien Knechte.

Die Sippe (mischpacháh, jiddisch: Mischpoche) war kein organisierter Verband von „Vaterhäusern", sondern die tatsächliche größere Blutsgemeinschaft, die meistens in denselben Dörfern und in einander benachbarten Dörfern wohnte. Die Vaterhäuser behielten – im Blick auf die Sippe – den Charakter der gesellschaftlichen Grundlageneinheit, jedoch wirkte die Sippe als Schutzeinheit der Vaterhäuser. Wahrscheinlich gab es in der Sippe nur einen *Ehrenvater;* die Rechte wurden hier wohl zwangsläufig demokratisch ausgeübt (s. u. den Artikel „Die Ältesten").

Ihre Zusammengehörigkeit drückte die Sippe durch die Tradition eines genealogischen Registers aus, in dem die Verwandtschaft der einzelnen Familien festgehalten wurde. Das Bezeichnungswort für die Zusammengehörigkeit der Sippenglieder war das Wort „Bruder" (s. die Anmerkungen zu Gen 13,8); auch die-

ses Wort weist darauf hin, daß die eigentlichen konstitutiven Elemente die männlichen Sippenglieder waren. Die Genealogien wurden deshalb grundsätzlich in der Männerlinie überliefert.

In den Bezeichnungen „Haus Israel", „Haus Juda", „Haus Josef" schwingt die Betonung des Vaterhauses als Grundlage der Gesellschaft nach, obwohl mit diesen Formeln größere gesellschaftliche Einheiten gemeint sind. Das „Haus" in diesem Sinne kann jedoch nicht als eine bestimmte größere Einheit definiert werden. Wahrscheinlich wollte man damit ursprünglich lediglich die unbedingte Zusammengehörigkeit ausdrücken.

Der Stamm
war, anders als die Sippe, in Israel kein Blutsverwandtenverband, obwohl diese Vorstellung durch die Erzählungen von den zwölf Söhnen Jakobs nahegelegt wird. Diese Konstruktion mit den zwölf Brüdern soll wohl nur bedeuten, daß die Stämme durch den Bund, den sie miteinander geschlossen haben, Brüder sind oder sein sollen.

Die in benachbarten Bereichen siedelnden Sippen fanden sich zum Stamm zusammen. Die biblischen Genealogien führen diese Sippen als „Söhne" eines Stammvaters auf, um ihre enge Zusammengehörigkeit innerhalb des Stammes zu dokumentieren. In den Genealogien der einzelnen Stämme („Die Söhne Judas aber sind diese . . .") liegt also dasselbe System vor wie in der Genealogie der Gesamtstämme, wenn diese auf den Patriarchen Jakob zurückgeführt werden.

Der Stamm war eine Organisationsform, während die Sippe eine natürliche Gesellschaft war. Sein praktischer Sinn war die gemeinsame Verteidigung und unter Umständen auch die Ausdehnung des Stammesgebiets, wodurch dann nicht nur Gebiet erobert, sondern auch weitere Sippen dem Stamm eingegliedert wurden.

Die Stämme Israels gruppierten sich wahrscheinlich je um ein erobertes kanaanitisches Heiligtum als Mittelpunkt, wenn dies durch das Bemühen der deuteronomistischen Schriftsteller (s. d.), das Zentralheiligtum Jerusalem zu betonen, auch nicht mehr immer so klar aus den biblischen Darstellungen herauszulesen ist (s. das Kapitel „Die Zwölf Stämme", Nr. 4).

Der Sklave

als Familienmitglied ist für die ganze biblische
Zeit bezeugt. Schon in der Patriarchenzeit ist
die Sklaverei Gewohnheitsrecht. Durch Versklavung von Kriegsgefangenen oder von
Frauen der Besiegten (s. den Artikel „Sklaverei") wurden dem Sklavenvolk immer aufs
neue Menschen zugeführt. Phönizier (s. d.)
und Midianiter (s. d.) galten als ausgesprochene Sklavenhändler, die auch Menschen auf-
kauften, die ihnen gelegentlich angeboten
wurden (z. B. Verschuldete, auch Geraubte)
und die sie auf Sklavenmärkten verkauften.
Das beste biblische Beispiel für den midianitischen Sklavenhandel ist die Geschichte vom
Verkauf Josefs durch seine Brüder (Gen
37,23f.).

Die ausgedehntesten Zeugnisse für die Bewertung und Behandlung der Sklaven in Mesopotamien gibt die Gesetzesstele des Hammurabi. In ihr ist das Sklavenrecht geordnet: wie
man mit entlaufenen Sklaven verfahren soll,
wie die Verletzung eines Sklaven gesühnt werden soll usw. Das Sklavenrecht ist also nicht
ein Recht der Sklaven, sondern ein Recht über
Sklaven. Man kann annehmen, daß das Sklavenrecht im gesamten Vorderen Orient in der
Patriarchenzeit ähnlich war, wenn auch Unterschiede in der Humanität der Behandlung
bestanden. Je mehr ein Herr einen Sklaven in
Vertrauensarbeit hineinzog, um so humaner
war im allgemeinen die Behandlung – obwohl
dazu in jener Zeit offenbar noch keine Verpflichtung empfunden wurde.

Der Sklave konnte also gekauft sein, wie
etwa die Ägypterin Hagar, die Sklavin Saras,
die durch Abraham Mutter Ismaels wurde
(Gen 16,1). Der Sklave konnte aber auch
hausgeborener Sklave sein, wie Eliëser von
Damaskus, der Hausverwalter Abrahams
(Gen 15,2).

Von Abraham wird erzählt, daß er alle
Männer seines Hauses beschnitt, „die im Haus
Geborenen und die um Geld von Fremden
Erworbenen" (Gen 17,27). Obgleich dieses
Motiv der Beschneidung wohl eine Rückblendung des späteren israelitischen Sklavenrechts
in die Abrahamzeit ist, hat es doch insoweit
dokumentarischen Wert für die Patriarchenzeit, als daraus zu entnehmen ist, daß man zu
jener Zeit „sein Haus" durch Sklaven mächtiger machte, die Sklaven also nicht einfach als
minderwertige Menschen angesehen wurden.

Der Sklave konnte sogar erben (Eliëser in Gen
15,2.3).

„Schuldsklaverei" gibt eigentlich nur den
Anlaß der Sklaverei an, kann aber im wesentlichen wohl nicht als eine besondere Art von
Sklaverei angesehen werden. Das Gleichnis
vom unbarmherzigen Knecht (Mt 18,23–35)
enthält die verschiedenen möglichen Situationen. War die Verschuldung so groß, daß sie
über die Summe hinausging, die auf dem Skla-
venmarkt für (einen) Menschen erlöst werden
konnte, so war der Gläubiger berechtigt, den
Schuldner zu verkaufen. Das Gleichnis spricht
auch vom Verkauf der Frau, obwohl dies aus
anderen Rechtszeugnissen der Zeit Jesu nicht
bekannt ist; der Verkauf der Kinder wird aber
durch Gesetzeszeugnisse bestätigt. Die Versklavung hörte im siebenten Jahre auf (s. den
Artikel „Sabbatjahr"), wenn es sich um einen
israelitischen Sklaven bei einem israelitischen
Herrn handelte.

Aus Mt 18,30 und 34 geht aber auch eine
andere Form der Schuldsklaverei hervor, die
wahrscheinlich vor allem dann angewandt
wurde, wenn die geschuldete Summe so klein
war, daß ein Menschenverkauf nicht gerechtfertigt war. Der Schuldsklave wurde ins Gefängnis (Schuldturm) geworfen, um die Schuld
abzuarbeiten. Die „Folterknechte" bei der Arbeit sind als Antreiber anzusehen.

Es sei noch hinzugefügt, daß diese gesetzliche Regelung auf der Erstattungspflicht bei
Diebstahl beruhte. Der Dieb mußte das ge-
stohlene Gut erstatten; konnte er nicht erstatten, durfte der Bestohlene ihn verkaufen oder
in den Schuldturm werfen lassen. Nicht zu-
rückgezahlte Darlehn wurden also wie nichter-
stattetes Diebesgut behandelt.

Neben dieser erzwungenen Versklavung
gab es auch die freiwillige, bei der sich der
Verschuldete selber verkaufte, um eine Schuld
abzutragen oder einen Schaden wiedergutzu-
machen (vgl. das Angebot der Brüder Josefs
an Josef in Ägypten: Gen 44,9).

Im uneigentlichen Sinn werden die Minister,
Beamte, Offiziere, Soldaten und das Volk des
Königs „Knechte des Königs" genannt. Diese
Anwendung des Wortes findet sich auch auf
weniger hohen Ebenen für Untergebene. So
könnte z. B. der Knecht des Hauptmanns von
Kafarnaum (Mt 8,6) auch so verstanden wer-
den; er muß nicht unbedingt ein Sklave des
Hauptmanns gewesen sein.

Die Selbstbezeichnung als „Sklave" (Knecht) hängt mit dieser Sklaverei zusammen. Diese Selbstbezeichnung ist eine Aussage völliger Unterwürfigkeit, zumal eines Bittstellers. Deshalb begrüßt z. B. Abraham die drei Männer als „ihr Knecht" (Gen 18,3.5); auch ohne daß man Abraham das Bewußtsein zuspricht, *den* Herrn zu begrüßen, ist diese Anrede echt. Lot lädt die zwei Engel am Stadttor in das Haus ihres „Knechtes" ein (Gen 19,2). Jakob begrüßt als „Knecht" seinen Bruder Esau, als dieser ihm mit Soldaten entgegenzieht (Gen 32,19ff.). Die Söhne Jakobs vor Josef (Gen 43,28) nennen ihren Vater den „Knecht Josefs" . . . Daß bei solcher Redeweise der Mensch sich Gott gegenüber von selbst als „Knecht" bezeichnet, ist selbstverständlich (s. auch den Artikel „Knecht des Herrn").

Die Ältesten
spielten in Israel und auch später bei den Juden eine große Rolle, wenn uns diese Rolle auch nicht in jeder Beziehung eindeutig klar ist. Aus der ursprünglichen und natürlichen Organisation der Großfamilie (Sippe) ist der Älteste als Haupt bekannt; dieser Älteste als Haupt wird durch das im ganzen Alten Orient geltende Erstgeburtsrecht (s. d.) als Rechtsinstitut bestätigt und ist wohl auch gerade durch dieses immer neu verfestigt worden. Erstgeburt ist ein relativer Begriff; sie kann sich auf die Sippe, aber auch auf die Kleinfamilie beziehen – in jedem Fall aber adelt sie. Deshalb ist wahrscheinlich, daß auch in frühesten Zeiten der Sippenälteste mit den Häuptern der Kleinfamilien einen Ältestenrat bildete. Ähnlich muß auch die Situation zur Zeit der biblischen Erzväter gewesen sein. Als sich diese Großfamilien zu einem Verband von Großfamilien und damit zu Stämmen entwickelten, war es das Gegebene, daß „die Ältesten" auch im Stamm die eigentlichen Regierer wurden. – In der biblischen Literatur wird der Ältestenrat als eigentliche Institution auf Mose zurückgeführt, „die Ältesten" an sich werden aber vorausgesetzt:

„Da sprach der Herr zu Mose: Versammle siebzig von den Ältesten Israels vor mir, Männer, die du als Älteste des Volkes und Listenführer kennst; bring sie zum Offenbarungszelt! Dort sollen sie sich mit dir zusammen aufstellen. Dann komme ich herab und rede dort mit

dir. Ich nehme etwas von dem Geist, der auf dir ruht, und lege ihn auf sie. So können sie mit dir zusammen an der Last des Volkes tragen, und du mußt sie nicht mehr allein tragen" (Num 11,16.17).

Da dieses Kapitel zu den ältesten Texten des Pentateuch gehört, darf man seine mündliche Formulierung bis in die Zeit der Landnahmen zurückdatieren. Der Sinn dieses Kapitels ist wohl, einen Rat von ausgewählten Ältesten der Stämme und damit eine bevorzugte Ältestenversammlung als Delegiertenvolksversammlung im Gesetz zu verankern.

Gerade diese Stelle lehrt aber auch, daß schon in dieser frühen Zeit Israels (nach der Landnahme) nicht alle Familien-, Sippenoder Stammesältesten „die Ältesten" ausmachten, sondern daß nur die Ältesten von besonderer Erfahrung oder auch aus besonders angesehenen Familien „die Ältesten" darstellten. Zugleich jedoch bedeutet dieses Auswahlprinzip die ersten Ansätze, aus der Oligarchie der Erstgeborenen der Sippen im Stamm eine fast parlamentarische Aristokratie zu entwickeln.

Beides beruhte noch auf dem Stamm als Grundgemeinschaft. Aber im Laufe der Seßhaftigkeit wurde diese Grundgemeinschaft des Stammes zugunsten der Siedlungseinheit (Stadt, Dorf, Landschaft) immer mehr im Bewußtsein und damit auch in der Praxis zurückgedrängt, so daß zu „Ältesten" (Ältestenrat) – ganz sicher etwa seit 900 v. Chr., und zwar sowohl in Israel wie in Juda – nicht mehr die Stammesrepräsentanten, sondern Repräsentanten der Siedlungseinheiten aus den vornehmsten Familien wurden. Da allerdings meist mehrere Sippen gemeinsam einen Ort besiedelten, war das eigentliche Ältestenprinzip doch nicht so sehr durchbrochen, wie es zunächst scheinen könnte.

Der Einfluß der Ältesten auf *das politische Leben* war in den Zeiten verschieden. Vor der Königszeit waren sie die eigentlichen Regierer in den Städten und Dörfern. Ganz sicher waren auch sie es, die (als Werkzeuge Jahwes) die „Richter" (s. d.) aus ihren Reihen beriefen. Sie verlangten – als Volksversammlung – auch die Berufung eines Königs; wobei übrigens nicht gesagt ist, daß man immer nur 70 Älteste kannte, gemäß Num 11,16.17. Die Zahl 70 schließt in Num 11,16.17 wohl an die Zahl der 70 Einwanderer an, mit denen Jakob nach

Ägypten kam (1,5); sie ist also wohl ein Ausdruck für die Geschichtseinheit (s. den Artikel „Zahlen"). Das andere Auswahlprinzip brachte auch andere – wahrscheinlich viel höhere – Zahlen mit sich.

David ließ sich von den Ältesten der Südstämme – als Volksversammlung – zum König küren; und ebenso später von den Ältesten der Nordstämme. Selbst Salomo mußte in seinem Verwaltungsstaat die örtlichen Regierungsrechte der Ältesten respektieren. Als Salomo gestorben war, unterzogen sie Rehabeam, Salomos Sohn, einem Verhör, wie er sie regieren wolle; und die Ältesten der Nordstämme waren es dann, die nach der mißlichen Antwort die Trennung der Königreiche ausriefen (s. S. 544, Nr. 30/31).

Im kriegerischen Leben waren die Ältesten ursprünglich die selbstverständlichen Anführer. Erst unter David, der sich weit mehr der Söldner (s. d.) bediente, waren sie im Kriegsdienst nicht mehr ausschließlich die geborenen Führer. Diese Funktion scheinen sie dann am ehesten und am gründlichsten verloren zu haben.

Mit dem Ältestenamt in der Sippe war in frühen Zeiten ebenso selbstverständlich das *Richteramt* verbunden. Jedoch scheint schon Mose ihnen dieses Amt nicht mehr generell überlassen zu haben. Die Bezeichnung der Volksführer in der „Richterzeit" könnte ebenfalls darauf hinweisen, daß es einen eigenen Richterstand aus den Ältesten gab, aus dem man dann wiederum die „Richter" im Sinne der Volksführer bestimmte. Das Prinzip ist uns hier am wenigsten klar. Auf jeden Fall hatten schon in sehr früher Zeit die Ältesten der Familien nicht mehr generell die Gerichtsgewalt. Zweifellos bestand die kommunale Gerichtsbarkeit der Städte – auch in der Königszeit – aus „Ältesten"; ob diese aber dieselben waren wie die Regenten der Stadt, ob jeder zugleich Mitglied der Stadtregierung und des Richterkollegiums war oder sein konnte, wissen wir nicht. Am Tor (s. d.) der Stadt fanden sie sich zum Richten zusammen, und es war nicht viel Formalität dabei. Zehn Älteste gehörten (wie aus Rut 4,2 ersichtlich ist) zu einem ordentlichen Gericht. Das mag etwa seit 1000 v. Chr. so geltendes Recht gewesen sein. Aber in den Zeiten der Propheten Amos (8. Jahrhundert v. Chr.) und Sacharja (6. Jahrhundert v. Chr.) scheint das Ältestengericht

am Tor nicht immer den besten Leumund gehabt zu haben; wenigstens ermahnen beide Propheten zur Achtung vor der Gerechtigkeit am Tor und zur unbestechlichen Rechtlichkeit bei ihren Gerichten.

Der Hohe Rat (griech. *synhédrion*, rabbin. *sanhedrín*) war um 200 v. Chr. die Institutionalisierung des Ältestenrates (daher griechisch auch *gerusía*) zur Behörde der jüdischen Selbstverwaltung unter syrischer Herrschaft. Deshalb hat er (wie die Ältestenversammlung in Num 11,16) 70 Mitglieder; dazu als 71. den amtierenden Hohenpriester, wie Mose der 71. war. Der Hohe Rat umfaßte die „Ältesten", d. h. die nicht priesterlichen Vornehmen des Volkes; ferner die nicht mehr amtierenden Hohenpriester und andere männliche Mitglieder der vier hochpriesterlichen Familien; seit etwa 70 v. Chr., als die Pharisäer unter Königin Alexandra hohen Einfluß gewannen, kamen dann noch pharisäische Schriftgelehrte hinzu, die im NT meist als „Schriftgelehrte und Pharisäer" bezeichnet werden.

Von den pharisäischen Schriftgelehrten des Hohen Rates zur Zeit Jesu ist uns namentlich aus der Bibel nur Nikodemus bekannt.

Der Tagungsort des Hohen Rates war die „Halle der Quadersteine" *(lischkát haggenizáh)* im Tempelbereich.

Seit dem Tode des Archelaus (6 n. Chr.), als die Römer die Regierung in Judäa selbst stärker in die Hand nahmen, wurde der Hohe Rat Selbstverwaltungsorgan unter römischer Aufsicht; bis dahin – unter Herodes d. Gr. und Archelaus – war seine Tätigkeit zugunsten der königlichen Hoheitsrechte stark beschnitten. Aber auch die Römer beließen dem Hohen Rat nicht alle Rechte, die er für sich selbst als Regierungsorgan in Anspruch nahm; jedoch sind die Kompetenzen nicht restlos geklärt. Bezüglich der Todesstrafe, die beim Prozeß Jesu eine Rolle spielte, hatte der Hohe Rat wahrscheinlich nicht das Recht, eine von ihm gefällte Todesstrafe exekutieren zu lassen; dazu bedurfte er der Bestätigung durch die römische Prokuratur (s. die Darstellung im Geschichtskapitel S. 578, Nr. 54).

Durch römisches Recht wurde anscheinend dem Hohen Rat auferlegt, zehn begüterte Älteste zu bestimmen – ob sie Mitglieder des Hohen Rates sein mußten, ist nicht sicher –, die vor allem als Verbindungsmänner zur römischen Militärregierung zu fungieren hatten.

Diese Dekaproten (griech. *hoi prōtoi déka,* die ersten Zehn; lat. *decemprimi,* oder ähnlich: Zehnmänner) waren wohl eine Art von aktiver freier Geiseln, die mit ihrem ganzen Vermögen hafteten, daß sich der Verkehr zwischen jüdischer Kultusbehörde (gleich Zivilbehörde) und römischer Militärregierung loyal vollzog. Zu diesen Dekaproten gehörte Josef von Arimathäa.

Analog dem Hohen Rat durfte auch jede Siedlung, die 120 männliche Erwachsene zählte, einen (kleinen) Rat (Synhedrium) haben, der sich aus 23 Mitgliedern zusammensetzte. (Weil 120 männliche Personen eine ratsfähige, d. h. vollgültige Gemeinde konstituierten, betont Apg 1,15, daß im Abendmahlssaal, bei der Wahl des Apostels Matthias, „etwa 120" zusammen waren.)

In der Urkirche wurden gemäß dem allgemeinsten Gebrauch des Wortes „Älteste" die Vorsteher der christlichen Ortsgemeinde so genannt. Aus dem griechischen Wort dafür *(presbýteros)* entwickelte sich das Wort „Priester".

Die Ältesten der Apokalypse (Offb 4,4.10; 5,5–14 u. a.) scheinen mit dem Ältestenbegriff der israelitisch-jüdischen Geschichte kaum Berührungspunkte zu haben, es sei denn, daß hier ein Spiel mit der übertreffenden Zahl vorliegt: die kleine Gemeinde bildete ein Gericht von 23 Ältesten; die alle anderen kleinen Gemeinden übertreffende Gemeinde Jesu bildete ein Gericht von 23 + 1 Ältesten (s. im Artikel „Zahlen . . .", s. d.)

Fest und Musik
spielen bei allen ursprünglichen Völkern eine große Rolle. Feste wurden in der alten Zeit Israels begangen als festliche Mahlzeit, meistens im Freien; ja, die Mahlzeit als Mittelpunkt des Festes blieb immer üblich. Auch das Paschafest zur Zeit Jesu war im wesentlichen das Paschamahl. Und in den Zeiten der Zeltheiligtümer, der Höhenheiligtümer und des Ersten Tempels waren die Opferfeste im wesentlichen Opfermähler. – Zu diesen Mahlzeiten gehörte der Tanz, der vorgeführte Tanz.

Ob es in Israel in den Sippen und Stämmen auch das trockene Fest gab – ähnlich dem „Palaver" der Neger –, wissen wir nicht sicher; es ist aber wahrscheinlich. Solche Feste, bei denen die Männer zum Beraten und Miteinanderreden zusammenkamen, werden vor allem

die Stunden der Erzählungen der Stammestraditionen gewesen sein – was sich dann in größerem Stil bei den großen Heiligtumsfesten in Volksversammlungen wiederholte. Hier vor allem war auch der Ort für das vorgetragene Lied.

Das Lied, d. h. Musik mit der menschlichen Stimme, wird der ursprüngliche Ausdruck für festliche und traurige Gelegenheit gewesen sein. Das erzählende Lied des einzelnen, aber auch das chorische Necklied, das rhythmische Arbeitslied spielen bei Anfangskulturen immer eine große Rolle; und so kann man es sich auch bei den Stämmen Israels, die zumeist in ihren Gebirgssiedlungen abgeschlossen wohnten, kaum anders vorstellen.

Auch die aufsteigende Kultur der Königszeit und der babylonischen und nachbabylonischen Zeit gibt davon noch Zeugnis: z. B. das Deboralied (s. d.). Für die Spruchlieder zeugen Jakobssegen (s. d.) und Mosesegen (s. d.) und vor allem viele Propheten, die immer wieder Liedformen verwenden, nicht zuletzt aber die Psalmen (s. d.) und die Klagelieder (s. d.).

Aus der Tatsache, daß es Lieder mit Refrains gibt, läßt sich sogar etwas von der Art des Singens erkennen, wobei wahrscheinlich noch hinzukommt, daß der Refrain nicht unbedingt Textrefrain zu sein braucht, sondern auch lautspielerischer Refrain, ähnlich unserem Tralala . . ., Juppheidi-juppheida u. ä. Das „Amen" und das „Halleluja" des Kultes sind religiöse Formen dieses allgemeinen Refrainbrauchs.

Bei der Liedbegleitung scheint man vornehmlich Zupfinstrumente, abgesehen von der Handtrommel und anderen Rhythmusinstrumenten, benutzt zu haben; man kannte deren zwei: die Kastenleier und die Schrägleier.

Die Kastenleier *(kinnór,* griech. *kithára)* spielte man im Sitzen oder beim Gehen bzw. beim Tanzen; die Schrägleier *(nebál)* war ein vornehmlich gottesdienstliches Instrument, das aber – wohl als Orchesterinstrument – auch in vornehmen Häusern außerhalb des Gottesdienstes gespielt wurde.

Die Kastenleier war klein und hatte einen rechteckigen Rahmen, der zum Teil mit einem Resonanzboden hinterlegt war. Die Schrägleier hatte etwa die Form unserer Harfe, jedoch klein – wie eine Zither; allerdings gab es gerade diese Schrägleier auch als größeres Instrument, etwa annähernd so groß wie eine Harfe. Im Grunde *ist* die Harfe eine solche Schrägleier.

Zum Tanz, d. h. zum Einzeltanz oder zum Reigentanz, die vor allem von Männern ausgeführt wurden, benutzte man rhythmusbetonende Instrumente. Einzeltänze von Frauen gab es wohl erst unter hellenistischem und zumal römischem Einfluß.

Das einfachste Instrument war dabei die Hand; das Händeklatschen beim Tanz ist uraltes Rhythmuszeichen, eigentlich selbst noch Tanzelement. Dazu kam, wahrscheinlich schon sehr früh, die fellbespannte Handtrommel (Tamburin), die man mit den Fingern tippte oder mit dem Handrücken schlug. Die Spieler waren oft Frauen, während die Männer tanzten. – Wieweit Zupf- und Blasinstrumente zum Tanz gespielt wurden, wissen wir nicht. Der Tanz Davids vor der Bundeslade ist kein Zeugnis für das Tanzen zur Leier, weil hier die Leier als Begleitinstrument zum Singen fungierte.

Als Signalinstrumente werden zwei genannt: das Horn und die Trompete. Das Horn ist das urtümlichere; es ist ein wirkliches Widderhorn (manchmal auch ein Rinderhorn), auf dem man allerdings nur einen langgezogenen, hellen, etwas gequetschten Ton blasen konnte. Dieser Ton trug jedoch sehr weit. Dieses *schopar* oder *schofar* war wohl das eigentliche Signalinstrument der Nomaden und wurde ins Kulturland als Signalinstrument übernommen: um den Heerbann aufzubieten und als Warnsignal. Seine Urtümlichkeit machte es auch zum Heroldsignal beim Königsruf (z. B. bei der Thronbesteigung) und beim Anblasen des Neujahrs. Auch zum Anzeigen des Sabbatbeginns wurde es vom Synagogendiener geblasen.

Die Trompete war ein schmales, bis zu 50 cm langes Rohr, das sich nach vorn ein wenig weiter öffnete und auf dem man blies, wie man heute auf einem Horn bläst. Ventile hatte eine solche Trompete nicht. Die Trompete war ein Instrument für den Kriegslärm, aber auch für die Festverkündigung. Der Monatsbeginn (Neumondfest) wurde durch Trompeten angekündigt.

Posaunen gab es nicht. Was in den Bibeln unserer Sprachen mit „Posaunen" übersetzt ist, meint meistens das Widderhorn. Die „Posaune", also das Widderhorn als Instrument des Jüngsten Tages, d. h. des Anbruchs der Messiaszeit, ergab sich wahrscheinlich daraus, daß dieser „Tag Jahwes" als der Thronbesteigungstag des Messias angesehen wurde. Und zur Thronbesteigung erklang traditionsgemäß das Widderhorn („Posaune").

Von Orchestermusik kann man in der Antike kaum sprechen, es sei denn, daß man jedes Zusammenspiel von Instrumenten so nennen wollte. Aus ägyptischen Wandbildern sind kleine Musikkapellen bezeugt, die aus einer großen Schrägleier (Harfe), einem banjoartigen Zupfinstrument und zwei Flöten bestehen.

Flöten gab es in mehreren Arten: die Hirtenflöte (Rohrflöte, Panflöte); den Dudelsack mit einem Blasrohr zum Luftfüllen und einem Spielrohr mit Löchern; die Schalmei (Oboe) mit einem oder zwei Flötenrohren mit Grifflöchern: beide Rohre wurden durch ein Anblasrohr gleichzeitig geblasen; auf dem einen Rohr spielte man die Melodie, auf dem anderen einen begleitenden Unterton.

Der Bund

spielt im Wortschatz der ganzen Bibel eine große Rolle. Um die religiös-politische Bedeutung des alttestamentlichen Bundes und die universale Bedeutung des neutestamentlichen Bundes zu verstehen, muß man seine allgemeine Bedeutung für das altorientalische Leben begreifen.

„Bund" ist zunächst ein rein rechtlicher zwischenmenschlicher Akt. Zwei gleiche oder ungleiche Partner gehen gegenseitige Verpflichtungen ein (einander zu helfen oder zu schützen zum Beispiel) und besiegeln diese Verpflichtungen durch einen religiösen Akt, der sie manchmal gleichzeitig in eine Art Verwandtschaft versetzt. Die beiden Grundlagen der Rechtssicherheit in Völkern, die den „Bund" kennen, sind Verwandtschaft oder Bund.

Es gab mancherlei Riten für die Besiegelung eines Bundesschlusses: gemeinsames Mahl, gemeinsames Essen von Salz (s. d.), Eintauchen der Hände in das Blut eines Opfertieres („Bundesblut"), Waschen der Hände im Bundesblut, Tauschen von Waffen oder Kleidern, Handschlag, Bruderkuß oder mehrere dieser Riten zusammen, die dem Beschwören des Bundes folgten.

Ein besonders auffälliger Ritus, der ebenfalls für mehrere Völker des antiken Vorderen

Orients bezeugt ist, diente der Beeidung der Treue: Opfertiere (z. B. Kalb, Ziege, Widder – oder auch der Esel, soweit er Opfertier war) wurden zweigeteilt, und die Teile wurden einander gegenüber gelegt; durch die dadurch entstehende Gasse schritten die Vertragspartner (oder auch nur ein Vertragspartner, z. B. der Besiegte, der dem Sieger Unterwerfung gelobte) mit einer Fackel, um dadurch zu sagen: Wenn ich diesen Bund nicht halte, soll mir geschehen wie diesen Opfertieren (Gen 15,7–21). „Einen Bund schließen" lautet im Hebräischen *kárat berít,* was wörtlich heißt: schneiden zwischen zwei; vielleicht hat diese Bezeichnung ihren Ursprung in dem soeben berichteten Ritus. Das *berít,* welches wir heute mit „Bund" wiedergeben, heißt also eigentlich „zwischen zwei".

Alle solche Bünde wurden gelegentlich auch als Gottesbünde bezeichnet, weil sie alle vor einem Gott beschworen wurden und dieser Gott als Garant des Bundes galt. Deshalb wurde dieser Gott manchmal als Bundesgott bezeichnet. Aber von einem Bundesgott im Sinne eines Gottes, der selber Vertragspartner war, sprach nur das alte Israel.

Zweihundertsechsundachtzigmal kommt im AT das Wort *berít* vor, und von *kárat berít* (einen Bund schneiden) wird sechsundachtzigmal gesprochen. Das zeigt die Wichtigkeit dieses Vorgangs für das Volk Israel. Freilich ist bei diesen vielen Bundesschlüssen nicht immer nur vom Bund Jahwes mit Israel die Rede, sondern auch von rein zwischenmenschlichen Bünden.

Einige Hinweise noch auf die Mannigfaltigkeit des Bundesgedankens: Von einem Schutzbund ist in den Geschichten von Abraham die Rede, der mit seinen Nachbarn verbündet war (Gen 14,13). Ein solcher Bund ging nicht auf ein Religiosum hin, nichtsdestoweniger wurde aber der Bund vor einem Gott geschlossen, der dadurch zum Bundesgott wurde. Es ist kaum zweifelhaft, daß dies der in Mamre (s. d.) verehrte Gott war.

Auch geschäftliche Abmachungen wurden als Bund verstanden, der vor einem Gott beschworen wurde: z. B. wird der Vertrag zwischen König Salomo und König Hiram von Tyrus wegen der Lieferungen für den Tempelbau in Jerusalem (1 Kön 5,26) „Bund" genannt. Es gab eben gar keine andere bindende Abmachungsform als die des Bundes.

Da der Kleiderwechsel ein Ritus des Bundesschlusses war und da der Bundesschluß oft auch ein oktroyierter Akt war, in dem ein Höherer den Geringeren in den Bund zwang (z. B. ein Sieger den Besiegten), kann man in manchen biblischen „Kleiderepisoden" Bundesschlüsse sehen, wenn dies im Text auch nicht eigens erwähnt wird. Wenn z. B. Elija dem Elischa seinen Mantel überwirft (s. 1 Kön 19,19), verpflichtet damit der Altprophet den Jünger; in der Autorität des sendenden Gottes schließt er mit Elischa einen Bund, daß dieser seine Aufgabe weiterführe. Dasselbe Motiv kehrt in etwas abgewandelter Form wieder in der Erzählung von der Nachfolge des Elischa nach der Entrückung des Elija (2 Kön 2,13).

Der große und eigentliche Bund Israels aber war der zwischen Jahwe und dem Volk. Die biblischen Erzähler lokalisieren die Bundesschließung an den Sinai, manche auch nach Moab, als Israel dort auf seinem Zug ins Land Kanaan durchzog. Da dieser Bund zwischen Gott und dem Volk Israel aber im Grunde kein reines Historikum ist, sondern mehr die dankbare Antwort für die Rettung der Stämme zum Volk und eine gläubige Überzeugung, daß Jahwe all seine Wohltaten dem Volk nur deshalb schenkte, weil er einen Bund mit dem Volk geschlossen hatte, kommt es letztlich nicht darauf an, wann und wo dieser Bund durch die Erzähler als geschlossen gezeigt wird. Der Bund bestand!

Gerade deshalb aber ist die Frage berechtigt, wie und wann es zu diesem Bunde kam? Wem kam der Gedanke zu einer solchen religiösen Institution? Gab es dafür Vorbilder? Man hat das orientalische Recht und speziell das Recht Israels sowie die orientalischen Bundesbräuche und den Charakter des biblischen Sinaibundes gut studiert, verglichen und aus den Vergleichen Schlüsse gezogen. Die Ergebnisse sind eine Vermutung über Charakter und Werden des Jahwebundes der Israelstämme, die sehr reale geschichtliche Perspektiven eröffnet.[6] Nach diesen Ergebnissen darf man die Entwicklung zum Bund Jahwes mit Israel etwa so darstellen:

---

[6] Die entscheidende Studie über diese Hypothesenreihe schrieb George E. Mendenhall: „Recht und Bund in Israel und dem Alten Vorderen Orient" (Theologische Studien, Zürich, Heft 64). In der englischen Ursprache erschien die Studie 1955.

Die aus Ägypten geflohenen Volksgruppen, die später einmal mit zu Israel gehören sollten, brauchten, um zu einem Sozialorganismus zu werden, recht bald einen gesetzlichen Rahmen, in dem sie Sicherheit fanden – zumal die äußeren Sicherheitsfaktoren zunächst mehr als mangelhaft waren. Sie brachten zwar gewisse Sozialorganisationen und gesetzliche Vorstellungen mit: Familien- und Sippengruppierungen, in denen durch die Ältesten (s. d.) Recht gesprochen wurde; sie hatten auch Vorstellungen von anderen Möglichkeiten sozialer Gestaltbildung, die ihnen durch ihre andersgeartete Umwelt oder durch damals gemeinorientalische Formen bekanntgeworden waren.

Als diese Gruppe – so erzählt die Bibel – ins Sinaigebirge gekommen war, schloß Gott durch Mose mit dem Volke einen Bund. Es ist natürlich möglich, wie manche meinen, daß die biblische Gesetzgebung am Sinai lediglich eine spätere Lokalisierung und Dramatisierung ist, um dem Bundesschluß ein erzählbares Gesicht zu geben. Aber der außerordentliche Akzent, der im Pentateuch auf die Gesetzgebungszeit gelegt wird – nämlich die Zeit unmittelbar nach dem Auszug aus Ägypten –, ist sowohl vom Sachlichen wie auch vom Ernstnehmen der Tradition her ein Hinweis darauf, daß Bund und Bundesgesetz in jener Zeit ihren Ursprung haben: vom Sachlichen her, weil die zusammengewürfelte Gruppe bald eine Rechtsform brauchte; und vom Ernstnehmen der Tradition her, weil kein anderes Ereignis der Überlieferung so übereinstimmend mit dem Bundesschluß verknüpft ist wie der Auszug aus Ägypten. Dieser Auszug ist der feste Mittelpunkt; es liegt nahe, daß Bundesschluß und Auszug deshalb auch zeitlich einander nahestand.

Welche Form aber bot sich Mose – oder jenem Volksführer, den die Bibel Mose nennt – für die Einrichtung einer freien Volksorganisation? Denn das war das Neue, daß die flüchtige Gruppe eine freie Volksorganisation brauchte. Bisher hatte sie als Volksgruppe unter dem ägyptischen Pharao gelebt, an den sie ganz sicherlich ebenso durch Bund geknüpft war. Diesem Bund waren die Flüchtigen entlaufen. Ein neuer Großkönig hatte sich noch nicht um sie gekümmert. Sie waren ohne Bund! Ohne Bund zu leben war aber für eine solche versprengte Gruppe, als ob sie rechtlos und schutzlos lebte. Die Flüchtigen brauchten

einen Bund. Und an dieser Stelle dürfen wir an ein inspiratorisches Wunder glauben, wo der Andersgesinnte vielleicht nur von einem genialen Gedanken des Mose sprechen würde; denn Mose gab den Wandernden einen König, der mit ihm einen Bund schloß: er zeigte ihnen Jahwe als ihren Bundeskönig.

Der damals, d. h. im 2. Jahrtausend v. Chr., übliche Bund zwischen Großkönig und Vasallenvolk war ein Vorgang aus den Stabilisierungsbemühungen des Siegerkönigs, durch den er sich die Besiegten verpflichtete. Zwar war die Regelung des Verhältnisses Sieger-Besiegte durch einen „Bund" allgemein verbreitete orientalische Übung; besonders gepflegt wurde diese Art Bund aber durch die Hetiter (s. d.), durch die dieses Friedensmittel denn auch sehr weit bekannt wurde.

Bei den Ausgrabungen der hetitischen Hauptstadt Boghazköy und im nordsyrischen Ras-Schamra/Ugarit wurden akkadische und hetitische Aufzeichnungen mit solchen Bundesformeln gefunden, durch die die hetitischen Großkönige andere Könige, z. B. aus Anatolien, Nordsyrien und Mesopotamien, als Vasallen an sich banden. Diese Vasallenverträge sind samt und sonders Urkunden des 14. und 13. Jahrhunderts v. Chr., also jener Zeit, in der Mose Jahwe seinen Bund mit der hebräischen Wandergruppe schließen ließ. Die Funde beweisen also, daß im 14. und 13. Jahrhundert v. Chr. der hetitische Vasallenbund allgemein üblich war und daß ein staatsrechtlich vorgebildeter Mann wie Mose, der nach dem Zeugnis der Bibel am ägyptischen Königshof erzogen war, sehr wohl davon wissen konnte. – Die hetitischen Bundesschlüsse und Bundesformeln hatten folgende Elemente:

1. In einer Präambel wird der Stifter des Bundes vorgestellt: ein Herold kündigt ein königliches Edikt an, indem er den Edikterlasser feierlich nennt: „So spricht . . ., der Großkönig, König des Hatti-Landes." Seine Majestät und Macht wird betont, vor allem aber in seinem offiziellen Herrschertitel zusammengefaßt vorgestellt.

2. Dann spricht der König selbst, d. h., der Erlaß spricht im Ich-Ton, und das Vasallenvolk oder der Vasallenkönig wird mit Du direkt angesprochen. Diesen ersten Teil des eigentlichen Bundesedikts hat man den geschichtlichen Prolog genannt. Alle bisherigen Beziehungen zwischen den Bundespartnern

werden aufgezählt; auch die Perioden unangenehmer Beziehungen bleiben nicht verschwiegen. Bei Unterwerfungsbünden wird genau berichtet, was alles der Großkönig für das Volk, mit dem er nun von sich aus einen Bund schließt, getan hat. Dieser geschichtliche Prolog wird bei Bundeserneuerungen immer auf den neuesten Stand gebracht. Der Prolog hat einen doppelten Sinn: einmal soll das Volk zur Dankbarkeit und damit zur Bundestreue gegen den Großkönig angehalten werden (ethischer Aspekt); sodann wird dem Volk durch die Wohltaten des Großkönigs vor Augen gehalten, daß dieser ein Recht hat, von dem Vasallenvolk den ungeteilten Dienst zu fordern (rechtlicher Aspekt).

3. Diesem geschichtlichen Prolog folgt dann die Aufstellung der Bundesbestimmungen, die auf den ungeteilten Dienst des Vasallen hinausgehen, z. B. darf der Vasall keine Beziehungen mit fremden Mächten haben; er hat dem Großkönig Heeresfolge zu leisten; er hat einmal im Jahr vor dem Großkönig zu erscheinen, um den Tribut zu erlegen, u. a. Im übrigen mischte sich der Großkönig nicht in die Regierung des Vasallenkönigs ein. – Das wichtigste Gebot war, den hetitischen König, die Königsfamilie und die königliche Umgebung so zu lieben, wie man sich selbst, seine eigene Familie und Umgebung liebt. Alle Einzelbedingungen waren im Grunde nur Konsequenzen dieser absoluten Vasallentreue.

4. Die Bundesurkunde wurde nach der Beeidung des Bundes in je einem Exemplar in den Hauptheiligtümern der Bundespartner niedergelegt. Damit das ganze Vasallenvolk vom Bund Kenntnis nahm und immer wieder daran erinnert wurde, sollte der Bundestext jährlich mehrmals oder doch wenigstens immer wieder öffentlich vorgelesen werden.

5. Der Bundestext wird von den Göttern des Hetiterreiches und des Vasallenstaates bezeugt.

6. Bei Bundesbruch sollen die Götter Fluch über das Vasallenvolk senden; wenn sie den Bund aber halten, sollen alle Götter es segnen.

An dieses hetitische Grundformular des Bundes zwischen Großkönig und Vasallenkönig bzw. Vasallenvolk ist der Bund angeschlossen, den die Bibel als Bund zwischen Jahwe und Israel verkündet:

1. Die Heroldsankündigung ist in den Erzählungen vom Bundesschluß am Sinai durch Einleitungserzählungen über die Majestät Jahwes ersetzt, die das hetitische Formular nicht klar zum Vorschein kommen lassen. Dagegen zeigt Jos 24,2 ganz deutlich die Einleitungsformel der hetitischen Erlasse: „So spricht der Herr, der Gott Israels." Dieselbe Formel wirkt später als Einleitung zu den Prophetensprüchen fort.

2. Der geschichtliche Prolog ist in dem markanten Hinweis zusammengefaßt: „Ich bin Jahwe, dein Gott, der dich aus Ägypten geführt hat; aus dem Sklavenhaus" (Ex 20,2; Dtn 5,6). Bei Josua ist er „auf den neuesten Stand gebracht" (Jos 24,2–13), indem er alle bisherigen Traditionen zusammenfaßt und das Geschenk des Landes Kanaan an das Volk als große letzte Wohltat Jahwes preist.

3. Die Bundesbestimmungen sind sodann die Zehn Gebote. Diese Bundesbestimmungen heißen in den hetitischen Bundesdokumenten „Worte", genau wie die Zehn Gebote in Ex 20,1 „Worte" Gottes genannt werden. Auch einige Gebote sind nach den hetitischen Bundesbestimmungsformeln gefaßt: z. B. die Einschärfung, daß Israel keine anderen Götter neben dem Herrn haben soll (Ex 20,3; Dtn 5,7), entspricht genau der Bestimmung, daß der Vasallenkönig neben dem Großkönig von Hatti keinen anderen Großkönig anerkennen bzw. daß er mit keinem anderen Großkönig verhandeln darf. – Das wichtigste Gebot, den hetitischen König zu lieben und die königliche Umgebung zu lieben, wie man sich selbst liebt, findet sich im „Hauptgebot" wieder, das also offensichtlich ebenfalls aus einem bewußt als Bundesartikel formulierten Text stammt.

4. Die Bundesurkunde ist eine steinerne Tafel, wie sie bei den Bünden zwischen Großkönig und Vasallenvolk allgemein üblich war. Die zwei Tafeln der Zehn Gebote, die wir heute für gewöhnlich als „erste Tafel" mit den Gott betreffenden Geboten (1 bis 3) und als „zweite Tafel" mit den die Gemeinschaft betreffenden Geboten (4 bis 10) deuten, sind wahrscheinlich eher als gleichlautende Urkundentafeln der zwei Bundespartner zu verstehen, wovon die eine – wohl die Tafel Gottes – in der Bundeslade (s. d.) und die andere – die des Volkes – beim Propheten, beim Richter oder im Heiligtumsarsenal untergebracht war.

Die Verteilung der Gebote auf zwei Tafeln bezeugt lediglich das spätere Mißverständnis des Bundestextes. Denn schon wer unter dem

hetitischen Königsbund einen Menschen angriff, griff damit den König selbst an; um
wieviel mehr mußte das für den Gottkönigs-
bund Jahwes gelten. Die Gebote 4 bis 10
bestimmten genau so wie die Gebote 1 bis 3 das
Herrenrecht Jahwes, des Bundesgottkönigs.

5. Eine Bezeugung durch Götter muß im
Jahwebund natürlich fortfallen; aber im Sinaibund (Ex 24,4) und ausführlicher und aus-
drücklicher beim Neuschluß des Bundes zu
Sichem (Jos 24,25–27) ist dieser feierliche Be-
zeugungsakt auf entsprechende andere Weise
vertreten: „Josua ... nahm einen großen Stein
und stellte ihn in Sichem unter der Eiche auf,
die im Heiligtum des Herrn steht. Dabei sagte
er zu dem ganzen Volk: Seht her, dieser Stein
wird ein Zeuge sein gegen uns; denn er hat alle
Worte des Herrn gehört, die er zu uns gesprochen hat. Er soll ein Zeuge sein gegen euch,
damit ihr euren Gott nicht verleugnet" (vgl.
auch die Zeugenanrufungen Dtn 4,26; 30,19;
31,28; 32,1; Jes 1,2; Jer 2,12; Mich 6,2).

6. Segens- und Fluchformeln, wie sie im
hetitischen Bundesvertrag üblich waren, finden sich sehr ausführlich in bezug auf den
Bund zwischen Jahwe und Israel im Buche
Deuteronomium (Dtn 27,9–26; 28).

Dasselbe Schema (Geschichte, Grundsatz-
erklärung, Fluch- und Segensformel) enthält
auch die „Bundespredigt" (Dtn 6,10–19).

Bei den Propheten wird wenig vom Bund
und fast gar nicht vom Sinaibund gesprochen.
Trotzdem findet man in den prophetischen
Sprechweisen Formeln des durch das hetitische Bundesformular beeinflußten Sinaibundes wieder. Außerdem ist die Sache Bund und
Bundesbruch in der ganzen prophetischen Predigt immer gegenwärtig. Das soll nicht heißen,
daß den Propheten dieser Bund unbedingt als
„Sinaibund" gegenwärtig war. Ob der Bund
Jahwe–Israel ein Sinaibund oder ein Moab-
bund oder ein Sichembund war, ist eine historische Frage, die vielleicht nie eindeutig gelöst
werden kann. Für das religiöse Phänomen
„Bund Jahwes mit dem Volke Israel" ist diese
historische Sicherheit gleichgültig. (Zum
„Bund" bei den Propheten vgl. Jes 24,5; 33,8;
Hos 6,7; 8,1.)

Der Bund Jahwes mit Abraham entstand als
Idee sodann wohl auf Grund der bereits erzäh-
lerisch fixierten Geschichten vom Sinaibund.
Obwohl Abraham historisch früher anzuset-

zen ist, entsteht das Bewußtsein vom Bund
Abrahams mit Gott erst nach der Konstitu-
ierung des Stämmebundes Israel (s. „Die
Zwölf Stämme", Nr. 3f.). Die Propheten, die
von der Führung der Stämme durch den Bundesgott seit Sinai erzählten, legten Wert darauf
zu zeigen, wie die Stämme auch schon in ihren
Erzvätern durch Jahwe geführt worden waren.
Und daß die Erzväter und ihre Stämme durch
alle Gefahren hindurch sicher zur Gemeinschaft der Stämme gelangt waren, ließ sich am
tiefsten dadurch erklären, daß Jahwe auch
vorher schon einen Bund mit den Erzvätern
geschlossen hatte. In der konstruierten, oder
besser: in der integrierten Geschichte der
Stämme, wie die ungenannten Propheten des
Stämmebundes sie erzählten, wurde Abraham
– der historisch wahrscheinlich der Patriarch
der Südstämme war – zum ältesten Erzvater
aller Israelstämme (S. 502, Nr. 4). Die Sorge
und Mühe um das Überleben, die sich ganz
sicher in den Stammesgeschichten jeder Ein-
wanderergruppe ausdrückten, gaben wie von
selbst das Thema für einen Bundesschluß zwischen Gott und Abraham an: Du wirst überleben, ja du wirst ein großes Volk werden (s.
auch den Artikel „Berufung und Geschichte").

Der Bund mit Abraham war also schon
allein durch den Bundeszweck von anderer
Art als der Sinaibund. Während der Israel-
bund ein Gehorsamsbund war, durch den Jahwe (wie ein hetitischer Großkönig) das verlorene kleine Volk unter seinen helfenden
Schutz nahm, sofern es nur bereit war, die
königlichen Bundessatzungen Jahwes zu halten, war der Abrahambund eine Verheißung
von Jahwe her auf künftige Fruchtbarkeit. In
dieser Bundesidee mag eine abwehrende Tendenz mitschwingen, wenn diese abwehrende
Tendenz nicht sogar die Hauptursache der
Entstehung dieses Fruchtbarkeitsbundes mit
Jahwe war. Denn die Stämme Israels waren ja
in das Land eingedrungen, wo die Baale (s. d.)
vornehmlich als Fruchtbarkeitsgötter verehrt
wurden. Zu ihnen flehte das Volk Kanaans um
Nachkommen. Wenn nun die Propheten erzählen konnten, daß derselbe Jahwe, der Israels Herr und Bundesgott wurde, auch Herr
über die Fruchtbarkeit ist, und wenn sie dies
am eigenen Volke durch Berichte vom eigenen
Stammvater aufzeigen konnten, der schon in
der Vorzeit mit diesem Gott einen Fruchtbar-

keitsbund hatte, der also von diesem Gott die Verheißung erhalten hatte, ein Volk zu werden, wie es dann auch geschehen war – so war dies ein starkes Bollwerk gegen die Versuchungen, den Baalen des Landes zu opfern.

Die Bundesschlüsse mit Isaak und Jakob bzw. die Bestätigung des Abrahambundes vor und für Isaak und Jakob sind sodann nichts anderes als die Zueignung der Bundesverheißung, die erzählerisch an Abraham geknüpft war, an die Gesamtheit der Stämme. Jene Stämme, die sich in ihren stammesinternen Traditionen auf einen Stammvater Isaak oder Jakob zurückführten, sollten wissen, daß der Verheißungsbund mit Abraham alle betraf. Zwar war dies schon durch die Fixierung Abrahams zum Urgroßvater aller Söhne Jakobs geschehen, aber man darf wohl annehmen, daß die Bemühungen der Stämmebund-Propheten von mehreren Seiten her immer wieder dasselbe Ziel angingen, um die Integration der Stämme in den Stämmebund zu beschleunigen, zu intensivieren oder zu sichern.

Der Bund Gottes mit Noach (s. die Bemerkung zu Gen 9,1–17) als jüngste Schicht der Bundeserzählungen hat wahrscheinlich einen dämpfenden Sinn. Dieser Bund wurde ganz sicher von einer Prophetengruppe verkündet, die „die Völker" nicht erst dann für der Aufmerksamkeit Jahwes wert hielt, wenn sie sich dem König – dem zukünftigen König oder dem Hohenpriester – von Juda unterworfen hatten, sondern die in „den Völkern" (also den Heiden) von vornherein gleichberechtigte und von Gott gleichbedachte Menschen sah wie in den Juden. Der beste Ausdruck dafür ist der Menschheitsbund mit Noach. Ähnliche Gedanken beherrschten den Autor des Buches Jona (s. d.).

Die Handauflegung
meint in den Rechtsbräuchen fast aller Völker die ganze Person. Im profanen Recht wird durch die Hand die Beziehung zwischen Person und Sache (Besitzergreifung) oder zwischen Person und Person (Schutzverhältnis, Verhaftung, Untertanenverhältnis; Bund, s. oben) ausgedrückt und besiegelt.

Im religiösen Ritual gilt die Hand meistens als Stellvertreterin der Hand Gottes: durch sie bezeichne ich meinen Besitz als Besitz Gottes (Handauflegung auf das Opfertier beim israelitischen Opfer); durch sie wird Gottes „Hand" als Helfer herbeigerufen (deshalb „so wahr mir Gott helfe" mit erhobener Schwurhand). Durch die Hand nimmt Gott Besitz vom Menschen, wenn der Gottgeweihte seine Hand nach einem Menschen zur Weihe ausstreckt. Durch sie nimmt Gott Besitz vom Menschen, über den ein Segen gesprochen wird – deswegen kann der Segen nicht zurückgenommen werden, weil man Gott sein Eigentum nicht wieder abnehmen kann (so z. B. beim Segen Isaaks über Jakob und Esau).

Wenn in Num 27,12–23 erzählt wird, daß Mose sein Volksführeramt durch Handauflegung an Josua übertragen habe, so will damit zugleich gesagt werden, daß Gott von Josua Besitz ergriff.

Wenn der Prophet Jeremia von seiner Berufung erzählt, so sagt er: „Dann streckte der Herr seine Hand aus . . ." (Jer 1,9.10), womit ebenfalls ausgedrückt wird, daß Gott den Propheten als seinen Propheten in Besitz nimmt.

In der Erzählung von der Heilung des Aussätzigen (Mt 8,1–4) berührt Jesus den Aussätzigen mit der Hand. In der Erzählung von der Erweckung der Jairustochter (Mt 9,18–26) faßt Jesus das Mädchen bei der Hand. Abgesehen von dem Ereignis selbst liegt in diesem Motiv ein Mittel der Verkündigung von Jesus, dem Mittler des Lebens. Der lebendige Gott nimmt durch Jesu Hand von der Hand des Mädchens, d. h. von seiner ganzen Person, Besitz und ruft es ins Leben zurück.

Auch die Handauflegung bei der Kindersegnung (Mt 19,13–15) ist aus dieser Bedeutung des Besitzergreifens zu sehen.

Der Gruß,
unter altorientalischem Gesichtspunkt gesehen, ist im Grunde ebenfalls nichts anderes als ein Bund (s. d.), aber auf die kürzeste Formel gebracht. Deshalb ist der eigentliche Gruß *schalóm,* d. h. „Friede!", wie es sich im Arabischen bis heute im *salem aleikúm* erhalten hat und wie es auch die Iwrith sprechenden Israelis im *schalóm* wieder aufgenommen haben.

Wenn man einem Menschen das *schalóm* verweigerte, so war er in Gefahr. In diesem Sinne heißt es von den Brüdern Josefs in den Josefsgeschichten des AT: „Und sie sprachen mit ihm [Josef] kein Wort mehr zum Schalóm" (Gen 37,4).

Wenn man aber in friedlicher Absicht kam, wenn man betonen wollte, daß man sich brüderlich begegnen wolle oder daß man einen Bund miteinander habe, dann grüßte man mit *schalóm* oder ausführlicher und feierlicher mit: „Friede mit dir", „Friede mit euch". Dieses Wort wurde oft begleitet durch den Kuß (Bruderkuß, denn der Bund bedeutete ja, daß man sich verbrüderte). Jesus wirft dem Pharisäer Simon vor: „Du hast mir keinen Kuß gegeben . . ." (Lk 7,45) – so sehr empfand man Gruß und Kuß als zusammengehörig, damit der Gruß vollständig war. Deshalb küßte auch Judas im Garten Getsemani den Herrn, als er ihn begrüßte.

Bei Höhergestellten, denen man als Bittsteller gegenübertrat, oder wenn man sonst ausdrücklich betonen wollte, daß man friedliche Absichten hegte, fiel man nieder, d. h., man nahm eine Haltung an, in der man unmöglich kämpferische Absichten ausführen konnte. Das wenigstens ist der ursprüngliche zwischenmenschliche Sinn des Niederwerfens, wenn es später auch allgemeiner aufgefaßt wurde (vgl. die Anmerkung zu Gen 18,2).

Der König
Das hebräische Wort für „König" leitet sich wahrscheinlich her aus der Wurzel *halách* (gehen), und zwar aus einer Partizipialform *molích,* das etwa „Führer", „Geleiter" bedeutet. Die endgültige Form heißt: *mäläch*. Ob in der Zeit, als die Israeliten dieses Wort aus der „Sprache Kanaans" übernahmen,[7] in diesem Wort *mäläch* noch die alte Wurzel spürbar war, wissen wir zwar nicht; aber eines dürfen wir annehmen, daß man darunter in einem viel allgemeineren Sinne den Ersten eines Gemeinwesens verstand, als wir das heute im Wort „König" zu tun pflegen. Man könnte vielleicht sagen: *mäläch* war die Bezeichnung für eine bestimmte soziale Führungsfunktion, nicht aber unbedingt zugleich Bezeichnung für eine soziale Stellung.

Der erste Mann einer kleinen Stadtgemeinde konnte *mäläch* (König) sein; dieser Name wollte dann nichts anderes sagen, als daß diese Stadtgemeinde nicht durch absetzbare Verwalter, nicht durch einen Rat, sondern durch einen Mann regiert wurde, der sich selbst durch Rücksichtslosigkeit, Klugheit und Mut an die erste Stelle gesetzt oder der wegen seiner Tapferkeit oder Weisheit von der Bür-

gerschaft an diese erste Stelle gewählt worden war und dem sie nun gehorchten. Seine Funktion war die der absoluten Gewalt; darin waren die Dorfkönige den Königen der großen Reiche gleich.

Israel kannte für sich zunächst keine Könige. So verschieden seine Stämme auch gewesen sein mögen,[8] sie waren aber „Stämme", und das bedeutete Regierung der Ältesten (s. d.). Erst unter dem Druck der kanaanitischen, von Königen regierten Völker verlangte auch Israel nach dem Königtum. Samuel warnte davor; aber schließlich schien ihm wohl selbst die vom Volk geforderte neue Königsverfassung für den Augenblick das Gegebene (s. Text zu 1 Sam 7,2ff.).

Aus dem sakralen Charakter des Stämmebundes erhoben die Priester für die Königskür Israels allerdings eine wichtige Forderung: daß seine Könige nicht einfach berufen wurden, sondern daß sie durch einen Gottesmann vorgeschlagen werden sollten. Das wurde zuerst durch Samuel bei der Wahl Sauls praktiziert; und wenn ein König auf andere Weise zur Macht gekommen war, empfanden das zumindest die führenden priesterlichen und prophetischen Kreise als einen Mangel. Für David, der sich mit Mut und List zur Macht gebracht hatte, wurde wahrscheinlich deshalb später die Legende der Vorbestimmung durch Samuel geschaffen, um diesen Mangel zu tilgen.[9] Der Priester oder Prophet schlug den König vor – er bestimmte ihn jedoch nicht. Das Ältestenrecht, über das die Stämme offenbar eifersüchtig wachten, setzte es durch, daß die Volksversammlung – was wohl heißen soll: eine Ältestenversammlung – den König wählte und dann mit ihm einen Bund (s. d.) schloß. Wenn durch die Erbdynastie dieser Bund auch oft übergangen wurde – er wurde aber wohl doch immer als der ordentliche Weg zum Königtum angesehen. Nach dem Tode Salomos stellten die Ältesten des Nordreiches Israel an Rehabeam ihre Bedingungen, und als Rehabeam diese ablehnte, wählte das Volk einen anderen König (s. S. 544, Nr. 31).

---

[7] Siehe das Kapitel „Die Sprache der hebräischen Bibel" und den Artikel „Die Hebräer".
[8] Siehe im Kapitel „Die Zwölf Stämme" und den Artikel „Der Stamm".
[9] S. Text zu 1 Sam 16,1ff. und S. 536, Nr. 20.

Königsbild vom Sarkophag des Königs Ahiram von Byblos (s. d.). Das Seitenbild zeigt einen König auf dem Kerubenthron, vor dem Thron der zum Königsritual gehörige „Schemel seiner Füße". Dem König gegenüber „die sieben Großen, die vor seinem Throne stehen". Vielleicht handelt es sich bei diesem Königsbild um ein Gottesbild, auf dem der Gott als König dargestellt ist.

Erst nachdem dieser Bund geschlossen war, oder als Besiegelung dieses Bundes, folgte dann die Salbung. Diese Ölsalbung des Königs mag eine Übernahme kanaanitischen Brauchtums gewesen sein; denn den Kanaanitern war der Ölbaum heilig. Aber die Salbung mit Öl (s. d.) war nur die Übernahme eines Ritus; das Wesentliche war, daß der König damit Jahwe, *dem* Gott, geweiht wurde, und von daher bekam er seine Würde. Er wurde zum „Gesalbten des Herrn".

Auf diesen Charakter legten die Propheten und die Priester großen Wert; deshalb wird er in den biblischen Büchern immer wieder hervorgehoben – wenn auch die Könige selbst vielleicht darauf nicht immer den gleichen Wert legten.

Die „Gesalbten des Herrn" waren bei weitem nicht immer gerechte Könige, fromme Könige. Vor allem die Propheten deckten diesen Zwiespalt immer wieder auf und entwarfen dabei das Bild eines ganz gerechten, ganz sozial denkenden, ganz jahwetreuen Gesalbten.

Damit mündet das Thema König in das Thema „Messias" (aramäisch *meschichá* = Gesalbter). Der *meschichá* (gräzisierte Form: Messias) schlechthin ist eben der König der Zukunft, der am „Tag Jahwes" erscheint und das unteilbare und unzerstörbare und ganz aus der Gerechtigkeit (s. d.) lebende Reich Israel der Zukunft errichten wird.

Die Frauen des Königs werden in der Bibel selten „Königinnen" genannt; trotzdem hatten sie eine eminent politische Funktion – abgesehen von dem verschiedenen persönlichen Einfluß, den sie auf die Entscheidungen des Königs hatten. Das Frauenhaus des Königs war ein Symbol für die Herrschaft. Wer das Frauenhaus des Königs betrat, erhob Anspruch auf den Thron; so Abschalom, als er nach Jerusalem kam (2 Sam 16,22); und als Adonija, Salomos Bruder, Abischag, die jüngste Frau des alten David, zur Frau haben wollte, ließ Salomo ihn umbringen (1 Kön 1,1–4; 2,13–25).

Das Frauenhaus ist deshalb für andere verschlossen; aber die Aufnahme einer Königinwitwe, einer Fürstin, einer Königstochter in das Frauenhaus eines anderen Königs ist auch ein Ausdruck für die Unterwerfung eines Landes. So erklärt sich die Mitteilung: Salomo „hatte 700 fürstliche Frauen" (1 Kön 11,3). Zwar ist die Zahl bestimmt übertrieben – 700 soll hier wohl (als 7 × 10 × 10) eine Zahl der Fülle sein –, aber die fürstlichen „Frauen" werden doch auch in Wirklichkeit sehr zahlreich gewesen sein. Sie sind nicht nur Salomos wirkliche Frauen, sondern wahrscheinlich auch ererbte Frauen seines Vaters: Stellvertreter unterworfener Völker.

Das Sabbatjahr

Wie jeder siebente Tag ein Ruhetag: Sabbattag war, so sollte jedes siebente Jahr ein Ruhejahr: Sabbatjahr sein (über die Zahl Sieben im Zeitrhythmus und das Motiv der Ruhe, s. den Artikel „Der Sabbat"). Für dieses Ruhejahr gab es folgende Bestimmungen (Ex 21,2–6; 23,10; Lev 25,1–7; Dtn 15,1–18):

1. Das Sabbatjahr ist Brachjahr. Die Landbestellung soll unterbleiben, geerntet werden soll nur, was ohne Bestellung und Pflege wächst. Aber nicht nur der Besitzer soll ernten, sondern die Erträgnisse des Wildwuchses sollen auch den Armen und den Tieren gehören.

2. Schulden sollten im Sabbatjahr von einem Israeliten nicht eingefordert werden. Diese Bestimmung hängt mit dem Brachjahr zusammen; denn Schulden (d. h. Lebensmittelschulden) mußten von der Ernte zurückerstattet werden, und im Brachjahr gab es keine Ernte. Wahrscheinlich handelte es sich dabei nicht nur um eine Stundung; die jüdische Tradition spricht von einem „Erlaßjahr".

In Dtn 15,1 ff. wird dieses allgemeine Sabbatjahr als *persönliches Sabbatjahr* verstanden: Wenn ein Gläubiger von einem Schuldner eine Schuld in sechs Jahren nicht eintreiben kann, so ist sie im siebenten Jahr erlassen (Verjährung).

3. Ein solches persönliches Sabbatjahr galt auch für israelitische Sklaven, die sich zur Abdienung ihrer Schulden verkaufen mußten: „Wenn dein Bruder, ein Hebräer – oder auch eine Hebräerin –, sich dir verkauft, soll er dir sechs Jahre als Sklave dienen. Im siebten Jahr sollst du ihn als freien Mann entlassen. Und wenn du ihn als freien Mann entläßt, sollst du ihn nicht mit leeren Händen entlassen" (Dtn 15,12f.). Vgl. den Abschnitt „Schuldsklaverei". Parallelen dazu gibt es im Codex Hammurabi; hier wird die Versklavungszeit sogar auf drei Jahre beschränkt.

4. Am Laubhüttenfest des Sabbatjahres sollte – an Stelle des Erntedanks – dem Volk das Gesetz vorgelesen werden; die nähere Bestimmung „im Heiligtum" zeigt allerdings, daß das Vorlesen und diese Einprägung des Gesetzes nur wenige Ohren erreichte (Ex 23,10.11; Lev 25,2–7).

Die Konzeption des Sabbatjahrs war eine agrarisch-soziale Konzeption, die verhindern sollte, daß der Boden zu sehr ausgenutzt wurde, und anderseits, daß das Volk verschuldete oder durch Verschuldung versklavte. Die Bestimmungen können nicht in die Mosezeit zu-

rückgehen, sondern frühestens in die Zeit nach der Landnahme. Manche glauben aber, daß sie frühestens soziale Ideen des 8. Jahrhunderts v. Chr. sind,[10] die vor allem in der Exilszeit in Babylon von den Juden neu ausgearbeitet wurden.

Ob das Sabbatjahr regelmäßig durchgeführt wurde, wissen wir nicht. Daß es versucht wurde, geht allerdings aus 1 Makk 6,49.53 hervor, wo es bei der Belagerung des Tempelberges durch König Antiochus heißt, daß in Jerusalem die Nahrungsmittel ausgingen, „denn man beging im Land ein Sabbatjahr". Immerhin weist die Stelle auch auf die Schwierigkeiten hin, die das totale Brachjahr mit sich brachte.

In der jüdischen Zerstreuung war das Sabbatjahr nicht mehr üblich.

Das Jubeljahr

„Alle Jubeljahre" sagen wir in einer Redensart, und die wenigsten ahnen, daß sie damit eine israelitische Sozialeinrichtung zitieren: das Jubeljahr. Die Bedeutung des Namens ist nicht restlos geklärt. Manche wollen ihn vom Ruf der Widderhörner (*jobel* ist der Widder)[11] ableiten, die am Versöhnungstag (s. d.) das Jubeljahr einbliesen; andere entdeckten darin das Wort „Erlaß". Die Vulgata übersetzt *annus iubilaei*, wonach dann „jubilieren", „jubeln" und „Jubeljahr" gebildet wurden. Kurz: der Name ist nicht restlos zu deuten. Vom Hall der Widderhörner hat sich im Deutschen auch das Wort „Halljahr" eingebürgert.

Jubeljahr war jedes 50. Jahr (7 × 7) + 1, d. h. das Jahr, das mit 1 die Vollkommenheitszahl 7 × 7 überragte (s. im Artikel „Zahlen…"). Obwohl aber siebentes Sabbatjahr und Jubeljahr sich folgten, fielen nicht zwei Getreideernten aus, wie man vermuten könnte (denn auch das Jubeljahr war Brachjahr: Lev 25,2–7), sondern nur eine; das Sabbatjahr begann im Frühjahr mit der Ernte der Vorjahrssaat und aus fiel die Ernte des Jahres, die auf das Brachjahr folgte; das Jubeljahr aber begann am Versöhnungstag, also sieben Monate später – die Ernte des laufenden Sabbatjahres war dieselbe wie die Frühjahrsernte des

---

[10] Für die Zeit des Königs Zidkia/Sedekias (S. 562, Nr. 40) ist durch Jer 34,12–16 ein prophetischer Vorschlag für die Sklavenbefreiung im Sabbatjahr bezeugt.

[11] Zum Widderhorn s. unter „Fest und Musik".

Jubeljahres. Schwieriger verhielt es sich mit der Obst-, Oliven- und Weinernte, weil ja das Sabbatjahr und ebenso das sieben Monate später einsetzende Jubeljahr die Pflege der Obstbäume usw. untersagte. Aber man wird dann eines der beiden Jahre als Brachjahr nicht beachtet haben, wie ja der Umfang der Beachtung überhaupt sehr zweifelhaft ist.

Wir kennen aus den Bestimmungen des Jubeljahres außerdem folgende Einzelheiten:
1. Veräußerter Grundbesitz sollte an den ursprünglichen Eigentümer zurückfallen. Auf diese Weise sollten die Stammesgebiete ihren Umfang behalten. Der Kaufpreis sollte nicht zurückerstattet werden. Danach war der „Kaufpreis" eigentlich ein Pachtpreis, der sich nach dem zeitlichen Abstand bis zum nächsten Jubeljahr richtete. Auch verpfändete Grundstücke sollten im Zuge des Schuldennachlasses (s. unter 3.) in die Erstbesitzerhand zurückkehren. Ausgenommen wurden von diesen Bestimmungen Wohnhäuser in ummauerten Städten. Das gibt uns einen vagen Anhaltspunkt für die Datierung der Jubeljahrordnungen; denn einerseits wird vorausgesetzt, daß Israeliten in ummauerten (d. h. kanaanitischen) Städten wohnen, und andererseits besagt es, daß diese Wohnweise selten war oder doch wenigstens nicht den Kern des israelitischen Sozialstatus berührte, der eben ländliche Wohnweise, ländlichen Besitz und entsprechende Arbeit voraussetzte.
2. Veräußerte Levitenhäuser sollten ebenfalls zurückfallen. Dies ist insofern eine wichtige Sonderbestimmung, weil die Leviten meistens in ummauerten Städten wohnten, wo verkaufte Grundstücke und Häuser nicht in die Vorbesitzerhand zurückfielen. Damit der Levitenstand nicht verarmte, wurde diese Sonderbestimmung geschaffen.
3. Im Jubeljahr waren alle Schulden zu erlassen und demnach auch alle israelitischen Sklaven (s. d.) freizulassen; denn Versklavung war nur durch Verschuldung möglich.

Das Jubeljahr scheint eine exilische Vervollständigung des Sozialgesetzes zu sein. Es erscheint hauptsächlich in Lev 25,8–28; das ganze Buch Leviticus ist aber wohl aus der exilischen sogenannten Priesterschrift (s. d.) in den Pentateuch gekommen. Obwohl es wie eine zusätzliche Sozialeinrichtung erscheint, liegt die Vermutung nahe, daß es eingesetzt wurde, um die im Sabbatjahr (s. oben) zwar postulierten, aber nicht in allen Punkten beachteten Sozialbestimmungen sozusagen in einer „Novelle" durchzusetzen. Aber auch hier ist uns nicht bekannt, ob das Jubeljahr in allen Punkten je verwirklicht worden ist.

Richter
waren in frühen Zeiten die Familienältesten, mit fortschreitender Organisation größerer Verbände die Sippenältesten und Stammesältesten. Das Richteramt scheint in den älteren Gemeinschaftsformen des Orients (Sippe und Stamm) von einem Gremium ausgeübt worden zu sein, während es im ältesten Gemeinschaftsbereich, der Familie, nur ein monarchisches Richteramt gab. Der einem Kleinstvolk ähnliche Sippenverband mag dieses Richtergremium hervorgebracht haben, da die Familienältesten natürlich bei Zusammenschlüssen nicht ohne weiteres ihre Richtereigenschaft aufzugeben bereit waren. Ähnlich mag es in den israelitischen Urstämmen gewesen sein, die ja schließlich auch nichts anderes waren als im Stamm geeinte Sippenverbände.

In der Geschichte Israels bedeutet das Auftreten des Mose aber, in bezug auf das Richteramt, Einzelrichteramt. Mose sprach Recht und bestellte Richter. So können wir es wenigstens den Wüstenzuggeschichten der Bibel entnehmen. Ob dies nun historisch ist oder nicht, können wir nicht mit Sicherheit sagen – in jedem Fall bedeuten die Erzählungen vom Richter Mose und seiner Berufung von Richtern, daß es in der Zeit der ersten Fassung der Wüstenzugerzählungen (in der Zeit nach der Landnahme) Einzelrichter gab.

Nach der Landnahme (um 1200/1150 v. Chr.) begannen dann „die Richter" (S. 534) eine Rolle zu spielen. Die Bezeichnung dieser Richtergestalten mit „Richter" weist darauf hin, daß es Einzelrichter gab, die von den Ältesten zu „Richtern" (im Sinne von Volksführern) berufen wurden. Obwohl wir aus dieser Zeit nichts Genaueres über eine Instanzenordnung wissen, darf man aber – trotz der Existenz von Einzelrichtern – annehmen, daß es außerdem auch Ältestengremien als Richtergremien gegeben hat, die in den einzelnen Orten die einfach liegenden Rechtsfälle entschieden; denn es ist nicht einzusehen, wie diese sich später, unter der Monarchie, plötzlich hätten behaupten können, wenn sie nicht schon eine lange Tradition gehabt hätten.

Vor der Königszeit tritt uns die markante Gestalt Samuels als Richter entgegen. Er wird ausdrücklich Richter genannt. Das hat zu der Meinung geführt, es handle sich auch bei Samuel um einen Richter im Sinne des Volksführers. Diese Meinung ist jedoch kaum zu halten. Samuel war ein Priesterrichter, dessen Ansehen seinen Einfluß begründete; vielleicht war er auch Hoherpriester (s. d.), dem ohnehin richterliche Funktionen zustanden. Das Einsetzen Sauls als König und die Rügen, die Samuel König Saul erteilte, könnten allerdings sowohl seinem Richteramte als auch seiner Funktion als Erster Priester zugeschrieben werden. Die Fortsetzung des Richteramtes durch Samuels Söhne und die Erwähnung ihrer Bestechlichkeit (1 Sam 8,1–3) muß aber zumindest heißen, daß Samuel auch Richter im üblichen Sinne war.

Mit der Monarchie wurde dann der König (s. d.) oberster Richter. Da die Ältestenrichter auch weiter im Amte blieben, könnte der Königsrichter so etwas wie die letzte höhere Instanz gewesen sein; jedoch zeigen die Fälle, die ihm vorgetragen wurden, daß man sich auch direkt an den König wenden konnte. Am richtigsten sieht man beide (Ältestengericht und Königsgericht) wohl als Konkurrenten und nicht so sehr als Instanzen mit abgegrenzten Zuständigkeitsbereichen.

In der Zeit Jesu hat sich das Richteramt längst auf die Räte verlagert. Die kleinen Sanhedrin in den Städten und Dörfern (mit 23 Mitgliedern) sind dabei zweifellos die Nachfolger der früheren Ältestengerichte; nunmehr aber sind sie mit Schriftgelehrten (s. d.) besetzt; das große Synhedrium, der Hohe Rat (s. d.), stellte für diese kleinen Stadtgerichte offenbar eine Art Aufsichtsbehörde dar. Das System ist jedoch nicht ganz klar zu durchschauen, weil der Hohe Rat zwar für Judäa, seit es unter römischer Prokuratur stand, auch das oberste Zivilgericht der jüdischen Selbstverwaltung war, für die anderen jüdischen Länder aber nur die Funktion eines Religionsgerichtes hatte: zumal für Galiläa, das zur Tetrarchie des Herodes Antipas gehörte (S. 576, Nr. 51), der natürlich auch Gerichtsherr seines Landes war. In der Funktion des Religionsgerichtes ging das Recht (oder der Anspruch) des Hohen Rates sogar weit über die jüdischen Länder hinaus, wie wir das aus der Gesandtschaft des Christenverfolgers Saulus/

Paulus an die Synagogen von Damaskus entnehmen können (s. „Zum Thema Paulus", Nr. 2). Gewisse Deliktfälle wurden auch von der zuständigen örtlichen Synagoge (s. d.) abgeurteilt.

Das Gericht konnte von jedem direkt angerufen werden. Der Kläger oder der Belastungszeuge war der *satán*, „der Widersacher" (s. unten), einen Anwalt gab es nicht, wohl aber konnte der Beklagte Entlastungszeugen mitbringen oder benennen. Ja, das Gericht hatte die Pflicht, für einen zum Tode Verurteilten bis zum Richtplatz durch öffentlichen Aufruf Entlastungszeugen zu suchen. Die Zeugen (s. unten) waren die wichtigsten Personen vor Gericht. Das Gericht sprach auf Grund der Zeugenaussagen sein „schuldig" oder „unschuldig". Eine Strafe setzte das Gericht meistens nicht fest, sondern sie ergab sich aus dem Schuldspruch; das Gesetz hatte die Strafen bereits festgelegt. Der Begriff des mildernden Umstandes ergab sich allerdings dann doch im Laufe der letzten hundert Jahre v. Chr. durch die Spekulationen der Schriftgelehrten; damit wurde immer mehr auch die Zumessung der Strafe durch das Gericht notwendig.

Der Satan

(satán) war der Ankläger vor Gericht (Sach 3,1.2; Ps 109/108,6); der ursprüngliche Sinn des Wortes war wohl „Feind" (1 Sam 29,4; 1 Kön 5,18; 11,14); oder einer, der einem anderen Schwierigkeiten macht, ihn verfolgt, ihm entgegentritt (2 Sam 19,23). Deshalb kann sich in der Erzählung sogar der Engel Jahwes selbst „Satan" nennen (Num 22,32). Von diesem allgemeinsten Sinn scheint das Wort allmählich seinen juristischen Sinn von „Ankläger" erhalten zu haben, ohne daß es seinen allgemeinen Sinn verlor. Dieser allgemeine Sinn von „Widersacher" wurde auch zur Zeit Jesu noch in dem Wort *satán* empfunden, wie aus dem Wort Jesu gegen Petrus hervorgeht: „Weg mit dir, Satan!" (Mt 16,23).

Vom allgemeinen und juristischen Sinn leitete sich dann der religiös-theologische Sinn des Wortes *satán* ab.

Die vorexilischen biblischen Erzähler scheinen noch keinen Satan im Sinne von Teufel gekannt zu haben. Für sie stand fest, daß alles von Jahwe kam. Deshalb erzählt 2 Sam 24,1: „*Der Zorn des Herrn* entbrannte noch einmal gegen Israel, und er reizte David gegen das Volk auf und sagte: Geh, zähl Israel und Juda!" In 1 Chr 21,1 wird dagegen dasselbe Ereignis anders erzählt: „Der *Satan* trat gegen Israel auf und reizte David, Israel zu zählen." In den Jahrhunderten zwischen der Abfassung der Samuelbücher (s. d.) und der Chronikbücher (s. d.) wurde also in diesem Ereignis der „Zorn des Herrn" zu einem „Satan" personifiziert.

Gemäß der unsystematischen Art der jüdischen Theologie läßt sich aber selbst bei Berücksichtigung aller biblischen, apokryphen und rabbinischen Äußerungen über diesen „Satan" nichts Umfassendes und ganz und gar Klärendes sagen: im Judentum ist er zwar der Widersacher Gottes, aber er hat keine eigene Macht und ist Gott unterworfen, wie zumal aus dem Buche Ijob (s. d.) hervorgeht. Trotzdem wird er im Laufe der Zeit immer mehr als selbständige Macht empfunden, wie die alttestamentlichen Apokryphen, aber auch die neutestamentlichen Bücher zeigen (Mk 4,15; Lk 13,16; Apg 5,3; 1 Kor 5,5; 7,5; 10,10; 2 Kor 12,7; 1 Thess 2,18; Hebr 2,14). Die Rabbinen halten aber auch weiterhin – sicherlich um der einzigen transzendenten Gewalt Gottes willen – an der der Gottheit unterworfenen Gewalt des Widersachers fest, wobei sie das von den Apokryphen stark profilierte Bild Satans des öfteren gern verwischen, wie z. B. in dem Satz „Der Satan, der böse Trieb und der Todesengel sind identisch" (um 250 n. Chr.). Im übrigen muß man vermuten, daß „Satan" oft nur eine Symbolperson ist, um das Bild vom Gericht des Menschen vor Gott recht dramatisch erscheinen lassen zu können.

In der römischen Zeit des Judentums erscheint der Satan als *kosmokrátor,* als „Fürst dieser Welt". Da man glaubte, daß die einzelnen Völker von Engeln (s. d.) geführt oder geschützt werden, ordnete man *den* Widersacher Gottes als Engelfürsten dem Römerreich zu. In den Apokryphen (s. d.), vor allen denen aus den Gemeinschaften der Esséner, findet sich des öfteren diese Anspielung (z. B. in der „Himmelfahrt des Jesaja" 2,4).

Am Ende der gegenwärtigen Weltzeit, wenn das unbestrittene Reich Gottes anbricht, steht der Sturz Satans. So erzählen es die Apokryphen (Himmelfahrt des Mose 10,1; Jubiläenbuch 23,29; Testament des Judas 25,3 im „Testament der zwölf Patriarchen"); und an diese

Vorstellungen knüpfte auch Jesus an, wenn er bei der Rückkehr der Jünger die beginnende Ankunft des Reiches Gottes mit den Worten feststellte: „Ich sah den Satan wie einen Blitz vom Himmel fallen"(Lk 10,18; Ps 91/90,13).

In der Offenbarung des Johannes ist unter dem Bilde des verheerenden Satan (des großen Drachens, der alten Schlange) der Kampf des Heidentums und des falschen Judentums gegen die junge Kirche dargestellt (Offb 2,9.13; 3,9; 12,9.10; 20,2.3.7.8).

Die Zeugen

spielten in der Rechtspraxis Israels eine größere Rolle als in der unseren. Auf dem „Zeugnis" fußte die Schuldigsprechung eines Rechtsbrechers, ohne daß dieser „mildernde Umstände" für sich geltend machen oder vortragen lassen konnte; einen Anwalt kannte man nicht. Die Berücksichtigung psychologischer Momente bei einer Tat gab es nicht, nur die faktische Feststellung durch belastende oder entlastende Zeugen. Die Gewichtigkeit des Zeugen wird in dem Wort der Zehn Gebote sichtbar: „Du sollst nicht falsch gegen deinen Nächsten aussagen" (Ex 20,16). Die Grundlagen des Rechtes werden in solcher Rechtsprechungspraxis durch falsches Zeugnis erschüttert; deshalb die ausgesprochene Erwähnung in den Zehn Geboten.

Um das willkürliche „Zeugnis" und die Gefahren der falschen Zeugenschaft einigermaßen auszuschließen, wurden für todeswürdige Verbrechen mindestens zwei Belastungszeugen gefordert, deren Aussagen sich in keinem Punkt widersprechen durften. Indem der Zeuge gezwungen wurde, bei der Exekution durch Steinigung (s. d.) den ersten Stein zu werfen, wurde seine Verantwortlichkeit betont. Wurde er eines falschen Zeugnisses überführt, verfiel er nach dem Rechtsgrundsatz der Vergeltung der gleichen Strafe, die der fälschlich Angeklagte für das behauptete Verbrechen hätte erwarten müssen (Dtn 19,16f.).

Diese Zeugnispraxis geht in Israel sicherlich auf älteste Zeiten zurück, obwohl sich das aus der Bibel selbst nicht beweisen läßt. Aber die Parallelen im verwandten orientalischen Recht (Hammurabi) stützen diese Annahme. In Kraft war sie aber noch zur Zeit Jesu und der Apostel. Markante Beispiele für diese Zeugnispraxis, aber auch für ihre Verletzung sind die Geschichte von Nabots Weinberg (s.

Text zu 1 Kön 21,1–29): zwei falsche Zeugen werden bestellt; die Geschichte von der keuschen Susanne (s. Text zu Dan 13,1–64): zwei falsche Zeugen sind sich einig, werden aber ihres falschen Zeugnisses überführt und hingerichtet; der Versuch des Hohen Rates, Jesus durch Zeugenaussagen zu belasten, doch die Aussagen stimmten nicht überein"(Mk 14,56).

Auf Grund des Zeugnisses sprach der Richter sein „schuldig" oder „gerecht" (s. den Artikel „Die Gerechtigkeit"). Die Strafe verstand sich dann von selbst. Eine Strafzumessung nahm der Richter nicht vor.

Die Wahrheitsfrage
an den Angeklagten war in Israel anscheinend ein altes Mittel zur Rechtsfindung und noch mehr, um gefällte Urteilssprüche zu bestätigen. Der übliche Einleitungsspruch lautete dabei: „Gib Gott die Ehre", wie er übrigens auch bei anderen Aufforderungen zu einem wahrheitsgemäßen Zeugnis gebraucht wurde (vgl. Lk 17,18 und Joh 9,24). Die Aufforderung verlangte von den Angesprochenen ein gottehrendes Verhalten, d. h. also eine wahre Aussage. Schon das Buch Josua bezeugt dieses Verfahren: „Josua sagte zu Achan: Mein Sohn, gib dem Herrn, dem Gott Israels, die Ehre, und leg vor ihm ein Geständnis ab! Sag mir offen, was du getan hast, und verheimliche mir nichts!" (Jos 7,19). In ähnlicher Weise sprach der Hohepriester Kajaphas den angeklagten Jesus an: „Ich beschwöre dich bei dem lebendigen Gott, sag uns..." (Mt 26,63).

Nichts bezeugt so sehr die allgemeine Sicherheit, daß der Israelit und Jude Jahwe als seinen höchsten Herrn bejahte, wie dieses Verfahren der Wahrheitsfindung durch die Wahrheitsfrage. Das Gebot, „Du sollst nicht falsch aussagen", konnte auf diese Weise zwar gegen einen Übeltäter angewandt werden, aber der Befragte wich der Antwort nicht aus, sondern bekannte. Obwohl es ganz sicher auch Fälle gab, in denen die Wahrheitsfrage nicht fruchtete, war anderseits die Überzeugung allgemein, daß sie in der Mehrzahl der Fälle die Wahrheit an den Tag brachte.

Die Blutrache
wird heute in populärem Verständnis für gewöhnlich als privater Racheakt gesehen; damit beurteilt man sie jedoch aus der Sicht einer Zeit, in der die ganze Gerichtsbarkeit institutionalisiert ist. Unter dem Gerichtsmonopol institutioneller Gerichtsbarkeit muß die Blutrache selbst zum Mord werden. Die Blutrache war jedoch alles andere als Mord: sie war legitimer Strafakt an einem Mörder; sie war ein Ausdruck für die Hochschätzung des Lebens. Die biblische Ausdrucksweise spricht deshalb von schreiendem Blut. Gewaltsam vergossenes Blut „schrie" um Rache: zum Himmel, zu Gott, d. h., es forderte kategorisch eine vergeltende Strafe (Gen 4,10; 2 Makk 8,3). Bei keinem anderen Vergehen wird dieser pointierte Ausdruck gebraucht – nur beim Mord. Dabei forderte das Vergeltungsprinzip *(ius talionis),* daß auch der äußere Modus der Strafe der Straftat ähnlich war. Dadurch besonders kam die irrige Meinung auf, als hätte es sich bei der Blutrache um einen Gegenmord aus persönlicher oder kollektiver „Rache" gehandelt. Das Wort „Rache" hat hier aber nichts mit dem zu tun, was wir heute für gewöhnlich darunter verstehen. Sie war vielmehr ein geforderter und deshalb gesetzter Gerichtsakt, der dem verpflichteten Bluträcher manchmal nicht leicht fiel.

Die Blutrache war Pflicht. Der nächste Verwandte des Getöteten war der verpflichtete Bluträcher, und zwar zunächst der Sohn, dann der Bruder, der Bruder des Vaters, der Sohn des Vaterbruders... Dies war wahrscheinlich die gemeinorientalisch übliche Reihenfolge der Bluträcherverpflichtung, nicht eigens für die Blutrache festgelegt, sondern üblich für die Wiederherstellung der familialen Rechtsordnung überhaupt. Im Kapitel über die Erbfolge (Num 27,8–11) ist dieselbe Reihenfolge für die Erbordnung in Israel bestimmt; im Kapitel über das Jubeljahr gilt dieselbe Reihenfolge für die Verpflichtung zur Lösung eines Israeliten aus der Schuldsklaverei (Lev 25,48.49). Dadurch ist die Reihenfolge der verpflichteten Bluträcher indirekt auch durch Gesetzestexte bestätigt.

Wie sehr die Blutrache als selbstverständliche Pflicht galt, geht aus der Überlegung Rebekkas hervor, als sie erfährt, daß Esau seinen Bruder Jakob wegen des erlisteten Vatersegens totschlagen will, sobald der Vater tot ist. Da rät sie ihrem Sohne Jakob zur Flucht, denn „warum soll ich euch beide an einem Tage verlieren?" (Gen 27,45): einmal, wenn Esau den Jakob erschlüge, und zum zweiten Mal, wenn der Bluträcher den Tod Jakobs an Esau rächen würde. Der Nachteil dieses Strafweges durch Blutrache war die Möglichkeit von Kettenreaktionen.

Die Familienverpflichtung zur Blutrache konnte außerdem leicht zu der Auffassung führen, daß auch die Familie des Mörders Ziel der Blutrache sein konnte, falls der Mörder selbst nicht greifbar war; vgl. das Gleichnis der Frau aus Tekoa (2 Sam 14,5–11), aus dem dieser Brauch auch für Israel hervorgeht. Dieser Brauch wurde aber in Israel sicherlich schon früh eingeschränkt. Auf die Blutrache darf zweifellos auch Dtn 24,16 angewandt werden: „Väter sollen nicht für ihre Söhne und Söhne nicht für ihre Väter mit dem Tod bestraft werden. Jeder soll nur für sein eigenes Verbrechen mit dem Tod bestraft werden." Vielleicht ist es erlaubt zu sagen, daß man hierin ein allgemeines Gesetz des 8. oder gar 9. Jahrhunderts v. Chr. vor sich hat, das von da an bestimmt auch nach und nach die sonst schwer beweglichen Blutrachebräuche beeinflußte.

Die Eindämmung des Blutrachebrauches überhaupt begann in Israel ganz sicher in der Zeit der ersten Könige, wie ebenfalls aus dem Gleichnis der Frau aus Tekoa (2 Sam 14,5–11) hervorgehen könnte. David sagt ja eine Einschränkung des Brauches zu! Freilich wäre es falsch, darin vorwiegend eine Humanisierung des Gerichtswesens sehen zu wollen; vielmehr lag es im Wesen des alten orientalischen Königtums, nicht nur so viel vom Gerichtswesen an sich zu ziehen, wie ihnen eben gelingen konnte, sondern auch in Bräuche und andere Rechtsinstitute (z. B. Ältestengericht) einzugreifen, wo es ihnen eben gelang, um so diese Bräuche und Rechtsinstitute in ihrer Geltung zu relativieren.

In der Geschichte von Kain und Abel haben wir wahrscheinlich einen sehr frühen Hinweis auf Bemühungen zur Verdrängung der Blutrache; da man die ganze Erzählung dem Text des Jahwisten (s. d.) zuweist, dürfte sie spätestens in der frühen Königszeit den heutigen Inhalt bekommen haben. Zu diesem Inhalt gehört der Schwur des Herrn: „Darum soll jeder, der Kain erschlägt, siebenfacher Rache verfallen" und die folgende Aussage: „Darauf machte der Herr dem Kain ein Zeichen, damit ihn keiner erschlage, der ihn finde" (Gen 4,15). Ob die in diesem Text dokumentierten Bemühungen um Ersatz der Blutrache durch Aus-

stoßung auf einen der frühen Könige Israels zurückgeht, ist natürlich schwer zu sagen; aber sie würden jedenfalls zur Königszeit besser passen als zur wilden Richterzeit.

Zum Versuch, die Blutrache einzuschränken, gehört auch die sich allmählich durchsetzende Unterscheidung zwischen Mord und Totschlag bzw. Mord und fahrlässiger Tötung, wie sie sich im Bundesbuch findet (Ex 21,13). Da sich schwer bestimmen läßt, wann diese Unterscheidung und die Festlegung eines Asyls für Totschläger in das Bundesbuch hineingekommen ist, läßt sich Näheres über den geschichtlichen Ablauf dieser Rechtspolitik kaum sagen. Aber man darf die Einrichtung von Asylstätten vielleicht doch schon in die älteste Zeit der Institutionalisierung der Rechtsprechung in Israel setzen, d. h. in die Zeit der Richter. Im Deuteronomium werden dann Asylstädte genannt (Dtn 4,41–43), die man wohl als Beispiele werten muß. Die Priesterschrift (s. d.) kodifiziert dann das geltende Recht der judäischen Königszeit (Num 35,9ff.), indem sie die Asylstadt als Freistatt für den Totschläger erklärt, bis er von der Gemeinde abgeurteilt wird. Damit ist die Blutrache hier ganz ausgeschaltet. Dieses Recht geht wahrscheinlich zurück auf oder wurde wenigstens neu geordnet durch König Joschafat (S. 548, Nr. 34b).

Trotz dieser schließlich ganz institutionalisierten Gerichtsbarkeit auch über den Mörder hielt sich die Blutrache als heilige Gewohnheit auch weiterhin; in Palästina ist sie wohl erst unter den Römern (seit 63 v. Chr.) unmöglich geworden.

Das Blut spielt in den Ausdrücken für diesen Strafweg fast in allen Sprachen eine Rolle. Dem deutschen „Bluträcher" entspricht im Hebräischen „Löser des Blutes". Diese und ähnliche Ausdrücke gehen zumal im Alten Orient auf die Vorstellung zurück, daß das Blut der Sitz des Lebens sei. Auf diese Vorstellung geht auch das Verbot zurück, Blut zu genießen, womit wiederum die Schlachtgewohnheit zusammenhängt, ein Tier so zu töten, daß es vor dem Ausschlachten ausblutet (vgl. den Abschnitt über „Schächten").

Gefängnisse
als Orte des Strafvollzuges hat es in der ganzen biblischen Zeit nicht gegeben (s. den Text zu Gen 39,20). Wurde jemand wegen einer straf-

baren Tat festgenommen, so kam er zwar in
ein Gefängnis, aber nur bis zur Aburteilung.
Könige und Fürsten legten auch ihre Gegner in
Ketten und warfen sie in einen Kerker, wenn
auch keine strafbare Handlung vorlag. Aber
dieser Gebrauch des Kerkers ist nicht typisch
für die biblische Zeit; er wird bis heute in den
Konzentrationslagern praktiziert. Manchmal
wurden Strafen auch in oder vor einem Gefängnis vollzogen: Wenn z. B. jemand in den
Fußblock gesperrt wurde, geschah das vor dem
Gefängnis.

Für längere Zeit in einem Gefängnis festgehalten wurden z. B. Jeremia (s. d.) und Johannes der Täufer, ohne daß dies eine Strafe war.
Man könnte solche Gefängnisgewahrsame
vielleicht am besten „Sicherheitsverwahrung"
nennen; die Obrigkeit wollte verhindern, daß
Jeremia vom Widerstand abriet; Herodes Antipas wollte verhindern, daß Johannes der
Täufer noch weiter predigte und ihn ständig
kompromittierte.

In Nomadenvölkern hieß „Gefängnis"
nichts anderes als zeitweilige Bewachung. Daneben bediente man sich leerer oder schadhaf-
ter Zisternen (s. d.). Von Zisternengefängnis-
sen hören wir aber auch später noch, z. B. bei
Jeremia.

Im salomonischen Tempel gab es im Hause
des Staatsschreibers ein Gefängnis, vielleicht
ein Kellergefängnis, das am Hang aus dem
Felsen herausgehauen war. Die meisten Gefängnisse waren wohl Felsenhöhlen. Als Gefängnis Christi neben dem Haus des Kajaphas
werden bis heute bei Jerusalem einige Höhlen
gezeigt. Auch die Kerker von Philippi, wo
Paulus eingesperrt wurde (Apg 16,23 f.), lagen
gemäß der Tradition in Berghöhlen.

Die Steinigung

bot sich im Altertum in allen steinigen Ländern als Todesstrafe wie von selber an (Wü-
stengebiete und Gebirge des Orients, Griechenland, Mazedonien, Spanien). In all jenen
Bereichen war sie üblich. Ursprünglich war die
Steinigung ein Mittel der Spontanjustiz, wurde
aber natürlich mit der Entwicklung der
Rechtssatzungen und Rechtsprechung regu-
liert.

In der Bibel zeigen die aus der „Priesterschrift" (s. d.) stammenden und neutestamentlichen Abschnitte, daß auf allen gegen Gott
gerichteten Verbrechen die Todesstrafe durch

Steinigung stand: auf Gotteslästerung, Sabbat-
schändung, Götzendienst, Wahrsagerei, Zauberei. Außerdem wurden mit Steinigung bedroht Ehebruch, Verbrechen gegen die Eltern
und Majestätsbeleidigung – also Angriffe gegen die Fundamente des Sozialgefüges.

Die Steinigung wurde außerhalb der Stadt
oder des Dorfes vollzogen. Der Delinquent
wurde von einem erhöhten Ort (etwa 4 m)
hinuntergestoßen, so daß er fiel; war er von
dem Sturz noch nicht tot, wurde er mit dem
Wurf eines schweren Steins auf die Herzge-
gend getötet. In der Ebene wurde der Verurteilte oft mit Steinwürfen und Steinen überhäuft. Die Verurteilungszeugen warfen den
ersten Stein, worauf die Bürger der durch das
Verbrechen beleidigten Stadt die Steinigung
vollendeten. (Bei Spontanjustiz kam es allerdings auch vor, daß der Gesteinigte nicht tot
war.) Auch das Grab wurde oft noch mit
aufgehäuften Steinen bedeckt. (Mancherorts –
jedoch biblisch nicht bezeugt – wurde die
Steinigung auch durch gerichtlich bestimmte
Exekutivmänner vollzogen.)

Trauerbräuche

Unter den Trauerbräuchen sollen nur einige
herausgegriffen werden, die in der Bibel immer wieder vorkommen. Es braucht also nicht
betont zu werden, daß die folgenden Abschnitte nicht den ganzen Bereich der Trauerbräuche darstellen wollen.

Das Zerreißen der Kleider zum Zeichen der
Trauer ist im Orient ein seit langem geübter
Brauch. Er stammt wahrscheinlich aus frühesten Zeiten, als der Totenkult und die Furcht
vor den Totengeistern noch zum Grundbestand des Glaubens zählten. Mit Sicherheit
läßt sich der Brauch nicht deuten. Einige
Brauchtumsforscher glauben, das Zerreißen
der Kleider sei ursprünglich ein spontanes
Herunterreißen der eigenen Kleider gewesen,
um sie dem Toten zu übergeben; andere sehen
darin eine Art Lüftung des eigenen Gewandes,
damit sich die schädlichen Einflüsse, die von
einem Toten ausgehen sollten, nicht in den
eigenen Kleidern festsetzen könnten – ähnlich
wie man sein Gesicht verhüllte, um von den
Toten nicht erkannt zu werden; wie man sich
das Haupthaar schor oder den Bart verhüllte,
um nicht von den schädlichen Einflüssen, die
man sich recht materiell dachte, behaftet zu
werden.

Die Erzähler des AT und die Schreiber des NT kennen aber dieses Zerreißen der Kleider nur noch als angedeutetes Brauchtum und waren sich der ursprünglichen Gründe dafür nicht mehr bewußt. – In späterer Zeit ist das Zerreißen der Kleider – in selbstverständlicher Folge der Loslösung vom Ursinn – einfach ein Zeichen der Trauer, auch in Fällen, wo es sich nicht um Totentrauer handelte (vgl. z. B., daß der Hohepriester Kajaphas auf das Bekenntnis Jesu hin sein Kleid wegen der gehörten Gotteslästerung zerriß).

Das „Zerreißen der Kleider" geschah früher dadurch, daß man das Obergewand oder den Mantel von unten nach oben in zwei Teile riß. Die zerrissenen Kleider legte man, falls man ein Trauergewand trug, manchmal über dem Trauergewand wieder an. Die Teile wurden nicht wieder zusammengenäht. In späteren Zeiten wurde durch die Gesetzeslehrer das Zerreißen genau reglementiert. Die Fälle, wo man verpflichtet war, sein Kleid zu zerreißen, wann man es zerreißen sollte, wann man es nicht zu zerreißen brauchte, waren festgelegt. – Das Zerreißen war oft auch nur ein Einreißen vor der Brust.

Die Zeit der Patriarchen hat vielleicht das Zerreißen der Kleider noch als Schutz- und Trauerkundgebung beim Tod eines Menschen geübt. Demnach könnte das Zerreißen der Kleider Jakobs, als er den Tod seines Sohnes Josef annehmen mußte, ein Vorgang sein, der sehr wohl in der Patriarchenzeit vorgekommen sein kann; daß Ruben aber nicht wegen eines Toten, sondern aus Trauer über den Verkauf Josefs seine Kleider zerriß, müßte aus einer Zeit stammen, die das Zerreißen schon als einfachen Trauerakt empfand.

Klagefrauen von der Kopfseite des Sarkophags König Ahirams von Byblos. Die Frauen klagen mit nacktem Oberkörper. Die einen schlagen sich die Brüste, die anderen raufen sich das Haar, wie es Trauerbrauch war.

Solche Überlegungen geben uns Einsicht in die Entstehungsgeschichte des Pentateuch und erfüllen uns mit einer heiligen Nüchternheit gegenüber dem durch die Geschichte und in der Geschichte ausgesprochenen Gotteswort.

Das Trauerkleid der Bibel ist der Sack. Es gibt sicherlich nicht viele deutsche Wörter, die aus dem Hebräischen kommen; das Wort „Sack" hat diesen Seltenheitsvorzug. Der hebräische *sak* ist eine grobgewebte, faserige, härene Decke, die man sich als Trauerkleid um den Unterkörper hing und um die Hüften mit einem Gürtel festschlang. Trug der Trauernde ein Untergewand, so wurde es unter dem *sak* getragen; für gewöhnlich war der Oberkörper des Trauernden und Büßenden aber nackt. Das galt auch für Frauen. Man konnte jedoch auch das zerrissene Obergewand über den Trauersack ziehen.

Derselbe *sak* wurde auch als Bußgewand getragen. Johannes der Täufer trug solch ein grobes Sackgewand.

Die Beweinung gehörte zum großen Trauerzeremoniell des Orients. In der Bibel wird sie zuerst erwähnt, als Jakob die Nachricht erhält, sein Sohn Josef sei von wilden Tieren zerrissen worden; da heißt es: „(Und er) trauerte um seinen Sohn" (Gen 37,34). Es wäre wirklich zu wenig, wenn man in diesem Satz lediglich die Erwähnung der großen Trauer Jakobs über den Tod Josefs sehen wollte. Es handelt sich hier auch um die „offizielle" Beweinung: die Totenklage. Der Text sagt: Er „trauerte um seinen Sohn viele Tage".

Die Totenklage dauerte im späteren Volk Israel und bei den Juden sieben Tage. Sie begann unmittelbar nach dem Tode oder bei Eintreffen der Todesnachricht, wurde fortgesetzt bis zur Bestattung, bei der Bestattung, und wurde sieben Tage lang wiederholt. So meint z. B. auch der Satz in der Lazaruserzählung: Sie geht „zum Grab, um dort zu weinen" (Joh 11,31) diese Totenklage, und wenn Jesus mit den Schwestern und Freunden des Lazarus zum Lazarusgrabe ging, so mußte er dies geradezu tun, um nach seiner Ankunft an der Totenklage und Beweinung für den toten Freund teilzunehmen.

Der Text der Totenklage bestand einerseits aus Ausrufen: „Ach, mein Bruder!", „Ach, mein Herr!" usw. oder – später – auch aus Klageliedern (s. d.). Die Totenklage wurde mit viel Geschrei durchgeführt. Um sie recht eindrucksvoll zu machen, wurden auch Frauen angemietet, die für Belohnung klagten („Klageweiber"). Sie saßen mit nacktem Oberkörper, im Trauersack (s. oben), mit Asche auf dem Haupt, mit zerrissenen Kleidern (s. oben) klagend in oder vor dem Trauerhaus und schrien und klagten oder rezitierten die Klagelieder, welche von Flötenmusik begleitet wurden.

Ein Forscher altorientalischen Brauchtums erzählte einmal dem Verfasser, daß die „Klageweiber" ihre Tränen sogar in einem kleinen Krug sammelten, weil sie nach der Menge ihrer Tränen belohnt wurden; ich habe diese Nuance jedoch nirgendwo bestätigt gefunden. Im Gegenteil kann man gerade im Orient das tränenlose, laut rufende Klagen bis heute beobachten, so daß diese Seltsamkeit fast unglaublich erscheint. Aber es soll nicht ganz und gar bezweifelt werden.

Das Begräbnis
fand in Palästina normalerweise sofort nach dem Tode statt (am Nachmittag des Todestages), spätestens am Morgen nach dem Tode, wenn der Tod in der Nacht eingetreten war. Die heiße Witterung zwang dazu. Deshalb wurde auch Jesus unmittelbar nach der Kreuzigung ins Grab gelegt; auch Apg 5,5.10 (die Erzählung vom Tode des Hananias und seiner Frau Saphira) bezeugt diese Begräbnissitte für die apostolische Zeit in Jerusalem. Der Tote wurde ohne Sarg auf die Grabbank im Inneren der Grabkammer gelegt. Ursprünglich wurde er wahrscheinlich in seinem gewöhnlichen Kleid beerdigt, aber zur Zeit Jesu trieb man auch gerade in Palästina mit den Leichen großen Luxus, was auf Einflüsse der griechisch-römischen, der syrischen und ägyptischen Zivilisation zurückzuführen ist.

Zu einem Begräbnis, wie es der Brauch verlangte, gehörten nicht nur große Mengen Salben, sondern auch kostbare linnene Leichentücher und Linnenstreifen. Diese Zurichtung der Leichen war sehr teuer, so daß viele Hinterbliebene den Tod eines Familienmitgliedes mehr wegen der teuren Leichenkleidung und Leichensalbung scheuten als wegen des Verlustes selbst.

Erst um das Jahr 90 n. Chr. bestimmte Rabbi Gamliel II., daß er in einem einfachen Leinengewand beigesetzt werden wollte. Dies wurde nachgeahmt, und man empfand diesen neuen schlichten Brauch allgemein als große Erleichterung.

In älteren Zeiten mag es übrigens manchmal auch Särge gegeben haben, aber es war nur eine aus Ägypten eingeführte und vorübergehende Mode.

Das Leichenbegängnis hatte zur Zeit Jesu Formen angenommen, die aus dem Fürstenbegräbnis in das Volksbegräbnis gekommen sein mögen. Die Totenbahre wurde von lärmenden Klagesängern begleitet, die den Ruhm des Toten besangen und den Verlust beklagten; so mag z. B. die Bemerkung im Lukasevangelium, daß der tote Jüngling von Naim „der einzige Sohn seiner Mutter" gewesen ist, „die Witwe war", aus dem Klagelied (s. d.) stammen. Am Leichenbegängnis nahm in kleinen Orten die ganze Sippe (s. d.), d. h. das ganze Dorf, teil. Zur Zeit Jesu wurden die Träger auf dem Grabgang zweimal gewechselt, um möglichst vielen das Liebeswerk der aktiven Mitwirkung bei der Totenbestattung zu ermöglichen. Bei jedem Trägerwechsel schlugen die Klagegruppen eine höhere Tonart und ein stärkeres Forte an.

Mit den Klageliedern konnte man die Seele des Toten „festhalten", ebenso durch reichliche Einbalsamierung. Solange die Zeichen der Verwesung noch nicht zu sehen waren oder der Verwesungsgeruch noch nicht feststellbar war, glaubte man die Seele des Toten noch in der Nähe des Leichnams. Aber länger als drei Tage ließ sich der Leichnam nicht erhalten; beim Tode des Lazarus heißt es „er riecht schon", weil es der vierte Tag war. Das zeigt am deutlichsten, daß es sich bei diesen Salbungen und Bandagierungen der Leichen um ganz etwas anderes als um Mumifizierungen (s. d.) handelte.

Die Gräber waren oft Wandgräber, wie man sie in Italien und Spanien heute noch oft findet. Daneben aber beerdigte man vor allem in der Grabkammer; nicht nur die Gräber der vornehmen Familien waren Grabkammern. Selten gab es Einzelgräber; jedoch scheint das Grab des Josef von Arimathäa, in das Jesus gelegt wurde, ein solches Einzelgrab gewesen zu sein. Meistens handelte es sich um Grabkammern mit Bänken, auf die der Tote gelegt wurde. Wenn die Verwesung vollendet war, wurden die Reste in Beinkästen zusammengeräumt und in einer Beinkammer beigesetzt; so wurde der Grabplatz wieder frei.

Die Juden wurden durch Berührung eines Grabes rituell unrein (s. „Rein oder unrein"); deshalb wurden die Gräber weiß getüncht, um sie kenntlich zu machen – denn man begrub nicht auf geschlossenen Friedhöfen, sondern wo Platz dazu war. Das harte Wort Jesu über die Schriftgelehrten und Pharisäer, daß sie übertünchte Gräber seien (Mt 23,27), wird aus diesem Brauch verständlich. Aus demselben Grunde waren die Gräberstätten bei den Juden auch außerhalb der Mauern bzw. der Wohnbereiche. Nur bei den Königen (David, Salomo) wird von einem Begräbnis in der Davidsstadt gesprochen; aber auch hier wird es sich um eine abriegelbare Höhle gehandelt haben.

JAHR UND TAG UND STUNDE

Die Jahreszählungen
der Antike waren sehr kompliziert. Da das breite Volk oft ganz ohne Jahreszählung lebte, war sie eine fast ausschließlich dynastische Angelegenheit. Die Annalen der Könige und Dynastien benutzten sie, und zwar hauptsächlich, um den Ruhm der einzelnen Könige festzuhalten.

Die Zählung nach Regierungsjahren lag aber nicht nur deshalb den Königen am Herzen, sondern sie war praktisch auch das einzige feste System, nach dem man zählen konnte. Da man Urkunden höchst selten studierte, sondern sie nur für die Gegenwart und nähere Zukunft ausstellte, genügte die Festigkeit dieses Systems.

Für uns bietet sie jedoch mancherlei Unsicherheiten. Zunächst deshalb, weil bei einem Regierungsantritt manchmal das Restjahr als ganzes Jahr mitgezählt wurde und manchmal nicht. Sodann – bei Mitregentschaft, wie sie bei den Kaisern Roms des öfteren vorkam – bleibt oft unklar, ob bereits das erste Jahr der Mitregentschaft oder erst das erste Jahr der Alleinherrschaft als „das erste Jahr der Regierung" gezählt wurde.

Auch die Zäsur zwischen den Regierungsjahren macht Schwierigkeiten: während man z. B. in Juda das neue Regierungsjahr ab Herbst rechnete, wurde es in Israel ab Frühjahr gerechnet.

In Rom schwankten die Daten, bis im Jahre 46 v. Chr. das bürgerliche Jahr und das Amtsjahr gleichgeschaltet und beide mit ihrem Beginn auf den 1. Januar verlegt wurden (s. im Artikel „Pascha und das israelitische Jahr").

Eine neue Jahresrechnung begann auch mit dem griechischen Reich der Seleukiden; das erste Jahr des Seleukidenreiches (312 v. Chr.) wurde als das Jahr 1 gezählt; diese zusammenhängende Zeitrechnung war ein großer Fortschritt.

Speziell in der Bibel gibt es einige andere Jahreszählungen, die aber mehr symbolischen Wert als echten Rechnungswert haben, z. B. die Zählung mit den 480 Jahren des Tempels. Der Tempel Salomos wurde um 960 v. Chr. erbaut. Oder – gemäß der Bibel –: „Im 480. Jahr nach dem Auszug der Israeliten aus Ägypten... begann Salomo das Haus des Herrn zu bauen" (1 Kön 6,1); das würde für den Auszug das Jahr 1440 v. Chr. bedeuten. „Vom Ersten Tempel, dem Tempel Salomos, bis zum Zweiten Tempel, dem Tempel Serubbabels, gab es zwölf Priestergenerationen (...)": 12 × 40 = 480; das würde für den Zweiten Tempel das Jahr 480 v. Chr. erbringen. Beide Jahre können nicht stimmen. Da die Fristen aber offensichtlich durch 12 × 40 entstanden sind, haben sie Symbolwert und nicht historischen Wert (s. den Artikel „Zahlen...").

Ähnliches ist von Angaben zu halten wie x Jahre nach der Sintflut, x Jahre nach der Ankunft Abrahams in Kanaan.

Die Rechnung der heutigen Juden nach der Frist seit Erschaffung der Welt ist erst in der Spätantike entstanden, als sich von Rom aus immer mehr die Zählung nach Christi Geburt durchsetzte, die man natürlich jüdischerseits ablehnen mußte. Man addierte die Zahlenangaben der biblischen Genealogien und der anderen Zeitkomplexe und fügte die Restzeit bis zur Gegenwart hinzu. Gemäß dieser Zählung begann am 27. September 1965 das Jahr 5726. Aber diese Zählung enthält natürlich das ganze Mißverständnis von den biblischen Zahlen.

Andere Jahresangaben zeigen jedoch, daß man im Alltag hauptsächlich für die Gegenwart zählte, indem man z. B. von x Jahren nach der großen Hungersnot oder ähnlich rechnete.

Zu dieser Katastrophenrechnung zählte eine Zeitlang auch die Rechnung „nach der Zerstörung Jerusalems".

Die Jahreszeiten

des natürlichen Jahres sind in Palästina nicht Frühling, Sommer, Herbst und Winter; eigentlich kann man nur zwei Jahreszeiten unterscheiden: die Regenzeit und den Sommer. In die Regenzeit (beginnend im Oktober) fällt die Feldbestellung und das Wachstum. Der letzte Regen fällt für gewöhnlich Mitte März. Die Erntezeit folgt zu Sommeranfang, beginnend mit der Gerstenernte (± 1. April), endend mit der Weizenernte (± 20. Mai). Mit dem Juni setzt die Sommerhitze ein, die nacheinander Wein, Datteln, Mandeln und Oliven zur Reife bringt; Feigen erntet man von Mai bis Ende November.

Der „Winter" ist also die Regenzeit, was nicht heißt, daß es während dieser Zeit immer regnet, sondern daß es in dieser Periode überhaupt regnet.

Dieser winterliche Regen ist ein eigenes Problem; denn Palästina hat in der „Regenzeit" mehr trockene und warme Tage als in unseren Breiten ein normaler Sommer, und doch fällt in der Regenzeit genausoviel Regen wie bei uns im ganzen Jahr. Das bedeutet: der Regen kommt, nach den sanften Frühregen (etwa Oktober bis November), sturzweise. Verregnete Tage gibt es fast überhaupt nicht, wohl aber Stunden mit Regengüssen. Dadurch kann der Regen kaum genutzt werden, abgesehen davon, daß er in seiner Gewalt Land fortschwemmt und Lehmhäuser zerstört, wie man es heute noch nach manchem Regen auf dem arabischen Lande sehen kann. Der hohe Sommer (etwa vom 15. Mai an) ist dann trocken und heiß.

Von dieser schematischen Darstellung gibt es bei den großen Höhenunterschieden erhebliche Abweichungen. Jerusalem (um 700 m hoch) kann z. B. im Dezember Tage mit 30° Hitze haben, aber zur selben Zeit Nächte mit erheblichen Temperaturen unter 0°. Am Mittelmeer und am See Gennesaret sind die Sommer feuchter als im Hochland, und im südlichen Jordantal herrscht im Sommer geradezu tropische Hitze. Jericho kennt fast keine kalten Tage.

Die Monate

deckten sich weder nach der israelitischen noch nach der jüdischen (babylonischen) Zählung mit unseren Monaten; die Synchronisierung kann nur als ungefähre Angabe gelten.

	Name bis zur Babylon. Verbannung (586 v. Chr.)	Bemerkungen zur vorbabylon. Nomenklatur	Babylonischer Name nach d. Babylonisch. Verbannung (seit 536 n. Chr.)	Festkalender
1. Monat (Mitte März bis Mitte April)	Abib (Aviv) = Ährenmonat	Kanaanitischer Name des 6. Monats des kanaanitischen Jahres	Nisan	1. Neumondsfest 14. Pascha 15.–21. Fest d. Unges. Brote 16. Erntebeginn
2. Monat (Mitte April bis Mitte Mai)	Siw = Blütenmonat	Kanaanitischer Name des 7. Monats des kanaanitischen Jahres	Ijjar	1. Neumondsfest 14. Kleines Pascha
3. Monat (Mitte Mai bis Mitte Juni)	(Afil?) Dritter Monat	Vielleicht kanaanitischer Name des 8. Monats des kanaanitischen Jahres	Siwan	1. Neumondsfest 6. Pfingstfest (Wochenfest)
4. Monat (Mitte Juni bis Mitte Juli	Vierter Monat		Tammus	1. Neumondsfest
5. Monat (Mitte Juli bis Mitte August	Fünfter Monat		Ab(ib)	1. Neumondsfest
6. Monat (Mitte August bis Mitte September)	Sechster Monat		Elul	1. Neumondsfest
7. Monat (Mitte September bis Mitte Oktober)	Etanim = Flutmonat (?)	Kanaanitischer Name des 12. Monats des kanaanitischen Jahres	Tischri	1. Neumondsfest (Neujahr?) 10. Versöhnungstag 15.–21. Laubhüttenfest 22. Abschlußfest
8. Monat (Mitte Oktober bis Mitte November)	Bul = Gewächsmonat (?) Regenmonat	Kanaanitischer Name des 1. Monats des kanaanitischen Jahres	Marcheschwan	1. Neumondsfest
9. Monat (Mitte November bis Mitte Dez.)	Neunter Monat		Kislew	1. Neumondsfest 25. Tempelweihfest
10. Monat (Mitte Dezember bis Mitte Januar)	Zehnter Monat		Tebet	1. Neumondsfest
11. Monat (Mitte Januar bis Mitte Februar	Elfter Monat		Schebat	1. Neumondsfest
12. Monat (Mitte Februar bis Mitte März)	(Gibol?) Zwölfter Monat	Vielleicht kanaanitischer Name des 5. Monats des kanaanitischen Jahres	Adar	1. Neumondsfest 14., 15. Purimfest
Schaltmonat			Ve-Adar	1. Neumondsfest

Das Neujahrsfest wurde durch Ex 12,1 auf den Frühjahrsvollmond festgelegt. „Dieser Monat soll die Reihe eurer Monate eröffnen." Im Artikel „Pascha und das israelitische Jahr" wird dies mit dem Unterscheidungswillen vom ägyptischen Jahr begründet. Ebenso möglich ist aber, daß die Festlegung des Neujahrs auf den 1. Abib einen Unterscheidungswillen gegen das kanaanitische Jahr zum Ausdruck bringt; denn der Abib war in Kanaan der sechste Monat. Dann enthielten die Stellen Ex 12,18.19; 13,3–10 Erzählungsmomente, die die Verlegung des Jahresbeginns in Kanaan nach Ägypten verlegen – wahrscheinlich um den Jahresneubeginn mit dem Beginn der Freiheitstraditionen des Volkes zu vereinen.

Erst das Spätjudentum feierte das Neujahrsfest am Neumondsfest des Monats Tischri. Dieser Tag war immer ein bevorzugtes Neumondsfest: als Jubeltag (Halltag, Drommetentag), d.h. als der Tag, an dem der große Festmonat mit dem Widderhorn eingeblasen wurde. Aber daß dieser Tag als Jahresbeginn gefeiert wurde, ist weder im AT noch im NT belegt.

Die Länge der Monate war ursprünglich nicht festgelegt, maß aber für gewöhnlich 29 oder 30 Tage. Durch Mondbeobachtung wurde der Monatsbeginn (Neumond) festgestellt und durch Feuersignale von den höchsten Bergen verkündet. In den Zeiten des Hohen Rates (s.d.) wurde der Monatsbeginn von diesem festgelegt.

Da das Jahr nach dem Mond gerechnet wurde, war es um rund zehn Tage zu kurz; dadurch verschob sich in etwa drei Jahren der erste Monat von Mitte März auf Mitte Februar unseres Sonnenjahres. Um die Differenz auszugleichen, schob die Behörde, d.h. der König oder später der Hohe Rat, alle drei Jahre einen Schaltmonat ein, d.h., der zwölfte Monat wurde doppelt gezählt (Adar: Ve-Adar).

Der Tag

wurde – wie auch sonst im Alten Orient – von Abend bis Abend gerechnet. Deshalb sagte man (beachte die Reihenfolge:) „Nacht und Tag" und „es wurde Abend, und es wurde Morgen" (Gen 1,5.8.13.19.23.31).

Von allen Tagen hatte bei den Israeliten und Juden nur der siebente Tag einen Namen: er hieß Sabbat (s.d.), die anderen Tage wurden gezählt; deshalb heißt es: „Nach dem Sabbat kamen in der Morgendämmerung des ersten Tages der Woche Maria aus Magdala und die andere Maria, um nach dem Grab zu sehen" (Mt 28,1). Der sechste Tag erhielt im Laufe der Zeit als „Rüsttag zum Sabbat" den Namen „Rüsttag".

In Festzeiten pflegte man die Tage nach ihrem Stand im Festkalender zu bezeichnen: „am letzten Tag des Festes" (Joh 7,37), „am ersten Tag des Festes der Ungesäuerten Brote" (Mt 26,17) u.ä.

Bei der Zählung einander folgender Tage pflegte man außerdem den Rest eines Tages und den Anfang eines Tages wie volle Tage zu zählen; wenn es um die Zeit von Freitag 16 Uhr bis Sonntag 3 Uhr geht, ist Freitag 16 Uhr bis Sonnenuntergang der erste Tag, und Sonntag ist der dritte Tag (nämlich mit seiner Zeit von Samstag ab Sonnenuntergang bis 3 Uhr in der Nacht von Samstag auf Sonntag); allerdings heißt es deshalb auch nicht „nach drei Tagen", sondern „am dritten Tag" ist Jesus von den Toten auferstanden.

Die Stunde

war im Altertum kein Ausdruck für eine absolute Länge (also nicht 1 Stunde = 60 Minuten zu 60 Sekunden); wohl aber waren auch damals schon der Tag sowie die Nacht in je zwölf Stunden geteilt: in zwölf, weil das Jahr in zwölf Monate geteilt war (s. im Artikel „Zahlen...“). Stunde war ein relativer Begriff, nämlich der zwölfte Teil des Tages (von Sonnenuntergang bis Sonnenaufgang) und der zwölfte Teil der Nacht (von Sonnenuntergang bis Sonnenaufgang). Dadurch war im Sommer der Tag länger als die Nacht, und im Winter war die Nacht länger als der Tag.

Der einzige feste Punkt in der Tagesrechnung war die sechste Stunde (d.h. das Ende der sechsten Stunde = gemäß unserer Stundenzählung 12 Uhr am Mittag, oder besser: die Zeit, in der die Sonne im Höhepunkt ihres jeweiligen Laufes steht).

Die dritte Stunde (d.h. die vollendete dritte Stunde) war demnach im Hochsommer etwa um 8 Uhr unserer Rechnung (bei uns 9 Uhr), um die Zeit der Wintersonnenwende dagegen etwa um 10 Uhr unserer Rechnung (bei uns aber ebenfalls um 9 Uhr). Mitte April und Mitte Oktober entsprechen die Stundenzeitzahlen etwa unseren mechanisch gemessenen Stunden.

Die (vollendete) „neunte Stunde" fiel im Hochsommer etwa auf 16 Uhr unserer Rechnung (bei uns 15 Uhr), um die Zeit der Wintersonnenwende dagegen etwa auf 14 Uhr unserer Rechnung (bei uns ebenfalls auf 15 Uhr).

Jedoch war erst seit der babylonischen Zeit in Juda eine solch kleinteilige Tageseinteilung üblich; in älteren Zeiten pflegte man die „Stunde" nach gewissen Kennzeichen zu bezeichnen: gegen Abend; zur Zeit, da die Frauen Wasser schöpfen; zum Hahnenschrei; beim Aufgang der Morgenröte; nach Sonnenaufgang; bevor der Tag heiß wird; zur heißesten Zeit des Tages; zur Zeit des Abendopfers (im Tempel); wenn der Tag sich neigt; zur Zeit der Abendkühle u. ä. Diese Stundenbezeichnung blieb im Volke zusätzlich immer üblich (Lk 24,29: „Es wird bald Abend, der Tag hat sich schon geneigt"). – Über den „Hahnenschrei"(s. d.).

Für die Nacht war die Einteilung immer mehr pauschal. Man bediente sich dabei – auch im zivilen Leben – des militärischen Ausdrucks von der „Nachtwache"; allerdings hatten auch die Nomaden diese Einteilung, so daß in Israel die Teilung der Nacht in Nachtwachen durchaus auch nomadischen Ursprungs sein konnte.

Im Orient teilte man drei Nachtwachen ein, für die man die Zeiteinteilung nach den Sternen bestimmte; dieser Brauch findet sich im AT. Die Griechen und Römer teilten vier Nachtwachen ein; dieser Brauch bestimmte die Nachteinteilung im NT, wahrscheinlich seit Einmarsch der Römer im 7. Jahrzehnt v. Chr. Die Tempelbehörde behielt aber für die Tempelwachen auch während der Römerzeit die durch die israelitische Tradition übliche Dreiteilung ein.

Gemäß der oben beschriebenen Tageseinteilung in Stunden waren auch die einzelnen Nachtwachen im Winter länger als im Sommer; denn sie zählten nicht (gemäß unserer Rechnung) von 18 bis 6 Uhr, sondern von Sonnenuntergang bis Sonnenaufgang. Daneben gebrauchte man in römischer Zeit aber auch die Stundeneinteilung während der Nacht: die erste bis dritte Stunde der Nacht entsprach also der ersten Nachtwache (römischer Rechnung) usw.

KRIEG UND SIEG

Der größte Teil der alttestamentlichen Erzählungen spricht von Streit, Krieg, Schlacht und Kampf. Deshalb gehören zu den Grundfakten der Bibel auch so unliebsame Dinge wie Schwert, Belagerung, Kriegsbann usw. Wir

Zwei Mauertypen: Links eine bis auf den gewachsenen Boden hinabgeführte Mauer, unten Naturstein, oben Lehmziegel. Die Böschung wurde in mehreren Schichten so vor die Mauer gelegt, daß die Mauer kaum untergraben werden konnte. – Rechts eine Schalenmauer aus Lehmziegeln, zwischen den Schalen mit Geröllfüllung.

wollen nur das Wichtigste besprechen – auch hier kann keine Vollständigkeit gesucht werden.

Die Befestigung

einer Stadt galt nicht der Stadt selbst, sondern der Bevölkerung des Landes. Die befestigte Stadt war für das Volk auf dem Lande Fluchtstätte. Wenn also von Befestigungen gesprochen wird, so wird damit auf die Möglichkeit hingewiesen, das umliegende Land zu entvölkern und zur Kampfstätte zu machen. Befestigte Städte findet man in Palästina etwa seit 2500 v. Chr.; die Befestigung ergab sich mit der dichteren Besiedlung.

Zur Befestigung gehörte zunächst die rechte Wahl für *die Stadtlage*. So bauten die Jebusiter Jerusalem (s. d.) auf einem Felsrücken. Samaria (s. d.) wurde von König Omri auf einer Kuppe angelegt. Aber es gab auch befestigte Städte in der Ebene.

Das zweite Element der Befestigung war *die Mauer*. Sie wurde fast immer auf einem Natursteinsockel, oft aus luftgetrockneten Lehmziegeln, gebaut. Der Sockel wurde nach Möglichkeit tief in die Erde gelegt, um ein Untergra-

ben bei der Belagerung (s. d.) der Stadt zu verhindern. Die Brüchigkeit der oberen Lehmziegelmauer wurde durch Breite ausgeglichen: im Jericho (s. d.) der mittleren Bronzezeit (um 2000 v. Chr.) war sie 5,60 m breit. Dagegen zeigt gerade die Befestigung von Jericho auch ganze Steinmauern: der Mauerring, der sich im Abstand von 20 bis 40 m um die innere Mauer der frühen Bronzezeit hinzog, war eine Quadermauer aus der mittleren Bronzezeit (2000 bis 1600 v. Chr.), deren Fundament bis auf den gewachsenen Fels hinabgeführt wurde. Der Unterteil der Mauer wurde manchmal mit einer bis zu 5 m hohen Böschung versehen. Eine solche Mauer fand man auch in Sichem (s. d.). – Eine andere Form war die Aufführung von Schalengemäuer; den Zwischenraum zwischen den beiden Mauerschalen füllte man mit Geröll oder ähnlichem aus. Solche Mauern gab es bis zur Stärke von 9 m.

Natürlich gab es mannigfache Verschiedenheiten in den zweitausend Jahren der biblischen Geschichte; aber wichtiger als die technischen Verschiedenheiten ist wohl hier die Einsicht in die allgemeinen Möglichkeiten des

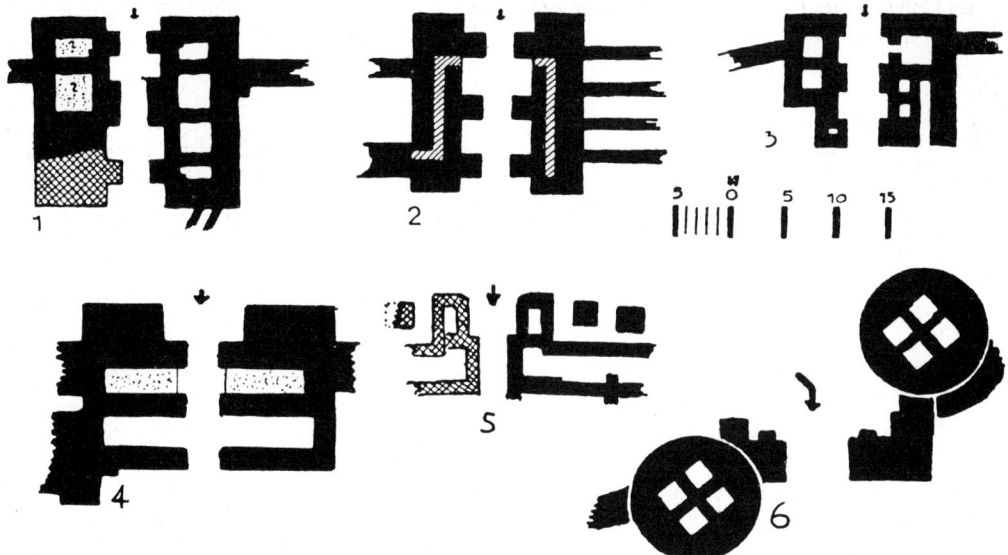

Tore. 1. Lehmziegeltor von Tell el-fare, zu datieren in die Mittel-Bronze-Zeit (um 1700 v. Chr.). Die Torkammern im Durchgang sind sehr flach. – 2. Das Nordtor von Sichem mit sehr ausgeprägten Torkammern. Von der nördlichen Torkammer aus führen Gänge in seitwärts gelegene Kammern. – 3. Tor der Spät-Bronze-Zeit: gleicher Typ, jedoch in der Gesamtlage reicher gegliedert. – 4. Breiträumiges Stadttor, assyrischer Typ. – 5. Das Westtor von Bet-Schean (um 1200). An den Flanken freistehende Schutztürme. – 6. Tor von Samaria aus römischer Zeit.

Befestigungsbaus, die die damalige Technik bot.

Zur Mauer gehörte *das Tor*. Das befestigte Tor ist eine Zutat der Kanaaniter (s. d.). Die Einzelheiten der Torformen änderten sich zwar von der Bronzezeit zur Eisenzeit (seit 1200 v. Chr.) bedeutend, aber der Zweck läßt doch einen gemeinsamen Obertyp erkennen: der Durchgang war eng; der Torbau war nach innen, mehr aber noch nach außen über die Breite der Stadtmauer hinausgeführt – zumal später, als man vom nun gedeckten Tor herab die Stadtmauer und die Stadt verteidigte und durch den vorgezogenen Block Kampfraum nach drei Seiten gewonnen wurde; das Innere der Tore zeigt meistens Kammern (vom Tor her gesehen: „Zangen"), die einerseits für die Torwachen, im Verteidigungsfalle aber als Hinterhalte dienten. Die Tore waren mit Türmen bewehrt.

Im Leben der Bürger spielte das Tor eine bedeutende Rolle, wahrscheinlich dadurch, daß sich hinter dem Tor – zur Stadtseite hin – der eigentliche Platz der Siedlung befand; eigene Marktplätze gab es in einigen Städten frühestens nach 900 v. Chr. An diesem Platz, „im Tor", spielte sich ein großer Teil des rechtlichen Lebens der Gemeinde ab. Hier fanden die Versammlungen der Ältesten oder überhaupt der Männer statt, anscheinend mit Vorliebe in den stadtwärtsgerichteten Torkammern. „Am Tor" wurde gemarktet, war der Ort für gemeindliche Bekanntmachungen, wurden Verträge und Grundstückskäufe abgeschlossen, wurde Recht gesprochen. Am Tor erwartete und begrüßte man Freunde, prüfte man Fremde und lud man Freunde zu Gästen in sein Haus.

Zur Befestigung gehörte auch die Sicherung der *Wasserversorgung,* die die Kanaaniter durch Schächte und Gänge zur Wasserader bewerkstelligten (s. den Artikel „Quellen und Brunnen" und „Die Zisterne").

Die Israeliten übernahmen die kanaanitische Bauweise, nachdem sie selbst die gefährliche und fast unüberwindliche Kraft dieser Festungen erlebt hatten.

Aber man kann kaum eine Stadtbefestigung der Israeliten mit der massiven Kraft der Kanaaniter vergleichen. Sie glichen sich im Typ, aber nicht in der Festigkeit. Eine Ausnahme machte die Befestigung Jerusalems; aber wir können sie nicht dokumentieren, denn die auf

uns gekommenen Reste dieser Festung stammen aus römisch-herodianischer Zeit.

Das Aufgebot

wird in der Bibel auf verschiedene Weise beschrieben: Das Aufgebot mit dem Horn rief alle waffenfähigen Männer des Tals oder des Gebirges zusammen; so rief z. B. Gideon sein Heer herbei (s. bei Ri 6,34). Vielleicht darf man dabei auch an ein Weitergeben des Aufgebotssignals denken.

Die andere übliche Methode, die Männer einzuberufen, war das Aussenden von Eilboten. Dieser Eilbotendienst konnte mit einem besonderen Symbol verbunden werden. Als Saul, hinter dem Pflug vom Felde heimkehrend, erfuhr, daß die Ammoniter (s. d.) den Leuten von Jabesch Frieden gewähren wollten, falls sich jeder von ihnen ein Auge ausstechen ließ, hieb er einige Rinder in Stücke und schickte sie den Stämmen (1 Sam 11,7; Ri 19,29). Dieser Begleitritus des Aufgebots war eine Art Dringlichkeitshinweis und ein Schwur: Wer dem Aufgebot nicht folgt, dessen Vieh (oder dem selber) wird es so ergehen wie diesen Tieren hier. Im übrigen ist es ein ähnlicher Ritus, wie er von der feierlichen Bundesschließung bekannt ist (s. im Artikel „Der Bund"). Dieses Aufgebot bezieht sich auf das waffenfähige Volk selbst, also nicht auf Söldnertruppen.

Söldner

gab es, gemäß den biblischen Berichten, in Israel seit Sauls Zeiten. Der Übergang zu Söldnertruppen geschah infolge des Beispiels der kanaanitischen Völker. So war Goliat ein (wahrscheinlich enakitischer) Söldner im Heer der Philister. Die Philister kämpften außer mit eigenen Männern auch mit fremden Söldnern; aber auch die eigenen Männer konnten Söldner sein.

Auf seiten Sauls, des Benjaminiten, war David aus dem Stamme Juda ein Söldner. Als er Saul verließ, sammelte David ein Söldnerheer und ging zu den Philistern über. Sein Königtum in Juda erkämpfte sich David zweifellos mit Söldnern (s. S. 537, Nr. 22).

Auch später als König verließ sich David lieber auf Söldner als auf das Volksheer. Urija (s. 2 Sam 11,3 ff.), die Kereter und Peleter (s. 2 Sam 8,18 u. ö.), das sind Kreter und Philister als Leibwache (verächtliche Form „Kreti und

Pleti") und seine dreißig Helden (s. 2 Sam 23,8ff.) waren Söldner, wenn auch nicht alle fremde Söldner.

Die Söldner waren „die Knechte" des Königs. Halbfreie, nicht gerade Sklaven, etwa soldatische Fronarbeiter, die der König unterhielt, denen der König das Recht zur Teilplünderung zugestand, die aber dafür in der Schlacht auch an vorderster Stelle kämpfen mußten. Das Volksheer kam erst nach den Söldnern in den Kampf.

Die Waffen
unterschieden sich in alter Zeit grundsätzlich in „Waffen zur Rechten und Waffen zur Linken" (vgl. 2 Kor 6,7), d. h. Waffen des Angriffs und eigentlichen Kampfes („zur Rechten") und Waffen des Schutzes („zur Linken").

Der Dolch war die wichtigste Nahkampfwaffe, der aber im AT – was Israel angeht – kaum vom Schwert unterschieden wird. Man hat daraus geschlossen, daß die Israeliten nur mit einer Messerwaffe kämpften: mit dem Dolch oder dem kurzen Stichschwert. Auch in der Zeit des NT scheint bei den Juden das kurze Stich- und Hauschwert die übliche Messerwaffe gewesen zu sein. Mit einem solchen Schwert hieb Petrus dem Malchus das Ohr ab.

Der Spieß als Nahkampfwaffe war etwa 1,80 m lang und wurde wohl hauptsächlich als Sturmwaffe gebraucht („Sturm mit aufgepflanztem Bajonett"). Er hatte eine Metallspitze (Bronze, später Eisen) und manchmal einen Lanzenschuh, mit dem man den Spieß in den Boden treiben konnte. Die Metallspitze wurde in den Lanzenstab (oft aus Eschenholz) eingelassen oder mit einer Tülle aufgesetzt.

Daneben gab es den kürzeren Wurfspieß (etwa 1,20 bis 1,30 m lang). Seine Spitze hatte oft Widerhaken, damit der Getroffene das Geschoß nicht so leicht aus der Wunde herausziehen konnte. Um einem Wurfspieß rotierenden Flug zu geben, wickelte man um den Schaft ein Band, das der Kämpfer mit einem Ende am Handgelenk befestigte und im Augenblick des Wurfs blitzschnell abrollen ließ. Flugsicherheit und Einschlagswucht wurden durch diesen rotierenden Flug erhöht.

Der Bogen ist eine Urwaffe. In Syrien war er zu Anfang des 2. Jahrtausends v. Chr. aus Holz, dessen Rund außen mit Schnurgeflecht und Sehnenbündelungen verstärkt und dann umwickelt wurde. Diese Verstärkung wurde

um 2000 v. Chr. in Mesopotamien vervollkommnet, indem man auch noch eine Horneinlage mit einspannte und einwickelte („zusammengesetzter Bogen"). Durch die Hyksos (s. d.) wurde diese Art des Bogens in Syrien und Ägypten heimisch. Trotz Ps 18,35 („er lehrte ... meine Arme, den ehernen Bogen zu spannen") kann man für die ganze Eisenzeit in Syrien (1200–300 v. Chr.) kaum „eherne Bogen" annehmen; wahrscheinlich meinen der Psalm und andere Stellen des AT damit den Bogen, der mit ehernen Spitzen bewehrte Geschosse ausschickte. Die Sehne war aus Hanfschnur, gedrehter Leinenschnur oder Tierdärmen.

Beim Bogenkampf hielt man den Bogen mit der linken, den Pfeilvorrat mit der rechten Hand, oder man trug die Pfeile im Köcher. Die Pfeile waren aus Rohr oder Holz und hatten Spitzen, die den Lanzenspitzen ähnelten, nur daß sie kleiner waren. Pfeilspitzen sind bei Ausgrabungen in Palästina gefunden worden, jedoch keine ganzen Pfeile aus alter Zeit; ganze Pfeile wurden nur aus römischer Zeit gefunden.

Bis etwa 900 v. Chr. ist der Bogen in Palästina eine Seltenheit. Er ist Waffe des Königs und der Fürsten. Durch die immer allgemeiner werdende Kriegswagentechnik muß er sich aber allmählich als allgemeine Waffe immer mehr durchgesetzt haben. Die Stationen lassen sich nicht einwandfrei verfolgen. Aber da der assyrische Angreifer (8. Jahrhundert v. Chr.) seine Infanterie mit Bogen ausgerüstet hatte, scheint von da an auch in Palästina der Bogen allgemeine Waffe geworden zu sein. Das Chronikbuch (2 Chr 12,1ff.) spricht von der Einführung der Bogentruppe in Juda (8. Jahrhundert v. Chr.).[1]

Die Bogentruppe verschoß bei Belagerungen auch Brandpfeile: Pfeile mit durchbrochenen Flügeln, in die Werg gestopft war. Vor dem Abschuß wurde die Spitze in Öl getaucht und angezündet.

---

[1] Galling, „Biblisches Reallexikon", glaubt, daß erst von dort her die Erzähler die Helden Davids mit Bogen ausgestattet hätten, während de Vaux, „Das Alte Testament und seine Lebensordnungen", die benjaminitischen Bogenschützen als Spezialtruppe Davids für möglich hält; er verweist auf die palästinensischen Funde von Pfeilspitzen des 12. bis 10. Jahrhunderts v. Chr., auf denen die Eigentümernamen eingeritzt sind, was tatsächlich auf Spezialtruppen schließen läßt.

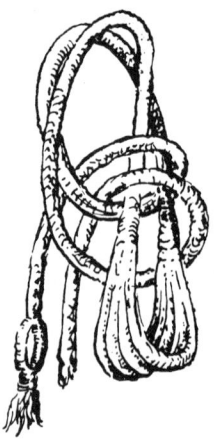

Geflochtene Schleuder. Das Ende mit der Schlaufe wird über das Handgelenk der Schleuderhand gezogen, das glatte Ende wird losgelassen, so daß das Geschoß aus der Schleudertasche davonfliegt.

Die Steinschleuder ist als Waffe seit der Steinzeit bekannt und bei einigen Völkern heute noch in Gebrauch. Bei Ausgrabungen in Palästina hat man große Mengen glatter kugelförmiger Steine gefunden, die man als Schleudersteine ansehen muß. Seit dem 4. Jahrhundert v. Chr. benutzten die Schleuderschützen auch Bleikugeln. Auch solche sind durch Funde bezeugt.

Die Schleuder besteht aus einem handtellergroßen ledernen Mittelstück und zwei langen Lederstreifen, die in knopfförmigen Verdickungen enden. Der Schleuderer faßt die Enden, legt das Schleudergeschoß in die so gebildete Tasche, schwingt die Schleuder horizontal über dem Kopf im Kreise herum und läßt plötzlich eines der Enden los, so daß der Stein oder die bleierne Kugel fortschießt.

Das Schleudergeschoß behält die Richtung bei, die es im Augenblick des Loslassens hatte, das heißt, es fliegt in Richtung der Kreistangente davon. Die Reichweite bzw. die Wucht eines Geschosses hängt entscheidend von der Geschwindigkeit ab, mit der es weggeschleudert wird; diese nimmt mit der Drehzahlgeschwindigkeit und der Größe des Schleuderradius zu. Bei zu großem Schleuderradius (Arm und Schleuder) läßt sich jedoch die Schleuderbewegung schlecht unter Kontrolle halten. Daher benutzt der geübte Schleuderschütze das Handgelenk als Mittelpunkt für die kreisförmige Schleuderbewegung. So kann er auch am besten das Ziel anpeilen, um im richtigen Augenblick das eine Ende der Schleuder loszulassen.

Der Schild richtet sich in der Form nach seinem Material. Für die Zeiten bis 1200 v. Chr. waren die Schilde aus Holzplatten, die mit Leder bespannt oder mit Lederstreifen überflochten wurden; das Leder wurde gefettet und manchmal rot gefärbt. Solche Schilde müßte man also bis in die Richterzeit Israels auch für die Israeliten annehmen. Mit Beginn der Eisenzeit (etwa 1200 v. Chr.) kam der eiserne Schildbuckel hinzu, der Herz und Hand des Schildträgers schützen sollte. Solche Schildbuckel wurden gelegentlich bei Ausgrabungen gefunden; dagegen wurden keine ganzen Schilde gefunden – Holz und Leder sind eben nicht haltbar.

Wahrscheinlich hat man zu allen Zeiten den großen und den kleinen Schild nebeneinander benutzt; die Kampfhandlung bestimmte die Wahl des Schildes. Der kleine Schild der Israeliten, in alter Zeit wahrscheinlich viereckig, wurde ganz sicher später – wohl unter dem Einfluß der Philister, die den in Europa üblichen Rundschild hatten – durch den kleinen Rundschild mit Buckel abgelöst; dieser Schild

Die Schlagkraft von Pferd und Wagen geht aus diesem Bronzetürrelief (Zeit der ersten assyrischen Großkönige um 850 v. Chr.) hervor.

Pferde als Waffen gehörten zu den beliebtesten Tributobjekten, die von den siegreichen Königen verlangt wurden. Dies bezeugt auch ein Relieffragment aus dem Palast des Assyrers Sargon in Khorsabad (8. Jahrhundert).

war die Schutzwaffe für den Bewegungskampf.

Daneben gab es den hohen Langschild, der einen großen Teil des Kämpfers oder sogar den ganzen Kämpfer deckte. Als Holzschild war er in der Horizontale nicht gewölbt, sondern geknickt. Man konnte ihn vortragen, konnte ihn aber auch auf den Boden setzen, ohne daß er umfiel; es war der Schild für den Standkampf, den Belagerungskampf u. ä. Von einem solchen Schild erzählt die Goliatgeschichte; Goliat läßt sich den Großschild von einem Sklaven nachtragen (1 Sam 17,7.41).

Pferde und Wagen
waren im antiken Vorderen Orient nicht zunächst Transportmittel, sondern Kampfmittel. Der leichte zweirädrige Wagen und das leichte Pferd wurden wahrscheinlich von den Hyksos (s. d.) aus dem Osten nach Syrien und Ägypten eingeführt, und da sie wegen ihrer Wendigkeit und Schnelligkeit den Fußtruppen überlegen waren, wurden sie bei den Eroberungszügen der Hyksos zu kampfentscheidenden Waffen. Von den Hyksos werden aber auch die Völker Kanaans den Kampfwagen kennengelernt haben, der in der Eisenzeit mit Eisenbindern und

(vielleicht) eisernen Schilden armiert war. Jedenfalls sahen sich die nach Kanaan eindringenden Israeliten, welche zu Fuß kämpften, auch solchen kanaanitischen „eisernen" Kampfwagen gegenüber.

Die Israeliten kamen erst unter Salomo dazu, Wagenkampftruppen aufzustellen (s. den Artikel „Salomos Landhandel"). Der pferdebespannte Kampfwagen wurde zum Symbol größter Schlagkraft. In diesem Sinne wurde wohl auch Elija „Israels Wagen und sein Lenker" genannt.

Die Reiterei trat erst seit dem 8. Jahrhundert v. Chr. als „Waffe" auf. Die Assyrer (s. d.) und die Perser (s. d.) kannten Reiterverbände als Stoßtrupps.

Die Schlacht
war für die Israeliten der Landnahmezeit kein redliches Messen der Kräfte; dafür waren sie viel zu schlecht ausgerüstet und militärisch zu wenig ausgebildet. Die Schlachten, zu denen sich die Israeliten gezwungen sahen, hatten deshalb immer etwas vom Handstreich an sich. Kriegslist, Überraschungsüberfall, Vortäuschung von großen Heerhaufen durch kleine tollkühne Mannschaften, wilde Verfolgung

der Getäuschten und Fliehenden charakterisierte die israelitische Kampfführung mehr als geordneter Schlachtenkampf.

Vorbereitet wurden gerade solche Überraschungsangriffe durch ein wüstes Kriegsgeschrei. Die beiden klassischen Beispiele der Bibel dafür: die Schilderung der Einnahme Jerichos (Jos 6,15–20) – „Posaunen"-blasen und Kriegsruf bilden zusammen das „Hurra" (das Blasen ist nicht etwa nur das Zeichen zum Kriegsgeschrei); und die Erzählung vom Überfall Gideons (Ri 7). Der Kampf selbst, der aus den Überraschungsangriffen entstand, war dann allerdings mörderischer Nahkampf, der von beiden Seiten verzweifelt geführt wurde, bis einer der Parteien die Flucht gelang.

Neben der Schlacht stand *der Beutezug,* von dem vor allem in den Davidsgeschichten immer wieder die Rede ist. Da Plünderung (s. unten) ein legitimes Kriegsziel war, in dem man neben Materialbeute auch Menschenbeute (Sklaven) zu machen suchte, um dadurch den Gegner in Überraschungsüberfällen in seinen Wohnsitzen generell zu schwächen und sich selbst in jeder Hinsicht zu stärken und zu üben, müssen wir die Beutezüge mit anderem moralischem Maß messen, als wir das in modernen Kriegen mit Recht tun.

Der Zweikampf

tritt manchmal an die Stelle der Schlacht oder – was sicherlich häufiger war – er leitete die Schlacht ein. Der klassische biblische Zweikampf ist der zwischen David und Goliat (s. über diesen Waffengang in den Davidskapiteln den Artikel „Herausforderung zum Zweikampf").

Die Belagerung

war das Mittel, eine Stadt, die nicht durch List zu nehmen war oder die sich nicht ergeben wollte, zur Übergabe zu zwingen. Belagerung hieß zunächst Aushungern und Ausdursten. Die Wege zur Stadt wurden blockiert, die Quellen und Brunnen (s. d.) außerhalb der Stadt bewacht oder in die Stadt führende Wasserleitungen zerstört. Um an die Stadt heranzukommen, warf man Stein- und Erdböschungen gegen ihre Mauer auf; aber der Einnahmekampf wurde meistens sehr lange aufgeschoben, bis man die Einwohner geschwächt zu haben glaubte; denn für die Angreifer war ein solcher Sturm auf eine Stadt verlustreich. Gegen die Tore ging man auch mit Feuer vor, um einen Eingang zu erzwingen.

Ein neues Moment kam in die Belagerungstechnik durch die Assyrer (s. d.). Sie arbeiteten mit fahrbaren Sturmböcken, die sie auf Sturmwällen gegen die Mauern heranführten und mit denen sie Breschen in die Mauern schlugen. Außerdem operierten sie gegen die Stadt mit gut zusammenarbeitenden Waffen: die Bogenschützen, gedeckt durch hohe Schilde (s. d.), legten einen Geschoßvorhang vor die Infanterie, die hinter den Sturmböcken vorging.

Plünderung

gehörte zum antiken Kriegsrecht. Bevor eine Stadt verbrannt wurde, wurde sie geplündert. Das Lager des flüchtigen Feindes wurde geplündert. Am Ende der Schlacht wurden die Toten des Feindes geplündert. Das Beutegut war meistens der einzige Kriegslohn und Sold.

Die Verteilung der Beute wurde deshalb zum Teil sogar gesetzlich oder durch Anführerspruch geregelt. Von der gesammelten Beute fiel in Israel die Hälfte auf die Krieger, die Hälfte erhielt die israelitische Gemeinde; von beiden Teilen bekamen die Leviten ihren Zehnten (Num 31,26–47). Auch die Anführer erhielten ihren Teil. Die Könige aller Völker beanspruchten das Wertvollste, wovon fast immer auch dem Heiligtum sein Anteil zugewiesen wurde – nicht nur in Israel und Juda. David berücksichtigte auch den Troß, der sonst immer leer ausgegangen wäre; vielleicht lernte er dies von den Philistern.

Dieses Kriegsrecht der Plünderung bedeutete für den Besiegten totale Verarmung, für den Sieger war es eine der größten Freuden. Darin unterschied sich weder Israel noch Juda von den „Völkern".

Der Kriegsbann

wird bei vielen Völkern aller Rassen bezeugt. Der Feind, seine Stadt, sein Besitz werden vor der Schlacht Gott geweiht. Nach der Einnahme verfällt Schmuck und Wertmetall dem Gottesdienst, die Stadt der Zerstörung, alles Leben – auch das Vieh – aber verfällt dem Schwert. So grausam uns dieser Kriegsbrauch auch scheinen mag – in seiner Auswirkung war er für den Kämpfer heilsam, denn er nahm von vornherein die Aussicht auf Kriegsbeute hinweg, wodurch der Kampf um des Kriegszieles willen und nicht aus Beutegier geführt werden konnte.

Wenn die Heilige Schrift betont, daß die Israeliten „auf Gottes Befehl" alles Lebendige in Jericho töteten (Jos 6,21), so steht dahinter der Glaube, daß in dem kriegsüblich ausgeführten Bann an einem Volk von Götzendienern ein Strafgericht Jahwes wirksam wurde, nicht aber soll das heißen, daß Gott selbst – auf welche Weise auch immer – diesen Kriegsbann befohlen habe. Diese Formel ist die *Deutung des Kriegsbannes*. Die nicht ordnungsgemäße Durchführung des Kriegsbannes konnte unter diesem Gesichtspunkt von Samuel dem König Saul als Ungehorsam gegen Jahwe vorgeworfen werden, als Saul im Kampf gegen die Amalekiter die besten Schafe und Rinder verschonte (1 Sam 15,9). Saul hatte damit gezeigt, daß es ihm nicht auf den Kampf gegen die seinem Volk und Jahwe feindlichen Amalekiter ankam, sondern auf Beute.

Sklaverei
war im Altertum das Los der Besiegten, wenn sie nicht dem Kriegsbann zum Opfer fielen. Es hat keinen Sinn, diesen Brauch für Israel zu leugnen oder zu beschönigen: auch Israel hat Sklaven gemacht, wie es selbst auch bei Niederlagen von der Sklaverei bedroht war.

Nach der Teilung des Reiches führte der Brauch sogar dazu, daß die beiden israelitischen Staaten die Bevölkerung des anderen Staates zu versklaven suchten. Das mögen aber Ausnahmen gewesen sein (2 Chr 28, 8–15); man nahm auch Anstoß daran.

Die Versklavung nichtisraelitischer Besiegter nach einem Sieg Israels wird mehrmals in der Bibel erwähnt; allerdings gilt das nur für solche Städte, über die nicht der Kriegsbann (s. oben) zu verhängen war. Die Bevölkerung einer Stadt, die sich nach Aufforderung ergab, wurde zu Tribut und Fron gezwungen, d. h. also nicht versklavt; bei einer sich wehrenden Bevölkerung aber wurden die Männer nach der Einnahme getötet, die Frauen und Kinder wurden Sklaven. Der Nachklang von diesem Brauch findet sich sogar noch in Dtn 20,10–18, also zu einer Zeit, als das darin formulierte Gesetz längst nicht mehr angewandt werden konnte, weil die Zeit der Landnahmekriege der Stämme vorbei war (s. auch den Artikel „Der Sklave").

Der tote Feldherr
des Gegners wurde geschändet. Der Kopf wurde abgeschlagen und als Trophäe auf einem Spieß ausgestellt, umhergetragen oder in einem Tempel aufgerichtet. Auch seine Rüstung wurde im Tempel der eigenen Gottheit als Weihegeschenk niedergelegt. Der

Die abgeschlagenen Köpfe der Feinde waren für den Orientalen der handgreifliche Beweis seines Sieges. Deshalb brachten die Soldaten auch die Köpfe der erschlagenen feindlichen Soldaten vor den königlichen Schreiber, der damit Tapferkeit und Erfolg registrierte. Dieses Bild zeigt einen solchen Vorgang aus einem assyrischen Relief. Am Schluß des Zuges zwei Gefangene.

Rumpf wurde ans Stadttor oder an die Stadt-mauer gespießt. Das war altorientalischer Kriegsbrauch.

Hinter diesem Verfahren steht unter ande-rem die gemeinorientalische Überzeugung, daß der Feldherr der Exponent des feindlichen Heeres oder gar des befeindeten Volkes ist. Deshalb setzte der Tod des Feldherrn das eigene Heer in äußersten Schrecken: nicht so sehr, weil nun die Führung fehlte, sondern weil man im Feldherrn das Ganze getroffen sah. (Dieselbe Überzeugung ist auch in der Lehre von der Erbschuld und – auf positive Weise – in der Lehre von Christus, dem Haupt des Cor-pus Christianum, lebendig geworden.)

Als König Saul besiegt war, nahm er sich selbst das Leben, um der Schändung seines lebendigen Leibes zu entgehen: man hätte ihm die Augen ausgestochen, vielleicht Nase und Ohren abgeschnitten und ihn dann gepfählt (s. den Text zu Gen 40,22). Mit seinem Leichnam verfuhren sie, wie oben beschrieben wurde. Aber der Tod Sauls versetzte die Israeliten in Panik.

Als Judit Holofernes erschlagen hatte, trug sie das Haupt des Erschlagenen in ihrem Brot-sack in die von Holofernes bedrohte Stadt. Und sie sagte zu den Bürgern: „Nehmt diesen Kopf und hängt ihn an der Zinne eurer Stadt-mauer auf" (Jdt 14,1). Der tote Feldherr sollte Panik über das Heer der Assyrer bringen.

Andererseits war eine ehrenvolle Behand-lung der Leiche des Feldherrn eines gegneri-schen Heeres ein Ausdruck für versöhnliche Haltung: als man David den Kopf Ischbaals brachte, des Königs des gegnerischen israeliti-schen Reiches, ließ er ihn ehrenvoll beisetzen (S. 538, Nr. 23).

Ausrottung der Königsfamilie
war alter orientalischer Brauch, wenn ein Kö-nigshaus das andere absetzte. Da jeder Sproß einer Familie das Recht auf Herrschaft für sich wieder in Anspruch nehmen konnte, versuchte man damit späteren innenpolitischen Krisen vorzubeugen. Diese Übung war so allgemein, daß Propheten sogar die Ausrottung des gan-zen Königshauses prophezeien konnten, wenn sich Anzeichen für ein Schwanken der Herr-schaft des regierenden Königs zeigten (s. auch 1 Kön 12,9–11; 15,25–29).

Diese Methode der Herrschaftssicherung wurde sowohl vom Königsnachfolger im eige-nen Land wie auch in fremdem Land geübt, obwohl man sich hierbei auch des öfteren mit der Deportation begnügte: ein gefangener fremder König am eigenen Hof erhöhte den Glanz des Hofes.

Die Ausrottungsmethoden des Königs He-rodes gegen das Haus der Hasmonäer sind ebenfalls im Rahmen dieses Brauches zu sehen.

Soldaten
werden des öfteren in den Büchern des NT erwähnt. Eine knappe Übersicht über die Soldatenwelt zur Zeit Jesu und der Apostel könnte nützlich sein. Wir müssen drei Gruppen unterscheiden:

Die römischen Soldaten waren die Truppen des Prokurators. Die Hauptgarnison war Cäsarea (s. d.), das auch die Residenz des Prokurators war. Aus dem Jahre 44 n. Chr. wissen wir, daß dort fünf Kohorten lagen. Die militärische Einteilung:

eine Legion = 10 Kohorten = 30 Manipel = 60 Zenturien = 6000 Mann
1 Kohorte = 3 Manipel = 6 Zenturien = 600 Mann
1 Manipel = 2 Zenturien = 200 Mann
1 Zenturie = 100 Mann

In Cäsarea lagen also im Jahre 44 n. Chr. etwa 3000 Mann Fußvolk; hinzu kam ein Rei-terflügel *(ala)*, dessen Stärke sich nicht ange-ben läßt. Diese Besatzung läßt sich auch für die Zeit Jesu annehmen.

Außerdem lag ständig in Jerusalem, auf der Burg Antonia (s. d.) eine Kohorte. Zu den Festen aber, wenn (vor allem am Paschafest)

über zwei Millionen Pilger in Jerusalem zu-sammenströmten, wurden die Stärkeverhält-nisse fast vertauscht. Man darf zu solchen Festzeiten für Jerusalem eine Besatzung von vier Kohorten, also 2400 Mann römische Be-satzungssoldaten annehmen. Ein Teil von ih-nen (etwa eine Kohorte) bewachte in den Hauptfestzeiten den Tempel (s. d.) von den

Dächern der Säulenhallen aus. Ein Teil lag in Bereitschaft zur Verfügung des Prokurators, also im Prätorium des Königspalastes (s. d.). Das Gros lag in der Burg Antonia.

Diese „römischen Soldaten" waren aber nur in den seltensten Fällen Römer bzw. Italiker. Die meisten Kohorten rekrutierten sich aus „Hilfsvölkern", in diesem Falle aus Syrern (s. d.) und Samaritanern (s. d.). Das war so selbstverständlich, daß eine Kohorte, die sich nicht aus Männern der „Hilfsvölker" zusammensetzte, eigens als solche bezeichnet wurde („italische Kohorte").

Die Offiziere waren aber, wohl schon vom Zenturio aufwärts, Römer. Ganz sicher waren die Stabsoffiziere *(tribuni militum,* griech. *chiliárchoi)* immer Römer. Sie kämpften nicht mit, sondern befehligten, mit einem roten Mantel angetan, vom weithin sichtbaren Feldzeichen aus die kämpfende Truppe. Der Anführer der nächtlichen Expeditionen zum Ölberg, bei der Jesus gefangen genommen wurde, war ein Chiliarch. Der Hauptmann beim Kreuz war dagegen ein Zenturio. Die *chiliárchoi* galten bei den Hilfsvölkern allgemein als hoffähig.

Die königlichen Soldaten waren die Truppen der herodianischen Tetrarchen und Könige. Sie waren schon unter Herodes d. Gr. nach römischem Muster organisiert; und Herodes Antipas (S. 576, Nr. 51) wird die Sitte nicht aufgegeben haben.

Herodes d. Gr. hatte wahrscheinlich ein Söldnerheer, das sich aus Edomitern und Samaritanern, aber auch galiläischen Griechen und Kanaanitern aus Phönizien rekrutierte; er selbst war Sohn eines Edomiters und einer Samaritanerin. Einer kleinen Einheit dieser Truppe befahl er die Tötung der betlehemitischen Kinder. – Wieviel Truppen Herodes d. Gr. hatte, läßt sich nicht sagen.

Herodes Antipas hatte sicherlich nur ein kleines Heer von 2000 bis 2500 Mann, das er im Notfall vergrößerte. Eigentlich war es eine Polizeitruppe, die mit kleinen Einheiten seine Grenzstädte (z. B. Kafarnaum) bewachte, die er als Leibwache mit sich nahm und die bei gemeinsamen Aktionen den römischen Truppen vorausging, wie das bei den Römern üblich war.

Seine *chiliárchoi* (etwa: Stabsoffiziere) waren mit Herodes Antipas auf der Burg Machärus (s. d.), als er mit den Nobilitäten Galiläas und Peräas sein Geburtstagsgelage hielt, während dem er Johannes den Täufer enthaupten ließ (Mk 6,18–29).

Unter den „königlichen Soldaten" des Herodes Antipas befanden sich wahrscheinlich mehr Nichtjuden als Juden: ein großer Teil der Bevölkerung Galiläas (s. d.) waren ja Griechen. So war z. B. der Zenturio, der Jesus um die Heilung seines Knechtes bat, wahrscheinlich ein Grieche (Mt 8,5). Er kann aber auch ein kaiserlicher Soldat gewesen sein; denn auch in den Tetrarchien und Königreichen, die zum römischen Reich gehörten, zählte eine kleine Militärgruppe zum Stab des kaiserlichen Statthalters *(epítropos),* der sowohl die landeseigene Regierung zu überwachen wie auch die Steuergelder einzuziehen hatte.

Die jüdische Tempelwache war die Polizei des Hohenpriesters und Hohen Rates („Knechte/Diener des Hohenpriesters"). Sie bestand aus Leviten oder sogar auch aus Priestern. Die Aufgabe der Tempelwache war, alle Bereiche des Tempels von Ruhestörern und Revoluzzern freizuhalten, die den Truppen der Römer wegen des Tempelverbots für die Heiden nicht zugänglich waren. Zwar war das nicht ihre ursprüngliche Aufgabe; diese war einfach, die Tempelordnung zu überwachen. Aber in römischer Zeit kam jene andere Aufgabe als politischer Sicherheitsdienst hinzu. Ihr Oberst war der Tempelhauptmann *(„der Knecht/Diener des Hohenpriesters"),* der immer aus den Hohenpriesterfamilien gewählt wurde. Er mußte – das verlangten die Römer – kaisertreu und römerfreundlich sein; das aber war durch seine Zugehörigkeit zur Hohenpriesterfamilie gegeben. Auch er hatte das Amt des römerfreundlichen Aufpassers hinzubekommen. Sein eigentliches Amt war, im Namen des Hohenpriesters für die ordnungsmäßige Abwicklung des Kultprogramms zu sorgen und die äußere Tempelordnung zu garantieren. Ihm unterstanden Tempelhauptleute niederen Ranges, die für bestimmte Abschnitte des Tempels verantwortlich waren. – Der Tempelhauptmann im Todesjahr Jesu hieß Malchus. Die Nennung seines Namens zeigt, daß er nicht irgendein Diener war. Auch bei der Gefangennahme des Petrus und Johannes (Apg 4,1) wird der Tempelhauptmann erwähnt. Auch dies wird der oberste Tempelhauptmann gewesen sein, da sonst „ein Tempelhauptmann" dort stehen müßte.

Geographisches Lexikon

Die Länder der Bibel liegen zum größten Teil im Bereich des „Fruchtbaren Halbmonds" (s. d.), außer Ägypten und jenen Landschaften, die durch die Missionsreisen der Apostel einbezogen wurden. Unter den Ländern des „Fruchtbaren Halbmonds" spielen eine besondere Rolle die Länder, Völker und Staaten Mesopotamiens (s. d.). Das eigentliche „Land der Bibel" ist aber das kleine Palästina, das mit seinen etwa 220 km (von Norden nach Süden) und seinen etwa 115 km (von Osten nach Westen) nur ein kleiner Fleck auf der riesigen Weltkarte ist.

Dieses „Pleschet" (Philisterland) wird heute wieder immer mehr „Erez Jisrael" (Land Israel) genannt, weil es von den Israeli des modernen Staates Israel so genannt wird. Aber man sollte dabei nicht übersehen, daß Palästina sich nicht genau mit diesem „Erez Jisrael" deckt. Palästina ist der südliche Teil der alten Landschaft Syrien. Das südöstliche Küstenland des Mittelmeers und ein Teil der sich östlich anschließenden syrisch-arabischen Wüste, das ist Palästina. Im Norden wird es begrenzt von den Südzügen des Libanon-Antilibanon, und im Süden verläuft es sich in den trockenen Tälern, die vom Toten Meer aus nach Süden und Südwesten ziehen.

Die Küste hat einige brauchbare Buchten, die sich für Häfen eigneten: Cäsarea maritima, die Herodes zur Stadt ausbaute (s. d.) und Jafo/Joppe (s. d.); die besten Hafenbuchten mit den Städten Jabne/Jamnia, Aschdod/Azot (s. d.), Aschkelon und Gaza waren jedoch in den Händen der Philister und deshalb für Israel und die Juden meistens nur auf Grund von Verträgen benutzbar.

Die etwa 20 km breite Ebene östlich der Küste ist eine Tiefebene, stellenweise von Dünen und Kalksandsteinwällen durchzogen. Zwischen Cäsarea und Jafo/Joppe hieß diese Ebene die Ebene Scharon, die reichlich Wasser und gute Weiden hatte und auch sonst fruchtbares Küstenland war. Heute gehört diese Ebene zu den wichtigsten Fruchtkammern Israels. Hinter dieser Ebene baut sich in mehreren Stufen das palästinensische Tafelland auf (etwa 75 bis 85 km Tiefe), das aber durch den großen Nordsüdbruch durchschnitten wird (siehe den Artikel „Jordan"). Die ur-

sprüngliche Tafellandschaft hat jedoch weithin zum Teil einen anderen Charakter durch Basalte bekommen, die sich bei vulkanischen Ausbrüchen – wahrscheinlich als der Nordsüdbruch entstand – über den Sandkalkstein legten.

Über das Klima des Landes siehe S. 698.

ABILENE

Syrische Landschaft auf dem Antilibanon; sie gehörte bis 34 v. Chr. zu Ituräa (s. d.), das nach der Hinrichtung seines Königs Lysanias durch die Römer in vier Teile geteilt wurde. Einer dieser Teile war die Landschaft Abilene: etwa 150 km lang und 30 bis 40 km breit. Der im Evangelium (Lk 3,1) genannte Tetrarch Lysanias ist außer durch Lukas auch durch eine Inschrift in der Nähe von Abila bezeugt; wir wissen sonst nichts über ihn und auch nichts über seine Tetrarchie Abilene. Erst seit 37 n. Chr. tritt Abilene wieder mehr in das Licht der Geschichte.

Abilene hatte den Namen nach seiner Hauptstadt Abila, am Ostabhang des Antilibanon, 30 km nordwestlich von Damaskus. Es lag am Fluß Amana (heute: Barada), der mit kalten reichen Wassern nach Damaskus strömt und dessen Oase so fruchtbar macht. Daß dort Abel begraben sei (weil es Abila hieß), ist ein Unsinn, den sich ein arabischer Reiseführer ausgedacht haben könnte.

ASCHDOD

Aschdod (hebr.) oder Asdod (gr. Azootos), 5 km von der Mittelmeerküste, war wohl ursprünglich eine Stadt der Enakiter (s. d.), die um 2000 v. Chr. durch die Ägypter geächtet wurden („Ägyptische Ächtungstexte"). Seit der Zeit der Hyksos (s. d.) in Syrien mag Aschdod Stadtstaat gewesen sein. Die ideale Verteilung Kanaans auf die zwölf Israelstämme zählt es zu Juda. Aber Juda konnte es nicht erobern. Kurz vor 1100 v. Chr. kommt es in die Hand der Philister (s. d.) und wird eine ihrer wichtigsten Städte.

Die Bedeutung Aschdods im Rahmen der

fünf Philisterstädte wird ersichtlich aus seinem Tempel, in dem der Hauptgott der Philister, Dagon, verehrt wurde (s. Text zu 1 Sam 4,1–7,1); archäologisch konnte dieser Tempel bisher nicht nachgewiesen werden.

Auch David hat Aschdod nicht direkt unterworfen. Die Chronik berichtet jedoch, daß König Asarja von Juda es unterworfen habe (2 Chron 26,6).

Nachdem die Assyrer (s. d.) das Nordreich Israel besiegt hatten, kam auch das Philistergebiet in assyrische Hand (s. unter „Assyrer", Nr. 7); Aschdod wurde 711 v. Chr. assyrische Provinzhauptstadt (Asdudu), bis das erstarkte Ägypten um 650 das Küstengebiet wieder in seine Hand brachte. Aber Nebukadnezzar von Babylon gewann es Ägypten wieder ab. Aschdod wurde babylonische, später persische Provinz (Azotos). Nach Alexander d. Gr. konnte Aschdod wieder selbständig sein.

Nach dem Babylonischen Exil der Juden tritt Aschdod als Glied einer Koalition auf, in der die Araber (s. d.) und die Ammoniter (s. d.) versuchten, den Wiederaufbau der Befestigungen Jerusalems zu verhindern, was auf das Volk aber anscheinend wenig Eindruck machte; denn viele Juden heirateten die Töchter Aschdods. In den Expansionszügen des Königs Johannes Hyrkanus (S. 571, Nr. 46) wird es von den Juden erobert und unterworfen, bis die Römer es (nach 63 v. Chr.) zum Freistaat erklären.

Der Diakon Philippus verkündete in Aschdod und an der Küste „bis nach Cäsarea hin" die frohe Botschaft (Apg 8,40).

Der alte Name hat sich im arabischen Dorf Esdud über die Zeiten hin erhalten. Heute hat Israel in „Aschdod Jam" (Aschdod am Meer) eine neue Industriestadt (mit großem Hafenprojekt) erwachsen lassen, die es sich zur Aufgabe gesetzt hat, dem alten berühmten Namen eine neue Wirklichkeit zu geben.

BABYLON

Babylon am Eufrat ist die wesentliche Herrschaftsstadt Mesopotamiens, dessen Besitz auch die nichtbabylonischen Reiche Mesopotamiens immer zu erkämpfen suchten. Seinen Aufstieg begann es mit König Hammurabi (18. Jahrhundert v. Chr.); aber der erste König des persischen Weltreiches, Kyrus (II.), wählte es

nicht zu seiner Hauptstadt (536 v. Chr.), so daß es von da an keine politische Rolle mehr spielte.

Als Alexander d. Gr. nach seinem großen Asienzug in Babylon weilte, beschloß er den vom Perserkönig Xerxes nach einem Aufstand zerstörten Tempel und Tempelturm wiederaufzubauen und die Stadt zu seiner Weltreichshauptstadt zu machen. Aber 323 v. Chr. starb er in Babylon. Damit war die Geschichte der Stadt als Hauptstadt endgültig zu Ende.

Bei den Ausgrabungen konnte vom älteren Babylon fast nichts zutage gefördert werden; die Assyrer hatten die Stadt zu gründlich zerstört (703 v. Chr.); aber das Babylon Nebukadnezzars (605–562 v. Chr.) ist uns durch die archäologischen Bemühungen heute sehr anschaulich geworden. Seine 18 km lange Stadtmauer war die bedeutendste Stadtbefestigung der Antike überhaupt. Auf der östlichen Eufratseite umfaßte sie auf drei Seiten das Geviert der Altstadt, und in einem riesigen Winkel schloß eine zweite Mauer die östliche Neustadt ab; die vierte bzw. dritte „Mauer" war der Eufrat. Auf der westlichen Eufratseite schützte, ebenso auf drei Seiten, eine dicke Mauer mit Außenböschungen das Geviert der westlichen Neustadt. Die Tore waren befestigt.

Zwischen der Nordmauer auf dem Ostufer und dem Fluß wuchtete der Burgbezirk mit drei Burgkomplexen samt Vorwerk und Zitadelle. Am Eingang zur Stadtburg der Könige und zugleich zur Stadt lag das Ischtartor mit seinen berühmten Emaillereliefs auf blauem Mauergrund.

Ebenfalls auf dem Ostufer, wo die breite Zentralbrücke aus der Neustadt herüberführte, lag der weite heilige Bezirk (800 mal 500 m) mit der Ziggurat („Babylonischer Turm") und dem Marduktempel („Esagila"). Vom heiligen Bezirk führte eine Prozessionsstraße (25 m breit) zum Ischtartor: die Prachtstraße Babylons (1 km lang), auf welcher das Gottesbild am Neujahrstage in den Königspalast getragen wurde. Mit diesem Staatsbesuch des Gottes wurde der Segen auf die Regierung des Königs herabgerufen.

Von Babylon war die religiöse Verfälschung des Tempelkults Jerusalems unter assyrischer und babylonischer Herrschaft immer wieder ausgegangen.[1] – Von Babylon aus war Israel und Juda unterdrückt worden.[2] – In Babylon

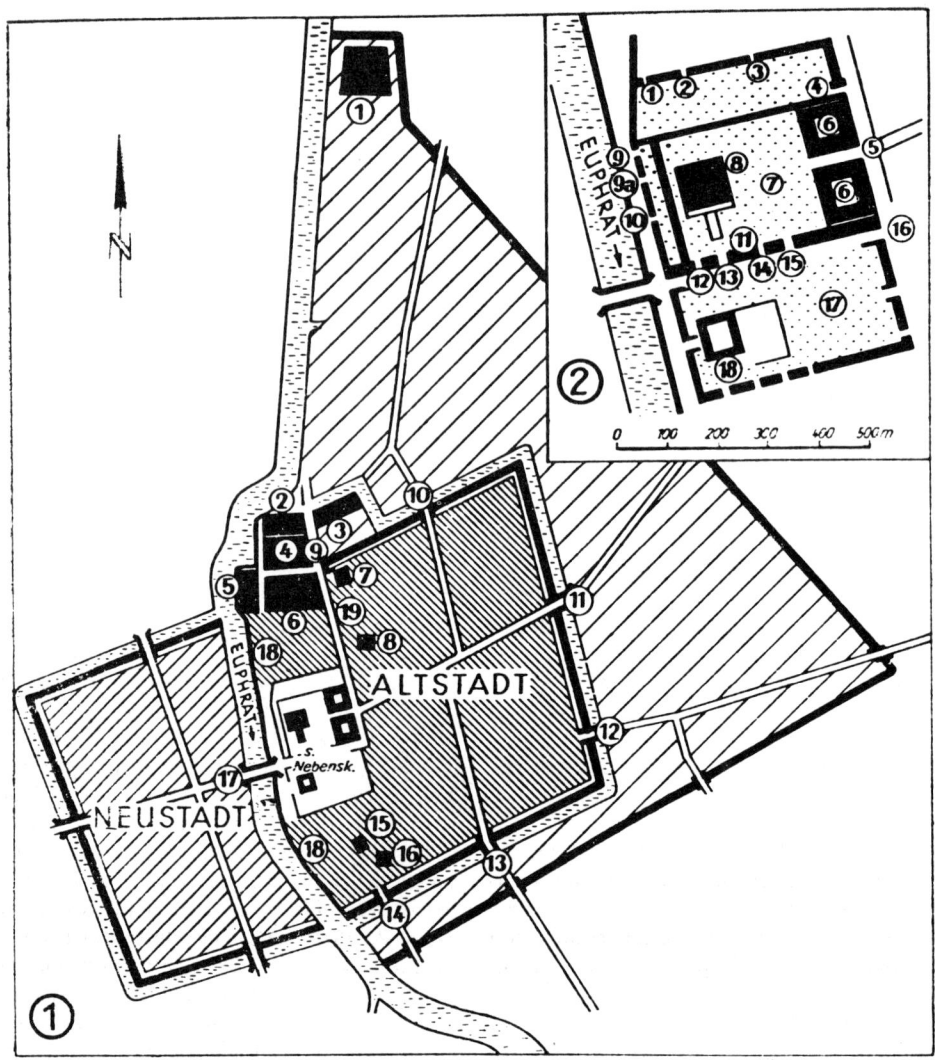

Babylon zur Zeit Nebukadnezzars:
In der Hauptkarte *der Stadtplan: 1. Im nördlichen Teil der Gärten der Sommerpalast des Königs. – 2. Am nördlichen Stadtausgang die Nordburg, mit dem auf gleicher Nordhöhe gebauten parallelen Vorwerk (3). – 4. Das „Museum", wahrscheinlich die alte Hauptburg, an die sich nach Süden die Südburg anschließt (6). – 5. Wahrscheinlich die Zitadelle. – 7. Ninmach-Tempel. – 8. Ischtar-Tempel. – 9. bis 14.: Tore, bei Nr. 9 das Ischtar-Tor. – 15. und 16.: Tempel. – 17. Eufratbrücke. – 18. Uferbefestigung. – 19. Die berühmte Prozessionsstraße, auf der das Götterbild in den Königspalast getragen wurde.*
   In der kleineren Nebenkarte *der Heilige Bezirk, auf den, von der Neustadt her, die Eufratbrücke unmittelbar zuführt. Die Nummern 1, 2, 3, 4, 5, 9, 9a, 10, 12, 13, 14, 15 bezeichnen die zwölf Tore, die wahrscheinlich die zwölf Monate des Götterjahres versinnbilden und auch einem entsprechenden rituellen Gebrauch dienten. – 5. Die Heilige Pforte, durch die das Götterbild hinausgetragen wurde, wenn es den Staatsbesuch im Schloß des Königs machte. – 6. Rechts und links der Heiligen Pforte wahrscheinlich Priester- und Beamtenwohnungen. – 8. Im Turmbezirk (7) die Zikkurat Etemenanki („Babylonischer Turm"). – 16. Die Prozessionsstraße. – 18. Im Tempelbezirk (17) der Tempel Esagila: der Marduktempel.*
   Bei Betrachtung des Heiligen Bezirks fällt einem auf, daß vor allem die Zikkurat (8) von jeder Seite her durch eine doppelte Mauer geschützt ist. Das hängt wohl damit zusammen, daß man die Zikkurat, den Stufenturm, als ein Symbol der geltenden Herrschaft ansah. Solange er, im Kriegsfall, noch nicht zerstört war, gab es noch Hoffnung.

lebten die deportierten Mitglieder der königlichen Familie von Juda als „Gäste unter Aufsicht".[3] – In der Babylonischen Gefangenschaft drohte der Glaube der Deportierten unter der Pracht und Macht Babylons verlorenzugehen.[4] Deshalb wurde „Babylon" zum Symbol der gottfeindlichen Mächte. Als Rom diese Rolle übernahm, wurde Rom das neue „Babel" (1 Petr 5,13; Offb 14,8).

Siehe auch die Artikel „Der Babylonische Turm"; „Die Assyrer"; „Die Babylonier".

BEERSCHEBA/BERSABEE

Der hebräische Name lautet „Beerschéba", was man am besten mit „Brunnen der Sieben" deutet. Dieser Name ist natürlich älter als die Erzählung von den sieben Lämmern, die Abraham dem Abimelech gab, als sie den Brunnenbund zugunsten Abrahams schlossen (Gen 21,22 ff.). Die biblische Deutung ist eine Geschichte, die durch den Namen angeregt wurde, gerade so erzählt zu werden.

In jüngster Vergangenheit hat man in Beerscheba (so heißt es auch heute im Staate Israel) Ausgrabungen gemacht. Diese haben erwiesen, daß die Besiedlung der Gegend bis ins 3. (oder gar 4.) vorchristliche Jahrtausend zurückgeht. Wahrscheinlich war die Siedlung ein wichtiger Kreuzungspunkt der großen Handelswege aus dem phönizischen Gebiet nach Ägypten und aus dem Mittelmeerraum zum Roten Meer. Aus der Kupfersteinzeit (in Palästina etwa 4500–3000 v. Chr.) konnte man im Wadi Scheba im Süden der Altstadt Beerschebas mehrere Höhlensiedlungen (Dörfer) feststellen, die diese schon länger gehegte Vermutung bestätigten. Diese Ausgrabungen haben allerdings nur insofern für die Bibelkunde geschichtlichen Wert, als sie uns das Bild der Gegend richtigstellen: Das Beerscheba Abrahams war kein einsamer Ort in der Wüste, sondern lag in (damals schon uraltem) Siedlungsgebiet. Abraham kam etwa fünfzehnhundert Jahre später in diese Gegend (um 1750 v. Chr.), als die Zeit anzusetzen ist, aus der diese Höhlen stammen.

Der Schatz jener Gegend sind die Brunnen im Wadi Scheba; sie waren für die obengenannten Handelsstraßen wichtig, aber auch für die Nomaden und Halbnomaden, die sich in ihrer Nähe niederließen. Den Tribut für die Benutzung der Brunnen erhielt der Stadtkönig, von dessen Stadt vielleicht noch einiges unter dem Tell Scheba, 3 km östlich des Wadi Scheba, verborgen liegt.

Wie es um und in Beerscheba zur Zeit Abrahams ausgesehen hat, ist schwer zu sagen. Es lag in der Wüste – aber es war doch wohl ein richtiger Ort. Die Bibel erzählt, Abraham sei nach Beerscheba gezogen, nachdem Sodoma zerstört worden war. Dort grub er einen Brunnen, pflanzte eine Tamariske und „predigte daselbst von dem Namen des Herrn". Was an solchen Traditionen Geschichte im strengen Sinn ist, wissen wir nicht. Aber mit Sicherheit weist diese Darlegung darauf hin, daß schon vor der Begründung des Zwölfstämmebundes in Beerscheba ein kanaanitisches Heiligtum war, an dem auch Abraham als Stammvater verehrt wurde, z. B. des Stammes Juda (S. 507, Nr. 8/4). Als Abraham durch den Eintritt Judas in den Zwölfstämmebund ein Stammvater Israels wurde, wurde damit auch das Heiligtum von Beerscheba ein Urheiligtum Israels. Ganz sicher darf man wohl Abraham auch so mit diesem Ort verbinden, daß er ihn besucht und dem *ēl olām* (dem ewigen Gott) dort seine Verehrung gezollt (s. den Artikel „Der Gott Abrahams"). Jedenfalls ist oder wird der Ort durch die Abrahamserzählungen in die Tradition Israels aufgenommen: von hier brach Abraham mit Isaak auf, um den Sohn zu opfern; hierher kam er zurück (Gen 22,19); hierher kehrte später Isaak zurück und grub den alten Brunnen wieder auf, nachdem er wegen Mißernte seinen Lagerplatz im Südland verlassen mußte (Gen 26). Beerscheba wird in den Traditionen Israels nicht aufgegeben! Auch als Heiligtum nicht aufgegeben; denn Isaak baute in Beerscheba einen Altar.

Von Beerscheba aus wandert Jakob weiter nach Mesopotamien, und als er später nach Ägypten zieht, um seinen Sohn Josef wiederzusehen, kam er „nach Beerscheba und brachte dem Gott seines Vaters Isaak Schlachtopfer dar" (Gen 46,1). Josua teilt Beerscheba, bei der idealen Zuteilung der Orte Kanaans, dem Stamme Simeon zu (Jos 19,2), und von da an

---

[1] S. 555, Nr. 36b.
[2] S. 555, Nr. 36a, 36b u. 37.
[3] S. 561, Nr. 39.
[4] S. 563, Nr. 41.

heißt es, wenn von den Wohnsitzen aller Kinder Israels gesprochen wird: „von Dan bis Beerscheba" (2 Sam 17,11); „Beerscheba" ist also südlicher Grenzterminus. Trotzdem darf man sich das Heiligtum von Beerscheba nicht als rein israelitisches Heiligtum vorstellen. Zum Beispiel kamen auch die Edomiter (s. d.), um dort als „Brüder" mit den Israeliten zusammen zu opfern. Vielleicht ist Beerscheba sogar der Ursprungsort solcher Erzählungen wie der von Esau und Jakob, von ihrer Verwandtschaft, ihrer Feindschaft und ihrer Versöhnung.

Beerscheba blieb oder wurde ein wichtiges Heiligtum. Samuel setzte dort seine ältesten Söhne Joël und Abija als Richter ein. „Seine Söhne gingen nicht auf seinen Wegen, sondern waren auf ihren Vorteil aus, ließen sich bestechen und beugten das Recht" (1 Sam 8,3). Daraufhin verlangte das Volk einen König; denn was es Samuel zugetraut hatte, traute es seinen Söhnen nicht zu. Solches geschah in Beerscheba am Karawanenkreuzpunkt, wo die Gelegenheit zur Beugung des Rechtes vielleicht wirklich nicht gering war.

Beerscheba war zur Zeit der getrennten Reiche ein wichtiger Kultort, über den der Prophet Amos (s. d.) mit harten Worten spricht, weil man dort Jahwekult und Baalskult vermischt. Deshalb wird König Joschija das Heiligtum von Beerscheba zerstört haben, als er seine Reform durchführte (s. im Kapitel „Die Geschichte . . .", S. 559, Nr. 38). Nach dem Exil wurde das wahrscheinlich verlassene Beerscheba von Juda neu besiedelt.

Wer heute nach Beerscheba kommt, findet dort nicht mehr viel von der Atmosphäre Abrahams; die Stadt ist dabei, sich zu einer modernen Großstadt in der Wüste zu entwickeln. Von hier aus erschließt der moderne Staat Israel den Negev.

BETANIEN (ÖLBERG)

Gemäß der Evangelientradition lag Betanien am östlichen Ölberg (s. d.). Einigermaßen sicher lokalisieren läßt es sich durch seine Lage an der Straße von Jerusalem nach Jericho und durch das „Lazarusgrab". Seit etwa 300 n. Chr. zeigt man dieses Grab an derselben Stelle; vor 380 n. Chr. verband man es mit einer Kirche. Das heutige Grab zeigt eine Felsenkammer mit Bankgräbern, also einen Grabtypus, wie er zur Zeit Jesu üblich war (s. den Artikel „Gräber"). Zwar kann die Echtheit nicht mit Bestimmtheit behauptet werden, aber die Lokalisierung beruht sicherlich auf Kenntnis von der Lage des alten Betanien, das in der Nähe dieses Grabes zu suchen ist.

Das Grab liegt an einer sanften Berglehne des *ras eschschijah*, eines dem Ölberg vorgelagerten Berges. Wahrscheinlich nannte man das ganze Massiv „Ölberg". Jedenfalls lag hier von der Halbwüste her der Zugang zum Ölberg.

Das heutige Dorf heißt *el-azarije* (Lazarusort). Man darf seine Lage – unmittelbar beim Lazarusgrab – aber wohl kaum mit der Lage des alten Betanien identifizieren. Wenn man die Angabe bei Joh 11,18 wörtlich nimmt (Betanien lag danach 15 Stadien, d. h. etwa 3 km, von Jerusalem), so hätte der alte Ort 1 km weiter östlich als das Grab gelegen; denn das Grab in *el-azarije* liegt etwa 2 km von Jerusalem entfernt. Siedlungsreste (z. B. auch Zisternen, s. d.) bestätigen diese Lage. Der damalige Brauch, die Toten außerhalb der Ortschaften zu bestatten, wäre eine andere Bestätigung für die Entfernung von Grab und alter Ortslage.

In diesem Gebiet, 1 km östlich vom Lazarusgrab, muß man sich also die Häuser Marias und Martas sowie Simons des Aussätzigen (Mt 26,6; Mk 14,3) denken. Die verschiedenen alten und neuen Verehrungsstätten für das „Haus Martas", das „Haus Mariens", das „Haus Simons des Aussätzigen" usw. sind zum Teil unmögliche und willkürliche Lokalisierungen, auch wenn für sie mit großem Wortreichtum die beste Tradition in Anspruch genommen wird.

Der Name Betanien geht zurück auf den Ort Ananeja im Stammesgebiet Benjamin (Neh 11,32), wie W. F. Albright nachgewiesen hat; seine Ansicht hat sich durchgesetzt. Damit verfallen alle übrigen früheren Erklärungen (Elendshaus, Haus des Hannas, u. a.). Aus welchem Grunde und wann der alte Ortsname Ananeja durch *bet* (Haus) erweitert wurde, blieb bisher unerforscht.

Betanien darf als einigermaßen reicher Ort oder doch als Ort mit auch reichen Bewohnern angesehen werden, deren Felder sich tief in die Halbwüste hinein erstreckten.

BET-EL

In vorisraelitischer Zeit war Bet-El eine kanaanitische Heiligtumsstätte (*bet-ēl* = Haus Gottes), die vielleicht sogar dem dort verehrten Gott selbst den Namen gab – es sei denn, daß man die Formel „Ich bin der Gott Bet-El" (Gen 31,13) lieber mit „Ich bin der Gott von Bet-El" übersetzte.

Der Siedlungsort bei der Heiligtumsstätte hieß Lus, wohl nach den Mandelbäumen *(luz),* die die Flur von Bet-El charakterisierten. Lus und Bet-El werden in der Bibel auseinandergehalten, wie die Beschreibung der Stammesgrenze zwischen Efraim und Benjamin zeigt, die „von Bet-El nach Lus" (Jos 16,2) verlief. Zwar wird auch Lus manchmal „Bet-El" genannt; aber meistens ist damit die Opferstätte gemeint, die etwa 1 km südöstlich von der Siedlung lag. Erst seit der Aufhebung des Heiligtums durch König Joschija ist unter „Bet-El" die Stadt zu verstehen (S. 559, Nr. 38).

Die Stadt – und damit auch das Heiligtum – spielte eine große Rolle in der Zeit der Hyksos (s. d.). Aus dem Anfang der kanaanitischen Hyksoszeit wurden 1957 Reste einer gewaltigen Umfassungsmauer (3,38 m dick) ausgegraben und aus dem Ende der Hyksoszeit die Reste eines gut gemauerten Befestigungswerkes. Man darf annehmen, daß Bet-El ein Stützpunkt der Hyksos in Kanaan war.

Die Israeliten eroberten und zerstörten Bet-El bei ihrer Landnahme, eigneten sich dann aber das altverehrte Heiligtum an und machten es zu einer Kultstätte für Jahwe, d. h., der Gott von Bet-El wurde mit Jahwe identifiziert. Die biblischen Urkunden der Aneignung, erzählerisch zurückverlegt in die Patriarchenzeit, finden wir in Abrahams Altarbau bei Bet-El (Gen 12,8) und in Jakobs Malsteinsetzung (Gen 28,17–22). Wahrscheinlich darf man aus letzterer Erzählung auch schließen, daß der Mittelpunkt des Heiligtums eine steinerne Massébe (s. d.) war und daß zu den ortsüblichen Opfern auch das Ölopfer gehörte. In dieser Benutzung von Öl (s. d.) wird die Landestradition übernommen.

Wahrscheinlich war Bet-El in israelitischer Zeit die Stammeskultstätte des Stammes Benjamin (s. den Artikel über die Zwölf Stämme). Aber das Ganze mag damals – gemäß dem notvollen Lebensstandard Israels in der Zeit der Landnahme und der Richter – ziemlich ärmlich ausgesehen haben.

Nach der Reichsteilung (932 v. Chr.) machte der erste König des Nordreichs Israel, Jerobeam, Bet-El zum Staatsheiligtum, wo er ein Stierbild aufstellen ließ (S. 545, Nr. 32, und im Artikel „Das Goldene Kalb"); dieses Stierbild schloß nicht an eine Tradition von Bet-El an. Durch diese Maßnahme nahm Bet-El (und mit ihm Lus) einen beträchtlichen Aufschwung, was die Ausgrabungsfunde bezeugen.

Da Jerusalem nach 932 v. Chr. die nördlichste Stadt des Südreiches Juda war, trachteten die Könige von Juda danach, im Norden etwas Pufferland zu gewinnen (S. 546, Nr. 33b). Bet-El lag nur 17 km von Jerusalem und geriet damit in die Kampfzone, wurde sogar unter König Abija für eine Zeitlang judäisch (914 v. Chr.), aber König Bascha von Israel (910–897 v. Chr.) brachte es wieder in die Hand des Nordreichs, in dem es dann bis 725 v. Chr. verblieb.

Die Propheten Amos (s. d.) und Hosea (s. d.), die beide unter Jerobeam II. (782 bis 747 v. Chr.) im Nordreich wirkten, erhoben ihre Stimme gegen die Verirrungen von Bet-El, dessen Kult anscheinend stark kanaanitische Formen angenommen hatte und nicht nur durch das Stierbild anstößig war.

Nach der Zerstörung von Bet-El durch die Assyrer (725 v. Chr.), bei der Zertrümmerung des Nordreiches Israel (S. 555, Nr. 36b), war das Heiligtum eine Zeitlang verlassen; aber bald schon sandte der Assyrerkönig einen deportierten Jahwepriester zurück, damit er den Jahwekult in Bet-El, das nun zur assyrischen Provinz Samaria gehörte, wiederaufnehme; man glaubte nämlich, die auftretenden Mißernten u. ä. gingen auf die Vernachlässigung des Landesgottes zurück (s. den Artikel „Die Götter der Völker"). Es blieb in Bet-El aber natürlich nicht beim Jahwekult allein, sondern, da der Oberherr des Landes der assyrische Großkönig war, wurde die Verehrung auch assyrischer Gottheiten in Bet-El selbstverständlich. Bet-El wurde dadurch zum Greuel für die absolut jahwetreuen Propheten.

Ein Jahrhundert später (621 v. Chr.) bezog König Joschija von Juda (641–609 v. Chr.) auch Bet-El in seine Kultusreform mit ein: er besetzte den Bereich von Bet-El, zerstörte das Heiligtum und ließ die Gegend durch Knochenverbrennungen verunreinigen, d. h. als Opferstätte unbrauchbar machen (S. 559, Nr. 38).

Von da an ist „Bet-El" eine Stadt und kein Heiligtum mehr. Wahrscheinlich wurde es zu Juda gezählt; denn Leute aus Bet-El gehörten zu den Rückwanderern aus Babylon (Esr 2,38) – so müssen sie auch von dort deportiert worden sein.

Im heutigen arabischen Ortsnamen *betus* ist der Name „Bet-El" verstümmelt erhalten.

BETLEHEM

Gut 7 km von Jerusalem, an der Straße nach Hebron, liegt „Betlehem im Lande Juda" (heute arab. *bet-lachm*). Der Name „Betlehem" ist sehr alt und wird verschieden gedeutet. Wahrscheinlich ist er von einer kanaanitischen Kultstätte herzuleiten, wie die Bezeichnung *bīt ilu lachama* („Haus der Göttin Lachama") aus den Amarnabriefen (290,16) nahelegt. Die ausgeprägte Form *bēt-lāchäm* („Haus des Brotes") würde sich dann gebildet haben können, als der Göttinnenkult in Vergessenheit geraten war – wenn sie nicht sogar eine bewußte Umformung des alten Kultstättennamens in einen allgemeineren Namen ist, der auf die Getreidefruchtbarkeit der Täler bei Betlehem hinweisen sollte.

Das Betlehem des 11. Jahrhunderts v. Chr. wird für gewöhnlich als kleine dörfliche Schaf-züchter- und Landbauernsiedlung angesehen. Aber wenn es auch klein war, so wird es mit dieser ausschließlichen Charakteristik doch wohl etwas unterschätzt. Immerhin war es der am weitesten gegen die Jebusiterstadt Jerusalem vorgeschobene Wachposten in Juda, der wegen seiner militärischen Bedeutung für die Sicherheit des Landes mit ausgesucht tapferen Männern besetzt gewesen sein muß.

Außerdem war Betlehem auch in israelitischer Zeit noch ausgezeichnet durch seine bekannte Opferstätte, die jetzt eine Opferstätte Jahwes war (s. den Artikel über die Höhen). Dies darf man aus 1 Sam 16,2 schließen: „Nimm ein junges Rind mit und sag: Ich bin gekommen, um dem Herrn ein Schlachtopfer darzubringen." So läßt der Erzähler Gott zu Samuel sprechen, als Samuel sich fürchtete, nach Betlehem zu gehen, um einen der Söhne Isais (Jesses) zu salben. Die Opferstätte (der Göttin und später Jahwes) darf man auf dem Platz bei den Höhlen vermuten, die heute als die Geburtshöhlen gezeigt werden; sie lag im Osten vor der alten Stadt.

Betlehem als Opferstätte ist dadurch für die Zeit der Abfassung der Samuelbücher (s. d.) bezeugt. Zugleich könnte man in 1 Sam 16,2 aber auch einen genaueren Hinweis auf die Abfassungszeit der Samuelbücher sehen; da nämlich der Ort ganz naiv als legitime Opferstätte Jahwes genannt wird, möchte man annehmen, daß diese Geschichten vor König Joschija (641–609 v. Chr.) niedergeschrieben

Das Hirtenfeld lag Betlehem gegenüber („Laßt uns hinübergehen nach Betlehem"), wie dieses Foto gut zeigt, auf dem Betlehem vom Hirtenfeld aus aufgenommen wurde.

wurden, der gegen die Höhen (s. d.) eiferte (S. 559, Nr. 38, und im Artikel „Das zentrale Heiligtum").

Durch den Aufstieg des Betlehemiten David zum König hat Betlehem anscheinend nichts Besonderes gewonnen; David wählte das Stämmeheiligtum Mamre (s. d.) zu seinem Salbungsort und die damit verbundene Stadt Hebron (s. d.) zu seiner Residenz (S. 538, Nr. 23). Der Nachfolger Salomos in Juda, sein Sohn Rehabeam, ließ Betlehem jedoch zur Festung ausbauen, was wiederum seine militärische Wichtigkeit hervorhebt (S. 545, Nr. 32).

In den Jahrhunderten der Durchdringung Palästinas mit hellenistischem Geist (seit etwa 330 v. Chr.) lebte die alte Kultstätte wieder auf, vielleicht begünstigt durch die Höhlen; Betlehem wurde zum Adoniskultort. Dies zeigt einerseits, daß die Erinnerung an das „Haus der Göttin Lachama", einer Fruchtbarkeitsgöttin, nie ganz getilgt wurde, so daß Lachama durch Adonis, den Gott des naturhaften Kreislaufs von Blühen und Welken, ersetzt werden konnte. Die Höhlen boten einen idealen Kultort für die kultischen Totenklagen im Hochsommer. In den Zeiten der strengeren jüdischen Religiosität (der Zeit Jesu und nachher) mögen diese Kulte unterbrochen worden sein; später aber, nach der Auflösung des jüdischen Gemeinwesens unter Kaiser Hadrian, lebten sie wieder auf (137 n. Chr.).

Als Geburtsort Jesu wird Betlehem von mehreren Evangelisten genannt. Der kerygmatische Sinn dieser Hervorhebung beruht auf Mich 5,1: „Aber du, Betlehem-Efrata, so klein unter den Gauen Judas, aus dir wird mir einer hervorgehen, der über Israel herrschen soll." Wie David und damit das legitime Herrscherhaus Judas sollte auch der Messiaskönig aus Betlehem kommen!

Über den näheren Geburtsort Jesu in Betlehem ist nichts Sicheres überliefert. Die traditionsreichen Höhlen boten sich als Verehrungsstätten für das Geburtsgeheimnis fast wie von selbst an. Ausgeschlossen ist es zwar nicht, daß Josef die verlassenen Kulthöhlen zur Unterkunft wählte; noch weniger ausgeschlossen ist, daß er eine andere Höhle suchte; ebensowenig ausgeschlossen ist aber, daß die Geburt Jesu in einem Hause, das vielleicht zum Teil in einen Felsen eingegraben war, stattfand: die Krippe kann auch auf ein Haus (s. d.) hinwei-

sen. Kaiser Konstantin ließ jedenfalls über den Höhlen, die seit etwa 160 n. Chr. als die Geburtsstätte Jesu verehrt wurden, eine Basilika bauen.

Das Hirtenfeld, von dem das Evangelium erzählt, muß man sich auf der gegenüberliegenden Höhe, nach Osten hin, vorstellen; aus dieser Vorstellung heraus übersetzte Hieronymus (s. d.) im Vers Lk 2,15 die Aufforderung zum Aufbruch nach Betlehem mit „Transeamus": „Wir wollen *hinüber*gehen nach Betlehem ..." Diese Hirtenfelder sind der Übergang von der fruchtbaren Niederung, über der sich Betlehem nach Westen hin erhob, zur unfruchtbaren Wüste. Diese Hirtenfelder sind auch die Weiden, wo der junge David das Kleinvieh weidete, wie es in 1 Sam 16,11 erzählt wird.

Die Tradition verlegt mit der „Hirtenkirche" den Nachtwachenort der Hirten allerdings ins Tal östlich von Betlehem. Dies wird damit begründet, daß die Hirten nicht bei den weidenden, sondern bei den schlafenden Schafen gewacht haben; dieser Wachort sei nicht unbedingt mit dem Weideort gleichzusetzen. Diese Hirtenkirche *(kenīset er-rawāt)* könnte aber auch den Namen „Rut" überliefern, die auf dem Gerstenfeld des Boas im Tal bei Betlehem Ähren sammelte (s. „Buch Rut").

Das Grab Rahels, der Lieblingsfrau des Patriarchen Jakob, im Tal bei Betlehem ist unhistorisch. Rahel, die gemäß den biblischen Erzählungen bei Benjamins Geburt starb (Gen 35,16–19), wurde an der Straße von Bet-El nach Efrata begraben. Dieses „Efrata" kann aber nicht Betlehem sein, obwohl Betlehem ebenfalls „Efrata" genannt wurde: wegen seiner Besiedlung mit der Efratsippe. Das Grab oder das angebliche Grab der Genesistradition dieser Stammutter des Benjaminstammes kann nur im Stammesgebiet Benjamin liegen; eine andere Lokalisierung würde den Sinn der Erzählung, daß sie an der Straße von Bet-El nach Efrat begraben wurde, aufheben. Die Erwähnung des Namens „Betlehem" in Gen 35,19 ist eine Glosse aus jener Zeit, als man das Rahelgrab schon bei Betlehem verehrte.

Lange vor Jesu Zeiten verehrte man im Tal bei Betlehem das Grab Rahels – vielleicht schon seit den Zeiten der Reichsteilung (beginnend 932 v. Chr.), als das allgemein verehrte Grab ins getrennte Israel fiel oder zerstört worden war. In Jesu Zeiten mag man nicht daran gezweifelt haben, daß bei Betlehem das wahre Grab Rahels lag, so daß es für Matthäus nahelag, bei der Erzählung vom Kindermord den Jeremiavers 31,15 zu zitieren, obwohl darin von Rama gesprochen wird: „Rahel weinte um ihre Kinder" (Mt 2,17).

Das heutige „Rahelgrab" ist ein kleiner moslemischer Kuppelbau, in dem mohammedanische wie jüdische wie christliche Mütter die „Mutter Rahel" in ihren Nöten um Hilfe anrufen und zu ihrer Verehrung den Sarkophag mit bunten Tüchern schmücken. Deshalb nennen die Bewohner der Gegend das Grab auch „Das Haus der bunten Tücher".

BET-SCHEAN

Diese bedeutende Stadt in der Jordanniederung, östlich des Gebirges Gilboa (s. d.) war lange in ägyptischem Besitz. Der hebräische Name Bet-Schean ist vielleicht eine Kontraktion aus *bet-schachan* (Haus der Schlangengöttin, d. h. der Lebensgöttin, s. den Text zu Gen 3,1–6). In ägyptischen Texten heißt sie „Btschir" und in den ägyptischen Amarnabriefen „Bitschani". Das Ausgrabungsgebiet des alten Bet-Schean liegt etwa 500 m nördlich des heutigen israelischen Dorfes „Bet scháan" (arab. *besán*). Der alte Siedlungsbereich umfaßt zwei Hügel und das umliegende Tal.

Schon in der Kupfersteinzeit war der Platz besiedelt (3500 v. Chr.). Um 2500 v. Chr. gehörte er mit zu den Hochkulturorten. Nach 2500 v. Chr. ist Ägypten Herr über dieses damals „Syrien" genannte Gebiet; in Bet-Schean ist ägyptischer Kultureinfluß nachweisbar. Als die Hyksos (s. d.) nach Syrien kamen, wurde Bet-Schean Stadtstaat, aber 1480 v. Chr. eroberte Thutmosis III. von Ägypten in seinem Krieg gegen den Kleinfürstenbund Syriens (Schlacht von Megiddo) auch diesen wichtigen Ort zurück – wichtig, weil er an der großen Straße von Ägypten nach Damaskus lag, die hier den Nordsüdbruch überquerte, der vom Hermon bis zum Golf von Akaba verläuft (s. den Artikel „Der Jordan"); für dreihundert Jahre wurde Bet-Schean ägyptische Garnisonstadt. Ausgegrabene Tempel, Inschriftenstelen, Pharaonenstatuen, Götterbilder, Kultgeräte, Weihegeschenke sind die Zeugen für diese Zeit.

In den Zeitraum dieser dreihundert Jahre fällt die Landnahme der israelitischen Hebräer. Das Buch Josua teilt die Bucht von Bet-Schean dem Stamme Issachar zu, die Stadt Bet-Schean in Issachar aber dem Stamme Manasse (s. im Kapitel „Die Zwölf Stämme", Nr. 8/9.11), was aber nur die Bedeutung eines Ideals hat; denn in Wirklichkeit blieb diese Niederung das Gebiet kanaanitischer Stadtstaaten, wie Ri 1,27 zugibt: „Manasse konnte die Einwohner von Bet-Schean und seinen Tochterstädten ... nicht vertreiben." Zwar fährt Ri 1,28 fort, daß Israel diese kanaanitischen Städte fronpflichtig gemacht habe, „als die Israeliten stark geworden waren", was nach Lage der Dinge aber wohl eher als eine Tributzahlung der Städter gedeutet werden muß, die lieber etwas zahlten, als daß ihnen die vagierenden Israeliten die Felder verheerten.

Unter dem ägyptischen Ramses III. ging die Stadt vielleicht an die eindringenden Philister (s. d.) verloren; das war etwa 1180 v. Chr. Jedenfalls zeigt die Erzählung vom Tode Sauls, daß Bet-Schean um 1012 v. Chr. ihnen gehörte oder mit ihnen befreundet war (s. Text zu 1 Sam 31,7). Israelitisch wurde Bet-Schean wahrscheinlich unter David – aber es blieb nicht lange israelitisch. Schon kurz nach der Reichsteilung (932 v. Chr.) griff Pharao Schischak die beiden Reichsteile an und eroberte dabei auch Bet-Schean (927 v. Chr.), wie seine Siegesliste ausweist. Über die Geschichte der Stadt zwischen 927 und 218 v. Chr. wissen wir nichts Bestimmtes.

Im Eroberungskrieg Antiochus' III. (S. 567, Nr. 43) fiel Bet-Schean an die Seleukiden (218 v. Chr.). Im jüdisch-syrischen Krieg unter Judas Makkabäus verhielt sich die Stadt zu den jüdischen Nachbarn freundlich. Der Makkabäer Johannes Hyrkanus I. kaufte die Stadt und versuchte im Zuge seiner Judaisierungspolitik die Bewohner zum Judentum zu zwingen: 107 v. Chr. (S. 571, Nr. 46); ihre Kultur aber blieb hellenistisch; sie nannte sich – vielleicht seit der Eroberung durch Antiochus III. – „Skythopolis".

Als Pompejus in Judäa die politischen Verhältnisse im Sinne Roms neu ordnete (nach 63 v. Chr.), wurde Bet-Schean dem Zehnstädtegebiet (Dekapolis) zugeordnet: Sie wurde damit die einzige Stadt der Dekapolis (s. unten), die im Gebiet westlich des Jordans lag.

CÄSAREA

Als notwendige Hafenstadt und zur Ehrung seines kaiserlichen Schutzherrn Augustus machte Herodes d. Gr. in zwölf Jahren aus einem Fischerdorf eine moderne Stadt: „Kaisaría" (griechisch), „die Kaiserliche", die zum Unterschied von der gleichnamigen Stadt im späteren Gebiet des Tetrarchen Philippus (S. 577, Nr. 52) „Caesarea maritima" (Cäsarea am Meer) oder auch, weil sie im Philistergebiet lag, mit vollem Namen „Caesarea Palaestinae" genannt wurde.

Herodes d. Gr. (bis 4 v. Chr.) und sein Sohn Archelaus (bis 6 n. Chr.) benutzten sie als Sommerresidenz und wohl auch als besondere Repräsentationsresidenz; ebenso auch später Agrippa I. (S. 579, Nr. 55). Die römischen Prokuratoren („Landpfleger") für Judäa und Samaria hatten hier ihren Amtssitz, und zwar im ehemaligen Palast der Könige. Nur zu den Festzeiten und bei besonderen Anlässen residierten sie vorübergehend in Jerusalem.

Die Stadt ist zum Teil ausgegraben; die freigelegten Ruinen (Rennbahn, Theater, ein Teil des Forums mit großen Statuen – wo wohl der Königspalast stand) zeugen von der großzügigen herodianischen Anlage der Stadt, obwohl das alte Stadtbild später durch byzantinische Anlagen und Anlagen aus der mittelalterlichen Kreuzfahrerzeit stark verändert wurde.

Hellenistische Syrer und Griechen waren die Bewohner des herodianischen und prokuratorischen Cäsarea; darunter viele Soldaten. Aber es gab auch eine größere jüdische Kolonie. Die Apostelgeschichte, das Dokument der Ausbreitung des Christentums unter den Heiden, führt den Leser immer wieder nach Cäsarea: zu dem Offizier Kornelius (Apg 10,1.2); zu den Prokuratoren, vor denen Paulus sprach; zu König Agrippa I., der sich im Theater, dessen blaue Kulisse das Meer war, wie ein Gott preisen ließ. In einer solchen Stadt setzte auch die christliche Mission in neuer Sprache an: hier war ein Wirkungsfeld des Diakons Philippus (s. Text zur Apg 8,5–8).

DAMASKUS

Die Stadt verdankt ihre Existenz den reichen Wassern des Baradá (s. Abilene). Sie ist eigentlich nichts anderes als eine große Oase in der Ebene, und ihr Name bedeutet wahrscheinlich auch Oase, nämlich „reich bewässerter Ort". In sieben Arme aufgeteilt, rauschen die Wasser des Baradá in den Straßen und Häusern der Stadt. So ist es heute, und so ähnlich war es auch in alter Zeit.

Mit Vorliebe nennen die Damaszener ihre Stadt die älteste Stadt der Welt. Das ist sicherlich eine Übertreibung; aber daß Damaskus sehr alt ist, zeigt sein Name, der noch aus vorsemitischer Zeit stammt. Um 2500 v. Chr. war es schon eine Stadt der semitischen Amoriter (s. d.); also ist Damaskus noch älter. Im Hebräischen heißt die Stadt „Dammessek".

Das Wasser machte die Stadt fruchtbar und gab überhaupt erst die Möglichkeit, daß Damaskus groß wurde. Daß es aber an dieser Stelle groß wurde, liegt an den Handelsstraßen, die von Babylon und vom Norden her über Damaskus in drei wichtigen Zweigen nach Süden und Südwesten führten (s. den Artikel „Handel"). Damit war die strategische Bedeutung und die Handelsbedeutung der Stadt vorausbestimmt.

In der israelitischen Königszeit (seit etwa 1000 v. Chr.) war Damaskus ein Stadtstaat der Aramäer (s. d.). David konnte es für eine Zeitlang tributpflichtig machen (2 Sam 8,5); aber schon zur Zeit Salomos begannen die Vorspiele zu den Befreiungskriegen der aramäischen Staaten unter Führung von Damaskus, die dann für das Nordreich Israel zu wiederholten Kämpfen führten. In Friedenszeiten aber war Damaskus als Nachbar für Israel der gegebene Handelspartner (S. 548, Nr. 34a).

Das Ende des selbständigen Damaskus brachten dann die Assyrer (s. d.). Als sie Babylon besiegt hatten, unterwarfen sie Damaskus, nachdem der Stadtstaat vergeblich versucht hatte, im Bunde mit Israel das Reich Juda zum Kampf gegen die Assyrer zu zwingen (S. 555, Nr. 36); 734 v. Chr. wurde Damaskus von den Assyrern erobert. Die kulturelle Macht des Aramäerstaates aber war so groß, daß nicht das Assyrische, sondern das Aramäische (s. d.) zur Handels- und Diplomatensprache Assyriens wurde. Politisch machte Damaskus von da an die Geschichte Babyloniens mit. Zwischen 87 und 62 v. Chr. eroberte Aretas II., König der Nabatäer (s. d.), Damaskus; aber nach 64 v. Chr. gliederten die Römer die Stadt in die Dekapolis (s. unten) ein, wenn auch damit die Herrschaft der Nabatäer nicht beseitigt wurde. Auch zur Apostelzeit gehörte es zum Herrschaftsgebiet des arabischen Königs Aretas IV.

Nach der Besiegung des Nordreiches Israel durch die Assyrer und der Landverweisung seiner Bevölkerung (722 v. Chr.) sind wahrscheinlich viele Israeliten in das bereits zwölf Jahre vorher assyrisch gewordene Damaskus gezogen, nicht zuletzt deshalb, weil dort durch die israelitisch-damaszenischen Handelsbeziehungen schon eine israelitische Kolonie bestand. Auch nach der Auflösung des Reiches Juda und der Zerstreuung eines Großteils seiner Einwohner (605, 597 und 586 v. Chr.) werden viele Juden nach Damaskus gekommen sein; und diese kehrten natürlich nicht alle nach Juda zurück, als die inzwischen in Babylonien zur Macht gekommenen Perser (s. d.) es gestatteten – zumal Damaskus unter den Persern seine Blütezeit erlebte. So ist es nicht verwunderlich, daß es in Damaskus zur Zeit des Apostels Paulus (S. 425, Nr. 3 u. 4) eine große israelitisch-jüdische Gemeinde gab, die mehrere Synagogen (s. d.) besaß. Da die Judenschaft der Stadt offenbar dem Hohen Rat (s. d.) von Jerusalem unterstand, kam Saulus nach Damaskus, um in den Judengemeinden die Anhänger Jesu aufzuspüren. Vor dem Osttor der Stadt hatte er seine „Damaskusstunde".

Paulus kam – er war erblindet - durch das römische Osttor in die Stadt. An diesem dreibogigen Prachteingang, von dem bis vor kurzem nur ein Nebenbogen passierbar war, begann die 30 m breite und 1500 m lange Prachtstraße, die die Stadt durchzog, „die Gerade Straße": eine Straße, die in hellenistischem Stil von Kolonnadengängen gesäumt war. Aber die heutige „Gerade Straße" *(suk et-tawil)* gibt davon kein Bild mehr; die ausgegrabenen römischen Kolonnaden sind nur hier und da zwischen Häusern und in Baulücken noch zu sehen.

Paulus kehrte in einer jüdischen Herberge an der „Geraden Straße" ein, die einem gewissen Judas gehörte (Apg 9,11); heute steht dort eine Moschee. Ein tiefliegendes Haus in einer Nebengasse wird als Haus des Hananias gezeigt, der Paulus in irgendeinem Zweiglauf des Baradá taufte; sagen wir besser: in der Kapelle dieses Hauses verehrt man die Bekehrung des Verfolgers Paulus zum Jünger Christi, obwohl

das mehrere Meter unter dem heutigen Straßenniveau liegende Haus für die Echtheit der Tradition spricht – das normale Straßenniveau hat sich durch den Schutt der Jahrhunderte (Brände, Kriegszerstörungen) um einige Meter gehoben.

Paulus mußte bei seinem zweiten Besuch Damaskus fluchtartig verlassen (Apg 9,25; 2 Kor 11,32). Im Südwesten der Stadt zeigt man ein Tor, das an der Stelle stehen soll, wo man Paulus in einem Korb durch ein Fenster zur Stadt hinausschmuggelte.

DAN

Der Stamm Dan (S. 508, Nr. 8/5) eroberte die sidonische Stadt Lajisch an der mittleren Quelle des Jordan (s. d.). Die Daniten stahlen auf ihrem Eroberungszug nach Lajisch das Götterbild des Micha, der ein Mann vom Gebirge Efraim war, verbrannten die Stadt, bauten sie wieder auf, nannten sie nunmehr „Dan" und richteten in der neuen Stadt das Götzenbild des Micha auf (Ri 17 und 18). Der Heiligtumsbezirk von Dan wurde das Heiligtum des Nordens: ein Bilderheiligtum, von dem man nur sehr mit Vorbehalt behaupten möchte, daß es Jahwe galt.

Als Jerobeam I. seine Stierbilder aufstellte, wählte er dafür Bet-El (s. d.) im Süden und Dan im Norden (s. den Artikel „Das Goldene Kalb"). Diese Wahl bezeugt am besten die Popularität des Heiligtums von Dan. „Von Beerscheba bis Dan" oder „von Dan bis Beerscheba" war ein polarer Ausdruck, der „von Grenze zu Grenze" bedeutete. Dan galt dabei als nördliche Grenzstadt.

DEKAPOLIS

Das Zehnstädtegebiet, die „Dekápolis" (griech. *déka* = zehn, *pólis* = Stadt), geht als Städtebund auf Pompejus zurück. Die frühhellenistischen Gründungen oder hellenisierten älteren Städte (z. B. Bet-Schean, s. d.) waren unter dem hasmonäischen König Alexander Jannäus meistens besetzt worden; außerdem hatte er versucht, sie zu judaisieren (S. 571, Nr. 46). Als Pompejus Palästina und das Ostjordanland unterwarf (im Jahre 63 v. Chr.), schloß er diese hellenistischen Städte zusammen, um sie zu einem Ferment der römischen Politik in Syrien/Palästina zu machen. Später gelang es Herodes d. Gr., einige dieser Städte seinem Reich einzuverleiben. Aber zur Zeit Jesu gab es wieder ein großes zusammenhängendes Gebiet der Dekapolis.

Die Mitgliedsstädte dieses Städtebundes wechselten; zeitweilig waren es auch mehr als zehn Städte. Bet-Schean (Skythopolis) war aber immer die einzige Stadt des Bundes, die westlich des Jordan lag.

In allen Städten der Dekapolis war die herrschende Bevölkerung hellenistisch; es gab aber in den meisten auch eine jüdische Minderheit, die größtenteils zur Unterschicht zählte. Als sich der Ruf Jesu auch über die Dekapolis ausbreitete (Mt 4,25), wird es sich gerade um diese jüdische Unterschicht des Stadtvolkes gehandelt haben, die auf ihn aufmerksam wurde.

EMMAUS

Die Lage des Dorfes Emmaus, in das – wie Lukas erzählt – zwei Jünger Jesu an seinem Auferstehungstage wanderten, ist durch die Angabe der Entfernung „60 Stadien von Jerusalem" (Lk 24,13) problematisch. Auf der Zirkellinie von 60 Stadien (etwa 11 km) um Jerusalem gibt es keinen Ort Emmaus oder einen solchen, der so geheißen haben könnte. Das Wort *(chammá)* deutet auf warme Quellen hin *(chamám:* warm sein); am Ort, den man für das biblische Emmaus halten will, müßten also immerhin noch Reste oder Andeutungen solcher Quellen zu finden sein.

Ein Ort dieses Namens (arab. *amwas*) liegt dagegen 160 Stadien von Jerusalem entfernt, d. h. fast 30 km. An diesen Ort knüpfte sich – trotz der anderen Entfernung – spätestens seit den Zeiten des Kirchenschriftstellers Eusebius (265–340 n. Chr.) die Tradition, daß es das Emmaus der Lukaserzählung sei. Die Ortsuntersuchungen ergaben das Vorhandensein von zwei Grundwasserbrunnen mit lauem Wasser (Dalman, 1914); M. J. Schiffers zählte 1890 bis 1894 sogar fünf Quellen: „Drei im Orte, weitere zwei in der Nähe, deren Wasser durch Kanäle herangeführt wurde" (Cl. Kopp, Die heiligen Stätten des Evangeliums, 1959, S. 445, Anm. 116). Diese Quellen oder Brunnen stützen die Angabe der Tradition.

Wie es kommt, daß dieses 160 Stadien von Jerusalem entfernte Emmaus mit einer Entfernung von 60 Stadien angegeben wird, kann nur vermutet werden (einige Handschriften, aber nicht die zuverlässigsten, sprechen übrigens tatsächlich von 160 Stadien). Der Fehler kann schon in der Angabe des nicht ortskundigen Evangelisten liegen; diese Angabe wurde dann von einigen Bibelabschreibern, die den Ort der Tradition kannten, später in 160 Stadien korrigiert. Oder: Im ursprünglichen Evangelientext stand „160 Stadien"; durch Abschreibfehler wurde daraus „60 Stadien" – daß gerade 100 Stadien fehlen, ist jedenfalls auffällig. Oder: Ein Bibelabschreiber hielt zweimal 160 Stadien (fast 60 km) als Marschleistung eines Tages für unmöglich und „korrigierte" die 160 Stadien aus diesem Grunde in 60 Stadien; dabei ließ er dann die Möglichkeit aus dem Auge, daß die Jünger für den Rückweg auch ein Reittier nehmen konnten, bzw. die Tatsache, daß noch heute die Araber durchaus solche Tagesmärsche von fast 60 km bewältigen.

Der Ort Emmaus, von dem hier die Rede ist, war die Stadt, wo Judas der Makkabäer im Jahre 161 v. Chr. die Syrer besiegte (1 Makk 3,40; 3,57 ff.). Nachdem Bakchides dann Judas und dessen Bruder Jonatan doch geschlagen hatte, befestigte er überall im Lande die Städte (S. 569, Nr. 45); unter diesen wird auch Emmaus genannt (1 Makk 9,50).

Als Varus Statthalter von Syrien war, lag bei Emmaus eine römische Kohorte, die von nationalistischen jüdischen Bandenkämpfern angegriffen wurde (S. 601, Nr. 6). Die Stadt, die im Zentrum der Auseinandersetzungen lag, war von den Bewohnern verlassen worden. Varus ließ die Stadt daraufhin einäschern.

Das Trümmerfeld der früheren Stadt wurde sicherlich erst langsam wieder besiedelt, so daß Lukas es wohl mit Recht zur Zeit der Leiden Jesu ein „Dorf" nennt. In diesem Dorf wohnte Kleopas, der eine der Wanderer. In Emmaus ist der seltene Fall eingetreten, daß man nicht mit Sicherheit behauptet: Hier stand das Haus des Kleopas. Eine Kirche zur Verehrung des Emmausgeheimnisses gab es etwa seit dem 6. Jahrhundert n. Chr.

Seit dem Jahre 221 n. Chr. trägt das römische Emmaus den Namen „Nikopolis".

Seit 1280 n. Chr. kommt durch Pilgerschriften plötzlich die Behauptung auf, der arabische Ort *el kubebe,* etwa 13 km von Jerusalem, sei das lukanische Emmaus. Den alten Namen des Ortes kennen wir nicht, die Entfernung stimmt einigermaßen – aber der Ort ist weder durch Quellen noch durch längere Tradition ausgezeichnet. Die Franziskaner, die Hüter der heiligen Stätten Palästinas, verehren trotzdem hier das Emmausgeheimnis.

EN-GEDI

Die Landschaft und der Ort haben ihren Namen von der reichen „Zickleinquelle" *(en-gedí),* die wiederum ihren Namen von den Sinaisteinböcken haben mag, die hier in der Wildnis der Wüste lebten. Heute gibt es in den Gebieten südlich von En-Gedi Gazellenherden. Die Quelle entspringt fast 200 m über dem Westufer des Toten Meeres, ergießt sich in kleinen Wasserfällen zur Tiefe und ist so die Mutter einer Oasenlandschaft geworden, in der es sprichwörtlich fruchtbare Dattelpalmen und reiche Weinberge (Hld 1,14) gab. Wie ein Trichter zieht sich das Oasental in das Gebirge hinein, zum Toten Meer hin in breiten Stufen abfallend. – Die heutige Ortschaft Ein-Gedí (Israel) ist ein Kibbuz, der auf dem Wege ist, sich zu einem herrlichen Kurort für Kranke mit

Atmungsbeschwerden zu entwickeln; noch nicht 5 km nördlich verläuft allerdings die jordanische Grenze.

In dieser Landschaft versteckte sich David vor Saul in einer Höhle (1 Sam 24,1 ff.); denn die Gebirgsmauer des Judagebirges ist stark zerklüftet. Es ist dieselbe Gebirgsmauer, die sich bei Sodom (s. d.) am Westufer des Salzmeeres entlangzieht.

Im Jahre 1957 wurde im Gebiet bei Ein-Gedí von einer Forschergruppe der Hebräischen Universität Jerusalem eine befestigte Höhle entdeckt. Die Höhle liegt in einer Bergspitze nördlich der Oase. Ihr natürlicher Eingang scheint durch Menschenhand verkleinert worden zu sein, um darin verborgene Flüchtlinge vor Entdeckung zu schützen. Am Eingang der Höhle wurden Reste eines Wasserreservoirs gefunden. Die Keramikfunde bestätigten eine Benutzung der Höhle von etwa 1200 v. Chr. bis in die römische Zeit hinein, etwa 130 n. Chr., als sich hier der Widerstand Barkochbas organisierte.

En-Gedí gehörte später zum Siedlungsgebiet der Esséner (s. d.). Wahrscheinlich war diese Oase das landwirtschaftliche Zentrum der essénischen Mönchsgruppe, während in Qumrán, 25 km weiter nördlich, ihr geistiges Zentrum lag. Die Terrassenanlagen in den

Kulturland am Fuße des Judagebirges ist die Oase von En-Gedi. Der Höhlenreichtum des Gebirges, der gerade in Verbindung mit dem Kulturland in unserer Zeit für so manche Überraschung sorgte – man denke an die Rollenfunde! –, ist auf diesem Bild genau zu erkennen.

Oasen zwischen Gebirge und Salzmeer gehen wohl auf die Kultivierungsarbeit der Esséner zurück.

EPHESUS

Die Stadt spielte in der Missionsarbeit des Apostels Paulus eine große Rolle. Paulus begab sich mit seiner Reise nach Ephesus in eine Stadt stärkster Kulturtradition. Diese jonische Stadt Kleinasiens war die Stadt Homers, Heraklits und des Pythagoras, die Stadt des Herodot und des Thales von Milet gewesen; auch zu Pauli Zeiten war sie noch ein Vorort der Philosophie, der Kunst – aber auch des Handels und ein Zentrum heidnischen Götterkults. Gleich gegenüber dem Hafen erhoben sich die Gebäude der Agorá (des Marktes), der Thermenbäder, das Gymnasion (Sporthalle) und das Theater (24000 Sitze). Die Hänge der dahinter aufsteigenden Berge waren bebaut mit den Villen der Reichen.

Ganz sicher seit seiner ersten römischen Zeit (133 v. Chr.) hatte Ephesus eine starke Judenkolonie mit reichen Privilegien (Selbstverwaltung, garantierte Religionsfreiheit); aber in der griechischen Bevölkerung wurde dieser starke Anteil der jüdischen Bevölkerung zum Anlaß harter Judenfeindschaft, an der gelegentlich auch der römische Prokonsul teilnahm, weil er die griechische Bevölkerung hinter sich hatte.

Das Ephesus der Pauluszeit ging zum Teil zurück auf König Lysimachus (4. Jahrhundert v. Chr.), den Nachfolger Alexanders d. Gr. in Kleinasien; er hatte es als eine internationale Stadt erbaut, in der der Reichtum der Welt zusammenfloß (vgl. Offb 18).

Und dies ist nämlich das dritte: Ephesus war eine Wallfahrtsstadt, Mittelpunkt eines Artemiskultes. Das Artemisium war Kultstätte einer Fruchtbarkeitsgöttin, wie sie als Astarte in Kanaan verehrt wurde (s. den Artikel über die Baale); der Name „Artemis" (die Römer nannten sie „Diana") war nur ein griechischer Name für diese Naturgöttin der fruchtbaren Fortpflanzung, die ihr Wesen durch zahllose Brüste dokumentierte. Der Tempel dieser Göttin, deren schwarzes Ebenholzbild mit Weihegeschenken überhäuft war, hatte für damalige Zeiten außerordentliche Dimensionen (er bedeckte mehr als 5000 qm). Wegen

Der wasserreiche Ostabhang des Judagebirges hat nicht nur die Oase En-Gedi hervorgebracht, sondern auch die Waschungsbräuche der Esséner gefördert, die in dieser Gegend ein Kloster hatten.

ihres Artemistempels war Ephesus der Ehrenname *neōkoros* verliehen worden: Tempelbewahrerin (Apg 19,35); er zeigt an, daß in der Stadt Götterspiele zu Ehren des Kaisers veranstaltet wurden.

In paulinischer Zeit wurde die christliche Gemeinde dieser Weltstadt von Timotheus geführt (2 Tim 1,18). Nach späteren Traditionen war sie seit etwa 60 n. Chr. auch Sitz des Apostels Johannes. In dieser Zeit wuchs neben dem Artemiskult der Kaiserkult immer gewaltiger auf. In der Apokalypse sind die ephesinischen Kaiserspiele das Vorbild für das apokalyptische Verkündigungstheater (s. den Eingang zum Offb-Buch).

EUFRAT

Größter Fluß Vorderasiens (hebr. „Perat", arab. *furát*), 2300 km lang von seinem Quellgebiet (zwei Quellflüsse: westlicher und östlicher Eufrat) im Armenischen Hochland bis zur Mündung in den Persischen Golf. Allgemeine Stromrichtung: Südost. Heute vereinigt er sich etwa 100 km vor der Mündung mit dem Tigris (s. d.); in biblischer Zeit mündeten beide

Flüsse getrennt ins Meer. Die Änderung des Stromlaufs hat sich auf viele Städte ausgewirkt, die früher am Strom lagen und heute infolge der Wüstenlage verödet sind.

Als Fluß, der immer Wasser führt, wurde der Eufrat für Mesopotamien (s. d.) zum Lebens- und Schicksalsstrom; daher wurde er in der Bibel – nach mesopotamischem Beispiel – oft einfach „Strom" genannt (Gen 31,21) oder „das große Wasser" (Gen 15,18). Die Völker Mesopotamiens leiteten die Wasser des Eufrat ab und bewässerten damit ihre Felder.

Die Überschwemmungen des Eufrat sind wahrscheinlich das historische Element in den Sintfluterzählungen (s. d.).

„Vom Nil bis zum Eufrat" war in biblischer Zeit eine Formel, die die politische Einheit oder besser das politisch aufeinander bezogene Gebiet des Vorderen Orients bezeichnete (Gen 15,18). In der euphemistischen Sprache der israelitischen Expansionspolitik wird der Eufrat gelegentlich als die ideale Nordostgrenze Israels genannt (z. B. Dtn 1,7; Jos 1,4).

EZJON-GEBER

Der Ort liegt beim Nordostzipfel des Schilfmeeres, im Golf von Akaba. In biblischer Zeit gehörte er zum Lande der Edomiter und wird in den Wüstenzugerzählungen als Station Israels genannt (Num 33,35). Nach der Unterwerfung der Edomiter durch David ließ König Salomo Ézjon-Gebēr (Vulgata: Asion-gaber) zum Hafen für seine Handelsflotte ausbauen (1 Kön 9,26). Der Wunsch, einen Zugang zum Meer zu haben, mag den Kampf Davids gegen die Edomiter hauptsächlich veranlaßt haben. Nachdem sich nach Salomos Tod (932 v. Chr.) die Edomiter (s. d.) wieder freigekämpft hatten, eroberte König Azarja von Juda zweihundert Jahre später Ézjon-Gebēr noch einmal zurück (S. 552, Nr. 35b). Auch in der Makkabäerzeit kam es durch Johannes Hyrkanus, der die Idumäer unterwarf, wieder in jüdische Hand (122 v. Chr.).

Gut 3 km nördlich des Hafens hat Nelson Glück mehrere Trümmerschichten einer großen Industrieanlage ausgegraben *(tell el-chleife)*, die zu Ézjon-Gebēr gehörten. Es handelt sich um Anlagen zur Kupferverhüttung, die bis ins 11. Jahrhundert v. Chr. zurückgehen und von Salomo übernommen wurden. Möglicher-

weise lagen die Kupferhütten zu jener Zeit unmittelbar am Meer, da sich zwischen *tell el-chleife* und dem heutigen Strand Versandungsspuren feststellen lassen. Dann wäre Ézjon-Gebēr mit *tell el-chleife* zu identifizieren.

Wie die Bezeichnung Elát sich zu Ézjon-Gebēr verhält – ob Ézjon-Gebēr zeitweise so genannt wurde oder ob Elát ein eigener Ort war – ist nicht eindeutig geklärt. Manche nehmen an, daß Ézjon-Gebēr der Industrieort, Elát der Hafenplatz war. Im heutigen Israel nennt man den Nachfolgeort „Eiláth".

GALILÄA

Die Landschaft zwischen Jordan und See Gennesaret im Osten, der Ebene Jesreel (s. d.) im Süden und dem phönizischen Gebiet im Westen war „Galiläa"; nach Norden hin läßt sich die Grenze schwer festlegen, es sei denn, daß man den Namen politisch nimmt. „Galiläa" *(galíl)* war aber ursprünglich wohl eine Landschaftsbezeichnung. Worauf sie beruht, ist ungewiß. Bei Jesaja kommt einmal die Bezeichnung *haggalíl haggojím* vor (Jes 8,23), d. h. Umkreis, Bezirk der Völker (Heiden); aber dies könnte auch schon eine Deutung sein (Mt 4,15). – Seit der Makkabäerzeit bedeutete „Galiläa" die Nordprovinzen des Reiches Juda; nach der Teilung des Reiches beim Tode des Herodes wurde es der Tetrarchie des Herodes Antipas zugeteilt (S. 576, Nr. 51).

Galiläa ist ein fruchtbares Land: wasserreich, besonders im nördlichen Obergaliläa; mit günstigem Klima für Baum und Feld in der Ebene Gennesaret, und gerade dort von einer blühenden Schönheit; „zehn Monate lang kann man ernten"; jeder Flecken Land sei bebaut gewesen, sagt ein alter Rabbinenspruch. Deshalb war es volkreich; es hatte große Dörfer und Städte: Tiberias (s. d.), Kana (s. d.), Kafarnaum (s. d.) und, wie Flavius Josephus eigens hervorhebt, viele Männer.

Galiläa war von den Stämmen Issachar (s. d.), Naftali (s. d.), Sebulon (s. d.) und Ascher (s. d.) besiedelt; aber das Gebiet war auch vor der Zerstörung des Nordreiches niemals rein israelitisches Siedlungsgebiet. Selbst zu Davids und Salomos Zeiten war es von Kanaanitern mit bewohnt. Nach der Reduzierung der israelitischen Bevölkerung durch die

Deportation in den Jahren 725/722 v. Chr. (S. 555, Nr. 36a) wurde der Volksbestand durch Umsiedler aus Mesopotamien noch mehr verändert (s. den Artikel „Assyrer", Nr. 6, und den Artikel „Die Samaritaner") und nachdem das Land seine Geschichte als assyrische, neubabylonische und persische Provinz sowie als Reichsteil Alexanders d. Gr. und des Seleukidenreiches durchlebt hatte, war die Bevölkerung durch Einwanderer zu einem unübersehbaren Konglomerat von Israeliten, Medern, Aramäern, Arabern, Phöniziern und Griechen geworden, die im Schmelztiegel des Hellenismus (s. d.) zu einem griechisch orientierten Völkergemisch wurden. Als der Makkabäeraufstand ausbrach, gab es in Galiläa so wenig reine Israeliten, daß Simon der Makkabäer es für politisch und religionspolitisch richtig hielt, den Rest nach Judäa umzusiedeln (1 Makk 5,23), weil er das Land selbst dem Seleukidenreich nicht entreißen konnte. Aristobul I. freilich eroberte dann auch diesen Landstrich (104 v. Chr.) und befahl die zwangsweise Judaisierung (Beschneidung und Auflage der Kultgesetze). Obwohl dieses galiläische Judentum sich mit der Zeit zu einem echten Judentum entwickelte, blieb es doch immer – was die kultische Akribie angeht – der liberale Flügel. In Galiläa gab es deshalb wenig Pharisäer (s. d.) und auch wenig Schriftgelehrte (s. d.). Die Bevölkerung hatte zum größten Teil keine Verbindung zu den alten Stämmen, wie ja auch von keinem der Apostel Jesu, die – außer Judas von Iskariot – alle Galiläer waren, die Stammesabstammung angegeben wird.

Der Charakter des Volkes war im großen und ganzen rauh, kämpferisch, revolutionär. Als die messianischen Bewegungen der Römerzeit begannen, waren die neujüdischen Galiläer die drängendsten und radikalsten Messianisten (s. über Judas von Galiläa und den Artikel „Die Zeloten"). Auch das ist nicht belanglos für die Beurteilung der Gefolgschaft Jesu, der in Galiläa wohnte und wirkte. Selbst die Frauen Galiläas sollen von einer eifernden und national gesinnten Art gewesen sein. Die Römer trugen im römisch-jüdischen Krieg diesem Volkscharakter Rechnung, indem sie zuerst den Widerstand in Galiläa brachen, um dann gegen Jerusalem zu marschieren.

Kulturell standen die Galiläer der Zeit Jesu dem Hellenismus näher als das gereinigte Judentum in Judäa. Und da die Durchdringung des Landes seit Beginn der palästinensischen Römerzeit (63 v. Chr.) mit griechischen oder griechischsprechenden Einwanderern wieder eingesetzt hatte, lebten die galiläischen „Juden" der Zeit Jesu wieder mitten unter Griechen. Deshalb ist wahrscheinlich, daß die meisten Galiläer neben Aramäisch (s. d.) auch Griechisch sprachen. Sie nahmen sozusagen eine Mittelstellung ein zwischen den „Hebräern" und „Hellenisten" des Judentums. Diese Mittelstellung mag auch gerade die Apostel, die ja – außer Judas Iskariot – alle Galiläer waren, besonders für ihre missionarische Aufgabe befähigt haben.

GARIZIM

Dieser Berg im Efraimgebirge, 868 m über dem Meer, ist so recht erst durch die politische Geschichte Samarias Heiligtumsberg geworden.

Im Buch Josua (8,30) und im Deuteronomium (27,4) ist von der Verpflichtung der unter Josua einwandernden Stämme auf das Gesetz die Rede: damit es auch im neuen Lande gelte. Diese Verpflichtung fand im Tal zwischen Garizim und Ebal (938 m) statt; die Stämme standen an den Berghängen: sechs auf dem Garizim, sechs auf dem Ebal – aber der Altar stand auf einem Bergvorsprung (?) des Ebal (s. S. 533, Nr. 16).

Dieser Altar hat aber – so seltsam es ist – kein speziell israelitisches Heiligtum hervorgebracht; vielleicht wegen der Nähe von Sichem (s. d.), das nördlich vom Garizim liegt? Vielleicht aber auch, weil das Heiligtum von Bet-El (s. d.) und später das königliche Heiligtum des Nordreiches in Samaria (s. d.) den Altarort am Fuße des Ebal, gegenüber dem Garizim, nicht als Heiligtum zur Geltung kommen ließ.

Seit der Vernichtung des Nordreiches (722 v. Chr.) entstand um Samaria das Volk der Samaritaner (s. d.), das Jahwe anbetete und auch die Traditionen Israels und des Pentateuch (s. d.) als seine Traditionen ansah. Es ist wahrscheinlich, daß schon damals dieser Altarort in Samaria eine erhöhte Bedeutung erhielt, weil er die Samaritaner im eigenen Gebiet mit der Tradition des Einzuges verband. Seltsam ist nur, daß sie nicht den Ebal, sondern den Garizim als Altarberg nannten und bis heute im Deuteronomium (27,4) nennen. Viele Bibelwissenschaftler sind der Ansicht, daß die Tradition der Samaritaner nur durch die echte historische Tradition entstehen konnte, während sie annehmen, daß die Juden später den Altarort am Garizim in den am Ebal geändert haben, um damit jede Gemeinsamkeit mit den Samaritanern, die allesamt „einen bösen Geist haben", abzubrechen.

Da nach der Rückkehr der Juden aus Babylon die Perser (s. d.) Juda und Jerusalem zunächst Samaria unterstellten, orientierten sich die Samaritaner zwanglos nach dem neuen Heiligtum in Jerusalem. Unter Nehemia (S. 565, Nr. 42) wurde dann Jerusalem mit seinem Umland selbständige persische Provinz; von da an schien es der persischen Regierung angebracht, in Samaria ein eigenes Heiligtum zu fördern, und dazu ergab sich nun ganz von selbst der Garizim (etwa 350 v. Chr.). Der Drang der Samaritaner zum Tempel in Jerusalem war aber erst behoben, als 198 v. Chr. auf dem Garizim ein regelrechter Tempel stand.

Johannes Hyrkanus (S. 571, Nr. 46) zerstörte im Jahre 128 v. Chr. mit Sichem auch den Garizimtempel; zur Zeit des öffentlichen Wirkens Jesu lag er also schon fast hundertsechzig Jahre in Trümmern – aber trotzdem galt er noch weiter als Anbetungs- und Opferberg der Samaritaner (Joh 4,20). Die Araber nennen den Garizim *dschebel et-tor.*

GENNESARET

Der See Gennesaret führt in der Bibel verschiedene Namen. Im AT heißt er mehrmals „Meer Kinnéret", wovon offensichtlich das griechische Gennesaret abgeleitet ist; die Brücke bildet die spätjüdische Bezeichnung „Wasser von Gennesar" (1 Makk 11,67) und die übliche Bezeichnung „See Gennesar" zur Zeit Jesu. Im NT heißt er vereinzelt „Galiläisches Meer" oder auch „das Meer (der See) von Tiberias" (Joh 6,1). Der Name „Kinnéret" könnte von der Ebene herrühren, die die Form einer Harfe hat *(kinnór),* wenn nicht der alte Name von Tiberias oder einem anderen Ort dem See den Namen gegeben hat.

Topographie: größte Länge 21 km, größte Breite 12 km, Durchschnittsbreite 8 km, Fläche 170 qkm, mittlere Tiefe 42 m, größte Tiefe 48 m, Spiegel 212 m unter dem Spiegel des Mittelländischen Meeres. Der See ist wahrscheinlich das Restwasser eines großen Binnensees, der den riesigen Nordsüdgraben ausfüllte (s. den Artikel „Der Jordan").

Auf den beiden Langseiten treten die Gebirge nahe an den See heran, im Westen nur Raum für eine Straße und einige kleine Ortschaften lassend, außer am mittleren Westufer für Tiberias (s. d.); im Osten sind zwar einige Buchten, aber meistens geht das Steilgebirge, das sich bis zu 500 m auftürmt, bis ans Ufer.

Im Norden gibt es eine Ebene mit einigen Städten: Kafarnaum (s. d.), Betsaida, hinter der sich in der Ferne der Hermon (s. d.) erhebt.

Der See ist fischreich und war daher für den Fischfang (s. d.) und damit für die Ernährung, nicht nur zur Zeit Jesu, bedeutsam.

Durch die tiefe Lage beträgt die Temperatur im Seekessel im Jahresdurchschnitt 25° C und im Sommer bis zu 40° C im Schatten. Die Ebene im Nordwesten (Kinnéret-Ebene), ein fruchtbares Schwemmland, erhält heute durch die Kolonisationsarbeit der Israelis (Feigen, Palmen) allmählich wieder das üppige Aussehen, wie wir sie uns für die Zeit Jesu vorstellen müssen. Die Temperatur zwischen Tag und Nacht hat kaum Unterschiede, so daß man ohne Gefahr draußen übernachten kann, wie es z. B. die Scharen taten, die Jesus drei Tage folgten (Mk 8,2).

Stürme auf dem See werden im NT zweimal in Erzählungen von Wundern Jesu erwähnt. Diese Stürme können, vor allem in den Monaten März bis Juli, so schnell aufkommen, daß sie den Bootsfahrer und Fischer geradezu überfallen. Die beiden Wunder Jesu auf dem See werden als Wunder in der Nacht berichtet, die Stillung des Sturmes ist ein Zeichen am Abend. Diese Sturmzeiten waren um so beängstigender, als die Nächte auf dem See meist nur schwache Winde haben. Die gefährlichste Zeit für Stürme ist der Mittag.

Vor allem der Westwind und der Nordwestwind vom Hermon her bringen die plötzlichen Stürme über den See. Diese Fallwinde, die auf das Wasser „herabkommen" (so sagt es auch Lk 8,23), sind manchmal vorher schon in der Höhe wie ein orgelndes Brausen vernehmbar. Noch heute kann man beobachten, wie segelnde Schiffer hin und wieder in die Höhe lauschen, um die Sturmgefahr zu prüfen.

Da die sturmbringenden Fallwinde von Westen kommen, ist die östliche Seite am meisten von Sturmgefahr bedroht. So entspricht der Ort der Sturmstillung dem gefährlichsten Sturmgebiet; denn man fuhr ab vom nordwestlichen (sturmgeschützten) Ufer gen Osten. Und auch das Wandeln Jesu auf dem stürmischen Meer ist im Nordosten des Sees zu denken, da die Brotvermehrungslandschaft am Ostufer lag und die Jünger bei ihrer nächtlichen Fahrt Kurs auf Betsaida oder Kafarnaum am nördlichen Ufer nahmen, wobei sie allerdings den Nordwestwind gegen sich hatten, den Kurs verloren und weiter westlich, am Strand der Ebene, auskamen.

GILBOA

Das Gebirge Gílboa ist einer der beiden großen Ausläufer des Efraimgebirges. Es verläuft im Nordosten des Gebirges in Südnordrichtung, mit Nordwestbiegung. Östlich des Gebirges liegt die Niederung von Bet-Schean (s. d.) und in seiner Verlängerung nach Nordwesten die Hochebene Jesreel (s. d.). Der höchste Berg, der Gílboa, ist 518 m hoch; die Araber nennen ihn *dschebel fukua*. Der Name „Gílboa" ist wahrscheinlich vorisraelitisch, wie ja auch Bet-Schean am Fuße des Gílboagebirges eine uralte vorisraelitische Stadt ist; die Bedeutung des Namens ist unbekannt.

Im Gebirge Gílboa fand der letzte Kampf Sauls mit den Philistern statt, bei dem Saul ums Leben kam (s. den Text zu 1 Sam 31).

GILEAD

Diese Landschaft Gilead (Vulgata: Galaad), östlich des Jordans, deren Grenzen nicht sicher anzugeben sind, ist manchmal stellvertretend für das ganze Ostjordanland genannt worden. Gilead war ursprünglich das Land südlich des Jábbok (s. d.); aber nachdem in der Richterzeit das Land nördlich des Jábbok vom Stamm Manasse besiedelt worden war, dehnte sich die Bezeichnung auf die Landschaft zu beiden Seiten des Jábbok aus.

Die Waldgebiete von Gilead boten durch ihre Kräuter Gelegenheit zu einer Art medizinischer Industrie. Außerdem hatte das Land viele Weiden.

Im nördlichen Gilead, in Jabesch, hat Saul die Einwohner vor den Grausamkeiten der Ammoniter (s. d.) gerettet, die jedem Einwohner von Jabesch ein Auge ausstechen wollten. Die Männer von Jabesch holten zum Dank die Leiche Sauls, nach seiner Niederlage im Gilboagebirge, nach Jabesch und setzten sie ehrenvoll bei. – Im nördlichen Gilead im Walde Efraim, wurde Abschalom von den Truppen Davids besiegt. Aus dem nördlichen Gilead, aus Tischbe, stammte der Prophet Elija.

HAZOR

Eine der interessantesten Ausgrabungen aus biblischer Zeit ist Hazor (Chazor), und selten in letzter Zeit hat sich das geschichtliche Bild einer Siedlung vor unseren Augen durch wissenschaftliche Ergebnisse so sehr geändert, wie sich das Bild der Stadt Hazor durch die Ausgrabungen geändert hat, die Prof. Yigael Yadín (Israel) seit 1955 in mehreren Kampagnen durchgeführt hat.

Im Jahre 1928 identifizierte J. Garstang das Hazor der Bibel mit dem *tell el-qedách*, einer Erhebung auf dem gut sechsmal größeren *tell waqqās*, etwa 8 km südwestlich des Hulesees. Garstang zog aus seinen Grabungen die Schlußfolgerung, daß Hazor aus einer Burgstadt (auf dem heutigen *tell el-qedách*) bestanden habe, die einen rechteckigen umhegten Lagerplatz (den heutigen *tell waqqās*) beherrschte.

An diesen Schlußfolgerungen hielt man im großen und ganzen bis 1955 fest. Durch die Grabungen Yadins muß man jedoch zur Erkenntnis kommen, daß auch das „Lager" bebaut war, zum Teil sogar schon während der späteren mittleren Bronzezeit (MBr.: 2100 bis 1600 v. Chr.). Trotzdem ist möglich, daß der Wall aus gestampfter Erde, der das „Lager" umgibt, älter ist als die Bebauung dieses weiten Rechtecks, so daß die frühere Vermutung, die Lageranlage gehe auf die palästinensische Zeit der Hyksos (s. d.) zurück, kein Irrtum zu sein braucht. Man sah dieses weitläufige Gelände als das Pferdearsenal *(chasár susím)* der Hyksos und als ihren Wagenschutz an; von dieser Funktion könnte also tatsächlich die ganze Stadt ihren Namen Hazor („Chazor" von *chasár*) erhalten haben.

Während viele bis 1955 außerdem die Mei-

Im Ausgrabungsfeld von Hazor. Die Steinpfeilerreihen gehören zu den Pferdeställen, wie sie ähnlich auch aus der Salomozeit in Megiddo ausgegraben wurden. Seit Kathleen Kenyon († 1978) gibt es Zweifel an der Deutung der Steinreihen als Ruinen von Pferdeställen; sie spricht von Lagerhäusern.

nung Garstangs vertraten, daß im 14. und 13. Jahrhundert v. Chr. auch die Burgstadt nur spärlich bewohnt war, zeigt sich jetzt, daß die Stadt auch in der späten Bronzezeit (1600 bis 1200 v. Chr.) geblüht hat und daß sie erst gegen 1200 zerstört wurde, außerdem aber auch, daß sie schon bald nach 1200 wieder besiedelt wurde.

Trotz der unerwarteten Ergebnisse sind die Ausgrabungen eigentlich keine absolute Überraschung, denn aus den bereits vorher bekannten schriftlichen Zeugnissen mußte man eine besonders bedeutende Stadt erwarten, und die bisherige, auf Garstangs Ausgrabungen fußende Ansicht von Hazor stand in einem gewissen Gegensatz zu diesen schriftlichen Zeugnissen, wie sie die ägyptischen Beschwörungstexte (19./18. Jahrhundert v. Chr.) und die Schriftstücke aus den Archiven von Mari (18. Jahrhundert v. Chr.) und Amarna (14. Jahrhundert v. Chr.) ersichtlich machten. Es war fast unglaublich, daß eine Stadt von derartiger Stärke und Expansionskraft seiner Herrschaft, wie die Schriftstücke sie belegten, nur auf einem Hügel von 600 m × 200 m (dem *tell el-qedách*) gelegen haben sollte.

Die Geschichte von Hazor stellt sich danach etwa so dar: Die Hyksos übernahmen den kleinen Hügel *(tell el el-qedách)* und befestig-

ten ihn oder bauten seine Befestigung aus (etwa um 1800 v. Chr.). Das Gelände des großen Hügels *(tell waqqās)* sicherten sie durch einen Wall. In der Sprache Kanaans erhielt die Siedlung vielleicht nach diesem umwallten Pferde- und Wagenpark *(chasár)* den Namen Hazor, denn er war ein hervorstechendes Merkmal dieser Siedlung.

Die Hyksos, die überall nur als kleine Herrenschicht auftraten und die Herrschaft behaupteten, vermischten sich in den nächsten Jahrhunderten mit dem Volk, das sie unter ihre Stadtherrschaft gebeugt hatten. Dadurch verlor Hazor auch baulich allmählich seinen reinen Hyksoscharakter: vor 1600 jedenfalls wurde auch der weite Hügel (das „Lager") bebaut. Hazor wurde eine große Stadt. Diese Stadt war mehr als dreißigmal so groß wie das Jerusalem Davids und mehr als zehnmal so groß wie das Jerusalem Salomos. Hazor war eine Stadt von sicherlich 40000 Einwohnern, die gut ein Heer von 10000 Mann stellen konnte. In dieser „Unterstadt" von Hazor fand man die Zeugnisse von Wohnhäusern und Handwerksstätten, von Zisternen und Kanälen, von Tempeln und Heiligtümern im Freien, von unterirdischen Gängen und Begräbniskammern.

Ganz im Norden (Grabungsplatz H) bezeugten die Reste eines Tempels (25 m × 17 m) mit Eingangshalle, Saal und Allerheiligstem, daß man in Hazor um 1350 v. Chr. denselben (hetitischen?) Tempeltyp baute, wie ihn der Tempel von Jerusalem nach 1000 v. Chr. zeigt. Im Allerheiligsten fand man unter mehreren kleinen Götterbildern auch ein Stierbild (s. den Artikel „Das Goldene Kalb"). Ein Weihrauchaltar aus Basalt ist mit dem Gottessymbol einer Sonnenscheibe geschmückt. Ein wahrscheinlich kultisches Basaltbassin von 50 cm Durchmesser ist von einer Spirale umgeben. Zu den bedeutendsten Grabungsergebnissen gehörte hier ein Siegelzylinder, der einen sitzenden Gott unter einer geflügelten Sonnenscheibe zeigt, vor den der König mit einigen Vasallen zum Opfer tritt: vielleicht ein Stempelzylinder, mit dem vom König gebotene und von den Untertanen darzubringende Opfer bescheinigt wurden.

Beim Grabungsplatz F wurde in einem Hof ein 5 t schwerer Altarmonolith gefunden. Bei diesem Freialtar fand man außerdem Basaltstatuen, einen Weihrauchstein aus Alabaster und einen Schlachttisch (?) für die Bereitung der Opfer.

Am Grabungsort C wurde ein kanaanitisches Heiligtum mit kultischen Gegenständen aus dem 14. Jahrhundert freigelegt. Religionsgeschichtlich am bedeutendsten ist hier das silberbeschlagene Bronzebild der Göttin mit den Schlangen (s. den Artikel „Die Schlange") und eine Reihe von Massében (s. d.), unter denen sich die Stele mit den zwei Händen unter einem göttlichen Symbol – der Sonnenscheibe (?) – befindet. Das Motiv der hochgereckten Hände ist an sich im syrischen Raum häufig, aber sonst nirgendwo so früh belegt. (Später bedeuten die hochgereckten Hände den Ruf um Vergeltung für ungerecht erlittenen Tod. Ob sie hier schon denselben Sinn haben?)

Diese Unterstadt von Hazor ist, wie der Grabungsbefund lehrt, seit der Zeit um 1200 v. Chr. zerstört; die Keramikfunde gehen bis ins 13. Jahrhundert. Damit bestätigt der Grabungsbefund die Erwähnung der Zerstörung Hazors in Jos 11,13 als Möglichkeit auch für die Unterstadt. Auch die Oberstadt wurde in dieser Zeit zerstört, aber später wieder aufgebaut.

In Jos 11,1–15 wird erzählt, daß Josua eine große Koalition nordpalästinensischer Kanaaniter, die unter Führung König Jabins von Hazor stand, bei den Wassern von Merom (15 km südwestlich von Hazor) besiegt habe. So sei der Norden Kanaans schlagartig in die Hand Israels gekommen. Auch Hazor selbst sei damals von Israel erobert und zerstört worden.

Es ist schwer zu entscheiden, ob unter Josua oder zu welcher genaueren anderen Zeit diese entscheidende Schlacht im Norden Kanaans wirklich stattgefunden hat. Mit Vorliebe hat man diese Schlacht in der Zeit der Richter angesetzt, um 1150 v. Chr., unter Debora; denn Ri 4 läßt diesen Schluß ebenfalls zu, daß damals nicht nur der Feldherr Jabins, des „Königs von Kanaan", besiegt wurde, sondern auch Hazor eingenommen wurde. Mit Vorliebe hat man in Jos 11,10ff. eine Antizipation der Ereignisse der Richterzeit in die Zeit der ersten Landnahmekämpfe gesehen. Obwohl auch heute noch die meisten Bibelhistoriker annehmen, daß die Darstellungen in Jos 11 und in Ri 4 denselben geschichtlichen Vorgang betreffen, hält man es jetzt – auf Grund der Ausgrabungen in Hazor, die die Zerstörung der Stadt für die Zeit um 1200 wahrscheinlich machen – für möglich, daß das überlieferte Ereignis doch in die Landnahmezeit um 1200 fiel.

Die Unterstadt wurde also von Israel später nicht mehr aufgebaut. Wohl aber wurde die Burgstadt spätestens seit Salomo ein israelitisches Gemeinwesen. Salomo erneuerte die Pferdetradition Hazors und machte aus ihr eine seiner Wagenstädte. Über der salomonischen Schicht liegen noch sechs Schichten, aus denen sich nachweisen läßt, daß die Stadt bis etwa 650 geblüht hat; König Ahab (S. 548, Nr. 34a) verstärkte die Festung gegen Damaskus. Später vegetierte sie als unbedeutende Siedlung weiter. Unter den letzten Assyrern, den Chaldäern, Persern und zur hellenistischen Zeit gab es nur noch auf einer Ecke des Burghügels eine kleine Festung. Die allgemeine Verarmung des Nordreiches unter den letzten Assyrern und Neubabyloniern, wie sie auch die Trümmer anderer Städte (s. Megiddo und Samaria) zeigen, wird auch durch die Ausgrabung der oberen Schichten von Hazor bestätigt.

HEBRON

In der Mitte des Judagebirges (s. d.), in einer fruchtbaren Senke, die Wein, Aprikosen, Mandeln und Feigen gedeihen läßt, lag Hebron, 927 m über dem Meer, das in älterer Zeit „Kirjat-Arbá" (Vierstadt) hieß und ein Stadtstaat der Enakiter (s. d.) war; die Tradition ist jedoch schwankend: ebenso werden Hetiter (s. d.) und Amoriter (s. d.) als Urbewohner genannt.

In der Landverteilung durch Josua wird es zu Juda gerechnet bzw. den Kalebitern zugeteilt, die „mitten unter den Judäern" wohnten (Jos 15,13). Die Kalebiter eroberten die Stadt (Jos 15,14); diese waren jedoch wahrscheinlich ein Stamm, der ursprünglich nichts mit Juda zu tun hatte, wenn er in den späten Wüstenzugsgeschichten auch im Stamm Juda (s. d.) erscheint (Num 13,6). Die Kalebiter haben sich selbst wohl kaum zu Juda gezählt, es sei denn, nachdem David den südlichen Sechsstämmebund, zu dem Juda und Kaleb gehörten, unter seiner Regierung als „Haus Juda" vereinigt hatte (S. 507, Nr. 8/4).

Nach dem Fall Jerusalems (586 v. Chr.) wurde Hebron edomitisch, bis es von den Makkabäern wiedererobert wurde (S. 571, Nr. 46).

Den Israeliten und Juden war der Besitz Hebrons wichtig, weil in der Tradition mit ihm der Name Abrahams verbunden war. Beim Heiligtum von Mamre (s. d.) bei Hebron hatte Abraham sein erstes mehrjähriges Lager aufgeschlagen, und in der Höhle (Doppelhöhle?) von Machpelá bei Hebron waren – so erzählten die überlieferten Geschichten – Sara und Abraham, Isaak und Rebekka, Lea und Jakob beigesetzt worden. Die Höhle wird heute unter der Moschee *el-haram* gezeigt, die aus einer Kreuzfahrerkirche entstand, welche ihrerseits wieder über einer Gedächtnisstätte erbaut wurde, die Herodes d. Gr. hatte herrichten lassen; an den Grundmauerquadern läßt sich die gleiche typische Behauung der Steine erkennen, wie sie an der herodianischen Mauer in Jerusalem vorkommt. Abraham kaufte beim Tode Saras die Höhle und das umliegende Grundstück als Begräbnisstätte von einem Hetiter Efron (Gen 23,1ff.). Auch jene Archäologen, die in der Erzählung Gen 23 ein reales Historikum sehen, zweifeln allerdings an der Zuverlässigkeit der Ortstradition; sie halten es für wahrscheinlicher, daß die Grab-

stätte von Machpelá in der Nähe von Mamre liegt. Nichtsdestoweniger zeigen die Moslems in der Moschee durch ein Gitter die „wirkliche" Höhle von Machpelá, und in Vorhalle, Schiff und einem Hofgebäude werden mehrere Kenotaphe als Steinsärge der Patriarchen und ihrer Frauen ausgegeben.

Wenn in den Samuel- und Königsbüchern von Hebron als Salbungsort Davids und Abschaloms die Rede ist, kann darunter wohl nur das Heiligtum Mamre bei Hebron zu verstehen sein; dagegen ist unter dem Residenzort Davids „Hebron" sicherlich die Stadt zu verstehen, die entweder unter der heutigen Stadt *el-chalíl* oder im westlich davon gelegenen Hügel *er-rumedí* zu suchen wäre, auf dem ein Dorfname *dēr el-arba'ín* noch an den vorisraelitischen Namen „Kirjat Arbá" erinnert. Der arabische Name Hebrons *el-chalíl (er-rachmán)* = „Der Freund (des Barmherzigen)" meint Abraham.

HERMON

Die beiden Hochgebirge Mittelsyriens sind im Westen der Libanon (bis zu 3066 m hoch) und im Osten der Antilibanon; beide Gebirge sind durch eine Grabenebene *(el-bekā)* getrennt. Der Antilibanon hieß bei den Phöniziern „Sirjon", wodurch sich in die Literatur gelegentlich eine Verwechslung mit dem Zion einschlich; die Hebräer nannten ihn „Hermon". Obwohl „Hermon" eigentlich der Name für die höchsten Erhebungen des südlichen Antilibanon war, meinte er, indem er die höchsten und von Kanaan aus sichtbaren Höhenzüge des Antilibanon bezeichnete, doch wohl auch das ganze Gebirge. Wenn vom Hermon als der Nordgrenze Kanaans gesprochen wurde, waren aber wohl immer nur die Südgrate gemeint (bis zu 2759 m hoch). Im heutigen Arabisch heißen diese mit ewigem Schnee bedeckten Höhenzüge *dschebel et-teldsch* (Schneeberg) und *dschebel esch-schech* (Greisenberg).

Die Hermonhöhen waren alte syrische Höhen (s. d.), d. h. Kulthöhen, auf denen vielleicht ein Baal-Hermon verehrt wurde (1 Chr 5,23). Der Name bedeutet etwa „Gebannter" *(cheräm* = Bann), im Sinne von „Geheiligter": also „geheiligter Berg". Der Baal-Hermon wäre dann einfach der Baal dieses heiligen Berges.

ITURÄA

Die arabischen (d. h. südsemitischen) Ituräer sind in Gen 25,15 als Stamm Jetur des Zwölf-stämmebundes Ismael genannt. Sie stießen nach Norden vor, verdrängten die Edomiter und Israeliten östlich des Jordans (in den Zeiten nach Salomo) und setzten sich in dem später nach ihnen genannten Gebiet fest; dabei wurden sie aramäisiert. Ihre Hauptstadt war Chalkis in der Libanonniederung.

Die Geschichte von Ituräa in der Zeitenwende: 105 v. Chr. von den Juden teilweise erobert; 65 v. Chr. von Rom (Pompejus) befreit; dann von Rom abhängige Regenten; Antonius ließ 34 v. Chr. den ituräischen König Lysanias hinrichten und teilte Ituräa in vier Teile:

den südlichen Teil schenkte Augustus, nachdem der ituräische Vierfürst sein Mißfallen erregt hatte, um 20 v. Chr. Herodes d. Gr.;

die Landschaft Trachonitis, ein Teil dieses herodianischen Reichsteils, fiel nach des Herodes Tod an Herodes Philippus; in dieser Landschaft lag Cäsarea Philippi;

der zweite Teil war die Landschaft Abilene (s. d.);

ein dritter Teil (Gebiet des Soemus) und ein vierter Teil (Gebiet von Chalkis) waren zur Zeit Jesu unter ituräischen, aber von Rom abhängigen Vierfürsten.

Bei der Umschreibung der Zeit des Auftretens Johannes des Täufers wird Ituräa genannt: „Herodes war Tetrarch von Galiläa, sein Bruder Philippus Tetrarch von Ituräa und der Trachonitis [in Ituräa]" (Lk 3,1).

JABBOK

Der Jábbok ist ein linker Nebenfluß des Jordan. Er entspringt bei Rabba (heute Amman), der Hauptstadt der Ammoniter (s. d.), deren Stammesgebiet hauptsächlich am Oberlauf des Jábbok lag.

In seinem etwa 85 km langen Lauf hat der Fluß ein Gefälle von mehr als 1100 m. Seinen Unterlauf charakterisiert ein tiefeingeschnittenes Flußbett, durch das seine tiefblauen Wasser strömen (arab. *nahr ezzerka,* d. h. blauer Fluß). Zu beiden Seiten des unteren Jábbok: die Landschaft Gilead (s. d.).

Bei der Geschichte von Jakobs Kampf mit dem Engel Jahwes (Gen 32,23 ff.) erwähnt der biblische Erzähler die Jábbokfurt, kurz vor dem Einfluß des Jábbok in die Jordansenke, und die Stadt Penuël, die er als *peni-ēl* (etwa: Antlitz Gottes) mit dem Jakobskampf und der Bekehrung Jakobs in Verbindung bringt.

JERICHO

Vielleicht ist Jericho die älteste Stadt Palästinas – jedenfalls ist es die älteste unter den bisher bekannten palästinensischen Städten. Sein Name könnte „Mondstadt" bedeuten, würde also auf einen alten Mondkult hinweisen.

Die Stadt liegt 28 km nordöstlich von Jerusalem, 250 m unter dem Meeresspiegel und hat tropisches Klima („Palmenstadt", Ri 3,13), woraus sich wohl auch ihre frühe Besiedlung erklärt. Die sieben übereinander liegenden Siedlungsschichten bezeugen

1. eine Stadt aus der ältesten Phase der jüngeren Steinzeit (protoneolithische Phase), deren Entstehung man also in die Zeit zwischen 8000 und 7000 v. Chr. datieren muß. Die Ausgrabungen zeigen rundgebaute Häuser – vielleicht ein Zeichen dafür, daß die Städtebauer sich instinktiv noch an Naturformen anlehnten.

Der Zusammenhang zwischen naturnahen vorgeschichtlichen Kulturen und der frühesten Siedlungsschicht in Jericho wird außerdem durch noch ältere Zeugnisse belegt, die man in die mittlere Steinzeit, also in die Zeit vor 8000 v. Chr. datieren muß: Jägerwaffen und Jägerwerkzeuge, vor allem Feuersteinwerkzeuge, die in ihrer Bearbeitung einen Typ zeigen, der von der mittleren Steinzeit (20000 bis 8000 v. Chr.) zur jüngeren Steinzeit (8000 bis 4500 v. Chr.) hinüberführt, und Gebrauchszeugreste, die man sicherlich kultisch deuten muß. Dieser ganze Zeugnisbereich läßt den Schluß zu, daß die Jäger der ausgehenden mittleren Steinzeit an der Quelle von Jericho einen Kultort hatten, der dann im 8. vorchristlichen Jahrtausend zur ersten Ansiedlung führte.

2. eine Stadt aus der späteren Phase der jüngeren Steinzeit (etwa um 6800 v. Chr. anzusetzen) mit viereckigen Häusern und Daumensiegeln auf den Bauziegeln.

Die steinzeitlichen Städte waren allem Anschein nach beide bedeutend größer als die durch die höheren Ausgrabungsschichten bezeugten bronzezeitlichen Siedlungen. Die Zeugnisse reichen über den ganzen Teil, vom Norden bis zum Süden.

Eine Mauer aus Natursteinen scheint bereits die älteste Stadt ganz oder zum Teil umgeben zu haben.

Die ältere steinzeitliche Siedlung hat wohl noch zu ebener Erde gelegen. Der Hügel ist kein gewachsener Boden, sondern besteht anscheinend nur aus Zerstörungsschutt späterer Siedlungen.

3. eine um 2000 v. Chr. gebaute Stadt mit Lehmziegelmauern (mittlere Bronzezeit);

4. eine um 1700 v. Chr. gebaute Stadt (mittlere Bronzezeit) mit weitgezogener Mauer aus Ziegeln über einem Natursteinsockel: die Quelle wurde mit einbezogen; diese Siedlung könnte auf die Hyksos (s. d.) zurückgehen – die Mauern würden dann auch noch mit einem Wassergraben umgeben gewesen sein; Schätzung der Zerstörung auf 1550 v. Chr.;

5. eine um 1500 v. Chr. angelegte Stadt mit Doppelmauern;[5] Breite der Hauptmauer 3,5 m. Dies müßte die Mauer sein, die Jericho umgab, als die Israeliten in Kanaan eindrangen. Jedoch scheint die Mauer schon um 1400 v. Chr. zerstört worden zu sein;

6. eine Stadt aus der Eisenzeit I (1200–900 v. Chr.);

7. eine oberste Schicht aus der Eisenzeit II (seit 900 v. Chr.).

Der Name „Jericho" war wohl nicht auf die befestigte Stadt Jericho beschränkt. Die Befestigung der Stadt diente auch dem Schutz der umwohnenden Bevölkerung in der Niederung, die ebenfalls zu Jericho gehörte.

Bei der Landnahme wird die Einnahme des stark befestigten Jericho von den einziehenden Israeliten (Jos 5; 6) als ein Zeichen dafür gewertet, daß Jahwe mit ihnen war. Den Einzug, den die Bibel mit dem Einzug unter Josua meint, setzt man wohl richtig um 1200 v. Chr. an; andererseits wurde die vierte Mauer wahrscheinlich schon um 1400 v. Chr. zerstört. Das ergibt eine echte geschichtliche Aporie, die bis heute noch nicht zu lösen ist. Martin Noth sieht in der Zerstörungserzählung einfach eine ätiologische Erzählung, die später entstand: Jerichos Mauern waren zerstört; in den Erzählungen wurde die Zerstörung deshalb (nach 1200 v. Chr.) Josua und seinen Leuten zugeschrieben. – Es könnte aber natürlich auch sein, daß

die Zerstörung von Jericho zur Tradition eines anderen Einzugsstammes gehörte, zur Tradition einiger Leastämme, die ja durchaus seit etwa 1400 v. Chr. in Kanaan eingedrungen sein können (s. „Die Zwölf Stämme", Nr. 2). – Und schließlich könnte es noch sein, daß sich durch weitere Grabungen auch weiteres Material für die biblische Auswertung ergibt.

Das Nordreich Israel beanspruchte Jericho für sich. König Ahab ließ die Stadt befestigen. Jedoch ist Jericho wohl später zu Juda übergegangen, was daraus zu schließen ist, daß aus Babylon Deportierte nach Jericho zurückkehrten (nach 536 v. Chr.); also müssen Einwohner Jerichos auch vorher, kurz vor oder bei der Zerstörung Jerusalems (586 v. Chr.), deportiert worden sein und nicht schon 725–722 v. Chr. bei der Zerstörung des Reiches Israel.

In der Zeit nach dem Exil, auch zur Zeit Jesu, hatte Jericho eine starke Priestersiedlung.

Das Jericho des NT lag etwa 2 km südwestlich der alten Stadt. Hier legte Herodes für sich selbst ein Winterschloß an, mit Park und großen Wasserbecken. Zur neuen Stadt gehörte eine Rennbahn, ein Theater. Sie war wohl mehr eine hellenistisch-römische Stadt als eine jüdische.

Dieses Jericho war in den Zeiten der nachherodianischen Tetrarchien (S. 576, Nr. 50–53) Grenzstadt zwischen Judäa und Peräa mit einer Oberzöllnerei; der oder einer der Oberzöllner in Jericho war Zachäus (Lk 19,1).

JERUSALEM

Die Stadt Jerusalem entwickelte sich aus der Jebusiterstadt *uruschalim* (oder ähnlich, Bedeutung: Stadt des Gottes Schalim), die David einnahm und zu seiner Stadt („Davidsstadt") machte.[6] Salomo erweiterte das Stadtgebiet nach Norden, indem er dem Hügel der Davidsstadt, der östlich zum Kidrontal abfiel, einen weiteren Teil dieses Osthügels zuschlug: etwa 9 ha; auf diesem Hügel baute er die Palast- und Tempelstadt und ummauerte sie. Dieses Jerusalem der Könige war also im Osten durch das Kidrontal (s. d.) begrenzt, im Westen aber

---

[5] Siehe den Artikel über „Die Befestigung".

[6] S. 539, Nr. 25.

durch ein Tal, das man nach einer späten Mitteilung des Josephus Tyropoion-Tal („Käsemachertal") nennt. Dieses Tal würde das heutige Alt-Jerusalem von Norden nach Süden durchschneiden, wenn es nicht zum Teil verschüttet wäre.

Vor oder von König Hiskija (721–693 v. Chr.) wurde westlich der Palast- und Tempelstadt, also auch westlich des Käsemachertals, eine „Neustadt" (*mischnéh,* d. h. Zweitstadt) angelegt und ebenfalls ummauert; vielleicht wurde die Mauer schon vor der Stadt gebaut. Zur selben Zeit muß auch der Südteil des Westhügels ummauert worden sein, was aus der Anlage des Schiloach (s. d.) hervorgeht. Damit lag Jerusalem zwischen dem Kidrontal im Osten und dem um den Südwesthügel umlaufenden Ge-Hinnom (s. d.), von Norden nach Süden durchzogen vom Käsemachertal. Die drei Täler vereinigen sich unterhalb der Südspitze der langgestreckten Jebusiterstadt (Davidsstadt) im heutigen *wadi en-nār.*

Das Gelände der Stadt rechts und links des Käsemachertals darf man sich freilich nicht als Plateau vorstellen. Sowohl der langgezogene Osthügel (Davidsstadt und Palaststadt mit Tempel) wie auch der langgezogene Westhügel mit den neueren Stadtteilen war von vielen kleinen Querfalten und Einschnitten durchzogen, so daß Jerusalem nicht nur eine Stadt auf dem Berge, sondern auch eine bergige Stadt war.

Im Jahre 586 v. Chr. wurde die Stadt durch den Babylonier Nebukadnezzar II. zerstört (S. 562, Nr. 40); die Davidsstadt und die Neustadt mögen schon bald danach wieder spärlich bewohnt gewesen sein; Tempel und Palast sowie die Mauern blieben aber ganz sicher auf Befehl Babylons als Trümmer liegen; der Opferdienst am Altar wird zunächst weitergeführt worden sein – als Opfer auch für den babylonischen König und sicherlich auch (oder nur?) für babylonische Götter. Frühestens seit 536 v. Chr., nachdem Kyrus II. die Rückkehr der Juden aus Babylon und den Neubau eines Tempels gestattet hatte, begann der Wiederaufbau (S. 565, Nr. 42).

Die folgenden Kriege beschädigten die Stadt zwar sehr, vernichteten sie aber nicht. Für Prachtbauten in seiner Königsstadt sorgte Herodes d. Gr. (S. 573, Nr. 49). Aber dieser Glanz Jerusalems war nur von kurzer Dauer. Am Ende des jüdisch-römischen Krieges, im Jahre 70 n. Chr., wurde es bis auf die Grundmauern zerstört; nur einige Mauerteile und die Türme beim Herodespalast blieben unzerstört – auf Befehl des Titus.

Der Zion
ist nicht mit Jerusalems Südosthügel (Davidsstadt) gleichzusetzen. Als Zion ist vielmehr jene Höhe anzusprechen, die durch die Stadterweiterung Salomos nach Norden hin in das Stadtgebiet einbezogen wurde. Auf dieser Höhe befand sich wahrscheinlich vorher schon das Heiligtum oder der heilige Opferort der Jebusiterstadt, so daß sich die Einbeziehung des Berges in die Stadt auch aus der religiösen Tradition ergab. Noch Jesaja unterschied Jerusalem vom Zion (Jes 10,12). Der Name „Zion" erwies sich aber als so stark, daß man schon bald auch die Davidsstadt des öfteren mit „Zion" bezeichnete (z. B. 1 Kön 8,1). Aber im Laufe der Zeit wurde der Name immer mehr durch den Namen „Berg des Heiligtums" verdrängt.

Der Name „Zion" ist ursprünglich wahrscheinlich kein bedeutungsschwerer Name, er ist wohl ein einfacher Flurname. Wie *sijja* und *sajon* „Dürrland" bedeutet, so wird auch *sijjon* nichts anderes als „Felsenhügel" oder ähnliches bedeuten.

Der heute „Zion" genannte Berg, auf dem sich die Verehrungsstätte des Abendmahlssaales (s. unten) und die Kirche „Dormitio Mariae" (Mariä Heimgang) der Benediktiner befinden, ist mit dem ursprünglich „Zion" genannten Hügel nicht identisch. Dieser neue Zionshügel liegt vielmehr in dem Gebiet, das zur Oberstadt, westlich des Käsemachertales (s. oben), gehörte.

Die Stadt Davids
ist die alte Stadt der Jebusiter (s. d.). Sie lag auf dem steilen südlichen Bergrücken zwischen dem Kidrontal (östlich) und dem späteren Stadttal im Westen („Käsemachertal"), eine Bergstadt von etwa 90 × 380 m Ausdehnung. Im Norden und nahebei im Westen war je ein Tor; im Osten war ein Tor zur Gihonquelle (s. Kidrontal) geöffnet, und ein viertes Tor führte im Süden auf den Berg, der heute Zion heißt, von wo aus man in das Ge-Hinnom (s. d.) gelangen konnte.

Dieser Südosthügel steigt bis auf etwa 720 m, d. h. um 100 m über die Sohle des

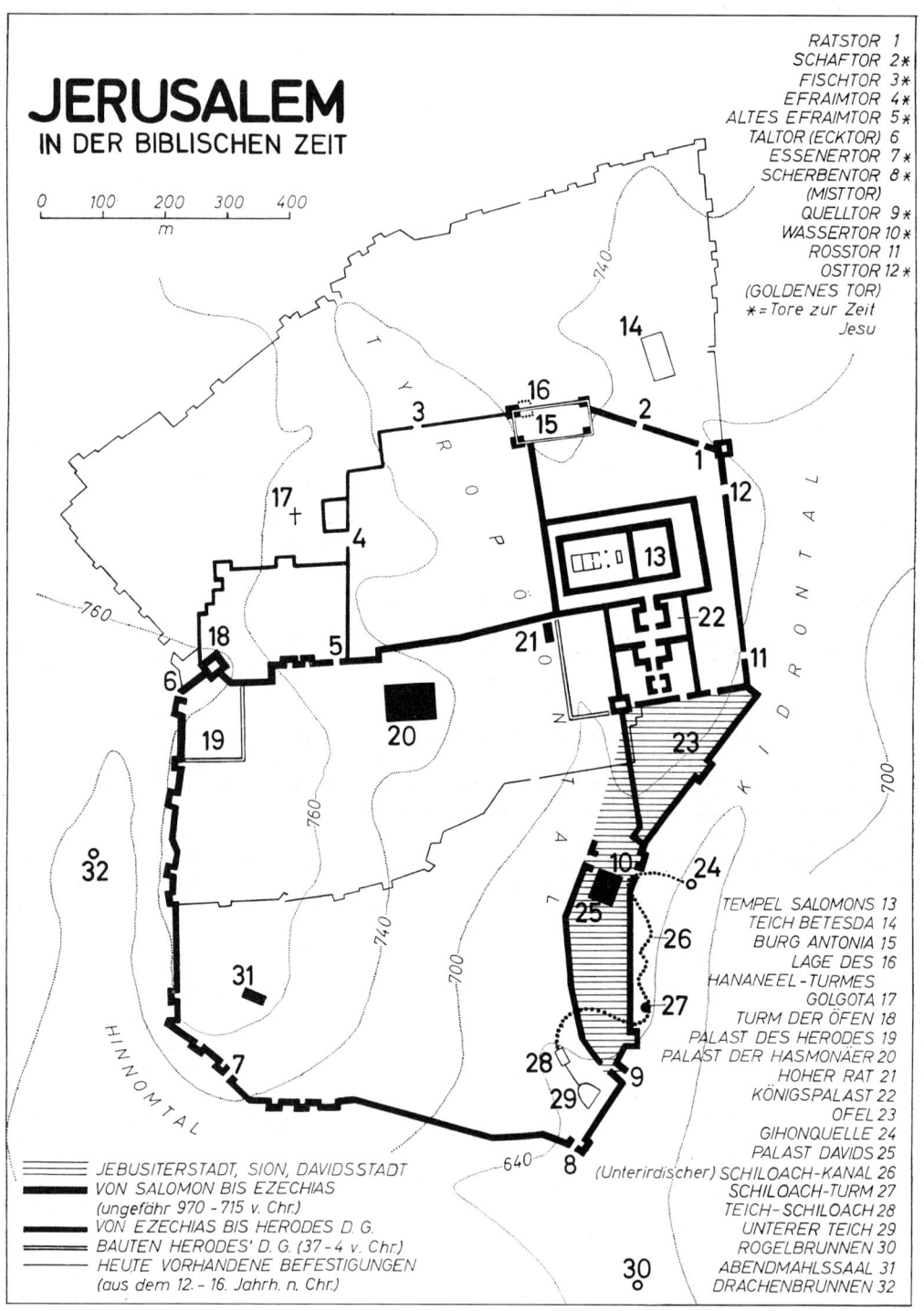

JERUSALEM
IN DER BIBLISCHEN ZEIT

0   100   200   300   400
                m

RATSTOR 1
SCHAFTOR 2*
FISCHTOR 3*
EFRAIMTOR 4*
ALTES EFRAIMTOR 5*
TALTOR (ECKTOR) 6
ESSENERTOR 7*
SCHERBENTOR 8*
(MISTTOR)
QUELLTOR 9*
WASSERTOR 10*
ROSSTOR 11
OSTTOR 12*
(GOLDENES TOR)
*= Tore zur Zeit
Jesu

TEMPEL SALOMONS 13
TEICH BETESDA 14
BURG ANTONIA 15
LAGE DES 16
HANANEEL-TURMES
GOLGOTA 17
TURM DER ÖFEN 18
PALAST DES HERODES 19
PALAST DER HASMONÄER 20
HOHER RAT 21
KÖNIGSPALAST 22
OFEL 23
GIHONQUELLE 24
PALAST DAVIDS 25
(Unterirdischer) SCHILOACH-KANAL 26
SCHILOACH-TURM 27
TEICH-SCHILOACH 28
UNTERER TEICH 29
ROGELBRUNNEN 30
ABENDMAHLSSAAL 31
DRACHENBRUNNEN 32

JEBUSITERSTADT, SION, DAVIDSSTADT
VON SALOMON BIS EZECHIAS
(ungefähr 970 - 715 v. Chr.)
VON EZECHIAS BIS HERODES D. G.
BAUTEN HERODES' D. G. (37 - 4 v. Chr.)
HEUTE VORHANDENE BEFESTIGUNGEN
(aus dem 12. - 16. Jahrh. n. Chr.)

Kidrontales (s. d.) empor; trotz seiner geringen Ausdehnung gab es aber auch in diesem Stadtkomplex Höhenunterschiede bis zu 40 m.

Die Wasserversorgung für die Kriegszeit hatten sich bereits die Jebusiter durch einen Schacht zum unterirdischen Wassergang der Gihonquelle gesichert.

Auf diesem Stadthügel befand sich auch das Grab Davids.

Das Grab Davids
Obwohl das Begräbnis außerhalb der Stadt das übliche war (s. den Artikel „Rein und unrein" und „Gräber"), gab es, zumal in vorexilischer Zeit, auch Ausnahmen. Dazu zählen die Begräbnisse der Könige von Juda. Beim Tode Davids bezeugt der Königsbuchschreiber (1 Kön 2,10), daß David „in der Davidsstadt begraben" wurde.

König Herodes, so teilt Flavius Josephus mit (Altertümer 16,7.I), habe auf dem Grab Davids und Salomos eine Grabsäule errichten lassen; auf jeden Fall gab es also damals (tausend Jahre später) noch eine Tradition über den Ort des Davidsgrabes. Auch heute gibt es noch ein „Davidsgrab", das vom israelischen Religionenministerium etwas wider besseres Wissen zum jüdischen Wallfahrtsort gemacht worden ist. Zwar wurde diese Grabkammer unter dem Abendmahlssaal (angeblich das leere Stephanusgrab) seit dem 12. Jahrhundert n. Chr. „Davidsgrab" genannt; aber man weiß nicht, wieso die Kreuzfahrer zu dieser Bezeichnung kommen konnten. Die Lage macht es unglaubhaft, weil dieser Westhügel Jerusalems nicht die „Davidsstadt" war. Aber nachdem der Name „Davidsgrab" einmal geboren war, behauptete er sich. Als die Franziskaner, die seit dem 14. Jahrhundert Hüter der heiligen Stätten des Heiligen Landes waren, im 16. Jahrhundert von den Türken ausgewiesen wurden, wurde der Platz bei einer Eigentumsübertragung „Nebi Daud" (das ist arabisch und heißt „Prophet David") genannt. Im Inneren dieser Grabkammer, die ein romanischer Rest (Apsis) des Zionsmünsters der Kreuzfahrer ist, steht ein Sarkophag aus dem 14. Jahrhundert n. Chr., der wahrscheinlich von den Franziskanern dort aufgestellt wurde. Heute ist er mit glitzernden Decken behängt und mit Torakronen geschmückt. Er wird von den Israelis als Grab Davids verehrt.

Jerusalem verdankt die Tatsache, daß es Hauptstadt des israelisch-jüdischen Reiches wurde, nicht seinen günstigen Einzelbedingungen, sondern lediglich seiner Lage zwischen den beiden Reichsteilen. Von der reinen Bodenlage her taugte die Gegend höchstens zu dem, was die Jebusiter daraus gemacht hatten: zu einer kleinen Festungsstadt. Alle Großbauten und alle Festungsbauten in der späteren Hauptstadt verlangten eben wegen der ungünstigen Bodenverhältnisse viel Erdbewegungen und viele Hilfsbauten.
Die Zelle Jerusalems *ist die Jesubiterstadt (quergestreifte Kartenfläche). Aber zur eigentlichen Stadt gehörte nur der südliche Teil, bis zu den beiden Nordtoren. Der nördliche Teil war wahrscheinlich die Senke zwischen Stadtberg und Opferberg sowie der Hügel des Opferberges selbst.*
Salomo *ließ dann später die Senke zum Teil ausfüllen, um Gelände für den Tempel und seinen eigenen großangelegten Palast zu gewinnen. Nach dem Tempelbau Salomos wird die Stadt sich im wesentlichen zwischen den beiden Tälern (Kidrontal und Westtal, später Tyropoiontal – Käsemachertal – genannt) erhoben haben. Auch nördlich des Tempels war die Stadt zuende; die Burg (15) stammt, auch mit ihren einfacheren Urbauten, erst aus der Zeit nach der Babylonischen Gefangenschaft.*
Die Szenerie des Neuen Testamentes *ist – abgesehen vom Tempelgelände –, die Neustadt. Golgota (17) lag damals noch ganz außerhalb der Stadt, an der Straße, die durch das neue Efraimtor zur Stadt hinaus führte. An der ziemlich stark ansteigenden Straße lag der Hügelkopf, auf dem Jesus gekreuzigt wurde. – Der Palast des Herodes (19), am Rand der westlichen Höhe, war ein Neubau aus der Herodeszeit und wurde wohl auf dem verlassenen Gebiet eines von Töpfern ausgebeuteten Lehmlagers erbaut. Vom Herodespalast zum Tempel führte eine, ebenfalls von Herodes gebaute Prachtstraße. – Die Eintragung 21 („Hoher Rat") muß als sehr fraglich angesehen werden. – Auch der Abendmahlssaal lag sicherlich in der Neustadt, ob nun gerade an der Stelle, ist allerdings mehr als zweifelhaft (31). Möglicherweise ist dies der „Pfingstsaal"; jedenfalls hat der Ort als solcher eine lange Tradition für sich. Heute wird dieser Westhügel „Zion" genannt, was wahrscheinlich auf einen Kreuzfahrerirrtum zurückgeht. Heute liegt er auch außerhalb der Mauern, was durch die sehr massiven Mauern der Türkenzeit einen leicht falsch zu deutenden optischen Eindruck erweckt. – Ob der Schiloachturm (27) tatsächlich an der bezeichneten Stelle gelegen haben kann, wird ebenfalls mit Recht bezweifelt. Wohl mag früher an dieser Stelle ein Schutzturm gestanden haben, um den Eintritt des Schiloachkanals in den Berg unter der Jebusiterstadt zu schützen; aber der bei Lk 13,4 erwähnte Turm muß beim Teich Schiloach (28) gestanden haben; denn nicht den Gang, sondern den Teich nannte man „Schiloach", und am Teich hatte er damals eine sinnvolle Funktion, nicht aber am Ostrand der Stadt, außerhalb der Mauern.*

Der Abendmahlssaal
Jesu ist gänzlich verschollen. Zwar hat sich seit dem 4. Jahrhundert in der westlichen Neustadt (s. d.) die Tradition auf ein Haus konzentriert, das der Versammlungsraum der Jünger zwischen Jesu Himmelfahrt und Pfingsten gewesen sein soll – aber die Gedächtnisfeier an das Letzte Abendmahl Jesu wurde erst im 5. Jahrhundert von einigen Kirchen (z. B. den Armeniern) dorthin verlegt.

Der „Abendmahlssaal" genannte Raum im heutigen israelischen Jerusalem, neben der Benediktinerabtei, ist ein gotischer zweischiffiger leerer Kirchensaal, der vielleicht den Luftraum des Pfingstsaales umgibt. Wo das Letzte Abendmahl Jesu stattfand, ist ohne jede Tradition geblieben. Den einzigen Hinweis auf seine Art gibt Lk 22,12, wo von einem „Obergemach" gesprochen ist, d. h. einem Gemach im oberen Stockwerk oder in einem Dachaufbau; dies wiederum weist auf ein vornehmes Haus hin, das auch durch den wasserholenden Sklaven (Mk 14,12–15) bestätigt wird. Weil in Apg 1,13 der Saal der Pfingsterwartung „Obergemach" genannt wird, glaubte man berechtigt zu sein, Abendmahlssaal und Saal der Pfingsterwartung gleichzusetzen.

Das Haus des Kajaphas
lokalisiert eine alte Tradition in die Oberstadt, westlich des Käsemachertals. Das hat manches für sich, denn dieser Teil der Stadt war ein vornehmes Wohnviertel. Damit käme allerdings das Haus des Kajaphas in unmittelbare Nähe des sogenannten Abendmahlssaales. Aber das kann nicht irre machen, denn es ist kaum anzunehmen, daß der heute behauptete Ort des Abendmahlssaales (s. oben) einige Wahrscheinlichkeit für sich hat. Das Bedenken also, daß Judas vom Abendmahlssaal zum Hohenpriester Kajaphas dann nur wenige Schritte gehabt habe, muß sich jedenfalls mehr gegen die Lokalisierung des Abendmahlshauses auswirken als gegen die Lokalisierung des Kajaphashauses. Dagegen sind von dieser unmittelbaren Nachbarschaft aus keine Bedenken gegen die Lokalisierung des Pfingstsaales zu erheben. Ja, die sich immer wiederholenden Zusammenstöße zwischen den Aposteln und der Hohenpriesterschaft machen es durchaus wahrscheinlich, daß die Entwicklung der Urkirche nicht nur im Tempel, sondern auch in ihrem eigenen Versammlungshaus (dem

Pfingstsaal) unter den Augen des Hohenpriesters vor sich ging.

Die Burg Antonia,
im Nordwesten des Tempelgebietes und unmittelbar damit verbunden, geht in ihren Anfängen bis in die Zeit des Nehemia (S. 565, Nr. 42) zurück; damals hieß sie einfach *birá* (Burg), womit gelegentlich auch der Tempel benannt wurde, so daß zunächst wohl nur an eine Befestigung des Tempelgebiets gedacht war. Die Makkabäer erneuerten und erweiterten den Bau. Herodes d. Gr. baute sie für sich, nachdem er als König Jerusalem erobert hatte, zur Wohn- und Kasernenburg aus und wohnte darin in den Jahren 37–23 v. Chr., bis er seinen neuen Königspalast in der Oberstadt hatte fertigstellen lassen. Das ausgebaute Makkabäerkastell nannte er „Burg Antonia", um damit den römischen Triumvirn Antonius zu ehren, dem er sein Königtum verdankte (S. 573, Nr. 49). Da Antonius im Jahre 31 v. Chr. von Oktavian in der Schlacht bei Aktium besiegt wurde und er daraufhin Selbstmord beging, muß die Benennung der Burg vor dem Jahre 31 v. Chr. stattgefunden haben.

Auf der Burg Antonia lag zur Römerzeit die ständige römische Besatzung. Von der Burg aus wurde vor allem der Tempelbezirk militärpolizeilich beschattet. Aus der Burg konnte man durch Treppen auf den Tempelplatz gelangen. Hier wird auch der Militäroberst der Römer residiert haben. Der Prokurator dagegen hatte sein „Prätorium" im ehemaligen Königspalast (s. unten) des Herodes; aber er war nur zu den Festzeiten in Jerusalem. Ob in der Zeit, wo der Prokurator nicht in Jerusalem war, die Kasernen des Prätoriums ebenfalls besetzt waren, wissen wir nicht.

Gleich zu Anfang des jüdisch-römischen Krieges (66 n. Chr.) erkämpften die Juden die Burg und hielten sie bis zum Jahre 70 n. Chr. Nachdem Titus sie eingenommen hatte, ließ er sie schleifen.

Der Königspalast
des Herodes wurde im Jahre 23 v. Chr. bezogen; bis dahin hatte der König auf der Burg Antonia (s. oben) gewohnt. Dieser neue Königspalast lag auf der Nordwesthöhe der Oberstadt. Er war kein bescheidener Wohnpalast, sondern eine Königsburg mit Mauern und Türmen, Höfen und Kasernen. Der Weg von

der Stadt herauf führte durch ein östliches Tor in einen großen Hof, der gepflastert war (Lithostrotos = Steinpflaster). Auf diesem Hof hielt der König auch Gericht. Im Volksmund hieß diese Höhe „Gabbatá" (von *gabah* = „hoch" abzuleiten); vielleicht hieß sie schon so, bevor Herodes hier seinen Palast baute.

In diesem Palast wohnte Herodes, wenn er in Jerusalem war, bis zu seinem Tode. In diesem Palast residierte auch sein Sohn und Nachfolger in Judäa, Archelaus. In diesem Palast residierten auch die Prokuratoren, welche im Namen Roms die Regierungsnachfolger der jüdischen Regenten waren. Indem sie die früheren Regentenpaläste einnahmen, machten sie ihr Regierungsrecht sichtbar. Als Regierungssitz der Prokuratoren wurde der Königspalast „Prätorium" genannt.

Das Prätorium des Pilatus wurde im Laufe der Pilgergeschichte in die Burg Antonia lokalisiert. Der traditionelle Freitagskreuzweg in Jerusalem folgt noch immer dieser Meinung. Es ist jedoch kaum anders möglich, als daß das Prätorium des Pilatus und aller Prokuratoren die Königsburg des Herodes war. Einen „Lithostrotos" könnte es zwar auch auf der Burg Antonia gegeben haben; aber kaum hätte man dieselbe Stelle Gabbatá (Höhe) genannt, weil sie ja auf gleicher Höhe mit der Unterstadt lag. Zwar ist theoretisch möglich, daß Pilatus auf der Burg Antonia Recht sprach; aber der gegebene Ort für die Rechtsprechung war doch die Residenz, auf deren Hof der Richterstuhl (griech. *bäma*) von Fall zu Fall aufgestellt wurde. Die Episode Mt 27,19 (Intervention der Frau des Pilatus zugunsten Jesu) weist ebenfalls auf den Wohnpalast hin. Die Meinung, daß im Prätorium nicht Platz genug für eine ganze Kohorte gewesen sei, geht von einer falschen Vorstellung von der Art und Größe dieses ehemaligen Königspalastes aus. Alle Vorgänge der Passion Jesu bestätigen den herodianischen Königspalast als Prätorium.

(In ähnlicher Weise ist auch in Cäsarea das Prätorium der Prokuratoren die ehemalige Königsresidenz des Herodes.)

Das Kidrontal
zieht sich zwischen dem Osthügel Jerusalems und dem Ölberg hin. Wenn man auf dem Hang des Ölbergs (s. d.) steht, sieht man über das tief eingeschnittene Tal hinweg, links am Südende des Steilhügels liegt der Rücken der Davidsstadt, daran anschließend nach rechts (nördlicher), mit seinen steilen Fundamenten, die den Felsen verstärken, der Tempelberg, auf dem heute die arabischen Moscheen stehen. Der Kidron, ein meist kümmerliches Wasser – ein Winterbach –, fließt durch das *wadi en-nār* ins Tote Meer.

Unterhalb der alten Jebusiterstadt (später Davidsstadt) entspringt im Kidrontal, etwas erhöht, die Gihonquelle (was wahrscheinlich „die Sprudelnde" heißt). Sie war die einzige Frischwasserquelle zur Versorgung Jerusalems. Schon die Jebusiter (s. d.) bauten von ihrer Stadt aus einen Tunnelgang zur Wasserader dieser Quelle, um in Kriegszeiten die Versorgung mit Wasser sicherzustellen (s. den Artikel „Quellen und Brunnen"). König Hiskija von Juda (721–693 v. Chr.) ließ dann einen unterirdischen Wassertunnel unter dem Hügel der Davidsstadt her graben, den Schiloach (s. unten), und legte ein Wasserbecken innerhalb der Mauern an, die die Neustadt umfaßten und Anschluß an das Mauerwerk der Davidsstadt hatten. Dies war nun die neue, untere Gihonquelle; die alte Quelle wurde zugeworfen. Heute liegt sie jedoch wieder frei.

Die Gihonquelle heute.

Am Zusammentritt des Kidrontales mit dem von Westen kommenden Ge-Hinnomtal (s. unten) lag die *„Rogelquelle"* (wahrscheinlich der heutige Hiobsbrunnen), ein Grundwasserbrunnen, der in Jos 18,16 als einer der Grenzpunkte zwischen den Stämmegebieten Judas und Benjamins genannt wird. Der Tälerschnittpunkt beim Rogelbrunnen war ein beliebter Treffpunkt, wie aus 2 Sam 17,17 und 1 Kön 1,9 hervorgeht.

Das Ge-Hinnomtal,

im Südosten der alten Jebusiterstadt, trägt seinen Namen wahrscheinlich nach seiner früheren kanaanitischen Besitzerfamilie; die Namenstradition ist verschieden: Tal des Hinnom, Tal des Hinnomsohnes, Tal der Hinnomsöhne.

Als Ahas im 8. Jahrhundert v. Chr. in Juda König war (S. 555, Nr. 36b) und vierzig Jahre später Manasse (S. 599, Nr. 37), fanden im Ge-Hinnomtal die Opfer für den assyrischen Gott Moloch statt – zu den Molochopfern gehörten auch gelegentliche Menschenopfer; deshalb ließ König Joschija bei seiner Kultreform (632–621 v. Chr.) das Tal durch Gebeineverbrennung verunreinigen. Dadurch wurde es zu einer Abfallstätte, wo ein nie verlöschendes Feuer den Unrat Jerusalems verzehrte; dadurch wiederum wurde das Ge-Hinnom unter dem Namen „Gehenna" zum Symbol des Straforts für die Verdammten und zur Vokabel für die Hölle.

Der Fremdenfriedhof (Töpferacker, Hakeldama), der für das Verratsgeld des Judas gekauft wurde, lag nach christlicher Tradition im Ge-Hinnom. Wenn die Tradition stimmt, könnte man darin die Fremdenverachtung des Hohen Rates erkennen.

Der Schiloach

wird bei Joh 9,7 erwähnt. Es handelt sich dabei um einen Wasserschöpfort und einen Teich (oder mehrere Teiche), nicht aber eigentlich um eine Quelle. Die zugehörige Quelle ist die Gihonquelle (s. oben: Kidrontal). Diese Quelle war der Quellort Jerusalems, lag aber außerhalb der Mauern. Bei kriegerischen Auseinandersetzungen bestand die Gefahr, daß der Feind das Wasser verseuchte oder ableitete und die Stadt damit ausdurstete.

Beim Assyrereinfall (im Jahre 701 v. Chr.) ließ deshalb König Hiskija von Juda von der Gihonquelle aus einen Tunnel durch das Felsgestein hauen, der den Austritt des Wassers in den Raum innerhalb der schützenden Mauern verlegte. Diesen Kanaltunnel, den neuen Schöpfort und auch den Schöpfteich nannte man *schiloach*, d. h. „entsandtes Wasser".

Im Jahre 1881 n. Chr. wurde im Inneren des Tunnels eine Inschrift entdeckt, die die Freude der Tunnelgräber darüber ausdrückt, daß sie sich nicht verfehlt haben; denn der Tunnel wurde von beiden Seiten her vorgetrieben.

Die Quelle wurde nach Schaffung des neuen Schöpfortes zugedeckt; die Erinnerung daran, daß der Schiloach nicht der eigentliche Quellort ist, war aber vielleicht zur Zeit Jesu schon verschwunden. Der Name Schiloach konnte durchaus auch als Quellort gedeutet werden. Heute liegt auch die Gihonquelle wieder offen.

Die Wasser aus dem Schiloach waren sauber und gut zum Trinken. Als gutes und außerdem „lebendiges Wasser" (s. d.) war es ein Symbol der messianischen Zeit; deshalb schöpfte man aus ihm am Laubhüttenfest (s. d.). Darin mag wohl auch der Grund liegen, warum Joh 9,7 dem Namen Schiloach den Sinn von „Gesandter" gibt, denn er will damit auf Jesus als den gesandten Messias hinweisen.

In der Nähe des Schiloach lag zur Zeit Jesu ein Turm, der vielleicht zum Schutz des Schöpfortes gebaut worden war. Dieser Turm stürzte beim letzten Laubhüttenfest, das Jesus in Jerusalem erlebte, ein (s. im Artikel „Das politische Messiastreiben . . .", S. 604, Nr. 11).

Der Teich Betesda

Gegenüber der Burg Antonia, auf einem Hügel außerhalb der Mauer, lag gemäß den Beschreibungen des Josephus die nördliche Vorstadt Bezathá (der aramäische Name bedeutet „Olivenhaus"). Am Fuß dieses Hügels lag ein Schafteich, der sich mit Regenwasser füllte, und ein zweiter Teich, dessen Wasser von Zeit zu Zeit aufwallte. Man sprach aber nicht von zwei Teichen, sondern von einem Teich, einem „Zwillingsteich", wie Eusebius (um 300 n. Chr.) betont.

Der Teich galt als heilkräftig, d. h. wohl nicht der Regenwasserteich, der eine alte Schaftränke war, sondern der andere Teil. Man muß annehmen, daß dieses Teichbecken von einer künstlichen Wasserzufuhr gespeist wurde (Röhren oder ähnliches) und „die zeitenweise vorkommende Bewegung des Wassers", schreibt Dalman,[7] „mag mit Zufälligkeiten der Einrichtung des Zuflusses zusammenhängen, der wohl von einer höhergelegenen Sammelstelle im gleichen Tale... kam". Genauer konnte diese Erscheinung bis heute nicht geklärt werden. Das aufwallende Wasser war rot, was darauf hindeutet, daß die zufließenden Wasserströme wahrscheinlich durch eisenhaltige Kanäle in den Teich gelangten. Die Erklärung durch Joh 5,4 (eine Textergänzung, die nur von wenigen Handschriften überliefert wird) sagt: „Ein Engel des Herrn aber stieg zu bestimmter Zeit in den Teich hinab und brachte das Wasser zum Aufwallen." Das ist eine Ausdrucksweise dafür, daß die Heilkräftigkeit des aufwallenden Wassers als eine Botschaft des barmherzigen Gottes angesehen wurde (s. den Artikel „Engel Jahwes").

König Herodes d. Gr. hatte das heilkräftige Areal durch römische Baumeister mit vier Säulenhallen umgeben lassen; eine fünfte Halle ging zwischen den beiden Teichen hindurch. In diesen Hallen lag auch der seit achtunddreißig Jahren Kranke, den Jesus heilte (Joh 5,1–15).

Der Name des Teiches erscheint in den meisten Handschriften der Evangelien als „Betesda", was „Ort der Barmherzigkeit" bedeutet *(bet hesdá)*. Diese Benennung ist wohl eine volkstümliche Veränderung des Vorstadtnamens „Bezathá", zu dessen Bereich die Anlage gehörte. Aus dem „Teich von Bezathá" wurde der „Teich Betesda". Diese inoffizielle Umbenennung mag schon vor Herodes d. Gr. geschehen sein.

Der Tempel
ist in diesem Buch bereits als „Tempel Salomos", als „Zweiter Tempel", als „Herodianischer Tempel" behandelt worden (s. d.).

Der Kalvarienberg
lag im Norden, außerhalb der Stadtmauer (s. d.).

JESREEL

1. Name der Ebene zwischen Karmel (s. d.), Gilboagebirge (s. d.) und dem Vorgebirge von Galiläa; in hellenistischer Zeit hieß sie „die Ebene Ésdralon".

Die Ebene Jesreel wird bewässert durch den Bach Kischon und seine zahlreichen Zuflüsse. Sie muß in biblischer Zeit ein außerordentlich fruchtbares Gebiet gewesen sein, wie auch heute wieder, nach der anstrengenden Kultivierungsarbeit der Israelis. Der Name „Jesreel" weist auf diese Fruchtbarkeit hin; er bedeutet „Gott sät". Die Ebene gehört zum Gebirgsdurchbruch durch die westpalästinensischen Gebirgssysteme und ist dadurch eine Art Straßentreffpunkt. Der Sicherung dieser Straßen dienten die Festungen, z. B. auf dem Paß von Megiddo (s. d.) am nordsüdlichen Karmel und Bet-Schean (s. d.) in der Jordanniederung.

Die Ebene war wegen ihrer Fruchtbarkeit und Verkehrsgünstigkeit schon bei der Landnahme ein gut besiedeltes Zentrum der Kanaaniter mit mehreren Städten (Jos 17,16). Die Israeliten mußten versuchen, sie in ihre Hand zu bekommen. Wie wichtig diese fruchtbare Ebene für die Gesamtheit des Landes ist, geht daraus hervor, daß man im heutigen Israel das „Emek Yezre'el" (Tal Yezre'el) einfach das Emek *(das* Tal) nennt. Damit nimmt man einen alten Brauch wieder auf; denn auch die Bibel spricht meistens von „dem Tal" (die Übersetzung „Ebene" entspricht mehr unserem geographischen Wortgebrauch; bei wörtlicher Übersetzung müßten wir vom Tal Jesreel sprechen).

Durch die Straßen und durch die Ebene, deren Verwüstung eine beträchtliche Schwächung des Feindes darstellte und die sich dadurch als Schlachtfeld wie von selbst anbot, war die Ebene Jesreel wiederholt Kampffeld der Kriege Israels. Hier kämpfte Barak, als Debora zum Kampf rief (S. 534, Nr. 17). Hier überraschte Gideon mit seinen dreihundert Mann das Lager der Midianiter (s. die Erläuterung zu Ri 7). Hier kämpfte Saul gegen die Philister (1 Sam 29). Hier kämpfte König Joschija von Juda gegen den Ägypterkönig (S. 559, Nr. 38).

2. Am östlichen Rand der Ebene, am Gilboagebirge (s. d.), liegt die Stadt Jesreel, die logischerweise ihren Namen von der Ebene haben müßte und nicht umgekehrt. Trotzdem scheint die Stadt der Ebene den Namen gegeben zu haben. Denn die Stadt Jesreel ist eine

---

[7] G. Dalman, Jerusalem und sein Gelände, 1930, S. 177.

der ersten Städte der Ebene, die in der Hand Israels waren; wohl schon zur Zeit der Richter. So wurde die Ebene nach der israelitischen Stadt dieser Ebene benannt. Der die Fruchtbarkeit aussagende Name würde sich dann zunächst auf die Äcker und Weinberge der Stadt bezogen haben.

Die Stadt liegt auf der Wasserscheide, zwar nur 123 m hoch, aber frei und mit einer weiten Sicht. Dadurch hatte sie strategische Bedeutung und war außerdem sozusagen ein Luftkurort. Wegen dieser strategischen Bedeutung baute hier König Ahab von Israel einen Palast, bei dessen Gartenanlagen er auf den Widerstand Nabots stieß (s. 1 Kön 21). Vielleicht darf man Jesreel als strategisch bestimmten Sommersitz der Könige des Nordreiches Israel ansehen. In Jesreel wurde das Haus Ahab ausgerottet (s. den Artikel „Königin Isebel").

JOPPE

hebr. „Jafo", Jaffa (vielleicht „die Schöne", in der Vulgata „Joppe") ist eine der ältesten Städte der palästinensischen Mittelmeerküste. Ausgrabungen bezeugten den Platz schon für die Steinzeit als besiedelt. Durch seine Lage an der großen Bucht hatte er ein Wassergelände, das sich als Hafen benutzen ließ, wenn man wegen der Klippen auch nicht bis an den Strand heranfahren konnte. Dadurch hatte Joppe einen bedeutenden Aufstiegsfaktor.

In der idealen Landverteilung des Buches Josua ist Joppe dem Stamme Dan zugeteilt. In Wirklichkeit gehörte es aber bis zum Jahre 144

v. Chr. niemals zu Israel oder Juda. Auch nicht zu Davids oder Salomos Zeiten, obwohl dort das Bauholz für den salomonischen Tempel, das per Schiff vom Libanon kam, ausgeschifft wurde. Wahrscheinlich gehörte die Stadt immer den Phöniziern, wenn sie auch von den Philistern mit besiedelt gewesen sein mag. Von Joppe aus versucht Jona, der Prophet der Jona-Erzählung, auf einem Tarsisfahrerschiff seinem Auftrag, nach Ninive zu gehen, zu entfliehen (Jon 1,3).

Simon der Makkabäer (S. 571, Nr. 46) eroberte den Platz – vor allem des Hafens wegen – für Juda und ließ die Einwohner judaisieren. Von da an gehörte Joppe bis zum Ende des jüdisch-römischen Krieges – mit Ausnahme der Jahre 34 bis 30 v. Chr. – zu Juda.

In Joppe wohnte Petrus bei einem Gerber Simon, „der ein Haus am Meer hat" (Apg 10,6), als ihn die Boten des heidnischen Hauptmanns Kornelius nach Cäsarea einluden. Die Stelle des Hauses an einer abschüssigen Gasse wird bis heute gezeigt, aber die Tradition ist sehr unsicher.

DER JORDAN

durchfließt einen Teil des riesigen Nordsüdgrabens, der in vorgeschichtlicher Zeit durch Erdbruch entstanden ist und wahrscheinlich ehemals von Wasser ganz ausgefüllt war. Der Graben ist zu verfolgen von dem tiefen Einschnitt zwischen Libanon und Antilibanon an, durch das Jordantal hindurch bis ins Tote Meer, südlich des Toten Meeres bis ins Rote

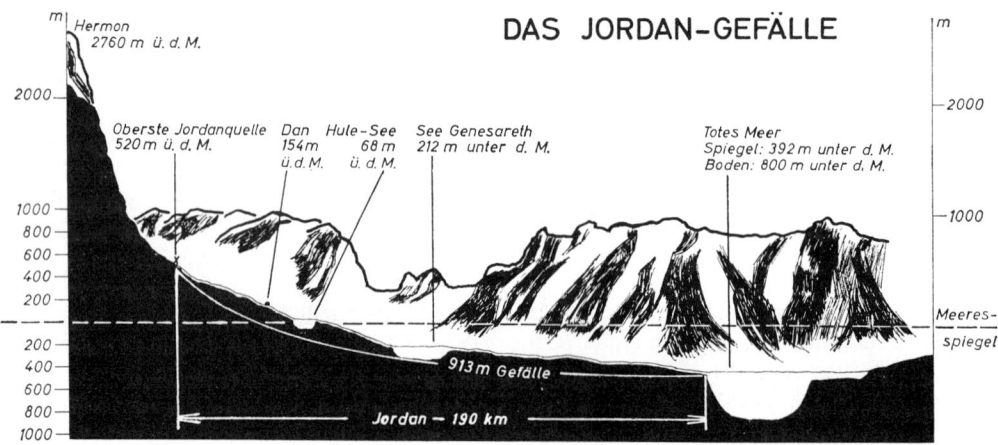

DAS JORDAN-GEFÄLLE

Die Windungen des Jordan zwischen dem See Gennesaret und dem Toten Meer.

Meer hinein, wo er sich im Meeresboden fortsetzt. Vom See Gennesaret bis zum Roten Meer wurde der Bruch „Arabá" genannt; heute heißt so nur noch der Graben südlich des Toten Meeres. (Luther übersetzt *arabá* mit „Blachfeld" oder „Gefilde".) In der Arabá gab es Kupfer- und Eisenerzlager (s. den Artikel „Salomos Bergbau").

In den südlichen und westlichen Vorbergen des Hermon (s. d.) entspringt der Jordan in drei Quellflüssen: bei den Höhlen von Banias (Cäsarea Philippi, s. d.) entspringt der östliche Quellfluß, 329 m über dem Meer. Der mittlere, mehr westliche Quellfluß ist der kürzeste und wasserreichste (arab. *nahr el-leddan;*

154 m über dem Meer entspringend); an seiner Quelle lag Dan (s. d.), das nördliche Stierbildheiligtum Jahwes im Reiche Israel. Der westliche und längste Zufluß ist zunächst nur Quellbach, der *nahr el-hasbani* (arabisch), tief im Gebirge in 520 m Höhe über dem Meer entspringend. Bis zum Hulesee, dem kleinsten der ehemals drei Seen im Nordsüdgraben, fließt es und rinnt es außerdem aus allen Richtungen; aber dadurch war die Ebene nördlich des Hulesees[8] und das Land um ihn her auch sehr sumpfig.

[8] Der Hulesee ist von den Israelis inzwischen trockengelegt worden.

Nach Vereinigung der Quellflüsse teilt sich der Jordan in zwei Arme, die sich erst im Hulesee vereinigten; als etwa 25 m breiter Fluß trat er aus dem See wieder aus. Nach der Ebene, südlich des kleinen Sees, durchbricht er eine Basaltbarriere; er hat nun ein Gefälle von durchschnittlich 17 m auf 1 km; die Angaben beruhen auf den neuesten Messungen des Staates Israel. Nach 16 km ist er zu 45 m Breite angewachsen und 280 m gefallen: er ergießt sich in den See Gennesaret (s. d.). Während der Spiegel des Hulesees noch 68 m über dem Meer lag, breitet sich der des Sees Gennesaret 212 m unter dem Spiegel des Mittelländischen Meeres.

Der Jordan durchfließt den See Gennesaret und tritt in die Jordanebene ein, die sich nach etwa 10 km westwärts zur Ebene Jesreel (s. oben) erweitert. Etwa in der Höhe von Bet-Schean (s. d.) lag die nördliche, zweite Taufstelle des Täufers Johannes (Joh 3,23). Seine südliche Taufstelle (Joh 1,28) lag fast am Einfluß des Jordan ins Tote Meer, etwa 70 km südlich der zweiten Taufstelle.

Dieser südliche Lauf des Jordan, nachdem er den Jábbok (s. d.) aufgenommen hat, ist ein wilder, waldbewachsener Bettgraben, der bei Überschwemmungen sumpfig, immer heiß und fieberträchtig ist, in dem vor der Babylonischen Gefangenschaft der Juden noch Löwen hausten. Der tiefe Mergelgraben des mittleren Unterlaufs bricht manchmal nach Unterspülungen zusammen, sperrt für viele Stunden den Flußlauf und läßt das ganze untere Bett leerlaufen; so am 8. Dezember 1266 n. Chr. und im Oktober 1914 n. Chr. Damit erklärt sich das Erzählungsmotiv Jos 3,16, das berichtet, wie die Israeliten beim Einmarsch nach Kanaan trockenen Fußes durch das Jordanbett marschieren konnten.

Vom Ausfluß aus dem See Gennesaret bis zum Einfluß ins Tote Meer mißt das Jordantal 104 km; der Fluß selbst aber ist durch seine Windungen viel länger. Auf diesem Lauf fällt das Gelände noch einmal um 180 m, so daß der Jordan beim Einfluß ins Tote Meer bei 392 m unter dem Meeresspiegel die tiefste Flußmündung der Welt hat. Da das Tote Meer (s. d.) ein Binnensee ist, ist der Jordan wohl auch der einzige größere Fluß, der in ein wirkliches Binnenmeer mündet, das keine Verbindung zum Weltmeer hat.

Der Name des Jordan ist etymologisch nicht geklärt. In der Volksetymologie, auch des heutigen Israel, erklärt man den Namen als „der Herabsteigende" *(hajjardén),* während eine Reihe von Wissenschaftlern den Namen einfach als „der Fluß" deuten.

Die Wasser des Jordan sind, außer im nördlichen Galiläa, oft schmutzig und gelb. Gerade deshalb aber befahl Elischa dem Syrer Naaman, sich im Jordan zu waschen, damit er vom Aussatz rein werde (s. 2 Kön 5,1–16); denn es kam darauf an, trotz des schmutzigen Wassers an die Heilung durch Jahwe zu glauben.

Auch Johannes taufte im Jordan, nicht weil das Jordanwasser an sich rein machte und also ein gut begreifbares Symbol für die Reinigung von Sünden war, sondern weil es gerade durch seine fragliche Reinheit ein Symbol für die Reinigung durch die Buße sein konnte.

JUDAGEBIRGE

Das „Gebirge Juda" *(jehudáh)* ist das Berggebiet westlich des Toten Meeres, von der nördlichen Jerusalemlinie bis etwa 25 km südlich von Hebron reichend. Sein Name ist wahrscheinlich ein originär kanaanitischer Name; das Gebirge hieß wohl schon in vorisraelitischer Zeit so. Der Stamm Juda würde sich also nach dem Gebirge genannt haben, in dem er saß (S. 507, Nr. 8/4).

Der Ostteil des Gebirges, der am Ostrand steil zum Toten Meer hin abfällt, ist die „Wüste Juda". Durch diese Wüste zog der Weg von „Jerusalem nach Jericho"; und in diese Wüste zog sich Jesus wohl auch zu seinem vierzigtägigen Fasten zurück. – „Wüste" heißt hier nicht Sandwüste, sondern niederschlagsarmes Kalksteingebirge, dessen spärliche Vegetation nur vom Tau lebt.

Der Nordteil des Gebirges ist das Bergland um Jerusalem (750 m), in dem Betlehem liegt und auch En-Karim, das die Heimat Johannes des Täufers sein soll. Die höchste Erhebung des Gebirges Juda liegt südlich von Hebron (arab. *dschebel el batrak:* 1025 m).

Nördlich von Jerusalem geht das Gebirge Juda in das Gebirge Efraim über (S. 518, Nr. 8/11).

KAFARNAUM

Der Ort wird heute fast allgemein im Bereich der Trümmerstätte *tell hum* lokalisiert, wo die Reste einer Synagoge ausgegraben wurden. Auf dieses Gebiet, knapp 5 km westlich der Jordanmündung in den See Gennesaret (s. d.), verweisen auch die Angaben der Evangelien.

Jesus „verließ Nazaret, um in Kafarnaum zu wohnen, das am See liegt, im Gebiet von Sebulon und Naftali" (Mt 4,13); das Gebiet des Stames Sebulon ist das Westufer des Sees von Galiläa (s. d.). Weil Jesus dort seinen Wohnsitz nahm, ist es „seine Stadt" (Mt 9,1); der Ausdruck ist nicht affektiv, sondern amtlich zu deuten.

Die Synagoge von Kafarnaum. Rekonstruktion der Synagoge des 2. christlichen Jahrhunderts.

Auch das Nordwestufer des Sees ist Gebiet von Kafarnaum, wenn es *tell hum* war; auf dieses Nordwestufer verweist die Berufung des Zöllners Levi/Matthäus (Mt 9,9), weil der hier in den See einmündende Jordan die Landesgrenze zwischen dem Gebiet des Herodes Antipas (S. 576, Nr. 51) und des Philippus war (S. 577, Nr. 52). Auch die Anwesenheit einer kleinen Schutztruppe, auf die der „Hauptmann von Kafarnaum" (Mt 8,15) hinweist, macht das Grenzgebiet deutlich.

Dieser Hauptmann – vielleicht ein Grieche in Diensten des Herodes Antipas – hatte den Juden von Kafarnaum eine Synagoge gebaut (Lk 7,5). Die jetzigen sichtbaren Trümmer der Synagoge (s. d.) stammen aber wohl von einem Bau, der um 200 n. Chr. errichtet wurde; dagegen halten israelische Archäologen die *Fundamente* für die der in Lk 7,5 erwähnten Synagoge. Dann wären diese Fundamente die der Synagoge, in der Jesus des öfteren gelehrt hat.

Kafarnaum war der Wohnort des Simon Petrus (s. d.) und seines Bruders Andreas, die beide aus Betsaida stammten.

Obwohl Kafarnaum die Wohnstadt Jesu war und der örtliche Mittelpunkt eines großen Teils seines Wirkens, hat er in der Stadt selbst wenig Anhänger gefunden (Mt 11,23). Der Ort mag damals sehr klein gewesen sein – vielleicht tausend bis zweitausend Einwohner. Für spätere Zeiten (um 200 n. Chr.) muß man ihn aber größer annehmen. Ob seine Bevölkerung sich an den beiden jüdischen Kriegen gegen Rom (66 bis 73 n. Chr. und 135 n. Chr.) nicht beteiligt hat, läßt sich schwer sagen; seine Besiedlung um 200 n. Chr., die eine für dama-

lige Zeit immerhin aufwendige Synagoge hervorgebracht hat, läßt dies aber vermuten. Es ist möglich, daß hier – in einem auf Wirtschaftsgedanken gerichteten Grenzort – sowohl zur Zeit Jesu wie auch zur Zeit der römisch-jüdischen Kriege dasselbe Motiv die Bewohner einerseits den Messiasproklamationen Jesu und andererseits den nationalen Kriegen fernhielt. Dann hätte das Räumungsedikt von 135 n. Chr. die Bewohner von Kafarnaum ausgenommen und dadurch Kafarnaum zu einem Vorort des palästinensischen Judentums gemacht, das sich – wie wir wissen – vor allem in Galiläa seine Vororte aufbaute.

Kafarnaum lag am Nordrande der Ebene Gennesaret (s. d.). Im AT wird es nicht erwähnt. Sein Name bedeutet: Dorf des Nahum; wer dieser Nahum war, ist nicht bekannt.

KANA

Es gab auch ein Kana im Stamme Ascher, einige Kilometer südlich von Tyrus. Zum Unterschied von diesem nennt Joh 2,1 und 4,46 das Kana des ersten messianischen Zeichens Jesu: Kana in Galiläa. Jesus wandelte Wasser in Wein (Joh 2,1–11). Hier gab Jesus einem königlichen Beamten aus Kafarnaum (s. unten) die Versicherung, daß sein kranker Sohn lebe (Joh 4,46–53).

Ein kleines Dorf an der Straße von Nazaret nach Tiberias hat den Anspruch erhoben, dieses Kana zu sein; dort gibt es auch zwei Kirchen – eine orthodoxe und eine katholische –, die der Verehrung dieser Offenbarung der Herrlichkeit Jesu gelten; das Dorf nennt sich *kafr kenna;* das *kenna* wie *dschénna* gesprochen, was die Forscher schon oft an der Berechtigung dieses Ortes hat zweifeln lassen, das rechte Kana zu sein.

Der Ruinenort *chirbet kana* hat größere Wahrscheinlichkeit für sich, das Kana Jesu zu sein. Es liegt 13 km nördlich von Nazaret *(kafr kenna* 6 km nordöstlich von Nazaret) und scheint in der Zeit Jesu ein größerer Ort gewesen zu sein, so daß Natanaël, der aus Kana stammte, mit dem Recht des selbstbewußten Bürgers wohl fragen konnte: „Aus Nazaret? Kann denn von dort etwas Gutes kommen?" (Joh 1,46). Bis ins 16. Jahrhundert n. Chr. wurde übrigens auch von den Pilgern dieses Kana als das Kana Jesu und Natanaëls besucht; *kafr kénna* löste aber dann – ohne heute klar erkennbare Gründe – *chirbet kana* ab; wahrscheinlich, weil es für die Pilger bequemer lag.

KARMEL

Die nicht sehr hohe (Spitzengipfel 552 m), aber wegen seiner Lage zwischen Mittelmeer und der Ebene Jesreel (s. d.) auffallende Bergkette des Karmel (etwa 20 km lang) ist uraltes Siedlungs- und Kultgebiet. Schon in der Steinzeit (vor 4500 v. Chr.) waren die Täler des Gebirges bewohnt.

In den steinernen Annalen des ägyptischen Königs Thutmosis III. (s. d.) wird der Karmel (d. h. „der Baumgarten") „das heilige Kap" genannt; damit ist das Gebirge als Kultbereich bereits für die Zeit um 1450 v. Chr. belegt; man darf aber annehmen, daß der Kult im Karmel bis in die Steinzeit zurückreicht. Die kanaanitischen Bewohner bzw. die phönizischen Beherrscher des Karmel verehrten hier einen Baal (s. d.), dessen Kultstätte unter dem Nordreichkönig Ahab (875–854 v. Chr.) von dem Propheten Elija für Jahwe erobert wurde (s. 1 Kön 18). Auch die späteren Landesherren behielten den Kultort bei: In hellenistischer Zeit (seit dem 4. Jahrhundert v. Chr.) wurde hier der griechische Zeus verehrt.

Die Fruchtbarkeit des Karmel an Wein und Oliven war in biblischer Zeit sprichwörtlich. Häufiger Regen, reicher Tau und große Zisternen glichen den Quellwassermangel aus.

Der Karmel als „Berg des Herrn Elija" (arab. *dschebel mar Eljás)* geht auf die Erzählung vom Gottesurteil zurück, das Elija im Kampf mit dem Baalspropheten zeigt. Es ist jedoch möglich, daß Elija sich auch sonst im Karmel aufgehalten hat; von seinem Schüler Elischa wird solches wenigstens erzählt (2 Kön 4,25).

Der Baalsaltar, wo das Gottesurteil stattfand (1 Kön 18), stand vielleicht im Flurgebiet *el muchraqá* („Ort der Verbrennung"). Die Lage am Südostende des Höhenzuges (514 m) bietet alles, was zu diesem Vorgang gehört: einen hervorragenden Altarpunkt; Raum für Pilger; eine Quelle; die Nähe des Kischon, wo Elija die Baalspropheten niedermachen ließ; und eine nicht zu weite Entfernung bis Jesreel (s. d.), wohin Elija Ahabs Wagen vorauslief (etwa 20 km).

MACHÄRUS

Diese Festung legte König Alexander Jannäus (103–76 v. Chr.) an, als er das jüdische Gebiet östlich des Jordan und des Toten Meeres erweiterte und befestigte (S. 571, Nr. 47). Im Winkel von östlichem Seegebiet und nördlichem Arno-Ufer baute er auf der Hochebene Moabs eine Felsenburg, die das Land gegen die Angriffe der expansionsfreudigen Nabatäer (s. d.) schützen sollte. Von den Römern wurde sie im Jahre 57 v. Chr. zwar abgebrochen, aber von Herodes d. Gr. als Festung und Palast wieder aufgebaut. Nach seinem Tode gehörte sie zum Gebiet des Herodes Antipas, dem Landesherrn Jesu.

Flavius Josephus (Altertümer 18,5,2) gibt Machärus als Ort der Gefangenschaft und Hinrichtung Johannes des Täufers an.

MAMRE

„Mamre" wurde vielleicht benannt nach dem Besitzer des Hügels: Mamre, dem Amoriter (s. d.); so überliefert es wenigstens Gen 14,13.24. Eine Eiche oder mehrere Eichen[9]

---

[9] Zwar übersetzte Hieronymus gerade in Gen 14,13 das hebräische *elón* nicht mit Eiche oder Terebinte, sondern durch *convallis*, d. h. er charakterisierte den Ort als eine (kleine) Ebene, die von allen Seiten von Hügeln umgeben ist. Diese Übersetzung wählte er offenbar, weil er den Ort Mamre kannte. Das muß jedoch nicht heißen, daß in Mamre der kultische Baum fehlte (s. „Die Landeskenntnis des Hieronymus und ihr Einfluß auf die Vulgata" von Fr. Stummer in „Das Heilige Land", 1936, 3. Heft, S. 71).

waren hier das äußere Zeichen für einen heiligen Ort (s. im Artikel „Massébe"). Dieser Ort kann gut schon kanaanitisches Heiligtum gewesen sein. Die Bibel läßt Abraham bei den Terebinten von Mamre einen Altar bauen, sich dort niederlassen und nimmt so den Ort für die Israeliten als Heiligtum in Beschlag – was nicht etwa heißen soll, daß Abraham hier nicht gezeltet habe.

Daß Jakob sich (laut biblischer Erzählung) ebenfalls in Mamre niederließ, könnte zu den bewußten Verschmelzungserzählungen der (sichemitischen?) Priesterpropheten gehören, die dadurch für alle Bundesstämme eine einheitliche Tradition zu schaffen suchten. Damit das Heiligtum der Abrahamstämme auch ein Heiligtum der Jakobstämme wurde, mußten sie es auch durch Jakob in Besitz nehmen lassen (S. 502, Nr. 4).

Das Heiligtum von Mamre hat sich in der Geschichte behauptet; denn dieses naturhafte Heiligtum wird gemeint sein, wenn in den Davidsgeschichten von „Hebron" die Rede ist: wo David sich zum König erheben ließ und wo sich Davids Sohn Abschalom gegen den Vater als König ausrufen ließ. Es war eben das alte Heiligtum Abrahams, des Patriarchen Judas, dessen Tradition so stark war, daß es sich gelegentlich sogar gegen die neue, von David kreierte Hauptstadt Jerusalem durchsetzte.

Etwa 5 km nördlich von Hebron (s. d.), im *ramet el-chalíl,* ist im Jahre 1928 ein heiliger Bezirk ausgegraben worden, dessen Ort man für gewöhnlich mit dem alten Mamreheiligtum identifiziert. Die Ruinen zeigen herodianisches und konstantinisches Mauerwerk, so daß man annehmen kann, daß Herodes d. Gr. hier die überlieferte Stätte des israelitischen Erzvaters Abraham zur Gedächtnisstätte ausbauen ließ, wie er es ja auch in Hebron (s. d.) getan hat. Kaiser Konstantin ließ dann diese Gedächtnisstätte erneuern.

Der ausgegrabene Bezirk hat einen Brunnen, der den Ort für die Lokalisierung des Heiligtums besonders empfiehlt (s. den Artikel „Quellen und Brunnen"). Hier wird dann auch die Eiche oder werden die Eichen gestanden haben. Es ist aber kaum anzunehmen, daß der im Plattenbelag ausgesparte Raum noch den Standplatz der Terebinthe Abrahams anzeigt; vielmehr wird hier der von Herodes neu gepflanzte Gedenkbaum gestanden haben. Die ausgegrabene Keramik bestätigt zwar nur Siedlungen um 2500 und 1200 v. Chr., also nicht ausgesprochen für die Zeit Abrahams (um 1750 v. Chr.); aber dieses Fehlen spricht nicht gegen, sondern höchstens nicht für die Angaben der Bibel.

Ramet el-chalíl liegt östlich des *wadi el-chalíl;* die Kreuzfahrer dagegen bestimmten eine gut 2 km nordwestlich von Hebron, westlich des Wadi stehende Eiche zur Abrahamseiche. Dort liegt ein Russenkloster, wo solches bis heute behauptet wird.

MEGIDDO

Die kanaanitische Festung Megiddo am Nordostrand des Karmelmassivs war eine Schutzfestung für die große Handelsstraße von Ägypten über Syrien nach Mesopotamien, die durch die Ebene Jesreel (s. d.) führte. Ägypten brachte sie (1479 v. Chr.) in seine Hand.

Bis zum Ende der Richterzeit gelang es den Israeliten nicht, Megiddo zu erobern. Erst David machte sich die damals philistäische Stadt untertan. Salomo ließ durch Fronarbeiter die Mauern von Megiddo neu aufbauen (1 Kön 9,15) und die Stadt zur Wagenfestung ausbauen. Die Pfeiler und Grundmauern der Pferdeställe und vielleicht auch Vorratshallen sowie des riesigen Zangentors zeugen noch heute von den salomonischen Bauten.

Die Archäologen haben in Megiddo zwanzig Besiedlungsschichten festgestellt. Die untersten Schichten (XX/XIX) gehören der Kupfersteinzeit an (etwa mit 3400 v. Chr. beginnend); Schicht V umfaßt die Philisterzeit, die mit der frühisraelitischen Zeit zusammenfällt (etwa mit 1200 v. Chr. beginnend); Schicht IV bezeugt sodann die David-Salomo-Zeit (ab 1000 v. Chr.): in ihr finden sich Spuren von den großangelegten militärischen Anlagen der salomonischen Kriegswagengarnison. Der große Wassertunnel gehörte jedoch schon zur kanaanitischen Festung; er wurde von Salomo lediglich erneuert.

In der Zeit der getrennten Reiche gehörte Megiddo zum Nordreich. Bei den Ausgrabungen des deutschen Palästinavereins vor dem Ersten Weltkrieg fand man im Tell el-Mutesellim (d. i. Megiddo) auch den berühmten Siegelstein des Schemá, des „Knechtes" (d. h. Ministers) König Jerobeams II. (s. Abb. S. 556) mit althebräischen Schriftzeichen.

König Joschija hat noch einmal versucht, Megiddo in seine Hand zu bekommen; aber er fiel im Kampf gegen den Pharao Necho, als er versuchte, seine Unabhängigkeit gegen ihn zu verteidigen. Er fiel vor Megiddo (S. 559, Nr. 38).

MESOPOTAMIEN

Die Bezeichnung „Land zwischen den Flüssen" (griech. *potamós* = Fluß) zeigt, wie beherrschend die Flüsse Eufrat (s. d.) und Tigris (s. d.) in den Augen der antiken Menschen für dieses Land waren. Obwohl der Name eigentlich die Gebiete *zwischen* den beiden Flüssen meint, wurde später, aber noch im Altertum, mit diesem Namen häufig das ganze Gebiet zwischen der arabischen Wüste und dem iranischen Bergland bezeichnet. Im Wortschatz der Bibel taucht der Name zuerst in der Septuaginta (s. d.) auf: als Übersetzung für das „Aram der beiden Ströme", womit allerdings nur der Nordwestteil des heutigen Mesopotamiens gemeint ist, das Gebiet zwischen Eufrat und Habor.

Mesopotamien ist der Raum mehrerer einander folgender Großreiche, in deren Auseinandersetzungen mit den Nachbarn und Ägypten die Geschichte der Israeliten verflochten war. Sie selbst stammten ebenfalls aus Mesopotamien, von wo ihre Stammväter auswanderten; ihre Gesetze sind stark von dorther beeinflußt; die Assyrer (s. d.), die das Nordreich Israel zerschlugen, waren eines der mesopotamischen Großreiche; ihnen folgte das Reich der Chaldäer (s. d.) als „neubabylonisches Reich" (S. 561, Nr. 39), das wiederum durch das Riesenreich der Perser (s. d.) abgelöst wurde. Das neubabylonische Reich zerschlug das Königreich Juda; die Perser gestatteten die Wiedererrichtung der Jerusalemer Kultgemeinde.

Auf jeder Karte vom Nahen Osten wird man für gewöhnlich sich das rund 200 km breite mesopotamische Band gut abheben sehen.

NAIN

Der Name dieser Siedlung lautet in der syrischen und griechischen Bibel „Nain" (Lk 7,11). In dem Midrasch Genesis-Rabba wird er dagegen von *na'im* (d. h. lieblich) abgeleitet; der gebräuchliche Name zur Zeit Jesu könnte deshalb „Na'im" gewesen sein. Die knapp zweihundert heutigen mohammedanischen Einwohner nennen ihren Ort „Nēin" (vulgär: Nēn).

Von Lieblichkeit ist bei Nain heute nichts mehr zu entdecken. Es ist ein kleiner elender Trümmerhaufen, mit einer Kapelle als Verehrungsort des Wunders von Nain, die erst 1880 an der Stelle einer zerstörten Kreuzfahrerkirche erbaut wurde. Angeblich stand die Kreuzfahrerkirche über dem Haus der Witwe, deren Sohn Jesus vom Tode erweckte. Die Franziskaner vom Tabor feiern dort hin und wieder einen Gottesdienst.

Wie groß das alte Nain war, konnte bisher nicht festgestellt werden. Die weit über das Trümmerdorf hinaus gefundenen Ruinenspuren sind wahrscheinlich nicht Reste aus Gebäuden der Zeit Jesu. Von einem Tor hat man noch nichts entdecken können; jedoch sollen 1865 n. Chr. noch Spuren einer Stadtmauer zu sehen gewesen sein (Tristam, The Land of Israel, London).

Nain liegt auf der nördlichen Vorterrasse des Dahiberges (*dschebel ed-dahi:* 515 m über dem Meer), dem Bruderberg des Tabor; es liegt also zwischen Dahiberg und Tabor, aber am Fuße des Dahiberges. Diesem Berg haben frühchristliche Pilger den Namen Hermon (Hermonim, kleiner Hermon) gegeben, weil Ps 89/88,13 singt: „Tabor und Hermon jauchzen bei deinem Namen"; man glaubte, damit könnten nur zwei nahe beieinanderliegende Berge gemeint sein. Aber der Psalm meint doch wohl den wirklichen Hermon (s. d.).

Die reich fließende Quelle machte wohl auch damals schon das Land im Nordwesten der Siedlung fruchtbar. Ölbäume (s. d.) und Feigenbäume (s. d.) geben ihm sein Gepräge, ihr dunkles Laub hebt sich kräftig von den Weizenfeldern der Ebene Jesreel (s. d.) ab. Das könnte ihren Namen „Liebliche" veranlaßt haben.

Die alte Stadt Nain mag zwei Tore gehabt haben: eines im Westen, vielleicht Wassertor genannt, weil es zur Quelle hinausging, es wies zur Ebene hin und auf den nordwestlichen Weg in Richtung Nazaret; eines im Osten, das nach Endor und auf die nordostwärts führende Straße hinaussah. Durch dieses Osttor ging wohl der Leichenzug des Jünglings von Nain, da die alten Felsengräber, in deren einem der Tote bestattet werden sollte, im Nordosten liegen: im Abhang des Dahiberges; einige davon sind noch zu sehen.

NAZARET

Eine Stadt oder ein Dorf Nazaret in Galiläa wird in den Verteilungslisten des Buches Josua nicht genannt. Es war eine absolut unbedeutende Siedlung, die wahrscheinlich erst in hellenistischer Zeit, etwa um 300 v. Chr., von einem Nachbarort aus – vielleicht von dem 3 km entfernten Japha – als Ackerbauersiedlung oder als vorgeschobener Wachort gegründet wurde; denn *nazár* heißt „hüten", „bewahren". Die aufgefundenen Gräbertypen bestätigen Nazaret als Siedlung der letzten zwei bis drei vorchristlichen Jahrhunderte – wenigstens was die jüdischen Bewohner angeht. Nazarets Bedeutungslosigkeit und Traditionslosigkeit mag Natanael die Frage eingegeben haben: „Aus Nazaret? Kann von dort etwas Gutes kommen?" (Joh 1,46).

Der einzige Platz in Nazaret, der als authentischer Platz Jesu und Mariens bestimmt werden kann, ist die Quelle; allerdings nicht der Ausfluß an der heutigen Straße nach Tiberias, sondern der überbaute Schöpfort in der Nähe der orthodoxen Gabrielskirche. Das Sammelbecken unter der Gabrielskirche ist also ebenfalls nicht das Quellbecken der Zeit Jesu; es ist mit dem eigentlichen und nicht verlegbaren Quellbecken durch einen kurzen unterirdischen Kanal verbunden.

Alle anderen Plätze in Nazaret sind nur Verehrungsorte und fußen nicht einmal auf einigermaßen gesicherten Traditionen. Anzunehmen ist zwar, daß das alte Dorf an den ersten Hängen über der Talsohle lag, wo man, beim Abbruch der Verkündigungskirche des 18. Jahrhunderts n. Chr., auch kleine Zisternen (s. d.) und Erdsilos neben den Wohnplätzen gefunden hat.

Der Ort des Hauses Mariens und die Wohnung der Familie Jesu läßt sich also nur ganz allgemein bestimmen: irgendwo auf den ersten Hängen über der Talsohle. Die Angabe eines Platzes der „Werkstatt Josefs" ist dagegen ganz und gar frommer Phantasie entsprungen; denn es ist kaum anzunehmen, daß Josef (s. d.) ein Werkstatthaus hatte.

Die heutige Synagoge (s. d.) kann durchaus an einem Ort liegen, wo auch die Synagoge der Zeit Jesu lag; wenigstens scheint sie im Bereich des alten Wohnortes zu stehen. Außerdem empfiehlt auch der über den alten Siedlungsplätzen gelegene Ort der Synagoge die Annahme der Tradition.

Anderseits sind die Lokalisierungen für die versuchte Steinigung Jesu und die sogenannten „Berge des Sprunges" keine Möglichkeiten. Der „Berg des Absturzes" liegt viel zu weit von Nazaret entfernt und geht von der falschen Voraussetzung aus, als ob man Jesus durch Absturz hätte töten wollen. Es handelt sich aber bei Lk 4,29 um das Hinausbringen Jesu zu einem Steinigungsort; die Steinigung (s. d.) wurde lediglich mit einem Absturz von einer mäßigen Höhe(etwa 4 bis 5 m) eingeleitet. Als „Berg des Absturzes" kommt nur der *nebi sa'in* in Frage, aber eine bestimmte Stelle läßt sich dafür nicht angeben; dieser *nebi sa'in* ist der Berg, an dessen Fuß Nazaret auch damals schon erbaut war und an dem es heute bis zur Höhe hinaufsteigt. – Daß Jesus sich vor den Steinigern durch einen wunderbaren Sprung gerettet habe, ist späte christliche Wunderlegende.

NEBO

Der Name dieses Berges im Ostjordanland hat sich erhalten im arabischen *dschebel en-nebá* (806 m); es ist jedoch zweifelhaft, ob die Bibel diesen Berg gemeint hat; er liegt etwa 20 km östlich der Jordanmündung. Der Nebó wird in Dtn 32,49; 34,1 als der Sterbeberg des Mose genannt, von dessen Höhe Mose das von Gott gelobte (versprochene) Land sehen durfte.

Der Nebó gehört zum nördlichen Gebirge Abarím; dieser Name bedeutet „das Jenseitige", hat also seine Bezeichnung vom Westjordanland her bekommen. Im Gebirge Abarím, so erzählt die Bibel, hatten die Israeliten ihren vorletzten Lagerplatz, als sie sich auf ihrem Zug von Ägypten her Kanaan näherten.

Der Name des Nebó ist wahrscheinlich von *nabú* (Sprecher) abzuleiten, dem Namen des babylonischen Gottes der Weisheit und der Beredsamkeit. Die Moabiter (s. d.), in deren weiterem Gebiet der Nebó lag, waren aus Babylonien eingewandert.

Die jüdische Legende erzählt, Jeremia habe

bei der Zerstörung Jerusalems Bundeszelt und Bundeslade in einer Höhle des Nebó versteckt.

NINIVE

Der sagenhafte Jäger und Städtegründer Nimrod wird in Gen 10,11 als der Vater Ninives angegeben. Gemeint zu sein scheint hier ein königlicher Städtegründer, dessen Bild zu einer drachenbändigenden Gottheit wurde; der Drache ist der Tigris. Ninive lag am Ostufer des mittleren Tigris (s. d.).

In den Bannkreis der biblischen Geschichten trat Ninive um das Jahr 1350 v. Chr. mit der Eroberung durch die Assyrer (s. d.); unter ihnen hieß die Stadt „Ninua" oder „Nina" (Bedeutung vielleicht: „Wohnung"); „Nin(i-)ve" ist die hebräische Umschrift.

Der assyrische König Sanheríb (705–681 v. Chr.), Nachfolger des Zerstörers von Samaria, machte Ninive zu seiner bevorzugten Residenzstadt und schmückte es durch Prachtbauten. In ihrer Blütezeit, seit 700 v. Chr., soll die Stadt ein Gebiet von 6,25 qkm umfaßt haben.

Die Ausgrabungen haben in der Bibliothek des assyrischen Königs Assurbanipal (668 bis 625 v. Chr.) unschätzbares Vergleichsmaterial für die Bibelwissenschaft zutage gebracht (s. „Babylonier"). Auf 25000 Tontafeln sind uns Briefe und Verträge des Königs, Wörterbücher, Grammatiken, Gebetstexte, Orakelsprüche, astronomische und astrologische Aufzeichnungen, geographische Darstellungen, Gesetzessammlungen und literarische Texte zugänglich geworden. In dieser Bibliothek befand sich auch das Gilgameschepos (s. d.) und ein babylonischer Schöpfungstext.

Im Jahre 612 v. Chr. wurde Ninive gemeinsam durch die Meder (s. d.) und Babylonier (s. d.) erobert.

Im prophetischen Buch Jona (s. d.) ist Ninive die Stadt, wo Jona predigen soll. Falls dieser Jona derselbe ist wie der Prophet Jona des israelitischen Nordreichkönigs Jerobeam II. (783–743 v. Chr.), wäre Jona (von Jerobeam?) in ein Ninive gesandt worden, das noch nicht bevorzugte Hauptstadt der Assyrer war; dies war Ninive erst nach der Zerstörung Samarias. Deshalb muß man die Beziehung Jona – Ninive wohl so sehen:

Der geschichtliche Jona wurde nach Assyrien gesandt – vielleicht nach Kalah, südlich von Ninive; seine Aufgabe war politisch. Da der König nicht in Ninive residierte, kam Jona auch nicht nach Ninive. – Als in der Zeit nach der Babylonischen Gefangenschaft das Jonabuch geschrieben wurde – als Buch des missionarischen Aufrufs, als Buch der Verkündigung von der Berufung der Heiden –, knüpfte man an den geschichtlichen Jona (d. h. Taube = der Daheimsitzende) an und schickte ihn – in der Erzählung – nach Ninive. Dabei kümmerte sich der Erzähler weder um die rechte historische Zusammenordnung Ninives und des Propheten, noch um das historische Ninive überhaupt. Ninive wurde dem Erzähler zum Symbol der luxuriösen Gottlosenstadt und zum Exponenten des gottfernen Heidentums, das trotzdem von Gott Barmherzigkeit erwarten darf.

Der Nebo: Berg der Übersicht, Berg der Schau, Berg der Landschau des Mose.

In Ninive wohnte laut Tob 1,10 auch der alte Tobit (s. d.).

ÖLBERG

Ölberg heißt das Bergmassiv im Osten von Jerusalem, gegenüber dem Tempelberg; zwischen dem Fuß der Berge Jerusalems und des Ölbergs gräbt sich das Kidrontal (s. d.) ein. Das Ölbergmassiv hat drei, allerdings wenig ausgeprägte Gipfel.

In den Zeiten des AT und zur Zeit Jesu und der Apostel waren große Teile des Bergmassivs mit Ölbaumpflanzungen besetzt; daher sein Name „Ölberg". Seine breite Lage gegenüber dem Tempel veranlaßte wohl das Bild des Propheten Sacharja, daß am Tage des Herrn „seine Füße werden an jenem Tag auf dem Ölberg stehen" (Sach 14,4). Vielleicht betonen die Evangelisten gerade deshalb auch so sehr die Beziehungen Jesu zum Ölberg; denn mit ihm war der Tag des Herrn angebrochen. Im Südosten des Berges lag Betanien (s. d.), wo sich Jesus besonders gern aufhielt. Vom Ölberg her hielt er seinen triumphalen Einzug in Jerusalem, aber der Ort der Eselsbesteigung läßt sich verantwortlich nicht festlegen.

Am Ölberg lag auch das „Landgut mit Namen Getsemani" (Mt 26,36; Mk 14,32). Es lag in der Nähe der Weggabelung, wo die drei Wege über den Ölberg aus dem Kidrontal abzweigen, die sich dann auf der Höhe wieder vereinigen. Der griechisch genannte Name dieses Landgutes wird mit dem hebräischen *gat-schemanín* (Ölkelter, Ölpresse) zusammenhängen. Woraus dieses Landgut im einzelnen bestand, wissen wir nicht; da es aber nach einer Ölkelter benannt wird, deren es am Ölberg gewiß mehrere gab, könnte es sich dabei um eine besonders bekannte oder große Ölkelter gehandelt haben. Bis heute ist dort eine Höhle (17 × 9 m groß) zu sehen, in der eine Kelter eingerichtet gewesen sein könnte; denn da gutes Öl (s. d.) nur in der Kühle gepreßt werden kann, bediente man sich mit Vorliebe einer Höhle, in der man Ölpressen einrichtete.

Nach dem Abendmahl ging Jesus, „wie er es gewohnt war", an den Ölberg, was nur heißen kann, daß der Garten Getsemani ein Ort war, wo sich Jesus des öfteren aufhielt. Nicht zu Unrecht darf man vermuten, daß eine Kelter-

höhle dieser gewohnheitsmäßige Aufenthaltsort Jesu und seiner Jünger war, wo er mit den Jüngern allein sein und sie lehren konnte, wo man aber auch die Nacht ruhig verbringen konnte.

Alle Jünger, außer Judas, gingen mit ihm. Sie wird er zu acht in der Höhle zurückgelassen haben. Mit dreien ging er tiefer ins steile Gelände hinein. Er selbst stieg noch weiter. Der Verrat des Judas aber müßte dann vor der Höhle stattgefunden haben, nachdem Jesus mit Petrus, Jakobus und Johannes zu den anderen zurückgekommen war. Diesen Ort kannte auch Judas.

In dem Wissen, daß Jesus den Ölberg als Aufenthaltsort bevorzugt hat, wurden eine Reihe genauerer Lokalisierungen auf dem Ölberg vorgenommen: z. B. die Lehre des Vaterunsers wurde dorthin verlegt und die Ärgernisreden. All dies sind aber nur wenig begründete Vermutungen, und die entsprechenden Pilgerorte kann man nur als Orte der Verehrung, nicht aber als Orte des Ereignisses oder der Lehre selbst ansehen. Fest steht außer dem Genannten nur, daß Jesus seine Klage über Jerusalem und seine Belehrung über die Endzeit „auf dem Ölberg, dem Tempel gegenüber"(Mk 13,3) gegeben hat, was sich aber ebenfalls auf Getsemani beziehen könnte.

Als sichere Ölbergtradition, die durch das Evangelium nach Lukas und die Apostelgeschichte belegt ist, kann noch die Vorstellung von der Himmelfahrterscheinung Jesu am Ölberg gelten: „Dann führte er sie hinaus in die Nähe von Betanien. Dort erhob er seine Hände und segnete sie. Und während er sie segnete, verließ er sie und wurde zum Himmel emporgehoben" (Lk 24,50.51). „Dann kehrten sie vom Ölberg, der nur einen Sabbatweg von Jerusalem entfernt ist, nach Jerusalem zurück" (Apg 1,12). Die Stellen jedoch, die als „Himmelfahrtsorte" bezeichnet werden, sind ebenfalls nur Orte der Verehrung. Wichtiger ist auch hier die kerygmatische Nutzung des Ölbergmotivs als Messiasmotiv: Am Tage des Herrn werden seine Füße auf dem Ölberg stehen.

ROTES MEER / SCHILFMEER

Der Begriff „Rotes Meer" ist für die meisten Leser und Hörer der biblischen Geschichten sehr verschwommen. Geographisch ist das Rote Meer, dessen zwei Nordarme (der Golf von Suez im Westen und der Golf von Akabá im Osten) die Sinaihalbinsel umschließen, ein Nebenmeer des Indischen Ozeans. Das Meer hieß in der Antike und im Mittelalter allgemein *Sinus arabicus*. Seit dem 16. Jahrhundert n. Chr. nennt man es *Mare rubrum* (Rotes Meer), indem man auf einen anderen antiken (griechischen) Namen zurückgreift: *erythrá thálassa,* das zwar „rotes Meer" heißen kann, aber ursprünglich nach den Erythräern gebildet war, die an ihm wohnten. Diesen Namen verwenden zum Teil die griechischen Texte des AT und NT (z. B. Apg 7,36: Mose „hat sie herausgeführt, indem er Zeichen und Wunder tat in Ägypten und im Roten Meer", und im Hebräerbrief 11,29: „Aufgrund des Glaubens zogen sie durch das Rote Meer wie über trockenes Land").

Die hebräische Bibel spircht von *jam-sūf* (Ex 13,18), d. h. Schilfmeer, Binsenmeer. Durch dieses *jam-sūf* zogen die Hebräer, als sie vor den ägyptischen Verfolgern flüchteten; das kann aber nicht das Rote Meer im heutigen Sinne gewesen sein. Welches Wasser nun kann mit Recht als „Schilfmeer" bezeichnet werden?

Als Mose sein Volk in die Wüste führte, nahm er den Weg – so erzählt die Bibel – in Richtung Etam. Die ganze Linie zwischen Menzalesee im Norden und Golf von Suez im Süden war eine lange sumpfige Niederung, die hier und da durch Seen unterbrochen wurde und nur an wenigen Stellen Furten hatte. Aus irgendeinem Grunde war die Furt von Etam unbegehbar. Deshalb ließ Mose das Volk von da aus nach Süden ziehen. Der Weg führte am Westufer der Bitterseen vorbei, um die fast immer begehbare Furt der ägyptisch-arabischen Handelsstraße an der Spitze des Golfs von Suez zu erreichen. In der Höhe des südlichen Bittersees wird zunächst das Lager aufgeschlagen. Die Bibel nennt als Ort des großen Lagers: Vor Pi-Hahirot zwischen Migdol und dem Meere, gegenüber von Baal Zefon (Ex 14,2).

Da dieser südliche Bittersee, der bestimmt ein „Schilfmeer" war, nun wohl auch das Wasser des Durchzugs ist, sollte man – unter Berücksichtigung des heutigen Sprachgebrauchs – nicht davon reden, daß die Israeliten ans *Rote Meer* kamen und durchs *Rote Meer*

zogen. Und wo im NT oder im AT gemäß griechischem Sprachgebrauch vom „Roten Meer" die Rede ist, sollte man sich des Unterschieds von Schilfmeer und Rotem Meer wohlbewußt sein.

Warum man das Wasser des Durchzugs überhaupt jemals „Rotes Meer" genannt hat, könnte damit erklärt sein, daß man die Wasser, die in der Fortsetzungslinie des spitzen Golfs von Suez lagen, kurzerhand mit dem Namen des Meers benannt hat, zu dem auch der Golf von Suez gehört.

SAMARIA

Im Jahre 880 v. Chr. gab König Omri von Israel (Nordreich) seiner neu zu erbauenden Hauptstadt den Namen „Schomrón" (Wartburg), die er auf einer unbesiedelten Kuppe im westlichen Hügelgebiet des Efraimgebirges geplant hatte.[10] Dieses Schomrón heißt in seiner griechischen Namensform „Samaria". Der Bergkopf hebt sich etwa 100 m über der Ebene empor.

Das Samaria Omris und seiner Nachfolger bestand wahrscheinlich aus der Palaststadt (2,2 ha), die sich auf dem Gipfelplateau erhob und eine eigene Mauer hatte. Vielleicht war dies überhaupt zunächst die Stadt Samaria: eine befestigte Burgstadt als Königsresidenz und Regierungssitz; der Palast wurde wahrscheinlich nach assyrischer Art gebaut. Ein Haus (Teil des Palastes?) wurde von König Ahab mit geschnitzten Elfenbeintafeln geschmückt (1 Kön 22,39); bei den Ausgrabungen 1930/1935 wurden übrigens auch solche Elfenbeintafeln gefunden. Im Laufe der ersten Jahrzehnte wuchs die Stadt den Berg hinab. Man darf für diese gewachsene israelitische Stadt etwa eine Ausdehnung von 5,5 ha annehmen.

Die Wahl des Platzes war mitbestimmt durch die Lage, die sowohl günstige Verbindung zum Süden (über Sichem) wie auch zum Meer und zu den phönizischen Städten erlaubte, mit denen Omri Handelsbeziehungen und politische Verbindungen aufnahm; auch als

---

[10] 1 Kön 16,24 leitet den Namen von dem Namen des kanaanitischen Besitzers, Schemer, ab, von dem Omri das Gelände kaufte.

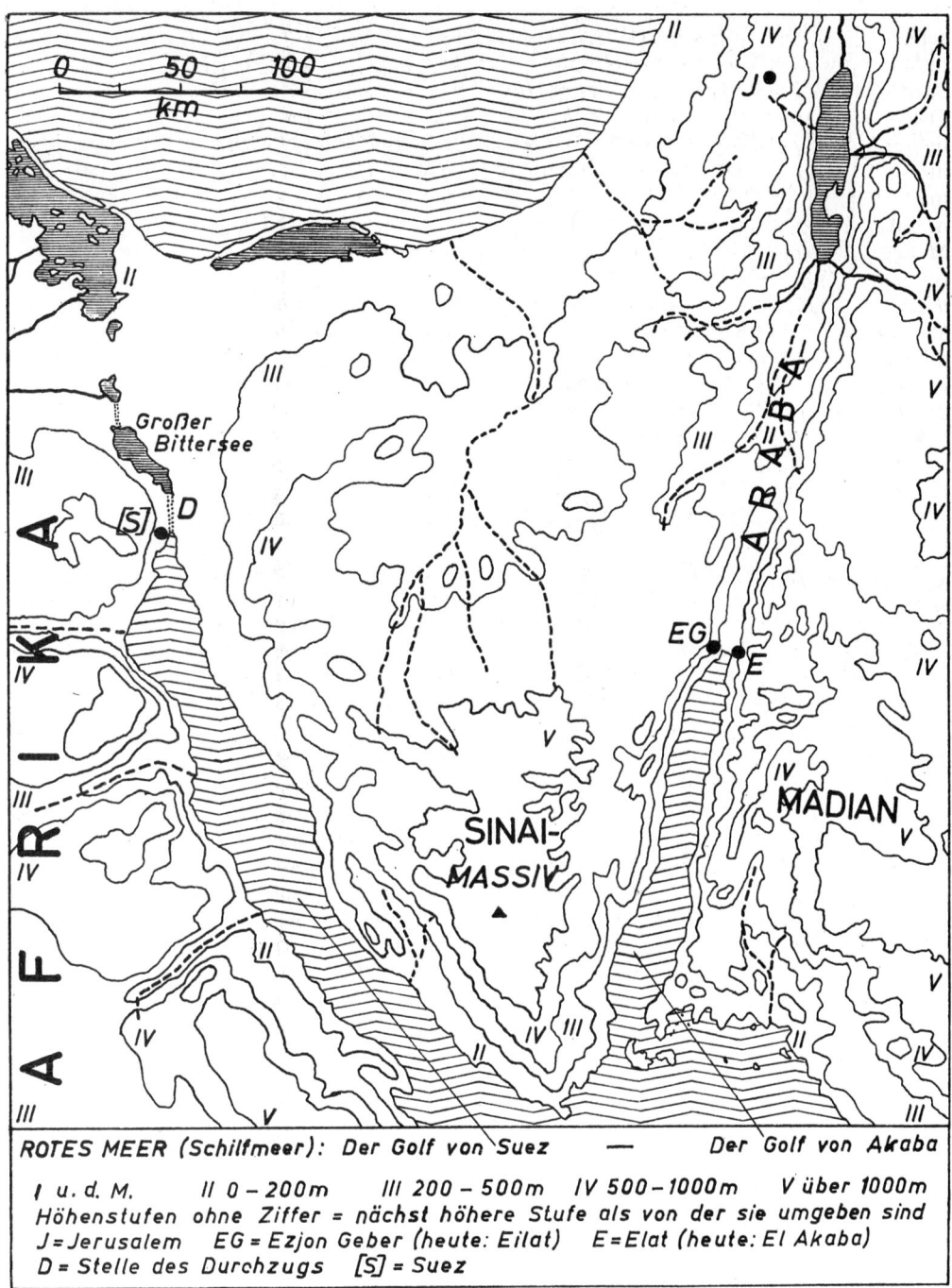

ROTES MEER (Schilfmeer): Der Golf von Suez — Der Golf von Akaba

I u.d. M. II 0 – 200m III 200 – 500m IV 500 – 1000m V über 1000m
Höhenstufen ohne Ziffer = nächst höhere Stufe als von der sie umgeben sind
J = Jerusalem EG = Ezjon Geber (heute: Eilat) E = Elat (heute: El Akaba)
D = Stelle des Durchzugs [S] = Suez

Die Karte vom „Roten Meer" muß mit einigen Fragezeichen versehen werden. Die Lokalisierung des Durchzugs durch das Rote Meer (D) zwischen dem Großen Bittersee und dem Golf von Suez entspricht zwar einer ziemlich allgemeinen Meinung, ist aber nicht die einzige Möglichkeit. – Fraglich ist auch die Lokalisierung von Ézjon-Gebēr und Elat an der Spitze des Golfs von Akaba. Möglich ist es auch, daß Elat an der Stelle des heutigen Eilat lag (EG) und Ézjon-Gebēr weiter landeinwärts, am Rand einer flachen Wasserzunge, die heute versandet ist.

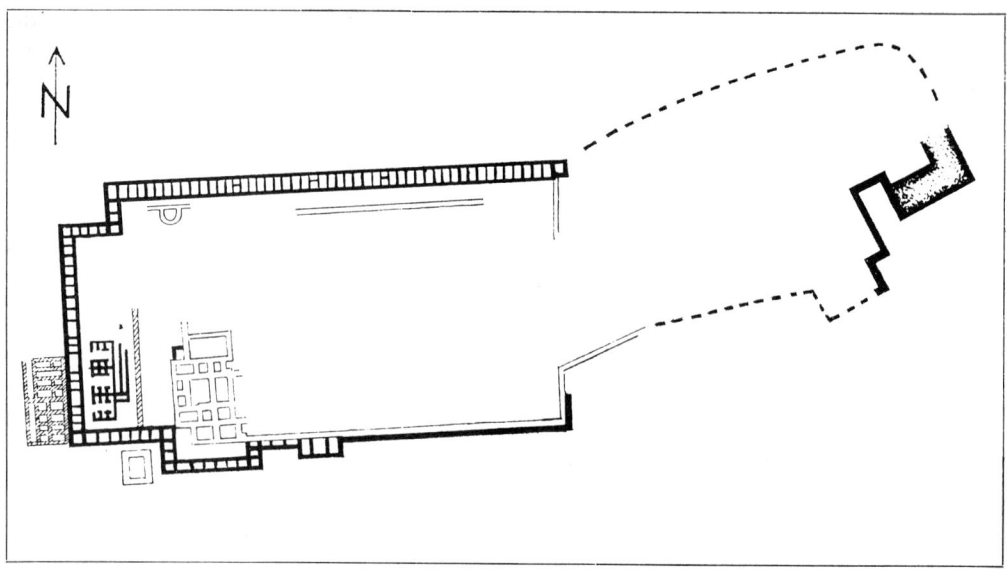

Die Burg in Samaria, Grundriß mit dem Palast Omris und der Kasemattenmauer Ahabs. Im Osten der Burg die Wohnstadt.

Regierungssitz lag Samaria zentral. König Omri baute in der Burgstadt einen Jahwetempel, ganz sicher in der Art von Bet-El (s. d.) und Dan (s. d.), mit Stierbildern; und Ahab, sein Sohn (875–854 v. Chr.), fügte einen Baalstempel hinzu: ein Heiligtum für Königin Isebel (s. d.), das Jehu nach der Ausrottung der Dynastie Omri zerstörte.

Nachdem die Assyrer das Nordreich soweit ausgeraubt hatten, daß nur noch ein Rumpfstaat Efraim übriggeblieben war (733 v. Chr.), war Samaria Hauptstadt von Efraim. Der Belagerung am Ende des Assyrerkrieges widerstand die Festung Samaria fast drei Jahre, bis sie im Frühjahr 721 v. Chr. als letzte Stadt Israels ebenfalls fiel. Die Stadt wurde – wie das ganze Land – mit fremden Kolonisten besiedelt,[11] während diese Kolonisten im übrigen Lande wohl meist Bauern waren, bestand in der Stadt vor allem die Führungsschicht aus Fremden („das Heer von Samaria"); Samaria wurde Hauptstadt der assyrischen Provinz „Städte Samarias".

Die hellenistische Stadt aus der Zeit Alexanders d. Gr. (S. 567, Nr. 43) war mindestens doppelt so groß wie das alte Samaria; Alexander hatte dort Mazedonier angesiedelt. Aber nach mehrfachen Zerstörungen und Wiederherstellungen durch die Ptolemäer wurde die Stadt in den Eroberungskriegen der Makkabä-

er wieder stark zerstört (107 v. Chr.), und die Makkabäer hatten kein Interesse an ihrem Aufbau. So wäre die Stadt zerfallen, wenn die Römer (seit 63 v. Chr.) sie nicht wiedererrichtet hätten. Als Samaria zum Reiche Herodes d. Gr. (37–4 v. Chr.) gehörte, erlebte es den Höhepunkt seiner zivilisatorischen Existenz. Die Stadt wuchs weiter und bedeckte bald ein Gebiet von 80 ha. Sie war locker gebaut und mit Prachtstraßen und Prachtbauten verschwenderisch ausgestattet. An der Stelle des alten Baalstempels Ahabs – auf der Akropolis – baute Herodes den Augustustempel, und die ganze Stadt erhielt zu Ehren des Augustus (griech. *sebastós*) den Namen „Sebaste"; im Osten des alten Siedlungsgebietes befindet sich heute noch eine Siedlung *sebastje*. Ausgegraben wurden in den Jahren 1930/1935 die Reste des Forums und einer römischen Gerichtshalle, eines Theaters und eines Gymnasions, die von dem römisch gedachten Samaria Zeugnis geben. Diese römisch-heidnische Samariapolitik des Herodes war ganz im Sinne des Kaisers, der mit der Übereignung der Stadt an Herodes die Belange der starken nichtjüdischen (auch mazedonischen) Bevölkerung berücksichtigt wissen wollte.

---

[11] Siehe den Artikel „Die Samaritaner".

Nachdem Herodes Antipas Johannes den Täufer hatte enthaupten lassen, soll der Leichnam des Täufers bei Sebaste/Samaria von Jüngern des Johannes begraben worden sein. Eine Johanneskirche wurde durch die Ausgrabungen außerhalb der römisch-herodianischen Stadtmauern, dicht beim heutigen Ort *sebastje*, für die byzantinische Zeit bezogen. (In der Großen Moschee von Damaskus werden angebliche Reliquien des Täufers verehrt – wahrscheinlich sind es aber Überbleibsel aus christlicher Zeit.)

SAREPTA

Phönizische Glasschmelzer- und Hafenstadt im Bereich von Sidon (s. d., weiter unten). Der hebräische Name *sarefát* bezeichnet die ganze Stadt als „Schmelzhütte"; *saráf* heißt brennen.

In außerbiblischen Inschriften wird sie mit ähnlichen Namen benannt: Sariptan (assyrisch), Zarputa (ägyptisch). Das AT nennt den Ort als Asylort des Propheten Elija (1 Kön 17,9f.).

Sarepta lag 17 km südlich von Sidon und war auch in christlicher Zeit wegen der Verehrung des Propheten Elija schon früh ein viel besuchter Wallfahrtsort.

SCHILO/SILO

Interessant für den Bibelleser ist nicht der Ort Silo(n) – hebr. „Schilo", heute *selun* –, sondern der heilige Bezirk bei dieser alten Siedlung. Selun liegt 18 km südlich von Nablus, 30 km nördlich von Jerusalem.

Schilo wird als Heiligtum mit der Bundeslade (s. d.) unter Eli genannt, als Samuel dort als junger Nasiräer (s. d.) diente (1 Sam 1–3). Die Israeliten holten von dort die Lade, um sie in den Philisterkrieg mitzunehmen; in diesem selben Krieg wurde aber das Heiligtum zerstört, und die Lade kehrte nicht dahin zurück (1 Sam 4,1–11). Die Dänen haben in Schilo gegraben und seine Zerstörung für etwa 1050 v. Chr. feststellen können. Das entspricht der Zeit der erwähnten Philisterkriege.

Die Stadt Schilo lag auf dem Hügel, das Heiligtum 500 m südlich der Stadt bei einer Quelle, anscheinend im Weinland. Das Heiligtum war aber wohl nicht ein Bundeszelt, son-

dern ein Tempel; allerdings sind darüber die Traditionen nicht einheitlich. Spätere Erzählungen verlegen auch gern das Bundeszelt nach Schilo.

Nach dem Buche Josua (18ff.) wurde in Schilo die letzte Landverteilung und die Bestimmung der Asyl- und Levitenstädte vorgenommen, und zwar beim Bundeszelt. Diese Lokalisierung beweist an sich wenig über das Bundeszelt, wohl aber bezeugt es, daß Schilo zu den frühesten Eroberungen oder Erwerbungen Israels in Kanaan gehörte.

Der heilige Bezirk von Schilo kann durchaus auch schon ein heiliger Bezirk der Kanaaniter gewesen sein. Die Israeliten (der Umgebung?) wallfahrteten jährlich einmal nach Schilo, wie 1 Sam 1,3 erzählt, wenn er von den Wallfahrten der Eltern Samuels berichtet. Wahrscheinlich war dieses Wallfahrtsfest das Paschafest, das in Schilo vielleicht die Wallfahrtstradition des kanaanitischen Erntefestes aufnahm.

Ob man Schilo als Zentralheiligtum ansehen darf, ist zweifelhaft. Keinesfalls war es eine Art Vorgänger von Jerusalem, sondern höchstens ein Vorrangheiligtum, weil oder solange an ihm die Lade mit dem Gesetz aufbewahrt wurde.

SICHAR

Sehr oft hat man den Ort Sichar, wo die Samariterin wohnte, die mit Jesus am Jakobsbrunnen zusammentraf (Joh 4,5), mit Sichem (s. unten) identifiziert. Diese Gleichsetzung ist aber kaum haltbar. Sichem war im Jahre 128 v. Chr. zerstört worden, das neue Sichem der Römer wurde aber erst 70 n. Chr. durch Titus als „Flavia Neapolis" (heute Nablus) gegründet; es gab zur Zeit Jesu kein Sichem. Der arabische Ort *askár*, der etwa 1 km vom Trümmerberg des alten Sichem *(tell baláta)* entfernt liegt, deutet im übrigen sehr deutlich auf eine eigenständige Siedlung „Sichar" hin.

SICHEM

Das Gebiet der Stadt Sichem ist durch deutsche Ausgrabungen (beginnend 1913/14 n. Chr.) als seit etwa 2000 v. Chr. besiedelt nachgewiesen worden. Die befestigte Stadt wurde von den Hyksos (s. d.) während ihrer palästinensischen Herrschaft als Stützpunkt benutzt und in ihren Festungsanlagen weiter ausgebaut. Eine gewaltige Stadtmauer samt Burg und Tempel bauten dann die Kanaaniter, als sie die Stadt nach der Hyksoszeit wieder übernahmen. Es ist möglich, daß diese „Kanaaniter" Aramäer waren, die später zu den Israelstämmen gehörten und die vor dem Einzug der Gruppe aus Ägypten schon im Lande saßen (S. 530, Nr. 11 und im Artikel „Die Zwölf Stämme", S. 500 Nr. 2 u. 3). Von einer kriegerischen Einnahme der Stadt durch die Einwanderer erzählt die Bibel nichts, wohl aber von einer Auseinandersetzung der Stämme Simeon (S. 504, Nr. 8/2) und Levi (S. 505, Nr. 8/3) mit den Sichemiten.

Sichem lag im „Nacken" *(schekem)* zwischen den Bergen Ebal und Garizim, im Gebirge Efraim. Die Erzvätergeschichten erzählen von Aufenthalten der Patriarchen in der Nähe von Sichem, wodurch vielleicht die Kultstätte der heiligen Eiche (Orakeleiche) zur legitimen Kultstätte aller Stämme für Jahwe erklärt werden sollte (in Gen 12,7 durch Abraham, in Gen 33,20 durch Jakob).

Sichem, ein Ort im Stammesgebiet Efraim (S. 513, Nr. 8/11), war der Schauplatz des Landtages von Sichem (Jos 24), auf dem wahrscheinlich die Gründung des Bundes der Israelstämme durch die gemeinsame Verpflichtung auf den Jahwekult zum Abschluß kam (S. 517, Nr. 3); deshalb spricht man hier für gewöhnlich von „Bundeserneuerung". Damals stand in Sichem wohl auch die Bundeslade (s. d.) mit dem gemeinsamen Gesetz der Stämme; damit war Sichem das erste gemeinsame Heiligtum und ein erster Zentralort der vereinigten bzw. verbündeten Stämme.

Das Ansehen Sichems geht aus der Abimelechepisode (Ri 9) hervor; als Abimelech (der in Ri 9 als Sohn Gideons eingeführt wird) das erste Königtum in Israel an sich riß, ließ er sich in Sichem nieder und versuchte durch Sammlung von Dörfern, die ihn anerkannten, sein Reich aufzubauen. Die Stämmeorganisation vereitelte aber dieses Vorhaben. Als Salomos Sohn Rehabeam sich auch von den Nordstämmen zum König ausrufen lassen wollte, ging er ebenfalls nach Sichem (S. 544, Nr. 31), und auch Jerobeam ließ sich in Sichem salben und krönen; Sichem war also so etwas wie ein Vorort der Nordstämme. Deshalb ließ der erste König der Nordstämme, Jerobeam, sie

zur Königsstadt ausbauen. Aber die spätere Bestimmung anderer Städte zur Residenz und zuletzt der Neubau Samarias als königliche Residenz- und Hauptstadt des Nordreiches (im Jahre 880 v. Chr.) verringerte die Bedeutung Sichems; und als nicht Sichem, sondern Bet-El (s. d.) nach der Zerstörung Samarias das Jahweheiligtum der gemischten Bevölkerung wurde, wurde es ganz still in und um Sichem. Erst als die Samaritaner (s. d.) ihr eigenes Heiligtum auf dem Garizim (s. d.) erhielten, trat es wieder mehr in den Vordergrund, bis es von Johannes Hyrkan (im Jahre 128 v. Chr.) zerstört wurde (S. 571, Nr. 46). Die Römer bauten etwa 2 km weiter westlich eine neue Stadt: Flavia Neapolis, das die Araber „Nablus" nennen.

Das Josefsgrab bei Sichem, heute ein moslemisches Heiligtum, wurde als das Grab des ägyptischen Josef ausgegeben, dessen Sarkophag die aus Ägypten auswandernden Israeliten mitgenommen haben sollen (Gen 50,25; Jos 24,32). Dieses erzählerische Motiv ist vielleicht erst durch das Josefsgrab entstanden, in dem irgendein Heros oder Priester der „Josefstämme" (S. 513, Nr. 8/11) begraben war; durch die kurze Passage Jos 24,32 wurde die Grabstätte sozusagen zum gesamtisraelitischen Grabheiligtum; durch Gen 50,25 wurde sie mit den Josefsgeschichten verbunden. Beide Stellen fallen dadurch auf, daß sie das Buch Genesis einerseits, das Buch Josua andererseits beschließen. Sie wirken wie Anhängsel, was der ausgesprochenen Vermutung starken Auftrieb gibt (s. das Kapitel über die Josefsgeschichten).

Der Jakobsbrunnen in der Senke bei Sichem spielt im NT beim Gespräch Jesu mit der Samariterin eine Rolle (Joh 4,1–42). Sie behauptet, der Erzvater Jakob habe den Brunnen gegraben. Ob dies eine Legende von Sichem war, ist gleichgültig – jedenfalls gibt es diesen Brunnen an der Straße von Galiläa nach Judäa, nahe bei Sichem.

Der Brunnen war weder die Wasserversorgung von Sichem noch von Sichar (s. oben); beide Orte hatten ihre Wasserversorgung im Siedlungsgebiet. Aber noch Dalman berichtete in „Orte und Wege Jesu", daß viele Bewohner der Gegend sich Wasser aus diesem Brunnen holten, weil sie es für heilkräftig hielten; das könnte auch damals die Samariterin aus Sichar veranlaßt haben, zu diesem Brunnen zu gehen. Andererseits liegt der Brunnen am Karawanenweg bzw. Reiseweg. Wahrscheinlich war er als Brunnen für eine Tränke gedacht; denn man konnte das Vieh durchziehender Hirten oder die Kamele durchziehender Händler ja nicht bei der Ortsquelle trinken lassen; die Ortsquellen waren ohnehin stark genug besucht. Während der Feldarbeiten benutzten aber sicherlich auch die Leute der Umgebung den Brunnen, der in der Feldflur lag; auch so könnte die Samariterin zum Brunnen gekommen sein, um Wasser für Feldarbeiter zu schöpfen.

Wenn also der „Jakobsbrunnen" als echter Brunnen Jakobs auch zweifelhaft ist, als Brunnen des Samariterinnengesprächs Jesu ist er als sicher anzunehmen. Wenn man an ihm saß, sah man auf den Garizim (s. d.), von dem die Samariterin sprach, und das Dorf Sichar, wo die Frau wohnte, liegt etwa 1 km von ihm entfernt. Heute liegt der Brunnen in der Krypta einer begonnenen byzantinischen Kirche.

SIDON

Im Stammbaum der Noachsöhne heißt es: „Kanaan zeugte Sidon, seinen Erstgeborenen" (Gen 10,15). In diesem Satz ist die Mächtigkeit der Sidonier ausgesagt, die zwar in alter Zeit bestimmt in Ägypten ihren Oberherrn anerkennen mußten, aber doch auch eigene Herrschaft ausüben konnten. Sidon war bis etwa 1000 v. Chr. die wichtigste phönizische Stadt („das kleine Sidon") mit weitem Herrschaftsbereich („das große Sidon"); deshalb wurde „Sidon" oft gleich „Phönizien" gebraucht. Um 1000 v. Chr. verlor es seine Vormachtstellung an das von ihm selbst etwa um 1300 v. Chr. gegründete Tyrus (s. d.); jedoch unterstützte Assyrien vorübergehend Sidon, um zur Macht von Tyrus ein Gegengewicht zu schaffen. In der Perserzeit gewann Sidon für eine Zeitlang seine Macht zurück; sein Einfluß reichte bis Joppe (s. d.); jedoch um 350 v. Chr. wurde es nach mehreren Abfallversuchen vom Perserreich durch Artaxerxes II. zerstört.

Der Name „Sidon" wird von *sid* (fischen) abgeleitet, was gut zu seiner Lage auf einer ins Meer ragenden Landzunge paßt. Es war eine Fischer- und Seefahrerstadt.

Zur Römerzeit (Zeit Jesu) ist Sidon ein Mittelpunkt der Glasfabrikation (s. den Artikel „Sarepta").

Die Ausgrabungen im landeinwärts gelegenen Bereich von Sidon haben reiche Sarkophage zutage gefördert, die – abgesehen von ihrem Zeugnis für Sidons Abhängigkeitsgeschichte – beredtes Zeugnis für die Aufwendigkeit des sidonischen Lebens ablegen.

In Sidon gab es um 60 eine christliche Gemeinde.

SINAI

Ob der Name „Sinai" ursprünglich das ganze Gebirge der Halbinsel zwischen dem Golf von Suez und dem Golf von Akaba bezeichnete oder ob es nur einen Gipfel meinte, ist bisher ungeklärt geblieben. Der heutige Name „Sinai" und „Sinaihalbinsel" kann darüber keine Auskunft geben, da er vom populären Sprachgebrauch abgeleitet ist, der sich ganz allgemein auf die biblischen Namen stützt.

Die Bibel spricht vom Berg der Gesetzgebung als einem „Gottesberg". Ob die Wahl dieses Berges durch die vielleicht ältere Gottesbezeichnung *ēl schaddáj* (s. d.) mit herbeigeführt wurde, kann nicht mit Sicherheit behauptet werden; der Berggott *(ēl schaddáj)* oder der auf dem Berg verehrte Gott könnte allerdings eine Gottesbezeichnung sein, die die auswandernden Hebräer bereits mit nach Ägypten brachten, wodurch sie dann – nicht erst durch Mose, sondern schon im Laufe ihres Aufenthaltes in Ägypten – auf den Sinai als Gottesberg und Wallfahrtsberg hingewiesen worden sein könnten.

Das Sinaimassiv

Der Berg wird manchmal „Sinai", manchmal „Horeb" genannt. Diese Doppelbezeichnung hat manche Verwirrung, aber auch manche Hypothese ausgelöst. Nur einige Grundzüge der Kontroverse darüber können hier angedeutet werden:

„Gottesberg" deutet darauf hin, daß das gewaltige Halbinselgebirge von den nomadischen und halbnomadischen Bewohnern der Halbinsel als Ort der Wohnung eines Gottes angesehen wurde (s. den Artikel „Die Höhen"). Vielleicht verehrten sie dort den Mondgott Sin, woher dann der Name „Sinai" zwanglos ableitbar wäre. „Horeb" dagegen scheint eine charakterisierende Bergbezeichnung zu sein; *horéb* ist in der kanaanitischen Sprache „der Trockene", „der Dürre", „der Einsame", vielleicht auch „Klippenberg". Solche Namen, von denen der eine ein Göttername, der andere ein charakterisierender Name ist, können sehr wohl nebeneinander bestehen und gebraucht werden.

Lagrange hat im Jahre 1899 die Vermutung geäußert, daß „Horeb" der Gesamtname für das Gebirge gewesen sei, „Sinai" dagegen der Name eines Einzelberges. Da im Namen „Sinai" der Name des Mondgottes Sin enthalten ist und die Verehrung eines Gottes sinnvoller mit einem einzelnen Berg und nicht mit einem Gebirge verbunden ist, hat diese Vermutung viel für sich. Andererseits kann aber auch der Hinweis der Wellhausenschen Schule nicht übergangen werden, die dargetan hat, daß „Horeb" sich für den Gesetzgebungsberg vor allem bei den Elohisten (s. d.) und den Deuteronomisten (s. d.) findet:[12] man könnte daraus schließen, daß der Name „Sinai" (Sinberg) als anstößig empfunden wurde, so daß man ihn gegen den charakterisierenden Namen „Horeb" austauschte. Die Priesterschrift (s. d.) der Mitte des vorchristlichen Jahrtausends benutzte dagegen wieder den Namen „Sinai", vielleicht um damit die literarische Fiktion, daß das ganze Gesetz aus den Mosezeiten stamme, bis in die letzte Formel hinein hörbar zu machen. Damit war natürlich keine Sanktionierung des Sinkultes verbunden. Um dies anzudeuten, könnte die Bezeichnung des brennenden Buschs mit *senè* (Brombeerstrauch) von den Priesterschriftbearbeitern als Konjektur eingefügt worden sein.

Welcher Berg aber war im Sinaigebirge der Berg der Gesetzgebung? Wo lagerte das Volk des Auszugs? Der Gesetzgebungsberg könnte der *ras es-safsafe* (1994 m) gewesen sein, vor dem sich in V-Form die Ebene *er-racha* nach Nordwesten und das bewässerte *wadi ed-deir* nach Nordosten öffnen – die Namen sind die arabischen Namen. Hier hat denn auch die Tradition die Ereignisse lokalisiert, wobei offenbleibt, ob Mose sich auf den heute nach ihm benannten Dschebel Musa (2244 m) zurückgezogen hat. Dem biblischen Text ständen auch andere Gebirgsgipfel auf der ganzen Sinaihalbinsel nicht entgegen (s. die Karte der Sinaihalbinsel S. 815).

Schließlich darf nicht verschwiegen werden, daß der Sinai der Bibel nicht unzweifelhaft der Sinai unserer heutigen Geographie ist. Da die Wanderwege der Israeliten, wie sie in der Bibel stehen, eine spätere Konstruktion sind (S. 530, Nr. 13), sagen diese Wanderwege letztlich nichts über die Lage des Sinai aus. Der „Sinai" kann auch in einem anderen Gebirge gelegen haben, und erst in der Zusammenfassung der Traditionserzählungen wurde durch die Führung der Wanderwege angedeutet, daß als Sinai der Gesetzgebung der berühmte Gottesberg im Süden der Halbinsel zwischen dem Golf von Suez und dem Golf von Akaba anzusehen ist.

Für die Heilsgeschichte ist die Lage des Gesetzgebungsberges unwichtig. Festzuhalten ist, daß mit „Sinai" der Berg des Grundgesetzes gemeint ist, welches das Volk Israel als Gesetz Gottes erhielt (s. den Artikel „Der Auszug aus Ägypten").

SODOM

Die Stadt Sodóm (in der Vulgata: Sodoma) war die erste eines Fünfstädtebundes im Tal Siddím, wie die Gegend der Pentápolis in Gen 14,3 genannt wird.

Entgegen der Annahme einiger Gelehrter wird heute von den meisten Wissenschaftlern das Tal Siddím an die Stelle des südlichen Beckens des Toten Meeres (s. d.) lokalisiert.

Die Bedeutung von *siddím* ist nicht eindeutig. Es könnte „Ebene" heißen; dann bezöge sich der Name möglicherweise auf die Zeit vor

---

[12] So heißt z. B. der Berg in den Elijaerzählungen „Horeb" (1 Kön 19,9–18).

der Zerstörung der Städte; es könnte aber auch mit „Dämonen" oder „Zerstörung" zusammenhängen; dann wäre in der Bibel das Tal der Zerstörung mit einem Namen bezeichnet, der ihm erst nach der Zerstörung gegeben worden sein könnte.

Die Vergleiche und Kombinationen der Ergebnisse aus literarischer, geologischer und archäologischer Forschung haben wahrscheinlich gemacht, daß die fünf Städte Sodóm, Gomorra, Adma (Adama), Seboím und Bela (Zoar) an der Stelle und in der Nähe dieses heutigen Südbeckens des Toten Meeres gelegen haben. Wahrscheinlich wurden vier dieser Städte bei dem „Strafgericht über Sodom" zerstört. Bela (Zoar), wohin gemäß der biblischen Erzählung Lot floh (Gen 19,22–23), wurde nicht zerstört; man weiß aber nicht, welcher der möglichen Orte Zoars heutiger Nachfolger ist.

Die geologische Forschung hat nun für die Zeit um 1900 v. Chr. (das sind etwa 150 Jahre vor Abrahams Zeiten) im großen Jordangraben, dessen tiefste Stelle der Boden des Toten Meeres ist, einen neuen Bodeneinbruch glaubhaft gemacht, dessen Opfer vor allem die Städte des Tales Siddím wurden: „Diese Vernichtung geschah durch ein großes Erdbeben, das wahrscheinlich von Eruptionen, Blitzen, dem Freiwerden von Naturgasen und einer allgemeinen Feuersbrunst begleitet wurde" (Jack Finegan, Light from the Ancient Past, 1954). Das Tote Meer hat also bis dahin nur bis zur „Zunge" (hebr. *halaschón,* arab. *el-lisán*) gereicht, und das Südbecken ist erst damals entstanden, was durchaus mit Gen 14,3 übereinstimmt, in dem das Siddimtal genannt wird, „das jetzt Salzmeer heißt". Einen Hinweis, wenn auch nicht auf die geschichtliche Sicherheit, so aber doch auf die Tradition im alten Israel, gibt das Wort des Propheten Zefanja, der um 635 v. Chr. von der ins Salzmeer versunkenen Stadt sagt: „Moab wird wie Sodóm ... ein Ort des Unkrauts, eine Salzgrube" (Zef 2,9).

Die archäologische Forschung (Nelson Glück, W. F. Albright) hat durch Oberflächenuntersuchungen am Rande des Toten Meeres und in seinem östlichen Nachbarland glaubhaft gemacht, daß der ganze Raum bis 2000 v. Chr. dicht besiedelt war und daß die Besiedlung von da an immer dünner wurde, bis sie um 1900 v. Chr. plötzlich für fast sechshun-

dert Jahre ganz aussetzte. Von dieser dünnen Besiedlung wußte der Erzähler der Abrahamgeschichten noch, so daß er von der Landwahl Lots erzählen konnte, vor dem die ganze Jordangegend „wie der Garten des Herrn" (Gen 13,10) ausgebreitet war. Der Erzähler verlegt also Abrahams Einwanderung in die Zeit, als das Land noch blühte, aber die Bevölkerungsdichte doch schon allmählich lichter wurde.

Während der plötzliche Abbruch der Besiedlung leicht mit der Katastrophe in Verbindung gebracht werden kann, bleibt allerdings ein Rätsel, warum die Dörfer und kleineren Städte östlich des Salzmeeres und im nahen Negev schon früher verfielen und die Bewohner wieder ein nomadisches Leben aufnahmen. Man hat dies wohl damit erklärt, daß Erderschütterungen schon lange vorher die kleineren Siedlungen bedrohten oder sogar zerstört hätten. Aber das sind Vermutungen.

Ein starkes Argument für die Lokalisierung der untergegangenen Städte beim und im heutigen Südbecken des Toten Meeres ist die Behauptung, daß man bei günstigem Sonnen- oder Mondstand auf dem Boden des Südbeckens (25 m Tiefe) versteinerte Bäume und salzüberkrustete Mauern sehen könne. Man kann sich davon überzeugen, und man sieht sie auch wirklich. Aber die Verzauberung dieser Mondlandschaft macht selbst die nüchterne Beobachtung verdächtig. Was man sehen möchte, sieht man allzuleicht.

Der Name des untergegangenen Sodóm haftet noch an einem 3 km langen riesigen Salzberg am Westufer des Südbeckens des Toten Meeres. Die Araber nennen ihn bis in unsere Tage *dschebel usdum.*

Möglicherweise hat auch der Name „Sodóm" etwas mit Salz zu tun. Israelische Sprachforscher führen ihn zurück auf *s'de adóm,* d. h. rote Felder; diese „roten Felder" sollen durch eine Mikrobe zu erklären sein, die auch heute noch ausgetrocknete Salzpfannen rötet. Daraus könnte man dann schließen, daß auch die Leute des untergegangenen Sodóm Salzbergleute und Salzsiedler waren, was wegen des gewaltigen Salzberges und des nahen Salzmeeres nicht unmöglich wäre. Ob die alten Stollen im Dschebel Usdum, die bis zu 300 m in den Berg vorstoßen, und die mächtigen Hallen Spuren früheren Salzabbaus sind oder ob sie vielleicht ebenfalls erst durch die Beben um 1900 v. Chr. entstanden sind, ist ungeklärt.

„Lots Weib" nannte man eine Felssäule, deren Spitze ein großer Salzbrocken ist. Diese oder eine andere „Salzsäule" gab die Anregung für die Erzählung von der Versteinerung der neugierigen Frau Lots.

Ebenfalls wissen wir nicht, ob die Lasterhaftigkeit der Stadt Sodóm zur Zeit der Ersterzählung der Abrahamgeschichten eine feste Tradition war oder ob sie eine rein erzählerische Begründung für die Zerstörung der Stadt ist; jedenfalls waren die Namen Sodóm und Gomorra schon in israelitischer Zeit sprichwörtlich für lasterhafte Orte. Als sie vernichtet wurden, war es keine Frage, daß „der Herr auf Sodom und Gomorra Schwefel und Feuer regnen" ließ (Gen 19,24); denn wer sonst als Jahwe kann über die Naturmächte verfügen!

Einige Gelehrte glauben, daß die Ruinen von Teleilat-Ghassul im Norden des Toten Meeres die zerstörte Doppelstadt Sodóm und Gomorra seien. Sie stützen sich vor allem auf Gen 19,28: „Am frühen Morgen begab sich Abraham an den Ort, an dem er dem Herrn

gegenübergestanden hatte. Er schaute gegen Sodóm und Gomorra und auf das ganze Gebiet im Umkreis und sah: Qualm stieg von der Erde auf wie der Qualm aus einem Schmelzofen." Man hat festgestellt, daß man von jener Stelle aus, die man für den Begegnungsort hält, wohl Teleilat-Ghassul, aber nicht den Spiegel des Südbeckens des Toten Meeres sehen kann. Aber selbst wenn man die Stelle Gen 19,28 ganz wörtlich nehmen wollte – ist aus ihr denn herauszulesen, daß Abraham die Städte und ihre Zerstörung selbst sah? – Ein weiteres Argument: Die Besiedlung dieser Städte bricht in der in Frage kommenden Zeit plötzlich ab; aber auch dagegen wäre zu sagen, daß fast alle Städte links des Jordans damals verödeten.

Das heutige Israel hat an die Überlieferung zugunsten des Südens angeknüpft und eine Neusiedlung an der Südwestbucht S'dom benannt. S'dom ist heute das große Salzwerk Israels.

SUSA

Diese Hauptstadt des Reiches der Elamiter (s. d.) lag etwa 250 km nördlich von der Nordbucht des Persischen Golfs, am südlichen Rand des iranischen Berglandes, im Einzugsgebiet des Karun, der in den Persischen Golf mündet. Die Ruinen von Schusch(a) erinnern noch heute an den alten Namen, der in der Bibel „Schuschan" (hebr.) lautet.

Nachdem der assyrische König Assurbanipal (668–626 v. Chr.) Elam unterworfen hatte, deportierte er Bürger von Susa als Kolonisten nach Samaria; Susiten sind also ein Bestandteil der Samaritaner (s. d.) geworden (vgl. Esra 4,9).

Den Assyrern folgten die Babylonier, den Babyloniern folgten die Perser (s. d.) in Susa. Der Palastkomplex, den die Franzosen vor dem Ersten Weltkrieg in Schusch ausgegraben haben, ist eine Anlage des Perserkönigs Darius I. (522–486 v. Chr.) und bietet Reste vom Palastbau Artaxerxes' II. (405–359 v. Chr.). In diesem Winterpalais der Perserkönige ließ der Autor des Buches Ester (s. d.) seine berühmte Geschichte spielen. Das Palastplateau hatte als Zentrum den riesigen offenen Säulensaal: den königlichen Audienzsaal, an den sich im Süden die um Höfe gelegenen Wohntrakte

(Königsbau, Harem) und im Norden große Terrassengärten („Paradies") anschlossen.

TABOR

Dieser alte Heiligtumsberg wurde auch von den umwohnenden israelitischen Stämmen Issachar, Sebulon und Naftali als heiliger Berg, als „Höhe" (s. d.) verehrt; deshalb sagt der Prophet Hosea (s. d.), daß auf dem Tabor „ein Netz gespannt" sei (Hos 5,1).

Der Tabor erhebt sich 588 m hoch als gleichmäßig geformter Berg, wie eine Kuppe, im Nordosten der Ebene Jesreel (s. d.). Er war in der ganzen biblischen Zeit bewaldet, lediglich das Höhenplateau (1200 × 400 m) war frei; auf ihm lag eine Stadt, die wohl als ausgesprochene Kultstadt („Wallfahrtsort") anzusprechen ist. Ihr Name war in hellenistisch-römischer Zeit „Atabyrion" oder „Itabyrion"; darin ist

der Name „Tabor" enthalten, der vielleicht auf einen akkadischen Götternamen *tabira* zurückgeht.

Im apokryphen Hebräerevangelium (um 150 n. Chr.) spricht Jesus: „Sogleich ergriff mich meine Mutter, der Heilige Geist, an einem meiner Haare und trug mich fort auf den großen Berg Tabor." Obwohl sich diese seltsame Formel auf die Versuchung Jesu bezieht, hat sie die Tradition vom Tabor als Verklärungsberg beeinflußt, über dessen Lage und Namen die kanonischen Evangelien nichts sagen. Seit dem 6. Jahrhundert n. Chr. wird auch der galiläische Berg der Erscheinung des Auferstandenen (Mt 28,26) des öfteren mit dem Tabor identifiziert.

Trotz dieser späten Tradition und obwohl der Tabor bewohnt war, scheidet er allerdings als möglicher Verklärungsberg nicht aus. Die Szenen nach der Verklärung und nach dem Abstieg, am Fuß des Verklärungsberges, set-

Am Palast zu Susa wachten solche geflügelten männerköpfigen Löwen über den Eingang. Eine andere Ausprägung der Ideen von den Kerubim (s. d.). Der Flügel und der Blick des Leibwächterkopfes weisen beide schützend und wachend in dieselbe Richtung. Getragen werden sie von der Kraft des Löwen.

zen eine Örtlichkeit in jüdischem Gebiet voraus: Jesus fand die übrigen Jünger in einem Streit mit Schriftgelehrten; das schließt einen Berg in der Gegend von Cäsarea Philippi oder den Hermon (s. d.) – den man auch des öfteren als Verklärungsberg nennt – fast mit Sicherheit aus. Dagegen läßt sich nicht mit Sicherheit der Tabor als Verklärungsberg beweisen. Allerdings, auch der bewohnte Tabor bot genügend einsame Lichtungen für derartige Gespräche. Einsam war sogar das Plateau, soweit sein Gelände außerhalb der Siedlungsmauer lag.

TIBERIAS

Herodes Antipas (S. 576, Nr. 51) gründete zwischen den Jahren 17 und 26 n. Chr. diese Stadt am mittleren Westufer des Sees Gennesaret (s. d.) als neue Hauptstadt seines Herrschaftsbereiches. Er benannte sie nach dem zu jener Zeit regierenden römischen Kaiser Tiberius.

Der Anlaß für die Gründung der Stadt gerade an dieser Stelle waren die warmen Quellen von Chammat (vgl. den Artikel „Emmaus"); die Stadt lag ein wenig weiter südlich als das heutige Städtchen, etwa zwischen den heißen Quellen und dem heutigen Tiberias. Herodes Antipas wollte seine Hauptstadt zugleich zu einem Badekurort machen.

Da die Stadt auf einem alten Gräberfeld erbaut wurde, war es für Herodes Antipas nicht leicht, Ansiedler zu bekommen; die Stadt war durch die Gräber eine unreine Stadt (s. im Artikel „Rein oder unrein"). So erließ der Tetrarch einen Aufruf, daß er den Ansiedlern Land und eingerichtete Häuser zur Verfügung stellen werde, wenn sie sich verpflichteten, auf die Dauer in Tiberias Wohnung zu nehmen. Was auf diese Weise dort zusammenkam, waren nicht gerade die besten Bevölkerungselemente. Deshalb ging Herodes noch einen Schritt weiter und nahm Zwangsumsiedlungen vor, von jüdischen Galiläern, aber auch von der griechischen Bevölkerung Galiläas (s. d.).

Fischsälzereien, Fischgroßhandel und Glasindustrie („Becher aus Tiberias") werden als tiberianische Erwerbsquellen genannt.

Jesus hat Tiberias wahrscheinlich nie betreten. Wie sehr die Stadt aber durch ihre römisch-

griechisch bestimmte Hauptstadtkultur in aller Munde war, schimmert in einigen Worten des Evangeliums durch, wenn z. B. Joh 6,1 den See Gennesaret nach der neuen Hauptstadt als „See von Tiberias" bezeichnet.

Die zum größten Teil nichtjüdische Bevölkerung von Tiberias beteiligte sich nicht an den jüdisch-römischen Kriegen. Als Jerusalem im Jahre 70 n. Chr. zerstört worden war, zog sich deshalb ein Teil der nationalen und wissenschaftlichen Führung des Judentums in das unzerstörte Tiberias zurück – die Stadt war inzwischen für rein erklärt worden. Ebenso geschah es in verstärktem Maße nach dem großen Aufstand vom Jahre 135 n. Chr. Von da an wuchs das jüdische Element in Tiberias und verdrängte das griechische immer mehr. Im Jahre 225 n. Chr. wurde auch das Synhedrium nach Tiberias verlegt; damit wurde die Stadt zum Vorort des Judentums in Palästina. Seine Lehrhäuser waren berühmt, seine Gelehrten sorgten für sichere Tradition der hebräischen Heiligen Schrift (s. über die Massora); in ihrer Stadt aber waren sie wie eine Sekte, denn die Bevölkerung war entweder absolut liberal oder schon zum Teil christlich. Um 400 n. Chr. griff dann der christliche Kaiser Theodosius so hart in die Rechte der Juden in Palästina ein, daß die geistige Führung des Judentums an die Juden in Babylon überging.

TIGRIS

Neben dem Eufrat ist der zweite große Strom Mesopotamiens (s. d.) der Tigris (hebräisch „Hiddekel", arabisch *didschla/didschle*). Auf dem armenischen Hochland, im Taurus, entspringen seine Quellflüsse, die auf den Karten oft nicht verzeichnet werden; sie vereinigen sich zum Tigris. Von der Gewalt dieses fast zweitausend Kilometer langen Stromlaufs in vorgeschichtlicher Zeit, kann man sich so leicht keine angemessene Vorstellung machen. Aber die mythische Erzählung von Nimrod, der den Drachen (d. i. der Tigris) bändigte, ist davon noch ein Nachklang. Am Ostufer des Tigris liegt Ninive (s. d.), eine der Städte, die Nimrod gründete oder beherrschte.

Der schlingenreiche Fluß hat eine Breite von 300 bis 350 m. Gut 100 km vor der Mündung vereinigt er sich mit dem Eufrat zum *schatt el-arat*. Im Altertum mündeten beide Flüsse jedoch getrennt in den Persischen Golf.

Im AT wird der Tigris als Paradiesstrom genannt (Gen 2,14); die Nennung weist also auf eine Zeit hin, als dieser Fluß schon gebändigt war. Im Buch Daniel ist das Tigrisufer der Ort einer der großen Danielvisionen (Dan 10,4). Der junge Tobias fängt im Tigris den Fisch, mit dessen Galle er die Augen des Vaters heilen soll (Tob 6,1 ff.). Aus all diesen Stellen geht hervor, wie kräftig der Glaube an die Verbindung des Tigris mit den Mächten auch in biblischer Zeit noch nachwirkte.

All diese Stellen hängen übrigens wahrscheinlich innerlich zusammen: wegen seiner Fruchtbarkeit wurde er zum Paradiesfluß, und als solcher wurde er zum Ort der Danielvisionen.

TOTES MEER

Die Bibel nennt es meistens „Salzmeer" (oder auch östliches Meer, gegenüber dem westlich gelegenen Mittelmeer; oder auch Wüstenmeer); die Römer nannten es *(lacus) Asphaltites* (Asphaltsee); seit dem zweiten christlichen Jahrhundert setzte sich die Bezeichnung „Totes Meer" durch.

Die Spiegelfläche des Toten Meeres liegt 392 m unter dem Weltmeerspiegel; sie ist damit die tiefste Stelle der Erdoberfläche überhaupt.

Das nördliche Seebecken ist bis zu 401 m tief, das Südbecken dagegen, südlich der „Zunge" (Lisanhalbinsel) hat nur wenige Meter Tiefe; dieses Südbecken ist wahrscheinlich der alte Ort der durch Erdbruch untergegangenen Städte, vor allem der Stadt Sodóm (s. d.).

Das Tote Meer ist ein Binnenmeer, ohne jede Verbindung zum Weltmeer. Gäbe es keine Verdunstung, hätte es längst seine Umgebung überschwemmt. Die Verdunstung im Seebecken ist so stark, daß die täglich einmündenden Wassermassen des Jordan, des Arnon und der zahlreichen östlichen Wadi-Gewässer durchschnittlich am selben Tag verdunsten. Da alle Gewässer Salze führen, wird das Tote Meer immer salzreicher; Fische können deshalb darin nicht leben. Der Salzgehalt beträgt rund 25 Prozent (Salzgehalt des Ozeans rund 4 Prozent).

Auch in biblischer Zeit wurde das „Salzmeer" schon für die Gewinnung von Salz (s. d.) genutzt. Außerdem stößt der Boden, besonders im Südteil des Sees, Erdöle ab, die erhärtet an die Oberfläche steigen und am Ufer antreiben; dieser Asphalt (Erdharz) wurde besonders beim Schiffbau, aber auch beim Hausbau verwendet, wenn es um fugenloses Abdichten ging.

Einige Quantitätsdaten: 85 km Länge; größte Breite 15,7 km; größte Tiefe 401 m; Oberfläche 945 qkm.

TYRUS

Der große Felsen *(sūr)* vor der Küste Phöniziens – griech. *tyros* – trug seit etwa 2000 v. Chr. eine Handels- und Schiffahrerstadt, deren Herrschaftsbereich sich weit in das Land hineinzog. In den Zeiten der Ermüdung der ägyptischen Vorherrschaft (kurz nach 1200 v. Chr.) errang Tyrus seine volle Freiheit und entwickelte seine Macht als Industrie- und Handelsstaat immer mehr (Metallverarbeitung, Weberarbeiten, Färbereien, Glasindustrie).

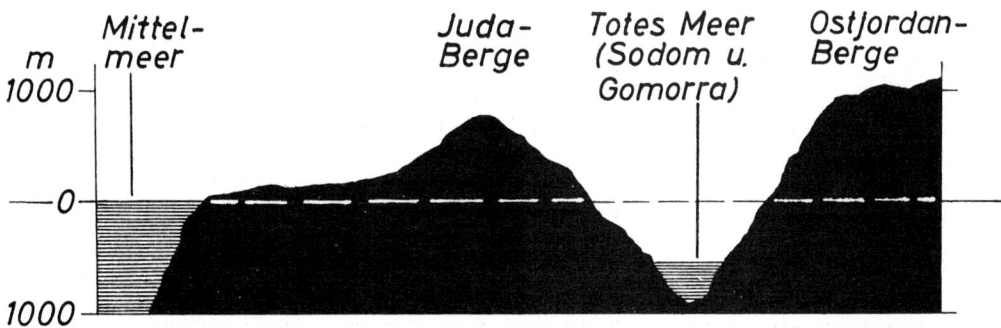

DAS MITTELMEER UND DIE JORDAN-SENKE

David dehnte seine Herrschaft über das tyrische Festlandsgebiet aus, beließ aber der Stadt Tyrus ihre Autonomie. Unter Salomo ging aber das eroberte ehemalige tyrische Festlandgebiet offenbar wieder an Tyrus verloren. Salomo schloß mit König Hiram von Tyrus einen Handelsvertrag: Tyrus lieferte Holz für den Tempelbau in Jerusalem und stellte Salomo Bau- und Metallarbeiter, Salomo lieferte dafür Lebensmittel. Mit Hilfe von Tyrus baute Salomo auch seine Handelsflotte auf. In all dem muß man eine Stärkung der tyrischen Machtstellung sehen.

In noch engere Beziehung mit Tyrus trat König Omri von Israel (Nordreich). Um die Hilfe der Phönizier für seinen Kampf gegen die Aramäer zu bekommen, betrieb er eine Heirat zwischen der Tochter des Königs von Tyrus, Isebel (Jezabel), und seinem Sohn Ahab (1 Kön 16,31) (S. 548, Nr. 34a).

Gegen die assyrischen und neubabylonischen Eroberungskämpfe, denen das Nordreich Israel 722 v. Chr. und das Südreich Juda 586 v. Chr. erlagen, konnte Tyrus durch Tribute seine Freiheit einigermaßen wahren; jedoch wanderten viele Bürger nach Nordafrika aus und gründeten dort eine „Neustadt" (Karthago). Von 332 v. Chr. (Alexander d. Gr.) bis 126 v. Chr. (syrische Thronstreitigkeiten) stand Tyrus unter Fremdherrschaft. Die Seleukiden (S. 567, Nr. 43) gaben Tyrus schließlich den Status einer Freistadt, den die Römer bestätigten; aber das Hinterland gehörte nun nicht mehr dazu.

In der Zeit Jesu wurde „das Gebiet von Tyrus und Sidon" formelhaft für das römische Syro-Phönizien gebraucht (Mk 7,24). Tyrus und Sidon lagen 40 km auseinander und gehörten seit Pompejus (62 v. Chr.) zur römischen Provinz Syrien, in der sie als „Syro-Phönizien" einen Distrikt bildeten – mit Ausnahme der Freistadt Tyrus.

Paulus besuchte in Tyrus die christlichen Brüder und blieb bei ihnen sieben Tage (Apg 11,3).

UR

Nach israelitischer Tradition kam die Familie Abrahams aus Ur – sicherlich nicht aus der Stadt Ur, sondern aus ihrem Umland. In der Mitte der Stadt lag der dreistufige Heiligtums-

turm (um 2000 v. Chr. erbaut), der später, während des neubabylonischen Reiches, zu einem Siebenstufenturm umgebaut wurde. Der Tempelturm war aber wohl erst in neubabylonischer Zeit Heiligtum des Mondgottes Sin (oder Nannar).

Aus der Zeit um 2600 v. Chr. wurden in Ur reiche Königsgräber freigelegt, in denen neben herrlichen Zeugnissen hoher handwerklicher Schmuckkultur (Helme, Waffen, Becher, Standarten, Harfen, Kopfschmuck) Leichen von Kriegern, Musikanten und Dienern gefunden wurden, die dem toten König als Begleitpersonal geopfert worden waren, d. h. sie ließen sich mit dem Toten einmauern und tranken dann den Giftbecher. In einem Grabe fand man sogar einmal achtzig solcher Königsopfer.

Ur war gewiß eine der ältesten Kulturstädte des Vorderen Orients. Schon die Schichten, die bis 3100 v. Chr. zu datieren sind, enthalten Schriftfunde. Etwa von 3100 bis 2200 v. Chr. reichte die Zeit der Sumerer. Von 2200 bis 529 v. Chr. hatte es viele Herren. Von 529 v. Chr. an, als sich die Chaldäer (s. d.) zu den neuen Herren Mesopotamiens aufgeschwungen hatten, wurde es die zweite Stadt Babyloniens: das „Ur der Chaldäer", als das es – infolge der Ergänzung der Bibelerzählungen durch die Exiljuden – in den Abrahamgeschichten der Bibel erscheint (Gen 11,28).

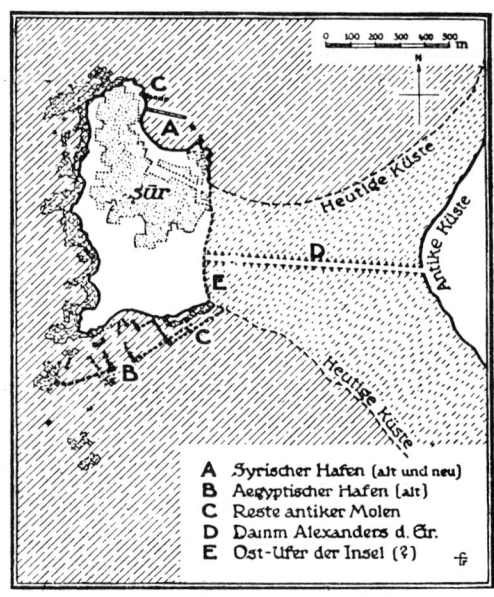

Tyrus

Personen, Orte, Wörter und Sachen

Fettgedruckte Zahlen beziehen sich auf Hauptartikel, auf die im Text mit s. d. verwiesen wurde; kursiv gesetzte Zahlen verweisen auf Seiten mit Bildern; „n" (nota) verweist auf eine Fußnote.

Stellenregister